Italia
2010

Sommario
Contents

CARTE MAPS

Come leggere la guida

INFORMAZIONI TURISTICHE

Distanza dalle città di riferimento,
uffici turismo, siti turistici locali,
mezzi di trasporto, golf
e tempo libero...

GLI ALBERGHI

Da 🏨🏨🏨🏨 a 🏨:
categorie di confort.
↙: forme alternative
di ospitalità
I più ameni: in rosso.

I MIGLIORI
ESERCIZI
A PREZZI
CONTENUTI

🏨 Bib Hotel.
🍴 Bib Gourmand.

LE TAVOLE STELLATE

❀❀❀ Vale il viaggio.
❀❀ Merita una deviazione.
❀ Ottima cucina.

I RISTORANTI

Da XXXXX a X: categorie di confort
I più ameni: in rosso.

ANZOLA DELL'EMILIA – Bologna (BO) – **562** J15 – Ve

AOSTA (AOSTE) 🅟 – (AO) – **561** E3 – **34 270 ab.** – **alt. 58**
per Pila (A/R) : a Pila 1 400 / 2 750 m ⛷1 ⛷ 7 ⛷ – ⊠ 111

▶ Roma 746 – Chambéry 197 – Genève 139 – N
Novara 139 – Torino 113
🚩 Piazza Piramidi, 𝒞 057 36 02 31, apt12abeto
🏛 Aosta Arsaniers (giugno-15 ottobre). Loc
016 55 60 46
◉ Collegiata di Sant'Orso Y : capitelli★★ d
Sant'Orso Y - Monumenti romani★ : po

Marinella
via San Giocondo 33 – 𝒞 0165 23 45 45
–info@hotelmarinella.com– Fax 0165
– 15 dicembre-15 aprile e 15 giugno-15
42 cam ⊡ – ⫻60/95 € ⫻⫻85/130 € –
Rist San Giorgio – 𝒞 0165 23 45 85(c
Rist La Taverna – pizzeria – Menu
◆ In pieno centro storico, confo
stile: bianche colonne, parquet
Graziosi tavolini nella raffinata sa

La Villa 🌿
via Ponte Suaz 26 – 𝒞 0165 23
chiuso dal 2 novembre al 6 dic
36 cam – ⫻60/70 € ⫻⫻70/85
Rist – (solo per alloggiati) N
◆ Tipica atmosfera di mo
colo e ospitale albergo ad
I legno e i colori ambrati s

Cavallino
via Torino 12 – 𝒞 0165
–Fax0165 33 57 59 –
Rist – (solo la sera) N
Spec. Gelato al go
ripiena all'amaret
◆ L'ingresso sontu
con tavoli spazia

Riviera
località Poros
–Fax 0165 3
Rist – Men
ale re

4

ALTRE PUBBLICAZIONI MICHELIN

Riferimento alla carta Michelin ed alla Guida Verde
in cui figura la località.

LOCALIZZARE LA CITTÀ

Posizione della località sulla carta regionale
alla fine della guida
(n° della carta e coordinate).

LOCALIZZARE
L'ESERCIZIO

Localizzazione sulla pianta di città
(coordinate ed indice).

GLI ALBERGHI
TRANQUILLI

Albergo tranquillo.
Albergo molto tranquillo.

DESCRIZIONE
DELL'ESERCIZIO

Atmosfera, stile,
carattere e specialità.

INSTALLAZIONI
E SERVIZI

PREZZI

---

gna

t invernali : funivia
22 S4

2 – Milano 184 –

o.it, Fax 0573 60232.
ières, ℰ 016 55 60 45 - Fax

★ - Finestre★ del Priorato di
a Y A

onti e vallate 🛏 ⅃ 🏠 🖧 ᠘ 🗚 (ᵠ)
🛠 🚗 VISA ᴀᴇ 🛈   AU d

0/240 € – ½ P 150 €
di) Menu 26 € – Carta 25/50 € 🍴
a 35/65 € (+10%)
bergo con accogliente soggiorno in
sobria eleganza; camere ben tenute.
o con soppalco e grandi vetrate.
🛏 🖥 🕸 🗚 🗠 P VISA 🕸 🛠
Fax 0165 23 26 85 –   BF n

lla@aostehotels.com –
edìe mercoledì sera
½P 50 €
€ – Carta 56/70 €
na bella cornice di boschi di faggio, per un pic-
o familiare a pochi metri dagli impianti di risalita.
menti predominanti nell'accogliente sala dapranzo.
🛏 🗠 P VISA ᴀᴇ 🕸 🛠   CY a

info@ristorantecavallino.com
gno, dal 2 al 7 novembre, domenica e lunedì.
– Carta 65/85 €
on sedano, aceto balsamico e grissini alle noci. Pesca
sa di lamponi.
ce degnamente in un'ampia, luminosa sala di tono elegante
scana per una cucina ricca di tradizione e d'inventiva.
🛏 🗠 🕁 P VISA 🕸 🛠   BU g

z 18 – ℰ 0165 35 98 64 – riviera@tiscali.it
chiuso domenica sera e lunedì a mezzogiorno
ta 53/72 € 🍴
e ristrutturato nella sua interezza. Calda atmosfera nei romantici
offre piatti di una certa raffinatezza legati alla tradizione locale.
🛏 🗠 P VISA 🕸 🛠   CS e
chiuso domenica sera e lunedì

11 – Fax 0165 7 65 12 – chiuso domenica
disponibilità in un piacevole ambiente
tipici della casa.

5

Principi

La prefazione della prima Edizione della guida MICHELIN 1900, divenuta famosa nel corso degli anni, si è rivelata profetica. Se la guida viene oggi consultata in tutto il mondo è grazie al suo costante impegno nei confronti dei lettori. Desideriamo qui ribadirlo.

I principi della guida MICHELIN:

La visita anonima: per poter apprezzare il livello delle prestazioni offerte ad ogni cliente, gli ispettori verificano regolarmente ristoranti ed alberghi mantenendo l'anonimato. Questi pagano il conto e possono presentarsi per ottenere ulteriori informazioni sugli esercizi. La posta dei lettori fornisce peraltro preziosi suggerimenti che permettono di orientare le nostre visite.

L'indipendenza: la selezione degli esercizi viene effettuata in totale indipendenza, nel solo interesse del lettore. Gli ispettori e il caporedattore discutono collegialmente le scelte. Le massime decisioni vengono prese a livello europeo. La segnalazione degli esercizi all'interno della guida è interamente gratuita.

La selezione: la guida offre una selezione dei migliori alberghi e ristoranti per ogni categoria di confort e di prezzo. Tale selezione è il frutto di uno stesso metodo, applicato con rigorosità da tutti gli ispettori.

L'aggiornamento annuale: ogni anno viene riveduto e aggiornato l'insieme dei consigli pratici, delle classifiche e della simbologia al fine di garantire le informazioni più attendibili.

L'omogeneità della selezione: i criteri di valutazione sono gli stessi per tutti i paesi presi in considerazione dalla guida MICHELIN.

... e un unico obiettivo: prodigarsi per aiutare il lettore a fare di ogni spostamento e di ogni uscita un momento di piacere, conformemente alla missione che la Michelin si è prefissata: contribuire ad una miglior mobilità.

Editoriale

Caro lettore,

Abbiamo il piacere di presentarle la nostra 55a edizione della guida MICHELIN Italia.

Questa selezione, che comprende i migliori alberghi e ristoranti per ogni categoria di prezzo, viene effettuata da un'équipe di ispettori professionisti del settore. Ogni anno, percorrono l'intero paese per visitare nuovi esercizi e verificare il livello delle prestazioni di quelli già inseriti nella guida.

All'interno della selezione, vengono inoltre assegnate ogni anno da ✿ a ✿✿✿ alle migliori tavole. Le stelle contraddistinguono gli esercizi che propongono la miglior cucina, in tutti gli stili, tenendo conto della scelta dei prodotti, della creatività, dell'abilità nel raggiungimento della giusta cottura e nell'abbinamento dei sapori, del rapporto qualità/prezzo, ma anche della continuità.

Anche quest'anno, numerose tavole sono state notate per l'evoluzione della loro cucina. Una « N » accanto ad ogni esercizio prescelto dell'annata 2010, ne indica l'inserimento fra gli esercizi con una, due o tre stelle.
Desideriamo inoltre segnalare le « *promesse* » per la categoria superiore. Questi esercizi, evidenziati in rosso nella nostra lista, sono i migliori della loro categoria e potranno accedere alla categoria superiore non appena le loro prestazioni avranno raggiunto un livello costante nel tempo, e nelle proposte della carta. Con questa segnalazione speciale, è nostra intenzione farvi conoscere le tavole che costituiscono, dal nostro punto di vista, le principali promesse della gastronomia di domani.

Il vostro parere ci interessa, specialmente riguardo a queste « *promesse* ». Non esitate quindi a scriverci, la vostra partecipazione è importante per orientare le nostre visite e migliorare costantemente la vostra guida. Grazie ancora per la vostra fedeltà e vi auguriamo buon viaggio con la guida MICHELIN 2010.

Consultate la guida MICHELIN su
www.ViaMichelin.com
e scriveteci a :
laguidamichelin-italia@it.michelin.com

7

Categorie
& simboli distintivi

LE CATEGORIE DI CONFORT

Nella selezione della guida MICHELIN vengono segnalati i migliori indirizzi per ogni categoria di confort e di prezzo. Gli esercizi selezionati sono classificati in base al confort che offrono e vengono citati in ordine di preferenza per ogni categoria.

🏨🏨🏨	XXXXX	Gran lusso e tradizione
🏨🏨	XXXX	Gran confort
🏨🏨	XXX	Molto confortevole
🏨	XX	Di buon confort
🏠	X	Abbastanza confortevole
↑		Forme Alternative di Ospitalità (b&b, agriturismo)
senza rist		L'albergo non ha ristorante
con cam		Il ristorante dispone di camere

I SIMBOLI DISTINTIVI

Per aiutarvi ad effettuare la scelta migliore, segnaliamo gli esercizi che si distinguono in modo particolare. Questi ristoranti sono evidenziati nel testo con 🕄 o 🕄 e **Rist**.

LE MIGLIORI TAVOLE

Le stelle distinguono gli esercizi che propongono la miglior qualità in campo gastronomico, indipendentemente dagli stili di cucina. I criteri presi in considerazione sono : la scelta dei prodotti, l'abilità nel raggiungimento della giusta cottura e nell'abbinamento dei sapori, il rapporto qualità/prezzo nonché la costanza.

🕄🕄🕄	**Una delle migliori cucine, questa tavola vale il viaggio**
	Vi si mangia sempre molto bene, a volte meravigliosamente.
🕄🕄	**Cucina eccellente, questa tavola merita una deviazione**
🕄	**Un'ottima cucina nella sua categoria**

I MIGLIORI ESERCIZI A PREZZI CONTENUTI

😊	**Bib Gourmand**
	Esercizio che offre una cucina di qualità, spesso a carattere tipicamente regionale, a meno di 30 € (35 € nelle città capoluogo e turistiche importanti). Prezzo di un pasto, bevanda esclusa.
🛏	**Bib Hotel**
	Esercizio che offre un soggiorno di qualità a meno di 85 € per la maggior parte delle camere. Prezzi per 2 persone, prima colazione esclusa.

GLI ESERCIZI AMENI

Il rosso indica gli esercizi particolarmente ameni. Questo per le caratteristiche dell'edificio, le decorazioni non comuni, la sua posizione ed il servizio offerto.

�•ੀ a 血血血血   **Alberghi ameni**

X a XXXXX   **Ristoranti ameni**

LE SEGNALAZIONI PARTICOLARI

Oltre alle distinzioni conferite agli esercizi, gli ispettori Michelin apprezzano altri criteri spesso importanti nella scelta di un esercizio.

POSIZIONE

Cercate un esercizio tranquillo o che offre una vista piacevole ?
Seguite i simboli seguenti :

        🏖   **Albergo tranquillo**

        🏖   **Albergo molto tranquillo**

        ⇐   **Vista interessante**

        ⇐   **Vista eccezionale**

CARTA DEI VINI

Cercate un ristorante la cui carta dei vini offra una scelta particolarmente interessante ?

Seguite il simbolo seguente:

        🍇   **Carta dei vini particolarmente interessante**

                Attenzione a non confrontare la carta presentata da un sommelier in un grande ristorante con quella di una trattoria dove il proprietario ha una grande passione per i vini della regione.

Installazioni
& servizi

30 cam	Numero di camere
🛗	Ascensore
A/C	Aria condizionata (in tutto o in parte dell'esercizio)
🚭	Esercizio con camere riservate in parte ai non fumatori. In Italia la legge vieta il fumo in tutti i ristoranti e le zone comuni degli alberghi
📞	Connessione Internet ad alta definizione in camera
📶	Connessione Internet wifi in camera
♿	Esercizio accessibile in parte alle persone con difficoltà motorie
🏃	Attrezzatura per accoglienza e ricreazione dei bambini
🍽	Pasti serviti in giardino o in terrazza
🧖	Wellness centre: centro attrezzato per il benessere ed il relax
♨	Cura termale, Idroterapia
🧖 🏋	Sauna - Palestra
🏊 🏊	Piscina: all'aperto, coperta
🌳 🦜	Giardino – Parco
🎾 ⛳18	Campo di tennis, golf e numero di buche
🏟	Sale per conferenze
🎭	Saloni particolari
🚗	Garage nell'albergo (gratuito la prima notte per chi presenta la guida dell'anno)
🚙	Garage nell'albergo (generalmente a pagamento)
P	Parcheggio riservato alla clientela
P	Parcheggio chiuso riservato alla clientela
🐕‍🦺	Accesso vietato ai cani (in tutto o in parte dell'esercizio)
Ⓜ	Stazione della metropolitana piú vicina a Roma e Milano
20 aprile-5 ottobre	Periodo di apertura (o chiusura), comunicato dal proprietario

I prezzi

I prezzi che indichiamo in questa guida sono stati stabiliti nell'estate 2009 e sono relativi all'alta stagione; potranno subire delle variazioni in relazione ai cambiamenti dei prezzi di beni e servizi. Essi s'intendono comprensivi di tasse e servizio (salvo specifica indicazione es. 15%).

Gli albergatori e i ristoratori si sono impegnati, sotto la propria responsabilità, a praticare questi prezzi ai clienti.

In occasione di alcune manifestazioni (congressi, fiere, saloni, festival, eventi sportivi…) i prezzi richiesti dagli albergatori potrebbero subire un sensibile aumento.

In bassa stagione, chiedete informazioni sulle eventuali promozioni offerte dagli albergatori.

LA CAPARRA

Alcuni albergatori chiedono il versamento di una caparra. Si tratta di un deposito-garanzia che impegna sia l'albergatore che il cliente. Chiedete di fornirvi nella lettera di conferma ogni dettaglio sulla prenotazione e sulle condizioni di soggiorno.

CARTE DI CREDITO

Carte di credito accettate :

VISA **MC** **AE** **DC** **SI**   Visa – Mastercard (Eurocard) – American Express – Diners Club – Carta SI

CAMERE

50/60 €	Prezzo minimo/massimo per una camera singola
80/100 €	Prezzo minimo/massimo per una camera per due persone
cam 60/70 €	Prezzo della camera compresa la prima colazione
10 €	Prezzo della prima colazione (se non inclusa) (supplemento eventuale se servita in camera)

MEZZA PENSIONE

½ P 77/120 €   Prezzo minimo/massimo della mezza pensione (camera, prima colazione ed un pasto) in alta stagione per persona. Questi prezzi sono validi per la camera doppia occupata da due persone, per un soggiorno minimo di tre giorni; la persona singola potrà talvolta vedersi applicata una maggiorazione. La maggior parte degli alberghi pratica anche la pensione completa.

RISTORANTE

⊛   Esercizio che offre un pasto semplice per meno di 22 €

Menu a prezzo fisso:
(pasto composto da: primo, piatto del giorno e dessert)

Rist - Menu 15/25 €   Minimo 15 €, massimo 25 €
bc   Bevanda compresa

Rist - carta 30/46 € **Pasto carta:**
Pasto alla carta bevanda esclusa. Il primo prezzo corrisponde ad un pasto semplice comprendente: primo, piatto del giorno e dessert. Il secondo prezzo corrisponde ad un pasto più completo (con specialità) comprendente: antipasto, due piatti, formaggio o dessert. Talvolta i ristoranti non dispongono di liste scritte ed i piatti sono proposti a voce.

Le città

GENERALITÀ

20100	Codice di avviamento postale
Piacenza	Provincia alla quale la località appartiene
⊠ **28042 Baveno**	Numero di codice e sede dell'Ufficio Postale
P	Capoluogo di Provincia
561 D9	Numero della carta Michelin e coordinate riferite alla quadrettatura
▌Toscana	Vedere la Guida Verde Michelin Toscana
108 872 ab	Popolazione residente
alt. 175	Altitudine
Stazione termale ⎫ **Sport invernali** ⎭	Genere della stazione
1500/2000 m	Altitudine della località e altitudine massima raggiungibile con gli impianti di risalita
🚠 **2**	Numero di funivie o cabinovie
🚡 **4**	Numero di sciovie e seggiovie
🎿	Sci di fondo
EX A	Lettere indicanti l'ubicazione sulla pianta
🏌**18**	Golf e numero di buche
☀ ≼	Panorama, vista
✈	Aeroporto
🛳	Trasporti marittimi
🛈	Ufficio Informazioni turistiche

INFORMAZIONI TURISTICHE

INTERESSE TURISTICO

★★★	Vale il viaggio
★★	Merita una deviazione
★	Interessante

UBICAZIONE

👁	Nella città
↻	Nei dintorni della città
Nord, Sud, Est, Ovest	Il luogo si trova a Nord, a Sud, a Est, a Ovest della località
per ① o ④	Ci si va dall'uscita ① o ④ indicata con lo stesso segno sulla pianta e sulla carta stradale Michelin
6 km	Distanza chilometrica

INFORMAZIONI PER L'AUTOMOBILISTA

C.I.S.	☎ 1518 (informazioni viabilità)
A.C.I.	☎ 803 116 (soccorso stradale)

Le piante

- Alberghi
- Ristoranti

CURIOSITÀ

Edificio interessante
Costruzione religiosa interessante

VIABILITÀ

Autostrada, doppia carreggiata tipo autostrada
❶ Numero dello svincolo
Grande via di circolazione
Senso unico – Via regolamentata o impraticabile
Zona a traffico limitato
Via pedonale – Tranvia
Pasteur Via commerciale – Sottopassaggio-Parcheggio
Porta – Sottopassaggio – Galleria
Stazione e ferrovia
Funicolare – Funivia, Cabinovia
Ponte mobile – Traghetto per auto

SIMBOLI VARI

𝐙 Ufficio informazioni turistiche
Moschea – Sinagoga
Torre – Ruderi – Mulino a vento
Giardino, parco, bosco – Cimitero – Via Crucis
Stadio – Golf – Ippodromo
Piscina: all'aperto, coperta
Vista – Panorama
Monumento – Fontana – Fabbrica
Centro commerciale
Porto turistico – Faro – Torre per telecomunicazioni
Aeroporto – Stazione della Metropolitana – Autostazione
Trasporto con traghetto:
- passeggeri ed autovetture
③ Simbolo di riferimento comune alle piante ed alle carte
Michelin particolareggiate
Ufficio postale centrale
Ospedale – Mercato coperto
Edificio pubblico indicato con lettera:
P H J Prefettura –Municipio – Palazzo di Giustizia
M T - Museo - Teatro
U - Università
◈ POL - Carabinieri- Polizia (Questura, nelle grandi città)

13

How to use this guide

TOURIST INFORMATION

Distances from the main towns, tourist offices, local tourist attractions, means of transport, golf courses and leisure activities...

HOTELS

From 🏨 to 🏠:
categories of comfort.
🏠: Guesthouse,
country guesthouse.
The most pleasant: in red.

GOOD FOOD AND ACCOMMODATION AT MODERATE PRICES

🏨 Bib Hotel.
😊 Bib Gourmand.

STARS

❀❀❀ Worth a special journey.
❀❀ Worth a detour.
❀ A very good restaurant.

RESTAURANTS

From 🍴🍴🍴🍴 to 🍴: categories of comfort
The most pleasant: in red.

14

OTHER MICHELIN PUBLICATIONS

References for the Michelin map
and Green Guide which covers the area.

LOCATING THE TOWN

Locate the town on the map
at the end of the guide
(map number and coordinates).

LOCATING THE ESTABLISHMENT

Located on the town plan
(coordinates and letters giving the location).

QUIET HOTELS

🐾 quiet hotel.

🐾 very quiet hotel.

DESCRIPTION OF THE ESTABLISHMENT

Atmosphere, style,
character and specialities.

FACILITIES AND SERVICES

PRICES

---

gna

rt invernali : funivia   22 **S4**

ia

2 – Milano 184 –

io.it, Fax 0573 60232.
nieres, 𝒫 016 55 60 45 - Fax

★ - Finestre ★ del Priorato di
a Y A

nonti e vallate 🏠 🚗 **VISA AE** ①   AU **d**

70/240 € – ½ P 150 €
edi) Menu 26 € – Carta 25/50 €
ta 35/65 € (+10%)
bergo con accogliente soggiorno in
. sobria eleganza; camere ben tenute.
o con soppalco e grandi vetrate.

villa@aostehotels.com – Fax 0165 23 26 85 –   BF **n**
nedie mercoledi sera
½P 50 €
5 € - Carta 56/70 €
na bella cornice di boschi di faggio, per un pic-
.o familiare a pochi metri dagli impianti di risalita.
menti predominanti nell'accogliente sala dapranzo.   CY **a**

info@ristorantecavallino.com
gno, dal 2 al 7 novembre, domenica e lunedì.
– Carta 65/85 €
.on sedano, aceto balsamico e grissini alle noci. Pesca
sa di lamponi.
uce degnamente in un'ampia, luminosa sala di tono elegante
scana per una cucina ricca di tradizione e d'inventiva.   BU **g**

oz 18 – 𝒫 0165 35 98 64 – riviera@tiscali.it
chiuso domenica sera e lunedì a mezzogiorno   romantici
rta 53/72 €   Calda atmosfera nei romantici
.te ristrutturato nella sua interezza. Calda atmosfera legati alla tradizione locale.   CS **e**

11 – Fax 0165 7 65 12 – chiuso domenica sera e lunedì
a offre piatti di una certa raffinatezza legati alla tradizione locale.
disponibilità in un piacevole ambiente
tipici della casa.

15

Commitments

*"This volume was created at the turn of the century
and will last at least as long".*

This foreword to the very first edition of the MICHELIN guide, written in 1900, has become famous over the years and the guide has lived up to the prediction. It is read across the world and the key to its popularity is the consistency of its commitment to its readers, which is based on the following promises.

The MICHELIN guide's commitments:

Anonymous inspections: our inspectors make regular and anonymous visits to hotels and restaurants to gauge the quality of products and services offered to an ordinary customer. They settle their own bill and may then introduce themselves and ask for more information about the establishment. Our readers' comments are also a valuable source of information, which we can then follow up with another visit of our own.

Independence: Our choice of establishments is a completely independent one, made for the benefit of our readers alone. The decisions to be taken are discussed around the table by the inspectors and the editor. The most important awards are decided at a European level. Inclusion in the guide is completely free of charge.

Selection and choice: The guide offers a selection of the best hotels and restaurants in every category of comfort and price. This is only possible because all the inspectors rigorously apply the same methods.

Annual updates: All the practical information, the classifications and awards are revised and updated every single year to give the most reliable information possible.

Consistency: The criteria for the classifications are the same in every country covered by the MICHELIN guide.

... and our aim: to do everything possible to make travel, holidays and eating out a pleasure, as part of Michelin's ongoing commitment to improving travel and mobility.

Dear reader

Dear reader,

We are delighted to introduce the 55rd edition of The MICHELIN guide Italia.

This selection of the best hotels and restaurants in every price category is chosen by a team of full-time inspectors with a professional background in the industry. They cover every corner of the country, visiting new establishments and testing the quality and consistency of the hotels and restaurants already listed in the guide.

Every year we pick out the best restaurants by awarding them from ✿ to ✿✿✿. Stars are awarded for cuisine of the highest standards and reflect the quality of the ingredients, the skill in their preparation, the combination of flavours, the levels of creativity and value for money, and the ability to combine all these qualities not just once, but time and time again.

Additionnally, we highlight those restaurants which, over the last year, have raised the quality of their cooking to a new level. Whether they have gained a first star, risen from one to two stars, or moved from two to three, these newly promoted restaurants are marked with an 'N' next to their entry to signal their new status in 2010.

We have also picked out a selection of "*Rising Stars*". These establishments, listed in red, are the best in their present category. They have the potential to rise further, and already have an element of superior quality; as soon as they produce this quality consistently, and in all aspects of their cuisine, they will be hot tips for a higher award. We've highlighted these promising restaurants so you can try them for yourselves; we think they offer a foretaste of the gastronomy of the future.

We're very interested to hear what you think of our selection, particularly the "*Rising Stars*", so please continue to send us your comments. Your opinions and suggestions help to shape your guide, and help us to keep improving it, year after year. Thank you for your support. We hope you enjoy travelling with the MICHELIN guide 2010.

Consult the MICHELIN guide at **www.ViaMichelin.com**
and write to us at: **laguidamichelin-italia@it.michelin.com**

Classification & Awards

CATEGORIES OF COMFORT

The MICHELIN guide selection lists the best hotels and restaurants in each category of comfort and price. The establishments we choose are classified according to their levels of comfort and, within each category, are listed in order of preference.

🏨🏨🏨	XXXXX	Luxury in the traditional style
🏨🏨🏨	XXXX	Top class comfort
🏨🏨	XXX	Very comfortable
🏨	XX	Comfortable
🏠	X	Quite comfortable
🏠		Alternative accommodation (B&B, country guesthouse)
senza rist		This hotel has no restaurant
con cam		This restaurant also offers accommodation

THE AWARDS

To help you make the best choice, some exceptional establishments have been given an award in this year's Guide. They are marked ❀ or ☺ and **Rist**.

THE BEST CUISINE

Michelin stars are awarded to establishments serving cuisine, of whatever style, which is of the highest quality. The cuisine is judged on the quality of ingredients, the skill in their preparation, the combination of flavours, the levels of creativity, the value for money and the consistency of culinary standards.

❀❀❀	**Exceptional cuisine, worth a special journey** One always eats extremely well here, sometimes superbly.
❀❀	**Excellent cooking, worth a detour**
❀	**A very good restaurant in its category**

GOOD FOOD
AND ACCOMMODATION AT MODERATE PRICES

☺	**Bib Gourmand** Establishment offering good quality cuisine, often with a regional flavour, for under €30 (€35 in a main city or important tourist destination). Price of a meal, not including drinks.
🛏	**Bib Hotel** Establishments offering good levels of comfort and service, with most rooms priced at under €85. Price of a room for 2 people, excluding breakfast.

PLEASANT HOTELS AND RESTAURANTS

Symbols shown in red indicate particularly pleasant or restful establishments: the character of the building, its décor, the setting, the welcome and services offered may all contribute to this special appeal.

  ⚶ to 🏠🏠🏠🏠 **Pleasant accommodations**

  ⚸ to ⚸⚸⚸⚸⚸ **Pleasant restaurants**

OTHER SPECIAL FEATURES

As well as the categories and awards given to the establishment, Michelin inspectors also make special note of other criteria which can be important when choosing an establishment.

LOCATION

If you are looking for a particularly restful establishment, or one with a special view, look out for the following symbols:

       🐾   **Quiet accommodation**

       🐾   **Very quiet accommodation**

       ≼   **Interesting view**

       ≼   **Exceptional view**

WINE LIST

If you are looking for an establishment with a particularly interesting wine list, look out for the following symbol:

       🍇   **Particularly interesting wine list**
             This symbol might cover the list presented by a sommelier in a luxury restaurant or that of a simple inn where the owner has a passion for wine. The two lists will offer something exceptional but very different, so beware of comparing them by each other's standards.

Facilities
& services

30 cam	Number of rooms
⌷	Lift (elevator)
AIC	Air conditioning (in all or part of the establishment)
⚥	Hotel partly reserved for non smokers. In Italy, it is forbidden by law to smoke in restaurants and in the public rooms of hotels.
📞	High speed Internet in bedrooms
(ຖຸ)	Wireless Internet in bedrooms
♿	Establishment at least partly accessible to those of restricted mobility
🏃	Special facilities for children
⛱	Meals served in garden or on terrace
🅂🄿🄰	Wellness centre: an extensive facility for relaxation and well-being
♨	Hydrotherapy
♨ ⅃⊿	Sauna – Exercise room
⤢ ⊡	Swimming pool: outdoor or indoor
⌸ 🀙	Garden – Park
✖ 🄸8	Tennis court – Golf course and number of holes
⚐	Equipped conference room
⌨	Private dining rooms
🚗	Hotel garage (one night free for those in possession of the current MICHELIN Guide)
🚗	Hotel garage (additional charge in most cases)
🅿	Car park for customers only
🅿	Enclosed car park for customers only
🐕	Dogs are excluded from all or part of the establishment
Ⓜ	Nearest metro station in Rome and Milan
20 aprile-5 ottobre	Dates when open (or closed), as indicated by the hotelier.

Prices

Prices quoted in this Guide are for summer 2009 and apply to high season. They are subject to alteration if goods and service costs are revised. The rates include tax and service charge (unless otherwise indicated, eg 15%).

By supplying the information, hotels and restaurants have undertaken to maintain these rates for our readers.

In some towns, when commercial, cultural or sporting events are taking place the hotel rates are likely to be considerably higher.

Out of season, certain establishments offer special rates. Ask when booking.

DEPOSITS

Some hotels will require a deposit, which confirms the commitment of customer and hotelier alike. Make sure the terms of the agreement are clear.

CREDIT CARDS

Credit cards accepted by the establishment:

VISA ⓜⓒ AE ⓓ   Visa – MasterCard (Eurocard) – American Express – Diners Club –
ⓢ   Carta Si

ROOMS

👤50/60€   Lowest/highest price for a single room
👤👤80/100€   Lowest/highest price for a double room
cam ☕ -60/70€   Price includes breakfast
☕ 10€   Price of continental breakfast if not included
(additional charge when served in the bedroom)

HALF BOARD

½ P 77/120€   Lowest/highest half-board price (room, breakfast and a meal) in high season, per person. These prices are valid for a double room occupied by two people for a minimum stay of three days. A single person may have to pay a supplement. Most of the hotels also offer full board terms on request.

RESTAURANT

🍤   Establishment serving a simple meal for less than €22.
Rist - Menu 15/25€   **Set meals:**
lowest €15 and highest €25
bc   House wine included
Rist - carta 30/46€   **A la carte meals:**
The first figure is for a plain meal and includes entrée, main dish of the day with vegetables and dessert. The second figure is for a fuller meal (with "spécialité") and includes hors d'œuvre, 2 main courses, cheese or dessert.
When the establishment has neither table d'hôte nor "à la carte" menus, the dishes of the day are given verbally.

Towns

GENERAL INFORMATION

20100	Postal code
Piacenza	Province in which a town is situated
⊠ 28042 Baveno	Postal number and name of the post office serving the town
P	Provincial capital
561 D9	Michelin map and co-ordinates or fold
▌Toscana	See the Michelin Green Guide Tuscany
108 872 ab	Population
alt. 175	Altitude (in metres)
Stazione termale	Spa
Sport invernali	Winter sports
1500/2000 m	Altitude (in metres) of resort and highest point reached by lifts
🚠 2	Number of cable cars
🚡 4	Number of ski and chair lifts
🎿	Cross-country skiing
EX A	Letters giving the location of a place on the town plan
⛳18	Golf course and number of holes
✳ ≤	Panoramic view, viewpoint
✈	Airport
⛴	Shipping line (passengers & cars)
ℹ	Tourist Information Centre

TOURIST INFORMATION

SIGHTS

★★★	Highly recommended
★★	Recommended
★	Interesting

LOCATION

◉	Sights in town
Ⓖ	On the outskirts
Nord, Sud, Est, Ovest	The sight lies north, south, east or west of the town
per ① o ④	Sign on town plan and on the Michelin road map indicating the road leading to a place of interest
6 km	Distance in kilometres

INFORMATION FOR MOTORISTS

C.I.S.	𝒫 1518 (roadway information)
A.C.I.	𝒫 803 116 (roadway emergencies)

Town plans

•	Hotels	
•	Restaurants	

SIGHTS

Place of interest

Interesting place of worship

ROADS

Motorway, Dual carriageway
Motorway, Dual carriageway with motorway characteristics

❶ Number of junction

Major thoroughfare

← ◄ One-way street – Unsuitable for traffic, street subject to restrictions

Area subject to restrictions

Pedestrian street – Tramway

Pasteur **P** Shopping street – Low headroom – Car park

Gateway – Street passing under arch – Tunnel

Station and railway

Funicular – Cable-car

△ **B** Lever bridge – Car ferry

VARIOUS SIGNS

🛈 Tourist Information Centre

Mosque – Synagogue

Tower – Ruins – Windmill

Garden, park, wood – Cemetery – Cross

Stadium – Golf course – Racecourse

Outdoor or indoor swimming pool

View – Panorama

Monument – Fountain – Factory

Shopping centre

Pleasure boat harbour – Lighthouse – Communications tower

✈ Airport – Underground station – Coach station

Ferry services:

– passengers and cars

③ Reference numbers common to town plans and Michelin maps

Main post office

Hospital – Covered market

Public buildings located by letter:

P H J – Prefecture – Town Hall – Law Courts

M T U – Museum – Theatre – University

◈ POL – Police (in large towns police headquarters)

23

Le distinzioni 2010

Awards 2010

Le Tavole stellate 2010

Il colore indica l'esercizio più stellato della località.

Roma	✳✳✳	La località possiede almeno un ristorante 3 stelle
Milano	✳✳	La località possiede almeno un ristorante 2 stelle
Taormina	✳	La località possiede almeno un ristorante 1 stella

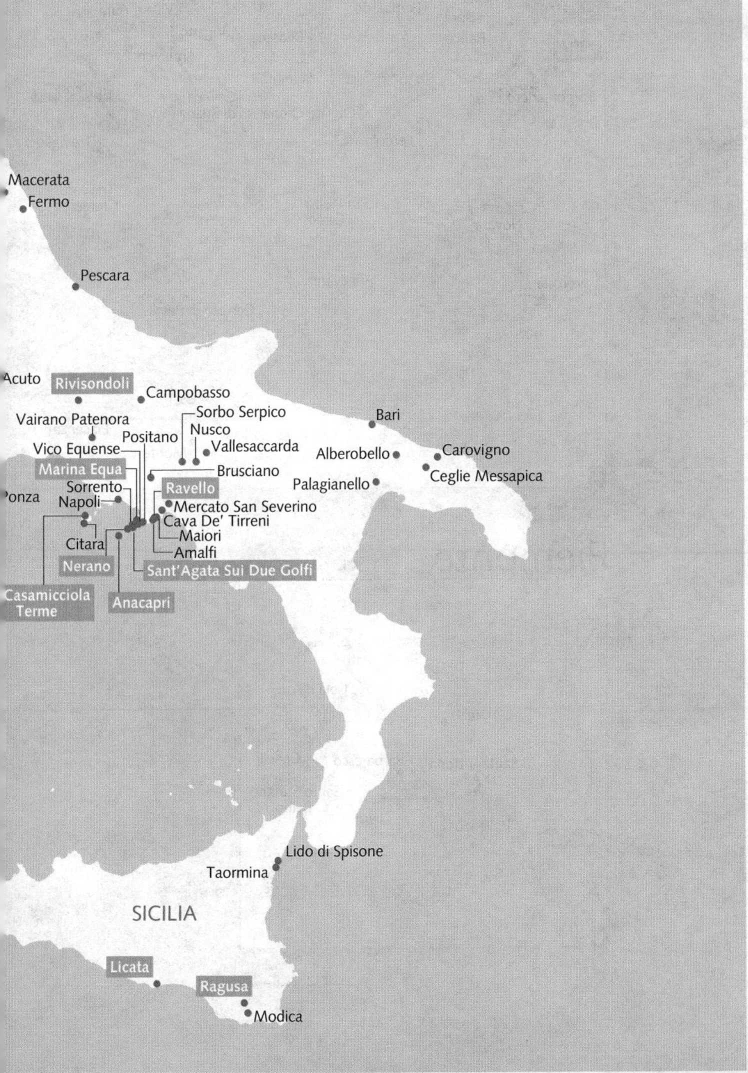

Macerata
Fermo

Pescara

Acuto Rivisondoli
       Campobasso
Vairano Patenora   Sorbo Serpico   Bari
                      Nusco
Vico Equense Positano Vallesaccarda
       Marina Equa   Bruscianо   Alberobello   Carovigno
Sorrento   Ravello   Palagianello   Ceglie Messapica
Ponza Napoli   Mercato San Severino
              Cava De' Tirreni
       Citara   Maiori
       Nerano   Amalfi
                Sant'Agata Sui Due Golfi
Casamicciola Anacapri
Terme

                        Lido di Spisone
              Taormina

       SICILIA

       Licata
              Ragusa
                Modica

Le Tavole stellate 2010

Il colore indica l'esercizio più stellato della località.

Lombardia

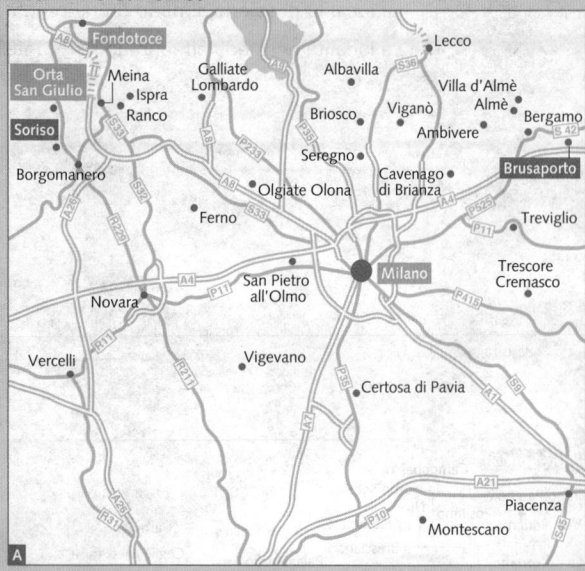

Piemonte

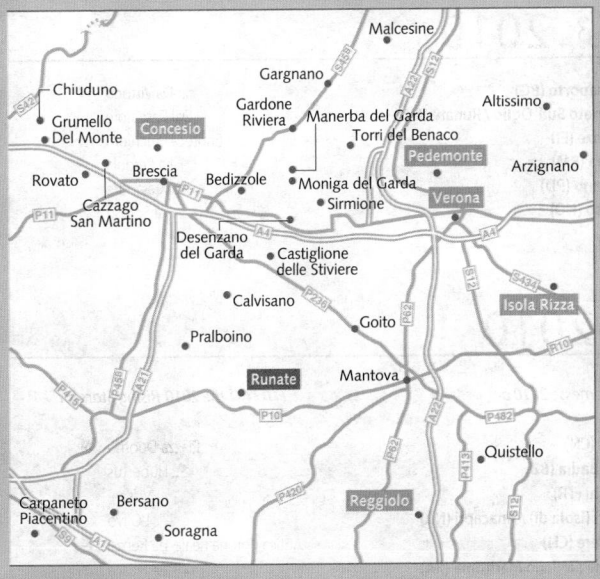

Toscana

Gli esercizi con stelle

Starred establishments

✿✿✿ 2010

Brusaporto (BG)	Da Vittorio **N**
Canneto Sull' Oglio / Runate (MN)	Dal Pescatore
Firenze (FI)	Enoteca Pinchiorri
Roma (RM)	La Pergola
Rubano (PD)	Le Calandre
Soriso (NO)	Al Sorriso

✿✿ 2010

In rosso le promesse 2010 per ✿✿✿   →*In red* the 2010 Rising Stars for ✿✿✿

Alba (CN)	Piazza Duomo **N**
Alta Badia (BZ)	St. Hubertus
Baschi (TR)	Vissani
Capri (Isola di) / Anacapri (NA)	L'Olivo
Cervere (CN)	Antica Corona Reale-da Renzo **N**
Cervia / Milano Marittima (RA)	La Frasca
Colle di Val d'Elsa (SI)	Arnolfo
Concesio (BS)	Miramonti l'Altro
Imola (BO)	San Domenico
Ischia (Isola d') / Casamicciola Terme (NA)	Il Mosaico **N**
Isola Rizza (VR)	Perbellini
Licata (AG)	La Madia **N**
Lonigo (VI)	La Peca
Massa Lubrense / Nerano (NA)	Taverna del Capitano
Milano (MI)	Cracco
Milano (MI)	Il Luogo di Aimo e Nadia
Milano (MI)	Sadler
Milano (MI)	Trussardi alla Scala
Modena (MO)	Osteria Francescana
Montemerano (GR)	Caino
Orta San Giulio (NO)	Villa Crespi
Porto Ercole (GR)	Il Pellicano **N**
Ragusa (RG)	Duomo
Ravello (SA)	Rossellinis
Reggiolo (RE)	Il Rigoletto
Rivisondoli (AQ)	Reale

N → *Nuovo* ✿✿   → *New* ✿✿

Rivoli (TO)	Combal.zero
Roma (RM)	Il Pagliaccio
San Pietro in Cariano / Pedemonte (VR)	Arquade
Sant' Agata sui Due Golfi (NA)	Don Alfonso 1890
Senigallia (AN)	Uliassi
Senigallia / Marzocca (AN)	Madonnina del Pescatore
Tirolo (BZ)	Trenkerstube **N**
Venezia (VE)	Met **N**
Verbania / Fondotoce (VB)	Piccolo Lago
Verona (VR)	Il Desco
Vico Equense / Marina Equa (NA)	Torre del Saracino

✿ 2010

In rosso le promesse 2010 per ✿✿ → *In red* the 2010 Rising Stars for ✿✿

Acquapendente / Trevinano (VT)	La Parolina	**Bra / Pollenzo (CN)**	Guido
Acuto (FR)	Colline Ciociare	**Brescia (BS)**	Trattoria Artigliere
Alassio (SV)	Palma	**Briosco (MI)**	LeAR
Alba (CN)	Locanda del Pilone	**Brusciano (NA)**	Taverna Estia
Albavilla (CO)	Il Cantuccio	**Caluso (TO)**	Gardenia
Alberobello (BA)	Il Poeta Contadino	**Calvisano (BS)**	Gambero
Alessandria / Spinetta Marengo (AL)		**Campagna Lupia / Lughetto (VE)**	
	La Fermata		Antica Osteria Cera
Alghero (SS)	Andreini **N**	**Campobasso (CB)**	Vecchia Trattoria da Tonino
Almè (BG)	Frosio	**Canale (CN)**	All'Enoteca
Alta Badia (BZ)	La Siriola	**Canelli (AT)**	San Marco
Alta Badia (BZ)	La Stüa de Michil	**Carcoforo (VC)**	Scoiattolo
Altissimo (VI)	Casin del Gamba	**Carovigno (BR)**	Già Sotto l'Arco
Amalfi (SA)	La Caravella	**Carpaneto Piacentino (PC)**	Nido del Picchio
Ambivere (BG)	Antica Osteria dei Camelì	**Cartoceto (PU)**	Symposium
Ameglia (SP)	Locanda delle Tamerici	**Casole d'Elsa (SI)**	Il Colombaio
Aosta (AO)	Vecchio Ristoro	**Castelbello Ciardes (BZ)**	Kuppelrain
Appiano sulla Strada del Vino /		**Castellina in Chianti (SI)**	
San Michele (BZ)	Zur Rose		Albergaccio di Castellina
Arma di Taggia (IM)	La Conchiglia	**Castel Maggiore / Trebbo di Reno (BO)**	
Arzignano (VI)	Ca' Daffan		Il Sole
Asti (AT)	Gener Neuv	**Castelnuovo Berardenga (SI)**	
Bagno di Romagna (FC)	Paolo Teverini		La Bottega del 30
Barbaresco (CN)	Antinè	**Castiglione della Pescaia / Badiola (GR)**	
Bari (BA)	Bacco		Trattoria Toscana-Tenuta la Badiola
Barolo (CN)	Locanda nel Borgo Antico	**Castiglione delle Stiviere (MN)**	
Bedizzole (BS)	Ortica **N**		Osteria da Pietro
Bellagio (CO)	Mistral	**Cattolica (RN)**	Vicolo Santa Lucia **N**
Bergamo (BG)	L'Osteria di via Solata	**Cava de' Tirreni (SA)**	Pappacarbone
Bergamo (BG)	Roof Garden **N**	**Cavalese (TN)**	El Molin
Bergeggi (SV)	Claudio	**Cavenago di Brianza (MI)**	La Lucanda
Besenzone / Bersano (PC)	La Fiaschetteria	**Cazzago San Martino (BS)**	
Bibbona (Marina di) (LI)	La Pineta		Il Gelso di San Martino
Borgomanero (NO)	Pinocchio	**Ceglie Messapica (BR)**	Al Fornello-da Ricci

N → *Nuovo* ✿✿ → *New* ✿✿

Certaldo (FI)	Osteria del Vicario
Certosa di Pavia (PV)	
	Locanda Vecchia Pavia «Al Mulino»
Cervo (IM)	San Giorgio
Cesenatico (FC)	Lido Lido
Cesenatico (FC)	Magnolia
Chiuduno (BG)	A'anteprima
Chiusa (BZ)	Jasmin
Chiusi (SI)	I Salotti
Città di Castello (PG)	Il Postale
Cogne (AO)	Le Petit Restaurant
Collecchio (PR)	Villa Maria Luigia-di Ceci
Colloredo di Monte Albano (UD) La Taverna	
Cormons (GO)	Al Cacciatore-della Subida
Cornaredo / San Pietro all'Olmo (MI)	D'O
Cortina d'Ampezzo (BL)	Tivoli
Cortona / San Martino (AR)	Il Falconiere
Cuneo (CN)	Delle Antiche Contrade
Desenzano del Garda (BS)	Esplanade
Dolegna del Collio / Ruttars (GO)	
	Castello di Trussio dell'Aquila d'Oro
Falzes / Molini (BZ)	Schöneck
Felino (PR)	La Cantinetta
Fermo (AP)	Emilio
Ferno (VA)	La Piazzetta
Ferrara (FE)	Il Don Giovanni
Forte dei Marmi (LU)	Lorenzo
Galliate Lombardo (VA)	Ilario Vinciguerra
Gardone Riviera (BS)	Villa Fiordaliso
Gargnano (BS)	La Tortuga
Gargnano (BS)	Villa Feltrinelli
Genova / Sestri Ponente (GE)	Baldin **N**
Giovo (TN)	Maso Franch
Goito (MN)	Al Bersagliere
Grumello del Monte (BG)	Al Vigneto **N**
Imperia / Oneglia (IM)	Agrodolce
Ischia (Isola d') / Forio (NA)	Il Melograno
Isola d'Asti (AT)	Il Cascinalenuovo
Ispra (VA)	Schuman
Ladispoli (RM)	The Cesar
Lecco (LC)	Al Porticciolo 84
Livigno (SO)	Chalet Mattias
Lucca / Marlia (LU)	Butterfly
Lucca / Ponte a Moriano (LU)	La Mora
Macerata (MC)	L'Enoteca
Madesimo (SO)	
	Il Cantinone e Sport Hotel Alpina
Madonna di Campiglio (TN)	
	Stube Hermitage
Maiori (SA)	Il Faro di Capo d'Orso
Malcesine (VR)	Trattoria Vecchia Malcesine
Manerba del Garda (BS)	Capriccio
Mantova (MN)	Aquila Nigra
Massa Lubrense / Nerano (NA) Quattro Passi	

Massa Marittima / Ghirlanda (GR)	Bracali
Meina (NO)	Novecento
Merano (BZ)	Sissi **N**
Merano / Freiberg (BZ)	Castel Fragsburg **N**
Mercato San Severino (SA)	
	Casa del Nonno 13
Milano (MI)	Innocenti Evasioni
Milano (MI)	Joia
Milano (MI)	Tano Passami l'Olio
Modena (MO)	Hostaria del Mare **N**
Modena (MO)	Hosteria Giusti
Modena (MO)	L'Erba del Re
Modica (RG)	La Gazza Ladra
Moena (TN)	Malga Panna
Moniga del Garda (BS)	Quintessenza
Montecarotto (AN)	Le Busche
Montescano (PV)	Le Robinie **N**
Morgano / Badoere (TV)	Dal Vero
Morgex (AO)	Cafè Quinson
Mules (BZ)	Stafler
Napoli (NA)	Palazzo Petrucci
Noli (SV)	La Fornace di Barbablù **N**
Novara (NO)	Tantris
Nusco (AV)	La Locanda di Bu **N**
Oderzo (TV)	Gellius
Olbia (OT)	Gallura
Olgiate Olona (VA)	Ma.Ri.Na.
Ortisei (BZ)	Anna Stuben
Oviglio (AL)	Donatella
Palagianello (TA)	La Strega
Parma (PR)	Al Tramezzo
Parma (PR)	Parizzi
Pasiano di Pordenone /	
Cecchini di Pasiano (PN)	Il Cecchini
Pennabilli (PU)	Il Piastrino **N**
Pesaro (PU)	Da Alceo
Pescara (PE)	Café les Paillotes **N**
Piacenza (PC)	Antica Osteria del Teatro
Pieve d'Alpago (BL)	Dolada
Piove di Sacco (PD)	Meridiana **N**
Pollone (BI)	Il Patio
Ponte dell'Olio (PC)	Riva
Ponza (Isola di) / Ponza (LT)	Acqua Pazza
Portoscuso (CI)	La Ghinghetta
Positano (SA)	San Pietro
Pralboino (BS)	Leon d'Oro
Prato (PO)	Il Piraña
Puos d'Alpago (BL)	Locanda San Lorenzo
Quattro Castella / Rubbianino (RE)	
	Ca'Matilde
Quistello (MN)	Ambasciata
Ragusa (RG)	La Fenice **N**
Ragusa (RG)	Locanda Don Serafino
Ranco (VA)	Il Sole di Ranco

N → *Nuovo* ✿✿   → *New* ✿✿

Remanzacco (UD)	Bibendum
Rimini / Miramare (RN)	Guido
Rivodutri (RI)	La Trota
Roma (RM)	Acquolina Hostaria in Roma
Roma (RM)	Agata e Romeo
Roma (RM)	Antonello Colonna **N**
Roma (RM)	Baby
Roma (RM)	Glass Hostaria **N**
Roma (RM)	Imàgo
Roma (RM)	Mirabelle
Ronzone (TN)	Orso Grigio
Rovato (BS)	Due Colombe
Rubiera (RE)	Arnaldo-Clinica Gastronomica
Ruda (UD)	Osteria Altran
Salice Terme (PV)	Ca'Vegia
San Casciano in Val di Pesa / Cerbaia (FI)	
	La Tenda Rossa
San Marino (SMR)	Righi la Taverna
San Maurizio Canavese (TO)	La Credenza
San Polo d'Enza (RE)	Mamma Rosa
San Quirino (PN)	La Primula
San Remo (IM)	Paolo e Barbara
Santa Vittoria d'Alba (CN)	Savino Mongelli **N**
Santo Stefano Belbo (CN)	
	Il Ristorante di Guido da Costigliole
Sappada (BL)	Laite
Sarentino (BZ)	Auener Hof
Sasso Marconi (BO)	Marconi
Savigno (BO)	Trattoria da Amerigo
Savona (SV)	A Spurcacciun-a
Savona (SV)	L'Arco Antico
Selvazzano Dentro (PD)	La Montecchia
Seregno (MI)	Osteria del Pomiroeu **N**
Sirmione (BS)	La Rucola
Soragna (PR)	Locanda Stella d'Oro
Sorbo Serpico (AV)	Marenna'
Sorrento (NA)	Il Buco
Spello (PG)	Bastiglia

Taormina (ME)	Casa Grugno
Taormina (ME)	Principe Cerami
Taormina / Lido di Spisone (ME)	La Capinera
Tavarnelle Val di Pesa / Badia	
a Passignano (FI)	Osteria di Passignano
Tesimo (BZ)	Zum Löwen
Tigliole (AT)	Vittoria
Torino (TO)	Casa Vicina-Guidopereataly
Torino (TO)	La Barrique
Torino (TO)	Vintage 1997
Torri del Benaco (VR)	Al Caval
Treiso (CN)	La Ciau del Tornavento
Trento (TN)	Osteria a Le Due Spade
Trento (TN)	Scrigno del Duomo
Trescore Cremasco (CR)	Trattoria del Fulmine
Treviglio (BG)	San Martino
Udine / Godia (UD)	Agli Amici
Vairano Patenora (CE)	Vairo del Volturno
Vallesaccarda (AV)	Oasis-Sapori Antichi
Vandoies (BZ)	La Passion
Venaria Reale (TO)	
	Dolce Stil Novo alla Reggia
Venezia (VE)	Osteria da Fiore
Vercelli (VC)	Cinzia da Christian e Manuel **N**
Verona (VR)	Osteria la Fontanina
Viareggio (LU)	Piccolo Principe
Viareggio (LU)	Romano
Vico Equense (NA)	Antica Osteria Nonna Rosa
Vico Equense (NA)	L'Accanto **N**
Vico Equense (NA)	Maxi **N**
Viganò (LC)	Pierino Penati
Vigevano (PV)	I Castagni
Villa d'Almè (BG)	Osteria della Brughiera
Villa di Chiavenna (SO)	Lanterna Verde
Vipiteno (BZ)	Kleine Flamme **N**

LE PROMESSE 2010 PER ✿

The 2010 Rising Stars for ✿

Benevello (CN)	Villa d'Amelia
Bologna (BO)	I Portici
Firenze (FI)	Onice Lounge e Restaurant
Massa Lubrense / Termini (NA)	Relais Blu
Milano (MI)	Nicola Cavallaro al San Cristoforo
Roma (RM)	Iolanda
Vodo Cadore (BL)	Al Capriolo

N → *Nuovo* ✿✿   → *New* ✿✿

Bib Gourmand

Pasti accurati a prezzi contenuti

Good food at moderate prices

Agazzano (PC)	Antica Trattoria Giovanelli	**Cantalupo nel Sannio (IS)**	
Alta Badia (BZ)	Maso Runch		Antica Trattoria del Riccio
Andria / Montegrosso (BA)	Antichi Sapori	**Cappella de' Picenardi (CR)**	
Arcore (MI)	L'Arco del Re		Locanda degli Artisti
Arezzo / Giovi (AR)	Antica Trattoria al Principe	**Capriata d'Orba (AL)**	Il Moro
Argelato (BO)	L'800	**Capri Leone (ME)**	Antica Filanda
Ariano Irpino (AV)	La Pignata	**Caramanico Terme (PE)**	Locanda del Barone
Arona / Montrigiasco (NO)	Castagneto	**Carpi (MO)**	Il Barolino **N**
Ascoli Piceno (AP)	Gallo d'Oro **N**	**Castagneto Carducci / Bolgheri (LI)**	
Asiago (VI)	Locanda Aurora		Osteria Magona
Bagnara Calabra (RC)	Taverna Kerkira	**Castelbuono (PA)**	Nangalarruni
Bagno di Romagna / San Piero		**Castelmezzano (PZ)**	Al Becco della Civetta
in Bagno (FC)	Locanda al Gambero Rosso	**Castelnovo ne' Monti (RE)**	Locanda da Cines
Barbianello (PV)	Da Roberto	**Castelnuovo Magra (SP)**	Armanda **N**
Bassano Romano (VT)	La Casa di Emme	**Cavallermaggiore (CN)**	Italia
Bellinzago Novarese / Badia		**Cavatore (AL)**	Da Fausto
di Dulzago (NO)	Osteria San Giulio	**Ceglie Messapica (BR)**	Cibus
Belluno (BL)	Al Borgo	**Cento (FE)**	Antica Osteria da Cencio
Benevento (BN)	Pascalucci	**Cetara (SA)**	Al Convento
Bologna (BO)	Marco Fadiga Bistrot	**Chianciano Terme (SI)**	Hostaria il Buco
Bologna (BO)	Monte Donato	**Chiesa in Valmalenco (SO)**	Malenco
Bologna (BO)	Posta	**Chieti (CH)**	Da Gilda
Bolzano / Signato (BZ)	Patscheider Hof	**Chiusi (SI)**	Osteria La Solita Zuppa **N**
Bordighera (IM)	Magiargè Vini e Cucina	**Civitella Casanova (PE)**	La Bandiera
Borgarello (PV)	Locanda degli Eventi	**Colorno / Vedole (PR)**	Al Vedel
Borghetto di Borbera (AL)	Il Fiorile	**Concordia sulla Secchia (MO)**	
Borgio Verezzi (SV)	Da Casetta		Trattoria Secchia
Borgonovo Val Tidone (PC)		**Corte de' Cortesi (CR)**	Il Gabbiano
	Vecchia Trattoria Agazzino **N**	**Cortina d'Ampezzo (BL)**	Da Aurelio
Bosco Marengo (AL)	Locanda dell'Olmo	**Cortona (AR)**	Hostaria la Bucaccia
Bressanone (BZ)	Fink	**Cortona (AR)**	Locanda del Molino **N**
Calamandrana (AT)	Violetta	**Crodo / Viceno (VB)**	Edelweiss
Calavino (TN)	Da Cipriano	**Cuasso al Monte (VA)**	Al Vecchio Faggio
Calestano (PR)	Locanda Mariella	**Cuneo (CN)**	Osteria della Chiocciola
Camigliatello Silano (CS)	Aquila-Edelweiss	**Curtatone / Grazie (MN)**	Locanda delle Grazie
Campobasso (CB)	Miseria e Nobiltà	**Cutigliano (PT)**	Trattoria da Fagiolino
Campogalliano (MO)	Magnagallo	**Eboli (SA)**	Il Papavero
Campogalliano (MO)	Trattoria Barchetta **N**	**Enna (EN)**	Centrale
Canale d'Agordo (BL)	Alle Codole	**Fagagna (UD)**	Al Castello
Candia Canavese (TO)	Residenza del Lago	**Fano (PU)**	Da Maria al Ponte Rosso **N**

N → Nuovo 😊   → New 😊

34

Fasano (BR)	Rifugio dei Ghiottoni
Felino (PR)	Antica Osteria da Bianchini
Ferrara / Gaibana (FE)	Trattoria Lanzagallo
Fiesole / Montebeni (FI)	Tullio a Montebeni
Filandari / Mesiano (VV)	Frammichè
Firenze (FI)	Del Fagioli
Firenze (FI)	Il Latini
Firenze (FI)	Il Santo Bevitore
Firenze (FI)	Pane e Vino
Firenze (FI)	Trattoria Cibrèo-Cibreino
Follonica (GR)	Il Sottomarino **N**
Forno di Zoldo / Mezzocanale (BL)	
	Mezzocanale-da Ninetta
Furore (SA)	Hostaria di Bacco
Gallodoro (ME)	Noemi
Gavirate (VA)	Tipamasaro
Genova (GE)	Antica Osteria di Vico Palla
Genova / Voltri (GE)	Ostaia da ü Santü
Glorenza (BZ)	Posta
Grosseto (GR)	Antico Borgo
Guardiagrele (CH)	Villa Maiella
Guglionesi (CB)	Terra Mia **N**
Imperia / Oneglia (IM)	Pane e Vino
Inverno-Monteleone (PV)	Trattoria Righini
Isera (TN)	Casa del Vino
Isola Dovarese (CR)	Caffè La Crepa
Isola Sant'Antonio (AL)	Da Manuela
La Morra / Santa Maria (CN)	
	L'Osteria del Vignaiolo
La Spezia (SP)	Il Ristorantino di Bayon
La Spezia (SP)	L'Osteria della Corte **N**
Lavis / Sorni (TN)	Trattoria Vecchia Sorni
Lazise (VR)	Alla Grotta
Longiano (FC)	Dei Cantoni
Lucca (LU)	Agli Orti di Via Elisa
Lucca (LU)	La Cecca
Lucca / Ponte a Moriano (LU)	
	Antica Locanda di Sesto
Lusia (RO)	Trattoria al Ponte
Macerata (MC)	Le Case
Mariano del Friuli / Corona (GO)	Al Piave
Marostica / Valle San Floriano (VI)	La Rosina
Marradi (FI)	Il Camino
Masio (AL)	Trattoria Losanna
Massa (MS)	Osteria del Borgo
Massa Lubrense / Santa Maria	
Annunziata (NA)	La Torre
Meldola (FC)	Il Rustichello
Melfi (PZ)	Novecento
Menfi (AG)	Il Vigneto
Milano (MI)	Baia Chia
Milano (MI)	La Cantina di Manuela
Milano (MI)	La Cantina di Manuela
Milano (MI)	Dongiò
Milano (MI)	Da Giannino-L'Angolo d'Abruzzo
Milano (MI)	Giulio Pane e Ojo
Milano (MI)	Serendib
Mileto (VV)	Il Normanno
Minervino Murge (BA)	
	La Tradizione-Cucina Casalinga
Moena (TN)	Foresta
Moncalieri / Revigliasco (TO)	
	La Taverna di Fra' Fiusch
Monreale (PA)	Taverna del Pavone
Montegiorgio / Piane	
di Montegiorgio (AP)	Oscar e Amorina **N**
Monte Sant'Angelo (FG)	Medioevo
Monticelli d'Ongina (PC)	
	Antica Trattoria Cattivelli **N**
Montoggio (GE)	Roma
Mossa (GO)	Blanch
Napoli (NA)	La Piazzetta
Norcia (PG)	Granaro del Monte
Oliena (NU)	Sa Corte
Oliena (NU)	Su Gologone
Ormea / Ponte di Nava (CN)	
	Ponte di Nava-da Beppe
Ostuni (BR)	Osteria Piazzetta Cattedrale
Pacentro (AQ)	Taverna De Li Caldora
Palazzago (BG)	Osteria Burligo
Palazzolo sull'Oglio (BS)	Osteria della Villetta
Palermo (PA)	Bellotero
Palermo (PA)	Lo Scudiero
Palermo (PA)	Santandrea
Palermo / Sferracavallo (PA)	Il Delfino
Parma (PR)	I Tri Siochett
Parma / Castelnovo	
di Baganzola (PR)	Le Viole
Pescara (PE)	Locanda Manthonè **N**
Pescara (PE)	Taverna 58
Pesek / Draga Sant'Elia (TS)	Locanda Mario
Piadena (CR)	Dell'Alba
Pietravairano (CE)	La Caveja
Pigna (IM)	Terme
Pisa (PI)	Osteria del Porton Rosso
Ponte dell'Olio (PC)	Locanda Cacciatori
Pontida (BG)	Hosteria la Marina
Porto Sant'Elpidio (AP)	Il Baccaro
Pradipozzo (VE)	Tavernetta del Tocai
Pulsano / Marina di Pulsano (TA)	La Barca
Racale (LE)	L'Acchiatura **N**
Rancio Valcuvia (VA)	Gibigiana **N**
Randazzo (CT)	Scrivano
Reggiolo (RE)	Trattoria al Lago Verde
Rieti (RI)	Bistrot
Riparbella (PI)	La Cantina
Roletto (TO)	Il Ciabot
Roma (RM)	Domenico dal 1968

N → *Nuovo* 🍴   → *New* 🍴

Roma (RM)	Felice a Testaccio
Roma (RM)	Mamma Angelina
Roma (RM)	Trattoria Fauro
Romeno (TN)	Nerina
Rotonda (PZ)	Da Peppe
Ruvo di Puglia (BA)	U.P.E.P.I.D.D.E.
Sacrofano (RM)	Al Grottino
Saint-Pierre / Rumiod (AO)	Al Caminetto
Salò (BS)	Osteria dell'Orologio
Sambuco (CN)	Della Pace
San Cipriano (GE)	Ferrando
Sangineto Lido (CS)	Convito
San Martino di Castrozza (TN)	Da Anita **N**
Sansepolcro (AR)	Da Ventura
San Severo (FG)	La Fossa del Grano
Sant' Ambrogio di Valpolicella /	
San Giorgio (VR)	Dalla Rosa Alda
Santarcangelo di Romagna (RN)	
	Osteria la Sangiovesa
San Vigilio di Marebbe (BZ)	Fana Ladina
San Vito di Leguzzano (VI)	
	Antica Trattoria Due Mori
Sarzana (SP)	La Giara
Sauris (UD)	Alla Pace
Savogna d'Isonzo / San Michele	
del Carso (GO)	Lokanda Devetak
Scanno (AQ)	Osteria di Costanza e Roberto
Siderno (RC)	La Vecchia Hosteria
Siena (SI)	La Taverna di San Giuseppe **N**
Siena (SI)	Trattoria Papei
Silvi Marina (TE)	Don Ambrosio
Sinagra (ME)	Trattoria da Angelo
Soiano del Lago (BS)	Villa Aurora
Soliera / Sozzigalli (MO)	Osteria Bohemia
Sommacampagna (VR)	Merica
Spilamberto (MO)	Da Cesare **N**

Spoleto (PG)	Cantina de Corvi
Tarcento (UD)	Osteria di Villafredda
Tavarnelle Val di Pesa / San Donato	
in Poggio (FI)	La Toppa
Taviano (LE)	A Casa tu Martinu
Termoli (CB)	Da Noi Tre
Terranova di Pollino (PZ)	Luna Rossa
Tezze (TV)	Strada Vecchia **N**
Toirano (SV)	Al Ravanello Incoronato
Torrile / Vicomero (PR)	Romani
Tortona (AL)	Vineria Derthona
Traversella (TO)	Le Miniere
Trecastagni (CT)	Villa Taverna
Treviso (TV)	
	Hosteria Antica Contrada delle due Torri **N**
Tricesimo (UD)	Miculan
Urbino / Gadana (PU)	
	Agriturismo Cà Andreana
Urgnano / Basella (BG)	Quadrifoglio
Usseaux (TO)	Lago del Laux
Valdagno (VI)	Hostaria a le Bele
Valdobbiadene / Bigolino (TV)	Tre Noghere
Valle di Casies (BZ)	Durnwald
Varese Ligure (SP)	La Taverna del Gallo Nero
Venezia (VE)	Anice Stellato
Venezia (VE)	Trattoria alla Madonna
Verbania / Pallanza (VB)	Dei Cigni **N**
Verona (VR)	Al Bersagliere
Verona (VR)	San Basilio alla Pergola
Viareggio (LU)	Il Puntodivino
Viarolo (PR)	La Porta di Felino **N**
Vicchio (FI)	La Casa di Caccia
Voltido / Recorfano (CR)	
	Antica Trattoria Gianna
Zogno / Ambria (BG)	Da Gianni

Bib Hotel

Buona sistemazione a prezzo contenuto
Good accommodation at moderate prices

Acqui Terme (AL)	Ariston
Agrigento (AG)	Antica Foresteria Catalana
Alba (CN)	Agriturismo Villa la Meridiana-Cascina Reine
Alberobello (BA)	Colle del Sole **N**
Almenno San Bartolomeo (BG)	Camoretti
Alta Badia (BZ)	Ciasa Montanara
Alta Badia (BZ)	La Ciasota
Alta Badia (BZ)	Tamarindo
Arpino (FR)	Il Cavalier d'Arpino
Ballabio (LC)	Sporting Club
Bardonecchia (TO)	Bucaneve
Barolo / Vergne (CN)	Ca' San Ponzio
Barzanò (LC)	Redaelli
Bassano del Grappa (VI)	Brennero
Boves / Rivoira (CN)	Agriturismo La Bisalta e Rist. Locanda del Re
Bra (CN)	Borgo San Martino
Bra (CN)	L'Ombra della Collina
Busalla (GE)	Vittoria
Campiglia d'Orcia (SI)	Lo Spicchio
Canale d'Agordo (BL)	Alle Codole
Candia Canavese (TO)	Residenza del Lago
Capriolo (BS)	Agriturismo Ripa del Bosco
Carisio (VC)	La Bettola
Casperia (RI)	B&B La Torretta
Castellina in Chianti (SI)	Villa Cristina
Castelnuovo Magra (SP)	Agriturismo la Valle
Cenova (IM)	Negro
Chioggia / Sottomarina (VE)	Sole
Chiusa (BZ)	Ansitz Fonteklaus
Chiusa / Gudon (BZ)	Unterwirt
Cimego (TN)	Aurora
Cisano Bergamasco (BG)	Fatur
Crandola Valsassina (LC)	Da Gigi
Crodo / Viceno (VB)	Edelweiss
Ferrara / Porotto-Cassana (FE)	Agriturismo alla Cedrara **N**
Firenze (FI)	B&B Residenza Johanna
Fontanafredda (PN)	Luna
Gambara (BS)	Gambara
Gargnano (BS)	Riviera
Grezzana (VR)	La Pergola

N → *Nuovo*   → *New*

Grosotto (SO)	Le Corti
Guglionesi (CB)	Ribo **N**
Lecco (LC)	Alberi
Lizzano in Belvedere / Vidiciatico (BO)	Montegrande
Lucca (LU)	Stipino
Menaggio / Nobiallo (CO)	Garden
Merano (BZ)	Agriturismo Sittnerhof
Montecarlo (LU)	Antica Dimora Patrizia
Montecarlo (LU)	Nina
Montecosaro (MC)	Luma
Montescano (PV)	Locanda Montescano
Morano Calabro (CS)	Agriturismo la Locanda del Parco
Mosciano Sant' Angelo (TE)	Casale delle Arti
Nava (Colle di) (IM)	Colle di Nava-Lorenzina
Nicosia (EN)	Baglio San Pietro
Pavullo nel Frignano (MO)	Vandelli
Pontedera (PI)	Il Falchetto
Reggio nell'Emilia (RE)	B&B Del Vescovado
Rezzato (BS)	La Pina
Rio di Pusteria (BZ)	Giglio Bianco-Weisse Lilie
Riva del Garda (TN)	Vittoria
Roccabruna / Sant'Anna (CN)	La Pineta
Rocca di Mezzo (AQ)	Altipiano delle Rocche
Roseto degli Abruzzi (TE)	Tonino-da Rosanna
San Giovanni in Croce (CR)	Locanda Ca' Rossa
San Giovanni Rotondo (FG)	Le Terrazze sul Gargano
San Lorenzo in Campo (PU)	Giardino
San Severino Marche (MC)	Locanda Salimbeni
San Severo (FG)	La Fossa del Grano
Sant' Angelo Lodigiano (LO)	San Rocco
Savigliano (CN)	Cosmera
Senigallia / Scapezzano (AN)	Antica Armonia
Serrungarina / Bargni (PU)	Casa Oliva
Sestri Levante (GE)	Marina
Siracusa (SR)	Dolce Casa
Sirmione (BS)	Villa Rosa
Sondrio / Moia di Albosaggia (SO)	Campelli
Tiriolo (CZ)	Due Mari
Torregrotta (ME)	Thomas
Treviso (TV)	Agriturismo Il Cascinale
Varallo (VC)	Sacro Monte
Velletri (RM)	Da Benito al Bosco

Alberghi ameni

Particularly pleasant hotels

Arzachena / Cala di Volpe (OT)	Cala di Volpe	**Milano (MI)**	Four Seasons
Arzachena / Romazzino (OT)	Romazzino	**Milano (MI)**	Principe di Savoia
Arzachena / Pitrizza (OT)	Pitrizza	**Napoli (NA)**	Grand Hotel Vesuvio
Bellagio (CO)	Grand Hotel Villa Serbelloni	**Portofino (GE)**	Splendido
Capri (Isola di) / Capri (NA)		**Positano (SA)**	San Pietro
	Grand Hotel Quisisana	**Roma (RM)**	De Russie
Cernobbio (CO)	Villa d'Este	**Roma (RM)**	Hassler
Firenze (FI)	Four Seasons Hotel Firenze	**Savelletri (BR)**	Masseria San Domenico
Firenze (FI)	Grand Hotel	**Venezia (VE)**	Cipriani i Palazzo Vendramin
Firenze (FI)	The Westin Excelsior	**Venezia (VE)**	Danieli
Fiuggi / Fiuggi Fonte (FR)		**Venezia (VE)**	Gritti Palace
	Grand Hotel Palazzo della Fonte	**Venezia (VE)**	San Clemente Palace

Alta Badia (BZ)	Cappella	**Ischia (Isola d') / Forio (NA)**	
Alta Badia (BZ)	Rosa Alpina		Mezzatorre Resort & Spa
Amalfi (SA)	Santa Caterina	**Ischia (Isola d') / Casamicciola**	
Bagno a Ripoli / Candeli (FI)	Villa La Massa	**Terme (NA)**	Terme Manzi Hotel & SPA
Breuil Cervinia (AO)	Hermitage	**Ladispoli (RM)**	La Posta Vecchia
Capri (Isola di) / Anacapri (NA)		**Milano (MI)**	Bulgari
	Capri Palace Hotel	**Milano (MI)**	Carlton Hotel Baglioni
Casole d'Elsa / Pievescola (SI)		**Milano (MI)**	Grand Hotel et de Milan
	Relais la Suvera	**Milano (MI)**	Park Hyatt Milano
Castiglione della Pescaia /		**Monopoli (BA)**	Il Melograno
Badiola (GR)	L'Andana-Tenuta La Badiola	**Napoli (NA)**	Grand Hotel Parker's
Cogne (AO)	Bellevue	**Ortisei (BZ)**	Gardena-Grödnerhof
Cortina d'Ampezzo (BL)	Cristallo Palace Hotel	**Palermo (PA)**	Villa Igiea Hilton
Erbusco (BS)	L'Albereta	**Poggio Catino (RI)**	Borgo Paraelios
Fiesole (FI)	Villa San Michele	**Porto Ercole (GR)**	Il Pellicano
Firenze (FI)	Albani	**Positano (SA)**	Le Sirenuse
Firenze (FI)	Regency	**Pula (CA)**	Castello e Rist. Cavalieri
Firenze (FI)	Relais Santa Croce	**Rapallo (GE)**	Excelsior Palace Hotel
Firenze (FI)	Villa La Vedetta	**Ravello (SA)**	Caruso
Gardone Riviera / Fasano (BS)		**Ravello (SA)**	Palazzo Sasso
	Grand Hotel Fasano e Villa Principe	**Riccione (RN)**	Grand Hotel Des Bains
Gargnano (BS)	Grand Hotel a Villa Feltrinelli	**Rimini (RN)**	Grand Hotel Rimini
Gargnano (BS)	Lefay Resort & SPA	**Riva del Garda (TN)**	Du Lac et Du Parc
Ischia (Isola d') / Ischia (NA)		**Roma (RM)**	Aleph
	Grand Hotel Punta Molino Beach Resort & Spa	**Roma (RM)**	Grand Hotel Via Veneto
Ischia (Isola d') / Ischia (NA)	Il Moresco	**Roma (RM)**	Lord Byron

Roma (RM)	Regina Hotel Baglioni
Roma (RM)	Splendide Royal
San Casciano dei Bagni (SI)	Fonteverde
San Pietro in Cariano (VR)	
	Byblos Art Hotel Villa Amistà
Sant'Agnello (NA)	Grand Hotel Cocumella
Santa Margherita Ligure (GE)	
	Imperiale Palace Hotel
Selva di Val Gardena (BZ)	
Alpenroyal Grand Hotel - Gourmet i S.p.A.	
Siena (SI)	Grand Hotel Continental
Sirmione (BS)	Villa Cortine Palace Hotel
Sorrento (NA)	Grand Hotel Excelsior Vittoria
Stresa (VB)	Villa e Palazzo Aminta
Taormina (ME)	Grand Hotel Timeo

Taormina (ME)	San Domenico Palace
Taormina / Mazzarò (ME)	
	Grand Hotel Atlantis Bay
Taormina / Mazzarò (ME)	
	Grand Hotel Mazzarò Sea Palace
Tirolo (BZ)	Castel
Tirolo (BZ)	Erika
Torino (TO)	Golden Palace
Tremezzo (CO)	Grand Hotel Tremezzo Palace
Venezia (VE)	Cà Sagredo
Venezia (VE)	Luna Hotel Baglioni
Venezia (VE)	Metropole
Venezia (VE)	The Westin Europa e Regina
Verona (VR)	Gabbia d'Oro
Viareggio (LU)	Grand Hotel Principe di Piemonte

Alba (CN)	Palazzo Finati
Alghero (SS)	Villa Las Tronas
Alghero / Porto Conte (SS)	El Faro
Alpe di Siusi (BZ)	Urthaler
Alta Badia (BZ)	Fanes
Alta Badia (BZ)	La Perla
Ancona / Portonovo (AN)	Fortino Napoleonico
Arabba (BL)	Sporthotel Arabba
Arcugnano (VI)	Villa Michelangelo
Asolo (TV)	Villa Cipriani
Augusta / Brucoli (SR)	
	NH Venus Sea Garden Resort
Bagno a Ripoli (FI)	Villa Olmi Resort
Baia Domizia (CE)	Della Baia
Bassano del Grappa (VI)	Ca' Sette
Belgirate (VB)	Villa dal Pozzo d'Annone
Benevello (CN)	Villa d'Amelia
Bolzano (BZ)	Greif
Bressanone (BZ)	Elefante
Brusaporto (BG)	Relais da Vittorio
Canalicchio (PG)	Relais Il Canalicchio
Cannero Riviera (VB)	Cannero
Cannobio (VB)	Park Hotel Villa Belvedere
Capri (Isola di) / Anacapri (NA)	
	Caesar Augustus
Capri (Isola di) / Capri (NA)	Casa Morgano
Capri (Isola di) / Marina Grande (NA)	
	J.K. Place Capri
Capri (Isola di) / Capri (NA)	Punta Tragara
Capri (Isola di) / Capri (NA)	Scalinatella
Castellabate / Santa Maria	
di Castellabate (SA)	Palazzo Belmonte
Castelnuovo Berardenga (SI)	Le Fontanelle
Castelnuovo Berardenga (SI)	
	Relais Borgo San Felice
Castelrotto (BZ)	Posthotel Lamm
Castiglione del Lago / Petrignano	
di Lago (PG)	Relais alla Corte del Sole

Catania (CT)	Villa del Bosco i VdB Next
Cattolica (RN)	Carducci 76
Champoluc (AO)	Breithorn
Chiusi (SI)	Villa il Patriarca
Cittadella del Capo (CS)	Palazzo del Capo
Città di Castello / Ronti (PG)	Palazzo Terranova
Cortina d'Ampezzo (BL)	Park Hotel Faloria
Cortona / San Martino (AR)	Il Falconiere Relais
Cortona / Farneta (PI)	Relais Villa Petrischio
Courmayeur / Entrèves (AO)	
	Auberge de la Maison
Cutrofiano (LE)	Sangiorgio Resort
Dozza (BO)	Monte del Re
Erba (CO)	Castello di Casiglio
Ferrara (FE)	Duchessa Isabella
Finale Ligure (SV)	Punta Est
Firenze (FI)	Continentale
Firenze (FI)	Gallery Hotel Art
Firenze (FI)	J.K. Place
Firenze (FI)	Lungarno
Firenze (FI)	Monna Lisa
Firenze (FI)	Palazzo Magnani Feroni
Firenze (FI)	Residenza del Moro
Firenze (FI)	Santa Maria Novella
Firenze / Arcetri (FI)	Villa Le Piazzole
Follina (TV)	Villa Abbazia
Forte dei Marmi (LU)	Byron
Francavilla al Mare (CH)	
	Sporting Hotel Villa Maria
Gaeta (LT)	Grand Hotel Le Rocce
Gaeta (LT)	Villa Irlanda Grand Hotel
Gaiole in Chianti (SI)	Castello di Spaltenna
Galatina (LE)	Palazzo Baldi
Garda (VR)	Regina Adelaide
Gardone Riviera / Fasano (BS)	Villa del Sogno
Garlenda (SV)	La Meridiana
Gavi (AL)	L'Ostelliere
Gazzo (PD)	Villa Tacchi

Greve in Chianti (FI)	Villa Bordoni	**Portofino (GE)**	Splendido Mare
Grottaferrata (RM)	Park Hotel Villa Grazioli	**Positano (SA)**	Palazzo Murat
Gubbio (PG)	Relais Ducale	**Pula (CA)**	Le Dune
Induno Olona (VA)	Porro Pirelli	**Punta Ala (GR)**	Cala del Porto
Laces (BZ)	Paradies	**Ranco (VA)**	Il Sole di Ranco
Lana / Foiana (BZ)	Völlanerhof	**Ravello (SA)**	Palumbo
La Salle (AO)	Mont Blanc Hotel Village	**Ravello (SA)**	Villa Cimbrone
Lecce (LE)	Patria Palace Hotel	**Rieti (RI)**	Park Hotel Villa Potenziani
Lido di Camaiore (LU)	Park Hotel Villa Ariston	**Rimini (RN)**	duoMo Hotel
Lucca (LU)	Noblesse	**Roma (RM)**	Castello della Castelluccia
Maratea / Fiumicello Santa Venere (PZ)		**Roma (RM)**	Fortyseven
	Santavenere	**Romano Canavese (TO)**	Relais Villa Matilde
Martina Franca (TA)	Relais Villa San Martino	**Ronzone (TN)**	Villa Orso Grigio
Massa Marittima / Valpiana (GR)	Villa il Tesoro	**Salò (BS)**	Laurin
Merano (BZ)	Castello Labers	**San Candido (BZ)**	
Merano (BZ)	Meister's Hotel Irma		Dolce Vita Family Chalet Postalpina
Merano (BZ)	Park Hotel Mignon	**San Felice Circeo / Quarto Caldo (LT)**	
Milano (MI)	The Gray		Punta Rossa
Milano (MI)	De la Ville	**San Gimignano (SI)**	La Collegiata
Mira (VE)	Villa Franceschi	**San Gimignano (SI)**	Villasanpaolo Hotel
Mira (VE)	Villa Margherita	**San Giovanni la Punta (CT)**	
Monopoli (BA)	La Peschiera		Villa Paradiso dell'Etna
Montalcino / Poggio alle Mura (SI)		**San Martino di Castrozza (TN)**	Regina
	Castello Banfi-Il Borgo	**San Pietro in Cariano / Pedemonte (VR)**	
Montebenichi (AR)			Villa del Quar
	Castelletto di Montebenichi	**San Quirico d'Orcia (SI)**	
Montefalco / San Luca (PG)	Villa Zuccari		Relais Palazzo del Capitano
Montegridolfo (RN)	Palazzo Viviani	**Santo Stefano Belbo (CN)**	Relais San Maurizio
Monza (MI)	De la Ville	**Savelletri (BR)**	Masseria Torre Coccaro
Mussolente (VI)	Villa Palma	**Savelletri (BR)**	Masseria Torre Maizza
Napoli (NA)	Palazzo Alabardieri	**Selva di Val Gardena (BZ)**	Granvara
Napoli (NA)	San Francesco al Monte	**Sestri Levante (GE)**	Grand Hotel Villa Balbi
Naturno (BZ)	Lindenhof	**Siena (SI)**	Certosa di Maggiano
Nervi (GE)	Villa Pagoda	**Siena / Vagliagli (SI)**	Borgo Scopeto Relais
Norcia (PG)	Palazzo Seneca	**Sinalunga (SI)**	Locanda dell'Amorosa
Olbia (OT)	Ollastu	**Siracusa (SR)**	Grand Hotel Ortigia
Olbia / Porto Rotondo (OT)	Sporting	**Sorrento (NA)**	Bellevue Syrene 1820
Oliena (NU)	Su Gologone	**Sovicille (SI)**	Borgo Pretale
Orbetello (GR)	Relais San Biagio	**Spoleto (PG)**	Villa Milani
Orta San Giulio (NO)	San Rocco	**Taormina / Mazzarò (ME)**	Villa Sant'Andrea
Orta San Giulio (NO)	Villa Crespi	**Tavarnelle Val di Pesa (FI)**	Castello del Nero
Orvieto (TR)	La Badia	**Tivoli (RM)**	Torre Sant'Angelo
Palermo (PA)	Grand Hotel Wagner	**Todi (PG)**	Relais Todini
Palermo (PA)	Principe di Villafranca	**Torgiano (PG)**	Le Tre Vaselle
Panicale (PG)	Villa di Monte Solare	**Torino (TO)**	Victoria
Parghelia (VV)	Porto Pirgos	**Valdaora (BZ)**	Mirabell
Pasiano di Pordenone / Rivarotta (PN)		**Valle di Casies (BZ)**	Quelle
	Villa Luppis	**Venezia (VE)**	Bauer Palladio
Pavone Canavese (TO)	Castello di Pavone	**Venezia (VE)**	Ca' Maria Adele
Perugia / San Martino in Campo (PG)		**Venezia (VE)**	Ca' Nigra Lagoon Resort
	Alla Posta dei Donini	**Venezia (VE)**	Ca' Pisani
Perugia / Cenerente (PG)	Castello dell'Oscano	**Venezia (VE)**	
Pesaro (PU)	Alexander Museum Palace		Palazzo Sant'Angelo sul Canal Grande
Peschiera del Garda (VR)	Ai Capitani	**Venezia (VE)**	Palazzo Stern
Pietrasanta (LU)	Albergo Pietrasanta	**Venezia (VE)**	Quattro Fontane
Pisa (PI)	Relais dell'Orologio	**Vico Equense (NA)**	Capo la Gala
Ponti sul Mincio (MN)	Relais Corte Cavalli	**Villa San Giovanni / Santa Trada di Cannitello**	
Portobuffolé (TV)	Villa Giustinian	**(RC)**	Altafiumara

41

Agrigento (AG)	Baglio della Luna
Aosta (AO)	Milleluci
Appiano sulla Strada del Vino /	
Missiano (BZ)	Schloss Korb
Arezzo (AR)	Badia di Pomaio
Arezzo (AR)	Patio
Arzachena (OT)	Tenuta Pilastru
Ascoli Piceno (AP)	Residenza 100 Torri
Assisi / Armenzano (PG)	Le Silve
Avelengo (BZ)	Viertlerhof
Azzate (VA)	Locanda dei Mai Intees
Bologna (BO)	Commercianti
Bologna (BO)	Il Convento dei Fiori di Seta
Bracciano (RM)	Villa Clementina
Caldaro sulla Strada	
del Vino (BZ)	Schlosshotel Aehrental
Campitello di Fassa (TN)	Villa Kofler
Caneva (PN)	Ca' Damiani
Capri (Isola di) / Capri (NA)	Villa Brunella
Castelrotto (BZ)	Mayr
Castiglion Fiorentino /	
Polvano (AR)	Relais San Pietro in Polvano
Catania (CT)	Liberty
Cavalese (TN)	Laurino
Cortona / San Pietro	
a Cegliolo (AR)	Relais Villa Baldelli
Costigliole Saluzzo (CN)	Castello Rosso
Courmayeur (AO)	Villa Novecento
Elba (Isola d') / Marciana (LI)	
	Cernia Isola Botanica
Eolie (Isole) / Salina (ME)	
	La Salina Borgo di Mare
Eolie (Isole) / Salina (ME)	Signum
Eolie (Isole) / Panarea (ME)	Quartara
Faenza (RA)	Relais Villa Abbondanzi
Ferrara (FE)	Principessa Leonora
Firenze (FI)	Cellai
Firenze (FI)	Hotel Home
Firenze (FI)	Inpiazzadellasignoria
Firenze (FI)	Relais Uffizi
Firenze / Galluzzo (FI)	
	Marignolle Relais & Charme
Frossasco (TO)	La Locanda della Maison Verte
Gallipoli (LE)	Palazzo del Corso
Gallipoli (LE)	Palazzo Mosco Inn
Gallipoli (LE)	Relais Corte Palmieri
Gambassi Terme (FI)	Villa Bianca
Gargnano (BS)	Villa Giulia
Genova / Pegli (GE)	Torre Cambiaso
Gerace (RC)	
	La Casa di Gianna e Palazzo Sant'Anna
Grinzane Cavour (CN)	Casa Pavesi
Ischia (Isola d') / Ischia (NA)	La Villarosa
Isola d'Asti (AT)	Castello di Villa
Madonna di Campiglio (TN)	
	Bio-Hotel Hermitage
Maratea / Acquafredda (PZ)	Villa Cheta Elite
Marina di Arbus (VS)	Le Dune
Matera (MT)	Locanda di San Martino
Merano / Freiberg (BZ)	Castel Fragsburg
Milano (MI)	Antica Locanda dei Mercanti
Modica (RG)	Palazzo Failla
Monforte d'Alba (CN)	Villa Beccaris
Montemerano (GR)	Relais Villa Acquaviva
Montevarchi / Moncioni (AR)	Villa Sassolini
Montorfano (CO)	Tenuta Santandrea
Napoli (NA)	Chiaja Hotel de Charme
Napoli (NA)	Costantinopoli 104
Negrar (VR)	Relais La Magioca
Novacella (BZ)	Pacherhof
Ortisei / Bulla (BZ)	Uhrerhof-Deur
Otranto (LE)	Valle dell'Idro
Oviglio (AL)	Castello di Oviglio
Parcines / Rablà (BZ)	Roessl
Pellio Intelvi (CO)	La Locanda del Notaio
Penango / Cioccaro (AT)	Relais Il Borgo
Portofino (GE)	Piccolo Hotel
Portofino (GE)	San Giorgio
Porto Santo Stefano /	
Cala Piccola (GR)	Torre di Cala Piccola
Radda in Chianti (SI)	Il Borgo di Vescine
Radda in Chianti (SI)	La Locanda
Radda in Chianti (SI)	Palazzo Leopoldo
Radda in Chianti (SI)	Palazzo San Niccolò
Radda in Chianti (SI)	Relais Vignale
Ragusa (RG)	Eremo della Giubiliana
Ragusa (RG)	Locanda Don Serafino
Ravenna (RA)	Cappello
Redagno (BZ)	Zirmerhof
Reggello / Vaggio (FI)	Villa Rigacci
Reggiolo (RE)	Villa Montanarini
Renon / Collalbo (BZ)	Kematen
Roccastrada (GR)	La Melosa
Roma (RM)	Degli Aranci
Roma (RM)	Sant'Anselmo
Saint-Pierre (AO)	
	La Meridiana Du Cadran Solaire
Salò (BS)	Bellerive
San Casciano in Val di Pesa (FI)	
	Villa il Poggiale
San Francesco al Campo (TO)	Furno
San Giorgio Canavese (TO)	
	Foresteria del Castello
San Martino di Castrozza (TN)	Letizia
San Remo (IM)	Eveline-Portosole
Sauze d'Oulx / Le Clotes (TO)	Il Capricorno
Serravalle Scrivia (AL)	Villa la Bollina
Sesto / Moso (BZ)	Berghotel e Residence Tirol
Sestri Levante (GE)	Suite Hotel Nettuno
Siena (SI)	Palazzo Ravizza
Siena (SI)	Villa Scacciapensieri
Siracusa (SR)	Lady Lusya
Sorrento (NA)	Maison la Minervetta
Sovana (GR)	Sovana
Taormina (ME)	Villa Carlotta
Taormina (ME)	Villa Ducale
Tirolo (BZ)	Küglerhof
Tonale (Passo del) (BS)	La Mirandola
Tremosine (BS)	Villa Selene
Venezia (VE)	Palazzo Priuli
Vicchio / Campestri (FI)	Villa Campestri
Vipiteno (BZ)	Aquila Nera-Schwarzer Adler

Agropoli (SA)	La Colombaia
Appiano sulla Strada del Vino /	
Pigeno (BZ)	Schloss Englar
Bergamo (BG)	Piazza Vecchia
Canazei (TN)	Stella Alpina
Castelrotto (BZ)	Cavallino d'Oro
Courmayeur / Dolonne (AO)	
	Maison lo Campagnar
Eolie (Isole) / Filicudi Porto (ME)	La Canna
Fiesole (FI)	Pensione Bencistà
Ischia (Isola d') / Forio (NA)	Punta Chiarito
Levanto (SP)	Stella Maris
Matera (MT)	Sassi Hotel
Milano (MI)	Antica Locanda Leonardo
Milano (MI)	Antica Locanda Solferino
Montecosaro (MC)	Luma
Morano Calabro (CS)	Villa San Domenico
Orta San Giulio (NO)	La Contrada dei Monti
Palazzuolo sul Senio (FI)	Locanda Senio
Pescocostanzo (AQ)	Il Gatto Bianco
Ravello (SA)	Villa San Michele
Roma (RM)	Pensione Barrett
San Giovanni d'Asso (SI)	
	La Locanda del Castello
Santarcangelo di Romagna (RN)	Il Villino
Sciacca (AG)	Villa Palocla
Selva di Cadore (BL)	Ca' del Bosco
Trevi (PG)	Trevi
Valtournenche (AO)	Grandes Murailles
Venezia (VE)	Antico Doge
Venezia (VE)	La Calcina
Venezia (VE)	Palazzo Abadessa
Verduno (CN)	Real Castello

Alberobello (BA)	B&B Fascino Antico
Albinia (GR)	
	Agriturismo Antica Fattoria la Parrina
Amalfi (SA)	Relais Villa Annalara
Amalfi (SA)	Villa Lara
Andria / Montegrosso (BA)	
	Agriturismo Biomasseria Lama di Luna
Aosta (AO)	Maison Colombot
Apricale (IM)	Locanda dei Carugi
Ascoli Piceno (AP)	Agriturismo Villa Cicchi
Avetrana (TA)	Masseria Bosco
Bagnoregio (VT)	Romantica Pucci
Barolo / Vergne (CN)	Ca' San Ponzio
Bernalda (MT)	
	Agriturismo Relais Masseria Cardillo
Bettona (PG)	Country House Torre Burchio
Bevagna (PG)	L'Orto degli Angeli
Bibbiena (AR)	Relais il Fienile
Borgo San Lorenzo (FI)	Casa Palmira
Borno (BS)	Zanaglio
Canale (CN)	Agriturismo Villa Tiboldi
Canelli (AT)	Agriturismo La Casa in Collina
Capri (Isola di) / Anacapri (NA)	Villa le Scale
Capriva del Friuli (GO)	Castello di Spessa
Carré (VI)	Locanda La Corte dei Galli
Casacanditella (CH)	Castello di Semivicoli
Casperia (RI)	B&B La Torretta
Castagneto Carducci (LI)	B&B Villa le Luci
Castel d'Aiano / Rocca di Roffeno (BO)	
	Agriturismo La Fenice
Castel di Lama (AP)	
	Borgo Storico Seghetti Panichi
Castellabate / San Marco (SA)	
	Agriturismo Giacaranda
Castel Ritaldi (PG)	La Gioia
Castelvetro di Modena (MO)	
	Locanda del Feudo
Castiglion Fiorentino /	
Pieve di Chio (AR)	B&B Casa Portagioia
Castroreale (ME) Country Hotel Green Manors	
Cison di Valmarino / Rolle (TV)	
	Agriturismo Duca di Dolle
Città della Pieve (PG)	Relais dei Magi
Corciano (PG)	Palazzo Grande
Cortona (AR)	Villa di Piazzano
Drizzona / Castelfranco d'Oglio (CR)	
	Agriturismo l'Airone
Fano (PU)	Villa Giulia
Fasano (BR)	Agriturismo Borgo San Marco
Fasano (BR) Agriturismo Masseria Marzalossa	
Ferentillo (TR)	Abbazia San Pietro in Valle
Ferrara (FE)	Locanda d'Elite
Ferrara (FE)	Locanda della Duchessina
Ferrara / Porotto-Cassana (FE)	
	Agriturismo alla Cedrara
Ferrara / Gaibanella (FE) Locanda della Luna	
Firenze (FI) Antica Torre di via Tornabuoni N. 1	
Firenze (FI)	B&B Antica Dimora Firenze
Firenze (FI)	B&B Le Residenze Johlea
Firenze (FI)	Palazzo Niccolini al Duomo
Foiano della Chiana /	
Pozzo (AR)	Villa Fontelunga
Fratta Todina (PG)	La Palazzetta del Vescovo
Furore (SA)	Agriturismo Sant'Alfonso

43

Gaiole in Chianti (SI)	Borgo Argenina
Gaiole in Chianti / San Sano (SI)	
	Castellare de' Noveschi
Gallipoli (LE)	Masseria Li Foggi
Gardone Riviera (BS)	Dimora Bolsone
Gazzola / Rivalta Trebbia (PC)	
	Agriturismo Croara Vecchia
Genova (GE)	Locanda di Palazzo Cicala
Greve in Chianti (FI)	
	Agriturismo Villa Vignamaggio
Gualdo Cattaneo / Saragano (PG)	
	Agriturismo la Ghirlanda
Gubbio / Pisciano (PG)	
	Agriturismo Le Cinciallegre
Gubbio / Scritto (PG)	
	Agriturismo Castello di Petroia
Imperia (IM)	Agriturismo Relais San Damian
Impruneta (FI)	Relais Villa L'Olmo
Labico (RM)	Agriturismo Fontana Chiusa
La Morra (CN)	Villa Carita
La Morra / Annunziata (CN)	
	Agriturismo La Cascina del Monastero
La Morra / Rivalta (CN)	Bricco dei Cogni
Levanto (SP)	Agriturismo Villanova
Lucca (LU)	A Palazzo Busdraghi
Lucca (LU)	Alla Corte degli Angeli
Lucca (LU)	La Romea
Lucca / Cappella (LU)	La Cappella
Lucca / Arsina (LU)	Villa Alessandra
Magione (PG)	Bella Magione
Magliano Alfieri (CN)	
	Agriturismo Cascina San Bernardo
Manciano (GR)	Le Pisanelle
Mango (CN)	Villa Althea
Melizzano (BN)	Agriturismo Mesogheo
Modica (RG)	Casa Talia
Mombello Monferrato (AL)	Cà Dubini
Moncalvo (AT)	Agriturismo Cascina Orsolina
Moneglia (GE)	Abbadia San Giorgio
Monforte d'Alba (CN)	Le Case della Saracca
Monsummano Terme (PT)	Villa San Bastiano
Montecatini Terme (PT)	Villa le Magnolie
Montefiridolfi (FI)	
	Agriturismo Fonte de' Medici
Montefiridolfi (FI)	Il Borghetto Country Inn
Montepulciano (SI)	Hotelito Lupaia
Montepulciano (SI)	Relais San Bruno
Montepulciano (SI)	
	Residenza d'Epoca -Villa Poggiano
Monteriggioni / Strove (SI)	
	Agriturismo Castel Pietraio
Monte San Savino / Gargonza (AR)	
	Castello di Gargonza
Montieri (GR)	
	Agriturismo La Meridiana-Locanda in Maremma
Morano Calabro (CS)	
	Agriturismo la Locanda del Parco
Napoli (NA)	Belle Arti
Napoli (NA)	L'Alloggio dei Vassalli
Noli (SV)	Residenza Palazzo Vescovile
Offida (AP)	Agriturismo Nascondiglio di Bacco
Orvieto (TR)	Locanda Palazzone
Ostuni (BR)	Masseria Il Frantoio
Otranto (LE)	Masseria Panareo
Panicale (PG)	Agriturismo Montali
Panicale (PG)	Villa leMura
Parma (PR)	Palazzo dalla Rosa Prati
Peccioli (PI)	Tenuta di Pratello
Peio / Cogolo (TN)	Chalet Alpenrose
Pesaro (PU)	Locanda di Villa Torraccia
Pettineo (ME)	Casa Migliaca
Piana degli Albanesi (PA)	
	Agriturismo Masseria Rossella
Piegaro (PG)	Ca' de Principi
Pienza (SI)	Relais La Saracina
Pienza / Monticchiello (SI)	L'Olmo
Pieve San Quirico (PG)	Le Torri di Bagnara
Pinzolo / Sant' Antonio	
di Mavignola (TN)	Maso Doss
Positano (SA)	Villa Rosa
Pozzuoli / Cuma (NA)	Villa Giulia
Ragusa (RG)	Caelum Hyblae
Rapolano Terme (SI)	Villa Buoninsegna
Reggio nell'Emilia (RE)	B&B Del Vescovado
Roma (RM)	Anne & Mary
Roma (RM)	Arco dei Tolomei
Roma (RM)	The Boutique Art Hotel
Roma / Casal Palocco (RM)	Relais 19
Roncofreddo (FC)	I Quattro Passeri
Roncofreddo / Monteleone (FC)	
	La Tana del Ghiro
San Casciano in Val di Pesa /	
Mercatale (FI)	Agriturismo Salvadonica
San Quirico d'Orcia (SI)	Agriturismo Il Rigo
San Quirico d'Orcia (SI)	Casa Lemmi
San Quirico d'Orcia / Bagno Vignoni (SI)	
	La Locanda del Loggiato
Sansepolcro (AR)	Relais Palazzo di Luglio
Santarcangelo di Romagna / Montalbano	
(RN)	Agriturismo Locanda Antiche Macine
San Vincenzo (LI)	Poggio ai Santi
Sappada / Cima Sappada (BL)	
	Agriturismo Voltan Haus
Sassetta (LI)	Agriturismo La Bandita
Scandicci / Mosciano (FI)	Le Viste
Sellia Marina (CZ)	
	Agriturismo Contrada Guido
Selva di Val Gardena (BZ)	Prà Ronch
Siena (SI)	Campo Regio Relais
Siena / Santa Regina (SI)	Frances' Lodge

Ristoranti ameni

Particularly pleasant restaurants

☆☆☆☆☆

Firenze (FI)	Enoteca Pinchiorri
Roma (RM)	La Pergola

☆☆☆☆

Alta Badia (BZ)	St. Hubertus
Baschi (TR)	Vissani
Brusaporto (BG)	Da Vittorio
Canneto Sull'Oglio / Runate (MN)	Dal Pescatore
Capri (Isola di) / Anacapri (NA)	L'Olivo
Capri (Isola di) / Capri (NA)	Quisi
Gargnano (BS)	Villa Feltrinelli
Imola (BO)	San Domenico
Ischia (Isola d') / Casamicciola Terme (NA)	Il Mosaico
Milano (MI)	The Park
Milano (MI)	Il Teatro
Montignoso (MS)	Il Bottaccio
Orta San Giulio (NO)	Villa Crespi
Porto Ercole (GR)	Il Pellicano
Positano (SA)	San Pietro
Quistello (MN)	Ambasciata
Ravello (SA)	Rossellinis
Roma (RM)	Hostaria dell'Orso
Roma (RM)	Imàgo
Roma (RM)	Mirabelle
Sant' Agata sui Due Golfi (NA)	Don Alfonso 1890
Taormina (ME)	Principe Cerami
Tirolo (BZ)	Trenkerstube
Torino (TO)	Del Cambio
Venezia (VE)	Caffè Quadri
Venezia (VE)	Met
Ventimiglia (IM)	Baia Beniamin

☆☆☆

Alta Badia (BZ)	La Stüa de Michil	**Cartoceto (PU)**	Symposium
Bassano del Grappa (VI)	Ca'7	**Castel Guelfo di Bologna (BO)**	
Besenzone / Bersano (PC)	La Fiaschetteria		Locanda Solarola
Borgio Verezzi (SV)	Doc	**Castiglione della Pescaia / Badiola (GR)**	
Brescia (BS)	Castello Malvezzi		Trattoria Toscana-Tenuta la Badiola

Cattolica (RN)	Vicolo Santa Lucia
Cetona (SI)	La Frateria di Padre Eligio
Chiusi (SI)	I Salotti
Cogne (AO)	Le Petit Restaurant
Collebeato / Campiani (BS)	Carlo Magno
Cologne (BS)	Cappuccini
Como (CO)	Navedano
Cortona / San Martino (AR)	Il Falconiere
Dolegna del Collio / Ruttars (GO)	
	Castello di Trussio dell'Aquila d'Oro
Falzes / Molini (BZ)	Schöneck
Firenze (FI)	Alle Murate
Follina (TV)	La Corte
Gardone Riviera (BS)	Villa Fiordaliso
Ladispoli (RM)	The Cesar
Maiori (SA)	Il Faro di Capo d'Orso
Manerba del Garda (BS)	Capriccio
Massa Lubrense / Nerano (NA)	Quattro Passi
Massa Lubrense / Termini (NA)	Relais Blu
Milano (MI)	Don Carlos
Montefollonico (SI)	La Chiusa
Montemerano (GR)	Caino

Monza (MI)	Derby Grill
Noli (SV)	La Fornace di Barbablù
Oderzo (TV)	Gellius
Ortisei (BZ)	Anna Stuben
Pescara (PE)	Café les Paillotes
Piossasco (TO)	La Maison dei Nove Merli
Positano (SA)	Al Palazzo
Ragusa (RG)	Locanda Don Serafino
Ranco (VA)	Il Sole di Ranco
San Bonifacio (VR)	Relais Villabella
San Giacomo di Roburent (CN)	Valentine
San Pietro in Cariano /	
Pedemonte (VR)	Arquade
Santo Stefano Belbo (CN)	
	Il Ristorante di Guido da Costigliole
Taormina (ME)	Casa Grugno
Treiso (CN)	La Ciau del Tornavento
Verbania / Fondotoce (VB)	Piccolo Lago
Verona (VR)	Il Desco
Viareggio (LU)	Piccolo Principe
Vico Equense (NA)	Maxi

Alghero (SS)	Andreini
Almenno San Salvatore (BG)	Cantina Lemine
Barberino Val d'Elsa / Petrognano (FI)	
	Il Paese dei Campanelli
Bee (VB)	Chi Ghinn
Briaglia (CN)	Marsupino
Briosco (MI)	LeAR
Caldogno (VI)	Molin Vecio
Camaiore (LU)	Emilio e Bona
Cantello (VA)	Madonnina
Capri (Isola di) / Marina Grande (NA)	
	Da Paolino
Capri (Isola di) / Anacapri (NA)	Il Riccio
Castelraimondo / Sant'Angelo (MC)	
	Il Giardino degli Ulivi
Cavalese (TN)	El Molin
Certaldo (FI)	Osteria del Vicario
Cervere (CN)	Antica Corona Reale-da Renzo
Chiesa in Valmalenco (SO)	Il Vassallo
Colloredo di Monte Albano (UD)	La Taverna
Cormons (GO)	Al Cacciatore-della Subida
Cuasso al Monte / Cuasso al Piano (VA)	
	Molino del Torchio
Domodossola (VB)	La Stella
Fabriano (AN)	Villa Marchese del Grillo
Firenze (FI)	Baccarossa
Fiume Veneto (PN)	L'Ultimo Mulino
Gavi (AL)	La Gallina
Grottaferrata (RM)	Taverna dello Spuntino
Longare / Costozza (VI)	Aeolia

Madonna di Campiglio (TN)	
	Stube Hermitage
Malé (TN)	Conte Ramponi
Moncalieri (TO)	La Maison Delfino
Montaione / San Benedetto (FI)	Casa Masi
Morgex (AO)	Cafè Quinson
Oviglio (AL)	Donatella
Paestum (SA)	Le Trabe
Parma (PR)	La Filoma
Pergine Valsugana (TN)	Castel Pergine
Pieve di Soligo / Solighetto (TV)	Da Lino
Quartu Sant' Elena (CA)	Hibiscus
Roseto degli Abruzzi (TE)	Tonino-da Rosanna
Rubiera (RE)	Osteria del Viandante
Saint-Vincent (AO)	Le Grenier
Sappada (BL)	Laite
Senago (MI)	La Brughiera
Sorrento (NA)	L'Antica Trattoria
Tavarnelle Val di Pesa / Badia	
a Passignano (FI)	Osteria di Passignano
Tesimo (BZ)	Zum Löwen
Tigliole (AT)	Vittoria
Torino (TO)	Villa Somis
Varese / Capolago (VA)	Da Annetta
Venezia / Torcello (VE)	Locanda Cipriani
Verona (VR)	Osteria la Fontanina
Villa d'Almè (BG)	Osteria della Brughiera
Villa di Chiavenna (SO)	Lanterna Verde
Villandro (BZ)	Ansitz Zum Steinbock

Wellness

Centro attrezzato per il benessere ed il relax
An extensive facility for relaxation

Spa

Abano Terme (PD)	Abano Grand Hotel	
Abano Terme (PD)	Bristol Buja	
Abano Terme (PD)	Due Torri	
Abano Terme (PD)	Europa Terme	
Abano Terme (PD)	Harrys' Garden	
Abano Terme (PD)	Metropole	
Abano Terme (PD)	Mioni Pezzato	
Abano Terme (PD)		
	Panoramic Hotel Plaza	
Abano Terme (PD)	President	
Abano Terme (PD)	Trieste i Victoria	
Abano Terme (PD)	Tritone Terme	
Acqui Terme (AL)		
	Grand Hotel Nuove Terme	
Alghero (SS)	Villa Las Tronas	
Alpe di Siusi (BZ)	Sporthotel Floralpina	
Alpe di Siusi (BZ)	Urthaler	
Alta Badia (BZ)	Armentarola	
Alta Badia (BZ)	Cappella	
Alta Badia (BZ)	Fanes	
Alta Badia (BZ)	La Majun	
Alta Badia (BZ)	La Perla	
Alta Badia (BZ)	Posta-Zirm	
Alta Badia (BZ)	Rosa Alpina	
Alta Badia (BZ)	Sassongher	
Amantea (CS)		
	Mediterraneo Palace Hotel	
Andalo (TN)	Dolce Avita Spa i Resort	
Appiano sulla Strada del Vino (BZ)		
	Gartenhotel Moser	
Appiano sulla Strada del Vino /		
Missiano (BZ)	Schloss Korb	
Appiano sulla Strada del Vino /		
Pigeno (BZ)	Stroblhof	
Appiano sulla Strada del Vino /		
Cornaiano (BZ)	Weinegg	
Arabba (BL)	Evaldo	
Arta Terme / Piano d'Arta (UD)	Gardel	
Arzachena / Porto Cervo (OT)	Cervo	
Avelengo (BZ)	Miramonti	
Bagno di Romagna (FC)	Euroterme	

Bagno di Romagna (FC)		
	Tosco Romagnolo	
Bagno di Romagna /		
Acquapartita (FC)	Miramonti	
Baveno (VB)	Grand Hotel Dino	
Bellagio (CO)	Grand Hotel Villa Serbelloni	
Bertinoro / Fratta (FC)		
	Grand Hotel Terme della Fratta	
Bibione (VE)	Bibione Palace	
Bisceglie (BA)	Nicotel	
Bordighera (IM)	Grand Hotel del Mare	
Bressanone (BZ)	Dominik	
Bressanone (BZ)	Grüner Baum	
Breuil Cervinia (AO)	Hermitage	
Brunico / Riscone (BZ)	Majestic	
Brunico / Riscone (BZ)		
	Royal Hotel Hinterhuber	
Brunico / Riscone (BZ)	Rudolf	
Brunico / Riscone (BZ)	Schönblick	
Caldaro sulla Strada del Vino (BZ)		
	Seeleiten	
Campitello di Fassa (TN)	Gran Paradis	
Campitello di Fassa (TN)		
	Park Hotel Rubino Executive	
Campitello di Fassa (TN)	Salvan	
Campo Tures (BZ)	Alphotel Stocker	
Campo Tures (BZ)	Alte Mühle	
Canazei / Alba (TN)	La Cacciatora	
Capri (Isola di) / Anacapri (NA)		
	Capri Palace Hotel	
Capri (Isola di) / Capri (NA)		
	Capri Tiberio Palace	
Capri (Isola di) / Capri (NA)		
	Grand Hotel Quisisana	
Capri (Isola di) / Marina Grande (NA)		
	J.K. Place Capri	
Caramanico Terme (PE)	La Réserve	
Carzago Riviera (BS)	Palazzo Arzaga	
Castagneto Carducci /		
Marina di Castagneto Carducci (LI)		
	Tombolo Talasso Resort	
Castelbello Ciardes (BZ)	Sand	

49

Castellammare di Stabia (NA)
Crowne Plaza Stabiae Sorrento Coast 🏨

Castelrotto (BZ) Posthotel Lamm 🏨

Castelverde (CR) Cremona Palace Hotel 🏨

Castiglione della Pescaia / Badiola (GR)
L'Andana-Tenuta La Badiola 🏨

Castione della Presolana / Bratto (BG) Milano 🏨

Castrocaro Terme (FC)
Grand Hotel Terme 🏨

Cavalese (TN) Lagorai 🏨

Cernobbio (CO) Villa d'Este 🏨

Cervia / Milano Marittima (RA) Aurelia 🏨

Cervia / Milano Marittima (RA) Globus 🏨

Cervia / Milano Marittima (RA) Le Palme 🏨

Cervia / Milano Marittima (RA)
Palace Hotel 🏨

Chianciano Terme (SI) Admiral Palace 🏨

Cison di Valmarino (TV) CastelBrando 🏨

Cividale del Friuli (UD)
Locanda al Castello 🏨

Cogne (AO) Bellevue 🏨

Cogne (AO) Miramonti 🏨

Cogne / Cretaz (AO) Notre Maison 🏨

Cologne (BS) Cappuccini 🏨

Comano Terme / Ponte Arche (TN)
Cattoni-Plaza 🏨

Comano Terme / Ponte Arche (TN)
Grand Hotel Terme 🏨

Commezzadura (TN) Tevini 🏨

Corato (BA) Nicotel Wellness 🏨

Cortina d'Ampezzo (BL)
Cristallo Palace Hotel 🏨

Cortina d'Ampezzo (BL)
Miramonti Majestic Grand Hotel 🏨

Cortina d'Ampezzo (BL)
Park Hotel Faloria 🏨

Costermano (VR) Boffenigo 🏨

Courmayeur (AO)
Grand Hotel Royal e Golf 🏨

Cutrofiano (LE) Sangiorgio Resort 🏨

Desenzano del Garda (BS) Acquaviva 🏨

Dobbiaco (BZ) Cristallo 🏨

Dobbiaco (BZ) Park Hotel Bellevue 🏨

Dobbiaco (BZ) Santer 🏨

Elba (Isala d') / Portoferraio (LI)
Hermitage 🏨

Erbusco (BS) L'Albereta 🏨

Fiè allo Sciliar (BZ) Emmy 🏨

Fiè allo Sciliar (BZ) Heubad 🏨

Fiè allo Sciliar (BZ) Turm 🏨

Fiera di Primiero (TN) Iris Park Hotel 🏨

Fiera di Primiero (TN) Tressane 🏨

Firenze (FI) Four Seasons Hotel Firenze 🏨

Fiuggi / Fiuggi Fonte (FR)
Grand Hotel Palazzo della Fonte 🏨

Folgarida (TN) Alp Hotel Taller 🏨

Fondo (TN) Lady Maria 🏨

Francavilla al Mare (CH)
Sporting Hotel Villa Maria 🏨

Furore (SA) Furore Inn Resort 🏨

Gabicce Mare (PU)
Grand Hotel Michelacci 🏨

Gallio (VI) Gaarten 🏨

Galzignano Terme (PD)
Sporting Hotel Terme 🏨

Garda (VR) Regina Adelaide 🏨

Gardone Riviera / Fasano (BS)
Grand Hotel Fasano e Villa Principe 🏨

Gargnano (BS) Lefay Resort i SPA 🏨

Grado (GO) Savoy 🏨

Gubbio (PG) Park Hotel ai Cappuccini 🏨

Ischia (Isola d') / Barano (NA)
Parco Smeraldo Terme 🏨

Ischia (Isola d') / Ischia (NA)
Grand Hotel Excelsior 🏨

Ischia (Isola d') / Ischia (NA)
Grand Hotel Punta Molino
Beach Resort i Spa 🏨

Ischia (Isola d') / Ischia (NA) Il Moresco 🏨

Ischia (Isola d') / Lacco Ameno (NA)
L'Albergo della Regina Isabella 🏨

Ischia (Isola d') / Ischia (NA) Le Querce 🏨

Ischia (Isola d') / Forio (NA)
Mezzatorre Resort i Spa 🏨

Ischia (Isola d') / Ischia (NA) NH Ischia 🏨

Ischia (Isola d') / Forio (NA)
Paradiso Terme e Garden Resort 🏨

Ischia (Isola d') / Casamicciola Terme (NA) Terme Manzi Hotel i SPA 🏨

Jesi (AN) Federico II 🏨

Laces (BZ) Paradies 🏨

Lana / Foiana (BZ) Völlanerhof 🏨

Lana / Foiana (BZ) Waldhof 🏨

Lana / San Vigilio (BZ)
Vigilius Mountain Resort 🏨

La Salle (AO) Mont Blanc Hotel Village 🏨

Levico Terme (TN) Al Sorriso Green Park 🏨

Levico Terme (TN) Grand Hotel Imperial 🏨

Lignano Sabbiadoro / Lignano Pineta (UD) Greif 🏨

Limone Piemonte (CN)
Grand Palais Excelsior 🏨

Limone sul Garda (BS)
Park Hotel Imperial 🏨

Livigno (SO) Baita Montana 🏨

Livigno (SO)
Lac Salin Spa i Mountain Resort 🏨

Macerata (MC) Le Case 🏨

Madesimo (SO) Andossi 🏨

Madesimo (SO)
Il Cantinone e Sport Hotel Alpina 🏨

Madonna di Campiglio (TN) Lorenzetti 🏨

Malcesine (VR) Maximilian 🏨

52

Per saperne di più

Further information

L'olio d'oliva
e la cucina italiana :
Un matrimonio d'amore

Almeno quanto il vino, l'olio sta attraversando un momento di eccezionale fortuna in Italia e nel mondo. E come il vino ben rappresenta il nostro paese: dal lago di Garda alla Sicilia, la coltivazione dell'olivo è presente in quasi tutte le regioni declinandosi in un numero di varietà che ben rispecchia la vocazione tradizionale e locale del Belpaese.

Diverse sono le ragioni di tanto successo. La bontà del prodotto è amplificata dalla varietà di utilizzi: pasta, carne, pesce, ora perfino i dolci dei cuochi più creativi, sono tutti esaltati da questo "matrimonio all'italiana". Ma negli ultimi anni l'olio è diventato anche un elemento immancabile nelle diete, se ne scoprono ogni giorno virtù nutrizionali e terapeutiche, da sempre consigliato nelle fritture è comparso ora anche nei centri benessere in olio-terapie.

Dovunque andrete, utilizzando la guida, lo troverete sempre in tavola!

Olive oil
and Italian cooking :
a marriage made in heaven

Like wine, olive oil is experiencing a time of exceptional good fortune in Italy and throughout the world. And like wine, it represents our country very well indeed: olives are cultivated in almost all the regions, from Lake Garda to Sicily, and the number of varieties mirrors well the traditional and local vocation of the Beautiful Country.

There are many reasons for such success. The flavour of the product is increased by its many different uses: pasta, meat, fish, now even sweet dishes made by the most creative cooks, are all enhanced by this "Italian-style marriage". Over the last few years, olive oil has even become an essential part of diets, and each day brings new discoveries of its nutritional and therapeutic virtues. It has always been recommended for fried food and now it is found in wellness centres as oil-therapy.

Wherever this guide takes you, you will always find it on the table!

I vini d'Italia :

il sapore del sole

L'Italia è un paese straordinariamente vocato alla produzione vinicola, se per secoli tanta ricchezza territoriale è stata poco o male sfruttata, da alcuni decenni la sapiente ricerca di qualità ha permesso ai vini nazionali di divenire Grandi Vini, perché se è vero che grande importanza hanno la qualità e le caratteristiche del vitigno, altrettanto peso hanno la giusta scelta geografica e climatica e allo stesso modo il "lavoro in vigna ed in cantina" su cui il paese si è concentrato crescendo sino ai livelli attuali.

L'eccellente potenzialità del territorio italiano, d'altra parte, è testimoniata dall'esistenza di oltre 300 varietà di vitigni coltivati nelle situazioni più disparate, vicino al mare piuttosto che ai piedi delle montagne, nelle isole del profondo sud ma anche tra le morbide sinuosità delle colline, ognuna di queste varietà è capace di produrre uve di tipo diverso e, quindi, vini -autoctoni piuttosto che di taglio più internazionale- dalle caratteristiche proprie.

Vitigni italiani diffusi e conosciuti in tutto il mondo sono il Sangiovese, il Trebbiano il Barbera o il Nebbiolo.

Questa grandissima varietà di tipologie è uguagliata forse soltanto dall'ampio ventaglio di prodotti alimentari e tipicità regionali che formano le importanti diversità dello stivale e che permettono abbinamenti col vino interessanti quando non addirittura emozionanti: lasciamo ai ristoratori il piacere di illustrarvene i dettagli e, soprattutto, al vostro palato la curiosità di scoprirli.

Anche perché, in fondo, cosa accompagna meglio un piatto italiano se non un grande vino italiano?

Italian wines:

the flavour of the sun

Italy has an extraordinary inclination for the production of wine, although for centuries the country's rich resources had been used badly or hardly at all. However, over the last few decades, skilful striving for quality has meant that Italian wines have become "Grandi Vini" (Premium wines), because whereas it is true that the quality and characteristics of the vines are of great importance, the right geographic and climatic choice carries the same weight, as does the "work done in the vineyard and in the cellar". The country has concentrated on this, thereby increasing to current levels of growth.

The excellent potential of the Italian terrain is borne out by the existence of more than 300 varieties of vines cultivated in very different situations, by the sea and at the foot of the mountains, on southernmost islands, but also nestling amongst the soft undulations of the hills: each of these varieties is able to produce grapes that are different in type and, therefore, wines with their own characteristics – autochthonous rather than "international".

Italian varieties which are well known and found all over the world are Sangiovese, Trebbiano, Barbera and Nebbiolo.

This huge variety of types can only perhaps be equalled by the wide range of food products and typical regional produce to be found in Italy, which, when accompanied by wine, form combinations that are interesting and sometimes enthralling: we shall let restaurateurs have the pleasure of illustrating the details and shall also allow your palate the delight of discovering them.

After all, what better than a wonderful Italian wine to accompany an Italian dish?

Vini e Specialità Regionali

Vineyards & Regional Specialities

Franciacorta · Amarone

Aosta · Milano · Torino · Genova · Trento · Bologna · Firenze · Per

Barbaresco / Barolo

Brunello Di Montalcino

① Valle d'Aosta :

Carbonada, Fonduta alla valdostana

② Piemonte :

Peperone farcito, bagna càoda, Ravioli del plin, Vitello tonnato, Tajarin con tartufo bianco d'Alba, Brasato al Barolo, Bonèt

③ Liguria :

Trofie al pesto, Pansotti con salsa di noci, Cappon magro, Coniglio arrosto alla ligure

④ Lombardia :

Risotto allo zafferano, Tortelli di zucca, Casônsèi, Pizzoccheri alla valtellinese, Cotoletta alla milanese, Pesce in carpione, Casoeûla, panettone

⑤ Veneto :

Risotto alla marinara, Bigoli in salsa, Pasta e fagioli, Baccalà alla vicentina, Sarde in saòr, Fegato alla veneziana

⑥ Trentino alto Adige :

Canéderli, Capriolo con salsa ai frutti di bosco, Stinco di maiale con crauti, Strudel

⑦ Friuli Venezia Giulia :

Zuppa d'orzo, Cialzóns

⑧ Emilia Romagna :

Pisari e fasò, Lasagne, Tagliatelle con ragù alla bolognese, Tortellini in brodo, Fritto misto di pesce, Bollito misto, Zuppa Inglese

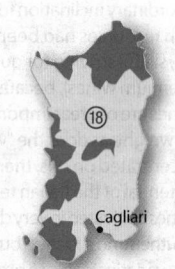

Cagliari

⑨ Toscana :

Pappa al pomodoro, Pappardelle con la lepre, Ribollita, Triglie alla livornese, Cacciucco, Costata alla fiorentina, Cantucci

⑩ Umbria :

Stringozzi al tartufo nero di Norcia, Zuppa di lenticchie, Trota alla griglia, Piccione allo spiedo

⑪ Marche :

Olive all'ascolana, Stoccafisso in potacchio, Brodetto, Coniglio in porchetta

⑫ Abruzzo-Molise :

Maccheroni alla chitarra, Agnello allo zafferano, Pecora bollita

⑬ Lazio :

Bucatini alla amatriciana, Spaghetti alla carbonara, Carciofi alla romana, Coda alla vaccinara, Trippa alla romana

⑭ Campania :

Paccheri con ragù alla napoletana, Zite con ragù alla genovese, Pizze e calzoni, Sartù di riso, Polpo affogato, Sfogliatelle, Babà, Pastiera

⑮ Puglia :

Frutti di mare crudi, Orecchiette con cime di rapa, Minestra di fave e cicoria, Agnello al forno, Seppie ripiene

⑯ Basilicata :

Pasta e ceci, Baccalà alla lucana, Maiale con peperonata

⑰ Calabria :

Pasta con sardella, Baccalà alla calabrese, Cinghiale in umido

⑱ Sardegna :

Gnocchetti sardi allo zafferano, Aragosta bollita, Maialino alla brace, Sebadas

⑲ Sicilia :

Pasta con le sarde, Pasta alla Norma, Couscous alla trapanese, Involtini di pesce spada, Cannoli, Cassata

Chianti Classico

Nobile Di Montepulciano

Sagrantino Di Montefalco

57

Scegliere un buon vino

Choosing a good wine

	1993	1994	1995	1996	1997	1998	1999	2000	2001	2004	2005	2006
Barbaresco												
Barolo												
Franciacorta												
Chianti Classico												
Brunello Di Montalcino												
Nobile Di Montepulciano												
Amarone												
Sagrantino Di Montefalco												

 Grandi annate → Great years

Buone annate → Good years

Annate corrette → Average years

Le grandi annate dal 1970 :
1970-1971-1974-1978-1980-1982-1983-1985- 1988
→ The greatest vintages since 1970

ABANO TERME – Padova (PD) – **562** F17 – **19 346 ab.** – **alt. 14 m**   **35** B3
– ✉ **35031** ▮ Italia

> ▶ Roma 485 – Padova 11 – Ferrara 69 – Milano 246
> 🅸 via Pietro d'Abano 18 📞 049 8669055, infoabano@turismotermeeuganee.it,
> Fax 049 8669053

🏛 **Abano Grand Hotel**   🔊 🏊 🖻 📶 *ƒ*ᵃ 🌂 🖼 🕹 �& cam, 🚷 🆔 ⇆ 🕺 📶
via Valerio Flacco 1 – 📞 04 98 24 81 00   🅿 🚗 🆅🆂🅰 ⓿ 🅰🅴 ⓪ 🅂
– *www.gbhotelsabano.it* – *Fax 04 98 66 99 94*   BY**h**
191 cam ⊡ – 🛏135/185 € 🛏🛏210/300 € – 8 suites – ½ P 160/197 €
Rist – Carta 57/171 €
♦ Esclusivo, moderno complesso con centro benessere di alto livello in un grandioso parco-giardino con piscine termali; pregevole e raffinato arredamento stile impero. Un'atmosfera di sofisticata gradevolezza nella maestosa e raffinata sala da pranzo.

🏛 **Due Torri**   🔊 🏊 🖻 📶 *ƒ*ᵃ 🌂 🖼 🕹 & cam, 🆔 🕺 📶 🅿 🚗
via Pietro d'Abano 18 – 📞 04 98 63 21 00   🆅🆂🅰 ⓿ 🅰🅴 ⓪ 🅂
– *www.gbhotelsabano.it* – *Fax 04 98 66 99 27* – *chiuso dal 10 gennaio
al 20 marzo*   AZ**b**
136 cam ⊡ – 🛏90/120 € 🛏🛏135/200 € – 13 suites – ½ P 105/172 €
Rist – Carta 40/52 €
♦ Collocato in una posizione centrale invidiabile, abbracciato dal verde del giardino-pineta, hotel storico con eleganti arredi classicheggianti e piacevoli spazi comuni. Ariosa sala risto-rante, sorretta da colonne, attraverso cui ammirare il bel giardino.

🏛 **Mioni Pezzato**   🔊 🏡 🏊 🖻 📶 🏔 *ƒ*ᵃ 🌂 🍽 🕹 & cam, 🆔 🕺 rist, 📶
via Marzia 34 – 📞 04 98 66 83 77   🅿 🆅🆂🅰 ⓿ 🅰🅴 ⓪ 🅂
– *www.hotelmionipezzato.com* – *Fax 04 98 66 93 38* – *chiuso dall'8 al
22 dicembre e dall'8 gennaio al 12 febbraio*   AZ**u**
180 cam ⊡ – 🛏60/100 € 🛏🛏104/226 € – 33 suites – ½ P 113/153 €
Rist – Menu 37/120 €
♦ Conduzione signorile in un grande albergo all'interno di un bel parco-giardino con piscina termale; beauty center di particolare fascino e salotto inglese con biliardo. Sala da pranzo di tono signorile.

🏛 **Bristol Buja**   🔊 🏡 🏊 🖻 📶 🏔 *ƒ*ᵃ 🌂 🍽 🕹 & cam, 🚷 🆔 ⇆
via Monteortone 2   🕹 rist, 📶 🧖 🅿 🆅🆂🅰 ⓿ 🅰🅴 ⓪ 🅂
– 📞 04 98 66 93 90 – *www.bristolbuja.it* – *Fax 0 49 66 79 10* – *chiuso dal
20 novembre al 20 dicembre*   AY**g**
139 cam ⊡ – 🛏99/125 € 🛏🛏180/232 € – 16 suites – ½ P 126/136 €
Rist – Menu 35/40 €
♦ Albergo signorile improntato a quell'indiscussa eleganza che soltanto un'esperta, plurien-nale, gestione familiare può garantire. Una struttura dove prendersi cura del corpo e rinfran-carsi lo spirito. Il ristorante coniuga sapientemente cucina tradizionale veneta e suggestioni gastronomiche internazionali.

🏛 **Trieste & Victoria**   🔊 🏊 🖻 📶 *ƒ*ᵃ 🌂 🕹 & cam, 🆔 🕺 📶 🧖 🅿
via Pietro d'Abano 1 ✉ *35031*   🚗 🆅🆂🅰 ⓿ 🅰🅴 ⓪ 🅂
– 📞 04 98 66 51 00 – *www.gbhotelsabano.it* – *Fax 04 98 66 97 79* – *chiuso
dal 10 gennaio al 19 marzo*   AZ**v**
162 cam ⊡ – 🛏90/120 € 🛏🛏135/200 € – 12 suites – ½ P 105/172 €
Rist – Carta 40/52 €
♦ Storico complesso fin-de-siècle, ampliatosi negli anni fino a raggiungere le attuali impo-nenti dimensioni. In pieno centro, la struttura si caratterizza per le sale eleganti e le belle camere, in parte recentemente rinnovate.

🏛 **President**   🚗 🏡 🏊 🖻 📶 🏔 *ƒ*ᵃ 🌂 🕹 & cam, 🆔 🕺 rist, 📶 🅿
via Montirone 31 – 📞 04 98 66 82 88   🆅🆂🅰 ⓿ 🅰🅴 ⓪ 🅂
– *www.presidentterme.it* – *Fax 0 49 66 79 09* – *chiuso dal 22 novembre al
23 dicembre*   AY**t**
101 cam ⊡ – 🛏100/130 € 🛏🛏160/200 € – 7 suites – ½ P 135/175 €
Rist – (solo per alloggiati) Menu 35/45 €
♦ Ambiente di classe in una residenza prestigiosa nel cuore verde della città: mobili in stile, validi servizi e camere ben accessoriate. Nuovo centro benessere-termale.

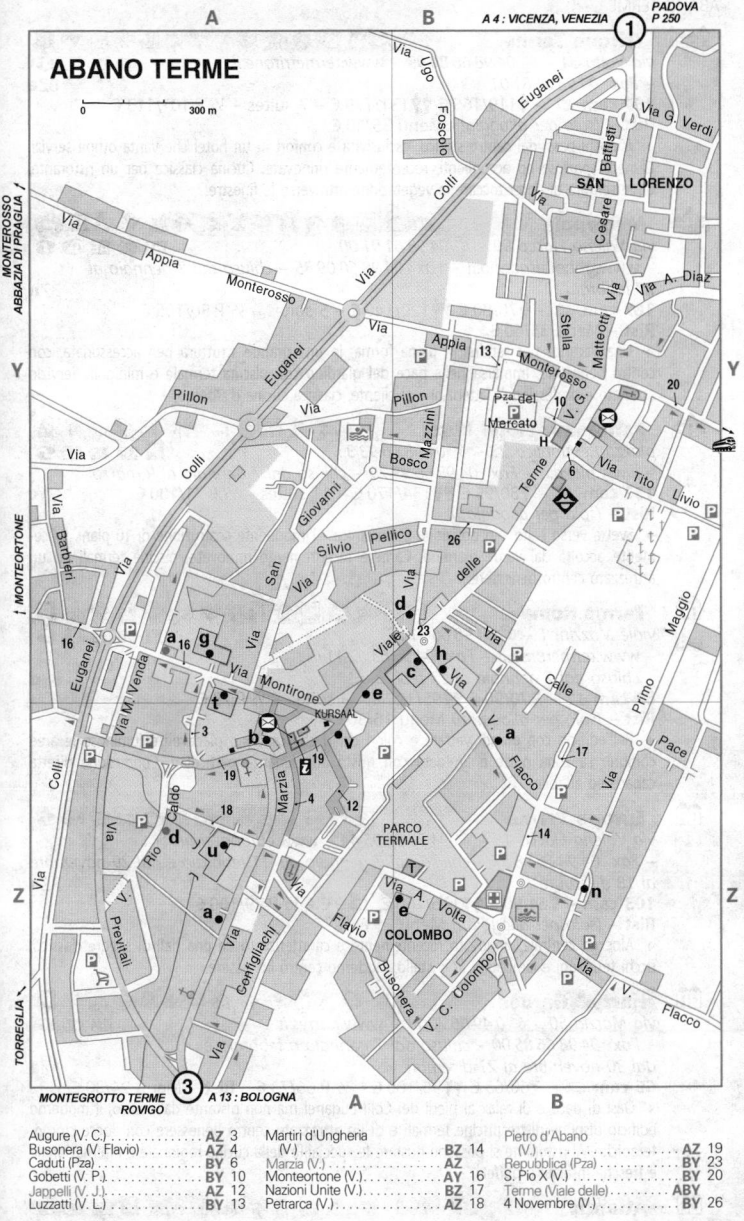

ABANO TERME

0   300 m

MONTEROSSO
ABBAZIA DI PRAGLIA

↑ MONTEORTONE

TORREGLIA

A 4 : VICENZA, VENEZIA
PADOVA
P 250
①

SAN LORENZO

MONTEGROTTO TERME
ROVIGO
③ A 13 : BOLOGNA

Tritone Terme 🔊 🔽 📺 ⛱ 🏊 🏋 ♨ 🍴 🏖 🅰️ ⚡ rist, 📞 🅿️

via Volta 31 – ℰ 04 98 66 80 99 – www.termetritone.it
– Fax 04 98 66 81 01   VISA ⓪ AE ⓢ   BZe

107 cam ☟ – ♦119/165 € ♦♦131/179 € – 7 suites – ½ P 101/113 €
Rist – *(solo per alloggiati)* Menu 35/40 €

♦ A pochi passi dal centro storico, esclusività e confort in un hotel che vanta ottimi servizi. Camere spaziose ed accoglienti, recentemente rinnovate. Cucina classica per un ristorante, dove sembra di poter toccare la vegetazione attraverso le finestre.

Metropole 🔊 🔽 📺 ⛱ 🏊 🏋 ♨ 🍴 🏖 🔝 🅰️ ⚡ 📞 🅿️ 🚗

via Valerio Flacco 99 – ℰ 04 98 61 91 00   VISA ⓪ AE ⓪ ⓢ
– www.gbhotelsabano.it – Fax 04 98 60 09 35 – chiuso dal 7 gennaio al 27 febbraio   BZn

187 cam ☟ – ♦70/80 € ♦♦120/140 € – 5 suites – ½ P 80/105 €
Rist – Menu 35/60 €

♦ Una vacanza per sentirsi in piena forma, in una grande struttura ben accessoriata, con centro benessere, immersa nella pace del giardino con piscina termale e minigolf. Servizio accurato e professionale attenzione al cliente, classica cucina d'albergo.

Panoramic Hotel Plaza 🔊 🔽 📺 ⛱ 🏊 🏋 ♨ 🏖 🅰️ ⚡ rist, 📞 🔝

piazza Repubblica 23 – ℰ 04 98 66 93 33   🅿️ VISA ⓪ AE ⓢ
– www.plaza.it – Fax 04 98 66 93 79 – chiuso dal 7 gennaio al 9 marzo
132 cam ☟ – ♦80/95 € ♦♦134/170 € – 11 suites – ½ P 71/100 €   BYc
Rist – *(solo per alloggiati)*

♦ Svetta verso l'alto - in posizione panoramica - l'imponente costruzione di 10 piani, felicemente accolta dal verde giardino. Camere recentemente rinnovate, piscine termali ed un attrezzato centro benessere.

Terme Roma 🔊 🔽 📺 ⛱ 🏊 🏋 ♨ 🔝 ⚓ cam, 🅰️ ⚡ rist, 🅿️

viale Mazzini 1 – ℰ 04 98 66 91 27   VISA ⓪ AE ⓪ ⓢ
– www.termeroma.it – Fax 04 98 63 02 11
– chiuso dal 7 gennaio al 23 febbraio   BYd
84 cam ☟ – ♦70/90 € ♦♦95/120 € – 3 suites – ½ P 78 €
Rist – *(solo per alloggiati)* Menu 16/30 €

♦ Bell'edificio con grandi vetrate e colori chiari che rendono piacevoli e luminose le aree comuni. La zona notte è arredata con gusto ed eleganza particolari. Conduzione diretta capace ed affabile.

Europa Terme 🔊 🔽 📺 ⛱ 🏊 🏋 ♨ ⚓ cam, 🅰️ 📞 VISA ⓪ AE ⓪ ⓢ

via Valerio Flacco 13 – ℰ 04 98 66 95 44 – www.europaterme.it
– Fax 04 98 66 98 57 – chiuso dal 7 gennaio all' 11 febbraio e dal 29 novembre al 18 dicembre   BZa

103 cam – ♦64/90 € ♦♦116/160 €, ☟ 9 € – ½ P 79/100 €
Rist – *(solo per alloggiati)* Menu 29 €

♦ Albergo centrale, rinnovato recentemente e caratterizzato da una hall di sapore classico, ricchi tendaggi e lampadari in cristallo. Moderno centro benessere.

Harrys' Garden 🔊 🔊 🔽 📺 ⛱ 🏊 🏋 ♨ 🔝 🅰️ ⚡ rist, 📞 🅿️

via Marzia 50 – ℰ 0 49 66 70 11 – www.harrys.it   VISA ⓪ ⓢ
– Fax 04 98 66 85 00 – chiuso dal 7 gennaio a febbraio e dal 30 novembre al 21 dicembre   AZa
66 cam ☟ – ♦60/63 € ♦♦96/100 € – ½ P 66/73 €   **Rist** – Menu 24/30 €

♦ Oasi di pace e di relax ai piedi dei Colli Euganei ma non distante dal centro, il moderno edificio dispone di tre piscine termali e di un attrezzato centro benessere con docce cromoterapiche. Al ristorante si possono gustare le specialità della cucina regionale e internazionale e fresche insalate a buffet.

Atlantic 🔊 🔽 📺 ⛱ 🏋 ♨ 🔝 🅰️ ⚡ rist, 🅿️ VISA ⓪ ⓢ

via Monteortone 66, per via Monteortone – ℰ 04 98 66 90 15
– www.atlanticterme.com – Fax 04 98 66 91 88 – chiuso gennaio-febbraio
56 cam ☟ – ♦56 € ♦♦97/107 € – ½ P 71/75 €   AY
Rist – Menu 24 €

♦ Tranquillo hotel periferico con accoglienti aree comuni; annesso reparto di cure termali, recentemente rinnovato, per un soggiorno rigenerante. Piscina con fondo in quarzite.

🏠 **Terme Milano** 🚲 ⚒ ▦ 🔥 ♨ ✕ 🍴 ⬟ 🕭 cam, ⛹ 🆔 🎿 rist, 🎙️ **P**
viale delle Terme 169 – ☎ *04 98 66 94 44*　　　　　　*VISA* ⓿ 💲
– www.termemilano.it – Fax 04 98 63 02 44 – chiuso dal 1° al 21 dicembre e dal
7 gennaio al 28 febbraio　　　　　　　　　　　　　　　　　AY**e**
89 cam ⌑ – 🛏️58/80 € 🛏️🛏️100/135 € – ½ P 57/72 €
Rist – *(solo per alloggiati)* Menu 25/40 €
♦ In pieno centro, nell'area pedonale della località, gestione diretta per un albergo dai classici confort.

✕✕ **Aubergine** 　　　　　　　　🏠 🆔 **P** *VISA* ⓿ 🆎 💲
via Ghislandi 5 – ☎ *04 98 66 99 10 – www.aubergine.it – Fax 04 98 63 92 00*
– chiuso 10 giorni in febbraio, dal 15 al 30 luglio, martedì e mercoledì
Rist – Carta 28/39 €　　　　　　　　　　　　　　　　　AZ**d**
♦ Tra quadri moderni e curiose suppellettili, ristorante-pizzeria dalla calda conduzione familiare: la cucina, di mare e di terra, è nelle mani della moglie, mentre padre e figlio elargi-
scono suggerimenti in sala.

✕✕ **Victoria** 　　　　　　　　🏠 🆔 🎿 *VISA* ⓿ 🆎 ⓪ 💲
via Monteortone 30 – ☎ *0 49 66 76 84 – Fax 04 98 63 80 84 – chiuso lunedì*
Rist – Carta 25/47 €　　　　　　　　　　　　　　　　　AY**a**
♦ Specialità di mare in un ambiente dai colori caldi, sobrio ma elegante, con grandi specchi
alle pareti e décor classicheggiante; buono il rapporto qualità/prezzo.

ABBADIA ISOLA – Siena – Vedere Monteriggioni

ABBADIA LARIANA – Lecco (LC) – **561** E10 – 3 268 ab. – alt. 202 m　　16 B2
– ✉ 23821

▶ Roma 636 – Como 39 – Bergamo 43 – Lecco 8

🏠 **Park Hotel** senza rist 　　　⚲ 🚲 🕭 ⬟ 🆔 🎙️ 🛗 **P** *VISA* ⓿ 🆎 ⓪ 💲
via Nazionale 142 – ☎ *03 41 70 31 93 – www.parkhotelabbadia.com*
– Fax 03 41 70 31 94
28 cam ⌑ – 🛏️70/89 € 🛏️🛏️98/165 €
♦ Struttura di recente realizzazione all'entrata della località, adatta sia per una clientela turistica che d'affari; accoglienti interni di taglio moderno, giardino sul lago.

ABBAZIA – Vedere nome proprio dell'abbazia

ABBIATEGRASSO – Milano (MI) – **561** F8 – 30 504 ab. – alt. 120 m　　18 A2
– ✉ 20081

▶ Roma 590 – Alessandria 80 – Milano 24 – Novara 29

✕✕ **Il Ristorante di Agostino Campari** 　　🏠 🆔 ⇔ **P** *VISA* ⓿ ⓪ 💲
via Novara 81 – ☎ *0 29 42 03 29 – www.agostinocampari.com*
– Fax 0 29 42 12 16 – chiuso dal 26 al 31 dicembre, 3 settimane in agosto e
lunedì
Rist – Carta 37/51 €
♦ Curato ambiente familiare, disponibilità e cortesia in un locale classico con servizio estivo
all'ombra di un pergolato; specialità d'impronta genuinamente tradizionale.

ABETONE – Pistoia (PT) – **563** J14 – 692 ab. – alt. 1 388 m – Sport　　28 B1
invernali : 1 388/1 950 m ⭧ 1 ⭧17, ⭤ – ✉ 51021 ▌Toscana

▶ Roma 361 – Pisa 85 – Bologna 109 – Firenze 90
🛈 piazza Piramidi ☎ 0573 60231, abetone@pistoia.turismo.toscana.it,
Fax 0573 60232

🏠 **Bellavista** 　　　　　⚲ 🔟 🕭 ⬟ 🎿 rist, 🎙️ **P** *VISA* ⓿ 🆎 💲
⊛ *via Brennero 383* – ☎ *0 57 36 00 28 – www.abetonebellavista.it*
– Fax 0 57 36 02 45 – 15 dicembre-15 aprile e luglio-agosto
40 cam ⌑ – 🛏️95/170 € 🛏️🛏️160/190 € – ½ P 95/110 €
Rist – *(solo per alloggiati)* Menu 20/40 €
♦ Tipica struttura di montagna in pietra e legno in posizione panoramica, a pochi passi dal
centro e adiacente agli impianti di risalita; camere confortevoli e spaziose.

a Le Regine Sud-Est : 2,5 km – ✉ 51020

⌂ **Da Tosca** ≤ ☆ rist, *VISA* ⚫ ⑆
☎ *via Brennero 85 – ☏ 0 57 36 03 17 – www.albergotosca.it – Fax 0 57 36 03 17
– chiuso 15 giorni in aprile o maggio*
12 cam – †50 € ††80 €, ☲ 5 € – ½ P 45/55 €
Rist – Carta 20/43 €
♦ Tipica atmosfera di montagna e una bella cornice di boschi di faggio, per un piccolo e ospitale albergo ad andamento familiare a pochi metri dagli impianti di risalita. Il legno e i colori ambrati sono gli elementi predominanti nell'accogliente sala da pranzo.

ABTEI = Badia

ACCESA (Lago di) – Grosseto – Vedere Massa Marittima

ACERENZA – Potenza (PZ) – **564** E29 – 2 634 ab. – alt. 833 m   3 B1
– ✉ 85011

▶ Roma 364 – Potenza 40 – Bari 120 – Foggia 98

⌂ **Il Casone** ✍ ≤ ☆ AK rist, P *VISA* ⚫ ① ⑆
☎ *strada per Forenza località Bosco San Giuliano Nord-Ovest : 6 km
– ☏ 09 71 74 11 41 – Fax 09 71 74 10 39*
18 cam ☲ – †35 € ††70 € – ½ P 50 €
Rist – Carta 20/25 €
♦ Al limite di un bosco, struttura immersa nella completa tranquillità della natura che la circonda: camere spaziose e funzionali con arredamento in stile contemporaneo. Al ristorante, la cucina locale.

ACI CASTELLO – Catania – **365** AZ58 – Vedere Sicilia alla fine dell'elenco alfabetico

---

ACIREALE – Catania – **365** BA58 – Vedere Sicilia alla fine dell'elenco alfabetico

---

ACQUAFREDDA – Potenza – **564** G29 – Vedere Maratea

ACQUALAGNA – Pesaro e Urbino (PU) – **563** L20 – 4 367 ab.   20 B1
– alt. 204 m – ✉ 61041

▶ Roma 247 – Rimini 89 – Ancona 95 – Gubbio 41

ЖЖ **Il Vicolo** AK ☆ *VISA* ⚫ AE ① ⑆
corso Roma 39 – ☏ 07 21 79 71 45 – Fax 07 21 79 71 45 – chiuso dal 22 al 31 dicembre, luglio, martedì sera , mercoledì
Rist – (consigliata la prenotazione) Carta 34/59 €
♦ Bicchieri di cristallo e posate d'argento rendono elegante l'ambiente familiare. La piccola veranda si affaccia sul centro storico; da provare i piatti a base di tartufo.

ACQUANEGRA SUL CHIESE – Mantova (MN) – **561** G13 – 3 013 ab.   17 C3
– alt. 32 m – ✉ 46011

▶ Roma 488 – Parma 50 – Brescia 51 – Cremona 35

verso Calvatone Sud : 2 km

Ж **Trattoria al Ponte** ☖ ⴕ AK ☆ P *VISA* ⚫ ① ⑆
*via Ponte Oglio 1312 ✉ 46011 Acquanegra sul Chiese – ☏ 03 76 72 71 82
– chiuso gennaio, luglio, lunedì e martedì*
Rist – (consigliata la prenotazione) Carta 26/34 €
♦ Colori solari in questa simpatica ed accogliente trattoria a pochi metri dal ponte sull'Oglio. La cucina propone specialità legate al territorio, elaborate partendo da ottime materie prime. Ciliegina sulla torta: il buon rapporto qualità/prezzo.

ACQUAPARTITA – Forlì-Cesena – **562** K18 – Vedere Bagno di Romagna

ACQUAPENDENTE – Viterbo (VT) – **563** N17 – 5 762 ab. – ✉ 01021   **12** A1

▶ Roma 163 – Viterbo 52 – Orvieto 33 – Todi 69

a Trevinano Nord-Est : 15 km

⌂ **B&B L'Albero Bianco** senza rist   ≤ ⌧ ℘ **P**
località l'Albero Bianco 8/a, Sud-Ovest: 4 km – ℰ 07 63 73 01 54
– www.alberobianco.blogspot.com
5 cam ⌑ – ╫50/60 € ╫╫70/80 €
♦ Sulla sommità di una collinetta - in posizione tranquilla e molto panoramica - bellissimo bed and breakfast aperto da un'intraprendente coppia di coniugi romani. Ricca prima colazione con prodotti di qualità e camere accoglienti a prezzi interessanti. Sembra un sogno, ma è realtà!

XX **La Parolina** (De Cesare e Gordini)   ⌂ **VISA ⓒⓞ AE ら**
☸ *via Giovanni Pascoli 3* – ℰ 07 63 71 71 30 – *www.laparolina.it*
– Fax 07 63 71 71 30 – chiuso 15 giorni in giugno, lunedì, martedì
Rist – Carta 45/65 €
Spec. Uovo spumoso dal tuorlo croccante e cialda di parmigiano. Cappelletti di cinta senese in brodo affumicato. Collo di maialino cotto nel miele e birra con gelato di peperoni (autunno-inverno).
♦ Sono due giovani di grande entusiasmo e d'indiscutibile talento a proporre una curiosa e curata cucina del territorio in questo piccolo locale. Da alcuni tavoli potrete persino ammirare il tramonto sull'Amiata.

ACQUAVIVA – Livorno – Vedere Elba (Isola d') : Portoferraio

ACQUI TERME – Alessandria (AL) – **561** H7 – 20 458 ab. – alt. 164 m   **23** C3
– ✉ 15011

▶ Roma 573 – Alessandria 35 – Genova 74 – Asti 47

🖈 piazza Levi 12 c/o Palazzo Robellini ℰ 0144 322142, iat@acquiterme.it, Fax 0144 770303

🖈 Le Colline, ℰ 0144 31 13 86

🏨 **Grand Hotel Nuove Terme**   ⊞ ⌧ ⓦ ⋔ 🛗 🗙 cam, **AK** 🗙 rist, ⁽¹⁾
piazza Italia 1 – ℰ 0 14 45 85 55   **🗙 VISA ⓒⓞ AE ① ら**
– www.antichedimore.com – Fax 01 44 32 90 64
138 cam ⌑ – ╫88/230 € ╫╫118/250 € – 3 suites – ½ P 89/155 €
Rist – Menu 30/40 €
♦ Ritornato al suo antico splendore, un palazzo in stile liberty del 1892 offre camere sufficientemente ampie con arredi classici, capiente sala convegni, attrezzature termali. Varie salette ristorante, cucina basata su preparazioni classiche.

🏨 **Roma Imperiale** ⌖   ⊞ ⏧ ⌂ ⌧ ⋔ 🛗 🗙 **AK** 🗙 rist, 🗙 **P**
via passeggiata dei Colli 1 – ℰ 01 44 35 65 03   **VISA ⓒⓞ AE ① ら**
– www.antichedimore.com – Fax 01 44 32 52 27
21 cam ⌑ – ╫95/135 € ╫╫165/215 € – 4 suites – ½ P 113/138 €
Rist – (*chiuso lunedì, martedì*) Carta 31/39 €
♦ L'altisonanza del nome è del tutto meritata: il parco secolare, le lussuose camere, gli stucchi veneziani del bar, il moderno ascensore panoramico che tuttavia non stride con le linee classiche della struttura. Tutto concorre a rendere il soggiorno una parentesi memorabile nel turbinio della vita moderna.

🏨 **Acqui & Beauty Center**   ⌂ ⋔ 🛗 🗙 **AK** 🗙 rist, ℘ **VISA ⓒⓞ ① ら**
corso Bagni 46 – ℰ 01 44 32 26 93 – *www.hotelacqui.it* – Fax 01 44 32 28 20
– aprile-novembre
30 cam ⌑ – ╫69/75 € ╫╫99/103 € – ½ P 80/89 €   **Rist** – Menu 24/30 €
♦ Completamente rinnovato, presenta ambienti signorili dal confort omogeneo. All'ultimo piano dell'edificio, piccolo ma attrezzato beauty-center per trattamenti e cure estetiche. Il ristorante propone una cucina nazionale per tutti i gusti.

🏨 **Ariston**   🛗 🗙 cam, **AK** 🗙 rist, **P** 🚗 **VISA ⓒⓞ AE ① ら**
piazza G. Matteotti 13 – ℰ 01 44 32 29 96 – *www.hotelariston.net*
– Fax 01 44 32 29 98 – chiuso dal 20 dicembre al 24 gennaio
38 cam – ╫55 € ╫╫78 €, ⌑ 7 € – ½ P 64 €   **Rist** – Carta 24/30 €
♦ Albergo a gestione diretta, ristrutturato nel corso degli ultimi anni; classici interni nelle tonalità del legno e del nocciola, camere piacevolmente arredate.

XX **La Schiavia** ⟷ VISA ⦾ ⑤
vicolo della Schiavia – ℰ 0 14 45 59 39 – www.laschiavia.it – Fax 0 14 45 59 39
– chiuso dal 9 al 25 agosto, domenica sera, martedì
Rist – Carta 38/59 € ⅜
♦ Salite le scale di un elegante edificio storico in centro e scoprirete una saletta graziosamente ornata con stucchi e decorazioni, in cui gustare una buona cucina locale.

XX **Enoteca La Curia** 🎴 � ⟷ VISA ⦾ AE ① ⑤
via alla Bollente 72 – ℰ 01 44 35 60 49 – www.enotecalacuria.com
– Fax 01 44 32 90 44 – chiuso lunedì
Rist – Menu 40/55 € – Carta 51/71 € ⅜
♦ Cucina piemontese accompagnata da un'ampia scelta di vini da assaporare sotto volte in mattoni; atmosfera giovane e dinamica in un locale di tono rustico-moderno.

ACUTO – Frosinone (FR) – **563** Q21 – **1 889 ab.** – alt. 724 m – ⊠ 03010   **13** C2
🄳 Roma 77 – Frosinone 36 – Avezzano 99 – Latina 87

XXX **Colline Ciociare** (Salvatore Tassa) 🎴 AK ⟷ P VISA ⦾ AE ① ⑤
ξ3 via Prenestina 27 – ℰ 0 77 55 60 49 – www.salvatoretassa.com
– Fax 0 77 55 60 49 – chiuso domenica sera escluso da maggio a settembre,
lunedì, martedì a mezzogiorno
Rist – Carta 62/92 €
Spec. Sfogliata di cipolla allo zafferano e crudo di sgombro. Fettuccine con pomodorini alla brace e vaniglia. Baccalà con rape, spezie e miele.
♦ Baluardo della cucina ciociara, in una sala essenziale con camino e pavimento in cotto del '700 sono proposti i sapori della regione con divagazioni più estrose.

ADRIA – Rovigo (RO) – **562** G18 – **20 457 ab.** – ⊠ 45011   **36** C3
🄳 Roma 478 – Padova 60 – Chioggia 33 – Ferrara 55

X **Molteni** con cam 🎴 AK ⅜ ⁽ᵖ⁾ P VISA ⦾ ⑤
via Ruzzina 2/4 – ℰ 0 42 64 25 20 – www.albergomolteni.it – Fax 04 26 94 49 53
– chiuso dal 23 dicembre al 6 gennaio e 2 settimane in agosto
9 cam � – ✝50/60 € ✝✝85/105 €   **Rist** – Carta 27/61 €
♦ Cordialità e linea gastronomica ispirata alle tradizioni locali, in un ristorante felicemente posizionato nel centro storico in riva al Canal Bianco. Camere semplici.

ADRO – Brescia (BS) – **7 000 ab.** – alt. 218 m – ⊠ 25030   **19** D1
🄳 Roma 593 – Milano 75 – Brescia 40 – Bergamo 28

a Torbiato Sud-Est: 4 km – ⊠ 25030

X **Dispensa Pani e Vini** 🎴 ⅓ AK VISA ⦾ AE ⑤
via Principe Umberto – ℰ 03 07 45 07 57 – www.dispensafranciacorta.com
– Fax 03 07 45 10 24 – chiuso dal 10 al 21 gennaio
Rist – Carta 36/60 €
♦ La formula è quanto mai moderna: in sala, servizio classico e piatti locali rivisitati con intelligenza. Al bancone: ci si diverte a tutte le ore del giorno con simpatici assaggi della materia prima (pasta, formaggi, salumi, etc.) utilizzata dall'esperto chef.

AFFI – Verona (VR) – **561** F14 – **2 229 ab.** – alt. 191 m – ⊠ 37010   **35** A2
🄳 Roma 514 – Verona 25 – Brescia 61 – Mantova 54

in prossimità casello autostradale A22 Affi Lago di Garda Sud
Est : 1 km :

🏨 **Park Hotel Affi** 🖈 ⅀ 🏊 Ⅰ̃б ⌷ AK ⅜ rist, ⅍ P 🚗
via Crivellin 1 A ⊠ 37010 – ℰ 04 56 26 60 00   VISA ⦾ AE ① ⑤
– www.standardhotels.net – Fax 04 56 26 64 44 – chiuso dal 23 dicembre al
6 gennaio
105 cam ⊠ – ✝119/219 € ✝✝148/219 € – 3 suites
Rist Il Poggio – Carta 28/49 € ⅜
♦ Albergo dell'ultima generazione in grado di soddisfare le esigenze di chi viaggia per affari: comoda la posizione stradale, confortevoli le ampie zone comuni e le camere, arredate con gusto ed eleganza. Raffinato stile contemporaneo nella sala da pranzo à la carte. Piccola corte con fontana per il dehors.

AGAZZANO – Piacenza (PC) – **562** H10 – 2 034 ab. – alt. 184 m   **8** A2
– ⊠ 29010

> 🚗 Roma 533 – Piacenza 23 – Bologna 173 – Milano 90
> 🍴 Bastardina località La Bastardina, 𝒞 0523 97 53 73

X   **Antica Trattoria Giovanelli**   🔅 AC P VISA ◉◎ AE ① ⑤
(☺)   *via Centrale 5, località Sarturano Nord : 4 km* – 𝒞 05 23 97 51 55
    – www.anticatrattoriagiovanelli.it – *Fax 05 23 97 51 55* – *chiuso 2 settimane in
febbraio, 2 settimane in agosto, lunedì, la sera di mercoledì e dei giorni festivi*
Rist – (consigliata la prenotazione) Carta 23/35 €
    ♦ In una piccola frazione di poche case in aperta campagna, una trattoria che esiste da sem-
pre, dove gustare genuine specialità piacentine; grazioso cortile per servizio estivo.

AGGIUS – Olbia-Tempio (104) – **366** P38 – Vedere Sardegna alla fine dell'elenco
alfabetico

AGLIENTU – Olbia-Tempio (104) – **366** P37 – Vedere Sardegna alla fine
dell'elenco alfabetico

AGNONE – Isernia (IS) – **564** B25 – 5 508 ab. – alt. 800 m – ⊠ 86081   **2** C3
> 🚗 Roma 220 – Campobasso 86 – Isernia 45

XX   **La Botte** con cam   🛏 ✳ AC rist, � 🕻 VISA ◉◎ AE ① ⑤
(☺)   *largo Pietro Micca 44* – 𝒞 0 86 57 75 77 – *www.ristorantelabotte.net*
    – Fax 0 86 57 82 39
20 cam ⊊ – †40/45 € ††60/70 € – ½ P 45/50 €   **Rist** – Carta 15/27 €
    ♦ Luminose finestre che si aprono sulla vallata nella sala da pranzo. Ambiente e conduzione
familiari in un albergo del centro storico; piccola hall, gradevole angolo bar con soffitto in
pietra, camere graziose con arredi in legno chiaro.

sulla strada statale 86 Km 34 Sud-Ovest : 15 km :

⛰   **Agriturismo Selvaggi** ⌂   ⇐ � cam, P VISA ◉◎ AE ⑤
(☺)   *località Staffoli Str.Prov. Montesangrina km 1* ⊠ 86081 Agnone – 𝒞 0 86 57 77 85
    – www.staffoli.it – *Fax 0 86 57 71 77* – *chiuso dal 10 al 23 novembre*
15 cam ⊊ – †37/45 € ††52/65 € – ½ P 50 €
Rist – *(chiuso lunedì)* (consigliata la prenotazione) Carta 20/25 €
    ♦ Un soggiorno a contatto con la natura in una fattoria del 1720, restaurata: allevamento di
bovini e ovini, produzione di salumi, escursioni a cavallo; camere accoglienti.

AGORDO – Belluno (BL) – **562** D18 – 4 240 ab. – alt. 611 m – ⊠ 32021   **36** C1
> 🚗 Roma 646 – Belluno 32 – Cortina d'Ampezzo 59 – Bolzano 85
> 🛈 via 27 Aprile 5/a 𝒞 0437 62105, agordo@infodolomiti.it, Fax 0437 65205
> 🌄 Valle del Cordevole★★ Nord-Ovest per la strada S 203

🏠   **Erice** ⌂   🔅 P 🚗 VISA ◉◎ AE ⑤
   via 4 Novembre 13/b – 𝒞 0 43 76 50 11 – *www.hotelerice.com*
    – Fax 0 43 76 23 07 – *chiuso ottobre*
13 cam – †60/75 € ††75/80 €, ⊊ 8 € – ½ P 55/60 €
Rist – *(chiuso lunedì in bassa stagione)* Carta 22/29 €
    ♦ Piccolo hotel a gestione diretta, ospitato in una bella struttura in comoda posizione per
inoltrarsi alla scoperta dei dintorni. Piacevoli zone comuni in stile montano di taglio contemporaneo e camere semplici. Invitanti i profumi che provengono dalle cucine; non vi resta che
prendere posto nella capiente sala.

AGRATE BRIANZA – Milano (MI) – **561** F10 – 14 671 ab. – alt. 162 m   **18** B2
– ⊠ 20041

> 🚗 Roma 587 – Milano 23 – Bergamo 31 – Brescia 77

🏨   **Colleoni**   🛗 🛏 AC ⇄ 🌣 rist, 🕯 🔆 🚗 VISA ◉◎ AE ① ⑤
   via Cardano 2 – 𝒞 03 96 83 71 – *www.hotelcolleoni.com* – *Fax 0 39 65 44 95*
156 cam ⊊ – †112/130 € ††150 € – 6 suites – ½ P 100 €
Rist Vip Restaurant – 𝒞 03 96 83 79 13 *(chiuso sabato, domenica)* Carta 40/57 €
    ♦ All'interno dell'imponente, omonimo complesso sede di un importante centro direzionale,
un albergo funzionale e di moderna concezione, ideale per uomini d'affari. Ristorante rischia-
rato da grandi vetrate.

AGRIGENTO P – **365** AQ60 – Vedere Sicilia alla fine dell'elenco alfabetico

---

AGROPOLI – Salerno (SA) – **564** F26 – 20 638 ab. – ✉ 84043   7 C3

▶ Roma 312 – Potenza 106 – Battipaglia 33 – Napoli 107

◉ Rovine di Paestum★★★ Nord : 11 km

⌂ **Il Ceppo**
via Madonna del Carmine 31, Sud-Est : 1,5 km – 𝒞 09 74 84 30 44
– www.hotelristoranteilceppo.com – Fax 09 74 84 32 34
20 cam 🍽 – ✝45/65 € ✝✝75/110 €
Rist Il Ceppo – vedere selezione ristoranti
♦ Situato di fronte all'omonimo ristorante, piccolo albergo a conduzione familiare con piacevoli zone comuni dai colori caldi. Camere confortevoli e funzionali.

⌂ **La Colombaia** ⊗
via Piano delle Pere, Sud : 2 km – 𝒞 09 74 82 18 00
– www.lacolombaiahotel.it – Fax 09 74 82 18 00 – chiuso gennaio e febbraio
10 cam 🍽 – ✝50/60 € ✝✝70/100 € – ½ P 70 €
Rist – (maggio-settembre) (chiuso a mezzogiorno) (solo per alloggiati)
Menu 20 €
♦ In quieta posizione panoramica, bella villa di campagna ristrutturata, dotata di terrazza-giardino con piscina; accoglienti e ben curate sia le camere che le zone comuni.

✗✗ **Il Cormorano**
via C. Pisacane 13, al Porto – 𝒞 09 74 82 39 00 – www.ristoranteilcormorano.it
– Fax 09 74 82 47 10 – aprile-ottobre; chiuso mercoledì escluso da giugno a settembre
Rist – Carta 30/45 € (+10 %)
♦ Caratteristica atmosfera marinara in un ambiente curato ed accogliente, dove gustare pesce fresco e piatti locali serviti anche sull'incantevole terrazza.

✗ **Il Ceppo**
via Madonna del Carmine 31, Sud-Est : 1,5 km – 𝒞 09 74 84 30 36
– www.hotelristoranteilceppo.com – Fax 09 74 84 32 34 – chiuso novembre e martedì
Rist – Carta 25/55 €
♦ Appena fuori dalla località, ristorante con pizzeria serale: tre sale classiche con tocchi di rusticità, bianche pareti e pavimenti in cotto. La cucina profuma di mare.

AGUGLIANO – Ancona (AN) – **563** L22 – 4 582 ab. – alt. 203 m   21 C1
– ✉ 60020

▶ Roma 279 – Ancona 16 – Macerata 44 – Pesaro 67

⌂ **Al Belvedere**
piazza Vittorio Emanuele II, 3 – 𝒞 0 71 90 71 90 – www.hotelalbelvedere.it
– Fax 0 71 90 80 08
18 cam – ✝39/46 € ✝✝62/73 €, 🍽 6 € – ½ P 45/56 €   **Rist** – Carta 19/30 €
♦ Ubicato tra le colline marchigiane, offre la cordialità tipica di un ambiente a conduzione familiare. Camere semplici e funzionali. Ristorante dall'atmosfera rilassante con ampie vetrate che incorniciano il paesaggio agreste circostante.

AHRNTAL = Valle Aurina

ALAGNA VALSESIA – Vercelli (VC) – **561** E5 – 432 ab. – alt. 1 191 m   22 B1
– ✉ 13021

▶ Roma 722 – Torino 163 – Varese 124 – Vercelli 105

⌂⌂⌂ **Cristallo**
piazza Degli Alberghi – 𝒞 01 63 92 28 22 – www.hotelcristalloalagna.com
– Fax 01 63 92 28 21 – chiuso dal 16 ottobre al 4 dicembre
17 cam 🍽 – ✝105/180 € ✝✝150/260 € – 2 suites – ½ P 105/160 €
Rist Presmell – vedere selezione ristoranti
♦ Albergo centralissimo, totalmente ristrutturato, con ampie stanze dai colori brillanti, citazioni etniche ed elementi in tipico stile walser. Ciliegina sulla torta: il piccolo centro benessere con piscina.

Montagna di Luce ⌂ ≤ 🚗 🏛 🏠 🍴 cam, 📶 🅿️
frazione Pedemonte 16 – ✆ *01 63 92 28 20* 💳 🏧 🅰️🅴 🅾️ 💲
– www.montagnadiluce.it – Fax 01 63 92 28 30 – dicembre-aprile e 15 giugno-settembre
8 cam 🍽️ – ♦65/91 € ♦♦100/140 € – ½ P 60/80 € **Rist** – Carta 22/38 €
♦ Poco lontana dal centro, in una piccola frazione che conserva intatta l'atmosfera tipica di queste montagne, una caratteristica baita Walser ristrutturata per offrire il meglio del confort moderno. Pietra a vista e rivestimenti in legno nell'originale ristorante, dove assaporere piatti legati al territorio.

B&B Casa Prati senza rist ⌂ 🚗 🍴 📶 💳 🏧 🅾️ 💲
frazione Casa Prati 7 – ✆ *01 63 92 28 02 – www.zimmercasaprati.com*
– Fax 01 63 92 26 49 – chiuso 2 settimane in giugno
6 cam 🍽️ – ♦60/75 € ♦♦70/120 €
♦ Dalla totale ristrutturazione di una casa colonica, una piacevole risorsa in tipico stile montano dotata di camere molto graziose e di un appartamento (ideale per famiglie). L'accoglienza eccelle per cordialità.

XXX **Pressmel** – Hotel Cristallo 🍴 💳 🏧 🅰️🅴 🅾️ 💲
piazza Degli Alberghi – ✆ *01 63 92 28 22 – Fax 01 63 92 28 21 – chiuso da novembre al 4 dicembre e mercoledì*
Rist – *(chiuso a mezzogiorno escluso i giorni festivi)* (consigliata la prenotazione) Menu 65 € – Carta 39/69 €
♦ All'interno dell'hotel Cristallo, ma con ingresso indipendente, un locale luminoso, dai toni caldi, dove le pareti colore salmone si armonizzano con il legno del decorativo soffitto a spioventi e travi a vista. Cucina di taglio contemporaneo, curata nelle presentazioni.

ALASSIO – Savona (SV) – **561** J6 – **11 332 ab.** – ✉ **17021** **14** B2
🚗 Roma 597 – Imperia 23 – Cuneo 117 – Genova 98
🛈 via Mazzini 68 ✆ 0182 647027, alassio@inforiviera.it, Fax 0182 647874
🏌️ Garlenda, ✆ 0182 58 00 12

Pianta pagina seguente

🏨 **Spiaggia** ≤ 🚡 🏛 ⛵ 🎿 🍴 rist, 🐕 💳 🏧 🅰️🅴 🅾️ 💲
via Roma 78 – ✆ *01 82 64 34 03 – www.spiaggiahotel.it – Fax 01 82 64 02 79*
– chiuso dal 15 ottobre al 27 dicembre Z**c**
88 cam 🍽️ – ♦85/160 € ♦♦140/260 € – ½ P 120/172 € **Rist** – Carta 35/50 €
♦ Distinto hotel in stile contemporaneo, con interni signorili e camere confortevoli; suggestiva piscina su terrazza panoramica per nuotare godendo di una splendida vista. Il mare si lascia contemplare anche dalle vetrate ad arco della sala da pranzo.

🏨 **Diana Grand Hotel** ≤ 🚗 🏛 🎿 🏠 📺 ⛷️ 🍴 📶 🐕 🅿️
via Garibaldi 110 – ✆ *01 82 64 27 01* 💳 🏧 🅰️🅴 💲
– www.hoteldianaalassio.it – Fax 01 82 64 03 04 – chiuso dal 6 novembre al 6 dicembre e dal 10 gennaio al 7 febbraio Y**a**
52 cam 🍽️ – ♦70/170 € ♦♦120/270 € – ½ P 145/175 €
Rist – Menu 30/45 €
Rist Sun Terrace – Carta 30/51 €
♦ Una grande struttura bianca si erge maestosa di fronte al mare: un albergo di tradizione con ampi ed eleganti spazi comuni in stile ed un ameno giardino. In terrazza, piatti creativi e la tradizione ligure. Delizioso e informale il ristorante "Sun Terrace", con un invitante dehors sulla spiaggia.

🏨 **Savoia** ≤ 🏛 ⛵ 🎿 📺 🍴 rist, 📶 🚙 💳 🏧 🅰️🅴 🅾️ 💲
via Milano 14 – ✆ *01 82 64 02 77 – www.hotelsavoia.it – Fax 01 82 64 01 25*
– chiuso novembre Y**b**
35 cam 🍽️ – ♦75/145 € ♦♦90/200 € – ½ P 65/120 €
Rist – Menu 28/35 €
Rist La Prua – ✆ 01 82 64 25 57 *(chiuso mercoledì)* Carta 47/72 €
♦ Fronte mare, ambienti curati e di moderna concezione: pavimenti a mosaico, camere ben rifinite e confortevoli. Il mare sembra lambire la piacevole sala ristorante. A 20 m dall'hotel spunta la Prua: salette interne, veranda e dehors praticamente sulla spiaggia. In tavola: buon pesce e, perfino, una carta degli champagne.

ALASSIO

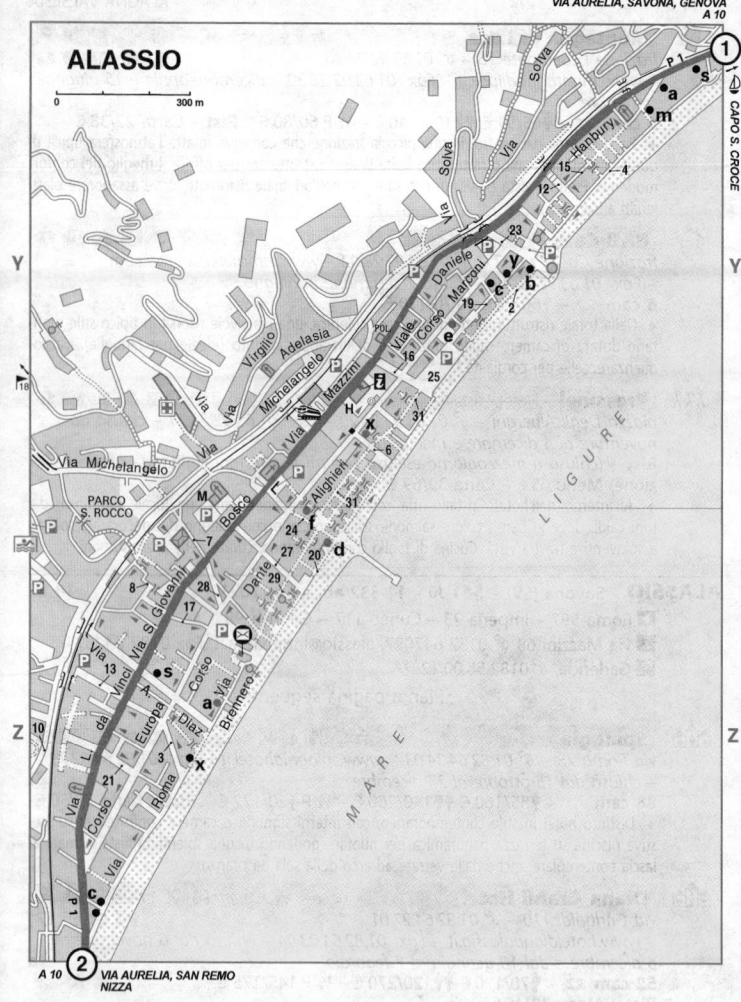

Regina ≤ 🛜 🍴 ♨️ 🖚 🖥 🅰🅲 ❄️ rist, 🕸️ 🚦 🅿️ 💳 ⓪ 🅰🅴 ① 🐕
viale Hanbury 220 – ℰ 01 82 64 02 15 – www.reginahotel.it – Fax 01 82 66 00 92
– marzo-novembre   **Y s**

42 cam ☷ – †60/160 € – ††100/210 € – ½ P 60/140 €   **Rist** – Menu 30/40 €
♦ In riva al mare, albergo particolarmente adatto per le famiglie: colori caldi negli spazi comuni, ampia terrazza e camere con parquet. Presso la sobria sala ristorante, i sapori della cucina nazionale.

🏨 Dei Fiori 🛗 🚶 🛇 rist, (୯) 🛗 🆅🆂🅰 🆎 🆍 ⑩ ⚡

viale Marconi 78 – ℰ 01 82 64 05 19 – www.hoteldeifiori-alassio.it
– Fax 01 82 64 41 16   **Yc**
65 cam – ♦50/110 € ♦♦70/145 €, ⏡ 12 € – ½ P 68/97 €   **Rist** – Carta 23/38 €
◆ Nel pieno centro di Alassio, hotel gestito con cura, serietà ed esperienza, dotato di spaziose aree comuni e camere signorili; ideale per famiglie con bambini. Grande sala da pranzo in stile moderno.

🏨 Beau Rivage ≼ 🆐 rist, 🛇 rist, 🅿 🆅🆂🅰 🆎 🆎 ⑩ ⚡

via Roma 82 – ℰ 01 82 64 05 85 – www.hotelbeaurivage.it – Fax 01 82 64 04 26
– chiuso dal 9 ottobre al 25 dicembre   **Zc**
20 cam ⏡ – ♦62/105 € ♦♦127/170 € – ½ P 65/110 €   **Rist** – Menu 28/35 €
◆ Signorile, accogliente casa ottocentesca di fronte al mare con interni molto curati: piacevoli salottini con bei soffitti affrescati e camere semplici, ma molto graziose. Gradevole sala da pranzo.

🏨 Lamberti 🛗 🛗 🛗 rist, 🆐 🛇 (୯) 🅿 🆅🆂🅰 🆎 🆎 ⑩ ⚡

via Gramsci 57 – ℰ 01 82 64 27 47 – www.hotellamberti.it – Fax 01 82 64 24 38
– chiuso sino a Pasqua   **Yy**
25 cam ⏡ – ♦50/105 € ♦♦70/130 € – ½ P 83/91 €
Rist Lamberti – *(chiuso 2 settimane in novembre e lunedì)* Carta 50/70 € 🍸
◆ Grazioso alberghetto centrale in un edificio degli anni '30, a pochi passi dalle spiagge, gestito con capacità e professionalità; piacevoli camere, spaziose e funzionali. All'omonimo ristorante ottima cucina di pesce in un ambiente semplice, ma curato. Al piano interrato, enoteca con cantina a vista.

🏨 Beau Sejour ≼ 🛗 🛗 🛇 rist, 🅿 🆅🆂🅰 🆎 🆎 ⚡

via Garibaldi 102 – ℰ 01 82 64 03 03 – www.beausejourhotel.it
– Fax 01 82 64 63 91 – marzo-ottobre   **Ym**
45 cam ⏡ – ♦70/100 € ♦♦80/230 € – ½ P 115/155 €   **Rist** – Menu 30/35 €
◆ Imponente villa d'inizio secolo dotata di comodo parcheggio e ampi spazi comuni, anche esterni. Bella vista mare e camere confortevoli, in parte rinnovate. Invitante servizio ristorante estivo in terrazza tra il profumo dei fiori e la vista sul mare blu.

🏨 Corso 🛗 🚶 🆐 rist, 🛇 rist, (୯) 🚗 🆅🆂🅰 🆎 🆎 ⑩ ⚡

via Diaz 28 – ℰ 01 82 64 24 94 – www.hotelcorso.it – Fax 01 82 64 24 95
– chiuso dal 2 novembre al 22 dicembre   **Zs**
45 cam ⏡ – ♦70/100 € ♦♦90/150 € – ½ P 73/82 €   **Rist** – Carta 21/26 €
◆ Posizione centrale e ambiente familiare in un albergo ben tenuto, costantemente aggiornato (la metà delle camere è stata recentemente rinnovata). Ideale per una vacanza serena e spensierata.

🏠 Danio Lungomare ≼ 🛗 🛗 🆐 rist, 🛇 rist, 🆅🆂🅰 🆎 ⚡

via Roma 23 – ℰ 01 82 64 06 83 – www.hoteldaniolungomare.it
– Fax 01 82 64 03 47 – chiuso dal 18 ottobre al 26 dicembre   **Zx**
31 cam ⏡ – ♦50/70 € ♦♦90/130 € – ½ P 53/80 €   **Rist** – Carta 24/38 €
◆ Vi sembrerà quasi che la vostra camera sia sulla spiaggia in questo piccolo albergo familiare, ubicato proprio di fronte al mare; camere essenziali e molto pulite. Tre luminose salette ristorante e servizio estivo con vista sul golfo di Alassio.

🍴🍴🍴 Palma (Massimo Viglietti) 🆐 ⇄ 🆅🆂🅰 🆎 🆎 ⚡

🏵️ *via Cavour 11 – ℰ 01 82 64 03 14 – www.ilpalma.com – Fax 01 82 64 03 14*
– chiuso 15 giorni in gennaio, 15 giorni in novembre e mercoledì   **Yx**
Rist – Menu 65/95 €
Spec. Bottarga e marron glacé. Ciliege saltate, salmone marinato e raviolo di foie gras. Gelato di acciughe, peperoni confit, tartufo.
◆ A pochi metri dalla spiaggia - nella zona più elegante di Alassio - il ristorante è allo stesso tempo uno dei locali storici della località, ma anche uno dei più "audaci" nel proporre piatti contemporanei e creativi. Il fil rouge della modernità non risparmia la sala.

🍴🍴 Sail-Inn 🛗 🆐 ⇄ 🆅🆂🅰 🆎 🆎 ⑩ ⚡

via Brennero 34 – ℰ 01 82 64 02 32 – Fax 01 82 64 02 32 – chiuso dal 6 gennaio
al 6 marzo e lunedì   **Za**
Rist – Menu 22 € – Carta 31/51 €
◆ Sulla passeggiata a mare, un locale che propone un'interessante linea gastronomica marinaresca e un'apprezzabile cantina (con un buon rapporto qualità/prezzo). Bella veranda a pochi passi dalla spiaggia.

✗✗ **BaiadelSole**   🚗 AC VISA ⓒⓞ ⓢ

corso Marconi 30 – ☏ 01 82 64 18 14 – chiuso lunedì e martedì dal 15 giugno al 15 settembre, anche mercoledì e giovedì negli altri mesi   Ye

Rist – *(chiuso a mezzogiorno)* (consigliata la prenotazione) Carta 52/70 €

◆ Un ristorante giovane ed informale, in stile moderno con vetrate che danno sul dehors, dove gustare prodotti del territorio e piatti di pesce d'ispirazione contemporanea.

✗ **Krua Siam**   AC VISA ⓒⓞ AE ⓞ ⓢ

via Volta 22 – ☏ 01 82 66 28 93 – chiuso a mezzogiorno   YZf

Rist – *(chiuso martedì)* Carta 35/94 €

Rist Mi Do Ri – *(chiuso lunedì)* (consigliata la prenotazione) Carta 40/67 €

◆ In questa ridente località ligure, un omaggio alla Thailandia: luci soffuse, musica ed ovviamente cucina asiatica. Al *Mi Do Ri*: sushi, sashimi ed altri sapori nipponici in un esotico gioco di verde e nero. Design accattivante.

ALATRI – Frosinone (FR) – **563** Q22 – 28 980 ab. – alt. 502 m   13 C2
– ✉ 03011 ▮ Italia

▶ Roma 93 – Frosinone 14 – Avezzano 89 – Latina 65

◉ Acropoli★ : ≼★★ – Chiesa di Santa Maria Maggiore★

✗ **La Rosetta dal 1954**   🕭 🍸 VISA ⓒⓞ AE ⓞ ⓢ

via Duomo 39 – ☏ 07 75 43 45 68 – Fax 07 75 43 45 68 – chiuso dal 7 al 18 gennaio, dal 5 al 17 luglio, domenica sera, martedì

Rist – Menu 27 € – Carta 22/31 €

◆ A ridosso dell'Acropoli, atmosfere di autentica Ciociaria e genuina cucina del territorio orgogliosamente fedele alle tradizioni, in un ambiente dal fascino antico.

ALBA – Cuneo (CN) – **561** H6 – 30 643 ab. – alt. 172 m – ✉ 12051   25 C2
▮ Italia

▶ Roma 644 – Cuneo 64 – Torino 62 – Alessandria 65

◉ Casa Do: fregio★

🏛 **Palazzo Finati** senza rist   📶 AC 🌐 VISA ⓒⓞ AE ⓞ ⓢ

via Vernazza 8 – ☏ 01 73 36 63 24 – www.palazzofinati.it – Fax 0 17 33 38 36 – chiuso dal 24 dicembre all'11 gennaio e 2 settimane in agosto

9 cam ☲ – †120/200 € ††150/230 €

◆ Crema, vermiglio, indaco, eleganza delle forme e morbidezza dei tessuti: nell'ottocentesco palazzo del centro convivono una romantica storicità e l'attenzione per il dettaglio.

🏛 **I Castelli**   📶 AC 🍸 🌐 🦺 🚗 VISA ⓒⓞ AE ⓞ ⓢ

corso Torino 14/1 – ☏ 01 73 36 19 78 – www.hotel-icastelli.com – Fax 01 73 36 19 74

87 cam ☲ – †73/83 € ††98/115 € – 3 suites – ½ P 78/96 €

Rist – *(chiuso dal 24 luglio al 17 agosto e domenica) (chiuso a mezzogiorno)* Carta 26/40 €

◆ Imponente complesso recente di moderna concezione in vetro e cemento, dotato di ogni confort e di camere accoglienti e spaziose; ideale per una clientela di lavoro. Elegante sala ristorante con cucina della tradizione rivisitata in chiave moderna.

🏢 **Langhe** senza rist   🕭 📶 🕭 🏃 AC 🌐 P 🚗 VISA ⓒⓞ AE ⓞ ⓢ

strada Profonda 21 – ☏ 01 73 36 69 33 – www.hotellanghe.it – Fax 01 73 44 20 97

27 cam ☲ – †65/78 € ††78/98 €

◆ In posizione tranquilla, una risorsa completamente nuova con moderne soluzioni di design decisamente gradevoli e appropriate alla struttura. Tra le 12 e le 24: piatti freddi, caldi e dessert - accompagnati da vini regionali - serviti in camera o nella piccola hall.

🏠 **Agriturismo Villa la Meridiana-Cascina Reine** senza rist 🦢

località Altavilla 9, Est : 1 km   ≼ 🚗 🏊 🏃 🌐 P VISA ⓒⓞ
– ☏ 01 73 44 01 12 – www.villalameridanaalba.it – Fax 01 73 44 01 12

9 cam ☲ – †70/75 € ††90/95 € – 1 suite

◆ Originale complesso agrituristico composto da un'elegante villa liberty ed un attiguo cascinale: accoglienti interni e camere in stile. Esclusiva suite, dotata di una terrazza con splendida vista sui proverbiali vigneti locali. Relax allo stato puro.

XXX **Piazza Duomo** (Enrico Crippa) 🅰🅲 🆅🅸🆂🅰 ⓂⓄ 🅰🅴 ⓢ
😳😳 *vicolo dell'Arco 1, angolo piazza Risorgimento 4 – 𝒞 01 73 36 61 67*
– www.piazzaduomoalba.it – Fax 01 73 29 60 03 – chiuso gennaio,
agosto, domenica sera escluso ottobre, lunedì; anche domenica a mezzogiorno
in giugno-luglio
Rist – (consigliata la prenotazione) Menu 100/110 € – Carta 70/100 €
Spec. Insalata 21, 31, 41 e forse più tra erbe, foglie, fiori, semi e altro. Gnocchi
di patate, seirass del fen e verdure verdi. Carré d'agnello sambucano arrosto,
latte di capra e camomilla.
◆ Al primo piano di un centralissimo palazzo storico, un'unica sala dall'aspetto minimalista, con un tavolo per quattro persone proprio di fronte ai fornelli. Altrettanto moderna è la cucina: priva di superfluo, ma ricca di colore e fantasia.

XX **Locanda del Pilone** con cam 🦢 ⇐ 🍴 🏠 🕭 🅰🅲 📶 🅿
😳 *frazione Madonna di Como 34, Sud-Est : 5 km* 🆅🅸🆂🅰 ⓂⓄ 🅰🅴 ⓢ
– 𝒞 01 73 36 66 16 – www.locandadelpilone.com – Fax 01 73 36 66 09 – chiuso
dal 21 dicembre al 14 gennaio e dal 19 luglio al 22 agosto
8 cam ☑ – ♥♥130/180 €
Rist – (chiuso i mezzogiorno di martedì e mercoledì in ottobre-novembre, tutto il
giorno negli altri mesi) Menu 60/80 € – Carta 52/82 €
Spec. Risotto allo zafferano mantecato al Castelmagno con riduzione di Barbera d'Asti. Cinque tagli d'agnello con fave, pecorino e cipollotto. Variazione alla pesca ripiena.
◆ Nella straordinaria cornice delle colline del Barbaresco, una cascina ristrutturata ospita una cucina di stampo regionale con prevalenza di piatti di carne.

XX **Daniel's-al Pesco Fiorito** 🅰🅲 🅿 🆅🅸🆂🅰 ⓂⓄ 🅰🅴 ⓪ ⓢ
corso Canale 28, Nord-Ovest : 1 km – 𝒞 01 73 44 19 77 – Fax 01 73 44 19 77
– chiuso dal 23 dicembre al 9 gennaio, dal 27 luglio al 18 agosto e domenica
(escluso da settembre a novembre)
Rist – (prenotazione obbligatoria la sera) Carta 29/42 €
◆ A pochi minuti dalla città, in una recente costruzione dall'esterno in mattoni, un'elegante sala dove assaporare la cucina tipica albese; sala banchetti al primo piano.

XX **La Libera** 🅰🅲 🆅🅸🆂🅰 ⓂⓄ 🅰🅴 ⓪ ⓢ
via Pertinace 24/a – 𝒞 01 73 29 31 55 – www.lalibera.com – Fax 01 73 29 31 55
– chiuso febbraio, dall' 8 al 18 luglio, domenica, lunedì a mezzogiorno
Rist – (consigliata la prenotazione) Carta 35/49 € 🏵
◆ Moderno e di design il locale, giovane ed efficiente il servizio, curata la cucina che propone appetitosi piatti della tradizione piemontese rielaborati con tocchi di colore e fantasia.

X **Osteria dell'Arco** 🅰🅲 🆅🅸🆂🅰 ⓂⓄ 🅰🅴 ⓢ
piazza Savona 5 – 𝒞 01 73 36 39 74 – www.osteriadellarco.it
– Fax 01 73 22 80 28 – chiuso 25-26 dicembre e domenica escluso ottobre
Rist – Carta 28/35 €
◆ Nasce come enoteca questo locale affacciato su un cortile interno, in pieno centro. Informale ma accogliente, luminoso e piuttosto moderno propone una cucina legata al territorio, rivisitata con fantasia.

ALBA – Trento – **562** C17 – Vedere Canazei

ALBA ADRIATICA – Teramo (TE) – **563** N23 – 11 820 ab. – ⊠ 64011 1 B1
🔟 Roma 219 – Ascoli Piceno 40 – Pescara 57 – Ancona 104
🛈 lungomare Marconi 1 𝒞 0861 712426, iat.albaadriatica@abruzzoturismo.it,
Fax 0861 713993

🏨 **Eden & Eden Park Hotel** ⇐ 🍴 🌊 🍽 🛗 🚹🚺 🅰🅲 🎾 🅿 🕭
😊 *lungomare Marconi 328 – 𝒞 08 61 71 42 51* 🆅🅸🆂🅰 ⓂⓄ 🅰🅴 ⓪ ⓢ
– www.hoteleden.it – Fax 08 61 71 37 85 – maggio-settembre
83 cam ☑ – ♥84/99 € ♥♥145/164 € – ½ P 75/99 €
Rist – (solo per alloggiati) Carta 17/32 €
◆ In un'area che si estende dal lungomare fino all'interno, due strutture identiche nei servizi ma con camere distinte per tipologie: classiche all'Eden, più moderne al Park.

Doge   ≤ ⌷ 🛗 ⅙ cam, ⅙ 🅰🅲 rist, 🍴 rist, 🅿 🚗 ⱽⁱˢᵃ ⑳ 🅰🅴 ① ⑤

lungomare Marconi 292 – ⌨ *08 61 71 25 08 – www.hoteldoge.it*
– Fax 08 61 71 18 62 – 15 maggio-15 settembre
60 cam   Rist *– (solo per alloggiati solo Pensione completa 50/95 €)*
♦ Sul lungomare, attrezzato albergo di recente ristrutturazione, con camere arredate in stile
coloniale; spazioso solarium con vista dominante l'intera spiaggia.

Majestic senza rist   ⅙ 🅰🅲 ⁽ᵗ⁾ 🅿 🚗 ⱽⁱˢᵃ ⑳ 🅰🅴 ① ⑤

via Molise – ⌨ *08 61 75 37 55 – www.majestichotel.net – Fax 08 61 71 72 10*
28 cam ⌷ – ♦45/60 € ♦♦70/90 €
♦ Ubicato in posizione tranquilla leggermente arretrata rispetto al mare, un'edificio realizzato in mattoni con eco neoclassiche offre camere nuove con qualche tocco d'eleganza.

Meripol   ≤ ⌷ 🛗 ⅙ cam, ⅙ 🅰🅲 🍴 rist, 🅿 ⱽⁱˢᵃ ⑳ 🅰🅴 ① ⑤

lungomare Marconi 290 – ⌨ *08 61 71 47 44 – www.hotelmeripol.it*
– Fax 08 61 75 22 92 – marzo-ottobre
51 cam ⌷ – ♦50/90 € ♦♦80/150 € – ½ P 60/105 €   **Rist** – Carta 25/57 €
♦ Solo una piccola pineta separa dal mare questo signorile ed imponente edificio avveniristico che dispone di camere spaziose, spesso illuminate da portefinestre con balcone. Al ristorante, i sapori della tradizione culinaria italiana.

La Pergola senza rist ⌂   🛗 ⅙ 🅰🅲 🍴 🅿 ⱽⁱˢᵃ ⑳ 🅰🅴 ① ⑤

via Emilia 19 – ⌨ *08 61 71 10 68 – www.hotelpergola.it – Fax 08 61 71 10 68*
– aprile-novembre
10 cam ⌷ – ♦40/50 € ♦♦65/98 €
♦ Piccola e deliziosa risorsa a gestione familiare recentemente rinnovata, offre la possibilità
di consumare il primo pasto della giornata sotto il pergolato e di noleggiare biciclette per
esplorare i dintorni.

Impero   ≤ 🚗 ⌷ 🛗 ⅙ 🅰🅲 🍴 ⑥ 🅿 🚗 ⱽⁱˢᵃ ⑳ ⑤

lungomare Marconi 162 – ⌨ *08 61 71 24 22 – www.hotelimpero.com*
– Fax 08 61 75 16 15 – 24 maggio-20 settembre
60 cam ⌷ – ♦60/80 € ♦♦80/110 € – ½ P 80/100 €
Rist *– (solo per alloggiati)* Menu 20/30 €
♦ Albergo tradizionale, a pochi metri dal mare, con accogliente hall dipinta e arredata nelle
sfumature del rosso e del rosa e comode poltrone in stile; camere eleganti.

✕✕ Hostaria l'Arca   🍴 🅰🅲 🍴 ⱽⁱˢᵃ ⑳ 🅰🅴 ① ⑤

viale Mazzini 109 – ⌨ *08 61 71 46 47 – www.hostariaarca.it – chiuso sabato a*
mezzogiorno, martedì
Rist – Carta 31/53 € ∰
♦ Come evoca il nome, il locale era un'enoteca, poi convertito in ristorante, rustico e accogliente, dalle proposte originali e sorprendenti. Piatti di terra, prodotti biologici, salumi e formaggi selezionati.

✕✕ Il Palmizio   🍴 🍴 ⱽⁱˢᵃ ⑳ ① ⑤

lungomare Marconi 160 – ⌨ *08 61 75 13 39 – chiuso 2 settimane in gennaio e*
lunedì
Rist – Carta 35/65 €
♦ L'Abruzzo - terra di contadini e pescatori - offre qui il migliore connubio: il pesce di giornata e i prodotti della terra. Impedibili gli antipasti, crudi, bolliti e cotti.

ALBANO LAZIALE – Roma (RM) – 563 Q19 – 38 986 ab. – alt. 384 m   12 B2
– ✉ 00041 ▮ Roma

▶ Roma 27 – Anzio 33 – Frosinone 73 – Latina 42

👁 Villa Comunale★ – Cisternone★ - Tomba degli Orazi e dei Curiazi★ - Porta
Pretoria★

Miralago   🚗 ⁽ᵗ⁾ ⅙ 🅿 ⱽⁱˢᵃ ⑳ 🅰🅴 ① ⑤

via dei Cappuccini 12, Nord-Est : 1,5 km – ⌨ *0 69 32 22 53*
– www.hotelmiralagorist.it – Fax 0 69 32 22 53
45 cam ⌷ – ♦85/95 € ♦♦110/120 €
Rist Donna Vittoria – ⌨ *0 69 32 10 18* – Carta 39/56 €
♦ A pochi metri da uno scenografico belvedere sul lago Albano, moderna struttura che
presenta un'atmosfera più retrò negli interni, arredati con parati e decorazioni all'inglese.
Ristorante molto attivo e frequentato, tempo permettendo si può pranzare anche all'aperto,
in giardino.

XX **La Galleria di Sopra**　　　　　　　　AK 🕸 VISA ⓐ ① ⑤
via Leonardo Murialdo 9 – ℰ 06 93 22 27 91 – www.lagalleriadisopra.it
– Fax 06 93 22 27 91 – chiuso dal 16 al 31 agosto e lunedì
Rist – *(chiuso a mezzogiorno escluso sabato, domenica e festivi)* Carta 39/52 €
♦ Nella parte alta della località, in un palazzo medievale, il locale presenta un continuo gioco tra modernità e tradizione e propone una cucina castellana giovane e ricca di fantasia.

ALBAREDO D'ADIGE – Verona (VR) – **562** G15 – **5 336 ab.** – ✉ 37041　　**35** B3
🔁 Roma 494 – Verona 35 – Mantova 51 – Padova 71

a Coriano Veronese Sud : 5 km – ✉ 37050

XX **Locanda Arcimboldo** con cam　　🚗 🏠 AK **P** VISA ⓐ AE ① ⑤
via Gennari 5 – ℰ 04 57 02 53 00 – www.locandadellarcimboldo.it
– Fax 04 57 02 52 01 – chiuso 10 giorni in gennaio e 20 giorni in agosto
2 cam 🖙 – ♦80/100 € ♦♦100/120 € – 2 suites – ♦♦120/150 € – ½ P 75/120 €
Rist – *(chiuso domenica sera e lunedì)* Carta 30/72 €
♦ Elegante casa dell'800 ristrutturata e trasformata in una signorile locanda: particolarmente curate nei particolari sia la sala che la veranda, dove potrete gustare saporiti piatti locali rivisitati. Sontuose le camere, arredate con raffinata ricercatezza.

ALBAVILLA – Como (CO) – **561** E9 – **5 928 ab.** – alt. 331 m – ✉ 22031　　**18** B1
🔁 Roma 613 – Como 12 – Brescia 102 – Milano 46

XX **Il Cantuccio** (Mauro Elli)　　　　　🏠 & AK 🕸 ⇄ VISA ⓐ AE ⑤
❀　*via Dante 36 – ℰ 03 16 28 73 6 – www.mauroelli.com – Fax 03 12 28 02 34*
– chiuso dal 7 al 31 gennaio, lunedì, martedì a mezzogiorno
Rist – *(coperti limitati, prenotare)* Carta 49/69 €
Spec. Calamaretti e lenticchie di Colfiorito (autunno-inverno). Lasagnette di grano saraceno con bitto e verze saltate (autunno-inverno). Cannolo di sfoglia con fragole alla panna.
♦ Fantasiosa rielaborazione di cucina tradizionale nel cuore di un verde paese della Brianza: due graziose salette, in un ambiente elegantemente rustico; cantina interessante.

ALBENGA – Savona (SV) – **561** J6 – **23 974 ab.** – ✉ 17031 ▯ Italia　　**14** B2
🔁 Roma 589 – Imperia 32 – Cuneo 109 – Genova 90
🆔 piazza del Popolo ℰ 0182 558444, albenga@inforiviera.it, Fax 0182 558740
◻ Battistero ★ nella cattedrale - Città vecchia ★

🏠 **Sole Mare**　　　　　　　　　🕸 rist, 🌐 VISA ⓐ AE ⑤
❀　*lungomare Cristoforo Colombo 15 – ℰ 0 18 25 27 52 – www.albergosolemare.it*
– Fax 01 82 54 52 12 – chiuso due settimane in dicembre
26 cam 🖙 – ♦60/90 € ♦♦90/120 € – ½ P 65/85 €
Rist – *(chiuso dal 1° novembre al 31 maggio) (chiuso a mezzogiorno) (solo per alloggiati)* Menu 20/30 €
♦ Invidiabile posizione di fronte al mare e ambiente ospitale in una struttura semplice, dall'ottima conduzione familiare. Camere fresche, arredate sobriamente, ma funzionali.

XXX **Pernambucco**　　　　　　　　🏠 AK **P** VISA ⓐ ① ⑤
viale Italia 35 – ℰ 0 18 25 34 58 – Fax 0 18 25 34 58 – chiuso mercoledì
Rist – Carta 50/87 € ⌂
♦ Gestione capace e insolita collocazione all'interno di un giardino, per un locale dall'ambiente rustico ma ricercato; specialità di mare da provare.

XX **Osteria dei Leoni**　　　　　　　🏠 & AK VISA ⓐ AE ① ⑤
vico Avarenna 1, centro storico – ℰ 0 18 25 19 37 – www.osteriadeileoni.it
– chiuso gennaio e martedì
Rist – Carta 44/59 €
♦ Una delle più antiche "osterie" della località, nel cuore del centro storico, propone ora ottime elaborazioni culinarie a base di pesce, con prodotti di assoluta qualità.

XX **Babette**　　　　　　　　　　AK VISA ⓐ ⑤
viale Pontelungo 26 – ℰ 01 82 54 45 56 – www.ristorantebabette.com
– Fax 01 82 54 45 56 – chiuso lunedì, martedì a mezzogiorno
Rist – Carta 44/58 €
♦ Alle porte del centro storico, una sala curata che accoglie pochi, comodi tavoli per apprezzare piatti fantasiosi che seguono l'avvicendarsi delle stagioni.

a Salea Nord-Ovest : 5 km – ⊠ 17031 Albenga

🔂 **Cà di Berta** senza rist ॐ   🚗 🔊 ⌘ 🖭 🕭 🖩 🎇 ☎ 🅿
località Cà di Berta 5 – 𝒞 01 82 55 99 30   𝗩𝗜𝗦𝗔 ⊚⊙ 🄰🄴 ⓪ 🖕
– www.hoteldiberta.it – Fax 01 82 55 98 88
5 cam ⊃ – ♦85/110 € ♦♦110/130 € – 5 suites – ♦♦130/160 €
♦ Impreziosito da una verde cornice di palme e ulivi, l'albergo dispone di eleganti interni ed accoglienti camere: solo suite e junior-suite. Relax allo stato puro!

ALBEROBELLO – Bari (BA) – **564** E33 – **11 040 ab.** – **alt. 416 m**   **27** C2
– ⊠ **70011** ▌ Italia

▶ Roma 502 – Bari 55 – Brindisi 77 – Lecce 106
🎦 piazza Ferdinando IV 𝒞 080 4325171, Fax 080 4325171
◎ Località★★★ – Trullo Sovrano★

🔂🔂 **Grand Hotel Olimpo**   🖃 🕭 🖩 🏂 ⁽ᵖ⁾ 🕍 🅿 🚗 𝗩𝗜𝗦𝗔 ⊚⊙ 🄰🄴 ⓪ 🖕
via Sette Liberatori della Selva – 𝒞 08 04 32 16 78 – www.grandhotelolimpo.it
– Fax 08 04 32 70 49
40 cam ⊃ – ♦60/80 € ♦♦80/120 € – 2 suites – ½ P 58/80 €
Rist – Carta 31/65 €
♦ Spazi ampi e luminosi in questo nuovo albergo, dove l'utilizzo di materiali di qualità ha dato luogo a graziose camere dalle calde tonalità, che ben si abbinano agli arredi in rovere e agli inserti in pelle. Zone comuni raccolte intorno alla pianta circolare della hall, lucida di marmi e rallegrata da angoli verdi.

🔂 **Colle del Sole**   🚗 🏠 🔊 🖃 🕭 cam, 🖩 🎇 ⁽ᵖ⁾ 🕍 🅿
🕭   via Indipendenza 63 – 𝒞 08 04 32 18 14   𝗩𝗜𝗦𝗔 ⊚⊙ 🄰🄴 ⓪ 🖕
🄽   – www.hotelcolledelsole.it – Fax 08 04 32 13 70
48 cam ⊃ – ♦40/80 € ♦♦70/105 € – ½ P 45/80 €
Rist – (chiuso lunedì da ottobre a marzo) Carta 18/25 €
♦ A soli 500 metri dalle due aree Trulli - Aia Piccola e Rione Monti – l'albergo a gestione familiare dispone di camere confortevoli, arredate con gusto moderno. La struttura propone anche attività culturali di vario tipo. Ristorante con wine-bar.

🏠 **B&B Fascino Antico** senza rist   🚗 🔊 🖩 🎇 🅿 𝗩𝗜𝗦𝗔 ⊚⊙ 🄰🄴 ⓪ 🖕
strada Statale 172 per Locorotondo km 0,5 – 𝒞 08 04 32 50 89
– www.fascinoantico.eu – Fax 08 04 32 50 89 – marzo-novembre
5 cam ⊃ – ♦45/50 € ♦♦75/85 €
♦ L'esperienza di alloggiare all'interno dei trulli, alcuni originali dell'Ottocento, e di concedersi un po' di riposo nella corte-giardino: un'autentica atmosfera pugliese.

XXX **Il Poeta Contadino** (Marco Leonardo)   🖩 🅿 𝗩𝗜𝗦𝗔 ⊚⊙ ⓪ 🖕
🕭   via Indipendenza 21 – 𝒞 08 04 32 19 17 – www.ilpoetacontadino.it
– Fax 08 04 32 19 17 – chiuso dal 7 al 31 gennaio e lunedì escluso da luglio a settembre
Rist – (consigliata la prenotazione) Carta 48/63 € 🍷
Spec. Tortino di baccalà con finocchi. Ombrina e gamberi rossi in foglia di vite con salsa alle vongole. Bocconotto (dolce di pasta frolla) con salsa alle mandorle.
♦ A due passi dai celebri trulli, un ulivo all'ingresso è il biglietto da visita della cucina: sapori e colori del sud in uno dei locali più eleganti della regione.

XX **Trullo d'Oro**   🖩 🎇 ⇦ 𝗩𝗜𝗦𝗔 ⊚⊙ 🄰🄴 ⓪ 🖕
via Cavallotti 27 – 𝒞 08 04 32 39 09 – www.trullodoro.it – Fax 08 04 32 18 20
– chiuso dal 7 al 28 gennaio, domenica sera e lunedì escluso agosto
Rist – Carta 25/54 €
♦ Cucina tradizionale delle Murge in un ambiente caratteristico e signorile: grande offerta di antipasti e buona scelta enologica. Bella veranda luminosa.

X **L'Aratro**   🏠 ⇦ 𝗩𝗜𝗦𝗔 ⊚⊙ 🄰🄴 ⓪ 🖕
🕭   via Monte San Michele 25/29 – 𝒞 08 04 32 27 89 – www.ristorantearatro.it
– Fax 08 04 32 27 89 – chiuso dal 7 al 30 gennaio e lunedì escluso da marzo ad ottobre
Rist – Carta 20/47 €
♦ Nel caratteristico agglomerato di trulli del centro storico, piacevole trattoria dagli arredi rustici e terrazza per il dehors. Proposte del territorio, di carne e di pesce.

ALBIGNASEGO – Padova (PD) – **562** F17 – 21 192 ab. – alt. 13 m   36 C3
– ✉ 35020

> ▶ Roma 492 – Padova 13 – Rovigo 41 – Venezia 47

✗✗ **Il Baretto**   🕍 AC 🍴 P VISA ⓪ AE ⛟
via Europa 6 – ℰ 04 98 62 50 19 – Fax 04 98 62 97 49 – chiuso agosto, domenica, lunedì
Rist – (coperti limitati, prenotare) Carta 48/85 €
♦ Piccolo nelle dimensioni, ma grande nella cura dell'arredo e della qualità del pescato da gustare sia crudo, sia in piatti tradizionali e casalinghi.

ALBINEA – Reggio Emilia (RE) – **562** I13 – 8 350 ab. – alt. 259 m   8 B3
– ✉ 42020

> ▶ Roma 438 – Parma 41 – La Spezia 114 – Milano 161

🏠 **Garden Viganò** senza rist ⤢   🚗 🌶 🕍 AC 🛜 P VISA ⓪ AE ⛟
via Garibaldi 17 – ℰ 05 22 34 72 92 – www.hotelgardenvigano.it
– Fax 05 22 34 72 93
22 cam – †55/70 € ††77 €, ⚏ 10 €
♦ In collina, antica struttura di fine '700 che ospita un grazioso albergo immerso in un parco molto tranquillo; camere semplici, ma confortevoli e ben rifinite.

ALBINIA – Grosseto (GR) – **563** O15 – ✉ 58010   29 C3

> ▶ Roma 144 – Grosseto 32 – Civitavecchia 75 – Orbetello 13

🏡 **Agriturismo Antica Fattoria la Parrina** ⤢   🚗 🕍 ⤢ AC P
strada vicinale Parrina km 146, Sud-Est : 6 km   VISA ⓪ ① ⛟
– ℰ 05 64 86 26 26 – www.parrina.it – Fax 05 64 86 55 86 – marzo-dicembre
9 cam ⚏ – †102/170 € ††120/235 € – 3 suites – ½ P 88/146 €
Rist – (consigliata la prenotazione) Carta 37/47 €
♦ Ambiente di raffinata ospitalità in una risorsa agrituristica ricavata nella casa padronale di una fattoria ottocentesca; interni ricchi di fascino e camere confortevoli.

ALBINO – Bergamo (BG) – **561** E11 – 17 938 ab. – alt. 347 m – ✉ 24021   19 C1

> ▶ Roma 621 – Bergamo 14 – Brescia 65 – Milano 67

✗✗ **Il Becco Fino**   ⟳ VISA ⓪ ① ⛟
via Mazzini 200 – ℰ 0 35 77 39 00 – www.ilbeccofino.it – Fax 0 35 76 08 92
– chiuso dal 1 settimana in gennaio, 2 settimane in agosto, domenica sera, lunedì
Rist – (chiuso a mezzogiorno escluso festivi) Carta 38/56 €
♦ Piacevole collocazione in un cortile tra palazzi d'epoca, dove apprezzare proposte di cucina tradizionale rivisitate in chiave moderna e servite in tre sale curate; ottima cantina.

ALBISANO – Verona – Vedere Torri del Benaco

ALBISSOLA MARINA – Savona (SV) – **561** J7 – 5 634 ab. – ✉ 17012   14 B2
▌ Italia

> ▶ Roma 541 – Genova 43 – Alessandria 90 – Cuneo 103

🎦 Parco★ e sala da ballo★ della Villa Faraggiana

Pianta : vedere Savona

🏨 **Garden**   🕍 ⤢ 🌶 🎿 🛎 🕍 AC 🍴 rist, 🛜 🦺 🚗 VISA ⓪ AE ① ⛟
𝄐 viale Faraggiana 6 – ℰ 0 19 48 52 53 – www.hotelgardenalbissola.com
– Fax 0 19 48 52 55   CVb
52 cam ⚏ – †69/165 € ††89/165 € – 2 suites – ½ P 55/110 €
Rist – Carta 21/38 €
♦ Un'esposizione permanente d'arte contemporanea abbellisce gli interni di questa struttura di moderna concezione, dotata di ogni confort; a due passi dal mare. Quadri vivaci anche sulle bianche pareti dell'ariosa sala da pranzo.

ALDEIN = Aldino

ALDINO (ALDEIN) – Bolzano (BZ) – **562** C16 – 1 674 ab. – alt. 1 225 m   31 D3
– Sport invernali : 2 000/2 300 m �533, 🎿 – ✉ 39040

> ▶ Roma 628 – Bolzano 34 – Cortina d'Ampezzo 112 – Trento 57

✗ Krone con cam   🛜 🎽 rist, ⁽¹⁾ VISA 🆗 AE ① ⑤
piazza Principale 4 – ℰ 04 71 88 68 25 – www.gasthof-krone.it
– Fax 04 71 88 66 96 – chiuso dal 5 novembre all' 8 dicembre
14 cam ⌐ – ♦73/103 € ♦♦116/136 € – ½ P 79/93 €
Rist – *(chiuso lunedì)* Carta 34/44 €
♦ Il passato è una prerogativa di fascino che ancora non cede il passo alla modernità; in un piccolo paese di montagna, ristorante di antica tradizione dove gustare genuinità e tradizione. Nato come punto di riferimento per l'ospitalità, conserva tutt'oggi camere semplici e discrete dall'arredo antico.

ALESSANDRIA P (AL) – 561 H7 – 92 839 ab. – alt. 95 m – ⊠ 15100   23 C2
🚩 Roma 575 – Genova 81 – Milano 90 – Piacenza 94
🇮 via Gagliaudo 2 ℰ 0131 234794, iat@comune.alessandria.itxala.it
    Fax 0131 234794
    Stazione Ferroviaria ℰ 0131 254230, Fax 0131 329836
🇮 La Serra, ℰ 0131 95 47 78

🏨 Mercure Alessandria   📶 ⅋ AK ⇪ 🎽 rist, ⁽¹⁾ 🕍 ⌂
via Cavour 32 ⊠ 15121 – ℰ 01 31 51 71 71   VISA 🆗 AE ① ⑤
– www.mercure.com – Fax 01 31 51 71 72   Za
47 cam ⌐ – ♦80/125 € ♦♦80/145 € – ½ P 65/100 €
Rist *Alli Due Buoi Rossi* – *(chiuso dal 2 al 10 gennaio, dal 9 al 30 agosto, sabato a mezzogiorno, domenica)* Carta 27/72 €
♦ Varcata la soglia si è piacevolmente immersi nell'atmosfera ovattata di un albergo riportato all'antico splendore: camere dotate di ogni confort con arredi di stile moderno. Raffinata sala ristorante con proposte sia regionali sia nazionali.

🏨 Europa senza rist   📶 AK ⇪ ⁽¹⁾ 🚗 VISA 🆗 AE ① ⑤
via Palestro 1 ⊠ 15121 – ℰ 01 31 23 62 26 – www.hoteleuropaal.com
– Fax 01 31 25 24 98   Ys
34 cam ⌐ – ♦60/70 € ♦♦85/90 €
♦ Nel centro storico di Alessandria - a pochi passi dalla stazione ferroviaria - affidabile gestione diretta per un hotel dalle piacevoli camere arredate in stile moderno.

🏨 Londra senza rist   📶 ⅋ AK ⇪ ⁽¹⁾ VISA 🆗 AE ① ⑤
corso Felice Cavallotti 51 ⊠ 15121 – ℰ 01 31 25 17 21 – www.londrahotel.info
– Fax 01 31 25 34 57   Zb
39 cam ⌐ – ♦70/85 € ♦♦90/120 €
♦ Eleganza e raffinatezza coniugati alla più moderna tecnologia creano un ambiente confortevole ed ospitale. In centro città - di fronte alla stazione ferroviaria - l'hotel rappresenta una risorsa strategica per ogni viaggiatore.

✗✗✗ Il Grappolo   🛜 AK 🎽 ⇄ VISA 🆗 AE ① ⑤
via Casale 28 ⊠ 15121 – ℰ 01 31 25 32 17 – www.ristoranteilgrappolo.it
– Fax 01 31 26 00 46 – chiuso lunedì sera, martedì   Ye
Rist – Menu 40/45 € – Carta 33/42 € 🕸
♦ All'interno di un palazzo del '600, atmosfera ricercata in un locale storico con grandi ambienti, alti soffitti e arredi d'epoca. Cucina regionale rielaborata con capacità e fantasia.

✗ Osteria della Luna in Brodo   AK ⇄ VISA 🆗 ① ⑤
via Legnano 12 ⊠ 15121 – ℰ 01 31 23 18 98 – Fax 01 31 32 59 06 – chiuso 10 giorni in febbraio, 15 giorni in agosto e lunedì   Zm
Rist – Carta 24/33 € 🕸
♦ Trattoria del centro con ambienti distribuiti tra varie salette curate. Piatti della tradizione regionale e interessante selezione di formaggi.

all'uscita autostrada A 21 Alessandria Ovest Ovest: 4,3 km

🏨 Al Mulino   🚗 🍃 📶 ⅋ AK 🎽 ⑨ 🕍 P VISA 🆗 AE ① ⑤
via Casale 44, frazione San Michele ⊠ 15040 – ℰ 01 31 36 22 50
– www.almulino-hotel.it – Fax 01 31 36 29 79 – chiuso dal 23 dicembre all'8 gennaio, dal 5 al 20 agosto
60 cam ⌐ – ♦65/75 € ♦♦85/100 €
Rist – *(chiuso sabato, domenica e festivi)* Carta 24/52 €
♦ Nei pressi del casello autostradale, in posizione ideale per la clientela d'affari, una risorsa recente che dispone di stanze dal confort al passo coi tempi. Ristorante dai toni rustici, ricavato in un antico mulino.

ALESSANDRIA

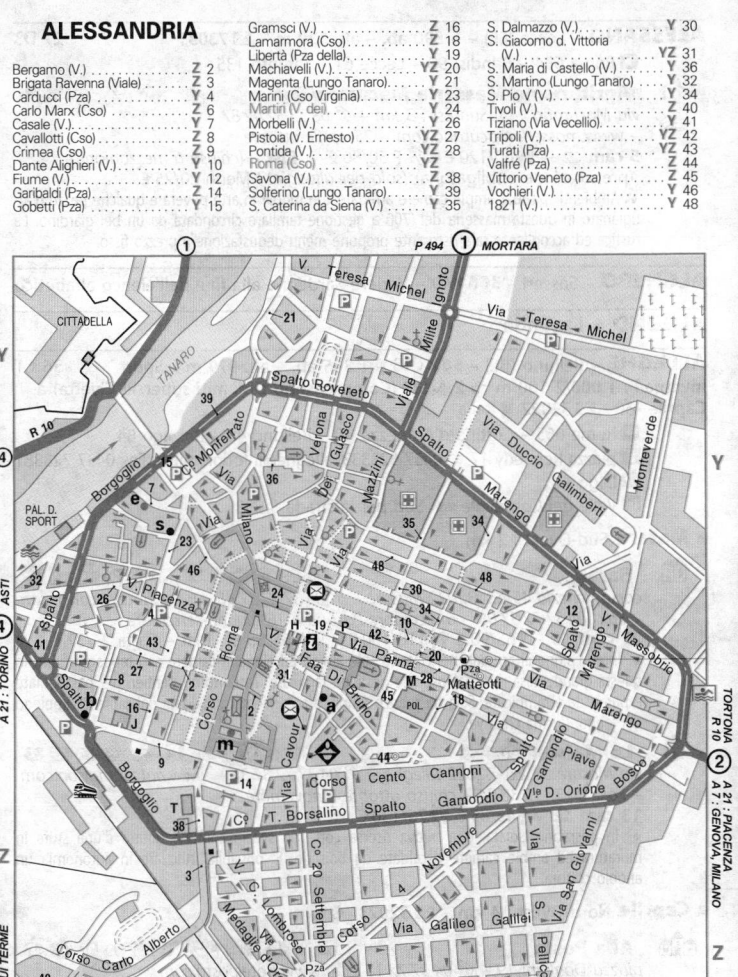

a Spinetta Marengo Est : 3 km – ⊠ 15047

XXX **La Fermata** (Riccardo Aiachini) con cam 🚗 🏫 **AC** 🖲 **P**
🕸 *via Bolla 2, Ovest: 1 km* – 🕿 *01 31 61 75 08* **VISA** **CO** **AE** 🌀
– *www.lafermata-al.it* – *Fax 01 31 61 75 08* – *chiuso dal 10 al 20 agosto*
12 cam 🖙 – ♦70/130 € ♦♦90/165 € – ½ P 130 €
Rist – *(chiuso sabato a mezzogiorno, domenica)* Carta 50/70 € 🏵
Spec. Cipolla ripiena e cotta al sale. Agnolotti monferrini. Galletto livornese.
♦ Trasferitosi da poco dal centro città in un cascinale del '700, nel quale troverà spazio un
piccolo resort, ritroverete creatività e tradizione tra le proposte gastronomiche. Camere confortevoli.

ALESSANO – Lecce (LE) – 6 590 ab. – alt. 130 m – ⊠ 73031   **27** D3
▶ Roma 634 – Brindisi 99 – Lecce 61 – Taranto 135

⌂   **Agriturismo Masseria Macurano** ⌂   🕸 ⌂ cam, ⁽ᵗᵖ⁾ **P**
⊜   *via Macurano 134, Sud-Est : 3 km* – ℰ *08 33 52 42 87*
– www.masseriamacurano.com – *25 aprile-ottobre*
5 cam ⊿ – **††**60/120 € – ½ P 50/80 €   **Rist** – *(chiuso a mezzogiorno)*
(prenotazione obbligatoria) *(solo per alloggiati)* Menu 20/25 €
♦ Ambienti spaziosi, ampie camere arredate con mobili in arte povera e qualche pezzo d'artigianato in questa masseria del '700 a gestione familiare circondata da un bel giardino. La rustica ed accogliente sala ristorante propone menù degustazione a prezzo fisso.

ALGHERO – Sassari – **366** K40 – Vedere Sardegna alla fine dell'elenco alfabetico

---

ALGUND = Lagundo

ALLEGHE – Belluno (BL) – **562** C18 – 1 365 ab. – alt. 979 m – Sport   **36** C1
invernali : 1 000/2 100 m ⤑ 2 ⤓ 23 (Comprensorio Dolomiti superski Civetta) a
Caprile ⤏ – ⊠ 32022 ▌ Italia
▶ Roma 665 – Cortina d'Ampezzo 40 – Belluno 48 – Bolzano 84
🛈 piazza Kennedy 17 ℰ 0437 523333, alleghe@infodolomiti.it, Fax 0437 723881
◎ Lago★
◉ Valle del Cordevole★★ Sud per la strada S 203

a Masarè Sud-Ovest : 2 km

🏨   **Barance**   ⤎ ▢ 🕸 ▤ ⌕ ⌂ rist, ⁽ᵗᵖ⁾ **P** **VISA** ⓪ ⤓
corso Venezia 45 ⊠ *32022 Masarè* – ℰ *04 37 72 37 48* – *www.hotelbarance.com*
– Fax 04 37 72 37 08 – *6 dicembre-Pasqua e 16 giugno-settembre*
27 cam ⊿ – **†**65/90 € **††**110/160 € – ½ P 65/85 €   **Rist** – Carta 24/37 €
♦ Interni signorili arredati nel classico stile alpino ed eleganti camere con tendaggi fioriti in questa grande casa rosa dall'ospitale gestione familiare. Tutt'intorno, sentieri per passeggiate e pareti da arrampicata. Sala da pranzo ampia e accogliente, riscaldata dal sapiente impiego del legno. Cucina creativa.

⌂   **La Maison** senza rist   ▤ ⌕ ⇄ ⌂ ⁽ᵗᵖ⁾ **P** ⇔ **VISA** ⓪ **AE** ⤓
via Masarè 58 ⊠ *32022 Alleghe* – ℰ *04 37 72 37 37* – *www.hotellamaison.com*
– Fax 04 37 72 38 74 – *chiuso ottobre e novembre*
13 cam ⊿ – **†**46/85 € **††**76/130 €
♦ In posizione isolata, una nuova risorsa con uno spazio comune dotato d'una stufa in muratura ed ampie camere riscaldate da boiserie. E' possibile utilizzare in autonomia un angolo cottura.

a Caprile Nord-Ovest : 4 km – ⊠ 32023

🏨   **Alla Posta**   ▢ 🕸 ⌕ ▤ ⤊ ⌂ ⁽ᵗᵖ⁾ **VISA** ⓪ **AE** ⓪ ⤓
piazza Dogliani 19 – ℰ *04 37 72 11 71* – *www.hotelposta.com*
– Fax 04 37 72 16 77 – *20 dicembre-aprile e 15 giugno-25 settembre*
59 cam – **†**55/80 € **††**90/150 €, ⊿ 12 €
Rist *Il Postin* – *(chiuso mercoledì)* Carta 24/59 €
♦ Imponente albergo dalla tradizione centenaria, con accoglienti ed ampi spazi interni ornati da tappeti e mobili in stile; camere confortevoli e un centro benessere ben attrezzato. Elegante sala da pranzo nella quale si alternano i sapori e i prodotti del territorio.

ALMÈ – Bergamo (BG) – **561** E10 – 5 777 ab. – alt. 289 m – ⊠ 24011   **19** C1
▶ Roma 610 – Bergamo 9 – Lecco 26 – Milano 49

✕✕✕   **Frosio** (Paolo Frosio)   🕸 ⇔ **VISA** ⓪ **AE** ⤓
❀   *piazza Leminè 1* – ℰ *0 35 54 16 33* – *www.frosioristoranti.it* – *Fax 0 35 54 16 33*
– chiuso 1 settimana in gennaio, 3 settimane in agosto, mercoledì, giovedì a
mezzogiorno
Rist – Carta 48/67 € ⌘
Spec. Tortino di cipolle e tartufo nero (autunno). Ravioli al pesto e gamberi di Sicilia (estate). Uovo fritto con asparagi e tartufo (primavera).
♦ All'interno di un signorile palazzo secentesco, la cucina creativa rivaleggia in eleganza con la bellezza delle sale. Carne o pesce, la qualità non muta, dolci compresi.

a Paladina Sud : 2,5 km – ✉ 24030

XX   **Paladina**   📷 **P** 🅟 **VISA** ⊕ **AE** ① ♿

via Piave 6 – ✆ 0 35 54 56 03 – Fax 0 35 54 56 03 – chiuso mercoledì
Rist – Menu 15 € bc (solo a mezzogiorno)/55 € bc – Carta 26/54 €
♦ Una gradevole sosta nei locali rinnovati e confortevoli di una casa colonica, dove un tono elegante impreziosisce l'originaria rusticità; cucina del luogo e piatti di pesce.

ALMENNO SAN BARTOLOMEO – Bergamo (BG) – 561 E10   **19** C1
– 5 732 ab. – alt. 350 m – ✉ 24030

▶ Roma 584 – Bergamo 13 – Lecco 33 – Milano 50
🛈 via Papa Giovanni XXIII ✆ 035 548634, iatvalleimagna@virgilio.it,
   Fax 035 548634
🔠 Bergamo L'Albenza, ✆ 035 64 00 28

🏨   **Camoretti** 🦢   ⪡ 🚗 🏠 🖹 🕭 **AC** ⚝ ⱴ 🔌 **P** 🚘 **VISA** ⊕ **AE** ① ♿

via Camoretti 2, località Longa Nord : 3,5 km – ✆ 0 35 55 04 68 – www.camoretti.it
– Fax 0 35 55 25 21 – chiuso dal 1° al 10 gennaio e dal 16 al 30 agosto
22 cam ⌦ – ♦48/57 € ♦♦75/85 € – ½ P 62/68 €
Rist – (chiuso i mezzogiorno di lunedì e martedì) Carta 24/49 €
♦ Albergo di recente realizzazione, ubicato in posizione collinare e panoramica. A pochi chilometri dal capoluogo, camere accoglienti ed eleganti, atmosfera familiare. Esperienza pluriennale ai fornelli, con menu personalizzati, salumi di produzione propria e pasta fresca. Il tutto rigorosamente di matrice casalinga.

XX   **Antica Osteria Giubì dal 1884**   📷 **AC** ⇔ **P** **VISA** ⊕ **AE** ♿

via Cascinetto 2, direzione Brembate di Sopra Sud 1,5 km – ✆ 0 35 54 01 30
– Fax 0 35 54 01 30 – chiuso una settimana in marzo, dal 5 al 15 settembre,
domenica sera e mercoledì
Rist – (consigliata la prenotazione la sera) Menu 39 € (solo a mezzogiorno nei
giorni feriali)/59 € ⅌
♦ Una fornitissima cantina con oltre 40.000 bottiglie in un'autentica trattoria immersa nel verde di un parco; specialità di cucina tradizionale, servite all'aperto in estate.

XX   **Collina**   🚗 📷 ♿ **AC** ⇔ **P** **VISA** ⊕ **AE** ♿

via Ca' Paler 3, sulla strada per Roncola, Nord 1,5 km – ✆ 0 35 64 25 70
– www.ristorantecollina.it – Fax 0 35 64 25 70 – chiuso dal 1° al 10 gennaio,
lunedì, martedì
Rist – Carta 43/60 €
♦ Da una trattoria di famiglia nasce questo locale che, pur non disdegnando le proprie origini, propone piatti d'ispirazione contemporanea. Saletta con camino e sala panoramica.

ALMENNO SAN SALVATORE – Bergamo (BG) – 561 E10   **19** C1
– 5 838 ab. – alt. 325 m – ✉ 24031

▶ Roma 612 – Bergamo 13 – Lecco 27 – Milano 54

XX   **Cantina Lemine**   📷 **AC** ⇔ **P** **VISA** ⊕ **AE** ① ♿

via Buttinoni 48 – ✆ 0 35 64 25 21 – www.cantinalemine.it – Fax 0 35 64 25 21
– chiuso 1 settimana in gennaio, martedì, sabato a mezzogiorno
Rist – Menu 40/45 € – Carta 42/53 € ⅌
♦ Ristorante elegante dal design moderno con qualche spunto etnico. Il giardino, la cantina-enoteca e il salottino per caffè e distillati donano ulteriore fascino al locale.

X   **Palanca**   ⪡ 🚗 📷 ⇔ **P** **VISA** ⊕ **AE** ♿

via Dogana 15 – ✆ 0 35 64 08 00 – Fax 0 35 64 31 96 – chiuso dal 15 al
31 luglio, lunedì sera, martedì
Rist – Carta 20/35 €
♦ Tradizione e genuinità, la cucina è sempre fedele a quella di una volta, con passione tramandata fino alla quarta generazione, in un'atmosfera sempre autentica e cordiale.

ALPE DI SIUSI (SEISER ALM) – Bolzano (BZ) – 562 C16 – alt. 1 826 m   **31** C2
– Sport invernali : 1 850/2 100 m ⛷2 ⛷19, (Comprensorio Dolomiti superski Alpe
di Siusi) ⚛ – ✉ 39040 🟦 Italia

▶ Roma 674 – Bolzano 23 – Bressanone 28 – Milano 332
🛈 località Compatsch 50 ✆ 0471 727904, seiserlam@rolmail.net, Fax 0471727828
◉ Posizione pittoresca ★★

🏨 **Urthaler** �─ ≤ 🚗 🎿 🔲 🌐 🎿 🛗 📶 ⚡ ↯ 🎾 rist, 📞 🚗
– 𝄐 04 71 72 79 19 – www.seiseralm.com VISA 🆖 AE ⓪ 💳
– Fax 04 71 72 78 20 – chiuso dal 2 novembre al
3 dicembre e dall' 11 aprile al 12 maggio
54 cam – 3 suites – solo ½ P 138/197 € **Rist** – (solo per alloggiati)
♦ Pietra, ferro, vetro e soprattutto legno: i materiali utilizzati per questo hotel di concezione
"bio", ispirato ad un coinvolgente minimalismo. Ottimi servizi e spazi comuni.

🏨 **Sporthotel Floralpina** ≤ 🚗 🏡 🎿 🔲 🌐 🎿 🛗 🎾 📶
via Saltria 5, Est : 7 km – 𝄐 04 71 72 79 07 🎾 rist, 📶 **P** 🚗 VISA 🆖 💳
– www.floralpina.com – Fax 04 71 72 78 03 – 6 dicembre-aprile e 14 giugno-
12 ottobre
44 cam – solo ½ P 60/144 € **Rist** – Carta 25/34 €
♦ Si gode di una vista pacificatrice su monti e pinete da questo hotel immerso nella tranquillità di un parco naturale: calda atmosfera nei caratteristici ambienti interni. Originale soffitto in legno a cassettoni ottagonali nella sala da pranzo.

🏨 **Plaza** ≤ 🚗 🎿 📶 🎾 rist, 📶 🕍 **P** 🚗 VISA 🆖 ⓪ 💳
Compatsch 33 – 𝄐 04 71 72 79 73 – www.seiseralm.com – Fax 04 71 72 78 20
– 15 dicembre-marzo e 6 giugno-19 ottobre
42 cam – solo ½ P 69/133 €
Rist – (chiuso a mezzogiorno) (solo per alloggiati)
♦ In centro, albergo in tipico stile montano, ma d'impronta moderna; gradevolmente confortevoli le aree comuni con pavimenti in parquet, camere razionali.

🏨 **Compatsch** �─ ≤ 🚗 🎿 📶 🎾 rist, **P** VISA 🆖 💳
Compatsch 62 – 𝄐 04 71 72 79 70 – www.seiseralm.com – Fax 04 71 72 78 20
– 20 dicembre-marzo e 6 giugno-19 ottobre
32 cam – solo ½ P 52/107 €
Rist – (chiuso a mezzogiorno) (solo per alloggiati)
♦ Piccolo hotel di montagna che si propone soprattutto a nuclei familiari; interni ordinati e
semplici, camere ammobiliate sobriamente.

ALPE FAGGETO – Arezzo – Vedere Caprese Michelangelo

ALSENO – Piacenza (PC) – **562** H11 – **4 830 ab.** – alt. 79 m – ✉ 29010 8 A2
🚗 Roma 487 – Parma 32 – Piacenza 30 – Milano 93
🏌 Castell'Arquato, 𝄐 0523 89 55 57

🏨 **Palazzo della Commenda** 📶 ⭐ cam, 📶 AC 📶 🕍
🚗 località Chiaravalle della Colomba Nord : 3,5 km VISA 🆖 AE ⓪ 💳
– 𝄐 05 23 94 00 03 – www.palazzodellacommenda.it – Fax 05 23 94 01 09
25 cam ☲ – 🍴60/70 € – 🍴🍴90/100 € – ½ P 65/75 €
Rist – (chiuso lunedì, anche martedì a mezzogiorno in agosto) Carta 20/45 €
♦ Sia una clientela d'affari che turisti di passaggio scelgono questa graziosa piccola struttura
ricavata dalla ristrutturazione dell'antica dimora dell'amministratore dei beni della vicina
abbazia. Anche al ristorante l'atmosfera oscilla tra il rustico e il moderno. Ampie vetrate si
affacciano sulla corte interna.

a Castelnuovo Fogliani Sud-Est : 3 km – ✉ 29010

🍴 **Trattoria del Ponte** AC **P** VISA 🆖 AE 💳
🚗 via Centro 4 – 𝄐 05 23 94 71 10 – Fax 05 23 94 73 50 – chiuso mercoledì
Rist – (consigliata la prenotazione) Carta 17/22 €
♦ Buona gestione e ambiente informale in questa trattoria di campagna. Nelle salette in
sobrio stile rustico l'attenzione è rivolta soprattutto alla cura dei piatti, dalla selezione delle
materie prime alla loro elaborazione.

a Cortina Vecchia Sud-Ovest : 5 km – ✉ 29010

🍴🍴 **Da Giovanni** 🏡 🎾 ⟳ **P** VISA 🆖 AE ⓪ 💳
via Cortina 1040 – 𝄐 05 23 94 83 04 – www.dagiovanniacortina.com – Fax 05 23 94
83 55 – chiuso dal 1° al 18 gennaio, dal 15 agosto al 5 settembre, lunedì, martedì
Rist – (consigliata la prenotazione) Menu 50/80 € – Carta 42/63 € 🏵
♦ La settecentesca stufa in ceramica e l'arredo d'epoca potranno far volare la fantasia dei
più romantici avventori. Le certezze in ogni caso vengono dalla cucina, ispirata alla tradizione piacentina.

ALTA BADIA – Bolzano (BZ) – 562 C17 – **Sport invernali : 1 568/ 2 778 m ❅ 9 ☂ 43, (Comprensorio Dolomiti superski Alta Badia)** ⚐ 31 C1

🏔 Alta Badia, ☎ 0471 83 66 55

CORVARA IN BADIA (BZ) – 562 C17 – **1 295 ab.** – **alt. 1 568 m** 31 C2
– ✉ 39033 ▮ Italia

▶ Roma 704 – Cortina d'Ampezzo 36 – Belluno 85 – Bolzano 65
🄸 via Col Alt 36 (Municipio) ☎ 0471 836176, corvara@altabadia.org, Fax 0471 836540

🏨 **La Perla** ← 🚗 ☒ 🖭 ⑩ 🕸 🖨 🄰🄲 rist, 🍴 rist, 🎇 **P** 🅿
via Col Alt 105 – ☎ 04 71 83 10 00 🆅🅸🆂🅰 ⓿ 🄰🄴 ⓪ 🅶
– www.hotel-laperla.it – Fax 04 71 83 65 68 – 3 dicembre-4 aprile e 18 giugno-19 settembre
52 cam ☂ – ♟200/330 € ♟♟300/660 € – ½ P 190/395 €
Rist La Stüa de Michil – vedere selezione ristoranti
Rist – Carta 54/69 €
♦ Bella casa di montagna vicino alle piste da sci: è l'albergo-laboratorio di Michil Costa, fucina di idee e divertimenti per vacanze originali ed irripetibili. Pasti serviti in una serie di stube d'epoca, dal '700 in poi: un excursus su uno degli elementi architettonici più tipici del tirolo.

🏨 **Sassongher** ⏚ ← ☒ ⑩ 🕸 🎐 🖨 🄰🄲 rist, 🎇 rist, 🎇 🔋 **P** 🆅🅸🆂🅰 ⓿ 🅶
strada Sassongher 45 – ☎ 04 71 83 60 85 – www.sassongher.it
– Fax 04 71 83 65 42 – 4 dicembre-7 aprile e 26 giugno-12 settembre
47 cam ☂ – ♟100/195 € ♟♟186/290 € – 6 suites – ½ P 148/205 €
Rist – Carta 40/58 €
♦ Ai piedi dell'omonima cima, spazi, decorazioni e legni sono un omaggio alla più classica tradizione alberghiera di montagna. Dagli anni '30, un'indiscussa signorilità. Una luminosa sala e tre antiche stube sono a disposizione del vostro appetito.

🏨 **Posta-Zirm** ← ☒ ⑩ 🕸 🔋 🖨 🄰🄲 rist, 🎇 rist, 🎇 🔋 **P** 🚗
strada Col Alto 95 – ☎ 04 71 83 61 75 🆅🅸🆂🅰 ⓿ 🄰🄴 ⓪ 🅶
– www.postazirm.com – Fax 04 71 83 65 80 – dicembre-marzo e giugno-settembre
59 cam ☂ – ♟91/329 € ♟♟162/344 € – 10 suites – ½ P 91/187 €
Rist – Carta 35/51 €
♦ Sorto nell'800 e da allora in continua mutazione, il risultato sono tre edifici distinti con camere altrettanto diverse: le ultime nate sono da preferire. Il ristorante dispone di un'ampia sala e di due calde stube tipicamente tirolesi.

🏨 **La Tambra** ← 🚗 🏠 🕸 🎇 rist, **P** 🆅🅸🆂🅰 ⓿ 🅶
via Sassonger 2 – ☎ 04 71 83 62 81 – www.latambra.com – Fax 04 71 83 66 46
– 4 dicembre-11 aprile e 18 giugno-26 settembre
28 cam – solo ½ P 84/115 € **Rist** – Carta 26/68 €
♦ In posizione centrale e con vista sul Sassonger, grazioso albergo a conduzione familiare, recentemente rinnovato. Piccolo centro wellness ben attrezzato e camere spaziose, minimaliste negli arredi. Bar-stube tirolese per chi ama fare tardi e ottimo ristorante specializzato in grigliate.

🏨 **Tablè** ← 🕸 🖨 🎇 🎇 **P** 🆅🅸🆂🅰 ⓿ 🅶
strada Col Alto 8 – ☎ 04 71 83 61 44 – www.table.it – Fax 04 71 83 63 13
– 3 dicembre-17 aprile e 20 giugno-20 settembre
30 cam ☂ – ♟151/233 € ♟♟178/274 € – ½ P 99/147 €
Rist – (chiuso a mezzogiorno) (solo per alloggiati)
♦ In centro paese, accogliente hall con camino e camere di due tipologie a seconda dell'ampiezza, ma sempre eleganti. Per i più golosi: rinomata pasticceria.

XXX **La Stüa de Michil** – Hotel La Perla 🎇 ⏏ **P** 🆅🅸🆂🅰 ⓿ 🄰🄴 ⓪ 🅶
❀ strada Col Alt 105 – ☎ 04 71 83 10 00 – www.hotel-laperla.it
– Fax 04 71 83 65 68 – 3 dicembre-4 aprile e 18 giugno-19 settembre; chiuso domenica
Rist – (chiuso a mezzogiorno) Menu 115 € – Carta 73/98 € 🏵
Spec. Filetto di maialino affumicato, spuma di patate e rafano. Farfalline al vino rosso e mirtilli, ragù di maialino in porchetta, stracciatella di burrata e pomodorini. Noce di cervo, purea di aglio orsino e scalogno.
♦ E' uno scrigno di legno che racchiude tanti gioielli: la seducente cucina di uno dei ristoranti più romantici d'Italia, una favolosa cantina e il funambolico Michil.

COLFOSCO (BZ) – alt. 1 645 m – ✉ 39033   31 C2

▶ Roma 727 – Trento 133 – Bolzano 77 – Venezia 197

ℹ strada Peccëi 2 ✆ 0471 836145, colfosco@altabadia.org, Fax 0471 836744

Cappella   ≤ 🚗 🏡 📺 🌐 🏊 🏋 ❄ 🍴 🛗 🍸 📶 🛁 P 🛂

strada Pecei 17 – ✆ 04 71 83 61 83   VISA 💳 AE ① ⑤
– www.hotelcappella.com – Fax 04 71 83 65 61 – 4 dicembre-
10 aprile e 19 giugno-19 settembre
37 cam ⊑ – ♦93/238 € ♦♦166/458 € – 9 suites – ½ P 146/244 €
Rist – Carta 50/70 € 🕮
♦ Splendida raccolta d'oggetti d'arte, perlopiù contemporanea, divagazioni etniche, infinite personalizzazioni: un albergo-museo dalle tradizioni ladine, ma affacciato sul mondo. Raffinato il ristorante: a mezzogiorno, si può pranzare in terrazza.

✕✕ Stria   P VISA 💳 ⑤

via Val 18 – ✆ 04 71 83 66 20 – Fax 04 71 83 65 14 – chiuso novembre e lunedì
in bassa stagione
Rist – Carta 45/65 €
♦ Vicino alla chiesa - nella parte alta del paese - l'ambiente è semplice, il servizio informale, ma i piatti vi sorprenderanno per cura ed inventiva.

LA VILLA (BZ) – alt. 1 484 m – ✉ 39030   31 C2

▶ Roma 750 – Trento 155 – Bolzano 99 – Venezia 190

ℹ strada Colz 75 ✆ 0471 847037, lavilla@dnet.it, Fax 0471 847277

Christiania   ≤ 🚗 🏊 📶 🧖 ❄ rist, 📞 P 🚗 VISA 💳 AE ⑤

via Colz 109 – ✆ 04 71 84 70 16 – www.christiania.it – Fax 04 71 84 70 56
– 7 dicembre-28 marzo e 20 giugno-25 settembre
33 cam ⊑ – ♦65/238 € ♦♦110/366 € – ½ P 106/233 €
Rist – *(chiuso a mezzogiorno)* Menu 45/60 €
♦ In centro paese, il bar con terrazza è il crocevia della vita locale: quattro categorie di camere diverse per ampiezza con arredi d'ispirazione tirolese. Una grande sala e due eleganti stube per una cucina classica.

La Majun   ≤ 📺 🌐 📶 📶 & cam, ❄ rist, 📞 P 🚗 VISA 💳 ⑤

via Colz 59 – ✆ 04 71 84 70 30 – www.lamajun.it – Fax 04 71 84 70 74 – chiuso
dal 4 aprile al 13 maggio
30 cam ⊑ – ♦69/151 € ♦♦138/328 € – ½ P 159/204 €   **Rist** – Carta 30/67 €
♦ Accoglienza incantevole, tutta al femminile: l'atmosfera montana riceve qui un tocco di modernità nelle luci e nelle decorazioni, design e colori approdano sulle Dolomiti. Cucina con piatti della tradizione italiana serviti anche al sole sulla bella terrazza.

Ciasa Antines   ≤ 📺 📶 🛗 ❄ rist, 📶 🚗 VISA 💳 ⑤

via Picenin 18 – ✆ 04 71 84 42 34 – www.hotelantines.it – Fax 04 71 84 42 43
– dicembre-marzo e 20 giugno-20 settembre
21 cam – ♦108/184 € ♦♦164/334 €, ⊑ 8 € – 4 suites – ½ P 116/188 €
Rist – *(chiuso a mezzogiorno) (solo per alloggiati)*
♦ Nuova struttura vicina alla scuola di sci con ambienti luminosi ed accoglienti. Le camere sono differenziate, ma sempre arredate con ampio uso del legno, antico o moderno. Romanticismo nelle tre sale ristorante, ciascuna contraddistinta da un colore: blu, giallo e arancio.

Tamarindo senza rist 🛏   ≤ 📶 P VISA 💳 ⑤

via Plaon 20 – ✆ 04 71 84 40 96 – www.tamarindo-lavilla.it – Fax 04 71 84 49 06
– dicembre-20 aprile e giugno-ottobre
12 cam ⊑ – ♦35/48 € ♦♦70/96 €
♦ Nella parte alta e più tranquilla del paese, troverete uno spassoso titolare: servizio semplice, ma incantevole e camere personalizzate a prezzi ragionevolissimi.

La Ciasota senza rist   ≤ 🚗 📶 🛗 P

strada Colz 118 – ✆ 04 71 84 71 71 – www.garnilaciasota.it – Fax 04 71 84 57 40
15 cam ⊑ – ♦32/45 € ♦♦60/88 €
♦ Gestione familiare dalle camere semplici ma ben tenute: approfittate dei consigli del proprietario, maestro di sci. Per i più coraggiosi, sauna con accesso sulla neve.

🏠 Ciasa Montanara senza rist 🐑 [P] VISA

via Plaon 24 – ☎ *04 71 84 77 35* – *www.montanara.it* – *Fax 04 71 84 77 35*
12 cam ☕ – 👤35/45 € 👥58/76 €

♦ In posizione panoramica sul paese, troverete semplicità e accoglienza familiare. Le camere, recentemente rinnovate, offrono un buon confort: suggeriamo la camera numero 11, che regala - nei giorni più limpidi - una bella vista fino al passo del Falzarego.

🏠 Dolomit b&b cam, [P] VISA

strada Colz 9 – ☎ *04 71 84 71 20* – *www.dolomit.it* – *Fax 04 71 84 57 46*
15 cam ☕ – 👤40/65 € 👥80/130 € – ½ P 60/85 €
Rist *La Tor* – ☎ 04 71 84 40 91 *(chiuso dal 10 al 30 novembre e dal 10 al 30 giugno)* Carta 26/46 €

♦ Cioccolato, pesca, fragola...ogni camera riceve profumi e colori dal suo nome in una tipica casa di montagna con graziosi balconi e belle terrazze. Sauna a pagamento ad uso privato. Dalle specialità ladine alle pizze cotte in forno a legna: al ristorante si trova di tutto!

E' una questione di categoria: non aspettatevi lo stesso servizio in un ristorante 🍴 o in un albergo 🏠 rispetto ad un 🍴🍴🍴🍴🍴 o ad un 🏠🏠🏠🏠🏠.

Pedraces (BZ) – alt. 1 315 m – ✉ 39036 — 31 C2

▶ Roma 747 – Trento 153 – Bolzano 96 – Venezia 194
[i] strada Pedraces 40 ☎ 0471 839695, pedraces@altabadia.org, Fax 0471 839573

🏠 Gran Ander 🐑 rist, [P] VISA

via Runcac 29 – ☎ *04 71 83 97 18* – *www.granander.it* – *Fax 04 71 83 97 41* – *5 dicembre-10 aprile e 15 giugno-settembre*
20 cam ☕ – 👤62/86 € 👥100/166 € – ½ P 80/102 €
Rist – *(chiuso a mezzogiorno) (solo per alloggiati)*

♦ Qui l'ospitalità non è una regola alberghiera, ma è autentica, calorosa e spontanea. Prenotate la camera n. 10: un'incantevole stube con vista sul Santa Croce.

🏠 Lech da Sompunt 🐑 cam, [P] VISA

via Sompunt 36, Sud-Ovest : 3 km – ☎ *04 71 84 70 15* – *www.lechdasompunt.it* – *Fax 04 71 84 74 64* – *dicembre-aprile e giugno-settembre*
35 cam – solo ½ P 51/103 € **Rist** – Carta 28/38 €

♦ Affacciato su un laghetto, pesca e pedalò d'estate, curling e pattinaggio d'inverno, in camere semplici: un paradiso per gli amanti della natura! Al ristorante, nei periodi di alta stagione, serate gastronomiche con cucina ladina.

🍴 Maso Runch [P]

via Runch 11 – ☎ *04 71 83 97 96* – *Fax 04 71 83 97 96*
Rist – *(chiuso domenica)* (coperti limitati, prenotare) Menu 26 €

♦ Tra i boschi, cinque incantevoli stube in un maso del '700; il menu fisso è un'escursione nelle specialità ladine: minestra d'orzo, tortelli fritti e al burro, stinco e costine di maiale...

San Cassiano (BZ) – alt. 1 535 m – ✉ 39030 — 31 C2

▶ Roma 707 – Trento 159 – Bolzano 103 – Venezia 187
[i] strada Micurà de Rü 24 ☎ 0471 849422, sancassiano@altabadia.org, Fax 0471 849249

🏠 Rosa Alpina rist, [P]

Str Micura de Rue 20 – ☎ *04 71 84 95 00* – *www.rosalpina.it* VISA [AE] – *Fax 04 71 84 93 77* – *5 dicembre-5 aprile e 25 giugno-19 settembre*
50 cam ☕ – 👤360/410 € 👥485/600 € – 8 suites
Rist St. Hubertus – vedere selezione ristoranti
Rist – *(chiuso martedì) (chiuso a mezzogiorno)* Carta 88/130 €
Rist *Wine bar & Grill* – Carta 42/70 €

♦ Emblema dell'eleganza ladina, il moltiplicarsi di spazi ed arredi si traduce in un codice di raffinata sobrietà. Eccellente servizio, siamo ai vertici dell' Alto Adige. Moderno e dinamico il ristorante. Pizza e pasta, fondute, bolliti, insalate e grigliate: al Wine bar & Grill ogni capriccio vi sarà servito!

🏠🏠🏠 **Armentarola** ≤ 🚗 🛋 🖼 📶 📺 ♨ 🍴 🛎 🏃 ⁿ 📶 **P** 🚗 **VISA** 🌐 💲

*via Pre de Vi 12, Sud-Est : 2 km – 𝒞 04 71 84 95 22 – www.armentarola.com
– Fax 04 71 84 93 89 – 2 dicembre-3 aprile e 17 giugno-3 ottobre*
46 cam ☲ – †104/200 € ††148/390 € – 4 suites – ½ P 125/215 €
Rist – Carta 38/82 €
♦ Sulla breccia da 70 anni, piacevolmente démodé, tradizionalmente montano, rinnovato in continuazione: è il simbolo delle vacanze ad alta quota. Saloni a perdivista e maneggio estivo. Oggetti della tradizione locale infondono al ristorante un calore familiare.

🏠🏠🏠 **Fanes** 🤍 ≤ 🚗 🛋 🖼 📶 ♨ 🍴 🛎 🏃 🅰🅺 🍴 rist, ⁿ 📶 🚗

*Pecei 19 – 𝒞 04 71 84 94 70 – www.hotelfanes.it
– Fax 04 71 84 94 03 – chiuso dal 20 aprile al 6 giugno e dal 10 al 25 novembre*
65 cam ☲ – †169/200 € ††378/566 € – ½ P 199/381 € **Rist** – Carta 46/56 €
♦ In posizione panoramica sui tetti di San Cassiano, lo sfarzo delle camere più belle ha pochi eguali in regione. Come il centro benessere, di superlativo splendore. Il menu si divide equamente tra piatti locali e nazionali: tocchi di ricercatezza nella presentazione dei piatti.

🏠🏠🏠 **Ciasa Salares** 🤍 ≤ 🚗 🛋 🖼 ♨ 🍴 🍴 rist, ⁿ 📶 🚗

via Prè de Vi 31, Sud-Est : 2 km – 𝒞 04 71 84 94 45 **VISA** 🌐 **AE** ① 💲
– www.siriolagroup.it – Fax 04 71 84 93 69 – 4 dicembre-7 aprile e 16 giugno-settembre
32 cam ☲ – †198/231 € ††344/416 € – 8 suites – ½ P 205/228 €
Rist La Siriola – vedere selezione ristoranti
Rist – Menu 45/85 €
♦ In posizione isolata, la gestione familiare si accompagna ad ambienti e ricercatezze di un grande albergo: le camere sono scrigni di legno, promessa di vacanze romantiche. E' davvero piacevole pranzare all'aperto coccolati dal panorama e dal dolce silenzio.

🏠🏠 **Diamant** 🚗 🖼 📶 ♨ 🍴 🛎 🚫 cam, 🏃 🍴 rist, ⁿ 🕌 📶 **VISA** 🌐 💲

*strada Micurà de Rü 29 – 𝒞 04 71 84 94 99 – www.hoteldiamant.com
– Fax 04 71 84 93 70 – dicembre-Pasqua e 20 giugno-settembre*
33 cam – 6 suites – solo ½ P 74/124 € **Rist** – Carta 29/37 €
♦ Per chi ama gli spazi senza tanti fronzoli od eccessi barocchi, raccomandiamo l'albergo per il rigore e l'ampiezza delle camere più grandi. Stube e sale più classiche per il ristorante.

🏠🏠 **Ciasa ai Pini** senza rist ≤ 📶 ♨ 🛎 🚫 🍴 ⁿ 📶 🚗

*via Glira 4, Sud-Est : 1,5 km – 𝒞 04 71 84 95 41 – www.ai-pini.it
– Fax 04 71 84 92 33 – dicembre-Pasqua e giugno-settembre*
21 cam ☲ – †35/50 € ††66/98 €
♦ Poco fuori dal paese verso Cortina, hotel ricavato da una struttura interamente rinnovata qualche anno fa. L'aspetto odierno è in linea con la tradizione locale: largo impiego di legno chiaro anche nelle ampie camere.

🍴🍴🍴🍴 **St. Hubertus** (Norbert Niederkofler) – Hotel Rosa Alpina 🍴 ✿ **P**
❄❄ *Str Micura de Rue 20, a San Cassiano – 𝒞 04 71 84 95 00* **VISA** 🌐 **AE** 💲
– www.rosalpina.it – Fax 04 71 84 93 77 – 5 dicembre-5 aprile e 25 giugno-4 ottobre; chiuso martedì
Rist – (chiuso a mezzogiorno) Menu 135 € – Carta 86/121 € 🐾
Spec. Composizione di fegato grasso d'oca. Ravioli di grano saraceno ripieni di ricotta di bufala con calamaretti spillo e fondo di fagiolini. Agnello nostrano: ossobuco su polenta grezza e le costolette con melanzane siciliane, carciofi e pomodorini al forno.
♦ Un'orchestra di implacabile precisione dove trovare la tecnica tedesca che ha formato lo chef, il gusto per i sapori italiani e le idee raccolte in giro per il mondo. Sala in moderno stile ladino, è l'eccellenza.

🍴🍴🍴 **La Siriola** – Hotel Ciasa Salares **P VISA** 🌐 **AE** ① 💲
❄ *via Pre de Vi 31, Sud-Est : 2 km – 𝒞 04 71 84 94 45 – www.siriolagroup.it
– Fax 04 71 84 93 69 – 4 dicembre-5 aprile e 27 giugno-18 settembre; chiuso lunedì*
Rist – (chiuso a mezzogiorno escluso agosto) Menu 92 € – Carta 64/99 € 🐾
Spec. Zuppa di cipolle e pane di Matera con uovo poché al tartufo nero e profumo di calamari. Hamburger di cervo scottato con cavolo cinese e gelato alla senape, scaloppa di foie gras. Carpaccio tiepido di lingua, gamberi e avocado in brodetto acidulo.
♦ Cucina eclettica e sorprendente, influenze ladine e citazioni orientali: con fiducia, fate un salto in un mondo meraviglioso verso le alchimie di un giovane chef prodigio.

ALTAMURA – Bari (BA) – **564** E31 – **68 373 ab.** – alt. 473 m – ⊠ 70022   **26** B2

Italia

▶ Roma 461 – Bari 46 – Brindisi 128 – Matera 19

◉ Rosone★ e portale★ della Cattedrale

🏠🏠 **San Nicola**   ⧉ 🆊 ⅓ ⋇ rist. ⟨⟩ ⅍ 🚗 VISA ⓪ AE ⓘ 🕏
via Luca De Samuele Cagnazzi 29 – 𝒞 08 03 10 51 99 – www.hotelsannicola.com
– Fax 08 03 14 47 52
26 cam � – ♦90/110 € ♦♦140/160 € – 1 suite – ½ P 90/100 €
Rist *Artusi* – 𝒞 08 03 14 40 03 *(chiuso dal 16 al 31 agosto, domenica sera,
lunedì)* Carta 30/57 €
◆ In un antico palazzo del 1700, nel cuore del centro storico, vicino al Duomo, un albergo
signorile con raffinati ambienti in stile arredati con gusto; camere spaziose. Sala ristorante
con soffitto a volte e buona cura dei particolari.

ALTARE – Savona (SV) – **561** I7 – **2 158 ab.** – alt. 397 m – ⊠ 17041   **14** B2

▶ Roma 567 – Genova 68 – Asti 101 – Cuneo 80

✕✕ **Quintilio** con cam   ⋇ P VISA ⓪ ⓘ 🕏
via Gramsci 23 – 𝒞 01 95 80 00 – www.ristorante-quintilio.it
– Fax 01 95 89 93 91 – chiuso 10 giorni in dicembre, luglio
5 cam � – ♦49 € ♦♦69 € – ½ P 46 €
Rist – *(chiuso domenica sera, lunedì)* Carta 35/63 €
◆ Alle porte della località, ristorante con camere confortevoli; cortesia e ospitalità in un
ambiente rustico in cui si propone una buona cucina sia ligure che piemontese.

ALTAVILLA VICENTINA – Vicenza (VI) – **562** F16 – **11 269 ab.**   **37** A2
– alt. 45 m – ⊠ 36077

▶ Roma 541 – Padova 42 – Milano 198 – Venezia 73

🏠 **Genziana**   ⟵ ⌇ ⋇ ⧉ ⚎ 🆊 ⋇ ⟨⟨⟩⟩ P VISA ⓪ AE 🕏
via Mazzini 75/77, località Selva Sud-Ovest : 2,5 km – 𝒞 04 44 57 21 59
– www.hotelristorantegenziana.com – Fax 04 44 57 43 10
35 cam � – ♦50/150 € ♦♦80/150 €
Rist – *(chiuso sabato a mezzogiorno, domenica)* Carta 27/47 €
◆ Cordialità e ottima accoglienza familiare, in un albergo su una collina che domina la valle,
immerso nel verde; camere sufficientemente spaziose in stile montano. Piacevole sala da
pranzo, ammobiliata in modo semplice.

🏠 **Tre Torri**   ↳⅍ ⅋ 🆊 ⅓ ⋇ rist. ⟨⟨⟩⟩ ⅍ P 🚗 VISA ⓪ AE ⓘ 🕏
via Tavernelle 71 – 𝒞 04 44 57 24 11 – www.bwhoteltretorri-vi.it
– Fax 04 44 57 26 09
92 cam � – ♦59/160 € ♦♦59/220 € – 1 suite – ½ P 150 €
Rist L'Altro Penacio – vedere selezione ristoranti
◆ Albergo di recente ristrutturazione offre un insieme classico, con camere personalizzate
secondo uno stile moderno. Risorsa ideale soprattutto per la clientela d'affari.

✕✕ **L'Altro Penacio** – Hotel Tre Torri   🆊 ⋇ P VISA ⓪ AE ⓘ 🕏
via Tavernelle 71 – 𝒞 04 44 37 13 91 – Fax 04 44 37 45 07 – chiuso 15 giorni
in gennaio, 15 giorni in agosto, domenica, lunedì a mezzogiorno
Rist – Carta 38/63 €
◆ Nel contesto dell'hotel Tre Torri, un ristorante classico-elegante con proposte derivanti da
una cucina che ama attingere alla tradizione, ma anche ai sapori del mare.

ALTEDO – Bologna – **562** I16 – Vedere Malalbergo

ALTICHIERO – Padova – Vedere Padova

ALTISSIMO – Vicenza (VI) – **562** F15 – **2 359 ab.** – alt. 672 m   **35** B2
– ⊠ 36070

▶ Roma 568 – Verona 65 – Milano 218 – Trento 102

※※ **Casin del Gamba** (Antonio Dal Lago) 🏠 🍴 ⇔ **P** ᴠɪꜱᴀ ⓜⓞ ᴀᴇ ⓞ ⓢ
ＥＢ *strada per Castelvecchio, Nord-Est: 2,5 km – 𝒸 04 44 68 77 09*
– *www.casindelgamba.eu – Fax 04 44 68 77 09 – chiuso 15 giorni in gennaio,*
15 giorni in agosto, domenica sera, lunedì, martedì a mezzogiorno
Rist – Menu 45/75 € – Carta 42/69 € ⅋
Spec. Assortimento d'ovoli: crudi in insalata con olio di Pove del Grappa e tartufo nostrano estivo, appassiti nel burro d'Altissimo con santoreggia (estate).
Fagottini con carciofi al timo su ragù di radicchio trevisano, tartufo nero
nostrano, riduzione d'aceto balsamico (inverno). Budino di formaggio, gelato
al caramello, nido croccante.
♦ Tipica casa di montagna, l'atmosfera si ripropone anche all'interno tra camino, perlinato e
travi a vista e infine nella cucina che valorizza i sapori del territorio.

ALTOPASCIO – Lucca (LU) – **563** K14 – 13 845 ab. – alt. 19 m   **28** B1
– ✉ 55011

▶ Roma 333 – Pisa 38 – Firenze 57 – Lucca 17

※※※ **Il Melograno**   🏠 ᴠɪꜱᴀ ⓜⓞ ᴀᴇ ⓞ ⓢ
piazza degli Ospitalieri 9 – 𝒸 0 58 32 50 16 – www.ilmelogranoclub.it
– *Fax 0 58 32 50 16 – chiuso dal 20 al 30 agosto*
Rist – Carta 43/61 €
♦ L'antica cinta muraria preserva la rusticità e l'eleganza d'un tempo dalla moderna vitalità
della cittadina: all'interno del castello medievale rivivono ricette tradizionali, di terra e di
mare, non prive di vena creativa.

ALVIGNANELLO – Caserta – Vedere Ruviano

ALZANO LOMBARDO – Bergamo (BG) – **561** E11 – 13 247 ab.   **19** C1
– alt. 294 m – ✉ 24022

▶ Roma 616 – Bergamo 9 – Brescia 60 – Milano 62

※※※ **RistoFante**   🏠 ⅏ ᴀᴋ ⇔ ᴠɪꜱᴀ ⓜⓞ ᴀᴇ ⓞ ⓢ
via Mazzini 41 – 𝒸 0 35 51 12 13 – www.ristofante.it – Fax 03 54 72 05 26
– *chiuso 10 giorni in gennaio, 15 giorni in agosto, domenica sera, lunedì*
Rist – *(chiuso a mezzogiorno escluso domenica)* Carta 38/72 €
♦ Nel centro storico, in un antico palazzo ristrutturato, ambiente elegante, confortevole e
sobriamente arredato; cucina tradizionale rivisitata, servizio estivo all'aperto.

AMALFI – Salerno (SA) – **564** F25 – 5 430 ab. – ✉ 84011 ▯ Italia   **6** B2

▶ Roma 272 – Napoli 70 – Avellino 61 – Caserta 85

🅸 corso Repubbliche Marinare 27 𝒸 089 871107, info@amalfitouristoffice.it,
Fax 089 871107

🔾 Posizione e cornice pittoresche★★★ – Duomo di Sant'Andrea★ : chiostro
del Paradiso★★ – Vie★ Genova e Capuano

🄶 Atrani★ : 1 km – Ravello★★★ Nord-Est : 6 km – Grotta dello
Smeraldo★★ Ovest : 5 km – Vallone di Furore★★ Ovest : 7 km

🏨 **Santa Caterina**   ⇐ 🚗 🏠 ⌛ 🕭 ᴸ♭ 🛗 ᴀᴋ 🍴 📞 🈂 **P**
via Nazionale 9 – 𝒸 0 89 87 10 12   ᴠɪꜱᴀ ⓜⓞ ᴀᴇ ⓞ ⓢ
– *www.hotelsantacaterina.it – Fax 0 89 87 13 51*
55 cam ⌚ – ♥♥445/781 € – 11 suites – ½ P 300/468 €
Rist – *(chiuso gennaio e febbraio)* Carta 75/107 € ⅋
♦ Suggestiva vista del golfo, terrazze fiorite digradanti sul mare con ascensori per la spiaggia, interni in stile di raffinata piacevolezza: qui i sogni diventano realtà! Al ristorante soffitto
a crociera, colonne, eleganti tavoli rotondi: per cene di classe.

🏨 **Marina Riviera** senza rist   ⇐ 🛗 ᴀᴋ 🍴 📶 ᴠɪꜱᴀ ⓜⓞ ᴀᴇ ⓢ
via P. Comite 19 – 𝒸 0 89 87 11 04 – www.marinariviera.it – Fax 0 89 87 10 24
– *aprile-ottobre*
31 cam ⌚ – ♥200 € ♥♥250/350 € – 3 suites
♦ Struttura dei primi anni del '900 all'ingresso della località, in posizione panoramica; ariosi
spazi comuni e camere totalmente rinnovate con gusto e sobrietà.

Aurora senza rist   ≼ |‡| AC °ï° VISA œo AE ⛢
*piazza dei Protontini 7 – ℰ 08 98 71 209 – www.aurora-hotel.it
– Fax 08 98 72 98 0 – aprile-ottobre*
29 cam ⌷ – **†**80/240 €
♦ Nella zona del porto, di fronte al molo turistico, costruzione bianca con piacevoli e "freschi" interni dai colori marini; camere luminose con maioliche vietresi.

La Pergola   ⌖ |‡| AC ⌂ VISA œo AE ⛢
*via Augustariccio 14, località Vettica Minore Ovest : 2 km – ℰ 08 98 31 088
– www.lapergolaamalfi.it – Fax 08 98 32 19 07 – marzo-dicembre*
12 cam ⌷ – **†**35/100 € **††**40/160 €
Rist – (aprile-ottobre) (chiuso a mezzogiorno) (solo per alloggiati) Menu 25 €
♦ In un angolo pittoresco della costa, lungo la strada per Positano, camere di buon confort in una struttura recente, a gestione squisitamente familiare. Cucina casalinga e piatti della tradizione locale al ristorante.

Antica Repubblica senza rist   AC ℰ° VISA œo AE ① ⛢
*vico dei Pastai 2 – ℰ 08 98 73 63 10 – www.anticarepubblica.it
– Fax 08 98 73 65 84*
7 cam ⌷ – **†**50/100 € **††**70/160 €
♦ Nel vicolo dove un tempo esercitavano i pastai, piccolo edificio tenuto a regola d'arte: camere elegantemente rifinite (due con baldacchino) ed incantevole terrazza per la prima colazione.

Villa Lara – Dimora d'epoca senza rist ⌂⌂   ≼ ⌸ |‡| ⌰⌰ AC ℰ°
via delle Cartiere 1 bis – ℰ 08 98 73 63 58   VISA œo AE ① ⛢
– www.villalara.it – Fax 08 99 83 01 11
7 cam ⌷ – **†**75/135 € **††**90/195 €
♦ Nella parte alta e più tranquilla della località, una dimora di fine '800 accuratamente ristrutturata, che presenta ai propri ospiti camere graziose, panorama e tanto charme.

Relais Villa Annalara senza rist ⌂⌂   ≼ ⌸ |‡| AC ℰ° ⌂
via delle Cartiere 1 ✉ 84011 Amalfi   VISA œo AE ① ⛢
– ℰ 08 98 71 147 – www.villaannalara.it – Fax 08 98 71 147
6 cam ⌷ – **†**70/150 € **††**80/180 €
♦ Piacevole struttura in una bella villa: a disposizione un giardino ed un'ampia terrazza con vista incantevole. Camere nuovissime, personalizzate ed eleganti.

La Caravella (Antonio Dipino)   AC ⅍ VISA œo AE ⛢
☒
*via Matteo Camera 12 – ℰ 08 98 71 029 – www.ristorantelacaravella.it
– Fax 08 98 71 029 – chiuso dal 3 novembre al 5 dicembre, dal 6 gennaio al 13 febbraio e martedì*
Rist – Menu 60/80 € – Carta 60/87 € ⌘
Spec. Timballo di pasta e patate con totani. Filetto di pesce al gratin sfumato al Greco di Tufo con finocchi, pomodori essicati al sole e menta. Pastiera fritta con gelato all'arancia.
♦ E' qui da più di mezzo secolo questo splendido locale che ha fatto la storia gastronomica della costiera amalfitana e che - ancora oggi - rimane indiscusso protagonista. Abilità e fantasia in una cucina che come poche sa esaltare i sapori del territorio.

Eolo   ≼ AC ⅍ VISA œo AE ⛢
via Comite 3 – ℰ 08 98 71 241 – www.eoloamalfi.it – Fax 08 98 71 024 – aprile-ottobre
Rist – (chiuso martedì) (chiuso a mezzogiorno da giugno al 15 settembre)
Carta 60/78 € ⌘
♦ Piatti tradizionali rivisitati in un piccolo ristorante dall'ambiente intimo e curato; appagante vista sul mare attraverso aperture ad arco sostenute da agili colonne.

Marina Grande   ≼ ⌖ AC ⅍ VISA œo AE ① ⛢
*viale delle Regioni 4 – ℰ 08 98 71 129 – www.ristorantemarinagrande.com
– Fax 08 98 71 129 – chiuso dal 15 novembre al 20 dicembre, dall'8 gennaio al 20 febbraio e lunedì da ottobre a maggio*
Rist – Carta 29/72 €
♦ Locale sulla spiaggia: pavimento in legno nella sala lineare, dove gustare specialità campane o la proverbiale pizza. Gradevole terrazza per il servizio estivo.

X **Da Ciccio Cielo-Mare-Terra** ⟨ AC P VISA ⓒ AE ① ⑤
*via Augustariccio 21, località Vettica Minore Ovest : 3 km – ⟨ 089 83 12 65
– www.ristorantedaciccio.com – Fax 0 89 83 12 65 – chiuso dall'11 gennaio al
4 marzo, novembre, martedì, anche lunedì da novembre a marzo*
Rist – Carta 37/55 €
♦ Lungo la strada per Positano, fermatevi in questo ristorante che offre uno splendido panorama su mare e costa. Se la vista è in tal modo appagata, al palato ci penserà la cucina con
saporiti piatti campani ed una specialità della casa: spaghetti al cartoccio.

AMANTEA – Cosenza (CS) – 564 J30 – 13 834 ab. – ⊠ 87032   5 A2
▶ Roma 514 – Cosenza 38 – Catanzaro 67 – Reggio di Calabria 160

🏠🏠🏠 **Mediterraneo Palace Hotel** 🍴 🖪 ⊕ 🏊 Ⅰ⑥ 👘 ⑥ 🏨 ⅙ 🛎 (ⁿ)
Via Stromboli 79 – ⟨ 0 98 24 22 09   VISA ⓒ AE ① ⑤
– www.mediterraneopalacehotel.it – Fax 09 82 42 62 47
57 cam ⊡ – ♦50/70 € ♦♦75/120 € – ½ P 90/110 €   **Rist** – Carta 27/35 €
♦ Struttura d'impostazione moderna nel centro della località, ma non distante dal mare. Servizi completi ed omogeneità di confort: ideale per una clientela business.

Mediterraneo 🏠 🛎 AC 🍴 (ⁿ) P VISA ⓒ AE ① ⑤
*via Dogana 64 – ⟨ 09 82 42 63 64 – www.mediterraneohotel.net
– Fax 09 82 42 62 47*
31 cam ⊡ – ♦40/60 € ♦♦70/100 € – ½ P 80/90 €
♦ In una dimora di fine '800, è una realtà più piccola rispetto al Mediterraneo Palace, ma
non priva di fascino ed eleganza. Delizioso giardino mediterraneo.

🏠🏠 **La Tonnara** ⟨ 🍴 🍴 🛎 ⅙ AC 🍴 rist. (ⁿ) 🛎 P VISA ⓒ AE ① ⑤
*via Tonnara 13, Sud : 3 km – ⟨ 09 82 42 42 72 – www.latonnara.it
– Fax 0 98 24 23 90 – chiuso dal 1° al 20 novembre*
59 cam ⊡ – ♦45/75 € ♦♦80/140 € – ½ P 85/99 €   **Rist** – Carta 30/44 €
♦ A poche decine di metri dalla spiaggia, propone ampie camere di buon livello, quasi tutte
con vista mare, e attività organizzate per la ricreazione dei più piccoli nei mesi estivi. Grande
sala ristorante, piacevolmente arredata, per fragranti piatti marinari.

AMBIVERE – Bergamo (BG) – 2 333 ab. – alt. 261 m – ⊠ 24030   19 C1
▶ Roma 607 – Bergamo 18 – Brescia 58 – Milano 49

XXX **Antica Osteria dei Camelì** (Loredana Vescovi) 🛋 ⅙ AC 🍴 ⇆ P
ॐ *via G. Marconi 13 – ⟨ 0 35 90 80 00*   VISA ⓒ AE ① ⑤
*– www.anticaosteriadeicameli.it – Fax 0 35 90 80 00 – chiuso dal 2 al 9 gennaio,
dal 4 al 28 agosto, lunedì, martedì sera*
Rist – (consigliata la prenotazione) Menu 85 € – Carta 70/120 € ⅛
Spec. Casoncelli alla bergamasca. Fritto leggero di mare con verdure in
pastella croccante. Animelle di vitello con melanzane, pomodoro e basilico.
♦ A metà Ottocento era una apprezzata osteria di paese ma con costanza e passione è
diventata un locale davvero elegante. Anche la cucina ha avvertito il cambiamento, creativa
e saporita, sempre fedele alla tradizione.

AMBRIA – Bergamo – Vedere Zogno

AMEGLIA – La Spezia (SP) – 561 J11 – 4 553 ab. – alt. 80 m – ⊠ 19031   15 D2
▶ Roma 400 – La Spezia 18 – Genova 107 – Massa 17
�ℹ via XXV Aprile ⟨ 0187 600524, infoturismo_ameglia@libero.it

🏠🏠 **Paracucchi-Locanda dell'Angelo** ⬙ 🛋 🍴 AC 🍴 (ⁿ) 🛎 P
viale XV Aprile 60, (strada provinciale Sarzana-   VISA ⓒ AE ① ⑤
*Marinella Sud-Est : 4,5 km) – ⟨ 0 18 76 43 91 – www.paracucchilocanda.it
– Fax 0 18 76 43 93 – 11 marzo-3 novembre*
31 cam ⊡ – ♦90/170 € ♦♦110/170 €   **Rist** – (chiuso lunedì) Carta 44/70 € ⅛
♦ In posizione tranquilla, in fondo a un grande giardino con piscina, una costruzione d'ispirazione contemporanea con camere dagli arredi semplici, in parte ristrutturate. Piacevole e
luminosa sala stile anni '70, dove assaporare gustosi piatti tradizionali.

River Park Hotel ⌂ 🛁 🏊 📶 🖥 AC ❄ rist, 🍴 🏋 🚗
via del Botteghino 17, località Fiumaretta, Sud-Est : VISA ⓪ AE ① 🔑
2 km - 𝒞 01 87 64 81 54 – www.riverparkhotel.it – Fax 01 87 64 81 75 – chiuso dal 22 dicembre all'8 gennaio
33 cam ⌷ – ♥75/85 € ♥♥120/150 € – ½ P 85/100 €
Rist – *(chiuso a mezzogiorno nel periodo invernale)* Carta 38/50 €
♦ Al centro della quieta località balneare di Fiumaretta, imponente struttura di moderna concezione; zone interne confortevoli, camere spaziose, tutte con angolo salottino. Ariosa sala ristorante da cui ammirare l'invitante piscina circondata dal verde.

XXX **Locanda delle Tamerici** (Mauro Ricciardi) con cam 🌿 ⌂ AC rist,
ⶔ *via Litoranea 106, località Fiumaretta, Sud-Est :* P VISA ⓪ AE 🔑
3,5 km - 𝒞 0 18 76 42 62 – www.locandadelletamerici.com – Fax 0 18 76 46 27 – chiuso dal 24 dicembre al 18 gennaio e 1 settimana in ottobre
8 cam ⌷ – ♥120/160 € ♥♥195/220 €
Rist – *(chiuso lunedì e martedì; a mezzogiorno solo su prenotazione.)*
(consigliata la prenotazione) Menu 70/110 € – Carta 74/104 € 🍷
Spec. Crema di mais con fonduta di formaggio d'alpeggio, bocconcini di baccalà arrostito, clorofilla di cime di rapa e bottarga. Tagliatelle con cipolla caramellata al profumo di zafferano ed astice. Dentice croccante con verdure saltate nel lardo e salsa di peperoni al profumo di liquirizia.
♦ A pochi metri dal mare, i suoi prodotti sono riproposti in piatti con influenze liguri ma anche creatività e accostamenti originali in un ambiente elegante e signorile. Le camere sono mansardate, ricche di tessuti e con arredi in stile.

a Montemarcello Sud : 5,5 km – ✉ 19030

🚹 (maggio-settembre) via Nuova 48 𝒞 0187 600324, Fax 0187 606738

XX **Pescarino-Sapori di Terra e di Mare** con cam e senza ⌷ 🌿
via Borea 52, Nord-Ovest : 3 km ⌂ P VISA ⓪ AE ① 🔑
– 𝒞 01 87 60 13 88 – Fax 01 87 60 35 01 – chiuso dal 15 al 31 gennaio, dal 10 al 20 giugno
3 cam – ♥40 € ♥♥70/80 €
Rist – *(chiuso lunedì e martedì escluso agosto)* *(chiuso a mezzogiorno escluso sabato-domenica e festivi)* Carta 37/52 €
♦ Una collocazione davvero piacevole nell'oasi di pace del bosco di Montemarcello, per questo locale in stile semplice, ma di tono elegante che dà ciò che promette. Camere eleganti nella villa adiacente.

AMENDOLARA (Marina di) – Cosenza (CS) – **564** H31 **5** A1
– ✉ 87071

▶ Roma 495 – Cosenza 97 – Castrovillari 54 – Crotone 140

Grillo Hotel ⩽ 🛁 📶 🔥 AC ↩ ❄ rist, 🍴 🏋 P VISA AE ① 🔑
viale Lagaria S.S. 106 - 𝒞 09 81 91 52 56 – www.grillohotel.com
– Fax 09 81 91 51 94
40 cam ⌷ – ♥50/100 € ♥♥70/150 € – ½ P 70/90 €
Rist – Carta 30/45 €
♦ Questa struttura moderna ed efficiente ha il pregio della poliedricità: ideale per una clientela d'affari, non deluderà il turista di passaggio. Bella piscina e buon standard di servizi. Sapori calabresi al ristorante.

Enotria ⩽ 📶 AC ❄ rist, P VISA ⓪ AE ① 🔑
ⶔ *viale Calabria 20 - 𝒞 09 81 91 50 26 – www.hotelenotria.it*
– Fax 09 81 91 52 61
48 cam ⌷ – ♥40/60 € ♥♥65/110 € – ½ P 66 €
Rist – *(chiuso lunedì)* Carta 16/42 €
♦ Valida gestione in un albergo completamente rinnovato, con interni di moderna concezione e camere lineari, ben accessoriate, in riposanti colori pastello. Piatti di mare nella sala da pranzo al piano terra.

ANACAPRI – Napoli – **564** F24 – Vedere Capri (Isola di)

ANAGNI – Frosinone (FR) – 563 Q21 – 21 226 ab. – alt. 460 m

13 C2

– ✉ 03012 ▮ Italia

▶ Roma 65 – Frosinone 30 – Anzio 78 – Avezzano 106

◉ Cattedrale ★★: cripta ★★★ - Quartiere medievale ★

XX **Lo Schiaffo**　　　　　　　　　　　　　　　AC 🍴 VISA ◉◉ AE 🍴

via Vittorio Emanuele 270 – ℰ 07 75 73 91 48 – Fax 07 75 73 35 27 – chiuso dal
25 al 31 luglio, domenica sera (da novembre a febbraio), lunedì

Rist – Carta 40/52 €

◆ Il nome evoca atmosfere medievali, il riferimento al celebre schiaffo a Bonifacio VIII; la sala
invece è stata completamente rinnovata e presenta un ambiente caldo e moderno.

ANCONA P (AN) – 563 L22 – 101 424 ab. – ✉ 60123 ▮ Italia

21 C1

▶ Roma 319 – Firenze 263 – Milano 426 – Perugia 166

✈ di Falconara per ③: 13 km ℰ 071 28271

🛈 via Thaon de Revel 4 ✉ 60124 ℰ 071 358991, iat.ancona@
regione.marche.it, 071 3589929

🏌 Conero, ℰ 071 7 36 06 13

◉ Duomo di San Ciriaco ★ AY – Loggia dei Mercanti ★ AZ **F** – Chiesa di Santa
Maria della Piazza ★ AZ **B** - Museo Archeologico Nazionale delle Marche AY
M: bronzi romani da Cartoceto ★

🏨 **Grand Hotel Passetto** senza rist　　　　　　◁ 🚗 🔟 🖢 AC 📶 🎿 P

via Thaon de Revel 1 ✉ 60124 – ℰ 07 13 13 07　　　　VISA ◉◉ AE ① 🍴
– www.hotelpassetto.it – Fax 07 13 28 56 – chiuso dal 23 dicembre al 2 gennaio

40 cam ⌂ – ♦120/145 € ♦♦195 €　　　　　　　　　　　　　　CZ**d**

◆ Il giardino con piscina abbellisce questo hotel alle porte della città, non lontano dal mare;
eleganti e sobri interni, confortevoli camere di taglio moderno.

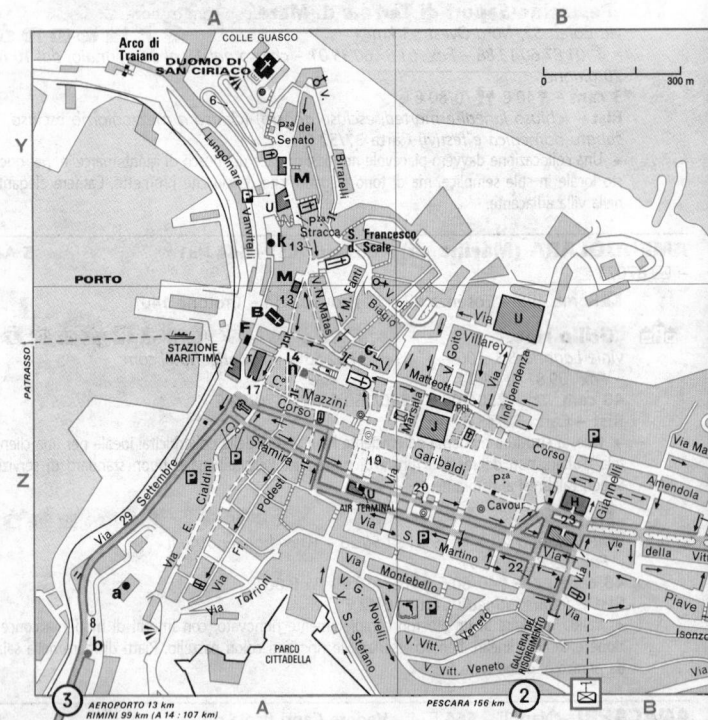

NH Ancona
≤ 🛗 ♿ cam, 🆔 ⟷ 🦮 rist, 🛜 🕍 🅿 VISA ⓶ AE ① 🕏

rupi di via 29 Settembre 14 ✉ *60122 –* ℰ *071 20 11 71 – www.nh-hotels.it*
– Fax 071 20 68 23   AZ**a**

89 cam – †80/110 € ††120/160 €, ⊑ 15 € – ½ P 136 €   **Rist** – Menu 25/35 €

♦ Sulla sommità di una collinetta, a pochi passi dal centro, edificio in mattoni d'ispirazione contemporanea; ambienti raffinati e luminosi, gradevoli camere funzionali. Bella sala da pranzo con comode poltroncine e splendida vista sul porto.

Grand Hotel Palace senza rist
🛗 🆔 🕍 🖼 VISA ⓶ AE ① 🕏

lungomare Vanvitelli 24 ✉ *60121 –* ℰ *071 20 18 13 – www.hotelancona.it*
– Fax 07 12 07 48 32 – chiuso dal 22 dicembre al 7 gennaio   AY**k**

40 cam ⊑ – †90/130 € ††120/170 €

♦ In un palazzo seicentesco austero e nobiliare, davanti al porto, albergo con "solenne" sala comune con camino; accoglienti camere in stile e appartamenti con angolo cottura.

Passetto
≤ 🛖 🆔 🦮 ⇄ VISA ⓶ AE ① 🕏

piazza 4 Novembre 1 ✉ *60124 –* ℰ *07 13 32 14 – www.ristorantepassetto.net*
– Fax 07 13 43 64 – chiuso dal 2 al 23 agosto, domenica sera, lunedì

Rist – Carta 36/67 €   CZ**a**

♦ Elegante locale classico con panoramica vista sull'Adriatico e servizio estivo in terrazza: il mare trionfa in menu.

La Moretta
🛖 🆔 VISA ⓶ AE ① 🕏

piazza Plebiscito 52 ✉ *60122 –* ℰ *071 20 23 17 – www.trattoriamoretta.com*
– Fax 071 20 23 17 – chiuso dal 1° al 10 gennaio, dal 13 al 18 agosto e domenica   AZ**n**

Rist – Menu 25/30 € – Carta 28/41 € (+10 %)

♦ Ristorante della stessa famiglia dal 1897: cucina del territorio di carne e di pesce, stoccafisso e brodetto all'anconetana i classici. Servizio estivo in piazza Plebiscito.

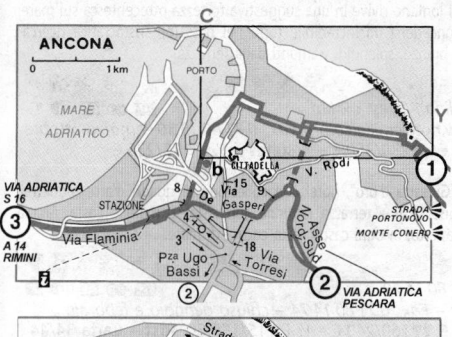

ANCONA

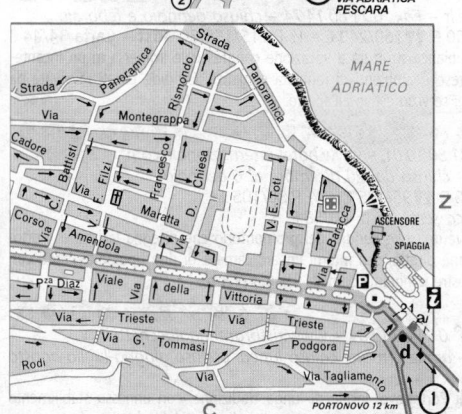

XX **Boccon Divino**   🎢 ❄️ 𝕍𝕀𝕊𝔸 ⊕ ⓞ ⅾ
via Matteotti 13 – ℰ 07 15 72 69 – Fax 07 15 72 69 – chiuso 3 settimane in
agosto, sabato a mezzogiorno, domenica   AZc
Rist – Carta 34/43 €
◆ Vicino alla piazza del Plebiscito, ristorante accogliente con proposte di mare e di terra, da
gustare d'estate nella piccola corte interna. Gestione giovane e capace.

X **Sot'Ajarchi**   🄰🄲 𝕍𝕀𝕊𝔸 ⊕ 🄰🄴 ⓞ ⅾ
via Marconi 93 ⊠ 60125 – ℰ 0 71 20 24 41 – Fax 07 12 07 73 93 – chiuso 10
giorni a Natale, agosto e domenica   CYb
Rist – Carta 34/65 €
◆ Ambiente informale nella piccola trattoria sotto ai portici, dove sentirsi a proprio agio con-
sumando gustosi piatti di mare, a base di pescato fresco giornaliero.

X **Sale Grosso**   ⅾ 🄰🄲 𝕍𝕀𝕊𝔸 ⊕ ⅾ
via Marconi 3 ⊠ 60125 – ℰ 07 12 07 52 79 – Fax 07 12 07 52 79 – chiuso dal
23 giugno al 15 luglio e mercoledì   AZb
Rist – Carta 28/41 €
◆ Alla fine dei portici, davanti alla Mole Vanvitelliana, un locale giovane e sobrio con quadri
moderni alle pareti. Cucina fantasiosa a base di prodotti locali di terra e mare.

a Portonovo per ① : 12 km – ⊠ 60129

◉ Chiesa di Santa Maria★

🏨 **Fortino Napoleonico** ⧖   🚗 🎢 ⅾ 🚼 🄰🄲 ❄️ 🎧 𝐏
via Poggio 166 – ℰ 0 71 80 14 50   𝕍𝕀𝕊𝔸 ⊕ 🄰🄴 ⓞ ⅾ
– www.hotelfortino.it – Fax 0 71 80 14 54
27 cam � – †130/250 € ††180/250 € – 6 suites – ½ P 140/175 €
Rist – (consigliata la prenotazione) Carta 42/66 € (+10 %)
◆ Il fasto di un tempo ormai lontano rivive in una suggestiva fortezza ottocentesca sul mare,
voluta da Napoleone, per concedersi un incredibile tuffo nel passato! Aristocratica ricercatezza nella maestosa sala da pranzo, splendidi tramonti dalla terrazza.

🏨 **Emilia** ⧖   ≤ 🚗 🎢 🏊 🎾 🍴 ⅾ cam, 🄰🄲 cam, ❄️ 🏋️ 𝐏
via Poggio 149/a, (in collina), Ovest : 2 km   𝕍𝕀𝕊𝔸 ⊕ 🄰🄴 ⓞ ⅾ
– ℰ 0 71 80 11 45 – www.hotelemilia.com – Fax 0 71 80 13 30 – marzo-ottobre
26 cam ⊑ – †150/180 € ††230/350 € – 4 suites – ½ P 175/235 €
Rist – Carta 54/68 €
◆ Sede del premio d'arte "Ginestra d'oro", hotel con collezione di quadri d'arte moderna,
situato in appagante posizione su una terrazza naturale con vista su mare e costa. Ampia
sala da pranzo o servizio all'aperto, in ogni caso curata cucina di mare.

🏨 **Excelsior la Fonte** ⧖   🚗 🎢 🏊 🎾 🍴 🚼 🄰🄲 ❄️ 🎧 🏋️ 𝐏
via Poggio 163 – ℰ 0 71 80 14 70   𝕍𝕀𝕊𝔸 ⊕ 🄰🄴 ⓞ ⅾ
– www.excelsiorlafonte.it – Fax 0 71 80 14 74 – chiuso gennaio e febbraio
70 cam ⊑ – †120/150 € ††160/240 € – ½ P 115/155 €   **Rist** – Carta 34/44 €
◆ Non lontana dal mare, bianca struttura a vocazione congressuale immersa in un incantevole manto verde, con "freschi" ambienti di raffinata eleganza. Candide pareti ravvivate da
quadri nella sala ristorante; servizio estivo all'aperto.

🏠 **Internazionale** ⧖   ≤ 🚗 🎢 🍴 🄰🄲 ❄️ rist, 🎧 𝐏 𝕍𝕀𝕊𝔸 ⊕ 🄰🄴 ⓞ ⅾ
via Portonovo – ℰ 0 71 80 10 01 – www.hotel-internazionale.com
– Fax 07 12 13 99 09 – chiuso dal 20 dicembre al 6 gennaio
26 cam ⊑ – †65/130 € ††95/175 € – ½ P 80/105 €
Rist – (chiuso domenica sera) Carta 40/58 €
◆ In una tranquilla oasi verde, sulle pendici del promontorio che disegna la baia di Portonovo, un albergo a gestione diretta, con interni lineari; camere di due tipologie. Pareti con
pietra a vista e ampie finestre panoramiche nella sala da pranzo.

XX **Giacchetti**   ≤ 🎢 ⅾ 🄰🄲 ❄️ 𝐏 𝕍𝕀𝕊𝔸 ⊕ 🄰🄴 ⓞ ⅾ
via Portonovo 171 – ℰ 0 71 80 13 84 – www.ristorantedagiacchetti.it
– Fax 07 12 13 90 22 – aprile-ottobre; chiuso lunedì escluso giugno-luglio-agosto
Rist – Carta 38/54 €
◆ Nella silenziosa baia di Portonovo, locale di lunga tradizione, con annesso stabilimento
balneare privato; in sala o all'aperto le classiche specialità di mare dell'Adriatico.

✗ **Da Emilia**   🛋 ✻ 𝘝𝘐𝘚𝘈 ⊕ ⅢE ᴖ

nella baia – ℰ 071 80 11 09 – Fax 071 80 11 09 – marzo-ottobre; chiuso lunedì escluso agosto

Rist – Carta 34/58 €

♦ Ristorante familiare dall'ambiente semplice e curato, il cui fascino ha incantato anche celebri personaggi; solo piatti di pesce e splendido terrazzo sul mare.

a Torrette per ③ : 4 km – ✉ 60126

🏨 **Europa** senza rist   🛗 ᴖ 𝘈𝘊 ✻ 📞 🅿 𝘝𝘐𝘚𝘈 ⊕ ⅢE ⓪ ᴖ

via Sentino – ℰ 071 88 80 96 – www.hoteleuropa-ancona.it – Fax 071 88 88 55

62 cam ⊑ – ♦70/100 € ♦♦94/150 €

♦ In posizione defilata ma comoda, ad un passo dal grande Ospedale Regionale e non lontano dal mare, camere omogenee, ben tenute e funzionali.

ANDALO – Trento (TN) – **562** D15 – **1 009 ab.** – alt. 1 050 m – Sport   30 B2
invernali : 1 040/2 125 m ✑ 1 ✑ 11 (Consorzio Paganella-Dolomiti) ✑ – ✉ 38010
🔲 Italia

   🔼 Roma 625 – Trento 40 – Bolzano 60 – Milano 214

   🛈 piazza Dolomiti 1 ℰ 0461 585836, infoandalo@esperienzatrentino.it Fax
      0461 585570

   🄶 ✳ ★★ dal Monte Paganella 30 mn di funivia

🏨 **Cristallo**   ← 🏊 🛗 ✻✻ ✻ 📞 🅿 𝘝𝘐𝘚𝘈 ⊕ ⅢE ᴖ

*via Rindole 1 – ℰ 04 61 58 57 44 – www.hotelcristalloandalo.com
– Fax 04 61 58 59 70 – dicembre-23 aprile e 15 giugno-15 settembre*

38 cam ⊑ – ♦55/65 € ♦♦100/120 € – ½ P 65/73 €   **Rist** – Carta 23/31 €

♦ Albergo centrale, in parte rimodernato negli ultimi anni, a pochissimi metri dagli impianti di risalita; accoglienti interni in stile montano d'ispirazione moderna. Al primo piano, soffitto in legno con lavorazioni a rombi nel ristorante.

🏨 **Dolce Avita Spa & Resort**   ← 🚗 ⊕ 🏊 🛗 ✻ rist. 📞 🅿 🚐

via del Moro 1 – ℰ 04 61 58 59 12 – www.hoteldolceavita.it   𝘝𝘐𝘚𝘈 ⊕ ᴖ
*– Fax 04 61 58 59 80 – chiuso dal 27 aprile al 28 maggio e
dal 21 settembre al 28 ottobre*

27 cam ⊑ – ♦99/179 € ♦♦146/260 € – 9 suites – ½ P 164/185 €

Rist – (solo per alloggiati)

♦ In posizione panoramica e soleggiata, hotel dagli spazi accoglienti e ben arredati: camere "romantic" con letto a baldacchino e junior suite adatte alle famiglie. 500 mq di benessere presso la moderna Spa & Beauty.

🏨 **Serena**   ← 🚗 🏊 🛗 ᴖ rist. ✻✻ ✻ rist. 📞 🅿 🚐 𝘝𝘐𝘚𝘈 ⊕ ⅢE ⓪ ᴖ
🔗

*via Crosare 15 – ℰ 04 61 58 57 27 – www.hotelserena.it – Fax 04 61 58 57 02
– dicembre-22 aprile e 10 giugno-20 settembre*

30 cam ⊑ – ♦70/85 € ♦♦120/140 € – 2 suites – ½ P 83/94 €

Rist – (solo per alloggiati) Menu 20/30 €

♦ Non lontano dal centro, ma in posizione più tranquilla, solida gestione diretta in un albergo in gran parte rimodernato: vista panoramica su montagne maestose e camere confortevoli. Indirizzo ideale per le famiglie.

✗✗ **Al Penny**   🛋 𝘈𝘊 ✻ 🅿 𝘝𝘐𝘚𝘈 ⊕ ⅢE ⓪ ᴖ

*viale Trento 23 – ℰ 04 61 58 52 51 – www.alpenny.it – Fax 04 61 58 52 51
– dicembre-aprile e giugno-ottobre*

Rist – Carta 30/38 €

♦ Decentrato, l'insegna che annuncia la possibilità di pizze (serali) depista da una cucina insaspettatamente curata nei prodotti e nelle presentazioni.

ANDORA – Savona (SV) – **561** K6 – **7 442 ab.** – ✉ 17051   14 B2

   🔼 Roma 601 – Imperia 16 – Genova 102 – Milano 225

   🛈 via Aurelia 122/A, Villa Laura ℰ 0182 681004, andora@inforiviera.it,Fax
      0182 681807

⌂ Garden 🔸 rist, ⁽ᵗ⁾ **P** **VISA** **©©** **AE** **①** **⑤**
via Aurelia 60 – ℰ 0 18 28 86 78 – www.hotelgardenandora.com
– Fax 0 18 28 76 53 – chiuso dal 5 novembre al 21 dicembre
16 cam – ♦50/70 € ♦♦70/90 €, ⚏ 10 € – ½ P 40/80 €   **Rist** – Carta 21/48 €
♦ Gestione diretta seria e attenta in questo albergo di piccole dimensioni, ideale per famiglie; spazi interni sobri e funzionali e graziose camere lineari, ma curate. Lunga, stretta sala da pranzo, molto luminosa.

⌂ Moresco ⪡ 🛏 🚶 **AC** 🔸 rist, ⁽ᵗ⁾ **VISA** **©©** **AE** **①** **⑤**
via Aurelia 96 – ℰ 0 18 28 91 41 – www.hotelmoresco.com – Fax 0 18 28 54 14
– chiuso da novembre al 22 dicembre
35 cam – ♦45/60 € ♦♦70/85 €, ⚏ 12 € – ½ P 40/75 €
Rist – (solo per alloggiati) Menu 20/25 €
♦ Albergo centrale con accoglienti e razionali salette arredate con gusto, dove rilassarsi dopo una giornata in spiaggia; decorose camere con semplici arredi bianchi.

XX La Casa del Priore ⪡ **AC** **P** **VISA** **©©** **AE** **①** **⑤**
via Castello 34, Nord : 2 km – ℰ 0 18 28 73 30 – www.casadelpriore.com
– Fax 01 82 68 43 77 – chiuso dal 3 gennaio all'11 febbraio e lunedì
Rist – (chiuso a mezzogiorno escluso sabato e domenica) Carta 65/85 €
Rist Brasserie – (chiuso a mezzogiorno escluso sabato e domenica)
Carta 26/36 €
♦ All'interno di un ex convento del XIII secolo, una raffinata sala con soffitto in mattoni, grande camino e arredi d'epoca. Cucina dai sapori mediterranei rivisitati. Alla "Brasserie": ambiente informale, specialità alla brace e dehors estivo.

ANDRIA – Bari (BA) – **564** D30 – **98 841 ab. - alt. 151 m** – ✉ 70031   26 B2
▶ Roma 399 – Bari 57 – Barletta 12 – Foggia 82
ℹ piazza Imbriani 11 ℰ 0883 290293

⌂⌂ Cristal Palace Hotel 🛏 **AC** 🔸 ⁽ᵗ⁾ 🏋 🚗 **VISA** **©©** **AE** **①** **⑤**
via Firenze 35 – ℰ 08 83 55 64 44 – www.cristalpalace.it – Fax 08 83 55 67 99
40 cam ⚏ – ♦68/78 € ♦♦88/110 € – ½ P 60/71 €
Rist La Fenice – ℰ 08 83 55 02 60 – Carta 23/47 €
♦ In centro, confortevole struttura di moderna concezione con interni eleganti in stile contemporaneo, abbelliti da realizzazioni artistiche; distinte camere con parquet. Vini esposti lungo le pareti, luci soffuse e ambiente raffinato in sala da pranzo.

⌂⌂ L'Ottagono 🚗 🏠 🏊 🍴 🛏 **AC** 🔸 rist, ⁽ᵗ⁾ 🏋 **P** 🚗
via Barletta 218 – ℰ 08 83 55 78 88   **VISA** **©©** **AE** **①** **⑤**
– www.hotelottagono.it – Fax 08 83 55 60 98
45 cam ⚏ – ♦55/65 € ♦♦80/90 € – ½ P 58/63 €   **Rist** – Menu 18/40 €
♦ Alle porte della cittadina, ma non lontano dal centro, albergo d'ispirazione moderna con un grazioso giardino, spaziose zone comuni e camere lineari; campi di calcetto. Arioso ristorante nelle tonalità del beige e del nocciola.

⌂⌂ Tenuta Cocevola 🌿 ⪡ 🚗 🛏 🚶 **AC** 🏋 **P** **VISA** **©©** **AE** **⑤**
strada statale 170 Castel del Monte-Andria km 9,9, contrada Cocevola
– ℰ 08 83 56 69 45 – www.tenutacocevola.com – Fax 08 83 56 97 06
24 cam ⚏ – ♦85/100 € ♦♦100/120 € – ½ P 90 €
Rist – (chiuso domenica sera, lunedì) Carta 30/40 €
♦ Abbracciata dai profumati uliveti e dalla rigogliosa macchia mediterranea, un'antica tenuta costruita in pietra e tufo accoglie camere calde arredate con legni pregiati. Semplice, caratterizzato da soffitti a botte, il ristorante propone piatti di terra e di mare e dispone anche di sale dove allestire banchetti.

a Montegrosso Sud-Ovest : 15 km – alt. 224 m – ✉ 70031

⌂ Agriturismo Biomasseria Lama di Luna 🌿 ⪡ 🚗 🏠 🏊
contrada Lama di Luna, Sud : 3,5 km   🔸 ⁽ᵗ⁾ **P** **VISA** **©©** **AE** **①** **⑤**
– ℰ 08 83 56 95 05 – www.lamadiluna.com – Fax 08 83 56 95 05 – 20 marzo-
20 dicembre
11 cam ⚏ – ♦110/120 € ♦♦150/160 € – ½ P 100 €
Rist – (chiuso a mezzogiorno) (solo per alloggiati) Menu 25 €
♦ Masseria ottocentesca ristrutturata secondo i dettami della bioarchitettura e del Feng Shui: affascinante mix di tradizione pugliese e filosofia giapponese di vita naturale.

✗ **Antichi Sapori** 🄰🄲 ✗ 🆅🅸🆂🅰 ⓂⓄ ♿
😊 *piazza San Isidoro 10 – ℰ 08 83 56 95 29 – www.antichisapori.biz*
– Fax 08 83 56 95 29 – chiuso dal 23 dicembre al 3 gennaio, dal 10 al 20 luglio,
dal 10 al 20 agosto, sabato sera, domenica
Rist – (coperti limitati, prenotare) Carta 24/34 €
♦ Trattoria con decorazioni di vita contadina e tappa irrinunciabile per chi desidera conoscere i sapori tradizionali pugliesi, a base di prodotti ormai quasi introvabili. Dal vicino orto, le saporite verdure presenti in menu.

ANGERA – Varese (VA) – **561** E7 – 5 672 ab. – alt. 205 m – ✉ 21021　　**16** A2
🔲 Italia

　　🅳 Roma 640 – Stresa 34 – Milano 63 – Novara 47
　　🅳 piazza Garibaldi 1 ℰ 0331 960256
　　🄾 Affreschi★★ e Museo della Bambola★ nella Rocca

🏨 **Dei Tigli** senza rist ✎ 🈸 ✗ 🈺 🆅🅸🆂🅰 ⓂⓄ 🄰🄴 ⓄⓄ ♿
via Paletta 20 – ℰ 03 31 93 08 36 – www.hoteldeitigli.com – Fax 03 31 96 03 33
– chiuso dal 18 dicembre al 6 gennaio
31 cam – ♦90/100 € ♦♦120/140 €, ☲ 10 €
♦ In centro, a due passi dal pittoresco e panoramico lungolago, atmosfera familiare in un hotel con interni accoglienti: arredamento curato negli spazi comuni e nelle camere.

🏠 **Lido Angera** ≼ 🚋 🄰🄲 rist. ✗ 🈺 🅿 🆅🅸🆂🅰 ⓂⓄ 🄰🄴 ⓄⓄ ♿
viale Libertà 11, Nord : 1 km – ℰ 03 31 93 02 32 – www.hotellido.it
– Fax 03 31 93 20 44 – chiuso dal 27 al 30 dicembre e dal 1° al 5 gennaio
17 cam ☲ – ♦84 € ♦♦114 € – ½ P 84 €
Rist – (chiuso lunedì a mezzogiorno) Carta 31/71 €
♦ In posizione incantevole, leggermente rialzata, proprio a ridosso del lago, una calda risorsa a gestione familiare. Camere ampie con arredi semplici ma complete di tutto. Ristorante con ampie e panoramiche vetrate, per apprezzare specialità di lago.

ANGHIARI – Arezzo (AR) – **563** L18 – 5 866 ab. – alt. 429 m – ✉ 52031　　**29** D2
🔲 Toscana

　　🅳 Roma 242 – Perugia 68 – Arezzo 28 – Firenze 105
　　🄶 Cimitero di Monterchi cappella con Madonna del Parto★ di Piero della
　　　Francesca Sud-Est : 11 km

🏠 **La Meridiana** 🕍 🈸 🈺 🆅🅸🆂🅰 ⓂⓄ 🄰🄴 ⓄⓄ ♿
😊 *piazza 4 Novembre 8 – ℰ 05 75 78 81 02 – www.hotellameridiana.it*
– Fax 05 75 78 79 87
23 cam – ♦40/50 € ♦♦60 €, ☲ 5 € – ½ P 50 €
Rist – (chiuso sabato) Menu 18 €
♦ Esperta gestione familiare in un alberghetto semplice e conveniente vicino alla parte medievale di Anghiari; camere essenziali e spaziose con mobili in laminato bianco. Semplice sala ristorante in linea con la tradizionale schiettezza della cucina.

✗ **Da Alighiero** 🄰🄲 ✗ 🆅🅸🆂🅰 ⓂⓄ ♿
via Garibaldi 8 – ℰ 05 75 78 80 40 – www.daalighiero.it – Fax 05 75 78 86 98
– chiuso dal 15 febbraio al 10 marzo e martedì
Rist – Carta 26/45 €
♦ Piatti semplici e abbondanti dalle chiare radici toscane in questo locale dalla giovane gestione, in prossimità delle antiche porte di ingresso della città. Da assaggiare i cantucci.

ANGUILLARA SABAZIA – Roma (RM) – **563** P18 – 17 512 ab.　　**12** B2
– alt. 175 m – ✉ 00061

　　🅳 Roma 39 – Viterbo 50 – Civitavecchia 59 – Terni 90

🏨 **Country Relais I Due Laghi** ✎ ≼ 🚋 🕍 🍽 & cam. 🄰🄲 ✗ 🈺
località Le Cerque, Nord-Est : 3 km 🕌 🅿 🆅🅸🆂🅰 ⓂⓄ 🄰🄴 ♿
– ℰ 06 99 60 70 59 – www.iduelaghi.it – Fax 06 99 60 70 68
31 cam ☲ – ♦120 € ♦♦170 € – ½ P 115 €
Rist La Posta de' Cavalieri – Carta 32/58 €
♦ Nella dolcezza e nella tranquillità dei colli, per arrivare all'albergo si attraversa uno dei maggiori centri equestri d'Italia presso il quale è anche possibile praticare una "finta" caccia alla volpe. Nell'elegante sala da pranzo, una cucina creativa con pesci di lago, carni e formaggi di propria produzione.

X **Da Zaira** ⟨ 🏠 🛇 🕽 **P** _VISA_ ⓒⓞ AE ⓞ Ġ
viale Reginaldo Belloni 2 – ℰ 06 99 60 80 82 – www.ristorantezaira.com
– Fax 06 99 60 90 35 – chiuso dal 20 dicembre al 20 gennaio, martedì
Rist – Carta 23/48 € (+10 %)
♦ Sempre molto frequentato, a pochi metri dal centro storico, questo locale è stato il promotore delle specialità a base di pesce di lago, cui si affianca quache piatto di carne e di mare.

ANNUNZIATA – Cuneo – Vedere La Morra

ANTAGNOD – Aosta – **561** E5 – Vedere Ayas

ANTERSELVA = ANTHOLZ – Bolzano – **562** B18 – Vedere Rasun Anterselva

ANTEY SAINT ANDRÈ – Aosta (AO) – **561** E4 – 614 ab.   **34** B2
– alt. 1 080 m – ✉ 11020
  ▯ Roma 729 – Aosta 35 – Breuil-Cervinia 20 – Milano 167

🏠 **Maison Tissiere** ⟨ 🚗 🛇 🕽 🖹 🕽 **P** ⚊ _VISA_ ⓒⓞ AE Ġ
frazione Petit Antey 9 – ℰ 01 66 54 91 40 – www.hoteltissiere.it
– Fax 01 66 54 98 61 – chiuso dal 4 al 28 maggio e dal 4 al 26 novembre
14 cam ⚏ – †80/120 € ††120/200 € – ½ P 80/100 €   **Rist** – Carta 33/75 €
♦ Nella parte alta del paese, un rascard (fienile) con stalla del '700, sobriamente ristrutturato: pavimenti in pietra e larice nonché arredi dalle forme semplici e discrete per non contrastare con l'architettura contadina dell'edificio. Al ristorante, piatti piemontesi e valdostani gustosamente "alleggeriti".

🏠 **Des Roses** ⟨ 🚗 🖹 🛇 rist, **P** _VISA_ ⓒⓞ AE ⓞ Ġ
località Poutaz – ℰ 01 66 54 85 27 – www.hoteldesroses.com
– Fax 01 66 54 82 48 – 6 dicembre-4 maggio e 21 giugno-16 settembre
21 cam – †37/45 € ††55/73 €, ⚏ 7 € – ½ P 43/63 €
Rist – (chiuso a mezzogiorno dal 6 dicembre al 4 maggio) (solo per alloggiati)
Menu 23/26 €
♦ Cordialità e ambiente familiare in un albergo d'altura, ambienti in stile alpino e graziosa saletta al piano terra con camino e travi a vista; camere dignitose. Ristorante decorato con bottiglie esposte su mensole, sedie in stile valdostano.

ANZIO – Roma (RM) – **563** R19 – 49 579 ab. – ✉ 00042 ▮ Italia   **12** B3
  ▯ Roma 52 – Frosinone 81 – Latina 25 – Ostia Antica 49
  ▱ per Ponza – Caremar, call center 892 123
  ▯ piazza Pia 19 ℰ 06 9845147, iat.anzio@tin.it, Fax 06 9848135
  ▦ Nettuno, ℰ 06 9 81 94 19

XX **Lo Sbarco di Anzio** ⟨ 🏠 _VISA_ ⓒⓞ AE ⓞ Ġ
via Molo Innocenziano 1 – ℰ 06 98 47 67 5 – Fax 06 98 47 67 5 – chiuso dall'8 al 24 dicembre e martedì (escluso luglio-agosto)
Rist – Carta 41/75 € ⚘
♦ Incantevole posizione sulla baia di Anzio, siete quasi sull'acqua. Dalla cucina, i classici di pesce ma anche proposte più fantasiose, a cominciare dalla serie di antipasti.

XX **Alceste al Buon Gusto** ⟨ 🏠 AK 🛇 _VISA_ ⓒⓞ AE ⓞ Ġ
piazzale Sant'Antonio 6 – ℰ 06 98 46 67 44 – www.alcestealbuongusto.it
– Fax 06 98 46 67 44
Rist – Carta 39/61 € (+12 %)
♦ Un ristorante sul mare, la sensazione è quella di essere su una palafitta. Anche l'interno è un omaggio alla posizione: instancabilmente e con passione, la cuoca si destreggia tra piatti di pesce.

ANZOLA DELL'EMILIA – Bologna (BO) – **562** I15 – 11 586 ab.   **9** C3
– alt. 40 m – ✉ 40011
  ▯ Roma 381 – Bologna 13 – Ferrara 57 – Modena 26

🏠 **Alan** senza rist 🛏 🖹 🕽 AK 🕽 🖧 **P** _VISA_ ⓒⓞ AE ⓞ Ġ
via Emilia 46/b – ℰ 0 51 73 35 62 – www.alanhotel.it – Fax 0 51 73 53 76
61 cam – †50/120 € ††70/140 €, ⚏ 10 €
♦ In comoda posizione sulla via per Bologna, questo albergo in parte recentemente ristrutturato dispone di spazi comuni personalizzati e camere ampie, ben insonorizzate.

✕✕ Cristy   🛱 ☕ 🗚 ✿ 𝚅𝙸𝚂𝙰 ⑳ 🗚 💲

*via Grimandi 10 – ℰ 05 15 87 85 19 – www.ristorantecristy.com
– Fax 0 51 73 26 23 – chiuso dal 1° al 14 gennaio, dall'8 al 26 agosto, sabato a
mezzogiorno, domenica*
Rist – Carta 38/63 € 🏵

♦ Ristorante dal forte impatto scenico: arredi laccati, cristalli e poltroncine nelle varie sfumature del viola. La carta non sfugge a tanta modernità: sia che si tratti del menu di mezzogiorno - più ridotto e a prezzi più contenuti - sia che si tratti della proposta serale, più articolata e con prezzi diversi.

AOSTA Ⓟ (AO) – 561 E3 – 34 726 ab. – alt. 583 m – Sport invernali :   **34** A2
funivia per Pila (A/R): a Pila 1 450/2750 m ⬚ 2 ✑ 9 – ⊠ 11100 ▮ Italia

▶ Roma 746 – Chambéry 197 – Genève 139 – Martigny 72

🄳 piazza Chanoux 2 ℰ 0165 236627,uit-aosta@regione.vda.it, Fax 0165 34657

🄶 Aosta Arsanieres, ℰ 0165 5 60 20

🄿 Pila, ℰ 0165 23 69 63

🄾 Collegiata di Sant'Orso Y : capitelli★★ del chiostro★ – Finestre★ del
Priorato di Sant'Orso Y – Monumenti romani★ : Porta Pretoria Y **A**, Arco di
Augusto Y **B**, Teatro Y **D**, Anfiteatro Y **E**, Ponte Y **G**

🄲 Valle d'Aosta★★ : Panorami★★★

Pianta pagina seguente

🏠 Europe   📱 ⇄ ℅ rist, 🕍 𝚅𝙸𝚂𝙰 ⑳ 🗚 ① 💲

piazza Narbonne 8 – ℰ 01 65 23 63 63 – www.ethotels.com – Fax 0 16 54 05 66
63 cam � – †60/98 € ††84/160 € – ½ P 59/97 €   Y**c**
Rist – *(chiuso domenica)* Carta 28/42 €

♦ In pieno centro storico, confortevole albergo con un accogliente soggiorno in stile: pianoforte, bianche colonne, parquet e arredi di sobria eleganza; camere ben tenute. Graziosi tavolini nella raffinata sala da pranzo con soppalco e grandi vetrate.

🏠 Milleluci *senza rist* ⬎   ≤ 🚗 ⅃ 🕍 📱 ☕ ℅ ⑨ 🕍 🄿 ➔

*località Porossan Roppoz 15 – ℰ 01 65 23 52 78   𝚅𝙸𝚂𝙰 ⑳ 🗚 ① 💲
– www.hotelmilleluci.com – Fax 01 65 23 52 84*   X**a**
31 cam ⊒ – †120/130 € ††140/190 €

♦ Albergo in posizione tranquilla e panoramica con vista sulla città; particolari gli interni con
arredi, rifiniture e oggetti originali, tipici della tradizione locale.

🏠 Roma *senza rist*   📱 ☕ 🚗 𝚅𝙸𝚂𝙰 ⑳ 🗚 ① 💲

*via Torino 7 – ℰ 0 16 54 10 00 – www.hotelroma-aosta.it – Fax 0 16 53 24 04
– chiuso novembre*   Y**n**
38 cam – †42/56 € ††72/80 €, ⊒ 7 €

♦ Atmosfera familiare e interni arredati in modo tradizionale in un hotel adiacente al centro
storico; la reception si trova in una struttura circolare al centro della hall.

🏠 Maison Colombot *senza rist*   🗚 ⓦ 𝚅𝙸𝚂𝙰 💲

*via Edouard Aubert, 81 – ℰ 01 65 23 57 23 – www.aostacamere.eu
– Fax 01 65 23 21 62*   Z**a**
6 cam ⊒ – †49/65 € ††78/98 €

♦ Piccola ed elegante risorsa situata nel centro storico di Aosta e non distante dagli impianti
di risalita per Pila. Una casa storica caratterizzata da sei graziose camere, personalizzate con
grande profusione di legno e arredi spesso d'epoca.

✕✕ Vecchio Ristoro *(Alfio Fascendini)*   ✿ 𝚅𝙸𝚂𝙰 ⑳ 🗚 ① 💲
❀❀

*via Tourneuve 4 – ℰ 0 16 53 32 38 – www.ristorantevecchioristoro.it
– Fax 0 16 53 32 38 – chiuso 3 settimane in giugno, dal 1° al 7 novembre,
domenica, lunedì a mezzogiorno*   Y**b**
Rist – *(consigliata la prenotazione)* Menu 60/70 € – Carta 51/68 € 🏵
Spec. Uovo di caprino, peperone giallo con fagiolini e bagnetto verde. Orzo
perlato mantecato alle rape rosse, gorgonzola e noci. Cosciotto d'agnello brasato alla birra, cipolla e menta.

♦ Nel centro cittadino, una coppia di coniugi vi accoglie in ambienti rustici ed eleganti allo
stesso tempo per servirvi la tradizione regionale alleggerita in chiave moderna.

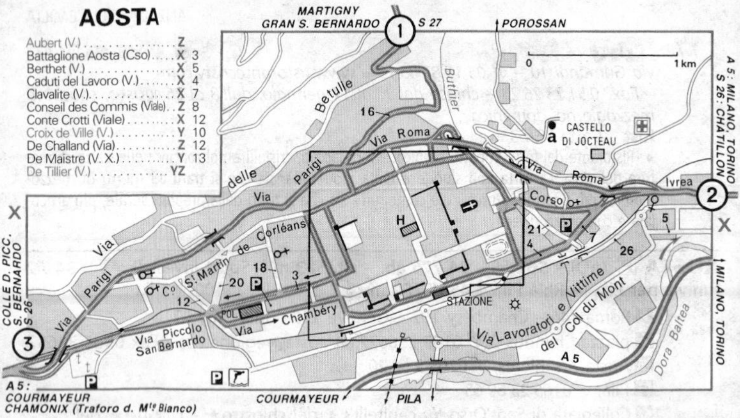

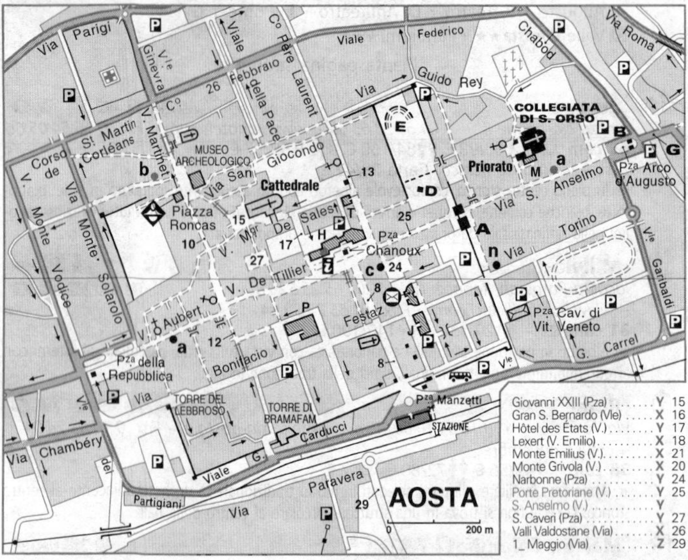

🍴 **Osteria Nando**

via Sant'Anselmo 99 – ☎ 0 16 54 44 55 – Fax 01 65 23 48 89 – chiuso martedì escluso dal 15 luglio al 15 settembre **Ya**

Rist – (consigliata la prenotazione) Carta 35/57 €

◆ Splendida collocazione nel cuore della città tra l'arco di Augusto e le Porte Pretoriane per questa semplice risorsa, a conduzione familiare, caratterizzata da *parquet* e soffitto ad archi. Cucina squisitamente valdostana: niente pesce ma salumi, selvaggina, polenta e funghi.

in prossimità casello autostrada A 5 Direzione Torino Est: 4,5 km – ✉ 11020 Pollein

Express by Holiday Inn Aosta senza rist

località Autoporto 33 – ☎ 0 16 54 57 23 – www.ethotels.com – Fax 01 65 26 17 97

62 cam ☕ – 🚹60/80 € 🚹🚹80/120 €

◆ Risorsa autostradale di foggia moderna, recente e con tariffe assolutamente concorrenziali. Servizio essenziale ma buon confort: camere omogenee e funzionali.

a Sarre Ovest : 7 km – alt. 780 m – ⊠ 11010

🏨 **Etoile du Nord** ⪡ ⛝ ⧈ ⛲ 🖪 ⅙ 🅰 ⅏ rist, «¶» 🖳 🅿 ⛟
frazione Arensod 11/a – ℰ *01 65 25 82 19* 🝙🕲 🆎 ⓪ ⚓
– www.etoiledunord.it – Fax 01 65 25 82 25
59 cam 🖵 – ♦85 € ♦♦125 € – ½ P 75 €
Rist *– (chiuso novembre, domenica sera, lunedì) (chiuso a mezzogiorno)* Menu 25 €
◆ Quasi un castello moderno, con tanto di torrioni e un cupolone centrale trasparente; camere di differente tipologia, nuova area benessere aperta anche alla clientela esterna. Al ristorante ampia sala con arredi contemporanei.

🏨 **Panoramique** ⪢ ⪡ 🚗 🖪 ⅙ ⅏ rist, 🅿 ⛟ 🝙🕲 🆎 ⚓
località Pont d'Avisod 90, Nord-Est : 2 km – ℰ *01 65 55 12 46*
– www.htlpanoramique.com – Fax 01 65 21 24 57 – chiuso novembre
31 cam – ♦50/63 € ♦♦70/85 €, 🖵 8 € – ½ P 55/65 €
Rist *– (chiuso a mezzogiorno)* (consigliata la prenotazione) Menu 20 €
◆ In posizione dominante, con vista sui monti e la vallata, un'accogliente casa dal sapore quasi privato, calda e confortevole. Sala da pranzo intima, con molto legno e un invitante camino acceso.

a Pollein per ② : 5 km – alt. 608 m – ⊠ 11020

🏨 **Diana** ⪡ 🚗 🖪 ⅙ cam, ⅏ cam, «¶» 🅿 🝙🕲 🆎 ⓪ ⚓
via Saint Benin 1/b – ℰ *0 16 55 31 20 – www.hoteldianaaosta.com*
– Fax 0 16 55 33 21
30 cam 🖵 – ♦49/57 € ♦♦75/85 € – ½ P 50/55 €
Rist *San Giorgio –* ℰ *01 65 25 36 10 (chiuso lunedì)* Carta 24/36 €
◆ Sulla strada per Pila, imponente struttura bianca abbracciata dal verde e da alte montagne; funzionali interni in stile moderno, camere con arredi in legno di ciliegio. Sala con pavimento a scacchiera, divisa centralmente da colonne; cucina eclettica.

APPIANO GENTILE – Como (CO) – 561 E8 – 7 337 ab. – alt. 368 m   18 A1
– ⊠ 22070
▶ Roma 617 – Como 20 – Milano 43 – Saronno 18
�18 La Pinetina, ℰ 031 93 32 02

✗✗ **Tarantola** 🏡 ⅙ ⇔ 🅿 🝙🕲 🆎 ⓪ ⚓
via della Resistenza 29 – ℰ *0 31 93 09 90 – www.ristorantetarantola.it*
– Fax 0 31 89 11 01 – chiuso dall'11 al 19 agosto, lunedì sera, martedì
Rist – Menu 36/68 € – Carta 49/64 € ⅌
◆ In collina, vicino a un ampio bosco, grande struttura familiare: diverse sale eleganti e, per l'estate, un invitante pergolato; cucina fantasiosa, notevole cantina.

APPIANO SULLA STRADA DEL VINO   30 B2
(EPPAN AN DER WEINSTRASSE) – Bolzano (BZ) – 562 C15 – 12 308 ab.
– alt. 418 m – ⊠ 39057
▶ Roma 641 – Bolzano 10 – Merano 32 – Milano 295

a San Michele (St. Michael) – ⊠ 39057

🆔 piazza Municipio 1 ℰ 0471 662206, info@eppan.com, Fax 0471 663546

🏨 **Ansitz Tschindlhof** ⪢ ⪡ 🚗 🏡 ⛲ 🅿 🝙🕲 🆎 ⚓
via Monte 36 – ℰ *04 71 66 22 25 – www.tschindlhof.com – Fax 04 71 66 36 49*
– 27 marzo-7 novembre
19 cam 🖵 – ♦73/90 € ♦♦108/160 € – 2 suites – ½ P 68/95 €
Rist *– (chiuso a mezzogiorno) (solo per alloggiati)* Menu 15 €
◆ Incantevole dimora antica piacevolmente situata in un giardino-frutteto con piscina: amabili e raffinati interni con mobili in legno lavorato, camere accoglienti.

🏨 **Ansitz Angerburg** 🚗 🏡 ⛲ ⛝ 🖪 🅰 rist, ⅏ rist, «¶» 🅿 🝙🕲 ⚓
via dell'Olmo 16 – ℰ *04 71 66 21 07 – www.hotel-angerburg.com*
– Fax 04 71 66 09 93 – aprile-8 novembre
32 cam – ♦48/70 € ♦♦90/136 € – ½ P 56/79 €   **Rist** – Carta 29/36 €
◆ A due passi dal centro, grande struttura abbellita da un grazioso giardino con piscina; mobili in legno scuro ravvivato da disegni floreali negli spazi comuni, camere lineari. Sala da pranzo essenziale con grandi finestre; cucina del territorio.

Schloss Aichberg senza rist ⚘   🚪 🏊 🏠 ૮ 🅿 VISA ⓪ AE ⚓
via Monte 31 – ℰ 04 71 66 22 47 – www.aichberg.com – Fax 04 71 66 09 08
– marzo-15 novembre
10 cam � – ✝65/130 € ✝✝100/140 € – 3 suites
◆ Sarete affascinati dalla gradevolezza della collocazione di questo albergo, in un giardino-frutteto con piscina riscaldata; graziosi spazi comuni in stile montano.

❊❊ **Zur Rose** (Herbert Hintner)   ⇔ VISA ⓪ AE ① ⚓
✿   *via Josef Innerhofer 2 – ℰ 04 71 66 22 49 – www.zur-rose.com*
– Fax 04 71 66 24 85 – chiuso dal 24 al 26 dicembre, domenica, lunedì a
mezzogiorno
Rist – Menu 55/65 € – Carta 58/79 € ⊛
Spec. Borsette di patate viola ripiene di pesto al basilico e polipi. Rognoni di vitello arrosto con cavolo rapa e senape. Ratatouille di frutta con krapfen di ricotta e menta e sorbetto al lime.
◆ Ampia scelta enologica che annovera anche etichette francesi e una cucina che passa con *nonchalance* dall'Alto Adige al Mediterraneo. In tre salette, di cui una moderna stube.

a Pigeno (Pigen) Nord-Ovest : 1,5 km – ✉ 39057 San Michele Appiano

Stroblhof ⚘   🚪 🏡 🏊 🏓 ⓪ 🏠 ❊ 🛏 & rist. 🅿 VISA ⓪ ⚓
strada Pigeno 25 – ℰ 04 71 66 22 50 – www.stroblhof.it – Fax 04 71 66 36 44
– marzo-novembre
30 cam � – ✝96/112 € ✝✝156/184 € – ½ P 90/116 €
Rist – *(chiuso lunedì)* Carta 34/56 €
◆ Abbracciata dal verde dei vigneti, una grande struttura impreziosita da un bel giardino con laghetto-piscina, adatta a una vacanza con la famiglia; camere ampie e recenti. Luce soffusa nella sala ristorante con soffitto in travi di legno; splendido dehors.

Schloss Englar senza rist ⚘   ≤ 🚪 🏊 ❊ 🅿 VISA ⓪ ⚓
via Pigeno 42 – ℰ 04 71 66 26 28 – www.schloss-englar.it – Fax 04 71 66 04 04
– Pasqua-novembre
11 cam – ✝65 € ✝✝120/130 €, � 15 €
◆ Tranquillità della natura ristoratrice e fascino ammaliatore di un'amenità totale in un castello medioevale dove ritrovare intatta l'atmosfera di una residenza nobiliare.

a Cornaiano (Girlan) Nord-Est : 2 km – ✉ 39057

🏨 **Weinegg** ⚘   ≤ 🚪 🏡 🏊 🏓 ⓪ 🏠 🕺 ❊ 🛏 & ♠ ⁽⁾ 🅿
via Lamm 22 – ℰ 04 71 66 25 11 – www.weinegg.com   🚗 VISA ⓪ ⚓
– Fax 04 71 66 31 51
25 cam – 17 suites – solo ½ P 132/143 €
Rist *L'Arena* – Carta 39/69 € ⊛
◆ Nella tranquillità totale della natura, imponente edificio moderno con incantevole vista su monti e frutteti; ambienti in elegante stile tirolese dotati di ogni confort. Sale da pranzo con bei soffitti in legno, alcune di raffinata eleganza.

🏨 **Girlanerhof** ⚘   ≤ 🚪 🏡 🏓 🏠 🛏 ♠ ⁽⁾ 🅿 VISA ⓪ AE ⚓
via Belvedere 7 – ℰ 04 71 66 24 42 – www.girlanerhof.it – Fax 04 71 66 12 59
– Pasqua-novembre
30 cam � – ✝80/93 € ✝✝134/160 € – 8 suites – ½ P 79/100 €
Rist – Carta 30/50 €
◆ Tra i vigneti, in un'oasi di pace, sobria ricercatezza e accoglienza tipica tirolese in un hotel a gestione diretta con elegante sala soggiorno in stile; camere piacevoli. Ristorante arredato con gusto e illuminato da grandi finestre ornate di graziose tende.

❊❊ **Marklhof-Bellavista**   ≤ 🏡 🅰 ⇔ 🅿 VISA ⓪ AE ⚓
via Marklhof 14 – ℰ 04 71 66 24 07 – www.eppan.com/marklhof
– Fax 04 71 66 15 22 – chiuso domenica sera, lunedì
Rist – Carta 28/45 €
◆ Semplice e ben fatta la cucina, qualche ricercatezza nelle proposte di mare; l'insegna invece ammicca al piacere di fermarsi all'antico maso: delizia per gli occhi in un paesaggio di alberi da frutto.

a Monte (Berg) Nord-Ovest : 2 km – ✉ 39057 San Michele Appiano

🏠 **Steinegger** ⊗   ⟨ 🚗 🏠 ⌥ 🦢 🏊 ❄ ✕ 🛎 ♨ 🌡 ⟨⟩ P VISA ⑩ ⛄
via Masaccio 9 – ✆ 04 71 66 22 48 – www.steinegger.it – Fax   04 71 66 05 17
– aprile-novembre
36 cam ⊑ – †45/65 € ††90/160 € – ½ P 62/77 €
Rist – *(chiuso mercoledì)* Carta 14/49 €
✦ Possente complesso in aperta campagna, con bella vista sulla vallata, ideale per famiglie per la sua tranquillità e per le buone attrezzature sportive; camere decorose. Comodi a pranzo in un ambiente in perfetto stile tirolese, impreziosito da un forno originale.

✕✕ **Bad Turmbach** con cam   🚗 🏠 ⌥ P 🚗 VISA ⑩ AE ⛄
via Rio della Torre 4 – ✆ 04 71 66 23 39 – www.turmbach.com
– Fax   04 71 66 47 54 – 20 marzo-22 dicembre
15 cam ⊑ – †46/52 € ††84/110 € – ½ P 61/70 €
Rist – *(chiuso martedì, mercoledì a mezzogiorno)* Menu 30/65 € – Carta 43/56 €
✦ Il servizio estivo in giardino è davvero godibile, ma anche la cucina è in grado di offrire piacevoli emozioni attraverso proposte del territorio rielaborate con fantasia.

a Missiano (Missian) Nord : 4 km – ✉ 39057 San Paolo Appiano

🏠 **Schloss Korb** ⊗   ⟨ 🚗 🏠 ⌥ 🦢 ⑩ 🦢 ✕ 🛎 ⟨⟩ ⚓ P
                                                                VISA ⑩ ① ⛄
via Castello d'Appiano 5 – ✆ 04 71 63 60 00
– www.schloss-hotel-korb.com – Fax   04 71 63 60 33 – Pasqua-novembre
40 cam ⊑ – †75/145 € ††120/220 € – 10 suites – ½ P 85/135 €
Rist – Carta 41/62 €
✦ Incantevole veduta panoramica sulla vallata e quiete assoluta in un castello medioevale dai raffinati e tipici interni; molte camere nell'annessa struttura più recente. Calda, raffinata atmosfera nella sala in stile rustico con pareti in pietra; cucina locale.

ai laghi di Monticolo (Montiggler See) Sud-Est : 6 km – ✉ 39057 San Michele Appiano

🏠 **Gartenhotel Moser** ⊗   ⟨ 🚗 🏠 ⌥ 🦢 ⑩ 🦢 🧖 🛎 ⛄ ✕ ⅃
                                              ✕ rist, ⟨⟩ P VISA ⑩ ⛄
lago di Monticolo 104 – ✆ 04 71 66 20 95
– www.gartenhotelmoser.com – Fax   04 71 66 10 75 – marzo-novembre
32 cam – 10 suites – solo ½ P 77/107 €   **Rist** – Carta 31/63 €
✦ Ideale per una distensiva vacanza con tutta la famiglia, questo albergo immerso nella pace del suo giardino-frutteto; camere confortevoli e piacevole zona fitness. Linee essenziali e colori caldi nella spaziosa sala da pranzo; servizio estivo all'aperto.

APPIGNANO – Macerata (MC) – **563** L22 – **4 209 ab.** – **alt. 178 m**   **21** C2
– ✉ 62010

▶ R oma 302 – Ancona 45 – Macerata 15 – Perugia 138

🏠 **Country House dei Segreti** ⊗   ⟨ 🚗 P VISA ⑩ ① ⛄
via Verdefiore 41, Nord : 3 km – ✆ 0 73 35 76 85 – www.osteriadeisegreti.com
– Fax   07 33 40 03 66
12 cam ⊑ – †35/40 € ††60/70 € – ½ P 50 €
Rist *Osteria dei Segreti* – *(chiuso dal 1° al 20 febbraio e mercoledì)*
Carta 20/41 €
✦ Un casolare sapientemente ristrutturato nel cuore della campagna marchigiana: camere dall'arredamento sobrio, ma confortevoli e tranquille. Un ottimo indirizzo per rilassarsi e godere della natura circostante. I sapori del territorio nel menu del ristorante.

APRICA – Sondrio (SO) – **561** D12 – **1 650 ab.** – **alt. 1 181 m** – **Sport**   **17** C1
invernali : 1 181/2 600 m ⚡2 ✦12, ⚡ – ✉ 23031

▶ Roma 674 – Sondrio 30 – Bolzano 141 – Brescia 116
🛈 corso Roma 150 ✆ 0342 746113, infoaprica@provincia.so.it,
   Fax 0342 747732
📷 ✆ 0342 74 80 09

fila **Derby** ⟨ 館 🕭 ⅙ cam, 🏠 🕾 🅿 🚗 📼 ⓪ 🆎 ⓪ 🍴
via Adamello 16 – 🕿 *03 42 74 60 67 – www.albergoderby.it – Fax 03 42 74 77 60*
50 cam ⚏ – †85/120 € ††90/130 € – 1 suite – ½ P 80/120 €
Rist – *(dicembre-aprile e giugno-settembre)* Carta 24/35 €
♦ Capace conduzione diretta in un complesso di moderna concezione, ristrutturato completamente e ampliato; confortevoli spazi interni in stile contemporaneo. Massicce colonne color
amaranto ravvivano la sala ristorante.

APRICALE – Imperia (IM) – **561** K4 – **577 ab.** – alt. 273 m – ⊠ 18035   **14** A3
   ▶ Roma 668 – Imperia 63 – Genova 169 – Milano 292

⟨ **Locanda dei Carugi** ❧   🗺 🏠 📼 ⓪ 🆎 🍴
via Roma 12/14 – 🕿 *01 84 20 90 10 – www.locandadeicarugi.it*
– Fax 01 84 20 99 42
6 cam ⚏ – †88/108 € ††110/135 €
Rist La Capanna-da Bacì – vedere selezione ristoranti
♦ Nel cuore del borgo, elegante locanda in un edificio del 1400 esternamente rivestito di
pietra: calda atmosfera nei romantici ambienti, con mobili d'epoca restaurati.

XX **Apricale da Delio**   🏠 🖭 📼 ⓪ 🆎 ⓪ 🍴
piazza Vittorio Veneto 9 – 🕿 *01 84 20 80 08 – www.ristoranteapricale.it*
– Fax 01 84 20 99 21 – chiuso 15 giorni in novembre, lunedì, martedì (escluso
luglio-agosto)
Rist – Menu 22/26 €
♦ All'ingresso del paese, la cucina offre piatti di una certa raffinatezza legati alla gastronomia locale: una tradizione che e si è evoluta nel tempo di pari passo all'eleganza del locale.

XX **La Capanna-da Bacì** – Locanda dei Carugi   ⟨ 🏠 📼 ⓪ 🆎 🍴
via Roma 16 – 🕿 *01 84 20 81 37 – www.ristorantebaci.it – Fax 01 84 20 99 77*
– chiuso lunedì sera, martedì, anche mercoledì da ottobre ad aprile
Rist – Menu 28 €
♦ Tra i viottoli in pietra del centro della località, ristorante dall'atmosfera rustica; dalla
veranda la vista sulle montagne e dalla cucina i sapori dell'entroterra ligure.

XX **La Favorita** con cam   ⟨ 🏠 🖭 cam, 🕾 🅿 📼 ⓪ 🍴
località Richelmo – 🕿 *01 84 20 81 86 – www.lafavoritaapricale.com*
– Fax 01 84 20 82 47
6 cam ⚏ – †55 € ††80 € – ½ P 65 €
Rist – *(chiuso 10 giorni in novembre, 10 giorni in giugno, martedì sera e*
mercoledì escluso agosto) Carta 25/34 €
♦ A 500 m dal paese, il ristorante propone tante gustose specialità: gli antipasti apricalesi, il
coniglio al Rossese con olive taggiasche, e sul camino che troneggia in sala, carni alla griglia
cucinate sulla brace di legno d'ulivo. Nella bella stagione, la magia della terrazza.
Camere accoglienti a tema floreale.

APRILIA – Latina (LT) – **563** R19 – **66 624 ab.** – alt. 80 m – ⊠ 04011   **12** B2
   ▶ Roma 44 – Latina 26 – Napoli 190
   🖼 Eucalyptus, 🕿 06 92 74 62 52

XXX **Il Focarile** con cam   🗺 🏠 🖭 🕾 🅿 📼 ⓪ 🆎 ⓪ 🍴
via Pontina al km 46,5 – 🕿 *0 69 28 25 49 – www.ilfocarile.it – Fax 0 69 28 03 92*
– chiuso 2 settimane in agosto
4 cam – ††250 €   **Rist** – *(chiuso domenica sera, lunedì)* Carta 46/61 € 🎗
♦ L'ingresso sontuoso introduce degnamente in un'ampia, luminosa sala di tono elegante
con tavoli spaziati; tocco toscano per una cucina ricca di tradizione e d'inventiva. Dispone
anche di nuove eleganti camere.

XX **Da Elena**   🖭 🏠 ⟳ 🅿 📼 ⓪ 🆎 ⓪ 🍴
via Matteotti 14 – 🕿 *06 92 70 40 98 – Fax 06 92 70 40 98 – chiuso agosto e*
domenica
Rist – Carta 30/47 €
♦ Ambiente moderno semplice, ma accogliente, e conduzione vivace per un ristorante classico a gestione familiare, con cucina tradizionale di terra e di mare.

AQUILEIA – Udine (UD) – **562** E22 – **3 480 ab.** – ⊠ 33051 ▮ Italia

> ▶ Roma 635 – Udine 41 – Gorizia 32 – Grado 11

> 🖬 via Iulia Augusta (bus Terminal) ✆ 0431 919491, info.aquileia@turismo.fvg.it

> 🔘 Basilica★★ : affreschi★★ della cripta carolingia, pavimenti★★ della cripta degli Scavicripta degli Scavi – Rovine romane★

🏠 **Patriarchi**   🚗 🗚 🕱 ⁽ᵗ⁾ ⅏ 🅿 𝚅𝙸𝚂𝙰 🐵 🅰🅴 ⓞ ♿

via Augusta 12 – ✆ 04 31 91 95 95 – www.hotelpatriarchi.it – Fax 04 31 91 95 96 – chiuso febbraio

23 cam � – ♦52/65 € ♦♦88/96 € – ½ P 60/70 €   **Rist** – Carta 27/38 €

◆ Nel cuore del centro storico-archeologico di Aquileia, un albergo semplice e funzionale che si è recentemente dotato di una grande sala riunioni; camere confortevoli. Sala da pranzo classica, ma piacevole con ampio salone per banchetti.

ARABBA – Belluno (BL) – **562** C17 – **alt. 1 602 m** – **Sport invernali :**
1 600/3 269 m ⛷ 5 🚠 23 (Comprensorio Dolomiti superski Arabba-Marmolada) ⛷ – ⊠ 32020 ▮ Italia

> ▶ Roma 709 – Belluno 74 – Cortina d'Ampezzo 36 – Milano 363

> 🖬 via Boè 3 ✆ 0436 79130, arabba@infodolomiti.it, Fax 0436 79300

🏨 **Sporthotel Arabba**   ≼ 🕍 🖪 🖨 🕱 rist, ⁽ᵗ⁾ 🅿 𝚅𝙸𝚂𝙰 🐵 ⓞ ♿

via Mesdì 76 – ✆ 04 36 79 32 1 – www.sporthotelarabba.com – Fax 04 36 79 12 1 – 4 dicembre-11 aprile e 26 giugno-19 settembre

52 cam �⊇ – ♦♦145/248 € – ½ P 85/198 €

Rist – Menu 20/30 €

Rist La Stube – Menu 40/65 € 🏵

◆ Nell'incantevole scenario delle Dolomiti, un indimenticabile soggiorno di classe in ambienti resi unici e confortevoli dal raffinato impiego del legno finemente decorato. Ambiente raccolto ed elegante al ristorante "La Stube", ideale per ambientare romantiche cene a lume di candela.

🏨 **Evaldo**   ≼ 🚗 🖃 🐵 🕍 🖪 🖨 🕱 ⓥ ⅏ 🅿 🚗 𝚅𝙸𝚂𝙰 🐵 ♿

via Mesdì 3 – ✆ 0 43 67 91 09 – www.hotelevaldo.it – Fax 0 43 67 93 58 – chiuso dal 10 aprile al 13 maggio e dal 10 ottobre al 4 dicembre

34 cam ⊇ – ♦80/200 € ♦♦120/340 € – 13 suites – ♦♦170/430 € – ½ P 75/185 €

Rist – Carta 28/40 €

◆ Una grande casa da cui si gode una vista panoramica sulle Dolomiti; calda atmosfera negli interni signorili rivestiti in legno. Essenze naturali, musica e acque rigeneranti presso l'originale centro benessere. Elegante sala da pranzo con soffitti in legno lavorato; accogliente la tipica stube.

🏨 **Alpenrose** ⌂   ≼ 🕍 🖨 ⅋ 🕱 rist, ⁽ᵗ⁾ 🚗 𝚅𝙸𝚂𝙰 🐵 ⓞ ♿

via Precumon 24 – ✆ 04 36 75 00 76 – www.alpenrosearabba.it – Fax 04 36 75 07 69 – dicembre-aprile e giugno-settembre

28 cam ⊇ – ♦102/163 € ♦♦156/250 € – ½ P 78/125 €

Rist – (chiuso a mezzogiorno in dicembre-aprile) Carta 28/39 €

◆ Sulla strada che conduce al passo Pordoi, l'albergo propone camere modernamente accessoriate e luminose, arredate in legno chiaro. Piacevole la zona benessere. Ristorante con terrazza panoramica e stube dove assaporare la cucina della tradizione locale.

🏨 **Mesdì**   ≼ 🕍 🖨 ⅓ ⅏ 🕱 cam, ⁽ᵗ⁾ 🅿 𝚅𝙸𝚂𝙰 🐵 ♿

via Mesdì 75 – ✆ 0 43 67 91 19 – www.hotelmesdi.com – Fax 0 43 67 94 57 – dicembre-15 aprile e 15 maggio-settembre

19 cam – ♦35/65 € ♦♦70/200 € – ½ P 48/120 €   **Rist** – Carta 34/44 €

◆ Perfetto per chi ama lo sport sulla neve ma anche per chi preferisce tranquille passeggiate nel verde, l'hotel si trova di fronte alle seggiovie. Il divertimento è assicurato. Per apprezzare l'ospitalità e la gastronomia locale, niente di meglio di una "serata ladina".

🏨 **Chalet Barbara** senza rist ⌂   ≼ 🕍 🖨 ⁽ᵗ⁾ 🅿 𝚅𝙸𝚂𝙰 🐵 ⓞ ♿

via Precumon 23 – ✆ 04 36 78 01 55 – www.chaletbarbara.it – Fax 04 36 75 00 46 – 4 dicembre-11 aprile e 26 giugno-19 settembre

15 cam ⊇ – ♦65/100 € ♦♦124/212 €

◆ Poco distante dal centro, una casa di quattro piani dalla facciata di gusto tirolese; è il legno antico a dominare negli spaziosi ambienti, recuperato da vecchi casolari.

Laura senza rist 🕅 🛊 🕭 🛠 🅿 ⱽⁱˢᵃ ⱺⱺ ᷤ
via Boè 6 – ℰ 04 36 78 00 55 – www.garnilaura.it – Fax 04 36 75 00 68
– dicembre-15 aprile e maggio- settembre
12 cam � – †100/146 €
♦ In comoda posizione centrale, poco distante dalla chiesa e dagli impianti di risalita, è una struttura piccola e accogliente, con belle camere mansardate al secondo piano.

Royal senza rist ⟨ 🕅 🛊 🛠 ⑴ 🅿 ⱽⁱˢᵃ ⱺⱺ ᷤ
via Mesdì 7 – ℰ 0 43 67 92 93 – www.royal-arabba.it – Fax 04 36 78 00 86
– chiuso maggio e novembre
16 cam ⊊ – †40/65 € ††50/110 €
♦ A poche centinaia di metri dal centro e dalle piste da sci, albergo a gestione familiare dagli interni rivestiti in legno; grandi e luminose le camere sobriamente arredate nel tradizionale stile alpino.

sulla strada statale 48 Est : 3 km :

Festungshotel-Al Forte ⟨ 🕅 🛋 🛠 ⑴ 🅿 ⱽⁱˢᵃ ⱺⱺ 🅰🅴 ⓪ ᷤ
via Pezzei 66 – ℰ 0 43 67 93 29 – www.alforte.com – Fax 0 43 67 94 40
– 5 dicembre-14 aprile e 15 maggio-9 ottobre
23 cam ⊊ – †45/100 € ††80/180 € – ½ P 55/115 €
Rist Al Forte – Carta 24/32 €
♦ Attenta ad ogni particolare è un'intera famiglia a gestire questo accogliente hotel in posizione panoramica. Spazi interni in stile montano, piccola zona benessere e vista sulle Dolomiti. Il ristorante si trova all'interno di un antico fortino austro-ungarico del 1897.

ARCETO – Reggio nell'Emilia – **562** I14 – Vedere Scandiano

ARCETRI – Firenze – **563** K15 – Vedere Firenze

ARCORE – Milano (MI) – **561** F9 – 17 355 ab. – alt. 193 m – ✉ 20043   **18** B2
🖸 Roma 594 – Milano 31 – Bergamo 39 – Como 43

Sant'Eustorgio 🚗 🛖 🛊 🅰🅲 cam, ⑴ 🅿 ⱽⁱˢᵃ ⱺⱺ 🅰🅴 ⓪ ᷤ
via Ferruccio Gilera 1 – ℰ 03 96 01 37 18 – www.santeustorgio.com
– Fax 0 39 61 75 31 – chiuso dal 26 dicembre al 5 gennaio e dal 5 al 20 agosto
40 cam ⊊ – †70/100 € ††100/150 € – ½ P 75/100 €
Rist – (chiuso domenica sera, lunedì) Carta 32/49 €
♦ Bella posizione centrale, resa ancor più gradevole e tranquilla dall'ampio e curato giardino ombreggiato che circonda l'albergo; ampie camere, in parte rinnovate. Accogliente sala ristorante con un grande camino, cucina toscana.

L'Arco del Re 🅰🅲 🛠 ⱽⁱˢᵃ ⱺⱺ 🅰🅴 ᷤ
via Papina 4 – ℰ 03 96 01 36 44 – www.arcodelre.it – Fax 03 96 01 36 44
– chiuso, 15 giorni in agosto, sabato a mezzogiorno, domenica, lunedì a mezzogiorno
Rist – (consigliata la prenotazione la sera) Carta 28/38 € 🏵
♦ Ambiente semplice, ma ben tenuto in un'enoteca con cucina che offre un'ottima selezione di vini (anche degustazione a bicchiere) e una grande scelta di formaggi e salumi.

ARCUGNANO – Vicenza (VI) – **562** F16 – 7 314 ab. – alt. 160 m   **37** A2
– ✉ 36057
🖸 Roma 530 – Padova 40 – Milano 211 – Vicenza 7

Villa Michelangelo 🌿 ⟨ 🜋 🛖 🛋 🛊 🕭 cam, 🅰🅲 🛠 rist, ⑴ 🛋
via Sacco 35 – ℰ 04 44 55 03 00 🅿 ⱽⁱˢᵃ ⱺⱺ 🅰🅴 ⓪ ᷤ
– www.hotelvillamichelangelo.com – Fax 04 44 55 04 90
52 cam ⊊ – †90/170 € ††120/270 € – ½ P 120/175 €   **Rist** – Carta 40/52 €
♦ Lo splendore di un nobile passato che rivive nel presente in una villa del 1700 con grande parco, in magnifica posizione tra i colli Berici, per un soggiorno esclusivo. Ambiente signorile in sala da pranzo, servizio sulla terrazza panoramica in estate.

a Lapio Sud : 5 km – ⊠ 36057 Arcugnano

XX **Trattoria Zamboni** ⮜ 🏡 🅰️ ⇧ 🅿️ 𝘝𝘐𝘚𝘈 ⓜⓞ 🅰️🅴 ⓘ ⓢ
via Santa Croce 73 – ℰ 04 44 27 30 79 – www.trattoriazamboni.it
– Fax 04 44 27 39 00 – chiuso dal 2 al 10 gennaio, agosto, lunedì, martedì
Rist – Carta 28/55 € 🍴
♦ In un imponente palazzo d'epoca, le sobrie sale quasi si fanno da parte per dare spazio al panorama sui colli Berici e alla cucina, tradizionale e rivisitata al tempo stesso.

a Soghe Sud : 9,5 km – ⊠ 36057 Arcugnano

XX **Antica Osteria da Penacio** 🏡 🅰️ ⚇ ⇧ 🅿️ 𝘝𝘐𝘚𝘈 ⓜⓞ 🅰️🅴 ⓢ
via Soghe 62 – ℰ 04 44 27 30 81 – Fax 04 44 27 35 40 – chiuso 8 giorni in febbraio, 8 giorni in luglio, 8 giorni in novembre, mercoledì, giovedì a mezzogiorno
Rist – Carta 36/46 €
♦ Ristorante a conduzione familiare in una villetta al limitare di un bosco: all'interno due raffinate salette e una piccola, ma ben fornita, enoteca; cucina tradizionale.

ARDENZA – Livorno (LI) – 563 L12 – Vedere Livorno

AREMOGNA – L'Aquila (AQ) – 563 Q24 – Vedere Roccaraso

ARENZANO – Genova (GE) – 561 I8 – 11 615 ab. – ⊠ 16011 14 B2
🔼 Roma 527 – Genova 24 – Alessandria 77 – Milano 151
🅸 lungomare Kennedy ℰ 010 9127581, iat.comune.arenzano.ge.it, Fax 0109127581
🖼️, ℰ 010 9 11 18 17

🏨 **Grand Hotel Arenzano** ⮜ 🚗 🏡 🏊 🌿 📶 ⚇ 🅰️ ⚇ rist, 📶 🔗 🅿️
lungomare Stati Uniti 2 – ℰ 01 09 10 91 𝘝𝘐𝘚𝘈 ⓜⓞ 🅰️🅴 ⓘ ⓢ
– www.gharenzano.it – Fax 01 09 10 94 44 – chiuso dal 20 dicembre al 12 gennaio
104 cam � – †85/160 € ††135/270 € – 5 suites – ½ P 116 €
Rist – Carta 30/38 €
♦ Grande villa d'inizio secolo sul lungomare: un albergo di sobria eleganza dalle camere piacevolmente spaziose . Piccola zona benessere e fresco giardino con piscina. Al ristorante, un'atmosfera signorile per piatti regionali o creativi.

🏨 **Ena** 📶 🅰️ ⚇ cam, 📶 🔗 𝘝𝘐𝘚𝘈 ⓜⓞ 🅰️🅴 ⓘ ⓢ
⊛ *via Matteotti 12 – ℰ 01 09 12 73 79 – www.enahotel.it – Fax 01 09 12 56 96*
– chiuso dal 24 dicembre al 27 gennaio
22 cam ⊻ – †67/114 € ††83/132 € – ½ P 60/84 €
Rist – (chiuso gennaio) Carta 12/70 €
♦ In una graziosa villa liberty sul lungomare e nel centro, recentemente ristrutturata, albergo con piacevoli interni di tono elegante, arredati con gusto; camere confortevoli. Comodi nella sala panoramica oppure in quella più intima per gustare i piatti della tradizione.

🏨 **Poggio Hotel** 📺 📶 ⚇ cam, 🅰️ ⚇ 📶 🔗 🅿️ 🚗 𝘝𝘐𝘚𝘈 ⓜⓞ 🅰️🅴 ⓘ ⓢ
via di Francia 24, Ovest : 2 km – ℰ 01 09 13 53 20 – www.poggiohotel.it
– Fax 01 08 59 00 46
40 cam ⊻ – †62/108 € ††70/134 € **Rist** – Carta 29/46 €
♦ In prossimità dello svincolo autostradale, ideale quindi per una clientela d'affari o di passaggio, hotel d'ispirazione contemporanea recentemente rinnovato. Camere funzionali e comodo parcheggio. Specialità del territorio nel ristorante di taglio moderno.

X **Ulivi** con cam 🏡 📶 🅰️ ⚇ 𝘝𝘐𝘚𝘈 ⓜⓞ 🅰️🅴 ⓘ ⓢ
via Olivette 12 – ℰ 01 09 12 77 12 – www.hotelulivi.com – Fax 01 09 13 13 84
– chiuso novembre
10 cam ⊻ – †60/90 € ††75/120 € – ½ P 55/75 €
Rist – (chiuso lunedì escluso da giugno a settembre) Carta 24/65 €
♦ In tempi di globalizzazione ed appiattimento, l'autenticità qui è stata preservata. Il ristorante è un mix di classico e rustico, la cucina punta sui prodotti del mare. Camere belle e confortevoli per chi volesse prolungare la sosta.

ARESE – Milano (MI) – **561** F9 – 19 537 ab. – alt. 160 m – ✉ 20020   **18** B2

▶ Roma 597 – Milano 16 – Como 36 – Varese 50

☆☆ **Castanei**   🚗 🏧 🕉 ⇔ **P** 🌅 ⬤ ⬤ 🔌 ⬤ ♿

viale Alfa Romeo 10, Nord-Ovest : 1,5 km – 𝒞 02 93 38 00 53
– www.aredin.it/castanei – Fax 02 93 58 13 66 – chiuso dal 24 dicembre al
2 gennaio, agosto, domenica, mercoledì sera
Rist – Carta 25/38 €

♦ Un ristorante dove sarete accolti con cordialità, gestito dalla stessa famiglia da oltre trent'anni; proposte di cucina classica e locale, servizio estivo all'aperto.

AREZZO 🅿 (AR) – **563** L17 – 97 493 ab. – alt. 296 m – ✉ 52100   **29** D2
▮ Toscana

▶ Roma 214 – Perugia 74 – Ancona 211 – Firenze 81

🛈 piazza della Repubblica 28 𝒞 0575 20839, info@arezzo.turismo.toscana.it,
Fax 0575 20839

◉ Affreschi di Piero della Francesca★★★ nella chiesa di San Francesco ABY
– Chiesa di Santa Maria della Pieve★ : facciata★★ BY – Crocifisso★★ nella
basilica di San Domenico BY – Piazza Grande★ BY – Museo d'Arte
Medievale e Moderna★ : maioliche★★ AY **M2** – Portico★ e altare★ della
chiesa di Santa Maria delle Grazie AZ – Opere d'arte★ nel Duomo BY

🏨 **AC Hotel Arezzo**   🏖 🛏 🛄 ♿ 🏧 ↵ 🕉 rist, 🛎 🛅 **P**
via Einstein 4, 1 km per ① – 𝒞 05 75 38 22 87   🌅 ⬤ 🔌 ⬤ ♿
– www.ac-hotels.com – Fax 05 75 38 29 82
79 cam ⬚ – †90/185 € – ½ P 55/105 €
Rist – *(chiuso domenica a mezzogiorno)* Carta 34/51 €

♦ Periferico, ma comodo da raggiungere dal casello autostradale, design hotel che coniuga l'essenzialità e la modernità delle forme alla sobrietà dei colori. Identico lo stile al ristorante.

🏨 **Etrusco Arezzo Hotel**   🛏 🏧 🕉 rist, 🛎 🛅 **P** 🚗 🌅 ⬤ 🔌 ⬤ ♿
via Fleming 39, 1 km per ④ – 𝒞 05 75 98 40 66 – www.etruscohotel.it
– Fax 05 75 38 21 31
80 cam ⬚ – †60/98 € ††80/120 € – ½ P 65/80 €
Rist Le Anfore – *(chiuso dal 25 luglio al 1° settembre e domenica) (chiuso a mezzogiorno)* Carta 25/39 €

♦ Alle porte della città, imponente albergo moderno dotato di ogni confort con accoglienti e spaziose aree comuni; piacevoli camere ben arredate, attrezzata area congressi. Sala da pranzo recentemente rinnovata, con arredi essenziali, ma di tono elegante.

🏨 **Minerva**   🏖 🛏 🛄 ♿ 🏧 🛎 🛅 **P** 🌅 ⬤ 🔌 ⬤ ♿
via Fiorentina 4 – 𝒞 05 75 37 03 90 – www.hotel-minerva.it – Fax 05 75 30 24 15
130 cam ⬚ – †70/145 € ††90/195 € – ½ P 80/120 €   AY**n**
Rist – *(chiuso dal 1° al 20 agosto)* Carta 22/30 €

♦ Hotel a vocazione congressuale, con grandi spazi interni e diverse sale riunioni; colori chiari nelle camere ariose, palestra all'ultimo piano con vista sulla città. Saloni con tavoli rotondi e quadrati armoniosamente disposti, in ambienti ben illuminati.

🏨 **Badia di Pomaio** ⬚   ⬚ 🚗 🏡 🌳 🌊 cam, 🏧 🕉 🛎 **P**
località Badia di Pomaio, 6 km per via Guido Tarlati   🌅 ⬤ 🔌 ⬤ ♿
– 𝒞 05 75 37 14 07 – www.hotelbadiadipomaioarezzo.it – Fax 05 75 37 14 07
17 cam ⬚ – †95 € ††125/170 € – ½ P 101/123 €   BY
Rist – Carta 36/57 €

♦ Dai giardini e dalla piscina apprezzerete l'ampio panorama che si apre su Arezzo e sui dintorni; all'interno, ogni ambiente è stato ristrutturato avendo cura di conservare lo stile originale della badia secentesca. Il ristorante si trova nelle antiche cantine e propone una cucina basata sulla tradizione regionale.

🏨 **Patio** senza rist   🏧 🛎 🌅 ⬤ 🔌 ⬤ ♿
via Cavour 23 – 𝒞 05 75 40 19 62 – www.hotelpatio.it – Fax 0 57 52 74 18
– chiuso dall'11 al 27 gennaio   BY**c**
8 cam ⬚ – †100/150 € ††155/190 € – 2 suites

♦ Albergo che presenta ambientazioni davvero originali, infatti le camere si ispirano ai racconti di viaggio del romanziere Bruce Chatwin. Segni d'Africa e d'Oriente.

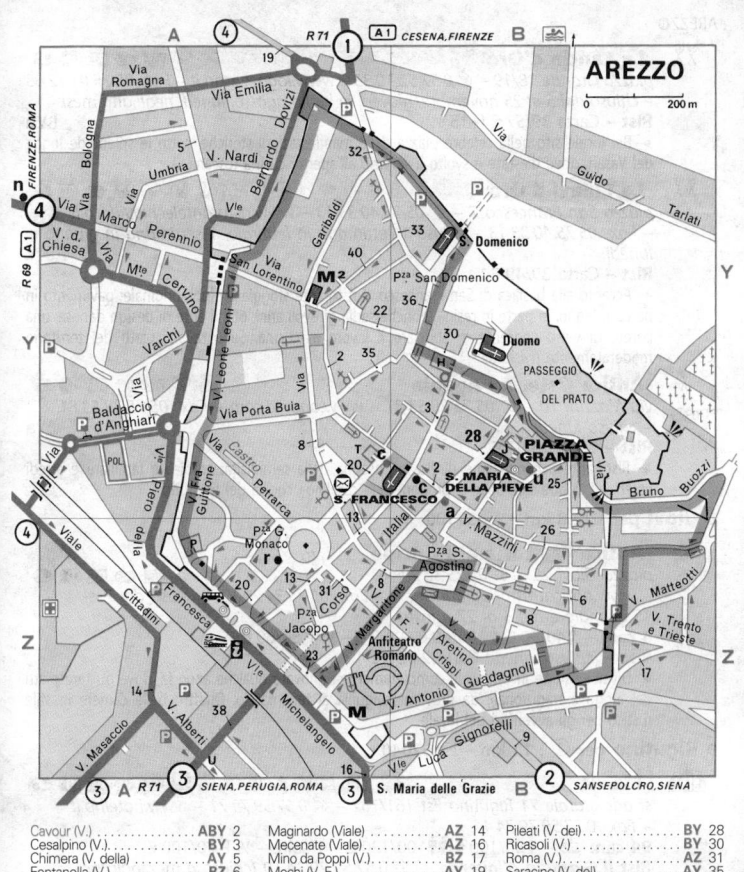

AREZZO

0   200 m

109

XX **La Lancia d'Oro**

piazza Grande 18/19 – ✆ 0 57 52 10 33 – www.loggevasari.it – Fax 05 75 04 12 68 – chiuso dal 5 al 25 novembre, giovedì in luglio-agosto, lunedì negli altri mesi

Rist – Carta 39/57 € (+15 %) BY**u**

◆ Bel locale sito nella celebre piazza delle manifestazioni storiche, sotto le splendide logge del Vasari, dove d'estate è svolto il servizio all'aperto; cucina toscana.

XX **Le Chiavi d'Oro**

piazza San Francesco 7 – ✆ 05 75 40 33 13 – www.ristorantelechiavidoro.it – Fax 05 75 40 33 13 – chiuso 1 settimana in febbraio, 1 settimana in giugno e lunedì ABY**c**

Rist – Carta 39/49 €

◆ Accanto alla basilica di San Francesco, il ristorante sfoggia un look originale: pavimento in parte in legno, in parte in resina, nonché sedie girevoli anni '60 ed altre di design danese; una parete di vetro consente di sbirciare il lavoro in cucina. Sulla tavola, piatti del territorio moderatamente rivisitati.

X **Antica Osteria l'Agania**

via Mazzini 10 – ✆ 05 75 29 53 81 – www.agania.com – Fax 05 75 29 53 81 – chiuso lunedì BY**a**

Rist – Carta 16/23 €

◆ Ristorante a conduzione diretta all'insegna della semplicità: ambiente familiare e arredi essenziali in due sale dove si propone una casalinga cucina del territorio.

a Giovi per ① : 8 km – ✉ 52100

X **Antica Trattoria al Principe** con cam rist,

piazza Giovi 25 – ✆ 05 75 36 20 46 – www.anticatrattoriaalprincipe.it – Fax 05 75 34 29 12 – chiuso dal 7 al 15 gennaio e dal 3 al 27 agosto

4 cam – †40/50 € ††50/60 €, ☕ 5 € – ½ P 50/60 €

Rist – *(chiuso lunedì)* Carta 24/37 €

◆ Diverse salette in un locale completamente rinnovato qualche anno fa, dove gustare piatti del luogo e tradizionali; da provare l'anguilla al tegamaccio. Quattro belle camere in stile rustico per gli avventori del locale.

a Rigutino per ③ : 12 km – ✉ 52040

Planet

strada statale 71 Rigutino Est 161/162 – ✆ 0 57 59 79 71 – www.hotelhp.it – Fax 0 57 59 79 74 44

94 cam ☕ – †80/100 € ††100/120 € – 1 suite – ½ P 70/100 €

Rist *Il Giardino d'Inverno* – ✆ 0 57 59 79 74 10 *(chiuso a mezzogiorno)* Carta 36/47 €

◆ Lungo la statale per Cortona, moderna struttura in cui spiccano gli spazi sia della hall che delle camere, generalmente ampie e con bagni in marmo. Gli appassionati di carne troveranno tanti buoni motivi per fermarsi al ristorante.

ARGEGNO – Como (CO) – 561 E9 – 669 ab. – alt. 220 m – ✉ 22010 16 A2

Roma 645 – Como 20 – Lugano 43 – Menaggio 15

Argegno-La Corte cam,

via Milano 14 – ✆ 0 31 82 14 55 – www.hotelargegno.it – Fax 0 31 82 14 55 – chiuso dal 20 al 27 dicembre

14 cam ☕ – †55/65 € ††80/98 € – ½ P 60/70 € **Rist** – Carta 29/37 €

◆ Buona accoglienza in un piccolo albergo centrale a gestione familiare, ristrutturato da pochi anni; camere dignitose e ben tenute, con arredi funzionali. Sala da pranzo non ampia, ma arredata con buon gusto, in un semplice stile moderno.

a Sant'Anna Sud-Ovest : 3 km – ✉ 22010 Argegno

XX **La Griglia** con cam

località Sant'Anna 1 – ✆ 0 31 82 11 47 – www.lagriglia.it – Fax 0 31 82 15 62 – chiuso dall'11 gennaio al 13 febbraio

11 cam ☕ – †75/85 € ††85/110 € – ½ P 60/75 €

Rist – *(chiuso martedì escluso luglio-agosto)* Carta 31/41 €

◆ Trattoria di campagna con camere: ambiente rustico nelle due sale completamente rinnovate; servizio estivo all'aperto e ampia selezione di vini e distillati.

XX **Locanda Sant'Anna** con cam ⚐ ⟨ 🚗 (¹) **P.** 𝘷𝘪𝘴𝘢 ⓪ 𝔸𝔼 ♦
via Peschignano 152 – ℰ 031 82 17 38 – www.locandasantanna.net
– Fax 031 82 20 46 – chiuso dal 23 al 30 dicembre
9 cam ⚐ – †50/100 € ††60/110 € – ½ P 80 €
Rist – *(chiuso mercoledì nel periodo invernale)* Carta 34/64 € ⅋
♦ Locanda con camere in una bella casa totalmente ristrutturata; due sale da pranzo attigue, con divanetti e soffitto con travi a vista, affacciate sulla valle e sul lago.

ARGELATO – Bologna (BO) – **562** I16 – **9 463 ab.** – **alt. 21 m** – ✉ 40050   9 C3
🚉 Roma 393 – Bologna 20 – Ferrara 34 – Milano 223

XX **L'800** 🏠 𝔸ℂ ℅ **P.** 𝘷𝘪𝘴𝘢 ⓪ 𝔸𝔼 ♦
🏵 *via Centese 33 – ℰ 051 89 30 32 – www.ristorante800.it – Fax 051 89 30 32*
– chiuso sabato a mezzogiorno, domenica sera, lunedì
Rist – Carta 28/41 €
♦ Signorile casa colonica di fine '800: un'elegante e ampia sala con grandi tavoli ornati di argenti e cristalli e una saletta più intima. Specialità da provare: lumache e rane.

a Funo Sud-Est : 9 km – ✉ 40050

XXX **Il Gotha** ⅋ 𝔸ℂ ℅ 𝘷𝘪𝘴𝘢 ⓪ ♦
via Galliera 92 – ℰ 051 86 40 70 – www.ilgotha.com – Fax 051 86 40 70
– chiuso dal 26 dicembre al 6 gennaio, dal 1° al 20 agosto e domenica
Rist – Carta 29/44 €
♦ Elegante ristorante dalle tonalità chiare, con vezzose sedie zebrate ed un grande trompe-l'oeil che conferisce profondità all'ambiente. La carta contempla piatti di mare classici o ricercati, ma non mancano proposte a base di carne.

ARGENTA – Ferrara (FE) – **562** I17 – **22 385 ab.** – ✉ 44011   9 C2
🚉 Roma 432 – Bologna 53 – Ravenna 40 – Ferrara 34
🖼, ℰ 0532 85 25 45

🏨 **Villa Reale** senza rist 🈲 & 𝔸ℂ ⟨⟩ 𝔸 **P.** 𝘷𝘪𝘴𝘢 ⓪ ♦
viale Roiti 16/a – ℰ 05 32 85 23 34 – www.hotelvillareale.it – Fax 05 32 85 23 53
25 cam ⚐ – †70/78 € ††90/130 €
♦ La villa d'epoca si integra con una costruzione moderna in vetro per dare vita a un albergo confortevole, ideale sia per soggiorni di lavoro che per una clientela turistica.

⌂ **Agriturismo Val Campotto** ⅋ 🚗 🔥 𝔸ℂ ℅ **P.** 𝘷𝘪𝘴𝘢 ⓪ ♦
🍴 *strada Margotti 2, Sud-Ovest : 2 km – ℰ 05 32 80 05 16 – www.valcampotto.it*
– Fax 05 32 31 94 13
9 cam ⚐ – †50/64 € ††72/82 € – ½ P 54/59 €
Rist – *(chiuso lunedì, martedì)* (consigliata la prenotazione) Carta 18/32 €
♦ Era la casa dei nonni paterni questa residenza di campagna. Ristrutturata con gusto e accortezza, è avvolta da una vera passione per l'ospitalità, tramandata da generazioni. Si pranza all'aperto in estate, in una luminosa veranda. Curata dai titolari stessi, la cucina riscopre i sapori del territorio.

ARIANO IRPINO – Avellino (AV) – **564** D27 – **23 184 ab.** – **alt. 817 m**   7 C1
– ✉ 83031
🚉 Roma 262 – Foggia 63 – Avellino 51 – Benevento 41

XX **La Pignata** 𝔸ℂ ℅ ⟷ 𝘷𝘪𝘴𝘢 ⓪ 𝔸𝔼 ♦
🍴 *viale Dei Tigli 7 – ℰ 08 25 87 25 71 – www.ristorantelapignata.it – chiuso 15*
🏵 *giorni in luglio e martedì*
Rist – Carta 20/30 €
♦ La grande bilancia addossata al muro ricorda l'originaria funzione dell'edificio, mentre la cucina racconta la storia di oggi, saldamente legata al territorio tra fagioli, pancotto e baccalà.

ARIANO NEL POLESINE – Rovigo (RO) – **562** H18 – **4 754 ab.**   36 C3
– ✉ 45012
🚉 Roma 473 – Padova 66 – Ravenna 72 – Ferrara 50

a San Basilio Est : 5 km – ⊠ 45012 Ariano Nel Polesine

⚐   **Agriturismo Forzello** senza rist 🐾   🛏 🛋 AC P

via San Basilio 5 – 𝒞 33 86 65 95 75 – www.agriturismoforzello.it
– Fax 04 26 37 23 30 – chiuso gennaio-febbraio
6 cam � – ♟♟55/65 €
♦ Casa colonica di inizio '900 costruita sul terreno di un insediamento romano. Punto di partenza per la visita del parco, le camere di maggiore atmosfera hanno arredi d'epoca.

ARMA DI TAGGIA – Imperia (IM) – **561** K5 – ⊠ 18011   **14** A3

🖸 Roma 631 – Imperia 22 – Genova 132 – Milano 255

🖪 via Boselli 𝒞 0184 43733, infoarmataggia@rivieradeifiori.travel,
Fax 0184 43333

◉ Dipinti★ nella chiesa di San Domenico a Taggia★ Nord : 3,5 km

XXX   **La Conchiglia** (Anna Parisi)   🍴 AC 🍽 VISA ⓶ AE ① ᯤ
⊠ lungomare 33 – 𝒞 0 18 44 31 69 – Fax 0 18 44 28 72
– chiuso 15 giorni in giugno, 15 giorni in novembre, mercoledì, giovedì a
mezzogiorno
Rist – Menu 45/110 € – Carta 51/99 € ﷽
Spec. Calamaretti di lampara cotti in zimino con carciofi (inverno-primavera).
San Pietro con olive taggiasche su zoccolo di patate ed erbe aromatiche
liguri. Sfoglia croccante con mela gelatinata e salsa di liquirizia.
♦ Una cucina leggera, dalle linee semplici, che aliena ogni tentativo di procurare eccessivo
stupore: il successo risiede nella qualità del pescato, valorizzato in ogni piatto. Qualche proposta di carne.

ARMENZANO – Perugia – **563** M20 – Vedere Assisi

ARONA – Novara (NO) – **561** E7 – 14 374 ab. – alt. 212 m – ⊠ 28041   **24** B2
📗 Italia

🖸 Roma 641 – Stresa 16 – Milano 40 – Novara 64

🖪 piazzale Duca d'Aosta 𝒞 0322 243601, arona@distrettolaghi.it,
Fax 0322 243601

◉ Lago Maggiore★★★ – Colosso di San Carlone★ – Polittico★ nella chiesa
di Santa Maria – ⩽★ sul lago e Angera dalla Rocca

XXX   **Taverna del Pittore**   ⩽ 🍽 ⟷ VISA ⓶ AE ① ᯤ
piazza del Popolo 39 – 𝒞 03 22 24 33 66
– www.ristorantetavernadelpittore.it – Fax 0 32 24 80 16
– chiuso dal 18 dicembre al 21 gennaio e lunedì
Rist – Carta 62/80 € ﷽ (+10 %)
♦ Ambiente distinto in un ristorante ubicato in un edificio seicentesco che si protende sul
lago grazie a un'incantevole veranda con vista sulla rocca di Angera.

XX   **La Piazzetta**   ⩽ 🍴 AC 🍽 VISA ⓶ AE ᯤ
piazza del Popolo 35 – 𝒞 03 22 24 33 16 – www.lapiazzettadiarona.com
– Fax 0 32 24 80 27 – chiuso dal 1° al 10 gennaio e lunedì
Rist – Carta 32/55 €
♦ In prossimità del lago, locale gestito da due fratelli napoletani che hanno esportato in
zona lacustre la loro cucina marinara: prodotti freschi e piatti ben fatti.

a Campagna Nord-Ovest : 4 km – ⊠ 28041

X   **Campagna**   🍴 AC 🍽 P VISA ⓶ AE ᯤ
via Vergante 12 – 𝒞 0 32 25 72 94 – www.trattoriacampagna.it
– Fax 0 32 25 72 94 – chiuso dal 15 al 30 giugno, dal 10 al 25 novembre, lunedì
sera (escluso luglio-agosto), martedì
Rist – Carta 30/39 €
♦ Trattoria a conduzione familiare, in un bel rustico ristrutturato; interni piacevoli e accoglienti dove provare piatti di cucina della tradizione elaborata con cura.

a Montrigiasco Nord-Ovest : 6 km – ⊠ 28041 Arona

XX **Castagneto**   ≤ 🚗 🏠 AC P VISA ⊙ AE ① ⚡
via Vignola 14 – ℰ 03 32 25 72 01 – www.ristorantecastagneto.com
– Fax 03 32 25 72 01 – chiuso dal 24 dicembre al 20 gennaio, 10 giorni in giugno,
10 giorni in settembre, lunedì, martedì
Rist – Carta 23/45 € ⌘
◆ Attivo da alcuni decenni, il locale ha visto avvicendarsi la nuova generazione della medesima famiglia. Lo spirito genuino è immutato così come l'atmosfera, calda e rilassata.

a Mercurago SO : 2 km – ⊠ 28041

XX **Duetto**   🏠 VISA ⊙ AE ⚡
via XXIV Aprile 5 – ℰ 03 32 24 49 03 – chiuso 15 giorni in gennaio, 15 giorni in
agosto, martedì sera, mercoledì
Rist – Carta 44/60 €
◆ Un piccolo ed accogliente locale con due diverse proposte gastronomiche in due spazi
distinti: informale ed economico il bistrot, più elegante e gourmet la sala ristorante.

ARPINO – Frosinone (FR) – 563 R22 – 7 657 ab. – alt. 450 m – ⊠ 03033   13 D2
D Roma 115 – Frosinone 29 – Avezzano 53 – Isernia 86

🏨 **Il Cavalier d'Arpino** senza rist   🚗 🕭 ⫶ ⍧ AC ⅏ 📞 P
via Vittoria Colonna 21 – ℰ 07 76 84 93 48   VISA ⊙ AE ① ⚡
– www.cavalierdarpino.it – Fax 07 76 85 00 60
28 cam ⊇ – †38/58 € ††53/90 €
◆ Fuori dal centro, circondato da un ameno giardino e da un parco, grande edificio in pietra
rinnovato negli arredi durante gli ultimi anni; camere confortevoli.

a Carnello Nord : 5 km – ⊠ 03030

XX **Mingone** con cam   🏠 🕭 AC ⅏ ⍤ 🚾 P VISA ⊙ AE ① ⚡
via Pietro Nenni 96 – ℰ 07 76 86 91 40 – www.mingone.it – Fax 07 76 86 87 00
8 cam ⊇ – †35/50 € ††47/85 € – ½ P 52/65 €   **Rist** – Carta 20/35 €
◆ Stazione di posta per l'Abruzzo dal 1890, oggi poliedrico ristorante con camino e affreschi
di vita ciociara, sala per degustazione vini e camere con arredi in stile.

ARQUÀ PETRARCA – Padova (PD) – 562 G17 – 1 861 ab. – alt. 56 m   35 B3
– ⊠ 35032 ▮ Italia
D Roma 478 – Padova 22 – Mantova 85 – Milano 268

XX **La Montanella**   ≤ 🚗 🏠 AC ⅏ ⇄ P VISA ⊙ AE ① ⚡
via dei Carraresi 9 – ℰ 04 29 71 82 00 – www.montanella.it – Fax 04 29 77 71 77
– chiuso dal 4 gennaio al 13 febbraio, dal 9 al 21 agosto, martedì sera, mercoledì
Rist – Menu 42/52 € – Carta 34/49 € ⌘
◆ Riscoperta di piatti antichi e vini di pregio, nell'eleganza di un locale in bella posizione
panoramica, circondato da un giardino con ulivi secolari e fiori.

ARSINA – Lucca – 562 K13 – Vedere Lucca

ARTA TERME – Udine (UD) – 562 C21 – 2 287 ab. – alt. 442 m   10 B1
– ⊠ 33022
D Roma 696 – Udine 56 – Milano 435 – Monte Croce Carnico 25
🛈 via Umberto I 15 ℰ 0433 929290, artaterme@turismo.fvg.it, Fax 0433 92104

a Piano d'Arta Nord : 2 km – alt. 564 m – ⊠ 33022

🏨 **Gardel**   ⛶ ⊙ 🕭 🕭 ⅙ rist. AC ⅏ rist, ⍤ P VISA ⊙ ⚡
via Marconi 6/8 – ℰ 04 33 92 25 88 – Fax 04 33 92 15 53 – chiuso dal 15 novembre
al 20 dicembre
55 cam ⊇ – †45/70 € ††65/85 € – ½ P 54/60 €   **Rist** – Carta 18/24 €
◆ Ideale per una vacanza salutare e rigenerante, coccolati dalla calda accoglienza di una
famiglia dalla lunga tradizione alberghiera. Attrezzato centro benessere e confortevoli camere
recentemente rinnovate. L'attenzione al benessere continua a tavola, dove potrete trovare
piatti leggeri e salutari.

ARTIMINO – Prato – **563** K15 – Vedere Carmignano

ARTOGNE – Brescia (BS) – **561** E12 – 3 440 ab. – alt. 252 m   **17** C2
– ⊠ 25040

▶ Roma 608 – Brescia 53 – Milano 104 – Monza 93

✗✗ **Osteria Cà dei Nis**   👌 🕸 **P** 🇻🇮🇸🇦 ⓤ **AE** ① 🍴
via della Concordia ang. via Trento
– ✆ 03 64 59 02 09 – www.cadeinis.it
– Fax 03 64 59 88 82 – chiuso 1 settimana in gennaio,
dall'8 al 28 agosto e lunedì
Rist – (chiuso a mezzogiorno escluso domenica) Carta 27/42 €
♦ Due pittoresche salette interamente in pietra all'interno di un palazzo del '700 nel cuore della piccola località. Ambiente ideale per apprezzare una cucina sfiziosa.

ARVIER – Aosta (AO) – **561** E3 – 879 ab. – alt. 776 m – ⊠ 11011   **34** A2

▶ Roma 774 – Aosta 15 – Moncalieri 161 – Rivoli 140

✗✗ **Le Vigneron**   🏡 🕸 **P** 🇻🇮🇸🇦 ⓤ 🍴
Via Corrado Gex 64 – ✆ 0 16 59 92 18
– www.levigneron.it – Fax 0 16 59 92 18
– chiuso 15 giorni in ottobre, martedì, da giugno a settembre solo martedì a mezzogiorno
Rist – Carta 42/54 €
♦ Immerso nei vigneti dell'Enfer, giovane e dinamica gestione: menu di selvaggina, turistico, enogastromico, per bambini e vegetariano...oltre a qualche inattesa specialità di pesce.

ARZACHENA – Olbia-Tempio (104) – **366** R37 – Vedere Sardegna alla fine dell'elenco alfabetico

---

ARZIGNANO – Vicenza (VI) – **562** F15 – 25 428 ab. – alt. 116 m   **35** B2
– ⊠ 36071

▶ Roma 536 – Verona 48 – Venezia 87 – Vicenza 22

✗✗✗ **Ca' Daffan** (Gianni Battistella)   **AC** **P** 🇻🇮🇸🇦 ⓤ **AE** ① 🍴
❀ via Fratta Alta 15, (trasferimento previsto in Corso Mazzini 22
primo semestre 2010) – ✆ 04 44 67 14 79
– www.cadaffan.it – Fax 04 44 45 51 75
– chiuso 3 settimane in gennaio, 1 settimana in marzo, dal 13 al 20 agosto,
domenica, lunedì a mezzogiorno
Rist – Menu 28 € (solo a mezzogiorno)/90 € – Carta 40/75 € 🍷
Spec. Gnocchi neri di patate ripieni con ricci di mare e cozze. Maialino 77. Sablèe bretone al pomodoro e basilico con olive al sambuco.
♦ Piccolissimo ristorante con una ventina di coperti e cantina a vista. Ma è la cucina ad offrire la sorpresa più grande, estro e accuratezza per palati esigenti.

ASCIANO – Siena (SI) – **563** M16 – 7 184 ab. – alt. 200 m – ⊠ 53041   **29** C2
🟩 Toscana

▶ Roma 208 – Siena 29 – Arezzo 46 – Firenze 100

🏨 **Borgo Casabianca** 🌿   ⇐ 🚗 🏡 🏊 🕸 ⚜ **AC** 🕸 rist, 🎣 🏖 **P**
località Casa Bianca, Est : 10,5 km – ✆ 05 77 70 43 62   🇻🇮🇸🇦 ⓤ **AE** ① 🍴
– www.casabianca.it – Fax 05 77 70 46 22
– chiuso dal 7 gennaio al 1° aprile
29 cam ⊡ – †110/129 € ††170/198 € – 2 suites – ½ P 139 €
Rist Borgo Casabianca – (chiuso mercoledì) Carta 31/44 € 🍷
♦ Immerso in un paesaggio agreste, un borgo dai caratteristici edifici in pietra si propone per un soggiorno di relax nei suoi ambienti arredati con pezzi d'antiquariato. Rustico elegante, il ristorante è riscaldato da un piacevole caminetto e propone piatti legati al territorio, accompagnati da qualche rivisitazione.

▶ Roma 191 – Ancona 122 – L'Aquila 101 – Napoli 331

🖬 piazza Arringo 7 ℰ 0736 253045, iat.ascolipiceno@regione.marche.it, Fax 0736 252391

◉ Piazza del Popolo★★ B : palazzo dei Capitani del Popolo★, chiesa di San Francesco★, Loggia dei Mercanti★ **A** – Quartiere vecchio★ AB : ponte di Solestà★, chiesa dei Santi Vicenzo ed Anastasio★ **N** – Corso Mazzini★ ABC – Politico del Crivelli★ nel Duomo C – Battistero★ C **E** - Pinacoteca★B **M**

Piante pagine seguenti

🏨 **Palazzo Guiderocchi**   🚕 🗐 🕭 rist, 🎬 🎖 🖧 🅿 ⚼ ⚼ ⚼ ⚼ ⚼
via Cesare Battisti 3 – ℰ 07 36 24 40 11 – www.palazzoguiderocchi.com
– Fax 07 36 24 34 41   B**c**
37 cam ⌷ – ♥♥69/199 € – ½ P 90 €
Rist – (chiuso martedì) Carta 24/32 €
♦ Palazzo patrizio della fine del XVI secolo, centralissimo e con una pittoresca corte interna e camere in stile molto grandi. A 200 metri la dipendenza di taglio più moderno. Il ristorante è stato ricavato dagli antichi locali di guardia del palazzo.

🏨 **Residenza 100 Torri** senza rist   🗐 🕭 🎬 ↵ ⚼ ☎ 🖧
via Costanzo Mazzoni 6 – ℰ 07 36 25 51 23   ⚼ ⚼ ⚼ ⚼ ⚼
– www.centotorri.com – Fax 07 36 25 16 46   A**b**
12 cam ⌷ – ♥115/175 € ♥♥128/250 € – 2 suites
♦ Nuovo hotel ricavato da un'antica filanda e dalle scuderie di un palazzo del 1700, dove fascino storico e confort aggiornati costituiscono un buon mix per un'accogliente raffinata.

🏨 **Pennile** senza rist ⌂   🖧 🎬 ⚼ 🅿 ⚼ ⚼ ⚼ 🖧
via Spalvieri 24, per viale Napoli – ℰ 0 73 64 16 45 – www.hotelpennile.it
– Fax 07 36 34 27 55   C**c**
33 cam ⌷ – ♥50/65 € ♥♥78/85 €
♦ Non lontano dal centro della località, immerso nel verde e nella tranquillità, l'albergo si presenta con interni ariosi e camere semplici, ma ben tenute. Una comoda struttura per partire alla scoperta della città.

🏠 **Agriturismo Villa Cicchi** ⌂   ≤ 🚗 ⛝ 🗐 🏕 🎬 🖧 🅿 ⚼ ⚼ 🖧
via Salaria Superiore 137, Sud : 3 km direzione Rosara – ℰ 07 36 25 22 72
– www.villacicchi.it – Fax 07 36 24 72 81 – chiuso dal 15 novembre al
2 dicembre e dal 10 gennaio al 10 febbraio
6 cam ⌷ – ♥60/190 € ♥♥80/300 € – ½ P 70/180 €
Rist – (chiuso domenica sera, lunedì) (prenotare) Carta 20/42 €
♦ Grande fascino in questa rustica dimora di fine '600, dove i proprietari hanno conservato con grande passione suppellettili artigiane e contadine. Belle camere, alcune con soffitti decorati a tempera.

🍴🍴 **Gallo d'Oro**   🚕 🎬 ⚼ ⟺ ⚼ ⚼ ⚼ ⚼ 🖧
corso Vittorio Emanuele 54 – ℰ 07 36 25 35 20 – Fax 07 36 34 26 91
– chiuso dal 31 dicembre al 4 gennaio, dal 15 al 20 agosto, sabato a
mezzogiorno, domenica   C**n**
Rist – Carta 27/35 €
♦ A due passi dal Duomo, un ambiente accogliente e raffinato, caratterizzato da una bella luce proveniente da un inatteso dehors. La cucina spazia dai piatti di terra a quelli di mare (soprattutto il venerdì) ed, in stagione, funghi e tartufi. Consigliata una sosta sul fritto misto all'ascolana… per lasciarsi emozionare.

🍴 **Del Corso**   🎬 ⚼ ⚼ ⚼ 🖧
corso Mazzini 277/279 – ℰ 07 36 25 67 60
– chiuso dal 24 dicembre al 6 gennaio, dal 6 al 13 aprile, dal 15 agosto al
7 settembre, domenica sera, lunedì   C**d**
Rist – (prenotazione obbligatoria domenica a mezzogiorno) Carta 29/44 €
♦ In un antico palazzo del centro storico, il ristorante dispone di una piccolissima sala dalla pareti in pietra e volte a vela. La cucina è di mare, fragrante e gustosa: i piatti sono esposti a voce.

ASCOLI PICENO

 Un pasto accurato a prezzo contenuto? Cercate i Bib Gourmand ⑭.

ASIAGO – Vicenza (VI) – 562 E16 – 6 543 ab. – alt. 1 001 m   35 B2
– Sport invernali : 1 000/2 000 m ⚡43 (Altopiano di Asiago) ⚡
– ⊠ 36012

🗓 Roma 589 – Trento 64 – Milano 261 – Padova 88
🇮 via Stazione 5 ℰ 0424 462661, iat.asiago@provincia.vicenza.it,
Fax 0424 462445
🔟 Asiago, ℰ 0424 46 27 21

🏨 **Europa**   🕸 🔋 ⅷ 🄰🄲 rist, ⁽ᵗ⁾ 🄿 𝘝𝘐𝘚𝘈 ⓪ 🄰🄴 ⓪ 💰
corso IV Novembre 65/67 – ℰ 04 24 46 26 59 – www.hoteleuroparesidence.it
– Fax 04 24 46 07 96
27 cam ⊊ – ♦44/170 € ♦♦116/170 € – ½ P 88/115 €
Rist – (chiuso lunedì) Carta 40/59 €
◆ Signorile ed imponente palazzo nel cuore di Asiago apparentemente d'epoca ma in realtà
completamente ricostruito. Al primo piano un'elegante stufa riscalda le zone comuni.

116

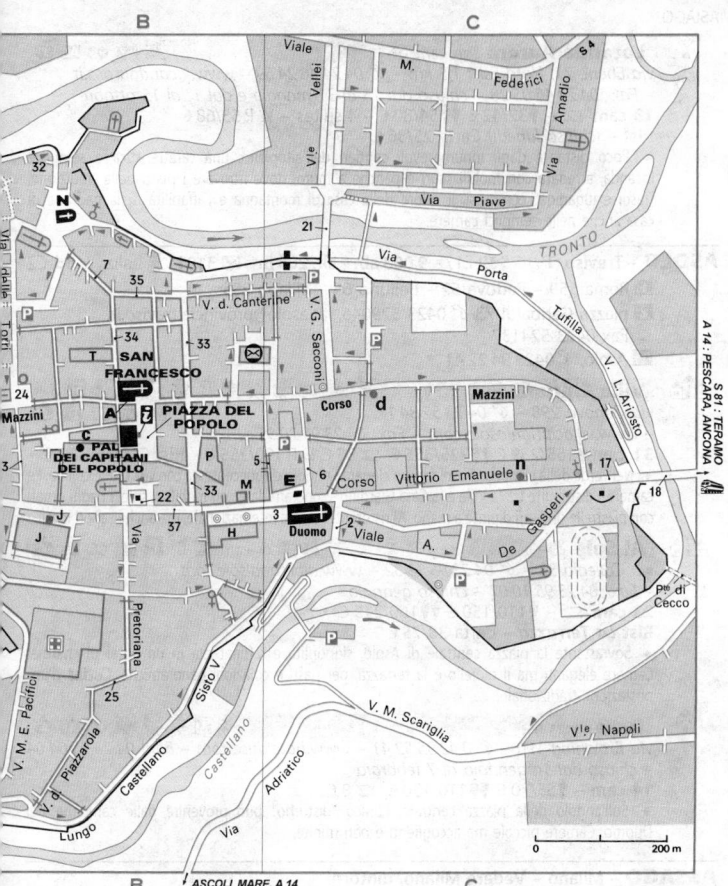

🏨 Golf Hotel Villa Bonomo 🕭　　　⟨ 🏠 🕅 |♦| ✂ rist, ♔ 👪 🅿 🚗

via Pennar 322, Sud-Est : 3 km – ℰ *04 24 46 04 08*　　　　　VISA ⓪③ Ⓢ
*– www.hotelvillabonomo.it – Fax 04 24 46 04 08 – chiuso dal 5 novembre al
5 dicembre e dal 10 marzo al 20 aprile*
11 cam � – †65/95 € ††100/165 € – ½ P 78/110 €
Rist – *(25 dicembre-6 gennaio e luglio-agosto)* Carta 30/37 €
◆ Elegante residenza di campagna adiacente ai campi da golf, recentemente restaurata in
rustico stile tirolese; deliziosi spazi comuni con due grandi stufe in ceramica. Gradevole sala
ristorante.

🏨 Erica　　　🚅 ↳🕭 |♦| AC rist, ✂ ⟨» 🅿 VISA ⓪③ Ⓢ

via Garibaldi 55 – ℰ *04 24 46 21 13 – www.hotelerica.it – Fax 04 24 46 28 61
– dicembre-aprile e 15 maggio-ottobre*
32 cam – †52/80 € ††72/112 €, � 9 € – ½ P 72/100 €
Rist – *(7 dicembre-25 marzo e 15 giugno-14 settembre)* Carta 24/29 €
◆ Cordiale e cortese conduzione familiare in un albergo in centro paese che offre un confortevole e tipico ambiente di montagna; graziose camere essenziali. Gradevole sala da pranzo
con soffitto a cassettoni, abbellita da vetri colorati.

117

Locanda Aurora con cam 🦌   P VISA ΦΦ AE ✆

via Ebene 71, Nord-Est : 1,5 km – ℰ 04 24 46 24 69 – www.locandaurora.it
– Fax 04 24 46 05 28 – chiuso dal 15 al 31 maggio e dal 1° al 15 ottobre
13 cam ☲ – †32/42 € ††54/80 € – 4 suites – ½ P 55/68 €
Rist – (chiuso lunedì) Carta 25/36 €
♦ Poco distante dagli innumerevoli sentieri dell'altopiano, una caratteristica e semplice
locanda, arredata con mobili scuri e panche a muro, dove ritrovare i piatti della tradizione,
"fasoi e luganiga" compresi. Il calore della casa di montagna e l'affabilità della padrona di
casa anche nelle semplici camere.

ASOLO – Treviso (TV) – **562** E17 – **9 068 ab.** – alt. 204 m – ⊠ 31011 🏳 Italia   **36** C2

▶ Roma 559 – Padova 52 – Belluno 65 – Milano 255

🖪 piazza Garibaldi 73 ℰ 0423 529046, iat.asolo@provincia.treviso.it,
Fax 0423 524137

🗺 Asolo, ℰ 0423 94 22 41

Villa Cipriani 🦌   ⪡ 🛋 🏡 🏤 ℉ᵃ 🕼 🖵 ℆ rist, "🁢" 🏊 P 🚗
via Canova 298 – ℰ 04 23 52 34 11   VISA ΦΦ AE ① ✆
– www.villaciprianiasolo.com – Fax 04 23 95 20 95
31 cam †155/239 € ††225/355 €, ☲ 35 €, ½ P 190/255 €   **Rist** Carta 62/88 €
♦ Nel verde della campagna asolana, un'elegante dimora cinquecentesca con vista sulle colline. Le
camere - distribuite tra la Villa e la Casa Giardino - sono arredate con mobili in stile, i bagni ornati
con piastrelle di Vietri dipinte a mano. Al ristorante: cucina internazionale, ma anche sapori locali.

Al Sole 🦌   ⪡ 🏤 ℉ᵃ 🕼 ㄥ cam, 🖵 "🁢" P VISA ΦΦ AE ✆
via Collegio 33 – ℰ 04 23 95 13 32 – www.albergoalsole.com
– Fax 04 23 95 10 07 – chiuso gennaio
23 cam ☲ – †110/150 € ††160/215 €
Rist La Terrazza – Carta 38/75 €
♦ Sovrastante la piazza centrale di Asolo, signorilità e raffinatezza in un hotel di charme.
Camere eleganti ma il gioiello è la terrazza, per pasti e colazioni panoramiche. Cucina d'im-
postazione tradizionale.

Duse senza rist   🕼 🖵 ℆ "🁢" VISA ΦΦ AE ✆
via Browning 190 – ℰ 0 42 35 52 41 – www.hotelduse.com – Fax 04 23 95 04 04
– chiuso dal 14 gennaio al 7 febbraio
14 cam – †55/70 € ††110/130 €, ☲ 8 €
♦ Sull'angolo della piazza centrale, l'unico "disturbo" può provenire dalle campane del
Duomo. Camere piccole ma accoglienti e ben rifinite.

ASSAGO – Milano – Vedere Milano, dintorni

ASSISI – Perugia (PG) – **563** M19 – **27 279 ab.** – alt. 424 m 🏳 Italia   **32** B2

▶ Roma 197 – Perugia 25 – Foligno 23 – Spoleto 46

🖪 piazza del Comune, ℰ 075 812534 info@iat.assisi.pg.it Fax 075 813727

◉ Basilica di San Francesco★★★ A - Chiesa di Santa Chiara★★ BC - Rocca
Maggiore★★ B:⪡★★★sulla città e la campagna - Via San Francesco★ AB
- Piazza del Comune★ B **3** - Duomo (San Rufino)★ C: facciata★★★
- Chiesa di San Pietro★★ A

🄶 Eremo delle Carceri★★: 4 km est - Convento di San Damiano★: 2 km a
sud dalla Porta Nuova - Basilica di Santa Maria degli Angeli★: 5 km a sud-
ovest nella pianura

Piante pagine seguenti

Grand Hotel Assisi 🦌   🏡 🖳 🏤 🖼 ㄥ 🖵 ℆ rist, "🁢" 🏊 🚗
via f.lli Canonichetti, 2 km per ① ⊠ 06081   VISA ΦΦ AE ① ✆
– ℰ 07 58 15 01 – www.grandhotelassisi.com – Fax 07 58 15 07 77
155 cam ☲ – †103/123 € ††165/205 € – 1 suite – ½ P 103/128 €
Rist – Menu 20/50 €
♦ Sulle pendici del monte Subasio, un'imponente struttura moderna dotata di terrazza roof-
garden con vista sui dintorni; spaziosa hall, camere di medie dimensioni. L'ampiezza della
sala ristorante riflette la versatilità delle preparazioni gastronomiche.

🏨 **Subasio** ≼ 🛜 🛎 📶 🌐 📶 🄌 🅰🄴 ⓪ ⛎
via Frate Elia 2 ✉ 06082 – ℰ 075 81 22 06 – www.hotelsubasioassisi.com
– Fax 075 81 66 91   A**f**
61 cam ⊊ – 💵60/200 € 💵💵70/250 € – ½ P 53/150 €
Rist – Carta 20/28 €
♦ Hotel di tradizione, adiacente alla Basilica di S. Francesco, con arredi in stile e atmosfere d'epoca; terrazze panoramiche a disposizione degli ospiti. Elegante ristorante, con lampadari che sembrano di pizzo e finestre che paiono infinite.

🏨 **Fontebella** ≼ 🛎 🔥 📶 🌐 📶 🄌 🅰🄴 ⓪ ⛎
via Fontebella 25 ✉ 06081 – ℰ 075 81 28 83
– www.fontebella.com – Fax 075 81 29 41
– chiuso dal 7 gennaio al 15 febbraio   B**e**
46 cam ⊊ – 💵49/170 € 💵💵59/290 € – ½ P 50/175 €
Rist Il Frantoio – vedere selezione ristoranti
♦ Hotel totalmente rinnovato, con raffinati spazi comuni in stile classico, ornati di eleganti tappeti e piacevoli dipinti alle pareti; belle camere dotate di ogni confort.

🏨 **La Terrazza** ≼ 🚗 🛜 🍽 🛎 🔥 rist. 📶 🅿 📶 🌐 🅰🄴 ⓪ ⛎
via F.lli Canonichetti, 2 km per ① ✉ 06081 – ℰ 075 81 23 68
– www.laterrazzahotel.it – Fax 075 81 61 42
26 cam ⊊ – 💵70/90 € 💵💵90/130 € – ½ P 80/85 €
Rist – (chiuso gennaio e febbraio) Carta 20/45 €
♦ Grande struttura di moderna concezione, ottimamente tenuta, che ben coniuga le esigenze di funzionalità con l'utilizzo di materiali del posto. Accoglienti e silenziose le camere, nuovo ed attrezzato il centro benessere. Bianche pareti ulteriormente rischiarate da piccoli lumi nell'ampia e sobria sala ristorante.

🏨 **Dei Priori** 🛎 📶 🌐 rist, 🌐 📶 🌐 🅰🄴 ⓪ ⛎
corso Mazzini 15 ✉ 06081 – ℰ 075 81 22 37 – www.assisi-hotel.com
– Fax 075 81 68 04   B**n**
42 cam ⊊ – 💵55/120 € 💵💵90/220 € – ½ P 75/140 €
Rist – (chiuso dal 15 gennaio a febbraio) (chiuso a mezzogiorno)
Carta 28/35 €
♦ Vicino alla piazza centrale, imponente albergo che ben s'inserisce nel complesso storico; aree comuni con belle poltrone e divani in stile, camere confortevoli. Atmosfera raffinata e un piacevole gioco di luci, che illumina il soffitto a volte della sala.

🏨 **Umbra** ⌂ 🛜 🛎 📶 cam, 🌐 🌐 📶 🌐 🅰🄴 ⛎
vicolo degli Archi 6 ✉ 06081 – ℰ 075 81 22 40 – www.hotelumbra.it
– Fax 075 81 36 53 – 16 marzo-novembre   B**x**
24 cam ⊊ – 💵70/80 € 💵💵105/125 € – ½ P 77/87 €
Rist – (chiuso domenica) (chiuso a mezzogiorno) Carta 24/37 €
♦ E' in una posizione davvero felice questo hotel, dove sarete accolti con cordialità, situato in pieno centro, in una zona tranquilla; ampie camere con arredi in stile. Gradevole sala con pareti chiare e tavoli graziosi; servizio estivo all'aperto, in terrazza.

🏠 **Sole** 🛎 🌐 📶 🌐 🅰🄴 ⓪ ⛎
corso Mazzini 35 ✉ 06081 – ℰ 075 81 23 73 – www.assisihotelsole.com
– Fax 075 81 37 06   B**z**
37 cam – 💵26/45 € 💵💵37/65 €, ⊊ 6 € – ½ P 53 €
Rist – (marzo-ottobre) Carta 17/33 €
♦ Albergo costituito da due corpi separati, quello principale con ricevimento e ristorante e, dirimpetto, il secondo che ospita camere recenti e spaziose. Caratterisitca sala ristorante con soffitto a volte in mattoni.

🏠 **Berti** 🛎 📶 🌐 🌐 📶 🌐 🅰🄴 ⓪ ⛎
piazza San Pietro 24 ✉ 06081 – ℰ 075 81 34 66
– www.hotelberti.it – Fax 075 81 68 70
– chiuso dal 10 gennaio al 1° marzo   A**a**
10 cam ⊊ – 💵65/80 € 💵💵80/85 €
Rist Da Cecco – vedere selezione ristoranti
♦ Cordiale gestione familiare in un albergo recentemente rimodernato, con graziosi spazi comuni non ampi, ma accoglienti; camere arredate in modo essenziale.

ASSISI

XX **San Francesco** ← AC ⅍ VISA ◑◐ AE ⓞ ⓢ
via San Francesco 52 ⊠ 06081 – ℰ 0 75 81 23 29
– www.ristorantesanfrancesco.com – Fax 0 75 81 52 01
– chiuso dal 1° al 15 luglio e mercoledì **Ab**
Rist – Carta 37/50 € ⅋⅋

♦ Sala curiosamente triangolare, con due pareti in pietra e una interamente a vetri, da cui si gode un'appagante vista sulla Basilica di S.Francesco; arredi curati.

XX **Buca di San Francesco** ⌂ VISA ◑◐ AE ⓞ ⓢ
via Brizi 1 ⊠ 06081 – ℰ 0 75 81 22 04
– www.assisi.com/buca-san-francesco/ – Fax 0 75 81 37 80
– chiuso dal 1° al 15 luglio e lunedì **Bv**
Rist – Carta 24/36 €

♦ Ambiente caratteristico nella sala con pareti in pietra e soffitto ad archi in mattoni, sala attigua in stile più moderno; gradevole servizio estivo sotto un pergolato.

XX **Il Frantoio** – Hotel Fontebella ⇛ ⌂ AC VISA ◑◐ AE ⓞ ⓢ
⇗ *vicolo Illuminati ⊠ 06081 – ℰ 0 75 81 28 83*
– www.fontebella.com – Fax 0 75 81 29 41
– chiuso dal 7 gennaio al 15 febbraio **Be**
Rist – Carta 20/53 € ⅋⅋

♦ Ristorante classico, a ridosso dell'hotel Fontebella, che propone un menù basato su una cucina tradizionale, ma anche un'eccellente cantina. Servizio estivo in giardino.

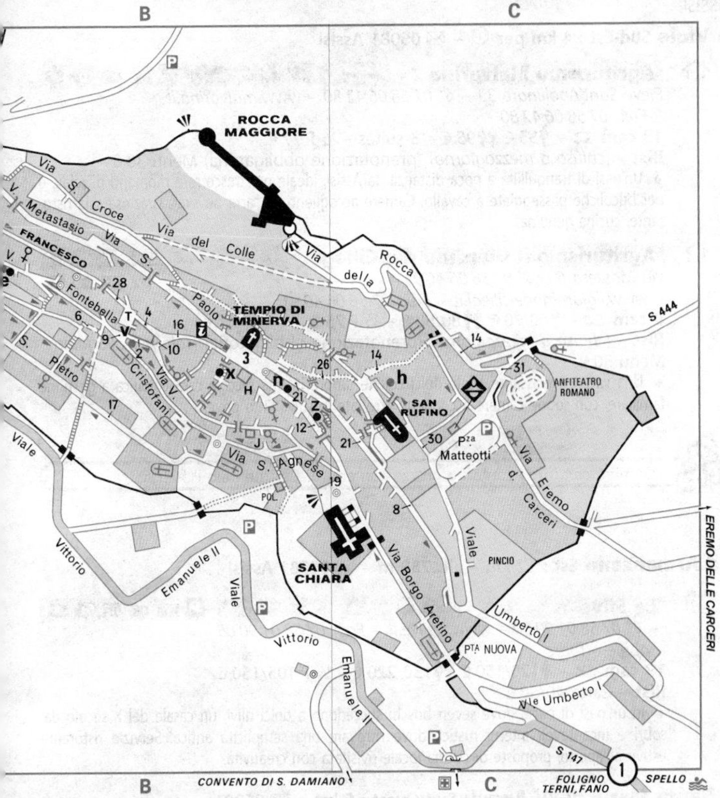
B
C
ROCCA MAGGIORE
Via S. Croce
V. Metastasio
FRANCESCO
Via del Colle
Via S. Paolo
Via della Rocca
S 444
Fontebella
TEMPIO DI MINERVA
S. Pietro
Cristofani
Via V.
28
T
4
6
16
9
V
10
2
3
X
H
n
21
26
14
h
SAN RUFINO
Z
12
J
21
30
Pza Matteotti
ANFITEATRO ROMANO
31
17
Via S. Agnese
POL.
19
8
Via d. Eremo Carceri
Viale
Vittorio
Emanuele II
Viale
Vittorio
Emanuele II
SANTA CHIARA
Via Borgo Aretino
Viale
PINCIO
Umberto I
PTA NUOVA
Vle Umberto I
S 147
EREMO DELLE CARCERI
CONVENTO DI S. DAMIANO
FOLIGNO
TERNI, FANO
1
SPELLO

🍴 Da Erminio
VISA [MC] [AE]

via Montecavallo 19 ✉ *06081 –* ☎ *0 75 81 25 06 – www.trattoriadaerminio.it*
– Fax 0 75 81 25 06 – chiuso febbraio e dal 1° al 15 luglio **Ch**

Rist – *(chiuso giovedì)* Carta 18/35 €

◆ Trattoria poco lontano dalla Basilica di S.Ruffino, in una zona tranquilla e poco turistica: ambiente schietto e camino acceso nella sala; cucina locale.

🍴 Da Cecco – Hotel Berti
[AC] cam, VISA [MC] [AE]

piazza San Pietro 8 ✉ *06081 –* ☎ *0 75 81 24 37*
– www.hotelberti.it – Fax 0 75 81 68 70
– chiuso dal 6 gennaio al 15 marzo e mercoledì **Am**

Rist – Carta 23/32 €

◆ Atmosfera informale nelle tre salette semplici e ben tenute di un ristorante a conduzione familiare, dove gustare piatti di cucina umbra e nazionale.

🍴 La Fortezza
[AC] VISA [MC]

vicolo della Fortezza 2/b ✉ *06081 –* ☎ *0 75 81 29 93*
– www.lafortezzahotel.com – chiuso febbraio, 1 settimana in luglio e 1 settimana in novembre **Ch**

Rist – *(chiuso a mezzogiorno escluso sabato e domenica)* (consigliata la prenotazione) Menu 29/43 € – Carta 23/34 €

◆ Servizio familiare, sì, ma in cravatta e di gran cortesia. A pochi passi dalla piazza del Comune il locale si presenta in due sobrie sale e propone piatti del territorio con qualche interpretazione creativa.

a Viole Sud-Est : 4 km per ① – ⊠ 06081 Assisi

⛪ **Agriturismo Malvarina** ⌖ 🚗 🕭 🏠 ⌇ ⟨⟨⟩⟩ **P** VISA ⓪ ⓪ 🖐
Pieve Sant'Apollinare 32 – 𝒞 07 58 06 42 80 – www.malvarina.it
– Fax 07 58 06 42 80
13 cam ☲ – †55 € – ††95 € – 3 suites – ½ P 77 €
Rist – *(chiuso a mezzogiorno)* (prenotazione obbligatoria) Menu 30 €
♦ Un'oasi di tranquillità a poca distanza da Assisi, ideale per trascorrere momenti di relax, e per bucoliche passeggiate a cavallo. Camere accoglienti, in "arte povera". Graziosa sala ristorante, cucina genuina.

⛪ **Agriturismo il Giardino dei Ciliegi** 🚗 ⌇ 🕭 AC ⌘ **P**
via Massera 6 – 𝒞 07 58 06 40 91 VISA ⓪ 🖐
– www.ilgiardinodeiciliegi.it – Fax 07 58 06 40 91
8 cam ☲ – †60/70 € ††80/90 € – ½ P 75 €
Rist – *(chiuso a mezzogiorno)* (prenotazione obbligatoria) *(solo per alloggiati)*
Menu 30 €
♦ Una vacanza rilassante tra le dolci colline umbre in una piccola casa colonica a gestione familiare, con sobrie camere accoglienti arredate in stile "finto povero".

Dormire con tutti i confort a prezzo contenuto? Cercate i Bib Hotel 🏨.

ad Armenzano Est : 12 km – alt. 759 m – ⊠ 06081 Assisi

🏨 **Le Silve** ⌖ ≤ 🕭 🏠 🕭 🏠 ✗ ✗ rist. ⟨⟨⟩⟩ **P** VISA ⓪ AE ① 🖐
– 𝒞 07 58 01 90 00 – www.lesilve.it – Fax 07 58 01 90 05
– aprile-ottobre
19 cam ☲ – †120/150 € ††130/220 € – ½ P 105/150 €
Rist – Carta 40/50 €
♦ In un'oasi di pace, dove severi boschi succedono a dolci ulivi, un casale del X secolo dai sobri e incantevoli interni rustici, dove ritrovare una semplicità antica. Servizio ristorante estivo all'aperto; proposte di cucina locale rivisitata con creatività.

a Santa Maria degli Angeli Sud-Ovest : 5 km – ⊠ 06081

🏨 **Dal Moro Gallery Hotel** 🕭 🛏 ⌇ AC ↔ ✗ rist. ⟨⟨⟩⟩ 🏊 **P**
via Becchetti 2 – 𝒞 07 58 04 36 88 VISA ⓪ AE ① 🖐
– www.dalmorogalleryhotel.com – Fax 07 58 04 16 66
51 cam – †70/150 € ††98/240 €, ☲ 10 € – ½ P 69/145 €
Rist – *(chiuso lunedì)* Carta 33/49 €
♦ Vicino alla Porziuncola di San Francesco, si può scegliere tra camere classiche o di design che ripropongono i temi moderni rappresentati nella hall. Menù capace di stimolare appetiti esigenti e attenti alla cucina del territorio. Buona cantina.

🏨 **Cristallo** 🛏 ⌇ cam. AC ✗ ⟨⟨⟩⟩ 🏊 **P** VISA ⓪ AE ① 🖐
via Los Angeles 195 – 𝒞 07 58 04 35 35 – www.mencarelligroup.com
– Fax 07 58 04 35 38
52 cam ☲ – †70/90 € ††110/150 € – ½ P 80/100 €
Rist – Carta 26/39 €
♦ A pochi chilometri da Assisi, albergo moderno con interni arredati in stile contemporaneo; confortevoli e funzionali le ampie camere doppie con comode poltrone e balconi. Prevalgono i colori chiari nella sala da pranzo dagli arredi essenziali.

✗ **Brilli Bistrot** AC VISA ⓪ AE ① 🖐
via Los Angeles 83 – 𝒞 07 58 04 34 33 – www.brillibistrot.com
– chiuso 3 settimane in agosto, martedì, il mezzogiorno di sabato e domenica
Rist – (consigliata la prenotazione la sera) Carta 35/63 € 🕮
♦ A metà strada tra *bistrot* e ristorante, la risorsa è smaccatamente promotrice di una cucina non convenzionale, che fa della particolarità gastronomica (partendo da ottime materie prime) la propria bandiera. Ostriche e pesce crudo.

ASTI 🅿 (AT) – **561** H6 – **74 549 ab.** – **alt. 123 m** – ⊠ **14100** ▮ Italia   **25** D1

▶ Roma 615 – Alessandria 38 – Torino 60 – Genova 116

🛈 piazza Alfieri 29 ☏ 0141 530357, info1@astiturismo.it, Fax 0141 538200

◎ Battistero di San Pietro★ CY

🅖 Monferrato★ per ①

Piante pagine seguenti

🏨 **Aleramo** senza rist   🛗 ♿ 🆎 📶 🕍 🚗 VISA ⓒⓞ 🆎 ① 💲

via Emanuele Filiberto 13 – ☏ 01 41 59 56 61
– www.hotel.aleramo.it – Fax 0 14 13 00 39
– chiuso agosto   BZa
42 cam � – ♦70/90 € ♦♦100/140 €

♦ La passione del proprietario per il design contemporaneo prende forma in camere moderne e mai banali, dal lontano e mitico Giappone alle decorazioni in cera.

🏠 **Palio** senza rist   🛗 🆎 📶 🕍 🚗 VISA ⓒⓞ 🆎 💲

via Cavour 106 – ☏ 0 14 13 43 71
– www.hotelpalio.com – Fax 0 14 13 43 73
– chiuso dal 23 al 26 dicembre e 1 settimana in agosto   BZb
37 cam � – ♦75/105 € ♦♦107/125 €

♦ A pochi passi del centro storico, la sapiente ristrutturazione avvenuta in tempi recenti ha conferito alla risorsa una nuova brillantezza: l'hotel dispone ora di camere moderne, curate nei dettagli. Originale sala colazioni - al primo piano - con vetrate sulla strada.

🏠 **Rainero** senza rist   🛗 🆎 🚗 VISA ⓒⓞ 🆎 ① 💲

via Cavour 85 – ☏ 01 41 35 38 66
– www.hotelrainero.com – Fax 01 41 59 49 85
– chiuso dal 19 dicembre al 10 gennaio   BZc
53 cam � – ♦58/70 € ♦♦90/110 €

♦ Comoda ubicazione, vicino al Campo del Palio, per un albergo con spazi interni essenziali, in stile moderno; camere lineari, gradevole terrazza-solarium.

🍴🍴🍴 **Gener Neuv** (Giuseppina Bagliardi)   🆎 🍴 ♻ 🅿 VISA ⓒⓞ 🆎 ① 💲
❀
lungo Tanaro dei Pescatori 4, per ③ – ☏ 01 41 55 72 70
– www.generneuv.it – Fax 01 41 43 67 23
– chiuso 3 settimane in agosto, domenica sera, lunedì
Rist – (prenotare) Menu 65/95 € bc – Carta 54/78 € 🍷

Spec. Lumache di Cherasco saltate con pane profumato alle erbe, pomodori essiccati e bagnetto verde. Ravioli "dal plin" di pasta verde, ripieni di verdure, con ristretto al pomodoro. Petto di piccione e fegato d'oca laccato al miele, uva passita e asparagi (o carciofi in stagione).

♦ Storico baluardo della cucina astigiana, la carta è un compendio dei classici piemontesi, l'accoglienza calorosa e familiare, il locale elegante con tavoli distanziati.

🍴🍴 **Locanda Astesana**   ♿ 🆎 VISA ⓒⓞ 🆎 💲

corso Alfieri 36 – ☏ 01 41 55 67 40
– www.locandaastesana.it – Fax 01 41 55 67 40
– chiuso sabato a mezzogiorno, domenica   CYa
Rist – Carta 25/48 €

♦ Piccolo ed accogliente locale di tono moderno in cui gustare una cucina piemontese con-temporanea, curata nella scelta delle materie prime e delle preparazioni.

Il nome di un ristorante in rosso evidenzia una « promessa ».
Il locale potrebbe accedere ad una categoria superiore: prima stella o stella supplementare. Tali esercizi sono elencati nella lista delle tavole stellate all'inizio della guida.

ASTI

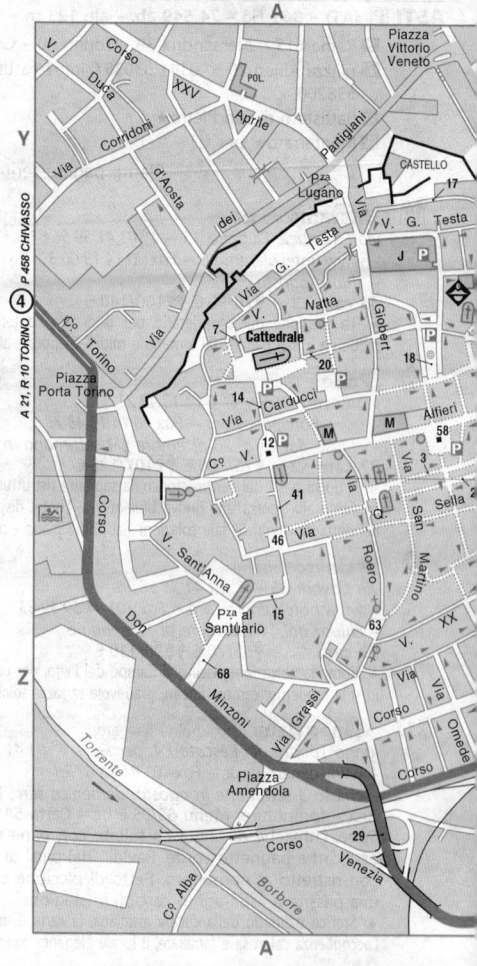

ATENA LUCANA – Salerno (SA) – 564 F28 – 2 321 ab. – alt. 642 m – ⊠ 84030   **7 D2**
  ◘ Roma 346 – Potenza 54 – Napoli 140 – Salerno 89

Villa Torre Antica   ᴵ⬚ & 🅰🄲 ✂ rist, 📞 🅿 ᴠɪsᴀ 🐵 ➀ 💲
via Indipendenza 32 – ℰ 09 75 77 90 16 – www.hoteltorreantica.com
– Fax 09 75 77 90 17
14 cam ☷ – ♦50/60 € ♦♦70 € – ½ P 60 €   **Rist** – Carta 21/42 €
 ♦ Hotel di *charme* nato nel 2005 dal restauro di un vecchio torrione del XVIII secolo: gli
interni ne conservano i muri, mentre alla modernità sono ispirati i raffinati confort.

sulla strada statale 19 Sud : 4 km

Magic Hotel   ⌂ ᴵ⬚ & cam, 🅰🄲 🛜 📶 🅿 ᴠɪsᴀ 🐵 🄰🄴 ➀ 💲
via Maglianiello 13 ⊠ 84030 – ℰ 09 75 71 29 2 – www.magichotel.it – Fax 0 97 57 12 92
44 cam ☷ – ♦40/45 € ♦♦55 € – 1 suite – ½ P 45 €   **Rist** – Carta 18/30 €
 ♦ Costruzione d'ispirazione contemporanea lungo la statale: interni in stile lineare, con luminosi ed essenziali spazi comuni; camere semplici, ma molto accoglienti. Grande sala da
pranzo di tono leggermente elegante.

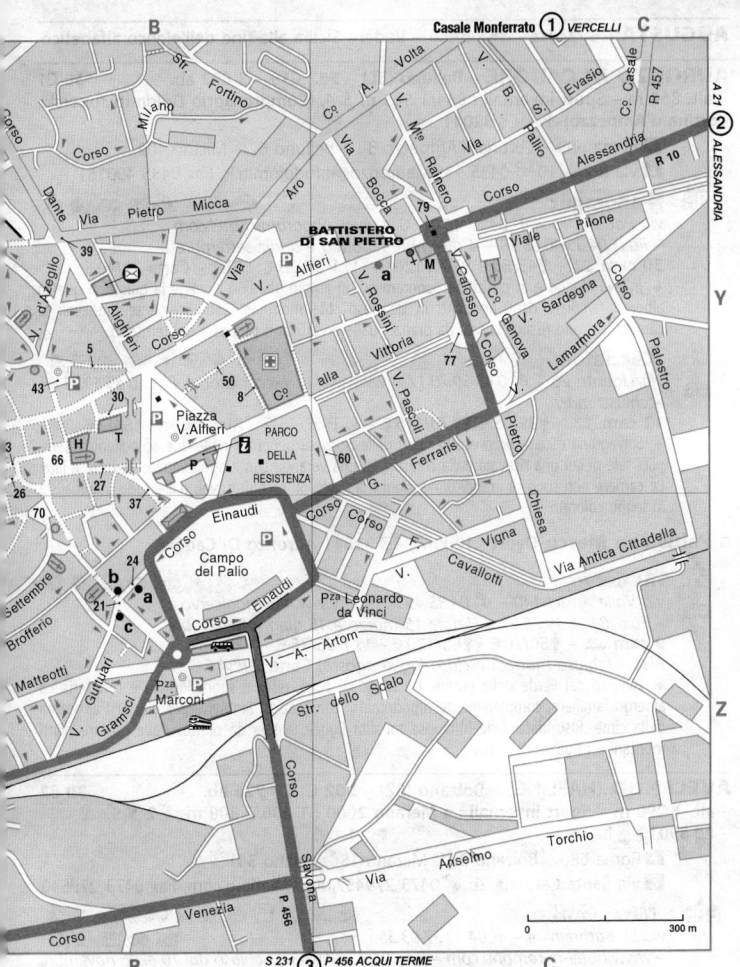

ATRANI – Salerno (SA) – **564** F25 – **1 008 ab.** – alt. 12 m – ✉ 84010 📗 Italia   **6** B2
> Roma 270 – Napoli 69 – Amalfi 2 – Avellino 59

🍴 **'A Paranza**   AC 🍴 ♻ VISA ⑳ AE ① 👍
> via Traversa Dragone 1 – ℰ 08 98 71 8 40 – www.ristoranteparanza.com
> – Fax 08 98 71 8 40 – chiuso dall'8 al 25 dicembre e martedì escluso dal
> 15 luglio al 15 settembre   **Rist** – Carta 28/55 € 🍽
> ◆ Nel centro del caratteristico paese, due brillanti fratelli propongono specialità di mare: espressione di saporite ricette, con ottimo rapporto qualità/prezzo.

ATRIPALDA – Avellino (AV) – **564** E26 – **11 190 ab.** – ✉ 83042   **7** C2
> Roma 251 – Avellino 4 – Benevento 40 – Caserta 62

🏨 **Civita**   🛗 ♿ AC 🌐 🎿 🅿 🚗 VISA ⑳ AE ① 👍
♨ via Manfredi 124 – ℰ 08 25 61 04 71 – www.hotelcivita.it – Fax 08 25 62 25 13
> **29 cam** ☕ ✝63/85 € ✝✝70/95 € ½ P 67 €   **Rist La Tavola del Duca** Carta 19/31 €
> ◆ Albergo con ambienti comuni signorili e accoglienti, arredati in stile moderno. Il settore notte si distingue per camere graziose e confortevoli. Spaziosa sala da pranzo con decorazioni agresti sul soffitto.

125

AURONZO DI CADORE – Belluno (BL) – **562** C19 – 3 602 ab.   36 C1
– alt. 864 m – Sport invernali : 864/1 585 m ↓4, (Comprensorio Dolomiti superski
Cortina d'Ampezzo)↑ – ⊠ 32041

▶ Roma 663 – Cortina d'Ampezzo 34 – Belluno 62 – Milano 402
🛈 via Roma 10 ℰ 0435 9359, auronzo@infodolomiti.it, Fax 0435 400161

Panoramic   ← 🚗 ❄ **P** _VISA_ ⓿ ⓪ ⑤
via Padova 15 – ℰ 04 35 40 01 98 – www.panoramichotel.com
– Fax 04 35 40 05 78 – 4 dicembre-febbraio e aprile-settembre
30 cam ⊊ – †45/80 € ††70/120 € – ½ P 57/75 €   **Rist** – Carta 22/40 €
♦ In riva al lago e in posizione panoramica, un ampio giardino avvolge la quiete di questo
albergo familiare dagli ambienti in delizioso stile montano. Semplicemente gradevoli le
camere. Di tono rustico la sala da pranzo, dalle accattivanti proposte del territorio.

Cacciatori con cam   ← 🚗 ❄ **P** _VISA_ ⓿ AE ⑤
via Ligonto 26 – ℰ 0 43 59 70 17 – www.wel.it/HRcacciatori – Fax 0 43 59 71 03
– chiuso marzo
12 cam ⊊ – †39/85 € ††70/115 € – ½ P 67/75 €   **Rist** – Carta 18/42 €
♦ Selvaggina e carni proposte in piatti dalle porzioni generose nelle due accoglienti e semplici sale di cui una ricavata dalla chiusura di una veranda con lunghe vetrate su tutto il lato.
Le camere non sono di grandi dimensioni ma piacevoli e confortevoli dall'arredo minimalista
in legno colorato.

a Palus San Marco Ovest : 12 km – ⊠ 32041 Auronzo Di Cadore

Al Cervo ⌂   ← 🕎 **P** _VISA_ ⓿ AE ⓪ ⑤
via Valle Ansiei 140 – ℰ 04 35 49 70 00 – www.albergoalcervo.it
– Fax 04 35 49 75 91 – Natale-15 marzo e 15 giugno-settembre
9 cam ⊊ – †50/70 € ††80/120 € – ½ P 55/75 €
Rist – *(chiuso martedì escluso luglio agosto)* Carta 20/34 €
♦ Avvolto dal verde delle pinete, un luogo di pace, relax e sport. Piccolo e caratteristico
albergo familiare, completamente rimodernato, con graziosi ambienti per rilassarsi all'ombra
della cime. Riscaldata dalle luminose tonalità lignee la sala da pranzo dove gustare piatti
montani e grigliate di carne.

AVELENGO (HAFLING) – Bolzano (BZ) – **562** C15 – 726 ab.   30 B2
– alt. 1 290 m – Sport invernali : a Merano 2000 : 1 600/2 300 m ↓2 ↓5, ↑
– ⊠ 39010 ▌Italia

▶ Roma 680 – Bolzano 37 – Merano 15 – Milano 341
🛈 via Santa Caterina 2b ℰ 0473 279457, info@hafling.com, Fax 0473 279540

Miramonti ⌂   ← 🚗 🕎 🔟 ⓪⓪ 🍴 ♨ ⑤
via St. Kathrein 14 – ℰ 04 73 27 93 35
– www.hotel-miramonti.com – Fax 04 73 27 93 37 – chiuso dal 10 al 26 novembre
31 cam ⊊ – †120/150 € ††138/210 € – 5 suites   **Rist** – Carta 36/73 €
♦ Recentemente ristrutturato, l'hotel vanta arredi ed ambienti in stile moderno. Posizione
deliziosamente panoramica. Ampie vetrate sulla vallata illuminano il ristorante, dove assaporare prelibatezze locali.

Viertlerhof ⌂   ← 🚗 🕎 🔟 🛏 AC 🍴 rist, (🍴) **P** 🛋 _VISA_ ⓿ ⑤
via Falzeben 126 – ℰ 04 73 27 94 28 – www.hotel-viertlerhof.it
– Fax 04 73 27 94 46 – chiuso dal 10 al 24 aprile e dal 7 novembre al
25 dicembre
27 cam – solo ½ P 66/80 €   **Rist** – *(solo per alloggiati)*
♦ Immerso nella tranquillità d'un bel giardino, un tradizionale hotel ben accessoriato, dagli
spazi interni rinnovati con molto legno in stile moderno; pregevole settore relax.

Mesnerwirt ⌂   ← 🚗 🕎 🔟 🛏 🍴 rist, (🍴) **P** 🚗
alla Chiesa 2 – ℰ 04 73 27 94 93 – www.mesnerwirt.it – Fax 04 73 27 95 30
– chiuso dal 10 novembre al 20 dicembre
19 cam ⊊ – †60/78 € ††102/132 € – ½ P 65/74 €   **Rist** – Carta 25/57 €
♦ Classico albergo in stile tirolese, a conduzione familiare; accogliente zona comune rivestita
interamente di perlinato, alcune camere con angolo cottura. Classica sala da pranzo con
grandi finestre.

AVELLINO P (AV) – **564** E26 – **57 071 ab.** – alt. 351 m – ⊠ 83100 6 B2
- Roma 245 – Napoli 57 – Benevento 39 – Caserta 58
- via Due Principati 32/A ℰ 0825 74732, info@eptavellino.it, Fax 0825 74757

De la Ville 🚗 🏠 ⌁ 🖥 ᵔ 🝣 ‰ ⁽ᵗ⁾ 🛎 **P** 🚗 **VISA** ⁓ **AE** ⓘ ⓢ
via Palatucci 20 – ℰ 08 25 78 09 11 – www.hdv.av.it – Fax 08 25 78 09 21
57 cam – †170/210 € ††230 €, ⌁ 25 € – 6 suites – ½ P 165 €
Rist *Il Cavallino* – Carta 45/55 € (+10 %)
♦ Da sempre attivi nella realtà nell'edile, i proprietari stessi hanno ideato e costuito quest'e-
norme struttura con camere signorili ed ampi spazi personalizzati con molto verde. Ampia e
di taglio classico-elegante, la sala da pranzo propone i piatti della tradizione.

Viva Hotel 🖥 ⌂ cam, 🝣 ‰ ⁓ rist, ⁽ᵗ⁾ 🛎 **P** **VISA** ⁓ **AE** ⓘ ⓢ
via Circumvallazione 121/123 – ℰ 0 82 53 21 79 – www.vivahotel.it
– Fax 08 25 78 00 29
82 cam ⌁ – †60/80 € ††80/100 € – ½ P 60/70 €
Rist – Carta 28/46 € (+15 %)
♦ Non molto distante dal centro, l'albergo è stato recentemente ampliato e dispone di
camere lineari, moderni ed accoglienti monolocali con angolo cottura e sala convegni. Presso
l'intima sala ristorante, la cucina tipica irpina e la golosa pizza napoletana.

XX **La Maschera** 🏠 ⁓ ⌂ **VISA** ⁓ **AE** ⓘ ⓢ
rampa San Modestino 1 – ℰ 0 82 53 76 03 – Fax 08 25 24 87 61 – chiuso 10
giorni in agosto, domenica sera, lunedì
Rist – Carta 33/43 € 🏵
♦ Luci soffuse e tocchi signorili nell'arredo in sala, un fresco dehors con tavoli in ferro ed
una cucina dalle proposte legate al territorio irpino, rivisitate ed alleggerite.

X **Antica Trattoria Martella** 🝣 ⁓ **VISA** ⁓ **AE** ⓘ ⓢ
via Chiesa Conservatorio 10 – ℰ 0 82 53 11 17 – www.ristorantemartella.it
– Fax 0 82 53 21 23 – chiuso dal 24 al 26 dicembre, 1 settimana in agosto,
domenica sera, lunedì
Rist – *(chiuso a mezzogiorno)* Carta 24/37 € 🏵
♦ Un'accogliente trattoria arredata in modo classico con tavoli quadrati, propone un buffet
d'antipasti accanto ad una cucina e ad una cantina che riflettono i sapori regionali.

in prossimità casello autostra A 16 Avellino Est Nord-Esta: 6 km

🏠 **Bel Sito Hotel le Due Torri** 🖥 ⌂ 🝣 ⁽ᵗ⁾ 🛎 **P**
strada statale 7 bis ⊠ 83030 Manocalzati **VISA** ⁓ **AE** ⓘ ⓢ
– ℰ 08 25 67 00 01 – www.belsitohotelduetorri.it – Fax 08 25 67 02 68
32 cam ⌁ – †65/95 € ††85/125 € – ½ P 65/75 € **Rist** – Carta 23/44 €
♦ A circa 500 metri dal casello autostradale, un piacevole albergo commerciale con stanze
standard ben tenute e una buona distribuzione degli spazi comuni. Ampio e comodo il parcheggio.

AVENA (Monte) – Belluno – **562** D17 – **Vedere Pedavena**

AVENZA – Carrara – **563** J12 – **Vedere Carrara**

AVETRANA – Taranto (TA) – **564** F35 – **7 114 ab.** – alt. 62 m 27 D3
– ⊠ 74020
- Roma 562 – Bari 146 – Brindisi 42 – Lecce 50

🏠 **Masseria Bosco** – Turismo rurale 🖉 🍴 🏠 ⌁ ⚎ 🝣 ⁓ 🛎 **P**
via Stazione km 1, Nord : 2 km – ℰ 09 99 70 40 99 **VISA** ⁓ **AE** ⓘ ⓢ
– www.masseriabosco.it – Fax 09 99 70 40 99
34 cam ⌁ – †66/120 € ††110/200 € – ½ P 85/130 €
Rist – *(chiuso novembre)* Carta 29/37 €
♦ Immersa tra gli ulivi, la masseria settecentesca offre una bella esposizione di strumenti di
vita contadina. Caratteristiche camere con soffitto in tufo e bagni policromi. L'olio dell'a-
zienda e i piatti regionali nel suggestivo ristorante.

AVEZZANO – L'Aquila (AQ) – **563** P22 – **40 907 ab.** – alt. 697 m 1 A2
– ⊠ 67051
- Roma 105 – L'Aquila 52 – Latina 133 – Napoli 188

AVEZZANO

🏨 **Dei Marsi** 🛏 🏢 ⅃ ⅋ 🅰️ ⅃ ⅌ 🅿️ 🆅🆂🅰 ⅏ 🅰🅴 ⅅ ⅆ
*via Cavour 79/B, Sud : 3 km – ✆ 08 63 46 01 – www.hoteldeimarsi.it
– Fax 0 86 34 60 01 00*
112 cam ⌤ – ♦65/120 € ♦♦90/180 € – ½ P 65/110 €   **Rist** – Carta 34/46 €
♦ Nel cuore industriale di Avezzano, efficiente struttura di moderna concezione con spazi interni funzionali e camere in stile lineare d'ispirazione contemporanea. Ampia e accogliente sala ristorante.

AVIANO – Pordenone (PN) – **562** D19 – **9 071 ab.** – ⊠ 33081   **10** A2
▶ Roma 618 – Trieste 133 – Pordenone 14 – San Donà di Piave 75

🏨 **Villa Policreti** 🚗 🏡 🖼 🐕 🅰️ ⅃ 🅿️ 🆅🆂🅰 ⅏ 🅰🅴 ⅅ ⅆ
*via 4 Novembre 13, località Castel d'Aviano, Sud-Ovest: 2 km – ✆ 04 34 67 71 69
– www.villapolicreti.net – Fax 04 34 67 72 08*
38 cam ⌤ – ♦80/150 € ♦♦110/200 € – ½ P 80/140 €   **Rist** – Carta 20/60 €
♦ In un'antica dimora del XVI sec., circondata dal verde di un lussureggiante parco, la struttura è caratterizzata da camere confortevoli ed originali. Ottimo indirizzo per un soggiorno all'insegna del relax.

AVOLA – Siracusa – **365** AZ62 – **Vedere Sicilia alla fine dell'elenco alfabetico.**

AYAS – Aosta (AO) – **561** E5 – **1 281 ab.** – **alt. 1 453 m** – **Sport invernali :**   **34** B2
1 267/2 714 m ✚2 (Comprensorio Monte Rosa Sky) – ⊠ 11020
▶ Roma 732 – Aosta 61 – Ivrea 57 – Milano 170
🛈 località Antagnod, Route Emile Chanoux ✆ 0125 306335, infoantagnod@ aiatmonterosa.com, Fax 0125 306518

ad Antagnod Nord : 3,5 km – **alt. 1 699 m** – ⊠ 11020

🏨 **Petit Prince** ⤴ 🚗 🐕 🏢 ⅃ cam, 🍽 rist, 🛎 🅿️ 🆅🆂🅰 ⅏ ⅆ
*route Tchavagnon 1 – ✆ 01 25 30 66 62 – www.hotelpetitprince.com
– Fax 01 25 30 49 07 – dicembre-Pasqua e 21 giugno-settembre*
28 cam ⌤ – ♦48/80 € ♦♦86/140 € – ½ P 70/90 €   **Rist** *L'Etoile* Carta 24/40 €
♦ In splendida posizione tranquilla e panoramica, vicino agli impianti da sci, una struttura di recente costruzione; spazi comuni confortevoli e camere con arredi in legno. Caldo e tipico ristorante, ricette classiche.

AZZANO DECIMO – Pordenone (PN) – **562** E20 – **14 972 ab.**   **10** B3
– **alt. 14 m** – ⊠ 33082
▶ Roma 591 – Udine 60 – Pordenone 11 – Treviso 65

🏨 **Eurohotel** 🏡 🏢 ⅃ 🅰️ 🍽 rist, 🛎 ⅃ 🅿️ 🆅🆂🅰 ⅏ 🅰🅴 ⅅ ⅆ
*via Don Bosco 3 – ✆ 04 34 63 32 05 – www.eurohotelfriuli.it
– Fax 04 34 64 20 36 – chiuso 3 settimane in agosto*
42 cam ⌤ – ♦57/73 € ♦♦87/110 € – ½ P 66/77 €
Rist *All'Ancora* – (chiuso sabato e domenica) Carta 29/45 €
♦ Nelle vicinanze del campo sportivo, offre piacevoli spazi comuni arredati in calde tonalità e camere lineari. Possibilità di servizio navetta per Fiera e aeroporto. Al ristorante, proposte soprattutto a base di pesce a prezzi interessanti.

AZZATE – Varese (VA) – **561** E8 – **4 297 ab.** – **alt. 332 m** – ⊠ 21022   **18** A1
▶ Roma 622 – Stresa 43 – Bellinzona 63 – Como 30

🏨 **Locanda dei Mai Intees** ⤴ 🏡 🏢 🅰️ 🛎 ⅃ 🅿️ 🆅🆂🅰 ⅏ 🅰🅴 ⅅ ⅆ
via Monte Grappa 22 – ✆ 03 32 45 72 23 – www.mai-intees.it – Fax 03 32 45 93 39
12 cam ⌤ – ♦120/195 € ♦♦175/235 € – ½ P 128/158 €
Rist – (chiuso a mezzogiorno) Carta 49/63 €
♦ Incantevole fusione di due edifici di origine quattrocentesca raccolti intorno a due corti: atmosfera ricca di charme negli amени interni signorili, con mobili in stile. Ambiente romantico nella sala da pranzo con grande camino e pareti affrescate.

🍴 **Hosteria da Bruno** 🅰️ 🆅🆂🅰 ⅏ 🅰🅴 ⅅ ⅆ
*via Piave 43/a – ✆ 03 32 45 40 93 – Fax 03 32 45 40 93 – chiuso dal 12 al
25 agosto, martedì*
Rist – (consigliata la prenotazione la sera) Carta 27/35 €
♦ Bruno, che dal nonno ha ereditato nome e passione, ripropone quest'insegna con oltre mezzo secolo di storia. Il ristorante è rustico, ma piacevole proprio per quest'aura di autenticità, nelle sedie impagliate, nelle panche disposte intorno ad un caminetto, nelle foto di famiglia appese alle pareti. Cucina regionale.

BACOLI – Napoli (NA) – **564** E24 – **27 296 ab.** – ✉ 80070 ▮ Italia **6** A2
> ▶ Roma 242 – Napoli 27 – Formia 77 – Pozzuoli 8
> ◉ Cento Camerelle★ – Piscina Mirabile★
> ◉ Terme★★ di Baia

🏨 **Cala Moresca** ⬡ ≤ 🚗 🏖 ⊃ ✵ 🏋 🕴 ⚐🚴 🔟 ✸ rist. ⁿ¹⁰ 🛎 🅿
via del Faro 44, località Capo Miseno 🆅🆂🅰 ⓿ 🅰🅴 ⓪ 🇸
– 𝒞 08 15 23 55 95 – www.calamoresca.it – Fax 08 15 23 55 57
34 cam ⌣ – ♦85/90 € ♦♦130/160 € – ½ P 80/95 €
Rist – *(chiuso dal 24 al 26 dicembre)* Carta 31/50 €
♦ Una panoramica e tranquilla posizione, discesa a mare privata, camere luminose e gradevoli per questo hotel moderno e di sobria eleganza. D'estate, animazione a bordo piscina. Accomodatevi al ristorante per contemplare la scenografica vista sul golfo e sulla costa. La sera, anche pizzeria.

🏠 **Villa Oteri** ≤ 🔟 🅿 🆅🆂🅰 ⓿ 🅰🅴 ⓪ 🇸
via Lungolago 174 – 𝒞 08 15 23 49 85 – www.villaoteri.it – Fax 08 15 23 39 44
9 cam ⌣ – ♦65/100 € ♦♦80/120 € – ½ P 70/85 € **Rist** – Carta 26/38 €
♦ Villa di inizio Novecento, dall'esterno colorato ed appariscente, conserva all'interno le caratteristiche della struttura originale ed offre camere confortevoli e una speciale accoglienza. Specialità culinarie dell'area flegrea.

XX **A Ridosso** 🏠 🔟 🅿 🆅🆂🅰 ⓿ 🅰🅴 ⓪ 🇸
via Mercato di Sabato 320 – 𝒞 08 18 68 92 33 – www.ristorantearidosso.com
– Fax 08 18 68 92 33 – chiuso dal 23 dicembre al 4 gennaio, dal 13 al 28 agosto, domenica sera, lunedì
Rist – *(chiuso a mezzogiorno escluso domenica)* (consigliata la prenotazione) Carta 37/57 €
♦ A ridosso di una collina, un locale piccolo ed elegante, la cui costante cura per i dettagli è testimoniata da numerose ceramiche e vetrinette. Nei piatti solo i prodotti del mare.

BADIA A PASSIGNANO – Firenze – **563** L15 – Vedere Tavarnelle Val di Pesa

---

BADIA DI DULZAGO – Novara – Vedere Bellinzago Novarese

BADICORTE – Arezzo – **563** M17 – Vedere Marciano della Chiana

---

BADIOLA – Grosseto – Vedere Castiglione della Pescaia

BADOERE – Treviso – Vedere Morgano

BAGNAIA – Viterbo (VT) – **563** O18 – **alt. 441 m** – ✉ 01031 ▮ Italia **12** B1
> ▶ Roma 109 – Viterbo 5 – Civitavecchia 63 – Orvieto 52
> ◉ Villa Lante★★

X **Biscetti** con cam 🏠 🕴 🔟 rist. ⁿ¹⁰ 🅿 🆅🆂🅰 ⓿ 🅰🅴 ⓪ 🇸
🔗 *via Gen. A. Gandin 11/A ✉ 01100 – 𝒞 07 61 28 82 52 – www.hotelbiscetti.it*
– Fax 07 61 28 92 54
20 cam – ♦35/45 € ♦♦56/66 €, ⌣ 6 € – ½ P 50/60 €
Rist – *(chiuso domenica sera, giovedì)* Carta 16/28 €
♦ Proposta di piatti locali d'impronta casalinga per un ristorante con una lunga storia. Un sicuro punto di approdo per chi ricerca la genuinità e rifugge le novità.

BAGNAIA – Livorno – **563** N13 – Vedere Elba (Isola d') : Rio nell'Elba

---

BAGNARA CALABRA – Reggio di Calabria (RC) – **564** M29 **5** A3
– 10 810 ab. – alt. 50 m – ✉ 89011
> ▶ Roma 671 – Reggio Calabria 35 – Catanzaro 130 – Cosenza 160

X **Taverna Kerkira** 🔟 🆅🆂🅰 ⓿ 🅰🅴 ⓪
🔗 *corso Vittorio Emanuele 217 – 𝒞 09 66 37 22 60 – Fax 09 66 37 22 60 – chiuso dal 20 dicembre al 15 gennaio, dal 1° agosto al 15 settembre, lunedì, martedì*
Rist – Carta 33/47 €
♦ Fiori freschi sui tavoli e un'atmosfera dal sapore marinaro per questo locale accogliente e familiare; in lista le fragranze del mediterraneo, così come piatti della tradizione ellenica.

BAGNARA DI ROMAGNA – Ravenna (RA) – 562 I17 – 2 021 ab. 9 C2
– alt. 22 m

Roma 55 – Bologna 55 – Acquaviva 88 – Ravenna 41

La Locanda di Bagnara
rist,
piazza Marconi 10 – ✆ 0 54 57 69 51 – www.locandabagnara.it
– Fax 05 45 90 52 61 – chiuso dal 10 al 20 agosto
7 cam – 70/90 € 100/190 € – 1 suite
Rist *Rocca* – *(chiuso lunedì)* Carta 48/59 €
◆ Nel cuore di questa piccola frazione, edificio del 1870 restaurato su modello di una raffinata e moderna locanda: arredi eleganti e confort al passo con i tempi odierni. Cucina creativa nella suggestiva corte della Rocca, o nella saletta più rustica denominata l'Osteria.

BAGNARIA ARSA – Udine (UD) – 562 E21 – 3 491 ab. – alt. 18 m 11 C3
– ✉ 33050

Roma 624 – Udine 26 – Grado 31 – Pordenone 66

Agriturismo Mulino delle Tolle
località Casa Bianca, statale Palmanova-Grado, Sud-Ovest : 2 km
– ✆ 04 32 92 47 23 – www.mulinodelletolle.it – Fax 04 32 92 47 23
– chiuso 15 giorni in gennaio
10 cam – 55 € 77 €
Rist – *(chiuso lunedì, martedì e mercoledì)* Carta 16/27 €
◆ Lazzaretto secentesco o dogana di confine all'epoca degli Asburgo? Una testina votiva in cotto, oggi marchio dell'azienda, ammicca invece alla sua lunga tradizione vitivinicola... Gnocchi con ricotta affumicata, minestra d'orzo e faraona alla mela verde sono solo alcuni dei piatti in cui ritroverete i sapori di un tempo.

BAGNI DI LUCCA – Lucca (LU) – 563 J13 – 6 541 ab. – alt. 150 m 28 B1
– ✉ 55021

Roma 350 – Pisa 48 – Firenze 77 – Lucca 27

Regina Park Hotel senza rist
viale Umberto I° 157 – ✆ 05 83 80 55 08 – www.coronaregina.it
– Fax 05 83 80 51 34 – chiuso dal 15 gennaio a marzo
14 cam – 55/90 € 80/140 €
◆ In un palazzo della fine del XVIII secolo, comodo indirizzo tanto per chi sceglie una vacanza culturale, quanto per chi opta per un soggiorno di relax. Giardino con piscina sul retro.

Corona
frazione Ponte a Serraglio – ✆ 05 83 80 51 51 – www.coronaregina.it
– Fax 05 83 80 51 34 – chiuso dal 15 gennaio al 15 febbraio
Rist – *(chiuso a mezzogiorno escluso da giugno a settembre)* Carta 31/37 €
◆ L'elgante sala offre una magnifica vista sul fiume grazie alle ampie vetrate che la circondano ed illuminano; d'estate si mangia anche in terrazza. Cucina locale, talvolta rivisitata.

BAGNI NUOVI – Sondrio – Vedere Valdidentro

BAGNI SAN FILIPPO – Siena (SI) – 563 N17 – ✉ 53023 29 D3

Roma 186 – Siena 62 – Firenze 135 – Grosseto 81

Terme San Filippo
cam, rist,
via San Filippo 23 – ✆ 05 77 87 29 82
– www.termesanfilippo.it – Fax 05 77 87 26 84 – Pasqua-2 novembre
27 cam – 61/68 € 106/120 € – ½ P 80 € **Rist** – Menu 22 €
◆ In un complesso di antiche origini abbracciato dal parco, l'hotel dispone di accoglienti camere dall'arredo ligneo, rilassanti zone comuni ed accesso diretto alle terme. Una piccola carta con proposte classiche di tradizione mediterranea nella semplice sala ristorante.

BAGNO A RIPOLI – Firenze (FI) – 563 K15 – 25 767 ab. – alt. 77 m 29 D3
– ✉ 50012

Roma 270 – Firenze 9 – Arezzo 74 – Montecatini Terme 63

piazza della Vittoria 1 ✆ 055 6390222, urp@comune.bagno-a-ripoli.fi.it, Fax 055 6390267

Villa Olmi Resort 🚳 ⛴ £6 🎇 ⅙ ⁂ 🅰🅲 ❄ rist, ⁂ 🐾 🅿
via degli Olmi 4/8 – ℰ 0 55 63 77 10   🆅🅸🆂🅰 ⓪ 🅰🅴 ⓪ 🍴
– www.villaolmiresort.com – Fax 0 55 63 77 16 00
62 cam ⌑ – †265/330 € †⃥†325/710 € – 3 suites – ½ P 415 €
Rist – Carta 58/76 €
♦ Una villa del Settecento ed una più recente, collegate tra loro con un passaggio nel sotto-suolo, offrono ambienti eleganti e personalizzati, arredati con pezzi di antiquariato. In sala da pranzo, antichi candelieri al soffitto, nature morte alle pareti ed una fantasiosa cucina italiana.

⌂ **Centanni** ⩽ 🛋 ⛴ 🅰🅲 ❄ 🅿 🆅🅸🆂🅰 ⓪ 🍴
via di Centanni 8 – ℰ 0 55 63 01 22 – www.residence-centanni.it
– Fax 05 56 51 04 45
12 cam ⌑ – †83/116 € †⃥†105/149 € – 3 suites – ½ P 90/110 €
Rist Centanni – vedere selezione ristoranti
♦ Nella tranquillità della campagna toscana, l'antica casa colonica offre mini appartamenti con cucina e camere sobrie ma signorili. Recente piccolo campo da golf tra gli ulivi.

✕✕ **Centanni** ⩽ 🍽 🅰🅲 ❄ 🅿 🆅🅸🆂🅰 ⓪ 🍴
via di Centanni 7/8 – ℰ 0 55 63 01 22 – www.residence-centanni.it
– Fax 05 56 51 04 45 – chiuso domenica sera, lunedì
Rist – Carta 43/53 €
♦ Locale storico nel panorama della gastronomia locale, accolto in una piacevole antica dimora. I piatti proposti appartengono alla tradizione regionale, attenti ai prodotti di stagione.

a Candeli Nord : 1 km – ✉ 50012

🏨🏨 **Villa La Massa** ✎ ⩽ 🚳 🍽 ⛴ £6 🎇 ⅙ 🅰🅲 ⁂ 🅿
via della Massa 24 – ℰ 05 55 26 11   🆅🅸🆂🅰 ⓪ 🅰🅴 ⓪ 🍴
– www.villalamassa.it – Fax 0 55 63 31 02 – marzo-15 novembre
24 cam ⌑ – †295/500 € †⃥†465/550 € – 13 suites – ½ P 308/350 €
Rist *Il Verrocchio* – Carta 67/111 €
♦ Avvolta dal verde e dalla tranquillità dei colli, la secentesca villa medicea offre spettacolari viste sull'Arno ed ambienti arredati in stile, nei quali conserva il fascino del passato. Soffitto a volte, colonne e un grande camino, piatti della tradizione e menù speciali per i più piccoli: ecco il raffinato ristorante.

BAGNO DI ROMAGNA – Forlì-Cesena (FC) – **562** K17 – 6 154 ab.   **9** D3
– alt. 491 m – ✉ 47021

🛣 Roma 289 – Rimini 90 – Arezzo 65 – Bologna 125

🛈 via Fiorentina 38 ℰ 0543 911046, iat@bagnodiromagnaturismo.it, Fax
  0543 911026

🏨🏨 **Euroterme** 🚳 ⛴ 🚳 ⊛ ⋒ £6 ⚲ 🎇 ⅙ 🅰🅲 ❄ 🐾 🅿
via Lungosavio 2 – ℰ 05 43 91 14 14   🆅🅸🆂🅰 ⓪ 🅰🅴 ⓪ 🍴
– www.euroterme.com – Fax 05 43 91 11 33
254 cam ⌑ – †116/224 € †⃥†180/288 €   **Rist** – Menu 30 € bc/50 € bc
♦ Storico hotel locale, che qualche anno fa ha cambiato gestione, subendo un radicale inter-vento di rinnovo. In sintesi: un buon indirizzo con attrezzato centro benessere e termale.

🏨🏨 **Tosco Romagnolo** ⛴ ⊛ ⋒ £6 🎇 ⅙ ⁂ 🅰🅲 ⁂ 🅿
piazza Dante 2 – ℰ 05 43 91 12 60   🆅🅸🆂🅰 ⓪ 🅰🅴 ⓪ 🍴
– www.paoloteverini.it – Fax 05 43 91 10 14
46 cam ⌑ – †⃥†160/440 € – 4 suites
Rist Paolo Teverini – vedere selezione ristoranti
Rist – Carta 34/43 € ✿
♦ Ambiente raffinato, gestito da personale con esperienza nel settore. Dispone di camere spaziose, una piscina panoramica ed una Beauty spa: ideali per dimenticare la routine.

🏨 **Balneum** 🎇 ⅙ cam, 🅰🅲 rist, ❄ rist, ⁂ 🚗 🆅🅸🆂🅰 ⓪ 🅰🅴 ⓪ 🍴
 ∞ *via Lungosavio 15/17 – ℰ 05 43 91 10 85 – www.hotelbalneum.it*
– Fax 05 43 91 12 52 – chiuso dal 12 gennaio al 6 febbraio
40 cam ⌑ – †50/90 € †⃥†80/140 € – ½ P 60/86 €   **Rist** – Carta 20/32 €
♦ Tranquilla struttura a gestione familiare, situata all'ingresso del paese, che oggi si propone con camere in gran parte ristrutturate, alcune sono dotate di bagno turco. Ristorante con atmosfera informale e cucina locale.

131

ⅩⅩⅩ **Paolo Teverini** – Hotel Tosco Romagnolo   🅰️🅲 🅿️ 💳 💳 🅰️🅴 ① 🔧
🆒 *piazza Dante 2 – 𝒞 05 43 91 12 60 – www.paoloteverini.it – Fax 05 43 91 10 14*
– chiuso lunedì e martedì escluso agosto
Rist – *(chiuso a mezzogiorno escluso sabato e domenica)* (consigliata la prenotazione) Menu 64/88 € – Carta 67/90 €
Spec. Cubetti di pasta fresca cucinati come un risotto ai funghi di bosco. Trancio di merluzzo arrostito alle erbe aromatiche, salsa alle ostriche e fritto di verdure. Cestino di meringa con spuma di mascarpone e fragoline di bosco del Monte Comero (estate).
♦ Elegante ristorante, offre una cucina classica e contemporaneamente creativa, che coniuga tradizione ed innovazione grazie alla sapiente fantasia dello chef.

ⅩⅩ **Cenacolo**   🅰️🅲 💳 💳 ① 🔧
via Santa Lucia 10 – 𝒞 05 43 91 10 05 – www.cenacolosantalucia.it
– Fax 05 43 91 10 05 – chiuso mercoledì escluso da giugno a settembre
Rist – Carta 23/32 €
♦ In pieno centro storico, fra le antiche mura di una chiesetta del XIII secolo, dove un tempo si officiava la messa, oggi si celebra una gustosa cucina mediterranea. Tavoli scuri e tovagliato in stile bistrot per un ambiente giovane ed originale.

ad Acquapartita Nord-Est : 8 km – alt. 806 m – ✉ 47021 San Piero In Bagno

🏨 **Miramonti**   🔧🔳🌐🐾🛁🍴&♿🧖🏊🅰️🅲 🍴rist. 🔧 🅿️ 🚗 💳 💳 🔧
via Acquapartita 103 – 𝒞 05 43 90 36 40 – www.selecthotels.it
– Fax 05 43 90 36 40 – 24 dicembre-6 gennaio e aprile-ottobre
46 cam ☑ – †65/100 € ††70/140 € – ½ P 50/80 €   **Rist** – Menu 25/40 €
♦ Struttura recentissima e dotata di ottimi servizi; ubicata tra i folti boschi appenninici e affacciata su un lago con pesca sportiva. Arredi di qualità e belle camere. Sala ristorante con bella vista sul lago di Aquapartita.

a San Piero In Bagno Nord-Est : 2,5 km – ✉ 47021

ⅩⅩ **Locanda al Gambero Rosso** con cam   🅰️🅲 💳 💳 ① 🔧
🆒 *via Verdi 5 – 𝒞 05 43 90 34 05 – www.locandagamberorosso.it*
– Fax 05 43 90 34 05
4 cam – †65 € ††80 €, ☑ 5 €
Rist – *(chiuso domenica sera, lunedì, martedì, anche mercoledì in gennaio e febbraio)* Carta 26/40 €
♦ Indirizzo giusto per chi cerca la genuinità dei piatti della cucina locale, compresa quella "povera". Salutare tuffo nel passato in un'impeccabile ambiente di gusto femminile.

BAGNOLO IN PIANO – Reggio Emilia (RE) – 562 H14 – 9 192 ab.   8 B3
– alt. 32 m – ✉ 42011

🔼 Roma 433 – Parma 38 – Modena 30 – Reggio nell'Emilia 8

🏨 **Garden Cristallo** senza rist   🔧🅰️🅲📶🔧🅿️🚗💳💳🅰️🅴①🔧
via Borri 5 – 𝒞 05 22 95 38 88 – www.hotelgardencristallo.re.it
– Fax 05 22 95 71 11
48 cam ☑ – †60/90 € ††90/120 € – 8 suites
♦ In buona posizione, facilmente raggiungibile dall'autostrada, hotel recente e in stile moderno, offre spazi ampi e luminosi e complementi d'arredo comodi e funzionali.

Ⅹ **Trattoria da Probo**   &🅰️🅲🔧🅿️💳💳🅰️🅴①🔧
via Provinciale nord 13 – 𝒞 05 22 95 13 00 – www.trattoriadaprobo.it
– Fax 05 22 95 98 27 – chiuso dal 2 al 10 gennaio, le sere di domenica, lunedì e martedì; in luglio-agosto anche domenica a mezzogiorno
Rist – Menu 35 € bc – Carta 26/44 €
♦ Una vecchia trattoria di campagna che ha subito rinnovi nelle piacevoli sale, ma non nello spirito dell'accoglienza e nell'impostazione di una cucina vicina alla tradizione.

BAGNOLO SAN VITO – Mantova (MN) – 561 G14 – 5 778 ab.   17 D3
– alt. 18 m – ✉ 46031

🔼 Roma 460 – Verona 48 – Mantova 13 – Milano 188

XX **Villa Eden** 🍴 🏠 ♿ 🅰️🅲 ❖ 🅿️ 🆅🅸🆂🅰️ ⊕ 🅰️🅴 ① ⚓
via Gazzo 6 – ℰ 03 76 41 56 84 – www.ristorantevillaeden.it
– Fax 03 76 25 13 92 – chiuso dal 1° al 7 gennaio, dal 1° al 23 agosto, domenica sera, lunedì, martedì
Rist – Carta 35/52 €
♦ Una villa tra i campi, che si presenta quasi come un'ospitale abitazione privata: una cucina delicata che sa valorizzare le materie prime, in un ben riuscito mix di tradizione e moderata innovazione.

BAGNOREGIO – Viterbo (VT) – 563 O18 – 3 690 ab. – alt. 485 m – ✉ 01022   **12** A1
🚗 Roma 125 – Viterbo 28 – Orvieto 20 – Terni 82
◎ Civita ★

⟨ **Romantica Pucci** 🅰️🅲 rist. 📞 🅿️ 🆅🅸🆂🅰️ ⊕ 🅰️🅴 ① ⚓
⊛ *piazza Cavour 1 – ℰ 07 61 79 21 21 – www.hotelromanticapucci.it – chiuso dal 15 al 28 febbraio*
8 cam ⊡ – ♦♦80 €
Rist – *(chiuso lunedì e martedì)* (consigliata la prenotazione) Carta 20/30 €
♦ In un palazzo del XIV sec., piacevole risorsa caratterizzata da camere arredate con gusto e attenzione particolari, ma tutte diverse tra loro. Si respira un'atmosfera d'intima familiarità. La cucina propone pochi piatti fatti al momento, una cucina semplice e casalinga.

XX **Hostaria del Ponte** ≤ 🏠 🅰️🅲 🎿 🆅🅸🆂🅰️ ⊕ 🅰️🅴 ① ⚓
località Mercatello 11 – ℰ 07 61 79 35 65 – www.hostariadelponte.it
– Fax 07 61 79 35 65 – chiuso dal 25 febbraio al 9 marzo, 15 giorni in novembre, domenica sera (escluso da maggio a settembre), lunedì
Rist – Carta 24/37 €
♦ Al piano superiore una profusione di colori, a quello inferiore grandi acquari con pesci tropicali. La cucina tuttavia è unica: intramontabili piatti del territorio elaborati con passione.

BAGNO VIGNONI – Siena – 563 M16 – Vedere San Quirico d'Orcia

BAIA DOMIZIA – Caserta (CE) – 563 S23 – ✉ 81030   **6** A2
🚗 Roma 167 – Frosinone 98 – Caserta 53 – Gaeta 29

🏨🏨 **Della Baia** ⚘ ≤ 🍴 🅰️🅲 🎿 🅿️ 🆅🅸🆂🅰️ ⊕ 🅰️🅴 ① ⚓
via dell'Erica – ℰ 08 23 72 13 44 – www.hoteldellabaia.it – Fax 08 23 72 15 56
– 15 maggio-28 settembre
50 cam – ♦95/110 € ♦♦130/140 €, ⊡ 10 € – ½ P 120/125 €
Rist – Menu 35/40 €
♦ Il gradevole e curato giardino si spinge proprio fino al limite della spiaggia, a pochi passi dal mare. La conduzione familiare è accogliente e belle le parti comuni. Affidabile e apprezzato il ristorante.

BALDICHIERI D'ASTI – Asti (AT) – 1 038 ab. – alt. 173 m – ✉ 14011   **25** C1
🚗 Roma 626 – Torino 50 – Alessandria 47 – Asti 12

🏠 **Madama Vigna** 🈺 ♿ 🅰️🅲 ⒲ 🅿️ 🆅🅸🆂🅰️ ⊕ 🅰️🅴 ① ⚓
⊛ *via Nazionale 41 – ℰ 01 41 65 92 38 – www.madamavigna.it – Fax 01 41 65 95 38*
16 cam ⊡ – ♦50/70 € ♦♦70/65 € – ½ P 55/65 €
Rist – *(chiuso lunedì)* Menu 20/30 €
♦ All'incrocio di una strada trafficata, un piacevole edificio in mattoni di fine Ottocento. Camere ben insonorizzate dai vivaci colori e porte dipinte a mano.

BALDISSERO TORINESE – Torino (TO) – 561 G5 – 3 645 ab.   **22** B1
– alt. 421 m – ✉ 10020
🚗 Roma 656 – Torino 13 – Asti 42 – Milano 140

XXX **Osteria del Paluch** 🏠 🅿️ 🆅🅸🆂🅰️ ⊕ 🅰️🅴 ⚓
via Superga 44, Ovest : 3 km – ℰ 01 19 40 87 50 – www.ristorantepaluch.it
– Fax 01 19 40 75 92 – chiuso 2 settimane in gennaio, 2 settimane in novembre, domenica sera, lunedì
Rist – *(chiuso a mezzogiorno)* Carta 30/63 €
♦ Elegante e ben curato, a classica conduzione diretta, propone una cucina piemontese con predilezione verso percorsi moderni e creativi. Servizio estivo all'aperto.

a Rivodora Nord-Ovest : 5 km – ⊠ 10020

✗   **Torinese**   🏠 AC ⅏ ⇄ VISA ⓪ ⑤
  *via Torino 42 – ℰ 01 19 46 00 25 – Fax 01 19 46 00 06 – chiuso dal 7 al
30 gennaio, dal 2 al 14 agosto, martedì e mercoledì*
Rist – *(chiuso a mezzogiorno escluso sabato-domenica)* Carta 26/36 €
♦ Semplici piatti piemontesi fatti in casa delizieranno gli ospiti nelle due sale di questa
tipica trattoria vecchio stile situata sulla collina di Superga, a pochi passi da Torino.

BALESTRATE – Palermo – 565 M21 – Vedere Sicilia alla fine dell'elenco alfabetico

BALLABIO – Lecco (LC) – 561 E10 – 3 843 ab. – alt. 732 m – ⊠ 23811   16 B2
▶ Roma 617 – Bergamo 41 – Como 38 – Lecco 6

🏠   **Sporting Club**   🛗 ዿ rist. ᐢᵀᐟ VISA ⓪ AE ① ⑤
  *via Casimiro Ferrari 3, a Ballabio Superiore, Nord : 1 km – ℰ 03 41 53 01 85
– www.albergosportingclub.com – Fax 03 41 53 01 85*
14 cam ⊑ – †65/75 € ††85/95 € – ½ P 75/80 €   **Rist** – Carta 42/49 €
♦ Ai piedi delle Grigne, palestra per molti noti alpinisti, una risorsa moderna adatta ad un
soggiorno di gradevole essenzialità. Solarium in terrazza, buoni spazi comuni. Classico ristorante d'albergo a conduzione familiare.

BARAGAZZA – Bologna – 562 J15 – Vedere Castiglione dei Pepoli

BARANO D'ISCHIA – Napoli – 564 E23 – Vedere Ischia (Isola d')

BARBARANO – Brescia – Vedere Salò

BARBARESCO – Cuneo (CN) – 561 H6 – 664 ab. – alt. 274 m – ⊠ 12050   25 C2
▶ Roma 642 – Genova 129 – Torino 57 – Alessandria 63

✗✗✗   **Al Vecchio Tre Stelle** con cam   AC ⅏ VISA ⓪ AE ① ⑤
  *località Tre Stelle, Sud : 3 km – ℰ 01 73 63 81 92 – www.vecchiotrestelle.it – Fax 01 73
63 82 82 – chiuso dal 25 dicembre sera al 15 gennaio e dal 28 luglio al 13 agosto*
6 cam ⊑ – †70/95 € ††80/115 € – ½ P 75/100 €
Rist – *(chiuso lunedì, martedì)* (consigliata la prenotazione a mezzogiorno)
Menu 30/70 € – Carta 43/55 €
♦ Affacciato su uno dei più celebrati paesaggi vinicoli, eleganza e spazi si moltiplicano all'interno; cucina e prodotti regionali, dalle paste fresche alle pregiate carni.

✗✗   **Antinè** (Andrea Marino)   AC ⅏ VISA ⓪ AE ① ⑤
ε3   *via Torino 16 – ℰ 01 73 63 52 94 – www.antine.it – Fax 01 73 63 84 07 – chiuso
dal 27 dicembre al 25 gennaio, dal 10 al 25 agosto e mercoledì*
Rist – Carta 41/63 € ఘ
Spec. Battuta di vitella piemontese con uovo di quaglia, parmigiano e tartufo
nero. Tajarin tradizionali al coltello con ragù di piccione e funghi secchi.
Lumache di Cherasco gratinate al forno alla "vignaiola".
♦ Lungo la strada che attraversa il caratteristico paese, al primo piano di un edificio d'epoca,
la cucina è fedele ai classici della località e impreziosita da spunti creativi.

BARBERINO DI MUGELLO – Firenze (FI) – 563 J15 – 10 626 ab.   29 C1
– alt. 268 m – ⊠ 50031
▶ Roma 308 – Firenze 34 – Bologna 79 – Milano 273

in prossimità casello autostrada A 1 Sud-Ovest : 4 km :

✗✗   **Cosimo de' Medici**   AC P. VISA ⓪ AE ① ⑤
  *viale del Lago 19 ⊠ 50030 Cavallina – ℰ 05 58 42 03 70 – Fax 05 58 42 03 70
– chiuso dal 1° al 20 agosto, domenica sera, lunedì*
Rist – Carta 30/43 €
♦ Storico ristorante in cui gustare una cucina tradizionale con proposte prevalentemente
toscane. Professionalità e cortesia nell'unica ampia sala.

a Galliano Nord-Est : 8,8 km – ⊠ 50031 Barberino Di Mugello

✗   **Osteria Poggio di Sotto**   ⇐ 🥬 🏠 P. VISA ⓪ AE ① ⑤
  via Galliano 15/a – ℰ 05 58 42 86 54 – Fax 05 58 42 84 49
Rist – Carta 29/39 €
♦ La contagiosa simpatia del titolare è l'anima del locale; la cucina si "reinventa" ogni giorno
in base alla disponibilità dei prodotti e alle stagioni. Servizio estivo all'aperto.

BARBERINO VAL D'ELSA – Firenze (FI) – **563** L15 – **4 204 ab.**
– alt. 373 m – ✉ 50021 ▮ Toscana

> ▶ Roma 260 – Firenze 32 – Siena 36 – Livorno 109

a Petrognano Ovest : 3 km – ✉ 50021 Barberino Val D'Elsa

XX ▮ **Il Paese dei Campanelli** 🏠 **P** VISA ⓿ AE ⓞ ⑤
località Petrognano 4 – ℰ 05 58 07 53 18 – www.ilpaesedeicampanelli.it
– Fax 05 58 07 53 18 – chiuso 20 giorni in gennaio o febbraio e lunedì
Rist *– (chiuso a mezzogiorno escluso giorni festivi)* Carta 32/46 €
♦ Originale collocazione all'interno di un antico casale di campagna con pareti in pietra e rifiniture in legno; d'estate si mangia anche all'aperto, tra vigne e ulivi.

a Ponzano Sud : 2 km – ✉ 50021 Barberino Val D'Elsa

⋔ ▮ **La Torre di Ponzano** senza rist ⊗ ≼ 🚗 ⊿ ⅍ ⓣ **P** VISA ⓿ ⑤
strada di Ponzano 8 – ℰ 05 58 05 92 55 – www.ponzano.wide.it
– Fax 05 58 05 92 55 – chiuso dal 7 al 29 gennaio
6 cam ⊡ – †70/89 € ††89/150 €
♦ Sul crinale di una collina che offre una doppia, incantevole, vista, una risorsa ricavata in parte da un edificio cinquecentesco. Stile rustico-elegante, giardino attrezzato.

BARBIANELLO – Pavia (PV) – **561** G9 – **843 ab.** – alt. 67 m – ✉ 27041 **16** B3

> ▶ Roma 557 – Piacenza 45 – Alessandria 68 – Milano 56

X ▮ **Da Roberto** AK ⟳ VISA ⓿ AE ⑤
⊗ *via Barbiano 21 – ℰ 0 38 55 73 96 – www.daroberto.it – Fax 0 38 55 73 96*
⊛ *– chiuso dal 1° al 7 gennaio, luglio, lunedì*
Rist *– (chiuso la sera escluso venerdì-sabato)* Menu 20/30 €
♦ Trattoria di fine '800 caratterizzata da ambienti rustici e curati: in due sale con camino, proposte tipiche dai sapori genuini presentate a voce. I secondi prevedono solo carne.

BARBIANO – Parma – Vedere Felino

BARCUZZI – Brescia – Vedere Lonato

BARDOLINO – Verona (VR) – **562** F14 – **6 500 ab.** – alt. 68 m
– ✉ 37011 ▮ Italia

> ▶ Roma 517 – Verona 27 – Brescia 60 – Mantova 59
> 🅵 piazza Aldo Moro 5 ℰ 045 7210078, iatbardolino@provincia.vr.it, Fax 045 7210872
> 🅵 Cà degli Ulivi a Marciaga di Costermano, ℰ 045 6 27 90 30
> ◉ Chiesa ★

🏨 ▮ **San Pietro** 🚗 ⊿ 🕯 AK ⅍ ⅍ ⓣ **P** VISA ⓿ AE ⑤
via Madonnina 15 – ℰ 04 57 21 05 88 – www.hotelsanpietro.eu
– Fax 04 57 21 00 23 – 20 marzo-15 ottobre
51 cam ⊡ – †79/98 € ††110/168 € – ½ P 87/100 €
Rist *– (chiuso a mezzogiorno)* Carta 30/50 €
♦ A due passi dal centro, una bella struttura dalla gestione attenta e con un piccolo grazioso giardino antistante l'ingresso. Camere accoglienti, sostanzialmente di due tipologie. La sala ristorante è ampia e capiente, a pranzo servizio snack-bar.

🏨 ▮ **Color Hotel** 🚗 ⊿ 🕯 ⅍ AK ⅍ ⅍ rist, ⓣ 🅰️ **P** VISA ⓿ ⑤
via Santa Cristina 5 – ℰ 04 56 21 08 57 – www.colorhotel.it – Fax 04 56 21 26 97
– 20 marzo-ottobre
90 cam ⊡ – †99/160 € ††99/260 € **Rist** – Carta 35/70 €
♦ Belli gli spazi aperti tra cui una piscina grande, una piccola con cascate colorate ed un enorme idromassaggio; i balconi delle camere sono arredati con mobili coloratissimi.

🏨 ▮ **Kriss Internazionale** ≼ 🚗 🕯 L₆ 🕯 ⅍ ⅍ ⅍ rist, ⓣ 🅰️ **P**
lungolago Cipriani 3 – ℰ 04 56 21 24 33 – www.kriss.it 🚗 VISA ⓿ ⑤
– Fax 04 54 85 20 99 – chiuso dicembre e gennaio
34 cam ⊡ – †60/115 € ††76/170 € – ½ P 53/100 € **Rist** – Carta 23/35 €
♦ Gestita con meticolosità, la casa offre camere di diverse tipologie, alcune classiche altre in stile rustico, moderne invece le ultime realizzate. Notevole la vista sul lago. Ampia proposta di piatti della tradizione italiana per soddisfare palati internazionali.

Bologna senza rist   ⌂ ▤ & AC ⇔ ♨ ☂ P 🚗 VISA AE
via Mirabello 19 – ℰ 04 57 21 00 03 – www.hotelbologna.info
– Fax 04 57 21 05 64 – aprile-20 ottobre
33 cam � – ††80/115 €
♦ Sono le due figlie dei fondatori ad occuparsi ora di questa piccola risorsa poco distante sia dal centro che dal lago; camere curate, una veranda dalle grandi vetrate e, in un terrazzino, la piscina.

Il Giardino delle Esperidi   ⌂ & AC VISA ⚭ AE ① ⑤
via Mameli 1 – ℰ 04 56 21 04 77 – Fax 04 56 21 04 77 – chiuso martedì, mercoledì a mezzogiorno
Rist – Carta 32/42 € ❀
♦ In pieno centro storico, locale tutto al femminile, dove gustare una golosa ed intrigante cucina - fortemente legata ai prodotti di stagione - elaborata con curiose ricette personali.

BARDONECCHIA – Torino (TO) – 561 G2 – 3 117 ab. – alt. 1 312 m   22 A2
– Sport invernali : 1 312/2 750 m ⥮ 1 ⥯19, ⚞ – ⊠ 10052
🔼 Roma 754 – Briançon 46 – Milano 226 – Col du Mont Cenis 51
ℹ piazza De Gasperi 1 ℰ 0122 99032, info.bardonecchia@turismotorino.org, Fax 0122 980612
▣ I Ginepri, ℰ 011 9 08 50 42

Rivè   ⌂ ♨ ⸙ ▤ & ⸙⸙ AC ⇔ ♨ rist, ☂ P 🚗 VISA ⚭ AE ① ⑤
località Campo Smith – ℰ 01 22 90 92 33 – www.hotelrive.it
– Fax 01 22 90 92 03 – dicembre-aprile e giugno-settembre
77 cam ⊔ – †80/140 € ††120/240 € – ½ P 85/145 €   **Rist** – Carta 32/43 €
♦ Gestita da un personale giovane, moderna struttura (anche residence) a ridosso delle piste da sci, offre camere spaziose e confortevoli; ai piani inferiori, un'enorme palestra. Ampia sala ristorante, cucina con predilezione piemontese ma anche pesce.

Bucaneve   🚗 ▤ ♨ ☂ P VISA ⚭ AE ⑤
viale della Vecchia 2 – ℰ 01 22 99 93 32 – www.hbucanevebardonecchia.it
– Fax 01 22 99 99 80 – dicembre-aprile e 15 giugno-15 settembre
24 cam ⊔ – †50/75 € ††65/90 € – ½ P 60/90 €   **Rist** – Menu 25/35 €
♦ Nelle vicinanze di una pineta e vicino agli impianti sportivi, questo albergo a gestione familiare offre camere confortevoli e graziose sale comuni, raccolte ed accoglienti. Per i pasti, due calde salette piacevolmente arredate in legno. D'estate è possibile pranzare in giardino.

La Nigritella   🚗 & cam, P VISA ⚭ AE ⑤
via Melezet 96 – ℰ 01 22 98 04 77 – www.lanigritella.it – Fax 01 22 98 00 54
– dicembre-aprile e giugno-20 ottobre
7 cam ⊔ – †50/55 € ††80/100 € – ½ P 45/68 €
Rist – (dicembre-aprile, luglio-agosto; negli altri mesi aperto solo il fine settimana) Carta 29/49 €
♦ Piccola ma graziosa risorsa situata lungo la strada che porta a Melezet, dispone di camere confortevoli e di una luminosa veranda con grande stufa in ceramica, allestita per la colazione.

Locanda Biovey con cam   🚗 ☂ P VISA ⚭ ⑤
via General Cantore 2 – ℰ 01 22 99 92 15 – www.biovey.it – Fax 01 22 99 92 15
– chiuso 20 giorni in maggio e 20 giorni in settembre-ottobre
8 cam ⊔ – †39/60 € ††58/98 € – ½ P 64/82 €
Rist – (chiuso martedì e in bassa stagione anche il lunedì sera) Carta 34/51 €
♦ Esercizio ospitato in una palazzina d'epoca del centro e circondato da un giardino, propone una cucina del territorio preparata con moderata creatività. Al piano superiore, camere nuove, colorate e confortevoli, arredate in stili diversi, dall'800 al Luigi XV.

BARGE – Cuneo (CN) – 561 H3 – 7 646 ab. – alt. 355 m – ⊠ 12032   22 B3
🔼 Roma 694 – Torino 61 – Cuneo 50 – Sestriere 75

Alter Hotel   🚗 ⸙ ▤ & ⸙⸙ AC ☂ 🏊 P VISA ⚭ AE ⑤
piazza Stazione 1 – ℰ 01 75 34 90 92 – www.alterhotel.it – Fax 01 75 34 69 45
21 cam ⊔ – †90/115 € ††105/140 € – 1 suite – ½ P 73/95 €
Rist – Carta 19/37 €
♦ Nato dal restauro di un'antica industria manifatturiera, un design hotel che gioca sulle tinte del bianco e del nero ed ospita originali e tecnologici ambienti. Nato dal restauro di un'antica industria manifatturiera, un design hotel che gioca sulle tinte del bianco e del nero ed ospita originali e tecnologici ambienti.

XX **D'Andrea** P, VISA ㏇ ⑤
via Bagnolo 37 – ☎ 01 75 34 57 35 – www.dandrea.info – Fax 01 75 34 57 35
– chiuso 1 settimana in gennaio e mercoledì
Rist – Carta 29/39 €
♦ Cucina di tradizione rivisitata e "alleggerita", che propone anche pesce di mare e d'acqua dolce. Tavoli ben disposti, ambiente interno personalizzato e accogliente.

a Crocera Nord-Est : 8 km – ⊠ 12032 Barge

XX **D'la Picocarda** AC ⅍ P, VISA ㏇ AE ⑤
via Cardè 71 – ☎ 0 17 53 03 00 – www.picocarda.it – Fax 0 17 53 03 00 – chiuso
agosto, lunedì sera, martedì
Rist – Carta 36/59 € ⅍
♦ Casa colonica di origine seicentesca, ristrutturata e arredata con buon gusto ed eleganza. In lista proposte legate al territorio ma anche alcuni inserimenti di mare.

BARGECCHIA – Lucca – **563** K12 – Vedere Massarosa

BARGNI – Pesaro e Urbino – **563** K20 – Vedere Serrungarina

BARI P (BA) – **564** D32 – 322 511 ab. – ⊠ 70121 ▌ Puglia   **27** C2

▶ Roma 449 – Napoli 261

✈ di Palese per viale Europa: 9 km AX ☎080 5800200

🛈 piazza Aldo Moro 33/a ⊠ 70122 ☎ 080 5242244, aptbari@
puglituarismo.com, Fax 080 5242329

🚆 Barialta, ☎ 080 6 97 71 05

Manifestazioni locali

11.09-19.09 : fiera del levante campionaria generale

◎ Città vecchia★★ CDY: Basilica di San Nicola★★ DY, Cattedrale di
S. Sabino★ DY**B**, Castello★ CY – Cristo★ in legno nella Pinacoteca Corrado
Giaquinto BX**M**

Piante pagine seguenti

🏨 **Sheraton Nicolaus Hotel** 🛋 🖼 🎱 🏋 🎐 🏃 AC 🛁 ⅍ 🌐 🏋
via Cardinale Agostino Ciasca 27 ⊠ 70124 🚗 VISA ㏇ AE ① ⑤
– ☎ 08 05 68 21 11 – www.sheraton.com/nicolaus
– Fax 08 05 04 20 58   AX**e**
175 cam � – ∮260/290 € ∮∮340/440 €
Rist *Le Stagioni* – Carta 28/57 €
♦ Imponente albergo di concezione moderna, facilmente raggiungibile dalle principali arterie stradali; confort adeguato ai livelli della catena e moderno centro congressi. Ricco buffet, che spazia dagli antipasti ai dolci, nel curato ristorante.

🏨 **Mercure Villa Romanazzi Carducci** ⅍ 🍷 🎐 🎱 🏋 🎐
via Capruzzi 326 ⅙ cam, AC 🛁 📞 🏋 P 🚗 VISA ㏇ AE ① ⑤
⊠ *70124 – ☎ 08 05 42 74 00 – www.villaromanazzi.com*
– Fax 08 05 56 02 97   CZ**c**
123 cam ⊆ – ∮102/260 € ∮∮155/310 € – ½ P 193 €
Rist – *(chiuso agosto, sabato, domenica e i giorni festivi)* Carta 35/71 €
♦ Curioso contrasto tra la villa dell'800 e l'edificio moderno che compongono questo originale, elegante complesso situato in un parco con piscina; attrezzato centro congressi. Sala ristorante avvolta da vetrate con vista sul parco.

🏨 **Excelsior Congressi** 🎱 🏋 🏋 ⅙ cam, AC ⅍ rist, 📞 🏋 P,
via Giulio Petroni 15 ⊠ 70124 – ☎ 08 05 56 43 66 VISA ㏇ AE ① ⑤
– www.hotelexcelsioronline.it – Fax 08 05 52 33 77   DZ**b**
150 cam ⊆ – ∮100/200 € ∮∮140/260 € – 6 suites – ½ P 95/150 €
Rist – Carta 30/53 €
♦ A due passi dalla stazione ferroviaria, centrale ma facilmente raggiungibile in auto, struttura ideale per una clientela d'affari e commerciale. Ambienti comuni di ampio respiro e camere funzionali nella loro sobrietà. Sapori mediterranei al ristorante.

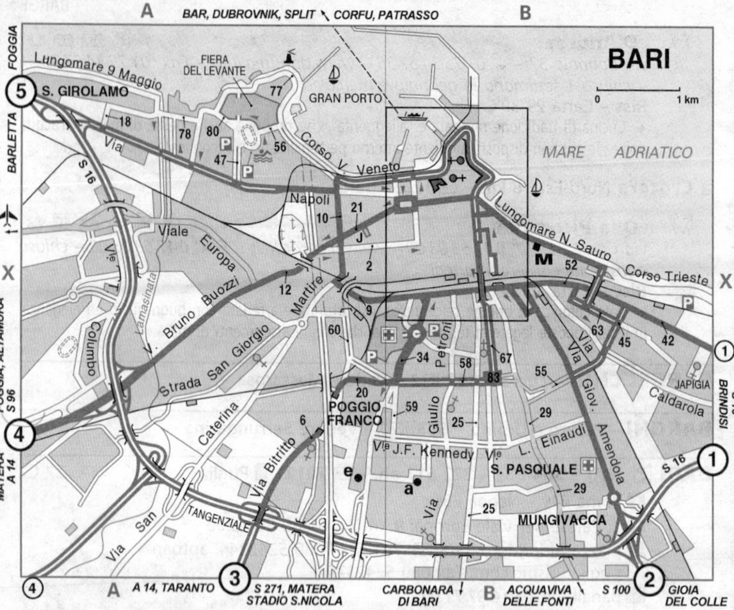
BARI
0 1 km
BAR, DUBROVNIK, SPLIT CORFU, PATRASSO
A
B
X
FOGGIA
BARLETTA
FOGGIA, ALTAMURA S 96
MATERA A 14
S 16 BRINDISI
S. GIROLAMO
Lungomare 9 Maggio
FIERA DEL LEVANTE
GRAN PORTO
MARE ADRIATICO
Corso V. Veneto
Lungomare N. Sauro
Corso Trieste
Viale Europa
Bruno Buozzi
Strada San Giorgio
Martire
Napoli
Lamasinata
Columbo
Caterina
Via Bitritto
POGGIO FRANCO
Petroni
Giulio
Via J.F. Kennedy
Vle L. Einaudi
S. PASQUALE
MUNGIVACCA
Via Giov. Amendola
JAPIGIA
Caldarola
TANGENZIALE
Via San
A 14, TARANTO
S 271, MATERA STADIO S.NICOLA
CARBONARA DI BARI
ACQUAVIVA DELLE FONTI
S 100
GIOIA DEL COLLE

Alighieri (V. Dante)	AX	2	Fanelli (V. Giuseppe)	BX	29	Papa Pio XII (Viale)	BX	59
Bellomo (V. Generale N.)	AX	6	Flacco (V. Orazio)	BX	34	Pasteur (V. Louis)	AX	60
Brigata Bari (V.)	AX	9	Japigia (Viale)	BX	42	Peucetia (V.)	BX	63
Brigata Regina (V.)	AX	10	Magna Grecia (V.)	BX	45	Repubblica (Viale della)	BX	67
Buozzi (Sottovia Bruno)	AX	12	Maratona (V. di)	AX	47	Starita (Lungomare Giambattista)	AX	77
Costa (V. Nicola)	AX	18	Oberdan (V. Guglielmo)	BX	52	Van Westerhout (Viale)	AX	78
Cotugno (V. Domenico)	AX	20	Omodeo (V. Adolfo)	BX	55	Verdi (V. Giuseppe)	AX	80
Crispi (V. Francesco)	AX	21	Orlando (Viale V.E.)	AX	56	2 Giugno (Largo)	BX	83
De Gasperi (Cso Alcide)	BX	25	Papa Giovanni XXIII (Viale)	BX	58			

Grand Hotel Leon d'Oro
rist,

piazza Aldo Moro 4 ✉ 70122
– ☎ 08 05 23 50 40 – www.grandhotelleondoro.it
– Fax 08 05 21 15 55 DZc

80 cam – 🛉100/150 € 🛉🛉150/200 € – ½ P 105/135 €

Rist – *(chiuso dal 6 al 25 agosto)* Carta 35/50 €

◆ Nel cuore della città, di fronte alla stazione ferroviaria, un hotel totalmente ristrutturato in grado di offrire un confort attuale. Nelle camere pavimenti in parquet. Piccolo, elegante e originale ristorante.

Garden Inn Hilton

via Don Guanella 15/I ✉ 70124
– ☎ 08 05 02 68 15 – www.bari.stayhgi.com
– Fax 08 05 02 09 86 BXa

88 cam – 🛉95/190 € 🛉🛉122/215 €, 12 € – ½ P 128 €

Rist – *(chiuso nei giorni festivi)* Carta 22/45 €

◆ Le attrattive che mancano alla zona, periferica e residenziale, sono compensate dall'albergo: un design hotel d'ispirazione scandinava con utilizzo di materiali innovativi.

Boston senza rist

via Piccinni 155 ✉ 70122
– ☎ 08 05 21 66 33 – www.bostonbari.it
– Fax 08 05 24 68 02 CYe

69 cam – 🛉98/135 € 🛉🛉140/175 €

◆ In pieno centro, funzionalità e confort adeguato in un albergo ideale per clientela di lavoro; camere di dimensioni non ampie, ma con curato arredamento recente.

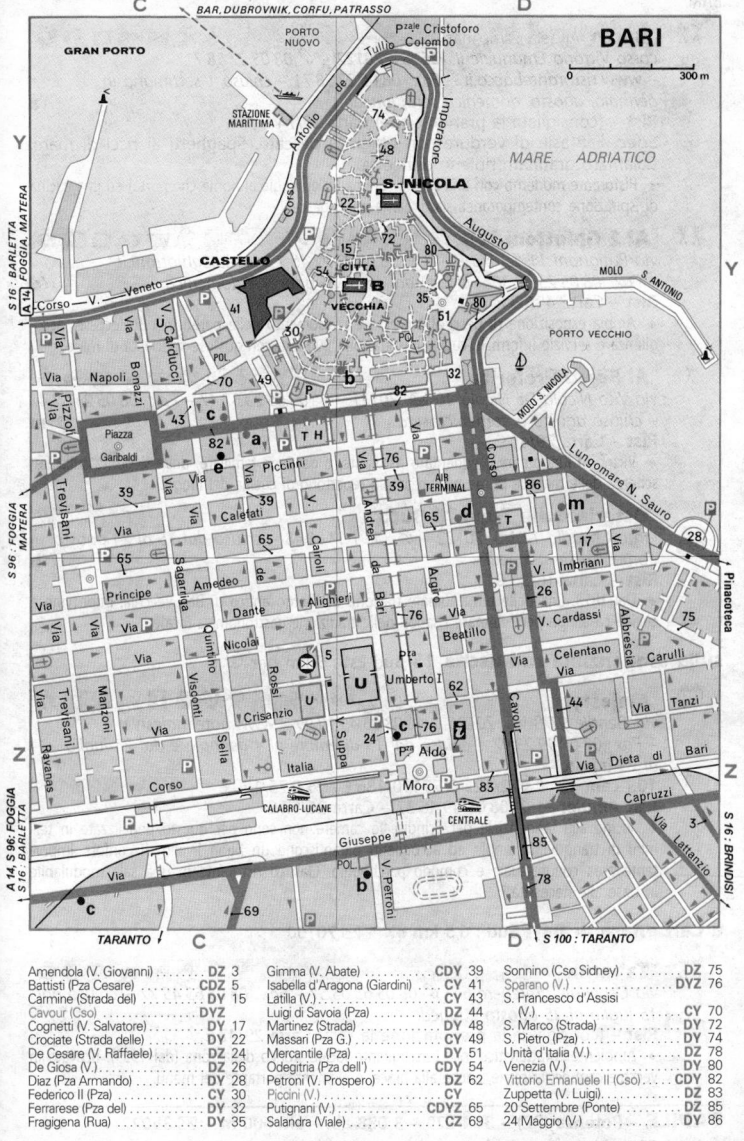

XXX **La Pignata** AC VISA ⓶ AE ① ♿

corso Vittorio Emanuele 173 ✉ 70122 – ✆ 08 05 23 24 81
– www.ristorantelapignatabari.com – Fax 08 05 75 25 23 – chiuso agosto e
lunedì CYc

Rist – (consigliata la prenotazione) Carta 37/53 €

♦ Collezione di opere e dediche di personaggi famosi realizzate sui tovaglioli, il menu conquista con piatti della tradizione pugliese e gustose specialità di mare.

XX **Bacco** (Angela Campana)   ⚐ 🏧 💳 ⬤ 🆎 ⓪ ⛟
⚭ *corso Vittorio Emanuele II 126* ✉ *70122 –* ☎ *08 05 27 58 71*
– www.ristorantebacco.it – Fax 08 05 27 58 71 – chiuso 1 settimana in
gennaio, agosto, domenica sera, lunedì   CYa
Rist – (consigliata la prenotazione) Carta 38/74 € ❀
Spec. Fantasie di verdure con ritagli di pescato. Spaghetti ai ricci di mare.
Calamaro gratinato ripieno di ricotta.
♦ Ristorante moderno con una buona cantina (in omaggio al nome che porta) ed una cucina
di ispirazione contemporanea sia di carne sia di pesce.

XX **Ai 2 Ghiottoni**   🏮 🏧 ⅌ 💳 ⬤ 🆎 ⓪ ⛟
via Putignani 11 ✉ *70121 –* ☎ *08 05 23 22 40 – www.ai2ghiottoni.it*
– Fax 08 05 23 33 30 – chiuso dal 16 al 24 agosto e domenica   DYd
Rist – Carta 45/63 €
♦ Ampia esposizione di pesci all'ingresso e rivestimento delle pareti in tufo leccese. Acco-
glienza e servizio informali, cucina d'ispirazione pugliese con gustose specialità di mare.

X **Al Sorso Preferito**   ⚐ 🏧 ⇔ 💳 ⬤ 🆎 ⓪ ⛟
via Vito Nicola De Nicolò 40 ✉ *70121 –* ☎ *08 05 23 57 47 – Fax 08 05 23 57 47*
– chiuso agosto e domenica sera   DYm
Rist – Carta 29/46 €
♦ Vicino al lungomare, frequentato ristorante, a gestione familiare, dove si punta sulla freschezza delle materie prime per un ampio repertorio di cucina del luogo.

X **Osteria delle Travi "Il Buco"**   🏧
⚭ *largo Chyurlia 12* ✉ *70122 –* ☎ *33 91 57 88 48 – chiuso dal 15 al 24 agosto,*
domenica sera, lunedì   DYb
Rist – Carta 16/25 €
♦ Dal 1813, una delle più rinomate trattorie del borgo antico di Bari vecchia: buon vino e
cucina casalinga per celebrare i sapori delle tradizione gastronomica locale.

sulla tangenziale sud-uscita 15 Sud-Est : 5 km per ① :

🏨 **Majesty**   🚙 📶 ⚐ 🏧 ↔ 🏊 🐾 🛁 🅿 💳 ⬤ 🆎 ⛟
via Gentile 97/B ✉ *70126 –* ☎ *08 05 49 10 99 – www.hotelmajesty.it*
– Fax 08 05 49 23 97 – chiuso dal 19 dicembre al 4 gennaio e dal 23 luglio
al 23 agosto
105 cam 🖵 – ❙72/125 € ❙❙110/186 € – ½ P 75/120 €
Rist Amulet – ☎ 08 05 49 46 32 – Carta 26/57 €
♦ Vicino alla tangenziale per Brindisi, le camere non sono per questo penalizzate in termini di tranquillità: ampie ed accoglienti garantiscono un buon livello di confort. Importante area congressuale e comodo parcheggio. Classico ristorante in una sala modulabile
in base alle necessità.

a Carbonara di Bari Sud : 6,5 km BX – ✉ 70100

XX **Taberna**   🏧 ⅌ 🅿 💳 ⬤ 🆎 ⓪ ⛟
via Ospedale di Venere 6 – ☎ *08 05 65 05 57 – Fax 08 05 65 45 77 – chiuso dal*
15 luglio al 25 agosto e lunedì
Rist – (consigliata la prenotazione la sera) Carta 29/42 €
♦ Ambiente caratteristico in un accogliente locale storico della zona (dal 1959), ricavato in
vecchie cantine; la carne, anche alla brace, è elemento portante del menù.

BARILE – Potenza (PZ) – **564** E29 – **3 088 ab.** – **alt. 600 m** – ✉ 85022   **3** A1
🛣 Roma 329 – Andria 76 – Foggia 67 – Potenza 43

🏨 **Grand Hotel Garden**   ≼ 🚙 ⅃ 🏊 🍴 🛀 ⚐ 🏧 ⅌ 🄿
località Giardino strada statale 93 km 75   💳 ⬤ 🆎 ⓪ ⛟
– ☎ *09 72 76 15 33 – www.grandhotelgarden.com – Fax 09 72 76 15 60*
46 cam 🖵 – ❙63/76 € ❙❙80/106 €
Rist – (chiuso domenica sera) Carta 25/35 €
♦ Poco fuori dal paese, immersa in un parco di ulivi, una nuova struttura dalle linee sobrie e
moderne che dispone di camere funzionali e curate e di un piccolo centro benessere. Dalle
cucine, i profumi di una cucina classica nazionale arricchita da eco moderne.

▶ Roma 397 – Bari 69 – Foggia 79 – Napoli 208

🛈 corso Garibaldi 208 ✆ 0883 531555, iatbarletta@viaggiareinpuglia.it

◉ Colosso★★ AY – Pinacoteca De Nittis★★ BY **M** – Castello★ BY
  – Duomo★ BY **12** – Basilica di San Sepolcro★ AY

🏨 **Nicotel** senza rist   ⪡ ▮ & 🄰🄲 ↵ 🔊 🅿 𝚅𝙸𝚂𝙰 ⓪⓪ 🄰🄴 ⓪ ⚡

viale Regina Elena, litoranea di Levante per ①
– ✆ 08 83 34 89 46 – www.nicotelhotels.com
– Fax 08 83 33 43 83
64 cam 🛏 – ♱100 € ♱♱150 €

♦ Albergo di taglio lineare e contemporaneo, affacciato sulla passeggiata a mare, dispone di camere dotate di tutti i confort. Arredamento di design, con linee curve ricorrenti.

BARLETTA

Dei Cavalieri 🚚 🖼 🏦 ✕ 🛎 ᛃ 🗚 ✕ rist. 📶 ᛃ 🅿 🚗
VISA ⓜⓞ AE ⓘ ᛃ
via Foggia 40, litoranea di Ponente per ④
– ℰ 08 83 57 14 61 – www.hoteldeicavalieri.net – Fax 08 83 52 66 40
96 cam ⌸ – ♦60/120 € ♦♦80/125 € – ½ P 70/95 €
Rist – *(chiuso domenica)* Carta 25/35 €
♦ Hotel recente, moderno e funzionale, ubicato alle porte della città: è quindi un punto di riferimento indicato per chi viaggia per lavoro e per turisti di passaggio. Ambiente confortevole dalle tinte delicate, tavoli ben disposti, confort e tranquillità anche per la clientela d'affari. Menù stabile con alcune proposte del giorno.

Itaca ≼ 🖼 🖪 🖥 🏦 📶 🗚 🅿 🚗 VISA ⓜⓞ AE ⓘ ᛃ
viale Regina Elena 30, litoranea di Levante per ① – ℰ 08 83 34 77 41
– www.itacahotel.it – Fax 08 83 34 77 86
41 cam ⌸ – ♦57/78 € ♦♦88/120 € – ½ P 60/76 €
Rist – *(chiuso a mezzogiorno escluso i giorni festivi)* Carta 20/30 €
♦ Architettura recente, in posizione fortunata con vista sul mare, presenta interni signorili, soprattutto nelle gradevoli e curate zone comuni; camere ampie e luminose. Sala da pranzo ariosa, contrassegnata da un tocco di ricercata eleganza.

Il Brigantino ≼ 🖼 🖫 ✕ 🏦 🅿 VISA ⓜⓞ AE ⓘ ᛃ
viale Regina Elena 19, litoranea di Levante per ① – ℰ 08 83 53 33 45
– www.brigantino.it – Fax 08 83 53 32 48 – chiuso gennaio
Rist – Carta 27/41 € (+15 %)
♦ Un ristorante dove apprezzare una solida professionalità espressa anche attraverso l'impostazione del menù (con prevalenza di pesce). Esclusiva terrazza sul mare.

Antica Cucina 1983 🏦 🗚 VISA ⓜⓞ AE ⓘ ᛃ
via Milano 73 – ℰ 08 83 52 17 18 – www.anticacucina1983.it
– Fax 08 83 52 17 18 AZf
Rist – *(chiuso lunedì, martedì e la sera dei giorni festivi)* Carta 35/51 € 🍴
♦ Un signorile riferimento in centro città, la sala da pranzo è un antico frantoio. Piatti della tradizione pugliese personalizzati con gusto; servizio attento e puntuale.

Baccosteria 🏦 🗚 VISA ⓜⓞ AE ⓘ ᛃ
via San Giorgio 5 – ℰ 08 83 53 40 00 – Fax 08 83 53 40 00 – chiuso 2 settimane in agosto, domenica sera, lunedì BYa
Rist – *(consigliata la prenotazione)* Carta 30/50 €
♦ Nuova gestione per questo elegante bistrot del centro storico: originale il pavimento in vetro sopra la cantina a vista. A vista è anche la cucina, con piatti dove il mare è protagonista indiscusso.

BAROLO – Cuneo (CN) – **561** I5 – 740 ab. – alt. 301 m – ⌷ 12060   **25** C2
🔺 Roma 627 – Cuneo 68 – Asti 42 – Milano 164

Locanda nel Borgo Antico (Massimo Camia) ≼ 🖼 ᛃ 🏦 🗚 ⟳
località Boschetti 4, verso Monforte d'Alba Sud : 4 km 🅿 VISA ⓜⓞ ᛃ
– ℰ 01 73 56 63 55 – www.locandanelborgo.it – Fax 01 73 56 09 35
– chiuso martedì, mercoledì a mezzogiorno
Rist – Menu 65/80 € – Carta 56/79 € 🍴
Spec. Gamberi rossi di Sicilia, totanetti scottati, maionese di pomodori e burrata . Risotto carnaroli con peperone arrostito e filone di vitella. Cilindro di coniglio alle olive taggiasche, melanzana e leggero civet al cioccolato.
♦ Struttura sorprendentemente moderna, la sobrietà della sala è interamente dedicata al panorama del paesaggio collinare. Cucina langarola con qualche estrosa invenzione.

a Vergne Ovest :2 km – ⌷ 12060

Ca' San Ponzio senza rist 🌿 ≼ 🚚 📶 🅿 VISA ⓜⓞ AE ᛃ
via Rittane 7 – ℰ 01 73 56 05 10 – www.casanponzio.com – Fax 01 73 56 05 10
– chiuso gennaio
12 cam – ♦52/58 € ♦♦68/74 €, ⌸ 8 €
♦ Un inaspettato prato all'inglese "disseminato" di noccioli, l'ingresso sotto un caratteristico balcone alla piemontese, mobili in stile, camere mansardate: davvero bello.

BARONE CANAVESE – Torino (TO) – **561** G5 – 630 ab. – alt. 325 m   **22** B2
– ⌷ 10010
🔺 Roma 673 – Torino 48 – Aosta 86 – Ivrea 18

✗ **Al Girasol** 🛜 📼 ⓿ 🄰🄴 ⚓

via Roma 8 – ☎ 01 19 89 85 65 – Fax 01 19 89 85 65 – chiuso dal 15 gennaio al 3 febbraio e lunedì

Rist – Carta 31/46 €

♦ Varcato l'ingresso è possibile vedere la cucina, mentre al piano superiore si trovano le tre salette, di cui una affrescata e riscaldata da uno scoppiettante camino. Cucina rigorosamente piemontese: a pranzo è disponibile anche un menu a prezzo più contenuto.

BARZANÒ – Lecco (LC) – **561** E9 – **5 079 ab.** – **alt. 370 m** – ⊠ 23891   **18** B1

🔼 Roma 605 – Como 27 – Bergamo 36 – Lecco 19

🏠🏠 **Red's Redaelli** senza rist   🏢 🄰 ⬆⬇ 🤙 ⚓ 📼 ⓿ 🄰🄴 ⓘ ⚓

via Don Rinaldo Beretta 24 – ☎ 03 99 27 21 20 – www.redshotel.com – Fax 03 99 21 15 94

34 cam – †100/160 € ††140/180 €

♦ Una nuova e moderna struttura a vocazione commerciale, omogenea ed ancora in fase di ampliamento. Design e funzionalità nelle belle camere.

🏠 **Redaelli** 🍴 rist. 🤙 🄿 📼 ⓿ 🄰🄴 ⓘ ⚓

via Garibaldi 77 – ☎ 0 39 95 53 12 – www.hotelredaelli.it – Fax 03 99 21 04 55 – chiuso 3 settimane in agosto

16 cam – †50 € ††73 €, � 8 € – 4 suites – ½ P 60 €

Rist – (chiuso venerdì) Carta 32/44 €

♦ La stessa famiglia da quattro generazioni: una garanzia per chi desidera un riferimento certo per pernottare tra le colline brianzole. Struttura semplice e ben tenuta. La particolare atmosfera da ristorante della tipica provincia italiana.

BASCAPÉ – Pavia (PV) – **561** G9 – **1 739 ab.** – **alt. 89 m** – ⊠ 27010   **16** B3

🔼 Roma 560 – Milano 25 – Piacenza 59 – Pavia 25

🏠 **Agriturismo Tenuta Camillo** 🌿   🚗 🛜 🏊 🄰 🄿 📼 ⓿ ⚓

località Trognano, Nord : 2 km – ☎ 0 38 26 65 09 – www.tenutacamillo.com – Fax 0 38 26 65 09

6 cam – ††80 €, � 5 €

Rist – (chiuso dal 15 settembre al 15 ottobre, negli altri mesi aperto la sera di sabato e domenica a mezzogiorno) Menu 30/40 €

♦ Un tuffo nel passato in un tipico cascinale lombardo dei primi del '900; intorno all'aia la villa padronale e le case coloniche; camere semplici e invitante piscina nel verde.

BASCHI – Terni (TR) – **563** N18 – **2 800 ab.** – **alt. 165 m** – ⊠ 05023   **32** B3

🔼 Roma 118 – Viterbo 46 – Orvieto 10 – Terni 70

sulla strada statale 448 km 6,600

✗✗✗✗ **Vissani** con cam 🄰 🍴 📞 🄿 📼 ⓿ 🄰🄴 ⓘ ⚓

🌿🌿 *Nord : 12 km ⊠ 05020 Civitella del Lago – ☎ 07 44 95 02 06 – www.casavissani.it – Fax 07 44 95 01 86 – chiuso dal 23 al 25 dicembre, 20 giorni in agosto, domenica sera, lunedì e giovedì a mezzogiorno, mercoledì*

7 cam ⊠ – †250 € ††300 €

Rist – Menu 100/155 € – Carta 108/168 € 🐝 (+15 %)

Spec. Crudo di cappesante con suprema e tulip di quaglia. Risotto con zucchine romanesche, filetto di Hereford (carne bovina) affumicato, arachidi e bresaola. Gallina di Bresse cotta nella ghisa con olive, pinoli e baccalà.

♦ Geniale inventore, Vissani ha rivoluzionato la cucina italiana creando piatti barocchi e sofisticati all'interno di un degno palcoscenico, una casa-ristorante teatro di irripetibili rappresentazioni.

---

a Civitella del Lago Nord-Est : 12 km – ⊠ 05020

✗✗ **Trippini** ⬅ 🍴 📼 ⓿ 🄰🄴 ⚓

via Italia 14 – ☎ 07 44 95 03 16 – www.trippini.net – Fax 07 44 95 03 16 – chiuso dal 10 gennaio al 1° febbraio, settembre e lunedì

Rist – (consigliata la prenotazione) Carta 41/53 €

♦ Panorama di grande suggestione sul lago di Corbara e sulle colline circostanti, da ammirare attraverso le vetrate della piccola sala dall'ambiente curato e ricercato.

BASELGA DI PINÈ – Trento (TN) – **562** D15 – 4 759 ab. – alt. 964 m   30 B3
– ✉ 38042

> 🚗 Roma 606 – Trento 19 – Belluno 116 – Bolzano 75
> 🛈 a Serraia via Cesare Battisti 106 ☎ 0461 557028, infopine@
> visitpinecembra.it, Fax 0461 557577

✗ **2 Camini** con cam   🚗 📶 **P** VISA ⓒⓞ AE ① 💳
via del 26 Maggio 65 – ☎ *04 61 55 72 00* – *www.albergo2camini.com*
– *Fax 04 61 55 88 33*
10 cam ☲ – ♦50/80 € ♦♦90/110 € – ½ P 55/68 €
Rist – *(chiuso domenica sera e lunedì escluso dal 30 giugno al 15 settembre)*
Menu 24 € – Carta 26/39 €
♦ Una casa di montagna, rallegrata da colorati fiori sui balconi, il calore e la cortesia dei titolari e la tipica cucina trentina attenta al variare delle stagioni. Quasi ospiti in una casa privata. Dopo una piacevole passeggiata attraverso l'altipiano, potrete trovare ristoro nelle graziose e colorate camere.

BASELLA – Bergamo – **561** F11 – Vedere Urgnano

BASSANO DEL GRAPPA – Vicenza (VI) – **562** E17 – 42 407 ab.   35 B2
– alt. 129 m – ✉ 36061 ▌ Italia

> 🚗 Roma 543 – Padova 45 – Belluno 80 – Milano 234
> 🛈 largo Corona d'Italia 35 ☎ 0424 524351, iat.bassano@provincia.vicenza.it,
> Fax 0424 525301
> ◙ Museo Civico★
> ▣ Monte Grappa★★★ Nord-Est : 32 km

🏨 **Ca' Sette**   🚗 ‖⧉ & AC 📶 ⩍ **P** 🚗 VISA ⓒⓞ AE ① 💳
via Cunizza da Romano 4, Nord : 1 km – ☎ *04 24 38 33 50* – *www.ca-sette.it*
– *Fax 04 24 39 32 87*
17 cam ☲ – ♦100/140 € ♦♦160/210 € – 2 suites
Rist Ca' 7 – vedere selezione ristoranti
♦ Design contemporaneo in una villa del 1700, un hotel in cui tradizione, storia e soluzioni d'avanguardia sono state fuse con sapienza. Un soggiorno originale ed esclusivo.

🏨 **Belvedere**   ‖⧉ AC ⇄ 🛇 ⩍ 🚗 VISA ⓒⓞ AE ① 💳
piazzale Gaetano Giardino 14 – ☎ *04 24 52 98 45* – *www.bonotto.it*
– *Fax 04 24 52 98 49*
83 cam ☲ – ♦65/130 € ♦♦95/224 € – 2 suites
Rist – *(chiuso 1 settimana in gennaio, 2 settimane in agosto e domenica)*
Carta 33/41 € ⅏
♦ Attività dalla storia antica (sembrerebbe risalire al XV sec.), sorge a pochi passi dalle mura cittadine. Camere arredate secondo differenti stili ma di eguale confort. La lista propone piatti di mare e di terra, carne e pesce in misura pressoché uguale. Preparazioni accurate e classiche, così come il servizio, l'accoglienza e il confort.

🏨 **Palladio** senza rist   🅻 ‖⧉ AC ⇄ 🛇 📶 ⩍ **P** 🚗 VISA ⓒⓞ AE ① 💳
via Gramsci 3 – ☎ *04 24 52 37 77* – *www.bonotto.it* – *Fax 04 24 52 40 50*
66 cam ☲ – ♦65/115 € ♦♦89/178 €
♦ Una struttura moderna diretta da una gestione molto attenta alle attività congressuali; camere e spazi comuni sono dotati di un omogeneo, gradevole livello di confort.

🏨 **Brennero** senza rist   ‖⧉ & AC 📶 VISA ⓒⓞ AE ① 💳
via Torino 7 – ☎ *04 24 22 85 38* – *www.hotelbrennero.com* – *Fax 04 24 22 70 21*
28 cam ☲ – ♦47/57 € ♦♦72/80 €
♦ Lungo le mura cittadine, non lontano dal centro storico, una ristrutturazione continua delle camere assicura ambienti confortevoli e funzionali adatti alla clientela d'affari.

🏨 **Al Castello** senza rist   AC 🛇 📶 VISA ⓒⓞ AE 💳
via Bonamigo 19 – ☎ *04 24 22 86 65* – *www.hotelalcastello.it*
– *Fax 04 24 22 86 65*
11 cam – ♦40/60 € ♦♦70/100 €, ☲ 6 €
♦ Risorsa situata a ridosso del castello medioevale e poco lontana dal celebre Ponte Coperto; stanze non ampie, ma confortevoli, dotate di complementi d'arredo in stile.

🏠 **Dal Ponte** senza rist 🖺 & 🔠 📞 **P** VISA ⓜ AE ① ⛞
viale De Gasperi 2/4 – ℰ *04 24 21 91 00 – www.hoteldalponte.it*
– Fax 04 24 21 91 81
24 cam ⚏ – †50/75 € ††75/130 €
♦ Hotel di nuova costruzione a pochi metri dal centro storico, dispone di luminosi spazi comuni e camere semplici d'arredo moderno: un buon indirizzo per ogni tipo di clientela.

XXX **Ca' 7** – Hotel Ca' Sette 🍴 & 🔠 ⟷ **P** VISA ⓜ AE ① ⛞
via Cunizza da Romano 4, Nord : 1 km – ℰ *04 24 38 33 50 – Fax 04 24 39 32 87*
– chiuso dal 1° al 7 gennaio e agosto
Rist – *(chiuso domenica sera, lunedì)* Carta 42/70 €
♦ Struttura, colonne e materiali d'epoca si uniscono a quadri e illuminazione moderni in un ardito ma affascinante accostamento. In estate la magia si sposta in giardino.

XX **Al Ponte** 🍴 ⅍ VISA ⓜ AE ① ⛞
via Volpato 60 – ℰ *04 24 21 92 74 – www.alpontedibassano.com – chiuso lunedì, martedì a mezzogiorno*
Rist – Carta 39/51 € ⅍
♦ Il nome deriva dalla "celebrità" locale, l'ambiente da uno stile caldo e con tocchi d'eleganza. Servizio estivo all'aperto, cucina che si ispira alle stagioni.

XX **Bauto** 🔠 ⅍ ⟷ VISA ⓜ AE ① ⛞
via Trozzetti 27 – ℰ *0 42 43 46 96 – www.ristorantebauto.it – Fax 0 42 43 46 96*
– chiuso dal 1° al 7 gennaio, dal 13 al 16 agosto e domenica (escluso aprile e maggio)
Rist – Carta 27/38 €
♦ Bella saletta e veranda altrettanto accogliente per un locale ubicato nella zona industriale e che quindi presenta un buon menù d'affari; specialità: carne alla griglia.

BASSANO ROMANO – Viterbo (VT) – **563** P18 – **4 755 ab.**   **12** B2
– ✉ 01030
▶ Roma 58 – Viterbo 39 – Fiumicino 83 – Civitavecchia 70

X **La Casa di Emme** 🍴 VISA ⓜ AE ① ⛞
😊 *via della Stazione 33 –* ℰ *07 61 63 55 44 – www.lacasadiemme.it*
🍴 **Rist** – *(chiuso a mezzogiorno)* Carta 21/29 €
♦ Le specialità proposte sono quelle della tradizione mitteleuropea ma ci si può fermare in questa taverna di campagna anche per una pausa più veloce e informale, un tagliere di salumi e formaggi con una birra o un bicchiere di vino.

BASTIA UMBRA – Perugia (PG) – **563** M19 – **20 890 ab.** – alt. 201 m   **32** B2
– ✉ 06083
▶ Roma 176 – Perugia 17 – Assisi 9 – Terni 77

sulla strada statale 147 Assisana Est : 4 km :

🏨 **Campiglione** 🖺 & cam, 🔠 ⅍ 📶 **P** VISA ⓜ
😊 *via Campiglione 11 –* ℰ *07 58 01 07 67 – www.hotel-campiglione.it*
– Fax 07 58 01 07 68
42 cam ⚏ – †50/60 € ††65/80 € – ½ P 55/70 €
Rist – *(chiuso dall'8 al 20 gennaio, sabato e domenica escluso da marzo ad ottobre) (chiuso a mezzogiorno)* Carta 18/27 €
♦ Lungo l'arteria stradale principale del paese, sorge quest'accogliente struttura che dispone di confortevoli camere, arredate con cura. Gestione di grande esperienza. Ristorante recentemente rinnovato, dove gustare una cucina sana e genuina.

ad Ospedalicchio Ovest : 5 km – ✉ 06083

🏨 **Lo Spedalicchio** 🚗 🖺 🔠 ⅍ rist, 📞 🛁 **P** VISA ⓜ AE ① ⛞
piazza Bruno Buozzi 3 – ℰ *07 58 01 03 23 – www.lospedalicchio.it*
– Fax 07 58 01 03 23
25 cam ⚏ – †65/76 € ††85/110 € – ½ P 65/75 €
Rist – *(chiuso lunedì)* Carta 30/45 €
♦ Una sistemazione capace di trasmettere quel genere di emozioni proprie delle dimore fortificate dalle origini antiche (XIV sec.). Il confort è commisurato alla struttura. Per pranzi o cene avvolti da pareti e volte in pietra e mattoni.

BAVENO – Verbano-Cusio-Ossola (VB) – **561** E7 – **4 858 ab.** – alt. 205 m   24 A1
– ✉ 28831 ▮ Italia

> ▶ Roma 661 – Stresa 4 – Domodossola 37 – Locarno 51
> 🖼 piazza della Chiesa 🕾 0323 924632, baveno@distrettolaghi,
>   Fax 0323 924632

🏨🏨🏨 Grand Hotel Dino   ≤ ⇆ 🏠 ⊼ 🔲 ⊕ 🏊 ᛒ ※ 🛎 👍 cam, ㏎ ⇋
corso Garibaldi 20   ⅋ rist, 📶 🚗 🅿 🚗 🆅🅸🆂🅰 ⑧ 🅰🅴 ⓞ 🔗
– 🕾 03 23 92 22 01 – www.zaccherahotels.com – Fax 03 23 92 45 15 – marzo-novembre
367 cam – ♦70/280 € ♦♦90/400 €, ⊇ 25 € – 8 suites – ½ P 60/300 €
Rist – Carta 30/105 €

♦ Circondato da un giardino con alberi secolari, un maestoso complesso a indirizzo congressuale sulle rive del lago con spazi comuni ampi e camere dall'atmosfera principesca. L'elegante sala ristorante offre una splendida vista sul golfo e propone una cucina classica.

🏨🏨🏨 Splendid   ≤ ⇆ 🏠 ⊼ 🏊 ᛒ ※ 🛎 ㏎ ⅋ rist, 📶 🚗 🚗
via Sempione 12 – 🕾 03 23 92 45 83   🆅🅸🆂🅰 ⑧ 🅰🅴 ⓞ 🔗
– www.hotelsplendid.com – Fax 03 23 92 22 00 – chiuso gennaio e febbraio
93 cam – ♦50/200 € ♦♦60/240 €, ⊇ 20 € – 3 suites – ½ P 50/250 €
Rist – Carta 25/85 €

♦ In riva al lago, questa bella risorsa - completamente rinnovata - dispone ora di eleganti camere arredate con grande raffinatezza. Spiaggia privata, attrezzato centro benessere, campo da tennis e piscina per godere appieno del soggiorno. Ampie vetrate affacciate sullo splendido panorama e cucina classica al ristorante.

🏨🏨🏨 Simplon   ≤ 🤿 ⊼ 🛎 ㏎ ⅋ rist, 📶 🅿 🆅🅸🆂🅰 ⑧ 🅰🅴 ⓞ 🔗
corso Garibaldi 52 – 🕾 03 23 92 41 12 – www.hotelsimplon.com
– Fax 03 23 91 65 07 – aprile-ottobre
112 cam – ♦50/260 € ♦♦60/310 €, ⊇ 20 € – ½ P 50/250 €
Rist – Carta 25/75 €

♦ Immerso in un grande parco secolare a pochi passi dal centro, l'hotel dispone di eleganti ed ampie camere con vista sul lago o sulla montagna, una sala lettura e piscina. Dalla sala ristorante, illuminata da lampade in stile, una vista sul giardino all'italiana e proposte di cucina tradizionale.

🏨🏨🏨 Lido Palace   ≤ ⊼ ᛒ ※ 🛎 ㏎ ⅋ rist, 📶 🅿 🆅🅸🆂🅰 ⑧ 🅰🅴 ⓞ 🔗
strada statale del Sempione 30 – 🕾 03 23 92 44 44 – www.lidopalace.com
– Fax 03 23 92 47 44 – 10 aprile-20 ottobre
78 cam ⊇ – ♦91/125 € ♦♦125/216 € – ½ P 112/139 €   **Rist** – Carta 32/53 €

♦ Dalla ristrutturazione ed ampliamento dell'ottocentesca Villa Durazzo, questa bella risorsa - negli anni meta di numerosi ospiti illustri - dispone di immensi spazi comuni e camere arredate con eleganza. Cucina tradizionale al ristorante e sulla capiente terrazza con vista lago ed isole Borromee.

🏨🏨 Rigoli 🏊   ≤ ⇆ 🛎 ㏎ ⅋ rist, 📶 🅿 🆅🅸🆂🅰 ⑧ 🅰🅴 🔗
via Piave 48 – 🕾 03 23 92 47 56 – www.hotelrigoli.com – Fax 03 23 92 51 56
– Pasqua-ottobre
31 cam ⊇ – ♦65/100 € ♦♦100/125 € – ½ P 70/88 €
Rist – (chiuso a mezzogiorno) Carta 29/43 €

♦ Direttamente sul lago e con spiaggia privata, questa struttura a gestione familiare dispone di camere accoglienti - sobriamente eleganti - dotate di balcone. Per chi cerca una formula più indipendente: gli appartamenti con angolo cottura nel vicino Residence Ortensia.

🏨🏨 Villa Azalea senza rist   🛎 👍 ㏎ ⅋ 🅿 🚗 🆅🅸🆂🅰 ⑧ 🅰🅴 ⓞ 🔗
via Domo 6 – 🕾 03 23 92 43 00 – www.villaazalea.com – Fax 03 23 92 20 65
– marzo-15 novembre
37 cam ⊇ – ♦52/60 € ♦♦75/120 €

♦ Sita nel centro storico della località, la risorsa dispone di un'ampia zona soggiorno, camere confortevoli arredate con gusto moderno e appartamenti con angolo cottura. Piccola piscina in terrazza.

※ Il Gabbiano   ㏎ ⅋ 🆅🅸🆂🅰 ⑧ 🔗
via I Maggio 19 – 🕾 03 23 92 44 96 – www.ristoranteilgabbiano.info
– Fax 03 23 83 64 80 – chiuso lunedì, martedì a mezzogiorno
Rist – (consigliata la prenotazione) Menu 35 € – Carta 29/48 €

♦ Piccolo e grazioso ristorante, le cui continue migliorie sono l'espressione di una attenta conduzione familiare. Proposte gastronomiche piemontesi a base di carne e di pesce, attente all'avvicendarsi delle stagioni.

BAZZANO – Bologna (BO) – **562** I15 – 6 585 ab. – alt. 93 m – ⊠ 40053   **9** C3

> ▶ Roma 382 – Bologna 24 – Modena 23 – Ostiglia 86

Alla Rocca   🚗 🛖 ⋕ 🕭 🝙 🛠 rist, (¹° 🛵 **P** 🚌 𝖵𝖨𝖲𝖠 ⓪ 𝖠𝖤 ① ⓼
via Matteotti 76 – ℰ 0 51 83 12 17 – www.allarocca.com – Fax 0 51 83 06 90
– chiuso 2 settimane in agosto
52 cam � – †80/250 € ††120/320 € – 3 suites – ½ P 85/185 €
Rist – (chiuso sabato a mezzogiorno, domenica) Carta 22/54 €
   ♦ Struttura di gran fascino ricavata da un imponente e colorato palazzo del 1794. Lo stile della casa ha ispirato anche l'arredamento: molto classico, sia nelle zone comuni sia nelle camere. Cucina regionale nella sala ristorante e nella caratteristica taverna in mattoni.

BEDIZZOLE – Brescia (BS) – **561** F13 – 11 318 ab. – alt. 184 m   **17** D1
– ⊠ 25081

> ▶ Roma 539 – Brescia 17 – Milano 111 – Verona 54

La Corte senza rist   🛗 ⋔ ↟↟ 𝖠𝖢 ⋕ (¹° **P** 𝖵𝖨𝖲𝖠 ⓪ 𝖠𝖤 ⓼
via Benaco 117 – ℰ 03 06 87 16 88 – www.albergolacorte.it – Fax 03 06 87 04 93
16 cam � – †45/50 € ††80/100 €
   ♦ Hotel a conduzione familiare ospitato negli inusuali spazi di una deliziosa cascina completamente ristrutturata. Piacevoli ambienti comuni, camere ampie e confortevoli.

Ortica (Piercarlo Zanotti)   𝖠𝖢 ⋕ ✿ **P** 𝖵𝖨𝖲𝖠 ⓪ 𝖠𝖤 ⓼
ⓈⒸ   via Capuzzi 3 – ℰ 03 06 87 18 63 – www.ristoranteortica.it – Fax 03 02 38 56 65
– chiuso dal 1° al 7 gennaio, dal 7 al 20 agosto, lunedì; anche domenica sera da ottobre a marzo
Rist – Menu 27/60 € – Carta 57/70 € ⅏
Spec. Polpa di lumaca brasata con piccole verdure e polenta di Storo. Risotto mantecato al vino groppello e Quartirolo. Capesante con crema di patate e caviale di Calvisano.
   ♦ Trasferitosi da poco a questo nuovo indirizzo, le tre piccole sale di sobria eleganza accolgono una cucina dove i prodotti del lago, dall'olio al pesce, incontrano quelli di mare con qualche proposta di carne.

BEE – Verbano-Cusio-Ossola (VB) – **561** E7 – 742 ab. – alt. 594 m   **24** B1
– ⊠ 28813

> ▶ Roma 682 – Stresa 27 – Locarno 50 – Milano 116

Chi Ghinn con cam ⍦   ≤ 🛖 (¹° 𝖵𝖨𝖲𝖠 ⓪ 𝖠𝖤 ① ⓼
via Maggiore 21 – ℰ 0 32 35 63 26 – www.chighinn.com – Fax 0 32 35 64 30
– chiuso dal 7 gennaio a febbraio
6 cam � – †60 € ††80 €   **Rist** – (chiuso martedì) Carta 40/50 €
   ♦ Sita nel centro del paese, una struttura dalla giovane conduzione ospita una saletta riscaldata da un bel camino e una terrazza-giardino dove gustare una cucina contemporanea. Dispone anche di poche camere spaziose e semplici negli arredi, alcune delle quali con zona salotto.

BELGIRATE – Verbano-Cusio-Ossola (VB) – **561** E7 – 548 ab.   **24** B2
– alt. 200 m – ⊠ 28832

> ▶ Roma 651 – Stresa 6 – Locarno 61 – Milano 74
> 🄸 via Mazzini 12/14 ℰ 339 4635252, prolocobelgirate@libero.it

Villa dal Pozzo d'Annone   ≤ 🕭 🛖 ⍌ 🝙 ᝃ ↟↟ 𝖠𝖢 cam, (¹° 🛵
strada statale Sempione, 5 – ℰ 03 22 72 55   **P** 🚌 𝖵𝖨𝖲𝖠 ⓪ 𝖠𝖤 ① ⓼
– www.villadalpozzodannone.com – Fax 03 22 77 20 21
– Pasqua-ottobre
9 cam � – ††170/250 € – 12 suites – ††280/320 €
Rist Bistrot Stendhal – (chiuso a mezzogiorno) (consigliata la prenotazione)
Carta 41/53 €
   ♦ Un parco secolare incornicia questa splendida villa, ottocentesco dono di nozze, con ampi spazi d'atmosfera anglosassone e pezzi unici d'antiquariato. Nella dépendance il Borgo, camere ariose classico-eleganti. Gastronomia piemontese, formaggi e salumi delle valli ossolane al bistrot e wine-bar.

BELLAGIO – Como (CO) – **561** E9 – **3 022 ab.** – alt. 216 m – ✉ 22021   **16** B2

◼ Italia

> ▶ Roma 643 – Como 29 – Bergamo 55 – Lecco 22
>
> ☎ per Varenna – Navigazione Lago di Como, ☏ 031 579211 e 800 551 801
>
> 🛈 piazza Mazzini (pontile Imbarcadero) ☏ 031 950204, prombell@tin.it, Fax 031 950204
>
> 👁 Posizione pittoresca★★★ – Giardini★★ di Villa Serbelloni – Giardini★★ di Villa Melzi

---

🏨🏨🏨 Grand Hotel Villa Serbelloni ⑳   ⟨ 🏠 🎲 🖂 📶 🏊 ⅙ ✕ 🛎
via Roma 1   & cam, 🅰🅲 ❄ rist, "🍴" 🏊 🅿 🚗 💳 💳 🆎 ⓪ 💲
– ☏ 03 19 50 02 16 – www.villaserbelloni.com – Fax 03 19 51 52 9 – aprile-8 novembre
91 cam ⊑ – †235/275 € ††375/800 € – 4 suites – ½ P 300/477 €
Rist Mistral – vedere selezione ristoranti
Rist – Carta 69/102 €
◆ Prestigioso ed esclusivo hotel, all'estremità del promontorio di Bellagio, immerso in un parco digradante sul lago. Ha ospitato regnanti e personalità da ogni continente.

🏨🏨 Belvedere   ⟨ 🚗 🏠 🎲 🖂 🛎 & 🅰🅲 cam, ❄ rist, 📶 🏊 🅿
via Valassina 31 – ☏ 03 19 50 41 0   💳 💳 🆎 ⓪ 💲
– www.belvederebellagio.com – Fax 03 19 51 01 02 – aprile-ottobre
64 cam ⊑ – †150/259 € ††185/317 € – ½ P 117/168 €   **Rist** – Carta 36/68 €
◆ Albergo in posizione panoramica con vista sul lago e sugli affascinanti scorci di paesaggio. Bello il giardino fiorito, con piscina estiva, che digrada fino al lago. Sala da pranzo classica con arredi moderni e ampia visuale del panorama.

🏨🏨 Florence   ⟨ 🏠 📶 🖂 "🍴" 💳 💳 💲
piazza Mazzini 46 – ☏ 03 19 50 3 42 – www.hotelflorencebellagio.it
– Fax 03 19 51 7 22 – aprile-ottobre
30 cam ⊑ – †120 € ††140/230 € – 1 suite – ½ P 110/155 €
Rist – (chiuso ottobre) Carta 40/55 €
◆ Camere rimodernate di recente sempre secondo il buon gusto e la ricerca di una fine personalizzazione degli ambienti. Un bel camino a disposizione degli ospiti. Servizio ristorante estivo sulla terrazza ombreggiata in riva al lago.

🏨🏨 Du Lac   ⟨ 🏠 🛎 🅰🅲 "🍴" 🚗 💳 💳 💲
piazza Mazzini 32 – ☏ 03 19 50 3 20 – www.bellagio.info – Fax 03 19 51 6 24
– aprile-ottobre
42 cam ⊑ – †85/140 € ††180/220 € – ½ P 95/125 €   **Rist** – Carta 33/53 €
◆ In posizione centralissima, situato di fronte all'imbarcadero dei battelli; l'hotel dispone anche di una terrazza utilizzabile sia come solarium che come roof-garden. Sala da pranzo in cui la bellezza del panorama è "servita" ad ogni ora.

🏨🏨 Bellagio senza rist   ⟨ 🛎 🖂 🅰🅲 "🍴" 💳 💳 💲
salita Grandi 6 – ☏ 03 19 50 4 24 – www.bellagio.info – Fax 03 19 51 9 66
– chiuso dal 7 gennaio al 7 febbraio
29 cam ⊑ – †50/120 € ††80/160 €
◆ Hotel ubicato in pieno centro storico, a due passi dal lungolago e dall'imbarcadero. Interamente ristrutturato ad inizio 2005, presenta camere graziose ed una bella terrazza.

✕✕ Mistral – Grand Hotel Villa Serbelloni   ⟨ 🏠 🅰🅲 ❄ 🅿 💳 💳 💲 ⓪ 💲
🏵 *via Roma 1* – ☏ 03 19 50 64 35 – www.ristorante-mistral.com – Fax 03 19 51 52 9
– marzo-novembre
Rist – (chiuso a mezzogiorno da giugno a settembre) Menu 95 € – Carta 55/130 €
Spec. Rombo assoluto cotto nello zucchero con spuma di patate, verdure al vapore, salsa ai porri. Piccione in due cotture con indivia al coriandolo e miele, fegato d'anatra cotto in forno con ciliegie e salsa di pere. Timballo di granchio dell'Alaska con piselli novelli, verdure fondenti, salsa al curry.
◆ Sulla riva del lago, si ha la sensazione di mangiare nella stiva d'una nave in legno. Cucina "molecolare" che sperimenta cotture innovative accanto a piatti più tradizionali.

✕ Barchetta con cam   🏠 🅰🅲 💳 💳 🆎 ⓪ 💲
salita Mella 13 – ☏ 03 19 51 3 89 – www.ristorantebarchetta.com
– Fax 03 19 51 9 86 – 15 marzo-25 ottobre
4 cam ⊑ – ††80 €   **Rist** – (chiuso martedì) Carta 37/70 €
◆ Un approccio fantasioso alla tavola con proposte di mare e di lago. Molto frequentato da stranieri, soprattutto americani, che tanto apprezzano la terrazza estiva.

BELLANO – Lecco (LC) – 3 289 ab. - alt. 202 m – ⊠ 23822 **16** B1
> Roma 653 – Como 56 – Bergamo 60 – Lecco 25

※※ **Pesa Vegia** 🛱 𝗩𝗜𝗦𝗔 ⓪ 𝗔𝗘 ⑤
piazza Verdi 7 – ℰ 03 41 81 03 06 – www.pesavegia.it – Fax 03 41 81 03 06
– chiuso dal 7 gennaio al 10 febbraio e lunedì
Rist – (consigliata la prenotazione la sera) Carta 31/56 €
♦ Piccolo e grazioso ristorantino, collocato in posizione centrale e sul lungolago. Gestione giovane ed appassionata, arredi moderni, proposte di piatti rivisitati con fantasia.

BELLARIA IGEA MARINA – Rimini (RN) – **562** J19 – 18 319 ab. **9** D2
> Roma 350 – Ravenna 39 – Rimini 15 – Bologna 111

a Bellaria – ⊠ 47814

🛈 via Leonardo da Vinci 2 ℰ 0541 343808, iat@
comune.bellaria-igea-marina.rn.it, Fax 0541 345491

🏨 **Miramare** ≼ ⅃ 🕸 ✦ 👫 𝗔𝗖 🛁 ⅍ rist, ⁗ 𝗣 𝗩𝗜𝗦𝗔 ⓪ 𝗔𝗘 ① ⑤
lungomare Colombo 37 – ℰ 05 41 34 41 31 – www.hotelmiramare1913.it
– Fax 05 41 34 73 16 – maggio-settembre
64 cam ⊇ – ♦55/85 € ♦♦95/110 € – ½ P 69/87 €
Rist – (solo per alloggiati) Menu 25/30 €
♦ Hotel quasi centenario, in grado di offrire ai propri clienti una certa eleganza, avvertibile nell'ariosa hall caratterizzata dalla dinamicità e fruibilità degli spazi. Esperta gestione familiare.

🏨 **Orizzonte e Villa Ariosa** ≼ 🖾 🕸 🖻 𝗔𝗖 ⅍ rist, ⁗ 𝗣
via Rovereto 10 – ℰ 05 41 34 42 98 𝗩𝗜𝗦𝗔 ⓪ 𝗔𝗘 ① ⑤
– www.hotelorizzonte.com – Fax 05 41 34 68 04 – maggio-settembre
45 cam ⊇ – ♦50/90 € ♦♦80/140 € – ½ P 70/130 € **Rist** – (solo per alloggiati)
♦ Moderno e non privo di ricercatezza, con un'annessa villa fine secolo affacciata direttamente sul mare. Bello e scenografico il piccolo centro benessere con piscina coperta.

🏨 **Ermitage** ≼ ⅃ 🕸 𝐿𝒐 🖻 𝗔𝗖 ⅍ rist, ⁗ 𝗣 𝗩𝗜𝗦𝗔 ⓪ 𝗔𝗘 ① ⑤
via Ala 11 – ℰ 05 41 34 76 33 – www.hotelermitage.it – Fax 05 41 34 30 83
– aprile-settembre
60 cam ⊇ – ♦♦100/130 € – 6 suites – ½ P 80/100 €
Rist – (chiuso a mezzogiorno) (solo per alloggiati)
♦ Posizione invidiabile - in prima fila sul mare - per questa risorsa dotata di un'ampia gamma di servizi, tra cui due belle piscine. Camere recentemente rinnovate con uno spiccato gusto per il moderno e il design.

🏨 **Montanari** 🖻 𝗔𝗖 ⅍ rist, 𝗣 𝗩𝗜𝗦𝗔 ⓪ 𝗔𝗘 ⑤
☭ *via Redipuglia 10 – ℰ 05 41 34 63 40 – www.hotelmontanari.it*
– Fax 05 41 34 68 02 – 20 maggio-25 settembre
95 cam ⊇ – ♦56/62 € ♦♦98/112 € – ½ P 55/62 €
Rist – (solo per alloggiati) Menu 16/20 €
♦ In prossimità del mare, due strutture compongono questa risorsa recentemente rinnovata. La posizione tranquilla e la gestione cortese offrono l'opportunità di vivere un'ideale vacanza tutto mare.

a Igea Marina – ⊠ 47813

🛈 (aprile-settembre), viale Pinzon 196 ℰ 0541 333119, iatim@
comune.bellaria-igea-marina.rn.it

🏨 **Agostini** ≼ ⅃ 🕸 🖻 ✦ 👫 𝗔𝗖 ⅍ rist, ⁗ 🍴 𝗣 𝗩𝗜𝗦𝗔 ⓪ 𝗔𝗘 ① ⑤
viale Pinzon 68 – ℰ 05 41 33 15 10 – www.hotelagostini.it – Fax 05 41 33 00 85
– aprile-settembre
67 cam ⊇ – ♦50/80 € ♦♦85/110 € – ½ P 62/104 € **Rist** – (solo per alloggiati)
♦ Struttura a ferro di cavallo, dispone di gradevoli spazi comuni e stanze di confort e stile contemporaneo: bell'arredamento e tessuti coordinati. Proverbiale accoglienza romagnola.

🏨 **Aris** 🕸 𝐿𝒐 & 𝗔𝗖 ⅍ rist, ⁗ 🍴 𝗣 𝗩𝗜𝗦𝗔 ⓪ 𝗔𝗘 ① ⑤
☭ *via Ennio 32/34 – ℰ 05 41 33 00 07 – www.aris-hotel.com – Fax 05 41 33 32 66*
54 cam ⊇ – ♦50/65 € ♦♦80/110 € – ½ P 50/70 €
Rist – (solo per alloggiati) Menu 20/25 €
♦ Lungo il viale centrale, dedicato a shopping e passeggio, a cento metri dal mare, moderna e confortevole struttura che si presta anche ad esigenze di soggiorni di lavoro.

149

Strand ⟨ 🏊 🖥 ♨ AC 🍴 rist, ⟨⟨ P VISA ⚫ AE ⟨
viale Pinzon 161 – ⌀ 05 41 33 17 26 – www.hstrand.com – Fax 05 41 33 19 00
– marzo-novembre
39 cam – †42/46 € ††66/86 €, ⊊ 10 € – ½ P 60/70 €
Rist – (solo per alloggiati) Menu 18/30 €

♦ Valida struttura caratterizzata da interni moderni, a tratti signorili, e camere - spesso diverse fra loro sia nei dettagli sia nell'arredamento - con forti elementi di personalizzazione. Tenuta impeccabile!

BELLINZAGO NOVARESE – Novara (NO) – **561** F7 – **9 017 ab.**   23 C2
– alt. 191 m – ✉ 28043

■ Roma 634 – Milano 60 – Novara 15 – Varese 45
🖼 Novara, ⌀ 0321 92 78 34

a Badia di Dulzago Ovest : 3 km – ✉ 28043 Bellinzago Novarese

✗ **Osteria San Giulio** AC VISA ⚫ ⟨
– ⌀ 032 19 81 01 – Fax 032 19 81 01 – chiuso dal 26 dicembre al 7 gennaio,
agosto, domenica sera, lunedì, martedì
Rist – Carta 20/34 €

♦ A partire dalla collocazione all'interno di un'antica abbazia rurale, passando per l'accoglienza, l'atmosfera e la cucina, le porzioni generose e la complessiva genuinità.

BELLUN – Aosta – Vedere Sarre

BELLUNO P (BL) – **562** D18 – **36 361 ab.** – alt. 389 m – ✉ 32100   36 C1
▌ Italia

■ Roma 617 – Cortina d'Ampezzo 71 – Milano 320 – Trento 112
🖼 piazza Duomo 2 ⌀ 0437 940083, belluno@infodolomiti.it, Fax 0437 958716
◎ Piazza del Mercato★ – Piazza del Duomo★: palazzo dei Rettori★,
polittico★ nel Duomo – Via del Piave : ⟨★

Europa Executive senza rist 🖥 ♿ AC ⟨⟨ P 🚗 VISA ⚫ AE ⓪ ⟨
via Vittorio Veneto 158 – ⌀ 04 37 93 01 96 – www.europaexecutive.it
– Fax 0 43 73 47 08
40 cam ⊊ – †75/95 € ††100/125 €

♦ Moderna struttura commerciale nata sulle ceneri dell'omonima precedente struttura, propone spazi comuni limitati in stile minimalista. Poco fuori dal centro proprio adiacente allo stadio civico.

Delle Alpi senza rist 🖥 AC 🍴 ⟨⟨ VISA ⚫ AE ⓪ ⟨
via Jacopo Tasso 13 – ⌀ 04 37 94 05 45 – www.dellealpi.it – Fax 04 37 94 05 65
40 cam ⊊ – †87 € ††108 € – 2 suites

♦ Camere semplici, spaziose e funzionali per questo indirizzo in comoda posizione centrale, adatto a una clientela business o per turisti di passaggio.

✗ **Al Borgo** 🍷 🍴 ⟨⟩ P VISA ⚫ AE ⓪ ⟨
via Anconetta 8 – ⌀ 04 37 92 67 55 – www.alborgo.to – Fax 04 37 92 64 11
– chiuso dal 27 gennaio al 9 febbraio, dal 6 al 12 ottobre, lunedì sera, martedì
Rist – Carta 23/28 €

♦ All'interno di una villa settecentesca cinta dal parco, ristorante dallo stile rustico ma molto curato che offre una golosa cucina casalinga del territorio ben rielaborata.

a Castion Sud-Est : 3 km – ✉ 32024

⌂ **Nogherazza** ⟨ 🚐 ⟨⟨ ⚙ P VISA ⚫ AE ⓪ ⟨
via Gresane 78 – ⌀ 04 37 92 74 61 – www.nogherazza.it – Fax 04 37 92 58 82
– chiuso febbraio
6 cam ⊊ – ††80/100 €   **Rist** – (chiuso martedì) Carta 20/32 €

♦ Piccolo borgo rurale composto da due edifici totalmente ristrutturati e ben inseriti nel contesto paesaggistico circostante. Belle e d'atmosfera le camere, rivestite in legno. Giardino attrezzato. Cucina tipica bellunese nell'intima sala da pranzo o in terrazza, da dove ammirare il sole spegnersi sulle cime.

BELMONTE CALABRO – Cosenza (CS) – **564** J30 – **2 272 ab.**   **5** A2
– alt. 262 m – ⊠ 87033

▶ Roma 513 – Cosenza 36 – Catanzaro 74 – Reggio di Calabria 166

🏨 **Villaggio Albergo Belmonte** ॐ   🚗 🏡 ⅃ ✗ 🕭 ⅍ 🛗 AC ✥ 📶
località Piane, Nord : 2 km – 𝒞 09 82 40 01 77   🛦 P VISA ⑳ AE 💳
– *www.vabbelmonte.it* – *Fax 09 82 40 03 01*
46 cam ⊐ – †85/105 € ††120/140 € – ½ P 75/85 €   **Rist** – Carta 28/52 €
♦ Struttura organizzata in diversi padiglioni (4 camere ognuno) ad un solo livello, inseriti in un contesto naturale di grande bellezza grazie alla vista mozzafiato. Pranzi e cene in compagnia del panorama, approfittando del servizio all'aperto.

BELVEDERE MARITTIMO – Cosenza (CS) – **564** I29 – **9 326 ab.**   **5** A1
– alt. 150 m – ⊠ 87021

▶ Roma 453 – Cosenza 71 – Castrovillari 94 – Catanzaro 130

✗✗ **Sabbia d'Oro-Il Chiosco**   ≤ 🏡 AC ✥ P VISA ⑳ AE 💳
località Piano delle Donne, Nord : 5 km – 𝒞 0 98 58 84 56
– *www.ristorantesabbiadoro.it* – *chiuso dal 15 dicembre a febbraio e martedì*
Rist – Carta 35/50 €
♦ Cucina a netta, se non esclusiva, vocazione marinara (la sera anche pizzeria). Locale ampio - praticamente sulla spiaggia - composto da due sale che, grazie alle vetrate, ricevono luce e offrono vista.

BENACO – Vedere Garda (Lago di)

BENEVELLO – Cuneo (CN) – **561** I6 – **472 ab.** – alt. 671 m – ⊠ 12050   **25** C2

▶ Roma 676 – Cuneo 77 – Alessandria 86 – Genova 171

🏨 **Villa d'Amelia** ॐ   ≤ 🐎 🏡 ⅃ 🕭 Ⅰ🅰 🛏 ⅍ 🛗 AC ✥ rist, ✥ 🛦 P
località Manera 1 – 𝒞 01 73 52 92 25   VISA ⑳ AE 💳
– *www.villadamelia.com* – *Fax 01 73 52 92 78* – *chiuso dal 6 gennaio al 13 marzo*
37 cam ⊐ – †173/245 € ††205/310 € – **3 suites**
Rist – *(chiuso lunedì, martedì a mezzogiorno)* Carta 41/64 € 🍽
♦ Una cascina ottocentesca raccolta attorno ad una corte è oggi una villa signorile caratterizzata da un elegante design moderno negli interni, impreziosito da oggetti d'epoca. Nel vecchio ricovero di attrezzi, un raccolto ristorante con proposte tradizionali piemontesi.

BENEVENTO Ⓟ (BN) – **564** D26 – **62 827 ab.** – alt. 135 m – ⊠ 82100   **6** B1
▮ Italia

▶ Roma 241 – Napoli 71 – Foggia 111 – Salerno 75

◎ Arco di Traiano★★ – Museo del Sannio★ – S. Sofia★

🏨 **Villa Traiano** senza rist   🛗 AC ✥ ⅋ 🛦 🚗 VISA ⑳ ⑩ 💳
viale dei Rettori 9 – 𝒞 08 24 32 62 41 – *www.hotelvillatraiano.it*
– *Fax 08 24 32 61 96* – *chiuso agosto*
40 cam ⊐ – †77/100 € ††120/170 €
♦ All'interno di una graziosa villa d'inizio Novecento ristrutturata con gusto. Camere molto confortevoli, sala colazioni anche all'aperto e spazio relax sul roof-garden.

sulla strada statale 7 - via Appia Sud-Ovest : 3 km

🏨 **Bei Park Hotel**   🚗 ⅃ 🛗 Ⅰ🅰 🛗 AC ✥ ✥ 🛦 P VISA ⑳ AE ⑩ 💳
🍸 ⊠ 82100 – 𝒞 08 24 36 00 16 – *www.beiparkhotel.it* – *Fax 08 24 36 00 46*
53 cam ⊐ – †55/70 € ††75/90 € – **3 suites** – ½ P 54/61 €
Rist – *(chiuso lunedì a mezzogiorno)* Carta 18/49 €
♦ Nuovo edificio lungo la via Appia, poco più a sud di Benevento. Arredi classici, discreta disponibilità di spazi e buon livello del servizio: ideale per la clientela d'affari. Cucina classica nel moderno ristorante con brace a vista.

sulla provinciale per San Giorgio del Sannio Sud-Est : 7 km :

✗✗ **Pascalucci** con cam   🏡 AC 🛦 P VISA ⑳ AE ⑩ 💳
🍸 *via Appia 1* ⊠ 82010 San Nicola Manfredi – 𝒞 08 24 77 85 28
– *www.pascalucci.it* – *Fax 08 24 77 81 01*
🌀 **11 cam** ⊐ – †39 € ††45 € – ½ P 42 €   **Rist** – Carta 19/38 € 🍽
♦ Ristorante nato dalla tradizione e che oggi, oltre a proposte locali, presenta anche una cucina di pesce elaborata con capacità, a base di prodotti freschi e genuini.

BENTIVOGLIO – Bologna (BO) – **562** I16 – 4 904 ab. – alt. 17 m   **9** C3
– ✉ 40010

▶ Roma 395 – Bologna 19 – Ferrara 34 – Modena 57

🏨 **Centergross**   🛋 🔟 🕸 ✤ 🏊 🍴 🛗 ⚐ 🔇 ⚙ 📶 🕍 **P** 🚗
via Saliceto 8, Sud: 5 km – ☎ 05 18 65 89 11   VISA ⓿ 🄰🄴 ⓪ 💰
– *www.zanhotel.it* – *Fax 05 19 91 42 03*
150 cam ☲ – 🛏419 € 🛏🛏439 € – 2 suites – ½ P 249 €
Rist *Rossi Sapori* – ☎ 05 16 64 78 72 – Carta 29/51 €
♦ La hall anticipa lo stile pomposo delle camere in questa struttura che mutua il proprio nome dal più grande centro all'ingrosso d'Europa. Il confort non si limita alle camere, ma sconfina anche nell'area benessere. Tendaggi barocchi, poltroncine in velluto rosso e cucina regionale nell'elegante ristorante.

BERCETO – Parma (PR) – **562** I11 – 2 292 ab. – alt. 790 m – ✉ 43042   **8** A2
▶ Roma 463 – Parma 60 – La Spezia 65 – Bologna 156

🍴🍴 **Vittoria-da Rino** con cam   VISA ⓿ 🄰🄴 ⓪ 💰
via Marconi 5 – ☎ 0 52 56 43 06 – *www.darino.it* – *Fax 05 25 62 95 12* – *chiuso dal 20 dicembre al 7 gennaio*
15 cam – 🛏49/59 € 🛏🛏64/71 €, ☲ 6 € – ½ P 57 €
Rist – (*chiuso lunedì escluso dal 20 giugno a settembre*) Carta 28/61 €
♦ Bell'edificio d'epoca in centro paese: varcato il bar, in sala troverete un'infinità di piatti regionali, parmigiani e appenninici, presentati con iniziative tematiche stagionali. Confortevoli le stanze.

BERGAMO 🅿 (BG) – **561** E11 – 115 781 ab. – alt. 249 m – ✉ 24121   **19** C1
▌Italia

▶ Roma 601 – Brescia 52 – Milano 47
🛫 di Orio al Serio per ③: 3,5 km ☎035 326323
🛈 piazzale Marconi (stazione FS) ✉ 24122 ☎ 035 210204, turismo1@comune.bg.it, Fax 035 230184
🖪 Parco dei Colli, ☎035 25 00 33
🖫 Bergamo L'Albenza, ☎035 64 00 28
🖪 La Rossera, ☎035 83 86 00
◉ Città alta★★★ ABY – Piazza del Duomo★★ AY **12** : Cappella Colleoni★★, Basilica di Santa Maria Maggiore★ : arazzi★★, arazzo della Crocifissione★★, tarsie★★, abside★, Battistero★ – Piazza Vecchia★ AY **39** – ≤★ dalla Rocca AY – Città bassa★ : Accademia Carrara★★ BY **M1** – Quartiere vecchio★ BYZ – Piazza Matteotti★ BZ **19**

🏨 **Excelsior San Marco**   🕸 ⅃ 🛋 🛗 ⚐ 🔇 ⚙ 📶 🕍 **P** 🚗
piazza della Repubblica 6 ✉ 24122 – ☎ 0 35 36 61 11   VISA ⓿ 🄰🄴 💰
– *www.hotelsanmarco.com* – *Fax 0 35 22 32 01*   AZ**a**
155 cam ☲ – 🛏150/200 € 🛏🛏220/280 € – 8 suites – ½ P 160/190 €
Rist Roof Garden – vedere ristoranti
♦ Un riferimento storico e intramontabile dell'ospitalità bergamasca. In progressiva ristrutturazione, per riuscire sempre a proporsi come realtà funzionale, ma di qualità.

🏨 **NH Bergamo**   🛋 🛗 🔇 ⚐ ⚙ rist, 🍴 🕍 VISA ⓿ 🄰🄴 ⓪ 💰
via Paleocapa 1/G ✉ 24122 – ☎ 03 52 27 18 11 – *www.nh-hotels.it*
– *Fax 03 52 27 18 12*   BZ**d**
88 cam ☲ – 🛏93/240 € 🛏🛏113/290 € – ½ P 78/170 €
Rist *La Matta* – (*chiuso agosto*) Carta 36/46 €
♦ Nel cuore di Bergamo bassa, hotel aperto a fine 2003 in stile moderno e sobrio, con largo impiego di marmi e legno. Ottime le camere, sia come arredi che come confort.

🏨 **Mercure Bergamo Palazzo Dolci** senza rist   🛋 🛗 🔇 ⚙ 📶
viale Papa Giovanni XXIII 100 ✉ 24121   VISA ⓿ 🄰🄴 ⓪ 💰
– ☎ 0 35 22 74 11 – *www.mercure.com* – *Fax 0 35 21 80 08*   BZ**e**
88 cam – 🛏140/250 € 🛏🛏150/270 €, ☲ 10 €
♦ Lo storico palazzo neo-rinascimentale fa da guscio ad un albergo di design contemporaneo, dalle linee pulite e armoniose. In posizione comoda e centrale.

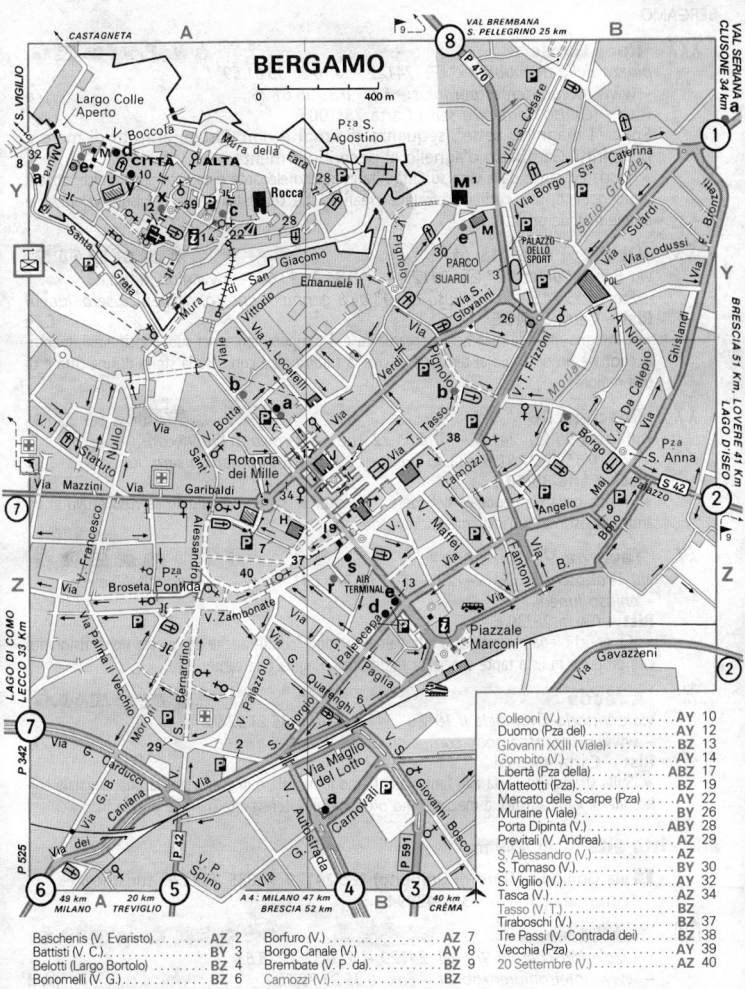

BERGAMO

Circolazione stradale regolamentata nella Città Alta

Città dei Mille senza rist   🔊 AC (⟨•⟩) P VISA ⚫ AE ✦

via Autostrada 3/c ⊠ *24126 – ℰ 0 35 31 74 00 – www.hotelcittadeimille.it*
– Fax 0 35 31 73 85   BZ**a**

40 cam ⊇ – †70/90 € ††90/140 €

♦ Colori vivaci, camere connotate da oggetti e complementi d'arredo di gusto estroso. Spazi comuni con tanti "ricordi" garibaldini. Apprezzato dalla clientela d'affari.

Arli   🐾 Fᴃ 🔊 ᕦ AC 🍽 rist. ⟨•⟩ VISA ⚫ AE ① ✦

largo Porta Nuova 12 ⊠ *24122 – ℰ 0 35 22 20 77 – www.arli.net*
– Fax 0 35 23 97 32   BZ**s**

66 cam ⊇ – †70/150 € ††80/180 €   **Rist** – Carta 21/44 €

♦ Recentemente ampliato nelle zone comuni e con un nuovo ristorante, le camere sono omogenee nel confort, mansardate quelle all'ultimo piano. Attrezzato centro benessere aperto anche al pubblico.

XXX ✿ **Roof Garden**　　　　　　　　⇐ ㍿ & ㎀ **P.** 🆅🆂🅰 ⊙⊙ ㏂ ⟟
piazza della Repubblica 6 ⊠ 24122 – ℰ 0 35 36 61 59
– www.roofgardenrestaurant.it – Fax 0 35 36 61 75　　　　　　AZ**a**
Rist – (chiuso domenica sera) Carta 75/100 €
Spec. "I magnifici sette", sequenza di crudi e non. Pisarei ai frutti di mare e
porri fritti. Gambetto d'agnello al pecorino e menta.
♦ Lasciatevi rapire dalla vista su Città Alta in questo elegante ristorante panoramico, dove il
gusto gode di una cucina ricercata e creativa, che con intelligenza e misura valorizza le
ottime materie prime.

XX **Ol Giopì e la Margì**　　　　　　㎀ ⅗ 🆅🆂🅰 ⊙⊙ ㏂ ⓪ ⟟
via Borgo Palazzo 27 ⊠ 24125 – ℰ 0 35 24 23 66 – www.giopimargi.eu
– Fax 0 35 24 92 06 – chiuso dal 1° all'8 gennaio, agosto, domenica sera, lunedì
Rist – Carta 30/40 €　　　　　　　　　　　　　　　BZ**c**
♦ L'insegna ritrae la maschera bergamasca e il temperamento dei suoi concittadini, mentre
la cucina è un omaggio al territorio. Rivive la tradizione e con essa la storia di una città e di
una regione!

XX **Boschini 96**　　　　　　　　　㍿ ㎀ 🆅🆂🅰 ⊙⊙ ㏂ ⟟
via Tasso 96 ⊠ 24121 – ℰ 0 35 22 21 81 – www.boschini96.com
– Fax 0 35 22 21 81 – chiuso dal 9 al 22 agosto, domenica sera, lunedì
Rist – Carta 38/50 €　　　　　　　　　　　　　　　BZ**b**
♦ In una bella via pedonale nel cuore della città bassa, uno splendido servizio estivo in un
antico chiostro ed un'invitante cucina contemporanea.

XX **Taverna Valtellinese**　　　　　㎀ ⅗ ⇳ 🆅🆂🅰 ⊙⊙ ㏂ ⓪ ⟟
via Tiraboschi 57 ⊠ 24122 – ℰ 0 35 24 33 31 – www.tavernavaltellinese.it
– chiuso lunedì　　　　　　　　　　　　　　　　BZ**r**
Rist – Carta 28/39 €
♦ Gli antichi legami tra la città e la Valtellina sono "curati" anche da questo tipico ristorante
che propone in lista tante specialità tradizionali. Regina è la carne.

X **A Modo**　　　　　　　　　　㍿ ㎀ ⊙⊙ ㏂ ⓪ ⟟
viale Vittorio Emanuele II 19 ⊠ 24121 – ℰ 0 35 21 02 95
– www.ristoranteamodo.com – chiuso domenica　　　　　　　AZ**b**
Rist – Carta 49/64 €
♦ Sulla strada che porta alla funicolare, la moderna sala è impreziosita da una originale collezione di vetri artistici; a mezzogiorno propone un interessante menu a prezzo fisso.

alla città alta – alt. 249 m

🖪 via Gombito (Torre di Gombito) ⊠ 24129 ℰ 035 242226, turismo@
comune.bg.it, Fax 035 242994

🏨 **San Lorenzo** senza rist 🏖　　　　　⇐ ㊞ & ㎀ 🆅🆂🅰 ⊙⊙ ㏂ ⓪ ⟟
piazzale Mascheroni 9/a ⊠ 24129 – ℰ 0 35 23 73 83
– www.hotelsanlorenzobg.it – Fax 0 35 23 79 58　　　　　　AY**d**
25 cam ⌸ – ✝96 € ✝✝140 €
♦ In bella posizione e per di più tranquilla, una struttura ricavata da un vecchio e caratteristico edificio. Gli spazi, anche se ridotti, sono dinamici, quasi labirintici.

🏠 **Piazza Vecchia** senza rist　　　　　㊞ & ㎀ ℡ 🆅🆂🅰 ⊙⊙ ㏂ ⟟
via Colleoni 3/5 ⊠ 24129 – ℰ 0 35 42 84 11 – www.hotelpiazzavecchia.it
– Fax 0 35 40 20 81　　　　　　　　　　　　　　　AY**y**
13 cam – ✝110/150 € ✝✝110/190 €, ⌸ 13 €
♦ Spaziose, vivaci e colorate, tutte le camere custodiscono copie di quadri d'autore eseguite
dalla proprietaria stessa. L'architettura che raccoglie tutto questo è di origini medievali.

🏠 **La Valletta Relais** senza rist　　　　⇐ ⚶ ㎀ ⅗ ℡ 🆅🆂🅰 ⊙⊙ ⓪ ⟟
via Castagneta 19, 1 km per via Castagneta ⊠ 24129 – ℰ 0 35 24 27 46
– www.lavallettabergamo.it – Fax 03 52 28 12 17 – chiuso dal 15 dicembre al
14 febbraio　　　　　　　　　　　　　　　　　AY
8 cam – ✝70/80 € ✝✝95/120 €, ⌸ 7 €
♦ Villino nel verde del Parco dei Colli. Poche camere personalizzate e d una gradevole junior
suite con terrazzino. L'atmosfera è quella di una casa signorile e raffinata.

XXX **Colleoni & dell'Angelo** 🛋 🗚 ⟷ 📶 ⓪ 🝑 ⓞ 🝑
piazza Vecchia 7 ⊠ 24129 – ℰ 0 35 23 25 96 – www.colleonidellangelo.com
– Fax 0 35 23 19 91 – chiuso lunedì AYx
Rist – Carta 47/75 € 🕸
♦ In un antico palazzo di piazza Vecchia, una delle più belle d'Italia, un ristorante di rara eleganza. Servizio preciso e cortese, cucina all'altezza della situazione.

XX **L'Osteria di via Solata** (Ezio Gritti) 🗚 📶 ⓪ 🝑 ⓞ 🝑
❀ *via Solata 8 ⊠ 24129 – ℰ 0 35 27 19 93*
– www.osteriaviasolata.it – Fax 03 54 22 72 08
– chiuso dal 18 al 28 febbraio, dal 5 al 25 agosto, domenica sera, martedì
Rist – Menu 67 € – Carta 62/86 € 🕸 AYc
Spec. Scampi di Molfetta con pomodoro crudo e caramella frizzante. Paccheri di Gragnano con gamberi di San Remo, pere Williams e pesche. Filetto d'agnello norvegese alle ciliegie di Vignola e lime.
♦ Nei vicoli del centro storico della città alta, fiori e decorazioni regalano una serata incantevole mentre il cuoco vi consiglierà personalmente i piatti.

XX **La Marianna** 🚃 🛋 ⟷ 📶 ⓞ 🝑 🝑
largo Colle Aperto 2/4 ⊠ 24129 – ℰ 0 35 24 79 97 – www.lamarianna.it
– Fax 0 35 21 13 14 – chiuso gennaio e lunedì AYe
Rist – Menu 45/60 € – Carta 35/50 € 🕸
♦ Ambienti di gradevole freschezza e una fiorita terrazza-giardino nella bella stagione per una cucina di ricerca, nel solco della tradizione. All'ingresso, storica pasticceria con paste di produzione propria.

X **La Colombina** ⪡ 🛋 🗚 📶 ⓞ 🝑 ⓞ 🝑
via borgo Canale 12 ⊠ 24129 – ℰ 0 35 26 14 02 – www.trattorialacolombina.it
– Fax 0 35 26 14 02 – chiuso 15 giorni in gennaio,15 giorni in luglio, lunedì, martedì
Rist – Carta 24/31 € AYa
♦ Semplice e accogliente trattoria fuori dalle mura della città alta, il piacevole dehors è stato recentemente cinto da vetrate per renderlo fruibile anche d'inverno. La cucina si ispira alle stagioni e alle tradizioni.

a San Vigilio Ovest: 1 km o 5 mn di funicolare AY – alt. 461 m

X **Baretto di San Vigilio** 🛋 ⟷ 📶 ⓞ 🝑 🝑
via Al Castello 1, per via San Vigilio ⊠ 24129 – ℰ 0 35 25 31 91
– www.baretto.it – Fax 03 54 32 98 75 AYb
Rist – Menu 40/47 € – Carta 39/51 € 🕸
♦ Caratteristico bar-ristorante ubicato nella piazzetta antistante all'arrivo della funicolare. Godibilissimo servizio estivo in terrazza con incantevole vista sulla città.

BERGANTINO – Rovigo (RO) – **562** G15 – **2 631 ab.** – alt. 4 m – ⊠ 45032 **35** B3
🚘 Roma 477 – Venezia 136 – Rovigo 60 – Bologna 89

XX **Il Portico** 🛋 🕹 🗚 🕸 📱 📶 ⓞ 🝑 ⓞ 🝑
via Campo 766 – ℰ 04 25 80 51 87 – www.ristoranteilportico.it – chiuso 1 settimana in febbraio, 2 settimane in agosto, sabato a mezzogiorno, martedì
Rist – Carta 30/37 € 🕸
♦ In aperta campagna, ristorante con proposte gastronomiche articolate in modo tale da soddisfare gusti e budget diversi. Ottima scelta enologica e piccola cantina visitabile.

BERGEGGI – Savona (SV) – **561** J7 – **1 203 ab.** – alt. 110 m – ⊠ 17028 **14** B2
🚘 Roma 556 – Genova 58 – Cuneo 102 – Imperia 63
🖪 (maggio-settembre) via Aurelia ℰ 019 859777, bergeggi@inforiviera.it,
Fax 019 859777

🏨 **Claudio** 🕸 ⪡ 🚃 🏊 🗦 🗚 🕪 🕱 📱 🚗 📶 ⓞ 🝑 ⓞ 🝑
via XXV Aprile 37 – ℰ 0 19 85 97 50 – www.hotelclaudio.it – Fax 0 19 85 97 50
– marzo-dicembre
22 cam 🖵 – ✝80/120 € ✝✝130/180 € – 4 suites
Rist Claudio – vedere selezione ristoranti
♦ Suggestiva collocazione con vista eccezionale sul golfo sottostante. Camere ampie ed eleganti, piscina, spiaggia privata e numerosi altri servizi a disposizione.

XXX **Claudio** (Claudio Pasquarelli) ⟨ 🚗 🛋 ⴳ 🎬 🅿 VISA ⚫ 🅰🅴 ⴳ
❀ *via XXV Aprile 37* – ℰ *0 19 85 97 50* – *www.hotelclaudio.it* – *Fax 0 19 85 97 50*
– *marzo-dicembre*
Rist – *(chiuso lunedì) (chiuso a mezzogiorno escluso sabato e i giorni festivi)*
Menu 75/85 € – Carta 65/85 €
Spec. Crudo di pesci e crostacei. Bouquet di crostacei agli agrumi del Mediterraneo. Zuppa di pesce sfilettato servita nella pietra ollare.
♦ Una delle migliori cucine di pesce della zona: alla qualità indiscutibile delle materie prime, si unisce la cura estetica delle presentazioni, senza rinunciare alla generosità delle porzioni.

BERNALDA – Matera (MT) – **564** F32 – **12 203 ab.** – alt. 127 m   4 D2
– ✉ 75012

🔁 Roma 458 – Bari 108 – Matera 38 – Potenza 99

⛺ **Agriturismo Relais Masseria Cardillo** 🌭   ⟨ 🚗 🛋 ⴳ 🎬
strada statale 407 Basentana al km 97,5   🎬 🅪 🅿 VISA ⚫ ⴳ
– ℰ *08 35 74 89 92* – *www.masseriacardillo.it* – *Fax 08 35 74 89 94* – *Pasqua-ottobre*
10 cam ⬜ – †78/101 € ††120/156 € – ½ P 78/96 €
Rist – *(chiuso a mezzogiorno)* Carta 27/32 €
♦ A pochi chilometri dal lido di Metaponto, una elegante risorsa ricavata dai granai di una masseria di fine '800. Camere spaziose con terrazzini affacciati sulla campagna.

BERSANO – Piacenza – **561** H12 – Vedere Besenzone

BERTINORO – Forlì-Cesena (FC) – **562** J18 – **10 267 ab.** – alt. 257 m   9 D2
– ✉ 47032 ▯ Italia

🔁 Roma 343 – Ravenna 46 – Rimini 54 – Bologna 77

🇮 piazza della Libertà 3 ℰ 0543 469213, pivi.a@comune.bertinoro.fc.it,
Fax 0543 444588

📷 ⟨★ dalla terrazza vicino alla Colonna dell'Ospitalità

XX **Belvedere**   🛋 VISA ⚫ 🅰🅴 ⓞ ⴳ
via Mazzini 7 – ℰ *05 43 44 51 27* – *www.belvederebertinoro.com*
– *Fax 05 43 44 51 27* – *chiuso mercoledì escluso luglio e agosto*
Rist – Menu 25/45 € – Carta 37/73 €
♦ Sovrastante la sala l'antico soffitto a cassettoni, dalla terrazza saranno le mille luci dei centri abitati e del cielo stellato ad avvolgervi. Sapori locali secondo stagione.

a Fratta Ovest: 4 km – ✉ 47032

🏨 **Grand Hotel Terme della Fratta** 🌭   🎵 🖥 🌐 🐾 🛗 🎐 🕎 🕴
via Loreta 238   🎬 🎽 rist, ¶¶ 🅪 🅿 VISA ⚫ 🅰🅴 ⓞ ⴳ
– ℰ *05 43 46 09 11* – *www.termedellafratta.it* – *Fax 05 43 46 04 73*
64 cam ⬜ – †75/90 € ††95/120 € – ½ P 65/95 €   **Rist** – Menu 25/35 €
♦ Aperto da poco propone programmi terapeutici diversi grazie alla disponibilità contemporanea di sette tipologie diverse di acqua, note sin dall'epoca romana. Nel giardino, percorsi vita e fontane termali. Creatività e sapori della cucina romagnola e mediterranea si uniscono per realizzare piatti invitanti e genuini.

BESANA BRIANZA – Milano (MI) – **561** E9 – **15 110 ab.** – alt. 336 m   18 B1
– ✉ 20045

🔁 Roma 600 – Como 27 – Bergamo 42 – Lecco 23

a Calo' Sud-Ovest : 3,5 km – ✉ 20045 Besana Brianza

X **Il Riservino Ungherese**   🛋 VISA ⚫ 🅰🅴 ⓞ ⴳ
via Lovati 3/5 – ℰ *0 36 21 79 29 64* – *www.ilriservinoungherese.it*
– *Fax 0 36 21 79 29 65* – *chiuso domenica*
Rist – *(chiuso a mezzogiorno)* Carta 34/64 €
♦ Ristorantino caratteristico con moltissimi richiami alla terra d'origine dei gestori: stoviglie, tovagliato, fotografie, oggettistica, oltre naturalmente alla cucina.

BESENZONE – Piacenza (PC) – **561** H11 – **983 ab.** – **alt. 48 m** – ⊠ 29010   **8 A1**
> ▶ Roma 472 – Parma 44 – Piacenza 23 – Cremona 23

a Bersano Est : 5,5 km – ⊠ 29010 Besenzone

⛫ **Agriturismo Le Colombaie** senza rist ⊛   🚗 🅰🅒 🛁 🅿
via Bersano 29 – ℰ 05 23 83 00 07 – www.colombaie.it   📼 🐵 ⓞ ⑤
– Fax 05 23 83 04 43 – marzo-20 novembre
6 cam � – ♦50/60 € ♦♦80/160 € – 2 suites
♦ Occorre percorrere un breve tratto di strada sterrata, delimitata da alberi per raggiungere questa risorsa ricavata in una vecchia cascina. La colazione è servita anche all'aperto all'ombra di un pergolato.

🛇🛇🛇 **La Fiaschetteria** (Patrizia Dadomo) con cam e senza � ⊛   🅰🅒 🅿
🏵 via Bersano 59/bis – ℰ 05 23 83 04 44   📼 🐵 🅰🅔 ⓞ ⑤
– www.la-fiaschetteria.it – Fax 05 23 83 04 44 – chiuso dal 23 dicembre al 6 gennaio e agosto
3 cam – ♦85 € ♦♦120 €
Rist – (chiuso lunedì, martedì) (chiuso a mezzogiorno escluso i giorni festivi) (consigliata la prenotazione) Menu 55 € – Carta 43/61 € ⊛
Spec. Lumache alla borgognona. Savarin di riso. Capretto al forno (primavera-estate).
♦ Elegante e accogliente, in una grande casa colonica di origine settecentesca illuminata da moderni lampadari di design così come da un grande camino. Offre un'ottima rielaborazione della cucina emiliana.

BESNATE – Varese (VA) – **561** E8 – **5 253 ab.** – **alt. 300 m** – ⊠ 21010   **18 A1**
> ▶ Roma 622 – Stresa 37 – Gallarate 7 – Milano 45

🛇🛇 **La Maggiolina**   🅰🅒 ⇦ 🅿 📼 🐵 🅰🅔 ⓞ ⑤
via Gallarate 17 – ℰ 03 31 27 42 25 – Fax 03 31 27 30 70 – chiuso dal 24 dicembre al 5 gennaio, agosto e martedì
Rist – Carta 29/59 €
♦ Un velo leggero pare essere sceso su questa risorsa. Un velo capace di fermare il tempo e di regalare ambienti, atmosfere e stili assolutamente vicini agli anni Settanta.

BETTOLA – Piacenza (PC) – **562** H10 – **3 325 ab.** – **alt. 329 m** – ⊠ 29021   **8 A2**
> ▶ Roma 546 – Piacenza 34 – Bologna 184 – Milano 99

🛇🛇 **Agnello**   🛐 ⑨ ⇦ 📼 🐵
piazza Colombo 70 – ℰ 05 23 91 77 60 – chiuso febbraio e martedì
Rist – Carta 25/35 €
♦ Perfettamente inserito nella vita sociale del paese, il ristorante è idealmente diviso in due sale, la parte più antica con volte in mattoni e colonne in pietra. Curiosi e interessati potranno accedere alle cantine, dove stagionano i salumi.

BETTOLLE – Siena – **563** M17 – Vedere Sinalunga

BETTONA – Perugia (PG) – **563** M19 – **4 170 ab.** – **alt. 355 m**   **32 B2**
– ⊠ 06084
> ▶ Roma 167 – Perugia 21 – Assisi 15 – Orvieto 71

🏛 **Relais la Corte di Bettona**   ⟵ 🛐 ⌸ 🛎 🔒 🅰🅒 ⑨ rist, 🕾
via Santa Caterina 2 – ℰ 075 98 71 14
– www.relaisbettona.com – Fax 07 59 86 91 30 – chiuso sino a febbraio
39 cam � – ♦♦140/220 € – ½ P 100/130 €
Rist Taverna del Giullare – ℰ 075 98 72 54 – Menu 30/40 € – Carta 26/60 €
♦ Nel cuore del centro storico, edificio del 1300, suddiviso in due corpi distinti. L'originalità delle camere si esprime nella loro "unicità" e quelle ubicate nell'edificio più a valle godono di una spettacolare vista sulla vallata. Interessante connubio di rusticità e modernità. Piatti umbri alla Taverna del Giullare.

⛫ **Country House Torre Burchio** ⊛   ⟵ 🚗 🛐 ⌸ 🛇 🔒 ⑨ rist,
località Torre Burchio, Sud: 7 km   🕾 🅿 📼 🐵 🅰🅔 ⓞ ⑤
– ℰ 07 59 88 50 17 – www.torreburchio.it – Fax 0 75 98 71 50 – chiuso dal 21 al 28 dicembre e dal 7 gennaio al 28 febbraio
18 cam � – ♦68 € ♦♦104 € – ½ P 75 €
Rist – (chiuso a mezzogiorno) Menu 25/30 €
♦ Un antico casale di caccia, circondato da una tenuta di 600 ettari di boschi abitati da ogni sorta di animali: un contesto in cui la natura è regina. Camere confortevoli. Cucina del luogo per soddisfare l'appetito di chi, passeggiando, si gode boschi e prati.

a Passaggio Nord-Est : 3 km – ✉ 06084

XX **Il Poggio degli Olivi** con cam 🐾 ⟨ 🛏 🏠 ⚏ 🍽 🎰 🌂 **P**
località Montebalacca, Sud : 3 km – ☎ *07 59 86 90 23* **VISA** ⬤ **AE** ① **S**
– www.poggiodegliolivi.com – Fax 07 59 86 90 23 – chiuso dal 7 gennaio al 10 febbraio
12 cam ⊆ – †60/90 € ††88/135 € – ½ P 69/92 €
Rist – *(chiuso mercoledì)* Carta 28/41 €
♦ Da questo luogo, quando il cielo è più limpido, la vista arriva fino ad Assisi, pare proprio di essere parte di un dipinto. Merita quindi il servizio serale in terrazza.

BEVAGNA – Perugia (PG) – **563** N19 – **5 018 ab. – alt. 225 m** 33 C2
– ✉ 06031

▶ Roma 148 – Perugia 35 – Assisi 24 – Macerata 100

🏨 **Palazzo Brunamonti** senza rist 🛗 ⟨ 🎰 ⚏ 🐾 **P** **VISA** ⬤ **AE** ① **S**
corso Matteotti 79 – ☎ *07 42 36 19 32 – www.brunamonti.com*
– Fax 07 42 36 19 48 – chiuso gennaio e febbraio
21 cam ⊆ – †47/100 € ††70/125 €
♦ Saloni affrescati al piano nobile e fondamenta di origine romana visibili nella hall. Nel cuore dell'incantevole cittadina, l'albergo riproduce negli ambienti interni la sobria essenzialità dell'aspetto esteriore.

⌂ **L'Orto degli Angeli** 🛏 🎰 **VISA** ⬤ **AE** ① **S**
via Dante Alighieri 1 – ☎ *07 42 36 01 30 – www.ortoangeli.it*
– Fax 07 42 36 17 56
5 cam ⊆ – †170/190 € ††200/220 € – 9 suites – ††280/350 €
– ½ P 135/150 €
Rist Redibis – vedere selezione ristoranti
♦ Un palazzo del XVII sec. rallegrato da un grazioso giardino pensile, che si affaccia su un palazzo medievale (sorto a sua volta sui resti di un tempio e di un teatro romano) vanta ambienti raffinati e di grande *charme*: quasi una dimora privata pregna di fascino e di storia.

XX **Redibis** 🎰 ⟐ **VISA** ⬤ **AE** ① **S**
via Dante Alighieri 1 – ☎ *07 42 36 01 30 – www.redibis.it – Fax 07 42 36 17 56*
– chiuso martedì
Rist – *(chiuso a mezzogiorno escluso venerdì, sabato e domenica)* Carta 47/60 €
♦ Sotto le alte volte delle vestigia di un teatro romano del I secolo d.C., una cucina squisitamente creativa e mobili dalle linee moderne, minimaliste: un sapiente gioco di contrasti, in un ambiente di grande suggestione.

BIANZONE – Sondrio (SO) – **561** D12 – **1 280 ab. – alt. 413 m** 16 B1
– ✉ 23030

▶ Roma 692 – Venezia 311 – Rovigo 284 – Mantova 220

X **Altavilla** con cam 🏠 🛁 **VISA** ⬤ **AE** **S**
😊 *via A. Monti 46 –* ☎ *03 42 72 03 55 – www.altavilla.info – Fax 03 42 72 16 26*
14 cam – †28/40 € ††48/68 €, ⊆ 8 € – ½ P 48/55 €
Rist – *(chiuso domenica sera, lunedì)* Carta 21/40 €
♦ Nella parte alta della località, circondato da boschi e vigneti, il ristorante propone piatti del territorio in un'atmosfera rustica ed informale. Bella terrazza panoramica.

BIBBIENA – Arezzo (AR) – **563** K17 – **12 574 ab. – alt. 425 m** 29 D1
– ✉ 52011 ▮ Toscana

▶ Roma 249 – Arezzo 32 – Firenze 60 – Rimini 113

🛈 via di Rignano 17/A ☎ 0575 593098, infocasentino@apt.arezzo.it, Fax 0575 593098

🖼 Casentino, ☎ 0575 52 98 10

🏠 **Borgo Antico** senza rist 🛗 📶 **P** **VISA** ⬤ **AE** **S**
via Bernado Dovizi 18 – ☎ *05 75 53 64 45 – www.brami.com*
– Fax 05 75 53 64 47
14 cam ⊆ – †42/50 € ††70/80 €
♦ Esattamente nel cuore medievale del paese, hotel classico dalla gestione giovane e spigliata, con camere dotate di buoni confort (quattro stanze particolarmente adatte alle famiglie).

⚿ **Relais il Fienile** senza rist ⅏   ≤ ⌂ ⬛ 🛆 ♿ **P** 𝚅𝙸𝚂𝙰 ⓪ 🅢
località Gressa, Nord: 6 km – ℰ *05 75 59 33 96 – www.relaisilfienile.it*
– Fax 05 75 59 33 96 – aprile-settembre
6 cam � – †63/73 € ††95/136 €
♦ Come trasformare un ex fienile del '700 in una risorsa di charme, dove il confort è curatissimo, gli ambienti gradevoli e arredati con gusto. Tranquillo e panoramico.

a Soci Nord : 4 km – ⊠ 52010

⌂ **Le Greti** senza rist ⅏   ≤ ⌂ 🛆 ♿ ☏ **P** 𝚅𝙸𝚂𝙰 ⓪ 🄰🄴 ⓪ 🅢
via Privata le Greti, Ovest : 1,5 km – ℰ *05 75 56 17 44 – www.legreti.it*
– Fax 05 75 56 18 08
16 cam ⊡ – †60 € ††90 €
♦ Appena fuori dal centro abitato, sulla sommità di un poggio panoramico, un albergo connotato da una conduzione familiare dallo stile apprezzabile. Buoni spazi comuni.

BIBBONA – Livorno (LI) – **563** M13 – **3 211 ab.** – ⊠ 57020   **28** B2
  🛣 Roma 269 – Pisa 66 – Livorno 44 – Piombino 46

⚿ **Relais di Campagna Podere Le Mezzelune** senza rist   ≤ ⌂
località Mezzelune, Ovest : 4 km   🞇 **P** ⓪ 🄰🄴 ⓪ 🅢
– ℰ *05 86 67 02 66 – www.lemezzelune.it – Fax 05 86 67 18 14 – chiuso dal
10 dicembre a febbraio*
4 cam ⊡ – ††160/180 € – 2 suites – ††180/195 €
♦ Risorsa ricavata da una casa colonica di fine '800, all'interno di una proprietà coltivata ad ulivi ed ortaggi biologici; conduzione signorile e mare all'orizzonte.

BIBBONA (Marina di) – Livorno (LI) – **563** M13 – ⊠ 57020   **28** B2
  🛣 Roma 277 – Pisa 69 – Grosseto 92 – Livorno 47
  🛈 via dei Cavalleggeri Nord ℰ 0586 600699, apt7bibbona@
    costadeglietruschi.it

🏘 **Marinetta**   ⌂ 🔊 🛆 🕸 🛋 🛆 ♿ 🄰🄲 🞇 ☏ 🛅 **P** 𝚅𝙸𝚂𝙰 ⓪ 🄰🄴 ⓪ 🅢
via dei Cavalleggeri Nord 3 – ℰ *05 86 60 05 98 – www.hotelmarinetta.it*
– Fax 05 86 60 01 86 – marzo- ottobre
137 cam ⊡ – †102/250 € ††124/360 € – ½ P 88/190 €   **Rist** – Carta 37/57 €
♦ Abbracciato da un parco-giardino, albergo recentemente rinnovato diviso in più strutture. Per una vacanza immersi nella natura, senza rinunciare al confort.

🍴🍴 **La Pineta** (Luciano Zazzeri)   ≤ 🕌 **P** 𝚅𝙸𝚂𝙰 ⓪ 🄰🄴 ⓪ 🅢
ⵣ *via dei Cavalleggeri Nord 27 –* ℰ *05 86 60 00 16 – Fax 05 86 60 00 16 – chiuso 1
settimana in gennaio, dal 10 ottobre al 10 novembre, lunedì, martedì a
mezzogiorno*
Rist – Menu 65/75 € – Carta 50/73 € ⅏
Spec. Straccetti di pasta fresca con le triglie. Bollito misto di pesce, crostacei e
calamari. Caciucco della pineta.
♦ Si parcheggia già sulla sabbia per raggiungere il ristorante, quasi una palafitta sull'acqua;
il mare entra nei piatti con crudo, preparazioni livornesi o più classiche.

BIBIONE – Venezia (VE) – **562** F21 – ⊠ 30020   **36** D2
  🛣 Roma 613 – Udine 59 – Latisana 19 – Milano 352
  🛈 via Maja 37/39 ℰ 0431 442111, segreteria@bibioneturismo.it,
    Fax 0431 439997
    viale Aurora 111 (aprile-ottobre) ℰ 0431 442111, info@bibioneturismo.it,
    Fax 0431 439995

🏘 **Bibione Palace** senza ⊡   ⌂ 🛆 🖵 ⓪ 🕸 🛅 🈔 🛆 ♿ 🕌 🞇 rist. 📶
via Taigete 20 – ℰ *04 31 44 72 20*   **P** 🅟 𝚅𝙸𝚂𝙰 ⓪ 🄰🄴 ⓪ 🅢
– www.hotelbibionepalace.it – Fax 04 31 44 64 97 – 25 aprile-settembre
160 cam – †120/160 € ††160/250 €, ⊡ 8 € – 8 suites – ½ P 125/135 €
Rist – *(solo per alloggiati)* Menu 50 €
♦ Centrale e contemporaneamente frontemare, le camere sono tutte terrazzate e luminose,
gli spazi comuni arredati con gusto minimalista; all'esterno, piscina e parco giochi per i piccoli. Veste moderna anche per il ristorante, dalle proposte mediterrane.

🏨 **Palace Hotel Regina**　　　🔲 📶 🖕 🕏 AC 🕱 📶 🚗 VISA ⬤ 🔥
corso Europa 7 – 📞 *0 43 14 34 22 – www.palacehotelregina.it*
– Fax 04 31 43 83 77 – 15 maggio-15 settembre
49 cam – 🛏120 € 🛏🛏180 €, 🖵 20 € – ½ P 80/120 € 　**Rist** – *(solo per alloggiati)*
♦ Gestione seria e dinamica per questo signorile hotel a metà strada tra centro e mare; all'interno spazi realizzati in una sobria ed elegante ricercatezza cui si uniscono funzionalità e modernità. Al ristorante, una cucina genuina e semplice, con pietanze soprattutto a base di carne, pesce e verdure.

🏨 **Corallo**　　　❮ 🖵 🔲 🖧 🕱 📶 🕏 AC 🕱 P VISA ⬤ AE 🔥
via Pegaso 38 – 📞 *04 31 43 09 43 – www.hotelcorallobibione.com*
– Fax 04 31 43 92 29 – maggio-settembre
76 cam 🖵 – 🛏82/120 € 🛏🛏120/194 € – ½ P 64/104 €
Rist – *(solo per alloggiati)* Menu 25 €
♦ Caratteristico nella particolare forma cilindrica della sua architettura, signorile hotel con ampi terrazzi che si affacciano sul mare. La piscina è proprio a bordo spiaggia.

🏨 **Leonardo da Vinci**　　　🔲 📶 AC 🕱 rist, P VISA ⬤ ① 🔥
🐾 *corso Europa 76 –* 📞 *0 43 14 34 16 – www.hoteldavinci.it – Fax 04 31 43 80 09*
– 20 maggio-20 settembre
55 cam – 🛏50/98 € 🛏🛏98/156 €, 🖵 11 € – ½ P 70/80 € 　**Rist** – Menu 18/35 €
♦ Per una vacanza senza pensieri, a breve distanza dalla spiaggia e dal mare così come dal centro della città, propone ambienti semplici e ben tenuti. Conduzione familiare.

🏨 **Italy**　　　❮ 🖵 🔲 📶 🕏 cam, AC 🕱 P VISA ⬤ 🔥
via delle Meteore 2 – 📞 *0 43 14 32 57 – www.hotel-italy.it – Fax 04 31 43 92 58*
– 13 maggio-19 settembre
67 cam 🖵 – 🛏70/95 € 🛏🛏120/180 € – ½ P 85 € 　**Rist** – Menu 22/25 €
♦ Sul retro un ampio e curato giardino ombreggiato con area giochi a disposizione dei bambini, davanti la piscina e l'accesso diretto alla spiaggia. Apprezzato dai nuclei familiari.

a Bibione Pineda Ovest : 5 km – ✉ 30020

🏨 **San Marco** ⌖　　　🖵 🔲 📶 🕱 🕏 P VISA ⬤ 🔥
via delle Ortensie 2 – 📞 *0 43 14 33 01 – www.sanmarco.org – Fax 04 31 43 83 81*
– 15 maggio-19 settembre
67 cam – 🛏70/88 € 🛏🛏110/146 € – ½ P 63/81 € 　**Rist** – *(solo per alloggiati)*
♦ Incantevole e tranquillo il piacevole giardino pineta che custodisce anche una piascina, angolo di relax e refrigerio per una vacanza all'insegna del dolce far niente.

BIELLA 🅿 **(BI) – 561** F6 **– 46 126 ab. – alt. 424 m –** ✉ **13900** 　　**23** C2
🚗 Roma 676 – Aosta 88 – Milano 102 – Novara 56
🏢 piazza Vittorio Veneto 3 📞 015 351128, info@atl.biella.it, Fax 015 34612
📷 Living Garden, 📞 015 98 05 56
📷 Le Betulle, 📞 015 67 91 51

🏨 **Agorà Palace**　　　🍴 📶 🕏 cam, 🕏 AC ↯ 🕱 🐾 🚗 VISA ⬤ AE ① 🔥
via Lamarmora 13/A – 📞 *01 58 40 73 24 – www.agorapalace.it*
– Fax 01 58 40 74 23　　　　　　　　　　　　　　　　　　　　Ze
84 cam 🖵 – 🛏100/115 € 🛏🛏120/140 € – 2 suites 　**Rist** – Carta 31/40 €
♦ E' abbastanza facile riconoscere nello stile degli ambienti, comuni e no, come nella gestione complessiva, professionalità e serietà di grande valore ed esperienza. Più sobria la sala ristorante, dove gustare la cucina piemontese.

🏨 **Augustus** senza rist ⌖　　　📶 AC 🕱 🐾 P VISA ⬤ AE ① 🔥
via Italia 54 – 📞 *01 52 75 54 – www.augustus.it – Fax 01 52 92 57*　　　　Ys
38 cam 🖵 – 🛏70/78 € 🛏🛏88/99 €
♦ Una risorsa fuori centro che, grazie al parcheggio privato, risulta essere comoda e frequentata soprattutto da una clientela d'affari. Camere dotate di ottimi confort.

🏨 **Bugella**　　　📶 🕏 cam, AC 🕱 rist, 🕱 🐾 P VISA ⬤ AE ① 🔥
via Cottolengo 65, per ③ *–* 📞 *0 15 40 66 07 – www.hotelbugella.it*
– Fax 0 15 40 55 43
24 cam – 🛏65 € 🛏🛏85 €, 🖵 3 €
Rist – *(chiuso 15 giorni in agosto e domenica)* Carta 27/38 €
♦ Ricavato dalla ristrutturazione di una villa liberty dei primi del '900, l'hotel dispone di camere dal confort omogeneo, ma di differenti dimensioni (in quanto assecondano l'architettura della casa). Piccola zona comune e comodo parcheggio interno. Cucina tipica piemontese al ristorante.

THE ARTISTRY OF CHAMPAGNE

BRUT PREMIER

LOUIS ROEDERER

CHAMPAGNE

BRUT   REIMS

L'innovazione al servizio dell'ambiente

Il rispetto dell'ambiente è un impegno quotidiano. Attraverso lo sviluppo di pneumatici a bassa resistenza al rotolamento che riducono il consumo di carburante o attraverso il lavoro al servizio di una mobilità sostenibile, Michelin è sempre alla ricerca del miglior modo di avanzare.

www.michelin.it

MICHELIN
Il modo migliore di avanzare

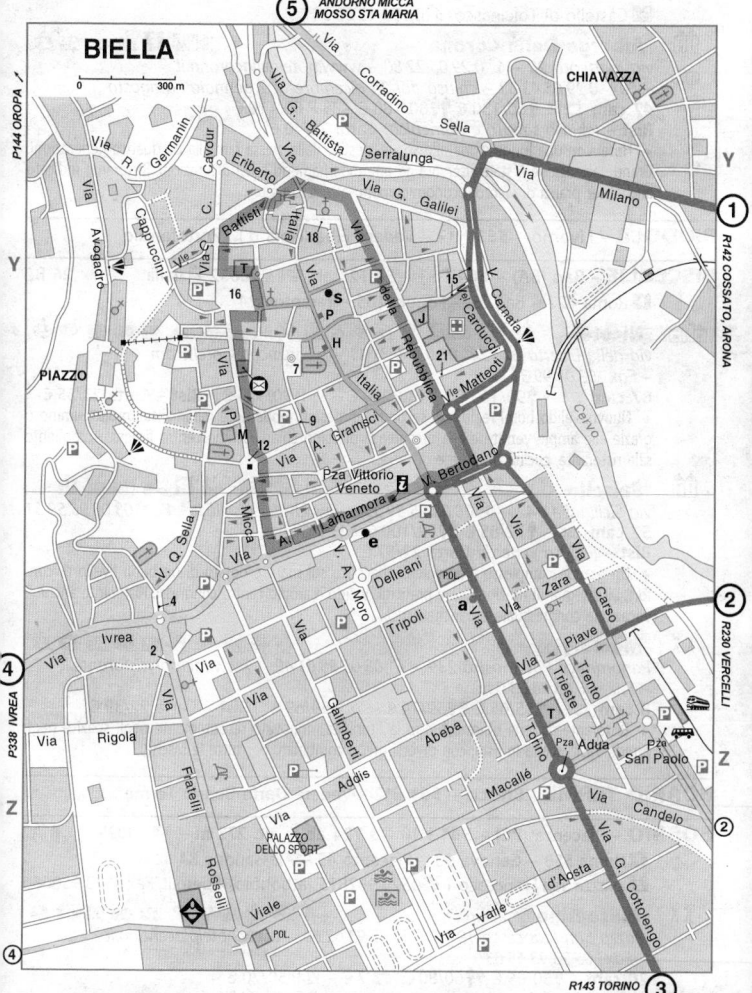

La Mia Crota

via Torino 36/c – ℰ 01 53 05 88 – www.lamiacrota.it – Fax 01 53 05 88 – chiuso domenica, lunedì

Rist – (consigliata la prenotazione la sera) Carta 31/39 €

Z**a**

◆ Ristorante di tono rustico-elegante con annessa enoteca per sbizzarrirsi nella scelta dei vini (anche al bicchiere). La cucina trae spunto dal territorio, concedendosi qualche divagazione contemporanea.

BIGOLINO – Treviso – Vedere Valdobbiadene

BINASCO – Milano (MI) – **561** G9 – **7 265 ab.** – **alt. 101 m** – ⊠ 20082   **16** A3
- ▶ Roma 573 – Milano 21 – Alessandria 76 – Novara 63
- 🔟 Ambrosiano, 𝒞 02 90 84 08 20
- 🔟 Castello di Tolcinasco, 𝒞 02 90 42 80 35

🏨 **Albergo Della Corona**   🛗 🄰🄲 🅿 🆅🅸🆂🄰 ⑩ 🄰🄴 ⬙
🍸   *via Matteotti 20 – 𝒞 0 29 05 22 80 – www.hoteldellacorona.it*
– Fax 0 29 05 43 53 – chiuso dal 24 dicembre al 2 gennaio ed agosto
47 cam ⊊ – ♦60/130 € ♦♦80/180 € – ½ P 60/110 €
Rist – *(chiuso sabato e domenica)* Carta 20/40 €
◆ Hotel con una lunga storia alle spalle, gestito dalla stessa famiglia da quattro generazioni. Grande attenzione è stata riservata ad ammodernamenti e ristrutturazioni. Ristorante indicato anche per pranzi di lavoro; economici menù a prezzo fisso.

BIODOLA – Livorno – **563** N12 – **Vedere Elba (Isola d')** : Portoferraio

---

BISCEGLIE – Bari (BA) – **564** D31 – **54 123 ab.** – ⊠ 70052 ▮ Italia   **26** B2
- ▶ Roma 422 – Bari 39 – Foggia 105 – Taranto 124

🏨 **Nicotel**   🔟 🔟 ⑩ 🐾 🌿 🛗 🄰🄲 🛂 rist, 🐾 🍸 🛑 🆅🅸🆂🄰 ⑩ 🄰🄴 ⑩ ⬙
via della Libertà 62 – 𝒞 08 03 99 31 11 – www.nicotelhotels.com
– Fax 08 03 99 31 55
87 cam ⊊ – ♦90/160 € ♦♦130/200 € – ½ P 90/125 €   **Rist** – Carta 23/35 €
◆ Nuovo, valido hotel realizzato secondo un design moderno e minimalista, molto luminoso grazie alle ampie vetrate e alla prevalenza di colori chiari. Ottimo centro fitness. Accogliente sala ristorante, cucina di mare e di terra.

🏨 **Salsello**   ⬙ 🏠 🔟 🛗 🄰🄲 🌿 rist, 🐾 🅿 🐾 🆅🅸🆂🄰 ⑩ 🄰🄴 ⬙
via Siciliani 41/42 – 𝒞 08 03 95 59 53 – www.hotelsalsello.it – Fax 08 03 95 59 51
52 cam ⊊ – ♦72/85 € ♦♦92/100 € – ½ P 67 €
Rist – *(chiuso venerdì)* Carta 22/57 €
◆ Un grande complesso alberghiero affacciato sul mare e dotato di un buon livello di confort, all'insegna di funzionalità e praticità. Valido e ampio centro congressi. Ristorante anche a vocazione congressuale e banchettistica.

🍴🍴 **Memory** con cam ⬙   🏠 🛗 🄰🄲 🌿 🛑 🅿 🆅🅸🆂🄰 ⑩ 🄰🄴 ⑩ ⬙
Panoramica Paternostro 239 – 𝒞 08 03 98 01 49 – www.memoryristorante.it
– Fax 08 03 98 03 04
8 cam ⊊ – ♦55/65 € ♦♦59/74 € – ½ P 59/69 €   **Rist** – Carta 22/39 €
◆ Ristorante-pizzeria ubicato lungo la litoranea, rinnovato recentemente negli spazi e negli arredi. Vasta scelta in lista, con diversi menù combinati: per tutte le tasche.

BOARIO TERME – Brescia – **561** E12 – **Vedere Darfo Boario Terme**

BOBBIO – Piacenza (PC) – **561** H10 – **3 724 ab.** – **alt. 272 m** – ⊠ 29022   **8** A2
- ▶ Roma 558 – Genova 90 – Piacenza 45 – Alessandria 84
- 🄸 piazza San Francesco 1 𝒞 0523 962815, iatbobbio@libero.it, Fax 0523 936666

🍴🍴 **Piacentino** con cam   🏠 🛗 🄰🄲 ⑩ 🅿 🆅🅸🆂🄰 ⑩ 🄰🄴 ⑩ ⬙
piazza San Francesco 19 – 𝒞 05 23 93 62 66 – www.hotelpiacentino.it
– Fax 05 23 93 65 63
20 cam – ♦50/65 € ♦♦60/80 €, ⊊ 7 € – ½ P 50/70 €
Rist – *(chiuso lunedì escluso luglio-agosto)* Carta 24/38 €
◆ Di famiglia da 129 anni, ristorante di moderno design dove gustare piatti piacentini; d'estate si desina nel giardino dal quale si vede l'antica chiesa di S. Francesco. Le camere sono di due stili, alcune con letti in ferro battuto e mobili in arte povera, altre più moderne.

🍴 **Enoteca San Nicola** con cam ⬙   🆅🅸🆂🄰 ⑩ 🄰🄴 ⑩ ⬙
contrada di San Nicola 11/a – 𝒞 05 23 93 23 55 – www.ristorantesannicola.it
– Fax 05 23 96 35 15
3 cam ⊊ – ♦60 € ♦♦80 €
Rist – *(chiuso lunedì e martedì)* (consigliata la prenotazione) Carta 28/37 € 🍴
◆ Originale la cucina, che si sta impegnando verso i canoni della modernità, così come il book bar dove è possibile fermarsi per un calice di vino, una cioccolata o un infuso particolare. Nell'intrico di stradine, intorno a San Colombano. Camere d'atmosfera, tutte con caminetto funzionante.

BOBBIO PELLICE – Torino (TO) – **561** H3 – 585 ab. – alt. 732 m   **22 B3**
– ⊠ 10060

▶ Roma 691 – Torino 65 – Asti 103 – Cuneo 73

✗ **L'Alpina** con cam   ⌂ & cam, **P** *VISA* ◉◉ **AE** ♦
☎ *via Maestra 27 – ℰ 01 21 95 77 47 – Fax 01 21 95 77 47 – chiuso dal 7 al 21 settembre*
4 cam ⌷ – †50 € ††70 € – ½ P 50 €   **Rist** – *(chiuso martedì)* Menu 15/30 €
♦ Quasi al limitare della valle, un locale di montagna in pietra e legno riscaldato da un camino. La cucina è regionale ed offre bourguignonne, raclette e carni cotte alla pietra. Semplici ma piacevoli, le camere sono arredate in stile sobrio e continuano la novecentesca tradizione di locanda.

BOCCA DI MAGRA – La Spezia (SP) – **561** J11 – ⊠ 19030   **15 D2**

▶ Roma 404 – La Spezia 22 – Genova 110 – Lucca 60

🏨 **Sette Archi**   ⇗ ⌂ ☆ *VISA* ◉◉ ♦
*via Fabbricotti 242 – ℰ 01 87 60 90 17 – www.hotelsettearchi.com
– Fax 01 87 60 90 28 – 20 marzo-novembre*
24 cam ⌷ – †52/75 € ††95/140 € – ½ P 80/90 €
Rist – *(chiuso lunedì a mezzogiorno)* Carta 34/57 €
♦ Atmosfera piacevolmente familiare ed invidiabile posizione fronte mare, per questa bella risorsa recentemente ristrutturata, sia nelle parti comuni sia nelle camere. Ottimi antipasti di pesce al ristorante, ma serbate un po' di appetito per gustare i proverbiali dessert della casa!

✗ **Capannina Ciccio**   ← ⌂ *VISA* ◉◉ **AE** ① ♦
via Fabbricotti 71 – ℰ 01 87 65 55 68 – Fax 01 87 60 90 00 – chiuso 15 giorni in novembre e martedì escluso luglio-settembre
Rist – Carta 42/57 €
♦ Ristorante della tradizione, con proposte marinare talvolta rivisitate e alleggerite. Nella bella stagione si può godere di un'incantevole veranda con vista sul mare.

BOGLIASCO – Genova (GE) – **561** I9 – 4 571 ab. – ⊠ 16031   **15 C2**

▶ Roma 491 – Genova 13 – Milano 150 – Portofino 23
🛈 *via Aurelia 106 ℰ 010 3470429, iat@prolocobogliasco.it, Fax 010 3470429*

a San Bernardo Nord : 4 km – ⊠ 16031 Stella

✗✗ **Il Tipico**   ← ⌂ **AC** *VISA* ◉◉ **AE** ① ♦
via Poggio Favaro 20 – ℰ 01 03 47 07 54 – Fax 01 03 47 10 61 – chiuso dall'8 al 31 gennaio, 1 settimana in agosto e lunedì
Rist – Carta 42/60 €
♦ L'ambiente è gradevole, con qualche tocco d'eleganza, ma ciò che incanta è il panorama sul mare. Ubicato in una piccola frazione collinare, propone cucina ligure di pesce.

BOGNANCO (Fonti) – Verbano-Cusio-Ossola (VB) – **561** D6 – 359 ab.   **23 C1**
– alt. 986 m – ⊠ 28842

▶ Roma 709 – Stresa 40 – Domodossola 11 – Milano 132
🛈 *piazzale Giannini 2 ℰ 0324 234127, bognanco@distrettolaghi.it, Fax 0324 234127*

a Graniga Nord : 5 km – ⊠ 28842 Bognanco (fonti)

🏠 **Panorama**   ← ⌂ ⇙ ⚘ **P** *VISA* ◉◉ **AE** ① ♦
☎ *– ℰ 03 24 23 41 57 – www.alpanorama.it – Fax 03 24 23 41 57*
12 cam ⌷ – †30 € ††56 € – ½ P 40 €
Rist – *(chiuso giovedì escluso maggio-settembre)* Carta 19/29 €
♦ Una dozzina di camere colorate, graziose e ben tenute per questa risorsa molto semplice, ideale per un soggiorno tranquillo e riposante. Dalle finestre, una suggestiva vista sulle valli e sui monti circostanti. Nel piccolo ristorante al piano terra, una gustosa cucina casalinga.

BOLGHERI – Livorno (LI) – **563** M13 – Vedere Castagneto Carducci

BOLLATE – Milano (MI) – **561** F9 – 37 305 ab. – alt. 154 m – ⊠ 20021   **18 B2**

▶ Roma 595 – Milano 10 – Como 37 – Novara 45

Pianta d'insieme di Milano

163

La Torretta

via Trento 111, S.S N. 233 Varesina Nord-Ovest : 2 km – ✆ 0 23 50 59 96 – www.hotellatorretta.it – Fax 02 33 30 08 26 AO**d**

77 cam – †75/145 € ††80/160 €, ☕ 8 € – 1 suite

Rist – *(chiuso dall'8 al 25 agosto, sabato, domenica sera)* Carta 26/58 €

◆ Oltre che per la scrupolosa gestione familiare, questa struttura si distingue anche per l'apprezzabile continuità con cui sono stati apportati aggiornamenti e migliorie. Sala ristorante luminosa, fresco e piacevole l'esterno in estate.

Se cercate un albergo particolarmente ameno per un soggiorno di charme, prenotate in un hotel evidenziato in rosso: 🏠, 🏨...🏨.

BOLOGNA Ⓟ (BO) – 562 I15 – 372 256 ab. – alt. 55 m – ✉ 40124 Italia 9 C3

Roma 379 – Firenze 105 – Milano 210 – Venezia 152

Bologna-G. Marconi Nord-Ovest: 6 km EFU ✆051 6479615

piazza Maggiore 1/e c/o palazzo del Podestà ✉ 40121 ✆ 051 239660, touristoffice@comune.bologna.it, Fax 051 6472253

Stazione Ferroviaria-Piazza Medaglie D'Oro ✉ 40121 ✆ 051 251947, touristoffice@comune.bologna.it, Fax 051 6472253

Aeroporto Marconi ✉ 40132 ✆ 051 6472113, touristoffice@comune.bologna.it, Fax 051 6472253

18 ✆ 051 96 91 00

9 Casalunga, ✆ 051 6 05 01 64

Manifestazioni locali

23.03 - 25.03 : fiera internazionale del libro per ragazzi
16.03 - 18.03 : lineapelle 1 (preselezione italiana moda)
16.04 - 19.04 : cosmoprof (salone internazionale della profumeria e della cosmesi)
09.06 - 10.06 : smau business
12.10 - 14.10 : simac (salone internazionale delle macchine per l'industria calzaturiera e pelletteria)
12.10 - 14.10 : lineapelle 2 (preselezione italiana moda)
27.10 - 30.10 : saie (salone internazionale dell'industrializzazione edilizia)
03.12 - 12.12 : motor show (salone internazionale dell'automobile)

Piazza Maggiore CY **57** e del Nettuno★★★ CY **76**: fontana del Nettuno★★ CY **F** - Basilica di San Petronio★★ CY - Piazza di Porta Ravegnana★★ CY **93**: Torri Pendenti★★ CY **R** – Museo Civico Archeologico★★ CY **M1** – Pinacoteca Nazionale★★ DY – Palazzo Comunale★ BY **H** - Palazzo del Podestà★ CY – Basilica di Santo Stefano★ CY – Chiesa di San Giacomo Maggiore★ CY – Strada Maggiore★ CDY – Chiesa di San Domenico★ CZ : arca★★★ del Santo, tavola★ di Filippino Lippi – Palazzo Bevilacqua★ BY – Chiesa di San Francesco★ BY

Madonna di San Luca: portico★, ≤★ su Bologna e gli Appennini Sud-Ovest: 5 km FV

Piante pagine seguenti

Royal Hotel Carlton

cam, rist,

via Montebello 8 ✉ 40121 – ✆ 0 51 24 93 61 – www.monrifhotels.it – Fax 0 51 24 97 24 – chiuso agosto CX**g**

217 cam ☕ – †270/410 € ††380/490 € – 19 suites

Rist *NeoClassico* – ✆ 0 51 24 21 39 *(chiuso domenica a mezzogiorno)* Carta 41/57 €

◆ Storico hotel dagli ampi spazi comuni, elegantemente arredati e impreziositi da scenografici lampadari. Camere signorili con elevati standard di confort e piacevole zona benessere con saune ed area massaggi. Qualche spunto d'oriente fa capolino nel décor del ristorante e nel menu.

Grand Hotel Baglioni 🎟 AK ५/> 📶 🏧 VISA 🐵 AE ① ⑤

via dell'Indipendenza 8 ⊠ *40121 –* ℰ *0 51 22 54 45 – www.baglionihotels.com*
– Fax 0 51 23 48 40 CY**e**

103 cam ⊇ – ††170/340 € ††220/480 € – 6 suites

Rist *I Carracci* – ℰ 0 51 22 20 49 *(chiuso domenica in agosto)* Carta 50/78 €

♦ Nella preziosa cornice di uno storico palazzo del centro, il lusso degli interni mantiene viva la raffinata atmosfera d'altri tempi senza rinunciare alle più moderne comodità. Meravigliosa sala ristorante del '500, con affreschi originali dei Carracci.

Starhotels Excelsior ₤₅ 🎟 & cam, ₳₳ AK ५/> ❄ rist, 📶 🏧

viale Pietramellara 51 ⊠ *40121 –* ℰ *0 51 24 61 78* VISA 🐵 AE ① ⑤
– www.starhotels.com – Fax 0 51 24 94 48 CX**b**

193 cam ⊇ – ††100/550 € – 1 suite **Rist** *– (solo per alloggiati)*

♦ Hotel di ultima generazione, con ambienti comuni di taglio minimalista e camere, più classiche, dotate di ogni confort moderno; ottimo settore congressuale. Ristorante e lounge bar molto frequentati dalla clientela dell'hotel.

Corona d'Oro senza rist 🎟 & AK ५/> ❄ rist, 📶 🏧 VISA 🐵 AE ① ⑤

via Oberdan 12 ⊠ *40126 –* ℰ *05 17 45 76 11 – www.bolognarthotels.it*
– Fax 05 17 45 76 22 – chiuso agosto CY**q**

40 cam ⊇ – †143/330 € ††209/370 € – 3 suites

♦ Viaggio nell'eleganza cittadina: dalle origini medievali, attraverso il Rinascimento, fino alle decorazioni liberty. La Belle Époque rivive nelle camere, alcune con terrazza.

BH4 Hotel Tower 🎟 & AK ५/> ❄ rist, 📶 🏧 📮 🚗

viale Lenin 43 ⊠ *40138 –* ℰ *05 16 00 55 55* VISA 🐵 AE ① ⑤
– www.boscolohotels.com – Fax 05 16 00 55 50 HV**e**

136 cam – ††120/700 €, ⊇ 14 € – 14 suites **Rist** – Carta 30/58 €

♦ Una torre moderna, funzionale e dotata di ogni confort, in comoda posizione all'uscita della tangenziale e a pochi km dall'aeroporto. Attrezzato il centro congressi.

Savoia Hotel Country House 🚗 🏠 🎟 & ₳₳ AK 📶 🏧 📮

via San Donato 161 ⊠ *40127 –* ℰ *05 16 33 23 66* VISA 🐵 AE ① ⑤
– www.savoia.it – Fax 05 16 33 23 66 – chiuso dal 24 al 30 dicembre HU**a**

43 cam ⊇ – ††75/210 € ††75/330 €

Rist *Danilo e Patrizia –* ℰ 05 16 33 25 34 *(chiuso dal 27 dicembre al 7 gennaio, agosto, domenica sera, lunedì)* Menu 35 € – Carta 25/37 €

♦ Un ampio giardino circonda questo esclusivo complesso colonico del '700, dove l'antico fascino campestre si sposa con un lusso discreto ed elegante. L'ozio vi attende in veranda. La cucina emiliana, al ristorante.

AC Bologna ₤₅ 🎟 & cam, AK ❄ 📶 🏧 🚗 VISA 🐵 AE ① ⑤

via Sebastiano Serlio 28 ⊠ *40128 –* ℰ *0 51 37 72 46 – www.ac-hotels.com*
– Fax 0 51 37 79 78 GU**c**

120 cam ⊇ – ††90/513 € – 2 suites

Rist *Il Conte Restaurant* – Carta 33/54 €

♦ Situato nella zona moderna della città, nelle immediate vicinanze della fiera e del centro storico, questo hotel di design è il punto d'incontro ideale per uomini d'affari ed espositori fieristici. Non manca nulla per rispettare gli standard della catena. Ristorante molto ben organizzato, in linea con la struttura.

Unaway Bologna Fiera 🍴 ₤₅ 🎟 AK ५/> ❄ rist, 📶 🏧 📮 🚗

piazza della Costituzione 1 ⊠ *40128*
– ℰ *05 14 16 66 – www.unawayhotels.it – Fax 05 14 16 65* GU**h**

162 cam ⊇ – ††96/280 € ††96/295 € **Rist** – Carta 32/62 €

♦ Di fronte all'ingresso della Fiera, struttura funzionale, dotata di accessori moderni, con ampi spazi comuni e ben attrezzato centro congressi; camere di buon confort. Ariosa sala da pranzo con cucina eclettica.

Savoia Hotel Regency 🍴 ₤₅ 🎟 & ₳₳ AK ५/> 📶 🏧 📮

via del Pilastro 2 ⊠ *40127 –* ℰ *05 13 76 77 77* VISA 🐵 AE ① ⑤
– www.savoia.it – Fax 05 13 76 77 00 HU**b**

78 cam ⊇ – ††90/310 € ††100/380 € – 2 suites

Rist *Garganelli –* ℰ 05 13 76 77 66 – Carta 30/40 €

♦ Benvenuti in questa villa neoclassica che nell'architettura ricorda le belle dimore settecentesche: all'interno sarete accolti in ambienti classici ed eleganti per un soggiorno di tranquillità e charme. Il ristorante? Un padiglione e una luminosa veranda, addobbati con pagine di giornali d'epoca e inserti colorati.

BOLOGNA

Aemilia 🛏 🖅 ♿ 🆓 ↻ 📶 🚗 **VISA** 🆗 🆎 ① ⇄

via Alvisi 16 ⌧ 40139 – ℰ 05 13 94 03 11 – www.aemiliahotel.it
– Fax 05 13 94 03 13 – chiuso dal 10 al 20 agosto   **DYb**
124 cam ⌂ – †130/519 € ††170/559 €
Rist Gurmé – ℰ 05 15 87 41 35 (chiuso agosto) (chiuso a mezzogiorno)
Carta 33/45 €

♦ Modernismo ed omogeneità nelle belle camere, suddivise in categorie solo in base alla tipologia dei servizi offerti. Bella terrazza panoramica con solarium. Il Gurmé vi delizierà con ricette tradizionali bolognesi e creativi piatti di cucina italiana.

Matteotti (V.). . . . . **GU** 67
Mazzini (V.) . . . . **GV** 69
Mezzofanti (V. G.). . . . . **GV** 70
Montefiorino (V.) . . . . **FV** 73
Ospedaletto (V. d.) . . . . **EU** 79
Palagi (V. P.). . . . . **GV** 81
Panigale (V.). . . . . **EU** 82
Persicetana Vecchia (V.). . . . . . **EU** 85
Persicetana (V.). . . . . **EU** 84
Pietra (V. d.). . . . . **EU** 88
Pirandello (V. L.) . . . . **HU** 90
Porrettana (V.). . . . . **FVE** 91
Putti (V. V.). . . . . **GV** 96
Sabbioni (V. d.) . . . . **GV** 100
Sabotino (V.). . . . . **FUV** 102
Saffi (V. A.). . . . . **FU** 103
Sigonio (V. C.). . . . . **GV** 111
Sturzo (V. Don L.) . . . . **FV** 112
S. Barbara (V.). . . . . **GV** 105
S. Mamolo (V.) . . . . **FV** 108
Timavo (V. d.). . . . . **FU** 115
Tolmino (V.). . . . . **FV** 117
Tosarelli (V. B.) . . . . **HU** 118

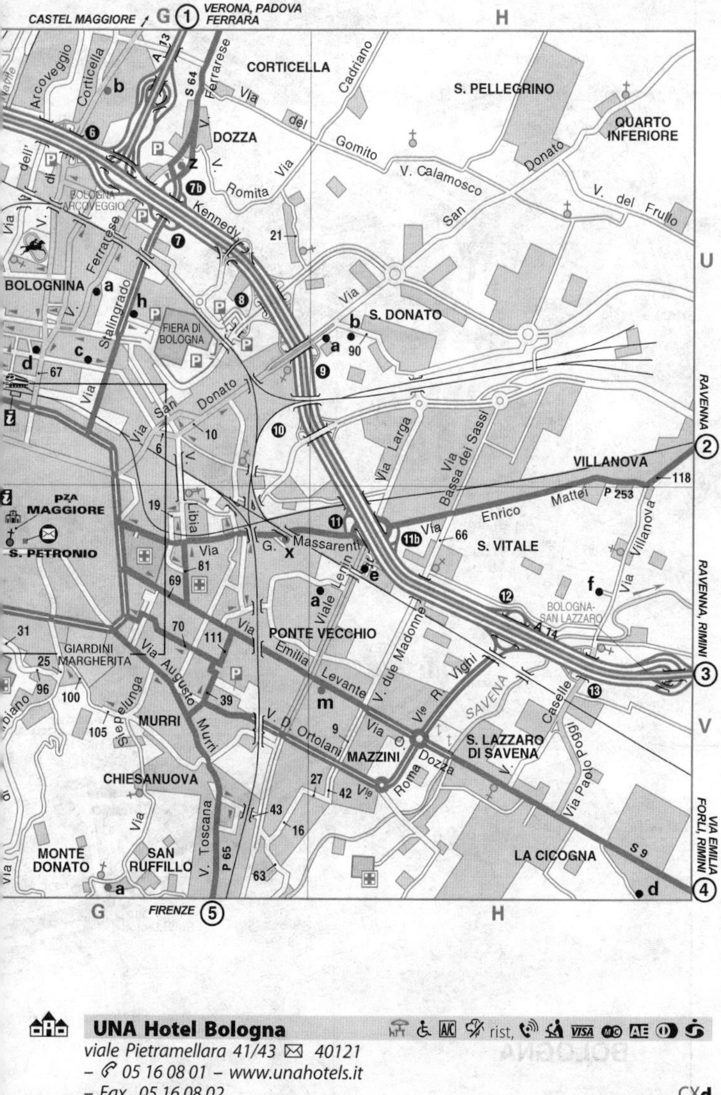

🏨 UNA Hotel Bologna

viale Pietramellara 41/43 ✉ 40121
– ☎ 05 16 08 01 – www.unahotels.it
– Fax 05 16 08 02 CX**d**

93 cam ☕ – 🚹94/374 € 🚹🚹94/440 € – 6 suites
Rist – Carta 36/59 €

◆ Particolare, diverso, colorato, ogni spazio è una realtà a sè disegnato nel moderno stile minimalista che si avvale di tinte inusuali e personalizzate. Spaziose e confortevoli le camere.

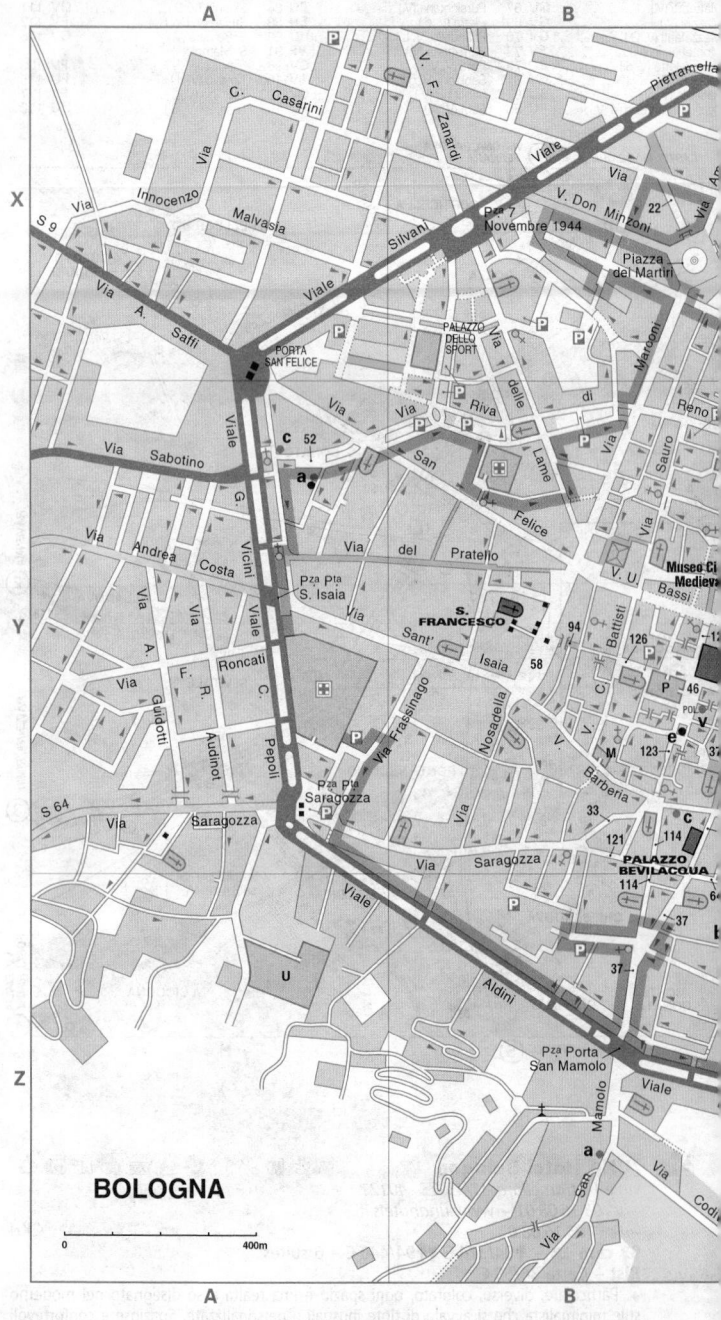

BOLOGNA

0　　　　400m

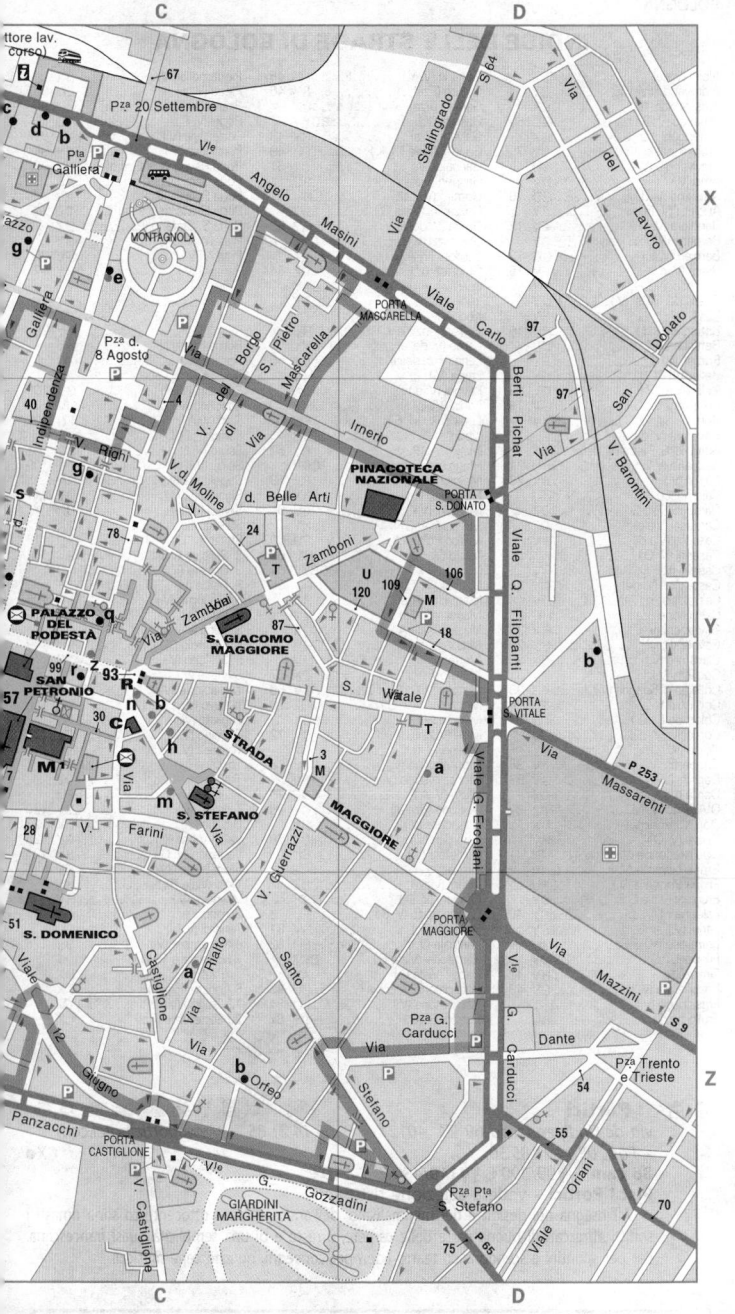

INDICE DELLE STRADE DI BOLOGNA

 I Portici 🈁 🄺 📶 🏋 **VISA** 🆎 **AE** 🄾 ⛎

via dell'Indipendenza 69 ✉ *40121 –* 𝒞 *05 14 21 85 – www.iporticihotel.com*
– Fax 05 14 21 85 50   **CXe**
86 cam – 🛏99/390 € 🛏🛏119/450 €, ⬚ 10 €
Rist I Portici – vedere selezione ristoranti

♦ All'insegna del design e del minimalismo, dell'antico palazzo ottocentesco sono rimasti i soffitti affrescati di buona parte delle camere, il resto è di una semplicità quasi francescana. Bar per spuntini e scenografico teatro Eden per convegni, nonché cene musicali.

 Un esercizio evidenziato in rosso focalizza il fascino della struttura 🏨 XXX.

🏨 **Novecento** senza rist 　　　　　🛗 ⅋ 🅰️ 🕾 📶 🚗 VISA ⓪ 🅰️🅴 ⓪ 🔥
piazza Galileo 4/3 ⊠ 40123 – ☎ 05 17 45 73 11 – www.bolognarthotels.it
– Fax 05 17 45 73 22　　　　　　　　　　　　　　　　　　　　　BY**e**
25 cam ⊇ – ♦133/330 € ♦♦199/370 €
♦ Nel centro medievale della città, un palazzo dei primi del Novecento è stato convertito in un design hotel in cui confort e ricercatezza si uniscono a forme di sobria eleganza.

🏨 **Commercianti** senza rist 　　　　　🛗 🅰️ ⅋ 🕾 🚗 VISA ⓪ 🅰️🅴 ⓪ 🔥
via dè Pignattari 11 ⊠ 40124 – ☎ 05 17 45 75 11 – www.bolognarthotels.it
– Fax 05 17 45 75 22　　　　　　　　　　　　　　　　　　　　　BY**n**
34 cam ⊇ – ♦133/330 € ♦♦199/370 € – 2 suites
♦ All'ombra della basilica di S. Petronio, un edificio del '200 è pronto ad accogliervi in ambienti di grande raffinatezza: camini, travi a vista, letti a baldacchino. Sospesi tra storia e squisita ospitalità.

🏨 **Orologio** senza rist 　　　　　　🛗 🅰️ ⅋ 🕾 VISA ⓪ 🅰️🅴 ⓪ 🔥
via IV Novembre 10 ⊠ 40123 – ☎ 05 17 45 74 11 – www.bolognarthotels.it
– Fax 05 17 45 74 22　　　　　　　　　　　　　　　　　　　　　BY**a**
33 cam ⊇ – ♦148/370 € ♦♦189/370 € – 6 suites
♦ Di fronte all'orologio della torre comunale: piccolo hotel di tradizione con camere curate nei dettagli e ben rifinite, alcune con vista sul centro città. Orologi ovunque.

🏨 **Millennhotel** senza rist 　　　　🛗 ⅋ 🅰️ ⅋ 🕾 🔬 VISA ⓪ 🅰️🅴 ⓪ 🔥
via Boldrini 4 ⊠ 40121 – ☎ 05 16 08 78 11 – www.millennhotelbologna.it
– Fax 05 16 08 78 88　　　　　　　　　　　　　　　　　　　　　CX**c**
60 cam ⊇ – ♦55/280 € ♦♦65/360 €
♦ Moderno hotel nei pressi della stazione ferroviaria. Spazi comuni limitati, ma il servizio e il buon livello di confort delle camere offrono un buon rapporto qualità/prezzo.

🏨 **Roma** 　　　　　　　　　　　🛗 🅰️ 🍴 rist, 🕾 🚗 VISA ⓪ 🅰️🅴 ⓪ 🔥
via Massimo d'Azeglio 9 ⊠ 40123 – ☎ 0 51 22 63 22 – www.hotelroma.biz
– Fax 0 51 23 99 09　　　　　　　　　　　　　　　　　　　　　BY**x**
82 cam ⊇ – ♦95/120 € ♦♦160/170 € – 4 suites
Rist – (chiuso domenica ed agosto) Carta 32/65 €
♦ In una centralissima via pedonale, una risorsa che offre camere piacevoli con tappezzerie fiorate, alcune con balconcino. Eleganti sedie rosse nella sala ristorante, dove gustare specialità regionali.

🏨 **Il Guercino** senza rist 　　　　　🛗 ⅋ 🅰️ 🕾 🔬 VISA ⓪ 🅰️🅴 ⓪ 🔥
via Luigi Serra 7 ⊠ 40129 – ☎ 0 51 36 98 93 – www.guercino.it
– Fax 0 51 36 80 71　　　　　　　　　　　　　　　　　　　　　GU**d**
61 cam – ♦42/209 € ♦♦49/299 €, ⊇ 5 € – 1 suite
♦ Atmosfera e decorazioni indiane per questa bella risorsa tra stazione e Fiera; le camere più caratteristiche dispongono anche di un terrazzino.

🏨 **Il Convento dei Fiori di Seta** senza rist 　　　　🅰️ ⅋ 🕾
via Orfeo 34/4 ⊠ 40124 – ☎ 0 51 27 20 39 　　　VISA ⓪ 🅰️🅴 ⓪ 🔥
– www.ilconventodeifioridiseta.com – Fax 05 12 75 90 01 – chiuso dal
23 dicembre al 9 gennaio e agosto　　　　　　　　　　　　　　　CZ**b**
10 cam ⊇ – ♦110/150 € ♦♦165/330 €
♦ Lo straordinario esito della ristrutturazione di un convento del '400 trasformato in una risorsa che fonde con incredibile armonia design e classicità, nel cuore della città.

🏨 **Alloro Suite Hotel** senza rist 　　　🛗 🅰️ ⅋ 🕾 🅿️ VISA ⓪ 🅰️🅴 ⓪ 🔥
via Ferrarese 161 ⊠ 40128 – ☎ 0 51 37 29 60 – www.allorosuitehotel.it
– Fax 0 51 37 21 27　　　　　　　　　　　　　　　　　　　　　GU**a**
51 cam ⊇ – ♦55/185 € ♦♦79/295 € – 5 suites
♦ Tra la fiera ed il centro storico, un altro concetto di ospitalità, dove il silenzio, l'accoglienza e i servizi rendono la permanenza in città un momento felice. Camere per famiglie, bici, internet e parcheggio a disposizione degli ospiti.

🏨 **Re Enzo** senza rist 　　　　　　🛗 🅰️ ⅋ ⅋ 🕾 🔬 VISA ⓪ 🅰️🅴 ⓪ 🔥
via Santa Croce 26 ⊠ 40122 – ☎ 0 51 52 33 22 – www.hotelreenzo.it
– Fax 0 51 55 40 35　　　　　　　　　　　　　　　　　　　　　AY**a**
51 cam ⊇ – ♦60/160 € ♦♦80/240 €
♦ Turista o businessman? Poco importa: la struttura, funzionale e confortevole, soddisfa le esigenze di entrambe le categorie. Ospitalità e cortesia proverbiali, come quelle riservate a re Enzo (catturato dai bolognesi nel 1249).

🏠 **Nuovo Hotel Del Porto** senza rist   🛗 👤 🚳 AC 📶
via del Porto 6 ✉ *40122 –* ☎ *051 24 79 26*   VISA ◉◉ AE ① 👤
– www.nuovohoteldelporto.com – Fax 051 24 73 86   BX**a**
49 cam ⌂ – †50/240 € ††60/260 €
◆ Nome curioso per un albergo in posizione centrale, con spazi comuni limitati ma accoglienti e soprattutto camere confortevoli e ben insonorizzate.

🏠 **Touring** senza rist   🛗 👤 🚳 📶 VISA ◉◉ AE ① 👤
via dè Mattuiani 1/2, angolo piazza dei Tribunali ✉ *40124 –* ☎ *051 58 43 05*
– www.hoteltouring.it – Fax 051 33 47 63   BZ**b**
38 cam ⌂ – †69/140 € ††89/250 €
◆ Nelle vicinanze di S. Domenico, una piacevole vista sui tetti della città è lo spettacolo che offre la terrazza solarium. Atmosfera familiare e camere di buon confort (soprattutto quelle rinnovate, agli ultimi piani).

🏠 **Delle Drapperie** senza rist   AC VISA ◉◉ 👤
via delle Drapperie 5 ✉ *40124 –* ☎ *051 22 39 55 – www.albergodrapperie.com*
– Fax 051 23 87 60   CY**r**
21 cam – †60/105 € ††75/140 €, ⌂ 5 €
◆ Nel cuore medievale della città, fra le bancarelle e i negozi di gastronomia della tradizione bolognese, camere d'atmosfera tra soffitti decorati e graziosi bagni.

🏠 **Paradise** senza rist   🛗 AC 📶 VISA ◉◉ AE ① 👤
vicolo Cattani 7 ✉ *40126 –* ☎ *051 23 17 92 – www.hotelparadisebologna.it*
– Fax 051 23 45 91 – chiuso dal 23 al 27 dicembre e dall'8 al 24 agosto
18 cam ⌂ – †50/170 € ††70/260 €   CY**g**
◆ Gestione al femminile per questo comodo indirizzo che coniuga vicinanza al centro, camere molto semplici e pulite e prezzi interessanti.

🏠 **Villa Azzurra** senza rist e senza ⌂   🚗 👤 📞 P VISA ◉◉ AE ① 👤
viale Felsina 49 ✉ *40139 –* ☎ *051 53 54 60 – www.hotelvillaazzurra.com*
– Fax 051 53 13 46 – chiuso dal 10 al 20 agosto   HV**a**
15 cam – †50/90 € ††70/120 €
◆ Un silenzioso giardino avvolge questa dimora del tardo Ottocento, che dell'epoca conserva l'aspetto e l'atmosfera. Accoglienza ed ospitalità come ci si attende in Emilia.

XXX **I Portici** – Hotel I Portici   👤 AC 🚳 🔁 VISA ◉◉ AE ① 👤
via dell'Indipendenza 69 ✉ *40121 –* ☎ *05 14 21 85 62 – www.iporticihotel.com*
– Fax 05 14 21 85 50 – chiuso agosto, domenica, lunedì   CX**e**
Rist – *(chiuso a mezzogiorno)* Carta 65/85 €
◆ Una sferzata giovane, moderna e alla moda nel panorama della tradizionale ristorazione bolognese. In una sala-vetrina su via dell'Indipendenza, si officia una cucina dagli accenti mediterranei, influenze toscane ed eccellenti prodotti.

XX **Trattoria Battibecco**   AC 🚳 VISA ◉◉ ① 👤
via Battibecco 4 ✉ *40123 –* ☎ *051 22 32 98 – www.battibecco.it*
– Fax 051 26 35 79 – chiuso dal 31 gennaio al 7 febbraio, dal 28 giugno
al 3 luglio e domenica   BY**v**
Rist – Carta 45/68 €
◆ In un vicolo centrale, un locale di classe e di tono elegante, che spicca nel panorama della ristorazione cittadina per la cucina tradizionale e le proposte di mare.

XX **Bitone**   AC 🚳 🔁 VISA ◉◉ ① 👤
via Emilia Levante 111 ✉ *40139 –* ☎ *051 54 61 10 – www.ristorantebitone.it*
– Fax 05 16 24 82 18 – chiuso agosto, lunedì, martedì   HV**m**
Rist – Carta 55/91 € 🍴
◆ Locale ben noto agli intenditori, nonostante la posizione periferica. La sala è simile ad un giardino d'inverno; la cucina tipica bolognese: schietta e sostanziosa con molti piatti di pesce.

XX **Pappagallo**   AC 🚳 VISA ◉◉ AE ① 👤
piazza della Mercanzia 3 c ✉ *40125 –* ☎ *051 23 12 00 – www.alpappagallo.it*
– Fax 051 23 28 07 – chiuso agosto e domenica, anche sabato in luglio
Rist – *(consigliata la prenotazione)* Carta 50/65 €   CY**n**
◆ Sotto le due Torri, due sale con altissimi soffitti a volta e fotografie di celebrità alle pareti; cucina bolognese e piatti di pesce in un ristorante di grande tradizione.

BOLOGNA

XX **Da Sandro al Navile** 🛋 🗚 ⅌ ⇆ 🅿 VISA ⅏ AE ⅗ ⴱ
*via del Sostegno 15 ✉ 40131 – ℰ 05 16 34 31 00 – www.dasandroalnavile.it
– Fax 05 16 34 75 92 – chiuso dal 26 dicembre al 6 gennaio, agosto e domenica*
Rist – Carta 40/46 € ⅌ FU**r**
♦ Rinomato ristorante in zona decentrata, le salette sono sempre affollate di affezionati clienti; curata cucina emiliana tradizionale, eccezionale collezione di whisky.

XX **La Terrazza** 🛋 🗚 ⇆ VISA ⅏ AE ⴱ
*via del Parco 20 ✉ 40138 – ℰ 0 51 53 13 30 – www.ristorantelaterrazza.it
– Fax 05 16 01 10 55 – chiuso dal 6 al 26 agosto e domenica* GV**x**
Rist – (consigliata la prenotazione) Carta 40/55 €
♦ In una via tranquilla, un ristorante di dimensioni contenute con un piacevole dehors per il servizio estivo. Le proposte in menu spaziano dalla carne al pesce.

XX **Cesarina** 🛋 🗚 VISA ⅏ AE ⅗ ⴱ
*via Santo Stefano 19 ✉ 40125 – ℰ 0 51 23 20 37 – www.ristorantecesarina.it
– Fax 0 51 23 20 37 – chiuso dal 22 dicembre al 18 gennaio, lunedì, martedì a mezzogiorno* CY**m**
Rist – Carta 40/55 €
♦ Accanto alla splendida chiesa, ristorante con quasi un secolo di storia alle spalle. In tavola viene proposta la tradizionale cucina emiliana con numerosi piatti di mare.

XX **Scacco Matto** 🗚 ⅌ VISA ⅏ AE ⅗ ⴱ
*via Broccaindosso 63/b ✉ 40125 – ℰ 0 51 26 34 04
– www.ristorantescaccomatto.com – Fax 0 51 26 34 04 – chiuso dal 24 dicembre al 3 gennaio, agosto e lunedì a mezzogiorno* DY**a**
Rist – Carta 37/52 €
♦ In una vivace zona di osterie e di universitari, un semplice, ma schietto angolo di Basilicata, dove una famiglia propone i sapori tipici della propria terra.

X **Marco Fadiga Bistrot** 🗚 ⅌ ⇆ VISA ⅏ AE ⴱ
*via Rialto 23/c ✉ 40124 – ℰ 0 51 22 01 18 – www.marcofadigabistrot.com
– Fax 05 12 20 01 18 – chiuso 2 settimane in agosto, domenica e lunedì*
Rist – (chiuso a mezzogiorno) Carta 32/58 € CZ**a**
♦ Un'occasione unica per apprezzare l'atmosfera del bistrot francese vissuto in chiave moderna. Cucina del territorio, accanto a piatti più creativi, presentata su una lavagna.

X **Posta** 🛋 🗚 ⇆ VISA ⅏ AE ⅗ ⴱ
*via della Grada 21/a ✉ 40122 – ℰ 05 16 49 21 06 – www.ristoranteposta.it
– Fax 05 16 49 10 22 – chiuso 15 giorni in agosto, lunedì, sabato a mezzogiorno*
Rist – Carta 31/44 € AY**c**
♦ Travi a vista e mattoni sono i piacevoli contorni rustici di questo locale, appena fuori dal centro, dove sono toscane sia le proprietarie che le specialità gastronomiche.

X **Antica Trattoria della Gigina** ⅖ 🗚 ⅌ ⇆ VISA ⅏ ⴱ
*via Stendhal 1 ✉ 40128 – ℰ 0 51 32 23 00 – www.trattoriagigina.it
– Fax 05 14 18 98 65* GU**b**
Rist – Carta 31/44 €
♦ Trattoria rinnovata nel segno della tradizione e del rispetto per il proprio passato. Come un tempo la cucina, gustosa e abbondante, trasmette la tipicità del locale.

X **Cesari** 🗚 ⅌ VISA ⅏ ⅗ ⴱ
*via de' Carbonesi 8 ✉ 40123 – ℰ 0 51 23 77 10 – www.da-cesari.it
– Fax 05 12 96 98 12 – chiuso dal 1° al 6 gennaio, dal 30 luglio al 29 agosto, domenica, anche sabato in luglio* BY**c**
Rist – Carta 30/47 €
♦ Nelle vicinanze di piazza Maggiore, ambiente caldo e familiare in un ristorante di solida esperienza ultratrentennale; cucina d'impronta classica con piatti regionali.

X **Grassilli** 🛋 ⅌ VISA ⅏ AE ⅗ ⴱ
via del Luzzo 3 ✉ 40125 – ℰ 0 51 22 29 61 – Fax 0 51 22 29 61 – chiuso dal 25 dicembre al 3 gennaio, dal 23 al 30 giugno, dal 25 luglio all'8 agosto, mercoledì, domenica sera CY**b**
Rist – (chiuso a mezzogiorno in luglio e agosto) (consigliata la prenotazione) Carta 36/40 €
♦ Vicino alle celebri "Torri", ristorantino classico che segue una linea di cucina emiliana alla quale affianca proposte della tradizione francese, omaggio alle origini dello chef.

173

X **Il Cantuccio**   Ⓐ Ⓒ ⓋⒾⓈⒶ ⓞⓞ ⒶⒺ ⓪ ⚲

via Volturno 4 ✉ *40121 –* ℰ *0 51 23 34 24 – Fax 0 51 22 93 35 – chiuso agosto e lunedì*   CYs

Rist *– (chiuso a mezzogiorno escluso domenica) Carta 40/55 €*

♦ "A bordo" di questo piccolo locale a gestione familiare - una calda e luminosa saletta con tanti quadri alle pareti - si servono piatti della tradizione mediterranea di pesce.

X **Biagi**   Ⓐ Ⓒ ⓋⒾⓈⒶ ⓞⓞ ⓪ ⚲

via Savenella 9/a ✉ *40124 –* ℰ *05 14 07 00 49 – www.ristorantebiagi.it – Fax 05 14 07 09 19 – chiuso dal 1° al 5 gennaio e martedì*   CZc

Rist *– (chiuso a mezzogiorno escluso i giorni festivi) Carta 25/37 €*

♦ Continua la tradizione della storica famiglia di ristoratori il cui nome fa ormai rima con cucina bolognese. In lista troverete i grandi classici, nessuno escluso.

X **Teresina**   ⌂ Ⓒ ⓋⒾⓈⒶ ⓞⓞ ⒶⒺ ⓪ ⚲

via Oberdan 4 ✉ *40126 –* ℰ *0 51 22 89 85 – www.ristoranteteresinabologna.it – Fax 0 51 23 75 26 – chiuso dal 14 al 28 agosto e domenica*   CYz

Rist *– (consigliata la prenotazione) Carta 30/45 €*

♦ Dalla nonna ai nipoti, c'è tutta la famiglia impegnata in questa moderna e semplice trattoria. Genuina e gustosa cucina emiliana con proposte ittiche; bel dehors estivo.

X **Trattoria da Leonida**   ⌂ Ⓐ Ⓒ ⓋⒾⓈⒶ ⓞⓞ ⓪ ⚲

vicolo Alemagna 2 ✉ *40125 –* ℰ *0 51 23 97 42 – Fax 05 16 27 18 50 – chiuso dal 1° al 25 agosto e domenica*   CYh

Rist *– Carta 27/38 €*

♦ Familiari la gestione e l'accoglienza in un ristorantino del centro con proposte legate alla tradizione emiliana; piacevole il servizio estivo nella veranda aperta.

X **Monte Donato**   ⌂ Ⓒ ⇔ ⓋⒾⓈⒶ ⓞⓞ ⚲

☺ *via Siepelunga 118, località Monte Donato, Sud : 4 km* ✉ *40141 –* ℰ *0 51 47 29 01 – www.trattoriamontedonato.it – Fax 0 51 47 23 06 – chiuso domenica in luglio-agosto, lunedì negli altri mesi*   GVa

Rist *– Carta 27/42 €*

♦ E' soprattutto con la bella stagione che si possono apprezzare i colori e i profumi di questa trattoria tra i colli; in inverno, la terrazza si chiude, ma il bel panorama rimane sempre a portata di occhi. La cucina - abbondante e tipica -conquista ogni palato.

X **Trattoria Meloncello**   ⌂ Ⓐ Ⓒ ⇔ ⓋⒾⓈⒶ ⓞⓞ ⚲

via Saragozza 240/a ✉ *40135 –* ℰ *05 16 14 39 47 – chiuso 1 settimana in gennaio, dal 26 luglio al 17 agosto, lunedì sera, martedì*   FVa

Rist *– Carta 26/31 €*

♦ Simpatico ambiente intimo e raccolto in questa vecchia trattoria a breve distanza dall'omonimo arco; dalla cucina, piatti caserecci e golosi di tradizione regionale.

X **Il Paradisino**   ⌂ ⓋⒾⓈⒶ ⓞⓞ ⒶⒺ ⚲

via Coriolano Vighi 33 ✉ *40133 –* ℰ *0 51 56 64 01 – www.trattoriaparadisino.it – Fax 05 12 98 40 73 – chiuso dal 7 al 25 gennaio*   EUc

Rist *– Carta 26/31 €*

♦ Fuori mano ma grazioso questo locale rustico, con porticato per il servizio estivo all'aperto, dove assaggerete piatti curati di cucina emiliana casalinga.

X **Panoramica**   ⌂ ⓋⒾⓈⒶ ⓞⓞ ⒶⒺ ⓪ ⚲

via San Mamolo 31 ✉ *40136 –* ℰ *0 51 58 03 37 – www.trattoriapanoramica.com – Fax 0 51 58 03 37 – chiuso domenica*

Rist *– Carta 35/49 €*   BZa

♦ Servizio informale e cucina di stampo classico, con molto pesce, per un signorile ristorante fuori del centro storico; d'estate si può scegliere di mangiare all'aperto.

a Borgo Panigale Nord-Ovest : 7,5 km EU – ✉ 40132

🏠🏠 **Sheraton Bologna**   ⅃δ ⃒⃒ ⅋ cam, Ⓐ ⇆ Ⓒ ⅋⅋ ⅍ Ⓟ ⓋⒾⓈⒶ ⓞⓞ ⒶⒺ ⚲

via dell'Aeroporto 34/36 – ℰ *0 51 40 00 56 – www.sheraton.it – Fax 05 16 41 51 40*   EUw

173 cam ⚏ – †81/286 € ††81/316 €   **Rist** *– Carta 36/78 €*

♦ Vicino all'aeroporto e comodamente raggiungibile dalla tangenziale, una struttura funzionale, che dispone di moderne attrezzature e spazi perfetti per meeting. Impostazione classica nella capiente sala del ristorante.

a Villanova Est : 7,5 km HV – ⊠ 40055

🏨 **NH Bologna Villanova** 🔲 📶 ⚒ 🗚 ⇆ 🛇 rist. "¶" 🛅 **P** 🚗
via Villanova 29/8 – ☎ 051 60 43 11   🚋 **VISA** 🐵 **AE** ⓪ **⑤**
– www.nh-hotels.it – Fax 051 78 14 44   HV**f**
209 cam � – ¶87/240 € ¶¶96/249 € – ½ P 112/138 €
Rist – *(chiuso agosto)* Carta 29/65 €
♦ Edificio costruito ex novo con numerose dotazioni e servizi. Arredi moderni ispirati al minimalismo con ampio utilizzo di marmo, legno e metallo. Suite di alto livello. Ristorante raffinato con una proposta gastronomica classica.

BOLSENA – Viterbo (VT) – **563** O17 – **4 239 ab.** – alt. 348 m – ⊠ 01023   **12** A1
◻ Italia

▶ Roma 138 – Viterbo 31 – Grosseto 121 – Siena 109
◉ Chiesa di Santa Cristina★

🏨 **Royal** senza rist   🚋 ⚒ 📶 🗚 🛇 🕜 **P** **VISA** 🐵 **⑤**
piazzale Dante Alighieri 8/10 – ☎ 07 61 79 70 48 – www.bolsenahotel.it
– Fax 07 61 79 60 00
37 cam – ¶54/86 € ¶¶79/117 €, � 10 €
♦ Struttura elegante, curata tanto nei signorili spazi esterni, quanto negli eleganti ambienti interni. Un soggiorno in riva al lago, coccolati dalla bellezza del paesaggio.

🏨 **Holiday**   ◁ 🚋 ⚒ 📶 🗚 🛇 rist. **P** **VISA** 🐵 **⑤**
viale Diaz 38 – ☎ 07 61 79 69 00 – www.bolsena.com – Fax 07 61 79 95 50
– 20 dicembre-10 gennaio e aprile-2 novembre
23 cam � – ¶80/100 € ¶¶80/120 € – ½ P 55/70 €
Rist – *(chiuso a mezzogiorno)* Carta 25/36 €
♦ In riva al lago, in zona leggermente decentrata, una grande villa anni '50 con ampio, curato giardino e piscina. Camere in stile classico, arredate con mobili di pregio. Bella e luminosa sala da pranzo.

🏨 **Columbus**   ⚒ 📶 🗚 🕜 🛅 **P** **VISA** 🐵 **⑤**
viale Colesanti 27 – ☎ 07 61 79 90 09 – www.bolsenahotel.it
– Fax 07 61 79 81 72 – aprile-ottobre
39 cam – ¶47/72 € ¶¶65/94 €, � 8 € – ½ P 72 €
Rist *La Conchiglia* – Carta 31/37 €
♦ Alla fine del viale e già sulla piazza prospiciente il lago, una piacevole struttura con spazi comuni di buon livello e confortevoli camere, recentemente rinnovate. Ristorante d'impostazione classica.

BOLZANO (BOZEN) ℗ (BZ) – **562** C16 – **100 629 ab.** – alt. 262 m   **31** D3
– ⊠ 39100 ◻ Italia

▶ Roma 641 – Innsbruck 118 – Milano 283 – Padova 182
🛬 ABD Dolomiti ☎0471 255255
🛈 piazza Walther 8☎ 0471 307000, info@bolzano-bozen.it, Fax 0471 980128
◉ Via dei Portici★ B – Duomo★ B – Museo Archeologico★ A**M** - Altare della
   Natività★ nella chiesa dei Francescani B – Altare a portelle★ nella chiesa
   parrocchiale di Gries, per corso Libertà A
🌄 Gole della Val d'Ega★ Sud-Est per ① – Dolomiti★★★ Est per ①
Pianta pagina seguente

🏨 **Parkhotel Laurin**   🔥 🍴 ⚒ 📶 ⚒ cam. 📶 🛇 rist. 🕜 🛅
via Laurin 4 – ☎ 04 71 31 10 00 – www.laurin.it   **VISA** 🐵 **AE** ⓪ **⑤**
– Fax 04 71 31 11 48   B**e**
100 cam � – ¶98/232 € ¶¶138/243 € – ½ P 96/150 €
Rist – *(chiuso domenica a mezzogiorno)* Carta 33/90 €
♦ Risorsa di notevole pregio, ospitata in un magnifico edificio in stile liberty, in cui lusso e raffinatezza sono stati abilmente coniugati alla modernità del confort. Ristorante di grande eleganza che accompagna una cucina moderna e creativa; servizio estivo nel parco.

🏨 **Greif** senza rist   ⚒ ⚒ 📶 🗚 🕜 🛅 **VISA** 🐵 **AE** ⓪ **⑤**
piazza Walther – ☎ 04 71 31 80 00 – www.greif.it – Fax 04 71 31 81 48
33 cam � – ¶140/199 € ¶¶180/255 €   B**n**
♦ Dietro la bellezza del palazzo, restituita alla città da un recente restauro, stanze rimodernate con l'aiuto di artisti internazionali offrono personalizzazioni uniche.

GÚNCINA, SARENTINO, S.GENESIO

BOLZANO

0   400 m

🏨 **Luna-Mondschein**   🍴 🛜 🖳 ⅙ cam, 📶 🈂 🅿 🚗 VISA 🔵 AE ① ⑤

via Piave 15 – ℰ 04 71 97 56 42 – www.hotel-luna.it – Fax 04 71 97 55 77

78 cam ⊿ – ♦91/110 € ♦♦148/172 € – 4 suites – ½ P 100/112 €   **B**c

Rist – *(chiuso dal 24 al 28 dicembre)* Carta 36/52 €

♦ Circondato da un bel parco giardino, questo hotel di tradizione offre il vantaggio di essere in zona centralissima e di disporre di un ampio garage. Imperdibile servizio ristorante effettuato tra il verde lussureggiante.

🏨 **Magdalenerhof**   ≤ 🚗 🛜 ⅃ 🖳 ⅙ ↯ 📶 🈂 rist, 📶 🅿 🚗

via Rencio 48, per via Renon – ℰ 04 71 97 82 67   VISA 🔵 AE ① ⑤

– www.magdalenerhof.it – Fax 04 71 98 10 76   **B**

38 cam ⊿ – ♦78/105 € ♦♦115/135 € – 1 suite

Rist – *(chiuso lunedì)* Carta 38/58 €

♦ Edificio in tipico stile tirolese in posizione tranquilla, dalla gestione diretta ed attenta ai dettagli, presenta stanze di buon livello. Sono tre le sale da pranzo ricavate all'interno dell'hotel.

🏨 **Stadt Hotel Città**   🛜 🈂 🖳 ⅙ cam, 🈂 rist, 📶 VISA 🔵 AE ⑤

piazza Walther 21 – ℰ 04 71 97 52 21 – www.hotelcitta.info

– Fax 04 71 97 66 88   **B**a

99 cam ⊿ – ♦94/145 € ♦♦136/220 €   **Rist** – Carta 33/41 €

♦ Hotel di lunga tradizione, affacciato sulla suggestiva piazza Walther. Tra i numerosi servizi a disposizione, anche la spaziosa zona relax. Nuovo il Caffè, ideale anche per mangiare.

Figl senza rist 🛗 ⬧ ⬧ ⬧ AC ⬧ ⬧ VISA 🌑 AE ⬧

piazza del Grano 9 – ℰ 04 71 97 84 12
– www.figl.net – Fax 04 71 97 84 13
– chiuso dal 6 al 28 febbraio e dal 20 giugno al 10 luglio **Bp**
23 cam – ♦80/90 € ♦♦105/130 €, ⬓ 12 €

♦ Ospitalità di tono familiare e per certi versi piacevolmente informale in un piccolo ma grazioso hotel del centro, con soluzioni all'avanguardia. Spazi comuni ridotti.

Rentschner Hof ⬧ ⬧ ⬧ ⬧ ⬧ rist. ⬧ P ⬧ VISA 🌑 AE ⬧ ⬧

via Rencio 70, per via Renon – ℰ 04 71 97 53 46 – www.rentschnerhof.com
– Fax 04 71 97 70 98 **B**
21 cam ⬓ – ♦58/73 € ♦♦93/123 € – ½ P 58/78 €
Rist – (chiuso domenica) (chiuso a mezzogiorno) Carta 22/39 €

♦ E' ubicato alle porte del centro abitato e infatti questo hotel si avvicina più ad un albergo di campagna che non ad una risorsa cittadina. Bella vista sui vigneti. Nella sala ristorante prevalgono tinte chiare e piacevoli.

Forsterbrau VISA 🌑 AE ⬧ ⬧

Via Goethe 6 – ℰ 04 71 97 72 43 – Fax 04 71 32 69 66 – chiuso domenica
escluso dicembre **Bf**
Rist – Carta 28/38 €

♦ Una sorta di Giano bifronte con un servizio più informale (stile bistrot) a pranzo nonchè più ricercato la sera. Sempre e comunque: una solida e ben fatta cucina della tradizione locale, con piatti elaborati partendo da ottime materie prime.

Argentieri VISA 🌑 AE ⬧ ⬧

via Argentieri 14 – ℰ 04 71 98 17 18 – Fax 04 71 97 33 83 – chiuso dal 10 al
28 agosto e domenica **Bk**
Rist – Carta 30/37 €

♦ A dispetto della posizione geografica, ottimi piatti soprattutto di pesce e qualche proposta classica nazionale, in un piccolo locale curato e signorile. Un indirizzo sicuro in pieno centro!

sulla strada statale 12-zona Fiera A

Four Points Sheraton ⬧ ⬧ ⬧ ⬧ ⬧ ⬧ AC ⬧ ⬧ rist. ⬧ ⬧ ⬧

via Buozzi 35, Sud : 2 km – ℰ 04 71 11 95 00 00 VISA 🌑 AE ⬧ ⬧
– www.fourpointsbolzano.it – Fax 04 71 11 95 09 99
189 cam ⬓ – ♦120/180 € ♦♦160/220 € – 21 suites – ½ P 100/135 €
Rist – (chiuso domenica a mezzogiorno) Carta 46/53 €

♦ Attualmente il più grande hotel di Bolzano e forse il più moderno. Accanto alla fiera, dispone di un notevole centro congressi e di confort ideali per la clientela business. Ristorante di design, così come l'hotel, ottimo servizio.

Lewald ⬧ ⬧ cam, AC ⬧ P ⬧ VISA 🌑 AE ⬧ ⬧

via Maso della Pieve 17, Sud : 4 km – ℰ 04 71 25 03 30 – www.lewald.it
– Fax 04 71 25 19 16
24 cam ⬓ – ♦57/75 € ♦♦100/115 € – 4 suites – ½ P 68/75 €
Rist – (chiuso agosto, sabato, domenica) (chiuso a mezzogiorno) Carta 40/60 €

♦ Risorsa dalla caratteristica tinta bianca e rosa, curata in tutte le sue parti. Buona disponibilità di spazi comuni, camere personalizzate di varie tipologie. Due salette ristorante e uno spazio esterno per il servizio estivo all'aperto.

a Colle (Kohlern) Sud : 5 km – ⬧ 39100 Bolzano

Colle-Kohlern con cam ⬧ ⬧ ⬧ ⬧ rist. ⬧ P VISA 🌑 ⬧

– ℰ 04 71 32 99 78 – www.albergocolle.com – Fax 04 71 32 99 66 – chiuso dal
7 gennaio al 4 aprile
16 cam ⬓ – ♦55/135 € ♦♦90/180 € – ½ P 55/100 €
Rist – (chiuso lunedì) Carta 29/46 €

♦ Costruita nel 1908, la funivia che porta al Gasthof è stata la prima al mondo ad essere realizzata. All'insegna della tradizione anche il ristorante: una bella stube affacciata sulla valle, dove gustare specialità regionali. Nata come locanda ai primi del '900, la risorsa dispone di camere arredate con mobili in stile.

a Signato Nord-Est : 5 km – ⊠ 39054

※   **Patscheider Hof**   ⪡ 🏠 ⓾ AE ⓞ ♿
🌳   *via Signato 178 – ℰ 04 71 36 52 67 – www.patscheiderhof.com*
   – Fax 04 71 36 06 26 – chiuso dal 7 al 24 gennaio, luglio e martedì
   Rist – Carta 25/35 €
   ♦ In un autentico maso, cucina regionale di incontrastata qualità realizzata partendo da un'ottima materia prima. In autunno, non perdetevi il Törggelen: crauti, salsicce, costine, carré di maiale, castagne arrostite... il tutto annaffiato da vino nuovo!

BOLZANO VICENTINO – Vicenza (VI) – **562** F16 – **6 276 ab.**   **37** B1
– alt. 44 m – ⊠ 36050
   🚩 Roma 539 – Padova 41 – Treviso 54 – Vicenza 9

※※   **Locanda Grego** con cam   🏠 AC ⅙ (ף) ⅙A P VISA ⓾ AE ♿
   via Roma 24 – ℰ 04 44 35 05 88 – www.locandagrego.it – Fax 04 44 35 06 95
   – chiuso dal 26 dicembre all'8 gennaio e 3 settimane in agosto
   20 cam ⊊ – †47/52 € ††72/82 € – ½ P 55/60 €
   Rist – *(chiuso sabato e domenica in luglio e le sere di domenica e mercoledì negli altri mesi)* Carta 24/35 €
   ♦ Tra i tavoli di una locanda che esiste dagli inizi dell'Ottocento, una calorosa accoglienza e proposte di cucina regionale con piatti preparati secondo stagione e tradizione. La risorsa dispone anche di accoglienti camere in stile.

BOLZONE – Cremona – Vedere Ripalta Cremasca

BONASSOLA – La Spezia (SP) – **561** J10 – **980 ab.** – ⊠ 19011   **15** D2
   🚩 Roma 456 – La Spezia 38 – Genova 83 – Milano 218
   🗓 via Fratelli Rezzano ℰ 0187 813500, info@prolocobonassola.it,
     Fax 0187 813529

🏠   **Delle Rose**   🛗 🏃 AC rist, 🌼 VISA ⓾ AE ⓞ ♿
   via Garibaldi 8 – ℰ 01 87 81 37 13 – www.hoteldellerosebonassola.it
   – Fax 01 87 81 42 68 – aprile-ottobre
   26 cam ⊊ – †60/80 € ††90/140 € – ½ P 72/83 €
   Rist – *(chiuso a mezzogiorno escluso luglio-agosto)* Carta 26/31 €
   ♦ Una solida gestione familiare in grado di garantire nell'insieme un buon livello di ospitalità, sulla piazza di questo bel borgo di mare, a pochi passi dalla spiaggia. Cucina semplice e di fattura casalinga.

🏠   **Villa Belvedere**   ⪡ 🚗 🌼 rist, P. VISA ⓾ AE ⓞ ♿
   via Ammiraglio Serra 15 – ℰ 01 87 81 36 22
   – www.bonassolahotelvillabelvedere.com – Fax 01 87 81 37 09 – aprile-12 ottobre
   22 cam ⊊ – †80/95 € ††110/130 € – ½ P 75/85 €
   Rist – *(chiuso a mezzogiorno) (solo per alloggiati)*
   ♦ Piccolo albergo contornato da terrazze verdeggianti con vista mare. Gestione attenta, camere e ambienti comuni arredati con cura e tocchi etnici qua e là.

BONDENO – Ferrara (FE) – **562** H16 – **15 460 ab.** – alt. 11 m – ⊠ 44012   **9** C1
   🚩 Roma 443 – Bologna 69 – Ferrara 20 – Mantova 72

※※   **Tassi** con cam   🛗 AC 🌼 (ף) P VISA ⓾ AE ⓞ ♿
   viale Repubblica 23 – ℰ 05 32 89 30 30 – Fax 05 32 89 30 30
   – chiuso 3 settimane in luglio
   10 cam ⊊ – †60 € ††70 € – ½ P 53 €
   Rist – *(chiuso domenica sera, lunedì)* Carta 34/42 €
   ♦ Attivo dal 1918, in questo locale storico si cucina oggi la "salama da sugo" esattamente come 50 anni fa. Un ambiente classico con ampie vetrate, familiare ma non privo di fascino. Semplici e confortevoli le camere, tutte leggermente differenti tra loro nei colori.

BONDONE (Monte) – Trento (TN) – **562** D15 – **670 ab.** – alt. 2 098 m   **30** B3
– Sport invernali : 1 175/2 090 m ⅝5, 🎿
   🚩 Roma 611 – Trento 24 – Bolzano 78 – Milano 263
   🗓 (dicembre-aprile e luglio-agosto) a Vaneze ℰ 0461 947128,
     Fax 0461 947188

a Vason Nord : 2 km – alt. 1 680 m – ⊠ 38100 Vaneze

🏠 **Chalet Caminetto** ⟨ 🖼 🕸 ⚭ ⅍ ✇ ℗ 🚗 VISA ⓿ AE ① 🖕
strada di Vason 139 – 🖋 *04 61 94 82 00 – www.chaletcaminetto.it*
– Fax 04 61 94 81 77 – dicembre-15 aprile e giugno -15 settembre
30 cam ⌁ – ♦60/75 € ♦♦75/130 € – ½ P 55/80 €
Rist *– (chiuso a mezzogiorno) (solo per alloggiati)*
♦ Appena oltre il passo, albergo da poco ristrutturato ed ampliato. Piccolo centro benessere ben attrezzato, camere con balcone: tutto sotto la supervisione diretta dei titolari.

BONFERRARO – Verona (VR) – **562** G15 – alt. 20 m – ⊠ 37060   **35** A3
▶ Roma 481 – Verona 35 – Ferrara 35 – Mantova 17

✗✗ **Sarti** 🏠 AC ⅍ ⇄ ℗ VISA ⓿ AE ① 🖕
㊏ *via Don Giovanni Benedini 1 –* 🖋 *04 57 32 02 33 – www.ristorantesarti.it – chiuso dal 25 luglio al 18 agosto e martedì*
Rist – Carta 21/45 € ❀
♦ Ristorante classico, a conduzione familiare ed elegante negli arredi, propone una cucina di impostazione tradizionale e dispone di un'ampia carta di vini e distillati. Zona disimpegno con bar ad uso interno.

BORDIGHERA – Imperia (IM) – **561** K4 – **10 654 ab.** – ⊠ 18012 ▮ Italia   **14** A3
▶ Roma 654 – Imperia 45 – Genova 155 – Milano 278
🅸 via Vittorio Emanuele II 172 🖋 0184 262322, infobordighera@
rivieradeifiori.travel, Fax 0184 264455
◉ Località★★

🏨 **Grand Hotel del Mare** ⚜ ⟨ 🛏 ⌧ ⊙ 🕸 🛋 🛎 ⚿ AC ⚴ ℗
via Portico della Punta 34, Est : 2 km   VISA ⓿ AE ① 🖕
– 🖋 *01 84 26 22 01 – www.grandhoteldelmare.it – Fax 01 84 26 23 94 – chiuso dal 1° ottobre al 22 dicembre*
53 cam ⌁ – ♦152/230 € ♦♦184/340 € – 20 suites – ½ P 140/218 €
Rist – Menu 65/100 €
♦ In posizione isolata su una punta costiera, moderna struttura con generosi spazi comuni. Di due tipologie le camere: alcune con arredi d'epoca, altre di tono più classico, tutte affacciate sul mare. Ampie vetrate illuminano l'ariosa sala da pranzo arredata con eleganza d'impronta classica.

🏠 **Parigi** ⟨ ⌧ 🕸 🛎 ⚿ ⚿ AC cam, ⅍ rist, ✇ VISA ⓿ AE 🖕
lungomare Argentina 16/18 – 🖋 *01 84 26 14 05 – www.hotelparigi.com*
– Fax 01 84 26 04 21 – chiuso da ottobre al 20 dicembre
55 cam ⌁ – ♦93/161 € ♦♦140/183 € – ½ P 117/123 €   **Rist** – Carta 45/59 €
♦ Classiche o più moderne, con o senza vista mare le camere sono spaziose e di sobria eleganza. In pieno centro, l'ingresso è lungo la bella passeggiata pedonale a ridosso della spiaggia. Buffet di antipasti e di verdure e soprattutto il piacere di una bella vista panoramica sul mare per cene indimenticabili.

🏠 **Piccolo Lido** ⟨ 🛎 ⚿ cam, AC ⅍ rist, VISA ⓿ AE ① 🖕
lungomare Argentina 2 – 🖋 *01 84 26 12 97 – www.hotelpiccololido.it*
– Fax 01 84 26 23 16 – chiuso dal 1° ottobre al 22 dicembre
33 cam ⌁ – ♦66/140 € ♦♦82/180 € – ½ P 59/130 €
Rist *– (solo per alloggiati)* Menu 24/46 €
♦ Recentemente dotata di una piacevole terrazza-solarium con vista sul mare, offre interni nei quali dominano i colori pastello e camere fresche dall'arredo fantasioso. All'inizio della passeggiata lungomare.

🏠 **Villa Elisa** 🛏 ⌧ 🕸 🛎 ⚿ AC ⅍ rist, ✇ ℗ VISA ⓿ AE ① 🖕
via Romana 70 – 🖋 *01 84 26 13 13 – www.villaelisa.com – Fax 01 84 26 19 42*
– chiuso dal 15 novembre al 22 dicembre
35 cam ⌁ – ♦80/110 € ♦♦120/180 € – ½ P 115 €   **Rist** – Menu 40/55 €
♦ Lungo la strada cha ha visto i fasti della belle époque, una villa circondata da un incantevole giardino in cui aleggiano fragranze di aranci, limoni e ulivi. Interni d'atmosfera. Luminosa e spaziosa la sala da pranzo.

🍴🍴 **Mimmo** [VISA] [MC] [AE]
via Vittorio Emanuele II 302 – ☎ 01 84 26 18 40 – chiuso dal 5 novembre al 5 dicembre, dal 30 giugno al 10 luglio e mercoledì
Rist – (consigliata la prenotazione) Carta 58/120 €
♦ La porta si apre direttamente sull'unica, semplice sala del locale; in cucina, invece, passione ed entusiasmo si impadroniscono del pesce, sempre fresco, in virtù di un duraturo accordo con alcuni pescatori locali.

🍴🍴 **Carletto** [AC] [VISA] [MC] [AE]
via Vittorio Emanuele 339 – ☎ 01 84 26 17 25 – chiuso dal 25 giugno al 5 luglio, dal 10 novembre al 20 dicembre e mercoledì
Rist – Carta 65/90 €
♦ Uno dei locali storici della riviera, non cede ad inutili formalismi, ma lascia spazio ad una cucina di sostanza. Pesce in piatti tradizionali, talvolta rivisitati.

🍴🍴 **Le Chaudron** [AC] [VISA] [MC] [AE]
via Vittorio Emanuele 9 – ☎ 01 84 26 35 92 – Fax 01 84 26 35 92 – chiuso dal 6 gennaio al 6 febbraio, domenica sera, lunedì
Rist – Carta 42/61 €
♦ E' in un vecchio deposito merci vicino al lungomare che questo ristorante di famiglia ha trovato posto; dell'epoca rimane il suggestivo soffitto in mattoni e a volte sotto cui si mangia, il resto dell'arredo è nelle mani della fantasia.

🍴 **Magiargè Vini e Cucina** [AC] [VISA] [MC]
piazza Giacomo Viale, centro storico – ☎ 01 84 26 29 46 – www.magiarge.it – Fax 01 84 26 29 46 – chiuso lunedì, martedì
Rist – (consigliata la prenotazione) Menu 28/30 € – Carta 33/45 €
♦ Caratteristico e vivace, nell'affascinante centro storico della località, le salette sembrano scavate nella roccia, coperte da un soffitto a volta. Nessuna sorpresa dalla cucina: ligure e stuzzicante.

BORGARELLO – Pavia (PV) – 2 562 ab. – alt. 91 m – ✉ 27010 — 16 A3

Roma 604 – Alessandria 86 – Pavia 8 – Milano 30

🍴🍴 **Locanda degli Eventi** [AC] [VISA] [MC]
via Principale 4 – ☎ 03 82 93 33 03 – Fax 0 38 23 35 60 – chiuso domenica sera, lunedì
Rist – (consigliata la prenotazione) Carta 27/40 €
♦ Sala d'atmosfera rustico-elegante o veranda? Si parte dalla sicurezza della cucina, che dalla tradizione approda a creazioni più attuali: di terra e di mare.

BORGARO TORINESE – Torino (TO) – 561 G4 – 13 553 ab. – alt. 254 m – ✉ 10071 — 22 A1

Roma 689 – Torino 10 – Milano 142

🏨 **Atlantic** [AC] [P] [VISA] [MC] [AE]
via Lanzo 163 – ☎ 01 14 50 00 55 – www.hotelatlantic.com – Fax 01 14 70 17 83
108 cam ☕ – 🚹69/158 € 🚹🚹89/225 €
Rist ***Il Rubino*** – *(chiuso dal 7 al 23 agosto e domenica)* Carta 38/51 €
♦ Non distante dall'aeroporto, la struttura è destinata soprattutto ad una clientela d'affari: offre ampi ambienti destinati ad un'attività congressuale, camere spaziose e piscina. Recentemente rinnovato in occasione dei giochi olimpici, il ristorante propone ricette classiche, senza dimenticare i piatti di stagione.

🏨 **Pacific Hotel Airport** cam, [AC] [VISA] [MC] [AE]
viale Martiri della Libertà 76 – ☎ 01 14 70 46 66 – www.pacifichotels.it – Fax 01 14 70 32 93
58 cam – 🚹150 € 🚹🚹215 €, ☕ 15 €
Rist – *(chiuso sabato, domenica e i giorni festivi) (chiuso a mezzogiorno)* Carta 37/47 €
♦ Situato nelle vicinanze dell'aeroporto di Torino, a soli 4 km dalla Reggia di Venaria e dai principali campi da golf della zona, la struttura dispone di camere spaziose e zone comuni funzionali. Ampie aree per il parcheggio e garage interno. Ricca prima colazione a buffet nella sala ristorante.

BORGHETTO – Verona – Vedere Valeggio sul Mincio

BORGHETTO D'ARROSCIA – Imperia (IM) – **561** J5 – **462 ab.**　　**14** A2
– alt. 155 m – ⊠ 18020

▶ Roma 604 – Imperia 28 – Genova 105 – Milano 228

a Gazzo Nord-Ovest : 6 km – alt. 610 m – ⊠ 18020 Borghetto D'Arroscia

ⅩⅩ　**La Baita**　　　　　　　　　　　　🄿 𝗩𝗜𝗦𝗔 ⓪ 🄰🄴 ① ⅾ
*località Gazzo – 𝒞 0 18 33 10 83 – www.labaitagazzo.com – Fax 0 18 33 13 24
– chiuso da lunedì a mercoledì da luglio a settembre, da lunedì a giovedì negli
altri mesi*
Rist – Carta 27/39 €
♦ Locale rustico e al tempo stesso signorile, in un borgo dell'affascinante entroterra ligure.
Funghi e tante specialità della tradizione con varie elaborazioni gustose.

BORGHETTO DI BORBERA – Alessandria (AL) – **561** H8 – **1 985 ab.**　　**23** D3
– alt. 295 m – ⊠ 15060

▶ Roma 562 – Torino 141 – Alessandria 61 – Genova 56

Ⅹ　**Il Fiorile** con cam ⌂　　　　🚗 🏠 🄰🄲 cam, (⁽ᵗ⁾) 🄿 𝗩𝗜𝗦𝗔 ⓪ 🄰🄴 ⅾ
😊　*frazione Castel Ratti, Sud-Est: 2 km – 𝒞 01 43 69 73 03 – www.ilfiorile.com
– Fax 01 43 69 79 47 – chiuso dal 18 al 31 gennaio, dal 23 agosto
all'8 settembre*
6 cam ⌷ – ✝65 € ✝✝75 € – ½ P 58 €
Rist – *(chiuso lunedì) (chiuso a mezzogiorno escluso sabato-domenica e festivi)*
(consigliata la prenotazione) Carta 28/37 €
♦ Quasi come in una cartolina, il calore di un vecchio fienile immerso nei colori e nel silenzio dei boschi nel quale vive l'entusiasmo di riscoprire i profumi e le ricette del passato. Al
piano superiore, graziose camere arredate nel rilassante stile campestre, fra gusto retrò e
confort contemporaneo.

BORGIO VEREZZI – Savona (SV) – **561** J6 – **2 233 ab.** – ⊠ 17022　　**14** B2
▶ Roma 574 – Genova 75 – Imperia 47 – Milano 198
🄸 (maggio-settembre) via Matteotti 158 𝒞 019 610412, borgioverezzi@
inforiviera.it, Fax 019 610412

ⅩⅩⅩ　**Doc**　　　　　　　🚗 🏠 🍴 ⇆ 𝗩𝗜𝗦𝗔 ⓪ 🄰🄴 ⅾ
*via Vittorio Veneto 1 – 𝒞 0 19 61 14 77 – www.ristorantedoc.it – chiuso lunedì da
giugno a settembre, anche martedì negli altri mesi*
Rist – *(chiuso a mezzogiorno)* Carta 55/75 €
♦ All'interno di una signorile villetta d'inizio secolo adornata da un grazioso giardino, un
ristorante dall'ambiente raccolto e curato, in cui godere di una certa eleganza.

ⅩⅩ　**Da Casetta**　　　　　　🏠 🍴 𝗩𝗜𝗦𝗔 ⓪ 🄰🄴 ① ⅾ
😊　*piazza San Pietro 12 – 𝒞 0 19 61 01 66 – www.dacasetta.playrestaurant.tv
– Fax 0 19 61 01 66 – chiuso martedì*
Rist – *(chiuso a mezzogiorno escluso sabato-domenica da ottobre a giugno)*
(consigliata la prenotazione) Carta 28/47 €
♦ Una piacevole passeggiata nel centro storico introduce al locale. Accogliente e caratteristico, propone una cucina legata alle tradizioni gastromiche locali, dalla carne al pesce.

BORGO A MOZZANO – Lucca (LU) – **563** K13 – **7 311 ab.** – alt. 97 m　　**28** B1
– ⊠ 55023 ▮ Toscana

▶ Roma 368 – Pisa 42 – Firenze 96 – Lucca 22

🏨　**Milano**　　　　　🏠 ▤ ⅾ cam, (⁽ᵗ⁾) 🆂🄰 🄿 𝗩𝗜𝗦𝗔 ⓪ 🄰🄴 ① ⅾ
😊　*via del Brennero, 9, località Socciglia, Sud-Est : 1,5 km – 𝒞 05 83 88 91 91
– www.hotelristorantemilano.info – Fax 05 83 88 91 80 – chiuso dal 21 dicembre
all'11 gennaio*
34 cam ⌷ – ✝45/65 € ✝✝75/105 € – ½ P 50/70 €
Rist – *(chiuso dal 23 dicembre al 18 gennaio, sabato sera, domenica)*
Carta 17/30 €
♦ Struttura imponente situata sulla strada che conduce all'Abetone; camere curate negli
arredi, ampi spazi comuni anche se un po' démodé e sala giochi. Ideale per la clientela d'affari. Ampia sala ristorante, in menù la tradizione italiana e le specialità del territorio.

BORGO FAITI – Latina – **563** R20 – **Vedere Latina**

BORGOMANERO – Novara (NO) – **561** E7 – **21 004 ab.** – **alt. 306 m** **24** A3 – ✉ **28021**

[D] Roma 647 – Stresa 27 – Domodossola 59 – Milano 70

[27] Castelconturbia, ☎ 0322 83 20 93

[54], ☎ 0322 86 37 94

🍴🍴🍴 ✿ **Pinocchio** (Piero Bertinotti)

via Matteotti 147 – ☎ 0 32 28 22 73 – www.ristorantepinocchio.it – Fax 03 22 83 50 75 – chiuso dal 24 al 26 dicembre, dal 19 al 25 agosto, lunedì, martedì a mezzogiorno

Rist – (consigliata la prenotazione) Menu 50/90 € – Carta 60/85 €

Spec. Gran piatto di porcini delle vicine brughiere (estate-autunno). Agnolotti ai 3 arrosti con tartufo bianco (autunno) o nero delle Langhe. Filetto di lepre in civet al Boca (uvaggio a base di nebbiolo), polenta macinata a pietra (autunno-inverno).

♦ Ambienti eleganti con richiami ad un passato rustico: la cucina riflette le tradizioni del territorio piemontese con piatti di carne proposti in interpretazioni più raffinate.

BORGONOVO VAL TIDONE – Piacenza (PC) – **561** G10 – **7 377 ab.** **8** A1 – **alt. 114 m** – ✉ **29011**

[D] Roma 528 – Piacenza 23 – Genova 137 – Milano 67

[i] piazza Garibaldi 18 ☎ 0523 861210, iatborgonovo@libero.it, Fax 0523 861210

🍴🍴 **La Palta**

località Bilegno, Sud Est : 3 km – ☎ 05 23 86 21 03 – www.lapalta.it – Fax 05 23 86 50 20 – chiuso 10 giorni in gennaio, 20 giorni in luglio e lunedì

Rist – Carta 39/64 €

♦ Eleganza e design contemporaneo per ricette piacentine rielaborate con gusto. Recentemente ristrutturato, la terrazza ha lasciato il posto ad una bella veranda con vetrate continue.

🍴 **Vecchia Trattoria Agazzino**

località Agazzino 335, Nord-Est : 7 km – ☎ 05 23 88 71 02 – www.vecchiatrattoria.pc.it – chiuso dal 26 dicembre al 6 gennaio, dal 1° al 27 agosto e martedì

Rist – *(chiuso la sera dal lunedì al giovedì)* Carta 23/39 €

♦ Due salette, di cui una con soffitto in mattoni, dove trovare una cucina genuina e tradizionale: la grande cascina in cui si trova il ristorante rappresenta in realtà l'intero paese!

BORGO PANIGALE – Bologna – **563** I15 – **Vedere Bologna**

BORGO PRIOLO – Pavia (PV) – **561** H9 – **1 415 ab.** – **alt. 139 m** – ✉ **27040** **16** B3

[D] Roma 558 – Alessandria 60 – Genova 106 – Milano 70

🏠 **Agriturismo Torrazzetta**

frazione Torrazzetta 1, Nord-Ovest : 2 km – ☎ 03 83 87 10 41 – www.torrazzetta.it – Fax 03 83 87 10 41

29 cam – 🛉49/70 € 🛉🛉74/150 € – 5 suites

Rist – *(chiuso lunedì)* Menu 21/35 €

♦ In un luogo tranquillo sorge questa cascina di dimensioni notevoli, dagli ambienti di tono rustico. Le camere sono semplici e funzionali, alcune soppalcate. La sala ristorante è davvero ampia e frequentata soprattutto nei week-end.

BORGO SAN LORENZO – Firenze (FI) – **563** K16 – **17 748 ab.** **29** C1 – **alt. 193 m** – ✉ **50032** Toscana

[D] Roma 308 – Firenze 25 – Bologna 89 – Forlì 97

[18] Poggio dei Medici a Scarperia, ☎ 055 8 43 50

Park Hotel Ripaverde

cam,

viale Giovanni XXIII 36 – ☎ 05 58 49 60 03 – www.ripaverde.it – Fax 05 58 45 93 79

54 cam – 🛉110/235 € 🛉🛉140/235 € – 3 suites

Rist *L'O di Giotto* – ☎ 05 58 45 98 54 *(chiuso 15 giorni in agosto e domenica) (chiuso a mezzogiorno)* Carta 26/48 €

♦ Hotel recente, situato alle porte della cittadina, nei pressi dell'ospedale. Si respira ancora aria di nuovo e il confort è facilmente fruibile in tutti gli ambienti. Ingresso indipendente per il ristorante: un ambiente elegante con luminose vetrate.

⌂ **Locanda degli Artisti**   AC ((•)) VISA ⊕ ⑤
piazza Romagnoli 2 – ℰ 05 58 45 53 59 – www.locandartisti.it
– Fax 05 58 45 01 16
7 cam ⇨ – ♦60/100 € ♦♦90/140 €
Rist Degli Artisti – *vedere selezione ristoranti*
♦ Piccola struttura con spazi comuni, sala colazione e soggiorno abbastanza ridotti, ma sicuramente accoglienti. Camere curate, gestione attenta e cordiale.

ⅩⅩ **Degli Artisti**   ⌂ ℅ ⇔ VISA ⊕ AE ① ⑤
piazza Romagnoli 1 – ℰ 05 58 45 77 07 – www.ristorantedegliartisti.it
– Fax 05 58 44 98 87 – chiuso dal 10 al 30 gennaio
Rist – *(chiuso martedì, mercoledì)* Carta 39/50 €
♦ Per chi cerca una cucina legata al territorio, ma rivisitata con fantasia. Una casa del centro, con servizio estivo sotto al pergolato, e vineria con prodotti tipici regionali.

sulla strada statale 302 Sud-Ovest : 15 km :

⋔ **Casa Palmira** *senza rist* ⌂   ⌗ ℅ ((•)) P
località Feriolo-Polcanto ⊠ 50032 – ℰ 05 58 40 97 49 – www.casapalmira.it
– Fax 05 58 40 97 49 – chiuso dal 20 gennaio al 10 marzo
6 cam ⇨ – ♦60/70 € ♦♦85/110 €
♦ Un fienile ristrutturato di un'antica casa colonica nel quale l'ospitalità ha un sapore antico e intimo. Ci si sente a casa di amici, nella verde campagna del Mugello.

BORGOSESIA – Vercelli (VC) – **561** E6 – 13 527 ab. – alt. 354 m – ⊠ 13011   **23** C1
▶ Roma 684 – Stresa 60 – Milano 97 – Novara 44

ⅩⅩ **Casa Galloni 1669**   AC ⇔ VISA ⊕ AE ① ⑤
via Cairoli 42 – ℰ 0 16 32 32 54 – Fax 0 16 32 32 54 – chiuso agosto, domenica sera, lunedì
Rist – Menu 25/35 € – Carta 28/39 € ⅋
♦ Nel centro storico, una casa intima e raccolta sin dalla corte interna che si attraversa per salire alle tre sale, dove viene servita una cucina tradizionale, abilmente rivisitata.

ⅩⅩ **Osteria del Borgo**   ⅙ AC VISA ⊕ AE ⑤
via Fratelli Antongini 16 – ℰ 0 16 32 78 41 – chiuso 15 giorni in febbraio, 15 in luglio, martedì, mercoledì a mezzogiorno
Rist – *(consigliata la prenotazione)* Carta 34/50 €
♦ Un moderno bistrot con pavimento in legno chiaro, contrapposto ai tavoli scuri. Il gioco dei contrasti continua nelle candide pareti con foto in bianco e nero. Il locale è luminoso, grazie a vetrate continue, ma il riflettore è puntato sulla cucina: semplice e rispettosa delle materie prime, moderna e originale.

BORGO VAL DI TARO – Parma (PR) – **562** I11 – 7 174 ab. – alt. 411 m   **8** A2
– ⊠ 43043
▶ Roma 473 – La Spezia 73 – Parma 72 – Bologna 163

⋔ **Agriturismo Cà Bianca** ⌂   ⌗ ⯊ ⅙ P VISA ⊕ AE ① ⑤
località Ostia Parmense 84, Nord-Est : 7 km – ℰ 0 52 59 80 03
– www.agriturismo-cabianca.it – Fax 0 52 59 82 13 – chiuso dall' 11 gennaio a febbraio
7 cam ⇨ – ♦55/65 € ♦♦80/100 € – ½ P 70/80 €
Rist – *(aperto sabato, domenica ed agosto)* (prenotazione obbligatoria)
Menu 25/35 €
♦ Ai bordi di un affluente del Taro, un piacevole cascinale interamente ristrutturato: camere con arredi d'epoca e recuperati da vari mercatini. Uno scrigno fiabesco! Al ristorante cucina tipica e ricette emiliane.

BORGO VERCELLI – Vercelli (VC) – **561** F7 – 2 307 ab. – alt. 126 m   **23** C2
– ⊠ 13012
▶ Roma 640 – Alessandria 59 – Milano 68 – Novara 15

ⅩⅩⅩ **Osteria Cascina dei Fiori**   AC ℅ ⇔ P VISA ⊕ AE ⑤
regione Forte - Cascina dei Fiori – ℰ 0 16 13 28 27 – Fax 01 61 32 99 28
– chiuso 2 settimane in gennaio, luglio, domenica, lunedì
Rist – Carta 31/60 €
♦ Linea gastronomica legata al territorio, anche se non mancano alcune proposte innovative, in un ambiente rustico-elegante. Interessante scelta enologica.

BORMIO – Sondrio (SO) – **561** C13 – 4 072 ab. – alt. 1 225 m – Sport
invernali : 1 225/3 012 m 🚠 2 🚡 9, 🎿 – ⊠ 23032

> ▶ Roma 763 – Sondrio 64 – Bolzano 123 – Milano 202
>
> 🖪 via Roma 131/b 🕿 0342 903300, infobormio@provincia.so.it,
> Fax 0342 904696
>
> 🖬 🕿 0342 91 07 30

🏨 Baita dei Pini 　　🚗 🕅 ㎙ 📶 ⚄ 🗄 ⚡ rist, 🕪 🏊 🅿 🚘
via Peccedì 15 – 🕿 03 42 90 43 46 　　　　🚾 ⓪ 🆎 ⓪ 🕭
– www.baitadeipini.com – Fax 03 42 90 47 00 – dicembre-20 aprile e 15 giugno-
20 settembre
37 cam – †60/110 € ††100/175 €, 🖙 14 € – 3 suites – ½ P 100/140 €
Rist – Menu 30/50 €
♦ Una struttura di taglio moderno edificata secondo i canoni dell'architettura di montagna.
Nell'arredamento è marcata la ricerca di identità: tra tradizione e classicità. Ristorante accolto
da un ampio salone, utilizzato per lo più dagli ospiti dell'albergo.

🏨 Posta 　　🏛 🔳 🕅 ㎙ 📶 ⚡ rist, 🏊 🚾 ⓪ 🆎 ⓪ 🕭
via Roma 66 – 🕿 03 42 90 47 53 – www.hotelposta.bormio.it
– Fax 03 42 90 44 84 – dicembre-aprile e giugno-settembre
26 cam 🖙 – †80/210 € ††120/280 € – 2 suites – ½ P 75/155 €
Rist – (chiuso a mezzogiorno da dicembre ad aprile) Carta 22/38 €
♦ Albergo di lunga tradizione, nato a metà '800 come "ostello di posta". Posizione centrale,
comodo garage a poca distanza, originale piscina ricavata in una stalla seicentesca. Sala ristorante che preferisce una fine semplicità ad un'opulenta ridondanza.

🏨 Genzianella 　　🕅 📶 ⚄ ⚡ 🕪 🅿 🚾 ⓪ 🕭
via Funivie, (angolo via Zandilla, 6) – 🕿 03 42 90 44 85 – www.genzianella.com
– Fax 03 42 90 41 58 – dicembre-aprile e giugno-settembre
40 cam 🖙 – †60/95 € ††100/160 € – ½ P 89/115 €
Rist – (chiuso a mezzogiorno da dicembre ad aprile) Menu 25/45 €
♦ Hotel di grande personalità, poco lontano dagli impianti di risalita, ideale per turisti e
famiglie. Ristrutturato con grande attenzione per i particolari e per il confort. Ristorante classico e piccola, caratteristica stube.

🏨 Miramonti Park Hotel 　　🚗 🔳 🕅 📶 ⚄ ⚡ rist, 🕪 🅿
via Milano 50 – 🕿 03 42 90 33 12 　　　　🚾 ⓪ 🆎 ⓪ 🕭
– www.miramontibormio.it – Fax 03 42 90 52 22
50 cam – †80/115 € ††130/200 €, 🖙 18 € – ½ P 90/130 €
Rist – Carta 31/47 €
♦ Albergo appena fuori dal centro, recentemente ristrutturato è in grado di proporre belle
camere, di cui cinque mansardate. Piccolo centro benessere. Accogliente ristorante con
cucina a vista.

🏨 SantAnton 　　🔄 🕅 ㎙ 📶 ⚄ ⚡ rist, 🏊 🅿 🚘 🚾 ⓪ 🆎 ⓪ 🕭
via Leghe Grigie 1 – 🕿 03 42 90 19 06 – www.santanton.com
– Fax 03 42 91 93 08
43 cam 🖙 – †85/145 € ††130/170 € – ½ P 90/110 €　　**Rist** – Carta 31/45 €
♦ Albergo-residence di fronte alle terme. A disposizione degli ospiti camere tradizionali, ma
anche appartamenti dotati di angolo cottura e un attrezzato centro fitness. Sala da pranzo
dall'aspetto attuale.

🏨 Alù 　　🔄 🚗 🕅 📶 ⚄ ⚡ 🕪 🅿 🚾 ⓪ 🕭
via Btg. Morbegno 20 – 🕿 03 42 90 45 04 – www.hotelalu.it – Fax 03 42 91 04 44
– 3 dicembre-20 aprile e 15 giugno-15 settembre
30 cam – †55/90 € ††90/180 €, 🖙 15 € – ½ P 60/128 €　　**Rist** – Carta 25/43 €
♦ A pochi metri di distanza dalla partenza della funivia per Bormio2000, una risorsa molto
curata con stanze di buon livello e un piccolo e grazioso centro benessere. Ristorante d'albergo dalle sale calde e signorili.

🏨 Larice Bianco 　　🔄 🚗 🕅 ㎙ 📶 ⚡ 🕪 🅿 🚾 ⓪ 🆎 ⓪ 🕭
via Funivie 10 – 🕿 03 42 90 46 93 – www.laricebianco.it – Fax 03 42 90 46 14
– dicembre-Pasqua e 15 giugno-15 settembre
45 cam – †72/112 € ††138 €, 🖙 12 € – ½ P 125 €　　**Rist** – Menu 30 €
♦ In comoda posizione, nei pressi degli impianti di risalita, un hotel a conduzione familiare,
confortevole e con spazi comuni di gran respiro. Giardino ombreggiato. Sala da pranzo in stile.

⌂ **La Baitina dei Pini** senza rist 🚗 ⚒ **P** VISA ⚋ AE ① &
via Peccedi 26 – ☎ 03 42 90 30 22 – www.labaitina.it – Fax 03 42 90 30 22
– dicembre-20 aprile e giugno-20 settembre
10 cam 🍴 – †46/55 € ††92/110 €
♦ Per chi preferisce sentirsi ospitato in famiglia piuttosto che da una struttura alberghiera: il clima e l'atmosfera sono amichevoli e la gestione ispirata all'informalità.

✗✗ **Al Filo'** VISA ⚋ &
via Dante 6 – ☎ 03 42 90 17 32 – www.ristorantealfilo.it – Fax 03 42 90 17 32
– chiuso dal 2 al 27 giugno, dal 3 novembre al 3 dicembre, lunedì, martedì a mezzogiorno escluso dicembre e luglio-agosto
Rist – Carta 28/37 €
♦ In un fienile secentesco in attività fino ad un recente passato, le specialità della tradizione valtellinese e la fantasia dello chef per riscoprire i sapori del territorio.

✗ **Buca 19** 🏠 ⚒ ⟳ **P** VISA ⚋ ① &
via Giustizia – ☎ 33 95 62 33 75 – Fax 03 42 91 96 65 – chiuso marzo, novembre e mercoledì escluso 15 giugno-15 settembre
Rist – *(chiuso a mezzogiorno escluso aprile-ottobre)* (prenotazione obbligatoria)
Carta 28/52 €
♦ All'ingresso del golf club una casa costruita con tronchi di legno chiaro: piacevole atmosfera, menu simpaticamente presentato a voce e cucina saporitamente mediterranea.

a Ciuk Sud-Est : 5,5 km o 10 mn di funivia – alt. 1 690 m – ✉ 23030 Valdisotto

⌂ **Baita de Mario** ≤ 🏠 ▤ ↩ ⚒ cam 📡 **P** VISA ⚋ &
– ☎ 03 42 90 14 24 – www.baitademario.com – Fax 03 42 91 08 80 – dicembre-10 maggio e luglio-settembre
22 cam – †40/50 € ††60/82 €, 🍴 6 € – ½ P 64/74 € **Rist** – Carta 25/32 €
♦ Direttamente sulle piste da sci per vivere appieno la montagna, una rustica baita a gestione familiare. Tra uno slalom e una discesa libera, ritagliatevi il tempo per gustare le tipiche specialità valtellinesi del ristorante.

BORNO – Brescia (BS) – **561** E12 – 2 746 ab. – alt. 903 m – Sport 17 C2
invernali : 1000/1 700 m ✦7 – ✉ 25042
▶ Roma 634 – Brescia 79 – Bergamo 72 – Bolzano 171

⌂ **Zanaglio** senza rist 📡 **P** VISA ⚋ &
via Trieste 3 – ☎ 03 64 41 15 20 – Fax 03 64 41 15 26 – chiuso novembre
6 cam 🍴 – †59/72 € ††75/95 €
♦ Poche camere immerse nella storia, dall'edificio di origini quattrocentesche agli arredi di epoche diverse. Originale, signorile, di recente ristrutturazione.

✗ **Belvedere** **P** VISA ⚋ AE ① &
viale Giardini 30 – ☎ 03 64 31 16 23 – www.belvedereborno.com
– Fax 03 64 41 10 52 – chiuso novembre e mercoledì
Rist – Carta 22/28 €
♦ La cucina casalinga che riscopre i sapori del territorio è il forte richiamo per gli amanti di piatti semplici e genuini, mentre la sincera accoglienza familiare renderà piacevole ogni sosta.

BORROMEE (Isole) ★★★ – Verbano-Cusio-Ossola (VB) – **561** E7 24 A1
– alt. 200 m ▮ Italia
◉ Isola Bella★★★ – Isola Madre★★★ – Isola dei Pescatori★★

Piante delle Isole : vedere Stresa

ISOLA SUPERIORE O DEI PESCATORI (VB) – ✉ 28049 Stresa 24 A1

⌂ **Verbano** ⌘ ≤ 🚗 🏠 ⋆↟ 📡 VISA ⚋ AE ① &
via Ugo Ara 2 – ☎ 03 23 33 04 08 – www.hotelverbano.it – Fax 03 23 33 31 29
– marzo-novembre
12 cam 🍴 – †120 € ††185 € – ½ P 130 € **Rist** – Carta 45/72 €
♦ Con suggestiva vista sull'Isola Bella, un palazzo dell'800 diventa il luogo più adatto per un tranquillo soggiorno romantico: ampi spazi comuni, originali camere ed un battello-navetta a disposizione degli ospiti. Affacciato sul lago, il ristorante propone una cucina legata al territorio. Indimenticabile la terrazza.

%% **Casabella** 🛐 🗚 VISA ⊕ 🗚 ① ⑤
via del Marinaio 1 – € 0 32 33 34 71 – www.isola-pescatori.it
– Fax 0 32 33 07 58 – chiuso dal 2 al 26 gennaio e martedì
Rist – Carta 37/65 €
• Di fronte all'imbarcadero, una raccolta sala con vetrate ed una piccola e graziosa terrazza con bella vista sul lago, dove gustare la cucina locale d'ispirazione moderna. Alla sera, su prenotazione, servizio navetta gratuito dalla terraferma all'isola.

BOSA – Nuoro – **366** L42 – **Vedere Sardegna alla fine dell'elenco alfabetico**

BOSCO – Perugia – **Vedere Perugia**

BOSCO CHIESANUOVA – Verona (VR) – **562** F15 – **3 613 ab.**   35 A2
– alt. 1 104 m – Sport invernali : 1 100/1 800 m ⑤3, ⑤ – ⊠ 37021
  ▶ Roma 534 – Verona 32 – Brescia 101 – Milano 188
  🛈 piazza della Chiesa 34 € 045 7050088, iatbosco@provincia .vr.it,
    Fax 045 7050088

🏠 **Lessinia** 🛐 🗚 🏃 ⅍ rist, (¹) 🚗 VISA ⊕ ⑤
☜ *piazzetta degli Alpini 2/3 – € 04 56 78 01 51 – www.hotellessinia.it*
– Fax 04 56 78 00 98 – chiuso dal 15 al 25 giugno e dal 5 al 15 settembre
20 cam – †35/40 € ††50/60 €, ⊆ 5 € – ½ P 42/48 €
Rist – *(chiuso martedì)* Carta 20/25 €
• Ad un'altitudine di poco superiore ai 1000 metri, una buona risorsa molto sfruttata da escursionisti, ma anche da chi viaggia per lavoro. Gestione tipicamente familiare. Due sale da pranzo, clima alla buona, cucina che segue la tradizione locale.

BOSCO MARENGO – Alessandria (AL) – **561** H8 – **2 526 ab.**   23 C2
– alt. 121 m – ⊠ 15062
  ▶ Roma 575 – Alessandria 18 – Genova 80 – Milano 95

% **Locanda dell'Olmo** 🗚 ⟳ VISA ⊕ ⑤
☜ *piazza Mercato 7 – € 01 31 29 91 86 – www.locandadellolmo.it*
– Fax 01 31 28 91 86 – chiuso dal 25 dicembre al 5 gennaio, dal 27 luglio al 21 agosto, lunedì, martedì sera
Rist – Carta 27/37 €
• Affacciato sulla piazza del mercato, il locale è sempre molto frequentato grazie proprio ai piatti curati e fragranti che si ispirano al territorio. Evidenti influenze liguri tra i secondi.

BOSCO VERDE – Belluno – **562** C17 – **Vedere Rocca Pietore**

BOSSOLASCO – Cuneo (CN) – **561** I6 – **686 ab.** – alt. 757 m   25 C3
– ⊠ 12060
  ▶ Roma 606 – Cuneo 65 – Asti 61 – Milano 185

🏠 **La Panoramica** ⇐ 🚗 🗚 ḋ cam, 🏃 ⅍ 🅿 🚗 VISA ⊕ 🗚 ⑤
☜ *via Circonvallazione 1 – € 01 73 79 34 01 – www.lapanoramica.com*
– Fax 01 73 79 34 01 – chiuso gennaio e febbraio
24 cam ⊆ – †67 € ††78 € – ½ P 60 €
Rist – *(chiuso lunedì e martedì escluso da giugno a settembre)* Carta 20/25 €
• Dalla pianura del cuneese all'arco alpino la panoramica offerta dalla risorsa. Familiare e funzionale, è una tappa per rilassarsi dalla frenetica routine quotidiana. Piatti piemontesi e casalinghi: quella della ristorazione è l'attività con cui è nata la struttura.

BOTTANUCO – Bergamo (BG) – **5 133 ab.** – alt. 211 m – ⊠ 24040   19 C2
  ▶ Roma 597 – Bergamo 21 – Milano 41 – Lecco 45

🏠🏠 **Villa Cavour** 🚗 🗚 ḋ rist, 🗚 ⅍ (¹) 🔊 🅿 VISA ⊕ 🗚 ① ⑤
via Cavour 49 – € 0 35 90 72 42 – www.villacavour.com – Fax 0 35 90 64 34
– chiuso dal 1° al 9 gennaio e 3 settimane in agosto
16 cam ⊆ – †65/80 € ††90/120 €   **Rist** *(chiuso domenica sera)* Carta 35/50 €
• Hotel molto sfruttato dalla clientela d'affari di passaggio per questa zona, ricca di attività produttive. Struttura recente, molto curata, con confort di buon livello. Per i pasti non il solito ristorante d'albergo, ma una sala con tocchi d'eleganza.

BOTTICINO – Brescia (BS) – **561** F12 – **10 480 ab.** – **alt. 160 m**   **17** C1
– ✉ 25082

> ▶ Roma 560 – Brescia 9 – Milano 103 – Verona 44

✗   **Eva**   ≼ **P** 𝚅𝙸𝚂𝙰 ⓪ ᴁᴇ ① ⚇
via Gazzolo 75, località Botticino Mattina, Nord-Est : 2,5 km – ℰ 03 02 69 17 56
*– Fax 03 02 69 17 56 – chiuso 10 giorni in gennaio, 15 giorni in agosto, martedì
sera, mercoledì*
Rist – Carta 30/42 €

◆ Un rustico di campagna in collina e una famiglia che in passato ha lavorato nel settore
delle carni, ma che ha sempre avuto la passione per la ristorazione: bel connubio.

BOVES – Cuneo (CN) – **561** J4 – **9 757 ab.** – **alt. 590 m** – ✉ 12012   **22** B3

> ▶ Roma 645 – Cuneo 15 – Milano 225 – Savona 100
> 🚉 Cuneo, ℰ 0171 38 70 41

🏠   **Trieste**   ⛶ ❘❙ 𝖠𝖢 ℅ cam, **P** 𝚅𝙸𝚂𝙰 ⓪ ⚇
∞ *corso Trieste 33* – ℰ 01 71 38 03 75 – *www.albergotrieste-boves.it*
– Fax 01 71 38 73 62
16 cam – ♦55/67 € ♦♦65/95 €, � 13 € – ½ P 60/75 €
Rist – *(chiuso mercoledì)* Carta 20/44 €

◆ Alle pendici del monte Risalta, questo piccolo hotel - rinnovato nelle zone comuni
- dispone di camere accoglienti e confortevoli, di due tipologie: standard o confort. Cucina
piemontese, ma non solo, al ristorante.

a Fontanelle Ovest : 2 km – ✉ 12012 Boves

✗   **Fontanelle-da Politano** con cam   ⛶ 𝖠𝖢 rist, **P** 𝚅𝙸𝚂𝙰 ⓪ ⚇
via Santuario 125 – ℰ 01 71 38 03 83 – *Fax 01 71 38 03 83*
15 cam ⊽ – ♦38/40 € ♦♦58/60 € – ½ P 43/45 €
Rist – *(chiuso lunedì sera, martedì)* Carta 22/41 €

◆ Tradizionale ristorante, composto da una sala ampia e da una più piccola e tranquilla, presenta specialità tipiche piemontesi, senza bizzarrie o iniezioni di fantasia.

a Rivoira Sud-Est :2 km – ✉ 12012 Boves

🏠   **Agriturismo La Bisalta e Rist. Locanda del Re** ♨   ≼ ⛶
∞ *via Tetti Re 5* – ℰ 01 71 38 87 82   ✻ ♿ cam, ℅ **P** 𝚅𝙸𝚂𝙰 ⓪ ᴁᴇ ① ⚇
    – Fax 01 71 38 87 82 – maggio-15 ottobre
🍽 **5 cam** – ♦50 € ♦♦60 €, ⊽ 6 € – ½ P 56 €
Rist – (prenotare) Menu 18/32 €

◆ Risorsa ben organizzata, gestita con attenzione e intraprendenza. L'edificio conserva al
proprio interno elementi architettonici settecenteschi di indubbio pregio. Cucina con vari
piatti a base di lumache, allevate biologicamente dai proprietari.

BOVOLONE – Verona (VR) – **562** G15 – **15 170 ab.** – **alt. 24 m**   **35** B3
– ✉ 37051

> ▶ Roma 498 – Verona 23 – Ferrara 76 – Mantova 41

🏨   **Sasso**   ❘❙ 𝖠𝖢 ℅ rist, «𝕪» **P** 🚗 𝚅𝙸𝚂𝙰 ⓪ ᴁᴇ ① ⚇
∞ *via San Pierino 318, Sud-Est : 3 km* – ℰ 04 57 10 04 33 – *www.hotelsasso.com*
– Fax 04 57 10 02 28
32 cam ⊽ – ♦58/78 € ♦♦70/110 € – ½ P 55/70 €
Rist – *(chiuso dal 2 al 20 gennaio, sabato, domenica sera)* Carta 21/32 €

◆ Struttura estremamente funzionale e frequentata soprattutto da una clientela d'affari; in
posizione campestre, isolata e tranquilla, offre un buon livello di confort. Per la cucina si va sul
sicuro grazie all'ormai quarantennale esperienza dei proprietari nel campo della ristorazione.

BOZEN = Bolzano

BRA – Cuneo (CN) – **561** H5 – **29 325 ab.** – **alt. 280 m** – ✉ 12042   **22** B3

> ▶ Roma 648 – Cuneo 47 – Torino 49 – Asti 46
> 🛈 piazza Caduti Libertà 20 ℰ 0172 430185, turismo@comune.bra.cn.it, Fax
> 0172 418601

🏨 Cavalieri 🏨 🖿 🔥 🕪 ✍ rist, 🕻 🏊 🅿 🚗 VISA ⬤ AE ⓪ 🍴
piazza Giovanni Arpino 37 – 🕻 *01 72 42 15 16 – www.hotelcavalieri.net*
– Fax 01 72 42 90 20
88 cam ⌂ – †80/140 € ††95/180 € – ½ P 65/93 €
Rist *Il Principe –* 🕻 *01 72 43 05 12 (chiuso agosto) (chiuso a mezzogiorno)*
Menu 25/40 € – Carta 32/48 €
◆ Si trova proprio di fronte al campo da hockey su prato, nella zona degli impianti sportivi, moderna e funzionale è ideale per chi si sposta per affari o per un'escursione nelle Langhe. Cucina piemontese e nazionale, ma anche piatti di mare, le creazioni del giovane chef.

🏨 Cantine Ascheri 🏠 📶 🔥 cam, 🕪 ✍ cam, 🕻 🏊 🅿
via Piumati 25 – 🕻 *01 72 43 03 12* VISA ⬤ AE ⓪ 🍴
– www.ascherivini.it – Fax 01 72 41 87 76 – chiuso dal 23 dicembre al 7 gennaio e dal 7 al 24 agosto
27 cam ⌂ – †100 € ††130 €
Rist *Osteria Murivecchi –* 🕻 *01 72 43 10 08 (chiuso dal 1° all'8 gennaio, agosto, lunedì e i mezzogiorno di sabato e domenica)* Carta 24/32 €
◆ Hotel moderno, dal design fortemente personalizzato ed originale, costruito sopra le cantine dell'azienda vinicola. Camere luminose dove il confort raggiunge ottimi livelli. Antiche mura ad archi ed elementi architettonici moderni si intrecciano nell'*Osteria Murivecchi*, che propone piatti del territorio.

🏠 L'Ombra della Collina senza rist 🅿 VISA ⬤ ⓪ 🍴
via Mendicità Istruita 47 – 🕻 *0 17 24 48 84 – www.lombradellacollina.it*
– Fax 0 17 24 48 84
6 cam ⌂ – †62 € ††78 €
◆ Ora sono 6 le camere, tutte dello stesso stile, sobrio eppure confortevole, affacciate sul cortile. Di fascino l'ubicazione in una corte, nel cuore del centro storico.

✗ Battaglino 🏠 VISA ⬤ 🍴
piazza Roma 18 – 🕻 *01 72 41 25 09*
– www.ristorantebattaglino.it – Fax 01 72 41 28 74
– chiuso dal 7 al 17 gennaio, dal 7 al 30 agosto, domenica sera e lunedì
Rist – (consigliata la prenotazione) Carta 27/37 €
◆ Dal 1919, una gestione familiare vivace e cortese da sempre impegnata nel settore della ristorazione. Fiera di questa garanzia, propone i piatti del piemontese più caratteristico.

✗ Boccondivino ⟷ VISA ⬤ AE 🍴
via Mendicità Istruita 14 – 🕻 *01 72 42 56 74*
– www.boccondivinoslow.it – Fax 01 72 43 15 70
– chiuso domenica, lunedì escluso ottobre e novembre
Rist – Carta 24/35 € 🍷
◆ Al primo piano di una casa di ringhiera nel pieno centro storico, due salette ed una più grande tappezzata di bottiglie per una cucina piemontese genuina, accompagnata da buon vino.

a Pollenzo Sud-Est : 7 km – ✉ 12060

🏨 Albergo dell'Agenzia 🚃 🏠 🏊 🎰 📶 🔥 🕪 🏊 🅿 🚗
via Fossano 21 – 🕻 *01 72 45 86 00* VISA ⬤ AE ⓪ 🍴
– www.albergoagenzia.it – Fax 01 72 45 86 45 – chiuso dal 24 dicembre al 7 gennaio
44 cam ⌂ – †124/195 € ††156/240 € – 3 suites **Rist** – Carta 30/45 €
◆ All'interno di un suggestivo complesso neogotico databile all'epoca di re Carlo Alberto di Savoia, camere tutte arredate con cura e dotate di ogni confort. Al ristorante, la cucina del territorio.

🏠 La Corte Albertina senza rist 🔥 🎰 🕪 🅿 VISA ⬤ AE ⓪ 🍴
via Amedeo di Savoia 8 – 🕻 *01 72 45 84 10*
– www.lacortealbertina.it – Fax 01 72 45 89 21
– chiuso dal 5 al 20 agosto
25 cam ⌂ – †87/95 € ††103/115 €
◆ Una risorsa in cui la comodità si coniuga volentieri a spunti d'eleganza, muovendosi tra arredi assolutamente nuovi. Volte in mattoni a testimoniare le antiche origini.

Guido (Ugo Alciati)

via Fossano 19 – 01 72 45 84 22 – www.guidoristorante.it – Fax 01 72 45 89 70 – *chiuso dal 24 dicembre al 10 gennaio, dal 25 luglio al 15 agosto, domenica, lunedì*
Rist – *(chiuso a mezzogiorno escluso da ottobre a dicembre)* Menu 70/85 € – Carta 55/75 €
Spec. Finanziera piemontese. Agnolotti di Lidia al sugo d'arrosto. Stracotto di vitella al cucchiaio.
◆ In un caratteristico complesso neogotico, mattoni e legno si coniugano all'interno con arredi più moderni. Cucina tradizionale langarola.

La Corte Albertina

piazza Vittorio Emanuele 3 – 01 72 45 81 89 – www.ristlacortealbertina.it – Fax 01 72 45 81 89 – *chiuso 10 giorni in agosto, mercoledì, domenica sera*
Rist – *(chiuso a mezzogiorno)* (consigliata la prenotazione) Carta 34/45 €
◆ Ristorante ricavato da un ampio portico ristrutturato, racchiuso da pareti a vetro, all'interno di un complesso neogotico del XIX sec. Stile ricercato, ma informale.

sulla strada statale 231 Est : 3 km :

Borgo San Martino cam, rist,

borgo San Martino 7 – 01 72 43 05 63 – www.sanmartino-hotel.it – Fax 01 72 41 48 75
24 cam – 60/70 € 80/95 €
Rist *L'Ostu 'd Racunis* – 01 72 43 00 58 *(chiuso 1 settimana in gennaio, 15 giorni in agosto, mercoledì, sabato a mezzogiorno)* Carta 20/30 €
◆ Piccolo borgo raccolto accoccolato a lato della strada, rinnovato in anni recenti. Le camere si affacciano verso la campagna e garantisco un ottimo riposo a prezzi corretti. Ambiente accogliente, rapido e sempre gentile il servizio, per riscoprire la cucina piemontese, presentata senza artifici della fantasia.

BRACCIANO – Roma (RM) – 563 P18 – 17 474 ab. – alt. 280 m — 12 B2
– 00062 Roma

Roma 41 – Viterbo 53 – Civitavecchia 51 – Terni 98
Castello Orsini-Odescalchi★★

Villa Clementina cam,

traversa Quarto del Lago 12/14 – 0 69 98 62 68 – www.hotelvillaclementina.it – Fax 0 69 98 62 68 – *chiuso da novembre al 24 dicembre e dal 6 gennaio a febbraio*
7 cam – 110/145 € 145/185 € – ½ P 113/133 € **Rist** – Carta 40/56 €
◆ Una posizione tranquilla, un curato giardino punteggiato di fiori, piscina e campo da tennis per un vacanza all'insegna del relax. Ottime le camere, spaziose e affrescate, efficiente il servizio.

BRACIGLIANO – Salerno (SA) – 564 E26 – 5 602 ab. – alt. 320 m — 6 B2
– 84082

Roma 250 – Napoli 54 – Avellino 23 – Salerno 24

La Canniccia rist,

via Cardaropoli 23 – 0 81 96 97 97 – www.hotellacanniccia.com – Fax 0 81 96 97 97
16 cam – 40/47 € 55/57 € – ½ P 41/47 € **Rist** – Carta 15/48 €
◆ L'edificio che ospita quest'hotel è recente, risale alla metà degli anni '80, ed è sempre stato ben tenuto. Nel complesso si tratta di una struttura valida e affidabile. Sala ristorante d'impostazione classica, in menù proposte nazionali.

BRANZI – Bergamo (BG) – 562 D11 – 736 ab. – alt. 874 m – 24010 — 16 B2

Roma 650 – Bergamo 48 – Foppolo 9 – Lecco 71

Pedretti

via Umberto I, 23 – 0 34 57 11 21 – www.hotelpedretti.info – Fax 0 34 57 05 00
24 cam – 45/65 € 70/80 € – ½ P 70 €
Rist – *(chiuso martedì)* Carta 23/31 €
◆ Da più generazioni la stessa famiglia gestisce questa risorsa databile al primo Novecento. Accoglienti e luminosi gli ambienti comuni, arredati in legno chiaro. In cucina si mantengono stretti legami con le tradizioni locali. Dalla polenta taragna agli altri piatti bergamaschi.

BRATTO – Bergamo – **561** I11 – Vedere Castione della Presolana

---

BRENTA (Gruppo di) – Trento – **562** D14 ▯ Italia

BRENZONE – Verona (VR) – **562** E14 – **2 398 ab.** – alt. 75 m – ⊠ 37010   **35** A2

▣ Roma 547 – Verona 50 – Brescia 85 – Mantova 86

🔢 via Zanardelli 38 Frazione Porto℘ 045 7420076, iatbrenzone@ provincia.vr.it, Fax 7420758

🏠 **Piccolo Hotel**   ≼ 🕯 🟦 rist, ↤ 🄿 ✆ ⁗ 🟥 ⅅ ❺
🍮 via Lavesino 12 – ℘ 04 57 42 00 24 – www.piccolohotel.info – Fax 04 57 42 06 88 – 27 marzo-7 novembre
20 cam ⊊ – ⅋40/55 € ⅋⅋80/110 € – ½ P 50/65 €   **Rist** – Menu 17/25 €
♦ Un albergo raccolto che deve la propria fortuna alla felice posizione, praticamente sulla spiaggia. Adatto ad una clientela turistica in cerca di relax e di tranquillità.

✕✕ **Giuly**   🕯 🟦 🟥 ⁗ ⅅ ❺
via XX Settembre 28 – ℘ 04 57 42 04 77 – www.ristorantegiuly.it – Fax 04 56 59 40 00 – chiuso novembre e lunedì
Rist – (chiuso a mezzogiorno escluso sabato-domenica e festivi) Carta 31/49 €
♦ Nonostante sia proprio in riva alle acque del Garda, la linea gastronomica di questo risto-rante si è concentrata sul mare. I crostacei sono "pescati" vivi dall'acquario.

a Castelletto di Brenzone Sud-Ovest : 3 km – ⊠ 37010

✕✕ **Alla Fassa**   ≼ 🕯 ✿ 🄿 🟥 ⁗ ❺
via Nascimbeni 13 – ℘ 04 57 43 03 19 – www.ristoranteallafassa.com – Fax 04 57 43 03 19 – chiuso dal 15 dicembre al 15 febbraio e martedì escluso luglio-15 settembre
Rist – Carta 25/40 €
♦ Una romantica sala all'interno ed una bella veranda affacciata sulle rive del lago. La cucina si affida alla tradizione locale, proponendo molti piatti a base di pesce.

BRESCELLO – Reggio Emilia (RE) – **562** I13 – **5 352 ab.** – alt. 24 m   **8** B2
– ⊠ 42041

▣ Roma 450 – Parma 22 – Bologna 90 – Mantova 46

🏠 **Brixellum**   📶 🟦 🗇 rist, ⁗ 🄿 🟥 ⁗ 🟥 ⅅ ❺
via Cavallotti 58 – ℘ 05 22 68 61 27 – www.hotelbrixellum.com – Fax 05 22 96 28 71
29 cam ⊊ – ⅋60/95 € ⅋⅋80/110 € – ½ P 55/70 €
Rist – (chiuso lunedì) Carta 23/44 €
♦ Se si desidera soggiornare nel paese di Peppone e Don Camillo questa è la risorsa giusta: semplice, accogliente e funzionale. Camere spaziose e recenti. Classico ristorante con menù esteso e vario, non manca la pizza.

BRESCIA 🄿 (BS) – **561** F12 – **189 742 ab.** – alt. 149 m – ⊠ 25121   **17** C1
▯ Italia

▣ Roma 535 – Milano 93 – Verona 66

🛪 Gabriele D'Annunzio di Montichiari, Sud-Est: 20 km ℘030 9656511

🔢 via Musei 32 ⊠ 25121 ℘ 030 3749916, promozione.turismo@ provincia.brescia.it, Fax 030 3749982
piazza Loggia 6 ⊠ 25121 ℘ 030 2400357, turismo@comune.brescia.it, Fax 0303773773

🖼 Franciacorta, ℘030 98 41 67

◉ Piazza della Loggia★ BY **9** -Duomo Vecchio★ BY – Pinacoteca Tosio Martinengo★ CZ – Via dei Musei★ CY – Croce di Desiderio★★ in S. Giulia CY – Museo della Città★ CY - Chiesa di S. Francesco★ AY – Facciata★ della chiesa di S. Maria dei Miracoli AYZ **A** – Incoronazione della Vergine★ nella chiesa dei SS. Nazaro e Celso AZ Annunciazione★ e Deposizione dalla Croce★ nella chiesa di S. Alessandro BZ – Interno★, polittico★ e affresco★ nella chiesa di S. Agata BY

Piante pagine seguenti

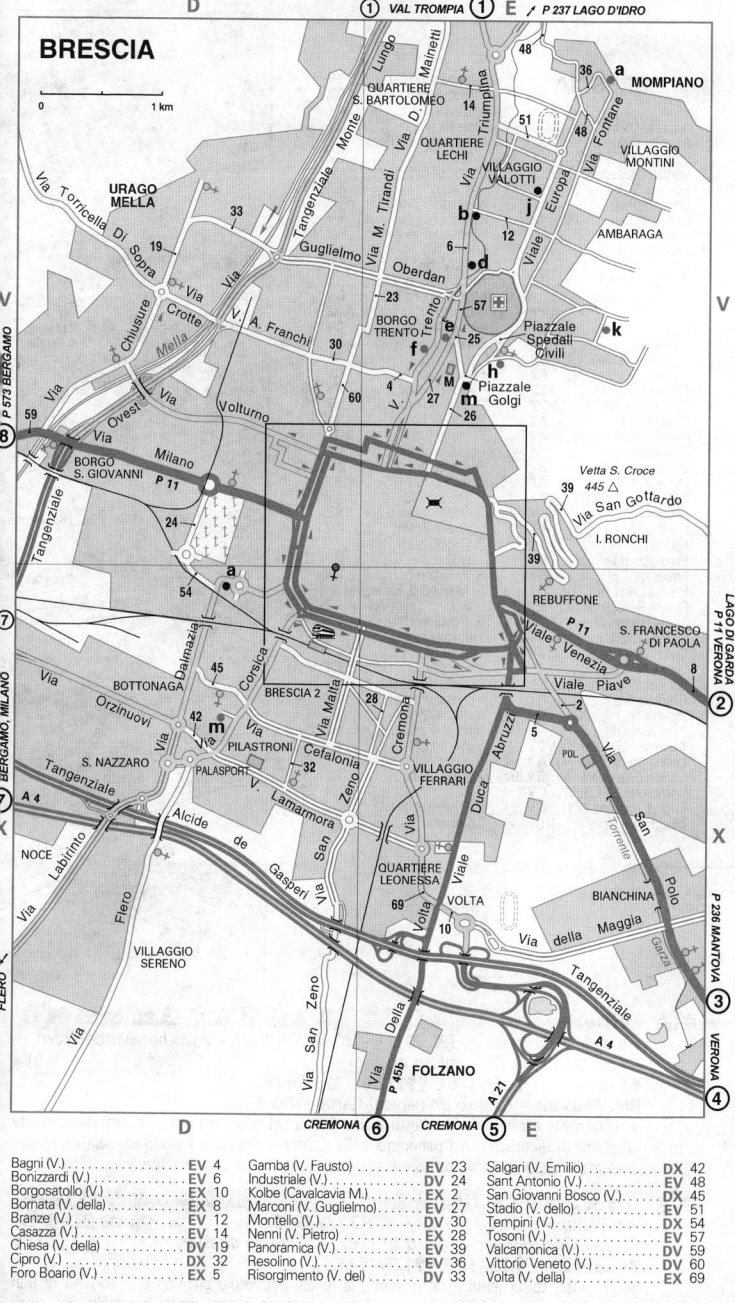

BRESCIA

0 | 1 km

BRESCIA

Armado Diaz (Viale) . . . CZ
Arnaldo (Pza) . . . . CZ
Battaglie (V. delle) . . . . BY
Battisti (Piazzale C.) . . . BY
Boitava (V. P.) . . . . CY
Brusato (Pza) . . . . CY
Cadorna (Viale) . . . . CZ
Cairoli (V.) . . . . AY
Calatafimi (V.) . . . . AY
Calini (V.) . . . . CZ
Callegari (V. A.) . . . . CZ
Campo di Marte (V. del) . . . . ABY
Capriolo (V.) . . . . ABY
Carmine (Contrada del) . . . . ABY
Cassala (V.) . . . . AZ
Castellini (V. N.) . . . . . . CZ 3
Castello (V. del) . . . . . BCY
Corsica (V.) . . . . AZ
Cremona (Piazzale) . . . BZ
Crispi (V.) . . . . CZ
Dante (V.) . . . . BY
Duca di Aosta (Viale) . . CZ
Emanuele II (V. Vitt.) . ABZ
Filippo Turati (V.) . . . . . CY
Folonari (V.) . . . . AZ
Foppa (V.) . . . . AZ
Foro (Pza d.) . . . . CY
Foscolo (V. U.) . . . . BY
Fratelli Lechi (V.) . . . . . CZ
Fratelli Porcellaga (V.) . BY 7
Fratelli Ugoni (V.) . . . . AYZ
Galilei (V. G.) . . . . CY
Gallo (V. A.) . . . . CYZ
Garibaldi (Cso) . . . . AY
Garibaldi (Piazzale) . . . . AY
Gramsci (V.) . . . . BZ
Inganni (V.) . . . . CZ
Italia (Viale d') . . . . AY
Kennedy (Cavalcavia) . BZ
Leonardo da Vinci (V.) . AB
Loggia (Pza della) . . . . BY 9
Lombroso (V. C.) . . . . . CY
Lupi di Toscana (V.) . . . AY
Magenta (Cso) . . . . . BCZ
Mameli (Cso G.) . . . . . BY
Mantova (V.) . . . . CZ
Manzoni (V.) . . . . AY
Marsala (V.) . . . . AY
Martinengo da Barco (V.) . . . . CZ
Martiri della Libertà (Cso) . . . . AZ 13
Matteotti (Cso G.) . . . AYZ
Mazzini (V.) . . . . BY
Mercato (Pza del) . . . . BY 15
Milano (V.) . . . . AY
Mille (V. dei) . . . . AY
Montebello (V.) . . . . . . AY
Monte Suello (V.) . . . . . BY
Moretto (V.) . . . . ABZ
Musei (V. dei) . . . . CY
Pace (V.) . . . . BY
Palestro (Cso) . . . . BY
Panoramica (V.) . . . . . . CY
Paolo VI (Pza) . . . . BY 16
Pastrengo (V.) . . . . AY 17
Pellico (V.) . . . . BY
Pusteria (V.) . . . . BCY
Repubblica (Pza) . . . . . AZ
Santa Chiara (V.) . . . . . BY
Solferino (V.) . . . . ABZ
Sostegno (V.) . . . . AZ
Spalto S. Marco (V.) . BCZ
Stazione (Viale) . . . . . . AZ
S. Crocifissa di Rosa (V.) . . . . CY 18
S. Faustino (V.) . . . . . . BY
S. Martino d. Battaglia (V.) . . . . BZ
S. Rocchino (V.) . . . . . . CY
Trento (V.) . . . . BY
Trieste (V.) . . . . BCYZ
Vaiarini (V. G.) . . . . CZ
Veneto (Piazzale) . . . . . AY
Venezia (Porta) . . . . CZ
Venezia (Viale) . . . . CZ
Vittoria (Pza) . . . . BY 20
Volturno (V.) . . . . AY
Zanardelli (Cso) . . . . . . BZ 21
Zima (V. C.) . . . . CZ
10 Giornate (V. delle) . . BY 22
20 Settembre (V.) . . . . BZ
25 Aprile (V.) . . . . CZ

A

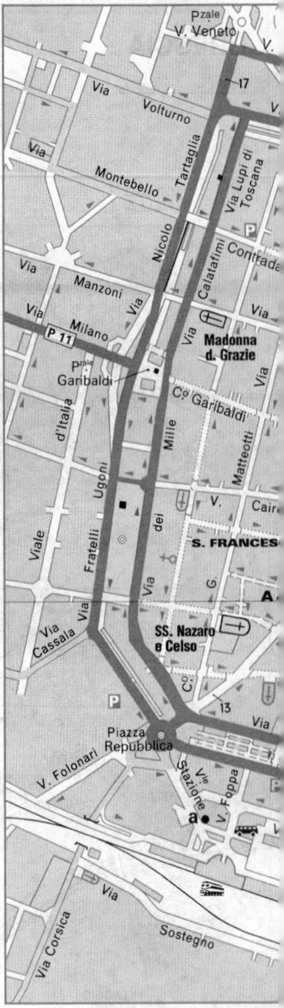

Y

Z

A

Vittoria

rist, VISA

via delle X Giornate 20 ✉ 25121 – ✆ 0 30 28 00 61 – www.hotelvittoria.com – Fax 0 30 28 00 65 – chiuso agosto BY**a**

65 cam ☕ – 🚹166/176 € 🚹🚹217 € – ½ P 160 €

Rist *Miosotis* – *(chiuso domenica)* Carta 39/55 €

◆ Imponente e caratteristica struttura anni Trenta nel cuore del centro storico: rappresenta un punto di riferimento nel panorama della ricettività alberghiera cittadina. Sala da pranzo di elegante classicità, dove gusto e leggerezza costituiscono una costante.

Park Hotel Ca' Nöa senza rist

via Triumplina 66 ✉ 25123 – ✆ 0 30 39 87 62 – www.hotelcanoa.it – Fax 0 30 39 87 64 – chiuso agosto VISA EV**b**

79 cam ☕ – 🚹86/130 € 🚹🚹125/194 €

◆ Eleganza, colori tenui e rasserenanti, la quiete dell'ampio giardino e la cortesia di unn personale sempre attento e intraprendente avvolgono questa risorsa sorta alla fine degli anni Ottanta.

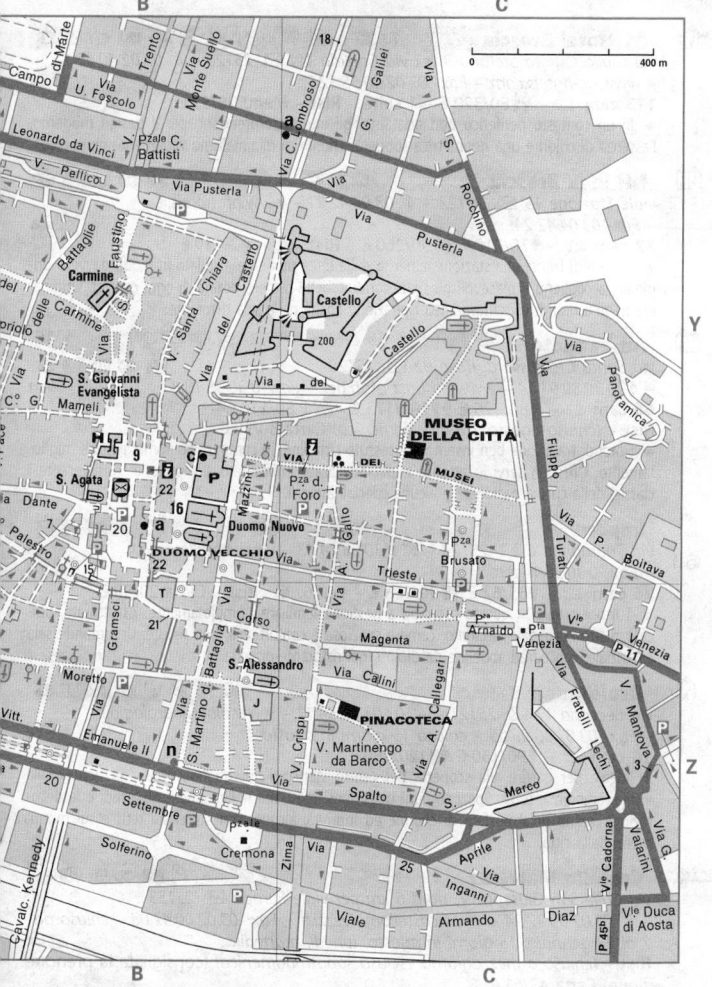

UNA Hotel Brescia

⟨≈ |≋| &. AC ℀ rist. ⁽⁹⁾ ☆ 🅿 🚘
VISA ⓜ AE ① 🅢

viale Europa 45 ⊠ *25133 –* ℰ *03 02 01 80 11*
– www.unahotels.it – Fax 03 02 00 97 41   EV**j**

145 cam � – †77/316 € ††77/372 € **Rist** – Carta 40/62 €

♦ Imponente e spaziosa struttura commerciale di taglio moderno, offre ai suoi clienti
ambienti di discreta eleganza, confortevoli e colorati ed una calorosa accoglienza. Capiente
ed elegante la sala ristorante.

Master

|≋| &. AC ⅂ ⁽⁹⁾ ☆ 🅿 VISA ⓜ AE ① 🅢

via Apollonio 72 ⊠ *25128 –* ℰ *0 30 39 90 37 – www.hotelmaster.net*
– Fax 03 03 70 13 31   CY**a**

74 cam ⊻ – †84/132 € ††124/198 €

Rist *La Corte* – Carta 35/45 €

♦ Recentemente rinnovato, l'hotel è sito nel cuore del centro storico ed è dotato di eleganti
camere spaziose e confortevoli. Ideale per incontri di lavoro e banchetti. Un ristorante arredato con sale di gusto moderno dove gustare una cucina tipica trentina e locale.

AC Hotel Brescia
🔊 📶 🖨   AC 🛇 rist. 📶 ♨ P 🚗 VISA ⦿ AE 🌙

via Giulio Quinto Stefana 3 (ex via Cassala 19) ✉ *25126 –* 𝄢 *03 02 40 55 11*
– www.ac-hotels.com – Fax 03 02 40 55 12   DX**a**
113 cam ⌂ – ✝✝80/320 € – 1 suite   **Rist** – Menu 28/35 €

◆ In un contesto periferico non eclatante, gli interni sorprendono per il design moderno,
l'assenza di colori e una geometrica sobrietà. Trionfo di minimalismo vagamente nipponico.

NH Igea Brescia
📶 & AC ↔ 🛇 rist. 📶 ♨ VISA ⦿ AE ⓞ 🌙

viale Stazione 15 ✉ *25122 –* 𝄢 *03 04 42 21 – www.nh-hotels.it*
– Fax 03 04 42 24   AZ**a**
87 cam ⌂ – ✝70/210 € ✝✝90/260 €   **Rist** – Carta 29/39 €

◆ Proprio di fronte alla stazione, albergo dalle linee moderne arredato in modo davvero originale; accoglienti e piacevoli gli spazi comuni, belle camere dotate di ogni confort. Originalità negli arredi di contemporanea ispirazione anche nella sala ristorante.

Ambasciatori
📶 & cam. ✦ AC ↔ 🛇 rist. 📶 ♨ P

via Santa Crocifissa di Rosa 92 ✉ *25128*   VISA ⦿ AE ⓞ 🌙
– 𝄢 *0 30 39 91 14 – www.ambasciatori.net – Fax 0 30 38 18 83*   EV**m**
66 cam ⌂ – ✝80/125 € ✝✝100/175 € – ½ P 80/110 €
Rist – *(chiuso agosto, sabato, domenica)* Carta 30/39 €

◆ Hotel di tradizione ben inserito nel tessuto cittadino, in continuo aggiornamento e miglioramento. Offre un servizio attento e personalizzato improntato alla cortesia. Al ristorante i
classici della cucina nazionale e alcune specialità locali.

Impero
📶 & cam. AC 🛇 rist. ⦿ P VISA ⦿ AE 🌙

via Triumplina 6 ✉ *25123 –* 𝄢 *0 30 38 14 83 – www.hotelimpero.it*
– Fax 0 30 38 14 83   EV**d**
26 cam ⌂ – ✝55/62 € ✝✝90/113 € – ½ P 67 €   **Rist** – Carta 20/50 €

◆ Tutto è nuovo in questo esercizio a gestione familiare, completamente ristrutturato, ubicato dietro l'ospedale cittadino; camere spaziose e confortevoli, ben tenute. Una grande sala
essenziale, con pareti abbellite da dipinti, nel ristorante-pizzeria.

Orologio senza rist
📶 AC 🛇 ⦿ VISA ⦿ AE 🌙

via Beccaria 17 ✉ *25121 –* 𝄢 *03 03 75 54 11 – www.albergoorologio.it*
– Fax 03 02 40 48 05 – chiuso 15 giorni in agosto   BY**c**
16 cam ⌂ – ✝90/150 € ✝✝120/180 €

◆ Ideale per partire alla scoperta del centro storico, l'albergo trae il proprio nome dalla
vicina, omonima, torre. Spazi comuni quasi inesistenti, ma nelle camere gli arredi e le decorazioni creano un'atmosfera di *charme* ed intimità: alcune, con scorci sui tetti e sui monumenti della città.

Castello Malvezzi
🏔 P VISA ⦿ AE ⓞ 🌙

via Colle San Giuseppe 1, nord 6 km per viale Europa ✉ *25133*
– 𝄢 *03 02 00 42 24 – www.castellomalvezzi.it – Fax 03 02 00 42 08 – chiuso dal*
7 al 23 gennaio, 16 giorni in agosto, lunedì, martedì   CY
Rist – *(chiuso a mezzogiorno escluso sabato-domenica)* (consigliata la prenotazione) Carta 43/61 € ⌘

◆ Come immaginarsi di cenare sulla terrazza panoramica estiva di una casa di caccia cinquecentesca e realizzare questo sogno. In più la cucina raffinata e l'ottima cantina.

La Sosta
🏔 AC ⟷ P VISA ⦿ AE ⓞ 🌙

via San Martino della Battaglia 20 ✉ *25121 –* 𝄢 *0 30 29 56 03 – www.lasosta.it*
– Fax 0 30 29 25 89 – chiuso dal 30 dicembre al 7 gennaio, dal 3 al 25 agosto,
domenica sera, lunedì   BZ**n**
Rist – Carta 55/70 €

◆ Un locale di gran fascino, conosciuto e apprezzato in città, ubicato in un palazzo seicentesco. Nei mesi estivi si cena all'aperto, il servizio è preciso e accurato.

Il Labirinto
AC 🛇 ⟷ P VISA ⦿ AE ⓞ 🌙

via Corsica 224 ✉ *25125 –* 𝄢 *03 03 54 16 07 – Fax 03 03 53 23 87 – chiuso dal*
21 al 31 dicembre, dal 13 al 19 agosto e domenica   DX**m**
Rist – Carta 39/75 € ⌘

◆ Un ristorante periferico, condotto con competenza e professionalità. La cucina è di ampio
respiro e si muove agilmente tra il mare e la terra; cantina di buon livello.

XX **Noce** con cam ⌂ 🅰🅒 rist, 📶 🅿 🆅🅸🆂🅰 ⚫⚫ 🅰🅴 ⓞ ⛟

via dei Gelsi 5, quartiere Noce ✉ *25125 –* ✆ *0 30 34 95 10*
– www.ristorantehotelnoce.com – Fax 0 30 34 95 10 DX
13 cam ⌑ *–* †55/100 € ††75/145 € *– ½ P 55/75 €*
Rist *– (chiuso agosto, sabato a mezzogiorno, domenica)* Carta 45/60 €
♦ Una storia di famiglia nata nel 1987 che ancora oggi continua proponendo una cucina in cui creatività e fantasia concorrono a creare piatti sfiziosi. Ambiente rustico-signorile. Graziose le camere, arredate con elegante semplicità in stili differenti.

XX **Eden** ⌂ 🅰🅒 ⟷ 🆅🅸🆂🅰 ⚫⚫ 🅰🅴 ⓞ ⛟

piazzale Corvi ✉ *25128 –* ✆ *33 56 74 17 62*
– www.edenristorante.com – Fax 0 30 33 97
– chiuso dal 5 al 20 gennaio, 3 settimane in agosto, domenica sera, martedì
Rist *–* Carta 43/61 € ⌂ EV**e**
♦ Dotato di un piccolo e grazioso dehors estivo, è un ristorantino di taglio moderno, con qualche tocco di eleganza. Cucina di stagione, ricca cantina.

XX **Trattoria Rigoletto** 🅰🅒 ⟷ 🆅🅸🆂🅰 ⚫⚫ 🅰🅴 ⓞ ⛟

via Fontane 54/b ✉ *25133 –* ✆ *03 02 00 41 40 – Fax 03 02 00 41 40*
– chiuso agosto e lunedì EV**a**
Rist *–* Carta 44/79 €
♦ Un locale che pur nella propria elegante semplicità, riesce ad esprimere una cucina interessante. La lista è abbastanza estesa, le preparazioni creative.

X **La Campagnola** ⌂ ⚙ 🅿 🆅🅸🆂🅰 ⚫⚫ ⛟

via Val Daone 25 ✉ *25123 –* ✆ *0 30 30 06 78 – Fax 0 30 30 06 78*
– chiuso dal 27 dicembre al 4 gennaio, dal 10 al 25 agosto, lunedì sera, martedì EV**k**
Rist *–* Carta 26/34 €
♦ Il capolavoro di due generazioni, nutrire di sapore e genuinità una tradizione mai perduta nell'incanto di un vecchio cascinale avvolto dal verde che racconta l'arte dell'ospitare.

X **Trattoria Porteri** 🅰🅒 ⟷ 🆅🅸🆂🅰 ⚫⚫ 🅰🅴 ⓞ ⛟

via Trento 52 ✉ *25128 –* ✆ *0 30 38 09 47 – www.trattoriaporteri.it*
– Fax 0 30 30 18 33 – chiuso 1 settimana in gennaio, 2 settimane in agosto, domenica sera, lunedì EV**f**
Rist *–* Carta 28/40 €
♦ Alle pareti e al soffitto il racconto di una passione che ha coinvolto due generazioni, al vostro tavolo la tradizione bresciana con un occhio di riguardo per polenta e formaggi!

X **Trattoria Briscola** ⌂ ⚙ 🅿 🆅🅸🆂🅰 ⚫⚫ ⓞ ⛟
⌾ *via Costalunga 18/G* ✉ *25123 –* ✆ *0 30 39 52 32 – Fax 0 30 39 72 14*
– chiuso gennaio, febbraio e mercoledì EV**h**
Rist *–* Carta 19/38 €
♦ Si trova sulle prime colline, immersa nel verde, questa tipica trattoria che nella bella stagione effettua il servizio anche sotto il pergolato, con vista sulla città.

a Sant'Eufemia della Fonte *per* ② *: 2 km –* ✉ *25135*

XXX **La Piazzetta** 🅰🅒 🅿 🆅🅸🆂🅰 ⚫⚫ 🅰🅴 ⓞ ⛟

via Indipendenza 87/c – ✆ *0 30 36 26 68*
– www.allapiazzetta.com – Fax 03 03 36 72 43
– chiuso dal 1° al 7 gennaio, dal 7 al 20 agosto, sabato a mezzogiorno, domenica
Rist *– (consigliata la prenotazione)* Menu 50/65 € *–* Carta 42/67 € ⌂
♦ Piccolo ed elegante ristorante alle porte della città. La cucina si indirizza prevalentemente sul mare con elaborazioni fantasiose e originali; cantina soddisfacente.

XX **Hosteria** 🅰🅒 🆅🅸🆂🅰 ⚫⚫ 🅰🅴 ⓞ ⛟

via 28 Marzo 2/A – ✆ *0 30 36 06 05 – www.ristorantehosteria.it*
– Fax 0 30 36 06 05 – chiuso dal 1° al 18 luglio e martedì
Rist *–* Carta 38/64 € ⌂
♦ Un locale elegante ed accogliente che presenta una cucina basata per lo più su prodotti di stagione. L'edificio, in origine un casino di caccia, risale al XVII sec.

a Roncadelle per ⑤ : 7 km – ⊠ 25030

🏨 **President** 🛁 📶 🕭 🔟 🕪 🎿 🅿 🚗 VISA ⓪ AE ① ⑤
via Roncadelle 48 – ✆ 03 02 58 44 44 – www.presidenthotel.it
– Fax 03 02 78 02 60 – chiuso agosto
123 cam – †90/130 € ††140/200 € – 5 suites – ½ P 110/130 €
Rist – *(chiuso domenica)* Carta 32/55 €
• Imponente albergo d'affari che dispone di un importante centro congressi dotato di ben
diciannove sale. Sono molti i particolari di pregio, quali marmi e legni pregiati. Notevoli le
capacità ricettive del ristorante; piatti per palati internazionali.

verso Ospitaletto per ⑧: 5 km

🏨 **Santellone** senza rist 📶 🛁 🕭 🔟 🕪 🅿 VISA ⓪ AE ⑤
via del Santellone 116 ⊠ 25132 – ✆ 03 02 41 01 26 – www.santelloneresort.it
– Fax 03 03 73 64 41 – chiuso dal 10 al 20 agosto
22 cam ⊇ – †95/105 € ††128/178 €
• Nel magico incanto di un borgo medievale, confort, stile e classe sono gli elementi che
caratterizzano le lussuose camere di questa piacevole struttura. Per curare la forma fisica e
solleticare la vanità, sosta presso l'attrezzata *Vitae Spa*.

🍴🍴 **Trattoria Artigliere** (Davide Botta) 🛁 🕭 🔟 🕅 ⇔ 🅿
🕸 *via del Santellone 116 ⊠ 25132 – ✆ 03 02 77 03 73*
– www.artigliere.it – Fax 03 02 77 03 73 – chiuso 10 giorni in gennaio, agosto,
domenica sera, lunedì
Rist – Menu 45/75 € – Carta 43/90 €
Spec. Scampo, foie gras, fragole e aceto balsamico. Cappellacci ripieni di
punta di vitello e robiola con crema di polenta e schiuma di parmigiano. Pol-
letto al te nero con miele e senape.
• Lasciato il cuore pulsante di Brescia, in una vecchia badia con annesso cascinale, due sale
moderne, minimaliste per non distogliere l'attenzione dalla protagonista assoluta: la
cucina. Piatti creativi sia di terra sia di mare ed alcune specialità legate al territorio.

BRESSANONE (BRIXEN) – Bolzano (BZ) – **562** B16 – 20 073 ab.   **31** C1
– alt. 559 m – Sport invernali : a La Plose-Plancios : 1 503/2 500 m ✤1 ✦9
(Comprensorio Dolomiti superski Valle Isarco) ✦ – ⊠ 39042 ▊ Italia Centro Nord
▶ Roma 681 – Bolzano 40 – Brennero 43 – Cortina d'Ampezzo 109
▐ viale Stazione 9 ✆ 0472 836401, info@brixen.org, Fax 0472 836067
◉ Duomo: chiostro★ **A** – Palazzo Vescovile: cortile★, museo Diocesano★
◙ Plose★★: ❄★★★ sud-est per via Plose

🏨 **Elefante** 🏮 🏠 🏊 📶 🐾 🍴 🛁 🕭 rist, ✦ 🔟 rist, 🎿 🅿
via rio Bianco 4 – ✆ 04 72 83 27 50   VISA ⓪ AE ① ⑤
– www.hotelelephant.com – Fax 04 72 83 65 79 – chiuso dal 7 gennaio al 20 marzo
44 cam ⊇ – †100/112 € ††168/282 € – ½ P 124/181 €   **a**
Rist – Carta 49/64 €
• Elegante ed austera magione del XIV sec. inserita in un prezioso parco-frutteto all'interno
del quale si trovano anche la piscina e il tennis. Dimora fine ed esclusiva. Ambiente, servizio,
cucina e atmosfera: un ristorante notevole.

🏨 **Goldener Adler** 📶 🍴 ✦ 🕪 🅿 VISA ⓪ ① ⑤
via Ponte Aquila 9 – ✆ 04 72 20 06 21 – www.goldener-adler.com
– Fax 04 72 20 89 73   **c**
28 cam – †66/80 € ††110/164 €, ⊇ 6 € – ½ P 85/122 €
Rist Oste Scuro-Finsterwirt – vedere selezione ristoranti
• Caratteristico edificio del Cinquecento, da secoli votato all'ospitalità, che oggi offre ai propri privilegiati ospiti la possibilità di un soggiorno sobriamente elegante.

🏨 **Grüner Baum** 🚗 🏠 🏊 🔲 ⓪ 📶 🐾 🍴 ✦ 🔟 rist, 🕪 🎿 🛋
🕸 *via Stufles 11 – ✆ 04 72 27 41 00*   VISA ⓪ AE ① ⑤
– www.gruenerbaum.it – Fax 04 72 27 41 01 – chiuso dall'11 al 23 aprile e dall'8
al 25 novembre   **e**
170 cam ⊇ – †65/120 € ††92/160 € – ½ P 69/120 €   **Rist** – Carta 19/35 €
• C'è anche il giardino con piscina riscaldata in quest'imponente hotel di città, che si inserisce con armonia nel contesto architettonico circostante. Sale da pranzo semplici, all'insegna
della tradizione sudtirolese.

🏠🏠🏠 Goldene Krone 🛱 🛖 🛗 🕭 🦽 🚭 🌾 rist, ⁋ 🛎 🅿 🚗 VISA 🐞 🛎

via Fienili 4 – ℰ 04 72 83 51 54 – www.coronadoro.com – Fax 04 72 83 50 14
– chiuso dal 19 al 25 dicembre   **d**
46 cam ⊡ – ♦89/119 € ♦♦129/189 € – ½ P 102/122 € **Rist** – Carta 32/42 €

◆ Hotel la cui storia si svolge da quasi tre secoli, rinnovato in veste moderna, con piacevole area wellness. Le camere offrono un buon confort sia per turismo che per affari. Ristorante moderno, ambiente tranquillo e intimo.

🏠🏠🏠 Dominik ⬩ ≤ 🚗 🖾 🕸 🛖 ⅙ 🕭 🦽 ⁋ 🛎 🅿 🚗 VISA 🐞 🛎

via Terzo di Sotto 13 – ℰ 04 72 83 01 44 – www.hoteldominik.com – Fax 04 72 83 65 54
– chiuso dal 10 al 28 gennaio, dall'11 al 25 aprile e dal 30 ottobre al 26 novembre
35 cam ⊡ – ♦76/138 € ♦♦115/216 € – 1 suite – ½ P 128/138 €   **b**
Rist – *(solo per alloggiati)*

◆ Il torrente Rienza scorre davanti a questa risorsa rivolta a chi desidera godere di un soggiorno curato sotto ogni profilo. Servizio attento, espletato in ambienti eleganti. Ideale per allestire importanti eventi, la sala da pranzo è illuminata da ampie finestre.

🏠🏠 Temlhof ⬩ ≤ 🚗 🛱 🛴 🖾 🛖 🕭 ⁋ 🅿 VISA 🐞 AE ⓪ 🛎

via Elvas 76 – ℰ 04 72 83 66 58 – www.temlhof.com – Fax 04 72 83 55 39
– chiuso dal 5 al 28 novembre e dal 6 gennaio al 10 febbraio   **v**
42 cam ⊡ – ♦57/65 € ♦♦94/124 € – 3 suites – ½ P 57/82 €
Rist – *(chiuso martedì)* *(prenotazione obbligatoria)* Carta 25/42 €

◆ Questo albergo, situato in zona panoramica e tranquilla, è avvolto da un giardino con piscina e dispone di un'interessante raccolta di attrezzi agricoli e mobili antichi. Varie sale ristorante, tutte abbastanza intime e raccolte.

🏠🏠 Millanderhof 🕭 🦽 🛶 ⁋ 🅿 🚗 VISA 🐞 ⓪ 🛎
🖇

via Plose 58 – ℰ 04 72 83 38 34 – www.millanderhof.com – Fax 04 72 83 51 24
26 cam ⊡ ♦53/61 € ♦♦90/120 € ½ P 70/95 € **Rist** Carta 15/36 €   **g**

◆ Albergo appena fuori dal centro, rinnovato di recente, ma che si conferma nell'ospitalità familiare della gestione. A disposizione anche un angolo bar godibile e rilassante. Sala ristorante semplice ma luminosa per una cucina di buon livello.

BRESSANONE

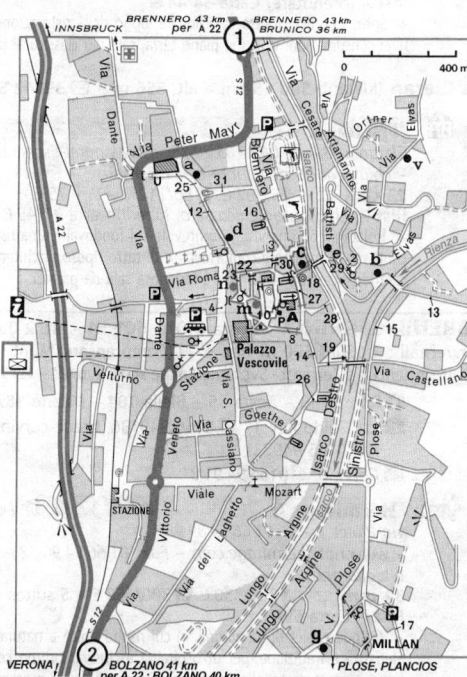

🏠 **Haller** ⌂   ⬅ 🛎 📶 🅿 VISA ⓪ ✆
via dei Vigneti 68, 1 km per via Cesare Battisti – ℰ *04 72 83 46 01*
– www.gasthof-haller.com – Fax 04 72 20 82 94 – chiuso dal 16 giugno al 2 luglio
8 cam ⌂ – ♦42/47 € ♦♦74/78 € – ½ P 55/58 €
Rist – *(chiuso lunedì sera e martedì escluso agosto-settembre)* Carta 24/45 €
♦ Piccolo albergo a conduzione familiare in posizione tranquilla e con bella vista. Le camere non sono molto grandi, ma confortevoli e tenute con molta attenzione. Ampio settore ristorante: due stube, giardino d'inverno e servizio all'aperto.

XX **Oste Scuro-Finsterwirt** – Hotel Goldener Adler   🛎 ✿
vicolo del Duomo 3 – ℰ *04 72 83 53 43*   VISA ⓪ ① ✆
– www.finsterwirt.com – Fax 04 72 83 56 24 – chiuso 1 settimana in gennaio,
2 settimane in marzo, 1 settimana in giugno   **m**
Rist – *(chiuso domenica sera, lunedì)* Carta 32/52 €
♦ È questo uno dei ristoranti più tradizionali e suggestivi della città. L'ambiente tipico tirolese e l'arredamento antico regalano la dolce atmosfera di epoche passate.

XX **Sunnegg** con cam   ⬅ 🛎 📶 ↯ 🅿 VISA ⓪ ① ✆
via Vigneti 67, 1 km per via Cesare Battisti – ℰ *04 72 83 47 60*
– www.sunnegg.com – Fax 04 72 20 83 57 – chiuso dal 7 gennaio al 12 febbraio
e dal 17 giugno al 3 luglio
7 cam ⌂ – ♦35/45 € ♦♦65/75 € – ½ P 55 €
Rist – *(chiuso mercoledì, giovedì a mezzogiorno)* Carta 27/45 €
♦ Qui, tra i vigneti, è possibile gustare un approccio sincero alla cucina del territorio, ricco di specialità stagionali, con servizio estivo all'aperto e vista sui monti.

X **Fink**   AK ↯ ✿ VISA ⓪ AE ✆
via Portici Minori 4 – ℰ *04 72 83 48 83 – www.restaurant-fink.it*
– Fax 04 72 83 52 68 – chiuso martedì sera (escluso da luglio al 15 settembre),
mercoledì   **n**
Rist – *(prenotare)* Carta 34/44 €
♦ Sotto i portici, questo tradizionale luogo della ristorazione cittadina presenta due alternative: consumazioni veloci al piano terra, sala più classica al primo piano.

a Cleran (Klerant) **Sud : 5 km** – **alt. 856 m** – ✉ **39042 Sant'Andrea In Monte**

🏠 **Fischer** ⌂   ⬅ 🛎 📶 🅿 ♿ 🎣 🅿 VISA ⓪ ✆
Cleran 196 – ℰ *04 72 85 20 75 – www.hotel-fischer.it – Fax 04 72 85 20 60*
– chiuso dall'8 novembre al 4 dicembre
23 cam ⌂ – ♦52/62 € ♦♦86/112 € – ½ P 75 €
Rist – *(chiuso domenica sera, lunedì)* Carta 27/45 €
♦ Isolata e con una vista incantevole sul fondovalle, una risorsa che si offre con vari convincenti servizi e camere confortevoli e di tutto riposo. Architettura tipica. Per i pasti la rustica e caratteristica stube o l'ariosa e luminosa sala da pranzo.

BREUIL-CERVINIA – **Aosta (AO)** – **561** E4 – **alt. 2 050 m** – Sport   **34** B2
invernali : 2 050/3 500 m ⅍ 4 ⅍ 11 (Comprensorio Monte Rosa ski collegato con
Valtournenche e Zermatt - Svizzera) anche sci estivo ⅍ – ✉ **11021** ▮ Italia Centro Nord

▶ Roma 749 – Aosta 55 – Biella 104 – Milano 187

🛈 via Guido Rey 17 ℰ 0166 949136, breuil-cervinia@montecervino.it,
Fax 0166 949731

🏔 Cervino, ℰ 0166 94 91 31

🏨 **Hermitage** ⌂   ⬅ 🚗 🛎 🖼 ⓪ 📶 ⅃ 🛎 ♿ cam, ⅍ rist, 🛜 ⅍ 🅿
via Piolet 1 – ℰ *01 66 94 89 98*   🚗 VISA ⓪ AE ① ✆
– www.hotelhermitage.com – Fax 01 66 94 90 32 – 27 novembre-2 maggio
e luglio-agosto
32 cam ⌂ – ♦200/350 € ♦♦300/450 € – 5 suites – ½ P 180/340 €
Rist – Carta 59/78 € 🍷
♦ Grande chalet di montagna, in cui risulta dolce e naturale sentirsi coccolati e conquistati: eleganza e tradizione, per un'ospitalità esclusiva. Ottimo centro benessere. Ristorante in cui buon gusto e personalizzazioni consentono di vivere momenti speciali.

Excelsior-Planet ⟨ 🐾 🎐 & 💮 📶 🅿 🚗 VISA ⚈ AE 💰

piazzale Planet 1 – 𝒞 01 66 94 94 26 – www.excelsiorplanet.com
– Fax 01 66 94 88 27 – novembre-aprile e luglio-agosto
46 cam – ♦80/229 € ♦♦110/270 €, � 15 € – 5 suites – ½ P 100/210 €
Rist – Carta 35/65 €
♦ Una struttura in cui godere di un'ospitalità attenta e vicina alle esigenze di ogni cliente. Signorilmente ristrutturato, si percepisce la professionalità acquisita col tempo. Ristorante dal menù eclettico, apprezzato in zona.

Sertorelli Sporthotel ⟨ 🐾 🖪 🎐 & cam, 💮 rist, 📶 🅿

piazza Guido Rey 28 – 𝒞 01 66 94 97 97 VISA ⚈ AE ① 💰
– www.sertorelli-cervinia.it – Fax 01 66 94 81 55 – 14 novembre-2 maggio e
26 giugno-5 settembre
74 cam ⊒ – ♦80/150 € ♦♦130/260 € – 1 suite – ½ P 85/150 €
Rist – Carta 20/52 €
♦ In posizione centrale e panoramica, hotel in cui confort moderni e professionalità possono regalare soggiorni ideali per turisti esigenti. Nuovo bar e sala soggiorno. Tre sale ristorante, di cui la meno capiente è davvero intima e raccolta.

Punta Maquignaz ⟨ 🐾 🖪 💮 cam, 🅿 VISA ⚈ AE 💰

piazza Guide Maquignaz – 𝒞 01 66 94 91 45 – www.puntamaquignaz.com
– Fax 01 66 94 80 55 – dicembre-aprile
33 cam – 2 suites – solo ½ P 90/145 €
Rist *Ymeletrob* – Carta 43/60 €
♦ Hotel centrale, internamente rifinito in legno, ristrutturato in stile alpino con signorile gusto montano. In bella mostra una ricca collezione di trofei di caccia. Griglia a vista in sala ristorante.

Mignon 🖪 & cam, 💮 📶 VISA ⚈ 💰

via Carrel 50 – 𝒞 01 66 94 93 44 – www.mignoncervinia.com
– Fax 01 66 94 96 87 – novembre-aprile e luglio-agosto
20 cam ⊒ – ♦55/110 € ♦♦110/220 € – ½ P 75/130 €
Rist – (chiuso a mezzogiorno) (solo per alloggiati)
♦ Come suggerisce il nome, in questo caratteristico chalet di montagna - a 100 m dagli impianti di risalita e dal Golf Club del Cervino - tutto è molto raccolto ed elegante. Raffinatezza che si ritrova anche al ristorante, dove gustare alcune specialità regionali.

Jumeaux senza rist ⟨ 🖪 🛁 📶 🅿 VISA ⚈ AE 💰

piazza Jumeaux 8 – 𝒞 01 66 94 90 44 – www.hoteljumeaux.it
– Fax 01 66 94 98 86 – novembre-maggio e luglio-settembre
30 cam ⊒ – ♦62/90 € ♦♦96/136 €
♦ Risorsa attiva sin dal 1905, in comoda posizione centrale, presenta ambienti comuni accoglienti e confortevoli con una caratteristica e luminosissima saletta relax.

Breithorn senza rist ⟨ 🖪 💮 🚗 VISA ⚈ AE ① 💰

via Guido Rey – 𝒞 01 66 94 90 42 – www.breithorn.it – Fax 01 66 94 83 63
– 27 novembre-10 maggio e 15 luglio-15 settembre
24 cam – ♦40/80 € ♦♦70/140 €, ⊒ 10 €
♦ Una risorsa sobria, in posizione eccezionale per gli amanti dello sci di fondo, da cui è possibile godere di una bellissima vista sul Cervino e sulle Grandes Murailles.

sulla strada regionale 46 Sud-Ovest: 1 km

Les Neiges d'Antan ⟨ 🏠 🐾 🛁 📶 🅿 VISA ⚈ 💰

Cret de Perreres 10, Sud-Ovest : 4,5 km ⊠ 11021 – 𝒞 01 66 94 87 75
www.lesneigesdantan.it – Fax 01 66 94 88 52 – novembre-aprile e agosto-settembre
21 cam ⊒ – ♦200/240 € ♦♦220/360 € – 3 suites – ½ P 130/200 €
Rist – Carta 37/65 € 🍴
♦ In origine si trattava di una baita, nel corso del tempo è stata trasformata in un tranquillo e signorile albergo. Perdura l'atmosfera antica, ricca di armoniosi silenzi. Cucina del territorio, clima di casa.

Lac Bleu ⟨ 🚗 🏠 🐾 🖪 & cam, 💮 rist, 📶 🅿 🚗 VISA ⚈ 💰

località Lago Blu ⊠ 11021 – 𝒞 01 66 94 99 03 – www.hotel-lacbleu.com
– Fax 01 66 94 99 02 – 3 dicembre-aprile e luglio-10 settembre
17 cam – ♦50/78 € ♦♦90/146 €, ⊒ 15 € – 3 suites – ½ P 80/120 €
Rist – (chiuso a mezzogiorno) (solo per alloggiati) Menu 20/32 €
♦ Albergo a gestione familiare in cui semplicità e cortesia costituiscono un binomio molto apprezzato, anche grazie alla bellezza data dal panorama sul maestoso Cervino.

BRIAGLIA – Cuneo (CN) – **561** I5 – **287 ab.** – **alt. 557 m** – ⊠ **12080**　　　**23** C3

　▶ Roma 608 – Cuneo 31 – Savona 68 – Torino 80

XX　　**Marsupino** con cam　　　　　　　　　　⏸️ 🅰️Ⓒ 🏧 🆚 ⓶ⓞ 🅰️🅴 ⓞ 🛎️
　　　via Roma Serra 20 – ℰ *01 74 56 38 88*
　　　– www.trattoriamarsupino.it – Fax　01 74 56 30 35
　　　– chiuso dal 6 gennaio al 6 febbraio
　　　5 cam � ⊡ – †60 € ††110 € – **2 suites**
　　　Rist – *(chiuso mercoledì, giovedì a mezzogiorno)* (prenotare)
　　　Carta 31/56 € 🕸

　　　◆ In un paesino di poche case, una trattoria dall'atmosfera rustica ed elegante. La cucina è rigorosamente del territorio, particolarmente attenta alla scelta dei prodotti. Accoglienti e graziose le nuove camere, arredate con mobili antichi e abbellite con stucchi e affreschi alle pareti.

BRINDISI 🅿 (BR) – **564** F35 – **89 979 ab.** – ⊠ **72100** ▯ Italia　　　**27** D2

　▶ Roma 563 – Bari 113 – Napoli 375 – Taranto 72

　🛧 di Papola-Casale per ④ : 6 km ℰ 0831 4117408

　🛈 lungomare Regina Margherita 44 ℰ 0831 562126, apt.brindisi@
　　viaggiareinpuglia.it, Fax 0831 562149

　🅖 S. Maria del Casale★: circa 5 km a nord (nei pressi dell'aeroporto civile)

BRINDISI

Amalfi (V.)	**V** 3
Balsamo (V. Grazia)	**X** 7
Bono (V. Eduardo dal)	**X** 10
Caduti (Viale)	**X** 12
Canova (V. Antonio)	**X** 13
Caravaggio (Viale)	**X** 16
Ciciriello (V. Ettore)	**V** 18

Commenda (Viale)	**X** 22
Duca degli Abruzzi (Viale)	**V** 25
Fani (V.)	**X** 27
Imperator Augusto (V.)	**X** 28
Maddalena (Viale Umberto)	**V** 30
Magaldi (V. Nicola)	**V** 34
Marche (V.)	**X** 36
Maria Ausiliatrice (V.)	**X** 37
Osanna (V.)	**VX** 42

Pace Brindisina (V.)	**X** 45
Pellizza da Volpedo (V. G.)	**X** 46
Ruggero di Flores (V.)	**V** 51
Soldati (V. Anastasio)	**X** 63
S. Angelo (V.)	**X** 52
S. Giovanni Bosco (V.)	**X** 57
Tirolo (V.)	**X** 66
Togliatti (Viale Palmiro)	**X** 67
Villafranca (V.)	**X** 70

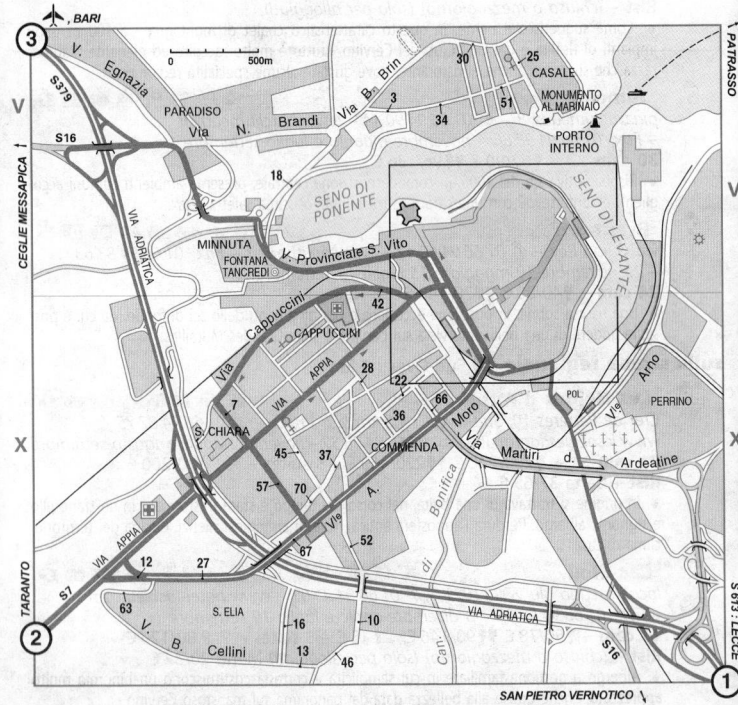

200

Grande Albergo Internazionale
⟮🏨 ⟯   🛗 ⭳ 🚫 🅰️🅲 ⚡ rist, ⟨ᵗ⟩ ✦
  🆅🅸🆂🅰 ⓂⓈ 🅰🅴 ⓞ ⓢ

lungomare Regina Margherita 23 – ℰ *08 31 52 34 73*
– www.albergointernazionale.it – Fax 08 31 52 34 76
  Y**a**
67 cam ⌂ – †100/160 € †💎155/300 € – ½ P 120/180 €
Rist – Carta 36/70 €

♦ Un albergo dalla lunga storia...in un edificio ottocentesco, impreziosito da affreschi e mobili d'epoca, belle camere e un buon livello di servizi generali. Nell'elegante ristorante continua la magia con argenteria e lampadari preziosi; nel piatto cucina regionale e nazionale.

La Rosetta senza rist
🏨   🅰🅲 ⟨ᵗ⟩ 🆅🅸🆂🅰 ⓂⓈ 🅰🅴 ⓞ ⓢ

via San Dionisio 2 – ℰ *08 31 59 04 61 – www.brindisiweb.com/rosetta*
– Fax 08 31 56 31 10
  Y**g**
40 cam ⌂ – †60 € †💎80 €

♦ In uno stabile del centro storico, indirizzo valido per il turista come per chi viaggia per affari con camere semplici e tradizionali dagli accessori moderni.

Barsotti senza rist
🏨   🅰🅲 ⟨ᵗ⟩ ✦ 🚗 🆅🅸🆂🅰 ⓂⓈ 🅰🅴 ⓞ ⓢ

via Cavour 1 – ℰ *08 31 56 08 77 – www.hotelbarsotti.com – Fax 08 31 56 38 51*
60 cam ⌂ – †78 € †💎105 €
  Z**e**

♦ Piccolo e utile indirizzo a gestione familiare, ben posizionato in centro località e frequentato principalmente da chi viaggia per lavoro, dispone di garage privato e di camere fresche e confortevoli.

BRINDISI

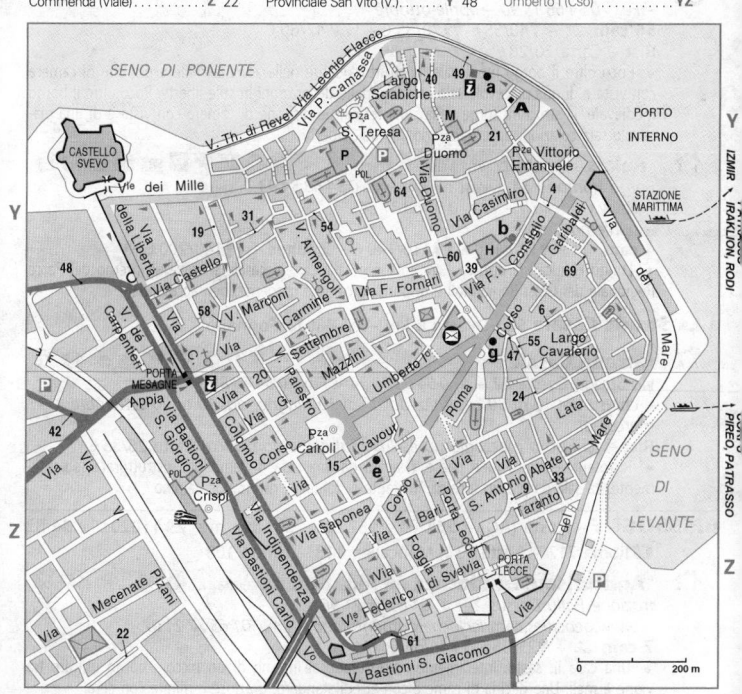

✗✗ Pantagruele ⚗ &. AC VISA ⦾ AE ① ✚

Salita di Ripalta 1/5 – ℰ 08 31 56 06 05 – Fax 08 31 56 06 05
– chiuso dal 15 al 30 agosto, sabato a mezzogiorno, domenica Yb
Rist – (consigliata la prenotazione) Carta 20/44 €
♦ Recentemente rimesso a nuovo, un locale carino di tono moderno e gestito con passione e attenzione. Offre una cucina casalinga a base di pesce, ben fatta e piacevolmente presentata.

BRIOSCO – Milano (MI) – 561 E9 – 5 774 ab. – alt. 271 m – ⊠ 20040   18 B1

🚗 Roma 608 – Como 25 – Lecco 24 – Milano 40

✗✗ LeAR con cam ⌂ ⊓ &. rist, ⦾ 🛏 P VISA ⦾ AE ① ✚

via Col de Frejus 3, Est : 1,5 km – ℰ 03 62 96 69 20
– www.ristorante-lear.com – Fax 03 62 96 69 60
– chiuso 3 settimane in gennaio e 3 settimane in agosto
10 cam ⊑ – †90/100 € ††120/150 €
Rist – (chiuso domenica sera, lunedì) Menu 68/76 € – Carta 61/83 €
Spec. Foie gras, petto di quaglia, profumo al rosmarino e risina (fagiolo) di Spello. Maccheroncini di farro trafilati, seppie e piselli. Carrè di maialino da latte croccante e prugne confit.
♦ Piccolo borgo fuori paese, impreziosito dal parco-museo che accoglie una raccolta di opere d'arte e l'elegante ristorante di tono rustico moderno.

BRISIGHELLA – Ravenna (RA) – 562 J17 – 7 749 ab. – alt. 115 m   9 C2
– ⊠ 48013

🚗 Roma 355 – Bologna 71 – Ravenna 48 – Faenza 13
🛈 piazza Porta Gabolo 5 ℰ 0546 81166, iat.brisighella@provincia.ra.it,
Fax 0546 81166

🏨 La Meridiana ⌂ 🚗 📱 ⅋ rist, 🛏 P VISA ⦾ AE ① ✚

viale delle Terme 19 – ℰ 05 46 81 59 0 – www.lameridianahotel.it
– Fax 05 46 81 59 0 – aprile-ottobre
56 cam ⊑ – †40/55 € ††70/85 € – ½ P 47/60 €
Rist – Carta 20/28 €
♦ Poco oltre il borgo medievale, la struttura sorge nella zona termale e dispone di camere con vista e di una piacevole sala colazioni dalle decorazioni in stile liberty. Poco oltre il borgo medievale, la struttura sorge nella zona termale e dispone di camere con vista e di una piacevole sala colazioni dalle decorazioni in stile liberty.

⌂ Relais Varnello senza rist ⌂ ← 🚗 ☒ AC ⅋ P VISA ⦾ AE ① ✚

Borgo Rontana 34, Ovest : 3 km – ℰ 05 46 85 49 3
– www.varnello.it – Fax 05 46 83 12 4
– aprile-novembre
4 cam ⊑ – †100/120 € ††110/140 € – 2 suites – ††140/200 €
♦ Lungo l'antica via etrusca - tra colline e calanchi - il casale si trova all'interno del Parco Regionale dei Gessi Romagnoli e dispone di camere moderne, ben accessoriate.

a La Strada Casale Sud-Ovest : 8 km – ⊠ 48013 Fognano

✗✗ Strada Casale ⊓ ⅋ P VISA ⦾ ① ✚

via Strada Casale 22 – ℰ 0 54 68 80 54 – Fax 0 54 68 80 54
– chiuso dal 10 al 30 gennaio, dal 1° al 10 giugno, dal 10 al 20 settembre, mercoledì
Rist – (chiuso a mezzogiorno escluso sabato e domenica) Carta 26/35 €
♦ Ristorante-enoteca fuori paese, ricavato da una casa di campagna ristrutturata sapientemente. La sala da pranzo è calda, invitante e dotata di un grande camino.

BRISSOGNE – Aosta (AO) – 561 E4 – 962 ab. – alt. 894 m – ⊠ 11020   34 B2

🚗 Roma 717 – Aosta 13 – Moncalieri 118 – Torino 108

⌂ Agriturismo Le Clocher du Mont-Blanc senza rist ⌂ 🚗 ⅋

frazione Pallù Dessus 2 – ℰ 01 65 76 21 96 P
– www.geocities.com/leclocherdumontblanc – Fax 01 65 77 21 07
7 cam ⊑ – †25/35 € ††44/65 €
♦ Una casa in sasso, interamente ristrutturata, all'interno di un piccolo borgo ubicato tra vigne e meli. Una decina di camere con arredi standard, graziose e rifinite con cura.

BRIXEN = Bressanone

BROGLIANO – Vicenza (VI) – **562** F16 – 3 585 ab. – alt. 172 m   35 B2
– ✉ 36070

▶ Roma 540 – Verona 54 – Venezia 90 – Vicenza 31

🏠   **Locanda Perinella** ⌂   🛏 🖂 ⅙ cam, 🌃 🛇 ⟨ṗ⟩ 🅿 🚗 💳 ⓂⓄ ⌖
🍴   via Bregonza 19 – ℰ 04 45 94 76 88 – Fax 04 45 94 76 88
     – chiuso dal 1° all'8 gennaio e dal 7 al 23 agosto
     16 cam – ♀60/80 € ♀♀90/110 €, 🖵 8 € – 6 suites
     Rist – Carta 21/39 €
     ♦ Antico edificio di campagna ristrutturato con intelligenza e arredato con semplice e tradizionale purezza. Mobili d'epoca e pregevoli elementi architettonici originali. Menù invitante, ambiente rustico-elegante in sala e all'aperto.

Bed & breakfast e agriturismi ↑ non offrono gli stessi servizi di un hotel. Queste forme alternative di ospitalità si distinguono spesso per l'accoglienza e l'ambiente: specchio della personalità del proprietario. Quelli contraddistinti in rosso ↑ sono i più ameni.

BRUGNERA – Pordenone (PN) – **562** E19 – 8 952 ab. – alt. 16 m   10 A3
– ✉ 33070

▶ Roma 564 – Belluno 59 – Pordenone 15 – Treviso 38

🏠🏠   **Ca' Brugnera**   🖵 🛏 ⅙ 🌃 ⟨ṗ⟩ 🚿 🅿 🚗 💳 ⓂⓄ 🅰🅴 ⓪ ⌖
     via Villa Varda 4 ✉ 33070 – ℰ 04 34 61 32 32 – www.cabrugnera.com
     – Fax 04 34 61 34 56
     60 cam 🖵 – ♀61/99 € ♀♀87/149 € – 4 suites – ½ P 61/100 €
     Rist – (chiuso a mezzogiorno) Carta 32/49 €
     ♦ Realizzata secondo i canoni dell'architettura contemporanea, la risorsa è ideale per una clientela d'affari e commerciale: ampi e con arredo classico sia gli spazi comuni che le camere. Al ristorante, atmosfera elegante, sapori regionali e proposte di cucina celiaca.

BRUNECK = Brunico

BRUNICO (BRUNECK) – Bolzano (BZ) – **562** B17 – 14 876 ab.   31 C1
– alt. 835 m – **Sport invernali : 838/2 275 m** ⛷ 19 ⛷ 12 (Comprensorio Dolomiti superski Plan de Corones) ⚁ – ✉ 39031 ▮ Italia

▶ Roma 715 – Cortina d'Ampezzo 59 – Bolzano 77 – Brennero 68

🛈 piazza Municipio 7 ℰ 0474 555722, info@bruneck.com,
    Fax 0474 555544

◎ Museo etnografico★ di Teodone

🏠   **Rosa d'Oro-Goldene Rose** senza rist   🛏 ⅙ ↩ ⟨ṗ⟩ 🔱 🚗
     via Bastioni 36/b – ℰ 04 74 41 30 00   💳 ⓂⓄ 🅰🅴 ⌖
     – www.hotelgoldenrose.com – Fax 04 74 41 30 99 – chiuso dal 1° al 22 giugno e
     dal 1° al 20 ottobre
     21 cam 🖵 – ♀65/105 € ♀♀94/124 €
     ♦ Questa risorsa costituisce un esempio eccellente di come si possa coniugare la modernità dei servizi e delle installazioni, col calore della tradizione. Camere ottime.

🍴   **Oberraut**   🚿 💳 ⓂⓄ 🅰🅴 ⌖
     via Ameto 1 – ℰ 04 74 55 99 77 – Fax 04 74 55 99 97
     – chiuso dal 15 al 30 gennaio e dal 15 al 30 giugno
     Rist – Carta 29/49 €
     ♦ Ubicato nel verde di un bosco, questa sorta di maso propone al suo interno un servizio ristorante di tutto rispetto con gustosi piatti regionali, rivisitati in chiave moderna.

a Stegona (Stegen)**Nord-Ovest : 2 km – alt. 817 m – ⊠ 39031 Brunico**

Langgenhof 🚗 🏡 🕸 🛏 ⅙ ⅗ rist, 🕯 **P** **VISA** **⚫** 🌀
via San Nicolò 11 – ✆ 04 74 55 31 54 – www.langgenhof.com
– Fax 04 74 55 21 10
31 cam ⊠ – ♦49/71 € ♦♦82/134 € – ½ P 70/84 €
Rist – (chiuso 2 settimane in aprile, 2 settimane in novembre e domenica)
(chiuso a mezzogiorno) Carta 36/47 €

♦ Un maso, edifico tipico di queste parti, riadattato con materiali biologici e molto e buon gusto per ospiti in cerca di genuinità, da viversi nello spirito della tradizione. Originali e meravigliose stufe nella sala da pranzo. Tutto trasmette passione e cura.

a San Giorgio (St. Georgen)**Nord : 2 km – alt. 823 m – ⊠ 39031 Brunico**

Gissbach 🕸 🔲 🕸 🛏 ⅗ rist, 🕻 **P** 🚗 **VISA** **⚫** **AE** **①** 🌀
via Gissbach 27 – ✆ 04 74 55 11 73 – www.gisssbach.com – Fax 04 74 55 07 14
– dicembre-Pasqua e maggio-ottobre
27 cam ⊠ – ♦52/79 € ♦♦84/138 € – 9 suites – ½ P 82 €
Rist – (chiuso a mezzogiorno) Carta 20/47 €

♦ Edificio in tipico stile di montagna con alcuni interessanti spunti architettonici, che caratterizzano in modo curioso gli interni, come gli inserti di vetro nel pavimento. La facciata è quella di una casa in tipico stile tirolese, mentre gli interni sono caratterizzati da alcuni interessanti spunti architettonici come gli inserti di vetro nel pavimento.

a Riscone (Reischach)**Sud-Est : 3 km – alt. 960 m – ⊠ 39031**

Schönblick ← 🚗 🔲 ⊕ 🕸 🛏 ⅙ 🛬 ⅗ 🕯 🔋 **P** 🚗
via Reiperting 1 – ✆ 04 74 54 17 77 **VISA** **⚫** **AE** **①** 🌀
– www.schoenblick.it – Fax 04 74 54 17 45 – chiuso dal 6 aprile al 21 maggio e
dal 17 ottobre al 26 novembre
53 cam ⊠ – ♦90/160 € ♦♦150/300 € – 4 suites – ½ P 160 €
Rist – (chiuso a mezzogiorno escluso luglio-agosto) (solo per alloggiati)

♦ Imponente ed elegante struttura cinta dal verde; all'interno grandi spazi in stile montano di taglio moderno e tono signorile. Belle stanze spaziose, dotate di ogni confort. Calda atmosfera nella sala da pranzo rivestita in perlinato; molto accogliente.

Royal Hotel Hinterhuber 🕸 ← 🚗 ⊼ 🔲 ⊕ 🕸 🛁 ⅗ 🛏 ⅙
via Ried 1/A **AC** rist, ⅗ rist, 🕯 **P** 🚗 **VISA** **⚫** **AE** **①** 🌀
– ✆ 04 74 54 10 00 – www.royal-hinterhuber.com – Fax 04 74 54 80 48
– 5 dicembre-6 aprile e 4 giugno-settembre
47 cam ⊠ – ♦110/170 € ♦♦170/250 € – 8 suites – ½ P 95/155 €
Rist – (solo per alloggiati)

♦ Grazie ai continui rinnovi, resta sempre attuale questo hotel adatto a chi cerca un luogo nel quale trovare assoluto relax e praticare sport. Parco con piscina riscaldata e tennis.

Majestic 🕸 ← 🚗 ⊼ 🔲 ⊕ 🕸 🛁 🛏 ⅗ rist, 🕯 **P** **VISA** **⚫** 🌀
Im Gelande 20 – ✆ 04 74 41 00 93 – www.hotel-majestic.it – Fax 04 74 55 08 21
– chiuso dall'11 aprile al 13 maggio e dal 7 novembre al 3 dicembre
56 cam ⊠ – ♦100/135 € ♦♦190/290 € – 4 suites – ½ P 110/160 €
Rist – (chiuso a mezzogiorno) (solo per alloggiati) Menu 28/45 €

♦ Vicino agli impianti sportivi ed al golf a 9 buche, non difetta di silenzio e tranquillità per una vacanza in cui il relax è la chiave di volta. Piacevole e rilassante centro benessere.

Rudolf ← 🚗 🔲 ⊕ 🕸 🛁 🛏 🛬 ⅊ ⅗ rist, 🕯 **P** 🚗
via Riscone 33 – ✆ 04 74 57 05 70 **VISA** **⚫** **AE** **①** 🌀
– www.hotel-rudolf.it – Fax 04 74 55 08 06
32 cam ⊠ – ♦80/170 € ♦♦140/230 € – 4 suites – ½ P 90/120 €
Rist – (chiuso novembre) Carta 26/51 €

♦ Il punto di forza dell'albergo è rappresentato senz'altro dagli ambienti e dai servizi comuni di livello apprezzabile. In più ci sono panorama e tranquillità. Ristorante d'impostazione classica nello stile dell'arredo e nella composizione del menù.

Un pasto accurato a prezzo contenuto? Cercate i Bib Gourmand 🏠.

BRUSAPORTO – Bergamo (BG) – 4 977 ab. – alt. 238 m – ⊠ 24060   **19** C1
> ▶ Roma 601 – Bergamo 12 – Brescia 54 – Milano 60

🏠🏠🏠   **Relais da Vittorio** ⑤   ⇐ 🚗 ⅃ ※ 🛎 🕮 ❄️ 🛁 **P** **VISA** ⓸ ① ᗕ
via Cantalupa 17 – ℰ 0 35 68 10 24 – www.davittorio.com – Fax 0 35 68 08 49
– chiuso 20 giorni in agosto
10 cam ⊆ – ❶200/250 € ❶❶280/300 €
Rist Da Vittorio – vedere selezione ristoranti
◆ Al centro di una vasta proprietà, poche camere, spaziosissime ed eleganti, alcune con terrazzo affacciato sui colli. Naturale punto d'appoggio per il prestigioso ristorante.

XXXX   **Da Vittorio** (Enrico e Roberto Cerea) – Relais da Vittorio   🍴 ᒼ 🕮 **P**
ॐ ॐ ॐ *via Cantalupa 17 – ℰ 0 35 68 10 24*   **VISA** ⓸ ① ᗕ
– www.davittorio.com – Fax 0 35 68 08 49 – chiuso 20 giorni in agosto e
mercoledì escluso settembre e dicembre
Rist – Menu 70/140 € – Carta 81/161 € ⅛
Spec. Tortino di riso con tartare di tonno e ostica affumicata. Crudo "Damare", pesci e crostacei. Merluzzo nero dell'Alaska, panzanella e marmellata di pomodori pachino.
◆ Un altro nome scala l'ambita vetta delle tre stelle: Vittorio, l'irrinunciabile riferimento per gli estimatori di una cucina classica e di pesce, dal crudo ad elaborazioni più complesse.

BRUSCIANO – Napoli (NA) – 15 696 ab. – alt. 27 m – ⊠ 80031   **6** B2
> ▶ Roma 217 – Napoli 22 – Latina 62 – Salerno 59

XX   **Taverna Estia** (Francesco e Armando Sposito)   ᒼ 🍴 🕮 **P**
ॐ *via Guido De Ruggiero 108 – ℰ 08 15 19 96 33*   **VISA** ⓸ ① ᗕ
– www.tavernaestia.it – chiuso dal 7 al 13 gennaio, dal 15 al 30 agosto,
domenica sera, lunedì
Rist – *(chiuso a mezzogiorno escluso i giorni festivi)* (consigliata la prenotazione) Menu 75/90 € – Carta 66/85 € ⅛
Spec. Tartufi di mare e tartufi bianchetti si incontrano in zuppa. Coniglio al profumo di ginepro, cotto a bassa temperatura, su finocchi gratinati e cipollotto caramellato. Millefoglie al burro di Normandia con crema chiboust e caramello al latte.
◆ Nella zona degli impianti sportivi, locale che si presenta come un'inaspettata oasi di elegante rusticità, tra camino e travi a vista, una cucina decisamente creativa.

BRUSSON – Aosta (AO) – **561** E5 – 854 ab. – alt. 1 331 m – Sport   **34** B2
invernali : 1 338/2 230 m ⑤2, ☂ – ⊠ 11022
> ▶ Roma 726 – Aosta 53 – Ivrea 51 – Milano 164
> 🛈 piazza Municipio 2 ℰ 0125 300240, infobrusson@aiatmonterosa.com, Fax
> 0125 300691

🏠   **Laghetto**   ⇐ 🚗 ᒼ 🍴 ※ cam, **P** ⓸ 🕮 ① ᗕ
rue Trois Villages 291, località Diga – ℰ 01 25 30 01 79 – www.hotellaghetto.it
– Fax 01 25 30 19 47 – chiuso dal 18 ottobre al 4 dicembre
18 cam – ❶65/90 € ❶❶96/136 € – ½ P 58/78 €
Rist – *(chiuso giovedì)* Carta 25/33 €
◆ Albergo a gestione familiare, in cui trascorrere un soggiorno rilassante e sobrio. Attratti dalle montagne e anche dall'adiacente laghetto per la pesca sportiva. Due sale ristorante, una dedicata ai turisti di passaggio, l'altra per gli ospiti dell'hotel.

BUDOIA – Pordenone (PN) – **562** D19 – 2 450 ab. – alt. 140 m   **10** A2
– ⊠ 33070
> ▶ Roma 600 – Belluno 65 – Pordenone 32 – Treviso 58

🏠   **Ciasa de Gahja** ⑤   🚗 🍴 ⅃ ᒼ 🕮 rist, ❛❜ **P** **VISA** ⓸ 🕮 ① ᗕ
via Anzolet 13 – ℰ 04 34 65 48 97 – www.ciasadegahja.com
– Fax 04 34 65 48 15
16 cam ⊆ – ❶65/85 € ❶❶85/130 € – ½ P 63/95 €
Rist – *(chiuso lunedì, martedì a mezzogiorno)* Carta 28/70 €
◆ Nei dintorni passeggiate per boschi e avventure tra testimonianze architettoniche, all'interno dell'antica residenza di caccia, una calda accoglienza e ampie camere personalizzate. Nelle eleganti sale o a bordo piscina, sarete deliziati da una cucina fantasiosa.

XX **Il Rifugio** 🚗 🏠 P VISA ◎ AE ① 💲

località Val de Croda, Nord-Ovest : 3 km ⊠ 33070 – ℰ 04 34 65 49 15
– www.ilrifugio.net – chiuso 2 settimane in gennaio, 1 settimana in giugno,
mercoledì, giovedì a mezzogiorno
Rist – Carta 27/45 €

♦ Sono la pace e il silenzio del parco della Val de Croda a fare da cornice naturale al piacevole dehors estivo; all'interno, accoglienti salette con camino. Selvaggina, funghi e carni alla griglia dalle cucine.

BUDRIO – Bologna (BO) – **562** I16 – **17 128 ab.** – alt. 25 m – ⊠ 40054 **9 C2**

🚶 Roma 401 – Bologna 22 – Ferrara 46 – Ravenna 66

🏠 **Sport Hotel** senza rist 🛗 🕽 ⁽ᵖ⁾ P VISA ◎ AE ① 💲

via Massarenti 10 – ℰ 0 51 80 35 15 – www.hotelsport.biz – Fax 0 51 80 35 80
31 cam ⊐ – †60/170 € ††80/250 €

♦ Risorsa con camere semplici e bagni piccoli, apprezzata per la propria funzionalità e per la comoda ubicazione a poca strada dal polo fieristico bolognese.

X **Centro Storico** 🕭 AC 🍴 VISA ◎ AE 💲

via Garibaldi 10 – ℰ 0 51 80 16 78 – Fax 05 16 92 44 14 – chiuso dal 20 al
28 febbraio, dal 21 agosto al 2 settembre, domenica sera, lunedì
Rist – (consigliata la prenotazione) Carta 38/51 €

♦ Piccolo locale a gestione famigliare, dove lo chef propone una cucina che affonda le proprie radici nella tradizione, rivisitata e alleggerita.

BULLA = PUFELS – Bolzano – Vedere Ortisei

BURAGO DI MOLGORA – Milano (MI) – **561** F10 – **4 281 ab.** **18 B2**
– alt. 182 m – ⊠ 20040

🚶 Roma 591 – Milano 22 – Bergamo 37 – Lecco 33

🏨 **Brianteo** 🛗 AC 🍴 ⁽ᵖ⁾ 🛗 P VISA ◎ AE ① 💲

via Martin Luther King 3/5 – ℰ 03 96 08 21 18 – www.brianteo.it
– Fax 03 96 08 43 38 – chiuso dal 23 dicembre al 6 gennaio e dal 2 al 24 agosto
62 cam ⊐ – †89/110 € ††130/160 € – ½ P 100/130 €
Rist Brianteo – vedere selezione ristoranti

♦ Struttura votata alla soddisfazione delle esigenze della clientela d'affari. Camere ampie, curate e funzionali, benché semplici; sono validi anche gli spazi comuni.

XX **Brianteo** AC 🍴 ⇄ P VISA ◎ AE ① 💲

via Martin Luther King 3/5 – ℰ 03 96 08 04 36 – www.brianteo.it
– Fax 03 96 08 43 38 – chiuso dal 26 dicembre al 6 gennaio ed agosto
Rist – Carta 43/58 €

♦ Accanto all'omonimo hotel, un ristorante composto da un grande salone e due sale più raccolte. Il menù propone la più rassicurante e classica cucina nazionale.

BURANO – Venezia – Vedere Venezia

BURGSTALL = Postal

BURGUSIO = BURGEIS – Bolzano – **561** B13 – Vedere Malles Venosta

---

BUSALLA – Genova (GE) – **561** I8 – **5 908 ab.** – alt. 358 m – ⊠ 16012 **15 C1**

🚶 Roma 513 – Genova 26 – Alessandria 59 – Milano 123

🏠 **Vittoria** 🛗 ⅋ 🍴 VISA ◎ 💲

via Vittorio Veneto 177 – ℰ 01 09 76 12 84 – Fax 01 09 76 06 35 – chiuso dal
23 dicembre al 17 gennaio
15 cam ⊐ – †50/60 € ††70/85 €
Rist – (chiuso venerdì) (chiuso a mezzogiorno) Carta 18/28 €

♦ Piccola e accogliente risorsa, in centro e a due passi dalla stazione ferroviaria. Ambiente familiare e pulito, camere dotate di tutti i confort di base. Le decorazioni e le luci del ristorante testimoniano l'estro artistico della gestione.

XX **Grit** 🛜 ⇄ 𝓥𝓘𝓢𝓐 ◍ AE ① 💪
piazza Garibaldi 9 – € 01 09 64 17 98 – www.ristorantegrit.com
– Fax 01 09 64 17 98 – chiuso dal 14 al 23 febbraio, agosto e lunedì
Rist – Carta 23/46 €
♦ Ristorante sviluppato su tre salette e d'estate anche nella minuscola piazzetta antistante, dove sono sistemati alcuni tavolini. Cucina casalinga, con tocchi creativi.

BUSCATE – Milano (MI) – **561** F8 – **4 713 ab.** – alt. 177 m – ⊠ 20010   **18** A2
　▶ Roma 611 – Milano 38 – Gallarate 15 – Novara 21

🏢 **Scià on Martin** & 𝓐𝓒 📞 🛁 P 𝓥𝓘𝓢𝓐 ◍ AE ① 💪
viale 2 Giugno 1 – € 03 31 80 30 00 – www.sciaonmartin.it – Fax 03 31 80 35 00
– chiuso dal 24 dicembre al 3 gennaio ed agosto
44 cam ☷ – †107/117 € ††132 € – 3 suites – ½ P 106 €
Rist – *(chiuso sabato a mezzogiorno)* Carta 43/57 €
♦ Struttura recentemente ampliata, potenziata e rimodernata in molte parti. E dunque anche il livello di confort è stato elevato e adeguato alle ultime novità ed esigenze. Sala ristorante di tono moderno ed elegante con proposte di cucina stagionale.

BUSSANA – Imperia – Vedere San Remo

BUSSETO – Parma (PR) – **562** H12 – **6 904 ab.** – alt. 39 m – ⊠ 43011   **8** A1
　▶ Roma 490 – Parma 35 – Piacenza 32 – Bologna 128
　🄸 piazza Verdi 10 (Municipio) € 0524 92487, info@bussetolive.com,
　Fax 0542 931740

🏠 **I Due Foscari** 🚗 🛜 & 𝓐𝓒 ℀ 🍸 P 𝓥𝓘𝓢𝓐 ◍ AE ① 💪
piazza Carlo Rossi 15 – € 05 24 93 00 31 – www.iduefoscari.it
– Fax 0 52 49 16 25
20 cam – †62/70 € ††87 €, ☷ 8 €
Rist – *(chiuso 3 settimane in agosto e lunedì)* Carta 39/53 € 🕮
♦ Per farsi avvolgere da un'autentica atmosfera verdiana, una suggestiva e scenografica dimora di campagna, con arredi in stile e mobili d'epoca. Facile farsi sopraffare dalla meraviglia dell'ambientazione della sala ristorante.

BUSSOLENGO – Verona (VR) – **562** F14 – **19 231 ab.** – alt. 127 m   **37** A2
– ⊠ 37012
　▶ Roma 504 – Verona 13 – Garda 20 – Mantova 43

🏢 **Montresor Hotel Tower** ⬚ & 𝓐𝓒 ↯ ℀ rist. 🍸 🛁 P 🚗
　 𝓥𝓘𝓢𝓐 ◍ AE ① 💪
via Mantegna 30/a – € 04 56 76 10 00
– www.montresorgroup.com – Fax 04 56 76 22 22
144 cam – †80/300 € ††100/400 €, ☷ 8 € – ½ P 68/218 €
Rist – *(chiuso a mezzogiorno in luglio ed agosto)* Carta 22/41 €
♦ Pare un piccolo grattacielo color melanzana dagli interni che colpiscono per la modernità e la ricerca del lusso. Non mancano gli spazi, soprattutto nelle camere tutte molto spaziose. Per i pasti numerose proposte culinarie e grande capacità ricettiva.

BUSTO ARSIZIO – Varese (VA) – **561** F8 – **80 633 ab.** – alt. 224 m   **18** A2
– ⊠ 21052
　▶ Roma 611 – Milano 35 – Stresa 52 – Como 40
　🄵 Le Robinie, € 0331 32 92 60

XXX **Antica Osteria I 5 Campanili** 🚗 🛜 𝓐𝓒 𝓥𝓘𝓢𝓐 ◍ AE ① 💪
via Maino 18 – € 03 31 63 04 93 – Fax 03 31 63 04 93 – chiuso dal 6 al 15 gennaio, dal 16 al 20 agosto e lunedì
Rist – Carta 40/66 € 🕮
♦ Un locale elegante, con un bel giardino per il servizio estivo e una nutrita e affezionata clientela d'habitué. La cucina si affida a valide e fantasiose elaborazioni.

XX **Mirò** 🛜 ⇄ 𝓥𝓘𝓢𝓐 ◍ AE 💪
via Roma 5 – € 03 31 62 33 10 – www.ristorantemiro.it – chiuso sabato a mezzogiorno, lunedì
Rist – Carta 42/55 €
♦ In un ex convento in pieno centro, ambienti piacevoli suddivisi tra una sala romantica e un godibile dehors. Cucina fantasiosa e ricca di abbinamenti curiosi.

BUTTRIO – Udine (UD) – **562** D21 – **4 091** ab. – alt. 79 m – ⊠ 33042   **11** C2

> ▶ Roma 641 – Udine 12 – Gorizia 26 – Milano 381

🛏️ **Locanda alle Officine**   🍴 🗗 📶 ⚡ ⁽ᵠ⁾ 🕍 🅿️ 🚗 VISA ⓪ AE ⚕️
via Nazionale 46/48, Sud-Est : 1 km – ℰ 04 32 67 33 04
– *www.aziendagricolamarinadanieli.it* – Fax 04 32 68 35 21
38 cam – †90 € ††171 €, ⊑ 10 € – ½ P 143 €
Rist – *(chiuso domenica)* Carta 24/32 €

♦ Abbracciato dal verde e contemporaneamente poco distante dal centro, la locanda propone agli ospiti moderne camere di notevole ampiezza. Al ristorante, piatti del territorio, alcuni rivisitati.

🍴 **Trattoria al Parco**   🔔 🌿 📶 🅿️ VISA ⓪ AE ① ⚕️
via Stretta 7 – ℰ 04 32 67 40 25 – Fax 04 32 67 33 69 – *chiuso dal 15 al 25 gennaio, dal 5 al 25 agosto, martedì sera, mercoledì*
Rist – Carta 24/32 €

♦ Sale rustiche, gestione familiare e specialità alla brace: ecco cosa offre questo locale in centro paese. In estate il servizio continua all'aperto, nel piacevole giardino con laghetto.

CABRAS – Oristano – **566** H7 – Vedere Sardegna alla fine dell'elenco alfabetico

---

CADEO – Piacenza (PC) – **562** H11 – **5 463** ab. – alt. 67 m – ⊠ 29010   **8** A1

> ▶ Roma 501 – Piacenza 15 – Cremona 34 – Milano 76

🛏️ **Relais Cascina Scottina**   🚗 🍴 📶 cam, ⁽ᵠ⁾ 🕍 🅿️
strada Riglio, verso Saliceto Nord-Ovest: 2 km   VISA ⓪ AE ① ⚕️
– ℰ 05 23 50 42 32 – *www.relaiscascinascottina.it* – Fax 05 23 50 42 60 – *chiuso dal 1° all'8 gennaio e dal 7 al 23 agosto*
14 cam ⊑ – †99/160 € ††143/210 €
Rist *Antica Osteria della Pesa* – Menu 30/60 € – Carta 41/60 € 🏵️

♦ Nel cuore della campagna piacentina, nuovo ed accogliente *relais* ambientato in un antico casale del '700 (precedentemente azienda agricola): camere spaziose, arredate con gusto ed eleganza, curate nei minimi dettagli per garantire agli ospiti un soggiorno indimenticabile.

🛏️ **Le Ruote**   🗗 🕍 📶 ⁽ᵠ⁾ 🕍 🅿️ VISA ⓪ AE ① ⚕️
📶 *via Emilia 204, località Roveleto, Sud-Est : 2 km* – ℰ 05 23 50 04 27
– *www.hotelleruote.it* – Fax 05 23 50 93 34
72 cam ⊑ – †92/130 € ††120/150 €   **Rist** – Carta 20/36 €

♦ Al centro di numerosi itinerari turistici, questa moderna struttura rivestita da vetri a specchio offre ambienti colorati ed accoglienti. Apprezzata soprattutto da una clientela di lavoro. Piatti nazionali e locali al ristorante, nel quale sarete accolti da una piacevole atmosfera demodé.

🍴 **Lanterna Rossa**   📶 🍴 ⇔ 📶 VISA ⓪ AE ⚕️
via Ponte 8, località Saliceto, Nord-Est : 4 km – ℰ 05 23 50 05 63
– *www.lanternarossa.it* – Fax 05 23 50 30 57 – *chiuso dall'11 al 15 gennaio, dal 20 agosto al 15 settembre, lunedì e martedì*
Rist – *(prenotazione obbligatoria)* Menu 32/40 € – Carta 32/53 € 🏵️

♦ Una villetta di campagna tinteggiata di rosso ospita questo ristorante dalla gestione familiare; la cucina punta sulla qualità e su piatti che traggono la loro ispirazione dal mare.

CADIPIETRA = STEINHAUS – Bolzano – Vedere Valle Aurina

CAERANO DI SAN MARCO – Treviso (TV) – **562** E17 – **7 826** ab.   **36** C2
– alt. 123 m – ⊠ 31031

> ▶ Roma 548 – Padova 50 – Belluno 59 – Milano 253

🏠 **Agriturismo Col delle Rane** *senza rist* 🌿   ⇐ 🚗 🍴 🕍 📶 🍴 ⁽ᵠ⁾
via Mercato Vecchio 18, Nord-Est : 1 km   🅿️ VISA ⓪ ⚕️
– ℰ 04 23 85 55 85 – *www.coldellerane.it* – Fax 04 23 85 70 04
14 cam ⊑ – †40/49 € ††67/70 €

♦ Risorsa tranquilla e confortevole all'interno di un'elegante casa colonica di fine '700 (a disposizione anche un mini-appartamento). Momenti di relax presso la nuova bio-piscina immersa nel verde.

CAFRAGNA – Parma – **562** H12 – Vedere Collecchio

CAGLIARI P – **366** P48 – Vedere Sardegna alla fine dell'elenco alfabetico

CALAMANDRANA – Asti (AT) – **561** H7 – 1 712 ab. – alt. 314 m   **25** D2
– ⊠ 14042

▶ Roma 599 – Alessandria 38 – Genova 98 – Asti 35

X **Violetta**   🕌 & 🖩 ⅋ ✧ **P** 𝘷𝘪𝘴𝘢 ⓜ ⓞ 🛆
località Valle San Giovanni 1, Nord : 2,5 km – ℰ 01 41 76 90 11
– www.ristorantevioletta.it – Fax 01 41 76 90 11 – chiuso dal 7 al 30 gennaio,
mercoledì e la sera di domenica e martedì
Rist – Carta 30/41 € 🏵
• Echi contadini in un locale che non lascia indifferenti: dal carretto in bella mostra nel cortile, alle prelibatezze gastronomiche dalle sfumature alessandrine. Ottima cantina.

CALAMBRONE – Pisa – **563** L12 – Vedere Tirrenia

CALA PICCOLA – Grosseto – **563** O15 – Vedere Porto Santo Stefano

---

CALASETTA – Carbonia-Iglesias (107) – **366** L49 – Vedere Sardegna alla fine
dell'elenco alfabetico

CALAVINO – Trento (TN) – **562** D14 – 1 377 ab. – alt. 409 m   **30** B3
– ⊠ 38072

▶ Roma 605 – Trento 15 – Bolzano 77 – Brescia 100

X **Da Cipriano**   🕌 ⅋ 𝘷𝘪𝘴𝘢 ⓜ 🖩 ⓞ 🛆
via Graziadei 13 – ℰ 04 61 56 47 20 – Fax 04 61 56 30 49 – chiuso mercoledì
Rist – (chiuso a mezzogiorno escluso domenica) Carta 22/31 €
• La casa antica dalle volte basse ospita un ristorante con quattro salette di diverso stile,
nelle quali gustare una cucina regionale particolarmente attenta alla scelta dei prodotti.

CALCINATO – Brescia (BS) – **561** F13 – 12 186 ab. – alt. 164 m – ⊠ 25011   **17** D1
▶ Roma 517 – Brescia 19 – Milano 113 – Parma 83

a Ponte San Marco Nord : 2,5 km – ⊠ 25011

🏨 **Della Torre 1850**   🕌 & cam, 🖩 📶 😊 **P** 🚗 𝘷𝘪𝘴𝘢 ⓜ 🖩 ⓞ 🛆
via strada statale 11, Padana Superiore 33 – ℰ 03 09 65 51 11
– www.hoteldellatorre1850.it – Fax 03 09 63 71 45 – chiuso 2 settimane
in dicembre e 3 settimane in agosto
48 cam ⊆ – †50/65 € ††85/110 € – ½ P 55/67 €   **Rist** – Carta 19/44 €
• Attorno ad una torre colombaia del XIX sec., un ex opificio dalla caratteristica struttura "a
ringhiera" recentemente trasformato in hotel. Camere sobrie, mobilio di qualità.

CALDANA – Grosseto – **563** N14 – Vedere Gavorrano

CALDARO SULLA STRADA DEL VINO   **31** D3
(KALTERN AN DER WEINSTRASSE) – Bolzano (BZ) – **562** C15
– 7 513 ab. – alt. 426 m – ⊠ 39052

▶ Roma 635 – Bolzano 15 – Merano 37 – Milano 292
🛈 piazza Mercato 8 ℰ 0471 963169, info@kaltern.com, Fax 0471 963469

🏨 **Schlosshotel Aehrental**   🚗 🕌 🏊 🖥 ⅋ 📶 **P** 𝘷𝘪𝘴𝘢 ⓜ 🛆
via dell'Oro 19 – ℰ 04 71 96 22 22 – www.schlosshotel.it – Fax 04 71 96 59 41
– 25 marzo-7 novembre
19 cam – †86/140 € ††170/240 € – 2 suites   **Rist** – Carta 44/65 €
• Bell'edificio nobiliare di metà '600 a due passi dal centro, ma circondato da un bel giardino. Camere e ambienti signorili, per un soggiorno all'insegna del buon gusto. Servizio ristorante estivo all'aperto.

al lago Sud : 5 km :

🏨 **Parc Hotel** 🏡   🐾 🚗 🕌 🏊 🖥 🛁 🖥 & cam, 🖩 🔄 ⅋ 📶 😊 **P** 🚗
Campi al lago 9 – ℰ 04 71 96 00 00 – www.parchotel.cc   𝘷𝘪𝘴𝘢 ⓜ 🛆
– Fax 04 71 96 02 06 – chiuso dal 7 gennaio al 20 marzo
37 cam ⊆ – †128/270 € ††196/336 € – 3 suites – ½ P 178/300 €
Rist – (solo per alloggiati) Carta 31/58 €
• Imponente complesso ubicato proprio sulle rive del lago con interni di taglio classico, ma
assolutamente moderni per completezza e funzionalità. Belle camere spaziose.

209

🏨🏨🏨 **Seeleiten** ⟨ 🚗 🏡 🗊 ⑱ 🜋 🕯 🖥 🛗 cam, 🛖 🔟 🛀 ⑺ 🕍 **P** �car
strada del Vino 30 – 🕾 *04 71 96 02 00 – www.seeleiten.it* **VISA ⑳ AE 💲**
– Fax 04 71 96 00 64 – 15 marzo-20 novembre
59 cam ⌚ – ♥98/143 € ♥♥150/198 € – 10 suites – ½ P 103/114 €
Rist – Carta 40/52 €
♦ Tante possibilità per il relax e la cura del corpo in un hotel di classe, dotato di centro benessere e cinto da giardino con laghetto-piscina e vigneto; camere di classe. Gli spazi del ristorante sono stati strutturati con raffinatezza.

🏨🏨 **Seegarten** ⟨ 🚗 🏡 🗊 ⑱ 🛀 🖥 🛖 ⑺ **P** **VISA ⑳ ① 💲**
lago di Caldaro 17 – 🕾 *04 71 96 02 60 – www.seegarten.com*
– Fax 04 71 96 00 66 – aprile-ottobre
29 cam ⌚ – ♥80/120 € ♥♥160/220 € – 4 suites – ½ P 120 €
Rist – *(chiuso mercoledì)* Carta 28/57 €
♦ Per gli amanti del nuoto è davvero ideale la spiaggia attrezzata di questa risorsa immersa nel verde a bordo lago e con vista sui monti; camere spaziose, recentemente rinnovate. Cucina regionale con servizio estivo in terrazza: i due punti di forza del ristorante.

🏨🏨 **Haus Am Hang** 🐾 ⟨ 🚗 🏡 🗊 ⑱ 🖥 🛖 ⑺ **P** **VISA ⑳ 💲**
al Lago 57 – 🕾 *04 71 96 00 86 – www.hausamhang.it – Fax 04 71 96 00 12*
– 15 marzo-15 novembre
31 cam ⌚ – ♥45/75 € ♥♥98/145 € – ½ P 75/87 € **Rist** – Carta 30/41 €
♦ Godere della quiete, del panorama e delle opportunità offerte dalla natura in un ambiente familiare e accogliente; belle camere ampie con elegante arredamento moderno. Sala da pranzo di ambientazione tirolese.

🍴🍴 **Castel Ringberg** ⟨ 🛖 ⟳ **P** **VISA ⑳ 💲**
San Giuseppe al Lago 1 – 🕾 *04 71 96 00 10 – www.castel-ringberg.com*
– Fax 04 71 96 08 03 – chiuso dal 10 gennaio al 10 marzo, dal 18 al 28 giugno e martedì
Rist – *(prenotazione obbligatoria)* Menu 49/71 € – Carta 54/70 €
♦ Un vero castello, in buone condizioni, che continua ad affascinare i propri ospiti. Arredi e sale di taglio classico, cucina di mare e di terra della tradizione italiana.

CALDERARA DI RENO – Bologna (BO) – 562 I15 – 12 754 ab.   9 C3
– alt. 30 m – ⌷ 40012
   D Roma 373 – Bologna 11 – Ferrara 54 – Modena 40

a Sacerno *Ovest : 5 km –* ⌷ 40012 Calderara Di Reno

🍴🍴 **Antica Trattoria di Sacerno** 🛖 🛀 🔟 🛁 **P** **VISA ⑳ AE 💲**
via di Mezzo Levante 2/b – 🕾 *05 16 46 90 50 – www.sacerno.it*
– Fax 05 16 46 90 50 – chiuso dal 25 dicembre al 10 gennaio, agosto e domenica a mezzogiorno da giugno a settembre
Rist – Carta 61/79 € 🏵
♦ In una piccola villa con giardino, pochi coperti ed una caratteristica sala con spiovente in legno. In cucina il mare, dalla cantina tante bollicine (oltre 100 diverse etichette, fra nazionali e francesi). Servizio estivo all'aperto.

CALDERINO – Bologna (BO) – 562 I15 – alt. 112 m – ⌷ 40050   9 C2
   D Roma 373 – Bologna 16 – Milano 213 – Modena 45

🍴 **Nuova Roma** 🚗 🛖 🔟 🛀 **P** **VISA ⑳ AE ① 💲**
via Olivetta 87, Sud-Est : 1 km – 🕾 *05 16 76 01 40 – Fax 05 16 76 03 26 – chiuso dal 28 gennaio al 14 febbraio, agosto, martedì, mercoledì a mezzogiorno*
Rist – Menu 38 € – Carta 30/58 € 🏵
♦ Una trattoria semplice, sulla strada tra Calderino e Sasso Marconi, dove gustare una cucina regionale con un bicchiere da scegliere ad hoc entro una completa carta dei vini.

CALDIERO – Verona (VR) – 562 F15 – 6 873 ab. – alt. 44 m – ⌷ 37042   37 B3
   D Roma 517 – Verona 15 – Milano 174 – Padova 66

🏨🏨 **Bareta** *senza rist* 🖥 🔟 🛀 ⑺ 🕍 **P** 🚗 **VISA ⑳ AE ① 💲**
via Strà 88 – 🕾 *04 56 15 07 22 – www.hotelbareta.it – Fax 04 56 15 07 23*
– chiuso dal 21 dicembre al 7 gennaio
33 cam ⌚ – ♥45/75 € ♥♥70/120 €
♦ Comodo da raggiungere sulla strada statale, albergo di concezione moderna - a gestione familiare - che propone confortevoli camere dalle rilassanti tinte azzurre. La sera, servizio di wine bar con affettati misti e formaggi vari.

sulla strada statale 11 Nord-Ovest : 2,5 km :

XX **Renato** 🀫 AC ⇔ P VISA ⓴ AE ① ⌖
località Vago 6 ⊠ 37042 – ℰ 045 98 25 72 – Fax 045 98 22 09 – chiuso agosto, lunedì sera, martedì
Rist – Carta 42/75 €
♦ Estremamente piacevole il dehors sul retro, affacciato sulla campagna e sull'orto di famiglia. Il timone della gestione è ormai passato dal padre, quel Renato che dà il nome al tutto, al figlio. La cucina è squisitamente di pesce.

CALDOGNO – Vicenza (VI) – **562** F16 – **10 881 ab.** – **alt. 54 m**   37 A1
– ⊠ 36030

▶ Roma 548 – Padova 48 – Trento 86 – Vicenza 8

🏠 **Marco Polo** ₤♠ AC ⅗ ⁽ᵗ⁾ P VISA ⓴ AE ⌖
⊛ *via Roma 26 – ℰ 04 44 90 55 33 – www.marcopolohotel.it – Fax 04 44 90 55 44 – chiuso agosto*
15 cam ⊊ – †45/60 € ††50/70 € ⊛
Rist – *(chiuso a mezzogiorno)* Carta 20/29 €
♦ In un edificio semplice, che richiama le tradizionali case coloniche, hotel curato, che dispone di graziose e funzionali camere, rinnovate, in ottime condizioni.

XX **Molin Vecio** 🀫 ⇔ P VISA ⓴ AE ⌖
via Giaroni 116 – ℰ 04 44 58 51 68 – www.molinvecio.it – Fax 04 44 90 54 47 – chiuso dal 7 al 15 gennaio e martedì
Rist – Menu 25/30 € – Carta 34/46 €
♦ In un mulino del '500 funzionante, sale d'atmosfera (una con camino) e servizio estivo in riva ad un laghetto; cucina tipica vicentina e proposte vegetariane.

CALDONAZZO – Trento (TN) – **562** E15 – **3 108 ab.** – **alt. 485 m**   30 B3
– ⊠ 38052

▶ Roma 608 – Trento 22 – Belluno 93 – Bolzano 77
🛈 (aprile-settembre) piazza Vecchia 15 ℰ 0461 723192, Fax 0461 723192

🏠 **Due Spade** 🎐 ⅗ VISA ⓴ ⌖
⊛ *piazza Municipio 2 – ℰ 04 61 72 31 13 – www.albergoduespade.it – Fax 04 61 72 31 13 – chiuso novembre*
24 cam ⊊ – †30/35 € ††60/70 € – ½ P 46 €   **Rist** – Menu 15/20 €
♦ E' dai primi del '900 che la stessa famiglia gestisce questa semplice risorsa del centro dagli arredi essenziali, ma ben tenuti. Accanto, il bar di proprietà. Ristorante con due sale: una in stile vagamente montano, l'altra più classica.

CALENZANO – Firenze (FI) – **563** K15 – **15 877 ab.** – **alt. 109 m**   29 C1
– ⊠ 50041

▶ Roma 290 – Firenze 15 – Bologna 94 – Milano 288

Pianta di Firenze : percorsi di attraversamento

🏠 **Valmarina** senza rist 🎐 AC ⁽ᵗ⁾ VISA ⓴ AE ① ⌖
via Baldanzese 146 – ℰ 05 58 82 53 36 – www.hotelvalmarina.it – Fax 05 58 82 52 50   ARf
34 cam ⊊ – †50/83 € ††70/120 €
♦ In posizione ideale per chi desidera un soggiorno alla scoperta della città o per chi viaggia per lavoro, la struttura dispone di camere accoglienti - recentemente rinnovate negli arredi - ed ampi spazi comuni.

X **La Terrazza** ⩻ P VISA ⓴ AE ① ⌖
via del Castello 25 – ℰ 05 58 87 33 02 – chiuso dal 25 dicembre al 6 gennaio, dall'8 al 31 agosto, domenica, lunedì   ARe
Rist – Carta 24/43 €
♦ Cortesia, ospitalità e gustosi piatti di cucina toscana in questo ristorante situato in un'antica casa nella parte alta della località. Panoramica sala con colonne di pietra.

a Carraia Nord : 4 km – ⊠ 50041

X **Gli Alberi**   Ⓟ 𝘝𝘐𝘚𝘈 ⑳ ᴀᴇ ⓞ ♿
via Bellini 173 – ℰ 05 58 81 99 12 – Fax 05 58 81 99 12 – chiuso martedì
Rist – Carta 27/35 €
♦ Piacevole trattoria con quattro sale di tono rustico e dalla cortese gestione familiare situata lungo la strada per Barberino. Dalla cucina, i piatti della tradizione toscana.

a Pontenuovo di Calenzano Nord : 6 km – ⊠ 50041 Calenzano

XX **Carmagnini del 500**   ⌂ ⅏ ⇄ Ⓟ 𝘝𝘐𝘚𝘈 ⑳ ᴀᴇ ⓞ ♿
via di Barberino 242 – ℰ 05 58 81 99 30 – www.carmagninidel500.it
– Fax 05 58 81 96 11 – chiuso dal 15 al 28 febbraio e lunedì
Rist – Carta 30/43 € 🏵
♦ Rustico ed elegante al contempo, al ristorante troverete convivialità ed una cucina che ripropone ricette rinascimentali e rivisita i piatti del territorio. Ottima cantina.

CALESTANO – Parma (PR) – **561** I12 – **2 006 ab.** – alt. 417 m – ⊠ 43030   **8 B2**
    ◗ Roma 488 – Parma 36 – La Spezia 88

X **Locanda Mariella**   ⌂ Ⓟ
🤪 *località Fragnolo Sud-Est : 5 km – ℰ 0 52 55 21 02 – chiuso lunedì, martedì*
Rist – Carta 25/32 € 🏵
♦ Strade tortuose incidono il paesaggio collinare che avvolge la locanda, una risorsa familiare, ormai generazionale, che custodisce nel seminterrato il suo più prezioso tesoro!

CALIZZANO – Savona (SV) – **561** J6 – **1 585 ab.** – alt. 660 m   **14 A2**
– ⊠ 17057
    ◗ Roma 588 – Genova 94 – Alba 75 – Cuneo 69
    🛈 (maggio-settembre) piazza San Rocco ℰ 019 79193, calizzano@inforiviera.it, Fax 019 79193

🏠 **Villa Elia** ⌂   ⟺ 🛗 ᴀᴄ rist, ⅏ rist, Ⓟ 𝘝𝘐𝘚𝘈 ⑳ ♿
via Valle 26 – ℰ 01 97 96 19 – www.villaelia.it – Fax 01 97 90 48 00 – chiuso novembre
33 cam ⚏ – †36/55 € ††60/80 € – ½ P 40/70 €   **Rist** – Carta 25/36 €
♦ Nel verde entroterra ligure, un piacevole albergo di paese, tranquillo e circondato da giardino cintato, quindi ideale per i bambini; carine le stanze spaziose. Grandi vetrate affacciate sul giardino nella sala ristorante.

🏠 **Miramonti**   ⟺ 🛗 ⅏ rist, ☏ 𝘝𝘐𝘚𝘈 ⑳ ᴀᴇ ⓞ ♿
🤪 *via 5 Martiri 6 – ℰ 01 97 96 04 – Fax 01 97 97 96 – aprile-novembre*
35 cam ⚏ – †32/50 € ††55/70 €
Rist – (chiuso lunedì escluso da giugno a settembre) Menu 20/30 €
♦ Ben posizionata in centro, accogliente struttura a gestione familiare, con un gradevole giardinetto; in parte rinnovate le camere, semplici, ma tenute con cura. Ristorante molto frequentato per i suoi gustosi piatti tipici, con funghi e tartufi.

CALLIANO – Trento (TN) – **562** E15 – **1 408 ab.** – alt. 186 m – ⊠ 38060   **30 B3**
    ◗ Roma 570 – Trento 17 – Milano 225 – Riva del Garda 31

🏠 **Aquila**   ⟺ 🏊 🛗 ♿ rist, ᴀᴄ rist, ⅏ rist, Ⓟ 𝘝𝘐𝘚𝘈 ⑳ ᴀᴇ ⓞ ♿
via 3 Novembre 11 – ℰ 04 64 83 41 10 – www.villaggiohotelaquila.it
– Fax 04 64 83 45 66 – chiuso dal 20 dicembre al 10 gennaio
43 cam ⚏ – †55/62 € ††80/82 € – ½ P 48/58 €
Rist – (chiuso dal 20 dicembre a gennaio, domenica) (chiuso a mezzogiorno) Carta 22/29 €
♦ Dotata di parcheggio interno, giardino e piscina, una risorsa ad andamento familiare, che offre accoglienti camere, alcune ristrutturate, con rustici arredi in legno. Il ristorante dispone di varie belle sale, tra cui una stube in stile montano.

CALÒ – Milano – Vedere Besana Brianza

CALOLZIOCORTE – Lecco (LC) – **561** E10 – **14 226 ab.** – alt. 237 m   **18 B1**
– ⊠ 23801
    ◗ Roma 614 – Bergamo 28 – Brescia 76 – Lecco 8

⌂ Locanda Del Mel senza rist   🔊 � 📶 VISA ⊕ AE ⊙ 👍
piazza Vittorio Veneto 2 – 𝒞 03 41 63 02 65 – www.locandamel.com
– Fax 03 41 64 12 96 – chiuso dal 9 al 24 agosto
12 cam ⌑ – †60/70 € ††80/95 €
♦ Sulla piazza centrale della città, una risorsa gestita dalla medesima famiglia fin dall'Ottocento; la garanzia di un soggiorno affidabile e ricco di personalità.

CALTAGIRONE – Catania – **365** AW60 – Vedere Sicilia alla fine dell'elenco alfabetico

---

CALTANISSETTA P – **365** AT59 – Vedere Sicilia alla fine dell'elenco alfabetico

---

CALTIGNAGA – Novara (NO) – 2 474 ab. – alt. 179 m – ⌧ 28010   23 C2
Đ Roma 633 – Stresa 53 – Milano 59 – Novara 8

ɣ̌ɣ̌   **Cravero** con cam   🚃 🔊 � 📶 P VISA ⊕ AE 👍
via Novara 8 – 𝒞 03 21 65 26 96 – www.hotelcravero.com – Fax 03 21 65 26 97
– chiuso dal 27 dicembre all'8 gennaio e 3 settimana in agosto
12 cam ⌑ – †60/70 € ††75/85 € – ½ P 60/70 €
Rist – *(chiuso domenica sera e martedì)* Carta 31/55 €
♦ Ambiente curato e signorile, ma familiare, in un locale di lunga tradizione; convincente l'ampia gamma di proposte del territorio, talvolta rielaborate.

CALUSO – Torino (TO) – **561** G5 – 7 535 ab. – alt. 303 m – ⌧ 10014   22 B2
Đ Roma 678 – Torino 32 – Aosta 88 – Milano 121

ɣ̌ɣ̌ɣ̌   **Gardenia** (Mariangela Susigan)   🏠 ₳ 🔊 ⇄ P VISA ⊕ ⊙ 👍
✿   *corso Torino 9 – 𝒞 01 19 83 22 49 – www.gardeniacaluso.it – Fax 01 19 83 32 97*
– chiuso dal 7 al 25 gennaio, dal 16 al 25 agosto e martedì
Rist – Menu 70 € – Carta 51/69 € ❀
Spec. Crudo di trota fario fumé, patate al sale, crescione di sorgente, acetosella e fiori di lavanda (primavera-estate). Ravioli del plin di farina di carrube e salampatata (insaccato) su brodo di verze e spezie (autunno-inverno). Spalla di sanato farcita d'erbe selvagge, salsa di bucce d'arance, ratatuia (primavera-estate).
♦ Gradevole abitazione nel cuore del canavese, la cucina rivista la tradizione. Alleggerita o rielaborata, il risultato è sempre il medesimo: piatti gustosi e ricchi di fantasia.

CALVISANO – Brescia (BS) – **561** F13 – 8 367 ab. – alt. 63 m   17 C2
– ⌧ 25012
Đ Roma 523 – Brescia 27 – Cremona 44 – Mantova 55

ɣ̌ɣ̌ɣ̌   **Gambero** (Paola ed Edvige Gavazzi)   🔊 ✙ VISA ⊕ AE ⊙ 👍
✿   *via Roma 11 – 𝒞 0 30 96 80 09 – Fax 03 09 96 81 61 – chiuso dall'11 al*
14 gennaio, agosto, mercoledì
Rist – Menu 87 € bc – Carta 58/79 € ❀
Spec. Lo stoccafisso (autunno-inverno). Risotto con asparagi alla crema di formaggi. Piccione disossato con salsa al rosmarino.
♦ Nel cuore del paese, la tradizione familiare si è evoluta tenendo costanti gli ingredienti del territorio riproposti in piatti più raffinati. L'ospitalità è quella di sempre.

CAMAGNA MONFERRATO – Alessandria (AL) – **561** G7 – 538 ab.   23 C2
– alt. 261 m – ⌧ 15030
Đ Roma 580 – Alessandria 24 – Genova 108 – Milano 90

ɣ̌   **Taverna di Campagna dal 1997**   ⇄ P VISA ⊕ AE 👍
vicolo Gallina 20 – 𝒞 01 42 92 56 45 – chiuso dal 29 agosto al 6 settembre,
lunedì e martedì dal 7 gennaio al 30 giugno
Rist – *(chiuso a mezzogiorno escluso sabato e domenica)* Menu 30/33 €
♦ Un ambiente rustico dove farsi portare al tavolo il menù degustazione: un connubio tra tradizione, stagione ed estro creativo. E' consigliabile giungere previa prenotazione.

CAMAIORE – Lucca (LU) – **563** K12 – 31 503 ab. – alt. 47 m – ⌧ 55041   28 B1
▌Toscana
Đ Roma 376 – Pisa 29 – Livorno 51 – Lucca 18

Locanda le Monache 🏠 🛉 🖂 VISA ⓪ AE ① ⤢

*piazza XXIX Maggio 36 – ☎ 05 84 98 42 82 – www.lemonache.com
– Fax 05 84 98 40 11*
13 cam ⌿ – ♦45/65 € ♦♦65/95 €
Rist – *(chiuso da ottobre a febbraio) (chiuso a mezzogiorno)* Carta 20/24 €
♦ Nel cuore del paese, questa locanda a gestione familiare offre camere arredate con dovizia di fantasia, tra allegri tocchi ed arredi d'epoca o di gusto moderno. Comodi al ristorante, accolti da un camino e da una riproduzione di Bruegel, per gustare i piatti della tradizione toscana.

Emilio e Bona 🏠 🛠 ⇔ 🅿 VISA ⓪ AE ① ⤢

*località Lombrici 22, Nord : 3 km – ☎ 05 84 98 92 89 – Fax 05 84 98 92 89
– chiuso gennaio, lunedì, martedì a mezzogiorno*
Rist – Carta 32/54 € 🏠
♦ Sulla riva di un torrente, vi troverete all'interno di un vecchio frantoio, le cui macine sono ancora visibili in sala. Dalle cucine, solo piatti regionali di carne.

a Capezzano Pianore Ovest : 4 km – ⊠ 55040

※ Il Campagnolo 🏠 AC 🛠 VISA ⓪ AE ① ⤢

*via Italica 332 – ☎ 05 84 91 36 75 – www.ristoranteilcampagnolo.com
– Fax 05 84 91 36 75 – chiuso dal 7 al 31 gennaio e mercoledì*
Rist – Carta 23/38 €
♦ Accogliente ristorante a conduzione familiare, dalle cui cucine provengono proposte di terra e di mare di impronta casalinga. La sera anche pizze con forno a legna. Dehors estivo.

a Montemagno Sud-Est : 6 km – ⊠ 56011

※※ Le Meraviglie ⛵ AC 🛠 🅿 VISA ⓪ AE ① ⤢

*via Provinciale 13 ⊠ 55040 – ☎ 05 84 95 17 50 – Fax 05 84 95 12 35 – chiuso
dal 12 al 20 gennaio, dal 4 al 26 novembre, mercoledì e i mezzogiorno di giovedì
e venerdì*
Rist – Carta 19/26 €
♦ Lungo una piacevole strada collinare che conduce a Lucca, il locale è gestito da due fratelli che propongono una cucina regionale a base di carne o baccalà. Pesce su ordinazione.

CAMARDA – L'Aquila – 563 O22 – Vedere L'Aquila

CAMERANO – Ancona (AN) – 563 L22 – 7 009 ab. – alt. 231 m – ⊠ 60021   21 C1
🚗 Roma 280 – Ancona 19 – Gubbio 112 – Macerata 48

🏠 3 Querce 🛗 ⛵ cam, AC ((ʏ)) 🛱 🅿 VISA ⓪ AE ① ⤢

*via Papa Giovanni XXIII 44 ⊠ 60021 – ☎ 07 19 53 16 – www.hotel3querce.com
– Fax 07 17 73 17 09 – chiuso dal 23 dicembre al 4 gennaio*
34 cam ⌿ – ♦40/90 € ♦♦60/150 € – ½ P 60/120 €
Rist – *(chiuso a mezzogiorno)* Carta 19/49 €
♦ Hotel votato ad una clientela business, gestito con esperienza e professionalità, dispone di ambienti e camere semplici ed ampi ed una capiente sala conferenze.

sulla strada statale 16 Est : 3 km :

🏠 Concorde 🖂 🛗 ⛵ AC 🛠 ⓒ 🛱 🅿 VISA ⓪ AE ① ⤢

*via Aspio Terme 191 ⊠ 60021 Camerano – ☎ 07 19 52 70
– www.albergoconcorde.it – Fax 07 19 59 4 76*
68 cam ⌿ – ♦78/105 € ♦♦105/160 € – ½ P 65 €
Rist – *(chiuso domenica)* Carta 30/49 €
♦ Risorsa in parte recentemente ristrutturata - ideale per una clientela di lavoro e di passaggio - dispone di accoglienti camere, dotate di ogni confort. Ristorante di taglio classico.

CAMERI – Novara (NO) – 561 F7 – 10 657 ab. – alt. 162 m – ⊠ 28062   23 C2
🚗 Roma 621 – Stresa 53 – Milano 53 – Novara 10

※※ Al Caminetto AC 🛠 VISA ⓪ AE ⤢

*via Cavour 30 – ☎ 03 21 51 87 80 – www.alcaminettocameri.it
– Fax 03 21 51 87 80 – chiuso lunedì, martedì a mezzogiorno*
Rist – Menu 48 € – Carta 41/56 €
♦ Bel locale sorto all'interno di una casa padronale nel centro della località. Soffitti con travi a vista, gestione giovane ma esperta, cucina appetitosa e interessante.

CAMERINO – Macerata (MC) – **563** M16 – 7 030 ab. – alt. 661 m   **21** C2
– ✉ 62032

> ▶ Roma 203 – Ascoli Piceno 82 – Ancona 90 – Fabriano 37
> 🔢 piazza Cavour 19 (portico Varano) ℰ 0737 632534, Fax 0737 632534

a Polverina Sud-Est : 10 km – ✉ 62037

🏠 **Il Cavaliere**   🛗 AC 🕭 🕸 P VISA ⑳ AE ① 🖐
   via Mariani 33/35 ✉ 62032 – ℰ 0 73 74 61 28 – www.hotelilcavaliere.com
– Fax 0 73 74 61 29
14 cam ➘ – ♦49 € ♦♦72 € – ½ P 59 €   **Rist** – *(chiuso lunedì)* Carta 19/27 €
   ♦ Dopo avervi abitato per generazioni, il proprietario ha trasformato un edificio del '500 in
una piacevole risorsa dotata di camere spaziose, nuove, con mobili di legno scuro. Simpatico
ambiente di taglio rustico nella sala da pranzo.

CAMIGLIATELLO SILANO – Cosenza (CS) – **564** I31 – alt. 1 272 m   **5** A2
– Sport invernali : 1 350/1 760 m 🎿1, 🎿1, 🎿 – ✉ 87058

> ▶ Roma 553 – Cosenza 32 – Catanzaro 128 – Rossano 83
> 🅖 Massiccio della Sila ★★ Sud

🏨 **Aquila-Edelweiss**   🛗 🕸 🕭 P VISA ⑳ 🖐
   via Stazione 11 – ℰ 09 84 57 80 44 – www.hotelaquilaedelweiss.com – Fax 09 84 57 87 53
– chiuso dal 1° marzo al 15 giugno e dal 4 novembre al 22 dicembre
48 cam ➘ – ♦60/90 € ♦♦80/130 € – ½ P 70/90 €
Rist – *(chiuso martedì escluso luglio-agosto)* Carta 24/50 €
   ♦ Pluridecennali e collaudate l'accoglienza e l'ospitalità della famiglia in questo albergo all'inizio del paese; tanto legno negli spazi comuni e camere eterogenee. Le curate salette di
tono elegante propongono i sapori rustici e intensi della regione.

🏠 **Cozza**   🛗 🕺 🕸 VISA ⑳ AE 🖐
   via Roma 77 – ℰ 09 84 57 92 34 – www.hotelcozza.eu – Fax 09 84 57 80 34
38 cam ➘ – ♦30/45 € ♦♦50/80 € – ½ P 43/57 €   **Rist** – Menu 20/25 €
   ♦ In comoda posizione centrale, un hotel di buon confort dai tipici interni montani rivestiti
di perlinato. Camere e bagni semplici, ma dignitosi. Ristorante di taglio classico-moderno e
specialità calabresi in menu.

verso il lago di Cecita Nord-Est : 5 km

✕✕ **La Tavernetta**   AC ⇩ P VISA ⑳ AE ① 🖐
   contrada campo San Lorenzo ✉ 87052 Camigliatello Silano – ℰ 09 84 57 90 26
– www.latavernetta.info – Fax 09 84 57 90 26 – chiuso dal 15 al 30 novembre e
lunedì *(escluso da giugno a settembre)*
Rist – Carta 31/52 € 🕮
   ♦ Nuova veste moderna per un locale di lunga tradizione, molto rinomato in zona; obiettivo
gastronomico è promuovere le specialità locali incentrate sui funghi.

CAMIN – Padova – Vedere Padova

CAMOGLI – Genova (GE) – **561** I9 – 5 674 ab. – ✉ 16032   **15** C2
🇮 Italia Centro Nord

> ▶ Roma 486 – Genova 26 – Milano 162 – Portofino 15
> 🔢 via XX Settembre 33/r ℰ 0185 771066, proloco.camogli@libero.it,
> Fax 0185 777111
> 🅞 Località ★★
> 🅖 Promontorio di Portofino ★★★ – Punta Chiappa ★★★ : 🗝 - San Fruttuoso ★★
> Sud-Est : 30 mn di motobarca – Portofino Vetta ★★ Sud-Est : 6 km

🏰 **Cenobio dei Dogi** 🕭   ≤ 🕪 🍽 ☲ 🎐 🕭 rist. AC 🕸 rist. ⁽ᵗ⁾ 🕭 P
   via Cuneo 34 – ℰ 01 85 72 41 – www.cenobio.it   VISA ⑳ AE ① 🖐
– Fax 01 85 77 27 96
100 cam ➘ – ♦115/155 € ♦♦160/430 € – 5 suites
Rist – Carta 36/71 €
Rist *La Playa* – ℰ 01 85 72 44 42 *(15 giugno-15 settembre)* Carta 41/45 €
   ♦ Per un esclusivo soggiorno in questa "perla" ligure, prestigioso e panoramico albergo
immerso in un lussureggiante parco, con camere eleganti recentemente rinnovate. Al ristorante: sapori regionali e meravigliosa vista del golfo di Camogli. La Playa si trova proprio
sulla spiaggia.

🏠 **Casmona** senza rist   ≤ AK P. VISA ◑ AE ① ♿
*salita Pineto 13 – ℰ 01 85 77 00 15 – www.casmona.com – Fax 01 85 77 50 30
– chiuso dal 20 novembre al 25 dicembre*
19 cam – †70/115 € ††90/180 €, ⌷ 10 €
♦ Direttamente sul caratteristico lungomare, camere con bella vista e graziose sale per la prima colazione. Struttura confortevole ed aggiornata.

🏠 **La Camogliese** senza rist   ≤ ⚬⚬ AK ⟨⟨⟩⟩ VISA ◑ AE ♿
via Garibaldi 55 – ℰ 01 85 77 14 02 – www.lacamogliese.it – Fax 01 85 77 40 24
21 cam ⌷ – †55/85 € ††75/95 €
♦ Rinnovato in anni recenti, hotel di piccole dimensioni - frontemare - propone camere confortevoli con un interessante rapporto qualità/prezzo.

✗ **Da Paolo**   ⊞ AK VISA ◑ AE ① ♿
via San Fortunato 14 – ℰ 01 85 77 33 95 – Fax 01 85 77 35 95 – chiuso dal 15 al 28 febbraio, lunedì, martedì a mezzogiorno
Rist – Carta 40/59 €
♦ Ristorantino rustico a conduzione familiare, ubicato nel borgo antico poco lontano dal porticciolo; cucina di mare secondo le disponibilità quotidiane del mercato.

a San Rocco Sud : 6 km – alt. 221 m – ✉ 16032 San Rocco Di Camogli

◉ Belvedere★★ dalla terrazza della chiesa

✗ **La Cucina di Nonna Nina**   ⊞ ⅗ VISA ◑ ♿
via Molfino 126 – ℰ 01 85 77 38 35 – www.nonnanina.it – chiuso 10 giorni in gennaio, 15 giorni in novembre e mercoledì
Rist – Carta 28/48 €
♦ In una classica casa ligure della pittoresca frazione si trova questa trattoria sobria e curata; atmosfera accogliente e familiare per piatti locali, di mare e di terra.

CAMPAGNA – Salerno (SA) – **564** E27 – 15 907 ab. – alt. 280 m   **7** C2
– ✉ 84022
D Roma 295 – Potenza 75 – Avellino 73 – Napoli 94

a Quadrivio Sud : 3,5 km – ✉ 84022

🏨 **Capital**   ⛴ ⊞ ⊠ ⊟ AK ⅗ ⟨⟨⟩⟩ ⚃ P. ⇌ VISA ◑ AE ① ♿
☙ *piazza Mercato – ℰ 0 82 84 59 45 – www.hotelcapital.it – Fax 0 82 84 59 95*
36 cam ⌷ – †60/110 € ††100/180 € – ½ P 70/100 €   **Rist** – Carta 19/32 €
♦ Hotel moderno, dotato di giardino con piscina, nonché ampi e piacevoli spazi interni: sale ricevimenti e signorili camere in stile, ben accessoriate. Un indirizzo tra i più interessanti della zona.

CAMPAGNA – Novara – **561** E7 – Vedere Arona

CAMPAGNA LUPIA – Venezia (VE) – **562** F18 – 6 862 ab. – ✉ 30010   **36** C3
D Roma 500 – Padova 27 – Venezia 32 – Ferrara 87

a Lughetto Nord-Est : 7,5 km – ✉ 30010 Campagna Lupia

✗✗✗ **Antica Osteria Cera** (Daniele Cera)   AK ⅗ P. VISA ◑ AE ① ♿
☙ *via Marghera 24, a Lughetto, Nord-Est: 7,5 km – ℰ 04 15 18 50 09
– www.osteriacera.it – Fax 04 15 18 99 54 – chiuso 2 settimane in gennaio o febbraio, 3 settimane in agosto, domenica sera, lunedì*
Rist – Menu 150 € – Carta 76/106 € ⅋
Spec. Colori del mare (scaletta di crudi). Risotto della laguna. Fritto misto.
♦ Un'elegante villa quasi una residenza privata all'esterno, ospita un locale sobriamente elegante, imperdibile tappa gastronomica per gli appassionati di una cucina di pesce, tradizioni venete e piatti più creativi.

CAMPAGNANO DI ROMA – Roma (RM) – **563** P19 – 10 301 ab.   **12** B2
– alt. 270 m – ✉ 00063
D Roma 34 – L'Aquila 139 – Terni 85 – Viterbo 45

CAMPAGNANO DI ROMA

✗ **Da Righetto** con cam 🛖 AK ⅍ VISA ⬤ AE ① ⚱
corso Vittorio Emanuele 70 – ℰ 06 90 41 03 6 – www.darighetto.it
– Fax 06 90 41 03 6 – chiuso dal 1° al 12 agosto e martedì
10 cam ⌑ – 🛏60/75 € 🛏🛏80/120 € – ½ P 59/70 €   **Rist** – Carta 25/30 €
♦ Lungo il corso principale, accogliente locale a gestione familiare: soffitto con volta a botte e piacevoli luci su ogni tavolo. Ricette regionali fedelmente riproposte. Lungo il corso principale, accogliente locale a gestione familiare: soffitto con volta a botte e piacevoli luci su ogni tavolo. Ricette regionali fedelmente riproposte.

CAMPAGNATICO – Grosseto (GR) – 563 N15 – 2 444 ab. – alt. 275 m   29 C3
– ⬛ 58042
▶ Roma 198 – Grosseto 24 – Perugia 158 – Siena 59

✗✗ **Locanda del Glicine** con cam 🛖 ⅙ rist, AK VISA ⬤ AE ⚱
piazza Garibaldi 6/8 – ℰ 05 64 99 64 90 – www.locandadelglicine.com
Fax 05 64 99 69 16 – chiuso dal 10 gennaio al 15 marzo e dal 10 al 20 novembre
6 cam ⌑ – 🛏65/70 € 🛏🛏120/130 € – 1 suite – ½ P 90/95 €
Rist *(chiuso lunedì) (chiuso a mezzogiorno escluso i giorni festivi)* Carta 41/53 €
♦ Nel cuore del paese, la locanda consta di due sale arredate in stile rustico e di un piccolo dehors e propone una cucina moderna a partire dai prodotti tipici del territorio. Nelle camere e nelle suite ben arredate un buon livello di confort.

CAMPALTO – Venezia – Vedere Mestre

CAMPEGINE – Reggio Emilia (RE) – 562 H13 – 4 885 ab. – alt. 34 m   8 B3
– ⬛ 42040
▶ Roma 442 – Parma 22 – Mantova 59 – Reggio nell'Emilia 16

in prossimità strada statale 9 - via Emilia Sud-Ovest : 3,5 km :

✗✗ **Lago di Gruma** 🛖 P VISA ⬤ AE ① ⚱
vicolo Lago 7 ⬛ 42040 – ℰ 05 22 67 93 36 – Fax 05 22 67 93 36 – chiuso Natale-Capodanno, agosto, martedì e mercoledì
Rist – Carta 43/59 €
♦ In una villetta di campagna su un laghetto, una trattoria che col tempo si è evoluta e propone una creativa cucina "d'acqua" e di terra, legata anche alle stagioni.

CAMPELLO SUL CLITUNNO – Perugia (PG) – 563 N20 – 2 487 ab.   33 C2
– alt. 290 m – ⬛ 06042
▶ Roma 141 – Perugia 53 – Foligno 16 – Spoleto 11
◉ Fonti del Clitunno★ Nord : 1 km – Tempietto di Clitunno★ Nord : 3 km

🏠 **Benedetti** 🛖 🛁 ⅙ rist, AK ⅍ cam, P VISA ⬤ AE ① ⚱
via Giuseppe Verdi 32, località Settecamini – ℰ 07 43 52 00 80
– www.hotelbenedetti.it – Fax 07 43 27 54 66
26 cam ⌑ – 🛏45/55 € 🛏🛏70/80 € – ½ P 52/57 €   **Rist** – Carta 21/34 €
♦ Gestione familiare per un quieto rustico in pietra tra gli oliveti umbri, a breve distanza dalle Fonti del Clitunno; mobili classici nelle ampie camere. Mura con pietra a vista nella sala del rinomato ristorante.

CAMPERTOGNO (VC) – 561 E6 – 239 ab. – ⬛ 13023   23 C1
▶ Roma 721 – Torino 151 – Vercelli 94 – Biella 83

🏠🏠 **Relais San Rocco** ⬅ 🚗 🛏 🏃 ⅍ ⅍ rist, 🎱 🕍 P
via San Rocco 2 – ℰ 01 63 77 71 61 VISA ⬤ AE ① ⚱
– www.relaissanrocco.it – Fax 01 63 77 51 26 – 18 dicembre-6 aprile e 1° giugno-1° settembre
13 cam ⌑ – 🛏90/110 € 🛏🛏130/160 € – 11 suites – 🛏🛏160/180 € – ½ P 110 €
Rist *Casa alla Piana* – Menu 35/40 € – Carta 33/53 €
♦ Spettacolare la scala in pietra che domina questa prestigiosa villa ottocentesca. Incastonata in un piccolo borgo secentesco, unisce con gusto gli antichi affreschi e i mobili d'epoca con un ricercato arredo dal design contemporaneo. Nelle diverse salette d'atmosfera sarete stupiti da una cucina regionale rivisitata.

CAMPESTRI – Firenze – Vedere Vicchio

217

CAMPIANI – Brescia – Vedere Collebeato

CAMPI BISENZIO – Firenze (FI) – **563** K15 – 41 642 ab. – alt. 41 m   **29** D3
– ⊠ 50013

> 🚗 Roma 291 – Firenze 12 – Livorno 97 – Pistoia 20
> 🛈 piazza Matteotti 3 ℰ 055 8979737, campibisenzio@ comune.campi-bisenzio.fi.it, Fax 055 8979745

🏨🏨🏨   **B4 Firenze Granducato**   🚗 ⌶ 📶 🛗 🕭 AC 📞 🐾 🅿
via di Tomerello 1, uscita autostrada   VISA ⓪⓪ AE ① 🌀
– ℰ 05 58 80 51 11 – www.boscolohotels.com – Fax 05 58 80 50 00
60 cam ⊡ – ♦95/250 € ♦♦105/260 € – 1 suite   **Rist** – Carta 40/50 € ⊗
♦ E' uno splendido viale alberato a condurvi alle porte della cinquecentesca villa nobiliare immersa in un ampio giardino con piscina-solarium; all'interno spazi moderni e confortevoli. Sobria eleganza anche alla Locanda Toscana, dove incontrerete la cucina regionale rivista con tocchi di fantasia.

🏨🏨🏨   **West Florence e Rist. Klass**   🚗 🏠 ⌶ 📶 🛗 🕭 🚶 AC 🔄 🌾 rist,
via Guido Guinizelli 15/17   📞 🐾 🅿 🚗 VISA ⓪⓪ AE ① 🌀
– ℰ 05 58 95 34 88 – www.westflorencehotel.it – Fax 05 58 95 40 02
70 cam ⊡ – ♦70/130 € ♦♦90/170 € – 1 suite – ½ P 65/110 €
Rist – Menu 25/50 €
♦ Di recente apertura alla periferia di Firenze, all'interno tutto è moderno a partire dall'arredo d'avanguardia. Un indirizzo business, attrezzato ad hoc per l'attività congressuale. Ristorante di taglio classico, luminoso e con buona disponibilità di spazio.

🍴🍴   **L'Ostrica Blu**   AC 🌾 VISA ⓪⓪ AE 🌀
via Vittorio Veneto 6 – ℰ 0 55 89 10 36 – Fax 0 55 89 10 03 – chiuso agosto, sabato a mezzogiorno, domenica
Rist – Carta 33/66 €
♦ Il nome di questo locale molto conosciuto in zona è altamente evocativo: la cucina propone solamente specialità di mare, puntando sulla selezione del prodotto e su preparazioni classiche.

a Capalle Nord : 2 km – ⊠ 50010

🏨🏨🏨   **Starhotels Vespucci**   📶 🕭 cam, 🚶 AC 🔄 🌾 rist, 🕭 🐾 🚗
via S. Quirico 292/A – ℰ 05 58 95 51   VISA ⓪⓪ AE ① 🌀
– www.starhotels.com – Fax 05 58 98 60 85
79 cam ⊡ – ♦♦80/320 €   **Rist** – *(solo per alloggiati)*
♦ Moderna struttura frequentata soprattutto da una clientela di lavoro, offre un comodo garage chiuso, confortevoli camere di sobria eleganza ed ampi spazi comuni. Tenui tinte pastello al ristorante, che si articola in raffinate sale modulari.

CAMPIGLIA – La Spezia (SP) – **561** J11 – alt. 382 m – ⊠ 19132   **15** D2
> 🚗 Roma 427 – La Spezia 8 – Genova 111 – Milano 229

🍴   **La Lampara**   ≤ 🏠
via Tramonti 4 – ℰ 01 87 75 80 35 – chiuso dal 7 gennaio al 7 marzo, dal 25 settembre al 25 ottobre e lunedì
Rist – Carta 29/42 €
♦ La vista e il sapore del mare nella luminosa e panoramica sala di una trattoria la cui proprietaria, da oltre quarant'anni, prepara gustosi piatti di pesce.

CAMPIGLIA D'ORCIA – Siena (SI) – **563** N17 – alt. 810 m – ⊠ 53020   **29** C2
> 🚗 Roma 187 – Grosseto 74 – Siena 63 – Arezzo 80

🍴   **Lo Spicchio** con cam   🏠 🌾 VISA ⓪⓪ 🌀
via del Banditone, località Podere Lo Spicchio 9 – ℰ 05 77 87 20 23
– www.lospicchio.com – Fax 05 77 87 35 13 – chiuso dal 10 gennaio al 10 febbraio, lunedì, martedì, i mezzogiorno di mercoledì e giovedì (agosto sempre aperto)
4 cam ⊡ – ♦♦60/80 €   **Rist** – Menu 25/45 € – Carta 26/38 €
♦ Ottimo rapporto qualità/prezzo per una gustosa cucina toscana, dove la maggior parte della materia prima è di produzione propria. Un consiglio: non alzatevi da tavola senza aver assaggiato il filetto di Cinta Senese, così come i "tesori" della casa (prosciutto, salame e pancetta).

CAMPIONE D'ITALIA – Como (CO) – **561** E8 – 2 155 ab. – alt. 280 m   **16** A2
– ⊠ 22060 🎌 Italia
> 🚗 Roma 648 – Como 27 – Lugano 10 – Milano 72

✕✕ Da Candida   🅰🅺 ✿ 𝗩𝗜𝗦𝗔 ⓒⓞ 🄰🄴 ⓞ 🖧

viale Marco da Campione 4 – ℰ 0 04 19 16 49 75 41 – www.dacandida.ch – Fax 0 04 19 16 49 75 50 – chiuso dal 19 giugno al 18 luglio, lunedì, martedì a mezzogiorno

Rist – Menu 32/80 € – Carta 54/65 €

♦ Da 10 anni uno chef della Lorena si è installato con successo in questa storica trattoria, facendone un elegante e raccolto angolo di delizie culinarie d'impronta francese.

CAMPITELLO DI FASSA – Trento (TN) – **562** C17 – 732 ab.   **31** C2
– alt. 1 442 m – Sport invernali : 1 450/2 428 m ⚡13 ⚡67 (Comprensorio Dolomiti superski Val di Fassa) 🎿 – ✉ 38031

▶ Roma 684 – Bolzano 48 – Cortina d'Ampezzo 61 – Milano 342
🆔 via Dolomiti 46 ℰ 0462 609620, infocampitello@fassa.com,
    Fax 0462 750219

🏨 Gran Paradis   ⟨ 🛆 🖥 🌐 🏊 🖙 🖥 🕸 rist, ⁽¹⁾ 🄿 🚗 𝗩𝗜𝗦𝗔 ⓒⓞ 🖧

Strèda Dolomites 2/6 – ℰ 04 62 75 01 35 – www.granparadis.com – Fax 04 62 75 01 48 – 20 dicembre-12 aprile e 23 maggio-4 ottobre

39 cam ➯ – †55/80 € ††90/140 € – ½ P 89/99 €

Rist – *(chiuso a mezzogiorno)* Carta 32/42 € ⌂

♦ All'ingresso del paese, la breve distanza dal centro non è un problema, tante sono le occasioni per distrarsi: dalla taverna con musica e sigari alla cantina-enoteca per degustazioni. Si ritorna in una dimensione più classicamente alberghiera nell'ampia sala ristorante con i tipici legni trentini e piatti nazionali.

🏨 Villa Kofler   ⟨ 🏊 🖙 🖥 🕸 🕲 🄿 𝗩𝗜𝗦𝗔 ⓒⓞ 🖧

streda Dolomites 63 Campitello di Fassa – ℰ 04 62 75 04 44 – www.villakofler.it – Fax 04 62 75 15 42 – chiuso maggio e novembre

10 cam ➯ – ††136/260 € – ½ P 160 €

Rist Della Villa – vedere selezione ristoranti

♦ Per gli amanti di atmosfere esotiche, ogni camera è dedicata a una città di cui ne ripropone stile e motivi (oltre ad offrire una sauna privata). Campitello, Salisburgo e Montreal, tra le migliori.

🏨 Gran Chalet Soreghes   ⟨ 🛆 🏊 🖙 🖥 🕸 🕷 🕸 rist, ⁽¹⁾ 🄿 🚗 🖧

via Pent de Sera 18 – ℰ 04 62 75 00 60
– www.unionhotelscanazei.it – Fax 04 62 60 15 27 – dicembre-aprile e giugno-settembre

43 cam ➯ – †80/160 € ††140/280 € – 5 suites – ½ P 88/160 €

Rist – Carta 35/62 €

♦ Legni e decorazioni in tipico stile locale che accompagnano i clienti sino alle camere. La distinzione sono il centro benessere e soprattutto la palestra: professionale e a pagamento. La cucina si ispira naturalmente alle tradizioni locali.

🏨 Park Hotel Rubino Executive ⚭   ⟨ 🛆 🖥 🌐 🏊 🖥 🕸 🕷

via Sot Ciapiaà 3 – ℰ 04 62 75 02 25   🕸 rist, ⁽¹⁾ 🄿 🚗 𝗩𝗜𝗦𝗔 ⓒⓞ 🄰🄴 🖧
– www.unionhotelscanazei.it – Fax 04 62 60 15 27 – dicembre-aprile e giugno-settembre

38 cam ➯ – †85/165 € ††150/298 € – ½ P 98/175 €   **Rist** – Carta 35/62 €

♦ Eleganza e fascino di un ambiente arricchito da legno pregiato, giardino e zona benessere con piscina. Animazione, discoteca e american bar per le serate. Tipica, mediterranea, originale: la cucina saprà sorprendervi!

🏨 Salvan   ⟨ 🛆 🖥 🌐 🏊 🖙 🖥 🕸 ⁽¹⁾ 🄿 𝗩𝗜𝗦𝗔 ⓒⓞ 🖧

via Dolomiti 10 – ℰ 04 62 75 03 07 – www.hotelsalvan.com – Fax 04 62 75 01 99 – 17 dicembre-Pasqua e 30 giugno-1° ottobre

33 cam ➯ – †43/83 € ††76/180 € – ½ P 73/110 €   **Rist** – Carta 29/42 €

♦ Hotel a gestione familiare, situato alle porte della località, con discrete zone comuni, piscina coperta e centro salute; mobili di legno chiaro nelle piacevoli camere. Tre spazi per il ristorante: uno ampio e classico, uno intimo e "montano" e poi la veranda.

✕✕ Della Villa – Hotel Villa Kofler   𝗩𝗜𝗦𝗔 ⓒⓞ ⓞ 🖧

streda Dolomites 65 – ℰ 04 62 75 04 27 – Fax 04 62 75 15 42 – chiuso dal 3 al 26 giugno, dal 1° al 26 novembre e lunedì

Rist – *(consigliata la prenotazione)* Menu 42 € – Carta 27/42 €

♦ La sala propone una ventata di modernità nella tradizionalissima Val di Fassa. La cucina si adegua volentieri reinterpretando i prodotti e le ricette del territorio con qualche tocco esotico.

CAMPOBASSO P (CB) – **564** C25 – 51 321 ab. – alt. 700 m – ✉ 86100　　**2** D3

■ Roma 226 – Benevento 63 – Foggia 88 – Isernia 49
🛈 piazza Vittoria 14 ✆ 0874 415662, Fax 0874 415370

🏨🏨🏨　**CentrumPalace**　　🏢 & 🅰🅲 🛗 ℅ 🎐 🛅 ℗ 🚗 💳 🆎 ⑩ ⓢ
via Gianbattista Vico 2/a – ✆ 08 74 41 33 41 – *www.centrumpalace.it*
– *Fax 08 74 41 33 42*
144 cam ☕ – ♦95/110 € ♦♦160 € – 1 suite　　**Rist** – Carta 22/38 €
◆ Struttura moderna ed imponente che si colloca ai vertici dell'offerta alberghiera della località: grandi spazi comuni arredati con poltroncine in pelle color tabacco, a cui fanno eco i pavimenti e i numerosi inserti in legno *wenge*. Nelle confortevoli camere: predominanza di legno chiaro e tessuti coordinati.

🏨　**Donguglielmo**　　← 🏠 🏢 & 🅰🅲 ℅ 🎐 🛅 ℗ 🚗 💳 🆎 ⑩ ⓢ
contrada San Vito 15/b – ✆ 08 74 41 81 78 – *www.donguglielmo.it*
– *Fax 08 74 43 83 77*
36 cam ☕ – ♦95 € ♦♦140 €　　**Rist** – Carta 29/45 €
◆ Nuova struttura nell'immediata periferia della città, moderna e funzionale dispone di camere accoglienti, piacevole zona relax e una panoramica sala da thé. Anche il ristorante rispecchia lo stile moderno dell'hotel.

🍴🍴　**Vecchia Trattoria da Tonino** (Maria Lombardi)　　🏠 🅰🅲 ℅
£3　*corso Vittorio Emanuele 8* – ✆ 08 74 41 52 00　　💳 🆎 ⑩ ⓢ
– *Fax 08 74 41 52 00* – *chiuso dal 10 al 20 agosto, domenica*
e lunedì da settembre a giugno, sabato e domenica in luglio-agosto
Rist – (consigliata la prenotazione) Carta 35/47 €
Spec. Zucchina provenzale farcita con provola affumicata. Pappardelle con carbonara di verdure. Bavarese ai fichi d'India rossi.
◆ Semplice, ma anche precisa e sostanziosa, la cucina prende il via dall'impiego di prodotti locali selezionati: è il bastione indiscusso della tradizione regionale.

🍴🍴　**Miseria e Nobiltà**　　🅰🅲 ℅ 💳 🆎 ⑩ ⓢ
😊　*via Sant'Antonio Abate 16* – ✆ 0 87 49 42 68 – *chiuso 24, 25, 31 dicembre,*
dal 20 luglio al 5 agosto e domenica
Rist – Carta 29/37 € 🍴
◆ Trasferitasi nella tranquilla zona pedonale del centro storico, la giovane e appassionata gestione continua a proporre una sostanziosa cucina di taglio moderno, legata al territorio.

🍴　**Aciniello**　　🅰🅲 ℅ 🖴 💳 🆎 ⑩ ⓢ
via Torino 4 – ✆ 0 87 49 40 01 – *Fax 0 87 49 40 01* – *chiuso dal 10 al 24 agosto,*
domenica, martedì sera
Rist – Carta 22/30 €
◆ Storica trattoria cittadina, di ambiente semplice e familiare, ma curato nei particolari; a voce vi proporranno i piatti più tipici della tradizione molisana.

CAMPO CARLO MAGNO – Trento – Vedere Madonna di Campiglio

CAMPO DI TRENS (FREIENFELD) – Bolzano (BZ) – **562** B16　　**31** C1
– 2 631 ab. – alt. 993 m – Sport invernali : Vedere Vipiteno – ✉ 39040

■ Roma 703 – Bolzano 62 – Brennero 19 – Bressanone 25

🏠　**Bircher** ℅　　🏠 🔲 🏠 🏢 ℗ 💳 ⑩ ⓢ
località Maria Trens, Ovest : 0,5 km – ✆ 04 72 64 71 22 – *www.hotelbircher.it*
– *Fax 04 72 64 73 50* – *chiuso dal 3 novembre al 26 dicembre*
32 cam ☕ – ♦47/54 € ♦♦73/98 € – ½ P 52/64 €
Rist – (*chiuso martedì*) (*chiuso la sera*) Carta 24/37 €
◆ Cordiale accoglienza familiare in un quieto e delizioso albergo, curato nei dettagli, con tocchi di eleganza sia negli articolati spazi comuni che nelle camere dai bei colori. Il legno è protagonista nell'ampia sala ristorante.

CAMPO FISCALINO = FISCHLEINBODEN – Bolzano – Vedere Sesto

CAMPOGALLIANO – Modena (MO) – **562** H14 – 8 256 ab. – alt. 43 m　　**8** B2
– ✉ 41011

■ Roma 412 – Bologna 50 – Milano 168 – Modena 11

Mercure Modena Campogalliano   🛎 📶 ♿ cam, 🗚 ✄ 📶 🏋

via del Passatore 160, zona Dogana   **P** VISA **©©** AE **①** ♿
– 𝒞 *059 85 15 05 – www.mercure.com – Fax 059 85 13 77*
91 cam – ♦♦60/120 €, ⊑ 10 € – ½ P 48/85 €
Rist – *(chiuso sabato sera, domenica) (chiuso a mezzogiorno)* Carta 21/27 €
♦ Sarà una Lamborghini d'epoca ad accogliervi all'ingresso. Ben insonorizzato e in posizione strategica per chi viaggia in auto, l'hotel propone camere spaziose e particolari. Interamente dedicata all'automobilismo la sala ristorante, presso la quale potrete gustare la tradizionale cucina regionale.

La Ca' di Mat   🛎 ♿ ⅋ **P** VISA **©©** **①** ♿

viottolo Paolucci 3, angolo via Molino Valle – 𝒞 *059 52 76 75*
– *Fax 059 52 76 75 – chiuso lunedì*
Rist – Carta 27/38 €
♦ Una sala per l'inverno e una per l'estate dove gustare la cucina tradizionale e soprattutto piatti di selvaggina. Il locale è ricavato da una casa di campagna ristrutturata.

in prossimità del casello autostradale A 22 Sud-Est : 3,5 km :

Magnagallo con cam   🛏 🛎 ♿ 🗚 📶 🏋 **P** VISA **©©** AE **①** ♿

via Magnagallo Est 7 – 𝒞 *059 52 87 51 – www.magnagallo.it*
– *Fax 05 95 22 14 52*
28 cam ⊑ – ♦50/100 € ♦♦70/140 € – ½ P 50/90 €
Rist – *(chiuso domenica sera)* Carta 25/46 €
♦ Lungo la pista ciclabile che conduce ai laghi Curiel, un ambiente caratteristico con alte volte e spioventi rivestiti in legno. Assoluta protagonista la gustosa cucina emiliana. La struttura offre semplici camere che dispongono di un ingresso autonomo.

Trattoria Barchetta   🛎 🗚 ⅋ ⇆ VISA **©©** AE **①** ♿

via Magnagallo Est 20 – 𝒞 *059 52 62 18 – chiuso dal 1° al 20 gennaio, dal 15 agosto al 7 settembre e domenica*
Rist – *(chiuso la sera da lunedì a giovedì)* Carta 24/33 € ❀
♦ Bel pergolato estivo, arredo di gusto etnico-coloniale e cucina casalinga per questa trattoria sorta negli anni '50 in aperta campagna. Sapori locali ma anche nazionali, parecchi vini al bicchiere.

CAMPO LOMASO – Trento – Vedere Comano Terme

CAMPOROSSO – Imperia (IM) – **561** K4 – ✉ 18033   **14** A3
▶ Roma 632 – Imperia 49 – Genova 160 – Nice 43

Manuel   ♿ 🗚 VISA **©©** AE **①** ♿

corso Italia 265, Nord : 2,5 km – 𝒞 *01 84 20 50 37 – Fax 01 84 20 50 37 – chiuso lunedì, martedì a mezzogiorno*
Rist – *(consigliata la prenotazione)* Menu 48/58 € – Carta 42/84 €
♦ L'inesauribile creatività del giovane chef rivisita la tradizione ligure, ma anche le classiche preparazioni di carne, sia piemontese sia toscana. Ambiente romantico ed elegante, servizio strettamente familiare e caloroso.

CAMPO TURES (SAND IN TAUFERS) – Bolzano (BZ) – **562** B17   **31** C1
– 5 102 ab. – alt. 874 m – Sport invernali : a Monte Spico : 860/1 600 m ⛷3 ⛷15,
🎿 – ✉ 39032
▶ Roma 730 – Cortina d'Ampezzo 73 – Bolzano 92 – Brennero 83
🛈 via Jungmann 8 𝒞 0474 678076, info@campo-tures.com, Fax 0474 678922

Alte Mühle   ≲ 🛏 🗂 ⊕ 🏊 🐕 ♿ 🛎 ♿ rist, ⅋ rist, 📶 **P** VISA **©©** ♿

via San Maurizio 1/2 – 𝒞 *04 74 67 80 77 – www.alte-muehle.it*
– *Fax 04 74 67 95 68 – chiuso dall'11 aprile al 13 maggio, dal 7 novembre al 3 dicembre*
20 cam ⊑ – ♦100/140 € ♦♦160/220 € – 5 suites – ½ P 102/125 €
Rist – *(chiuso a mezzogiorno)* Carta 35/45 €
♦ Calda accoglienza e cordialità in questo albergo completamente rinnovato, tanto legno, con qualche inserto antico, negli ambienti curati. Sauna finlandese a forma di capanna. Il ristorante, aperto solo per cena, è distribuito su una sala ed una veranda.

Alphotel Stocker 🏠 🔲 🌐 🅐 🛁 ▤ 📶 🅿 🚗 📷 VISA 🐂 ♿
via Wiesenhof 39/41 – 𝒞 04 74 67 81 13 – www.hotelstocker.com
– Fax 04 74 67 90 30 – chiuso dal 7 novembre al 20 dicembre
42 cam 🖙 – ♦60/110 € ♦♦100/160 € – 6 suites – ½ P 105 €
Rist *– (chiuso a mezzogiorno) (solo per alloggiati)* Menu 25 €
◆ Albergo tirolese a conduzione familiare, dispone di un centro benessere con bagni di fieno e trattamenti ayurvedici e camere con piccolo soggiorno, alcune con angolo cottura.

Leuchtturm 🌾 ✿ VISA 🐂 AE ♿
vicolo Bayer 12 – 𝒞 04 74 67 81 43 – www.leuchtturm.st – chiuso dal 14 giugno al 2 luglio, giovedì, venerdì a mezzogiorno
Rist – Carta 35/50 €
◆ Locale in centro paese dalla gestione giovane: bar-bistrot a pianterreno a cui si aggiungono due accoglienti sale ristorante al primo piano. Cucina mediterranea ed orientale.

CANALE – Cuneo (CN) – **561** H5 – **5 697 ab.** – alt. 193 m – ✉ 12043   **25** C2
▶ Roma 637 – Torino 50 – Asti 24 – Cuneo 68

Munin *senza rist* ▤ ♿ AC 📶 🅿 VISA 🐂 AE ⓪ ♿
località Valpone, Est : 1 km – 𝒞 01 73 96 84 06 – www.hotelmunin.it
– Fax 0 17 39 81 34
22 cam 🖙 – ♦65 € ♦♦90 €
◆ Un albergo di recente costruzione che offre un insieme moderno con camere spaziose dotate di arredo di qualità. Al piano terra un'ampia hall e una grande sala colazione.

Agriturismo Villa Cornarea *senza rist* 🌿   ≼ 🍴 🍳 ♿ 📶 🅿
via Valentino 150 – 𝒞 01 73 97 90 91   VISA 🐂 AE ⓪ ♿
– www.villacornarea.com – Fax 01 73 95 89 99 – chiuso dal 1° gennaio al 15 marzo
10 cam – ♦75/85 € ♦♦80/99 €, 🖙 9 €
◆ Tra i celebri vigneti del Roero, villa liberty del 1908 dominante un suggestivo paesaggio collinare. Camere raffinate e suggestiva terrazza panoramica fra le due torri.

Agriturismo Villa Tiboldi 🌿   ≼ 🍴 🏠 🍳 AC 🌾 📞 🅿 🚗
via Case Sparse 127 località Tiboldi, Ovest : 2 km   VISA 🐂 ♿
– 𝒞 01 73 97 03 88 – www.villatiboldi.it – Fax 01 73 95 92 33 – chiuso dal 7 gennaio al 12 febbraio
6 cam – ♦♦100/145 €, 🖙 14 € – 4 suites – ♦♦180/200 €
Rist *– (chiuso martedì a mezzogiorno, lunedì)* Carta 43/58 €
◆ Imponente villa del Settecento, restaurata con cura, affacciata sul paesaggio collinare. Interni di grande eleganza, a volte principeschi, comunque signorili. Accoglienti le due sale da pranzo nelle quali accomodarsi a gustare la cucina piemontese.

All'Enoteca *(Davide Palluda)* AC ✿ VISA 🐂 ⓪ ♿
🕸   *via Roma 57 – 𝒞 0 17 39 58 57 – www.davidepalluda.it – Fax 0 17 39 58 57*
– chiuso domenica (escluso ottobre-dicembre) e lunedì a mezzogiorno
Rist – Menu 55/80 € – Carta 50/70 € 🍷
Spec. Il fassone "dalla testa ai piedi". Lasagna di verdure e burrata al pesto leggero. Mele al rosmarino e gelato all'uva malaga.
◆ Ristorante recentemente rinnovato, all'interno di un elegante palazzo del centro storico. L'entusiasmo del giovane cuoco e la passione per i prodotti piemontesi producono una delle cucine più stimolanti e moderne della regione.

CANALE D'AGORDO – Belluno (BL) – **562** C17 – **1 224 ab.**   **35** B1
– alt. 976 m – ✉ 32020
▶ Roma 625 – Belluno 47 – Cortina d'Ampezzo 55 – Bolzano 69

Alle Codole *con cam* 🌾 🅿 VISA 🐂 ♿
via 20 Agosto 27 – 𝒞 04 37 59 03 96 – www.allecodole.it – Fax 04 37 50 31 12
– chiuso dal 1° al 20 giugno e novembre
10 cam 🖙 – ♦35/45 € ♦♦70/90 € – ½ P 50/70 €
Rist – Menu 18 € *(solo a mezzogiorno)*/40 € – Carta 22/53 € 🍷
◆ Pasta fresca, selvaggina, polenta e dolci casalinghi: non solo tradizione ma anche una forte vena creativa. Al timone, una accogliente famiglia dotata di un grande senso di ospitalità. Semplici e confortevoli le camere, moderna declinazione di una passione che risale agli anni Sessanta del XIX secolo.

CANALICCHIO – Perugia (PG) – **563** M19 – alt. 420 m – ⊠ 06050   **32** B2

▸ Roma 158 – Perugia 29 – Assisi 41 – Orvieto 66

🏨 **Relais Il Canalicchio** ⟋   ← 🛎 🍳 🐾 🏋 ⚕ 🍽 rist, 🅰 🍸 rist,
via della Piazza 4 – 🕿 07 58 70 73 25   🔥 🅿 🚗 ◑ 🅰🅴 ① 🖕
– *www.relaisilcanalicchio.it* – Fax 07 58 70 72 96
35 cam � – †119/140 € ††200/350 € – 14 suites – ††230/260 €
– ½ P 130/205 €
Rist *Il Pavone* – Carta 32/56 €

♦ Un piccolo borgo medievale, dominante dolci e verdi vallate umbre, per un soggiorno pieno di charme; tocco inglese nelle belle camere spaziose in stile rustico elegante. Il fascino del passato aleggia nel romantico ristorante, di rigorosa raffinatezza.

CANAZEI – Trento (TN) – **562** C17 – 1 848 ab. – alt. 1 465 m – Sport   **31** C2
invernali : 1 465/2 630 m 💺 13 💺67 (Comprensorio Dolomiti superski Val di Fassa)
💺 – ⊠ 38032 ▮ Italia

▸ Roma 687 – Bolzano 51 – Belluno 85 – Cortina d'Ampezzo 58
🛈 piazza Marconi 5 🕿 0462 609600, infocanazei@fassa.com, Fax 0462 602502
🖸 Passo di Sella★★★ : ※★★★ Nord : 11,5 km – Passo del Pordoi★★★ Nord-
Est : 12 km – ←★★ dalla strada S 641 sulla Marmolada Sud-Est

🏨 **Croce Bianca**   ← 🚃 🕸 🐾 🛎 🍸 rist, "†" 🅿 🚗 ◑ 🅰🅴 ① 🖕
stredà Roma 3 – 🕿 04 62 60 11 11 – *www.hotelcrocebianca.com*
– Fax 04 62 60 26 46 – *chiuso dal 5 aprile al 4 giugno*
46 cam ⊵ – †100/157 € ††183/306 € – ½ P 94/185 €
Rist – Carta 34/50 €
Rist *Wine & Dine* – *(chiuso martedì) (chiuso a mezzogiorno da dicembre a marzo)* Carta 33/61 € 🏵

♦ Saloni con biliardo, camino, stube ed area fumatori in questo accogliente hotel, faro dell'ospitalità di Canazei dal 1896. Poche camere standard, il resto con salottino e caratteristici arredi. Classica cucina d'albergo o, al Wine & Dine, piatti più sfiziosi in una saletta stile baita.

🏨 **Rita**   🔲 🕸 🐾 🛎 ⚘ 🍸 "†" 🔥 🅿 🚗 🚗 ◑ 🖕
streda de Pareda 16 – 🕿 04 62 60 12 19 – *www.hotelrita.com*
– Fax 04 62 60 11 73 – *dicembre-Pasqua e 15 giugno-settembre*
21 cam ⊵ – †80/120 € ††120/180 € – ½ P 80/120 €
Rist – Carta 28/47 €

♦ Centrale e bella costruzione in stile ladino che ripropone anche negli interni la stessa atmosfera montana. Stube tirolese, zona benessere e piccolo parco giochi estivo. Curiosi e colorati i piatti proposti nella deliziosa sala da pranzo.

🏠 **Gries**   🕸 🛎 ⚕ ⚘ 🍸 "†" 🚗 ◑ 🖕
via Lungo Rio di Soracrepa 22 – 🕿 04 62 60 13 32 – *www.hotelgries.it*
– Fax 04 62 60 16 33 – *dicembre-Pasqua e giugno-settembre*
19 cam ⊵ – †77/87 € ††100/150 € – ½ P 85/100 €
Rist – *(solo per alloggiati)* Menu 30/40 €

♦ In una zona più tranquilla ma non distante dal centro, piccola gestione familiare che offre camere recenti, accoglienti e spaziose, quasi tutte con balcone. Fresca e luminosa sala ristorante o, in alternativa, una stube.

🏠 **Stella Alpina** senza rist   🕸 🛎 🛗 🍸 🚗 ◑ 🖕
via Antermont 6 – 🕿 04 62 60 11 27 – *www.stella-alpina.net*
– Fax 04 62 60 21 72 – *5 dicembre-4 maggio e 28 maggio-8 ottobre*
7 cam ⊵ – ††68/128 €

♦ Nella parte più alta e tranquilla di Canazei, delizioso edificio del '600 di dimensioni ridotte negli interni, ma tanta cura dei particolari: a cominciare dai tipici arredi dipinti.

🍴 **El Paél**   🛎 🚗 ◑ 🅰🅴 ① 🖕
via Roma 58 – 🕿 04 62 60 14 33 – *www.elpael.com* – Fax 04 62 60 17 50
– *dicembre-Pasqua e giugno-settembre; chiuso lunedì a mezzogiorno in inverno*
Rist – Carta 30/47 €

♦ Esternamente poco attraente, si riscatta con interni accoglienti ed un'atmosfera invitante; cucina del territorio rivisitata e piatti a tema. Servizio pizzeria.

ad Alba Sud-Est : 1,5 km – ⊠ 38032

🛈 strèda de Costa 258 ℰ 0462 609550, infoalba@fassa.com, Fax 0462 600293

🏨 **La Cacciatora** ⌂   ⇐ 🖂 ⊕ 🏠 ☕ 🖩 ✆ 🛠 P 🚗 *VISA* ⓪ AE ① ⅓
strèda de Contrin 26 – ℰ 04 62 60 14 11 – www.lacacciatora.it
– Fax 04 62 60 17 18 – chiuso dal 15 ottobre al 2 dicembre
37 cam ⚑ – †80/133 € ††120/288 € **Rist** – Carta 31/66 € ⅓
♦ Sito vicino alla funivia del Ciampac, una gestione familiare - premurosa ed ospitale - propone camere confortevoli ad un ottimo prezzo. Degno di lode il centro benessere. Per i pasti c'è solo l'imbarazzo della scelta: classica cucina d'albergo, ristorante con piatti più creativi e bar-pizzeria.

CANDELI – Firenze – **563** K16 – Vedere Bagno a Ripoli

CANDIA CANAVESE – Torino (TO) – **561** G5 – 1 311 ab. – alt. 285 m   **22** B2
– ⊠ 10010

▶ Roma 658 – Torino 33 – Aosta 90 – Milano 115

✗✗ **Residenza del Lago** con cam   🚙 🏠 ♿ cam. ⇞ 🖔 ⁽ᵖ⁾
🍴 via Roma 48 – ℰ 01 19 83 48 85   *VISA* ⓪ AE ⅓
📶 – www.residenzadelago.it – Fax 01 19 83 48 86
11 cam ⚑ – †68/75 € ††80/90 € – ½ P 65/70 €
Rist – (chiuso dal 1° al 7 gennaio, dal 9 al 26 agosto, venerdì escluso da marzo a settembre e dicembre) Carta 31/39 € ⅓
♦ Una tipica casa colonica canavese sapientemente ristrutturata, custodisce al suo interno un caratteristico ristorante di tono vagamente country e una veranda per il servizio estivo all'aperto. Offre anche belle stanze, graziose e ampie, con soffitti di mattoni a vista e mobili d'epoca, alcune con caminetto funzionante.

✗✗ **Al Cantun**   AK ⇔ *VISA* ⓪ AE ① ⅓
piazza 7 Martiri 3/4 – ℰ 01 19 83 45 40 – www.alcantun.it – chiuso dal 7 al 15 gennaio, dal 1° al 15 settembre e lunedì
Rist – (consigliata la prenotazione) Menu 28/32 € – Carta 28/35 €
♦ Nel centro del paese, in un ristorante classico arredato con gusto, troverete piatti del territorio, tradizionali o rielaborati dallo chef-patron con un pizzico di fantasia.

CANELLI – Asti (AT) – **561** H6 – 10 489 ab. – alt. 157 m – ⊠ 14053   **25** D2
▶ Roma 603 – Alessandria 43 – Genova 104 – Asti 29

⬆ **Agriturismo La Casa in Collina** senza rist ⌂   ⇐ 🚙 ⅍⅍ ⁽ᵖ⁾ P
località Sant'Antonio 30, Nord-Ovest : 2 km   *VISA* ⓪ AE ① ⅓
– ℰ 01 41 82 28 27 – www.casaincollina.com – Fax 01 41 82 35 43 – chiuso gennaio e febbraio
6 cam ⚑ – ††80/110 €
♦ Dal romanzo di Cesare Pavese, uno dei luoghi più panoramici delle Langhe con vista fino al Monte Rosa nei giorni più limpidi. In casa, elegante atmosfera piemontese.

✗✗ **San Marco** (Mariuccia Ferrero)   AK ⇔ *VISA* ⓪ AE ⅓
✿ via Alba 136 – ℰ 01 41 82 35 44 – www.sanmarcoristorante.it
– Fax 01 41 82 92 05 – chiuso 10 giorni in gennaio, dal 23 luglio al 14 agosto, martedì sera, mercoledì
Rist – Menu 48 € – Carta 41/55 € ⅓
Spec. Composta di tonno di coniglio con salsa di peperone rosso e dragoncello. Tortelli di melanzane e seirass con pomodoro e basilico (estate). Guanciale di vitella fassona con patate alla brace.
♦ La sussurrata ospitalità del marito in sala, il polso deciso della moglie in cucina, i piatti della tradizione astigiana in tavola. L'anima di un territorio in un ristorante.

CANEVA – Pordenone (PN) – **562** E19 – 6 516 ab. – ⊠ 33070   **10** A3
▶ Roma 588 – Belluno 52 – Pordenone 24 – Portogruaro 47

🏨 **Ca' Damiani** senza rist ⌂   ♨ AK P *VISA* ⓪ AE ① ⅓
via Vittorio Veneto 3, località Stevenà – ℰ 04 34 79 90 92 – www.wel.it/damiani
– Fax 04 34 79 93 33
11 cam ⚑ – †75/85 € ††95/130 €
♦ Abbracciata da un ampio parco secolare, la maestosa villa settecentesca dalla calda accoglienza offre al suo interno ambienti raffinati, arredati con pezzi di antiquariato.

CANGELASIO – Parma – **561** H11 – Vedere Salsomaggiore Terme

CANICATTÌ – Agrigento – **365** AS59 – Vedere Sicilia alla fine dell'elenco alfabetico

CANINO – Viterbo (VT) – **563** O17 – 5 232 ab. – alt. 229 m – ✉ 01011   **12** A1

▶ Roma 118 – Viterbo 44 – Grosseto 90 – Perugia 128

↑ **Agriturismo Cerrosughero** ⚜ ≼ 🚗 🍴 ⌛ ⅌ rist, 🛰 **P**
strada statale 312 al km 22,600 – ℰ 07 61 43 72 42   𝚅𝙸𝚂𝙰 ⬤⬤ 𝔸𝔼 ⥋
– www.cerrosughero.com – Fax 07 61 43 72 69 – chiuso dall'11 gennaio al 28 febbraio
16 cam ⌸ – †50/65 € ††75/95 € – ½ P 50/80 €
Rist – (chiuso a mezzogiorno escluso sabato e domenica) Carta 22/33 €
♦ Oasi di tranquillità immersa nel verde, un'elegante residenza di campagna con camere molto ampie e confortevoli realizzate negli spazi di tre diversi casali. Scenografico laghetto-piscina. Un quarto edificio ospita la sala ristorante di taglio rustico con tetto spiovente, per una cucina casereccia.

CANNARA – Perugia (PG) – **563** N19 – 4 191 ab. – alt. 197 m   **32** B2
– ✉ 06033

▶ Roma 160 – Perugia 30 – Assisi 13 – Orvieto 79

🏨 **Hortensis** ⚜   🍴 🛗 ♿ 𝔸𝙲 ⅌ rist, **P** 𝚅𝙸𝚂𝙰 ⬤⬤ 𝔸𝔼 ⓪ ⥋
via Enrico Berlinguer – ℰ 07 42 73 00 26 – www.hotelhortensis.it
– Fax 07 42 73 00 27
45 cam ⌸ – †49/60 € ††67/93 € – ½ P 60/70 €
Rist – (solo per alloggiati) Menu 20/32 €
♦ Albergo di recente realizzazione, esprime una propensione prevalentemente turistica, proponendo interessanti soluzioni per le camere. Gradito anche alla clientela d'affari.

X **Perbacco-Vini e Cucina**   𝚅𝙸𝚂𝙰 ⬤⬤ ⓪ ⥋
via Umberto I, 14 – ℰ 07 42 72 04 92 – chiuso dal 20 giugno al 20 luglio e lunedì
Rist – (chiuso a mezzogiorno) Carta 23/33 €
♦ Nato come wine-bar si è via via trasformato in un locale dove gustare una genuina cucina del territorio: la cipolla è regina. Due sale raccolte, con pareti affrescate.

CANNERO RIVIERA – Verbano-Cusio-Ossola (VB) – **561** D8   **23** C1
– 1 043 ab. – alt. 225 m – ✉ 28821 ▮ Italia

▶ Roma 687 – Stresa 30 – Locarno 25 – Milano 110
🇮 via Roma 37 ℰ 0323 788943, procanneroriviera@libero.it, Fax 0323 788943
◎ Insieme★★

🏨 **Cannero** ⚜ ≼ 🍴 ⌛ 🍴 🛗 ♿ cam, 🏖 𝔸𝙲 ⅃⅃ ⅌ rist, 🛰 **P** 🚗
piazza Umberto I 2 – ℰ 03 23 78 80 46   𝚅𝙸𝚂𝙰 ⬤⬤ 𝔸𝔼 ⓪ ⥋
– www.hotelcannero.com – Fax 03 23 78 80 48
– 5 marzo-1° novembre
71 cam ⌸ – †98/117 € ††116/154 € – 3 suites – ½ P 103 €
Rist I Castelli – ℰ 03 23 78 80 47 – Carta 36/60 €
♦ Sulla sponda occidentale del Lago Maggiore, di fronte all'imbarcadero in tranquilla zona pedonale una lunga tradizione familiare di ospitalità in un albergo signorile. Curata ambientazione classica, con lampadari e sedie in stile, nella raffinata sala ristorante.

XX **Il Cortile** con cam   🍴 𝔸𝙲 cam, 🛰 𝚅𝙸𝚂𝙰 ⬤⬤ 𝔸𝔼 ⥋
via Massimo D'Azeglio 73 – ℰ 03 23 78 72 13 – www.cortile.net
– Fax 03 23 78 60 66 – 4 aprile-ottobre
9 cam ⌸ – †73/75 € ††105/110 €
Rist – (chiuso mercoledì a mezzogiorno) (consigliata la prenotazione)
Carta 40/60 €
♦ Sito nel cuore della località e raggiungibile solo a piedi, un locale grazioso e curato, frequentato soprattutto da una clientela straniera, propone una cucina creativa. Dispone anche di alcune camere signorili dall'arredo ricercato.

CANNETO SULL'OGLIO – Mantova (MN) – **561** G13 – 4 560 ab.   **17** C3
– alt. 35 m – ✉ 46013

▶ Roma 493 – Parma 44 – Brescia 51 – Cremona 32

XX **Alla Torre**   🗚 % 🖼️ ⓪ ⬥

piazza Matteotti 5 – ℰ 03 76 70 01 21 – Fax 0 37 67 01 60 – chiuso dal 4 al 25 agosto e mercoledì
Rist – (consigliata la prenotazione) Carta 32/45 € ❄

♦ Nasce come locale di paese, sotto i cui portici fermarsi per prendere un aperitivo o per gustare i piatti della tradizione mantovana. Ben presto è diventato uno storico punto di riferimento, in cui trovare da oltre quarant'anni prodotti genuini, passione e competenza. Etichette prestigiose nella fornita cantina.

a Runate Nord-Ovest : 3 km : – ✉ 46013 Canneto Sull'Oglio

XXXX **Dal Pescatore** (Nadia e Giovanni Santini)   🚗 🏠 🖼️ % 🅿

🌼🌼🌼 – ℰ 03 76 72 30 01 – www.dalpescatore.com   🆅🆂🅰 ⓪ 🆎 ⓪ ⬥
– Fax 0 37 67 03 04 – chiuso dal 2 al 21 gennaio,
dall'11 agosto al 3 settembre, lunedì,
martedì, mercoledì a mezzogiorno
Rist – Menu 175 € – Carta 111/163 € ❄
Spec. Astice in gelatina di Champagne, caviale, olio toscano e anguilla marinata in carpione. Tortelli di zucca. Soufflé all'arancia con coulis al frutto della passione.

♦ Lo spazio di una generazione ha trasformato una semplice trattoria in uno dei più celebri ristoranti d'Europa; la tradizione mantovana e italiana sublimata in raffinati ambienti.

CANNIZZARO – Catania – **365** AZ58 – Vedere Sicilia alla fine dell'elenco alfabetico

CANNOBIO – Verbano-Cusio-Ossola (VB) – **561** D8 – 5 119 ab.   **23** C1
– alt. 224 m – ✉ 28822 ▌ Italia

▶ Roma 694 – Stresa 37 – Locarno 18 – Milano 117

🛈 viale Vittorio Veneto 4 ℰ 0323 71212, info@procannobio.it, Fax 0323 71212
◉ Orrido di Sant'Anna★ Ovest : 3 km

🏨 **Park Hotel Villa Belvedere** senza rist ❄   🐾 🌊 🖼️ ⟨⟩ 🅿

via Casali Cuserina 2, Ovest : 1 km – ℰ 0 32 37 01 59   🆅🆂🅰 ⓪ 🆎 ⬥
– www.villabelvederehotel.it – Fax 0 32 37 19 91 – 20 marzo-1° novembre
27 cam ☲ – ♦100/120 € ♦♦140/190 €

♦ Collocata tra il verde di un tranquillo e curatissimo giardino, la nuova struttura vanta spazi ben arredati, ampie camere ed un distensivo ambiente familiare.

🏨 **Cannobio**   ← 🏠 ▐ & cam, 🖼️ ⟨⟩ ⟨⟩ 🆅🆂🅰 ⓪ 🆎 ⓪ ⬥

piazza Vittorio Emanuele III 6 – ℰ 03 23 73 96 39 – www.hotelcannobio.com
– Fax 03 23 73 95 96 – Natale e aprile-novembre
19 cam – ♦100/135 € ♦♦180/195 € – 1 suite
Rist Porto Vecchio – (8 marzo-2 novembre; chiuso martedì) (chiuso a mezzogiorno) Carta 42/58 €

♦ Sulla piazza principale prospiciente il lago, la struttura si caratterizza per i suoi eleganti spazi comuni e le camere deliziosamente personalizzate. Ovunque il piacere di scoprire le sfumature dell'acqua. Ristorante con proposte classiche.

🏨 **Pironi** senza rist   ▐ % ⟨⟩ 🅿 🆅🆂🅰 ⓪ 🆎 ⓪ ⬥

via Marconi 35 – ℰ 0 32 37 06 24 – www.pironihotel.it – Fax 0 32 37 21 84
– 20 marzo-7 novembre
12 cam ☲ – ♦100/130 € ♦♦140/180 €

♦ Delizioso hotel d'atmosfera in un palazzo quattrocentesco nel cuore della località: un insieme di antichi affreschi, soffitti a volta, colonne medievali e moderni elementi di arredo. Il tutto in perfetta armonia tra funzionalità e ricordi di epoche passate.

XXX **Lo Scalo**   🏠 % 🆅🆂🅰 ⓪ ⬥

piazza Vittorio Emanuele 32 – ℰ 0 32 37 14 80 – www.loscalo.com
– Fax 03 23 73 88 00 – chiuso sino al 4 marzo, lunedì, martedì a mezzogiorno
Rist – Carta 45/59 €

♦ Affacciato sulla piazza principale, il ristorante offre un ambiente elegante ed un ampio dehors estivo dove assaporare una cucina creativa che spazia dal mare alla terra.

sulla strada statale 34

XXX **Del Lago** con cam ◁ 🚗 🏠 AC cam, 🍽 rist, 📶 P VISA ◐ ⑤

via Nazionale 2, località Carmine Inferiore ✉ 28822 – ☎ 0 32 37 05 95
– www.enotecalago.com – Fax 0 32 37 05 95 – marzo-ottobre
9 cam – ††140 €, ☑ 10 € – 1 suite
Rist – (chiuso martedì, mercoledì a mezzogiorno) Carta 65/83 € ⭐

♦ Una moderna e raffinata cucina con piatti di carne e soprattutto di pesce, sia di lago che di mare, una sala di sobria eleganza avvolta da vetrate oppure, d'estate, in terrazza, in riva al lago. Graziose le camere, per sentirsi quasi ospiti di una dimora privata.

CANOSA DI PUGLIA – Bari (BA) – 564 D30 – 31 293 ab. – alt. 145 m – ✉ 70053
26 B2

▶ Roma 365 – Bari 78 – Potenza 137 – 68 68

↑ **Cefalicchio** ◁ 🚗 🏠 🏊 AC 📶 🛁 VISA ◐ ① ⑤

contrada Cefalicchio, (Sp 143, km 3) – ☎ 08 83 64 21 23 – www.cefalicchio.it
– Fax 08 83 64 21 23 – chiuso gennaio-febbraio
10 cam ☑ – †75/105 € ††130/160 € – 1 suite – ½ P 95/110 €
Rist – (chiuso novembre) (prenotazione obbligatoria) Carta 24/34 €

♦ Masseria del 1700 riconvertita in casa nobiliare nel 1904: di quel periodo la scalinata d'ingresso e il viale alberato. Anche gli interni sono rimasti ancorati al passato, soprattutto le due suite con mobili d'antiquariato. Le camere sono invece più moderne, sebbene mantengano una certa sobrietà. Bella zona benessere.

CANOVE – Vicenza (VI) – 562 E16 – alt. 1 001 m – ✉ 36010
35 B2

▶ Roma 568 – Trento 61 – Padova 87 – Treviso 100

🏠 **Alla Vecchia Stazione** 📺 📶 🛎 ᵭ VISA ◐ ⑤

via Roma 147 – ☎ 04 24 69 20 09 – www.allavecchiastazione.it
– Fax 04 24 69 20 09 – chiuso ottobre
42 cam ☑ – †40/60 € ††70/100 € – ½ P 50/70 €
Rist – (chiuso lunedì in novembre e da aprile a giugno) Carta 23/51 €

♦ Ubicato di fronte al museo locale un hotel che presenta ambienti di buon livello con accessori e dotazioni in grado di garantire un soggiorno piacevole. Bella piscina. Tre diverse sale ristorante per gli ospiti dell'hotel, i clienti di passaggio e i banchetti.

CANTALUPO – Milano – Vedere Cerro Maggiore

CANTALUPO LIGURE – Alessandria (AL) – 561 H9 – 555 ab. – alt. 390 m – ✉ 15060
23 D3

▶ Roma 556 – Alessandria 56 – Genova 69 – Piacenza 122

X **Belvedere** AC VISA ◐ ① ⑤

località Pessinate, Nord: 7 km – ☎ 0 14 39 31 38 – www.belvedere1919.com
– Fax 0 14 39 31 38
Rist – (prenotazione obbligatoria) Menu 32 € – Carta 33/45 €

♦ Ambiente rustico con elementi moderni e una cucina di taglio contemporaneo, che tuttavia non dimentica i prodotti del territorio.

CANTALUPO NEL SANNIO – Isernia (IS) – 564 C25 – 759 ab. – alt. 587 m – ✉ 86092
2 C3

▶ Roma 227 – Campobasso 32 – Foggia 120 – Isernia 19

X **Antica Trattoria del Riccio** 🍽

⊜⊜ via Sannio 7 – ☎ 08 65 81 42 46 – Fax 08 74 78 29 60 – chiuso una settimana in
⊙ luglio e lunedì
Rist – (chiuso la sera) (consigliata la prenotazione) Carta 18/26 €

♦ Semplice e caratteristico ristorante di montagna: la conduzione è nelle mani della stessa famiglia dal 1890, la cucina casalinga e tradizionale, i piatti abbondanti e gustosi.

CANTELLO – Varese (VA) – 561 E8 – 4 588 ab. – alt. 404 m – ✉ 21050
18 A1

▶ Roma 640 – Como 26 – Lugano 29 – Milano 59

XX **Madonnina** con cam 🔊 🏠 📧 ⸢⸣ 🄿 VISA ⚭ AE ① ⸤⸥
largo Lanfranco 1, località Ligurno – ℰ 03 32 41 77 31 – www.madonnina.it
– Fax 03 32 41 84 03
21 cam ⌑ – †70 € ††116 € – 2 suites – ½ P 90 €
Rist – *(chiuso lunedì)* Carta 37/53 €
♦ Un locale di charme, con camere raffinate, in una stazione di posta del '700 circondata da un bel parco-giardino; cucina che segue le stagioni, piatti ricchi d'estro.

CANTÙ – Como (CO) – 561 E9 – 37 824 ab. – alt. 369 m – ✉ 22063   18 B1
🄳 Roma 608 – Como 10 – Bergamo 53 – Lecco 33

🏨 **Canturio** senza rist 📧 ⸤ 🄰🄲 ⸤⸥ ⸢⸣ 🕏 🄿 VISA ⚭ AE ① ⸤⸥
via Vergani 28 – ℰ 031 71 60 35
– www.hotelcanturio.it – Fax 031 72 02 11
– chiuso dal 24 dicembre e 20 giorni in agosto
30 cam ⌑ – †60/90 € ††95/140 €
♦ Gestito da 20 anni dalla stessa famiglia, un hotel ideale per clientela di lavoro e di passaggio; camere funzionali, quelle sul retro hanno un terrazzino sul verde.

XX **Pepè Scescè** 🄰🄲 ⸤ VISA ⚭ ① ⸤⸥
via al Monte 5/a – ℰ 03 17 07 33 80
– www.pepescesce.it – Fax 03 17 07 33 80
– chiuso 15 giorni in agosto e lunedì
Rist – Carta 30/50 €
♦ Appassionata gestione per un piccolo ristorante vicino al centro. In una luminosa saletta vengono serviti piatti di pesce dalle ricette più classiche a quelle più creative.

XX **Al Ponte** 🏠 ⸤⸥ VISA ⚭ ⸤⸥
via Vergani 25 – ℰ 031 71 25 61 – chiuso agosto e lunedì
Rist – Carta 26/41 €
♦ Accogliente locale, raccolto ed elegante, che resta sempre un indirizzo sicuro per piatti di cucina lombarda, oltre che italiana in genere; ampia scelta di vini.

XX **La Scaletta** con cam 🄰🄲 rist, ⸤ cam, ⸢⸣ 🄿 VISA ⚭ AE ① ⸤⸥
via Milano 30 – ℰ 031 71 65 40
– www.trattorialascaletta.it – Fax 031 71 65 40
– chiuso dal 27 dicembre al 5 gennaio e dal 10 agosto al 2 settembre
8 cam ⌑ – †50 € ††75 € – ½ P 65/70 €
Rist – *(chiuso venerdì sera e sabato a mezzogiorno)* Carta 38/51 €
♦ Tono rustico e familiare per un ristorante con camere confortevoli, ubicato alle porte della città; cucina tradizionale e proposte originarie di varie regioni.

CANZO – Como (CO) – 561 E9 – 5 082 ab. – alt. 387 m – ✉ 22035   18 B1
🄳 Roma 620 – Como 20 – Bellagio 20 – Bergamo 56

🏨 **Volta** 📧 ⸢⸣ 🄿 VISA ⚭ AE ① ⸤⸥
😊 *via Volta 58* – ℰ 031 68 12 25 – www.hotelvolta.com
– Fax 031 67 01 67
16 cam ⌑ – †48 € ††68 € – ½ P 58 €
Rist – *(chiuso a mezzogiorno)* Carta 20/28 €
♦ Sarete accolti con cordialità e vi sentirete come a casa vostra in questo albergo a gestione familiare; carine le camere, ben arredate e con ottima dotazione di cortesia.

CAORLE – Venezia (VE) – 562 F20 – 11 931 ab. – ✉ 30021   36 D2
🄳 Roma 587 – Udine 74 – Milano 326 – Padova 96
🄸 calle delle Liburniche 16 ℰ 0421 81085, info@caorleturismo.it,
Fax 0421 218623
🄶 Prà delle Torri, ℰ 0421 29 95 70

Airone ⟨ symbols ⟩ rist, 🅿 VISA ⚥

via Pola 1 – ☎ 0 42 18 15 70 – www.hotelairone.it – Fax 0 42 18 20 74
– 22 maggio-22 settembre
68 cam 🛏 – ♦120 € ♦♦210 € – ½ P 120 €   **Rist** – Carta 30/40 €
♦ Al limitare della località, un fresco parco-pineta con piscina e campo da tennis avvolge questa signorile struttura anni Settanta dal piacevole fascino un po' retro.

International Beach Hotel ⟨ symbols ⟩ cam, ⟨ symbols ⟩ rist, ⟨ symbols ⟩ 🅿

viale Santa Margherita 57 – ☎ 0 42 18 11 12   VISA ⓂⓄ ⒶⒺ Ⓞ ⚥
– www.internationalbeachhotel.it – Fax 04 21 21 10 05 – chiuso dal 20 al 28 dicembre e dal 7 al 20 gennaio
59 cam 🛏 – ♦30/75 € ♦♦60/130 € – ½ P 33/88 €
Rist – *(aprile-ottobre)* Carta 15/36 €
♦ Leggermente arretrato rispetto al mare, lungo un'arteria commerciale che in estate viene chiusa al traffico, due strutture sobriamente eleganti con aree riservate per il gioco dei più piccoli. Più classica la sala ristorante.

Savoy ⟨ symbols ⟩ rist, ⟨ symbols ⟩ VISA ⓂⓄ ⚥

viale G.Pascoli 1 – ☎ 0 42 18 18 79 – www.savoyhotel.it – Fax 0 42 18 33 79
– maggio-26 settembre
62 cam 🛏 – ♦70/95 € ♦♦90/160 € – ½ P 70/90 €
Rist – *(22 maggio-25 settembre)* Carta 33/47 €
♦ Per una vacanza tra bagni e tintarella è perfetto questo hotel fronte spiaggia dalla seria conduzione familiare. Ad un livello intermedio tra la struttura e la spiaggia, zona solarium con piscina. Capiente e luminosa la sala da pranzo dove gustare una sana cucina mediterranea.

Garden ⟨ symbols ⟩ rist, ⟨ symbols ⟩ 🅿 VISA ⓂⓄ ⚥

Piazza belvedere, 2 – ☎ 04 21 21 00 36 – www.hotelgarden.info
– Fax 04 21 21 00 37 – aprile-ottobre
62 cam 🛏 – ♦53/95 € ♦♦84/170 € – ½ P 54/110 €   **Rist** – Carta 19/47 €
♦ Solo la piazza divide dal mare questo hotel dagli ambienti luminosi arredati con gusto moderno e design minimalista. Camere confortevoli ed attrezzato centro benessere: ideale per gli amanti della vacanza balneare e del relax. Al ristorante semplici piatti con prevalenza di proposte mediterranee.

Stellamare ⟨ symbols ⟩ rist, ⟨ symbols ⟩ 🅿 ⟨ symbols ⟩ VISA ⓂⓄ ⒶⒺ Ⓞ ⚥

via del Mare 8 – ☎ 0 42 18 12 03 – www.hotelstellamare.it
– Fax 0 42 18 37 52 – Pasqua-ottobre
33 cam 🛏 – ♦88/102 € ♦♦110/128 € – ½ P 69/76 €
Rist – *(maggio-settembre)* Carta 31/39 €
♦ Spazi comuni dai freschi tocchi di colore, un'atmosfera perfetta per una vacanza rilassante e camere dall'arredo chiaro e leggermente minimalista per questa piccola struttura sulla baia di levante. Ristorante con vetrate panoramiche e servizio all'aperto.

Marzia ⟨ symbols ⟩ 🅿 VISA ⓂⓄ ⒶⒺ Ⓞ ⚥

viale Dante Alighieri 2 – ☎ 0 42 18 14 77 – www.hotelmarzia.it
– Fax 04 21 21 06 11 – Pasqua-ottobre
29 cam 🛏 – ♦70/100 € ♦♦92/135 € – 3 suites – ½ P 60/84 €
Rist – *(solo per alloggiati)*
♦ Piccolo grazioso hotel a conduzione familiare a pochi metri dalla spiaggia, dispone di una hall dalle moderne poltrone colorate e di ampie camere all'attico, con soppalco e idromassaggio. Per i pasti, la cucina tipica veneta con un'ampia scelta di carne e pesce ed un buffet di vedure.

Duilio con cam ⟨ symbols ⟩ ⟨ symbols ⟩ VISA ⓂⓄ ⒶⒺ ⚥

strada Nuova 19 – ☎ 0 42 18 10 87
– www.diplomatic.it – Fax 04 21 21 00 89
22 cam 🛏 – ♦49/59 € ♦♦78/92 € – ½ P 57/67 €
Rist – *(chiuso 20 giorni in gennaio e lunedì escluso da giugno al 20 settembre)*
Carta 26/40 €
♦ Sorto alla fine degli anni '50 sfoggia oggi due sale in cui gustare fragranti piatti di pesce, una di tono rustico con una grande barca come arredo, l'altra più elegante, dalle pareti colorate. Camere accoglienti e spaziose a disposizione di chi desidera fermarsi per una breve vacanza.

a Porto Santa Margherita Sud-Ovest : 6 km oppure 2 km e traghetto
– ⊠ 30021

🛈 (maggio-settembre) corso Genova 21 ✆ 0421 260230

🏨 **San Giorgio** ≤ ⬭ ⌁ ⌘ 🛋 🖫 ♨ ⛭ rist. **P** 🆅🅸🆂🅰 ⓥ 🅰🅴 ⓪ ♿
via dei Vichinghi 1 – ✆ *04 21 26 00 50 – www.hotelsangiorgio.info*
– Fax 04 21 26 10 77 – 20 maggio-20 settembre
100 cam ⊡ – †80/105 € ††100/150 € – ½ P 79/102 €
Rist *– (solo per alloggiati)* Menu 22/27 €
♦ Sono innumerevoli le oportunità di praticare dello sport nel contesto verdeggiante di questa imponente struttura di fronte al mare! Moderne e luminose le camere, da poco rinnovate. Tanta allegria e gustosi piatti di pesce al ristorante.

🏠 **Ausonia** ⬭ ⌁ ⌘ 🛋 ♨ 🖫 🖦 🖫 ♨ ⛭ **P** 🆅🅸🆂🅰 ⓥ 🅰🅴 ♿
🐾 *Centro Vacanze Prà delle Torri Sud-Ovest : 3 km –* ✆ *04 21 29 90 63*
– www.pradelletorri.it – Fax 04 21 29 90 35 – 27 marzo-2 ottobre
68 cam ⊡ – †48/82 € ††74/128 € – ½ P 50/77 €
Rist *– (chiuso a mezzogiorno)* Carta 15/44 €
♦ Al bando la noia e la stanchezza all'interno di questo grande centro vacanze grazie alla sua particolare posizione e alle innumerevoli opportunità sportive. Ideale per famiglie. Cucina locale ma anche proposte internazionali e pizze, al ristorante.

🏠 **Oliver** ≤ ⬭ ⌁ ⌘ 🛋 🖦 🖫 ♨ ⛭ **P** 🆅🅸🆂🅰 ⓥ ♿
viale Lepanto 3 – ✆ *04 21 26 00 02 – www.hoteloliver.it – Fax 04 21 26 13 30*
– maggio-settembre
66 cam – †75/95 € ††120/160 €, ⊡ 12 € – ½ P 75/85 € **Rist** – Carta 28/39 €
♦ Offre ampi spazi esterni e un ambiente familiare questo piacevole albergo, posizionato direttamente sul mare, con piccola pineta e piscina al limitare della spiaggia. Classica e luminosa la sala da pranzo.

a Duna Verde Sud-Ovest : 10 km – ⊠ 30021 Caorle

🏨 **Playa Blanca** ≤ ⬭ ⌁ 🛋 🖫 ♨ ⛭ rist. **P** 🆅🅸🆂🅰 ⓥ ♿
viale Cherso 80 – ✆ *04 21 29 92 82 – www.playablanca.it – Fax 04 21 29 92 83*
– maggio-20 settembre
44 cam ⊡ – †80/85 € ††85/125 € – ½ P 65/70 €
Rist *– (solo per alloggiati)* Menu 22/25 €
♦ Curiosa struttura circolare cinta da un curato giardino nel quale si trovano una piscina e un'area giochi attrezzata per i più piccoli. Al timone della conduzione, tre fratelli. Altrettanto particolare la sala ristorante, sempre tondeggiante, cinta da grandi vetrate e con proposte mediterranee.

a San Giorgio di Livenza Nord-Ovest : 12 km – ⊠ 30020

✕✕ **Al Cacciatore** ♿ 🖫 ⇔ **P** 🆅🅸🆂🅰 ⓥ 🅰🅴 ⓪ ♿
corso Risorgimento 35 – ✆ *0 42 18 03 31 – www.ristorantealcacciatore.it*
– Fax 04 21 29 02 33 – chiuso dal 1° al 6 gennaio e dal 1° al 15 luglio
Rist *– (chiuso mercoledì)* Carta 50/65 €
♦ Lungo la strada principale che attraversa il paese, una grande sala dall'alto soffitto gestita con dedizione da tre fratelli dove trovare una cucina di pesce dalle porzioni abbondanti.

CAPACCIO SCALO – Salerno – 564 F27 – Vedere Paestum

CAPALBIO – Grosseto (GR) – 563 O16 – 4 184 ab. – alt. 217 m   29 C3
– ⊠ 58011 ▊ Toscana

▶ Roma 139 – Grosseto 60 – Civitavecchia 63 – Orbetello 25

🏠 **Agriturismo Ghiaccio Bosco** senza rist ⬭ 🔲 ⌁ ♿ 🖫 ♨ **P**
strada della Sgrilla 4, Nord-Est : 4 km – ✆ *05 64 89 65 39* 🆅🅸🆂🅰 ⓥ ♿
– www.ghiacciobosco.com – Fax 05 64 89 65 39 – chiuso gennaio e febbraio
14 cam ⊡ – ††80/120 €
♦ Bella piscina e confortevoli camere con piccole personalizzazioni (alcune dispongono di lettore dvd, letto a baldacchino o vasca idromassaggio), nonché accesso indipendente dal giardino. Tutt'intorno un lussureggiante parco.

XX **Tullio** 🏠 AC VISA ⬤⬤ ♿
via Nuova 27 – 𝒞 05 64 89 61 96 – Fax 05 64 89 61 96 – chiuso dal 20 gennaio all'8 marzo, mercoledì sera da luglio al 15 settembre, anche mercoledì a mezzogiorno negli altri mesi
Rist – Carta 27/43 € (+10 %)
◆ Poco distante dall'antica cinta muraria, ristorante familiare che dispone di una sala interna d'atmosfera e di una terrazza, dove assaporare le specialità del territorio. Accanto anche l'enoteca per vino, salumi, stuzzichini e gelato.

CAPALLE – Firenze – Vedere Campi Bisenzio

CAPANNORI – Lucca – **563** K13 – Vedere Lucca

CAPEZZANO PIANORE – Lucca – **563** K12 – Vedere Camaiore

CAPISTRANO – Vibo Valentia (VV) – **564** K30 – 1 122 ab. – alt. 952 m   5 A2
– ✉ 89818

▶ Roma 616 – Reggio di Calabria 112 – Catanzaro 69 – Crotone 138

⌂ **Agriturismo Sant'Elia** ⬅ P
⬥ *località Sant'Elia, Nord : 3 km – 𝒞 09 63 32 50 40*
– www.agriturismosantelia.com – Fax 09 63 53 05 75
6 cam ⌷ – ♦40 € ♦♦72 € – ½ P 60 €
Rist – (prenotazione obbligatoria) Menu 20 €
◆ Alla sommità di una vasta proprietà piantumata a bosco ed uliveto, un bel casale della seconda metà dell'800. Splendida vista fino al mare, ambienti curati e calma assoluta. Cucina della tradizione calabrese.

CAPO D'ORLANDO – Messina – **365** AX55 – Vedere Sicilia alla fine dell'elenco alfabetico

---

CAPOLAGO – Varese – Vedere Varese

CAPOLIVERI – Livorno – **563** N13 – Vedere Elba (Isola d')

CAPPELLA – Lucca – Vedere Lucca

CAPPELLA DÉ PICENARDI – Cremona (CR) – 438 ab. – alt. 41 m   17 C3
– ✉ 26038

▶ Roma 498 – Parma 51 – Cremona 18 – Mantova 48

X **Locanda degli Artisti** AC ⇌ VISA ⬤⬤ AE ⓪ ♿
⬥ *via XXV Aprile 13/1 – 𝒞 03 72 83 55 76 – www.locandadegliartisti.it – chiuso domenica sera, giovedì*
Rist – Carta 28/39 €
◆ Un'esperienza artistica prima ancora che gastronomica, la locanda occupa una delle tante cascine che costruiscono il suggestivo borgo, invitandovi a riscoprire la cucina del territorio e i sapori della cucina padana.

CAPRAIA E LIMITE – Firenze (FI) – 6 843 ab. – ✉ 50056   29 C1
▶ Roma 314 – Firenze 33 – Prato 39 – Pisa 65

⌂ **l' fiorino** senza rist 📶 ♿ AC 📶 P VISA ⬤⬤ AE ⓪ ♿
via S. Allende 97/a ✉ 50050 Capraia e Limite – 𝒞 05 71 58 39 41
– www.hotelifiorino.it – Fax 05 71 59 40 32
17 cam ⌷ – ♦40/100 € ♦♦50/135 €
◆ Piccolo hotel di recente apertura, piacevole e raccolto, vanta una luminosa veranda sulla quale viene allestita la prima colazione a buffet. Moderno e confortevole.

CAPRESE MICHELANGELO – Arezzo (AR) – **563** L17 – 1 622 ab.   29 D1
– alt. 653 m – ✉ 52033 ▮ Toscana

▶ Roma 260 – Rimini 121 – Arezzo 45 – Firenze 123

🏠 Buca di Michelangelo ⌘ ⟨ ⚡ 📞 VISA ⓪ AE 🔗

*via Roma 51 – 𝒞 05 75 79 39 21 – www.bucadimichelangelo.it
– Fax 05 75 79 39 41 – chiuso dal 10 al 25 febbraio*
23 cam ⊡ – ♦35/50 € ♦♦55/70 € – ½ P 45/58 €

Rist – *(chiuso mercoledì e giovedì escluso da giugno ad ottobre)* Carta 21/30 €
♦ Nel centro del paese che diede i natali a Michelangelo, un hotel con camere semplici, ma accoglienti, così come accogliente e familiare risulta essere la gestione. Piatti toscani serviti in un ampio salone panoramico.

✗ Il Rifugio ⚡ VISA ⓪ 🔗

località Lama 47, Ovest : 2 km – 𝒞 05 75 79 39 68 – Fax 05 75 79 37 52 – chiuso mercoledì escluso agosto **Rist** – Carta 20/36 €
♦ Giovane gestione familiare e ambiente rustico in un locale di campagna, le cui specialità sono funghi e tartufi, ma che propone anche pesce e la sera le pizze.

ad Alpe Faggeto Ovest : 6 km – alt. 1 177 m – ⊠ 52033 Caprese Michelangelo

✗ Fonte della Galletta con cam ⌘ ⟨ 🚲 ⚡ 📶 P VISA ⓪ ① 🔗

*località Alpe Faggeto – 𝒞 05 75 79 39 25 – www.fontedellagalletta.it
– Fax 05 75 79 36 52*
13 cam ⊡ – ♦50 € ♦♦80 € – ½ P 70 € **Rist** – *(chiuso lunedì e martedì in giugno-luglio, da lunedì a giovedì da settembre a maggio)* Carta 26/36 € ℬ
♦ Qui si respira aria di montagna e tra faggeti secolari si intravede una splendida vista sulla Val Tiberina; al ristorante, piatti tipici locali, funghi e cacciagione.

CAPRI (Isola di)★★★ – Napoli (NA) – 564 F24 – 7 285 ab. 🗎 Italia 6 B3

🚢 per Napoli e Sorrento – Caremar, call center 892 123

◎ Marina Grande★ BY – Escursioni in battello : giro dell'isola★★★ BY, grotta Azzurra★★ BY (partenza da Marina Grande)

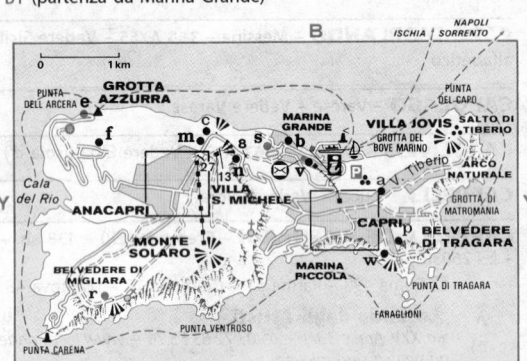

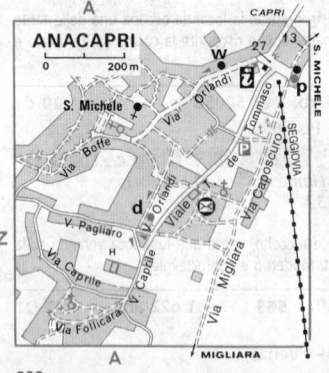

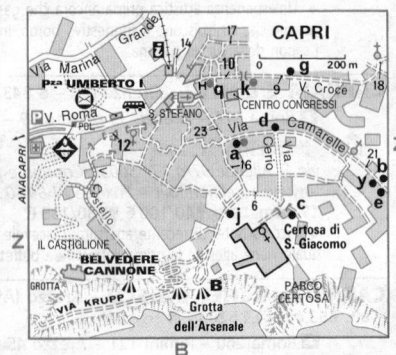

CAPRI (Isola di)

ANACAPRI☺ (NA) – **564** F24 – **6 554 ab.** – alt. **275 m** – ⊠ **80071**   **6** B3

🖪 via Orlandi 59 ℰ 081 8371524, information@capri.it

◙ Monte Solaro★★★ BY : ☀★★★ per seggiovia 15 mn – Villa San Michele★
BY : ☀★★★ – Belvedere di Migliara★ BY 1 h AR a piedi – Pavimento in
maiolica★ nella chiesa di San Michele AZ

Capri Palace Hotel   ← 🛁 🗓 💿 🕸 🔥 📶 ⛪ ✝ 🏧 💥 📶 🚣

via Capodimonte 14 – ℰ 08 19 78 01 11   🆚 ⏸ 🏧 ① 💲
– www.capripalace.com – Fax 08 18 37 31 91 – 1° aprile-1° novembre
67 cam 🍽 – ♦260/360 € ♦♦350/470 € – 11 suites   AZp
– ½ P 285/345 €

Rist L'Olivo – vedere selezione ristoranti

◆ Dai pavimenti in pietra, alle volte e ai tessuti: tutta una sinfonia di morbidi toni écru nei
suoi raffinatissimi interni, che si aprono su terrazze fiorite con piscina.

Caesar Augustus 🦢   ← 🚄 🏠 🗓 🕸 📶 💥 rist 📶 🏧 🅿

via Orlandi 4 – ℰ 08 18 37 33 95   🆚 ⏸ 🏧 ① 💲
– www.caesar-augustus.com – Fax 08 18 37 14 44 – 15 aprile-ottobre
55 cam 🍽 – ♦346/406 € ♦♦388/577 € – 7 suites   BYc
– ½ P 240/270 €

Rist – (prenotazione obbligatoria) Carta 60/75 €

◆ Vi sembrerà di poter spiccare il volo dalle terrazze di questo hotel in posizione panoramica mozzafiato, a strapiombo sul mare; letti in ferro battuto e mobili antichi nelle raffinate
camere. Colazione e cena in ambienti eleganti da cui ammirare la superba vista.

Al Mulino senza rist 🦢   🚄 📶 🏧 💥 📶 🅿 🆚 ⏸ 🏧 ① 💲

via La Fabbrica 9 – ℰ 08 18 38 20 84 – www.mulino-capri.it – Fax 08 18 38 21 32
– Pasqua-ottobre   BYf
7 cam 🍽 – ♦100/150 € ♦♦120/200 €

◆ Una ex fattoria immersa in un curatissimo giardino, collocato nella parte più "nobile" e
riservata della località, quindi distante da centro, shopping e frastuono. Tutte le camere
sono dotate di un grazioso patio privato.

Biancamaria senza rist   ← 📶 🏧 💥 🆚 ⏸ 💲

via Orlandi 54 – ℰ 08 18 37 10 00 – www.hotelbiancamaria.com
– Fax 08 18 37 20 60 – aprile-settembre   AZw
25 cam 🍽 – ♦100/130 € ♦♦160 €

◆ Architettura caprese per questa piccola risorsa, nata dalla ristrutturazione di una casa privata; le camere sono classiche con mobili in legno naturale e tessuti coordinati.

Bellavista   ← 🚄 🏧 💥 📞 🅿 🆚 ⏸ 🏧 ① 💲

via Orlandi 10 – ℰ 08 18 37 14 63 – www.bellavistacapri.com
– Fax 08 18 38 27 19 – Pasqua-ottobre   BYm
15 cam 🍽 – ♦70/170 € ♦♦100/270 €   **Rist** – Carta 32/41 €

◆ La realtà non smentisce il nome: è davvero splendido il panorama del golfo da uno dei
più antichi alberghi dell'isola! Piacevole aria démodé negli interni anni '60 e caratteristici
pavimenti con maioliche dai colori marini. L'intensa luce del sole o il chiaroscuro del tramonto fanno da sfondo all'ampia sala da pranzo.

Villa le Scale – Residenza d'epoca senza rist 🦢   🚄 🗓 🏧 💥 📶

via Capodimonte 64 – ℰ 08 18 38 21 90   🆚 ⏸ 🏧 ① 💲
– www.villalescale.com – Fax 08 18 38 27 96 – 15 aprile-15 ottobre   BYn
6 cam 🍽 – ♦♦450/850 € – 1 suite

◆ Aristocratica villa ottocentesca con stupendo giardino. Nelle camere, tutte diverse fra loro,
si respira un'aria di esclusiva raffinatezza. Profusione di arredi d'antiquariato di ogni epoca e
luogo, per un indirizzo tra i più suggestivi dell'isola.

XXXX **L'Olivo** (Oliver Glowing) – Capri Palace Hotel   🏠 🏧 💥

🕸🕸 via Capodimonte 14 – ℰ 08 19 78 01 11   🆚 ⏸ 🏧 ① 💲
– www.capripalace.com – Fax 08 18 37 31 91 – aprile-1° novembre
Rist – Menu 140/170 € – Carta 87/133 € 🍴   AZp
Spec. Ravioli di friarielli e scamorza affumicata con alici alla colatura. Triglia
con croccante di pelle di pollo e fagioli di Controne. La passione per il caffè.
◆ Coccolati da un eccellente servizio, si pranza tra morbidi colori e massicce colonne. Cucina
in continua crescita che coniuga professionalità e tecnicismo ai sapori del sud.

233

XX **La Rondinella** 🛜 VISA ⓪ ① Ġ
via Orlandi 245 – ℰ 08 18 37 12 23 – Fax 08 18 37 32 22 – chiuso dicembre-febbraio e giovedì escluso da giugno a settembre AZd
Rist – Carta 31/66 € (+10 %)
♦ Servizio solerte e cordiale, d'inverno in un ambiente rustico, d'estate sulla gradevole terrazza tra piante e fiori; cucina caprese e di mare, la sera anche le pizze.

alla Grotta Azzurra Nord-Ovest: 4,5 km

XX **Il Riccio** ← 🛜 🌣 VISA ⓪ AE ① Ġ
*via Gradola 4/11 – ℰ 08 18 37 13 80 – www.ristoranteilriccio.com
– Fax 08 18 37 13 80 – aprile-novembre* BYe
Rist – Menu 60/110 € – Carta 57/81 €
♦ Completamente rinnovato e passato nelle mani del Capri Palace, il ristorante si trova a picco sul mare a pochi passi dalla famosa Grotta Azzurra. La cucina si regge su tre principi: mediterraneità, modernità e qualità assoluta della materie prime, ma è il pesce a farla da padrone!

alla Migliara Sud-Ovest : 30 mn a piedi :

X **Da Gelsomina** con cam ⌂ ← 🛜 🔟 AK cam, 🌣 cam, 🌐
via Migliara 72 – ℰ 08 18 37 14 99 VISA ⓪ AE ① Ġ
*– www.dagelsomina.com – Fax 08 18 37 14 99 – chiuso dal 7 gennaio
al 28 febbraio (solo camere: chiuso da novembre a marzo)* BYr
5 cam ⌂ – †85/95 € ††130/150 €
Rist – *(chiuso martedì) (chiuso la sera da ottobre al 1° maggio)* Carta 28/55 €
♦ Tranquillo locale raggiungibile solo a piedi o con navetta; cucina casalinga favorita da un'azienda agricola di proprietà del ristorante, che produce ortaggi e vino. Panorama e tranquillità totale nelle camere realizzate sotto la terrazza, tutte con un piccolo patio privato.

CAPRI (NA) – 564 F24 – 7 285 ab. – alt. 142 m – ✉ 80073 6 B3
🛈 piazza Umberto I 19 ℰ 081 8370686, information@capri.it
🔘 Belvedere Cannone★★ BZ accesso per la via Madre Serafina★ BZ 12
– Belvedere di Tragara★★ BY – Villa Jovis★★ BY : ⁂★★, salto di
Tiberio★ – Giardini di Augusto ←★★ BZ B – Via Krupp★ BZ – Marina
Piccola★ – Piazza Umberto I★ BZ – Via Le Botteghe★ BZ 10 – Arco
Naturale★ BY

🏨🏨🏨 **Grand Hotel Quisisana** ← 🚗 🛜 🔟 🔟 🌐 🖐 🍽 🛗 AK 🌣
via Camerelle 2 – ℰ 08 18 37 07 88 🌐 🛁 VISA ⓪ AE ① Ġ
– www.quisisana.com – Fax 08 18 37 60 80 – 27 marzo-ottobre BZa
133 cam ⌂ – ††320/820 € – 15 suites – ½ P 220/470 €
Rist Quisi – vedere selezione ristoranti
Rist *La Colombaia* – *(chiuso la sera)* Carta 59/81 €
Rist *Rendez Vous* – Menu 70 € – Carta 70/94 € 🍸
♦ Storica, lussuosa vetrina per chi è in cerca di mondanità: "il" grande albergo di Capri per antonomasia offre confort all'altezza delle aspettative. La Colombaia, ristorante informale (vicino alla piscina) propone specialità regionali. In terrazza il Rendez Vous, tra piatti freddi ed una cucina più classica.

🏨🏨🏨 **Capri Tiberio Palace** ⌂ ← 🛜 🔟 🔟 🌐 🖐 🍴 🛗 AK 🌣 🕻
via Croce 11/15 – ℰ 08 19 78 71 11 VISA ⓪ AE ① Ġ
– www.tiberiopalace.com – Fax 08 18 37 44 93 – aprile-2 novembre BZg
52 cam ⌂ – ††399/630 € – 9 suites
Rist *White* – ℰ 08 19 78 78 50 – Carta 58/125 € 🍸
♦ Nella parte alta di Capri, a pochi minuti dal centro, architettura classica mediterranea per quest'albergo con ampi balconi incorniciati da archi. Interni chiari, eleganti con suggestive soluzioni di design per la sala da pranzo.

🏨🏨 **Casa Morgano** senza rist ⌂ ← 🔟 🍴 🖐 AK 🌣 🕻 VISA ⓪ AE ① Ġ
*via Tragara 6 – ℰ 08 18 37 01 58 – www.casamorgano.com
– Fax 08 18 37 06 81 – 15 marzo-5 novembre* BZy
27 cam ⌂ – ††250/620 €
♦ Immersa nel verde, sorge questa raffinata struttura che vanta camere spaziose, arredate con estrema ricercatezza. A pranzo, possibilità di un pasto leggero a bordo piscina.

Scalinatella senza rist ≤ ℤ 𝕶 ⋿ 🄰🄲 ℭ 𝚅𝚂𝙰 ⊚ 🄰🄴 ⓞ ⟳
via Tragara 8 – ℰ 08 18 37 06 33 – www.scalinatella.com – Fax 08 18 37 82 91
– marzo-novembre   BZ**e**
30 cam ⊊ – ♥♥430/720 €
♦ Primogenito tra i gioielli di una famiglia di albergatori, se ne sta acquattato sul fianco della collina e conserva intatto il suo fascino esclusivo. Camere lussuose e, solo a pranzo, possibilità di un leggero pasto a bordo piscina.

Punta Tragara ≤ ℘ ℤ 𝕶 ⋿ 🄰🄲 ℁ rist, ℙ 𝚅𝚂𝙰 ⊚ 🄰🄴 ⟳
via Tragara 57 – ℰ 08 18 37 08 44 – www.hoteltragara.com
– Fax 08 18 37 77 90 – aprile-ottobre   BY**p**
40 cam ⊊ – ♥♥380/780 € – 4 suites
Rist – (consigliata la prenotazione) Carta 56/72 €
♦ Hotel esclusivo, progettato da Le Corbusier, perfetto per lasciarsi incantare dal fascino di Capri; le spaziose camere offrono una meravigliosa vista sui faraglioni. Possibilità di pranzare in terrazza e cenare nell'elegante sala da pranzo.

Luna ≤ ℘ ℘ ℤ ⋿ 🄰🄲 ℁ ℙ 𝚅𝚂𝙰 ⊚ 🄰🄴 ⟳
viale Matteotti 3 – ℰ 08 18 37 04 33 – www.lunahotel.com – Fax 08 18 37 74 59
– Pasqua-ottobre   BZ**j**
48 cam ⊊ – ♥♥290/480 € – 4 suites – ½ P 195/290 €
Rist – (solo per alloggiati) Carta 45/61 €
♦ Quasi a picco sulla scogliera, struttura in perfetto stile caprese con ambienti luminosi e fresche maioliche. Grande giardino fiorito e terrazza da cui contemplare il mare, i Faraglioni e la Certosa: un sogno mediterraneo!

Villa Brunella ≤ ℘ ℤ ⋿ 🄰🄲 ℁ ℙ 𝚅𝚂𝙰 ⊚ 🄰🄴 ⟳
via Tragara 24 – ℰ 08 18 37 01 22 – www.villabrunella.it – Fax 08 18 37 04 30
– Pasqua-ottobre   BY**w**
20 cam ⊊ – ♥220/300 € ♥♥250/360 €
Rist – (consigliata la prenotazione) Carta 43/71 €
♦ Una ripida scala si "inabissa" verso la piscina, più o meno a metà di questa originale raffinata struttura, dove è tutto un susseguirsi di terrazze fiorite e di suggestivi scorci panoramici. Tappa di rito per gli appassionati della cucina mediterranea, la terrazza-ristorante si affaccia sulla baia di Marina Piccola.

La Certosella senza rist ≤ ℘ ℤ 𝕵 🄰🄲 ℙ 𝚅𝚂𝙰 ⊚ 🄰🄴 ⟳
via Tragara 13/15 – ℰ 08 18 37 07 22 – www.hotelcertosella.com
– Fax 08 18 37 61 13 – chiuso gennaio   BZ**b**
18 cam ⊊ – ♥♥200/290 €
♦ Un piccolo ma incantevole giardino vi indurrà a sostare in quest'albergo sotto glicini, limoni e aranci. Le spaziose camere sono ospitate in un edificio neoclassico.

Canasta senza rist ≤ ℘ ℤ 🄰🄲 ℁ ℙ 𝚅𝚂𝙰 ⊚ 🄰🄴 ⟳
via Campo di Teste 6 – ℰ 08 18 37 05 61 – www.hotel-canasta.com
– Fax 08 18 37 66 75 – chiuso dal 12 gennaio al 13 marzo   BZ**c**
17 cam ⊊ – ♥100/210 € ♥♥120/230 €
♦ Graziosa villa a pochi passi dal cuore di Capri e dalla Certosa di S.Giacomo, dispone di camere arredate con mobili bianchi laccati e rallegrati da policrome ceramiche. Alcune stanze sono dotate di una grande terrazza.

Syrene ≤ ℘ ℘ ℤ ⋿ 🄰🄲 ℀ ℁ cam, ℙ 𝚅𝚂𝙰 ⊚ 🄰🄴 ⟳
via Camerelle 51 – ℰ 08 18 37 01 02 – www.hotelsyrene.com
– Fax 08 18 37 09 57 – aprile-ottobre   BZ**d**
32 cam ⊊ – ♥100/330 € ♥♥150/420 €
Rist – (15 maggio-30 settembre) Carta 36/48 €
♦ In una delle vie dello shopping caprese, comodo albergo dagli spazi comuni ampi e ariosi; camere con arredi classici o più moderni; bel giardino-limonaia con piscina. Grosse colonne bianche e vetrate sul verde nella sala da pranzo.

Villa Sarah senza rist ≤ ℘ ℤ 🄰🄲 ℁ ℙ 𝚅𝚂𝙰 ⊚ 🄰🄴 ⟳
via Tiberio 3/a – ℰ 08 18 37 78 17 – www.villasarahcapri.com
– Fax 08 18 37 72 15 – 27 dicembre-6 gennaio e Pasqua-ottobre   BY**a**
19 cam ⊊ – ♥110/145 € ♥♥160/220 €
♦ Albergo ricavato dalla ristrutturazione di una abitazione privata, molto luminosa e fresca, lo stile architettonico è quello tradizionale dell'isola e da alcune camere si gode un'imperdibile vista del mare. Una vacanza in famiglia grazie all'ospitalità dei proprietari.

XXXX **Quisi** – Gd H. Quisisana   🏠 AC ⅍ VISA ⚫ AE ① ☀
via Camerelle 2 – ☎ *08 18 37 07 88 – www.quisisana.com – Fax 08 18 37 60 80*
– 27 marzo-ottobre   BZ**a**
Rist – *(chiuso domenica sera escluso dal 15 giugno al 15 settembre) (chiuso a mezzogiorno)* Menu 110 € – Carta 79/105 € ❀
♦ Importanti sedie in stile, lume di candela, cura dei dettagli e atmosfera elegante per un ristorante solo serale; cucina internazionale di ottimo livello.

XX **Aurora**
via Fuorlovado 18 – ☎ *08 18 37 65 33 – www.auroracapri.com*
– Fax 08 18 37 44 58 – chiuso da gennaio a marzo   BZ**k**
Rist – *(consigliata la prenotazione)* Carta 47/66 € ❀ (+15 %)
♦ Ambitissimo il dehors di un simpatico, frequentato ristorante di lunga tradizione familiare che prosegue con le giovani generazioni; piatti di mare, di terra e pizze.

XX **La Capannina**   AC ⅍ VISA ⚫ AE ① ☀
via Le Botteghe 12 bis/14 – ☎ *08 18 37 07 32 – Fax 08 18 37 69 90 – 20 marzo-ottobre; chiuso mercoledì in aprile e ottobre*   BZ**q**
Rist – *(consigliata la prenotazione la sera)* Carta 47/66 € (+15 %)
♦ Nato negli anni '30, il ristorante propone una cucina moderna, studiata per soddisfare le esigenze di una clientela internazionale. Veranda, tappezzata con foto di gente famosa.

MARINA GRANDE (NA) – 564 F24 – ✉ 80073   **6** B3
🛈 banchina del Porto ☎ 081 8370634, information@capri.it

🏨 **J.K. Place Capri**   ≤ 🏠 ⅃ 🕭 🕏 🖧 ♨ AC ⅍ rist. ¶ P
via Provinciale 225 – ☎ *08 18 38 40 01*   VISA ⚫ AE ① ☀
– www.jkcapri.com – Fax 08 18 37 04 38 – aprile-ottobre   BY**b**
22 cam ☲ – ♦♦450/1200 €
Rist – *(prenotazione obbligatoria)* Carta 78/102 €
♦ La recente ristrutturazione gli ha conferito un'impronta decisamente non convenzionale: una lussuosa residenza privata, un susseguirsi di salotti ricchi di accessori e camere colorate. Non c'è un vero ristorante, ma la possibilità di pranzare dove si preferisce, in sala, al bar o in terrazza. Cucina campana.

🏨 **Relais Maresca**   ≤ 🏠 🕏 🐾 AC ⅍ ¶ VISA ⚫ AE ① ☀
via Provinciale Marina Grande 284 – ☎ *08 18 37 96 19 – www.relaismaresca.com*
– Fax 08 18 37 40 70 – aprile-ottobre   BY**v**
27 cam ☲ – ♦150/230 € ♦♦160/240 € – ½ P 125/155 € solo a mezzogiorno
Rist – *(consigliata la prenotazione)* Menu 35/60 €
♦ Prospiciente l'animato porto di Marina Grande, risorsa recentemente ristrutturata vanta piacevoli interni luminosi, in tipico stile caprese: variopinte maioliche e mobili chiari. La terrazza roof-garden - al quarto piano - ospita un grazioso ristorante, in gran parte all'aperto.

XX **Da Paolino**   🚒 🏠 VISA ⚫ AE ① ☀
via Palazzo a Mare 11 – ☎ *08 18 37 61 02 – www.caprinet.it*
– Fax 08 18 37 56 11 – Pasqua-ottobre;   BY**s**
Rist – *(chiuso a mezzogiorno in aprile e maggio) (consigliata la prenotazione)* Carta 52/76 €
♦ Locale rustico, molto luminoso, immerso nel verde: la "sala" è la limonaia sotto le cui fronde sono allestiti i tavoli. Cucina ricca e variegata secondo la migliore tradizione campana.

CAPRIANO DEL COLLE – Brescia (BS) – 561 F12 – 3 794 ab.   **17** C2
– alt. 116 m – ✉ 25020
🚗 Roma 538 – Brescia 13 – Cremona 43 – Milano 80

XX **Antica Trattoria La Pergolina**   AC ⅍ ✿ P. VISA ⚫ AE ① ☀
via Trento 86, località Fenili Belasi – ☎ *03 09 74 80 02*
– www.trattorialapergolina.com – Fax 03 09 74 79 81 – chiuso dal 1° all'8 gennaio, dal 7 al 22 agosto, le sere di domenica e lunedì
Rist – Carta 29/52 €
♦ In un grande edificio colonico, una trattoria rustica, ma raffinata; ingredienti tutti fatti in casa per una cucina del territorio elaborata con cura e professionalità.

CAPRIATA D'ORBA – Alessandria (AL) – 561 H8 – 1 862 ab.   **23** C3
– alt. 176 m – ✉ 15060
🚗 Roma 575 – Alessandria 25 – Genova 63 – Milano 101

✂ 😊 **Il Moro** 🏠 ♿ AK ⟷ VISA ⚫ ⬦
piazza Garibaldi 7 – 𝒞 0 14 34 61 57 – www.ristoranteilmoro.it
– Fax 01 43 46 08 40 – chiuso 2 settimane in marzo, dal 26 dicembre
al 1° gennaio, lunedì, anche domenica sera da ottobre ad aprile
Rist – Menu 25/36 € – Carta 30/39 €
♦ In centro paese, all'interno di un palazzo del '600, una trattoria dai soffitti a volta e arredata con pezzi di artigianato, dove è possibile apprezzare una cucina gustosa. Piccola enoteca annessa.

CAPRILE – Belluno – Vedere Alleghe

CAPRI LEONE – Messina – **365** AX55 – Vedere Sicilia alla fine dell'elenco alfabetico

---

CAPRIOLO – Brescia (BS) – **562** F11 – 8 918 ab. – alt. 218 m – ✉ 25031   **19** D1
▶ Roma 593 – Brescia 33 – Milano 73 – Parma 142

🏨 **Sole** 📶 ♿ AK ⅌ ❛⁍❜ ᴧ **P** 🚗 VISA ⚫ AE ⓞ ⬦
via Sarnico 2 – 𝒞 03 07 46 15 50 – www.solehotelristorente.com
– Fax 03 07 46 54 76 – chiuso dal 1° all'8 gennaio
38 cam � – †55/65 € ††75/80 € – ½ P 50/55 €
Rist – (chiuso sabato a mezzogiorno, domenica sera) Carta 25/40 €
♦ Struttura completamente ristrutturata ed arredi totalmente rinnovati sono il miglior benvenuto di questo hotel dotato di spazi ampi e di camere moderne. Indirizzo affidabile. Ampia sala ristorante con caratteristica griglia a vista.

🏠 **Agriturismo Ripa del Bosco** 🕊 🏠 📶 AK ⅌ **P** VISA ⚫ ⓞ ⬦
🏡 *via Valle 21, Sud-Ovest : 2 km – 𝒞 03 07 46 16 20 – www.ripadelbosco.it*
– Fax 03 07 36 59 90 – chiuso dall'11 gennaio al 3 febbraio e dal 5 al 29 luglio
15 cam ⊘ – †40 € ††75 €
Rist – (chiuso lunedì, martedì, mercoledì) Carta 27/37 €
♦ In piena campagna, un grande e rustico caseggiato lombardo del XVII sec., ristrutturato di recente. Immerso tra le vigne di proprietà, utilizzate per la produzione di vino. Ristorante composto da salette accoglienti e ben arredate.

CAPRIVA DEL FRIULI – Gorizia (GO) – 1 737 ab. – alt. 63 m   **11** C2
– ✉ 34070
▶ Roma 636 – Udine 27 – Gorizia 9 – Pordenone 74

🏠 **Castello di Spessa** – Res. d'epoca senza rist 🕊 ≼ 🕊 📶 ❛⁍❜ **P**
via Spessa 1, Nord : 1,5 km – 𝒞 04 81 80 81 24 VISA ⚫ ⬦
– www.castellodispessa.it – Fax 04 81 80 81 24
14 cam ⊘ – †140 € ††180 €
♦ Poche ed esclusive camere per una vacanza di relax a contatto con la storia, in questo castello ottocentesco che ha ospitato i signori della nobiltà friulana, celato da un parco secolare.

XX **Tavernetta al Castello** con cam 🕊 ≼ 🚗 🏠 📶 ♿ ⅃ **P**
via Spessa 7, Nord : 1 km – 𝒞 04 81 80 82 28 VISA ⚫ ⬦
– www.paliwines.com – Fax 04 81 88 02 18 – chiuso 2 settimane in gennaio o
febbraio, domenica sera, lunedì
10 cam ⊘ – †80 € ††120 € **Rist** – Carta 33/49 € ⅋
♦ Un tempo osteria del vicino castello, oggi un ristorante dalle caratteristiche sale da pranzo, di cui una con muri in pietra e camino. Cucina regionale che mette in risalto i prodotti locali. Circondata dal verde e all'ombra del castello, offre camere confortevoli, ideali per un soggiorno di tranquillità.

CARAGLIO – Cuneo (CN) – **561** I4 – 6 717 ab. – alt. 575 m – ✉ 12023   **22** B3
▶ Roma 655 – Cuneo 12 – Alessandria 138 – Genova 156
🆔 piazza San Paolo 3 𝒞 0171 619492, info@vallegrana.it, Fax 0171 618290

🏨 **Quadrifoglio** 📶 ❛⁍❜ ᴧ **P** VISA ⚫ AE ⓞ ⬦
😊 *via C.L.N. 20 – 𝒞 01 71 81 76 66 – www.hotel-quadrifoglio.it*
– Fax 01 71 81 76 66 – chiuso dal 23 dicembre al 7 gennaio
40 cam ⊘ – †45/51 € ††76/88 € – 2 suites – ½ P 55 €
Rist *Il Quadrifoglio* – 𝒞 01 71 61 96 85 (chiuso dal 7 al 28 gennaio, dal 7 al 19 agosto e lunedì) Menu 15/30 €
♦ Sorto negli anni '90 alle porte della località, hotel ideale per clientela di lavoro o di passaggio; camere spaziose dalle linee essenziali, ma dal confort adeguato. Cucina piemontese ed ampie sale per ospitare banchetti e cerimonie.

XX **Il Portichetto**　　　🛏 **P** 🇻🇮🇸🇦 ⓦ **AE** ① ⚡
*via Roma 178 – ℰ 01 71 81 75 75 – www.ilportichetto.actervista.org
– Fax 01 71 81 75 75 – chiuso dal 20 luglio al 3 agosto e lunedì*
Rist – Menu 28 € – Carta 24/31 € 🏵
♦ Nel cortiletto di un grazioso edificio d'epoca con piccolo portico, un ristorantino curato, con tocchi di personalizzazione e di eleganza; piatti piemontesi.

CARAMANICO TERME – Pescara (PE) – **563** P23 – **2 042 ab.**　　　**1** B2
– alt. 700 m – ✉ 65023

🚇 Roma 202 – Pescara 54 – L'Aquila 88 – Chieti 43

🛈 via Fonte Grande 3 ℰ 085 929020, iat.caramanico@abruzzoturismo.it, Fax 085 922202

🏨 **La Réserve** 🌿　　　⇐ 🚗 ⏚ 🖃 ⓦ ♨ 🖦 ♇ 🏖 & 🄰🄲 🌊 rist, 🕯 **P**
via Santa Croce – ℰ 08 59 23 91 – www.lareserve.it　　　🇻🇮🇸🇦 ⓦ **AE** ① ⚡
– Fax 08 59 23 10 24 – chiuso dal 7 gennaio al 7 marzo
72 cam – 4 suites – solo ½ P 123/212 €　**Rist** – Menu 35/45 €
♦ Oasi di pace e benessere nel parco della Maiella, l'hotel che vanta una bella posizione panoramica dispone di ambienti moderni e di design. Attrezzato centro benessere-termale. Ampiezza e luminosa ariosità degli spazi anche nel ristorante.

🏨 **Cercone**　　　⇐ ⏚ 🖃 & cam, 🄰🄲 cam, 🌊 rist, 🕯 **P** 🇻🇮🇸🇦 ⓦ **AE** ① ⚡
🍝 *viale Torre Alta 17/19 – ℰ 0 85 92 21 18 – www.hotelcercone.com
– Fax 0 85 92 22 71 – 15 dicembre-15 gennaio e marzo-ottobre*
33 cam 🖵 – †50/70 € ††65/95 € – ½ P 65/75 €　**Rist** – Carta 20/25 €
♦ Di fronte all'ingresso delle Terme, hotel a conduzione diretta rinnovatosi negli anni: sale di caldo tono rustico, camere ampie e confortevoli con terrazzine panoramiche. Piccolo, ma nuovissimo centro benessere.

X **Locanda del Barone** con cam　　　🛏 & rist, 🌊 🕯 🇻🇮🇸🇦 ⓦ **AE** ① ⚡
😊 *località San Vittorino, Sud: 3 km – ℰ 08 59 25 84 – www.locandadelbarone.it
– Fax 08 59 25 84*
6 cam 🖵 – †40 € ††80 € – ½ P 60 €
Rist – (consigliata la prenotazione) Carta 26/31 €
♦ Posizione tranquilla e panoramica per una bella casa dai toni rustici, ma molto accogliente. In tavola: proposte del territorio in chiave moderna. Confortevoli camere arredate con mobili di buona fattura e letti in ferro battuto.

CARASCO – Genova (GE) – **561** I10 – **3 491 ab.** – alt. 31 m – ✉ 16042　　　**15** C2
🚇 Roma 466 – Genova 53 – Parma 164 – Portofino 27

X **Beppa**　　　🄰🄲 🌊 **P** 🇻🇮🇸🇦 ⓦ ① ⚡
*via Vecchia Provinciale 89/91, località Graveglia, Est : 3 km – ℰ 01 85 38 07 25
– Fax 01 85 38 07 25 – chiuso dal 30 dicembre al 20 gennaio e martedì*
Rist – Carta 24/31 €
♦ Nell'entroterra ligure - sulla riva destra del Graveglia - un vecchio fienile è stato occupato da Beppa, che l'ha trasformato nell'attuale simpatica trattoria. Gustose specialità locali si sono invece "impossessate" della tavola.

CARATE BRIANZA – Milano (MI) – **561** E9 – **17 846 ab.** – alt. 252 m　　　**18** B1
– ✉ 20048
🚇 Roma 598 – Como 28 – Bergamo 38 – Milano 31

X **Camp di Cent Pertigh**　　　🛏 & 🌊 **P** 🇻🇮🇸🇦 ⓦ **AE** ① ⚡
*Cascina Contrevaglio, Est : 1 km, strada per Besana – ℰ 03 62 90 03 31
– www.campdicentpertig.it – Fax 03 62 90 70 08 – chiuso dal 27 dicembre al
17 gennaio, dal 16 al 22 agosto e martedì*
Rist – Carta 46/56 € 🏵
♦ All'interno di una caratteristica cascina lombarda, il ristorante che occupa soltanto una parte dell'edificio, è arredato secondo uno stile rustico-elegante. Cucina del luogo.

X **Osteria del Ritrovo**　　　🄰🄲 🌊 🇻🇮🇸🇦 ⓦ **AE** ① ⚡
*via Ugo Bassi 1 bis – ℰ 03 62 90 22 87 – www.osteriadelritrovo.it
– Fax 03 62 90 22 87 – chiuso dal 24 al 31 agosto, domenica sera, lunedì*
Rist – Carta 55/77 €
♦ Locale semplice e raccolto, in cui gustare specialità di pesce d'ispirazione siciliana (con tocchi esotici che derivano dalle esperienze di viaggio dello *chef*) nonché ricette a base di carne d'impronta più tradizionale lombarda.

CARAVAGGIO – Bergamo (BG) – 561 F10 – 15 549 ab. – alt. 111 m 19 C2 – ✉ 24043

Roma 564 – Bergamo 26 – Brescia 55 – Crema 19

Tre Re

via Papa Giovanni XXIII 19 – ☎ 0 36 35 13 81 – www.albergotrere.it – Fax 03 63 35 34 35

10 cam – †55/70 € ††75/110 € – ½ P 70 €

Rist – *(chiuso lunedì sera)* Carta 28/58 €

♦ Una bella villa del 1910 situata di fronte al complesso di San Bernardino e all'inizio della via che conduce al Santuario. Camere di ampia metratura e dagli antichi arredi. Cordiale gestione familiare. Proposte mediterranee nel ristorante di sobria eleganza.

al Santuario-strada provinciale Rivoltana Sud-Ovest : 1,5 km :

Belvedere dei Tre Re

via Beata Vergine 1 ✉ 24040 Misano di Gera d'Adda – ☎ 03 63 34 06 95 – www.belvedere3re.it – Fax 03 63 34 13 99

14 cam – †55/75 € ††75/95 € – ½ P 50/65 € **Rist** – Carta 25/60 €

♦ Non lontano dal santuario, un edificio d'epoca ospita un hotel dagli interni raffinati, arredati con antichi mobili di famiglia. Con la bella stagione, l'ampio giardino è attrezzato per i vostri momenti di relax. Sobrietà classica, cura della tavola e dei dettagli al ristorante. D'estate si pranza all'aperto.

CARBONARA DI BARI – Bari – 564 D32 – Vedere Bari

CARBONARA DI PO – Mantova (MN) – 561 G15 – 1 333 ab. – ✉ 46020 17 D3

Roma 457 – Verona 58 – Ferrara 51 – Mantova 55

Passacör

rist,

strada provinciale Ferrarese 4 – ☎ 0 38 64 14 61 – www.hotelpassacor.it – Fax 0 38 64 18 95

37 cam – †70 € ††100 €

Rist – *(chiuso domenica) (chiuso a mezzogiorno)* Carta 21/25 €

♦ Struttura di concezione moderna, funzionale e ben tenuta, a conduzione diretta, dotata di parcheggio; le camere sono omogenee, essenziali, ma complete nel confort.

CARBONARA SCRIVIA – Alessandria (AL) – 561 H8 – 1 027 ab. 23 C2 – alt. 177 m – ✉ 15050

Roma 563 – Alessandria 27 – Genova 69 – Milano 79

Locanda Malpassuti

vicolo Cantù 11 – ☎ 01 31 89 26 43 – www.locandamalpassuti.it – Fax 01 31 89 30 00 – chiuso 1 settimana in gennaio e martedì

Rist – *(chiuso a mezzogiorno escluso i giorni festivi)* (consigliata la prenotazione) Carta 29/41 €

♦ Un'insegna in ferro, un vecchio edificio in centro, una sala con mobili e sedie in stile; in cucina però la tradizione viene rinnovata con elaborazioni interessanti.

CARBONIA – Carbonia-Iglesias (107) – 366 M48 – Vedere Sardegna alla fine dell'elenco alfabetico

CARCOFORO – Vercelli (VC) – 561 E6 – 77 ab. – alt. 1 304 m – ✉ 13026 23 C1

Roma 705 – Aosta 191 – Biella 85 – Milano 132

Scoiattolo (Alberto Manetta)

via Casa del Ponte 3/b – ☎ 0 16 39 56 12 – www.ristorantescoiattolo.com – Fax 0 16 39 56 12 – chiuso dal 10 gennaio al 10 marzo, 1 settimana in giugno, 1 settimana in settembre, lunedì e martedì (escluso agosto)

Rist – (consigliata la prenotazione) Menu 28/40 €

Spec. Variazione di trota: salmonata, in carpione, tartare dopo affumicatura, il "cappuccino". Risotto alla valsesiana: mantecato alla toma della val d'Egua con crema di tuorlo d'uovo. Cappello del prete cotto nel latte.

♦ Una tortuosa strada di montagna per trovare, infine, una rilassante oasi di pace: ad accogliervi un tipico chalet con una cucina altrettanto calda e avvolgente.

CAREZZA (Passo di) = KARERPASS – Bolzano e Trento – Vedere Costalunga (Passo di)

CARIGNANO – Lucca – Vedere Lucca

CARIMATE – Como (CO) – 4 166 ab. – alt. 296 m – ⊠ 22060   **18** B1

    🖪 Roma 620 – Como 19 – Milano 30

    🖪 , ℰ 031 79 02 26

XX   **Al Torchio di Carimate**   🏦 🕭 🎹 𝚅𝙸𝚂𝙰 ⓿ 🆎 ⓪ 🜨

piazza Castello 4 – ℰ 031 79 14 86 – www.altorchio.com – Fax 031 79 14 86 – chiuso 10 giorni in gennaio, 2 settimane in agosto e lunedì (escluso la sera da giugno a settembre)

Rist – Carta 25/52 €

♦ I soffitti di legno e le ampie vetrate rendono caldo e luminoso il locale, vicino al suggestivo castello del XIV secolo; piatti lombardi rivisitati e buona scelta di vini.

CARISIO – Vercelli (VC) – **561** F6 – 924 ab. – alt. 183 m – ⊠ 13040   **23** C2

    🖪 Roma 648 – Torino 58 – Aosta 103 – Biella 26

sulla strada statale 230 Nord-Est : 6 km :

🏠   **La Bettola**   🕭 🎹 🕭 🅿 𝚅𝙸𝚂𝙰 ⓿ 🆎 ⓪ 🜨

   Strada Statale Vercelli-Biella 9 ⊠ 13040 – ℰ 01 61 85 80 45
⊛   *– www.labettolahotel.com – Fax 01 61 85 81 00*
🍽️   **35 cam** � – ♦50 € ♦♦80 € – ½ P 53 €   **Rist** – Carta 21/56 €

♦ Facilmente raggiungibile dall'uscita autostradale, funzionale struttura articolata su due corpi con spazi comuni limitati ma stanze spaziose, da preferire quelle nell'ala più recente. Il ristorante dispone di due confortevoli sale climatizzate d'impostazione classica.

CARLENTINI – Siracusa (SR) – **365** AZ60 – Vedere Sicilia alla fine dell'elenco alfabetico

---

CARMAGNOLA – Torino (TO) – **561** H5 – 27 424 ab. – alt. 240 m   **22** B3
– ⊠ 10022

    🖪 Roma 663 – Torino 29 – Asti 58 – Cuneo 71

    🖪 I Girasoli, ℰ 011 9 79 50 88

    🖪 La Margherita, ℰ 011 9 79 51 13

🏠🏠   **San Marco**   🖪 🕭 🎹 📶 🕻 🕭 🅿 𝚅𝙸𝚂𝙰 ⓿ 🆎 🜨

via San Francesco di Sales 18 – ℰ 01 19 62 69 53 – www.sanmarcoalbergo.com – Fax 01 19 71 59 38 – chiuso dall'8 al 22 agosto

20 cam � – ♦60/110 € ♦♦75/130 € – ½ P 58/150 €

Rist San Marco – *(chiuso sabato a mezzogiorno e domenica)* Carta 25/34 €

♦ Non lontana dal centro, la struttura offre spaziose camere, confortevoli, sobriamente eleganti e modernamente accessoriate, ed è vocata soprattutto ad una clientela commerciale. Al ristorante, la cucina classica ed una saletta-enoteca dove degustare formaggi e salumi in un'atmosfera più riservata.

🏠   **Agriturismo Margherita** ⊛   🚗 ⊼ 🖪 🜨 🎹 📶 rist, 🕪 🕭 🅿

   strada Pralormo 315, Est : 6 km – ℰ 01 19 79 50 88   𝚅𝙸𝚂𝙰 ⓿ ⓪ 🜨
⊛   *– www.girasoligolf.it – Fax 01 19 79 52 28*
12 cam – ♦70 € ♦♦140 €, � 8 € – ½ P 75 €

Rist – *(chiuso gennaio)* Menu 20/30 €

♦ Frutta, verdura, allevamento di polli ed un campo da golf con 18 buche per gli appassionati di questa attività; all'interno, l'azienda offre camere rustiche, calcune con angolo cottura. Atmosfera campagnola anche al ristorante, presso il quale potrete gustare, soprattutto, i prodotti dell'agriturismo.

CARMIGNANO – Prato (PO) – **563** K15 – 13 530 ab. – alt. 200 m   **29** C1
– ⊠ 59015

    🖪 Roma 298 – Firenze 24 – Milano 305 – Pistoia 23

ad Artimino Sud : 7 km – alt. 260 m – ⊠ 59015

🏠🏠🏠   **Paggeria Medicea** ⊛   ≤ 🚗 ⊼ 🎾 🎹 🜨 rist, 🕪 🕭 🅿

viale Papa Giovanni XXIII – ℰ 05 58 75 15 41   𝚅𝙸𝚂𝙰 ⓿ 🆎 ⓪ 🜨

– www.artimino.com – Fax 05 58 75 14 70

37 cam � – ♦93/155 € ♦♦110/190 € – ½ P 90/170 €

Rist – *(chiuso mercoledì, giovedì a mezzogiorno escluso in estate)* Carta 30/52 €

♦ Un edificio rinascimentale ospita l'elegante hotel, le cui camere si trovano negli ex alloggi dei paggi medicei. Tra gli spazi comuni: un giardino, una piscina panoramica e belle sale ricevimento nell'imponente castello. La gastronomia che ha reso celebre nel mondo la Toscana, presso il ristorante del borgo.

XX **Da Delfina** 🏡 ℅ **P**
via della Chiesa 1 – ℰ 05 58 71 80 74 – www.dadelfina.it – Fax 05 58 71 81 75
– chiuso dal 20 gennaio al 10 febbraio, dal 10 agosto al 1° settembre, domenica
sera, lunedì, martedì a mezzogiorno
Rist – Carta 33/41 € (+10 %)
♦ Tipicità e lunga tradizione per questo locale, dove gustare piatti del territorio: d'estate,
sulla bella terrazza panoramica.

CARMIGNANO DI BRENTA – Padova (PD) – **562** F17 – **7 591 ab.**   **37** B1
– alt. 45 m – ✉ 35010

▶ Roma 505 – Padova 33 – Belluno 96 – Tarvisio 47

🏠 **Zenit**   🛗 AC ↯ ℅ ⁽ᵗ⁾ **P** VISA ᴔᴔ AE ① ⚕
   piazza del Popolo 16 – ℰ 04 99 43 03 88 – www.hotelzenit.it – Fax 04 99 43 02 97
20 cam – †50/68 € ††75/85 €, � 5 €
Rist – *(chiuso dal 26 dicembre al 5 gennaio, sabato, domenica sera)* Carta 20/32 €
♦ Servizio di tono familiare in un albergo ben tenuto, ideale per clientela di lavoro e di passaggio; buon rapporto qualità/prezzo, servizi adeguati. Ristorante classico, dove gustare
anche paste fresche fatte in casa.

CARNAGO – Varese (VA) – **561** E8 – **6 146 ab.** – alt. 354 m – ✉ 21040   **18** A1

▶ Roma 639 – Como 60 – Varese 18 – Milano 53

🏨 **Villa Bregana** ⌇   🚗 🌠 🛗 ⚐ AC ℅ ⁽ᵗ⁾ 🏋 **P** VISA ᴔᴔ AE ① ⚕
viale dei Carpini – ℰ 03 31 98 76 00 – www.villabregana.it – Fax 03 31 98 68 68
– chiuso dal 10 al 23 agosto
25 cam � – †110/120 € ††150/170 € – ½ P 105/115 €   **Rist** – Carta 32/55 €
♦ Grande villa settecentesca, recentemente ristrutturata, immersa in un vasto parco con
piante secolari. Ambienti curati, camere con arredi moderni in stile country minimalista.

CARNELLO – Frosinone – **563** R22 – Vedere Arpino

CARONA – Bergamo (BG) – **561** D11 – **356 ab.** – alt. 1 110 m – Sport   **16** B1
invernali : 1 100/2 130 m �533ֆ16, ✖ – ✉ 24010

▶ Roma 636 – Sondrio 90 – Bergamo 53 – Brescia 101

🏠 **Carona**   🚗 ℅ rist, 📞 **P** VISA ᴔᴔ AE ① ⚕
   via Bianchi 22 – ℰ 0 34 57 71 25 – www.albergocarona.it – Fax 0 34 57 71 24
– chiuso maggio ed ottobre
9 cam � – †40/45 € ††70/80 € – ½ P 45/55 €
Rist – *(chiuso martedì)* Carta 17/21 €
♦ In alta Val Brembana, albergo a conduzione familiare, semplice, ma ben tenuto; camere
arredate in gran parte con mobili inizio '900, dal confort essenziale. E' ubicata al primo
piano la sala ristorante, d'impostazione classica.

CAROVIGNO – Brindisi (BR) – **564** E34 – **15 871 ab.** – alt. 171 m   **27** C2
– ✉ 72012

▶ Roma 538 – Brindisi 28 – Bari 88 – Taranto 61

XXX **Già Sotto l'Arco** (Teresa Buongiorno)   AC ℅ VISA ᴔᴔ AE ⚕
   corso Vittorio Emanuele 71 – ℰ 08 31 99 62 86 – www.giasottolarco.it
– Fax 08 31 99 62 86 – chiuso dal 15 al 30 novembre, lunedì e domenica sera da
novembre a maggio
Rist – *(consigliata la prenotazione)* Menu 65 € – Carta 53/69 € ♨
Spec. Insalata tiepida di finocchi e gamberi all'arancia. Tagliolini al ragù nero
di seppia. Tonno rosso di Carloforte scottato in padella, salsa alla senape,
fagiolini al sesamo e zenzero marinato.
♦ Accoglienza calorosa e familiare, ma non priva di signorilità, in un elegante edificio
barocco sulla piazza centrale. Riuscite reinterpretazioni pugliesi in cucina: ricette soprattutto
a base di carne, anche se non manca qualche specialità di pesce.

CARPANETO PIACENTINO – Piacenza (PC) – **562** H11 – **7 403 ab.**   **8** A2
– alt. 110 m – ✉ 29013

▶ Roma 508 – Piacenza 19 – Alessandria 114 – Genova 151

XX **Nido del Picchio** (Daniele Repetti) ⛄ AC ⟷ VISA ⓶ AE ① ⚡
viale Patrioti 6 – ℰ 05 23 85 09 09 – Fax 05 23 85 09 09 – chiuso lunedì
Rist – *(chiuso a mezzogiorno escluso i giorni festivi)* (consigliata la prenotazione) Menu 65 € – Carta 49/90 € 🍴
Spec. Anolini d'olive nere in fumetto leggero di crostacei ed astice. Scaloppa di cernia leggermente affumicata con purea di porri e carota all'arancia. Semifreddo alla camomilla su crema di cioccolato bianco e meringa alla liquirizia.
♦ Atmosfera sobria e sussurrata, l'ambiente è quello di una casa privata con poco spazio per orpelli o decorazioni. Tavoli rotondi e distanti, sulla carta si concentra tutto il lavoro dei titolari e soprattutto la personalità del cuoco: piatti creativi, ingegnosi, spesso a base di pesce.

CARPI – Modena (MO) – **562** H14 – **65 837 ab.** – alt. 28 m – ✉ 41012   8 B2
▌ Italia

🗺 Roma 424 – Bologna 60 – Ferrara 73 – Mantova 53
◎ Piazza dei Martiri★ – Castello dei Pio★

🏠🏠🏠 **Touring** 🚲 📶 AC ⇄ ⚙ rist, 📶 VISA ⓶ AE ① ⚡
viale Dallai 1 – ℰ 0 59 68 15 35 – www.hoteltouringcarpi.it – Fax 0 59 65 42 31
– chiuso dal 7 al 22 agosto
65 cam ⌕ – †79/156 € ††99/214 € – 1 suite
Rist Blu – vedere selezione ristoranti
♦ Struttura degli anni Cinquanta ma dal taglio moderno, etnico e minimalista, con ambienti caldi ed accoglienti, alle cui pareti campeggiano immagini di campagne pubblicitarie di famiglia.

🏠 **My One Hotel** senza rist 📶 ⚡ ♠♠ ⇄ 📶 🅂 🅿 🚗 VISA ⓶ AE ① ⚡
via delle Magliaie 2/4 – ℰ 0 59 64 59 15 – www.myonehotel.it
– Fax 0 59 64 27 71
80 cam ⌕ – †55/180 € ††65/220 €
♦ Bianco edificio dalle ampie vetrate, offre ambienti moderni, alle cui pareti sono esposte fotografie della città e vedute d'epoca. Particolarmente adatto ad una clientela d'affari. Tariffe speciali nei weekend.

🏠 **Gabarda** ⚡ AC 📶 🅂 🅿 VISA ⓶ AE ① ⚡
via Carlo Marx 172 – ℰ 0 59 69 36 46 – www.gabarda.it – Fax 05 96 22 98 27
– chiuso 2 settimane in agosto
31 cam ⌕ – †75/110 € ††85/125 € – 1 suite – ½ P 68/88 €
Rist – Carta 23/39 €
♦ Lo stile è quello di una casa colonica con il portico che corre tutto intorno; le camere, particolarmente spaziose ed arredate con mobili chiari, hanno tutte ingresso indipendente. Di taglio rustico, il ristorante si trova in una struttura attigua e propone gustosi piatti tipici regionali.

XXX **L'incontro** 🚲 ⚡ AC ⟷ 🅿 VISA ⓶ AE ⚡
via delle Magliaie 4/1 – ℰ 0 59 69 31 36 – www.lincontroristorante.it
– Fax 0 59 69 31 36 – chiuso dal 1° al 6 gennaio e dal 10 al 20 agosto,
domenica, lunedì a mezzogiorno
Rist – (consigliata la prenotazione) Menu 20/45 € – Carta 30/43 € 🍴
♦ Passione e impegno caratterizzano questo locale raccolto e accogliente, articolato in quattro salette classicamente arredate in colori caldi e vivaci. Di stampo più creativo la proposta gastronomica.

XX **Il Barolino** AC ⚙ VISA ⓶ AE ① ⚡
via Giovanni XXIII 110 – ℰ 0 59 65 43 27 – Fax 0 59 65 43 27 – chiuso dal
30 dicembre al 6 gennaio, dal 1° al 24 agosto, sabato a mezzogiorno, domenica
Rist – Carta 25/43 €
♦ Piatti unicamente del territorio e conduzione strettamente familiare per questo locale in posizione periferica. Propone anche vendita di vini e di prodotti alimentari.

XX **Blu** – Hotel Touring 🚲 🚲 AC VISA ⓶ AE ① ⚡
viale Dallai 1 – ℰ 0 59 65 37 01 – www.belloniebelloni.com – Fax 05 96 31 19 73
– chiuso dal 7 al 22 agosto
Rist – *(chiuso domenica)* Carta 35/58 €
♦ Locale luminoso, arredato nelle chiare tonalità bianco e avorio, circondato da grandi vetrate affacciate sul dehors e sul piccolo giardino interno. Dispone di una sala per fumatori.

CARPINETI – Reggio Emilia (RE) – **562** I13 – **4 216 ab.** – alt. 556 m   8 B2
– ✉ 42033
🗺 Roma 457 – Parma 50 – Bologna 92 – Modena 52

⌂ **Agriturismo Le Scuderie** ⬧ ← 🖅 📶 **P** 🚗 ⓒⓞ 🄰🄴 ⬧

frazione Regigno 77, Sud-Est : 1,5 km – ℰ 05 22 61 83 97
– *www.agriturismolescuderie.it* – *Fax 05 22 71 80 66*
6 cam ⬷ – ♦40/50 € ♦♦70/80 € – ½ P 50 €
Rist – *(chiuso lunedì sera)* Carta 18/29 €
♦ Per scoprire l'Appennino Reggiano, un bel rustico ristrutturato, in posizione tranquilla nel verde dei colli; bei mobili di legno nelle camere. Ristorante di tono rustico con cucina casereccia.

CARRAIA – Firenze – Vedere Calenzano

CARRARA – Massa Carrara (MS) – **563** J12 – 65 443 ab. – alt. 80 m   28 A1
– ✉ **54033** ▮ Toscana

> 🚩 Roma 400 – La Spezia 31 – Firenze 126 – Massa 7
> ◪ Cave di marmo di Fantiscritti★★ Nord-Est : 5 km – Cave di
> Colonnata★ Est : 7 km

ad Avenza Sud-Ovest: 4 km – ✉ 54031

🏠 **Carrara** ▮🄰🄲 ℅ rist, 📶 **P** 🚗 ⓒⓞ 🄰🄴 ⓞ ⬧
via Petacchi 21 – ℰ 05 85 85 76 16 – *www.hotelcarrara.it* – *Fax 0 58 55 03 44*
32 cam ⬷ – ♦70 € ♦♦105 €
Rist – *(chiuso a mezzogiorno) (solo per alloggiati)* Menu 25 €
♦ Nelle immediate vicinanze della stazione ferroviaria, una risorsa a conduzione familiare rinnovatasi in anni recenti dispone ora di ambienti e camere signorili. Simpatica e colorata sala ristorante, non priva d'eleganza.

a Colonnata Est : 7 km – ✉ 54033

✗ **Venanzio** 🍽 🄰🄲 🚗 ⓒⓞ ⬧
piazza Palestro 3 – ℰ 05 85 75 80 33 – *www.ristorantevenanzio.com*
– *Fax 05 85 75 80 62* – *chiuso dal 15 dicembre al 15 gennaio, giovedì, domenica sera (escluso agosto)*
Rist – Carta 29/43 €
♦ In questo paesino conosciuto per il suo lardo e le cave di marmo, *Venanzio* è l'indirizzo giusto dove gustare una cucina di terra con specialità di funghi, cacciagione e l'immancabile salume.

CARRARA (Marina di) – Massa Carrara (MS) – **563** J12 – ✉ **54036**   28 A1
> 🚩 Roma 396 – La Spezia 26 – Carrara 7 – Firenze 122

✗✗ **Ciccio Marina** 🍽 ⬧ 🄰🄲 🚗 ⓒⓞ 🄰🄴 ⓞ ⬧
viale da Verrazzano 1 – ℰ 05 85 78 02 86 – *www.ristoranteciccio.it*
– *Fax 05 85 63 28 64* – *chiuso lunedì (escluso da giugno a settembre)*
Rist – Carta 30/51 €
♦ Sul lungomare nei pressi del porto, moderno ristorante dalle luminose sale e con bar pubblico. Il pesce è tra le specialità della casa.

CARRÈ – Vicenza (VI) – **562** E16 – 3 562 ab. – alt. 219 m – ✉ **36010**   35 B2
> 🚩 Roma 545 – Padova 66 – Trento 63 – Belluno 106

🏠 **La Rua** ← 🍽 🄰🄲 rist, 📶 ⚲ **P** 🚗 ⓒⓞ 🄰🄴 ⓞ ⬧
località Cà Vecchia, Est : 4 km – ℰ 04 45 89 30 88 – *www.hotellarua.it*
– *Fax 04 45 89 31 47*
22 cam ⬷ – ♦50/65 € ♦♦80/95 € – ½ P 60/75 €
Rist – *(chiuso martedì)* Carta 25/32 €
♦ Isolato sulle colline sovrastanti la pianura, offre camere classiche e spaziose o, da preferire, più recenti e moderne negli arredi anche se di metratura a volte più ridotta. Piacevolissima terrazza panoramica per il servizio estivo.

⌂ **Locanda La Corte dei Galli** senza rist 🖅 🄰🄲 📶 **P** 🚗 ⓒⓞ 🄰🄴 ⬧
via Prà Secco 1/a – ℰ 04 45 89 33 33 – *www.lacortedeigalli.it*
– *Fax 04 45 89 33 18*
7 cam ⬷ – ♦110 € ♦♦130/160 €
♦ Struttura di charme ricavata nella barchessa di un edificio rurale del '700, rinnovato con elegante raffinatezza; mobili d'epoca nelle camere e piccola piscina interna.

CARRO – La Spezia (SP) – **561** J10 – 650 ab. – alt. 420 m – ⊠ 19012   **15** D2

> ▶ Roma 420 – La Spezia 36 – Genova 68 – Parma 134

a Pavareto Sud-Ovest : 1,5 km – ⊠ 19012

↑   **Agriturismo Ca du Chittu** ⊰   🚗 🏠 **P**
isolato Camporione 25 – ℰ 01 87 86 12 05 – www.caduchittu.it
7 cam ⊊ – †28/46 € ††56/64 € – ½ P 48/52 €
Rist – *(solo su prenotazione) (chiuso a mezzogiorno in inverno)* Menu 25 €
♦ Nel cuore della Val di Vara una risorsa tranquilla ed accogliente con camere semplici, ma confortevoli, piacevolmente immerse nel verde. Mountain bike a disposizione degli sportivi.

CARRÙ – Cuneo (CN) – **561** I5 – 4 335 ab. – alt. 364 m – ⊠ 12061   **23** C3

> ▶ Roma 620 – Cuneo 31 – Milano 203 – Savona 75

🏠   **Palazzo di Mezzo** senza rist   🖼 ⴺ 🖼 ⅋ ⓣ 🕍 🚗 _VISA_ ⓿⓿ 𝔸𝔼 ⤵
via Garibaldi 4 – ℰ 01 73 77 93 06 – www.palazzodimezzo.com
– Fax 01 73 75 99 96 – chiuso dal 25 gennaio al 7 febbraio
11 cam ⊊ – †62/75 € ††85/98 €
♦ Piccola ed accogliente struttura sorta dalla sapiente ristrutturazione di un palazzo sette-centesco nel centro della località. Confort moderno e calorosa accoglienza familiare.

CARSOLI – L'Aquila (AQ) – **563** P21 – 5 514 ab. – alt. 640 m – ⊠ 67063   **1** A2

> ▶ Roma 68 – Avezzano 45 – Frosinone 81 – L'Aquila 63

✕✕   **L'Angolo d'Abruzzo**   🏠 ⴺ ⅋ ⇆ _VISA_ ⓿⓿ 𝔸𝔼 ⤵
piazza Aldo Moro – ℰ 08 63 99 74 29 – www.langolodiabruzzo.it
– Fax 08 63 99 50 04 – chiuso gennaio, luglio e mercoledì
Rist – Menu 35/55 € – Carta 29/55 € ⅋
♦ Per gli appassionati della cucina abruzzese, i migliori prodotti e i sapori più autentici della gastronomia regionale in un ambiente classico; ottima cantina, visitabile.

✕✕   **Al Caminetto**   🖼 ⅋ ⇆ _VISA_ ⓿⓿ 𝔸𝔼 ⓞ ⤵
via degli Alpini 95 – ℰ 08 63 99 54 79 – www.al-caminetto.it
– Fax 08 63 90 70 47 – chiuso dall' 8 al 15 gennaio, dal 17 al 28 luglio e lunedì
Rist – Carta 23/44 €
♦ Décor rustico in un locale poliedrico con sala enoteca per degustazioni. In menu, l'offerta è ampia e variegata: si va dalle più tipiche specialità regionali, alle carni cotte alla brace, funghi e tartufi.

in prossimità dello svincolo Carsoli-Oricola Sud-Ovest : 2 km :

🏠   **Nuova Fattoria**   🚗 🏠 ⵜ ⅋⅋ **P** _VISA_ ⓿⓿ 𝔸𝔼 ⤵
via Tiburtina km 68,3 ⊠ 67063 Oricola – ℰ 08 63 99 73 88
– www.lanuovafattoria.it – Fax 08 63 99 21 73
20 cam ⊊ – †50 € ††70 € – ½ P 50 €   **Rist** – Carta 25/33 €
♦ Davanti al casello autostradale, offre ambienti omogenei e di buon livello. Arredi di legno massiccio nelle camere, bagni sempre diversi, a volte estrosi. Sala ristorante con alto spio-vente in legno e brace a vista per la carne.

CARTOCETO – Pesaro e Urbino (PU) – **563** K20 – 7 693 ab. – alt. 235 m   **20** B1
– ⊠ 61030

> ▶ Roma 271 – Rimini 69 – Ancona 75 – Pesaro 28

✕✕✕   **Symposium** (Lucio Pompili) con cam ⊰   🚗 🏠 𝕴 🖼 ⓣ **P**
❀   *via Cartoceto 38, Ovest : 1,5 km – ℰ 07 21 89 83 20*   _VISA_ ⓿⓿ 𝔸𝔼 ⤵
– www.symposium4stagioni.it – Fax 07 21 89 39 77 – chiuso 2 settimane in gennaio, 2 settimane in novembre e lunedì, martedì
7 cam ⊊ – †70/90 € ††120/150 € – ½ P 88/98 €
Rist – *(chiuso a mezzogiorno escluso sabato e domenica) (consigliata la prenotazione)* Menu 60/90 € – Carta 68/118 € ⅋
Spec. Uovo poché in vellutata leggera di caciotta d'Urbino al tartufo bianco d'Acqualagna. Ravioli di patate con lumache di montagna, pomodoro e finocchietto. Cinghiale allevato in casa cotto in due maniere con polenta.
♦ Nel contesto di un lussureggiante paesaggio collinare, il ristorante stupisce per spazi ed eleganza. Come la cucina, dalla cacciagione al pesce passando per il tartufo. Camere moderne ed attenzione per il dettaglio.

CARTOSIO – Alessandria (AL) – **561** I7 – 806 ab. – alt. 236 m   23 C3
– ✉ 15015

▶ Roma 578 – Genova 83 – Acqui Terme 13 – Alessandria 47

※※   **Cacciatori** con cam ⑤   🏠 🕉 **P** **VISA** **◉** **⑤**
via Moreno 30 – ℰ 0 14 44 01 23 – Fax 0 14 44 01 23 – chiuso dal 23 dicembre
al 24 gennaio e dal 1° al 15 luglio
10 cam – †45 € ††60 €, ⊑ 10 € – 2 suites
Rist – (chiuso giovedì, venerdì a mezzogiorno) (coperti limitati, prenotare)
Carta 30/43 € ⑧
♦ Sobria struttura che vede impegnata un'attenta gestione familiare; proposte legate alle
tradizioni del territorio, con un'oculata scelta delle materie prime.

CARZAGO – Brescia (BS) – **561** F13 – alt. 202 m – ✉ 25080   17 D1

▶ Roma 542 – Brescia 23 – Verona 57
🔁 Arzaga, ℰ 030 6 80 62 66

🏨🏨   **Palazzo Arzaga** ⑤   ⇐ 🚗 🏠 🏊 🖳 ⑩ 🎮 🖧 ℀ 🖼 ➡ ⚡ 🚹 **AC** ↯
via Arzaga 1, località Calvagese   🕉 rist, ᠁ 🕹 **P** **VISA** **◉** **AE** **①** **⑤**
della Riviera, Sud : 2 km – ℰ 0 30 68 06 00 – www.palazzoarzaga.com
– Fax 03 06 80 62 70 – 19 marzo-24 ottobre
81 cam ⊑ – ††312/723 € – 3 suites – ½ P 241/496 €
Rist Il Moretto – (chiuso a mezzogiorno) Carta 72/103 €
Rist Il Grill-Club House – (23 gennaio-19 dicembre) (chiuso la sera)
Carta 37/50 €
♦ In un suggestivo palazzo del XV secolo, poliedrico hotel di lusso, per congressi, per chi
ama il golf, le terapie rigenerative o il semplice relax in ambiente elegante. Arredi antichi al
raffinato ristorante Il Moretto. Più informale Il Grill-Club House.

CASACANDITELLA – Chieti (CH) – **563** P24 – 1 427 ab. – alt. 394 m   2 C2
– ✉ 66010

▶ Roma 211 – L'Aquila 107 – Chieti 24 – Campobasso 173

⌂   **Castello di Semivicoli** senza rist ⑤   ⇐ 🚗 🖧 **AC** 🕉 ᠁ 🕹 **P**
via San Nicola 24, contrada Semivicoli   **VISA** **◉** **AE** **⑤**
– ℰ 08 71 89 00 45 – www.castellodisemivicoli.it
– Fax 08 71 89 00 45
11 cam ⊑ – †135/155 € ††220/253 €
♦ Un mirabile lavoro di restauro ha ridonato splendore a questo palazzo baronale, che ora
vanta splendide camere, arredate con mobili d'epoca. La vista spazia dai monti abruzzesi al
mare: impossibile rimanere indifferenti a tanto fascino!

CASALE MONFERRATO – Alessandria (AL) – **561** G7 – 36 042 ab.   23 C2
– alt. 116 m – ✉ 15033

▶ Roma 611 – Alessandria 31 – Asti 42 – Milano 75
🛈 piazza Castello ℰ 0142 444330, chiosco@comune.casale-monferrato.al.it,
Fax 0142 444330

🏨🏨   **Candiani**   🖧 ⚡ **AC** ᠁ 🕹 **P** **VISA** **◉** **AE** **①** **⑤**
via Candiani d'Olivola 36 – ℰ 01 42 41 87 28 – www.hotelcandiani.com
– Fax 01 42 41 87 22
49 cam ⊑ – †80/85 € ††110/120 € – 2 suites
Rist La Torre – ℰ 0 14 27 02 95 (chiuso martedì e mercoledì a mezzogiorno)
Menu 37/47 € – Carta 35/55 €
♦ Da una sapiente ristrutturazione che ha salvaguardato l'originario stile liberty di un vecchio
mattatoio del 1913, è sorto un elegante albergo, dotato di camere spaziose. Cucina legata
alla tradizione culinaria del territorio e basata su materie prime accuratamente selezionate.

🏨   **Business** senza rist   🚗 🏊 🖧 ⚡ **AC** ↯ ⚡ 🕹 **P** **VISA** **◉** **AE** **①** **⑤**
strada Valenza 4/G – ℰ 01 42 45 64 00
– www.business-hotel.it – Fax 01 42 45 64 46
– chiuso dal 23 dicembre all'8 gennaio
87 cam ⊑ – †75/95 € ††100/120 €
♦ Hotel d'impronta business, che mantiene inalterato il calore dell'accoglienza di una
gestione diretta. Giardino con piscina e sala colazioni di taglio moderno.

CASALE SUL SILE – Treviso (TV) – 562 F18 – 12 224 ab. – ⌧ 31032   35 A1

▶ Roma 541 – Venezia 26 – Padova 48 – Pordenone 52

XX **San Nicolò**   ⌂ ⅙ AC ⅖ ⇄ VISA ⨀ AE ① ⑥
via San Nicolò 5 – ⌚ 04 22 82 26 72 – Fax 04 22 82 26 72 – chiuso dal 1° al 6 gennaio, domenica sera, lunedì, anche domenica a mezzogiorno in luglio-agosto
Rist – Carta 35/70 €
◆ Idilliaca posizione tra la chiesa e le rive del Sile, il contesto rustico della casa colonica è stato rinnovato per offrire ambienti più eleganti. La cucina è di mare.

CASALFIUMANESE – Bologna (BO) – 562 I16 – 3 353 ab. – alt. 125 m   9 C2
– ⌧ 40020

▶ Roma 387 – Bologna 47 – Firenze 84 – Modena 93

X **Valsellustra**   ⌂ ⅙ AC P VISA ⨀ AE ① ⑥
via Valsellustra 16, Nord : 11 km – ⌚ 05 42 68 40 73
– www.ristorantevalsellustra.com – chiuso dal 15 al 28 febbraio, dal 18 al 23 agosto e giovedì
Rist – Carta 26/32 €
◆ Tipico ristorante di campagna, in posizione isolata, sobrio con tavoli ampi e ravvicinati. Piatti saporiti e appetitosi con specialità a base di funghi e cacciagione.

CASALMAGGIORE – Cremona (CR) – 561 H13 – 14 592 ab.   17 C3
– alt. 26 m – ⌧ 26041

▶ Roma 487 – Parma 24 – Brescia 69 – Cremona 40

🔒 **B & H Hotel Bifi's**   ⌸ ⅙ ✝ AC ⅖ rist, (¹) ♨ P ⇆
⌾   VISA ⨀ AE ① ⑥
strada statale 420 km 36, località Rotonda
– ⌚ 03 75 20 09 38 – www.hotelbifis.it – Fax 03 75 20 06 90
76 cam ⌤ – ✝69/130 € ✝✝89/170 € – ½ P 63/103 €
Rist – (chiuso a mezzogiorno) Menu 18 €
◆ Al crocevia tra le province di Mantova, Cremona e Parma una struttura funzionale e comoda con camere recentemente rinnovate. Gestione dinamica ed efficiente.

XX **Bifi**   ⅙ AC ⅖ ⇄ P VISA AE ⑥
strada statale 420 km 36, località Rotonda – ⌚ 03 75 20 12 44
– Fax 03 75 20 55 05 – chiuso dal 23 dicembre al 6 gennaio, 15 giorni in agosto e martedì
Rist – Carta 39/58 €
◆ Ristorante moderno ed accogliente, ospitato nello stesso edificio dell'hotel Bifi, ma completamente staccato per gestione ed andamento. Pavimento in parquet e una cucina che propone piatti classici, a volte rivisitati.

CASALNOCETO – Alessandria (AL) – 561 H8 – 947 ab. – alt. 159 m   23 D2
– ⌧ 15052

▶ Roma 598 – Alessandria 33 – Genova 89 – Milano 76

XX **La Locanda del Seicento**   AC ⇄ VISA ⨀ AE ① ⑥
piazza Martiri della Libertà – ⌚ 01 31 80 96 14 – www.lalocandadelseicento.it
– Fax 01 31 80 98 00 – chiuso dal 9 al 23 gennaio e lunedì
Rist – Carta 34/47 €
◆ Diverse salette ricavate dai due piani di in una casa del '600: ambiente di tono rustico-elegante, gestione giovane e motivata. Dalla cucina, piatti piemontesi, ma anche fragranti specialità di mare.

CASALOTTO – Asti – Vedere Mombaruzzo

CASAL PALOCCO (RM) – 563 Q19 – Vedere Roma

CASAL VELINO – Salerno (SA) – 564 G27 – 4 953 ab. – alt. 170 m   7 C3
– ⌧ 84040

▶ Roma 346 – Potenza 148 – Salerno 87 – Sapri 74

↑ **Agriturismo i Moresani** 🕙   🚗 🏠 ⅄ % rist, **P**
località Moresani Casal Velino – 📞 *09 74 90 20 86*   VISA ⬥ AE ① ⑤
– www.imoresani.com – Fax 09 74 90 20 86 – chiuso dal 27 al 31 gennaio
10 cam ☲ – ♦♦90/110 € – 1 suite – ½ P 55/75 €   **Rist** – Menu 25/30 €
♦ Poco sopra la località, oasi di pace e serenità, immersa tra gli ulivi. Camere semplici ma arredate con gusto, piscina per rinfrescarsi nei caldi pomeriggi estivi. A tavola la genuinità e i sapori degli ottimi prodotti locali.

X **Le Giare**   🏠 % **P** VISA ⬥ AE ① ⑤
∞ *via bivio Acquavella, Nord-Est : 5 km –* 📞 *09 74 90 79 90*
– www.ristorantelegiare.com – chiuso dal 30 settembre al 15 ottobre e martedì (escluso luglio-agosto)
Rist – Carta 20/33 €
♦ Situato fuori della località, un ristorante classico, a conduzione familiare, dove potrete scegliere tra piatti campani e del Cilento, di terra e di mare.

CASAMICCIOLA TERME – Napoli – **564** E23 – Vedere Ischia (Isola d')

CASARZA LIGURE – Genova (GE) – **561** J10 – 6 565 ab. – alt. 34 m   **15** C2
– ⊠ 16030

▶ Roma 457 – Genova 50 – Portofino 38 – La Spezia 59

XX **San Giovanni**   🚗 🏠 **P** VISA ⬥ AE ① ⑤
via Monsignor Podestà 1 – 📞 *01 85 46 72 44 – Fax 01 85 46 72 44 – chiuso dal 7 gennaio al 1° febbraio*
Rist *– (chiuso lunedì escluso luglio-agosto) (chiuso a mezzogiorno in luglio e agosto escluso sabato e domenica)* Carta 37/51 €
♦ Fuori del centro, una villetta con un curato giardino, dove d'estate si svolge il servizio all'aperto, ospita questo ristorante, che propone esclusivamente pesce.

CASCIA – Perugia (PG) – **563** N21 – 3 274 ab. – alt. 645 m – ⊠ 06043   **33** C3

▶ Roma 138 – Ascoli Piceno 75 – Perugia 104 – Rieti 60

🔢 piazza Garibaldi 1 📞 0743 71147, info@iat.cascia.pg.it, Fax 0743 76630

🏨 **Monte Meraviglia e Sporting Center La Reggia**   ⅄ 🏛 ⅃₅
via Roma 15 – 📞 *0 74 37 61 42*   🛗 AC rist, % rist, 🏊 **P** VISA ⬥ ⑤
– www.magrelliospitalita.com – Fax 0 74 37 11 27
159 cam ☲ – ♦50/90 € ♦♦80/140 € – ½ P 70/100 €
Rist *Il Tartufo* – Carta 25/65 €
♦ Complesso formato da due strutture: una imponente, di taglio moderno, con ampi spazi per grandi numeri. L'altra più piccola, con attrezzato centro sportivo usato da entrambe. Ambiente curato al ristorante dove gustare piatti a base di tartufo e locali.

🏨 **Cursula**   🏠 🛗 AC rist, % rist, 🎣 🏊 **P** VISA ⬥ AE ① ⑤
viale Cavour 3 – 📞 *0 74 37 62 06 – www.hotelcursula.com – Fax 0 74 37 62 62*
– chiuso gennaio e febbraio
40 cam ☲ – ♦45/70 € ♦♦70/110 € – ½ P 56/73 €   **Rist** – Carta 25/47 €
♦ Piccolo albergo a gestione familiare, che garantisce, nella sua semplicità, un soggiorno confortevole tanto ai gruppi di pellegrini, quanto alla clientela di lavoro. In attività dal 1949, il rinomato ristorante che propone una schietta cucina del territorio.

CASCIANA TERME – Pisa (PI) – **563** L13 – 3 696 ab. – alt. 125 m   **28** B2
– ⊠ 56034 ▮ Toscana

▶ Roma 335 – Pisa 39 – Firenze 77 – Livorno 41

🔢 via Cavour 11 📞 0587 646258, proloco@casciana.it, Fax 0587 646258

🏨 **Roma**   🚗 ⅄ 🛗 ⅃ cam, AC % rist, **P** VISA ⬥ AE ⑤
∞ *via Roma 13 –* 📞 *05 87 64 62 25 – www.albergo-roma.it – Fax 05 87 64 52 33*
– chiuso dicembre e gennaio
36 cam ☲ – ♦50/70 € ♦♦85/100 € – ½ P 70/80 €
Rist *– (solo per alloggiati)* Menu 20/30 €
♦ D'altri tempi i corridoi ampi e i soffitti alti negli spazi comuni di un hotel centrale, ristrutturato in anni recenti; giardino ombreggiato con piscina. Regna un'atmosfera piacevolmente retrò nella signorile sala ristorante.

CASEI GEROLA – Pavia (PV) – **561** G8 – 2 565 ab. – alt. 81 m   **16** A3
– ⊠ 27050

> ▶ Roma 574 – Alessandria 36 – Milano 57 – Novara 61

 Bellinzona   🛗 AC ⁽ᵗⁱ⁾ **P** 🚗 _VISA_ ⑳ AE ① 🌀
via Mazzini 71 – ℰ 0 38 36 15 25 – Fax 0 38 36 13 74
18 cam ☷ – †55/60 € ††65/70 € – ½ P 60 €
Rist – _(chiuso dal 1° al 7 gennaio, agosto e sabato)_ Carta 27/39 €
♦ Da ben quattro generazioni, la stessa famiglia al timone di questo hotel centrale: buon
livello di confort generale e camere recentemente rinnovate. Nell'ampio ristorante, piatti
genuini e specialità alla brace.

CASELLE TORINESE – Torino (TO) – **561** G4 – 17 597 ab. – alt. 277 m   **22** A1
– ⊠ 10072

> ▶ Roma 691 – Torino 13 – Milano 144
> ▲ Città di Torino Nord: 1 km ℰ 011 5676361

Jet Hotel   🛗 AC ⁽ᵗⁱ⁾ 🕸 **P** _VISA_ ⑳ AE ① 🌀
via Della Zecca 9 – ℰ 01 19 91 37 33 – www.jet-hotel.com
– Fax 01 19 96 15 44
79 cam ☷ – †71/195 € ††121/240 €
Rist _Antica Zecca_ – ℰ 01 19 96 14 03 _(chiuso lunedì)_ Carta 33/48 €
♦ E' un bell'edificio del XVI secolo ad ospitare questo piacevole hotel situato nelle vicinaze
dell'aeroporto; atmosfera signorile, buon livello di servizio e camere ben accessoriate. Al ristorante ambiente di tono elegante e piatti creativi che prendono vita dalla tradizione regionale.

CASE NUOVE – Varese – Vedere Somma Lombardo

CASERE = KASERN – Bolzano – Vedere Valle Aurina

> Le grandi città beneficiano di piantine sulle quali sono situati gli alberghi e i
> ristoranti. Seguite le coordinate (es. : **12**BMe) per individuarli più facilmente.

CASERTA **P** (CE) – **564** D25 – 78 703 ab. – alt. 68 m – ⊠ 81100   **6** B2
📗 Italia - Napoli e la Campania

> ▶ Roma 192 – Napoli 31 – Avellino 58 – Benevento 48
> 🄸 corso Trieste 9 (angolo piazza Dante 43) ℰ 0823 321137, info@eptcaserta.it
>   Fax 0823 326300
> 💿 La Reggia★★
> 🅖 Caserta Vecchia★: 10 km nord-est – Museo Campano★ a Capua: 11 km
>   nord-ovest – Complesso di San Leucio★: 3,5 km nord-ovest – Basilica di
>   S. Angelo in Formis★★: 11 km nord-ovest - Anfiteatro campano★ a Santa
>   Maria Capua Vetere: 7,5 km a ovest

Crowne Plaza Caserta   🛠 🛗 🕭 AC 🕸 ⁽ᵗⁱ⁾ 🕸 🚗 _VISA_ ⑳ AE ① 🌀
viale Lamberti – ℰ 08 23 52 30 01 – www.crowneplaza-caserta.com
– Fax 08 23 45 87 30
320 cam ☷ – †90/160 € ††100/220 € – 16 suites – ½ P 120/190 €
Rist – Carta 33/54 €
♦ Un'avveniristica struttura in posizione periferica, sviluppata attorno ad una piazza centrale
- interamente coperta da una enorme cupola in vetro (tra le più grandi di Europa) - che racchiude camere, ristoranti, bar, centro congressi ed hall. Un hotel dall'innovativo _concept_.

 Amadeus senza rist   🛠 🛗 ⁽ᵗⁱ⁾ _VISA_ ⑳ AE ① 🌀
via Verdi 72/76 – ℰ 08 23 35 26 63 – www.hotelamadeuscaserta.it
– Fax 08 23 32 91 95
12 cam ☷ – †62/69 € ††87/95 €
♦ Centrale, ristrutturato seguendo lo spirito del palazzo del '700 in cui è inserito, un piccolo
albergo confortevole, con camere ben tenute e accessoriate.

XXX **Le Colonne**

viale Giulio Douhet 7/9 – ✆ 08 23 46 74 94 – www.lecolonnemarziale.it – Fax 08 23 46 79 88 – chiuso dal 12 al 31 agosto, martedì

Rist – Carta 43/62 €

◆ Molto elegante, con arredi lussuosi e profusione di marmi, un ristorante che propone cucina campana anche rielaborata in chiave moderna; specialità della casa: i dolci.

XX **Leucio**

via Giardini Reali, località San Leucio, Nord-Ovest : 4 km ✉ 81020 San Leucio – ✆ 08 23 30 12 41 – www.ristoranteleucio.it – Fax 08 23 30 15 90 – chiuso 10 giorni in agosto e lunedì

Rist – Carta 24/35 € (+15 %)

◆ Gestione familiare (padre in cucina, figlio in sala) in un ristorante con spazi banchetti ben separati; cucina per lo più di pesce, ma sono i primi a farla da padroni.

X **Antica Locanda**

piazza della Seta, località San Leucio, Nord-Ovest : 4 km – ✆ 08 23 30 54 44 – Fax 08 23 30 11 02 – chiuso dal 5 al 28 agosto, domenica sera e lunedì

Rist – Carta 22/31 €

◆ Quasi una trattoria, si mangia in due caratteristiche sale separate da un arco in mattoni. Cucina di influenza partenopea, ma la specialità della casa è il risotto.

in prossimità casello autostrada A 1 - Caserta Sud Sud : 6 km :

Novotel Caserta Sud

rist,

strada statale 87 Sannitica, Km 22,600 ✉ 81020 Capodrise – ✆ 08 23 82 65 53 – www.accorhotels.com – Fax 08 23 82 72 38

126 cam – †91/125 € ††91/155 €, ☕ 12 €

Rist ***Côté Jardin*** – Carta 35/61 €

◆ A 2 km dal centro città, imponente, squadrata struttura moderna, dotata di ampie, confortevoli camere insonorizzate, comodo parcheggio e attrezzato centro congressi. Grandi vetrate affacciate sulla piscina e grill a vista nel ristorante.

Grand Hotel Vanvitelli

viale Carlo III, località Cantone, (in prossimità casello autostrada A1) ✉ 81020 San Marco Evangelista – ✆ 08 23 21 71 11 – www.grandhotelvanvitelli.it – Fax 08 23 42 13 30

247 cam ☕ – †130/150 € ††150/180 € – 3 suites – ½ P 100/118 €

Rist – Carta 35/48 €

◆ Grande struttura a vocazione commerciale dispone di ampi ambienti, nei quali la raffinata eleganza del passato si unisce alla funzionalità e ai confort più moderni. Sofisticato centro congressi. Capienti, curate sale per l'attività banchettistica e roof-garden per gli individuali.

CASIER – Treviso (TV) – 562 F18 – 7 752 ab. – alt. 5 m – ✉ 31030 35 A1

Roma 539 – Venezia 32 – Padova 52 – Treviso 6

a Dosson Sud-Ovest : 3,5 km – ✉ 31030

XX **Alla Pasina** con cam

via Marie 3 – ✆ 04 22 38 21 12 – www.pasina.it – Fax 04 22 49 23 22 – chiuso dal 1° al 7 gennaio

7 cam ☕ – †55/60 € ††80/90 €

Rist – *(chiuso domenica sera, lunedì) (chiuso a mezzogiorno in agosto)* Carta 23/40 €

◆ Non è solo una casa di campagna ristrutturata. Le tre intime salette si trovano in un'atmosfera ricca di fascino, quasi fiabesca e il C'era una volta inizia in cucina, tra tradizione e fantasia. Con qualche intervento architettonico, il vecchio granaio ospita ora poche intime camere affacciate sul fresco giardino.

CASINO DI TERRA – Pisa – Vedere Guardistallo

CASOLA VALSENIO – Ravenna (RA) – **562** J16 – 2 766 ab. – alt. 195 m   9 C2
– ✉ 48010

> ▶ Roma 380 – Bologna 64 – Firenze 82 – Forlì 42
>
> 🖪 (aprile-settembre) via Roma 50 ℰ 0546 73033, proloco.casolavalsenio@gmail.com, Fax 0546 76033

XX **Mozart**   🚗 ⅍ ⇆ 🅿 🆅🆂🅰 ⓜ 🅰🅴 ⓪ ⓢ
via Montefortino 3 – ℰ 05 46 73 50 8 – www.ristorantemozart.com – maggio-novembre; chiuso lunedì, martedì a mezzogiorno (escluso festivi)
Rist – Menu 28/36 € – Carta 29/42 €
♦ Un giovane chef gestisce questo ristorante, dove propone le sue creazioni nelle graziose salette di una casa familiare in pietra, in mezzo al verde, in posizione dominante sul paese.

CASOLE D'ELSA – Siena (SI) – **563** L15 – 3 623 ab. – alt. 417 m   29 C2
– ✉ 53031

> ▶ Roma 269 – Siena 48 – Firenze 63 – Livorno 97

XX **Il Colombaio**   🛋 ⅍ ⇆ 🅿 🆅🆂🅰 ⓜ 🅰🅴 ⓪ ⓢ
🕸 località Colombaio – ℰ 05 77 94 90 02 – www.ilcolombaio.it
– Fax 05 77 94 99 00 – chiuso dal 7 gennaio al 10 marzo, lunedì, martedì a mezzogiorno
Rist – Menu 35/70 € – Carta 47/64 € 🕸
Spec. Cannolo di faraona alle mele e aceto balsamico invecchiato 30 anni. Agnello cotto nel fieno greco e foglie di olivo con salsa al Chianti. Semifreddo al lime e champagne con salsa ai lamponi e rollatina di semi di girasole.
♦ All'interno di una caratteristica casa toscana, una sala elegante dal servizio curato e professionale dove gustare una cucina regionale elaborata in chiave moderna.

a Pievescola Sud-Est : 12 km – ✉ 53031

🏨 **Relais la Suvera** ⌖   ≤ 🚗 🛋 ⌇ 🎐 ⅍ 🛏 ⅚ cam, 🅰🅲 ⅍ rist, ⁽ᵗ⁾
via La Suvera – ℰ 05 77 96 03 00   🏊 🅿 🆅🆂🅰 ⓜ 🅰🅴 ⓪ ⓢ
– www.lasuvera.it – Fax 05 77 96 02 20
– 28 marzo-ottobre
24 cam � – ♦♦330/490 € – 12 suites – ♦♦575/1500 €
Rist – Carta 50/70 €
Rist Oliviera – (chiuso a mezzogiorno) Carta 60/99 € 🕸
♦ Nella campagna senese, questo castello del XVI sec. (appartenuto anche a Papa Giulio II) rappresenta un perfetto connubio di storia, esclusiva eleganza e lussuoso confort. Rimarchevole, il giardino all'italiana. Ricavate da un ex frantoio, nelle raffinate sale dell'Oliviera è possibile gustare la Toscana "alleggerita".

CASPERIA – Rieti (RI) – **563** O20 – 1 155 ab. – alt. 397 m – ✉ 02041   12 B1

> ▶ Roma 65 – Terni 36 – Rieti 38 – Viterbo 71

🏠 **B&B La Torretta** senza rist ⌖   ≤ ⁽ᵗ⁾ 🆅🆂🅰 ⓜ
🏨 via Mazzini 7 – ℰ 07 65 63 22 02 – www.latorrettabandb.com – Fax 07 65 63 22 02
– chiuso gennaio e febbraio
7 cam ⊊ – ♦60 € ♦♦80/90 €
♦ In un borgo pittoresco, da visitare inerpicandosi per stradine strette per lo più fatte a scala, una casa signorile del XV secolo e una terrazza che offre un'ampia magnifica vista.

CASSANO D'ADDA – Milano (MI) – **561** F10 – 18 316 ab. – alt. 133 m   19 C2
– ✉ 20062

> ▶ Roma 567 – Bergamo 27 – Brescia 63 – Cremona 72

XX **Antica Osteria la Tesorella**   ⅚ 🅰🅲 ⅍ 🅿 🆅🆂🅰 ⓜ 🅰🅴 ⓪ ⓢ
via Milano 63 – ℰ 03 63 63 03 3 – Fax 03 63 63 03 3 – chiuso dal 7 al 31 agosto, lunedì sera, martedì
Rist – Carta 38/54 €
♦ In questo romantico angolo di Lombardia, un piacevole "rifugio" dove fermarsi per gustare memorabili preparazioni di pesce. Il dinamismo e le capacità qui non mancano.

CASSINE – Alessandria (AL) – **561** H7 – 3 059 ab. – alt. 190 m   23 C3
– ✉ 15016

> ▶ Roma 607 – Torino 109 – Alessandria 26 – Asti 55

⚐ **Agriturismo Il Buonvicino**   ⟨⟩ 🚗 ⅙ ⅙ rist, ⅗ **P** 𝚅𝙸𝚂𝙰 ⚈ 𝙰𝙴 ⚑
☎ *strada Ricaldone di Sotto 40, Sud-Ovest : 1,5 km –* ✆ *01 44 71 52 28*
– Fax 01 44 71 48 64 – chiuso agosto
6 cam � – †35 € ††70 € – ½ P 55/65 €   **Rist** – Menu 20/28 €
♦ Un'enorme botte posta lungo la strada segnala che è giunto il momento di fermarsi: ne
vale la pena. Tipica, imponente, cascina ristrutturata meticolosamente; belle camere.

CASSINO – Frosinone (FR) – **563** R23 – 32 886 ab. – alt. 45 m   13 D2
– ✉ 03043

> ▶ Roma 130 – Frosinone 53 – Caserta 71 – Gaeta 47
>
> 🛈 Via Di Biaso 54 ✆ 0776 21292, iat.cassino@apt.frosinone.it,
> Fax 0776 319723
>
> 🖸 Abbazia di Montecassino★★ – Museo dell'abbazia★★ Ovest : 9 km

🏨 **Al Boschetto**   🚗 |自| ⅙ ⣿ 🅰 ⅗ ⟨⟩ ⅗ **P** ⚈ 𝙰𝙴 ⓪ ⚑
☎ *via Ausonia 54, Sud-Est : 2 km –* ✆ *0 77 63 91 31*
– www.hotelristorantealboschetto.it – Fax 07 76 30 13 15
82 cam – †70 € ††85 €, ⊿ 8 € – ½ P 59 €   **Rist** – Carta 20/43 €
♦ Sulla strada che dal casello porta a Cassino e alla Casilina nord, imponente struttura completamente rinnovata adatta a una clientela d'affari. Ampio, tranquillo giardino. Ristorante
capiente, mancheranno angoli più privati ma non degli squisiti dolci.

🏨 **Alba**   🏠 |自| 🅰 ⅗ cam, ⟨⟩ ⅗ **P** 🚗 𝚅𝙸𝚂𝙰 ⚈ 𝙰𝙴 ⓪ ⚑
via G. di Biasio 53 – ✆ *0 77 62 18 73 – www.albahotel.it – Fax 07 76 27 00 00*
29 cam ⊿ – †60/78 € ††70/95 € – ½ P 45/60 €
Rist Da Mario – ✆ 0 77 62 25 58 – Carta 26/36 €
♦ Alle pendici del monte dell'Abbazia, un edificio recente per un albergo accogliente, a
gestione familiare, dagli interni ariosi, con carta da parati e colori chiari. Ambiente simpatico
nella signorile sala da pranzo.

🏨 **Rocca**   🍃 🍴 ⟨⟩ ⅗ ⅗ |自| ⅙ cam, ⟨⟩ ⅗ ⟨⟩ **P** 𝚅𝙸𝚂𝙰 ⚈ 𝙰𝙴 ⓪ ⚑
via Sferracavallo 105 – ✆ *07 76 31 12 12 – www.hotelrocca.it*
– Fax 0 77 62 54 27 – chiuso dal 24 al 26 dicembre
69 cam ⊿ – †55/75 € ††80/110 € – ½ P 60/80 €   **Rist** – Carta 26/36 €
♦ L'ampia hall con divani in pelle introduce in un hotel funzionale, dotato di parco acquatico con piscina; chiedete le camere nuove sul retro, confortevoli e con bagni moderni. Luminosa sala ristorante, d'impostazione classica.

✕✕ **La Colombaia**   🏠 🅰 **P** 𝚅𝙸𝚂𝙰 ⚈ 𝙰𝙴 ⓪ ⚑
☎ *via Sant'Angelo 43 –* ✆ *07 76 30 08 92 – Fax 07 76 30 08 92 – chiuso dal 15 al*
22 agosto, domenica sera, lunedì
Rist – Menu 18/28 € – Carta 18/38 €
♦ Lungo la strada per S. Angelo, un moderno villino in campagna ospita una cucina di pesce
in classiche preparazioni, corroborate da una buona selezione di formaggi.

CASTAGNETO CARDUCCI – Livorno (LI) – **563** M13 – 8 712 ab.   28 B2
– alt. 194 m – ✉ 57022 ▌ Toscana

> ▶ Roma 272 – Firenze 143 – Grosseto 84 – Livorno 57
>
> 🛈 (maggio-settembre) via Vittorio Emanuele 21 ✆ 0565 765042,
> apt7castagneto@costadeglietruschi.it, Fax 0565 765042

🏨 **Zì Martino**   🚗 🏠 🍃 |自| ⅙ cam, ⟨⟩ ⅗ rist, **P** 𝚅𝙸𝚂𝙰 ⚈ ⚑
☎ *località San Giusto 264/a, Ovest : 2 km –* ✆ *05 65 76 60 00 – www.zimartino.com*
– Fax 05 65 76 34 44 – chiuso 3 settimane in novembre
23 cam ⊿ – †50/100 € ††85/130 € – ½ P 70/95 €
Rist – *(chiuso lunedì escluso luglio-agosto)* Carta 15/34 €
♦ Alle pendici del colle di Castagneto, questa struttura bassa - con semplici, ma accoglienti
camere - è sicuramente un buon punto di partenza per visitare i dintorni. Ristorante con
cucina mediterranea gestita direttamente dai titolari e dehors per il servizio estivo affacciato
su un piccolo prato interno.

↑ **B&B Villa le Luci** senza rist ⟨ 🚗 ⛄ 🏧 ((°)) 🅿 VISA ⊕ AE 🌙
via Umberto I° 47 – ℰ 05 65 76 36 01 – www.villaleluci.it – marzo-ottobre
6 cam ⊑ – ♦95/145 € ♦♦120/160 €
♦ Alle porte del paese, in posizione panoramica, elegante villa del 1910 con salotti e camere personalizzate. L'incanto di una vista che spazia sul mare e sulla costa...

a Donoratico Nord-Ovest : 6 km – ✉ 57024

🏨 **Il Bambolo** senza rist 🚗 🔅 🐾 🕭 🦽 🏧 ((°)) 🅿 VISA ⊕ AE ⓪ 🌙
via del Bambolo 31, Nord : 1 km – ℰ 05 65 77 52 06 – www.hotelbambolo.com
– Fax 05 65 77 53 46 – chiuso dicembre
42 cam ⊑ – ♦58/120 € ♦♦84/167 €
♦ A qualche km dal mare, nella quiete della campagna toscana, un grande cascinale ristrutturato, con camere calde e accoglienti. Indirizzo ideale per gli amanti del cicloturismo.

a Marina di Castagneto Carducci Nord-Ovest : 9 km – ✉ 57022 Donoratico

🛈 (maggio-settembre) via della Marina 8 ℰ 0565 744276,
apt7marinacastagneto@costadeglietruschi.it, Fax 0565 746012

🏨🏨 **Tombolo Talasso Resort** ⬙ ⟨ 🚗 🔔 🌳 🔅 🕭 🛁 ((°)) 🏧 🦽 🎴 🕭
via del Corallo 3 🐾 🏧 ⇩ ⚲ ((°)) 🍴 🅿 VISA ⊕ AE ⓪ 🌙
– ℰ 0 56 57 45 30 – www.tombolotalasso.it – Fax 05 65 74 40 52
91 cam ⊑ – ♦280/368 € ♦♦350/438 € – 5 suites – ½ P 225/279 €
Rist – Carta 46/67 €
♦ Un'oasi di pace e tranquillità contornata da un parco-pineta, dove le camere eccellono per confort e personalizzazioni. Valido centro benessere con scenografiche piscine interne. Cucina regionale nella raffinata sala ristorante.

🏠 **Villa Tirreno** 🏧 🔅 ((°)) VISA ⊕ 🌙
via della Triglia 4 – ℰ 05 65 74 40 36 – www.villatirreno.com
– Fax 05 65 74 41 87 – marzo-ottobre
29 cam ⊑ – ♦50/85 € ♦♦80/120 € – ½ P 56/95 € **Rist** – Carta 27/35 €
♦ Ospitato in un bell'edificio d'epoca, a due passi dal mare, albergo confortevole con camere spaziose e curate: chiedete una delle 5 con grande terrazza. Specialità di mare al ristorante.

🍴 **La Tana del Pirata** 🍴 🦽 🏧 🅿 VISA ⊕ AE ⓪ 🌙
via Milano 17 – ℰ 05 65 74 41 43 – Fax 05 65 74 45 48 – 8 marzo-30 ottobre;
chiuso martedì escluso da giugno a settembre
Rist – Carta 38/86 €
♦ Accattivanti piatti di pesce da gustare in riva al mare: gestione familiare in un ambiente curato con una luminosa veranda.

a Bolgheri Nord : 10 km – ✉ 57020

🍴 **Osteria Magona** VISA ⊕ AE 🌙
☺ *piazza Ugo 2/3 – ℰ 05 65 76 21 73 – Fax 05 65 76 21 73 – chiuso novembre e*
lunedì
Rist – *(chiuso a mezzogiorno escluso domenica e festivi)* Carta 26/38 €
♦ Trattoria d'impostazione classica situata nel cuore della carducciana *Bolgheri*. Due baldanzosi e capaci *chef* stanno riscuotendo grandi consensi con una cucina del territorio reinterpretata in chiave moderna.

CASTAGNOLE MONFERRATO – Asti (AT) – 561 H6 – 1 304 ab.   25 D1
– alt. 229 m – ✉ 14030

▶ Roma 586 – Alessandria 30 – Torino 69 – Asti 16

🍴🍴 **Ruchè** 🔅 ⇩ VISA ⊕ AE ⓪ 🌙
via xx Settembre 3 – ℰ 01 41 29 22 42 – www.ristoranteruche.it
– Fax 01 41 29 22 42 – chiuso dal 7 al 12 gennaio, dal 12 al 18 luglio
e mercoledì
Rist – *(chiuso a mezzogiorno escluso domenica)* Menu 25/35 € – Carta 24/45 € ⅋
♦ Nel paese dove negli anni '70 è stato inventato l'omonimo vino, un ristorantino gestito da una giovane e appassionata coppia. Cucina del territorio, venerdì e sabato anche proposte di pesce.

CASTELBELLO CIARDES (KASTELBELL TSCHARS) – Bolzano (BZ) 30 B2
– **562** C14 – **2 376 ab.** – alt. 586 m – ⊠ 39020

▶ Roma 688 – Bolzano 51 – Merano 23

🖪 via Statale 5 ℰ 0473 624193, info@kastelbell-tschars.com, Fax 0473 624559

XXX **Kuppelrain** (Jörg Trafoier) con cam ⇐ 🏠 🆔 rist, 🍴 rist, 🅿 🚐 ⚫⚫ 🔧
⊛ *piazza Stazione 16 località Maragno* – ℰ *04 73 62 41 03 – www.kuppelrain.com*
– *chiuso due settimane in gennaio e febbraio*
3 cam ⊒ – 🛏120/130 € – ½ P 120 €
Rist – *(chiuso domenica e lunedì a mezzogiorno)* (consigliata la prenotazione)
Menu 80/90 € – Carta 60/70 € 🍷
Spec. Composizione di fegato d'anatra e cappesante con mele caramellate.
Vitello brasato con "nudel" (gnocchi fritti) della contadina su salsa di senape
e capperi. Sella e tartara di capriolo al cacao e mirtilli rossi con piccolo cane-
derlo di fiori di campo.
♦ Accolti da una splendida famiglia con un innato senso dell'ospitalità, il discorso si fa rigo-
roso in cucina: tecnica, creatività e coreografiche presentazioni al servizio del gusto.

sulla strada statale 38 Est: 4,5 km

🏠🏠 **Sand** ⇐ 🚗 🏠 🍴 🆔 ⚫⚫ 🏊 🐶 🍴 🛎 🚶 🆔 rist, 🍴 rist, 🛜 🅿
via Molino 2 ⊠ *39020* – ℰ *04 73 62 41 30* 🚐 ⚫⚫ 🔧
– *www.hotel-sand.com* – *Fax 04 73 62 44 06*
– *15 marzo-novembre*
32 cam ⊒ – 🛏70/100 € 🛏🛏120/190 € – 6 suites – ½ P 80/120 €
Rist – *(chiuso mercoledì)* Carta 35/53 €
♦ Ottimamente attrezzato per praticare attività sportive o semplicemente per rilassarsi
all'aperto, vanta un piacevole giardino-frutteto con piscina, laghetto e beach volley. Centro
benessere. Ambiente romantico nella caratteristica e intima stube, tutta rivestita di legno.

Non confondete i coperti X e le stelle ⊛ ! I coperti definiscono una
categoria di confort e di servizio. Le stelle premiano unicamente la qualità
della cucina, indipendentemente dalla categoria dell'esercizio.

CASTELBIANCO – Savona (SV) – 290 ab. – alt. 343 m – ⊠ 17030 14 A2
▶ Roma 576 – Imperia 42 – Genova 104 – Savona 56

XX **Gin** con cam 🚗 🍴 🅿 🚐 ⚫⚫ 🆎 ⓞ 🔧
via Pennavaire 99 – ℰ *0 18 27 70 01 – www.dagin.it – Fax 0 18 27 71 04*
– *chiuso dieci giorni in febbraio e dieci giorni in giugno o luglio*
8 cam – 🛏60 € 🛏🛏80/100 €, ⊒ 8 € – 1 suite
Rist – *(chiuso lunedì)* (chiuso a mezzogiorno escluso i giorni festivi)
Carta 33/43 € 🍷
♦ Altro punto di forza è il ristorante che propone piatti elaborati, partendo da tradizioni
locali. Un hotel caratterizzato da camere belle e curate e da spazi comuni ridotti. Per un soggiorno immerso nel verde, da apprezzare dalla grande terrazza/solarium.

XX **Scola** con cam 🛜 🅿 🚐 ⚫⚫ 🆎 ⓞ 🔧
via Pennavaire 166 – ℰ *0 18 27 70 15 – www.scolarist.it – Fax 0 18 21 98 01 19*
– *chiuso gennaio*
8 cam – 🛏60/70 € 🛏🛏70/90 € – ½ P 70 €
Rist – *(chiuso martedì sera, mercoledì)* Menu 45 € – Carta 35/63 €
♦ Due sale, di cui una molto ampia adatta anche per banchetti; la più piccola invece ha un
tono più elegante. In menù rielaborazioni della cucina ligure dell'entroterra.

CASTELBUONO – Palermo – **365** AT56 – Vedere Sicilia alla fine dell'elenco
alfabetico

CASTEL D'AIANO – Bologna (BO) – **562** J15 – **1 989 ab.** – alt. 772 m 9 C2
– ⊠ 40034

▶ Roma 365 – Bologna 48 – Firenze 89 – Pistoia 52

a Rocca di Roffeno Nord-Est : 7 km – ⊠ 40034

⚐ **Agriturismo La Fenice** ॐ   🚗 ⌱ 🕅 rist, **P.** 🚾 ⬤ ⓘ ⚡
via Santa Lucia 29 – ℰ 051 91 92 72 – www.lafeniceagritur.it
– Fax 051 91 90 24 – maggio-dicembre
12 cam ⌷ – †60 € ††80/120 €
Rist – *(chiuso da lunedì a giovedì escluso dal 15 giugno al 15 settembre)*
Carta 22/37 €
♦ Piccolo agglomerato di case coloniche del XVI secolo, dove dominano le pietre unite al legno, per vivere a contatto con la natura in un'atmosfera di grande suggestione.

CASTEL D'APPIO – Imperia – Vedere Ventimiglia

CASTEL D'AZZANO – Verona (VR) – **562** F14 – 9 957 ab. – alt. 44 m   **35** A3
– ⊠ 37060

▶ Roma 495 – Verona 12 – Mantova 32 – Milano 162

⛫ **Villa Malaspina**   🚗 🕅 ⌂ 🏠 ℔ 🖹 ⌖ 🕅 🕅 cam, 🛎 🐾 **P**
via Cavour 6 – ℰ 04 58 52 19 00   🚾 ⬤ 🄰🄴 ⓘ ⚡
– www.hotelvillamalaspina.com – Fax 04 58 52 91 18
70 cam ⌷ – †55/220 € ††78/300 € – ½ P 175 €
Rist Vignal de la Baiardina – ℰ 04 58 52 91 20 *(chiuso sabato a mezzogiorno, domenica sera)* Carta 36/84 €
♦ Molto affascinanti le camere nella parte storica di questa bella villa di origini cinquecentesche. Ideale per congressi e banchetti, riserva grandi attenzioni anche per i clienti individuali. La cucina rispetta la tradizione veneta e si diletta nell'innovazione; la sala è arredata in calde tonalità di colore.

✕✕ **Allo Scudo d'Orlando**   🄰🄲 ⇔ **P.** 🚾 ⬤ 🄰🄴 ⚡
via Scuderlando 120 – ℰ 04 58 52 05 12 – www.scudodorlando.it
– Fax 04 58 52 05 13 – chiuso domenica, lunedì a mezzogiorno
Rist – Carta 47/73 €
♦ Ristorante dall'ambiente classico, di buon tono la grande sala rettangolare; quasi esclusivamente uno il tema affidato alle mani dello chef, quello del mare.

CASTEL DI LAMA – Ascoli Piceno (AP) – 7 568 ab. – alt. 201 m   **21** D3
– ⊠ 63031

▶ Roma 208 – Ascoli Piceno 17 – Ancona 113 – Pescara 88

⚐ **Borgo Storico Seghetti Panichi** senza rist ॐ   ⇐ ⌱ 🕪 🐾 **P**
via San Pancrazio 1 – ℰ 07 36 81 25 52   🚾 ⬤ 🄰🄴 ⓘ ⚡
– www.seghettipanichi.it – Fax 07 36 81 45 28
11 suites ⌷ – ††150/700 €
♦ Soggiorno esclusivo con camere nella villa settecentesca con parco storico e saloni sfarzosi o nell'attigua foresteria dall'eleganza più sobria ma più vicina alla piscina.

CASTELDIMEZZO – Pesaro e Urbino (PU) – **563** K20 – alt. 197 m   **20** B1
– ⊠ 61100

▶ Roma 312 – Rimini 27 – Milano 348 – Pesaro 12

✕ **La Canonica**   🕅 🕅 **P.** 🚾 ⬤ 🄰🄴 ⓘ ⚡
via Borgata 20 – ℰ 07 21 20 90 17 – www.ristorantelacanonica.it
– Fax 07 21 20 90 17 – chiuso dal 10 al 30 gennaio e lunedì
Rist – *(chiuso a mezzogiorno escluso i giorni festivi)* Menu 42 € – Carta 31/42 €
♦ Questa caratteristica osteria ricavata nel tufo propone piatti tipici di mare e di terra, rigorosamente del territorio, sapientemente rivisitati.

CASTEL DI SANGRO – L'Aquila (AQ) – **563** Q24 – 5 905 ab.   **2** C3
– alt. 800 m – ⊠ 67031

▶ Roma 206 – Campobasso 80 – Chieti 101 – L'Aquila 109

⛫ **Don Luis** senza rist   ℔ ⌖ 🕪 🐾 **P** 🚾 ⬤ 🄰🄴 ⓘ ⚡
Parco del Sangro – ℰ 08 64 84 70 61 – www.hoteldonluis.com
– Fax 08 64 84 70 63
42 cam ⌷ – †40/60 € ††70/120 €
♦ All'interno di un parco con laghetto e centro sportivo, un hotel in grado di accontentare tanto la clientela di passaggio quanto quella di villeggiatura. Camere spaziose.

CASTELFIDARDO – Ancona (AN) – **563** L22 – 18 492 ab. – alt. 199 m **21** C2
– ⊠ 60022

> ▶ Roma 303 – Ancona 27 – Macerata 40 – Pescara 125

🏨 **Parco** senza rist 〔🖥 & AC ŚÀ P VISA ◑◐ AE ① ⑤〕
via Donizetti 2 – ℰ 07 17 82 16 05 – www.hotelparco.net – Fax 07 17 82 03 09
– chiuso dal 24 dicembre al 7 gennaio
43 cam – ♦58/65 € ♦♦80/93 €, ⊑ 8 €
◆ A pochi passi dal centro, la struttura a conduzione familiare offre un soggiorno confortevole in camere spaziose e funzionali (più recenti e moderne quelle del secondo piano). Vista
sul parco di Castelfidardo e sul mare.

sulla strada statale 16 Est: 6 km

🏨 **Klass Hotel** 〔⊒ 🕸 Ⅰ⅃ 🖥 & AC ⅏ rist, ⑪ ŚÀ VISA ◑◐ AE ① ⑤〕
via Adriatica 22 – ℰ 07 17 82 12 54 – www.klasshotel.it
– Fax 07 17 82 19 06
71 cam ⊑ – ♦70/130 € ♦♦90/160 € – ½ P 65/100 € **Rist** – Carta 27/48 €
◆ Nuova struttura lungo la strada statale: design avveniristico in ogni settore, camere spaziose e di ottimo confort. Ristorante-pizzeria, anche discoteca invernale, nello stesso complesso.

CASTELFRANCO D'OGLIO – Cremona – Vedere Drizzona

CASTELFRANCO EMILIA – Modena (MO) – **562** I15 – 29 476 ab. **9** C3
– alt. 42 m – ⊠ 41013

> ▶ Roma 398 – Bologna 25 – Ferrara 69 – Firenze 125

🏠 **Aquila** senza rist 〔🖥 AC ⅏ ⑪ P VISA ◑◐ AE ① ⑤〕
via Leonardo da Vinci 5 – ℰ 0 59 92 32 08 – www.hotelaquila.it
– Fax 0 59 92 71 59
34 cam ⊑ – ♦65/105 € ♦♦95/145 €
◆ Discreta e familiare l'accoglienza di questo semplice hotel, ideale per una clientela di passaggio, che offre camere semplici ed un comodo parcheggio.

🍴 **La Lumira** 〔⇔ P VISA ◑◐ AE ① ⑤〕
corso Martiri 74 – ℰ 0 59 92 65 50 – Fax 0 59 92 17 78 – chiuso agosto,
domenica, lunedì sera; in inverno aperto domenica a pranzo
Rist – Carta 29/47 €
◆ Carri agricoli ottocenteschi sono oggi pezzi d'arredo, mentre utensili d'epoca raccontano la
storia dalle pareti. Interpretata con fantasia, la cucina racconta la tradizione emiliana.

CASTELFRANCO VENETO – Treviso (TV) – **562** E17 – 33 361 ab. **36** C2
– alt. 42 m – ⊠ 31033 ▌Italia

> ▶ Roma 532 – Padova 34 – Belluno 74 – Milano 239
> 🄳 Via Preti 66 ℰ 0423 491416, iat.calstelfrancoveneto@provincia.treviso.it,
> Fax 0423 771085
> 🄶 , ℰ 0423 49 35 37
> ◉ Madonna col Bambino★★ del Giorgione nella Cattedrale

🏨 **Fior** 〔🚗 Ⅰ 🕸 ※ 🖥 AC ⑪ ŚÀ P ⇔ VISA ◑◐ AE ① ⑤〕
via dei Carpani 18 – ℰ 04 23 72 12 12 – www.hotelfior.com
– Fax 04 23 49 87 71
43 cam ⊑ – ♦64/76 € ♦♦94/114 € – ½ P 101 €
Rist – (chiuso domenica sera, lunedì a mezzogiorno) Carta 26/38 €
◆ Nel cuore della Marca Trevigiana, un'imponente dimora di campagna con ampie zone
comuni, eleganti e signorili, e camere più modeste, sebbene arredate con buon gusto e
mobili massicci.

🏨 **Roma** senza rist 〔🖥 & AC ↤ ⑪ ŚÀ P VISA ◑◐ AE ① ⑤〕
via Fabio Filzi 39 – ℰ 04 23 72 16 16 – www.albergoroma.com
– Fax 04 23 72 15 15
80 cam ⊑ – ♦63/84 € ♦♦88/114 € – 1 suite
◆ Affacciato sulla scenografica piazza Giorgione, di fronte alle mura medievali, hotel con
camere moderne e funzionali. Accesso gratuito a Internet e film in ogni stanza.

Al Moretto senza rist 　　　🚗 📶 ⚫ Ⓜ️ ↯ 📶 📶 P VISA 🔵 AE 📶

via San Pio X 10 – ℰ 04 23 72 13 13 – www.albergoalmoretto.it
– Fax 04 23 72 10 66 – chiuso dal 24 dicembre al 6 gennaio e dall'8 al 20 agosto
46 cam ⌚ – ♦65/80 € ♦♦90/100 €
♦ Palazzo del '500, fin dal secolo successivo locanda, oggi offre cura e accoglienza tutte al femminile. Dodici junior suites con materiali tipici dell'artigianato veneto.

Alla Torre senza rist 　　　📶 ⚫ Ⓜ️ 📶 🔵 📶 VISA 🔵 AE ⓪ 📶

piazzetta Trento e Trieste 7 – ℰ 04 23 49 87 07 – www.hotelallatorre.it
– Fax 04 23 49 87 37
54 cam ⌚ – ♦64/66 € ♦♦95/105 €
♦ Adiacente alla torre civica dell'orologio, un edificio del 1600 le cui camere migliori dispongono di bagni in marmo e pavimenti in parquet; colazione estiva in terrazza.

a Salvarosa Nord-Est : 3 km – ⌧ 31033

Barbesin con cam 　　　📶 ⚫ Ⓜ️ 📶 P VISA 🔵 AE ⓪ 📶

via Montebelluna 41 – ℰ 04 23 49 04 46 – www.barbesin.it – Fax 04 23 49 02 61
– chiuso dal 28 dicembre all'8 gennaio e dal 9 al 27 agosto
18 cam ⌚ – ♦45 € ♦♦74 € – ½ P 57 €
Rist – *(chiuso mercoledì sera, giovedì)* Carta 22/37 €
♦ Una vecchia casa totalmente ristrutturata ospita un bel locale di ambientazione signorile, con tocchi di rusticità e di eleganza, che propone i piatti del territorio.

Rino Fior 　　　🏠 Ⓜ️ 📶 🔵 P VISA 🔵 AE ⓪ 📶

via Montebelluna 27 – ℰ 04 23 49 04 62 – www.rinofior.com – Fax 04 23 74 40 48
– chiuso dal 1° al 12 gennaio, dal 3 al 24 agosto, lunedì sera, martedì
Rist – Carta 25/35 €
♦ Famoso in zona e frequentato da celebrità, soprattutto sportivi, è un ristorante di lunga tradizione familiare e notevole capienza; specialità venete e dehors estivo.

CASTEL GANDOLFO – Roma (RM) – 563 Q19 – 8 706 ab.　　　**12** B2
– alt. 426 m – ⌧ 00040 ▯ Roma

　▶ Roma 25 – Anzio 36 – Frosinone 76 – Latina 46
　🔟 , ℰ 06 9 31 23 01

Antico Ristorante Pagnanelli 　　　≤ 🏠 VISA 🔵 AE ⓪ 📶

via Gramsci 4 – ℰ 0 69 36 00 04 – www.pagnanelli.it – Fax 06 93 02 18 77
– chiuso martedì da novembre ad aprile
Rist – Carta 39/54 € 🍷
♦ Raffinata eleganza, piatti di mare e proposte dai monti nella splendida cornice del lago di Albano; caratteristiche le labirintiche cantine scavate nel tufo, con possibilità di degustazione.

al lago Nord-Est : 4,5 km :

Villa degli Angeli 🦢 　　　≤ 🚗 🏠 ⚫ 📶 ⚫ Ⓜ️ 📶 📶 P
via Spiaggia del Lago 32 ⌧ 00040 Castel Gandolfo 　　VISA 🔵 AE ⓪ 📶
– ℰ 06 93 66 82 41 – www.villadegliangeli.com – Fax 06 93 66 82 51
37 cam ⌚ – ♦75/100 € ♦♦130/160 € – ½ P 100/125 € **Rist** – Carta 29/55 €
♦ Avvolto dal verde nel parco dei Castelli, al limitare della strada che costeggia il lago, da godere la tranquillità che hotel offre nelle confortevoli camere dall'arredo contemporaneo, alcune con vista. La cucina della villa vi attende in sala da pranzo o sulla splendida terrazza panoramica, allestita durante la bella stagione.

CASTEL GUELFO DI BOLOGNA – Bologna (BO) – 562 I17 　　　**9** C2
– 3 972 ab. – alt. 32 m – ⌧ 40023

　▶ Roma 404 – Bologna 28 – Ferrara 74 – Firenze 136

Locanda Solarola con cam 　　　🏠 📶 Ⓜ️ 📶 rist, 📶 P
via Santa Croce 5, Ovest : 7 km – ℰ 05 42 67 01 02 　　VISA 🔵 AE ⓪ 📶
– www.locandasolarola.it – Fax 05 42 67 02 22
14 cam ⌚ – ♦95/135 € ♦♦150/180 € – ½ P 145/165 €
Rist – *(chiuso a mezzogiorno escluso sabato e domenica)* Menu 60 €
– Carta 47/57 € 🍷
♦ Si respira un'atmosfera elegante, dal sapore inglese, in questa casa di campagna. Nel piatto una nuova linea di cucina, ora più vicina alla classica tradizione del Bel Paese. Mobili, oggetti e tappeti d'epoca arredano le camere, ciascuna intitolata ad un fiore.

CASTELLABATE – Salerno (SA) – **564** G26 – **7 892 ab.** – alt. 278 m   7 C3
– ✉ 84048

▶ Roma 328 – Potenza 126 – Agropoli 13 – Napoli 122

⌂ **B&B La Mola**   ≤ 斎 ॐ rist, (¹⁾ ⅦⅣ ⅩⅩ ᴁ ⓪ ᴇ
via A. Cilento 2 – ℰ 09 74 96 70 53 – www.lamola-it.com – Fax 09 74 96 70 53
– marzo-ottobre
6 cam ⌑ – ♦90/110 € ♦♦100/120 € – ½ P 90/110 €
Rist – (solo per alloggiati) Menu 20/30 €
♦ E' stupenda la vista del mare e della costa che si gode, magari facendo colazione, dalla terrazza di questo antico palazzo ristrutturato, con spaziose camere curate.

a San Marco Sud-Ovest : 5 km – ✉ 84071

⌂ **Agriturismo Giacaranda** ॐ   ▭ 斎 ॐ ᴀⅩ cam, ॐ ⓦ Ᵽ
contrada Cenito, Sud : 1 km – ℰ 09 74 96 61 30   ⅦⅣ ⅩⅩ ᴁ ⓪ ᴇ
– www.giacarandahotel.it – marzo-ottobre
6 cam ⌑ – ♦60 € ♦♦100 € – ½ P 80 €
Rist – (prenotazione obbligatoria) Menu 50 €
♦ Prende il nome da una pianta del suo giardino questa casa ricca di charme, dove abiterete in campagna tra il verde, coccolati con mille attenzioni; iniziative culturali.

a Santa Maria Nord-Ovest : 5 km – ✉ 84048

🏠🏠🏠 **Palazzo Belmonte**   ≤ ⅏ 斎 ॐ ᴀⅩ cam, ॐ ⓦ ₰ Ᵽ ⅦⅣ ⅩⅩ ᴁ ᴇ
via Flavio Gioia 25 – ℰ 09 74 96 02 11 – www.palazzobelmonte.com
– Fax 09 74 96 11 50 – 10 maggio-1 novembre
53 cam ⌑ – ♦141/223 € ♦♦186/273 € – 5 suites – ½ P 182 €
Rist – Carta 38/51 € (+10 %)
♦ Una dimora di caccia appartenuta ad una famiglia nobiliare, trasformata da un erede in hotel, elegante ed esclusivo. Posizione incantevole, tra il parco e il mare.

🏠🏠 **Villa Sirio**   ≤ 斎 ⛽ ᴀⅩ ॐ ⓦ Ᵽ ⅦⅣ ⅩⅩ ᴁ ⓪ ᴇ
via lungomare De Simone 15 – ℰ 09 74 96 01 62 – www.villasirio.it
– Fax 09 74 96 05 07 – aprile-ottobre
19 cam ⌑ – ♦100/220 € ♦♦120/280 € – ½ P 165 €
Rist Da Andrea – ℰ 09 74 96 10 99 (chiuso a mezzogiorno escluso da giugno a settembre) Carta 27/50 € (+15 %)
♦ Una casa padronale dei primi del '900 nel centro storico, ma direttamente sul mare, dai raffinati interni in stile classico; belle, luminose e confortevoli le camere. Ristorante di tono elegante.

ⅩⅩ **La Taverna del Pescatore**   斎 ⇔ Ᵽ ⅦⅣ ⅩⅩ ᴁ ⓪ ᴇ
via Lamia – ℰ 09 74 96 82 93 – Fax 09 74 96 82 93 – marzo-novembre; chiuso lunedì escluso da luglio al 15 settembre
Rist – (chiuso a mezzogiorno) Carta 35/46 € (+10 %)
♦ La moglie in cucina e il marito in sala a proporvi le loro specialità di mare, secondo il pescato giornaliero, in un raccolto locale ben arredato, con grazioso dehors estivo.

ⅩⅩ **I Due Fratelli**   ≤ 斎 ॐ Ᵽ ⅦⅣ ⅩⅩ ᴁ ⓪ ᴇ
via Sant'Andrea, Nord : 1,5 km – ℰ 09 74 96 80 04 – Fax 09 74 96 80 04 – chiuso mercoledì escluso dal 15 giugno al 15 settembre
Rist – Carta 29/42 € (+10 %)
♦ Due fratelli gestiscono con professionalità e savoir-faire questo ristorante di tono classico. Piatti campani per lo più di pesce e pizze, il fine settimana.

CASTELL'ALFERO – Asti (AT) – **561** H6 – **2 807 ab.** – alt. 235 m   23 C2
– ✉ 14033

▶ Roma 60 – Alessandria 47 – Asti 13 – Novara 77

Ⅹ **Del Casot**   ▭ 斎 ᴀⅩ ⅦⅣ ⅩⅩ ᴁ ⓪ ᴇ
regione Serra Perno 76/77, Sud 2 km – ℰ 01 41 20 41 18
– www.ristorantedelcasot.it – Fax 01 41 20 41 18 – chiuso martedì sera, mercoledì
Rist – Menu 28/38 € – Carta 29/39 €
♦ Accogliente e piccolo locale in posizione dominante a conduzione strettamente familiare, dove gustare ricette della tradizione piemontese e qualche piatto fantasioso.

CASTELLAMMARE DEL GOLFO – Trapani – **365** AM55 – Vedere Sicilia alla fine dell'elenco alfabetico

CASTELLAMMARE DI STABIA – Napoli (NA) – **564** E25 – **65 224 ab.**   **6** B2
– ✉ 80053 ▯ Italia

> ▶ Roma 238 – Napoli 31 – Avellino 50 – Caserta 55
> 🛈 piazza Matteotti 34/35 ☏ 081 8711334, stabiae@intfree.it, Fax 081 8711334
> ◎ Antiquarium★
> ◉ Scavi di Pompei★★★ Nord : 5 km – Monte Faito★★ : ☀★★★ dal belvedere dei Capi e ☀★★★ dalla cappella di San Michele (strada a pedaggio)

🏨 **Grand Hotel la Medusa** ⤖   ← 🚗 🏔 ⤴ ⅃⅋ 🛗 🅰 ⑨ 🏊 🅿
via passeggiata Archeologica 5   VISA ⓪⓪ ÆE ⓪ ⑤
– ☏ 08 18 72 33 83 – www.lamedusahotel.com
– Fax 08 18 71 70 09
46 cam ⇌ – †140/170 € ††160/260 € – 3 suites – ½ P 130/160 €
Rist – (aprile-dicembre) Carta 38/70 €
♦ In un vasto e curato giardino-agrumeto sorge questa villa ottocentesca che ha conservato anche nei raffinati interni lo stile e l'atmosfera del suo tempo. Un piccolo Eden! Lo stesso romantico ambiente "fin de siècle" si ritrova anche nel ristorante.

sulla strada statale 145 Sorrentina km 11 Ovest : 4 km :

🏨 **Crowne Plaza Stabiae Sorrento Coast** senza ⇌ ⤖   ← 🏔
località Pozzano   🏊 ⓦ 🐦 ⅃⅋ 🛗 ⅚ 🅰 ⅏ ⑨ 🏊 🚗 VISA ⓪⓪ ÆE ⓪ ⑤
– ☏ 08 13 94 67 00 – www.crownepalzasorrento.com
– Fax 08 13 94 67 70
150 cam ⇌ – †58/225 € ††73/475 € – 7 suites – ½ P 87/288 €
Rist Gouache – ☏ 08 13 94 67 23 (consigliata la prenotazione)
Carta 35/80 €
♦ Struttura curiosa, un ex cementificio convertito in hotel, dallo stile decisamente moderno. In riva al mare, camere al passo coi tempi nel design come negli accessori. Possibilità di consumare un piccolo pranzo a bordo piscina e, nelle calde sere d'estate, cena in terrazza con meravigliosa vista sul golfo.

Bed & breakfast e agriturismi ↑ non offrono gli stessi servizi di un hotel. Queste forme alternative di ospitalità si distinguono spesso per l'accoglienza e l'ambiente: specchio della personalità del proprietario. Quelli contraddistinti in rosso ↑ sono i più ameni.

CASTELL' APERTOLE – Vercelli – Vedere Livorno Ferraris

CASTELL'ARQUATO – Piacenza (PC) – **562** H11 – **4 683 ab.**   **8** A2
– alt. 225 m – ✉ 29014

> ▶ Roma 495 – Piacenza 34 – Bologna 134 – Cremona 39
> 🛈 piazza del Municipio ☏ 0523 804008, iat.castellarquato@gmail.it, Fax 0523 803982
> 🏌 ☏ 0523 89 55 57

✗✗ **Maps**   🏔 ⅗ VISA ⓪⓪ ÆE ⓪ ⑤
piazza Europa 3 – ☏ 05 23 80 44 11 – Fax 05 23 80 30 31
– chiuso dal 7 al 20 gennaio, dal 2 al 18 luglio, lunedì e martedì
Rist – Carta 38/51 €
♦ Una collezione di quadri di artisti locali arredano il locale, ricavato in un vecchio mulino ristrutturato. Piccole salette moderne e servizio estivo all'aperto per una cucina di ispirazione contemporanea.

✗ **La Rocca-da Franco** ← AK VISA ◑ AE ① ✛
piazza del Municipio – ✆ 05 23 80 51 54 – www.larocca1964.it
– Fax 05 23 80 51 54 – *chiuso febbraio, dal 15 al 31 luglio, mercoledì*
Rist – (consigliata la prenotazione) Carta 30/39 €
♦ Nel cuore del centro storico, accolto tra i maggiori monumenti della piazza, il ristorante offre una bella vista sulla campagna; la cucina proposta è semplice e fatta in casa.

✗ **Da Faccini** ⌂ P VISA ◑ AE ① ✛
località Sant'Antonio, Nord : 3 km – ✆ 05 23 89 63 40 – Fax 05 23 89 64 70
– *chiuso dal 20 al 30 gennaio, 1 settimana in luglio e mercoledì*
Rist – Carta 25/35 €
♦ Lunga tradizione familiare per questa tipica trattoria, che unisce alle proposte classiche piatti più fantasiosi, stagionali. Una piccola elegante sala riscaldata dal caminetto e una attrezzata per i fumatori.

CASTELLETTO DI BRENZONE – Verona – **561** E14 – **Vedere Brenzone**

CASTELLINA IN CHIANTI – Siena (SI) – **563** L15 – **2 851 ab.**   **29** D1
– alt. 578 m – ⊠ 53011

▶ Roma 251 – Firenze 61 – Siena 24 – Arezzo 67

🏠 **Villa Casalecchi** ⌖ ← 🚲 ⌂ ⌂ ⌧ ✗ AK ✗ rist, P
località Casalecchi, Sud : 1 km – ✆ 05 77 74 02 40   VISA ◑ AE ① ✛
– www.villacasalecchi.it – Fax 05 77 74 11 11 – *marzo-novembre*
19 cam ⊊ – ✝100/150 € ✝✝150/250 €
Rist – *(chiuso martedì)* (chiuso a mezzogiorno) Carta 34/47 €
♦ Ideale per chi è alla ricerca di quella particolare atmosfera "nobiliare" toscana: una villa ottocentesca immersa in un parco secolare, circondata dal verde della valle e dai vigneti. Cucina del territorio nella raffinata sala ristorante dalle pareti affrescate.

🏠 **Palazzo Squarcialupi** senza rist ← ⌧ ⌂ ⌶ ⌖ AK ⌖ P
via Ferruccio 22 – ✆ 05 77 74 11 86   VISA ◑ AE ① ✛
– www.palazzosquarcialupi.com – Fax 05 77 74 03 86
– 20 marzo-7 novembre
17 cam ⊊ – ✝98/145 € ✝✝105/160 €
♦ Nel centro storico della località, un tipico palazzo del '400 ricco di decorazioni, camini e arredi d'epoca, sia negli spazi comuni sia nelle ampie camere. Piacevole giardino con piscina.

🏠 **Salivolpi** senza rist 🚲 ⌧ ✗ ⌖ P VISA ◑ AE ✛
via Fiorentina 89, Nord-Est : 1 km – ✆ 05 77 74 04 84 – www.hotelsalivolpi.com
– Fax 05 77 74 09 98 – *chiuso gennaio e febbraio*
19 cam – ✝✝78/108 €, ⊊ 5 €
♦ Appena fuori il piccolo centro storico, un'antica casa ristrutturata e con due dépandance: accoglienti interni in stile rustico-elegante e piacevole giardino con piscina.

🏠 **Villa Cristina** senza rist 🚲 ⌧ ⌖ P VISA ◑ ✛
via Fiorentina 34 – ✆ 05 77 74 11 66 – www.villacristina.it
– Fax 05 77 74 29 36
7 cam ⊊ – ✝57 € ✝✝78 €
♦ Villino d'inizio Novecento con spazi comuni limitati, ma graziose camere, soprattutto quella luminosissima nella torretta. Sul retro si trova il piccolo giardino con piscina.

✗✗ **Albergaccio di Castellina** (Sonia Visman) ⌂ & ⌖ P
via Fiorentina 63 – ✆ 05 77 74 10 42   VISA ◑ AE ✛
– www.albergacciocast.com – Fax 05 77 74 12 50 – *chiuso domenica
e i mezzogiorno di mercoledì e giovedì*
Rist – Menu 53/60 € – Carta 50/65 €
Spec. Gnocchi di patate e zafferano al sugo di musetto di vitellone e sfoglie di carciofo croccanti (primavera). Il vitellone chianino in tre proposte: bollito in salsa di verdure, tartara profumata alla menta, carpaccio farcito con funghi porcini (estate-autunno). Millefoglie croccante di grano saraceno con composta di fichi, pecorino dolce e salsa al Vin Santo.
♦ All'interno di un rustico in pietra e legno, non privo d'eleganza, la cucina toscana vi si presenta con piatti leggermente fantasiosi, senza mai tradire la sapidità e i prodotti regionali.

a San Leonino Sud : 8 km – ⊠ 53011 Castellina In Chianti

⌂
☜ᑍ **Belvedere di San Leonino** 🚗 🎴 ⛱ AC cam, 🅂 📶 P
– 𝄢 05 77 74 08 87 – www.hotelsanleonino.com VISA ⓪⓪ AE ⓢ
– Fax 05 77 74 09 24 – aprile-ottobre
29 cam ⛱ – ♥♥78/156 €
Rist – (chiuso a mezzogiorno) (solo per alloggiati) Menu 20/45 €
♦ Conserva l'atmosfera originale quest'antica casa colonica trasformata in confortevole albergo: arredi rustici in legno e travi a vista nelle camere. Dal giardino si passa direttamente nelle meravigliose vigne del Chianti.

sulla strada regionale 222 al Km 51 Sud : 8 km :

⌂⌂ **Casafrassi** 🌣 🚗 🎴 ⛲ 🎴 🍽 🏨 ⛱ 🕭 cam, 🕴 AC 📶 🚠 P
località Casafrassi – 𝄢 05 77 74 06 21 – www.casafrassi.it VISA ⓪⓪ AE ⓢ
– Fax 05 77 74 08 05 – aprile-ottobre
25 cam ⛱ – ♥70/130 € ♥♥120/180 € – ½ P 120 €
Rist – (maggio-ottobre) (chiuso a mezzogiorno) Carta 28/37 €
♦ All'interno di una tenuta agricola che produce vino ed olio, un'oasi di silenzio ingentilita da una villa nobiliare del Settecento con camere signorili e stucchi ai soffitti. In un altro edificio, confort in stile country e travi a vista. Il ristorante si fa portavoce delle specialità del territorio.

CASTELLINA MARITTIMA – Pisa (PI) – **563** L13 – 1 973 ab.   **28** B2
– alt. 375 m – ⊠ 56040

🛣 Roma 308 – Pisa 49 – Firenze 105 – Livorno 40
🛈 (stagionale) piazza Giaconi 13 𝄢 050 695001

⌂ **Il Poggetto** 🌣 ⟨ 🚗 🎴 ⛱ 🍽 ⛱ 🏨 AC rist, 🅂 P VISA ⓪⓪ AE ⓢ
via dei Giardini 1 – 𝄢 0 50 69 52 05 – www.ilpoggetto.it – Fax 0 50 69 52 46
– chiuso gennaio
31 cam – ♥44/54 € ♥♥72/77 €, ⛱ 8 € – ½ P 52/57 €
Rist – (chiuso domenica sera e lunedì escluso da luglio a settembre)
Carta 26/38 €
♦ Ideale per le famiglie, è una struttura a gestione familiare ubicata in posizione rilassante tra il verde dei boschi e dispone di camere semplici e ordinate. Accogliente sala ristorante di tono rustico.

CASTELLO – Pavia – Vedere Santa Giulietta

CASTELLO DI GODEGO – Treviso (TV) – **562** E17 – 7 003 ab.   **36** C2
– alt. 48 m – ⊠ 31030

🛣 Roma 546 – Venezia 75 – Treviso 31 – Trento 110

⌂⌂ **Locanda al Sole** 🕭 🕴 AC 🅂 📶 P 🚗 VISA ⓪⓪ AE ① ⓢ
via San Pietro 1 – 𝄢 04 23 76 04 50 – www.locandaalsole.it – Fax 04 23 76 83 99
20 cam ⛱ – ♥42/52 € ♥♥62/72 € – ½ P 45/55 €
Rist – (chiuso lunedì) (chiuso a mezzogiorno escluso i giorni festivi)
Carta 25/37 €
♦ L'attenta ristrutturazione e l'ampliamento di un'antica locanda ha dato vita ad un albergo "moderno" in quanto a confort, ma nostalgicamente "antico" per quanto concerne l'atmosfera di schietta e tipica ospitalità veneta. Il ristorante vi aspetta con i suoi piatti regionali, rivisitati con maestria.

CASTEL MAGGIORE – Bologna (BO) – **562** I16 – 15 613 ab. – alt. 20 m   **9** C3
– ⊠ 40013

🛣 Roma 387 – Bologna 10 – Ferrara 38 – Milano 214

🍴 **Alla Scuderia** AC 🅂 P VISA ⓪⓪ AE ① ⓢ
località Castello, Est : 1,5 km – 𝄢 0 51 71 33 02
– www.italiadiscovery.it/bo/lascuderia – Fax 0 51 71 33 02 – chiuso dal
26 dicembre al 6 gennaio, dal 6 al 27 agosto, sabato a mezzogiorno, domenica
Rist – Carta 25/41 €
♦ L'antica scuderia di palazzo Ercolani - riconvertita in ristorante - mantiene intatto il suo fascino: sotto le alte volte in mattoni gusterete una cucina fedele alle tradizioni emiliane. Soffermatevi sul carrello dei bolliti, sempre presente ad esclusione dei mesi più caldi.

a Trebbo di Reno Sud-Ovest : 6 km – ✉ 40013

🏠 Antica Locanda il Sole 🛗 🕭 🎿 🏧 P̱ VISA ⓑ ᴁ ① 🖒
via Lame 65 – ☏ 05 16 32 53 81 – www.hotelilsole.com – Fax 0 51 70 22 52
– chiuso dal 23 dicembre al 9 gennaio e due settimane in agosto
23 cam ⌲ – †65/190 € ††80/210 €
Rist Il Sole – vedere selezione ristoranti
♦ Un'antica stazione di posta ristrutturata nel colore rosso vivo dell'architettura bolognese; camere semplici, tutte con parquet alcune mansardate.

XXX Il Sole (Marcello Leoni) – Antica Locanda il Sole 🕭 🎿 ⇔ P̱
ꕥ *via Lame 67 – ☏ 0 51 70 01 02 – www.fratellileoni.it* VISA ⓑ ᴁ ① 🖒
– Fax 0 51 70 02 90 – chiuso sabato a mezzogiorno e
domenica sera
Rist – Carta 61/120 € 🏵
Spec. Cannocchie al vapore con gelato d'ostriche e acqua di mare. Medaglie di acqua di pomodoro con squacquerone e capperi. Sella d'agnello al caramello salato e tartufo nero.
♦ Due fratelli, chef di talento, si esibiscono in originali creazioni ispirate ad una cucina moderna: di anno in anno il locale si fa più elegante, pur mantenendo un ambiente caldo e familiare.

CASTELMEZZANO – Potenza (PZ) – 564 F30 – 902 ab. – alt. 890 m 3 B2
– ✉ 85010

▶ Roma 418 – Potenza 65 – Matera 107

X Al Becco della Civetta con cam ⌂ 🕭 🎿 ‰ VISA ⓑ ᴁ 🖒
ꙮ *vico I Maglietta 7 – ☏ 09 71 98 62 49 – www.beccodellacivetta.it*
– Fax 09 71 98 62 49
24 cam ⌲ – †56/65 € ††80/100 € – ½ P 65/75 €
Rist – Carta 23/31 €
♦ È la vera celebrità di questo paesino, isolato tra le suggestive "Dolomiti Lucane". Ad occuparsi della cucina è la moglie che con passione fa rivivere le ricette delle sue muse: mamma e nonna. Dalle finestre delle camere apprezzerete la maestosa scenografia naturale; all'interno, tranquillità e calorosa accoglienza.

CASTELNOVO DI BAGANZOLA – Parma – Vedere Parma

CASTELNOVO DI SOTTO – Reggio Emilia (RE) – 562 H13 – 8 602 ab. 8 B3
– alt. 27 m – ✉ 42024

▶ Roma 440 – Parma 26 – Bologna 78 – Mantova 56

🏠 Poli ⌇ 🛗 🕭 🎿 🏧 ‰ 🕭 P̱ VISA ⓑ ᴁ ① 🖒
via Puccini 1 – ☏ 05 22 68 31 68 – www.hotelpoli.it
– Fax 05 22 68 37 74
53 cam ⌲ – †63 € ††88 €
Rist Poli-alla Stazione – vedere selezione ristoranti
♦ Camere dotate di ogni confort in un'accogliente struttura, costantemente potenziata e rinnovata negli anni da una dinamica gestione familiare; sale convegni.

XXX Poli-alla Stazione – Hotel Poli 🕭 ⌇ 🎿 P̱ VISA ⓑ ᴁ ① 🖒
viale della Repubblica 10 – ☏ 05 22 68 23 42
– www.hotelpoli.it – Fax 05 22 68 37 74
– chiuso agosto, domenica sera, lunedì a mezzogiorno
Rist – Carta 41/52 € 🏵
♦ Oltrepassata una promettente esposizione di antipasti, vi accomoderete in due ariose sale di tono elegante o nella gradevole terrazza estiva; cucina di terra e di mare.

Il nome di un ristorante in rosso evidenzia una «promessa».
Il locale potrebbe accedere ad una categoria superiore: prima stella o stella supplementare. Tali esercizi sono elencati nella lista delle tavole stellate all'inizio della guida.

CASTELNOVO NE' MONTI – Reggio Emilia (RE) – **562** I13   **8** B2
– 10 537 ab. – alt. 700 m – ⊠ 42035

> ▶ Roma 470 – Parma 58 – Bologna 108 – Milano 180
> 🚹 via Roma 15/b ℰ 0522 810430, reappennino@reappennino.it,
> Fax 0522 812313

✗ **Locanda da Cines** con cam   🚗 📶 **P** 📠 ✗
☺ *piazzale Rovereto 2* – ℰ 05 22 81 24 62 – *www.locandadacines.it*
   – *Fax 05 22 81 24 62 – chiuso dal 1° al 15 gennaio*
   10 cam ⊊ – ♦40/45 € ♦♦80/90 € – ½ P 50/55 €
   Rist – *(chiuso sabato)* (consigliata la prenotazione) Carta 29/33 €

   ♦ I piatti del giorno, esposti a voce, esplorano i segreti e le tradizioni conservati nel verde
   dell'Appennino. Calorosa gestione familiare in un piccolo ristorante di tono rustico e
   moderno. I boschi dei dintorni e la salubre aria di montagna garantiscono tranquillità e
   quiete anche al vostro riposo.

CASTELNUOVO – Padova – **562** G17 – Vedere Teolo

CASTELNUOVO BERARDENGA – Siena (SI) – **563** L16 – **8 567 ab.**   **29** C2
– alt. 351 m – ⊠ 53019 ▌ Toscana

> ▶ Roma 215 – Siena 19 – Arezzo 50 – Perugia 93
> 🚹 via del Chianti 61 ℰ 0577 355500, Fax 0577 355500

🏨 **Relais Borgo San Felice** ⊛   ← 🚗 🛋 ⅄ ƒ♨ ✗ 🄰🄺 💈 rist, 📶 🈂
   località San Felice, Nord-Ovest : 10 km   **P** 📠 ✗ 🄰🄴 ① ✗
   – ℰ 05 77 39 64 – *www.borgosanfelice.com* – Fax 05 77 35 90 89
   – *aprile-ottobre*
   43 cam ⊊ – ♦185/358 € ♦♦265/385 € – 6 suites – ½ P 268 €
   Rist *Relais Borgo San Felice* – Carta 70/94 €

   ♦ All'interno di un borgo con edifici in pietra, abbracciato da un giardino con piscina e
   campi da golf, la risorsa dispone di camere sobrie negli arredi ed ampie sale comuni. Un
   ambiente elegante dove farsi servire pietanze dai sapori toscani.

🏨 **Le Fontanelle** ⊛   ← 🚗 🛋 ⅄ 🖳 🈂 ƒ♨ 🖫 💈 🄰🄺 ✗ rist, 📞 **P** 🚗
   località Fontanelle di Pianella, Nord-Ovest : 20 km   📠 📠 🄰🄴 ① ✗
   – ℰ 0 57 73 57 51 – *www.hotelfontanelle.com* – Fax 05 77 35 75 55
   – *15 marzo-ottobre*
   25 cam ⊊ – ♦350 € ♦♦380 € – 3 suites – ½ P 270 €
   Rist *La Colonna* – Carta 60/90 €

   ♦ In posizione dominante e tranquilla, suggestivo borgo agricolo "scolpito" nella pietra con
   rilassante vista sui dintorni. Interni raffinati, pur mantenendo un certo *coté* rustico. Cucina
   toscana nell'elegante ristorante con stupendi spazi all'aperto.

🏨 **Villa Curina Resort** ⊛   ← 🚗 🛋 ⅄ ✗ 🄰🄺 🈂 cam, 📶 **P**
   strada provinciale 62, località Curina   📠 📠 🄰🄴 ① ✗
   – ℰ 05 77 35 56 30 – *www.villacurinaresort.com* – Fax 05 77 35 56 10 – *chiuso
   dal 15 gennaio al 15 marzo*
   28 cam ⊊ – ♦132/149 € ♦♦155/175 € – 3 suites
   Rist *Il Convito di Curina* – ℰ 05 77 35 56 47 *(Pasqua-4 novembre: chiuso
   mercoledì)* Carta 36/52 € ❀

   ♦ Resort immerso nella tranquillità delle colline senesi dispone di confortevoli camere arredate con mobili d'epoca e solarium con piscina. Terrazza panoramica al Convito di Curina:
   cucina toscana, nonché ampia scelta enologica con vini regionali e champagne di piccoli produttori locali.

✗✗ **La Bottega del 30** (Helene Stoquelet)   🛋 🈂 📠 📠 🄰🄴 ① ✗
☺ *via Santa Caterina 2, località Villa a Sesta, Nord : 5 km* – ℰ 05 77 35 92 26
   – *www.labottegadel30.it* – Fax 05 77 35 92 26 – *chiuso martedì e mercoledì*
   Rist – *(chiuso a mezzogiorno escluso i giorni festivi)* Carta 55/71 €
   Spec. Carpaccio di fegatelli di cinta senese al finocchietto selvatico con insalatina di campo. Spaghetti impastati con Chianti classico, salsa di burro, noce
   moscata e salvia. Millefoglie di stinco di vitello chianino con vellutata di verdure e porri fritti.

   ♦ Il caratteristico borgo in pietra varrebbe già la visita, ma il suo gioiello è il ristorante, gron-
   dante di decorazioni come una bottega e con romantico dehors estivo. Nel piatto i sapori
   toscani ingentiliti.

a San Gusmè Nord: 5 km – ⊠ 53019

✗ **La Porta del Chianti** 🛜 ⅙ ⅍ VISA ⓪ AE ⑤
piazza Castelli 10 – ℰ 05 77 35 80 10 – www.laportadelchianti.com
– Fax 05 77 35 89 07 – chiuso dal 12 gennaio al 10 febbraio
Rist – (consigliata la prenotazione) Carta 27/40 €
♦ Nel cuore del piccolo e suggestivo borgo di San Gusmé, all'interno di un vecchio caseggiato del '600, una squisita cucina della tradizione che rievoca antichi sapori. Nella carta dei vini anche molti piccoli produttori locali.

a Colonna del Grillo Sud-Est : 5 km – ⊠ 53019 Castelnuovo Berardenga

🏠 **Posta del Chianti** 🚙 🛜 ⅍ P VISA ⓪ ⑤
🔗 *– ℰ 05 77 35 30 00 – www.postadelchianti.it – Fax 05 77 35 30 50 – chiuso dal 6 gennaio al 5 febbraio*
20 cam ⬜ – ♦♦85/105 € – 1 suite – ½ P 62/75 €
Rist *Hostaria Molino del Grillo* – ℰ 05 77 35 30 51 *(chiuso martedì)* Carta 20/43 €
♦ Un piccolo e tranquillo albergo a conduzione familiare circondato dalle panoramiche colline senesi, dotato di camere arredate in modo semplice ed ampie aree comuni. Soffitti di legno, pavimenti in cotto e cucina regionale al ristorante.

CASTELNUOVO CILENTO – Salerno (SA) – **564** G27 – **2 472 ab.** **7** C3
– alt. 285 m – ⊠ 84040

▸ Roma 344 – Potenza 132 – Napoli 134 – Salerno 83

🏨 **La Palazzina** 🔥 🛜 AC ⅗ P VISA ⓪ AE ① ⑤
🔗 *via contrada Coppola 47, Casal Velino Scalo Sud-Ovest : 8 km – ℰ 0 97 46 28 80*
– www.hotellapalazzina.it – Fax 0 97 46 21 09
12 cam ⬜ – ♦40/60 € ♦♦80/120 € – 4 suites – ½ P 50/80 €
Rist – *(chiuso lunedì escluso da giugno ad ottobre)* Carta 19/35 € (+10 %)
♦ Poco distante dal lago artificiale, l'hotel è stato ricavato in seguito allo scrupoloso restauro di una villa settecentesca ed offre confortevoli ambienti con arredi d'epoca. Prodotti tipici e di stagione presso la caratteristica sala da pranzo.

CASTELNUOVO DEL GARDA – Verona (VR) – **562** F14 – **11 711 ab.** **35** A3
– alt. 130 m – ⊠ 37014

▸ Roma 520 – Verona 19 – Brescia 51 – Mantova 46

✗✗ **Il Nido delle Cicogne** 🛜 ⅍ ♻ P VISA
via Dosso 18, Nord-Ovest : 2 km ⊠ 37010 Sandrà – ℰ 04 57 59 51 98
– www.nidodellecicogne.it – Fax 04 57 59 51 98 – chiuso sabato a mezzogiorno, martedì
Rist – *(chiuso a mezzogiorno)* (consigliata la prenotazione) Menu 39/46 €
– Carta 45/62 €
♦ Cucina del territorio con piglio creativo, proposta in un locale di tono gradevole suddiviso in ambienti raccolti e curati dal vivace arredo policromo. All'interno di un tipico e rustico cascinale.

✗ **La Meridiana** con cam 🚙 🛜 ⅙ AC cam, ⅍ P VISA ⓪ AE ⑤
🔗 *via Zamboni 11, Nord-Est : 3 km ⊠ 37010 Sandrà – ℰ 04 57 59 63 06*
– www.albergo-meridiana.com – Fax 04 57 59 63 13
14 cam ⬜ – ♦50/65 € ♦♦70/100 € – ½ P 65 €
Rist – *(chiuso domenica sera, giovedì) (chiuso a mezzogiorno)* Carta 17/42 €
♦ Gestione e accoglienza sono deliziosamente familiari in questo rustico di campagna. Il vecchio fienile ospita oggi le tre sale del ristorante, con pietra e legno a vista e una cucina veneta di terra e di mare. La casa padronale dispone anche di alcune belle e confortevoli camere in stile.

a Sandrà Nord: 2 km – ⊠ 37014

🏨 **Mod05** senza rist 🔌 ⅙ AC ⅍ VISA ⓪ ⑤
via Modigliani 5 – ℰ 04 57 59 63 78 – www.modfive.it – Fax 04 57 59 54 91
– chiuso dal 6 al 27 gennaio
36 cam ⬜ – ♦65/100 € ♦♦90/140 €
♦ Già in campagna, ai piedi delle colline, un edificio per certi versi "avveniristico": interamente avvolto da assi di legno, l'hotel propone spazi comuni moderni e minimalisti, "naturalmente" illuminati da grandi vetrate. Semplici ed essenziali le camere. In una cornice verde, funzionalità e confort.

CASTELNUOVO DEL ZAPPA – Cremona – **561** G12 – Vedere Castelverde

CASTELNUOVO DI GARFAGNANA – Lucca (LU) – **563** J13   **28** B1
– 6 133 ab. – alt. 277 m – ✉ 55032

❱ Roma 395 – Pisa 67 – Bologna 141 – Firenze 121

🏨 **La Lanterna**   🚗 🛗 🔥 AC 📶 🗡 P VISA ⊕ AE ⓪ 🔥
località alle Monache-Piano Pieve, Est : 1,5 km – 𝒞 05 83 63 93 64
– www.lalanterna.eu – Fax 05 83 64 14 18
30 cam ⊇ – †50/57 € ††80/87 € – ½ P 55/65 €
Rist – (chiuso 2 settimane in gennaio e martedì a mezzogiorno escluso luglio-agosto) Carta 23/33 €
♦ Si trova nella parte più alta della località ed è una piacevole villetta cinta dal verde; all'interno, ampi spazi comuni e confortevoli camere con arredi recenti. Sale luminose ed un servizio attento al ristorante, dove troverete la cucina regionale e garfagnina.

CASTELNUOVO FOGLIANI – Piacenza – **562** H11 – Vedere Alseno

CASTELNUOVO MAGRA – La Spezia (SP) – **561** J12 – 8 135 ab.   **15** D2
– alt. 188 m – ✉ 19033

❱ Roma 404 – La Spezia 24 – Pisa 61 – Reggio nell'Emilia 149

🏠 **Agriturismo la Valle** 🌿   🚗 🏡 🍴 P VISA ⊕ ⓪ 🔥
via delle Colline 24, Sud-Ovest : 1 km – 𝒞 01 87 67 01 01
– www.lavalle.altervista.org – Fax 01 87 67 01 01 – chiuso dal 1° al 6 gennaio e
1 settimana in marzo
6 cam ⊇ – †50 € ††70 € – ½ P 60/70 €
Rist – (chiuso a mezzogiorno nel periodo estivo) Menu 25 € bc/35 € bc
♦ Bella casa immersa nel verde dell'entroterra ligure, al confine con l'Emilia e la Toscana. Indirizzo ideale per chi cerca pace e relax, a due passi da mare e arte. A tavola vengono proposti i genuini sapori locali.

🍴 **Armanda**   🏡 AC 🍴 VISA ⊕ 🔥
piazza Garibaldi 6 – 𝒞 01 87 67 44 10 – Fax 01 87 67 44 10 – chiuso dal
24 dicembre al 15 gennaio, 1 settimana in settembre e mercoledì
Rist – Carta 31/46 €
♦ In un caratteristico borgo dell'entroterra, andamento e ambiente familiari in una trattoria che propone piatti stagionali del territorio ben elaborati.

CASTELPETROSO – Isernia (IS) – **564** C25 – 1 657 ab. – alt. 871 m   **2** C3
– ✉ 86090

❱ Roma 179 – Campobasso 32 – Benevento 74 – Foggia 121

sulla strada statale 17 uscita Santuario dell'Addolorata

🏨 **La Fonte dell'Astore** 🌿   🚗 🛗 AC 🍴 📶 🗡 P
via Santuario – 𝒞 08 65 93 60 85   VISA ⊕ AE ⓪ 🔥
– www.lafontedellastore.it – Fax 08 65 93 60 06
36 cam ⊇ – †75 € ††95 € – ½ P 68 €   **Rist** – Carta 25/33 €
♦ Nei pressi del Santuario dell'Addolorata, una confortevole risorsa recente, di concezione moderna, con ampi spazi comuni, camere di buona fattura e ben accessoriate. Ampia ricettività per il funzionale ristorante, che dispone di varie sale anche per banchetti.

CASTELRAIMONDO – Macerata (MC) – **563** M21 – 4 912 ab.   **21** C2
– alt. 307 m – ✉ 62022

❱ Roma 217 – Ancona 85 – Fabriano 27 – Foligno 60

🏨 **Borgo di Lanciano** 🌿   ≤ 🚗 AC 🛁 🍴 rist, 📶 🗡 P VISA ⊕ AE 🔥
località Lanciano 5, Sud : 2 km – 𝒞 07 37 64 28 44 – www.borgodilanciano.it
– Fax 07 37 64 28 45
48 cam ⊇ – †110/133 € ††152/184 € – ½ P 114/130 €
Rist – Carta 35/42 €
♦ Confortevole hotel sorto entro un antico borgo, offre camere e suite diverse per forma e arredamento, nonchè aree comuni per dedicarsi ad una chiacchierata o alla lettura. Suddiviso in sale più piccole, il ristorante propone una cucina tradizionale, fedele ai prodotti della zona.

a Sant'Angelo Ovest : 7 km – ✉ 62022 Castelraimondo

XX **Il Giardino degli Ulivi** con cam ⌂ ⟨ 🕸 **P** VISA ⓪ ⓢ
via Crucianelli 54 – ℰ 07 37 64 21 21 – www.ilgiardinodegliulivi.com
– Fax 07 37 64 21 21 – marzo-dicembre
6 cam ⌸ – ♦50/70 € ♦♦70/120 € – ½ P 60/85 €
Rist – *(chiuso martedì)* Carta 29/41 €
♦ Valgono il viaggio la vista e la verde quiete che troverete in questo antico casolare ristrutturato; pochi, ma gustosi piatti della tradizione locale e camere suggestive.

CASTEL RIGONE – Perugia (PG) – **563** M18 – Vedere Passignano sul Trasimeno

---

CASTEL RITALDI – Perugia (PG) – **563** N20 – **3 201 ab.** – **alt. 297 m**   33 C2
– ✉ 06044

▶ Roma 143 – Perugia 60 – Terni 39 – Guidonia Montecelio 141

⌂ **La Gioia** – Country house ⌂ ⟨ 🚗 🕸 ⚒ 🕿 🏋 **P** VISA ⓪ ⓢ
colle del Marchese 60, Ovest : 4 km – ℰ 07 43 25 40 68 – www.lagioia.biz
– Fax 07 43 25 40 46 – 27 dicembre-3 gennaio e 21 marzo-1° novembre
8 cam ⌸ – ♦115 € ♦♦170/250 € – 3 suites – ½ P 135 €
Rist – *(chiuso a mezzogiorno) (solo per alloggiati)* Menu 40 €
♦ Un mulino del '700 convertito in una fiabesca casa di campagna da una simpatica coppia svizzera. Curatissimo giardino e camere variopinte in stile rustico tradizionale.

CASTELROTTO (KASTELRUTH) – Bolzano (BZ) – **562** C16 – **6 394 ab.**   31 C2
– alt. 1 060 m – Sport invernali : 1 000/1 480 m ✦ 2, ✦19 (Comprensorio Dolomiti superski Alpe di Siusi) – ✉ 39040

▶ Roma 667 – Bolzano 26 – Bressanone 25 – Milano 325
🅸 piazza Krausen 1 ℰ 0471 706333, info@kastelruth.com, Fax 0471 705188
🔳 Golf Club, ℰ 0471 7 07 08

🏨 **Posthotel Lamm** ⟨ 🚗 🕸 🖺 📱 🕸 🛗 ⚅ 🅰🄲 rist. ⤴ (📶) 🚗
piazza Krausen 3 – ℰ 04 71 70 63 43   VISA ⓪ ⓢ
– www.posthotellamm.it – Fax 04 71 70 70 63 – chiuso dal 2 novembre
al 4 dicembre e dal 15 aprile al 15 maggio
55 cam ⌸ – ♦115/210 € ♦♦174/264 € – 3 suites – ½ P 95/140 €
Rist – *(chiuso a mezzogiorno in maggio, giugno, ottobre)* Menu 40/90 €
♦ Nella grande piazza, hotel elegante con pregevoli interni arredati in larice; le camere sono uno specchio tre generazioni dei gestori: rustiche, classiche e attuali. Raffinate sia la grande sala da pranzo che la più intima stube.

🏨 **Mayr** ⌂ ⟨ 🕸 🛁 🕸 **P** VISA ⓪ 🄰🄴 ⓞ ⓢ
via Marinzen 5 – ℰ 04 71 70 63 09 – www.hotelmayr.com – Fax 04 71 70 73 60
– chiuso dal 4 novembre al 6 dicembre e dal 10 aprile al 17 maggio
21 cam ⌸ – ♦58/91 € ♦♦96/162 € – ½ P 87/97 €
Rist – *(chiuso a mezzogiorno)* Menu 30/45 €
♦ Albergo, impreziosito da decori tirolesi che conferiscono un'apprezzabile armonia d'insieme. Belle camere tradizionali o moderne, attrezzato centro fitness.

🏨 **Alpenflora** ⟨ 🚗 🖺 🕸 🛁 📱 🕸🕸 🕸 rist. 🕿 **P** VISA ⓪ 🄰🄴 ⓞ ⓢ
via Oswald von Wolkenstein 32 – ℰ 04 71 70 63 26 – www.alpenflora.it
– Fax 04 71 70 71 73 – chiuso dal 2 novembre al 1° dicembre
32 cam ⌸ – ♦71/108 € ♦♦142/216 € – ½ P 123 €
Rist – *(chiuso a mezzogiorno) (solo per alloggiati)*
♦ Risale al 1912 questo albergo di tono elegante con ampie camere luminose; bella piscina chiusa da vetrate, spazi e animazione per i bambini.

🏠 **Cavallino d'Oro** ⟨ 🕸 📱 🕸 rist. (📶) 🚗 VISA ⓪ 🄰🄴 ⓞ ⓢ
piazza Krausen – ℰ 04 71 70 63 37 – www.cavallino.it – Fax 04 71 70 71 72
– chiuso dal 10 novembre al 1 dicembre
21 cam ⌸ – ♦50/78 € ♦♦75/150 € – ½ P 60/88 €
Rist – *(chiuso a mezzogiorno)* Carta 24/35 €
♦ Suggestiva atmosfera romantica nel tipico ambiente tirolese di una casa di tradizione centenaria, sulla piazza del paese; chiedete le camere con letti a baldacchino. Per i pasti una sala rustica o caratteristiche stube tirolesi del XVII sec.

🏠 **Villa Gabriela** ⬥   ≤ 🚗 ⚐ 🕏 ✵ rist, 🕻 P
San Michele 31/1, Nord-Est : 4 km – 𝒞 04 71 70 00 77 – www.villagabriela.com
– Fax 04 71 70 03 00 – chiuso dal 22 aprile al 20 maggio e dal 5 novembre
all'8 dicembre
6 cam ⬒ – **††**136/176 € – 3 suites – **††**176/246 € – ½ P 75/130 €
Rist – *(chiuso a mezzogiorno) (solo per alloggiati)*
♦ Per godere appieno di uno tra i più magici panorami dolomitici, è ideale questa bella villetta circondata dal verde; camere graziose e ricche di personalizzazioni.

🏠 **Silbernagl Haus** senza rist ⬥   ≤ 🚗 ☒ 🕏 P
via Bullaccia 1 – 𝒞 04 71 70 66 99 – www.garni-silbernagl.com
– Fax 04 71 71 00 04 – 20 dicembre-21 marzo e maggio-17 ottobre
12 cam ⬒ – **†**33/47 € **††**66/94 €
♦ In zona tranquilla, garni curato e confortevole, con un ambiente cordiale, tipico della gestione familiare; bei mobili nelle camere spaziose.

CASTEL SAN GIORGIO – Salerno (SA) – **564** E26 – **13 437 ab.**   **6** B2
– alt. 90 m – ⊠ 84083

▶ Roma 252 – Napoli 56 – Latina 106 – Salerno 22

🏛 **Villa Soglia** senza rist   🚗 🕭 🕼 🗚 ✵ 🗚 P 𝚅𝙸𝚂𝙰 ⓿ 🆎 ⑤
corso Claudio Cortedomini 1 – 𝒞 08 15 16 16 00
– www.villa-soglia.it – Fax 08 15 16 19 96
– chiuso dal 23 dicembre al 7 gennaio e dal 3 al 6 aprile
16 cam ⬒ – **†**93 € **††**124 € – 1 suite
♦ Elegante villa settecentesca, dispone di salotti ricchi di fascino e camere eleganti con arredi in stile. Sul retro si apre il parco con piante secolari e angoli pittoreschi.

CASTEL SAN PIETRO TERME – Bologna (BO) – **562** I16 – **20 092 ab.**   **9** C2
– alt. 75 m – ⊠ 40024

▶ Roma 395 – Bologna 24 – Ferrara 67 – Firenze 109

🅸 piazza XX Settembre 14 𝒞 051 6942090, iat@castelsanpietroterme.it,
Fax 051 6942090

🖼 Le Fonti, 𝒞 051 6 95 19 58

🏨 **Castello**   🕭 ⚐ 🕏 🗚 ⅄ ✵ rist, 🕪 🗚 P 𝚅𝙸𝚂𝙰 ⓿ 🆎 ⓪ ⑤
viale delle Terme 1010/b – 𝒞 0 51 94 35 09 – www.hotelcastello.com
– Fax 0 51 94 45 73 – chiuso Natale e due settimane in agosto
57 cam ⬒ – **†**49/160 € **††**49/230 €
Rist Da Willy – vedere selezione ristoranti
♦ Fuori del centro, sulla strada per le Terme, in una zona verde davanti ad un parco pubblico, complesso dotato di camere semplici ma confortevoli.

🍴🍴 **Da Willy** – Hotel Castello   🕼 🗚 𝚅𝙸𝚂𝙰 ⓿ 🆎 ⓪ ⑤
🍴 *via Terme 1010/b – 𝒞 0 51 94 42 64 – www.ristorantewilly.it – Fax 0 51 94 42 64*
– chiuso lunedì
Rist – Carta 21/36 €
♦ Nello stesso edificio dell'hotel Castello, ma con gestione separata, ristorante con alcuni tavoli rotondi nelle ampie sale con vetrate sul giardino, piatti emiliano-romagnoli.

🍴 **Trattoria Trifoglio**   🕼 P 𝚅𝙸𝚂𝙰 ⓿ 🆎 ⓪ ⑤
località San Giovanni dei Boschi, Nord : 13 km – 𝒞 0 51 94 90 66
– Fax 0 51 94 92 66 – chiuso agosto, 15 giorni in gennaio, domenica sera, lunedì
Rist – Carta 23/30 €
♦ Val la pena percorrere alcuni chilometri in campagna per ritrovare la semplicità e l'autentica cordialità della tradizione emiliana, sia nell'accoglienza che nella cucina.

a Osteria Grande Nord-Ovest : 7 km – ⊠ 40060

🍴 **L'Anfitrione**   🕼 🗚 ⇄ P 𝚅𝙸𝚂𝙰 ⓿ 🆎 ⓪ ⑤
via Emilia Ponente 5629 – 𝒞 05 16 95 82 82 – Fax 05 16 95 82 82 – chiuso
domenica sera, lunedì
Rist – Carta 37/74 €
♦ Due salette di stile vagamente neoclassico, più una per fumatori che d'estate diviene veranda aperta, per gustare saporiti piatti di pesce dell'Adriatico.

CASTELSARDO – Sassari – **366** N38 – Vedere Sardegna alla fine dell'elenco alfabetico

---

CASTEL TOBLINO – Trento (TN) – **562** D14 – alt. 243 m – ⊠ 38076   **30** B3
Sarche

> ▶ Roma 605 – Trento 18 – Bolzano 78 – Brescia 100

XX   **Castel Toblino**   🔊 🛜 🌿 **P** 🚾 ⓶ 🆎 ᴓ
via Caffaro 1 – 𝒞 04 61 86 40 36 – www.casteltoblino.com – Fax 04 61 34 05 63
– chiuso dal 26 dicembre a febbraio, lunedì sera, martedì
Rist – Menu 30/50 € – Carta 53/68 €
  ♦ Su un lembo di terra che si protende sull'omonimo lago, sorge questo affascinante castello medioevale con piccolo parco; suggestiva la terrazza per il servizio estivo.

CASTELVECCANA – Varese (VA) – **561** E8 – 2 050 ab. – alt. 281 m   **16** A2
– ⊠ 21010

> ▶ Roma 666 – Bellinzona 46 – Como 59 – Milano 87

🏠   **Da Pio** ⌂   🛜 🛗 ᵫ cam, 🌿 🕯 **P** 🚾 ⓶ ⓪ ᴓ
località San Pietro – 𝒞 03 32 52 05 11 – www.albergodapio.it
– Fax 03 32 52 20 14
9 cam � – ✝60/90 € ✝✝90/120 €
Rist – (chiuso martedì dal 15 maggio a settembre, da lunedì a giovedì negli altri mesi) (chiuso a mezzogiorno) Carta 35/50 €
  ♦ Cordiale accoglienza familiare in un hotel di buon livello, quasi sulla sommità di un promontorio affacciato sul lago Maggiore; arredi d'epoca in varie camere. Due sale da pranzo classiche, di cui una con caminetto e un piacevole dehors estivo.

CASTELVERDE – Cremona (CR) – **561** G11 – 5 380 ab. – alt. 53 m   **17** C3
– ⊠ 26022

> ▶ Roma 515 – Parma 71 – Piacenza 40 – Bergamo 70

🏨   **Cremona Palace Hotel** senza rist   🚗 🛋 🎱 🀄 🛜 ⅃ₐ 🛗 ᵫ 🅰 ↯
via Castelleone 62, Sud 5 km   🌿 🕯 🛁 **P** 🚾 ⓶ 🆎 ᴓ
– 𝒞 03 72 47 13 96 – www.cremonapalacehotel.it
– Fax 03 72 47 17 04
77 cam � – ✝70/130 € ✝✝95/160 €
  ♦ Alle porte della città del torrone, dell'arte e dei violini, nuova e moderna struttura con annesso ed attrezzato sporting club aperto ai soci, nonché ai clienti dell'hotel. Camere omogenee, spaziose e moderne.

a Castelnuovo del Zappa Nord-Ovest : 3 km – ⊠ 26022 Castelverde

X   **Valentino**   🅰 ⇔ **P** 🚾 ⓶ 🆎 ᴓ
🍝   via Manzoni 27 – 𝒞 03 72 42 75 57
– chiuso dal 5 al 31 agosto, lunedì sera e martedì
Rist – Carta 21/29 €
  ♦ Alla periferia della città, bar-trattoria dalla calorosa gestione familiare che propone una cucina casalinga fedele alla gastronomia cremonese e mantovana.

CASTELVETRO DI MODENA – Modena (MO) – **562** I14 – 10 698 ab.   **8** B2
– alt. 152 m – ⊠ 41014

> ▶ Roma 406 – Bologna 50 – Milano 189 – Modena 19

🏨   **Guerro** senza rist   🛜 ⅃ₐ 🛗 ᵫ 🅰 🕯 🛁 **P** 🚙 🚾 ⓶ 🆎 ⓪ ᴓ
via Destra Guerro 18 ⊠ 41014 – 𝒞 05 9 79 97 91
– www.hotelguerro.it – Fax 05 9 79 97 94
– chiuso una settimana in gennaio e due settimane in agosto
29 cam � – ✝55/95 € ✝✝85/130 €
  ♦ Ideale per una clientela business, questa moderna struttura a gestione familiare si trova lungo l'omonimo fiume ed offre camere spaziose e luminose. D'estate, la colazione è in terrazza.

🏠 Zoello   �’ 👌 AC 🛜 P VISA ⑳ AE ① ⑤

via Modena 171, località Settecani, Nord : 5 km – ✆ *0 59 70 26 24*
– www.zoello.com – Fax   05 99 77 20 74
– chiuso dal 24 dicembre al 5 gennaio e dal 5 al 28 agosto
49 cam ☕ *–* ✝️60/75 € ✝️✝️80/120 € *– 3 suites*
Rist Zoello *– vedere selezione ristoranti*
♦ Fondato nel 1938, questo hotel è ormai un capitolo negli annali della storia; animato da una familiare ed accogliente ospitalità, dispone di camere confortevoli.

🏡 Locanda del Feudo   �’ 🖈 AC cam. 🛜 VISA ⑳ AE ① ⑤

via Trasversale 2 – ✆ *0 59 70 87 11 – www.locandadelfeudo.it*
– Fax   0 59 70 87 17
4 cam ☕ *–* ✝️85/105 € ✝️✝️110/180 € *– 2 suites – ½ P 85/125 €*
Rist *– (chiuso domenica sera, lunedì) (consigliata la prenotazione)*
Carta 31/48 €
♦ Piccola ed affascinante risorsa situata nella parte alta della città, la locanda offre camere e spazi comuni in stile, dove l'antico si fonde sapientemente con il moderno. Specialità locali e prodotti tipici vi attendonoa pranzo e a cena, nella luminosa taverna.

🍴 Zoello – Hotel Zoello   👌 AC ⇌ P VISA ⑳ AE ① ⑤

via Modena 181, località Settecani, Nord : 5 km – ✆ *0 59 70 26 35*
– www.zoello.com – Fax   0 59 70 20 00
– chiuso dal 24 dicembre al 5 gennaio e dal 1° al 21 agosto
Rist *– (chiuso domenica sera, venerdì)* Carta 18/27 €
♦ In questa trattoria potrete assaggiare i piatti della tradizione, a partire dalle paste fresche, prodotte nei propri laboratori.

CASTEL VOLTURNO – Caserta (CE) – 564 D23 – 22 796 ab.   6 A2
– ✉ 81030

▶ Roma 190 – Napoli 40 – Caserta 37
🎣 Volturno, ✆ 081 5 09 51 50

🏨 Holiday Inn Resort ⑳   🎕 🏡 🏊 ↳ 🍽 🔟 �’ 👌 AC ↲ ﹪ 🐾 🐕   P VISA ⑳ AE ① ⑤

via Domitiana km 35,300, Sud : 3 km
– ✆ *08 15 09 51 50 – www.holiday-inn-resort.com*
– Fax   08 15 09 58 55
276 cam ☕ *–* ✝️90/160 € ✝️✝️100/220 € *– 13 suites – ½ P 135 €*
Rist – Carta 31/63 €
♦ Vicino al mare, ai bordi di una pineta, un'imponente struttura moderna, con ampi interni eleganti; piscina con acqua di mare, maneggio a disposizione, centro congressi. Di notevoli dimensioni gli spazi per la ristorazione, con sale curate e luminose.

CASTENEDOLO – Brescia – 561 F12 – Vedere Brescia

CASTIADAS – Cagliari – 566 J10 – Vedere Sardegna alla fine dell'elenco alfabetico

---

CASTIGLIONCELLO – Livorno (LI) – 563 L13 – ✉ 57016 ▮ Toscana   28 B2

▶ Roma 300 – Pisa 40 – Firenze 137 – Livorno 21
🛈 (giugno-settembre) via Aurelia 632 ✆ 0586 754890, apt7castiglioncello@
costadeglietruschi.it, Fax 0586 754890

🏛 Villa Parisi ⑳   ≤ 🎕 🏡 🏊 �’ AC ﹪ rist. 🐾 P VISA ⑳ ⑤

via Romolo Monti 10 ✉ *57016 –* ✆ *05 86 75 16 98 – www.villaparisi.com*
– Fax   05 86 75 11 67 – aprile-settembre
21 cam ☕ *–* ✝️147/219 € ✝️✝️224/390 € *– ½ P 122/205 €*
Rist *– (22 maggio-17 settembre) (chiuso a mezzogiorno escluso luglio-agosto)*
Carta 28/63 €
♦ Le camere accoglienti e personalizzate rivaleggiano con la splendida posizione di questa villa patrizia circondata dalla pineta e sospesa sugli scogli. Un vialetto facilita il raggiungimento della piattaforma-solarium affacciata sul blu. Ristorante classico con servizio all'aperto.

Villa Martini
via Martelli 3 – 05 86 75 21 40 – www.villamartini.it – Fax 05 86 75 80 14 – aprile-novembre
39 cam – 90/110 € 140/180 € – ½ P 110/125 € **Rist** – *(chiuso a mezzogiorno escluso dal 19 luglio al 31 agosto) (solo per alloggiati)* Menu 30/40 €
♦ Piccola risorsa completamente rinnovata e di taglio moderno: ambienti luminosi e camere che predispongono al relax. Ristorante dalle linee sobrie e moderne, affacciato sul curato giardino.

Atlantico rist,
via Martelli 12 – 05 86 75 24 40 – www.hotelatlantico.it – Fax 05 86 75 24 94 – aprile-settembre
50 cam – 80/110 € 100/200 € – ½ P 100/110 € **Rist** – Menu 25/35 €
♦ Nel cuore più verde e più quieto della località, signorile albergo a conduzione familiare, dotato di bella dépendance in una villetta dei primi '900. Le camere tradiscono la raffinatezza di una casa privata. Ampia e luminosa sala da pranzo.

In Gargotta
via Fucini 39 – 05 86 75 43 57 – Fax 05 86 68 55 75 – chiuso dal 19 al 25 novembre, lunedì (escluso luglio-agosto)
Rist – (coperti limitati, prenotare) Carta 41/48 €
♦ Piccolo ristorante nel centro della località dalla conduzione motivata e giovanile. Cucina di mare con qualche tocco di fantasia. Gradevole dehors.

CASTIGLIONE DEI PEPOLI – Bologna (BO) – 562 J15 – 5 957 ab. – alt. 691 m – ✉ 40035 9 C2

Roma 328 – Bologna 54 – Firenze 60 – Ravenna 134

a Baragazza Est : 6 km – ✉ 40035

Bellavista rist,
via Sant'Antonio 8/10 – 05 34 89 81 66 – Fax 0 53 49 70 63
19 cam – 60/75 € 70/85 €, 8 € – ½ P 55/60 €
Rist – *(chiuso domenica sera e martedì a mezzogiorno)* Carta 23/37 €
♦ Per una tappa di viaggio lungo l'Appennino tosco-emiliano, un albergo a conduzione familiare con camere di stile essenziale, ma pulite e luminose. Cucina delle due regioni, dalle paste fresche alla fiorentina; gradevole dehors estivo.

CASTIGLIONE DEL LAGO – Perugia (PG) – 563 M18 – 15 227 ab. – alt. 304 m – ✉ 06061 32 A2

Roma 182 – Perugia 46 – Arezzo 46 – Firenze 126
piazza Mazzini 10 075 9652484, info@iat.castiglione-del-lago.pg.it, Fax 075 9652763
Lamborghini, 075 83 75 82

Miralago senza rist
piazza Mazzini 6 – 0 75 95 11 57 – www.hotelmiralago.com – Fax 0 75 95 19 24 – chiuso dal 7 gennaio al 15 marzo
19 cam – 72/80 € 93/98 €
♦ Gradevole atmosfera un po' démodé negli spazi comuni e nelle ampie camere di questo albergo ospitato in un edificio d'epoca nella piazza principale del paese.

Duca della Corgna cam, rist,
via Buozzi 143 – 0 75 95 32 38 – www.hotelcorgna.com – Fax 07 59 65 24 46
35 cam – 45/65 € 65/100 € – ½ P 55/60 €
Rist – *(Pasqua-ottobre) (chiuso a mezzogiorno) (solo per alloggiati)* Menu 20/25 €
♦ Ambiente familiare in un hotel con buon livello di confort; arredi essenziali nelle camere, sia nel corpo centrale, sia in una dépendance che dà sulla piscina.

a Petrignano del Lago Nord-Ovest : 12 km – ✉ 06060

Relais alla Corte del Sole cam,
località I Giorgi – 07 59 68 90 08 – www.cortedelsole.com – Fax 07 59 68 90 70 – 26 dicembre-6 gennaio e aprile-2 novembre
14 cam – 140/200 € 170/220 € – 4 suites
Rist – *(chiuso martedì)* Carta 44/83 €
♦ Sui colli del Trasimeno, suggestioni mistiche ma charme di una raffinata eleganza tutta terrena tra le antiche pietre di un insediamento monastico e rurale del XVI secolo.

▶ Roma 205 – Grosseto 23 – Firenze 162 – Livorno 114

ℹ piazza Garibaldi 6 ℰ 0564 933678, infocastiglione@lamaremma.info, Fax 0564 933954

🛏 **Piccolo Hotel** 　　　　　🕍 ▥ ℅ rist, **P** **VISA** **⬤** **AE** **①** 💲
via Montecristo 7 – ℰ 05 64 93 70 81 – www.hotel-castiglione.com
– Fax 05 64 93 25 66 – Pasqua e 15 maggio-settembre
24 cam ⊊ – ♥♥118/130 € – ½ P 90/110 €
Rist – (solo per alloggiati)
♦ Ritornerete volentieri in questa graziosa struttura in zona non centrale, gestita con classe, signorilità e attenzione per i particolari; arredi moderni nelle camere. Piccola e sobria la sala da pranzo dove gustare frutta e verdura dell'orto e dolci casalinghi.

🛏 **Sabrina** 　　　　　🍽 ▥ ℻ ℅ ℅ **P** **VISA** **⬤** 💲
via Ricci 12 – ℰ 05 64 93 35 68 – www.hotelsabrinaonline.it – Fax 05 64 93 35 68
– giugno-settembre
37 cam ⊊ – ♥70/100 € ♥♥94/106 € – ½ P 65/85 €
Rist – (solo per alloggiati)
♦ Gestione diretta per un hotel ubicato nella zona di parcheggio a pochi metri dal porto canale: spazi ben distribuiti, camere non amplissime, ma complete.

🛏 **Miramare** 　　　　　◁ 🍽 ▥ ℻ ℅ **VISA** **⬤** **AE** **①** 💲
via Veneto 35 – ℰ 05 64 93 35 24 – www.hotelmiramare.info
– Fax 05 64 93 36 95 – chiuso novembre, gennaio e febbraio
35 cam ⊊ – ♥55/110 € ♥♥72/169 € – ½ P 65/120 €   **Rist** – Carta 29/48 €
♦ Ubicato sul lungomare di Castiglione della Pescaia e ai piedi del borgo medievale, l'hotel dispone di camere accoglienti (in fase di rinnovo), nonché di una spiaggia privata. La sala-veranda del ristorante si affaccia sul mare: proposte di cucina nazionale e specialità di pesce curate direttamente dai titolari.

🛏 **Perla** senza rist 　　　　　℅ ℅ **P** **VISA** **⬤** **AE** **①** 💲
via dell'Arenile 3 – ℰ 05 64 93 80 23 – www.perlaresidence.com
– Fax 05 64 93 80 23
13 cam ⊊ – ♥♥60/80 €
♦ Una piccola risorsa a conduzione familiare sita in posizione tranquilla a pochi passi dalla spiaggia, dispone di camere semplici ma gradevoli.

✗✗ **Il Votapentole** 　　　　　🍽 ▥ ℅ **VISA** **⬤** **AE** 💲
via IV Novembre 15 – ℰ 05 64 93 47 63 – chiuso novembre e lunedì escluso da giugno a settembre
Rist – (chiuso a mezzogiorno da giugno a settembre) 55 € – Carta 51/65 € ⌘
♦ Una brillante coppia - lui in cucina, lei ai tavoli - si "alleano" per coccolarvi con proposte di mare e di terra, gustose e di stampo moderno, da accompagnarsi con ottimi vini. Il locale è piccolissimo, ma questo non è un difetto: anzi, l'intimità è garantita!

✗ **Pierbacco** 　　　　　🍽 ▥ ⇔ **VISA** **⬤** **AE** **①** 💲
piazza Repubblica 24 – ℰ 05 64 93 35 22 – www.pierbacco.it
– Fax 05 64 93 20 64 – chiuso gennaio e mercoledì escluso da maggio a settembre
Rist – (chiuso a mezzogiorno in luglio e agosto) Carta 31/46 € ⌘
♦ Un locale rustico con i tipici soffitti in legno, dispone di due sale e di un dehors sul corso principale, vocato ad una cucina classica, prevalentemente di mare.

a Riva del Sole Nord-Ovest : 2 km – ⊠ 58043

🛏 **Riva del Sole** ⌂ 　　🏊 🌊 ℆ ℅ ✚ ▥ ℅ ℅ 🎧 **P** **VISA** **⬤** **AE** **①** 💲
viale Kennedy – ℰ 05 64 92 81 11 – www.rivadelsole.it – Fax 05 64 93 56 07
– maggio-ottobre
176 cam ⊊ – ♥89/126 € ♥♥138/212 € – ½ P 95/132 €
Rist – Menu 28/38 €
♦ In riva al mare ed abbracciato da una rigogliosa pineta, l'hotel presenta camere semplici e rinnovate negli arredi. Ideale per un soggiorno di relax, bagni e sole. Sale dalle ampie vetrate ed un giardino, per il ristorante con accanto la pizzeria serale.

a Tirli Nord : 17 km – ⊠ 58040

X **Tana del Cinghiale** con cam ⇄ 斎 & rist, 🔠 cam, 🅿
via del Deposito 10 – 𝒞 05 64 94 58 10 · 🆅🆂🅰 ⓜⓞ 🅰🅴 ① 🅖
– www.tanadelcinghiale.it – Fax 05 64 94 58 10 – chiuso dal 1° febbraio al
5 marzo
7 cam ⊆ – ⫪45/60 € ⫪⫪75/110 € – ½ P 78/87 €
Rist – (chiuso mercoledì escluso dal 15 giugno al 15 settembre) Carta 22/41 €
♦ Due sale ristorante arredate nello stile tipico di una rustica trattoria propongono una carta
regionale con specialità a base di cinghiale. Un piccolo albergo a gestione familiare, offre
camere semplici e curate.

a Badiola Est : 10 km – ⊠ 58043 Castiglione Della Pescaia

🏠🏠🏠 **L'Andana-Tenuta La Badiola** ≫ ← ⇄ 斎 ⅃ 🔲 ⊛ 🕉 ƙ₅ ℀
– 𝒞 05 64 94 48 00 ⅃ & 🔠 ℀ rist, ¶ ⩞ 🅿 🆅🆂🅰 ⓜⓞ 🅰🅴 ① 🅖
– www.andana.it – Fax 05 64 94 45 77 – chiuso dal 6 gennaio al 1° marzo
26 cam ⊆ – ⫪⫪550/750 € – 7 suites
Rist Trattoria Toscana-Tenuta la Badiola – vedere selezione ristoranti
Rist – (consigliata la prenotazione) Carta 65/85 €
♦ Sita all'interno di una tenuta di ulivi e vigneti e pervasa dai profumi della campagna
toscana, la villa offre confort e raffinatezza nei suoi spaziosi interni: degno di nota l'attrezza-
tissimo centro wellness. Cucina mediterranea nel moderno ristorante con delizioso dehors
nel giardino.

℀℀℀ **Trattoria Toscana-Tenuta la Badiola** – L'Andana-Tenuta La Badiola
ⓔ – 𝒞 05 64 94 43 22 – www.andana.it 斎 🔠 ℀ 🅿 🆅🆂🅰 ⓜⓞ 🅰🅴 ① 🅖
– Fax 05 64 94 45 77 – Pasqua-ottobre; chiuso lunedì
Rist – (chiuso a mezzogiorno) (consigliata la prenotazione) Carta 65/85 €
Spec. Sgombro e "pan molle" in bianco, lardo, prosciutto e limone candito al
sale. Pansotti di stinco di bue a "cacio e pepe", cipollata e olive. Polpo di sco-
glio all'acqua pazza, pomodoro ripieno a magro.
♦ E' l'omaggio del celebre cuoco Ducasse alla tradizione mediterranea e soprattutto alla
cucina maremmana, dall'ambientazione ad un carosello di sapori regionali con diverse proposte alla brace.

CASTIGLIONE DELLE STIVIERE – Mantova (MN) – **561** F13 **17** D1
– 21 317 ab. – alt. 116 m – ⊠ 46043
🅳 Roma 509 – Brescia 28 – Cremona 57 – Mantova 38

🏠 **La Grotta** senza rist ≫ ⇄ 🔠 🅿 🆅🆂🅰 ⓜⓞ 🅰🅴 🅖
viale dei Mandorli 22 – 𝒞 03 76 63 25 30 – www.lagrottahotel.it
– Fax 03 76 63 92 95
26 cam ⊆ – ⫪55/65 € ⫪⫪88/90 €
♦ Lontano dal traffico del centro, nella verde quiete delle colline, una villa di carattere familiare, con un bel giardino curato; camere semplici, di recente ristrutturazione.

℀℀ **Osteria da Pietro** (Fabiana Ferri) 斎 🔠 ℀ 🆅🆂🅰 ⓜⓞ 🅰🅴 ① 🅖
ⓔ via Chiassi 19 – 𝒞 03 76 67 37 18 – www.osteriadapietro.eu – Fax 03 76 67 37 18
– chiuso dal 6 al 15 gennaio, dall'11 al 30 giugno, mercoledì e da giugno ad
agosto anche martedì
Rist – (consigliata la prenotazione) Menu 35/70 € – Carta 53/74 € ⅗
Spec. Crema di zucca con salamella rosolata, formaggio ragusano ed aceto
balsamico tradizionale. Maltagliati di pasta fresca con astice, zucchine, pomodorini e pancetta rosolata. Costolette d'agnello in salsa di marsala con rösti di
patate.
♦ In un edificio seicentesco, piacevole ristorante con soffitto dalle caratteristiche volte a
"ombrello". Territorialmente alla confluenza tra la tradizione mantovana e gardesana, le
risorse gastronomiche sono infinite: come la fantasia.

X **Hostaria Viola** & 🔠 ⇆ 🅿 🆅🆂🅰 ⓜⓞ 🅰🅴 ① 🅖
via Verdi 32 – 𝒞 03 76 67 00 00 – www.hostariaviola.it – Fax 03 76 67 00 00
– chiuso dal 1° al 5 gennaio, agosto, lunedì, domenica sera
Rist – (consigliata la prenotazione) Carta 27/48 €
♦ Fin dal XVII secolo l'Hostaria è stata il punto di ristoro per viandanti e cavalli in transito;
dal 1909, sotto i caratteristici soffitti a volta, rivive la tradizione culinaria mantovana.

271

CASTIGLIONE D'ORCIA – Siena (SI) – **563** M16 – **2 521 ab.**　　**29** C2
– alt. 574 m – ⊠ 53023

> ▶ Roma 191 – Siena 52 – Chianciano Terme 26 – Firenze 124
> 🛈 viale Marconi 13 ✆ 0577 887363

🏨　**Osteria dell'Orcia** ⤸　　◁ 🚗 🛜 🍴 ♿ cam. 🅰️ 📶 **P** 🚗
　　Podere Osteria – ✆ 05 77 88 71 11　　　　　　　　 **VISA** ✪ 🅰️ ① ⑤
　　– *www.hotelorcia.it* – Fax　05 77 88 89 11 – *chiuso dal 7 gennaio al 30 marzo*
　　16 cam ⊡ – 🛏126/150 € 🛏🛏140/175 € – ½ P 105/145 €　**Rist** – Carta 40/49 €
　　♦ Isolata nella campagna senese, all'inteno del parco dell'omonima valle, un'antica stazione
　　postale ospita camere con differenti tipologie d'arredo, due salotti ed una piscina. Nella pia-
　　cevole sala ristorante, di recente costruzione, si organizzano anche serate a tema.

CASTIGLIONE FALLETTO – Cuneo (CN) – **561** I5 – **691 ab.**　　**25** C2
– alt. 350 m – ⊠ 12060

> ▶ Roma 614 – Cuneo 68 – Torino 70 – Asti 39

🏠　**Le Torri** senza rist　　　◁ 📶 🚗 **VISA** ✪ 🅰️ ① ⑤
　　via Roma 29 – ✆ 0 17 36 29 61 – *www.hotelletorri.it* – Fax　0 17 36 29 61
　　9 cam – 🛏70/99 € 🛏🛏87/99 €, ⊡ 13 €
　　♦ In posizione strategica per la visita delle Langhe, antica dimora patrizia trasformata in
　　albergo e residence; camere e appartamenti ampi, luminosi e panoramici.

XX　**Le Torri**　　　　◁ 🛜 ♻ **VISA** ✪ 🅰️ ⑤
　　piazza Vittorio Veneto 10 – ✆ 0 17 36 28 49 – *www.ristoranteletorri.it* – *chiuso*
　　gennaio o febbraio, martedì, mercoledì a mezzogiorno
　　Rist – Carta 29/47 € ⅏
　　♦ In pieno centro, nello stesso edificio dell'omonimo hotel, un locale elegante, ma senza
　　esagerazioni. Gestione giovane, piacevole servizio estivo in terrazza panoramica.

CASTIGLIONE TINELLA – Cuneo (CN) – **561** H6 – **853 ab.**　　**25** D2
– alt. 408 m – ⊠ 12053

> ▶ Roma 622 – Genova 106 – Alessandria 60 – Asti 24

🏨　**Castiglione** senza rist　　🚗 ⚒ 🏠 🍴 🅰️ 📶 🚿 **P** **VISA** ✪ 🅰️ ⑤
　　via Cavour 5 – ✆ 01 41 85 54 10 – *www.albergocastiglione.com*
　　– Fax　01 41 85 59 77 – *14 marzo-14 dicembre*
　　13 cam ⊡ – 🛏105/120 € 🛏🛏120/160 €
　　♦ Piscina, sauna e bagno turco in un contesto verdeggiante a breve distanza dall'edificio prin-
　　cipale, deliziosa casa di campagna, un tempo locanda, con camere moderne e confortevoli.

CASTIGLION FIORENTINO – Arezzo (AR) – **563** L17 – **13 140 ab.**　　**29** D2
– alt. 345 m – ⊠ 52043

> ▶ Roma 198 – Perugia 57 – Arezzo 17 – Chianciano Terme 51

a Pieve di Chio Est : 7 km – ⊠ 52043 Castiglion Fiorentino

🏠　**B&B Casa Portagioia** senza rist ⤸　　◁ 🚗 ⚒ 🅰️ 📶 **P**
　　Pieve di Chio 56 – ✆ 05 75 65 01 54　　　　　 **VISA** ✪ 🅰️ ⑤
　　– *www.casaportagioia.com* – Fax　05 75 65 01 54 – *marzo-novembre*
　　5 cam ⊡ – 🛏🛏145/175 €
　　♦ Fiabesco casale del '700 che esprime un connubio di gusto toscano e inglese, nel giardino
　　come nell'atmosfera, riflesso delle origini e delle passioni dei proprietari.

a Polvano Est : 8 km – ⊠ 52043 Castiglion Fiorentino

🏨　**Relais San Pietro in Polvano** ⤸　　◁ 🚗 🛜 ⚒ 🎾 **P**
　　– ✆ 05 75 65 01 00 – *www.polvano.com*　　　　 **VISA** ✪ 🅰️ ⑤
　　– Fax　05 75 65 02 55 – *aprile-ottobre*
　　10 cam ⊡ – 🛏100/120 € 🛏🛏130/200 € – 4 suites – 🛏🛏265/300 €
　　Rist – Carta 35/43 € (+10 %)
　　♦ Tutto il fascino del passato e della terra di Toscana con i suoi materiali "poveri" (il cotto, la
　　pietra, il legno) in un settecentesco edificio di rustica raffinatezza. Servizio ristorante in ter-
　　razza con vista su colli e vallate; cucina toscana.

CASTION – Belluno – **562** D18 – Vedere Belluno

CASTIONE DELLA PRESOLANA – Bergamo (BG) – 561 E12   16 B2
– 3 444 ab. – alt. 870 m – Sport invernali : al Monte Pora : 1 300/1 900 m ≰13
– ✉ 24020

> ▶ Roma 643 – Brescia 89 – Bergamo 42 – Edolo 80
> ℹ piazza Roma 1 ℰ 0346 60039, info@presolana.it, Fax 0346 62714

Aurora ≲ ⅏ ₤ ✕ ᪣ ⁂ AC rist. ✕ rist. ⁣ P VISA ⬤ AE ⓢ
via Sant'Antonio 19 – ℰ 0 34 66 00 04 – www.auroraalbergo.it
– Fax 0 34 66 02 46
27 cam ☲ – ❙❙65/99 € – ½ P 60/72 €
Rist – (da settembre a giugno chiuso da lunedì a giovedì escluso i giorni festivi)
Carta 23/33 €
♦ Recentemente ampliatosi con la creazione di due spaziose camere per famiglie offre
ambienti arredati in stili differenti, dal rustico al moderno, ospitalità e calorosa accoglienza.
Nella colorata e luminosa sala ristorante di taglio moderno, una cucina casalinga e locale.

a Bratto Nord-Est : 2 km – alt. 1 007 m – ✉ 24020

Milano ≲ ᪣ ᪢ ⌂ ⬤ ₤ ᪣ ⅒ ⁂ AC ⇋ ✕ rist. ⁣ 𝚺 P
via Silvio Pellico 3 – ℰ 0 34 63 12 11   VISA ⬤ AE ⓪ ⓢ
– www.hotelmilano.com – Fax 0 34 63 62 36
63 cam ☲ – ❙90/160 € ❙❙140/350 € – 4 suites – ½ P 130/205 €
Rist Al Caminone – Carta 40/55 €
Rist Enoteca – (chiuso a mezzogiorno) (prenotazione obbligatoria) Menu 40 €
♦ Moderno e funzionale centro congressi, ma anche caldo e accogliente hotel per soggiorni
turistici. Nel ristorante dove campeggia un grande camino: cucina tradizionale, ma non priva
di spunti di fantasia. In alternativa - solo la sera - rustica enoteca con due caratteristici menu
a prezzo fisso.

Eurohotel ≲ ᪣ ᪣ ⅒ ⁣ 𝚺 P VISA ⬤ AE ⓪ ⓢ
via Provinciale 36 – ℰ 0 34 63 15 13 – www.eurohotelbratto.com
– Fax 0 34 63 07 01
29 cam ☲ – ❙50/140 € ❙❙80/200 € – ½ P 85/125 €
Rist – (chiuso lunedì) Carta 29/56 €
♦ Conduzione attenta per un albergo in stile alpino, rinnovato con gusto e sobrietà, sulla
strada per il Passo; buon livello di confort negli spazi comuni e nelle camere. Luminosa sala
ristorante, d'impostazione classica.

CASTREZZATO – Brescia (BS) – 561 F11 – 6 577 ab. – alt. 126 m   19 D2
– ✉ 25030

> ▶ Roma 583 – Brescia 33 – Milano 90 – Parma 141

Da Nadia ᪣ ⅒ AC 𝚺 P VISA ⬤ AE ⓪ ⓢ
via Campagna 15 – ℰ 03 07 04 06 34
– www.ristorantedanadia.com – Fax 03 07 04 06 34
– chiuso dal 1° al 12 gennaio, 15 giorni in agosto e lunedì
Rist – (chiuso a mezzogiorno escluso i giorni festivi) Carta 53/68 €
♦ Ristorante signorile e al contempo informale, immerso nella campagna bresciana. In
cucina, la signora Nadia si dedica con passione a preparazioni soprattutto a base di pesce.

CASTROCARO TERME – Forlì-Cesena (FC) – 562 J17 – 6 504 ab.   9 C2
– alt. 68 m – ✉ 47011

> ▶ Roma 342 – Bologna 74 – Ravenna 40 – Rimini 65
> ℹ viale Marconi 81 ℰ 0543 767162, iat@
> comune.castrocarotermeeterradelsole.fc.it, Fax 0543 769326

Grand Hotel Terme ⅏ ⌚ ᪣ ⌂ ⬤ ⅏ ₤ ᪢ ⅒ ⅒ AC ⇋ ✕ rist. ⁣
via Roma 2 – ℰ 05 43 76 71 14   𝚺 P VISA ⬤ AE ⓪ ⓢ
– www.termedicastrocaro.it – Fax 05 43 76 81 35
119 cam ☲ – ❙90/130 € ❙❙130/195 € – 6 suites – ½ P 87/162 €
Rist – Carta 40/54 €
♦ Nato negli anni '30, l'albergo conserva ancora lo stile dell'epoca. Spazi comuni e camere di
notevoli dimensioni, all'interno un centro benessere: ideali per momenti di relax. La grande
sala illuminata da ampie vetrate si affaccia sulla fresca veranda del giardino. Proposte di
cucina nazionale.

🏨 **Rosa del Deserto** 🍴 🅰 ⟨& 🅰 🛃 rist, **VISA** 🆎 🅰 ① **ග**
🍴 *via Giorgini 3 – ℰ 05 43 76 72 32 – www.hotelrosadeldeserto.it*
– Fax 05 43 76 72 36
48 cam ⊇ – **†**55/80 € **††**77/120 € – ½ P 60/100 €
Rist – *(chiuso gennaio-febbraio)* Carta 20/32 €
♦ Antistante l'ingresso alle terme, presenta ambienti luminosi e spaziosi. Interessante punto di partenza per un soggiorno alla scoperta delle tradizioni e dei tesori locali.

CASTROCIELO – Frosinone (FR) – **563** R23 – 3 943 ab. – alt. 250 m   **13 D2**
– ✉ 03030

🗺 Roma 116 – Frosinone 42 – Caserta 85 – Gaeta 61

🍴🍴 **Villa Euchelia** 🚗 🍴 ⟨& 🅰 ⟨⟩ 🅿 **VISA** 🆎 🅰 ① **ග**
via Giovenale – ℰ 07 76 79 98 29 – www.villaeuchelia.com – Fax 07 76 79 99 30
– chiuso 1 settimana in gennaio, 1 settimana in luglio, martedì, mercoledì a mezzogiorno
Rist – Carta 25/42 €
♦ Una sommelier e uno chef gestiscono con competenza un locale in una villa signorile tra gli ulivi delle colline; inserimenti di mare in una cucina ciociara rivisitata.

🍴🍴 **Al Mulino** 🍴 🅰 🛃 🅿 **VISA** 🆎 🅰 ① **ග**
via Casilina 47, Sud : 2 km – ℰ 0 77 67 93 06
– www.almulino.net – Fax 0 77 67 98 24
– chiuso dal 23 dicembre al 10 gennaio
Rist – Carta 30/75 €
♦ Soffitto perlinato, esposizione di pesce fresco e acquario per astici nella grande sala di un ristorante di tono elegante, con interessanti proposte di mare.

CASTRO MARINA – Lecce (LE) – **564** G37 – 2 469 ab. – ✉ 73030   **27 D3**
📗 Italia

🗺 Roma 660 – Brindisi 86 – Bari 199 – Lecce 48

alla grotta Zinzulusa Nord : 2 km 📗 Italia

🏨 **Orsa Maggiore** ⟨⟨ ≤ 🚗 🍴 🖥 🅰 ⟨¶⟩ 🍴 🅿 **VISA** 🆎 🅰 ① **ග**
🍴 *litoranea per Santa Cesarea Terme 303 ✉ 73030*
– ℰ 08 36 94 70 28 – www.orsamaggiore.it
– Fax 08 36 94 77 66
29 cam ⊇ – **†**90/120 € **††**156/160 € – ½ P 98/100 €
Rist – Carta 16/34 €
♦ In posizione panoramica, arroccato sopra la grotta Zinzulusa, un hotel a conduzione familiare che dispone di confortevoli spazi comuni e camere lineari, quasi tutte con vista. Ampia e luminosa, la sala ristorante annovera proposte di mare e di terra ed è disponibile anche per allestire banchetti.

CASTROREALE – Messina – **365** AZ55 – Vedere Sicilia alla fine dell'elenco alfabetico

---

CASTROVILLARI – Cosenza (CS) – **564** H30 – 22 668 ab. – alt. 350 m   **5 A1**
– ✉ 87012

🗺 Roma 453 – Cosenza 74 – Catanzaro 168 – Napoli 247

ℹ sull'autostrada SA-RC, area servizio IP Frascineto Ovest ℰ 0981 32332,
Fax 0981 32332

🏨 **La Locanda di Alia** ⟨⟨ 🚗 🍴 🍽 🅰 🛃 rist, ⟨¶⟩ 🍴 🅿
via Jetticelli 55 – ℰ 0 98 14 63 70 – www.alia.it   **VISA** 🆎 🅰 ① **ග**
– Fax 0 98 14 63 70
14 cam ⊇ – **†**90/110 € **††**103/140 €
Rist – *(chiuso domenica)* Carta 40/50 € 🌼
♦ Una piacevole sorpresa questa confortevole "locanda" nel verde; le camere sono tutte al pianoterra e hanno accesso indipendente dall'esterno. Valido ristorante di tono rustico-elegante.

CATABBIO – Grosseto – Vedere Semproniano

CATANIA 🅿 – **365** AZ58 – **Vedere Sicilia alla fine dell'elenco alfabetico**

CATANZARO 🅿 (CZ) – **564** K31 – **94 004 ab.** – **alt. 343 m** – ✉ **88100** **5** B2
Italia

Roma 612 – Cosenza 97 – Bari 364 – Napoli 406

via Rossi Luigi 3 ✆ 0961 728068

Villa Trieste★ Z – Pala★ della Madonna del Rosario nella chiesa di San Domenico Z

Guglielmo senza rist
via Tedeschi 1 – ✆ 09 61 74 19 22 – www.hotelguglielmo.it
– Fax 09 61 72 21 81 **Ya**
36 cam – †140 € ††190 €

◆ Rinata a nuovo splendore, la struttura si caratterizza per i suoi ambienti confortevoli ed eleganti, funzionali e tecnologicamente up-to-date. Ideale per soggiorni business, ma anche per viaggi culturali e turistici.

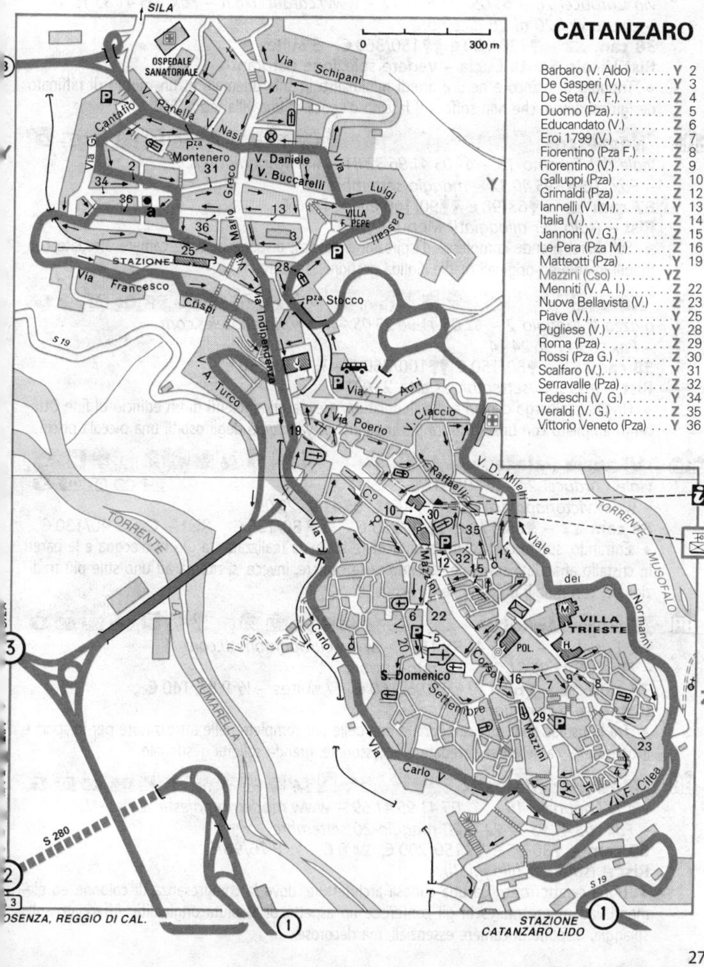

a Catanzaro Lido per ① : 14 km – ✉ 88063

Palace ⟨ 📶 🕭 🅰🅲 🎯 rist, 📶 ♨ 🅿 VISA ⦿ 🄰🄴 ⓘ 🕏
via lungomare 221 – 🕾 *0 96 13 18 00 – www.hotel-palace.it – Fax 09 61 73 80 84*
80 cam ☲ – 🛏80/200 € 🛏🛏90/250 € – 5 suites – ½ P 65/155 €
Rist – Carta 23/48 €
♦ Sul lungomare, hotel di tono elegante con arredi in stile Impero: eleganza anche nelle camere di differenti tipologie, tutte modernamente attrezzate. Sala meeting panoramica, al settimo piano. La cucina si divide tra pesce e carne nel bel ristorante con vista sul Mediterraneo.

CATTOLICA – Rimini (RN) – **562** K20 – **16 404 ab.** – ✉ 47841   **9** D2

❱ Roma 315 – Rimini 22 – Ancona 92 – Bologna 130

🄸 piazza Roosevelt 5 🕾 0541 966697, iat@cattolica.net, Fax 0541 966695
  (maggio-settembre) piazzale 1° maggio 🕾 0541 966687, iat2@cattolica.net,
  Fax 0541 966687

Carducci 76 ⟨ 🚋 🟰 📶 🕭 🅰🅲 🎯 📶 🚗 VISA ⦿ 🄰🄴 ⓘ 🕏
via Carducci 76 – 🕾 *05 41 95 46 77 – www.carducci76.it – Fax 05 41 83 15 57*
– chiuso dal 20 al 26 dicembre
38 cam ☲ – 🛏120/200 € 🛏🛏150/360 € – 3 suites
Rist Vicolo Santa Lucia – vedere selezione ristoranti
♦ Tripudio di bianco e nero e arredi minimalisti in stile orientale in un trionfo di raffinato design moderno, che non soffoca il fascino d'epoca di una villa inizio '900.

Negresco ⟨ 🗆 📶 🅰🅲 🎯 rist, ♨ 🅿 VISA ⦿ 🄰🄴 🕏
viale del Turismo 10 – 🕾 *05 41 96 32 81 – www.nonnihotels.it*
– Fax 05 41 95 49 32 – maggio-settembre
87 cam ☲ – 🛏63/98 € 🛏🛏90/160 € – ½ P 96 €
Rist – *(solo per alloggiati)* Menu 22/35 €
♦ Sul mare, grande complesso d'ispirazione classica, dispone di belle camere arredate con mobili in stile ed originali madie. Solida gestione familiare.

Kursaal ⟨ 📶 🕭 cam, 🅰🅲 🔀 🎯 rist, 📶 ♨ 🚗 VISA ⦿ 🄰🄴 ⓘ 🕏
piazza I° Maggio 2 – 🕾 *05 41 96 23 05 – www.vimehoteles.com*
– Fax 05 41 96 24 14
58 cam ☲ – 🛏80/150 € 🛏🛏100/250 € – ½ P 70/150 €
Rist – *(maggio-settembre)* Carta 21/50 €
♦ Originale albergo d'affari e di villeggiatura, occupa gli ambienti di un edificio di fine Ottocento ampliato con una struttura più moderna. A vantaggio degli ospiti, una piccola piscina.

Victoria Palace ⟨ 🗆 🎐 🎯 📶 🅰🅲 🎯 rist, 📶 🅿 🚗
viale Carducci 24 – 🕾 *05 41 96 29 21*   VISA ⦿ 🄰🄴 ⓘ 🕏
– www.victoriapalace-hotel.it – Fax 05 41 96 29 04
84 cam ☲ – 🛏65/170 € 🛏🛏90/235 € – ½ P 80/135 €   **Rist** – Carta 40/130 €
♦ Entrando, subito colpiscono la particolare scalinata realizzata tra giochi d'acqua e le pareti in cristallo affacciate sul mare; salendo nelle camere, invece, si ritorna ad uno stile più tradizionale, con mobili in legno verde acqua.

Europa Monetti 🎯 🎐 🎯 📶 ✚✚ 🅰🅲 🎯 rist, 📶 ♨ 🅿 🚗 VISA ⦿ 🕏
via Curiel 39 – 🕾 *05 41 95 41 59 – www.europamonetti.com*
– Fax 05 41 95 81 76 – Pasqua-ottobre
74 cam ☲ – 🛏60/120 € 🛏🛏95/160 € – 7 suites – ½ P 85/140 €
Rist – *(solo per alloggiati)*
♦ Tra le risorse della sua categoria è una delle più complete nelle attrezzature per lo sport e il benessere; camere ben arredate e accessoriate, grande solidità gestionale.

Moderno-Majestic ⟨ 🗆 🎯 📶 🅰🅲 🎯 rist, 📶 🅿 VISA ⦿ 🄰🄴 🕏
via D'Annunzio 15 – 🕾 *05 41 95 41 69 – www.modernomajestic.it*
– Fax 05 41 95 32 92 – 20 maggio-20 settembre
60 cam – 🛏80/95 € 🛏🛏150/200 €, ☲ 8 € – ½ P 76/96 €
Rist – *(solo per alloggiati)*
♦ Hotel caratterizzato da una curiosa architettura, dove la compresenza di colonne ed elementi vagamente moreschi gli conferisce un aspetto di assoluta originalità. Affacciato sulla spiaggia, dispone di camere essenziali, ma decorose.

🏠 Park Hotel ≤ ⌿ 🛗 ⦓ ♨ 🅰🅒 ♨ rist, ⁂ 🍴 🚗 VISA ⓒⓞ AE ① ⑤
lungomare Rasi Spinelli 46 – ℰ 05 41 95 37 32 – www.parkhotels.it
– Fax 05 41 96 15 03
54 cam ⌒ – 🛏55/110 € 🛏🛏80/190 € – 3 suites – ½ P 89/130 €
Rist – Menu 18/35 €
♦ Un albergo costruito nel 1989, sulla strada che costeggia la spiaggia; luminose sia le aree comuni che le camere, rinnovate in massima parte, con vetrate e vista mare.

🏠 Beaurivage ≤ ⌿ ⦓ ♨ 🛗 🅰🅒 ♨ rist, 🅿 VISA ⓒⓞ AE ① ⑤
viale Carducci 82 – ℰ 05 41 96 31 01 – www.hotelbeaurivage.com
– Fax 05 41 96 31 02 – maggio-settembre
78 cam ⌒ – 🛏75/93 € 🛏🛏150/180 € – ½ P 85/110 €   **Rist** – Carta 35/45 €
♦ In una via centrale, ma sul mare con accesso diretto alla spiaggia, dispone di ampi spazi comuni interni ed esterni. Camere arredate sobriamente, ma confortevoli.

🏠 Aurora ⦓ ♨ 🛗 ⦓ ♨ 🅰🅒 ♨ 🕭 🅿 VISA ⓒⓞ AE ① ⑤
via Genova 26 – ℰ 05 41 83 04 64 – www.hotel3stellecattolica.info
– Fax 05 41 83 04 64 – aprile-ottobre
18 cam – 🛏34/52 € 🛏🛏68/104 €, ⌒ 7 € – ½ P 81 €   **Rist** – *(solo per alloggiati)*
♦ Piacevole hotel centrale, ma in zona tranquilla, totalmente ristrutturato in anni recenti; camere di rara ampiezza, bagni moderni, piccolo solarium con idromassaggio.

🏠 Columbia ≤ ⌿ ♨ 🛗 🅰🅒 ♨ 🅿 🚗 VISA ⑤
lungomare Rasi Spinelli 36 – ℰ 05 41 96 14 93 – www.hotelcolumbia.net
– Fax 05 41 95 23 55 – maggio-settembre
56 cam – 🛏65/69 € 🛏🛏94/105 €, ⌒ 10 € – ½ P 65/88 €
Rist – *(solo per alloggiati)*
♦ Sul lungomare, separato dalla spiaggia solo da una strada, bianco edificio anni '70, a gestione familiare, con camere non ampie, ma dignitose nella loro semplicità.

🏠 Sole 🛗 ⦓ ♨ 🅰🅒 ♨ rist, 🚗 VISA ⓒⓞ ⑤
via Verdi 7 – ℰ 05 41 96 12 48 – www.hotel-sole.it – Fax 05 41 96 39 46
– 20 maggio-20 settembre
43 cam – 🛏51/61 € 🛏🛏80/110 €, ⌒ 7 € – ½ P 45/65 €
Rist – *(solo per alloggiati)*
♦ Familiari la gestione e l'ospitalità in questo hotel situato in una via alle spalle del lungomare; tinte pastello nelle camere, semplici, ma luminose e ben tenute.

🍴🍴🍴 Vicolo Santa Lucia – Hotel Carducci 76   ≤ ⌿ ⦓ ♨ 🅰🅒 ♨ ⟳
via Carducci 76 – ℰ 05 41 83 63 60 – www.carducci.it   VISA ⓒⓞ AE ① ⑤
– Fax 05 41 83 15 57 – chiuso dal 20 al 26 dicembre
Rist – *(chiuso dal 3 al 17 gennaio, martedì da maggio a settembre, domenica e lunedì negli altri mesi) (chiuso a mezzogiorno)* (consigliata la prenotazione)
Menu 50/70 € – Carta 44/72 €
Spec. Lasagnetta di burrata, guazzetto di mazzola alla pizzaiola, olive e limone. Rombo in potacchio con asparagi alla bernese. Zuppa inglese contemporanea.
♦ Un arazzo di Veisman accoglie il cliente nella magia di questo ristorante: foglie, frutti e lino si alternano a trasparenze, luci soffuse e specchi. La piacevolezza non si esaurisce qui, ma continua nel piatto. I prodotti del territorio sono valorizzati, con senso della misura, lasciando solo che i sapori parlino.

🍴🍴 Locanda Liuzzi 🅰🅒 VISA ⓒⓞ AE ⑤
via Fiume 61, angolo via Carducci – ℰ 05 41 83 01 00 – www.locandaliuzzi.com
– chiuso mercoledì e da giugno a settembre anche i mezzogiorni di lunedì e martedì
Rist – *(chiuso a mezzogiorno)* (consigliata la prenotazione) Menu 50/54 €
– Carta 47/67 € ⊗
♦ Una ristrutturazione moderna, di cui il proprietario ha disegnato alcune soluzioni, dove gustare una cucina mediterranea, rivisitata in chiave creativa, che sa sempre stupire senza tuttavia perdere di concretezza.

CAVA DE' TIRRENI – Salerno (SA) – **564** E26 – 53 399 ab. – alt. 196 m   **6** B2
– ✉ 84013

▶ Roma 254 – Napoli 47 – Avellino 43 – Caserta 76
ℹ Stazione Ferroviaria ℰ 089 341605, info@cavaturismo.sa.it, Fax089 463723

XX **Pappacarbone** (Rocco Iannone) 🍴 VISA ⓒ AE ⓞ ✦
❀ *via Rosario Senatore 30 – 𝒞 089 46 64 41 – www.ristorantepappacarbone.it*
– Fax 089 46 64 41 – chiuso domenica sera e lunedì
Rist – Carta 53/69 €
Spec. Cocotte di fagioli di Controne con frutti di mare e finocchietto selvatico. Spaghetti di carbonara di cozze e bottarga di tonno. Millefoglie con mele annurche e sfusato amalfitano.
♦ Linee semplici e colori tenui per un delizioso locale, dove gustare piatti creativi legati ai sapori del territorio.

a Corpo di Cava Sud-Ovest : 4 km – alt. 400 m – ✉ 84013 Badia Di Cava De Tirreni

🏨 **Scapolatiello** ⌂ ≤ 🚗 🐾 🍴 ⤴ 🎿 📶 AK 🍴 rist, 🍴 ⚓ P
piazza Risorgimento 1 – 𝒞 089 44 36 11 VISA ⓒ AE ⓞ ✦
– www.hotelscapolatiello.it – Fax 089 44 47 80
44 cam ⌂ – ✝79/108 € ✝✝120/138 € – 1 suite – ½ P 94 €
Rist – Carta 25/36 €
♦ Gestito dalla stessa famiglia fin dal 1821, signorile albergo panoramico vicino all'Abbazia Benedettina. Ampi spazi comuni e un curato giardino con piscina. Le camere non son da meno, in quanto a confort e piacevolezza. L'incanto della terrazza fiorita dalle vetrate della moderna e luminosa sala ristorante.

CAVAGLIÀ – Biella (BI) – **561** F6 – 3 675 ab. – alt. 272 m – ✉ 13881   23 C2
🚗 Roma 657 – Torino 54 – Aosta 99 – Milano 93
🛏 , 𝒞 0161 96 69 49

X **Osteria dell'Oca Bianca** ⚹ AK 🍴 ⟳ VISA ⓒ ✦
via Umberto I 2 – 𝒞 0161 96 68 33 – Fax 0161 11 85 92 33 – chiuso dal 7 al 27 gennaio, dal 23 giugno al 14 luglio e martedì
Rist – Carta 38/50 € ᠅
♦ Nel cuore della località, di fronte alla chiesa, classica osteria di paese che mantiene intatto lo spirito originario. Cantina ben fornita e affidabile cucina del territorio.

CAVAGLIETTO – Novara (NO) – **561** F7 – 406 ab. – alt. 233 m   23 C2
– ✉ 28010
🚗 Roma 647 – Stresa 42 – Milano 74 – Novara 22

XXX **Arianna** AK 🍴 P VISA ⓒ AE ✦
via Umberto 4 – 𝒞 0322 80 61 34 – www.ristorantearianna.net
– Fax 0322 80 61 34 – chiuso Natale, dal 1° al 11 gennaio, dal 21 luglio al 14 agosto, martedì, mercoledì a mezzogiorno
Rist – Menu 55 € – Carta 49/65 €
♦ In un piccolo e tranquillo borgo agricolo, imprevedibilmente, un ristorante d'impronta elegante: tavoli distanziati, comode sedie, piatti di concezione moderna.

CAVAGNANO – Varese – Vedere Cuasso al Monte

CAVALESE – Trento (TN) – **562** D16 – 3 893 ab. – alt. 1 000 m – Sport   31 D3
invernali : ad Alpe Cermis : 1 280/2 250 m ≤7 ≤38 (Comprensorio Dolomiti superski Val di Fiemme-Obereggen) – ✉ 38033 ▮ Italia
🚗 Roma 648 – Bolzano 43 – Trento 50 – Belluno 92
🛈 via Fratelli Bronzetti 60/a 𝒞 0462 241111, info@visitfiemme.it, Fax 0462 241199

🏨 **Lagorai** ⌂ ≤ 🚗 🌐 🍴 ⚹ 🏃 🍴 🕻 ⚓ P 🛏 VISA ⓒ ✦
via Val di Fontana 2 – 𝒞 0462 34 04 54 – www.hotel-lagorai.com
– Fax 0462 34 05 40 – chiuso dal 1° al 25 novembre
50 cam ⌂ – ✝206/226 € ✝✝250/254 € – ½ P 118/128 €   **Rist** – Carta 30/39 €
♦ Ad un km dal centro, in splendida posizione panoramica, l'hotel sembra un promontorio affacciato sulla valle. Ottime camere e un incantevole giardino a terrazze. Ristorante luminoso, caldo ed elegante.

🏠 Bellavista 🕸 📶 & cam, 🛏 🛁 🍴 rist, 🔥 🚗 VISA ⓿ AE ① 🅶
via Pizzegoda 5 – ℰ 04 62 34 02 05 – www.hotelbellavista.biz
– Fax 04 62 23 91 19 – chiuso maggio e novembre
45 cam 😐 – †60/160 € †60/210 € – ½ P 60/130 €
Rist – Menu 25/40 €
♦ Vicino al centro, si trova all'interno di un bell'edificio con decorazioni che continuano nell'elegante hall. Camere più semplici, quasi tutte spaziose. Classica sala d'albergo per una cucina altrettanto tipica.

🏠 Laurino senza rist 🚗 🕸 📶 & 🍴 P 🚗 VISA ⓿ 🅶
via Antoniazzi 14 – ℰ 04 62 35 01 51 – www.hotelgarnilaurino.it
– Fax 04 62 23 99 12
12 cam 😐 – †48/58 € ††90/100 €
♦ La posizione centrale di questo incantevole palazzo del '600 non ne penalizza la tranquillità. Camere confortevoli, gran cura del dettaglio per un soggiorno all'insegna del romanticismo.

🏠 Excelsior 🕸 📶 🛏 🍴 rist, 🍴 🚗 VISA ⓿ AE ① 🅶
piazza Cesare Battisti 11 – ℰ 04 62 34 04 03 – www.excelsiorcavalese.com
– Fax 04 62 23 13 12
30 cam 😐 – †90 € ††130 €
Rist – *(chiuso a mezzogiorno)* Menu 50/70 €
♦ In un palazzo del '500 - nel cuore storico del paese - dai pavimenti alla splendida stufa decorata, il passato ha lasciato più di una traccia. Camere più semplici dagli arredi contemporanei. Cucina classica o pizzeria, le opzioni per i pasti sono variegate.

🏠 Salvanel senza rist 📶 🍴 📞 P VISA ⓿ AE 🅶
via Carlo Esterle 3 – ℰ 04 62 23 20 57 – www.salvanel.com – Fax 04 62 23 28 67
– chiuso 15 giorni a maggio e 15 giorni a novembre
8 cam 😐 – †40/47 € ††40/96 €
♦ A due passi dal centro, albergo ricavato dalla ristrutturazione di una casa di origini settecentesche: se la gestione è familiare e mancano i grandi servizi alberghieri, la cura e la pulizia delle camere non vi deluderà.

✂✂ El Molin (Alessandro Gilmozzi) 🍴 VISA ⓿ AE ① 🅶
🕸 *piazza Cesare Battisti 11 – ℰ 04 62 34 00 74 – www.elmolin.info*
– Fax 04 62 23 13 12 – dicembre-12 aprile, 15 giugno-15 ottobre; chiuso martedì, mercoledì a mezzogiorno
Rist – Carta 55/80 € 🕸
Rist Wine-bar – *(chiuso da maggio al 14 giugno, dal 2 al 30 novembre e martedì)* Carta 30/58 € 🕸
Spec. Terrina di caprino e melone, aglio orsino e acetosella. Spaghetti di farro ai profumi di sottobosco e caviale. Lombata di cervo rosé al Moscato rosa e chips di verdure.
♦ In un mulino del '600, l'interno è un susseguirsi di ballatoi e decorazioni in legno tra le antiche macine, ma la cucina svolta verso una moderna creatività: tecnica e soprendente. Per gli irriducibili tradizionalisti, wine-bar al primo piano con scelta ristretta di piatti e salumi trentini.

✂✂ Costa Salici 🕸 🍴 ✪ P VISA ⓿ ① 🅶
via Costa dei Salici 10 – ℰ 04 62 34 01 40 – www.costasalici.com – chiuso 1 settimana in giugno, 1 settimana in ottobre, lunedì e martedì a mezzogiorno
Rist – Carta 36/45 €
♦ In una casa di montagna, due salette comunicanti di cui una caratteristica stube rivestita in legno di cirmolo, cristalli e posate d'argento a tavola; piatti locali rivisitati.

CAVALLERMAGGIORE – Cuneo (CN) – **561** H5 – 5 369 ab. **22** B3
– alt. 285 m – ⊠ 12030
▶ Roma 625 – Cuneo 40 – Torino 48 – Alessandria 104

✂✂ Italia 🍴 ✪ VISA ⓿ AE ① 🅶
🕸 *piazza Statuto 87 – ℰ 01 72 38 12 96 – www.italiaristorante.it – chiuso 15 giorni in gennaio e settembre, martedì sera, mercoledì*
Rist – Carta 27/40 € 🕸
♦ All'ombra della torre civica, golosi primi piatti con paste fatte in casa: la cucina propone la rivisitazione di tradizionali ricette piemontesi, con un occhio di riguardo alle stagioni.

CAVALLINO – Venezia (VE) – **562** F19 – ✉ 30013   36 C2

> ▶ Roma 571 – Venezia 53 – Belluno 117 – Milano 310
> 🛈 (giugno-settembre) via Fausta 406/a ☏ 041 529871

🔒🛏 **Art & Park Hotel Union Lido** ♨   🍴 🏡 🏊 ⛲ 🛁 ✕ 🛗
    via Fausta 270 – ☏ 041 96 80 43   &. cam, 🅰🅲 ⚡ 🛜 🛗 🅿 🆅🅸🆂🅰 ⓪ 💲
    – www.parkhotelunionlido.com – Fax 04 15 37 03 55
    – 23 aprile-27 settembre
    78 cam ⊆ – †81/112 € ††111/155 € – ½ P 76/97 €
    Rist *Ai Pini* – Carta 17/45 €
    ◆ All'interno di un esteso complesso turistico che si estende per oltre 1 km sul mare, piace-
    voli sale classiche, una piccola zona fitness e un recente servizio di beauty center e wellness.
    Sala da pranzo classica e un gradevole dehors estivo per una cucina di mare e pizze.

✕✕ **Trattoria Laguna**   🏡 🅰🅲 ⬦ 🆅🅸🆂🅰 ⓪ 🅰🅴 ⓪ 💲
    via Pordelio 444 – ☏ 041 96 80 58 – www.trattorialaguna.it – Fax 041 96 80 58
    – chiuso da gennaio al 15 febbraio e giovedì
    Rist – Carta 31/80 €
    ◆ Varcato l'ingresso, dove si trova una rivendita di confetture provenienti dall'azienda di fami-
    glia, si accede ad una sala dalle pareti colorate con un simpatico menu di proposte casalinghe.

✕✕ **Da Achille**   🏡 🅰🅲 ⬦ 🆅🅸🆂🅰 ⓪ 🅰🅴 💲
    piazza Santa Maria Elisabetta 16 – ☏ 041 96 80 05 – www.ristoranteachille.it
    – Fax 041 96 80 05 – chiuso novembre e lunedì
    Rist – Carta 35/79 €
    ◆ La giovane e dinamica gestione ha conferito un nuovo look al ristorante: sale dai toni lieve-
    mente rustici con archi in mattoni per una interessante carta di pesce con qualche rivisitazione.

CAVALLINO – Lecce (LE) – **564** G36 – **11 828 ab.** – ✉ 73020   27 D2

> ▶ Roma 582 – Brindisi 47 – Gallipoli 42 – Lecce 7

✕ **Osteria del Pozzo Vecchio**   🏡 🅰🅲 ⬦ 🆅🅸🆂🅰 ⓪ 🅰🅴 ⓪ 💲
    via M. Silvestro 16 – ☏ 08 32 61 16 49 – www.osteriadelpozzovecchio.it
    – Fax 08 32 61 16 49 – chiuso lunedì
    Rist – Carta 18/33 €
    ◆ A due passi dalla piazza, il ristorante consta di due sale e di un giardino per il servizio
    all'aperto dove gustare una cucina principalmente di pesce. La sera anche pizzeria.

CAVANELLA D'ADIGE – Venezia – Vedere Chioggia

CAVASO DEL TOMBA – Treviso (TV) – **562** E17 – **2 524 ab.**   35 B2
– alt. 248 m – ✉ 31034

> ▶ Roma 550 – Belluno 51 – Padova 67 – Treviso 40

✕ **Locanda alla Posta** con cam   🏡
    piazza 13 Martiri 13 – ☏ 04 23 54 31 12 – Fax 04 23 54 31 12 – chiuso dal
    15 gennaio al 2 febbraio
    7 cam ⊆ – †50 € ††70 €
    Rist – *(chiuso mercoledì sera e giovedì)* Carta 31/38 €
    ◆ Sulla piazza principale del paese, un edificio d'epoca ristrutturato ospita una piacevole
    locanda; camere grandi, arredi d'epoca, bagni di dimensioni più contenute.

CAVATORE – Alessandria (AL) – **561** I7 – **306 ab.** – alt. 518 m   23 C3
– ✉ 15010

> ▶ Roma 557 – Alessandria 42 – Genova 80 – Asti 51

✕✕ **Da Fausto**   ≤ 🏡 ⬦ 🅿 🆅🅸🆂🅰 ⓪ 🅰🅴 ⓪ 💲
    località Valle Prati 1 – ☏ 01 44 32 53 87 – www.relaisborgodelgallo.it
    – Fax 01 44 32 53 84 – chiuso dal 1° gennaio al 10 febbraio, lunedì, martedì a
    mezzogiorno, anche martedì sera da ottobre a giugno
    Rist – Menu 28/32 € – Carta 23/33 €
    ◆ Piatti casalinghi dalle porzioni generose, ricchi di gusto e ben curati nella presentazione
    in questa casa dalla facciata in pietra. Tempo e luce permettendo, non gustatevi anche il
    panorama!

CAVENAGO DI BRIANZA – Milano (MI) – **561** F10 – 6 487 ab.   18 B2
– alt. 153 m – ✉ 20040

> ▶ Roma 606 – Milano 30 – Lodi 60 – Lecco 59

🏠🏠🏠 **Devero**   ⟐ 🕭 ⟨⟩ 🐾 🅿 🚗 🚾 ⦿ 🅰🅴 ⓪ ⓢ
largo Kennedy 1 – ☏ *02 95 33 54 12* – *www.deverohotel.it* – *Fax 02 95 33 96 25*
– chiuso dal 9 al 16 agosto
83 cam � – †78/255 € ††95/280 €
Rist La Lucanda – vedere selezione ristoranti
Rist *Dodici 24* – *(chiuso 1 settimana a ferragosto)* Carta 29/41 €
♦ Nuovissima struttura dalle linee nette e moderne si presenta con spazi comuni funzionali dall'arredo contemporaneo. Camere abbastanza spaziose e ben accessoriate. Come evoca il nome, il ristorante è aperto dalle 12 alle 24 - senza interruzioni - con proposte di cucina mediterranea.

XXX **La Lucanda**   🏠 🕭 ⟨⟩ ⟐ 🅿 🚾 ⦿ 🅰🅴 ⓪ ⓢ
ᣞᣞ *largo Kennedy 1* – ☏ *02 95 33 52 68* – *www.lalucanda.it* – *Fax 02 95 01 96 41*
– chiuso tre settimane in agosto e domenica
Rist – *(chiuso a mezzogiorno)* Menu 55/90 € – Carta 78/103 € ⅜
Spec. Riso mantecato al pomodoro con crudità di pesce e crostacei (primavera-estate). Spaghetti alla carbonara di fegato d'oca affumicato (autunnoinverno). Sarde al profumo di Sicilia (estate).
♦ Una nuova sede per un ristorante che rimane sempre ai vertici della ristorazione locale: ambienti moderni e armoniosi, cucina moderna.

CAVERNAGO – Bergamo (BG) – **561** F11 – 2 169 ab. – alt. 202 m   19 C2
– ✉ 24050

> ▶ Roma 600 – Bergamo 13 – Brescia 45 – Milano 54

XX **Giordano** con cam   🏠 🏠 ⟨⟩ 📠 🕭 ⟨⟩ 🅿 🚾 ⦿ 🅰🅴 ⓪ ⓢ
via Leopardi 1 – ☏ *035 84 02 66* – *www.hotelgiordano.it* – *Fax 035 84 02 12*
– chiuso dal 26 dicembre al 6 gennaio, agosto, domenica sera, lunedì
20 cam ⊘ – †85 € ††120 €
Rist – Carta 33/65 € ⅜
♦ Si rifanno alla Toscana, terra d'origine del titolare, le specialità di questo ristorante, particolarmente attento nella scelta dei prodotti. Una grande vetrata separa la sala dalla griglia. Camere confortevoli offrono ospitalità soprattutto ad una clientela di lavoro. Recentemente migliorate quelle al piano terra.

CAVO – Livorno – **563** N13 – **Vedere Elba (Isola d') : Rio Marina**

CAVOUR – Torino (TO) – **561** H4 – 5 580 ab. – alt. 300 m – ✉ 10061   22 B3
> ▶ Roma 698 – Torino 54 – Asti 93 – Cuneo 51

🏠 **Locanda La Posta**   ⟐ rist. 🛏 🕭 ⟨⟩ 🚾 ⦿ 🅰🅴 ⓪ ⓢ
via dei Fossi 4 – ☏ *012 16 99 89* – *www.locandalaposta.it* – *Fax 012 16 97 90*
18 cam ⊘ – †55/80 € ††80/120 € – ½ P 60/80 €
Rist – *(chiuso dal 28 dicembre al 5 gennaio, dal 26 luglio al 13 agosto e venerdì)* Carta 28/38 €
♦ Guidata dalla stessa famiglia sin dalle sue origini settecentesche, la locanda vanta camere accoglienti e in stile, intitolate ai personaggi storici che vi hanno alloggiato. Cucina tradizionale ma anche menù con piatti unici: un ristorante di taglio rustico-signorile con travi a vista, riscaldato da un antico camino.

CAVRIAGO – Reggio Emilia (RE) – **562** H13 – 9 536 ab. – alt. 78 m   8 B3
– ✉ 42025

> ▶ Roma 436 – Parma 26 – Milano 145 – Reggio nell'Emilia 9

XXX **Picci**   🕭 ⟨⟩ 🅿 🚾 ⦿ 🅰🅴 ⓪ ⓢ
via XX Settembre 4 – ☏ *05 22 37 18 01* – *www.acetaiapicci.it*
– Fax 05 22 57 71 80 – *chiuso dal 1° al 15 gennaio, dal 5 al 26 agosto, domenica sera, lunedì*
Rist – Menu 44/55 € – Carta 44/58 € ⅜
♦ Ambiente elegante, sedie in stile e quadri alle pareti, in un locale che propone corpose personalizzazioni di cucina emiliana; tra i menù, uno a base di aceto balsamico.

CAVRIGLIA – Arezzo (AR) – **563** L16 – **9 117 ab.** – **alt. 312 m** — 29 C2
– ⊠ 52022

▶ Roma 238 – Firenze 58 – Siena 41 – Arezzo 49

a Meleto Nord-Ovest : 9 km – ⊠ 52020

🏠 **Relais Villa Barberino** 🦢   🚗 🛋 🗻 ❌ 🗝 rist, "1" 🏧 🅿
viale Barberino 19 – ℰ *0 55 96 18 13*   🆅🆂🅰 ⓴ ⓪ 💲
– www.villabarberino.it – Fax 0 55 96 10 71
9 cam ⊑ – �125/180 € ♠♠180/240 € – 3 suites – ½ P 125/165 €
Rist *Il Tributo* – *(chiuso novembre)* Carta 38/55 €
• Raccontano una storia secolare le pietre del pittoresco borgo in cui sono site un'antica fattoria e la villa padronale con giardino all'italiana e interni d'atmosfera.

CAZZAGO SAN MARTINO – Brescia (BS) – **561** F12 – **10 758 ab.** — 19 D2
– **alt. 200 m** – ⊠ 25046

▶ Roma 560 – Brescia 17 – Bergamo 40 – Milano 81

XXX **Il Priore**   🗝 🅿 🆅🆂🅰 ⓴ 🅰🅴 💲
via Sala 70, località Calino, Ovest : 1 km – ℰ *03 07 25 46 65*
– Fax 03 07 25 45 28 – chiuso dal 7 al 30 gennaio e martedì
Rist – Menu 30 € – Carta 48/80 €
• Due sale ampie e luminose con una piccola collezione di opere d'arte del '900 e servizio estivo in terrazza panoramica per un'interessante cucina di ampio respiro.

sulla strada statale 11 Padana Superiore Sud : 2,5 km

🏠 **Papillon**   ❌ 📶 🛏 rist, 🄰🄲 🗝 "1" 🏧 🅿 🆅🆂🅰 ⓴ 🅰🅴 ⓪ 💲
via Padana Superiore 100 ⊠ *25046 –* ℰ *03 07 75 08 43*
– www.albergopapillon.it – Fax 03 07 75 08 43 – chiuso agosto
47 cam – �55/70 € ♠♠75/85 €, ⊑ 10 € – ½ P 63 €
Rist – *(chiuso domenica)* Carta 24/44 €
• Facilmente raggiungibile dall'autostrada Milano-Venezia, hotel di taglio moderno, a gestione familiare, frequentato da clientela di lavoro; camere spaziose e funzionali. Il ristorante dispone di varie, luminose sale d'impostazione classica.

XXX **Il Gelso di San Martino** (Nicola Silvestri)   🗝 ♿ 🄰🄲 ⇄ 🅿
❀ *via del Perosino 38, sulla strada statale 11 Padana*   🆅🆂🅰 ⓴ 🅰🅴 ⓪ 💲
superiore Sud: 2,5 km ⊠ *25046 –* ℰ *03 07 75 99 44*
– www.ilristoranteilgelso.com – Fax 03 07 25 54 61 – chiuso agosto, domenica sera e lunedì (anche domenica a mezzogiorno in giugno-luglio)
Rist – Menu 60/77 € – Carta 56/90 €
Spec. Composizione di maiale ed astice in cassoeula. Ravioli farciti con lasagne alla bolognese in salsa al parmigiano reggiano. Cappello del prete al vapore, tonno di Sicilia mantecato in salsa tonnata.
• Senza grandi emozioni la posizione (meglio chiedere indicazioni alla prenotazione), la magia esplode tutta nei piatti. Tanto è giovane il cuoco, quanto ammirevoli i risultati.

CECCHINI DI PASIANO – Pordenone – **562** E19 – Vedere Pasiano di
Pordenone

CECINA – Livorno (LI) – **563** M13 – **27 822 ab.** – **alt. 15 m** – ⊠ 57023 — 28 B2
▮ Toscana

▶ Roma 285 – Pisa 55 – Firenze 122 – Grosseto 98

🏠 **Posta** senza rist   📶 ♿ 🄰🄲 🗝 "1" 🆅🆂🅰 ⓴ 🅰🅴 ⓪ 💲
piazza Gramsci 12 – ℰ *05 86 68 63 38 – www.postahotel.it – Fax 05 86 68 07 24*
15 cam ⊑ – �65/95 € ♠♠110/120 €
• Piccolo albergo d'atmosfera ospitato in un edificio d'epoca di una delle piazze principali di Cecina; parquet e mobili di legno scuro nelle camere accoglienti e curate.

🏠 **Il Palazzaccio** senza rist   📶 ♿ 🄰🄲 🅿 🆅🆂🅰 ⓴ 🅰🅴 ⓪ 💲
via Aurelia Sud 300 – ℰ *05 86 68 25 10 – www.i5fratellisangiorgi.it*
– Fax 05 86 68 62 21
35 cam – �55/75 € ♠♠75/115 €, ⊑ 9 €
• In comoda posizione stradale, ma un po' rientrato rispetto al traffico, un hotel ricavato in una vecchia stazione di posta che dispone di camere spaziose e rinnovate.

XX **Scacciapensieri** 🔤 🎿 VISA ⓪ AE ⑤

via Verdi 22 – ℰ 05 86 68 09 00 – Fax 05 86 68 09 00 – chiuso gennaio e lunedì
Rist – Carta 52/77 € 🍴

◆ Lasciate ogni preoccupazione fuori dalla porta e concedetevi una pausa golosa, assaporando le specialità – soprattutto di mare – di questo storico ristorante in pieno centro. E se questo non bastasse, una buona bottiglia scelta nella fornita cantina contribuirà alla vostra spensieratezza!

XX **Trattoria Senese** 🔤 🎿 ⇔ VISA ⓪ AE ⑤

via Diaz 23 – ℰ 05 86 68 03 35 – Fax 05 86 69 28 75 – chiuso martedì
Rist – Carta 38/53 €

◆ Uno dei locali ormai storici di Cecina, semplice, ma ampio e luminoso grazie alle "pareti" di vetro, dove gusterete tradizionali, saporite ricette di cucina ittica.

XX **Il Doretto** 🍴 ⚹ 🔤 🎿 P VISA ⓪ AE ⓪ ⑤

*via Pisana Livornese 32, Nord 2,8 – ℰ 05 86 66 83 63 – Fax 05 86 66 17 92
– chiuso dal 7 al 24 novembre e mercoledì*
Rist – (coperti limitati, prenotare) Menu 45/60 € – Carta 45/59 €

◆ Ristorante all'interno di un raffinato cascinale, che dell'antica struttura ha mantenuto lo stile rustico nonostante qualche spunto di eleganza nell'arredamento. In menu: interessanti proposte culinarie di terra e di mare (con scelta un po' più limitata a pranzo). Gradevole *dehors* per il servizio estivo.

CECINA (Marina di) – Livorno (LI) – 563 M13 – ⊠ 57023   28 B2

🄳 Roma 288 – Pisa 57 – Cecina 3 – Firenze 125

🄸 piazza Sant'Andrea 6 ℰ 0586 620678, apt7cecina@costadeglietruschi.it
Fax 0586 620678

🏨 **Tornese** ⩽ 🛗 🔤 🎿 «♦» 🖄 P VISA ⓪ AE ⓪ ⑤

*viale Galliano 36 – ℰ 05 86 62 07 90 – www.hoteltornese.com
– Fax 05 86 62 06 45*
40 cam – ♦50/91 € ♦♦54/98 €, ⊇ 8 € – ½ P 79/94 €
Rist – (chiuso a mezzogiorno in estate) Carta 29/38 €

◆ A breve distanza dalla spiaggia, struttura signorile di indubbio confort, con accoglienti interni recentemente rinnovati negli arredi; chiedete le camere con vista mare. Vari spazi dedicati alla ristorazione, menù diversificati dalla pizza al pesce.

XXX **Olimpia** 🍴 🔤 🎿 VISA ⓪ AE ⑤

*viale della Vittoria 68 – ℰ 05 86 62 11 93 – Fax 05 86 62 11 93 – chiuso dal
19 dicembre a gennaio, lunedì, anche domenica sera da ottobre a Pasqua*
Rist – (chiuso a mezzogiorno escluso i giorni festivi) Menu 35/50 €
– Carta 43/61 € 🍴

◆ Ubicato sulla spiaggia, un ristorante di tono elegante con attenta cura della tavola; proposta che varia con il pescato, ricercata negli ingredienti e nelle preparazioni.

XX **Bagatelle** ⚹ 🔤 🎿 ⇔ VISA ⓪ AE ⓪ ⑤

*via Ginori 51 – ℰ 05 86 62 00 89 – www.ristorante-bagatelle.it
– Fax 05 86 62 00 89 – chiuso dal 10 al 25 gennaio, mercoledì, giovedì a
mezzogiorno*
Rist – Carta 49/73 €

◆ Qui potrete scegliere tra due sale climatizzate, con tavoli spaziati e arredamento moderno, e un dehors; servizio attento e premuroso, ampia carta di terra e di mare.

X **El Faro** ⩽ 🍴 🎿 VISA ⓪ AE ⓪ ⑤

*viale della Vittoria 70 – ℰ 05 86 62 01 64 – www.ristorantelfaro.it
– Fax 05 86 62 02 74 – chiuso gennaio, mercoledì*
Rist – (chiuso a mezzogiorno in luglio e agosto) Menu 40/55 € – Carta 40/66 €

◆ Oltre a gustosi piatti di mare, nel menu troverete le proposte del pescaturismo. Il pescaturismo consiste nel prenotare un'uscita in mare con la barca del locale (naturalmente accompagnati da alcuni addetti) e una volta tornati a terra, il ristorante cucina quanto pescato. Più fresco di così!

CEFALÙ – Palermo – 365 AT55 – Vedere Sicilia alla fine dell'elenco alfabetico

---

CEGLIE MESSAPICA – Brindisi (BR) – 564 F34 – 20 661 ab.   27 C2
– alt. 303 m – ⊠ 72013

🄳 Roma 564 – Brindisi 38 – Bari 92 – Taranto 38

XX **Al Fornello-da Ricci** (Ricci e Sookar)   🚗 🏠 AC 🍴 P
🛖 *contrada Montevicoli – 𝒞 08 31 37 71 04*   VISA ⓪❸ AE ⓪ ⑤
    – Fax 08 31 37 71 04 – chiuso lunedì sera e martedì
    (anche domenica sera in inverno)
    Rist – Menu 50/60 € – Carta 42/60 € 🍷
    Spec. Sformatino di zucchine, melanzane arrostite e funghi cardoncelli. Strac-
    cetti di coscia d'agnello saltati al vin cotto e rifiniti in forno in crosta di pane.
    Tortino freddo al cioccolato bianco e canditi di arancia, wafer e salsa di cocco.
    ◆ Trattoria familiare all'insegna della calorosa ospitalità pugliese con esposizione di oggetti
    di vita agricola. Sono le radici della cucina: prodotti dell'entroterra e tradizione regionale.

XX **Antimo**   🚗 🏠 🍴 VISA ⓪❸ AE ⓪ ⑤
🛖 *Casina Terramora via Turco Camarda 14 – 𝒞 08 31 37 95 32*
    – www.terramora.com – Fax 08 31 36 03 99
    Rist – (prenotazione obbligatoria) Menu 40/45 €
    ◆ Ricavato dalla ristrutturazione di un'antica masseria del '600 (con adiacente la piccola cap-
    pella consacrata), questo ristorante lavora esclusivamente su prenotazione, scegliendo il
    menu al telefono: numero delle portate, carne, pesce, o altro. Cucina d'impostazione
    moderna con utilizzo di materie prime pugliesi.

XX **Cibus**   🏠 AC VISA ⓪❸ AE ⓪ ⑤
🛖 *via Chianche di Scarano 7 – 𝒞 08 31 38 89 80 – www.ristorantecibus.it*
    – Fax 08 31 38 89 80 – chiuso dal 24 giugno al 7 luglio e martedì
    Rist – Carta 30/42 € 🍷
    ◆ Negli ex magazzini del quattrocentesco *Convento dei Domenicani*, un cortiletto interno col-
    lega l'enoteca alle caratteristiche sale ristorante con tavoli in legno. La cucina ripercorre il
    legame con il territorio, valorizzando i prodotti e le tradizioni dell'alto *Salento.*

X **Da Gino**   ↔ P VISA ⓪❸ AE ⓪ ⑤
   contrada Montevicoli – 𝒞 08 31 37 79 16 – Fax 08 31 38 89 56 – chiuso dal
   15 giugno al 15 luglio e venerdì
   Rist – Carta 23/35 €
   ◆ Curioso ambiente dove l'elemento dominante è il legno color miele, che ricopre pure i
   caminetti, e c'è anche un angolo che riproduce un trullo; cucina del territorio.

sulla strada statale 581 per San Vito dei Normanni Est : 8 km

🏨 **Relais La Fontanina**   🏊 🏖 🚶 AC 🍴 rist 🛜 🏌 P
    contrada Palagogna ⊠ 72013 – 𝒞 08 31 38 09 32   VISA ⓪❸ AE ⓪ ⑤
    – www.lafontanina.it – Fax 08 31 38 09 33
    35 cam ⊊ – ♦75/125 € ♦♦100/180 € – 1 suite – ½ P 75/125 €
    Rist Relais La Fontanina – vedere selezione ristoranti
    ◆ Nella rigogliosa macchia mediterranea, è stata da poco aggiunta una nuova piscina sul
    retro: indirizzo perfetto per una vacanza alla scoperta della Puglia o per una sosta per chi
    viaggia per lavoro.

XXX **Relais La Fontanina**   🏠 AC 🍴 P VISA ⓪❸ AE ⓪ ⑤
     contrada Palagogna ⊠ 72013 – 𝒞 08 31 38 09 32 – www.lafontanina.it
     – Fax 08 31 38 09 33 – chiuso lunedì
     Rist – *(chiuso a mezzogiorno escluso da giugno ad agosto ed i giorni festivi*
     negli altri mesi) (consigliata la prenotazione) Menu 35/65 € – Carta 35/65 € 🍷
     ◆ Signorile ed elegante il ristorante, tra tessuti ricercati e arredi in stile; dalla cucina le
     ricette della tradizione contadina rivisitata e specialità di pesce. Dolci fatti in casa.

CELANO – L'Aquila (AQ) – **563** P22 – 11 280 ab. – alt. 800 m – ⊠ 67043   **1** B2
    ▶ Roma 118 – Avezzano 16 – L'Aquila 44 – Pescara 94

🏨 **Le Gole**   🚗 🛗 AC 🍴 🛜 🏌 P 🍽 VISA ⓪❸ AE ⓪ ⑤
    via Sardellino, Sud : 1,5 km ⊠ 67041 Aielli – 𝒞 08 63 71 10 09
    – Fax 08 63 71 11 01
    39 cam ⊊ – ♦50/60 € ♦♦80/100 €
    Rist Le Gole da Guerrinuccio – vedere selezione ristoranti
    ◆ Un albergo recente, costruito con materiali "antichi" - legno, pietra e mattoni - ovunque a
    vista; belle camere in stile intorno alla corte interna; giardino ombreggiato.

Lory 🖻 & cam, 🔟 📶 ⚙ 🅿 ⚙ 𝘝𝘐𝘚𝘈 ⊕ 🅰🄴 ① 🖕
via Ranelletti 279 – 𝒞 *08 63 79 36 56 – www.loryhotel.it – Fax 08 63 79 30 55*
34 cam ⌑ – ♦40/80 € ♦♦80/120 € – ½ P 55/75 €
Rist – *(chiuso dal 1° al 15 luglio)* Carta 15/25 €
♦ Lungo una curva verso Celano Alta, hotel dotato di installazioni all'avanguardia; luminose zone comuni con comode poltrone; parquet nelle confortevoli camere. Lungo una curva verso Celano Alta, hotel dotato di installazioni all'avanguardia; luminose zone comuni con comode poltrone; parquet nelle confortevoli camere.

XX **Le Gole da Guerrinuccio** 🏠 🔟 ⚙ ⟲ 🅿 𝘝𝘐𝘚𝘈 ⊕ 🅰🄴 ① 🖕
via Sardellino, Sud : 1,5 km ⊠ *67041 Aielli –* 𝒞 *08 63 71 10 09*
– www.hotellegole.it – Fax 08 63 71 11 01
Rist – Carta 17/41 €
♦ Piacevole l'esterno, ma ancor più accogliente l'interno: soprattutto la sala con camino e arnesi di vecchia gastronomia e agricoltura; tradizione abruzzese in cucina.

CELLARENGO – Asti (AT) – **561** H5 – **676 ab.** – **alt. 321 m** – ⊠ 14010   **25** C1
🚹 Roma 621 – Torino 41 – Asti 28 – Cuneo 77

⛺ **Agriturismo Cascina Papa Mora** 🌿 ⟨ 🚗 ⚞ & rist, 🏕
via Ferrere 16, Sud : 1 km ⚙ cam, 🅿 𝘝𝘐𝘚𝘈 ⊕ 🅰🄴 ① 🖕
– 𝒞 *01 41 93 51 26 – www.cascinapapamora.it – Fax 01 41 93 54 44 – chiuso dicembre e gennaio*
7 cam ⌑ – ♦40 € ♦♦70 € – ½ P 60 €
Rist – *(chiuso a mezzogiorno escluso domenica e festivi)* (prenotazione obbligatoria) Menu 25/35 €
♦ In aperta campagna e circondata da coltivazioni biologiche, questa bella cascina dispone di camere semplici, ma curate e personalizzate. Piatti piemontesi al ristorante con animazione per i bambini la domenica.

CELLE LIGURE – Savona (SV) – **561** I7 – **5 463 ab.** – ⊠ 17015   **14** B2
🚹 Roma 538 – Genova 40 – Alessandria 86 – Milano 162
🅳 via Boagno (palazzo Comunale) 𝒞 019 990021, celleligure@inforiviera.it, Fax 019 9999798

San Michele 🛏 🖻 🏕 🔟 cam, ⚙ rist, 📶 🅿 𝘝𝘐𝘚𝘈 ⊕ 🅰🄴 ① 🖕
via Monte Tabor 26 – 𝒞 *0 19 99 00 17 – www.hotel-sanmichele.it*
– Fax 0 19 99 31 11 – Pasqua-15 ottobre
46 cam – ♦60/70 € ♦♦90/110 €, ⌑ 10 € – ½ P 55/70 €
Rist – *(chiuso a mezzogiorno)* Menu 20/30 €
♦ Confortevole struttura con un grazioso giardino, piscina e comodo sottopassaggio per la spiaggia. Ariosi spazi comuni e arredi in legno chiaro nelle funzionali camere.

CELLE SUL RIGO – Siena – Vedere San Casciano dei Bagni

CELLORE – Verona – Vedere Illasi

CEMBRA – Trento (TN) – **562** D15 – **1 852 ab.** – **alt. 677 m** – ⊠ 38034   **30** B2
🚹 Roma 611 – Trento 22 – Belluno 130 – Bolzano 63
🅳 piazza Toniolli 2 𝒞 0461 683110, info@aptpinecembra.it, Fax 0461 683257

Europa ⟨ 🚗 🏠 🏠 👗 🖻 & ⚙ 📶 🅿 𝘝𝘐𝘚𝘈 ⊕ 🅰🄴 🖕
via San Carlo 19 – 𝒞 *04 61 68 30 32 – www.hoteleuropacembra.it*
– Fax 04 61 68 30 32
30 cam ⌑ – ♦35/40 € ♦♦58/66 € – ½ P 36/45 €
Rist – *(chiuso domenica)* Carta 17/24 €
♦ In zona residenziale e tranquilla, gestione squisitamente familiare per un hotel dalle camere semplici ed economiche: prenotare quelle del terzo piano con terrazza panoramica e soleggiata. Ampie vetrate nella sala ristorante e qualche tavolo all'aperto per la bella stagione.

CENERENTE – Perugia – Vedere Perugia

CENOVA – Imperia (IM) – **561** J5 – alt. 558 m – ⊠ 18026   **14** A2

▶ Roma 613 – Imperia 27 – Genova 114

🏠 **Negro** ♨   ⪡ 🖈 **P** 🚾 ☎ ⚅
via Canada 10 – ✆ 0 18 33 40 89 – www.hotelnegro.it – Fax 01 83 32 48 00
– chiuso dall'8 gennaio al 2 aprile
13 cam ☷ – †55/65 € ††70/85 € – ½ P 60/65 €
Rist I Cavallini – (chiuso mercoledì escluso dal 15 giugno al 15 settembre)
(consigliata la prenotazione) Carta 27/43 €

♦ Un paese medioevale circondato dai boschi, con case in pietra addossate le une alle altre,
l'albergo è stato ristrutturato, pur conservando le porte basse e le ripide scale. Familiare e
rustica la sala da pranzo, nonché la garanzia di una genuina cucina casalinga.

CENTO – Ferrara (FE) – **562** H15 – 33 780 ab. – alt. 15 m – ⊠ 44042   **9** C2

▶ Roma 410 – Bologna 34 – Ferrara 35 – Milano 207
🖪 , ✆ 051 6 83 05 04

🏨 **Europa**   🛗 AC ⅍ ⚘ 🖧 🚾 ☎ ⚅
via 4 Novembre 16 – ✆ 0 51 90 33 19 – Fax 0 51 90 22 13 – chiuso 15 giorni ad
agosto
44 cam ☷ – †50/95 € ††80/135 € – ½ P 60/85 €
Rist – (chiuso venerdì) Carta 22/36 €

♦ La cortese conduzione familiare ed una semplice eleganza sono alla base del successo di
questo hotel. Camere dai graziosi arredi, ampi spazi verdi tutt'intorno e noleggio biciclette.
Ampia la sala da pranzo al primo piano, dove assaporare specialità mediterranee e regionali.

✗ **Antica Osteria da Cencio**   🏠 AC 🚾 ☎ AE ① ⚅
via Provenzali 12/d ⊠ 44042 – ✆ 05 16 83 18 80 – chiuso Capodanno, 10 giorni
in marzo, agosto, lunedì, i mezzogiorno di sabato e domenica
Rist – Carta 25/40 € ❀

♦ Sapori del territorio arricchiti da spunti di contemporanea creatività in questa osteria dal-
l'atmosfera d'altri tempi: dall'Ottocento ad oggi, è qui di casa la genuinità.

CERASO – Salerno (SA) – **564** G27 – 2 544 ab. – alt. 330 m – ⊠ 84052   **7** C3

▶ Roma 349 – Potenza 151 – Napoli 145 – Salerno 90

a Petrosa Sud-Ovest : 7,5 km – ⊠ 84052 Ceraso

🏡 **Agriturismo La Petrosa** ♨   🚗 🏠 🔟 ⅍ rist, **P** 🚾 ☎ ⚅
via Fabbrica 25 – ✆ 0 97 46 13 70 – www.lapetrosa.it – Fax 0 97 46 13 70
– marzo-ottobre
6 cam ☷ – †40/55 € ††60/90 € – ½ P 45/60 €
Rist – (prenotazione obbligatoria) Carta 16/24 €

♦ Camere nella casa padronale, con più charme, o nella cascina ristrutturata, a circa 1 km,
dove si trovano gli altri servizi: per una vacanza rurale nel Parco del Cilento.

CERBAIA – Firenze – **563** K15 – Vedere San Casciano in Val di Pesa

---

CERES – Torino (TO) – **561** G4 – 1 038 ab. – alt. 704 m – ⊠ 10070   **22** B2

▶ Roma 699 – Torino 38 – Aosta 141 – Ivrea 78

✗ **Valli di Lanzo** con cam   🏠 ⅍
via Roma 15 – ✆ 0 12 35 33 97 – www.ristorantevallidilanzo.it
– Fax 0 12 35 37 53 – chiuso settembre
8 cam ☷ – †43/48 € ††68/73 € – ½ P 68 €
Rist – (chiuso mercoledì in inverno) Menu 25/40 € – Carta 32/44 €

♦ Gestito dal 1905 dalla stessa famiglia, è un accogliente locale dal sapore dei tempi antichi,
personalizzato con oggetti di rame alle pareti; piatti piemontesi e della valle. Non molto
grandi ma graziose le camere.

CERESE DI VIRGILIO – Mantova – **561** G14 – Vedere Mantova

CERMENATE – Como (CO) – **561** E9 – 8 896 ab. – alt. 332 m   **18** B1
– ✉ 22072

▶ Roma 612 – Como 15 – Milano 32 – Varese 28

🏨   **Gardenia**   🖢 ᒼ cam, 🖾 ⅀ rist, "î" 🔏 **P** ⌂ 🚾 ⓿ 🖭 ⓵ ᒼ
via Europa Unita – ℰ 031 72 25 71 – www.hotelgardeniacermenate.it
– *Fax 031 72 25 70*
34 cam – ♦55/90 € ♦♦70/130 €, ⌸ 10 € – ½ P 87 €
Rist – *(chiuso a mezzogiorno) (solo per alloggiati)* Carta 31/44 €
♦ Un basso edificio di mattoni, costruito nel 1991, ospita un albergo concepito in modo moderno e funzionale, con camere di buon confort, spaziose e ben accessoriate.

XX   **Castello**   🕿 ⇆ **P** 🚾 ⓿ 🖭 ᒼ
via Castello 28 – ℰ 031 77 15 63 – www.ristorante-castello.it – Fax 031 77 15 63
– *chiuso dal 26 dicembre al 5 gennaio, agosto, martedì sera, lunedì*
Rist – Carta 37/55 € ⅋
♦ Tocchi di eleganza in una trattoria con la stessa gestione da 30 anni; cucina locale e anche di più ampio respiro, con qualche ricercatezza francese; ottima cantina.

CERNOBBIO – Como (CO) – **561** E9 – 7 188 ab. – alt. 202 m   **18** A1
– ✉ 22012 ▌ Italia Centro Nord

▶ Roma 630 – Como 5 – Lugano 33 – Milano 53

🔞 Villa d'Este, ℰ 031 20 02 00

◎ Località ★★

🏨🏨🏨   **Villa d'Este** ⌂   ⟨ ᐣ 🕿 ⅂ ⛆ ⓰ 兪 ⅃⅚ ⅗ 🖢 ᒼ cam, ⅍ 🖾 ↯
via Regina 40 – ℰ 031 34 81   ⅀ rist, ☏ 🔏 **P** 🚾 ⓿ 🖭 ⓵ ᒼ
– www.villadeste.it – *Fax 031 34 88 44* – 8 marzo-14 novembre
145 cam ⌸ – ♦295/650 € ♦♦490/955 € – 7 suites
Rist La Veranda – ℰ 031 34 87 20 – Carta 95/140 €
Rist Grill – *(aprile-ottobre) (chiuso a mezzogiorno)* Carta 90/125 €
♦ Nell'incantata cornice del grande parco digradante sul lago, superba villa cinquecentesca, dal 1873 ai vertici dell'eleganza e del confort in Italia: per vivere una fiaba. Ambiente di regale raffinatezza anche al ristorante "La Veranda". Informale ma chic, al Grill piatti regionali e di pesce. D'estate, cena all'aperto.

🏨   **Miralago**   ⟨ 🖢 🖾 ⅀ rist, "î" **P** ⌂ 🚾 ⓿ 🖭 ⓵ ᒼ
piazza Risorgimento 1 – ℰ 031 51 01 25 – www.hotelmiralago.it
– *Fax 031 34 20 88* – marzo-15 novembre
42 cam ⌸ – ♦80/120 € ♦♦110/170 € – ½ P 110 €   **Rist** – Carta 31/53 €
♦ Una signorile casa liberty affacciata sul lago e sulla passeggiata pedonale ospita un albergo accogliente; moderne camere di dimensioni limitate, ma ben accessoriate. Bella veduta del paesaggio lacustre dalla sala ristorante.

🏠   **Centrale**   🛏 🕿 🖾 "î" **P** ⌂ 🚾 ⓿ 🖭 ᒼ
via Regina 39 – ℰ 031 51 14 11 – www.albergo-centrale.com
– *Fax 031 34 19 00* – *chiuso dal 21 dicembre al 4 febbraio*
22 cam ⌸ – ♦75/85 € ♦♦95/150 € – ½ P 93/105 €
Rist – *(chiuso sabato a mezzogiorno e lunedì)* Carta 29/44 €
♦ Un edificio inizio '900, ristrutturato in anni recenti, per una piccola, curata risorsa a gestione familiare; arredi classici nelle camere non ampie, ma confortevoli. Ameno servizio ristorante estivo in giardino.

XX   **Trattoria del Vapore**   🕿 ⅀ 🚾 ⓿ 🖭 ᒼ
via Garibaldi 17 – ℰ 031 51 03 08 – www.trattoriadelvapore.it
– *Fax 031 51 03 08* – *chiuso dal 25 dicembre al 25 gennaio e martedì*
Rist – Carta 34/52 € ⅋
♦ Un grande camino troneggia nell'accogliente sala di questo raccolto locale, in centro, a pochi passi dal lago; cucina legata alle tradizioni lacustri, ricca enoteca.

CERNUSCO LOMBARDONE – Lecco (LC) – **561** E10 – 3 863 ab.   **18** B1
– alt. 267 m – ✉ 23870

▶ Roma 593 – Como 35 – Bergamo 28 – Lecco 19

XX   **Osteria Santa Caterina**   🕿 🖾 🚾 ⓿ 🖭 ᒼ
via Lecco 34 – ℰ 039 95 98 30 53 – Fax 039 95 98 30 53 – *chiuso 10 giorni in gennaio e dal 16 al 30 agosto*
Rist – *(chiuso lunedì)* Carta 34/46 €
♦ Poco distante dal municipio, ariose salette in un edificio di fine '800: cucina fantasiosa, sia di terra sia di mare, e un'interessante scelta enologica.

CERNUSCO SUL NAVIGLIO – Milano (MI) – **561** F10 – **29 751 ab.** **18** B2
– alt. 133 m – ✉ 20063

> ▶ Roma 583 – Milano 14 – Bergamo 38
> 🏘 Molinetto, ☎ 02 92 10 51 28

XXX **Due Spade** 🔳 VISA 🔴

via Pietro da Cernusco 2/A – ☎ 0 29 24 92 00
– *www.ristoranteduespade.it*
– *chiuso dal 24 dicembre al 7 gennaio, dal 9 al 31 agosto e domenica*
Rist – Menu 42/45 € – Carta 37/47 € 🔖

♦ Un "salotto" elegante, con soffitto e pavimento di legno, questo locale raccolto, che ruota tutto intorno al camino della vecchia filanda; cucina stagionale rivisitata.

CERRO MAGGIORE – Milano (MI) – **561** F8 – **14 457 ab.** – alt. 206 m **18** A2
– ✉ 20023

> ▶ Roma 603 – Milano 26 – Como 31 – Varese 32

🏨 **UNA Hotel Malpensa** 🛗 ♿ 🔳 🎾 rist. 📞 ⚙ 🅿 🚗
via Turati 84, uscita A8 di Legnano VISA 🔴🔴 AE ① 🔴
– ☎ 03 31 51 31 11 – *www.unahotels.it* – Fax 03 31 51 31 12
160 cam ⊑ – †91/370 € ††91/435 € **Rist** – Carta 36/72 €

♦ A metà strada tra il capoluogo lombardo e l'aeroporto di Malpensa, un moderno grattacielo, ben visibile anche dall'autostrada. Confort e servizi di ultima generazione. Ristorante ampio e luminoso.

a Cantalupo Sud-Ovest : 3 km – ✉ 20020

XXX **Corte Lombarda** 🏗 🔳 ♿ 🅿 VISA 🔴🔴 AE ① 🔴
piazza Matteotti 9 – ☎ 03 31 53 56 04
– *www.cortelombarda.it* – Fax 03 31 53 35 75
– *chiuso dal 26 dicembre al 10 gennaio, dal 3 al 28 agosto, domenica sera, lunedì*
Rist – Carta 35/60 €

♦ Eleganti sale interne, anche con camino, in una vecchia cascina che offre servizio estivo all'aperto; tocco fantasioso nella cucina, di pesce e di tradizione lombarda.

CERTALDO – Firenze (FI) – **563** L15 – **16 242 ab.** – alt. 67 m – ✉ 50052 **29** C2
📗 Toscana

> ▶ Roma 270 – Firenze 57 – Siena 42 – Livorno 75

XX **Osteria del Vicario** (Sara Conforti) con cam 🐾 ≤ 🏗
❁ *via Rivellino 3, a Certaldo Alto* – ☎ 05 71 66 82 28 VISA 🔴🔴 AE ① 🔴
– *www.osteriadelvicario.it* – Fax 05 71 66 86 76
– *chiuso dal 10 gennaio al 10 febbraio*
4 cam ⊑ – †50/70 € ††80/110 €
Rist – *(chiuso domenica sera e lunedì)* (consigliata la prenotazione)
Carta 43/59 € 🔖
Spec. Soufflé di pecorino delle crete senesi con drink di melone e prosciutto di cinta senese. Ravioli di pernice con funghi e frutti di bosco. Stinco di maiale in salsa agrodolce, sformato di spinaci.

♦ Ubicato nella suggestiva parte alta e storica di Certaldo, ambienti suggestivi che si aprono l'estate sulla corte con balconata e vista sulla valle. Cucina di terra e di mare. Nelle antiche celle dei monaci, letti rinascimentali, ospitalità e quiete.

CERTOSA = KARTHAUS – Bolzano – *Vedere Senales*

CERTOSA DI PAVIA – Pavia (PV) – **561** G9 – **3 341 ab.** – alt. 91 m **16** A3
– ✉ 27012 📗 Italia

> ▶ Roma 572 – Alessandria 74 – Bergamo 84 – Milano 31
> 🔵 Certosa★★★ Est : 1,5 km

XXX **Locanda Vecchia Pavia "Al Mulino"** (Annamaria Leone)
via al Monumento 5 – ℰ *03 82 92 58 94*
– www.vecchiapaviaalmulino.it – Fax 03 82 93 33 00 – chiuso dal 1° al
22 gennaio, dal 5 al 27 agosto, lunedì e martedì a mezzogiorno da aprile ad
ottobre, domenica sera e lunedì negli altri mesi
Rist – Menu 50 € (solo a mezzogiorno)/70 € – Carta 56/85 € ❀
Spec. Millefoglie di pomodori e filetti d'anguilla affumicata alla menta e basilico. Cappellacci al mascarpone, ricotta e pesto al sughetto ligure. Filetto di
storione in crosta di pane grattugiato e grani di senape.
♦ Presso la certosa, ambientazione idilliaca in un mulino d'epoca nella campagna lombarda,
più raffinati gli interni. La cucina tende al moderno, spaziando dalla carne al pesce.

CERVERE – Cuneo (CN) – 561 I5 – 2 049 ab. – alt. 304 m – ✉ 12040   22 B3
▶ Roma 656 – Cuneo 43 – Torino 58 – Asti 52

XX **Antica Corona Reale-da Renzo** (Gian Piero Vivalda)
via Fossano 13 – ℰ *01 72 47 41 32*
– Fax 01 72 47 43 99 – chiuso dal 26 dicembre al 10 gennaio,
dal 5 al 25 agosto, martedì sera, mercoledì
Rist – Menu 50/65 € – Carta 52/73 € ❀
Spec. Anguilla marinata alle verdure in agrodolce e zenzero, il suo rotolo in
carpione alle erbe aromatiche. Tajarin al mattarello con funghi porcini e
ovuli reali (maggio-ottobre). Lumache di Borgo San Dalmazzo ai porri di
Cervere.
♦ Eleganti sale in un edificio rustico in mattoni hanno visto crescere una cucina generazio-
nale. Ora siamo ai livelli più alti, spunti piemontesi ma anche pesce e creatività.

CERVESINA – Pavia (PV) – 561 G9 – 1 163 ab. – alt. 72 m – ✉ 27050   16 A3
▶ Roma 580 – Alessandria 46 – Genova 102 – Milano 72

🏨 **Il Castello di San Gaudenzio**
via Mulino 1, località San Gaudenzio, Sud : 3 km
– ℰ *03 83 33 31 – www.castellosangaudenzio.com*
– Fax 03 83 33 34 09
45 cam – ♦95/110 € ♦♦140 €, � 10 € – ½ P 105 €
Rist – Carta 34/43 €
♦ Un'oasi di pace questo castello del XIV secolo in un parco, con interni in stile e dépendance intorno ad un giardino all'italiana con fontana; attrezzature congressuali. Bianche
colonne e soffitto di legno con grosse travi a vista nell'elegante sala da pranzo.

CERVIA – Ravenna (RA) – 562 J19 – 28 057 ab. – ✉ 48015   9 D2
▶ Roma 382 – Ravenna 22 – Rimini 31 – Bologna 96
ℹ (maggio-settembre) viale dei Mille 65 ℰ 0544 974400, iatcervia@
cerviaturismo.it, Fax 0544 977194
🚗, ℰ 0544 99 27 86

🏨 **Gambrinus**
lungomare Grazia Deledda 102 – ℰ *05 44 97 17 73 – www.gambrinushotel.it*
– Fax 05 44 97 39 84 – maggio-settembre
79 cam � – ♦75/92 € ♦♦108/160 € – 3 suites – ½ P 94/112 €
Rist – Carta 35/50 €
♦ Sul lungomare, l'elegante hotel dispone di spazi comuni molto ampi, camere arredate in
tinte pastello e di gusto neoclassico. Nuovo centro benessere con cabine per trattamenti e
vasca idromassaggio. I piatti della cucina nazionale allietano i commensali del lussuoso
ristorante.

🏨 **Ascot**
viale Titano 14 – ℰ *0 54 47 23 18 – www.hotelascot.it – Fax 0 54 47 23 45*
– 15 maggio-15 settembre
36 cam – ♦70 € ♦♦70/90 €, � 5 € – ½ P 63 €
Rist – (chiuso a mezzogiorno) (solo per alloggiati) Menu 20 €
♦ Un piccolo albergo a gestione familiare, poco distante dal mare, dispone di ampi spazi in
giardino, allestiti con tavolini ed ombrelloni, e semplici camere di recente rinnovate.

XX **Locanda dei Salinari**   🌣 AC ⅏ VISA ⓒⓞ ⅜

circonvallazione Sacchetti 152 – 𝒞 05 44 97 11 33 – Fax 05 44 97 11 33 – chiuso mercoledì escluso giugno-agosto
Rist – Carta 34/52 €

♦ Locale raccolto ed accogliente nell'antico borgo dei Salinari: il giovane e talentuoso chef propone una cucina creativa usufruendo dei migliori prodotti della Romagna.

a Pinarella Sud : 2 km – ⊠ 48015

🖪 (maggio-settembre) via Tritone 15/b 𝒞 0544 988869, Fax 0544 980728

🏨 **Club Everest**   ⌥ Ⅰ⊿ 🛏 ⅙ ⅊↟ AC ⅏ rist, P VISA ⓒⓞ AE ⅜

viale Italia 230 – 𝒞 05 44 98 72 14 – www.severihotels.it – Fax 05 44 98 75 74 – giugno-15 settembre
47 cam � – †85/99 € ††145/165 € – ½ P 79/97 €   **Rist** – Menu 35 € bc

♦ In posizione tranquilla davanti alla pineta marittima e a pochi passi dalla spiaggia, l'albergo dispone di camere nuove e riposanti aree comuni. Al ristorante, le classiche proposte della tradizione culinaria italiana.

a Milano Marittima Nord : 2 km – ⊠ 48015 Cervia-

🖪 viale Matteotti 39/41 𝒞 0544 993435, Fax 0544 993226

🏨 **Palace Hotel**   Ⅰ ⓢⓟ ⌕ Ⅰ⊿ 🛏 ⅙ ⅊↟ AC ⅏ rist, ⅋Ⅰ⅋ ⅗ ⇄

viale 2 Giugno 60 – 𝒞 05 44 99 36 18   VISA ⓒⓞ AE ⓞ ⅜
– www.selecthotels.it – Fax 05 44 99 53 01 – marzo-ottobre
99 cam ⊆ – †200/280 € ††250/420 € – 13 suites – ½ P 150/270 €
Rist – Menu 70/90 €

♦ Prestigiosa ed esclusiva struttura a pochi metri dal mare ospita eleganti spazi arredati con mobili intagliati, preziosi lampadari e ceramiche e la tranquillità di un parco di ulivi millenari. L'elegante e capiente sala da pranzo offre una vista sul giardino e piatti della tradizione nazionale.

🏨 **Premier & Suites**   🌣 Ⅰ AC ⅘ ⅏ ⅗ P ⇄ VISA ⓒⓞ AE ⓞ ⅜

VII Traversa 15 – 𝒞 05 44 99 58 39 – www.premierhotels.it – Fax 05 44 99 58 47
40 cam – †90/265 € ††100/590 € – 3 suites – ½ P 80/275 €
Rist – Carta 45/84 €

♦ Nuova struttura - tutta design e minimalismo - con un confort di ottimo livello ed una spiccata vocazione per una clientela business. Spiaggia privata, belle camere e lussuose suite con terrazzo benessere. Al ristorante: un viaggio nel gusto che fa tappa nei sapori regionali e nella più alta cucina internazionale.

🏨 **Waldorf**   ⇐ Ⅰ Ⅰ⊿ ⅙ ⅊↟ AC ⅘ ⅏ ⅋Ⅰ⅋ ⅗ ⇄ VISA ⓒⓞ AE ⓞ ⅜

VII Traversa 17 – 𝒞 05 44 99 43 43 – www.premierhotels.it – Fax 05 44 99 34 28
30 cam ⊆ – †115/420 € ††115/600 € – 3 suites – ½ P 107/375 €
Rist *La Settima* – (dicembre e aprile-settembre) (chiuso a mezzogiorno escluso da maggio a settembre) Carta 52/99 €

♦ Design, raffinatezza, innovazione: spazi che ripropongono i colori e i movimenti del mare. Le camere sono arredate con ricercatezza e dotate di terrazze, mentre le lussuose suite sono dislocate su due livelli con giardino pensile ed angolo benessere. Il gorgoglio delle cascate d'acqua e cucina d'autore al ristorante.

🏨 **Grand Hotel Gallia**   ⇄ Ⅰ ⅙ ⅊↟ AC ⅏ rist, ⅗ P VISA ⓒⓞ ⅜

piazzale Torino 16 – 𝒞 05 44 99 46 92 – www.selecthotels.it – Fax 05 44 99 44 71 – Pasqua-15 ottobre
99 cam ⊆ – †110/190 € ††110/280 € – ½ P 100/155 €   **Rist** – Menu 40/65 €

♦ Un luminoso salotto all'ingresso accoglie i clienti in questo hotel dai grandi spazi arredati con preziose ceramiche ed eleganza di eco settecentesca. Attrezzata sala riunioni e piscina in giardino. Al ristorante, i sapori della gastronomia tradizionale.

🏨 **Mare e Pineta**   ⅏ Ⅰ Ⅰ⊿ ⅙ Ⅰ ⅙ cam, ⅊↟ AC ⅏ rist, ⅋Ⅰ⅋ ⅙ P ⇄

viale Dante 40 – 𝒞 05 44 99 22 62 – www.selecthotels.it   VISA ⓒⓞ ⅜
– Fax 05 44 99 27 39 – aprile-3 ottobre
158 cam ⊆ – †110/150 € ††180/280 € – 5 suites – ½ P 170/220 €
Rist – Menu 50/70 €

♦ Uno dei primi alberghi aperti in città alla fine degli anni Venti, dispone oggi di numerose camere confortevoli e di un lussureggiante parco con campi da tennis e piscina. La sua spiaggia privata è una tra le le più ampie della località.

Aurelia ⟨ 🖼 🟰 📶 🏦 🌀 ⚏ 🍽 🛗 ♨ AC ⚙ rist. 📶 🌀 P VISA ⓪ 🔥
viale 2 Giugno 34 – ℰ 05 44 97 54 51 – www.selecthotels.it – Fax 05 44 97 27 73
94 cam ⌑ – ♦100/150 € ♦♦150/270 € – ½ P 100/145 € **Rist** – Menu 40/65 €
♦ Sito direttamente sul mare e circondato da un ampio giardino che conduce alla spiaggia, l'hotel annovera camere suddivise tra corpo centrale e villa, un centro benessere e piscina climatizzata. I sapori della tradizione vengono serviti presso la sala ristorante arredata in calde tonalità.

Le Palme ⟨ 🖼 🟰 🗆 🟰 📶 🏦 🌀 ⚏ 🛗 ⚙ cam, 🛗 AC ⚙ 🌀 P
VII Traversa 12 – ℰ 05 44 99 46 61 🚗 VISA ⓪ AE ⓪ 🔥
– www.premierhotels.it – Fax 05 44 99 41 79
102 cam ⌑ – ♦120/190 € ♦♦185/330 € – ½ P 123/195 €
Rist – Menu 35/70 €
♦ Fronte mare e vicino al centro, ma discosto dalle vie più affollate, questo hotel coniuga la quiete della pineta con il côté glamour di Milano Marittima. Camere confortevoli, spiaggia privata, due zone benessere e due piscine: una semi olimpica e un'altra più piccola. Ricette regionali di terra e di mare al ristorante.

Globus 🖼 🗆 🟰 📶 🏦 🌀 ⚏ 🛗 ⚙ 🛗 AC ⚙ rist. 📶 🌀 P 🚗
viale 2 Giugno 59 – ℰ 05 44 99 21 15 VISA ⓪ AE ⓪ 🔥
– www.baldisserihotels.it – Fax 05 44 99 29 31 – marzo-ottobre
80 cam ⌑ – ♦90/130 € ♦♦130/250 € – ½ P 135/155 € **Rist** – Menu 35/90 €
♦ Un hotel esclusivo con ingresso al primo piano tra lampadari in pregiato cristallo, camere rinnovate, un moderno centro benessere ed un giardino dove allestire spettacoli. Presso la rilassante sala da pranzo, un menù alla carta con proposte ad hoc per chi segue diete specifiche e per i più piccoli.

Delizia ⟨ 🗆 🌀 ⚏ 🛗 🌀 AC ⚙ rist. 📶 P VISA ⓪ 🔥
VIII Traversa 23 – ℰ 05 44 99 54 41 – www.hoteldelizia.it – Fax 05 44 99 52 88
– marzo-ottobre
40 cam – solo ½ P 62/95 € **Rist** – *(solo per alloggiati, a buffet)*
♦ Sita direttamente sul mare e a pochi passi dal centro, questa nuova struttura dispone di camere luminose e confortevoli dall'arredo moderno. Palestra ben attrezzata, nonché piscina in terrazza all'ultimo piano. Stuzzicante buffet a pranzo.

Mazzanti ⟨ 🖼 🗆 ⚏ AC ⚙ P VISA ⓪ 🔥
via Forlì 51 – ℰ 05 44 99 12 07 – Fax 05 44 99 12 58 – Pasqua-19 settembre
55 cam ⌑ – ♦60/70 € ♦♦70/120 € – ½ P 86/89 €
Rist – *(chiuso fino all'8 maggio) (solo per alloggiati)* Menu 24 €
♦ In una zona tranquilla direttamente sul mare, una struttura a gestione familiare con semplici spazi comuni arredati con divani. Ideale per una vacanza di relax con i bambini.

Majestic ⟨ 🗆 ⚏ 🛗 AC ⚙ 📶 P VISA ⓪ ⓪ 🔥
X Traversa 23 – ℰ 05 44 99 41 22 – www.majesticgroup.it – Fax 05 44 99 41 23
– aprile-settembre
47 cam ⌑ – ♦80/130 € ♦♦70/160 € – ½ P 70/120 € **Rist** – Menu 25/40 €
♦ Adatta per una vacanza con la famiglia, una struttura semplice con spaziosi e confortevoli ambienti, sita direttamente sulla spiaggia. Colazione all'aperto nei mesi caldi. Buffet di insalate e cucina classica nella grande e sobria sala ristorante.

Isabella senza rist 🖼 ⚏ 🛗 AC ⚙ 📶 P VISA ⓪ ⓪ 🔥
viale 2 Giugno 152 – ℰ 05 44 99 40 68 – www.isabellagarni.it
– Fax 05 44 99 50 34 – Pasqua-10 ottobre
31 cam ⌑ – ♦40/90 € ♦♦60/120 €
♦ Una struttura dagli ambienti rinnovati con soluzioni moderne, piscina riscaldata e colazione a buffet nella sala al piano terra; è possibile consumare piatti freddi a pranzo.

La Frasca (Marco Cavallucci) 🟰 ⚙ AC ⚙ P VISA ⓪ AE ⓪ 🔥
rotonda Don Minzoni 3 – ℰ 05 44 99 58 77 – www.lafrasca.it
– Fax 05 44 99 12 26 – chiuso dal 7 gennaio al 12 febbraio e lunedì (escluso giugno-agosto)
Rist – *(consigliata la prenotazione)* Menu 80/130 € – Carta 72/105 € 🍴
Spec. Triglie con prosciutto e agrumi mediterranei. Passatelli al sugo di scorfano, poveracce e pesto leggero. Bocconcini di rombo chiodato al sale dolce di Cervia profumato alla vaniglia, verdure brasate.
♦ Nuova sede molto glamour per un locale che sicuramente può vantare un posto nella storia della ristorazione italiana. Moderne installazioni e dalla cucina fantasiose reinterpretazioni della tradizione gastronomica del Bel Paese.

CERVIGNANO DEL FRIULI – Udine (UD) – **562** E21 – 13 221 ab. 11 C3
– ⊠ 33052

      ▶ Roma 627 – Udine 34 – Gorizia 28 – Milano 366

Internazionale 📶 &. cam, AC 🍸 "¶" 🕍 P VISA ☯ AE ① ⚡
via Ramazzotti 2 – 𝒞 *0 43 13 07 51 – www.hotelinternazionale.it*
– Fax 0 43 13 48 01 – chiuso dal 20 al 26 dicembre
69 cam ⌂ – †65/83 € ††90/122 € – ½ P 75/85 €
Rist *La Rotonda – (chiuso dal 27 luglio al 17 agosto, domenica sera, lunedì)*
Carta 34/44 €

♦ Albergo funzionale, nato negli anni '70 e ristrutturato negli anni '90, concepito soprattutto per una clientela d'affari; centro congressi con sale polivalenti. Sala ristorante di taglio classico, che dispone anche di spazi per banchetti.

Al Campanile 🈁 P VISA ☯ AE
via Fredda 3, località Scodovacca, Est : 1,5 km – 𝒞 *0 43 13 20 18*
– Fax 0 43 13 07 71 – chiuso 2 settimane in ottobre, lunedì, martedì
Rist – Carta 20/38 €

♦ Ben sette generazioni sono passate da questo storico ristorante, una trattoria che dalla fine dell'Ottocento conserva il suo spirito semplice e familiare. Cucina genuinamente casalinga.

CERVINIA – Aosta – Vedere BreuilCervinia

CERVO – Imperia (IM) – **561** K6 – 1 142 ab. – alt. 66 m – ⊠ 18010 14 B3
      ▶ Roma 605 – Imperia 10 – Alassio 12 – Genova 106
      🛈 piazza Santa Caterina 2 (nel Castello) 𝒞 0183 408197, infocervo@
      rivieradeifiori.travel, Fax 0183 408197

San Giorgio (Caterina Lanteri Crauet) con cam 🍃 ⇐ 🈁 AC 🍸 cam,
via Alessandro Volta 19, centro storico VISA ☯ AE ⚡
– 𝒞 *01 83 40 01 75 – www.ristorantesangiorgio.net – Fax 01 83 40 01 75*
– chiuso lunedì sera e martedì da ottobre a Pasqua, solo martedì a mezzogiorno nei restanti mesi
2 cam ⌂ – ††130/180 €
Rist – (consigliata la prenotazione) Carta 55/114 € 🈶
Spec. Sformato di zucchine trombetta con gamberetti e salsa allo scalogno (primavera-autunno). Gnocchetti con gamberi all'acqua pazza. Panzanella con cozze, gamberi e scampi, salsa al cappon magro.

♦ Un antico edificio nel borgo di Cervo, ospita questo elegante locale dove l'impiego di materie prime di ottima qualità si traduce in una una cucina prevalentemente di mare. Due accoglienti camere sono a disposizione di quei clienti che, dopo cena, intendono godersi la tranquillità del posto.

CESANA TORINESE – Torino (TO) – **561** H2 – 1 055 ab. – alt. 1 354 m 22 A2
– Sport invernali : 1 354/2 823 m (Comprensorio Via Lattea 🎿 6 🎿 72) 🎿
– ⊠ 10054
      ▶ Roma 752 – Bardonecchia 25 – Briançon 21 – Milano 224
      🛈 piazza Vittorio Amedeo 3 𝒞 0122 89202, cesana@turismotorino.org, Fax
      0122 856289

a Mollières Nord : 2 km – ⊠ 10054 Cesana Torinese

La Selvaggia 🍸 ⇔ P VISA ☯ ⚡
frazione Mollieres 43 – 𝒞 *0 12 28 92 90 – Fax 0 12 28 92 90 – chiuso dal 15 al 30 giugno, dal 10 al 30 novembre e mercoledì*
Rist – Carta 27/40 €

♦ Cucina regionale semplice ma gustosa in questo locale da oltre vent'anni a gestione familiare; due le sale, dall'atmosfera più montana quella al 1° piano, sotto un tetto spiovente.

a Champlas Seguin Est : 7 km – alt. 1 776 m – ⊠ 10054 Cesana Torinese

La Locanda di Colomb 🈁 🍸 P VISA ☯ ⚡
frazione Champlas Seguin 27 – 𝒞 *01 22 83 29 44 – Fax 01 22 83 29 44*
– dicembre-Pasqua e 15 giugno-agosto; chiuso lunedì
Rist – Carta 30/42 €

♦ Nella piccola e pittoresca frazione, quella che una volta era una stalla è stata trasformata in una locanda con pareti in pietra, dove potrete gustare la cucina tipica piemontese.

CESANO BOSCONE – Milano (MI) – **561** F9 – 23 400 ab. – alt. 120 m   **18** B2
– ✉ 20090

▶ Roma 582 – Milano 10 – Novara 48 – Pavia 35

Pianta d'insieme di Milano

🏨 **Roma**   🛗 ᕻ cam, 🅰️🄲 ᙨ⁽¹⁾ 🕼 🄿 🆚🆂🅰 ⓪ 🄰🄴 ① ᵴ
*via Poliziano 2 – ℰ 02 45 81 80 5 – www.roma-wagner.com – Fax 02 45 00 04 73
– chiuso dal 10 al 20 agosto*   **APk**
34 cam ☞ – †90/449 € ††125/549 €
Rist – *(chiuso i mezzogiorno di sabato e domenica)* Carta 23/40 €
♦ Struttura molto curata sia nel livello del confort e del servizio, che nelle soluzioni d'arredamento, di sicuro effetto; camere signorili, "calde" e confortevoli.

CESANO MADERNO – Milano (MI) – **561** F9 – 32 318 ab. – alt. 198 m   **18** B2
– ✉ 20031

▶ Roma 613 – Milano 20 – Bergamo 52 – Como 29

🏨 **Parco Borromeo**   🛗 🄰🄲 ᗗ⁽¹⁾ 🕼 🚗 🆚🆂🅰 ⓪ 🄰🄴 ① ᵴ
*via Borromeo 29 – ℰ 03 62 55 17 96 – www.hotelparcoborromeo.it
– Fax 03 62 55 01 82 – chiuso dal 28 dicembre al 4 gennaio e dal 7 al 23 agosto*
40 cam ☞ – †80/130 € ††90/160 €
Rist Il Fauno – ℰ 03 62 54 09 30 *(chiuso dal 1° al 23 agosto e lunedì a
mezzogiorno)* Carta 42/63 €
♦ Fascino del passato e confort moderni in una struttura elegante, adiacente al parco e al
palazzo Borromeo; camere non grandi, ma arredate con gusto e personalizzate. Raffinato
ristorante affacciato sul verde con trompe l'oeil alle pareti.

CESENA – Forlì-Cesena (FC) – **562** J18 – 94 904 ab. – alt. 44 m ▌Italia   **9** D2

▶ Roma 336 – Ravenna 31 – Rimini 30 – Bologna 89
🄸 piazza del Popolo 15/16 ℰ 0547 356327, iat@comune.cesena.fc.it, Fax
0547 356393

◉ Biblioteca Malatestiana ★

🏨 **Casali**   🍴 🛗 🄰🄲 ↤ ⁽¹⁾ 🕼 🆚🆂🅰 ⓪ 🄰🄴 ① ᵴ
*via Benedetto Croce 81 ✉ 47521 – ℰ 05 47 22 74 5 – www.hotelcasalicesena.it
– Fax 05 47 22 82 8*
48 cam ☞ – ††90/250 € – 2 suites
Rist Casali – ℰ 05 47 22 74 85 *(chiuso domenica da giugno a settembre, solo
domenica sera negli altri mesi)* Carta 36/55 €
♦ L'hotel più rappresentativo della città, completamente ristrutturato in chiave classico-
moderna, vanta ambienti confortevoli e spaziosi di sobria eleganza. Atmosfera raffinata e rivisitazione creativa della tradizione regionale al ristorante.

🏨 **Meeting Hotel** senza rist   🛗 🄰🄲 ᗗ⁽¹⁾ 🄿 🆚🆂🅰 ⓪ 🄰🄴 ① ᵴ
*via Romea 545 ✉ 47522 – ℰ 05 47 33 31 60 – www.meetinghotelcesena.it
– Fax 05 47 33 43 94*
26 cam ☞ – †55/80 € ††70/110 €
♦ In zona periferica, la risorsa annovera camere spaziose e confortevoli di taglio moderno
recentemente rinnovate ed arredate con mobili in legno scuro e parquet.

🏨 **Alexander** senza rist   🍴 🛗 🕏 🄰🄲 ⁽¹⁾ 🕼 🄿 🚗 🆚🆂🅰 ⓪ 🄰🄴 ᵴ
*piazzale Karl Marx 10 ✉ 47521 – ℰ 05 47 22 74 74 – www.albergoalexander.it
– Fax 05 47 22 78 74 – chiuso dal 20 dicembre al 9 gennaio*
37 cam ☞ – †73/125 € ††90/190 € – 1 suite
♦ Di fronte alla stazione ferroviaria, una funzionale struttura che dispone di comodo parcheggio e ambienti confortevoli; ideale per una clientela d'affari.

CESENATICO – Forlì-Cesena (FC) – **562** J19 – 24 432 ab. – ✉ 47042   **9** D2

▶ Roma 358 – Ravenna 31 – Rimini 22 – Bologna 98
🄸 viale Roma 112 ℰ 0547 673287, info@cesenaticoturismo.com, Fax
0547 673288

Grand Hotel Cesenatico 🔍 ※ 🛋 ♿ cam. ⚡ 🄰🄲 ᔕ rist. 🎙 ⚐ 🄿

piazza Andrea Costa 1 – ☎ *0 54 78 00 12* VISA ⊙⊙ 🄰🄴 ⓪ ⚡
– www.grandhotel.cesenatico.fo.it – Fax 0 54 78 02 70
– 15 aprile-15 ottobre
78 cam � – ♦93/160 € ♦♦116/190 € – ½ P 105/125 €   **Rist** – Carta 34/48 €
♦ Centralissimo, in uno splendido edificio del '29, è un omaggio ad una mondanità sfarzosa
e rutilante. Camere più sobrie, eleganti e funzionali. Raffinata sala ristorante con possibilità di
gustare in terrazza sia la prima colazione, sia una classica cucina a base di pesce.

Residenza Lido 🔙 🔍 🕉 🛋 ♿ ⚡ 🄰🄲 🚗 VISA ⊙⊙ 🄰🄴 ⓪ ⚡

viale Carducci 51 ang. via Ferrara 14 – ☎ *05 47 67 21 94*
– www.residenzalido.it – Fax 05 47 67 21 94
– 20 dicembre-7 gennaio e Pasqua-2 novembre
66 cam ⊊ – ♦55/90 € ♦♦90/150 € – ½ P 77/127 €
Rist Lido Lido – vedere selezione ristoranti
♦ Allo stesso tempo albergo e residence fronte mare, le camere dispongono di un angolo
cottura, arredi moderni e sono più o meno grandi.

Internazionale 🔙 🔍 🛋 ⚡ 🄰🄲 ᔕ rist. 🎙 🄿 VISA ⊙⊙ 🄰🄴 ⚡

via Ferrara 7 – ☎ *05 47 67 33 44 – www.hinternazionale.it – Fax 05 47 67 23 63*
– maggio-settembre
60 cam ⊊ – ♦86/95 € ♦♦140/160 € – ½ P 91/110 €
Rist – *(solo per alloggiati)* Menu 25/50 €
♦ Direttamente sul lungomare, annovera una spiaggia privata ed una piscina attrezzata con
scivoli ad acqua. Offre camere arredate sia in stile classico che moderno. La cucina propone
un menù di impostazione classica, ma soprattutto specialità ittiche.

Sporting 🔙 ⚡ ⚡ 🄰🄲 ᔕ 🎙 🄿 VISA ⊙⊙ 🄰🄴 ⚡

viale Carducci 191 – ☎ *0 54 78 30 82 – www.hotelsporting.it*
– Fax 05 47 67 21 72 – 20 maggio-20 settembre
48 cam ⊊ – ♦65/85 € ♦♦75/100 € – ½ P 68/80 €   **Rist** – *(solo per alloggiati)*
♦ A più di un km dal centro - direttamente sulla spiaggia - l'hotel è consigliato a chi vuole
evitare gli schiamazzi notturni e preferisce una zona verde e tranquilla. Graziose camere con
carta da parati in stile inglese.

Miramare 🔙 🚡 🔍 ⚡ 🄰🄲 ᔕ rist. 🎙 🄿 VISA ⊙⊙ 🄰🄴 ⓪ ⚡

viale Carducci 2 – ☎ *0 54 78 00 06 – www.welcompany.it – Fax 0 54 78 47 85*
27 cam ⊊ – ♦110/126 € ♦♦139/151 € – ½ P 124/134 €
Rist – *(chiuso martedì escluso da aprile ad ottobre)* Carta 27/37 €
♦ L'hotel offre un'atmosfera rilassante, camere semplici e spaziose arredate in stile moderno,
adatte a nuclei familiari. Possibili anche soluzioni business. La cucina propone ricette classiche che puntano sulle specialità ittiche, servite nel raffinato locale che si affaccia al porto
leonardesco.

Jole 📠 ⚡ ⚡ 🄰🄲 ᔕ rist. 🎙 VISA ⊙⊙ 🄰🄴 ⚡

via De Amicis 100 – ☎ *0 54 77 54 32 – www.hoteljole.biz – Fax 0 54 77 84 96*
– Pasqua-novembre e Capodanno
47 cam ⊊ – ♦40/90 € ♦♦70/130 € – ½ P 50/80 €   **Rist** – Menu 20/45 €
♦ Hotel a conduzione familiare, rinnovato di recente, dispone di ambienti moderni e funzionali. Il mare si raggiunge comodamente a piedi.

Atlantica 🔙 ⚡ ⚡ 🄰🄲 ᔕ 🄿 VISA ⊙⊙ ⚡

viale Bologna 28 – ☎ *0 54 78 36 30 – www.hotelatlantica.it – Fax 0 54 77 57 58*
– Pasqua-settembre
35 cam – ♦60/90 € ♦♦95/145 €, ⊊ 15 € – ½ P 80/105 €   **Rist** – Menu 37/50 €
♦ Affacciata sul mare, è una caratteristica villa degli anni '20 successivamente trasformata in
albergo. Piacevole veranda in ferro battuto, camere semplici e gestione familiare.

Zeus ⚡ 🄰🄲 ᔕ 🄿 VISA ⊙⊙ 🄰🄴 ⓪ ⚡

viale Carducci 46 – ☎ *0 54 78 02 47 – www.hotelzeus.it – Fax 0 54 78 02 47*
– chiuso dal 16 novembre al 3 dicembre
28 cam ⊊ – ♦47/59 € ♦♦78/110 € – ½ P 65/75 €
Rist – *(solo per alloggiati)* Menu 25/35 €
♦ Albergo semplice a gestione familiare, ma con camere inappuntabili e confortevoli: diverse
su viale Carducci - alcune con grande terrazza - per assistere alla movida locale.

XXX **Magnolia** (Alberto Faccani) 🛜 🅰️🅲 [VISA] ⊕⊙ 🅰️🅴 ⓪ 𝕤
❀ *viale Trento 31 –* ☎ *0 54 78 15 98 – www.magnoliaristorante.it*
– Fax 0 54 78 15 98 – chiuso lunedì
Rist *– (chiuso a mezzogiorno escluso i giorni festivi da ottobre a maggio)*
Menu 60 € – Carta 46/60 € 🏵
Spec. Crudo di ricciola, pinzimonio di ortaggi alla soia e zenzero (estate). Passatelli asciutti con vongole, erbette di campo e limone (primavera-estate). Rombo chiodato arrostito con lasagna di patate, crema di carote e liquirizia (inverno).
♦ Nuova, luminosa sede per un cuoco tanto giovane quanto affermato. Cucina fantasiosa e personalizzata, si sperimentano accostamenti inusitati e colorate presentazioni.

XX **Lido Lido** (Vincenzo Cammerucci) 🛜 ♿ 🅰️🅲 ⅍ ♻ [VISA] ⊕⊙ 🅰️🅴 𝕤
❀ *via Ferrara 12 –* ☎ *05 47 67 33 11 – www.lidolido.com – Fax 05 47 67 27 23*
– chiuso lunedì
Rist *– (chiuso a mezzogiorno escluso domenica e i giorni festivi)* Menu 48/65 €
– Carta 53/68 €
Spec. Gaspacho di pomodoro con cappesante crude e gelatina di mele rosse. Gnocchi di zucca con sgombero affumicato e rapa rossa. Gratin di fragole con crema alle fave di tonka, meringa semifreddo e gelato al cioccolato amaro.
♦ All'interno di un centrale complesso residenziale, ambientazione moderna ed essenziale per piatti in prevalenza di mare con qualche proposta di terra.

XX **Vittorio** 🛜 🅿️ [VISA] ⊕⊙ 🅰️🅴 𝕤
porto turistico Onda Marina, via Andrea Doria 3 – ☎ *05 47 67 25 88*
– Fax 05 47 67 94 72 – chiuso dal 15 dicembre al 10 febbraio, martedì e da ottobre ad aprile anche mercoledì
Rist *– (chiuso a mezzogiorno escluso sabato e domenica in luglio, agosto)*
Carta 45/65 €
♦ Affacciato sulla darsena, le serate estive in terrazza sono un incanto di fronte agli alberi delle barche ormeggiate. La cucina celebra il mare e segue il pescato del giorno.

XX **La Buca** 🛜 ♿ 🅰️🅲 [VISA] ⊕⊙ 🅰️🅴 ⓪ 𝕤
corso Garibaldi 45 – ☎ *0 54 71 86 07 64 – www.labucaristorante.it – chiuso lunedì escluso maggio-settembre*
Rist – Carta 42/55 €
Rist Osteria del Gran Fritto – Carta 22/36 €
♦ Affacciata sul romantico e caratteristico paesaggio del porto canale, un ristorante in continua crescita ma un'unica costante: il pesce, nei classici dell'Adriatico e qualche piatto più ardito. Più informale ed economica l'Osteria, con ricette popolari e diverse proposte di fritto.

Le grandi città beneficiano di piantine sulle quali sono situati gli alberghi e i ristoranti. Seguite le coordinate (es. : **12**BMe) per individuarli più facilmente.

a Valverde Sud : 2 km – ✉ 47042 Cesenatico

🛈 (maggio-settembre) viale Carducci 292/b ☎ 0547 85183, info@cesenaticoturismo.com, Fax 0547 681357

🏨 **Caesar** ≼ ⊼ 🎐 ♨ 🍴 ⚡ 🅰️🅲 ⅍ rist, ‖¶‖ 🅿️ [VISA] ⊕⊙ 𝕤
🐾 *viale Carducci 290 –* ☎ *0 54 78 65 00 – www.hotel-caesar.com*
– Fax 0 54 78 66 54 – aprile-settembre
61 cam � – †50/70 € ††80/130 € – ½ P 50/90 € **Rist** – Menu 20/30 €
♦ Una gestione con oltre 40 anni di esperienza nel settore: ecco il punto forte di questa struttura, ideale per famiglie con bambini. Piscina, sauna ed idromassaggio per il relax. Di recente apertura, il ristorante può contenere oltre un centinaio di coperti cui propone piatti classici e, ovviamente, tanto pesce.

🏨 **Colorado** ≼ ⊼ ♨ 🍴 🅰️🅲 ⅍ ‖¶‖ 🅿️ [VISA] ⊕⊙ 𝕤
viale Carducci 306 – ☎ *0 54 78 62 42 – www.hotelcolorado.it*
– Fax 05 47 68 01 94 – maggio-settembre
55 cam ⊂ – †60/105 € ††110/150 € – ½ P 78/100 € **Rist** – Carta 35/55 €
♦ Una struttura moderna che dispone di camere semplici ma accoglienti arredate con sobrietà, tutte con balcone vista mare. Prima colazione a buffet anche all'aperto.

a Zadina Pineta Nord : 2 km – ✉ 47042 Cesenatico

🏠 **Beau Soleil-Wonderful** ⊗   🌊 🕅 ⅃ѕ ‖ 🏋 🔟 ℀ rist. ⁏⁰ **P**
viale Mosca 43/45 – ℰ 0 54 78 22 09 – Fax 0 54 78 20 69   💳 ⦿ 🅰 🕭
– 28 marzo-20 settembre
86 cam ⌑ – †75/85 € ††80/115 € – ½ P 70/85 €   **Rist** – *(solo per alloggiati)*
♦ Hotel sito in posizione silenziosa in prossimità della pineta, a pochi passi dal mare, dispone di camere sobrie. Ideale per una vacanza in famiglia.

🏠 **Renzo** ⊗   🚗 🌊 ‖ 🔟 ℀ rist. ⁏⁰ **P** 💳 ⦿ 🅰 ⓞ 🕭
viale dei Pini 55 – ℰ 0 54 78 23 16 – www.renzohotel.it – Fax 0 54 78 23 16
– Pasqua-20 settembre
36 cam – †60/70 € ††80/100 €, ⌑ 14 € – ½ P 40/65 €
Rist – *(solo per alloggiati)*
♦ Al termine di una strada chiusa, cinquanta metri di pineta e poi il mare: verde e silenzio. Piscina sul roof garden con solarium e camere di due tipologie, standard o confort.

CETARA – Salerno (SA) – 564 F26 – 2 385 ab. – alt. 15 m – ✉ 84010   6 B2
▶ Roma 255 – Napoli 56 – Amalfi 15 – Avellino 45

🏨 **Cetus**   ⅃ѕ ‖ 🔟 ℀ rist. 🖐 **P** 💳 ⦿ 🅰 ⓞ 🕭
strada statale 163 – ℰ 0 89 26 13 88 – www.hotelcetus.com – Fax 0 89 26 13 88
37 cam ⌑ – †100/150 € ††140/320 € – ½ P 95/185 €   **Rist** – Carta 28/51 €
♦ Un'incomparabile vista sul golfo di Salerno dalle camere di questo hotel a picco sul mare, aggrappato alla roccia dell'incantevole costiera amalfitana. Da poco, anche una saletta per massaggi e qualche trattamento estetico. Quasi foste a bordo di una nave, anche dalle raffinate sale ristorante dominerete il Tirreno.

🍴 **San Pietro**   🕌 🔟 💳 ⦿ ⓞ 🕭
piazzetta San Francesco 2 – ℰ 0 89 26 10 91 – www.sanpietroristorante.it
– Fax 0 89 26 19 77 – chiuso dal 15 gennaio al 4 febbraio, martedì
Rist – Carta 37/54 €
♦ Gestione familiare per questa piccola e sobria trattoria marinara, rinnovata pochi anni fa e dotata di un grazioso dehors estivo, in parte sotto un porticato.

🍴 **Al Convento**   🕌 🔟 💳 ⦿ 🅰 ⓞ 🕭
🌐 *piazza San Francesco 16 – ℰ 0 89 26 10 39 – www.alconvento.net*
– Fax 0 89 26 10 39
Rist – *(chiuso mercoledì in inverno)* Carta 22/44 €
♦ Semplice ma molto frequentata, questa trattoria-pizzeria propone esclusivamente piatti marinari e della tradizione che vengono serviti, d'estate, anche sulla piazzetta.

CETONA – Siena (SI) – 563 N17 – 2 960 ab. – alt. 384 m – ✉ 53040   29 D2
▌ Toscana

▶ Roma 155 – Perugia 59 – Orvieto 62 – Siena 89
🛈 piazza Garibaldi 63 ℰ 0578 239143, proloco@cetona.org, Fax 0578 239143

🍴🍴🍴 **La Frateria di Padre Eligio** con cam ⊗   ≤ 🏵 🕌 🔟 cam, ℀ ⓣ
al Convento di San Francesco Nord-Ovest : 1 km   🖐 **P** 💳 ⦿ 🅰 🕭
– ℰ 05 78 23 82 61 – www.lafrateria.it – Fax 05 78 23 92 20 – chiuso dal
7 gennaio al 1° marzo
7 cam ⌑ – †150 € ††240 €   **Rist** – *(chiuso martedì)* Menu 90/110 € ₰
♦ In un parco, convento francescano medievale gestito da una comunità di ex-tossicodipendenti. Tra suggestioni mistiche, ci si lascia andare a "peccati" di gola. Camere di austera esclusività.

🍴 **Osteria Vecchia da Nilo** con cam   🕌 🔟 ℀ 💳 ⦿ 🅰 ⓞ 🕭
via Cherubini 11 – ℰ 05 78 23 90 40 – Fax 05 78 23 90 40 – chiuso dal
15 gennaio al 10 febbraio e martedì (escluso dal 15 giugno al 30 settembre)
2 cam ⌑ – ††70/80 € – ½ P 95 €   **Rist** – Carta 28/35 €
♦ A pochi metri dalla piazza principale, un edificio del Seicento ospita il piccolo locale di tono rustico moderno. Proposte fra tradizione e innovazione: imperdibili i pici e le carni. Camere arredate con gusto e semplicità.

CETRARO – Cosenza (CS) – 564 I29 – 10 176 ab. – alt. 120 m – ✉ 87022   5 A1
▶ Roma 466 – Cosenza 55 – Catanzaro 115 – Paola 21
🛈 San Michele, ℰ 0982 9 10 12

sulla strada statale 18 Nord-Ovest : 6 km :

 Grand Hotel San Michele ⚘ ≤ 🛏 🏠 🎿 ✕ 🎬 🛗 📺 🎿 rist,
località Bosco 8/9 ✉ 87022 〔(°)〕 🅟 💳 ⓜ 🆎 ① 🔾
– ☏ 098 29 10 12 – www.sanmichele.it – Fax 098 29 14 30 – chiuso novembre e
febbraio
72 cam � – †90/160 € ††120/230 € – 6 suites – ½ P 130/170 €
Rist – Carta 41/57 €
♦ Vi incanteranno i profumi del giardino-frutteto, l'ampio, meraviglioso panorama e il morbido fascino retrò degli interni di una nobile villa; ascensore per la spiaggia. Una cena sospesi tra cielo e mare sulla terrazza del ristorante; raffinate le sale interne.

CHAMPAGNE – vedere Verrrayes

CHAMPLAS SEGUIN – Torino – Vedere Cesana Torinese

CHAMPOLUC – Aosta (AO) – 561 E5 – alt. 1 570 m – Sport invernali : 34 B2
1 568/2 714 m ⟜ 2 ⭍ 8, ⚘ – ✉ 11020
▶ Roma 737 – Aosta 64 – Biella 92 – Milano 175
🇮 via Varasc 16 ☏ 0125 307113, info@aiatmonterosa.com, Fax 0125 307785

 Breithorn 🛏 🏠 🀦 🛗 ⓺ cam, 〔(°)〕 ⌂ 💳 ⓜ 🆎 🔾
route Ramey 27 – ☏ 01 25 30 87 34 – www.breithornhotel.com
– Fax 01 25 30 83 98 – 5 dicembre-11 aprile e 27 giugno-31 agosto
31 cam ⊒ – †120/200 € ††120/450 € – ½ P 95/260 €
Rist – Carta 40/62 € ⅋
Rist *Brasserie du Breithorn* – ☏ 01 25 30 87 45 *(novembre-24 aprile e 16 giugno-14 settembre) (chiuso a mezzogiorno)* Carta 25/35 €
♦ Questo hotel, completamente ristrutturato, ha riconquistato appieno il proprio passato splendore. Ospitalità e soggiorno incantevoli, tra pietre e legni antichi. Sala ristorante dallo stile rustico-elegante.

Hotellerie de Mascognaz 🏠 – dependance Hotel Breithorn ⚘ ≤
località Mascognaz – ☏ 01 25 30 87 34 🀦 🎿 rist, 💳 ⓜ 🔾
– www.hotelleriedemascognaz.com – Fax 01 25 30 83 98
8 cam – solo ½ P 100/190 €
♦ Nel silenzio del paesaggio alpino, due tipici rascard in pietra. All'interno, si ricorderà la qualità dei materiali, le rifiniture e le camere, piccoli gioielli in legno.

 Relais des Glacier ≤ 🀦 🛗 ⅙ 🎿 〔(°)〕 🅟 💳 ⓜ ① 🔾
Route G.B. Dondeynaz – ☏ 01 25 30 81 82 – www.hotelrelaisdesglaciers.com
– Fax 01 25 30 83 00 – 8 dicembre-aprile e 15 giugno-settembre
42 cam ⊒ – †80/165 € ††120/340 € – ½ P 60/200 €
Rist – *(chiuso a mezzogiorno) (solo per alloggiati)* Menu 30/60 €
♦ Per una ritemprante "remise en forme" in una splendida cornice montana è ideale l'attrezzato centro benessere, con cure naturali, di un elegante hotel inaugurato nel 2000. Soffitti di legno nel raffinato ristorante che propone tre linee diversificate di menù.

🏠 **Villa Anna Maria** ⚘ ≤ 🛏 🎿 rist, 〔(°)〕 🅟 💳 ⓜ 🔾
via Croues 5 – ☏ 01 25 30 71 28 – www.hotelvillaannamaria.com
– Fax 01 25 30 79 84
13 cam ⊒ – †55/70 € ††85/110 € – ½ P 53/87 € **Rist** – Carta 26/33 €
♦ Vista dei monti, quiete silvestre e fascino d'altri tempi in un rustico chalet d'atmosfera, con giardino e pineta, i cui interni sono tutti rigorosamente di legno. Suggestiva sala da pranzo rivestita di legno.

🏠 **Petit Tournalin** ⚘ ≤ 🛏 🀦 🛗 ⅙ 🎿 rist, 〔(°)〕 🅟 ⌂
località Villy 2 – ☏ 01 25 30 75 30 💳 ⓜ 🆎 ① 🔾
– www.hotelpetittournalin.it – Fax 01 25 30 73 47
19 cam ⊒ – ††80/100 € – ½ P 54/82 €
Rist – *(dicembre-marzo e giugno-settembre)* Carta 20/35 €
♦ Ambiente familiare in un grazioso hotel in legno e pietra, ubicato sulla pista di fondo, ai margini della pineta, con camere accoglienti e bagni di buona fattura.

⌂ **B&B Le Vieux Rascard** senza rist ⇐ P
rue des Guides 35 – ℰ 01 25 30 87 46 – www.levieuxrascard.com
– Fax 01 25 30 87 46 – 7 dicembre-Pasqua e 15 giugno-settembre
6 cam ⌂ – †38/75 € ††60/120 €
♦ Poche camere, molto carine e curate, all'interno di una tipica e caratteristica casa di montagna. Atmosfera calda e intima, arredi semplici e caratteristici.

CHANAVEY – Aosta – **561** F3 – Vedere Rhêmes Notre Dame

CHATILLON – Aosta (AO) – **561** E4 – 4 842 ab. – alt. 549 m – ⌧ 11024 **34** B2
▶ Roma 723 – Aosta 28 – Breuil-Cervinia 27 – Milano 160

🏨 **Relais du Foyer** senza rist ⇐ 🛏 Ⓕ 🍴 🔥 AC 🛋 P 🚗
località Panorama 37 – ℰ 01 66 51 12 51 VISA ⓪⓪ AE ① 💲
– www.relaisdufoyer.it – Fax 01 66 51 35 98
32 cam ⌂ – †50/90 € ††80/210 €
♦ Vicino al Casinò di Saint Vincent, per turisti o clientela d'affari un'elegante struttura recente, con zona fitness e solarium; boiserie nelle camere in stile classico.

CHERASCO – Cuneo (CN) – **561** I5 – 8 097 ab. – alt. 288 m – ⌧ 12062 **22** B3
▶ Roma 646 – Cuneo 52 – Torino 53 – Asti 51
🛈 via Vittorio Emanuele-Palazzo Comunale 79 ℰ 0172 427050, info@cherasco2000.com, Fax 0172 489218
🔟, ℰ 0172 48 97 72

✗ **La Lumaca** AC VISA ⓪⓪ AE 💲
via San Pietro ang. via Cavour – ℰ 01 72 48 94 21 – Fax 01 72 48 94 21 – chiuso dal 13 al 20 gennaio, dall'8 al 15 giugno, dal 1° al 18 agosto, lunedì, martedì
Rist – Menu 35 € – Carta 28/34 € 🏵
♦ Nelle cantine di un edificio di origini cinquecentesche, caratteristico ambiente con volte in mattoni per una cucina tradizionale dove regna incontrastata la lumaca.

CHIAMPO – Vicenza (VI) – **562** F15 – 12 630 ab. – alt. 170 m **35** B2
– ⌧ 36072
▶ Roma 539 – Verona 52 – Venezia 91 – Vicenza 24

🏨 **La Pieve** 🛏 🔥 AC ↔ 🍴 📶 🛋 P 🚗 VISA ⓪⓪ 💲
via Pieve 69 – ℰ 04 44 42 12 01 – www.lapievehotel.it – Fax 04 44 42 12 71
65 cam ⌂ – †63/67 € ††82/85 €
Rist – (chiuso sabato a mezzogiorno, domenica sera) Carta 33/49 € (+5 %)
♦ In una lineare struttura di taglio moderno un albergo recente, dotato di buoni confort e piacevoli camere d'impostazione classica; ideale per un turismo d'affari. Gustose ricette del territorio da assaporare nell'ampia e piacevole sala da pranzo.

CHIANCIANO TERME – Siena (SI) – **563** M17 – 7 367 ab. – alt. 550 m **29** D2
– ⌧ 53042 ▮ Toscana
▶ Roma 167 – Siena 74 – Arezzo 73 – Firenze 132
🛈 piazza Italia 67 ℰ 0578 671122, aptchiancianoterme@terresiena.it, Fax 0578 63277
◉ Museo Civico Archeologico delle Acque★
🖼 Madonna col Bambino★ Museo della Collegiata a Chianciano Vecchia: 2 km nord-est

🏨 **Admiral Palace** 🔟 🔳 ⑨⑨ 🛏 🔥 Ⓕ 🍴 🔥 AC 🍴 rist, 📶 🛋 P 🚗
😊 *via Umbria 2 – ℰ 0 57 86 32 97* VISA ⓪⓪ AE ① 💲
– www.admiralpalace.it – Fax 0 57 85 54 21
109 cam – †60/300 € ††80/300 € – 2 suites – ½ P 109/199 €
Rist – (solo per alloggiati) Menu 20/40 €
♦ Per chi è alla ricerca del confort e della qualità a 360°. Lussuoso albergo nato nel 2007, prodigo di spazi comuni e contraddistinto da uno stile moderno con qualche spunto di design. A completare l'offerta: un'ampia zona benessere e un attrezzato centro congressi.

Moderno 🐶 🍴 𝑳♨ ⅏ 📶 🔼 ⅏ rist, ⌂ 🅿 🚗 VISA ⓶ AE ① ⚡

viale Baccelli 10 – ℰ 05 78 63 75 4 – www.albergomodernochianciano.com
– Fax 05 78 60 06 56 – 25 aprile-ottobre
64 cam ☲ – ♦55/75 € ♦♦95/135 € – 2 suites – ½ P 75/95 €
Rist – Menu 25 €

♦ Albergo dagli ariosi spazi comuni. Il bianco domina nelle camere all'ultimo piano - le più recenti - le altre sono di diversa tipologia. Piacevoli angoli relax nel parco con tennis e piscina riscaldata. Una maestosa stalattite di cristallo troneggia al centro della sala da pranzo.

Ambasciatori 🍴 𝑳♨ 📶 🔼 ⅏ ⌂ ⚡ 🅿 🚗 VISA ⓶ AE ① ⚡

viale della Libertà 512 – ℰ 05 78 64 3 71 – www.barbettihotels.it
– Fax 05 78 64 3 71
111 cam ☲ – ♦75/95 € ♦♦95/120 € – 4 suites – ½ P 65/85 €
Rist – Carta 22/30 €

♦ Clientela termale, ma anche congressuale, in un centrale e comodo albergo degli anni '60. Camere confortevoli, alcune recentemente rinnovate, piscina riscaldata e solarium in terrazza panoramica. Ristorante d'impostazione classica.

Ave 🏠 📶 & rist, 🔼 ⅏ rist, ⌂ ⚡ 🅿 VISA ⓶ AE ① ⚡

via Piave 27 – ℰ 05 78 63 619 – www.hotelave.it – Fax 05 78 80 99 99
56 cam – ♦68/75 €, ☲ 7 € – ½ P 47/59 € **Rist** – Menu 20/35 €

♦ Piccolo albergo ben tenuto. I colori pastello sono protagonisti tanto negli spazi comuni quanto nelle camere, confortevoli e con arredi in legno.

Cristina 📶 & cam, 🚶 🔼 ⅏ rist, 🅿 🚗 VISA ⓶ AE ① ⚡

via Adige 31, angolo v.le di Vittorio – ℰ 05 78 60 05 52
– www.hotelcristinachiancianoterme.it – Fax 05 78 60 05 53 – marzo-ottobre
43 cam – ♦45/52 € ♦♦50/60 €, ☲ 6 € – ½ P 50/65 €
Rist – *(solo per alloggiati)*

♦ Hotel familiare, ben tenuto e ben gestito dai genitori insieme ai figli, presenta camere sobrie, con arredi pratici e bagni di diverso confort (quattro con vasca idromassaggio). Piacevole terrazza solarium.

Aggravi 📶 🔼 rist, ⅏ rist, 🚶 🅿 🚗 VISA ⓶ AE ① ⚡

viale Giuseppe di Vittorio 118 – ℰ 05 78 64 0 32
– www.chianciano.com/hotel/aggravi – Fax 05 78 63 4 56 – aprile-ottobre
34 cam – ♦30/45 € ♦♦55/70 €, ☲ 4 € – ½ P 45/52 €
Rist – *(solo per alloggiati)* Menu 18/24 €

♦ Cordiale gestione familiare per un albergo dagli accoglienti spazi comuni. Le camere, non nuovissime ma funzionali, dispongono di un comodo terrazzino. All'ultimo piano, il solarium panoramico.

Sole ed Esperia 🚲 📶 🔼 ⅏ rist, ⌂ 🚶 🅿 VISA ⓶ AE ① ⚡

via delle Rose 40 – ℰ 05 78 60 1 94 – www.hotelsolechiancianoterme.it
– Fax 05 78 60 1 96 – Pasqua-ottobre
108 cam – ♦55 € ♦♦78 €, ☲ 7 € – ½ P 74 € **Rist** – Carta 20/25 €

♦ In zona tranquilla vicina alle terme, la struttura si compone di un corpo centrale e di una dépendance, l'Esperia, con camere più moderne. Giardino ombreggiato e terrazza solarium. Grandi finestre affacciate sul verde illuminano la sala ristorante.

Montecarlo 🍴 📶 🔼 ⅏ rist, 🅿 🚗 VISA ⓶ ⚡

viale della Libertà 478 – ℰ 05 78 63 9 03 – www.hotel-montecarlo.it
– Fax 05 78 63 0 93 – maggio-ottobre
41 cam – ♦42/54 € ♦♦65/77 €, ☲ 6 € – ½ P 63 €
Rist – *(solo per alloggiati)* Menu 22/26 €

♦ Accogliente struttura a conduzione diretta, che dispone di terrazza panoramica con solarium e piscina. Arredi molto semplici, ma funzionali nelle sobrie stanze.

San Paolo 📶 🔼 rist, ⅏ 🅿 VISA ⓶ AE ① ⚡

via Ingegnoli 22 – ℰ 05 78 60 2 21 – www.hotelsanpaolochianciano.it
– Fax 05 78 63 7 53 – marzo-15 novembre
44 cam ☲ – ♦50 € ♦♦70 € – ½ P 35/45 €
Rist – *(solo per alloggiati)* Menu 18 €

♦ Squisita gestione familiare per una struttura essenziale, ma non priva di confort. Ai piani, le semplici camere: linde e tinteggiate di azzurro.

Hostaria il Buco
🔤 **AC VISA MC AE ① ⑤**

via Della Pace 39 – 𝒞 0 57 83 02 30 – Fax 05 78 32 09 03 – chiuso dal 2 al 15 novembre, mercoledì
Rist – Carta 23/30 €

♦ Appena sotto al centro storico, nella parte alta della località, un piccolo locale dalla calorosa atmosfera familiare. In menu: proposte tipiche toscane, paste fatte in casa, funghi e tartufi.

CHIARAMONTE GULFI – Ragusa – **365** AX61 – Vedere Sicilia alla fine dell'elenco alfabetico

---

CHIASSA SUPERIORE – Arezzo – **563** L17 – Vedere Arezzo

CHIAVARI – Genova (GE) – **561** J9 – **27 754 ab.** – ✉ **16043** ▮ Italia   **15** C2

▶ Roma 467 – Genova 38 – Milano 173 – Parma 134

🅵 corso Assarotti 1 𝒞 0185 325198, iat.chiavari@provincia.genova.it, Fax 0185 324796

◉ Basilica dei Fieschi★

Monte Rosa
🔤 **AC** rist, **SX** rist, **"Y" SA ➡ VISA MC AE ① ⑤**

via Monsignor Marinetti 6 – 𝒞 01 85 31 48 53 – www.hotelmonterosa.it – Fax 0 18 51 87 10 88
61 cam 🍽 – †60/100 € ††95/150 € – 3 suites – ½ P 78/85 €
Rist – *(chiuso 15 giorni in novembre) (solo per alloggiati)* Carta 36/52 €

♦ Ubicato in pieno centro, hotel di taglio classico gestito da una volenterosa famiglia, che si prodiga a soddisfare la propria clientela. Obiettivo raggiunto! Al ristorante viene proposta una buona cucina di mare senza trascurare i classici nazionali.

Lord Nelson con cam
≤ AC cam, **SX VISA MC AE ① ⑤**

corso Valparaiso 27 – 𝒞 01 85 30 25 95 – www.thelordnelson.it – Fax 01 85 31 03 97 – chiuso 20 giorni in novembre
5 suites 🍽 – ††181 €   **Rist** – *(chiuso mercoledì)* Carta 57/107 €

♦ Direttamente sul lungomare, locale raffinato con american bar ed enoteca: una profusione di legno lucidato a specchio in elegante stile marinaro e stuzzicanti proposte a base di pesce.

Vecchio Borgo
🔤 **AC VISA MC ⑤**

piazza Gagliardo 15/16 – 𝒞 01 85 30 90 64 – chiuso dal 6 al 30 gennaio e martedì escluso luglio-agosto
Rist – Carta 27/57 €

♦ In un vecchio edificio alla fine della passeggiata, sale in stile rustico ricercato e un bel dehors sulla piazzetta; fragranti piatti classici per lo più di pesce.

Da Felice
🔤 **AC VISA MC ⑤**

via Risso 71 – 𝒞 01 85 30 80 16 – www.ristorantefelice.it – Fax 01 85 30 47 30
Rist – *(chiuso lunedì) (chiuso a mezzogiorno da giugno a settembre)* (consigliata la prenotazione) Carta 26/51 €

♦ Alle spalle del lungomare, ambiente rustico in una piccola trattoria con cucina a vista presidiata dal titolare. Pesce in tante varianti, ma subordinato al mercato del giorno.

CHIAVENNA – Sondrio (SO) – **561** D10 – **7 336 ab.** – alt. 333 m   **16** B1
– ✉ **23022** ▮ Italia

▶ Roma 684 – Sondrio 61 – Bergamo 96 – Como 85

🅵 via Vittorio Emanuele II, 2 𝒞 0343 33442, infochiavenna@provincia.so.it, Fax 0343 33442

◉ Fonte battesimale★ nel battistero

Sanlorenzo
🔤 **& AC (") P ➡ VISA MC AE ① ⑤**

corso Garibaldi 3 – 𝒞 0 34 33 49 02 – www.sanlorenzochiavenna.it – Fax 0 34 33 60 98
29 cam 🍽 – †55/75 € ††85/100 € – ½ P 55/70 €   **Rist** – Carta 24/44 €

♦ Nuova struttura adiacente il centro ed a pochi passi dalla stazione, si caratterizza per gli arredi moderni di buon confort e le camere luminose nonché funzionali. Il ristorante propone piatti del territorio gustosamente rivisitati.

🏠 Aurora 🌬 🍴 ⚚ 📶 🛗 😷 📶 🕌 **P** 🆚 ⓪ ⓪ ➎

via Rezia 73, località Campedello, Est : 1 km – 🕻 0 34 33 27 08
– www.albergoaurora.it – Fax 0 34 33 51 45 – chiuso dal 5 al 19 novembre
48 cam ⌨ – 🛏40/60 € 🛏🛏60/90 € – ½ P 45/65 €
Rist – Menu 15/20 €
Rist *Garden* – Menu 20/30 € – Carta 28/48 €
♦ Una struttura fuori dal centro, con spazi comuni ridotti e camere dagli arredi essenziali ma ben tenute; di particolare interesse la piscina in un grazioso giardino. Due sale rustiche, pizze e piatti di cucina nazionale e valtellinese.

✕✕✕ Passerini 😷 🆚 ⓪ ⒶⒺ ⓪ ➎

palazzo Salis, via Dolzino 128 – 🕻 0 34 33 61 66 – www.ristorantepasserini.com
– Fax 0 34 33 61 66 – chiuso 20 giorni in giugno, dal 20 al 30 novembre e lunedì
Rist – Menu 33/53 € – Carta 34/61 €
♦ In un palazzo settecentesco, due sale di sobria eleganza, di cui una con camino, per un ristorante dall'offerta culinaria completa: terra, mare e tradizioni del luogo.

✕✕ Al Cenacolo 🍴 🆚 ⓪ ⒶⒺ ⓪ ➎

via Pedretti 16 – 🕻 0 34 33 21 23 – www.alcenacolo.info – Fax 0 34 33 21 23
– chiuso giugno, martedì sera, mercoledì
Rist – Carta 38/48 €
♦ Tocchi di rusticità (legni al soffitto, camino, pavimento in cotto), ma tono elegante in un ristorante del centro, con minuscolo terrazzino; specialità locali, ma non solo.

a Mese Sud-Ovest : 2 km – ✉ 23020

✕ Crotasc 🍴 ⇔ **P** 🆚 ⓪ ⒶⒺ ⓪ ➎

via Don Primo Lucchinetti 63 – 🕻 0 34 34 10 03 – www.mameteprevostini.com
– Fax 0 34 34 15 21 – chiuso dal 28 giugno al 15 luglio, lunedì, martedì
Rist – Menu 38/42 € – Carta 35/47 € 🕸
♦ Dal 1946 il fuoco del camino scalda le giornate più fredde e le due sale riscoprono nella pietra la storia del crotto e una cordiale accoglienza; in cucina, la tradizione rivive con creatività.

CHIERI – Torino (TO) – 561 G5 – 35 354 ab. – alt. 315 m – ✉ 10023 ▮ Italia 22 B1
▶ Roma 649 – Torino 18 – Asti 35 – Cuneo 96

✕✕✕ Sandomenico 🅰🅺 ⇔ 🆚 ⓪ ⒶⒺ ⓪ ➎

via San Domenico 2/b – 🕻 01 19 41 18 64
– www.web.tiscali.it/chieri/sandomenico – Fax 01 19 41 18 64
Rist – *(chiuso sabato a mezzogiorno, domenica sera, lunedì)* *(prenotare)*
Carta 50/80 € 🕸
♦ Luminoso ed elegante dal soffitto con travi a vista ed arredato con pochi tavoli rotondi. Dalle cucine, piatti di terra e di mare, dalle cantine, bottiglie italiane e francesi.

CHIESA IN VALMALENCO – Sondrio (SO) – 561 D11 – 2 712 ab. 16 B1
– alt. 1 000 m – Sport invernali : 1 050/2 236 m ≤ 1 ✂ 6, ⚡ – ✉ 23023
▶ Roma 712 – Sondrio 14 – Bergamo 129 – Milano 152
🛈 piazza Santi Giacomo e Filippo 🕻 0342 451150, infovalmalenco@provincia.so.it, Fax 0342 452505

🏨 Tremoggia ≤ 🍴 ⛰ 🛗 ⇆ 😷 rist. 📶 🛗 **P** 🆚 ⓪ ⒶⒺ ⓪ ➎

via Bernina 6 – 🕻 03 42 45 11 06 – www.tremoggia.it – Fax 03 42 45 17 18
– chiuso novembre
39 cam ⌨ – 🛏82/150 € 🛏🛏115/196 € – 4 suites – ½ P 85/125 €
Rist – Carta 28/36 €
♦ Calda accoglienza familiare in un albergo storico della località rinnovato nel tempo; oggi offre servizi completi e di alto livello; centro benessere all'ultimo piano. Ristorante che dispone di varie, confortevoli sale.

🏠 La Lanterna 😷 rist. 📶 🆚 ⓪ ⒶⒺ ⓪ ➎

via Bernina 88 – 🕻 03 42 45 14 38 – www.hotellanterna.it – Fax 03 42 45 47 66
– dicembre-aprile e luglio-25 settembre
16 cam – 🛏40/55 € 🛏🛏60/80 €, ⌨ 10 € – ½ P 40/65 € **Rist** – Carta 23/30 €
♦ Un semplice hotel che gode i buoni risultati di una ristrutturazione di anni recenti; solida conduzione familiare, camere pulite, spaziose e dal confort adeguato. Ristorante casalingo seguito direttamente dai gestori dell'albergo.

XX **La Volta** ⇔ VISA ⚫ AE ① ⚡

via Milano 48 – ☏ 03 42 45 40 51 – Fax 03 42 45 40 51 – chiuso 15 giorni in maggio, dal 20 ottobre al 10 novembre, martedì, mercoledì, i mezzogiorno di lunedì-giovedì-venerdì e domenica sera

Rist – Menu 25/48 € – Carta 35/48 € ⅋

♦ Tradizione e modernità: è il binomio che descrive un locale classico all'interno di un edificio storico ristrutturato; ai fornelli si fondono creatività e competenza.

XX **Il Vassallo** ⅋ ⇔ P̄ VISA ⚫ AE ① ⚡

via Vassalini 27 – ☏ 03 42 45 12 00 – www.ristorantevassallo.it – Fax 03 42 45 12 00 – chiuso lunedì

Rist – Carta 27/35 €

♦ Costruita intorno ad un bgrande masso di granito dalle sfumature policrome, l'antica residenza vescovile offre atmosfere suggestive e stuzzicanti ricette del territorio.

XX **Malenco** ⇐ ⇔ P̄ VISA ⚫ AE ① ⚡
🐽
via Funivia 20 – ☏ 03 42 45 21 82 – www.malencofre.it – Fax 03 42 45 21 82 – chiuso dal 20 giugno al 5 luglio e martedì

Rist – Carta 30/40 €

♦ Di taglio moderno l'arredo della sala, con vetrata panoramica sulla valle, di impostazione tipica-locale invece la carta: piatti della tradizione a prezzi contenuti.

CHIETI P (CH) – 563 O24 – 54 901 ab. – alt. 330 m – ⊠ 66100 ▮ Italia   1 B2

🛣 Roma 205 – Pescara 14 – L'Aquila 101 – Ascoli Piceno 103

🛈 via B. Spaventa 29 ☏ 0871 63640, presidio.chieti@abruzzoturismo.it, Fax 0871 63647

🏌 Abruzzo, ☏ 0871 68 49 69

👁 Giardini★ della Villa Comunale Z – Guerriero di Capestrano★ nel museo Archeologico degli Abruzzi ZM1

🏨 **Harri's** ⇐ AC 🍴 rist, ⁕⁑ VISA ⚫ AE ① ⚡
🐽
via Valignani 219, prossimità casello autostrada – ☏ 08 71 32 15 55 – www.harrishotels.com – Fax 08 71 32 17 81

15 cam ⊡ – †79 € ††95 € – ½ P 65 €

Rist – (chiuso agosto e giorni festivi) (chiuso a mezzogiorno) Carta 19/34 €

♦ Su una collina, la vista che spazia sulla vallata e nei dintorni, la piccola accogliente struttura si articola su due livelli e propone camere classiche, tutte provviste di balcone.

sulla strada statale 5 Tiburtina - località Brecciarola Sud-Ovest : 9 km :

🏨 **Enrica** ⅋ AC 🍴 🕻 P̄ VISA ⚫ AE ① ⚡
🐽
via Aterno 441, località Brecciarola – ☏ 0 87 16 85 41 – www.hotelenrica.it – Fax 0 87 16 85 42 23

15 cam ⊡ – †65/75 € ††90/95 €

Rist Da Gilda – vedere selezione ristoranti

♦ Elegante struttura di recente costruzione, dotata di un ascensore panoramico che conduce alle confortevoli camere, moderne e di alto livello. Dai balconi, vista sul Gran Sasso.

X **Da Gilda** AC 🍴 P̄ VISA ⚫ AE ① ⚡
🐽
via Aterno 464 Brecciarola – ☏ 08 71 68 41 57 – Fax 08 71 68 47 27 – chiuso lunedì
🐽
Rist – (chiuso la sera escluso giovedì, venerdì e sabato) Carta 20/42 €

♦ 40 anni di cucina semplice e genuina a prezzi sempre onesti! Ecco il segreto di questa trattoria a gestione familiare che punta su ricette nazionali e locali e qualche piatto di pesce.

CHIOANO – Perugia (PG) – Vedere Todi

CHIOGGIA – Venezia (VE) – 562 G18 – 50 862 ab. – ⊠ 30015 ▮ Venezia   36 C3

🛣 Roma 510 – Venezia 53 – Ferrara 93 – Milano 279

👁 Duomo★

a Cavanella d'Adige Sud : 13 km – ⊠ 30010

XX **Al Centro da Marco e Melania** AC ⇔ VISA ⚫ AE ① ⚡

piazza Baldin e Mantovan – ☏ 0 41 49 75 01 – Fax 0 41 49 76 61 – chiuso dal 28 dicembre al 16 gennaio, dal 21 giugno al 2 luglio, lunedì

Rist – Carta 46/77 € ⅋

♦ E' sulla grande griglia posizionata a vista in sala che vengono preparate le fragranti specialità ittiche della casa; moderno e accogliente con quadri alle pareti.

a Lido di Sottomarina Est : 1 km – ✉ 30015

🛈 lungomare Adriatico 101 ✆ 041 401068, Fax 041 5540855

Bristol
≤ 🚗 ⅃ 🛉 🕴 🏧 ⚕ ᵗⁱⁱ 🄿 💳 ⓒⓞ 🄰🄴 ① ⚓
lungomare Adriatico 46 – ✆ 04 15 54 03 89 – www.hotelbristol.net
– Fax 04 15 54 18 13 – 15 marzo-15 novembre
65 cam ⌚ – ♦55/250 € ♦♦60/300 € – ½ P 70/100 €
Rist – (giugno-agosto) (solo per alloggiati) Menu 35/70 €
♦ Imponente struttura bianca e signorile con piscina e zona solarium, propone camere confortevoli, tutte con balcone e vista sul mare. All'esterno un piccolo giardino.

Le Tegnue
≤ 🚗 ⅃ 🛉 🕴 🏧 ⚕ ᵗⁱⁱ 🔱 🄿 💳 ⓒⓞ 🄰🄴 ⚓
lungomare Adriatico 48 – ✆ 04 1 49 17 00 – www.hotelletegnue.it
– Fax 0 41 49 39 00 – aprile-ottobre
88 cam ⌚ – ♦87/101 € ♦♦125/150 € – ½ P 75/96 €   **Rist** – Menu 35 €
♦ Situato davanti al mare e circondato da un ampio giardino, questo grande complesso a conduzione diretta dispone di una spiaggia privata e camere di diverse tipologie, recentemente rinnovate. La vista dell'Adriatico si propone da tutte le stanze. Cucina tradizionale chioggiotta e specialità marinare al ristorante.

Sole
⅃ 🛉 🕴 🏧 ⚕ ᵗⁱⁱ 🔱 🏖 💳 ⓒⓞ 🄰🄴 ① ⚓
viale Mediterraneo 9 – ✆ 04 14 91 50 43 – www.hotel-sole.com
– Fax 04 14 96 67 60 – aprile-ottobre
58 cam ⌚ – ♦52/57 € ♦♦85/95 € – ½ P 63/73 €
Rist – (aprile-settembre) (solo per alloggiati)
♦ Elegante, all'inizio del lungomare, una spiaggia riservata, con piscina, a pochi metri di distanza. Luminosi gli spazi comuni, mentre le camere sono state recentemente rinnovate.

✗✗ Garibaldi
🏧 ⚕ 💳 ⓒⓞ 🄰🄴 ① ⚓
via San Marco 1924 – ✆ 04 15 54 00 42 – www.ristorantegaribaldi.com
– Fax 04 15 54 00 42 – chiuso novembre, dal 21 al 27 gennaio, lunedì, anche
domenica sera da dicembre a maggio
Rist – Carta 45/75 € 🕸
♦ Tre generazioni di ristoratori per un ristorante centenario! Elegante eppure informale l'ambiente, dove gustare semplici e deliziosi piatti a base di pesce.

CHIRIGNAGO – Venezia – Vedere Mestre

CHIUDUNO – Bergamo (BG) – 561 F11 – 5 501 ab. – alt. 218 m   19 D1
– ✉ 24060

▶ Roma 598 – Milano 70 – Bergamo 23 – Lecco 99

✗✗✗ A'anteprima (Daniel Facen)
⅏ 🏧 ⚕ 💳 ⓒⓞ 🄰🄴 ① ⚓
❀   via Kennedy 12 – ✆ 03 58 36 10 30 – www.ristoranteanteprima.it
– Fax 0 35 83 81 39 – chiuso dal 4 all'11 gennaio, dal 2 al 24 agosto, domenica
e lunedì
Rist – (consigliata la prenotazione) Menu 75/98 € – Carta 75/115 € 🕸
Spec. Percorso creativo di cucina molecolare. Tortelli di farina di mais farciti
con formaggio di monte, tartufo e aria al parmigiano. Il sushi e i fiori.
♦ La cucina molecolare sbarca nella bergamasca con un menu di circa venti assaggi, proposti in un'elegante sala alle porte della località. A disposizione, anche una carta con piatti più classici, ma sempre di impronta moderno/creativa. Scelta enologica superlativa.

CHIUSA (KLAUSEN) – Bolzano (BZ) – 562 C16 – 4 863 ab. – alt. 525 m   31 C1
– ✉ 39043 Chiusa D'Isarco ▮ Italia

▶ Roma 671 – Bolzano 30 – Bressanone 11 – Cortina d'Ampezzo 98
🛈 piazza Mercato ✆ 0472 847424, info@klausen.it, Fax 0472 847244

Goldener Adler
⅏ 🛁 🕴 🏧 ᵗⁱⁱ 🔱 🄿 🏖 💳 ⓒⓞ 🄰🄴 ① ⚓
piazza Fraghes 14 – ✆ 04 72 84 61 11 – www.goldeneradler.it
– Fax 04 72 84 62 34 – chiuso 2 settimane in luglio e 2 settimane in novembre
20 cam ⌚ – ♦70/80 € ♦♦110/154 €   **Rist** – Menu 35/60 €
♦ A pochi passi dal centro, hotel in tipico stile sudtirolese, ideale per chi vuole soggiornare in uno dei borghi più suggestivi dell'Alto Adige: confort, prezzi interessanti ed un tocco di romanticismo. Al ristorante un intelligente mélange di cucina locale, nazionale ed internazionale.

⌂ Ansitz Fonteklaus ⌂ ⊰ 🚘 🏠 ⅃ ❄ rist, P VISA ☻ ⚫

*via Freins 4, Est : 3,6 km, alt. 897 – ℰ 04 71 65 56 54 – www.fonteklaus.it
– Fax 04 71 65 50 45 – aprile-novembre*
8 cam ⌑ – †46/52 € ††72/82 € – 2 suites – ½ P 55/62 €
Rist – *(chiuso giovedì)* Carta 27/53 €

◆ Potreste incontrare i caprioli, il picchio o lo scoiattolo in questa incantevole oasi di pace; laghetto-piscina naturale; confort e relax in un hotel tutto da scoprire. Calda atmosfera nella sala da pranzo in stile stube.

⌂ Bischofhof 🚘 ⅃ 🏠 📶 ❄ rist, P VISA ☻ ⚫

*via Gries 4 – ℰ 04 72 84 74 48 – www.bischofhof.it – Fax 04 72 84 71 72 – chiuso
novembre*
21 cam ⌑ – ††74 € – ½ P 47/57 €
Rist Jasmin – vedere selezione ristoranti
Rist – *(solo per alloggiati)*

◆ Pochi minuti a piedi dal centro della cittadina e raggiungerete questa pensione familiare: all'interno camere comode ed accoglienti, una piscina e giochi per i più piccoli.

✗✗ Jasmin (Martin Obermarzoner) 🚘 ❄ P VISA ☻ ⚫
❀
*via Gries 4 – ℰ 04 72 84 74 48 – www.bischofhof.it – Fax 04 72 84 71 72 – chiuso
novembre e martedì*
Rist – *(chiuso a mezzogiorno escluso domenica)* (prenotazione obbligatoria)
Menu 65/90 €
Spec. Medaglione di foie gras d'anatra con mela cotogna e tartufo bianco d'Alba. Coppa di maiale iberico "Joselito" in crosta di crescione con purea di melanzane, peperoni e zucchine. La creazione di cioccolato 2009.

◆ Grande e giovane talento della ristorazione altoatesina, vi verranno proposti menu degustazione con scelta del numero di piatti, carne o pesce ma con un unico, eccellente risultato.

a Gudon (Gufidaun)Nord-Est : 4 km – ✉ 39043

✗✗ Unterwirt con cam ⌂ 🚘 ⅃ P VISA ☻ ⚫
⌖
*– ℰ 04 72 84 40 00 – www.unterwirt-gufidaun.com – Fax 04 72 84 40 65
– chiuso dal 7 gennaio al 2 febbraio, dal 18 al 30 giugno, domenica, lunedì*
3 cam ⌑ – †51/61 € ††88/102 €
Rist – *(chiuso a mezzogiorno escluso da luglio a settembre)* Menu 39/54 €
– Carta 47/74 €

◆ Tre caratteristiche stube, personalizzate con stufe in muratura, colorati acquerelli o trofei di caccia, ma soprattutto una calda e cordiale accoglienza per gustare al meglio un locale ricco di tradizione. La risorsa dispone anche di curate camere, avvolte dalla tranquillità e dai silenzi delle montagne.

CHIUSI – Siena (SI) – 563 M17 – 8 889 ab. – alt. 375 m – ✉ 53043   29 D2
▌Toscana

🗗 Roma 159 – Perugia 52 – Arezzo 67 – Chianciano Terme 12
🗗 piazza Duomo 1 ℰ0578 227667, prolocochiusi@bcc.tin.it, Fax 0578 227667
🖭 Museo Etrusco★

✗ Osteria La Solita Zuppa AC VISA ☻ AE ① ⚫
⊛
*via Porsenna 21 – ℰ 0 57 82 10 06 – www.lasolitazuppa.it – Fax 0 57 82 10 06
– chiuso dal 15 gennaio al 1° marzo e martedì*
Rist – *(consigliata la prenotazione)* Carta 25/35 € ॐ

◆ Un'ottima accoglienza riscalda questa rustica trattoria del centro. La cucina "parla" toscano, con un occhio di riguardo per i piatti antichi e poveri: immancabili, le proverbiali zuppe.

in prossimità casello autostrada A1 Ovest : 3 km:

⌂⌂ Villa il Patriarca ⌂ ⊰ 🕭 ⅃ 🖻 🖢 🚗 AC 🌐 🕍 P
località Querce al Pino, strada statale 146 ✉ 53043   VISA ☻ AE ① ⚫
Chiusi – ℰ 05 78 27 44 07 – www.ilpatriarca.it – Fax 05 78 27 44 07
23 cam ⌑ – †69/89 € ††79/149 € – ½ P 85/105 €
Rist I Salotti – vedere selezione ristoranti
Rist La Taverna del Patriarca – Carta 32/40 €

◆ Racchiusa in un parco meraviglioso, la villa ottocentesca è stata edificata su un insediamento di origine etrusca e ottimamente ristrutturata con buon gusto.

XXX **I Salotti** (Katia Maccari)   ← ⚏ 🍴 ⅃ ₲ 🆑 ⚙ 🅿 ⓥⓘⓢⓐ ⓪ 🅐🅔 ⓞ ⓢ
፨   *località Querce al Pino, strada statale 146* ⊠ *53043 Chiusi –* ☏ *05 78 27 44 07*
      – www.ilpatriarca.it – Fax 05 78 27 44 07
      Rist *– (aprile-ottobre; chiuso lunedì e martedì) (chiuso a mezzogiorno)*
      Carta 74/99 € ⚵
      Spec. Sfera di gamberi ripiena di panzanella su vellutata di fagiolina del Trasi-
      meno. Tortelli ripieni di stracotto d'agnello con scaglie di pecorino di fossa.
      Bistecca di chianina alla "fiorentina" con fagioli al fiasco e verdure grigliate.
      ♦ Un ristorante che convince anche i più critici gourmet. Sulle eleganti tavole di questo
      locale una cucina che reinterpreta i prodotti regionali in piatti estrosi e creativi.

CHIVASSO – Torino (TO) – **561** G5 – 24 572 ab. – alt. 183 m – ⊠ 10034   **22** B2
      ▶ Roma 684 – Torino 22 – Aosta 103 – Milano 120

🏨   **Ritz** senza rist   ▤ ₲ 🆑 🙶 🅿 ⓥⓘⓢⓐ ⓪ 🅐🅔 ⓞ ⓢ
      via Roma 17 – ☏ *01 19 10 21 91 – www.ritzchivasso.it – Fax 01 19 11 60 68*
      48 cam ⌁ – ❙65/90 € ❙❙75/110 €
      ♦ Ambiente raccolto e confortevole, dotato delle moderne comodità. La struttura offre camere
      spaziose arredate classicamente, un ampio salone per riunioni e un comodo parcheggio.

✗   **Locanda del Sole**   🍴 🆑 ⇔ ⓥⓘⓢⓐ ⓪ 🅐🅔 ⓞ ⓢ
      via Roma 16 – ☏ *01 19 12 12 29 – Fax 01 19 13 19 68 – chiuso una settimana in*
      gennaio, domenica sera e lunedì
      Rist – Carta 33/43 €
      ♦ Si è spostato in una nuova sede la Locanda, ma la proposta gastronomica è rimasta
      immutata: una cucina casalinga regionale che in estate si potrà apprezzare anche all'aperto.

CIAMPINO – Roma – **563** Q19 – Vedere Roma

CICOGNARA – Mantova – Vedere Viadana

CICOGNOLO – Cremona (CR) – **561** G12 – 919 ab. – alt. 31 m   **17** C3
– ⊠ 26030
      ▶ Roma 541 – Milano 108 – Cremona 15 – Mantova 55

🏨   **Pilgrim's** senza rist   ▦ ▤ ₲ 🆑 ⇙ ⓣ 🅸 ⓥⓘⓢⓐ ⓪ 🅐🅔 ⓞ
      strada provinciale 33, 9 – ☏ *03 72 83 00 85 – www.pilgrimshotel.it*
      – Fax 03 72 83 58 95 – chiuso agosto
      34 cam ⌁ – ❙45/90 € ❙❙60/150 €
      ♦ Gestione giovane e competente per una struttura efficiente con buoni spazi comuni e
      camere rinnovate nei confort: la maggior parte delle quali offre una suggestiva vista sul mae-
      stoso castello di Cicognolo.

CIMA SAPPADA – Belluno – Vedere Sappada

CIMEGO – Trento (TN) – **562** E13 – 425 ab. – alt. 557 m – ⊠ 38082   **30** A3
      ▶ Roma 630 – Trento 64 – Brescia 86 – Sondrio 143

🏠   **Aurora**   🍴 ⅃ ⚶ ▤ ⛷ 🆑 rist, ⚙ rist, ⓣ 🅿 ⓥⓘⓢⓐ ⓪ ⓞ ⓢ
⌂   *località Casina dei Pomi 139, Nord-Est : 1,5 km –* ☏ *04 65 62 10 64*
      – www.hotelaurora.tn.it – Fax 04 65 62 17 71
      18 cam ⌁ – ❙34/38 € ❙❙66/74 € – ½ P 48/56 €
      Rist *– (chiuso lunedì)* Carta 22/30 € ⚵
      ♦ Lungo la strada per Campiglio, un grazioso edificio con camere in continuo rinnovo e
      rilassante giardino sul retro. Ristorante rinomato per le specialità locali e la polenta in
      molte varianti.

CINGOLI – Macerata (MC) – **563** L21 – 10 646 ab. – alt. 631 m   **21** C2
– ⊠ 62011
      ▶ Roma 250 – Ancona 52 – Ascoli Piceno 122 – Gubbio 96
      🛈 (giugno-settembre) via Ferri 17 ☏ 0733 602444, iat.cingoli@
      regione.marche.it, 0733 602444

⌂ Villa Ugolini   🚗 ⚄ 🅰 ⚲ 🅿 VISA ⬤ AE ① ⚙

località Sant'Anastasio 30, Est : 4 km – ☎ *07 33 60 46 92 – www.villaugolini.it*
– Fax 07 33 60 16 30

12 cam ⌂ – ♦40 € ♦♦70 € – ½ P 50 €   **Rist** – Carta 18/25 €

♦ Piccolo albergo a conduzione familiare ricavato da una villa in pietra del 1600. Camere ampie con mobili in legno scuro. Giardino curato con vista sui colli. Piccolo albergo a conduzione familiare ricavato da una villa in pietra del 1600. Camere ampie con mobili in legno scuro. Giardino curato con vista sui colli.

CINISELLO BALSAMO – Milano (MI) – 561 F9 – 73 683 ab.   18 B2
– alt. 154 m – ✉ 20092

▶ Roma 583 – Milano 13 – Bergamo 42 – Como 41

Pianta d'insieme di Milano

🏨 Cosmo Hotel Palace   🛜 🖧 📶 ⚄ 🛝 🅰 🏊 ⚲ 🛁 🅿 🚗

via De Sanctis 5 – ☎ *02 61 77 71*   VISA ⬤ AE ① ⚙
– www.cosmohotels.it – Fax 02 61 77 75 55   **BOx**

201 cam ⌂ – ♦89/349 € ♦♦89/379 € – ½ P 75/215 €

Rist – *(chiuso sabato e domenica a mezzogiorno)* Carta 37/61 €

♦ Struttura imponente, visibile anche dall'autostrada da cui è facilmente raggiungibile. Interni comunque perfettamente insonorizzati, arredati in stile semplice e funzionale. Grande sala open-space, a pranzo nei giorni feriali fornito self-service.

⌂ Lincoln senza rist   📶 🅰 ⚲ 🅿 VISA ⬤ AE ① ⚙

viale Lincoln 65 – ☎ *0 26 17 26 57 – www.hotellincoln.it – Fax 0 26 18 55 24*

20 cam ⌂ – ♦77/140 € ♦♦95/160 €   **BOk**

♦ Frequentazione, per lo più abituale, di clientela di lavoro o di passaggio per una risorsa di buon confort, con spazi comuni limitati, ma camere ampie e ben arredate.

CINQUALE – Massa Carrara – 563 K12 – Vedere Montignoso

CIOCCARO – Asti – 561 G6 – Vedere Penango

CIPRESSA – Imperia (IM) – 561 K5 – 1 325 ab. – alt. 240 m – ✉ 18017   14 A3
▶ Roma 628 – Imperia 19 – San Remo 12 – Savona 83

✕ La Torre   VISA ⬤ AE ⚙

piazza Mazzini 2 – ☎ *0 18 39 80 00 – Fax 0 18 39 80 00 – 16 febbraio-14 ottobre; chiuso lunedì*

Rist – Carta 21/32 €

♦ Una serie di tornanti vi condurrà alla volta di Cipressa e di una spettacolare vista sul mare. E' nel centro di questo caratteristico paese che si trova la trattoria: accoglienza familiare e cucina di terra.

CIRELLA – Cosenza (CS) – 564 H29 – alt. 27 m – ✉ 87020   5 A1
▶ Roma 430 – Cosenza 83 – Castrovillari 80 – Catanzaro 143

🏨 Ducale Villa Ruggeri   🚗 🅰 🛝 rist 🅿 VISA ⬤ AE ① ⚙

via Vittorio Veneto 190 – ☎ *0 98 58 60 51 – www.ducalehotel.net*
– Fax 0 98 58 60 51

22 cam ⌂ – ♦45/70 € ♦♦65/90 € – ½ P 75/90 €

Rist – *(giugno-settembre) (solo per alloggiati)* Menu 20 €

♦ Bella villa settecentesca, dall'800 di proprietà della famiglia che vi gestisce un hotel dagli spazi comuni di tono elegante; camere funzionali; accesso diretto al mare.

⌂ Agriturismo Fattoria di Arieste   ⬱ 🚗 🏡 🅰 🛝 ⚲

strada per Maierà, Est: 1,5 km – ☎ *09 85 88 90 50 – www.fattoriadiarieste.it*
– Fax 09 85 88 90 50 – chiuso dal 15 gennaio al 28 febbraio, novembre

6 cam ⌂ – ♦♦60/80 € – ½ P 55 €   **Rist** – Menu 20 € bc/25 € bc

♦ Azienda agricola con meravigliosa vista sul golfo di Policastro: amabile accoglienza familiare in colorate ed accoglienti camere. Cucina casalinga e genuina.

CIRÒ MARINA – Crotone (KR) – **564** I33 – 14 674 ab. – ✉ 88811   **5** B1

> ▶ Roma 561 – Cosenza 133 – Catanzaro 114 – Crotone 36

🏠 **Il Gabbiano** ⬧   ⩽ 🚗 🏠 ⤴ ⭐ rist, 🅰🅒 ⅍ 🌐 🕍 🅿
località Punta Alice, Nord : 2 km – ℰ 096 23 13 39   🆅🅸🆂🅰 ⓿ 🅰🅴 ① 🕉
– www.gabbiano-hotel.it – Fax 096 23 13 30
50 cam ⬚ – †55/80 € ††85/140 € – ½ P 65/105 €   **Rist** – Carta 25/39 €
   ♦ Alla fine del lungomare – alle porte del paese - hotel recentemente rinnovato: modernità e confort sia nelle camere sia negli spazi comuni. Due sale di tono elegante nel ristorante, con servizio estivo di fronte alla piscina.

CISANO BERGAMASCO – Bergamo (BG) – **561** E10 – 6 169 ab.   **19** C1
– alt. 268 m – ✉ 24034

> ▶ Roma 610 – Bergamo 18 – Brescia 69 – Milano 46

🏠 **Fatur** 🛱   🚗 🏠 🛎 ⭐ cam, ⅍ 🌐 🅿 🆅🅸🆂🅰 ⓿ 🅰🅴 ① 🕉
via Roma 2 – ℰ 035 78 12 87 – www.fatur.it – Fax 035 78 75 95
– chiuso dall'8 al 20 gennaio e dal 16 al 30 agosto
14 cam ⬚ – †65 € ††90 € – ½ P 85 €   **Rist** – (chiuso venerdì) Carta 34/48 €
   ♦ Ai piedi del Castello, nel centro del paese, questo albergo si presenta con interni ordinati, camere doppie dagli spazi notevoli, arredate in stile funzionale. Accogliente e molto frequentato il ristorante propone i piatti del territorio, rivisitati con fantasia. Servizio in giardino nei mesi estivi.

🏠 **La Sosta** senza rist   ⩽ 🚗 🛎 ⭐ 🅰🅒 🌐 🆅🅸🆂🅰 ⓿ 🅰🅴 ① 🕉
via Amatore Sciesa 7, Ovest: 1,5 km – ℰ 03 54 36 42 32 – www.hotellasosta.it
– Fax 035 78 14 69 – chiuso dal 16 al 28 agosto
9 cam ⬚ – †80/100 € ††100/150 € – 2 suites
   ♦ Una nuovissima realizzazione proprio in riva al fiume su cui si affaccia con le sue terrazze: camere semplici e funzionali, in uno stile minimalista che non esclude il confort.

✗✗ **La Sosta** ⩽ 🏠 🅰🅒 🅿 🆅🅸🆂🅰 ⓿ 🅰🅴 ① 🕉
via Sciesa 3, Ovest : 1,5 km – ℰ 035 78 10 66 – www.ristorantelasosta.it
– Fax 035 78 14 69 – chiuso 10 giorni in febbraio, dal 16 al 24 agosto e
mercoledì
Rist – Carta 30/51 €
   ♦ Sulla riva del fiume Adda, locale di tradizione e di sapore classico caratterizzato da grandi vetrate e bella veranda. Cucina di ampio respiro con pesce d'acqua dolce.

CISON DI VALMARINO – Treviso (TV) – **562** E18 – 2 654 ab.   **36** C2
– alt. 261 m – ✉ 31030

> ▶ Roma 582 – Belluno 32 – Trento 114 – Treviso 41

🏠🏠 **CastelBrando** ⬧   ⩽ 🖥 ⊛ 🍴 🌿 🅰🅒 ⅍ 📞 🕍 🅿 🚗
via Brandolini 29 – ℰ 04 38 97 61   🆅🅸🆂🅰 ⓿ 🅰🅴 ① 🕉
– www.castelbrando.it – Fax 04 38 97 60 20
80 cam ⬚ – †140/200 € ††160/200 € – 2 suites – ½ P 125/145 €
Rist Sansovino – (chiuso lunedì, martedì) (chiuso a mezzogiorno escluso sabato, domenica e festivi) Carta 50/63 €
Rist La Fucina – Carta 31/41 €
   ♦ Sorge in posizione elevata questo complesso storico, le cui fondamenta risalgono all'epoca romana. Grandi spazi e servizi completi, anche per congressi e area museale aperta al pubblico (su prenotazione). Elegante atmosfera castellana al ristorante Sansovino. Piatti più semplici e servizio pizzeria alla Fucina.

a Rolle Sud: 4 km – ✉ 31030

🏠 **Agriturismo Duca di Dolle** senza rist   ⩽ 🚗 ⤴ 🅰🅒 ⅍ 🌐 🕍 🅿
via Piai Orientali 5, frazione Rolle – ℰ 04 38 97 58 09   🆅🅸🆂🅰 ⓿ 🅰🅴 ① 🕉
– www.bisol.it – Fax 04 38 97 57 92 – 21 dicembre-7 gennaio e 21 marzo-
4 novembre
9 cam – †115/145 € ††154/235 €, ⬚ 7 €
   ♦ Tra le colline delle Prealpi Trevigiane - in posizione panoramica - un ex eremo cistercense si è trasformato in un'oasi di relax per gli amanti della natura e del quieto vivere. E' prevista la possibilità di frequentare brevi corsi sul vino ed effettuare passeggiate guidate nei vigneti.

CISTERNA D'ASTI – Asti (AT) – **561** H6 – 1 283 ab. – alt. 357 m   **25** C1
– ✉ 14010

> ▶ Roma 626 – Torino 46 – Asti 21 – Cuneo 82

307

X **Garibaldi** con cam   AK VISA ➋ AE ① ⑥
➿ *via Italia 1 – ℰ 01 41 97 91 18 – Fax 01 41 97 91 18 – chiuso due settimane in gennaio e dal 16 al 30 agosto*
7 cam ☑ – ♦40 € ♦♦60 € – P 50 €   **Rist** – *(chiuso mercoledì)* Carta 19/27 €
♦ C'è tutta la storia di una famiglia nella raccolta di oggetti d'epoca di uso comune (dalle pentole alle fotografie) esposta in questo originale locale; cucina piemontese.

CISTERNINO – Brindisi (BR) – **564** E34 – 11 951 ab. – alt. 393 m   **27** C2
– ✉ 72014

▶ Roma 524 – Brindisi 56 – Bari 74 – Lecce 87

🏠 **Lo Smeraldo** ⬙   ⬅ 🛏 🌲 ⚒ 🎽 ⬍ ⭧ 🚗 AK ⬙ 🦺 P
➿ *contrada Don Peppe Sole 7, località Monti Nord-Est :*   VISA ➋ AE ① ⑥
3 km – ℰ 08 04 44 87 09 – www.hotellosmeraldo.com – Fax 08 04 44 76 57
82 cam ☑ – ♦50/60 € ♦♦70/90 € – ½ P 50/65 €   **Rist** – Carta 20/28 €
♦ Si vedono il mare e la costa in lontananza da questa funzionale struttura di taglio moderno, in zona verdeggiante e soleggiata; gestione familiare attenta e ospitale. Varie sale, luminose e signorili, nel ristorante a vocazione banchettistica.

CITARA – Napoli – Vedere Ischia (Isola d') : Forio

CITTADELLA – Padova (PD) – **562** F17 – 19 869 ab. – alt. 49 m   **37** B1
– ✉ 35013 ▯ Italia

▶ Roma 527 – Padova 31 – Belluno 94 – Milano 227
◉ Cinta muraria★

XXX **2 Mori** con cam   🚗 🛏 ⭧ rist. AK ⬙ P VISA ➋ AE ① ⑥
borgo Bassano 149 – ℰ 04 99 40 14 22 – www.hotelduemori.it
– Fax 04 99 40 02 00 – chiuso dal 1° al 15 gennaio
26 cam ☑ – ♦55/65 € ♦♦70 € – ½ P 60 €
Rist – *(chiuso dal 1° al 15 gennaio, dal 3 al 25 agosto, domenica sera, lunedì)*
Carta 37/50 €
♦ In un edificio eretto sulle fondamenta di un convento del XV sec., sale ristorante dall'arredo elegante e camere ben accessoriate; gradevole il servizio estivo in giardino.

CITTADELLA DEL CAPO – Cosenza (CS) – **564** I29 – alt. 23 m   **5** A1
– ✉ 87020

▶ Roma 451 – Cosenza 61 – Castrovillari 65 – Catanzaro 121

🏠 **Palazzo del Capo** ⬙   ⬅ 🚗 🛏 🌲 🎽 ⭧ AK ⬙ 🦺 P
via Cristoforo Colombo 5 – ℰ 0 98 29 56 74   VISA ➋ AE ① ⑥
– www.palazzodelcapo.it – Fax 0 98 29 56 76 – chiuso dal 20 dicembre al 6 gennaio
16 cam ☑ – ♦150/180 € ♦♦230/265 € – ½ P 173 €
Rist – *(prenotazione obbligatoria)* Carta 32/44 €
♦ Uno scrigno di insospettate sorprese questa residenza storica fortificata sul mare, con torre spagnola nel giardino; eleganti interni d'epoca, servizi di elevato profilo.

CITTÀ DELLA PIEVE – Perugia (PG) – **563** N18 – 7 588 ab.   **32** A2
– alt. 508 m – ✉ 06062

▶ Roma 154 – Perugia 41 – Arezzo 76 – Chianciano Terme 22
🛈 piazza Matteotti 4 ℰ 0578 299375, Fax 0578 299375

🏠 **Vannucci**   🚗 🛏 🏠 🛋 🎽 ⬍ ⭧ 🐾 ⬙ VISA ➋ AE ① ⑥
viale Vanni 1 – ℰ 05 78 29 80 63 – www.hotel-vannucci.com
– Fax 05 78 29 79 54
30 cam ☑ – ♦60/80 € ♦♦95/125 € – ½ P 93 €
Rist *Zafferano* – *(chiuso dal 2 al 20 novembre e mercoledì)* Carta 37/61 €
♦ Abbracciata dal verde, la risorsa dispone di camere nuove spaziose e luminose arredate con gusto moderno in chiare tonalità, un centro benessere ed una sala lettura. Accanto ad un elegante locale ben arredato con proposte à la carte di respiro regionale ed internazionale, anche un servizio pizzeria.

↑ **Relais dei Magi** ⬙ ⬕ 🚗 🛏 ⌇ 🛌 📺 ⚿ 🅿 VISA ⬤ AE ⓘ ⬥
località le Selve Nuove 45, Sud-Est : 4 km – ℰ *05 78 29 81 33 – www.relaismagi.it*
– Fax 05 78 29 88 58 – chiuso dal 7 gennaio al 31 marzo
12 cam 🖙 – ❙126/136 € ❙❙180/195 € – 6 suites – ❙❙320/350 € – ½ P 138 €
Rist – *(chiuso giovedì) (solo per alloggiati)* Menu 40/45 €
♦ Occorre percorrere una strada sterrata per giungere a quest'incantevole risorsa che accoglie i propri ospiti in tre diversi edifici. Un soggiorno appartato e raffinato.

↑ **Agriturismo Madonna delle Grazie** ⬙ ⬕ 🍴 🚗 ⌇ ⅋ rist,
località Madonna delle Grazie 6, Ovest : 1 km ⚿ 🅿 VISA ⬤ AE ⓘ
– ℰ 05 78 29 98 22 – www.madonnadellegrazie.it – Fax 05 78 29 77 49
10 cam 🖙 – ❙❙100/150 € – ½ P 75/95 €
Rist – *(prenotazione obbligatoria)* Carta 25/29 €
♦ Offre uno spaccato di vita contadina questo agriturismo immerso nella quiete dei colli tosco-umbri, perfetto per una vacanza a contatto con la natura, tra passeggiate a piedi e a cavallo e qualche tuffo in piscina. Nella sala ristorante interna o all'aperto, la gustosa cucina regionale.

CITTÀ DI CASTELLO – Perugia (PG) – **563** L18 – **40 103 ab.**   **32** B1
– alt. 288 m – ✉ 06012

🚹 Roma 258 – Perugia 49 – Arezzo 42 – Ravenna 137
🚺 piazza Matteotti-logge Bufalini ℰ 075 8554922, info@iat.città
   -di-castello.pg.it, Fax 075 8552100
🚼 Caldese di Celle, ℰ 075 8 51 01 97

🏠 **Borgo di Celle** ⬙ ⬕ 🚗 ⌇ 🛏 🍴 & ⚿ rist, ⏳ VISA ⬤ AE ⬥
località Celle 7 – ℰ *07 58 51 00 25 – www.borgodicelle.it – Fax 07 58 51 21 82*
26 cam 🖙 – ❙55/85 € ❙❙80/120 € – ½ P 75/90 €   **Rist** – Carta 22/35 €
♦ Una gran bella risorsa ubicata in collina e all'interno di un piccolo borgo medioevale: cotto e arredi essenziali in arte povera negli spazi comuni composti da sale e salette. Superlativi i giardini con la piscina panoramica. L'attrezzato centro relax completa l'offerta di questo angolo di paradiso.

🏨 **Tiferno** 🛗 📺 ⇌ ⚿ 🕻 🛎 🅿 VISA ⬤ AE ⓘ ⬥
piazza Raffaello Sanzio 13 – ℰ *07 58 55 03 31 – www.hoteltiferno.it*
– Fax 07 58 52 11 96
47 cam 🖙 – ❙60/90 € ❙❙95/145 €   **Rist** – *(chiuso mercoledì)* Carta 29/37 €
♦ Porta l'antico nome della città questo raffinato albergo ricavato in un edificio d'epoca: bei soffitti a cassettone e pregevoli mobili antichi; moderne invece le ampie camere.

🏨 **Garden** 🚗 🍴 ⌇ 🛏 🛗 📺 ⏳ rist, 🕻 🛎 🅿 🚌 VISA ⬤ AE ⓘ ⬥
viale Bologni 96 Nord-Est : 1 km – ℰ *07 58 55 05 87 – www.hotelgarden.com*
– Fax 07 58 52 13 67
59 cam 🖙 – ❙52/75 € ❙❙70/100 € – ½ P 50/70 €   **Rist** – Carta 23/53 €
♦ Periferico e tranquillo, adiacente ad un centro sportivo, hotel di taglio moderno con giardino e piscina: camere ben accessoriate, recentemente rinnovate. Tono elegante nell'ampia e ariosa sala ristorante.

🏨 **Le Mura** 🛗 & 📺 🕻 🛎 🅿 VISA ⬤ AE ⬥
⬙ *via borgo Farinario 24/26* – ℰ *07 58 52 10 70 – www.hotellemura.it*
– Fax 07 58 52 13 50
35 cam 🖙 – ❙40/50 € ❙❙70/90 € – ½ P 50/60 €
Rist Raffaello – *(chiuso a mezzogiorno da novembre a marzo)* Carta 18/29 €
♦ Ricavato nelle ex manifatture di tabacco e a ridosso delle antiche mura cittadine, struttura di buon confort generale; ottime le sobrie camere, rinnovate di recente. Bella sala ristorante con vetrate affacciate sulla fontana nella suggestiva corte interna.

XXX **Il Postale** (Marco Bistarelli) 🚗 📺 ⇄ 🅿 VISA ⬤ AE ⓘ ⬥
🌸 *via De Cesare 8* – ℰ *07 58 52 13 56 – www.ristoranteilpostale.it*
– Fax 07 58 52 13 56 – chiuso sabato a mezzogiorno, domenica sera e lunedì
Rist – *(consigliata la prenotazione)* Menu 55/60 € – Carta 50/66 €
Spec. Petto di galletto arrostito, crema di melanzane affumicate, olio di finocchio ed arance candite. La carbonara reinterpretata. Piccione arrostito, coscia farcita e scaloppa di fegato grasso su tortino di verdure.
♦ Ex stazione di cavalli, poi tappa postale, quindi capolinea di corriere: ogni trasformazione ha lasciato traccia in una sorta di moderno loft in vetro, legno e acciaio. Cucina creativa.

✕✕ **Il Bersaglio**   ⌂ 🆊 ⇄ 🅿 📼 ⓒ 🅰🅴 ⓘ ⑤
🍴 viale Orlando 14 – ℰ 07 58 55 55 34 – www.ristoranteilbersaglio.com
– Fax 07 58 55 55 34 – chiuso due settimane in luglio e mercoledì
Rist – (consigliata la prenotazione) Menu 19/33 € – Carta 24/37 € 🏵
♦ Un classico della città questo locale fuori le mura, che si propone con le specialità stagionali della zona: funghi, tartufi bianchi dell'alto Tevere e cacciagione.

a Ronti Sud-Ovest : 18 km – ⊠ 06012 Città Di Castello

🏘 **Palazzo Terranova** – Country House ⊗   ≼ 🚗 ⌂ ⵗ 🐾 ♨
località Ronti Vocabolo   ⅙ cam, ⅖ rist, ⁽ᵗ⁾ 🅿 📼 ⓒ 🅰🅴 ⓘ ⑤
Terranova, Nord : 2,5 km – ℰ 07 58 57 00 83 – www.palazzoterranova.com
– Fax 07 58 57 00 14 – 15 marzo-15 novembre
9 cam ⊇ – ✚305/420 € ✚✚460/590 € – 1 suite   **Rist** – Carta 45/70 €
♦ Una lunga strada sterrata in salita verso il paradiso: una signorile villa settecentesca con
arredamento umbro-inglese e incantevoli camere accoglienti, tutte diverse fra loro. Sala ristorante semplice ed elegante come impone lo stile country più raffinato.

CITTANOVA – Reggio di Calabria (RC) – 564 L30 – 10 555 ab.   5 A3
– alt. 397 m – ⊠ 89022

▶ Roma 661 – Reggio di Calabria 69 – Catanzaro 121 – Lamezia Terme 94

🏠 **Casalnuovo**   ⅙ 🆊 ⓒ 🕭 📶 🚗 📼 ⓒ 🅰🅴 ⓘ ⑤
🍴 viale Merano 103 – ℰ 09 66 65 58 21 – www.hotelcasalnuovo.com
– Fax 09 66 65 55 27
18 cam ⊇ – ✚42/62 € ✚✚57/77 € – ½ P 44/59 €
Rist – (chiuso 15 giorni in agosto, sabato, domenica a mezzogiorno)
Carta 16/28 €
♦ Curato albergo a gestione familiare, ideale come sosta per chi è in viaggio di lavoro ma
anche come base d'appoggio per visitare i dintorni. Camere con arredi lineari. Sobria e
ampia sala ristorante.

CITTÀ SANT'ANGELO – Pescara (PE) – 563 O24 – 13 898 ab.   1 B1
– alt. 320 m – ⊠ 65013

▶ Roma 223 – Pescara 25 – L'Aquila 120 – Chieti 34

in prossimità casello autostrada A 14 Est : 9,5 km : – ⊠ 65013 Città Sant'Angelo

🏘 **Villa Nacalua** senza rist   🚗 ♨ 🕭 🆊 ⅖ ⁽ᵗ⁾ 📶 🅿 📼 ⓒ 🅰🅴 ⓘ ⑤
via Dell'Autostrada 5 ⊠ 65013 – ℰ 0 85 95 92 25 – www.nacalua.com
– Fax 0 85 95 92 63
34 cam ⊇ – ✚125 € ✚✚210 € – 2 suites
♦ Numerosi i punti di forza di questa struttura: camere spaziose, ben insonorizzate, bagni in
marmo e vasche idromassaggio. Il confort? Ça va sans dire...

🏠 **Giardino dei Principi**   🚗 🕭 ⅙ 🆊 ⅖ rist, 📶 🅿 📼 ⓒ 🅰🅴 ⓘ ⑤
viale Petruzzi 30 ⊠ 65013 – ℰ 0 85 95 02 35 – www.hotelgiardinodeiprincipi.it
– Fax 0 85 95 02 54
34 cam ⊇ – ✚50/90 € ✚✚85/130 € – **Rist** – Carta 27/39 €
♦ Romanticamente abbracciata da un fresco giardino, questa funzionale struttura di taglio
moderno dispone di spazi comuni un po' limitati, camere assolutamente accoglienti. Cucina
classica nella luminosa sala ristorante.

CITTIGLIO – Varese (VA) – 561 E7 – 3 934 ab. – alt. 275 m – ⊠ 21033   16 A2
▶ Roma 650 – Stresa 53 – Bellinzona 52 – Como 45

✕✕ **La Bussola** con cam   🚗 ⅙ rist, 🆊 ⅖ rist, ⁽ᵗ⁾ 🅿 🚗 📼 ⓒ 🅰🅴 ⓘ ⑤
via Marconi 28 – ℰ 03 32 60 22 91 – www.hotellabussola.it – Fax 03 32 61 02 50
21 cam – ✚40/60 € ✚✚60/85 €, ⊇ 8 € – 1 suite – ½ P 50/73 €
Rist – Carta 24/36 € (+10 %)
♦ Un locale che può soddisfare esigenze e gusti diversi: sale eleganti di cui una per la pizzeria serale, salone banchetti, cucina eclettica e camere curate.

CIUK – Sondrio – Vedere Bormio

CIVATE – Lecco (LC) – **561** E10 – **3 962 ab.** – alt. 269 m – ✉ 23862   **18** B1

   ▶ Roma 619 – Como 24 – Bellagio 23 – Lecco 5

※   **Cascina Edvige**   🏠 ✿ **P** *VISA* ⓾ AE ⓢ
    via Roncaglio 11 – ℰ 03 41 55 03 50
    – www.cascinaedvige.it – Fax 03 41 21 08 99
    – chiuso dal 26 al 30 dicembre, agosto e martedì
    Rist – Carta 25/34 €
    ♦ Il grande camino consente di preparare le specialità del cascinale: le carni alla griglia. Ma c'è spazio anche per salumi, paste fatte in casa, selvaggina e il caldo benvenuto della famiglia. D'estate si cena nel cortile interno.

CIVIDALE DEL FRIULI – Udine (UD) – **562** D22 – **11 547 ab.**   **11** C2
– alt. 138 m – ✉ 33043 ▮ Italia

   ▶ Roma 655 – Udine 16 – Gorizia 30 – Milano 394
   🛈 piazza Paolo Diacono 10 ℰ 0432 710460, turismo@cividale.net, Fax
     0432 710423

   👁 Tempietto★★ – Museo Archeologico★★

🏨   **Roma** senza rist   🛗 ຝ ⒲ **P** *VISA* ⓾ AE ① ⓢ
    piazza Picco 17 – ℰ 04 32 73 18 71 – www.hotelroma-cividale.it
    – Fax 04 32 70 10 33
    53 cam � – ♦55/78 € ♦♦85/130 €
    ♦ Tra mari e monti, tra storia e modernità, questo albergo a conduzione familiare recentemente rinnovato saprà ospitarvi in camere funzionali e confortevoli.

※※   **Locanda al Castello** con cam ⬰   ← 🛋 🏠 ⃟ ⓾ ⌂ ▮ 🛗 ຝ ✳
    via del Castello 12, Nord-Ovest :   🍽 rist, ⒲ ຝ **P** *VISA* ⓾ AE ① ⓢ
    1,5 km – ℰ 04 32 73 32 42 – www.alcastello.net – Fax 04 32 70 09 01
    28 cam ⊑ – ♦65/100 € ♦♦90/150 € – ½ P 70/90 €
    Rist – *(chiuso mercoledì)* Carta 24/45 €
    ♦ Un tipico fogolar friulano domina una delle eleganti sale di questo ristorante ospitato in un antico piccolo castello, dalle mura ricoperte da un mantello d'edera. Cucina italiana e locale. Moderne ed accoglienti le camere, originariamente luogo di riposo e di raccoglimento per la meditazione dei gesuiti.

※※   **Al Monastero** con cam e senza ⊑   AK 🍽 *VISA* ⓾ AE ① ⓢ
    via Ristori 9 – ℰ 04 32 70 08 08 – www.almonastero.com – Fax 04 32 70 08 08
    – chiuso domenica sera, lunedì'
    5 cam – ♦50/80 € ♦♦80/120 €   **Rist** – Carta 24/35 €
    ♦ Grazie al suo enorme affresco, una delle sale è un omaggio al Dio del Vino; la corte esterna è particolarmente suggestiva, ideale per le vostre cene a lume di candela… E per chi desidera prolungare il soggiorno, cinque graziosi appartamenti con soppalco e angolo cottura.

CIVITA CASTELLANA – Viterbo (VT) – **563** P19 – **16 624 ab.**   **12** B1
– alt. 145 m – ✉ 01033 ▮ Italia

   ▶ Roma 55 – Viterbo 50 – Perugia 119 – Terni 50
   👁 Portico★ del Duomo

🏨🏨🏨   **Relais Falisco**   ⓾ 🛗 🛋 ▮ ຝ AK 🍽 ຝ **P** *VISA* ⓾ AE ① ⓢ
    via Don Minzoni 19 – ℰ 07 61 54 98 – www.relaisfalisco.it – Fax 07 61 59 84 32
    36 cam ⊑ – ♦90/105 € ♦♦140/160 € – 6 suites
    Rist La Scuderia – vedere selezione ristoranti
    ♦ Il soggiorno in un palazzo signorile con origini secentesche offre atmosfere suggestive sia per il turista sia per chi viaggia per affari. Vasca idromassaggio negli originali sotterranei scavati nel tufo.

※※   **Val Sia Rosa**   🛋 🏠 AK **P** *VISA* ⓾ AE ① ⓢ
    via Nepesina al km 1 – ℰ 07 61 51 78 91 – www.valsiarosa.it
    – Fax 07 61 51 78 91 – chiuso mercoledì
    Rist – Carta 33/46 €
    ♦ Rosa antico e giallo oro, sono caldi colori ad avvolgere le pareti dell'ottocentesca villa che oggi ospita il ristorante. Giovane e dinamica, la gestione. Cucina mediterranea.

XX **La Scuderia** – Relais Falisco   🄰🄲 🄿 🌐🄼 🄼🄼 🄰🄴 ⓘ 🔥
via Don Minzoni 19 – 𝒸 07 61 51 67 98 – www.ristorantelascuderia.com
– Fax 07 61 59 19 64 – chiuso dal 1° al 21 agosto, domenica sera, lunedì
Rist – *(chiuso a mezzogiorno escluso sabato e domenica)* Carta 40/50 €
♦ Un'armoniosa fusione di tipicità ed eleganza in questo caratteristico ristorante ricavato nelle scuderie del palazzo secentesco, all'interno del complesso del Relais Falisco. Piatti esposti a voce.

X **La Giaretta**   🄰🄲 🌐🄼 🄼🄼 🄰🄴 ⓘ 🔥
via Ferretti 108 – 𝒸 07 61 51 33 98 – www.civitacastellana.it
– Fax 07 61 51 33 98 – chiuso dal 5 al 25 agosto, domenica sera e lunedì
Rist – Carta 21/37 €
♦ Ogni proposta è presentata a voce in questo sobrio locale situato in zona centrale, che alla cucina laziale affianca qualche piatto di pesce. Seria ed esperta conduzione familiare.

a Quartaccio Nord-Ovest : 5,5 km – ✉ 01034 Fabrica Di Roma

🏠 **Aldero**   🚗 🛏 🅕 cam, 🏃 🄰🄲 «¹» 🧖 🄿 🌐🄼 🄼🄼 🄰🄴 ⓘ 🔥
– 𝒸 07 61 51 47 57 – www.aldero.it – Fax 07 61 54 94 13
40 cam ☲ – ♦75/80 € ♦♦90/100 € – 1 suite – ½ P 80/100 €
Rist – *(chiuso dal 5 al 20 agosto e domenica)* Carta 26/57 €
♦ Lentamente, ma con perseveranza, la famiglia apporta ogni anno piccole e piacevoli migliorie alla struttura: due le tipologie di camere offerte, parcheggio coperto, sala conferenze. Al ristorante, i piatti della tradizione regionale.

CIVITANOVA MARCHE – Macerata (MC) – **563** M23 – **38 706 ab.**   **21** D2
– ✉ 62012

▶ Roma 276 – Ancona 47 – Ascoli Piceno 79 – Macerata 27
🔢 corso Umberto I 193𝒸 0733 813967, iat.civitanova@regione.marche.it, Fax 0733 815027

🏠 **Palace** senza rist   🛏 🄰🄲 «¹» 🚗 🌐🄼 🄼🄼 🄰🄴 ⓘ 🔥
piazza Rosselli 6 – 𝒸 07 33 81 04 64 – www.royalre.it – Fax 07 33 81 07 69
37 cam ☲ – ♦80/100 € ♦♦130/145 €
♦ Ubicata di fronte alla stazione e recentemente rinnovata, una risorsa che offre un'ospitalità curata nelle sue camere ben insonorizzate e dotate di ogni confort.

🏠 **Aquamarina** senza rist   🛏 🄰🄲 🕎 «¹» 🌐🄼 🄼🄼 🄰🄴 ⓘ 🔥
viale Matteotti 47 – 𝒸 07 33 81 08 10 – www.hotelaquamarina.it
– Fax 07 33 81 04 85
14 cam ☲ – ♦65/78 € ♦♦95/115 €
♦ In un piacevole edificio centrale, non lontano dal mare, hotel a gestione familiare, inaugurato nel 1995; stanze di lineare, funzionale semplicità e bagni moderni.

XX **Il Gatto che Ride**   🄰🄲 🕎 🌐🄼 🄼🄼 🄰🄴 ⓘ 🔥
viale Vittorio Veneto 115 – 𝒸 07 33 81 66 67 – www.ilgattocheride.it
– Fax 07 33 81 66 67 – chiuso mercoledì
Rist – Carta 32/49 €
♦ Se oltre a contemplare il mare, volete anche assaporarlo, un buon indirizzo è questo centrale e frequentato locale: un'unica sala con arredi recenti e servizio attento.

CIVITAVECCHIA – Roma (RM) – **563** P17 – **51 925 ab.** – ✉ 00053   **12** A2
📘 Italia

▶ Roma 78 – Viterbo 59 – Grosseto 111 – Napoli 293
🚢 per Golfo Aranci – Sardinia Ferries, call center 899 929 206 – per Cagliari, Olbia ed Arbatax – Tirrenia Navigazione, call center 892 123
🔢 viale Garibaldi 𝒸 0766 25348, iatcivitavecchia@tiscali.it, Fax 0766 23078

🏨 **De la Ville**   🛏 🏃 🄰🄲 🕎 rist, «¹» 🧖 🄿 🌐🄼 🄼🄼 🄰🄴 ⓘ 🔥
viale della Repubblica 4 – 𝒸 07 66 58 05 07 – www.roseshotels.it
– Fax 07 66 62 92 82
45 cam ☲ – ♦100/145 € ♦♦125/180 € – ½ P 88/115 €
Rist – *(chiuso agosto)* Carta 35/78 €
♦ Bell'edificio ottocentesco, bianco ed elegante custstodisce raffinati interni d'epoca; fresche le camere, arredate con ricercatezza e personalizzate con qualche dipinto alle pareti.

🖧 **Mediterraneo** senza rist   📶 AC P VISA ⦿ AE ① ⟱
viale Garibaldi 38 – ℰ 0 76 62 31 56 – www.roseshotels.it – Fax 0 76 62 92 62
53 cam ⚏ – ✝70/110 € ✝✝90/130 €
♦ Per una clientela sia turistica che di passaggio, la risorsa si trova sul lungomare e propone camere moderne e confortevoli, alcune al primo piano con piccolo angolo cottura.

CIVITELLA ALFEDENA – L'Aquila (AQ) – **563** Q23 – **311 ab.**   1 B3
– alt. 1 110 m – ✉ 67030

▶ Roma 162 – Frosinone 76 – L'Aquila 122 – Caserta 122

🏠 **Antico Borgo La Torre**   🛋 ⅋ P
⊕ *via Castello – ℰ 08 64 89 01 21 – www.albergolatorre.com – Fax 08 64 89 02 10*
24 cam ⚏ – ✝35/45 € ✝✝45/60 € – ½ P 38/50 €
Rist – *(chiuso a mezzogiorno) (solo per alloggiati)* Menu 15/20 €
♦ Nel centro del paese, preservato nella sua integrità storica, due strutture divise dalla torre del '300 che dà il nome all'albergo; camere semplici e rinnovate.

CIVITELLA CASANOVA – Pescara (PE) – **563** O23 – **2 013 ab.**   1 B2
– alt. 400 m – ✉ 65010

▶ Roma 209 – Pescara 33 – L'Aquila 97 – Teramo 100

✗✗ **La Bandiera** con cam ⌚   🍴 ⅙ rist. AC ☎ P VISA ⦿ AE ① ⟱
⊕ *contrada Pastini 4, Est : 4 km – ℰ 0 85 84 52 19 – www.labandiera.it*
– Fax 0 85 84 57 89 – chiuso 10 giorni in gennaio, 10 giorni in novembre,
domenica sera, mercoledì
3 cam ⚏ – ✝60/70 € ✝✝70/90 €   **Rist** – Menu 35/45 € – Carta 31/50 € 🕮
♦ In posizione isolata nella campagna, la veranda guarda il gruppo della Maiella e le eleganti sale non sono da meno. Lo spettacolo arriva anche dalla cucina, la vera, autentica cucina abruzzese.

CIVITELLA DEL LAGO – Terni – **563** O18 – **Vedere Baschi**

CIVITELLA DEL TRONTO – Teramo (TE) – **563** N23 – **5 432 ab.**   1 A1
– alt. 580 m – ✉ 64010

▶ Roma 200 – Ascoli Piceno 24 – Ancona 123 – Pescara 75

✗✗ **Zunica 1880** con cam   ⟵ 🖧 AC rist. ☎ VISA ⦿ AE ① ⟱
piazza Filippi Pepe 14 – ℰ 0 86 19 13 19 – www.hotelzunica.it
– Fax 08 61 91 81 50
17 cam ⚏ – ✝70/120 € ✝✝90/130 € – ½ P 85 €
Rist – *(chiuso mercoledì)* Carta 34/44 €
♦ All'interno di un borgo in pietra in cima a un colle, dal quale abbracciare con un'unico sguardo colline, mare e montagna, un locale elegante con una cucina tipica regionale. Più semplici ma comunque confortevoli le camere: valido punto d'appoggio per una vacanza alla scoperta di storia, cultura e gastronomia locali.

CIVITELLA IN VAL DI CHIANA – Arezzo (AR) – **563** L17   29 C2
– 9 116 ab. – alt. 523 m – ✉ 52040

▶ Roma 209 – Siena 52 – Arezzo 18 – Firenze 72

✗ **L'Antico Borgo**   🍴 VISA ⦿ ⟱
via di Mezzo 35 – ℰ 05 75 44 81 60 – www.antborgo.it – Fax 05 75 44 81 60
– chiuso 10 giorni in gennaio e martedì
Rist – *(consigliata la prenotazione)* Carta 34/49 €
♦ Nel borgo medioevale che domina la valle, caratteristico ristorante ricavato in un ex locale per la macina dei cereali. Sulla tavola: la tipica cucina toscana, rigorosamente stagionale.

CIVITELLA MARITTIMA – Grosseto (GR) – **563** N15 – alt. 591 m   29 C2
– ✉ 58045

▶ Roma 206 – Grosseto 33 – Perugia 142 – Siena 43

※ **Locanda nel Cassero** con cam ⊗ 🏠 _VISA_ ⓪❸ AE ① ⑤
via del Cassero 29/31 – ℰ 05 64 90 06 80 – www.locandanelcassero.com
– Fax 05 64 90 06 80
5 cam 😄 – †50/66 € ††80/96 €
Rist – (chiuso 15 giorni in gennaio o febbraio, dal 14 al 30 novembre, martedì,
anche mercoledì e a mezzogiorno da novembre a Pasqua) (consigliata la
prenotazione) Carta 22/41 €
◆ All'ombra del campanile del paese, questa piccola locanda propone specialità toscane
sapide e gustose. Apprezzabile la flessibilità d'orario in cucina che propone - anche a "fornelli
spenti" - una serie di piatti, sia caldi sia freddi. Al piano superiore: camere arredate in modo
semplice, in armonia con l'ambiente.

CLAVIERE – Torino (TO) – **561** H2 – 196 ab. – alt. 1 760 m – Sport   22 A2
invernali : 1 760/2 823 m (Comprensorio Via Lattea 🏂6 ﰲ72) 🎿 – ⊠ 10050
▶ Roma 758 – Bardonecchia 31 – Briançon 15 – Milano 230
🄳 (chiuso mercoledì) via Nazionale 30 ℰ 0122 878856, claviere@
turismotorino.org, Fax 0122 878888
🄶 , ℰ 011 2 39 83 46

※※ **'l Gran Bouc** ⟷ _VISA_ ⓪❸ AE ① ⑤
via Nazionale 24/a – ℰ 01 22 87 88 30 – www.granbouc.it – Fax 01 22 87 87 30
– chiuso maggio, novembre e mercoledì in bassa stagione
Rist – Carta 29/45 €
◆ Nato nel 1967 come sala giochi e bar, il locale è suddiviso in due sale di stile diverso, una
rustica e l'altra più raffinata, dove gustare piatti nazionali e specialità piemontesi.

CLERAN = KLERANT – Bolzano – Vedere Bressanone

CLES – Trento (TN) – **562** C15 – 6 772 ab. – alt. 658 m – ⊠ 38023   30 B2
▶ Roma 626 – Bolzano 68 – Passo di Gavia 73 – Merano 57
🄶 Lago di Tovel★★★ Sud-Ovest : 15 km

※※ **Antica Trattoria** con cam ⧉ 🄳 🄰🄲 ⁽¹⁾ 🚗 _VISA_ ⓪❸ AE ① ⑤
via Roma 13 – ℰ 04 63 42 16 31 – www.anticatrattoriacles.it
– Fax 04 63 60 99 45 – chiuso 1 settimana in gennaio e 1 settimana in luglio
8 cam 😄 – †55/65 € ††75/90 € – ½ P 60/70 €
Rist – (chiuso sabato) Carta 36/55 €
◆ Locale completamente ristrutturato, con una stufa in maiolica di fine '800 che ben si inserisce in un contesto di stile contemporaneo, caldo e accogliente. Belle camere.

CLUSANE SUL LAGO – Brescia – **561** F12 – Vedere Iseo

CLUSONE – Bergamo (BG) – **561** E11 – 8 757 ab. – alt. 648 m – ⊠ 24023   16 B2
▶ Roma 635 – Bergamo 36 – Brescia 64 – Edolo 74

※ **Commercio e Mas-cì** con cam ⟨⟩ _VISA_ ⓪❸ AE ① ⑤
piazza Paradiso 1 – ℰ 0 34 62 12 67 – www.mas-ci.it – Fax 0 34 62 12 67
– chiuso giugno
19 cam 😄 – †50/70 € ††73/85 € – ½ P 60/65 €
Rist – (chiuso venerdì) Carta 27/52 €
◆ Albergo ma soprattutto ristorante del centro storico. Due belle salette con caminetto,
intime e accoglienti. Cucina con specialità locali e occasionali "intrusioni" regionali.

COCCAGLIO – Brescia (BS) – **561** F11 – 8 144 ab. – alt. 162 m   19 D2
– ⊠ 25030
▶ Roma 573 – Bergamo 35 – Brescia 20 – Cremona 69

🏨 **Touring** 🛋 🏠 ⌨ 🐾 🄰 ※ 🄳🄲 🄰🄲 ⁽¹⁾ 🛢 _P_ 🚗
strada statale 11, via Vittorio Emanuele 40 _VISA_ ⓪❸ AE ① ⑤
– ℰ 03 07 72 10 84 – www.hotel-touring.it – Fax 0 30 72 34 53
83 cam 😄 – †75/85 € ††100 € – 3 suites   **Rist** – Carta 31/53 €
◆ Per affari o relax nella Franciacorta, un albergo di ottimo confort, con annesso centro sportivo; raffinata scelta di tessuti d'arredo negli eleganti interni in stile. Al ristorante, ampi e
luminosi ambienti curati.

COCCONATO – Asti (AT) – 561 G6 – 1 629 ab. – alt. 491 m – ✉ 14023   23 C2

▶ Roma 649 – Torino 50 – Alessandria 67 – Asti 32

⌂ **Locanda Martelletti**   ⋞ 🚗 ᵫ cam, ⁙ 🛁 𝘝𝘐𝘚𝘈 ⑩ 𝔸𝔼 ⑤
piazza Statuto 10 – ℰ *01 41 90 76 86 – www.locandamartelletti.it*
– Fax 01 41 60 00 33
10 cam ⊊ – ♦65 € ♦♦70/98 €
Rist – *(chiuso a mezzogiorno)* Carta 36/48 €
◆ Nella parte alta del paese, spicca l'armonia tra le parti più antiche dell'edificio e soluzioni attuali di confort. Prima colazione servita in un delizioso dehors. Piccola ed accogliente sala da pranzo con proposte piemontesi e toscane, terra di provenienza dei proprietari.

CODEMONDO – Reggio nell'Emilia – Vedere Reggio nell'Emilia

CODIGORO – Ferrara (FE) – 562 H18 – 12 799 ab. – ✉ 44021   9 D1

▶ Roma 404 – Ravenna 56 – Bologna 93 – Chioggia 53

🅸 c/o Abbazia di Pomposa, Strada Statale 309 Romea ℰ 0533 719110,
iatpomposa@libero.it

🅱🅷 **Locanda del Passo Pomposa**   ᵫ 𝔸ℂ ⁙ 𝘝𝘐𝘚𝘈 ⑩ 𝔸𝔼 ⓞ ⑤
☞ *via Provinciale per Volano 13, Ovest: 2 km* ✉ *44020 Pomposa*
– ℰ *05 33 71 91 31 – www.locandapassopomposa.com*
– Fax 05 33 71 91 32
20 cam ⊊ – ♦68/87 € ♦♦103/123 € – ½ P 65/74 €
Rist – Carta 20/31 €
◆ Sull'argine sinistro del Po di Volano, in una posizione suggestiva, questo edificio d'epoca dispone di attracco privato, di una piccola biblioteca, nonché di una torretta per il bird watching.

🅇🅇 **La Capanna di Eraclio**   🏠 𝔸ℂ 𝒮 ⇔ 𝐏 𝘝𝘐𝘚𝘈 ⑩ 𝔸𝔼 ⓞ ⑤
località Ponte Vicini, Nord-Ovest : 8 km – ℰ *05 33 71 21 54 – Fax 05 33 71 34 10*
– chiuso Natale, dal 15 agosto al 15 settembre, mercoledì, giovedì
Rist – *(consigliata la prenotazione)* Carta 47/73 €
◆ E' consigliabile farsi spiegare la strada al momento della prenotazione; una volta arrivati, vivrete il piacevole contrasto tra la semplice osteria che propone tradizionali piatti di pesce e la particolare cura delle presentazioni.

CODOGNE – Treviso (TV) – 562 E19 – 5 271 ab. – ✉ 31013   36 C2

▶ Roma 589 – Venezia 71 – Treviso 46 – Pordenone 33

⌂ **Agriturismo Villa Toderini** senza rist   🚗 ▤ 𝔸ℂ ↳ 𝒮 ⓦ 𝐏
via Roma 4/a – ℰ *04 38 79 60 84*   𝘝𝘐𝘚𝘈 ⑩ 𝔸𝔼 ⑤
– www.villatoderini.com – Fax 04 38 79 19 34
10 cam ⊊ – ♦70/90 € ♦♦100/130 €
◆ Lo specchio d'acqua della peschiera riflette la maestosità e l'eleganza della nobile dimora settecentesca, dalla quale dista solo un breve viale di piante secolari e silenzio!

CODROIPO – Udine (UD) – 562 E20 – 15 442 ab. – alt. 44 m – ✉ 33033   10 B2

▶ Roma 612 – Udine 29 – Belluno 93 – Milano 351

🅱🅷 **Ai Gelsi**   🚗 ▤ 𝔸ℂ 𝒮 rist, ⁙ 🛁 𝐏 𝘝𝘐𝘚𝘈 ⑩ 𝔸𝔼 ⓞ ⑤
via Circonvallazione, Ovest: 12 km – ℰ *04 32 90 70 64 – www.gelsi.com*
– Fax 04 32 90 85 12
39 cam – ♦75/80 € ♦♦90/98 €, ⊊ 10 € – ½ P 80/100 €
Rist – *(chiuso lunedì)* Carta 36/56 €
◆ Non lontano dalla storica Villa Manin, un piacevole hotel adatto ad una clientela sia di passaggio sia turistica; camere semplici nella loro linearità, ma confortevoli. Al ristorante due sale e un ampio salone per banchetti.

Voglia di partire all'ultimo momento?
Visitate i siti Internet degli hotel per beneficiare di eventuali promozioni.

COGNE – Aosta (AO) – **561** F4 – **1 483 ab.** – alt. **1 534 m** – Sport invernali : 1 534/2 252 m ⚶1 ⚶2, ⚶ – ✉ 11012

▶ Roma 774 – Aosta 27 – Courmayeur 52 – Colle del Gran San Bernardo 60
🛈 via Bourgeois 34 ✆ 0165 74040, info@cogne.org, Fax 0165 749125

🏨🏨🏨 Bellevue ≤ 🚗 🖥 ⑩ 🏍 🛗 ⅙ 🏊 rist, ⑩ **P** �

 VISA ⑩ AE ① ⚶
rue Gran Paradiso 22 – ✆ 016 57 48 25 – www.hotelbellevue.it
– *Fax 01 65 74 91 92 – chiuso dal 3 ottobre al 3 dicembre*
38 cam ☷ – ♦150/240 € ♦♦170/350 € – 7 suites – ½ P 160/200 €
Rist Le Petit Restaurant – vedere selezione ristoranti
Rist – Menu 60 €
♦ Elegante chalet con interni da fiaba: mobili d'epoca, boiserie, raffinata scelta di stoffe e colori e un piccolo museo d'arte popolare valdostana. Elegante chalet con interni da fiaba: mobili d'epoca, boiserie, raffinata scelta di stoffe e colori e un piccolo museo d'arte popolare valdostana.

🏨🏨🏨 Miramonti ≤ 🚗 🖥 ⑩ 🏍 🛗 ⚶ rist, 🏊 �

 VISA ⑩ AE ⚶
viale Cavagnet 31 – ✆ 0 16 57 40 30 – www.miramonticogne.com
– *Fax 01 65 74 93 78*
44 cam ☷ – ♦108/132 € ♦♦140/250 € – ½ P 90/145 €
Rist Coeur de Bois – Carta 30/40 €
♦ L'hotel ha tutto il fascino della tradizione alpina: soffitti a cassettoni, legno alle pareti, il calore del camino e libri antichi in esposizione. Al moderno centro benessere, anche la doccia tropicale alle essenze di maracuja. E' nel soffitto ligneo dell'elegante stube che si svela il significato del suo nome.

🏨🏨 Du Grand Paradis senza rist 🚗 🏍 🛗 **P** VISA ⑩ AE ① ⚶
via dottor Grappein 45 – ✆ 0 16 57 40 70 – www.cognevacanze.com
– *Fax 01 65 74 95 07 – chiuso ottobre e novembre*
27 cam ☷ – ♦51/73 € ♦♦80/162 €
♦ Ristrutturato nei toni caldi, tipici delle case di montagna, dispone di un grazioso giardino interno e di una suggestiva spa che ricorda il fienile di un vecchio chalet.

🏨🏨 Sant'Orso ≤ 🚗 🏍 🛁 🛗 ⅙ cam, 🛒 ⚶ 🗣 🚗 VISA ⑩ AE ① ⚶
via Bourgeois 2 – ✆ 0 16 57 48 22 – www.cognevacanze.com
– *Fax 01 65 74 95 00 – chiuso dal 23 marzo al 13aprile, ottobre e novembre*
27 cam ☷ – ♦81/123 € ♦♦92/196 € – ½ P 71/123 €   **Rist** – Carta 35/44 €
♦ Elegante e accogliente, centrale e silenzioso, un grande prato proprio di fronte al Gran Paradiso, lo stesso dal quale l'hotel prende il nome. Panoramiche le belle camere. Accogliente e luminosa la sala ristorante di tono moderno con vista panoramica.

🏨🏨 La Madonnina del Gran Paradiso ≤ 🚗 🛗 🛒 ⅙ ⚶ rist, ⑩
🚗 VISA ⑩ AE ⚶
via Laydetré 7 – ✆ 0 16 57 40 78
– *www.lamadonnina.com – Fax 01 65 74 93 92 – 15 dicembre-marzo e giugno-15 ottobre*
22 cam ☷ – ♦40/90 € ♦♦70/140 € – ½ P 80/115 €
Rist – (chiuso giovedì) Carta 24/36 €
♦ Panoramico albergo immediatamente accanto alle piste di fondo. Accoglienti le zone comuni, tra cui una taverna dai tipici arredi valdostani, e graziose le camere in legno di pino. Conduzione familiare. Anche nella sala ristorante dominano il calore del legno e la caratteristica accoglienza montana.

🏨 Le Bouquet senza rist ≤ 🚗 🛗 ⅙ ⚶ **P** 🚗 VISA ⑩ ⚶
via Gran Paradiso 61/a – ✆ 01 65 74 96 00 – Fax 01 65 74 99 00 – 20 dicembre-10 gennaio e 20 giugno-20 settembre
12 cam ☷ – ♦♦110/125 €
♦ L'atmosfera tipica degli ambienti di montagna e deliziose camere con nomi di fiori in una piccola casa in legno e pietra ai margini del paese, inaugurata nel 1999.

🏨 Lo Stambecco senza rist ≤ 🛗 ⅙ **P** VISA ⑩ ① ⚶
via des Clementines 21 – ✆ 0 16 57 40 68 – www.hotelstambecco.com
– *Fax 0 16 57 46 84 – giugno-settembre*
14 cam ☷ – ♦60/80 € ♦♦90/115 €
♦ Familiari la conduzione e l'ospitalità in una risorsa nel centro del paese, con ambienti comuni ridotti, ma curati; camere sobrie e confortevoli, bagni funzionali.

XXX **Le Petit Restaurant** – Hotel Bellevue ≤ 🚗 🏠 ₺ ℅ **P**
❀ – 𝒞 0 16 57 48 25 – www.hotelbellevue.it **VISA** 🐵 **AE** ⓪ **⑤**
– Fax 01 65 74 91 92 – chiuso dal 5 ottobre
al 4 dicembre
Rist – (chiuso mercoledì e a mezzogiorno escluso sabato-domenica) (consigliata
la prenotazione) Carta 62/88 € ❀
Spec. Tavolozza di foie gras. Risotto alle erbette di montagna e formaggio
d'alpeggio. Spalla di camoscio brasata, parmentier di patate, salsa al vino Torrette e ginepro.
♦ Qui di "piccolo" c'è solo il nome. La cucina è, infatti, grande e s'indirizza su piatti creativi
con predilezione per le carni, passione del cuoco-cacciatore. L'apoteosi finale è rappresentata
da un sontuoso carrello di formaggi con il meglio della produzione regionale e savoiarda.
Incantevole vista sul Gran Paradiso.

XX **Lou Ressignon** ⇔ **P** **VISA** 🐵 **⑤**
via des Mines 23 – 𝒞 0 16 57 40 34 – www.louressignon.it – Fax 01 65 74 94 60
– chiuso dal 5 al 30 maggio, novembre, lunedì sera e martedì escluso luglio e
agosto
Rist – Carta 26/36 €
♦ Simpatica tradizione di famiglia sin dal 1966, la cucina semplice e genuina valorizza i prodotti del territorio valdostano. Nei week-end, musica e allegria animano la taverna.

X **Bar à Fromage** 🏠 **P** **VISA** 🐵 **AE** ⓪ **⑤**
rue Grand Paradis 21 – 𝒞 01 65 74 96 96 – Fax 01 65 74 91 92 – chiuso
dal 3 ottobre al 3 dicembre e giovedì
Rist – (chiuso a mezzogiorno escluso sabato, domenica, lunedì e alta stagione)
Menu 30 € – Carta 38/44 €
♦ Particolare e ricercato, un piccolo ristorante in legno dove il formaggio è re e il legno e lo
stile valligiano creano un'atmosfera intima e calda.

a Cretaz Nord : 1,5 km – ⊠ 11012 Cogne

🏨 **Notre Maison** ≤ 🚗 🔲 🐵 🛖 🎐 ₺ ℅ rist, **P** 🚗 **VISA** 🐵 ⓪ **⑤**
– 𝒞 0 16 57 41 04 – www.notremaison.it – Fax 01 65 74 91 86 – 17 dicembre-
3 maggio e 11 giugno-3 ottobre
30 cam � – †68/108 € ††86/206 € – ½ P 68/128 € **Rist** – Carta 27/42 €
♦ In un giardino-solarium e collegati da un passaggio coperto, un caratteristico chalet e un
corpo più recente, con centro fitness e nuove camere molto confortevoli. Rustica e accogliente sala ristorante.

in Valnontey Sud-Ovest : 3 km – ⊠ 11012 Cogne

🏠 **La Barme** ❀ ≤ 🚗 🎐 ₺ cam, ✦✦ ℅ rist, 📞 🚗 **VISA** 🐵 **AE**
– 𝒞 01 65 74 91 77 – www.hotelcogne.com – Fax 01 65 74 92 13
– chiuso novembre
16 cam ⊻ – ††70/112 € – ½ P 47/68 €
Rist – (chiuso lunedì a mezzogiorno in bassa stagione) Carta 26/37 €
♦ Se rifuggite dalla mondanità, avventuratevi ai piedi del Gran Paradiso: antiche baite in pietra
e legno, calda e quieta atmosfera, e forse avvisterete anche gli stambecchi. Arredato
nel rispetto del caldo stile valdostano, il ristorante propone piatti tipici regionali.

COGNOLA – Trento – Vedere Trento

COGOLETO – Genova (GE) – **561** I7 – 9 166 ab. – ⊠ 16016 14 B2
🚹 Roma 527 – Genova 28 – Alessandria 75 – Milano 151
🔳 Arenzano, 𝒞 010 9 11 18 17

🏠 **Eco del Mare** senza rist ≤ 🏦 ₺ 🕍 ℅ 🎐 **P** 🚗 **VISA** 🐵 ⓪ **⑤**
via della Madonnina Inferiore 5 – 𝒞 01 09 18 20 09 – www.hotelecodelmare.net
– Fax 01 09 18 20 09 – chiuso novembre
16 cam ⊻ – †80/90 € ††90/110 €
♦ Nuovo hotel fronte mare dalla cordiale conduzione familiare: ariosi spazi comuni ed
ampie, comode camere.

❌ **Class**   🔥 🆎 🛇 💳 ⊙ 🅰🅴 💲

piazza Stella Maris 7 – 𝒞 01 09 18 19 25 – www.ristoranteclass.it
– Fax 01 09 18 19 25 – chiuso 3 settimane in gennaio, 1 settimana in novembre e lunedì escluso le sere in estate
Rist – Carta 35/55 €

♦ Non lontano dal centro, locale di tono moderno e dalla giovane, appassionata conduzione: gustosi piatti che flirtano con il mare.

COGOLLO DEL CENGIO – Vicenza (VI) – 562 E16 – 3 468 ab.   35 B2
– alt. 357 m – ⊠ 36010

🔢 Roma 561 – Trento 58 – Padova 70 – Verona 97

sulla strada statale 350 Nord-Ovest : 3 km :

❌❌ **Trattoria all'Isola**   🆎 🅿 💳 ⊙ 🅰🅴 ⓞ 💲

via Schiro 14 ⊠ 36010 – 𝒞 04 45 88 03 41 – www.trattoriaallisola.com
– Fax 04 45 88 03 41 – chiuso domenica, lunedì a mezzogiorno, mercoledì sera
Rist – (coperti limitati, prenotare) Carta 35/61 €

♦ Lungo la statale per Trento, locale dall'atmosfera signorile che presenta un menù del territorio e della tradizione; cucina rivisitata con creatività.

COGÒLO – Trento – 562 C14 – Vedere Peio

COLFIORITO – Perugia (PG) – 563 M20 – alt. 760 m – ⊠ 06034   33 C2

🔢 Roma 182 – Perugia 62 – Ancona 121 – Foligno 26

🏨 **Villa Fiorita**   ≤ 🛋 🍲 🕸 🖙 🎐 ⟨⟩ 👰 🅿 💳 ⊙ 💲
   ☞

via del Lago 9 – 𝒞 07 42 68 13 26 – www.hotelvillafiorita.com – Fax 07 42 68 13 27
38 cam ⊆ – †45/65 € ††80/140 € – 2 suites – ½ P 75/115 €
Rist – (chiuso martedì) Carta 18/43 €

♦ Belle camere, nonché una romantica suite con letto a baldacchino e vasca idromassaggio (matrimoniale) in questa struttura dall'accogliente gestione familiare. Sosta al centro benessere per prendersi cura di sé o distensive passeggiate nel fresco giardino. La cucina ammicca ai sapori locali.

COLFOSCO = KOLFUSCHG – Bolzano – Vedere Alta Badia

COLICO – Lecco (LC) – 561 D10 – 7 203 ab. – alt. 209 m – ⊠ 23823   16 B1

🔢 Roma 661 – Chiavenna 26 – Como 66 – Lecco 41
◉ Lago di Como ★★★

a Olgiasca Sud : 5 km – ⊠ 23824

❌ **Belvedere** con cam 🍴   ≤ 🆎 rist, ⟨⟩ 🅿 💳 ⊙ 🅰🅴 ⓞ 💲
   ☞

frazione Olgiasca 53 – 𝒞 03 41 94 03 30 – www.hotelristorantebelvedere.com
– Fax 03 41 93 19 00 – chiuso dall'11 gennaio al 2 febbraio
8 cam ⊆ – †50 € ††70 € **Rist** – (chiuso lunedì) Carta 18/43 €

♦ Su un promontorio con vista lago un esercizio a conduzione familiare. Ambienti dai toni rustici e cucina che permette di gustare specialità di lago e di mare a buoni prezzi.

COL INDES – Belluno – 562 D19 – Vedere Tambre

COLLALBO = KLOBENSTEIN – Bolzano – Vedere Renon

COLLE = KOHLERN – Bolzano – 562 C16 – Vedere Bolzano

COLLEBEATO – Brescia (BS) – 561 F12 – 4 762 ab. – alt. 187 m – ⊠ 25060   17 C1

🔢 Roma 534 – Brescia 8 – Bergamo 54 – Milano 96

a Campiani Ovest : 2 km – ⊠ 25060 Collebeato

❌❌❌ **Carlo Magno**   🏡 🆎 🛇 ⟨⟩ 🅿 💳 ⊙ 🅰🅴 ⓞ 💲

via Campiani 9 – 𝒞 03 03 37 58 95 – www.carlomagno.it – Fax 03 02 51 11 07
– chiuso dal 1° al 22 gennaio, dal 3 al 23 agosto, lunedì, martedì
Rist – Menu 45/55 € – Carta 46/69 € 🍷

♦ In una possente, austera casa di campagna dell'800, sale di suggestiva eleganza d'epoca, con travi o pietra a vista, dove gustare piatti del territorio in chiave moderna.

COLLECCHIO – Parma (PR) – **562** H12 – **13 300 ab.** – **alt. 106 m**   **8 A3**
– ✉ 43044

> ▶ Roma 469 – Parma 11 – Bologna 107 – Milano 126
> 🖼 La Rocca, ✆ 0521 83 40 37

🏨 **Campus** senza rist   📶 ⅍ 🖭 ⅍ 🖭 P 𝗩𝗜𝗦𝗔 ⓶⓪ 🅰🅴 ① ⅍
via Mulattiera 1 – ✆ 05 21 80 26 80 – www.myonehotel.it – Fax   05 21 80 26 84
54 cam � – ♦44/180 € ♦♦49/280 €
♦ Dispone di comodo parcheggio questa periferica struttura di concezione moderna, inaugurata nel 1999, che offre buoni servizi e spaziose camere confortevoli.

🏨 **Ilga**   📶 ⅍ 🖭 🖭 rist, ⅍ 🚗 𝗩𝗜𝗦𝗔 ⓶⓪ 🅰🅴 ① ⅍
via Pertini 39 – ✆ 05 21 80 26 45 – www.ilgahotel.it – Fax   05 21 80 24 84
– chiuso dal 6 al 15 agosto
48 cam ⊆ – ♦45/60 € ♦♦60/85 € – ½ P 46/58 €   **Rist** – Carta 27/34 €
♦ Ai margini della località, recente e funzionale, è dotato di moderni confort e camere omogenee; biciclette a disposizione dei clienti per gite in un vicino bosco. Ai margini della località, recente e funzionale, è dotato di moderni confort e camere omogenee; biciclette a disposizione dei clienti per gite in un vicino bosco.

🏵🏵🏵 **Villa Maria Luigia-di Ceci** (Ceci)   🔁 🖙 ⅍ ⅍ P
☆   via Galaverna 28 – ✆ 05 21 80 54 89   𝗩𝗜𝗦𝗔 ⓶⓪ 🅰🅴 ① ⅍
– www.ristorantevillamarialuigia.it – Fax   05 21 80 57 11 – chiuso dal 15 febbraio
al 1° marzo, mercoledì sera e giovedì
Rist – Carta 40/59 € 🕮
Spec. Scaloppa di fegato d'oca, zucca marinata, glassa di mostarda. Pennoni con ragù di capriolo al latte di capra. Ventresca di tonno rosso, patate viola, melanzane ed olive nere.
♦ Imponente villa ottocentesca all'interno di un parco, cucina poliedrica che incontra ogni gusto, dalla tradizione parmense ai piatti più creativi sia di carne che pesce.

a Cafragna Sud-Ovest : 9 km – ✉ 43045 Gaiano

🍴🍴 **Trattoria di Cafragna**   🖙 ⅍ P 𝗩𝗜𝗦𝗔 ⓶⓪ 🅰🅴 ① ⅍
via Banzola 4 – ✆ 05 25 23 63 – www.trattoriadicafragna.it – Fax   0 52 53 98 98
– chiuso dal 24 dicembre al 15 gennaio, agosto, lunedì e domenica sera,in luglio
anche domenica a mezzogiorno
Rist – Carta 30/47 € 🕮
♦ Si respira aria di tradizione e di buona cucina del territorio in questo ambiente piacevole e accogliente, di sobria eleganza rustica, con servizio estivo all'aperto.

COLLE DI VAL D'ELSA – Siena (SI) – **563** L15 – **20 983 ab.**   **29 D1**
– alt. 223 m – ✉ 53034 ▮ Toscana

> ▶ Roma 255 – Firenze 50 – Siena 24 – Arezzo 88
> 🖼 via Campana 43 ✆ 0577 922791, proloco.colle@tin.it, Fax 0577 922621

🏨 **Relais della Rovere**   ⇐ 🚲 🖙 🏊 📶 🖭 ⅍ cam, ☏ 🛎 P
via Piemonte 10 – ✆ 05 77 92 46 96   𝗩𝗜𝗦𝗔 ⓶⓪ 🅰🅴 ① ⅍
– www.relaisdellarovere.it – Fax   05 77 92 44 89 – 2 aprile-29 ottobre
30 cam ⊆ – ♦♦236/319 € – ½ P 149/201 €
Rist Il Cardinale – ✆ 05 77 92 34 53 – Menu 31/41 €
♦ Eclettica fusione di stili e di design, tra antico e moderno, in un complesso di gran classe, nato dal recupero di un'antica dimora patrizia e di un'abbazia dell'XI sec. Ristorante con ameno dehors estivo, taverna-enoteca e sala ricavata nelle antiche cantine.

🏵🏵🏵🏵 **Arnolfo** (Gaetano Trovato) con cam   🖙 🖭 ⅍ ⅍ 𝗩𝗜𝗦𝗔 ⓶⓪ 🅰🅴 ① ⅍
☆☆   via XX Settembre 50/52 – ✆ 05 77 92 05 49 – www.arnolfo.com
– Fax   05 77 92 05 49 – chiuso dal 18 gennaio al 3 marzo e dal 27 luglio
all'11 agosto
4 cam ⊆ – ♦150 € ♦♦190 €
Rist – (chiuso martedì e mercoledì) (consigliata la prenotazione)
Menu 105/120 € – Carta 100/135 € 🕮
Spec. Maialino di cinta senese: prosciutto cotto, porchetta e barbabietola rossa. Cannoli di pasta fresca, melanzane viola, burrata e menta. Zuccotto, amarene, mascarpone e cioccolato (estate).
♦ L'immagine che ogni turista ha della Toscana tra colline, cipressi e la cinta di mura medievali: la ricetta del sogno si sublima nei piatti, carosello dei migliori prodotti regionali, interpretati con fantasia. Rustico-elegante, una bomboniera per eleganza, cura e dimensioni il piccolo albergo.

XXX **L'Antica Trattoria** 🛍 🎇 VISA ⦾ AE ① ⚄

piazza Arnolfo 23 – ℰ 05 77 92 37 47 – Fax 05 77 92 37 47 – chiuso 10 giorni in gennaio

Rist – *(chiuso martedì)* Carta 40/55 €

♦ *Boiserie* e lampadari di Murano in un ristorante caldo ed elegante, che d'estate si espande nel dehors sulla bella piazza recentemente rinnovata. In menu: proposte eclettiche con un occhio di riguardo per la tradizione.

XX **Da Simone** 🛍 AC VISA ⦾ ① ⚄

Piazza Bartolomeo Scala 11 – ℰ 05 77 92 67 01 – www.ristorantedasimone.it – chiuso 2 settimane a gennaio, 2 settimane a novembre, lunedì, venerdì a mezzogiorno

Rist – Carta 46/58 €

♦ Una giovane coppia propone da alcuni anni una linea di cucina fortemente legata al mare - semplice, ma di qualità - ampliata ultimamente anche da qualche specialità di terra.

COLLEPIETRA (STEINEGG) – Bolzano (BZ) – 561 C16 – alt. 820 m   31 D3
– ✉ 39053

▶ Roma 656 – Bolzano 15 – Milano 314 – Trento 75

🅸 frazione Collepietra 97 ℰ 0471 376574, info@steinegg.com, Fax 0471 376760

🏠 **Steineggerhof** ⚘ ← 🚗 ☐ 🏠 ♨ ⅙ 🎇 📶 🅿 VISA ⦾
🐾 *Collepietra 128, Nord-Est : 1 km – ℰ 04 71 37 65 73 – www.steineggerhof.com – Fax 04 71 37 66 61 – 28 marzo-1° novembre*

34 cam ☐ – †55/80 € ††98/130 € – ½ P 60/75 €   **Rist** – Carta 19/36 €

♦ Per ritemprarsi e rilassarsi nello splendido scenario dolomitico, una panoramica casa tirolese dai tipici interni montani, dove il legno regna sovrano. Struttura ideale per gli amanti della mountain bike. Curata sala ristorante dal soffitto ligneo.

COLLE SAN PAOLO – Perugia – 563 M18 – Vedere Panicale

COLLESECCO – Perugia – 563 N19 – Vedere Gualdo Cattaneo

COLLEVALENZA – Perugia – Vedere Todi

COLLI DEL TRONTO – Ascoli Piceno (AP) – 563 N23 – 3 409 ab.   21 D3
– alt. 168 m – ✉ 63030

▶ Roma 226 – Ascoli Piceno 24 – Ancona 108 – L'Aquila 115

🏠 **Villa Picena** 🚗 🏠 🛏 ♨ ⅙ AC 🎇 rist. 📶 🛁 🅿 VISA ⦾ AE ① ⚄
via Salaria 66 – ℰ 07 36 89 24 60 – www.villapicena.it – Fax 07 36 89 24 60

41 cam ☐ – †60/90 € ††90/130 € – ½ P 75/95 €   **Rist** – Carta 28/61 €

♦ Nel cuore della vallata del Tronto, la dimora ottocentesca offre ambienti ricchi di fascino e camere arredate con gusto e sobrietà, in sintonia con lo stille della villa. Ricavata nella parte più antica della villa, la sala da pranzo propone menù degustazione e la possibilità di consumare piatti veloci o leggeri.

COLLOREDO DI MONTE ALBANO – Udine (UD) – 562 D21   10 B2
– 2 162 ab. – alt. 213 m – ✉ 33010

▶ Roma 652 – Udine 15 – Tarvisio 80 – Trieste 85

XX **La Taverna** ← 🚗 🛍 AC 🅿 VISA ⦾ AE ① ⚄
🕄 *piazza Castello 2 – ℰ 04 32 88 90 45 – www.ristorantelataverna.it – Fax 04 32 88 96 76 – chiuso domenica sera, mercoledì*

Rist – Menu 60/70 € – Carta 60/76 € 🍴

Spec. Garganelli all'olio con crostacei e zucchine, profumo d'aglio e peperoncino. Coscia di coniglio al forno farcita di erbe con purè al basilico rosso. Sfera di zabaione freddo al Porto e melone.

♦ Di fronte al castello, ambiente curato ma informale, sfumature rustiche e camino con affaccio sul giardino. Cucina contemporanea che valorizza le materie prime.

LAVAZZA

THE ITALIAN
espresso experience

ViaMichelin

**BED&BREAKFAST
NONNA PAPERA**

Via La Centa 14
32024 Castion (Bl)
8873079

da|veros|tramite
questo indirizzo

+ info   Prenotare

Click... fai le tue scelte
Click... organizza i tuoi viaggi

PRENOTA I TUOI ALBERGHI SU

www.ViaMichelin.com

Preparando i tuoi viaggi sul sito di ViaMichelin ottimizzerai i tuoi spostamenti. Puoi paragonare diversi tipi di itinerari, selezionare tappe gastronomiche, scoprire luoghi da non perdere e, per maggiore comodità, puoi anche prenotare direttamente on line l'albergo che preferisci e verificarne la disponibilità in tempo reale, scegliendo tra 100.000 alberghi nel mondo.

- **No spese di prenotazione**
- **No spese di annullamento**
- **I migliori prezzi sul mercato**
- **Possibilità di scegliere tra gli alberghi delle Guide Michelin**

a Mels Nord-Ovest : 3 km – ⊠ 33030

XXX **La di Petrôs** 🏦 ⅙ AC ⇔ P VISA ⚫ AE ⓪ ⑤
piazza del Tiglio 14 – ℰ 04 32 88 96 26 – Fax 04 32 88 96 26
– chiuso 1 settimana in gennaio, luglio, martedì, mercoledì a mezzogiorno
Rist – Carta 40/54 € ♨
◆ Atmosfera elegante nelle belle sale impreziosite con boiserie, lampadari di Murano, poltroncine e divanetti. In cucina, la moglie propone piatti classici dagli spunti moderni. La carta dei vini è un inno a Bacco!

COLMEGNA – Varese – Vedere Luino

COLOGNA VENETA – Verona (VR) – **562** G16 – **8 476 ab.** – alt. 24 m   35 B3
– ⊠ 37044

▶ Roma 482 – Verona 39 – Mantova 62 – Padova 61

XX **La Torre** con cam AC VISA ⚫ AE ⓪ ⑤
via Torcolo 33 – ℰ 04 42 41 01 11 – www.albergoristorantelatorre.it
– Fax 04 42 41 92 45
18 cam ☲ – ♦50/60 € ♦♦80/95 € – ½ P 65/80 €
Rist – *(chiuso lunedì)* Carta 36/56 €
◆ Ricavato in una torre cinquecentesca, una suggestiva sala sormontata da soffitti a volta con mattoni a vista, nella quale assaporare una cucina che varia a seconda delle stagioni. Servizio all'aperto solo per pasti veloci. Al piano superiore, confortevoli camere che celano cinque secoli di storia...

COLOGNE – Brescia (BS) – **561** F11 – **7 428 ab.** – alt. 184 m – ⊠ 25033   19 D2

▶ Roma 575 – Bergamo 31 – Brescia 27 – Cremona 72

XXX **Cappuccini** con cam ⚶ 🍴 🖾 ⚫ 🕅 ⅙ 🖵 rist, Ⓨ 🈹 P
via Cappuccini 54, Nord : 1,5 km – ℰ 03 07 15 72 54 VISA ⚫ AE ⓪ ⑤
– www.cappuccini.it – Fax 03 07 15 72 57
12 cam – ♦120 € ♦♦200 €, ☲ 15 € – 2 suites – ½ P 160/200 €
Rist – Menu 45 € – Carta 52/88 €
◆ L'elegante sala da pranzo propone antiche ricette accanto ad una cucina più creativa. Abbracciato da un fresco parco, l'albergo si trova tra le mura di un convento del '500 ristrutturato con cura ed offre confortevoli ambienti ed un attrezzato centro benessere.

COLOGNO AL SERIO – Bergamo (BG) – **561** F11 – **10 315 ab.**   19 C2
– alt. 156 m – ⊠ 24055

▶ Roma 581 – Bergamo 14 – Brescia 45 – Milano 47

⌂ **Antico Borgo la Muratella** ⚶ 🕅 🖾 ⅙ AC ⅙ rist, Ⓨ 🈹 P
località Muratella, Nord-Est : 2,5 km VISA ⚫ AE ⓪ ⑤
– ℰ 03 54 87 22 33 – www.lamuratella.it – Fax 03 54 87 28 85
68 cam ☲ – ♦115/150 € ♦♦145/220 € – ½ P 125 €
Rist – *(chiuso sabato a mezzogiorno, domenica sera)* Carta 40/55 €
◆ Pronti per un viaggio nella storia? La cinquecentesca dimora, appartenente ai Conti di Medolago vi attende per un soggiorno di relax o di lavoro in un'atmosfera d'altri tempi; giardino, laghetto e curati interni in stile. Soffitti a travi nelle ampie sale del ristorante, utilizzate anche per organizzare banchetti.

COLOGNOLA AI COLLI – Verona (VR) – **562** F15 – **8 002 ab.**   37 B3
– alt. 177 m – ⊠ 37030

▶ Roma 519 – Verona 17 – Milano 176 – Padova 68

sulla strada statale 11 Sud-Ovest : 2,5 km :

XX **Posta Vecia** con cam 🏦 AC ⅙ Ⓨ P VISA ⚫ AE ⓪ ⑤
via Strà 142 ⊠ 37030 – ℰ 04 57 65 03 61 – www.postavecia.com
– Fax 04 56 15 08 59 – chiuso agosto
11 cam – ♦80 € ♦♦120/130 €, ☲ 10 €
Rist – *(chiuso domenica sera, lunedì)* Carta 40/67 €
◆ All'interno di un edificio cinquecentesco cinto da un giardino e da un piccolo zoo, l'ambiente è completamente dedicato alla caccia, dalle foto e dai trofei esposti in sala, sino ai piatti di selvaggina in menù. Graziose le camere, arredate con mobili d'epoca.

COLOMBARE – Brescia – **561** F13 – Vedere Sirmione

COLOMBARO – Brescia – **562** F11 – Vedere Corte Franca

COLONNA DEL GRILLO – Siena – **563** M16 – Vedere Castelnuovo Berardenga

COLONNATA – Massa Carrara (MS) – **563** J12 – Vedere Carrara

COLORNO – Parma (PR) – **562** H13 – **8 788 ab.** – **alt. 29 m** – ⊠ 43052   **8** B1

> ▶ Roma 466 – Parma 16 – Bologna 104 – Brescia 79
>
> **ℹ** piazza Garibaldi 26 𝒞 0521 313336, ufficio.turistico@comune.colorno.pr.it, Fax 0521 521370

🏠 **Versailles** senza rist   ⬚ & AC ⁇ (⁎) P VISA ⁇ AE ① ⬚
via Saragat 3 – 𝒞 05 21 31 20 99 – www.hotelversailles.it – Fax 05 21 81 69 60
– chiuso dal 23 dicembre al 10 gennaio ed agosto
48 cam ⌂ – †65/87 € ††89/114 €
   ♦ Nell'ex "Versailles dei Duchi di Parma", un albergo a conduzione familiare, indicato per clientela turistica e d'affari; camere semplici, ma funzionali.

a Vedole Sud-Ovest : 2 km – ⊠ 43052 Colorno

✗✗ **Al Vedel**   & AC ⬚ P VISA ⁇ AE ① ⬚
ⓐ via Vedole 68 – 𝒞 05 21 81 61 69 – www.alvedel.it – Fax 05 21 31 20 59 – chiuso dal 24 dicembre al 5 gennaio, luglio, lunedì, martedì
Rist – Menu 32/35 € – Carta 24/39 € 🕸
   ♦ Da generazioni fedele alla lunga tradizione di ospitalità e alla buona cucina emiliana, arricchisce ora le proprie elaborazioni con una vena di fantasia. Visitabile la cantina, tra vini e salumi in stagionatura.

COL SAN MARTINO – Treviso – **562** E18 – Vedere Farra di Soligo

COLTODINO – Rieti – **563** P20 – Vedere Fara in Sabina

COMABBIO – Varese (VA) – **561** E8 – **1 128 ab.** – **alt. 307 m** – ⊠ 21020   **16** A2

> ▶ Roma 634 – Stresa 35 – Laveno Mombello 20 – Milano 57

sulla strada statale 629 direzione Besozzo al Km 4,5 :

✗ **Cesarino**   ← 🏠 ⬚ P VISA ⁇ AE ① ⬚
via Labiena 1861 ⊠ 21020 – 𝒞 03 31 96 84 72 – www.ristorantecesarino.com
– Fax 03 31 96 84 72 – chiuso dal 1° al 20 agosto e mercoledì
Rist – Carta 36/59 €
   ♦ Fate attenzione a non mancare la stretta ed unica entrata di questo locale familiare di lunga tradizione, in riva al lago. Proposte del territorio legate alle stagioni.

COMACCHIO – Ferrara (FE) – **562** H18 – **23 128 ab.** – ⊠ 44022 ▮ Italia   **9** D2

> ▶ Roma 419 – Ravenna 37 – Bologna 93 – Ferrara 53
>
> **ℹ** via Mazzini 4 𝒞 0533 314154, comacchio.iat@comune.comacchio.fe.it, Fax 0533 319278
>
> **◎** Abbazia di Pomposa★★ Nord : 15 km – Regione del Polesine★ Nord

🏠 **B&B Al Ponticello** senza rist   ⬚ ▮ & ⊹⊹ AC ⁇ (⁎) P
via Cavour 39 – 𝒞 05 33 31 40 80 – www.alponticello.it   VISA ⁇ ① ⬚
– Fax 05 33 31 40 80
8 cam ⌂ – †60/65 € ††80/85 €
   ♦ In un edificio d'epoca del centro, affacciato su un canale, una risorsa confortevole e accogliente. Gestione giovane, disponibile ad organizzare escursioni: particolarmente apprezzate quelle in canoa.

✗✗ **La Barcaccia**   🏠 AC ⁇ VISA ⁇ AE ① ⬚
piazza XX Settembre 41 – 𝒞 05 33 31 10 81 – www.comacchio.it
– Fax 05 33 31 10 81 – chiuso dal 7 al 15 gennaio, novembre e lunedì
Rist – Menu 42/48 € – Carta 25/60 €
   ♦ Nel cuore del centro storico - di fronte all'imponente Cattedrale del Duomo di San Cassiano - storica trattoria di tono elegante, simpaticamente condotta da due fratelli, da sempre alla ricerca delle migliori materie prime: piatti della tradizione con qualche fantasiosa variazione.

a Porto Garibaldi Est : 5 km – ⊠ 44029

🄸 (giugno-settembre) via Ugo Bassi 36/38 *✆* 0533 329076,
iatportogaribaldi@comune.comacchio.fe.it, Fax 0533 328336

❌❌ Da Pericle
via dei Mille 103 – *✆* 05 33 32 73 14 – www.ristorantepericle.it – Fax 05 33 33 59 68 88
– chiuso dal 7 al 18 gennaio, dal 15 al 30 novembre e lunedì
Rist – Carta 32/67 €
◆ Non esitate a prendere posto nella panoramica terrazza al primo piano per restare ammaliati dalla vista. La cucina predilige il pesce, servito in abbondanti porzioni.

a Lido degli Estensi Sud-Est : 7 km – ⊠ 44024

🄸 (giugno-settembre) via Ariosto 10 *✆* 0533 327464, iatlidoestensi@
comune.comacchio.fe.it, Fax 0533 327464

Logonovo senza rist
viale delle Querce 109 – *✆* 05 33 32 75 20 – www.hotellogonovo.com
– Fax 05 33 32 75 31
45 cam ⊇ – †50/60 € ††80/100 €
◆ In zona residenziale, a poca distanza dal mare, l'indirizzo è adatto tanto ai vacanzieri, quanto alla clientela di lavoro. Particolarmente confortevoli le camere al quinto piano, ampie e arredate con gusto.

a Lido di Spina Sud-Est : 9 km – ⊠ 44024

🄸 (giugno-settembre) viale Leonardo da Vinci 112 *✆* 0533 333656,
iatlidospina@comune.comacchio.fe.it, Fax 0533 333656

❌❌ Aroldo
viale delle Acacie 26 – *✆* 05 33 33 05 36 – www.ristorantearoldo.com
– Fax 05 33 33 09 48 – chiuso martedì escluso dal 15 maggio al 15 settembre
Rist – Menu 60 € – Carta 40/65 €
◆ Grande ristorante-pizzeria che agli ampi spazi unisce la cura della presentazione dei piatti, classici, locali e di pesce. La veranda è costruita intorno a due pini marittimi e in estate si apre completamente.

COMANO TERME – Trento (TN) – **562** D14 – alt. 395 m – ⊠ 38070   **30 B3**
Ponte Arche

🄳 Roma 586 – Trento 24 – Brescia 103 – Verona 106

a Ponte Arche – alt. 400 m – ⊠ 38071

🄸 via Cesare Battisti 38/d *✆* 0465 702626, info@comano.to, Fax 0465 702281

Grand Hotel Terme 🌤
– *✆* 04 65 70 14 21 – www.ghtcomano.it
– Fax 04 65 70 14 95 – 4 dicembre-13 gennaio e 23 marzo-8 novembre
80 cam ⊇ – †98/184 € ††176/350 € – 2 suites – ½ P 98/169 €
Rist – (solo per alloggiati) Menu 35 €
◆ Circondata dalla tranquillità del Parco delle Terme, una nuova struttura arredata secondo le linee del design nei suoi interni spaziosi. Benessere e cure termali per il relax. Dalla sala ristorante una splendida vista sul parco con cui conciliare la degustazione di una cucina nazionale.

Cattoni-Plaza
via Battisti 19 – *✆* 04 65 70 14 42
– www.cattonihotelplaza.it – Fax 04 65 70 14 44 – 5 dicembre-20 gennaio e
aprile-8 novembre
73 cam – †37/65 € ††68/110 €, ⊇ 10 € – ½ P 74/107 €   **Rist** – Menu 28/50 €
◆ Nella verde cornice del parco, l'hotel è stato studiato nei dettagli e dispone di confortevoli camere, piscina coperta, centro benessere ed un'area animazione per i bambini. Nell'elegante sala ristorante ricchi buffet per la colazione, menù sempre diversi e cene a lume di candela.

a Campo Lomaso – alt. 492 m – ⊠ 38070 Lomaso

Villa di Campo 🌤
piazza Risorgimento 40 – *✆* 04 65 70 00 72 – www.villadicampo.it
– Fax 04 65 70 07 10 – chiuso febbraio e marzo
33 cam ⊇ – †85 € ††135/185 € – ½ P 84/131 €   **Rist** – Menu 32/50 €
◆ Un edificio ottocentesco sapientemente ristrutturato ospita questa bella risorsa immersa in un grande parco: camere di due tipologie e centro benessere per trattamenti estetico-curativi. Nell'elegante sala ristorante, atmosfere d'altri tempi e prodotti biologici legati ai colori ed ai sapori delle stagioni.

COMELICO SUPERIORE – Belluno (BL) – **562** C19 – **2 634 ab.** 36 C1
– alt. 1 210 m – Sport invernali : 1 218/1 656 m ≰3, ⚲ – ⊠ **32040**
> ▶ Roma 678 – Cortina d'Ampezzo 52 – Belluno 77 – Dobbiaco 32

a Padola Nord-Ovest : 4 km da Candide – ⊠ **32040**

🏠 **D'la Varda** ॐ ≤ ⚸ **P** ⚄
⊛ via Martini 29 – ℰ 0 43 56 70 31 – www.hotellavarda.it – Fax 04 35 47 91 26
– dicembre-15 aprile e 15 giugno-settembre
22 cam ⊡ – ♦37/47 € ♦♦70/90 € – ½ P 43/60 € **Rist** – Carta 20/26 €
♦ Un idillio per chi ama le cime innevate: semplice e caratteristico, l'hotel si trova proprio di
fronte agli impianti di risalita e alle piste. Familiarità e gentilezza sono di casa. Calore, una
squisita accoglienza e piatti di cucina creativa al ristorante.

COMISO – Ragusa (RG) – **365** W62 – **Vedere Sicilia alla fine dell'elenco alfabetico**
> ▶ Roma 905 – Palermo 229 – Ragusa 23 – Gela 41

COMMEZZADURA – Trento (TN) – **562** D14 – **903 ab.** – alt. 852 m 30 B2
– Sport invernali : 1 400/2 200 m ≰5 ≴19 (Comprensorio sciistico Folgarida-
Marilleva) ⚲ – ⊠ **38020**
> ▶ Roma 656 – Bolzano 86 – Passo del Tonale 35 – Peio 32
> 🛈 (dicembre-aprile e giugno-settembre) frazione Mestriago 1 ℰ 0463 974840
> , info@commezzadura.com, Fax 0463 974840

🏠🏠 **Tevini** ॐ ≤ 🚗 ▢ ⏺ ॐ ▦ ⚄ ▦ rist, ⚸ ⁿ⁰ **P** 🚗
⊛ località Almazzago – ℰ 04 63 97 49 85 ▬ **VISA** ⚋ ⚌ ⓪ ⚄
– www.hoteltevini.com – Fax 04 63 97 48 92 – dicembre-Pasqua e giugno-
settembre
54 cam – solo ½ P 110 € **Rist** – Carta 21/40 €
♦ In Val di Sole, un soggiorno di sicuro confort in un albergo curato; spazi comuni rifiniti in
legno e gradevole centro benessere; suggestiva la camera nella torretta. Boiserie e tende di
pizzo alle finestre, affacciate sul verde, nella sala ristorante.

COMO ℙ (CO) – **561** E9 – **83 175 ab.** – alt. 202 m – ⊠ **22100** ▮ Italia 18 A1
> ▶ Roma 625 – Bergamo 56 – Milano 48 – Monza 42
> 🛈 piazza Cavour 17 ℰ 031 269712, lakecomo@tin.it, Fax 031 240111
> ▮⁸ Villa d'Este, ℰ 031 20 02 00
> ▮³⁶ Monticello, ℰ 031 92 80 55
> ▮⁸ Carimate, ℰ 031 79 02 26
> ▮⁸ La Pinetina, ℰ 031 93 32 02
> ◉ Lago★★★ – Duomo★★ Y – Broletto★★ Y **A** – Chiesa di San Fedele★ Y
> – Basilica di Sant'Abbondio★ Z – ≤★ su Como e il lago da Villa Olmo
> 3 km per ④

🏠🏠🏠 **Grand Hotel di Como** 🚗 ॐ ᴵᵍ 🛉 ⚄ ⚲⚲ ▦ ⚄ ⚸ rist, ⁿ⁰ ⚄ **P**
via per Cernobbio, 2,5 km per ④ – ℰ 0 31 51 61 🚗 **VISA** ⚋ ⚌ ⓪ ⚄
– www.grandhoteldicomo.com – Fax 0 31 51 66 00 – chiuso dal 24 dicembre al
6 gennaio
153 cam ⊡ – ♦160/350 € ♦♦190/390 € – ½ P 170/220 €
Rist Il Botticelli – Carta 40/60 €
♦ La moderna efficienza delle attrezzature si coniuga con la generale raffinatezza degli
interni in una struttura di classe; giardino e grande, attrezzato centro congressi. Al piano rial-
zato gli spaziosi ambienti curati del ristorante.

🏠🏠 **Terminus** ≤ 🚗 ॐ ᴵᵍ 🛉 ⚄ cam, ▦ ⁿ⁰ ⚲ **P** 🚗 **VISA** ⚋ ⚌ ⓪ ⚄
lungo Lario Trieste 14 – ℰ 0 31 32 91 11 – www.albergoterminus.com
– Fax 0 31 30 25 50 Yc
49 cam ⊡ – ♦143/195 € ♦♦152/350 € – 3 suites
Rist Bar delle Terme – ℰ 0 31 32 92 16 (chiuso martedì) Carta 45/63 €
♦ Dal '94 ritornato al suo originario splendore, prestigioso palazzo in stile liberty, dagli
interni personalizzati ed eleganti, per un soggiorno esclusivo in riva al lago. Calda ambientazione d'epoca nella raccolta saletta del caffè-ristorante.

COMO

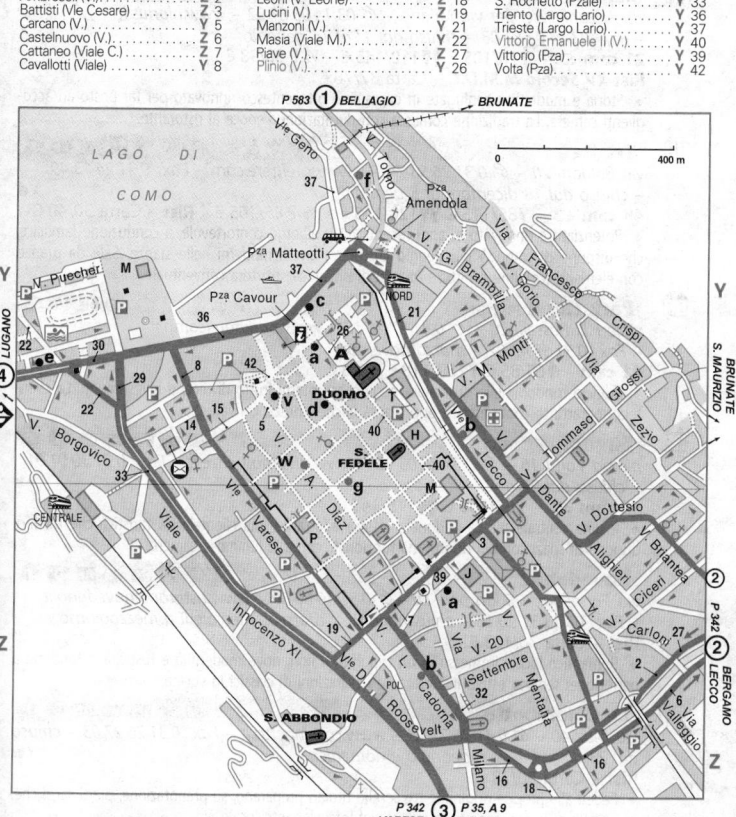

Le Due Corti

🔳 📶 ⅙ cam, 🄰🄲 ⇄ ⅏ 🕾 🔥 🄿 VISA ©© AE ① ⅙

piazza Vittoria 12/13 – ℰ 031 32 81 11 – Fax 031 32 88 00
– chiuso gennaio

Z a

65 cam ⊇ – ♥100/170 € ♥♥154/245 € – ½ P 107/153 €
Rist *Sala Radetzky* – *(chiuso sabato a mezzogiorno)* Carta 36/45 €

♦ Magistrale, raffinato connubio di vecchio e nuovo in un hotel elegante ricavato in un'antica stazione di posta; mobili d'epoca nelle camere, con pareti in pietra a vista. Ristorante di sobria eleganza con arredi in stile.

Barchetta Excelsior

≤ 📶 🄰🄲 ⇄ ⅏ rist, (¹)) 🔥 VISA ©© AE ① ⅙

piazza Cavour 1 – ℰ 031 32 21 – www.hotelbarchetta.it
– Fax 031 30 26 22

Y a

84 cam ⊇ – ♥129/399 € ♥♥159/399 € – ½ P 230 €
Rist – Carta 40/90 €

♦ Interni classici di gran signorilità e confort in un albergo che troneggia in una centrale piazza affacciata sul lago, di cui infatti si gode la vista da molte camere. Zona bistrot, con terrazza esterna e un elegante ristorante panoramico.

Budget modesto? Optate per il menu del giorno generalmente a prezzo più contenuto.

Larius 🏤 🏖 🛏 🛎 👥 🖭 📶 🛎 P 🆚 ⚫ 🅰🅴 ⓘ 🌙

via Anzani 12/c, per via Milano – ☎ 03 14 03 81 02 – www.hlarius.it
– Fax 03 14 03 81 03 – chiuso dal 1° al 16 gennaio   Z
21 cam ☲ – †78/105 € ††110/145 € – ½ P 80/98 €
Rist XV Secolo M.M.D.C – Carta 37/76 €
♦ Storia e modernità coniugate in un mulino ottocentesco rinnovato per far posto ad accoglienti camere. La tradizione comasca con rivisitazioni d'epoca al ristorante.

Tre Re 🛎 👥 rist, 👫 🖭 🕸 P 🆚 ⚫ 🌙

via Boldoni 20 – ☎ 0 31 26 53 74 – www.hoteltrere.com – Fax 0 31 24 13 49
– chiuso dal 18 dicembre al 5 gennaio   Yd
48 cam ☲ – †85/115 € ††120/145 € – ½ P 85/105 €   **Rist** – Carta 30/40 €
♦ Potenziato e rinnovato in anni recenti, è un albergo confortevole, a conduzione familiare, che dispone di comodo parcheggio custodito; arredi moderni nelle stanze. Sale da pranzo con elementi (colonne e pitture murali) di un'antica struttura conventuale.

Park Hotel senza rist 🛎 👥 📶 🆚 ⚫ 🅰🅴 ⓘ 🌙

viale F.lli Rosselli 20 – ☎ 0 31 57 26 15 – www.parkhotelcomo.it
– Fax 0 31 57 43 02 – marzo-novembre   Ye
41 cam – †65/85 € ††89/118 €, ☲ 8 €
♦ Edificio condominiale, si rivaluta negli spazi interni frutto di recenti investimenti. La clientela, soprattutto commerciale, apprezzerà anche i prezzi convenienti.

Firenze senza rist 🛎 👥 📶 ↩ 🆚 ⚫ 🅰🅴 ⓘ 🌙

piazza Volta 16 – ☎ 0 31 30 03 33 – www.albergofirenze.it – Fax 0 31 30 01 01
– chiuso dal 22 al 28 dicembre   Yv
44 cam ☲ – †85/100 € ††115/145 €
♦ In una centrale piazza pedonale, risorsa adatta ad una clientela sia turistica che d'affari, dispone di spazi comuni ridotti, ma funzionali, come le luminose camere.

XXX **Navedano** 🚗 🏤 ⇄ P 🆚 ⚫ 🅰🅴 ⓘ 🌙

via Pannilani, 1,5 km per ② – ☎ 0 31 30 80 80 – www.ristorantenavedano.it
– Fax 03 13 31 90 16 – chiuso gennaio, martedì, mercoledì a mezzogiorno
Rist – Carta 76/103 € 🏵
♦ Romantico locale immerso in un tripudio di fiori, dove modernità e rusticità si fondono a perfezione; servizio estivo in terrazza e rivisitazioni di classici in cucina.

XXX **La Colombetta** 📶 🕸 🆚 ⚫ 🅰🅴 ⓘ 🌙

via Diaz 40 – ☎ 0 31 26 27 03 – www.colombetta.it – Fax 0 31 26 27 03 – chiuso
dal 23 dicembre al 4 gennaio e domenica   Yw
Rist – Carta 50/78 €
♦ Fedeli alle proprie origini, le tre sorelle titolari preparano, su prenotazione, piatti sardi che, con quelli di pesce, sono le specialità del loro elegante locale.

XX **I Tigli...a lago** 📶 ⇄ 🆚 ⚫ 🅰🅴 ⓘ 🌙

via Coloniola 44 – ☎ 0 31 30 13 34 – www.itiglialago.it – Fax 0 31 30 13 34
– chiuso quindici giorni in gennaio, quindici giorni in agosto e domenica
Rist – Carta 48/69 €   Yf
♦ Recente apertura, immediati consensi: in un ambiente raccolto ed elegante, sono le proposte di pesce, anche crudo, a regalare una delle esperienze migliori della città.

XX **Il Solito Posto** 🏤 📶 ⇄ 🆚 ⚫ 🅰🅴 ⓘ 🌙

via Lambertenghi 9 – ☎ 0 31 27 13 52 – www.ilsolitoposto.net
– Fax 0 31 26 53 40   Yg
Rist – Menu 32/38 € – Carta 24/46 €
♦ In pieno centro storico, tra colonne antiche e sassi a vista, le salette mantengono l'aspetto originale di quando il locale fu aperto, sul finire del XIX secolo. Ricette sia tradizionali che rivisitate, carne e pesce.

XX **Locanda dell'Oca Bianca** con cam 🏤 👥 cam, 📶 P

via Canturina 251, 5 km per ② – ☎ 0 31 52 56 05   🆚 ⚫ 🅰🅴 ⓘ 🌙
– www.hotelocabianca.it – Fax 03 15 00 35 25 – chiuso gennaio e dal 10 al
25 agosto
19 cam ☲ – †55/65 € ††80/90 €
Rist – (chiuso lunedì) (chiuso a mezzogiorno escluso domenica) Carta 30/55 €
♦ Calda atmosfera e ambiente curato in un ristorante sulla strada per Cantù, dove d'estate si mangia all'aperto; camere ristrutturate, ottimo rapporto qualità/prezzo.

ⅩⅩ **Er Più** ⬛ AC ⬛ ⬛ VISA ⬛ AE ⓞ ⬛
⊗⊗ via Pastrengo 1, per via Leoni – ℰ 03 12 72 1 54 – www.erpiucomo.com
– Fax 03 12 71 7 05 – chiuso dal 2 al 10 gennaio, dal 5 al 30 agosto e martedì
Rist – Menu 19 € (solo a mezzogiorno) – Carta 35/56 €   Z
♦ Uno dei ristoranti più popolari della città, offre un'impressionante scelta di piatti: dalle
paste alla carne passando per i prodotti del mare. Difficile uscirne scontenti.

ⅩⅩ **L'Angolo del Silenzio** ⬛ AC VISA ⬛ AE ⓞ ⬛
viale Lecco 25 – ℰ 03 13 37 21 57 – Fax 03 1 30 24 95 – chiuso dal 10 al
24 gennaio, dal 10 al 24 agosto, lunedì, martedì a mezzogiorno   Yb
Rist – Carta 34/47 €
♦ Esperta gestione per un locale classico, con dehors estivo nel cortile; la cucina, di matrice
lombarda, è senza fronzoli e fa della concretezza la sua arma vincente.

Ⅹ **Al Giardino** ⬛ VISA ⬛ AE ⓞ ⬛
via Monte Grappa 52, per via Valeggio – ℰ 0 31 26 50 16
– www.algiardinoristorante.com – Fax 0 31 30 01 43 – chiuso dal 25 al
30 dicembre, 2 settimane in estate, domenica sera, lunedì   Z
Rist – Carta 25/42 €
♦ Una simpatica osteria con cucina del territorio, dove siete ben accetti "anche solo per
degustare del buon vino in compagnia"; d'estate si mangia in giardino.

Ⅹ **Namaste** ⬛ AC ⬛ VISA ⬛ AE ⓞ ⬛
⊗⊗ piazza San Rocco 8, per ③ – ℰ 0 31 26 16 42 – www.ristorante-namaste.it
– Fax 0 31 26 16 42 – chiuso lunedì
Rist – Carta 18/24 €
♦ La semplicità di un'autentica ambientazione indiana, senza orpelli folcloristici, per provare
specialità etniche che vengono da molto lontano: un'alternativa esotica.

Ⅹ **Osteria Rusticana** ⬛ ⬛ VISA ⬛ AE ⓞ ⬛
via Carso 69, per via Valeggio – ℰ 0 31 30 65 90 – www.momsrl.it
– Fax 0 31 30 65 90 – chiuso dal 1° al 7 gennaio, dal 16 al 28 agosto, le sere di
domenica, lunedì e martedì
Rist – Carta 40/57 €
♦ Il buon gusto è un imperativo tanto dell'ambiente, semplice ma curato nei particolari,
quanto della cucina, prevalentemente del territorio che si avvale di materie prime molto
buone e di fantasia.

ⅩⅩ **L'Antica Trattoria** ⬛ AC ⬛ VISA ⬛ AE ⬛
via Cadorna 26 – ℰ 0 31 24 27 77 – www.lanticatrattoria.co.it
– Fax 0 31 24 27 77 – chiuso dal 16 agosto al 5 settembre, domenica
Rist – (consigliata la prenotazione) Carta 38/51 €   Zb
♦ Locale storico ubicato in centro città: ampia sala luminosa e ricette della tradizione italiana, gastronomia di stagione nonché specialità di carne. Eventuali preparazioni senza glutine per i celiaci.

COMO (Lago di) o LARIO – Como – 561 E9 ▮ Italia

CONCA DEI MARINI – Salerno (SA) – 564 F25 – 743 ab. – ✉ 84010   6 B2
▫ Roma 272 – Napoli 58 – Amalfi 5 – Salerno 30

🏨 **Belvedere** ≤ ⛵ ⬛ AC ⬛ rist, ⬛ ⬛ VISA ⬛ AE ⓞ ⬛
via Smeraldo 19 – ℰ 0 89 83 12 82 – www.belvederehotel.it – Fax 0 89 83 14 39
– aprile-ottobre
36 cam ⬛ – ♦140/210 € ♦♦170/230 € – ½ P 150 €   **Rist** – Carta 52/63 €
♦ E' davvero splendida la vista che si gode da questa struttura lungo la costiera amalfitana,
dotata di terrazza con piscina d'acqua di mare; camere di diverse tipologie. Dalla bella sala e
dalla veranda del ristorante scorgerete la calma distesa d'acqua blu.

🏨 **Le Terrazze** senza rist ⬛ ≤ ⬛ AC ⬛ ⬛ VISA ⬛ AE ⓞ ⬛
via Smeraldo 11 – ℰ 0 89 83 12 90 – www.hotelleterrazze.it – Fax 0 89 83 12 96
– aprile-10 ottobre
27 cam ⬛ – ♦70/110 € ♦♦90/200 €
♦ A picco sul mare, quasi aggrappato alla roccia, un albergo in fase di rinnovo, con una terrazza panoramica mozzafiato; camere da poco ristrutturate, ampie e luminose.

CONCESIO – Brescia (BS) – **561** F12 – **14 125 ab.** – **alt. 218 m**   **17** C1
– ⊠ 25062

▶ Roma 544 – Brescia 10 – Bergamo 50 – Milano 91

XXX   **Miramonti l'Altro** (Philippe Léveille)   🖵 AC ⇔ P VISA ⊚ AE ① ⚡
    ❀❀   *via Crosette 34, località Costorio – ℰ 03 02 75 10 63 – www.miramontilaltro.it*
    – Fax 03 02 75 31 89 – chiuso lunedì
Rist – Menu 45 € (solo a mezzogiorno)/110 € – Carta 72/112 € ꝏ
Spec. Lumache di vigna al Franciacorta, salsa di acetosella, scalogno e dragoncello. Farfalle con frattaglie di capretto e tartufo nero. Maialino da latte
con "pane e salame", capperi, cetrioli e confettura di mele al Calvados.
♦ Elegante villa in zona periferica, l'ospitalità dei titolari è celebrata quanto la cucina: spunti
bresciani e lacustri, divagazioni marine, ispirazioni francesi.

CONCO – Vicenza (VI) – **562** E16 – **2 263 ab.** – **alt. 830 m** – Sport   **35** B2
invernali : 830/1 250 m ✓3, ✥ – ⊠ 36062

▶ Roma 556 – Padova 72 – Belluno 94 – Trento 64

🏠   **La Bocchetta**   🚗 🖵 📶 🛉 ✆ rist, ✆° P VISA ⊚ AE ① ⚡
   sulla strada per Asiago località Bocchetta 6, Nord : 5 km – ℰ 04 24 70 00 24
   – www.labocchetta.it – Fax 04 24 70 41 17 – chiuso dal 10 al 20 novembre
25 cam – †56/60 € ††72/80 €, � 12 € – ½ P 65/70 €
Rist – *(chiuso lunedì a mezzogiorno, martedì)* Carta 26/47 €
♦ Sono in stile tirolese sia la struttura che i caldi interni di questo albergo, in cui troverete
camere e suite personalizzate, con boiserie e tessuti a motivi floreali. La zona ristorante si
articola in varie salette e in un grande salone banchetti.

CONCORDIA SULLA SECCHIA – Modena (MO) – **562** H14   **8** B1
– **8 947 ab.** – **alt. 22 m** – ⊠ 41033

▶ Roma 429 – Bologna 68 – Ferrara 63 – Mantova 54

XX   **Vicolo del Teatro**   ⚹ AC ✗ VISA ⊚ AE ① ⚡
   via della Pace 94 – ℰ 0 53 54 03 30 – www.vicolodelteatro.it – Fax 0 53 54 03 30
   – chiuso dal 1° all'8 gennaio
Rist – *(chiuso sabato a mezzogiorno, domenica sera, lunedì)* Menu 55 €
– Carta 54/78 €
♦ Elegante locale a conduzione familiare situato accanto al teatro. Sviluppato su due livelli
grazie ad una zona soppalcata, propone una cucina del territorio dagli spunti fantasiosi.

X   **Trattoria Secchia**   ⚹ ✗ P VISA ⊚ AE ① ⚡
   🙂   *via Chiaviche 85, Nord-Est: 4 km – ℰ 0 53 54 05 37 – chiuso dal 10 al*
   20 gennaio, dal 10 al 20 agosto, lunedì, martedì
Rist – Carta 29/36 € ꝏ
♦ Tipica cucina lombardo-emiliana in una simpatica trattoria di campagna sulle sponde del
Secchia. Conduzione familiare ed una grande passioni per i vini: nazionali, ma non solo.

CONCOREZZO – Milano (MI) – **561** F10 – **14 808 ab.** – **alt. 171 m**   **18** B2
– ⊠ 20049

▶ Roma 587 – Milano 26 – Bergamo 33 – Como 43

XX   **Via del Borgo**   ⚹ & ⇔ P VISA ⊚ AE ① ⚡
   via Libertà 136 – ℰ 03 96 04 26 15 – www.viadelborgo.it – Fax 03 96 04 08 23
   – chiuso dal 1° al 7 gennaio, 3 settimane in agosto, domenica, lunedì a mezzogiorno
Rist – Carta 43/65 € ꝏ
♦ Nel centro, in una vecchia casa di ringhiera ristrutturata, una sala moderna con richiami al
rustico e servizio estivo sotto il portico; piatti di impronta creativa.

CONDINO – Trento (TN) – **562** E13 – **1 513 ab.** – **alt. 444 m** – ⊠ 38083   **30** A3

▶ Roma 598 – Brescia 65 – Milano 155 – Trento 64

🏠   **Rita**   ≼ 🚗 🛉 ⚹✝ AC rist, ↯ ✗ ✆° P VISA ⊚ ① ⚡
   via Roma 140 – ℰ 04 65 62 12 25 – www.hoteldarita.it – Fax 04 65 62 15 58
   – chiuso dal 20 al 31 agosto
18 cam ⊡ – †45 € ††75 € – ½ P 48 €
Rist – *(chiuso lunedì sera)* Carta 28/43 €
♦ Nella zona industriale della località, l'albergo ne rappresenta la nota più colorata, come gli
interni: moderni e variopinti. Valido indirizzo per una clientela, soprattutto, commerciale.

CONEGLIANO – Treviso (TV) – 562 E18 – 35 401 ab. – alt. 65 m   36 C2
– ⊠ 31015 📗 Italia

> ▶ Roma 571 – Belluno 54 – Cortina d'Ampezzo 109 – Milano 310
>
> 🖬 via XX Settembre 61 ℰ 0438 21230, iat.coneglians@provincia.treviso.it, Fax 0438 428777
>
> 📷 Sacra Conversazione★ nel Duomo – ❄★ dal castello – Affreschi★ nella Scuola dei Battuti

🏠🏠🏠 **Relais le Betulle**   🕸 ⅃⅁ 🖃 ᴴ ⚇ 🕮 ((ᵠ)) 🛣 ⱱⱭ 🚾 🚐 ᴬᴱ ⓞ ⚡
via Costa Alta 56, Nord-Ovest : 2,5 : km – ℰ 04 38 21 00 01
– www.relaislebetulle.com – Fax 04 38 42 03 92
39 cam – †60/90 € ††80/220 €, ⌑ 10 €
Rist – *(chiuso 2 settimane in agosto)* Carta 26/45 €
♦ In zona collinare vicino al castello, un edificio recentemente ristrutturato propone confortevoli e luminose camere dal design moderno, quasi tutte dotate di terrazza. Al ristorante, dominano una atmosfera accogliente riscaldata dal rosso mattone delle pareti ed una cucina a base di prodotti ittici.

🏠🏠 **Canon d'Oro**   🖃 🖃 🕮 ⁹⁄ₓ rist, ((ᵠ)) 🅿 ⱱⱭ 🚾 🚐 ᴬᴱ ⓞ ⚡
via 20 Settembre 131 – ℰ 04 38 34 24 6 – www.hotelcanondoro.it
– Fax 04 38 34 24 9
48 cam ⌑ – †50/175 € ††80/225 €
Rist – *(chiuso domenica sera)* Carta 25/65 €
♦ Hotel del centro storico ospitato in un edificio del '500 con loggia ed affreschi originali sulla facciata. Le camere - di tre tipologie, ma tutte recentemente rinnovate - assicurano un buon standard di confort. Nel silenzioso giardino interno, i sapori autentici della gastronomia locale.

✕✕ **La Tartare**   ⱱⱭ 🚐 ⚡
corso Mazzini 45 – ℰ 04 38 23 52 – www.latartare.com – Fax 04 38 23 52
– chiuso 1 settimana in gennaio, 2 settimane in agosto e lunedì
Rist – Menu 44 € – Carta 36/61 €
♦ Le antiche mura che delimitano il centro storico fanno da sfondo a questo locale dal look moderno ed accattivante. La cucina conquista con piatti moderatamente creativi, il servizio si fa ricordare per attenzione e professionalità.

✕ **Città di Venezia**   🍴 🕮 ⁹⁄ₓ ⇄ ⱱⱭ 🚾 🚐 ᴬᴱ ⓞ ⚡
via 20 Settembre 77/79 – ℰ 04 38 23 1 86 – Fax 04 38 23 1 86 – chiuso lunedì
Rist – Carta 23/44 €
♦ Nel salotto cittadino, raffinata atmosfera veneziana nelle sale interne o più fresca nel dehors estivo. Dalla cucina un'appetitosa scelta di piatti di pesce. Identiche proposte gastronomiche nella piccola osteria annessa, dove viene svolto il servizio in assenza di prenotazioni particolari.

CONERO (Monte) – Ancona – 563 L22 – Vedere Sirolo

CONVENTO – Vedere nome proprio del convento

CONVERSANO – Bari (BA) – 564 E33 – 24 958 ab. – alt. 219 m   27 C2
– ⊠ 70014

> ▶ Roma 440 – Bari 31 – Brindisi 87 – Matera 68

🏠🏠 **Grand Hotel d'Aragona**   🚄 ⅃ 🖃 🖃 🕮 ⁹⁄ₓ ((ᵠ)) 🛣 🅿
via San Donato 5, strada provinciale per Cozze   ⱱⱭ 🚾 🚐 ᴬᴱ ⓞ ⚡
– ℰ 08 04 95 23 44 – www.grandhoteldaragona.it – Fax 08 04 95 42 65
68 cam ⌑ – †55/85 € ††80/115 € – ½ P 60/78 €   **Rist** – Carta 28/45 €
♦ Un grande giardino con piscina circonda questo complesso di concezione classica, che offre confort adeguato alla categoria sia nelle spaziose aree comuni sia nelle camere. Ampia sala ristorante e terrazza coperta.

🏠🏠 **Corte Altavilla**   🕮 ⁹⁄ₓ rist, ((ᵠ)) 🛣 🅿 ⱱⱭ 🚾 🚐 ᴬᴱ ⓞ ⚡
vico Altavilla 8 – ℰ 08 04 95 96 68 – www.cortealtavilla.it – Fax 08 04 95 17 40
32 cam ⌑ – †73/120 € ††98/160 €
Rist – *(chiuso a mezzogiorno)* (prenotazione obbligatoria) *(solo per alloggiati)*
Menu 25/35 €
♦ Più di mille anni di storia, nel centro storico di Conversano, tra i vicoli medievali che accolgono camere, appartamenti e suites di notevole fascino. Gestione affidabile.

⚐ **Agriturismo Montepaolo** 🕭   ≼ 🚗 🛋 ⚒ ⚓ **P** 𝗩𝗜𝗦𝗔 ⓔ 𝗔𝗘 ⓞ ⑤
contrada Montepaolo 2, Nord-Est : 4 km – ℰ *08 04 95 50 87*
– *www.montepaolo.it* – *Fax 08 04 95 50 87*
10 cam – 🛏57/99 € 🛏🛏86/133 €, 🖵 5 € – ½ P 63/88 €
Rist – *(chiuso a mezzogiorno)* (prenotazione obbligatoria) Menu 20/35 €
♦ Tra ulivi e macchia mediterranea, una dimora cinquecentesca - meticolosamente restaurata - con diversi arredi e pavimenti d'epoca. A 200 m la Torre del Brigante dispone di due appartamenti per 4 persone ciascuno (affitto settimanale). Piatti regionali nella sala ristorante, un tempo utilizzata per la vinificazione.

🗙🗙🗙 **Pashà**   🎴 𝗔𝗖 ⚗ ⇄ 𝗩𝗜𝗦𝗔 ⓔ 𝗔𝗘 ⓞ ⑤
piazza Castello 5-7 – ℰ *08 04 95 10 79* – *www.pashaconversano.it* – *chiuso
2 settimane in gennaio, martedì, da ottobre ad aprile anche domenica sera*
Rist – (prenotare) Carta 45/60 €
♦ Di fronte al castello normanno, occorre salire al primo piano dell'edificio per raggiungere la piccola ed elegante sala ristorante. In premio, una cucina che non volta le spalle alla tradizione locale.

CORATO – Bari (BA) – **564** D31 – **47 352 ab.** – **alt. 232 m** – ⊠ 70033   **26** B2
▶ Roma 414 – Bari 44 – Barletta 27 – Foggia 97

🏠🏠 **Nicotel Wellness**   🚗 ⚒ 🖺 ⓔ 🕭 🖕 🖐 ⚒ 𝗔𝗖 ↔ ⚗ rist, "ï" 🔱 **P**
via Gravina – ℰ *08 08 72 24 30*   𝗩𝗜𝗦𝗔 ⓔ 𝗔𝗘 ⓞ ⑤
– *www.nicotelhotels.com* – *Fax 08 08 72 24 30*
76 cam 🖵 – 🛏70/90 € 🛏🛏90/130 € – ½ P 65/85 €   **Rist** – Carta 22/35 €
♦ Recente realizzazione frutto di design moderno, lineare ed essenziale, particolarmente adatta ad una clientela sportiva o d'affari, tra centro benessere e business rooms. Analoga atmosfera al ristorante: nessun orpello e cucina protagonista.

sulla strada provinciale 231 km 32,200 Sud : 3 km :

🏨 **Appia Antica**   🚗 🖺 🖐 𝗔𝗖 ⚗ "ï" 🔱 **P** 𝗩𝗜𝗦𝗔 ⓔ 𝗔𝗘 ⓞ ⑤
⚐ ⊠ *70033* – ℰ *08 08 72 25 04* – *www.appiantica.it* – *Fax 08 08 72 40 53*
34 cam 🖵 – 🛏71/95 € 🛏🛏97/126 € – ½ P 85/105 €
Rist – *(chiuso domenica sera)* Carta 19/25 €
♦ Una costruzione anni '70 ospita un albergo comodo sia per i turisti sia per la clientela d'affari; interni funzionali e confortevoli, arredi recenti nelle curate camere. Il ristorante dispone di un'accogliente sala d'impostazione classica.

CORCIANO – Perugia (PG) – **563** M18 – **19 019 ab.** – **alt. 308 m**   **32** B2
– ⊠ 06073
▶ Roma 138 – Perugia 11 – Arezzo 71 – Terni 92

⚐ **Palazzo Grande** – Residenza d'epoca 🕭   ♫ ⚒ 🖺 🖐 𝗔𝗖 ⚗ rist, 📞
via Palazzo Grande 20, Est: 2 km   🔱 **P** 𝗩𝗜𝗦𝗔 ⓔ 𝗔𝗘 ⑤
– ℰ *07 56 97 92 60* – *www.palazzogrande.com* – *Fax 07 56 97 91 56* – *chiuso dal
23 al 27 dicembre*
19 cam 🖵 – 🛏130/170 € 🛏🛏180/230 €
Rist – *(chiuso a mezzogiorno)* (prenotazione obbligatoria) *(solo per alloggiati)*
Menu 35/50 €
♦ Ambienti eleganti e mobilio d'epoca in un glorioso palazzo Seicentesco con "radici" storiche medioevali e romane. All'esterno, un immenso bosco ed una deliziosa piscina appartata.

a Solomeo Sud : 8 km – ⊠ 06073 Corciano

⚐ **Locanda Solomeo**   ≼ 🚗 🎴 ⚒ ⚓ 🖺 𝗔𝗖 ⚗ 🔱 **P**
piazza Carlo Alberto Dalla Chiesa 1   𝗩𝗜𝗦𝗔 ⓔ 𝗔𝗘 ⓞ ⑤
– ℰ *07 55 29 31 19* – *www.solomeo.it* – *Fax 07 55 29 40 90* – *chiuso dal
10 gennaio al 28 febbraio*
12 cam 🖵 – 🛏83/102 € 🛏🛏110/140 €
Rist – *(chiuso domenica)* *(chiuso a mezzogiorno)* Carta 28/36 €
♦ Struttura in stile liberty, ristrutturata mantenendo inalterata la bellezza originale. Nel centro della località, camere ampie e "fresche", buon livello di confort.

CORGENO – Varese (VA) – alt. 270 m – ⊠ 21029   16 A2

▶ Roma 631 – Stresa 35 – Laveno Mombello 25 – Milano 54

 XXX   **La Cinzianella** con cam ⌂   ⫷ 🖀 🗗 🖃 AC 🍽 rist, 🛜 🎿 P
via Lago 26 – ⌀ 03 31 94 63 37 – www.lacinzianella.it   VISA ⓪ AE ① ⓢ
– Fax 03 31 94 88 90 – chiuso gennaio
10 cam ⌂ – 🛏75/85 € 🛏🛏90/110 € – ½ P 80/90 €
Rist – *(chiuso martedì, mercoledì a mezzogiorno)* Carta 52/65 €
◆ In riva al lago, la sala da pranzo è stata recentemente rinnovata in tono elegante, mentre nella bella stagione si pranza sulla panoramica terrazza. Cucina innovativa, legata al territorio.

CORIANO VERONESE – Verona – Vedere Albaredo d'Adige

CORLO – Modena – Vedere Formigine

CORMONS – Gorizia (GO) – **562** E22 – 7 756 ab. – alt. 56 m – ⊠ 34071   11 C2

▶ Roma 645 – Udine 25 – Gorizia 13 – Milano 384

🛈 Enoteca Comunale piazza 24 Maggio 21 ⌀ 0481 630371, Fax 0481 630371

🏠   **Felcaro** ⌂   🚲 ♨ 🏊 🍽 🖃 🛗 🖃 AC 🛜 🎿 P VISA ⓪ AE ① ⓢ
via San Giovanni 45 – ⌀ 0 48 16 02 14 – www.hotelfelcaro.it
– Fax 04 81 63 02 55
59 cam ⌂ – 🛏65/75 € 🛏🛏110/125 € – ½ P 68/76 €
Rist – *(chiuso 3 settimane in gennaio, 1 settimana in giugno, 1 settimana in novembre e lunedì)* Carta 23/33 €
◆ In posizione tranquilla, alle pendici della collina sovrastante il paese, la villa ottocentesca offre camere spaziose e confortevoli, alcune delle quali arredate con mobili antichi. Articolato in più sale dall'aspetto rustico, il ristorante propone piatti regionali.

XX   **Al Cacciatore-della Subida**   🚲 🖀 ⇄ P VISA ⓪ ⓢ
⛄   *località Monte 22, Nord-Est : 2 km – ⌀ 0 48 16 05 31 – www.lasubida.it*
– Fax 0 48 16 16 16 – chiuso dal 19 al 28 febbraio, martedì, mercoledì
Rist – *(chiuso a mezzogiorno escluso sabato e domenica)* Menu 45/60 €
– Carta 45/54 € 🏵
Spec. Il vanto di Cormons: prosciutto leggermente affumicato. Zlikrofi (tortellini della Valle d'Idria ripieni di patate al montasio stagionato). Stinco di vitello arrostito nel vecchio forno del pane con patate in tecia.
◆ L'ambiente è caratteristico, bucolico e al contempo elegante, la gestione familiare e i piatti si affacciano dalla tradizione per essere reinterpretati con talento in chiave moderna.

XX   **Al Giardinetto** con cam   🖀 AC cam, P VISA ⓪ AE ① ⓢ
via Matteotti 54 – ⌀ 0 48 16 02 57 – www.jre.it – Fax 04 81 63 07 04
– chiuso 3 settimane in luglio
3 cam ⌂ – 🛏70 € 🛏🛏90/95 €   **Rist** – *(chiuso lunedì, martedì)* Carta 35/58 €
◆ Oltre un secolo di storia, nel corso del quale si sono succedute ben tre generazioni. Oggi, nelle accoglienti sale e nel dehors potrete gustare piatti ricchi di tradizione e di creatività. Per prolungare il soggiorno, la risorsa mette a disposizione anche piacevoli alloggi.

CORNAIANO = GIRLAN – Bolzano – Vedere Appiano sulla Strada del Vino

---

CORNAREDO – Milano (MI) – **561** F9 – 20 439 ab. – alt. 140 m   18 A2
– ⊠ 20010

▶ Roma 584 – Milano 17 – Bergamo 56 – Brescia 102

🏠   **Le Favaglie**   🚲 🖀 🖃 ♨ 🦶 🖃 🛗 cam, AC 🍴 🍽 🛜 🎿 🚘
via Merendi 26 – ⌀ 0 29 34 84 11   VISA ⓪ AE ① ⓢ
– www.hotelfavaglie.it – Fax 02 93 48 44 00 – chiuso dal 24 dicembre al 6 gennaio e dal 18 al 22 agosto
112 cam ⌂ – 🛏70/269 € 🛏🛏70/289 €
Rist Corniolo – ⌀ 02 93 48 44 50 *(chiuso sabato a mezzogiorno, domenica sera)* Carta 39/57 €
◆ In posizione strategica per il nuovo polo fieristico di Rho-Pero, risorsa recente dal design minimalista e moderno con dotazioni e confort di ultima generazione. Al ristorante proposte di cucina innovativa e fantasiosa, preparate con cura.

a San Pietro all'Olmo Sud-Ovest : 2 km – ⊠ 20010

✗ **D'O** (Davide Oldani)   ⒶⒸ ⅏ Ⓟ
☆ *via Magenta 18 – ℰ 0 29 36 22 09 – Fax 0 29 36 22 09 – chiuso dal 25 dicembre al 4 gennaio, Pasqua, dal 28 luglio al 28 agosto, dal 1° al 3 novembre, domenica, lunedì*
Rist – *(prenotazione obbligatoria)* Menu 32 € – Carta 31/42 €
Spec. Nero di seppia al cucchiaio, bottarga, ortiche ed emulsione di piselli (primavera). Melone, pomodoro cotto, salsa di cacao amaro e riso (estate). Coscia d'anatra candita, duroni arrostiti e salsa alla vaniglia.
♦ I prezzi contenuti e la qualità della cucina hanno messo il suggello sulle capacità di Davide Oldani. In sale semplici e senza pretese, una cucina innovativa, ma sempre rispettosa della tradizione lombarda ed italiana.

CORNEDO VICENTINO – Vicenza (VI) – **562** F16 – **11 802 ab.**   35 B2
– alt. 200 m – ⊠ 36073
▶ Roma 541 – Verona 60 – Trento 76 – Venezia 93

sulla strada statale 246 Sud-Est : 4 km :

✗✗ **Due Platani** con cam   ⬚ ⒶⒸ ⅏ ⅏ ⑼ Ⓟ ⱽⁱˢᵃ ⓸ ⓢ
    via Campagnola 16 – ℰ 04 45 94 70 07 – www.dueplatani.it
    – Fax 04 45 44 05 09 – chiuso dal 10 al 30 agosto
12 cam – †67/85 € ††82/114 €, ☲ 6 €
Rist – *(chiuso sabato a mezzogiorno e domenica)* Carta 28/36 €
♦ All'esterno le facciate colorate e i tetti spioventi, al di là della soglia un moderno locale elegante; cucina di terra e di mare con wine bar serale nelle tipiche cantine.

CORNIGLIANO LIGURE – Genova – Vedere Genova

CORNIOLO – Forlì-Cesena (FC) – **562** K17 – Vedere Santa Sofia

CORONA – Gorizia – Vedere Mariano del Friuli

CORPO DI CAVA – Salerno – **564** E26 – Vedere Cava de' Tirreni

CORREGGIO – Reggio Emilia (RE) – **562** H14 – **23 735 ab.** – alt. 33 m 8 B2
– ⊠ 42015
▶ Roma 422 – Bologna 60 – Milano 167 – Verona 88

🏨 **Dei Medaglioni**   ⬚ & ⒶⒸ ⅏ ⅏ rist, ⑼ ⅏ Ⓟ ⱽⁱˢᵃ ⓸ Ⓐ Ⓔ ⓞ ⓢ
    corso Mazzini 8 – ℰ 05 22 63 22 33 – www.albergodeimedaglioni.com
    – Fax 05 22 69 32 58 – chiuso agosto e Natale
50 cam ☲ – †90/146 € ††103/167 € – 3 suites
Rist Il Correggio – ℰ 05 22 64 10 00 – Carta 30/47 €
♦ Fascino del passato con tutti i confort del presente negli eleganti interni di un palazzo sapientemente restaurato, conservando dettagli in stile liberty; camere curate.

🏨 **President**   🏡 ⬚ & cam, ⒶⒸ ⅏ ⅏ ⑼ ⅏ Ⓟ 🚗 ⱽⁱˢᵃ ⓸ Ⓐ Ⓔ ⓞ ⓢ
    via Don Minzoni 61 – ℰ 05 22 63 37 11 – www.hotel-president-correggio.com
    – Fax 05 22 63 37 77
84 cam ☲ – †60/120 € ††90/280 € – 3 suites – ½ P 55/160 €
Rist – *(chiuso dal 24 dicembre al 7 gennaio, dal 5 al 25 agosto e domenica)*
Carta 30/41 €
♦ Una bella hall con colonne vi accoglie in questa moderna struttura di recente realizzazione, dotata di confortevoli camere ben accessoriate; attrezzate sale convegni. Luminoso ristorante con un'originale soffittatura in legno.

✗ **Come una volta** con cam ⌂   🏡 🏡 ⧖ ⒶⒸ Ⓟ ⱽⁱˢᵃ ⓸ Ⓐ Ⓔ ⓞ ⓢ
    via Costituzione 75, Est : 2 km zona industriale – ℰ 05 22 63 30 63
    – Fax 05 22 73 23 77 – chiuso 2 settimane in dicembre e 2 settimane in agosto
8 cam ☲ – †65 € ††95 € **Rist** – Carta 25/33 €
♦ E' vero che ci si trova in zona industriale, ma questa risorsa è stata ricavata all'interno di una storica cascina completamente ristrutturata, ambientazione suggestiva.

CORRUBBIO – Verona – Vedere San Pietro in Cariano

CORSANICO – Lucca – **562** K12 – Vedere Massarosa

CORSICO – Milano (MI) – **561** F9 – 33 470 ab. – ⊠ 20094   **18** B2

■ Roma 593 – Milano 10 – Lodi 46 – Pavia 40

XX   **Il Vicolo**   AC ℅ VISA ⊚ ⑤
via XXV Aprile 4a – ℰ *02 45 10 00 57* – *www.ilvicoloristorante.it*
– *Fax 02 45 10 00 57* – *chiuso 1 settimana in agosto e domenica*
Rist – Carta 40/56 €
♦ Nel cuore della città, un locale raccolto curato ed elegante dagli arredi di stampo moderno, dove fermarsi ad assaporare una cucina tradizionale ma creativa e ricercata.

CORSIGNANO – Siena – Vedere Siena

CORTACCIA SULLA STRADA DEL VINO   **31** D3
(KURTATSCH AN DER WEINSTRASSE) – Bolzano (BZ) – **562** D15
– 2 205 ab. – alt. 333 m – ⊠ 39040

■ Roma 623 – Bolzano 20 – Trento 37

🖬 piazza Schweiggl 8 ℰ 0471 880100, info@suedtiroler-unterland.it, Fax 0471 880451

🏠   **Schwarz-Adler Turmhotel**   ⪡ 🗄 🛋 ⤴ 🏠 🏢 ℅ rist. ☏ 🄿 🕿
Kirchgasse 2 – ℰ *04 71 88 06 00* – *www.turmhotel.it*   VISA ⊚ AE ⓪ ⑤
– *Fax 04 71 88 06 01* – *chiuso dal 22 al 28 dicembre
e dal 13 al 21 febbraio*
23 cam ⊊ – †72/95 € ††120/150 € – ½ P 75/105 €
Rist – *(solo per alloggiati)*
♦ Si sono seguiti stilemi tradizionali con materiali moderni in questo hotel, che ha ampie camere di particolare confort, molte con loggia o balcone; giardino con piscina.

XX   **Zur Rose**   ⇔ VISA ⊚ AE ⑤
Endergasse 2 – ℰ *04 71 88 01 16* – *www.baldoarno.com* – *Fax 04 71 88 14 38*
– *chiuso luglio, domenica e lunedì a mezzogiorno in settembre-ottobre,
domenica e lunedì negli altri mesi*
Rist – Carta 40/57 €
♦ Edificio tipico che regala ambienti caldi, arredati con molto legno, in tipico stile tirolese. Cucina del territorio non priva di influenze mediterranee.

XX   **Schwarz Adler**   ⇔ VISA ⊚ AE ⓪ ⑤
Schweigglplatz 1 – ℰ *04 71 88 02 24* – *Fax 04 71 88 06 01* – *chiuso dal 22 al
25 dicembre e martedì*
Rist – Carta 39/49 €
♦ All'interno di un palazzo d'epoca, la risorsa si propone con una veste rustico-signorile e "sfoggia" al proprio interno una grande, rovente, griglia. Completano il delizioso quadretto diverse salette arredate in legno ed un'originale cantina a vista, per scegliere direttamente tra un'articolata varietà di etichette.

CORTALE – Udine – Vedere Reana del Roiale

CORTE DE' CORTESI – Cremona (CR) – **561** G12 – 1 076 ab.   **17** C3
– alt. 61 m – ⊠ 26020

■ Roma 535 – Brescia 42 – Piacenza 47 – Cremona 16

XX   **Il Gabbiano**   🛋 AC VISA ⊚ AE ⑤
🐦   *piazza Vittorio Veneto 10* – ℰ *0 37 29 51 08* – *www.trattoriailgabbiano.it*
– *Fax 0 37 29 51 08* – *chiuso dal 15 al 30 giugno, mercoledì sera e giovedì*
Rist – Menu 30 € – Carta 24/35 € 🏵
♦ Salumi, marubini, faraona della nonna e torrone: la trattoria di paese ha conservato la sua caratteristica atmosfera nella quale ripropone antichi ricettari. Con un tocco di eleganza.

CORTE FRANCA – Brescia (BS) – **562** F11 – 5 952 ab. – alt. 214 m   **19** D1
– ⊠ 25040

■ Roma 576 – Bergamo 32 – Brescia 28 – Milano 76

🖬 Franciacorta, ℰ 030 98 41 67

a Colombaro Nord : 2 km – ⊠ 25040 Corte Franca

🏠🏠🏠 **Relaisfranciacorta** ⌖ ≤ 𝄐 🖭 ⅁ 🖾 🕪 🎿 P. 🆅🆂🅰 ⓒⓞ 🅰🅴 ⓞ ⓢ
via Manzoni 29 – ℰ 03 09 88 42 34 – www.relaisfranciacorta.it
– Fax 03 09 88 42 24
48 cam ⌕ – ♦90/178 € ♦♦120/178 € – 2 suites – ½ P 124 €
Rist *La Colombara* – ℰ 03 09 82 64 61 *(chiuso domenica sera, lunedì, martedì)*
Carta 41/57 €
♦ Adagiata su un vasto prato, una cascina seicentesca ristrutturata offre la tranquillità e i confort adatti ad un soggiorno sia di relax che d'affari; sale per convegni. Al ristorante suggestivi ambienti di diversa capienza e di tono elegante.

CORTEMILIA – Cuneo (CN) – **561** I6 – 2 519 ab. – alt. 247 m **25** D2
– ⊠ 12074

▶ Roma 613 – Genova 108 – Alessandria 71 – Cuneo 106

🏠🏠 **Villa San Carlo** 🚗 🏡 🎿 🖭 🕊 cam, 🕪 P. 🆅🆂🅰 ⓒⓞ 🅰🅴 ⓞ ⓢ
corso Divisioni Alpine 41 – ℰ 01 73 81 5 46 – www.hotelsancarlo.it
– Fax 01 73 81 2 35 – chiuso dal 15 al 28 dicembre e dal 4 gennaio al 1° marzo
23 cam ⌕ – ♦65/75 € ♦♦98/108 €
Rist *San Carlino* – *(chiuso lunedì) (chiuso a mezzogiorno)* (coperti limitati, prenotare) Carta 33/43 € 🏵
♦ Il bel giardino sul retro con piscina è certamente il punto di forza della risorsa a conduzione familiare; all'interno, camere accoglienti e ben accessoriate. La cucina si affida alla tradizione, puntando particolarmente sull'uso delle nocciole, perla di questo territorio.

CORTERANZO – Alessandria – Vedere Murisengo

CORTINA – Piacenza – Vedere Alseno

CORTINA D'AMPEZZO – Belluno (BL) – **562** C18 – 6 132 ab. **36** C1
– alt. 1 224 m – Sport invernali : 1 224/2 732 m ✝6 ✠31 (Comprensorio Dolomiti superski Cortina d'Ampezzo) ⌖ – ⊠ 32043 ▮ Italia

▶ Roma 672 – Belluno 71 – Bolzano 133 – Innsbruck 165

ℹ piazzetta San Francesco 8 ℰ 0436 3231, cortina@infodolomiti.it,
Fax 0436 3235

▣ Posizione pittoresca★★★

▣ Tofana di Mezzo : ❄★★★ 15 mn di funivia – Tondi di Faloria :
❄★★★ 20 mn di funivia – Belvedere Pocol : ❄★★ 6 km per ③ –
Dolomiti★★★ per ③

🏠🏠🏠 **Cristallo Palace Hotel** ⌖ ≤ ⌖ 🚗 🎿 🖵 🕊 🕪 𝄐 🖭 ⅁ � 🅰🅺
via Rinaldo Menardi 42 🛁 🕊 rist, 🕪 🆂🅰 P. 🚗 🆅🆂🅰 ⓒⓞ 🅰🅴 ⓞ ⓢ
– ℰ 04 36 88 11 11 – www.cristallo.it – Fax 04 36 87 01 10 – dicembre-marzo e
luglio-settembre Za
52 cam ⌕ – ♦♦295/1680 € – 22 suites – ½ P 198/920 €
Rist *La Veranda del Cristallo* – *(20 dicembre-29 marzo e 11 luglio-6 settembre)*
Carta 57/106 €
♦ Tanto incantevole la struttura quanto la posizione panoramica; un'atmosfera di classe e di eleganza aleggerà invece negli ambienti. Zona wellness recentemente rinnovata. Chiuso da vetrate che si affacciano sulla valle d'Ampezzo, il ristorante combina la cucina internazionale ai sapori tradizionali.

🏠🏠🏠 **Miramonti Majestic Grand Hotel** ⌖ ≤ 🛁 🖵 🕊 🕪 𝄐 🖾
località Peziè 103, 2 km 🖭 🚶 🕊 rist, 🕪 🆂🅰 P. 🚗 🆅🆂🅰 ⓒⓞ 🅰🅴 ⓞ ⓢ
per ② – ℰ 04 36 42 01 – www.geturhotels.com – Fax 04 36 86 70 19
– 15 dicembre-marzo e 30 giugno-5 settembre
121 cam ⌕ – ♦180/540 € ♦♦280/540 € – 3 suites – ½ P 95/465 €
Rist – Carta 70/90 €
♦ Un'imponente struttura accoglie questo hotel di lunga tradizione, un must di Cortina grazie anche alla spettacolare vista, ai suoi saloni enormi e alle lussuose camere in stile. Nel parco anche un laghetto. Dalle finestre dell'elegante ristorante si contempla un sontuoso scenario montano.

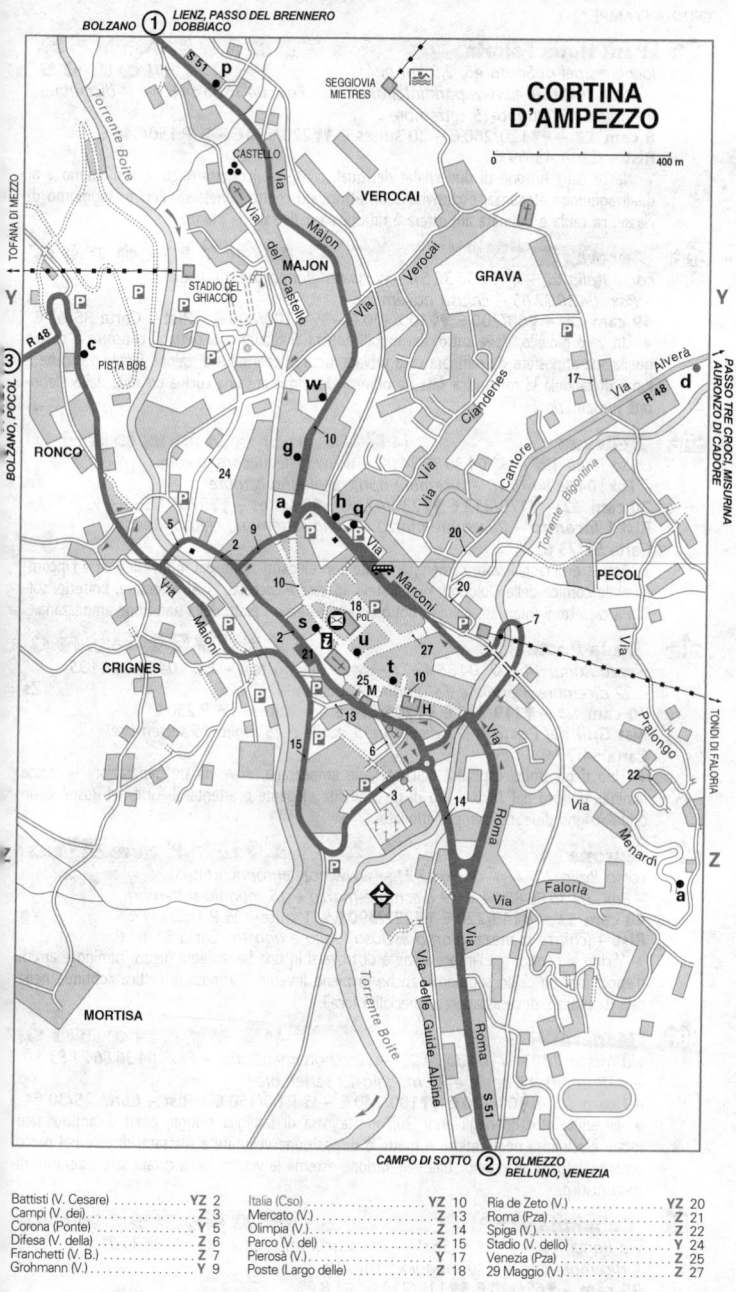

CORTINA D'AMPEZZO

BOLZANO ① LIENZ, PASSO DEL BRENNERO
DOBBIACO

SEGGIOVIA MIETRES

VEROCAI

CASTELLO

GRAVA

TOFANA DI MEZZO

MAJON

STADIO DEL GHIACCIO

BOLZANO, POCOL ③

PISTA BOB

RONCO

PASSO TRE CROCI, MISURINA
AURONZO DI CADORE

CIANDERIES

PECOL

CRIGNES

POL

TONDI DI FALORIA

PRALONGO

MORTISA

MENARDI

FALORIA

CAMPO DI SOTTO ② TOLMEZZO
BELLUNO, VENEZIA

Park Hotel Faloria ⟨ 🚗 🛰 🔲 ⑧ ♨ 🛗 ╠ 🖤 ℅ rist. (¹) **P** 🚗

località Zuel di Sopra 46, 2,5 km per ② **VISA ⁰⁰ AE ⓪ ⑤**
– ℰ 04 36 29 59 – www.parkhotelfaloria.it – Fax 04 36 86 64 83 – 1° dicembre-
4 aprile e 15 giugno-15 settembre
8 cam ☂ – ♦♦120/260 € – 30 suites – ♦♦220/590 € – ½ P 150/340 €
Rist – Carta 43/69 €

• Nasce dalla fusione di due chalet dei quali conserva il caratteristico stile montano e ai quali aggiunge eleganza, esclusività e un attrezzato centro benessere. Per un soggiorno di classe. La calda e raffinata atmosfera è riproposta nella sala da pranzo.

Ancora ⟨ ╠ 🖤 rist. (¹) **P** VISA ⁰⁰ AE ⓪ ⑤

corso Italia 62 – ℰ 04 36 32 61 – www.hotelancoracortina.com
– Fax 04 36 32 65 – chiuso novembre Z**t**
49 cam ☂ – ♦60/200 € ♦♦100/400 € – ½ P 100/300 € **Rist** – Carta 35/67 €

• Un vero gioiello, dove tutto, dai mobili antichi ai tessuti e ai dettagli concorre a creare quella sua atmosfera da raffinata casa privata, ricca di charme e di calore. Ideale per cene a lume di candela la romantica sala da pranzo, dove gustare una cucina creativa dalle elaborate presentazioni.

Bellevue 🛗 ╠ ⑤ rist. ♣♣ 🖤 rist. 🏖 🚗 VISA ⁰⁰ AE ⓪ ⑤

corso Italia 197 – ℰ 04 36 88 34 00 – www.bellevuecortina.com
– Fax 04 36 86 75 10 – dicembre-aprile e giugno-ottobre Y**a**
20 cam ☂ – ♦170/312 € ♦♦230/473 € – 40 suites – ♦♦570/1056 € – ½ P 257 €
Rist L'Incontro – (dicembre-marzo e luglio-settembre; chiuso lunedì)
Carta 52/73 €

• Ampie e personalizzate camere, arredate con eleganti stoffe dai motivi floreali e l'incomparabile cornice delle Dolomiti: preparatevi ad essere coccolati… Al ristorante, boiserie, soffitti a cassettoni intarsiati, colorati bouquet alle pareti e i piatti della tradizione ampezzana.

De la Poste ⟨ 🛰 ╠ 🖤 (¹) **P** VISA ⁰⁰ AE ⓪ ⑤

piazza Roma 14 – ℰ 04 36 42 71 – www.delaposte.it – Fax 04 36 86 84 35
– 22 dicembre-5 aprile e 15 giugno-20 settembre Z**s**
70 cam ☂ – ♦119/213 € ♦♦206/394 € – 4 suites – ½ P 230 €
Rist Grill del Posta – (22 dicembre-5 aprile e 25 luglio-15 settembre)
Carta 54/77 €

• Uno degli storici capisaldi dell'hotellerie ampezzana, dove da tre generazioni la stessa famiglia rinnova dal 1835 il rito di un'ospitalità elegante e attenta. Il "Grill del Posta" è un caldo scrigno di legno, sempre affollato.

Europa ⟨ ╠ 🖤 rist. (¹) **P** VISA ⁰⁰ AE ⓪ ⑤

corso Italia 207 – ℰ 04 36 32 21 – www.hoteleuropacortina.it
– Fax 04 36 86 82 04 – 19 dicembre-marzo e 15 maggio-settembre
48 cam ☂ – ♦140/220 € ♦♦222/390 € – 1 suite – ½ P 165/237 € Y**g**
Rist – (chiuso a mezzogiorno escluso luglio e agosto) Carta 51/84 €

• Vicino al centro, ma l'impressione è di trovarsi in una baita: legni grezzi, camino e arredi d'epoca per un caldo soggiorno anche in pieno inverno. L'atmosfera rustica continua nella sala da pranzo, dove assaporare specialità locali.

Menardi ⟨ 🐾 ♨ 🖤 (¹) **P** VISA ⁰⁰ AE ⓪ ⑤

via Majon 110 – ℰ 04 36 24 00 – www.hotelmenardi.it – Fax 04 36 86 21 83
– 4 dicembre-12 aprile e 21 maggio-19 settembre Y**p**
49 cam ☂ – ♦60/120 € ♦♦100/240 € – ½ P 80/150 € **Rist** – Carta 25/30 €

• Divenuta albergo negli anni '20, questa casa di famiglia sfoggia pezzi di antiquariato locale e religioso negli interni e mette a disposizione vellutate e rilassanti distese nel parco ombreggiato. Si affacciano sulla vegetazione esterna le vetrate della curata sala ristorante di tono rustico.

Columbia senza rist ⟨ 🚗 ╠ ♨ 🖤 (¹) **P** VISA ⁰⁰ ⑤

via Ronco 75 – ℰ 04 36 36 07 – www.hcolumbia.it – Fax 04 36 30 01
– dicembre-aprile e 30 maggio-5 ottobre Y**c**
25 cam – ♦65/110 € ♦♦110/214 €, ☂ 8 €

• Sulla strada per il Falzarego, ha zone comuni limitate, ma accoglienti, ampio giardino e belle camere, calde e funzionali; colazione a buffet con torte fatte in casa.

Cornelio   🔄 ♿ ⚥ rist, ⚡ P VISA ⦿ ⦿ ♿

via Cantore 1 – ℰ 04 36 22 32 – www.hotelcornelio.com – Fax 04 36 86 73 60
– chiuso dal 15 al 30 aprile e dal 5 novembre al 1° dicembre   **Yh**
20 cam ⊑ – †60/110 € ††95/200 €   **Rist** – Carta 30/54 €
   ♦ Nel centro di Cortina, in posizione panoramica e soleggiata, questo accogliente albergo in stile montano dispone di camere graziose e confortevoli. Da oltre mezzo secolo, il ristorante conquista i palati con piatti storici e tradizionali.

Natale senza rist   💤 🔄 ⚥ ⚡ P VISA ⦿ ♿

corso Italia 229 – ℰ 04 36 86 12 10 – www.hotelnatale.it – Fax 04 36 86 77 30
– chiuso maggio e novembre   **Yw**
14 cam ⊑ – †60/150 € ††90/220 €
   ♦ Poco distante dal centro della rinomata località, una piccola casa di montagna semplice e confortevole; gli arredi sono stati realizzati con il contributo degli artigiani del posto. Deliziosa zona benessere.

Oasi senza rist   ⚥ ⚡ P VISA ⦿ ♿

via Cantore 2 – ℰ 04 36 86 20 19 – www.hoteloasi.it – Fax 04 36 87 94 76
– chiuso dal 27 settembre al 26 ottobre   **Yq**
10 cam ⊑ – †45/85 € ††75/150 €
   ♦ Piccolo e curato questo accogliente hotel che dagli anni Venti racconta la storia della famiglia. A pochi passi dalla zona pedonale e dalla funivia. Graziosa la sala colazioni.

Montana senza rist   🔄 ⚥ ⚡ P VISA ⦿ AE ⦿ ♿

corso Italia 94 – ℰ 04 36 86 21 26 – www.cortina-hotel.com – Fax 04 36 86 82 11
– chiuso dal 25 maggio al 25 giugno e dal 10 novembre al 15 dicembre
30 cam ⊑ – †38/80 € ††75/148 €   **Zu**
   ♦ Risorsa semplice, di piccole dimensioni, dalla cordiale e amichevole ospitalità. In pieno centro storico, questa piccola risorsa offre tutto ciò che serve per una vacanza piacevole e semplice.

✕✕ Tivoli (Graziano Prest)   ⪕ 🏠 P VISA ⦿ AE ⦿ ♿
🌼

località Lacedel 34, 2 km per ③ – ℰ 04 36 86 64 00 – www.ristorantetivoli.it
– Fax 04 36 86 86 19 – dicembre-Pasqua e 15 giugno-settembre; chiuso lunedì in bassa stagione
Rist – (consigliata la prenotazione) Menu 95 € – Carta 72/101 € 🍴
Spec. Tartare di astice con finocchi marinati e maionese di crostacei. Composizione di agnello dell'Alpago. Carosello ai cinque cioccolati.
   ♦ Le dimensioni minute del locale e una richiestissima verandina sulle montagne nascondono una cucina sfavillante e portentosa: a suo agio con la tradizione, così come con piatti più creativi.

✕✕ Baita Fraina con cam ⌂   ⪕ 🚗 🏠 💤 ⚥ ⚡ P VISA ⦿ AE ⦿ ♿

via Fraina 1, località Fraina, 2 km per ② – ℰ 04 36 36 34 – www.baitafraina.it
– Fax 04 36 87 62 35 – 5 dicembre-15 aprile e 20 giugno-25 settembre
6 cam ⊑ – †44/70 € ††88/140 € – ½ P 110 €
Rist – (chiuso lunedì in bassa stagione) Carta 37/49 € 🍴
   ♦ Tre accoglienti salette arredate con oggetti e ricordi tramandati da generazioni, dove accomodarsi per gustare curati piatti del territorio. Il personale in sala veste i costumi tradizionali. Per assaporare più a lungo il silenzio e i profumi dei monti, deliziose camere arredate in calde tonalità di colore.

✕✕ Il Meloncino al Caminetto   ⪕ 🏠 ⚥ ⚡ P VISA ⦿ AE ⦿ ♿

località Rumerlo 1, 6 km per ③ – ℰ 04 36 44 32 – www.ilmeloncino.it
– Fax 04 36 44 38 – chiuso giugno, novembre e martedì
Rist – Carta 43/56 €
   ♦ Particolarmente apprezzato dagli sciatori che a mezzogiorno arrivano fin qui a rinfocillarsi, la sera regna la tranquillità; tra polenta e selvaggina primeggiano i sapori della montagna.

✕ Leone e Anna   VISA ⦿ AE ⦿ ♿

via Alverà 112 – ℰ 04 36 27 68 – www.leoneanna.it – Fax 04 36 56 75
– dicembre-aprile e luglio-ottobre; chiuso martedì   **Yd**
Rist – Carta 45/60 €
   ♦ Anche Cortina annovera un angolo di Sardegna! Questa la peculiarità del locale, un ambiente rustico e raffinato con panche di legno che corrono lungo le pareti. Su ogni tavolo, l'antipasto della casa.

al Passo Giau per ③ : 16,5 km :

XX **Da Aurelio** con cam ⌂ ⟨ ☆ ⅍ cam, P̄ VISA ⬤ AE ① ⌂
⊕ *passo Giau 5 ⊠ 32020 Colle Santa Lucia – ℰ 04 37 72 01 18 – www.da-aurelio.it
– Fax 04 37 72 01 18 – 24 dicembre-7 aprile e luglio-15 settembre*
2 cam ⊒ – ♥♥80/150 € **Rist** – Carta 35/51 €
♦ Un paradisiaco angolo naturale, la calorosa accoglienza, e soprattutto la curata cucina della tradizione rivista in chiave moderna. Terrazza panoramica per il servizio estivo. Due sole le camere, accoglienti e confortevoli per prolungare il vostro soggiorno sulle Dolomiti.

sulla strada statale 51 per ① : 11 km :

X **Ospitale** ☆ P̄ VISA ⬤ AE ⌂
*via Ospitale 1 ⊠ 32043 – ℰ 04 36 45 85 – Fax 04 36 45 85 – chiuso maggio,
novembre, lunedì escluso febbraio ed agosto*
Rist – Carta 37/49 €
♦ Il nome è quello della località, ma anche una qualità dell'accoglienza che troverete in questo semplice ristorante rustico e familiare, dove gusterete piatti della tadizione locale.

CORTONA – Arezzo (AR) – 563 M17 – 22 901 ab. – alt. 650 m   29 D2
– ⊠ 52044 ▌ Toscana

▶ Roma 200 – Perugia 51 – Arezzo 29 – Chianciano Terme 55
▌ via Nazionale 42 ℰ 0575 630352, infocortona@apt.arezzo.it,
Fax 0575 630656
◉ Museo Diocesano★★ – Palazzo Comunale : sala del Consiglio★ **H** – Museo
dell'Accademia Etrusca★ nel palazzo Pretorio★ **M1** – Tomba della
Santa★ nel santuario di Santa Margherita – Chiesa di Santa Maria del
Calcinaio★★3 km per ②

🏠🏠 **Villa Marsili** senza rist ⟨ 🕸 AC 🕊 VISA ⬤ AE ① ⌂
*viale Cesare Battisti 13 – ℰ 05 75 60 52 52 – www.villamarsili.net
– Fax 05 75 60 56 18 – chiuso gennaio e febbraio* **b**
26 cam ⊒ – ♥80/110 € ♥♥130/250 €
♦ Dal restauro di una struttura del '700 è nato nel 2001 un hotel raffinato, dove affreschi e mobili antichi si sposano con soluzioni impiantistiche moderne e funzionali.

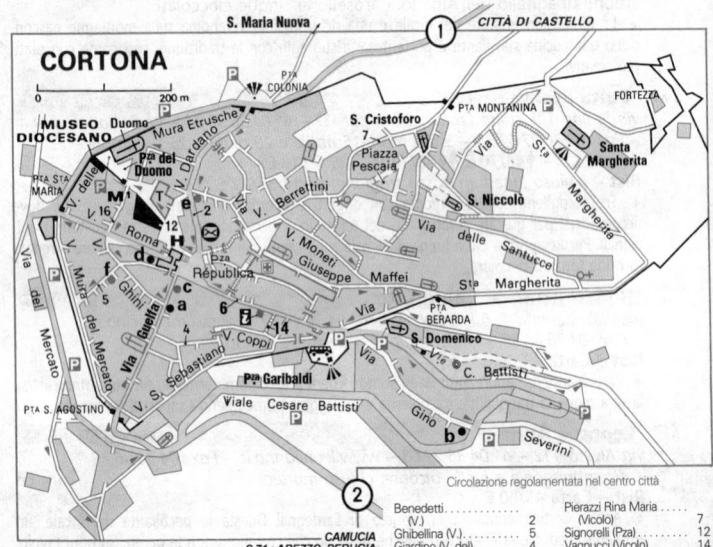

Circolazione regolamentata nel centro città

Benedetti (V.)		
Ghibellina (V.)	5	
Giardino (V. del)	4	
Nazionale (V.)	6	
Pierazzi Rina Maria (Vicolo)	7	
Signorelli (Pza)	12	
Vagnucci (Vicolo)	14	
Zefferini (V.)	16	

🏨 **San Michele** senza rist 🛗 AC ⁽ᵗ⁾ VISA ⚭ AE ① ⛭
via Guelfa 15 – ☎ 05 75 60 43 48 – www.hotelsanmichele.net
– Fax 05 75 63 01 47 – chiuso dal 5 gennaio al 15 marzo **a**
43 cam ⌘ – †89/150 € ††99/300 €
♦ In un palazzo cinquecentesco, un albergo che coniuga in giusta misura il fascino di interni d'epoca sapientemente restaurati e il confort offerto nei vari settori.

🏨 **Italia** senza rist 🛗 AC VISA ⚭ AE ① ⛭
via Ghibellina 5/7 – ☎ 05 75 63 02 54 – www.planhotel.com – Fax 05 75 60 57 63
26 cam ⌘ – †75/110 € ††105/142 € **d**
♦ A pochi metri dalla piazza centrale, palazzo seicentesco restaurato di cui ricordare gli alti soffitti e soprattutto la vista sulla Val di Chiana dalla sala colazioni.

✗✗ **Osteria del Teatro** 🍴 AC ✗ ⇄ VISA ⚭ AE ① ⛭
via Maffei 2 – ☎ 05 75 63 05 56 – www.osteria-del-teatro.it – Fax 05 75 63 05 56
– chiuso dal 7 al 30 novembre e mercoledì **e**
Rist – Carta 25/40 € 🍴
♦ Diverse sale che spaziano dall'eleganza cinquecentesca con camino, ad ambienti più conviviali in stile trattoria, ma sempre accomunate dalla passione per il teatro.

✗ **La Grotta** 🍴 AC VISA ⚭ AE ⛭
🍝 piazzetta Baldelli 3 – ☎ 05 75 63 02 71 – Fax 05 75 63 02 71 – chiuso dal
7 gennaio al 13 febbraio, dal 1° al 10 luglio, martedì **c**
Rist – (consigliata la prenotazione) Carta 20/36 €
♦ Solida gestione familiare da oltre 20 anni per una centralissima e accogliente trattoria, con servizio estivo in piazzetta; casalinghi piatti del territorio.

✗ **Hostaria la Bucaccia** ✗ VISA ⚭ AE ① ⛭
🍝 via Ghibellina 17 – ☎ 05 75 60 60 39 – www.labucaccia.it – Fax 05 75 60 60 39
– chiuso dal 15 al 30 gennaio **f**
Rist – (chiuso a mezzogiorno escluso da giugno a ottobre e festivi) (consigliata la prenotazione) Carta 24/29 € 🍴
♦ In un antico palazzo del XIII secolo, edificato su una strada romana il cui lastricato costituisce oggi il pavimento della saletta principale, una cucina squisitamente regionale e casalinga.

a San Martino Nord : 4,5 km – ✉ 52044 Cortona

🏨 **Il Falconiere Relais** ⚘ ≤ 🚗 🏊 🛗 ♿ ♣♣ AC ✗ rist, ⁽ᵗ⁾ P
– ☎ 05 75 61 26 79 – www.ilfalconiere.com VISA ⚭ AE ⛭
– Fax 05 75 61 29 27 – chiuso 3 settimane in gennaio o febbraio
22 cam ⌘ – ††270/460 € – ½ P 205/300 €
Rist Il Falconiere – vedere selezione ristoranti
♦ All'interno di una vasta proprietà, una villa seicentesca ricca di fascino e di suggestioni. Camere di raffinata e nobile eleganza, per un soggiorno straordinario.

✗✗✗ **Il Falconiere** 🍴 AC ✗ ⇄ P VISA ⚭ AE ⛭
🍝 – ☎ 05 75 61 26 79 – www.ilfalconiere.com – Fax 05 75 61 29 27
– chiuso martedì a mezzogiorno, lunedì (escluso da aprile ad ottobre)
Rist – Menu 75/90 € – Carta 85/111 € 🍴
Spec. Battuta di manzo alle spezie toscane con tartufo e gioco di fumo. Pici con pomodori piccanti, favette e trucioli di pecorino stagionato. Bistecca di manzo della Val di Loreto (razza chianina) con verdure estive grigliate e capperata.
♦ A metà collina tra ulivi e cipressi, un posto da favola che non si vorrebbe mai abbandonare. Come non si vorrebbe mai essere sazi della cucina, reinterpretazioni toscane.

a San Pietro a Cegliolo Nord-Ovest : 5 km – ✉ 52044 Cortona

🏨 **Relais Villa Baldelli** senza rist ⚘ 📻 🏊 🛗 ♿ AC ✗ ⁽ᵗ⁾ P
– ☎ 05 75 61 24 06 – www.villabaldelli.com VISA ⚭ AE ⛭
– Fax 05 75 61 24 07 – 2 aprile- ottobre
15 cam ⌘ – †100/140 € ††140/230 €
♦ Una casa delle bambole a misura d'uomo: una signorile villa settecentesca impreziosita da un lussureggiante giardino e dotata di campo pratica golf. Al suo interno, ambienti sontuosi ricchi di tessuti preziosi e decorazioni.

a Farneta Ovest : 10 km – ⊠ 56048 Cortona

🏠🏠 **Relais Villa Petrischio** ⊗ ⟨ 🕭 ℑ 🔟 🕸 ⑴ 🄿 *VISA* ⑳ 🄰🄴 ① ⑤
via del Petrischio 25 – ℰ 05 75 61 03 16 – www.villapetrischio.it
– Fax 05 75 61 03 17 – chiuso dal 3 gennaio al 3 aprile
14 cam � – ♟140 € ♟♟180 € – 4 suites – ½ P 125 €
Rist *La Terrazza* – *(chiuso a mezzogiorno)* Menu 45 € – Carta 35/49 €
♦ Immersa in un grande parco e costruita sulla collina più alta di Farneta, la villa settecentesca dispone di suggestivi scorci all'aperto e di eleganti camere con mobili d'epoca. Il raffinato ristorante in veranda offre una particolare vista sulle colline e propone i classici ed antichi sapori della tradizione toscana.

sulla strada provinciale 35 verso Mercatale

🏠 **Villa di Piazzano** – Residenza d'Epoca ⊗ ⟨ 🚗 🏡 ℑ 📳 🔟
località Piazzano 7, Est: 8 km ⊠ 06069   🕸 rist, ⑴ 🄿 *VISA* ⑳ 🄰🄴 ⑤
Tuoro sul Trasimeno – ℰ 0 75 82 62 26 – www.villadipiazzano.com
– Fax 0 75 82 63 36 – marzo-novembre
18 cam ⊆ – ♟130/180 € ♟♟160/340 € – ½ P 115/205 €
Rist – *(chiuso martedì)* Menu 35 €
♦ Voluta dal Cardinale Passerini come casino di caccia, una splendida villa patrizia del XVI secolo sita tra le colline della Val di Chiana, il Lago Trasimeno e Cortona. Cucina italiana, con una particolare predilezione per i sapori umbri e toscani.

🍴🍴 **Locanda del Molino** con cam   🏡 ℑ 🔟 🕸 🄿 *VISA* ⑳ 🄰🄴 ⑤
🕸 *località Montanare 8/9/10, Est: 9 km ⊠ 52044 Montanare – ℰ 05 75 61 40 16*
– www.locandadelmolino.com – Fax 02 00 66 50 02
8 cam ⊆ – ♟80/110 € ♟♟120/160 € – ½ P 95/125 €
Rist – *(chiuso martedì) (chiuso a mezzogiorno escluso i giorni festivi)*
Carta 24/43 €
♦ Il vecchio mulino di famiglia rinasce nella veste di ristorante rustico, ma vezzoso. Il gentil sesso si adopera in cucina, mentre la tradizione campeggia in menu. Le belle camere sfoggiano l'elegante semplicità della campagna toscana.

CORVARA IN BADIA – Bolzano – 562 C17 – Vedere Alta Badia

COSENZA 🄿 (CS) – 564 J30 – 69 657 ab. – alt. 237 m – ⊠ 87100   5 A2
🛡 Italia

▶ Roma 519 – Napoli 313 – Reggio di Calabria 190 – Taranto 205
🄸 via Galliano 6 ℰ 0984 814527, Fax 0984 814488
◉ Tomba d'Isabella d'Aragona★ nel Duomo Z

🏠🏠 **Holiday Inn Cosenza**   🛗 🕭 cam, 🎿 🔟 🗠 🕸 rist, ⑴ 🕼 🄿 🚗
via Panebianco – ℰ 0 98 43 11 09 – www.hicosenza.it   *VISA* ⑳ 🄰🄴 ① ⑤
– Fax 0 98 43 12 37   Ya
79 cam ⊆ – ♟♟84/139 € – ½ P 88 €
Rist *L'Araba Fenice* – Carta 24/48 €
♦ Annesso ad un centro commerciale, hotel di taglio moderno con soluzioni di ultima concezione. Ideale per un soggiorno d'affari. All'Araba Fenice: gustosa cucina ad impronta regionale e stagionale.

🏠🏠 **Home Club Residence** senza rist   🛗 🔟 ⑴ 🚗 *VISA* ⑳ 🄰🄴 ⑤
viale Giacomo Mancini 8 – ℰ 0 98 47 68 33 – www.homeclub.it
– Fax 09 84 79 34 12   Yc
96 suites ⊆ – ♟89/144 €
♦ Non ci sono camere in questo moderno hotel-residence, ma solo appartamenti ben attrezzati con angolo cottura. La prima colazione viene servita direttamente in camera, all'ora desiderata. Risorsa ideale per chi è alla ricerca di spazi generosi con comodo garage (compreso nel prezzo).

🏨 **Centrale** senza rist   🛗 🕭 🔟 🗠 ⑴ 🄿 🚗 *VISA* ⑳ 🄰🄴 ① ⑤
via del Tigrai 3 – ℰ 0 98 47 57 50 – www.hotelcentralecosenza.it
– Fax 0 98 47 36 84   Ys
44 cam ⊆ – ♟76/115 € ♟♟99/135 €
♦ Hotel di taglio moderno e di recentissima ristrutturazione, ricavato da un edificio alto e stretto. Gli spazi comuni sono ridotti, ma le camere dispongono di ogni confort.

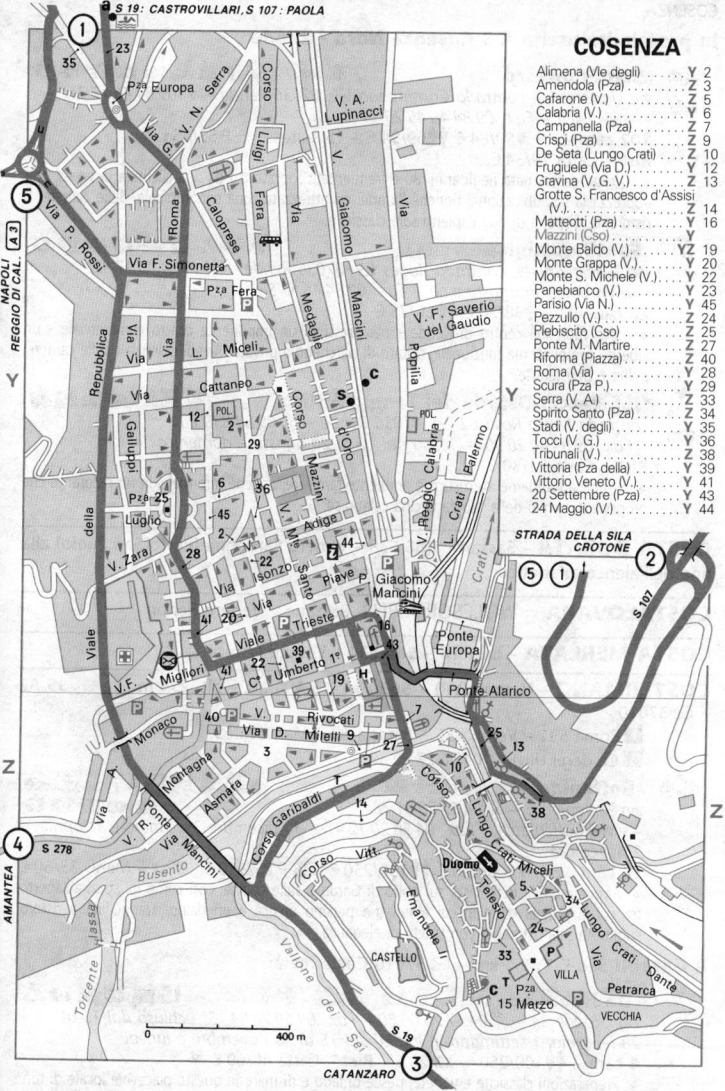

COSENZA

L'Arco Vecchio

🍴🍴 🛜 AC 🛇 VISA 🐱 AE ① 💲

piazza Archi di Ciaccio 21, centro storico – 🖋 0 98 47 25 64 – www.larcovecchio.it
– Fax 09 84 82 55 90

Zc

Rist – (consigliata la prenotazione) Carta 18/27 €

♦ Nella suggestiva città vecchia, un rinomato e piacevole ristorante (la sera anche pizzeria), che propone una sostanziosa cucina legata alle radici calabresi. Servizio estivo all'aperto.

Un pasto accurato a prezzo contenuto? Cercate i Bib Gourmand 🍴.

in prossimità uscita A 3 Cosenza Nord - Rende

San Francesco 🏠🏠🏠 ▮ ☆☆ 🆔 ⚡ ⫸ 🛁 🅿 VISA ⓒⓞ AE ① ⑤
via Ungaretti 2, contrada Commenda ✉ *87036 Rende –* ✆ *09 84 46 17 21*
– www.hsf.it – Fax 09 84 46 45 20
102 cam ⚌ – ▮59/84 € ▮▮69/94 € – 15 suites – ½ P 53/65 €
Rist – Carta 19/34 €
♦ Questa risorsa nata negli anni '80 è frequentata soprattutto da una clientela business, che apprezza la sua ubicazione, nonché l'ampia ed attrezzata zona congressuale. Belle camere. Il ristorante dispone di due capienti sale classiche.

Sant'Agostino senza rist 🏠 🆔 ⚡ ⫸ 🅿 VISA ⓒⓞ AE ① ⑤
via Modigliani 49, contrada Roges ✉ *87036 Rende –* ✆ *09 84 46 17 82*
– www.hotelsantagostino.eu – Fax 09 84 46 53 58
28 cam ⚌ – ▮38/50 € ▮▮60/75 €
♦ Poco fuori dal centro di Rende - nei pressi di un imponente centro commerciale - un albergo semplice, ma funzionale, dotato di parcheggio privato. Arredi essenziali nelle camere, pulite e ben tenute.

Il Setaccio-Osteria del Tempo Antico 🆔 🅿 VISA ⓒⓞ AE ① ⑤
contrada Santa Rosa 62 ✉ *87036 Rende –* ✆ *09 84 83 72 11*
– Fax 09 84 40 20 90 – chiuso dal 10 al 20 agosto e domenica
Rist – Carta 21/30 €
♦ Semplice arredamento rustico e ambiente familiare, nonché informale, in un ristorante che propone il meglio della sapida cucina calabrese.

COSTA DORATA – Sassari – 366 S38 – Vedere Sardegna (Porto San Paolo) alla fine dell'elenco alfabetico

---

COSTALOVARA = WOLFSGRUBEN – Bolzano – Vedere Renon

COSTA MERLATA – Brindisi – 564 E34 – Vedere Ostuni

COSTERMANO – Verona (VR) – 562 F14 – 3 490 ab. – alt. 254 m   35 A2
– ✉ 37010

🚗 Roma 531 – Verona 35 – Brescia 68 – Mantova 69
🗺 Cà degli Ulivi, ✆ 045 6 27 90 30

Boffenigo 🏠🏠🏠 〰 ≤ 🚗 🏊 🎣 ⊕ 🎿 ⸝⸍ 🛁 ✕ ▮ & 🆔 ⥃ ⫸ 🛁 🅿 🚙
via Boffenigo 6 – ✆ *04 57 20 01 78*   VISA ⓒⓞ AE ① ⑤
– www.boffenigo.it – Fax 04 56 20 12 47 – 30 dicembre-3 gennaio e 1° aprile-2 novembre
36 cam ⚌ – ▮100/200 € ▮▮130/250 € – ½ P 85/140 €   **Rist** – Menu 35/60 €
♦ Apprezzabili la bella vista sul golfo di Garda e sulle colline, così come gli spazi all'aperto, tra cui la piccola corte in cui albergano persino un'oca e un daino. Tranquillità e ristoro. Luminosa sala ristorante con tocchi di eleganza.

a Gazzoli Sud-Est : 2,5 km – ✉ 37010 Costermano

Da Nanni con cam e senza ⚌ 🏠🏠 🕍 🆔 ⚡ cam, 🅿 VISA ⓒⓞ AE ① ⑤
via Gazzoli 34 – ✆ *04 57 20 00 80 – Fax 04 56 20 04 15 – chiuso dal 15 al 28 febbraio, 1 settimana in luglio, dal 15 al 30 novembre e lunedì*
4 cam – ▮▮100/250 €, ⚌ 20 €   **Rist** – Carta 40/60 € ⠿
♦ Preparazioni classiche e venete, pesce di lago e di mare in questo piacevole locale di tono rustico-signorile situato nella piccola frazione non lontana dal Garda; d'estate si mangia all'aperto. Belle le nuove eleganti camere arredate con pezzi d'antiquariato.

a Marciaga Nord : 3 km – ✉ 37010 Costermano

Madrigale 🏠🏠🏠 〰 ≤ 🚗 🕍 🏊 ▮ 🆔 ⫸ ⚡ 🛁 🅿 VISA ⓒⓞ AE ① ⑤
via Ghiandare 1 – ✆ *04 56 27 90 01 – www.madrigale.it – Fax 04 56 27 91 25*
– marzo-novembre
60 cam ⚌ – ▮75/120 € ▮▮150/240 € – 3 suites – ½ P 144 €
Rist – (chiuso a mezzogiorno) Carta 35/51 €
♦ Circondato dalle colline e dall'azzurrità del lago, la risorsa garantisce un soggiorno di relax e perfetta tranquillità nei suoi ampi e freschi ambienti. Un'ottima cucina tipica da assaporare in una sala moderna e romantica o in un panoramico dehors estivo.

verso San Zeno di Montagna

XXX **La Casa degli Spiriti** ⟨ 🏠 & P VISA ⬤⬤ AE ⓘ ⚡
via Monte Baldo 28, Nord-Ovest : 5 km – ℰ 04 56 20 07 66
– www.casadeglispiriti.it – Fax 04 56 20 07 60 – chiuso da lunedì a venerdì da novembre a Pasqua
Rist – Carta 84/112 € ❀
Rist *La Terrazza – (Pasqua-ottobre)* Carta 59/83 € ❀
♦ Il nome potrà forse scoraggiare qualche avventore, in realtà questa è la casa della buona cucina: un viaggio tra sapori scaligeri, lacustri e mediterranei. Inoltre, eccezionali vini al bicchiere e una vista mozzafiato sul lago. A mezzogiorno, la Terrazza si apre ai commensali con piatti legati al territorio.

COSTIERA AMALFITANA – Napoli e Salerno – **564** F25 ▮ Italia

---

COSTIGLIOLE D'ASTI – Asti (AT) – 6 009 ab. – alt. 242 m – ✉ 14055   **25** C2

🚩 Roma 629 – Torino 77 – Acqui Terme 34 – Alessandria 51

🏨 **Langhe e Monferrato** senza rist 🌿 🚗 🏠 ⅃ô 🛏 AC 🛁 📞 🏊
via Contessa di Castiglione 1 – ℰ 01 41 96 18 53 P VISA ⬤⬤ AE ⚡
– www.hotelanghe.it – Fax 01 41 96 14 99 – chiuso gennaio e dal 9 al 15 agosto
58 cam ⊂⊐ – †81/97 € ††120/145 €
♦ Una moderna struttura tra i boschi e le rinomate colline vinicole, dotata di piscina olimpionica e centro congressi. L'attrezzato centro estetico propone diversi trattamenti: si spazia dalla vinoterapia, ai bagni di fieno, passando dalla cioccoterapia.

COSTIGLIOLE SALUZZO – Cuneo (CN) – **561** I4 – 3 318 ab.   **22** B3
– alt. 476 m – ✉ 12024

🚩 Roma 668 – Cuneo 23 – Asti 80 – Sestriere 96

🏨 **Castello Rosso** 🌿 ⟨ 🍴 🏠 ⅃ 🏊 🛏 & cam, AC 📞 🏊 P
via Ammiraglio Reynaudi 5 – ℰ 01 75 23 00 30 VISA ⬤⬤ AE ⓘ ⚡
– www.castelrosso.com – Fax 01 75 23 93 15
25 cam ⊂⊐ – †105/140 € ††132/165 € – ½ P 113/128 €
Rist – *(chiuso da 7 al 18 gennaio, domenica sera, lunedì escluso da giugno a settembre)* Carta 33/43 €
♦ Antico e colorato maniero eretto nel XVI sec. sulla sommità di un colle, oggi avvolto dai vigneti. Charme e attenzioni all'altezza di chi ricerca confort e buon gusto. Eleganti sale accolgono il ristorante che propone una cucina eclettica.

COSTOZZA – Vicenza – Vedere Longare

COURMAYEUR – Aosta (AO) – **561** E2 – 2 983 ab. – alt. 1 228 m   **34** A2
– Sport invernali : 1 224/2 624 m ⚡9 ⚡12, ⚡ (Comprensorio in Val Ferret); anche sci estivo – ✉ 11013 ▮ Italia

🚩 Roma 784 – Aosta 35 – Chamonix 24 – Colle del Gran San Bernardo 70
ℹ piazzale Monte Bianco 13 ℰ 0165 842060, info@aiat-monte-bianco.com, Fax 0165 842072
🇫9 , ℰ 0165 8 91 03
◉ Località ★★
◉ Valle d'Aosta ★★ : ⟨ ★★★ per ②

Pianta pagina seguente

🏨 **Grand Hotel Royal e Golf** ⟨ ⅃ 🌐 🏠 & 🌿 rist, 📶 🏊 🚗
via Roma 87 – ℰ 01 65 83 16 11 VISA ⬤⬤ AE ⓘ ⚡
– www.hotelroyalegolf.it – Fax 01 65 84 20 93 – dicembre-aprile
80 cam – 6 suites – solo ½ P 150/210 €   AZa
Rist – *(chiuso a mezzogiorno)* Carta 50/62 €
♦ Prestigioso albergo in centro con area congressi, ma ideale soprattutto per villeggiatura. Piccolo, esclusivo centro benessere con piscina e solarium dalla vista mozzafiato. Ristorante ampio e molto classico caratterizzato da un valido servizio.

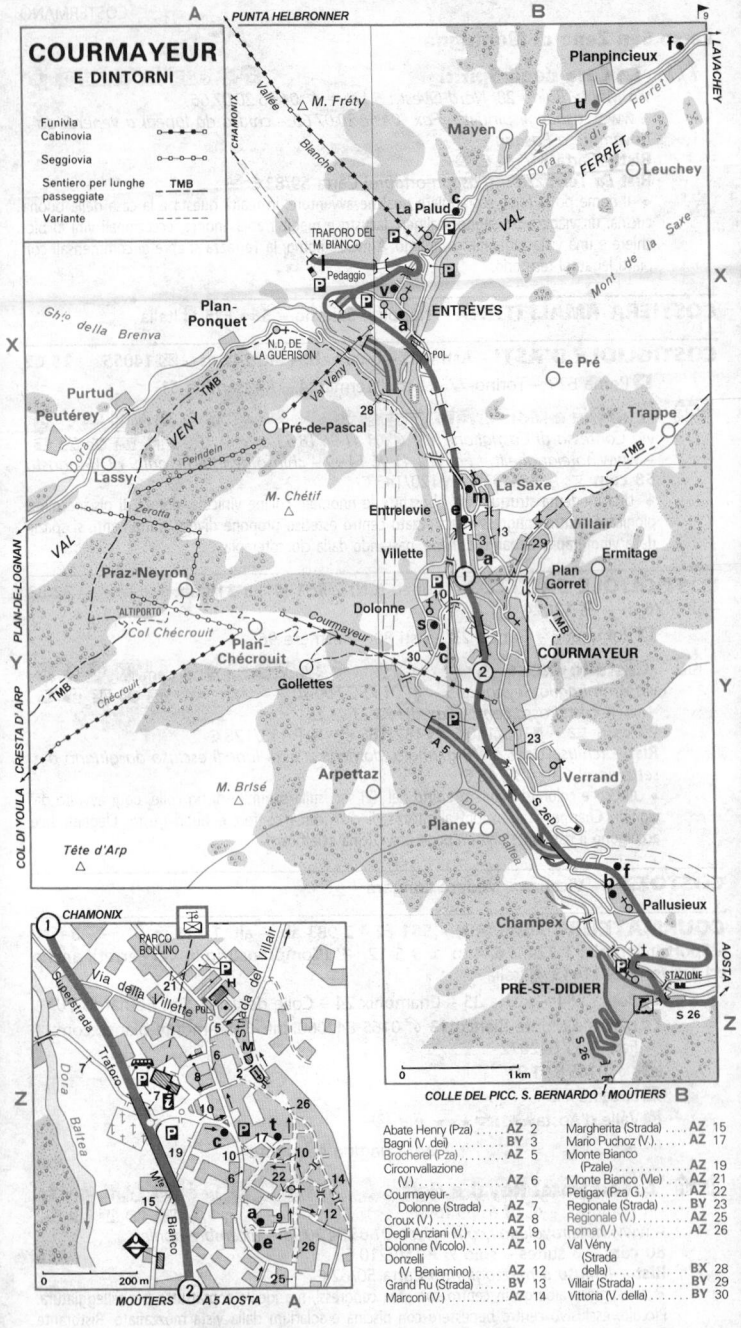

COURMAYEUR
E DINTORNI

Funivia
Cabinovia
Seggiovia

Sentiero per lunghe passeggiate   TMB
Variante

PUNTA HELBRONNER

LAVACHEY

Planpincieux   **f**

u

Mayen   Leuchey

La Palud   **c**   VAL   DI FERRET

TRAFORO DEL
M. BIANCO

Pedaggio

Plan-
Ponquet

N.D. DE
LA GUERISON

ENTRÈVES   **a**   Le Pré   Mont   de   la   Saxe   Trappe

Ghⁱᵒ della   Brenva

Purtud

Peutérey   VAL   VENY   TMB   Pré-de-Pascal   28

Lassy   Peindein   La Saxe   **m**   Villair

M. Chétif   Entrelevie   **e**   **i**   Ermitage

Villette   **a**   Plan
Gorret

Praz-Neyron   Zerotta   Dolonne   **s**   COURMAYEUR

ALTIPORTO   **c**   30

Col Chécrouit   Plan-
Chécrouit   Courmayeur   Gollettes

Chécrouit   Arpettaz   23   Verrand

M. Brisé   Planey   Val Balt   Val Vény

Tête d'Arp   **b**   **f**   Pallusieux

Champex

PRÉ-ST-DIDIER   STAZIONE   AOSTA

COLLE DEL PICC. S. BERNARDO   MOÛTIERS

0   1 km

CHAMONIX

PARCO
BOLLINO

Via della Villette   **21**   **H**

Superstrada
Traforo
Dora Baltea   **7**   **26**

19   **17**   **t**   **14**

a   **g**   **12**   **26**

15   Mᵗᵉ Bianco   **25**

0   200 m

MOÛTIERS   A 5 AOSTA

Abate Henry (Pza) . . . . **AZ** 2
Bagni (V. dei) . . . . **BY** 3
Brocherel (Pza) . . . . **AZ** 5
Circonvallazione
(V.) . . . . **AZ** 6
Courmayeur-
Dolonne (Strada) . . . . **AZ** 7
Croux (V.) . . . . **AZ** 8
Degli Anziani (V.) . . . . . **AZ** 9
Dolonne (Vicolo). . . . . . **AZ** 10
Donzelli
(V. Beniamino) . . . . . **AZ** 12
Grand Ru (Strada) . . . . **BY** 13
Marconi (V.) . . . . **AZ** 14

Margherita (Strada) . . . . **AZ** 15
Mario Puchoz (V.). . . . . **AZ** 17
Monte Bianco
(Pzale) . . . . **AZ** 19
Monte Bianco (Vle) . . . . **AZ** 21
Petigax (Pza G.) . . . . . . **AZ** 22
Regionale (Strada) . . . . **BY** 23
Regionale (V.) . . . . **AZ** 25
Roma (V.) . . . . **AZ** 26
Val Vény
(Strada
della) . . . . **BX** 28
Villair (Strada) . . . . **BY** 29
Vittoria (V. della) . . . . . **BY** 30

🏨 Gran Baita   ← 🚗 🕏 🗐 🗓 🎥 🗐 🖐 ᴢ ⚑ rist, ⁽ᵗ⁾ 🏊 🚗

strada Larzey 2 – ☎ 01 65 84 40 40   `VISA` ⬤⬤ `AE` ⓪ **ᴄ**
– *www.sogliahotels.com* – *Fax 01 65 84 48 05* – *28 novembre-5 aprile e*
26 giugno-agosto   BYe
53 cam ⬛ – ♟133/228 € ♟♟196/404 € – ½ P 222 €
Rist – Carta 39/49 €

Rist La Sapinière – *(chiuso lunedì)* *(prenotazione obbligatoria)* Menu 39/60 €
♦ Moderna "baita" di lusso, dai caldi interni con boiserie e pezzi antichi; terrazza panoramica con piscina riscaldata, coperta a metà: per un tuffo anche se fuori nevica. La capiente sala da pranzo offre una fantasiosa cucina regionale. Ambiente signorile e servizio accurato nell'elegante sala ristorante.

🏨 Villa Novecento   ← 🗓 🗐 🗐 🖐 ᴢ rist, ⁽ᵗ⁾ 🏊 🅿 🚗

viale Monte Bianco 64 – ☎ 01 65 84 30 00   `VISA` ⬤⬤ `AE` ⓪ **ᴄ**
– *www.villanovecento.it* – *Fax 01 65 84 40 30* – *chiuso ottobre e novembre*
26 cam ⬛ – ♟136/288 € ♟♟170/360 € – ½ P 105/230 €   BYa
Rist – Carta 42/57 €

♦ Villa liberty completamente ristrutturata che presenta una hall raffinata attraverso cui accedere a camere accoglienti, dotate di ogni confort, con arredi ricercati. Elegante ristorante con un'ottima presentazione e cucina valdostana rivisitata.

🏨 Maison Saint Jean   🗓 🗐 🗐 ᴢ cam, ⁽ᵗ⁾ 🅿 🚗 `VISA` ⬤⬤ `AE` ⓪ **ᴄ**

vicolo Dolonne 18 – ☎ 01 65 84 28 80 – *www.msj.it* – *Fax 01 65 84 13 90*
– *chiuso dall'8 al 28 giugno e dal 4 al 30 novembre*   AZc
21 cam ⬛ – ♟50/100 € ♟♟90/200 € – ½ P 65/120 €
Rist Aria – *(chiuso a mezzogiorno escluso luglio-agosto e i giorni festivi)*
Carta 31/46 € 🐾

♦ Vicino all'elegante nonché commerciale via Roma, e a 300 m dagli impianti di risalita, albergo interamente rinnovato nel caldo stile valdostano: legno e raffinata rusticità. Ristorante con cucina fantasiosa: una simpatica alternativa ai piatti classici valdostani.

🏨 Cresta et Duc   ← 🗓 🗐 🅰🅲 rist, ᴢ rist, ⁽ᵗ⁾ 🅿 `VISA` ⬤⬤ `AE` ⓪ **ᴄ**

via Circonvallazione 7 – ☎ 01 65 84 25 85 – *www.crestaetduc.it*
– *Fax 01 65 84 25 91* – *dicembre-14 aprile e 16 giugno-14 settembre*
44 cam ⬛ – ♟75/175 € ♟♟95/195 € – ½ P 95/165 €   AZe
Rist – Menu 25/35 €

♦ Al limitare del centro e a 150 metri dagli impianti di risalita, l'hotel è stato completamente ristrutturato negli ultimi mesi mantenendo immutate affabilità e cortesia. Nuovo look e vecchie esperienze gastronomiche al ristorante.

🏨 Centrale   ← 🚗 🗓 🗐 🗐 🖐 ᴢ cam, ᴢ rist, ⁽ᵗ⁾ 🅿 🚗 `VISA` ⬤⬤ `AE` **ᴄ**

via Mario Puchoz 7 – ☎ 01 65 84 66 44 – *www.hotelscentrale.it*
– *Fax 01 65 84 64 03* – *dicembre-15 maggio e giugno-15 settembre*
33 cam – ♟92 € ♟♟135 €, ⬛ 9 €   AZt
Rist – *(luglio-agosto)* Menu 26 €

♦ In pieno centro, ma dotata di comodo parcheggio, una risorsa ad andamento familiare, con accoglienti spazi comuni; chiedete le camere rimodernate, con bagni nuovi. Tradizionale cucina d'albergo.

🏨 Dei Camosci   ← 🚗 🗐 🖐 ⁽ᵗ⁾ 🅿 `VISA` ⬤⬤ ⓪ **ᴄ**

località La Saxe – ☎ 01 65 84 23 38 – *www.hoteldeicamosci.com*
– *Fax 01 65 84 21 24* – *dicembre-aprile e 15 giugno-settembre*   BYm
23 cam ⬛ – ♟50/75 € ♟♟80/100 € – ½ P 60/88 €   **Rist** – Carta 23/40 €
♦ Per un soggiorno tranquillo, ma non lontano dal centro del paese, un albergo a conduzione familiare, rinnovato in anni recenti; buon confort nelle camere. Caratteristica atmosfera montana al ristorante, cucina della tradizione.

ad Entrèves Nord : 4 km – alt. 1 306 m – ✉ 11013

🏨 Auberge de la Maison 🌳   ← 🚗 🗓 🗐 🗐 🖐 ᴢ rist, ⁽ᵗ⁾ 🅿 🚗

via Passerin d'Entreves 16 – ☎ 01 65 86 98 11   `VISA` ⬤⬤ `AE` **ᴄ**
– *www.aubergemaison.it* – *Fax 01 65 86 97 59* – *chiuso maggio*   BXa
33 cam – ♟125/160 € ♟♟140/320 € – ½ P 100/198 €   **Rist** – Carta 39/50 €
♦ Fedele al suo nome, offre una calda ospitalità in un'atmosfera da raffinata "casa" di montagna, con tanto di boiserie e camino; camere personalizzate e ben accessoriate. Ristorante d'atmosfera, servizio all'altezza.

⌂⌂ **Pilier d'Angle** ⌖   ≤ 🕸 🖭 ⅏ 📶 **P** 🚗 **VISA** **OD** **AE** **①** **ⅆ**
via Grandes Jorasses 18 – ℰ 01 65 86 97 60 – www.pilierdangle.it
– Fax 01 65 86 97 70 – chiuso maggio e ottobre   BX**v**
27 cam ⬜ – †65/120 € ††90/190 € – ½ P 70/130 €
Rist Taverna del Pilier – Carta 39/60 €
♦ Due chalet separati, con parcheggio in comune, compongono questa risorsa, che ha camere di diversa tipologia, ma tutte accoglienti e con lo stesso livello di confort. Il calore del camino della sala da pranzo è il miglior accompagnamento alla saporita cucina.

a La Palud Nord : 4,5 km

⌂ **Dente del Gigante** senza rist   ≤ ⅏ **P** **VISA** **OD** **ⅆ**
strada la Palud 42 – ℰ 0 16 58 91 45 – www.dentedelgigante.com
– Fax 0 16 58 96 39 – chiuso dal 15 maggio al 5 luglio, ottobre e novembre
13 cam ⬜ – †55/75 € ††90/110 €
♦ Ai piedi del Monte Bianco, vicino alle funivie e alla Val Ferret, legno e pietra conferiscono alla struttura quell'inconfondibile atmosfera montana. Lo stesso "calore" lo si ritrova nelle belle camere: diverse tipologie, ma tutte curate nei minimi dettagli.

in Val Ferret

⌂ **Miravalle** ⌖   ≤ 🏠 ⅏ cam, **P** **VISA** **OD** **ⅆ**
località Planpincieux, Nord : 7 km – ℰ 01 65 86 97 77
– www.courmayeur-hotelmiravalle.it – Fax 01 65 86 97 29 – dicembre-aprile e
giugno-settembre   BX**f**
11 cam ⬜ – ††65/130 € – ½ P 50/88 €
Rist – (chiuso martedì in bassa stagione) Carta 30/44 €
♦ Nella cornice di una valle unica al mondo, al cospetto di sua maestà il Monte Bianco, un semplice albergo familiare, con accoglienti camere in legno massiccio. La sala da pranzo ha un simpatico ambiente, in tipico stile di montagna.

a Dolonne

⌂⌂ **Ottoz Meublé** senza rist ⌖   ≤ 🚲 🖭 ⅆ ⅏ **P** 🚗 **VISA** **OD** **ⅆ**
strada Dolonne 9 – ℰ 01 65 84 66 81 – www.hotelottoz.com
– Fax 01 65 84 66 82 – dicembre-aprile e luglio-15 settembre   BY**s**
25 cam ⬜ – †35/110 € ††60/160 €
♦ Hotel a gestione familiare, nato nel 1994 dalla ristrutturazione di un'antica casa, di cui conserva in parte i soffitti a volta e le pareti in pietra; stanze funzionali.

⌂ **Stella del Nord** senza rist   ≤ 🖭 ⅆ ⅏ **P** 🚗 **VISA** **OD** **①** **ⅆ**
strada della Vittoria 2 – ℰ 01 65 84 80 39 – www.stelladelnord.com
– Fax 01 65 84 57 80 – dicembre-aprile e luglio-settembre   BY**c**
13 cam ⬜ – †45/100 € ††60/160 €
♦ Conduzione giovane, ma esperta per un albergo di recente apertura, situato nella parte alta della frazione; arredi in legno e moquette nelle nuovissime camere.

⌂ **Maison lo Campagnar**   🏠 🕸 **VISA** **OD** **AE** **①** **ⅆ**
rue de Granges 14 – ℰ 01 65 84 68 40 – www.maisonlocampagnar.com
– Fax 01 65 84 65 34 – chiuso maggio, ottobre e novembre
12 cam ⬜ – †100/200 € ††170/310 € – ½ P 115/195 €   **Rist** – Carta 33/53 €
♦ Ubicato nel verde e sulle piste da sci, un elegante chalet in legno dagli spazi interni raccolti e ricchi di charme. Molto belle le camere personalizzate: piccole bomboniere di confort.

COVIGLIAIO – Firenze (FI) – **563** J15 – alt. 831 m – ✉ 50030   29 C1
🖬 Roma 326 – Bologna 51 – Firenze 52 – Pistoia 67

⌂⌂⌂ **Il Cigno** ⌖   ≤ 🚲 ⅄ ⅃ ⅏ rist, 📶 **P** **VISA** **OD** **AE** **ⅆ**
strada statale 65 della Futa km 49,5 ✉ 50033 – ℰ 0 55 81 24 81
– www.ilcigno.it – Fax 05 58 12 48 68 – 15 marzo-15 novembre
31 cam ⬜ – ††98/174 € – 2 suites – ½ P 112/127 €
Rist Il Cerro – (maggio-settembre) Carta 36/51 €
♦ Risorsa concepibile come l'elegante evoluzione di un agriturismo di lusso. Tutte le camere sono spaziose e dotate di accesso indipendente, spazi comuni accoglienti. Piacevole isolamento e tranquillità. Il monumentale camino "domina la scena" nella sala ristorante elegante e luminosa.

CRANDOLA VALSASSINA - Lecco (LC) - 561 D10 - 270 ab. - alt. 769 m - ✉ 23832 **16** B2

Roma 647 - Como 59 - Lecco 30 - Milano 87

XX **Da Gigi** con cam

piazza IV Novembre 4 - ✆ 03 41 84 01 24 - www.dagigicrandola.it - Fax 03 41 80 17 10 - chiuso dal 15 al 30 giugno
8 cam - †40/50 € ††55/65 €, ☕ 7 € - ½ P 50/55 €
Rist - *(chiuso mercoledì escluso luglio-agosto)* Menu 34/39 € - Carta 32/41 €
◆ Per gustare le specialità della Valsassina: un simpatico locale in posizione panoramica con due sale di tono rustico e una cucina attenta ai prodotti del territorio.

CRAVANZANA - Cuneo (CN) - 561 I6 - 394 ab. - alt. 583 m - ✉ 12050 **25** C2

Roma 610 - Genova 122 - Alessandria 74 - Cuneo 48

X **Da Maurizio** con cam

via Luigi Einaudi 5 - ✆ 01 73 85 50 19 - www.ristorantedamaurizio.it - Fax 01 73 85 50 16 - chiuso dal 7 gennaio al 6 febbraio e dal 28 giugno al 9 luglio
12 cam ☕ - †45/50 € ††60 € - ½ P 50/65 €
Rist - *(chiuso mercoledì, giovedì a mezzogiorno)* Menu 35 € - Carta 25/33 €
◆ Da quattro generazioni saldamente nelle mani della stessa famiglia, la trattoria si sviluppa su due sobrie salette nel centro della piccola località. Cucina piemontese e langarola. Dispone anche di camere accoglienti, con gradevole vista sulle colline circostanti.

CREMA - Cremona (CR) - 561 F11 - 33 595 ab. - alt. 79 m - ✉ 26013 **19** C2

Roma 546 - Piacenza 40 - Bergamo 40 - Brescia 51
27, ✆ 0373 29 80 16

Il Ponte di Rialto senza rist

via Cadorna 5/7 - ✆ 0 37 38 23 42 - www.pontedirialto.it - Fax 0 37 38 35 20 - chiuso dal 9 al 23 agosto
33 cam ☕ - †75/92 € ††97/112 €
◆ In un palazzo d'epoca, l'albergo dispone di camere arredate alternativamente in stile classico o con pezzi d'antiquariato ed ospita, inoltre, un'attrezzata sala conferenze.

CREMENO - Lecco (LC) - 561 E10 - 1 328 ab. - alt. 797 m - Sport invernali : a Piani di Artavaggio : 650/1 910 m 1 6, - ✉ 23814 **16** B2

Roma 635 - Bergamo 49 - Como 43 - Lecco 14

XX **Al Clubino**

via Ingegner Combi 15 - ✆ 03 41 99 61 45 - www.alclubino.it - Fax 03 41 99 61 45 - chiuso 10 giorni in giugno, 10 giorni in settembre, lunedì sera e martedì (escluso luglio-agosto)
Rist - Menu 45 € - Carta 38/53 €
◆ Locale a gestione familiare e di discreta eleganza avvolto da ampie vetrate affacciate sul giardino. Dalla cucina, piatti casalinghi e golosi, indimenticabili dolci.

CREMNAGO - Como (CO) - alt. 335 m - ✉ 22044 **18** B1

Roma 605 - Como 17 - Bergamo 44 - Lecco 23

X **Antica Locanda la Vignetta dal 1910**

via Garibaldi 15 - ✆ 0 31 69 82 12 - www.ristorantelavignetta.it - Fax 0 31 69 82 12 - chiuso dal 2 al 26 agosto e martedì
Rist - Carta 31/47 €
◆ Familiari sia la gestione ultraventennale che l'accoglienza in un frequentato, simpatico locale con solida cucina del territorio; servizio estivo sotto un pergolato.

CREMOLINO - Alessandria (AL) - 561 I7 - 1 042 ab. - alt. 405 m - ✉ 15010 **23** C3

Roma 559 - Genova 61 - Alessandria 50 - Milano 124

XX **Bel Soggiorno** con cam ⟨ 🕸 🅿 VISA ⬢ AE 🔓
via Umberto I, 69 – ℰ 01 43 87 90 12
– www.ristorantebelsoggiorno.it – Fax 01 43 87 99 21
– chiuso 15 giorni in gennaio, 15 giorni in luglio e Natale
3 cam ⌑ – †50 € ††70 €
Rist – *(chiuso mercoledì e i mezzogiorno di lunedì, martedì, giovedì)*
Carta 28/53 € 🕸

♦ Da oltre 30 anni fedeltà alle tradizioni culinarie piemontesi, i cui piatti tipici, stagionali, vengono proposti in una piacevole sala con vetrata affacciata sui colli.

CREMONA 🅿 (CR) – **561** G12 – **71 998 ab.** – alt. 45 m – ✉ 26100   **17** C3
▌Italia

▶ Roma 517 – Parma 65 – Piacenza 34 – Bergamo 98
🚹 piazza del Comune 5 ℰ 0372 23233, info@aptcremona.it, Fax 0372 534080
🏁 Il Torrazzo, ℰ 0372 47 15 63
◉ Piazza del Comune★★ BZ : campanile del Torrazzo★★★, Duomo★★, Battistero★ BZ **L** – Palazzo Fodri★ BZ **D** – Chiesa di S. Agostino AZ **B**: ritratti★ di Francesco Sforza e della moglie, pala★ del Perugino - Museo Stradivariano ABY

CREMONA

🏠🏠 **Delle Arti** senza rist 🏠 📶 🛡 ☿ 🏧 ⇄ ⁽ᵗ⁾ 🕍 VISA 💳 AE ① 💲

via Bonomelli 8 – ℰ 037 22 31 31 – www.dellearti.com – Fax 037 22 16 54
– chiuso 23 al 31 dicembre e agosto   BZ**a**
33 cam ☲ – 📱95/138 € 📱📱140/186 €

♦ Sin dall'esterno si presenta come un design hotel caratterizzato da forme geometriche e colori sobri, prevalentemente scuri. La sala colazioni è adibita anche a galleria d'arte visitabile: un vera eccezione di modernità nel centro storico.

🏠🏠 **Cremona** senza rist 📶 🛡 🏧 ☿ ⁽ᵗ⁾ VISA 💳 AE ① 💲

viale Po 131 – ℰ 037 23 22 20 – www.hotelcremona.it – Fax 037 42 26 80
32 cam ☲ – 📱50/80 € 📱📱70/110 €   AZ**b**

♦ In zona Po, lungo una strada di grande scorrimento, trafficata ma comoda, presenta camere rinnovate con un design moderno: le migliori si trovano al primo piano.

🏠🏠 **Impero** senza rist 📶 🛡 🏧 🏧 ⇄ ☿ ⁽ᵗ⁾ 🕍 VISA 💳 AE ① 💲

piazza Pace 21 – ℰ 037 24 13013 – www.hotelimpero.cr.it – Fax 037 24 57 29 5
53 cam ☲ – 📱78/129 € 📱📱110/159 €   BZ**d**

♦ Nel cuore del centro storico, in un austero edificio anni '30, albergo rinnovato con camere più tranquille sul retro o con vista su piazza o Torrazzo dagli ultimi piani.

🍴🍴 **La Sosta** 🏧 VISA 💳 AE ① 💲

via Sicardo 9 – ℰ 037 24 56656 – www.osterialasosta.it – Fax 037 25 37757
– chiuso 1 settimana in febbraio, 2 settimane in agosto, domenica sera,
lunedì   BZ**b**
Rist – 38 € – Carta 34/43 €

♦ Osteria nel nome ma un moderno e colorato locale nell'ambiente. A pochi passi dal Duomo, i classici della cucina cremonese ed altre specialità nazionali.

🍴🍴 **Kandoo** 🎏 🛡 🏧 VISA 💳 AE ① 💲

piazza Cadorna 15 – ℰ 037 22 17 75 – www.sushikandoo.it
– chiuso lunedì   AZ**b**
Rist – Carta 28/40 €

♦ Colori scuri, look moderno ed un'équipe tutta cinese indaffarata a preparare gustosi piatti ispirati al Sol Levante.

CRETAZ – Aosta – **561** F4 – Vedere Cogne

CROCERA – Cuneo – **561** H4 – Vedere Barge

CRODO – Verbano-Cusio-Ossola (VB) – **561** D6 – 1 459 ab. – alt. 508 m   23 C1
– ✉ 28862

▶ Roma 712 – Stresa 46 – Domodossola 14 – Milano 136

🛈 località Bagni ℰ 0324 618831, crodo@distrettolaghi.it, Fax 0324 61691

🍴🍴 **Marconi** 🎏 🛡 🏧 VISA 💳 AE 💲

⊕ *via Pellanda 21 – ℰ 032 46 18797 – www.ristorantemarconi.com*
– Fax 032 46 18797 – chiuso martedì
Rist – Menu 20/38 € – Carta 41/50 €

♦ Cucina contemporanea e tanta cura nelle presentazioni in questo ristorante all'interno di una villetta indipendente con piccolo dehors sul retro.

---

a Viceno Nord-Ovest : 4,5 km – alt. 896 m – ✉ 28862 Crodo

🏠🏠 **Edelweiss** ⑤ ⇄ 🚗 📶 🕍 ⑤ 🛡 🏧 rist. ⁽ᵗ⁾ 🅿 VISA 💳 AE ① 💲

⊕ *– ℰ 032 46 18791 – www.albergoedelweiss.com – Fax 032 46 00001 – chiuso*
🍽 *dal 14 al 27 gennaio e dal 2 al 26 novembre*
30 cam ☲ – 📱40/52 € 📱📱70/94 € – ½ P 60/65 €
Rist – (chiuso mercoledì escluso dal 15 giugno al 15 settembre) Carta 23/34 €

♦ Imbiancato dalla neve d'inverno, baciato dai raggi di un tiepido sole d'estate, un rifugio di montagna dalla calorosa gestione familiare, moderno e curato, con una piccola sala giochi. I trofei di caccia alle pareti annunciano la specialità del ristorante: selvaggina; anche paste fatte in casa e formaggi della valle.

Ⓧ **Pizzo del Frate** con cam 🗻 ⩽ 🚗 🏠 ᠘ 🕭 rist, 🕪 **🅿**
località Foppiano, Nord-Ovest : 3,5 km alt. 1 250 m 🆅🆂🅰 ◍ 🅰🅴 ① 🖎
*– ℰ 0 32 46 12 33 – www.pizzodelfrate.it – Fax 0 32 46 10 40 – chiuso dal
2 novembre al 5 dicembre*
13 cam � – ♦32/35 € ♦♦64/70 € – ½ P 45/48 €
Rist – *(chiuso martedì dal 15 settembre al 15 giugno)* Carta 22/42 €
♦ Circondato da boschi e pascoli alpini la sala ristorante è arredata nel classico stile montano
e propone piatti ossolani con specialità di selvaggina. Tra le mura di questo ambiente rustico,
anche camere semplici ed accoglienti, ideale punto di appoggio per escursioni o passeggiate.

CROSA – Vercelli – **561** E6 – Vedere Varallo Sesia

CROTONE 🅿 (KR) – **564** J33 – **60 936 ab.** – ⊠ **88900** 🏳 Italia 5 B2

🚘 Roma 593 – Cosenza 112 – Catanzaro 73 – Napoli 387
🛬 di Isola di Capo Rizzuto Contrada Sant'Anna ℰ 0962 794388
🛈 via Torino 148 ℰ 0962 23185

🏨 **Palazzo Foti** senza rist 📶 ᝪ 🅰🄺 🕢 🕪 **🅿** 🆅🆂🅰 ◍ 🅰🅴 ① 🖎
*via Colombo 79 – ℰ 09 62 90 06 08 – www.palazzofoti.it
– Fax 0 96 22 14 95*
39 cam ⊂⊃ – ♦85/110 € ♦♦155/190 €
♦ Sul lungomare del centro città, nuovo albergo dalle linee moderne e design: camere luminose, dotate di ogni confort.

🏠 **Helios** 🎿 🕢 📶 🅰🄺 🕢 rist, 🕪 🔥 **🅿** 🆅🆂🅰 ◍ 🅰🅴 ① 🖎
*viale Magna Grecia, traversa via Makalla 2, Sud: 2 km – ℰ 09 62 90 12 91
– www.helioshotels.it – Fax 0 96 22 79 97*
42 cam ⊂⊃ – ♦60/95 € ♦♦85/130 € – ½ P 60/75 €
Rist – *(chiuso domenica sera)* Carta 25/36 €
♦ A pochi passi dalla spiaggia, questo sobrio, ma gradevole albergo dispone di piacevoli terrazze con piscina e bella vista. Camere funzionali.

ⓍⓍ **Da Ercole** 🕢 🅰🄺 🕢 ⇔ 🆅🆂🅰 ◍ 🅰🅴 ① 🖎
*viale Gramsci 122 – ℰ 09 62 90 14 25 – www.daercole.com – Fax 09 62 90 14 25
– chiuso 15 giorni in novembre e domenica (escluso luglio-agosto)*
Rist – Carta 44/72 €
♦ Il sapore e il profumo del mar Ionio esaltati nei piatti cucinati da Ercole nel suo accogliente locale classico sul lungomare della località. Una sala è decorata con mosaici.

CUASSO AL MONTE – Varese (VA) – **561** E8 – **3 425 ab.** – alt. 532 m 16 A2
– ⊠ **21050**

🚘 Roma 648 – Como 43 – Lugano 31 – Milano 72

ⓍⓍ **Al Vecchio Faggio** 🕢 **🅿** 🆅🆂🅰 ◍ 🅰🅴 🖎
😊 *via Garibaldi 8, località Borgnana, Est : 1 km – ℰ 03 32 93 80 40
– www.vecchiofaggio.com – chiuso dal 7 al 22 gennaio, dal 15 al 30 giugno e
mercoledì*
Rist – Menu 35 € – Carta 26/38 €
♦ All'ombra del secolare faggio che domina il parco, un'imperdibile vista sul lago di Lugano
e una cucina legata alla tradizione che sfocia in moderne e fantasiose interpretazioni.

a Cavagnano Sud-Ovest : 2 km – ⊠ **21050** Cuasso Al Monte

🏠 **Alpino** 🚗 🕢 📶 ᝪ rist, 🕢 cam, **🅿** 🏠 🆅🆂🅰 ◍ 🖎
*via Cuasso al Piano 1 – ℰ 03 32 93 90 83 – www.hotelalpinovarese.it
– Fax 03 32 93 90 94 – chiuso dall'8 al 25 gennaio*
19 cam ⊂⊃ – ♦50/60 € ♦♦75/90 € – ½ P 65/75 €
Rist – *(chiuso lunedì escluso da giugno al 15 settembre)* Carta 30/40 €
♦ Una risorsa accogliente nella sua semplicità, per un soggiorno tranquillo e familiare in una
verde località prealpina; camere con arredi essenziali. Ambiente semplice di tono rustico, con
soffitto a cassettoni e grande camino in sala da pranzo.

a Cuasso al Piano Sud-Ovest : 4 km – ⊠ 21050

XX **Molino del Torchio** con cam 📞 🅿 𝘝𝘐𝘚𝘈 ⓒⓞ 𝔸𝔼 ⓞ ⓢ
🍴 *via Molino del Torchio 17 – ℰ 03 32 92 03 18 – www.molinodeltorchio.com
– Fax 03 32 92 11 82*
4 cam – ♦♦70/120 €, ⊊ 10 € – ½ P 80 €
Rist – *(chiuso dal 1° al 21 gennaio, lunedì, martedì)* Carta 15/37 €
♦ All'interno di un suggestivo vecchio mulino, antiche ricette lombarde animano menu gior-
nalieri attenti alla stagionalità dei prodotti. Camere personalizzate e ben tenute.

E' una questione di categoria: non aspettatevi lo stesso servizio in un ristorante
X o in un albergo 🏠 rispetto ad un XxXxX o ad un 🏨🏨🏨.

CUMA – Napoli – **564** E24 – **Vedere Pozzuoli**

CUNEO 🅿 (CN) – **561** I4 – **54 970 ab.** – **alt. 543 m** – ⊠ 12100 **22 B3**
🚹 Roma 643 – Alessandria 126 – Briançon 198 – Genova 144
🖪 via Roma 28 c/o Palazzo Comunale ℰ 0171 693258 turismoacuneo@
comune.cuneo.it, Fax 0171 693258
via Vittorio Amedeo II 8A ℰ 0171 690217, info@cuneoholiday.com,
Fax 0171 602773
📷 I Pioppi, ℰ 0171 41 28 25
🏙 , ℰ 071 38 70 41
◉ Contrada Mondovì ★

Pianta pagina seguente

🏛 **Palazzo Lovera Hotel** 🛋 🛗 🖐 🖳 cam, ⊀♠ 🅰🅲 ½⁄ ⁽ᵠ⁾ 🚗
via Roma 37 – ℰ 01 71 69 04 20 𝘝𝘐𝘚𝘈 ⓒⓞ 𝔸𝔼 ⓞ ⓢ
– www.palazzolovera.com – Fax 01 71 60 34 35 **Yd**
47 cam ⊊ – ♦85/110 € ♦♦110/140 € – ½ P 80/100 €
Rist – *(chiuso 15 giorni in gennaio, 15 giorni in agosto e i mezzogiorno di lunedì
e venerdì)* Carta 29/38 €
♦ Nel cuore della città, un palazzo nobiliare del XVI secolo che ebbe illustri ospiti, è oggi un
albergo di prestigio che dispone di spaziose ed eleganti camere in stile. Nuovi sapori al ristorante dove troverete proposte di cucina tipica piemontese ed una sempre interessante selezione di vini.

🏛 **Principe** senza rist 🖐 🅰🅲 ⁽ᵠ⁾ 𝕩 𝘝𝘐𝘚𝘈 ⓒⓞ 𝔸𝔼 ⓞ ⓢ
*piazza Galimberti 5 – ℰ 01 71 69 33 55 – www.hotel-principe.it
– Fax 0 17 16 75 62* **Zc**
50 cam ⊊ – ♦85/135 € ♦♦105/200 €
♦ Dalla piazza principale un ingresso "importante" con scalinata di marmo introduce in un
hotel di lunga storia, rinnovatosi nel tempo, con moderne camere ben accessoriate.

🏨 **Royal Superga** senza rist 🖐 🖳 ⁽ᵠ⁾ 🅿 𝘝𝘐𝘚𝘈 ⓒⓞ 𝔸𝔼 ⓞ ⓢ
*via Pascal 3 – ℰ 01 71 69 32 23 – www.hotelroyalsuperga.com
– Fax 01 71 69 91 01* **Ya**
39 cam ⊊ – ♦55/100 € ♦♦79/140 €
♦ Riservata e cortese, la nuova dinamica gestione attualmente al timone dell'hotel ha presto
apportato alcune migliorie in termini di confort e tecnologie. Comodi box riservati ai clienti.

🏠 **Cuneo Hotel** senza rist 🖐 🖳 ⁽ᵠ⁾ 𝘝𝘐𝘚𝘈 ⓒⓞ 𝔸𝔼 ⓞ ⓢ
*via Vittorio Amedeo II, 2 – ℰ 01 71 68 19 60 – www.cuneohotel.com
– Fax 01 71 69 71 28* **Zx**
20 cam ⊊ – ♦50/70 € ♦♦65/95 €
♦ Confort, essenzialità negli arredi secondo le tendenze del moderno stile minimalista e
solari tonalità di colore per questa risorsa situata in comoda posizione centrale, ristrutturata
con gusto.

🏠 **Fiamma** senza rist 🖐 ⊀♠ 📞 𝘝𝘐𝘚𝘈 ⓒⓞ 𝔸𝔼 ⓢ
via Meucci 36 – ℰ 0 17 16 66 51 – Fax 0 17 16 66 52 **Za**
13 cam – ♦70 € ♦♦90 €, ⊊ 7 €
♦ Piccola struttura a conduzione familiare attenta e precisa, propone camere accoglienti
arredate con mobili artigianali in noce. A breve distanza dal complesso ospedaliero cittadino.

CUNEO

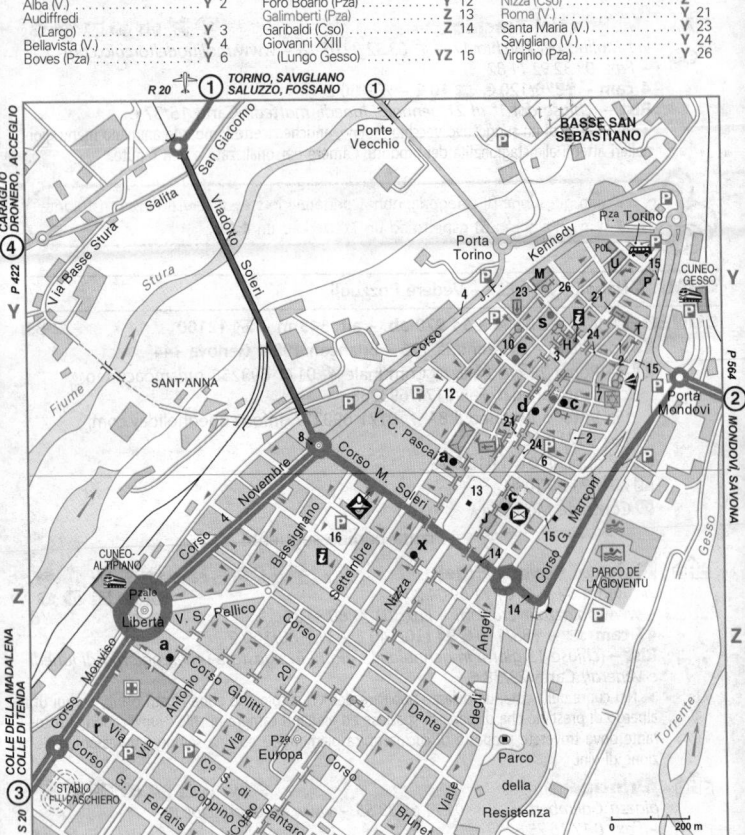

🍴🍴 **Osteria della Chiocciola** VISA MC AE

via Fossano 1 – ☎ 0 17 16 62 77 – Fax 0 17 16 62 77 – chiuso dal 31 dicembre al 15 gennaio e domenica Ys

Rist – Menu 19/35 € – Carta 23/33 €

◆ Al pianterreno c'è l'enoteca, al primo piano la sala ristorante, un locale semplice con eco di tendenza moderna. La cucina di cui l'osteria va fiera è quella della tradizione locale.

🍴 **Torrismondi** [AC] VISA MC

via Coppino 33 – ☎ 01 71 63 08 61 – Fax 0 17 16 55 15 – chiuso domenica e le sere di lunedì, martedì e mercoledì Zr

Rist – Carta 28/42 €

◆ La convivialità di questo semplice locale è garantita da un'affezionata clientela di habitué bongustai, amanti della cucina tipica della tradizione piemontese.

🍴 **Bottega dei Vini delle Langhe** VISA MC AE

via Dronero 8 – ☎ 01 71 69 81 78 – chiuso dal 1° al 15 agosto, domenica, le sere di lunedì, martedì, mercoledì Ye

Rist – Carta 21/31 €

◆ Più che una "bottega" una "mescita" di vini, da qualche anno convertita in un'osteria. I piatti del giorno, rigorosamente della tradizione piemontese, vengono elencati su una lavagna.

CUOTTO – Napoli – Vedere Ischia (Isola d') : Forio

CUREGGIO – Novara (NO) – 2 432 ab. – alt. 289 m – ✉ 28060 24 A3

▶ Roma 657 – Stresa 42 – Milano 80 – Novara 33

🏠 **Agriturismo La Capuccina** [AC] [P]

via Novara 19/b, località Capuccina – ☎ 03 22 83 99 30 – www.lacapuccina.it – Fax 03 22 88 36 91 VISA MC AE

7 cam – †60/65 € ††75/80 €

Rist – *(chiuso dal 24 dicembre al 14 gennaio)* (consigliata la prenotazione) Menu 28/35 €

◆ Cascina restaurata, in aperta campagna, presenta un'ambientazione rustico-moderna con camere di buon confort. Intorno le attività dell'azienda, coltivazioni e bestiame. Grazioso ristorante con quadri moderni e vecchi utensili di campagna.

CURNO – Bergamo (BG) – 561 E10 – 7 679 ab. – alt. 242 m – ✉ 24035 19 C1

▶ Roma 607 – Bergamo 6 – Lecco 28 – Milano 49

🍴🍴 **Trattoria del Tone** [AC] [P] VISA MC AE

via Roma 4 – ☎ 0 35 61 31 66 – Fax 0 35 61 31 66 – chiuso 3 settimane in agosto, martedì, mercoledì

Rist – Carta 30/57 €

◆ Nato come trattoria di paese, oggi ristorante di tono, rimangono la genuinità e la schiettezza della proposta: classica, sia che attinga al territorio sia che si ispiri al mare.

CURTATONE – Mantova (MN) – 561 G14 – 100 ab. – alt. 26 m – ✉ 46010 17 C3

▶ Roma 475 – Verona 55 – Bologna 112 – Mantova 8

a Grazie Ovest : 2 km – ✉ 46010

🍴🍴 **Locanda delle Grazie** VISA MC AE

via San Pio X 2 – ☎ 03 76 34 80 38 – Fax 03 76 34 92 63 – chiuso 1 settimana in gennaio, dal 20 al 30 giugno, dal 20 al 30 agosto, martedì, mercoledì

Rist – (consigliata la prenotazione) Menu 25 € bc/40 € bc – Carta 27/42 €

◆ Grazioso locale in una frazione di campagna. Casalinga cucina del territorio, con alcuni piatti di mare, in un ambiente lindo e curato. Gestione familiare, clientela abituale.

L'indicazione **Rist** in rosso evidenzia le strutture a cui abbiamo assegnato un riconoscimento: ✿ (stella) o ☺ (Bib Gourmand).

CUSAGO – Milano (MI) – **561** F9 – 3 399 ab. – alt. 126 m – ✉ 20090   18 A2
> ❱ Roma 582 – Milano 12 – Novara 45 – Pavia 40

🏨🏨🏨 **Le Moran**   🕭 ᴄ cam. 🎬 ✵ ᵗⁱⁱ 🖧 **P** 𝐕𝐈𝐒𝐀 ⓿ 🇦🇪 ⓿ ⑀
viale Europa 90, Sud-Est : 2 km – ℰ 02 90 11 98 94 – www.hotel-lemoran.com
– Fax 0 29 01 62 07
78 cam ⏥ – ♥♥100/350 € – 2 suites – ½ P 75/200 €
Rist – *(chiuso Natale e agosto)* Menu 25 € (solo a mezzogiorno)/35 €
◆ Struttura di moderna concezione, con ampie ed eleganti zone comuni e camere spaziose (idromassaggio nelle suite). Salone polivalente nella dépendance, campo da calcetto. Signorile sala ristorante al piano interrato.

✗✗ **Da Orlando**   🎬 🎬 ✵ ⇔ 𝐕𝐈𝐒𝐀 ⓿ 🇦🇪 ⓿ ⑀
piazza Soncino 19 – ℰ 02 90 39 03 18 – www.daorlando.com
– Fax 02 90 39 03 18 – chiuso dal 25 dicembre al 1° gennaio, dal 9 al 30 agosto,
sabato a mezzogiorno, domenica
Rist – Menu 26 € (solo a mezzogiorno)/55 € – Carta 41/65 € 🕸
◆ Su una scenografica piazza con castello, ambienti classici con tavoli distanziati e accogliente gestione familiare. La cucina si divide equamente tra carne e pesce.

CUSTOZA – Verona – **562** F14 – Vedere Sommacampagna

CUTIGLIANO – Pistoia (PT) – **563** J14 – 1 623 ab. – alt. 670 m – Sport   28 B1
invernali : 1 600/1 800 m ⛷ 2 ⟋3, ⌘ – ✉ 51024 ▮ Toscana
> ❱ Roma 348 – Firenze 70 – Pisa 72 – Lucca 52
> 🇮 via Brennero 42/A ℰ 0573 68029, Fax 0573 68200

✗ **Trattoria da Fagiolino** con cam ⥁   ⩽ ⁽ᵗⁱ⁾ 𝐕𝐈𝐒𝐀 ⓿ ⓿ ⑀
☺ *via Carega 1 – ℰ 0 57 36 80 14 – www.dafagiolino.it – Fax 0 57 36 82 10*
– chiuso novembre
4 cam ⏥ – ♥50/58 € ♥♥78/85 € – ½ P 63 €
Rist – *(chiuso martedì e mercoledì escluso luglio-agosto)* Carta 23/38 €
◆ Funghi e selvaggina, tra i piatti della tradizione locale, ed una calorosa accoglienza familiare caratterizzano il locale. Cucina completamente a vista dall'ingresso. Moderne e confortevoli le camere; terrazza panoramica a disposizione per la prima colazione e per il tempo libero.

CUTROFIANO – Lecce (LE) – **564** G36 – 9 194 ab. – alt. 88 m   27 D3
– ✉ 73020
> ❱ Roma 617 – Bari 187 – Brindisi 75 – Lecce 33

🏨🏨🏨 **Sangiorgio Resort**   ⛲ 🍴 🏊 🏊 ⓾ 🐎 ᾖ 𝐋ᵒ 🕭 ᴄ 🎬 ↯ ✵ ᵗⁱⁱ 🖧
provinciale Noha-Collepasso – ℰ 08 36 54 28 48   **P** 𝐕𝐈𝐒𝐀 ⓿ 🇦🇪 ⓿ ⑀
– www.sangiorgioresort.it – Fax 08 36 54 16 09
16 cam ⏥ – ♥135/212 € ♥♥210/324 € – 2 suites – ½ P 175/207 €
Rist *Il Chiostro* – – Carta 45/60 € 🕸
◆ Nato come residenza estiva per le suore del convento di Santa Maria di Leuca, di cui conserva ancora una cappella consacrata, il resort si estende in orizzontale ed è circondato da una grande proprietà: due piscine distanti l'una dall'altra assicurano agli ospiti una certa privacy. Stile elegante ed opulento.

DARFO BOARIO TERME – Brescia (BS) – **561** E12 – 14 917 ab.   17 C2
– alt. 221 m – ✉ 25047
> ❱ Roma 613 – Brescia 54 – Bergamo 54 – Bolzano 170
> 🇮 a Boario Terme, piazza Einaudi 2 ℰ 0364 531609, iat.boario@tiscali.it,
> Fax 0364 532280

a Boario Terme – ✉ 25041

🏨🏨 **Brescia**   🕭 ✵ rist. 🕼 🖧 **P** 🚗 𝐕𝐈𝐒𝐀 ⓿ 🇦🇪 ⓿ ⑀
via Zanardelli 6 – ℰ 03 64 53 14 09 – www.hotelbrescia.it – Fax 03 64 53 29 69
51 cam ⏥ – ♥53/56 € ♥♥73/80 € – ½ P 52/62 €
Rist – *(chiuso gennaio)* Carta 30/40 €
◆ Imponente struttura con curati spazi comuni dai toni signorili, accoglienti e funzionali, con decorativi pavimenti a scacchiera; camere sobrie con arredi in stile moderno. Ambiente distinto nelle due sale del ristorante ben illuminate da grandi finestre.

🔠 **Diana** 🅰🆎 ⅏ 🕪 🅿 VISA 🆖 🍴
via Manifattura 12 – ✆ 03 64 53 14 03 – www.albergodiana.it
– Fax 03 64 53 30 76 – aprile-novembre
43 cam ⌷ – †35/55 € ††60/85 € **Rist** – Menu 15/23 €
♦ Albergo del centro a pochi passi dalle terme, con un gradevole e raccolto cortiletto interno; al piano terra luci soffuse, grandi quadri alle pareti e comodi divani. Capiente sala ristorante con un bianco soffitto costellato di piccole luci.

🏠 **Armonia** 🖧 🕅 🎿 🖃 🛗 🔥 🅰 rist, ⅏ rist, 🕪 🅿 VISA 🆖 🆎 ① 🍴
via Manifattura 11 – ✆ 03 64 53 18 16 – www.albergoarmonia.it
– Fax 03 64 53 51 44
26 cam – †35/42 € ††57 €, ⌷ 6 € – ½ P 30/50 € **Rist** – Menu 15/19 €
♦ In posizione centrale, ristrutturato pochi anni fa, alberghetto con piccola piscina su una terrazza; ambienti funzionali e camere non grandi, ma accoglienti. Piatti classici e della tradizione presso la sobria e luminosa la sala da pranzo dagli arredi lignei.

XX **La Svolta** 🕅 VISA 🆖 🆎 ① 🍴
viale Repubblica 15 – ✆ 03 64 53 25 80 – www.ristorantepizzerialasvolta.it
– Fax 03 64 53 63 40 – chiuso mercoledì
Rist – (chiuso a mezzogiorno) Carta 22/40 €
♦ Villetta con un ampio terrazzo per il servizio estivo; graziosa e accogliente sala di taglio semplice con tavoli curati. Cucina varia: pesce, piatti locali e pizza.

a Montecchio Sud-Est : 2 km – ✉ 25047 Darfo Boario Terme

XX **La Storia** 🕅 🅰 ⅏ 🅿 VISA 🆖 🆎 ① 🍴
via Fontanelli 1, Est : 2 km – ✆ 03 64 53 87 87 – www.ristorantelastoria.it
– Fax 03 64 53 87 87 – chiuso mercoledì sera
Rist – Carta 25/35 €
♦ Villetta periferica con un piccolo parco giochi per bambini e due ambienti gradevoli in cui provare una cucina con tocchi di originalità, a base di piatti di mare.

DEIVA MARINA – La Spezia (SP) – **561** J10 – **1 462 ab.** – ✉ **19013** **15 D2**
🄳 Roma 450 – Genova 74 – Passo del Bracco 14 – Milano 202
🄸 lungomare Cristoforo Colombo ✆ 0187 815858, ufficioturistico@
comune.deivamarina.sp.it, Fax 0187 815800

🔠 **Clelia** 🚅 🏡 🕅 🖃 🏃 🕅 🎿 rist, 🕪 🅿 VISA 🆖 🆎 ① 🍴
corso Italia 23 – ✆ 0 18 78 26 26 – www.clelia.it – Fax 01 87 81 62 34 – chiuso
dal 6 novembre al 26 dicembre
30 cam ⌷ – †54/78 € ††76/144 € – ½ P 60/94 €
Rist – (chiuso dal 4 novembre al 15 marzo) Carta 27/59 €
♦ Ottima gestione familiare, ospitale e professionale, in un albergo a 100 mt. dal mare, con bella piscina circondata da un giardino e solarium. Camere molto confortevoli e funzionali. Apprezzato ristorante dove assaporare specialità liguri, molte delle quali a base di pesce.

🏠 **Riviera** 🚅 🕅 rist, 🕪 🅿 VISA 🆖 🆎 ① 🍴
località Fornaci 12 – ✆ 01 87 81 58 05 – www.hotelrivieradeivamarina.it
– Fax 01 87 81 64 33 – Pasqua-settembre
28 cam ⌷ – †48/70 € ††68/120 € – ½ P 50/80 € **Rist** – (solo per alloggiati)
♦ A pochi passi dalle spiagge, un hotel a conduzione diretta, di recente ristrutturazione; zona comune semplice e camere essenziali, ma accoglienti e personalizzate. Nella fresca sala ristorante caratterizzata da una stupenda vista sul mare, cucina regionale rivisitata e menù degustazione di pesce.

🏠 **Eden** 🖃 🔥 🕪 VISA 🆖 🍴
corso Italia 39 – ✆ 01 87 81 58 24 – www.edenhotel.com – Fax 01 87 82 60 07
– marzo-ottobre
16 cam ⌷ – ††65/90 € – ½ P 50/65 €
Rist – (chiuso a mezzogiorno) Carta 20/55 €
♦ In centro paese, all'interno di una grande struttura, piccolo albergo a gestione familiare, con una piccola e graziosa hall e camere semplici, ma rinnovate e molto piacevoli. In centro paese, all'interno di una grande struttura, piccolo albergo a gestione familiare, con una piccola e graziosa hall e camere semplici, ma rinnovate e molto piacevoli.

DELEBIO – Sondrio (SO) – **561** D10 – 3 084 ab. – alt. 218 m – ⊠ 23014   **16** B1

▶ Roma 674 – Sondrio 34 – Brescia 136 – Milano 106

✗ **Osteria del Benedet**   AC ⇄ VISA ◎◎ AE ① Ġ
via Roma 2 – ℰ 03 42 69 60 96 – www.osteriadelbenedet.it – Fax 03 42 69 68 71
– chiuso dal 1° al 7 gennaio, dal 10 al 23 agosto, domenica e lunedì dal
15 giugno al 25 agosto, domenica sera e lunedì negli altri mesi
Rist – Menu 29/39 € – Carta 32/45 € ❀
♦ Osteria di antica tradizione, si sviluppa oggi in verticale: wine-bar al piano terra e sale al
piano superiore. Cucina di ispirazione contemporanea e tradizionale.

DERUTA – Perugia (PG) – **563** N19 – 9 126 ab. – alt. 218 m – ⊠ 06053   **32** B2

▶ Roma 153 – Perugia 20 – Assisi 33 – Orvieto 54

✗✗ **L'Antico Forziere** con cam   🛋 🛋 ⌱ AC ℀ rist, ⑪ P VISA ◎◎ AE Ġ
via della Rocca 2 – ℰ 07 59 72 43 14 – www.anticoforziere.it
– Fax 07 59 72 93 92
9 cam ⊑ – †65/75 € ††90/100 €   **Rist** – *(chiuso lunedì)* Carta 32/43 €
♦ Ristorante all'interno di un antico casale con giardino e piscina: ambiente elegante ed
accogliente; cucina ricca di spunti creativi.

DESENZANO DEL GARDA – Brescia (BS) – **561** F13 – 26 606 ab.   **17** D1
– alt. 96 m – ⊠ 25015 ▮ Italia

▶ Roma 528 – Brescia 31 – Mantova 67 – Milano 118

🛈 via Porto Vecchio 34 (Palazzo del Turismo) ℰ 030 9141510, iat.desenzano@
tiscali.it, Fax 030 9144209

🏌 Gardagolf, ℰ 0365 67 47 07

🏌 Arzaga, ℰ 030 6 80 62 66

◉ Ultima Cena★ del Tiepolo nella chiesa parrocchiale – Mosaici
romani★ nella Villa Romana

🏨 **Acquaviva**   ≤ 🛋 🛋 ⌱ 🛢 ◎◎ 🞉 ᶫ₆ ᛒ ᵴ AC ℀ rist, ⑪ P 🚗
viale Agello 84 – ℰ 03 09 90 15 83   VISA ◎◎ AE ① Ġ
– www.hotelacquaviva.it – Fax 03 09 11 10 99
80 cam ⊑ – †100/160 € ††140/260 € – ½ P 100/170 €   **Rist** – Carta 37/61 €
♦ Fronte lago, l'acqua è il tema dell'albergo dagli ambienti moderni, minimalisti e rilassanti.
Curati spazi verdi all'esterno, oggetti d'arte e tonificante centro benessere.

🏨 **Park Hotel**   ≤ 🛢 AC ℀ rist, ⑪ 🕳 🚗 VISA ◎◎ AE ① Ġ
lungolago Cesare Battisti 19 – ℰ 03 09 14 34 94 – www.parkhotelonline.it
– Fax 03 09 14 22 80
53 cam – †115/150 € ††140/190 €, ⊑ 15 € – ½ P 90/115 €
Rist – Carta 38/51 €
♦ Albergo storico fronte lago: l'ingresso si apre su un'elegante hall dal gusto retrò, quasi un
caffè letterario. Personale cortese e camere dagli arredi classici. Ambiente sobrio e distinto
nella signorile sala da pranzo.

🏨 **Nazionale** senza rist   ⌱ 🕳 AC ⑪ 🕳 🚗 VISA ◎◎ AE ① Ġ
via Marconi 23 – ℰ 03 09 15 85 55 – www.nazionaleonline.it
– Fax 03 09 14 12 47
41 cam ⊑ – †80/140 € ††100/180 €
♦ Vicino al centro, storico albergo di Desenzano risorto dopo un completo restauro propone
ambienti moderni e rilassanti, colori sobri e grandi docce nei bagni.

🏨 **Estée** senza rist   ≤ ⌱ 🞉 ᶫ₆ 🕳 ᵴ AC ⑪ P VISA ◎◎ AE Ġ
viale dal Molin 33 – ℰ 03 09 14 13 18 – www.hotelestee.it – Fax 03 09 14 03 22
24 cam ⊑ – †49/129 € ††89/229 €
♦ All'ingresso della località, strada e traffico da un lato, vista lago dall'altro: le camere panoramiche trasformano il soggiorno. Attrezzato centro benessere.

🏨 **Desenzano** senza rist   🕳 AC ℀ ⑪ ᶫᴬ P 🚗 VISA ◎◎ AE ① Ġ
viale Cavour 40/42 – ℰ 03 09 14 14 14 – www.hoteldesenzano.it
– Fax 03 09 14 02 94
40 cam ⊑ – †65/90 € ††100/130 €
♦ Arretrata rispetto al centro – in posizione rialzata – questa struttura a gestione familiare convince per le sue camere semplici, ma accoglienti, alcune con vista lago.

XXX **Esplanade** (Massimo Fezzardi)   ≤ 🏡 AC ❄️ P VISA ⚫ AE ① 🍴
❄️ *via Lario 10 –* 🕿 *03 09 14 33 61 – www.ristorante-esplanade.com*
– Fax 03 09 14 33 61 – chiuso mercoledì, le sere di Natale, Capodanno e Pasqua
Rist – Menu 75/95 € – Carta 68/94 € 🍴
Spec. Emozioni dal mare (5 assaggi di pesce). Coregone croccante alle melanzane, pomodorini e olive taggiasche con crema di zucchini e gamberi di fiume (primavera-estate). Filetto di manzo fassone in crosta di sale e pepe con olio al timo.
♦ In posizione panoramica sul lago, gestione trentennale che propone piatti di mare di gran qualità in preparazioni che ne esaltano la freschezza.

XXX **Antica Hostaria Cavallino**   🏡 ❄️ VISA ⚫ AE 🍴
via Gherla 30 ang. via Murachette – 🕿 *03 09 12 02 17*
– www.ristorantecavallino.it – info@ristorante/cavallino.it – Fax 03 09 91 27 51
– chiuso dal 5 al 23 novembre, 25 e 26 dicembre, domenica sera, lunedì
Rist – Carta 57/111 € 🍴
♦ Centrale ed elegante, lo si può definire una roccaforte per gli amanti del pesce, con qualche declinazione sarda: dalla bottarga alla catalana, regione d'origine dei titolari.

DEUTSCHNOFEN = Nova Ponente

DEVINCINA – Trieste – Vedere Sgonigo

DIACCETO – Firenze – **563** K16 – Vedere Pelago

DIANO MARINA – Imperia (IM) – **561** K6 – **6 249 ab.** – ✉ 18013   **14** A3
📍 Italia

▶ Roma 608 – Imperia 6 – Genova 109 – Milano 232
🚩 corso Garibaldi 60 🕿 0183 496956, infodianomarina@rivieradeifiori.travel, Fax 0183 494365

🏠 **Grand Hotel Diana Majestic** 🌿   ≤ 🚗 🏡 🏊 🍽️ 🔌 cam, AC 🔄
via degli Oleandri 15   ❄️ rist, 🎾 🛗 P VISA ⚫ AE ① 🍴
– 🕿 *01 83 40 27 27 – www.dianamajestic.com – Fax 01 83 40 30 40 – chiuso dal 12 ottobre al 24 dicembre*
86 cam 🍴 – ♦79/300 € – ½ P 135/165 €
Rist – (chiuso a mezzogiorno dal 21 maggio al 12 ottobre) Carta 42/55 €
♦ Fronte mare, cinto da un profumato giardino-uliveto che accoglie anche una piscina, l'albergo offre spaziosi ambienti dotati di ogni confort e moderne eleganti camere. I più conosciuti piatti italiani dalla cucina.

🏠 **Bellevue et Mediterranée**   ≤ 🏊 🔁 🛗 AC ❄️ rist, 🎾 P
via Generale Ardoino 2 – 🕿 *01 83 40 93*   VISA ⚫ AE ① 🍴
– www.bellevueetmediterranee.it – Fax 01 83 40 93 85 – marzo-ottobre
70 cam – ♦90/120 € ♦♦130/170 € – ½ P 115/140 €
Rist – (solo per alloggiati)
♦ Da un lato l'Aurelia con la sua mondana frenesia, dall'altro la vista sul mare e sulla spiaggia. Imponente, signorile e spiccatamente familiare dispone di una piscina riscaldata, con acqua del mare. Ampia e panoramica la sala ristorante, affacciata sul mare.

🏠 **Gabriella** 🌿   🚗 🏊 🛗 AC ❄️ rist, 🎾 P VISA ⚫ 🍴
via dei Gerani 9 – 🕿 *01 83 40 31 31 – www.hotelgabriella.com*
– Fax 01 83 40 50 55 – chiuso dal 25 ottobre al 15 gennaio
50 cam – ♦55/100 € ♦♦80/160 €, 🍴 5 € – ½ P 55/100 €   **Rist** – Menu 30 €
♦ Sul mare verso San Bartolomeo, un'imponente struttura circondata da un verde giardino: semplice nelle zone comuni, offre camere spaziose e di recente rinnovo.

🏠 **Caravelle** 🌿   ≤ 🚗 🏊 🌀 🛗 AC ❄️ rist, 🎾 P 🍴 VISA ⚫ 🍴
via Sausette 34 – 🕿 *01 83 40 53 11 – www.hotelcaravelle.net*
– Fax 01 83 40 56 57 – 15 aprile-20 ottobre
53 cam – ♦♦166/215 €, 🍴 14 € – ½ P 95/114 €   **Rist** – Menu 35 €
♦ Diverse piscine con acqua di mare, alcune riscaldate altre con idromassaggi: gran parte delle attenzioni della gestione è stata destinata al centro di cure estetiche e talassoterapiche. Il ristorante, moderno e da poco rinnovato, dispone di grandi vetrate che permettono allo sguardo di spaziare.

🏨 **Torino**   🗾 ⅃₆ 🖾 ₳ ⅙ ✗ rist. 🕪 🕏 ₽ 🚗 💳 ⓪ 🄰🄴 ⛊
via Milano 72 – 𝒞 01 83 49 51 06 – www.hoteltorinodiano.com
– Fax 01 83 49 36 02 – chiuso da novembre all'11 gennaio
72 cam ⚌ – ♦75/135 € ♦♦99/195 € – 8 suites – ½ P 75/150 €
Rist – Menu 30/45 €
♦ Servizio accurato in un signorile hotel centrale, dotato di spazi interni accoglienti e camere recentemente rinnovate, di buon confort; nuova sala per l'ascolto della musica.

🏨 **Eden Park**   🚍 🏠 🗾 🖾 ₺ 🖾 ✗ rist. 🕪 ₽ 💳 ⓪ 🄰🄴 ⛊
via Generale Ardoino 70 – 𝒞 01 83 40 37 67 – www.edenparkdiano.it
– Fax 01 83 40 52 68
33 cam ⚌ – ♦131 € ♦♦212 € – ½ P 102/147 €   **Rist** – Carta 37/60 €
♦ E' sufficiente una breve passeggiata attraverso i gradevoli ambienti comuni per arrivare al bel giardino con piscina, proprio in riva al mare. Quanto alle camere, fresche e luminose, sono tutte arredate con vivaci colori. La sala ristorante offre una gradevole vista sul giardino, piatti locali ed internazionali.

🏨 **Jasmin**   ≤ 🖾 ⸙⸙ ✗ rist. 🕪 ₽ 💳 ⓪ 🄰🄴 ⓪ ⛊
viale Torino 15 – 𝒞 01 83 49 53 00 – www.hoteljasmin.com – Fax 01 83 49 59 64
– chiuso dal 10 ottobre al 22 dicembre
27 cam – ♦60/80 € ♦♦80/110 €, ⚌ 8 € – 3 suites – ½ P 73/88 €
Rist – *(solo per alloggiati)* Menu 22/32 €
♦ Molte le vetrate musive policrome, alcune anche nelle stanze: accogliente, vivace e dinamico, grazie all'uso sapiente dei colori, l'hotel si trova direttamente sulla spiaggia.

🏨 **Arc en Ciel** 🦢   ≤ 🖾 🖾 cam. ✗ rist. 💳 ⓪ 🄰🄴 ⓪ ⛊
viale Torino 39 – 𝒞 01 83 49 52 83 – www.hotelarcenciel.it – Fax 01 83 49 69 30
– Pasqua-15 ottobre
50 cam – ♦60/95 € ♦♦90/140 €, ⚌ 11 € – ½ P 79/95 €   **Rist** – Menu 25 €
♦ Circondato da ville di prestigio, l'albergo ha una piccola spiaggia privata fatta di sassi e scogli e alcune camere sono provviste di un balcone coperto, lambito dal mare.

🏠 **Sasso** *senza rist*   🖾 🖾 ₽ 💳
via Biancheri 17 – 𝒞 01 83 49 43 19 – www.hotelsassoresidence.com
– Fax 01 83 49 43 10 – chiuso da ottobre al 21 dicembre
55 cam – ♦35/46 € ♦♦56/81 €, ⚌ 6 €
♦ Collocato nel cuore della cittadina eppure non lontano dal mare, tutte le camere dell'hotel sono dotate di balcone. Dispone anche di alcune unità provviste di angolo cottura.

DIGONERA – Belluno – Vedere Rocca Pietore

DIMARO – Trento (TN) – 562 D14 – 1 238 ab. – alt. 766 m – Sport   **30 B2**
invernali : 1 400/2 200 m (Comprensorio sciistico Folgarida-Marilleva) 🎿 5 ⚡19 🎿
– ✉ 38025

🄳 Roma 633 – Trento 62 – Bolzano 61 – Madonna di Campiglio 19
🄸 piazza Giovanni Serra 10 𝒞 0463 974529, info@dimarovacanze.it, Fax
0463 970500

🏨 **Sporthotel Rosatti**   ≤ 🚍 🏠 ⅃₆ 🖾 ✗ 🕪 ₽ 🚗 💳 ⓪ 🄰🄴 ⓪ ⛊
🐾 *via Campiglio 14 – 𝒞 04 63 97 48 85 – www.sporthotel.it – Fax 04 63 97 88 79*
32 cam ⚌ – ♦55/130 € ♦♦80/160 € – ½ P 50/100 €   **Rist** – Carta 17/31 €
♦ Lungo la strada che porta al passo, una bella struttura che sdoppia le camere in due edifici distinti collegati da un tunnel sotterraneo. Quelle del corpo principale un po' datate, ma comunque accoglienti. Le stanze della dépendance, più recenti e moderne. Piacevole taverna in legno per serate in compagnia.

DIOLO – Parma – Vedere Soragna

DOBBIACO (TOBLACH) – Bolzano (BZ) – 562 B18 – 3 263 ab.   **31 D1**
– alt. 1 243 m – Sport invernali : 1 242/1 500 m ⚡3 (Comprensorio Dolomiti
superski Alta Pusteria) 🎿 – ✉ 39034 🗌 Italia

🄳 Roma 705 – Cortina d'Ampezzo 33 – Belluno 104 – Bolzano 105
🄸 via Dolomiti 3 𝒞 0474 972132, info@dobbiaco.it, Fax 0474 972730

Santer ← 🚗 🛜 🖥 📶 📺 🎱 Ⅰ₆ 🎽 🏃 🕺 rist. ♨ **P.** 💳 ◉ ⛷

via Alemagna 4 – 𝒞 04 74 97 21 42 – www.hotel-santer.com – Fax 04 74 97 27 97
– chiuso da novembre al 5 dicembre e dal 15 aprile al 15 maggio
52 cam 🞆 – †80/140 € †† 120/190 € – ½ P 94/140 € **Rist** – Carta 25/51 €
♦ Albergo circondato dai monti, con un invitante giardino; atmosfera vellutata negli spazi comuni, con bel soffitto ligneo, moquette e soffici divani. Attrezzata beauty farm. Ambiente distinto nella raffinata sala ristorante con parete divisoria ad archi; cucina del luogo.

🏨 **Park Hotel Bellevue** 🚗 🌣 🖥 📶 📺 📶 Ⅰ₆ 🎽 🏃 🕺 🕻 **P.**

via Dolomiti 23 – 𝒞 04 74 97 21 01 💳 ◉ AE ◉ ⛷
– www.parkhotel-bellevue.com – Fax 04 74 97 28 07 – dicembre-Pasqua e
giugno-settembre
43 cam 🞆 – †84/110 € †† 146/214 € – ½ P 107/117 € **Rist** – Carta 26/49 €
♦ Albergo di tradizione nel centro della località, immerso in un parco ombreggiato; all'interno ambienti accoglienti, camere recentemente rinnovate e centro fitness con piscina. Ampie finestre nella sala da pranzo: arredi in stile lineare, con un tocco di eleganza.

🏨 **Cristallo** ← 🚗 🖥 🌣 📶 Ⅰ₆ 🎽 🕺 🕻 **P.** 🚗 💳 ◉ ⛷

via San Giovanni 37 – 𝒞 04 74 97 21 38 – www.hotelcristallo.com
– Fax 04 74 97 21 55 – 21 dicembre-22 marzo e 1° giugno-13 ottobre
36 cam 🞆 – †65/120 € †† 112/220 € – ½ P 102/141 € **Rist** – Carta 30/38 €
♦ In bella posizione panoramica con vista sulle Dolomiti, graziosa struttura bianca immersa nel verde: interni confortevoli, piacevoli camere e una deliziosa area benessere. Sala ristorante ariosa e molto luminosa.

🏠 **Urthaler** 🎽 **P.** 💳 ◉ AE ⛷

via Herbstenburg 5 – 𝒞 04 74 97 22 41 – www.hotel-urthaler.com
– Fax 04 74 97 30 50 – dicembre-aprile e 15 giugno-15 ottobre
30 cam 🞆 – †58/70 € †† 95/140 € – ½ P 68/74 € **Rist** – Carta 26/34 €
♦ Atmosfera cordiale e gestione familiare in un albergo nel cuore della cittadina: spazi interni con pareti rivestite in legno e soffitto con travi a vista; camere confortevoli. Vi sarà gradito cenare nella sala illuminata dalla calda luce ambrata dei lampadari pendenti.

sulla strada statale 49 Sud-Ovest: 1,5 km

🍴🍴 **Gratschwirt** con cam 🚗 🖥 📶 🎽 🕊 **P.** 💳 ◉ AE ◉ ⛷

via Grazze 1 ⊠ 39034 – 𝒞 04 74 97 22 93 – www.gratschwirt.com
– Fax 04 74 97 29 15 – chiuso aprile e maggio
29 cam – solo ½ P 50/80 € **Rist** – (chiuso martedì) Menu 24/42 €
♦ In una casa dalle origini centenarie ai margini della località, un ristorante con camere dagli interni curati dove gustare piatti tipici. Arredi in stile rustico nelle stube.

a Santa Maria (Aufkirchen)Ovest : 2 km – ⊠ 39034 Dobbiaco

🏠 **Oberhammer** 🍃 ← 🌣 📶 🕊 **P.** 💳 ◉ ⛷

Santa Maria 5 – 𝒞 04 74 97 21 95 – www.oberhammer.it – Fax 04 74 97 23 66
– chiuso da novembre al 5 dicembre
21 cam 🞆 – †40/75 € †† 68/160 € – ½ P 43/80 €
Rist – (chiuso lunedì escluso febbraio e 15 luglio-15 settembre) Carta 23/31 €
♦ Albergo in bella posizione panoramica, dotato di terrazze esposte al sole; spazi interni in stile locale e camere arredate con un moderno utilizzo del legno. Cucina tipica, servita anche all'aperto durante la bella stagione.

a Monte Rota/ Radsberg (Radsberg)Nord-Ovest : 5 km – alt. 1 650 m

🏠 **Alpenhotel Ratsberg-Monte Rota** 🍃 ← 🚗 🌣 🖥 📶 🍴

via Monte Rota 12 ⊠ 39034 – 𝒞 04 74 97 22 13 🆑 rist. 🎽 **P.** 🚗
– www.alpenhotel-ratsberg.com – Fax 04 74 97 29 16 – 20 dicembre-14 marzo e
22 maggio-17 ottobre
29 cam – †66/94 € †† 132/178 € – solo ½ P 73/98 € **Rist** – Carta 24/35 €
♦ Ideale per le famiglie e per gli amanti dell'assoluta tranquillità, questo hotel a conduzione diretta che domina Dobbiaco e le valli; ambienti interni in stile montano. Per i pasti, sala da pranzo e servizio estivo all'aperto.

DOGANA – Vedere San Marino (Repubblica di) alla fine dell'elenco alfabetico

---

DOGANA NUOVA – Modena – **562** J13 – Vedere Fiumalbo

DOGLIANI – Cuneo (CN) – **561** I5 – **4 744 ab.** - alt. 295 m – ⊠ 12063   25 C3
> ▶ Roma 613 – Cuneo 42 – Asti 54 – Milano 178

🏠 **Il Giardino** senza rist   🚗 🗚 🅿 📷 ⚫ 🄰🄴 ⓪ 💲
viale Gabetti 106 – ℰ 01 73 74 20 05 – www.ilgiardinohotel.it
– Fax 01 73 74 20 33 – chiuso dal 1° al 10 gennaio
12 cam � – 🛏45/50 € 🛏🛏65 €
♦ Piccola e dignitosa struttura a gestione familiare, situata a poche centinaia di metri dal centro della località; camere spaziose con arredi essenziali ma ben tenuti.

XX **Il Verso del Ghiottone**   🕌 ᧙ ⇆ 📷 ⚫ 💲
via Demagistris 5 – ℰ 01 73 74 20 74 – www.ilversodelghiottone.it
– Fax 01 73 74 20 74 – chiuso gennaio, 3 settimane in luglio, lunedì, martedì
Rist – *(chiuso a mezzogiorno escluso sabato e domenica)* Carta 36/48 €
♦ Nel cuore del centro storico, un ristorante ricavato in un caseggiato settecentesco. La cucina offre proposte legate al territorio, ma rivisitate in chiave moderna.

DOGLIO – Perugia – **563** N18 – Vedere Monte Castello di Vibio

DOLCEACQUA – Imperia (IM) – **561** K4 – **2 030 ab.** – alt. 57 m   14 A3
– ⊠ 18035
> ▶ Roma 662 – Imperia 57 – Genova 163 – Milano 286

🏠 **Agriturismo Terre Bianche** senza rist ⅗   ≤ 🚗 🅿
località Arcagna, Ovest : 9 km – ℰ 0 18 43 14 26   📷 ⚫ 🄰🄴 ⓪ 💲
– www.terrebianche.com – Fax 0 18 43 12 30 – chiuso febbraio e novembre
8 cam ⊆ – 🛏70/80 € 🛏🛏90/110 €
♦ L'impagabile vista sul mare e sull'entroterra offerte dalla risorsa, ricompenseranno la pazienza necessaria per raggiungere la vostra meta. Avvolti dal silenzio e dai profumi delle colline.

DOLEGNA DEL COLLIO – Gorizia (GO) – **562** D22 – **396 ab.**   11 C2
– alt. 88 m – ⊠ 34070
> ▶ Roma 656 – Udine 25 – Gorizia 25 – Milano 396

🏠 **Agriturismo Venica e Venica-Casa Vino e Vacanze** senza rist ⅗   🚗 ⅄ ℀ ⅍ 🅿 📷 ⚫ 🄰🄴 ⓪ 💲
località Cerò 8, Nord : 1 km
⊠ 34070 – ℰ 0 48 16 01 77 – www.venica.it – Fax 04 81 63 99 06 – aprile-ottobre
6 cam – 🛏90/100 € 🛏🛏95/105 €, ⊆ 14 €
♦ Immersa nel verde in cui si trovano anche una piscina e campi da tennis, l'azienda vinicola offre spazi comuni in stile rustico e camere ampie ed accoglienti.

a Ruttars Sud : 6 km – ⊠ 34070 Dolegna Del Collio

XXX **Castello di Trussio dell'Aquila d'Oro** (Anna Tuti)   🕌 ⇆ 🅿
ॐ *località Trussio 13, a Ruttars –* ℰ 0 48 16 12 55   📷 ⚫ 🄰🄴 ⓪ 💲
– Fax 0 48 16 05 45 – chiuso Capodanno, dal 2 al
20 gennaio, dal 10 al 30 agosto, domenica, lunedì
Rist – Menu 50/80 € – Carta 53/82 € 糸
Spec. Carpaccio di vitella con salsa di capperi, sarde ed olio d'oliva friulano. Raviolo con sorpresa in sughetto di stinco di vitello e fagagna (formaggio vaccino) stagionato. Cremino al caffè.
♦ Elegante ristorante con piacevole servizio estivo in giardino. Ambiente in sintonia con la struttura dove l'eleganza e la cucina si esprimono in armonioso parallelismo.

DOLO – Venezia (VE) – **562** F18 – **14 790 ab.** – ⊠ 30031 ▮ Venezia   36 C3
> ▶ Roma 510 – Padova 18 – Chioggia 38 – Milano 249
> ☐ Villa Nazionale★ di Strà : Apoteosi della famiglia Pisani★★ del Tiepolo SO : 6 kmpolo Sud-Ovest : 6 km – Riviera del Brenta★★ Est per la strada S 11

🏠🏠 **Villa Ducale**   🔔 🗚 ℀ rist, 🕻 ᧙ 🅿 📷 ⚫ 🄰🄴 💲
riviera Martiri della Libertà 75, Est : 2 km – ℰ 04 15 60 80 20 – www.villaducale.it
– Fax 04 15 60 80 04
11 cam – 🛏60/150 € 🛏🛏80/220 €, ⊆ 10 €   **Rist** – Carta 25/120 €
♦ La bella villa settecentesca a due km dal centro paese propone camere spaziose ed accoglienti ed è cinta da un piccolo parco abbellito da maestose magnolie. Piacevole atmosfera e storici affreschi nell'elegante sala da pranzo. Linea culinaria tradizionale.

Villa Gasparini senza rist   🕭 🖫 🛠 🕪 📶 ⓒⓞ ﷽ ⓞ ⓢ
riviera Martiri della Libertà 37 – 𝒞 04 15 60 81 56 – www.villagasparini.it
– Fax 04 14 26 50 47
15 cam ⌷ – †60/90 € ††70/120 €
♦ Lungo la Riviera di Brenta, villa del '700 tutt'oggi abitata dai Gasparini. Arredi e soffitti originali, i mobili sono ricreati in stile veneziano. Un sogno aristocratico a prezzi contenuti.

Villa Goetzen con cam   🕬 🖫 🕪 🅿 📶 ⓒⓞ ﷽ ⓞ ⓢ
via Matteotti 6 – 𝒞 04 15 10 23 00 – www.villagoetzen.it – Fax 0 41 41 26 00
12 cam ⌷ – †60/90 € ††90/140 €
Rist – *(chiuso agosto, giovedì, domenica sera)* Carta 37/49 €
♦ La sala interna, piccola e raffinata, e uno spazio realizzato su una struttura in legno, affacciata direttamente sul Brenta in cui gustare piatti della tradizione a base di pesce. Torte e dolci fatti in casa delizieranno le prime ore del mattino di chi vorrà prolungare il soggiorno in villa.

Villa Nani Mocenigo   🚓 🕬 ⇌ 🅿 📶 ⓒⓞ ﷽ ⓢ
via riviera Martiri della Libertà 113 loc. Cesare Musatti – 𝒞 04 15 60 81 39
– www.villananimocenigo.it – Fax 04 15 60 81 39 – chiuso lunedì
Rist – *(chiuso a mezzogiorno)* (prenotazione obbligatoria) Carta 37/61 €
♦ Splendida villa veneta settecentesca suddivisa in varie salette dall'antica atmosfera elegante e dalle pareti affrescate; più informali gli ambienti ricavati nelle ex scuderie. Il pesce nel piatto.

DOLOMITI – Belluno, Bolzano e Trento

DOLONNE – Aosta – Vedere Courmayeur

DOMAGNANO – Vedere San Marino (Repubblica di) alla fine dell'elenco alfabetico

---

DOMODOSSOLA – Verbano-Cusio-Ossola (VB) – 561 D6 – 18 382 ab.   23 C1
– alt. 277 m – ⊠ 28845

🖸 Roma 698 – Stresa 32 – Locarno 78 – Lugano 79
🔢 piazza Matteotti 24 (stazione ferroviaria) 𝒞 0324 248265,
prodomodossola@distrettolaghi.it, Fax 0324 248265

Corona   🕭 🖫 🕪 🛠 🅿 📶 ⓒⓞ ﷽ ⓞ ⓢ
via Marconi 8 – 𝒞 03 24 24 21 14 – www.coronahotel.net – Fax 03 24 24 28 42
56 cam ⌷ – †72/80 € ††90/120 € – ½ P 80 €   **Rist** – Carta 21/31 €
♦ Sito nel centro della località, una risorsa di lunga tradizione e dalla solida conduzione familiare ospita ambienti arredati con signorilità e camere recentemente rinnovate. Nella spaziosa ed elegante sala da paranzo, proposte gastronomiche dai tipici sapori piemontesi.

Eurossola   🕬 🖩 🛠 rist, 🕪 🛠 🅿 🚕 📶 ⓒⓞ ﷽ ⓞ ⓢ
piazza Matteotti 36 – 𝒞 03 24 48 13 26 – www.eurossola.com
– Fax 03 24 24 87 48 – chiuso dal 7 al 31 gennaio
26 cam – †60 € ††80 €, ⌷ 5 € – ½ P 65 €
Rist *Terrazza Grill-Da Sergio* – *(chiuso domenica sera, lunedì)* Menu 20/40 €
– Carta 26/62 €
♦ In posizione centrale e a conduzione familiare, la moderna risorsa dispone di confortevoli camere vivacemente colorate, nonché ampi spazi comuni arredati con sobria eleganza. Nella luminosa sala da pranzo al piano terreno, adatta per allestire banchetti e riunioni, una cucina contemporanea. Servizio estivo all'aperto.

La Stella con cam 🕥   ⇐ 🕬 🕭 rist, 🛠 cam, 🕪 🅿 📶 ⓒⓞ ﷽ ⓢ
borgata Baceno di Vagna 29, strada per Domobianca 1,5 Km – 𝒞 03 24 24 84 70
– www.ristorantelastella.com – Fax 03 24 24 84 70 – chiuso 1 settimana in
gennaio e 1 settimana in novembre
3 cam ⌷ – †50 € ††80 €
Rist – *(chiuso mercoledì)* (consigliata la prenotazione) Carta 37/59 €
♦ Un originale caminetto di design moderno (girevole a 360°), legno e travi a vista conferiscono "calore" e tipicità a questo rustico sapientemente ristrutturato. La cucina subisce il fascino del mare, proponendo ottime specialità di pesce. Tre camere piacevoli e moderne in sintonia con la semplicità del luogo.

🍴🍴 **Sciolla** con cam ☂ VISA [MC] [AE] [D] [$]
piazza Convenzione 5 – ☎ 03 24 24 26 33 – www.ristorantesciolla.it
– Fax 03 24 24 26 33
6 cam ☕ – 👤40/50 € 👥60/70 € – ½ P 55/65 €
Rist – *(chiuso dal 10 al 20 gennaio, dal 23 agosto all'11 settembre, domenica sera, mercoledì)* Menu 23/28 € – Carta 29/37 € 🍇
◆ In un vecchio edificio di origine seicentesca, un ristorante centrale considerato un punto di riferimento nel campo della ristorazione cittadina; cucina del territorio.

🍴 **La Meridiana dal 1968** [AC] VISA [MC] [AE] [D] [$]
via Rosmini 11 – ☎ 03 24 24 08 58 – www.ristorantelameridiana.it
– Fax 03 24 24 08 58 – chiuso dal 20 giugno al 10 luglio, domenica sera, lunedì
Rist – Carta 17/34 €
◆ Pesce e selvaggina in questa trattoria elaborati in due stili: da un lato la tradizione italiana, dall'altra quella spagnola. Ambiente familiare e cordiale nel cuore della località.

DOMUS DE MARIA – Cagliari – 566 K8 – Vedere Sardegna alla fine dell'elenco alfabetico

DONORATICO – Livorno – 563 M13 – Vedere Castagneto Carducci

DORGALI – Nuoro – 366 S42 – Vedere Sardegna alla fine dell'elenco alfabetico

DOSOLO – Mantova (MN) – 561 H13 – 3 351 ab. – alt. 25 m – ✉ 46030 17 C3

▶ Roma 449 – Parma 37 – Verona 74 – Mantova 35

🍴🍴 **Corte Brandelli** ☂ [AC] ⚙ [P] VISA [MC] [AE] [D] [$]
via Argini dietro 11/A, Ovest : 2 km – ☎ 0 37 58 94 97 – www.cortebrandelli.it
– Fax 0 37 58 94 97 – chiuso dal 24 dicembre al 2 gennaio, 3 settimane in agosto, domenica sera, giovedì
Rist – Carta 40/64 €
◆ Cascina in aperta campagna, dall'ambiente tipicamente rustico, ma con tocchi d'eleganza, abbellito da una collezione di attrezzi da cucina esposti sotto il portico. I piatti attingono ai ricchi sapori del territorio.

DOSSOBUONO – Verona – 562 F14 – Vedere Villafranca di Verona

DOSSON – Treviso – Vedere Casier

DOVERA – Cremona (CR) – 561 H15 – 3 877 ab. – alt. 76 m – ✉ 26010 19 C2

▶ Roma 554 – Piacenza 43 – Brescia 85 – Cremona 56

🍴🍴 **Osteria la Cuccagna** [AC] VISA [MC] [AE] [$]
località Barbuzzera, Nord-Ovest : 2,5 km – ☎ 03 73 97 84 47
– www.osterialacuccagna.it – Fax 03 73 97 84 57 – chiuso dal 27 dicembre al 4 gennaio, dal 7 al 24 agosto, domenica sera, lunedì
Rist – Menu 48 € – Carta 36/56 €
◆ In una frazione isolata e tranquilla, tra quadri moderni appesi alle pareti e camerieri in divisa, la vecchia trattoria punta ora su proposte più elaborate, partendo dalla tradizione. Immutata la gestione squisitamente familiare.

DOZZA – Bologna (BO) – 562 I16 – 6 158 ab. – alt. 190 m – ✉ 40060 9 C2

▶ Roma 392 – Bologna 32 – Ferrara 76 – Forlì 38

🏨 **Monte del Re** 🪑 ← ☂ ☂ 🏊 🏋 ♿ 🚶 [AC] 📶 🏢 [P]
via Monte del Re 43, Ovest : 3 km – ☎ 05 42 67 84 00 VISA [MC] [AE] [D] [$]
– www.montedelre.it – Fax 05 42 67 84 44
38 cam ☕ – 👤90/180 € 👥140/280 € – ½ P 180/200 €
Rist – Menu 40/50 € – Carta 48/65 €
◆ Interni raffinati nel bel convento del XIII secolo ristrutturato; notevoli il chiostro coperto e il pozzo originari del '200, nonché la godibile terrazza panoramica. Atmosfera signorile nella sala da pranzo in stile classico.

XX **Canè** con cam ⟨ 🕭 ⟨ 🅰🅲 ⟨ ⟨ 🅿 VISA ⟨ AE ① ⟨
*via XX Settembre 27 – ℰ 05 42 67 81 20 – www.ristorantecanet.it
– Fax 05 42 67 85 22 – chiuso dal 7 gennaio al 6 febbraio*
12 cam ⟨ – 🛏65/73 € 🛏🛏80/100 € – ½ P 78/84 €
Rist – *(chiuso lunedì)* Carta 30/42 €
♦ Nel centro storico, ristorante con una sala classica ed elegante e un'altra più caratteristica aperta ai fumatori; servizio estivo sulla bella terrazza. Camere confortevoli.

DRAGA SANT'ELIA – Trieste – Vedere Pesek

DRIZZONA – Cremona (CR) – **561** G13 – ✉ 26034   17 C3
▶ Roma 491 – Parma 44 – Cremona 26 – Mantova 41

a Castelfranco d'Oglio Nord : 1,5 km – ✉ 26034 Drizzona

⌂ **Agriturismo l'Airone** senza rist 🐾 🔲 🕭 🅰🅲 ⟨ 🕭 🅿
strada comunale per Isola Dovarese 2 – ℰ 03 75 38 99 02 VISA ⟨ AE ⟨
– www.laironeagriturismo.com – Fax 03 75 38 98 87
14 cam ⟨ – 🛏50/60 € 🛏🛏60 €
♦ Nel verde della campagna del parco naturale del fiume Oglio, una risorsa accolta da un tipico cascinale ottocentesco, sapientemente ristrutturato. Camere eleganti.

DRONERO – Cuneo (CN) – **561** I4 – 7 192 ab. – alt. 619 m – ✉ 12025   22 B3
▶ Roma 655 – Cuneo 20 – Colle della Maddalena 80 – Torino 84
🅸 piazza XX Settembre 3 ℰ 0171 917080, iatvallemaira@virgilio.it,
Fax 0171 909784

🏠 **Cavallo Bianco** 🅰🅲 cam, ⟨ VISA ⟨ AE ① ⟨
⟨ *piazza Manuel 18 – ℰ 01 71 91 65 90 – www.ilcavallobianco.com*
– Fax 01 71 91 65 90
18 cam ⟨ – 🛏38 € 🛏🛏60 € – ½ P 45 €
Rist – *(chiuso lunedì sera)* Carta 17/27 €
♦ Nel centro storico, piccolo albergo a conduzione diretta situato in un palazzo d'epoca ristrutturato; spazi comuni con soffitti a volta affrescati, camere confortevoli. Ampia sala da pranzo con soffitto ad archi.

XX **Rosso Rubino** VISA ⟨ AE ① ⟨
piazza Marconi 2 – ℰ 01 71 90 56 78 – Fax 01 71 90 56 78 – chiuso 2 settimane in marzo, 1 settimana in novembre e lunedì
Rist – Menu 33/45 € – Carta 31/42 €
♦ Una cornice classica ed elegante per questo bel locale: un menù con interessanti proposte anche a prezzo fisso, alcune derivanti dalla tradizione, altre più creative.

DUESANTI – Perugia – Vedere Todi

DUINO AURISINA – Trieste (TS) – **562** E22 – 8 633 ab. – ✉ 34013   11 D3
▶ Roma 649 – Udine 50 – Gorizia 23 – Grado 32

🏨 **Holiday Inn Trieste Duino** 🛋 📶 🕭 rist, 🅰🅲 ⟨ 🕭 rist, ⟨ 🔏 🅿
via Duino 78, sull'autostrada A 4 – ℰ 04 40 20 82 73 VISA ⟨ AE ① ⟨
– www.holidayinn.it – Fax 0 40 20 88 36
77 cam ⟨ – 🛏110 € 🛏🛏130 €   **Rist** – Carta 28/35 €
♦ Raccolta intorno a un giardinetto, una curiosa struttura circolare di moderna concezione, dotata di ingresso sia dal paese che dall'autostrada; adatta per chi viaggia per affari.

X **Gruden** 🕭 ⟨ ⟨ AE ① ⟨
⟨ *località San Pelagio 49, Nord : 3 km ✉ 34011 San Pelagio – ℰ 0 40 20 01 51*
– www.myresidence.it – Fax 0 40 20 08 54 – chiuso settembre, lunedì, martedì
Rist – Carta 21/31 €
♦ Tradizionale trattoria di mare degli inizi del Novecento, nella quale saranno i profumi di una sapiente e convalidata cucina carsolina a dare il benvenuto.

a Sistiana Sud-Est : 4 km – ✉ 34019

🏠 Eden   🏠 🛗 & 🅰️ 🕪 🅿️ 𝘷𝘪𝘴𝘢 ⓿ 🅰️🅴 ⓪ 🔥
Sistiana 42/a – 𝒞 *04 02 90 70 42* – *www.edensistiana.it*
– *Fax 04 02 90 82 53*
14 cam – ♦60/90 € ♦♦90/140 €
Rist *Vanilija à la carte* – *(chiuso gennaio)* (consigliata la prenotazione)
Carta 56/83 €
◆ Lungo la strada che attraversa il paese - in un edificio del 1906 - interni di ricercata e moderna semplicità, nonché camere dai colori pastello (mansardate quelle al secondo piano). Tappa gastronomica di alto livello al Vanilija: qualità dei prodotti e ricercatezza delle esecuzioni.

🍴🍴 Gaudemus con cam   🏠 🕪 🅿️ 𝘷𝘪𝘴𝘢 ⓿ 🅰️🅴 ⓪ 🔥
Sistiana 57 – 𝒞 *0 40 29 92 55* – *www.gaudemus.com* – *Fax 04 02 90 80 21*
– *chiuso gennaio*
11 cam ☲ – ♦50/60 € ♦♦70/90 € – ½ P 65 €
Rist – *(chiuso domenica, lunedì) (chiuso a mezzogiorno)* Menu 40/55 €
– Carta 41/66 €
◆ Paradiso o purgatorio? In ciascuna di queste - già dal nome - originali sale, due confessionali dell'Ottocento perfettamente conservati. Sulla tavola: piatti della tradizione carsica e fragranti ricette a base di pesce. Camere semplici dal sapore antico.

DUNA VERDE – Venezia – Vedere Caorle

EAU ROUSSE – Aosta – Vedere Valsavarenche

EBOLI – Salerno (SA) – 564 F27 – 37 563 ab. – alt. 125 m – ✉ 84025   7 C2
▶ Roma 296 – Potenza 77 – Napoli 85 – Salerno 34

🍴🍴 Il Papavero   🅰️ 🎇 🅿️ 𝘷𝘪𝘴𝘢 ⓿ 🅰️🅴 ⓪ 🔥
corso Garibaldi 112/113 – 𝒞 *08 28 33 06 89*
– *chiuso domenica sera, lunedì*
Rist – Menu 40 € – Carta 25/32 €
◆ Nel centro storico, la storia gastronomica campana si unisce alla fantasia e alla dinamicità dello chef. Il risultato? Carne e pesce si sfidano in piatti dalle originali elaborazioni. Interessante carta dei vini con molte etichette regionali di cui buona parte anche al bicchiere.

EGADI (Isole) – Trapani – 365 AI56 – Vedere Sicilia alla fine dell'elenco alfabetico

---

EGNA (NEUMARKT) – Bolzano (BZ) – 562 D15 – 4 744 ab. – alt. 213 m   31 D3
– ✉ 39044
▶ Roma 609 – Bolzano 19 – Trento 42 – Belluno 120

🏠 Andreas Hofer   🏠 ☲ 🛗 & 🎇 🅿️ 𝘷𝘪𝘴𝘢 ⓿ 🔥
via delle Vecchie fondamenta 21-23 – 𝒞 *04 71 81 26 53*
– *www.hotelandreashofer.com* – *Fax 04 71 81 29 53*
32 cam ☲ – ♦55 € ♦♦90 € – ½ P 50/55 €
Rist – *(chiuso domenica)* Carta 33/44 €
◆ Nel centro storico e di fronte ai portici, albergo sviluppato su tre costruzioni adiacenti, in un curioso stile veneziano; ampie camere ricavate da alcuni antichi vani. La cucina offre proposte altoatesine.

ELBA (Isola d')★ – Livorno (LI) – 563 N12 – 31 059 ab. – alt. 1 019 m   28 B3
▌Toscana

🛬 a Marina di Campo località La Pila (marzo-ottobre) 𝒞 0565 976037
🚢 vedere Portoferraio e Rio Marina
🛈 vedere Portoferraio
⛳ Acquabona, 𝒞 0565 94 00 66

CAPOLIVERI (LI) – 563 N13 – 3 730 ab. – ⊠ 57031   28 B3

▶ Porto Azzurro 5 – Portoferraio 16
◉ ❄ ★★ dei Tre Mari

✗ **Il Chiasso**   🎄 AC VISA 🐱 AE ⚅
*vicolo Nazario Sauro 13 – ☎ 05 65 96 87 09 – Fax 05 65 96 84 34
– Pasqua-ottobre; chiuso martedì (escluso da giugno a settembre)*
Rist – *(chiuso a mezzogiorno)* Carta 41/62 €
◆ Caratteristiche sale separate da un vicolo nelle viuzze del centro storico: piatti di terra e di mare in un ambiente simpaticamente conviviale.

✗ **Da Pilade** con cam   🎄 ㊧ AC ((¹)) VISA 🐱 ① ⚅
*località Marina di Mola, Nord: 2,5 km – ☎ 05 65 96 86 35
– www.hoteldapilade.it – Fax 05 65 96 89 26 – 28 marzo-20 ottobre*
26 cam � – †42/70 € ††84/140 € – ½ P 50/90 €
Rist – *(chiuso a mezzogiorno escluso festivi)* Carta 34/47 €
◆ Sulla strada per Capoliveri, ristorante a conduzione familiare dove gustare piatti tradizionali sia di carne sia di pesce. Ottime specialità alla brace.

a Pareti Sud : 4 km – ⊠ 57031 Capoliveri

🏠 **Dino** ⑤   ← 🚗 🎄 ❄ P VISA 🐱 ⚅
∞ – ☎ 05 65 93 91 03 – www.hoteldino.com – Fax 05 65 96 81 72 – Pasqua-ottobre
30 cam – †50/95 € ††70/128 €, � 11 € – ½ P 54/98 €   **Rist** – Carta 21/33 €
◆ Ospitalità familiare per un semplice albergo in piacevole posizione: camere lineari e accesso diretto alla spiaggia privata. Cucina classica servita in un'ampia sala e in una terrazza esterna.

a Marina di Capoliveri Nord-Est : 4 km – ⊠ 57031 Capoliveri

🏨 **Grand Hotel Elba International** ⑤   ← 🚗 🏊 🐒 Ⅰ6 ❄ 🎐 ⚘
Baia della Fontanella 1   AC ❄ rist, ((¹)) ㊧ P VISA 🐱 AE ① ⚅
– ☎ 05 65 94 61 11 – www.elbainternational.it – Fax 05 65 94 66 62
– 24 aprile-11 ottobre
126 cam ⊇ – †120/250 € ††140/260 € – 5 suites – ½ P 160/190 €
Rist – *(2 maggio - 4 ottobre)* Carta 27/60 €
◆ Gestione dinamica ed ospitalità di alto livello sono i presupposti per una vacanza indimenticabile in questa struttura panoramica in continua evoluzione. Ottimo settore notte con camere spaziose e arredi di taglio moderno. Ristorante dalle ampie vetrate e menu ben articolato.

a Lido Nord-Ovest : 7,5 km – ⊠ 57031 Capoliveri

🏨 **Antares** ⑤   ← 🚗 🎄 🏊 ❄ ⚘ AC ❄ rist, P VISA 🐱 ⚅
– ☎ 05 65 94 01 31 – www.elbahotelantares.it – Fax 05 65 94 00 84
– 23 aprile-7 ottobre
49 cam – solo ½ P 75/140 €   **Rist** – *(solo per alloggiati)*
◆ A ridosso di un'insenatura, tra spiaggia e mare, due bianche strutture immerse in una tranquilla e verdeggiante macchia mediterranea; arredi in stile marinaro.

MARCIANA (LI) – 563 N12 – 2 247 ab. – alt. 375 m – ⊠ 57030   28 B3

▶ Porto Azzurro 37 – Portoferraio 28
◉ ← ★
◉ Monte Capanne★★ : ❄ ★★

a Poggio Est : 3 km – alt. 300 m – ⊠ 57030

✗✗ **Publius**   ← ㊧ VISA 🐱 AE ① ⚅
*piazza Del Castagneto 11 – ☎ 0 56 59 92 08 – www.ristorantepublius.it
– Fax 05 65 90 41 74 – aprile-novembre; chiuso lunedì a mezzogiorno dal
15 giugno al 15 settembre, tutto il giorno negli altri mesi*
Rist – Carta 37/46 €
◆ In posizione elevata, la vista si bea di costa e mare, il locale - caratteristico nell'arredo e nei piatti - propone una squisita cucina con solide radici isolane e toscane.

a Sant' Andrea Nord-Ovest : 6 km – ⊠ 57030 Marciana

🏨 Gallo Nero ⌖   ← 🚗 🏊 ✗ 🆔 🐾 rist, 🅿 💳 ⚫ 🆎 ⛷

via San Gaetano 20 – ☎ 05 65 90 80 17 – www.hotelgallonero.it
– Fax 05 65 90 80 78 – Pasqua-20 ottobre
29 cam ⊑ – 🛏45/117 € 🛏🛏70/180 € – ½ P 67/102 €
Rist – *(chiuso a mezzogiorno escluso da giugno a settembre)* (prenotazione obbligatoria) Carta 25/39 €

♦ Suggestiva posizione panoramica, contornata da rigogliose terrazze-giardino con piscina. Gande cura dei particolari, nonché arredi di buon gusto. Ristorante dalle enormi vetrate semi-circolari per una vista mozzafiato a 180°; carne e pesce si spartiscono il menu.

🏨 Barsalini ⌖   ← 🚗 🏊 🚶‍♂️ 🐾 rist, "🍴" 🅿 💳 ⚫ ⛷

piazza Capo Sant'Andrea 2 – ☎ 05 65 90 80 13 – www.hotelbarsalini.com
– Fax 05 65 90 89 20 – aprile-20 ottobre
32 cam ⊑ – 🛏60/100 € 🛏🛏90/125 € – ½ P 53/125 €   **Rist** – Carta 24/61 €

♦ In zona nota per le belle scogliere e i fondali, Barsalini nasce dall'unione di piccole strutture rinnovate in anni diversi: camere differenti nel confort, quasi tutte vista mare. Sala da pranzo panoramica, ventilata e luminosa.

🏨 Cernia Isola Botanica ⌖   ← 🚗 🏊 ✗ 🐾 rist, "🍴" 🅿

via San Gaetano 23 – ☎ 05 65 90 82 10   💳 ⚫ ⚪ ⛷
– www.hotelcernia.it – Fax 05 65 90 82 53 – 10 aprile-20 ottobre
27 cam ⊑ – 🛏70/110 € 🛏🛏100/180 € – ½ P 103/135 €
Rist – *(chiuso a mezzogiorno)* Menu 35/50 €

♦ Nati dalla passione dei proprietari, un giardino fiorito e un orto botanico con piscina avvolgono una struttura ricca di personalità e tocchi di classe. Interessanti proposte al ristorante, dove si valorizza il territorio in chiave moderna.

a Spartaia Est : 12 km – ⊠ 57030 Procchio

🏨🏨 Desiree ⌖   ← 🚗 🏊 ♨ ✗ 🚶‍♂️ 🆔 🐾 rist, "🍴" 🧖 🅿 💳 ⚫ 🆎 ⛷

via Spartaia 15 – ☎ 05 65 90 73 11 – www.desireehotel.it – Fax 05 65 90 78 84
– aprile-ottobre
78 cam ⊑ – solo ½ P 98/193 €   **Rist** – Carta 45/69 €

♦ Appartato, in un giardino mediterraneo frontestante l'incantevole ed esclusiva baia di Spartaia, hotel dagli spazi ben organizzati e confortevoli camere con vista. Accesso diretto alla spiaggia privata.

a Procchio Est : 13,5 km – ⊠ 57030

🏨🏨 Hotel del Golfo ⌖   ← 🚗 🏊 ✗ 🛗 & rist, 🚶‍♂️ 🆔 🐾 rist, "🍴" 🧖 🅿

via delle Ginestre 31 – ☎ 05 65 90 21   💳 ⚫ 🆎 ⛷
– www.hoteldelgolfo.it – Fax 05 65 90 26 66 – aprile-ottobre
116 cam ⊑ – 🛏90/172 € 🛏🛏150/424 € – 4 suites – ½ P 180/235 €
Rist – Carta 32/65 €
Rist *La Capannina* – *(chiuso la sera)* Carta 30/58 €

♦ Hotel composto da più strutture che abbracciano una parte della pittoresca baia: ampie e confortevoli camere inserite in curati giardini e piscina con acqua di mare. Al ristorante La Capannina: varie proposte di pesce da gustare vicino alla distesa blu.

a Pomonte Sud-Ovest : 15 km – ⊠ 57030

🏠 Da Sardi   🚶‍♂️ 🆔 🐾 rist, "🍴" 🅿 💳 ⚫ 🆎 ⚪ ⛷

🕸 *via del Maestrale 1 – ☎ 05 65 90 60 45 – www.hotelsardi.it – Fax 05 65 90 62 53*
– marzo-novembre
24 cam ⊑ – 🛏33/65 € 🛏🛏66/129 € – ½ P 44/80 €
Rist – *(solo per alloggiati)* Menu 18/25 €

♦ Nella parte rocciosa dell'isola, albergo a gestione familiare ampliato di recente, con camere che brillano per tenuta e pulizia: qualcuna è stata recentemente rinnovata. Ristorante dalle classiche proposte sia di carne sia di pesce.

🏠 Corallo ⌖   🚗 🆔 🐾 rist, "🍴" 🅿 💳 ⚫ 🆎 ⚪ ⛷

via del Passatoio 28 – ☎ 05 65 90 60 42 – www.elbacorallo.it
– Fax 05 65 90 62 70 – marzo-10 novembre
15 cam ⊑ – 🛏50/90 € 🛏🛏80/140 € – ½ P 44/84 €   **Rist** – Carta 26/36 €

♦ Gestita da una giovane coppia, piccola struttura ben curata e gradevole con un numero di stanze non elevato. Mare vicino, entroterra invitante, se disponibili richiedere una delle due nuove camere. Al ristorante: tipica cucina elbana a base di pece.

MARCIANA MARINA (LI) – 563 N12 – **1 953 ab. –** ⊠ **57033**   **28** B3

> ➤ Porto Azzurro 29 – Portoferraio 20

🏠 **Gabbiano Azzurro 2** senza rist   🔟 🔲 🛏 🖇 🏧 📶 **P** 🚗
viale Amedeo 94 – 𝒞 *05 65 99 70 35*   **VISA** **◍** 🔑
– www.hotelgabbianoazzurrodue.it – Fax 05 65 99 70 34 – aprile-ottobre
20 cam ⊊ – 🛉100/150 € 🛉🛉130/200 €
♦ Leggermente arretrato rispetto al mare, l'hotel si distingue per l'ampiezza delle camere, il grazioso giardino, nonché due piscine: una esterna e una interna.

🍴🍴 **Capo Nord**   ⩽ 🏠 🏧 **VISA** **◍** 🇦🇪 🔑
al porto, località La Fenicia – 𝒞 *05 65 99 69 83 – Fax 05 65 99 69 83 – marzo-novembre*
Rist – (prenotare) Carta 52/68 € 🏵
♦ Un palcoscenico sul mare da cui godere di tramonti unici: sale sobriamente eleganti e proposte a base di pesce.

MARINA DI CAMPO (LI) – 563 N12 – ⊠ **57034**   **28** B3

> ➤ Marciana Marina 13 – Porto Azzurro 26 – Portoferraio 17

🏠 **Riva del Sole**   🖇 🏃 🏧 🍽 rist, 📶 **P** **VISA** **◍** 🇦🇪 ➀ 🔑
viale degli Eroi 11 – 𝒞 *05 65 97 63 16 – www.hotel-rivadelsole.com*
– Fax 05 65 97 67 78 – aprile-15 ottobre
61 cam ⊊ – 🛉🛉80/160 € – ½ P 60/100 €
Rist – (prenotazione obbligatoria) Menu 24/36 €
♦ Pavimenti in cotto, travi lignee, colori caldi e tenui, nonché arredi classici. Ampi gli spazi comuni e le stanze: proprio sul lungomare, una risorsa ideale per una vacanza en plein air. Ristorante arioso e gradevole con eleganti arredi in legno scuro.

🏠 **Dei Coralli**   🚐 🏠 🔟 🛏 🍽 🖇 🏧 🍽 rist, 📶 **P** **VISA** **◍** 🇦🇪 🔑
viale degli Etruschi 567 – 𝒞 *05 65 97 63 36 – www.hoteldeicoralli.it*
– Fax 05 65 97 77 48 – 20 aprile-10 ottobre
62 cam ⊊ – 🛉100/210 € 🛉🛉113/220 € – ½ P 126 €
Rist – (chiuso a mezzogiorno) Menu 40 €
♦ Edificio di moderna concezione, con servizi funzionali e buon livello di ospitalità. Non lontano dal centro cittadino e dal mare dal quale lo separa una fresca pineta.

🏠 **Meridiana** senza rist   🚐 🖇 ♿ 🏧 📶 **P** **VISA** **◍** 🇦🇪 ➀ 🔑
viale degli Etruschi 465 – 𝒞 *05 65 97 63 08 – www.hotelmeridiana.info*
– Fax 05 65 81 31 13 – Pasqua-15 ottobre
37 cam ⊊ – 🛉48/148 € 🛉🛉98/190 €
♦ Camere confortevoli e luminosi spazi comuni in questa piacevole struttura a conduzione familiare, immersa in una fresca pineta. (Su richiesta: disponibile un servizio spaghetteria e panini).

🍴🍴 **La Lucciola**   🏠 **VISA** **◍** 🔑
viale Nomellini 64 – 𝒞 *05 65 97 63 95 – www.laluccciola.it – Fax 05 65 97 63 95*
– Pasqua-ottobre; chiuso martedì in bassa stagione
Rist – Carta 43/63 €
♦ Direttamente sulla spiaggia locale di piacevole atmosfera che si "ritocca" la sera per creare un'ambiance più discreta ed intima. La cucina rimane fedele al pescato giornaliero.

a Fetovaia Ovest : 8 km – ⊠ **57034 Seccheto**

🏠 **Montemerlo** ॐ   ⩽ 🚐 🔟 ♿ rist, 🏧 🍽 rist, **P** **VISA** **◍** 🔑
– 𝒞 *05 65 98 80 51 – www.welcometoelba.com – Fax 05 65 98 80 36 – Pasqua-ottobre*
37 cam ⊊ – 🛉39/84 € 🛉🛉78/168 € – ½ P 47/90 €   **Rist** – (solo per alloggiati)
♦ Stanze confortevoli con arredi classici, ricavate da quattro villette sparse nel delizioso giardino con piscina. Non lontano dalla spiaggia, in posizione arretrata e panoramica, la tranquillità regna sovrana.

🏠 **Galli**   ⩽ 🏧 🍽 **P** **VISA** **◍** 🔑
☜   *–* 𝒞 *05 65 98 80 35 – www.hotelgalli.it – Fax 05 65 98 80 29 – maggio-3 ottobre*
29 cam ⊊ – 🛉40/75 € 🛉🛉64/165 €
Rist – (chiuso a mezzogiorno) (solo per alloggiati) Menu 17/22 €
♦ Nella splendida cornice della Fetovaia, belle camere e solarium panoramico in questo insieme composto di logge e spazi differentemente articolati. In stile isolano, la genuinità di una solida gestione familiare.

PORTO AZZURRO (LI) – **563** N13 – **3 495 ab.** – ✉ **57036**   28 B3

✗ **Osteria dei Quattro Gatti**   🍴 AC ✦ VISA ⊕ 🔂
piazza Mercato 4 – ℰ 9 52 40 – Fax 0 56 59 52 40 – febbraio-ottobre;
chiuso lunedì escluso giugno-settembre
Rist – *(chiuso a mezzogiorno escluso da aprile al 2 giugno)* (coperti limitati,
prenotare) Carta 37/45 €
♦ Tra le viette del centro storico, una "ruspante" osteria con un *côté* vagamente romantico:
gattini in ceramica, centrini e ninnoli vari. In menu: proposte a base di pesce, presentate con
un pizzico di fantasia.

PORTOFERRAIO (LI) – **563** N12 – **12 136 ab.** – ✉ **57037**   28 B3

▸ Marciana Marina 20 – Porto Azzurro 15
⛴ per Piombino – Toremar, call center 892 123 – Navarma-Moby Lines, call
center 199 303 040
🅸 calata Italia 43 ℰ 0565 914671, info@aptelba.it, Fax 0565 914672
🅶 Villa Napoleone di San Martino★ Sud-Ovest : 6 km – Strada per Cavo e Rio
Marina : ≤ ★★

🏨 **Villa Ombrosa**   ≤ 🍴 🛗 AC ✕ rist, ("•) P VISA ⊕ 🔂
⊗ *via De Gasperi 9 – ℰ 05 65 91 43 63 – www.villaombrosa.it – Fax 05 65 91 56 72*
38 cam ⊃ – ♦55/130 € ♦♦80/196 € – ½ P 52/126 €   **Rist** – Menu 20/40 €
♦ In zona panoramica, a 20 m dalla spiaggia delle Ghiaie, albergo a conduzione diretta
dagli ambienti sobri e dalle camere lineari, ma non prive di confort. Due ambienti per la
tavola - il più caratteristico ricorda una piacevole taverna - e in menu gustose ricette sia
di carne sia di pesce.

✗✗ **Stella Marina**   🍴 AC VISA ⊕ AE ① 🔂
via Vittorio Emanuele II° 1 – ℰ 05 65 91 59 83 – www.ristorantestellamarina.com
– Fax 05 65 91 59 83 – chiuso dal 5 novembre al 5 dicembre
Rist – *(chiuso lunedì a mezzogiorno in luglio-agosto, anche le sere di domenica
e lunedì negli altri mesi)* Carta 35/50 € ⌖
♦ La posizione sul porto di questo ristorantino è strategica, la cucina di mare affidabile e
gustosa. Apprezzabili anche la cantina e il servizio.

a San Giovanni Sud : 3 km – ✉ 57037 Portoferraio

🏨 **Airone del Parco & delle Terme** ⊗   ≤ 🚲 🍴 ⚲ 🎾 ✗ 🛗
⊗ *– ℰ 05 65 92 91 11*   🛠 AC ½ ✕ 🏊 P VISA ⊕ AE ① 🔂
– www.tivigest.com – Fax 05 65 91 74 84 – giugno-settembre
85 cam ⊃ – ♦70/120 € ♦♦120/160 € – ½ P 120/170 €
Rist – *(solo per alloggiati)* Menu 25/45 €
♦ Sul golfo, posta tra l'ampio giardino e la spiaggia, una struttura curatissima nei servizi
offerti alla clientela. Possibili gite in barca ai vari lidi isolani. Sala ristorante d'impostazione
tradizionale e servizio all'aperto.

ad Acquaviva Ovest : 4 km – ✉ 57037 Portoferraio

🏨 **Acquaviva Park Hotel** ⊗   ≤ 🍴 ⚲ ✕ rist, ("•) P VISA AE ① 🔂
– ℰ 05 65 91 53 92 – www.acquavivaparkhotel.com – Fax 05 65 91 69 03
– aprile-settembre
38 cam ⊃ – ♦63/100 € ♦♦96/190 € – ½ P 58/105 €
Rist – *(solo per alloggiati)*
♦ La panoramica posizione collinare, affacciata sul mare, offre percorsi nel bosco e nella
macchia. Confort e tranquillità in una costruzione alquanto recente.

a Viticcio Ovest : 5 km – ✉ 57037 Portoferraio

🏨 **Viticcio**   🚲 🍴 ♿ cam, ✕ rist, P VISA ⊕ AE 🔂
⊗ *– ℰ 05 65 93 90 58 – www.hotelviticcio.it – Fax 05 65 93 90 32 – aprile-ottobre*
32 cam ⊃ – ♦50 € ♦♦70/200 € – ½ P 50/115 €
Rist – *(chiuso a mezzogiorno escluso dal 21 giugno ad agosto)* Menu 20 €
♦ Giardino-solarium con vista costa e mare per una struttura in stile mediterraneo, a strapiombo sul mare. Intonacato di bianco con infissi blu come il mare. Sala da pranzo luminosa
e servizio a buffet per il pranzo.

a Picchiaie Sud-Est : 7,5 km – ⊠ 57037 **Portoferraio**

Relais delle Picchiaie ⑤ ← 🚗 🏊 ⌂ ♨ 🌶 ⚒ 🏧 🅿️ rist, ⁽ᵗ⁾ 🛗
– 𝒞 05 65 93 31 10 – www.relaisdellepicchiaie.it   🅿️ 🆅🅸🆂🅰 ⓿⓿ 🅰🅴 ⓪ 🅶
– Fax 05 65 93 31 86 – dicembre-8 gennaio e aprile-ottobre
45 cam � – †95/195 € ††180/380 € – 4 suites – ½ P 115/220 €
Rist – Carta 27/56 €
♦ Albergo in posizione dominante con splendida vista sul mare e sulla costa. Al centro di un grande parco, propone un piccolo centro benessere ed ambienti eleganti ed esclusivi. Raffinata sala ristorante, con volte in mattoni e travi in legno.

a Biodola Ovest : 9 km – ⊠ 57037 **Portoferraio**

Hermitage ⑤ ← ⌂ 🏊 ☺ ♨ 🌶 ⚒ 🏙 🖼 ⭐ 🧺 🏧 ⚒ rist, ⁽ᵗ⁾ 🛗 🅿️
– 𝒞 05 65 97 48 11 – www.hotelhermitage.it   🆅🅸🆂🅰 ⓿⓿ 🅰🅴 🅶
– Fax 05 65 96 99 84 – aprile-ottobre
127 cam ⊼ – †170/305 € ††340/610 € – 2 suites – ½ P 195/330 €
Rist – Carta 49/64 €
♦ Un hotel esclusivo ed elegante, un parco-giardino con piscina con acqua di mare; tutti i confort in una struttura ineccepibile, completata dall'amenità della posizione. Ristorante bordo spiaggia e in giardino, sotto pagode di legno.

Biodola ⑤ ← 🚗 🏡 🏊 🌶 🏙 🧺 🏧 ⚒ rist, 🅿️ 🆅🅸🆂🅰 ⓿⓿ 🅰🅴 🅶
via Biodola 21 – 𝒞 05 65 97 48 12 – www.biodola.it – Fax 05 65 96 98 52
– aprile-ottobre
88 cam ⊼ – †160/230 € ††280/420 € – ½ P 164/230 €
Rist – Carta 38/56 €
♦ Giardino fiorito con piscina per questo complesso ubicato in una delle baie più esclusive dell'isola. Stile classico con servizi e ospitalità sicuramente ad alto livello.

a Scaglieri Ovest : 9 km – ⊠ 57037 **Portoferraio**

Danila ⑤   🚗 🏧 ⚒ rist, 🅿️ 🆅🅸🆂🅰 ⓿⓿ 🅰🅴 🅶
golfo della Biodola – 𝒞 05 65 96 99 15
– www.hoteldanila.it – Fax 05 65 96 98 65
– 15 marzo-20 ottobre
27 cam ⊼ – ††82/204 € – ½ P 100/137 €   **Rist** – Menu 25/45 €
♦ Gestione squisitamente al femminile che enfatizza l'attenzione al particolare delle signorili sale e delle confortevoli camere. Fiorite terrazze. Nella luminosa sala ristorante, i sapori del territorio.

ad Ottone Sud-Est : 11 km – ⊠ 57037 **Portoferraio**

Villa Ottone ⑤ ← 🏨 🏡 🏊 ♨ 🌶 🖼 🧺 🏧 ↯ ⚒ rist, 📞 🅿️
– 𝒞 05 65 93 30 42 – www.villaottone.com   🆅🅸🆂🅰 ⓿⓿ 🅰🅴 ⓪ 🅶
– Fax 05 65 93 32 57 – 8 maggio-8 ottobre
71 cam ⊼ – †306/547 € ††350/630 € – 5 suites – ½ P 200/340 €
Rist – (consigliata la prenotazione) Menu 45/125 €
♦ Dimora storica in stile neoclassico con vari chalet all'interno di un parco secolare: camere eleganti e affrescate in villa, moderne quelle nelle dépendance. Delizioso centro benessere per cedere alla vanità. Il ristorante offre sistemazioni diverse e proposte gastronomiche altrettanto eterogenee.

RIO MARINA (LI) – **563** N13 – **2 239 ab.** – ⊠ 57038   **28** B3

🖪 Porto Azzurro 12 – Portoferraio 20
🛳 per Piombino – Toremar, call center 892 123

✗ **La Canocchia**   🏧 ⇄ 🆅🅸🆂🅰 ⓿⓿ ⓪ 🅶
via Palestro 2/4 – 𝒞 05 65 96 24 32 – www.lacanocchia.com
– Fax 05 65 96 24 32 – febbraio-ottobre; chiuso lunedì in bassa stagione
Rist – Carta 40/50 €
♦ Calda atmosfera in un rustico e romantico locale del centro, che propone piatti sorprendentemente generosi, sapori di mare e specialità regionali.

ELBA (Isola d')

a **Cavo** Nord : 7,5 km – ⊠ 57038

🏠 **Pierolli**   ⍾ 🕸 **P** 𝗩𝗜𝗦𝗔 ⓿⓿ 𝗔𝗘 ⓘ ♿
⊛ *lungomare Kennedy 1 – ℰ 05 65 93 11 88 – www.hotelpierolli.it*
– Fax 05 65 93 10 44 – aprile-ottobre
22 cam ⊑ – ✝55/100 € ✝✝80/160 € – ½ P 50/110 €   **Rist** – Carta 20/40 €
♦ A pochi minuti di aliscafo da Piombino, in una posizione tranquilla vicino alla passeggiata
e al porticciolo, l'hotel dispone di ambienti e camere di sobrio arredo, ma confort attuale.
Dalla vicina banchina il pesce del giorno, dalla cucina i sapori mediterranei.

RIO NELL'ELBA (LI) – **563** N13 – 1 198 ab. – alt. 165 m – ⊠ 57039   **28** B3
   🔁 Porto Azzurro 8 – Porto Ferraio 15

a **Bagnaia** Sud-Est : 12 km – ⊠ 57037 Rio Nell'Elba

🏠🏠 **Locanda del Volterraio** ⌖   ⍾ 🔪 🎆 🎇 ♿ 🏕 𝗔𝗖 🕸 cam, "🍴"
località Bagnaia-Residenza Sant'Anna   ♨ 🚗 𝗩𝗜𝗦𝗔 ⓿⓿ 𝗔𝗘 ♿
– ℰ 05 65 96 12 36 – www.volterraio.it – Fax 05 65 96 12 89 – 29 maggio-
26 settembre
18 cam ⊑ – ✝✝100/200 €   **Rist** – Carta 24/48 €
♦ All'interno di un complesso residenziale turistico, abbracciato da giardini fioriti e uliveti,
grazioso hotel dalle ampie e confortevoli camere. Servizi in comune con l'intero complesso.

EMPOLI – Firenze (FI) – **563** K14 – 46 854 ab. – alt. 27 m – ⊠ 50053   **28** B1
▮ Toscana
   🔁 Roma 294 – Firenze 30 – Livorno 62 – Siena 68

✕✕ **Cucina Sant'Andrea**   𝗔𝗖 ⇔ 𝗩𝗜𝗦𝗔 ⓿⓿ 𝗔𝗘 ⓘ ♿
via Salvagnoli 47 – ℰ 0 57 17 36 57 – Fax 05 71 53 69 50 – chiuso dal 10 al
28 agosto e lunedì
Rist – Carta 29/56 €
♦ "Appoggiato" alla vecchia cinta muraria, un locale con arredi in stile moderno, dove
gustare piatti nazionali e locali, anche di pesce.

ENNA ℙ – **365** AU58 – Vedere Sicilia alla fine dell'elenco alfabetico

ENTRACQUE – Cuneo (CN) – **561** J4 – 856 ab. – alt. 904 m – Sport   **22** B3
invernali : 🎿4, 🛷 – ⊠ 12010
   🔁 Roma 667 – Cuneo 24 – Milano 240 – Colle di Tenda 40
   🄸 piazza Giustizia e Libertà 3 ℰ 0171 978616, info@entracque.org
     Fax 0171 978991

🏠 **Miramonti**   ⪡ ⍾ 🕸 rist, ⓣ🕏 **P** 𝗩𝗜𝗦𝗔 ⓿⓿ 𝗔𝗘 ⓘ ♿
⊛ *viale Kennedy 2 – ℰ 01 71 97 82 22 – www.hotelmiramontientracque.com*
– Fax 01 71 97 89 63
18 cam – ✝40/50 € ✝✝60/70 €, ⊑ 5 € – ½ P 43/55 €
Rist – *(24 dicembre-Pasqua e giugno-settembre) (solo per alloggiati)*
Menu 13/18 €
♦ Caratteristica e piacevole casa di montagna, con giardinetto antistante e balconi punteggiati di fiori; la conduzione, familiare, è immutata nel tempo e così pure l'offerta di camere
semplici e sempre ordinate. All'insegna della semplicità anche la sala destinata alla ristorazione, aperta solo in alta stagione.

ENTRÈVES – Aosta – **561** E2 – Vedere Courmayeur

EOLIE (Isole) – Messina – **365** AY53 – Vedere Sicilia alla fine dell'elenco
alfabetico

EPPAN AN DER WEINSTRASSE = Appiano sulla Strada del Vino

ERACLEA – Venezia (VE) – **562** F20 – 12 742 ab. – ⊠ 30020   **36** D2
   🔁 Roma 569 – Udine 79 – Venezia 46 – Belluno 102
   🄸 via Marinella 56 ℰ 0421 66134, infoeracleamare@tin.it, Fax 0421 66500

a Torre di Fine Sud-Est : 8 km – ⊠ 30020

✗ **Da Luigi** con cam ⌖   AC ⅍ P VISA ⓪⓪ AE ⚲
♋ *via Dante 25 – ℰ 04 21 23 74 07 – Fax 04 21 23 74 47 – chiuso dal 29 settembre al 26 ottobre*
10 cam ⊡ – †28/62 € ††52/62 €
Rist – *(chiuso mercoledì escluso giugno-agosto)* Carta 21/38 €
♦ Specialità di mare alla griglia per questa piacevole trattoria con camere; grande tradizione, famiglia in cucina e in sala e attenzione alla qualità delle materie prime.

ad Eraclea Mare Sud-Est : 10 km – ⊠ 30020

🏨 **Park Hotel Pineta** ⌖   ⚘ ⅃ & AC ⅍ (ⁱ) P 🚗 VISA ⓪⓪ ⚲
via della Pineta 30 – ℰ 0 42 16 60 63 – www.parkhotelpineta.com
– Fax 0 42 16 61 96 – 10 maggio-25 settembre
44 cam ⊡ – †75/110 € ††100/140 € – 14 suites – ½ P 75/95 €
Rist – Carta 22/31 €
♦ A pochi passi dal mare, avvolto dalla tranquillità di una pineta, la struttura principale con le sue tre dependance garantisce un soggiorno confortevole, ideale per famiglie.

ERBA – Como (CO) – 561 E9 – 16 946 ab. – alt. 323 m – ⊠ 22036 18 B1
  🄳 Roma 622 – Como 14 – Lecco 15 – Milano 44

🏫 **Castello di Casiglio**   ⚘ ⅃ 🖭 & AC ⅍ rist, 🕾 ⚒ P VISA ⓪⓪ ⓪ ⚲
via Cantù 21 verso Albavilla, Ovest : 1 km – ℰ 0 31 62 72 88
– www.hotelcastellodicasiglio.it – Fax 0 31 62 96 49 – chiuso gennaio e febbraio
45 cam ⊡ – †100/140 € ††150/260 € – ½ P 110/165 € **Rist** – Carta 44/96 €
♦ Abbracciato da un parco secolare, l'antico castello è oggi una suggestiva residenza adatta ad un soggiorno di relax, ma anche luogo ideale per attività congressuali e meeting. Al ristorante, ampie sale che si prestano soprattutto a tavole particolarmente numerose.

🏫 **Leonardo da Vinci**   🚄 🖭 & AC ⅍ rist, 🕾 ⚒ P VISA ⓪⓪ AE ⓪ ⚲
via Leonardo da Vinci 6 – ℰ 0 31 61 15 56 – www.hotelleonardodavinci.com
– Fax 0 31 61 14 23
71 cam ⊡ – ††130 € – ½ P 86 € **Rist** – *(chiuso domenica sera)* Carta 35/50 €
♦ Grande struttura di stile moderno, poco fuori della città, dotata di ogni confort e adatta per esigenze di lavoro e congressi; stanze e spazi comuni ampi ed eleganti. Servizio e atmosfera ricercati nel ristorante e nella sala per meeting e banchetti.

ERBUSCO – Brescia (BS) – 561 F11 – 8 190 ab. – alt. 251 m – ⊠ 25030 19 D2
  🄳 Roma 578 – Bergamo 35 – Brescia 22 – Milano 69

🏰 **L'Albereta** ⌖   🚄 ⅃ 🖭 🕉 🛁 ⅍ 🖭 ⚹ AC ⅃ ⅍ rist, (ⁱ) ⚒ P 🚗
via Vittorio Emanuele II 23, Nord : 1,5 km   VISA ⓪⓪ AE ⓪ ⚲
– ℰ 03 07 76 05 50 – www.albereta.it – Fax 03 07 76 05 73
48 cam – †175/360 € ††240/610 €, ⊡ 30 € – 9 suites
Rist *Gualtiero Marchesi* – ℰ 03 07 76 05 62 *(chiuso dal 4 gennaio*
al 10 febbraio, domenica sera, lunedì) Carta 87/188 € ⚶
♦ In collina tra i vigneti della Franciacorta, una patronale villa di classe ove ricercatezza e relax sposano moderne infrastrutture; ampie stanze e suite personalizzate. Imponente villa tra i vigneti, Marchesi è il capostipite della moderna cucina italiana, ha attraversato e rinnovato ogni tendenza, pochi cuochi non hanno imparato da lui.

✗✗✗ **La Mongolfiera dei Sodi**   🛖 & VISA ⓪⓪ AE ⓪ ⚲
via Cavour 7 – ℰ 03 07 26 83 03 – www.mongolfiera.it – chiuso
dal 1° all'10 gennaio, dal 5 al 26 agosto, giovedì, le sere del 24-25-26 dicembre
Rist – Carta 45/83 € ⚶
♦ Una bella cascina del Seicento riconvertita in un tipico, ma distinto locale; quattro salette comunicanti e portico estivo, familiare cucina del territorio tra i filari.

ERICE – Trapani – 365 AK55 – Vedere Sicilia alla fine dell'elenco alfabetico

---

ESTE – Padova (PD) – 562 G16 – 16 840 ab. – alt. 15 m – ⊠ 35042 ▮ Italia 35 B3
  🄳 Roma 480 – Padova 33 – Ferrara 64 – Mantova 76
  🄳 via Negri 9 ℰ 0429 600462, iateste@virgilio.it, Fax 049 611105
  ◎ Museo Nazionale Atestino★ – Mura★

🏠 **Beatrice d'Este** 🄰🄲 ❄ rist, "🎝" 🕭 🄿 ⅤⅠⅤⅠⅤ 🚳 ⓘ ⛬
viale delle Rimembranze 1 – ✆ 04 29 60 05 33 – *www.hotelbeatricedeste.it*
– *Fax 04 29 60 19 57*
30 cam – ♦53/59 € ♦♦85/90 €, ☲ 8 € – ½ P 60 €
Rist – *(chiuso domenica) (chiuso a mezzogiorno)* Carta 21/25 €
♦ Accanto all'omonimo Castello, una costruzione d'impronta moderna e recentemente
ristrutturata: ideale base per visitare i dintorni e i Colli Euganei. Buon rapporto qualità/prezzo
per il ristorante di sapore familiare e tranquillo.

ETROUBLES – **Aosta (AO)** – **561** E3 – **481 ab.** – **alt. 1 280 m** – ⊠ **11014**   **34** A2

🚩 Roma 760 – Aosta 14 – Colle del Gran San Bernardo 18 – Milano 198

🛈 strada Nazionale Gran San Bernardo 13 località Gran San Bernardo
✆ 0165 78559, info@gransanbernardo.com, Fax 0165 78568

✗ **Croix Blanche** 🕼 🄿 ⅤⅠⅤⅠⅤ 🚳 ⛬
via Nazionale Gran San Bernardo 10 – ✆ 0 16 57 82 38 – *Fax 0 16 57 82 19*
– *chiuso maggio, novembre, lunedì sera e martedì escluso luglio-agosto*
Rist – Menu 20/40 € – Carta 25/47 €
♦ In una locanda del XVII secolo, con tipici tetti in losa del posto e ubicazione strategica
verso il Gran San Bernardo: ambiente rustico, sapori locali e nazionali.

FABBRICA CURONE – **Alessandria (AL)** – **561** H9 – **808 ab.**   **23** D2
– **alt. 480 m** – ⊠ **15050**

🚩 Roma 545 – Alessandria 55 – Genova 79 – Milano 97

✗ **La Genzianella** con cam 🚗 🕼 🄿 ⅤⅠⅤⅠⅤ 🚳 ⓘ ⛬
frazione Selvapiana 7, Sud-Est : 4 km – ✆ 01 31 78 01 35
– *www.lagenzianella-selvapiana.it* – *Fax 01 31 78 00 04* – *chiuso 3 settimane in
settembre, lunedì e martedì (escluso luglio-agosto)*
10 cam – ♦30/50 € ♦♦55/70 €, ☲ 10 € – ½ P 35/50 €
Rist – Carta 30/35 €
♦ In posizione isolata, il locale vanta una cordiale gestione familiare, giunta alla terza generazione, e propone una formula di menù degustazione d'ispirazione regionale. La struttura
dispone anche di camere semplici e curate.

FABBRICO – **Reggio Emilia (RE)** – **562** H14 – **6 402 ab.** – **alt. 25 m**   **8** B2
– ⊠ **42042**

🚩 Roma 438 – Bologna 81 – Mantova 37 – Modena 43

🏨 **San Genesio** senza rist ⛬ 🄰🄲 ❄ "🎝" 🄿 ⅤⅠⅤⅠⅤ 🚳 🄰🄴 ⓘ ⛬
via Piave 35 – ✆ 05 22 66 52 40 – *www.hotelsangenesio.it* – *Fax 05 22 65 00 33*
– *chiuso dal 23 dicembre al 7 gennaio ed agosto*
19 cam ☲ – ♦60/78 € ♦♦100/115 €
♦ Ideale "fil rouge" con il patrono e la chiesetta del Santo sita in campagna, un edificio d'inizio secolo scorso aggiornato nel confort ma fedele nello stile degli arredi.

FABRIANO – **Ancona (AN)** – **563** L20 – **31 408 ab.** – **alt. 325 m**   **20** B2
– ⊠ **60044** ▮ Italia

🚩 Roma 216 – Perugia 72 – Ancona 76 – Foligno 58

🛈 piazza del Comune 4✆ 0732 625067, iat.fabriano@regione.marche.it,
Fax 0732 629791

⬚ Piazza del Comune★ – Piazza del Duomo★

ⓖ Grotte di Frasassi★★ Nord : 11 km

🏨 **Gentile da Fabriano** 🛗 🕭 🄰🄲 ❄ "🎝" 🕭 🄿 ⅤⅠⅤⅠⅤ 🚳 🄰🄴 ⓘ ⛬
via Di Vittorio 13 – ✆ 07 32 62 71 90 – *www.hotelgentile.it* – *Fax 07 32 62 71 64*
90 cam ☲ – ♦72/85 € ♦♦110/125 € – 6 suites
Rist – *(chiuso agosto) (chiuso a mezzogiorno escluso domenica)* Carta 33/48 €
♦ Circondato da un piccolo giardino, l'hotel è un complesso moderno dotato di spaziose
camere arredate in calde tonalità. Disponibili anche sale riunioni di diversa capienza. Ampia
sala ristorante, ideale per banchetti nel fine settimana, che propone una cucina classica
dove gustare prodotti tipici regionali.

Hotel 2000 senza rist 〔symbols〕

viale Zonghi 29 – ℰ 07 32 25 11 60 – www.2000hotel.it – Fax 07 32 25 11 61
12 cam ⌑ – †55/65 € ††80/90 €
♦ Ricavato da un antico palazzo, il piccolo hotel è situato a pochi passi dal centro storico e dispone di camere luminose arredate in modo semplice e moderno.

Agriturismo Gocce di Camarzano senza rist 〔symbols〕

località Camarzano, strada verso Moscano, Nord-Est : 3,5 km
– ℰ 3 36 64 90 28 – www.goccedicamarzano.com – Fax 07 32 62 81 72
6 cam – †55/65 € ††70/85 €, ⌑ 5 €
♦ Bella villa secentesca circondata dalle verdi colline marchigiane, dispone di spaziose camere arredate con letti in legno e di una piacevole sala lettura.

sulla strada statale 76 in prossimità uscita Fabriano Est Nord-Est: 6 km

Villa Marchese del Grillo con cam 〔symbols〕

località Rocchetta Bassa ⊠ 60044 – ℰ 07 32 62 56 90
– www.marchesedelgrillo.com – Fax 07 32 62 79 58
15 cam ⌑ – †95/250 € – 5 suites
Rist – *(chiuso 2 settimane in gennaio, 1 settimana in agosto, sabato a mezzogiorno, domenica sera, lunedì a mezzogiorno)* Menu 45/55 €
– Carta 27/68 € 〔symbol〕
♦ Ricavato dalle cantine della villa, è un punto di riferimento dove assaporare la tipica cucina locale ed innovative rivisitazioni di piatti storici. Circondata dal parco, è ideale per un soggiorno all'insegna della tranquillità ed ospita spaziose camere arredate in stile.

FAENZA – Ravenna (RA) – **562** J17 – 56 131 ab. – alt. 35 m – ⊠ 48018   **9** C2
Italia

▣ Roma 368 – Bologna 58 – Ravenna 35 – Firenze 104
🛈 piazza del Popolo 1 ℰ 0546 25231, prolocofaenza@racine.ra.it, Fax 0546 25231
◎ Museo Internazionale della Ceramica ★★

Relais Villa Abbondanzi 〔symbols〕

via Emilia Ponente 23, Ovest: 1 km
– ℰ 05 46 62 26 72 – www.villa-abbondanzi.com – Fax 05 46 62 18 42 – chiuso 25 e 26 dicembre
14 cam ⌑ – †120/202 € ††149/226 €
Rist *Relais Villa Abbondanzi* – *(chiuso 1 settimana in agosto, lunedì, martedì a mezzogiorno)* Carta 40/84 €
♦ Villa dei primi Ottocento, recentemente rinnovata, abbracciata da curati giardini con piscina. Piccolo centro benessere per momenti di piacevole relax. Interessanti proposte di pesce al ristorante.

al casello autostrada A 14 Nord-Est : 2 km :

ClassHotel Faenza 〔symbols〕

via San Silvestro 171 ⊠ 48018 Faenza – ℰ 0 54 64 66 62 – www.classhotel.com
– Fax 0 54 64 66 76
69 cam ⌑ – †68/120 € ††90/150 € – ½ P 67/97 €
Rist – *(chiuso domenica)* Carta 25/40 €
♦ Posizionata strategicamente alle porte di Faenza, e nei pressi del casello autostradale, una risorsa utile al cliente d'affari o di passaggio; dotata di ogni comodità. Posizionata strategicamente alle porte di Faenza, e nei pressi del casello autostradale, una risorsa utile al cliente d'affari o di passaggio; dotata di ogni comodità.

FAGAGNA – Udine (UD) – **562** D21 – 6 271 ab. – alt. 177 m – ⊠ 33034   **10** B2
▣ Roma 634 – Udine 14 – Gemona del Friuli 30 – Pordenone 54

Al Castello 〔symbols〕

via San Bartolomeo 18 – ℰ 04 32 80 01 85 – www.ristorantealcastello.com
– Fax 04 32 80 01 85 – chiuso dal 12 al 24 gennaio e lunedì
Rist – Menu 26/35 € – Carta 29/40 €
♦ Nella parte alta della località, poco distante dal castello che ricorda nel nome; all'interno l'atmosfera coniuga rusticità ed eleganza, la tradizione della linea gastronomica e la modernità delle presentazioni.

FAGNANO – Verona – Vedere Trevenzuolo

FAGNANO OLONA – Varese (VA) – **561** F8 – 11 391 ab. – alt. 265 m   18 A2
– ✉ 21054

▶ Roma 612 – Milano 40 – Bergamo 80 – Stresa 56

※※ **Menzaghi**   AC ⇄ VISA ◉◎ AE ① ⑤
*via San Giovanni 74 – ☏ 03 31 36 17 02 – www.ristorantemenzaghi.com
– Fax 03 31 36 17 02 – chiuso dal 15 al 31 agosto, domenica sera, lunedì*
Rist – Carta 23/42 €
♦ L'accesso avviene tramite un ampio disimpegno, con numerose bottiglie in bellavista, da cui si accede alla sala di taglio rustico-signorile. Menù vario e invitante.

FAIANO – Salerno – Vedere Pontecagnano

FAI DELLA PAGANELLA – Trento (TN) – **562** D15 – 905 ab.   30 B2
– alt. 958 m – Sport invernali : 957/2 125 m ⛷2 ⛷16 (Consorzio Paganella-Dolomiti) – ✉ 38010

▶ Roma 616 – Trento 33 – Bolzano 55 – Milano 222
ℹ via Villa 1 ☏ 0461 583130, infofai@esperienzatrentino.it Fax 0461 583410

🏨 **Arcobaleno**   ⧉ 🐾 ℔ 🛎 AC rist. ⅍ ⑽ P 🚗 ◎◎ AE ① ⑤
*via Cesare Battisti 29 – ☏ 04 61 58 33 06 – www.hotelarcobaleno.it
– Fax 04 61 58 35 35 – chiuso novembre*
38 cam ☵ – †40/50 € ††70/90 € – ½ P 50/69 €   **Rist** – Carta 23/35 €
♦ All'uscita della località, verso Andalo, questa struttura di taglio moderno offre camere sobrie e luminose, con balconi godibili e panoramici. Bel centro benessere. Ristorante con tavoli ben distanziati e finestroni sul paesaggio montano.

FALCADE – Belluno (BL) – **562** C17 – 2 233 ab. – alt. 1 145 m – Sport   35 B1
invernali : 1 100/2 513 m ⛷8 (Comprensorio Dolomiti superski Tre Valli) ⛷ – ✉ 32020

▶ Roma 667 – Belluno 52 – Cortina d'Ampezzo 59 – Bolzano 64
ℹ corso Roma 1 ☏ 0437 599241, falcade@infodolomiti.it, Fax 0437 599242

🏨 **Belvedere**   ⧉ 🐾 ℔ 🛎 ⅗ ⅍ rist. ⑽ P VISA ◎◎ AE ① ⑤
*via Garibaldi 28 – ☏ 04 37 59 90 21 – www.belvederehotel.info
– Fax 04 37 59 90 81 – dicembre-Pasqua e giugno-settembre*
37 cam ☵ – †50/110 € ††70/200 € – ½ P 43/120 €   **Rist** – Carta 23/46 €
♦ Tripudio di legni per questa deliziosa e tipica casa di montagna, così piacevole dall'esterno: a 600 m dal centro e non lontano dalle piste, buon gusto e tanto calore. Caratteristiche stube d'epoca costituiscono splendidi inviti per gustare la buona cucina del territorio.

🏨 **Sport Hotel Cristal**   🛎 ⅗ ⅍ rist. ⑽ P VISA ◎◎ ⑤
*corso Roma 10/a – ☏ 04 37 50 73 56 – www.sporthotelcristal.ne
– Fax 04 37 50 91 19 – 6 dicembre-marzo e 15 giugno-14 settembre*
46 cam ☵ – †44/64 € ††70/110 € – ½ P 42/74 €   **Rist** – Carta 23/44 €
♦ I prati tutt'intorno si trasformano in estate in una splendida spiaggia baciata dal sole e da una piacevole brezza; all'interno ambienti riscaldati dal tepore del legno e da luminose stoffe carminio. Al ristorante il rosso lascia il posto al blu per una rilassante pausa alla scoperta dei sapori della regione.

FALCONARA MARITTIMA – Ancona (AN) – **563** L22 – 27 984 ab.   21 C1
– ✉ 60015

▶ Roma 279 – Ancona 13 – Macerata 61 – Pesaro 63
🛫 Ovest: 0,5 km ☏ 071 28271
ℹ (giugno-settembre) via Flaminia 548/a ☏ 071 910458, iat.falconara@libero.it, Fax 071 9166532

🏨 **Touring** 🍃   ⧕ 🛎 AC ⅍ ⑽ 🔧 P 🚗 VISA ◎◎ AE ① ⑤
via degli Spagnoli 18 – ☏ 07 19 16 00 05 – www.touringhotel.it – Fax 0 71 91 30 00
77 cam ☵ – †63/88 € ††86/122 € – ½ P 65/74 €
Rist Il Camino – vedere selezione ristoranti
♦ Ideale soprattutto per clienti di lavoro, l'albergo, di stampo moderno e non vicino al mare, ma verso Falconara alta, è dotato di confort e di stanze abbastanza spaziose.

XX   **Il Camino** – Hotel Touring   🖭 💱 ⇔ 🗾 🕸 🖭 ⓸ ⚓
⊕   *via Tito Speri 2 – ℰ 07 19 17 16 47 – www.ristoranteilcamino.it – Fax 07 19 17 16 47*
  – chiuso domenica sera e lunedì a mezzogiorno escluso agosto
  Rist – Carta 21/42 €
  ♦ Situato nella stessa struttura dell'hotel Touring, ma con accesso indipendente, offre un
  primo grande ambiente classico con tanto di camino e una saletta più intima e rustica.

XX   **Villa Amalia** con cam   🖭 (🕪) 🔏 🗾 🕸 🖭 ⓸ ⚓
  via degli Spagnoli 4 – ℰ 07 19 16 05 50 – www.villaamalia.it
  – Fax 07 19 06 82 83 – chiuso 15 giorni in gennaio e 15 giorni in settembre
  7 cam ⌂ – †75/90 € ††95/120 €
  Rist – *(chiuso domenica sera e lunedì)* Carta 39/63 €
  ♦ Villino d'inizio '900, a pochi metri dalla marina, tre sale di sobria eleganza e una veranda
  estiva: piatti tradizionali o creativi sempre a base di pesce dell'Adriatico. Le camere hanno
  ingresso indipendente dal cortile.

FALZES (PFALZEN) – Bolzano (BZ) – 562 B17 – 2 478 ab. – alt. 1 022 m   31 C1
– Sport invernali : 1 022/2 275 m ⛷ 19 ⛷12 (Comprensorio Dolomiti superski Plan
de Corones) ⚜ – ✉ 39030
  ▶ Roma 711 – Cortina d'Ampezzo 64 – Bolzano 65 – Brunico 5
  🖹 piazza del Municipio, Rathaus Plaz 1 ℰ 0474 528159, info@falzes.net,
  Fax 0474 528413

ad Issengo (Issing) **Nord-Ovest : 1,5 km** – ✉ 39030 Falzes

XX   **Al Tanzer** con cam ⌂   🚗 🛖 🕪 (🕪) 🅿 🗾 🕸 🖭 ⓸ ⚓
  via del Paese 1 – ℰ 04 74 56 53 66 – www.tanzer.it – Fax 04 74 56 56 46
  – chiuso dal 15 aprile al 10 maggio e dal 9 al 28 novembre
  20 cam ⌂ †50/80 € ††60/90 €   **Rist** *(chiuso martedì e mercoledì)* Carta 50/65 €
  ♦ Ambiente ovattato, caratteristico e molto grazioso, in eleganti stube, per una cucina d'impronta altoatesina, ma trasformata con fantasia; possibilità di alloggio.

a Molini (Mühlen) **Nord-Ovest : 2 km** – ✉ 39030 Chienes

XXX   **Schöneck** (Karl Baumgartner)   ⪡ 🛖 🖭 💱 ⇔ 🅿 🗾 🕸 🖭 ⓸ ⚓
❀   *via Schloss Schöneck 11 – ℰ 04 74 56 55 50 – www.schoeneck.it*
  – Fax 04 74 85 13 31 – chiuso dal 22 al 29 marzo, dal 21 giugno al 6 luglio, dal
  1° all'8 novembre, lunedì, martedì a mezzogiorno
  Rist – Menu 47/72 € – Carta 47/79 € ⅌
  Spec. Variazione di fettine di stinco di vitello con insalata di verdure, fettine di
  coniglio con fagioli pigna, crema di formaggio caprino con gelatina di pomodori. Gnocchi di patate con fonduta su crema di spinaci, tartufo scorzone.
  Lombo e petto di vitello brasato col suo fondo alla birra doppio malto e chic-
  chi di caffè, purea di patate, verdure novelle.
  ♦ Se la bellezza del locale si completa con una calorosa ospitalità, la cucina basta a se
  stessa: prodotti, cotture e accostamenti, difficile stabilire dove il cuoco eccella.

FANNA – Pordenone (PN) – 562 D20 – 1 573 ab. – alt. 272 m – ✉ 33092   10 B2
  ▶ Roma 620 – Udine 50 – Belluno 75 – Pordenone 29

🏨   **Al Giardino**   🚗 🕭 🖭 (🕪) 🔏 🅿 🗾 🕸 🖭 ⓸ ⚓
  via Circonvallazione Nuova 3 – ℰ 0 42 77 71 78 – www.algiardino.com
  – Fax 04 27 77 80 55 – chiuso dal 10 gennaio al 10 febbraio
  25 cam ⌂ – †60/65 € ††90/100 € – ½ P 60/65 €
  Rist – *(chiuso martedì)* Carta 26/38 €
  ♦ Il nome prelude all'indovinata cornice verde della struttura, ornata da specchi d'acqua
  concepiti quasi alla maniera orientale; tutto spicca per l'estrema cura. Una sala con vocazione
  banchettistica aggiunta ad una più raccolta e alla veranda estiva.

FANO – Pesaro e Urbino (PU) – 563 K21 – 62 199 ab. – ✉ 61032 ▌Italia   20 B1
  ▶ Roma 289 – Ancona 65 – Perugia 123 – Pesaro 11
  🖹 viale Cesare Battisti 10 ℰ 0721 803534, iat.fano@regione.marche.it,
  Fax 0721 824292
  👁 Corte Malatestiana★ Z **M** – Dipinti del Perugino★nella chiesa di Santa
  Maria Nuova Z

Elisabeth Due ≤ 🕭 🕵 🅰🅲 🛇 ⁽ⁱ⁾ **P** 🆅🅸🆂🅰 ◍ 🅰🅴 ⓪ 👌
piazzale Amendola 2 – ℰ 07 21 82 31 46 – www.hotelelisabethdue.it
– Fax 07 21 82 31 47
28 cam – 👤110 € 👤👤145 €, ☲ 12 € – 4 suites – ½ P 150 €
Rist *Il Galeone – (chiuso domenica sera, lunedì a mezzogiorno)* Carta 34/56 €
♦ Situato sulla passeggiata principale del lido, l'albergo vanta una meravigliosa vista sull'Adriatico ed offre camere e spazi comuni d'impronta classica. L'elegante ristorante propone una cucina nazionale, ideale per gustare soprattutto specialità di mare.

Angela ≤ 🕭 🕭 🅰🅲 cam, ⁽ⁱ⁾ 🆅🅸🆂🅰 ◍ 🅰🅴 ⓪ 👌
viale Adriatico 13 – ℰ 07 21 80 12 39 – www.hotelangela.it – Fax 07 21 80 31 02
– chiuso dal 20 dicembre al 10 gennaio
37 cam – 👤45/55 € 👤👤65/75 €, ☲ 6 € – ½ P 60/70 € **Rist** – Carta 28/50 €
♦ Ubicato direttamente sul mare, l'hotel vanta una gestione familiare, graziosi spazi comuni, camere semplici e funzionali. La cucina propone specialità regionali e soprattutto di pesce.

Villa Giulia – Residenza storica 🕭 ≤ 🚗 🕭 ♨ ⅃ 🤸 ⁽ⁱ⁾ **P** 🆅🅸🆂🅰 ◍ 🅰🅴
via di Villa Giulia, località San Biagio 40 – ℰ 07 21 82 31 59
– www.relaisvillagiulia.com – Fax 07 21 83 70 76 – chiuso gennaio e febbraio
9 cam – 👤70/130 € 👤👤110/180 € – 1 suite
Rist – *(giugno-settembre) (chiuso a mezzogiorno) (solo per alloggiati)* Menu 30/50 €
♦ Immersa nel verde, struttura ricavata da un'antica residenza napoleonica con camere arredate secondo lo stile originale e 5 appartamenti con soggiorno e cucina (disponibili anche per brevi periodi).

Casa Nolfi 🕭 🅰🅲 🆅🅸🆂🅰 ◍ 🅰🅴 ⓪ 👌
via Gasparoli 59 – ℰ 07 21 82 70 66 – www.casanolfi.it – Fax 07 21 82 70 66
– chiuso domenica
Rist – *(chiuso a mezzogiorno)* Menu 39/59 € – Carta 38/55 €
♦ Piacevole locale in pieno centro storico, offre un'atmosfera moderna dove poter gustare sapori locali e, prevalentemente, specialità di pesce.

Da Maria al Ponte Rosso 🕭 🅰🅲
via IV Novembre 86 – ℰ 07 21 85 04 67 – chiuso lunedì
Rist – *(prenotazione obbligatoria)* Menu 35 € bc/50 € bc
♦ Pochi tavoli, molte piante e una scultura in legno, vetro, rame realizzata da Domenica, la proprietaria. L'ambiente è familiare, ma ancor più l'accoglienza e la gustosa cucina, particolarmente attenta all'offerta ittica del momento. Ai fornelli la titolare, che ha fatto della semplicità la propria forza.

FARA FILIORUM PETRI – Chieti (CH) – 563 P24 – 1 929 ab. **2** C2
– alt. 210 m – ✉ 66010

🄳 Roma 205 – Pescara 36 – Chieti 18 – L'Aquila 97

Casa D'Angelo 🕭 🕭 🛇 🕭 **P** 🆅🅸🆂🅰 ◍ 🅰🅴 ⓪ 👌
via San Nicola 5 – ℰ 08 71 70 02 96 – Fax 08 71 70 02 82 – chiuso dal 1° al
24 novembre, domenica sera, lunedì
Rist – Menu 37 € – Carta 32/42 € 🏵
♦ La vecchia casa di famiglia, un locale intimo e raffinato cui si aggiunge la sapienza di una gestione dalla lunga esperienza. Piatti del territorio vivacizzati dalla fantasia dello chef.

FARA IN SABINA – Rieti (RI) – 563 P20 – 12 398 ab. – alt. 484 m **12** B1
– ✉ 02032

🄳 Roma 55 – Rieti 36 – Terni 65 – Viterbo 83

a Coltodino Sud-Ovest : 4 km – ✉ 02030

Agriturismo Ille-Roif 🕭 ≤ 🚗 🕭 ⅃ 🕭 🛇 🕭 🅰🅲 rist, 🛇 rist, ⁽ⁱ⁾
località Talocci, Ovest : 5,5 km – ℰ 07 65 38 67 49 **P** 🆅🅸🆂🅰 ◍ 🅰🅴 ⓪ 👌
– www.ille-roif.it – Fax 07 65 38 67 83 – chiuso dal 7 al 31 gennaio
12 cam ☲ – 👤👤180/220 € – 👤👤115/175 €
Rist – *(chiuso a mezzogiorno)* (consigliata la prenotazione) Menu 30/35 €
♦ Originale, stravagante e colorato: a questo agriturismo sono state messe le ali alla fantasia e chi vi soggiorna non potrà che volare con essa per scoprire spazi e forme forse persino bizzarri! Prendere posto tra tavoli e sedie oppure mangiare su un'altalena e fare di un gioco infantile il pasto più divertente?

FARNETA – Arezzo – 563 M17 – Vedere Cortona

FARRA DI SOLIGO – Treviso (TV) – **562** E18 – 8 728 ab. – alt. 163 m   36 C2
– ✉ 31010

▶ Roma 590 – Belluno 40 – Treviso 35 – Venezia 72

a Soligo Est : 3 km – ✉ 31010

⚟ **Casa Rossa**   ⟨ 🚗 ⌂ **P** 🆅🅸🆂🅰 ⓪ 🄰🄴 ⓪ 🛆
località San Gallo – ℰ 04 38 84 01 31 – www.itinerarium.eu/casarossa
– Fax 04 38 84 00 16 – chiuso dal 15 gennaio al 13 febbraio, mercoledì e
giovedì, da giugno a settembre aperto giovedì sera
Rist – Carta 32/41 €
◆ Una casa colonica in posizione panoramica tra i vigneti della tenuta San Gallo; servizio
estivo in terrazza-giardino e cucina del territorio con specialità allo spiedo.

a Col San Martino Sud-Ovest : 3 km – ✉ 31010

⚟⚟ **Locanda Marinelli** con cam ⌂   ⟨ ⌂ ⌘ cam, 📞 **P**
via Castella 5 – ℰ 04 38 98 70 38   🆅🅸🆂🅰 ⓪ 🄰🄴 ⓪ 🛆
– www.locandamarinelli.it – Fax 04 38 89 87 73
– chiuso 15 giorni in giugno, 7 giorni in ottobre e martedì
3 cam � – †50 € ††80 €   **Rist** – Carta 39/53 €
◆ Nella quiete di una tranquilla frazione tra i vigneti di Prosecco, due giovani cuochi propongono una cucina innovativa a base di ottimi prodotti. Bella terrazza panoramica.

⚟ **Locanda da Condo**   ⌂ ⌘ ⌬ 🆅🅸🆂🅰 ⓪ 🄰🄴 ⓪ 🛆
via Fontana 134 – ℰ 04 38 89 81 06 – www.locandadacondo.it
– Fax 04 38 98 97 01 – chiuso luglio, martedì sera, mercoledì
Rist – Carta 24/30 €
◆ Un'antica locanda che una famiglia gestisce da almeno tre generazioni. Diverse sale ricche
di fascino tutte accomunate dallo stile tipico di una trattoria. Cucina veneta.

FASANO – Brindisi (BR) – **564** E34 – 38 371 ab. – alt. 111 m – ✉ 72015   27 C2
▶ Roma 507 – Bari 60 – Brindisi 56 – Lecce 96
🛈 piazza Ciaia 10 ℰ 080 4413086, Fax 080 4413086
◪ Regione dei Trulli★★★ Sud

⌂ **Agriturismo Masseria Marzalossa**   🚗 ⌇ 🄰🄲 ⌘ 📶 **P**
contrada Pezze Vicine 65, Sud-Est : 2,5 km   🆅🅸🆂🅰 ⓪ 🛆
– ℰ 08 04 41 37 80 – www.marzalossa.com – Fax 08 04 41 37 80
– chiuso dal 7 al 20 novembre
8 cam ⊂varz – †125/154 € ††190/248 € – 4 suites – ††300/500 €
Rist – (chiuso a mezzogiorno) (solo per alloggiati solo su prenotazione)
Menu 40 €
◆ Silenzio e vigneti preservano la raffinata atmosfera della maestosa masseria secentesca, un
gioiello per forme e materiali, a partire dalla bella piscina, incastonata tra alberi e colonne.
Molti dei prodotti usati in cucina vengono dalle coltivazioni della masseria stessa.

⚟ **Rifugio dei Ghiottoni**   🄰🄲 🆅🅸🆂🅰 ⓪ 🄰🄴 🛆
🕸 via Nazionale dei Trulli 116 – ℰ 08 04 41 48 00 – Fax 08 04 41 48 00 – chiuso dal
🈹 1° al 20 luglio e mercoledì
Rist – Menu 20/45 € – Carta 22/35 €
◆ E' il rifugio di chi cerca sapori caserecci di una cucina della tradizione regionale basata
su prodotti ittici e proposte locali da riscoprire e assaporare in un ambiente di piacevole
familiarità.

Contrada San Marco Sud-Est : 5 km – ✉ 72015 Fasano

⌂ **Agriturismo Borgo San Marco** ⌂   🚗 ⌂ ⌇ 🄰🄲 ⌘ **P**
contrada Sant'Angelo 33 – ℰ 08 04 39 57 57   🆅🅸🆂🅰 ⓪ 🄰🄴 ⓪ 🛆
– www.borgosanmarco.it – Fax 08 04 39 57 57 – aprile-9 novembre
14 cam ⊂varz – †135 € ††190 €
Rist – (solo per alloggiati) Menu 37 € bc/40 € bc
◆ Nel verde di una lussureggiante piana coltivata ad ulivi, il passato si fa riconoscere in più
punti: la macina per le olive, le mura di fortificazione, la chiesetta affrescata. Freschi angoli
per il relax.

a Selva Ovest : 5 km – alt. 396 m – ⊠ 72010 Selva Di Fasano

🏨🏨 **Sierra Silvana** 🅂   🚙 🏊 ✖ 🖨 ⅊ cam, 🕺 AC ✖ rist, 🏋 P
    via Don Bartolo Boggia 5 – 𝒞 *08 04 33 13 22*   VISA ⓞ AE ⓞ ⓢ
    – www.apuliacollection.com – Fax 08 04 33 12 07
    120 cam ⊡ – ❶88/138 € ❶❶113/175 € – ½ P 108 €
    Rist *– (29 dicembre-2 gennaio e aprile-2 novembre)* Carta 28/38 €
    ♦ In una delle zone più attraenti della Puglia, un complesso di moderne palazzine e qualche
    trullo in un giardino mediterraneo; arredi in midollino e bambù, validi spazi. Per ristorante un
    gazebo con buganvillee ed eleganti sale con bei soffitti a tendaggi.

a Speziale Sud-Est : 10 km – alt. 84 m – ⊠ 72015 Montalbano Di Fasano

⛺ **Agriturismo Masseria Narducci** senza rist   🚙 AC ✖ P
    via Lecce 144 – 𝒞 *08 04 81 01 85*   VISA ⓞ ⓢ
    – www.agriturismonarducci.it – Fax 08 04 81 01 85 – chiuso novembre
    9 cam ⊡ – ❶55/75 € ❶❶70/110 € – ½ P 55/75 €
    ♦ Caratteristico e familiare, all'ingresso della proprietà si trova anche un piccolo negozietto
    per la vendita di prodotti locali: tipica masseria con giardino-solarium e un'antica atmosfera
    rurale. Possibilità di ristorazione nel fine settimana (informarsi sulle aperture).

FASANO DEL GARDA – Brescia – Vedere Gardone Riviera

FELINO – Parma (PR) – **562** H12 – 8 075 ab. – alt. 187 m – ⊠ 43035   **8** A3
    🖪 Roma 469 – Parma 17 – Cremona 74 – La Spezia 113

✖✖ **La Cantinetta** (Roberto Pongolini) con cam e senza ⊡   🍴 AC ⅃
❀   *via Calestano 14 –* 𝒞 *05 21 83 11 25*   ✖ cam, P VISA ⓞ ⓢ
    – www.lacantinettadifelino.it – Fax 05 21 83 11 25 – chiuso Natale, agosto,
    domenica sera, lunedì; in luglio anche domenica a mezzogiorno
    2 cam – ❶55/70 € ❶❶110/130 €   **Rist** – Carta 51/73 € 🏵
    Spec. Puro di zucca alla parmigiana (rivisitazione del tortello di zucca). Ric-
    ciola nel fumo di pepe. Fragole in zuppetta con gelato alla viola (primavera).
    ♦ La cucina di mare si disancora dalle preparazioni più tradizionali per diventare estro e
    creatività allo stato puro...Talvolta, perfino, provocazione! Possibilità di alloggio.

✖ **Antica Osteria da Bianchini**   🍴 VISA ⓞ AE ⓞ ⓢ
😊   *via Marconi 4/a –* 𝒞 *05 21 83 11 65 – chiuso dal 1° al 15 gennaio, lunedì,*
    martedì
    Rist – Carta 26/36 €
    ♦ L'ingresso è quello di una salumeria, accanto le due sale arredate nello stile di una tipica
    osteria di paese, dove trovare salumi, paste fresche, diversi tipi di carne e crostate.

a Barbiano Sud : 4 km – ⊠ 43035

✖ **Trattoria Leoni**   🍴 ✖ P VISA ⓞ AE ⓞ ⓢ
    via Ricò 42 – 𝒞 *05 21 83 11 96 – www.trattorialeoni.it – Fax 05 21 83 66 41*
    – chiuso dal 1° al 20 gennaio e lunedì
    Rist – Menu 28 € – Carta 23/39 €
    ♦ In una cornice di affascinanti dolci colline, la classica sala propone piatti parmigiani che si
    aprono a suggestioni di montagna, funghi e cacciagione; imperdibile panorama estivo.

FELTRE – Belluno (BL) – **562** D17 – 20 560 ab. – alt. 324 m – ⊠ 32032   **35** B2
▌Italia
    🖪 Roma 593 – Belluno 32 – Milano 288 – Padova 93
    🖪 piazzetta Trento e Trieste 9 𝒞 043 2540, feltre@infodolomiti.it,
      Fax 043 2839
    ◎ Piazza Maggiore★ – Via Mezzaterra★

🏨 **Doriguzzi** senza rist   🖨 🖧 P 🚗 VISA ⓞ AE ⓞ ⓢ
    viale Piave 2 – 𝒞 *04 39 20 03 – www.hoteldoriguzzi.it – Fax 0 43 98 36 60*
    23 cam ⊡ – ❶45/60 € ❶❶70/85 €
    ♦ Accogliente struttura vicino al centro storico, è un valido punto di riferimento soprattutto
    per una clientela di lavoro grazie agli ambienti ben accessoriati e moderni a disposizione
    degli ospiti.

🏠 **La Casona**   🔥 🎴 🧖 📶 **P** 🚗 VISA ⓪ AE ① 🌓
➰ *via Segusini 17 località Boscariz – ℰ 04 39 30 27 30 – www.lacasona.it*
– Fax 04 39 31 73 99
22 cam ⌷ – †45/55 € ††70/80 € – ½ P 47/55 €   **Rist** – Carta 21/37 €
♦ Alle spalle dell'ospedale e del campo sportivo, piccola risorsa di recente costruzione che propone ambienti moderni negli arredi, camere confortevoli e ben equipaggiate. Al ristorante più sale di tono leggermente rustico con interessante menu e specialità alla griglia.

FENEGRÒ – Como (CO) – 3 010 ab. – alt. 290 m – ⌧ 22070   **18** A1
🔼 Roma 604 – Como 26 – Milano 34 – Saronno 10

XX **In**   🔥 ⟷ **P** VISA ⓪ AE 🌓
via Monte Grappa 20 – ℰ 0 31 93 57 02 – www.ristorante-in.com – Fax 0 31 93 57 02
– chiuso dal 26 dicembre al 4 gennaio, agosto, domenica sera, lunedì
Rist – Carta 28/48 €
♦ Un locale di tono moderno e accogliente, con interni signorili e un'atmosfera comunque familiare; un po' fuori paese, piatti di mare, ora più classici ora rivisitati.

FENER – Belluno (BL) – **562** E17 – alt. 198 m – ⌧ 32031   **36** C2
🔼 Roma 564 – Belluno 42 – Milano 269 – Padova 63

🏨 **Tegorzo**   🧖 📶 & cam, 🔥 rist, 🛎️ 📶 **P** VISA ⓪ AE ① 🌓
via Nazionale 25 – ℰ 04 39 77 97 40 – www.hoteltegorzo.it – Fax 04 39 77 97 06
30 cam ⌷ – †50/60 € ††75/95 € – ½ P 45/75 €
Rist – *(chiuso domenica sera)* Carta 22/30 €
♦ Ubicato nella prima periferia della località, un hotel a gestione familiare rinnovatosi negli anni, semplice e confortevole. Bel giardino e campo da tennis. Ristorante con proposte di cucina casereccia.

FENIS – Aosta (AO) – **561** E4 – 1 607 ab. – alt. 537 m – ⌧ 11020 ▌Italia   **34** B2
🔼 Roma 722 – Aosta 20 – Breuil-Cervinia 36 – Torino 82

🏨 **Comtes de Challant** ⌘   📶 & 🔥 rist, 🧖 🛎️ 📶 **P** 🚗
frazione Chez Sapin 95 – ℰ 01 65 76 43 53   VISA ⓪ AE ① 🌓
– www.hcdc.it – Fax 01 65 76 47 62 – chiuso dal 7 al 30 gennaio
28 cam ⌷ – †53/67 € ††82/105 € – ½ P 60/76 €
Rist – *(chiuso lunedì escluso dal 20 luglio al 30 agosto)* Carta 25/56 €
♦ Ubicazione tranquilla, ai piedi dell'omonimo Castello, per questa tipica costruzione di montagna con bei terrazzi esterni e camere confortevoli, nuove, con parquet. Proposte sia valdostane che nazionali in un classico ristorante d'albergo.

FERENTILLO – Terni (TR) – **563** O20 – 1 934 ab. – alt. 252 m   **33** C3
– ⌧ 05034 ▌Italia
🔼 Roma 122 – Terni 18 – Rieti 54

🔼 **Abbazia San Pietro in Valle** – Residenza d'epoca ⌘   ⟨ 🚗
strada statale 209 Valnerina km 20,   🧖 rist, 📶 📶 **P** VISA ⓪ AE 🌓
Nord-Est : 3,5 km – ℰ 07 44 78 01 29 – www.sanpietroinvalle.com
– Fax 07 44 38 01 21 – Pasqua-2 novembre
19 cam ⌷ – †98/105 € ††129/139 € – ½ P 100/115 €
Rist Il Cantico – vedere selezione ristoranti
♦ Nel cuore del misticismo umbro, un'esperienza irripetibile all'interno di un'abbazia d'origine longobarda del IX sec. Camere semplici in linea con lo spirito del luogo.

XX **Il Cantico** – Abbazia San Pietro in Valle   🚗 & 🔥 🧖 **P** VISA ⓪ AE ① 🌓
strada statale 209 Valnerina km 20, Nord-Est : 3,5 km – ℰ 07 44 78 00 05
– www.ilcantico.it – Fax 07 44 78 00 05 – chiuso gennaio-febbraio
Rist – (consigliata la prenotazione) Carta 34/48 € 🈺 (+10 %)
♦ Nelle quattrocentesche cantine dell'abbazia di San Pietro, una cucina altrettanto suggestiva che usa i tradizionali prodotti umbri per creare piatti creativi e sorprendenti.

XX **Piermarini**   🚗 & 🔥 ⟷ **P** VISA ⓪ AE ① 🌓
via Ancaiano 23 – ℰ 07 44 78 07 14 – www.saporipiermarini.it
– Fax 07 44 29 46 08 – chiuso domenica sera, lunedì
Rist – *(chiuso a mezzogiorno)* Carta 27/43 €
♦ Poco fuori dal centro, giardino, veranda e sale sono l'elegante cornice di una cucina spesso incentrata sul tartufo, coltivato direttamente dai titolari del ristorante.

FERENTINO – Frosinone (FR) – **563** Q21 – **20 916 ab.** – **alt. 393 m**   **13** C2
– ⊠ 03013

> ▶ Roma 75 – Frosinone 14 – Fiuggi 23 – Latina 66
>
> ⓖ Anagni : cripta★★★ nella cattedrale★★, quartiere medioevale★,
> volta★ del palazzo Comunale Nord-Ovest : 15 km

🏨🏨🏨 **Bassetto**   🛎 ⅇ ᴀᴄ ⁒ ⁽ᵗ⁾ ⁝ 🅿 ᴠɪꜱᴀ ⓪ ᴀᴇ ♻
*via Casilina Sud al km 74,600 – ℰ 07 75 24 49 31 – www.hotelbassetto.it
– Fax 07 75 24 43 99*
99 cam ⊆ – 🛏50/90 € 🛏🛏70/140 € – ½ P 50/80 €   **Rist** – Carta 29/38 €
♦ Un esercizio storico da queste parti, ubicato sulla statale Casilina, ampliato e rinnovato in
tempi recenti e con una gestione familiare ormai consolidata e capace. Un'ampia sala ristorante
e ricette della consuetudine ciociara.

FERIOLO – Verbano-Cusio-Ossola (VB) – **561** E7 – **alt. 195 m** – ⊠ 28831   **24** A1

> ▶ Roma 664 – Stresa 7 – Domodossola 35 – Locarno 48

🏠 **Carillon** senza rist   ⇐ 🚲 🛎 ⁽ᵗ⁾ 🅿 ᴠɪꜱᴀ ⓪ ♻
*strada nazionale del Sempione 2 – ℰ 0 32 32 81 15 – www.hotelcarillon.it
– Fax 0 32 32 85 50 – 25 marzo-20 ottobre*
32 cam ⊆ – 🛏75/90 € 🛏🛏100/120 €
♦ Posizionato molto vicino al lago, l'hotel vanta spaziose camere con vista panoramica, dagli
arredi moderni recentemente rinnovati ed una spiaggia privata.

ⅩⅩ **Il Battello del Golfo**   ⇐ ᴀᴄ ᴠɪꜱᴀ ⓪ ᴀᴇ ⓪ ♻
*strada statale n. 33 – ℰ 0 32 32 81 22 – www.battellodelgolfo.it
– Fax 0 32 32 81 22 – chiuso martedì (escluso luglio-agosto), anche lunedì da
novembre a febbraio*
Rist – Carta 30/43 € (+10 %)
♦ Il locale vanta una discreta eleganza ed è un curioso adattamento di una barca trasportata
ad hoc dal lago di Como ed ancorata a riva. Cucina stagionale, regionale e di lago.

ⅩⅩ **Serenella** con cam   🏠 ᴀᴄ cam, ⁽ᵗ⁾ 🅿 ᴠɪꜱᴀ ⓪ ᴀᴇ ⓪ ♻
*via 42 Martiri, 5 – ℰ 0 32 32 81 12 – www.hotelserenella.net – Fax 0 32 32 83 50
– chiuso gennaio*
14 cam ⊆ – 🛏60/80 € 🛏🛏70/120 € – ½ P 70/90 €
Rist – (chiuso mercoledì da ottobre ad aprile) Carta 37/49 €
♦ Da oltre mezzo secolo il punto di riferimento in zona per gli amanti della buona tavola:
cucina di respiro classico-moderno in un ristorante dall'atmosfera calda e raccolta. Poco
distante dal lago, l'hotel dispone di camere recentemente rinnovate con un taglio moderno
e di una spiaggia privata.

FERMO – Ascoli Piceno (AP) – **563** M23 – **37 760 ab.** – **alt. 321 m**   **21** D2
– ⊠ 63023 ▯ Italia

> ▶ Roma 263 – Ascoli Piceno 75 – Ancona 69 – Macerata 41
>
> 🅳 piazza del Popolo 6 ℰ 0734 228738, iat.fermo@regione.marche.it, Fax
> 0734 228325
>
> ◉ Posizione pittoresca★ – Duomo★ – Piazza del Popolo★ – Pinacoteca civica:
> Adorazione dei Pastori★★ di Rubens
>
> ⓖ Montefiore dell'Aso: polittico★★ di Carlo Crivelli: 20 km a sud

sulla strada statale 16-Adriatica

🏨🏨🏨 **Royal**   ⇐ 🏠 🛎 ⅇ cam, 🏊★★ ᴀᴄ ⁒⁄ ⁽ᵗ⁾ ⁝ ᴠɪꜱᴀ ⓪ ᴀᴇ ⓪ ♻
*piazza Piccolomini 3, al lido, Nord-Est : 8 km ⊠ 63023 – ℰ 07 34 64 22 44
– www.royalre.it – Fax 07 34 64 22 54*
56 cam ⊆ – 🛏85/100 € 🛏🛏120/135 € – ½ P 70/85 €
Rist Nautilus – Carta 39/63 €
♦ Terrazza solarium con piccola piscina su questa bianca costruzione di stile moderno sita
sul limitare della spiaggia: materiali pregiati, arredi di design, ogni confort. Tenuta impeccabile
nel moderno ristorante, dotato anche di fresca ed accogliente terrazza.

XX **Emilio** (Danilo Bei) 🌸 🎇 𝗩𝗜𝗦𝗔 ⑩ 🄰🄴 ⑩ �--
☼ *via Girardi 1, località Casabianca, Nord-Est : 12 km – ℰ 07 34 64 03 65*
– www.ristoranteemilio.it – Fax 07 34 64 91 33 – chiuso dal 23 dicembre al
3 gennaio, dal 25 al 31 agosto e lunedì
Rist *– (chiuso a mezzogiorno)* Menu 50/70 € – Carta 51/76 €
Spec. Trofie con calamaretti e scampetti in crema di cavolfiore e bottarga.
Riso venere nero con sogliole in fumetto di crostacei e pomodorini. Filetto di
mazzolina scottata al forno con crema di patate.
♦ Un comodo parcheggio libero proprio di fronte all'ingresso di questo arioso locale, dove
spiccano opere d'arte contemporanea. Piatti di pesce a seguire la falsariga delle tradizioni
adriatiche.

X **Osteria il Galeone** ≤ 🌸 🎇 𝗩𝗜𝗦𝗔 ⑩ 🄰🄴 ⑩ �--
via Piave 10, località Torre di Palme, Sud-Est : 12 km – ℰ 0 73 45 36 31
– www.ilgaleoneosteria.it – Fax 0 73 45 36 31 – chiuso dal 23 dicembre
all'8 gennaio e lunedì escluso giugno-agosto
Rist *– (chiuso a mezzogiorno escluso domenica e da giugno a settembre)*
Carta 32/55 €
♦ Servizio estivo in terrazza con vista mare per un piccolo locale, in pieno borgo medievale,
gestito da una giovane coppia; cucina del territorio con variazioni stagionali.

FERNO – Varese (VA) – **561** F8 – **6 785 ab.** – alt. 211 m – ⊠ 21010   **18** A2
🄳 Roma 626 – Milano 45 – Stresa 49 – Como 49

XXX **La Piazzetta** (Maura Gosio) 🎇 ⇆ 𝗩𝗜𝗦𝗔 ⑩ 🄰🄴 ⑩ �--
☼ *piazza Mons. Bonetta 1 – ℰ 03 31 24 15 36 – www.lapiazzetta.eu*
– Fax 03 31 24 15 36 – chiuso dall'8 al 24 gennaio, dal 6 al 31 agosto e lunedì
Rist – Carta 57/82 €
Spec. Bourguignonne fredda di fassone piemontese. Gnocchetti di semola in
zuppa di mare. Risotto al limone con burrata, scampi e polvere di capperi.
♦ In una caratteristica e centrale piazzetta, si mangia in sale dagli arredi classici ed eleganti.
Servizio e attenzioni per ogni cliente, tecnica e prodotti genuini dalla cucina.

FERRARA 🄿 (FE) – **562** H16 – **133 591 ab.** – alt. 10 m – ⊠ 44100   **9** C1
▌ Italia Centro Nord

  🄳 Roma 423 – Bologna 51 – Milano 252 – Padova 73
  🄸 c/o Castello Estense, largo Castello ℰ 0532 299303, infotur@provincia.fe.it,
  Fax 0532 212266
  🆖, ℰ 0532 70 85 20
  ◉ Duomo★★ BYZ – Museo della Cattedrale★ BZ **M2**– Palazzo Schifanoia★
  BZ **E** : affreschi★★ – Palazzo dei Diamanti★★ BY : pinacoteca nazionale★,
  affreschi★★ nella sala d'onore – Castello Estense★ BY **B** –Corso Ercole I
  d'Este★ BY – Palazzo di Ludovico il Moro★ BZ **M1** – Casa Romei★ BZ
  – Palazzina di Marfisa d'Este★ BZ **N**

Pianta pagina seguente

🏨 **Duchessa Isabella** 🚐 🌸 📶 📠 ⑩⑩ 🄿 𝗩𝗜𝗦𝗔 ⑩ 🄰🄴 ⑩ �--
via Palestro 70 – ℰ 05 32 20 21 21 – www.duchessaisabella.it
– Fax 05 32 20 26 38 – chiuso agosto   BY**a**
27 cam � 🖂 – †196/268 € ††299 € – 1 suite – ½ P 210 €
Rist *– (chiuso le sere di domenica e lunedì)* Carta 68/86 € (+20 %)
♦ Relais di infinito charme, elegante, arredato con pregiati tessuti, mobili ed oggetti antichi,
autentica passione della titolare che cura altresì ogni più piccolo dettaglio: uno splendido
omaggio alla sovrana d'Este. Soffittature a cassettoni con fregi in oro e dipinti: la precisione
del servizio anche al ristorante.

🏨 **Annunziata** senza rist 📠 📶 📶 🄰 𝗩𝗜𝗦𝗔 ⑩ 🄰🄴 ⑩ �--
piazza Repubblica 5 – ℰ 05 32 20 11 11 – www.annunziata.it
– Fax 05 32 20 32 33   BY**f**
23 cam ⊻ 🖂 – †120 € ††260 € – 1 suite
♦ In pieno centro storico, proprio di fronte al castello, albergo con un buon livello di confort.
Per chi desidera maggior autonomia, in una vicina dependance, propone camere più spaziose.

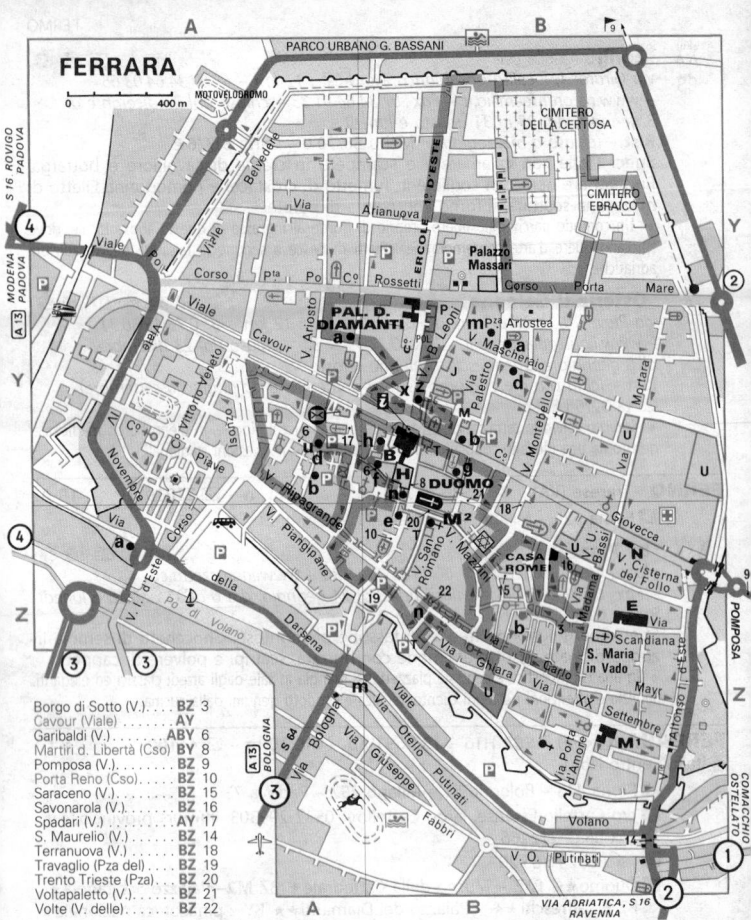

FERRARA

PARCO URBANO G. BASSANI

Orologio senza rist
via Darsena 67 – ℰ 05 32 76 95 76 – www.hotelorologio.com – Fax 05 32 76 95 44
44 cam ☑ – †85/140 € ††115/220 € – 2 suites   AZ**a**
◆ Spaziose, confortevoli, arredate con mobili in legno sbiancato di stile classico, le camere così
come l'intera struttura sono piacevolmente realizzate secondo criteri di moderna ispirazione.

Principessa Leonora senza rist
via Mascheraio 39 – ℰ 05 32 20 60 20
– www.principessaleonora.it – Fax 05 32 24 27 07 – chiuso dal 10 gennaio al
10 febbraio   BY**d**
22 cam ☑ – †116/177 € ††190 €
◆ Tributo alla storica figura femminile, il palazzo gentilizio e i due edifici minori ospitano
ricercate stanze personalizzate e d espongono una collezione di riproduzioni di arazzi.

Ferrara
largo Castello 36 – ℰ 05 32 20 50 48 – www.hotelferrara.com – Fax 05 32 24 23 72
52 cam ☑ – †110/140 € ††160/210 € – ½ P 115/140 €   BY**h**
Rist Big Night-da Giovanni – vedere selezione ristoranti
◆ Di fronte al castello, una nuova risorsa che offre camere moderne con parziale vista sul
maniero antistante. Gestione professionale e dinamica. Curiosa presenza di canestri di frutta
in prossimità dell'ascensore.

Il Duca D'Este 🏨 ⓑ &. cam, 🖿 ✗ rist, ¶¶ ⅍ 🅿 🆅🆂🅰 ⓦ 🅰🅴 ⓞ ⑤
via Bologna 258, per ③ – ℰ 05 32 97 76 76 – www.ilducadeste.it
– Fax 05 32 90 57 86 – chiuso dal 10 al 16 agosto
69 cam ⌂ – ♦65/200 € ♦♦90/260 € – 4 suites – ½ P 60/130 €
Rist – Carta 22/51 €
♦ Semplice e caratteristico nella sua architettura di ispirazione contemporanea: costruito in mattoni rossi ha una pianta leggermente curva e confortevoli ambienti luminosi. Tra eleganza e tecnologia. Cucina di ispirazione classica con specialità emiliane.

Corte Estense senza rist 🏨 ⓑ &. 🖿 🚗 🆅🆂🅰 ⓦ 🅰🅴 ⓞ ⑤
via Correggiari 4/a – ℰ 05 32 24 21 76
– www.corteestense.it – Fax 05 32 24 64 05
– chiuso 1 settimana in dicembre e 2 settimane in agosto   BZ**e**
18 cam ⌂ – ♦60/90 € ♦♦90/120 €
♦ A pochi passi dalla Cattedrale e dal Castello, il restauro dell'antico palazzo realizzato attorno ad una corte interna offre soluzioni di confort moderni accanto ad un tuffo nella storia.

Carlton senza rist 🏨 ⓑ &. 🖿 ¶¶ ⅍ 🚗 🆅🆂🅰 ⓦ 🅰🅴 ⓞ ⑤
via Garibaldi 93 – ℰ 05 32 21 11 30 – www.hotelcarlton.net – Fax 05 32 20 57 66
58 cam ⌂ – ♦58/95 € ♦♦79/155 €   AY**u**
♦ Ristrutturato in un moderno stile minimalista, offre ambienti luminosi e particolarmente ricchi di confort e camere dai pratici armadi a giorno e pareti dalle tinte pastello. Nel cuore del centro storico.

Europa senza rist 🏨 ⓑ &. 🖿 ¶¶ 🅿 🆅🆂🅰 ⓦ 🅰🅴 ⓞ ⑤
corso della Giovecca 49 – ℰ 05 32 20 54 56 – www.hoteleuropaferrara.com
– Fax 05 32 21 21 20   BY**b**
43 cam ⌂ – ♦62/76 € ♦♦92/118 €
♦ Palazzo del '700 con alcuni affreschi originali negli ambienti; affacciate sulla piazza le camere più ampie, arredate con mobili d'epoca, altre più piccole, ma piacevoli, danno invece sul cortile.

Lucrezia Borgia 🏨 ⓑ &. cam, 🖿 ¶¶ ⅍ 🅿 🚗 🆅🆂🅰 ⓦ 🅰🅴 ⓞ ⑤
🅎 *via Franchi Bononi 34, per ③ – ℰ 05 32 90 90 33 – www.hotellucreziaborgia.it*
– Fax 05 32 90 92 21
52 cam ⌂ – ♦60/150 € ♦♦86/150 € – ½ P 63/103 €
Rist – *(chiuso 2 settimane in agosto e domenica) (chiuso a mezzogiorno)*
Menu 20/28 €
♦ Recentemente ampliatosi con l'aggiunta di una nuova ala, l'albergo dispone di spazi comuni ridotti, ma piacevoli, con boiserie e arredi in stile, camere semplici e funzionali. Curata anche la parte ristorante, con calde tonalità ed una bella veranda dal particolare soffitto in legno.

De Prati senza rist 🔸 🏨 ⓑ &. 🖿 ¶¶ 🆅🆂🅰 ⓦ 🅰🅴 ⓞ ⑤
via Padiglioni 5 – ℰ 05 32 24 19 05 – www.hoteldeprati.com
– Fax 05 32 24 19 66 – chiuso dal 23 al 27 dicembre   BY**z**
15 cam ⌂ – ♦85 € ♦♦120 € – 1 suite
♦ In questa casa centrale, già locanda agli inizi del '900, soggiornavano uomini di cultura e di teatro; oggi è un hotel rinnovato che ospita, a rotazione, opere di artisti contemporanei.

Locanda il Bagattino senza rist 🏨 🖿 ¶¶ 🆅🆂🅰 ⓦ ⑤
corso Porta Reno 24 – ℰ 05 32 24 18 87 – www.ilbagattino.it
– Fax 05 32 21 75 46   BY**n**
6 cam ⌂ – ♦65/75 € ♦♦90/100 €
♦ In ricordo della dodicesima parte di una moneta in circolazione nel XIII secolo, la locanda si trova all'interno di un palazzo d'epoca: atmosfera di charme e una camera con terrazzino.

Locanda d'Elite senza rist 🖿 ¶¶ 🆅🆂🅰 ⓦ 🅰🅴 ⓞ ⑤
via Francesco del Cossa 9 – ℰ 05 32 20 10 53 – www.delite.it
– Fax 05 32 21 48 29   AY**a**
7 cam ⌂ – ♦50/75 € ♦♦70/130 €
♦ Per la colazione o per un momento di assoluto relax, con la bella stagione, troverete senz'altro il tempo di fermarvi nel grazioso cortile interno. In posizione centrale, poco distante dal Castello.

⛺ **R&B Dolcemela** senza rist ॐ   🕺 🅰️🅲 ॐ 🛜 🚗 🆅🆂🅰 ⓶ ś
via della Sacca 35 – 𝒞 05 32 76 96 24 – www.dolcemela.it – Fax 05 32 71 10 07
7 cam ☲ – †60/100 € ††80/120 €   AY**b**
♦ Una casa dall'architettura bassa, atipica rispetto alle altre costruzioni del ferrarese, raccolta intorno a un patio interno. Spaziose e curate le camere, arredate con mobili artigianali. Bella la saletta per le colazioni.

⛺ **Locanda Borgonuovo** senza rist ॐ   🅰️🅲 ॐ 🄿 🆅🆂🅰 ⓶ 🄰🄴 ś
via Cairoli 29 – 𝒞 05 32 21 11 00 – www.borgonuovo.com – Fax 05 32 24 63 28
4 cam ☲ – †90/70 € ††90/100 € – †††100/110 €   BY**g**
♦ Ottima accoglienza e arredi in stile ma è indubbiamente la colazione il punto forte della locanda: quasi "personalizzata" secondo i vostri gusti, d'estate servita in una piccola corte interna.

⛺ **Locanda della Duchessina** senza rist ॐ   🅰️🅲 🄿 🆅🆂🅰 ⓶ 🄰🄴 ⓪ ś
vicolo del Voltino 11 – 𝒞 05 32 20 69 81 – www.laduchessina.it – Fax 05 32 20 26 38
5 cam ☲ – †65 € ††150 €   BY**m**
♦ In un vicolo trecentesco si affaccia una locanda dipinta di rosa, romantica e modernamente concepita; poche stanze per un'atmosfera curatissima, da casa delle bambole.

⛺ **Agriturismo Corte dei Gioghi** senza rist   �"🅰️🅲 ॐ 🄿
via Pellegrina 8, 2 km per ② – 𝒞 05 32 74 50 49   🆅🆂🅰 ⓶ 🄰🄴 ś
– www.cortedeigioghi.com – Fax 05 32 74 50 50
6 cam ☲ – †65/70 € ††80/90 € – 1 suite
♦ Spaziose, arredate con gusto rustico le camere ricavate nel vecchio fienile della casa colonica; più moderne quelle realizzate nella nuova strattura attigua. Spazio all'esterno per colazioni estive.

🍴🍴 **Il Don Giovanni** (Pierluigi Di Diego)   & 🅰️🅲 🆅🆂🅰 ⓶ ⓪ ś
❀   *corso Ercole I D'Este 1 – 𝒞 05 32 24 33 63 – www.ildongiovanni.com*
– Fax 05 32 47 12 68 – chiuso agosto, domenica, lunedì   BY**x**
Rist – *(chiuso a mezzogiorno)* (consigliata la prenotazione) Menu 45/80 €
– Carta 57/90 € 𖣠
Spec. Terrina di canocchie in crudità con pomodori confit ai tre pesti. Cappelletti di piccione in salsa al curry e datteri di palma. Budino di zucca con chips di zucca e balsamico tradizionale (autunno-inverno).
♦ Nella corte interna e coperta di un suggestivo palazzo a due passi dalla fortezza, un piccolo ristorante moderno con cantina attigua. Cucina creativa ed elaborata. Per il vino - anche al calice - affidatevi ai preziosi consigli del *patron*.

🍴🍴 **Big Night-da Giovanni** – Hotel Ferrara   🍴 & 🅰️🅲 🆅🆂🅰 ⓶ 🄰🄴 ⓪ ś
via largo Castello 38 – 𝒞 05 32 24 23 67 – Fax 05 32 24 23 72   BY**f**
Rist – (consigliata la prenotazione) Carta 39/60 €
♦ Originale ubicazione all'interno di un cortile per questo apprezzato ristorante che propone piatti sia di terra che di mare. Dalle grandi vetrate è possibile godere della vista sul castello.

🍴🍴 **Quel Fantastico Giovedì**   🍴 🅰️🅲 ॐ 🆅🆂🅰 ⓶ 🄰🄴 ⓪ ś
via Castelnuovo 9 – 𝒞 05 32 76 05 70 – Fax 05 32 76 05 70 – chiuso dal 20 al
30 gennaio, dal 20 luglio al 20 agosto e mercoledì   BZ**n**
Rist – (consigliata la prenotazione) Carta 36/50 €
♦ Una sala più classica ed una moderna dai colori accesi: un piccolo indirizzo d'atmosfera, curato nel servizio e nella cucina, che propone piatti creativi o più legati alle tradizioni. Dispone anche di uno spazio all'aperto.

🍴🍴 **Max**   🍴 🅰️🅲 ॐ 🆅🆂🅰 ⓶ 🄰🄴 ś
piazza Repubblica 16 – 𝒞 05 32 20 93 09 – Fax 05 32 20 93 09 – chiuso
1 settimana in gennaio, 2 settimane in agosto, domenica a mezzogiorno, lunedì
Rist – Carta 49/67 €   BY**h**
♦ Risorsa di nuova generazione che, proprio nel cuore storico della località, si sta imponendo per i sapori di mare; qualche tavolo anche all'aperto, da dove si può ammirare la maestosità del castello.

🍴 **Zafferano**   & 🅰️🅲 ॐ 🆅🆂🅰 ⓶ 🄰🄴 ⓪ ś
via Fondobanchetto 2/A – 𝒞 05 32 76 34 92 – www.zafferanoristorante.it
– Fax 05 32 76 34 92 – chiuso martedì a mezzogiorno, lunedì   BZ**b**
Rist – Menu 53 € – Carta 40/58 €
♦ Edificio quattrocentesco in un angolo del centro storico poco bazzicato dai turisti. Ambiente caldo con tavoli ravvicinati per una cucina che esplora i sapori d'oggi.

X **Borgomatto**   AC 🕏 VISA ⊕⊚ AE ① ⑤
via Concia 2 – ℰ 05 32 24 05 54 – www.borgomatto.it – Fax 05 32 21 76 67
– chiuso 1 settimana in febbraio, 2 settimane in luglio, sabato a mezzogiorno,
lunedì   AY**d**
Rist – (consigliata la prenotazione) Carta 33/44 €
♦ Nascosto in una viuzza del centro storico, un ambiente rustico per le due salette dai soffitti con travi a vista dove assaporare piatti del territorio presentati in chiave moderna.

X **La Borsa Wine-Bar**   🕏 🕏 AC VISA ⊕⊚
corso Ercole I D'Este 1 – ℰ 05 32 24 33 63 – www.ildongiovanni.com
– Fax 05 32 47 12 68 – chiuso dal 14 al 17 agosto, domenica in luglio-agosto,
lunedì negli altri mesi   BY**x**
Rist – Menu 40 € – Carta 32/42 €
♦ Piacevole e ricco di fascino, un indirizzo informale dove fare una sosta per un piatto, caldo
o freddo, così come per una selezione di formaggi e salumi. Benvenuti nella ex sede della
Borsa di Commercio.

X **Antica Trattoria Volano**   AC 🕏 ⇄ VISA ⊕⊚ AE ⑤
viale Volano 20 – ℰ 05 32 76 14 21 – www.anticatrattoriavolano.it
– Fax 05 32 79 84 36 – chiuso giovedì da giugno ad agosto   ABZ**m**
Rist – Carta 29/51 €
♦ Fuori dalle mura, sul Po di Volano, un'antica e schietta espressione casalinga impermeabile
alle mode nel contesto di un ambiente moderno, semplice e caratteristico.

a Ponte Gradella Est : 3 km per via Giovecca BYZ – ⊠ 44100

⌂ **Locanda Corte Arcangeli**   🚗 🕏 ⏋ 🕏 AC rist. 🕏 📞 P
via Pontegradella 503 – ℰ 05 32 70 50 52   VISA ⊕⊚ AE ① ⑤
– www.cortearcangeli.it – Fax 05 32 75 26 06
6 cam 🍴 – †50/80 € ††75/85 € – ½ P 58/68 €
Rist – (prenotazione obbligatoria) Carta 25/50 €
♦ La raffinata locanda sorge in un complesso colonico. Attualmente le camere sono tutte nel
corpo principale, tranquille e di charme, arredate con austeri mobili d'epoca. Rustica ed elegante, la sala da pranzo offre la tradizione gastronomica emiliana con inserimenti umbri in
omaggio alle origini del titolare.

a Porotto Cassana per ④: 5 km – ⊠ 44100

⌂ **Agriturismo alla Cedrara** senza rist 🕏   🚗 🕏 AC 🕏 🕏 📶 P
via Aranova 104 – ℰ 05 32 59 30 33   VISA ⊕⊚ AE ① ⑤
– www.allacedrara.it – Fax 05 32 77 22 93
8 cam 🍴 – †40/50 € ††60/75 €
♦ Completamente ristrutturato, il vecchio fienile è ora un curato agriturismo dalle belle
camere arredate con pezzi antichi. Colazione in veranda con le torte fatte in casa; e poi: barbecue, cucina e un grande giardino a disposizione dei clienti.

a Gaibanella per ②: 8 km – ⊠ 44040

⌂ **Locanda della Luna** senza rist 🕏   🚗 ⏋ AC 📶 P
via Ravenna 571/5 – ℰ 05 32 71 85 15   VISA ⊕⊚ AE ① ⑤
– www.locandadellaluna.it – Fax 05 32 71 84 46 – chiuso dal 1° al 15 gennaio e
dal 1° al 15 agosto
6 cam 🍴 – †89/98 € ††115/129 €
♦ Al piano superiore abita la titolare, al piano terra, la villa ottocentesca è stata convertita in
bed e breakfast dalle camere moderne e raffinate. All'esterno, curato giardino con zona
relax e piscina.

a Gaibana per ②: 10 km – ⊠ 44040

XX **Trattoria Lanzagallo**   AC 🕏 P VISA ⊕⊚ ① ⑤
😊 *via Ravenna 1048 – ℰ 05 32 71 80 01 – Fax 05 32 71 80 01 – chiuso 2 settimane*
in gennaio, 2 settimane in luglio, dal 15 al 31 agosto, domenica, lunedì
Rist – Carta 31/44 €
♦ Un paese di campagna, un'unica sala classica dagli alti soffitti dove ritrovare una cucina
che si ispira soprattutto ai sapori di mare, proposti in piatti semplici e fragranti.

a Ravalle per ④ : 16 km – ⌧ 44040

※※ **L'Antico Giardino** 🛱 🕰 ⅌ 🅿 𝗩𝗜𝗦𝗔 ⊚⊚ 🅰🅴 ⬧
via Martelli 28 – ℰ 05 32 41 21 00 – Fax 05 32 41 25 87 – chiuso lunedì, martedì a mezzogiorno
Rist – Carta 35/52 € 🏶
♦ Una cucina ricca di spunti fantasiosi, che mostra una predilezione per i sapori della terra, carne, funghi e tartufi particolarmente. Moderna anche l'atmosfera all'interno della villetta, nel centro della località.

FERRAZZETTE – Verona – **Vedere San Martino Buon Albergo**

FERRO DI CAVALLO – Perugia – **563** M19 – **Vedere Perugia**

FETOVAIA – Livorno – **563** N12 – **Vedere Elba (Isola d') : Marina di Campo**

FIANO ROMANO – Roma (RM) – **563** P19 – **11 645 ab.** – **alt. 107 m**   **12** B2
– ⌧ **00065**

▣ Roma 39 – L'Aquila 110 – Terni 81 – Viterbo 81

in prossimità casello autostrada A 1 di Fiano Romano Sud : 5 km :

🏨 **Parkhotel** ⌫   🚲 🛱 ⌁ ⅃ & cam, 🕰 🛏 ⅌ ⟨⟩ 🎵 🅿 𝗩𝗜𝗦𝗔 ⊚⊚ 🅰🅴 ⓪ ⬧
via Milano 33 – ℰ 07 65 45 30 80 – www.parkhotelromanord.it – Fax 07 65 45 30 18
93 cam ⌇ – ♟90/120 € ♟♟120/150 € – ½ P 90/105 €   **Rist** – Carta 32/54 €
♦ Tradizionale e moderno, non privo di una sobria eleganza, propone camere standard e funzionali nel corpo principale, più eleganti e spaziose nella dependance. Per tutti un bel giardino con piscina. Cucina romana ai tavoli della graziosa sala da pranzo, affacciata sul verde.

FIASCHERINO – La Spezia – **561** J11 – **Vedere Lerici**

FICULLE – Terni (TR) – **563** N18 – **1 727 ab.** – **alt. 437 m** – ⌧ **05016**   **32** A2
▣ Roma 136 – Perugia 59 – Viterbo 66 – Siena 108

sulla strada per Parrano Nord :14 km

⌂ **La Casella** – Albergo Diffuso ⌫   ⟨ ⅃ 𝔐 ⅌ rist, ⟨⟩ 🎵 🅿
località La casella, Sud: 6 km – ℰ 0 76 38 66 84   𝗩𝗜𝗦𝗔 ⊚⊚ 🅰🅴 ⓪ ⬧
– www.lacasella.it – Fax 0 76 38 60 75
32 cam ⌇ – ♟95/115 € ♟♟140/180 € – ½ P 120 €
Rist – (consigliata la prenotazione) Menu 22 € bc/33 € bc
♦ Un ex feudo immerso tra querce e lecci dove pare che il tempo si sia fermato. Nella quiete della campagna, tra la scuderia e la scuola di equitazione, la struttura si distribuisce su 12 casali uno dei quali a 800 metri dal corpo centrale. Cucina casalinga al ristorante.

FIÈ ALLO SCILIAR (VÖLS AM SCHLERN) – Bolzano (BZ) – **562** C16   **31** D3
– **3 308 ab.** – **alt. 880 m** – **Sport invernali : 1 800/2 300 m** ⑀2 ⑂19 (Comprensorio Dolomiti superski Alpe di Siusi) ⅍ – ⌧ 39050

▣ Roma 657 – Bolzano 16 – Bressanone 40 – Milano 315
🛈 via Bolzano 4 ℰ 0471 725047, info@fie.it, Fax 0471 725488

🏨🏨 **Emmy** ⌫   ⟨ 🛱 ⌁ ⊚⊚ 𝔐 ♨ 🛗 & cam, 🕰 rist, 🚗 𝗩𝗜𝗦𝗔 ⊚⊚ ⬧
via Putzes 5 – ℰ 04 71 72 50 06 – www.hotel-emmy.com – Fax 04 71 72 54 84
– chiuso dal 5 novembre al 20 dicembre e dal 5 al 28 aprile
47 cam – ♟145/220 € ♟♟160/380 €, ⌇ 8 €   **Rist** – Carta 38/49 €
♦ Fra i monti, notevole centro salute in un hotel tra i primi ad aver offerto trattamenti di ossigenoterapia; quieta posizione panoramica, stanze ampie, comode e signorili. Diverse sale compongono una ristorante che gode di buona fama.

🏨🏨 **Turm** ⌫   ⟨ 🚲 ⅃ ⊚⊚ 𝔐 ♨ 🛗 ⅌ rist, ⟨⟩ 🚗 𝗩𝗜𝗦𝗔 ⊚⊚ ⬧
piazza della Chiesa 9 – ℰ 04 71 72 50 14 – www.hotelturm.it
– Fax 04 71 72 54 74 – chiuso dal 7 novembre al 23 dicembre e dal 5 al 29 aprile
32 cam ⌇ – ♟113/155 € ♟♟174/316 € – 10 suites – ½ P 117/188 €
Rist – (chiuso giovedì) Carta 46/63 €
♦ Antico edificio medievale e allo stesso tempo moderno hotel romantico, con raccolta di quadri d'autore. Le nuove camere sono ricche di fascino, così come la zona benessere. Al ristorante elegante cornice in legno e stube per una creativa cucina tirolese.

Heubad ❄ ≤ 🛏 🏠 ⚒ 🔲 ⑳ 🐎 🎱 🖐 🅿 🚗 VISA ⓪ 🕭
via Sciliar 12 – 𝒞 04 71 72 50 20 – www.heubad.info – Fax 04 71 72 54 25
– chiuso da novembre al 23 dicembre e dall'11 al 30 aprile
42 cam ⌑ – †60/82 € ††108/198 € – ½ P 88 €
Rist – *(chiuso mercoledì escluso in alta stagione)* Carta 33/41 €
♦ Da menzionare certamente i bagni di fieno, metodo di cura qui praticato ormai da 100 anni e da cui l'hotel trae il nome: per farsi viziare in un'atmosfera di coccolante relax. Cucina locale servita in diversi ambienti raccolti, tra cui tre stube originali.

FIERA DI PRIMIERO – **Trento (TN)** – **562** D17 – **556 ab.** – **alt. 717 m** **31** C2
– **Sport invernali : Vedere San Martino di Castrozza** – ✉ 38054
▸ Roma 616 – Belluno 65 – Bolzano 99 – Milano 314
🅸 via Dante 6 𝒞 0439 62407, infoprimiero@sanmartino.com, Fax 0439 62992

Iris Park Hotel ≤ 🛏 🔲 ⑳ 🐎 ⅃ₐ 🎱 ⋏⋏ 🕉 ⑶ 🅿 🚗
via Roma 26, località Tonadico – 𝒞 04 39 76 20 00 VISA ⓪ AE ① 🕭
– www.brunethotels.com – Fax 04 39 76 22 04 – 5 dicembre-3 maggio e giugno-23 novembre
64 cam – solo ½ P 64/86 € **Rist** – Carta 25/30 €
♦ Lungo la strada principale, hotel che presenta un ambiente montano davvero signorile, confortevole e personalizzato. Camere di varie tipologie, valido centro benessere. Calda atmosfera nell'elegante sala ristorante.

Tressane 🛏 🔲 ⑳ 🐎 ⅃ₐ 🎱 ⋏⋏ 🕉 ⑶ 🅂 🅿 🚗 VISA ⓪ AE ① 🕭
via Roma 30, località Tonadico – 𝒞 04 39 76 22 05 – www.hoteltressane.it
– Fax 04 39 76 22 04 – chiuso 10 giorni in novembre e 3 settimane in maggio
37 cam – 3 suites – solo ½ P 64/86 € **Rist** – Carta 25/30 €
♦ Posizionata di fianco all'Iris Park Hotel, con cui condivide il centro benessere, una gradevole risorsa montana completamente rinnovata. Ristorante di taglio rustico con elementi di signorilità.

Relais Orsingher 🐎 ⅃ₐ 🎱 & cam, 🕉 rist, 🅂 🅿 VISA ⓪ AE ① 🕭
🐖 *via Guadagnini 14 – 𝒞 0 43 96 28 16 – www.primieroholidays.it*
– Fax 0 43 96 48 41 – chiuso dal 10 ottobre al 5 dicembre e dal 12 aprile al 20 maggio
49 cam ⌑ – †55/75 € ††85/120 € – ½ P 90/105 € **Rist** – Menu 15/35 €
♦ Nel centro della località, questo grazioso edificio moderno - la cui dépendence fu il primo vero albergo della valle nel '700 - dispone di camere nuove dagli ottimi bagni. Sala ristorante circolare con ampie finestre e una cucina classica.

Luis 🛏 🐎 ⋏⋏ 🕉 ⑶ 🅿 🚗 VISA ⓪ ① 🕭
viale Piave 20 – 𝒞 04 39 76 30 40 – www.hotelluis.it – Fax 04 39 76 59 10
– dicembre-marzo e giugno-ottobre
33 cam ⌑ – †50/90 € ††100/180 € – ½ P 85/145 €
Rist – *(solo per alloggiati)* Carta 32/60 €
♦ Villa Liberty alle porte della località, originali decori nelle zone comuni mentre le camere sono più tradizionali, centro benessere e gradevole giardino estivo. Ristorante classico con ambiente elegante.

La Perla ❄ 🎱 & ⋏⋏ 🕉 rist, 🅿 🚗 VISA ⓪ AE ① 🕭
🐖 *via Venezia 26, frazione Transacqua – 𝒞 04 39 76 21 15 – www.hotelaperla.it*
– Fax 04 39 76 28 39
63 cam ⌑ – †35/65 € ††70/120 € – ½ P 60/80 € **Rist** – Carta 16/25 €
♦ Se avete voglia di mondanità, una breve passeggiata vi condurrà in centro. Altrimenti, godetevi la tranquillità di questa bella struttura dalla simpatica gestione familiare. Un consiglio: richiedere le camere più recenti con vista sulla valle. Al ristorante: cucina nazionale, trentina o spaghetteria.

Chalet Piereni con cam ❄ ≤ 🛏 🐎 🎱 🕉 rist, 🅿 VISA ⓪ 🕭
🐖 *località Piereni 8, a Val Canali ✉ 38054 – 𝒞 0 43 96 23 48*
– www.chaletpiereni.it – Fax 0 43 96 47 92 – chiuso dal 10 gennaio a Pasqua
23 cam ⌑ – †45/70 € ††70/90 € – ½ P 50/65 €
Rist – *(chiuso mercoledì in bassa stagione)* Carta 21/34 €
♦ Terrazza sulle Dolomiti, tra boschi punteggiati da piccole e vecchie malghe; in sala, tra eleganza e ricercatezza, i piatti della tradizione trentina: semplici, gustosi e celebri. Verdi pascoli, incantevoli scorci e silenzio dalle finestre delle camere.

FIESOLE – Firenze (FI) – **563** K15 – **14 119 ab.** – alt. 295 m – ✉ 50014   29 D3
🔲 Toscana

▶ Roma 285 – Firenze 8 – Arezzo 89 – Livorno 124

ℹ️ via Portigiani 3/5 ☎ 055 598720, info.turismo@comune.fiesole.fi.it, Fax 055 598822

👁 Paesaggio★★★ – ⋖★★ su Firenze – Convento di San Francesco★ – Duomo★ : interno★ e opere★ di Mino da Fiesole – Zona archeologica : sito★, Teatro romano★, museo★ – Madonna con Bambino e Santi★ del Beato Angelico nella chiesa di San Domenico Sud-Ovest : 2,5 km BR (pianta di Firenze)

Pianta di Firenze : percorsi di attraversamento

🏨 **Villa San Michele** 🕭   ⋖ 🚗 🛜 ⅃ 𝄞 AC ⅌ rist. 📶 🅿️
via Doccia 4 – ☎ 05 55 67 82 00   🆚🅰 AE ① ⚙
– www.villasanmichele.com – Fax 05 55 67 82 50 – 3 aprile-15 novembre
40 cam ⊇ – 🛏605 € 🛏🛏946/1177 € – 6 suites – ½ P 563/679 €   BR**b**
Rist – Carta 82/149 €
◆ Elegante costruzione quattrocentesca con parco e giardino: atmosfera di charme nell'ex monastero con bella facciata e maestoso panorama. Si organizzano corsi di cucina. Doppia soluzione per la ristorazione: nei mesi estivi è allestita la terrazza protesa su Firenze, in bassa stagione ci si sposta nel chiostro interno.

🏠 **Villa Fiesole**   ⋖ 🚗 🛜 ⅃ 🍴 🕭 🚶 AC 🅿️ 🆚🅰 AE ① ⚙
via Beato Angelico 35 – ☎ 05 55 59 72 52 – www.villafiesole.it – Fax 05 55 59 91 33
32 cam ⊇ – 🛏100/380 € 🛏🛏120/460 € – ½ P 260 €   BR**b**
Rist – (solo per alloggiati) Carta 42/62 €
◆ Una serra ristrutturata e una tipica villa toscana dell'800, con soffitti affrescati: riuscita soluzione per un hotel signorile. Possibilità di seguire corsi di cucina.

🏨 **Villa dei Bosconi** senza rist   🚗 ⅃ 🕭 AC 🅿️ 🆚🅰 AE ① ⚙
via Francesco Ferrucci 51, Nord : 1,5 km – ☎ 05 55 97 78 – www.villadeibosconi.it
– Fax 05 55 97 84 48   BR
21 cam ⊇ – 🛏75/160 € 🛏🛏90/180 €
◆ Tranquillo e accogliente albergo, condotto con professionalità, dispone di ottimi spazi all'aperto, camere di taglio moderno e una bella piscina con solarium recentemente inaugurata.

🏠 **Pensione Bencistà** 🕭   ⋖ 🚗 🕭 🚶 rist. 🅿️ 🆚🅰 ⚙
via Benedetto da Maiano 4 – ☎ 05 55 91 63 – www.bencista.com
– Fax 05 55 91 63 – 15 marzo-10 novembre   BR**c**
38 cam ⊇ – 🛏80/130 € 🛏🛏143/160 € – 2 suites – ½ P 95 €
Rist – Carta 22/30 €
◆ Di origini trecentesche, una vecchia villa fra gli oliveti, cinta da ampio parco-giardino a terrazza con panorama sulla città; atmosfera familiare e arredi d'epoca. Nella semplice e candida sala da pranzo, la cucina tipica toscana dalla prima colazione alla cena.

a Montebeni Est : 5 km – ✉ 50014 Fiesole

✗ **Tullio a Montebeni**   🛜 🆚🅰 AE ① ⚙
⊛ via Ontignano 48 – ☎ 05 55 69 73 54 – www.ristorantetullio.it – Fax 05 55 69 50 47
– chiuso agosto e lunedì
Rist – (chiuso a mezzogiorno in novembre) Carta 25/49 €
◆ Tutto ha avuto inizio da una bottega di paese, qualche piatto caldo per ristorare contadini e cacciatori della zona; oggi la cucina ripropone i medesimi sapori e vini di propria produzione.

ad Olmo Nord-Est : 9 km FT – ✉ 50014 Fiesole

🏠 **Dino**   ⋖ 🕭 🕭 🅿️ 🚗 🆚🅰 AE ① ⚙
⊛ via Faentina 329 – ☎ 05 55 54 89 32 – www.hotel-dino.it – Fax 05 55 54 89 34
18 cam – 🛏50/70 € 🛏🛏80/90 € – ½ P 55/65 €
Rist – (chiuso mercoledì) Carta 19/24 € (+12 %)
◆ Tutto è all'insegna dell'accurata semplicità in quest'angolo di tranquilla collina: un albergo familiare, ben gestito, stanze con arredi sul rustico, ben tenute. Capiente sala ristorante e cucina di impronta locale. Nei fine settimana anche pizzeria.

FIESSO D'ARTICO – Venezia (VE) – **562** F18 – **6 994 ab.** – ✉ 30032   36 C3
🔲 Venezia

▶ Roma 508 – Padova 15 – Milano 247 – Treviso 42

Villa Giulietta senza rist ▮ 🛢 Ⓚ 🖐 ⟨⟩ ⬥ 🅿 𝚅𝙸𝚂𝙰 🆗 🆎 ⓪ 🔆

via Riviera del Brenta 169 – ℰ 04 15 16 15 00 – www.villagiulietta.it
– Fax 04 15 16 12 12
57 cam ⊊ – ▮55/110 € ▮▮90/210 €
♦ Tutte le camere di questa risorsa sono disposte sul retro. Lineare e moderna all'esterno e negli interni, è una bassa struttura situata sulla direttrice tra Padova e Venezia.

FILANDARI – Vibo Valentia (VV) – **564** L30 – **1 896 ab.** – **alt. 440 m**   **5** A2
– ✉ 89851

▶ Roma 594 – Reggio di Calabria 89 – Catanzaro 81 – Cosenza 111

a Mesiano Nord-Ovest : 3 km – ✉ 89851 Filandari

❌ **Frammichè** 🏠 🅿

contrada Ceraso – ℰ 33 88 70 74 76 – Fax 0 96 39 32 09
– chiuso lunedì, domenica da luglio a settembre
Rist – (chiuso a mezzogiorno escluso domenica da ottobre a giugno) Menu 25 €
– Carta 20/25 €
♦ Grande successo per questo piccolo casolare in tranquilla posizione campestre. Particolarmente grazioso il dehors estivo, dove antiche ricette riaffioreranno dall'oblio.

FINALE EMILIA – Modena (MO) – **562** H15 – **15 616 ab.** – **alt. 15 m**   **9** C2
– ✉ 41034

▶ Roma 417 – Bologna 49 – Modena 46 – Padova 102

🏠 **Casa Magagnoli** senza rist ▮ 🕅 Ⓚ 🖐 ⟨⟩ 𝚅𝙸𝚂𝙰 🆗 🆎 🔆

piazza Garibaldi 10 – ℰ 05 35 76 00 46 – www.casamagagnoli.com
– Fax 0 53 59 72 50 – chiuso una settimana in gennaio e una settimana in agosto
13 cam ⊊ – ▮55/65 € ▮▮80/90 €
♦ Nell'Ottocento ospitò un pioniere dell'arte fotografica, oggi invece dedica ogni camera, arredata con gusto minimalista, ai personaggi di Finale ricordati tra gli annali della storia.

❌ **Osteria la Fefa** con cam Ⓚ 📞 𝚅𝙸𝚂𝙰 🆗 🆎 🔆

via Trento-Trieste 9/C – ℰ 05 35 78 02 02 – www.osterialafefa.it
– Fax 0 53 59 17 63 – chiuso 2 settimane in gennaio, 2 settimane in luglio, martedì
8 cam ⊊ – ▮50/65 € ▮▮70/80 €
Rist – (consigliata la prenotazione) Carta 31/44 € 🏵
♦ Il nomignolo ricorda la signora che gestì il locale agli inizi del secolo scorso; nelle salette dall'antico pavimento in mattoni potrete invece ricordare la storia della cucina locale. Raffinate le stanze, arredate con mobili in legno di ciliegio e lenzuola di lino.

FINALE LIGURE – Savona (SV) – **561** J7 – **11 780 ab.** – ✉ 17024   **14** B2
▮ Italia

▶ Roma 571 – Genova 72 – Cuneo 116 – Imperia 52
🛈 via San Pietro 14 ℰ 019 681019, finaleligure@inforiviera.it, Fax 019681804
◉ Finale Borgo★ Nord-Ovest : 2 km
🝖 Castel San Giovanni : ≤★ 1 h a piedi AR (da via del Municipio)

🏠🏠🏠 **Punta Est** ≤ 🚗 🏊 🏠 🌲 ⤣ ▮ Ⓚ 🖐 rist, ⟨⟩ ⬥ 🅿 𝚅𝙸𝚂𝙰 🆗 🆎 🔆

via Aurelia 1 – ℰ 0 19 60 06 11 – www.puntaest.com – Fax 0 19 60 06 11
– 20 aprile-ottobre
42 cam ⊊ – ▮110/220 € ▮▮180/330 € – 3 suites – ½ P 125/210 €
Rist – (maggio-settembre) Carta 45/60 €
♦ Antica dimora settecentesca in un parco ombreggiato da pini secolari e da palme; tutti da scoprire i deliziosi spazi esterni, tra cui una caverna naturale con stalagmiti. Elegante sala da pranzo: soffitti a travi lignee, archi, camino centrale, dehors panoramico.

🏠 **Villa Italia-Careni** 🛁 ▮ 🛢 cam, 🚶 Ⓚ 🖐 rist, 🚐 𝚅𝙸𝚂𝙰 🆗 ⓪ 🔆

via Torino 111 – ℰ 0 19 69 06 17 – www.hotelcareni.it – Fax 0 19 68 00 24
– chiuso da ottobre al 28 dicembre
70 cam – ▮▮100/120 €, ⊊ 12 € – ½ P 50/110 €
Rist – (solo per alloggiati) Menu 30 €
♦ Hotel a conduzione familiare - in posizione leggermente arretrata rispetto al lungomare, ma raggiungibile con due passi - dispone di ambienti semplici e curati: gradevoli le due terrazze solarium.

Medusa 🛜 |🕭| ⅋ cam, ♣♣ 🆓 ⅍ 🅿 🎫 ⓞ 🆎 ⚫

vico Bricchieri 7 – ✆ 0 19 69 25 45 – www.medusahotel.it – Fax 0 19 69 56 79
32 cam ☲ – 🛏52/92 € 🛏🛏82/160 € – ½ P 67/95 €
Rist – *(chiuso novembre) (solo per alloggiati)*
◆ A pochi passi dal mare, ma sempre in pieno centro, albergo a conduzione familiare con piacevoli ed armoniosi arredi nelle camere. Proposte di mare e di terra nel ristorante dai toni rustici.

Internazionale |🕭| ♣♣ 🆓 ⅍ rist, ⓦ 🎫 ⓞ 🆎 ⚫

via Concezione 3 – ✆ 0 19 69 20 54 – www.internazionalehotel.it
– Fax 0 19 69 20 53 – chiuso dal 3 novembre al 28 dicembre
32 cam ☲ – 🛏65/90 € 🛏🛏90/130 € – ½ P 45/105 €
Rist – *(solo per alloggiati)* Menu 30/40 €
◆ Sul lungomare, hotel a conduzione familiare (da oltre 40 anni) completamente ristrutturato sia negli spazi comuni ben curati e luminosi, sia nelle camere funzionali ed accoglienti. Alcune stanze beneficiano di vista mare e terrazze arredate.

Rosita ⧉ 🛜 ⓦ 🅿 🎫 ⓞ ⚫

via Mànie 67, Nord-Est : 3 km – ✆ 0 19 60 24 37 – www.hotelrosita.it
– Fax 0 19 60 17 62 – chiuso dal 7 al 30 gennaio, 20 giorni in febbraio e novembre
12 cam ☲ – 🛏65/85 € 🛏🛏80/90 €
Rist – *(chiuso martedì e mercoledì) (chiuso a mezzogiorno escluso sabato-domenica)* Carta 30/43 €
◆ Panorama sul golfo per un piccolo albergo a conduzione familiare, in zona collinare vicina ad una oasi protetta dell'entroterra. Le semplici camere non lesinano sul confort. Piacevole il servizio ristorante estivo in terrazza con vista mare.

a Finalborgo Nord-Ovest : 2 km – ✉ 17024

XX Ai Torchi 🎫 ⓞ 🆎 ⓞ ⚫

via dell'Annunziata 12 – ✆ 0 19 69 05 31 – Fax 0 19 69 05 31 – chiuso dal 7 gennaio al 10 febbraio e martedì (escluso agosto)
Rist – Carta 45/79 €
◆ Antico frantoio in un palazzo del centro storico: in sala sono ancora presenti la macina in pietra e il torchio in legno. Atmosfera e servizio curati, cucina marinara.

FINO DEL MONTE – Bergamo (BG) – **561** E11 – **1 152 ab.** – alt. 670 m   16 B2
– ✉ 24020

▶ Roma 600 – Bergamo 38 – Brescia 61 – Milano 85

Garden ⧉ 🚲 |🕭| ⅋ rist, ⓦ 🆓 🅿 🚗 🎫 ⓞ 🆎 ⓞ ⚫

via Papa Giovanni XXIII, 1 – ✆ 0 34 67 23 69 – www.fratelliferrari.com
– Fax 0 34 67 16 41 – chiuso due settimane in gennaio
20 cam ☲ – 🛏40/70 € 🛏🛏65/120 € – ½ P 60/95 €
Rist – *(chiuso domenica sera e lunedì)* Carta 39/58 € ⅋
◆ In un angolo verdeggiante, tra l'Altopiano di Clusone e la Conca della Presolana, una comoda struttura alberghiera, nota da tempo, ma in recente fase di rinnovo. Semplice e colorato ristorante disposto su due salette classiche dove gustare anche ottimi piatti di pesce.

FIORANO AL SERIO – Bergamo (BG) – **561** E11 – **2 636 ab.**   19 D1
– alt. 395 m – ✉ 24020

▶ Roma 597 – Bergamo 22 – Brescia 65 – Milano 70

XX Trattoria del Sole 🛜 🎫 ⓞ ⓞ ⚫

piazza San Giorgio 20 – ✆ 0 35 71 14 43 – www.trattoriadelsole.it
– chiuso dal 1° al 10 gennaio, dal 12 al 30 agosto, martedì sera, mercoledì
Rist – Menu 45 € – Carta 38/60 €
◆ Raccolto, intimo e rilassante, una botte in legno coniuga rusticità ed eleganza. Dalla cucina piatti talora ricercati, nelle belle cantine la possibilità di soffermarsi per una degustazione.

FIORANO MODENESE – Modena (MO) – **562** I14 – **16 667 ab.**   8 B2
– alt. 155 m – ✉ 41042

▶ Roma 421 – Bologna 57 – Modena 15 – Reggio nell'Emilia 35

Alexander senza rist   🛗 � 🅰️🅲 ⅏ 🕪 **P** 𝘝𝘐𝘚𝘈 ⓶ 🅰️🅴 ⓪ 🍴
via della Resistenza 46, località Spezzano, Ovest : 3 km ⊠ 41040 Spezzano
– ℰ 05 36 84 59 11 – www.alexander-hotel.it – Fax 05 36 84 51 83 – chiuso dal
10 al 20 agosto
48 cam – †55/78 € ††75/98 €, � 7 €
♦ In quello che anticamente era luogo di villeggiatura di nobili famiglie locali ed oggi un'area a forte vocazione industriale, una struttura moderna ideale per una clientela business.

FIORENZUOLA D'ARDA – Piacenza (PC) – **562** H11 – **14 470 ab.**   **8** A2
– alt. 82 m – ⊠ 29017

▶ Roma 495 – Piacenza 24 – Cremona 31 – Milano 87

Concordia senza rist   🕪 𝘝𝘐𝘚𝘈 ⓶ 🅰️🅴 ⓪ 🍴
via XX Settembre 54 – ℰ 05 23 98 28 27 – www.hotelconcordiapc.com
– Fax 05 23 98 48 41 – chiuso dal 15 al 30 agosto
16 cam ⊊ – †55 € ††75 € – 2 suites
♦ Gestione familiare, tranquillità ed una gentile accoglienza per questo albergo situato in pieno centro storico. L'ambiente è piacevole ed intimo, le stanze eleganti e in stile.

Mathis con cam   🅰️🅲 rist, 🕪 **P** 𝘝𝘐𝘚𝘈 ⓶ 🅰️🅴 ⓪ 🍴
via Matteotti 68 – ℰ 05 23 98 28 50 – www.mathis.it – Fax 05 23 98 10 98
– chiuso dal 13 al 19 agosto
16 cam ⊊ – †60/80 € ††80/100 € – ½ P 58 €
Rist – *(chiuso domenica sera, lunedì)* Carta 24/38 €
♦ Rustico ed informale, il locale è stato realizzato all'interno di una struttura degli inizi del secolo scorso e propone ricette classiche e piacentine. Il nome ricorda un vecchio modello di torpedo. Confortevoli e tranquille le camere. Piacevole anche la tavernetta, dove ritrovarsi per una chiacchierata.

Ponte Vecchio

FIRENZE

Carta Michelin : 563 K15
Popolazione : 364 710 ab.
Altitudine : 49 m
Codice Postale : ⊠ 50122

▮ Toscana
Carta regionale : 29 D3

INFORMAZIONI PRATICHE

⧈ Uffici Informazioni turistiche
via Cavour1 r , ⊠ 50129, ℰ055 290832, Fax 055 2760383

piazza della Stazione 4, ⊠ 50123, ℰ055 212245, turismo3@comune.fi.it,
Fax 055 2381226

Aeroporto
✈ Amerigo Vespucci Nord-Ovest: 4 km AR ℰ 055 3061300, Fax 055 318716

Golf
▣ Parco di Firenze, ℰ055 78 56 27

▦ Dell'Ugolino, ℰ055 2 30 10 09

Fiere
12.01 - 15.01 : Pitti immagine uomo

21.01 - 23.01 : Pitti immagine bimbo

15.06 - 18.06 : Pitti immagine uomo

24.06 - 26.06 : Pitti immagine bimbo

◉ LUOGHI DI INTERESSE

IL CENTRO

Piazza del Duomo★★★ - Piazza della Signoria★★ : Palazzo Vecchio★★★ - S. Lorenzo e Tombe Medicee★★★ - S. Maria Novella★★ : affreschi★★★ del Ghirlandaio - Palazzo Medici Riccardi★★ : affreschi★★★ di Benozzo Gozzoli - S. Croce★★ - Ponte Vecchio★★ - Orsanmichele★ :
Tabernacolo★★ dell'Orcagna - SS. Annunziata★ - Ospedale degli Innocenti★ : Tondi★★ di Andrea della Robbia

OLTRARNO

Palazzo Pitti★★ : Giardino di Boboli★ - S. Maria del Carmine: Cappella Brancacci★★★ (affreschi di Masaccio e Masolino) - S. Spirito★
- Panorama★★★ da Piazzale Michelangelo - S. Miniato al Monte★★

I MUSEI

Galleria degli Uffizi★★★ - Museo del Bargello★★★ - Galleria dell'Accademia★★ : opere★★★ di Michelangelo - Palazzo Pitti★★ : Galleria Palatina★★★ - S. Marco★★ : opere★★★ del Beato Angelico - Museo dell'Opera del Duomo★★ - Museo Archeologico★★ - Opificio delle Pietre Dure★

ACQUISTI

Articoli di cartoleria: Piazza della Signoria, Via de' Tornabuoni, Piazza Pitti - Ricami: Borgo Ognissanti - Articoli in pelle: ovunque, e alla Scuola del cuoio di S. Croce - Moda: Via de' Pucci e Via de' Tornabuoni - Gioielli: Via de' Tornabuoni e Ponte Vecchio

DINTORNI

Certosa del Galluzzo★★ - Ville Medicee★

FIRENZE

PERCORSI DI
ATTRAVERSAMENTO E DI
CIRCONVALLAZIONE

395

FIRENZE

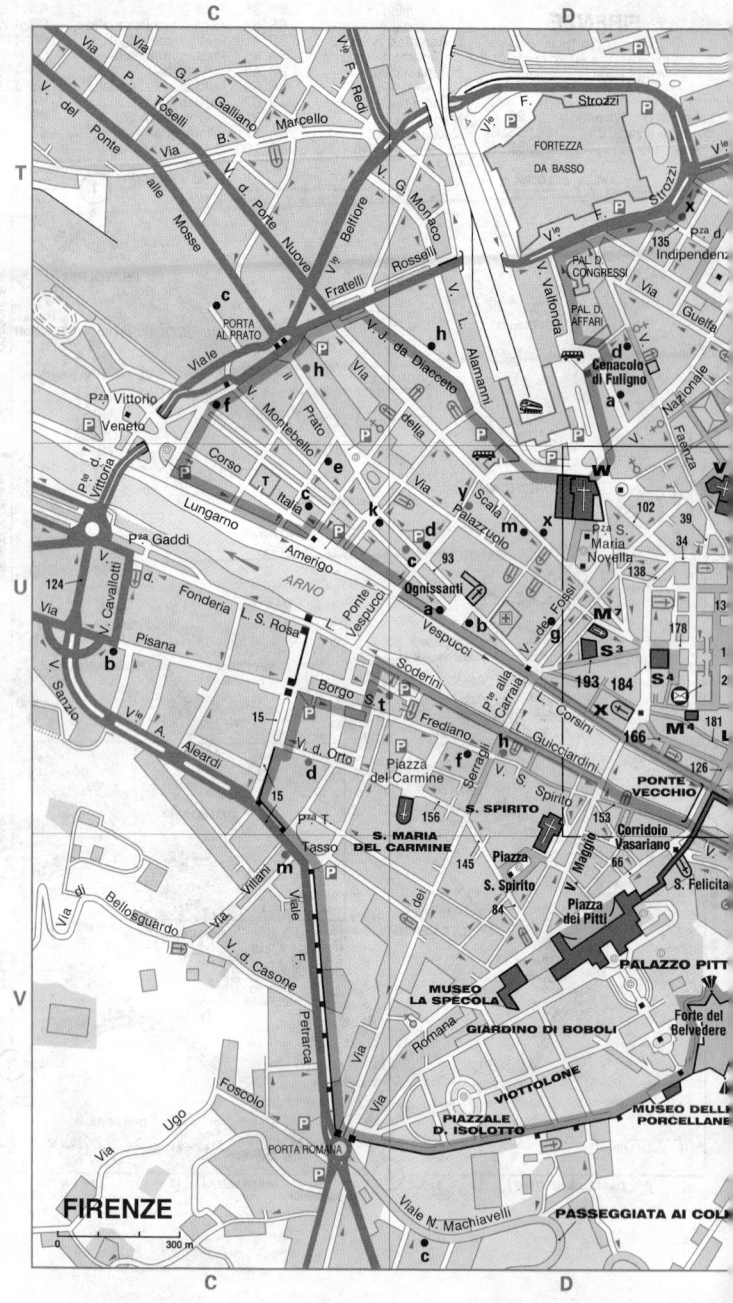

FIRENZE

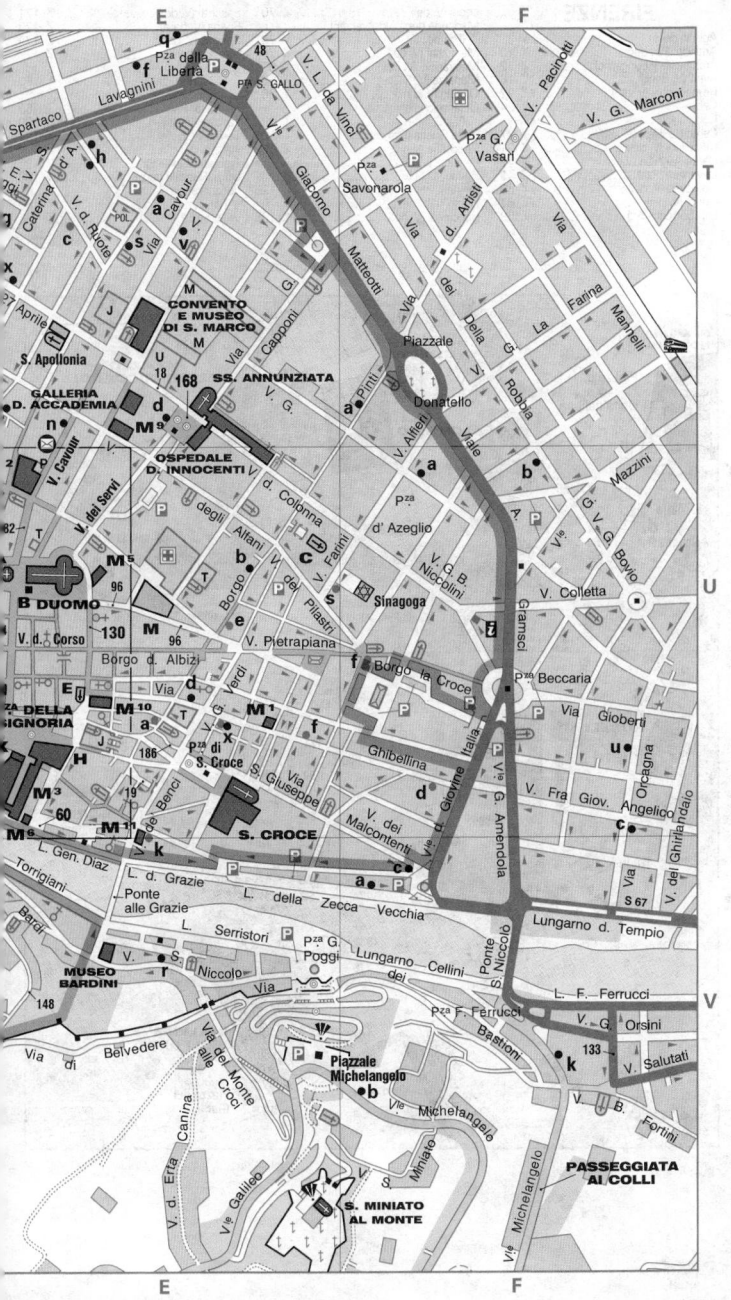

FIRENZE

Circolazione regolamentata nel centro città

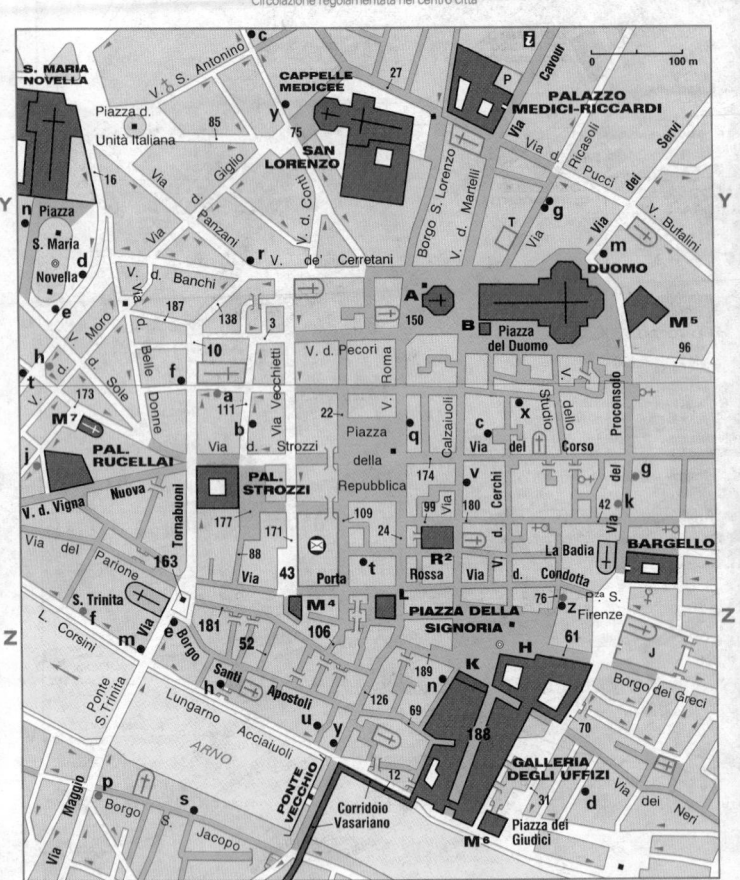

INDICE DELLE STRADE DI FIRENZE

The Westin Excelsior
🗓️ 📶 ⚙️ cam, 🚗 AK ⬆️ ⚙️ 📞 🛁 VISA ⬤ AE ① 💰

piazza Ognissanti 3 ⊠ 50123 – 𝒞 05 52 71 51
– www.westin.com/excelsiorflorence – Fax 05 55 21 02 78 DU**b**
171 cam – 🛏️650 € 🛏️🛏️900/1108 €, ☕ 39 € – 11 suites
Rist – Carta 41/67 €

♦ Saloni e salette di questo aristocratico palazzo, affacciato sull'Arno, sono dedicati alla storia e ricchi di luce e di eleganza; confortevoli e raffinate le camere, arredate in porpora. Quadri alle pareti, soffitti a cassettoni, marmi di Carrara e sapori fiorentini nella sfarzosa sala da pranzo.

Grand Hotel
🗓️ 📶 🛁 AK ⬆️ ⚙️ cam, 📞 VISA ⬤ AE ① 💰

piazza Ognissanti 1 ⊠ 50123 – 𝒞 05 52 71 61
– www.luxurycollection.com/grandflorence – Fax 0 55 21 74 00 DU**a**
101 cam – 🛏️680/1023 € 🛏️🛏️930/1153 €, ☕ 39 € – 6 suites
Rist *Incanto Café Restaurant* – 𝒞 05 52 71 63 767 – Carta 57/72 €

♦ Pensato per chi cerca eleganza e discrezione e racchiuso tra mura ottocentesche, un frammento di Rinascimento fiorentino per rivivere il sontuoso e glorioso passato della città. Più moderna l'atmosfera al ristorante, la cui cucina propone i sapori del Mediterraneo. Terrazza sulla piazza per le sere più calde.

Four Seasons Hotel Firenze
🏡 🏌️ 🎾 🌳 ⚙️ ♨️ 🗓️ 📶 🛁 AK ⬆️ ⚙️ 📞 🛁 VISA ⬤ AE ① 💰

borgo Pinti 99 ⊠ 50121
– 𝒞 05 52 62 61 – www.fourseasons.com/florence – Fax 05 52 62 65 00
71 cam – 🛏️🛏️500/800 €, ☕ 34 € – 45 suites – 🛏️🛏️1000/15000 € FT**a**
Rist *Pelagio* – Carta 74/84 € 🍽️
Rist *Al Fresco* – *(maggio-settembre)* Carta 40/60 €

♦ In un delizioso parco botanico, l'hotel si compone di due edifici: "Palazzo della Gherardesca" e il "Conventino". L'eleganza è di casa in entrambe le strutture: affreschi, bassorilievi e pareti con carta orientale in seta. *Excursus* nell'arte e soggiorno esclusivo. Tappa gourmet al Pelagio. Più *light* Al Fresco.

Savoy
🎾 🗓️ 📶 🛁 🚗 AK ⚙️ 📞 🛁 VISA ⬤ AE ① 💰

piazza della Repubblica 7 ⊠ 50123 – 𝒞 05 52 73 51 – www.hotelsavoy.it
– Fax 05 52 73 58 88 Z**q**
102 cam – 🛏️260/425 € 🛏️🛏️280/700 €, ☕ 32 € – 14 suites
Rist *L'Incontro* – 𝒞 05 52 73 58 91 – Carta 58/96 €

♦ Elegante hotel di storica data, situato nelle vicinanze del Duomo, dei musei e delle grandi firme della moda, dispone di camere ampie e confortevoli, impreziosite da bagni musivi. Piatti fiorentini ed una speciale atmosfera al ristorante che d'estate si apre sulla piazza.

Montebello Splendid
🏡 🎾 🗓️ 📶 🛁 AK ⬆️ ⚙️ rist, 📞 🛁 VISA ⬤ AE ① 💰

via Garibaldi 14 ⊠ 50123 – 𝒞 05 52 74 71
– www.montebellosplendid.com – Fax 05 52 74 77 00 CU**e**
60 cam ☕ – 🛏️150/350 € 🛏️🛏️230/680 € – ½ P 360 € **Rist** – Carta 45/73 €

♦ Tra strade caratteristiche e palazzi storici, questo sontuoso e signorile palazzo vi accoglierà tra i marmi policromi dei suoi ambienti e nel grazioso giardino interno. .

Villa La Vedetta
⬅️ 🏡 🎾 🗓️ 🛁 🚗 AK ⚙️ rist, 📞 🅿️ 🅳

viale Michelangiolo 78 ⊠ 50125 – 𝒞 0 55 68 16 31 VISA ⬤ AE ① 💰
– www.concertohotels.com – Fax 05 56 58 25 44 FV**b**
11 cam ☕ – 🛏️🛏️299/980 €, ☕ 28 € – 7 suites – 🛏️🛏️599/1600 €
Rist *Onice Lounge e Restaurant* – Carta 67/129 € 🍽️

♦ In cima ad una collina, la villa patrizia dispone di un grande terrazzo che offre una rara vista sulla città. All'interno vi attendono ampi ed eleganti spazi e camere tutte diverse. Sedie in raso, tavoli in cristallo e due grandi finestre condurranno dalla sala del ristorante direttamente in giardino.

Relais Santa Croce
🗓️ 🚗 AK ⬆️ ⚙️ 📞 VISA ⬤ AE ① 💰

via Ghibellina 87 ⊠ 50122 – 𝒞 05 52 34 22 30 – www.relaissantacroce.com
– Fax 05 52 34 11 95 EU**x**
20 cam – 🛏️200/330 € 🛏️🛏️300/500 €, ☕ 25 € – 4 suites
Rist – Carta 64/94 €

♦ Lusso ed eleganza nel cuore di Firenze, un'atmosfera unica tra tradizione e modernità, nella quale mobili d'epoca si accostano a tessuti preziosi e ad elementi di design. Tempo, esperienza e passione gli ingredienti gli ingredienti essenziali per realizzare piatti semplici e gustosi di antiche ricette toscane.

Helvetia e Bristol
via dei Pescioni 2 ✉ 50123 – ☎ 05 52 66 51 – www.royaldemeure.com – Fax 0 55 28 83 53 Zb
52 cam – 🛉215/355 € 🛉🛉280/640 €, ☕ 26 € – 15 suites
Rist *Hostaria Bibendum* – ☎ 05 52 66 56 20 – Carta 52/70 €
◆ Accanto al Duomo e a Palazzo Strozzi, il fascino del passato rivive in questa elegante dimora dell'800: camere personalizzate, arredate con quadri d'epoca e pezzi d'antiquariato. Sapori toscani e piatti fantasiosi nella piccola ed elegante sala da pranzo.

Regency
piazza Massimo D'Azeglio 3 ✉ 50121 – ☎ 0 55 24 52 47 – www.regency-hotel.com – Fax 05 52 34 67 35 FUa
31 cam ☕ – 🛉220/405 € 🛉🛉230/532 € – 3 suites
Rist *Relais le Jardin* – Carta 52/66 €
◆ Nata per dare ospitalità agli uomini della storia politica fiorentina, offre confort e tranquillità nei suoi eleganti e discreti spazi in cui conserva il fascino del passato. Due le sale al ristorante: una raccolta ed affacciata sul giardino, l'altra più ricca negli arredi e riscaldata dalla boiserie.

Albani rist,
via Fiume 12 ✉ 50123 – ☎ 05 52 60 30 – www.albanihotels.icom – Fax 0 55 21 10 45 DTa
102 cam ☕ – 🛉130/360 € 🛉🛉170/430 €
Rist – *(solo per alloggiati)* Carta 30/90 €
◆ Elegante ed imponente palazzo del primo Novecento nei pressi della stazione, offre ambienti di raffinata eleganza neoclassica e ricchi di colore, dove non mancano cenni di arte e design.

Grand Hotel Minerva rist,
piazza Santa Maria Novella 16 ✉ 50123 – ☎ 05 52 72 30 – www.concertohotels.com – Fax 0 55 26 82 81 Yn
88 cam ☕ – 🛉145/300 € 🛉🛉155/500 € – 14 suites
Rist *I Chiostri* – *(chiuso domenica)* Carta 40/75 €
◆ E' uno degli hotel più antichi della città ed offre un'accogliente atmosfera impreziosita da opere d'arte, camere arredate con eleganza ed una terrazza con piscina e splendida vista. Illuminato da finestre che si affacciano sul giardino interno, il ristorante propone i piatti della tradizione mediterranea.

Hilton Florence Metropole rist,
via del Cavallaccio 36 ✉ 50142 – ☎ 05 57 87 11 – www.florencemetropole.hilton.com – Fax 0 55 78 71 80 20 ASb
212 cam – 🛉🛉120/195 €, ☕ 15 €
Rist – *(solo per alloggiati)* Carta 43/71 €
◆ Moderna e facilmente raggiungibile dall'aeroporto, l'hotel mette a disposizione dei suoi ospiti camere e spazi comuni arredati con gusto minimalista ed un capiente centro congressi. Al primo piano, ampio ristorante dal moderno design, piacevolmente illuminato da ampie finestre.

De la Ville senza rist
piazza Antinori 1 ✉ 50123 – ☎ 05 52 38 18 05 – www.hoteldelaville.it – Fax 05 52 38 18 09 Yf
68 cam ☕ – 🛉110/290 € 🛉🛉190/420 € – 6 suites
◆ Nella via dello shopping elegante, albergo di gran signorilità in edificio degli anni '60: il settore notte si presenta con spaziose camere in stile ed arredi classici. Spuntini allo Snack Bar. La sera, pianista all'American Bar.

Lungarno
borgo San Jacopo 14 ✉ 50125 – ☎ 05 52 72 61 – www.lungarnohotels.com – Fax 0 55 26 84 37 Zs
73 cam – 🛉231/407 € 🛉🛉341/748 €, ☕ 25 €
Rist *Borgo San Jacopo* – ☎ 0 55 28 16 61 *(chiuso dal 29 luglio al 3 settembre e martedì) (chiuso a mezzogiorno)* Carta 47/71 €
◆ Particolare e suggestiva la posizione sull'Arno di questo hotel che offre eleganti ambienti, tutti caratterizzati da un piccolo particolare. Pregevole la collezione di quadri moderni. Nella moderna sala da pranzo, tenui colori ed una splendida vista sul fiume e su Ponte Vecchio.

J.K. Place senza rist
piazza Santa Maria Novella 7 ✉ *50123 –* 𝒞 *05 52 64 51 81 – www.jkplace.com*
– Fax 05 52 65 83 87   Ye
19 cam ⊊ – ††350/1000 € – 1 suite
♦ Nuova struttura di un'eleganza moderna e ricercata. Grande attenzione è stata prestata all'arredamento che si presenta con un design contemporaneo di alto livello.

Continentale senza rist
vicolo dell'Oro 6 r ✉ *50123 –* 𝒞 *05 52 72 62 – www.lungarnohotels.com*
– Fax 055 28 31 39   Zy
42 cam ⊊ – †253/308 € ††341/429 € – 1 suite
♦ Hotel di moderna eleganza, sorto intorno ad una torre medievale e con una splendida vista su Ponte Vecchio; all'interno, ambienti in design dai vivaci e caldi colori.

Hilton Garden Inn Florence Novoli
via Sandro Pertini 2/9, Novoli ✉ *50127*
– 𝒞 *05 54 24 01 – www.florencenovoli.hgi.com – Fax 05 54 24 02 20*
121 cam – †110/210 € ††130/210 €, ⊊ 12 € – ½ P 107/147 €   ARx
Rist *City* – Carta 45/57 €
♦ Moderna struttura a ridosso dell'autostrada, ideale per una clientela d'affari, presenta spazi comuni luminosi e di grande respiro. Camere confortevoli arredate in squisito stile moderno. Accessori dell'ultima generazione.

AC Firenze
via Luciano Bausi 5 ✉ *50144 –* 𝒞 *05 53 12 01 11 – www.ac-hotels.com*
– Fax 05 53 12 01 12   CTc
117 cam ⊊ – †100/340 € ††110/432 € – 1 suite   **Rist** – Menu 22/55 €
♦ Hotel moderno e personalizzato, aperto da poco più di un anno nei pressi della Fortezza da Basso, dispone di una hall ampia e luminosa e confortevoli camere di ultima generazione.

Santa Maria Novella senza rist
piazza Santa Maria Novella 1 ✉ *50123 –* 𝒞 *055 27 18 40*
– www.hotelsantamarianovella.it – Fax 055 27 18 41 99   Yd
71 cam ⊊ – †150/320 € ††170/450 €
♦ Affacciato sull'omonima artistica piazza, riserva agli ospiti un'accogliente atmosfera, spazi comuni suddivisi in piccoli salottini ed eleganti camere tutte diverse per colori e arredi.

Gallery Hotel Art
vicolo dell'Oro 5 ✉ *50123 –* 𝒞 *05 52 72 63 – www.lungarnohotels.com*
– Fax 055 26 85 57   Zu
69 cam ⊊ – †308/385 € ††330/528 € – 5 suites
Rist *The Fusion* – 𝒞 *055 27 26 69 87 (chiuso agosto)* Carta 45/67 €
♦ Legni africani nelle stanze, bagni ricoperti da pietre mediorientali, scorci di Firenze alle pareti: quasi un museo, dove l'arte cosmopolita crea un'atmosfera indiscutibilmente moderna. Nello stesso stile contemporaneo il ristorante dove la cucina "fusion" regna incontrastata, alla ricerca di innovazione e creatività.

Brunelleschi
piazza Santa Elisabetta 3 ✉ *50122 –* 𝒞 *05 52 73 70 – www.hotelbrunelleschi.it*
– Fax 055 21 96 53   Zc
96 cam ⊊ – †124/530 € ††149/570 € – ½ P 111/322 €
Rist – *(chiuso domenica)* Menu 35/55 €
♦ Sarà la bizantina Torre della Pagliazza, una delle costruzioni più antiche della città, ad ospitarvi. Nelle fondamenta, un piccolo museo conserva cimeli di epoca romana.

Starhotels Michelangelo
viale Fratelli Rosselli 2 ✉ *50123 –* 𝒞 *055 27 84 – www.starhotels.com*
– Fax 05 52 38 22 32   CTf
117 cam ⊊ – ††110/490 € – 2 suites   **Rist** – *(solo per alloggiati)*
♦ Situato di fronte al Parco delle Cascine, offre spaziosi ambienti moderni e funzionali, camere confortevoli con dotazioni di ottimo livello e sale riunioni ben attrezzate. Sobria sala da pranzo al piano interrato.

Monna Lisa senza rist
via Borgo Pinti 27 ✉ *50121 –* 𝒞 *05 52 47 97 51 – www.monnalisa.it*
– Fax 05 52 47 97 55   EUb
45 cam ⊊ – †152/250 € ††226/380 € – 4 suites
♦ Nel centro storico, un palazzo di origini medievali con un imponente scalone, pavimenti in cotto e soffitti a cassettoni che ospita camere e spazi comuni arredati in stile rinascimentale.

🏨 **Palazzo Magnani Feroni** senza rist ᵭ 🆗 ⇤ ⌇ ⟨ɐ⟩ 🚗
borgo San Frediano 5 ⊠ *50124 –* ☏ *05 52 39 95 44* 🆚🆘 🆎 ⓪ 🅢
– www.palazzomagnaniferoni.it – Fax 05 52 60 89 08 DU**f**
12 suites ⊇ – ♥♥200/800 €
♦ Solo lussuose suite in questo palazzo cinquecentesco che ha ospitato i fastosi ricevimenti del Ministro di Francia. Vista panoramica dalla terrazza, che d'estate si trasforma in bar.

🏨 **Borghese Palace Art Hotel** senza rist ⟨ɐ⟩ ᵭ 🕮 ᵭ 🆗 ⟨ɐ⟩
via Ghibellina 174/r ⊠ *50122 –* ☏ *055 28 43 63* 🆚🆘 🆎 ⓪ 🅢
– www.borghesepalace.it – Fax 055 30 20 99 EU**d**
25 cam ⊇ – ♥100/200 € ♥♥140/370 €
♦ Nell'ottocentesco palazzo che fu residenza di Carolina Bonaparte, hotel di recente apertura in cui si fondono l'eleganza classica ed i moderni arredi. Bella e caratteristica la zona relax.

🏨 **Londra** ⟨ɐ⟩ ᵭ 🕮 ᵭ 🆗 ⇤ ⌇ rist, ⟨ɐ⟩ 🕮 🚗 🆚 🆘 🆎 ⓪ 🅢
via Jacopo da Diacceto 18 ⊠ *50123 –* ☏ *05 52 73 90*
– www.concertohotels.com – Fax 055 21 06 82 DT**h**
166 cam ⊇ – ♥170/280 € ♥♥210/395 € **Rist** – Carta 34/62 €
♦ A breve distanza dal polo congressuale e fieristico così come dai principali monumenti della città, offre accoglienti camere con balcone e spazi idonei ad ospitare riunioni di lavoro. La moderna la sala da pranzo dispone anche di salette dedicate ai fumatori.

🏨 **Cerretani** 🕮 ᵭ 🆗 ⇤ ⌇ ⟨ɐ⟩ 🆚 🆘 🆎 ⓪ 🅢
via de' Cerretani 10 ⊠ *50123 –* ☏ *05 52 38 13 01 – www.accorhotels.com*
– Fax 05 52 38 13 12 Y**r**
83 cam – ♥120/394 € ♥♥150/420 €, ⊇ 18 € – ½ P 141/276 €
Rist – Carta 40/45 €
♦ Cura ed eleganza per questo palazzo settecentesco situato a pochi passi dal Duomo dove troverete una cortese accoglienza e moderne camere ben insonorizzate. Il soffitto della sala da pranzo è una vetrata, le pareti dei paesaggi dipinti, la cucina classica e sempre piacevole.

🏨 **Starhotels Tuscany** 🕮 ᵭ 🆗 ⇤ ⌇ cam, ⟨ɐ⟩ 🕮 🅿 🆚 🆘 🆎 ⓪ 🅢
via Di Novoli 59 ⊠ *50127 –* ☏ *055 43 14 41 – www.starhotels.com*
– Fax 05 54 37 82 57 AR**c**
103 cam ⊇ – ♥♥100/400 € **Rist** – *(solo per alloggiati)*
♦ Recentemente ristrutturato ed ammodernato, offre spaziosi ambienti moderni, personalizzati e caratterizzati dall'attenzione per i particolari. Ideale per una clientela commerciale. Design contemporaneo, scure tonalità di colore ed i sapori regionali al ristorante.

🏨 **UNA Hotel Vittoria** 🕮 ᵭ 🆗 ⇤ ⌇ rist, ⟨ɐ⟩ 🕮 🚗
via Pisana 59 ⊠ *50143 –* ☏ *05 52 27 71* 🆚 🆘 🆎 ⓪ 🅢
– www.unahotels.it – Fax 055 22 27 72 CU**b**
84 cam ⊇ – ♥94/427 € ♥♥94/502 € **Rist** – *(solo per alloggiati)* Carta 34/51 €
♦ Albergo di ultima generazione dalle forme bizzarre, una miscela di confort, colori ed innovazione. La fantasia ha avuto pochi limiti e il risultato è assolutamente particolare, unico.

🏨 **Adler Cavalieri** senza rist ⟨ɐ⟩ ᵭ 🕮 ᵭ 🆗 ⟨ɐ⟩ 🆚 🆘 🆎 ⓪ 🅢
via della Scala 40 ⊠ *50123 –* ☏ *055 27 78 10 – www.hoteladlercavalieri.com*
– Fax 055 27 78 15 09 DU**x**
60 cam ⊇ – ♥115/265 € ♥♥150/350 €
♦ Albergo di equilibrata eleganza in prossimità della stazione. Ottimamente insonorizzato, dispone di camere luminose e di accoglienti spazi comuni dove il legno è stato ampiamente usato.

🏨 **Grand Hotel Adriatico** 🚗 🕮 ᵭ cam, 🆗 ⇤ ⌇ ⟨ɐ⟩ 🕮 🅿
via Maso Finiguerra 9 ⊠ *50123 –* ☏ *05 52 79 31* 🆚 🆘 🆎 ⓪ 🅢
– www.hoteladriatico.it – Fax 055 28 96 61 DU**d**
126 cam ⊇ – ♥230 € ♥♥350 € **Rist** – *(chiuso domenica)* Carta 35/49 €
♦ In comoda posizione centrale per chi si trova a Firenze per lavoro o per piacere, dispone di parcheggio privato, un'ampia hall e camere moderne e funzionali di sobria eleganza. Due sale tranquille ed accoglienti ed un piacevole giardino vi ospiteranno per gustare proposte toscane e nazionali.

🏨 **Lorenzo il Magnifico** senza rist 🚗 🕮 ᵭ 🆗 ⌇ ⟨ɐ⟩ 🕮 🅿
via Lorenzo il Magnifico 25 ⊠ *50129* 🆚 🆘 🆎 ⓪ 🅢
– ☏ *05 54 63 08 78 – www.lorenzoilmagnifico.net – Fax 055 48 61 68*
38 cam ⊇ – ♥90/240 € ♥♥110/280 € – 1 suite ET**f**
♦ Cinta da un piccolo giardino, un'elegante villa che nel tempo ospitò anche un convento. Oggi dispone di spazi accoglienti dove l'atmosfera del passato sposa le moderne tecnologie.

Pierre senza rist 🖪 👌 AC ⚡ 🕻 VISA ⚉ AE ① 🖪
via Dè Lamberti 5 ⊠ 50123 – ℰ 055 21 62 18 – www.remarhotels.com
– Fax 05 52 39 65 73   Zt
44 cam ⊃ – †150/265 € ††210/410 €
◆ L'eleganza si affaccia ovunque in questo hotel sito in pieno centro e recentemente
ampliato; caldi e confortevoli gli ambienti, arredati in stile ma dotati di accessori moderni.

Berchielli senza rist ≤ 🖪 AC ⇌ ⚡ 🕻 🔊 VISA ⚉ AE ① 🖪
lungarno Acciaiuoli 14 ⊠ 50123 – ℰ 055 26 40 61 – www.berchielli.it
– Fax 055 21 86 36   Zh
76 cam ⊃ – †145/290 € ††190/400 €
◆ Vetrate artistiche policrome, impagabili viste sull'Arno e su Ponte Vecchio e camere accoglienti dalle calde tonalità di colore: una finestra affacciata sulla storia di Firenze.

Il Guelfo Bianco senza rist 🖪 👌 AC 🕻 VISA ⚉ AE ① 🖪
via Cavour 29 ⊠ 50129 – ℰ 055 28 83 30 – www.ilguelfobianco.it
– Fax 055 29 52 03   ETn
40 cam – †80/155 € ††100/250 €
◆ Nel cuore della Firenze medicea, indirizzo valido per il turista e per chi viaggia per affari,
offre camere confortevoli, alcune con soffitto affrescato, e spazi comuni di gusto moderno.

San Gallo Palace senza rist 👌 AC ⇌ ⚡ 🕻 🔊 VISA ⚉ AE ① 🖪
via Lorenzo il Magnifico 2 ⊠ 50129 – ℰ 055 46 38 71 – www.sangallopalace.it
– Fax 05 54 63 87 04   ETq
54 cam ⊃ – †115/230 € ††175/350 € – 2 suites
◆ Di recente apertura, il palazzo si affaccia sull'omonima porta e dispone di una signorile
hall, confortevoli spazi comuni e moderne camere di sobria eleganza, tutte doppie.

Calzaiuoli senza rist 🖪 AC 🕻 VISA ⚉ AE ① 🖪
via Calzaiuoli 6 ⊠ 50122 – ℰ 055 21 24 56 – www.calzaiuoli.it
– Fax 055 26 83 10   Zv
45 cam ⊃ – †160/350 € ††200/450 €
◆ In pieno centro storico, tra piazza del Duomo e piazza della Signoria, sorge sulle vestigia di
una torre medievale; al suo interno, spazi comuni di modeste dimensioni e camere confortevoli.

Rivoli ⛫ 🖪 👌 cam, AC ⇌ ⚡ cam, 🕻 🔊 VISA AE ① 🖪
via della Scala 33 ⊠ 50123 – ℰ 055 52 78 61 – www.hotelrivoli.it
– Fax 055 29 40 41   DUm
80 cam ⊃ – †230 € ††350 €   **Rist** – Carta 32/45 €
◆ Vicino a S. Maria Novella, questo convento quattrocentesco è oggi un hotel dotato di
ambienti con soffitti a volta o a cassettoni e di un gradevole patio con vasca idromassaggio
riscaldata. Vicino a S. Maria Novella, questo convento quattrocentesco è oggi un hotel dotato
di ambienti con soffitti a volta o a cassettoni e di un gradevole patio con vasca idromassaggio riscaldata.

Executive senza rist 🖪 👌 AC 🕻 🔊 VISA ⚉ AE ① 🖪
via Curtatone 5 ⊠ 50123 – ℰ 055 21 74 51 – www.hotelexecutive.it
– Fax 055 26 83 46   CUk
46 cam ⊃ – †130/220 € ††180/360 € – 2 suites
◆ Recentemente ampliato e sempre maestoso questo palazzo dell'800 ospita ampi spazi
comuni e lussuose camere copn affreschi ai soffitti, camini in marmo, stampe e mobili d'epoca.

Athenaeum 🕿 🖪 👌 rist, AC 🕻 🔊 ⛽ VISA ⚉ AE ① 🖪
via Cavour 88 ⊠ 50129 – ℰ 055 58 94 56 – www.hotelathenaeum.com
– Fax 055 56 14 08   ETv
60 cam ⊃ – †100/260 € ††120/430 € – ½ P 250 €
Rist – (chiuso sabato a mezzogiorno, domenica) Carta 34/57 €
◆ Ambiente moderno e di tendenza con camere dall'arredo essenziale, in sintonia con il
resto della casa, ma sempre di tradizione artigiana. Garage privato. Design contemporaneo
anche al ristorante che vanta una cucina Toscana. Patio interno per piacevoli cene estive.

Villa Belvedere senza rist ❀ ≤ 🌳 🎾 🖪 👬 AC ⚡ P
via Benedetto Castelli 3 ⊠ 50124 – ℰ 055 22 25 01   VISA ⚉ AE ① 🖪
– www.villabelvederefirenze.it – Fax 055 22 31 63 – marzo-20 novembre
26 cam ⊃ – †80/100 € ††100/180 €   BSc
◆ Al centro di uno splendido giardino con piscina, dal quale si possono ammirare la città e
le colline tutt'intorno, la villa assicura tranquillità ed ambienti signorili, ma familiari.

🏠 **Residenza del Moro** senza rist 🌳 ⇅ ♿ [AC] 📶 VISA 💳 [AE] ⓓ $
via del Moro 15 ✉ *50123 –* ☎ *0 55 29 08 84 – www.residenzadelmoro.com – Fax 05 52 64 74 94* DU**g**
6 cam ☕ – 👤240 € 👥280 € – 5 suites – 👥460/700 €
♦ Un accurato restauro ha restituito l'originario splendore a questo palazzo cinquecentesco costruito per volere dei marchesi Niccolini-Bourbon. Ora, gli antichi affreschi dialogano con stupende opere d'arte contemporanea: una lussuosa dimora nel cuore di *Florentia*.

🏠 **Hotel Home** senza rist 🏋 ⇅ ♿ [AC] 📶 🤝 VISA 💳 [AE] ⓓ $
piazza Piave 3 ✉ *50122 –* ☎ *0 55 24 36 68 – www.hhflorence.it – Fax 05 52 00 98 52* FV**c**
39 cam ☕ – 👤160/290 € 👥210/350 €
♦ All'interno della graziosa palazzina si respira un'atmosfera giovane, modaiola, ma - come il nome lascia intendere - anche di casa. La prima colazione si condivide su tre soli tavoli e il colore bianco regna sovrano. Originale!

🏠 **Cellai** senza rist [AC] 📶 VISA 💳 [AE] ⓓ $
via 27 Aprile 14 ✉ *50129 –* ☎ *0 55 48 92 91 – www.hotelcellai.it – Fax 0 55 47 03 87* ET**x**
68 cam ☕ – 👤110/160 € 👥129/235 €
♦ Ambienti accoglienti, mobilio d'epoca, una splendida vista sui colli fiorentini e mostre temporanee in questa struttura poco distante dai maggiori centri di interesse culturale.

🏠 **Porta Faenza** senza rist ⇅ ♿ [AC] 📶 VISA 💳 [AE] ⓓ $
via Faenza 77 ✉ *50123 –* ☎ *0 55 28 41 19 – www.hotelportafaenza.it – Fax 0 55 21 01 01* DT**d**
25 cam ☕ – 👤90/210 € 👥110/230 €
♦ Piccolo ma grazioso hotel ricavato in un palazzo del Settecento poco distante dal Palazzo dei Congressi, offre camere piacevoli e molto curate ed un'impeccabile e cortese ospitalità.

🏠 **Inpiazzadellasignoria** – Residenza d'epoca senza rist ⇅ [AC] 🚭 📶 VISA 💳 [AE] ⓓ $
via de' Magazzini 2 ✉ *50122 –* ☎ *05 52 39 95 46 – www.inpiazzadellasignoria.com – Fax 05 52 67 66 16* Z**z**
12 cam ☕ – 👤160/220 € 👥220/290 €
♦ Elegante e ricca di personalità, una piccola residenza che vuole regalare agli ospiti la magia della Firenze rinascimentale: varcate una porta o affacciatevi ad una finestra e non avrete dubbi.

🏠 **Palazzo Benci** senza rist 🌳 ⇅ [AC] 🚭 📶 🤝 VISA 💳 [AE] ⓓ $
piazza Madonna degli Aldobrandini 3 ✉ *50123 –* ☎ *0 55 21 38 48 – www.palazzobenci.com – Fax 0 55 28 83 08* Y**y**
35 cam ☕ – 👤75/140 € 👥110/195 €
♦ Risultato del restauro della cinquecentesca residenza della famiglia Benci, questo storico palazzo custodisce confortevoli camere di moderna eleganza ed un grazioso cortile interno.

🏠 **Botticelli** senza rist ⇅ ♿ [AC] VISA 💳 [AE] ⓓ $
via Taddea 8 ✉ *50123 –* ☎ *0 55 29 09 05 – www.hotelbotticelli.it – Fax 0 55 29 43 22* ET**p**
34 cam ☕ – 👤70/150 € 👥120/240 €
♦ Poco distante dal mercato di S.Lorenzo e dalla cattedrale, l'hotel si trova in un palazzo del '500 nelle cui zone comuni conserva volte affrescate; camere graziose ed una piccola terrazza coperta.

🏠 **Albergotto** senza rist [AC] 📶 VISA 💳 [AE] $
via Dè Tornabuoni 13 ✉ *50123 –* ☎ *05 52 39 64 64 – www.albergotto.com – Fax 05 52 39 81 08* Z**e**
22 cam ☕ – 👤81/270 € 👥155/335 €
♦ Nel 1860 anche il romanziere inglese George Eliot scelse questo albergo durante il suo viaggio in Italia. Sito in un palazzo del centro, offre oggi piacevoli ed eleganti camere.

🏠 **Relais Uffizi** senza rist 🐎 ⇅ [AC] 📶 VISA 💳 [AE] $
chiasso de' Baroncelli-chiasso del Buco 16 ✉ *50122 –* ☎ *05 52 67 62 39 – www.relaisuffizi.it – Fax 05 52 65 79 09* Z**n**
12 cam ☕ – 👤80/120 € 👥140/220 €
♦ In un vicoletto a due passi dagli Uffizi, un palazzo medievale dalla calda atmosfera con camere ampie e luminose, arredate con mobili d'epoca. Una sosta nel bel salotto sarà ricompensata dalla vista di piazza della Signoria, sulla quale le grandi finestre si affacciano.

Loggiato dei Serviti senza rist 🛗 🚹 🎛 💱 🛉 VISA ⚫ AE ⓪ 🛗
piazza strada statale Annunziata 3 ⊠ 50122 – 𝒞 0 55 28 95 92
– www.loggiadeiservitihotel.it – Fax 0 55 28 95 95 — ET**d**
34 cam 😑 – 🛉80/150 € 🛉🛉120/220 € – 4 suites
♦ Costruito dai Padri serviti nel 1527, l'hotel offre tranquillità, confort ed una discreta eleganza e conserva anche negli interni le sue affascinanti caratteristiche originali.

De Rose Palace senza rist 🛗 🎛 🛉 VISA ⚫ AE ⓪ 🛗
via Solferino 5 ⊠ 50123 – 𝒞 05 52 39 68 18 – www.hotelderose.it
– Fax 0 55 26 82 49 — CU**c**
18 cam 😑 – 🛉70/135 € 🛉🛉100/220 €
♦ Ospitato in un palazzo fiorentino nei pressi del teatro Comunale, offre eleganti e spaziose camere, alcune con arredo ricercato ed una piacevole atmosfera familiare.

Caravaggio senza rist 🛗 🚹 🚼 🎛 🛉 VISA ⚫ AE 🛗
piazza Indipendenza 5 ⊠ 50129 – 𝒞 0 55 49 63 10 – www.hotelcaravaggio.it
– Fax 05 54 63 33 97 — DT**e**
37 cam 😑 – 🛉55/180 € 🛉🛉70/220 €
♦ Camere spaziose e ben arredate, accoglienza familiare ed una moderna saletta per la colazione a buffet in questo edificio del XIX secolo, sorto sulle ceneri di tre vecchie pensioni.

Classic senza rist 🚂 🛗 🎛 🛉 P VISA ⚫ AE 🛗
viale Machiavelli 25 ⊠ 50125 – 𝒞 0 55 22 93 51 – www.classichotel.it
– Fax 0 55 22 93 53 — DV**c**
20 cam – 🛉70/125 € 🛉🛉105/160 €, 😑 8 €
♦ Dietro al giardino di Boboli e circondato da alberi secolari, questo villino ottocentesco è stato convertito in un hotel accogliente con graziose camere arredate in stile. Sala colazioni dalle volte fiorite.

Malaspina senza rist 🛗 🚹 🎛 💱 🛉 VISA ⚫ AE ⓪ 🛗
piazza dell'Indipendenza 24 ⊠ 50129 – 𝒞 0 55 48 98 69
– www.malaspinahotel.it – Fax 0 55 47 48 09 — ET**g**
31 cam 😑 – 🛉60/163 € 🛉🛉70/245 €
♦ Nel XIII secolo i Malaspina ospitarono Dante presso il castello di Fosdinovo. La tradizione dell'accoglienza continua oggi in una dimora novecentesca e nei suoi ambienti arredati in stile.

Della Robbia senza rist 🛗 🎛 🛉 P VISA ⚫ AE ⓪ 🛗
via dei della Robbia 7/9 ⊠ 50132 – 𝒞 05 52 63 85 70
– www.hoteldellarobbia.it – Fax 05 52 46 63 71
– chiuso agosto — FU**b**
19 cam 😑 – 🛉90/145 € 🛉🛉109/210 €
♦ Pratico ed utile indirizzo per chi sceglie un soggiorno alla scoperta della cultura artistica fiorentina: costruito nel primo Novecento, il villino sfoggia suggestioni liberty nei signorili interni.

Grifone senza rist 🛗 🎛 💱 🛉 P VISA ⚫ AE ⓪ 🛗
via Pilati 20/22 ⊠ 50136 – 𝒞 0 55 62 33 00 – www.hotelgrifonefirenze.com
– Fax 0 55 67 76 28 — BS**n**
83 cam 😑 – 🛉71/88 € 🛉🛉89/116 €
♦ Ben collegato al Palaffari, l'albergo è frequentato per lo più da una clientela business e dispone di un ampio parcheggio gratuito e di moderne camere ben accessoriate.

River senza rist ≤ 🛗 🚹 🎛 VISA ⚫ AE ⓪ 🛗
lungarno della Zecca Vecchia 18 ⊠ 50122 – 𝒞 05 52 34 35 29
– www.lhphotels.com – Fax 05 52 34 35 31 — FV**a**
38 cam 😑 – 🛉🛉79/220 €
♦ Palazzina dell'Ottocento, propone camere spaziose e confortevoli, quelle all'ultimo piano dispongono di un piacevole terrazzino dal quale contemplare il fiume ed il quartiere di Santa Croce.

Benivieni senza rist 🛗 🚹 🎛 🛉 VISA ⚫ AE ⓪ 🛗
via delle Oche 5 ⊠ 50122 – 𝒞 05 52 38 21 33 – www.hotelbenivieni.it
– Fax 05 52 39 82 48 — Z**x**
15 cam 😑 – 🛉🛉90/220 €
♦ Palazzo del XV secolo che dalla seconda metà dell'800 ospitò un oratorio ebraico. Luminosa hall, camere ampie e confortevoli, piccolo giardino d'inverno nella corte interna coperta.

Galileo senza rist 🖼 ⓙ 🗚 🆅🆂🅰 ⓜⓞ 🗛🗉 ⓞ ⓢ
via Nazionale 22/a ✉ *50123 –* ☎ *0 55 49 66 45 – www.galileohotel.it*
– Fax 0 55 49 64 47   DT**b**

31 cam ⊑ – 🛉50/110 € 🛉🛉70/180 €

♦ Piccolo hotel dove rilassarsi dopo una giornata trascorsa alla scoperta dell'affascinante artistico passato di Firenze: le camere sono confortevoli e curate, cortese e attenta l'ospitalità.

Rosary Garden senza rist 🖼 🗚 🖤 🅿 🆅🆂🅰 ⓜⓞ 🗛🗉 ⓞ ⓢ
via di Ripoli 169 ✉ *50126 –* ☎ *05 56 80 01 36 – www.rosarygarden.it*
– Fax 05 56 80 04 58   BS**v**

13 cam ⊑ – 🛉89/180 € 🛉🛉115/220 €

♦ Intimo e piacevole hotel alla periferia della città, dall'atmosfera piuttosto inglese, propone confortevoli ed eleganti camere; un must il tè delle cinque, servito con torte e cantucci.

David senza rist 🚗 🖼 🗚 🖤 🅿 🆅🆂🅰 ⓜⓞ 🗛🗉 ⓢ
viale Michelangiolo 1 ✉ *50125 –* ☎ *05 56 81 16 95 – www.davidhotel.it*
– Fax 0 55 68 06 02   FV**k**

25 cam ⊑ – 🛉100/140 € 🛉🛉120/160 €

♦ Il piacere di essere accolti in una villa che conserva intatta la sua antica atmosfera; colazione a buffet, graziose camere con vista sul giardino e la cortesia di una conduzione familiare.

Bonifacio senza rist 🖼 🗚 🖤 🆅🆂🅰 ⓜⓞ 🗛🗉 ⓞ ⓢ
via Bonifacio Lupi 21 ✉ *50129 –* ☎ *05 54 62 71 33 – www.hotelbonifacio.it*
– Fax 05 54 62 71 32   ET**h**

19 cam ⊑ – 🛉55/175 € 🛉🛉70/190 €

♦ A pochi passi dal Duomo, in un palazzo dell'800, l'albergo è stato recentemente rinnovato e dispone di ambienti confortevoli. Con la bella stagione la colazione è allestita all'aperto.

Unicorno senza rist 🖼 🗚 🆅🆂🅰 ⓜⓞ 🗛🗉 ⓞ ⓢ
via dei Fossi 27 ✉ *50123 –* ☎ *0 55 28 73 13 – www.hotelunicorno.it*
– Fax 0 55 26 83 32   Y**t**

27 cam ⊑ – 🛉🛉60/200 €

♦ Nei pressi di piazza S.Maria Novella, un albergo che dispone di zone comuni contenute, ma di camere spaziose e confortevoli, con parquet e arredi recenti.

Fiorino senza rist 🗚 🖤 🆅🆂🅰 ⓜⓞ 🗛🗉 ⓢ
via Osteria del Guanto 6 ✉ *50122 –* ☎ *0 55 21 05 79 – www.hotelfiorino.it*
– Fax 0 55 26 89 80   Z**d**

23 cam ⊑ – 🛉75/130 € 🛉🛉95/160 €

♦ Accoglienza cortese e familiare, passione per l'ospitalità e arredi semplici in questo piccolo albergo che occupa tre piani di un edificio alle spalle degli Uffizi e di palazzo Vecchio.

Orcagna senza rist 🖼 🗚 🖤 🚐 🆅🆂🅰 ⓜⓞ 🗛🗉 ⓞ ⓢ
via Orcagna 57 ✉ *50121 –* ☎ *0 55 66 99 59 – www.hotelorcagnafirenze.it*
– Fax 0 55 67 05 00   FU**u**

18 cam ⊑ – 🛉60/130 € 🛉🛉70/150 €

♦ Piccolo ed informale, l'hotel si trova in una zona tranquilla, a due passi da Santa Croce, e propone camere semplici e molto curate. Graziosa la sala colazioni.

Silla senza rist 🖼 🗚 ♉ 🖤 🚐 🆅🆂🅰 ⓜⓞ 🗛🗉 ⓞ ⓢ
via dei Renai 5 ✉ *50125 –* ☎ *05 52 34 28 88 – www.hotelsilla.it*
– Fax 05 52 34 14 37   EV**r**

36 cam ⊑ – 🛉120/160 € 🛉🛉130/190 €

♦ E' gradevole consumare d'estate la prima colazione o anche solo rilassarsi sull'ampia terrazza di questo albergo di ambiente familiare sito sulla riva sinistra dell'Arno.

Palazzo Niccolini al Duomo – Residenza d'epoca senza rist 🗚 🖤
via dei Servi 2 ✉ *50122*   🆅🆂🅰 ⓜⓞ 🗛🗉 ⓞ ⓢ
– ☎ *0 55 28 24 12 – www.niccolinidomepalace.com*
– Fax 0 55 29 09 79   Y**m**

7 cam ⊑ – 🛉190/220 € 🛉🛉200/240 € – 3 suites – 🛉🛉350/500 €

♦ Nel Quattrocento, in questo palazzo accanto al Duomo Donatello aveva la sua bottega. Oggi, potrete trovare camere molto ampie e di charme, con soffitti affrescati e arredi di pregio.

↑ **B&B Antica Dimora Firenze** senza rist AC SA (T)
via Sangallo 72 – ℰ 05 54 62 72 96 – www.anticadimorafirenze.it
– Fax 05 54 63 44 50 ET**s**
6 cam □ – ††110/145 €
♦ Confortevole ed elegante, offre camere arredate con mobili d'epoca, sete, lini e letti a baldacchino, tutte differenti fra loro per il colore e per le piacevoli personalizzazioni.

↑ **Antica Torre di via Tornabuoni N. 1** – Residenza d'epoca senza rist
via Tornabuoni 1 ⊠ 50123 💱 AC (T) VISA ◉◉ AE ① ⑤
– ℰ 05 52 65 81 61 – www.tornabuoni.com
– Fax 055 21 88 41 Z**m**
12 cam □ – †140/280 € ††160/305 €
♦ Nella torre agli ultimi piani di un palazzo medievale, offre camere spaziose e luminose, ma il suo punto di forza sono certamente le due terrazze dalle quali si domina Firenze.

↑ **B&B Novecento** senza rist AC SA VISA ◉◉
via Ricasoli 10 ⊠ 50122 – ℰ 055 21 41 38 – www.bbnovecentofirenze.it
– Fax 055 52 71 79 54 Y**g**
6 cam □ – †65/130 € ††95/150 €
♦ Piccolo affittacamere accanto al Duomo, propone camere semplici e molto confortevoli ed una graziosa ed intima sala colazioni. Dalla terrazza si può ammirare Santa Maria del Fiore.

↑ **B&B Le Residenze Johlea** senza rist 💱 AC SA (T)
via Sangallo 76/80 n ⊠ 50129 – ℰ 05 54 63 32 92 – www.johanna.it
– Fax 05 54 63 45 52 ET**a**
12 cam □ – †65/110 € ††90/160 €
♦ Cortesia, signorilità, tocco femminile e bei mobili d'epoca in due piccole, calde bomboniere; eleganti le camere, tutte differenti tra loro grazie a ricercate personalizzazioni.

↑ **B&B Relais Il Campanile** senza rist AC (T) VISA ◉◉ AE ⑤
via Ricasoli 10 ⊠ 50122 – ℰ 055 21 16 88 – www.relaiscampanile.it
– Fax 055 52 67 59 89 Y**g**
8 cam – †40/55 € ††70/120 €, □ 5 €
♦ Nato nel 2001 al primo piano di un palazzo del Seicento a pochi passi dai negozi e dai musei del centro, offre camere carine, arredate con letti in ferro battuto da artigiani fiorentini.

↑ **B&B Villino il Magnifico** senza rist AC (T) VISA ◉◉ AE ① ⑤
via Orcagna 24/26 ⊠ 50121 – ℰ 05 56 26 60 53 – www.villinoilmagnifico.com
– Fax 05 55 67 42 83 FU**c**
6 cam □ – ††50/110 €
♦ Poco distante dal centro, il villino è comodamente raggiungibile in auto o con i mezzi pubblici ed offre confortevoli camere con arredi d'epoca ed una graziosa sala colazioni.

↑ **Locanda di Firenze** senza rist 💱 AC (T) VISA ◉◉ ① ⑤
via Faenza 12 ⊠ 50123 – ℰ 05 55 28 43 40 – www.locandadifirenze.com
– Fax 055 28 43 52 Y**c**
6 cam □ – †60/110 € ††70/120 €
♦ Sei piacevoli camere al terzo piano di un palazzo del Settecento, situate direttamente nel pulsante cuore culturale della città. Tranquillo ed elegante.

↑ **B&B Residenza Hannah e Johanna** senza rist ⑤ 💱 AC (T)
via Bonifacio Lupi 14 ⊠ 50129 – ℰ 05 55 48 18 96 – www.johanna.it
– Fax 055 48 27 21 ET**h**
10 cam □ – †70/80 € ††95/130 €
♦ Una cordiale accoglienza sarà il benvenuto offerto da questo sobrio e familiare affittacamere al primo piano di un palazzo dell'800; semplici le camere, spaziose e confortevoli.

↑ **B&B Residenza Johanna** senza rist AC SA (T) P
⌖ *via Cinque Giornate 12* ⊠ 50129 – ℰ 055 47 33 77 – www.johanna.it
– Fax 055 47 33 77 BRS**a**
6 cam □ – ††80/90 €
♦ Piccola dimora dall'atmosfera familiare ma al contempo signorile, propone solo sei stanze, graziose e curate nell'arredo e nell'accostamento dei colori; prenotare per il parcheggio interno.

408

🍴🍴🍴🍴🍴 **Enoteca Pinchiorri** (Annie Féolde) ⛱ [AC] ⇔ [VISA] ◐ [AE] $
✿✿✿ *via Ghibellina 87 ✉ 50122 – ☎ 0 55 24 27 77 – www.enotecapinchiorri.com – Fax 0 55 24 49 83 – chiuso dal 15 al 27 dicembre, 3 settimane in agosto, domenica, lunedì* EU**x**

Rist – *(chiuso a mezzogiorno escluso giovedì-venerdì-sabato)* (prenotazione obbligatoria a mezzogiorno) Menu 250/300 € – Carta 195/265 € 🍇

Spec. Cannelloni di ricotta e mortadella gratinati, con nocciole e fonduta di parmigiano. Maialino romagnolo croccante, purea di patate con capperi e mela al tè, sorbetto di frutta rossa e cipolla. Mr. Brown: cremoso, biscotto, gelato e meringa al caffè.

◆ Scenografico sin dall'ingresso, è il tesoro gastronomico di Firenze: l'arte si mescola alla cucina in un moltiplicarsi di citazioni toscane e creative, leggendaria cantina.

🍴🍴🍴 **Don Chisciotte** [AC] 🚭 ⇔ [VISA] ◐ [AE] ◑ $
via Ridolfi 4 r ✉ 50129 – ☎ 0 55 47 54 30 – www.ristorantedonchisciotte.it – Fax 0 55 48 53 05 – chiuso agosto, domenica, lunedì a mezzogiorno

Rist – Carta 43/78 € DT**x**

◆ Presso la Fortezza da basso, un ambiente di sobria eleganza in cui ritrovare creative interpretazioni che prendono spunto dalla tradizione toscana. Buona scelta di vini

🍴🍴🍴 **Cibrèo** ♿ [AC] ⇔ [VISA] ◐ [AE] ◑ $
via A. Del Verrocchio 8/r ✉ 50122 – ☎ 05 52 34 11 00 – chiuso dal 31 dicembre al 6 gennaio, agosto, domenica, lunedì FU**f**

Rist – Carta 71/81 €

◆ Ambiente d'informale eleganza e sempre alla moda, dove regnano un servizio giovane e spigliato ed una cucina curata e fantasiosa ma sempre legata alla tradizione.

🍴🍴🍴 **Rossini** ♿ [AC] 🚭 [VISA] ◐ [AE] ◑ $
lungarno Corsini 4 ✉ 50123 – ☎ 05 52 39 92 24 – www.ristoranterossini.it – Fax 05 52 71 79 90 – chiuso mercoledì Z**f**

Rist – Menu 75 € – Carta 59/89 €

◆ La breve distanza da Ponte Vecchio ed il background storico-letterario sono la cornice di questo raffinato ristorante, dove la cucina tradizionale incontra nuovi accostamenti.

🍴🍴🍴 **Alle Murate** [AC] 🚭 [VISA] ◐ [AE] ◑ $
via del Proconsolo 16 r ✉ 50122 – ☎ 0 55 24 06 18 – www.allemurate.it – Fax 0 55 28 89 50 – chiuso lunedì Z**g**

Rist – *(chiuso a mezzogiorno)* Menu 60/90 € – Carta 76/101 €

◆ Soffitti dalle volte affrescate, resti archeologici ed una moderna, ricercata eleganza: un locale particolare dove ambientare una cena a lume di candela. Cucina contemporanea.

🍴🍴🍴 **Ora D'Aria** [AC] [VISA] ◐ [AE] $
via Ghibellina 3/C r, (trasferimento previsto in via dei Georgofili 9/r primo semestre 2010) ✉ 50126 – ☎ 05 52 00 16 99 – www.oradariaristorante.com – Fax 05 52 00 16 99 – chiuso agosto e domenica FU**d**

Rist – (prenotazione obbligatoria) Menu 45/60 € – Carta 52/68 €

◆ E' il nome a spiegare la posizione e ad evocare l'intento della cucina: in prossimità del vecchio carcere, si propone di offrire una rilassante e piacevole pausa alla quotidiana frenesia.

🍴🍴🍴 **Taverna del Bronzino** [AC] [VISA] ◐ [AE] $
via delle Ruote 25/27 r ✉ 50129 – ☎ 0 55 49 52 20 – Fax 05 54 62 00 76 – chiuso agosto e sabato a mezzogiorno, domenica ET**c**

Rist – Carta 53/68 € 🍇

◆ Nel contestodi un palazzo cinquecentesco, cortesia e ospitalità si fondono con la signorilità dell'ambiente e la passione per la cucina. Piatti ancorati alla tradizione toscana.

🍴🍴 **Belcore** [AC] 🚭 [VISA] ◐ [AE] ◑ $
via dell'Albero 30r ✉ 50123 – ☎ 0 55 21 11 98 – www.ristorantebelcore.it – chiuso dal 16 al 25 agosto, martedì, mercoledì a mezzogiorno DU**y**

Rist – Carta 39/50 €

◆ Una carta dei vini generosa in quanto a numero di etichette ed un menu che contempla "idealmente" tre linee di cucina: specialità di pesce, ricette della tradizione italo-toscana e piatti più moderni.

🍴🍴 **Baccarossa** [AC] [VISA] [MC] [AE] $

via Ghibellina 46/r ✉ 50122 – ☎ 0 55 24 06 20 – www.baccarossa.it
– Fax 05 52 00 99 56 EU**f**
Rist – Carta 38/59 €

◆ Tavoli in legno, vivaci colori ed eleganza in questa enoteca bistrot che propone una gustosa cucina mediterranea: paste fatte in casa, specialità di pesce e qualche piatto a base di carne. Tutti i vini presenti nella carta sono disponibili anche al bicchiere.

🍴🍴 **Buca Mario** [VISA] [MC] [AE] [D] $

piazza Degli Ottaviani 16 r ✉ 50123 – ☎ 0 55 21 41 79 – www.bucamario.it
– Fax 05 52 64 73 36 – chiuso dall'11 al 22 dicembre Y**h**
Rist – *(chiuso a mezzogiorno escluso sabato e domenica)* Carta 41/63 €

◆ Nel cuore di Firenze - nelle cantine di Palazzo Niccolini - questo storico locale aperto nel 1886 continua a conquistare per la qualità della sua cucina. Nel piatto: il meglio della tradizione gastronomica toscana.

🍴🍴 **Osteria Tornabuoni** [AC] [VISA] [MC] [AE] $

via dei Corsi 5r ✉ 50123 – ☎ 0 55 27 73 51 – www.osteriatornabuoni.it
– Fax 05 52 77 35 55 – chiuso 15 giorni in agosto e domenica Z**a**
Rist – Menu 25/70 € – Carta 36/54 € 🍇

◆ Al piano terra dell'omonimo prestigioso palazzo, un locale moderno e alla moda che vuole essere un omaggio ai prodotti di qualità della regione. Nel piatto: ottime carni, formaggi e salumi. Nel bicchiere: l'imbarazzo della scelta, tante sono le etichette...

🍴🍴 😋 **Pane e Vino** [AC] [VISA] [MC] [D] $

piazza di Cestello 3 r ✉ 50125 – ☎ 05 52 47 69 56 – www.ristorantepaneevino.it
– Fax 05 52 47 69 56 – chiuso 10 giorni in agosto e domenica CDU**t**
Rist – *(chiuso a mezzogiorno)* Carta 34/52 €

◆ Familiare e curato, provvisto di un curioso soppalco in legno, questo piacevole locale propone una cucina della tradizione regionale, rivisitata con fantasia.

🍴🍴 **dei Frescobaldi** [AC] 🚭 [VISA] [MC] $

via dè Magazzini 2/4 r ✉ 50122 – ☎ 0 55 28 47 24 – www.deifrescobaldi.it
– Fax 05 52 65 65 35 – chiuso dal 1° al 7 gennaio, dal 10 al 31 agosto, domenica, lunedì a mezzogiorno Z**z**
Rist – (prenotazione obbligatoria) Carta 38/51 € 🍇

◆ Per questi produttori di vino, il salto alla ristorazione è stato un'avventura. Ecco il risultato: due accoglienti salette tra sasso e legno a vista dove gustare piatti regionali e non solo.

🍴🍴 **Angels** [AC] [VISA] [MC] [AE] [D] $

via del Proconsolo 29/31 ✉ 50123 – ☎ 05 52 39 87 62 – www.ristoranteangels.it
– Fax 05 52 39 81 23 – chiuso dal 10 al 25 agosto Z**k**
Rist – Carta 28/48 € 🍇

◆ Un ambiente moderno e in stile, seppur inserito in una cornice storica, ideale per una clientela giovane. Cucina mediterranea e proposte semplici a pranzo. American bar.

🍴🍴 **Il Guscio** ♿ [AC] 🚭 ⛭ [VISA] [MC] $

via dell'Orto 49 ✉ 50124 – ☎ 0 55 22 44 21 – www.il-guscio.it
– Fax 0 55 22 44 21 – chiuso agosto e domenica; anche sabato in luglio
Rist – *(chiuso a mezzogiorno)* Carta 30/47 € 🍇 CU**d**

◆ Gestito da diversi anni da una famiglia dalla grande passione per i vini, il locale propone una cucina legata alla tradizione del territorio, semplice ma sfiziosa.

🍴 **Fiorenza** [AC] [VISA] [MC] [AE] [D] $

via Reginaldo Giuliani 51 r ✉ 50141 – ☎ 0 55 41 28 47 – Fax 0 55 41 69 03
– chiuso agosto, sabato a mezzogiorno, domenica BR**d**
Rist – Carta 34/48 €

◆ Piccola ed accogliente trattoria, frequentata da fiorentini e da una clientela di lavoro che, alle tradizionali proposte regionali, abbina, nel week-end, una cucina di pesce.

🍴 😋 **Il Santo Bevitore** ⛭ [VISA] [MC] $

via Santo Spirito 64/66 r ✉ 50125 – ☎ 0 55 21 12 64 – www.ilsantobevitore.com
– Fax 0 55 21 12 64 – chiuso dal 10 al 20 agosto e domenica a mezzogiorno
Rist – Carta 22/37 € DU**h**

◆ Locale giovane ed accogliente, in buona posizione nel quartiere di Sanfrediano. Cucina della tradizione toscana, ma a cena anche tocchi di creatività. Buon rapporto qualità-prezzo.

X **Osteria Caffè Italiano** `AC ⇔ VISA ⌾ ⚡`
via Isola delle Stinche 11 ⊠ 50122 – ℰ 0 55 28 93 68 – www.caffeitaliano.it
– Fax 0 55 28 89 50 – chiuso lunedì EU**a**
Rist – Carta 34/45 € 🍽 (+15 %)
♦ Caratteristico e informale. Situato nel trecentesco palazzo Salviati, il locale si compone di accoglienti salette nelle quali gustare una cucina non solo regionale. Ottima lista vini.

X **Trattoria Cibrèo-Cibreino** `AC`
🍴 *via dei Macci 122/r ⊠ 50122 – ℰ 05 52 34 11 00 – chiuso dal 31 dicembre al 6 gennaio, agosto, domenica, lunedì* FU**f**
Rist – Carta 26/32 €
♦ Superata la fila per entrare, troverete graziose sale molto semplici ed informali, arredate con tavoli piccoli, ed una sfiziosa cucina tradizionale a prezzi concorrenziali.

X **Zibibbo** `AC ⇔ VISA ⌾ AE ① ⚡`
via di Terzollina 3r ⊠ 50139 – ℰ 0 55 43 33 83 – www.trattoriazibibbo.com
– Fax 0 55 54 28 90 70 – chiuso 1 settimana in agosto BR**h**
Rist – *(chiuso sabato a mezzogiorno, domenica)* Carta 39/55 €
♦ Decentrato ma piacevole e molto apprezzato dalla clientela locale, numerosa anche a pranzo. Piccola zona d'ingresso con bar, cucina leggermente eclettica e calorosa ospitalità.

X **Ruth's** `AC VISA ⌾ AE ⚡`
🍴 *via Farini 2 ⊠ 50121 – ℰ 05 52 48 08 88 – www.kosheruth.com*
– Fax 05 52 48 08 88 – chiuso venerdì sera, sabato a mezzogiorno e le festività ebraiche EU**s**
Rist – Menu 18/28 € – Carta 21/33 €
♦ Accanto alla Sinagoga, un caposaldo della ristorazione etnica, originale alternativa ai sapori di casa dove sperimentare una fantasiosa cucina ebraica kosher, vegetariana e di pesce.

X **Il Profeta** `AC ⅍ ⇔ VISA ⌾ AE ① ⚡`
borgo Ognissanti 93 r ⊠ 50123 – ℰ 0 55 21 22 65
– www.ristoranteilprofeta.com – Fax 0 55 21 22 65 – chiuso dal 10 al 25 dicembre e domenica (escluso aprile-giugno e settembre-ottobre)
Rist – Carta 31/52 € (+10 %) DU**c**
♦ Semplice ed accogliente trattoria situata nel centro storico, propone piatti legati soprattutto alla tradizione toscana ed un servizio attento e ben organizzato. Prezzi onesti.

X **Baldini** `AC VISA ⌾ AE ⚡`
via il Prato 96 r ⊠ 50123 – ℰ 0 55 28 76 63 – www.trattoriabaldini.com
– Fax 0 55 28 76 63 – chiuso dal 24 dicembre al 3 gennaio, dal 1° al 20 agosto, sabato, domenica sera, in giugno-luglio anche domenica a mezzogiorno
Rist – Carta 29/40 € CT**h**
♦ Semplice e familiare trattoria, nei pressi della Porta al Prato, si articola in due salette informali nelle quali gustare una cucina genuina, piatti tipici fiorentini ma anche nazionali.

X **La Giostra** `AC ⅍ VISA ⌾ AE ① ⚡`
borgo Pinti 10 r ⊠ 50121 – ℰ 0 55 24 13 41 – www.ristorantelagiostra.com
– Fax 05 52 26 87 81 EU**e**
Rist – Carta 44/59 €
♦ Piccolo ristorante dalla doppia personalità ma con salde radici nella tradizione regionale: affollato all'ora di pranzo, intimo e d'atmosfera a cena. Grande savoir faire e competenza.

X **Alla Vecchia Bettola** `AC`
viale Vasco Pratolini 3/7 n ⊠ 50124 – ℰ 0 55 22 41 58
– www.allavecchiabettola.it – Fax 05 52 27 63 60 – chiuso dal 23 dicembre al 2 gennaio, dal 15 al 30 agosto, domenica, lunedì CV**m**
Rist – Carta 28/46 €
♦ Caratteristica ed informale trattoria di S.Frediano, con tavoloni di marmo e fiasco di chianti a consumo, dove la cucina è fiorentina e casalinga. Atmosfera ospitale e servizio veloce.

X **Il Latini** `AC VISA ⌾ ① ⚡`
🍴 *via dei Palchetti 6 r ⊠ 50123 – ℰ 0 55 21 09 16 – www.illatini.com*
– Fax 0 55 28 97 94 – chiuso dal 24 dicembre al 5 gennaio e lunedì
Rist – Carta 35/45 € Z**j**
♦ Turisti e gente del posto fanno la coda anche a mezzogiorno per mangiare in questa trattoria, apprezzata tanto per la cucina quanto per l'esuberante ed informale atmosfera.

X **Del Fagioli** ⬜ AK ☒
corso Tintori 47 r ✉ 50122 – ℰ 055 24 42 85 – www.localistorici.it
– Fax 055 24 42 85 – chiuso agosto, sabato, domenica EV**k**
Rist – Carta 22/27 €
♦ Tipica trattoria toscana in centro città: chi ai fornelli e chi in sala, l'intera famiglia si occupa del locale e propone una sana cucina fiorentina ed una accoglienza schietta.

X **Cammillo** AK VISA ☒☒ AE ☒
borgo Sant'Jacopo 57 r ✉ 50125 – ℰ 055 21 24 27 – Fax 055 21 29 63
– chiuso dal 23 dicembre al 6 gennaio, dal 28 luglio al 26 agosto, martedì,
mercoledì Z**p**
Rist – Carta 40/54 €
♦ Trattoria dalla conduzione diretta, attiva da ben sessant'anni, che trova consensi tra i concittadini: dalla cucina giungono piatti della tradizione, alcuni a base di pesce.

ad Arcetri Sud : 5 km BS – ✉ 50125

🏠 **Villa Le Piazzole** ⬚ ☒ 🚗 🏠 ☒ ⚓ AK ☒ 🅿
via Suor Maria Celeste 28 – ℰ 055 22 35 20 VISA ☒☒ AE ☒ ☒
– www.lepiazzole.com – Fax 055 22 34 95 – chiuso dal 20 dicembre
all'8 gennaio BS**b**
14 cam ☲ – †150/230 € ††190/270 €
Rist – (prenotazione obbligatoria) *(solo per alloggiati)*
♦ In posizione dominante e panoramica sulla valle dell'Ema, punteggiata di antiche pievi e case coloniche, l'elegante dimora offre spazi personalizzati da ricercati arredi d'epoca.

XX **Omero** ⬚ ☒ ☒ VISA ☒☒ AE ☒ ☒
via Pian de' Giullari 49 – ℰ 055 22 00 53 – www.ristoranteomero.it
– Fax 055 23 36 183 – chiuso dall'11 al 31 agosto e martedì BS**d**
Rist – Carta 43/52 € ☒
♦ Curato ristorante con vista sui colli, da trent'anni gestito dalla medesima famiglia. Curioso e caratteristico l'ambiente dove gustare la cucina tipica. Servizio estivo serale in terrazza.

a Galluzzo Sud : 6,5 km BS – ✉ 50124

🏠 **Marignolle Relais & Charme** senza rist ⬚ ☒ 🚗 ☒ AK ☒ ☒
via di San Quirichino 16, località Marignolle ☒ 🅿 VISA ☒☒ AE ☒ ☒
– ℰ 055 22 86 910 – www.marignolle.com – Fax 055 20 47 396 AS**a**
7 cam ☲ – †110/225 € ††130/285 €
♦ In posizione incantevole sui colli, questa signorile residenza offre molte attenzioni e stanze tutte diverse, dai raffinati accostamenti di tessuti; piscina panoramica nel verde.

🏠 **B&B Residenza la Torricella** senza rist ⬚ 🚗 ☒ 🅿 VISA ☒☒ ☒
via Vecchia di Pozzolatico 25 – ℰ 055 23 21 818
– www.farmholidaylatorricella.it – Fax 055 20 47 402
– chiuso dal 20 gennaio al 20 marzo e dal 20 novembre al 20 dicembre
6 cam ☲ – †80/100 € ††100/130 € BS**a**
♦ Circondata dai colli e dalla tranquillità della campagna, questa antica casa colonica offre una affabile accoglienza familiare, camere personalizzate, giardini e terrazze.

X **Trattoria Bibe** ☒ 🅿 VISA ☒☒ AE ☒
via delle Bagnese 15 – ℰ 055 20 49 085 – www.trattoriabibe.com
– Fax 055 20 47 167 – chiuso dal 21 gennaio all'8 febbraio, dal 10 al
25 novembre AS**c**
Rist – *(chiuso a mezzogiorno escluso sabato e domenica e festivi)* Carta 27/34 €
♦ Anche Montale immortalò nei suoi versi questa trattoria: rustica e alla mano, gestita dalla stessa famiglia da quasi due secoli, dove trovare piatti tipici. Servizio estivo all'aperto.

a Serpiolle Nord : 8 km BR – ✉ 50100 Firenze

XX **Lo Strettoio** ☒ ☒ ☒ 🅿 VISA ☒☒ AE ☒
via di Serpiolle 7 – ℰ 055 42 50 044 – www.lostrettoio.com – Fax 055 42 50 044
– chiuso agosto, domenica sera, lunedì BR**g**
Rist – Carta 47/56 €
♦ La sola magnifica vista sulla città che avrete da questa maestosa villa secentesca vale il viaggio. Nascosto tra gli olivi, rustico ma signorile, il locale offre una cucina tradizionale rivisitata.

412

sull'autostrada al raccordo A 1 - A 11 Firenze Nord Nord-Ovest : 10 km AR :

8A **Unaway Firenze Nord** 🛗 ⛄ AC ↯ ℁ rist. 🎙 🏋 P

✉ *50013 Campi Bisenzio* – 𝒞 *0 55 44 71 11* ⬜ VISA ⬤ AE ① 💲
– *www.unawayhotels.it* – *Fax 05 54 21 90 15* ARu
151 cam ⬜ – †74/259 € ††74/305 € **Rist** – Carta 34/49 €

♦ Ideale per una clientela di lavoro o di passaggio, grande struttura di recente costruzione, moderna ed ordinata, che dispone di confortevoli camere doppie ad eventuale uso singola. Il ristorante offre a mezzogiorno servizio self-service, di sera servizio alla carta.

in prossimità casello autostrada A1 Firenze Sud Sud-Est : 6 km BS :

🏨 **Sheraton Firenze Hotel** 🍴 ℁ 🛗 ⛄ AC ↯ ℁ rist. 🎙 🏋 P 🚗

via G. Agnelli 33 ✉ *50126* – 𝒞 *05 56 49 01* VISA ⬤ AE ① 💲
– *www.sheraton.it* – *Fax 0 55 68 07 47* BSr
325 cam ⬜ – †170/240 € ††200/270 €
Rist *Primavera* – Carta 35/58 €

♦ Facilmente raggiungibile dall'autostrada, grande complesso elegante e moderno, dotato di spazi attrezzati per ospitare conferenze e riunioni, spaziose camere e servizio navetta per la città. Sobrio ed accogliente, il ristorante propone specialità internazionali e regionali.

FISCHLEINBODEN = Campo Fiscalino

FISCIANO – Salerno (SA) – **564** E26 – **13 214 ab.** – alt. 300 m – ✉ 84084 6 B2
▶ Roma 260 – Napoli 63 – Latina 113 – Salerno 16

a Gaiano Sud-Est : 2 km – ✉ 84084 Fisciano

🏠 **Agriturismo Barone Antonio Negri** 🌿 ≤ 🚗 ℥ 🐾 ⛄ cam,

via Teggiano 8 – 𝒞 *0 89 95 85 61* – *www.agrinegri.it* 🏃 P VISA ⬤ 💲
– *Fax 0 89 89 11 80*
5 cam ⬜ – †55/65 € ††100/110 € – ½ P 80 €
Rist – (prenotazione obbligatoria) Menu 25/35 €

♦ Piacevole azienda agrituristica in posizione tranquilla e dominante, all'interno di un giardino ombreggiato con piccola piscina; camere semplici, nuove, fresche e pulite. Cucina casereccia, genuina, presentata su una lavagnetta posta all'ingresso.

FIUGGI – Frosinone (FR) – **563** Q21 – **9 420 ab.** – alt. 747 m – ✉ 03014 13 C2
▶ Roma 82 – Frosinone 33 – Avezzano 94 – Latina 88
🄸, 𝒞 0775 51 52 50

XX **La Torre** 🏠 AC ℁ ⟷ VISA ⬤ AE ① 💲

piazza Trento e Trieste 29 – 𝒞 *07 75 51 53 82* – *www.ristorantelatorre.biz*
– *chiuso dal 9 al 24 gennaio, dal 27 giugno al 3 luglio, domenica sera, lunedì a mezzogiorno, martedì*
Rist – Menu 35/60 € – Carta 31/52 €

♦ Nella parte alta e vecchia di Fiuggi, proprio sulla piazza del Municipio, lontano dall'atmosfera termale, pochi tavolini all'aperto e due sale, per piatti creativi.

X **La Locanda** ℁ VISA ⬤ AE 💲

via Padre Stanislao 4 – 𝒞 *07 75 50 58 55* – *www.lalocandafiuggi.com*
– *Fax 07 75 50 58 55* – *chiuso febbraio, dal 25 giugno al 7 luglio e lunedì*
Rist – Carta 22/34 €

♦ Troverete i sapori della tradizione ciociara nella rustica e caratteristica sala di questo ristorante, accolto nelle cantine di un edificio del '400. Cucina del territorio.

a Fiuggi Fonte Sud : 4 km – alt. 621 m – ✉ 03014

🄸 piazza Frascara 4 𝒞 0775 515019, iat.fiuggi@apt.frosinone.it, Fax 0775 548604

🏨 **Grand Hotel Palazzo della Fonte** 🌿 ≤ 🏠 ℥ 🖥 ⬤ 🐾 🎵

via dei Villini 7 ℁ 🛗 AC ℁ rist. 🎙 🏋 P VISA ⬤ AE ① 💲
– 𝒞 *07 75 50 81* – *www.palazzodellafonte.com* – *Fax 07 75 50 67 52*
153 cam ⬜ – †120/320 € ††160/360 € – ½ P 146/228 €
Rist – Carta 50/78 €

♦ Sulla cima di un colle, un parco con piscina e una struttura liberty, già affascinante hotel dal 1912; stucchi e decorazioni, camere raffinate e splendidi bagni marmorei. Al ristorante ambienti che accolsero reali e personalità famose.

Fiuggi Terme 🚗 🛥 🍴 🛎 ⚅ 🅰🅲 ⚝ rist. 🌐 🖬 🅿 VISA ⓘ 🅰🅴 ⓘ 🔆
via Capo i Prati 9 – ☎ 07 75 51 52 12 – www.hotelfiuggiterme.it
– Fax 07 75 50 65 66
60 cam ☷ – †75/150 € ††120/240 € – 4 suites – ½ P 80/160 €
Rist – Menu 35 €
♦ Situato all'interno di un parco lussureggiante, questa elegante e raffinata struttura alberghiera - recentemente ristrutturata - dispone di camere belle e confortevoli. Per gli amanti dello sport: una grande piscina e due campi da tennis tra pini ed ippocastani. Cucina saporita e sfiziosa nel luminoso ristorante.

Ambasciatori 🛎 ⚇ 🅰🅲 ⚝ 🌐 🖬 🅿 🚗 VISA ⓘ 🅰🅴 🔆
via dei Villini 8 – ☎ 07 75 51 43 51 – www.albergoambasciatori.it
– Fax 07 75 50 42 82 – chiuso dal 6 gennaio a febbraio
86 cam ☷ – †39/149 € ††49/179 € – ½ P 80/135 €
Rist – (chiuso a mezzogiorno) (solo per alloggiati) Menu 15/40 €
♦ Centrale, vicino a terme e negozi, due grandi terrazze consentono di evadere dal rumore. Marmi lucenti nella hall, camere d'impostazione classica. Diverse sale ristorante, la più grande con soffitti a lucernari in vetro colorato.

San Giorgio 🚗 🛎 ⚇ 🅰🅲 ⚝ 🌐 🖬 🅿 VISA ⓘ 🅰🅴 ⓘ 🔆
via Prenestina 31 – ☎ 07 75 51 53 13 – www.hotel-sangiorgio.it
– Fax 07 75 51 50 12 – aprile-novembre
85 cam ☷ – †80/120 € ††110/160 € – ½ P 85 €   **Rist** – Carta 28/40 €
♦ Tradizionale riferimento per la clientela termale, con il vantaggio di avere un giardino ombreggiato in pieno centro, un hotel oggi orientato anche ad habitué di lavoro. Sala da pranzo piuttosto ampia, anche a vocazione banchettistica.

Argentina 🎵 🛎 ⚇ 🅰🅲 ⚝ 🌐 🖬 🅿 VISA ⓘ 🅰🅴 ⓘ 🔆
via Vallombrosa 22 – ☎ 07 75 51 51 17 – www.albergoargentina.it
– Fax 07 75 51 57 48 – chiuso dal 10 novembre al 25 marzo
54 cam ☷ – †50/75 € ††60/80 € – ½ P 60 €
Rist – (solo per alloggiati) Carta 16/50 €
♦ Cinto dal verde di un piccolo parco ombreggiato che lo rende tranquillo, seppur ubicato a pochi passi dalle Fonti Bonifacio, un albergo semplice, a conduzione familiare.

Belsito 🚗 🛎 ⚝ 🖬 🅿 VISA ⓘ 🅰🅴 🔆
via Fiume 4 – ☎ 07 75 51 50 38 – www.hotelbelsitofiuggi.com
– Fax 07 75 51 50 38 – maggio-ottobre
34 cam ☷ – †35/45 € ††50/60 € – ½ P 34/42 €
Rist – (solo per alloggiati) Menu 22 €
♦ Sito in centro, in una via di scarso traffico, un indirizzo comodo e interessante; piccolo spazio antistante, per briscolate serali all'aperto. Cortesia e familiarità.

FIUMALBO – Modena (MO) – **562** J13 – **1 296 ab.** - alt. 935 m   8 B2
– ✉ 41022

▶ Roma 369 – Pisa 95 – Bologna 104 – Lucca 73

a Dogana Nuova Sud : 2 km – ✉ 41022

Val del Rio ≼ 🛁 🛎 ⚅ 🖬 🅿 VISA ⓘ 🅰🅴 ⓘ 🔆
via Giardini 221 – ☎ 05 36 73 90 01 – Fax 05 36 73 30 44 – chiuso dal 1° al 15 maggio
30 cam – †40/60 € ††80/100 €, ☷ 8 € – ½ P 65/85 €   **Rist** – Carta 27/40 €
♦ Circondato da sentieri che vi condurranno alle più alte cime dell'Appennino, l'hotel offre un'atmosfera familiare, ambienti in stile montano e camere rinnovate. Boiserie e drappeggi nell'ampia ed elegante sala da pranzo, dove troverete le specialità della cucina regionale. Per cene informali, la moderna pizzeria.

Bristol ≼ 🚗 ⚝ rist. 🌐 🖬 🅿 VISA ⓘ 🅰🅴 ⓘ 🔆
via Giardini 274 – ☎ 05 36 73 90 12 – www.hotelbristol.tv – Fax 05 36 73 41 36
– chiuso ottobre e novembre
24 cam ☷ – †45/55 € ††70/85 € – ½ P 50/68 €   **Rist** – Carta 28/35 €
♦ Situato all'inizio della Val di Luce, un elegante hotel realizzato in tipico stile montano che dispone di moderne e confortevoli camere. Ideale punto di partenza per escursioni estive. Accomodatevi nell'accogliente sala da pranzo per gustare i piatti della tradizione emiliana.

FIUME VENETO – Pordenone (PN) – **562** E20 – 11 081 ab. – alt. 20 m   **10 B3**
– ⊠ 33080

> ▶ Roma 590 – Udine 51 – Pordenone 6 – Portogruaro 20

XX **L'Ultimo Mulino** con cam ॐ   ⟨⟩ 命 AC ⑭ rist, "ı" ⅍ P
via Molino 45, località Bannia, Sud-Est : 3,5 km   VISA ⓸ AE ⅍
– ℰ 04 34 95 79 11 – www.lultimomulino.com – Fax 04 34 95 84 83 – chiuso
dal 4 al 19 gennaio e dal 9 al 24 agosto
8 cam ⊡ – †110/130 € ††160/200 €
Rist – *(chiuso domenica sera e lunedì)* Carta 35/78 €
♦ Circondato dal pacifico rumore dei torrenti, un mulino secentesco dalle pareti in pietra
grezza, familiare e accogliente, in cui regna il calore della residenza di campagna. Specialità
di pesce. Sobrie e gradevoli le camere, arredate con vena romantica e accessoriate
con moderni confort.

FIUMICELLO DI SANTA VENERE – Potenza – **564** H29 – Vedere Maratea

---

FIUMICINO – Roma (RM) – **563** Q18 – ⊠ 00054   **12 B2**

> ▶ Roma 31 – Anzio 52 – Civitavecchia 66 – Latina 78
>
> ✈ Leonardo da Vinci, Nord-Est: 3,5 km ℰ 06 65951
>
> ⌦ per Arbatax e Golfo Aranci – Tirrenia Navigazione, call center 892 123

🏨🏨🏨 **Hilton Rome Airport**   ⬛ 命 ₤ₒ ℀ 崣 AC ⇜ ℀ cam, "ı" ⅍ P
via Arturo Ferrarin 2 ⊠ 00050 – ℰ 0 66 52 58   VISA ⓸ AE ① ⅍
– www.hilton.com – Fax 06 65 25 61 12
515 cam ⊡ – ††245/450 € – 2 suites   **Rist** – Carta 46/50 €
♦ Non vi è un'unica grande hall bensì tante piccole salette, mentre le stanze sono particolarmente ampie, ma anche eleganti. Maestosa e moderna, la struttura si propone a una clientela
business ed internazionale.

🏨🏨🏨 **Courtyard Marriott Rome Airport**   ⛱ ℐ ₤ₒ 崣 & AC ⇜ "ı"
via Portuense 2470 – ℰ 06 99 93 51   ⅍ P VISA ⓸ AE ① ⅍
– www.gwhotels.it – Fax 06 99 93 58 88
187 cam ⊡ – †110/270 € ††140/400 € – ½ P 100/200 €   **Rist** Carta 45/85 €
♦ Moderno complesso di carattere internazionale, si trova nei pressi del principale scalo aeroportuale romano e propone camere tutte identiche tra loro per eleganza d'arredo e confort. .

XX **Pascucci al Porticciolo**   命 AC ℀ VISA ⓸ AE ① ⅍
viale Traiano 85 – ℰ 06 65 02 92 04 – www.alporticciolo.net – Fax 0 66 52 16 59
Rist – *(chiuso a mezzogiorno escluso nel periodo invernale)* Carta 53/78 €
♦ La sala allegra e colorata preannuncia i virtuosismi tra i quali si sbizzarrisce la cucina: ecco
allora che i prodotti di ricerca e le emozioni del giovane chef danno vita a piatti estrosi.

XX **Bastianelli al Molo**   ← 命 ℀ ⇔ VISA ⓸ AE ① ⅍
via Torre Clementina 312 – ℰ 0 66 50 53 58 – www.bastianellialmolo.com
– Fax 0 66 50 72 10 – chiuso lunedì
Rist – Carta 54/76 € 簕
♦ E' proprio il mare quello che si può vedere dalle finestre di questa bassa nivea costruzione
in stile mediterraneo, mentre d'estate si mangia quasi sugli scogli. Dalla cucina, esclusivamente il pesce.

XX **Bastianelli dal 1929**   命 AC ⇔ VISA ⓸ AE ① ⅍
via Torre Clementina 86/88 – ℰ 0 66 50 50 95 – www.ristorantebastianelli.it
– Fax 0 66 50 71 13
Rist – Carta 40/50 €
♦ Non ci sono sperimentazioni in cucina, ogni piatto è riproposto secondo la sua ricetta tradi-
zionale, verificando la qualità di ogni prodotto; l'espositore del pescato all'ingresso sarà la prova!

FIUMINATA – Macerata (MC) – **563** M20 – 1 550 ab. – alt. 479 m – ⊠ 62025   **20 B2**

> ▶ Roma 200 – L'Aquila 182 – Ancona 88 – Gubbio 56

X **Graziella**   AC ℀ VISA ⓸ ① ⅍
ⓢ *piazza Vittoria 16 – ℰ 0 73 75 44 28 – Fax 0 73 75 44 28 – chiuso dal 20 al*
30 giugno, dal 25 settembre al 5 ottobre e mercoledì escluso luglio ed agosto
Rist – Carta 18/25 €
♦ In un ambiente di familiare ospitalità, la signora Graziella, cuoca e custode delle tradizioni
locali, prepara da sempre tutto in casa, a partire dalle paste fresche.

FIVIZZANO – Massa Carrara (MS) – 563 J12 – 8 822 ab. – alt. 373 m   28 A1
– ⊠ 54013

▶ Roma 437 – La Spezia 40 – Firenze 163 – Massa 41

🏠 **Il Giardinetto**   🚗 �Ⓥ VISA ✪ ⚡
via Roma 155 – ℰ 05 85 92 06 0 – www.hotelilgiardinetto.com
– Fax 05 85 92 06 0 – chiuso dal 4 al 30 ottobre
13 cam – ♥35 € ♥♥55 €, ⊑ 5 € – ½ P 50 €
Rist – *(chiuso lunedì da novembre a giugno)* Carta 22/30 €
♦ Con oltre cento anni di storia, un albergo familiare nel centro della località con un'ombreggiata terrazza-giardino e camere confortevoli. Gustosa cucina casalinga nelle due sale da pranzo o nella veranda affacciata sul verde.

FOGGIA 🅿 (FG) – 564 C28 – 153 469 ab. – alt. 70 m ▮ Italia   26 A2

▶ Roma 363 – Bari 132 – Napoli 175 – Pescara 180
🛫 Gino Lisa viale Aviatori - ℰ 0881 650542 - per Isole Tremiti
🚉 via Perrone 17 ℰ 0881 723141, aptfoggia@pugliaturismo.com,
Fax 0881725536

🏨🏨🏨 **Mercure Cicolella**   🔊 АⓄ 🄌 🔊 VISA ✪ АⒺ ⓪ ⚡
viale 24 Maggio 60 ⊠ 71121 – ℰ 08 81 56 61 11 – www.hotelcicolella.it
– Fax 08 81 77 89 84   **Yc**
102 cam ⊑ – ♥100/160 € ♥♥145/190 €
Rist Cicolella al Viale – *(chiuso 2 settimane in dicembre-gennaio e 2 settimane in agosto)* Carta 35/45 €
♦ In centro città e nei pressi della stazione ferroviaria, prestigioso hotel dei primi '900, da sempre gestito dai Cicolella: struttura versatile in quanto indirizzo di riferimento per uomini d'affari e turisti. Al ristorante, i caratteristici sapori pugliesi: molto pesce, verdure e mozzarelle. Ce n'è per tutti i gusti!

🏨🏨🏨 **White House** senza rist   🔊 🕂 АⓄ 🄌 VISA ✪ АⒺ ⓪ ⚡
via Monte Sabotino 24 ⊠ 71121 – ℰ 08 81 72 16 44 – www.hotelwhitehouse.it
– Fax 08 81 72 16 46   **Yb**
35 cam ⊑ – ♥85/119 € ♥♥105/176 €
♦ Nella zona centrale e vicina alla stazione, un indirizzo di classe, dall'atmosfera calda e accogliente, dotato di buoni confort. Curati e raccolti spazi comuni.

🍴🍴🍴 **Il Ventaglio**   🍽 АⓄ 🄌 VISA ✪ АⒺ ⓪ ⚡
☺ *via Postiglione 6 ⊠ 71122 – ℰ 08 81 66 15 00*
– www.ristoranteventaglio.it – Fax 08 81 66 15 00
– chiuso dal 1° al 7 gennaio, dall'8 al 23 agosto, sabato-domenica da giugno ad agosto, domenica sera-lunedì negli altri mesi   **Xd**
Rist – Carta 44/62 € ⌂
Rist Wine Bar Masester – *(chiuso gennaio e agosto)* Carta 18/41 €
♦ Locale gestito con passione e competenza da madre e figlio. All'interno, l'ambiente è curato. Sulla tavola, un ventaglio di sapori pugliesi che abbraccia mare e terra. Coperto all'americana e bancone per cocktail al Wine Bar. Cucina semplice, soprattutto di carne.

🍴🍴 **In Fiera**   🚗 🍽 ⚡ cam, АⓄ 🄌 🅿 VISA ✪ АⒺ ⓪ ⚡
viale Fortore 155, angolo via Bari ⊠ 71121
– ℰ 08 81 63 21 66 – www.hotelcicolella.it
– Fax 08 81 63 21 67
– chiuso dal 10 al 20 agosto, lunedì e da giugno a settembre anche domenica a mezzogiorno   **Xr**
Rist – Carta 25/35 €
♦ Adiacente alla fiera, luminoso locale dotato di spazi ariosi e di un ampio giardino ottimamente sfruttato nei mesi estivi (c'è anche un angolo bar). In menu: proposte di terra, ma soprattutto di mare. La sera anche pizza.

🍴🍴 **Giordano-Da Pompeo**   АⓄ 🄌
vico al Piano 14 ⊠ 71121 – ℰ 08 81 72 46 40 – Fax 08 81 72 46 40
– chiuso dal 14 al 30 agosto e domenica   **Ya**
Rist – Carta 22/34 €
♦ Nel cuore della città, ristorante con cucina a vista e proposte legate al territorio, elaborate a partire da prodotti scelti in base all'offerta quotidiana del mercato.

SAN SEVERO
MANFREDONIA
per A 14 : BARLETTA, BARI, PESCARA
LUCERA CAMPOBASSO
OSPEDALE PSICHIATRICO
S 17
S 16
S 89
Viale Fortore
S 544 BARLETTA
VILLA COMUNALE
Vle Candelaro
BENEVENTO
S 90
Viale
V. Natola
Ofanto
Viale Fortore
CAMPO FIERA
VIA ADRIATICA
S 16
POL.
A 16 NAPOLI
AEROPORTO
CERIGNOLA, BARLETTA, BARI
0
1 km

FOGGIA

Via San Severo
Sant' Antonio
Via San Lazzaro
Via Manfredonia
Via Manfredi
Via Onorato
STAZIONE
Piazzale Vittorio Veneto
Pza S. Eligio
V. S. Eligio
Via Manzoni
Via A. Arpi
Corso Vittorio Emanuele
Pza Battisti
Via della Repubblica
Pza Francesco d'Assisi
Via Monte Grappa
Via Montalcone
Via Trieste
Viale 24 Maggio
Piazza Cavour
VILLA COMUNALE
Pza U. Giordano
Corso Garibaldi
Corso Cairoli
Via Nicola Parisi
Via Matteotti
Via Giannone
Piazzale Italia
Via Bari
Via Vincenzo
Via F. Crispi
Via Fania
Capozzi
Pza Flli Bandiera
Viale Ofanto
Via Marchese De Rosa
Piazza M. G. Barone
Corso Giacomo
Via Ten. Iorio Luigi
Via Zuppetta
Via Roma
Via Carlo Ciampitti
Lecce
Pza Libertà
Viale C. Colombo
Viale Mazzini
Viale degli Aviatori
Corso
0
300 m

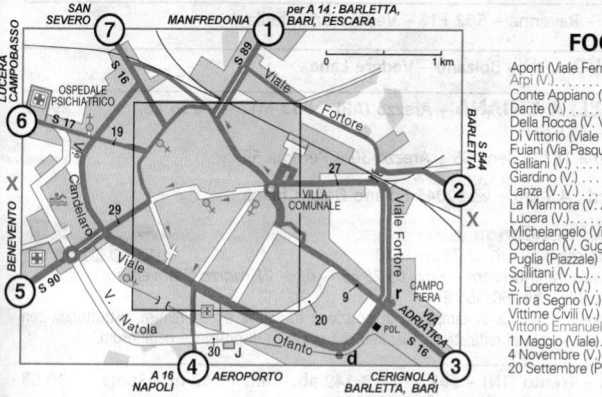

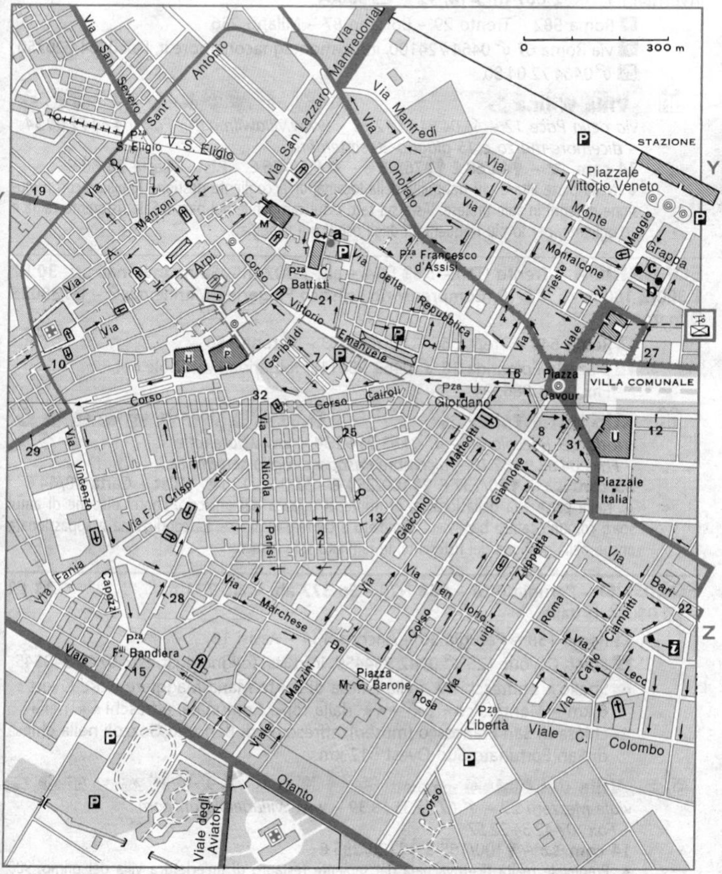

FOGNANO – Ravenna – **562** F17 – Vedere Brisighella

FOIANA = VOLLAN – Bolzano – Vedere Lana

FOIANO DELLA CHIANA – Arezzo (AR) – **563** M17 – 9 236 ab.   **29** D2
– alt. 318 m – ⊠ 52045

> ◘ Roma 187 – Siena 55 – Arezzo 30 – Perugia 59

a Pozzo Nord : 4,5 km – ⊠ 52045 Foiano Della Chiana

⋔   **Villa Fontelunga** senza rist ⌂   ⩵ 🚂 ⊐ 🄰🄲 📞 📶
via Cunicchio 5 – ℰ 05 75 66 04 10   📶 🄰🄴 ⓞ
– www.fontelunga.com – Fax 05 75 66 19 63 – 21 marzo-5 novembre
9 cam ⊊ – 🚺🚺160/365 €
♦ Signorile residenza di campagna in posizione tranquilla e panoramica, ristrutturata con
buongusto e tratti di raffinatezza. Giardino con piscina a disposizione degli ospiti.

FOLGARIA – Trento (TN) – **562** E15 – 3 149 ab. – alt. 1 168 m – Sport   **30** B3
invernali : 1 168/2 007 m ⚡14, ⚡ – ⊠ 38064

> ◘ Roma 582 – Trento 29 – Bolzano 87 – Milano 236
> 🄸 via Roma 67 ℰ 0464 724100, info@montagnaconamore.it, Fax 0464 720250
> 🄵 ℰ 0464 72 04 80

🏨   **Villa Wilma** ⌂   ⩵ 🚂 📶 ᵫ rist, 🛇 🄿 📶 ⓞ
via della Pace 12 – ℰ 04 64 72 12 78 – www.villawilma.it – Fax 04 64 72 00 54
– dicembre-marzo e 15 giugno-20 settembre
24 cam ⊊ – 🚹46/68 € 🚺🚺76/98 € – ½ P 50/76 €   **Rist** – Carta 26/36 €
♦ Nella parte alta e più tranquilla della località, un'accogliente gestione familiare con profusione di legni in stile tirolese. Vista sui tetti e sul campanile del paese. Sala ristorante calda e
accogliente, per lo più frequentata dagli ospiti qui alloggiati.

FOLGARIDA – Trento (TN) – **562** D14 – alt. 1 302 m – Sport invernali :   **30** B2
1 300/2 180 m ⚡5 ⚡19 (Comprensorio sciistico Folgarida-Marilleva) ⚡ – ⊠ 38025
Dimaro

> ◘ Roma 644 – Trento 66 – Bolzano 63 – Verona 158
> 🄸 piazzale Folgarida 18 ℰ 0463 986113, folgarida@valdisole.net,
> Fax 0463 986594

🏨   **Alp Hotel Taller** ⌂   ⬚ 🌐 🌀 🎦 🖨 🛇 📶 🄿 📶 ⓞ 🄰🄴
strada del Roccolo 39 – ℰ 04 63 98 62 34 – www.hoteltaller.it
– Fax 04 63 98 62 19 – dicembre-Pasqua e luglio settembre
33 cam ⊊ – 🚹60/137 € 🚺🚺100/254 € – ½ P 72/135 €   **Rist** – Carta 28/44 €
♦ Nella parte alta della località, di fronte al palazzo del ghiaccio, l'hotel dispone di ampi
spazi comuni, centro benessere completo e camere luminose. La conduzione è appassionata
anche nella gestione del ristorante, in raffinato stile rustico.

FOLIGNO – Perugia (PG) – **563** N20 – 56 377 ab. – alt. 234 m   **33** C2
– ⊠ 06034 ▮ Italia

> ◘ Roma 158 – Perugia 36 – Ancona 134 – Assisi 18
> 🄸 corso Cavour 126 ℰ 0742 354459, info@iat.foligno.pg.it, Fax 0742 340545
> 🄶 Spello★ : affreschi★★ nella chiesa di Santa Maria Maggiore Nord-Ovest :
>   6 km – Montefalco★ : ✳★★★ dalla torre Comunale, affreschi★★ nella
>   chiesa di San Francesco (museo), affresco★ di Benozzo Gozzoli nella chiesa
>   di San Fortunato Sud-Ovest : 12 km

🏨   **Villa dei Platani** senza rist   🖨 ᵫ 🄰🄲 ⬩⬩ 🛇 📶 🄿 📶 ⓞ
viale Mezzetti 29 – ℰ 07 42 35 58 39 – www.villadeiplatani.com
– Fax 07 42 34 22 57
14 cam ⊊ – 🚹100/165 € 🚺🚺120/235 €
♦ Pregevole realtà ricettiva nata dal sapiente restauro di un'eclettica villa del primo '900,
con spazi interni di tono minimalista e dalle calde tonalità. Moderni confort hi-tech nelle
belle camere e stupenda terrazza, al secondo piano della struttura, arredata con eleganti
mobili da esterno.

Casa Mancia senza rist 🚗 ⊼ 🔥 🎿 🐧 📶 P VISA ⓸ AE ① ⓼
via dei Trinci 44 – ℰ 0 74 22 22 65 – www.casamancia.com – Fax 0 74 22 07 95
16 cam ⊊ – ♦62/65 € ♦♦92/108 €
♦ A poca distanza dall'uscita Foligno Nord della superstrada, un albergo ricavato da una ex casa padronale con torre e chiesa sconsacrata. Camere moderne e confortevoli. Nuova bruschetteria serale con prenotazione obbligatoria.

Le Mura 🔥 🎿 🔥 cam, 🎿 VISA ⓸ AE ① ⓼
via di Bolletta 27 – ℰ 07 42 35 73 44 – www.lemura.net – Fax 07 42 35 33 27
36 cam ⊊ – ♦40/70 € ♦♦50/95 € – ½ P 57/85 €
Rist Le Mura – (chiuso dal 25 luglio al 7 agosto e martedì) Carta 19/25 €
♦ Nome già eloquente sulla collocazione: a ridosso della chiesa romanica di S. Giacomo e all'interno delle mura medievali. Un accogliente albergo, facile da raggiungere. Ristorante rinomato per le specialità umbre; tipiche soffittature lignee.

Express by Holiday Inn senza rist 🎿 🔥 🎿 🐧 🎿 P
via M. Arcamone 16 – ℰ 07 42 32 16 66 VISA ⓸ AE ① ⓼
– www.hiexpress.it/folignoex – Fax 07 42 32 16 40
88 cam – ♦55/110 € ♦♦70/110 €
♦ In posizione periferica, di facile accesso dalla superstrada, offre camere prive di personalizzazioni, in linea con gli standard della catena, comunque comode e funzionali.

✕✕ **Villa Roncalli** con cam 🐦 🚗 🎿 ⊼ 🎿 P VISA ⓸ AE ⓼
via Roma 25, Sud : 1 km – ℰ 07 42 39 10 91 – Fax 07 42 39 10 01
10 cam ⊊ – ♦55/65 € ♦♦75/85 €
Rist – (chiuso 2 settimane in gennaio e dal 10 al 31 agosto) (chiuso a mezzogiorno escluso i giorni festivi) Carta 35/60 €
♦ In una villa patrizia, parco con piscina e servizio estivo all'aperto: splendida cornice per un quadro elegante, con piatti di cucina locale, alleggerita e rivisitata.

sulla strada statale 77 Nord-Est : 10 km

Guesia 🚗 ⊼ 🔥 🎿 🔥 🎿 rist, 🐧 🎿 P VISA ⓸ AE ① ⓼
località Ponte Santa Lucia 46 ✉ 06030 Foligno – ℰ 07 42 31 15 15
– www.guesia.com – Fax 07 42 66 02 16
19 cam ⊊ – ♦45/70 € ♦♦70/110 € – ½ P 80 €
Rist – (chiuso 2 settimane in novembre e lunedì) Carta 22/46 €
♦ Sulla statale che porta verso il mare, una struttura di stile moderno, comoda, con grande giardino attrezzato e belle camere, arredate con gusto e soluzioni personali. Ampie sale ristorante, affacciate sul verde esterno.

FOLLINA – Treviso (TV) – **562** E18 – **3 983 ab.** – alt. 200 m – ✉ 31051 **36** C2
▶ Roma 590 – Belluno 30 – Trento 119 – Treviso 36

🏨 **Villa Abbazia** 🚗 🔥 🎿 🐧 P 🚗 VISA ⓸ AE ① ⓼
via Martiri della Libertà – ℰ 04 38 97 12 77 – www.villaabbazia.com
– Fax 04 38 97 00 01 – chiuso dal 7 gennaio al 6 febbraio
18 cam ⊊ – ♦185/225 € ♦♦230/340 € – 6 suites
Rist La Corte – vedere selezione ristoranti
♦ Un piccolo giardino fiorito, un delizioso rifugio nel contesto di una villa padronale del '600; ovunque, la ricercatezza dei particolari, il buon gusto e la signorilità.

Dei Chiostri senza rist 🎿 🔥 🎿 🐧 P 🚗 ⓸ AE ① ⓼
piazza 4 Novembre 20 – ℰ 04 38 97 18 05 – www.hoteldeichiostri.com
– Fax 04 38 97 42 17 – chiuso dal 7 gennaio al 6 marzo
15 cam ⊊ – ♦90/130 € ♦♦145/170 €
♦ All'interno di un palazzo adiacente al municipio, struttura dotata di spazi comuni limitati ma di piacevoli personalizzazioni e molto buon gusto nelle camere.

✕✕✕ **La Corte** – Villa Abbazia 🎿 🔥 ⇄ VISA ⓸ AE ① ⓼
via Roma 24 – ℰ 04 38 97 17 61 – www.hotelabbazia.com – Fax 04 38 97 00 01
– chiuso dal 7 gennaio al 6 marzo, domenica in luglio e agosto e martedì negli altri mesi
Rist – (chiuso a mezzogiorno) Menu 45/75 € – Carta 57/69 €
♦ Nel medesimo ambito dell'hotel Villa Abbazia, ma da esso indipendente, un ristorante con salette raffinate ed una squisita cucina creativa. Servizio attento e professionale.

FOLLONICA – Grosseto (GR) – **563** N14 – 22 009 ab. – ⊠ **58022** ▮ Toscana   **28** B3

▶ Roma 234 – Grosseto 47 – Firenze 152 – Livorno 91

🛈 via Roma 5 ☏ 0566 52012, infofollonica@lamaremma.info, Fax 0566 53833

🖼 Toscana, ☏ 0566 82 04 71

※※ **Il Veliero**   🅰🅲 🄿 ⓥⓢⓐ ⓒⓞ 🄰🄴 ⓘ 🔆

via delle Collacchie 20, località Puntone Vecchio, Sud-Est : 3 km – ☏ 05 66 86 62 19
– www.ristoranteilveliero.it – Fax 05 66 86 77 00 – chiuso dal 15 gennaio al 15 febbraio,
mercoledì da settembre a giugno, i mezzogiorno di mercoledì e giovedì in luglio-agosto
Rist – Menu 30/50 € – Carta 38/63 €

◆ Conduzione familiare ormai più che trentennale e corretta proporzione qualità/prezzo
per un classico ristorante con piatti tipicamente marinari, sito sulla via che conduce verso
Punta Ala.

※※ **Il Sottomarino**   🀆 🅰🅲 ⓥⓢⓐ ⓒⓞ 🄰🄴 🔆

via Marconi 18 – ☏ 0 56 64 07 72 – www.ilsottomarino.it – Fax 0 56 64 07 72
– chiuso dal 22 dicembre al 22 gennaio e martedì
Rist – (chiuso a mezzogiorno dal 15 giugno ad agosto) Carta 30/52 €

◆ Una valida cucina soprattutto a base di pesce è la proposta di uno chef di grande esperienza insieme al giovane figlio. Alcune preparazioni sono più classiche, altre invece si conce-
dono alle tentazioni della fantasia.

FONDI – Latina (LT) – **563** R22 – 36 257 ab. – ⊠ **04022**   **13** D3

▶ Roma 131 – Frosinone 60 – Latina 59 – Napoli 110

※※ **Vicolo di Mblò**   🅰🅲 ⓥⓢⓐ ⓒⓞ 🄰🄴 ⓘ 🔆

corso Appio Claudio 11 – ☏ 07 71 50 23 85 – www.mblo.it – Fax 07 71 50 23 85
– chiuso dal 23 al 30 dicembre e martedì
Rist – Carta 33/45 €

◆ Proprio al termine del corso pedonale, dove si erge la torre con castello, un antico edificio
di origine gonzaghesca nelle cui stalle è nato un ristorante caratteristico.

FONDO – Trento (TN) – **562** C15 – 1 467 ab. – alt. 988 m – ⊠ **38013**   **30** B2

▶ Roma 637 – Bolzano 36 – Merano 39 – Milano 294

🛈 piazza San Giovanni 14 ☏ 0463 830133, info@valledinon.tn.it,
Fax 0463 830161

🏨 **Lady Maria**   🚗 🄽 🕾 🐾 ⓘ 🅰🅲 rist, 🍴 rist, ℡ 🐾 🄿 ⓥⓢⓐ ⓒⓞ 🄰🄴 ⓘ 🔆

via Garibaldi 20 – ☏ 04 63 83 03 80 – www.ladymariahotel.com
– Fax 04 63 83 10 13 – chiuso dal 15 al 30 novembre
43 cam ⌥ – †35/60 € ††60/120 € – ½ P 50/70 €   **Rist** – Carta 21/27 €

◆ Struttura a seria conduzione familiare con ambientazione e arredi tipicamente montani: le
camere più belle si trovano al terzo piano, le altre sono oggetto di progressivo rinnovo. Specialità della cucina trentina, servite nel luminoso ristorante.

FONDOTOCE – Verbania – **561** E7 – Vedere Verbania

FONTANA BIANCA (Lago di) = WEISSBRUNNER SEE – Bolzano – **562** C14
– Vedere UltimoSanta Gertrude

FONTANAFREDDA – Pordenone (PN) – **562** E19 – 10 939 ab. – ⊠ **33074**   **10** A3

▶ Roma 596 – Belluno 60 – Pordenone 9 – Portogruaro 36

🏨 **Luna** senza rist   🚗 🅰🅲 🕾 🐾 🄿 ⓥⓢⓐ ⓒⓞ 🄰🄴 🔆

via B. Osoppo 127, località Vigonovo – ☏ 04 34 56 55 35 – www.hoteluna.net
– Fax 04 34 56 55 37 – chiuso dal 24 dicembre all'8 gennaio
35 cam ⌥ – †40/75 € ††60/115 € – 2 suites

◆ Alle porte del paese e circondata da località di interesse storico, la struttura si sviluppa
orizzontalmente ed è ideale per una clientela d'affari. Camere ampie e confortevoli.

FONTANELLE – Treviso (TV) – **562** E19 – 5 823 ab. – alt. 19 m – ⊠ **31043**   **36** C2

▶ Roma 580 – Belluno 58 – Portogruaro 36 – Treviso 36

※※ **La Giraffa**   🚗 🀆 🅰🅲 ⇆ 🄿 ⓥⓢⓐ ⓒⓞ 🄰🄴 🔆

via Roma 20 – ☏ 04 22 80 93 03 – Fax 04 22 74 90 18 – chiuso lunedì sera, martedì
Rist – Menu 35/48 € – Carta 22/40 €

◆ Uno dei primi ristoranti della zona a proporre pesce, oggi la tradizione si è rinforzata con
la passione e i viaggi in Giappone del cuoco-patron. Bella cucina a vista.

FONTANELLE – Cuneo – **561** J4 – **Vedere Boves**

FONTEBLANDA – Grosseto (GR) – **563** O15 – ⊠ 58010   **29** C3
- Roma 163 – Grosseto 24 – Civitavecchia 87 – Firenze 164
- Maremma, ☎ 0564 41 52 99

⌂ **Rombino** senza rist   🔟 🗐 🕹 🔟 🕸 P 🚗 ⓪ 🅰 🔥
via Aurelia Vecchia 40 – ☎ 05 64 88 55 16 – www.hotelrombino.it
– Fax 05 64 88 55 24 – chiuso novembre
39 cam ⊇ – ♦55/110 € ♦♦66/110 €
♦ Nel cuore della Maremma, fra Talamone e il Monte Argentario, un hotel a conduzione familiare, rinnovato qualche anno fa, con camere confortevoli e spiaggia non lontana.

a Talamone Sud-Ovest : 4 km – ⊠ 58010

⌂⌂ **Baia di Talamone** senza rist   ≤ 🗐 🔟 P 🚗 ⓪ 🔥
via della Marina 23 – ☎ 05 64 88 73 10 – www.hbt.it – Fax 05 64 88 73 89
– Pasqua-ottobre
15 cam ⊇ – ♦30/100 € ♦♦50/140 € – 3 suites
♦ Affacciata sul porticciolo turistico, una bella struttura color salmone, contenuta ma comoda soprattutto a partire dall'ampio parcheggio; diverse stanze con salottino.

FOPPOLO – Bergamo (BG) – **561** D11 – 209 ab. – alt. 1 515 m – Sport   **16** B1
invernali : 1 570/2 200 m ✆16, ✦ – ⊠ 24010
- Roma 659 – Sondrio 93 – Bergamo 58 – Brescia 110
- via Moia 24 t°0345 74101, info@bremboski.it, Fax 0345 74700

✗ **K 2**   ≤ 🕸 P 🚗 ⓪ 🅰 ⓪ 🔥
via Foppelle 42 – ☎ 0 34 57 41 05 – www.ristorantek2.com – Fax 0 34 57 43 33
– chiuso maggio-giugno e settembre-novembre (escluso sabato-domenica)
Rist – Menu 25/35 € – Carta 29/46 €
♦ Ambiente grazioso, con arredi in caldo legno chiaro e una curata rusticità; fuori dal centro abitato, offre piatti locali, come la selvaggina, e una conduzione familiare.

FORIO – Napoli – **564** E23 – **Vedere Ischia (Isola d')**

FORLÌ P (FC) – **562** J18 – 114 683 ab. – alt. 34 m ▌ Italia   **9** D2
- Roma 354 – Ravenna 29 – Rimini 54 – Bologna 63
- piazzetta XC Pacifici 2 ☎ 0543 712435, iat@cofo.it, Fax 0543 712755
- I Fiordalisi, ☎ 0543 8 95 53

Pianta pagina seguente

⌂⌂⌂ **Globus City**   🔟 🛗 🗐 🕹 🔟 🕸 🕸 🔟 P 🚗 ⓪ 🅰 ⓪ 🔥
via Traiano Imperatore 4, 3,5 km per ① ⊠ 47122 – ☎ 05 43 72 22 15
– www.baldisserihotels.it – Fax 05 43 77 46 27
96 cam ⊇ – ♦70/230 € ♦♦90/300 € – 2 suites   **Rist** – Carta 30/40 €
♦ Hotel di stile classico tra la città e il casello autostradale; una hall di grande respiro con angolo bar vi accoglie in un ambiente dal confort omogeneo, anche nelle camere. Comodo ristorante con due ampie sale, cucina classica con alcune proposte locali.

⌂⌂ **Masini** senza rist   🗐 🕹 🔟 🕸 🕸 🔟 🚗 ⓪ 🅰 ⓪ 🔥
corso Garibaldi 28 ⊠ 47121 – ☎ 0 54 32 80 72 – www.hotelmasini.it
– Fax 05 43 45 63 29   **c**
51 cam ⊇ – ♦53/120 € ♦♦75/124 €
♦ Hotel del centro che da fine '800 continua ininterrottamente a proporsi come riferimento cittadino e che oggi offre spazi funzionali e confortevoli, di taglio contemporaneo.

⌂⌂ **Michelangelo** senza rist   🗐 🔟 🕸 🕸 🕸 P 🚗 ⓪ 🅰 🔥
via Buonarroti 4/6 ⊠ 47122 – ☎ 05 43 40 02 33 – www.hotelmichelangelo.fc.it
– Fax 05 43 40 06 15   **b**
39 cam ⊇ – ♦71/130 € ♦♦80/150 €
♦ Poco fuori dal centro storico, un albergo con vetrate a specchio per facciata; le camere sono ampie e ben accessoriate anche se non recenti. Comodo per la clientela di lavoro.

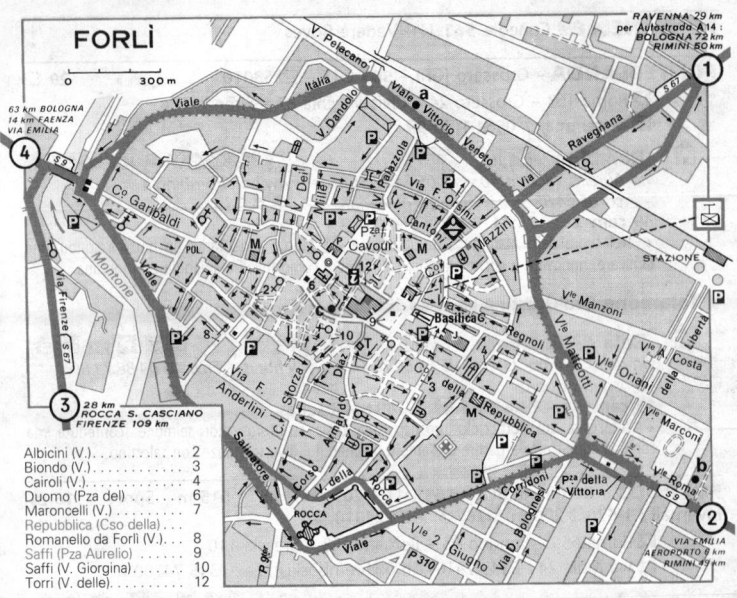

FORLÌ

RAVENNA 29 km
per Autostrada A14 :
BOLOGNA 72 km
RIMINI 50 km

63 km BOLOGNA
14 km FAENZA
VIA EMILIA

28 km
ROCCA S. CASCIANO
FIRENZE 109 km

Executive Hotel senza rist
viale Vittorio Veneto 3/e ⊠ 47122 – ℰ 05 43 22 03 8
– www.executiveforli.it – Fax 0 54 32 11 84
84 cam ⊑ – †49/159 € ††59/189 €
♦ Semicentrale e facilmente raggiungibile dall'autostrada, un design hotel dagli arredi piani, moderni ed essenziali ispirati alle esigenze di immediatezza e fruibilità.

Casa Rusticale dei Cavalieri Templari
viale Bologna 275, 1 km per ④ ⊠ 47121
– ℰ 05 43 70 18 88 – www.osteriadeitemplari.it – Fax 05 43 70 18 88 – chiuso
dal 24 dicembre al 3 gennaio, agosto, domenica, lunedì
Rist – Menu 19/42 € – Carta 28/36 €
♦ "Hospitale" di S. Bartolo dei Cavalieri Templari sin dal XIII secolo, il bel locale continua la tradizione di accoglienza e ottima cucina romagnola sotto l'egida di tre donne.

FORMIA – Latina (LT) – 563 S22 – 37 122 ab. – ⊠ 04023   **13 D3**
> Roma 153 – Frosinone 90 – Caserta 71 – Latina 76
> per Ponza – Caremar, call center 892 123
> viale Unità d'Italia 30/34 ℰ 0771 771490, Fax 0771 323275

Grande Albergo Miramare
via Appia 44, Est : 2 km – ℰ 07 71 32 00 47
– www.grandealbergomiramare.it – Fax 07 71 32 00 50
58 cam – †85/105 € ††105/138 €, ⊑ 9 € – 1 suite – ½ P 95/125 €
Rist – Carta 47/62 €
♦ Serie di dependance tra i pini e il mare per un soggiorno di tono poco alberghiero e di esclusiva riservatezza. Le camere più affascinanti si affacciano sul golfo. Ampie sale al ristorante dal fascino retrò.

Fagiano Palace
via Appia 80, Est : 3 km – ℰ 07 71 72 09 00
– www.grandhotelfagiano.it – Fax 07 71 72 35 17
51 cam ⊑ – †60/80 € ††80/105 € – ½ P 75/100 €   **Rist** – Carta 24/49 €
♦ Verso Napoli, anonima struttura all'esterno ma dotata di buone camere in genere spaziose. Preferite quelle lato mare con grande terrazzo. Nell'elegante sala interna o sul terrazzo, il mare ruba ogni attenzione al ristorante.

Appia Grand Hotel 🚗 🏊 🏢 👫 AC ❄ rist, 📶 ♨ P 🚗 VISA ⦿ AE ♿

via Appia, angolo Mergataro, Est : 3 km
– ℰ 07 71 72 60 41 – www.agh.it – Fax 07 71 72 21 56
73 cam ⬡ – †85/130 € ††100/150 € – ½ P 100 €
Rist – *(aprile-ottobre) (chiuso a mezzogiorno)* Carta 33/43 €

♦ Moderna struttura lungo la strada per Napoli, è la grande piscina l'elemento più notevole dell'albergo. Le camere sono sobrie e arredate con semplicità. Ambientazione contemporanea ed elegante nelle due ampie sale ristorante.

XXX **Castello Miramare** con cam ⑨ ≤ 🕭 🍴 AC ❄ rist, ♿ P

via Balze di Pagnano – ℰ 07 71 70 01 38 VISA ⦿ AE ① ♿
– www.hotelcastellomiramare.it – Fax 07 71 70 01 39
10 cam – †85/105 € ††105/125 €, ⬡ 10 € – ½ P 105/125 €
Rist – Carta 39/62 €

♦ Nella parte alta della località, un maniero d'inizio '900 circondato da un giardino di ulivi. Non dimenticate di prenotare i pochi posti del terrazzo per una cena panoramica.

XX **Italo** AC ❄ P VISA ⦿ AE ① ♿

via Unità d'Italia 96, Ovest : 2 km – ℰ 07 71 77 12 64 – www.ristoranteitalo.com
– Fax 0 77 12 15 29 – chiuso dal 21 dicembre al 4 gennaio e martedì, da novembre a marzo anche lunedì
Rist – Carta 38/50 €

♦ Per ogni esigenza, gastronomica, banchettistica o di semplice eleganza, un punto di riferimento di tutto rispetto qui a Formia; lungo la strada che affianca la costa.

XX **Chinappi** 🍴 AC P VISA ⦿ AE ♿

via Anfiteatro 8 – ℰ 07 71 79 00 02 – www.chinappi.it – chiuso dal 15 al 30 novembre e lunedì escluso giugno-settembre
Rist – Menu 25/40 € – Carta 29/39 €

♦ Rimane l'ottima pizza a ricordare gli inizi risalenti a mezzo secolo fa. In costante crescita gastronomica, la qualità del pesce e delle paste è tra le migliori della zona.

XX **Da Veneziano** 🍴 AC ⇔ VISA ⦿ AE ① ♿

via Abate Tosti 120 – ℰ 07 71 77 18 18 – Fax 07 71 77 18 18 – chiuso dal 23 dicembre al 4 gennaio e lunedì
Rist – Menu 30/50 € – Carta 37/62 €

♦ Al primo piano di un edificio rosa che si affaccia sulla piazza del mercato e sul lungomare, il ristorante prosegue la tradizione gastronomica marinara di famiglia.

FORMICA – Modena (MO) – Vedere Savignano sul Panaro

FORMIGINE – Modena (MO) – **562** I14 – 32 441 ab. – alt. 82 m   **8** B2
– ✉ 41043

🔼 Roma 415 – Bologna 48 – Milano 181 – Modena 11

La Fenice senza rist 🏢 ♿ AC 📶 ♿ P 🚗 VISA ⦿ AE ① ♿

via Gatti 3/73 – ℰ 0 59 57 33 44 – www.fenicehotel.it – Fax 0 59 57 34 55
48 cam ⬡ – †50/60 € ††70/90 €

♦ Adiacente allo storico percorso che conduce all'Appennino, l'albergo si trova in zona residenziale e commerciale e propone camere dall'arredo classico. Ampia sala per colazioni a buffet.

a Corlo Ovest : 3 km – ✉ 41043

Due Pini 🚗 🍸 🛁 🏢 ♿ AC 📶 ♨ P VISA ⦿ AE ① ♿

via Radici in Piano 177, Est : 0,5 km – ℰ 0 59 57 26 97 – www.hotelduepini.it
– Fax 0 59 55 69 04 – chiuso dal 24 al 26 dicembre e dal 10 al 16 agosto
56 cam – †48/80 € ††75/120 €, ⬡ 5 €
Rist – *(chiuso sabato e domenica)* Carta 24/34 €

♦ Ristrutturati, ampliati e dotati delle attuali tecnologie, tre antichi edifici di epoche differenti ospitano questo hotel, confortevole e moderno, circondato da un piccolo parco. Bella sala con ampi tavoli tondi, camino e finestre con tendaggi civettuoli.

FORMIGLIANA – Vercelli (VC) – 563 ab. – alt. 167 m – ✉ 13030   **23** C2

> ▶ Roma 651 – Stresa 86 – Milano 80 – Torino 69

XX   **Franz**   ⅙ 🖪 ⇔ 🆅🆂🅰 ⓶ 🅰🅴 ⚡
via Roma 35 – ℰ 01 61 87 70 05 – Fax 01 61 87 70 05 – chiuso 1 settimana in gennaio, agosto, lunedì, martedì
Rist – Carta 31/53 €
♦ Un locale d'impronta classica, periodicamente rinnovato e molto ben tenuto, gestito da una famiglia allargata, con accenti femminili. Cucina quasi esclusivamente di mare.

FORNI DI SOPRA – Udine (UD) – 562 C19 – 1 078 ab. – alt. 907 m   **10** A1
– Sport invernali : 907/2 073 m ⚡5, ⚡ – ✉ 33024

> ▶ Roma 676 – Cortina d'Ampezzo 64 – Belluno 75 – Milano 418
> 🄸 via Cadore 1 ℰ 0433 886767, Fax 0433 886686

🏠   **Edelweiss**   ⪕ 🚗 🕍 ⅙ cam, ⚡ ⚡ 🅿 🆅🆂🅰 ⓶ 🅰🅴 ⓪ ⚡
via Nazionale 19 – ℰ 0 43 38 80 16 – www.edelweiss-forni.it – Fax 0 43 38 80 17 – chiuso ottobre e novembre
27 cam ⊇ – †35/50 € ††60/90 € – ½ P 55/65 €
Rist – Carta 22/35 €
♦ Nel Parco delle Dolomiti Friulane, albergo a conduzione familiare che offre camere di differenti tipologie e un bel giardino atrezzato dove si trova anche un campo da bocce. Tipica cucina d'albergo nella quale predominano erbe spontanee e i prodotti della Carnia.

🏠   **Nuoitas** ⚓   ⪕ 🚗 🏠 ⅙ cam, ⚡ 🅿 🆅🆂🅰 ⓶ ⚡
⊗ *località Nuoitas 7, Nord-Ovest : 2,8 km – ℰ 0 43 38 83 87 – www.albergonuoitas.it – Fax 04 33 88 69 56 – chiuso maggio e ottobre*
18 cam ⊇ – †35/55 € ††55/80 €
Rist – *(chiuso martedì in aprile e novembre)* Carta 15/27 €
♦ In posizione incantevole, immersa in una verdeggiante cornice di silenzi e tranquillità, una risorsa dagli spazi rustici, semplici e accoglienti, ricchi di un calore familiare. "Nuoitas" significa "polenta e frico": la specialità del ristorante.

FORNO DI ZOLDO – Belluno (BL) – 562 C18 – 2 655 ab. – alt. 848 m   **36** C1
– ✉ 32012

> ▶ Roma 638 – Belluno 34 – Cortina d'Ampezzo 42 – Milano 380
> 🄸 via Roma 1 ℰ 0437 787349, fornodizoldo@infodolomiti.it, Fax 0437 787340

a Mezzocanale Sud-Est : 10 km – alt. 620 m – ✉ 32013 Forno Di Zoldo

X   **Mezzocanale-da Ninetta**   ⚡ ⇔ 🅿 🆅🆂🅰 ⓶ 🅰🅴 ⓪ ⚡
⊛ *via Canale 22 – ℰ 0 43 77 82 40 – Fax 0 43 77 83 79 – chiuso dal 5 al 15 giugno, settembre, martedì sera, mercoledì*
Rist – Carta 25/34 €
♦ Piacevole punto di ristoro lungo la strada per Forno di Zoldo: il grande camino sempre acceso a riscaldare l'ambiente, una cortese accoglienza familiare e le specialità della cucina dolomitica.

FORNOVO DI TARO – Parma (PR) – 562 H12 – 6 146 ab. – alt. 140 m   **8** B2
– ✉ 43045

> ▶ Roma 481 – Parma 22 – La Spezia 89 – Milano 131

XX   **Osteria Baraccone**   🖪 ⚡ 🆅🆂🅰 ⓶ 🅰🅴 ⚡
piazza del Mercato 5 – ℰ 05 25 34 27 – Fax 05 25 40 01 85 – chiuso dal 23 dicembre al 7 gennaio, agosto, domenica sera, lunedì
Rist – Carta 28/40 €
♦ Almeno due secoli di storia sia per l'edificio sia per l'attività, eppure in cucina poco è cambiato: oggi come allora si preparano ancora pochi piatti, specialità parmigiane e carne.

   E' una questione di categoria: non aspettatevi lo stesso servizio in un ristorante X o in un albergo 🏠 rispetto ad un XxXxX o ad un 🏨🏨🏨.

FORTE DEI MARMI – Lucca (LU) – 563 K12 – 7 964 ab. – ✉ 55042 28 A1

Toscana

Roma 378 – Pisa 35 – La Spezia 42 – Firenze 104

[i] viale Achille Franceschi 8/b ☎ 0584 80091, forteinfo@comunefdm.it, Fax 0584 83214

[18] Versilia, ☎ 0584 88 15 74

Grand Hotel Imperiale

via Mazzini 20 – ☎ 0 58 47 82 71 – www.grandhotelimperiale.it – Fax 05 84 78 27 99

18 cam – 👥385/700 € – 28 suites – 👥600/2000 € – ½ P 263/420 €

Rist – *(solo per alloggiati)* Carta 55/130 €

◆ Atmosfera e servizio impeccabile sono i principali *atout* di questo nuovo albergo, dove il lusso si declina nei dettagli dipinti color oro e nell'attrezzatissima *beauty farm*. L'indirizzo giusto per chi ama l'esclusività.

Augustus

viale Morin 169 – ☎ 05 84 78 72 00 – www.augustus-hotel.it – Fax 05 84 78 71 02 – 30 aprile-27 settembre

63 cam – 👤350/490 € 👥480/590 € – 7 suites – ½ P 350/410 €

Rist – *(solo per alloggiati)* Carta 54/86 €

Rist *Bambaissa* – ☎ 05 84 78 72 39 – Carta 56/90 €

◆ Meta favorita del turismo d'élite anni '60, gli interni conservano ancora il fascino retrò del tempo che fu. Intorno, un curato giardino e camere in ville indipendenti per una maggiore privacy. Cucina creativa servita in un'ampia, luminosa, sala. La cucina si ispira alle tradizioni.

Byron

viale Morin 46 – ☎ 05 84 78 70 52 – www.hotelbyron.net – Fax 05 84 78 71 52

29 cam – 👤200/360 € 👥270/750 € – 2 suites – ½ P 200/440 €

Rist *La Magnolia* – *(chiuso dal 1° novembre al 7 dicembre e lunedì da ottobre a Pasqua)* Carta 68/90 €

◆ Eccellente risultato dell'unione di due ville di fine '800, anche dopo la sua conversione in albergo ha mantenuto l'atmosfera discreta e riservata di una dimora privata. Giardino con piscina. In ogni stagione elaborate composizioni prendono vita dall'estro del giovane cuoco. D'estate si cena a bordo piscina.

Augustus Lido senza rist

viale Morin 72 – ☎ 05 84 78 74 42 – www.augustus-hotel.it – Fax 05 84 78 71 02 – 14 maggio-20 settembre

17 cam – 👤390/490 € 👥480/590 € – 2 suites

◆ Signorile residenza appartenuta alla famiglia Agnelli, è ora un albergo di lusso che conserva nei suoi ambienti l'originale atmosfera familiare e riservata; un tocco inglese e diversi arredi d'epoca.

Villa Roma Imperiale senza rist

via Corsica 9 – ☎ 0 58 47 88 30 – www.villaromaimperiale.com – Fax 0 58 48 08 41 – aprile- 25 settembre

32 cam – 👤250/850 € 👥400/900 €

◆ Villa anni Venti di impeccabile tenuta, con interni sobri ed eleganti giocati sulle sfumature del colore sabbia; tutt'intorno un tranquillo giardino con piscina riscaldata.

California Park Hotel

cam, cam,

via Colombo 32 – ☎ 05 84 78 71 21 – www.californiaparkhotel.com – Fax 05 84 78 72 68 – aprile-ottobre

37 cam – 👤180/450 € 👥220/600 € – 3 suites

Rist – *(solo per alloggiati)* Menu 30/80 €

◆ Immersa in un lussureggiante parco, una bella struttura - moderna e funzionale - dall'aspetto estivo e mediterraneo. Composta da un corpo principale e da dépendence vanta un comune denominatore: l'ottimo confort.

Hermitage

via Cesare Battisti 50 – ☎ 05 84 78 71 44 – www.albergohermitage.it – Fax 05 84 78 70 44 – maggio-settembre

57 cam – 👤130/270 € 👥200/455 €, ☕ 23 € – 3 suites – ½ P 137/286 €

Rist – *(solo per alloggiati)* Menu 42/57 €

◆ Tra il verde dei pini e dei lecci, cinto da un giardino con piscina, un albergo piacevole, sito in una zona quieta della località. Simpatica area giochi per i bambini e comoda navetta per la spiaggia.

Ritz
🚗 🛋 🏊 🛎️ 🛗 🍴 AC cam, 🚭 (¶) P VISA 🐮 AE ① 👌

via Flavio Gioia 2 – 𝒞 05 84 78 75 31 – www.ritzfortedeimarmi.com
– Fax 05 84 78 75 22
28 cam ☷ – ♦125/350 € ♦♦175/600 € – 1 suite – ½ P 330 €
Rist – (chiuso dall'8 al 27 dicembre) (chiuso a mezzogiorno escluso dal 15 aprile al 15 ottobre) Menu 45/60 €
◆ Centrale e contemporaneamente fronte mare, questo elegante edificio Liberty degli anni '30 annovera interni rinnovati in tempi diversi, quindi con stili eterogenei. Piatti della tradizione gastronomica italiana nel bel ristorante circondato dal verde.

Il Negresco
≤ 🛋 🛎️ 🛗 🍴 AC 🚭 (¶) 🛗 P VISA 🐮 AE ① 👌

viale Italico 82 – 𝒞 0 58 47 88 20 – www.hotelilnegresco.com
– Fax 05 84 78 75 35
40 cam ☷ – ♦130/460 € ♦♦180/630 € – ½ P 125/365 € **Rist** – Carta 45/72 €
◆ Di recente completamente rinnovato, un piacevole hotel situato proprio sul lungomare; toni chiari, solari e avvolgenti, ambienti eleganti, luminosi. Per un mondano relax. Sala ristorante curata ed elegante, in cui prevalgono colori caldi.

President
🚗 🛎️ 🛗 🍴 AC 🚭 rist, (¶) P VISA 🐮 AE 👌

via Caio Duilio ang. viale Morin – 𝒞 05 84 78 74 21 – www.presidentforte.it
– Fax 05 84 78 75 19 – Pasqua-settembre
44 cam – ♦200 € ♦♦250 €, ☷ 15 € – ½ P 200 € **Rist** – (solo per alloggiati)
◆ A pochi passi dal mare - in zona verde e residenziale - una struttura moderna con interni signorili e spaziose zone comuni. Spiaggia privata a disposizione degli ospiti.

St. Mauritius
🚗 🛋 🛎️ 👌 cam, 🛗 🍴 AC 🚭 rist, (¶) P VISA 🐮 AE ① 👌

via 20 Settembre 28 – 𝒞 05 84 78 71 31 – www.stmauritiushotel.com
– Fax 05 84 78 71 57 – aprile-15 ottobre
56 cam – ♦90/165 € ♦♦110/240 €, ☷ 18 € – ½ P 145/185 €
Rist – (solo per alloggiati) Carta 31/36 €
◆ Punto di forza della risorsa è il bel giardino con piscina da cui è cinta; sita nelle vie interne della località, costituisce un valido indirizzo per confort e ospitalità.

Raffaelli Park Hotel
🚗 🛋 🛎️ AC 🚭 rist, (¶) 🛗 P VISA 🐮 AE ① 👌

via Mazzini 37 – 𝒞 05 84 78 72 94
– www.raffaelli.com – Fax 05 84 78 74 18 – chiuso dal 20 dicembre al 10 gennaio
28 cam ☷ – ♦♦140/320 € – ½ P 165/175 €
Rist – (aprile-ottobre) (solo per alloggiati) Menu 30/45 €
◆ Immerso nel verde e prossimo al mare e al centro, il verde che circonda il complesso alberghiero è il miglior biglietto da visita. Piscina sulla spiaggia. Semplice ristorante con servizio estivo all'aperto, nel verde.

Mignon
🚗 🛋 🛀 🛎️ AC 🚭 rist, (¶) P VISA 🐮 AE ① 👌

via Carducci 58 – 𝒞 05 84 78 74 95 – www.hotelmignon.it – Fax 05 84 78 74 94
– marzo-novembre
34 cam ☷ – ♦90/160 € ♦♦130/250 € – ½ P 87/141 €
Rist – (solo per alloggiati) Menu 35/55 €
◆ Il verde e un grazioso giardino su cui s'affaccia l'ariosa veranda connotano questa piccola chicca: sapori quasi coloniali, signorilità e buon gusto ovunque.

Mirabeau
🛋 🛀 🛎️ 👌 cam, 🛗 AC 🚭 rist, (¶) P VISA 🐮 AE ① 👌

viale Morin 135 – 𝒞 05 84 78 78 13 – www.hotelmirabeau.it
– Fax 05 84 78 75 61 – maggio-ottobre
40 cam ☷ – ♦120/220 € ♦♦190/370 € – 3 suites – ½ P 190 €
Rist – (solo per alloggiati) Menu 38/45 €
◆ Ubicato in una zona residenziale, albergo che ha subito una recente e totale ristrutturazione; dispone di una piacevole piscina e di un giardino. Conduzione familiare.

Piccolo Hotel
🚗 🛋 🛎️ 🛗 AC 🚭 rist, (¶) P VISA 🐮 AE 👌

viale Morin 24 – 𝒞 05 84 78 74 33 – www.albergopiccolohotel.it
– Fax 05 84 78 75 03 – aprile-settembre
38 cam ☷ – ♦110/200 € ♦♦160/280 € – ½ P 150/175 €
Rist – (maggio-settembre) (solo per alloggiati) Carta 35/50 €
◆ In comoda posizione, vicino alla spiaggia e con accesso anche dal lungomare, un hotel a gestione familiare, che offre un valido livello di confort e sobria eleganza.

Kyrton ⌕   🚗 🏊 🕸 📶 ♿ cam, ⚡ 🅰🅲 🎏 rist, 📶 **P** **VISA** **⑳** **AE** **①** **ら**
via Raffaelli 16 – ✆ *05 84 78 74 61 – www.hotelkyrton.it – Fax 0 58 48 96 32*
– aprile-settembre
32 cam – ♦45/145 € ♦♦80/240 €, ⊇ 14 € – ½ P 130/139 €
Rist *– (solo per alloggiati)* Menu 18/40 €
♦ Grazie ad un rinnovamento piuttosto recente, questa semplice risorsa a gestione familiare si presenta linda e ben tenuta. Nel verde e nella quiete, ideale per famiglie.

Tarabella ⌕   🚗 🏊 🖤 ♿ cam, 🅰🅲 📶 **P** **VISA** **⑳** **AE** **①** **ら**
viale Versilia 13/b – ✆ *05 84 78 70 70 – www.tarabellahotel.it*
– Fax 05 84 78 72 60 – Pasqua-ottobre
32 cam – ♦70/115 € ♦♦90/190 €, ⊇ 10 € – ½ P 70/125 €
Rist *– (solo per alloggiati)*
♦ Piacevole edificio niveo con qualche decorazione dipinta, un piccolo giardino lo circonda. E' una risorsa dal sapore familiare, confortevole e tranquilla, con una sala giochi per i bambini.

Sonia   🚗 🖤 🅰🅲 cam, 🎏 📶 **VISA** **⑳** **AE** **①** **ら**
via Matteotti 42 – ✆ *05 84 78 71 46 – www.hotel-sonia.it – Fax 05 84 78 74 09*
20 cam – ♦60/180 € ♦♦90/200 € – ½ P 120 €
Rist *– (solo per alloggiati)* Menu 35/60 €
♦ Femminile e familiare la conduzione di questo semplice e piacevole indirizzo a metà strada tra il centro della località e il mare: una casa di inizio '900, curata in ogni particolare. Nella semplice sala da pranzo, un piccolo cimelio d'epoca.

Le Pleiadi ⌕   🚗 🖤 🖤 🅰🅲 cam, 🎏 **P** **VISA** **⑳** **AE** **①** **ら**
via Civitali 51 – ✆ *05 84 88 11 88 – www.hotellepleiadi.it – Fax 05 84 88 16 53*
– aprile-10 ottobre
30 cam ⊇ – ♦100/120 € ♦♦160/220 € – ½ P 95/118 €
Rist *– (solo per alloggiati)* Menu 35/50 €
♦ Pini marittimi ad alto fusto lo circondano e in parte lo nascondono. Nella quiete delle vie più interne, a breve distanza dal mare, camere fresche e recenti e la semplicità di una gestione familiare.

XXX **Lorenzo**   🅰🅲 🎏 ♻ **VISA** **⑳** **AE** **①** **ら**
✿
via Carducci 61 – ✆ *0 58 48 96 71 – Fax 05 84 87 40 30 – chiuso dal 15 dicembre al 31 gennaio e lunedì*
Rist *– (chiuso a mezzogiorno dal 15 giugno al 15 settembre)* Carta 70/100 € ℬ (+10 %)
Spec. Natura di calamaretti al forno. Risotto con fiori di zucca e gamberi rossi al profumo di maggiorana. Filetto di rombo chiodato scottato ai due sedani con tortino di melanzana.
♦ Lorenzo è un personaggio, intramontabile, quanto la sua cucina, che da sempre conta sulla qualità del pescato. Subito dopo, per fama, viene l'insegna -caricatura di un vignettista- una delle più celebri fra i ristoranti.

XXX **Bistrot**   🖤 **VISA** **⑳** **AE** **①** **ら**
viale Franceschi 14 – ✆ *0 58 48 98 79 – www.bistrotforte.it – Fax 0 58 48 99 63*
– chiuso dal 15 al 26 dicembre e martedì
Rist *– (chiuso a mezzogiorno escluso festivi)* (consigliata la prenotazione)
Menu 85/95 € – Carta 73/98 € ℬ
♦ Una vecchia gloria della cucina, rinata ed elegante, gestita con entusiasmo e professionalità; la cucina propone piatti a base di pesce e non solo. Suggestiva la cantina con tavoli per degustazioni.

FORTUNAGO – Pavia (PV) – 405 ab. – alt. 483 m – ⌂ 27040   **16** B3
▶ Roma 585 – Alessandria 66 – Milano 78 – Pavia 41

⛫ **Agriturismo Cascina Casareggio** ⌕   🌀 🚗 🏊 🎏 rist, ♿ **P**
località Casareggio, Ovest : 5 km – ✆ *03 83 87 52 28*   **VISA** **⑳** **AE** **①** **ら**
– www.cascinacasareggio.it – Fax 03 83 87 56 37
12 cam ⊇ – ♦50/65 € ♦♦75/85 € – ½ P 85 €   **Rist** – Menu 35/50 €
♦ In posizione isolata e tranquilla, immerso in un parco, l'agriturismo ha preso il posto del piccolo paesino. Nei diversi caseggiati, il fascino di camere accoglienti, inaspettatamente arredate con mobili classici. Piacevoli e curate, le sale del ristorante si aprono su una cucina casalinga e regionale.

FORZA D'AGRÒ – Messina – **365** BB56 – **Vedere Sicilia alla fine dell'elenco alfabetico**

FOSDINOVO – Massa Carrara (MS) – **563** J12 – 4 918 ab. – alt. 500 m   28 A1
– ✉ 54035

▶ Roma 388 – La spezia 25 – Genova 108 – Livorno 86

🏨 **La Castellana**   ≼ 🏊 & 🏧 ⅍ 🕻 🔏 **P** 🆅🆂🅰 ⓪ 🅰🅴 ① ⓢ
via Pilastri 18, Sud-Est: 4 km – ℰ 33 13 15 59 48 – www.albergolacastellana.com
– Fax 01 87 91 76 07
30 cam ⇆ – ♦70/90 € ♦♦90/120 € – ½ P 85 €   **Rist** – Carta 26/58 €
♦ Sulla strada per Fosdinovo e in posizione panoramica, hotel di nuova costruzione dagli
ambienti ariosi, piacevolmente arredati con mobili in stile contemporaneo. Linee sobrie nelle
confortevoli camere.

FRABOSA SOPRANA – Cuneo (CN) – **561** J5 – 823 ab. – alt. 891 m   22 B3
– Sport invernali : 900/1 800 m ⅘5 – ✉ 12082

▶ Roma 632 – Cuneo 35 – Milano 228 – Savona 87

ℹ piazza Municipio ℰ 0174 244010, frabosasoprana@monregaltour.it,
Fax 0174 240844

🏨 **Miramonti** ⤦   ≼ 🕩 ⅍ 🎐 🕴 ⅍ rist. 🕆 🔏 **P** 🚗 🆅🆂🅰 ⓪ ⓢ
via Roma 84 – ℰ 01 74 24 45 33 – www.miramonti.cn.it – Fax 01 74 24 45 34
– chiuso dal 21 marzo al 22 aprile e ottobre
48 cam – ♦55/65 € ♦♦85/110 €, ⇆ 8 € – ½ P 75/85 €   **Rist** – Menu 25/35 €
♦ Risorsa situata in un piccolo parco tranquillo, specializzata nell'ospitare congressi e corsi di
formazione inerenti la medicina olistica, shiatsu, yoga. Struttura accogliente e familiare con
un occhio di riguardo per gli ospiti più piccoli. Cucina per veri buongustai e menù speciali
per bambini.

FRANCAVILLA AL MARE – Chieti (CH) – **563** O24 – 24 043 ab.   2 C1
– ✉ 66023

▶ Roma 216 – Pescara 7 – L'Aquila 115 – Chieti 19

ℹ piazza Sirena ℰ 085 816649, iat.francavilla@abruzzoturismo.it,
Fax 085 816649

🏨 **Sporting Hotel Villa Maria** ⤦   ≼ 🕩 🎐 🏊 🔲 🕸 🎐 🗼 🕆 &
contrada Pretaro, Nord-   🕴 🏧 ⅍ rist. 🕆 🔏 **P** 🆅🆂🅰 ⓪ 🅰🅴 ① ⓢ
Ovest : 3 km – ℰ 0 85 45 00 51 – www.sportingvillamaria.it – Fax 0 85 69 30 42
87 cam ⇆ – ♦90/120 € ♦♦125/180 € – 1 suite – ½ P 118 €
Rist – (chiuso a mezzogiorno da ottobre ad aprile) Carta 27/45 €
♦ Attrezzata zona relax con doccia emozionale e una sala colazioni panoramica per lasciarsi
svegliare dai riflessi del mare: il recente rinnovo garantirà un piacevole soggiorno nella
quiete di un grande parco. In un'atmosfera intima e raffinata, la sobrietà si coniuga alla valorizzazione del territorio.

🏨 **Punta de l'Est**   ≼ 🗼 🏧 ⅍ rist. 🕆 **P** 🆅🆂🅰 ⓪ 🅰🅴 ① ⓢ
🕸 viale Alcione 188 – ℰ 08 54 98 20 76 – www.puntadelest.it – Fax 08 54 98 16 89
– 23 aprile-ottobre
52 cam ⇆ – ♦56/100 € ♦♦60/150 € – ½ P 60/120 €
Rist – (solo per alloggiati) Carta 21/39 €
♦ Praticamente sulla spiaggia, albergo a conduzione diretta composto dall'unione di
due belle ville: luminosi gli spazi comuni, confortevoli le camere.

XX **Il Brigantino - Chiavaroli**   🏧 🆅🆂🅰 ⓪ 🅰🅴 ① ⓢ
viale Alcione 101 – ℰ 0 85 81 09 29 – Fax 08 54 91 85 46 – chiuso domenica sera
(escluso luglio-agosto), lunedì
Rist – Carta 28/66 €
♦ Recentemente ampliato con una nuova veranda, questo ristorante sul lungomare vanta
un'affidabile ed esperta gestione e piatti che si ispirano principalmente al mare.

XX **La Nave**   🕸 🏧 ⇅ 🆅🆂🅰 ⓪ 🅰🅴 ① ⓢ
viale Kennedy 2 – ℰ 0 85 81 71 15 – Fax 0 85 81 56 88 – chiuso mercoledì
escluso luglio-agosto
Rist – Menu 25/45 € – Carta 35/55 €
♦ Una sorta di Titanic felliniano arenato sulla spiaggia di Francavilla questa nave-ristorante:
sul "ponte", il servizio estivo, nei piatti, le fragranze del mare presentate a voce.

FRANZENSFESTE = Fortezza

FRAORE – Parma – Vedere Parma

FRASCATI – Roma (RM) – **563** Q20 – **20 737 ab.** – **alt. 322 m**   **12** B2
– ⊠ 00044 ▮ Roma

> ▶ Roma 19 – Castel Gandolfo 10 – Fiuggi 66 – Frosinone 68
> 🛈 piazza Marconi 1 ℰ 06 9420331, iatfrascati@libero.it, Fax 06 9425498
> ◉ Villa Aldobrandini★
> 🅖 Castelli romani★★ Sud, Sud-Ovest per la strada S 216 e ritorno per la via dei Laghi (circuito di 60 km)

🏨 **Flora**   🗌 🖢 🛧 🔟 ⅗ 🕪 🄿 ᴠɪꜱᴀ ⷒⷝ ᴀᴇ ➀ ⛛
viale Vittorio Veneto 8 – ℰ 069 41 61 10 – *www.hotel-flora.it* – *Fax 069 41 65 46*
37 cam ⊐ – †90/100 € ††120/170 € – ½ P 85/120 €   **Rist** – Carta 30/56 €
♦ Un soggiorno in questo villino ottocentesco a due passi dal centro vi farà certamente assaporare l'aristocratica atmosfera di quando Frascati era meta di villeggiatura della nobità romana.

🏨 **Colonna** senza rist   ᇰ 🛧 🔟 ⅗ 🕪 ⷨⷷ ᴠɪꜱᴀ ⷒⷝ ᴀᴇ ➀ ⛛
piazza del Gesù 12 – ℰ 06 94 01 80 88 – *www.hotelcolonna.it* – *Fax 06 94 01 87 30*
20 cam ⊐ – †80/105 € ††105/130 €
♦ Siete nel centro storico ma il palazzo che ospita l'albergo è di epoca più recente, ideale per chi vuole scoprire le ricchezze artistiche di Frascati senza rinunciare al confort moderno.

🏠 **Cacciani**   ⩽ 🖢 ⅗ 🕪 ᴠɪꜱᴀ ⷒⷝ ᴀᴇ ➀ ⛛
via Diaz 15 – ℰ 069 40 19 91 – *www.cacciani.it* – *Fax 069 42 04 40*
21 cam ⊐ – †65/78 € ††85/95 €
Rist Cacciani – vedere selezione ristoranti
♦ In posizione centrale, è un albergo semplice pensato per una clientela di lavoro ed offre una bella vista sui dintorni e su villa Aldobrandini; qualche camera con terrazza panoramica.

✕✕ **Cacciani**   ⩽ 🕼 ⅗ ᴠɪꜱᴀ ⷒⷝ ᴀᴇ ➀ ⛛
via Diaz 13 – ℰ 069 40 19 91 – *www.cacciani.it* – *Fax 069 42 04 40* – *chiuso dal 7 al 14 gennaio, dal 16 al 23 agosto, domenica sera (escluso da giugno a settembre), lunedì*
Rist – Carta 38/52 € ⅏
♦ Molte generazioni hanno contribuito al successo di questo locale, le cui proposte spaziano dai classici laziali a piatti più innovativi. Terrazza panoramica per il servizio estivo.

✕ **Zarazà**   🕼 ᴠɪꜱᴀ ⷒⷝ ⛛
viale Regina Margherita 45 – ℰ 069 42 20 53 – *Fax 069 42 20 53* – *chiuso 3 settimane in agosto, domenica sera (escluso da giugno a settembre), lunedì*
Rist – Carta 25/33 €
♦ Locale a gestione familiare che nell'insegna ricorda il nome del nonno; semplice ma ben tenuto, propone l'autentica cucina popolare laziale. D'estate il servizio è all'aperto.

FRATTA – Forlì-Cesena (040) – **562** J18 – **Vedere Bertinoro**

FRATTA TODINA – Perugia (PG) – **563** N19 – **1 843 ab.** – **alt. 214 m**   **32** B2
– ⊠ 06054

> ▶ Roma 139 – Perugia 43 – Assisi 55 – Orvieto 43

🏠 **La Palazzetta del Vescovo** – Country House 🌤   ⩽ 🛋 🌊
via Clausura 17, località Spineta, Ovest: ᇰ cam, ⅏ ⅗ 🕪 🄿 ᴠɪꜱᴀ ⷒⷝ ⛛
3 km – ℰ 07 58 74 51 83 – *www.lapalazzettadelvescovo.com*
– *Fax 07 58 74 50 42* – *chiuso dal 15 gennaio al 28 febbraio*
9 cam ⊐ – †140/180 € ††180/260 € – ½ P 120/160 €
Rist – *(chiuso a mezzogiorno) (solo per alloggiati)* Menu 38/55 € ⅏
♦ Elegante e ricca di fascino, arredata con mobili antichi, attenzione ai particolari e una calda armonia di colori; nel rigoglioso giardino, essenze mediterranee e un'ampia piscina a raso.

FREIBERG – Bolzano – **Vedere Merano**

FREIENFELD = Campo di Trens

FROSINONE ℙ (FR) – **563** R22 – **48 285 ab.** – **alt. 291 m** – ⊠ 03100   **13** C2

> ▶ Roma 83 – Avezzano 78 – Latina 55 – Napoli 144
> 🛈 via Aldo Moro 467/469 ℰ 0775 83381, info@apt.frosinone.it, Fax 0775833837
> 🅖 Abbazia di Casamari★★ Est : 15 km

🏨 **Cesari** 🖩 AC 🛠 📶 🍴 P VISA ⬥ AE ① ⚡

in prossimità casello autostrada A 1 – ℰ *07 75 29 15 81 – www.hotelcesari.it*
– Fax 07 75 29 33 22

60 cam ⌂ – 🛏75/85 € – 🛏🛏100 € – ½ P 70 € **Rist** – Carta 30/40 €

♦ Un tradizionale hotel, ideale per soste nel corso di spostamenti veloci e di lavoro, proprio dinanzi al casello autostradale; in parte da poco rinnovato nel settore notte. Una vasta offerta di pesce, da gustare accomodati nella capiente sala ristorante.

🏨 **Astor** 🖩 AC ↔ 🛠 rist. 📶 🚿 P 🚗 VISA ⬥ AE ① ⚡

via Marco Tullio Cicerone 200 – ℰ *07 75 27 01 32 – www.astorhotel.fr.it*
– Fax 07 75 27 01 35

61 cam ⌂ – 🛏57 € – 🛏🛏85 € – ½ P 65 € **Rist** – Carta 25/33 €

♦ Per chi vuole trovare comodità e confort, una risorsa dotata di parcheggio e garage, in una zona centrale e trafficata. Spazi comuni con foto di celebrità passate di qui. Una cucina improntata alle tradizioni ciociare, nell'elegante sala da pranzo.

🏠 **Memmina** 🖩 🖩 🚿 P 🚗 VISA ⬥ AE ① ⚡
⊜⊜

via Maria 172 – ℰ *07 75 87 35 48 – www.albergomemmina.it*
– Fax 07 75 27 01 38

37 cam ⌂ – 🛏50/60 € – 🛏🛏65/75 € – ½ P 50/60 € **Rist** – Carta 20/30 €

♦ Un nuovo albergo, ubicato lungo la via che porta a Sora; è rimasto il vecchio bar che lo precedeva, ma oggi, vi si aggiunge un ambiente semplice e tuttavia confortevole. Servizio self-service, per pasti veloci, o ristorante con piatti locali.

XXX **Palombella** 🖩 AC 🛠 ⇔ P VISA ⬥ AE ① ⚡
⊜⊜

via Maria 234 – ℰ *07 75 87 21 63 – www.palombella.com – Fax 07 75 27 04 02*

Rist – Carta 20/31 €

♦ Esternamente, un tentativo di ricreare uno stile neoclassico-liberty; all'interno, tra vetrate colorate e colonne, un tripudio di specchi, marmi intarsiati, gessi e legni.

FROSSASCO – Torino (TO) – **561** ?P47H4 – **2 892 ab.** – alt. 389 m 22 B2
– ⊠ 10060

🚩 Roma 665 – Torino 36 – Asti 79 – Cuneo 71

🏨 **La Locanda della Maison Verte** 🏡 ⚡ 🏡 ⌑ 🎋 🛁 🖩 🛠

via Rossi 34, AC cam. ↔ 📶 🚿 VISA ⬥ AE ① ⚡
per via XX Settembre – ℰ *01 21 35 46 10 – www.maisonvertehotel.com*
– Fax 01 21 35 46 14 – chiuso dal 1° al 7 gennaio

27 cam ⌂ – 🛏80 € – 🛏🛏108 € – 1 suite – ½ P 70 € **Rist** – Carta 29/39 €

♦ Una maison pensata per la salute, la bellezza ed il relax. Avvolta da un parco con piscina, offre ampie camere ed una calda atmosfera dettata dall'uso di pietre e cotto. Affacciato sul giardino, il ristorante propone intime ed accoglienti sale, nelle quali convivono estro e discrezione.

XX **Adriano Mesa** ⚡ 🛠 VISA ⬥ ⚡

via Principe Amedeo 57 – ℰ *01 21 35 34 55 – Fax 01 21 35 34 55 – chiuso lunedì*

Rist – (prenotazione obbligatoria) Menu 35/50 €

♦ Sobrio e curato - situato in centro paese - il locale dispone di una cucina visibile dalla sala e propone un unico menu degustazione che varia secondo l'estro dello chef, ma dal quale è possibile scegliere i piatti preferiti.

FUCECCHIO – Firenze (FI) – **563** K14 – **22 668 ab.** – alt. 25 m 28 B1
– ⊠ 50054

🚩 Roma 302 – Firenze 38 – Pisa 49 – Livorno 52

a Ponte a Cappiano Nord-Ovest : 4 km – ⊠ 50054

XX **Le Vedute** 🏡 AC P VISA ⬥ AE ① ⚡

via Romana Lucchese 121, località Le Vedute – ℰ *05 71 29 74 98*
– www.ristorantelevedute.it – Fax 05 71 29 72 01 – chiuso dal 1° al 7 gennaio,
agosto, sabato a mezzogiorno, lunedì

Rist – Carta 33/52 € (+12 %)

♦ Un bel ristorante classico, sito fuori paese, al primo piano di una grande struttura; molto curato dal titolare, offre validi piatti, anche di pescato e locali.

FUMANE – Verona (VR) – **562** F14 – **4 099 ab.** – alt. 196 m – ⊠ 37022   **37** A2

▶ Roma 515 – Verona 18 – Brescia 69 – Mantova 52

🏠   **Costa degli Ulivi** ⌖   ⫷ 🛏 🍴 🎇 ⁂ 📱 ⇄ ⁑ rist, **P** **VISA** **⊚** 🍴
via Costa 5 – ✆ 04 56 83 80 88 – www.costadegliulivi.com – Fax 04 56 83 80 17
20 cam ⌑ – 📱70/90 € 📱📱110/120 € – ½ P 73/78 €
Rist – *(chiuso mercoledì)* Carta 22/31 €
♦ Vecchio casolare di campagna cinto da una vasta proprietà; all'interno camere semplici
arredate con mobili rustici in legno, luminose quelle nuove affacciate sui vigneti. Polenta
abbrustolita con soppressa e lardo, pasta e fagioli, grigliate miste e dolci casalinghi nell'ampia sala verandata del ristorante.

🍴   **Enoteca della Valpolicella** con cam ⌖   🌐 **P** **VISA** **⊚** **AE** **①** 🍴
via Osan 45 – ✆ 04 56 83 91 46 – www.valpolicella.it/tavole – chiuso domenica
sera e lunedì
5 cam ⌑ – 📱70 € 📱📱90 €   **Rist** – Carta 33/43 € ᛤ
♦ Nel contesto di un villaggio tipico, un antico edificio rurale avvolto dai vigneti della Valpolicella, oggi enoteca-trattoria dall'atmosfera rustica e curata dove gustare sapori del
posto. A pochi passi dall'Enoteca, graziose camere, tutte diverse fra loro, ricavate in uno
stabile del Seicento.

FUNES (VILLNÖSS) – Bolzano (BZ) – **562** C17 – **2 372 ab.** – alt. 1 159 m   **31** C1
– ⊠ 39040

▶ Roma 680 – Bolzano 38 – Bressanone 19 – Milano 337
ℹ frazione San Pietro 11 ✆ 0472 840180, info@villnoess.com,
Fax 0472 840312

🏨   **Sport Hotel Tyrol** ⌖   ⫷ 🛏 🍴 🏛 📱 ⅊ cam, ⁂ rist, **P** **VISA** **⊚** 🍴
località Santa Maddalena 105 – ✆ 04 72 84 01 04 – www.tyrol-hotel.eu
– Fax 04 72 84 05 36 – Natale-marzo e 20 maggio-4 novembre
28 cam ⌑ – 📱55/80 € 📱📱80/140 € – ½ P 70/90 €   **Rist** – Carta 32/40 €
♦ Immerso nei verdi prati e cinto dai monti: per godersi la tranquillità e la panoramicità del
luogo, in un ambiente ricco di opere d'arte in legno create dal proprietario. Sale da pranzo
rinnovate con molto legno.

FUNO – Bologna – Vedere Argelato

FURLO (Gola del) – Pesaro e Urbino (PU) – **563** L20 – alt. 177 m   **20** B1

▶ Roma 259 – Rimini 87 – Ancona 97 – Fano 38

🍴🍴   **Anticofurlo** con cam   🍴 ⅊ rist, ⁑ 🏛 🌐 **P** **VISA** **⊚** **AE** **①** 🍴
via Furlo 66 ⊠ 61041 Acqualagna – ✆ 07 21 70 00 96 – www.anticofurlo.it
– Fax 07 21 70 01 17 – chiuso dal 10 al 20 gennaio
7 cam ⌑ – 📱42/60 € 📱📱70/95 € – ½ P 60/70 €
Rist – *(chiuso lunedì sera escluso agosto e novembre)* (consigliata la
prenotazione) Carta 36/56 € ᛤ
♦ Locale dall'atmosfera informale, ma nel piatto la creatività fa "vibrare" i tradizionali sapori
regionali. Imperdibile il rito dell'aperitivo, che si consuma nella caratteristica grotta scavata
nella roccia. Confort moderno e mobili antichi nelle camere rinnovate.

FURORE – Salerno (SA) – **564** F25 – **830 ab.** – alt. 300 m – ⊠ 84010   **6** B2
🏴 Italia

▶ Roma 264 – Napoli 55 – Salerno 35 – Sorrento 40
◉ Vallone ★★

🏨   **Furore Inn Resort** ⌖   ⫷ 🛏 🍴 🎇 🌐 🏛 ℹ⁴ 🎇 📱 🏛 ⁂ rist, 🏊
via dell'Amore, contrada Sant'Elia   **P** **VISA** **⊚** **AE** **①** 🍴
– ✆ 08 98 30 47 11 – www.furoreinn.it – Fax 08 98 30 47 77 – marzo-novembre
18 cam ⌑ – 📱180/320 € 📱📱220/460 € – 4 suites – ½ P 250/290 €
Rist La Volpe Pescatrice – ✆ 08 98 30 47 85 *(aprile-ottobre)* Carta 57/74 € ᛤ
Rist Italian Touch – ✆ 0 89 83 04 770 – Carta 73/99 €
♦ Recente risorsa in ottima posizione, con una terrazza panoramica con piscina; attrezzata
beauty farm, eleganza, confort, tradizioni e modernità che si fondono in armonia. Atmosfera
e ambiente signorili al raffinato ristorante. All'Italian Touch, cucina mediterranea ed un'atmosfera dalle eco arabe.

Hostaria di Bacco ≤ 常 AK ⁇ P VISA ◎ AE ① ⑤

via G.B. Lama 9 – ℰ 08 98 30 3 60 – www.baccofurore.it – Fax 08 98 30 3 52
– chiuso dal 15 al 26 novembre
20 cam – ♥60/70 € ♥♥80/100 €, ⊑ 10 € – ½ P 85 €
Rist – *(chiuso venerdì in bassa stagione)* Carta 25/48 €
♦ Chi voglia scoprire il volto segreto della Costiera, si arrampichi fin qua: dove nel 1930 sorgeva una semplice osteria quasi a picco sul mare, oggi c'è un nido incantevole. Servizio ristorante estivo in terrazza panoramica.

Agriturismo Sant'Alfonso ⑤ ≤ 常 常 AK cam, ⁇ cam, 🌐

via S. Alfonso 6 – ℰ 08 98 30 5 15 VISA ◎ AE ① ⑤
– www.agriturismosantalfonso.it – Fax 08 98 30 5 15 – chiuso dal 15 novembre
al 15 dicembre
9 cam ⊑ – ♥55/75 € ♥♥65/90 € – ½ P 60/75 €
Rist – *(chiuso a mezzogiorno)* *(prenotazione obbligatoria)* Carta 20/30 €
♦ Tra i tipici terrazzamenti della Costiera, una ex convento dell'800, ora agriturismo; conserva cappella, ceramiche, affreschi e forno a legna di quel periodo. Camere semplici. Prodotti di stagione, il vino dell'azienda ed il profumo elle erbe aromatiche in sala o in terrazza.

FUSIGNANO – Ravenna (RA) – 562 I17 – 8 252 ab. – ✉ 48010 9 C2
🚗 Roma 372 – Bologna 68 – Ravenna 29 – Faenza 26

Cà Ruffo senza rist 📶 ⑤ AK ⁇ 🌐 VISA ◎ AE ① ⑤

via Leardini 8 – ℰ 05 45 95 40 34 – www.caruffo.it – Fax 05 45 95 51 82 – chiuso
dal 1° al 7 gennaio e 3 settimane in agosto
8 cam ⊑ – ♥75/80 € ♥♥100 € – 1 suite
♦ Nel cuore della Romagna, un palazzotto nobiliare oggi trasformato in un piccolo hotel,
curato: poche stanze, tutte personalizzate, per sentirsi coccolati con eleganza.

La Voglia Matta 常 AK ⬦ VISA ◎ AE ① ⑤

via Vittorio Veneto 63 – ℰ 0 54 55 02 58 – www.caruffo.it – Fax 05 45 95 51 82
– chiuso dal 1° al 7 gennaio e 3 settimane in agosto
Rist – *(chiuso domenica)* Carta 35/45 € 🍴
♦ Al piano terra dell'albergo Ca' Ruffo, una piccola bomboniera dove gustare una saporita cucina di terra e di mare. Qualche ricetta vegetariana ed economiche proposte per pranzi di lavoro.

GABBIANO – Firenze – Vedere Scarperia

GABICCE MARE – Pesaro e Urbino (PU) – 563 K20 – 5 881 ab. 20 B1
– ✉ 61011
🚗 Roma 316 – Rimini 23 – Ancona 93 – Forlì 70
🅸 viale della Vittoria 42 ℰ 0541 954424, iat.gabicce@regione.marche.it,
Fax 0541 953500

Grand Hotel Michelacci ≤ 🔆 🖥 🕤 🏊 🛗 🚶 AK ⁇ rist, 🌐 🐾
piazza Giardini Unità d'Italia 1 – ℰ 05 41 95 43 61 P VISA ◎ AE ① ⑤
– www.michelacci.com – Fax 05 41 95 45 44
130 cam ⊑ – ♥137/168 € ♥♥245/268 € – 10 suites – ½ P 136/168 €
Rist – Carta 50/68 €
♦ Nel cuore della città, l'elegante risorsa si affaccia sul golfo ed offre ambienti curati nei dettagli: bella piscina, moderno centro benessere ed un'attrezzata sala congressi.

Sans Souci ≤ 🚗 🏊 🕤 🏋 🛗 ⬦ 🚶 AK ⁇ rist, 🌐 🐾 P
viale Mare 9 – ℰ 05 41 95 01 64 – www.parkhotels.it VISA ◎ AE ① ⑤
– Fax 05 41 95 26 12 – marzo-novembre
88 cam ⊑ – ♥50/160 € ♥♥86/198 € – ½ P 52/130 €
Rist – *(solo per alloggiati)* Carta 31/45 €
♦ In posizione panoramica, questo moderno hotel, recentemente rinnovato, domina la costa
ed offre ambienti dai semplici arredi di gusto moderno ed una dependance.

Alexander ≤ 🚗 🏊 🕤 🏋 🖥 🚶 AK ⁇ rist, 🌐 🐾 P VISA ◎ AE ⑤
via Panoramica 35 – ℰ 05 41 95 41 66 – www.alexanderhotel.it
– Fax 05 41 96 01 44 – aprile-settembre
48 cam ⊑ – ♥60/100 € ♥♥90/170 € – ½ P 55/95 €   **Rist** – Menu 20/40 €
♦ Ubicata tra mare e collina, una struttura classica con ambienti di moderna eleganza, area
fitness, sala biliardo, animazione ed attrezzature per le vacanze dei più piccoli. Inoltre, speciali
attenzioni ai cicloturisti: è un bike hotel ben attrezzato!

Venus ◄ ♨ ⌁ ∭ ⅃₅ 🕴 ⋔⋔ AK ⅍ rist. ⑪ P VISA ◉ AE ⓢ
via Panoramica 29 – ℰ 05 41 96 26 01 – www.hotelvenus.it – Fax 05 41 95 22 20
– maggio-settembre
50 cam ⌁ – †80/120 € †† 140/220 € – ½ P 75/120 €
Rist – (solo per alloggiati)
♦ Ambienti spaziosi dal sobrio arredo, sauna, palestra e due piscine in questa grande risorsa ubicata in zona residenziale a pochi passi dal centro.

Majestic ◄ ⌁ ⅃₅ 🕴 ⋔⋔ AK ⅍ rist. ⑪ P VISA ◉ AE ⓢ
via Balneare 10 – ℰ 05 41 95 37 44 – www.majestichotel.it – Fax 05 41 96 13 58
– maggio-settembre
55 cam †55/85 € †† 90/135 €, ⌁ 8 € – ½ P 96 €
Rist – (solo per alloggiati) Carta 24/53 €
♦ Nella zona alta della località, una piscina separa la struttura principale dalla dependance, entrambi con interni ampi e signorili; possibilità di grigliate in spiaggia.

Thea ◄ 🕴 ⋔⋔ AK ⑪ ⇔ VISA ◉ AE ① ⓢ
via Vittorio Veneto 11 – ℰ 05 41 95 00 52 – www.hotelthea.it
– Fax 05 41 95 45 18 – Pasqua-25 settembre
29 cam ⌁ – †40/70 € †† 70/120 € – ½ P 70/80 €
Rist – (giugno-settembre) Carta 23/29 €
♦ Direttamente sul mare con accessso diretto alla spiaggia, l'hotel mette a disposizione degli ospiti ambienti recentemente rinnovati negli arredi e camere con eco orientali. Sala da pranzo al primo piano con vista sul Mediterraneo.

Marinella ◄ ∭ ⅃₅ 🕴 ⋔⋔ AK ⅍ rist. ⑪ ⇔ VISA ◉ ① ⓢ
via Vittorio Veneto 127 – ℰ 05 41 95 45 71 – www.hotel-marinella.it
– Fax 05 41 95 04 26 – Pasqua-settembre
46 cam ⌁ – †80/120 € †† 120/150 € – 8 suites – ½ P 60/150 €
Rist – Menu 16/26 €
♦ In pieno centro, la risorsa è gestita da una famiglia di provata esperienza e dispone di ampie camere. Ideale punto di appoggio per escursioni nei dintorni, serba un occhio di riguardo ai cicloturisti! Nella sala ristorante affacciata sul mare, in giardino o in veranda, vi attende un ricco buffet.

Il Traghetto ⌂ AK ⅍ VISA ◉ AE ① ⓢ
via del Porto 27 – ℰ 05 41 95 81 51 – Fax 05 41 96 36 22 – chiuso dal
24 novembre al 4 febbraio e martedì (escluso agosto)
Rist – Carta 34/56 €
♦ Dotata di uno spazio riservato ai fumatori, il ristorante propone una gustosa cucina regionale e di pesce. Tra le specialità: l'antipasto *Traghetto*. Nuovo dehors sulla banchina del porto canale.

a Gabicce Monte Est : 2,5 km – alt. 144 m – ⊠ 61011 Gabicce Mare

Posillipo ◈ ◄ ♨ ⌂ ⌁ ⅃₅ 🕴 🕱 AK ⅍ ⑪ ⋘ P VISA ◉ AE ① ⓢ
via dell'Orizzonte 1 – ℰ 05 41 95 33 73 – www.hotelposillipo.com
– Fax 05 41 95 30 95 – 20 marzo-ottobre
31 cam ⌁ – †80/145 € †† 118/190 € – 2 suites – ½ P 126/140 €
Rist – (chiuso lunedì escluso da giugno ad agosto) (chiuso a mezzogiorno escluso domenica da marzo a maggio e da settembre ad ottobre) Carta 43/84 € 🕸
♦ Sovrastando il verde e il mare in cima al colle di Gabicce, l'hotel dispone di rilassanti spazi comuni tra cui una bella piscina ed ampie camere (di standard superiore le *junior suite* all'ultimo piano della casa). In menu tanto pesce ed una carta dei vini emozionante: più di mille etichette!

Osteria della Miseria ⌂ P VISA ◉ AE ① ⓢ
via Dei Mandorli 2, (Est 1,5 km) – ℰ 05 41 95 83 08 – www.osteria.ws – chiuso lunedì
Rist – (chiuso a mezzogiorno escluso domenica da ottobre ad aprile)
Carta 31/39 €
♦ Un'allegra osteria con pareti tappezzate da foto in bianco e nero, che ritraggono musicisti di blues e di jazz. Cucina regionale semplice, ma curata.

GADANA – Pesaro e Urbino – Vedere Urbino

GAETA – Latina (LT) – **563** S23 – 21 750 ab. – ⊠ 04024 ▯ Italia   **13** D3

▶ Roma 141 – Frosinone 99 – Caserta 79 – Latina 74

🛈 via Filiberto 5 ✆ 0771 461165, Fax 0771 450779

◉ Golfo★ – Duomo : Candelabro pasquale★

Villa Irlanda Grand Hotel   🔌 ⅃ 🖥 ⅋ cam, AC ⅍ 🎱 ♨ 🄿

lungomare Caboto 6, Nord : 4 km – ✆ 0771 71 25 81   𝘝𝘐𝘚𝘈 ⦾ AE ① Ś

– www.villairlanda.com – Fax 0771 71 21 72

43 cam ⌂ – †91/205 € ††129/205 € – 5 suites – ½ P 100/138 €

Rist – Carta 40/60 €

♦ A partire dalla piscina, in un parco con villa e convento d'inizio secolo, sino ai resti di una domus romana, un complesso di gran fascino, tra il mare e le prime alture. Sala da pranzo di armonica bellezza, ricavata da un'antica chiesa, ancora con il ciborio.

✗ Trattoria la Cianciola   AC ⅍ 𝘝𝘐𝘚𝘈 ⦾ AE ① Ś

🥜 *vico 2 Buonomo 16* – ✆ 0771 46 61 90 – Fax 0771 46 47 84 – *chiuso novembre*

Rist – (*chiuso lunedì escluso agosto*) Carta 16/33 €

♦ Il nome evoca l'antica pesca fatta dalle imbarcazioni con le lampare; oggi, un'eco nostalgica in uno stretto vicolo affacciato sul lungomare. Menù, come ovvio, di pesce.

---

sulla strada statale 213

Grand Hotel Le Rocce   ≤ 🚗 🛋 AC ⅍ 🎱 🄿 𝘝𝘐𝘚𝘈 ⦾ AE ① Ś

via Flacca km 23,300, Ovest : 6,8 km ⊠ 04024 – ✆ 0771 74 09 85

– www.lerocce.com – Fax 0771 74 16 33 – maggio-settembre

57 cam ⌂ – †100/250 € ††130/305 € – ½ P 117/193 €

Rist – (*chiuso a mezzogiorno*) Carta 35/77 €

♦ Davvero una magnifica ambientazione, fra una natura rigogliosa e un'acqua cristallina, con una serie di ariose terrazze fiorite sul mare e strutture d'un bianco intenso. Sala da pranzo di rustica e sobria eleganza; incantevole vista dal dehors estivo.

🅱 Grand Hotel Il Ninfeo ⌗   ≤ 🚗 AC ⅍ ♨ 🄿 𝘝𝘐𝘚𝘈 ⦾ AE ① Ś

via Flacca km 22,700, Ovest : 7,4 km ⊠ 04024 – ✆ 0771 74 22 91

– www.grandhotelilninfeo.it – Fax 0771 74 07 36 – aprile-ottobre

40 cam – †65/113 € ††89/185 €, ⌂ 10 € – ½ P 115/150 €   **Rist** Carta 25/56 €

♦ Proprio sulla spiaggia dell'incantevole insenatura di S. Vito, una bella struttura digradante sul mare attraverso la vegetazione; ambienti nuovi e luminosi, ben curati. Un vero quadro sulla marina blu la suggestiva sala ristorante.

GAGGIANO – Milano (MI) – **561** F9 – 8 791 ab. – alt. 116 m – ⊠ 20083   **18** A2

▶ Roma 580 – Alessandria 92 – Milano 14 – Novara 37

a Vigano Sud : 3 km – ⊠ 20083 Gaggiano

✗✗ Antica Trattoria del Gallo   🚗 🛋 ⅍ AC 🄿 𝘝𝘐𝘚𝘈 ⦾ AE ① Ś

via Kennedy 1/3 – ✆ 02 90 85 27 6 – *www.trattoriadelgallo.com*

– Fax 02 90 84 42 10 – chiuso dal 25 dicembre al 10 gennaio, agosto, lunedì, martedì

Rist – Carta 34/44 € 🍴

♦ Nato a fine '800, un locale di vecchia tradizione rurale, rinnovato nelle strutture, con servizio estivo in giardino: i piatti mantengono salde matrici territoriali.

GAGGIO MONTANO – Bologna (BO) – **562** J14 – 5 100 ab.   **8** B2
– alt. 682 m – ⊠ 40041

▶ Roma 353 – Bologna 61 – Lucca 85 – Modena 76

⌂ Agriturismo Ca' di Fos ⌗   ≤ 🚗 🛋 ⅃ 🎱 🄿

via Ronchidoso 731, Ovest : 3 km – ✆ 0534 37 02 9

– www.agriturismo-cadifos.com – Fax 0534 37 02 9 – chiuso gennaio e febbraio

8 cam – solo ½ P 50 €   **Rist** – (*prenotazione obbligatoria*) Menu 25/30 €

♦ In una zona montana, nelle vicinanze di Porretta Terme e con piacevole vista dei colli bolognesi, una piccola e accogliente struttura agrituristica, davvero ben tenuta. Ottimo il servizio ristorante gestito dalla proprietaria, cuoca "di un tempo".

GAIANO – Salerno – **564** E26 – Vedere Fisciano

GAIBANA – Ferrara – **562** H16 – Vedere Ferrara

GAIBANELLA – Ferrara – **562** H17 – Vedere Ferrara

GAIOLE IN CHIANTI – Siena (SI) – **563** L16 – 2 632 ab. – alt. 356 m   **29** C2
– ⊠ 53013 ▮ Toscana

▶ Roma 252 – Firenze 60 – Siena 28 – Arezzo 56
🛈 via Galilei 11 ✆ 0577 749411, prolocogaiole@libero.it, Fax 0577 749411

Castello di Spaltenna ⌂   ⟨🕭 🏠 🍴 🔲 🎐 💪 ℁ 🅰🅲 ℁ ⁕ 🚲
località Spaltenna 13 – ✆ 05 77 74 94 83   🅿 🆅🅸🆂🅰 ⓪ 🅰🅴 ① 🐧
– www.spaltenna.it – Fax 05 77 74 92 69 – aprile- 5 novembre
32 cam 🖵 – †165/280 € ††195/330 € – 3 suites – ½ P 163/225 €
Rist *Il Pievano* – Menu 50/62 € – Carta 48/74 €
♦ Incorniciato dal tipico paesaggio toscano, l'albergo racconta di sè dalle antiche mura ed ospita ambienti confortevoli e caratteristici; attrezzature sportive e per il relax. Nel chiostro, romantiche cene a lume di candela.

L'Ultimo Mulino ⌂   🚊 🏠 🍴 🕭 🔥 🅰🅲 🆅 🅿 🆅🅸🆂🅰 ⓪ 🅰🅴 ① 🐧
località La Ripresa di Vistarenni 43, Ovest : 6 km – ✆ 05 77 73 85 20
– www.ultimomulino.it – Fax 05 77 73 86 59 – maggio-ottobre
13 cam – †112/143 € ††143/204 €, 🖵 10 €
Rist – (solo per alloggiati) Menu 40/60 €
♦ Celato dalla tranquillità dei boschi, l'hotel nasce dal restauro di un antico mulino medievale arredato in stile e dotato di confort moderni. In estate, allegri aperitivi a bordo piscina.

La Fonte del Cieco senza rist   🆅🅸🆂🅰 ⓪ 🅰🅴 ① 🐧
via Ricasoli 18 – ✆ 05 77 74 40 28 – www.lafontedelcieco.it – Fax 05 77 74 44 07
8 cam 🖵 – †60/80 € ††80/110 €
♦ Situato sulla piazza centrale del paese, è un caratteristico edificio dei primi del Novecento sorto sopra una sorgente d'acqua. Camere confortevoli e "tipiche", il che da queste parti significa: letti in ferro battuto e travi a vista.

Badia a Coltibuono ❌❌   🏠 🅿 🆅🅸🆂🅰 ⓪ 🐧
località Coltibuono, Nord-Est : 5,5 km – ✆ 05 77 74 90 31 – www.coltibuono.com
– Fax 05 77 74 90 31 – 10 marzo-10 novembre; chiuso lunedì escluso maggio-ottobre
Rist – Menu 40 € – Carta 34/45 €
♦ Fondata quale luogo di culto e di meditazione, oggi la badia è un ambiente sobriamente elegante dove assaporare i profumi della terra del Chianti.

sulla strada statale 408

Le Pozze di Lecchi ⌂   🚊 🏠 🍴 🕭 🏢 🅰🅲 ℁ rist, ℁ 🅿
località Molinaccio al km 21, Sud-Ovest: 6,3 km   🆅🅸🆂🅰 ⓪ 🅰🅴 🐧
– ✆ 05 77 74 62 12 – www.lepozzedilecchi.it – Fax 05 77 74 62 14 – chiuso dal
10 gennaio al 20 marzo
14 cam 🖵 – †105/135 € ††150/235 € – ½ P 125/153 €
Rist *Monna Ginevra* – Carta 39/49 €
♦ Ideale per un soggiorno di tranquillità, l'hotel è il risultato del restauro di un mulino. Negli ambienti, attenzione nelle rifiniture degli arredi, travi cotto e arte povera. Piccola sala dall'atmosfera classica con proposte di cucina regionale.

Borgo Argenina senza rist ⌂   ⟨ 🚊 ℁ ℁ 🅿 🆅🅸🆂🅰 ⓪ 🅰🅴 ① 🐧
località Argenina, San Marcellino Monti. Al km 14, Sud : 12 km
– ✆ 05 77 74 71 17 – www.borgoargenina.it – Fax 05 77 74 72 28 – 4 marzo-
9 novembre
7 cam 🖵 – †130 € ††170 € – 3 suites
♦ Circondato da verdi colline che ne preservano la tranquillità, offre ambienti arredati nello stile del primo Novecento, cucina con camino e camere confortevoli ma semplici.

a San Sano Sud-Ovest : 9,5 km – ⊠ 53013 Lecchi

Castellare de' Noveschi senza rist ⌂   ℁ 🆅🅸🆂🅰 ⓪ 🅰🅴 ① 🐧
località San Sano 12 – ✆ 05 77 74 60 10 – www.castellaredenoveschi.com
– Fax 05 77 74 69 05
8 cam – ††250/380 €, 🖵 12 €
♦ Rievoca la storia degli illustri personaggi che qui hanno vissuto questo originale relais nel cuore del Chianti, realizzato in una torre del Duecento. Nelle cantine, la possibilità di rilassarsi con la vinoterapia.

GAIONE – Parma – **562** H12 – Vedere Parma

GALATINA – Lecce (LE) – **564** G36 – 27 574 ab. – alt. 78 m – ⌧ 73013   **27** D3
▌ Italia

▶ Roma 588 – Brindisi 58 – Gallipoli 22 – Lecce 20

🏠🏠🏠 **Palazzo Baldi**   🚗 𝔸ℂ 📞 ⓢ⋀ 𝐕𝐈𝐒𝐀 ⓞⓞ 𝔸𝔼 ⓞ ♿
corte Baldi 2 – ℰ 08 36 56 83 45 – www.hotelpalazzobaldi.com – Fax 08 36 56 48 35
11 cam ⌷ – ✝70/120 € ✝✝120/180 € – 3 suites – ½ P 80/110 €
Rist – *(chiuso domenica)* Carta 22/28 €
♦ In pieno centro, un'elegante residenza vescovile di origini cinquecentesche custodisce camere di differenti tipologie con arredi in stile, arricchiti con inserti in ceramica.

GALLARATE – Varese (VA) – **561** F8 – 50 156 ab. – alt. 238 m – ⌧ 21013   **18** A2
▶ Roma 617 – Stresa 43 – Milano 40 – Como 50

🏠🏠 **Astoria** senza rist   ▤ 𝔸ℂ ⁽ᵗ⁾ 𝐕𝐈𝐒𝐀 ⓞⓞ 𝔸𝔼 ♿
piazza Risorgimento 9/A – ℰ 03 31 79 10 43 – www.astoria.ws
– Fax 03 31 77 26 71
50 cam ⌷ – ✝90/150 € ✝✝100/200 €
♦ Ubicato nel centro del paese, costituisce un valido punto d'appoggio per il vicino aeroporto di Malpensa; camere pulite e ordinate, arredi sobri e confortevoli.

✗✗ **Vicolo dei Tetti**   𝔸ℂ 𝐕𝐈𝐒𝐀 ⓞⓞ 𝔸𝔼 ♿
vicolo dei Tetti 2 Gallarate – ℰ 03 31 78 33 97 – www.vicolodeitetti.it
– Fax 03 31 78 33 97 – chiuso dall'8 al 14 gennaio, dal 13 al 19 agosto e lunedì
Rist – (consigliata la prenotazione) Carta 40/50 € 𝔅
♦ Locale carino e accogliente nel centro a Gallarate, nel vicolo omonimo. All'interno pochi tavoli e piccolo banco bar per degustazione vini; al piano superiore, la sala rustica, ma signorile si propone come palcoscenico per una cucina creativa.

✗ **Trattoria del Ponte**   𝔸ℂ 𝐏 𝐕𝐈𝐒𝐀 ⓞⓞ 𝔸𝔼 ⓞ ♿
corso Sempione 99 – ℰ 03 31 77 72 92 – www.trattoriadelponte.com
– Fax 03 31 78 96 59
Rist – Carta 26/45 €
♦ Frequentata trattoria non molto distante dal centro. Le specialità profumano di mare e valgono una cena, ma per chi ha fretta c'è un'ottima lista di pizze.

GALLIANO – Firenze – **563** J15 – Vedere Barberino di Mugello

GALLIATE LOMBARDO – Varese (VA) – 935 ab. – alt. 335 m   **18** A1
– ⌧ 21020
▶ Roma 639 – Stresa 41 – Como 34 – Lugano 47

✗✗ **Ilario Vinciguerra**   🏡 𝔸ℂ 🍴 ⇔ 𝐕𝐈𝐒𝐀 ⓞⓞ ♿
⍟ *via IV Novembre 10 – ℰ 03 32 94 71 04 – www.ilariovinciguerra.it*
– chiuso 3 settimane in gennaio e martedì
Rist – *(chiuso a mezzogiorno escluso i giorni festivi)* (consigliata la prenotazione) Menu 66/120 € – Carta 66/86 € 𝔅
Spec. Vesuvius (formato di pasta), cozze e fagioli. Maialino tenero e croccante con scaloppa di foie gras e composta di limoni. Tiramisù: rivisitazione in chiave moderna.
♦ Giovane gestione per questa realtà che offre un gradevole servizio estivo sulla terrazza soleggiata e pochi coperti e propone piatti creativi, su base mediterranea.

GALLIERA VENETA – Padova (PD) – **562** F17 – 7 039 ab. – alt. 30 m   **37** B1
– ⌧ 35015
▶ Roma 535 – Padova 37 – Trento 109 – Treviso 32

✗✗ **Al Palazzon**   🏡 𝔸ℂ ⇔ 𝐏 𝐕𝐈𝐒𝐀 ⓞⓞ 𝔸𝔼 ⓞ
via Cà Onorai 2 località Mottinello Nuovo – ℰ 04 95 96 50 20
– www.alpalazzon.it – Fax 04 95 96 59 31 – chiuso agosto e lunedì
Rist – Carta 30/42 €
♦ Esternamente la struttura è quella di un cascinale, all'interno si scoprono tre salette eleganti, curate nei particolari; valida gestione familiare e piatti anche di pesce.

GALLIO – Vicenza (VI) – **562** E16 – 2 458 ab. – alt. 1 090 m – Sport   **35** B2
invernali : 1 090/1 730 m ⍚47 (Altopiano di Asiago) 🎿 – ⌧ 36032
▶ Roma 577 – Trento 68 – Belluno 88 – Padova 94

Gaarten ⟨ 🔲 🕸 🕸 ⟨≡⟩ ⌂ rist, ⌘ rist, ⟨¹⟩ 🔏 🅿 🚗 VISA ⑳ AE ⓪ ⌂
via Kanotole 13/15 – ℰ 04 24 44 51 02 – www.gaartenhotel.it
– Fax 04 24 44 54 52
45 cam ⌕ – ♦80/135 € ♦♦140/220 € – ½ P 130 € **Rist** – Carta 26/49 €
♦ Risorsa polifunzionale d'impostazione moderna, decisamente confortevole e ideale per
congressi in altura. Grazie al nuovo centro benessere, la struttura risulta anche indicata per
vacanze "relax". Cucina internazionale nel rispetto e nell'attenta valorizzazione dei prodotti
tipici.

GALLIPOLI – Lecce (LE) – 564 G35 – 21 208 ab. – ⊠ 73014 📗 Italia   27 D3

▶ Roma 628 – Brindisi 78 – Bari 190 – Lecce 37

🄳 piazza Imbriani 10 ℰ 0833 262529, gallipoli@pugliaturismo.com,
Fax 0833 265199

◉ Interno★ della chiesa della Purissima

Palazzo del Corso senza rist   🄵 ⟨≡⟩ 🔟 ⌘ ⟨¹⟩ 🅿 🚗
corso Roma 145 – ℰ 08 33 26 40 40   VISA ⑳ AE ⓪ ⌂
– www.hotelpalazzodelcorso.it – Fax 08 33 26 50 52 – chiuso dal 10 dicembre al
14 gennaio
4 cam – ♦175/305 € ♦♦220/330 €, ⌕ 15 € – 3 suites – ♦♦350/495 €
♦ A pochi passi dal centro storico, un palazzo ottocentesco dagli eleganti ambienti arredati
con tessuti e mobilia di pregio ed un roof-garden con buffet caldi e freddi.

Relais Corte Palmieri senza rist ⌂   🔟 ⟨¹⟩ VISA ⑳ AE ⓪ ⌂
corte Palmieri 3 – ℰ 08 33 26 53 18 – www.relaiscortepalmieri.it
– Fax 08 33 26 50 52 – aprile-novembre
13 cam ⌕ – ♦155/185 € ♦♦175/200 € – 3 suites
♦ In un palazzo del '700 restaurato nel pieno rispetto della struttura originaria - tra terrazzamenti e muri bianchi - una risorsa unica, curata e ricca di personalizzazioni. Un gioiello nel
cuore di Gallipoli!

Palazzo Mosco Inn senza rist   🔟 ⟨¹⟩ VISA ⑳ AE ⓪ ⌂
via Micetti 26 – ℰ 08 33 26 65 62 – www.palazzomoscoinn.it
– Fax 08 33 26 51 08 – aprile-novembre
9 cam ⌕ – ♦155/185 € ♦♦175/200 € – 1 suite
♦ Tra vicoli e palazzi storici, un edificio dell'Ottocento ospita nei suoi ambienti decorati con
mosaici originali, raffinate camere e terrazze con vista sul golfo (per la prima colazione e
l'aperitivo serale).

✕✕ **La Puritate**   🔟 VISA ⑳ AE ⓪ ⌂
via Sant'Elia 18 – ℰ 08 33 26 42 05 – chiuso ottobre e mercoledì escluso da
giugno a settembre
Rist – Carta 28/54 €
♦ Sulla passeggiata che costeggia le mura, il ristorante dispone di un'elegante veranda in
legno e una cucina con proposte esclusivamente a base di pesce. Imperdibili: il giro di antipasti e i gamberi.

sulla strada litoranea per Santa Maria di Leuca Sud-Est: 6 km

Grand Hotel Costa Brada ⌂   ⟨ 🚗 🕭 🛖 � 🔲 🕸 🄵 ⟨≡⟩ ⌂
litoranea per Santa Maria di   ⋆⋆ 🔟 ⌘ ⟨¹⟩ 🔏 🅿 🚗 VISA ⑳ AE ⓪ ⌂
Leuca ⊠ 73014 – ℰ 08 33 20 25 51 – www.grandhotelcostabrada.it
– Fax 08 33 20 25 55
76 cam – ½ P 140/200 € **Rist** – Carta 32/72 €
♦ Direttamente sulla spiaggia, una struttura dalle bianche pareti, dispone di ampie zone
comuni, camere confortevoli dagli arredi curati ed un attrezzato centro benessere. I tradizionali sapori mediterranei trovano consenso nell'elegante sala da pranzo.

Ecoresort Le Sirenè ⌂   🚗 🕭 🛖 ⍕ 🕸 ⟨≡⟩ ⌂ 🔟 ⌘ rist, 🔏 🅿
litoranea per Santa Maria di Leuca   VISA ⑳ AE ⓪ ⌂
– ℰ 08 33 20 25 36 – www.attiliocaroli.it – Fax 08 33 20 25 39
120 cam ⌕ – ♦130 € ♦♦165 € – ½ P 130 €
Rist – (aprile-ottobre) Menu 25/28 €
♦ Frontemare, ma circondata da una fresca pineta, la risorsa dispone di ambienti dai sobri
arredi ed offre spazi sia per lo sport sia per il relax. Per i più festaioli, c'è anche l'animazione.
Nella spaziosa sala ristorante, specialità gastronomiche legate alla tradizione salentina.

⌂ **Masseria Li Foggi** senza rist ⌖   🚗 AC ⁽¹⁾ P VISA ⦿ 🍴
contrada Li Foggi – 𝒞 08 33 27 72 17 – www.kalekora.it – Fax 08 33 27 72 17
– 15 aprile-10 ottobre
8 suites ⌖ – ♦♦120/250 €
♦ Circondata da curati giardini con colture di ulivi ed in posizione isolata, un'antica masseria ospita eleganti appartamenti con arredi di buon gusto ed equilibrio di colori.

GALLODORO – Messina – **365** BA56 – Vedere Sicilia alla fine dell'elenco alfabetico

GALLUZZO – Firenze – **563** K15 – Vedere Firenze

GALZIGNANO TERME – Padova (PD) – **562** G17 – **4 400 ab.**   **35** B3
– alt. 22 m – ✉ 35030
▶ Roma 477 – Padova 20 – Mantova 94 – Milano 255
🖼, 𝒞 049 9 19 51 00

verso Battaglia Terme Sud-Est : 3,5 km :

🏨 **Sporting Hotel Terme** ⌖   ⟨ 🚗 ☰ 🏊 ⦿ 🛎 ♨ 𝟙 🎾 🖼 🛗
viale delle Terme 82 ✉ 35030   ✴✴ AC ⁒ rist, ⁽¹⁾ P VISA ⦿ AE 🍴
– 𝒞 04 99 19 56 67 – www.galzignano.it – Fax 04 99 19 52 50
– chiuso dall'8 al 22 dicembre
105 cam ⌖ – ♦126/194 € ♦♦152/292 € – 5 suites – ½ P 76/146 €
Rist – Menu 27/32 €
♦ All'interno del parco termale - contornato da ampi giardini - un hotel contemporaneo dalle ariose e confortevoli sale; camere di sobria eleganza.

GAMBARA – Brescia (BS) – **561** G12 – **4 762 ab.** – alt. 51 m – ✉ 25020   **17** C3
▶ Roma 530 – Brescia 42 – Cremona 29 – Mantova 63

🏨 **Gambara** senza rist   📶 AC ⁽¹⁾ 🔥 P VISA ⦿ AE ⓪ 🍴
🍽 *via campo Fiera 22 – 𝒞 03 09 95 62 60 – www.hotelgambara.it*
– Fax 03 09 95 62 71
13 cam ⌖ – ♦55/65 € ♦♦75/95 €
♦ La tradizione alberghiera di questo edificio risale ai primi del '900; da poco rinnovato, assicura confort e atmosfera in un ambiente familiare. Belle camere personalizzate.

GAMBARARE – Venezia – Vedere Mira

GAMBARIE D'ASPROMONTE – Reggio di Calabria (RC) – **564** M29   **5** A3
– alt. 1 300 m – ✉ 89050
▶ Roma 672 – Reggio di Calabria 43 – Catanzaro 151 – Lamezia Terme 126

🏠 **Centrale**   📶 🔥 VISA ⦿ AE ⓪ 🍴
🍽 *piazza Mangeruca 23 – 𝒞 09 65 74 31 33 – www.hotelcentrale.net*
– Fax 09 65 74 31 41
48 cam ⌖ – ♦60/70 € ♦♦70/90 € – ½ P 55/70 €   **Rist** – Carta 21/27 €
♦ Nel centro della località e a pochi passi dalla seggiovia, un esercizio semplice e ben tenuto, con piacevoli camere dall'arredo montano. Gestione ospitale e possibilità di escursioni guidate in mountain-bike. Specialità regionali caratterizzano il ristorante.

🏠 **Park Hotel Bellavista**   🚗 ☰ & P VISA ⦿ 🍴
via delle Albe – 𝒞 09 65 74 41 43 – www.bellavistapark.it – Fax 09 65 74 31 33
13 cam ⌖ – ♦70/100 € ♦♦100/120 € – ½ P 65/80 €
Rist – (solo per alloggiati) Carta 23/32 €
♦ Un curato giardino incornicia questa moderna struttura di recente costruzione: zone comuni e camere dagli arredi caldi e contemporanei. Cucina tipica montana al ristorante.

GAMBASSI TERME – Firenze (FI) – **563** L14 – **4 854 ab.** – alt. 332 m   **28** B2
– ✉ 50050
▶ Roma 285 – Firenze 59 – Siena 53 – Pisa 73

🔒 **Villa Bianca** senza rist ☜ 🔊 🍴 🕭 🕭 🕼 🅿 🆚 ⚧ 🅰🅴 🔊
via Gramsci 113 – 𝒞 05 71 63 80 75 – www.villabiancahotel.it
– Fax 05 71 63 92 44 – marzo-ottobre
8 cam ☷ – †65/95 € ††100/130 €
♦ Sobria e raffinata. Si accede da una piccola elegante hall per arrivare alle camere, tutte personalizzate e arredate con buon gusto e molta attenzione ai particolari. Immersa in un parco con piscina.

GAMBELLARA – Vicenza (VI) – **562** F16 – **3 320 ab.** – **alt. 70 m** – ✉ 36053   **35** B3
🚩 Roma 532 – Verona 37 – Padova 56 – Venezia 89

✗ **Antica Osteria al Castello** 🕼 ⇔ 🅿 🆚 ⚧ 🅰🅴 ⓞ 🔊
via Castello 23, località Sorio, Sud : 1 km – 𝒞 04 44 44 40 85
– www.anticaosteriaalcastello.com – Fax 04 44 44 40 85 – chiuso domenica
Rist – Carta 37/45 €
♦ Trattoria di tradizione familiare che ultimamente, con la giovane gestione, ha ricevuto un tocco di originalità ed eleganza sia nell'ambiente che nell'impostazione del menù.

GAMBOLÒ – Pavia (PV) – **561** G8 – **9 850 ab.** – **alt. 104 m** – ✉ 27025   **16** A3
🚩 Roma 586 – Alessandria 71 – Milano 43 – Novara 36

✗ **Da Carla** con cam 🕭 🕼 🍴 cam, ⅋ 🅿 🆚 ⚧ 🅰🅴 ⓞ 🔊
frazione Molino d'Isella 3, Est : 6 km – 𝒞 03 81 93 95 82
– www.trattoriadacarla.com – Fax 03 81 93 00 06
10 cam ☷ – †70 € ††90 € – ½ P 62 €
Rist – (chiuso dal 16 al 31 agosto e mercoledì) Carta 26/67 €
♦ Due accoglienti sale con soffitti in legno, pareti bianche e camino: una trattoria di campagna nei pressi di un pittoresco canale, dove gustare piatti regionali. Tra le specialità: oca, rane e lumache; i vini sono proposti a voce.

GARBAGNATE MILANESE – Milano (MI) – **561** F9 – **27 088 ab.**   **18** B2
– **alt. 179 m** – ✉ 20024
🚩 Roma 588 – Milano 16 – Como 33 – Novara 48

✗✗✗ **La Refezione** 🕼 ⇔ 🅿 🆚 ⚧ 🅰🅴 🔊
via Milano 166 – 𝒞 0 29 95 89 42 – www.larefezione.it – Fax 02 99 02 00 33
– chiuso dal 25 dicembre al 6 gennaio, agosto, domenica, lunedì a mezzogiorno
Rist – 50 € – Carta 46/74 €
♦ Una fantasiosa cucina per l'elegante "club-house" all'interno di un centro sportivo; lasciatevi guidare dall'esperto titolare e dalla sua giovane équipe di collaboratori.

GARDA – Verona (VR) – **562** F14 – **3 838 ab.** – **alt. 68 m** – ✉ 37016   **35** A2
🏳 Italia
🚩 Roma 527 – Verona 30 – Brescia 64 – Mantova 65
🛈 piazza Donatori di Sangue 1𝒞 045 6270384, iatgarda@provincia.vr.it, Fax 0457256720
🏌 Cà degli Ulivi, 𝒞045 6 27 90 30
👁 Punta di San Vigilio★★ Ovest : 3 km

🏨 **Regina Adelaide** 🚃 🍴 🖿 💿 🕅 🏊 🖢 🕭 cam, 🕼 ⅋ rist, ⅋ 🕮
via San Francesco d'Assisi 23 – 𝒞 04 57 25 59 77 🅿 🆚 ⚧ 🅰🅴 🔊
– www.regina-adelaide.it – Fax 04 57 25 62 63
49 cam ☷ – †158/240 € ††196/299 € – 10 suites – ½ P 140/185 €
Rist – Carta 48/60 € 🍽
♦ Recente rinnovo per uno tra gli alberghi più blasonati del Garda, dotato di ampi spazi comuni, eleganti, giardino con piscina, varie attrezzature per il benessere, ottime camere. Curato settore ristorante; ambienti luminosi con grandi vetrate e dehors estivo.

🏨 **Poiano** ☜ ≼ 🚃 🏠 🍴 🕅 🌿 🖿 ☇ 🕼 ⅋ 🔊 🕮 🅿
via Fioria 7, Est : 2 km – 𝒞 04 57 20 01 00 🆚 ⚧ 🅰🅴 ⓞ 🔊
– www.poiano.com – Fax 04 57 20 09 00 – marzo-novembre
122 cam ☷ – †66/167 € ††103/231 € – ½ P 68/144 €   **Rist** – Carta 23/44 €
♦ In collina, tra il verde della vegetazione mediterranea, eppure non molto distante dal lago, enorme e tranquilla struttura a vocazione sia congressuale che vacanziera. Servizio ristorante all'aperto, nella rilassante atmosfera dell'entroterra lacustre.

Gabbiano senza rist ⚜ 　　　🚗 ⅃ 📶 ⚡ 🅿 VISA ⚈ 👍
via dei Cipressi 24 – ℰ 04 57 25 66 55 – www.hotelgabbianogarda.com
– Fax 04 57 25 53 63 – aprile-settembre
32 cam ☑ – ♦33/50 € ♦♦66/100 €
♦ Essenzialità e semplicità contraddistinguono questa risorsa dalla discreta gestione familiare, ideale per un soggiorno di relax nei pressi del lago. In zona residenziale.

Benaco senza rist 　　　👍 AC ⅃ ⚡ 📶 🅿 VISA ⚈ 👍
corso Italia 126 – ℰ 04 57 25 52 83 – www.hotelbenacogarda.it
– Fax 04 56 27 81 96 – chiuso dal 10 gennaio al 14 aprile
16 cam ☑ – ♦50/70 € ♦♦80/120 €
♦ Moderno, con qualche accenno di design nelle zone comuni, questo grazioso hotel a due passi dal lago e dal centro propone camere signorili arredate con mobili in legno scuro.

All'Ancora 　　　⧼ ⌂ 📶 AC ⅃ ⚡ rist, 📶 VISA ⚈ AE ① 👍
via Manzoni 7 – ℰ 04 57 25 52 02 – www.allancora.com – Fax 04 56 27 98 63
– 15 marzo-dicembre
18 cam ☑ – ♦29/43 € ♦♦58/86 € – ½ P 58 €　　**Rist** – Carta 16/52 €
♦ Ubicazione centralissima, a pochi metri dal lago; soluzione per un soggiorno senza pretese, ma con rara cura del cliente. Ottima la tenuta e simpatia nella gestione. Nell'accogliente sala da pranzo, fiori freschi a centrotavola.

La Vittoria senza rist 　　　📶 👍 AC ⅃ ⚡ VISA ⚈ AE ① 👍
lungolago regina Adelaide 58 – ℰ 04 56 27 04 73 – www.hotellavittoria.it
– Fax 04 56 27 91 72 – 29 marzo-4 novembre
12 cam ☑ – ♦74/115 € ♦♦78/160 €
♦ Recentemente aperto, occupa gli ambienti di una villa ristrutturata, situata fronte lago; dispone di camere spaziose e ben arredate con alcuni mobili d'epoca. Quasi signorili.

GARDA (Lago di) o BENACO – Brescia, Trento e Verona – **561** F13 ▌ Italia

GARDONE RIVIERA – Brescia (BS) – **561** F13 – **2 703 ab.** – **alt. 85 m**　　17 C2
– ✉ 25083 ▌ Italia

🚗 Roma 551 – Brescia 34 – Bergamo 88 – Mantova 90
🛈 corso Repubblica 8 ℰ 030 3748736, iat.gardoneriviera@provincia.brescia.it, Fax 0365 20347
🏌 Bogliaco, ℰ 0365 64 30 06
◉ Posizione pittoresca★★ – Tenuta del Vittoriale★ (residenza e tomba di Gabriele d'Annunzio) Nord-Est : 1 km

Grand Hotel 　　　⧼ 🚗 ⌂ ⅃ 📶 📶 👍 AC ⚡ rist, 👍 🅿
corso Zanardelli 84 – ℰ 0 36 52 02 61 　　　　　　　VISA ⚈ AE ① 👍
– www.grangardone.it – Fax 0 36 52 26 95 – 31 marzo-17 ottobre
167 cam ☑ – ♦116/148 € ♦♦190/254 € – ½ P 125/157 €
Rist – Carta 41/70 €
♦ Hotel storico dell'ospitalità gardesana, creato nel 1886; oggi unisce confort moderni alla magica posizione con terrazza-giardino fiorita sul lago e piscina riscaldata. Fascino e prestigio d'altri tempi anche nel ristorante con una veranda affacciata sul lago.

Villa Sofia senza rist 　　　⧼ 🚗 ⅃ 📶 👍 AC 📶 🅿 VISA ⚈ AE ① 👍
via Cornella 9 – ℰ 0 36 52 27 29 – www.savoypalace.it – Fax 0 36 52 23 69
– aprile-ottobre
34 cam ☑ – ♦95/176 € ♦♦123/265 €
♦ Villa d'inizio '900 in posizione dominante e panoramica. Tanto verde ben curato vicino alle piscine, confort elevato e accoglienza cordiale nei caldi ambienti interni.

Savoy Palace 　　　⧼ 🚗 ⅃ 📶 🛏 📶 👍 rist, AC ⚡ rist, 📶 👍 🚗
via Zanardelli 2/4 – ℰ 03 65 29 05 88 　　　　　　　VISA ⚈ AE ① 👍
– www.savoypalace.it – Fax 03 65 29 05 56 – aprile-ottobre
60 cam ☑ – ♦110/184 € ♦♦133/300 € – ½ P 97/180 €　　**Rist** – Carta 40/50 €
♦ Imponente edificio liberty dominante il lago: panoramica terrazza e camere dagli arredi eleganti, ben rifiniti. Raffinata sala da pranzo con accesso diretto alla piscina; buona scelta in menu.

Villa Capri senza rist ⟨⟩ ⟨⟩ ⟨⟩ ⟨⟩ ⟨⟩ ⟨⟩ ⟨⟩ ⟨⟩ ⟨⟩ ⟨⟩

corso Zanardelli 172 – ℰ 0 36 52 15 37 – www.hotelvillacapri.com
– Fax 0 36 52 27 20 – aprile-ottobre
53 cam ⌑ – †110/120 € ††190/250 €

♦ Grande e moderna struttura in riva al lago: ambienti spaziosi, ma il gioiello è il giardino-solarium affacciato sull'acqua.

Bellevue senza rist ⟨⟩ ⟨⟩ ⟨⟩ ⟨⟩ ⟨⟩ ⟨⟩ ⟨⟩ ⟨⟩ ⟨⟩ ⟨⟩

corso Zanardelli 87 – ℰ 03 65 29 00 88 – www.hotelbellevuegardone.com
– Fax 03 65 29 00 80 – aprile-10 ottobre
30 cam ⌑ – ††120 €

♦ Giardino con terrazza vista lago in questa villa di inizio '900 dallo stile eclettico-liberty. Spazi interni più semplici rispetto alla maestosità della facciata, camere sobrie, ma accoglienti.

Dimora Bolsone senza rist ⟨⟩ ⟨⟩ ⟨⟩ ⟨⟩ ⟨⟩ ⟨⟩ ⟨⟩

via Panoramica 23, Nord-Ovest : 2,5 km – ℰ 0 36 52 10 22
– www.dimorabolsone.it – Fax 03 65 29 30 42 – marzo-6 novembre
5 cam ⌑ – †170/190 € ††200/210 €

♦ Storico casale di campagna, che ha origini risalgono al XV sec., inserito in un grande parco che arriva a lambire il Vittoriale. "Giardino dei sensi" con piante di ogni tipo.

Villa Fiordaliso (Riccardo Camanini) con cam ⟨⟩ ⟨⟩ ⟨⟩ cam, ⟨⟩

corso Zanardelli 150 – ℰ 0 36 52 01 58 ⟨⟩ ⟨⟩ ⟨⟩ ⟨⟩ ⟨⟩ ⟨⟩ ⟨⟩
– www.villafiordaliso.it – Fax 03 65 29 00 11 – marzo-ottobre
2 cam ⌑ – ††350/500 € – 3 suites – ††500/700 €
Rist – *(chiuso lunedì, martedì a mezzogiorno)* Menu 120 € – Carta 75/100 € ⟨⟩
Spec. Spaghetti al fumo e pecorino di fossa. Risotto con stracchino, sarde di lago allo spiedo e olio d'argan. Torta di rose cotta al momento, cremino di liquore all'uovo e limoni del Garda canditi.

♦ Splendida e amena villa liberty sul lago verso cui si protendono gli ultimi tavoli in un'atmosfera esclusiva e romantica. Cucina creativa e mai banale.

Agli Angeli con cam ⟨⟩ ⟨⟩ cam, ⟨⟩ ⟨⟩ ⟨⟩

piazza Garibaldi 2, località Vittoriale – ℰ 0 36 52 08 32 – chiuso dal 1° gennaio
al 5 febbraio
16 cam ⌑ – †50/70 € ††90/150 € – 2 suites
Rist – *(chiuso martedì)* Carta 35/55 €

♦ Tra il Giardino Botanico e il Vittoriale, una locanda accogliente e romantica dove la cucina flirta con il pesce, ma non dimentica la carne: piatti, comunque, d'impronta regionale. A pochi metri dal ristorante, in un edificio d'epoca dalla caratteristica corte interna, graziose camere con letti a baldacchino.

Fasano del Garda Nord-Est : 2 km – ⊠ 25083

Grand Hotel Fasano e Villa Principe ⟨⟩ ⟨⟩ ⟨⟩ ⟨⟩ ⟨⟩ ⟨⟩ ⟨⟩ ⟨⟩

corso Zanardelli 190 ⟨⟩ ⟨⟩ ⟨⟩ ⟨⟩ rist, ⟨⟩ ⟨⟩ ⟨⟩ ⟨⟩ ⟨⟩ ⟨⟩
– ℰ 03 65 29 02 20 – www.ghf.it – Fax 03 65 29 02 21 – aprile-ottobre
75 cam – †140/200 € ††220/430 €, ⌑ 17 € – ½ P 152/257 €
Rist *Il Fagiano* – *(chiuso a mezzogiorno)* Carta 50/71 €

♦ Ex residenza di caccia della Casa Imperiale d'Austria, trae nome dalla "fasanerie" e ospita nel parco Villa Principe; terrazza-giardino sul lago, nuovo spazio wellness. Atmosfera di sobria eleganza nella sala ristorante, per gustare piatti anche lacustri.

Villa del Sogno ⟨⟩ ⟨⟩ ⟨⟩ ⟨⟩ ⟨⟩ ⟨⟩ ⟨⟩ ⟨⟩ ⟨⟩ ⟨⟩ ⟨⟩

corso Zanardelli 107 – ℰ 03 65 29 01 81 ⟨⟩ ⟨⟩ ⟨⟩ ⟨⟩
– www.villadelsogno.it – Fax 03 65 29 02 30 – aprile-15 ottobre
32 cam ⌑ – †203/273 € ††290/390 € – 3 suites – ½ P 190/240 €
Rist – *(chiuso a mezzogiorno)* Carta 45/80 € ⟨⟩

♦ Indiscutibile il fascino della posizione, alta e panoramica sul lago, per questa bella villa liberty con parco e terrazze con piscina ad offrire un totale relax. Ambiente "fin de siècle" nella sala da pranzo, con soffitto decorato e bel pavimento ligneo.

GARGANO (Promontorio del) – Foggia – 564 B28

GARGNANO – Brescia (BS) – 561 E13 – 3 070 ab. – alt. 98 m 17 C2
– ⊠ 25084 ▮ Italia

▶ Roma 563 – Verona 51 – Bergamo 100 – Brescia 46
▣ Bogliaco, ℰ 0365 64 30 06

☗☗☗ Grand Hotel a Villa Feltrinelli ⚛   🔊 ♨ ⚷ 🕭 🕭 💳 🄰🄲 ⇪ ⚶ 🖁

via Rimembranze 38/40 – ℰ 03 65 79 80 00   **P** **VISA** **©©** **AE** **①** **🖑**
– www.villafeltrinelli.com – Fax 03 65 79 80 01 – aprile-ottobre
17 cam ⚌ – ♦♦1100/2600 € – 4 suites
Rist Villa Feltrinelli – vedere selezione ristoranti
♦ Arredi d'epoca, preziose boiserie, vetrate policrome, affreschi: meravigliosa villa storica in un incantevole parco in riva al lago; ambienti da sogno per avere il meglio.

☗☗ Villa Giulia ⚛   ≼ 🚗 🚑 ☊ ⍉ ⚷ 🄰🄲 🕭 **P** **VISA** **©©** **AE** **🖑**

viale Rimembranza 20 – ℰ 0 36 57 10 22 – www.villagiulia.it – Fax 0 36 57 27 74 – aprile-ottobre
22 cam ⚌ – ♦135/140 € ♦♦220/340 € – 1 suite
Rist – *(chiuso mercoledì sera)* Carta 43/58 €
♦ Posizione incantevole, leggermente decentrata, per un'ex residenza estiva in stile Vittoriano, avvolta da un curato giardino in riva al lago e con due piccoli annessi. In riva al lago, il ristorante propone la cucina regionale e quella italiana.

☗☗ Meandro   ≼ 🚗 ☊ ⍉ 🖂 ⚶ rist, 🕭 **P**, **VISA** **©©** **AE** **①** **🖑**
⊜

via Repubblica 40 – ℰ 0 36 57 11 28 – www.hotelmeandro.it – Fax 0 36 57 20 12 – marzo-15 dicembre
44 cam ⚌ – ♦65/120 € ♦♦80/160 € – ½ P 55/95 €
Rist – Carta 18/38 €
♦ In posizione dominante il lago, edificio moderno le cui camere sono quasi tutte rivolte sul Garda, alcune rinnovate in stile moderno. Nuova sala da pranzo affacciata sul delizioso panorama circostante.

☗ Riviera *senza rist*   ≼ 🖂 ⚷ 🕭 **VISA** **©©** **🖑**
ﺂ

via Roma 1 – ℰ 0 36 57 22 92 – www.garniriviera.it – Fax 03 65 79 15 61 – Pasqua-ottobre
20 cam ⚌ – ♦48/80 € ♦♦58/90 €
♦ Nel centro storico, a pochi metri dall'incantevole porticciolo, gestione familiare in un palazzo del 1840: camere accoglienti e splendida terrazza panoramica per la prima colazione.

☗ Palazzina   ≼ 🚗 ☊ 🖂 ⚶ **P** **VISA** **©©** **AE** **①** **🖑**

via Libertà 10 – ℰ 0 36 57 11 18 – www.hotelpalazzina.it – Fax 0 36 57 15 28 – aprile-4 ottobre
25 cam ⚌ – ♦52/61 € ♦♦79/113 € – ½ P 63/65 €
Rist – *(chiuso a mezzogiorno)* Carta 25/37 €
♦ Sopraelevato rispetto al paese, un albergo dotato di piscina su terrazza panoramica protesa sul blu; conduzione familiare e clientela per lo più abituale. Suggestiva anche l'atmosfera al ristorante grazie alla particolare vista sul lago e sui monti che offre ai commensali.

✕✕✕✕ Villa Feltrinelli   🔊 🚑 ☊ ⚷ cam, 🄰🄲 ⚶ ⇆ **P** **VISA** **©©** **AE** **①** **🖑**
✲✲

via Rimembranze 38/40 – ℰ 03 65 79 80 00 – www.villafeltrinelli.com – Fax 03 65 79 80 01 – aprile-ottobre
Rist – (prenotare) Menu 130/180 € – Carta 125/160 € solo la sera (+5 %)
Spec. Zuppetta di pesci di scoglio con calamaretti spillo farciti con piselli e limone. Maialino da latte laccato con miele e semi di finocchio, rapa bianca al naturale e misticanza di foglie acidule. Crespella di latte gratinata e farcita con spuma allo yogurt e zenzero, sciroppo al rosmarino.
♦ Nei raffinati interni Belle Epoque o in terrazza sul lago, la cucina si fa inventiva e sorprendente. Ricette risalenti alla Repubblica Veneziana ed esaltazione dei prodotti locali, ma lasciate che sia il menu a conquistarvi...

✕✕✕ La Tortuga *(Maria Cozzaglio)*   🄰🄲 ⚶ **VISA** **©©** **🖑**
✲✲

via XXIV Maggio 5 – ℰ 0 36 57 12 51 – Fax 0 36 57 19 38 – chiuso dal 15 novembre al 1° marzo, martedì
Rist – *(chiuso a mezzogiorno escluso domenica da settembre a giugno)*
Menu 65/75 € – Carta 58/80 € ⌘
Spec. Piccole tartare di manzo ai tre diversi sapori. Filetti di persico dorati in farina di mais con giardiniera di verdure. Aspic di pesche su zabaione al moscato con spuma al liquore.
♦ Nel centro storico, piccolo ed intimo locale con elementi di arredo rustico. La cucina soddisfa gli appassionati del pesce di lago ma anche di mare e qualche piatto di carne.

sulla strada provinciale 9 Est: 7 km

Lefay Resort & SPA ⟡   ≤ 🕐 🍴 🏊 ❀ 🕐 🖇 🅸 🕐 ⚕ 🕐 🕐

via Angelo Feltrinelli 118 – ✆ *03 65 24 18 00*   🚗 **VISA** **⚌** **AE** **①** 🕐
– www.lefayresorts.com – Fax 03 65 24 18 99
90 cam ⊆ *–* ♔♔295/550 € *– 4 suites –* ½ P 195/315 €
Rist *– (solo per alloggiati)* Menu 45/75 €

◆ Esclusivo e lussuoso. L'ottimo confort delle camere si sposa ad una sobria raffinatezza: pavimenti in legno d'ulivo e mobili in noce nazionale. La Spa è raggiungibile direttamente dalle stanze. All'esterno, la piscina a sfioro regala un meraviglioso effetto"infinito", dove acqua e cielo si fondono mirabilmente.

GARGONZA – Arezzo – **563** M17 – Vedere Monte San Savino

GARLENDA – Savona (SV) – **561** J6 – **890 ab.** – **alt. 70 m** – ✉ 17033   **14** A2

🛣 Roma 592 – Imperia 37 – Albenga 10 – Genova 93
🅸 (maggio-settembre) via Roma 1 ✆ 0182 582114, garlenda@inforiviera.it
🖼 ✆ 0182 58 00 12

La Meridiana ⟡   🚗 🕐 🍴 ❀ 🕐 ⧫ 🅰 🅰 🕐 rist, "🕐" 🕐 🅿

via ai Castelli – ✆ *01 82 58 02 71*   **VISA** **⚌** **AE** **①** 🕐
– www.lameridiana.eu – Fax 01 82 58 01 50 – marzo-novembre
12 cam *–* ♔220/250 € ♔♔220/350 €, ⊆ 24 € *– 16 suites –* ♔♔390/850 €
Rist *Il Rosmarino – (chiuso lunedì) (chiuso a mezzogiorno)* (consigliata la prenotazione) Menu 90/110 € ❀
Rist *Il Bistrot –* Menu 35/55 €

◆ Ospitalità ad alti livelli per una residenza di campagna, curata sia negli interni sia negli esterni, e camere elegantemente personalizzate. Dehors sul giardino, argenterie d'epoca e quadri antichi per la raffinata sale del ristorante Il Rosmarino. Piatti liguri a Il Bistrot, che a pranzo si trasferisce a bordo piscina.

Hermitage   🚗 🅰 🕐 "🕐" 🕐 🅿 🚗 **VISA** **⚌** **AE** **①** 🕐

via Roma 152 – ✆ *01 82 58 29 76 – www.hotelhermitage.info*
– Fax 01 82 58 29 75 – chiuso gennaio
11 cam *–* ♔67/76 € ♔♔80/125 €, ⊆ 10 € *– ½* P 75/90 €
Rist *– (chiuso lunedì) (chiuso a mezzogiorno escluso domenica)* Carta 30/50 €

◆ Comode stanze per un ambiente curato e familiare, situato in un giardino alberato, poco fuori dal centro: ideale per golfisti che desiderino sostare nei pressi del campo. Piatti classici italiani nell'accogliente sala ristorante o nell'ampia veranda.

GATTEO A MARE – Forlì-Cesena (FC) – **562** J19 – **5 992 ab.** – ✉ 47043   **9** D2

🛣 Roma 353 – Ravenna 35 – Rimini 18 – Bologna 102
🅸 piazza della Libertà 10 ✆ 0547 86083, iat@comune.gatteo.fo.it,
   Fax 0547 85393

Flamingo   ≤ 🕐 🖇 🕐 🕐 🅰 🕐 rist, "🕐" 🚗 **VISA** **⚌** **AE** 🕐

viale Giulio Cesare 31 – ✆ *0 54 78 71 71 – www.hotel-flamingo.net*
– Fax 05 47 68 05 32 – Pasqua-ottobre
48 cam ⊆ *–* ♔65/75 € ♔♔110/130 € *– ½* P 80/98 €
Rist *– (solo per alloggiati)* Menu 25 €

◆ In un affascinante e bizzarro palazzo, troverete una gestione familiare di rara ospitalità: ottime camere con vista mare ed accesso diretto in spiaggia.

Estense   🕐 🅰 🕐 rist, 🕐 🅿 **VISA** **⚌** **AE** 🕐

via Gramsci 30 – ✆ *0 54 78 70 68 – www.hotelestense.net – Fax 0 54 78 74 89*
– chiuso novembre
38 cam *–* ♔30/50 € ♔♔60/100 €, ⊆ 6 € *– ½* P 45/60 €   **Rist** *–* Carta 18/22 €

◆ In una traversa interna con il mare ad un centinaio di metri, ambienti accoglienti e colorati, carta da parati e richiami marinari. Sala da pranzo molto semplice con proposte gastronomiche ed enologiche di portata nazionale.

GATTINARA – Vercelli (VC) – **561** F7 – **8 402 ab.** – **alt. 265 m**   **23** C2
– ✉ 13045

🛣 Roma 665 – Stresa 38 – Biella 30 – Milano 87

🏛 Barone di Gattinara senza rist �__ |📶| 🆎 📞 🧖 🅿 📷 ⑳ 🆎 ⛎

corso Valsesia 238 – ☏ 01 63 82 72 85 – www.baronedigattinara.it
– Fax 01 63 82 55 35 – chiuso dal 21 dicembre al 6 gennaio e dal 10 al 24 agosto
22 cam ☲ – †82 € ††104 €
♦ Villa padronale, ubicata in zona periferica, la cui storia è stata sapientemente armonizzata con la modernità degli arredi. Camere ampie, due con soffitti affrescati.

✕✕ Carpe Diem 🎥 🆎 🅿 📷 ⑳ 🆎 ① ⛎

corso Garibaldi 244 – ☏ 01 63 82 37 78 – www.ristorantecarpediem.com
– Fax 01 63 82 37 78 – chiuso dal 7 al 16 gennaio, dal 1° al 15 agosto e lunedì
Rist – Carta 30/45 € 🍴
♦ Locale classico in una bella villa circondata da un lussureggiante parco. Professionalità ed esperienza garantiscono un servizio di qualità in ogni evenienza.

✕✕ Il Vigneto con cam 🆎 rist, 📶 📶 🚗 📷 ⑳ 🆎 ⛎

piazza Paolotti 2 – ☏ 01 63 83 48 03 – www.ilvignetoristorante.com
– Fax 01 63 83 48 03 – chiuso dal 1° al 15 gennaio e lunedì
12 cam ☲ – †61/71 € ††86/97 € – ½ P 74/86 €   **Rist** – Carta 34/61 €
♦ Locale signorile che può contare su una sala ristorante raccolta e curata e su un ampio salone dedicato ai banchetti. La cucina non si smentisce mai: un menu interessante con ottime specialità di pesce. Camere dal confort eccellente, spaziose e con mobili di linea classica.

I prezzi indicati davanti al simbolo † corrispondono al prezzo minimo in bassa stagione e poi al prezzo massimo in alta stagione per una camera singola. Lo stesso principio è applicato al simbolo †† riferito ad una camera per due persone.

GAVI – Alessandria (AL) – **561** H8 – 4 674 ab. – alt. 215 m – ⊠ 15066   **23** C3
🚗 Roma 554 – Alessandria 34 – Genova 48 – Acqui Terme 42
⛳ Colline del gavi, ☏ 0143 34 22 64

🏨 L'Ostelliere ⚘ ⪡ 🚗 🏊 🛁 🆓 🕴 🆎 🎥 rist, 📶 🧖 🅿 🚗

🟦🔵 🆎 ① ⛎

frazione Monterotondo, 56, Nord-Est : 4 km
– ☏ 01 43 60 78 01 – www.ostelliere.it – Fax 01 43 60 78 11 – marzo-novembre
15 cam ☲ – †135/198 € ††150/200 € – 13 suites – ††240/695 €
Rist La Gallina – vedere selezione ristoranti
♦ All'interno dell'azienda vinicola, proprio sopra le cantine, un'importante azione di recupero per una risorsa di charme e confort. Bella vista su colline e vigneti.

✕✕ Cantine del Gavi 🟦🔵 🆎 ① ⛎

via Mameli 69 – ☏ 01 43 64 24 58 – www.ristorantecantinedelgavi.it
– Fax 01 43 64 24 58 – chiuso dal 25 dicembre al 25 gennaio, 25 giorni in luglio, lunedì, martedì a mezzogiorno
Rist – Carta 42/52 € 🍴
♦ In queste dolci terre del vino, un locale che, qualche anno fa, ha cambiato sede spostandosi al quale numero civico; un tempo atmosfera da taverna, oggi, molto signorile.

✕✕ La Gallina – Hotel L'Ostelliere ⪡ 🆎 🎥 ⇧ 🟦 🆎 ① ⛎

frazione Monterotondo, 56, Nord-Est : 4 km – ☏ 01 43 68 51 32
– www.la-gallina.it – Fax 01 43 60 78 01 – marzo-novembre
Rist – (chiuso a mezzogiorno escluso domenica) Carta 46/76 € 🍴
♦ Ricavata nell'antico fienile, elegante sala in cui nuovo e antico si fondono armoniosamente. Piacevole terrazza panoramica, per una cucina interessante.

GAVINANA – Pistoia (PT) – **563** J14 – alt. 820 m – ⊠ 51025 ▮ Toscana   **28** B1
🚗 Roma 337 – Firenze 60 – Pisa 75 – Bologna 87

🏠 Franceschi ⪡ |📶| 🎥 📶 🟦 ⑳ 🆎 ⛎

piazza Ferrucci 121 – ☏ 0 57 36 64 44 – www.albergofranceschi.it
– Fax 05 73 63 89 59 – chiuso dal 10 al 30 novembre
28 cam ☲ – †47/60 € ††60/80 € – ½ P 45/55 €   **Rist** – Carta 22/30 €
♦ Antiche origini per questo bianco edificio, posizionato nel cuore di un paesino medievale; rinnovato totalmente all'interno, offre un'atmosfera accogliente e familiare. Sala da pranzo di taglio moderno, con un camino in uno stile d'altri tempi.

GAVIRATE – Varese (VA) – **561** E8 – 9 391 ab. – alt. 261 m – ⊠ 21026   **16** A2

▶ Roma 641 – Stresa 53 – Milano 66 – Varese 10

✗ **Tipamasaro**   ⇪ **P**

via Cavour 31 – ℰ 03 32 74 35 24 – Fax 03 32 74 35 24
– chiuso dal 10 al 25 luglio e lunedì
Rist – Carta 24/35 €
♦ A metà strada tra il centro storico e il lago, l'intera famiglia si dedica con passione al locale:
un ambiente simpatico e un fresco gazebo estivo per riscoprire l'appetitosa cucina locale.

GAVOI – Nuoro – **366** Q43 – Vedere Sardegna alla fine dell'elenco alfabetico

---

GAVORRANO – Grosseto (GR) – **563** N14 – 8 819 ab. – alt. 273 m   **29** C3
– ⊠ 58023

▶ Roma 213 – Grosseto 35 – Firenze 177 – Livorno 110

a Caldana Sud : 8 km – ⊠ 58020

🏠 **Montebelli Agriturismo e Country Hotel** ⌂   🛠 ⇪ ⤢ ▨

località Molinetto, Est :   ⌂ ✗ 🖪 ⚁ ⌿ rist, ⎛⌐ 🛆 **P** **VISA** **©©** **AE** **①** **Ġ**
2 km – ℰ 05 66 88 71 00 – www.montebelli.com – Fax 0 56 68 14 39 – chiuso
dal 15 gennaio al 15 marzo
37 cam ⊇ – †110/220 € ††160/240 € – 8 suites – ½ P 145 €
Rist – Menu 25/50 €
♦ Imponente struttura che offre due possibilità: alloggio agrituristico o country hotel di lusso
(solo qui l'aria condizionata). Il resto è in comune, a partire dal grande parco sino al nuovo
centro benessere. Al ristorante viene proposta una cucina semplice e regionale.

GAZZO – Padova (PD) – **562** F17 – 4 049 ab. – alt. 36 m – ⊠ 35010   **37** B1

▶ Roma 513 – Padova 27 – Treviso 52 – Vicenza 17

🏠 **Villa Tacchi**   ⊟ ⇪ ⤢ ⚁ 🖪 ⎛ ⌿ rist, 🛆 **P** **VISA** **©©** **AE** **①** **Ġ**

via Dante 30 A, località Villalta, Ovest: 3 km – ℰ 04 99 42 61 11
– www.antichedimore.com – Fax 04 99 42 60 68
49 cam ⊇ – †70/100 € ††95/180 € – ½ P 78/120 €   **Rist** – Carta 32/51 €
♦ Una splendida villa del XVII sec. circondata da un parco ombreggiato all'interno del quale
è stata ricavata anche la piscina. Arredi in stile, camere calde ed accoglienti. Ampio ed elegante ristorante.

GAZZO – Imperia – Vedere Borghetto d'Arroscia

GAZZOLA – Piacenza (PC) – **562** H10 – 1 965 ab. – alt. 222 m – ⊠ 29010   **8** A2

▶ Roma 528 – Piacenza 20 – Cremona 64 – Milano 87

a Rivalta Trebbia Est : 3,5 km – ⊠ 29010 Gazzola

🏠 **Agriturismo Croara Vecchia** senza rist ⌂   ⊟ ⤢ ⚁ 🖪 **P**

località Croara Vecchia, Sud : 1,5 km – ℰ 33 32 19 38 45   **VISA** **©©** **①** **Ġ**
– www.croaravecchia.it – Fax 05 23 97 71 53 – 7 marzo-novembre
12 cam ⊇ – †80 € ††90/110 €
♦ Fino al 1810 fu un convento, poi divenne un'azienda agricola che oggi ospita graziose
camere, tutte identificabili dal nome di un fiore. In un prato sempre curato, che domina il
fiume, la bella piscina.

✗ **Locanda del Falco**   ⇪ **P** **VISA** **©©** **Ġ**

– ℰ 05 23 97 81 01 – www.locandadelfalco.com – Fax 05 23 97 83 31 – chiuso
dal 1° al 7 gennaio, dal 9 al 15 agosto e martedì
Rist – Carta 30/53 €
♦ In un antico borgo medievale una locanda caratteristica dove vengono serviti i piatti della
tradizione piacentina. A disposizione della clientela anche una bottega con prodotti tipici.

GAZZOLI – Verona – **562** F14 – Vedere Costermano

GELA – Caltanissetta – **365** AU61 – Vedere Sicilia alla fine dell'elenco alfabetico

GEMONA DEL FRIULI – Udine (UD) – 562 D21 – 11 171 ab.   **10** B2
– alt. 272 m – ✉ 33013

> ▶ Roma 665 – Udine 26 – Milano 404 – Tarvisio 64
> 🛈 v 0432 981441, info@gemona.fvg.it

🏠   **Pittini** senza rist   🛗 AC ⬝⬝ P 🚗 VISA ⬝⬝ AE ♿
     piazzale della Stazione 10 – ℰ 04 32 97 11 95 – www.hotelpittini.com
     – Fax 04 32 97 13 80
     16 cam – ♦48 € ♦♦68 €, ⌂ 3 €
     ♦ Intimo e semplice, si trova proprio di fronte alla stazione ferroviaria e propone camere
arredate in legno colorato, spaziose e piacevoli; piccola e sobria la sala colazioni.

GENGA – Ancona (AN) – 1 979 ab. – alt. 322 m – ✉ 60040   **20** B2

> ▶ Roma 224 – Ancona 66 – Gubbio 44 – Macerata 72

🏠   **Le Grotte**   ← 🍽 ♿ AC ⬝⬝ ⬝⬝ ⬝⬝ P VISA ⬝⬝ AE ♿
     località Pontebovesecco, Sud : 2 km – ℰ 07 32 97 30 35 – www.hotellegrotte.it
     – Fax 07 32 97 20 23
     24 cam ⌂ – ♦65 € ♦♦97 € – ½ P 67 €
     Rist – (chiuso gennaio, domenica sera, lunedì) Carta 25/38 €
     ♦ Circondato da un generoso giardino dove passeggiare per ritrovare la tranquillità, l'hotel è
dotato di camere ed aree comuni spaziose ed arredate con cura. Un ristorante dalla lunga
tradizione gastronomica dove gustare ottimi piatti di cucina regionale. E' possibile organizzare colazioni di lavoro e cerimonie.

GENOVA P (GE) – 561 I8 – 610 887 ab. – ✉ 16124 ▮ Italia   **15** C2

> ▶ Roma 501 – Milano 142 – Nice 194 – Torino 170
> 🛫 Cristoforo Colombo di Sestri Ponente per ④: 6 km ℰ 010 60151
> 🚢 per Cagliari, Olbia, Arbatax e Porto Torres – Tirrenia Navigazione, call
>   center 892 123 – per Porto Torres, Olbia e per Palermo – Grimaldi-Grandi
>   Navi Veloci, call center 010 2094591
> 🛈 stazione Principe, piazza Acquaverde ✉ 16126 ℰ 010 2462633,
>   genovaturismoprincipe@comune.genova.it, Fax 010 2462633
>   Aeroporto Cristoforo Colombo ✉ 16154 ℰ 010 6015247,
>   genovaturismoaeroporto@comune.genova.it, Fax 010 6015247
>   (Stagionale) Stazione Marittima-Terminal Crociere, Ponte dei
>   Mille ✉ 16126

Manifestazioni locali

    02.10-10.10 : salone nautico internazionale

🔲 Porto ★★★ AXY - Acquario ★★★ AY - Cattedrale di San Lorenzo ★★ BY K
    - Via Garibaldi e Musei di Strada Nuova ★★ FY - Palazzo Tursi ★★ BX **H**
    - Palazzo Reale ★★ AX- Palazzo del Principe ★★ - Galleria Nazionale di
    Palazzo Spinola ★★ BY - Palazzo Ducale ★ BY **M** - Chiesa del Gesù:
    opere ★★ di Rubens BY - Villetta Di Negro CXY: ← sulla città e sul mare,
    museo Chiossone ★ **M1** - Castello d'Albertis: Museo delle culture del
    Mondo ★ BX - Galata Museo del Mare ★ AX - Cimitero di Staglieno ★ F
🔲 Riviera di Levante ★★★ Est e Sud-Est

Piante pagine seguenti

🏨   **Grand Hotel Savoia**   ⌘ ♿ 🛗 ♿ AC ⬝⬝ ⬝⬝ ⬝⬝ VISA ⬝⬝ AE ⓪ ♿
     via Arsenale di Terra 5 ✉ 16126 – ℰ 01 02 77 21 – www.grandhotelsavoia.it
     – Fax 01 02 77 28 25   AX**c**
     112 cam ⌂ – ♦149/409 € ♦♦174/479 € – 4 suites   **Rist** – Carta 40/65 €
     ♦ Storico hotel riportato allo splendore di un tempo grazie ad un accurato restauro: raffina-
tezza negli arredi e confort di alto livello. Piacevole zona relax.

🏨   **Bentley**   🔲 ⌘ ♿ ♿ AC ⬝⬝ rist. ℰ ♿ VISA ⬝⬝ AE ⓪ ♿
     via Corsica 4 ✉ 16128 – ℰ 01 05 31 51 11 – www.bentley.thi.it – Fax 01 05 31 58 00
     97 cam ⌂ – ♦325/530 € ♦♦396/630 € – 2 suites – ½ P 247/364 €   CZ**a**
     Rist Grace – Carta 49/67 €
     ♦ In un bel palazzo di inizio '900, nel prestigioso quartiere Carignano, hotel di lusso caratteriz-
zato da spazi moderni e da camere confortevoli dove predominano colori ricercati ed eleganti:
platino, titanio e rame. Al rist. Grace: piatti liguri e mediterranei, rivisitati in chiave moderna.

🏨 NH Marina   🛜 ⅙ AC ↔ 🌊 rist, 🌡 🏄 🚗 VISA ⚫ AE ① 🍴
molo Ponte Calvi 5 ✉ *16124 – 𝒞 01 02 53 91 – www.nh-hotels.it*
– Fax 01 02 51 13 20   AY**c**
133 cam ⚏ – ❯138/500 € ❯❯149/500 € – 7 suites
Rist *Il Gozzo* – Carta 36/59 €
♦ Ardesia, mogano e acero sono il leitmotiv degli eleganti, caldi interni di questo moderno, ideale "vascello", costruito sul Molo Calvi, di cui restano tracce nella hall. Decorazioni che evocano vele e navi nel ristorante "a prua" dell'hotel; dehors estivo.

🏨 Bristol Palace   🛗 🚉 AC 🌊 rist, 🌡 🏄 🚗 VISA ⚫ AE ① 🍴
via 20 Settembre 35 ✉ *16121 – 𝒞 01 05 59 25 41 – www.hotelbristolpalace.com*
– Fax 0 10 56 17 56   CY**n**
128 cam ⚏ – ❯129/350 € ❯❯141/450 € – 5 suites
Rist – Carta 32/62 €
♦ Sull'elegante via 20 settembre, la raffinatezza d'antan in questo antico palazzo di fine '800. La splendida scala elittica si snoda nella piccola hall per condurvi a camere d'indiscusso charme. Spazi comuni su differenti livelli con sale stuccate e tappezzeria. Cucina mediterranea nel caldo e accogliente bistrot.

🏨 Moderno Verdi   🛗 AC 🌊 rist, 📞 🚗 VISA ⚫ AE ① 🍴
piazza Verdi 5 ✉ *16121 – 𝒞 01 05 53 21 04 – www.modernoverdi.it*
– Fax 01 05 58 15 62   DY**b**
87 cam ⚏ – ❯85/300 € ❯❯105/360 € – ½ P 78/205 €
Rist – *(chiuso dal 20 dicembre al 20 gennaio, agosto, venerdì, sabato, domenica) (chiuso a mezzogiorno) (solo per alloggiati)* Carta 30/45 €
♦ In un palazzo d'epoca di fronte alla stazione Brignole, atmosfera retrò negli interni classici, con dettagli liberty, di un hotel ristrutturato; curate camere in stile.

🏨 NH Plaza   🛗 ⅙ AC ↔ 🌊 rist, 🏄 VISA ⚫ AE ① 🍴
via Martin Piaggio 11 ✉ *16122 – 𝒞 01 08 31 61 – www.nh-hotels.it*
– Fax 01 08 39 18 50   CY**q**
145 cam ⚏ – ❯89/360 € ❯❯99/370 € – 1 suite
Rist – Carta 28/56 €
♦ Una moderna hall fa da ponte tra i due edifici ottocenteschi restaurati che formano un albergo signorile, affacciato sulla centrale piazza Corvetto; sale per convegni. Al ristorante raffinato ambiente classico.

🏨 City Hotel   🛗 AC ↔ 🌡 🏄 🚗 VISA ⚫ AE ① 🍴
via San Sebastiano 6 ✉ *16123 – 𝒞 0 10 58 47 07 – www.bwcityhotel-ge.it*
– Fax 0 10 58 63 01   CY**e**
66 cam ⚏ – ❯103/370 € ❯❯119/440 €
Rist Le Rune – vedere selezione ristoranti
♦ Vicino a piazza De Ferrari, confort omogeneo per un hotel con zone comuni di taglio classico, camere sobrie e funzionali, nonché mini suite panoramiche all'ultimo piano.

🏨 Metropoli senza rist   🛗 AC 🌊 🌡 VISA ⚫ AE ① 🍴
piazza Fontane Marose ✉ *16123 – 𝒞 01 02 46 88 88*
– www.bestwestern.it/metropoli_ge – Fax 01 02 46 86 86   BY**c**
48 cam ⚏ – ❯99/198 € ❯❯112/240 €
♦ A due passi dall'antica "Via Aurea" sorge questa piacevole struttura dotata di confortevoli camere, dove la predominanza dei colori pastello fa risaltare i mobili in noce e il caldo parquet.

🏨 Galles senza rist   🛗 AC 🌡 VISA ⚫ AE ① 🍴
via Bersaglieri d'Italia 13 ✉ *16126 – 𝒞 01 02 46 28 20*
– www.hotelgallesgenova.com – Fax 01 02 46 28 22   AX**s**
21 cam ⚏ – ❯60/185 € ❯❯70/185 €
♦ Nelle adiacenze della stazione di Principe, un hotel piccolo e raccolto con una bella hall signorile e buone soluzioni di confort in ogni settore.

🏨 Columbus Sea senza rist   ≤ 🛗 ⅙ AC 🌡 🏄 P VISA ⚫ AE ① 🍴
via Milano 63 ✉ *16126 – 𝒞 0 10 26 50 51 – www.columbussea.com*
– Fax 0 10 25 52 26   E**a**
80 cam ⚏ – ❯80/217 € ❯❯90/281 €
♦ Struttura contemporanea vicino all'ingresso degli imbarchi per le isole: arredi classici e confort omogeneo nelle camere.

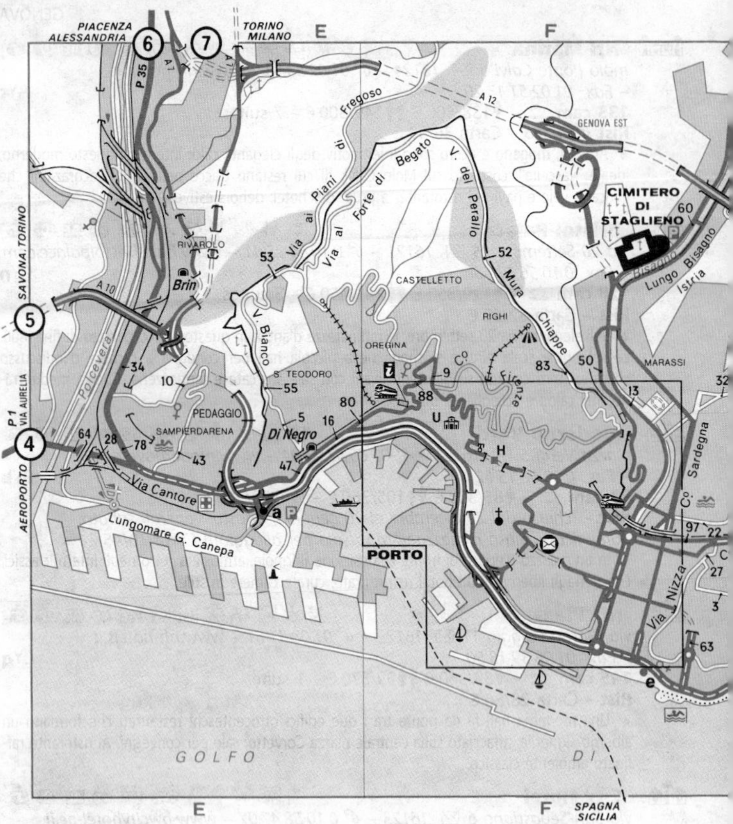
PIACENZA ALESSANDRIA
6
7
TORINO MILANO
E
F
A 7
P 35
A 12
GENOVA EST
Via di Fregoso
Via ai Piani
Via al Forte di Begato
V. del Peralto
CIMITERO DI STAGLIENO
60
Bisagno
Lungo Bisagno
Istria
SAVONA, TORINO
RIVAROLO
Brin
A 10
53
52
CASTELLETTO
Mura Chiappe
5
V. Bianco
RIGHI
OREGINA
MARASSI
S. TEODORO
9
Co Firenze
83
50
13
32
P 1 VIA AURELIA
Polcevera
34
10
55
80
88
U
PEDAGGIO
5
16
SAMPIERDARENA
Di Negro
H
Sardegna
AEROPORTO
4
64
28
78
43
47
Via Cantore
a
Co
97
22
C
Lungomare G. Canepa
PORTO
27
3
Via Nizza
63
e
GOLFO
DI
SPAGNA SICILIA

Albaro (V.)	F	3	Buozzi (V.)	E	16	Fontanarossa (V. S.)	G	35
Angeli (Salita degli)	E	5	Caprera (V.)	G	18	Gianelli (V. A.)	H	41
Barrili (V.)	G	6	Casoni (V.)	F	22	Martinetti (Corso L. A.)	E	43
Bassi (Cso U.)	F	9	Dassori (V. F.)	F	27	Milano (V.)	E	47
Belvedere (Cso)	E	10	Degola (V.)	E	28	Mille (V. dei)	G	48
Bobbio (V.)	F	13	Fereggiano (V.)	F	32	Monaco Simone (V.)	G	49
Boselli (V.)	G	14	Fillak (V. W.)	E	34	Montaldo (V. L.)	F	50

Locanda di Palazzo Cicala senza rist

piazza San Lorenzo 16 ✉ 16123 – ☎ 01 02 51 88 24 – www.palazzocicala.it – Fax 01 02 46 74 14 BYg

10 cam ☕ – 🛉139/360 € 🛉🛉159/390 €

◆ Nel cuore della città storica - proprio dinnanzi al Duomo - tra design e stile moresco, modernità in un palazzo cinquecentesco con pc in tutte le camere.

Da Giacomo

corso Italia 1 r ✉ 16145 – ☎ 0 10 31 10 41 – www.ristorantedagiacomo.it – Fax 01 03 62 96 47 – chiuso sabato a mezzogiorno, domenica Fe

Rist – Carta 43/61 €

◆ Sul lungomare locale di tono elegante con due accoglienti sale e grazioso dehors. La carta celebra la cucina ligure, non disdegnando qualche guizzo di fantasia.

Un pasto accurato a prezzo contenuto? Cercate i Bib Gourmand.

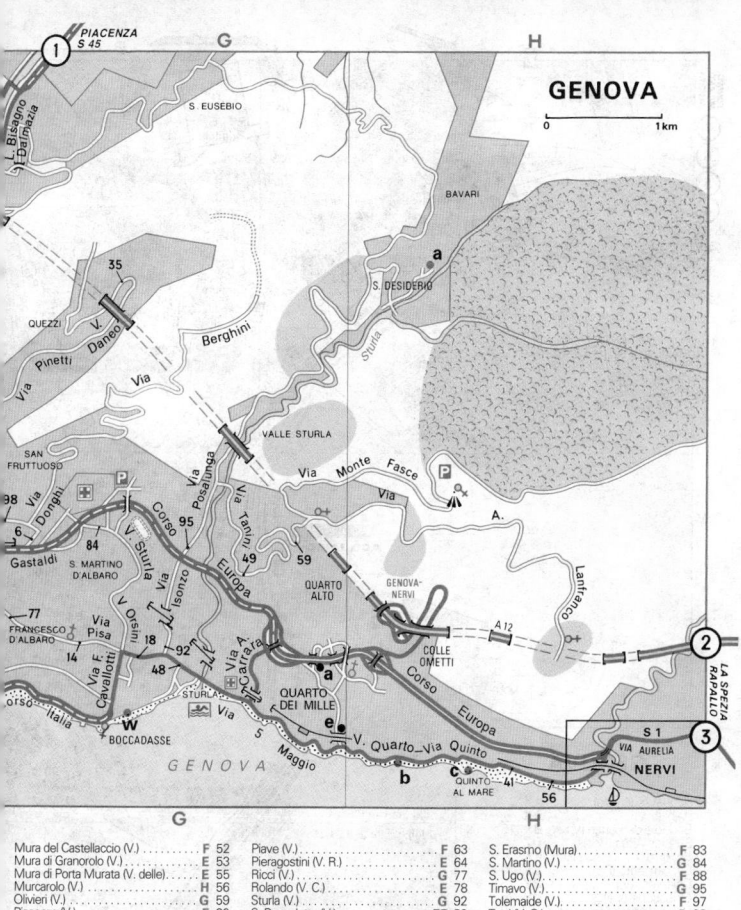

GENOVA

0   1 km

XXX   Ippogrifo   AC ✦ VISA ☺ AE ① ⚐

via Gestro 9/r ✉ *16129 – ℰ 01059 27 64 – www.ristoranteippogrifo.it*
– Fax 01059 31 85 – chiuso dal 12 al 24 agosto   **DZn**
Rist – Carta 41/77 €

◆ In zona Fiera, boiserie e lampade in ferro battuto in un ampio ristorante non privo di eleganza, frequentato da estimatori e gestito da due abili fratelli.

XXX   Gran Gotto   ⚐ AC VISA ☺ AE ① ⚐

viale Brigate Bisagno 69/r ✉ *16129 – ℰ 01058 38 44*
– www.mangiareinliguria.it – Fax 01056 43 44 – chiuso dall'11 al 29 agosto,
sabato a mezzogiorno, domenica ed i giorni festivi   **DZm**
Rist – Menu 40/65 € – Carta 43/68 €

◆ Due luminosi ambienti (nuova sala fumatori) con quadri contemporanei, in un locale di tradizione, presente in città dal 1938; invoglianti proposte di pesce e non solo.

Un esercizio evidenziato in rosso focalizza il fascino della struttura 🏠 XXX.

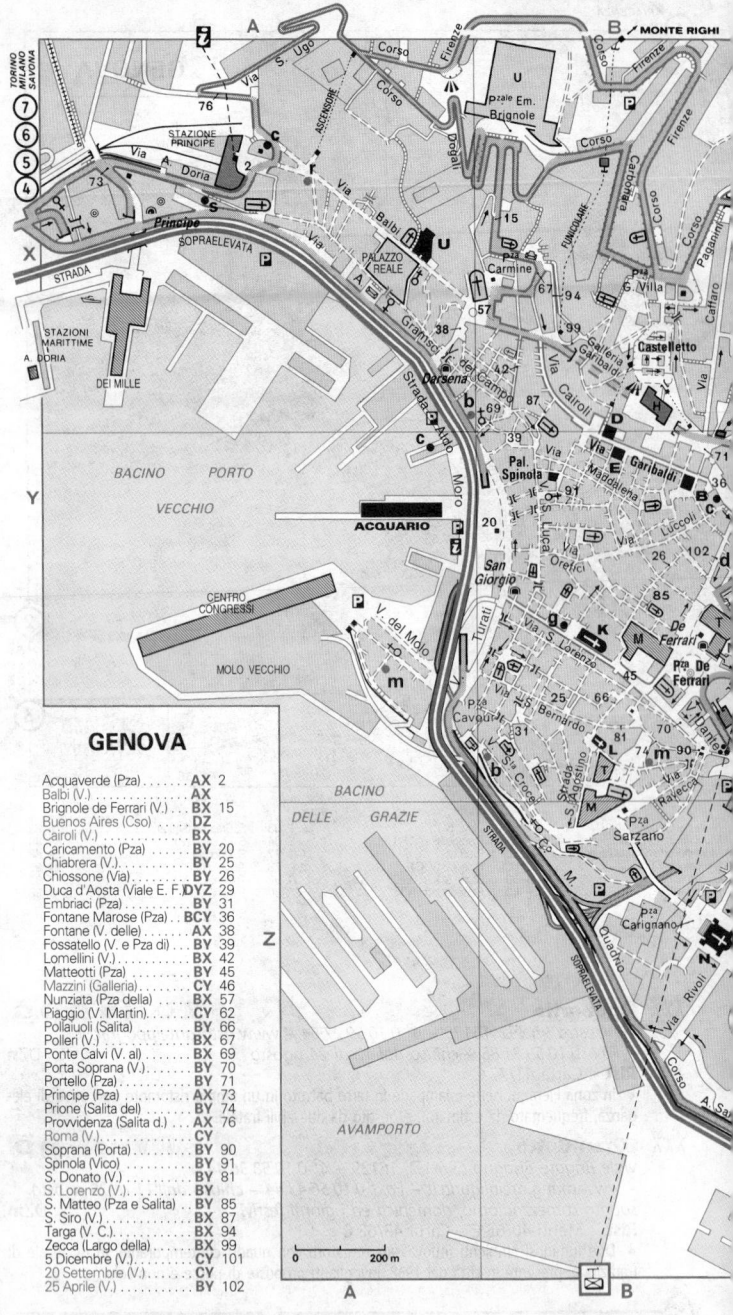

GENOVA

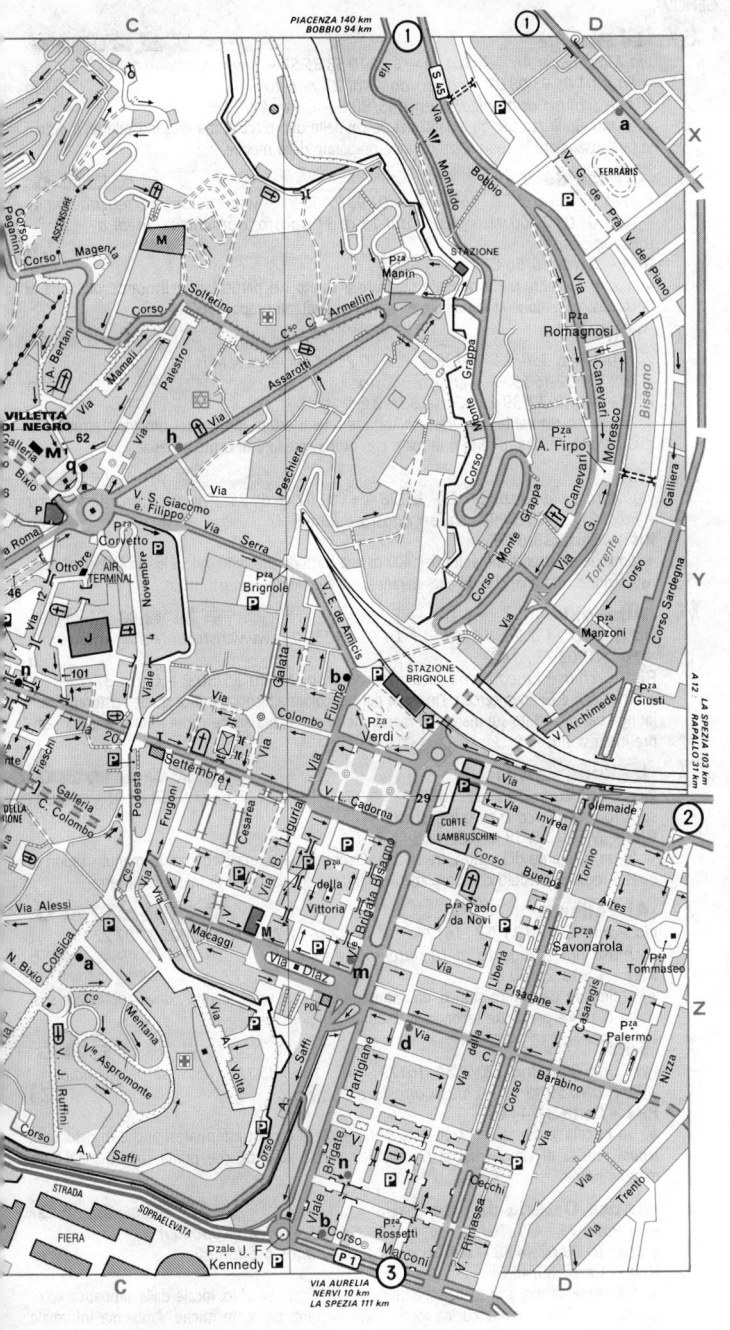

XXX **Le Perlage** [A/C] VISA [MC] [AE] [DC] 💳

via Mascherpa 4/r ✉ 16129 – ☎ 0 10 58 85 51 – www.leperlage.com – Fax 01 05 95 08 07 – chiuso dall'8 al 23 agosto DZ**b**

Rist – *(chiuso domenica)* Menu 45/80 € – Carta 42/90 €

◆ Ottimo indirizzo per gli amanti del pesce: nelle due piccole, ma eleganti salette, il *patron* vi farà assaggiare le squisitezze di mare preparate dalla moglie.

XX **Creuza de Ma** [A/C] VISA [MC] [AE] [DC] 💳

piazza Nettuno 2 ✉ 16146 – ☎ 01 03 77 00 91 – www.ristorantecreuzadema.it – Fax 01 03 77 00 91 – chiuso dal 15 al 31 agosto, domenica, lunedì a mezzogiorno G**w**

Rist – Carta 46/60 €

◆ Locale raccolto, piacevolmente familiare e curato nei particolari, nell'incantevole zona di Boccadasse. Gestione al femminile e menu con invitanti proposte di mare.

XX **Tiflis** ☂ [A/C] VISA [MC] 💳

vico del Fico 35R ✉ 16128 – ☎ 0 10 25 64 79 – www.tiflis.it – Fax 01 02 46 59 97 – chiuso agosto BY**m**

Rist – Menu 32/39 € – Carta 33/42 €

◆ Simpatico ristorante che, rispecchiando le origini estoni di uno dei titolari, è arredato in stile nordico. Cucina di terra e di mare con ottimi spiedoni di carne o pesce.

XX **Rina** [A/C] VISA [MC] [AE] [DC] 💳

via Mura delle Grazie 3/r ✉ 16128 – ☎ 01 02 46 64 75 – www.ristorantedarina.it – Fax 01 02 47 85 09 – chiuso agosto e lunedì BY**b**

Rist – Carta 38/67 €

◆ Sotto le caratteristiche volte del '400 di una trattoria presente dal 1946, un "classico" della ristorazione cittadina, che da anni garantisce il meglio del mercato ittico.

XX **Albikokka** ☂ [A/C] VISA [MC] [AE] [DC] 💳

via Quarto 14 a ✉ 16148 – ☎ 01 03 07 66 30 – www.ristorantealbikokka.com – Fax 01 03 77 28 62 H**b**

Rist – *(chiuso lunedì) (chiuso a mezzogiorno)* Menu 35/50 € – Carta 37/71 €

◆ Tra Nervi e Genova cercate l'insegna dal bel colore albicocca, indica questo ristorante con lounge-bar proiettato sul mare. Nel menu: molto pesce, ma anche carne in preparazioni sempre interessanti.

XX **Le Rune** – City Hotel [A/C] ⟳ VISA [MC] [AE] 💳

vico Domoculta 14/r ✉ 16123 – ☎ 0 10 59 49 51 – Fax 0 10 58 63 01 – chiuso sabato, domenica a mezzogiorno BY**d**

Rist – Menu 28/38 € – Carta 34/52 €

◆ In un ristorante del centro, tre salette di sobria, ma curata eleganza. In menu: i sapori di questa regione rivisitati con un pizzico di fantasia; specialità sia di mare sia di terra.

X **Al Veliero** [A/C] ⟳ VISA [MC] [AE] [DC] 💳

via Ponte Calvi 10/r ✉ 16124 – ☎ 01 02 46 57 73 – Fax 01 02 77 07 22 – chiuso dal 10 agosto al 10 settembre e lunedì ABX**b**

Rist – Carta 25/50 €

◆ Al limitare del centro storico, un ristorante in sobrio stile "marina", dove apprezzare specialità di pesce preparate secondo la disponibilità giornaliera.

X **Sola** [A/C] ⟳ VISA [MC] [AE] [DC] 💳

via Carlo Barabino 120/r ✉ 16129 – ☎ 0 10 59 45 13 – www.vinotecasola.it – Fax 0 10 59 45 13 – chiuso agosto e domenica DZ**d**

Rist – Carta 31/44 € 🍇

◆ Un piccolo locale stile bistrot, nato come enoteca e poi trasformatosi anche in ristorante: ampia scelta di vini (alcuni al bicchiere) e cucina schietta, che punta sulla qualità della materia prima.

X **Antica Osteria di Vico Palla** [A/C] VISA [MC] [AE] [DC] 💳

☺ *vico Palla 15/r ✉ 16128 – ☎ 01 02 46 65 75 – www.vicopalla.it – Fax 01 03 62 44 58 – chiuso dal 10 al 20 agosto e lunedì* AY**m**

Rist – Carta 29/40 €

◆ Adiacente all'acquario e alla moderna zona del Porto vecchio, locale dalla simpatica accoglienza familiare con una cucina locale dalle fragranti proposte ittiche. Ambiente informale e conviviale.

✗ **Lupo Antica Trattoria**　　　　　　　　AC VISA ⓐ AE ⓪ ⑤
vico Monachette 20/r ✉ *16126 –* ☎ *0 10 26 70 36*
– www.lupoanticatrattoria.it – Fax 0 10 26 70 36
– chiuso dal 20 luglio al 10 agosto e mercoledì　　　　　　　AX**r**
Rist *– (chiuso a mezzogiorno dall'11 agosto al 15 settembre)* Carta 31/52 €
(+10 %)
♦ In zona Principe, un piacevole ristorante totalmente rinnovato nella veste, ma non nel tipo di cucina: sempre invitante con piatti genovesi e creazioni d'autore.

✗ **Voltalacarta**　　　　　　　　　　　AC VISA ⓐ AE ⓪ ⑤
via Assarotti 60/r ✉ *16122 –* ☎ *01 08 31 20 46 – www.voltalacartagenova.it*
– Fax 01 08 31 20 46 – chiuso dal 1° al 7 gennaio, dal 10 al 25 agosto, sabato a mezzogiorno, domenica　　　　　　　　　　　　　　　CY**h**
Rist *– (coperti limitati, prenotare)* Carta 41/58 €
♦ "Volta la carta" è una canzone estremamente allegorica: dietro ogni figura si nasconde un personaggio. Dietro la porta di questo locale si cela un ambiente grazioso e curato, dove gustare interessanti piatti per lo più a base di pesce.

verso Molassana per ① : 6 km :

✗ **La Pineta**　　　　　　　　　　　🏡 P VISA ⓐ AE ⓪ ⑤
via Gualco 82, a Struppa ✉ *16165 –* ☎ *0 10 80 27 72 – Fax 0 10 80 27 72*
– chiuso dal 21 al 28 febbraio, agosto, domenica sera, lunedì
Rist *–* Carta 32/46 €
♦ Un gran camino troneggia in questa luminosa e calda trattoria, che dispone anche di un grazioso dehors. Cucina tradizionale casalinga, tra le specialità: carne e pesce alla brace.

all'aeroporto Cristoforo Colombo per ④ : 6 km E :

🏨 **Sheraton Genova**　　　　　⇐ ₤₰ 🛗 ⑤ AC ⇔ 🐾 🐕 P 🚗
via Pionieri e Aviatori d'Italia 44 ✉ *16154*　　　　　VISA ⓐ AE ⓪ ⑤
– ☎ *01 06 54 91 – www.sheratongenova.com/genova – Fax 01 06 54 90 55*
283 cam 🛏 *–* ✦140/290 € ✦✦175/330 € *– 2 suites*
Rist *Il Portico –* Carta 46/59 €
♦ Originale contrasto tra la modernità della struttura e delle installazioni e la classicità dei raffinati interni di un hotel in zona aeroportuale; ampio centro congressi. Calda ed elegante sala ristorante in stile.

a Quarto dei Mille per ② o ③ : 7 km GH – ✉ 16148

🏨 **AC Genova**　　　🦶 ₤₰ 🛗 ⑤ AC ⇔ � rist. 🐕 🐾 P VISA ⓐ AE ⓪ ⑤
corso Europa 1075 – ☎ *01 03 07 11 80 – www.achotels.com – Fax 01 03 07 12 75*
139 cam 🛏 *–* ✦✦100/360 €　　　　　　　　　　　　　Ga
Rist *– (chiuso a mezzogiorno in agosto)* Carta 29/66 €
♦ Ambiente moderno e minimalista, due tipologie di camere (standard e business), bar self-service aperto 24 ore: una struttura capace di armonizzare innovazione e buon gusto. Presso una sala moderna e d'avanguardia potrete gustare piatti tradizionali ed internazionali.

🏠 **Iris** senza rist　　　　　　　🛗 AC 🐾 🐕 P VISA ⓐ AE ⓪ ⑤
via Rossetti 3/5 – ☎ *01 03 76 07 03 – www.hoteliris.it – Fax 01 03 77 39 14*
25 cam 🛏 *–* ✦60/85 € ✦✦90/115 €　　　　　　　　　Ge
♦ A pochi passi dal mare, albergo di piccole dimensioni con comodo parcheggio. Camere confortevoli e piacevole solarium per la bella stagione.

a Cornigliano Ligure per ④ : 7 km – ✉ 16152

✗✗ **Da Marino**　　　　　　　　　　AC VISA ⓐ AE ⓪ ⑤
via Rolla 36/r – ☎ *01 06 51 88 91 – Fax 01 06 51 88 91 – chiuso agosto, sabato, domenica*
Rist *– (prenotazione obbligatoria la sera)* Carta 35/56 €
♦ Locale semplice ed accogliente, grazie alla grande dedizione delle titolari. La stessa cura è riservata alla cucina: tradizionale ligure, eseguita con grande amore.

a San Desiderio Nord-Est : 8 km per via Timavo H – ⊠ 16133

XX **Bruxaboschi** 🏠 VISA ⓪ AE ① ⑤
via Francesco Mignone 8 – ℰ 01 03 45 03 02 – www.bruxaboschi.com
– Fax 01 03 45 14 29 – chiuso dal 24 dicembre al 5 gennaio e agosto
Rist *– (chiuso domenica sera e lunedì) (chiuso a mezzogiorno)* **Ha**
(prenotazione obbligatoria a mezzogiorno) Carta 27/45 € ⅋⅋
 ♦ Dal 1862 la tradizione si è perpetuata di generazione in generazione in una trattoria con servizio estivo in terrazza. Cucina del territorio, nonché interessante selezione di vini e distillati.

a Quinto al Mare per ② o ③ : 8 km GH – ⊠ 16166

XX **La Casa dei Capitani** 🏠 AC VISA ⓪ AE ① ⑤
piazzale Rusca 1 – ℰ 01 03 72 71 85 – www.lacasadeicapitani.it
– Fax 01 03 72 71 85 – chiuso 10 giorni in settembre e lunedì **Hc**
Rist *– (coperti limitati, prenotare)* Carta 41/56 €
 ♦ La casa dei vecchi capitani - risalente al 1700 - ospita oggi nel ristorante dalle signorili sale. Giovane la gestione e moderna la cucina di matrice regionale.

a Sestri Ponente per ④ : 10 km – ⊠ 16154

XXX **Baldin** (Luca Collami) AC ⇔ VISA ⓪ AE ① ⑤
�ွ *piazza Tazzoli 20/r – ℰ 01 06 53 14 00 – www.ristorantebaldin.com*
– Fax 01 06 51 40 00 – chiuso domenica, lunedì
Rist *–* Menu 30/75 € *–* Carta 46/62 €
Spec. Capesante in tempura. Tagliolini neri con carciofi e rossetti. Stoccafisso della darsena.
 ♦ Volte a vela, parquet e boiserie di betulla in un accogliente locale rinnovato in senso minimalista; proposte di mare in sapiente equilibrio fra tradizione e creatività.

XX **Toe Drûe** AC VISA ⓪ AE ① ⑤
via Corsi 44/r – ℰ 01 06 50 01 00 – www.toedrue.it – Fax 01 06 50 01 00
– chiuso dal 1° al 6 gennaio, 10 giorni in agosto, sabato a mezzogiorno, domenica
Rist *–* Carta 45/63 €
Rist *La Cantina delle Toe – ℰ* 01 06 00 19 91 *(chiuso a mezzogiorno escluso agosto)* Carta 27/39 €
 ♦ C'è un fonte battesimale dell'800 all'ingresso di questa romantica trattoria alla moda, che propone specialità liguri rivisitate. Più informale, la Cantina delle Toe è un wine-bar dove gustare salumi e formaggi, nonché una scelta stringata di piatti del giorno (sempre ispirati alla tradizione locale).

a Voltri per ④ : 18 km – ⊠ 16158

XX **Il Gigante** AC ⅋ VISA ⓪ AE ⑤
via Lemerle 12/r – ℰ 01 06 13 26 68 – www.ristoranteilgigante.it – chiuso dal 5 al 11 gennaio, dal 16 al 31 agosto, domenica sera, lunedì
Rist *–* Carta 32/53 €
 ♦ Un ex olimpionico di pallanuoto appassionato di pesca gestisce questo simpatico locale: due salette di taglio classico e sobria semplicità e piatti, ovviamente, di mare.

XX **La Voglia Matta** ⅋ AC VISA ⓪ ⑤
via Cerusa 63 – ℰ 01 06 37 06 00 – www.lavogliamatta.org
– Fax 01 06 10 18 89 – chiuso gennaio, 15 giorni in agosto, domenica sera, lunedì
Rist *–* Menu 35 € *–* Carta 36/49 €
 ♦ Avete una voglia matta di gustare specialità di pesce? Bussate in questo bel palazzo del Cinquecento: fra le sue mura troverete un locale fresco e giovanile, con tante fantasiose proposte ittiche.

X **Ostaia da ü Santü** ⬱ 🏠 ⅋ P VISA ⓪ ⑤
☺ *via al Santuario delle Grazie 33, Nord : 1,5 km – ℰ 01 06 13 04 77*
– Fax 01 06 13 34 80 – chiuso dal 25 dicembre al 31 gennaio, dal 16 al 30 settembre, domenica sera, lunedì, martedì e le sere di mercoledì e giovedì da ottobre a giugno
Rist *–* Carta 24/30 €
 ♦ La breve passeggiata a piedi lungo una stradina di campagna sarà l'anticipo di quello che troverete all'osteria: una gustosa cucina casalinga per riscoprire genuini sapori. Piacevole pergolato per il servizio estivo.

a Pegli per ④ : 13 km – ⊠ 16155 Pegli

Torre Cambiaso
≤ 🚗 🔊 ⤴ 🐾 ♨ 👶 cam, 🗚 🎾 rist, 🛱 **P**
via Scarpanto 49 – ℰ *01 06 98 06 36* — 𝖵𝖨𝖲𝖠 🅴 🆎 ① 💲
– www.antichedimore.com – Fax 01 06 97 30 22 – chiuso dal 7 gennaio al 5 febbraio
40 cam 🖵 – 🕇78/152 € 🕇🕇107/247 € – 2 suites – ½ P 84/157 €
Rist – Carta 38/50 €
♦ Spenti gli echi delle preghiere, in questa bella villa che fu un tempo anche convento, via libera al lusso e alla ricercatezza che caratterizzano ogni angolo della struttura: dagli spazi comuni con pezzi d'antiquariato alle camere eclettiche. Proposte mediterranee, soprattutto di pesce, nell'elegante ristorante.

GENZANO DI ROMA – Roma (RM) – 563 Q20 – 23 122 ab.   12 B2
– alt. 435 m – ⊠ 00045

🖸 Roma 28 – Anzio 33 – Castel Gandolfo 7 – Frosinone 71

Villa Robinia
🚗 🏡 📶 🎾 **P** 𝖵𝖨𝖲𝖠 🅴 🆎 ① 💲
viale Fratelli Rosselli 19 – ℰ *0 69 36 44 00 – www.hotelvillarobinia.it – Fax 0 69 39 64 09*
31 cam 🖵 – 🕇50/60 € 🕇🕇65/90 € – ½ P 50/55 €
Rist *– (chiuso a mezzogiorno escluso luglio-agosto)* Carta 15/39 €
♦ All'ingresso del paese venendo da Ariccia, un albergo semplice e familiare, adatto sia ai turisti che ad una clientela di lavoro; grazioso il piccolo giardino per i momenti di relax. Per il pasto potrete scegliere tra una moderna sala ed un locale pizzeria con forno a legna. Cucina regionale e nazionale.

XX Enoteca La Grotta
🏡 🗚 🎾 𝖵𝖨𝖲𝖠 🅴 🆎 💲
via Belardi 31 – ℰ *0 69 36 42 24 – Fax 0 69 36 42 24 – chiuso dal 16 al 21 agosto, mercoledì, domenica sera (escluso l'estate)*
Rist – Carta 33/42 € 🕮
♦ E' lungo la strada dell'Infiorata che si affaccia la piccola enoteca, dalla quale si accede all'unica saletta dove accomodarsi a gustare i sapori del Mediterraneo e piatti creativi.

GERACE – Reggio di Calabria (RC) – 564 M30 – 2 883 ab. – alt. 475 m   5 A3
– ⊠ 89040

🖸 Roma 695 – Reggio di Calabria 96 – Catanzaro 107 – Crotone 160

La Casa di Gianna e Palazzo Sant'Anna 🏖
🏡 👶 rist,
via Paolo Frascà 4 – ℰ *09 64 35 50 24* 🗚 cam, (📶) 𝖵𝖨𝖲𝖠 🅴 🆎 ① 💲
– www.lacasadigianna.it – Fax 09 64 35 50 81 – chiuso novembre
10 cam 🖵 – 🕇70/85 € 🕇🕇110/130 € – ½ P 90/100 € **Rist** – Carta 23/31 €
♦ Una casa incantevole, un angolo pittoresco in questo spaccato del nostro Mezzogiorno; un'antica dimora gentilizia rinnovata con grande stile e ovunque pervasa dal passato. La cucina locale su tavole dalle ricche tovaglie, servizio più informale in veranda.

La Casa nel Borgo senza rist
≤ 🗚 (📶) 𝖵𝖨𝖲𝖠 🅴 🆎 💲
via Nazionale 66, Sud : 1 km – ℰ *09 64 35 51 50 – www.lacasanelborgo.it – Fax 09 64 35 50 81 – chiuso novembre*
13 cam 🖵 – 🕇70/85 € 🕇🕇110/130 €
♦ In località Borgo, a circa un chilometro dal centro storico, una bella casa di taglio rustico-elegante caratterizzata da accessori in legno massiccio e letti in ferro battuto.

GEROLA ALTA – Sondrio (SO) – 561 D10 – 222 ab. – alt. 1 050 m   16 B1
– ⊠ 23010

🖸 Roma 689 – Sondrio 39 – Lecco 71 – Lugano 85

Pineta 🏖
≤ 🚗 🎾 (📶) **P** 𝖵𝖨𝖲𝖠 🅴 💲
località di Fenile, Sud-Est : 3 km alt. 1 350 – ℰ *03 42 69 01 80 – www.albergopineta.com – Fax 03 42 69 05 00 – chiuso novembre*
20 cam 🖵 – 🕇40 € 🕇🕇70 € – ½ P 46 €
Rist *– (chiuso martedì escluso da giugno a settembre)* Carta 27/40 €
♦ Marito valligiano e moglie inglese gestiscono questo piccolo albergo in stile montano, semplice e ben tenuto, comodo punto di partenza per escursioni. Al ristorante atmosfera da baita e pochi piatti, scelti con cura fra quelli di una genuina cucina locale.

GHEDI – Brescia (BS) – **561** F12 – **17 760 ab.** – **alt. 85 m** – ⊠ 25016   **17** C1

    ▶ Roma 525 – Brescia 21 – Mantova 56 – Milano 118

✗   **Trattoria Santi**   🚗 🍴 ⅍ 🍽 **P** 💳 ⑩ ✆

🍴   *via Calvisano 73, Sud-Est : 4 km – ✆ 0 30 90 13 45 – www.trattoriasanti.it*
– Fax 0 30 90 13 45 – chiuso gennaio, martedì sera, mercoledì
Rist – Carta 17/24 €

     ♦ Dal 1919 un'intramontabile osteria di campagna; in cucina casonsei e grigliate di carne e
di pesce ed ogni prelibatezza sfoggia un unico obiettivo, riscoprire la genuinità della tradizione agreste.

GHIFFA – Verbano-Cusio-Ossola (VB) – **561** E7 – **2 395 ab.** – **alt. 202 m**   **24** B1
– ⊠ 28823

    ▶ Roma 679 – Stresa 22 – Locarno 33 – Milano 102

🏨   **Ghiffa**   ≤ 🚗 🍴 ⅏ |🛎 **AC** ⅍ rist, 🏱 **P** 💳 ⑩ ① ✆
corso Belvedere 88 – ✆ 0 32 35 92 85 – www.hotelghiffa.com – Fax 0 32 35 95 85
– aprile-15 ottobre
39 cam ⊇ – †120/140 € ††150/250 € – ½ P 113/163 €   **Rist** – Carta 35/47 €

     ♦ In riva al lago, signorile struttura di fine '800 dotata di terrazza-giardino con piscina riscaldata: ottimi confort e conduzione professionale. Pavimento in parquet nella sala da pranzo
con grandi vetrate; cucina classica e del territorio.

GHIRLANDA – Grosseto – Vedere Massa Marittima

GIARDINI NAXOS – Messina – **365** BA56 – Vedere Sicilia alla fine dell'elenco
alfabetico

GIAU (Passo di) – Belluno – **562** C18 – Vedere Cortina d'Ampezzo

---

GIGLIO CAMPESE – Grosseto – **563** O14 – Vedere Giglio (Isola del) : Giglio Porto

---

GIGLIO (Isola del) – Grosseto (GR) – **563** O14 – **1 413 ab.**   **29** C3
– **alt. 498 m** ▮ Toscana

GIGLIO PORTO (GR) – **563** O14 – ⊠ 58012   **29** C3

    🚢 per Porto Santo Stefano – Toremar, call center 892 123 - Mareggiglio
    ✆ 0564 812920

🏨   **Arenella** ⑳   ≤ 🚗 🍴 **AC** ⅍ rist, **P** 💳 ⑩ 🄰🄴 ✆
via Arenella 5, Nord-Ovest : 2,5 km – ✆ 05 64 80 93 40 – www.hotelarenella.com
– Fax 05 64 80 94 43 – chiuso gennaio e febbraio
31 cam ⊇ – ††80/210 €   **Rist** – *(chiuso a mezzogiorno)* Carta 30/58 €

     ♦ Linee moderne, ma sobrie, in una piacevole struttura dagli spazi funzionali e confortevoli:
indirizzo particolarmente adatto ad una clientela business. Piatti mediterranee, ma anche
tanta attenzione alla cucina vegana e a ricette alternative che prevedono l'utilizzo di seitan,
glutine di frumento e tofu.

🏨   **Castello Monticello**   ≤ 🚗 ⅍ ♣♣ **AC** cam, ⅍ rist, **P**
bivio per Arenella, Nord : 1 km – ✆ 05 64 80 92 52   💳 ⑩ ① ✆
– www.hotelcastellomonticello.com – Fax 05 64 80 94 73 – 20 marzo-ottobre
26 cam ⊇ – †60/80 € ††100/160 € – ½ P 95/105 €
Rist – *(solo per alloggiati)*

     ♦ In posizione elevata rispetto al paese, una villa-castello arredata in legno scuro con
camere e terrazza che si affacciano direttamente sul mare.

🏠   **Bahamas** senza rist ⑳   ≤ **AC** ⅍ **P** 💳 ⑩ 🄰🄴 ① ✆
via Cardinale Oreglia 22 – ✆ 05 64 80 92 54 – www.bahamashotel.it
– Fax 05 64 80 88 25 – chiuso dal 20 al 26 dicembre
28 cam ⊇ – †50/90 € ††70/120 €

     ♦ Alle spalle della chiesa, una struttura bianca a conduzione familiare dagli arredamenti
lineari con camere semplici e luminose e terrazzini con vista.

✗   **La Vecchia Pergola**   ≤ 🍴 💳 ⑩ ✆
via Thaon de Revel 31 – ✆ 05 64 80 90 80 – Fax 05 64 80 90 80 – marzo-ottobre;
chiuso mercoledì
Rist – Carta 29/43 €

     ♦ La risorsa a gestione familiare, consta di un'unica sala e di una terrazza, con vista contemporaneamente sul paese e sul porto, dove assaggiare prelibatezze di mare.

a Giglio Castello Nord-Ovest : 6 km – ✉ 58012

※ **Da Maria** ⟨VISA⟩ ⟨CO⟩ ⟨AE⟩ ⟨O⟩ ⟨⑤⟩
via della Casa Matta – ⟨℘⟩ *05 64 80 60 62 – Fax 05 64 80 61 05 – chiuso gennaio,
febbraio e mercoledì*
Rist – Carta 35/52 €
♦ Nel centro medievale del Castello, una casa d'epoca dai toni rustici ospita un ristorante a
conduzione familiare con proposte del territorio e soprattutto specialità di pesce.

a Giglio Campese Nord-Ovest : 8,5 km – ✉ 58012

🏨 **Campese** ⟨⟩ ⟨≤⟩ ⟨AC⟩ ⟨⟩ rist, ⟨P⟩ ⟨VISA⟩ ⟨CO⟩ ⟨⑤⟩
via Della Torre 18 – ⟨℘⟩ *05 64 80 40 03 – www.hotelcampese.com
– Fax 05 64 80 40 93 – Pasqua-settembre*
39 cam ⟨⟩ – ¶80 € ¶¶130 € – ½ P 75/110 € **Rist** – Carta 26/61 €
♦ Direttamente sulla spiaggia, l'hotel vanta ampi ambienti di tono classico con soluzioni
d'arredo lineari in legno in tinte chiare e sfumature azzurre. In posizione panoramica, affacciato sul mare, il ristorante propone una cucina locale, di mare e di terra.

GIGNOD – Aosta (AO) – 561 E3 – 1 480 ab. – alt. 994 m – ✉ 11010　　34 A2

▶ Roma 753 – Aosta 7 – Colle del Gran San Bernardo 25
🖸 Aosta Arsanières, ⟨℘⟩0165 5 60 20

※※ **La Clusaz** con cam ⟨⟩ ⟨P⟩ ⟨VISA⟩ ⟨CO⟩ ⟨AE⟩ ⟨O⟩ ⟨⑤⟩
località La Clusaz, Nord-Ovest : 4,5 km – ⟨℘⟩ *0 16 55 60 75 – www.laclusaz.it
– Fax 0 16 55 64 26 – chiuso dal 10 maggio al 10 giugno e dal 3 novembre al
3 dicembre*
14 cam – ¶50/55 € ¶¶68/82 €, ⟨⟩ 7 € – ½ P 60/85 €
Rist – *(chiuso martedì, mercoledì a mezzogiorno)* Menu 35/50 € – Carta 37/49 €
⟨⟩
♦ In un ostello di epoca medievale con facciata affrescata, un tradizionale e caratteristico
ristorante dove trovare una cucina creativa con salde radici nella tradizione. Offre anche
camere confortevoli, alcune delle quali personalizzate da un'apprezzata artista locale, ed
accoglienti spazi comuni.

GIOIA DEL COLLE – Bari (BA) – 564 E32 – 27 682 ab. – alt. 358 m　　27 C2
– ✉ 70023

▶ Roma 443 – Bari 39 – Brindisi 107 – Taranto 35

🏨 **Svevo** ⟨⟩ ⟨⟩ ⟨⟩ ⟨AC⟩ ⟨⟩ ⟨⟩ ⟨⟩ ⟨P⟩ ⟨⟩ ⟨VISA⟩ ⟨CO⟩ ⟨AE⟩ ⟨O⟩ ⟨⑤⟩
via per Santeramo 319 – ⟨℘⟩ *08 03 48 27 39 – www.hotelsvevo.it
– Fax 08 03 48 27 97*
78 cam ⟨⟩ – ¶65/75 € ¶¶90/110 € – ½ P 70/80 € **Rist** – Carta 28/40 €
♦ Non lontano dal casello autostradale, dalla stazione e dall'aeroporto - nel cuore dell'antica
Puglia Peuceta - camere spaziose e confortevoli in un albergo di stile classico. Al ristorante:
interessanti proposte gastronomiche, perlopiù regionali, e prezzi competitivi.

GIOVI – Arezzo – 563 L17 – Vedere Arezzo

GIOVINAZZO – Bari (BA) – 564 D32 – 20 767 ab. – ✉ 70054 ▌Italia　　26 B2

▶ Roma 432 – Bari 21 – Barletta 37 – Foggia 115
🖸 Cattedrale★ di Bitonto Sud : 9 km

🏨 **President** ⟨⟩ ⟨⟩ ⟨⟩ ⟨⟩ ⟨⟩ ⟨⟩ ⟨AC⟩ ⟨⟩ rist, ⟨⟩ ⟨⟩ ⟨P⟩ ⟨VISA⟩ ⟨CO⟩ ⟨AE⟩ ⟨O⟩ ⟨⑤⟩
strada statale 16 km 787, Est : 3 km – ⟨℘⟩ *08 03 94 17 97
– www.presidentgiovinazzo.it – Fax 08 03 94 30 41*
68 cam ⟨⟩ – ¶150 € ¶¶200 € – ½ P 190 €
Rist Medì – *(chiuso dall'11 al 29 agosto e domenica)* Menu 25/35 €
♦ Lungo la litoranea per Bari, moderno albergo dal curato design e rilassanti colori nelle sfumature dell'acero, alcune camere offrono anche la vista mare. All'ultimo piano, ristorante
panoramico con proposte creative.

▶ Roma 593 – Trento 14 – Bolzano 52 – Vicenza 102

XX   **Maso Franch** (Markus Baumgartner) con cam   ⪝ 🚗 🏠 � 🕸 rist, 📞
☼   *località Maso Franch 2, Ovest: 3 km*   🅿 🚗 VISA 🐬 AE ① ⑤
– ✆ 04 61 24 55 33 – www.masofranch.it – Fax 04 61 24 25 56
– *chiuso 15 giorni in gennaio e 15 giorni in luglio*
12 cam ⌑ – †95/100 € ††120/160 € – ½ P 100/120 €
Rist – *(chiuso martedì)* (prenotare) Menu 52/76 € – Carta 40/74 €
Spec. Zuppa di sedano rapa con tartare di cappasanta in crosta di aglio
orsino e grattugiata di tartufo nero. Sella di cerbiatto con salsa di pinot nero
e cioccolato fondente, flan di polenta e verza, purea di carote, zucca e zenzero. Variazione di vaniglia, bourbon e ciliegia.
◆ Un antico maso affiancato da una struttura moderna e avveniristica, metafora della
cucina: si parte dal territorio per interpretazioni più creative ed elaborate. Camere tradizionali in stile montano o di design moderno in stile cittadino: in entrambe le situazioni, il
confort è assicurato.

a Palù Ovest : 2 km – ⊠ 38030 Palù Di Giovo

⌂   **Agriturismo Maso Pomarolli** 🌿   ⪝ 🚗 🏠 ⅙ cam, 🕸 rist, 🅿
    località Maso Pomarolli 10 ⊠ *38030*   VISA 🐬 AE ① ⑤
– ✆ 04 61 68 45 71 – www.agriturmasopomarolli.it – Fax 04 61 68 45 70
– *chiuso dall'11 gennaio al 26 febbraio*
8 cam ⌑ – †40 € ††70 € – ½ P 52 €   **Rist** – *(solo per alloggiati)*
◆ Piacevole e semplice gestione familiare, dove le camere senza fronzoli assicurano pulizia:
prenotazione obbligatoria per quelle con imperdibile vista sulla valle di Cembra.

▶ Roma 209 – Ascoli Piceno 50 – Pescara 47 – Ancona 113
🖪 via Mamiani 2 ✆ 085 8003013, iat.giulianova@abruzzoturismo.it,
Fax 085 8003013

🏨🏨   **Sea Park Resort**   🚗 🏊 🏠 🛗 🏋 AK 🕸 🎿 🛁 🚗 VISA 🐬 AE ① ⑤
via Arenzano – ✆ 08 58 02 53 23 – www.seaparkresort.com – Fax 08 58 02 70 80
50 cam ⌑ – †80/122 € ††98/175 € – ½ P 98/117 €
Rist – *(chiuso a mezzogiorno)* Carta 28/44 €
◆ A 100 m dal mare, un'architettura originale tra terrazze pensili, piscina e confortevoli
camere di tono moderno. Struttura con una spiccata vocazione sportiva dispone di palestra,
campo e scuola calcio. Al ristorante, un ricco buffet di verdure calde e fredde, i prodotti classici nazionali e proposte di pesce.

🏨🏨   **Cristallo**   ⪝ 🚗 🛗 ⅙ 🏋 AK 🕸 🎿 🛁 VISA 🐬 AE ① ⑤
lungomare Zara 73 – ✆ 08 58 00 37 80 – www.hcristallo.it – Fax 08 58 00 59 53
70 cam ⌑ – †70/110 € ††105/160 € – ½ P 90/140 €
Rist – *(chiuso dal 24 dicembre al 2 gennaio)* Carta 40/55 €
◆ Frontemare, l'hotel offre luminosi spazi comuni arredati con gusto moderno in calde tonalità di colore e camere confortevoli, adatte ad una clientela d'affari e turistica. Presso l'elegante sala ristorante, una cucina regionale, rielaborata con gusto.

🏨   **Parco dei Principi**   🚗 🏊 🛗 ⅙ cam, 🏋 AK 🕸 rist, 🎿 🅿 🚗
lungomare Zara – ✆ 08 58 00 89 35   VISA 🐬 AE ① ⑤
– www.giulianovaparcodeiprincipi.it – Fax 08 58 00 87 73 – *22 maggio-
30 settembre*
87 cam ⌑ – †60/130 € ††90/170 € – ½ P 79/115 €   **Rist** – Carta 27/40 €
◆ Arretrato rispetto alla zona centrale, in un contesto più tranquillo e immerso nel verde dei
pini, l'hotel propone camere confortevoli: le migliori ai piani più alti e con vista mare.

🏨   **Europa**   ⪝ 🏊 🛗 ⅙ cam, 🏋 AK 🕸 🎿 🛁 🚗 VISA 🐬 AE ① ⑤
☙   *lungomare Zara 57* – ✆ 08 58 00 36 00 – www.htleuropa.it – Fax 08 58 00 00 91
72 cam ⌑ – †59/90 € ††74/110 € – ½ P 74/109 €
Rist – *(chiuso a mezzogiorno da ottobre ad aprile)* (solo per alloggiati)
Menu 18/40 €
◆ In posizione centrale e davanti al mare, la clientela d'affari apprezzerà l'efficienza dei servizi mentre quella balneare sarà conquistata dalla singolare piscina in spiaggia. Presso le
ampie sale del ristorante è possibile anche allestire banchetti.

GIULIANOVA LIDO

XXX **Da Beccaceci**   AC VISA ⓪ AE ① ⑤
via Zola 18 – ℰ *08 58 00 35 50*
– www.ristorantebeccaceci.com – Fax 08 58 00 70 73
– chiuso dal 30 dicembre al 12 gennaio, lunedì, martedì a mezzogiorno,
domenica sera
Rist *–* **Menu** *54/75 € –* **Carta** *45/67 €* 🏵
♦ Bastione delle specialità adriatiche, il meglio del pescato arriva qui: servito in preparazioni tradizionali e gustose, dalle paste alle grigliate di pesce.

GIUSTINO *–* **Trento** *–* **562** D14 *–* **Vedere Pinzolo**

GIZZERIA LIDO *–* **Catanzaro (CZ)** *–* **564** K30 *–* **3 648 ab.** *–* ✉ **88048**   5 A2
Ⓓ Roma 576 – Cosenza 60 – Catanzaro 39 – Lamezia Terme (Nicastro) 13

sulla strada statale 18

🔒 **La Lampara**   ⇐ 🖒 ⅋ rist, AC ⅋ ⓒ P VISA ⓪ AE ① ⑤
località Caposuvero, Nord-Ovest : 6 km ✉ *88040 –* ℰ *09 68 46 61 93*
– www.lalampararistorante.it – Fax 09 68 46 64 08 – chiuso dal 22 dicembre al
5 gennaio
11 cam ⌖ *–* ❟80/90 € ❟❟110/120 €
Rist *– (chiuso martedì escluso da giugno a settembre)* **Carta** *45/80 €*
♦ Fronte mare, con accesso diretto alla spiaggia, questa moderna struttura - non grande nelle dimensioni ma dal confort di livello - dispone di belle camere arredate con gusto e cura. Elegante sala da pranzo dove apprezzare la cucina marinara che d'estate viene proposta anche in terrazza.

🏠 **Palmed**   ⇐ AC ⅋ ⓒ ⅍ P 🚗 VISA ⓪ AE ① ⑤
via Nazionale 35, Nord-Ovest : 2 km ✉ *88040 –* ℰ *09 68 46 63 83*
– www.palmedhotel.com – Fax 09 68 46 63 83
20 cam ⌖ *–* ❟70/75 € ❟❟87/105 €
Rist Pesce Fresco *–* vedere selezione ristoranti
♦ Hotel a conduzione familiare collegato al ristorante di famiglia: camere ampie e confortevoli adatte sia per un soggiorno di lavoro sia per una vacanza. Più tranquille quelle orientate verso il mare.

XX **Pesce Fresco** *–* Hotel Palmed   🖒 AC P VISA ⓪ AE ① ⑤
via Nazionale, Nord-Ovest : 2 km ✉ *88040 –* ℰ *09 68 46 62 00*
– Fax 09 68 46 62 00 – chiuso domenica sera
Rist *–* **Carta** *29/50 €*
♦ Il nome è già un'indicazione: fresco pescato giornaliero alla base dei piatti, seppur non manchino le carni. In posizione comoda, sulla statale ma non lontano dal mare.

GLORENZA (GLURNS) *–* **Bolzano (BZ)** *–* **562** C13 *–* **878 ab.** *–* **alt. 920 m**   30 A2
– ✉ **39020**
Ⓓ Roma 720 – Sondrio 119 – Bolzano 83 – Milano 260
ℹ Palazzo Comunale ℰ 0473 831097, glurns@suedtirol.com, Fax 0473 835224

🏠 **Posta**   🚃 ⅋ 🛎 ⅋ rist, P VISA ⓪ AE ⑤
via Flora 15 – ℰ *04 73 83 12 08 – www.hotel-post-glurns.com*
– Fax 04 73 83 04 32 – chiuso dal 6 gennaio a Pasqua
27 cam ⌖ *–* ❟40/50 € ❟❟80/100 € *–* ½ P 60/70 €
Rist *–* **Carta** *22/65 €*
♦ All'interno della cinta muraria di una cittadina pittoresca, un albergo di antichissime tradizioni con un fascino che trapela sia dagli spazi comuni che dalle stanze. Ambienti caratteristici nelle sale ristorante e nelle stube originarie.

GLURNS = Glorenza

GODIA *–* **Udine** *–* **Vedere Udine**

GOITO – Mantova (MN) – **561** G14 – 10 021 ab. – alt. 30 m – ⊠ 46044 **17** C2

▶ Roma 487 – Verona 38 – Brescia 50 – Mantova 16

XXX **Al Bersagliere** (Silvana Antonutti) 🚙 🏠 ⴰ ⴰ ⴰ ⴰ 🅿 VISA ⨀ AE ⨀ 🖐
☸ *via Statale Goitese 260* – ✆ *03 76 60 00 07 – www.albersaglieregoito.it*
– Fax 03 76 68 95 89 – chiuso 24-25 dicembre, 20 giorni in agosto, lunedì, martedì
Rist – Menu 50/115 € – Carta 75/122 € ⴰ
Spec. Anguilla marinata con insalata e scalogno. Risotto con piselli e ragù di
tinca (primavera-estate). Carrè d'agnello in crosta di pane alle erbe ed agretti
(barba di frate) (estate-autunno).
♦ In un edificio storico affacciato sul Mincio, c'è una donna al timone della cucina. Si parte
dai raffinati piatti mantovani per approdare a proposte creative, anche di mare.

GOLFO ARANCI – Olbia-Tempio (104) – **366** S37 – **Vedere Sardegna alla fine**
dell'elenco alfabetico

GORGO AL MONTICANO – Treviso (TV) – **562** E19 – 3 935 ab. **35** A1
– alt. 11 m – ⊠ 31040

▶ Roma 574 – Venezia 60 – Treviso 32 – Trieste 116

🏠 **Villa Revedin** ⴰ 🎵 🛏 ⴰⴰ ⴰⴰ ⴰ 🅿 VISA ⨀ AE ⨀ 🖐
via Palazzi 4 – ✆ *04 22 80 00 33 – www.villarevedin.it – Fax 04 22 80 02 72*
– chiuso una settimana in agosto
32 cam – ♦58/80 € ♦♦86/110 €, ⴰ 8 € – ½ P 63/87 €
Rist Villa Revedin – vedere selezione ristoranti
♦ Antica dimora dei nobili Foscarini, villa veneta del XVII secolo in un parco secolare, ampio,
tranquillo: un'atmosfera raffinata e rilassante per sostare nella storia.

XX **Villa Revedin** 🏠 ⴰ ⴰ 🅿 VISA ⨀ AE ⨀ 🖐
via Palazzi 4 – ✆ *04 22 80 00 33 – www.villarevedin.it – Fax 04 22 80 02 72*
– chiuso 15 giorni in gennaio, 15 giorni in agosto, domenica sera, lunedì
Rist – Carta 32/42 €
♦ Arredi in stile marina inglese fanno da sfondo ad un ricco buffet di pesce del giorno, mentre una sala attigua e più classica soddisfa le domande di gruppi numerosi.

GORINO VENETO – Ferrara (FE) – **562** H19 – ⊠ 44020 Ariano Nel Polesine **9** D1

▶ Roma 436 – Ravenna 82 – Ferrara 78 – Rovigo 62

XX **Stella del Mare** ⴰ ⴰ 🅿 VISA ⨀ AE ⨀ 🖐
via Po 36 – ✆ *04 26 38 83 23 – www.ristorantestelladelmare.com*
– Fax 04 26 38 87 97 – chiuso lunedì, martedì
Rist – (consigliata la prenotazione) Menu 35/75 € – Carta 39/58 €
♦ Il paese è raggiungibile da Gorino attraversando un ponte di barche a pagamento, ben
poche case e un locale molto noto nei dintorni per le sue gustose specialita che esplorano
il panorama ittico.

GORIZIA 🅿 (GO) – **562** E22 – 36 110 ab. – alt. 86 m – ⊠ 34170 **11** D2

▶ Roma 649 – Udine 35 – Ljubljana 113 – Milano 388

🛬 di Ronchi dei Legionari Sud-Ovest: 25 km ✆ 0481 773224

ℹ corso Italia 9 (Teatro) ✆ 0481 535764 , info.gorizia@turismo.fvg.it,
Fax 0481 539294

🏌 San Floriano, ✆ 0481 88 42 52

🏠 **Grand Hotel Entourage** 🛏 ⴰ cam, ⴰ ⴰ ⴰ ⴰ ⴰ
piazza Sant'Antonio 2 – ✆ *04 81 55 02 35* VISA ⨀ AE ⨀ 🖐
– www.entouragegorizia.com – Fax 0 48 13 01 38 – chiuso dal 1° al 27 agosto
36 cam ⴰ – ♦90/125 € ♦♦160/200 € – 4 suites – ½ P 105/135 €
Rist Avenanti – ✆ 04 81 96 15 51 *(chiuso 2 settimane in gennaio, 2 settimane
in agosto, domenica sera, lunedì) (chiuso a mezzogiorno escluso domenica)*
Carta 36/86 €
Rist Il Vinattiere – Carta 45/61 €
♦ Nel cinquecentesco palazzo dei conti Strassoldo, in un'atmosfera di raffinata tranquillità,
ampie ed eleganti camere di gusto classico, nonché una corte interna ricca di storia. Pietra
a vista e cucina moderna, soprattutto di pesce, al ristorante Avenanti. Salumi, formaggi e
naturalmente vino al Vinattiere.

Internazionale 🔲 🏠 ﾙ 🔲 ⅃ rist. 🔲 🏠 rist. 📞 🏠 🅿️
via Trieste 173 – ☎ 04 81 52 41 80 🔲 🔲 🔲 🔲 🔲
– www.hotelinternazionalegorizia.it – Fax 04 81 52 51 05
50 cam 🛏 – 🛏60/70 € 🛏🛏80/90 € – ½ P 50/55 € **Rist** – Menu 10/18 €
◆ Alle porte della città, l'hotel è stato completamente ristrutturato ed offre un soggiorno confortevole nei suoi ambienti classici e presso il centro benessere ben attrezzato. Atmosfere eleganti e sapori stagionali di terra e di mare nell'accogliente ristorante.

Gorizia Palace 🔲 🔲 🔲 🔲 🔲 rist. 🔲 🏠 🔲 🔲 🔲 🔲
corso Italia 63 – ☎ 0 48 18 21 66 – www.goriziapalace.com – Fax 0 48 13 16 58
68 cam 🛏 – 🛏70/120 € 🛏🛏85/165 € – 1 suite
Rist – (chiuso dal 10 al 23 agosto e domenica) Carta 21/35 €
◆ Moderno albergo situato in posizione centrale e tranquilla, dispone di ambienti funzionali e confortevoli, ideali tanto per soggiorni di relax quanto per incontri di lavoro. Moderno albergo situato in posizione centrale e tranquilla, dispone di ambienti funzionali e confortevoli, ideali tanto per soggiorni di relax quanto per incontri di lavoro.

Majda 🔲 🔲 🔲 🔲 🔲 🔲
via Duca D'Aosta 71/73 – ☎ 0 48 13 08 71 – Fax 04 81 53 09 06
– chiuso 20 giorni in agosto, domenica, i mezzogiorno di martedì e sabato
Rist – (chiuso a mezzogiorno in luglio-agosto) Menu 20/40 € – Carta 35/45 €
◆ Gestione al femminile per questo ristorante dalla quarantennale esperienza, ricavato negli spazi di una vecchia fattoria, dove gustare la cucina del territorio, di mare e di terra. Sala enoteca.

Rosenbar 🔲 🔲 🔲 🔲 🔲
via Duca d'Aosta 96 – ☎ 04 81 52 27 00 – www.rosenbar.it – Fax 04 81 52 27 00
– chiuso domenica, lunedì
Rist – Carta 34/46 €
◆ Piacevole e affermato bistrot dai toni forse un po' scuri, propone un menù giornaliero di impostazione classica, rivisitata in chiave moderna. Bel giardino estivo.

GOVONE – Cuneo (CN) – **561** H6 – 2 040 ab. – alt. 301 m – ✉ 12040 **25** C2
🔃 Roma 634 – Cuneo 76 – Genova 134 – Novara 115

Il Molino senza rist ≤ 🔲 📞 🅿️ 🔲 🔲 🔲 🔲 🔲
via xx settembre 15 – ☎ 01 73 62 16 38 – www.ilmolinoalba.it
– Fax 01 73 62 16 38 – chiuso gennaio, febbraio
6 cam 🛏 – 🛏55/75 € 🛏🛏80/100 €
◆ Un'atmosfera d'altri tempi aleggia negli ambienti di questo mulino ottocentesco che ospita eleganti camere in stile, tutte dotate di un balcone che garantisce un'impareggiabile vista panoramica. Adiacente al castello sabaudo.

Il San Pietro 🔲 🅿️ 🔲 🔲 🔲
strada per Priocca 3, frazione San Pietro – ☎ 0 17 35 84 45 – chiuso agosto e mercoledì
Rist – (chiuso a mezzogiorno escluso sabato-domenica) Carta 43/58 €
◆ L'ingresso presieduto da un intimo champagne bar e due sale sovrapposte per questo nuovo, accogliente ed elegante locale dalla seria conduzione, dove riscoprire una cucina di mare.

GRADARA – Pesaro e Urbino (PU) – **563** K20 – 4 357 ab. – alt. 142 m **20** B1
– ✉ 61012 📗 Italia
🔃 Roma 315 – Rimini 28 – Ancona 89 – Forlì 76
📷 Rocca ★

Villa Matarazzo senza rist 🍃 ≤ 🔲 🔲 ﾙ 🔲 🔲 🔲 🅿️
via Farneto 1, località Fanano – ☎ 05 41 96 46 45 🔲 🔲 🔲 🔲 🔲
– www.villamatarazzo.com – Fax 05 41 96 46 45 – aprile-settembre
15 cam 🛏 – 🛏205 € 🛏🛏230 €
◆ Su un colle di fronte al castello di Gradara, una serie di terrazze con vista panoramica su mare e costa; un complesso esclusivo, raffinato, piccolo paradiso nella natura.

XX **La Botte**　　　　　　　　　　　🛜 𝚅𝙸𝚂𝙰 ⓪ 𝖠𝖤 ⓪ ⓖ
🆘 *piazza V Novembre 11 – ℰ 05 41 96 44 04 – www.labottegradara.it*
– Fax 05 41 96 44 04 – chiuso novembre e mercoledì (escluso da giugno ad agosto)
Rist *– (chiuso a mezzogiorno)* (consigliata la prenotazione) Menu 30 €
– Carta 29/38 €
Rist Osteria del Borgo – Menu 15 € bc/21 € bc
♦ Dolce entroterra marchigiano e storico piccolo borgo: qui, tra muri antichi che sussurrano il passato, un caratteristico ambiente medievale. Servizio estivo in giardino. Atmosfera più informale all'Osteria del Borgo (anche enoteca).

GRADISCA D'ISONZO – Gorizia (GO) – **562** E22 – **6 623 ab.**　　　　11 C3
– alt. 32 m – ✉ 34072
　　🅳 Roma 639 – Udine 33 – Gorizia 12 – Milano 378

ô𝖑ô **Al Ponte**　　　　🚗 ⋔ 🖥 🖖 ☆ ⚑ 🅐🅒 ↔ ⁋ 𝖘𝖆 🄿 𝚅𝙸𝚂𝙰 ⓪ 𝖠𝖤 ⓪ ⓖ
viale Trieste 124, Sud-Ovest : 2 km – ℰ 04 81 96 11 16 – www.albergoalponte.it
– Fax 0 48 19 37 95
42 cam ⚏ – ♥65/105 € ♥♥80/140 €
Rist Al Ponte – vedere selezione ristoranti
♦ Nel cuore di pregiati vigneti della regione, l'hotel garantisce tranquillità ed una piacevole atmosfera familiare, camere moderne e confortevoli ed un rilassante centro benessere.

ô𝖆 **Franz** senza rist　　　　　🖥 ⅗ 🅐🅒 🖖 ☆ 🄿 𝚅𝙸𝚂𝙰 ⓪ 𝖠𝖤 ⓪ ⓖ
viale Trieste 45 – ℰ 0 48 19 92 11 – www.hotelfranz.it – Fax 04 81 96 05 10
50 cam ⚏ – ♥60/89 € ♥♥79/109 €
♦ Poco distante dal centro e curato nei dettagli, offre camere confortevoli e buone infrastrutture per meeting. Ideale per una clientela d'affari.

XX **Al Ponte**　　　　　　　🛜 🅐🅒 ↔ 🄿 𝚅𝙸𝚂𝙰 ⓪ 𝖠𝖤 ⓪ ⓖ
viale Trieste 122, Sud-Ovest : 2 km – ℰ 0 48 19 92 13 – www.albergoalponte.it
– Fax 0 48 19 92 13 – chiuso dal 1° al 14 gennaio, dal 15 al 31 luglio, domenica sera, lunedì
Rist *–* Carta 36/42 € 🕸
♦ Tre sale di un gusto che spazia dal rustico al moderno per questo ristorante. Cucina locale di lunga tradizione, bella scelta di vini regionali, servizio estivo sotto un pergolato.

GRADO – Gorizia (GO) – **562** E22 – **8 663 ab.** – ✉ 34073 📗 Italia　　11 C3
　　🅳 Roma 646 – Udine 50 – Gorizia 43 – Milano 385
　　🅵 viale Dante Alighieri 72 ℰ 0431 877111, info.grado@turismo.fvg.it,
　　　Fax 0431 83509
　　🆉 ℰ 0431 89 68 96
　　◙ Quartiere antico★ : postergale★ nel Duomo

ô𝖑𝖆ô **Grand Hotel Astoria**　　🍃 🅽 𝕃𝖘 🖥 ⅗ ☆ 🅐🅒 ✂ rist, ⁋ 𝖘𝖆 🚗
largo San Grisogono 3 – ℰ 0 43 18 35 50　　　　　　　　𝚅𝙸𝚂𝙰 ⓪ 𝖠𝖤 ⓪ ⓖ
– www.hotelastoria.it – Fax 0 43 18 33 55 – chiuso dal 2 gennaio al 13 marzo
119 cam ⚏ – ♥71/95 € ♥♥108/160 € – 5 suites – ½ P 68/96 €
Rist *–* Carta 26/44 €
♦ Albergo storico nella tradizione turistica dell'"Isola del Sole", gode di una posizione privilegiata: vicino al centro e alla spiaggia. Camere tranquille e confortevoli. Ristorante sulla terrazza roof-garden, per godere di una vista davvero esclusiva.

ô𝖑ô **Savoy**　　🚗 ⌱ 🅽 🌐 ⋔ 𝕃𝖘 🖥 ⅗ ☆ 🅐🅒 ✂ rist, 📞 🄿 𝚅𝙸𝚂𝙰 ⓪ 𝖠𝖤 ⓪ ⓖ
via Carducci 33 – ℰ 04 31 89 71 11 – www.hotelsavoy-grado.it
– Fax 0 43 18 33 05 – 26 marzo-26 ottobre
73 cam ⚏ – ♥100/130 € ♥♥176/235 € – 6 suites – ½ P 110/122 €
Rist *– (solo per alloggiati)* Carta 38/58 €
♦ Nel cuore di Grado, sorge questo bel gioiello di confort e ospitalità; diversificata possibilità di camere ed appartamenti per soddisfare qualsiasi tipo di clientela.

ô𝖑ô **Fonzari** senza rist　　　⌱ 🅽 ☆ 🅐🅒 𝖘𝖆 🚗 𝚅𝙸𝚂𝙰 ⓪ 𝖠𝖤 ⓪ ⓖ
piazza Biagio Marin – ℰ 04 31 87 63 60 – www.hotelfonzari.com
– Fax 0 43 18 77 46 – aprile-ottobre
14 cam ⚏ – ♥87/98 € ♥♥116/130 € – 53 suites – ♥♥140/230 €
♦ Composta da suite dotate di ampie terrazze e piscina all'ultimo piano per nuotate e relax con vista a 360°, una risorsa moderna, sorta sulle ceneri di un omonimo Grand Hotel.

🏠 **Abbazia** 　🔲 🛗 🅰🅲 ✂ rist, 🍴 ⚒ 🚗 📶 🆚 ⓪ 🅰🅴 ⓪ 🔁
via Colombo 12 – ☎ 0 43 18 00 38 – www.hotel-abbazia.com
– Fax 04 43 18 17 22 – aprile-ottobre
50 cam 🍽 – ♦50/88 € ♦♦90/146 € – ½ P 75/105 €　**Rist** – Carta 21/45 €
♦ In prossimità della spiaggia, ai margini della zona pedonale, calda e distinta casa di tono familiare gestita con altrettanta signorilità. Camere confortevoli e un'ampia piscina. Il ristorante in estate si trasferisce nella veranda a vetri decorati.

🏠 **Metropole** senza rist 　　　🛗 🅰🅲 🆚 📶 🅰🅴 ⓪ 🔁
piazza San Marco 15 – ☎ 04 31 87 62 07 – www.gradohotel.com
– Fax 04 31 87 62 23 – chiuso dal 3 gennaio al 12 febbraio
19 cam 🍽 – ♦65/76 € ♦♦90/140 €
♦ Mitico albergo di Grado, meta di vacanze degli Asburgo e della nobiltà mitteleuropea: ora del tutto rinnovato dopo anni di inattività, con giovane, capace gestione.

🏠 **Villa Venezia** 　　🛗 🅱 🅰🅲 ✂ rist, 🆚 📶 🅰🅴 ⓪ 🔁
via Venezia 6 – ☎ 04 31 87 71 18 – www.gradohotel.com – Fax 04 31 87 71 26
– aprile-ottobre
25 cam 🍽 – ♦60/74 € ♦♦90/138 € – ½ P 62/85 €
Rist – (solo per alloggiati) Menu 15/25 €
♦ Albergo dai confort moderni, completamente rinnovato, nelle vicinanze della zona pedonale. Per i più esigenti c'è anche il solarium con idromassaggio al quinto piano.

🏠 **Diana** 　　🛗 🅰🅲 cam, ✂ rist, 🍴 🅿 🆚 📶 🅰🅴 ⓪ 🔁
via Verdi 1 – ☎ 0 43 18 00 26 – www.hoteldiana.it – Fax 0 43 18 33 30 – aprile-ottobre
63 cam 🍽 – ♦55/75 € ♦♦110 € – ½ P 80 €
Rist – (chiuso a mezzogiorno) Carta 30/42 €
♦ Nelle camere e negli eleganti spazi comuni domina una rilassante tonalità verde. Da oltre cinquant'anni una lunga tradizione familiare su una delle vie pedonali a vocazione commerciale. Proposte d'albergo con divagazioni marine, al ristorante.

🏠 **Eden** 　🔽 🛗 🅰🅲 ✂ 🍴 🅿 🆚 📶 🅰🅴 🔁
via Marco Polo 2 – ☎ 0 43 18 01 36 – www.hoteledengrado.it
– Fax 0 43 18 20 87 – aprile-ottobre
39 cam – ♦50/55 € ♦♦81/91 €, 🍽 8 € – ½ P 70 €
Rist – (maggio-settembre) (solo per alloggiati) Menu 23 €
♦ Risorsa d'impostazione moderna, nei pressi del Palazzo dei Congressi e del Parco delle Rose: lunga e attenta tradizione familiare e accoglienti ambienti dai toni classici.

🏠 **Antares** senza rist 　　　　🕾 🛁 🛗 🅰🅲 🅿
via delle Scuole 4 – ☎ 0 43 18 49 61 – www.antareshotel.info – Fax 0 43 18 23 85
– chiuso dal 10 dicembre al 20 febbraio
19 cam 🍽 – ♦75/90 € ♦♦100/140 €
♦ Ai margini del centro storico, nei pressi del mare, una comoda struttura di dimensioni contenute; camere tradizionali e spazi corretti uniti ad una valida gestione.

🏠 **Villa Rosa** senza rist 　　🛗 🅰🅲 🅿 🆚 📶 🅰🅴 ⓪ 🔁
via Carducci 12 – ☎ 0 43 18 00 26 – www.hotelvillarosa-grado.it
– Fax 0 43 18 33 30 – aprile-ottobre
25 cam 🍽 – ♦48/68 € ♦♦80/96 €
♦ Tra la Riva prospiciente l'Isola della Schiusa e il Lungomare verso la spiaggia principale, sorge questa piccola risorsa - a conduzione familiare - gradevole e accogliente.

🏠 **Park Spiaggia** senza rist 　　🛗 🅰🅲 🍴 🆚 📶 🔁
via Mazzini 1 – ☎ 0 43 18 23 66 – www.hotelparkspiaggia.it – Fax 0 43 18 58 11
– 10 maggio-10 ottobre
28 cam 🍽 – ♦50/60 € ♦♦80/106 €
♦ Nella zona pedonale, che la sera diviene un mondano passeggio, non lontano dalla grande e attrezzata spiaggia privata della località, l'hotel vanta spazi confortevoli arredati con semplicità.

✕✕ **All'Androna** 　　　🕾 🅰🅲 🆚 📶 🅰🅴 ⓪ 🔁
calle Porta Piccola 6 – ☎ 0 43 18 09 50 – www.androna.it – Fax 0 43 18 09 50
Rist – Menu 40/60 € – Carta 47/65 €
♦ Un rustico curato ed elegante, tra le strette calli della località, dove fermarsi a gustare la cucina di due fratelli: solo piatti di mare, freschi e ricchi di creatività.

✗ **De Toni** 🛱 AC VISA ⓪ AE ⑤
piazza Duca d'Aosta 37 – 𝒞 04 31 80 10 4 – www.trattoriadetoni.it
– Fax 04 31 36 14 17 – chiuso gennaio e mercoledì
Rist – Carta 33/55 €
♦ Nel centro storico, sulla via pedonale, ristorante familiare di lunga esperienza. Ricette gradesi e specialità di pesce, da gustare in un ambiente particolarmente curato.

✗ **Alla Buona Vite** con cam 🛱 P VISA ⓪ AE ⓪ ⑤
via Dossi, località Boscat, Nord : 10 km – 𝒞 04 31 88 09 0 – www.girardi-boscat.it
– Fax 04 31 88 30 5 – chiuso dicembre e gennaio
4 cam – ♥♥80 €, ☑ 5 €
Rist – *(chiuso giovedì escluso giugno-settembre)* Carta 24/63 €
♦ Superata la laguna prendete la prima strada a destra, per raggiungere questa trattoria gestita da una famiglia di viticoltori. Servizio estivo accanto al piccolo parco-giochi. Dispone anche di confortevoli appartamenti per chi desidera prolungare il soggiorno, immersi nella natura.

alla pineta Est : 4 km :

🏠 **Mar del Plata** 🚗 ⌛ 🛏 ⌀ rist, ☎ P VISA ⓪ AE ⓪ ⑤
viale Andromeda 5 – 𝒞 04 31 81 08 1 – www.hotelmardelplata.it
– Fax 04 31 85 40 0 – Pasqua - settembre
35 cam ☑ – ♥56/76 € ♥♥92/132 € – ½ P 76 € **Rist** – Menu 25/35 €
♦ Non lontano dal campo da golf, in posizione tranquilla e verdeggiante, un giardino con piscina ed una terrazza per le colazioni: hotel a conduzione familiare per una vacanza di relax. Finestre direttamente aperte sulla natura circostante e ambiente tranquillo al ristorante.

GRADOLI – Viterbo (VT) – 563 O17 – 1 484 ab. – alt. 470 m – ⊠ 01010 **12** A1
🚩 Roma 130 – Viterbo 42 – Siena 112

✗✗ **La Ripetta** 🛱 ⌀ P VISA ⓪ AE ⑤
via Roma 38 – 𝒞 07 61 45 61 00 – www.laripetta.com – Fax 07 61 45 68 17
– chiuso dal 15 al 30 novembre, lunedì, martedì a mezzogiorno
Rist – Carta 31/43 €
♦ All'ingresso della località, lungo la strada principale, un ristorante dove gustare fragranti piatti di pesce, sia di lago che di mare. Servizio estivo su una grande terrazza.

GRANCONA – Vicenza (VI) – 562 F16 – 1 700 ab. – alt. 36 m **35** B3
– ⊠ 36040
🚩 Roma 553 – Padova 54 – Verona 42 – Vicenza 24

a Pederiva Est : 1,5 km – ⊠ 36040 Grancona

✗ **Isetta** con cam 🛱 ⌀ rist, AC ⌀ ☎ P VISA ⓪ AE ⑤
via Pederiva 96 – 𝒞 04 44 88 95 21 – www.trattoriaalbergoisetta.it
– Fax 04 44 88 99 92 – chiuso dall'11 al 17 agosto
9 cam – ♥36/46 € ♥♥46/56 €, ☑ 8 €
Rist – *(chiuso martedì sera e mercoledì)* Carta 34/46 €
♦ Dalla madre Isetta, l'attuale gestore ha appreso l'amore per le tradizioni nostrane; dalla cucina a vista, con camino, escono succulente carni alla griglia.

sulla strata statale per San Vito Nord-Est : 3 km :

✗✗ **Vecchia Ostaria Toni Cuco** 🛱 ⌀ P VISA ⑤
via Arcisi 12 ⊠ 36040 – 𝒞 04 44 88 95 48 – www.vecchiaostariatonicuco.it
– Fax 04 44 60 13 50 – chiuso 1 settimana in agosto, 1 settimana in gennaio,
lunedì, martedì
Rist – *(prenotazione obbligatoria a mezzogiorno)* Carta 22/30 €
♦ Si percorrono alcuni chilometri in salita prima di arrivare in questo locale, rustico eppure d'insospettabile eleganza, dove gustare carni alla brace e fantasiose rivisitazioni di ricette vicentine.

GRANDZON – Aosta – 561 E4 – Vedere Verrayes

GRANIGA – Verbania – 561 D6 – Vedere Bognanco (Fonti)

GRAN SAN BERNARDO (Passo del) – Aosta (AO) – 561 E3 **34** A2
– alt. 2 469 m
🚩 Roma 778 – Aosta 41 – Genève 148 – Milano 216

🏨 **Italia** 🦢   **P** VISA ⓸⓸ AE 🔥
colle del Gran San Bernardo ⊠ *11010 Saint Rhémy –* ℰ *01 65 78 09 08*
– www.gransanbernardo.it – Fax 01 65 78 00 63 – giugno-25 settembre
15 cam – ♦55/65 € ♦♦70/90 €, ⊆ 9 € – ½ P 65/75 €   **Rist** – Carta 25/35 €
♦ Per i più ardimentosi amanti della vera montagna, sferzata dai venti e dalla neve anche in estate, un albergo alpino offre dal 1933 caratteristici interni in legno. Calda l'atmosfera al ristorante, articolato in tre sale, dove troverete i classici della cucina valdostana.

GRAPPA (Monte) – Belluno, Treviso e Vicenza – alt. 1 775 m ⏐ Italia
📍 Monte ★★★

GRAVEDONA – Como (CO) – **428** D9 – 2 752 ab. – alt. 202 m   **16** B1
– ⊠ 22015

▶ Roma 683 – Como 54 – Sondrio 52 – Lugano 46

🏨 **La Villa**   🚗 🏡 🏊 ⏐🖐 ⏐ & 💆 ℣⏐° **P** VISA ⓸⓸ AE 🔥
via Regina Ponente 21 – ℰ *0 34 48 90 17 – www.hotel-la-villa.com*
– Fax 0 34 48 90 27 – chiuso dal 20 dicembre al 31 gennaio
14 cam ⊆ – ♦65/95 € ♦♦90/130 € – ½ P 75 €
Rist – *(chiuso da novembre al 15 marzo) (chiuso a mezzogiorno)* Carta 25/46 €
♦ Un vecchio albergo portato a nuova vita nel confort dei tempi moderni, ma con il fascino di una deliziosa casa d'epoca; lo circonda un godibile giardino con bella piscina. Sala da pranzo di taglio e atmosfera moderni, con pareti a vetrate affacciate sul verde.

GRAVINA IN PUGLIA – Bari (BA) – **564** E31 – 44 124 ab. – alt. 350 m   **26** B2
– ⊠ 70024

▶ Roma 417 – Bari 58 – Altamura 12 – Matera 30

✕ **Madonna della Stella** con cam 🦢   ← 🚗 🏡 AC 💆 rist. ℣⏐° **P**
via Madonna della Stella – ℰ *08 03 25 63 83*   VISA ⓸⓸ AE ⓞ 🔥
– www.ristorantemadonnadellastella.it – Fax 08 03 22 33 02
8 cam – ♦40/45 € ♦♦60/65 €, ⊆ 5 € – ½ P 50 €
Rist – *(chiuso martedì)* Carta 24/34 €
♦ La sala scavata nella roccia naturale, il bianco e antico villaggio di fronte sarà il suggestivo ritratto da contemplare, dalla sapienza dei due fratelli i sapori e le tradizioni di un passato mai dimenticato! Una suggestiva struttura in tufo ospita le graziose semplici camere.

GRAZIE – Mantova – **561** G14 – Vedere Curtatone

GREMIASCO – Alessandria (AL) – **561** H9 – 363 ab. – alt. 395 m   **23** D2
– ⊠ 15056

▶ Roma 563 – Alessandria 52 – Genova 70 – Piacenza 92

✕✕ **Belvedere**   🏡 & AC **P** VISA ⓸⓸ AE ⓞ 🔥
⊜ *via Dusio 5 –* ℰ *01 31 78 71 59 – www.belvederegremiasco.it*
– Fax 01 31 78 79 00 – chiuso martedì
Rist – Carta 15/25 €
♦ Una vecchia osteria familiare - rinnovatasi nel tempo - con sale accoglienti e gustose proposte del territorio: ottime, le materie prime dalle quali si elaborano i piatti.

GRESSONEY LA TRINITÉ – Aosta (AO) – **561** E5 – 309 ab.   **34** B2
– alt. 1 639 m – Sport invernali : 1 618/2 970 m ⛷3 ⛷5 ⛷ – ⊠ 11020

▶ Roma 733 – Aosta 86 – Ivrea 58 – Milano 171

🛈 località Edelboden Superiore ℰ 0125 366143, infogressoneytrinite@libero.it,
Fax 0125 366323

🏨 **Jolanda Sport**   ← 🏔 Ⅼ▵ ⏐🖐 💆 ℣⏐° VISA ⓸⓸ AE 🔥
località Edelboden Superiore 31 – ℰ *01 25 36 61 40*
– www.hoteljolandasport.com – Fax 01 25 36 62 02 – chiuso maggio, ottobre e novembre
32 cam ⊆ – ♦110/140 € ♦♦130/180 € – ½ P 90/150 €   **Rist** – Carta 33/41 €
♦ Alla partenza della seggiovia di Punta Jolanda, costruita negli anni '50 dal papà dell'attuale proprietaria, una risorsa di lunga tradizione, perfettamente rinnovata. Di recente ampliata la capiente sala per ristorarsi con la gastronomia locale.

🏠 Lysjoch   ⪻ 🚗 🕸 🌾 🔥 P VISA ⓿ ♿

località Fohre – 𝒞 01 25 36 61 50 – www.hotellysjoch.com – Fax 01 25 36 63 65
– dicembre-aprile e 25 giugno-15 settembre
12 cam 🛏 – ♦48/63 € ♦♦96/126 € – ½ P 60/85 €
Rist *– (chiuso a mezzogiorno) (solo per alloggiati)*
♦ Direttamente sulle piste, in questa località a nord di Gressoney La Trinité, piccola struttura con un ambiente familiare e accogliente, reso ancor più caldo dal legno.

GRESSONEY SAINT JEAN – Aosta (AO) – **561** E5 – **818 ab.**   34 B2
– alt. 1 385 m – Sport invernali : 1 385/2 020 m �533, ✸ – ⊠ 11025

> 🔲 Roma 727 – Aosta 80 – Ivrea 52 – Milano 165
> 🅸 Villa Deslex 𝒞 0125 355185, info@aiatmonterosawalser.it, Fax 0125 355895
> 🔳 Monte Rosa, 𝒞 0125 35 63 14

🏠 Gran Baita ⌂   ⪻ 🕸 📶 ♿ 🌾 ℗ P VISA ⓿ ♿

strada Castello Savoia 26, località Gresmatten – 𝒞 01 25 35 64 41
– www.hotelgranbaita.it – Fax 01 25 35 64 46 – dicembre-aprile e 25 giugno-
7 settembre
12 cam 🛏 – ♦50/80 € ♦♦90/150 € – ½ P 52/98 €   **Rist** – Carta 25/50 €
♦ Non lontano dal Castello Savoia e dalla passeggiata della Regina Margherita, in una baita del XVIII secolo, un'atmosfera da sogno ove coccolarsi a lungo tra ogni confort. Proposte nella tradizione gastronomica dei Walser.

✕✕ Il Braciere   🌾 P VISA AE ♿

località Ondrò Verdebio 2 – 𝒞 01 25 35 55 26 – Fax 01 25 35 55 26 – chiuso dal
12 al 23 dicembre, dal 3 al 30 giugno, mercoledì escluso luglio-agosto, sabato e
domenica in novembre
Rist – Carta 33/47 €
♦ Cucina valligiana e piemontese e specialità alla griglia dalle porzioni abbondanti in questo caratteristico locale alle porte del paese. Piccola saletta con finestra panoramica.

GREVE IN CHIANTI – Firenze (FI) – **563** L15 – **14 087 ab.** – alt. 241 m   29 D3
– ⊠ 50022 ▮ Toscana

> 🔲 Roma 260 – Firenze 31 – Siena 43 – Arezzo 64
> 🅸 viale Giovanni da Verrazzano 59 𝒞 055 8546287, info@chiantiechianti.it,
> Fax 055 8544240
> 🔳 Montefioralle★ ovest: 2 km

🏠 Villa Bordoni ⌂   ⪻ 🔗 🕸 ⓩ 📶 📶 ♿ 🅰🅲 🌾 ℗ P VISA AE ♿

via San Cresci 31/32, località Mezzuola, Ovest: 3 Km – 𝒞 05 58 84 00 04
– www.villabordoni.com – Fax 05 58 84 00 05 – marzo-dicembre
11 cam 🛏 – ♦145/295 € ♦♦210/330 € – 2 suites – ½ P 210 €
Rist *Villa Bordoni* – (prenotazione obbligatoria) Carta 44/55 €
♦ Un riuscito mix di lusso e design, rustico toscano e ultime mode del mondo in questa bella villa patrizia circondata dalla campagna chiantigiana: una bomboniera country-hip, dove trascorrere un indimenticabile soggiorno. Il mare e la terra s'incontrano nei piatti del ristorante: originale, come il resto della casa.

🏠 Agriturismo Villa Vignamaggio senza rist ⌂   ⪻ 🚗 ⓩ 📶 ✕✕

strada per Lamole, Sud-Est : 4 km   🅰🅲 ↔ 📶 ℗ P VISA ⓿ ⓵ ♿
– 𝒞 05 58 54 66 53 – www.vignamaggio.com – Fax 05 58 54 66 76 – 15 marzo-
10 dicembre
8 cam – ♦120/170 € ♦♦150/200 €, 🛏 12 € – 17 suites – ♦♦250/450 €
♦ Un elegante podere ubicato fra vigneti e uliveti del Chianti, una villa-fattoria quattrocentesca che racchiude la memoria del Rinascimento toscano, un'ospitalità da sogno.

a Panzano Sud : 6 km – alt. 478 m – ⊠ 50020

🏠 Villa Sangiovese   ⪻ 🚗 🕸 ⓩ 🌾 VISA ⓿ ♿

piazza Bucciarelli 5 – 𝒞 0 55 85 24 61 – www.villasangiovese.it
– Fax 0 55 85 24 63 – chiuso da Natale a febbraio
17 cam 🛏 – ♦100/120 € ♦♦120/175 € – 2 suites
Rist *– (chiuso mercoledì)* Carta 23/37 €
♦ Gestione svizzera per una signorile villa ottocentesca, con annessa casa colonica, sita nel centro del paese e con una visuale di ampio respiro sui bei colli circostanti. Servizio ristorante estivo in terrazza-giardino panoramica.

🛏️ **Villa le Barone** ⬧ ⬧🍴 rist, 📶 P 💳 AE ⬧
Via San Leolino 19, Est : 1,5 km – 𝄞 *0 55 85 26 21 – www.villalebarone.com*
– Fax 0 55 85 22 77 – aprile-ottobre
30 cam ⬜ – 🛏115/275 € 🛏🛏180/345 € – ½ P 140/193 €
Rist *– (chiuso a mezzogiorno) (solo per alloggiati)* Menu 39 €
◆ In un'antica dimora di campagna, una villa padronale di proprietà dei Della Robbia: tra uliveti e vigne, cuore del Chianti Classico, distensione e atmosfera di classe.

a Strada in Chianti Nord : 9 km – ✉ 50027

🍴🍴 **Il Caminetto del Chianti** P 💳 AE ⬧ ⬧
via della Montagnola 52, Nord : 1 km – 𝄞 *05 58 58 89 09 – Fax 05 58 58 60 62*
– chiuso martedì, mercoledì a mezzogiorno
Rist *– (chiuso a mezzogiorno in luglio-agosto escluso domenica)* Carta 30/40 € ❀
◆ Fuori dal centro della località, lungo la strada che porta a Firenze, un ristorante con piatti in prevalenza toscani, da gustare in sale curate e riscaldate anche dal camino.

a La Panca Nord-Est : 10 km – ✉ 50022 Greve In Chianti

🍴🍴 **Le Cernacchie** 💳 AE ⬧ ⬧
via Cintola Alta 11 – 𝄞 *05 58 54 79 68 – www.lecernacchie.com*
– Fax 05 58 54 79 68 – chiuso dal 23 febbraio al 7 marzo, domenica sera, lunedì
Rist – Carta 34/46 €
◆ Semplice e caratteristico indirizzo animato dalla calorosa familiarità della gestione. Particolarmente apprezzabile il panoramico spazio all'esterno. Cucina della tradizione.

GREZZANA – Verona (VR) – **562** F15 – **10 685 ab.** – **alt. 166 m** 37 A2
– ✉ 37023
🚗 Roma 514 – Verona 12 – Milano 168 – Venezia 125

🛏️ **La Pergola** cam, 📶 P 💳 AE ⬧
via La Guardia 1 – 𝄞 *0 45 90 70 71 – www.hotellapergolaverona.it*
– Fax 0 45 90 71 11
35 cam – 🛏46/58 € 🛏🛏71/77 €, ⬜ 9 € – ½ P 52/57 €
Rist *– (chiuso dal 25 dicembre al 6 gennaio) (chiuso a mezzogiorno)* Carta 17/36 €
◆ Protetto sul retro dal verde, questo albergo familiare è ideale soprattutto per una clientela di lavoro; camere classiche e ben illuminate da ampie finestre nonché una bella hall con salottino moderno. Ampia sala da pranzo di tono moderno; decorazioni alle pareti e soffitti futuristici.

GRIGNANO – Trieste (TS) – **562** E23 – **Vedere Trieste**
🚗 Roma 677 – Udine 59 – Trieste 8 – Venezia 150

GRINZANE CAVOUR – Cuneo (CN) – **561** I5 – **1 786 ab.** – **alt. 260 m** 25 C2
– ✉ 12060
🚗 Roma 649 – Cuneo 62 – Torino 74 – Genova 149

🛏️ **Casa Pavesi** senza rist 💳 AE ⬧ ⬧
via IV Novembre 11 – 𝄞 *01 73 23 11 49 – www.hotelcasapavesi.it*
– Fax 01 73 23 09 83 – chiuso dal 21 dicembre al 6 gennaio ed agosto
12 cam ⬜ – 🛏130/150 € 🛏🛏140/180 €
◆ Vicino al celebre castello, una casa ottocentesca restaurata. Il risultato è una bomboniera, salotti con boiserie e atmosfera inglese. Cura ed eleganza in camera e bagni.

GRISIGNANO DI ZOCCO – Vicenza (VI) – **562** F17 – **4 334 ab.** 37 B2
– alt. 23 m – ✉ 36040
🚗 Roma 499 – Padova 17 – Bassano del Grappa 48 – Venezia 57

🛏️ **Magnolia** 📶 P 💳 AE ⬧
via Mazzini 1 – 𝄞 *04 44 41 42 22 – www.hmagnolia.com – Fax 04 44 41 42 27*
29 cam ⬜ – 🛏85 € 🛏🛏135 €
Rist *– (chiuso dal 25 dicembre al 6 gennaio, agosto, venerdì sera, sabato, domenica)* Carta 20/36 €
◆ Frequentato da clientela d'affari, quasi unicamente abituale, un albergo di stile classico, comodo e con camere spaziose, sulla statale Padova-Vicenza, vicino al casello. Confortevole e moderna anche l'area ristorante.

GRÖDNER JOCH = Gardena Passo di

GROLE – Mantova – Vedere Castiglione delle Stiviere

GROSIO – Sondrio (SO) – **561** D12 – **4 752 ab.** – **alt. 653 m** – ⊠ 23033　　**17** C1

🚊 Roma 739 – Sondrio 40 – Milano 178 – Passo dello Stelvio 44

✗✗　**Sassella** con cam　　🛎 ᴄ̣̆ rist, 𝗔𝗖 ⍡⍡ 𝗔̣́ 𝗩𝗜𝗦𝗔 🞛 𝗔𝗘 ⓞ ᴄ́
via Roma 2 – ℰ *03 42 84 72 72* – *www.hotelsassella.it* – *Fax 03 42 84 75 50*
24 cam ⊑ – ✝57/67 € ✝✝87/110 € – ½ P 68/80 €　　**Rist** – Carta 27/35 € ⅋
♦ Un ristoro, con camere, ormai storico per l'alta Valtellina: proposte culinarie che riflettono il territorio, indovinata e piacevole scelta suddivisa in vari menù a tema.

GROSOTTO – Sondrio (SO) – **561** D12 – **1 644 ab.** – **alt. 590 m** – ⊠ 23034　　**17** C1

🚊 Roma 712 – Milano 183 – Sondrio 41

🏠　**Le Corti** senza rist　　🛎 𝗔𝗖 ⍡⍡ 𝗣 ⍖ 𝗩𝗜𝗦𝗔 🞛 𝗔𝗘 ⓞ ᴄ́
via Patrioti 73 – ℰ *03 42 84 86 24* – *www.le-corti.it* – *Fax 03 42 84 86 24*
14 cam ⊑ – ✝40/50 € ✝✝68/74 €
♦ Grazioso albergo, ideale per famiglie, suddiviso in due edifici distanti un centinaio di metri. Camere spaziose con arredi in legno, gustosa e abbondante colazione.

GROSSETO 𝗣 **(GR)** – **563** N15 – **78 823 ab.** – **alt. 10 m** – ⊠ 58100　　**29** C3
▌Toscana

🚊 Roma 187 – Livorno 134 – Milano 428 – Perugia 176
🛈 viale Monterosa 206 ℰ 0564 462611, info@lamaremma.info, Fax 0564 454606
◉ Museo Archeologico e d'Arte della Maremma★

🏨　**Airone**　　🞉 🛎 ᴄ̣̆ cam, 𝗔𝗖 ⍦ ⍡⍡ 𝗔̣́ ⍖ 𝗩𝗜𝗦𝗔 🞛 ᴄ́
via Senese 35 – ℰ *05 64 41 24 41* – *www.hotelairone.eu* – *Fax 05 64 41 83 70*
68 cam ⊑ – ✝70/80 € ✝✝120/140 € – 1 suite – ½ P 83/100 €
Rist – *(chiuso agosto) (chiuso a mezzogiorno)* Carta 28/60 €
♦ A pochi passi dal centro storico, l'hotel dispone di belle camere dal confort moderno e con soluzioni d'arredo di design. Una panoramica Spa al piano attico, parcheggio privato e 5 sale conferenze rendono la struttura adatta anche a una clientela d'affari (ma non solo).

🏨　**Granduca**　　🛎 ᴄ̣̆ 𝗔𝗖 ⍦ rist, 𝗔̣́ 𝗣 𝗩𝗜𝗦𝗔 🞛 𝗔𝗘 ⓞ ᴄ́
via Senese 170 – ℰ *05 64 45 38 33* – *www.hotelgranduca.com* – *Fax 05 64 45 38 43*
71 cam ⊑ – ✝75/90 € ✝✝95/130 € – 1 suite – ½ P 90/110 €
Rist – *(chiuso a mezzogiorno)* Carta 29/43 €
♦ In posizione semiperiferica ma comoda, struttura di stile moderno il cui ingresso, sul piazzale, è segnalato da una fontana; ampi spazi, ideale per la clientela d'affari. Sapore attuale anche per gli ambienti del ristorante, vasti e usati anche per banchetti.

🏨　**Bastiani Grand Hotel** senza rist　　🛎 𝗔𝗖 ⍡⍡ 𝗩𝗜𝗦𝗔 🞛 𝗔𝗘 ⓞ ᴄ́
piazza Gioberti 64 – ℰ *0 56 42 00 47* – *www.hotelbastiani.com*
– Fax 0 56 42 93 21
48 cam ⊑ – ✝104/127 € ✝✝127/155 €
♦ Nel cuore della località, all'interno della cinta muraria medicea, una gradevole risorsa in un signorile palazzo d'epoca; dotata di confortevoli ed eleganti camere.

✗✗✗　**Canapone**　　🞑 𝗔𝗖 ⍦ 𝗩𝗜𝗦𝗔 🞛 𝗔𝗘 ᴄ́
piazza Dante 3 – ℰ *0 56 42 45 46* – *Fax 0 56 42 85 35* – *chiuso dal 22 al 31 gennaio, dal 5 al 19 agosto, domenica, mercoledì da ottobre a giugno*
Rist – *(consigliata la prenotazione)* Menu 58/68 € – Carta 46/68 € ⅋
Rist Enoteca Canapino – *(chiuso la sera)* Carta 22/34 € ⅋
♦ Nel cuore del centro storico della "capitale" della Maremma, un ristorante completamente ristrutturato che oggi si presenta con un aspetto elegante e raffinato. All'Enoteca Canapino una buona scelta di piatti tradizionali a prezzo contenuto.

✗✗　**Buca San Lorenzo-da Claudio**　　𝗩𝗜𝗦𝗔 🞛 ᴄ́
via Manetti 1 – ℰ *0 56 42 51 42* – *www.bucasanlorenzo.com* – *Fax 0 56 42 51 42*
– chiuso dal 6 al 20 gennaio, dal 7 al 21 luglio, domenica e lunedì
Rist – *(consigliata la prenotazione la sera)* Carta 32/55 € ⅋
♦ Ricavato nelle mura medicee, un punto di riferimento molto quotato nella città; specialità marinare e locali proposte a voce, servite in ambiente curato ed elegante.

✗ **Antico Borgo**   🗚 ᕼ
㋐ *via Garibaldi 52 – 𝓒 0 56 42 06 25 – www.anticoborgogr.com – chiuso lunedì*
Rist – (consigliata la prenotazione) Carta 29/42 €
♦ La formula è apparentemente semplice: una piccola trattoria all'interno delle mura medicee, pochi tavoli e una cucina schietta, strutturata su materie prime di eccellente qualità. Il
risultato: squisito!

GROSSETO (Marina di) – Grosseto (GR) – 563 N14 – ✉ 58100   29 C3
   🔼 Roma 196 – Grosseto 14 – Firenze 153 – Livorno 125

🏠 **Rosmarina**   🚗 ᕫ 🛏 ᕼ cam, 🗚 ⅋ 🅿 VISA ⅗ 🗚 ᕼ
via delle Colonie 33/35 – 𝓒 0 56 43 44 08 – www.rosmarina.it
– Fax 0 56 43 46 84
38 cam – ♦70/100 € ♦♦90/140 € – ½ P 105 €   **Rist** – Carta 29/38 €
♦ A pochi passi dal litorale marino, in una zona molto tranquilla, una risorsa di recente
ristrutturata, totalmente immersa nella macchia mediterranea. Gestione accogliente. Ristorante ubicato nel seminterrato, rinnovato da poco, sala curata e cucina locale.

GROTTA... GROTTE – Vedere nome proprio della o delle grotte

GROTTAFERRATA – Roma (RM) – 563 Q20 – 20 555 ab. – alt. 329 m   12 B2
– ✉ 00046 📖 Roma
   🔼 Roma 21 – Anzio 44 – Frascati 3 – Frosinone 71

🏨 **Park Hotel Villa Grazioli** 🦢   ⬉ 🚗 ᕫ 🛬 🛏 🗚 ⅋ rist, 🎙️ 🔊
via Umberto Pavoni 19 – 𝓒 0 69 45 40 01   🅿 VISA ⅗ 🗚 ① ᕼ
– www.villagrazioli.com – Fax 0 69 41 35 06
56 cam ⊊ – ♦160/300 € ♦♦180/330 € – 2 suites
Rist *Acquaviva* – Carta 42/76 €
♦ E' appartenuta al cardinale Carafa questa villa cinquecentesca in splendida posizione
panoramica che oggi può ancora sfoggiare affreschi originali al piano terra e giardini all'italiana. Ristorante di tono elegante, affacciato su un giardino pensile, dove vengono proposti i
piatti della tradizione mediterranea.

🏨 **Al Fico-La locanda dei Ciocca** senza rist   🔔 🛏 🗚 ⅋ 🎙️ 🔊 🅿
via Anagnina 134 – 𝓒 06 94 31 53 90 – www.alfico.it   VISA ⅗ 🗚 ① ᕼ
– Fax 0 69 41 01 33
21 cam ⊊ – ♦115/145 € ♦♦170/210 €
♦ Calda atmosfera rustica fra travi a vista e camini, quiete, camere in stile e personalizzate:
una locanda dove riscoprire il relax. Particolarmente curata la prima colazione.

🏨 **Locanda dello Spuntino**   🛏 🗚 ⅋ 🎙️ VISA ⅗ 🗚 ① ᕼ
via Cicerone 22 – 𝓒 06 94 31 59 85 – www.locandadellospuntino.com
– Fax 0 69 45 61 03
10 cam ⊊ – ♦♦150/200 €
Rist Taverna dello Spuntino – vedere selezione ristoranti
♦ Divani e caminetti rendono piacevole l'ingresso di questa locanda, ma tutta la cura è riservata alle camere, dal parquet ai bagni in travertino con intarsi in marmo e mosaici.

✗✗ **Taverna dello Spuntino** – Locanda dello Spuntino   🗚 VISA ⅗ ᕼ
via Cicerone 20/22 – 𝓒 0 69 45 93 66 – www.tavernadellospuntino.com
– Fax 0 69 45 61 03
Rist – Carta 33/56 € 𝄞
♦ E' tutta all'interno la peculiarità di questa trattoria romana: scenografiche sale sotto archi
in mattoni ed una coreografica esposizione di prosciutti, fiaschi di vino, frutta e antipasti.

✗✗ **La Cavola d'Oro**   ᕫ 🗚 ⅋ 🅿 VISA ⅗ 🗚 ᕼ
via Anagnina 35, Ovest : 1,5 km – 𝓒 06 94 31 57 55 – www.lacavoladoro.it
– Fax 06 94 31 57 55 – chiuso lunedì
Rist – Carta 32/48 €
♦ Facile da raggiungere, lungo la strada per Roma, locale classico con camino e soffitti lignei
nelle curate sale interne; piatti regionali, assortimento di antipasti e carni alla griglia.

🍴🍴 **Nando** [AC] VISA [MC] [AE] [D] [$]
via Roma 4 – ☎ 0 69 45 99 89 – www.ristorantenando.it – Fax 0 69 45 99 89 – chiuso lunedì
Rist – Carta 32/42 € 🍇
◆ Due piccole sale ricche di decorazioni: da vedere la curiosa collezione di cavatappi e la caratteristica cantina (possibilità di degustazione); la cucina, regionale, guarda anche alla creatività.

GROTTAGLIE – Taranto (TA) – **564** F34 – **32 875 ab.** – **alt. 133 m** **27** C2 – ✉ 74023

▶ Roma 514 – Brindisi 49 – Bari 96 – Taranto 22

🏠 **Gill** senza rist [AC] VISA [MC] [AE] [D] [$]
via Brodolini 75 – ☎ 09 95 63 82 07 – www.gillhotel.it – Fax 09 95 63 87 56
48 cam ☕ – 🚹55/75 € 🚹🚹70/75 €
◆ Piccolo piacevole indirizzo nei pressi del centro tra le mura di un grande palazzo vocato alla semplicità e ad un'ospitalità dal sapore familiare. Carine le camere nuove.

GROTTAMMARE – Ascoli Piceno (AP) – **563** N23 – **15 286 ab.** **21** D3 – ✉ 63013

▶ Roma 236 – Ascoli Piceno 43 – Ancona 84 – Macerata 64
[i] piazzale Pericle Fazzini 6 ☎ 0735 631087, iat.grottammare@regione.marche.it, Fax 0735 631087

🏠 **La Torretta sul Borgo** senza rist [AC] VISA [MC] [D] [$]
via Camilla Peretti 2 – ☎ 07 35 73 68 64 – www.latorrettasulborgo.it – Fax 07 35 73 09 95
6 cam ☕ – 🚹55/65 € 🚹🚹70/80 €
◆ Un'attenta opera di restauro ha mantenuto le caratteristiche di questa bella casa nel centro del borgo antico: ambienti rustici e camere personalizzate.

🍴🍴 **Borgo Antico** VISA [MC] [AE] [D] [$]
via Santa Lucia 1, Grottammare Alta – ☎ 07 35 63 43 57 – Fax 07 35 77 82 55 – chiuso martedì (escluso giugno-settembre)
Rist – (prenotazione obbligatoria) Menu 25/40 € – Carta 29/47 €
◆ Città alta. In un antico frantoio, cura per le materie prime e l'elaborazione dei cibi; panorama, estivo, dai tavoli nella piazzetta esterna. Complice, una giovane coppia.

🍴 **Osteria dell'Arancio** VISA [MC] [AE] [D] [$]
piazza Peretti, Grottammare Alta – ☎ 07 35 63 10 59 – www.osteriadellarancio.it – Fax 07 35 63 10 59 – chiuso mercoledì
Rist – *(chiuso a mezzogiorno escluso domenica e festivi)* Menu 30/36 € – Carta 36/50 € 🍇
◆ Nella piazzetta di Grottammare Alta, una vecchia insegna recita ancora "Tabacchi e Alimentari": oggi, un locale caratteristico con menu tipico fisso e la possibilità di scegliere singoli piatti alla carta.

verso San Benedetto del Tronto

🏠🏠 **Parco dei Principi** [AC] [P] VISA [MC] [AE] [D] [$]
lungomare De Gasperi 90, Sud : 1 km ✉ 63013 – ☎ 07 35 73 50 66 – www.hotelparcodeiprincipi.it – Fax 07 35 73 50 80 – chiuso dal 21 dicembre al 15 gennaio
64 cam ☕ – 🚹70/170 € 🚹🚹100/170 € – 6 suites – ½ P 113 €
Rist – *(chiuso sabato e domenica)* Menu 35/55 €
◆ Nel contesto di un paesaggio tropicale, avvolto da un parco in cui si collocano campi da gioco e persino una vivace voliera, dispone di ambienti in stile mediterraneo e spazi ad hoc per i più piccoli.

🏠 **Roma** [AC] rist, [P] VISA [MC] [AE] [$]
lungomare De Gasperi 60 – ☎ 07 35 63 11 45 – www.hotelromagrottammare.com – Fax 07 35 63 32 49 – Pasqua-15 novembre
59 cam ☕ – 🚹50/65 € 🚹🚹80/100 € – ½ P 71/85 € **Rist** – Carta 20/35 €
◆ Nel corso del 2003 l'albergo è stato riaperto dopo aver subito un rinnovo completo. Oggi si presenta come una struttura fresca e attuale, sul lungomare con piccolo giardino.

✗✗ Lacchè   🏠 ৬ AC ✗ VISA ⓒⓒ AE ① ৳
via Procida 1/3, Sud : 2,5 km ⊠ *63013* – 🕿 *07 35 58 27 28*
– www.ristorantiitaliani.it/lacche – Fax 07 35 59 48 14 – chiuso dal 24 dicembre al 6 gennaio e lunedì
Rist – Carta 38/53 €

♦ Menù a voce, sulla base del mercato ittico giornaliero, e alla carta: uno degli indirizzi più "gettonati" in paese, ove lasciarsi sedurre da sapori strettamente marini.

GROTTE DI CASTRO – Viterbo (VT) – 563 N17 – 2 839 ab.   12 A1
– alt. 463 m – ⊠ 01025

🖪 Roma 140 – Viterbo 47 – Grosseto 100 – Orvieto 27

⌂ Agriturismo Castello di Santa Cristina *senza rist* 🦌   🏹 ✗
località Santa Cristina Ovest : 3,5 km   ✗ P̄ VISA ⓒⓒ AE ৳
– 🕿 07 63 78 01 1 – www.santacristina.it – Fax 07 63 61 66 75 – chiuso dal 15 gennaio al 28 febbraio
21 cam ⊊ – ✝80/110 € ✝✝100/130 €

♦ Nel cuore della Tuscia antica, un signorile casale settecentesco arredato con gusto con mobili d'epoca. Tra le attività fruibili, il maneggio e la possibilità di organizzare gite ed escursioni.

GRUGLIASCO – Torino (TO) – 561 G4 – 40 344 ab. – alt. 293 m   22 A1
– ⊠ 10095

🖪 Roma 672 – Torino 10 – Asti 68 – Cuneo 97

✗✗ L'Antico Telegrafo   🏠 VISA ⓒⓒ ৳
☜ *via G. Lupo 29 – 🕿 0 11 78 60 48 – chiuso agosto, domenica sera, lunedì*
Rist – Menu 15/35 € – Carta 24/47 €   FT**t**

♦ Sono due cugini a gestire questo ristorante sito al primo piano di un edificio in centro che propone piatti di carne e di pesce; sul retro, un dehors circondato da frutteti.

GRUMELLO DEL MONTE – Bergamo (BG) – 561 F11 – 7 096 ab.   19 D1
– alt. 208 m – ⊠ 24064

🖪 Roma 598 – Milano 68 – Bergamo 22 – Brescia 42

⌂⌂ Fontana Santa   🚗 📱 ✗ cam, (👁) 🕹 P 🚗 VISA ⓒⓒ AE ৳
via Fontana Santa – 🕿 0 35 83 38 71 – www.fontanasanta.it – Fax 0 35 83 43 87
17 cam ⊊ – ✝60 € ✝✝100 € – ½ P 75 €
Rist *Al Grottino* – Carta 45/55 €

♦ In un suggestivo contesto paesaggistico, tra colline e vigneti, sorge questa bella struttura ricavata dalla sapiente ristrutturazione di un vecchio cascinale. Nelle camere la modernità dei confort flirta con la rusticità dei soffitti con travi a vista. *Al Grottino*, delizie mediterranee, soprattutto a base di pesce.

✗✗✗ Al Vigneto   🏠 ৬ AC VISA ⓒⓒ AE ৳
✿ *via Don P. Belotti 1 – 🕿 0 35 83 19 79 – www.alvigneto.it – Fax 0 35 83 19 79*
– chiuso dal 1° al 9 gennaio, dall'8 al 28 agosto, martedì
Rist – Menu 25 € (solo a mezzogiorno)/42 € – Carta 38/71 €
Spec. Nudo e crudo di pesci e crostacei di Sicilia. Foie gras d'anatra affumicato in casa. Gran fritto di pesce, verdura e frutta.

♦ In zona precollinare, il vecchio fienile è stato trasformato in un elegante ristorante, circondato dai propri vigneti e frutteti, scorgibili dalle vetrate della sala. Nel piatto molto pesce - soprattutto siciliano - proposto in chiave moderna. Consigliatissimi, i crudi.

✗✗ La Cascina Fiorita   < 🏠 ৬ ⇄ P̄ VISA ⓒⓒ AE ৳
via Mainoni d'Intignano 11 – 🕿 0 35 83 00 05 – www.lacascinafiorita.com
– chiuso dal 1° al 7 gennaio e 3 settimane in agosto
Rist – Menu 35 € – Carta 32/41 €

♦ In posizione panoramica sui colli, il locale si trova in un antico casolare quasi totalmente ristrutturato, dispone d'una sala fumatori e propone la classica cucina nazionale.

GSIES = Valle di Casies

GUALDO CATTANEO – Perugia (PG) – 563 N19 – 6 386 ab. – 32 B2
– alt. 535 m – ⊠ 06035

▶ Roma 160 – Perugia 48 – Assisi 28 – Foligno 32

a Saragano Ovest: 5 km – ⊠ 06035

⌂ **Agriturismo la Ghirlanda** ⦾ ⦗⦘ ⬅ 🚗 🏠 ☄ 📶 **P** 📶 🅿️ VISA ⦾⦾ AE ① ⑤
Via del Poggio 4 – ℰ 07 42 98 73 31
– www.laghirlanda.it – chiuso dal 10 gennaio al 22 marzo
12 cam ☑ – †79/89 € ††108/128 € – 1 suite – ½ P 89/104 €
Rist – (chiuso a mezzogiorno) (prenotazione obbligatoria) (solo per alloggiati)
Menu 25/30 €
♦ Una struttura ricca di charme: una casa patronale di fine '800 nel verde e nella tranquillità delle colline umbre. Ambienti personalizzati con mobili d'epoca e camere con caminetto. Ristorante con menu fisso e specialità locali. Servizio estivo all'aperto.

a Collesecco Sud-Ovest : 9 km – ⊠ 06035

✕ **La Vecchia Cucina** 🏠 ⅌ **P** VISA ⦾⦾ AE ① ⑤
via delle Scuole 2 frazione Marcellano – ℰ 07 42 97 23 7 – chiuso dal 24 al 27 dicembre e da 6 al 31 agosto
Rist – Carta 22/34 €
♦ Nella villetta di una piccola frazione, ove la campagna umbra dà il meglio di sé, una sala colorata e allegra per portarsi a casa un ricordo gastronomico locale.

GUARDAMIGLIO – Lodi (LO) – 561 G11 – 2 682 ab. – alt. 49 m 16 B3
– ⊠ 26862

▶ Roma 520 – Piacenza 9 – Cremona 46 – Lodi 36

🏨 **Nord** 🅰️ AC ⅌ ⅌ rist. 📶 **P** VISA ⦾⦾ AE ① ⑤
via I Maggio 3 – ℰ 03 77 51 12 23 – www.hotelnord.it
– Fax 03 77 51 93 49
80 cam ☑ – †105/160 € ††125/160 €
Rist – (chiuso agosto) (chiuso a mezzogiorno) (solo per alloggiati) Carta 26/42 €
♦ A due passi dall'uscita autostradale Piacenza Nord, l'impostazione dell'hotel ricalca lo stile attualmente in voga: moderno e confortevole. Ampio e comodo parcheggio interno.

✕✕ **Hostaria il Cavallo** AC VISA ⦾⦾ AE ① ⑤
via Dante 48, località Valloria, Est : 4 km – ℰ 03 77 51 01 16 – Fax 03 77 39 00 29
– chiuso dal 7 al 14 gennaio, dal 5 al 29 agosto e martedì
Rist – Carta 34/59 €
♦ Due sale di dimensioni analoghe e d'impostazione classica, entrambe godono di una buona illuminazione naturale. In cucina piatti classici con prevalenza di pesce.

GUARDIAGRELE – Chieti (CH) – 563 P24 – 9 574 ab. – alt. 577 m 2 C2
– ⊠ 66016

▶ Roma 230 – Pescara 41 – Chieti 25 – Lanciano 23

✕✕✕ **Villa Maiella** con cam 🛏️ 🅰️ cam, AC ⅌ 📶 🆚 **P** VISA ⦾⦾ AE ① ⑤
⦿ località Villa Maiella 30, Sud-Ovest : 1,5 km – ℰ 08 71 80 93 19
– www.villamaiella.it – Fax 08 71 80 93 62
14 cam ☑ – †60 € ††110 €
Rist – (chiuso 10 giorni in gennaio, 15 giorni in luglio, domenica sera, lunedì)
Menu 45 € – Carta 27/55 € ⅌
♦ L'estro creativo e l'esperienza dei giovani proprietari di questo locale al limitare del Parco della Maiella sono ormai noti; ora si aggiunge lo spettacolare servizio estivo su una panoramica terrazza. Confortevoli e luminose le camere, realizzate secondo le moderne tecnologie.

✕✕ **Ta Pù** AC ⅌ VISA ⦾⦾ AE ① ⑤
via Modesto della Porta 37 – ℰ 08 71 83 31 40 – Fax 08 71 83 31 40
– chiuso lunedì escluso agosto
Rist – Carta 39/64 € ⅌
♦ Leccornie locali, prodotti stagionali e creatività all'interno di una sala allungata, accolta sotto un soffitto ad archi; da poco è stato aggiunto anche un pub, ideale per veloci spuntini.

GUARDISTALLO – Pisa (PI) – **563** M13 – 1 218 ab. – alt. 294 m 28 B2
– ⊠ 56040

> ▶ Roma 276 – Pisa 65 – Grosseto 100 – Livorno 44

a Casino di Terra Nord-Est : 5 km – ⊠ 56040

XX **Mocajo** 🛜 ᙘ 🔊 **P** 𝚟𝚒𝚜𝚊 ⲟⲟ 🄰🄴 ◑ ⓢ
strada statale 68 – ℰ 05 86 65 50 18 – www.ristorantemocajo.it
– Fax 05 86 65 50 18 – chiuso dal 15 gennaio al 15 febbraio e mercoledì (escluso agosto)
Rist – Menu 45 € – Carta 37/47 €
♦ Sulla statale Cecina-Volterra, un locale dalla solida gestione familiare che dà il meglio di sé all'interno: ambiente di tono, coperto elegante e camino. Piatti del territorio, soprattutto di carne.

GUARENE – Cuneo (CN) – **561** H6 – 3 278 ab. – alt. 360 m – ⊠ 12050 25 C2

> ▶ Roma 649 – Torino 57 – Asti 32 – Cuneo 68

XX **Osteria la Madernassa** 🚗 🛜 🔊 ⟷ **P** 𝚟𝚒𝚜𝚊 ⲟⲟ 🄰🄴 ◑ ⓢ
località Lora 2, Ovest : 2,5 km – ℰ 01 73 61 17 16 – www.osterialamadernassa.it
– Fax 01 73 28 54 25 – chiuso dal 9 gennaio al 12 febbraio
Rist – Menu 23/45 € – Carta 33/42 € ⅏
♦ Nel locale polivalente al piano terra vengono allestite delle mostre temporanee, al piano superiore due sale eleganti e moderne per una cucina del territorio, in chiave moderna.

GUBBIO – Perugia (PG) – **563** L19 – 32 804 ab. – alt. 529 m – ⊠ 06024 32 B1
▌ Italia

> ▶ Roma 217 – Perugia 40 – Ancona 109 – Arezzo 92
>
> 🛈 via della Repubblica 15 ℰ 075 9220693, info@iat.gubbio.pg.it,
> Fax 075 9273409
>
> 👁 Città vecchia★★ – Palazzo dei Consoli★★ B – Palazzo
> Ducale★ – Affreschi★ di Ottaviano Nelli nella chiesa di San Francesco
> – Affresco★ di Ottaviano Nelli nella chiesa di Santa Maria Nuova

Pianta pagina seguente

🏨 **Park Hotel ai Cappuccini** 🌲 ≤ 🚗 🛜 🔊 ⑳ ℕ 𝕝𝕤 ✕ 🛎 ᙘ
via Tifernate, per ④ 🄰🄲 ⅍ rist, 🛜 ᙘᎯ **P** 🚗 𝚟𝚒𝚜𝚊 ⲟⲟ 🄰🄴 ◑ ⓢ
– ℰ 0 75 92 34 – www.parkhotelaicappuccini.it – Fax 07 59 22 03 23
95 cam 🖙 – ✝152/210 € ✝✝192/310 € – ½ P 136/195 € **Rist** – Carta 35/50 €
♦ Un antico convento, completamente ristrutturato conservando il fascino delle strutture di un tempo, offre i più elevati confort per ospitare al meglio il cliente. Ambiente raffinato nelle varie sale ristorante, con opere d'arte moderna e arredi d'epoca.

🏨 **Relais Ducale** senza rist 🌲 🚗 🛎 ᙘ 🄰🄲 ↔ 🛜 ᙘᎯ 𝚟𝚒𝚜𝚊 ⲟⲟ 🄰🄴 ◑ ⓢ
via Galeotti 19 – ℰ 07 59 22 01 57 – www.mencarelligroup.com
– Fax 07 59 22 01 59 **a**
30 cam 🖙 – ✝110/130 € ✝✝155/230 €
♦ Nella parte più nobile di Gubbio, giardino pensile con vista città e colline per un hotel di classe, ricavato da un complesso di tre antichi palazzi del centro storico.

🏨 **Bosone Palace** senza rist 🛎 ⅍ 🛜 𝚟𝚒𝚜𝚊 ⲟⲟ 🄰🄴 ◑ ⓢ
via 20 Settembre 22 – ℰ 07 59 22 06 88 – www.mencarelligroup.com
– Fax 07 59 22 05 52 – chiuso dal 10 gennaio al 1° marzo **d**
28 cam 🖙 – ✝80/90 € ✝✝110/199 € – 2 suites
♦ Nello storico palazzo Raffaelli, tessuti rossi e un'imponente scala portano alle camere, qualcuna con vista sul centro e due con soffitti affrescati, come la sala colazioni.

🏨 **Gattapone** senza rist ≤ 🛎 ᙘ 🛜 𝚟𝚒𝚜𝚊 ⲟⲟ 🄰🄴 ◑ ⓢ
via Beni 13 – ℰ 07 59 27 24 89 – www.mencarelligroup.com
– Fax 07 59 27 24 17 – chiuso dall'8 gennaio all'8 febbraio **b**
16 cam 🖙 – ✝80/90 € ✝✝100/110 € – 2 suites
♦ In edificio medievale di pietra e mattoni, con persiane ad arco, camere in tinte pastello e scorci sui pittoreschi vicoli eugubini e sulla centrale chiesa di S. Giovanni.

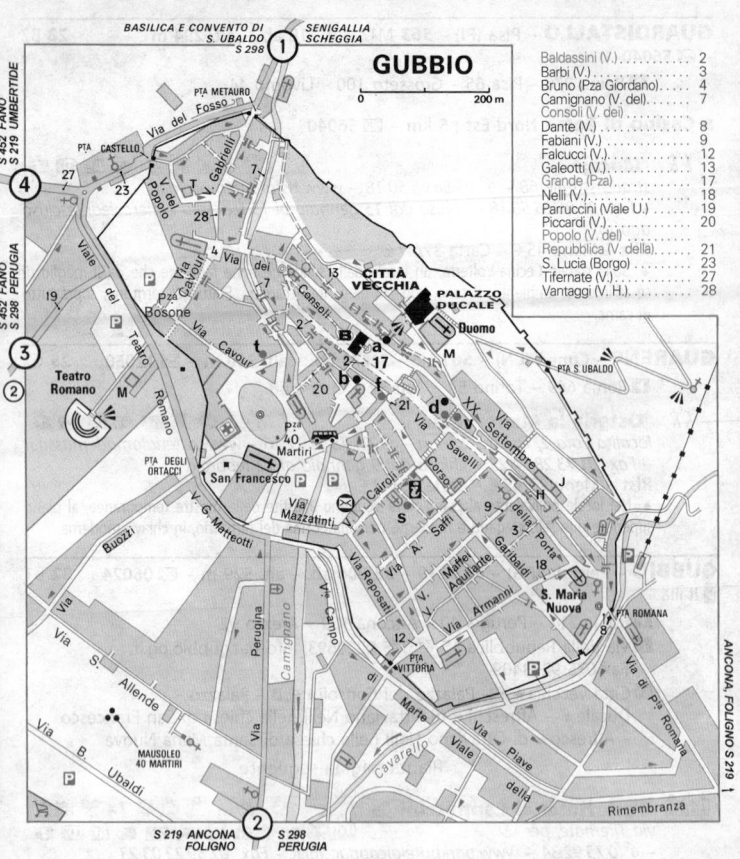

Map legend (GUBBIO)

BASILICA E CONVENTO DI S. UBALDO S 298 — SENIGALLIA SCHEGGIA — ①

GUBBIO

0 — 200 m

Baldassini (V.)	2
Barbi (V.)	3
Bruno (Pza Giordano)	4
Camignano (V. del)	7
Consoli (V. dei)	
Dante (V.)	8
Fabiani (V.)	9
Falcucci (V.)	12
Galeotti (V.)	13
Grande (Pza)	17
Nelli (V.)	18
Parruccini (Viale U.)	19
Piccardi (V.)	20
Popolo (V. del)	
Repubblica (V. della)	21
S. Lucia (Borgo)	23
Tifernate (V.)	27
Vantaggi (V. H.)	28

S 452 FANO / S 219 UMBERTIDE
S 452 FANO / S 298 PERUGIA
Teatro Romano
S 219 ANCONA FOLIGNO — ② — S 298 PERUGIA
ANCONA, FOLIGNO S 219

🗙🗙🗙 La Fornace di Mastro Giorgio   VISA ◉◉ AE 🛎

via Mastro Giorgio 2 – ℰ 07 59 22 18 36 – www.rosatihotels.com

– chiuso 2 settimane in gennaio, martedì e mercoledì a mezzogiorno escluso da giugno a ottobre   **v**

Rist – Carta 38/60 € 🏛

♦ Archi e travi a vista nell'elegante fornace trecentesca dove nacquero le maioliche dipinte del celebre Mastro Giorgio. Wine bar adiacente per piatti veloci e vendita prodotti.

🗙🗙🗙 Taverna del Lupo   🛌 AC VISA ◉◉ AE ① 🛎

via Ansidei 21 – ℰ 07 59 27 43 68

– www.mencarelligroup.com – Fax 07 59 27 12 69

– chiuso lunedì escluso agosto-settembre   **f**

Rist – Menu 22/60 € – Carta 29/50 € 🏛

♦ Storico locale nel cuore di Gubbio, "legato" al Santo di Assisi e al feroce lupo, per una storica coppia di ristoratori; antichi ambienti e succulenta gastronomia locale.

🗙🗙 Bosone Garden   🚗 🛌 AC 🍴 VISA ◉◉ AE ① 🛎

via Mastro Giorgio 1 – ℰ 07 59 22 12 46

– www.mencarelligroup.com – Fax 07 59 27 78 14

– chiuso mercoledì escluso luglio-agosto   **d**

Rist – Carta 25/47 €

♦ Servizio estivo in giardino: nel verde, l'ingresso al ristorante, sito in Palazzo Raffaelli e legato ai due nobili Bosone, membri della casata. Spazi con arredi d'epoca.

✗ **Fabiani** 🛜 & 🏧 VISA ◐◐ AE ① ⓢ
piazza 40 Martiri 26 A/B – 𝒞 07 59 27 46 39 – www.ristorantefabiani.it
– Fax 07 59 22 06 38 – chiuso gennaio e martedì **t**
Rist – Carta 23/40 €
♦ In Palazzo Fabiani, di illustre casato locale, ambienti eleganti dislocati in varie sale e una
magnifica "scenografia" cittadina per il servizio estivo nella piazzetta.

✗ **Grotta dell'Angelo** con cam 🛜 ❀ cam, VISA ◐◐ AE ① ⓢ
⊜ *via Gioia 47 – 𝒞 07 59 27 34 38 – www.grottadellangelo.it – Fax 07 59 27 34 38*
– chiuso dal 7 gennaio al 7 febbraio **s**
18 cam – †38/45 € ††55/65 €, ⊇ 5 € – ½ P 55/65 €
Rist – Menu 15/30 € – Carta 25/35 €
♦ Nella grotta duecentesca è stata ricavata una rustica enoteca, familiare come l'atmosfera
del locale; tra i vicoletti del centro, ma con un bel giardinetto per l'estate.

a Pisciano Nord-Ovest : 14 km – alt. 640 m – ⊠ 06024 Gubbio

⌂ **Agriturismo Le Cinciallegre** ❀ ≤ 🚗 ❀ P VISA ◐◐ AE ① ⓢ
frazione Pisciano 7 – 𝒞 07 59 25 59 57 – www.lecinciallegre.it
– Fax 07 59 27 23 31 – 2 aprile-4 ottobre
7 cam ⊇ – †50/60 € ††100/120 € – ½ P 85 €
Rist – *(chiuso a mezzogiorno) (solo per alloggiati)* Menu 25 €
♦ In un angolo fuori dal mondo, un'accogliente dimora che gode di una posizione panoramica, quieta; una piccola bomboniera con gran cura dei dettagli e delle forme originali.

a Scritto Sud : 14 km – ⊠ 06020

⌂ **Agriturismo Castello di Petroia** ❀ 🚗 ❀ rist, ⁛ P
località Petroia – 𝒞 0 75 92 02 87 – www.petroia.it VISA ◐◐ AE ① ⓢ
– Fax 0 75 92 01 08 – aprile-dicembre
7 cam – †90/110 € ††130/160 € – 4 suites – ††180/250 € – ½ P 90/115 €
Rist – *(chiuso a mezzogiorno) (solo per alloggiati)* Menu 26/38 €
♦ Nell'assoluta tranquillità e nel verde, incantevole castello medioevale ricco di storia (nel
1422 vi nacque Federico da Montefeltro); ambienti raffinati con arredi in stile.

a Santa Cristina Sud-Ovest : 21,5 km – ⊠ 06024 Gubbio

⌂ **Locanda del Gallo** – Country House ❀ ≤ 🚗 🛜 ⅃ ❀ ⁛ P
località Santa Cristina – 𝒞 07 59 22 99 12 VISA ◐◐ ⓢ
– www.locandadelgallo.it – Fax 07 59 22 99 12 – chiuso dal 10 gennaio al 1° aprile
10 cam ⊇ – †90/105 € ††120/140 € – ½ P 80/90 €
Rist – *(chiuso a mezzogiorno) (solo per alloggiati)* Menu 25/28 €
♦ Antica magione nobiliare, immersa nel verde della campagna umbra; ideale per vacanze
solitarie lontano da centri abitati. Camere con arredi indonesiani in tek.

a Monte Ingino per ① : 5 km – alt. 827 m – ⊠ 06024

🏠 **La Rocca** senza rist ❀ ≤ VISA ◐◐ ⓢ
via Monte Ingino 15 – 𝒞 07 59 22 12 22 – www.laroccahotel.net – Fax 07 59 22 12 22
– chiuso dall'8 gennaio al 31 marzo e dal 3 novembre al 23 dicembre
12 cam ⊇ – †80 € ††100 €
♦ Ambiente piacevolmente sobrio e sommesso per un hotel in posizione dominante sulla
città, vicino alla Basilica di S. Ubaldo e sul Colle celebrato dai versi danteschi.

GUDON = GUFIDAUN – Bolzano – Vedere Chiusa

GUGLIONESI – Campobasso (CB) – **563** Q26 – 5 358 ab. – alt. 370 m **2 D2**
– ⊠ 86034
❒ Roma 271 – Campobasso 59 – Foggia 103 – Isernia 103

verso Termoli Nord-Est : 5,5 km :

✗✗ **Ribo** con cam 🛜 & 🏧 ❀ ⁛ P VISA ◐◐ AE ① ⓢ
⊡ *contrada Malecoste 7 ⊠ 86034 – 𝒞 / Fax 08 75 68 06 55 – www.ribomolise.it*
9 cam ⊇ – †50 € ††80 €
Rist – *(chiuso 15 giorni in gennaio, domenica sera, lunedì)* (consigliata la
prenotazione) Menu 40/50 € – Carta 33/70 €
♦ In campagna, sulle colline molisane, il rosso e il nero: Bobo e Rita, due figure veraci e "poli-
tiche". Nei piatti, una grande passione e maniacale ricerca della qualità, soprattutto del pesce.

X **Terra Mia**   ♿ AK ⅍ 🍴 VISA ⬥ AE ① ⚡

contrada Malecoste 7 ☒ 86034 – ℰ 08 75 68 06 55 – www.ribomolise.it
– Fax 08 75 68 06 55 – chiuso lunedì

Rist – (chiuso a mezzogiorno) (consigliata la prenotazione) Menu 20/35 €
– Carta 25/40 € ⌂

♦ Caratteristico e moderno *bistrot* dove assaporare una gustosa selezione di salumi, nonché formaggi, ed occasionalmente ascoltare un pò di musica. Ampia scelta di vini anche al calice.

GUIDONIA MONTECELIO – Roma (RM) – 69 617 ab. – alt. 95 m   **12** B2
– ☒ 00012

▶ Roma 33 – Frosinone 81 – Rieti 69 – Tivoli 15

🏠 **Fabio Hotel** senza rist   ⍟ ⅃ぁ ♿ AK ⁽ᵗ⁾ P ⇔ VISA ⬥ AE ① ⚡
via Colle Ferro 39/A, (Guidonia) – ℰ 07 74 30 07 27 – www.fabiohotel.it
– Fax 07 74 30 95 53

26 cam ☲ – †60/77 € ††72/120 €

♦ In una tranquilla traversa del centro, piccola moderna struttura a gestione familiare curiosamente sviluppata intorno ad una corte interna. Camere al piano terra o lungo il ballatoio al primo piano.

GUSPINI – Medio Campidano (VS) – **366** M46 – Vedere Sardegna alla fine dell'elenco alfabetico

---

HAFLING = Avelengo

IDRO – Brescia (BS) – **561** E13 – 1 665 ab. – alt. 391 m – ☒ 25074   **17** C2

▶ Roma 577 – Brescia 45 – Milano 135 – Salò 33

XX **Alpino** con cam ⌂   ≤ ⍾ ⅍ ⁽ᵗ⁾ ⇔ VISA ⬥ AE ① ⚡
via Lungolago 14, località Crone – ℰ 0 36 58 31 46 – www.hotelalpino.net
– Fax 03 65 83 98 87 – chiuso dal 7 gennaio al 20 febbraio

24 cam – †35/42 € ††54/68 €, ☲ 9 € – ½ P 50/57 €

Rist – (chiuso martedì) (chiuso a mezzogiorno escluso sabato, domenica e giorni festivi) Carta 27/36 € ⌂

♦ Sul lago, edificio con un'ala in pietra viva e l'altra esternamente dipinta di rosa: due sale interne, di cui una con camino, per piatti anche locali e di pesce lacustre.

IGEA MARINA – Rimini – **563** J19 – Vedere Bellaria Igea Marina

---

ILLASI – Verona (VR) – **562** F15 – 5 229 ab. – alt. 174 m – ☒ 37031   **37** B2

▶ Roma 517 – Verona 20 – Padova 74 – Vicenza 44

a Cellore Nord : 1,5 km – ☒ 37030

X **Dalla Lisetta**   ⌂ AK ⅍ ⇔ P VISA ⬥ AE ① ⚡
via Mezzavilla 12 – ℰ 04 57 83 40 59 – www.ristorantedallalisetta.com
– Fax 04 57 83 40 59 – chiuso dal 1° al 15 agosto e martedì

Rist – Carta 24/33 €

♦ Lisetta è la capostipite, l'ormai leggendaria fondatrice di questa classica trattoria che esiste già da 40 anni e che continua ad offrire piatti del territorio; servizio estivo nel cortiletto.

IMOLA – Bologna (BO) – **562** I17 – 67 301 ab. – alt. 47 m – ☒ 40026   **9** C2

▶ Roma 384 – Bologna 35 – Ferrara 81 – Firenze 98

🚹 via Emilia 135 ℰ 0542 602207, iat@comune.imola.bo.it, Fax 0542 602141

🏨 **Donatello Imola**   ⅃ぁ ⍾ ♿ AK ↩ ⅍ rist. ⁽ᵗ⁾ ⅏ P ⇔
via Rossini 25 – ℰ 05 42 68 08 00   VISA ⬥ AE ① ⚡
– www.imolahotel.it – Fax 05 42 68 05 14

130 cam ☲ – †60/140 € ††90/190 €

Rist *Il Veliero* – (chiuso dal 10 al 25 agosto, martedì e i mezzogiorno di lunedì e mercoledì) Carta 16/25 €

♦ Recentemente ristrutturato, l'inventiva dell'architetto meglio ha avuto modo di esprimersi nelle camere al decimo piano. Nell'area residenziale della zona periferica sud della località. Al ristorante, un ambiente piacevolmente classico con ambienti curati. Cucina tradizionale.

XXXX **San Domenico** (Valentino Marcattili) 🟦 VISA ⓒ AE ⓞ ⑤
🕸🕸 *via Sacchi 1 – ℰ 0 54 22 90 00 – www.sandomenico.it – Fax 0 54 23 90 00*
– chiuso domenica sera, lunedì, da giugno ad agosto anche i mezzogiorno di
sabato-domenica
Rist – (consigliata la prenotazione) Menu 55 € bc (solo a mezzogiorno)/120 €
– Carta 92/134 € ⅍
Spec. Insalata tiepida di astice con crema di pomodori appassiti al mosto
d'olio d'oliva. Uovo in raviolo "San Domenico" con burro di malga, parmigiano
dolce e tartufo di stagione. Torta fiorentina "Nino Bergese" con salsa profite-
role.
♦ Affacciato su un'elegante piazza del centro storico, una successione di sale moltiplica i piaceri di una cucina ad un tempo regionale e creativa, di terra e di mare.

XX **Osteria Callegherie** 🟦 ⅍ VISA ⓒ AE ⓞ ⑤
via Callegherie 13 – ℰ 0 54 23 35 07 – www.callegherie.it – Fax 0 54 23 35 07
– chiuso 10 giorni in gennaio, 2 settimane in agosto, sabato a mezzogiorno
(anche la sera in luglio-agosto) e domenica
Rist – Menu 28/40 € – Carta 35/53 €
♦ Locale moderno a forma di L, arredato in tonalità chiare e dall'illuminazione piuttosto soft,
indiscutibilmente di grande effetto la sera. La cucina propone sapori estrosi e gustosi.

XX **Naldi** 🔝 🟦 VISA ⓒ AE ⓞ ⑤
via Santerno 13 – ℰ 0 54 22 95 81 – www.ristorantenaldi.com
– Fax 0 54 22 22 91 – chiuso dal 1° al 7 gennaio, dal 7 al 21 agosto e domenica
Rist – Menu 29/39 € – Carta 32/43 €
♦ Uno dei punti fermi della tradizione gastronomica imolese a circa 1 km dal cuore della
città. Carne e pesce tra le proposte, rielaborate con gusto e creatività.

XX **Hostaria 900** 🔝 🟦 ⅍ ⇅ P VISA ⓒ AE ⓞ ⑤
viale Dante 20 – ℰ 0 54 22 42 11 – www.hostaria900.it – Fax 05 42 61 23 56
– chiuso 10 giorni in gennaio, 10 giorni in agosto, sabato a mezzogiorno,
domenica
Rist – Menu 30 € – Carta 35/44 € ⅍
♦ Villa d'inizio '900 in mattoni rossi, circondata da un giardino rigoglioso che d'estate accoglie il servizio all'aperto. All'interno, una sala principale con tavoli spaziosi e ben allestiti, nonché una seconda saletta al piano superiore. Cucina tradizionale compiacente dei prodotti
della regione.

X **Osteria del Vicolo Nuovo** 🔝 🟦 ⅍ VISA ⓒ AE ⓞ ⑤
vicolo Codronchi 6 – ℰ 0 54 23 25 52 – www.vicolonuovo.it – Fax 05 42 61 36 28
– chiuso dal 15 luglio al 20 agosto, domenica, lunedì
Rist – Menu 34 € – Carta 30/39 € ⅍
♦ Varcato un piccolo ingresso, ecco la prima sala, adorna di legni e richiami al tempo che fu;
la seconda (al piano inferiore) è ancor più suggestiva. Cucina eclettica, affiatata gestione
familiare.

X **E Parlamintè** 🔝 🟦 VISA ⓒ AE ⓞ ⑤
via Mameli 33 – ℰ 0 54 23 01 44 – www.eparlaminte.com – Fax 05 42 61 02 06
– chiuso dal 25 dicembre al 6 gennaio, dal 15 luglio al 20 agosto, domenica
sera, lunedì; da maggio ad agosto anche domenica a mezzogiorno
Rist – Menu 25 € – Carta 23/32 €
♦ Una parte della storia politica italiana è passata di qui, a discutere sotto le stesse travi
dell'800 ove, oggi, si gustano il pesce e i piatti della tradizione emiliana.

in prossimità casello autostrada A 14 Nord : 4 km :

🔼 **Molino Rosso** 🚗 ⅁ ℔ ⅍ 🛗 ₲ cam, 🟦 ⅄ ⁀⁎⁁ 🔌 P 🚗
strada statale Selice 49 ⊠ 40026 – ℰ 0 54 26 31 11 VISA ⓒ AE ⓞ ⑤
– www.molinorosso.it – Fax 05 42 63 11 63
120 cam ⊆ – †50/150 € ††80/230 € – ½ P 60/150 €
Rist – (chiuso dal 24 al 27 dicembre e il 1° gennaio) Carta 28/69 €
♦ Comodo soprattutto per chi desideri trovare alloggio all'uscita dell'autostrada, albergo con
stanze di differenti tipologie, distribuite in tre edifici. Vaste sale da pranzo: alcune più raccolte, una a vocazione banchettistica.

> ▶ Roma 615 – Genova 116 – Milano 239 – San Remo 23
> 🛈 viale Matteotti 37 ☏ 0183 660140, infoimperia@rivieradeifiori.travel,
> Fax 0183 666510

ad Oneglia – ⊠ 18100

🏠🏠🏠 **Rossini al Teatro** senza rist   ⋒ 🖭 🎮 ⁽¹⁾ 🕍 🛋 🚗 ₩ ⁕ 🝙 ⁅ ⓪ ⑤
piazza Rossini 14 – ☏ 0 18 37 40 00 – www.hotel-rossini.it
– Fax 0 18 37 40 01   AZ**b**
49 cam ⊡ – ♦70/156 € ♦♦95/235 €
◆ Sorto sulle vestigia dell'antico teatro, moderno hotel di design, all'avanguardia per dotazioni, dispone di camere decisamente confortevoli. Ascensore panoramico.

XXX **Agrodolce** (Andrea Sarri)   🝙 🎮 ₩ ⁕ 🝙 ⁅ ⑤
☸ via De Geneys 34 – ☏ 01 83 29 37 02 – www.ristoranteagrodolce.it
– Fax 01 83 29 37 02 – chiuso 1 settimana in febbraio, 15 giorni in ottobre,
mercoledì, giovedì a mezzogiorno   AZ**d**
Rist – Menu 45/75 € – Carta 63/95 €
Spec. Gnocchetti di patate in pizzaiola liquida e bottarga di tonno artigianale. Zuppetta di pesci di scoglio e fagioli di Conio con novellini appena scottati. San Pietro in crosta di pane alle erbette aromatiche e parmigiano reggiano su crema d'asparagi d'Albenga e bagna cauda.
◆ L'ubicazione è comune a tanti, sotto i portici del porto di Imperia, l'ingresso è duplice e altrettante sono le sale, entrambe bianche con soffitto a volta e quadri moderni alle pareti. La cucina è soprattutto di pesce.

XX **Salvo-Cacciatori**   🎮 ₩ ⁕ 🝙 ⁅ ⓪ ⑤
via Vieusseux 12 – ☏ 01 83 29 37 63 – www.ristorantesalvocacciatori.it
– Fax 01 83 76 55 00 – chiuso dal 23 luglio al 7 agosto, domenica sera e lunedì
Rist – Carta 42/54 €   AZ**e**
◆ Elegante locale di fama storica, nato come piccola osteria annessa alla mescita di vini e cresciuto negli anni. Sul retro una sala dall'aspetto più rustico, ovunque primeggiano il pesce e i sapori liguri.

X **Pane e Vino**   🝙 🎮 ₩ ⁕ 🝙 ⁅ ⓪ ⑤
☺ via de Geneys 52 – ☏ 01 83 29 00 44 – Fax 01 83 29 00 44
– chiuso 15 giorni in dicembre e 15 giorni in maggio, mercoledì e i mezzogiorno
di domenica e festivi   AZ**c**
Rist – Carta 27/55 €
◆ Semplice e familiare, di fatto una trattoria di mare, il locale è composto da un'unica sala disadorna salvo l'esposizione di bottiglie lungo le pareti. I piatti spaziano in tutto il panorama nazionale. Sotto i portici d'estate.

a Porto Maurizio – ⊠ 18100

🏠🏠 **Croce di Malta**   ⋜ 🖭 🎮 🕉 rist, ⁽¹⁾ 🕍 🄿 ₩ ⁕ 🝙 ⁅ ⓪ ⑤
via Scarincio 148 – ☏ 01 83 66 70 20 – www.hotelcrocedimalta.com
– Fax 0 18 36 36 87   BZ**a**
39 cam ⊡ – ♦68/90 € ♦♦90/130 € – ½ P 68/85 €
Rist – (chiuso a mezzogiorno) Menu 25/30 €
◆ Richiama nel nome all'antico "Borgo Marina" di Porto Maurizio, dove sorgeva la chiesa dei Cavalieri Maltesi. Maggiormente vocato ad una clientela commerciale, una risorsa moderna, a pochi passi dal mare. Spaziosa e dalle linee sobrie la sala da pranzo.

verso Vasia Nord-Ovest : 7 km

🏠 **Agriturismo Relais San Damian** senza rist ☜   🛋 🏊 🛠 🄿
strada Vasia 47 ⊠ 18100 Imperia – ☏ 01 83 28 03 09   ₩ ⁕ 🝙 ⑤
– www.san-damian.com – Fax 01 83 28 05 71 – marzo-9 novembre
10 cam ⊡ – ♦♦140/160 €
◆ Tra coltivazioni a terrazzo e un prato curato, tornanti fra gli ulivi portano a questa struttura in mattoni sobriamente elegante dalla gestione italo-americana. Alcune camere sono soppalcate, tutte molto spaziose.

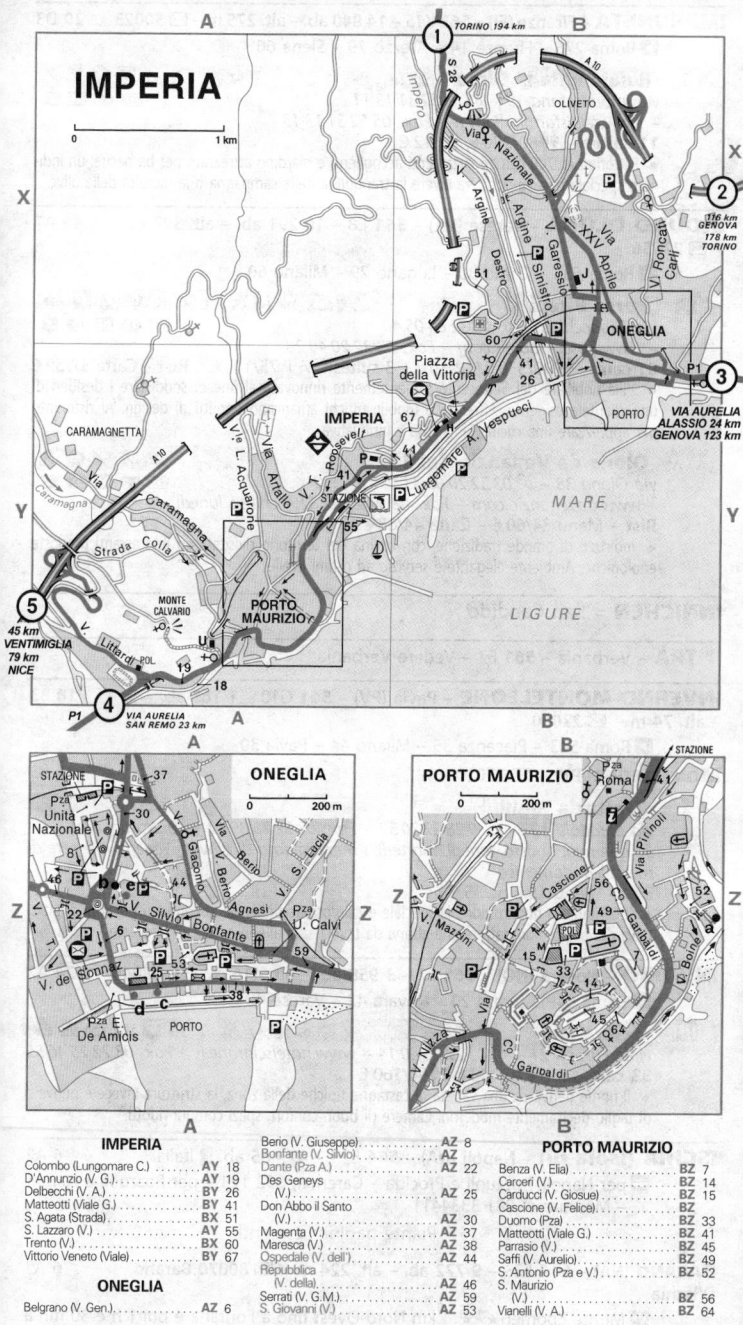

IMPERIA

IMPRUNETA – Firenze (FI) – 563 K15 – **14 840 ab.** – **alt. 275 m** – ✉ 50023   **29 D3**

> ◨ Roma 276 – Firenze 14 – Arezzo 79 – Siena 66

⌂ **Relais Villa L' Olmo** senza rist ⌖   ≤ ⚏ ⌇ ☼ ⓐⓒ 🏊 ⚏ ℗
via Imprunetana 19 – ℰ 05 52 31 13 11   ⓋⓈⒶ ⓪ ⒶⒺ ⚉
– www.relaisfarmholiday.it – Fax 05 52 31 13 13
11 suites – ♛♛80/220 €, ⌖ 12 €
♦ Fattoria del '700 con appartamenti accoglienti e giardino attrezzato per barbecue: un indirizzo speciale per chi desidera vivere la tranquillità della campagna o la raccolta delle olive

INDUNO OLONA – Varese (VA) – 561 E8 – **10 291 ab.** – **alt. 397 m**   **18 A1**
– ✉ 21056

> ◨ Roma 638 – Como 30 – Lugano 29 – Milano 60

🏨 **Porro Pirelli**   ⚏ ⌇ ⅏ 🛁 ⅙ rist, ⅗ rist, ℡ 🏊 ℗ ⌖
via Tabacchi 20 – ℰ 03 32 84 05 40   ⓋⓈⒶ ⓪ ⒶⒺ ⓪ ⚉
– www.boscolohotels.com – Fax 03 32 20 40 28
61 cam – ♛99/330 €, ⌖ 10 € – 3 suites – ½ P 75/190 €   **Rist** – Carta 37/59 €
♦ Villa nobiliare del Settecento sapientemente rinnovata al fine di soddisfare i desideri di una clientela esigente. Affreschi e mobili antichi affiancano oggetti di design. Al ristorante per apprezzare una cucina fantasiosa e innovativa.

XXX **Olona-da Venanzio dal 1922**   ⚏ 🏡 ⅗ ⌖ ℗
via Olona 38 – ℰ 03 32 20 03 33   ⓋⓈⒶ ⓪ ⒶⒺ ⓪ ⚉
– www.davenanzio.com – Fax 03 32 20 62 82 – chiuso lunedì
Rist – Menu 34/60 € – Carta 44/68 € ⅋⅋
♦ Indirizzo di grande tradizione, con cucina del territorio rivisitata ed interessanti proposte enologiche. Ambiente elegante e servizio ad ottimi livelli.

INNICHEN = San Candido

INTRA – Verbania – 561 E7 – **Vedere Verbania**

INVERNO-MONTELEONE – Pavia (PV) – 561 G10 – **1 165 ab.**   **16 B3**
– alt. 74 m – ✉ 27010

> ◨ Roma 543 – Piacenza 35 – Milano 44 – Pavia 30

MONTELEONE (PV) – ✉ 27010   **16 B3**

X **Trattoria Righini**   ⓐⓒ ℗
ⓒⓒ   via Miradolo 108 – ℰ 0 38 27 30 32 – Fax 03 82 75 89 42 – chiuso dal 7 al
ⓒ   30 gennaio, agosto, lunedì, martedì, i mezzogiorno di giovedì-venerdì e le sere di
mercoledì-domenica
Rist – Menu 18 € bc/35 € bc
♦ Il contagioso buon umore, la speciale e calorosa accoglienza, abbondanti porzioni di piatti tipici del posto: non potrete che alzarvi da tavola sazi, allegri e con un "a presto"!

INVORIO – Novara (NO) – 561 E7 – **3 958 ab.** – **alt. 416 m** – ✉ 28045   **24 A2**

> ◨ Roma 649 – Stresa 20 – Novara 42 – Varese 40

🏨 **Sciarane** senza rist   ⌸ ⅙ ⓐⓒ ⅘ ⅗ ℩ 🏊 ℗ ⓋⓈⒶ ⓪ ⒶⒺ ⚉
viale Europa 21 – ℰ 03 22 25 40 14 – www.hotelsciarane.it – Fax 03 22 25 46 55
33 cam ⌖ – ♛70/140 € ♛♛90/160 €
♦ Il nome deriva da una varietà di castagne tipiche della zona, la struttura invece è nuova e di taglio decisamente moderno. Camere di buon confort, spazi comuni ridotti.

ISCHIA (Isola di) – Napoli (NA) – 564 E23 – **47 485 ab.** ▯ Italia   **6 A2**

> ▱ per Napoli, Pozzuoli e Procida – Caremar, 892 123 – per Pozzuoli e Napoli
> – Medmar ℰ 081 3334411

Piante pagine seguenti

BARANO (NA) – 564 E23 – **9 772 ab.** – **alt. 224 m** – ✉ 80070 Barano   **6 A2**
D'Ischia

> ◉ Monte Epomeo ★★★ 4 km Nord-Ovest fino a Fontana e poi 1 h e 30 mn a
> piedi AR

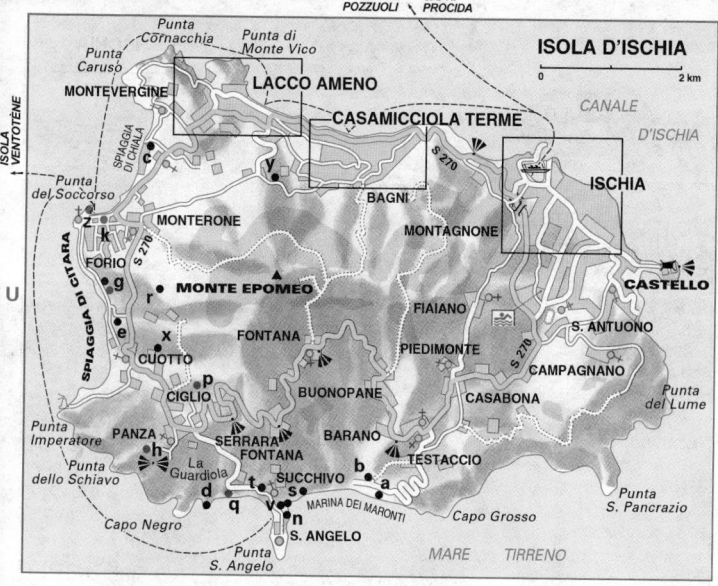

a Maronti Sud : 4 km – ⊠ 80070 Barano D'Ischia

Parco Smeraldo Terme ⬧ ⬤◻◻◻◻◻◻◻◻◻◻◻◻
spiaggia dei Maronti – ☎ 081 99 01 27 ◻◻◻◻◻ **P** **VISA** **◍◍** ⬤
– www.hotelparcosmeraldo.com – Fax 081 90 50 22 – 27 marzo-2 novembre
67 cam ⊆ – ♦128/158 € ♦♦242/302 € – ½ P 131/161 €   **U**a
Rist – (solo per alloggiati)

◆ A ridosso della rinomata spiaggia dei Maronti, albergo dal confort concreto con una terrazza fiorita in cui si colloca una piscina termale e un nuovo centro termale.

San Giorgio Terme ⬧ ◻◻◻◻◻◻◻◻◻◻◻◻
spiaggia dei Maronti – ☎ 081 99 00 98 – www.hotelsangiorgio.com
– Fax 081 90 65 15 – 27 marzo-31 ottobre   **U**b
80 cam ⊆ – ♦88/111 € ♦♦152/198 € – ½ P 86/109 €
Rist – (solo per alloggiati)

◆ Leggermente elevata rispetto al mare, una breve salita conduce alla moderna risorsa dai
vivaci colori, nata dalla fusione di due strutture collegate tra loro; dalla fiorita terrazza, un
panorama mozzafiato.

Voglia di partire all'ultimo momento?
Visitate i siti Internet degli hotel per beneficiare di eventuali promozioni.

Casamicciola Terme (NA) – 8 235 ab. – ⊠ 80074   **6** A2

Terme Manzi Hotel & SPA ◻◻◻◻◻◻◻◻◻◻◻◻◻◻
piazza Bagni 4 – ☎ 081 99 47 22 ◻◻ rist, ⬤ ◻◻ **P** **VISA** **◍◍** **AE** **◍** ⬤ ⬤
– www.hoteltermemanzi.com – Fax 081 90 03 11 – aprile-ottobre   **Y**a
60 cam ⊆ – ♦170/260 € ♦♦260/470 € – 1 suite – ½ P 195/300 €
Rist Il Mosaico – vedere selezione ristoranti
Rist – Carta 45/90 € ⬧

◆ Sui resti della prima fonte termale scoperta sull'isola e intorno ad una corte decorata con
fontane e statue classiche, hotel dallo stile eclettico rinnovato con sfarzo e materiali preziosi.
Elegante il ristorante dell'hotel, aperto su una bella terrazza.

481

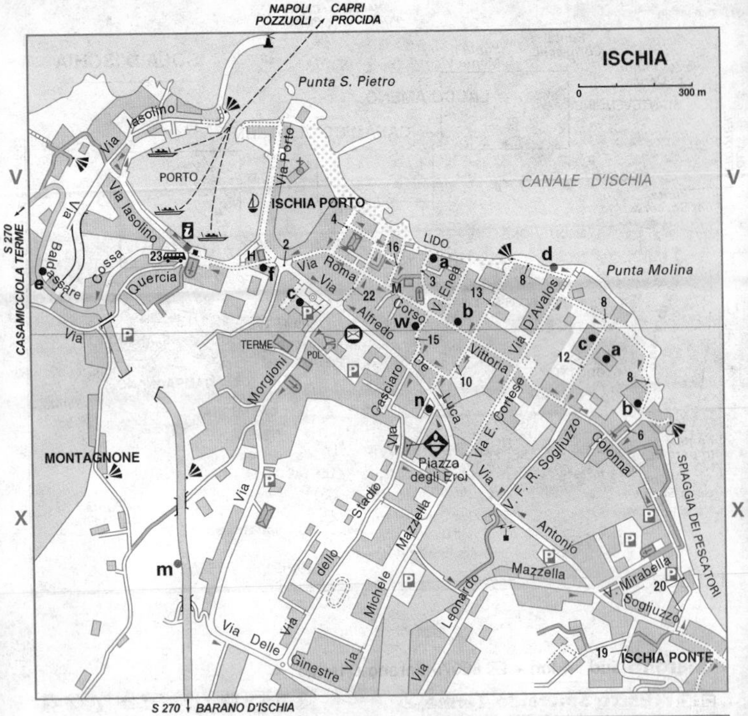

NAPOLI POZZUOLI
CAPRI PROCIDA
ISCHIA
0 300 m
Punta S. Pietro
CANALE D'ISCHIA
ISCHIA PORTO
PORTO
LIDO
Punta Molina
Via Iasolino
Via Baldassare Cossa
Via Quercia
Via Porto
Via Roma
Corso Vittoria Colonna
Via Alfredo De Luca
V. Enea
Via D'Avalos
Via Morgioni
Via Casciaro
Piazza degli Eroi
Via E. Cortese
V. F. R. Sogliuzzo
Via Antonio Mazzella
Via dello Stadio
Via Michele Mazzella
Via Leonardo
Via Delle Ginestre
V. Mirabella
Sogliuzzo
SPIAGGIA DEI PESCATORI
ISCHIA PONTE
MONTAGNONE
TERME
POL
S 270 CASAMICCIOLA TERME
S 270 BARANO D'ISCHIA

ELIPORTO
S 270 LACCO AMENO
S 270 ISCHIA
Via Eddomade
Corso Manzi
V. Cumana
Emanuele
OSSERVATORIO
Paradisiello
Vittorio
Corso
Via Castanito
Via Roma
Pza Bagni
TERME
CASAMICCIOLA TERME
0 300 m

P.ta di Monte Vico
LACCO AMENO
0 500 m
LIDO DI S. MONTANO
MONTE VICO
C.so Rizzoli
C.so A. Rizzoli
il Fungo
BOSCO DELLA MEZZATORRE
TERME DI S. LORENZO
CENTRO CONGRESSI
V. Litoranea
V. Rosario
Pza Girardi
Via Mezzavia
S 270 FORIO
ISCHIA, CASAMICCIOLA TERME

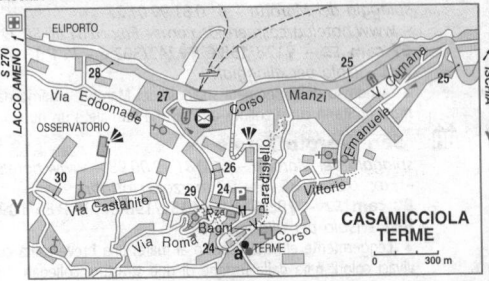

CASAMICCIOLA TERME

Garibaldi (Cso) . . . . Y 24
Girardi (V. Salvatore) . . . . Y 25
Margherita (V. Principessa) . . Y 26
Marina (Pza) . . . . Y 27
Morgera (V.) . . . . Y 28
Parrocchiale (Pza) . . . . Y 29
Sant'Antonio (Calata) . . . . Y 30

ISCHIA

Antica Reggia (Pza) . . . . V 2
Battistessa (V.) . . . . V 3
Buonocore (V. F.) . . . . V 4
Champault (V.) . . . . X 6
Colombo (Lungomare Cristoforo) . VX 8
Colonna (Cso Vittoria) VX
De Luca (V. Alfredo) VX
Gemito (V. V.) . . . . X 10
Gianturco (V. Emanuele) . . . . X 12
Gianturco (V. Remigia) . . . . . . V 13
Gigante (V. G.) . . . . VX 15
Marone (V. Venanzio) . . . . V 16
Nuova Cartaromana (V.) . . . . . X 19
Pontano (V.) . . . . X 20
Roma (V.) V
Terme (V. delle) . . . . V 22
Trieste (Piazzale) . . . . V 23

LACCO AMENO

Circumvallazione . . . . Z 37
Fundera (V.) . . . . Z 31
Roma (V.) . . . . Z 32
Santa Restituta (Pza) . . . . Z 35
San Montano (V.) . . . . Z 33
4 Novembre (V.) . . . . Z 36

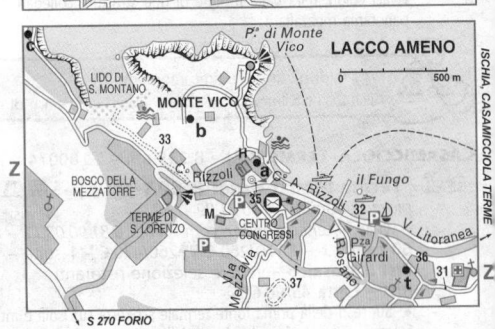

XXXX **Il Mosaico** (Gaetano Di Costanzo) – Terme Manzi Hotel & SPA

piazza Bagni 4 – ℰ 081 99 47 22 – Fax 081 90 03 11 VISA ⬤ AE ① ✛

– *aprile-ottobre; chiuso martedì* Y**a**

Rist – *(chiuso a mezzogiorno)* (consigliata la prenotazione) Carta 90/130 € ⊛

Spec. Il gran Crù...do (di pesce e crostacei). Risotto mantecato ai piselli, taleggio di bufala, pesce bandiera lardellato e pomodoro datterino crudo. Il dolce Gabrielle: geometrie di cioccolati.

♦ Solo sei, ambitissimi tavoli, per una cucina che sa di oreficeria per maniacale tecnicismo e finezza di particolari. I piatti sono quadri, i sapori ischitani e campani con fantasiosi accostamenti di carne e pesce.

FORIO (NA) – **564** E23 – **16 481 ab.** – ✉ **80075** 6 A2

◉ Spiaggia di Citara★

Mezzatorre Resort & Spa ⌖ ≼ ⚘ 🏠 ⏛ 🗖 ⊕ 🛁 ❦ ✕ 🖉

via Mezzatorre 23, località San AK ✕ rist, **P** VISA ⬤ AE ① ✛

Montano Nord : 3 km – ℰ 081 98 61 11

– *www.mezzatorre.it* – Fax 081 98 60 15

– *aprile-ottobre* Z**c**

47 cam ⌕ – ♦330/390 € ♦♦460/720 € – 10 suites – ½ P 280/410 €

Rist *Chandelier* – *(chiuso a mezzogiorno)* (consigliata la prenotazione) Carta 75/127 €

Rist *Sciue Sciue* – *(giugno-settembre)* Carta 57/118 €

♦ Su un'estesa area a tratti scoscesa, l'elegante complesso sorge intorno all'antica torre saracena del XVI secolo: tinte vivaci e piscina con acqua di mare nel parco. Un'antica collezione di candelabri nell'elegante sala da pranzo nella costruzione attigua alla torre. A bordo piscina o in riva al mare per uno spuntino.

Zaro ⌖ ≼ 🚗 ⏛ 🖳 ⋇⋇ AK ✕ **P** VISA ⬤ AE ① ✛

via Tommaso Cigliano 85, località San Francesco

– ℰ 081 98 71 10 – *www.hotelzaro.it* – Fax 081 98 93 95

– *aprile-ottobre* U**c**

61 cam ⌕ – ♦90/110 € ♦♦110/120 € – ½ P 80/90 €

Rist – Carta 20/30 €

♦ Ha un grande giardino con una curiosa piscina su due piani, la più piccola delle quali, quella superiore, riscaldata. Suggestiva anche la posizione, leggermente dominante rispetto alla baia.

Agriturismo Il Vitigno senza rist ⌖ ≼ 🚗 ⏛ 〰 **P**

via Bocca 31 – ℰ 081 99 83 07 – *www.agriturismoilvitigno.it* – Fax 081 99 83 07

– *aprile-ottobre* U**r**

17 cam ⌕ – ♦35 € ♦♦70 €

♦ Un cancello in ferro protegge la *privacy* di questo semplice, eppure suggestivo agriturismo al termine di una stretta stradina. Non manca nulla: diversi villini indipendenti (quasi tutti con patio privato), una piccola piscina alimentata con acqua termale e tanta natura.

XX **Umberto a Mare** con cam ⌖ ≼ 🏠 ✕ cam, 〰 VISA ⬤ AE ① ✛

via Soccorso 2 – ℰ 081 99 71 71 – *www.umbertoamare.it* – Fax 081 99 71 71

– *chiuso dal 7 gennaio a marzo* U**z**

11 cam ⌕ – ♦70/135 € ♦♦80/150 € – ½ P 75/110 €

Rist – (consigliata la prenotazione) Carta 46/133 € ⊛

♦ Resterà indelebile una cena sulla terrazza, una ringhiera a strapiombo sul mare, per gustare una cucina in continua evoluzione eppure sempre fedele ad una tradizione di famiglia.

XX **Il Saturnino** ≼ ✕ VISA ⬤ AE ① ✛

via Marina sul Porto di Forio d'ischia

– ℰ 081 99 82 96 – Fax 081 99 82 96

– *chiuso dall'11 gennaio al 28 febbraio, martedì (escluso dal 15 giugno al 15 settembre e dal 27 dicembre al 10 gennaio), in novembre e marzo aperto solo sabato e domenica* U**k**

Rist – (consigliata la prenotazione) Carta 43/61 €

♦ Vicino alla torre saracena, un locale dalla collaudata conduzione familiare che propone una suggestiva vista della baia e in tavola il pescato del giorno in piatti immediati e di gustosa semplicità.

🍴 **Da "Peppina" di Renato** ☂ 🚗 [P] [VISA] [MC] [AE] [D] $

via Montecorvo 42 – ☎ 0 81 99 83 12 – www.trattoriadapeppinadirenato.it – Fax 0 81 99 83 12 – 15 marzo-15 dicembre; chiuso mercoledì (escluso giugno-settembre) Up

Rist – *(chiuso a mezzogiorno escluso le domeniche di aprile, maggio, settembre, ottobre)* (consigliata la prenotazione) Carta 27/38 €

♦ Occorre essere prudenti lungo la stretta strada ma la tipicità del posto costruita su tradizione e originalità sarà una gradita ricompensa; in una grotta tufacea, la cantina-enoteca. Piatti locali a partire dai prodotti dell'orto.

a Citara Sud : 2,5 km – ✉ 80075 Forio

🏨 **Capizzo** 🛏 ← 🏖 🏊 [AC] 🚭 rist, [P] [VISA] [MC] [AE] [D] $

via Provinciale Panza 189 – ☎ 0 81 90 71 68 – www.hotelcapizzo.it – Fax 0 81 90 90 19 – 22 aprile-ottobre Ue

34 cam ☕ – 👤70/95 € 👥105/135 € – ½ P 84/104 €

Rist – *(solo per alloggiati)*

♦ Splendida cornice per cogliere lo spettacolo di splendidi tramonti sulla baia, un taglio moderno caratterizza il taglio degli ambienti, freschi e luminosi. All'esterno, ampi spazi per il relax.

🏨 **Providence Terme** 🛏 ← 🏖 🏊 🏊 🌴 [lift] [AC] 🚭 rist, [P] [VISA] [MC] [D] $

via Giovanni Mazzella 1 – ☎ 0 81 99 74 77 – www.hotelprovidence.it – Fax 0 81 99 80 07 – 8 aprile-ottobre Ug

68 cam – 👤74/84 € 👥124/152 €, ☕ 10 € – ½ P 82/89 € **Rist** – Carta 30/40 €

♦ Si affaccia sulla spiaggia di Citara la bella struttura in stile mediterraneo che dispone anche di una grande terrazza-solarium con piscina termale e di uno spazio dedicato al benessere. Una bella vista sulla baia, cucina casereccia e pizze nella lumnosa sala da pranzo.

🍴🍴🍴 ✿ **Il Melograno** (Libera Iovine) 🏖 ☂ [P] [VISA] [MC] [AE] [D] $

via Giovanni Mazzella 110 – ☎ 0 81 99 84 50 – www.ilmelogranoischia.it – Fax 0 81 99 84 50 – chiuso dall'11 gennaio al 15 marzo, dal 4 novembre al 4 dicembre e lunedì in ottobre Ug

Rist – (consigliata la prenotazione) Menu 110 € – Carta 66/82 €

Spec. Caramelle di melanzane, pomodori, ricotta di bufala e fave di cacao su crema fredda al pomodoro e basilico (primavera-estate). Gamberi d'estate: fritti con l'ananas, in zuppa fredda con le pesche, grigliati con le albicocche (estate). Trilogia agli agrumi: crostatina al limoncello, bignè all'arancia, sorbetto al limone.

♦ In una villa con delizioso giardino, si mangia nella sala con camino o sotto il portico. La cucina valorizza il pescato in preparazioni semplici ma attente alle presentazioni.

a Cuotto Sud : 3 km – ✉ 80075 Forio

🏨 **Paradiso Terme e Garden Resort** 🛏 ← 🏖 ☂ 🏊 🏊 [Spa] ♨ 🏋 🌴 🎾 [lift] [AC] 🚭 🚲 [P] [VISA] [MC] [AE] [D] $

via San Giuseppe 10 – ☎ 0 81 90 70 14 – www.hotelparadisoterme.it – Fax 0 81 90 79 13 – aprile-ottobre Ux

50 cam ☕ – 👥180/380 € – ½ P 135/220 € **Rist** – *(solo per alloggiati)*

♦ Terme e Garden, due complessi distinti: signorile e maggiormente completo nei servizi il primo, adatto ad una vacanza con la famiglia il secondo. Dispone di una curativa piscina con acqua termale.

a Panza Sud : 4,5 km – alt. 155 m – ✉ 80070

🏨 **Punta Chiarito** 🛏 ← ☂ 🏊 ♨ [AC] 🚭 rist, 📶 [P] [VISA] [MC] [AE] [D] $

via Sorgeto 51, Sud : 1 km – ☎ 0 81 90 81 02 – www.puntachiarito.it – Fax 0 81 90 92 77 – 27 dicembre-10 gennaio e 27 marzo-3 novembre Ud

28 cam ☕ – 👤90/180 € 👥120/280 € – ½ P 80/150 €

Rist – (consigliata la prenotazione la sera) Carta 30/71 €

♦ Ripida e stretta la strada per raggiungere la panoramica struttura, piacevolmente inserita fra la roccia e la vegetazione di un incantevole promontorio. Celata in una grotta naturale una picccola piscina termale. Due salette, una veranda e una magnifica vista sulla costa e sul mare per i vostri pasti.

✕ Da Leopoldo ⟨ 🛜 ✿ 🅿 VISA ⚫ AE ① ⑤
⊗ *via Scannella 12, Ovest : 0,5 km –* ℰ *081 90 70 86 – Fax 081 90 70 86 – aprile-
ottobre* Uh

Rist – *(chiuso a mezzogiorno)* Carta 20/38 €

♦ Piacevole e familiare trattoria, sempre molto frequentata, propone una cucina regionale e casalinga ormai consolidata e di successo. In un'antica cisterna per la raccolta dell'acqua è stata ricavata un'enoteca.

ISCHIA (NA) – **564** E23 – **18 511 ab.** – ✉ **80077** 6 A2

🚹 via Sogliuzzo 72ℰ 081 5074211, az-turismo@infoischiaprocida.it,
Fax 081 5074230

◉ Castello ★★

Grand Hotel Punta Molino Beach Resort & Spa ⟨ 🔎
🛜 ⌤ ⃛ 🔟 ⑳ 𝄞 ℔ ♧ 🛏 🛖 🄰🄲 ↯ ⌘ ⟨⟩ 🎵 🅿 VISA ⚫ AE ① ⑤
lungomare Cristoforo Colombo 23 – ℰ *081 99 15 44 – www.puntamolino.it
– Fax 081 99 15 62 – 20 aprile-20 ottobre* Xb

87 cam ⊠ – ♦230/330 € ♦♦230/470 € – 3 suites – ½ P 135/255 €

Rist – *(solo per alloggiati)* Carta 70/100 €

Rist Le Gourmet à la Carte – *(giugno-settembre) (chiuso a mezzogiorno)*
(prenotazione obbligatoria) Carta 80/100 €

♦ Signorile e direttamente sul mare, due grandi piscine, nonché camere abbellite dalle preziose ceramiche di Vietri e arredate con vari pezzi d'antiquariato . L'attigua villa per chi desidera maggior riservatezza. Per cena, a lume di candela, un elegante tavolo sulla terrazza estiva.

Grand Hotel Excelsior ⟨ 🔎 🛜 ⌤ ⃛ 🔟 ⑳ 𝄞 ℔ ♧ 🄰
🄱 cam, 🄰🄲 ↯ ⌘ rist, ⟨⟩ 🎵 🅿 VISA ⚫ AE ① ⑤
via Emanuele Gianturco 19 – ℰ *081 99 15 22 – www.excelsiorischia.it
– Fax 081 98 41 00 – 24 aprile-17 ottobre* Xa

86 cam ⊠ – ♦180/230 € ♦♦240/320 € – ½ P 180 € **Rist** – Menu 40/80 €

♦ Tra la vegetazione, l'imponente struttura dall'architettura mediterranea fa capolino sul mare con le sue eleganti camere dai colori freschi e marini accentuati da belle maioliche. Completa zona benessere. La cucina regionale nell'elegante sala e in terrazza.

Il Moresco ⟨ 🚂 🛜 ⌤ ⃛ ⑳ 𝄞 ℔ ♧ 🄰🄲 ↯ ⌘ ⟨⟩
via Emanuele Gianturco 16 – ℰ *081 98 13 55*
– www.ilmoresco.it – Fax 081 99 23 38 – 24 aprile-10 ottobre Xc
VISA ⚫ AE ① ⑤

64 cam ⊠ – ♦205/235 € ♦♦290/460 € – 3 suites – ½ P 165/250 €

Rist – *(consigliata la prenotazione)* Carta 46/68 €

♦ Nasce come dimora privata questa casa dal fascino esclusivo: la piscina coperta è stata realizzata dove era prevista la serra e la zona benessere è negli ex alloggi del personale. All'ombra del pergolato o nella sala interna, le fragranze del Mediterraneo.

Le Querce ⟨ 🚂 🛜 ⌤ ⃛ ⑳ 𝄞 ℔ ♧ 🄰🄲 ⌘ ⟨⟩ 🅿
via Baldassarre Cossa 29 – ℰ *081 99 23 78* VISA ⚫ AE ① ⑤
– www.albergolequerce.it – Fax 081 99 32 61 – 15 marzo-15 novembre

74 cam ⊠ – ♦130/185 € ♦♦160/310 € – ½ P 145/195 € Ve

Rist – *(solo per alloggiati)*

♦ La posizione dominante garantisce la spettacolare vista che si estende sulla costa e sulla città; diverse terrazze collegano edifici attigui, su una di queste una grande piscina.

NH Ischia ⟨ 🚂 ⌤ ⃛ 🔟 ⑳ 𝄞 ℔ ♧ 🄱 🄰🄲 ⌘ rist, 🎵 🅿
via Alfredo De Luca 42 – ℰ *08 15 07 01 11* VISA ⚫ AE ① ⑤
– www.nh-hotels.com – Fax 081 99 31 56 – chiuso sino ad aprile Vc

192 cam ⊠ – ♦105/170 € ♦♦165/255 € – 2 suites **Rist** – Carta 31/41 €

♦ Centrale eppure in posizione tranquilla, chi arriva a Ischia Porto può arrivarci addirittura a piedi! Si tratta di una struttura dal respiro internazionale con spazi congressuali e zona termale. Ristorante di tono elegante.

Floridiana Terme ⌤ ⃛ ℔ ♧ 🄱 🄰🄲 ⌘ 🅿 VISA ⚫ AE ① ⑤
corso Vittoria Colonna 153 – ℰ *081 99 10 14 – www.hotelfloridianaischia.com
– Fax 081 98 10 14 – aprile- ottobre* Vb

69 cam ⊠ – ♦100/125 € ♦♦160/230 € – ½ P 85/126 €

Rist – *(solo per alloggiati)*

♦ Villa d'inizio Novecento dalla gestione attenta e competente. Gli spaziosi ambienti comuni sono caratterizzati da dipinti murali che ne dilatano gli spazi, le camere fresche e luminose.

🏨 Central Park Hotel Terme 🛬 ⤴ ⚘ 🏊 ⚕ 🛗 AC 🍴 rist. 📶 P.

via Alfredo De Luca 6 – ℰ 081 99 35 17   VISA ⬤⬤ AE ① ⑤
– www.centralparkhotel.it – Fax 081 98 42 15 – Pasqua-ottobre   **Xn**
52 cam – ♦120 € ♦♦180 €, � 15 € – ½ P 130 €   **Rist** – Menu 35/50 €
♦ Avvolta da un rigoglioso giardino, annovera un articolato complesso termale con una vasca termo minerale utilizzata per i trattamenti; all'esterno una bella piscina per i momenti di relax. Per i pasti, accomodatevi in un ambiente piacevolmente familiare, buffet di antipasti la sera.

🏨 La Villarosa ॐ 🛬 🏡 ⤴ ⚕ 🛗 AC 🍴 rist. VISA ⬤⬤ AE ⑤

via Giacinto Gigante 5 – ℰ 081 99 13 16 – www.dicohotels.it
– Fax 081 99 24 25 – aprile-ottobre   **VXw**
37 cam ⊆ – ♦65/120 € ♦♦140/240 € – ½ P 85/120 €
Rist – *(solo per alloggiati)* Carta 25/35 €
♦ In pieno centro ma varcata la soglia del giardino sarete come inghiottiti da un'atmosfera d'altri tempi, un insieme di ambienti dal fascino antico, un susseguirsi di sale e salette tutte diverse fra loro.

🏨 Solemar Terme ॐ ⫷ ⤴ ⚘ ⚕ 🛗 AC 🍴 rist. P VISA ⬤⬤ AE ① ⑤

via Battistessa 49 – ℰ 081 99 18 22 – www.hotelsolemar.it – Fax 081 99 10 47
– aprile-ottobre   **Va**
78 cam ⊆ – ♦120/170 € ♦♦160/240 € – ½ P 80/130 €
Rist – *(solo per alloggiati)*
♦ Frequentato particolarmente da famiglie con bambini proprio per la sua tranquilla posizione sulla spiaggia, risorsa particolarmente vocata alla balneazione. Ospita anche un centro termale.

🏠 Villa Hermosa AC 🍴 rist. VISA ⬤⬤ AE ① ⑤

via Osservatorio 4 – ℰ 081 99 20 78 – www.villahermosa.it – Fax 081 99 20 78
– Pasqua-ottobre   **Vf**
20 cam – ♦70/80 € ♦♦100/120 €, ⊆ 5 € – ½ P 75/85 €
Rist – *(solo per alloggiati)*
♦ Atmosfera e ospitalità squisitamente familiari per questa semplice risorsa centrale, poco lontano dal porto; una clientela abituale e interni accoglienti e luminosi.

✕✕ Alberto ⫷ VISA ⬤⬤ AE ① ⑤

lungomare C. Colombo 8 – ℰ 081 98 12 59 – www.albertoischia.it
– 26 dicembre-6 gennaio e 20 marzo-4 novembre   **Vd**
Rist – *(consigliata la prenotazione la sera)* Menu 60 € – Carta 53/88 € 🍸
♦ Quasi una palafitta sulla spiaggia risalente ai primi anni '50, una sola sala verandata aperta sui tre lati per gustare una cucina di mare tradizionale reinterpretata con fantasia.

✕ Damiano ⫷ P. VISA ⬤⬤ ① ⑤

via Variante Esterna strada statale 270 – ℰ 081 98 30 32 – aprile-settembre
Rist – *(chiuso a mezzogiorno)* Carta 35/62 €   **Xm**
♦ Lasciata l'auto, alcuni gradini conducono alla veranda dalle grandi finestre affacciate sulla città e sulla costa. Semplici le proposte della cucina basata soprattutto su aragoste e coniglio di fosso. Andamento familiare.

LACCO AMENO (NA) – **564** E23 – 4 622 ab. – ✉ 80076   **6** A2

🏨🏨 L'Albergo della Regina Isabella ⫷ 🛬 🏡 ⤴ 🏊 ⑨⑨⑨ ⚘ ⚕ ⚕

piazza Restituta 1   🛗 AC 🍴 rist. 📶 🅢🅐 P VISA ⬤⬤ AE ① ⑤
– ℰ 081 99 43 22 – www.reginaisabella.it – Fax 081 90 01 90 – 27 dicembre-
6 gennaio e Pasqua-7 novembre   **Za**
125 cam ⊆ – ♦130/325 € ♦♦200/768 € – 3 suites – ½ P 355/444 €
Rist – Carta 46/76 €
♦ Piastrelle di Capodimonte, lampadari in vetro di Murano, prezioso mobilio antico, una nuova ala Royal con servizi personalizzati e di gran confort ed un prestigioso centro termale. Per un'elegante vacanza di relax. Diverse le soluzioni e gli spazi offerti per la ristorazione, tutte da scoprire in loco.

🏨🏨 San Montano ॐ ⫷ 🛬 🏡 ⤴ ⚘ 🏊 ✕ 🛗 AC 🍴 rist. P.

via Nuova Montevico 26 – ℰ 081 99 40 33   VISA ⬤⬤ AE ① ⑤
– www.sanmontano.com – Fax 081 98 02 42 – 24 aprile-24 ottobre   **Zb**
71 cam ⊆ – ♦120/220 € ♦♦140/500 € – ½ P 110/290 €   **Rist** Carta 55/105 €
♦ Incantevole tanto l'esterno con le sue terrazze e i numerosi angoli di relax, tra i quali spicca una vasca idromassaggio incastonata fra le rocce e la vista a 360° sulla costa. In sala o sull'incantevole terrazza potrete gustare anche specialità di pesce.

Grazia Terme ❦ ≤ 🚗 🛖 �🝰 🖅 🛁 🛬 ⚲ ✂ 🅿 AK ⚗ rist. 📞 🛗
via Borbonica 2 – ☏ 081 99 43 33
– www.hotelgrazia.it – Fax 081 99 41 53 – aprile-ottobre
P. VISA ➋ AE ① 💳
Uy
80 cam 🖃 – 🛏105/120 € 🛏🛏190/210 € – ½ P 110/130 €
Rist – (solo per alloggiati) Menu 25/45 €

♦ Sulla via Borbonica, la risorsa si sviluppa su diversi corpi raccolti intorno ad un grande giardino con piscina; dispone anche di una zona termale completa nell'offerta.

Villa Angelica 🚗 ⏏ AK ⚗ 📶 VISA ➋ AE ① 💳
via 4 Novembre 28 – ☏ 081 99 45 24 – www.villaangelica.it – Fax 081 98 01 84
– 15 marzo-ottobre
Zt
20 cam 🖃 – 🛏75/100 € 🛏🛏110/140 € – ½ P 90/100 €
Rist – (solo per alloggiati) Menu 25/35 €

♦ Raccolta attorno ad un piccolo rigoglioso giardino nel quale è stata realizzata anche una piscina, semplice struttura ad andamento familiare che si cinge del fascino di una casa privata.

SANT'ANGELO (NA) – ✉ 80070
6 A2

👁 Serrara Fontana : ≤ ★★ su Sant'Angelo Nord : 5 km

Park Hotel Miramare ❦ ≤ 🛖 AK cam, ⚗ 📶 VISA ➋ AE ① 💳
via Comandante Maddalena 29 – ☏ 081 99 92 19 – www.hotelmiramare.it
– Fax 081 99 93 25 – aprile-4 novembre
Un
55 cam 🖃 – 🛏130/280 € 🛏🛏220/415 € – 2 suites – ½ P 148/253 €
Rist – Carta 50/67 €

♦ Uno stile mediterraneo basato su piacevoli giochi di colore che fanno risaltare le maioliche utilizzate e una discesa diretta al mare e alle piattaforme sulla scogliera. Originale e signorile. Ristorante di taglio elegante, affacciato sul mare grazie alle grandi terrazze ben arredate.

Casa Celestino ❦ ≤ 🛖 AK cam, ⚗ rist, VISA ➋ 💳
via Chiaia di Rose 20 – ☏ 081 99 92 13 – www.hotelcelestino.it
– Fax 081 99 98 05 – 23 aprile-17 ottobre
Ut
19 cam 🖃 – 🛏110/130 € 🛏🛏180/220 € – 1 suite
Rist – (chiuso a mezzogiorno in luglio e agosto) Carta 30/49 €

♦ All'inizio del paese, ma già in zona pedonale, una dimora caratterizzata da un solare stile mediterraneo, dove il bianco abbinato al blu rallegra tessuti e ceramiche. Le stanze si adeguano a tale piacevolezza: spaziose e quasi tutte con balconcino. Ristorante dal design moderno e marinaro con terrazza sulla scogliera.

La Palma ❦ ≤ 🛗 AK rist, ⚗ rist, VISA ➋ AE ① 💳
via Comandante Maddalena 15 – ☏ 081 99 92 15 – www.lapalmatropical.it
– Fax 081 99 95 26 – chiuso dal 10 gennaio a marzo
Uv
43 cam 🖃 – 🛏90/105 € 🛏🛏150/190 € – ½ P 120/140 €   **Rist** – Carta 45/58 €

♦ In zona centrale e tuttavia panoramica e rilassante affacciata sul mare, simpatica e accogliente struttura dall'aspetto mediterraneo fatta di terrazze fiorite. Alcune camere sono arredate con vecchi mobili sorrentini.

Casa Sofia senza rist ❦ ≤ ⚗ VISA ➋ 💳
via Sant'Angelo 29/B – ☏ 081 99 93 10 – www.hotelcasasofia.com
– Fax 081 90 49 28 – 15 marzo-10 novembre
Uv
11 cam 🖃 – 🛏65/70 € 🛏🛏100/110 €

♦ Professionalità e cortesia, l'attenzione per l'ospite sempre costante, dispone di una bella terrazza e di un salotto con libreria a disposizione degli alloggiati. In cima ad una ripida stradina pedonale.

Loreley ❦ ≤ ⏏ AK ⚗ rist, VISA ➋ AE ① 💳
via Sant'Angelo 50 – ☏ 081 99 93 13 – www.hotelloreley.it – Fax 081 99 90 65
– 10 aprile-16 ottobre
Us
30 cam 🖃 – 🛏70/93 € 🛏🛏106/152 € – ½ P 67/90 €   **Rist** – (solo per alloggiati)

♦ Raggiungibile a piedi o preferibilmente con le strutture elettriche della società, arrivati a destinazione si è ripagati da una bella vista e una assoluta tranquillità. Piscina alimentata da acque termali.

※ Lo Scoglio ≤ 🛖 VISA ➋ AE ① 💳
via Cava Ruffano 58 – ☏ 081 99 95 29 – Fax 081 99 94 19 – aprile-novembre
Rist – (consigliata la prenotazione la sera) Carta 22/39 €
Uq

♦ Su uno scoglio che si erge in riva al mare, prenotate per tempo il vostro tavolo in terrazza, è piccola e sempre molto richiesta: una sosta panoramica prima di visitare l'istmo più famoso dell'isola.

ISEO – Brescia (BS) – **561** F12 – 9 055 ab. – alt. 198 m – ⊠ 25049   **19** D1

> ◨ Roma 581 – Brescia 22 – Bergamo 39 – Milano 80
> ◨ lungolago Marconi 2/c-d ✆ 030 980209, iat.iseo@tiscali.it, Fax 030 981361
> ◙ Lago★
> ◙ Monte Isola★★ : ✳ ★★ dal santuario della Madonna della Ceriola (in battello)

Iseolago ♨   🚗 🙌 ℑ 🎣 ⬛ 🍽 ⬛ ➹ cam, ⚐ ⬛ AC ➷ ⅔ ⟨⟨ ⬛ P
via Colombera 2, Ovest : 1 km – ✆ 03 09 88 91   VISA ◍ AE ① ⑤
– www.iseolagohotel.it – Fax 03 09 88 92 99
64 cam ⊃ – ✝95/116 € ✝✝139/179 € – 2 suites – ½ P 95/115 €
Rist L'Alzavola – (chiuso dal 1° al 7 gennaio) Carta 31/68 €
♦ Recente ed elegante complesso alberghiero, inserito nel verde di un vasto impianto turistico alle porte della località, con accesso diretto al lago, camere gradevoli. Ristorante con begli ambienti di classe e una deliziosa saletta riservata.

Araba Fenice   ≼ 🙌 ℑ ⬛ ➹ AC ➷ ⅔ ⟨⟨ rist, ⟨⟨ 🛄 P
località Pilzone D'Iseo, Nord-Est : 1,5 km   VISA ◍ AE ① ⑤
– ✆ 03 09 82 20 04 – www.arabafenicehotel.it – Fax 03 09 86 85 36 – chiuso dal 20 dicembre al 15 gennaio
43 cam ⊃ – ✝✝80/140 € – ½ P 60/90 €
Rist Bella Iseo – ✆ 03 09 86 85 37 (chiuso ottobre) Carta 25/36 €
♦ Interni molto signorili, soprattutto negli spazi comuni, in questo albergo ospitato in un bel palazzo storico. Camere di diverse tipologie, con arredi standard: alcune beneficiano della vista lago. Ristorante di tono elegante con terrazza esterna.

Il Paiolo   AC VISA ◍ AE ① ⑤
piazza Mazzini 9 – ✆ 03 09 82 10 74 – Fax 03 09 82 10 74 – chiuso dal 15 al 28 febbraio, dal 26 agosto al 9 settembre e martedì
Rist – Carta 24/36 €
♦ E' con entusiasmo che un parmense di Busseto gestisce un localino davvero curato, in pieno centro storico. La cucina casalinga trova la propria massima espressione nei salumi, paste fresche fatte in casa, carni e pesce di lago.

Al Castello   🙌 VISA ◍ AE ① ⑤
via Mirolte 53 – ✆ 0 30 98 12 85 – Fax 0 30 98 12 85 – chiuso dal 28 settembre al 15 ottobre e martedì
Rist – (chiuso a mezzogiorno escluso i giorni festivi) Carta 29/45 €
♦ Vicino al Castello Oldofredi, e ricavato nelle cantine di un palazzo del '600, ambiente caratteristico, con servizio estivo all'aperto e piatti locali o alla griglia.

Il Volto   AC VISA ◍ AE ① ⑤
via Mirolte 33 – ✆ 0 30 98 14 62 – Fax 0 30 98 14 70 – chiuso 10 giorni in gennaio o febbraio, 10 giorni in luglio, mercoledì, giovedì a mezzogiorno
Rist – Carta 31/54 € ⑳
♦ Nel grazioso centro storico, gestione familiare in un locale semplice ed informale. La cucina sorprende spaziando dai classici del lago ad invenzioni creative.

sulla strada provinciale per Polaveno Est: 6 km

I Due Roccoli ♨   ≼ ⚘ 🙌 ℑ ✻ ⬛ ⅙ 🛄 P VISA ◍ AE ① ⑤
via Silvio Bonomelli ⊠ 25049 – ✆ 03 09 82 29 77 – www.idueroccoli.com
– Fax 03 09 82 29 80 – 25 marzo-ottobre
19 cam – ✝100/120 € ✝✝130/180 €, ⊃ 10 € – ½ P 105/140 €
Rist – Carta 39/51 €
♦ All'interno di una vasta proprietà affacciata sul lago, un'antica ed elegante residenza di campagna con parco, adeguata alle più attuali esigenze e con locali curati. Ristorante raffinato, con angoli intimi, camino moderno e uno spazio all'aperto, "sull'aia".

a Clusane sul Lago Ovest : 5 km – ⊠ 25049

Relais Mirabella ♨   ≼ 🚗 🙌 ℑ ⬛ ➷ cam, AC ⅔ rist, ⟨⟨ ⬛ P
via Mirabella 34, Sud : 1,5 km – ✆ 03 09 89 80 51   VISA ◍ AE ① ⑤
– www.relaismirabella.it – Fax 03 09 89 80 52 – aprile-ottobre
28 cam – ✝90/130 € ✝✝110/140 €, ⊃ 12 € – 1 suite – ½ P 107 €
Rist La Catilina – vedere selezione ristoranti
Rist Il Conte di Carmagnola – Carta 37/49 €
♦ Un borgo di antiche case coloniche, ora un'elegante oasi di tranquillità con eccezionale vista sul lago, giardino e piscina; chiedete le camere con terrazzino panoramico. Raffinato e d'atmosfera, il ristorante dispone di sala interna e dehors estivo.

※※ **Punta-da Dino** 🛋 P VISA 👀 AE 💰
via Punta 39 – ℰ 0 30 98 90 37 – Fax 0 30 98 90 37 – chiuso novembre e mercoledì (escluso luglio-agosto)
Rist – Carta 24/39 €
♦ Solida gestione familiare per un locale moderno e accogliente, con dehors estivo; le proposte sono ovviamente incentrate sul pesce di lago, ma non disdegnano la carne.

※※ **La Catilina** – Relais Mirabella ≤ 🛋 AC 🕴 ⇔ P VISA 👀 AE ① 💰
via Mirabella 38, Sud : 2 km – ℰ 03 09 82 92 42 – Fax 03 09 82 92 42 – chiuso gennaio e lunedì
Rist – *(chiuso a mezzogiorno)* (consigliata la prenotazione) Carta 37/49 €
♦ Si domina il lago da questo ristorante, con terrazza coperta dove si mangia nella bella stagione; cucina del territorio, non manca la famosa "tinca alla clusanese".

※ **Al Porto** AC ⇔ VISA 👀 AE ① 💰
piazza Porto dei Pescatori 12 – ℰ 0 30 98 90 14 – www.alportoclusane.it – Fax 03 09 82 90 90 – chiuso mercoledì escluso da aprile ad ottobre
Rist – Carta 28/38 €
♦ Un ristorante con oltre 100 anni di storia: in una villetta fine secolo, di fronte all'antico porticciolo, calde salette di buon gusto, cucina locale e lacustre.

ISERA – Trento (TN) – **562** E15 – **2 552 ab.** – ✉ 38060 **30** B3
🖸 Roma 575 – Trento 29 – Verona 75 – Schio 52

※ **Locanda delle Tre Chiavi** 🛋 P VISA 👀 AE ① 💰
via Vannetti 8 – ℰ 04 64 42 37 21 – www.locandadelletrechiavi.it – Fax 04 64 42 37 21 – chiuso 1 settimana in gennaio, domenica sera, lunedì
Rist – Menu 26/35 € – Carta 32/43 €
♦ Questo edificio settecentesco è oggi una tipica osteria gestita con passione da un'abile famiglia di ristoratori. Tra vini e formaggi, la cucina è esclusivamente trentina.

※ **Casa del Vino** 🛋 VISA 👀 AE ① 💰
🏵 *piazza San Vincenzo 1 – ℰ 04 64 48 60 57 – www.casadelvino.info*
🐵 *– Fax 04 64 40 03 71*
Rist – Menu 20/30 € – Carta 28/34 €
♦ In un palazzo del '500 in centro paese, è un'associazione di produttori locali che propone - con menu fisso - il fior fiore della gastronomia trentina.

ISERNIA Ⓟ (IS) – **564** C24 – **21 773 ab.** – **alt. 457 m** – ✉ 86170 **2** C3
🖸 Roma 177 – Avezzano 130 – Benevento 82 – Campobasso 50
🚹 via Farinacci 9 ℰ 0865 3992, eptisernia@molisedati.it, Fax 0865 50771

🏠🏠 **Grand Hotel Europa** 🍴 🗄 & rist. AC 🕴 rist. "🎵" 🖄 P 🚗
viale dei Pentri 76, strada statale per Campobasso, VISA 👀 AE ① 💰
svincolo Isernia Nord – ℰ 08 65 21 26 – www.grandhotel-europa.it – Fax 08 65 41 32 43
152 cam ⌷ – †85 € ††110 € – ½ P 78 €
Rist Pantagruel – Carta 30/40 €
♦ E' stato recentemente ampliato con molte nuove camere questo hotel d'impostazione moderna situato nei pressi dell'entrata principale in Isernia. Per una clientela commerciale e turistica. Ambienti di gusto contemporaneo e sapori tipici molisani al ristorante.

a Pesche Est : 3 km – ✉ 86090

🏠 **Santa Maria del Bagno** ≤ 🗄 🕴 P VISA 👀 AE ① 💰
viale Santa Maria del Bagno 1 – ℰ 08 65 46 01 36 – Fax 08 65 46 01 29
43 cam – †45/50 € ††59/64 €, ⌷ 5 € – ½ P 51/56 €
Rist – *(chiuso lunedì)* Carta 23/31 €
♦ L'edificio spicca alle falde del bianco borgo medievale arroccato sui monti; vi accoglierà un'affidabile gestione familiare, tra i confort degli spazi comuni e delle camere. Due vaste sale da pranzo, disposte su differenti livelli.

ISIATA – Venezia – Vedere San Donà di Piave

ISOLA... ISOLE – Vedere nome proprio della o delle isole

ISOLA D'ASTI – Asti (AT) – **561** H6 – **2 012 ab.** – alt. 245 m
25 D1
– ✉ 14057

> ▶ Roma 623 – Torino 72 – Asti 10 – Genova 124

🏨 **Castello di Villa** ॐ　　　　　　　 ⇐ 🚗 ⌿ 🆖 **P** 🆅🆂🆄 🆎 ⑩ ⚲
via Bausola 2 località Villa, Est : 2,5 km – ☎ *01 41 95 80 06*
– www.castellodivilla.it – Fax 01 41 95 80 05 – chiuso gennaio e febbraio
14 cam – 🛏140/270 € 🛏🛏170/270 €, � 12 €
Rist *– (solo per alloggiati)* Carta 36/44 €
  ◆ Questa imponente villa patrizia del XVII sec. non smette di far sognare il viandante: splendidi spazi comuni, nonché lussuose camere con soffitti affrescati, arredi e decorazioni eclettiche. Uno stile barocco, ricco ma non *kitsch*, per rivivere i fasti del passato senza rinunciare ai confort moderni.

sulla strada statale 231 Sud-Ovest : 2 km :

👤👤👤 **Il Cascinalenuovo** (Walter Ferretto) con cam　　　 🚗 🏡 ⌿ 🆖 ✗ ⟨ⁱⁱ⟩ **P**
❀　*statale Asti-Alba 15 ✉ 14057 –* ☎ *01 41 95 81 66*　　　🆅🆂🆄 🆎 ⑩ ⚲
– www.ilcascinalenuovo.it – Fax 01 41 95 88 28 – chiuso dal 26 dicembre al 20 gennaio e dal 7 al 19 agosto
15 cam – 🛏70/80 € 🛏🛏100 €, ⊠ 10 € – ½ P 110/120 €
Rist *– (chiuso domenica sera, lunedì) (chiuso a mezzogiorno escluso domenica)*
Menu 50/70 € – Carta 53/68 € ॐ
Spec. Uovo croccante su fonduta di formaggi con funghi porcini e tartufo bianco del Monferrato. Agnolotto gobbo astigiano. Sella di cinghialetto su tarte tatin di pere e castagne.
  ◆ La sala moderna ed essenziale si allontana dall'ufficialità piemontese, non la cucina che ne ripropone glorie e tradizioni in un carosello dei migliori prodotti regionali.

ISOLA DELLE FEMMINE – Palermo – **365** AO54 – Vedere Sicilia alla fine dell'elenco alfabetico

ISOLA DEL LIRI – Frosinone (FR) – **563** Q22 – **12 179 ab.** – alt. 217 m
13 D2
– ✉ 03036

> ▶ Roma 107 – Frosinone 23 – Avezzano 62 – Isernia 91
> ◖ Abbazia di Casamari★★ Ovest : 9 km

🏨 **Scala**　　　　　　　　　　　　 🆖 ⟨ⁱⁱ⟩ 🆅🆂🆄 🆎 ⑩ ⚲
piazza De' Boncompagni 10 – ☎ *07 76 80 83 84 – www.scalallacascata.it*
– Fax 07 76 80 85 84
11 cam – 🛏35 € 🛏🛏55 €, ⊠ 5 € – ½ P 50 €
Rist *– (chiuso mercoledì escluso da giugno a settembre)* Carta 22/35 €
  ◆ Una risorsa alberghiera di ridotte dimensioni, con poche camere ben tenute, alcune particolarmente spaziose, e pulite; sulla piazza principale, proprio sopra la banca. Sul fiume e vicino alle cascate, un riferimento gastronomico d'impostazione classica.

👤 **Ratafià**　　　　　　　　　　　　　 🏡 ⇔ 🆅🆂🆄 🆎 ⚲
vicolo Calderone 8 – ☎ *07 76 80 80 33 – www.ristoranteratafia.it – chiuso lunedì*
Rist – Carta 34/44 €
  ◆ In una piccola traversa di una strada più trafficata, varcato un arco, un locale con proposte di tipo creativo, ma non solo; soprattutto gradevole in estate, con i fiori.

ISOLA DOVARESE – Cremona (CR) – **561** G12 – **1 259 ab.** – alt. 34 m
17 C3
– ✉ 26031

> ▶ Roma 500 – Parma 48 – Brescia 75 – Cremona 27

👤 **Caffè La Crepa**　　　　　　　　　 🏡 ⇔ 🆅🆂🆄 🆎 ⑩ ⚲
😊　*piazza Matteotti 13 –* ☎ *03 75 39 61 61 – www.caffelacrepa.it*
– Fax 03 75 94 63 96 – chiuso dal 15 al 31 gennaio, dal 15 al 30 settembre, lunedì, martedì
Rist – Carta 29/39 € ॐ
  ◆ Un'insegna d'epoca segnala questo locale storico: situato sulla piazza principale, propone specialità legate al territorio e a base di pesce d'acqua dolce; nell'adiacente enoteca salumi e paste fresche.

ISOLA RIZZA – Verona (VR) – **562** G15 – **3 171 ab.** – alt. 23 m
35 B3
– ✉ 37050

> ▶ Roma 487 – Verona 27 – Ferrara 91 – Mantova 55

all'uscita superstrada 434 verso Legnago

XXXX **Perbellini** ♿ [AC] 🚭 ⊕ [P] VISA MC ⓓ ś

✿✿ *via Muselle 130 ✉ 37050 – ☎ 04 57 13 53 52 – www.perbellini.com – Fax 04 59 69 83 78 – chiuso 10 giorni in febbraio, 3 settimane in agosto, lunedì, martedì e domenica sera; anche domenica a mezzogiorno in giugno-agosto*

Rist – Menu 65 € (a mezzogiorno escluso sabato e festivi)/155 € – Carta 108/150 € ❀

Spec. Wafer al sesamo con tartare di branzino, caprino all'erba cipollina e sensazione di liquirizia. Risotto mantecato alla parmigiana al profumo di cannella e ragù di maialino cotto allo spiedo. Ravioli farciti di latte e limone candito, olio ai capperi e gamberi rossi marinati.

♦ La ricerca del piacere: da un modesto contesto industriale all'inaspettata eleganza della sala, la massima attenzione è da prestare alla cucina. Emozionante e semplicemente intelligente.

ISOLA SANT'ANTONIO – Alessandria (AL) – 758 ab. – ✉ 15050 — 23 C2

▶ Roma 596 – Torino 125 – Alessandria 39 – Novara 106

XX **Da Manuela** 🪑 [AC] [P] VISA MC [AE] ś

☺ *via Po 31, Nord-Ovest : 3 km – ☎ 01 31 85 71 77 – www.ritorantedamanuela.it – Fax 01 31 85 74 54 – chiuso dal 20 luglio al 10 agosto e lunedì*

Rist – Menu 34/39 € – Carta 29/44 € ❀

♦ In aperta campagna, locale accogliente composto da due ampie sale ed una saletta per i momenti di maggiore affluenza, propone una cucina lombarda con qualche spunto piemontese.

ISOLA SUPERIORE (dei Pescatori) – Novara – Vedere Borromee (Isole)

ISPRA – Varese (VA) – 561 E7 – 4 999 ab. – alt. 220 m – ✉ 21027 — 16 A2

▶ Roma 650 – Stresa 40 – Locarno 69 – Milano 69

XX **Schuman** (Silvio Battistoni) [AC] VISA MC [AE] ⓓ ś

✿ *via Piave 49 – ☎ 03 32 78 19 81 – www.ristoranteschuman.it – Fax 0 33 11 69 52 61 – chiuso mercoledì, giovedì a mezzogiorno*

Rist – Menu 65/90 € – Carta 61/95 €

Spec. Crudo di mare con misticanza e vinaigrette al cedro.Tagliolini alla Rossini con foie gras e tartufo. Agnellino in tegame in crosta alle erbe.

♦ Al primo piano di un palazzo del centro storico, arredi sobri, travi a vista e un tocco di signorilità. Cucina giovane e contemporanea, spunti locali rivisti con estro.

ISSENGO = ISSENG – Bolzano – Vedere Falzes

ISSOGNE – Aosta (AO) – 561 F5 – 1 343 ab. – alt. 387 m – ✉ 11020 — 34 B2

Italia

▶ Roma 713 – Aosta 41 – Milano 151 – Torino 80

👁 Castello★

XX **Al Maniero** con cam 🌿 ⛱ 🚭 📶 [P] VISA MC ⓓ ś

frazione Pied de Ville 58 – ☎ 01 25 92 92 19 – www.ristorantealmaniero.it – Fax 01 25 92 92 19 – chiuso dal 15 al 30 giugno

6 cam ☕ – 🛉45/60 € 🛉🛉60/90 € – ½ P 45/65 €

Rist – *(chiuso lunedì escluso agosto)* Carta 24/40 €

♦ Giovane coppia, pugliese lui, ferrarese lei, nei pressi del maniero valdostano: ambiente semplice con piatti del territorio e, solo su prenotazione, pesce. Camere accoglienti.

IVREA – Torino (TO) – 561 F5 – 24 219 ab. – alt. 267 m – ✉ 10015 — 22 B2

Italia

▶ Roma 683 – Aosta 68 – Torino 49 – Breuil-Cervinia 74

[i] corso Vercelli 1 ☎ 0125 618131, info.ivrea@turismotorino.org, Fax 01225 618140

al lago Sirio Nord : 2 km :

Sirio ⟨symbols⟩ ≤ 🚗 🛏 ♿ AC ⟲ ⟨symbols⟩ P 🆚 ⟨symbols⟩ AE ⟨symbols⟩
via lago Sirio 85 – ℰ 01 25 42 42 47 – www.hotelsirio.it – Fax 0 12 54 89 80
46 cam – ❗105/115 € ❗❗125/165 €, ☕ 10 €
Rist *Finch* – *(chiuso dal 15 al 22 agosto e domenica) (chiuso a mezzogiorno escluso maggio-settembre)* Carta 40/50 €
◆ In posizione panoramica nei pressi del lago, una risorsa di stampo moderno. La mattina, al risveglio, sarete accolti dal verde, dalla tranquillità e dal calore dei raggi del sole. Totalmente rinnovato, il moderno ristorante non rinnega la tradizione: specialità alla griglia.

a San Bernardo Sud : 3 km – ✉ 10015

La Villa 🚗 🛏 ♿ cam, AC ⟲ rist, ⟨symbols⟩ P 🆚 ⟨symbols⟩ AE ⟨symbols⟩
via Torino 334 – ℰ 01 25 63 16 96 – www.ivrealavilla.com – Fax 01 25 63 19 50
36 cam ☕ – ❗68/75 € ❗❗80/100 € – ½ P 65 €
Rist – *(chiuso domenica) (chiuso a mezzogiorno) (solo per alloggiati)* Carta 27/40 €
◆ Accogliente e calda atmosfera familiare in questa villa in zona periferica, quasi una casa privata. Alcune camere e la sala colazioni si affacciano sulla catena alpina. Vicino agli stabilimenti.

JESI – Ancona (AN) – **563** L21 – 39 832 ab. – alt. 96 m – ✉ 60035 ▮ Italia **21** C2
🄳 Roma 260 – Ancona 32 – Gubbio 80 – Macerata 41
◉ Palazzo della Signoria★ – Pinacoteca★

Federico II ⟨symbols⟩ ≤ 🚗 🛁 ⟨symbols⟩ ⟨symbols⟩ 🛏 ♿ AC ⟲ ⟲ rist, ⟨symbols⟩ ♿ P
via Ancona 100 – ℰ 07 31 21 10 79 🆚 ⟨symbols⟩ AE ⟨symbols⟩ ⟨symbols⟩
– www.hotelfederico2.it – Fax 07 3 15 72 21
129 cam ☕ – ❗123/145 € ❗❗184/221 € – 3 suites – ½ P 117/136 €
Rist – Carta 36/52 €
◆ Elegante complesso immerso nel verde, garantisce un soggiorno confortevole e rilassante grazie anche al moderno centro benessere. Gli spazi comuni sono ampi e le camere arredate con gusto classico. Una luminosa sala panoramica invita a gustare una cucina classica e locale.

Mariani senza rist AC ⟲ ⟨symbols⟩ 🆚 ⟨symbols⟩ AE ⟨symbols⟩ ⟨symbols⟩
via Orfanotrofio 10 – ℰ 07 31 20 72 86 – www.hotelmariani.com
– Fax 07 31 20 00 11
33 cam ☕ – ❗58/68 € ❗❗70/86 €
◆ A pochi passi dal centro storico, la struttura offre camere confortevoli e ben arredate per un soggiorno sia di turismo che di lavoro.

JESOLO – Venezia (VE) – **562** F19 – 24 449 ab. – ✉ 30016 **36** D2
🄳 Roma 560 – Venezia 41 – Belluno 106 – Milano 299
⛳, ℰ 0421 37 28 62

Da Guido 🚗 🛏 ♿ AC P 🆚 ⟨symbols⟩ AE ⟨symbols⟩
via Roma Sinistra 25 – ℰ 04 21 35 03 80 – www.ristorantedaguido.com
– Fax 04 21 36 90 49 – chiuso gennaio, lunedì, martedì a mezzogiorno
Rist – Carta 40/62 € ⟨symbol⟩
◆ Ben indicato da una grande insegna, dispone di tre sale tra le quali un'elegante moderna veranda arredata con sculture e quadri moderni. Semplici e appetitosi piatti di mare.

JOPPOLO – Vibo Valentia (VV) – **564** L29 – 2 134 ab. – alt. 185 m – ✉ 89863 **5** A3
🄳 Roma 644 – Reggio di Calabria 85 – Catanzaro 103 – Messina 77

Cliffs Hotel 🚗 🛁 ⟨symbols⟩ ⟨symbols⟩ ♿ 🛏 AC ⟲ rist, ⟨symbols⟩ ♿ P 🆚 ⟨symbols⟩ AE ⟨symbols⟩
contrada San Bruno Melia – ℰ 09 63 88 37 38 – www.cliffshotel.it
– Fax 09 63 88 37 33 – maggio-ottobre
48 cam ☕ – ❗39/75 € ❗❗58/130 € – ½ P 42/85 € **Rist** – Carta 23/39 €
◆ Non lontano dal mare, un hotel di recente apertura dotato di camere ampie e confortevoli. Gli spazi esterni sono particolarmente curati, invitante piscina con cascatella. Servizio ristorante anche all'aperto con menù vario e pizze.

JOUVENCEAUX – Torino – Vedere Sauze d'Oulx

KALTENBRUNN = Fontanefredde

KALTERN AN DER WEINSTRASSE = Caldaro sulla Strada del Vino

KARERPASS = Costalunga Passo di

KARERSEE = Carezza al Lago

KASTELBELL TSCHARS = Castelbello Ciardes

KASTELRUTH = Castelrotto

KIENS = Chienes

KLAUSEN = Chiusa

KURTATSCH AN DER WEINSTRASSE = Cortaccia sulla Strada del Vino

LABICO – Roma (RM) – **563** Q20 – **5 397 ab.** – **alt. 319 m** – ✉ **00030** **13** C2

Roma 39 – Avezzano 116 – Frosinone 44 – Latina 50

Agriturismo Fontana Chiusa

via Fontana Chiusa 3, (via Casilina al km 335.100) – ✆ 06 95 10 050 – www.fontanachiusa.it – Fax 06 95 10 997

7 cam – 75 € 120 € **Rist** – Carta 21/48 €

◆ Avvolto dal verde, tra giardini fioriti e noccioli, il casolare ottocentesco è stato sapientemente ristrutturato per offrire camere in strile rustico arredate con buon gusto ed eleganza. All'elegante ed accogliente ristorante, carni e verdure dell'azienda compongono piatti dai sapori del territorio.

LACCO AMENO – Napoli – **564** E23 – **Vedere Ischia (Isola d')**

LACES (LATSCH) – **Bolzano (BZ)** – **562** C14 – **5 122 ab.** – **alt. 639 m** **30** B2
– **Sport invernali : 1 200/2 250 m** 4, – ✉ **39021**

Roma 692 – Bolzano 54 – Merano 26 – Milano 352

via Principale 38 ✆ 0473 623109, info@latsch.it, Fax 0473 622042

Paradies rist, rist,

via Sorgenti 12 – ✆ 04 73 62 22 25 – www.hotelparadies.com – Fax 04 73 62 22 28 – 26 marzo-14 novembre

48 cam – 115/147 € 208/272 € – 19 suites – ½ P 139/158 €

Rist – Carta 42/54 €

◆ In posizione davvero paradisiaca, bella struttura nella pace dei frutteti e del giardino ombreggiato con piscina; accoglienti ambienti interni e curato centro benessere.

LADISPOLI – **Roma (RM)** – **563** Q18 – **37 964 ab.** – ✉ **00055** **12** B2

Roma 39 – Civitavecchia 34 – Ostia Antica 43 – Tarquinia 53

piazza Della Vittoria 11 ✆ 06 9913049, unpli@tiscalinet.it, Fax 06 913049

Cerveteri : necropoli della Banditaccia★★ Nord : 7 km

La Posta Vecchia

località Palo Laziale Sud : 2 km – ✆ 06 99 49 501 – www.lapostavecchia.com – Fax 06 99 49 507 – aprile-novembre

15 cam – 320/900 € – 4 suites

Rist The Cesar – vedere selezione ristoranti

◆ Quasi un fortino sul mare, uno scrigno di tesori d'arte d'ogni epoca, nelle fondamenta una villa romana con pavimenti musivi. Per tutti gli ospiti, la sensazione di essere stati invitati in una residenza nobiliare privata.

The Cesar – Hotel La Posta Vecchia

località Palo Laziale Sud : 2 km – ✆ 06 99 49 501 – www.lapostavecchia.com – Fax 06 99 49 507 – aprile-novembre

Rist – Menu 120/140 € – Carta 76/90 €

Spec. Morbido di coniglio, olive di Gaeta, carpaccio di balsamico (estate). Tortelli di pesce azzurro e aneto, gamberetti rosa e fagiolini dell'orto (estate). Sella d'abbacchio farcita di foie gras, purea di melanzane e salsa alla cannella (estate).

◆ Romanticamente affacciato sul mare, la sontuosità della sala rivaleggia con una cucina sapida e sofisticata: piatti mediterranei rivisitati in chiave moderna e preparati in gran parte con i prodotti biologici dell'orto dell'hotel.

✕ **Sora Olga**　　　　　　　　AK ❄ VISA ⊕❸ AE ⓸ ✆
via Odescalchi 99 – ℰ 06 99 49 93 82 – chiuso mercoledì escluso da giugno a settembre
Rist – Carta 22/44 €
♦ Allegro e variopinto, invita a una sosta tanto gli amanti del pesce quanto chi predilige la carne, così come chi non rinuncia alle tradizionali pizze. In stagione i carciofi, declinati in decine di ricette.

LAGLIO – Como (CO) – **561** E9 – **979 ab.** – alt. 202 m – ⊠ 22010　　**18** B1
🚩 Roma 638 – Como 13 – Lugano 41 – Menaggio 22

🏨 **Plinio au Lac**　　　≤ 🏛 🏊 🕭 🛎 AK ❄ VISA ⊕❸ AE ⓸ ✆
via Regina 101 – ℰ 03 1 40 12 71 – www.hotelplinioaulac.it – Fax 03 1 40 12 78 – marzo-ottobre
15 cam ⌷ – 🛏70/100 € 🛏🛏100/150 €
Rist L'Attracco – *(marzo-settembre) (chiuso a mezzogiorno escluso la domenica)* Carta 31/49 €
♦ All'entrata del caratteristico paesino, in un luogo panoramico di fronte al lago, struttura di piccole dimensioni - praticamente senza spazi comuni - ma completo nei servizi e con tanto di piscina. Luminosa sala ristorante con pareti ornate da piccoli quadri e oggetti: graziosa terrazza affacciata sul blu.

LAGO – Vedere nome proprio del lago

LAGO MAGGIORE o VERBANO – Novara, Varese e Cantone Ticino – **561** E7
▌Italia

LAGONEGRO – Potenza (PZ) – **564** G29 – **5 889 ab.** – alt. 666 m – ⊠ 85042　　**3** B3
🚩 Roma 384 – Potenza 111 – Cosenza 138 – Salerno 127

🏠 **Caimo** senza rist　　　　　　　　　　🛎 P
via dei Gladioli 3 – ℰ 09 7 32 16 21 – www.hotelcaimo.com – Fax 09 7 32 16 21
16 cam ⌷ – 🛏35/40 € 🛏🛏55 €
♦ Piccolo hotel a gestione familiare ubicato tra l'uscita dell'autostrada e l'ospedale: camere semplici ed accoglienti, con un buon rapporto qualità/prezzo.

in prossimità casello autostrada A 3 - Lagonegro Sud Nord : 3 km :

🏨 **Midi**　　　❄ 🛎 AK rist, ❄ rist, 🐾 🛗 P 🚗 VISA ⊕❸ AE ⓸ ✆
😎 *viale Colombo 76 ⊠ 85042 – ℰ 09 7 34 11 88 – www.midihotel.it – Fax 09 7 34 11 86 – chiuso Natale*
36 cam – 🛏43/52 € 🛏🛏65/78 €, ⌷ 4 € – ½ P 50/60 €　　**Rist** – Carta 21/33 €
♦ In prossimità dello svincolo autostradale, albergo d'ispirazione contemporanea particolarmente adatto a una clientela di lavoro; camere moderne e funzionali. Ampia sala da pranzo lineare di tono classico; salone banchetti con capienza fino a 500 persone.

LAGUNDO (ALGUND) – Bolzano (BZ) – **562** B15 – **4 572 ab.**　　**30** B1
– alt. 400 m – ⊠ 39022
🚩 Roma 667 – Bolzano 30 – Merano 2 – Milano 328
🅳 piazza Hans Gamper 3 ℰ 0473 448600, info@algund.com, Fax 0473 448917
Pianta: Vedere Merano

🏨 **Ludwigshof** ❧　　　≤ 🏛 🏊 🕭 🛎 🛎 AK ❄ rist, P 🚗 VISA ⊕❸ AE ✆
via Breitofen 9 – ℰ 04 73 22 03 55 – www.ludwigshhof.com – Fax 04 73 22 04 20 – marzo-5 novembre　　　　　　　　　　　　　　　　　　Aa
23 cam – 🛏58/65 € 🛏🛏110/120 € – 4 suites – solo ½ P 69/75 €
Rist – *(chiuso a mezzogiorno) (solo per alloggiati)*
♦ In un'oasi di tranquillità, incorniciato dal Gruppo del Tessa, albergo a gestione familiare con un invitante giardino; tappeti, quadri e soffitti in legno all'interno.

🏠 **Agriturismo Plonerhof** senza rist ❧　　　　　　🌾 🏊 P
via Peter Thalguter 11 – ℰ 04 73 44 87 28 – www.plonerhof.it – Fax 04 73 49 12 20
8 cam ⌷ – 🛏26/33 € 🛏🛏45/62 €　　　　　　　　　　　Ab
♦ Non lontano dal centro, circondata da una riposante natura, casa contadina del XIII secolo con tipiche iscrizioni di motti tirolesi; interessanti arredi di epoche diverse.

LAIGUEGLIA – Savona (SV) – **561** K6 – 2 002 ab. – ⊠ 17053   **14** B2

> ▶ Roma 600 – Imperia 19 – Genova 101 – Milano 224
>
> 🛈 via Roma 2 ℰ 0182 690059, laiguiviera@inforiviera.it, Fax 0182 691798

🛏️ **Splendid Mare** 　　🖵 ⧮ 🅰️🅒 ⌘ 📶 **P** 𝘝𝘐𝘚𝘈 ⓩ 🄰🄴 ⓪ 🔥
piazza Badarò 3 – ℰ 01 82 69 03 25 – www.splendidmare.it – Fax 01 82 69 08 94
– Pasqua-settembre
45 cam � – ♦80/100 € ♦♦125/195 € – ½ P 75/122 €
Rist – *(maggio-settembre)* Menu 30/40 €
♦ Un soggiorno rilassante negli ambienti signorili di un edificio risalente al 1400, ristrutturato nel 1700, che conserva il fascino di un antico passato; camere piacevoli.

🛏️ **Mediterraneo** ⧗ 　　　⧮ 🅰️🅒 cam, ⌘ rist, **P** 𝘝𝘐𝘚𝘈 ⓩ 🔥
⊗ *via Andrea Doria 18 – ℰ 01 82 69 02 40 – www.hotelmedit.it*
– Fax 01 82 49 97 39 – chiuso dal 15 ottobre al 22 dicembre
32 cam – ♦40/68 € ♦♦60/120 €, ⊡ 8 € – ½ P 84 €　**Rist** – Menu 18/25 €
♦ La gestione familiare, le grandi camere ben arredate, la posizione tranquilla e comoda, fuori ma non lontana dal centro, la grande terrazza solarium: buone vacanze!

LAINATE – Milano (MI) – **561** F9 – 24 813 ab. – alt. 176 m – ⊠ 20020   **18** A2

> ▶ Roma 609 – Milano 20 – Bergamo 62 – Brescia 107
>
> 🔟 Green Club, ℰ 02 9 37 10 76

🏘️ **Litta Palace** 　🗔 🌀 🎬 ⊡ ⧫ 🅰️🅒 ⌘ 📶 🐎 **P** 🚗 𝘝𝘐𝘚𝘈 ⓩ 🄰🄴 ⓪ 🔥
via Lepetit 1, uscita autostrada – ℰ 02 93 57 16 40 – www.hotellittapalace.com
– Fax 02 93 79 68 70 – chiuso dal 23 dicembre al 6 gennaio e dal 6 al 23 agosto
90 cam ⊡ – ♦90/260 € ♦♦100/390 € – 2 suites – ½ P 90/230 €
Rist Ninfeo – *(chiuso a mezzogiorno)* Carta 44/62 €
♦ Vicino all'ingresso dell'autostrada, è una moderna e recente struttura ideale per la clientela d'affari. La completezza di servizi e l'ottimo ristorante sono ulteriori punti di forza.

✕✕ **Armandrea** 　　　　🎍 🅰️🅒 𝘝𝘐𝘚𝘈 ⓩ 🄰🄴 ⓪ 🔥
viale Rimembranze 21 – ℰ 0 29 37 20 57 – chiuso dal 4 al 27 agosto e domenica
Rist – Carta 36/57 €
♦ All'interno di un recente insediamento commerciale, è una gestione familiare che offre una cucina classica, senza inutili complicazioni e ben eseguita.

LAMA MOCOGNO – Modena (MO) – **562** J14 – 2 957 ab. – alt. 812 m   **8** B2
– ⊠ 41023

> ▶ Roma 382 – Bologna 88 – Modena 58 – Pistoia 76

✕ **Vecchia Lama** 　　　　🎍 ⌘ ↔ 𝘝𝘐𝘚𝘈 ⓩ 🔥
via XXIV Maggio 24 – ℰ 0 53 64 46 62 – Fax 0 53 64 46 62
– chiuso dal 15 al 30 giugno, dal 1° al 10 settembre e lunedì escluso luglio-agosto
Rist – Carta 29/37 €
♦ Una familiare cordialità circonda questo ristorante che propone una cucina casalinga, a partire da tartufi, porcini e carni. D'estate si pranza sulla terrazza affacciata ai giardini.

LAMEZIA TERME – Catanzaro (CZ) – **564** K30 – 71 754 ab. – alt. 210 m   **5** A2
– ⊠ 88046

> ▶ Roma 580 – Cosenza 66 – Catanzaro 44
>
> ✈️ a Sant'Eufemia Lamezia ℰ 0968 414333

a Nicastro – ⊠ 88046

🛏️ **Savant** 　　　⧮ ⧫ 🅰️🅒 ⌘ rist, 📶 🐎 𝘝𝘐𝘚𝘈 ⓩ 🄰🄴 ⓪ 🔥
via Manfredi 8 – ℰ 0 96 82 61 61 – www.hotelsavant.it – Fax 0 96 82 61 61
65 cam ⊡ – ♦60/130 € ♦♦86/166 € – 2 suites – ½ P 61/87 €
Rist – Carta 26/46 €
♦ Posizione centrale per un hotel dal confort contemporaneo: ambienti classici e camere funzionali. Struttura ideale per una clientela business. Atmosfera gradevole nella spaziosa sala da pranzo.

✕✕ **Novecento** 　　　　⧫ 🅰️🅒 𝘝𝘐𝘚𝘈 ⓩ 🄰🄴 ⓪ 🔥
largo Sant'Antonio 5 – ℰ 09 68 44 86 25
– www.ristorantenovecentolameziaterme.it – Fax 09 68 44 86 25
– chiuso dal 10 al 25 agosto, sabato a mezzogiorno, domenica
Rist – Carta 28/40 € 🌿
♦ Il pianoforte, il vecchio grammofono, i mattoni a vista e il servizio attento, regalano una calda ospitalità che accompagna degnamente i numerosi piatti della tradizione.

sulla strada statale 18 Sud-Ovest: 11 km

Ashley 🚗 🍸 🖥 📺 🎾 📞 🛁 🅿 🚗 VISA ⦿ ① ⚡
località Marinella ⊠ *88046 Lamezia Terme –* ☎ *0 96 85 18 51*
– www.hotelashley.it – Fax 0 86 85 36 48
46 cam ⊊ – ♦120/130 € ♦♦190/210 € – 4 suites – ½ P 120/130 €
Rist *Ashley* – Carta 41/47 €

♦ Nelle vicinanze dell'aeroporto, una nuova realtà dalla raffinata ed elegante atmosfera, caratterizzata da arredi classici e da spazi curati in ogni settore. La piacevolezza della struttura non risparmia il ristorante: gustose specialità di pesce ed un'interessante carta dei vini.

sulla strada complanare SP 170/2 Est: 10 km

THotel Lamezia 🍸 🕸 🖳 🖥 🚾 🎾 ⚡ 📞 🛁 🅿 VISA ⦿ AE ① ⚡
località Garrubbe ⊠ *88043 Fereleto Antico –* ☎ *09 68 75 40 09*
– www.thotelgroup.it – Fax 09 68 75 42 21
107 cam ⊊ – ♦120/150 € ♦♦145/190 € **Rist** – Menu 25/30 €

♦ Una nuova struttura a vocazione prettamente business dotata dei migliori confort moderni e completa di ogni servizio. Ideale per congressi, il ristorante propone una saporita cucina regionale, elaborata partendo da materie prime di buona qualità.

LA MORRA – Cuneo (CN) – **561** I5 – **2 727 ab.** – alt. 513 m – ⊠ **12064**   **25** C2
◼ Roma 631 – Cuneo 62 – Asti 45 – Milano 171

Corte Gondina senza rist 🚗 🍸 ⚡ 📺 📞 🅿 VISA ⦿ AE ① ⚡
via Roma 100 – ☎ *01 73 50 97 81 – www.cortegondina.it – Fax 01 73 50 97 82*
– chiuso dal 20 al 27 dicembre e dal 4 gennaio al 1° marzo
14 cam ⊊ – ♦90/115 € ♦♦100/120 €

♦ La sapiente ristrutturazione di un'elegante casa d'epoca del centro ha dato spazio a questa curata risorsa: all'interno, una quindicina di camere tutte personalizzate, fuori un rilassante giardino con piscina.

Villa Carita senza rist 🍸 🚗 🎾 📞 🅿
via Roma 105 – ☎ *01 73 50 96 33 – www.villacarita.it – chiuso dal 20 dicembre al 28 febbraio*
5 cam – ♦90 € ♦♦120 €, ⊊ 10 € – 1 suite

♦ Bella casa d'inizio '900 con splendida vista su colline e vigneti, su cui si affacciano le camere; ambienti raffinati con arredi eleganti, per un soggiorno memorabile.

Belvedere 🍸 ⟡ VISA ⦿ AE ① ⚡
piazza Castello 5 – ☎ *0 17 35 01 90 – www.belvederelamorra.it.*
– Fax 01 73 50 95 80 – chiuso gennaio, dal 1° al 7 agosto, lunedì
Rist – Menu 47 € – Carta 40/55 € ⊛

♦ In un edificio d'epoca sito in pieno centro storico, un locale ristrutturato di recente vanta ambienti rustico-eleganti dove provare la cucina tipica. Bella vista panoramica.

a Rivalta Nord : 4 km – ⊠ 12064 La Morra

Bricco dei Cogni senza rist 🍸 ⟡ 🚗 🍸 🎾 📞 🅿 VISA ⦿ ⚡
Frazione Rivalta Bricco Cogni 39 – ☎ *01 73 50 98 32 – www.briccodeicogni.it*
– Fax 01 73 50 98 32
6 cam – ♦80/100 € ♦♦87/107 €, ⊊ 8 €

♦ Abbracciata dalle dolci colline dei nobili vigneti, un'elegante ed imponente casa padronale in stile ottocentesco. Bella piscina soleggiata e romantiche camere, arredate nei tenui colori del giallo, del rosa o del blu, impreziosite da antichi mobili e suppellettili d'epoca.

a Annunziata Est : 4 km – ⊠ 12064 La Morra

Red Wine senza rist 🍸 🚗 🍸 📞 🅿 VISA ⦿ AE ① ⚡
frazione Annunziata 105 – ☎ *01 73 50 92 50 – www.red-wine.it*
– Fax 01 73 50 96 06
6 cam ⊊ – ♦60/70 € ♦♦85/95 €

♦ Elementi di modernità in una zona che tende a valorizzare il passato: cascina secolare, restaurata con inserzioni di design. Lineare essenzialità in ambienti policromi.

⚠ **Agriturismo La Cascina del Monastero** senza rist ⚘ 🚃 ⬡
cascina Luciani 112/a – ☎ *01 73 50 92 45* ⚑ ⚘ ☏ **P** **VISA** ⓫
– www.cascinadelmonastero.it – Fax 01 73 50 92 45 – chiuso dal 15 dicembre al
15 gennaio
10 cam ⚏ – ♦70/80 € ♦♦90/100 €
♦ Anticamente utilizzata dai frati per produrre il vino, la cascina offre accoglienti spazi dove soggiornare alla scoperta dei sentieri di Langa e degustare prodotti locali.

⚠ **Agriturismo Risveglio in Langa** senza rist ⚘ 🚃 **AK** **P**
borgata Ciotto 52, Sud-Est : 3 km – ☎ *0 17 35 06 74* **VISA** ⓫ ⚡
– www.risveglioinlanga.it – Fax 01 73 50 00 00 – chiuso gennaio-febbraio
6 cam – ♦75 € ♦♦90 €, ⚏ 5 €
♦ Risorsa ubicata tra il verde mare di colline e vigneti, ricavata da un cascinale eretto nel XIX sec., sapientemente ristrutturato di recente. Camere anche con angolo cottura.

ⵣ **Osteria Veglio** 🍴 **P** **VISA** ⓫ **AE** ⚡
frazione Annunziata 9 – ☎ *01 73 50 93 41 – Fax 01 73 50 93 41 – chiuso febbraio, 10 giorni in marzo, 10 giorni in agosto, martedì, mercoledì*
Rist – Carta 36/51 €
♦ Cucina genuina che segue le tradizioni delle Langhe; il servizio estivo viene svolto su una terrazza da cui si gode della bella vista su colline e vigneti circostanti.

a Santa Maria Nord-Est :4 km – ⊠ 12064 La Morra

⚠ **Eremo della Gasprina** ⚘ ⟨ ⚐ ⚘ **P** **VISA** ⓫ **AE** ⚡
borgata Cappallotti 2, Ovest: 1,5 km – ☎ *0 17 35 04 98*
– www.eremodellagasprina.it – Fax 0 17 35 04 98 – marzo-dicembre
6 cam ⚏ – ♦60/70 € ♦♦65/75 € – ½ P 65 €
Rist – *(chiuso a mezzogiorno escluso domenica)* Menu 30 €
♦ Se avete bisogno di staccare la spina e ritrovare i ritmi lenti della natura, questo è l'indirizzo giusto! Sulle colline langarole un cascinale rustico, ma non privo di moderni confort, con camere personalizzate già a partire dal nome: ognuna di esse è contraddistinta infatti dal nome e colore di un prodotto locale.

ⵣ **L'Osteria del Vignaiolo** con cam 🍴 ⚐ rist. **AK** **VISA** ⓫ ⚡
  – ☎ *0 17 35 03 35 – Fax 0 17 35 03 35 – chiuso dal 10 gennaio al 14 febbraio e dal 15 al 31 luglio*
5 cam ⚏ – ♦50 € ♦♦70 €
Rist – *(chiuso mercoledì, giovedì)* Menu 30 € – Carta 28/36 € ⚘
♦ In questa piccola frazione nel cuore del Barolo, un piacevole edificio in mattoni ospita quella che è divenuta un'elegante osteria. Nella luminosa sala, i piatti della tradizione sono interpretati con raffinata fantasia. Spaziose e confortevoli le camere.

LAMPEDUSA (Isola di) – Agrigento – 365 AK70 – Vedere Sicilia alla fine dell'elenco alfabetico

LAMPORECCHIO – Pistoia (PT) – 563 K14 – 7 491 ab. – alt. 56 m **28** B1
– ⊠ 51035
  ▶ Roma 316 – Firenze 49 – Bologna 137 – Modena 176

🏠 **Antico Masetto** senza rist 📶 ⚐ **AK** ⟨⟩ 🛗 ⚙ **VISA** ⓫ **AE** ⓪ ⚡
piazza Berni 12 – ☎ *0 57 38 27 04 – www.anticomasetto.it – Fax 05 73 80 37 48*
– chiuso dal 19 al 29 dicembre
21 cam ⚏ – ♦49/80 € ♦♦79/125 €
♦ In pieno centro, stabile d'inizio Novecento completamente rinnovato. Al piano terra hall e ambienti comuni, non ampi ma ben allestiti; sopra, camere curate e confortevoli.

LANA – Bolzano (BZ) – 562 C15 – 10 912 ab. – alt. 289 m – Sport **30** B2
invernali : a San Vigilio : 1 485/1 839 m ⚡1 ⚡1, ⚡ – ⊠ 39011
  ▶ Roma 661 – Bolzano 24 – Merano 9 – Milano 322
  ℹ via Andreas Hofer 7/b ☎ 0473 561770, info@lana.net, Fax 0473 561979
  🔲 Lana Merano, ☎ 0473 56 46 96

🏠 **Eichhof** 🛇   🚗 🍽 ⤴ 🔲 🏊 ⚒ 🛗 🅿 VISA ⚫ ♻
via Querce 4 – ☏ 04 73 56 11 55 – www.eichhof.net – Fax 04 73 56 37 10
– 27 marzo-7 novembre
21 cam ⭤ – ♦50/65 € ♦♦100/120 € – ½ P 65/75 €   **Rist** – *(solo per alloggiati)*
◆ A pochi passi dal centro, un piccolo albergo immerso in un ameno giardino ombreggiato con piscina; accoglienti e razionali gli spazi comuni in stile, spaziose le camere.

🏠 **Mondschein**   🍽 🛗 ♿ cam, ⚒ 📶 🅿 VISA ⚫ AE ⓪ ♻
Gampenstrasse 6 – ☏ 04 73 55 27 00 – www.mondschein.it – Fax 04 73 55 27 27
– chiuso dal 23 al 27 dicembre
30 cam ⭤ – ♦45/71 € ♦♦78/112 € – ½ P 49/69 €
Rist – *(chiuso lunedì)* Carta 29/39 €
◆ Di grande utilità per l'apertura annuale - quando altri alberghi sono chiusi - è una struttura semplice, ma pulita, dalla gestione premurosa. Sala ristorante di taglio contemporaneo con angolo bistrot.

🏠 **Rebgut** senza rist 🛇   🚗 ⤴ 🅿 VISA ⚫ ⓪ ♻
via Brandis 3, Sud : 2,5 km – ☏ 04 73 56 14 30 – www.rebgut.it
– Fax 04 73 56 51 08 – marzo-ottobre
12 cam ⭤ – ♦46 € ♦♦84 €
◆ Nella tranquillità della campagna, in mezzo ai frutteti, una graziosa casa nel verde con piscina; ambienti in stile rustico con arredi semplici in legno chiaro.

a Foiana (Völlan) Sud-Ovest : 5 km – alt. 696 m – ✉ 39011 Lana D'Adige

🏠🏠🏠 **Völlanerhof** 🛇   ≼ 🚗 🍽 ⤴ 🔲 ⓪ 🏊 ⛱ ⚒ 🛗 ♿ ⚒ ⅄ 📶 🅿
via Prevosto 30 – ☏ 04 73 56 80 33   🚘 VISA ⚫
– www.voellanerhof.com – Fax 04 73 56 81 43 – 27 marzo-15 novembre
43 cam ⭤ – ♦110/120 € ♦♦220/250 € – 7 suites – ½ P 125/165 €
Rist – *(solo per alloggiati)*
◆ Un'oasi di pace nella cornice di una natura incantevole: piacevole giardino con piscina riscaldata, confortevoli interni d'ispirazione moderna, attrezzato centro fitness.

🏠🏠🏠 **Waldhof** 🛇   ≼ 🐕 🍽 ⤴ 🔲 ⓪ 🏊 ⛱ ⚒ 🛗 🆎 rist, ⚒ rist, 🎵 🅿
via Mayenburg 32 – ☏ 04 73 56 80 81   VISA ⚫ AE ⓪ ♻
– www.derwaldhof.com – Fax 04 73 56 81 42 – chiuso sino al 26 marzo
39 cam ⭤ – ♦105/129 € ♦♦170/210 € – 4 suites – ½ P 105/145 €
Rist – *(solo per alloggiati)*
◆ Due costruzioni distinte: classica con i tipici arredi altoatesini la prima, splendidamente avvolta dal legno la seconda. Spazio e luce in ambienti moderni.

🍴🍴 **Kirchsteiger** con cam   ≼ 🚗 🍽 ⅄ 📶 🅿 VISA ⚫ ♻
via Prevosto Wieser 5 – ☏ 04 73 56 80 44 – www.kirchsteiger.com
– Fax 04 73 56 81 98 – chiuso dall'11 gennaio al 12 febbraio
14 cam ⭤ – ♦39/55 € ♦♦86/100 € – ½ P 55/65 €
Rist – *(chiuso giovedì)* Carta 43/62 € ⚘
◆ Tipico stile tirolese nella bella sala classica e nella stube di una graziosa casa immersa nel verde: atmosfera romantica in cui assaporare una cucina innovativa imperdibile.

a San Vigilio (Vigiljoch)Nord-Ovest : 5 mn di funivia – alt. 1 485 m – ✉ 39011
Vigiljoch

🏠🏠🏠 **Vigilius Mountain Resort** 🛇   ≼ 🚗 🔲 ⓪ 🏊 🛗 ♿ ⚒ 🎿 rist,
via Pavicolo 43 – ☏ 04 73 55 66 00   🎵 🈑 🚘 VISA ⚫ AE ⓪ ♻
– www.vigilius.it – Fax 04 73 55 66 99 – chiuso dal 23 marzo al 9 aprile e dal
16 novembre al 3 dicembre
35 cam ⭤ – ♦225/260 € ♦♦310/375 € – 6 suites
Rist – *(chiuso a mezzogiorno)* Carta 50/87 €
◆ Immerso nel silenzio della natura questo albergo, raggiungibile in funivia, nasce da un progetto di architettura ecologica. Oasi di pace con un panorama unico delle Dolomiti. Ristorante in linea con lo stile dell'albergo, spiccano i legni chiari.

LANCIANO – Chieti (CH) – 563 P25 – 36 389 ab. – alt. 283 m – ✉ 66034   2 C2
▶ Roma 199 – Pescara 51 – Chieti 48 – Isernia 113
🛈 piazza del Plebiscito 51 ☏ 0872 717810, iat.lanciano@abruzzoturismo.it,
Fax 0872 717810

Excelsior ⬡ 🏧 🛉 rist, 🕪 🛁 VISA ⓪ AE ① ⓢ
viale della Rimembranza 19 – ℰ 08 72 71 30 13 – www.hotelexcelsiorlanciano.it
– Fax 08 72 71 29 07
70 cam ⌲ – †108 € ††135 € – 4 suites – ½ P 85 €
Rist – *(chiuso domenica) (chiuso a mezzogiorno)* Carta 31/45 €
♦ Imponente struttura di dieci piani nel centro della località; gradevoli spazi comuni abbelliti da mobili d'epoca e comode poltrone; camere con arredi in stile lineare. Panoramica vista sulla città dalla sala ristorante all'ultimo piano.

Anxanum senza rist 🔟 ⬡ 🏧 🕪 🛁 🅿 🚗 VISA ⓪ AE ① ⓢ
via San Francesco d'Assisi 8/10 – ℰ 08 72 71 51 42 – Fax 08 72 71 51 42
42 cam – †68 € ††84 €, ⌲ 10 €
♦ Albergo in zona residenziale, vocato ad una clientela di lavoro; all'interno una spaziosa hall che si affaccia piacevolmente sulla piscina e camere sobrie e funzionali.

Ribot 🔝 🏧 🛉 VISA ⓪ AE ① ⓢ
via Milano 58/60 – ℰ 08 72 71 22 05 – www.ristoranteribot.it
– Fax 08 72 71 22 05 – chiuso dal 22 dicembre al 5 gennaio, dal 27 luglio al 17 agosto e venerdì
Rist – Carta 22/29 €
♦ Ristorante al piano terra di un condomino in zona residenziale, fuori dal centro storico; sobria sala inondata di luce, con stampe a tema equestre sulle pareti.

LANGHIRANO – Parma (PR) – **562** I12 – 9 341 ab. – alt. 262 m   **8** B2
– ✉ 43013

▶ Roma 476 – Parma 23 – La Spezia 119 – Modena 81

La Ghiandaia 🚗 🔝 🅿 VISA ⓪ AE ⓢ
località Berzola Sud : 3 km – ℰ 05 21 86 10 59 – www.la-ghiandaia.it
– Fax 05 21 86 10 59 – chiuso dall'8 al 15 gennaio, dall'11 al 17 agosto e lunedì
Rist – *(chiuso a mezzogiorno escluso domenica e festivi)* Carta 33/69 € 🏵
♦ Originale collocazione in un fienile ristrutturato, con un particolare spazio estivo all'aperto nel giardino in riva al fiume. Gustose specialità di pesce, all'insegna della semplicità.

a Pilastro Nord : 9 km – alt. 176 m – ✉ 43013

Ai Tigli 🚗 🔟 ⬡ 🕭 cam, 🏧 🛉 rist, 🕪 🛁 🅿 🚗 VISA ⓪ AE ① ⓢ
via Parma 44 – ℰ 05 21 63 90 06 – www.hotelaitigli.it – Fax 05 21 63 77 42
40 cam ⌲ – †65/75 € ††89/109 € – ½ P 60/78 €
Rist – *(chiuso agosto)* Carta 22/34 €
♦ Semplici le camere realizzate nella struttura principale che dispone anche d'un fresco giardino con piscina; più eleganti quelle che si trovano nella dependance. Gestione familiare. Specialità parmensi di sola carne nella sala da pranzo adiacente l'ingresso.

LANGTAUFERS = Vallelunga

LANZO D'INTELVI – Como (CO) – **561** E9 – 1 427 ab. – alt. 907 m   **16** A2
– ✉ 22024 ▌ Italia

▶ Roma 653 – Como 30 – Argegno 15 – Menaggio 30
🔟, ℰ 031 83 90 60
⬡ Belvedere di Sighignola★★★ : ≼ sul lago di Lugano e le Alpi Sud-Ovest : 6 km

Milano 🚗 ⬡ 🛉 rist, 🕪 🅿 VISA ⓪ ① ⓢ
via Martino Novi 26 – ℰ 0 31 84 01 19 – www.hotelmilanolanzo.com
– Fax 0 31 84 12 00 – Pasqua-ottobre
30 cam ⌲ – †42/52 € ††80/90 € – ½ P 50/65 €
Rist – *(chiuso mercoledì)* Carta 23/29 €
♦ Solida gestione familiare ormai generazionale in un albergo classico abbracciato da un fresco giardino ombreggiato; spazi comuni razionali e camere ben accessoriate. Pareti in caldo color ocra ornate da piccoli quadri nella bella sala ristorante.

Rondanino 🛖   ← 🚗 🏠 **P** **VISA** **⓪** **AE** **⑤**

via Rondanino 1, Nord : 3 km – ℰ *0 31 83 98 58 – www.rondanino.it*
– Fax 0 31 83 36 40

14 cam 🍽 – **♦**48/51 € **♦♦**65/68 € – ½ P 53 €

Rist – *(chiuso mercoledì escluso dal 15 giugno al 15 settembre)* Carta 20/43 €

♦ Nell'assoluta tranquillità dei prati e delle pinete che lo circondano, un rustico caseggiato ristrutturato: spazi interni gradevoli e camere complete di ogni confort. Accogliente sala da pranzo riscaldata da un camino in mattoni; servizio estivo in terrazza.

LANZO TORINESE – Torino (TO) – **561** G4 – 5 351 ab. – alt. 515 m   **22** B2
– ✉ 10074

🚘 Roma 689 – Torino 28 – Aosta 131 – Ivrea 68

🚺 via Umberto I 9 ℰ 0123 28080, info.lanzo@turismotorino.org,
Fax 0123 28091

Trattoria del Mercato   ⅔ **VISA** **⓪** **⑤**

via Diaz 29 – ℰ *0 12 32 93 20 – Fax 01 23 32 97 49 – chiuso dal 15 al 30 giugno*
e giovedì

Rist – Carta 22/41 €

♦ Nato nel 1938 e gestito sempre dalla stessa famiglia, è un locale molto semplice, forse un po' demodè, dove gustare piatti casalinghi della tradizione piemontese.

LA PALUD – Aosta – Vedere Courmayeur

LA PANCA – Firenze – Vedere Greve in Chianti

LAPIO – Vicenza – **562** F16 – Vedere Arcugnano

Un esercizio evidenziato in rosso focalizza il fascino della struttura 🏠 XXX.

L'AQUILA 🅿 (AQ) – **563** O22 – 72 550 ab. – alt. 721 m – ✉ 67100   **1** A2
Italia

🚘 Roma 119 – Napoli 242 – Pescara 105 – Terni 94

🚺 parcheggio Stadio di Rugby Gran Sasso d'Italia, località
Acquasanta ℰ 0862 410808 - 0862 410340 - 0862 22306, presidio.aquila@
abruzzoturismo.it, Fax 0862 65442

◉ Basilica di San Bernardino★★Y – Castello★Y: museo Nazionale
d'Abruzzo★★ – Basilica di Santa Maria di Collemaggio Z – Fontana delle
99 cannelle★Z

◪ Il Gran Sasso★★

San Michele senza rist   🏢 ও 🅰️ 📞 🚗 **VISA** **⓪** **AE** **⓪** **⑤**

via dei Giardini 6 – ℰ *08 62 42 02 60 – www.stmichelehotel.it*
– Fax 0 86 22 70 60   Z**a**

32 cam 🍽 – **♦**65 € **♦♦**90 €

♦ Hotel centrale a gestione familiare; limitati spazi comuni ripagati da ottime e confortevoli camere. Bagni all'avanguardia, frequentemente rinnovati.

Le Rocce dell'Aquila   🅰️ **P** **VISA** **⓪** **AE** **⓪** **⑤**

viale Croce Rossa 40 – ℰ *08 62 41 90 12 – www.leroccedellaquila.com – chiuso*
martedì   Y**a**

Rist – Carta 19/25 €

♦ Quando i prodotti locali incontrano la creatività, non ci si vorrebbe più alzare da tavola.. E' quello che succede in questo piccolo ma originale ristorante, lungo le mura cittadine.

Antiche Mura   ⅓ ⅔ ⇔ **P** **VISA** **⓪** **⑤**

via XXV Aprile 2 ang. via XX Settembre – ℰ *0 86 26 24 22 – chiuso dal 23 al*
29 dicembre, dal 1° al 18 agosto e domenica   Y**b**

Rist – Carta 25/35 €

♦ Ambiente caratteristico in un'antica trattoria arredata in stile locale: sale rese particolari dall'esibizione di utensili, oggetti antichi e foto d'epoca; cucina aquilana.

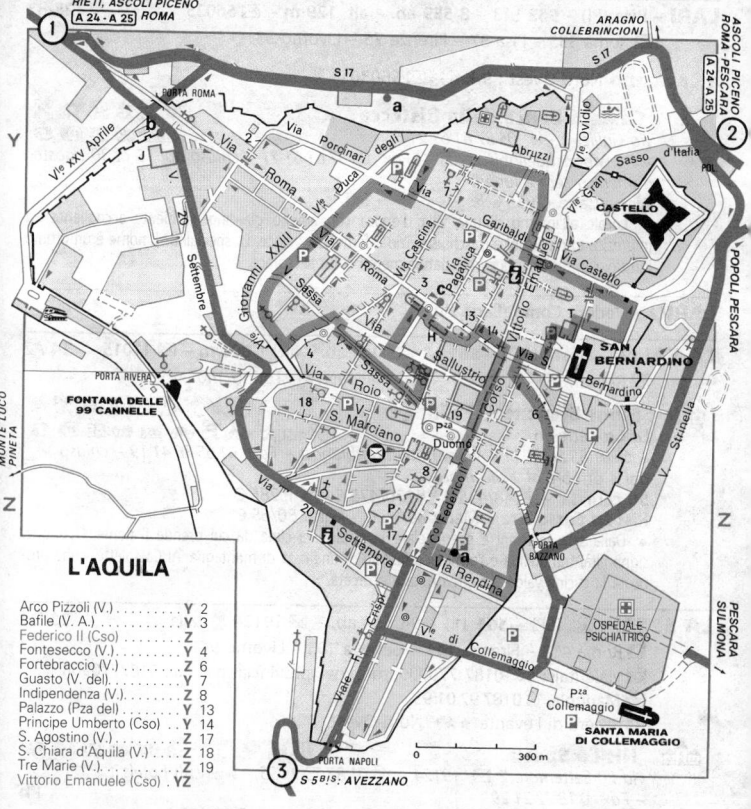

L'AQUILA

a Preturo Nord-Ovest : 8 km – ⊠ 67010

XX   Il Rugantino   ☆ 🗚 ⅍ ♢ 🅿 🆅🅸🆂🅰 ⓪ ċ

*strada statale 80 – 𝒞 08 62 46 14 01 – www.ristoranteilrugantino.it
– Fax 08 62 46 14 01 – chiuso domenica*
Rist – Carta 35/40 €

♦ Nella tranquillità dell'aperta campagna, una villetta con due sale curate e accoglienti: ambiente allegro e "colorato", camino sempre acceso e cucina del territorio.

a Paganica Nord-Est : 9 km – ⊠ 67016

🏠   Parco delle Rose senza rist   🕭 🗚 ⅍ ⁽ᵗ⁾ 🅿 🆅🅸🆂🅰 ⓪ 🅰🅴 ⓪ ċ

strada statale 17 bis n° 43 – 𝒞 08 62 68 01 28 – Fax 08 62 68 01 42
20 cam � – †120 € ††180 €

♦ In posizione isolata e tranquilla, una struttura particolarmente raccolta con camere di sobrio arredamento moderno ed ampie sale ideali per ricevimenti e riunioni di lavoro.

a Camarda Nord-Est : 14 km – ⊠ 67010

XX   Elodia nel Parco con cam   🚗 🗚 ⅍ ⓥ 🅿 🆅🅸🆂🅰 ⓪ 🅰🅴 ⓪ ċ

*via Valle Perchiana – 𝒞 08 62 60 68 30 – www.elodia.it – Fax 08 62 60 88 67
– chiuso lunedì*
5 cam ⊇ – †110 € ††130 € – 4 suites – ††150/170 €
Rist – *(chiuso a mezzogiorno escluso sabato e domenica)* Menu 60 € Carta 43/62 €

♦ Ai piedi di Camarda, Elodia è un piacevole viaggio tra i prodotti abruzzesi: un giacimento gastronomico di zafferano, agnello, legumi e altre delizie. Stile più semplice, ma sapori inalterati, all'*Elodia Osteria Moderna* (aperta anche a mezzogiorno).

LARI – Pisa (PI) – **563** L13 – 8 559 ab. – alt. 129 m – ✉ 56035   **28** B2
- ▶ Roma 335 – Pisa 37 – Firenze 75 – Livorno 33

a Lavaiano Nord-Ovest : 9 km – ✉ 56030

✗ **Castero-Banca della Bistecca**   🍴 🏠 ᴋ 🅰🅲 ✿ 🅿
via Galilei 2 – ℰ 05 87 61 61 21   🆅🅸🆂🅰 ⓿ 🅰🅴 ⓪ 🆚
– www.bancadellabistecca.it – Fax 05 87 61 61 21 – chiuso dal 15 al 30 agosto,
domenica sera e lunedì
Rist – Carta 40/55 € 🍷
◆ Locale all'interno di una villa d'epoca con ameno giardino: ambiente accogliente ed
impreziosito da alcuni affreschi, servizio informale e veloce. La specialità? Il nome è un ottimo
indizio: carne e ancora carne, naturalmente cotta alla brace.

LARIO – Vedere Como (Lago di)

LA SALLE – Aosta (AO) – **561** E3 – 2 044 ab. – alt. 1 001 m – ✉ 11015   **34** A2
- ▶ Roma 775 – Aosta 29 – Courmayeur 14 – Torino 140

🏨 **Mont Blanc Hotel Village** ⌖   ⌖ 🍴 ⛄ 🅃 ⓜ ⋒ ₤₆ ✗ ᴋ
La Croisette 36   ℺ rist, ☏ 🛁 🅿 🚗 🆅🅸🆂🅰 ⓿ 🅰🅴 ⓪ 🆚
– ℰ 01 65 86 41 11 – www.hotelmontblanc.it – Fax 01 65 86 41 19 – chiuso
dal 4 ottobre al 2 dicembre
50 cam ⚏ – ✝148/435 € ✝✝170/475 € – ½ P 286 €
Rist *La Cassolette* – Menu 30/85 € – Carta 50/65 €
◆ Dalla sala colazioni è spettacolare la vista sulla cima da cui prende il nome. Ovunque,
signorilità, tranquillità e l'armonico fascino di una casa di montagna. Al Cassolette viene proposta la cucina valdostana, rivisitata e ricercata.

LA SPEZIA 🅿 (SP) – **561** J11 – 94 634 ab. – ✉ 19124 ▌ Italia   **15** D2
- ▶ Roma 418 – Firenze 144 – Genova 103 – Livorno 94
- 🛈 viale Italia 5ℰ 0187 770900, turiprov@provincia.sp.it, Fax 0187770908
- 🔟 Marigola, ℰ 0187 97 01 93
- 🅖 Riviera di Levante ★★★ Nord-Ovest

🏨 **NH La Spezia**   ⌖ 🍴 🛗 🅃 ⇋ ℺ rist, ☏ 🛁 🆅🅸🆂🅰 ⓿ 🅰🅴 ⓪ 🆚
via 20 Settembre 2 ✉ 19124 – ℰ 01 87 73 95 55 – www.nh-hotels.it
– Fax 01 87 22 11 29   B**b**
110 cam – ✝85/200 € ✝✝110/245 €, ⚏ 16 € – ½ P 87/155 €
Rist – Carta 35/52 €
◆ In posizione panoramica di fronte al mare, imponente hotel vocato all'attività congressuale; luminosa hall, spaziosa e signorile e camere funzionali. Possibilità di un pasto rilassante
nell'ampia sala.

🏨 **Firenze e Continentale** senza rist   🛗 ᴋ 🅃 ⇋ ℺ ☏ 🛁
via Paleocapa 7 ✉ 19122 – ℰ 01 87 71 32 10   🆅🅸🆂🅰 ⓿ 🅰🅴 ⓪ 🆚
– www.hotelfirenzecontinentale.it – Fax 01 87 71 49 30   A**n**
67 cam ⚏ – ✝70/150 € ✝✝74/180 €
◆ Albergo in un palazzo d'inizio '900, vicino alla stazione ferroviaria; gradevoli aree comuni
arredate in modo confortevole, con indovinati accostamenti di colori.

🏠 **Genova** senza rist   🛗 🅃 🆅🅸🆂🅰 ⓿ 🅰🅴 ⓪ 🆚
via Fratelli Rosselli 84/86 ✉ 19121 – ℰ 01 87 73 29 72 – www.hotelgenova.it
– Fax 01 87 73 17 66   A**d**
37 cam ⚏ – ✝80/95 € ✝✝90/135 €
◆ Cordiale gestione familiare in un hotel in pieno centro, ristrutturato di recente; camere
semplici con qualche personalizzazione, gradevole giardino interno.

✗✗ **La Posta**   🅃 🆅🅸🆂🅰 ⓿ 🅰🅴 🆚
via Don Minzoni 24 ✉ 19121 – ℰ 01 87 76 04 37 – Fax 01 87 76 04 37 – chiuso
dal 1° al 20 agosto, domenica   B**d**
Rist – Carta 45/73 € 🍷
◆ Locale di sobria eleganza e buon confort, aperto da pochi anni. In menu: piatti moderni,
che riservano particolare attenzione alle materie prime e ai prodotti di stagioni. Un indirizzo
da non trascurare.

LA SPEZIA

Il Ristorantino di Bayon

via Felice Cavallotti 23 ⊠ 19121 – ℰ 01 87 73 22 09 – chiuso dal 10 al 20 marzo, dal 10 al 20 settembre, domenica

B a

Rist – Carta 29/58 €

♦ Giovane gestione e un'intima atmosfera in questo piccolo locale in un vicolo del centro. Estrema cura tanto negli arredi quanto nella cucina che propone fragranti proposte di mare. Aperitivo e servizio compresi nel prezzo.

L'Osteria della Corte

via Napoli 86 ⊠ 19122 – ℰ 01 87 71 52 10 – www.osteriadellacorte.com – Fax 01 87 93 38 95 – chiuso lunedì a mezzogiorno

A a

Rist – Carta 24/59 €

♦ Appassionata gestione familiare in un accogliente locale dai toni rustici e con piacevole cortile interno. La cucina propone stuzzicanti piatti di matrice mediterranea.

LA STRADA CASALE – Ravenna – **562** J17 – Vedere Brisighella

---

LA THUILE – Aosta (AO) – **561** E2 – 790 ab. – alt. 1 441 m – Sport invernali : 1 441/2 642 m ⭢ 1 ⭢ 17 (impianti collegati con La Rosière - Francia) ⭢ – ⊠ 11016

34 A2

▶ Roma 789 – Aosta 40 – Courmayeur 15 – Milano 227

🛈 via Marcello Collomb 4 ℰ 0165 884179, aiat@lathuile.it, Fax 0165 885196

Martinet senza rist

frazione Petite Golette 159 – ℰ 01 65 88 46 56 – Fax 01 65 88 46 56

10 cam ⊇ – †28/45 € ††50/100 €

♦ Piccolo albergo ubicato in una frazione di La Thuile, immerso nella pace e nel silenzio dei monti, in posizione panoramica; spazi interni semplici e lineari.

LATINA P (LT) – 563 R20 – 115 490 ab. – alt. 21 m – ⊠ 04100 13 C3

▶ Roma 68 – Frosinone 52 – Napoli 164

🛈 via Duca del Mare 19 ℰ 0773 480672, info@aptlatinaturismo.it,
Fax 0773 661266

🏨 Rose senza rist 🛗 ᴋ AC ⇆ ⁽ᵖ⁾ ᵴᴬ P VISA ⓵ AE ⓸ ⛟

via dei Volsini 28 – ℰ 07 73 26 87 44 – www.rosehotelmaggiora.it
– Fax 07 73 26 80 70
72 cam � – ♦60/100 € ♦♦65/105 €
♦ Hotel in zona semi-centrale dotato di camere classiche e funzionali, ideale per la clientela
d'affari. Spazi comuni caratterizzati da legno chiaro e inserti blu.

✕✕ Enoteca dell'Orologio 🛗 AC ⅍ ⇔ VISA ⓵ AE ⛟

piazza del Popolo 20 – ℰ 07 73 47 36 84 – www.enotecadellorologio.it
– Fax 07 73 35 85 42 – chiuso domenica, lunedì a mezzogiorno e i giorni festivi
Rist – Carta 42/66 €
♦ Accogliente locale di tono elegante dove provare piatti della tradizione, serviti all'aperto
in estate. Allettanti e più semplici proposte anche nell'adiacente enoteca.

✕ Hosteria la Fenice AC ⅍ VISA ⓵ AE ⓸ ⛟

via Bellini 8 – ℰ 07 73 24 02 25 – www.hosterialafenice.it – chiuso dal 23 al
30 dicembre, 1 settimana in luglio, 1 settimana in agosto, domenica e sabato
mezzogiorno da giugno ad agosto, domenica sera e mercoledì negli altri mesi
Rist – Carta 26/45 € 🕸
♦ Poco fuori dal centro, un'interpretazione moderna e piacevole dell'ambiente dell'osteria.
La cucina affronta piatti dei territori d'Italia con approccio pacatamente creativo.

a Lido di Latina Sud : 9 km – ⊠ 04010 Borgo Sabotino

✕✕ Pino Il Tarantino ⇐ 🛗 AC ⅍ VISA ⓵ AE ⓸ ⛟

via lungomare 2509, località Foce Verde – ℰ 07 73 27 32 53 – Fax 07 73 27 32 53
– chiuso 15 giorni in gennaio, 15 giorni in settembre e mercoledì
Rist – Carta 32/60 €
♦ Locale tradizionale dalla conduzione solida ed esperta. Nella curata e capiente sala potrete
gustare pesce e crostacei preparati con buona tecnica e capacità. Piccolo e piacevole dehors
per la bella stagione.

✕✕ Il Funghetto 🚗 🛗 P VISA ⓵ AE ⓸ ⛟

strada Litoranea 11412, località Borgo Grappa – ℰ 07 73 20 80 09
– www.ristoranteilfunghetto.it – Fax 07 73 20 80 09 – chiuso 10 giorni in gennaio,
dal 1° al 15 settembre e mercoledì, anche domenica sera da settembre a giugno
Rist – (chiuso a mezzogiorno in luglio-agosto escluso sabato e domenica)
Menu 35/50 € – Carta 41/74 € 🕸
♦ Dietro i fornelli e in sala lavora ormai la seconda generazione della medesima famiglia, e
lo stile del locale continua a migliorare, tanto tra i tavoli quanto in cucina.

a Borgo Faiti Est : 10 km – ⊠ 04010

✕✕ Locanda del Bere ᴋ AC ⅍ ⇔ VISA ⓵ AE ⓸ ⛟

via Foro Appio 64 – ℰ 07 73 25 86 20 – Fax 07 73 25 86 20 – chiuso dal 15 al
30 agosto e domenica
Rist – Carta 33/48 €
♦ Solida gestione per questo ristorante dall'accogliente e calda atmosfera. Le proposte della
cucina si orientano su piatti di carne, in inverno, e sul pesce nei mesi più caldi.

LATISANA – Udine (UD) – 562 E20 – 13 409 ab. – alt. 9 m – ⊠ 33053 10 B3

▶ Roma 598 – Udine 41 – Gorizia 60 – Milano 337

🏨 Bella Venezia 🚗 🛗 🛗 AC cam. ⁽ᵖ⁾ ᵴᴬ P VISA ⓵ AE ⛟

via del Marinaio 3 – ℰ 04 31 59 64 7 – www.hotelbellavenezia.it
– Fax 04 31 59 64 9 – chiuso dal 25 dicembre all' 8 gennaio
23 cam � – ♦55/65 € ♦♦85 €
Rist Bella Venezia – ℰ 04 31 50 21 6 (chiuso lunedì) Carta 30/48 €
♦ Una semplice costruzione bianca cinta da un rilassante giardino ombreggiato: spazi interni
ariosi e confortevoli, arredati in modo essenziale e camere tradizionali. Primeggia il pesce
nell'accogliente sala da pranzo dall'atmosfera un po' retrò.

LATSCH = Laces

LAURA – Caserta – **564** F26 – Vedere Paestum

LAURIA – Potenza (PZ) – **564** G29 – **13 541 ab.** – alt. 430 m   **3** B3
> ◫ Roma 406 – Cosenza 126 – Potenza 129 – Napoli 199

a Pecorone Nord : 5 km – ✉ 85044

✗   **Da Giovanni**   **P** *VISA* **⬤** **AE** **①** **ċ**
    – ✆ *09 73 82 10 03 – Fax 09 73 82 14 83*
    Rist – Carta 14/22 €
    ♦ Bar-ristorante in stile fresco e moderno con proposte casalinghe a base, soprattutto, di carne alla brace. La quarantennale esperienza della cuoca è una garanzia!

LAVAGNA – Genova (GE) – **561** J10 – **13 134 ab.** – ✉ 16033   **15** C2
> ◫ Roma 464 – Genova 41 – Milano 176 – Rapallo 17
> 🛈 piazza della Libertà 48/a ✆ 0185 395070, iatlavagna@apttigullio.liguria.it, Fax 0185 392442

🏠   **Tigullio**   *Ⅰ₅* **|≡|** **AC** rist, *%* rist, *VISA* **⬤** **ċ**
    via Matteotti 1 – ✆ *01 85 39 29 65 – www.hoteltigullio.com – Fax 01 85 39 02 77*
    – chiuso dal 20 al 27 marzo e dal 25 ottobre al 22 dicembre
    39 cam ☁ – †50/70 € ††75/100 € – ½ P 54/64 €
    Rist – (chiuso dal 20 al 27 marzo e dal 30 settembre al 22 dicembre)
    Menu 19/25 €
    ♦ Nuova ed esperta gestione diretta in una struttura anni '50, rimodernata nel corso degli anni, situata in zona centrale; arredi non nuovi, ma tenuti in modo impeccabile. Pareti dipinte con paesaggi marini nella semplice sala ristorante.

🏠   **Ancora Riviera**   ⛱ **|≡|** *%* rist, *«¶»* *VISA* **⬤** **AE** **①** **ċ**
    via dei Devoto 81 – ✆ *01 85 30 85 80 – www.hotelancorariviera.com*
    – Fax 01 85 30 01 90
    28 cam ☁ – †55/75 € ††70/120 €
    Rist – (marzo-novembre) (chiuso a mezzogiorno) Menu 20 €
    ♦ Attenta e cordiale gestione familiare in un hotel fronte porto: in costante miglioramento dispone di camere dal confort attuale.

✗✗   **Il Gabbiano**   ≼ **AC** **P** *VISA* **⬤** **ċ**
    via San Benedetto 26, Est : 1,5 km – ✆ *01 85 39 02 28*
    – www.ristoranteilgabbiano.com – Fax 01 85 39 02 28 – chiuso 1 settimana in
    gennaio, 1 settimana in febbraio, 2 settimane in novembre, lunedì,
    anche martedì da novembre a febbraio
    Rist – Carta 28/41 €
    ♦ In posizione panoramica sulle prime colline prospicienti il mare, specialità ittiche e di terra da gustare nell'accogliente sala o nella veranda con vista.

LAVAGNO – Verona (VR) – **561** F15 – **6 222 ab.** – alt. 70 m – ✉ 37030   **37** B3
> ◫ Roma 520 – Verona 15 – Milano 174 – Padova 733

✗   **Antica Ostaria de Barco**   ≼ *�☆* *%* **P** *VISA* **⬤** **ċ**
    via Barco di Sopra 5 ✉ 37030 San Briccio – ✆ *04 58 98 04 20*
    – Fax 04 58 98 04 20 – chiuso dal 1° al 7 gennaio e dal 9 al 15 agosto
    Rist – Carta 29/41 €
    ♦ Tra i vigneti, in una casa colonica riadattata conservando l'architettura originale, un ristorante in cui si entra passando dalla cucina. Servizio estivo in terrazza.

LAVAIANO – Pisa – **563** L13 – Vedere Lari

LAVENO MOMBELLO – Varese (VA) – **561** E7 – **9 049 ab.**   **16** A2
– alt. 200 m – ✉ 21014 ▮ Italia
> ◫ Roma 654 – Stresa 22 – Bellinzona 56 – Como 49
> 🚢 per Verbania-Intra – Navigazione Lago Maggiore, ✆ 0332 667128
> 🛈 piazza Italia 2 ✆ 0332 668785
> ◎ Sasso del Ferro★★ per cabinovia

XXX **Il Porticciolo** con cam ⟨⟨ 🛋 ℀ cam, 🛜 🅿 VISA ⓒⓞ ⑤
*via Fortino 40, Ovest : 1,5 km – ℰ 03 32 66 72 57 – www.ilporticciolo.com
– Fax 03 32 66 67 53 – chiuso una settimana in novembre e dal 23 gennaio al
6 febbraio*
11 cam � – †80/130 € ††100/180 € – ½ P 80/120 €
Rist – *(chiuso i mezzogiorno di martedì e mercoledì in luglio-agosto, anche
martedì sera negli altri mesi)* Carta 51/71 €
♦ L'incanto del lago rivaleggia con la cucina moderna e creativa di questo raffinato ristorante
dal soffitto a volte e pilastri in pietra a vista. D'estate, non rinunciate alla romantica terrazza.

LA VILLA = STERN – Bolzano – Vedere Alta Badia

LAVIS – Trento (TN) – **562** D15 – 8 365 ab. – alt. 232 m – ✉ 38015   **30** B3
▶ Roma 587 – Trento 9 – Bolzano 49 – Verona 101

a Sorni Nord : 6,5 km – ✉ 38015 Lavis

X **Trattoria Vecchia Sorni** 🛋 ⅙ ℀ VISA ⓒⓞ ⑤
ⓐ *piazza Assunta 40 – ℰ 04 61 87 05 41 – Fax 04 61 87 05 41 – chiuso dal 1° al
21 marzo, domenica sera e lunedì*
Rist – *(consigliata la prenotazione)* Carta 28/37 €
♦ Semplice e genuina gestione familiare con tutte le caratteristiche della trattoria all'italiana...salvo, poi, lasciarsi sorprendere da una cucina curata e ben presentata. Terrazza panoramica sulla valle.

LAZISE – Verona (VR) – **562** F14 – 6 551 ab. – alt. 76 m – ✉ 37017   **35** A3
▶ Roma 521 – Verona 22 – Brescia 54 – Mantova 60
🛈 via Francesco Fontana 14 ℰ 045 7580114, iatlazise@provincia.vr.it,
Fax 045 7581040
🖸 Cà degli Ulivi, ℰ 045 6 27 90 30

🏨 **Lazise** senza rist ⛱ 🛗 AC ↲ ℀ 🅿 🚗 VISA ⓒⓞ ⑤
*via Manzoni 10 – ℰ 04 56 47 04 66 – www.hotellazise.it – Fax 04 56 47 01 90
– aprile-20 ottobre*
73 cam ⊔ – †60/100 € ††80/150 €
♦ Gestione familiare, una meravigliosa posizione e una piacevole atmosfera d'ispirazione contemporanea negli ampi e luminosi ambienti di questo hotel che possiede persino un'enorme piscina.

🏨 **Cangrande** senza rist ⅙ AC ↲ 🅿 VISA ⓒⓞ ⑤
*corso Cangrande 16 – ℰ 04 56 47 04 10 – www.cangrandehotel.it
– Fax 04 56 47 03 90 – chiuso dal 20 dicembre al 20 febbraio*
18 cam ⊔ – †65/80 € ††110/135 € – 1 suite
♦ In un bell'edificio del 1930 addossato alle mura, sorto come sede di cantine vinicole, un
albergo con camere di taglio moderno. Junior suite ricavata in un'antica torretta. Accanto la
cantina vinicola di proprietà.

🏨 **Villa Cansignorio** senza rist 🚗 AC ↲ ℀ 🅿 VISA ⓒⓞ AE ① ⑤
*corso Cangrande 30 – ℰ 04 57 58 13 39 – www.artedelbere.com
– Fax 04 56 47 06 18 – marzo-novembre*
8 cam ⊔ – †95/109 € ††105/120 €
♦ Signorili interni, poche le camere a disposizione degli ospiti ma deliziose e ben arredate in
questa elegante villa situata in pieno centro; il giardino confina con le mura di cinta.

🏨 **Giulietta Romeo** senza rist 🚗 ⛱ 🎇 🛗 ⅙ AC ↲ ℀ 🛜 🅿
via Dosso 1/2 – ℰ 04 57 58 02 88   VISA ⓒⓞ AE ⑤
– www.hotelgiuliettaromeo.com – Fax 04 57 58 01 15 – marzo-novembre
48 cam ⊔ – †60/140 € ††100/150 €
♦ Calorosa accoglienza in un albergo fuori dal centro (comunque raggiungibile a piedi), immerso
in un grande giardino con piscina; interni accoglienti e camere rinnovate. Servizio tavola calda.

🏠 **Le Mura** senza rist ⛱ AC 🅿 VISA ⓒⓞ ⑤
*via Bastia 4 – ℰ 04 57 58 01 89 – www.hotel-lemura.com – Fax 04 56 47 91 33
– marzo-novembre*
26 cam ⊔ – †56/71 € ††88/108 €
♦ Molto belle le 4 camere recentemente realizzate. Poco fuori le mura che circondano la cittadina, hotel semplice, ma ben tenuto con una piccola piscina esterna.

✕ **Il Porticciolo** ≤ 🏠 ✕ **P** VISA ✖ AE ⓪ ⚡

lungolago Marconi 22 – 𝒞 04 57 58 02 54 – Fax 04 57 58 02 54 – chiuso dal 23 dicembre al 5 febbraio, martedì

Rist – Carta 27/40 €

♦ Un locale in posizione panoramica, ideale per gli appassionati del pesce d'acqua dolce: gustose proposte di piatti del territorio in un ambiente curato e distinto.

✕ **Alla Grotta** con cam 🏠 AC ↳ **P** VISA ✖ ⚡

😊 *via Fontana 8 – 𝒞 04 57 58 00 35 – www.allagrotta.it – Fax 04 57 58 00 35 – 15 febbraio-15 dicembre*

12 cam – ♦♦75/85 €, ⊑ 9 € **Rist** – *(chiuso martedì)* Carta 26/51 €

♦ Proposte ittiche di mare e lago in questo piacevole e frequentatissimo ristorante all'interno di un edificio d'epoca sul lungolago; gradevole servizio estivo all'aperto. Di due tipologie le camere: perfettamente accessoriate quelle moderne, più semplici ma confortevoli quelle classiche

sulla strada statale 249 Sud : 1,5 km :

🏨 **Casa Mia** 🚲 🏠 ☃ ⅏ ✕ AC cam, ↳ ✕ 👥 **P** VISA ✖ AE ⓪ ⚡

via del Terminon 1 ✉ 37017 – 𝒞 04 56 47 02 44 – www.hotelcasamia.com – Fax 04 57 58 05 54 – marzo-6 novembre

43 cam ⊑ – ♦67/140 € ♦♦92/152 € – ½ P 67/98 € **Rist** – Carta 30/50 €

♦ Un soggiorno d'affari o di svago, lontano dall'animato centro storico, in un grande complesso con uno splendido giardino; camere di diverse tipologie, tutte comunque funzionali. Ambiente semplice nella classica e spaziosa sala da pranzo.

LECCE 🅿 (LE) – 564 F36 – 94 178 ab. – alt. 51 m – ✉ 73100 ▌Italia 27 D2

▶ Roma 601 – Brindisi 38 – Napoli 413 – Taranto 86

🅹 corso Vittorio Emanuele 24 𝒞 0832 332463, aptlecce@pugliaturismo.com

🔟 Acaya, 𝒞 0832 86 13 78

◉ Città barocca★★★ - Basilica di Santa Croce★★ Y – Piazza del Duomo★★: pozzo★ del Seminario Y – Museo provinciale Castromediano★: collezione di ceramiche★★ Z **M** – Chiesa di San Matteo★ Z – Chiesa del Rosario★ YZ – Altari★ nella chiesa di Sant'Irene Y

Pianta pagina seguente

🏨 **Risorgimento Resort** 🕉 ♨ 🛗 ♿ AC ↳ 📶 👥 VISA ✖ AE ⓪ ⚡

via Imperatore Augusto 19 – 𝒞 08 32 24 63 11 – www.risorgimentoresort.it – Fax 08 32 24 59 76 Yd

45 cam ⊑ – ♦130/234 € ♦♦150/340 € – 2 suites

Rist *Le Quattro Spezierie* – *(chiuso lunedì)* *(consigliata la prenotazione)* Carta 42/56 €

Rist *Dogana Vecchia* – Carta 31/41 €

♦ Un albergo esclusivo nei pressi della centrale piazza Oronzo, il risultato del recupero di un antico palazzo, l'attenzione e la cura posta nella scelta dei materiali e dei confort sono garanzia di un soggiorno al *top*. Cucina raffinata nel moderno ristorante *Le Quattro Spezierie*. Cucina "informale" al *Dogana Vecchia*.

🏨 **Patria Palace Hotel** 🛗 ♿ cam, AC ✕ rist, 📶 👥 🚗

piazzetta Gabriele Riccardi 13 – 𝒞 08 32 24 51 11 VISA ✖ AE ⓪ ⚡

– www.patriapalacelecce.com – Fax 08 32 24 50 02 Yb

67 cam ⊑ – ♦130/200 € ♦♦190/350 € – ½ P 130/220 € **Rist** – Carta 35/54 €

♦ In centro, l'elegante hotel dispone di spazi comuni piacevolmente arredati in legno e camere in stile moderno, lievemente liberty, impreziosite da antichi inserti decorativi. In cucina, proposte accattivanti legate alla tradizione ma sapientemente rielaborate con gusto e ricercatezza.

🏨 **Delle Palme** 🛗 AC 📶 👥 **P** VISA ✖ AE ⓪ ⚡

😊 *via di Leuca 90 – 𝒞 08 32 34 71 71 – www.hoteldellepalmelecce.it – Fax 08 32 34 71 71* Xe

96 cam ⊑ – ♦75/140 € ♦♦110/190 € – ½ P 70/130 € **Rist** – Menu 20 €

♦ Non distante dal centro, dispone di un comodo posteggio, accoglienti zone comuni rivestite in legno ed arredate con poltrone in pelle e camere dai letti in ferro battuto. Discretamente elegante, il ristorante propone una cucina classica ed è ideale per ospitare conferenze, manifestazioni e colazioni di lavoro.

LECCE

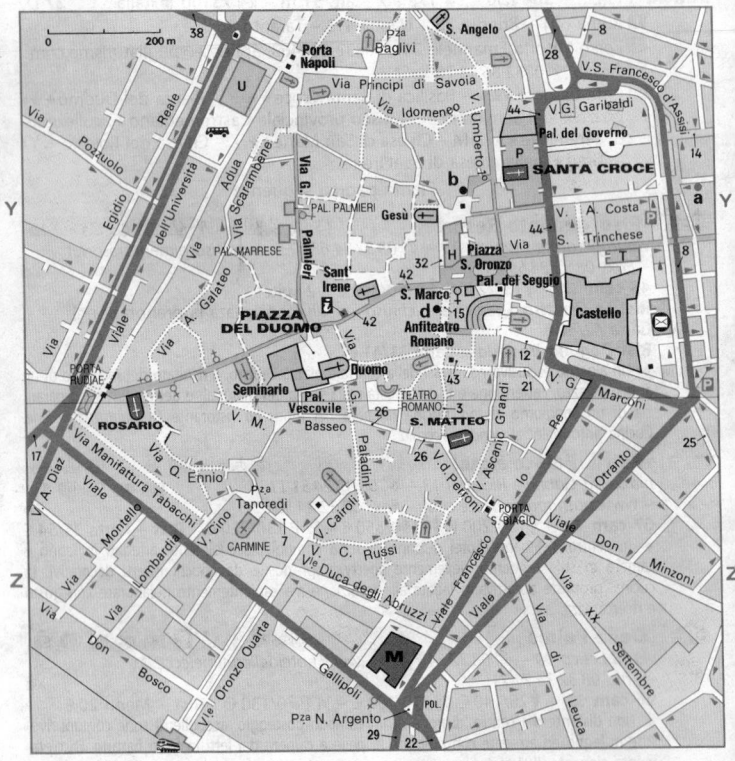

508

🏨 **Eos Hotel** senza rist 🅿 ⬛ 🅰 ↵ 🛜 ♨ 🚲 VISA ⬤⬤ AE ⓘ ⬥
viale Alfieri 11 – 𝒞 08 32 23 00 30 – www.eoshotel.it – Fax 08 32 34 78 40
30 cam ⥱ – †75/115 € ††100/190 €   Xe
♦ E' un omaggio al Salento questo design hotel dalla facciata in pietra leccese. Gli interni sono moderni, lineari, ma sempre ispirati a questa terra. Lo spazio per la prima colazione diventa anche wine-bar ed offre un servizio piatti freddi e snack, 24 ore su 24. Piccola sala riunioni all'ultimo piano.

✗ **Osteria degli Spiriti** ⬛ ⅍ VISA ⬤⬤ AE ⓘ ⬥
*via Cesare Battisti 4 – 𝒞 08 32 24 62 74 – www.osteriadeglispiriti.it
– Fax 08 32 24 62 74 – chiuso 2 settimane in settembre e domenica sera*
Rist – Carta 22/51 €   Ya
♦ Vicino ai giardini pubblici, una trattoria dagli alti soffitti, tipici di una vecchia masseria, con ambienti arredati in legno e cucina pugliese. E' consigliabile prenotare.

LECCO 🅿 (LC) – **561** E10 – **47 325 ab.** – alt. 214 m – ⊠ **23900** 📗 Italia   **18** B1
▶ Roma 621 – Como 29 – Bergamo 33 – Lugano 61
🛈 via Nazario Sauro 6 𝒞 0341 295720, info.turismo@provincia.lecco.it, Fax 0341 295730
🖼, 𝒞 0341 57 95 25
⊙ Lago★★★

Pianta pagina seguente

🏨 **NH Pontevecchio** 🅿 ⬛ 🅰 ↵ ⅍ rist, 🛜 ♨ VISA ⬤⬤ AE ⓘ ⬥
*via Azzone Visconti 84 – 𝒞 03 41 23 80 00 – www.nh-hotels.it
– Fax 03 41 28 66 32*   BZa
111 cam ⥱ – †69/179 € ††79/189 € – 2 suites – ½ P 70/125 €
Rist – Carta 38/59 €
♦ Circondato dai monti, albergo moderno a vocazione congressuale, con amena terrazza-solarium: spazi comuni di taglio lineare ed eleganti camere d'ispirazione contemporanea. Ariosa sala da pranzo dalle linee essenziali; servizio in terrazza con vista sull'Adda.

🏨 **Alberi** senza rist ⩽ 🅿 ⬛ 🅰 ⅍ 🛜 VISA ⬤⬤ AE ⓘ ⬥
*lungo Lario Isonzo 4 – 𝒞 03 41 35 09 92 – www.hotelalberi.it
– Fax 03 41 35 08 95 – chiuso dal 23 dicembre al 7 gennaio*   AZa
20 cam – †60/80 € ††80/95 €, ⥱ 8 €
♦ Hotel di recente costruzione a gestione diretta, in posizione panoramica di fronte al lago: aree comuni essenziali, belle camere di tono moderno, spaziose e confortevoli.

✗✗ **Nicolin** ⌂ ⅍ ⟳ 🅿 VISA ⬤⬤ AE ⓘ ⬥
*via Ponchielli 54, località Maggianico, 3,5 km per ② – 𝒞 03 41 42 21 22
– Fax 03 41 42 21 22 – chiuso dal 26 dicembre al 3 gennaio, agosto, domenica sera e martedì*
Rist – Menu 50/60 € – Carta 44/64 €
♦ Gestito dalla stessa famiglia da oltre trent'anni, locale con proposte tradizionali affiancate da piatti più fantasiosi e da buona cantina; servizio estivo in terrazza.

✗✗ **Al Porticciolo 84** (Fabrizio Ferrari) ⌂ VISA ⬤⬤ AE ⓘ ⬥
*via Valsecchi 5/7, per via Don Pozzi – 𝒞 03 41 49 81 03 – www.alporticciolo.it
– Fax 03 41 25 84 38 – chiuso dal 1° al 10 gennaio, 10 giorni in giugno, agosto, lunedì, martedì*   BY
Rist – (chiuso a mezzogiorno escluso i giorni festivi) Carta 61/75 €
Spec. Tavolozza di pescato crudo nella fantasia dello chef. Tagliatelle di pasta fresca al cacao, gamberi rossi all'amaretto, maggiorana e pepe di Szechuan. Noci di San Pietro con grano spezzato alla scorza di limone e pistacchi, acquerello di peperone rosso.
♦ Lungo la strada della Valsassina, il ristorante si trova in un piacevole vicolo di un quartiere periferico. Cucina di mare rispettosa del pescato in preparazioni gustose.

✗ **Trattoria Vecchia Pescarenico** ⬛ VISA ⬤⬤ AE ⓘ ⬥
*via Pescatori 8 – 𝒞 03 41 36 83 30 – www.vecchiapescarenico.it
– Fax 03 41 36 83 30 – chiuso dal 15 al 31 agosto, dal 1° al 15 gennaio e lunedì*
Rist – (chiuso a mezzogiorno) Carta 34/47 €   BZb
♦ Nel vecchio borgo di pescatori de "I Promessi Sposi" troverete una trattoria semplice, dall'ambiente simpatico e accogliente dove vi attenderà una gustosa cucina di mare.

LECCO

LE CLOTES – Torino – Vedere Sauze d'Oulx

LEGGIUNO – Varese (VA) – 3 444 ab. – alt. 240 m – ✉ 21038   **16** A2
▶ Roma 663 – Milano 76 – Varese 24 – Bellinzona 93

XX   **La Fontana**   🛋 🤵 **P** 🆚 🔘 **AE** ⚡

via Europa 6, località Cellina, Sud-Ovest: 1 km – ℰ 03 32 64 73 96
– www.ristorantelafontanaleggiuno.it – chiuso dal 10 gennaio al 10 febbraio e
mercoledì

Rist – Carta 32/44 €

♦ Esperta conduzione familiare in un locale classico, composto da due accoglienti
salette, dove gustare una cucina regionale che non scende a compromessi con la scelta delle
materie prime. Interessante, il rapporto qualità/prezzo.

LEGNAGO – Verona (VR) – 562 G15 – 25 311 ab. – alt. 16 m – ✉ 37045   **35** B3
▶ Roma 476 – Verona 43 – Mantova 44 – Milano 195

a San Pietro Ovest : 3 km – ✉ 37045 San Pietro Di Legnago

🏨   **Pergola**   🛦 🖨 🕭 🔤 ↻ 🤵 📶 🛋 **P** 🚗 🆚 🔘 **AE** ① ⚡

via Verona 140 – ℰ 04 42 62 91 03 – www.hotelpergola.com
– Fax 04 42 62 91 10 – chiuso dal 10 al 20 agosto

80 cam ⏶ – †47/100 € ††70/150 €

Rist Pergola – (chiuso dal 26 dicembre al 10 gennaio, dal 1° al
25 agosto, venerdì e domenica sera) Carta 29/41 € ❀

♦ Ambienti accoglienti e luminosi, periodicamente sottoposti a piccoli interventi di miglioramento, per questa valida struttura sita in zona industriale. Piacevoli e ben tenute le camere.
Al ristorante: classiche sale di diversa capienza e dal coperto elegante, dove gustare le prelibatezze della casa.

LEGNANO – Milano (MI) – 561 F8 – 56 942 ab. – alt. 199 m – ✉ 20025   **18** A2
▶ Roma 605 – Milano 28 – Como 33 – Novara 37

🏨   **2 C** senza rist   🖨 🕭 🔤 🤵 ↻ **P** 🚗 🆚 🔘 **AE** ① ⚡

via Colli di Sant'Erasmo 51 – ℰ 03 31 44 01 59 – www.hotel2c.it
– Fax 03 31 44 00 90

60 cam ⏶ – †75/100 € ††120/145 €

♦ In comoda posizione di fronte all'ospedale cittadino, l'albergo è stato recentemente
ampliato ed offre funzionali spazi comuni e confortevoli camere in stile moderno.

🏨   **Antico Albergo Madonna**   🖨 🕭 🔤 ↻ **P** 🆚 🔘 **AE** ① ⚡

corso Sempione 123 – ℰ 03 31 45 49 49 – www.albergomadonna.it
– Fax 03 31 54 00 41 – chiuso dal 20 dicembre al 6 gennaio e dall'8 al 22 agosto

18 cam – †48/115 € ††88/195 €, ⏶ 10 €

Rist Il Boccondivino – vedere selezione ristoranti

♦ Piccola ed accogliente struttura a conduzione familiare. Buona insonorizzazione anche
nelle camere più moderne, che danno sulla statale del Sempione.

X   **Il Boccondivino** – Antico Albergo Madonna   🔤 ↻ **P** 🆚 🔘 **AE** ⚡

corso Sempione 125 – ℰ 03 31 59 64 08 – www.albergomadonna.it
– Fax 03 31 54 00 41 – chiuso dal 20 dicembre al 6 gennaio, dall'8 al
22 agosto, sabato a mezzogiorno e domenica

Rist – Carta 27/35 €

♦ Ambiente raccolto ed accogliente in un locale gestito con passione e competenza. Menù
invitante per una cucina classica e di stagione affiancata da una buona carta dei vini.

LEGNARO – Padova (PD) – 562 F17 – 8 260 ab. – alt. 10 m – ✉ 35020   **36** C3
▶ Roma 508 – Venezia 48 – Padova 20 – Rovigo 50

🏨   **AB Baretta**   🚗 🕭 🔤 🤵 ↻ 🛋 **P** 🆚 🔘 **AE** ⚡

Via Roma 33 – ℰ 04 98 83 03 92 – www.albergobaretta.it

17 cam ⏶ – †55/65 € ††90/120 € – ½ P 85 €

Rist – (chiuso dal 26 dicembre al 7 gennaio, domenica sera e lunedì)
Carta 30/70 €

♦ Piacevole hotel, dall'allegra conduzione familiare, propone camere lineari in due strutture
separate. Suggestive sale ristorante in una villa del 1700, dove arte e cultura accompagnano specialità ittiche.

LE GRAZIE – La Spezia – 561 J11 – Vedere Portovenere

LE MOTTE – Sondrio – **Vedere Bormio**

LENNO – Como (CO) – **561** E9 – **1 846 ab.** – **alt. 200 m** – ✉ **22016** **16** A2

▶ Roma 652 – Como 27 – Menaggio 8 – Milano 75

🏨 **Lenno** 🌙 < 🏊 ♨ 🛗 ♿ [AC] 🚭 rist, 🅿 🚗 [VISA] [MC] [AE] ⦿ 💲

via Lomazzi 23 – ☎ 0 34 45 70 51 – www.albergolenno.com – Fax 0 34 45 70 55 – chiuso dal novembre a febbraio

46 cam ☕ – 👤70/135 € 👥100/180 € – ½ P 100/115 €

Rist – *(chiuso a mezzogiorno)* Menu 25 €

◆ Ospitalità signorile in hotel moderno in posizione panoramica sul delizioso e tranquillo lungolago; ampie camere ben accessoriate, con vista sulla quieta distesa d'acqua. Ariosa sala da pranzo, con grandi vetrate che "guardano" un incantevole paesaggio.

🏨 **San Giorgio** 🌙 < 🌳 🎾 🛗 🚭 📞 🅿 [VISA] [MC] [AE] ⦿ 💲

via Regina 81 – ☎ 0 34 44 04 15 – www.sangiorgiolenno.com – Fax 0 34 44 15 91 – aprile-ottobre

26 cam – 👥130/150 €, ☕ 10 € – ½ P 103/113 € **Rist** – Carta 30/38 €

◆ Splendida veduta su lago e monti da un albergo circondato da un piccolo parco ombreggiato digradante sull'acqua; accoglienti interni signorili ricchi di arredi d'epoca.

LENTATE SUL SEVESO – Milano (MI) – **561** E9 – **15 156 ab.** – **alt. 250 m** – ✉ **20030** **18** B1

▶ Roma 599 – Milano 26 – Bergamo 59 – Como 18

🍴🍴🍴 **Le Groane** 🪑 ⛱ ♿ 🚭 🅿 [VISA] [MC] [AE] ⦿ 💲

via Nazionale dei Giovi 101 – ☎ 03 62 57 21 19 – chiuso dal 1° al 6 gennaio, dal 16 al 30 agosto, sabato a mezzogiorno, martedì

Rist – Carta 42/56 €

◆ Al piano terra di un villino periferico, elegante e luminosa sala ornata da numerose piante che la rendono ancora più "fresca"; molto gradevole il servizio estivo in giardino.

LEONESSA – Rieti (RI) – **563** O20 – **2 635 ab.** – ✉ **02016** **13** C1

▶ Roma 131 – Rieti 37 – Terni 50 – L'Aquila 66

🍴 **Leon d'Oro** 🚭 [VISA] [MC] [AE] ⦿ 💲

corso San Giuseppe 120 – ☎ 07 46 92 33 20 – Fax 07 46 92 26 42 – chiuso lunedì

Rist – Carta 21/46 €

◆ Griglia e camino a vista per la cottura delle carni in questo accogliente locale rustico nel cuore della città, un ambiente simpatico ed informale, in cui regna la mano femminile.

LEONFORTE (EN) – **565** O25 – **vedere Sicilia alla fine dell'elenco alfabetico**

LE REGINE – Pistoia – **563** J14 – **Vedere Abetone**

LERICI – La Spezia (SP) – **561** J11 – **10 667 ab.** – ✉ **19032** ▮ Italia **15** D2

▶ Roma 408 – La Spezia 11 – Genova 107 – Livorno 84

[i] via Biaggini 6-località Venere Azzurra ☎ 0187 967346, Fax 0187 969417

⛳ Marigola, ☎ 0187 97 01 93

🏨 **Doria Park Hotel** 🌙 < 🪑 ⛱ 🛗 [AC] 🚭 rist, 📶 🅿 [VISA] [MC] [AE] ⦿ 💲

via privata Doria 2 – ☎ 01 87 96 71 24 – www.doriaparkhotel.it – Fax 01 87 96 64 59

53 cam ☕ – 👤80/150 € 👥115/185 € **Rist** – *(chiuso dal 15 dicembre al 15 gennaio e domenica) (chiuso a mezzogiorno)* Carta 50/68 €

◆ In posizione tranquilla, sulla collina che domina Lerici, un hotel dotato di terrazza con suggestiva vista sul golfo; piacevoli interni ben accessoriati, camere luminose. Al ristorante, ampie vetrate e i prodotti del territorio.

🏨 **Florida** senza rist < 🛗 [AC] 🚭 📶 [VISA] [MC] [AE] ⦿ 💲

lungomare Biaggini 35 – ☎ 01 87 96 73 32 – www.hotelflorida.it – Fax 01 87 96 73 44 – chiuso dal 20 dicembre al 1° marzo

40 cam ☕ – 👤100/120 € 👥140/180 €

◆ Gestione familiare attenta e dinamica in un albergo tradizionale, di fronte al mare; nuova, elegante hall e camere funzionali recentemente rimodernate, quasi tutte vista mare.

🏨 **Shelley e Delle Palme** < ♨ ⇕ [AC] 📶 🏋 🚗 VISA [MC] [AE] [D] $

lungomare Biaggini 5 – ☎ 01 87 96 82 05 – www.hotelshelley.it – Fax 01 87 96 42 71

47 cam ☕ – 👤80/135 € 👥130/170 € – ½ P 90/110 €

Rist – *(chiuso dal 7 al 31 gennaio, lunedì, martedì a mezzogiorno escluso Pasqua-15 settembre)* Menu 25 €

◆ Invidiabile ubicazione davanti alla spiaggia, con veduta del golfo, per una struttura con interni classici, accoglienti e signorili; rinnovate camere in stile moderno.

🏨 **Piccolo Hotel del Lido** senza rist < ♿ [AC] 🚭 📶 [P] VISA [MC] [AE] $

via Biaggini 24 – ☎ 01 87 96 81 59 – www.locandadellido.it – Fax 01 87 96 81 59 – aprile-ottobre

12 cam ☕ – 👥210/260 €

◆ Se siete amanti della vita da spiaggia questo indirizzo fa al caso vostro: nuovo hotel fronte mare (adiacente il proprio stabilimento balneare) dispone di camere luminose ed essenziali, dotate tutte di piccolo terrazzo.

🍴🍴 **2 Corone** ⛱ VISA [MC] [AE] [D] $

via Vespucci 1 – ☎ 01 87 96 74 17 – www.ristorante2corone.com – Fax 01 87 96 74 17 – chiuso dal 3 al 22 gennaio, dal 20 al 30 novembre e martedì

Rist – Carta 29/69 €

◆ Ristorante a solida conduzione diretta: una sala raccolta, di tono elegante, con piccole finestre sul lungomare e esposizione di bottiglie; ricette marinare e creative.

🍴🍴 **Il Frantoio** [AC] VISA [MC] [AE] [D] $

via Cavour 21 – ☎ 01 87 96 41 74 – Fax 01 87 95 22 27 – chiuso lunedì

Rist – Carta 34/50 €

◆ Conduzione affidabile in un esercizio del centro, con due sale dall'ambiente caratteristico, dove vengono servite preparazioni a base di pesce e di prodotti del luogo.

a Fiascherino Sud-Est : 3 km – ✉ 19032

🏨 **Il Nido** senza rist 🐴 < ♨ [AC] 🚭 📶 [P] 🚗 VISA [MC] [AE] [D] $

via Fiascherino 75 – ☎ 01 87 96 72 86 – www.hotelnido.com – Fax 01 87 96 46 17 – 7 marzo-1° novembre

34 cam ☕ – 👤60/100 € 👥100/150 €

◆ Gestione capace in un hotel sul mare immerso nella pace di una verde natura; belle terrazze-giardino e graziose camere con arredi recenti, semplici, ma confortevoli.

🏨 **Cristallo** 🐴 < ⇕ [AC] 🚭 rist, 📶 [P] VISA [MC] [AE] [D] $

via Fiascherino 158 – ☎ 01 87 96 72 91 – www.albergo-cristallo.it – Fax 01 87 96 42 69 – 31 marzo-2 novembre

44 cam ☕ – 👤57/85 € 👥78/140 € – ½ P 52/90 € **Rist** – Carta 27/44 €

◆ Circondata da ulivi, struttura di recente costruzione collocata in posizione tranquilla e panoramica, sulla strada per Fiascherino; camere con balcone ben accessoriate. Classica sala ristorante, proposte tipiche italiane.

a Tellaro Sud-Est : 4 km – ✉ 19032

🏨 **Miramare** 🐴 < 🚭 📶 [P] VISA [MC] [AE] [D] $

via Fiascherino 22 – ☎ 01 87 96 75 89 – www.pensionemiramare.it – Fax 01 87 96 65 34 – 22 dicembre-8 gennaio e Pasqua-ottobre

22 cam ☕ – 👤60/65 € 👥90/95 € – ½ P 75/80 € **Rist** – Carta 24/41 €

◆ Ambiente familiare e semplice in una classica pensione a valida gestione diretta; ben tenuti e arredati con gusto gli spazi interni, graziosa la terrazza-giardino. Grande sala da pranzo in stile lineare rischiarata da grandi finestre.

🍴🍴 **Miranda** con cam [AC] rist, [P] VISA [MC] [AE] $

via Fiascherino 92 – ☎ 01 87 96 81 30 – www.miranda1959.com – Fax 01 87 96 40 32 – chiuso dal 14 dicembre al 15 gennaio

7 cam ☕ – 👥100 € – ½ P 90 €

Rist – *(chiuso lunedì)* Menu 40/60 € – Carta 44/114 €

◆ Nella splendida cornice del Golfo dei Poeti, locanda con interni raffinati e una sala ristorante che sembra un salotto, dove assaporare idilliache rielaborazioni culinarie.

ESA – Novara (NO) – **561** E7 – 2 376 ab. – alt. 196 m – ⊠ 28040   **24** B2

> ▶ Roma 650 – Stresa 7 – Locarno 62 – Milano 73
> **i** via Vittorio Veneto 21 ℰ 0322 772078, lesa@distrettolaghi.it,
>   Fax 0322 772078

verso Comnago Ovest : 2 km :

※ **Al Camino**   ⫷ 🛉 VISA ⓪ AE ⓪ ⑤
   via per Comnago 30 ⊠ *28040* – ℰ *03 22 74 71 – Fax 03 22 74 71 – chiuso dal*
   20 dicembre al 10 gennaio e mercoledì
   Rist – *(chiuso a mezzogiorno escluso sabato-domenica)* Carta 32/41 €
   ♦ Un ex cascina dei primi del '900 ristrutturata: ambiente rustico accentuato da un intonaco
   grezzo, sala con camino e una deliziosa veranda affacciata sul lago. Piatti regionali campeggiano in menu.

LEVANTO – La Spezia (SP) – **561** J10 – 5 616 ab. – ⊠ 19015   **15** D2

> ▶ Roma 456 – La Spezia 32 – Genova 83 – Milano 218
> **i** piazza Mazzini 1 ℰ 0187 808125, Fax 0187 808125

🏠 **Stella Maris**   🛋 ⅍ ⓦ 🅿 VISA ⓪ AE ⓪ ⑤
   via Marconi 4 ⊠ *19015* – ℰ *01 87 80 82 58 – www.hotelstellamaris.it*
   – *Fax 01 87 80 73 51 – chiuso novembre*
   8 cam ⌴ – ♦90/100 € ♦♦160/180 € – ½ P 110/130 €
   Rist – *(aprile-settembre) (chiuso a mezzogiorno)* Menu 25/50 €
   ♦ Bel giardino con palme, ambiente e decorazioni fine 1800, atmosfera caratteristica ed elegante negli interni con soffitti affrescati e mobili originali in stile classico.

🏠 **Nazionale** senza rist   📶 AC 🅿 VISA ⓪ AE ⓪ ⑤
   via Jacopo da Levanto 20 – ℰ *01 87 80 81 02 – www.nazionale.it*
   – *Fax 01 87 80 09 01 – 28 marzo-2 novembre*
   38 cam ⌴ – ♦75/90 € ♦♦100/148 €
   ♦ Solida gestione diretta in un accogliente albergo dall'ambiente familiare: piacevoli spazi
   comuni e camere in stile lineare, recentemente rinnovate, arredate con gusto.

⌂ **Agriturismo Villanova** senza rist ⅍   🛋 🅿 VISA ⓪ AE ⑤
   località Villanova, Est : 1,5 km – ℰ *01 87 80 25 17 – www.agriturismovillanova.it*
   – *Fax 01 87 80 35 19 – chiuso dal 7 gennaio al 4 febbraio*
   7 cam ⌴ – ♦85/110 € ♦♦95/145 € – 2 suites
   ♦ All'interno di un rustico immerso nel verde, una risorsa agrituristica dall'ambiente molto
   curato e signorile, ideale per gli amanti della tranquillità e della natura.

※ **Tumelin**   🛉 AC VISA ⓪ AE ⓪ ⑤
   via Grillo 32 – ℰ *01 87 80 83 79 – www.tumelin.it – Fax 01 87 80 80 88 – chiuso*
   dal 7 gennaio al 7 febbraio e giovedì escluso dal 15 giugno al 15 settembre
   Rist – Carta 37/58 €
   ♦ Interni ben tenuti in un ristorante collocato nel cuore della cittadina, con una sala lineare
   dove si propone una classica cucina di mare, con alcune personalizzazioni.

a Mesco Sud : 2,5 km – ⊠ 19015 Levanto

🏠🏠 **La Giada del Mesco** senza rist ⅍   ⫷ 🛋 ⌁ ⅙ AC ⓦ 🅿
   via Mesco 16 – ℰ *01 87 80 26 74*   VISA ⓪ AE ⑤
   – *www.lagiadadelmesco.it – Fax 01 87 80 26 73 – chiuso novembre*
   12 cam ⌴ – ♦120/140 € ♦♦140/170 €
   ♦ In splendida posizione su un promontorio da cui si gode un'incantevole vista di mare e
   coste, edificio dell'800 ristrutturato; camere nuove, amena terrazza per colazioni.

LEVICO TERME – Trento (TN) – **562** D15 – 7 191 ab. – alt. 506 m   **30** B3
– Sport invernali : a Panarotta (Vetriolo Terme) : 1 500/2 002 m ⅘4, ⅍ – ⊠ 38056

> ▶ Roma 610 – Trento 21 – Belluno 90 – Bolzano 82
> **i** viale Vittorio Emanuele 3 ℰ 0461 706409, info@valsugana.info,
>   Fax 0461 706409
>   Villa Sissi-Parco delle Terme 3 ℰ 0461 706101, levico@valsugana.info
>   Fax 0461 706004

🏨 Grand Hotel Imperial ⚘   🔄 ⚒ 🎥 📶 🌐 📶 🕰 ℀ ❀ 📱 📻 rist,
via Silva Domini 1 – 𝒞 *04 61 70 61 04*   ℀ rist, "✦" 🏋 🚗 𝘝𝘐𝘚𝘈 ⓪⑧ 𝐀𝐄 ⓪ 🔥
– www.imperialhotel.it – Fax 04 61 70 63 50 – aprile-novembre
79 cam – ♦74/180 € ♦♦86/190 €, ⌁ 10 € – 1 suite – ½ P 78/130 €
Rist – Carta 52/89 €
♦ Un maestoso edificio che fu residenza estiva degli Asburgo, evoca la struttura e i colori del
castello viennese ed ospita un elegante centro benessere ed una sala congressi. Particolarmente
adatta per allestire banchetti, la spaziosa sala ristorante propone nelle sue sale una cucina classica.

🏨 Grand Hotel Bellavista   ⚞ 🚗 ⚒ 📶 🕰 🕰 📻 rist, "✦" 🏋
via Vittorio Emanuele III° 7 – 𝒞 *04 61 70 61 36*   𝐏 𝘝𝘐𝘚𝘈 🔥
*– www.ghbellavista.com – Fax 04 61 70 64 74 – 27 novembre-8 gennaio e
15 aprile-ottobre*
85 cam ⌁ – ♦59/93 € ♦♦92/156 € – 1 suite – ½ P 72/150 €
Rist – Carta 29/51 €
♦ Immerso in un gradevole giardino con piscina, un complesso alberghiero risalente al
primo Novecento dotato di ampi spazi comuni e confortevoli camere di gusto classico. Utilizzata anche per cerimonie, la capiente sala offre menù di stampo classico.

🏨 Al Sorriso Green Park ⚘   ⚞ 🚗 🔄 ⚒ 🌐 📶 🕰 ℀ 🕰 rist,
lungolago Segantini 14 – 𝒞 *04 61 70 70 29*   "✦" 𝐏 𝘝𝘐𝘚𝘈 ⓪⑧ 𝐀𝐄 🔥
– www.hotelsorriso.it – Fax 04 61 70 62 02 – Pasqua-novembre
63 cam ⌁ – ♦80/120 € ♦♦150/190 € – 2 suites – ½ P 85/120 €
Rist – Carta 30/40 €
♦ In posizione piacevolmente decentrata - davanti il lago, attorno un parco che dispone di
numerose attrezzature sportive - l'hotel vanta ambienti luminosi, un centro benessere completamente ristrutturato ed una piscina coperta. Nell'elegante sala ristorante, cucina nazionale
e locale accompagnata da vini trentini.

🏨 Lucia   ⚒ 🕰 🕰 📻 rist, ℀ rist, 𝐏 𝘝𝘐𝘚𝘈 ⓪⑧ 🔥
viale Roma 20 – 𝒞 *04 61 70 62 29 – www.luciahotel.it – Fax 04 61 70 64 52
– Pasqua-ottobre*
33 cam ⌁ – ♦50/70 € ♦♦70/100 € – ½ P 55/75 €   **Rist –** Menu 22/28 €
♦ In posizione centrale, una casa a gestione familiare con camere moderne, mentre un parco
con alberi d'alto fusto circonda la piscina. Ideale per vacanze di relax o sugli sci. Recentemente rinnovata, la raccolta sala ristorante propone i classici piatti del bel Paese.

🏨 Scaranò ⚘   ⚞ ⚒ 🕰 🕰 📻 rist, 𝐏 𝘝𝘐𝘚𝘈 ⓪⑧ 🔥
🐾 *strada provinciale per Vetriolo 86, Nord : 2 km –* 𝒞 *04 61 70 68 10*
*– www.hotelscarano.it – Fax 04 61 70 68 10 – chiuso domenica sera e lunedì
escluso da luglio al 20 settembre*
33 cam ⌁ – ♦30/50 € ♦♦50/70 € – ½ P 50/60 €   **Rist –** Carta 20/38 €
♦ In posizione tranquilla e un po' isolata, questa casa nasce intorno ad un vecchio maso ed
ospita ambienti spaziosi al suo interno. Gestione trentennale per il ristorante che propone la
tipica cucina trentina e piatti di pesce. Splendida la vista sulla vallata.

LICATA – Agrigento – **365** AS61 – Vedere Sicilia alla fine dell'elenco alfabetico

---

LIDO – Livorno – **563** N13 – Vedere Elba (Isola d') : Capoliveri

---

LIDO DEGLI ESTENSI – Ferrara – **563** I18 – Vedere Comacchio

---

LIDO DI CAMAIORE – Lucca (LU) – **563** K12 – ✉ **55041** ▮ Toscana   **28** B1
▶ Roma 371 – Pisa 23 – La Spezia 57 – Firenze 97
ℹ viale Colombo 342 ang. piazza Umberto 𝒞 0584 617397, info@
versiliainfo.com, Fax 0584 617796

🏨 Park Hotel Villa Ariston   🔄 🚗 ⚒ 🕰 ℀ 🌳 📻 ℀ "✦" 🏋 𝐏
viale S.Bernardini 355 – 𝒞 *05 84 61 06 33*   𝘝𝘐𝘚𝘈 ⓪⑧ 𝐀𝐄 ⓪ 🔥
– www.villaariston.it – Fax 05 84 61 06 31 – febbraio-ottobre
49 cam ⌁ – ♦90/230 € ♦♦140/385 € – 14 suites
Rist – (maggio-ottobre) Carta 44/74 €
♦ Imponente villa di fine Ottocento, fronte mare, circondata da uno splendido parco con
piscina, con raffinati interni dall'arredi barrocco. Dispone inoltre di tre dependance più
moderne. Atmosfera di classe nell'elegante sala ristorante; ameno servizio ristorante all'aperto.

UNA Hotel Versilia

viale Bernardini 335/337 – ✆ *05 84 01 20 01*
– www.unahotels.it – Fax 05 84 01 22
69 cam ⌴ – **†**94/559 € **††**103/559 € – 9 suites   **Rist** – Carta 42/56 €
♦ Nuova ed imponente struttura sul lungomare progettata per offrire un alto standing di confort. Zone comuni ariose e luminose: non mancano lussureggianti spazi verdi. Ottime anche le camere.

Caesar

viale Bernardini 325 – ✆ *05 84 61 78 41 – www.caesarhotel.it – Fax 05 84 61 08 88*
72 cam – **†**85/160 € **††**130/260 € – ½ P 110/145 €
Rist – *(aprile-ottobre) (solo per alloggiati)* Menu 25/38 €
♦ Sul lungomare, un parco giochi per bambini e un campo da calcetto e bocce; all'interno, una piacevole zona soggiorno e camere in piacevole stile marinaresco, tutte di diversa tipologia. Dal ristorante, la vista sul parco e sulle piscine; dalla cucina, i sapori della Toscana.

I Pini – Residenza d'epoca

via Roma 43 – ✆ *0 58 46 61 03 – www.clubipini.com – Fax 0 58 46 61 04*
– marzo-ottobre
22 cam ⌴ – **†**70/100 € **††**80/180 € – ½ P 100 €
Rist – *(chiuso a mezzogiorno escluso luglio) (solo per alloggiati)* Menu 25/35 €
♦ Villa costruita nel 1907 dal pittore Galileo Chini, ne conserva quadri ed affreschi oltre al forte piano dell'amico Puccini in un'atmosfera di residenza privata. Camere sobriamente arredate. A ristorante, cucina classica ed accurata selezione di vini.

Bracciotti

viale Colombo 366 – ✆ *05 84 61 84 01 – Fax 05 84 61 71 73*
63 cam – **†**60/90 € **††**90/130 €, ⌴ 10 € – ½ P 60/85 €
Rist – *(chiuso a mezzogiorno in bassa stagione) (solo per alloggiati)*
♦ Gestione dinamica per questo albergo, adatto tanto a una clientela turistica quanto a chi si sposta per affari; luminosi spazi comuni, un bel solarium con piccola piscina e vista sul mare. Allegri colori nella spaziosa sala ristorante; la cucina è del territorio.

Siesta

via Bernardini 327 – ✆ *05 84 61 91 61 – www.hotelsiestatoscana.it*
– Fax 05 84 61 90 63 – chiuso novembre
33 cam ⌴ – **†**80/100 € **††**130/160 € – ½ P 100/125 €
Rist – *(Pasqua-ottobre)(chiuso a mezzogiorno escluso giugno-settembre) (solo per alloggiati)* Menu 27/40 €
♦ Sono ora i figli a condurre questa risorsa sul lungomare cinta da un piacevole giardino; camere confortevoli e ben rifinite, una terrazza per la prima colazione e noleggio biciclette. Al ristorante è stato potenziato il servizio dei dolci con angolo di esposizione anche caldo.

Piccadilly

lungomare Pistelli 101 – ✆ *05 84 61 74 41 – www.piccadillyhotel.it*
– Fax 05 84 61 71 02
40 cam ⌴ – **†**90/150 € **††**110/230 € – ½ P 95/120 €
Rist – *(solo per alloggiati)* Menu 30/40 €
♦ In posizione privilegiata di fronte al mare, si accede attraverso una piccola ma accogliente zona comune con bar e televisore; stanze classiche, ma confortevoli.

Giulia

lungomare Pistelli 77 – ✆ *05 84 61 75 18 – www.giuliahotel.it*
– Fax 05 84 61 77 24 – 25 aprile-15 ottobre
40 cam – **†**80/110 € **††**100/130 €, ⌴ 15 € – ½ P 95/115 €
Rist – Menu 30/35 €
♦ Felicemente ubicato di fronte al mare, la struttura dispone di zone comuni dagli arredi curati e camere spaziose, molte con balconcino abitabile. Calorosa conduzione familiare e tradizione alberghiera.

Alba sul Mare

lungomare Pistelli 15 – ✆ *0 58 46 74 23 – www.hotelalbasulmare.it*
– Fax 0 58 46 68 11 – chiuso novembre
19 cam – **†**65/100 € **††**80/150 €, ⌴ 10 € – ½ P 105/110 €
Rist – *(Pasqua-settembre) (solo per alloggiati)* Menu 30 €
♦ Centrale e fronte mare, lezioso e signorile edificio in stile liberty dalla facciata in mattoni; all'interno, un curato e accogliente ambiente familiare con semplici camere.

🏨 Sylvia ⌖   ⛴ 🅿️ AC 🛜 P VISA ●● ⚿

via Manfredi 15 – ℰ 05 84 61 79 94 – www.hotelsylvia.it – Fax 05 84 61 79 95
– aprile-ottobre
37 cam ☲ – 🛏60/90 € 🛏🛏80/120 € – ½ P 60/80 €   **Rist** – (solo per alloggiati)
♦ Simpatico e curato albergo a gestione familiare, immerso nella quiete della natura offerta
dal grazioso giardino. Interni piacevoli, camere luminose, confortevoli e spaziose.

🏨 Bacco ⌖   ⛴ 🏡 🅿️ AC 🛜 P VISA ●● AE ① ⚿

via Rosi 24 – ℰ 05 84 61 95 40 – www.hotelbacco.it – Fax 05 84 61 08 97
– Pasqua-15 ottobre
28 cam ☲ – 🛏87/145 € 🛏🛏120/240 € – ½ P 97/167 €
Rist – (solo per alloggiati)
♦ Un piccolo indirizzo all'insegna della natura e della tranquillità: in una strada tranquilla
non lontano dal mare, ampi spazi verdi all'esterno, mentre la hall è un omaggio al mito di
Bacco. Sul retro, una semplice sala da pranzo per una cucina particolarmente curata.

🏵🏵🏵 Ariston Mare   🏡 🛜 P VISA ●● AE ① ⚿

viale Bernardini 660 – ℰ 05 84 90 47 47 – www.aristonmare.it
– Fax 05 84 61 27 67 – chiuso novembre, gennaio, lunedì
Rist – (chiuso a mezzogiorno martedì, mercoledì e giovedì) (consigliata la pre-
notazione) Carta 46/58 € 🍃
♦ Suggestiva ubicazione a ridosso della spiaggia e gestione giovane in un locale arioso, pia-
cevolmente rinnovato con eleganza, dove gustare cucina a base di prodotti ittici.

🏵🏵 Da Clara   🏡 AC P VISA ●● AE ① ⚿

via Aurelia 289, Est : 1 km – ℰ 05 84 90 45 20 – www.ristoranteclara.it
– Fax 05 84 61 29 21 – chiuso dall'8 al 31 gennaio e mercoledì
Rist – Carta 37/60 €
♦ Il nome ma anche il ritratto sul menù ricordano la fondatrice del locale: all'interno del
paese, sale allegre e variopinte, ma è soprattutto per la varietà degli antipasti e per le accat-
tivanti presentazioni che riscuote sempre tanto successo.

LIDO DI JESOLO – Venezia (VE) – 562 F19 – ✉ 30016 🇮🇹 Italia   36 D2

▶ Roma 564 – Venezia 44 – Belluno 110 – Milano 303
🅹 piazza Brescia 13 ℰ 0421 370601, info@aptjesoloeraclea.it,
    Fax 0421 370606
🔟 ℰ 0421 37 28 62

🏨 Park Hotel Brasilia   ⩽ ⛴ 🏊 🅿️ ♿ cam, AC 🛜 rist, ⸘⸘ 🛝 P

via Levantina, 2° accesso al mare – ℰ 04 21 38 08 51   VISA ●● AE ① ⚿
– www.parkotelbrasilia.com – Fax 04 21 19 22 44 – aprile-ottobre
56 cam ☲ – 🛏110/200 € 🛏🛏130/280 € – 8 suites – ½ P 82/168 €
Rist Ipanema – Carta 40/57 €
♦ Eleganza, signorilità e il mare a due passi per una struttura dalla gestione professionale,
un'imponente struttura bianca con camere ampie e confortevoli, tutte con balcone. Vetrate
panoramiche nella sala da pranzo che si apre fino a bordo piscina.

🏨 Delle Nazioni   ⩽ 🏊 🐾 🛋 🅿️ ⸙⸙ AC 🛜 rist, ⸘⸘ 🛝 P

via Padova 55 – ℰ 04 21 97 19 20 – www.nazioni.it   VISA ●● AE ① ⚿
– Fax 04 21 97 19 40 – maggio-settembre
50 cam ☲ – 🛏105/165 € 🛏🛏130/215 € – 3 suites – ½ P 116/132 €
Rist – (solo per alloggiati) Menu 26/40 €
♦ L'imponente torre che svetta sul fonte mare ospita tra le sue mura spazi comuni essenziali
e signorili e camere recentemente rinnovate con gusto moderno, tutte con splendida vista
sul mare. Al primo piano il ristorante, dalle interessanti proposte culinarie.

🏨 Cavalieri Palace   ⩽ 🏡 🏊 ⸙⸙ 🅿️ ⸙⸙ AC 🛜 rist, ⸘⸘ P

via Mascagni 1 – ℰ 04 21 97 19 69   VISA ●● AE ① ⚿
– www.hotelcavalieripalace.com – Fax 04 21 97 19 70 – Pasqua-settembre
56 cam ☲ – 🛏95/143 € 🛏🛏120/176 € – ½ P 75/103 €   **Rist** – Carta 35/45 €
♦ Freschi e signorili ambienti, camere dagli stili differenti tutte terazzate, particolarmente
gradevoli quelle rifinite con tessuti colorati. Panoramica posizione di fronte al mare. Graziosa
a nche la sala da pranzo che si apre fino alla piscina.

Byron Bellavista ⊀ ⌷ ⬘ AC ⟨⟩ P VISA ⬤ AE ① ⬙
via Padova 83 – ☏ *04 21 37 10 23 – www.byronbellavista.com*
– Fax 04 21 37 10 73 – maggio-settembre
50 cam ⌷ – ♦95/125 € ♦♦120/180 € – ½ P 92/100 €
Rist – *(solo per alloggiati)* Menu 22/35 €
◆ Vista sul mare e gestione capace in una struttura ben tenuta, con distinti spazi comuni in stile classico, illuminati da ampie vetrate ornate da tendaggi importanti.

Ril ⊀ ⌷ ⬘ AC ⅍ rist, P VISA ⬤ AE ① ⬙
via Zanella 2 – ☏ *04 21 97 28 48 – www.hotelril.it – Fax 04 21 97 28 61*
– maggio-settembre
47 cam ⌷ – ♦140/160 € ♦♦160/240 € – ½ P 95/180 €
Rist – ☏ 04 21 97 28 61 *(solo per alloggiati)* Menu 40/50 €
◆ Linee moderne unite a colori caldi davvero piacevoli e leggeri tocchi di eleganza tanto in questo hotel frontemare, nelle camere quanto nei luminosi spazi comuni. La zona ristorante si protende direttamente su piscina e mare grazie alle belle vetrate.

Atlantico ⊀ ⌷ ⟰ ⬘ ⋆⋆ AC ⅍ rist, ⟨⟩ P VISA ⬤ ⬙
via Bafile 11, 3° accesso al mare – ☏ *04 21 38 12 73 – www.hotel-atlantico.it*
– Fax 04 21 38 06 55 – 10 aprile-ottobre
74 cam ⌷ – ♦95/110 € ♦♦160/184 € – ½ P 84/105 €
Rist – *(solo per alloggiati)* Menu 28/30 €
◆ Dalla nuova piscina riscaldata situata all'ultimo piano di questo edificio in posizione panoramica vi sembrerà di essere direttamente in riva al mare! Cordialità e cortesia.

Termini Beach Hotel ⊀ ⌷ ⬘ AC ⅍ P VISA ⬤ AE ⬙
via Altinate 4, 2° accesso al mare – ☏ *04 21 96 01 00 – www.hoteltermini.it*
– Fax 04 21 96 01 50 – Pasqua-settembre
52 cam ⌷ – ♦65/90 € ♦♦120/180 € – 7 suites – ½ P 70/95 €
Rist – *(chiuso a mezzogiorno)* Menu 35/45 €
◆ Albergo che domina il mare, dotato di spazi comuni eleganti ed ariosi, arredati con gusto e camere di differenti tipologie, tutte confortevoli e personalizzate. Al ristorante, bianche colonne ed ampie finestre affacciate sul blu.

Beny ⊀ ⌷ ⬘ AC ⅍ rist, ⟨⟩ P ⟿ VISA ⬤ AE ① ⬙
via Levantina, 4° accesso al mare n. 3 – ☏ *04 21 96 17 92 – www.beny.it*
– Fax 04 21 96 19 59 – maggio-settembre
75 cam ⌷ – ♦46/68 € ♦♦86/124 € – ½ P 55/82 €
Rist – *(solo per alloggiati)* Menu 25/40 €
◆ Bianca ed imponente struttura frontemare dagli ampi ambienti arredati con oggetti e colori della tradizione marinara, blu o marrone. Giardino atrezzato per lo svago dei bambini. Lo sguardo sul giardino e l'attenzione per le specialità della cucina veneta in sala da pranzo.

Rivamare ⊀ ⌷ ⟰ ⬘ ⬙ AC ⅍ ⟨⟩ P VISA ⬙
via Bafile, 17° accesso al mare – ☏ *04 21 37 04 32 – www.rivamarehotel.com*
– Fax 04 21 37 07 61 – 24 aprile-settembre
53 cam ⌷ – ♦60/100 € ♦♦110/160 € – ½ P 65/90 €
Rist – *(solo per alloggiati)* Carta 28/40 €
◆ Conduzione familiare di grande esperienza in un albergo fronte mare che propone camere dai vivaci colori e dalle linee moderne; zone comuni accoglienti abbellite da tappeti. Al piano inferiore, classica sala da pranzo.

Montecarlo ⊀ ⬘ ⬙ AC ⅍ rist, ⟨⟩ P VISA ⬤ ① ⬙
via Bafile 5, (16° accesso al mare) – ☏ *04 21 37 02 00 – www.montecarlhotel.com*
– Fax 04 21 37 02 01 – maggio-24 settembre
40 cam ⌷ – ♦47/75 € ♦♦94/150 € – ½ P 68/83 €   **Rist** – *(solo per alloggiati)*
◆ La stessa famiglia al timone dal 1965, con la sua curata terrazza e le confortevoli camere arredate in un fresco e riposante color verde, la struttura si trova direttamente sul mare.

Universo ⊀ ⟿ ⌷ ⬘ ⬙ ⋆⋆ AC ⅍ rist, ⟨⟩ P VISA ⬤ ⬙
via Treviso 11 – ☏ *04 21 97 22 98 – www.hotel-universo.it – Fax 04 21 37 13 00*
– aprile-settembre
56 cam ⌷ – ♦65/125 € ♦♦110/182 € – 5 suites – ½ P 83/120 €
Rist – *(solo per alloggiati)* Menu 30/45 €
◆ Una calda atmosfera retro caratterizza gli ambienti di questa piccola risorsa familiare in posizione panoramica fronte mare. Parte delle camere è stata rinnovata con gusto moderno.

🏨 **Bellariva** ≤ 🕭 ⇌ ⛌ AC ⅍ rist. P VISA ☯ AE ① ⬧
🕭 *via Bafile 8, 11° accesso al mare –* ✆ *04 21 37 06 73 – www.bellariva.it*
– Fax 04 21 37 07 39 – Carnevale e 15 aprile-ottobre
50 cam ☲ – ♦56/79 € ♦♦80/126 € – ½ P 72 €   **Rist** – Carta 20/28 €
♦ La piccola terrazza si affaccia direttamente sulla spiaggia, mentre le accoglienti camere si
differenziano tra loro grazie a piccoli dettagli delle testiere dei letti. Conduzione familiare.
Grandi vetrate cingono la semplice sala da pranzo.

✗✗ **Cucina da Omar** 🕭 AC VISA ☯ AE ① ⬧
via Dante 21 – ✆ *0 42 19 36 85 – www.ristorantedaomar.it – Fax 04 21 38 63 15*
– chiuso dal 15 dicembre al 10 gennaio, mercoledì
Rist – (consigliata la prenotazione la sera) Carta 69/91 €
♦ Pesce, gusto e fantasia sono i titolari di questo piccolo locale del centro a gestione familiare, una sala moderna con caldi colori e quadri d'ispirazione contemporanea alle pareti.

✗✗ **Tortuga** 🕭 AC VISA ☯ AE ① ⬧
piazzale Tommaseo 15 – ✆ *0 42 19 33 19 – Fax 0 42 19 33 19 – chiuso dal*
15 novembre al 15 gennaio, lunedì sera e martedì escluso da giugno a settembre
Rist – Carta 33/66 € ⅋
♦ Pesce di buona qualità in preparazioni tradizionali presentate con gusto e originalità; piacevole il locale, sempre molto frequentato, gestito con intraprendenza da tre fratelli.

a Jesolo Pineta Est : 6 km – ✉ 30016 Lido Di Jesolo

🏨 **Bellevue** ⬧ ≤ ⧖ 🕭 ⛌ ⅏ ⅍ 🕭 ⇌ AC ⅍ rist. ⅏ P
via Oriente 100 – ✆ *04 21 96 12 33 – www.hbjesolo.it* VISA ☯ AE ① ⬧
– Fax 04 21 96 12 38 – maggio-settembre
50 cam ☲ – ♦100/250 € ♦♦130/400 € – 6 suites – ½ P 110/250 €
Rist – Carta 40/70 €
♦ Due strutture frontemare, immerse in un verdeggiante giardino-pineta, ospitano camere
ampie dall'arredo moderno in stile e colori etnici. Accogliente gestione familiare. Sala da
pranzo dalla forma circolare illuminata da vetrate.

🏨 **Mediterraneo** ⬧ 🕭 ⛌ ⅏ 🕭 ⇌ AC ⅍ rist. ⅏ P VISA ☯ AE ⬧
via Oriente 106 – ✆ *04 21 96 11 75 – www.mediterraneojesolo.com*
– Fax 04 21 96 11 76 – 15 maggio-settembre
60 cam – ♦85/135 € ♦♦135/275 €, ☲ 15 € – ½ P 100/150 €
Rist – Carta 47/60 €
♦ Immerso nella quiete di un lussureggiante giardino che lambisce la spiaggia, offre gradevoli e "freschi" ambienti e camere particolarmente ampie, tutte con terrazza. Sembra di pranzare nel parco nella sala ristorante con vetrate che si aprono sul verde!

🏨 **Negresco** ≤ ⧖ 🕭 ⛌ ⅏ 🕭 ⅍ ⅍ P VISA ☯ ⬧
via Bucintoro 8 – ✆ *04 21 96 11 37 – www.hotelnegresco.it – Fax 04 21 96 10 25*
– 6 maggio-25 settembre
44 cam ☲ – ♦65/160 € ♦♦130/240 € – ½ P 110/135 €
Rist – *(solo per alloggiati)* Menu 30/50 €
♦ Attenta, dinamica e professionale la gestione di questo signorile hotel di moderna concezione situato fronte mare con camere confortevoli ed accoglienti dal sobrio arredo.

🏨 **Jesolopalace** ⬧ ≤ ⧖ ⛌ ⅏ Ⅰ₆ 🕭 ⅍ AC cam. ⅍ rist. ⅏ P
via Airone 1/3 – ✆ *04 21 96 10 13 – www.jesolopalace.it* VISA ☯ ⬧
– Fax 04 21 36 23 89 – 29 aprile-26 settembre
34 cam ☲ – ♦140/160 €, ☲ 15 € – 25 suites – ♦♦202/393 € – ½ P 86/95 €
Rist – *(chiuso a mezzogiorno) (solo per alloggiati)* Menu 30/50 €
♦ Sinuosa moderna struttura nella tranquillità della pineta, ideale per un soggiorno all'insegna del benessere e del riposo. Ogni camera dispone di una terrazza affacciata sul mare.

🏨 **Gallia** ⬧ ⅏ 🕭 ⛌ ⅍ 🕭 AC ⅍ rist. ⅏ P VISA ☯ ⬧
via del Cigno Bianco 5 – ✆ *04 21 96 10 18 – www.hotelgallia.com*
– Fax 04 21 36 30 33 – 15 maggio-19 settembre
52 cam ☲ – ♦95/115 € ♦♦150/190 € – ½ P 95/110 €
Rist – *(solo per alloggiati)*
♦ Una splendida pineta separa dal mare e dalla piscina questo elegante hotel in stile neoclassico, dotato di spaziose zone comuni . Perfetto per una vacanza a tutto relax.

Viña del Mar 🏖 🏡 ⌧ 🎴 ♨ 🅰️ ❄️ rist, 🏋️ 🅿️ 🅥🅘🅢🅐 ⬜ ♿
via Oriente 58 – ☎ 04 21 96 11 82 – www.vinadelmar.it – Fax 04 21 36 28 72
– maggio-settembre
48 cam ⊡ – †100/115 € ††160/190 € – ½ P 91/100 € **Rist** – Menu 30 € ☕
♦ Fresche e luminose, le camere sono arredate in bianco con sfumature sull'azzurro e il
rosso; decorati con originalità gli spazi comuni: perfetto per una piacevole vacanza con i
bambini! Dalla cucina i prodotti di stagione, carne e pesce; nella piccola taverna-enoteca è
possibile degustare salumi e formaggi.

Bauer ≤ 🏖 🏡 ⌧ 🎴 ♿ cam, 🅰️ ❄️ 🅿️ 🅥🅘🅢🅐 ⬜ ♿
via Bucintoro 6 – ☎ 04 21 96 13 33 – www.hotelbauer.it – Fax 04 21 36 29 77
– maggio-settembre
42 cam ⊡ – †80/95 € ††145/173 € – 6 suites – ½ P 105 €
Rist – (solo per alloggiati)
♦ Una sobria struttura in mattoni e una grande villetta costituiscono la risorsa familiare
situata fronte mare e avvolta da un fresco giardino. Gradevoli gli interni di taglio moderno.

Alla Darsena 🏡 ♿ 🅰️ ❄️ ⟳ 🅿️ 🅥🅘🅢🅐 ⬜ 🅰🅔 ⓞ ♿
via Oriente 166 – ☎ 04 21 98 00 81 – www.alladarsena.com – Fax 04 21 98 00 81
– chiuso dal 15 novembre al 10 dicembre, mercoledì e giovedì escluso dal
15 maggio al 15 settembre
Rist – Carta 32/56 €
♦ Cucina del territorio, prevalentemente a base di pesce e specialità alla brace in questo
locale ricavato negli ambienti di una casa dell'Ottocento. Servizio estivo all'aperto.

Ai Pescatori 🏡 ❄️ 🅿️ 🅥🅘🅢🅐 ⬜ ⓞ ♿
via Oriente 174 – ☎ 04 21 98 00 21 – www.alladarsena.com – Fax 04 21 98 00 81
– chiuso novembre, martedì sera e mercoledì escluso dal 15 maggio al 15 settembre
Rist – Carta 32/54 €
♦ Piatti di pesce e di carne presentati in elaborazioni semplici ed efficaci in questa trattoria
familiare. Servizio estivo in veranda, in posizione dominante sul Piave e la sua foce.

a Cortellazzo Est: 7 km – ✉ 30016

Da Milena 🏡 ❄️ 🅥🅘🅢🅐 ⬜ ⓞ ♿
via Massaua 59 – ☎ 04 21 98 02 24 – Fax 04 21 98 02 24 – marzo-novembre
Rist – (chiuso martedì escluso dal 15 giugno al 15 settembre) Carta 42/60 €
♦ Aperto recentemente, già raccoglie consensi in zona: l'ambiente è moderno e giovanile in
sobrio design, la cucina è a base di pesce, presentata con attenzione e fantasia estetica.

LIDO DI LATINA – Latina – 563 R20 – Vedere Latina

LIDO DI METAPONTO – Matera (MT) – 564 F32 – ✉ 75012   4 D2

▶ Roma 471 – Bari 102 – Matera 48 – Potenza 112

Sacco ≤ ⌧ 🅰️ ⟨⟩ 🅿️ 🅥🅘🅢🅐 ⬜ 🅰🅔 ⓞ ♿
piazzale Lido 1 – ☎ 08 35 74 19 55 – www.hotelsacco.com – Fax 08 35 74 19 75
– maggio-settembre
75 cam ⊡ – †50/60 € ††90/110 € – ½ P 60/90 € **Rist** – Carta 25/30 €
♦ A pochi metri dal mare, in una zona abbastanza tranquilla, un hotel completamente
ristrutturato adatto soprattutto per trascorrere serene vacanze in famiglia. Camere curate.
Grande sala ristorante con ampia scelta di piatti.

LIDO DI OSTIA – Roma (RM) – 563 Q18 – ✉ 00100 🏴 Italia   12 B2

▶ Roma 36 – Anzio 45 – Civitavecchia 69 – Frosinone 108
◎ Scavi★★ di Ostia Antica Nord : 4 km

Il Tino ❄️ 🅥🅘🅢🅐 ⬜ ♿
Via dei Lucilii 19 – ☎ 06 56 22 77 8 – www.ristoranteiltino.com
– Fax 06 56 22 77 8 – chiuso dal 2 al 15 gennaio, dal 5 al 25 agosto e lunedì
Rist – (chiuso a mezzogiorno escluso domenica da settembre a giugno)
Carta 42/57 €
♦ Un locale intimo ed accogliente dove tre giovani soci-amici sorprendono con un'estrosa e
creativa cucina di mare. Presentazioni semplici, rispettose dei prodotti.

LIDO DI PORTONUOVO – Foggia – 564 B30 – Vedere Vieste

LIDO DI SAVIO – Ravenna (RA) – **562** J19 – ⊠ 48100   **9** D2

▶ Roma 385 – Ravenna 20 – Bologna 98 – Forlì 32

🖈 (giugno-settembre) viale Romagna 244/a ✆ 0544 949063, lidodisavio.iat@ libero.it

🏨 **Strand Hotel Colorado**   ⟨ ⤢ ⅃ ⅄ ⅃ₐ 🛗 🛁 🚻 AC ⅗ rist, **P**
ⓔⓔ   *viale Romagna 201* – ✆ *05 44 94 90 02*   **VISA ◍ AE ① ⅗**
– *www.strandhotelcolorado.com* – *Fax 05 44 93 98 27* – *Pasqua-settembre*
44 cam ⌚ – ♦80 € ♦♦140 € – ½ P 96/106 €
Rist – *(solo per alloggiati)* Menu 15/23 €
◆ Una hall moderna e spaziosa introduce in questa risorsa che dispone di ambienti luminosi e confortevoli dall'arredo moderno (soprattutto nelle camere all'ultimo piano) e di un'invitante piscina.

🏠 **Asiago**   ⟨ ⤢ ⅃ ⅍ ⅃ₐ 🛗 🚻 AC rist, ⅗ rist, **P** **VISA ◍ ⅗**
ⓔⓔ   *viale Romagna 217* – ✆ *05 44 94 91 87* – *www.hotelasiago.it*
– *Fax 05 44 94 91 10* – *aprile-settembre*
50 cam ⌚ – ♦40/47 € ♦♦70/90 € – ½ P 56/68 €   **Rist** – Menu 18/20 €
◆ Gestione familiare per questa struttura, ideale per una vacanza con i bambini: spazi ampi ed accoglienti direttamente sulla spiaggia, all'esterno, piscina e campi da gioco. Nella sobria sala ristorante, la cucina mediterranea e vista sul mare.

LIDO DI SOTTOMARINA – Venezia – **Vedere Chioggia**

LIDO DI SPINA – Ferrara – **562** I18 – **Vedere Comacchio**

LIDO DI TARQUINIA – Viterbo – **563** P17 – **Vedere Tarquinia**

LIDO DI VENEZIA – Venezia – **Vedere Venezia**

LIDO RICCIO – Chieti – **563** O25 – **Vedere Ortona**

LIERNA – Lecco (LC) – **561** E9 – 2 150 ab. – alt. 205 m – ⊠ 23827   **16** B2

▶ Roma 636 – Como 45 – Bergamo 49 – Lecco 16

🍴🍴🍴 **La Breva**   🏡 ⅗ ⇄ **P** **VISA ◍ AE ① ⅗**
via Roma 24 – ✆ *03 41 74 14 90* – *www.ristorantelabreva.it* – *Fax 03 41 74 20 39*
– *chiuso gennaio, lunedì sera e martedì escluso da giugno a settembre*
Rist – Carta 35/55 €
◆ Prende il nome da una brezza foriera di bel tempo, questo accogliente salotto a conduzione familiare con un'appendice anche estiva per banchetti. Squisita cucina a base di pesce.

LIGNANO SABBIADORO – Udine (UD) – **562** E21 – 6 676 ab.   **11** C3
– ⊠ 33054 ▮ Italia

▶ Roma 619 – Udine 61 – Milano 358 – Treviso 95

🖈 via Latisana 42 ✆ 0431 71821, info.lignano@turismo.fvg.it, Fax 0431 724756
🖈18 ✆ 0431 42 80 25
◎ Spiaggia ★★★

🏨 **Atlantic**   ⟨ ⤢ ⅃ 🛗 ⅛ 🚻 AC ⅗ rist, 🕪 **P** **VISA ◍ AE ⅗**
lungomare Trieste 160 – ✆ *0 43 17 11 01* – *www.hotelatlantic.it*
– *Fax 0 43 17 11 03* – *maggio-16 settembre*
61 cam ⌚ – ♦95/160 € ♦♦178/200 € – ½ P 101/107 €
Rist – *(solo per alloggiati)* Menu 36/40 €
◆ Cordiale e premurosa accoglienza in un albergo classico di fronte alla celebre e rinomata spiaggia, visibile dalla maggioranza delle luminose ed accoglienti camere .

🏨 **Bellavista**   ⟨ 🏡 ⅃ 🛗 AC ⅗ rist, 🕪 ⟿ **VISA ◍ ⅗**
lungomare Trieste 70 – ✆ *0 43 17 13 13* – *www.bellavistalignano.it*
– *Fax 04 31 72 06 02* – *aprile-ottobre*
45 cam ⌚ – ♦105/135 € ♦♦160/210 € – 4 suites – ½ P 95/105 €
Rist – *(maggio-ottobre)* Carta 33/41 €
◆ Le tonalità del blu e del giallo dominano ogni ambiente di questo hotel situato direttamente sul lungomare. Terrazza solarium e camere di tono leggermente moderno, tutte vista mare. Pareti color pastello, ampie vetrate, colonne a specchio nella spaziosa sala ristorante. D'estate, servizio all'aperto.

Florida cam, rist,
via dell'Arenile 22 – ✆ 04 31 72 01 01 – www.hotelflorida.net – Fax 0 43 17 12 22 – aprile-settembre
83 cam – ††107/178 €, ☕ 10 € – ½ P 82/95 €
Rist – *(chiuso a mezzogiorno) (solo per alloggiati)* Carta 21/26 €
◆ In posizione leggermente arretrata rispetto al lungomare, albergo formato da due corpi adiacenti: spazi interni in stile recente, camere sobrie e razionali.

Bidin
viale Europa 1 – ✆ 0 43 17 19 88 – www.ristorantebidin.com – Fax 04 31 72 07 38 – chiuso mercoledì a mezzogiorno dal 10 maggio a settembre, tutto il giorno negli altri mesi
Rist – Carta 39/52 €
◆ Spazia dai piatti di pesce alla tradizione friulana fino ad una cucina che esplora le tendenze del momento. Tre le sale, di cui una veranda chiusa con finestre su piccolo giardino.

Al Bancut
viale dei Platani 63 – ✆ 0 43 17 19 26 – www.albancut.it – Fax 0 43 17 19 26 – chiuso 2 settimane in novembre e lunedì in bassa stagione
Rist – Carta 38/62 €
◆ Arredato sullo stile degli yacht-club di prestigio, questo raffinato ristorante vi sorprenderà con gustose ricette di pesce e saporiti piatti di carne. Antipasti di pesce crudo, tagliolini con noci di mare, tartare di vitello con pinoli tostati... da far venire l'acquolina in bocca al solo pensiero!

a Lignano Pineta Sud-Ovest : 5 km – ✉ 33054

i (maggio-settembre) via dei Pini 53 ✆ 0431 422169, info@aiatlignano.it, Fax 0431 422616

Greif rist,
arco del Grecale 25 – ✆ 04 31 42 22 61 – www.greifhotel.it – Fax 04 31 42 72 71 – chiuso dal 20 dicembre a febbraio
88 cam ☕ – †170/375 € ††240/420 € – 4 suites – ½ P 145/210 €
Rist – *(aprile-ottobre)* Menu 50/80 €
◆ La rigogliosa pineta costodisce non solo una piscina riscaldata ma anche un grande complesso alberghiero dai raffinati interni, pensato per un soggiorno di completo relax. Spazioso e raffinato il ristorante, illuminato da ampie vetrate che si aprono sul verde.

Park Hotel rist,
viale delle Palme 41 – ✆ 04 31 42 23 80 – www.parkhotel-lignano.com – Fax 04 31 42 80 79 – maggio-20 settembre
72 cam ☕ – †98/120 € ††160/170 € – ½ P 95/98 €
Rist – *(solo per alloggiati)* Carta 26/30 €
◆ Albergo d'ispirazione moderna dal design essenziale, dispone di ambienti essenziali e luminosi; forse un po' decentrato rispetto al centro della località, poco distante dal mare.

Medusa Splendid rist,
raggio dello Scirocco 33 – ✆ 04 31 42 22 11 – www.hotelmedusa.it – Fax 04 31 42 22 51 – 13 maggio-16 settembre
56 cam – †70/110 € ††110/170 €, ☕ 13 € – ½ P 72/90 €
Rist – Menu 30 €
◆ Verde e blu si ripetono ritmicamente in questo hotel di grandi dimensioni, dai corridoi alle ampie e confortevoli camere, fino al mare distante solo poche centinaia di metri. Fresca e piacevole sala ristorante semicircolare, con vetrate che guardano verso il giardino e la piscina.

Bella Venezia rist,
arco del Grecale 18/a – ✆ 04 31 42 21 84 – www.bellaveneziamare.it – Fax 04 31 42 23 52 – 15 maggio-15 settembre
50 cam ☕ – †65/90 € ††100/150 € – ½ P 74/85 €
Rist – *(solo per alloggiati)* Menu 20/25 €
◆ A breve distanza tanto dal centro quanto dalla spiaggia, l'hotel è gestito da due giovani fratelli. Piacevole lo spazio destinato alla piscina, con vasca idromassaggio. Cucina mediterranea e buffet di verdure fresche a pranzo e a cena in una sala di sobria modernità.

Erica

⌂   🛗 ⟨& ⟩ 🏄 AC 🍴 rist, **P** VISA ◐ AE ① 🍴

arco del Grecale 21/23 – ✆ *04 31 42 21 23* – *www.ericahotel.it*
– *Fax 04 31 42 73 63* – *maggio-20 settembre*
40 cam ⌷ – ♦62/89 € ♦♦82/139 € – ½ P 61/84 €
Rist – *(15 maggio-20 settembre)* Menu 22/27 €

♦ All'interno, camere sobrie e confortevoli arredate in modo essenziale; all'esterno un piccolo giardino con qualche attrezzatura per i bambini e un nuovo parcheggio coperto. Ampia la sala ristorante, dalle caratteristiche sedie in bambù, dove troverete una fresca rilassante atmosfera.

a Lignano Riviera Sud-Ovest : 7 km – ✉ 33054 Lignano Sabbiadoro

Meridianus

🛗 ⟨& ⟩ cam, AC 🍴 rist, 🕻 **P** VISA ◐ AE ① 🍴

viale della Musica 1 – ✆ *04 31 42 85 61* – *www.hotelmeridianus.it*
– *Fax 04 31 42 85 70* – *13 maggio-19 settembre*
84 cam ⌷ – ♦75/122 € ♦♦110/164 € – ½ P 84/133 €
Rist – *(solo per alloggiati)* Menu 25 €

♦ Nel contesto di una zona residenziale e avvolto da una verdeggiante pineta, offre confortevoli spazi personalizzati con quadri d'arte moderna. Bella piscina ad acqua riscaldata. Ampie vetrate affacciate sul verde cingono la sala da pranzo.

Arizona

⌷ 🛗 & AC cam, 🍴 rist, "📶" **P** VISA ◐ AE ① 🍴
⊜

calle Prassitele 2 – ✆ *04 31 42 85 28* – *www.hotel-arizona.it* – *Fax 04 31 42 73 73*
– *6 maggio-19 settembre*
42 cam ⌷ – ♦64/103 € ♦♦106/146 € – ½ P 68/88 €
Rist – *(solo per alloggiati)* Menu 15/21 €

♦ Accoglienza familiare e dinamica per un soggiorno di relax. All'ingresso, qualche arredo etnico in legno intrecciato e un design dalle linee moderne. Il mare poco distante.

Smeraldo

⌷ 🛗 AC 🍴 **P** VISA ◐ 🍴

viale della Musica 4 – ✆ *04 31 42 87 81* – *www.hotelsmeraldo.net*
– *Fax 04 31 42 30 31* – *10 maggio-15 settembre*
64 cam – ♦55/90 € ♦♦86/175 €, ⌷ 12 € – ½ P 77/88 €   **Rist** – Menu 23/25 €

♦ Camere fresche e luminose, vivacizzate dai colorati pannelli alle pareti, un nuovo piccolo centro benessere e la piacevole atmosfera da vacanze tra sole e mare. Conduzione familiare.

LIMANA – Belluno (BL) – **562** D18 – **4 823 ab.** – **alt. 319 m** – ✉ 32020   **36** C2
  🛣 Roma 614 – Belluno 12 – Padova 117 – Trento 101

Piol

🛣 AC rist, 🛎 **P** VISA ◐ 🍴
⊜

via Roma 116/118 – ✆ *04 37 96 74 71* – *www.piol.bl.it* – *Fax 04 37 96 71 03*
23 cam – ♦40/75 € ♦♦70/85 €, ⌷ 5 € – ½ P 50/65 €
Rist – *(chiuso dal 2 al 6 gennaio)* Carta 20/33 €

♦ Gestione familiare e ambiente semplice in una struttura lineare ubicata in centro paese; funzionali camere in stile essenziale, con rivestimenti in perlinato. Caratteristica la sala da pranzo con pareti e soffitto ricoperti di legno dove ritrovare i piatti d'un tempo, ricchi di genuinità.

LIMITO – Milano – **561** F9 – Vedere Pioltello

LIMONE PIEMONTE – Cuneo (CN) – **561** J4 – **1 554 ab.** – **alt. 1 010 m**   **22** B3
– **Sport invernali : 1 010/2 050 m** ⛷1 ⛷14, ⛷ – ✉ 12015
  🛣 Roma 670 – Cuneo 28 – Milano 243 – Nice 97
  🏛 via Roma 32 ✆ 0171 925280, iat@limonepiemonte.it, Fax 0171 925289
  🏌 Cò di Paris, ✆ 0171 92 91 66

Grand Palais Excelsior

🛗 ◐ 🛋 ⟨& ⟩ 🛗 🍴 cam, "📶" ⟨
largo Roma 9 – ✆ *01 71 92 90 02*
     VISA ◐ AE ① 🍴
– *www.grandexcelsior.com* – *Fax 01 71 42 69 60* – *chiuso dal 2 al 29 maggio, ottobre e novembre*
10 cam – ♦♦100/140 €, ⌷ 12 € – 18 suites – ♦♦140/220 € – ½ P 100/135 €
Rist *Il San Pietro* – ✆ *01 71 92 90 74 (chiuso dal 2 al 31 maggio, dal 2 al 30 novembre e mercoledì escluso da dicembre al 3 maggio e dal 15 giugno a settembre)* Carta 28/40 €

♦ Tipiche decorazioni a graticcio sulle pareti esterne e all'interno raffinati ambienti di moderna concezione in un elegante albergo provvisto di dépendance con appartamenti ad uso residence. Attrezzato centro *wellness*. Nella sala ristorante: un grande camino e il parquet "riscaldato" da morbidi tappeti.

...NE SUL GARDA – Brescia (BS) – **561** E14 – **1 128 ab.** – alt. 66 m **17** C2
⊠ 25010 ▮ Italia

> ◨ Roma 586 – Trento 54 – Brescia 65 – Milano 160
> ◉ ≤★★★ dalla strada panoramica ★★ dell'altipiano di Tremosine per Tignale

Park Hotel Imperial ⤸
via Tamas 10/b – ℰ 03 65 95 45 91 — 🍴 rist, 🛜 **P** ⫸ **VISA** ⦿ **AE** ⓪ 💰
– www.parkhotelimperial.com – Fax 03 65 95 43 82 – chiuso dicembre
63 cam � – ♦135/206 € ♦♦185/330 € – ½ P 152 € **Rist** – Carta 35/58 €
♦ Hotel di forma semicircolare, raccolto intorno a un piacevole giardino con piscina; raffinati interni in stile moderno, attrezzato centro benessere di medicina orientale. Soffitto con decorazioni a ventaglio nella sala da pranzo di sobria eleganza.

LINGUAGLOSSA – Catania (087) – **365** AZ56 – Vedere Sicilia alla fine dell'elenco alfabetico

---

LISANZA – Varese – Vedere Sesto Calende

LIVIGNO – Sondrio (SO) – **561** C12 – **5 680 ab.** – alt. 1 816 m – Sport **16** B1
invernali : 1 816/2 900 m ⫸3 ⫸29, ⫸ – ⊠ 23030

> ◨ Roma 801 – Sondrio 74 – Bormio 38 – Milano 240
> ⓘ via Saroch 1098/A ℰ 0342 052200, info@livigno.eu, Fax 0342 052229

Lac Salin Spa & Mountain Resort ⤸
via Saroch 496\d — 🍴 rist, 🛜 ⫸ **P** ⫸ **VISA** ⦿ **AE** ⓪ 💰
– ℰ 03 42 99 61 66 – www.lungolivigno.com – Fax 03 42 99 69 14 – chiuso
maggio e dal 4 al 30 novembre
57 cam ⊠ – ♦77/350 € ♦♦104/520 € – 8 suites – ½ P 92/300 €
Rist – (solo per alloggiati) Menu 45/90 €
Rist Milio Restaurant – (chiuso a mezzogiorno) Carta 43/115 €
♦ Hotel dal design minimalista, in armonia con l'atmosfera montana. Originali le *feeling room*: sette camere ispirate ai *chakra* (punti energetici del corpo, secondo la filosofia orientale) ed arredate in base ai principi del *feng-shui*. Ottimo confort anche nelle camere più classiche. Raffinata cucina valtellinese al *Milio*.

Baita Montana ≤ 🔲 ⦿ 🛜 🖥 ⫸ rist, ⫸ 🍴 🛜 ⫸ **P** ⫸
via Mont da la Nef 87 – ℰ 03 42 99 06 11 **VISA** ⦿ 💰
– www.hotelbaitamontana.com – Fax 03 42 99 06 60 – chiuso novembre
44 cam ⊠ – ♦72/125 € ♦♦124/230 € – ½ P 72/125 €
Rist – (chiuso lunedì da settembre ad ottobre) Carta 24/47 €
♦ Valida gestione in un hotel completamente rinnovato, con bella vista su paese e montagne; spazi comuni sui toni chiari del legno, luminose e recenti camere con balcone. Ampia sala da pranzo di tono elegante con arredi in legno e un'intera parete di vetro.

Posta ≤ 🛜 ⫸ 🍴 🖥 ⫸ 🍴 rist, 🛜 **P** ⫸ **VISA** ⦿ **AE** ⓪ 💰
plaza dal Comun 67 – ℰ 03 42 99 60 76 – www.hposta.it – Fax 03 42 97 00 97
– 2 dicembre-1° maggio e giugno-settembre
32 cam ⊠ – ♦50/145 € ♦♦100/290 € – ½ P 135/155 € **Rist** – Menu 25/35 €
♦ Nel cuore del paese, vicino ai campi da sci, un esercizio ristrutturato da poco, dall'ambiente essenziale e funzionale, ideale per gli amanti degli sport invernali. Calda atmosfera nella sala da pranzo.

Bivio 🔲 🛜 🖥 ⫸ cam, ⫸ 🍴 **P** ⫸ **VISA** ⦿ 💰
via Plan 422/a – ℰ 03 42 99 61 37 – www.bivioholidays.com
– Fax 03 42 99 76 21
30 cam ⊠ – ♦58/127 € ♦♦88/230 € – ½ P 64/155 €
Rist – (solo per alloggiati) Menu 17 €
Rist Cheseta Veglia – (chiuso maggio, giugno, ottobre e novembre)
Carta 42/58 €
♦ In pieno centro storico, hotel a conduzione diretta dagli interni piacevoli e accoglienti, con pareti rivestite in perlinato; gradevoli camere in moderno stile montano. Atmosfera informale nel curato ristorante rustico; romantica la stube originaria dell'800.

🔠 Concordia 〽️ 📶 ⅋ ⅋ rist. 〽️ P̲ VISA ⅏ AE ⓪ ⚡
via Plan 114 – ℰ 03 42 99 02 00 – www.hotel-concordia.it
– *Fax 03 42 99 03 00*
24 cam ☕ – ♠50/220 € ♠♠80/380 € – 4 suites – ½ P 55/190 €
Rist – Carta 27/40 €
♦ Nel cuore della località, albergo di recente ristrutturazione, con interni curati dove il legno, lavorato o decorato, è l'elemento essenziale; confort di alto livello. Divanetti a parete e atmosfera distinta nell'ampia sala da pranzo.

🏠 Palù ≤ 📶 ⅃⁄ ⅋ P̲ 🚗 VISA ⅏ AE ⓪ ⚡
via Ostaria 313 – ℰ 03 42 99 62 32 – www.paluhotel.it – *Fax 03 42 99 62 33*
– *chiuso maggio e novembre*
33 cam ☕ – ♠45/87 € ♠♠66/150 € – ½ P 50/135 €
Rist – Carta 25/42 €
♦ Camere ampie e luminose con arredi in pino e abete, bagni di grandi dimensioni e spazi comuni accoglienti caratterizzano questa risorsa ubicata accanto alle piste da sci. Luminosa sala ristorante con vetrate su impianti e discese.

🏠 Francesin *senza rist* 〽️ Ⅰ♭ 〽️ P̲ 🚗 VISA ⅏ AE ⓪ ⚡
via Ostaria 442 – ℰ 03 42 97 03 20 – www.francesin.it
– *Fax 03 42 97 03 20*
14 cam ☕ – ♠50/80 € ♠♠76/110 €
♦ Accoglienza e servizio familiari in un piccolo albergo, che dispone di comode camere ed attrezzato centro fitness con palestra. In sintesi, l'indirizzo ideale per gli sportivi.

✕✕ Camana Veglia *con cam* 〽️ ⅋ cam. 〽️ P̲ VISA ⅏ ⚡
via Ostaria 583 – ℰ 03 42 99 63 10 – www.camanaveglia.com
– *Fax 03 42 97 47 16 – dicembre-aprile e luglio-settembre*
14 cam ☕ – ♠35/90 € ♠♠85/135 € – 1 suite – ½ P 50/150 €
Rist – Carta 27/60 €
♦ Caratteristici interni in legno e ricercatezza nei particolari, in un locale tipico con camere "a tema" di recente ristrutturazione; proposte di cucina valtellinese.

✕✕ Chalet Mattias *(Mattias Peri)* *con cam* ⅋ ≤ ⅋ rist. 〽️ cam. 〽️ P̲
⅍ *via Canton 124* – ℰ 03 42 99 77 94 🚗 VISA ⅏ AE ⓪ ⚡
– *www.chaletmattias.com – Fax 03 14 25 01 99*
– *chiuso martedì e mercoledì a mezzogiorno escluso da Natale a Pasqua e agosto*
4 cam ☕ – ♠70/120 € ♠♠120/190 € – ½ P 80/119 €
Rist – Menu 45/65 € – Carta 50/68 € ⅋
Spec. Sinfonia di frutta e verdura croccanti con code di gamberi spadellati al vin santo. Filetto di torello cotto alla cenere con tortino di patate. Crème brûlée alle gemme di pino con crema al rabarbaro.
♦ Ristorante ospitato da un piccolo chalet nel quale trovano posto anche cinque belle camere. Gestito da una giovane coppia che propone una cucina del territorio rivisitata.

✕ Alba-da Roby *con cam* 📶 ⅋ rist. 〽️ P̲ VISA ⅏ AE ⓪ ⚡
via Saroch 948 – ℰ 03 42 97 02 30 – www.albahotel.com – *Fax 03 42 97 01 25*
– *chiuso maggio e dal 15 ottobre al 30 novembre*
18 cam ☕ – ♠50/105 € ♠♠80/140 € – ½ P 65/120 €
Rist – (prenotazione obbligatoria) Carta 25/49 €
♦ Indirizzo interessante sia per la piacevole sala sia per la gustosa cucina del territorio, rivisitata e sapientemente alleggerita.

LIVORNO P̲ (LI) – 563 L12 – 160 949 ab. – ✉ 57123 ▮ Toscana **28** B2

▶ Roma 321 – Pisa 24 – Firenze 85 – Milano 294

🛳 per Golfo Aranci e Bastia – Sardinia Ferries, call center 199400500

ℹ piazza del Municipio 6 ✉ 571236 ℰ 0586 204611, apt7livorno@costadeglietruschi.it, Fax 0586 896173

◉ Monumento★ a Ferdinando I de' Medici AY **A**

◧ Santuario di Montenero★ Sud : 9 km

Pianta pagina seguente

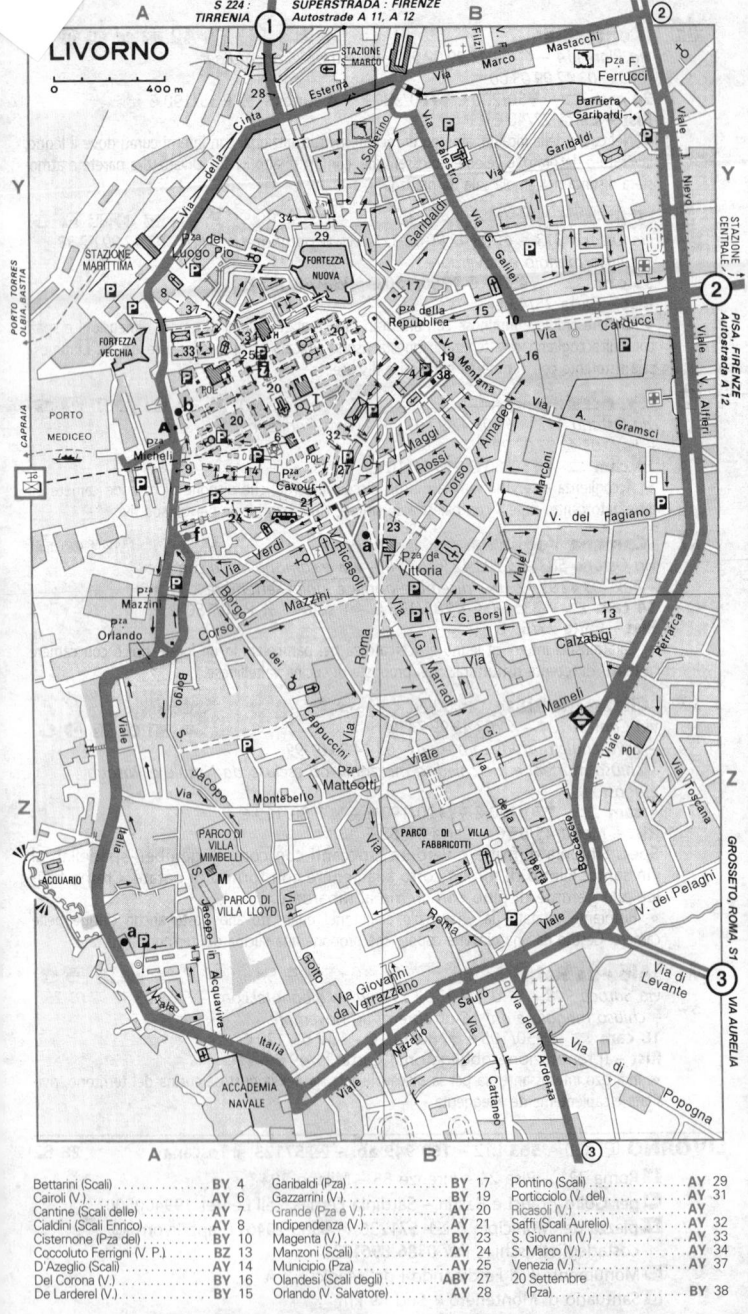

LIVORNO

0   400 m

S 224 : TIRRENIA

SUPERSTRADA : FIRENZE Autostrade A 11, A 12

PORTO TORRES OLBIA BASTIA

CAPRAIA

PORTO MEDICEO

PISA FIRENZE Autostrada A 12

GROSSETO, ROMA, S1 VIA AURELIA

NH Grand Hotel Palazzo ⚜ 🛏 🖫 🖼 🔊 ⌯ ♿ 🖼 🈁 ⚥ 👗

viale Italia 195 ✉ *57127 –* ☎ *05 86 26 08 36*   VISA 🆚 AE ① 💲
– www.nh-hotels.it – Fax 05 86 80 61 82   AZ**a**
122 cam 🍽 – 🛏140/180 € 🛏🛏160/210 € – 1 suite – ½ P 90/110 €
Rist – Carta 52/90 €

◆ E' in questo edificio storico di fine '800 - affacciato sul mare - che Guglielmo Marconi effettuò i suoi primi esperimenti sul telegrafo. L'attrezzato centro congressi, il ristorante roof garden e l'area benessere completano la gamma di servizi dell'hotel: albergo rinato a nuova vita dopo un'accurata ristrutturazione.

Al Teatro senza rist   🚲 🖨 🖼 🎙 VISA 🆚 💲

via Mayer 42 ✉ *57125 –* ☎ *05 86 89 87 05 – www.hotelalteatro.it*
– Fax 05 86 27 86 84 – chiuso dal 24 dicembre al 6 gennaio   AY**a**
8 cam – 🛏78/110 € 🛏🛏98/160 €, 🍽 7 €

◆ Piccolo e signorile albergo a conduzione diretta, dove spiccano gli arredi d'antiquariato, oltre ad una secolare magnolia nel curato giardino interno. A due passi, il teatro.

Gran Duca   🔊 🖟 🖨 🖼 🎙 🖼 VISA 🆚 AE ① 💲

piazza Micheli 16 ✉ *57123 –* ☎ *05 86 89 10 24 – www.granduca.it*
– Fax 05 86 89 11 53   AY**b**
62 cam 🍽 – 🛏90/120 € 🛏🛏140/180 € – ½ P 100/120 €
Rist *– (chiuso dal 31 dicembre al 5 gennaio)* Carta 46/67 €

◆ Albergo ubicato nel tipico ambiente del Bastione Mediceo: spaziosa hall e camere eterogenee negli arredi, ma parimenti confortevoli. Di fronte al mare, con vista sulla darsena, ristorante con sale ben arredate.

✕ Osteria del Mare   🖼 🖾 VISA 🆚 AE ① 💲

borgo dei Cappuccini 5 ✉ *57126 –* ☎ *05 86 88 10 27 – Fax 05 86 88 10 27*
– chiuso dal 30 agosto al 20 settembre, giovedì   AY**f**
Rist – Carta 25/45 €

◆ In due piccole sale rustiche, un'atmosfera da taverna marinara con legno, timoni, gagliardetti e stemmi legati alla navigazione. Pur essendoci un menu scritto, lasciatevi consigliare dal cuoco che - in base alla stagione e alla disponibilità del pescato - saprà consigliarvi i migliori piatti che profumano di mare.

a Montenero Sud : 10 km – ✉ 57128

La Vedetta 🦢   ⚜ 🚲 🖨 ♿ cam, 🖼 🖾 rist, 🔊 🅿 VISA 🆚 AE ① 💲
🅶🅴
via della Lecceta 5 – ☎ *05 86 57 99 57 – www.hotellavedetta.it*
– Fax 05 86 57 99 69
31 cam 🍽 – 🛏65/75 € 🛏🛏80/120 € – ½ P 56/76 €
Rist *– (maggio-settembre) (chiuso a mezzogiorno) (solo per alloggiati)*
Menu 18/25 €

◆ Nei pressi del santuario, ambienti curati in un'imponente villa del '700 che ospitò personaggi illustri e che deve il proprio nome alla splendida vista su mare e costa. All'interno: pavimento in cotto negli ariosi spazi comuni, camere ampie e ben tenute.

ad Ardenza per ③ : 4 km – ✉ 57128 Ardenza

✕✕ Ciglieri   🖼 🖾 VISA 🆚 AE ① 💲

via Ravizza 43 – ☎ *05 86 50 81 94 – www.ristoranteciglieri.it – chiuso mercoledì*
Rist *– (prenotazione obbligatoria)* Carta 56/85 € 🕸

◆ Piatti ricchi di fantasia sia di pesce sia di carne in un ambiente elegante e raffinato; servizio curato direttamente dal titolare.

✕ Oscar   🛖 🖼 🖾 🗘 VISA 🆚 AE ① 💲

via Franchini 78 – ☎ *05 86 50 12 58 – www.ristoranteoscar.it – chiuso dal 1°*
al 23 gennaio e lunedì
Rist – Carta 42/68 €

◆ Sobrio ristorante gestito da tre fratelli, dove protagonista indiscusso è il pesce: freschissimo e di ottima qualità!

Un pasto accurato a prezzo contenuto? Cercate i Bib Gourmand 🅰.

RNO FERRARIS – Vercelli (VC) – 561 G6 – 4 524 ab. – alt. 189 m   23 C2
13046

▶ Roma 673 – Torino 41 – Milano 104 – Vercelli 42

a Castell'Apertole Sud-Est : 10 km : – ✉ 13046 Livorno Ferraris

✗ **Balin**   🝖 ♻ 🅿 VISA ⦾ AE ① ♿
– ✆ 0 16 14 71 21 – www.balinrist.it – Fax   01 61 47 75 36 – chiuso domenica
sera e lunedì
Rist – Carta 26/46 € ❀
♦ In un'antica cascina, due ambienti in stile rustico-elegante separati da un grande camino
e cucina legata alle tradizioni piemontesi. Carne di bufalo e di manzo alla griglia nella saletta
"Buffalo Ball", dove sorseggiare diversi tipi di birra.

LIZZANO IN BELVEDERE – Bologna (BO) – 562 J14 – 2 370 ab.   8 B2
– alt. 640 m – Sport invernali : a Corno alle Scale : 1 358/1 945 m ≰6, ≰
– ✉ 40042

▶ Roma 361 – Bologna 68 – Firenze 87 – Lucca 93

🄸 piazza Marconi 6 ✆ 0534 51052, iat.lizzano@comune.lizzano.bo.it
Fax 0534 51052

a Vidiciatico Nord-Ovest : 4 km – alt. 810 m – ✉ 40042

🄸 Via Marconi 31 ✆ 0534 53159, iat.vidiciatico@comune.lizzano.bo.it

🏠 **Montegrande**   ℅ VISA ⦾ AE ① ♿
☕ via Marconi 27 – ✆ 0 53 45 32 10 – www.montegrande.it – Fax   0 53 45 40 24
⦾ – chiuso dal 15 aprile al 15 maggio e dal 15 ottobre al 30 novembre
14 cam – ♥♥50/60 €, ☲ 7 € – ½ P 46/50 €   **Rist** – Carta 20/30 €
♦ Ideale per una vacanza semplice e tranquilla, un albergo dall'atmosfera familiare a
gestione pluriennale; spazi non ampi, ma curati e accoglienti, camere dignitose. Piacevole
sala ristorante con camino; piatti del territorio, con funghi e tartufi in stagione.

a Rocca Corneta Nord-Ovest : 8 km – alt. 631 m – ✉ 40047

🏠 **Corsini Antica Trattoria**   ≤ 🚗 🛱 🅿 VISA ⦾ ♿
☕ Via Statale 36 – ✆ 0 53 45 31 04 – www.hotelcorsini.com – Fax   0 53 45 31 11
– chiuso dal 7 gennaio al 7 febbraio, dal 29 marzo all'8 aprile e dal 10 settembre
al 10 ottobre
12 cam ☲ – ♥50/60 € ♥♥60/70 € – ½ P 45/50 €
Rist – (chiuso martedì escluso luglio e agosto) Carta 21/35 €
♦ Bella veduta sugli Appennini da questo piccolo alberghetto gestito da una solida e dinamica conduzione diretta. Ambiente alla buona, anche nelle camere. Cucina locale con un
buon rapporto qualità/prezzo, sala panoramica.

LOANO – Savona (SV) – 561 J6 – 11 623 ab. – ✉ 17025 ▯ Italia   14 B2
▶ Roma 578 – Imperia 43 – Genova 79 – Milano 202
🄸 corso Europa 19 ✆ 019 676007, loano@inforiviera.it, Fax 019 676818

🏨 **Grand Hotel Garden Lido**   ≤ 🚗 🛋 🛉 ⅋ rist, 🛗 🅰 ℅ rist, 🏤
lungomare Nazario Sauro 9 – ✆ 0 19 66 96 66   🅿 VISA ⦾ AE ① ♿
– www.gardenlido.com – Fax   0 19 66 85 52 – chiuso dal 20 ottobre al
20 dicembre
69 cam ☲ – ♥80/100 € ♥♥100/180 € – 2 suites – ½ P 85/130 €
Rist – Carta 36/48 €
♦ Albergo di fronte al porto turistico, in buona parte già ristrutturato negli ultimi anni, ma i
progetti non sono ancora finiti! Gradevole giardino con piscina e belle camere di diverse
tipologie. Quadri alle pareti e grandi finestre nella curata sala da pranzo.

🏠 **Villa Mary**   🛉 🝖 ℅ 🅿 VISA ⦾ ♿
☕ viale Tito Minniti 6 – ✆ 0 19 66 83 68 – www.panozzohotels.it
– Fax   0 19 66 83 68 – chiuso dal 27 settembre al 19 dicembre
30 cam – ♥35/40 € ♥♥60/85 €, ☲ 8 € – ½ P 80 €
Rist – (chiuso martedì) (solo per alloggiati) Carta 13/16 €
♦ Gestione cordiale e ambiente familiare in un albergo fuori dal centro con spazi comuni
non grandi, ma abbelliti da tappeti e comode poltrone; camere funzionali. Pesce, cucina
ligure e mediterranea nella semplice sala ristorante.

X **La Vecchia Trattoria** 🖾 ⇦ 🚾 ⓾ 🗚 ⓪ 🕭
via Raimondi 3 – ☎ 0 19 66 71 62 – www.lavecchiatrattoria.eu – chiuso dall'11 al 25 gennaio, dall'8 al 18 giugno, martedì
Rist – Carta 39/48 €
♦ In pieno centro, immersa tra i tipici carruggi, trattoria dall'attenta gestione al femminile, molto curata nei particolari. In menù numerose proposte di pesce.

LOCOROTONDO – Bari (BA) – **564** E33 – **14 054 ab.** – alt. 410 m   **27** C2
– ✉ **70010** ▮ Italia
　　　　▶ Roma 518 – Bari 70 – Brindisi 68 – Taranto 36
　　　　◪ Valle d'Itria★★ (strada per Martina Franca) – ⩹★ sulla città dalla strada di Martina Franca

⌂ **Sotto le Cummerse** senza rist 🖾 ⅋ 🚾 ⓾ 🕭
via Vittorio Veneto 138 – ☎ 08 04 31 32 98 – www.sottolecummerse.it
– Fax 08 08 49 04 90
10 cam ⌥ – ✦60/132 € ✦✦82/230 € – 1 suite
♦ Un sistema simpatico per vivere il caratteristico centro storico della località: camere ed appartamenti seminati in vari punti, sempre piacevoli e dotati di ogni confort.

X **Centro Storico** 🚾 ⓾ 🗚 🕭
⊖ *via Eroi di Dogali 6 – ☎ 08 04 31 54 73 – www.ilcentrostorico.biz*
– Fax 08 04 31 54 73 – chiuso mercoledì
Rist – Carta 20/27 €
♦ In pieno centro storico, cordiale accoglienza in una trattoria di tono semplice, ma dall'atmosfera piacevole. Proposte di casalinga cucina barese e piatti di ispirazione più classica.

LODI ℗ (LO) – **561** G10 – **43 112 ab.** – alt. 80 m – ✉ **26900**   **16** B3
　　　　▶ Roma 548 – Piacenza 38 – Bergamo 49 – Brescia 67
　　　　🛈 piazza Broletto 4 ☎ 0371 421391, turismo@provincia.lodi.it, Fax 0371421313

⌂ **Concorde Lodi Centro** senza rist 🕭 🖾 🖓 🚾 ⓾ 🗚 ⓪ 🕭
piazzale Stazione 2 – ☎ 03 71 42 13 22 – www.hotel-concorde.it
– Fax 03 71 42 07 03 – chiuso 15 giorni in agosto
30 cam ⌥ – ✦75/120 € ✦✦100/160 €
♦ Hotel centrale, situato proprio di fronte alla stazione ferroviaria, ristrutturato di recente in base ai dettami di un sobrio buongusto. Conduzione affidabile ed esperta.

⌂ **Anelli** senza rist 🖾 🖓 🚾 ⓾ 🗚 ⓪ 🕭
viale Vignati 7 – ☎ 03 71 42 13 54 – www.albergoanelli.com
– Fax 03 71 42 21 56 – chiuso Natale e dal 7 al 23 agosto
29 cam ⌥ – ✦75/95 € ✦✦100/130 €
♦ In prossimità del centro, un albergo a conduzione diretta pluridecennale, rimodernato negli ultimi anni; grande sala colazioni e graziose camere funzionali, con parquet.

XX **Isola Caprera** 🖾 ⇦ 🅿 🚾 ⓾ 🗚 ⓪ 🕭
via Isola Caprera 14 – ☎ 03 71 42 13 16 – www.isolacaprera.com – Fax 03 71 42 13 16
– chiuso dal 1° al 15 gennaio, dal 16 al 31 agosto, martedì sera, mercoledì
Rist – Carta 33/48 €
♦ Sobria ed elegante classicità in un locale di lunga tradizione sulle rive dell'Adda. Salone per banchetti e diverse salette. Gestione del servizio esperta e competente.

XX **La Quinta** 🖾 ⅋ ⇦ 🚾 ⓾ 🗚 ⓪ 🕭
viale Pavia 76 – ☎ 0 37 13 50 41 – Fax 0 37 13 50 41 – chiuso dal 2 al 9 gennaio, 3 settimane in agosto, domenica sera e lunedì
Rist – Menu 65 € (solo a mezzogiorno) – Carta 48/93 € ⌨
♦ Se volete gustare la vera cucina lodigiana in un ambiente accogliente e raccolto, sospendete le ricerche, perché l'indirizzo l'avete già trovato! Il savoir-faire e la competente gestione sono ulteriori motivi per cui fermarsi...

LODRONE – Trento – **562** E13 – Vedere Storo

LOIANO – Bologna (BO) – **562** J15 – **4 428 ab.** – alt. 714 m – ✉ **40050**   **9** C2
　　　　▶ Roma 359 – Bologna 36 – Firenze 85 – Milano 242
　　　　🛅 Molino del Pero, ☎ 051 67 70 50

Palazzo Loup ✅ ◁ 🕉 🛉 🗏 🛉 ⚃ ⚡ rist, 🏌 ♨ **P**

via Santa Margherita 21, località Scanello, Est : 3 km 🆅🅸🆂🅰 ⚇ 🅰🅴 ⓞ 🕉
*– ℰ 05 16 54 40 40 – www.palazzo-loup.it – Fax 05 16 54 40 40 – chiuso dal
23 dicembre al 10 gennaio*
49 cam ⬡ – ♦90/115 € ♦♦130/180 € – ½ P 98 €
Rist – (consigliata la prenotazione) Carta 32/53 €
♦ Incredibile fusione di passato e presente, in una dimora di origine medievale immersa in
uno splendido parco con piscina e vista sulle colline tosco-emiliane. Atmosfera raffinata nella
sala da pranzo con camino, ricavata dalle antiche cantine della villa. Ampi spazi per cerimonie.

LONATO – Brescia (BS) – **561** F13 – **14 975 ab.** – **alt. 188 m** – ⬚ **25017**   **17** D1
> 🄳 Roma 530 – Brescia 23 – Mantova 50 – Milano 120

a Barcuzzi Nord : 3 km – ⬚ 25080 Lonato

🍴🍴 **Da Oscar** ◁ 🕉 🛉 🅰🅲 ⇆ **P** 🆅🅸🆂🅰 ⚇ 🅰🅴 🕉
*via Barcuzzi 16 – ℰ 03 09 13 04 09 – www.daoscar.it – Fax 03 09 13 04 09
– chiuso dal 7 al 31 gennaio, lunedì, martedì a mezzogiorno*
Rist – Carta 39/57 €
♦ Sulle colline che guardano il Lago di Garda, bel locale spazioso di tono raffinato, con
incantevole servizio estivo sulla terrazza, da cui si gode uno splendido panorama.

Il nome di un ristorante in rosso evidenzia una « promessa ».
Il locale potrebbe accedere ad una categoria superiore: prima stella o
stella supplementare. Tali esercizi sono elencati nella lista delle tavole
stellate all'inizio della guida.

LONGARE – Vicenza (VI) – **562** F16 – **5 570 ab.** – **alt. 29 m** – ⬚ **36023**   **37** B2
> 🄳 Roma 528 – Padova 28 – Milano 213 – Verona 60

⌂ **Agriturismo Le Vescovane** ✅ ◁ 🕉 🗏 🛉 🅰🅲 cam, 🕉 cam,
🈁 *via San Rocco 19, Ovest : 4 km* 🏌 **P** 🆅🅸🆂🅰 ⚇ 🅰🅴 ⓞ 🕉
– ℰ 04 44 27 35 70 – www.levescovane.com – Fax 04 44 27 32 65
9 cam ⬡ – ♦55/70 € ♦♦80/110 € – ½ P 65/75 €
Rist – (chiuso lunedì e martedì da maggio a settembre, anche mercoledì negli
altri mesi) (chiuso a mezzogiorno escluso sabato, domenica e festivi)
Carta 21/38 €
♦ Pochi chilometri fuori Vicenza per trovare, meglio se facendosi consigliare la strada dai
proprietari, una torre di caccia cinquecentesca nel silenzio dei monti Berici. Sala ristorante
con camino, servizio estivo in giardino.

a Costozza Sud-Ovest : 1 km – ⬚ 36023 Longare

🍴🍴 **Aeolia** 🖉 🕉 🅰🅲 ⇆ 🆅🅸🆂🅰 ⚇ 🅰🅴 ⓞ 🕉
🈁 *piazza Da Schio 1 – ℰ 04 44 55 50 36 – www.aeolia.com – chiuso dal 1° al
14 novembre e martedì*
Rist – Menu 23/30 € – Carta 18/40 €
♦ Un'esperienza artistica ancor prima che gastronomica, dalla sala del 1568 con affreschi di
Zelotti e Fasolo, ai chilometrici cunicoli che ospitano le cantine. Cucina veneta e specialità
di carne.

LONGIANO – Forlì-Cesena (FC) – **562** J18 – **6 551 ab.** – **alt. 179 m**   **9** D2
– ⬚ 47020
> 🄳 Roma 350 – Rimini 28 – Forlì 32 – Ravenna 46

🍴 **Dei Cantoni** 🅰🅲 🕉 🆅🅸🆂🅰 ⚇ 🅰🅴 ⓞ 🕉
🈙 *via Santa Maria 19 – ℰ 05 47 66 58 99 – www.ristorantedeicantoni.it
– Fax 05 47 66 60 40 – chiuso dal 15 febbraio al 15 marzo e mercoledì*
Rist – Carta 25/33 €
♦ All'ombra del castello malatestiano, due sale con mattoni a vista che ricordano il bel ciot-
tolato del centro ed una simpatica gestione dal servizio veloce ma cortese. Piacevole il servizio estivo in veranda.

LONIGO – Vicenza (VI) – **562** F16 – 15 862 ab. – alt. 31 m – ⊠ 36045

▶ Roma 533 – Verona 33 – Ferrara 95 – Milano 186

XXX **La Peca** (Nicola Portinari)   🕭 🕭 🖧 🅿 📙 🎟 🕭 🗛 🕮 🔥
🕸 🕸   *via Alberto Giovanelli 2* – 𝒞 *04 44 83 02 14* – *www.lapeca.it* – *Fax 04 44 43 87 63*
– *chiuso 1 settimana in febbraio, 2 settimane in giugno, 1 settimana in
agosto; domenica sera, lunedì, da giugno ad agosto anche domenica a
mezzogiorno*
Rist – Menu 40 € (solo a mezzogiorno)/110 € – Carta 78/105 € 🕸
Spec. Bigoli integrali con acciughe, alici marinate e gelato di cipolle rosse.
Anguilla fritta ai limoni gardesani canditi in salamoia con misticanza. Come
una cassata ai mandarini, con gelato al pistacchio di Bronte e capperi disidra-
tati.
♦ Verso la chiesa francescana di San Daniele, un bell'edificio dalle forme asciutte e moderne
anticipa la luminosa essenzialità degli interni. Fantasiosa ricerca di prodotti.

LOREGGIA – Padova (PD) – **562** F17 – 6 817 ab. – alt. 26 m – ⊠ 35010   **36** C2

▶ Roma 504 – Padova 26 – Venezia 30 – Treviso 36

X **Locanda Aurilia** con cam   📶 🕭 rist, 🗛 🕎 🕊 🅿 🚗 📟 🕭 🗛 🔥
via Aurelia 27 – 𝒞 *04 95 79 03 95* – *www.locandaaurilia.com*
– *Fax 04 95 79 03 95*
16 cam 🖙 – †40/45 € ††70/80 € – ½ P 60/65 €
Rist – *(chiuso dal 1° al 6 gennaio, dal 5 al 21 agosto)* Carta 26/39 € 🕸
♦ La passione per la cucina e un forte legame per le tradizioni del territorio hanno scandito
gli oltre cinquant'anni di attività della locanda. Recentemente rinnovata, continua a proporre
gustosi piatti sia di terra sia di mare. Camere semplici e confortevoli.

LORETO – Ancona (AN) – **563** L22 – 12 123 ab. – alt. 125 m – ⊠ 60025   **21** D2
▌ Italia

▶ Roma 294 – Ancona 31 – Macerata 31 – Pesaro 90
🔹 *via Solari 3* 𝒞 071 970276, iat.loreto@regione.marche.it, Fax 071 970020
◉ Santuario della Santa Casa★★ – Piazza della Madonna★ – Opere del
Lotto★ nella pinacoteca **M**

XX **Andreina**   🕿 🗛 🅿 📟 🕭 🗛 🕮 🔥
via Buffolareccia 14 – 𝒞 *0 71 97 01 24* – *www.ristoranteandreina.it*
– *Fax 07 17 50 10 51* – *chiuso giugno, luglio e martedì*
Rist – Carta 40/59 € 🕸
♦ Un ambiente rustico che ospita tre sale ben arredate con tocchi di moderna eleganza,
dove è possibile gustare una cucina locale rivisitata ma anche pietanze alla brace.

XX **Vecchia Fattoria** con cam   🚗 🕿 🗛 🕊 🅿 📟 🕭 🗛 🕮 🔥
via Manzoni 19 – 𝒞 *0 71 97 89 76* – *www.vecchiafattorialoreto.it*
– *Fax 0 71 97 89 62*
18 cam 🖙 – †52 € ††65 €   **Rist** – Carta 27/38 €
♦ Il nome non lascia dubbi sull'originaria vocazione del complesso, oggi un locale di tono classico dedicato alla ristorazione, che presenta piatti tradizionali che spaziano dal mare alla terra.
La piccola risorsa ai piedi del colle Lauretano dispone anche di camere arredate con semplicità.

LORETO APRUTINO – Pescara (PE) – **563** O23 – 7 668 ab. – alt. 294 m   **1** B1
– ⊠ 65014

▶ Roma 226 – Pescara 24 – Teramo 77

🏛 **Castello Chiola** 🕸   ≼ 🛋 📶 🕭 cam, 🗛 🕊 🕎 rist, 🕭 🅿
via degli Aquino 12 – 𝒞 *08 58 29 06 90*   📟 🕭 🗛 🕮 🔥
– *www.castellochiolahotel.com* – *Fax 08 58 29 06 77* – *chiuso novembre e
dicembre*
32 cam 🖙 – †70/135 € ††90/190 € – 4 suites – ½ P 75/130 €
Rist – *(chiuso a mezzogiorno)* (prenotazione obbligatoria) Carta 31/42 €
♦ Si respira una romantica atmosfera nelle sale ricche di fascino di un'incantevole, antica
residenza medioevale, nella parte panoramica della cittadina; camere raffinate. Elegante ristorante dove apprezzare la tradizionale cucina italiana.

Carmine   🔥 AK 🍴 ⇔ VISA ⬤ AE ① 👍

contrada Remartello 52, Est : 4,5 km – 𝒞 *08 58 20 85 53*
– www.ristorantecarmine.it – Fax 08 58 20 85 53 – chiuso lunedì
Rist *– (chiuso a mezzogiorno escluso domenica)* **Carta** 27/45 € 🏵
♦ Gestione familiare di grande esperienza per un grazioso locale con veranda, dove gustare piatti di mare a base di ricette tradizionali abruzzesi.

LORO CIUFFENNA – Arezzo (AR) – 563 L16 – 5 812 ab. – alt. 330 m   29 C2
– ✉ 52024

▶ Roma 238 – Firenze 54 – Siena 63 – Arezzo 31

✗✗   Il Cipresso-da Cioni con cam   AK rist, P VISA ⬤ AE ① 👍
via De Gasperi 28 – 𝒞 *05 59 17 20 67 – www.ilcipresso.it – Fax 05 59 17 11 27*
– chiuso dal 13 al 28 febbraio
22 cam ⌒ – ✝40/50 € ✝✝60/70 € – ½ P 50/60 €
Rist *– (chiuso mercoledì sera e sabato a mezzogiorno)* **Carta** 29/37 €
♦ Piatti del territorio abbinati ad ottimi vini in un ristorante a gestione familiare traboccante di quadri e sculture realizzati dal titolare-artista con il recupero di vecchi oggetti (cassette della frutta, scatole, mattoni, etc.). Camere semplici in stile rustico.

LORO PICENO – Macerata (MC) – 563 M22 – 2 532 ab. – alt. 436 m   21 C2
– ✉ 62020

▶ Roma 248 – Ascoli Piceno 74 – Ancona 73 – Macerata 22

✗✗   Girarrosto   VISA ⬤ 👍
via Ridolfi 4 – 𝒞 *07 33 50 91 19 – chiuso dal 15 al 31 luglio e mercoledì*
Rist *–* **Carta** 27/37 €
♦ Nel centro storico di questo paese inerpicato su una collina, un locale dove gustare specialità alla brace servite nel caratteristico ambiente di una sala in mattoni.

LOTZORAI – Ogliastra (OG) – 366 S44 – Vedere Sardegna alla fine dell'elenco alfabetico

---

LOVENO – Como – Vedere Menaggio

LOVERE – Bergamo (BG) – 561 E12 – 5 407 ab. – alt. 200 m – ✉ 24065   19 D1
▌ Italia

▶ Roma 611 – Brescia 49 – Bergamo 41 – Edolo 57

🛈 piazza 13 Martiri 𝒞 035 962178, turismo.lovere@apt.bergamo.it,
   Fax 035 962525

◉ Lago d'Iseo★

◉ Pisogne★ : affreschi★ nella chiesa di Santa Maria della Neve Nord-Est :
   7 km

🏨 Continental   ⇐ ⋒ 🛁 🛗 🔥 cam, AK ↳ 🍴 rist, 🎱 🔊 🚗
viale Dante 3 – 𝒞 *0 35 98 35 85*   VISA ⬤ AE ① 👍
– www.continentallovere.it – Fax 0 35 98 36 75
42 cam ⌒ – ✝40/60 € ✝✝50/80 € – ½ P 55/65 €
Rist *– (chiuso a mezzogiorno)* **Carta** 25/42 €
♦ Piccolo ma piacevole l'attrezzato centro benessere attivato negli ultimi anni. Situato in un piccolo centro commerciale, l'hotel guarda soprattutto ad una clientela d'affari.

🏨 Moderno   🌦 🛗 AK 🎱 🔊 VISA ⬤ AE ① 👍
piazza 13 Martiri 21 – 𝒞 *0 35 96 06 07 – www.albergomoderno.eu*
– Fax 0 35 96 14 51
25 cam – ✝65/75 € ✝✝80/85 €, ⌒ 9 € – ½ P 65/70 €
Rist *– (chiuso lunedì escluso dal 15 maggio al 15 settembre)* **Carta** 51/85 €
(+10 %)
♦ Davanti al lungolago, hotel storico recentemente ristrutturato, dalla piacevole facciata rosa che guarda la piazza centrale del paese; camere molto spaziose e funzionali. Al piano terra, un'accogliente sala da pranzo sobriamente arredata.

✂ Mas
                                                                                                       ఉ 分 ⇔ ᴠɪꜱᴀ ◍ ① ⑤

via Gregorini 21 – ℰ *0 35 98 37 05 – Fax 0 35 98 37 05*
– chiuso dal 1° al 7 febbraio, dal 15 al 30 giugno e martedì
Rist – Carta 19/47 € 🏵

♦ Una giovane e simpatica conduzione crea la giusta atmosfera di questo locale: piacevole e informale, con una cucina che propone piatti più leggeri a mezzogiorno e paste fresche la sera.

LUCCA Ⓟ (LU) – **563** K13 – 83 228 ab. – alt. 19 m – ⊠ 55100   **28** B1
▮ Toscana

    🄳 Roma 348 – Pisa 22 – Bologna 157 – Firenze 74
    🄸 piazza Santa Maria 35 ℰ 0583 919931, info@luccaturismo.it
    🄾 Duomo★★ C – Chiesa di San Michele in Foro★★ : facciata★★ B
    – Battistero e chiesa dei Santi Giovanni e Raparata★ B **B** – Chiesa di San
    Frediano★ B – Centro storico★ BC – Passeggiata delle mura★
    🄶 Parco★★ della villa reale di Marlia e di villa Grabau per① : 8 km
    – Parco★ di villa Mansi e villa Torrigiani★ per ② : 12 km

Piante pagine seguenti

🏨 Noblesse
                                                ᴥᴥ 🛗 ᡧ AC ℀ ᴥᴥ 🛆 ᴠɪꜱᴀ ◍ AE ① ⑤

via Sant'Anastasio 23 – ℰ *05 83 44 02 75 – www.hotelnoblesse.it*
– Fax 05 83 49 05 06   **C**e
15 cam ⊑ – †200/350 € ††290/390 € – 5 suites – ½ P 225/295 €
Rist – Carta 38/79 €

♦ Eleganti camere con tappeti persiani, preziosi arredi d'epoca, un grande impiego di tessuti e decorazioni dorate fanno di questo palazzo settecentesco un fastoso albergo. Carne, pesce e piatti di ogni ispirazione nella calda sala da pranzo o nell'accogliente veranda estiva.

🏨 Ilaria e Residenza dell'Alba *senza rist*
                                   🛗 ఉ AC ℀ ℀ 🛆 Ⓟ ᴥ

via del Fosso 26 – ℰ *0 58 34 76 15*   ᴠɪꜱᴀ ◍ AE ① ⑤
– www.hotelilaria.com – Fax 05 83 99 19 61   **C**z
36 cam ⊑ – †120/170 € ††150/230 € – 5 suites

♦ Signorilità, professionalità, gentilezza del servizio ed ampie camere avvolte da morbidi colori, ricavate in un'attigua chiesa sconsacrata della quale si conserva un antico portico.

🏨 Grand Hotel Guinigi
                        ᴥᴥ ⌂ 🛗 ఉ ℀ AC ℀ ℀ rist, ℀ 🛆 Ⓟ

via Romana 1247, per ③ *–* ℰ *05 83 49 91*   ᴠɪꜱᴀ ◍ AE ① ⑤
– www.grandhotelguinigi.it – Fax 05 83 49 98 00
156 cam ⊑ – †80/130 € ††100/210 € – 11 suites – ½ P 80/150 €
Rist – Carta 27/48 €

♦ Moderna struttura, sita fuori dal centro, dotata di ampi ambienti luminosi provvisti di ogni confort; ideale per una clientela di lavoro, ma adatto anche al turista di passaggio. Colori ambrati e arredi essenziali nella sala da pranzo con colonne e soffitto ad archi.

🏨 Eurostars
                                   ᴥᴥ ⌂ 🛗 ఉ AC ℀ ℀ ᴠɪꜱᴀ ◍ AE ① ⑤

viale Europa 1135, per ⑤ *–* ℰ *0 58 33 17 81 – www.eurostarshotels.com*
– Fax 05 83 31 78 94
68 cam ⊑ – †90/149 € ††99/169 € – ½ P 66/101 €   **Rist** – Menu 19/35 €

♦ Moderno albergo d'impronta minimalista, situato a poca distanza dal casello autostradale, offre camere sobrie e funzionali, ideali per una clientela commerciale. Confort e tinte sobrie anche al ristorante.

🏨 San Luca Palace *senza rist*
                                 🛗 ఉ AC ℀ 🛆 Ⓟ ᴠɪꜱᴀ ◍ AE ① ⑤

via San Paolino 103 – ℰ *05 83 31 74 46 – www.sanlucapalace.com*
– Fax 05 83 58 30 85   **A**d
23 cam ⊑ – †80/190 € ††150/290 € – 3 suites

♦ All'interno di un palazzo del '500 - a pochi passi dal centro - ospitalità e indiscussa professionalità in ambienti eleganti dai morbidi colori. Le camere si distinguono per l'ottimo livello e la cura del dettaglio. Attrezzata sala riunioni, bar/tea room, parcheggio e garage con servizio cortesia, biciclette gratuite.

🏨 Celide *senza rist*
                                     🛗 AC ℀ ℀ ℀ 🛆 Ⓟ ᴠɪꜱᴀ ◍ AE ① ⑤

viale Giuseppe Giusti 25 – ℰ *05 83 95 41 06 – www.albergocelide.it*
– Fax 05 83 95 43 04   **D**a
58 cam ⊑ – †95/130 € ††120/190 €

♦ Di fronte alle antiche mura, l'hotel propone camere dagli arredi moderni e funzionali, particolarmente confortevoli quelle al secondo piano, ricche di colore e in design.

Circolazione regolamentata nel centro città

LUCCA

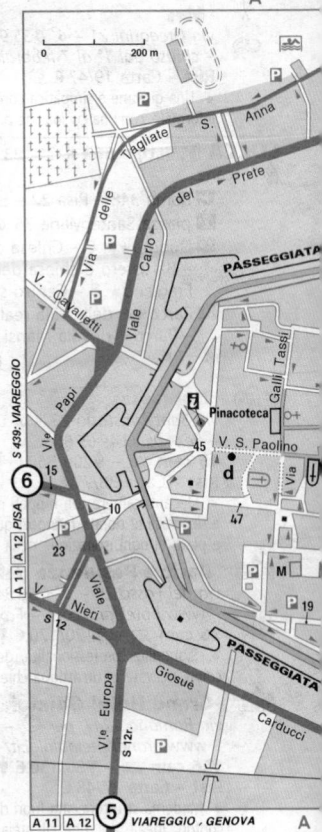

🛁 **San Marco** senza rist   🏊 🛗 ⭐ AC ((¹)) 🚗 VISA ⚫ AE ⓪ ⑤
*via San Marco 368, per ① – ℰ 05 83 49 50 10 – www.hotelsanmarcolucca.it
– Fax 05 83 49 05 13*
42 cam ☑ – †70/130 € ††85/143 €
♦ Moderno e originale edificio in mattoni che esternamente ricorda una chiesa, mentre al suo interno propone ariosi ambienti in stile contemporaneo. Piacevoli serate sorseggiando vino e birra (di produzione propria) sulla bella terrazza, dove viene anche servita la prima colazione.

🏠 **San Martino** senza rist   ⭐ AC ((¹)) VISA ⚫ AE ⓪ ⑤
*via Della Dogana 9 – ℰ 05 83 46 91 81 – www.albergosanmartino.it
– Fax 05 83 99 19 40*   **B**m
9 cam ☑ – †50/90 € ††80/130 €
♦ In posizione tranquilla nelle vicinanze del Duomo, propone camere di modeste dimensioni ma particolarmente curate nei dettagli. La prima colazione può essere consumata in veranda.

🏠 **La Luna** senza rist   AC ⚓ ((¹)) 🚗 VISA ⚫ AE ⑤
*via Fillungo-corte Compagni 12 – ℰ 05 83 49 36 34 – www.hotellaluna.com
– Fax 05 83 49 00 21 – chiuso dal 7 gennaio al 7 febbraio*   **B**u
27 cam – †85/100 € ††100/115 €, ☑ 11 € – 2 suites
♦ A pochi passi dalla celebre piazza dell'Anfiteatro, dispone di ambienti accoglienti e ben tenuti, seppur non molto ampi, e camere funzionali. Nelle adiacenze, una dependance.

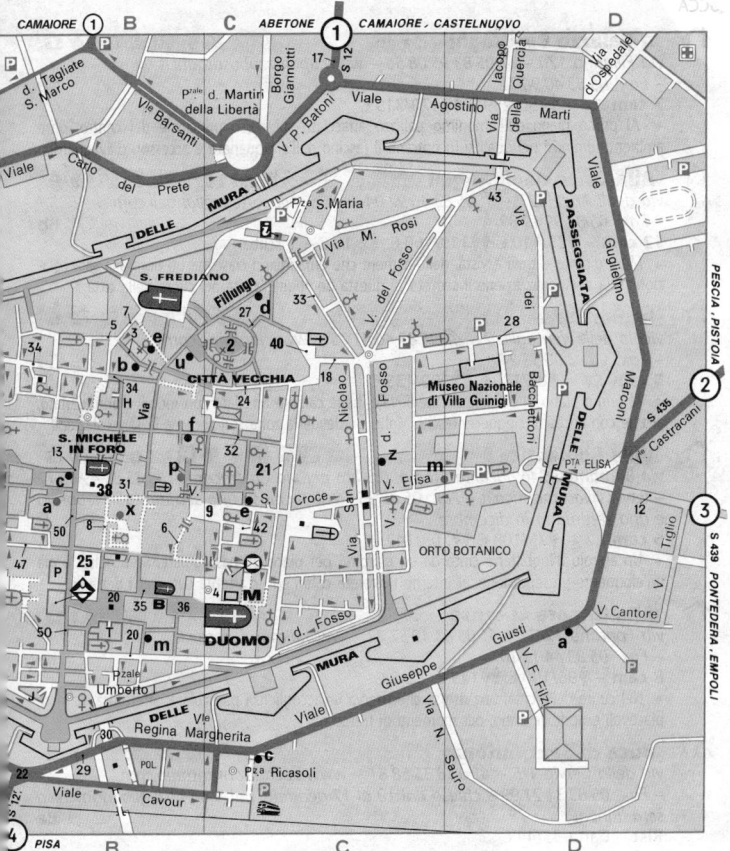

Rex senza rist 🛗 ♿ 🚗 AC (¹) VISA ⬤ AE ① ♦

piazza Ricasoli 19 – ℰ 05 83 95 54 43 – www.hotelrexlucca.com
– Fax 05 83 95 43 48

Cc

25 cam – 🛏80 € 🛏🛏120 €, ⯑ 10 €

♦ Valida gestione diretta per questo albergo strategicamente ubicato nei pressi della stazione ferroviaria e del centro storico; all'interno, ambienti arredati con gusto moderno.

Piccolo Hotel Puccini senza rist (¹) VISA ⬤ AE ♦

via di Poggio 9 – ℰ 0 58 35 54 21 – www.hotelpuccini.com
– Fax 0 58 35 34 87

Bc

14 cam – 🛏70 € 🛏🛏95 €, ⯑ 4 €

♦ Cortese ospitalità in questo albergo ospitato all'interno di un antico palazzo sito nel cuore della città; all'interno ambienti non molto spaziosi e camere semplici e colorate.

Stipino senza rist AC (¹) P VISA ⬤ AE ♦

via Romana 95, per ③ – ℰ 05 83 49 50 77 – www.hotelstipino.com
– Fax 05 83 49 03 09

20 cam – 🛏45/50 € 🛏🛏65/72 €, ⯑ 5 €

♦ Struttura semplice, familiare e certamente accogliente. Poco distante dalle antiche mura, offre spazi comuni in stile e camere personalizzate, con pareti dalle calde tonalità.

A Palazzo Busdraghi senza rist   AC ⁽ᵗ⁾ VISA ⓒⓞ AE ① ⑥

via Fillungo 170 – ☏ 05 83 95 08 56 – www.apalazzobusdraghi.it
– Fax 05 83 40 96 71   **Cd**

7 cam ☲ – †150/259 € ††170/319 €

♦ Al primo piano dell'omonimo palazzo affacciato sul corso principale del centro, offre ambienti luminosi nei quali si incontrano il fascino dell'antiquariato e accessori d'avaguardia.

Alla Corte degli Angeli senza rist   ▦ ▸▪ AC ⁽ᵗ⁾ ⓒⓞ AE ① ⑥

via degli Angeli 23 – ☏ 05 83 46 92 04 – www.allacortedegliangeli.com
– Fax 05 83 99 19 89   **Bb**

12 cam ☲ – †85/110 € ††119/160 €, ☲ 10 € – 1 suite

♦ Mura dipinte e travi a vista, dalle camere che omaggiano ciascuna un fiore alla sala colazioni: è la personalizzazione il segreto di questa bomboniera sita nel cuore della città.

La Romea senza rist   AC ⁵⁄⁴ ⁽ᵗ⁾ VISA ⓒⓞ AE ① ⑥

vicolo delle Ventaglie 2 – ☏ 05 83 46 41 75 – www.laromea.com
– Fax 05 83 80 53 24   **Bf**

5 cam ☲ – †80/130 € ††100/135 €

♦ Al primo piano di un palazzo medievale, belle camere arredate con mobili d'antiquariato, alcune con affreschi cinquecenteschi. Molto gradevoli la zona soggiorno e la sala colazioni.

Villa Romantica senza rist   🚗 ☓ ⑯ AC ⁵⁄⁴ ⁽ᵗ⁾ P VISA ⓒⓞ AE ① ⑥

via Barbantini 246, località Stadio, 0,5 km per via Castracani – ☏ 05 83 49 68 72
– www.villaromantica.it – Fax 05 83 95 76 00 – chiuso una settimana in febbraio
e una settimana in dicembre   **D**

6 cam ☲ – †75/108 € ††108/142 €

♦ Un angolo d'Inghilterra cinto da un giardino per piacevoli passeggiate. Se il nome è già un'eloquente presentazione, all'interno troverete colori ed un'attenta cura per i dettagli.

Alla Dimora Lucense senza rist   AC ⁵⁄⁴ VISA ⓒⓞ AE ① ⑥

via Fontana 17/21 – ☏ 05 83 49 57 22 – www.dimoralucense.it
– Fax 05 83 44 12 10   **Be**

8 cam – †96/100 € ††125 €, ☲ 9 €

♦ Nel cuore della città, una risorsa che riserva un'accoglienza particolare, affettuosa. Camere piacevoli e godibile patio, per momenti di fresco relax.

Buca di Sant'Antonio   AC ⇄ VISA ⓒⓞ AE ① ⑥

via della Cervia 1/5 – ☏ 05 83 55 88 1 – www.bucadisantantonio.com
– Fax 05 83 31 21 99 – chiuso dal 10 al 17 gennaio, dal 4 all'11 luglio, domenica sera, lunedì   **Ba**

Rist – Carta 33/44 € ॐ

♦ Da oltre mezzo secolo riassume e promuove i sapori e i prodotti della tradizione. Originale la sala, sormontata da travi a vista da cui pendono pentole, prosciutti e strumenti musicali.

Damiani   AC P VISA ⓒⓞ AE ① ⑥

viale Europa 797/a, 0,5 km per ⑤ – ☏ 05 83 58 34 16
– www.ristorantedamiani.it – Fax 05 83 31 27 05 – chiuso quindici giorni in agosto e domenica

Rist – Carta 29/56 €

♦ In comoda posizione nei pressi dell'uscita autostradale è un locale luminoso, molto apprezzato dalla clientela d'affari. Dalla cucina, carne ma soprattutto piatti di pesce.

Botticelli   🌲 AC ⁵⁄⁴ P VISA ⓒⓞ ⑥

via Sarzanese 55, località Sant'Anna, 1,5 km per ⑥ – ☏ 05 83 51 55 71
– www.ristorantebotticelli.it – Fax 05 83 19 12 7 18 – chiuso dal 7 al 23 gennaio,
dal 2 al 22 agosto, mercoledì, giovedì a mezzogiorno

Rist – (chiuso a mezzogiorno in luglio-agosto) Carta 34/52 € ॐ

♦ Una cortese gestione familiare per questo ristorante dagli interni sobriamente eleganti, dove assaporare elaborate proposte culinarie, particolarmente a base di pescato.

Antica Locanda dell'Angelo   🌲 AC ⁵⁄⁴ VISA ⓒⓞ AE ① ⑥

via Pescheria 21 – ☏ 05 83 46 77 11 – www.anticalocandadellangelo.com
– Fax 05 83 49 54 45   **Bx**

Rist – Carta 42/59 € ॐ

♦ Sorto probabilmente come locanda, oggi è certamente un locale elegante. Dalle cucine, un buon equilibrio tra tradizione locale e piatti nazionali. Un occhio di riguardo anche al vino.

✗✗ **All'Olivo** 🛱 ⑂ ↔ 🆚 ⓞ 🅰🅴 ⓞ ⑂
*piazza San Quirico 1 – ℰ 05 83 49 62 64 – www.ristoranteolivo.it
– Fax 05 83 49 31 29 – chiuso febbraio e mercoledì (escluso da aprile a ottobre)*
Rist – Carta 32/80 € Bp
♦ In una delle caratteristiche piazze del centro storico, un ristorantino che propone cucina
del territorio di terra e di mare e un servizio in veranda davvero piacevole.

✗ **Agli Orti di Via Elisa** 🅰🅲 🆚 ⓞ 🅰🅴 ⓞ ⑂
☺ *via Elisa 17 – ℰ 05 83 49 12 41 – www.ristorantegliorti.it – Fax 05 83 95 80 37
– chiuso dall'11 al 17 gennaio, dal 12 al 28 luglio, mercoledì, domenica*
Rist – *(chiuso a mezzogiorno)* Carta 23/30 € CDm
♦ Locale giovane e moderno sia nella gestione che nell'atmosfera, ma costantemente alla
ricerca degli antichi prodotti della Garfagnana. In alternativa, pizze.

sulla strada statale 12 r A

🏠🏠 **Locanda l'Elisa** ⑂ 🚃 �🞖 🌡 🅰🅲 ⑂ 📶 📶 🅿 🆚 ⓞ 🅰🅴 ⓞ ⑂
*via Nuova per Pisa, Sud : 4,5 km ✉ 55050 Massa Pisana – ℰ 05 83 37 97 37
– www.locandalelisa.it – Fax 05 83 37 90 19 – chiuso gennaio*
10 cam – 🛏90/150 € 🛏🛏180/350 €, ⌑ 15 € – ½ P 215/235 €
Rist Gazebo – vedere selezione ristoranti
♦ Immersa in un rigoglioso giardino che nasconde una piscina, villa ottocentesca dalla caratteristica facciata lilla: un albergo per chi desidera un soggiorno avvolto nella tranquillità.

🅱🅷 **Villa Marta** ⑂ ⑃ 🐦 🛱 🌡 ⅄ 🅰🅲 ⑂ 🅿 🆚 ⓞ 🅰🅴 ⓞ ⑂
*via del Ponte Guasperini 873, località San Lorenzo a Vaccoli, Sud : 5,5 km
– ℰ 05 83 37 01 01 – www.albergovillamarta.it – Fax 05 83 37 99 99 – chiuso da
gennaio all'8 febbraio*
15 cam ⌑ – 🛏🛏100/235 € **Rist** – *(chiuso a mezzogiorno)* Carta 31/40 €
♦ L'ottocentesca dimora di caccia, immersa nella placida campagna lucchese, ospita un
albergo a gestione familiare: camere dal sapore antico, con pavimenti originali, alcune affrescate.

✗✗✗ **Gazebo** – Hotel Locanda l'Elisa 🅰🅲 ⑂ 🅿 🆚 ⓞ 🅰🅴 ⓞ ⑂
*via Nuova per Pisa, Sud : 4,5 km ✉ 55050 Massa Pisana – ℰ 05 83 37 97 37
– www.locandalelisa.it – Fax 05 83 37 90 19 – chiuso dal 1°gennaio al
15 febbraio e domenica*
Rist – Menu 55 € – Carta 45/58 €
♦ Cucina creativa che spazia dalla carne al pesce in questo elegante locale: si desina all'interno di una conservatory vittoriana, un originale gazebo circondato dal verde.

✗ **La Cecca** 🛱 ⑂ ↔ 🅿 🆚 ⓞ 🅰🅴 ⓞ ⑂
☺ *località Coselli, Sud : 5 km ✉ 55060 Capannori – ℰ 0 58 39 42 84
– www.lacecca.it – Fax 05 83 94 88 19 – chiuso dal 1° al 10 gennaio, una
settimana in agosto, mercoledì sera e lunedì*
Rist – Carta 27/35 €
♦ Semplice trattoria di campagna nel moderno quartiere cittadino. La ricetta del successo è
altrettanto semplice: saporiti e genuini piatti della tradizione lucchese a prezzi concorrenziali.

ad Arsina per ① : 5 km – ✉ 55100 Lucca

🏠 **Villa Alessandra** senza rist ⑂ ⑃ 🚃 🌡 🅰🅲 🅿 🆚 ⓞ 🅰🅴 ⓞ ⑂
*via Arsina 1100/b – ℰ 05 83 39 51 71 – www.villa-alessandra.it
– Fax 05 83 39 58 28*
6 cam ⌑ – 🛏100 € 🛏🛏125 €
♦ Ad accogliervi ci saranno un piccolo giardino panoramico ed un grande ingresso affrescato: all'interno della splendida villa settecentesca saloni con camino e spaziose camere.

a Carignano per ① : 5 km – ✉ 55100

🅱🅷 **Carignano** senza rist ⑂ 🌡 ⅄ ⍺ 🅰🅲 ⅄ 📶 ⅍ 🅿 🆚 ⓞ 🅰🅴 ⓞ ⑂
*via per Sant'Alessio 3680 – ℰ 05 83 32 96 18 – www.hotelcarignano.it
– Fax 05 83 32 98 48*
36 cam ⌑ – 🛏65/95 € 🛏🛏80/145 €
♦ In posizione ideale per muoversi alla scoperta dei dintorni, questo albergo moderno vanta
un nuovo pavimento in cotto nella hall ed offre ampi spazi comuni e camere molto luminose.

a Marlia per ① 6 km – ⊠ 55014

XXX **Butterfly** (Fabrizio Girasoli)   🚗 🏠 AC ℅ P VISA ⚫ AE ① ⑤
£3 *strada statale 12 dell'Abetone – ℰ 05 83 30 75 73*
– www.ristorantebutterfly.it – Fax 05 83 30 75 73
– chiuso 3 settimane in gennaio e mercoledì
Rist – *(chiuso a mezzogiorno escluso i giorni festivi)* (consigliata la prenotazione) Menu 47/55 € – Carta 47/65 €
Spec. Materia: sfera croccante, mousse di foie gras d'oca, pan brioche, composta di mele cotogne. Fagottini di pasta fresca alle cicale in guazzetto di arselle con zucchine e pomodori confit in schiuma di mare. Orient Express: astice avvolto in foglia di porro su riso selvaggio con brunoise d'ortaggi e le sue chele in tempura.
♦ Immerso in un curato giardino, ottocentesco casolare dove cotto e travi si uniscono ad un'elegante atmosfera. Gestione familiare, cucina elaborata dalle presentazioni ricercate.

a Capannori per ③ : 6 km – ⊠ 55012

🏠 **Le Ville** senza rist   🛏 🚹 AC ℅ 📶 P �car VISA ⚫ AE ① ⑤
viale Europa 154, a Lammari – ℰ 05 83 96 34 11 – www.hotelleville.it
– Fax 05 83 96 34 96
23 cam ⊃ – ♦70/99 € ♦♦100/155 €
♦ In comoda posizione stradale, moderno hotel adatto ad una clientela d'affari; piacevoli interni spaziosi e vivaci, dagli arredi moderni e funzionali.

XX **Forino**   🏠 🚹 AC ⇦ P VISA ⚫ AE ① ⑤
via Carlo Piaggia 21 – ℰ 05 83 93 53 02 – www.ristoranteforino.com
– Fax 05 83 05 16 98 – chiuso dal 29 dicembre al 4 gennaio, dal 12 al 24 agosto, domenica sera, lunedì
Rist – Carta 32/48 € 🏵
♦ Situato in centro paese, un locale dalla gestione simpatica e competente, rinomato nella zona per la sua cucina di mare sapientemente elaborata, con impiego di materie prime scelte.

a Ponte a Moriano per ① : 9 km – ⊠ 55029

XXX **La Mora** (Angela Brunicardi)   🏠 AC ℅ ⇦ VISA ⚫ AE ① ⑤
£3 *via Ludovica 1748, a Sesto di Moriano, Nord-Ovest : 1,5 km – ℰ 05 83 40 64 02*
– www.ristorantelamora.it – Fax 05 83 40 61 35 – chiuso dal 1° al 24 gennaio e mercoledì
Rist – Menu 50 € – Carta 36/55 € 🏵
Spec. Involtini di verza farciti con crema di mandorle. Tortelli di polenta con funghi porcini. Piccione in due cotture.
♦ Accomodatevi in una delle eleganti sale di questo storico locale, oppure in veranda, la cucina non vi deluderà: piatti lucchesi e garfagnini, accanto a qualche proposta di pesce.

X **Antica Locanda di Sesto**   AC P VISA ⚫ AE ⑤
😊 *via Ludovica 1660, a Sesto di Moriano Nord-Ovest : 2,5 km – ℰ 05 83 57 81 81*
– www.anticalocandadisesto.it – Fax 05 83 40 63 03 – chiuso dal 24 dicembre al 1° gennaio, agosto, sabato
Rist – Carta 25/57 €
♦ Simpatica e calorosa gestione familiare per questa storica locanda di origini medievali che ha saputo conservare autenticità e genuinità, oggi riproposte in gustose ricette regionali.

a Segromigno in Monte per ① : 10 km – ⊠ 55018

🏠 **Fattoria Mansi Bernardini** 🌿   🚗 🔟 XX ℅ P
via di Valgiano 34, Ovest : 3 km – ℰ 05 83 92 17 21   VISA ⚫ AE ① ⑤
– www.fattoriamansibernardini.it – Fax 05 83 92 97 01
15 cam ⊃ – ♦90/110 € ♦♦110/130 €
Rist – *(chiuso a mezzogiorno)* (prenotazione obbligatoria) *(solo per alloggiati)*
Menu 35/55 €
♦ In un'affascinante cornice, tra colline e vigneti, la grande azienda agricola produttrice di olio si compone di diversi casolari e riserva agli ospiti camere spaziose e confortevoli.

a Cappella per ① : 10 km – ✉ 55100

⛺ **La Cappella** senza rist ⌂ ⟨ 🚗 🏊 **P** 🇻ℹ🇸🇦 ⦿ 🇦🇪 ⓪ ⅙
via dei Tognetti 469, località Ceccuccio – ☏ 05 83 39 43 47
– *www.lacappellalucca.it* – *Fax 05 83 39 58 70*
3 cam ⌀ – †80/90 € ††100/130 € – 1 suite
♦ Si procede in salita per qualche chilometro per arrivare alle porte di questa grande villa tra le colline: imperdibile vista panoramica e accoglienti camere arredate con mobili d'epoca.

a Sant'Alessio per ① : 5 km – ✉ 55100 Lucca

✕✕ **Vigna Ilaria** con cam ⌂ 🏠 「」 **P** 🇻ℹ🇸🇦 ⦿ ⅙
via per Pieve Santo Stefano 967/C – ☏ 05 83 33 20 91
– *www.locandavignailaria.it* – *Fax 05 83 33 19 08*
4 cam – †60/80 € ††75/110 €, ⌀ 10 €
Rist – *(chiuso dal 10 al 31 gennaio) (chiuso a mezzogiorno escluso domenica)*
Menu 25/35 € – Carta 29/63 €
♦ Prossima alla zona collinare, locanda nei cui interni convivono tradizione e modernità. Cucina contemporanea sia di pesce sia di carne; buona carta dei vini.

LUCERA – Foggia (FG) – **564** C28 – 34 671 ab. – alt. 240 m – ✉ 71036   **26** A2
❚ Italia

▶ Roma 345 – Foggia 20 – Bari 150 – Napoli 157
◎ Castello★ – Museo Civico: statua di Venere★

🏨 **Sorriso** senza rist ▤ ⚎ 🆔 「」 🔐 **P** 🇻ℹ🇸🇦 ⦿ 🇦🇪 ⓪ ⅙
viale Raffaello-Centro Incom – ☏ 08 81 54 03 06 – *www.hotelsorrisolucera.it*
– *Fax 08 81 53 05 65*
26 cam ⌀ – †50/75 € ††70/95 €
♦ Giovane e intraprendente gestione in questo hotel recente, costantemente aggiornato. Gli ambienti comuni, come le camere, sono arredati con cura e gusto.

LUCRINO – Napoli – Vedere Pozzuoli

LUGANA – Brescia – Vedere Sirmione

LUGHETTO – Venezia – Vedere Campagna Lupia

LUGO – Ravenna (RA) – **562** I17 – 32 370 ab. – alt. 15 m – ✉ 48022   **9** C2
▶ Roma 385 – Bologna 61 – Ravenna 32 – Faenza 19

🏨 **San Francisco** senza rist 🆔 ⚭ 🆔 「」 🇻ℹ🇸🇦 ⦿ 🇦🇪 ⓪ ⅙
via Amendola 14 – ☏ 0 54 52 23 24 – *www.sanfranciscohotel.it*
– *Fax 0 54 53 24 21* – *chiuso dal 24 dicembre al 3 gennaio e dal 1° al 29 agosto*
23 cam ⌀ – †75 € ††96 € – 5 suites
♦ Interni arredati con design anni '70, dove l'essenzialità non è mancanza del superfluo, ma capacità di giocare con linee e volumi per creare confortevole piacevolezza. Luminose zone comuni e camere ampie (disponibile anche un appartamento per soggiorni medio-lunghi).

LUINO – Varese (VA) – **561** E8 – 14 238 ab. – alt. 202 m – ✉ 21016   **16** A2
▶ Roma 661 – Stresa 73 – Bellinzona 40 – Lugano 23
🗺 via Piero Chiara 1 ☏ 0332 530019, Fax 0332 530019

🏨 **Camin Hotel Luino** 🚗 🏠 🆔 「」 🔐 **P** 🇻ℹ🇸🇦 ⦿ 🇦🇪 ⓪ ⅙
viale Dante 35 – ☏ 03 32 53 01 18 – *www.caminhotelluino.com*
– *Fax 03 32 53 72 26* – *chiuso dal 21 dicembre al 1° febbraio*
10 cam ⌀ – †100/160 € ††160/230 € – 3 suites – ½ P 115/150 €
Rist – *(chiuso dicembre, gennaio e lunedì) (chiuso a mezzogiorno escluso da giugno ad agosto)* Carta 35/59 €
♦ Atmosfera romantica in una bella villa d'epoca, in centro e sul lungolago, cinta da un piacevole giardino; confortevoli e raffinati interni in stile, con decori liberty. Si respira aria d'altri tempi nell'elegante sala da pranzo rischiarata da grandi finestre.

a Colmegna Nord : 2,5 km – ⊠ 21016 Luino

🏨 **Camin Hotel Colmegna** ⬟ ⓚ 🎧 🀱 **P** **VISA** 🚗 **AE** ① 🌣
via Palazzi 1 – ℰ 03 32 51 08 55 – www.caminhotel.com – Fax 03 32 50 16 87
– marzo-ottobre
25 cam ⊆ – ♦100/110 € ♦♦160/180 € – ½ P 130 € **Rist** – Carta 40/53 €
♦ Villa d'epoca in splendida posizione panoramica, circondata da un ameno parco in riva al lago; camere confortevoli, per un soggiorno piacevole e rilassante. Gradevole terrazza sul lago per il servizio estivo del ristorante.

LUMARZO – Genova (GE) – **561** I9 – 1 527 ab. – alt. 353 m – ⊠ 16024   **15** C2
🔼 Roma 491 – Genova 24 – Milano 157 – Rapallo 27

a Pannesi Sud-Ovest : 4 km – alt. 535 m – ⊠ 16024 Lumarzo

🍴🍴 **Fuoco di Bosco** 🎢 **P** **VISA** 🚗 🌣
via Provinciale 235 – ℰ 0 18 59 40 48 – chiuso dal 6 gennaio al 15 marzo e giovedì
Rist – Carta 23/36 € 🍷
♦ Un ambiente rustico ma di tono elegante, dispone di una saletta con camino e una veranda che si affaccia sul bosco dove assaporare specialità ai funghi e alla brace.

LUSIA – Rovigo (RO) – **562** G16 – 3 613 ab. – alt. 12 m – ⊠ 45020   **35** B3
🔼 Roma 461 – Padova 47 – Ferrara 45 – Rovigo 12

in prossimità strada statale 499 Sud: 3 km

🍴🍴 **Trattoria al Ponte** 🎧 **AC** ⇔ **P** **VISA** 🚗 ① 🌣
via Bertolda 27, località Bornio ⊠ 45020 – ℰ 04 25 66 98 90
– www.trattoriaalponte.it – Fax 04 25 65 01 61 – chiuso agosto e lunedì
Rist – Carta 24/30 €
♦ Fragranze di terra e di fiume si intersecano ai sapori di una volta e alla fantasia dello chef per realizzare instancabili piatti della tradizione. Un'oasi nel verde, al limitare di un ponte.

LUTAGO = LUTTACH – Bolzano – Vedere Valle Aurina

MACERATA **P** (MC) – **563** M22 – 42 896 ab. – alt. 311 m – ⊠ 62100   **21** C2
🔼 Roma 256 – Ancona 51 – Ascoli Piceno 92 – Perugia 127
🅸 piazza della Libertà 12 ℰ 0733 234807, iat.macerata@regione.marche.it, Fax 0733 266631

🏨 **Claudiani** senza rist 🛗 & **AC** 🀱 🔬 🚕 **VISA** 🚗 **AE** ① 🌣
vicolo Ulissi 8 – ℰ 07 33 26 14 00 – www.hotelclaudiani.it – Fax 07 33 26 13 80
37 cam ⊆ – ♦70/99 € ♦♦105/137 € – 1 suite
♦ Un blasonato palazzo del centro storico che nei suoi interni offre agli ospiti sobria, ovattata eleganza e raffinate atmosfere del passato, rivisitate in chiave moderna.

🏨 **Le Case** 🌸 ⬟ 🚗 🎧 🔲 ⊕ 🏖 🕯 **AC** 🌿 🀱 🔬 **P**
contrada Mozzavinci 16/17, Nord-Ovest : 6 km **VISA** 🚗 **AE** ① 🌣
– ℰ 07 33 23 18 97 – www.ristorantelecase.it – Fax 07 33 26 89 11
– chiuso 3 settimane in gennaio e 10 giorni in agosto
13 cam ⊆ – ♦105 € ♦♦140 € – 1 suite
Rist L'Enoteca – vedere selezione ristoranti
Rist – *(chiuso domenica sera, lunedì, martedì)* Carta 26/35 € 🍷
♦ L'ombra dei cipressi conduce ad un complesso rurale del X sec. che comprende anche un piccolo, ma ben strutturato, museo contadino. Eleganza e buon gusto fanno da cornice a soggiorni di classe, immersi nella pace della campagna. Al ristorante: piatti marchigiani ed ingredienti dell'azienda agricola di famiglia.

🏨 **Arcadia** senza rist 🛗 & **AC** 🀱 **VISA** 🚗 **AE** ① 🌣
via Padre Matteo Ricci 134 – ℰ 07 33 23 59 61 – www.harcadia.it
– Fax 07 33 23 59 62 – chiuso dal 23 dicembre al 6 gennaio
29 cam ⊆ – ♦40/65 € ♦♦55/95 €
♦ Nei pressi del Teatro e dell'Università, frequentato da artisti e accademici, propone accoglienti stanze di varie tipologie, alcune dotate anche di angolo cottura.

🔡 **I Colli** senza rist   ⟨ 🖐 ৬ 🅰🅲 ❦ ⦾ 🔄 📶 🆅🅸🆂🅰 ⓿ 🅰🅴 ⓪ 👓
via Roma 149 – ℰ *07 33 36 70 63* – *www.hotelicolli.com* – *Fax 07 33 36 79 54*
60 cam ☄ – ♥60/100 € ♥♥80/130 €
◆ In posizione semicentrale, una buona struttura con camere accoglienti e confortevoli. Gestione dinamica e capace. Discreti spazi comuni con tanto di piccola, ma attrezzata palestra.

❌❌ **L'Enoteca** (Michele Biagiola) – Hotel Le Case   🏮 🅰🅲 ❦ ⟷ 🅿
🕸   *contrada Mozzavinci 16/17, Nord-Ovest : 6 km*   🆅🅸🆂🅰 ⓿ 🅰🅴 ⓪ 👓
– ℰ *07 33 23 18 97* – *www.ristorantelecase.it* – *Fax 07 33 26 89 11* – *chiuso dal 7 gennaio al 7 febbraio, 15 giorni in agosto, domenica, lunedì, martedì; in luglioagosto aperto le sere di domenica e martedì)*
Rist – *(chiuso a mezzogiorno)* Menu 40/85 € – Carta 44/76 € 🈁
Spec. Tagliatelle cotte nell'acqua delle biete, biete centrifugate e limone grattato. "Pistacoppu ripieni", piccione ripieno. Fontana di pasta di lamponi, albumi di zenzero, tuorli di crema e mattarello alla nocciola.
◆ Ricavata in una vecchia cantina, l'enoteca propone una curata cucina di specialità locali elaborate dalla fantasia dello chef. Ambiente caldo e confortevole, adatto ad ogni occasione.

sulla strada statale 77 Nord : 4 km

🔡 **Recina**   🔟 ▮⬛🅰🅲 ❦ rist, 📶 🆂🅰 🅿 🚗 🆅🅸🆂🅰 ⓿ 🅰🅴 ⓪ 👓
via Alcide De Gasperi 32F – ℰ *07 33 59 86 39* – *www.recinahotel.it*
– *Fax 07 33 59 89 64*
59 cam ☄ – ♥50/90 € ♥♥80/130 € – ½ P 60/85 €
Rist *Arlecchino* – Carta 23/56 €
◆ Lungo la statale, hotel recentemente ristrutturato in base alle esigenze della clientela d'affari. Arredi di gusto moderno ma con tocchi di classicità, spazi abbondanti. Cucina marchigiana e nazionale nel ristorante di tono moderno, con accesso indipendente.

MACUGNAGA – Verbano-Cusio-Ossola (VB) – **561** E5 – **646 ab.**   **22** B1
– alt. 945 m – Sport invernali : 1 327/3 000 m ⟨ 2 ⥿8, ⥻ – ✉ 28876
   🅳 Roma 716 – Aosta 231 – Domodossola 39 – Milano 139
   🄸 piazza Municipio 6 ℰ 0324 65119, macugnaga@distrettolaghi.it,
   Fax 0324 65775

🏠 **Flora**   ⟨ 🏮 ❦ 🆅🅸🆂🅰 ⓿ ⓪ 👓
piazza Mucipio 7, frazione Staffa – ℰ *0 32 46 50 37* – *www.albergoflora.com*
– *Fax 0 32 46 50 37* – *15 dicembre-2 maggio e 16 giugno-19 settembre*
11 cam ☄ – ♥♥90/150 € – ½ P 70/90 €   **Rist** – Carta 26/39 €
◆ In pieno centro - accanto al municipio e ai piedi del massiccio del Monte Rosa - un hotel dallo stile rustico, ma piacevole nella sua semplicità. Cucina classica nel ristorante rallegrato da un bel caminetto.

MADDALENA (Arcipelago della) – Olbia-Tempio (104) – **366** R36 – Vedere Sardegna alla fine dell'elenco alfabetico

MADERNO – Brescia – Vedere ToscolanoMaderno

MADESIMO – Sondrio (SO) – **561** C10 – **587 ab.** – alt. 1 536 m – Sport   **16** B1
invernali : 1 550/2 948 m ⟨ 3, ⥿9, ⥻ – ✉ 23024
   🅳 Roma 703 – Sondrio 80 – Bergamo 119 – Milano 142
   🄸 via alle Scuole 27 ℰ 0343 53015, infomadesimo@provincia.so.it,
   Fax 0343 53782
   🄶 Strada del passo dello Spluga★★ : tratto Campodolcino-Pianazzo★★★ Sud
   e Nord

🔡 **Andossi**   🔟 ⓿ 🏠 🖐 ▮ ⬛ ⟷ ❦ rist, 📶 🆂🅰 🅿 🆅🅸🆂🅰 ⓿ 🅰🅴 👓
via A. De Giacomi 45 – ℰ *0 34 35 70 00* – *www.hotelandossi.com*
– *Fax 0 34 35 45 36* – *dicembre-Pasqua e luglio-agosto*
42 cam ☄ – ♥70/90 € ♥♥120/160 € – ½ P 70/140 €
Rist – *(chiuso a mezzogiorno da dicembre a Pasqua) (solo per alloggiati)*
◆ Hotel di tradizione non lontano dal centro, completamente ristrutturato; ambienti in stile montano di taglio moderno e camere semplici, ma funzionali; centro benessere.

Emet 🔊 ⌘ P VISA 🅮 AE ⓪ ⛟

via Carducci 28 – ℰ 0 34 35 33 95 – www.hotel-emet.com – Fax 0 34 35 33 03
– dicembre-1° maggio e luglio-agosto
36 cam ⌸ – ♦70/90 € ♦♦120/180 € – ½ P 70/125 € **Rist** – Carta 34/44 €
♦ Interni di buon livello che, con eleganza, contribuiscono a creare un'atmosfera ovattata e silenziosa. In ottima posizione: centrale, ma vicino alle piste da sci. Sala ristorante d'impostazione classica.

La Meridiana 🏮 🏠 🏠 ⌘ rist, ¶ P ⇚ VISA 🅮 ⛟

via Carducci 8 – ℰ 0 34 35 31 60 – www.hotel-lameridiana.com
– Fax 0 34 35 46 32 – dicembre-aprile e 15 giugno-15 settembre
23 cam – ♦40/90 € ♦♦90/140 €, ⌸ 14 € – ½ P 40/135 €
Rist *1945* – Carta 32/42 €

♦ Sulle piste, caratteristico hotel di montagna, con arredi tipici. Un'accogliente baita per godere appieno delle bellezze naturali della zona. Bel giardino-solarium estivo. Ristorante di medie dimensioni, terrazza per i mesi estivi.

XX ❀ Il Cantinone e Sport Hotel Alpina (Stefano Masanti) con cam

via A. De Giacomi 39 📺 ⓰ 🏠 ℄ 🔊 ⌘ ¶ P VISA 🅮 AE ⓪ ⛟
– ℰ 0 34 35 61 20 – www.sporthotelalpina.it – Fax 0 34 35 45 36
– chiuso 15 giorni in maggio e 15 giorni in ottobre
8 cam ⌸ – ♦80/110 € ♦♦130/190 € – ½ P 95/140 €
Rist – *(chiuso lunedì, martedì, mercoledì da settembre al 19 dicembre e dal 21 marzo al 30 giugno)* Menu 42/60 € – Carta 55/65 € 🍷

Spec. Crema di ortiche selvatiche, polvere gelata di caprino fresco e nocciole tostate. Biancostato di manzo alla "piöda" (griglia di sasso d'antica tradizione locale), purea di patate di montagna, succo di prezzemolo. Apparente anarchia: velo di salsa alla vaniglia con 30 assaggini diversi.

♦ Locale elegante con belle camere e una sala da pranzo d'impostazione classica, "riscaldata" dall'ampio uso del legno; piccolo, ma attrezzato centro benessere.

a Pianazzo Ovest : 2 km – ✉ 23024

X Bel Sit con cam ⌘ P ⇚ VISA 🅮 AE ⓪ ⛟

via Nazionale 19 – ℰ 0 34 35 33 65 – www.albergobelsit.com – Fax 0 34 35 36 34
– chiuso dal 10 al 25 dicembre
10 cam – ♦55 € ♦♦67 €, ⌸ 9 € – ½ P 75 €
Rist – *(chiuso giovedì)* Carta 23/35 €

♦ Ristorante ubicato lungo una strada di passaggio, presenta ambienti di estrema semplicità. Noto in zona per la cucina tradizionale, con ampio utilizzo di selvaggina.

MADONNA DELL'OLMO – Cuneo – Vedere Cuneo

MADONNA DI BAIANO – Perugia – 563 N20 – Vedere Spoleto

MADONNA DI CAMPIGLIO – Trento (TN) – 562 D14 – alt. 1 522 m 30 B2
– Sport invernali : 1 500/2 500 m ✓5 ✓17, 🎿 – ✉ 38086 📗 Italia

▶ Roma 645 – Trento 82 – Bolzano 88 – Brescia 118

🛈 via Pradalago 4 ℰ 0465 447501, info@campiglio.to, Fax 0465 440404

⛳ Carlo Magno, ℰ 0465 42 06 22

◉ Località ★★

🅖 Massiccio di Brenta ★★★ Nord per la strada S 239

Lorenzetti ⬅ 📺 ⓰ 🏠 ℄ 🔊 ⌘ rist, ¶ 🅼 P ⇚ VISA 🅮 ⛟

viale Dolomiti di Brenta 119, Sud : 1,5 km – ℰ 04 65 44 14 04
– www.hotellorenzetti.com – Fax 04 65 44 06 88 – dicembre-aprile e giugno-settembre
48 cam ⌸ – ♦100/250 € ♦♦150/400 € – ½ P 105/240 € **Rist** – Carta 38/54 €
♦ Faro dell'ospitalità a Campiglio, il personale prevede e realizza ogni esigenza dei clienti. Relax sulla terrazza-solarium e dolci a volontà per i più golosi. Cucina ladina nell'elegante sala ristorante: i clienti privi di camera panoramica si rifaranno con le finestre sulle cime di Brenta.

Alpen Suite Hotel 🔲 🕉 🛗 ⚗ rist, ⌘ 🐾 🚗 VISA ⓾ AE ⓵ ⛎
*viale Dolomiti di Brenta 84 – ℰ 04 65 44 01 00 – www.alpensuitehotel.it
– Fax 04 65 44 04 09 – dicembre-Pasqua e 25 giugno-15 settembre*
28 suites ⌸ – †155/345 € ††210/460 € – ½ P 130/330 €
Rist – Menu 35/55 €
Rist Il Convivio – Carta 40/62 €
♦ Per chi ama gli spazi e una sobria essenzialità con qualche richiamo montano, le camere sono ampie con pochi, eleganti arredi. Moderna stube al Convivio per una cucina creativa ed elaborata.

Dolce Vita 🔲 🕉 🛗 ⚗ rist, ⌘ 🚗 VISA ⓾ AE ⛎
*via Castelletto Inferiore 10 – ℰ 04 65 44 31 91 – www.chaletdolcevita.it
– Fax 04 65 44 66 68 – dicembre-aprile e giugno-settembre*
20 cam ⌸ – †140/530 € ††180/710 € – ½ P 195/395 € **Rist** – Carta 53/71 €
♦ Una sferzata di novità negli alberghi montani! Dolce Vita propone affascinanti ambienti moderni, profili geometrici e colori sobri: il design sulle Alpi. In una sala più classica o nella stube, anche la cucina del ristorante si adegua all'impronta dell'hotel con proposte personali, creative ed elaborate.

Bio-Hotel Hermitage 🕭 ⩽ 🔘 🔲 🕉 🛗 ⚗ rist, ⅍ ⚗ cam, ⌘
via Castelletto Inferiore 69, Sud : 1,5 km 🅿 🚗 VISA ⓾ AE ⛎
*– ℰ 04 65 44 15 58 – www.biohotelhermitage.it – Fax 04 65 44 16 18
– dicembre-Pasqua e luglio-settembre*
25 cam ⌸ – †100/150 € ††200/300 € – 1 suite – ½ P 150/300 €
Rist Stube Hermitage – vedere selezione ristoranti
Rist – (solo per alloggiati) Carta 48/75 €
♦ Immerso in un parco con le cime del Brenta come sfondo. la natura si trasferisce all'interno. costruito secondo i criteri della bioarchitettura, la tranquillità e l'eleganza sono di casa.

Gianna 🚿 🔲 🕉 ⚗ ⌘ 🅿 🚗 VISA ⓾ AE ⓵ ⛎
*via Vallesinella 16 – ℰ 04 65 44 11 06 – www.hotelgianna.it – Fax 04 65 44 07 75
– dicembre-Pasqua e 20 giugno-settembre*
24 cam ⌸ – †90/200 € ††120/370 € – 2 suites – ½ P 150/215 €
Rist – (chiuso a mezzogiorno) Carta 36/55 €
♦ In posizione tranquilla, ma non lontano dal centro, la tradizione trentina si sposa con il gusto moderno, grazie ad una gestione familiare che si adopera al continuo rinnovo. Appetitosa cucina regionale nelle due graziose sale ristorante e nella stube.

Bertelli ⩽ 🚿 🔲 🕉 🛗 ⚗ rist, ⚗ rist, ⌘ 🅿 🚗 VISA ⓾ AE ⓵ ⛎
*via Cima Tosa 80 – ℰ 04 65 44 10 13 – www.hotelbertelli.it – Fax 04 65 44 05 64
– dicembre-25 aprile e 20 giugno-20 settembre*
49 cam ⌸ – †127/270 € ††206/440 € – ½ P 128/229 €
Rist – Carta 37/44 € ⌘
Rist Il Gallo Cedrone – Carta 47/54 € ⌘
♦ Edificio montano da diversi lustri nelle mani della stessa famiglia. All'interno ambienti in stile, con qualche arredo anni '70. Apprezzabile la serietà della gestione e l'ampiezza degli spazi (mansarde comprese). Classica cucina d'albergo o, al Gallo Cedrone, piatti inventivi con abbinamenti di vini al calice.

Alpen Hotel Vidi ⩽ 🕉 🛗 ⚗ rist, ⚗ ⌘ 🅿 🚗 VISA ⓾ ⛎
*via Cima Tosa 50 – ℰ 04 65 44 33 44 – www.hotelvidi.it – Fax 04 65 44 06 86
– dicembre-aprile e luglio-settembre*
26 cam – †40/130 € ††70/240 €, ⌸ 10 € – ½ P 65/170 €
Rist – Menu 20/30 €
♦ In stile montano, camere funzionali e gradevoli zone comuni che invitano a socializzare. Angolo benessere e area riservata al divertimento dei bimbi. Il ristorante è una piacevole rivisitazione della classica stube.

Crozzon ⩽ 🕉 🛗 ⚗ ⌘ 🅿 VISA ⓾ AE ⓵ ⛎
*viale Dolomiti di Brenta 96 – ℰ 04 65 44 22 22 – www.hotelcrozzon.com
– Fax 04 65 44 26 36 – dicembre-aprile e giugno-settembre*
26 cam ⌸ – ††130/180 € – ½ P 90/150 € **Rist** – Carta 25/40 €
♦ Un albergo gradevole e accogliente, con arredi e rifiniture in legno, sulla strada principale della località. A disposizione degli ospiti anche un angolo benessere. Cucina del territorio proposta in una calda sala dalle pareti perlinate.

🏠 **Garnì dei Fiori** senza rist ☜ 🔲 📞 🅿 🆅🅸🆂🅰 ⓶ 🄰🄴 ⓞ 🔶
via Vallesinella 18 – ✆ 04 65 44 23 10 – www.garnideifiori.it – Fax 04 65 44 10 15
– dicembre-20 aprile e 20 giugno-28 settembre
10 cam ⚌ – †70/130 € ††110/140 €
• Non lontano dal centro, ma in posizione più tranquilla, una graziosa casa di montagna
dagli interni impeccabili nella loro semplicità.

🏠 **Dello Sportivo** senza rist 🍽 🅿 🚗 🆅🅸🆂🅰 ⓶ 🔶
via Pradalago 29 – ✆ 04 65 44 11 01 – www.dellosportivo.com
– Fax 04 65 44 08 00 – dicembre-aprile e luglio-settembre
13 cam ⚌ – †45/60 € ††80/110 €
• Ambiente simpatico in un hotel dal confort essenziale e gestito con passione. Ben posizionata tra impianti di risalita e centro, vi consentirà piacevoli soggiorni.

🍴🍴 **Stube Hermitage** – Bio-Hotel Hermitage ≼ 🕭 🅰 🍽 🅿
☃ via Castelletto Inferiore 69, Sud : 1,5 km 🆅🅸🆂🅰 ⓶ 🄰🄴 🔶
– ✆ 04 65 44 15 58 – www.stubehermitage.it – Fax 04 65 44 16 18 – dicembre-
Pasqua e luglio-settembre; chiuso lunedì
Rist – Carta 86/116 €
Spec. Foiegrando: fegato d'oca in 2 tempi (freddo con centrifuga di mela
verde e zenzero, caldo su cremoso croccante) con pan brioche al pepe aromatico. Canederli d'astice profumati al dragoncello, pomodori confit, pepe di
Sarawach. Declinazione di vitello biologico: filetto bardato al prosciutto, guan-
cetta brasata, ossobuco, animella alla milanese.
• Nell'elegante stube, i legni dell'800 avvolgono una cucina creativa e fantasiosa con prodotti ed ispirazioni da ogni parte del mondo.

🍴🍴 **Da Alfiero** 🍽 ⇄ 🆅🅸🆂🅰 ⓶ 🄰🄴 ⓞ 🔶
via Vallesinella 5 – ✆ 04 65 44 01 17 – www.hotellorenzetti.it
– Fax 04 65 44 32 79 – dicembre-aprile e giugno-settembre
Rist – Carta 40/56 €
• Colori, decorazioni e travi a vista: Alfiero è una tappa per serate romantiche, alla
quale un'ambiziosa cucina aggiunge emozioni gourmet di grande interesse.

a Campo Carlo Magno Nord : 2,5 km – alt. 1 682 m – ✉ 38086 Madonna Di
Campiglio

◉ Posizione pittoresca★★ – ❉★★ sul massiccio di Brenta dal colle del
Grostè Sud-Est per funivia

🏠🏠 **Casa del Campo** ≼ 🎠 🅰 🍽 🕭 🅿 🚗 🆅🅸🆂🅰 ⓶ 🄰🄴 🔶
via Pian dei Frari 3/5 – ✆ 04 65 44 31 30 – www.casadelcampo.it
– Fax 04 65 44 69 43 – dicembre-maggio e luglio-15 ottobre
13 cam ⚌ – †55/110 € ††150/220 € – ½ P 110/198 €
Rist Ruppert – Carta 33/56 €
• Una vista tra le più suggestive di Campiglio: la catena di Brenta si offre maestosa di fronte
all'hotel. La cordiale gestione familiare e le spaziose camere arredate con buon gusto fanno
dimenticare gli spazi comuni un po' ridotti. Al ristorante, trofei di caccia e graziose stube, per
una cucina d'ispirazione trentina.

MADONNA DI SENALES = UNSERFRAU – Bolzano – Vedere Senales

MAGENTA – Milano (MI) – **561** F8 – 23 360 ab. – alt. 141 m – ✉ 20013   18 A2
▶ Roma 599 – Milano 26 – Novara 21 – Pavia 43

🍴🍴🍴 **Trattoria alla Fontana** 🄰🄲 🍽 🆅🅸🆂🅰 ⓶ 🄰🄴 ⓞ 🔶
via Petrarca 6 – ✆ 02 97 92 61 4 – www.trattoriaallafontana.it
– Fax 02 97 93 42 23 – chiuso dal 26 dicembre al 4 gennaio, dal 16 al 30 agosto,
sabato a mezzogiorno, domenica
Rist – (coperti limitati, prenotare) Menu 40/65 € – Carta 43/68 €
• Cornice di sobria e classica eleganza, con qualche punta nel design più moderno, e servizio curato per proposte legate alla stagioni, grande varietà di risotti.

MAGGIO – Lecco – **561** E10 – Vedere Cremeno

MAGGIORE (Lago) – Vedere Lago Maggiore

MAGIONE – Perugia (PG) – **563** M18 – 14 107 ab. – alt. 299 m   **32** B2
– ✉ 06063

▶ Roma 193 – Perugia 20 – Arezzo 58 – Orvieto 87

⛰ **Bella Magione** senza rist ॐ   🖼 Ⅲ 📶 📶 🅿 🆚 ⊙ 🅰🅴 ⓪ ♿
viale Cavalieri di Malta 22 – 🕾 *07 58 47 30 88* – *www.bellamagione.it*
– *Fax 07 58 47 30 88* – *chiuso gennaio e febbraio*
5 cam ⊷ – ♦80/120 € ♦♦100/180 €
♦ Tra le colline che incorniciano il lago Trasimeno, una villa signorile apre le sue porte agli
ospiti; ricchi tessuti e finiture di pregio, biblioteca, giardino con piscina.

🍴 **Al Coccio**   🖼 Ⅲ 🆚 ⊙ 🅰🅴 ⓪ ♿
via del Quadrifoglio 12/a – 🕾 *0 75 84 18 29* – *www.alcoccio.it*
– *Fax 0 75 84 18 29* – *chiuso dal 10 al 20 gennaio e lunedì*
Rist – Carta 23/35 €
♦ Ristorante dagli ambienti raccolti e accoglienti. Dalla cucina le proposte della tradizione
umbra, ideale sia per palati vegetariani che per gli amanti di carni e formaggi.

a San Feliciano Sud-Ovest : 8 km – ✉ 06060

🍴 **Da Settimio** con cam   ⩽ ♿ Ⅲ rist, ℅
via Lungolago 1 – 🕾 *07 58 47 60 00* – *Fax 07 58 47 86 03* – *chiuso
dal 25 novembre a dicembre*
12 cam ⊷ – ♦♦62 € **Rist** – *(chiuso giovedì escluso agosto)* Carta 23/31 €
♦ Sul lungolago, un indirizzo consigliato a chi predilige i sapori di una cucina prettamente
lacustre. E, per una sosta più lunga, semplici, ma confortevoli stanze.

MAGLIANO ALFIERI – Cuneo (CN) – **561** H6 – 1 833 ab. – alt. 328 m   **25** C2
– ✉ 12050

▶ Roma 613 – Torino 60 – Alessandria 60 – Asti 24

⛰ **Agriturismo Cascina San Bernardo** senza rist   ⩽ 🖼 ⊐ ♿ ℅
via Adele Alfieri 31 – 🕾 *0 17 36 64 27*   🅿
– *www.cascinasanbernardo.com* – *Fax 0 17 36 64 27* – *chiuso dal 15 dicembre al
10 marzo*
6 cam ⊷ – ♦75 € ♦♦80/90 €
♦ Architettura dell'800 per questa villa patrizia di campagna, che dispone di ogni confort
dell'epoca moderna. Camere arredate con gusto e bella vista sulle colline.

MAGLIANO IN TOSCANA – Grosseto (GR) – **563** O15 – 3 724 ab.   **29** C3
– alt. 130 m – ✉ 58051 ▌Toscana

▶ Roma 163 – Grosseto 28 – Civitavecchia 118 – Viterbo 106

🍴🍴 **Antica Trattoria Aurora**   🖼 🏠 ⇄ 🆚 ⊙ 🅰🅴 ⓪ ♿
via Lavagnini 12/14 – 🕾 *05 64 59 27 74* – *Fax 05 64 59 27 74* – *chiuso gennaio,
febbraio e mercoledì*
Rist – Carta 48/62 €
♦ Con una caratteristica (e più che fornita) cantina direttamente scavata nella roccia, questo
ristorante entro le mura propone anche gradevoli cene estive in giardino.

MAGLIANO SABINA – Rieti (RI) – **563** O19 – 3 894 ab. – alt. 222 m   **12** B1
– ✉ 02046

▶ Roma 69 – Terni 42 – Perugia 113 – Rieti 54

🍴🍴 **Degli Angeli** con cam   ⩽ 🏠 🖥 ♿ cam, ⚎ Ⅲ ℅ 📶 🅿
località Madonna degli Angeli, Nord : 3 km   🆚 ⊙ 🅰🅴 ⓪ ♿
– 🕾 *0 74 49 13 77* – *www.hoteldegliangeli.it* – *Fax 0 74 49 18 92*
– *chiuso 10 giorni in agosto*
8 cam ⊷ – ♦67 € ♦♦83 € **Rist** – Carta 25/43 € (+10 %)
♦ Affacciata sulla valle del Tevere, una luminosa sala da pranzo nella quale dominano il
color panna, dall'arredo ai tessuti, ed una cucina tipicamente locale. Ospitalità, discrezione
e semplicità avvolgono l'hotel, in posizione ideale per un week-end lontano dai ritmi frene-
tici della città.

sulla strada statale 3 - via Flaminia Nord-Ovest : 3 km :

 fil:ili **La Pergola** 🛐 🎐 ⚅ Ⓜ (ฑ) 🖄 🅿 VISA ⚬⚬ AE ⓞ ⚄

via Flaminia km 63,900 ⊠ 02046 – 𝒞 07 44 91 98 41 – www.lapergola.it
– Fax 07 44 91 98 42

23 cam ⊇ – ♦70 € ♦♦100 € **Rist** – (chiuso martedì) Carta 30/56 €

◆ Letti in ferro battuto, archi di mattoni a vista, nonostante sia ubicato sulla via Flaminia, si
ha la piacevole impressione di alloggiare in un relais di campagna. Due le sale da pranzo:
una rustica, dove si trovano due griglie per la cottura delle carni, e una elegante, illuminata
da grandi vetrate.

MAGLIE – Lecce (LE) – **564** G36 – 15 085 ab. – ⊠ 73024 **27** D3

▶ Roma 617 – Bari 187 – Lecce 33

⋔ **Corte dei Francesi** senza rist Ⓜ (ฑ) VISA ⚬⚬ ⚄

via Roma 172 – 𝒞 08 36 42 42 82 – www.cortedeifrancesi.it – Fax 08 36 42 42 83

9 cam ⊇ – ♦90 € ♦♦110/160 €

◆ All'interno di un museo d'arte conciaria, la risorsa dispone di camere dai caratteristici muri
in pietra piacevolmente arredate in vivaci colori e con pezzi d'artigianato.

MAIORI – Salerno (SA) – **564** E25 – 5 665 ab. – ⊠ 84010 **6** B2

▶ Roma 267 – Napoli 65 – Amalfi 5 – Salerno 20

🖬 corso Reginna 73 𝒞 089 877452, info@aziendaturismo-maiori.it,
Fax 089 853672

⛰ Capo d'Orso★ Sud-Est : 5 km

fil:ili **San Francesco** 🎐 Ⓜ ⅗ rist, (ฑ) 🅿 🖀 VISA ⚬⚬ AE ⓞ ⚄

via Santa Tecla 54 – 𝒞 0 89 87 70 70 – www.hotel-sanfrancesco.it
– Fax 0 89 87 70 70 – 15 marzo-3 novembre

48 cam ⊇ – ♦72/88 € ♦♦130/180 € – ½ P 110/125 €

Rist – (giugno-settembre) Carta 26/40 €

◆ Una struttura tipica degli anni '60, completamente rinnovata e rimodernata. A pochi metri
dalla spiaggia privata, è particolarmente adatta a famiglie con bambini. Ambiente e servizio
familiari al ristorante, con proposte di mare e terra.

✗✗ **Torre Normanna** ⇐ 🛐 Ⓜ ⅗ 🅿 VISA ⚬⚬ AE ⓞ ⚄

via Diego Taiani 4 – 𝒞 0 89 87 71 00 – www.torrenormanna.net
– Fax 08 98 54 13 10 – chiuso dal 10 gennaio al 5 febbraio, 15 giorni in
novembre e lunedì

Rist – Menu 75/100 € – Carta 63/93 € (+10 %)

◆ Quattro fratelli dal 2007 gestiscono il locale all'interno dell'antica torre: specialità a base di
pesce fresco e vista "ravvicinata" sul mare.

sulla costiera amalfitana Sud-Est : 4,5 km

✗✗✗ **Il Faro di Capo d'Orso** (Pierfranco Ferrara) ⇐ Ⓜ ⅗ 🅿

₷ via Diego Taiani 48 – 𝒞 0 89 87 70 22 VISA ⚬⚬ AE ⓞ ⚄
– www.ilfarodicapodorso.it – Fax 0 89 85 23 60 – chiuso dal 3 novembre al
25 gennaio e martedì; anche mercoledì dal 25 gennaio a marzo

Rist – Menu 60/120 € – Carta 53/90 € 🕸

Spec. Tarte tiepida di tonno in crosta di pistacchi, salsa di alici e ricotta. Tortelli di sfoglia allo zafferano con burrata in guazzetto di vongole al basilico,
gamberi rossi, dentice e calamari. Dentice cotto in tegame con totanetti,
patate, pomodori canditi, fagiolini e olive di Gaeta.

◆ Arrampicato su un promontorio, dalla sala si gode uno spettacolare panorama della costiera
amalfitana. Lo stupore continua con la cucina, fantasiosa rielaborazione di piatti campani.

MALALBERGO – Bologna (BO) – **562** I16 – 8 346 ab. – alt. 12 m **9** C2
– ⊠ 40051

▶ Roma 403 – Bologna 33 – Ferrara 12 – Ravenna 84

✗✗ **Rimondi** Ⓜ ⇅ VISA ⚬⚬ AE ⓞ ⚄

via Nazionale 376 – 𝒞 0 51 87 20 12 – Fax 0 51 87 20 12 – chiuso dal 15 al
28 febbraio, dal 15 al 30 giugno, domenica sera e lunedì

Rist – (chiuso a mezzogiorno escluso domenica e i giorni festivi) Carta 36/53 €

◆ Sale dagli scuri arredi d'epoca, grandi camini e suggestive atmosfere di un tempo. Consigliato per chi ama il pesce, ma non mancano carni e cacciagione.

ad Alteto Sud : 5 km – ⊠ 40051

⛺ **Agriturismo Il Cucco** ⚛ 　🍴 🛗 ё 🅰🄲 📶 🅿 𝘝𝘐𝘚𝘈 ⓪ ё
via Nazionale 83 – ☎ *05 16 60 11 24 – www.ilcucco.it – Fax 05 16 60 11 24*
– chiuso agosto
11 cam ⥮ – 🛉60/105 € 🛉🛉80/120 € – ½ P 58/78 €
Rist – *(chiuso a mezzogiorno escluso domenica)* (prenotazione obbligatoria)
Carta 24/29 €
♦ Un centinaio di metri di strada sterrata e giungerete in un casolare, con orto e pollame,
che offre stanze arredate con bei mobili di arte povera e antiquariato. Cucina sana e genuina,
basata su alimenti biologici di produzione propria.

MALBORGHETTO – Udine (UD) – **562** C22 – **1 007 ab.** – alt. 787 m   **11** C1
– ⊠ 33010

🔼 Roma 710 – Udine 82 – Tarvisio 12 – Tolmezzo 50

a Valbruna Est : 6 km – ⊠ 33010

🍴🍴 **Renzo** con cam ⚛ 　🛖 ё 🍽 cam, 📶 🅿 𝘝𝘐𝘚𝘈 ⓪ 🄰🄴 ⓪ ё
⊝ *via Saisera 11/13 –* ☎ *0 42 86 01 23 – www.hotelrenzo.com – Fax 04 28 66 08 84*
8 cam ⥮ – 🛉45/50 € 🛉🛉80/100 € – ½ P 50/60 €
Rist – *(chiuso dal 15 al 30 giugno e lunedì (escluso da Natale a gennaio e luglio-
agosto))* Carta 19/48 €
♦ Una buona occasione per gustare la tranquillità e il relax che avvolgono la risorsa; dalla
cucina arrivano invece i sapori di una cucina mediterranea, soprattutto a base di pesce.
Ambiente familiare. Spaziose le camere dall'arredamento semplice ma sempre ben tenute.

MALCESINE – Verona (VR) – **562** E14 – **3 640 ab.** – alt. 90 m – Sport   **35** A2
invernali : 1 400/1 850 m ⛷ 1 ⛷4 – ⊠ 37018 ▮ Italia

🔼 Roma 556 – Trento 53 – Brescia 92 – Mantova 93

🄸 via Capitanato 6/8 ☎ 045 7400044, iatmalcesine@provincia.vr.it, Fax
045 7401633

◎ ❊ ★★★ dal monte Baldo E : 15 mn di funivia – Castello Scaligero ★

🏨 **Park Hotel Querceto** ⚛ 　≤ 🍴 🛖 ⅃ 🛁 🎐 🅰🄲 ⅍ 🍽 🅿
via Panoramica 113, Est : 5 km, alt. 378　　　　　　　　　𝘝𝘐𝘚𝘈 ⓪ 🄰🄴 ё
– ☎ *04 57 40 03 44 – www.parkhotelquerceto.com – Fax 04 57 40 08 48*
– maggio-8 ottobre
22 cam ⥮ – 🛉100/130 € 🛉🛉140/180 € – ½ P 82/102 €
Rist – *(chiuso a mezzogiorno) (solo per alloggiati)*
♦ In posizione elevata, assai fuori dal paese e quindi tranquillissimo. Contraddistinguono gli
arredi interni pietra, legno e un fine gusto per le cose semplici. I sapori della tadizione altoatesina avvolti dal calore di una romantica stube.

🏨 **Maximilian** ⚛ 　≤ 🍴 ⅃ 🛁 ◎ 🎐 🛁 🍽 🛗 ё 🅰🄲 ⅍ 📶 🅿 🚗
località Val di Sogno 8, Sud : 2 km – ☎ *04 57 40 03 17*　　　 𝘝𝘐𝘚𝘈 ⓪ ё
– www.hotelmaximilian.com – Fax 04 56 57 01 17
– Pasqua-ottobre
40 cam ⥮ – 🛉85/160 € 🛉🛉170/284 €
Rist – *(chiuso a mezzogiorno) (solo per alloggiati)*
♦ Un giardino-uliveto in riva al lago e un piccolo ma completo centro benessere con
vista panoramica caratterizzano questo hotel dalla gestione diretta sempre attenta alla cura
dei servizi.

🏨 **Val di Sogno** ⚛ 　≤ 🍴 🛖 ⅃ 🎐 🛁 🛁 ё 🏂 🅰🄲 ⅍ 🍽 📶 🅿 🚗
via Val di Sogno 16, Sud : 2 km – ☎ *04 57 40 01 08*　　　　 𝘝𝘐𝘚𝘈 ⓪ 🄰🄴 ё
– www.hotelvaldisogno.com – Fax 04 57 40 16 94
– aprile-20 ottobre
37 cam ⥮ – 🛉🛉120/200 € – ½ P 95/135 €
Rist – *(3 aprile-15 ottobre)* Carta 27/64 €
♦ Il giardino con piscina in riva al lago, testimonia della magnifica posizione in cui questo
hotel è collocato. Bella zona comune e servizio di livello notevole. Luminosa e confortevole
la bella sala da pranzo.

Bellevue San Lorenzo ⫷ 🚗 ⬛ 🏠 🛁 💆 ⚙ 🅿 🚗

via Gardesana 164: 1,5 km – ℰ 04 57 40 15 98 VISA ⓒⓞ AE ① ᔕ
– www.bellevue-sanlorenzo.it – Fax 04 57 40 10 55 – 8 aprile-5 novembre
53 cam – solo ½ P 95/115 €
Rist – *(chiuso a mezzogiorno escluso giugno-agosto) (solo per alloggiati)*
♦ E' il giardino la punta di diamante di questa villa d'epoca: dotato di piscina e con una stra-
biliante vista panoramica del lago, congiunge i diversi edifici della struttura.

Meridiana *senza rist* 🚗 🏠 🛁 💆 ⬛ ⚙ 🅿 VISA ⓒⓞ ᔕ

via Navene Vecchia 39 – ℰ 04 57 40 03 42 – www.hotelmeridiana.it
– Fax 04 56 58 39 10 – 27 marzo-24 ottobre
23 cam ⊂⊃ – ♦80/125 € ♦♦90/140 €
♦ Vicino alla funivia del monte Baldo, struttura dalla gestione al femminile rinnovata
secondo i canoni moderni del design e del confort, ospita sovente clientela internazionale.
Bonus: la saletta per massaggi.

Alpi ⋟ 🚗 ⬛ 🏠 ⚙ ⬛ ⚙ 🅿 VISA ⓒⓞ ᔕ

via Gardesana 256, località Campogrande – ℰ 04 57 40 07 17
– www.alpihotel.info – Fax 04 57 40 05 29 – 28 dicembre-20 gennaio e
15 marzo-10 novembre
45 cam – ♦60/100 € ♦♦70/110 €, ⊂⊃ 10 € – ½ P 50/70 €
Rist – Carta 18/21 €
♦ A monte della statale gardesana, le camere più recenti di questo silenzioso hotel si trovano in posizione panoramica e dispongono di una bella terrazza. Piscina in giardino. Nella
bella stagione si pranza anche nella terrazza all'aperto.

Erika *senza rist* 🚗 ⚙ ⚙ 🚗

via Campogrande 8 – ℰ 04 57 40 04 51 – www.erikahotel.net
– Fax 04 57 40 04 51 – aprile-1 novembre
14 cam ⊂⊃ – ♦45/65 € ♦♦49/110 €
♦ Piccolo e tranquillo albergo familiare in prossimità del centro storico, dispone di accoglienti camere recentemente rinnovate e di una raccolta ma graziosa sala colazioni.

✗✗ Trattoria Vecchia Malcesine *(Leandro Luppi)* 🚗 🏯 ⬛

via Pisort 6 – ℰ 04 57 40 04 69 VISA ⓒⓞ AE ① ᔕ
– www.vecchiamalcesine.com – Fax 04 56 57 03 89 – chiuso novembre,
dicembre e mercoledì
Rist – *(chiuso a mezzogiorno escluso domenica in gennaio-febbraio)*
Menu 45/75 € – Carta 60/78 €
Spec. Tartare di sarde del lago di Garda, crema di patate e caviale di aringa.
Spaghetti fatti in casa allo "scoglio del lago". Risotto alla tinca affumicata e
polvere di caffè hymalaiano.
♦ Due passi a piedi e poi - superato il giardino - si entra nel locale colorato e panoramico,
dove lo chef-patron reinterpreta con leggerezza, nonché fantasia, le tradizioni del territorio e
il pesce di lago.

sulla strada statale 249 Nord : 3,5 km

Piccolo Hotel ⫷ ⬛ ⬛ 🛀 ⬛ cam, ⚙ ⚙ rist, ⬙ 🅿 VISA ⓒⓞ ① ᔕ

via Molini di Martora 28 ✉ 37018 – ℰ 04 57 40 02 64 – www.navene.com
– Fax 04 56 58 47 89 – marzo-9 novembre
30 cam ⊂⊃ – ♦36/54 € ♦♦100/120 € – ½ P 69/79 €
Rist – *(chiuso a mezzogiorno) (solo per alloggiati)* Menu 19 €
♦ Le camere di questo piccolo hotel sono tutte confortevoli, semplici negli arredi ma spaziose, quasi tutte con vista sul lago. Attenzioni particolari per i surfisti. Al ristorante, menu
fisso e splendida finestra panoramica sul lago.

MALÉ – Trento (TN) – **562** C14 – 2 138 ab. – alt. 738 m – Sport   30 B2
invernali : 1 400/2 200 m ⛷5 ⛷19 (Comprensorio sciistico Folgarida-Marilleva) ⛷
– ✉ 38027

▶ Roma 641 – Bolzano 65 – Passo di Gavia 58 – Milano 236
🅸 piazza Regina Elena ℰ 0463 900862, male@valdisole.net, Fax 0463 902911

XX **Conte Ramponi** ✧ ⇔ VISA ◑ AE ① ⑤
piazza San Marco 38, località Magras, Nord-Est : 1 km – ℰ 04 63 90 19 89
*– www.conteramponi.com – Fax 04 63 90 19 89 – chiuso dal 1° al 20 giugno, dal
1° al 20 ottobre e lunedì escluso agosto*
Rist – Carta 30/50 €
♦ In un palazzo del '500 dalle aristocratiche ascendenze, tre salette ricche di storia - tra stucchi e parquet d'epoca - ospitano una gustosa cucina trentina, in prevalenza di carne.

X **La Segosta** con cam 🚶 P VISA ◑ AE ① ⑤
via Trento 59 – ℰ 04 63 90 13 90 *– www.segosta.com – Fax 04 63 90 06 75
– chiuso dal 15 maggio al 15 giugno e dal 20 settembre al 10 ottobre*
8 cam ☐ – �dag48/58 € ♦♦70/90 € – ½ P 52 €
Rist – *(chiuso lunedì sera e martedì escluso Natale-Pasqua e luglio-agosto)*
Carta 22/29 €
♦ Ristorante ricavato da una ex caserma, molto frequentato anche dai residenti, propone piatti legati alle tradizioni del territorio, ma anche specialità di altre regioni. Camere semplici e ben tenute.

MALEO – Lodi (LO) – **561** G11 – **3 268 ab.** – alt. 58 m – ✉ 26847 **16** B3
🛣 Roma 527 – Piacenza 19 – Cremona 23 – Milano 60

XX **Leon d'Oro** AC ✧ ⇔ VISA ◑ AE ① ⑤
via Dante 69 – ℰ 03 77 58 1 49 *– www.leondoromaleo.it – Fax 03 77 45 81 40
– chiuso dal 1° al 5 gennaio, dal 13 agosto al 1° settembre, mercoledì e sabato a
mezzogiorno*
Rist – Menu 28/55 € – Carta 36/65 € ଈ
♦ Prodotti scelti con cura garantiscono una cucina del territorio interpretata con abilità dallo chef; un piccolo ingresso immette in tre salette eleganti in un piacevole stile rustico.

XX **Del Sole** con cam 🚓 🌿 AC cam, P VISA ◑ AE ⑤
via Monsignor Trabattoni 22 – ℰ 03 77 58 1 42 *– www.ilsolemaleo.it
– Fax 03 77 45 80 58 – chiuso gennaio ed agosto*
3 cam ☐ – ♦70 € ♦♦120 €
Rist – *(chiuso domenica sera, lunedì)* Carta 38/51 €
♦ Locanda di antica tradizione affacciata su un cortile interno, ricco di un pittoresco giardino. Nella bella stagione vale la pena di approfittare del servizio all'aperto.

MALESCO – Verbano-Cusio-Ossola (VB) – **561** D7 – **1 455 ab.** – alt. 761 m **23** C1
– Sport invernali : a Piana di Vigezzo : 800/2 064 🎿 1 ⑤4, 🎿 – ✉ 28854
🛣 Roma 718 – Stresa 53 – Domodossola 20 – Locarno 29
🛈 via Ospedale 1 ℰ 0324 929901, malesco@distrettolaghi.it, Fax 0324 929901

X **Ramo Verde** ✧ VISA ◑ AE ① ⑤
ଈ *via Conte Mellerio 5* – ℰ 03 24 49 50 12 *– Fax 03 24 49 50 12 – chiuso novembre e
mercoledì (escluso da giugno a settembre)*
Rist – Carta 21/27 €
♦ Nell'incantevole scenario della Valle Vigezzo, talmente bella da essere stata ribattezzata Valle dei Pittori, una cucina d'impronta casalinga che non disdegna i prodotti del mare.

MALGRATE – Lecco (LC) – **561** E10 – **4 252 ab.** – alt. 224 m – ✉ 23864 **18** B1
🛣 Roma 623 – Como 27 – Bellagio 20 – Lecco 2

🏨 **Il Griso** ⪕ 🛗 ⅙ AC ✧ rist, "¶" 🛖 P VISA ◑ AE ① ⑤
via Provinciale 51 – ℰ 03 41 23 9 81 *– www.griso.info – Fax 03 41 23 98 10*
43 cam ☐ – ♦70/190 € ♦♦110/240 € – ½ P 80/145 €
Rist *Gourmet* – ℰ 03 41 23 98 61 01 – Carta 49/67 €
♦ Affascinante struttura, affacciata sul celebre lago, si ripropone con un nuovo *look*: camere ampie e moderne con un vista impareggiabile sulla natura circostante. Nella sala di stile contemporaneo del rist *Gourmet*, l'impiego di eccellenti materie prime è il protagonista indiscusso di una cucina ricercata, mai banale.

MALLES VENOSTA (MALS) – Bolzano (BZ) – **562** B13 – **5 044 ab.** **30** A2
– alt. 1 050 m – Sport invernali : 1 750/2 500 m 🎿3, 🎿 – ✉ 39024
🛣 Roma 721 – Sondrio 121 – Bolzano 84 – Bormio 57
🛈 via San Benedetto 1 ℰ 0473 831190, mals@suedtirol.com, Fax 0473 831901

⌂ Greif   🏠 🛎 ⅗ cam, ⅗ rist, "¶" VISA ⓸ AE ⓵ ⑤
via Verdross 40/A – ℰ 04 73 83 11 89 – www.hotel-greif.com
– Fax 04 73 83 19 06
11 cam ⌨ – †50/70 € ††100/140 € – ½ P 60/75 €   **Rist** – Carta 22/45 €
♦ Hotel centralissimo, dal buon confort generale, che oltre al pregevole ristorante con interessante linea gastronomica offre ai propri clienti uno spazio bistrot e l'enoteca.

a Burgusio (Burgeis)Nord : 3 km – alt. 1 215 m – ⊠ 39024 Malles Venosta

🛈 frazione Burgusio 77 ℰ 0473 831422, info@burgeis.is.it, Fax 0473 831690

⌂⌂ Weisses Kreuz ⑤   ⬳ 🛋 🗋 ⓾ 🏠 🛎 ⅗ rist, ⏧ 🚗 VISA ⓸ ⑤
– ℰ 04 73 83 13 07 – www.weisseskreuz.it – Fax 04 73 83 16 53 – 20 dicembre-
Pasqua e 15 maggio-2 novembre
30 cam ⌨ – †60/110 € ††110/170 € – ½ P 75/105 €
Rist – (chiuso giovedì) Carta 33/41 €
♦ Per un piacevole soggiorno, un hotel di tradizione recentemente rimodernato con particolari attenzioni alla zona relax. Bella terrazza baciata dal sole. Ampia e luminosa sala ristorante.

⌂⌂ Plavina ⑤   ⬳ 🚗 🗋 🏠 🕯 🛎 ✝ ⏧ P VISA ⓸
piazza Centrale 81 – ℰ 04 73 83 12 23 – www.mohren-plavina.com
– Fax 04 73 83 04 06 – chiuso dal 10 novembre al 26 dicembre, dal 10 al
22 gennaio e dal 2 al 20 maggio
57 cam – solo ½ P 55/75 €
Rist Al Moro-Zum Mohren – vedere selezione ristoranti
♦ Risorsa tranquilla ed accogliente, dotata di ampie camere, punto di appoggio adatto per chi ama le montagne. Per i pasti, è possibile rivolgersi al vicino ristorante Al Moro.

※ Al Moro-Zum Mohren – Hotel Plavinia   ✧ P VISA ⓸
🥜 *– ℰ 04 73 83 12 23 – www.mohren-plavina.com – chiuso dal 10 novembre al*
26 dicembre, dal 10 al 22 gennaio, dal 2 al 22 maggio, martedì, mercoledì a
mezzogiorno
Rist – Carta 18/25 €
♦ In un tipico paesino di montagna, soluzione che presenta la possibilità di assaporare una sobria e schietta cucina locale, servita in ambienti dagli arredi semplici.

MALNATE – Varese (VA) – 561 E8 – 16 233 ab. – alt. 355 m – ⊠ 21046   18 A1
🚗 Roma 618 – Como 21 – Lugano 32 – Milano 50

※※ Crotto Valtellina   🍴 AC ⅗ ✧ P VISA ⓸ AE ⓵ ⑤
via Fiume 11, località Valle – ℰ 03 32 42 72 58 – www.crottovaltellina.it
– Fax 03 32 86 12 47 – chiuso martedì, mercoledì a mezzogiorno
Rist – Menu 49 € – Carta 34/67 € ㊝
♦ All'ingresso la zona bar-cantina, a seguire la sala rustica ed elegante nel contempo. Cucina di rigida osservanza valtellinese e servizio estivo a ridosso della roccia.

MALO – Vicenza (VI) – 562 F16 – 14 137 ab. – alt. 116 m – ⊠ 36034   37 A1
🚗 Roma 561 – Verona 73 – Padova 59 – Venezia 93

※※ Cinque Sensi   ⅗ AC ⅗ ✧ P VISA ⓸ AE ⑤
via Pacinotti 2 – ℰ 04 45 60 79 76 – www.5sensi.it – Fax 04 45 58 40 34
– chiuso sabato a mezzogiorno, domenica
Rist – Carta 41/55 €
♦ Una cucina del territorio sempre attuale grazie alla costante attenta ricerca dei prodotti impiegati, per soddisfare ed emozionare i clienti in ogni gusto. Meglio, in ogni senso!

MALOSCO – Trento (TN) – 562 C15 – 400 ab. – alt. 1 041 m – ⊠ 38013   30 B2
🚗 Roma 638 – Bolzano 33 – Merano 40 – Milano 295

⌂⌂ Bel Soggiorno ⑤   ⬳ 🚗 🏠 🛎 ⅗ rist, ⅗ rist, ⅔ P VISA ⓸ AE ⑤
🥜 *via Miravalle 7 – ℰ 04 63 83 12 05 – www.h-belsoggiorno.com*
– Fax 04 63 83 12 05 – chiuso novembre
42 cam ⌨ – †44/63 € ††76/110 € – ½ P 48/55 €   **Rist** – Carta 20/25 €
♦ In posizione rilassante, circondato da un giardino soleggiato, l'albergo offre camere in stile rustico, una taverna con biliardo, sale da lettura e una piccola area benessere. Presso l'ampia sala da pranzo, la classica cucina trentina.

MALS = Malles Venosta

MANAROLA – La Spezia (SP) – **561** J11 – ⊠ **19017** ▮ Italia   **15** D2
- Roma 434 – La Spezia 14 – Genova 119 – Milano 236
- c/o Stazione FS ℰ 0187 760511, accoglienzamanarola@
  parconazionale5terre.it
- Passeggiata★★ (15 mn a piedi dalla stazione)
- Regione delle Cinque Terre★★ Nord-Ovest e Sud-Est per ferrovia

⌂ **Ca' d'Andrean** senza rist ⌖   🚗 AC ⌾
via Discovolo 101 – ℰ 01 87 92 00 40 – www.cadandrean.it – Fax 01 87 92 04 52
– chiuso dal 11 novembre al 25 dicembre
10 cam – †55/72 € ††70/98 €, ⌷ 6 €
♦ Nel centro pedonale del grazioso borgo, alberghetto a gestione familiare dotato anche di un piccolo giardino, dove nella bella stagione viene servita la prima colazione. Risorsa semplice, ma assolutamente valida.

⌂ **La Torretta** senza rist ⌖   ⪕ AC ⌾ '↑' VISA ◑ AE ① ⌾
piazza della Chiesa - Vico Volto 20 – ℰ 01 87 92 03 27 – www.torrettas.com
– Fax 01 87 76 00 24 – chiuso gennaio e febbraio
11 cam ⌷ – †100/150 € ††120/180 € – 2 suites
♦ Tra i romantici color pastello delle tipiche case della zona, un piacevole bed and breakfast con camere personalizzate: una con vasca cromoterapia, un'altra dal design moderno. Da tutte l'incanto del mare, così come dalla piccola terrazza per la prima colazione.

✗ **Marina Piccola**   ⪕ 🍴 AC VISA ◑ AE ① ⌾
via lo Scalo 16 – ℰ 01 87 92 09 23 – www.ristorantemarinapiccola.it
– Fax 01 87 02 07 04 – chiuso novembre e martedì
Rist – Carta 26/52 €
♦ Ristorante con gradevole servizio all'aperto in riva al mare, per apprezzare lo spirito delle Cinque Terre, passando dalla tavola. In cucina dominano i prodotti ittici.

a Volastra Nord-Ovest : 7 km – ⊠ **19017 Manarola**

⌂ **Il Saraceno** senza rist ⌖   ⌾ 🚗 VISA ◑ AE ① ⌾
– ℰ 01 87 76 00 81 – www.thesaraceno.com – Fax 01 87 76 07 91 – chiuso
dal 7 gennaio al 12 febbraio
7 cam ⌷ – †60/70 € ††72/100 €
♦ Il verde e la quiete regnano sovrani in questa confortevole struttura dagli spazi comuni lineari e dalle ampie camere di moderna essenzialità. Piacevole solarium per una sosta *en plein air.*

MANCIANO – Grosseto (GR) – **563** O16 – 7 490 ab. – alt. 443 m   **29** C3
– ⊠ **58014**
- Roma 141 – Grosseto 61 – Orvieto 65 – Viterbo 69

sulla strada provinciale 32 per Farnese

⌂ **Le Pisanelle** ⌖   ⪕ 🚗 🍴 ⌇ 🐾 AC ⌾ **P** VISA ◑ AE ⌾
strada provinciale 32 al km 3,8, Sud-Est : 3,8 km ⊠ 58014 Manciano
– ℰ 05 64 62 82 86 – www.lepisanelle.it – Fax 05 64 62 58 40 – chiuso dal 20 al
25 dicembre, dal 7 al 28 febbraio e novembre
8 cam ⌷ – †105/115 € ††115/125 €
Rist – *(chiuso domenica) (chiuso a mezzogiorno) (solo per alloggiati)*
Menu 29/32 €
♦ In un podere verde di ulivi e frutteti, antico casale del 1700 con arredi d'epoca in grado di regalare atmosfere speciali. La gestione è amabile, la clientela numerosa. Dalle tradizioni maremmane all'innovazione gastronomica, i segreti della cucina.

sulla strada statale 74-Marsiliana Ovest : 15 km

⌂ **Agriturismo Galeazzi** senza rist ⌖   ⪕ 🚗 ⌇ AC ⌾ **P**
⊠ *58010 Manciano – ℰ 05 64 60 50 17 – www.agriturismogaleazzi.com*
– Fax 05 64 60 50 17
9 cam ⌷ – †55 € ††65 €
♦ A mezza strada tra il mare e le terme di Saturnia, un agriturismo semplicissimo, ma ben tenuto, con laghetto per la pesca sportiva e tiro con l'arco. Ideale per una vacanza nella campagna toscana!

MANDELLO DEL LARIO – Lecco (LC) – **561** E9 – **10 544 ab.**   **16** B2
– alt. 203 m – ✉ 23826

> ▶ Roma 631 – Como 40 – Bergamo 44 – Milano 67

a Olcio Nord : 2 km – ✉ 23826 Mandello Del Lario

XX **Ricciolo**   🔝 💥 **P** 𝗩𝗜𝗦𝗔 ⓪ 🅰🅴 ① ♿
via Provinciale 165 – 𝒞 03 41 73 25 46 – www.ristorantericciolo.com
– Fax 03 41 73 25 46 – chiuso gennaio, domenica sera, lunedì (escluso giugno-agosto)
Rist – Carta 37/48 €
♦ Pochi coperti in questo gradevole ristorante familiare, che propone solo ed esclusivamente piatti a base di pesce d'acqua dolce. Servizio estivo all'aperto, in riva al lago.

MANERBA DEL GARDA – Brescia (BS) – **561** F13 – **3 378 ab.**   **17** D1
– alt. 132 m – ✉ 25080

> ▶ Roma 541 – Brescia 32 – Mantova 80 – Milano 131

XXX **Capriccio** (Giuliana Germiniasi)   ≤ 🔝 🅰🅲 **P** 𝗩𝗜𝗦𝗔 ⓪ 🅰🅴 ① ♿
🏵 *piazza San Bernardo 6, località Montinelle – 𝒞 03 65 55 11 24*
– www.ristorantecapriccio.it – Fax 03 65 55 02 96
– chiuso gennaio, febbraio e martedì
Rist – (prenotazione obbligatoria a mezzogiorno) Menu 65/78 €
– Carta 72/94 € 🍃
Spec. Coda di rospo e uova di aringa leggermente affumicate da noi, crema di piselli e aria di limone. Paccheri di Gragnano con passata di fagioli zolfini e ciuffi di calamaro confit in brodetto di cozze. Merluzzo in salsa d'olio extravergine alla gardesana con sfoglie di polenta croccante.
♦ Raffinato e spazioso ristorante, la cucina propone versioni moderne dei classici italiani con particolare cura nelle presentazioni. Apoteosi nei dolci, irrinunciabili.

X **Il Gusto**   🔝 🅰🅲 **P** 𝗩𝗜𝗦𝗔 ⓪ ♿
piazza San Bernardo località Montinelle – 𝒞 03 65 55 02 97
– www.ristorantecapriccio.it – Fax 03 65 55 02 96
– chiuso gennaio, febbraio e martedì
Rist – (prenotazione obbligatoria a mezzogiorno) Carta 27/36 €
♦ Su una piazzetta con tanto di belvedere sul lago, una sala semplice e disimpeganta per piatti classici e sfiziosi: particolare attenzione è riservata ai vini.

MANFREDONIA – Foggia (FG) – **564** C29 – **57 140 ab.** – ✉ 71043   **26** B1
▌ Italia

> ▶ Roma 411 – Foggia 44 – Bari 119 – Pescara 211
> 🔢 piazza del Popolo 10 𝒞 0884 581998, manfredonia@pugliaturismo.com, Fax 0884 581998
> ◉ Chiesa di Santa Maria di Siponto★ Sud : 3 km
> ◎ Portale★ della chiesa di San Leonardo Sud : 10 km – Isole Tremiti★ (in battello) : ≤ ★★★ sul litorale

🏛️ **Regio Hotel Manfredi**   🛋 🔝 🏊 🖼 ⓪ 🕸 🕍 📶 ♿ rist, 🅰🅲 ⦿ 🏋
strada statale per San Giovanni Rotondo al km **P** 𝗩𝗜𝗦𝗔 ⓪ 🅰🅴 ① ♿
12, Ovest : 2 km – 𝒞 08 84 53 01 22 – www.regiohotel.it – Fax 08 84 53 01 13
100 cam � – ♦79/129 € ♦♦124/159 € – ½ P 85/94 €
Rist – *(solo per alloggiati)*
Rist Dama Bianca – Carta 29/50 €
♦ Poco lontano dal centro, ma già immersa tra grandi spazi verdi, struttura di taglio decisamente moderno dotata di un centro congressuale attrezzato e di uno spazio benessere aperto nel 2008. Arredi sobri e sapori mediterranei al ristorante Dama Bianca.

X **Coppola Rossa**   🔝 🅰🅲 𝗩𝗜𝗦𝗔 ⓪ 🅰🅴 ① ♿
via dei Celestini 13 – 𝒞 08 84 58 25 22 – www.coppolarossa.com
– chiuso dal 6 al 15 gennaio, dal 29 giugno al 5 luglio, domenica sera, lunedì
Rist – Carta 25/45 €
♦ Diventato oramai un'istituzione in paese, Coppola Rossa è il soprannome di questo simpatico chef, che insieme a moglie e figlio propone il prodotto principe di Manfredonia: il pesce. Buffet di antipasti e frutti di mare sono un must!

MANGO – Cuneo (CN) – 561 H6 – 1 317 ab. – alt. 521 m – ⊠ 12056   **25** C2

▶ Roma 612 – Cuneo 79 – Torino 91 – Genova 112

⌂ **Villa Althea** senza rist ⚶   ≤ 🚗 🖼 🐾 𝄕 ♨ ♖ 🐾 ✆ 𝄌 🔁 ▦ ◐
località Luigi 18, Nord-Ovest : 1 km – ℰ 33 55 29 55 08 – www.villaalthea.it
– chiuso da gennaio al 15 marzo
6 cam 🖙 – †90/110 € – ††110/160 € – 1 suite

♦ Raffinata atmosfera familiare riscaldata da sorprendenti accostamenti di colore, una sala da biliardo e un'enorme scacchiera all'aperto avvolta dalla tranquillità delle colline.

MANIAGO – Pordenone (PN) – 562 D20 – 11 804 ab. – alt. 283 m   **10** A2
– ⊠ 33085

▶ Roma 636 – Udine 51 – Pordenone 27 – Venezia 124

🏨 **Eurohotel Palace Maniago**   ♫ ☄ 🖥 ᵭ cam, ✯ ▥ 𝄕 ♖ ℙ
viale della Vittoria 3 – ℰ 04 27 71 14 32   ✆ ▦ ◍ ▵ ◐ ⬧
– www.eurohotelfriuli.it – Fax 04 27 73 31 56 – chiuso dal 1° al 10 gennaio e dal 10 al 20 agosto
39 cam 🖙 – †85 € – ††137 € – ½ P 97 €
Rist – (chiuso domenica sera, lunedì) Carta 28/51 €

♦ Spaziosi e confortevoli gli ambienti di questo hotel, sia le parti comuni che le camere, arredati secondo i dettami dello stile minimalista attualmente in voga. Parco secolare sul retro. Eleganza e soluzioni moderne anche per la sala da pranzo, dove gustare specialità di pesce.

MANTOVA ℙ (MN) – 561 G14 – 47 649 ab. – alt. 19 m – ⊠ 46100   **17** C3
▌ Italia

▶ Roma 469 – Verona 42 – Brescia 66 – Ferrara 89

ℹ piazza Andrea Mantegna 6 ℰ 0376 432432, info@turismo.mantova.it, Fax 0376 432433

◉ Palazzo Ducale★★★ BY – Piazza Sordello★ BY **21** – Piazza delle Erbe★ :
Rotonda di San Lorenzo★ BZ **B** – Basilica di Sant'Andrea★ BYZ – Palazzo
Te★★ AZ

◎ Sabbioneta★ Sud-Ovest : 33 km

Pianta pagina seguente

🏢 **Casa Poli** senza rist   🖥 ᵭ ▥ 𝄕 ♖ 🐾 🔁 ▦ ◍ ▵ ◐ ⬧
corso Garibaldi 32 – ℰ 03 76 28 81 70 – www.hotelcasapoli.it
– Fax 03 76 36 27 66 – chiuso dal 10 al 25 agosto   BZ**b**
34 cam 🖙 – †130 € ††190 €

♦ Bella novità nel panorama alberghiero cittadino: struttura dal confort moderno e omogeneo, con camere diverse per disposizione ma identiche per stile e servizi.

🏢 **La Favorita**   𝄖 🖥 ᵭ ▥ ⅃ ♖ ℙ 🐾 ▦ ◍ ▵ ◐ ⬧
via S. Cognetti De Martiis 1, 2 km per ② – ℰ 03 76 25 47 11
– www.hotellafavorita.it – Fax 03 76 25 47 01
91 cam 🖙 – †75/160 € ††80/190 € – 2 suites – ½ P 64/128 €
Rist – Carta 29/50 €

♦ In posizione decentrata, all'interno di una zona commerciale di uffici, questa struttura di dimensioni ragguardevoli sfoggia un look decisamente moderno. Camere confortevoli ed accoglienti.

XXX **Aquila Nigra** (Vera Bini)   ▥ ⇆ ▦ ◍ ◐ ⬧
❀ vicolo Bonacolsi 4 – ℰ 03 76 32 71 80 – www.aquilanigra.it – Fax 03 76 22 64 90
– chiuso 15 giorni in agosto, domenica e lunedì, in aprile, maggio, settembre,
ottobre aperto domenica a mezzogiorno   BY**b**
Rist – Menu 70/80 € – Carta 52/80 € ⅋
Rist Osteria....la porta accanto – ℰ 03 76 36 67 51 – Carta 30/40 €
Spec. Terrina di fegato grasso d'oca con composta di fichi, bucce d'arancia, pan brioche. Riso morbido al crescione con ragù di rane. Rombo chiodato in crosta di pane alle erbe aromatiche e capperi su crema di patate e scalogno.

♦ Vecchia casa in un vicolo nei pressi del Palazzo Ducale, che conserva ancora alcune caratteristiche originali: soffitti a cassettoni, affreschi alle pareti e tipica cucina mantovana. La porta accanto si schiude su un bistrot di design contemporaneo con scelta gastronomica più ridotta, a prezzi più contenuti.

MANTOVA

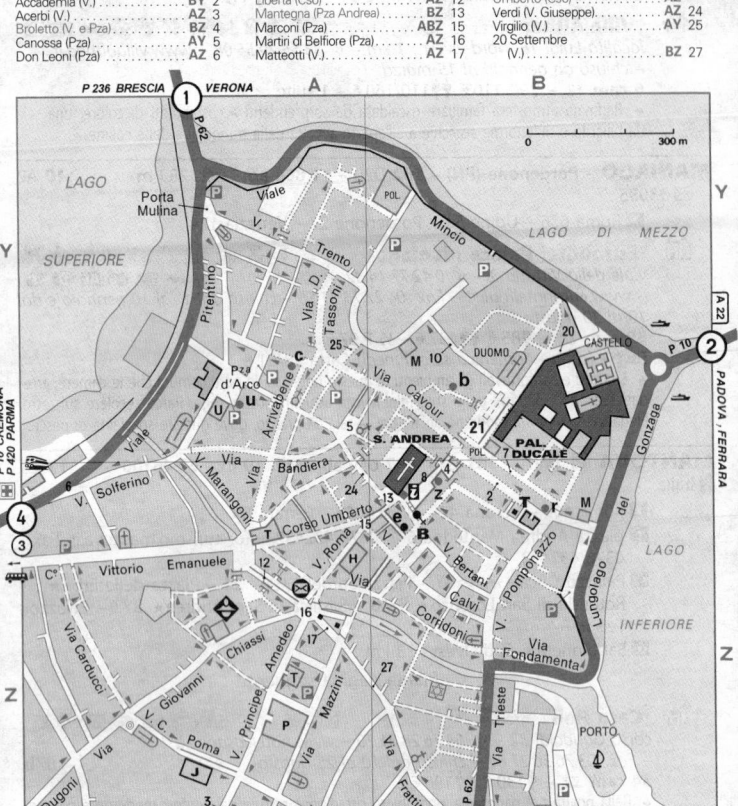

XX Il Cigno Trattoria dei Martini   &. AK ⇔ VISA ⓐⓄ AE ① ⑤

piazza Carlo d'Arco 1 – ℰ 03 76 32 71 01 – Fax 03 76 32 85 28 – chiuso dal 31 dicembre al 5 gennaio, agosto, lunedì, martedì   **AYu**

Rist – Carta 49/65 €

◆ Lunga tradizione familiare, in una casa del Cinquecento, ovviamente classica, ma magicamente accogliente. Le proposte partono dal territorio per arrivare in tavola.

XX Acqua Pazza   斦 VISA ⓐⓄ AE ① ⑤

Viale Monsignore Martini 1, 1 km per ④ – ℰ 03 76 22 08 91 – chiuso 10 giorni in agosto e giovedì

Rist – Carta 36/51 €

◆ Pavimenti chiari e soffitto in legno, che risalta sulle pareti dai colori caldi, tavoli spaziosi e vari complementi d'arredo concorrono a creare un ambiente piacevole e di buon gusto. L'insegna da un *incipit* sulla cucina: squisitamente di mare. Un locale da tenere in considerazione.

Un esercizio evidenziato in rosso focalizza il fascino della struttura 🏠 XX.

X **Fragoletta** AC ⇔ VISA ⑳ AE ① ⑤
piazza Arche 5/a – ℰ 03 76 32 33 00 – www.fragoletta.it – Fax 03 76 32 33 00
– chiuso lunedì BZr
Rist – Carta 24/31 € ⊛

♦ In un angolo del centro, due sale vivaci e colorate nelle quali vengono proposte le specialità della cucina locale, talvolta rielaborate con gusto; notevole assortimento di formaggi accompagnati dall'immancabile mostarda.

X **Cento Rampini** ⚏ ⅗ VISA ⑳ AE ① ⑤
piazza delle Erbe 11 – ℰ 03 76 36 63 49 – Fax 03 76 32 19 24 – chiuso domenica
sera, lunedì BZz
Rist – Carta 34/44 €

♦ Uno dei locali storici della città, in splendida posizione centrale: fortunatamente non ha ceduto alle lusinghe della moda rustico-chic. Cucina tradizionalmente "ortodossa".

X **L'Ochina Bianca** AC ⅗ ⇔ VISA ⑳ AE ① ⑤
via Finzi 2 – ℰ 03 76 32 37 00 – www.ochinabianca.it – Fax 03 76 32 70 77
– chiuso dal 1° al 24 agosto AYc
Rist – *(chiuso lunedì, da novembre a febbraio anche domenica sera)* (consigliata la prenotazione la sera) Menu 35/40 € – Carta 33/49 €

♦ Un piccolo ristorante dal côté bistrot: due salette ed un piccolo privé - decorati con foto, quadri e ricordi di viaggio - accolgono una cucina di chiara ispirazione mantovana con qualche piatto di pesce. Il fritto di mare e verdure, tra le specialità della casa.

a Porto Mantovano per ① : 3 km – ⊠ 46047

🏠 **Abacus** senza rist ⚏ ⅗ AC ↯ (⁹) ⅗ P VISA ⑳ AE ⑤
strada Martorelli 92/94 – ℰ 03 76 39 91 42 – www.hotelabacus.net
– Fax 03 76 44 20 21 – chiuso dal 24 dicembre al 1° gennaio e 15 giorni in
agosto
30 cam ⌿ – �62/156 € ♦♦96/235 €

♦ Un hotel capace di coniugare la tranquillità tipica di una zona residenziale, con la vicinanza a strutture produttive e industriali, molto apprezzata dalla clientela d'affari.

a Cerese di Virgilio per ③ : 4 km : – ⊠ 46030

XX **Corte Bertoldo Antica Locanda** ⅗ AC ⅗ P VISA ⑳ AE ① ⑤
strada statale Cisa 116 – ℰ 03 76 44 80 03 – www.cortebertoldo.it
– Fax 03 76 44 80 03 – chiuso dal 1° al 15 gennaio, dal 10 al 25 agosto,
domenica sera e lunedì, anche domenica a mezzogiorno negli altri mesi
Rist – Carta 31/43 € ⊛

♦ Appassionata gestione con pregevoli e fantasiosi risultati. Atmosfera di calda modernità nella bella sala, cucina prevalentemente di carne e con cotture alla brace.

a Pietole di Virgilio per ③ : 7 km – ⊠ 46030

🏠 **Paradiso** senza rist ⅖ ⇙ ⅗ P VISA ⑳ AE ⑤
via Piloni 13 – ℰ 03 76 44 07 00 – www.albergodelparadiso.com
– Fax 03 76 44 92 53 – chiuso dal 20 dicembre al 2 gennaio
16 cam ⌿ – ♦48/55 € ♦♦80/85 €

♦ Inaspettata e semplice risorsa ricavata da una bella villetta familiare in posizione defilata e tranquilla. Camere carine e spaziose, soprattutto quelle della dépendance.

MARANELLO – Modena (MO) – **562** I14 – 16 621 ab. – alt. 137 m 8 B2
– ⊠ 41053

▶ Roma 411 – Bologna 53 – Firenze 137 – Milano 179

🏠 **Villaggio Maranello** ⅙ (⁹) P ⌂ VISA ⑳ AE ① ⑤
viale Terra delle Rosse 12 – ℰ 05 36 07 33 00 – www.maranellovillage.com
– Fax 05 36 07 33 01
58 cam ⌿ – ♦75/95 € ♦♦90/105 €
Rist Paddock – vedere selezione ristoranti

♦ Un originale complesso dedicato al mito del cavallino. Il colore rosso s'impone all'esterno e negli ambienti interni. Alti standard di qualità e servizi nel rispetto della tradizione rurale del luogo.

Planet Hotel senza rist   📶 ⛔ 🅰️🅲 ⇌ 💥 ⁽ᵗ⁾ 🚗 VISA ⓸ AE ⓘ ⑤
via Verga 22 – ℰ 05 36 94 67 82 – www.planethotel.org – Fax 05 36 93 25 04
– chiuso dal 24 dicembre al 3 gennaio e dal 7 al 22 agosto
25 cam ☞ – †97/122 € ††140/165 €
♦ La hall è un omaggio alla scuderia del cavallino, mentre dalle terrazze di questo piccolo e semplice hotel è possibile sentire il rombo dei motori della Rossa.

Domus senza rist   📶 🅰️🅲 ⇌ ⁽ᵗ⁾ VISA ⓸ AE ⓘ ⑤
piazza Libertà 38 – ℰ 05 36 94 10 71 – www.hoteldomus.it – Fax 05 36 94 23 43
50 cam ☞ – †52/78 € ††80/110 €
♦ Proprio accanto al municipio, annovera camere di differenti tipologie e curati spazi comuni di modeste dimensioni. Sono in corso importanti interventi di rinnovamento.

Paddock – Hotel Villaggio Maranello   💥 ⇔ VISA ⓸ AE ⑤
via Terre della Rossa 1 – ℰ 05 36 07 33 07 – Fax 05 36 07 33 07 – chiuso
23 dicembre al 7 gennaio, dal 7 al 28 agosto, domenica sera, lunedì
Rist – Carta 40/45 €
♦ Spenti i roboanti motori, sosta al Paddock per gustare la vera cucina emiliana con spunti moderni. La cantina conquista con una selezione di oltre 150 etichette di vini pregiati, italiani ed internazionali.

William   🅰️🅲 VISA ⓸ AE ⓘ ⑤
via Flavio Gioia 1 – ℰ 05 36 94 10 27 – www.ristorantewilliam.com
– Fax 05 36 93 20 03 – chiuso dal 1° all'8 gennaio, dal 4 al 28 agosto, domenica
sera, lunedì
Rist – Carta 30/70 €
♦ Nato agli inizi degli anni Settanta, sono ancor oggi caratteristiche le sue finestre rotonde ed i separè circolari. Dalla cucina arrivano ogni giorno freschi piatti di pesce.

sulla strada statale 12 - Nuova Estense Sud-Est : 4 km :

Locanda del Mulino senza rist   📶 ⛔ 🅰️🅲 ⁽ᵗ⁾ P VISA ⓸ AE ⓘ ⑤
via Nuova Estense 3430 ⊠ 41053 Maranello – ℰ 05 36 94 41 75
– www.locandadelmulino.com – Fax 05 36 94 68 79
17 cam ☞ – †53/70 € ††70/85 €
♦ Caratteristica struttura di gusto rustico con massicce travi in quercia, ricavata all'interno di un antico mulino. Singolare l'unica stanza con terrazzino affacciata sulla ruota ad acqua.

La Locanda del Mulino   🍴 🅰️🅲 P VISA ⓸ AE ⑤
via Nuova Estense 3430 ⊠ 41053 – ℰ 05 36 94 88 95
– www.lalocandadelmulino.com – Fax 05 36 94 68 79 – chiuso sabato a
mezzogiorno e mercoledì
Rist – Carta 21/41 €
♦ Simpatico locale dai sapori emiliani rivisitati, dalle cui vetrate è ancora possibile vedere parti del vecchio mulino che lo ospita. Piacevole il dehors estivo immerso nel verde.

MARANO LAGUNARE – Udine (UD) – **562** E21 – 1 997 ab.   **11** C3
– ⊠ 33050
  🄳 Roma 626 – Udine 43 – Gorizia 51 – Latisana 21

Alla Laguna-Vedova Raddi   🍴 🅰️🅲 💥 ⇔ VISA ⓸ AE ⓘ ⑤
piazza Garibaldi 1 – ℰ 04 31 67 01 9 – Fax 04 31 64 09 21 – chiuso 15 giorni in
novembre e lunedì
Rist – Carta 32/54 €
♦ Situato sul porto - di fronte al mercato ittico - il ristorante valorizza in preparazioni semplici, ma gustose, i prodotti del mare. Luminosa la sala, con qualche squarcio nella pietra antica dei muri.

MARANZA = **MERANSEN** – Bolzano – **562** B16 – **Vedere Rio di Pusteria**

MARATEA – Potenza (PZ) – **564** H29 – 5 242 ab. – alt. 311 m – ⊠ 85046   **3** B3
▮ Italia
  🄳 Roma 423 – Potenza 147 – Castrovillari 88 – Napoli 217
  🄸 piazza del Gesù 32 ⊠ 85040 Fiumicello di Santa Venere ℰ 0973 876908,
  maratea@aptbasilicata.it, Fax 0973 877454
  ◎ Località ★★ – ✵★★ dalla basilica di San Biagio

La Locanda delle Donne Monache   🛋 🍴 ⅃ 🎧 ℅ 📶 🔊 🏊 P
via Carlo Mazzei 4 – ℰ 09 73 87 61 39   VISA ⓪⓪ AE ⓪ 💰
– *www.locandamonache.com* – *Fax 09 73 87 62 03* – *15 aprile-15 ottobre*
22 cam ⌑ – ✝110/160 € ✝✝160/280 € – 5 suites – ½ P 125/185 €
Rist *Il Sacello* – Carta 42/49 €
◆ Nella parte alta della località, in un ex convento del XVIII secolo, camere con piccole personalizzazioni, alcune con un ampio terrazzo privato. Grazioso ristorante con proposte mediterranee rivisitate.

a Fiumicello di Santa Venere Ovest : 5 km – ⊠ 85046

Santavenere ⌑   ← 🗘 🍴 ⅃ 🌐 🎧 ♨ 🏊 ✕ 🚶 AC 📶 rist. 🛁 P
via Santavenere snc – ℰ 09 73 87 69 10   VISA ⓪⓪ AE ⓪ 💰
– *www.santavenerehotel.eu* – *Fax 09 73 87 76 54* – *aprile-ottobre*
30 cam ⌑ – ✝✝280/660 € – 7 suites – ½ P 220/410 €   **Rist** – Carta 50/80 €
◆ In posizione ineguagliabile, all'interno di un parco con pineta affacciato sulla scogliera. Camere con pavimenti in ceramica di Vietri, finestre come quadri aperti sul mare. Si mangia fra cielo e mare, sospesi nella semplice magia del panorama.

Villa delle Meraviglie senza rist ⌑   ← 🗘 ⅃ 🛁 AC P
località Ogliastro, Nord : 1,5 km – ℰ 09 73 87 78 16   VISA ⓪⓪ AE ⓪ 💰
– *www.hotelvilladellemeraviglie.it* – *Fax 09 73 87 79 49* – *aprile-15 ottobre*
16 cam ⌑ – ✝60/98 € ✝✝65/200 €
◆ Costruzione affacciata sulla costa e circondata da un parco privato con piscina. Accesso diretto al mare, camere sobrie e, in gran parte, dotate di patio o terrazzo.

Zà Mariuccia   ← 🍴 VISA ⓪⓪ AE ⓪ 💰
via Grotte 2, al porto – ℰ 09 73 87 61 63 – *marzo-novembre; chiuso giovedì (escluso agosto)*
Rist – *(chiuso a mezzogiorno da giugno ad agosto)* Carta 34/60 €
◆ Piccolo e caratteristico ristorante, in grado di coniugare felicemente il pesce sempre fresco, al piacere dell'ambientazione, una piccola terrazza affacciata sul porto.

ad Acquafredda Nord-Ovest : 10 km – ⊠ 85046

Villa Cheta Elite   ← 🛋 🍴 🚶 AC cam, ✕ rist. 📶 P
via Timpone 46, Sud : 1,5 km – ℰ 09 73 87 81 34   VISA ⓪⓪ AE ⓪ 💰
– *www.villacheta.it* – *Fax 09 73 87 81 35* – *9 aprile-5 novembre*
23 cam ⌑ – ✝✝140/264 € – ½ P 135/161 €   **Rist** – Carta 43/56 % (+10 %)
◆ Pregevole villa liberty d'inizio secolo, dove vivere una dolce atmosfera vagamente retrò. O dove assaporare la fragranza delicata delle meravigliose terrazze fiorite. Sala sobria ma elegante e servizio ristorante estivo nell'incantevole giardino.

MARCELLI – Ancona – **563** L22 – Vedere Numana

MARCELLISE – Verona – **562** F15 – Vedere San Martino Buon Albergo

MARCIAGA – Verona – Vedere Costermano

MARCIANA e MARCIANA MARINA – Livorno – **563** N12 – Vedere Elba (Isola d')

MARCIANO DELLA CHIANA – Arezzo (AR) – **563** M17 – **3 210 ab.**   **29** C2
– alt. 380 m – ⊠ 52047

▶ Roma 202 – Siena 53 – Arezzo 26 – Firenze 85

a Badicorte Nord : 3 km – ⊠ 52047 Marciano Della Chiana

Agriturismo il Querciolo senza rist ⌑   ← 🛋 ⅃ 🛁 P
via Bosco Salviati 5 – ℰ 33 98 63 99 09   VISA AE ⓪ 💰
– *www.ilquerciolobadicorte.com* – *Fax 05 75 84 50 00* – *chiuso gennaio-febbraio*
4 cam – ✝70/90 € ✝✝100/130 €, ⌑ 10 € – 6 suites – ✝✝140/350 €
◆ Le origini di questa casa colonica risalgono al '200, ma l'attuale "versione" al XIX secolo: le camere sono un'affascinante carrellata di originali arredi dal 1850 al Liberty.

MARCON – Venezia (VE) – **562** F18 – **14 327 ab.** – ⊠ 30020   **35** A2

▶ Roma 522 – Venezia 22 – Padova 46 – Treviso 16

🏠 **Antony Palace Hotel**   ⋒ 🛏 🖨 🕭 📶 🛠 rist, 🕾 ♨ 🅿 🚗
via Mattei 26 – 𝒞 04 15 96 23 01   🗺 ⓪ 🖭 ① 🍴
– www.sogedinhotels.it – Fax 04 15 96 23 11
146 cam 🖵 – ♦80/260 € ♦♦110/260 € – 1 suite – ½ P 70/155 €
Rist – Carta 28/54 €
♦ Pensato per clientela business o come punto di partenza per piu escursioni, hotel di moderna concezione con ampi spazi attrezzati all'insegna delle ultime tecnologie. Sobrio il ristorante, in open space, con proposte sia di mare che di terra.

MARCONIA – Matera (MT) – **Vedere Pisticci**

MARGNO – Lecco (LC) – **561** D10 – **375 ab.** – **alt. 730 m** – Sport   **16** B2
invernali : a Pian delle Betulle : 1 500/1 800 m ≰1 ≰4, ≮ – ⊠ 23832

▶ Roma 650 – Como 59 – Sondrio 63 – Lecco 30

a Pian delle Betulle Est : 5 mn di funivia – alt. 1 503 m

🏠 **Baitock** ⚐   ≪ 🚗 🗺 ⓪ ① 🍴
via Sciatori 8 ⊠ 23832 – 𝒞 03 41 80 30 42 – www.baitock.it
– Fax 03 41 80 30 35 – dicembre-marzo e luglio-agosto
11 cam 🖵 – ♦45/60 € ♦♦60/80 € – ½ P 50/70 €
Rist – (prenotazione obbligatoria) Carta 24/44 €
♦ Ci si arriva a piedi o in funivia: di sicuro la vostra visuale sul paesaggio non verrà deturpata da automobili e parcheggi. Per un contatto vero con i monti lecchesi. Al ristorante sapori delle tradizioni locali: salumi, formaggi, selvaggina, frutti di bosco.

MARIANO COMENSE – Como (CO) – **561** E9 – **23 043 ab.**   **18** B1
– alt. 250 m – ⊠ 22066

▶ Roma 619 – Como 17 – Bergamo 54 – Lecco 32

XXX **La Rimessa**   🍴 📶 ⇔ 🅿 🗺 ⓪ 🖭 ① 🍴
via Cardinal Ferrari 13/bis – 𝒞 0 31 74 96 68 – www.larimessa.it
– Fax 0 31 74 33 61 – chiuso dal 2 al 10 gennaio, agosto, domenica sera e lunedì
Rist – Menu 40 € (bevande comprese)/55 € – Carta 37/61 € 𝄞
♦ In una villa di fine '800, all'interno della ex rimessa per le carrozze, un caratteristico ristorante con una ulteriore, intima saletta, ricavata nel fienile soppalcato.

MARIANO DEL FRIULI – Gorizia (GO) – **562** E22 – **1 576 ab.**   **11** C2
– alt. 34 m – ⊠ 34070

▶ Roma 645 – Udine 27 – Gorizia 19 – Trieste 40

a Corona Est : 1,7 km – ⊠ 34070

X **Al Piave**   🕭 📶 🗺 ⓪ 🖭 🍴
via Cormons 6 – 𝒞 0 48 16 90 03 – Fax 0 48 16 93 40 – chiuso martedì
Rist – Carta 23/36 €
♦ Curata e accogliente trattoria a gestione familiare che si articola in due gradevoli sale con camino: dalla cucina vengono presentati piatti del territorio elaborati con fantasia.

MARIGLIANO – Napoli (NA) – **564** E25 – **30 410 ab.** – ⊠ 80034   **6** B2

▶ Roma 227 – Napoli 24 – Salerno 55 – Giugliano in Campania 32

🏠 **Casal dell'Angelo** senza rist   🕭 📶 🛠 ♨ 🅿 🗺 ⓪ 🖭 ① 🍴
via Variante 7 bis km 40,400 – 𝒞 08 18 41 24 71 – www.casaldellangelo.it
– Fax 08 18 41 56 09
36 cam 🖵 – ♦70/105 € ♦♦80/120 €
♦ In comoda posizione per chi si muove per piacere come per chi viaggia per lavoro, l'antico casolare, recentemente ristrutturato, ospita ambienti dalla rustica atmosfera e piacevoli oasi nel verde.

MARINA DEL CANTONE – Napoli – **564** F25 – **Vedere Massa Lubrense**

MARINA DELLA LOBRA – Napoli – **Vedere Massa Lubrense**

MARINA DI ARBUS – Medio Campidano (106) – **366** L46 – **Vedere Sardegna**
alla fine dell'elenco alfabetico

MARINA DI ASCEA – Salerno (SA) – **564** G27 – ⊠ 84058   **7** C3

> ◘ Roma 348 – Potenza 151 – Napoli 145 – Salerno 90

⌂ **Iscairia**   🚗 🏠 🕭 cam, ♣♣ 🕅 cam, ᵞᵧ **P** ⅦⅤ ⑩ ᴬᴱ ⑪ ᶠᵢ
località Velia – 𝒞 *09 74 97 22 41* – *www.iscairia.it* – *Fax 09 74 97 23 72*
11 cam ⌷ – ♦48/63 € ♦♦70/90 €
Rist – *(chiuso a mezzogiorno)* Menu 35/45 €

◆ Risorsa piuttosto grande, con un discreto numero di camere, situata nell'azienda degli stessi proprietari. Camere spaziose e personalizzate, piacevole giardino. Dalla cucina, la tradizione del Cilento, pane e dolci fatti in casa.

MARINA DI BIBBONA – Livorno – **563** M13 – Vedere Bibbona (Marina di)

MARINA DI CAMEROTA – Salerno (SA) – **564** G28 – ⊠ 84059   **7** D3

> ◘ Roma 385 – Potenza 148 – Napoli 179 – Salerno 128

🏠 **Delfino**   ♣♣ 🕅 rist, **P** ⅦⅤ ⑩ ᴬᴱ ⑪ ᶠᵢ
⊝ *via Bolivar 45* – 𝒞 *09 74 93 22 39* – *www.albergo-delfino.com* – *Fax 09 74 93 29 79*
22 cam ⌷ – ♦♦60/100 € – ½ P 75 €
Rist – *(aprile-ottobre) (solo per alloggiati)* Menu 20/25 €

◆ A piano terra ci sono la piccola hall, il bar e la sala ristorante riservata agli ospiti dell'albergo. Le stanze, semplici e accoglienti, sono ai tre piani superiori.

✕ **Da Pepè** con cam   🚗 🏠 🎿 🕅 cam, 🕅 rist, **P** ⅦⅤ ⑩ ᴬᴱ ⑪ ᶠᵢ
⊝ *via Nazionale 41* – 𝒞 *09 74 93 24 61* – *www.villaggiodapepe.it*
– *Fax 09 74 93 96 70* – *maggio-settembre*
34 cam ⌷ – ♦40/50 € ♦♦70/80 € – ½ P 65/85 €   **Rist** – Carta 33/62 €

◆ Lungo la strada che conduce a Palinuro, ricavato in un edificio circondato da un uliveto, in cui trovano posto anche alcune camere-bungalow. Specialità di pesce.

✕ **Del Porto**   ⇔ ⅦⅤ ⑩ ⑪ ᶠᵢ
⊝ *lungomare Trieste 43/45* – 𝒞 *09 74 37 96 97* – *Fax 09 74 93 11 04* – *chiuso dal 15 gennaio al 15 febbraio e martedì escluso da giugno a settembre*
Rist – Carta 21/43 €

◆ In stile marinaro, fronte porto, piccolo locale con simpatico dehors. Gestito da tre fratelli, presenta un menù essenzialmente a base di pesce con piatti schietti e saporiti.

MARINA DI CAMPO – Livorno – **563** N12 – Vedere Elba (Isola d')

MARINA DI CAPOLIVERI – Livorno – Vedere Elba (Isola d') : Capoliveri

MARINA DI CASAL VELINO – Salerno (SA) – **564** G27 – 100 ab.   **7** C3
– ⊠ 84050

> ◘ Roma 349 – Potenza 136 – Napoli 138 – Salerno 87

🏨 **Stella Maris**   🎿 🕅 🕅 ᵞᵧ **P** ⅦⅤ ⑩ ᴬᴱ ⑪ ᶠᵢ
⊝ *via Velia 156* – 𝒞 *09 74 90 70 40* – *www.hotel-stella-maris.com* – *Fax 09 74 90 77 23*
30 cam ⌷ – ♦55/120 € ♦♦82/180 € – ½ P 105/120 €
Rist – *(solo per alloggiati)* Menu 20/50 €

◆ Albergo recentemente ristrutturato, presenta arredi curati nelle parti comuni e camere luminose e confortevoli. In comoda posizione, a breve distanza dal mare.

MARINA DI CASTAGNETO CARDUCCI – Livorno – **563** M13 – Vedere
Castagneto Carducci

MARINA DI CECINA – Livorno – **563** M13 – Vedere Cecina (Marina di)

MARINA DI GIOIOSA IONICA – Reggio di Calabria (RC) – **564** M30   **5** B3
– 6 521 ab. – ⊠ 89046

> ◘ Roma 639 – Reggio di Calabria 108 – Catanzaro 93 – Crotone 148

✕✕ **Gambero Rosso**   🕅 ⇔ **P** ⅦⅤ ⑩ ᴬᴱ ⑪ ᶠᵢ
⊝ *via Montezemolo 65* – 𝒞 *09 64 41 58 06* – *www.gamberorosso.rc.it*
– *Fax 09 64 36 88 21* – *chiuso gennaio o novembre e lunedì*
Rist – Carta 25/55 € 🏵

◆ Ristorante d'impostazione assolutamente classica, situato lungo la via principale della località, propone una valida cucina basata su freschi e appetitosi prodotti ittici.

MARINA DI GROSSETO – Grosseto – 563 N14 – Vedere Grosseto (Marina di)

MARINA DI LEUCA – Lecce (LE) – 564 H37 – ⊠ 73040   27 D3

▶ Roma 676 – Brindisi 109 – Bari 219 – Gallipoli 48

🏠 **L'Approdo**   ⪦ 🚗 🏠 ⤢ 🛗 🗚 🐾 **P** 🆅🆂🅰 ⑳ 🆎 ⚡
via Panoramica – 𝒞 08 33 75 85 48 – www.hotelapprodo.com
– Fax 08 33 75 85 99
54 cam ⌐ – †70/180 € ††80/280 € – ½ P 65/165 €
Rist – *(Pasqua-ottobre)* Carta 29/37 €
◆ Poco distante dal lungomare, l'hotel dalla caratteristica facciata nivea offre un comodo parcheggio, un'invitante piscina, luminose sale curate negli arredi e una boutique. Proposte di pesce presso l'ampia sala ristorante o sulla veranda panoramica con vista sul mare.

🏠 **Terminal**   ⪦ 🛗 ⚫ �&. cam, 🛗 🗚 rist, 🐾 🆅🆂🅰 ⑳ 🆎 ⓪ ⚡
lungomare Colombo 59 – 𝒞 08 33 75 82 42 – www.attiliocaroli.it
– Fax 08 33 75 82 46
50 cam ⌐ – †110 € ††145 € – ½ P 110 €
Rist – *(aprile-ottobre)* Carta 30/35 €
◆ Sul lungomare, un albergo dagli spazi luminosi caratterizzati da sobri arredi e camere in legno chiaro ciascuna dedicata ad un monumento della penisola salentina. Nella suggestiva sala ristorante è il pesce a dominare la tavola, accanto ad ortaggi, frutta, vini ed olii tipici della zona.

MARINA DI MARATEA – Potenza – 564 H29 – Vedere Maratea

MARINA DI MASSA – Massa Carrara – 563 J12 – Vedere Massa (Marina di)
📗 Toscana

MARINA DI NOCERA TERINESE – Catanzaro (CZ) – 564 J30   5 A2
– ⊠ 88047

▶ Roma 537 – Cosenza 63 – Catanzaro 67 – Reggio di Calabria 159

sulla strada statale 18 Nord : 3 km :

🍴🍴 **L'Aragosta**   🏠 🛗 **P** 🆅🆂🅰 ⑳ 🆎 ⓪ ⚡
villaggio del Golfo ⊠ 88040 – 𝒞 0 96 89 33 85 – www.ristorantelaragosta.com
– Fax 09 68 93 89 75 – chiuso dal 15 al 30 ottobre e lunedì (escluso luglio-agosto)
Rist – Carta 37/70 €
◆ Un'unica sala classica preceduta all'ingresso da un ampio banco con esposto il pesce fresco di giornata; ideale per gustare piatti fragranti.

MARINA DI PIETRASANTA – Lucca – 563 K12 – Vedere Pietrasanta (Marina di) 📗 Toscana

MARINA DI PISA – Pisa – 563 K12 – Vedere Pisa (Marina di) 📗 Toscana

MARINA DI PULSANO – Taranto – Vedere Pulsano

MARINA DI RAGUSA – Ragusa – 365 AW63 – Vedere Sicilia (Ragusa, Marina di)
alla fine dell'elenco alfabetico

MARINA DI SAN SALVO – Chieti – 563 P26 – Vedere San Salvo

MARINA DI SAN VITO – Chieti (CH) – 563 P25 – ⊠ 66035   2 C2

▶ Roma 234 – Pescara 30 – Chieti 43 – Foggia 154

🏠 **Garden**   ⪦ 🚗 🛗 ⚫ 🏊 rist, 🛗 🐾 **P** 🆅🆂🅰 ⑳ 🆎 ⓪ ⚡
♾ contrada Portelle 77 – 𝒞 0 87 26 11 64 – www.hotelgarden.abruzzo.it
– Fax 08 72 61 89 08 – chiuso Natale
49 cam ⌐ – †50/80 € ††75/120 € – ½ P 75/85 €
Rist – *(chiuso a mezzogiorno)* Carta 20/30 €
◆ Lungo la Statale Adriatica, appena fuori dal centro, albergo con ottime attrezzature sia per la clientela turistica, che per chi viaggia per lavoro. A due passi dal mare. Ristorante distribuito in due ampie sale.

Sharing the nature of infinity

Route du Fort-de-Brégançon - 83250 La Londe-les-Maures - Tél. 33 (0)4 94 01 53 53
Fax 33 (0)4 94 01 53 54 - domaines-ott.com - ott.particuliers@domaines-ott.com

La Guida **MICHELIN**
Una collana da gustare!

Belgique & Luxembourg
Deutschland
España & Portugal
France
Great Britain & Ireland
Italia
Nederland
Portugal
Suisse-Schweiz-Svizzera
Main Cities of Europe

Ed anche:

Hong Kong Macau
Kyoto Osaka
London
New York City
Paris
San Francisco
Tokyo

%% **L'Angolino da Filippo** 🅰🅲 ⅍ ⇔ 🆅🆂🅰 ⓪⓪ 🅰🅴 🅾 ⓼
via Sangritana 1 – ☎ 08 72 61 63 2 – www.langolinodafilippo.com
– Fax 0 87 26 14 42 – chiuso lunedì
Rist – Carta 33/55 €
♦ L'ambiente è rustico-elegante, la tavola curata, la cucina marinaresca improntata sulla freschezza dei prodotti. A pochi metri dal mare, affacciato sul molo.

MARINA DI VASTO – Chieti – **563** P26 – Vedere Vasto (Marina di)

MARINA EQUA – Napoli – Vedere Vico Equense

MARINA GRANDE – Napoli – **564** F24 – Vedere Capri (Isola di)

MARINA VELCA – Viterbo – **563** P17 – Vedere Tarquinia

MARLENGO (MARLING) – Bolzano (BZ) – **562** C15 – **2 419 ab.** **30** B2
– alt. 363 m – ✉ 39020

▶ Roma 668 – Bolzano 31 – Merano 3 – Milano 329
🅱 piazza Chiesa 5 ☎ 0473 447147, mail@marling.info, Fax 0473 221775

Pianta : vedere Merano

🏠 **Oberwirt** 🏡 🔲 🔳 ⓼⓼ 🚿 *ʆ₅* 🛗 ⅍ ⓽ 📲 ⇔ 🆅🆂🅰 ⓪⓪ 🅰🅴 🅾 ⓼
vicolo San Felice 2 – ☎ 04 73 22 20 20 – www.oberwirt.com – Fax 04 73 44 71 30
– 21 marzo-14 novembre **An**
32 cam ⌂ – ♦90/190 € ♦♦180/260 € – **22 suites** – ♦♦200/500 €
– ½ P 120/160 €
Rist – Carta 36/59 € 錦
♦ Nel centro del paese, due edifici congiunti da un passaggio sotterraneo con begli arredi in legno. Cinquecento anni di vita: tradizione elegante, ma anche confort moderni. Apprezzabilissimo servizio ristorante estivo in giardino.

🏠 **Jagdhof** 🌐 ≤ 🚗 🏡 🔲 🔳 ⓼⓼ 🚿 *ʆ₅* ⅍ 🛗 ⁂ 🅰🅲 rist, ⓽ 📲
via San Felice 18 – ☎ 04 73 44 71 77 – www.jagdhof.it 🆅🆂🅰 ⓪⓪ ⓼
– Fax 04 73 44 54 04 – marzo-novembre **Am**
36 cam – solo ½ P 87/142 € **Rist** – (solo per alloggiati)
♦ Nuova veste moderna per questo hotel proprio sopra l'ippodromo di Merano, completamente circondata dal bosco e abbellita da un giardino con piscina. Arredata con eleganza.

🏠 **Marlena** 🌐 ≤ 🚗 🏡 🔲 🔳 ⓼⓼ 🚿 *ʆ₅* ⅍ 🛗 ⅚ cam, ⁂ 🅰🅲 rist, ⅍
via Tramontana 6 – ☎ 04 73 22 22 66 ⅍ rist, ⓽ 📲 ⇔ 🆅🆂🅰 ⓪⓪ ⓼
– www.marlena.it – Fax 04 73 44 74 41 – marzo-novembre **Ak**
43 cam ⌂ – ♦85/128 € ♦♦148/228 € – ½ P 94/132 €
Rist – (solo per alloggiati) Carta 29/50 €
♦ Struttura dall'architettura innovativa, in linea con il moderno design degli interni. Ovviamente il confort non ne risente per nulla, anzi acquista un sapore contemporaneo.

MARLIA – Lucca – **563** K13 – Vedere Lucca

MARLING = Marlengo

MARMOLADA (Massiccio della) – Belluno e Trento ▮ Italia

MARONTI – Napoli – **564** E23 – Vedere Ischia (Isola d') : Barano

---

MAROSTICA – Vicenza (VI) – **562** E16 – **13 609 ab.** – alt. 105 m **35** B2
– ✉ 36063 ▮ Italia

▶ Roma 550 – Padova 60 – Belluno 87 – Milano 243
◉ Piazza Castello★

Valle San Floriano Nord : 3 km – alt. 127 m – ✉ 36063

XX **La Rosina** con cam ⬧ ← AK ⚹ ⦿ ⅏ P VISA ⦿ AE ① ⬧
😊 *via Marchetti 4, Nord : 2 km –* ℰ *04 24 47 03 60 – www.larosina.it*
– Fax 04 24 47 02 90
12 cam ⬚ – ♦60/70 € ♦♦90/100 € **Rist** – *(chiuso martedì)* Carta 29/39 €
♦ L'insegna ricorda la capostipite della famiglia, che negli anni della prima guerra mondiale
iniziò ad offrire vino e un piatto di minestra ai soldati. Oggi è un elegante ristorante, con un
monumentale camino. Affacciatevi ai balconi delle stanze: sarà il riposante verde dei colli tut-
t'intorno a cullare il vostro riposo.

MAROTTA – Pesaro e Urbino (PU) – 563 K21 – ✉ 61032 21 C1

▶ Roma 305 – Ancona 38 – Perugia 125 – Pesaro 25

🛈 (luglio-agosto) piazzale della Stazione ℰ 0721 96591, iat.marotta@
regione.marche.it, Fax 0721 96591

🏨 **Imperial** ← ⬧ ⎓ ⌷ 🎿 AK ⚹ ⦿ P VISA ⦿ AE ① ⬧
lungomare Faà di Bruno 119 – ℰ *07 21 96 94 45 – www.hotel-imperial.it*
– Fax 07 21 96 66 17 – aprile-ottobre
42 cam – ♦45/70 € ♦♦70/120 €, ⬚ 8 € – ½ P 81 €
Rist – *(solo per alloggiati)* Menu 24/28 €
♦ Hotel completo di buoni confort, spazi generosi nelle parti comuni e camere di fattura
moderna. Bel giardino attorno alla piscina.

🏠 **Caravel** ← ⬧ 🎿 AK ⚹ P VISA ⦿ AE ⬧
😊 *lungomare Faà di Bruno 135 –* ℰ *0 72 19 66 70 – www.hotel-caravel.it*
– Fax 07 21 96 84 34 – aprile-settembre
32 cam ⬚ – ♦50/55 € ♦♦90/100 € – ½ P 60/75 € **Rist** – Menu 18/25 €
♦ Albergo di mare, a pochi passi dalla spiaggia, dall'atmosfera rilassata ed informale. Il bar e
la hall sono a piano terra, ai piani superiori camere semplici e accoglienti.

MARRADI – Firenze (FI) – 563 J16 – 3 365 ab. – alt. 328 m – ✉ 50034 29 C1

▶ Roma 332 – Firenze 58 – Bologna 85 – Faenza 36

X **Il Camino** VISA ⦿ AE ⬧
😊 *viale Baccarini 38 –* ℰ *05 58 04 50 69 – www.ristoranteilcamino.net*
– Fax 05 58 04 50 69 – chiuso dal 25 agosto al 10 settembre e mercoledì
Rist – Carta 24/35 €
♦ Fragrante e casereccia, la cucina si ispira alla tradizione culinaria del territorio, la pasta
fatta in casa è il biglietto da visita di questa trattoria dalla vivace atmosfera familiare.

MARSALA – Trapani – 365 AJ57 – Vedere Sicilia alla fine dell'elenco alfabetico

---

MARTA – Viterbo (VT) – 563 O17 – 3 564 ab. – alt. 315 m – ✉ 01010 12 A1

▶ Roma 118 – Viterbo 21 – Grosseto 113 – Siena 127

X **Da Gino al Miralago** ← ⌂ AK ⚹ VISA ⦿ ⬧
viale Marconi 58 – ℰ *07 61 87 09 10 – Fax 07 61 87 09 10 – chiuso martedì*
escluso agosto
Rist – Carta 24/44 €
♦ L'accogliente veranda è un impareggiabile belvedere sull'antistante lago di Bolsena! In
cucina le specialità non possono essere che di pesce, d'acqua dolce e di mare.

MARTANO – Lecce (LE) – 564 G36 – 9 583 ab. – alt. 91 m – ✉ 73025 27 D3

▶ Roma 588 – Brindisi 63 – Lecce 26 – Maglie 16

XX **La Lanterna** con cam ⌂ AK VISA ⦿ AE ① ⬧
😊 *via Ofanto 53 –* ℰ *08 36 57 14 41 – www.lalanternamartano.com*
– Fax 08 36 57 14 41 – chiuso dal 10 al 20 settembre e mercoledì escluso agosto
6 cam ⬚ – ♦30/40 € ♦♦50/80 € – ½ P 45/58 € **Rist** – Carta 20/27 €
♦ Vicino alla piazza dove si svolge il mercato, un locale classico a gestione familiare dove
gustare piatti del territorio. La sera anche pizzeria. Recentemente sono state aggiunte camere
funzionali dagli arredi lignei in una struttura adiacente.

MARTINA FRANCA – Taranto (TA) – **564** E34 – **49 430 ab.** 27 C2
– alt. 431 m – ⊠ 74015 ▮ Italia

> ▶ Roma 524 – Brindisi 57 – Alberobello 15 – Bari 74
> ℹ piazza Roma 37 ℰ 080 4805702, martinafranca@pugliaturismo.com, Fax 080 480702
> ◎ Via Cavour★
> ◎ Terra dei Trulli★★★ Nord e Nord-Est

🏨 **Park Hotel San Michele** 🌀 🍴 ⌂ 🏢 🕍 ♿ 🅰️🅲 rist, 🛜 📶 ⅃ 🅿️
viale Carella 9 – ℰ 08 04 80 70 53 ᵛᴵˢᴬ ⓜⓞ ᴬᴱ ⓞ 🔶
– www.parkhotelsanmichele.it – Fax 08 04 80 88 95
81 cam ⚌ – �psingle90/105 € ♥125/135 € – ½ P 79/104 € **Rist** – Carta 40/58 €
♦ Hotel semicentrale, immerso in un parco secolare, dove si trova anche la piscina. Ideale per una clientela d'affari e congressuale, dispone di camere spaziose. Per i pasti: salone per banchetti, sale ristorante e anche il giardino esterno.

🏨 **Relais Villa San Martino** ⅃ 🌀 🛁 🏢 🅰️🅲 🛜 📶 ⅃ 🅿️
via Taranto 59, Sud : 2,8 km – ℰ 08 04 80 51 52 ᵛᴵˢᴬ ⓜⓞ ᴬᴱ 🔶
– www.relaisvillasanmartino.com – Fax 08 04 80 10 26
15 cam ⚌ – ♥185/285 € ♥♥250/380 € – 6 suites
Rist *Il Duca di Martina* – (consigliata la prenotazione) Carta 48/70 €
♦ Si presenta elegante e signorile già dall'esterno la masseria ottocentesca, restaurata con l'impiego di raffinati materiali. Terrazze fiorite e colorate e un piccolo attrezzato centro benessere. Creatività mediterranea nelle due graziose sale che ospitano il ristorante, di cui una particolarmente intima.

🏨 **Dell'Erba** 🚗 ⅃ 🅽 🌀 🛁 🏢 ♿ 🕍 🅰️🅲 🛜 📶 🅿️ ᵛᴵˢᴬ ⓜⓞ ᴬᴱ ⓞ 🔶
viale dei Cedri 1 – ℰ 08 04 30 10 55 – www.hoteldellerba.it – Fax 08 04 30 16 39
49 cam – ♥53/88 € ♥♥73/110 €, ⚌ 7 € – ½ P 41/74 €
Rist – Carta 27/39 € (+15 %)
♦ Ubicata nell'immediata periferia della città, lungo la strada statale per Taranto, una grande e completa struttura, con una gestione tipicamente familiare, ma molto capace. Varie sale dedicate alla ristorazione.

🏨 **Villa Rosa** senza rist ⅃ 🅽 🏢 🅰️🅲 📶 🕍 🅿️ ᵛᴵˢᴬ ⓜⓞ ᴬᴱ 🔶
via Taranto 70, sulla strada statale 172 – ℰ 08 04 83 80 04
– www.ramahotels.com – Fax 08 04 30 70 70
65 cam – ♥92 € ♥♥115 €, ⚌ 7 €
♦ Poco distante dal centro storico, l'hotel ha aperto di recente ed offre una calda accoglienza nonchè ambienti luminosi e confortevoli dall'arredo ligneo.

🍴 **La Tana** 🅰️🅲 🆘 ᵛᴵˢᴬ ⓜⓞ 🔶
via Mascagni 2 – ℰ 08 04 80 53 20 – www.ristorantelatana.it
– Fax 08 04 80 53 20 – chiuso domenica sera escluso da giugno a settembre
Rist – Carta 24/42 €
♦ Nella facciata destra del barocco Palazzo Ducale, in quelli che una volta erano gli uffici del dazio, un locale informale in stile trattoria. Specialità locali rivisitate.

MARTINSICURO – Teramo (TE) – **563** N23 – **15 987 ab.** – ⊠ 64014 1 B1

> ▶ Roma 227 – Ascoli Piceno 35 – Ancona 98 – L'Aquila 118

🏨 **Sympathy** 🏢 ♿ 🕍 🅰️🅲 🆘 rist, 🚗 ᵛᴵˢᴬ ⓜⓞ 🔶
lungomare Europa 26 – ℰ 08 61 76 02 22 – www.sympathyhotel.it
– Fax 08 61 79 65 68 – maggio-21 settembre
40 cam ⚌ – ♥50/90 € ♥♥60/140 € – ½ P 65/85 €
Rist – (solo per alloggiati) Carta 24/51 €
♦ Fronte mare, nella zona più animata del centro, la prima colazione è servita su un'indimenticabile terrazza panoramica. Le camere migliori sono al terzo e quarto piano.

🍴 **Leon d'Or** 🅰️🅲 ᵛᴵˢᴬ ⓜⓞ ᴬᴱ ⓞ 🔶
via Aldo Moro 55/57 – ℰ 08 61 79 70 70 – Fax 08 61 79 76 95 – chiuso agosto, domenica sera, lunedì
Rist – Carta 40/58 €
♦ Più di vent'anni di attività e ancora un'unica caratteristica sala ad angolo, quasi una vetrina sul passeggio; in cucina brace, piatti tipici regionali e specialità di mare.

MARTINSICURO

a Villa Rosa Sud : 5 km – ⊠ 64014

🏨 **Paradiso** 🛌 🐧 ✕ 🛗 🕏 ᴀᴄ ✕ 🖤 **P** 𝚟𝚒𝚜𝚊 ⓒ𝚘 ♿
via Ugo La Malfa 14 – ✆ 08 61 71 38 88 – www.hotelparadiso.it
– Fax 08 61 75 17 75 – 15 maggio-18 settembre
67 cam � – †50/70 € ††70/120 € – ½ P 66/84 € **Rist** – *(solo per alloggiati)*
♦ Un hotel dedicato ai bambini: sin dall'arrivo, ogni momento della giornata sarà organizzato per loro con attività ad hoc, garantendo agli adulti un soggiorno di sport e relax.

🏠 **Haway** ⇐ 🛌 🕏 🛗 ᴀᴄ rist, ✕ rist, 🕾 **P** 🚗 𝚟𝚒𝚜𝚊 ⓒ𝚘 ᴀᴇ ① ♿
😶 *lungomare Italia 62 – ✆ 08 61 71 26 49 – www.hotelhaway.it*
– Fax 08 61 71 39 23 – 15 maggio-settembre
52 cam ⊆ – †40/70 € ††60/120 € – ½ P 66/100 €
Rist – *(solo per alloggiati)* Menu 20 € bc
♦ In riva al mare, una struttura semplice con spazi confortevoli e ricca di cordialità, simpatia ed animazione sia per i grandi che per i piccini. Ideale per le famiglie.

✕ **Il Sestante** ᴀᴄ ✕ 𝚟𝚒𝚜𝚊 ⓒ𝚘 ᴀᴇ ① ♿
lungomare Italia – ✆ 08 61 71 32 68 – chiuso dal 23 dicembre al 7 gennaio,
agosto, domenica sera, lunedì
Rist – Carta 27/60 €
♦ Un elegante locale in posizione suggestiva, caratterizzato da decorazioni che richiamano l'ambiente marino; dalla cucina i sapori regionali e, ovviamente, prodotti ittici.

MARZOCCA – Ancona – **563** K21 – Vedere Senigallia

MASARÈ – Belluno – **562** C18 – Vedere Alleghe

MASIO – Alessandria (AL) – **561** H7 – 1 513 ab. – alt. 142 m – ⊠ 15024 **25** D1
▶ Roma 607 – Alessandria 22 – Asti 14 – Milano 118

✕ **Trattoria Losanna** ᴀᴄ **P** 𝚟𝚒𝚜𝚊 ⓒ𝚘 ᴀᴇ ① ♿
😶 *via San Rocco 40, Est : 1 km – ✆ 01 31 79 95 25 – Fax 01 31 79 90 74 – chiuso*
dal 27 dicembre al 13 gennaio, agosto, domenica sera, lunedì
😶 **Rist** – Menu 15/40 € – Carta 23/40 €
♦ L'atmosfera è simpaticamente chiassosa e l'ambiente familiare, mentre la cucina permette di gustare abbondanti piatti della tradizione monferrina.

MASSA **P** (MS) – **563** J12 – 69 941 ab. – alt. 65 m – ⊠ 54100 **28** A1
▊ Toscana

▶ Roma 367 – La Spezia 37 – Carrara 8 – Firenze 114

✕ **Osteria del Borgo** ᴀᴄ 𝚟𝚒𝚜𝚊 ⓒ𝚘 ♿
😶 *via Beatrice 17 – ✆ 05 85 81 06 80 – Fax 05 85 88 69 70 – chiuso 2 settimane in*
settembre, 24-25-26 dicembre, 1 settimana in febbraio e martedì
😶 **Rist** – *(chiuso a mezzogiorno in luglio e agosto)* Carta 20/38 € 🅑
♦ Sotto le volte in pietra di questo ristorante, tra foto in bianco e nero alle pareti e un'esposizione di bottiglie d'epoca, rivivono i sapori decisi e le genuine tradizioni gastronomiche locali.

MASSACIUCCOLI – Lucca (LU) – **563** K13 – Vedere Massarosa

MASSACIUCCOLI (Lago di) – Lucca – **563** K13 – Vedere Torre del Lago
Puccini

MASSAFRA – Taranto (TA) – **564** F33 – 31 723 ab. – alt. 110 m **27** C2
– ⊠ 74016
▶ Roma 508 – Bari 76 – Brindisi 84 – Matera 64

sulla strada statale 7 Nord-Ovest : 2 km :

🏨 **Appia Palace Hotel** 🛌 🐧 ✕ 🕏 ♿ cam, ᴀᴄ ✕ 🖤 🛗 **P**
⊠ 74016 – ✆ 09 98 85 15 01 – Fax 09 98 85 15 06 𝚟𝚒𝚜𝚊 ⓒ𝚘 ᴀᴇ ① ♿
119 cam ⊆ – †75 € ††95 € – ½ P 85 € **Rist** – Carta 25/30 €
♦ Grande struttura alberghiera, ubicata lungo la strada per Bari, ideale per chi viaggia per motivi di lavoro anche per la vicinanza al casello autostradale. Ampie zone comuni. Tipico ristorante d'albergo dallo stile moderno.

MASSA LUBRENSE – Napoli (NA) – **564** F25 – **13 746 ab.** – **alt. 120 m**   **6** B2
– ✉ **80061** ▮ Italia

▶ Roma 263 – Napoli 55 – Positano 21 – Salerno 56

🏨 Delfino ⚜   ≤ 🚗 ⌿ 🕽 🎢 AC ⚒ P VISA ⚫ AE ① 🅢

via Nastro d'Oro 2, Sud-Ovest : 2,5 km – 🕿 08 18 78 92 61
– *www.hoteldelfino.com* – *Fax* 08 18 08 90 74 – *aprile-ottobre*
66 cam ⊇ – ♥125/145 € ♥♥190/240 € – ½ P 115/140 €
Rist – *(solo per alloggiati a mezzogiorno solo servizio snack in piscina)*
Carta 32/42 €

♦ In una pittoresca insenatura con terrazze e discesa a mare, un albergo da cui godere di un panorama eccezionale sull'isola di Capri. Struttura d'impostazione classica. Ariosa sala ristorante ed elegante salone banchetti.

🏨 Bellavista   ≤ 🕽 🕽 🖵 ⚓ ⌂ 🏊 ⚒ rist, 📞 🛠 P

via Partenope 26, Nord : 1 km – 🕿 08 18 78 96 96   VISA ⚫ AE ① 🅢
– *www.francischiello.it* – *Fax* 08 18 08 93 41 – *chiuso dal 10 al 30 novembre*
33 cam ⊇ – ♥60/120 € ♥♥70/180 € – ½ P 70/110 €
Rist *Riccardo Francischiello* – 🕿 08 18 78 91 81 *(chiuso martedì da ottobre a marzo)* Carta 28/38 €

♦ Risorsa interessata da recenti lavori di ristrutturazione, dispone di ampie camere arredate in stile mediterraneo e rallegrate dalle ceramiche di Vietri. Ristorante dedito anche all'attività banchettistica: ampia sala e salone per ricevimenti.

✕✕ Antico Francischiello-da Peppino e Hotel Villa Pina con cam

via Partenope 27, Nord : 1,5 km   ≤ AC ⚒ 📞 P VISA ⚫ AE ① 🅢
– 🕿 08 15 33 97 80 – *www.francischiello.com* – *Fax* 08 18 07 18 13
25 cam ⊇ – ♥60/80 € ♥♥90/100 €
Rist – *(chiuso mercoledì escluso da maggio a ottobre)* (consigliata la prenotazione) Carta 32/80 €

♦ Gli oggetti di varia natura che ricoprono le pareti testimoniano i cento anni di attività di questo locale, giunto ormai alla quarta generazione. La cucina segue la tradizione con una predilezione per i piatti di mare. Arredi classici in stile mediterraneo nelle camere, in un'atmosfera da casa privata.

a Marina della Lobra Ovest : 2 km – ✉ 80061 Massa Lubrense

🏠 Piccolo Paradiso   ≤ 🕽 🖵 🛠 cam, AC cam, ⚒ rist, 📞

piazza Madonna della Lobra 5 – 🕿 08 18 79 92 40   VISA ⚫ AE ① 🅢
– *www.piccolo-paradiso.com* – *Fax* 08 18 08 90 56 – *15 marzo-15 novembre*
54 cam ⊇ – ♥62/77 € ♥♥100/118 € – ½ P 72/77 €
Rist – Carta 29/45 € (+12 %)

♦ Nella piccola frazione costiera, albergo fronte mare dotato anche di una bella piscina disposta lungo un'ampia terrazza. Gestione familiare seria e professionale. Impostazione semplice, ma confortevole, nella grande sala ristorante dai "sapori" mediterranei.

a Santa Maria Annunziata Sud : 2,5 km – ✉ 80061 Massa Lubrense

✕ La Torre   ⚓ AC VISA ⚫ AE ① 🅢

piazza Annunziata, 7 – 🕿 08 18 08 95 66 – *Fax* 08 15 33 02 03 – *chiuso dal 7 al 30 gennaio e martedì*
Rist – *(chiuso a mezzogiorno in luglio-agosto)* Carta 25/35 €

♦ Posizione invidiabile, a pochi metri da un belvedere con vista su Capri, per questa trattoria a conduzione familiare. I piatti non smentiscono la tradizione partenopea.

a Nerano-Marina del Cantone Sud-Est : 11 km – ✉ 80061 Termini

✕✕✕ Taverna del Capitano (Alfonso Caputo) con cam ⚜   ≤ AC ⚒ 📶

❀❀ *piazza delle Sirene 10/11* – 🕿 08 18 08 10 28   🚗 VISA ⚫ AE ① 🅢
– *www.tavernadelcapitano.it* – *Fax* 08 18 08 18 92 – *chiuso 24-25 dicembre e dal 7 gennaio al 6 marzo*
10 cam – ♥110 € ♥♥140 €, ⊇ 15 € – 2 suites – ½ P 130 €
Rist – *(chiuso lunedì, anche martedì da ottobre a maggio)* (consigliata la prenotazione) Menu 70/110 € – Carta 66/101 € ⅋

Spec. Zuppa di pasta, fagioli canarini, cozze. Scorfano di scoglio con scamorza in sfoglia di patata fritto all'acqua pazza. I profumi della costiera: sensazioni dolci e amare agli agrumi.

♦ Di fronte ad uno dei pochi tratti di spiaggia della costiera, un caratteristico locale in legno a gestione familiare. Pesce di straordinaria freschezza in piatti originali.

XXX **Quattro Passi** (Antonio Mellino) con cam ⌂

❀ *via Vespucci 13/n, Nord : 1 km* ‱ rist, **P**, VISA ⓪ AE ⓪ ⑤
– ☎ 08 18 08 28 00 – www.ristorantequattropassi.com – Fax 08 18 08 12 71
– marzo-novembre
7 cam ⌂ – ♦100 € ♦♦150 € – 3 suites
Rist – *(chiuso martedì sera e mercoledì escluso dal 15 giugno al 15 settembre)*
Menu 70/90 € – Carta 62/133 € ❀
Spec. Insalata tiepida di mare su crema di patate al limone. Pappardelle di fave e piselli con calamaretti pennini e porro. Filetto di pesce di giornata cotto sui sassi di mare e profumato con bucce di agrumi.
♦ Lungo la strada che porta alla marina, ad ogni visita si trova il locale migliorato. Cucina generosa ed immediata, diversi prodotti della casa, sapori netti e fragranti.

a Termini Sud: 5 km – ✉ 80061

XXX **Relais Blu** con cam ⌂

Via Roncato 60 – ☎ 08 18 78 95 52 VISA ⓪ AE ⓪ ⑤
– www.relaisblu.com – Fax 08 18 78 93 04 – chiuso dal 6 novembre al 14 marzo
11 cam ⌂ – ♦240 € ♦♦310/360 € – ½ P 205/240 €
Rist – Menu 65/95 € – Carta 60/85 €
♦ La sala interna sceglie la strada del minimalismo con pareti completamente bianche e solo qualche quadro; la bella terrazza per il servizio estivo offre un'eccezionale vista su Capri. Nel piatto, sapori campani valorizzati con competenza e fantasia.

MASSA (Marina di) – Massa Carrara (MS) – 563 J12 – ✉ 54037 **28 A1**

▶ Roma 388 – Pisa 41 – La Spezia 32 – Firenze 114
🛈 viale Vespucci 24 ☎ 0585 240063, apt@massacarrara.turismo.toscana.it, Fax 0585 869016

🏨 **Excelsior**

via Cesare Battisti 1 – ☎ 05 85 86 01 – www.hotelexcelsior.it
– Fax 05 85 86 97 95
66 cam ⌂ – ♦130/250 € ♦♦170/300 € – 4 suites – ½ P 120/185 €
Rist *Il Sestante* – ☎ 05 85 86 05 05 – Carta 41/56 €
♦ Sul lungomare, hotel di taglio contemporaneo adatto sia per una clientela business sia per vacanzieri in cerca di relax. Elegante ed accogliente, il ristorante è ideale per pranzi di lavoro e banchetti: cucina mediterranea.

🏨 **Maremonti**

viale lungomare di Levante 19, località Ronchi ✉ 54039 Ronchi
– ☎ 05 85 24 10 08 – www.hotelmaremonti.com – Fax 05 85 24 10 09 – marzo-novembre
21 cam ⌂ – ♦100/240 € ♦♦140/280 € **Rist** – Carta 39/59 €
♦ Di fronte al mare, villa ottocentesca tipica della Versilia, con parco e piscina: signorili negli arredi, sia nelle parti comuni sia nelle confortevoli camere. Al ristorante la cura dei dettagli è una piacevole compagna di pranzi e cene.

🏨 **Cavalieri del Mare** ⌂

via Verdi 23, località Ronchi ✉ 54039 Ronchi
– ☎ 05 85 86 80 10 – www.cavalieridelmare.net – Fax 05 85 86 80 15
26 cam ⌂ – ♦70/230 € ♦♦130/250 €
Rist – *(maggio-settembre) (chiuso a mezzogiorno) (solo per alloggiati)*
Menu 30/45 €
♦ Hotel ricavato da una villa del '700 ristrutturata e "ripensata" per un'accoglienza efficiente e dal confort attuale, piacevolmente immerso in un giardino con piscina.

🏨 **Matilde** senza rist

via Tagliamento 4 – ☎ 05 85 24 14 41 – www.hotelmatilde.it
– Fax 05 85 24 04 88
12 cam ⌂ – ♦70/100 € ♦♦110/130 €
♦ Arretrato rispetto al mare, questo piccolo hotel dall'attenta gestione familiare dispone di ambienti semplici e camere personalizzate con bei tendaggi ed originali dettagli.

Nedy ⚘

🚗 ⊼ £ᵍ ⓘ ⒶⒸ ⚒ 👘 🅟 VISA ⑳ ⒶⒺ ⛯

via del Fescione, località Ronchi ⊠ 54039 Ronchi – 𝒞 05 85 80 70 11
– www.hotelnedy.it – Fax 05 85 80 54 41 – febbraio-20 ottobre
25 cam ⊻ – †80/120 € – ††80/150 € – ½ P 85/95 €
Rist – (solo per alloggiati) Carta 20/30 €

♦ In zona decentrata e molto tranquilla, questo grazioso hotel totalmente rinnovato in anni recenti dispone di gradevoli sale e confortevoli camere: ideale per un soggiorno all'insegna del relax!

✕✕✕ Da Riccà

🏠 🅟 VISA ⑳ ⒶⒺ ⓞ ⛯

lungomare di Ponente, (angolo via Casola) – 𝒞 05 85 24 10 70
– www.ristorantedaricca.com – Fax 05 85 24 10 70 – chiuso dal 20 dicembre al
10 gennaio e lunedì
Rist – Carta 53/80 € 🍷 (+10 %)

♦ Piatti a base di pesce in un ristorante di tono elegante dall'affermata conduzione: luminose sale e piccolo giardino zen.

✕✕ La Péniche

ⒶⒸ VISA ⑳ ⒶⒺ ⓞ ⛯

via Lungo Brugiano 3 – 𝒞 05 85 24 01 17 – www.lapeniche.com
Rist – Menu 27/48 € – Carta 39/68 €

♦ Originale collocazione su una palafitta e arredi curiosi con richiami a Parigi e alla Senna. La cucina offre piatti di pesce, dal forno invece una buona lista di pizze.

Bed & breakfast e agriturismi ↑ non offrono gli stessi servizi di un hotel. Queste forme alternative di ospitalità si distinguono spesso per l'accoglienza e l'ambiente: specchio della personalità del proprietario. Quelli contraddistinti in rosso ↑ sono i più ameni.

MASSA MARITTIMA – Grosseto (GR) – 563 M14 – 8 772 ab.   28 B2
– alt. 400 m – ⊠ 58024 ▮ Toscana

🄳 Roma 249 – Siena 62 – Firenze 132 – Follonica 19

🆔 via Todini 3/5 𝒞 0566 904756, infomassamarittima@lamaremma.info,
Fax 0566 940095

◉ Piazza Garibaldi★★ – Duomo★★ – Fortezza dei senesi e t★

🏨 Park Hotel La Fenice senza rist

🚗 ⊼ 🛗 ⅍ ⒶⒸ ⚒ VISA ⑳ ⒶⒺ ⛯

corso Diaz 63 – 𝒞 05 66 90 39 41 – www.lafeniceparkhotel.it
– Fax 05 66 90 42 02 – chiuso novembre
14 cam ⊻ – †90/160 € ††110/180 € – 4 suites

♦ Risorsa nata come residence, ora funziona come hotel: appartamenti di diverse tipologie, ma tutti con angolo cottura e zona soggiorno. Piacevoli interni dai colori caldi.

🏨 Duca del Mare senza rist

⇐ 🚗 ⊼ ⅍ ⒶⒸ ⚒ 👘 🅟 VISA ⑳ ⒶⒺ ⛯

piazza Dante Alighieri 1/2 – 𝒞 05 66 90 22 84 – www.ducadelmare.it
– Fax 05 66 90 19 05 – chiuso dal 20 gennaio al 28 febbraio
28 cam ⊻ – †50/60 € ††85/110 €

♦ Una casetta appena fuori le mura del centro storico, ristrutturata di recente, impostata e diretta secondo una conduzione familiare notevolmente intraprendente.

✕✕ Taverna del Vecchio Borgo

⚒ VISA ⑳ ⒶⒺ ⓞ ⛯

via Parenti 12 – 𝒞 05 66 90 39 50 – Fax 05 66 94 00 66 – chiuso dal 15 gennaio
al 15 febbraio, lunedì , anche domenica sera da ottobre a maggio
Rist – (chiuso a mezzogiorno) Carta 26/40 €

♦ Caratteristico locale, o meglio, tipica taverna ricavata nelle antiche cantine di un palazzo sorto nel Seicento. Insieme gestito con cura, specialità della cucina toscana.

✕ Osteria da Tronca

ⒶⒸ VISA ⑳ ⛯

vicolo Porte 5 – 𝒞 05 66 90 19 91 – Fax 05 66 90 19 91 – chiuso dal 15 dicembre
al 1° marzo, mercoledì (escluso agosto)
Rist – (chiuso a mezzogiorno) Carta 25/34 €

♦ "Amo talmente il vino che maledico chi mangia l'uva", così si legge su una lavagna posta all'ingresso. Cucina del territorio, ambiente rustico e ovviamente...vino a volontà.

a Ghirlanda Nord-Est : 2 km – ⊠ 58024

XXXX **Bracali** (Francesco Bracali)   🅰️🅲 🏧 🅿️ 🆅🅸🆂🅰 ⊕ 🅰🅴 ⓞ ♿
via di Perolla 2 – ℰ 05 66 90 23 18 – www.bracaliristorante.it
*– Fax 05 66 90 23 18 – chiuso lunedì, martedì e i mezzogiorno di mercoledì e
giovedì*
Rist – (consigliata la prenotazione) Menu 90/140 € – Carta 105/140 € 🕸
Spec. Insalata di gallina livornese, funghi su budino di fegato grasso, gelatina
di mosto cotto e gelato al parmigiano. Rigatoni farciti di capocollo rivestiti di
cappesante crude. Sella d'agnello con bavarese di pomodoro, purea di melanzane e salsa al cipollotto.
◆ In una piccola frazione, un locale in stile neoclassico con fiori, quadri e candelabri. Cucina
giovane e creativa, ma anche "equilibrata" nelle sue preparazioni complesse ed innovative,
che non prevaricano i sapori veri.

al lago di Accesa Sud: 10 km

🏠 **Agriturismo Tenuta del Fontino** ⬙   ⩽ 🏠 🌳 ⏚ 🏊 ⅏ rist, 🅿️
località Accesa, Est : 1,5 km – ℰ 05 66 91 92 32   🆅🅸🆂🅰 ⊕ ♿
– www.tenutafontino.it – Fax 05 66 91 96 84 – Pasqua-novembre
26 cam ⊡ – ♦66/110 € ♦♦98/164 € – ½ P 83/100 €
Rist – (chiuso a mezzogiorno) (solo per alloggiati) Menu 18 €
◆ Avvolta da un parco di alberi secolari con piscina e laghetto, la bella villa ottocentesca
dispone di camere di diverse tipologie. Nelle serate più fresche, un salone con caminetto.

a Valpiana Sud-Ovest : 12,5 km – ⊠ 58024

🏛 **Villa il Tesoro** ⬙   ⩽ 🏠 🌳 🅰🅲 ⅏ ⅏ rist, ⓣ 🧖 🅿️
Nord-Ovest : 3,5 km – ℰ 0 56 69 29 71   🆅🅸🆂🅰 ⊕ 🅰🅴 ⓞ ♿
– www.villailtesoro.com – Fax 05 66 92 97 60 – 22 aprile-2 novembre
20 suites ⊡ – ♦♦230/380 €
Rist Il Fiore del Tesoro – (consigliata la prenotazione) Carta 40/90 €
◆ Residenza di campagna che offre suites in tre casali separati. Camere arredate con una
curiosa commistione di arte povera e mobilio moderno. Piccolo giardino all'italiana. Ristorante elegante che propone piatti curati con tocchi di fantasia.

MASSAROSA – Lucca (LU) – 563 K12 – 22 513 ab. – alt. 15 m   28 B1
– ⊠ 55054

🛣 Roma 363 – Pisa 29 – Livorno 52 – Lucca 19
🎫 via Sarzanese 157 (uscita autostradale) ℰ 0584 937284, Fax 0584 937288

XX **La Chandelle**   ⩽ 🚗 🏠 🅰🅲 ⅏ 🅿️ 🆅🅸🆂🅰 ⊕ ♿
*via Casa Rossa 303 – ℰ 05 84 93 82 90 – www.lachandelle.it – chiuso gennaio,
lunedì a mezzogiorno*
Rist – Carta 34/52 €
◆ In posizione dominante sulle colline, circondato da un fiorito e fresco giardino in cui
d'estate si trasferisce il servizio, ma è soprattutto per i suoi piatti di pesce che l'elegante e
familiare locale è apprezzato.

X **Da Ferro**   🏠 🅰🅲 ⅏ 🅿️ 🆅🅸🆂🅰 ⊕ 🅰🅴 ⓞ ♿
*via Sarzanese Nord 5324 A – ℰ 05 84 99 66 22 – Fax 05 84 99 66 22 – chiuso dal
28 settembre al 21 ottobre e martedì*
Rist – Carta 20/30 €
◆ In direzione di Pietrasanta, è la cucina che rivela l'anima e l'ospitalità familiare del locale,
proponendo solo carne, salvo baccalà e brace. Servizio estivo all'aperto.

a Massaciuccoli Sud : 4 km - ⊠ 55054 Massarosa

🏨 **Le Rotonde** ⬙   🚗 🏠 🏊 🅰🅲 ⅏ 🅿️ 🆅🅸🆂🅰 ⊕ 🅰🅴 ♿
*via del Porto 77 – ℰ 05 84 97 54 39 – www.lerotonde.it – Fax 05 84 97 57 54
– chiuso novembre e dicembre*
24 cam ⊡ – ♦45/80 € ♦♦80/100 € – ½ P 55/65 €
Rist – (chiuso a mezzogiorno da ottobre a marzo) Carta 17/41 €
◆ Avvolto dal verde, nel cuore della campagna lucchese, e ancora un giardino ombreggiato
e sempre ben tenuto, il caseggiato offre una calorosa accoglienza familiare. Notevoli attenzioni per i banchetti e cucina del territorio. Anche pizzeria.

a Corsanico Nord-Ovest : 10 km – ⊠ 55040

⌂ **Agriturismo Le Querce di Corsanico** ⌘ ⟨icons⟩
via delle Querce 200 – ✆ 05 84 95 46 80 ⟨icons⟩ rist. ⟨icons⟩
– *www.quercedicorsanico.com* – *Fax 05 84 95 46 82* – *Pasqua-novembre*
10 cam ⌒ – †55/65 € ††110/125 €
Rist – *(solo per alloggiati)* Menu 22/25 €
♦ Edificio rustico in collina tra gli ulivi. Posizione panoramica sulla costa e sul mare aperto. Interni ristrutturati con risultati positivi; piscina nel verde del giardino.

MATERA ℗ (MT) – 564 E31 – 60 171 ab. – alt. 401 m – ⊠ 75100 ▮ Italia   4 D1

▪ Roma 461 – Bari 67 – Cosenza 222 – Foggia 178
▯ *via De Viti De Marco 9* ✆ 0835 331983, matera@aptbasilicata.it, Fax 0835 333452
◉ I Sassi★★ – Strada dei Sassi★★ – Duomo★ – Chiese rupestri★
  – ≤★★ sulla città dalla strada delle chiese rupestri Nord-Est : 4 km

⌂⌂⌂ **Del Campo** ⟨icons⟩
via Lucrezio – ✆ 08 35 38 88 44 – *www.hoteldelcampo.it* – *Fax 08 35 38 87 57*
35 cam ⌒ – †80/95 € ††110/130 € – ½ P 80/90 €
Rist *Le Spighe* – *(chiuso 10 giorni in agosto, domenica o lunedì in luglio-settembre) (chiuso a mezzogiorno)* Carta 23/40 €
♦ Ricavato dove nel '700 sorgeva una villa, di cui rimangono alcuni resti nel bel giardino, un albergo che coniuga professionalità e personalità ad ottimi livelli. Ristorante elegante, suddiviso in tre salette a tutto vantaggio di un'atmosfera dolcemente intima.

⌂⌂⌂ **Palace Hotel** ⟨icons⟩
piazza Michele Bianco – ✆ 08 35 33 05 98 – *www.palacehotel-matera.it*
– *Fax 08 35 33 77 82*
65 cam ⌒ – †84/120 € ††105/150 € – 10 suites – ½ P 95/135 €
Rist – *(chiuso agosto)* Carta 26/32 €
♦ Ideale per una clientela di lavoro, questo hotel - in posizione strategica poco distante dal centro storico e vicino alla stazione - dispone di ampie camere dal confort moderno. Ristorante di tono garbato, accogliente con qualche piccolo tocco d'eleganza.

⌂⌂⌂ **San Domenico** senza rist ⟨icons⟩
via Roma 15 – ✆ 08 35 25 63 09 – *www.hotelsandomenico.it*
– *Fax 08 35 33 48 67*
72 cam ⌒ – †90/120 € ††120/150 €
♦ Recente esercizio del centro città vicino alla frequentata piazza Vittorio Veneto. Ideale per una breve sosta turistica e soprattutto per la clientela d'affari.

⌂⌂ **Italia** ⟨icons⟩
via Ridola 5 – ✆ 08 35 33 35 61 – *www.albergoitalia.com* – *Fax 08 35 33 00 87*
46 cam ⌒ – †75/85 € ††98/108 €
Rist *Basilico* – ✆ 08 35 33 65 40 *(chiuso 15 giorni in agosto e venerdì)*
Carta 16/32 €
♦ Nel centro storico, in un palazzo d'epoca ottimamente restaurato ed affacciato sui celebri Sassi, camere confortevoli ed accoglienti. Ristorante-pizzeria con forno a legna.

⌂⌂ **Locanda di San Martino** senza rist ⟨icons⟩
via Fiorentini 71 – ✆ 08 35 25 66 00
– *www.locandadisanmartino.it* – *Fax 08 35 25 64 72*
32 cam ⌒ – †87/102 € ††89/129 € – 7 suites
♦ Nel cuore del celebre centro storico di Matera, una struttura originale con le camere disposte su quattro piani ed accesso indipendente. Piccolo ed accogliente centro benessere.

⌂ **Le Monacelle** senza rist ⟨icons⟩
via Riscatto 9 – ✆ 08 35 34 40 97 – *www.lemonacelle.it* – *Fax 08 35 33 65 41*
12 cam ⌒ – †55/86 € ††86/100 €
♦ A ridosso del Duomo e nei pressi dei Sassi, splendide terrazze fiorite, biblioteca multilingue con circa 2000 volumi e cappella consacrata. Stanze ampie, anche su due livelli e due camerate adibite ad ostello.

🏠 **Sassi Hotel** senza rist ॐ ◁ AC ♨ VISA ◐ AE ① ⑤
*via San Giovanni Vecchio 89 – ℰ 08 35 33 10 09 – www.hotelsassi.it
– Fax 08 35 33 37 33*
32 cam �}} – ♦70 € ♦♦90 € – 3 suites
♦ Risorsa ideale per chi vuole scoprire l'attrazione più famosa della città, i Sassi. Hotel che si inserisce al meglio in questo straordinario tessuto urbanistico.

XX **Lucanerie** AC ⅏ VISA ◐ AE ① ⑤
via Santo Stefano 61 – ℰ 08 35 33 21 33 – chiuso agosto e lunedì
Rist – Carta 29/45 €
♦ Vicino al Sasso Barisano, si trova all'interno di un'ex stalla ottocentesca fra tufo, nicchie e camino. Tipica cucina regionale, trionfo di antipasti.

XX **Alle Fornaci** ᗡ ⅋ AC VISA ◐ AE ① ⑤
*piazza Cesare Firrao 7 – ℰ 08 35 33 50 37 – Fax 08 35 33 50 37
– chiuso 2 settimane in agosto e lunedì*
Rist – Carta 24/41 €
♦ Locale in posizione centrale a pochi passi dai Sassi, ambiente curato dove gustare fragranti piatti di mare: il pescato viene comprato giornalmente nei mercati dello Ionio e del Tirreno.

X **Trattoria Lucana** AC ⅏ VISA ◐ AE ① ⑤
*via Lucana 48 – ℰ 08 35 33 61 17 – www.trattorialucana.it – Fax 08 35 33 61 17
– chiuso dal 10 al 20 luglio e domenica escluso da marzo ad ottobre*
Rist – Carta 27/42 €
♦ Le genuine specialità lucane servite in un ristorante dall'ambiente simpatico e informale. Sia in cucina che in sala domina un'atmosfera allegra e conviviale.

X **Le Botteghe** ᗡ AC VISA ◐ ① ⑤
*piazza San Pietro Barisano 22 – ℰ 08 35 34 40 72 – www.lebotteghemt.it
– Fax 08 35 33 01 75 – chiuso 2 settimane in gennaio o febbraio*
Rist – Carta 29/47 €
♦ Ristorante all'interno della zona turistica dei "Sassi": una piacevole sosta per gustare i piatti della tradizione lucana, in particolare carni alla griglia.

X **Casino del Diavolo-da Francolino** ᗡ AC ⅏ P VISA ◐ ⑤
⊜ *via La Martella, Ovest : 1,5 km – ℰ 08 35 26 19 86 – www.ilcasinodeldiavolo.com
– Fax 08 35 26 19 86 – chiuso dal 30 giugno al 15 luglio*
Rist – Carta 20/35 €
♦ In un paesaggio dipinto da sassi e ulivi, i profumi della tradizione mediterranea si incontrano con i golosi piatti tipici locali, iniziando il viaggio di scoperta con l'antipasto a buffet. La sera anche pizzeria.

X **Don Matteo** AC VISA ◐ AE ① ⑤
*via S. Biagio 12 – ℰ 08 35 34 41 45 – www.donmatteoristorante.com
– Fax 08 35 34 41 45 – chiuso dal 10 al 30 agosto*
Rist – *(chiuso mercoledì) (chiuso a mezzogiorno escluso i giorni festivi)*
Carta 40/64 €
♦ A pochi passi dalla piazza centrale, con ingresso su una delle vie pedonali, piccola ed intima sala all'interno dei celebri *Sassi*. Proposte legate al territorio reinterpretate in chiave moderna.

MATIGGE – Perugia – Vedere Trevi

MATTINATA – Foggia (FG) – **564** B30 – 6 516 ab. – alt. 77 m   **26** B1
– ⊠ 71030 🛈 Italia

◘ Roma 430 – Foggia 58 – Bari 138 – Monte Sant'Angelo 19

sulla strada litoranea Nord-Est : 17 km :

🏠 **Baia dei Faraglioni** ॐ ⅏ ⅏ XX AC ⅏ rist, P VISA ◐ AE ① ⑤
*località Baia dei Mergoli ⊠ 71030 – ℰ 08 84 55 95 84
– www.baiadeifaraglioni.it – Fax 08 84 55 96 51 – aprile-ottobre*
72 cam �} – ♦180/260 € ♦♦280/420 € – ½ P 190/260 €
Rist – Carta 46/114 €
♦ La posizione di questo hotel offre una piacevole tranquillità, ci si trova a pochi passi dalla spiaggia della baia di Mergoli, con una vista incantevole sui faraglioni. Cene raffinate o meno formali, da gustare al ristorante o in terrazza.

MAULS = Mules

MAZARA DEL VALLO – Trapani – **365** AK58 – Vedere Sicilia alla fine dell'elenco alfabetico

MEDESANO – Parma (PR) – **562** H12 – 10 432 ab. – alt. 136 m
– ✉ 43014   **8** B2

▶ Roma 473 – Parma 20 – La Spezia 103 – Mantova 83

a Sant'Andrea Bagni Sud-Ovest : 8 km – ✉ 43048

🏨   **Salus**   🛜 📶 📵 📻 📶 VISA ◍ ① ⭢
piazza C. Ponci 7 – ℰ *05 25 43 12 21 – www.hotelsalusparma.it
– Fax 05 25 43 13 98*
51 cam – ♦39/160 € ♦♦49/200 €, ⌑ 5 € – ½ P 50/120 €   **Rist** – Carta 25/47 €
♦ Tra due stabilimenti di cure termali, in zona verde e tranquilla, è ideale per chi vuole un soggiorno rigenerante senza spostarsi. Camere sobrie, ma decisamente spaziose. Cucina squisitamente nazionale, in una sala ristorante ampia e luminosa.

MEDUNO – Pordenone (PN) – **562** D20 – 1 703 ab. – alt. 322 m
– ✉ 33092   **10** B2

▶ Roma 633 – Udine 46 – Belluno 76 – Cortina D'Ampezzo 108

✗   **Stella**   🛜 🍴 ⭢ VISA ◍ AE ① ⭢
via Principale 38 – ℰ *04 27 86 12 4 – Fax 04 27 86 12 4 – chiuso dal 1° al 10 gennaio, dal 17 settembre al 7 ottobre, sabato a mezzogiorno, domenica sera e mercoledì*
Rist – Carta 32/56 €
♦ Piccola trattoria di paese gestito con attenzione e passione dalla giovane famiglia. Decisi e fragranti i sapori che designano il valore della cucina, fedele alle tradizioni e ai prodotti tipici della zona, a partire da salumi e formaggi.

MEINA – Novara (NO) – **561** E7 – 2 494 ab. – alt. 214 m – ✉ 28046   **24** B2
▶ Roma 645 – Stresa 12 – Milano 68 – Novara 44

🏨   **Villa Paradiso**   ⭠ 🍴 🛏 🏊 📶 🍴 rist, 🔔 📶 VISA ◍ AE ① ⭢
via Sempione 125 – ℰ *03 22 66 04 88 – www.hotelvillaparadiso.com
– Fax 03 22 66 05 44 – marzo-novembre*
58 cam ⌑ – ♦80/120 € ♦♦110/150 € – ½ P 76/85 €   **Rist** – Carta 34/43 €
♦ Grande costruzione fine secolo, in posizione panoramica, avvolta da un parco, in cui è inserita la piscina, dotata anche di spiaggetta privata. Gestione intraprendente. Al ristorante le ricercatezze negli arredi donano all'atmosfera una certa eleganza.

🏨   **Bel Sit**   ⭠ 🛜 🍴 ⭢ 📶 🍴 rist, 🖧 ⭢ VISA ◍ AE ① ⭢
via Sempione 76 – ℰ *03 22 66 08 80 – www.bel-sit.it – Fax 03 22 66 96 07
– chiuso gennaio e febbraio*
18 cam ⌑ – ♦80/110 € ♦♦130/150 € – ½ P 90/100 €   **Rist** – Carta 37/65 €
♦ Piccola struttura dagli interni confortevoli e lineari, soprattutto nelle camere moderne. Il retro dell'hotel è tutto proiettato sul lago con attracco per barche e spiaggetta. Toni eleganti nella veranda del ristorante dotato anche di dehors fronte lago. Sapori del territorio.

✗✗✗   **Novecento** (Matteo Vigotti)   📶 🍴 VISA ◍ AE ① ⭢
❀   *via Bonomi 13 –* ℰ *03 22 66 96 00 – www.nov-ece-nto.it – Fax 03 22 66 91 54
– chiuso 15 giorni in febbraio, 15 giorni in novembre, lunedì, martedì a mezzogiorno*
Rist – Menu 40/100 € – Carta 58/80 € 🍴
Spec. Interpretazione di carne cruda alla piemontese "900". Ravioli di cagliata di capra, polvere di fieno di Trasquera e pere. Baccalà in casseruola con scalogno e spinaci.
♦ Locale moderno e molto elegante secondo i canoni più attuali e di tendenza. Per una clientela esigente, al passo coi tempi e in grado di apprezzare una cucina fantasiosa.

MELDOLA – Forlì-Cesena (FC) – **562** J18 – 9 931 ab. – alt. 57 m   **9** D2
– ✉ 47014
▶ Roma 418 – Ravenna 41 – Rimini 64 – Forlì 13

✗   **Il Rustichello**   🛜 📶 🍴 VISA ◍ AE ① ⭢
😊   *via Vittorio Veneto 7 –* ℰ *05 43 49 52 11 – Fax 05 43 49 52 11 – chiuso dal
🙂   20 gennaio al 5 febbraio, agosto, lunedì, martedì*
Rist – Carta 20/30 €
♦ Appena fuori dal centro, in questa trattoria rivivono i sapori legati alla tradizione gastronomica regionale. Paste e dolci fatti in casa e specialità di carne. Servizio veloce e attento.

MELEGNANO – Milano (MI) – **561** F9 – 16 618 ab. – alt. 88 m   18 B2
– ✉ 20077

  ▶ Roma 548 – Milano 17 – Piacenza 51 – Pavia 29

🏠   **Il Telegrafo**   🛱 AC «ᵀ» 🅿 VISA ⓦ AE ① ⑤
via Zuavi 54 – ℰ *0 29 83 40 02 – www.hoteliltelegrafo.it – Fax 02 98 23 18 13*
– chiuso agosto
34 cam – ♥62/65 € ♥♥86/90 €, � 8 € – ½ P 63/67 €
Rist – *(chiuso domenica)* Carta 32/47 €
  ◆ Una volta era un'antica locanda con stazione di posta, oggi rimane un riferimento affidabile, nel centro della cittadina, personalizzata e perfettamente attrezzata. Ristorante semplice, curato, dal clima ruspante.

MELENDUGNO – Lecce (LE) – **564** G37 – 9 749 ab. – alt. 36 m   27 D3
– ✉ 73026

  ▶ Roma 581 – Brindisi 55 – Gallipoli 51 – Lecce 19

a San Foca Est : 7 km – ✉ 73026

🏠   **Côte d'Est**   ≤ 🛉 ₺ cam, AC ⅍ rist, «ᵀ» VISA ⓦ ① ⑤
lungomare Matteotti – ℰ *08 32 88 11 46 – www.hotelcotedest.it*
– Fax 08 32 88 11 48
48 cam � – ♥50/120 € ♥♥60/170 € – ½ P 45/100 €   **Rist** – Menu 25 €
  ◆ Direttamente sul lungomare, un hotel a conduzione familiare rinnovato negli utlimi anni, offre stanze e spazi comuni arredati nelle tonalità del blu con decorazioni marittime.

MELETO – Arezzo – **563** L16 – Vedere Cavriglia

MELFI – Potenza (PZ) – **564** E28 – 17 295 ab. – alt. 531 m – ✉ 85025   3 A1
  ▶ Roma 325 – Bari 132 – Foggia 60 – Potenza 52

🏠🏠🏠   **Relais la Fattoria**   🚗 ⌅ 🛉 ₺ AC ⅍ «ᵀ» 🛎 🅿 VISA ⓦ AE ① ⑤
strada statale 658-uscita Melfi Nord – ℰ *0 97 22 47 76 – www.relaislafattoria.it*
– Fax 09 72 23 91 21
112 cam � – ♥75/85 € ♥♥118/120 €
Rist – *(chiuso a mezzogiorno)* Carta 23/30 €
  ◆ Alle porte della città, questa imponente struttura contornata dal verde di ulivi e vigneti, dispone di ampi spazi congressuali e camere di discreta eleganza. Ristorante con ingresso autonomo e una sala piccola, ma curata.

XX   **Novecento** con cam   🛱 AC ⅍ 🅿 VISA ⓦ AE ① ⑤
☺   *contrada Incoronata, Ovest: 1,5 km –* ℰ *09 72 23 74 70 – www.novecentomelfi.it*
– Fax 09 72 23 74 70 – chiuso dal 15 al 31 luglio, domenica sera e lunedì
7 cam � – ♥♥65 €   **Rist** – Carta 25/35 € ೫
  ◆ Piacevole ambiente di discreta eleganza, appena fuori dal centro della cittadina, dove apprezzare piatti del territorio rivisitati e alleggeriti. Morbide e golose le torte fatte in casa. Camere accoglienti, recentemente ristrutturate.

X   **La Villa**   AC ⇔ 🅿 VISA ⓦ ① ⑤
☺   *strada statale 303 verso Rocchetta Sant'Antonio –* ℰ *09 72 23 60 08*
– Fax 09 72 23 60 08 – chiuso dal 23 luglio al 7 agosto, domenica sera, lunedì
Rist – Carta 18/29 €
  ◆ Ristorante di campagna dall'ambiente intimo e curato grazie alle tante attenzioni della famiglia che lo gestisce. Ricette locali rispettose dei prodotti del territorio.

MELITO IRPINO – Avellino (AV) – **564** D27 – 1 957 ab. – alt. 242 m   7 C1
– ✉ 83030

  ▶ Roma 255 – Foggia 70 – Avellino 55 – Benevento 45

X   **Di Pietro**   AC ⅍ VISA ⓦ AE ① ⑤
☺   *corso Italia 8 –* ℰ *08 25 47 20 10 – Fax 08 25 47 20 10 – chiuso settembre e mercoledì*
Rist – Carta 25/35 €
  ◆ Trattoria con alle spalle una lunga tradizione familiare, giunta ormai alla terza generazione. Pizze e cucina campana, preparata e servita con grande passione.

MELIZZANO – Benevento (BN) – **564** D25 – 1 920 ab. – alt. 190 m   6 B1
– ✉ 82030

  ▶ Roma 203 – Napoli 50 – Avellino 70 – Benevento 35

↑ **Agriturismo Mesogheo** 🕭 🚗 🕭 🎿 🗞 rist, 🎙️ P VISA ⚫ ⚫
contrada Valle Corrado 4 – 𝒞 08 24 94 43 56 – www.mesogheo.com
– Fax 08 24 94 41 30
10 cam ⊆ – ♦70 € ♦♦100 € – ½ P 80 € **Rist** – *(solo per alloggiati)* Menu 30 €
♦ Immersa nel verde del Sannio, antica masseria brillantemente ristrutturata, e recentemente ampliata, in cui ogni camera rappresenta un viaggio a sé stante.

MELS – Udine – Vedere Colloredo di Monte Albano

MELZO – Milano (MI) – **561** F10 – 18 294 ab. – alt. 119 m – ✉ 20066   **19** C2

🚹 Roma 578 – Bergamo 34 – Milano 21 – Brescia 69

🔠 **Visconti** senza rist 🚴 📶 ⛄ AK 🗞 📞 🛉 P 🚗 VISA ⚫ AE ⚫
via Colombo 3/a – 𝒞 02 95 73 13 28 – Fax 02 95 73 60 41 – chiuso 2 settimane
in agosto
40 cam ⊆ – ♦105/120 € ♦♦140 €
♦ La gestione di questa risorsa è seria e preparata, la struttura è nuovissima e omogenea in
tutte le sue parti. Servizi e dotazioni completi, moderno spazio ristorazione.

MENAGGIO – Como (CO) – **561** D9 – 3 256 ab. – alt. 203 m – ✉ 22017   **16** A2
📗 Italia

🚹 Roma 661 – Como 35 – Lugano 28 – Milano 83
🚢 per Varenna – Navigazione Lago di Como, 𝒞 0344 32255,
call center 800 551 801
🅸 piazza Garibaldi 8 𝒞 0344 32924, infomenaggio@tiscalinet.it,
Fax 0344 32924
🔟 𝒞 0344 3 21 03
🔘 Località ★★

🏯 **Grand Hotel Menaggio** ≤ 🚗 🕭 🎿 🚴 📶 AK 🗞 rist, 🛤️ P 🚗
via 4 Novembre 77 – 𝒞 0 34 43 06 40   VISA ⚫ AE ⚫
– www.grandhotelmenaggio.com – Fax 0 34 43 06 19 – marzo-ottobre
93 cam ⊆ – ♦180 € ♦♦200/320 € – ½ P 135/195 € **Rist** – Carta 47/86 €
♦ Prestigioso hotel affacciato direttamente sul lago, presenta ambienti di grande signorilità
ed eleganza e una terrazza con piscina dalla meravigliosa vista panoramica. Le emozioni di
un pasto consumato in compagnia della bellezza del lago.

🏯 **Grand Hotel Victoria** ≤ 🚗 🕭 🎿 📶 ♨️ AK 🗞 rist, 🛤️ P
lungolago Castelli 9/13 – 𝒞 0 34 43 20 03   VISA ⚫ AE ⚫ ⚫
– www.grandhotelvictoria.it – Fax 0 34 43 29 92 – marzo-ottobre
53 cam – ♦110/160 € ♦♦180/300 € – 2 suites – ½ P 132/192 €
Rist *Le Tout Paris* – Carta 45/65 €
♦ Grand hotel in stile liberty, capace di regalare sogni e suggestioni di un passato desidera-
bile. Nelle zone comuni abbondanza di stucchi, specchi e decorazioni. Il ristorante si apre sul
giardino antico e curato dell'hotel.

🏠 **Du Lac** senza rist 📶 AK 🎙️ 🚗 VISA ⚫ AE ⚫ ⚫
via Mazzini 27 – 𝒞 0 34 43 52 81 – www.hoteldulacmenaggio.it
– Fax 03 44 34 47 24
10 cam ⊆ – ♦80/100 € ♦♦145/150 €
♦ Casa centralissima e a bordo lago, completamente ristrutturata ed adibita ad hotel dai
giovani proprietari. Al piano terra il bar, sopra le camere nuove ed accoglienti.

a Nobiallo Nord : 1,5 km – ✉ 22017 Menaggio

🏠 **Garden** senza rist ≤ 🚗 P VISA ⚫
via Diaz 30 – 𝒞 0 34 43 16 16 – www.hotelgarden-menaggio.com
– Fax 0 34 43 16 16 – aprile-ottobre
13 cam ⊆ – ♦50/65 € ♦♦75/90 €
♦ Una dozzina di camere affacciate sul lago, così come sul bel giardino. Una villa ben
tenuta, con esterni di un rosa leggero, e spazi interni sobri e confortevoli.

a Loveno Nord-Ovest : 2 km – alt. 320 m – ✉ 22017 Menaggio

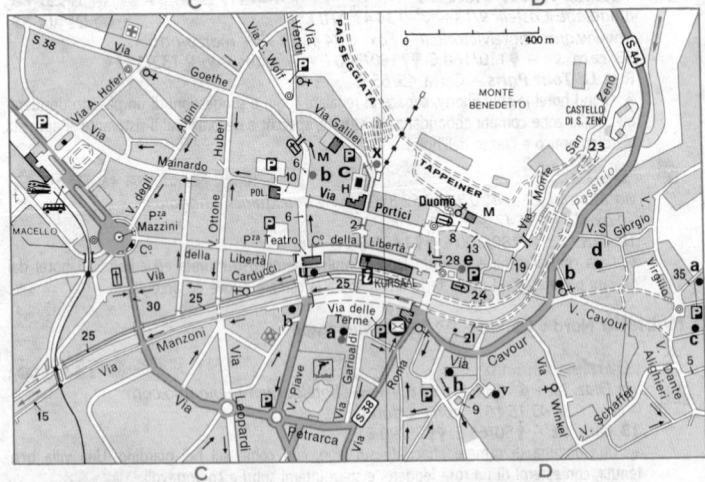

Royal ⌂ ≤ 🚗 🛁 ⤢ 🌿 rist. 🚭 **P** 🚗 💳 ⓜ 🅰 ⓞ ⚙
largo Vittorio Veneto 1 – ℰ *0 34 43 14 44* – *www.royalcolombo.com*
– *Fax 0 34 43 01 61* – *27 marzo-ottobre*
18 cam ⚏ – ▮90/95 € ▮▮125/135 € – ½ P 90 €
Rist *Chez Mario* – Carta 28/45 €
◆ Nel verde di un curato giardino con piscina, in posizione tranquilla e soleggiata, un hotel in grado di offrire soggiorni rilassanti in una cornice familiare, ma signorile. Al ristorante ambiente distinto, arredi disposti per offrire calore e intimità.

MENFI – Agrigento – **365** AM58 – Vedere Sicilia alla fine dell'elenco alfabetico

---

MERAN = Merano

MERANO (MERAN) – Bolzano (BZ) – **562** C15 – 36 811 ab. – alt. 323 m   **30** B2
– Sport invernali : a Merano 2000 B : 1 600/2 300 m ⩗2 ⩘5, ⩗ – ✉ 39012
▯ Italia

▶ Roma 665 – Bolzano 28 – Brennero 73 – Innsbruck 113
ℹ corso della Libertà 45 ℰ 0473 272000, info@meraninfo.it, Fax 0473 235524
🖪 ℰ 0473 56 46 96
🖪 Passiria, ℰ 0473 64 14 88
◎ Passeggiate d'Inverno e d'Estate★★ D **24** – Passeggiata Tappeiner★★ CD
– Volte gotiche★ e polittici★ nel Duomo D – Via Portici★ CD – Castello
Principesco★ C **C** – Giardini di Castel Trauttmansdorff★★ 3 km dal centro,
a piedi lungo il sentiero di Sissi o in auto direzione Schenna/Scena
- Merano 2000★ accesso per funivia, Est : 3 km B – Tirolo★ Nord :
4 km A
ⓖ Avelengo★ Sud-Est : 10 km per via Val di Nova B – Val Passiria★ B

MERANO

Castel Gatto (V.) . . . . B 3
Christomannos . . . . B 5
Dante Alighieri (V.) . . . . B 7
Grabmayr (V.) . . . . B 9
IV Novembre (V.) . . . . A 41
Marlengo (Ponte di) . . . . A 14
Mayr-Nusser (V. Josef) . . . . B 16
Monte Benedetto (V.) . . . . B 17
Monte S. Zeno (V.) . . . . B 18
Parrocchia (V. della) . . . . B 20
Piave (V.) . . . . B 27
S. Caterina (V.) . . . . B 31
S. Maria del Conforto (V.) . . . . B 32
S. Valentino (V.) . . . . B 34
Val di Nova (V.) . . . . B 38
Virgilio (V.) . . . . B 39

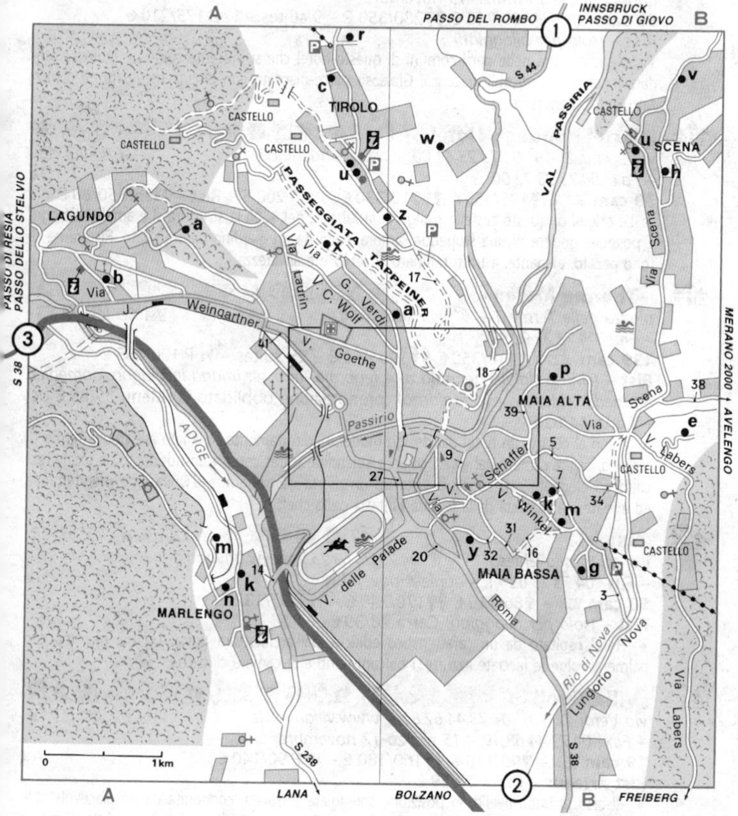

Palace Merano-Espace Henri Chenot

via Cavour 2-4 rist,
– ✆ 04 73 27 10 00 – www.palace.it – Fax 04 73 27 11 00 – chiuso dal 17 gennaio al 5 febbraio **Dh**

100 cam – †200/360 € ††320/500 € – 18 suites **Rist** – *(solo per alloggiati)*

◆ Le mura di un palazzo dei primi '900 custodiscono ambienti ricchi di fascino con stucchi e sfavillanti lampadari, nonché un'esclusiva beauty farm per dedicarsi alla cura e bellezza del corpo.

Meister's Hotel Irma

via Belvedere 17 – ✆ 04 73 21 20 00 rist, rist,
– www.hotel-irma.it – Fax 04 73 23 13 55 – 15 marzo-15 novembre

50 cam – †125/234 € ††198/300 € – 19 suites **Bp**
– ½ P 119/178 €

Rist – *(solo per alloggiati)* Carta 29/50 €

◆ Meraviglioso centro benessere, spaziosa zona comune con una bella sala lettura e camere rinnovate...L'esterno non è da meno: delizioso parco-giardino ed incantevole laghetto artificiale. Gli atout per una vacanza da sogno ci sono tutti!

Park Hotel Mignon 🐚
👁 🌳 🌲 ☂ 🏊 [pool] [Spa] ♨ 🏋 [lift] ♿ cam, [A/C] rist, 🚭 rist, 📶 👥 [P] 🚗 [VISA] [MC] [S]

via Grabmayr 5 – ☎ 04 73 23 03 53 – www.hotelmignon.com – Fax 04 73 23 06 44 – Natale-Capodanno e 15 marzo-15 novembre D**v**

58 cam ☕ – 👤160/240 € 👥280/350 € – 9 suites – ½ P 175/210 €

Rist – *(solo per alloggiati)*

◆ Splendida cura nelle parti comuni di questo hotel che si presenta come un indirizzo affidabile per indimenticabili vacanze. Grazioso parco-giardino con piscina riscaldata ed attrezzato centro benessere.

Castel Rundegg Hotel
🌳 ☂ [pool] [Spa] ♨ 🏋 [lift] [A/C] rist, 🚭 rist, 👥 [P] [VISA] [AE] [S]

via Scena 2 – ☎ 04 73 23 41 00 – www.rundegg.com – Fax 04 73 23 72 00 D**a**

30 cam ☕ – 👤125/150 € 👥210/330 € – ½ P 200 € **Rist** – Menu 50/60 €

◆ Le origini di questo castello risalgono al XII sec., nel 1500 la struttura si è ampliata e oggi è possibile godere di una stupenda dimora, cinta da un giardino ombreggiato. Ristorante di tono pacato, elegante, a tratti raffinato; il servizio è all'altezza.

Therme Meran
☂ 🏊 [pool] [Spa] ♨ 🏋 [lift] ♿ 👪 [A/C] 🚭 rist, 📶 👥 [VISA] [MC] [AE] [D] [S]

piazza delle Terme 1 – ☎ 04 73 25 90 00 – Fax 04 73 25 90 99 C**a**

139 cam ☕ – 👤110/350 € 👥140/460 € – 25 suites – ½ P 100/265 €

Rist – *(chiuso dal 16 gennaio al 4 febbraio, una settimana in giugno, domenica e lunedì) (chiuso a mezzogiorno)* (prenotazione obbligatoria) Menu 59/89 € bc – Carta 44/62 €

◆ Vicino al centro, un hotel dal design moderno, direttamente collegato alle nuove terme di Merano, ospita camere dai vivaci colori e splendide suites con preziosi dettagli. Un locale raccolto ed elegante con cucina a vista ed un'offerta gastronomica d'ispirazione mediterranea ed altoatesina sfornata dalla fervida fantasia dello chef.

Bavaria
🌳 🏊 [pool] [lift] 🚭 rist, 📶 [P] [VISA] [MC] [AE] [D] [S]

via salita alla Chiesa 15 – ☎ 04 73 23 63 75 – www.bavaria.it – Fax 04 73 23 63 71 – aprile-4 novembre D**b**

50 cam ☕ – 👤86/110 € 👥170/240 € – ½ P 97/132 €

Rist – *(solo per alloggiati)* Carta 26/39 €

◆ Hotel ospitato da un caratteristico edificio, dall'architettura tipica. Un bel giardino con palme avvolge le facciate azzurre, i balconi fioriti e le camere classiche.

Villa Tivoli 🐚
👁 🌲 ☂ 🏊 [pool] ♨ [lift] ♿ rist, 👪 🚭 🚭 cam, 📶 👥 [P] 🚗 [VISA] [MC] [AE] [S]

via Verdi 72 – ☎ 04 73 44 62 82 – www.villativoli.it – Fax 04 73 44 68 49 – 15 marzo-12 novembre A**x**

19 cam ☕ – 👤90/110 € 👥160/180 € – ½ P 90/140 €

Rist *Artemis* – Carta 38/59 €

◆ Risorsa di buon livello, in posizione soleggiata e isolata, connotata da un piacevole stile d'ispirazione mediterranea e da un lussureggiante parco-giardino digradante. Sala di medie dimensioni e luminosa terrazza per il servizio ristorante estivo.

Castello Labers 🐚
👁 🌳 ☂ 🏊 ♨ 🎾 [lift] 📶 [P] [VISA] [MC] [S]

via Labers 25 – ☎ 04 73 23 44 84 – www.castellolabers.it – Fax 04 73 23 41 46 – 24 aprile-2 novembre B**e**

34 cam ☕ – 👤133/231 € 👥196/308 € – 1 suite – ½ P 98/154 €

Rist – Carta 36/71 €

◆ Un meraviglioso castello le cui origini affondano nella storia...Albergo dal 1885, vanta una posizione incantevole sulle prime montagne a ridosso di Merano: all'interno, tutto il fascino dell'antica dimora con accessori però moderni. Suggestivi spazi comuni, curati giardini e cappella privata.

Meranerhof
🌳 ☂ [pool] [Spa] ♨ 🏋 [lift] ♿ [A/C] 🚭 rist, 📶 👥 [P] [VISA] [MC] [AE] [D] [S]

via Manzoni 1 – ☎ 04 73 23 02 30 – www.meranerhof.com – Fax 04 73 23 33 12 – chiuso dal 10 gennaio al 10 marzo C**b**

68 cam ☕ – 👤109/125 € 👥200/250 € – ½ P 128/140 € **Rist** – Carta 40/57 €

◆ All'interno di un edificio in stile liberty, la posizione centrale e la qualità dei servizi fanno sì che questo albergo sia eletto da una clientela d'affari, così come da turisti alla scoperta delle bellezze meranesi. Vital center completo e giardino con piscina riscaldata.

Adria 🛬   🚗 🖼 📶 🍸 ℩ㅎ 📶 🛠 🗝️ rist, 𝒮𝒫 rist, **P** ⱽ𝐼𝑆𝐴 ⓜ 🗝️

via Gilm 2 – ℰ 04 73 23 66 10 – www.hotel-adria.com – Fax 04 73 23 66 87
– marzo-15 novembre   D**d**
45 cam 🖙 – ♦91/114 € ♦♦140/216 € – ½ P 94/124 €
Rist – *(solo per alloggiati)*

♦ All'interno di un edificio in stile liberty, in zona residenziale, con un grazioso centro benessere. Così si presenta questo hotel, dotato di stanze confortevoli e spaziose.

Pienzenau am Schlosspark   🚗 🖼 📶 🍸 ℩ㅎ 🗝️ rist, 🗝️ rist, 𝒮𝒫

via Pienzenau 1 – ℰ 04 73 23 40 30
– www.hotelpienzenau.com – Fax 04 73 21 20 28 – aprile-novembre
28 cam 🖙 – ♦168/178 € ♦♦248/260 € – 2 suites   B**d**
– ½ P 125/185 €
Rist – Menu 40/45 €

♦ Una romantica Landhaus, nonché un omaggio permanente alla rosa: dal colore dell'edificio al vero e proprio roseto, è tutto un susseguirsi di richiami al raffinato fiore. Deliziosa Spa, camere come bomboniere e due piscine (una all'aperto con acqua di torrente riscaldata, l'altra coperta e con diversi getti d'acqua).

Aurora   🚗 🍸 ℩ㅎ 🗝️ 🗝️ 🗝️ rist, 𝒮𝒫 rist, ℩ㅎ 🗝️ **P** ⱽ𝐼𝑆𝐴 ⓜ 🅐🅔 ⓞ 🗝️

passeggiata Lungo Passirio 38 – ℰ 04 73 21 18 00 – www.hotelaurora.bz
– Fax 04 73 21 11 13 – chiuso dall'11 gennaio al 14 febbraio   C**u**
36 cam 🖙 – ♦85/135 € ♦♦150/250 € – 2 suites – ½ P 100/150 €
Rist – Carta 29/57 €

♦ Lungo la bella passeggiata e di fronte alle nuovissime terme, hotel di gusto moderno con soluzioni di design in molte camere. Buona attenzione sulla qualità della cucina.

Pollinger   ≤ 🚗 🍸 🖼 📶 🍸 ℩ㅎ 🗝️ 🗝️ rist, 𝒮𝒫 rist, ℩ㅎ **P** 🚗

via Santa Maria del Conforto 30 – ℰ 04 73 27 00 04
– www.pollinger.it – Fax 04 73 21 06 65 – chiuso dal 7 gennaio al 27 marzo
32 cam 🖙 – ♦85/135 € ♦♦140/160 € – ½ P 86/107 €   B**y**
Rist – *(solo per alloggiati)* Carta 34/45 €

♦ L'ubicazione consente di godere di una notevole tranquillità, aspetto che certamente è apprezzato dagli ospiti di questa ben attrezzata risorsa. Balconi in tutte le camere.

Alexander 🛬   ≤ 🚗 🍸 🖼 📶 🍸 ℩ㅎ 🗝️ cam, 🗝️ 𝒮𝒫 rist, ℩ㅎ **P** 🚗

via Dante 110 – ℰ 04 73 23 23 45   ⱽ𝐼𝑆𝐴 ⓜ 🅐🅔 ⓞ 🗝️
– www.hotel-alexander.it – Fax 04 73 21 14 55 – chiuso dal 15 gennaio al
15 marzo   B**g**
23 cam – 10 suites – solo ½ P 61/90 €   **Rist** – *(solo per alloggiati)*

♦ Elegante albergo familiare, in posizione periferica e panoramica, a tutto vantaggio della tranquillità e della piacevole ubicazione tra i vigneti. Ricco di accessori.

Juliane 🛬   🚗 🍸 🖼 📶 🍸 🗝️ 🗝️ cam, 🗝️ 𝒮𝒫 rist, ℩ㅎ **P** 🚗

via dei Campi 6 – ℰ 04 73 21 17 00 – www.juliane.it – Fax 04 73 23 01 76
– 15 marzo-5 novembre   B**k**
32 cam 🖙 – ♦70/88 € ♦♦140/176 € – ½ P 86/111 €
Rist – *(solo per alloggiati)* Menu 22/36 €

♦ Ubicata in una zona residenziale della città, questa struttura tranquilla e silenziosa pone a disposizione degli ospiti un giardino con piscina riscaldata ed una nuova, fiammante, area benessere.

Ansitz Plantitscherhof 🛬   🚗 🍸 🖼 📶 📶 🍸 🗝️ 🗝️ 🗝️ 🗝️ 🗝️

via Dante 56 – ℰ 04 73 23 05 77   ℩ㅎ **P** 🚗 ⱽ𝐼𝑆𝐴 ⓜ 🗝️
– www.plantitscherhof.com – Fax 04 73 21 19 22 – chiuso gennaio
35 cam 🖙 – ♦75/180 € ♦♦135/320 € – ½ P 88/225 €   B**k**
Rist – *(solo per alloggiati a mezzogiorno)* Carta 29/58 €

♦ Una risorsa composta da due blocchi distinti, uno d'epoca e uno più recente. Il complesso risulta armonico e piacevole, impreziosito anche dal giardino-vigneto con piscina.

Sonnenhof 🛬   🚗 🍸 🖼 🍸 🗝️ 🗝️ cam, 🗝️ 𝒮𝒫 rist, ℩ㅎ **P**

via Leichter 3 – ℰ 04 73 23 34 18   ⱽ𝐼𝑆𝐴 ⓜ 🅐🅔 ⓞ 🗝️
– www.sonnenhof-meran.com – Fax 04 73 23 33 83 – chiuso dal 12 gennaio
al 19 marzo e dal 16 al 26 novembre   D**c**
16 cam 🖙 – ♦62/102 € ♦♦110/170 € – ½ P 80/100 €
Rist – *(chiuso a mezzogiorno) (solo per alloggiati)*

♦ Hotel edificato secondo uno stile che richiama alla mente una fiabesca dimora con giardino. Gli interni sono accoglienti, soprattutto le camere, semplici e spaziose.

Zima senza rist
via Winkel 83 – ℰ 04 73 23 04 08
– www.hotelzima.com – Fax 04 73 27 57 52
– chiuso gennaio e febbraio
22 cam ⊡ – †50/62 € ††96/120 €

B m

♦ La zona dove è situato questo hotel offre il vantaggio di non presentare problemi di parcheggio. Ambienti dall'atmosfera calda e familiare, camere accoglienti e ordinate.

Agriturismo Sittnerhof senza rist
via Verdi 60 – ℰ 04 73 22 16 31 – www.bauernhofurlaub.it
– Fax 04 73 20 65 20 – marzo-novembre
6 cam ⊡ – †55/60 € ††78/92 €

B a

♦ Lungo una via residenziale tranquilla e ombreggiata, uno splendido edificio, le cui fondamenta risalgono all'XI sec. Camere di taglio moderno con arredi funzionali.

Kallmünz
piazza Rena 12 – ℰ 04 73 21 29 17
– www.kallmuenz.it
– Fax 04 73 23 98 02
– chiuso 3 settimane in gennaio, 2 settimane in luglio e lunedì
Rist – Menu 35/60 € – Carta 53/74 €

D e

♦ In pieno centro, un locale che presenta un aspetto moderno senza nascondere la tradizione della casa. La carta, improntata sullo stesso stile, è più ampia e ricca per cena.

Sissi (Andrea Fenoglio)
via Galilei 44 – ℰ 04 73 23 10 62
– www.sissi.andreafenoglio.com – Fax 04 73 23 74 00
– chiuso 3 settimane tra febbraio e marzo, lunedì, martedì a mezzogiorno
Rist – Carta 54/68 €

C x

Spec. Filetto di sgombro affumicato al momento con mele e zenzero. Gnocchi di patate ripieni all'aglio orsino. Spalla d'agnello cotta a bassa temperatura.
♦ Proprio di fronte al castello principesco, in pieno centro, all'interno di un edificio liberty, un ristorante luminoso e accogliente, dove apprezzare una cucina fantasiosa.

a Freiberg Sud-Est : 7 km per via Labers B – alt. 800 m – ⊠ 39012 Merano

Castel Fragsburg
via Fragsburg 3 – ℰ 04 73 24 40 71
– www.fragsburg.com – Fax 04 73 24 44 93
– 28 marzo-15 novembre
8 cam ⊡ – †120/170 € ††240/340 € – 12 suites – ††300/400 €
– ½ P 180/350 €
Rist Castel Fragsburg – vedere selezione ristoranti
♦ Il fascino di una dimora storica, divenuta un caldo e confortevole rifugio, dove un'eleganza semplice e discreta è la compagna fedele di ogni soggiorno. Vista eccezionale.

Castel Fragsburg
via Fragsburg 3 – ℰ 04 73 24 40 71
– www.fragsburg.com – Fax 04 73 24 44 93
– 28 marzo-15 novembre
Rist – (chiuso a mezzogiorno) Carta 60/150 €
Spec. Salmerino affumicato con gelato alla senape. Bue tirolese servito in due portate. Frittata di mirtilli rossi con albicocche farcite.
♦ Un'eccellente tappa *gourmet*: ricette altoatesine, ma non mancano riferimenti alla cucina mediterranea e moderne personalizzazioni da parte dello chef. Il pane e la pasticceria sono fatti in casa, le carni sono biologiche, mentre le erbe aromatiche coltivate al castello. Ottima, la selezione di formaggi.

MERCATALE – Firenze – 563 L15 – Vedere San Casciano in Val di Pesa

Ogni ristorante stellato è introdotto da tre specialità che rappresentano in maniera significativa la propria cucina. Qualora queste non fossero disponibili, altre gustose ricette ispirate alla stagione delizieranno il vostro palato.

MERCATO SAN SEVERINO – Salerno (SA) – **564** E26 – **21 199 ab.**   6 B2
– alt. 186 m – ⊠ 84085

▶ Roma 256 – Napoli 61 – Salerno 17 – Avellino 27

XX **Casa del Nonno 13**   🅰️🅲 VISA ◉ 🅰🅴 ⚅
ⓢ Via Caracciolo 13 – 🕾 08 98 94 39 99 – Fax 08 98 28 11 05 – chiuso dal 1° al
15 luglio, domenica sera, martedì
Rist – Menu 35/60 € – Carta 32/45 € 🕸
Spec. Variazione di baccalà: carpaccio di mussillo (il filetto) con scarola riccia,
fritto con farina di granturco, arrostito in foglie di limone. Candele ripiene di
mozzarella di bufala, con pomodoro San Marzano di propria produzione, basilico. Cosciotto d'agnello da latte alle erbe con patate e cipollotto di Nocera.
♦ Originale atmosfera in una cantina ristrutturata dal *patron*, dove rustico e romantico convivono in armonia. In tavola è la semplicità che regna sovrana: pomodoro, mozzarella e carne
italiana di ottima qualità!

MERCENASCO – Torino (TO) – **561** F5 – **1 274 ab.** – alt. 249 m   22 B2
– ⊠ 10010

▶ Roma 680 – Torino 40 – Aosta 82 – Milano 119

XX **Darmagi**   🅰🅲 🅿 VISA ◉ ⚅
via Rivera 7 – 🕾 01 25 71 00 94 – www.ristorantedarmagi.it – Fax 01 25 71 00 94
– chiuso dal 15 giugno al 2 luglio, dal 16 al 31 agosto, lunedì e martedì
Rist – Carta 28/44 € 🕸
♦ Villetta in posizione defilata caratterizzata da una calda atmosfera familiare, soprattutto
nella bella sala con camino. La cucina è ricca di proposte della tradizione.

MERCOGLIANO – Avellino (AV) – **564** E26 – **12 422 ab.** – alt. 550 m   6 B2
– ⊠ 83013

▶ Roma 242 – Napoli 55 – Avellino 6 – Benevento 31

in prossimità casello autostrada A16 Avellino Ovest Sud : 3 km :

🏨 **Grand Hotel Irpinia**   🚗 🛖 ⛲ 🎿 🛜 🅸 🅰🅲 🍽 rist, 🛁 🅿 🚘
via Nazionale ⊠ 83013 – 🕾 08 25 68 36 72   VISA ◉ 🅰🅴 ⚅
– www.grandhotelirpinia.it – Fax 08 25 68 36 72
66 cam ⊡ – †60/90 € ††90/150 € – ½ P 65/75 €   **Rist** – Carta 23/44 €
♦ Immerso in un giardino che custodisce una piscina circondata da statue, l'hotel è facilmente
raggiungibile ed offre un servizio efficiente ed ambienti spaziosi e confortevoli. Le eleganti ed
ampie sale ristorante ben si prestano per allestire ricevimenti e celebrare importanti ricorrenze.

MERCURAGO – Novara (NO) – Vedere Arona

MERGOZZO – Verbano-Cusio-Ossola (VB) – **561** E7 – **2 123 ab.**   24 A1
– alt. 204 m – ⊠ 28802

▶ Roma 673 – Stresa 13 – Domodossola 20 – Locarno 52

🅸 corso Roma 20 🕾 0323 800935, mergozzo@distrettolaghi.it, Fax 0323 800935

🏨 **Due Palme e Residenza Bettina**   ⟨ 🛖 🅸 ♨ 🍽 rist,
via Pallanza 1 – 🕾 0 32 38 01 12   VISA ◉ 🅰🅴 ① ⚅
– www.hotelduepalme.it – Fax 0 32 38 02 98 – marzo-ottobre
50 cam ⊡ – †60/85 € ††80/120 € – ½ P 60/90 €   **Rist** – Menu 25/35 €
♦ In un'oasi di tranquillità, sulle rive del lago di Mergozzo ma a pochi passi dal centro, l'elegante residenza d'epoca trasformata in hotel, offre camere di taglio classico. Belle e luminose
le sale ristorante, caratteristiche nel loro stile leggermente retrò, dove gustare la tradizionale
cucina del territorio.

XX **La Quartina** con cam   🛖 🅸 rist, 🅿 VISA ◉ 🅰🅴 ① ⚅
via Pallanza 20 – 🕾 0 32 38 01 18 – www.laquartina.com – Fax 0 32 38 07 43
– chiuso dicembre, gennaio e lunedì (escluso luglio-agosto)
10 cam – †65/70 € ††90/110 €, ⊡ 10 € – ½ P 77/90 €
Rist – Menu 60 € – Carta 45/60 €
♦ Alle porte della località, un piacevole locale affacciato sul lago con una luminosa sala ed
un'ampia terrazza dove assaporare la cucina del territorio e specialità lacustri. Camere semplici, accoglienti e sempre curate.

MERONE – Como (CO) – **561** E9 – **4 082 ab.** – alt. 284 m – ⊠ 22046   **18** B1
> ▶ Roma 611 – Como 18 – Bellagio 32 – Bergamo 47

🏠🏠🏠 **Il Corazziere** ॐ   📣 🛏 ₺ cam, ⚤ 🚗 Ⅲ ॐ rist, ⁽ᵗⁿ 🛅 🄿
via Mazzini 4 e 7 – ℰ 031 61 71 81   🆚 🄼 🄰🄴 ① 🆚
– www.corazziere.it – Fax 031 61 72 17
– chiuso dal 20 al 30 dicembre e dal 1° al 27 agosto
37 cam ⊑ – ♦90 € ♦♦130 €
Rist *Il Corazziere* – ℰ 031 65 01 41 *(chiuso martedì)* Carta 39/48 € ॐ
♦ Struttura moderna e signorile, ubicata in riva al fiume Lambro. Un hotel che per dotazioni è adatto ad ospitare tanto l'uomo d'affari, quanto il turista di passaggio. Per gustare i piatti di un menù classico, con proposte di pesce.

MESAGNE – Brindisi (BR) – **564** F35 – **27 897 ab.** – alt. 72 m – ⊠ 72023   **27** D2
> ▶ Roma 574 – Brindisi 15 – Bari 125 – Lecce 42

🏠 **Castello** senza rist   🛏 ₺ 🄼 ॐ ⁽ᵗⁿ 🚗 🆚 🄼 🄰🄴 ① 🆚
piazza Vittorio Emanuele II 2 – ℰ 08 31 77 75 00
– www.hotelcastellomesagne.com – Fax 08 31 77 75 00
11 cam ⊑ – ♦47/55 € ♦♦73/80 €
♦ Al primo piano di un edificio del Quattrocento sito sulla piazza principale, una piccola risorsa con soffitti a volta e dagli arredi semplici e lineari.

MESCO – La Spezia – **561** J10 – Vedere Levanto

MESE – Sondrio – Vedere Chiavenna

MESIANO – Vibo Valentia – **564** L30 – Vedere Filandari

MESSADIO – Asti – **561** H6 – Vedere Montegrosso d'Asti

MESSINA 🄿 – **365** BC54 – Vedere Sicilia alla fine dell'elenco alfabetico

MESTRE – Venezia (VE) – **562** F18 Mestre   **36** C2
> ▶ Roma 522 – Venezia 9 – Milano 259 – Padova 32
> ✈ Marco Polo di Tessera, per ③: 8 km ℰ 041 2609240
> 🛈 (giugno-settembre) rotonda Marghera ⊠ 30175 ℰ 041 937764
> 🚗 Cá della Nave, ℰ 041 5 40 15 55

🏠🏠🏠🏠 **NH Laguna Palace**   ≤ 🚗 🛏 ₺ 🄼 ⅙ ॐ ⁽ᵗⁿ 🛅 🚗
viale Ancona 2 ⊠ 30172 – ℰ 04 18 29 69 11   🆚 🄼 🄰🄴 ① 🆚
– www.nh-hotels.com – Fax 04 18 29 61 12   BY**a**
324 cam ⊑ – ♦♦154/305 € – 52 suites
Rist *Laguna Restaurant* – Carta 39/78 € (solo buffet a mezzogiorno escluso sabato e domenica)
♦ Avveniristica struttura, impressionante per gli spazi, nei quali sono stati utilizzati forme e materiali innovativi, si compone di due strutture imponenti precedute da una grande fontana con giochi d'acqua. All'elegante Laguna, la cucina mediterranea.

🏠🏠🏠 **Michelangelo** senza rist   🚗 🛏 🄼 ⅙ ⁽ᵗⁿ 🛅 🄿 🆚 🄼 🄰🄴 ① 🆚
via Forte Marghera 69 ⊠ 30173 – ℰ 04 41 98 66 00
– www.hotelmichelangelo.net – Fax 04 41 98 60 52   BX**x**
50 cam ⊑ – ♦60/190 € ♦♦75/260 €
♦ Signorile e tranquillo, non lontano dal centro, offre un servizio accurato assicurato da uno staff particolarmente attento e garantisce un'ospitalità confortevole ed elegante.

🏠🏠🏠 **Plaza**   🛏 🄼 ⅙ ॐ ⁽ᵗⁿ 🛅 🆚 🄼 🄰🄴 ① 🆚
⊗ viale Stazione 36 ⊠ 30171 – ℰ 04 41 92 93 88 – www.hotelplazavenice.com
– Fax 04 41 92 93 85   AY**f**
226 cam ⊑ – ♦90/195 € ♦♦120/265 € – ½ P 85/158 €
Rist – *(chiuso a mezzogiorno) (solo per alloggiati)* Carta 28/65 €
Rist *Plaza Cafè* – *(chiuso sabato) (chiuso la sera)* Carta 20/34 €
♦ Grande albergo di respiro internazionale, si trova di fronte alla stazione ferroviaria ed è ideale tanto per una clientela business quanto per chi è in visita in zona. Gestione seria e capace. Ambiente moderno semplice e informale al Cafè, dove fermarsi per un brunch, un cocktail o un primo piatto.

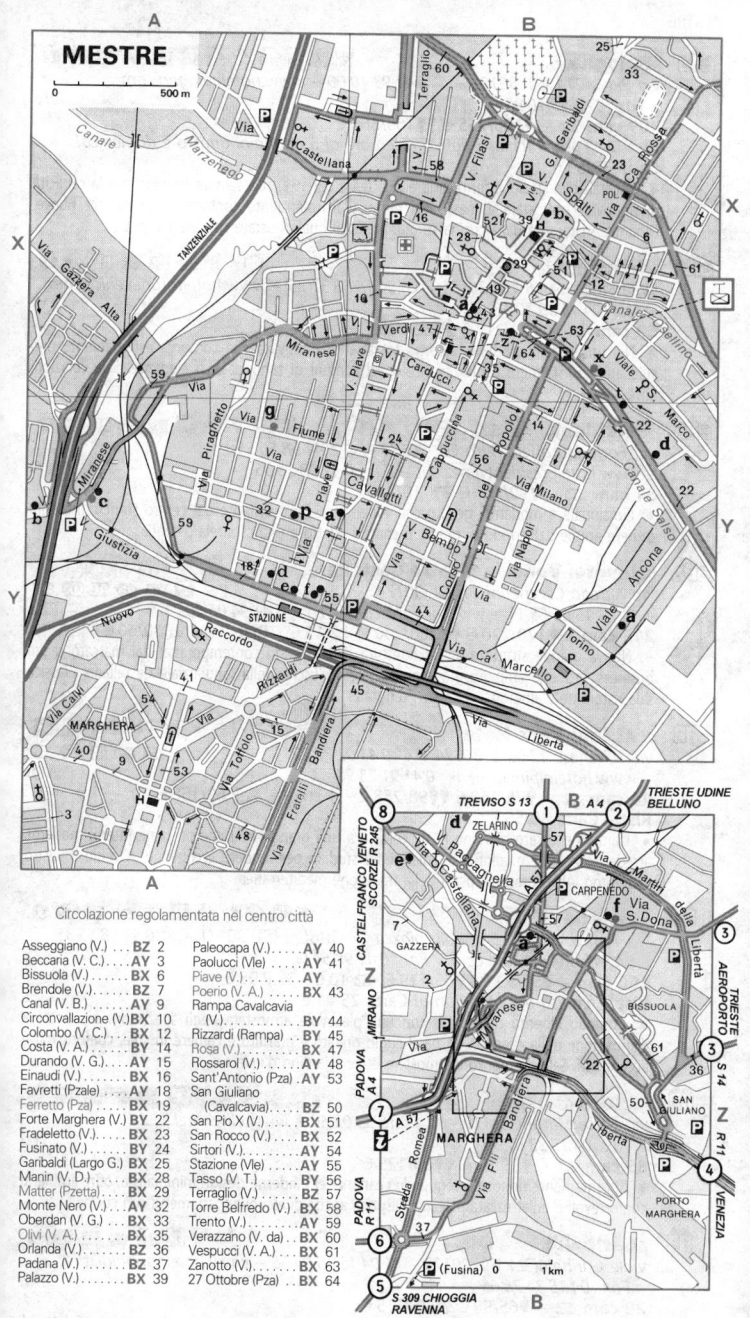

MESTRE

0 500 m

581

Bologna
🛗 AC ⚡ rist, ⟨¹⟩ 🐾 P VISA ⚫ AE ⓘ 💪

via Piave 214 ⊠ 30171 – ℰ 041 93 10 00 – www.hotelbologna.com
– Fax 041 93 10 95
AYe

109 cam ⊑ – †105/255 € ††165/360 €
Rist Da Tura – (chiuso dal 25 dicembre al 6 gennaio, agosto e domenica)
Carta 38/53 €

◆ Antistante alla stazione ferroviaria è in attività dal 1911. Da sempre ha mostrato la capacità di rinnovarsi per stare al passo coi tempi. Particolarmente confortevoli le camere nuove. Dinamico ristorante dalla cucina curata, presso il quale gustare specialità venete.

Tritone senza rist
AC ⚡ ⟨¹⟩ 🐾 VISA ⚫ AE ⓘ 💪

viale Stazione 16 ⊠ 30171 – ℰ 04 15 38 31 25 – www.hoteltritonevenice.com
– Fax 04 15 38 30 45
AYf

60 cam ⊑ – †72/212 € ††82/235 €

◆ Nei pressi della stazione, albergo totalmente rinnovato che conserva esternamente uno stile anni '50. Camere confortevoli e spazi comuni di tono classico elegante. Sala colazioni affrescata.

President senza rist
🛗 AC ⟨¹⟩ 🐾 P VISA ⚫ AE ⓘ 💪

via Forte Marghera 99/a ⊠ 30173 – ℰ 041 98 56 55
– www.hotelpresidentvenezia.it – Fax 041 98 56 55
BXYt

51 cam ⊑ – †99/160 € ††110/280 €

◆ Funzionale e moderno, gestito con esperienza. Poco distante dal centro storico, presenta camere ampie dall'arredo di pregio e confort adatto a una clientela d'affari.

Novotel Venezia Mestre Castellana
🛖 ⯑ & AC ⚡ rist, ⟨¹⟩ 🐾
P VISA ⚫ AE ⓘ 💪

via Alfredo Ceccherini 21 ⊠ 30174
– ℰ 04 15 06 65 11 – www.novotel.com – Fax 041 94 06 20
BZa

215 cam – †170/220 € ††200/260 €, ⊑ – **Rist** – Menu 30/60 €

◆ Nuova grande struttura dall'architettura e dal design contemporanei dal marcato taglio business, propone ampie e moderne camere. All'uscita della tangenziale Castellana. Classica sala ristorante d'albergo, molto ben tenuta.

Ai Pini Park Hotel
🚗 🛖 🛗 & cam, AC ⚡ ⟨¹⟩ 🐾 P

via Miranese 176 ⊠ 30174 – ℰ 041 91 77 22
VISA ⚫ AE ⓘ 💪

– www.hotelaipini.it – Fax 041 91 23 90
AYb

48 cam ⊑ – †75/160 € ††98/258 € – 1 suite – ½ P 69/158 €
Rist – Carta 30/55 €

◆ L'ampio e curato giardino fa da cornice a una grande villa che propone interni moderni, arredati con linee e colori particolarmente studiati per rendere accogliente e caldo il vostro soggiorno. Al ristorante, i piatti della tradizione mediterranea.

Venezia
🛗 AC ⚡ ⟨¹⟩ 🐾 P VISA ⚫ AE ⓘ 💪

via Teatro Vecchio 5 angolo piazza 27 Ottobre ⊠ 30171 – ℰ 041 98 55 33
– www.hotel-venezia.com – Fax 041 98 54 90
BXz

100 cam – †59/99 € ††69/119 €, ⊑ 10 € – ½ P 95 €
Rist – (chiuso a mezzogiorno) Carta 25/41 €

◆ Comodo albergo del centro con una piacevole atmosfera negli spazi comuni, mette a disposizione della clientela un parcheggio privato e gratuito e camere in stile, confortevoli e accoglienti. Sala da pranzo d'atmosfera e con giardino d'inverno.

Elite senza rist
🗝 🛗 & AC ⟨¹⟩ 🐾 VISA ⚫ AE ⓘ 💪

via Forte Marghera 119 – ℰ 04 15 33 07 40 – www.elitehotel.it
– Fax 04 15 33 07 30
BYd

85 cam ⊑ – †59/85 € ††69/125 €

◆ Recentemente rinnovato seguendo i canoni del moderno design minimalista, offre ambienti confortevoli e un'attrezzata palestra. Dispone anche di alcuni appartamenti con cucina.

Garibaldi senza rist
AC ⚡ ⟨¹⟩ P VISA ⚫ AE ⓘ 💪

viale Garibaldi 24 ⊠ 30173 – ℰ 04 15 35 04 55 – www.hotelgaribaldi.it
– Fax 04 15 34 75 65
BXb

28 cam ⊑ – †65/90 € ††75/115 €

◆ Sono fratello e sorella a gestire questo semplice albergo situato in pieno centro. Stretta, di tono e arredo moderno, la sala colazioni è stata recentemente ampliata.

🏠 **Piave** senza rist   🔄 AC 🔲 P VISA ⓪ AE ① 🅖

via Col Moschin 6/10 ✉ 30171 – 𝒞 041 92 92 87 – www.hotelpiavevenice.com
– Fax 041 92 96 51   ABY**a**
55 cam – ♦50/90 € ♦♦60/100 €, ☲ 7 €

◆ L'arredo che richiama lo stile tirolese, con tanto di stube; le stanze sono d'impostazione più semplice, più ricercate e ampie quelle ricavate nella vicina dependance.

🏠 **Al Vivit** senza rist   ⅙ AC ↵ 🔲 P VISA ⓪ AE ① 🅖

piazza Ferretto 73 ✉ 30174 – 𝒞 041 95 13 85 – www.hotelvivit.com
– Fax 041 95 88 91   BX**a**
33 cam ☲ – ♦69/102 € ♦♦89/160 €

◆ Piccolo e storico albergo del centro, in attività dai primi del Novecento, propone camere ampie e confortevoli simili nell'arredo moderno ma di sapore classico.

🏠 **Paris** senza rist   🔄 AC 🔲 P VISA ⓪ 🅖

viale Venezia 11 ✉ 30171 – 𝒞 041 92 60 37 – www.hotelparis.it
– Fax 041 92 61 11 – chiuso dal 23 al 30 dicembre   AY**d**
18 cam ☲ – ♦75/110 € ♦♦88/160 €

◆ A pochi passi dalla stazione ferroviaria, l'attuale confort e modernità sono il frutto di un totale rinnovo avvenuto nel 2008. Camere accoglienti e funzionali, dotate delle migliori installazioni tecnologiche.

🏠 **Cris** senza rist   ⅙ AC 🔲 P 🚗 VISA ⓪ 🅖

via Monte Nero 3/A ✉ 30171 – 𝒞 041 92 67 73 – www.hotelcris.it
– Fax 041 93 71 06 – chiuso dicembre e gennaio   AY**p**
17 cam ☲ – ♦55/70 € ♦♦65/110 €

◆ Rinnovato in anni recenti, un piccolo albergo non distante dalla stazione ferroviaria e contemporaneamente a pochi passi dal centro. Curati ambienti e camere ben allestite per un soggiorno confortevole.

🏠 **Alla Giustizia** senza rist   AC 🔲 VISA ⓪ AE ① 🅖

via Miranese 111 ✉ 30171 – 𝒞 041 91 35 11 – www.hotelgiustizia.com
– Fax 041 91 44 21 – chiuso dal 24 al 27 dicembre e dal 2 al 18 gennaio
21 cam ☲ – ♦40/70 € ♦♦80/120 €   AY**c**

◆ Nei pressi della tangenziale, albergo a gestione familiare recentemente rinnovato che dispone di camere graziose e accoglienti. Più semplici e meno ampi gli ambienti comuni.

🏠 **Kappa** senza rist   AC 🔲 P VISA ⓪ AE 🅖

via Trezzo 8 ✉ 30174 – 𝒞 041 53 43 21 – www.hotelkappa.com
– Fax 041 53 47 03 – chiuso dal 10 al 31 gennaio   BZ**f**
19 cam ☲ – ♦50/90 € ♦♦80/140 €

◆ Semplice e confortevole, accoglienti spazi comuni e luminose camere di taglio classico in questa palazzina ottocentesca poco distante dal centro. Dispone anche di un piccolo cortile interno.

🏠 **Delle Rose** senza rist   🔄 AC 🔲 P VISA ⓪ AE ① 🅖

via Millosevich 46 ✉ 30173 – 𝒞 041 53 17 71 – www.htldellerose.com
– Fax 041 53 17 43 – chiuso dal 10 dicembre al 15 gennaio   BZ**b**
25 cam ☲ – ♦47/82 € ♦♦70/120 €

◆ In posizione ideale per chi desidera scoprire Venezia, albergo a conduzione familiare con camere semplici e tenute ed una calda accoglienza.

XXX **Marco Polo**   🏠 AC VISA ⓪ AE ① 🅖

via Forte Marghera 67 ✉ 30173 – 𝒞 34 97 74 49 21
– www.ristorantemarcopolo.it – chiuso dal 1° al 7 gennaio, dal 1° al 21 agosto e
domenica   BX**x**
Rist – Carta 32/65 €

◆ All'interno di una villetta indipendente, ristorante ricavato al primo piano, curato ed elegante. Capriate a vista e spioventi decorati. Alle pareti molti quadri moderni.

XX **Dall'Amelia**   AC VISA ⓪ AE ① 🅖

via Miranese 113 ✉ 30174 – 𝒞 041 91 39 55 – www.dallamelia.it
– Fax 041 54 41 11 – chiuso 1 settimana in gennaio, 10 giorni in agosto,
domenica sera, mercoledì   AY**c**
Rist – Carta 43/63 € 🏵

◆ Un classico in zona, ora nelle mani dei figli: ambiente signorile, piatti a base di pesce e specialità venete. Più informale l'osteria, dove si potrà apprezzare una cucina tipica.

✗ **Al Leone di San Marco** AC ⌖ VISA ⚫ AE ⑤
via Trezzo 6, località Carpenedo ⊠ *30174 –* ℰ *04 15 34 17 42*
– Fax 04 15 34 17 42 – chiuso dal 26 dicembre al 15 gennaio, dal 9 agosto
al 2 settembre, domenica sera, lunedì BZf
Rist – Carta 59/74 €
♦ Rustico e curato, poco lontano dal centro, con quadri alle pareti e griglia a vista per piatti prevalentemente a base di pesce. Accanto, una tipica "cicchetteria" veneziana per gustare un bicchiere di vino.

✗ **Osteria la Pergola** ⌂ ⅍ AC ⇔ VISA ⚫ ⑤
via Fiume 42 ⊠ *30171 –* ℰ *0 41 97 49 32 – Fax 0 41 97 49 32 – chiuso dal 10 al*
24 agosto, sabato a mezzogiorno e domenica, anche sabato sera da giugno a
settembre AYg
Rist – (consigliata la prenotazione) Carta 26/51 €
♦ Sono due giovani soci a gestire questa caratteristica trattoria: un locale rustico con vecchie fotografie alle pareti e nei mesi più caldi la possibilità di approfittare di un fresco pergolato. Cucina locale.

a Zelarino Nord : 2 km BZ – ⊠ 30174

🏠 **Antico Moro** senza rist 🚗 ⅍ AC ↯ ☏ P VISA ⚫ AE ⑤
via Castellana 149 – ℰ *04 15 46 18 34 – www.anticomoro.com*
– Fax 04 15 46 80 21 – chiuso dal 20 al 29 dicembre BZe
14 cam �**–** †55/85 € ††75/135 €
♦ Risorsa valida per visitare la zona, è un piacevole e accogliente hotel realizzato in uno stabile del XVIII secolo. Posizione strategica facilmente raggiungibile con i mezzi pubblici.

✗✗ **Al Cason** 🚗 ⌂ AC ⇔ P VISA ⚫ AE ⑤
via Gatta 112 ⊠ *30174 –* ℰ *0 41 90 79 07 – www.alcason.it – Fax 0 41 90 89 08*
– chiuso dal 27 dicembre al 6 gennaio, 3 settimane in agosto, domenica sera,
lunedì BZd
Rist – Carta 39/72 €
♦ Si può pranzare all'aperto, avvolti da uno splendido giardino, così come all'interno, in un locale dallo stile piacevolmente rustico. Un'unica tradizione in cucina: la passione per il pesce.

a Campalto per ③ : 5 km – ⊠ 30030

🏠 **Antony** ⩤ 🛗 AC ↯ ⅍ ☏ ⅃ P VISA ⚫ AE ① ⑤
⊘ *via Orlanda 182* ⊠ *30030 –* ℰ *04 15 42 00 22 – www.sogedinhotels.it*
– Fax 0 41 90 16 77
114 cam ⊠ **–** †90/130 € ††90/180 €
Rist – (chiuso a mezzogiorno) (solo per alloggiati) Menu 20/45 €
♦ Alle spalle di questa grande struttura contemporanea un paesaggio d'eccezione: la laguna e l'incantevole Venezia con i suoi campanili! Funzionali e spaziose camere dall'arredo classico.

✗ **Trattoria da Vittoria** AC VISA ⚫ AE ① ⑤
via Gobbi 311 – ℰ *0 41 90 05 50 – chiuso dal 24 dicembre al 7 gennaio, dal 5 al*
21 agosto e domenica, anche sabato in luglio-agosto
Rist – Carta 33/42 € (+15 %)
♦ Carrello dei bolliti, arrosti e prodotti del territorio sono le specialità della cucina di questa accogliente trattoria in stile classico-moderno. Un'unica sala ad elle lungo le cui pareti scorrono panche di legno.

a Chirignano Ovest : 2 km – ⊠ 30030

✗✗ **Ai Tre Garofani** ⌂ ⅍ ⇔ P VISA ⚫ AE ① ⑤
via Assegiano 308 – ℰ *0 41 99 13 07 – Fax 0 41 99 13 07 – chiuso dal*
26 dicembre all'11 gennaio, dal 10 al 23 agosto e lunedì
Rist – (chiuso a mezzogiorno escluso domenica e festivi) Carta 40/60 €
♦ Si trova tra le mura di una casa di campagna questo raffinato locale a conduzione familiare: due sale di sobria eleganza e un'ampia terrazza per il servizio estivo. Fragranti specialità di pesce, "subordinate" alla disponibilità del mercato.

METANOPOLI – Milano – Vedere San Donato Milanese

MEZZANA – Trento (TN) – **562** D14 – 881 ab. – alt. 941 m – Sport **30** B2
invernali : 1 400/2 200 m ⌘ 5 ⌘ 19 (Comprensorio sciistico Folgarida-Marilleva) ⌘
– ✉ 38020 Mezzana

> ◨ Roma 652 – Trento 69 – Bolzano 76 – Milano 239
>
> ⓘ via 4 Novembre 77 ℰ 0463 757134, marilleva@valdisole.net, Fax
> 0463 757095

⌂ **Val di Sole** ⌘ ⌘ ⌘ ⌘ ⌘ ⌘ ⌘ ⌘ ⌘ ⌘ P ⌘ VISA ⓒⓞ AE ⌘
via 4 Novembre 135 – ℰ *04 63 75 72 40 – www.hotelvaldisole.it*
– Fax 04 63 75 70 71 – dicembre-20 aprile e giugno-settembre
66 cam ⌘ – ❙52/61 € ❙❙82/94 € – ½ P 42/92 € **Rist** – Carta 27/44 €
♦ In posizione rientrante, ma sempre lungo la via principale del paese, un hotel a conduzione familiare - di medie dimensioni - con camere semplici e una grande palestra. Il ristorante propone una cucina di fattura casalinga.

MEZZOCANALE – Belluno – Vedere Forno di Zoldo

MEZZOLOMBARDO – Trento (TN) – 6 627 ab. – alt. 227 m **30** B2
– ✉ 38017

> ◨ Roma 605 – Bolzano 45 – Trento 22 – Milano 261

⌘⌘ **Per Bacco** ⌘ P VISA ⓒⓞ AE ⌘
via E. De Varda 28 – ℰ *04 61 60 03 53 – www.ristorante-perbacco.com*
– Fax 04 61 60 71 95 – chiuso dal 15 al 25 gennaio e dal 20 agosto al
20 settembre
Rist – Carta 28/40 €
♦ Il ristorante è stato ricavato nelle stalle di una casa di fine Ottocento e arredato con lampade di design; nato come wine-bar vanta una bella scelta di vini locali al calice.

MIANE – Treviso (TV) – **562** E18 – 3 607 ab. – alt. 259 m – ✉ 31050 **36** C2
> ◨ Roma 587 – Belluno 33 – Milano 279 – Trento 116

⌘⌘ **Da Gigetto** ⌘ ⌘ P VISA ⓒⓞ AE ⓪ ⌘
via De Gasperi 5 – ℰ *04 38 96 00 20 – www.ristorantedagigetto.it*
– Fax 04 38 96 01 11 – chiuso 15 giorni in gennaio, 20 giorni in agosto, lunedì
sera, martedì
Rist – Carta 36/52 € ⌘
♦ Ristorante gradevole, con un'atmosfera familiare che non contrasta, anzi esalta, gli ambienti in stile rustico-elegante. La cucina attinge alla tradizione, splendida cantina.

MIGLIARA – Napoli – Vedere Capri (Isola di) : Anacapri

Galleria Vittorio Emanuele II

MILANO

Carta Michelin : 561 F9
Popolazione : 1 299 633 ab.
Altitudine : 122 m
Codice Postale : ⊠ 20121

▶ Roma 572 – Genève 323
– Genova 142 – Torino 140
▮ Italia
Carta regionale : 18 B2

INFORMAZIONI PRATICHE

◪ Uffici Informazioni turistiche
piazza Duomo 19/a ℰ 02 77404343 iat.info@provincia.milano.it, Fax 02 77404333

Aeroporti
Forlanini di Linate Est : 8 km CP ℰ 02 74852200

Malpensa Nord-Ovest : 45 km ℰ 02 74852200

Golf
▦ , ℰ 039 30 30 81

▦ Molinetto, ℰ 02 92 10 51 28

▦ Barlassina, ℰ 0362 56 06 21

▦ , ℰ 02 90 63 21 83

▦ Le Rovedine, ℰ 02 57 60 64 20

Fieramilanocity
25.02 - 28.02 : Mi Milano Pret-a-Porter - N.O.W. Fashion Exhibition

26.03 - 29.03 : miart (fiera internazionale d'arte moderna e contemporanea)

23.09 - 26.09 : Mi Milano Pret-a-Porter - N.O.W. Fashion Exhibition

Fieramilano Rho
15.01 - 18.01 : macef (salone internazionale della casa)

18.02 - 21.02 : bit (borsa internazionale del turismo)

03.03 - 06.03 : micam (esposizione internazionale della calzatura)

03.03 - 07.03 : mifur (salone internazionale della pellicceria e della pelle)

14.04 - 19.04 : (salone internazionale del mobile)

03.09 - 06.09 : macef (salone internazionale della casa)

⊙ LUOGHI DI INTERESSE

IL CENTRO

Duomo★★★ - Galleria Vittorio Emanuele II★★ - Teatro alla Scala★★ - Castello Sforzesco★★★

MILANO DALL' ALTO

Passeggiata sui terrazzi del Duomo★★★ - Vista dalla Torre Branca★★

I GRANDI MUSEI

Pinacoteca di Brera★★★ - Castello Sforzesco★★★ : Museo di Arte Antica★★, Pinacoteca★ - Pinacoteca Ambrosiana★★★ - Museo del Duomo★★ - Museo Poldi Pezzoli★★ - Museo di Palazzo Bagatti Valsecchi★★ - Museo dell'Ottocento★★ Museo Teatrale alla Scala★ - Museo della Scienza e della Tecnologia★★ - Museo di Storia Naturale★ - Museo Civico di Archeologia★

LE BASILICHE E LE CHIESE

S. Ambrogio★★★ - S. Lorenzo★★ - S. Maria delle Grazie★★ e Cenacolo Vinciano★★★ - S. Eustorgio★: Cappella Portinari★★ - S. Maurizio al Monastero Maggiore★: affreschi★★ - S. Maria della Passione★★ - S. Nazaro★ - S. Maria presso S. Satiro★: coro del Bramante★★

I LUOGHI SUGGESTIVI

Via e Piazza dei Mercanti★ - La Ca' Granda★★ e Largo Richini - Il quartiere di Brera - I Navigli

ACQUISTI

Il quadrilatero della moda: via Montenapoleone, Via della Spiga, Via S. Andrea, Via Dante - Corso Buenos Aires - Corso Vercelli

DINTORNI

Abbazia di Chiaravalle★★ - Abbazia di Viboldone★ - Abbazia di Morimondo★

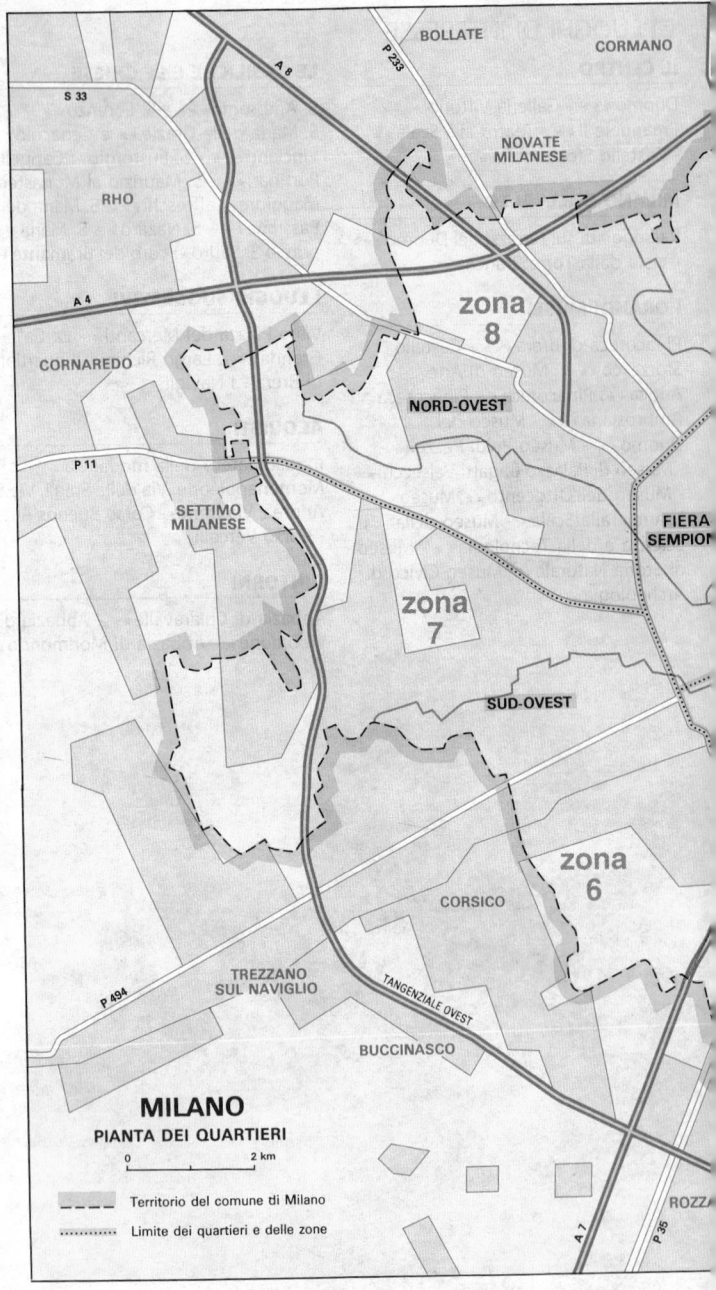

BOLLATE

CORMANO

S 33

A 8

P 233

NOVATE
MILANESE

RHO

A 4

zona
8

CORNAREDO

NORD-OVEST

P 11

SETTIMO
MILANESE

FIERA
SEMPION

zona
7

SUD-OVEST

zona
6

CORSICO

TREZZANO
SUL NAVIGLIO

TANGENZIALE OVEST

P 494

BUCCINASCO

ROZZA

MILANO
PIANTA DEI QUARTIERI

0   2 km

A 7

P 35

Territorio del comune di Milano

Limite dei quartieri e delle zone

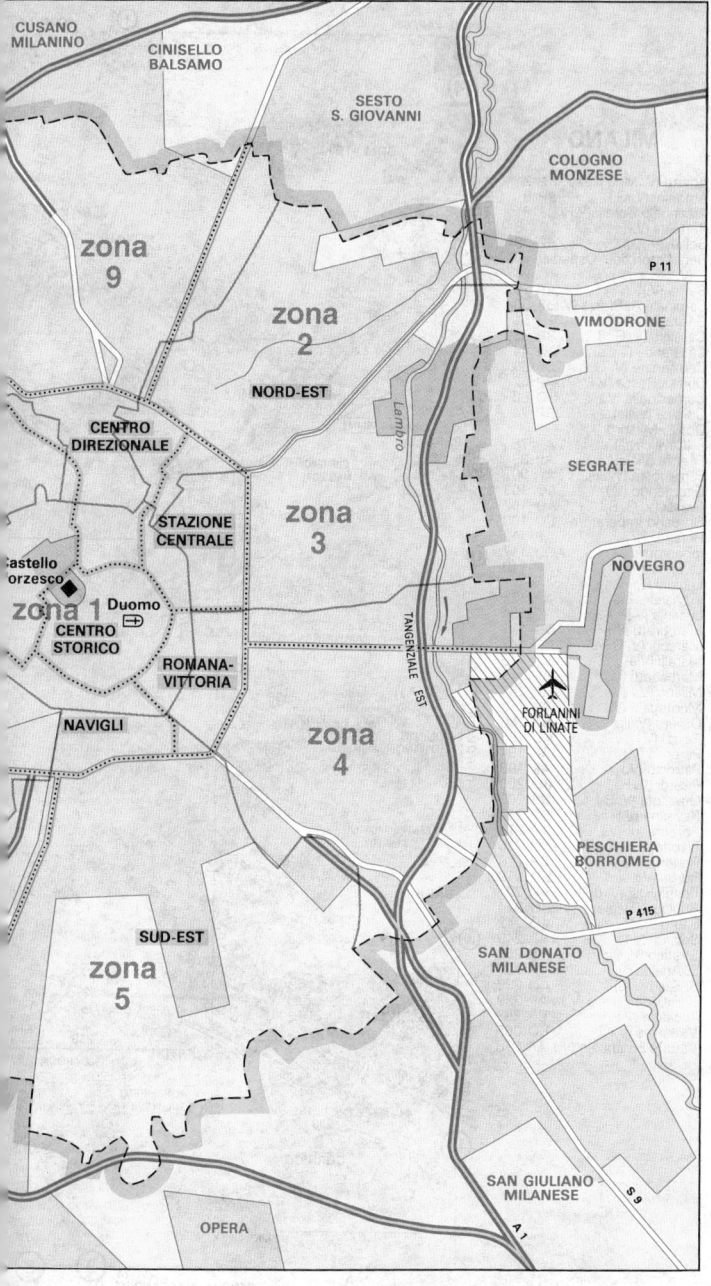

MILANO

MILANO

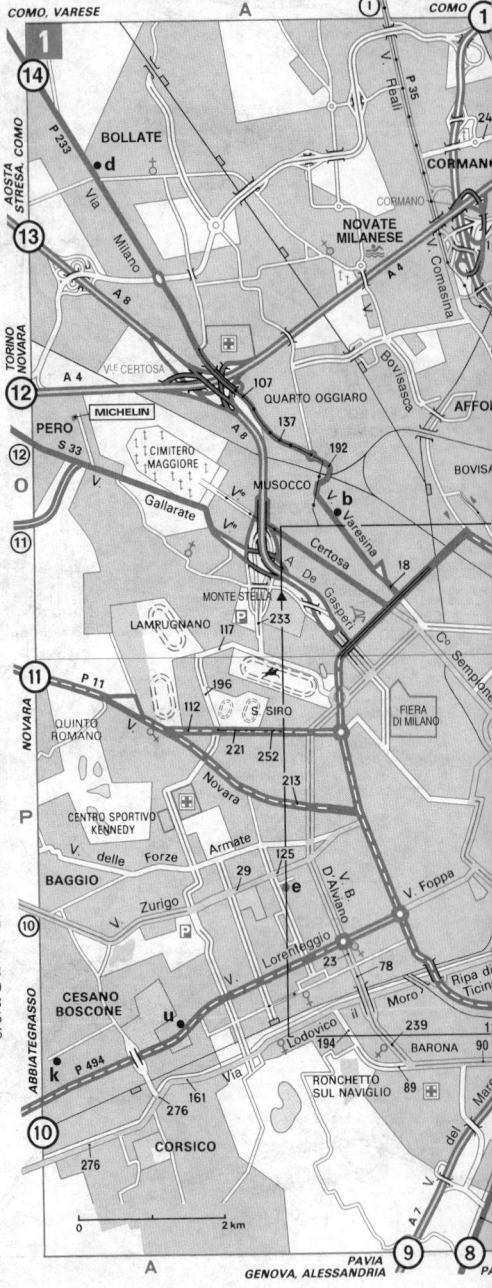

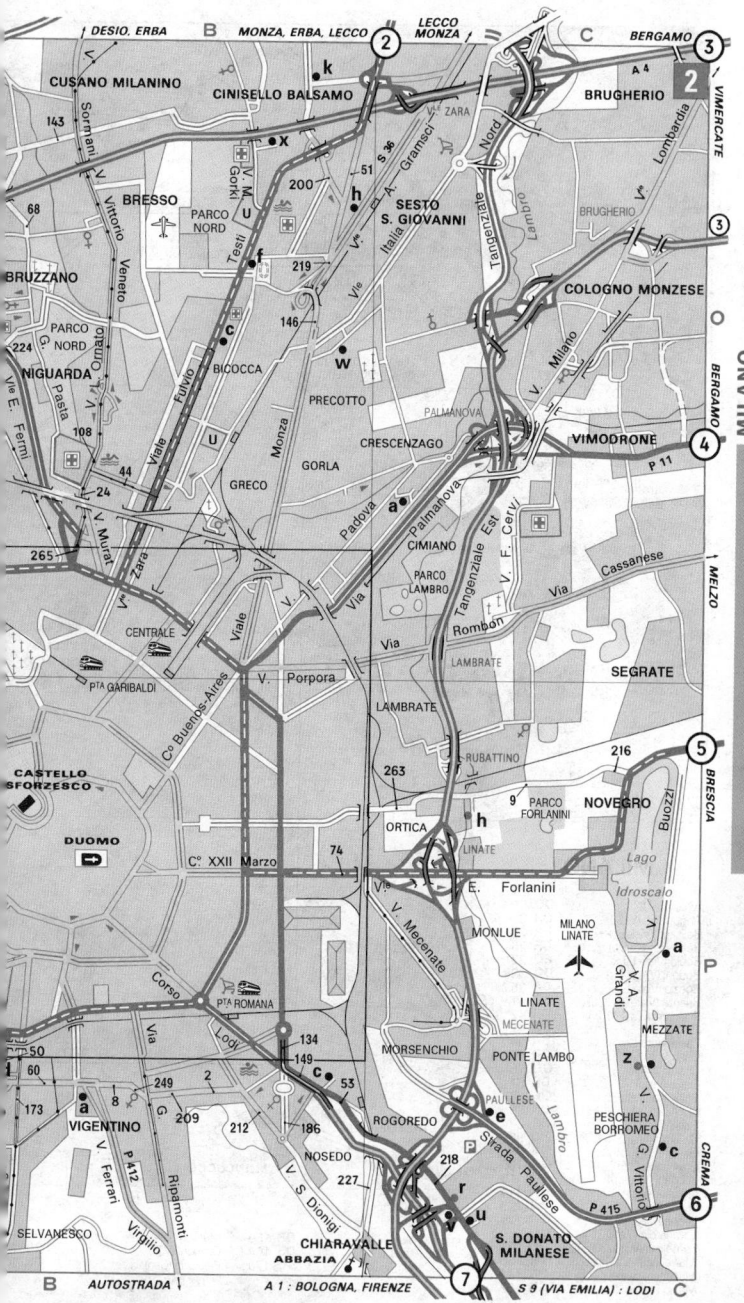

MILANO

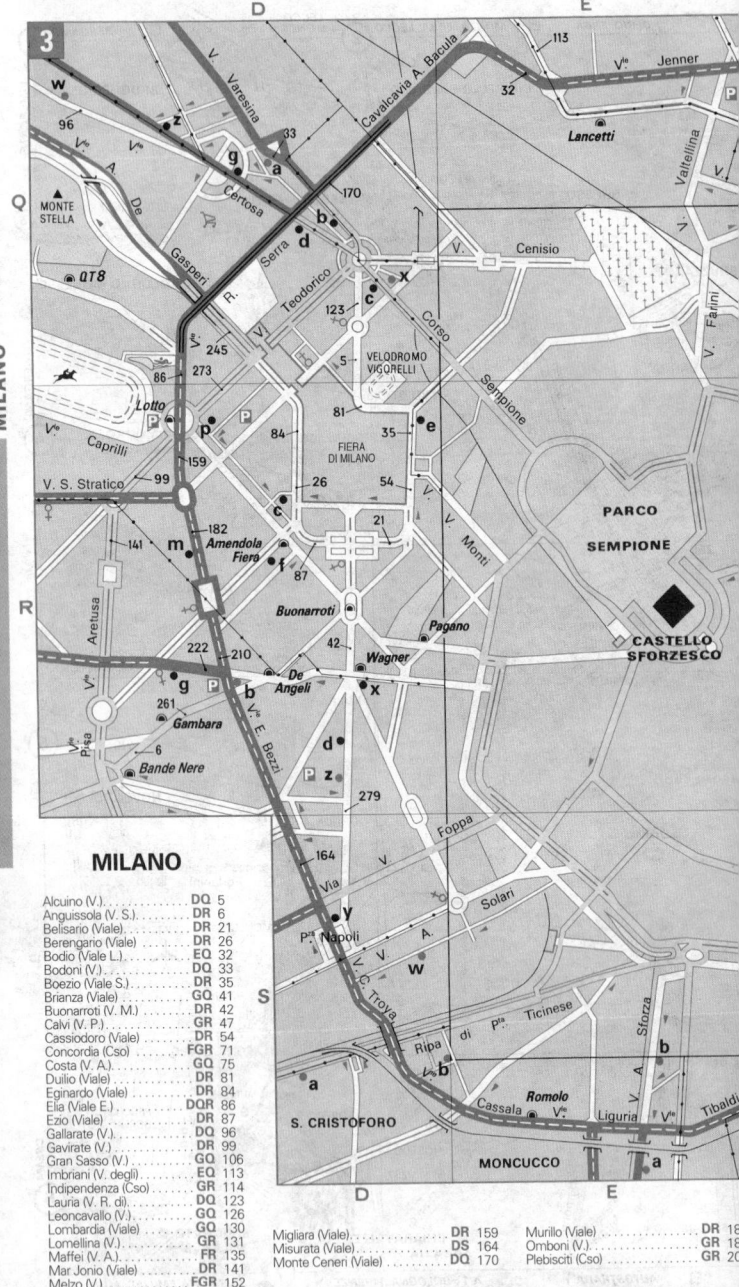

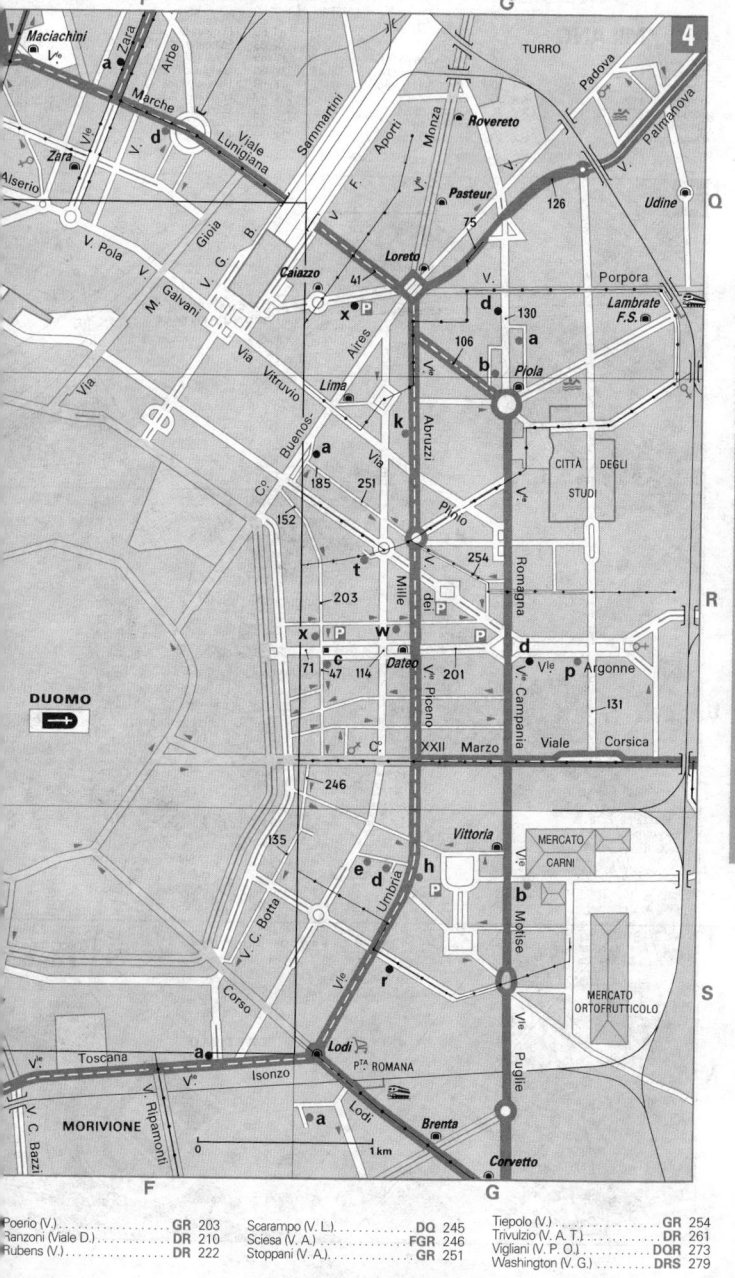

All'interno della zona delimitata da un retino verde, la città è divisa in settori il cui accesso è segnalato lungo tutta la cerchia. Non è possibile passare in auto da un settore all'altro.

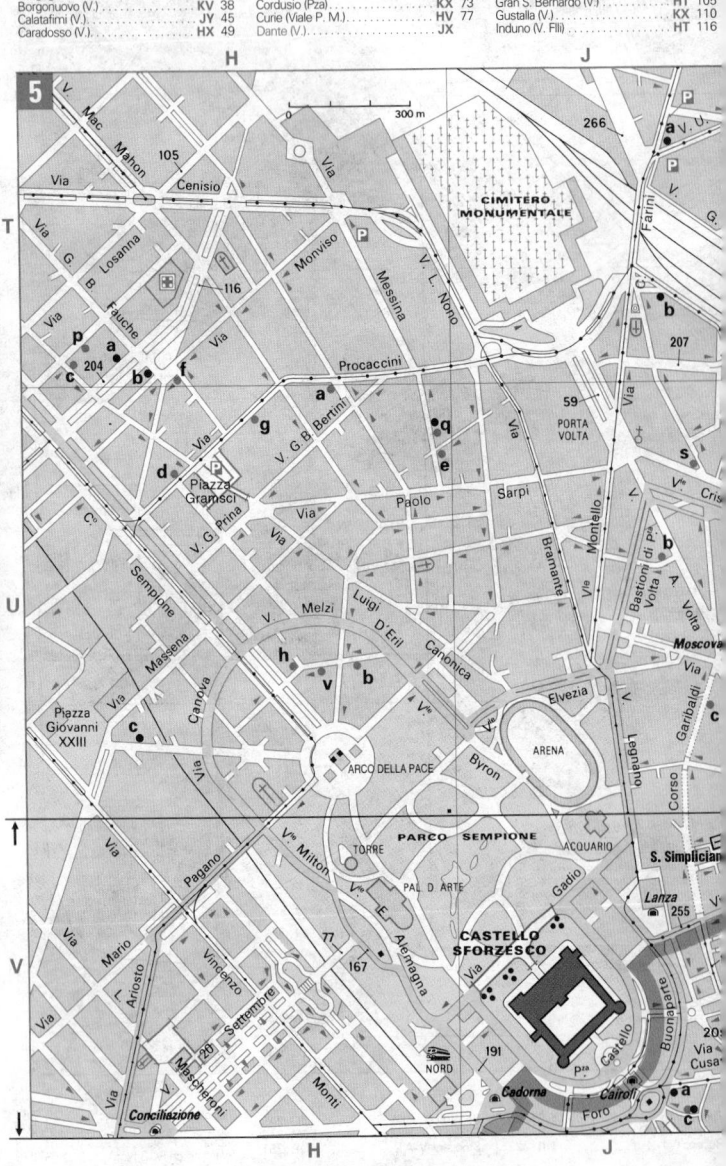

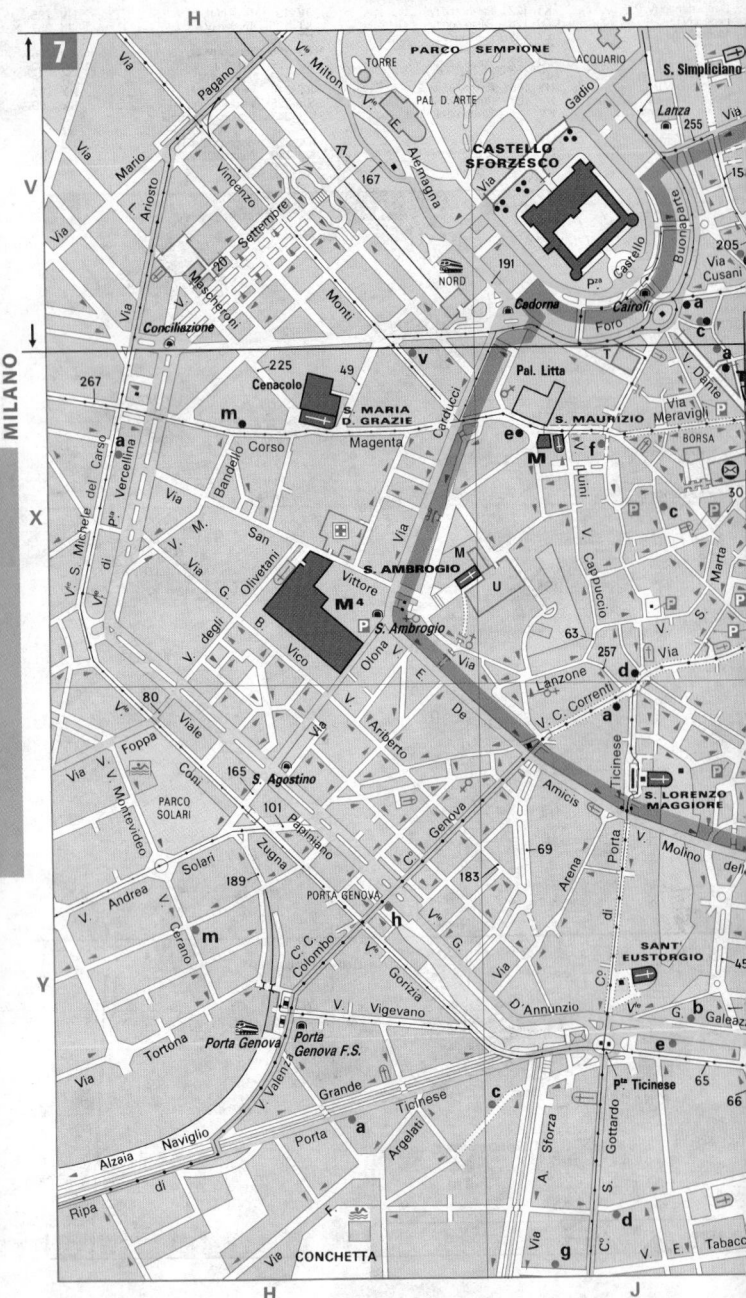

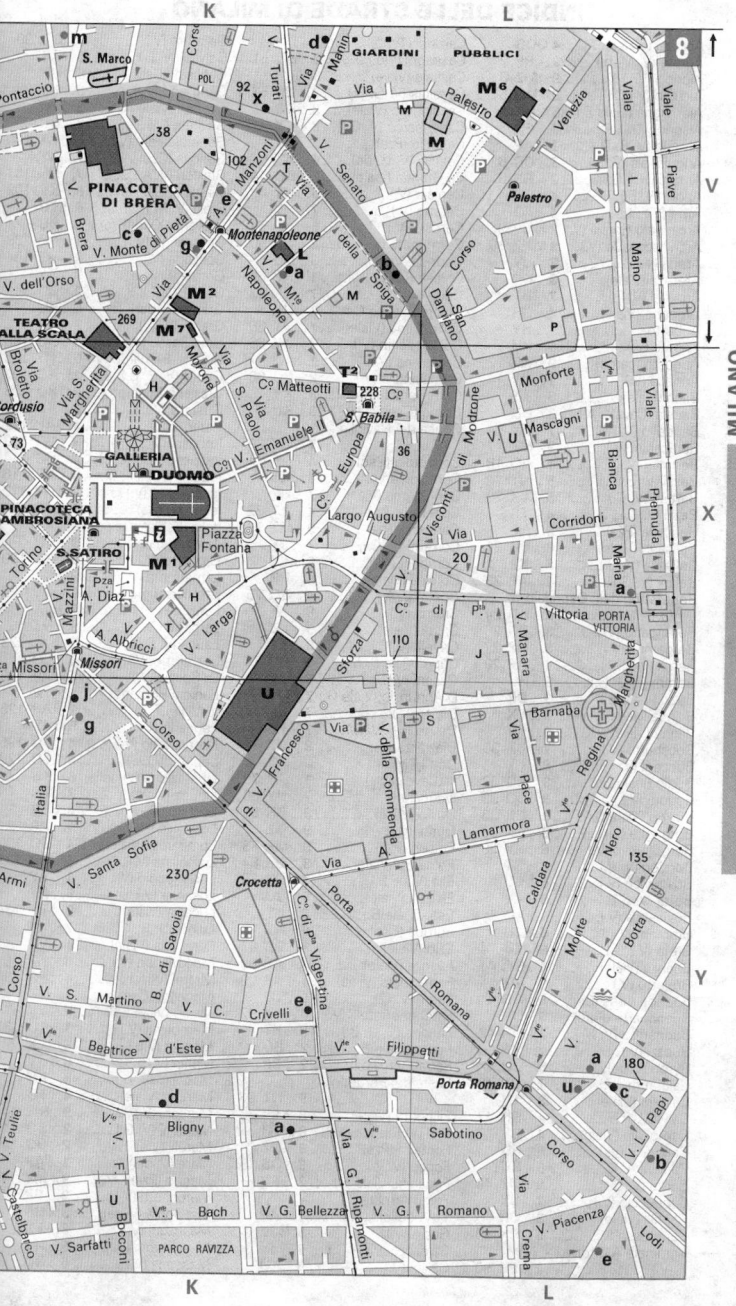

INDICE DELLE STRADE DI MILANO

MILANO

MILANO

MILANO

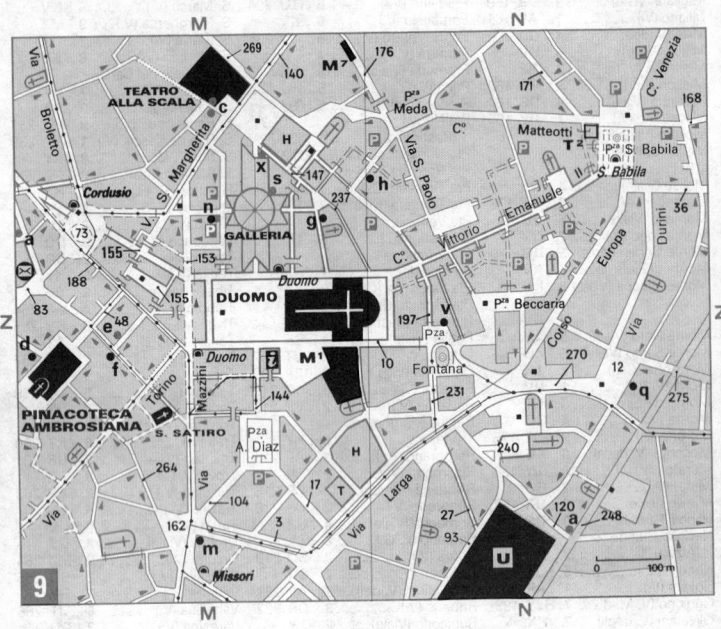

602

ELENCO ALFABETICO DEGLI ALBERGHI
INDEX OF HOTELS

ELENCO ALFABETICO DEI RISTORANTI
INDEX OF RESTAURANTS

GLI ESERCIZI CON STELLE
STARRED RESTAURANTS

MILANO

BIB GOURMAND

Pasti accurati a prezzi contenuti
Good food at moderate prices

RISTORANTI PER TIPO DI CUCINA
RESTAURANTS BY CUISINE TYPE

TAVOLI ALL'APERTO
OUTSIDE DINING

RISTORANTI APERTI IN AGOSTO
RESTAURANTS OPEN IN AUGUST

Centro Storico

🏨 **Four Seasons**   🚗 𝕃ᵴ 🖥 ⚐ cam, 🏄 𝐀𝐂 ↩ ⅍ 𝔰𝔞 ☁
via Gesù 6/8 ⊠ 20121 Ⓜ Montenapoleone   𝗩𝗜𝗦𝗔 ⓞⓞ 𝔸𝔼 ⓞ ⓢ
– ℰ 02 77 08 8 – www.fourseasons.com/milan – Fax 02 77 08 50 00   KVa
93 cam – ♦550/759 € ♦♦550/869 €, ⌚ 34 € – 25 suites
Rist Il Teatro – vedere selezione ristoranti
Rist *La Veranda* – Carta 63/120 €

♦ Nel "triangolo d'oro" milanese, celato in un convento del '400 che conserva elementi decorativi originali, l'albergo di maggior fascino ed esclusiva eleganza della città. Ristorante affacciato sul verde del giardino interno, ambiente raffinato.

🏨 **Park Hyatt Milano**   𝕃ᵴ 🖥 ⚐ 🏄 𝐀𝐂 ↩ ⅍ rist, "🍴" 𝔰𝔞
via Tommaso Grossi 1 ⊠ 20121 Ⓜ Duomo   𝗩𝗜𝗦𝗔 ⓞⓞ 𝔸𝔼 ⓞ ⓢ
– ℰ 02 88 21 12 34 – www.milan.park.hyatt.com – Fax 02 88 21 12 35   MZn
112 cam – ♦440/750 € ♦♦490/800 €, ⌚ 29 € – 12 suites
Rist The Park – vedere selezione ristoranti
Rist *La Cupola* – Menu 38 € – Carta 58/87 €

♦ In un palazzo del 1870, il design contemporaneo - in sintonia con l'architettura dell'edificio - abbraccia ed accoglie i migliori confort moderni. Camere spaziose, decorate con stucchi veneziani e lampade di Murano: elegantissima l'Imperial Suite. A La Cupola: cucina tradizionale o a buffet, dalle 11 alle 23.

🏨 **Grand Hotel et de Milan**   𝕃ᵴ 🖥 🏄 𝐀𝐂 ↩ ⅍ 𝔰𝔞 𝗩𝗜𝗦𝗔 ⓞⓞ 𝔸𝔼 ⓞ ⓢ
via Manzoni 29 ⊠ 20121 Ⓜ Montenapoleone – ℰ 02 72 31 41
– www.grandhoteletdemilan.it – Fax 02 86 46 08 61   KVg
95 cam – ♦♦370/700 €, ⌚ 35 € – 8 suites
Rist Don Carlos – vedere selezione ristoranti
Rist *Caruso* – (chiuso la sera) Carta 61/74 €

♦ Oltre un secolo e mezzo di vita per questo hotel che ha ospitato grandi nomi della musica, del teatro, del cinema e della politica nei suoi raffinati e suggestivi ambienti. Luminoso ristorante dedicato al tenore che in questo albergo registrò il suo primo disco.

🏨 **Carlton Hotel Baglioni**   🏡 𝕃ᵴ 🖥 🏄 𝐀𝐂 ↩ ⅍ rist, "🍴" 𝔰𝔞 ☁
via Senato 5 ⊠ 20121 Ⓜ San Babila – ℰ 02 77 07 7   𝗩𝗜𝗦𝗔 ⓞⓞ 𝔸𝔼 ⓞ ⓢ
– www.baglionihotels.com – Fax 02 78 33 00   KVb
83 cam – ♦560/715 € ♦♦610/765 €, ⌚ 36 € – 9 suites
Rist *Il Baretto al Baglioni* – Carta 82/102 €

♦ Raffinati dettagli e mobili d'epoca, tessuti preziosi dai toni caldi nelle sale comuni e nelle camere di un'elegantissima "bomboniera" nel cuore della Milano della moda. Ristorante composto da varie sale, una anche per fumatori, raccolte ed eleganti.

🏨 **Bulgari**   🚗 🏡 ▢ ⚐ 𝕃ᵴ 🖥 ⚐ 𝐀𝐂 ↩ "🍴" ☁ 𝗩𝗜𝗦𝗔 ⓞⓞ 𝔸𝔼 ⓞ ⓢ
via privata Fratelli Gabba 7/b ⊠ 20121 Ⓜ Montenapoleone – ℰ 02 80 58 05
– www.bulgarihotels.com – Fax 02 80 58 05   KVc
49 cam – ♦550 € ♦♦650 €, ⌚ 30 € – 11 suites   **Rist** – Carta 66/110 €

♦ Nuova stella nel firmamento dell'hôtellerie milanese in cui i materiali preziosi utilizzati con gusto regalano un'eleganza sobria e discreta. Incantevole, inatteso giardino. Esclusivo ristorante affacciato direttamente sul verde.

🏨 **Starhotels Rosa**   𝕃ᵴ 🖥 ⚐ cam, 🏄 𝐀𝐂 ↩ ⅍ rist, "🍴" 𝔰𝔞 ☁
piazza Fontana 3 ⊠ 20122 Ⓜ Duomo – ℰ 02 88 31   𝗩𝗜𝗦𝗔 ⓞⓞ 𝔸𝔼 ⓞ ⓢ
– www.starhotels.com – Fax 0 28 05 79 64   NZv
320 cam ⌚ – ♦165/1300 € – 7 suites   **Rist** – (solo per alloggiati)

♦ A pochi passi dal teatro La Scala e dal Duomo - le cui guglie sono visibili da alcune camere - la risorsa vanta un'eleganza moderna caratterizzata da spazi funzionali, camere dotate dei migliori confort, centro congressi ed area fitness.

🏨 **NH President**   🖥 ⚐ cam, 𝐀𝐂 ↩ ⅍ rist, "🍴" 𝔰𝔞 𝗩𝗜𝗦𝗔 ⓞⓞ 𝔸𝔼 ⓞ ⓢ
largo Augusto 10 ⊠ 20122 Ⓜ San Babila – ℰ 02 77 46 1 – www.nh-hotels.it
– Fax 02 78 34 49   NZq
251 cam ⌚ – ♦240/470 € ♦♦339/676 € – 12 suites – ½ P 215/383 €
Rist *Il Verziere* – Carta 46/76 €

♦ Un hotel di taglio internazionale adatto ad una clientela d'affari o turistica, offre ambienti ampi ed accoglienti nonché spazi per sfilate, colazioni di lavoro o congressi. Il ristorante propone piatti della tradizione mediterranea e soprattutto specialità della cucina lombarda.

UNA Hotel Cusani

🖻 & cam, 🔟 ℅ rist, ᵀᴵ 🕍 🚾 ⊕ 🖭 ⊕ ⚅

via Cusani 13 ⊠ 20121 Ⓜ Cairoli – ℰ 02 85 60 1 – www.unahotels.it
– Fax 02 86 93 60 1
JV**a**

87 cam ⌂ – ♦144/587 € ♦♦144/690 € – 5 suites **Rist** – Carta 45/58 €

◆ Situato in pieno centro storico, una posizione comoda per gli affari e per il turismo, la struttura dispone di camere molto ampie ed accoglienti con arredi semplici e moderni. Un'intima sala ristorante, dove gustare una classica cucina tradizionale ed internazionale.

De la Ville

🖾 🕉 ♨ 🖻 & cam, 🔟 ♭ ℅ rist, ᵀᴵ 🕍 🚾 ⊕ 🖭 ⊕ ⚅

via Hoepli 6 ⊠ 20121 Ⓜ Duomo – ℰ 02 87 91 31 1 – www.sinahotels.com
– Fax 02 86 66 09
NZ**h**

109 cam ⌂ – ♦396/407 € ♦♦429 €

Rist *L'Opera* – ℰ 02 80 51 23 1 – Carta 39/53 €

◆ Vicino al Duomo, un elegante hotel dai caldi ambienti arredati con sete di colori diversi e marmi. All'ultimo piano una rilassante piscina coperta da una cupola trasparente. Ideale per una cena dopo un appuntamento a teatro, il ristorante invita a gustare una cucina mediterranea rivisitata con creatività.

The Gray

🖻 & 🔟 ℅ rist, ᵀᴵ 🚾 ⊕ 🖭 ⊕ ⚅

via San Raffaele 6 ⊠ 20121 Ⓜ Duomo – ℰ 02 72 08 95 1 – www.sinahotels.com
– Fax 02 86 65 26 – chiuso agosto
MZ**g**

21 cam – ♦473/770 € ♦♦638/880 €, ⌂ 37 € **Rist** – Carta 56/76 €

◆ In prossimità della Galleria, l'hotel dispone di spazi e camere caratteristici arredati in modo diverso e ricercato secondo il gusto del moderno design e di un'area fitness. Nella raccolta e particolare sala ristorante si propone una carta altrettanto creativa.

Spadari al Duomo senza rist

🖻 🔟 ♭ ℅ ᵀᴵ 🚾 ⊕ 🖭 ⊕ ⚅

via Spadari 11 ⊠ 20123 Ⓜ Duomo – ℰ 02 72 00 23 71 – www.spadarihotel.com
– Fax 02 86 11 84 – chiuso dal 23 al 27 dicembre
MZ**f**

40 cam ⌂ – ♦♦198/368 €

◆ Nasce da una raccolta di opere d'arte contemporanea questo piccolo hotel che unisce nei suoi spazi il confort e l'attenta ricerca di nuove forme di rappresentazione artistica.

Cavour

🖻 🔟 ♭ ℅ ᵀᴵ 🕍 🚾 ⊕ 🖭 ⊕ ⚅

via Fatebenefratelli 21 ⊠ 20121 Ⓜ Turati – ℰ 02 62 00 01 – www.hotelcavour.it
– Fax 02 65 92 26 3 – chiuso agosto
KV**x**

113 cam ⌂ – ♦102/265 € ♦♦113/304 €

Rist *Conte Camillo* – ℰ 02 65 70 51 6 – Carta 42/63 €

◆ Poco distante dai principali siti di interesse sociale e culturale, è una struttura classica, con esperta conduzione familiare, dotata di camere ben arredate ed insonorizzate. Un locale discretamente elegante nel cuore della Milano del commercio, propone una cucina di tradizione elaborata in chiave moderna.

Dei Cavalieri senza rist

🖻 & ♯♯ 🔟 ♭ ℅ ᵀᴵ 🕍 🚾 ⊕ 🖭 ⊕ ⚅

piazza Missori 1 ⊠ 20123 Ⓜ Missori – ℰ 02 88 57 1
– www.hoteldeicavalieri.com – Fax 02 88 57 24 1
MZ**m**

177 cam ⌂ – ♦♦109/720 €

◆ In un palazzo storico della metà del secolo scorso, un'atmosfera rilassante e il servizio sempre attento ed efficiente, l'hotel dispone di eleganti e confortevoli camere, arredate in stile moderno.

Carrobbio senza rist

🖻 & 🔟 ♭ ℅ ᵀᴵ 🚾 ⊕ 🖭 ⊕ ⚅

via Medici 3 ⊠ 20123 Ⓜ Duomo – ℰ 02 89 01 07 40
– www.hotelcarrobbiomilano.com – Fax 02 80 53 33 4 – chiuso agosto
JX**d**

56 cam ⌂ – ♦198 € ♦♦356 €

◆ In una zona tranquilla nelle vicinanze del centro storico, si tratta di un hotel recentemente rinnovato nelle camere e dispone di un piccolo e rilassante giardino d'inverno.

Regina senza rist

🖻 🔟 ♭ ℅ ᵀᴵ 🕍 🚾 ⊕ 🖭 ⊕ ⚅

via Cesare Correnti 13 ⊠ 20123 Ⓜ Sant' Ambrogio – ℰ 02 58 10 69 13
– www.hotelregina.it – Fax 02 58 10 70 33 – chiuso dal 23 dicembre
al 6 gennaio e 2 settimane in agosto
JY**a**

43 cam ⌂ – ♦150/250 € ♦♦190/300 €

◆ A pochi passi dal Duomo, dallo shopping, da cinema e teatri, la risorsa è caratterizzata da una cupola che domina la hall e dispone di camere graziose, semplici negli arredi.

King senza rist 🏠 | 🔄 AC ↔ (¹) VISA ⚫ AE ① ⑤

corso Magenta 19 ⊠ 20123 Ⓜ Cadorna F.N.M. – ℰ 02 87 44 32
– www.mokinba.it – Fax 02 89 01 07 98   JXe
48 cam ☷ – ♦105/290 € ♦♦231/395 €

♦ Una struttura di sei piani poco distante dal Duomo, recentemente rinnovata negli arredi con un tocco di sfarzo negli spazi comuni e nelle camere non grandi, ma confortevoli.

Gran Duca di York senza rist 🏠 | 🔄 AC ℅ (¹) VISA ⚫ AE ① ⑤

via Moneta 1/a ⊠ 20123 Ⓜ Duomo – ℰ 02 87 48 63 – www.ducadiyork.com
– Fax 02 86 90 34 4   MZd
33 cam ☷ – ♦138/188 € ♦♦188/278 €

♦ Un palazzo settecentesco nel cuore di Milano, da poco rinnovato, ospita un piccolo e moderno hotel con camere semplici e spaziose per un soggiorno confortevole.

Antica Locanda dei Mercanti senza rist 🏠 | 🔄 AC ℅ (¹)

via San Tomaso 6 ⊠ 20121 Ⓜ Cordusio   VISA ⚫ AE ⑤
– ℰ 02 80 54 08 0 – www.locanda.it – Fax 02 80 54 09 0   JXa
16 cam – ♦♦205/250 €, ☷ 15 € – 4 suites

♦ Un albergo piccolo ma accogliente arredato con sobria eleganza e mobili antichi, dispone di camere spaziose e luminose, mollte delle quali sono provviste di un terrazzo.

Zurigo senza rist 🏠 | 🔄 AC (¹) VISA ⚫ AE ① ⑤

corso Italia 11/a ⊠ 20122 Ⓜ Missori – ℰ 02 72 02 22 60
– www.brerahotels.com – Fax 02 72 00 00 13   KYj
42 cam ☷ – ♦120/250 € ♦♦160/490 €

♦ Un hotel moderno ricavato da un edificio d'epoca dove l'arredamento gioca con le luci ed alterna colori caldi e freddi negli ambienti. Biciclette disponibili gratuitamente.

Rovello senza rist 🏠 | ☀ AC ℅ ⌣ VISA ⚫ AE ① ⑤

via Rovello 18 ⊠ 20121 Ⓜ Cairoli – ℰ 02 86 46 46 54 – www.hotel-rovello.it
– Fax 02 72 02 36 56 – chiuso dal 23 al 29 dicembre   JVc
10 cam ☷ – ♦80/160 € ♦♦120/320 €

♦ Nei pressi della chiesa di Santa Maria delle Grazie, è un piccolo hotel a conduzione familiare, arredato in modo semplice ma confortevole negli spazi comuni e nelle camere.

XXXX **The Park** – Hotel Park Hyatt Milano 🏠 ⅙ AC ℅ ⇄ VISA ⚫ AE ① ⑤

via Tommaso Grossi 1 ⊠ 20121 Ⓜ Duomo – ℰ 02 88 21 12 34
– www.milan.park.hyatt.com – Fax 02 88 21 12 35
– chiuso dall' 8 al 29 agosto   MZn
Rist – Carta 64/98 € ❀

♦ In un contesto sofisticato, ma al tempo stesso di sobria eleganza, il menu propone una cucina mediterranea ispirata ai profumi e ai colori delle stagioni, a tratti innovativa. Alle pareti: opere d'arte firmate dall'americano *Kim Rebholz*.

XXXX **Cracco** AC ℅ VISA ⚫ AE ① ⑤

❀❀ via Victor Hugo 4 ⊠ 20123 Ⓜ Duomo – ℰ 02 87 67 74
– www.ristorantecracco.it – Fax 02 86 10 40 – chiuso dal 22 dicembre al
10 gennaio, 3 settimane in agosto, sabato a mezzogiorno, domenica, lunedì a
mezzogiorno   MZe
Rist – Menu 75/160 € – Carta 102/130 € ❀

Spec. Risotto di farro spezzato, garusoli (frutti di mare) alla menta. Astice alla catalana, mango arrosto, spinaci novelli. Trancio di rombo in crosta di cacao, piselli e fave.

♦ Moderna, essenziale e razionalista: si parla della sala ma anche della cucina a cui si aggiunge un estro creativo e sperimentale con pochi eguali.

XXXX **Il Teatro** – Hotel Four Seasons AC ℅ ⇄ VISA ⚫ AE ① ⑤

via Gesù 6/8 ⊠ 20121 Ⓜ Montenapoleone – ℰ 02 77 08 14 35
– www.fourseasons.com/milan/dining – Fax 02 77 08 50 00 – chiuso dal 1° luglio
al 4 settembre e domenica   KVa
Rist – (chiuso a mezzogiorno) (consigliata la prenotazione)
Carta 78/113 €

♦ Ambiente esclusivo ed estremamente elegante nel ristorante accolto nei meravigliosi ambienti dell'hotel Four Seasons. La cucina si afferma attraverso interpretazioni creative.

XXXX **Savini**   🖰 AC ⇔ P VISA ◑ AE ① 🖘

galleria Vittorio Emanuele II ⊠ *20121* Ⓜ *Duomo –* ✆ *02 72 00 34 33*
– www.savinimilano.it – Fax 02 72 02 28 88
– chiuso 10 giorni in gennaio e 20 giorni in agosto   MZ**s**
Rist *– (chiuso sabato a mezzogiorno, domenica)* (consigliata la prenotazione)
Menu 70/110 € – Carta 73/93 € 🍴
Rist *Caffetteria* – Carta 35/78 € 🍴
♦ Torna a brillare un astro della ristorazione milanese: abito nuovo e linea di cucina creativa, che omaggia il passato con la rivisitazione di alcuni classici meneghini. Alla *Caffetteria*: accanto al bancone del bar-pasticceria, ambiente informale e piatti lombardi, pizza, insalate...

XXX **Don Carlos** – Grand Hotel et de Milan   AC VISA ◑ AE ① 🖘

via Manzoni 29 ⊠ *20121* Ⓜ *Montenapoleone –* ✆ *02 73 31 46 40*
– www.ristorantedoncarlos.it – Fax 02 86 46 08 61 – chiuso agosto
Rist *– (chiuso a mezzogiorno)* Carta 74/100 €   KV**g**
♦ Atmosfera raccolta e di lusso raffinato, con boiserie, applique rosse e tanti quadri e foto dell'epoca di Verdi; curati piatti stagionali, piemontesi e d'impronta creativa.

XXX **Trussardi alla Scala** (Andrea Berton)   🖰 AC 🍴 VISA ◑ AE ① 🖘
😋 😋 *piazza della Scala 5, (palazzo Trussardi)* ⊠ *20121* Ⓜ *Duomo –* ✆ *02 80 68 82 01*
– www.trussardiallascala.com – Fax 02 80 68 82 87 – chiuso dal 22 dicembre al 6 gennaio, dal 9 al 31 agosto, sabato a mezzogiorno, domenica, anche sabato sera in luglio   MZ**c**
Rist – Menu 90/145 € – Carta 90/126 €
Spec. Gamberi rossi di Sicilia cotti e crudi, amaranto (cereale) croccante, olio, gelato alla barbabietola. Ravioli con ricotta di bufala e pepe di Sarawak, vongole, salsa al prezzemolo. Soufflé allo zafferano, gelato al parmigiano e vaniglia.
♦ In un bel palazzo sull'omonima piazza, l'ascensore conduce ad una sala moderna e spaziosa, alcuni tavoli con vista. In cucina una delle promesse più interessanti della ristorazione nazionale.

XXX **Teatro alla Scala - il Marchesino**   🖰 AC 🍴 VISA ◑ AE ① 🖘

piazza della Scala ⊠ *20121* Ⓜ *Duomo –* ✆ *02 72 09 43 38*
– www.ilmarchesino.it – Fax 02 72 02 32 86 – chiuso dal 9 al 31 agosto e domenica   MZ**c**
Rist *– (consigliata la prenotazione)* Carta 63/95 € 🍴
♦ Nel corpo del Teatro alla Scala, un bel locale che non si limita ad essere solo ristorante, ma anche caffetteria e sala da tè. Elegante e al tempo stesso informale, propone una cucina raffinata che non rinnega la tradizione.

XX **Armani/Nobu**   AC 🍴 ⇔ VISA ◑ AE ① 🖘

via Pisoni 1 ⊠ *20121* Ⓜ *Montenapoleone –* ✆ *02 62 31 26 45*
– www.armaninobu.it – Fax 02 62 31 26 74 – chiuso dal 25 dicembre al 7 gennaio, domenica a mezzogiorno da giugno a settembre, anche domenica sera in agosto   KV**e**
Rist – Carta 40/80 € (+10 %)
♦ Un esotico connubio tra moda e gastronomia: cucina giapponese "fusion", con influssi sudamericani, in un raffinato ambiente essenziale, ispirato al design nipponico. Ampio spazio riservato ai fumatori.

XX **Emilia e Carlo**   AC VISA ◑ AE ① 🖘

via Sacchi 8 ⊠ *20121* Ⓜ *Cairoli –* ✆ *02 87 59 48 – www.ristoranteemiliaecarlo.it*
– Fax 02 86 21 00 – chiuso sabato a mezzogiorno, domenica   JV**d**
Rist – Carta 50/65 € 🍴
♦ In un palazzo del primo Ottocento, ambientazione rustica con archi e soffitto con travetti a vista per una cucina giovane e creativa. Ottima, la scelta enologica.

XX **Paradosso**   AC VISA ◑ AE ① 🖘

via Santa Maria Segreta 7/9 ⊠ *20123* Ⓜ *Cordusio –* ✆ *02 89 01 15 36*
– www.paradossoristorante.com – Fax 02 72 09 64 35 – chiuso 2 settimane in agosto, sabato, domenica   MZ**a**
Rist *– (chiuso la sera)* Carta 42/52 € 🍴
♦ Si scendono alcuni scalini e si arriva in un locale insospettabilmente arioso, un "giardino d'inverno" illuminato da una grande cupola di vetro. Ma le piacevoli soprese non si esauriscono qui e continuano sulla tavola, grazie ad una cucina gustosa e moderna.

XX **Papà Francesco** 🍴 ⚙ AC ⇄ VISA ⓪ ⑤
via Marino 7 angolo piazza della Scala ⊠ *20121* Ⓜ *Duomo* – ℰ *02 86 21 77*
www.papafrancesco.com – Fax 02 45 40 91 12 – chiuso lunedì MZ**x**
Rist – Carta 47/61 €

♦ All'ombra della Scala, in qualsiasi momento dell'anno è possibile accomodarsi nella bella veranda. All'interno: una prima saletta - cuore del locale – ed una più ampia sala al primo piano, dove si trova anche il privé. Cucina classica, ma poliedrica nelle proposte, con menu per vegetariani e per celiaci.

XX **Hostaria Borromei** 🍴 ⚙ ⇄ VISA ⓪ AE ⑤
via Borromei 4 ⊠ *20123* Ⓜ *Cordusio* – ℰ *02 86 45 37 60 – Fax 02 86 45 21 78*
– chiuso dal 24 dicembre al 7 gennaio, dall'8 al 31 agosto, sabato a
mezzogiorno, domenica JX**c**
Rist – Carta 39/51 €

♦ Un piccolo locale in pieno centro storico con servizio estivo nella corte del palazzo settecentesco che lo ospita, propone una cucina regionale, particolarmente mantovana.

X **La Brisa** 🍴 AC VISA ⓪ AE ⓪ ⑤
via Brisa 15 ⊠ *20123 –* ℰ *02 86 45 05 21*
– chiuso dal 23 dicembre al 3 gennaio, dall'8 agosto all' 8 settembre, sabato,
domenica a mezzogiorno JX**f**
Rist – (consigliata la prenotazione) Carta 53/67 € 🍷

♦ Di fronte ad un sito archeologico d'epoca romana, trattoria moderna con cucina anche del territorio. D'estate la veranda si apre sul giardino per il servizio all'aperto.

X **Tandur** AC ⇄ VISA ⓪ AE ⓪ ⑤
via Maddalena 3/5 ⊠ *20122* Ⓜ *Missori* – ℰ *0 28 05 61 92*
– www.ristorantetandur.com – Fax 02 89 01 07 37 – chiuso domenica a
mezzogiorno, lunedì KY**g**
Rist – Carta 25/40 €

♦ Un locale semplice ed accogliente dove provare gli autentici sapori tipici dell'India, proposti con simpatia da due signore indiane. A pranzo: economici, ma gustosi piatti unici.

X **La Felicità** ⚙ AC VISA ⓪ AE ⓪ ⑤
⊗ *via Rovello 3* ⊠ *20121* Ⓜ *Cordusio* – ℰ *02 86 52 35 – Fax 02 86 52 35*
Rist – Carta 17/25 € JX**a**

♦ Sapori della tradizione vietnamita, tailandese e coreana nelle sale di questo ristorante cinese semplice ma curato arredato con raffinati riferimenti alla cultura orientale.

X **Rovello 18** AC VISA ⓪ AE ⓪ ⑤
via Rovello 18 ⊠ *20121* Ⓜ *Cairoli* – ℰ *02 72 09 37 09 – chiuso sabato a*
mezzogiorno, domenica JV**c**
Rist – (consigliata la prenotazione) Carta 44/57 € 🍷

♦ Trattoria dall'ambiente piacevolmente retrò, al tempo stesso informale e ricercato. Il menu contempla carne e pesce, ma la qualità della prima impone sicuramente un assaggio.

Centro Direzionale

🏨 **AC Milano** 🛗 🍽 ⚙ AC ⚙ ⁽ᵗ⁾ 🛁 🚗 VISA ⓪ AE ⓪ ⑤
via Tazzoli 2 ⊠ *20154 –* ℰ *02 20 42 42 11 – www.ac-hotels.com*
– Fax 02 20 42 42 12 JT**b**
158 cam 🍽 – ♥♥100/500 € – 2 suites
Rist – (solo per alloggiati) Carta 36/66 €

♦ A due passi dalla movida milanese, che anima corso Como la sera, un contesto di modernità e design al servizio di una clientela *business* di alto livello. Camere di gran pregio in linea con lo standard della struttura.

🏨 **Atahotel Executive** 🍽 ⚙ AC ↳ ⚙ ⁽ᵗ⁾ 🛁 VISA ⓪ AE ⓪ ⑤
viale Luigi Sturzo 45 ⊠ *20154* Ⓜ *Porta Garibaldi FS* – ℰ *0 26 29 41*
– www.atahotels.it – Fax 02 29 01 02 38 KU**e**
414 cam 🍽 – ♥169/420 € ♥♥194/500 € – 6 suites **Rist** – Carta 35/80 €

♦ Di fronte alla stazione ferroviaria Garibaldi, questa moderna struttura vanta un' attrezzata zona congressuale. Ideale per una clientela business dispone di piacevoli ed accoglienti camere.

MILANO

🏨 **Four Points Sheraton Milan Center**   ₤ 🗖 🖭 ⚛ ¼ 🌙 😘
via Cardano 1 ✉ 20124 Ⓜ Gioia – ℰ 02 66 74 61   𝗩𝗜𝗦𝗔 ⓿ 🅰🅴 ⓿ 🆚
– www.fourpoints.com/milan – Fax 0 26 70 30 24   KT**b**
254 cam – †370 € ††420 €, ☲ 25 €
Rist *Nectare* – Carta 37/63 €
♦ All'interno di una struttura architettonica recente troverete arredi di sobria eleganza nei riposanti spazi comuni; belle camere confortevoli. Recente e luminosa sala ristorante arredata con gusto.

🏨 **UNA Hotel Tocq**   🍴 🗖 🖭 ¼ 🌿 rist. 🕯 😘 𝗩𝗜𝗦𝗔 ⓿ 🅰🅴 ⓿ 🆚
via A. de Tocqueville 7/D ✉ 20154 Ⓜ Porta Garibaldi FS – ℰ 02 62 07 1
– www.unahotels.it – Fax 0 26 57 07 80   KU**k**
109 cam ☲ – †119/513 € ††119/603 € – 13 suites   **Rist** – Carta 38/53 €
♦ Il design moderno è il perno di una struttura dagli arredi volutamente minimalisti, non "invadenti", che rispondono pienamente alle esigenze della clientela d'oggi. Colori solari rallegrano il ristorante con parquet di quercia danese naturale: piacevole, il lounge-bar per aperitivi modaioli.

🏨 **Holiday Inn Milan Garibaldi Station**   ₤ 🗖 ⚛ cam, 🖭 ¼
via Farini angolo via Ugo Bassi   🌿 rist. 🕿 😘 🚗 𝗩𝗜𝗦𝗔 ⓿ 🅰🅴 ⓿ 🆚
✉ 20159 Ⓜ Porta Garibaldi FS – ℰ 02 62 07 68 01 – www.himilangaribaldi.com
– Fax 0 26 88 07 64   JT**a**
129 cam – ††99/499 €, ☲ 20 € – ½ P 70/270 €
Rist *Holiday Inn Milan Garibaldi Station* – Carta 39/59 €
♦ Sempre un valido riferimento nel panorama dell'hôtellerie meneghina: luminoso ed accogliente, di design minimalista, sfoggia un'originale sala colazioni con cupola in vetro. Proposte culinarie classiche nel ristorante di taglio moderno.

🏨 **Antica Locanda Solferino** senza rist   🖭 🕯 𝗩𝗜𝗦𝗔 ⓿ 🅰🅴 ⓿ 🆚
via Castelfidardo 2 ✉ 20121 Ⓜ Moscova – ℰ 02 65 70 1 29
– www.anticalocandasolferino.it – Fax 0 26 57 13 61 – chiuso dal 7 al 21 agosto
11 cam ☲ – †140/380 € ††180/480 €   KU**c**
♦ In una delle vie più "in", vicino a Brera, calda atmosfera e arredi inizio '900 nelle camere di una dimora signorile: interessante alternativa al classico hotel.

✕✕ **Il Liberty**   🖭 𝗩𝗜𝗦𝗔 ⓿ 🅰🅴 ⓿ 🆚
viale Monte Grappa 6 ✉ 20124 – ℰ 02 29 01 14 39 – www.il-liberty.it – chiuso dal 21 dicembre al 7 gennaio, dal 3 all' 8 aprile, 2 settimane in agosto, sabato a mezzogiorno, domenica   KU**h**
Rist – Carta 48/62 €
♦ All'interno di un palazzo liberty, un locale piccolo nelle dimensioni – due sale ed un soppalco – ma grande in quanto ad ospitalità e piacevolezza. La cucina s'interessa sia al mare, sia alla terra: in quest'ultimo caso, con materie prime provenienti dalle campagne lombarde.

✕ **Casa Fontana-23 Risotti**   🖭 🌿 𝗩𝗜𝗦𝗔 ⓿ 🅰🅴 ⓿ 🆚
piazza Carbonari 5 ✉ 20125 Ⓜ Sondrio – ℰ 02 67 04 71 0 – www.23risotti.it
– chiuso dal 1° all' 11 gennaio, dal 5 all' 8 aprile, dal 17 luglio al 16 agosto, sabato a mezzogiorno, anche sabato sera e domenica in luglio e agosto   FQ**d**
Rist – Carta 37/53 €
♦ Val la pena aspettare i canonici 25 minuti per assaggiare la specialità della casa, celebrata anche dalle immagini di mondine alle pareti: il proverbiale risotto. Declinato in tante gustose varianti.

✕ **Timé**   🍴 🖭 𝗩𝗜𝗦𝗔 ⓿ 🅰🅴 ⓿ 🆚
via San Marco 5 ✉ 20121 Ⓜ Moscova – ℰ 02 29 06 10 51
– www.ristorantetime.it – Fax 02 29 06 10 51 – chiuso dal 25 dicembre al 6 gennaio, agosto, sabato a mezzogiorno, domenica   KU**x**
Rist – Carta 41/56 €
♦ La sala è ariosa, di taglio moderno, con tavoli ravvicinati in un ambiente vivace; il servizio attento, e pronto a raccontare l'affidabile cucina. Solo a pranzo, disponibilità di una seconda carta più economica.

✕ **Osaka**   🖭 𝗩𝗜𝗦𝗔 ⓿ 🆚
corso Garibaldi 68 ✉ 20121 Ⓜ Moscova – ℰ 02 29 06 06 78
– www.milanoosaka.com – Fax 02 29 06 02 35   JU**c**
Rist – Carta 40/60 €
♦ Nascosto in una breve galleria, in sala regna un'atmosfera sobria e minimale, tipicamente orientale, riservata a pochi commensali. Dalla cucina i sapori nipponici.

X **Stendhal Antica Osteria** 🛜 AC VISA ⓩ AE ① 🕭
via Ancona, 1 angolo via San Marco ⊠ *20121* Ⓜ *Lanza –* ℰ *02 65 72 05 9*
– www.osteriastendhal.it – Fax 02 65 72 05 9 KV**m**
Rist – Carta 39/51 €
♦ Una semplice signorilità contraddistingue l'ambiente di questa tipica trattoria milanese
costituita da una sala raccolta, con un caratteristico bancone bar in legno.

X **Serendib** AC VISA ⓩ 🕭
🕾 *via Pontida 2* ⊠ *20121* Ⓜ *Moscova –* ℰ *02 65 92 13 9 – www.serendib.it*
😊 *– Fax 02 65 92 13 9 – chiuso dal 10 al 20 agosto* JU**b**
Rist *– (chiuso a mezzogiorno)* Carta 18/25 €
♦ Fedeltà alle origini sia nelle decorazioni che nella cucina, indiana e cingalese, di un piace-
vole locale che porta l'antico nome dello Sri Lanka ("rendere felici").

Stazione Centrale

🏨🏨🏨🏨 **Principe di Savoia** 🖼 🕸 🕥 🖪 🖨 AC 🔄 🕪 🕍 🖈 VISA ⓩ AE ① 🕭
piazza della Repubblica 17 ⊠ *20124* Ⓜ *Repubblica –* ℰ *02 62 30 1*
– www.hotelprincipedisavoia.com – Fax 02 65 95 83 8 KU**a**
340 cam – ⸙685/1170 € ⸙⸙760/1170 €, ⸦ 45 € – 61 suites
Rist *Acanto –* ℰ *02 62 30 20 26* – Carta 74/132 €
♦ Una costruzione ottocentesca dal respiro internazionale, dove regnano arredi d'epoca,
lusso e raffinatezza. Attrezzature sportive e spazi benessere per un soggiorno di relax. Recentemente rinnovato, si presenta in una elegante veste moderna con grandi vetrate che si
affacciano su un giardino. Cucina classica-contemporanea.

🏨🏨🏨🏨 **The Westin Palace** 🖪 🖨 🕭 AC 🔄 🕪 🕍 🖾 VISA ⓩ AE ① 🕭
piazza della Repubblica 20 ⊠ *20124* Ⓜ *Repubblica –* ℰ *02 63 36 1*
– www.westin.com/palacemilan – Fax 02 65 44 85 LU**b**
216 cam – ⸙169/457 € ⸙⸙189/511 €, ⸦ 37 € – 12 suites
Rist – Carta 66/103 € ⌂
♦ Albergo di lusso ottenuto all'interno di una moderna torre, dispone di camere dall'arredo
ricercato arricchito con preziosi dettagli e di ampi spazi comuni. Ristrutturato e sempre molto
elegante, il ristorante annovera una zona privée e propone una cucina dai sapori internazionali.

🏨🏨🏨🏨 **Le Meridien Gallia** 🖪 🖨 AC 🔄 🕪 🕍 🖾 VISA ⓩ AE ① 🕭
piazza Duca d'Aosta 9 ⊠ *20124* Ⓜ *Centrale –* ℰ *02 67 85 1*
– www.lemeridien.com/milan – Fax 02 66 71 32 39 LT**a**
229 cam – ⸙129/553 € ⸙⸙162/795 €, ⸦ 36 € – 6 suites **Rist** Carta 61/102 €
♦ Scelto dai grandi protagonisti della storia politica e culturale, una struttura sontuosa dai
grandi spazi arredati in calde tonalità, camere curate, beauty center e palestra. Eleganza e
professionalità al servizio di una cucina lombarda e mediterranea.

🏨🏨🏨 **Starhotels Ritz** 🕥 🖪 🖨 🛦 AC 🔄 🕽 rist, 🕪 🕍 VISA ⓩ AE ① 🕭
via Spallanzani 40 ⊠ *20129* Ⓜ *Lima –* ℰ *02 20 55* – www.starhotels.com
– Fax 02 29 51 86 79 GR**a**
191 cam ⸦ – ⸙⸙120/800 € – 6 suites **Rist** *– (solo per alloggiati)*
♦ Centrale, in una zona tranquilla, un edificio sobrio ed elegante all'interno del quale è stata
realizzata recentemente un'area fitness con palestra e sauna. Dipinti alle pareti del ristorante
ed una vasta zona dedicata ai banchetti.

🏨🏨🏨 **Starhotels Anderson** 🖪 🖨 🕭 cam, 🛦 AC 🔄 🕽 rist, 🕪 🕍
piazza Luigi di Savoia 20 ⊠ *20124* Ⓜ *Centrale f.s.* VISA ⓩ AE ① 🕭
– ℰ *02 66 90 14 1 – www.starhotels.com – Fax 02 66 90 33 31* LT**b**
106 cam ⸦ – ⸙109/650 € ⸙⸙109/750 € **Rist** – Carta 35/45 €
♦ Un albergo in cui si respira una signorile aria di casa, arredato con eleganti tessuti e caratteristici accessori di provenienza etnica. Camere moderne, spaziose e luminose. Un piccolo
ristorante serale allestito nella raffinata lounge.

🏨🏨🏨 **NH Machiavelli** 🖨 🕭 AC 🔄 🕪 🕍 VISA ⓩ AE ① 🕭
via Lazzaretto 5 ⊠ *20124* Ⓜ *Repubblica –* ℰ *02 63 11 41 – www.nh-hotels.it*
– Fax 02 65 99 98 00 LU**a**
103 cam ⸦ – ⸙216/560 € ⸙⸙246/580 €
Rist *Caffè Niccolò –* Carta 36/48 €
♦ Una struttura moderna con camere sobrie e luminose ed un ambiente open space che
può inglobare più spazi comuni in uno solo. Piccola risorsa che offre la possibilità di pranzare
sia alla carta che a buffet.

MILANO

ADI Doria Grand Hotel
viale Andrea Doria 22 ✉ 20124 Ⓜ Caiazzo – ✆ 02 67 41 14 11 – www.adihotels.com – Fax 0 26 69 66 69 GQx
124 cam ☕ – 🚹107/315 € 🚹🚹127/445 € – 2 suites
Rist – *(chiuso dal 24 dicembre al 6 gennaio e agosto)* Carta 37/69 €
◆ Struttura classica dotata di un'elegante hall con arredi del primo Novecento, ampi spazi comuni (sede anche di eventi culturali e musicali), camere spaziose e confortevoli. Il raffinato ristorante propone una squisita cucina regionale ed internazionale.

Bristol senza rist
via Scarlatti 32 ✉ 20124 Ⓜ Centrale – ✆ 0 26 69 41 41 – www.hotelbristolmil.it – Fax 0 26 70 29 42 – chiuso dal 24 dicembre al 2 gennaio ed agosto
68 cam ☕ – 🚹100/175 € 🚹🚹130/230 € LTm
◆ In posizione ideale per affrontare spostamenti di lavoro e passeggiate di shopping, propone ampi ambienti semplici ed accoglienti arredati con mobili d'epoca.

Sanpi senza rist
via Lazzaro Palazzi 18 ✉ 20124 Ⓜ Porta Venezia – ✆ 02 29 51 33 41 www.hotelsanpimilano.it – Fax 02 29 40 24 51 – chiuso dal 24 dicembre al 2 gennaio
79 cam ☕ – 🚹95/350 € 🚹🚹119/450 € LUe
◆ Nel cuore della città, l'albergo si compone di tre edifici dall'atmosfera raccolta, spazi luminosi e tinte pastello nelle camere. Nel cortile interno un piccolo giardino.

Auriga senza rist
via Giovanni Battista Pirelli 7 ✉ 20124 Ⓜ Centrale – ✆ 02 66 98 58 51 – www.auriga-milano.com – Fax 02 66 98 06 98 – chiuso dal 23 dicembre al 9 gennaio e dal 30 luglio al 22 agosto LTUk
52 cam ☕ – 🚹90/270 € 🚹🚹120/350 €
◆ La compresenza di stili diversi, una facciata particolare ed i vivaci colori creano un originale effetto scenografico. Confort ed efficienza per turisti e clientela d'affari.

Manin
via Manin 7 ✉ 20121 Ⓜ Palestro – ✆ 0 26 59 65 11 – www.hotelmanin.it – Fax 0 26 55 21 60 – chiuso dal 1° al 24 agosto KVd
118 cam ☕ – 🚹145/268 € 🚹🚹160/358 € – 7 suites – ½ P 175/298 €
Rist *Il Bettolino* – *(chiuso sabato, domenica a mezzogiorno)* Carta 40/56 €
◆ Sito nel cuore dell'attività socio-culturale della città, l'hotel propone camere in stile classico con graziose scene decorative sopra le testiere dei letti e stanze di design contemporaneo, alcune con terrazza affacciata sul parco. Piatti della tradizione nell'ambiente raccolto del Bettolino.

Augustus senza rist
via Napo Torriani 29 ✉ 20124 Ⓜ Centrale – ✆ 02 66 98 82 71 – www.augustushotel.it – Fax 0 26 70 30 96 – chiuso dal 23 al 27 dicembre e dall'8 al 22 agosto LUq
56 cam – 🚹95/170 € 🚹🚹145/220 €, ☕ 12 €
◆ Un albergo classico in prossimità della stazione centrale, dispone di camere tranquille, moderne e confortevoli e di spaziosi e rilassanti aree comuni.

Sempione
via Finocchiaro Aprile 11 ✉ 20124 Ⓜ Repubblica – ✆ 0 26 57 03 23 – www.hotelsempione.it – Fax 0 26 57 53 79 LUr
49 cam ☕ – 🚹70/240 € 🚹🚹80/320 €
Rist *Piazza Repubblica* – ✆ 02 62 69 51 05 *(chiuso dal 7 al 26 agosto)* Carta 43/58 €
◆ Una risorsa a gestione familiare recentemente ristrutturata, dispone di camere semplici ma confortevoli con arredi di gusto moderno, tutte con TV LCD. La semplice sala ristorante propone una cucina internazionale e locale.

Colombia senza rist
via Lepetit 15 ✉ 20124 Ⓜ Centrale – ✆ 0 26 69 25 32 – www.hotelcolombiamilano.com – Fax 0 26 70 58 29 – chiuso 2 settimane in dicembre o gennaio e 3 settimane in agosto LUd
48 cam ☕ – 🚹100/220 € 🚹🚹140/330 €
◆ Grazioso hotel a gestione familiare, ristrutturato negli ultimi tempi, dispone di camere confortevoli in stile minimal design. Piacevole giardinetto interno per colazioni o pause rilassanti: praticamente una rarità a Milano!

Albert senza rist
via Tonale 2 ang. via Sammartini ✉ 20125 Ⓜ Centrale – ✆ 02 66 98 54 46 – www.alberthotel.it – Fax 02 66 98 56 24 – chiuso 2 settimane a Natale e 2 settimane in agosto LTt
62 cam – †65/190 € ††80/210 €
◆ Nato dalla ristrutturazione di due palazzi di fine Ottocento collegati tra loro da una corte interna,la struttura dispone di spazi semplici e confortevoli.

XXX **Gold**
piazza Risorgimento,angolo via Poerio ✉ 20129 – ✆ 0 27 57 77 71 – www.dolcegabbanagold.it – Fax 02 75 77 77 73 – chiuso agosto e domenica GRc
Rist – *(chiuso a mezzogiorno)* Carta 63/81 €
Rist *Bistrot* – Carta 35/77 €
◆ Moderno e di tendenza, ampi tavoli circolari, il locale nasce dalla fantasia di due nomi che hanno fatto strada nel mondo della moda e fa dell'oro il suo carattere distintivo. Sala fumatori. Informale e tuttavia non privo di eleganza, al bistrot ci si può fermare a mangiare qualcosa a qualsiasi ora.

XX **Joia** (Pietro Leemann)
via Panfilo Castaldi 18 ✉ 20124 Ⓜ Repubblica – ✆ 02 29 52 21 24 – www.joia.it – Fax 0 22 04 92 44 – chiuso dal 25 dicembre all'8 gennaio, dal 7 al 30 agosto, sabato a mezzogiorno, domenica LUc
Rist – Menu 50/100 € – Carta 66/92 €
Spec. Serendipity (gnocchi di patate, erbe e spezie con emulsione di salvia del mio orto). Déjeuner sur l'herbe (scatole delle meraviglie con uovo apparente, tramezzino della Val Formazza e terrina di lenticchie). Un tocco di buon gusto (sformato fondente di cioccolato con salse).
◆ Una delle cucine più atipiche e personalizzate di Milano: vegetariana con qualche piatto di pesce, eterea, intellettuale, è un viaggio nel fantastico mondo del cuoco.

XX **Torriani 25**
via Napo Torriani 25 ✉ 20124 Ⓜ Centrale – ✆ 02 67 07 81 83 – www.torriani25.it – Fax 02 67 47 95 48 – chiuso dal 24 dicembre al 1° gennaio, dall'8 al 25 agosto, sabato a mezzogiorno, domenica LUt
Rist – Carta 42/64 €
◆ Un locale di taglio moderno, caratterizzato da tinte calde e da una diffusa illuminazione; un buffet a vista espone varietà di pesce, specialità cui è votata la carta.

XX **I Malavoglia**
via Lecco 4 ✉ 20124 Ⓜ Porta Venezia – ✆ 02 29 53 13 87 – www.ristoranteimalavoglia.com – Fax 02 20 40 27 22 – chiuso dal 24 dicembre al 7 gennaio, agosto e domenica LUg
Rist – *(chiuso a mezzogiorno)* Carta 48/62 €
◆ Nel capoluogo lombardo, un locale classico condotto da una trentennale esperienza, dove assaporare i piatti tipici della gastronomia siciliana.

XX **13 Giugno**
via Goldoni 44 ang.via Uberti 5 ✉ 20129 – ✆ 02 71 96 54 – www.ristorante13giugno.it – Fax 02 70 10 03 11 GRw
Rist – Carta 57/75 €
◆ Una sala di discreta eleganza, arricchitasi di una veranda-giardino d'inverno, con proposte di mare, specializzata particolarmente nei sapori siciliani.

XX **Cavallini**
via Mauro Macchi 2 ✉ 20124 Ⓜ Centrale – ✆ 0 26 69 31 74 – www.ristorantecavallini.it – Fax 0 26 69 37 71 – chiuso dal 22 al 26 dicembre, dal 3 al 23 agosto, sabato a mezzogiorno, domenica LUy
Rist – Carta 35/55 €
◆ Uno dei locali storici della città, gestito da una famiglia con grande esperienza nel settore della ristorazione, propone una cucina classica dai sapori nazionali e regionali.

Un esercizio evidenziato in rosso focalizza il fascino della struttura XXX.

X
La Cantina di Manuela 🏠 AC VISA ➎ AE ⑤
via Poerio 3 ⊠ 20129 Ⓜ Porta Venezia – ℰ 02 76 31 88 92
– www.lacantinadimanuela.it – Fax 02 76 31 29 71 – chiuso dal 7 al 21 agosto e
domenica
Rist – Carta 33/41 € 🏵

    GR**x**

♦ Risorsa caratterizzata da un particolare interesse verso il mondo del vino, cui accosta un'ottima cucina. In estate, piccolo dehors sul marciapiede.

X
Da Giannino-L'Angolo d'Abruzzo AC VISA ➎ AE ⓪ ⑤
via Pilo 20 ⊠ 20129 Ⓜ Porta Venezia – ℰ 02 29 40 65 26 – Fax 02 29 40 65 26
– chiuso agosto e lunedì
Rist – Carta 20/24 €

    GR**t**

♦ Una calorosa accoglienza, un ambiente semplice ma vivace e sempre molto frequentato e il piacere di riscoprire, in piatti dalle abbondanti porzioni, la tipica cucina abruzzese.

Romana-Vittoria

🏨
Grand Visconti Palace 🚗 🖥 🕭 🕈 ℔ ⭘ & cam, AC ⇔ ⚒ 📶
viale Isonzo 14 ⊠ 20135 Ⓜ Lodi TIBB 🔌 🚕 VISA ➎ AE ⓪ ⑤
– ℰ 02 54 03 41 – www.grandviscontipalace.com – Fax 02 54 06 95 23
162 cam 🖵 – †400/800 € ††480/900 € – 10 suites
Rist Al Quinto Piano – Carta 50/70 €

    FS**a**

♦ Nei grandi spazi di un ex mulino industriale è stato ricavato questo grande albergo di tono elegante: accogliente centro benessere, sale congressi e grazioso giardino. Piatti fantasiosi Al Quinto Piano: di nome e di fatto!

🏨
UNA Hotel Mediterraneo 🛗 AC ⇔ ⚒ rist, 📶 🔌
via Muratori 14 ⊠ 20135 Ⓜ Porta Romana VISA ➎ AE ⓪ ⑤
– ℰ 02 55 00 71 – www.unahotels.it – Fax 0 25 50 07 22 17
93 cam 🖵 – †99/424 € ††99/499 € **Rist** – (solo per alloggiati) Carta 34/60 €

    LY**c**

♦ Nella zona di Porta Romana, vicino al metrò, un hotel business, moderno nello stile delle installazioni delle sale; camere insonorizzate, rilassanti e funzionali.

XX
Globe ≤ & AC VISA ➎ AE ⓪ ⑤
piazza 5 Giornate 1 ⊠ 20129 – ℰ 02 55 18 19 69 – www.globeinmilano.it
– Fax 02 54 12 75 67 – chiuso domenica a mezzogiorno
Rist – Carta 32/46 €

    LX**a**

♦ Se lo shopping ha stimolato il vostro appetito, all'ultimo piano di un importante negozio, un moderno open space - con terrazza panoramica - vi stupirà con una cucina poliedrica: nazionale, regionale e di pesce. *Brunch* domenicale e *lounge bar* tutti i giorni, tranne il lunedì, fino alle ore 02.

XX
Alice AC VISA ➎ AE ⓪ ⑤
via Adige 9 ⊠ 20135 Ⓜ Porta Romana – ℰ 02 54 62 9 30
– www.aliceristorante.it – chiuso dal 1° al 7 gennaio, 3 settimane in agosto,
domenica, lunedì a mezzogiorno
Rist – (consigliata la prenotazione la sera) Carta 48/75 €

    LY**e**

♦ Una giovane cuoca porta da Amalfi la solare cucina campana. Nessun *cliché*, ma tanta personalità in piatti creativi e di pesce.

X
Masuelli San Marco AC ⇔ VISA ➎ AE ⓪ ⑤
viale Umbria 80 ⊠ 20135 Ⓜ Lodi TIBB – ℰ 02 55 18 41 38
– www.masuellitrattoria.it – Fax 02 39 84 40 63 – chiuso dal 25 dicembre al
6 gennaio, 3 settimane in agosto, domenica, lunedì a mezzogiorno
Rist – Carta 36/47 €

    GS**h**

♦ Ambiente rustico di tono signorile in una trattoria tipica, con la stessa gestione dal 1921; linea di cucina saldamente legata alle tradizioni lombardo-piemontesi.

X
Giulio Pane e Ojo AC ⇔ VISA ➎ AE ⓪ ⑤
via Muratori 10 ⊠ 20135 Ⓜ Porta Romana – ℰ 0 25 45 61 89
– www.giuliopaneojo.com – Fax 02 36 50 46 03 – chiuso dal 24 al 26 dicembre e
domenica escluso dicembre
Rist – Carta 29/37 €

    LY**a**

♦ Osteria rustica ed informale, gestita da giovani, e sempre molto apprezzata in zona. La una cucina è tipicamente romana, più semplice ed economica a pranzo. Per cena si consiglia di prenotare con anticipo.

✗ Dongiò   AC 🕸 VISA ⓸ AE ⓪ ♿

via Corio 3 ✉ 20135 Ⓜ Porta Romana – ℰ 02 55 11 37 2
– chiuso 2 settimane a Natale, Pasqua, 2 settimane in agosto, sabato a
mezzogiorno, domenica   **LYu**
Rist – (consigliata la prenotazione) Carta 24/38 €

♦ Come poteva approdare la Calabria tra i meneghini? Così come tutti la conosciamo: un ambiente semplice e frequentatissimo - a conduzione familiare - come ormai se ne trovano pochi. Cucina casalinga a base di paste fresche e l'immancabile peperoncino.

Navigli

🏠 D'Este *senza rist*   📶 AC ⇄ 🕸 📶 🍽 VISA ⓸ AE ⓪ ♿

viale Bligny 23 ✉ 20136 Ⓜ Porta Romana – ℰ 02 58 32 10 01
– www.hoteldestemilano.it – Fax 02 58 32 11 36 – chiuso 2 settimane in agosto
e dal 21 al 27 dicembre   **KYd**
84 cam ☕ – 🛏80/300 € 🛏🛏100/380 €

♦ Luminosa hall in stile anni '80 e ampi spazi comuni in una struttura che ha camere di stili diversi, ma equivalenti nel confort; ben insonorizzate quelle su strada.

🏠 Liberty *senza rist*   📶 AC 🕸 🍽 VISA ⓸ AE ⓪ ♿

viale Bligny 56 ✉ 20136 – ℰ 02 58 31 85 62
– www.hotelliberty-milano.com – Fax 02 58 31 90 61
– chiuso dal 23 al 27 dicembre e agosto   **KYa**
58 cam ☕ – 🛏70/250 € 🛏🛏90/360 €

♦ Vicino all'Università Bocconi, albergo elegante con spazi comuni ispirati allo stile da cui prende il nome, vetrate policrome e qualche pezzo d'antiquariato. Atmosfera calda ed accogliente nelle belle camere: particolarmente tranquille quelle interne con affaccio sul giardino.

🏠 Crivi's *senza rist*   📶 AC 🍽 📶 🚗 VISA ⓸ AE ⓪ ♿

corso Porta Vigentina 46 ✉ 20122 Ⓜ Crocetta – ℰ 02 58 28 91
– www.crivis.com – Fax 02 58 31 81 82 – chiuso Natale ed agosto   **KYe**
86 cam ☕ – 🛏130/250 € 🛏🛏180/350 €

♦ In comoda posizione vicino al metrò, una confortevole risorsa dalle gradevoli zone comuni e camere con arredi classici, adeguate nei confort e negli spazi.

🏠 Des Etrangers *senza rist*   ♿ AC ⇄ 🕸 📶 🚗 VISA ⓸ AE ⓪ ♿

via Sirte 9 ✉ 20146 – ℰ 02 48 95 53 25 – www.hoteldesetrangers.it
– Fax 02 48 95 53 59 – chiuso dal 7 al 23 agosto   **DSy**
94 cam ☕ – 🛏60/150 € 🛏🛏80/230 €

♦ Una risorsa ben tenuta ed ubicata in una via tranquilla; buon confort e funzionalità nelle aree comuni e nelle camere. Comodo garage sotterraneo.

✗✗✗ Sadler   AC ✿ VISA ⓸ AE ⓪ ♿

via Ascanio Sforza 77 ✉ 20141 Ⓜ Romolo – ℰ 02 58 10 44 51 – www.sadler.it
– Fax 02 58 11 23 43 – chiuso dal 1° all'11 gennaio, dal 7 al 27 agosto,
domenica   **ESa**
Rist – (chiuso a mezzogiorno) Menu 110/145 € – Carta 76/131 € 🍷
Spec. Carpaccio di astice, maionese di pomodoro bianco, sedano croccante e polvere di capperi. Riso al nero e oro con spaghetti di calamari marinati e contrasto di mango e uova di pesce volante (primavera-estate). Ossobuco di pescatrice con crema di riso allo zafferano, gremolada di tartufo nero.

♦ La passione per l'espressione artistica contemporanea in ogni dettaglio, l'entusiasmo di chi lavora in cucina già visibile dalla strada grazie alle grandi vetrate che qui si affacciano: è la nuova sede dello storico Sadler!

✗✗ Al Porto   AC VISA ⓸ AE ⓪ ♿

piazzale Generale Cantore ✉ 20123 Ⓜ Porta Genova FS – ℰ 02 89 40 74 25
– Fax 0 28 32 14 81 – chiuso dal 24 dicembre al 3 gennaio, agosto, domenica,
lunedì a mezzogiorno   **HYh**
Rist – Carta 49/67 €

♦ Nell'800 era il casello del Dazio di Porta Genova, oggi un ristorante classico d'intonazione marinara molto frequentato sia a cena che a pranzo, sicuramente per la qualità del pesce, fresco, proposto anche crudo.

XX **Tano Passami l'Olio** (Gaetano Simonato) [AC] [VISA] [CO] [AE] [O] [&]
☆ *via Villoresi, 16* ✉ *20143* Ⓜ *Porta Genova FS –* 𝒸 *0 28 39 41 39*
– www.tanopassamilolio.com – Fax 02 83 24 01 04 – chiuso dal 24 dicembre al
6 gennaio, agosto, domenica   DS**b**
Rist *– (chiuso a mezzogiorno)* (consigliata la prenotazione) Menu 70/110 €
– Carta 75/99 €
Spec. Uovo di quaglia caramellato su mousse di tonno, bottarga e crudo di
tonno, olio alla menta. Spaghetti alla chitarra ripieni di bottarga di gallina,
porri glassati, crema di burrata e peperoncino. Crottin de chevre in glassa di
zucchero al profumo d'arancia e Caldiff con aceto balsamico e tartufo nero.
♦ Luci soffuse, atmosfera romantica e creativi piatti di carne e di pesce, ingentiliti con olii
extra-vergine scelti ad hoc da una fornita dispensa. Salotto fumatori con divano.

XX **Il Torchietto** [AC] [%] [VISA] [CO] [AE] [&]
via Ascanio Sforza 47 ✉ *20136* Ⓜ *Porta Genova FS –* 𝒸 *0 28 37 29 10*
– www.iltorchietto.net – Fax 0 28 37 20 00
– chiuso dal 26 dicembre al 3 gennaio, agosto, lunedì, sabato a mezzogiorno
Rist *– Carta 36/58 €*   ES**b**
♦ Ampia trattoria classica, lungo il Naviglio Pavese, con una linea gastronomica che segue le
stagioni e le ricette del territorio, con una predilezione per quello mantovano.

XX **Il Navigante** [AC] [P] [VISA] [CO] [AE] [O] [&]
via Magolfa 14 ✉ *20143* Ⓜ *Porta Genova FS –* 𝒸 *02 89 40 63 20*
– www.navigante.it – Fax 02 89 42 08 97
– chiuso agosto e domenica   JY**c**
Rist *– Carta 38/57 €*
♦ In una via alle spalle del Naviglio, musica dal vivo tutte le sere in un locale, gestito da un
ex cuoco di bordo, con un curioso acquario nel pavimento; cucina di mare.

XX **Pirandello** [AC] [VISA] [CO] [AE] [&]
viale Gian Galeazzo 6 ✉ *20136 –* 𝒸 *02 89 40 29 01 – Fax 02 89 40 29 01*
– chiuso dal 7 al 30 agosto, sabato a mezzogiorno, domenica   JY**e**
Rist *– Carta 43/55 €*
♦ Atmosfera, gestione e cucina sono decisamente siciliane: fragranti piatti di pesce e ricette
trinacrie in entrambe le sale da pranzo.

X **Trattoria Aurora** [↔] [VISA] [CO] [AE] [&]
☜ *via Savona 23* ✉ *20144* Ⓜ *Sant' Agostino –* 𝒸 *0 28 32 31 44*
– Fax 02 89 40 49 78 – chiuso lunedì   HY**m**
Rist *– Menu 50 € – Carta 19/50 €*
♦ Vetrate smerigliate con motivi floreali e decorazioni liberty ovunque: la cucina del mezzogiorno è semplice ma mai banale, piatti tipici della tradizione piemontese come la bagna
cauda e il carrello dei bolliti.

X **Trattoria Trinacria** [AC] [%] [VISA] [CO] [AE] [O] [&]
☜ *via Savona 57* ✉ *20144* Ⓜ *Sant' Agostino –* 𝒸 *0 24 23 82 50 – chiuso domenica*
Rist *– Carta 37/45 €*   DS**w**
♦ A gestione familiare, un locale accogliente nella sua semplicità confermata dal servizio
informale; menù in dialetto con "sottotitoli" in italiano per le specialità isolane.

X **Shiva** [AC] [%] [↔] [VISA] [CO] [O] [&]
☜ *viale Gian Galeazzo 7* ✉ *20136* Ⓜ *Porta Genova FS –* 𝒸 *02 89 40 47 46*
– www.ristoranteshiva.it – Fax 02 89 40 47 46   JY**b**
Rist *– Menu 18/25 € – Carta 23/30 €*
♦ Ristorante indiano con grandi sale e un intimo soppalco. Ambienti confortevoli e caratteristici con luci soffuse e decori tipici. Cucina del nord con diverse specialità.

X **Trattoria Madonnina** [↔] [VISA] [CO] [&]
☜ *via Gentilino 6* ✉ *20136 –* 𝒸 *02 89 40 90 89 – Fax 02 89 40 90 89*
– chiuso domenica, le sere di lunedì, martedì e mercoledì, sempre aperto in
dicembre   JY**d**
Rist *– Carta 16/24 €*
♦ Trattoria milanese d'inizio '900 rimasta invariata nello stile: arredi d'epoca con locandine e
foto, cucina semplice e gustosa. Piccolo dehors con pergola e tavoli in pietra.

❌ **Al Pont de Ferr** 　　　　　　　　　　VISA ◍ ⑤

Ripa di Porta Ticinese 55 ✉ *20143* Ⓜ *Porta Genova FS –* ☎ *02 89 40 62 77*
– www.alpontdeferr.it – Fax 02 58 11 15 13 – chiuso dal 24 dicembre al 6 gennaio
Rist – Menu 40/70 € – Carta 51/69 €　　　　　　　　　　　　　　　　HY**a**
  ♦ Nella bohémien zona dei Navigli, la cucina si esprime a livelli di fine ricerca gastronomica:
tecnica raffinata a prezzi accessibili. Il servizio cordiale ed efficiente vi inviterà a ritornare.

Fiera-Sempione

🏨🏨🏨 **Hermitage** 　　　　🖼 ⟜ 🅰🅲 ⇆ ℀ 📞 🚿 🚗 VISA ◍ 🆎 ⓪ ⑤

via Messina 10 ✉ *20154* Ⓜ *Porta Garibaldi FS –* ☎ *02 31 81 70*
– www.monrifhotels.it – Fax 02 33 10 73 99 – chiuso agosto　　　　　　　　HU**q**
131 cam ⚏ – †169/290 € ††199/320 € – 10 suites
Rist Il Sambuco – vedere selezione ristoranti
  ♦ In un quartiere brulicante di attività e negozi, un indirizzo sempre valido nel panorama
dell'hôtellerie milanese. Raffinatezza e confort, interni in stile classico e modernità delle
installazioni: difficile, pretendere di più.

🏨🏨🏨 **Milan Marriott Hotel** 　　　🖼 🈺 🅰🅲 ⇆ ℀ ⟨🌐⟩ 🚿 VISA ◍ 🆎 ⓪ ⑤

via Washington 66 ✉ *20146* Ⓜ *Wagner –* ☎ *0 24 85 21*
– www.milanmarriotthotel.com – Fax 0 24 81 89 25　　　　　　　　　　DR**d**
322 cam – ††240/950 €, ⚏ 40 €
Rist La Brasserie de Milan – ☎ 02 48 52 28 34 – Carta 32/74 €
  ♦ Originale contrasto tra struttura esterna moderna e grandiosi interni classicheggianti in un
hotel vocato al lavoro congressuale e fieristico; funzionali camere in stile. Sala ristorante, con
cucina a vista, in stile classico.

🏨🏨🏨 **Enterprise Hotel** 　　　🛰 🖼 🈺 ⟜ 🅰🅲 ⇆ ⟨🌐⟩ 🚿 🚗 VISA ◍ 🆎 ⓪ ⑤

corso Sempione 91 ✉ *20149 –* ☎ *02 31 81 81 – www.enterprisehotel.com*
– Fax 02 31 81 88 11　　　　　　　　　　　　　　　　　　　　　　DQ**c**
123 cam ⚏ – †123/608 € ††133/648 €
Rist Sophia's – ☎ 02 31 81 88 55 – Carta 37/59 €
  ♦ Rivestimento esterno in marmo e granito, arredi disegnati su misura, grande risalto alla
geometria: hotel d'eleganza attuale con attenzione al design e ai particolari. Uno spazio gradevole e originale per pranzi e cene, d'estate anche all'aperto.

🏨🏨🏨 **Atahotel Fieramilano** 　　　🖼 🈺 🅰🅲 ⇆ ℀ rist, ⟨🌐⟩ 🚿 VISA ◍ 🆎 ⓪ ⑤

viale Boezio 20 ✉ *20145 –* ☎ *02 33 62 21 – www.atahotels.it – Fax 02 31 41 19*
– chiuso agosto　　　　　　　　　　　　　　　　　　　　　　　　DR**e**
236 cam ⚏ – †84/405 € ††94/610 € – 2 suites
Rist – *(solo per alloggiati)* Menu 35/60 €
  ♦ Di fronte alla Fiera, la struttura, arredata con buon gusto, offre ora dotazioni moderne e
un ottimo confort; d'estate la colazione è servita in un gazebo in giardino. Tranquilla ed elegante sala da pranzo.

🏨🏨 **Regency** senza rist 　　　　🖼 🈺 🅰🅲 ⟨🌐⟩ 🚿 VISA ◍ 🆎 ⓪ ⑤

via Arimondi 12 ✉ *20155 –* ☎ *02 39 21 60 21 – www.regency-milano.com*
– Fax 02 39 21 77 34 – chiuso dal 22 dicembre al 6 gennaio e dal 1° al 23 agosto
71 cam ⚏ – †100/250 € ††120/360 €　　　　　　　　　　　　　　DQ**b**
  ♦ Un "angolo" di ospitalità milanese insolito ed affascinante: una dimora nobiliare di fine
'800, una sorta di grazioso castelletto, con un piacevole cortile e raffinati interni.

🏨🏨 **ADI Hotel Poliziano Fiera** senza rist 　　🈺 ⟜ 🅰🅲 ⇆ ℀ ⟨🌐⟩ 🚿

via Poliziano 11 ✉ *20154 –* ☎ *0 23 19 19 11*　　　　　　　VISA ◍ 🆎 ⓪ ⑤
– www.adihotels.com – Fax 0 23 19 19 31 – chiuso dal 18 al 31 dicembre e agosto
98 cam ⚏ – †104/310 € ††124/370 € – 2 suites　　　　　　　　　HT**a**
  ♦ Albergo d'impostazione moderna per un'ospitalità cordiale e attenta; spazi comuni di
modeste dimensioni, compensati da spaziose camere arredate nei toni verde chiaro e sabbia.

🏨🏨 **Wagner** senza rist 　　　　　　🅰🅲 ℀ ⟨🌐⟩ VISA ◍ 🆎 ⓪ ⑤

via Buonarroti 13 Ⓜ *Wagner –* ☎ *02 46 31 51 – www.roma-wagner.com*
– Fax 02 48 02 09 48 – chiuso dal 12 al 19 agosto　　　　　　　　　DR**p**
48 cam ⚏ – †119/398 € ††169/519 € – 1 suite
  ♦ Accanto all'omonima stazione della metropolitana, l'hotel è stato completamente ristrutturato e offre ambienti ben curati nei dettagli, arredati con marmi e moderni accessori.

Domenichino senza rist   🛗 ♿ 🅰️🅲️ ❄️ 🛜 🚿 🚗 🚗 VISA ⓜ AE ① ⑤

via Domenichino 41 ⊠ 20149 Ⓜ Amendola Fiera – 𝒞 02 48 00 96 92
– www.hoteldomenichino.it – Fax 02 48 00 39 53 – chiuso dal 24 dicembre
al 2 gennaio e dal 6 al 22 agosto   DR**f**
71 cam ⊊ – ♦65/200 € ♦♦85/250 € – 2 suites

♦ In una via alberata, a due passi dalla Fieramilanocity, un hotel signorile che offre dotazioni e servizi di buon livello, ampi spazi comuni e camere confortevoli.

Mozart senza rist   🛗 🅰️🅲️ ❄️ 🛜 🚿 VISA ⓜ AE ① ⑤

piazza Gerusalemme 6 ⊠ 20154 – 𝒞 02 33 10 42 15 – www.hotelmozartmilano.it
– Fax 02 33 10 32 31 – chiuso dal 30 luglio al 22 agosto   HT**b**
119 cam ⊊ – ♦90/374 € ♦♦100/418 €

♦ Sobria eleganza e ospitalità attenta in una struttura nei pressi di Fieramilano City; arredi moderni nelle camere, dotate di ogni confort e ideali per i clienti business.

Metrò senza rist   🛗 ♿ 🅰️🅲️ 🛜 VISA ⓜ AE ① ⑤

corso Vercelli 61 ⊠ 20144 Ⓜ Wagner – 𝒞 0 24 98 78 97 – www.hotelmetro.it
– Fax 02 48 01 02 95   DR**x**
40 cam ⊊ – ♦90/140 € ♦♦110/180 €

♦ Conduzione familiare per una risorsa in una delle vie più rinomate per lo shopping; camere piuttosto eleganti, gradevolissima sala colazioni panoramica al roof-garden.

Lancaster senza rist   🛗 🅰️🅲️ ↯ 🛜 🚿 VISA ⓜ AE ① ⑤

via Abbondio Sangiorgio 16 ⊠ 20145 Ⓜ Cadorna FNM – 𝒞 02 34 47 05
– www.hotellancaster.it – Fax 02 34 46 49 – chiuso agosto   HU**c**
30 cam ⊊ – ♦65/128 € ♦♦99/234 €

♦ Un edificio ottocentesco situato in zona residenziale ospita una piacevole risorsa con spazi comuni non enormi ma gradevoli ed accoglienti; camere con mobilio in ciliegio.

Astoria senza rist   🛗 🅰️🅲️ ↯ ❄️ 🛜 🚿 VISA ⓜ AE ① ⑤

viale Murillo 9 ⊠ 20149 Ⓜ Lotto – 𝒞 02 40 09 00 95
– www.astoriahotelmilano.com – Fax 02 40 07 46 42   DR**m**
68 cam ⊊ – ♦70/315 € ♦♦80/440 € – 1 suite

♦ Lungo un viale di circonvallazione, albergo frequentato soprattutto dalla clientela d'affari; camere con arredi moderni e ottima insonorizzazione.

Certosa senza rist   🛗 🅰️🅲️ 🛜 VISA ⓜ AE ① ⑤

viale Certosa 26 ⊠ 20155 Ⓜ Lotto – 𝒞 0 23 27 13 11 – www.hotel-certosa.it
– Fax 0 23 27 04 56 – chiuso agosto   DQ**d**
25 cam ⊊ – ♦55/160 € ♦♦60/250 €

♦ Gestione giovane e cordiale per un hotel recente con spazi comuni ridotti: piccola hall con divanetti e sala colazioni, camere ampie e ben accessoriate. Servizio accurato.

Antica Locanda Leonardo senza rist   🚗 🅰️🅲️ ❄️ 🛜

corso Magenta 78 ⊠ 20123 Ⓜ Conciliazione
– 𝒞 02 48 01 41 97 – www.anticalocandaleonardo.com – Fax 02 48 01 90 12
– chiuso dal 31 dicembre al 6 gennaio e dal 5 al 25 agosto   HX**m**
16 cam ⊊ – ♦95/120 € ♦♦165/245 €

♦ L'atmosfera signorile si sposa con l'accoglienza familiare in un albergo affacciato su un piccolo cortile interno, in ottima posizione vicino al Cenacolo leonardesco.

Campion senza rist   ♿ 🅰️🅲️ 🛜 VISA ⓜ AE ① ⑤

viale Berengario 3 ⊠ 20149 Ⓜ Amendola Fiera – 𝒞 02 46 23 63
– www.hotelcampion.it – Fax 0 24 98 54 18 – chiuso dal 2 al 27 agosto e dal
23 dicembre al 7 gennaio   DR**c**
27 cam ⊊ – ♦70/179 € ♦♦90/249 €

♦ Hotel situato di fronte all'ingresso di Fieramilano City, a pochi passi dal metrò. Conduzione familiare efficiente, camere classiche e confortevoli.

XXX **Il Sambuco** – Hotel Hermitage   🅰️🅲️ ❄️ 🚗 VISA ⓜ AE ① ⑤

via Messina 10 ⊠ 20154 Ⓜ Porta Garibaldi FS – 𝒞 02 33 61 03 33
– www.ilsambuco.it – Fax 02 33 61 18 50 – chiuso dal 5 dicembre al 2 gennaio,
dal 1° al 20 agosto, sabato a mezzogiorno, domenica   HU**q**
Rist – Carta 47/115 € 🏵

♦ Ambiente elegante e servizio accurato rispecchiano l'hotel in cui si trova questo bel locale la cui cucina è rinomata per le specialità di mare; lunedì è solo per i bolliti.

Arrow's ⚞ 🛇 🅰🅲 ⇦ VISA AE ① 🍴

via Mantegna 17/19 ☒ 20154 – 𝒞 02 34 15 33 – Fax 02 33 10 64 96 – chiuso
agosto, domenica, lunedì a mezzogiorno　　　　　　　　　　　　　　　　HU**f**
Rist – Carta 39/54 €

◆ Affollato anche a mezzogiorno, l'atmosfera diviene più intima la sera, ma non cambia la cucina: il mare proposto secondo preparazioni tradizionali.

La Cantina di Manuela 🅰🅲 VISA ⓪⓪ AE 🍴

via Procaccini 41 ☒ 20154 – 𝒞 0 23 45 20 34 – www.lacantinadimanuela.it
– Fax 0 23 45 20 34 – chiuso dall'8 al 28 agosto e domenica　　　　　HU**g**
Rist – Carta 34/45 € 🌿

◆ Non lontano dalla FieraMilanoCity, ristorante-enoteca composto da due sale comunicanti con un'originale esposizione di bottiglie. Piatti tradizionali, rivisitati con cotture leggere e con una grande attenzione per i sapori originari degli ingredienti.

Convivendo 🛇 ❧ 🅰🅲 VISA ⓪⓪ AE ① 🍴

via San Michele del Carso 7 ☒ 20144 – 𝒞 02 48 51 99 44
– www.ristoranteconvivendo.com – Fax 02 89 07 71 04 – chiuso sabato a
mezzogiorno, domenica　　　　　　　　　　　　　　　　　　　　　　　HX**a**
Rist – Carta 30/40 €

◆ Tra fantastiche prospettive cittadine, sapori e profumi della cucina mediterranea in questo ristorante d'atmosfera, nuovo ma sorto in un luogo antico. Ideale sia per un'intima cena a lume di candela, sia per un'allegra serata in compagnia.

Trattoria Montina 🅰🅲 VISA ⓪⓪ AE ① 🍴

via Procaccini 54 ☒ 20154 – 𝒞 0 23 49 04 98 – chiuso dal 25 dicembre al
5 gennaio, dall'8 al 30 agosto, domenica, lunedì a mezzogiorno　　　　HU**d**
Rist – Carta 26/36 €

◆ Simpatica atmosfera bistrot, tavoli vicini, luci soffuse la sera in un locale gestito da due fratelli gemelli; piatti nazionali e milanesi che seguono le stagioni.

Quadrifoglio 🅰🅲 ⇦ 🅿 VISA ⓪⓪ 🍴

via Procaccini 21 angolo via Aleardi ☒ 20154 – 𝒞 02 34 17 58 – chiuso dal
24 dicembre al 5 gennaio, dal 5 al 28 agosto, martedì, mercoledì a mezzogiorno
Rist – Carta 27/40 €　　　　　　　　　　　　　　　　　　　　　　　HU**a**

◆ Quadri e ceramiche sull'originale e vivace sfondo delle mura con schizzi di colore che donano personalità alle due salette di questa bella trattoria; gustosi piatti unici.

La Rosa dei Venti 🅰🅲 VISA ⓪⓪ AE ① 🍴

via Piero della Francesca 34 ☒ 20154 – 𝒞 02 34 73 38
– www.ristorantelarosadeiventi.it – chiuso dal 1° al 7 gennaio, dal 28 luglio al
18 agosto, lunedì, sabato a mezzogiorno　　　　　　　　　　　　　　　HT**c**
Rist – Carta 37/62 €

◆ Piccolo locale ideale per chi ama il pesce, preparato secondo ricette semplici ma personalizzate e proposto puntando su un interessante rapporto qualità/prezzo.

Pace 🅰🅲 ❧ VISA ⓪⓪ AE ① 🍴

via Washington 74 ☒ 20146 Ⓜ Wagner – 𝒞 02 46 85 67
– www.paceristorante.com – Fax 02 46 85 67 – chiuso dal 24 dicembre al
5 gennaio, dal 1° al 24 agosto, sabato a mezzogiorno, mercoledì　　　　DR**z**
Rist – Carta 24/36 €

◆ Da oltre 30 anni ospitalità cordiale nell'ambiente semplice, di una trattoria familiare molto frequentata; cucina d'impostazione tradizionale, con piatti di carne e di pesce.

Osteria della Cagnola 🅰🅲 VISA ⓪⓪ AE 🍴

via Cirillo 14 ☒ 20154 Ⓜ Moscova – 𝒞 0 23 31 94 28 – Fax 0 23 31 94 28
– chiuso dal 24 dicembre al 4 gennaio, dal 23 luglio al 26 agosto e domenica
Rist – (consigliata la prenotazione) Carta 27/52 €　　　　　　　　　HU**v**

◆ Accoglienza cortese e gestione professionale in un piccolo, simpatico locale rustico dal sapore d'altri tempi; la cucina, di terra e di mare, segue le stagioni.

Al Vecchio Porco 🏠 🛇 🅰🅲 VISA ⓪⓪ AE ① 🍴

via Messina 8 ☒ 20154 Ⓜ Porta Garibaldi FS – 𝒞 02 31 38 62
– www.alvecchioporco.it – Fax 02 31 38 62 – chiuso dal 24 dicembre al
2 gennaio, dal 1° al 25 agosto, domenica　　　　　　　　　　　　　　HU**e**
Rist – *(chiuso a mezzogiorno)* Carta 38/48 €

◆ Oggetti che si rifanno al maiale decorano un ristorante simpatico e caratteristico, con taverna interrata, in cui si trova un unico tavolone; piacevole dehors estivo.

X **Tara**　　　　　AC VISA ⚫ AE ① &
via Cirillo 16 ✉ 20154 Ⓜ Moscova – ℰ 0 23 45 16 35 – www.ristorantetara.com
– Fax 02 27 00 02 56　　　　　HU**b**
Rist – Menu 20/24 € – Carta 23/33 €
♦ Sperimenterete tutta la gentilezza degli Indiani e gli intensi profumi e sapori della loro cucina in questo piacevole e tranquillo locale; menù anche vegetariano.

X **Iyo**　　　　　🛋 AC 🍴 VISA ⚫ AE &
via Piero della Francesca 74 ✉ 20154 – ℰ 02 45 47 68 98 – www.iyo.it – chiuso 1 settimana in dicembre, 2 settimane in agosto, lunedì　　　　　DQ**x**
Rist – (consigliata la prenotazione) Carta 38/52 €
♦ Il "mondo fluttuante" (in giapponese, ukiyo) apre le porte su sushi, sashimi e cotture alla piastra. Ma si ritorna in occidente con i dolci da scegliere su un invogliante vassoio.

Zona urbana Nord-Ovest

🏨 **Rubens**　　　🏋 🛗 AC ↯ 🍴 🐕 P VISA ⚫ AE ① &
via Rubens 21 ✉ 20148 Ⓜ Gambara – ℰ 0 24 03 02
– www.hotelrubensmilano.it – Fax 02 48 19 31 14　　　　　DR**g**
87 cam � – †99/299 € ††110/370 €
Rist – (solo per alloggiati) Carta 35/45 €
♦ L'hotel vanta eleganti ambienti, spaziose e confortevoli camere impreziosite da affreschi di artisti contemporanei ed arredate nelle raffinate tonalità porpora e cobalto.

🏨 **Accademia**　　　🛗 AC ↯ 🍴 🐕 🏋 🚗 VISA ⚫ AE ① &
viale Certosa 68 ✉ 20155 – ℰ 02 39 21 11 22 – www.antareshotels.com
– Fax 02 33 10 38 78 – chiuso dal 8 al 23 agosto　　　　　DQ**g**
65 cam ⊑ – †300 € ††400 € – 1 suite　　**Rist** – (solo per alloggiati) Menu 19/38 €
♦ Un recente restyling ha conferito a questa bella struttura alcune camere nuove di tono moderno con arredi in design, come detta la moda d'oggi e rilassanti spazi comuni.

🏨 **Mirage**　　🏋 🛗 & cam, AC ↯ 🍴 rist, 🐕 🏋 🚗 VISA ⚫ AE ① &
viale Certosa 104/106 ✉ 20156 – ℰ 02 39 21 04 71
– www.hotelmirage-milano.com – Fax 02 39 21 05 89 – chiuso dal 24 dicembre al 3 gennaio e dal 31 luglio al 19 agosto　　　　　DQ**z**
86 cam ⊑ – †94/299 € ††150/324 €
Rist – (chiuso venerdì e sabato) (chiuso a mezzogiorno) (solo per alloggiati) Carta 31/41 €
♦ Vicino alla Fiera, la struttura offre semplici aree comuni, camere rinnovate in stile classico dotate di bagni realizzati con piastrelle di grandi dimensioni come a mosaico.

XXX **La Pobbia 1850**　　　& AC ⇔ VISA ⚫ AE ① &
via Gallarate 92 ✉ 20151 – ℰ 02 38 00 66 41 – www.lapobbia.com
– Fax 02 38 00 07 24 – chiuso agosto e domenica　　　　　DQ**w**
Rist – Carta 45/77 €
♦ L'ottocentesca osteria è oggi un elegante locale con giardino interno e propone ricette della tradizione lombarda ma anche internazionali. Dispone anche di una sala fumatori.

XX **Innocenti Evasioni** (Arrigoni e Picco)　　　🚗 🛋 AC ⇔
　　　　　　　　　　　　　　　　　　　　　　VISA ⚫ AE ① &
❀ *via privata della Bindellina ✉ 20155*
– ℰ 02 33 00 18 82 – www.innocentievasioni.com – Fax 02 89 05 55 02 – chiuso dal 1° al 10 gennaio, agosto e domenica　　　　　DQ**a**
Rist – (chiuso a mezzogiorno) Menu 45/65 € – Carta 47/60 € 🕸
Spec. Cappesante tiepide con anguria marinata, bottarga di branzino, olio alla mentuccia. Filetto di maialino iberico con pesche all'aceto balsamico e patate all'extravergine. Crostata di ciliegie all'Amarone, chantilly di stracchino e vaniglia.
♦ Un piacevole locale dalle grandi vetrate che si aprono sul giardino dove incontrare una cucina classica rivisitata con tecnica creativa. Splendido servizio estivo all'aperto.

X **Al Molo 13**　　　　　AC VISA ⚫ AE ① &
via Rubens 13 ✉ 20148 Ⓜ De Angelis – ℰ 0 24 04 27 43 – www.molo13.it
– Fax 02 40 07 26 16 – chiuso dal 26 dicembre al 5 gennaio, agosto, domenica, lunedì a mezzogiorno　　　　　DR**b**
Rist – Carta 40/90 €
♦ Dipinti e ceramiche che arredano le due sale vivacemente colorate di questa moderna trattoria ricordano la Sardegna; generose le porzioni portate al tavolo, specialità di mare e piatti tipici sardi.

Zona urbana Nord-Est

Starhotels Tourist

viale Fulvio Testi 300 ⊠ *20126* – ℰ *0 26 43 77 77* – *www.starhotels.com*
– Fax 0 26 47 25 16

BOc

134 cam ⊊ – ♥♥80/440 €

Rist – *(solo per alloggiati)*

♦ Decentrato, ma in zona comoda per le autostrade, albergo omogeneo agli standard della catena cui appartiene; molte camere ristrutturate di recente, sale riunioni attrezzate. Ristorante che dispone di moderne sale signorili anche per banchetti.

Agape senza rist

via Flumendosa 35 ⊠ *20132* Ⓜ *Crescenzago*
– ℰ 02 27 20 07 02 – *www.agapehotel.com*
– Fax 02 27 20 34 35

COa

43 cam ⊊ – ♥♥69/200 €

♦ Hotel in comoda posizione, in zona residenziale, non lontano dalle grandi direttrici stradali. Gestione capace ed intraprendente, prezzi interessanti nei fine settimana.

Susa senza rist

viale Argonne 14 ⊠ *20133* – ℰ *02 70 10 28 97* – *www.hotelsusamilano.it*
– Fax 02 71 72 19

GRd

19 cam ⊊ – ♥100/200 € ♥♥120/250 €

♦ Situato in una zona strategica di Milano, Città Studi, l'hotel si propone come un valido riferimento sia per una clientela *business* sia per turisti in visita al capoluogo lombardo. Camere moderne e funzionali; spazi comuni arredati in stile sobrio e minimalista.

Gala senza rist

viale Zara 89 ⊠ *20159* – ℰ *02 66 80 08 91* – *www.italiaabc.com/az/gala*
– Fax 02 66 80 04 63

FQa

22 cam – ♥75/120 € ♥♥94/175 €, ⊊ 8 €

♦ Preceduto da un giardinetto, un piccolo hotel a gestione familiare in quieta posizione defilata, ma comoda rispetto alle autostrade; camere spaziose e decorose.

San Francisco senza rist

viale Lombardia 55 ⊠ *20131* – ℰ *0 22 36 03 02* – *www.hotel-sanfrancisco.it*
– Fax 02 26 68 03 77

GQd

28 cam ⊊ – ♥65/110 € ♥♥75/165 €

♦ In zona Città Studi, ma a soli 300 m. da piazzale Loreto, un albergo semplice con accogliente gestione diretta. Circa metà delle camere affacciano sul grazioso giardino.

✗✗ Osteria da Francesca

viale Argonne 32 ⊠ *20133* Ⓜ *Dateo* – ℰ *02 73 06 08* – *Fax 02 73 06 08*
– chiuso agosto e domenica

GRp

Rist – Carta 33/47 €

♦ Ambiente familiare in una minuscola e accogliente trattoria, frequentata da habitué; cucina casalinga stagionale; giovedì sera e venerdì solo specialità di pesce.

✗ Vietnamonamour con cam

via A.Pestalozza 7 ⊠ *20131* Ⓜ *Piola* – ℰ *02 70 63 46 14*
– www.vietnamonamour.com – *Fax 02 70 63 46 14*

GQb

4 cam – ♥80/120 € ♥♥120/220 €

Rist – *(chiuso agosto, domenica)* *(consigliata la prenotazione)* Carta 34/60 €

♦ Intimo locale di recente apertura, caratterizzato da una particolare predilezione per il Vietnam, come evoca l'insegna. Stuzzicanti piatti vietnamiti, serviti d'inverno in un gazebo. Accoglienti le quattro camere al primo piano, arredate in calde tonalità di colore e con mobili orientali.

✗ Baia Chia

via Bazzini 37 ⊠ *20131* Ⓜ *Piola* – ℰ *0 22 36 11 31* – *Fax 0 22 36 11 31*
– chiuso dal 24 dicembre al 2 gennaio, Pasqua, 3 settimane in agosto,
domenica, lunedì a mezzogiorno

GQa

Rist – Carta 26/38 €

♦ Gradevole locale di tono familiare, suddiviso in più salette, dove gustare una buona cucina di pesce e alcune saporite specialità sarde; sarda anche la lista dei vini.

Zona urbana Sud-Est

📱 Mec senza rist 🛁 📶 AC ☎ 📶 VISA ⚫ AE ① 💲
via Tito Livio 4 ✉ *20137* Ⓜ *Lodi TIBB –* ☎ *0 25 45 67 15*
– www.hotelmec-milano.it – Fax 0 25 45 67 18   GS**r**
40 cam ☕ – †50/200 € ††60/330 €
◆ Struttura classica ben collegata alla stazione metropolitana ed attenta agli interventi di manutenzione per garantire un soggiorno confortevole.

🍴 Trattoria del Nuovo Macello AC ⟷
via Cesare Lombroso 20 ✉ *20137* Ⓜ *Corvetto –* ☎ *02 59 90 21 22*
– www.trattoriadelnuovomacello.it – Fax 02 59 90 21 22 – chiuso
dal 31 dicembre al 6 gennaio, dal 10 al 31 agosto, sabato, domenica
Rist – Menu 44/49 € – Carta 33/53 €   GS**b**
◆ Un ambiente cordiale e familiare dai soffitti alti e con i tavoli ravvicinati, presente da molto tempo sul territorio con proposte gastronomiche ricche di fantasia.

Zona urbana Sud-Ovest

📱 Mini Hotel La Spezia senza rist 📶 ♿ AC ☎ 🏊 P 🚗
via La Spezia 25 ✉ *20142* Ⓜ *Romolo*   VISA ⚫ AE ① 💲
– ☎ *02 84 80 06 60 – www.minihotel.it – Fax 02 36 50 42 76 – chiuso dal*
24 dicembre al 2 gennaio, agosto   BP**d**
76 cam ☕ – †95/300 € ††120/500 €
◆ Un edificio nuovo nel quale sono stati ricavati camere e spazi comuni ampi e luminosi arredati con sobrietà, adatti per un soggiorno di lavoro.

🏠 Dei Fiori senza rist 📶 AC ☎ P VISA ⚫ AE ① 💲
via Renzo e Lucia 14, raccordo autostrada A7 ✉ *20142* Ⓜ *Famagosta*
– ☎ *0 28 43 64 41 – www.hoteldeifiori.com – Fax 02 89 50 10 96*   BP**b**
53 cam ☕ – †60/110 € ††90/160 €
◆ Sito nei pressi dello svincolo autostradale e poco distante dalla stazione della metropolitana, è un albergo semplice con camere confortevoli.

🍴🍴🍴 Il Luogo di Aimo e Nadia (Aimo e Nadia Moroni) AC 🎀 ⟷
❀❀ *via Montecuccoli 6* ✉ *20147* Ⓜ *Primaticcio*   VISA ⚫ AE ① 💲
– ☎ *02 41 68 86 – www.aimoenadia.com – Fax 02 48 30 20 05*
– chiuso dal 1° al 7 gennaio, 3 settimane in agosto, sabato a mezzogiorno,
domenica   AP**e**
Rist – Menu 95/120 € – Carta 89/130 €
Spec. Insalata di pesce, molluschi e crostacei crudi e cotti con salsa fredda d'ortaggi, pomodori canditi e mentuccia. Germano reale al profumo di spezie e cacao venezuelano affumicato. Insalata di frutta fresca e ortaggi di stagione con gelatina di succo di frutti rossi e ricotta di bufala candita.
◆ Portarono a Milano la cucina toscana per poi ampliarla alle altre regioni; fedele a se stesso, la selezione di prodotti italiani che oggi il ristorante propone è difficilmente eguagliabile.

🍴🍴 La Corte 🌳 ♿ 🎀 P VISA ⚫ AE 💲
via Cusago 201, per via Zurigo 8 km ✉ *20153 –* ☎ *0 24 59 74 74*
– www.ristorantelacorte.com – Fax 02 47 99 46 78
– chiuso 1 settimana in gennaio, 10 giorni in agosto, lunedì sera,
martedì   AP**w**
Rist – Menu 70 € – Carta 53/73 € 🍸
◆ Ricavato all'interno di una grande cascina ottocentesca - lungo la strada per Cusago - la cucina propone i classici italiani, ma lo sguardo è sul futuro in piatti creativi e personalizzati.

🍴🍴 Nicola Cavallaro al San Cristoforo AC ⟷ VISA ⚫ AE ① 💲
via Lodovico il Moro 11 ✉ *20143* Ⓜ *Porta Genova –* ☎ *02 89 12 60 60*
– www.nicolacavallaro.it – Fax 02 89 12 60 60
– chiuso 24-25-26 dicembre, dal 7 al 31 agosto, sabato a mezzogiorno,
lunedì   DS**a**
Rist – Menu 48/68 € – Carta 33/69 €
◆ Lungo il Naviglio, Nicola Cavallaro è un cuoco giovane e brillante che propone piatti originali con qualche richiamo all'oriente. Il pesce ha la meglio con apoteosi nei crudi, classici o più elaborati.

Dintorni di Milano

al Parco Forlanini (lato Ovest) Est : 10 km (Milano : pianta 7)

XX **Osteria I Valtellina** ⚏ ⅍ **P** **VISA** ⦿ **AE** ⓢ
via Taverna 34 ⊠ 20134 Milano – ℰ 02 75 61 1 39 – Fax 02 75 60 43 6 – chiuso
dal 26 dicembre al 7 gennaio, dal 4 al 24 agosto e venerdì   CP**h**
Rist – Carta 47/66 €
♦ Un ambiente caratteristico, quasi un museo della vita quotidiana lombarda, l'osteria propone una cucina classica con piatti dai sapori tipicamente valtellinesi.

MILANO 2 – Milano (MI) – Vedere Segrate

MILANO MARITTIMA – Ravenna – **563** J19 – Vedere Cervia

MILAZZO – Messina – **565** M27 – Vedere Sicilia alla fine dell'elenco alfabetico

---

MILETO – Vibo Valentia (VV) – **564** L30 – **7 072 ab.** – alt. 356 m – ⊠ 89852   5 A3
🄳 Roma 562 – Reggio di Calabria 84 – Catanzaro 107 – Cosenza 110

X **Il Normanno** ⚏ **AC** **VISA** ⦿ **AE** ⓞ ⓢ
⊖ via Duomo 12 – ℰ 09 63 33 63 98 – www.ilnormanno.com – Fax 09 63 33 63 98
⊛ – chiuso dal 1° al 20 settembre e lunedì escluso agosto
Rist – Carta 16/25 €
♦ Una cucina casalinga che ripropone i piatti della tradizione locale in questa rustica trattoria a conduzione familiare nel cuore della località. Marito in sala e moglie ai fornelli.

MINERBIO – Bologna (BO) – **562** I16 – **8 590 ab.** – alt. 16 m – ⊠ 40061   9 D3
🄳 Roma 399 – Bologna 23 – Ferrara 30 – Modena 59

🄷🄷 **Nanni** ⚏ 🛉 ᓬ **AC** ⅏ ⅍ ⅏ 🎿 **P** **VISA** ⦿ **AE** ⓞ ⓢ
via Garibaldi 28 – ℰ 05 1 87 82 76 – www.hotelnanni.com – Fax 05 1 87 60 94
46 cam ⊇ – †80/110 € ††115/180 € – ½ P 80/100 €
Rist – (chiuso dal 24 dicembre al 7 gennaio, dall'8 al 21 agosto e sabato)
Carta 25/35 €
♦ Albergo dalla solida tradizione familiare: luminosi interni arredati in modo molto piacevole
e belle camere, le più nuove e carine sono frutto del recente ampliamento. Capiente sala da
pranzo in stile lineare e luminosa sala banchetti affacciata sul giardino.

MINERVINO MURGE – Bari (BA) – **564** D30 – **9 752 ab.** – alt. 445 m   26 B2
– ⊠ 70055
🄳 Roma 364 – Foggia 68 – Bari 75 – Barletta 39

X **La Tradizione-Cucina Casalinga** **AC** ⅍ **VISA** ⦿ **AE** ⓞ ⓢ
⊖ via Imbriani 11/13 – ℰ 08 83 69 16 90 – www.osterialatradizione.net
⊛ – Fax 08 83 69 44 12 – chiuso dal 21 al 28 febbraio, dal 1° al 15 settembre,
domenica sera, giovedì
Rist – Carta 18/30 €
♦ Celebre trattoria del centro storico, accanto alla chiesa dell'Immacolata. Ambiente piacevole, in stile rustico, foto d'epoca alle pareti; piatti tipici del territorio.

MINORI – Salerno (SA) – **564** E25 – **2 904 ab.** – ⊠ 84010   6 B2
🄳 Roma 269 – Napoli 67 – Amalfi 3 – Salerno 22

🄷 **Santa Lucia** ⚏ 🛉 **AC** ⅍ cam, ⅏ 🚣 **VISA** ⦿ **AE** ⓞ ⓢ
via Nazionale 44 – ℰ 08 98 5 36 36 – www.hotelsantalucia.it – Fax 08 98 7 71 42
– 20 dicembre- 7 gennaio e marzo-novembre
35 cam ⊇ – †60/90 € ††80/150 € – ½ P 60/85 €   **Rist** Carta 22/29 € (+10 %)
♦ Nella ridente cittadina dell'incantevole costiera Amalfitana, un albergo a gestione familiare, con
camere nuove e davvero graziose. Sapori campani nella capiente sala da pranzo dai colori caldi.

XX **Giardiniello** ⚏ **AC** **VISA** ⦿ **AE** ⓞ ⓢ
corso Vittorio Emanuele 17 – ℰ 08 98 7 70 50 – www.ristorantegiardiniello.com
– Fax 08 98 7 70 50 – chiuso mercoledì escluso da giugno a settembre
Rist – Carta 30/51 €
♦ Ristorante e pizzeria situato nel centro della località, dove gustare piatti del luogo, soprat-
tutto di mare; gradevole servizio estivo sotto un pergolato.

MIRA – Venezia (VE) – **562** F18 – 38 434 ab. – ⊠ 30034 ▯ Venezia 　36 C3

> ▶ Roma 514 – Padova 22 – Venezia 20 – Chioggia 39
>
> ▯ via Nazionale 420 (Villa Widmann Foscari) ℰ 041 5600690, info@
> turismovenezia.it, Fax 041 5230399
>
> ◉ Sala da ballo★ della Villa Widmann Foscari
>
> ◖ Riviera del Brenta★★ per la strada S11

Villa Franceschi　　　 ♫ 🛋 🕭 cam, 🕊 ᴀᴄ ↵ 🏋 🎙 🍴 **P**
via Don Minzoni 28 – ℰ 04 14 26 65 31　　　　　 *VISA* **©©** ᴀᴇ **①** 🖢
– www.villafranceschi.com – Fax 04 15 60 89 96
25 cam ⊊ – ♦115/155 € ♦♦175/240 € – 5 suites – ½ P 122/160 €
Rist *Margherita* – Carta 48/76 €
◆ Due strutture costituiscono la risorsa ed è quella principale a darle il nome: una splendida villa del XVI secolo immersa avvolta da giardini all'italiana. Raffinata e curata.

Villa Margherita　　　 ♫ ᴀᴄ ↵ 🏋 🎙 **P** *VISA* **©©** ᴀᴇ **①** 🖢
via Nazionale 416 ⊠ 30030 Mira Porte – ℰ 04 14 26 58 00
– www.dalcorsohotellerie.it – Fax 04 14 26 58 38
19 cam ⊊ – ♦95/115 € ♦♦155/175 € – ½ P 113/128 €
Rist *vedere Margherita-Hotel Villa Franceschi* –
◆ Una splendida villa secentesca per un soggiorno di classe: raffinato l'arredo negli ambienti, riccamente ornati e abbelliti da affreschi e quadri d'autore. All'ombra di un ampio parco.

Riviera dei Dogi senza rist　　　 ᴀᴄ 🏋 🎙 **P** *VISA* **©©** ᴀᴇ 🖢
via Don Minzoni 33 Mira Porte – ℰ 0 41 42 44 66 – www.rivieradeidogi.com
– Fax 0 41 42 44 28
43 cam – ♦50/99 € ♦♦50/175 €, ⊊ 8 €
◆ Affacciato sulla Riviera del Brenta, palazzo secentesco con piacevoli interni d'atmosfera; la graziosa sala colazioni si trova nella corte interna, in una moderna struttura in metallo e vetro.

Isola di Caprera senza rist　　　 🚗 ⚓ 🕭 ᴀᴄ 🏋 🎙 **P** *VISA* **©©** ᴀᴇ **①** 🖢
riviera Silvio Trentin 13 – ℰ 04 14 26 52 55 – www.isoladicaprera.com
– Fax 04 14 26 53 48 – chiuso dal 22 dicembre al 3 gennaio
16 cam ⊊ – ♦60/90 € ♦♦90/120 €
◆ Consta di una villa risalente all'Ottocento e di un'altra struttura situata sul retro da cui si accede alla piacevole piscina con giardino; interni eleganti arredati con gusto.

Nalin　　　 ᴀᴄ 🏋 **P** *VISA* **©©** ᴀᴇ **①** 🖢
via Argine sinistro Novissimo 29 – ℰ 0 41 42 00 83 – www.trattorianalin.it
– Fax 04 15 60 00 37 – chiuso dal 26 dicembre al 6 gennaio, agosto, domenica
sera e lunedì
Rist – Carta 39/63 € ✿
◆ Una lunga tradizione, iniziata nel 1914, per questo ristorante che propone una cucina che trae la sua ispirazione dal mare. Bella veranda luminosa.

Dall'Antonia　　　 ᴀᴄ 🏋 **P** *VISA* **©©** ᴀᴇ **①** 🖢
via Argine Destro del Novissimo 75, Sud : 2 km – ℰ 04 15 67 56 18
– www.trattoriadallantonia.it – Fax 04 15 67 52 93 – chiuso gennaio, agosto,
domenica sera, martedì
Rist – Menu 55/65 € – Carta 29/78 €
◆ Accolti da un tripudio di piante in vaso, da formelle in vetro artistico e da un'esperta conduzione familiare potrete gustare interessanti piatti a base di pescato.

a Gambarare Sud-Est : 3 km – ⊠ 30030

Poppi　　　 🚗 🛋 🕭 cam, ᴀᴄ ↵ 🏋 🎙 **P** 🚘 *VISA* **©©** ᴀᴇ **①** 🖢
via Romea 80 – ℰ 04 15 67 56 61 – www.hotelpoppi.it – Fax 04 15 67 64 82
100 cam ⊊ – ♦50/65 € ♦♦70/90 €　　**Rist** – Carta 36/74 €
◆ Lungo la statale Romea, hotel dalla capace gestione familiare in grado di offrire un confort adeguato sia ad una clientela commerciale che a quella turistica. La cucina di mare è protagonista al ristorante, sempre molto apprezzato.

a Oriago Est : 4 km – ⊠ 30034

Il Burchiello senza rist　　　 🛋 ᴀᴄ 🏋 🎙 🍴 **P** *VISA* **©©** ᴀᴇ **①** 🖢
via Venezia 19 – ℰ 0 41 42 95 55 – www.burchiello.it – Fax 0 41 42 97 28
63 cam ⊊ – ♦95/120 € ♦♦130/180 €
◆ Camere signorili e personalizzate, realizzate in stili diversi e una gestione seria e professionale per questo hotel situato in posizione ottimale per escursioni sul fiume Brenta.

🍴🍴 **Il Burchiello** con cam [AC] 📶 [P] VISA [MC] [AE] [D] $
via Venezia 40 – ☎ 0 41 47 22 44 – www.burchiello.it – Fax 0 41 47 29 29 – chiuso 15 giorni in gennaio e 10 in luglio
11 cam ☕ – 🚹40 € 🚹🚹70 €
Rist – *(chiuso domenica sera e lunedì)* Carta 32/60 €
◆ Lungo il Brenta, è raggiungibile anche in barca. Elegante, con sale luminose e capienti e una cucina che si ispira prevalentemente al mare. Camere semplici e confortevoli per chi desidera prolungare la sosta.

🍴 **Nadain** [AC] ✂ [P] VISA [MC] $
via Ghebba 26 – ☎ 0 41 42 93 87 – www.nadain.it – Fax 0 41 42 96 65 – chiuso 7 giorni in febbraio, 15 giorni in luglio, mercoledì, giovedì a mezzogiorno
Rist – Carta 30/45 €
◆ Piatti curati, talvolta innovativi, sempre a base di pesce in questa trattoria dalla capace e cordiale gestione familiare. In posizione periferica verso la campagna.

MIRAMARE DI RIMINI – Rimini – 563 J19 – Vedere Rimini

MIRANO – Venezia (VE) – 562 F18 – 26 363 ab. – alt. 9 m – ✉ 30035 36 C2

▮ Venezia

▶ Roma 516 – Padova 26 – Venezia 21 – Milano 253

🏨 **Park Hotel Villa Giustinian** senza rist 🌳 🏊 [lift] 🏃 [AC] ✂ rist, 📞 🛎 [P] VISA [MC] [AE] [D] $
via Miranese 85 – ☎ 04 15 70 02 00 – www.villagiustinian.com – Fax 04 15 70 03 55
40 cam ☕ – 🚹56/81 € 🚹🚹105/131 € – 2 suites
◆ In un ampio parco con piscina, una villa del Settecento dagli ambienti rilassanti e ornati in stile, affiancata da due dipendenze più sobrie. Poco distante dal centro.

🏨 **Relais Leon d'Oro** 🐇 🌳 🏊 ♨ ♿ cam, [AC] 🚭 ✂ rist, 📶 🛎 [P] VISA [MC] [AE] $
via Canonici 3, Sud : 3 km – ☎ 0 41 43 27 77 – www.leondoro.it – Fax 0 41 43 15 01
34 cam ☕ – 🚹64/78 € 🚹🚹90/138 € – ½ P 70/99 €
Rist – (consigliata la prenotazione) Carta 26/55 €
◆ Raffinata residenza di campagna in posizione tranquilla, non priva tuttavia di confort e originalità caratteristici delle più moderne strutture ricettive. Interni curati, signorili ambienti e camere personalizzate. Affacciato sul giardino, il ristorante propone i piatti mediterranei.

🏨 **Villa Patriarca** 🌳 🏊 🎾 [AC] 📶 [P] VISA [MC] [AE] [D] $
via Miranese 25 – ☎ 0 41 43 00 06 – www.villapatriarca.com – Fax 04 15 70 20 77
26 cam – 🚹🚹50/80 €, ☕ 5 € – ½ P 50/75 €
Rist – *(chiuso martedì)* Carta 27/34 €
◆ Villa del XVIII secolo ristrutturata e dotata di un grande giardino con piscina e campi da tennis; gli ambienti comuni sono sobriamente arredati con chiare tonalità di colore.

a Scaltenigo Sud-Ovest : 4,8 km – ✉ 30035

🍴 **Trattoria la Ragnatela** ♿ [AC] ✂ [P] VISA [MC] $
⊜ *via Caltana 79 – ☎ 0 41 43 60 50 – www.ristorantelaragnatela.com – Fax 0 41 43 60 50 – chiuso mercoledì*
Rist – Carta 21/55 €
◆ Tanto semplice, informale e intensamente frequentato a pranzo, quanto curato, persino ricercato nei piatti ispirati alla tradizione veneziana. Il pesce va per la maggiore.

MISANO ADRIATICO – Rimini (RN) – 562 K20 – 11 485 ab. – ✉ 47843 9 D2

▶ Roma 318 – Rimini 13 – Bologna 126 – Forlì 65

[i] viale Platani 22 ☎ 0541 615520, iat@comune.misano-adriatico.rn.it, Fax 0541 613295

🏨 **Atlantic Riviera** 🏊 [lift] 🏃 [AC] 🚭 ✂ rist, 📶 🛎 [P] VISA [MC] [AE] [D] $
via Sardegna 28 – ☎ 05 41 61 41 61 – www.atlanticriviera.com – Fax 05 41 61 37 48 – Pasqua-settembre
53 cam ☕ – 🚹75/120 € 🚹🚹110/160 € – ½ P 75/100 € **Rist** – Carta 30/44 €
◆ Particolare la terrazza solarium sulla quale si trova anche una bella piscina panoramica affacciata sulla Riviera; funzionali le camere, non prive di qualche tocco di eleganza. Dalla cucina romagnola ai classici nazionali, al ristorante.

XX Taverna del Marinaio ⟨⟩ 🏠 ⅏ VISA ⓶ AE ① ⅙

via dei Gigli 16, Portoverde – ℰ *05 41 61 56 58 – Fax 05 41 61 56 58 – chiuso dal 1° ottobre al 15 dicembre e martedì escluso da giugno al 15 settembre*
Rist – Carta 37/53 €

♦ Nei pressi di Portoverde, un ristorante di pesce in stile marinaro, con inserti in legno e lampade in ottone. Le pareti ospitano numerose stampe di velieri.

MISSIANO = MISSIAN – Bolzano – Vedere Appiano sulla Strada del Vino

---

MISURINA – Belluno (BL) – **562** C18 – alt. 1 756 m – Sport invernali : **36 C1**
1 755/2 200 m ⟨⟩6 ⟨⟩31 (Comprensorio Dolomiti superski Cortina d'Ampezzo) ⟨⟩
– ⊠ 32040 ▌Italia

▶ Roma 686 – Cortina d'Ampezzo 14 – Auronzo di Cadore 24 – Belluno 86
◉ Lago★★ – Paesaggio pittoresco★★★

🏠 Lavaredo ⟨⟩ ⟨⟩ ⅏ ⟨⟩ P VISA ⓶ ⅙

via M. Piana 11 – ℰ *0 43 53 92 27 – www.laredohotel.it – Fax 0 43 53 91 27 – Natale-Pasqua e giugno-settembre*
29 cam – ♦80/160 €, ⟨⟩ 9 € – ½ P 55/90 €
Rist – *(chiuso a mezzogiorno in inverno)* Carta 23/40 €

♦ Si riflette sullo specchio lacustre antistante questa risorsa a gestione familiare che offre un'incantevole vista sulle cime e confortevoli camere di gusto moderno. Semplice la sala da pranzo, affacciata sul lago.

MOCRONE – Massa Carrara – Vedere Villafranca in Lunigiana

MODENA P (MO) – **562** I14 – 179 937 ab. – alt. 35 m ▌Italia **8 B2**

▶ Roma 404 – Bologna 40 – Ferrara 84 – Firenze 130
ℹ piazza Grande 14 (palazzo Comunale) ℰ 059 2032660, iatmo@comune.modena.it, Fax 059 2032659
🔢 ℰ 059 55 34 82
◉ Duomo★★★ AY – Metope★★ nel museo del Duomo ABY **M1** – Biblioteca Estense★: Bibbia di Borso d'Este★★Galleria Estense★, nel palazzo dei Musei AY **M2** – Palazzo Ducale★ BY**A**

🏨 Real Fini-Via Emilia senza rist ⟨⟩ ⟨⟩ ⟨⟩ ⅙ ⟨⟩ AC ⟨⟩ ⟨⟩ ⟨⟩

via Emilia Est 441, per ③ ⊠ 41122 VISA ⓶ AE ① ⅙
– ℰ *05 92 05 15 11 – www.hotelrealfini.it – Fax 05 92 05 15 90 – chiuso dal 20 dicembre al 10 gennaio e dall'8 al 29 agosto*
87 cam ⟨⟩ – ♦69/230 € ♦♦69/250 €

♦ Nell'antica città estense, questo hotel di prestigio propone eleganti zone comuni, camere arredate con mobili su misura e un ampio centro congressi.

🏨 Canalgrande ⟨⟩ ▌ AC ⅏ rist. ⟨⟩ VISA ⓶ AE ① ⅙

corso Canalgrande 6 ⊠ 41121 – ℰ *0 59 21 71 60 – www.canalgrandehotel.it – Fax 0 59 22 16 74* BZ**v**
66 cam ⟨⟩ – ♦132 € ♦♦180 € – 2 suites
Rist – *(chiuso 1° al 26 agosto)* Carta 32/68 €

♦ Convento nel Cinquecento, poi residenza nobiliare, è oggi un hotel di grande prestigio: sale neoclassiche con antichi ritratti di famiglia ed uno splendido giardino.

🏨 Donatello ▌ AC ⟨⟩ ⟨⟩ ⟨⟩ VISA ⓶ AE ① ⅙

via Giardini 402, per via Giardini ⊠ 41124 – ℰ *0 59 34 45 50 – www.donatellomodena.it – Fax 0 59 34 28 03* AZ
74 cam ⟨⟩ – ♦65/92 € ♦♦85/92 € – ½ P 59/64 €
Rist *La Gola* – ℰ *0 59 35 01 60 (chiuso agosto)* Carta 21/26 €

♦ Fuori dal centro storico, l'hotel si trova in comoda posizione per chi viaggia per affari; offre camere semplici e ben tenute di discrete dimensioni. Cucina tipica locale ed una rustica atmosfera nell'annesso ristorante.

🏨 Libertà senza rist ▌ AC ⟨⟩ ⅏ ⟨⟩ ⟨⟩ VISA ⓶ ⅙

via Blasia 10 ⊠ 41121 – ℰ *0 59 22 23 65 – www.hotelliberta.it – Fax 0 59 22 25 02*
51 cam ⟨⟩ – ♦70/115 € ♦♦110/180 € BY**e**

♦ Centrale, poco distante dal Palazzo Ducale e provvisto di un comodo garage, offre graziose e sobrie camere e moderni spazi comuni. Clientela soprattutto commerciale.

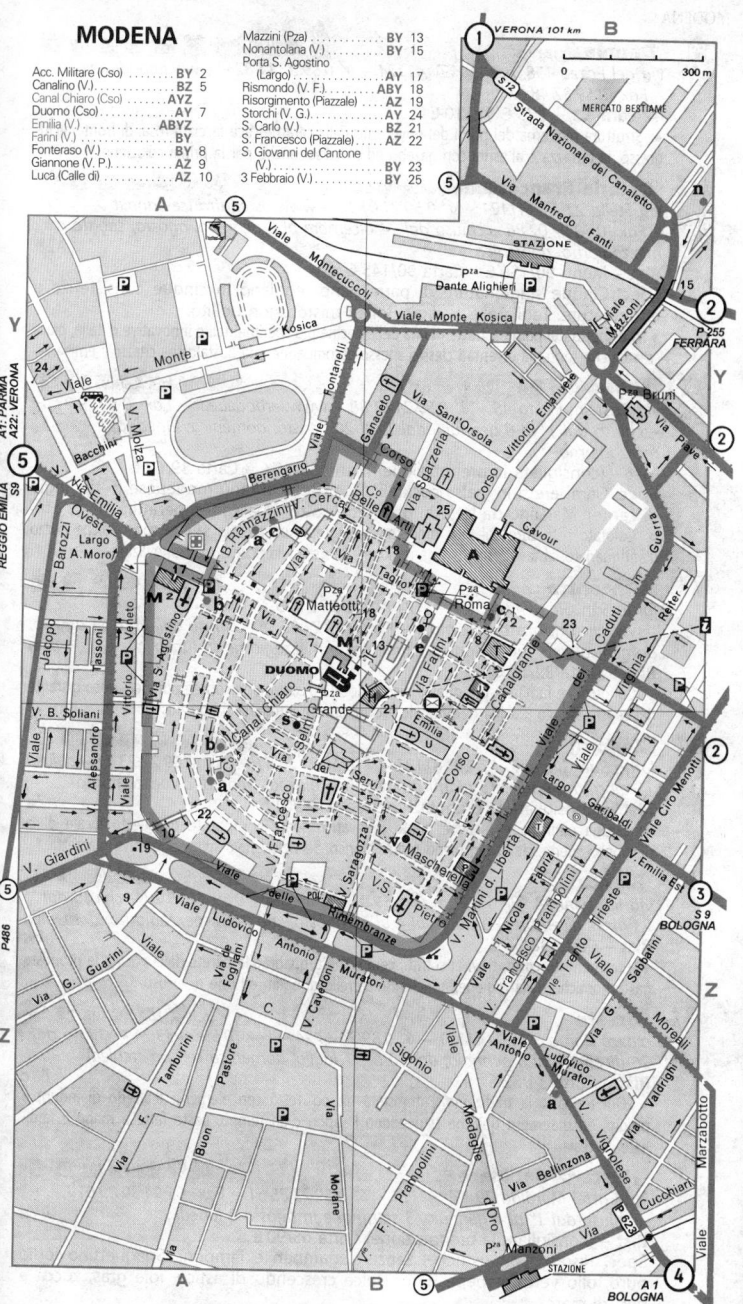

MODENA

Daunia senza rist 🏠 🔊 AC ⚡ «i» **P** VISA 🐵 AE ① ⚡
via del Pozzo 158, per ③ ⊠ 41124 – ℰ 059 37 11 82 – www.hoteldaunia.it
– Fax 059 37 48 07
42 cam � – †75 € ††110 €
♦ Struttura moderna dei primi del novecento dalla caratteristica facciata rosa; di fronte all'ingresso, la terrazza è allestita con gazebo ed utilizzata anche per la prima colazione.

XXX **Osteria Francescana** (Massimo Bottura) ⚡ AC VISA 🐵 AE ① ⚡
🕸🕸 via Stella 22 ⊠ 41121 – ℰ 059 21 01 18 – www.osteriafrancescana.it
– Fax 059 22 02 86 – chiuso dal 24 dicembre al 6 gennaio, agosto, sabato a
mezzogiorno, domenica   AZ**b**
Rist – Menu 90/150 € – Carta 90/145 € 🍴
Spec. Cinque stagionature di parmigiano reggiano in cinque consistenze e
temperature. Tagliatelle al ragù. Bollito misto ...non bollito.
♦ A dispetto del nome si tratta di una delle cucine più sperimentali e innovative d'Italia, piatti
creativi che sono già diventati classici spesso accompagnati da nostalgiche citazioni emiliane.

XX **L'Erba del Re** (Luca Marchini) ⚡ AC ⚡ VISA 🐵 AE ① ⚡
🕸 via Castelmaraldo 45 – ℰ 059 21 81 88 – www.lerbadelre.it – Fax 059 39 23 07
– chiuso dal 1° al 6 gennaio, dal 1° al 20 agosto, domenica, lunedì a
mezzogiorno
Rist – (consigliata la prenotazione) Menu 33/70 € – Carta 39/64 € 🍴
Spec. Gamberetti in "salsa cocktail". Tagliatelle al ragù modenese (5 tipologie
di carne). Maialino da latte in porchetta cotto a bassa temperatura.
♦ Colorato ristorante dal look moderno: all'ingresso un piccolo salotto con qualche pezzo
d'antiquariato, al tavolo una cucina regionale protesa alla ricerca e all'innovazione.

XX **L'Incontro** AC ⚡ VISA 🐵 AE ① ⚡
largo San Giacomo 32 ⊠ 41121 – ℰ 059 21 85 36
– www.incontroristorante.mo.it – Fax 059 21 85 36 – chiuso dal 15 al 31 agosto,
domenica sera, lunedì, anche domenica a mezzogiorno in luglio   AZ**a**
Rist – Carta 32/58 €
♦ Conduzione familiare per questo piccolo locale d'ispirazione contemporanea, poco distante
dal centro storico. Cucina tradizionale e carta spesso integrata da preziosi consigli.

XX **Zelmira** 🍴 ⚡ AC ⟳ VISA 🐵 ① ⚡
largo San Giacomo 17 ⊠ 41121 – ℰ 059 22 23 51 – Fax 059 22 23 51 – chiuso
15 giorni ad aprile, 15 giorni a novembre, giovedì, venerdì a mezzogiorno
Rist – (consigliata la prenotazione) Carta 44/61 €   AZ**a**
♦ Cucina emiliana e qualche piatto innovativo sono le proposte di questo locale dalla
gestione esperta, situato in pieno centro storico. Servizio estivo sulla suggestiva piazzetta.

XX **Bianca** 🍴 AC ⚡ VISA 🐵 AE ① ⚡
via Spaccini 24 ⊠ 41122 – ℰ 059 31 15 24 – Fax 059 31 55 20 – chiuso dal
23 al 31 dicembre, Pasqua, dal 4 al 19 agosto, sabato a mezzogiorno, domenica
Rist – Carta 38/56 €   BY**n**
♦ Pavimenti in cotto, travi ai soffitti, ceramiche e quadri alle pareti; dalla cucina le proposte
gastronomiche della regione, nonché un carrello di bolliti e uno di arrosti.

XX **Oreste** AC ⟳ VISA 🐵 AE ① ⚡
piazza Roma 31 ⊠ 41121 – ℰ 059 24 33 24 – Fax 059 24 33 24 – chiuso dal
26 dicembre al 6 gennaio, dal 10 al 31 luglio, domenica sera, mercoledì
Rist – Carta 34/52 €   BY**c**
♦ Qui regnano la tradizione, l'atmosfera un po' retrò con elementi d'arredo di indubbio
pregio, ed è sempre qui che si rivedono i sapori d'un tempo, paste fatte a mano e familiare cortesia.

X **Hostaria del Mare** (Vittorio Novani) AC ⚡ VISA 🐵 AE ① ⚡
🕸 via Castel Maraldo 29 ⊠ 41121 – ℰ 059 23 85 61 – Fax 05 94 39 89 01
– chiuso dal 1° al 7 gennaio, 3 settimane in agosto e lunedì   AY**a**
Rist – (consigliata la prenotazione) Carta 65/90 €
Spec. Risotto con ostriche, zenzero, gamberi e lamponi. Spaghettino iodio
puro, olio verde e pepe nero. Dolce crescendo di astice, foie gras, zucca e
ricci di mare.
♦ Poco distante dalla "Pomposa", un edificio d'epoca ospita questo piccolo locale di taglio
moderno, nel quale dominano il grigio ed una cucina che si ispira unicamente al mare.

X **Franceschetta** ☒ AC VISA ☒ AE ⑤
via Vignolese 58 ✉ *41124 –* ℰ *05 93 09 10 08 – www.franceschetta.it*
– Fax 05 92 20 28 6 – chiuso dal 10 al 16 agosto, sabato a mezzogiorno, lunedì
Rist – Carta 23/45 € BZ**a**
♦ Dépendance informale ed economica della creativa Osteria Francescana: stessa cura nella scelta delle materie prime per piatti creativi da gustare anche al banco.

X **Hosteria Giusti** (Laura Galli) 🍴 AC ⑤ VISA ☒ AE ⑤
☼ *vicolo Squallore 46* ✉ *41121 –* ℰ *0 59 22 25 33 – www.hosteriagiusti.it*
– Fax 0 59 22 25 33 – chiuso dal 1° dicembre al 15 gennaio, agosto, domenica,
lunedì BY**e**
Rist – *(chiuso la sera)* (prenotazione obbligatoria) Carta 50/65 €
Spec. Gnocco fritto con salumi. Tagliatelle al sugo di guanciale. Cotechino fritto con zabaione.
♦ Un locale di nicchia con soli quattro tavoli sul retro di una celebre salumeria, ambiente rustico ma tovagliato più ricercato, la cucina è casalinga ed emiliana.

X **Al Boschetto-da Loris** 🚗 🍴 ⑤ ✿ P VISA ☒ AE ① ⑤
via Due Canali Nord 202, per ② ✉ *41122 –* ℰ *0 59 25 17 59*
– Fax 0 59 25 00 45 – chiuso sabato da giugno ad agosto, mercoledì e la sera
(escluso il sabato) negli altri mesi
Rist – Carta 28/39 €
♦ Cinto da piante secolari, un villino di antiche origini, casino di caccia del Duca d'Este: in questo storico locale, potete trovare curati piatti della cucina casalinga modenese.

X **Cucina del Museo** AC VISA ☒ AE ⑤
via Sant'Agostino 7 ✉ *41121 –* ℰ *0 59 21 74 29 – www.cucinadelmuseo.it*
– Fax 0 59 23 74 43 – chiuso agosto, domenica sera, lunedì AY**b**
Rist – Menu 50 € – Carta 53/69 € 🍴
♦ Nelle immediate vicinanze del Museo Civico, un locale raccolto che coniuga modernità e rusticità. In tavola: i piatti della tradizione, ma anche una cucina più creativa.

sulla strada statale 9 - via Emilia Est **località Fossalta per** ③ **: 4 km**

🏨 **Rechigi Park Hotel** senza rist 🛗 ⑤ AC ↯ ⑴ 🅢 P
via Emilia Est 1581 ✉ *41122 Modena* VISA ☒ AE ① ⑤
– ℰ *0 59 28 36 00 – www.rechigiparkhotel.it – Fax 0 59 28 39 10*
– chiuso dal 1° al 24 agosto
72 cam ☐ – †85/145 € ††135/220 €
♦ Ospitato in un'antica residenza nobiliare non distante dal centro storico, l'hotel è circondato da un piccolo giardino e propone sobrie camere classiche e caldi spazi comuni.

XXX **Vinicio** 🍴 ⑤ AC ⑤ P VISA ☒ AE ① ⑤
via Emilia Est 1526 ✉ *41126 Modena –* ℰ *0 59 28 03 13*
– www.ristorantevinicio.it – Fax 0 59 28 19 02 – chiuso dal 24 dicembre al
6 gennaio, agosto e lunedì
Rist – Carta 38/54 € 🍴
♦ Caldo ed elegante il look di questo ristorante: ricavato negli ambienti in cui un tempo c'erano le stalle, propone piatti locali. D'estate si pranza anche all'aperto.

XX **La Quercia di Rosa** 🚗 🍴 ≅ ⑤ AC ⑤ P VISA ☒ AE ① ⑤
via Scartazza 22 ✉ *41126 Modena –* ℰ *0 59 28 07 30 – Fax 05 92 86 13 98*
– chiuso dal 1° al 24 agosto, martedì, domenica sera
Rist – Menu 35 € – Carta 32/43 €
♦ Incorniciata in un parco con laghetto, l'ottocentesca villa ospita un ristorante a gestione familiare che propone piatti della tradizione modenese. Dispone di un settore per fumatori.

sulla strada statale 486 **per** ⑤ **- via Giardini AZ :**

🏨 **Mini Hotel Le Ville** 🚗 ≅ ⑩ 🛗 ⑤ AC ⑴ 🅢 P VISA ☒ AE ① ⑤
via Giardini 1270, Sud : 4,5 km ✉ *41126 Modena –* ℰ *0 59 51 00 51*
– www.minihotelleville.it – Fax 0 59 51 11 87 – chiuso dal 7 al 21 agosto
46 cam ☐ – †70/105 € ††110/165 € – ½ P 85/115 €
Rist Le Ville – vedere selezione ristoranti
♦ Tre edifici, di cui uno d'epoca, danno il nome a questo hotel: immerso in un rigoglioso giardino, offre camere gradevoli ed accoglienti spazi comuni illuminati da ampie vetrate.

XX Le Ville 🏠 & 🗚C 🄿 VISA ⓪ 🗚E ⓘ ⚡
via Giardini 1272, Sud : 4,5 km ✉ 41126 Modena – 𝒞 05 95 12 22 40
– Fax 05 95 13 90 21 – chiuso dal 1° all'8 gennaio, dall'8 al 30 agosto, sabato a
mezzogiorno, domenica
Rist – Carta 38/60 €
♦ Un tempo questi locali erano occupati da una rimessa per carrozze, oggi ospitano un elegante ristorante dove potrete gustare la cucina della tradizione modenese e piatti più innovativi.

per strada statale 12 per ④ : 8 km:

XXX Europa 92 🚗 🏠 🗚C 🄿 VISA ⓪ 🗚E ⓘ ⚡
stradello Nava 8 ✉ 41126 Vaciglio – 𝒞 0 59 46 00 67
– www.ristoranteeuropa92.it – Fax 0 59 46 40 31 – chiuso dal 1° al 20 gennaio,
dal 1° al 23 agosto, lunedì, martedì a mezzogiorno
Rist – Carta 49/67 € 🏵
♦ Nelle stalle settecentesche di una fattoria è stata ricavata questa elegante sala: piatti tipici del territorio ed l'autentica passione dei proprietari per la ristorazione.

in prossimità casello autostrada A1 Modena Nord per ⑤ : 7 km :

X La Piola 🏠 🗚C 🄿
via Viazza di Ramo 248 ✉ 41123 Modena – 𝒞 0 59 84 80 52
– Fax 0 59 84 80 52 – chiuso lunedì e martedì
Rist – Menu 25 €
♦ Menù semplici di ispirazione casalinga e del territorio in questo locale rustico, colorato e molto accogliente. Frequentato da Enzo Ferrari, un tavolo è a lui dedicato.

in prossimità casello autostrada A1 Modena Sud per ④ : 8 km

🏠 Real Fini-Baia del Re 🏖 🕳 🖹 & 🗚C 🍽 rist, ⁇ 🈶 🄿
VISA ⓪ 🗚E ⓘ ⚡
via Vignolese 1684 ✉ 41126 Modena
– 𝒞 05 94 79 21 11 – www.hotelrealfini.it – Fax 05 94 79 21 90
84 cam ⌗ – †54/170 € ††54/220 €
Rist *Baia del Re* – (chiuso dal 24 dicembre al 6 gennaio, dal 14 al 18 agosto,
domenica) Carta 31/42 €
♦ Funzionali camere in stile minimalista, molte delle quali dotate di un piccolo giardino per questo hotel di recente costruzione, ideale per una clientela business. All'interno di un edificio storico, il ristorante propone piatti tradizionali e casalinghi, sensibili all'avvicendarsi delle stagioni.

sulla strada statale 9 - via Emilia Ovest per ⑤ :

XX La Masseria 🏠 🔄 🄿 VISA ⓪ ⚡
via Chiesa 61, località Marzaglia, Ovest : 9 km ✉ 41123 Modena
– 𝒞 0 59 38 92 62 – www.ristorantemasseria.com – Fax 0 59 38 80 14
– chiuso dal 7 al 15 gennaio, dal 23 agosto al 6 settembre e martedì
Rist – Carta 31/46 €
♦ Restaurato, l'antico mulino è ora un accogliente ristorante in cui primeggiano i sapori di una cucina casalinga fedele alle tradizioni pugliesi. D'estate si pranza tra piante e fiori.

XX Strada Facendo 🗚C 🔄 🔄 VISA ⓪ ⓘ ⚡
via Emilia Ovest 622 ✉ 41123 Modena – 𝒞 0 59 33 44 78
– www.ristorantestradafacendo.it – Fax 0 59 33 44 78 – chiuso una settimana in
gennaio, 3 settimane in agosto, sabato a mezzogiorno, domenica
Rist – Menu 48/58 € – Carta 36/72 € 🏵
♦ Varcate la soglia di questo piccolo e grazioso ristorante, isolatevi dal traffico e concentrate la vostra attenzione sulla fantasia che, tra mare e monti, si diletta nei piatti.

MODICA – Ragusa – **365** AX62 – Vedere Sicilia alla fine dell'elenco alfabetico

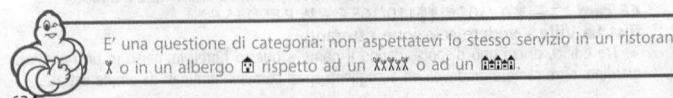

E' una questione di categoria: non aspettatevi lo stesso servizio in un ristorante
X o in un albergo 🏠 rispetto ad un XXXXX o ad un 🏠🏠🏠.

MOENA – Trento (TN) – **562** C16 – **2 646 ab.** – alt. 1 184 m – Sport 31 C2
invernali : ad Alpe Lusia e San Pellegrino (Passo) : 1 200/2 500 m ⬆️ 3 ⬆️17
(Comprensorio Dolomiti Superski Tre Valli) ⚡ – ⬚ 38035 ▯ Italia

▶ Roma 671 – Belluno 71 – Bolzano 44 – Cortina d'Ampezzo 74
ℹ piazza de Sotegrava 19 ✆ 0462 609770, infomoena@fassa.com,
Fax 0462 574342

🏨 **Alle Alpi** ⬅ 🔲 📶 🕸 📶 🏢 ⛄ 🏊 🎾 📶 🛁 **P** 📶 **VISA** 💳 ① 💰
strada de Moene 67 – ✆ *04 62 57 31 94 – www.hotelallealpi.it*
– Fax 04 62 57 44 12 – 19 dicembre-marzo e 20 giugno-20 settembre
33 cam ⬚ – ♦90/150 € ♦♦150/190 € – ½ P 110/190 €   **Rist** – Menu 40/60 €
♦ Situato nella parte superiore della località, albergo con confortevoli interni caldi ed eleganti, cura dei dettagli e atmosfera familiare. Attivo centro benessere. Capiente sala ristorante dai toni freschi e luminosi, cucina d'ispirazione contemporanea.

🏨 **Garden** 🔲 🕸 📶 🏢 ⛄ 🏊 🎾 📶 **VISA** 💳 💰
strada de le Chiesure 3 – ✆ *04 62 57 33 14 – www.hotelgarden-moena.it*
– Fax 04 62 57 31 56 – dicembre-marzo e 20 giugno-settembre
41 cam ⬚ – ♦150 € ♦♦100/200 € – 2 suites – ½ P 110/125 €
Rist – Carta 28/38 €
♦ Albergo a ridosso del centro che punta ad offrire una vacanza "benessere" ai propri ospiti, sciatori e non. Vasta gamma di programmi di animazione o cure estetiche.

🏨 **Park Hotel Leonardo** ⬅ 🚗 🕸 🏢 🏊 🛁 🎾 rist. 📶 **P**
strada dei Ciroch 15 – ✆ *04 62 57 33 55* **VISA** 💳 ① 💰
– www.parkhotelleonardo.it – Fax 04 62 57 46 11 – 6 dicembre-aprile e
20 giugno-20 settembre
31 cam ⬚ – ♦70/100 € ♦♦160/240 € – 4 suites – ½ P 90/130 €
Rist *– (solo per alloggiati)* Menu 30/50 €
♦ Tranquillo, panoramico, immerso nel verde: gli accoglienti interni s'ispirano alle tradizioni locali e quattro camere beneficiano di una terrazza-giardino. Il centro della località? Ancora raggiungibile a piedi.

🏨 **Stella Alpina** ⬅ 🕸 🏢 🎾 rist. 📶 **P** 🚗 **VISA** 💳 **AE** ① 💰
strada de Ciampian 21 – ✆ *04 62 57 33 51 – www.hotelstellaalpina.it*
– Fax 04 62 57 34 31 – 1° dicembre-15 aprile e 15 giugno-settembre
28 cam – 1 suite *– solo ½ P 40/95 €*   **Rist** *– (solo per alloggiati)*
♦ Tranquillo e allo stesso tempo vicino al centro, la struttura propone camere semplici, ma ottimamente tenute. E se il tempo si guasta, l'energica signora Carla organizzerà la vostra giornata!

🏨 **Rancolin** 🕸 🏢 ⛄ 🎾 📶 **P** **VISA** 💰
strada de Moene 31 – ✆ *04 62 57 31 15 – www.hotelrancolin.it*
– Fax 04 62 56 59 34 – gennaio-10 aprile e 15 giugno-settembre
26 cam ⬚ – ♦60/110 € ♦♦100/200 € – ½ P 80/140 €   **Rist** – Carta 25/54 €
♦ Profusione di legno in questo piccolo hotel a gestione familiare, tranquillo sebbene centrale. Non trascurabile il buon rapporto qualità/prezzo.

🍴🍴 **Malga Panna** (Paolo Donei) ⬅ 🎾 **P** **VISA** 💳 **AE** ① 💰
✿ *strada de Sort 64, località Sorte, Ovest : 1,5 km –* ✆ *04 62 57 34 89*
– www.malgapanna.it – Fax 04 62 57 41 42 – chiuso dal 1° maggio
al 20 giugno, dal 15 ottobre al 30 novembre, lunedì escluso luglio-agosto
Rist – Menu 45/65 € – Carta 47/66 € 🌿
Spec. Uovo fritto in crosta di polenta con spinaci, fonduta al taleggio, porcini e speck. Tortelli di melanzane, pollo ruspante e crema di polenta alla brace. Composizione di maialino da latte con patate e cipolline fondenti.
♦ A 1400 metri d'altitudine, il panorama su Moena e sulla valle è splendido. All'interno, avvolti nel legno della sala, la creatività del cuoco vi farà volare ancora più in alto.

🍴🍴 **Tyrol** **AC** 🎾 **VISA** 💳 **AE** 💰
Piaz de Ramon 9 – ✆ *04 62 57 37 60 – www.posthotelmoena.it*
– Fax 04 62 57 32 81 – dicembre-Pasqua e giugno- settembre; chiuso martedì in inverno
Rist – Menu 41 € – Carta 34/45 €
♦ La sala classica - in legno - l'avrete già vista in tanti ristoranti, ma non la cucina: legata al territorio, esalta i sapori ladini senza inutili artifici. Per un'esperienza indimenticabile.

sulla strada statale 48 Sud : 3 km :

🏠 **Foresta** 🏠 📶 🍴 rist. 📶 **P** 🅿️ VISA 🆑 AE ① 🔄
strada de la Comunità de Fiem 42 – 𝒞 04 62 57 32 60
– www.hotelforesta.it – Fax 04 62 57 32 60
– chiuso dal 9 al 25 dicembre e dal 26 giugno al 18 luglio
19 cam �־ – †40/60 € ††80/130 € – ½ P 55/85 €
Rist – (chiuso venerdì) Carta 25/33 € 🍴
♦ Una bella casa che offre un'accoglienza calorosa tanto nella stagione sciistica quanto nei mesi estivi. Spazi comuni caratteristici sebbene di modeste dimensioni e graziose camere. Generoso nelle porzioni, il ristorante propone una cucina tipica e dispone di una cantina ben fornita di etichette trentine. Serate a tema.

MOGGIONA – Arezzo – **563** K17 – **Vedere Poppi**

MOGLIANO VENETO – Treviso (TV) – **562** F18 – **27 847 ab.** 35 A2
– ✉ 31021

▶ Roma 529 – Venezia 17 – Milano 268 – Padova 38
🏰 Villa Condulmer, 𝒞 041 45 70 62
⛳ Zerman, 𝒞 041 45 73 69

🏨 **Villa Stucky** senza rist 🚗 📶 AC 🍴 📶 🅼 **P** VISA 🆑 AE ① 🔄
via Don Bosco 47 – 𝒞 04 15 90 45 28 – www.villastucky.it
– Fax 04 15 90 45 66
28 cam �־ – †85/110 € ††120/180 €
♦ Hotel moderno in un'elegante villa d'epoca, splendidamente restaurata, all'interno di un piccolo parco; ambienti in stile ricchi di fascino e belle camere personalizzate.

🏨 **Duca d'Aosta** senza rist 📶 AC 🔄 🍴 📶 🅼 🚗 VISA 🆑 AE ① 🔄
piazza Duca d'Aosta 31 – 𝒞 04 15 90 49 90 – www.ducadaostahotel.it
– Fax 04 15 90 43 81
43 cam �־ – †90/150 € ††140/250 €
♦ Bella costruzione d'ispirazione contemporanea ristrutturata di recente. Situata nel cuore della cittadina offre piacevoli spazi comuni dai colori chiari, ben arredati.

MOIA DI ALBOSAGGIA – Sondrio – **Vedere Sondrio**

MOIANO – Napoli – **564** F25 – **Vedere Vico Equense**

MOLFETTA – Bari (BA) – **564** D31 – **59 793 ab.** – ✉ 70056 ▮ Italia 26 B2
▶ Roma 425 – Bari 30 – Barletta 30 – Foggia 108

🏨 **Garden** 🚗 📶 AC 🍴 📶 🅼 **P** VISA 🆑 AE ① 🔄
via provinciale Terlizzi – 𝒞 08 03 34 17 22 – www.gardenhotelmolfetta.it
– Fax 08 03 34 92 91
60 cam �־ – †60 € ††85 € **Rist** – (chiuso sabato, domenica) Carta 18/29 €
♦ Particolarmente adatto a una clientela di lavoro, albergo recente ubicato alle porte della cittadina; buoni confort negli interni di taglio moderno, camere accoglienti. Gradevole sala da pranzo arredata in modo essenziale.

XX **Isola di Sant'Andrea** AC VISA 🆑 AE ① 🔄
via Dante Alighieri 98 – 𝒞 08 03 35 43 12 – Fax 08 03 35 43 12
– chiuso dal 10 al 30 agosto
Rist – Carta 19/29 €
♦ Nei locali di una vecchia prigione, la cordiale accoglienza di un ristorante che porta nel nome la storia della città; cucina esclusivamente di mare e di tradizione.

MOLINI = MÜHLEN – Bolzano – **Vedere Falzes**

MOLLIÈRES – Torino – **Vedere Cesana Torinese**

MOLTRASIO – Como (CO) – **561** E9 – **1 753 ab.** – **alt. 247 m** 18 B1
– ✉ 22010

▶ Roma 634 – Como 9 – Menaggio 26 – Milano 57

ⓗⓗ Grand Hotel Imperiale ⚘ ≤ 🚗 🛱 ⅀ 🐾 🄵🄴 ✕ 🎗 🄰🄲 ↯
via Durini – 𝒞 *031 34 61 11* ⁽ᵖ⁾ 🄰 🚗 🆅🅸🆂🄰 🄼🄾 🄰🄴 🄾 ⬤
– www.imperialemoltrasio.it – Fax 031 34 01 20
– febbraio-dicembre
102 cam ⚏ – ♦140/280 € ♦♦160/360 € – 1 suite – ½ P 95/195 €
Rist Imperialino – vedere selezione ristoranti
Rist – Carta 42/52 €
♦ Splendido hotel costruito in stile tardo Liberty, a cui si affianca una nuova ala che si ricollega al razionalismo comasco. Affacciato sul lago e circondato da una lussureggiante vegetazione, la sua posizione è di facile accesso anche ai mezzi pubblici. Specialità del luogo nell'ampio e luminoso ristorante.

ⅩⅩⅩⅩ Imperialino ≤ 🚗 🛱 ⅀ 🎗 & 🄰🄲 ✕ ⬯ 🆅🅸🆂🄰 🄼🄾 🄰🄴 🄾 ⬤
via Vecchia Regina 26 – 𝒞 *031 34 66 00 – www.imperialemoltrasio.it*
– Fax 031 34 61 20 – chiuso gennaio
Rist – *(chiuso lunedì)* Carta 54/66 €
♦ Un ristorante di classe, in un giardino fiorito in riva al lago. Sulla tavola il meglio delle specialità mediterranee e locali: creativamente rivisitate in chiave moderna.

ⅩⅩ Posta con cam ≤ 🛱 🄰🄲 ⁽ᵖ⁾ 🚗 🆅🅸🆂🄰 🄼🄾 🄰🄴 🄾 ⬤
piazza San Rocco 5 – 𝒞 *031 29 04 44 – www.hotel-posta.it – Fax 031 29 06 57*
– chiuso gennaio e febbraio
17 cam ⚏ – ♦90/140 € ♦♦100/160 € – ½ P 80/110 €
Rist – *(chiuso mercoledì a mezzogiorno escluso da giugno a settembre)*
Carta 34/48 €
♦ In centro, ristorante a gestione diretta, con camere in parte ristrutturate: sala da pranzo di tono elegante dove gustare pesce lacustre; "fresco" servizio estivo all'aperto.

MOLVENO – Trento (TN) – **562** D14 – **1 126 ab.** – alt. 864 m – **Sport** 30 B3
invernali : ad Andalo : 1042/1 528 m ⅀1 ⅀20 (Consorzio Paganella-Dolomiti) ⅀
– ✉ 38018 ▮ Italia

▶ Roma 627 – Trento 44 – Bolzano 65 – Milano 211
🄸 piazza Marconi 𝒞 0461 586924, infomolveno@esperienzatrentino.it
Fax 0461 586221
👁 Lago★★

ⓗ Alexander ≤ 🚗 🖳 🄿🄿 🐾 🄵🄴 🄸🄴 ⅄ 🕴 🄿 🚗 🆅🅸🆂🄰 🄼🄾 🄰🄴 🄾 ⬤
via Nazionale – 𝒞 *0461 58 69 28 – www.alexandermolveno.com*
– Fax 0461 58 69 50 – chiuso e dal 1° novembre al 17 dicembre e dal 21 al 31 marzo
35 cam ⚏ – ♦60/110 € ♦♦90/160 € – ½ P 70/110 € **Rist** – Carta 28/41 €
♦ Affacciata al lago e al gruppo Brenta, una casa elegante con camere in stile rustico spaziose e vivacemente colorate, una sala per i piccoli ed un nuovo centro benessere. Buffet di antipasti e insalate e, settimanalmente, una serata tipica a tema presso l'elegante ristorante dal soffitto con travi di legno a vista.

ⓗ Du Lac ≤ 🚗 ⅀ 🄵🄴 🖳 & rist, ⅄ ⁽ᵖ⁾ 🄿 🆅🅸🆂🄰 🄼🄾 🄰🄴 🄾 ⬤
via Nazionale 4 – 𝒞 *0461 58 69 65 – www.hoteldulac.it – Fax 0461 58 62 47*
– chiuso aprile e novembre
41 cam ⚏ – ♦65/80 € ♦♦128/158 € – ½ P 80/95 € **Rist** – Carta 30/40 €
♦ Alle porte del paese, una struttura tipica montana abbracciata dal verde e sita vicino lago, dispone di camere classiche ed accoglienti recentemente rinnovate. Sala da pranzo in stile rustico tirolese dove assaporare una sapiente cucina regionale.

ⓗ Belvedere ≤ 🚗 🖳 🄿🄿 🐾 🄵🄴 🖳 & rist, 🕴 ⅄ rist, 🄿 🚗 🆅🅸🆂🄰 🄼🄾 ⬤
via Nazionale 9 – 𝒞 *0461 58 69 33*
– www.belvedereonline.com – Fax 0461 58 60 44
– chiuso dal 3 novembre al 3 dicembre e dal 6 al 23 aprile
59 cam ⚏ – ♦66/107 € ♦♦112/206 € – ½ P 100/135 € **Rist** – Carta 26/39 €
♦ Immerso nel verde, un albergo rustico ravvivato da inserti in velluto e tendaggi rosso scarlatto, dispone di ambienti moderni e una nuova piscina dal grande effetto scenico. Al ristorante, un ambiente classico e luminoso con tocchi di tipicità e la classica cucina regionale.

🏠 Alle Dolomiti ≤ 🚿 🛏 🖼 🎿 rist, ⁽ᵗ⁾ 🅿 🆅🅸🆂🅰 ⓂⓈ 🅰🅴 ⓄⓈ
via Lungolago 18 – ℰ 04 61 58 60 57 – www.alledolomiti.com
– Fax 04 61 58 69 85 – 20 dicembre-marzo e aprile-ottobre
38 cam ⌨ – †40/67 € ††90/125 € – ½ P 49/89 €   **Rist** – Carta 29/41 €
♦ Dinnanzi al parco del lungolago, una storica casa di famiglia è stata convertita in albergo: stile rustico, camere accoglienti e, sul retro, un ampio giardino con piscina. Nella raffinata sala da pranzo, arredata in calde tonalità rosse e gialle, la cucina classica trentina.

🍴🍴 El Filò 🅰🅲 🎿 🆅🅸🆂🅰 ⓂⓈ 🅰🅴 ⓄⓈ
piazza Scuole 5 – ℰ 04 61 58 61 51 – Fax 04 61 58 61 51 – Natale-6 gennaio e maggio-ottobre; negli altri mesi aperto solo il fine settimana
Rist – Carta 24/35 €
♦ Incantevole caratteristica stube, completamente rifinita in legno: luci soffuse, divanetti a muro rossi e proposte di cucina tipica, ma anche piatti legati alla stagione.

MOMBARUZZO – Asti (AT) – 561 H7 – 1 171 ab. – ✉ 14046   23 C3
▶ Roma 610 – Torino 98 – Asti 37 – Alessandria 28

a Casalotto Ovest : 4 km – ✉ 14046

🏠 La Villa ≤ 🚿 🎿 🅰🅲 🎿 rist, ⁽ᵗ⁾ 🅿 🆅🅸🆂🅰 ⓂⓈ 🅰🅴 ⓄⓈ
via Torino 7 – ℰ 01 41 79 38 90 – www.lavillahotel.net – Fax 01 41 73 99 91
– chiuso gennaio
10 cam ⌨ – †90 € ††160/190 € – 4 suites
Rist – *(solo per alloggiati)* Menu 30/40 €
♦ Nel cuore delle colline del Monferrato, una signorile villa dei primi del '700 gestita da una coppia inglese, dispone di camere diverse negli arredi e una terrazza panoramica.

MOMBELLO MONFERRATO – Alessandria (AL) – 1 128 ab.   23 C2
– alt. 294 m – ✉ 15020
▶ Roma 626 – Alessandria 48 – Asti 38 – Milano 95

🏠 Cà Dubini senza rist 🚿 🎿 🅿 🆅🅸🆂🅰 ⓂⓈ ⓄⓈ
via Roma 17 – ℰ 01 42 94 41 16 – www.cadubini.it – Fax 01 42 94 49 28
– chiuso dal 1° al 20 agosto
4 cam ⌨ – †50 € ††80 €
♦ Immersa nel Monferrato Casalese, una caratteristica cascina ristrutturata nel pieno rispetto della struttura originale. Ambienti confortevoli, in puro stile country.

🍴 Dubini 🅰🅲 ⇔ 🆅🅸🆂🅰 ⓂⓈ ⓄⓈ
via Roma 34 – ℰ 01 42 94 41 16 – www.cadubini.it – Fax 01 42 94 49 28
– chiuso dal 1° al 20 agosto e mercoledì
Rist – Carta 26/36 €
♦ Gestione diretta di grande ospitalità e simpatia in un locale familiare ubicato tra le splendide colline del Monferrato. In menu: proposte del territorio ricche di gusto.

MOMO – Novara (NO) – 561 F7 – 2 643 ab. – alt. 213 m – ✉ 28015   23 C2
▶ Roma 640 – Stresa 46 – Milano 66 – Novara 15

🍴🍴🍴 Macallè con cam 🅰🅲 🎿 ⁽ᵗ⁾ 🅿 🆅🅸🆂🅰 ⓂⓈ 🅰🅴 ⓄⓈ
via Boniperti 2 – ℰ 03 21 92 60 64 – www.macalle.it – Fax 03 21 92 68 28
– chiuso 10 giorni in gennaio e 10 giorni in agosto
8 cam ⌨ – †70/80 € ††100/120 € – ½ P 70/110 €
Rist – *(chiuso mercoledì)* Carta 43/61 €
♦ Elegante locale storico della zona, con alcune accoglienti stanze e un'ampia sala luminosa di taglio moderno, dove si propongono ricercati piatti della tradizione.

MONASTEROLO DEL CASTELLO – Bergamo (BG) – 561 E11   19 D1
– 1 077 ab. – alt. 347 m – ✉ 24060
▶ Roma 585 – Bergamo 28 – Brescia 61 – Milano 72

X **Locanda del Boscaiolo** con cam ⬅ 🏠 **P** 𝘷𝘪𝘴𝘢 ⓜ AE ① ⑤
via Monte Grappa 41 – 𝒞 035 81 45 13 – www.locandadelboscaiolo.it
– Fax 035 81 45 13 – chiuso novembre
11 cam – †45/50 € ††55 €, ☐ 8 € – ½ P 50 €
Rist – *(chiuso martedì escluso da giugno ad agosto)* Carta 30/41 €
♦ Con la bella stagione potrete accomodarvi sotto un pergolato, in riva al lago; nelle serate più fredde vi attenderà invece l'accogliente e romantica saletta. Genuine proposte culinarie tipiche del luogo. Semplici e sempre tenute con cura le camere, ideali per un soggiorno di tranquillità.

MONASTIER DI TREVISO – Treviso (TV) – **562** F19 – 3 496 ab.   **35** A1
– ⬚ 31050

▶ Roma 548 – Venezia 30 – Milano 287 – Padova 57

X **Menegaldo** AC **P** 𝘷𝘪𝘴𝘢 ⓜ AE ① ⑤
località Pralongo, Est : 4 km – 𝒞 04 22 79 80 25 – www.time-to-lose.it
– Fax 04 22 89 88 02 – chiuso dal 20 al 28 febbraio, agosto, mercoledì, martedì sera
Rist – Carta 25/42 €
♦ L'insegna subito anticipa il carattere semplice e familiare del ristorante; all'interno, un ambiente familiare dalla calorosa accoglienza ed ampie salette dove fermarsi a gustare il pesce dell'Adriatico.

MONASTIR – Cagliari (CA) – **366** P47 – Vedere Sardegna alla fine dell'elenco alfabetico

---

MONCALIERI – Torino (TO) – **561** G5 – 56 944 ab. – alt. 260 m   **22** A1
– ⬚ 10024

▶ Roma 662 – Torino 10 – Asti 47 – Cuneo 86
🖼, 𝒞 011 6 47 99 18
🖼 I Ciliegi, 𝒞 011 8 60 98 02

Pianta d'insieme di Torino

XX **Ca' Mia** 🍽 ⅙ AC ⬧ **P** 𝘷𝘪𝘴𝘢 ⓜ AE ① ⑤
⊖ *strada Revigliasco 138 – 𝒞 01 16 47 28 08 – www.camia.it – Fax 01 16 47 28 08*
Rist – Carta 18/30 €   HU**c**
♦ Nella cornice delle colline di Moncalieri - un locale classico e affermato - ideale per ogni occasione, dai pranzi di lavoro alle cerimonie: cucina tradizionale e del territorio, ma anche forno a legna per pizze d'autore!

XX **La Maison Delfino** AC ⅍ 𝘷𝘪𝘴𝘢 ⓜ AE ① ⑤
via Lagrange 4 - borgo Mercato – 𝒞 01 16 64 25 52 – www.lamaisondelfino.it
– Fax 01 15 69 36 59 – chiuso dal 1° al 10 gennaio, dal 9 al 22 agosto, domenica e lunedì
Rist – *(chiuso a mezzogiorno)* Menu 45 € bc/55 € bc – Carta 38/51 €
♦ Fuori dal centro, un piacevole ed elegante locale gestito con passione da due fratelli. Due i menù, semplici o creativi, dai quali è possibile scegliere anche solo alcuni piatti.

X **Al Borgo Antico** AC ⬧ 𝘷𝘪𝘴𝘢 ⓜ AE ① ⑤
via Santa Croce 34 – 𝒞 01 16 44 44 55 – www.al-borgoantico.it – chiuso dal 15 luglio al 15 agosto, domenica sera e lunedì
Rist – Carta 31/41 €
♦ Nel centro storico, il ristorante annovera tre piccole sale dall'atmosfera rustica, una delle quali con cantina a vista, dove vengono proposti i piatti della tradizione.

a Revigliasco NE : 8 km – ⬚ 10024

X **La Taverna di Fra' Fiusch** AC 𝘷𝘪𝘴𝘢 ⓜ AE ⑤
☺ *via Beria 32 – 𝒞 01 18 60 82 24 – www.frafiusch.it – Fax 01 18 60 82 24 – chiuso agosto e lunedì*
Rist – *(chiuso a mezzogiorno escluso sabato e domenica)* Carta 31/44 €
♦ Un ambiente semplice e familiare, il cui nome s'ispira alle avventure del mago alchimista: è qui che la giovane coppia fa riscoprire ai suoi ospiti i buoni sapori della regione.

MONCALVO – Asti (AT) – **561** G6 – **3 356 ab.** – **alt. 305 m** – ⊠ 14036   **23** C2

> ▶ Roma 633 – Alessandria 48 – Asti 21 – Milano 98

La Locanda del Melograno senza rist   ⇐ |♦| ⅙ AC P VISA ⓪ ⌖
corso Regina Margherita 38 – ℰ *01 41 91 75 99* – *www.lalocandadelmelograno.it*
9 cam ⌂ – ♦70 € ♦♦90 €
♦ Camere molto spaziose in un edificio di fine '800 sottoposto a restauro con esiti mirabili: rispetto per le origini e affascinanti incursioni nel moderno. Rivendita di vini e prodotti del territorio.

Agriturismo Cascina Orsolina senza rist ⌖   ⇐ 🛋 ℐ 𝄞 ⅙ ⅙
via Caminata 28 – ℰ *01 41 92 11 80*   ⅙A P VISA ⓪ AE ① ⌖
– *www.cascinaorsolina.it* – *Fax 01 41 91 71 24* – *chiuso dal 24 dicembre al 31 gennaio*
4 cam ⌂ – ♦100 € ♦♦130 € – 2 suites – ♦170 €
♦ Volete provare l'ebrezza di vivere in una vera azienda vinicola? In posizione tranquilla e con vista sui vigneti, questa elegante dimora farà al caso vostro. (Disponibile anche una suite con angolo cottura).

MONCENISIO – Torino (TO) – **561** G2 – **45 ab.** – **alt. 1 459 m** – ⊠ 10050   **22** B2

> ▶ Roma 722 – Torino 88 – Moncalieri 84

Chalet sul lago ⌖   ⇐ 🛋 ⁽ᵗ⁾ P VISA ⓪ AE ① ⌖
regione lago 8 – ℰ *01 22 65 33 15* – *www.chaletsullago.it* – *Fax 01 22 65 33 15*
– *chiuso dal 3 novembre al 3 dicembre*
6 cam ⌂ – ♦♦65/75 € – ½ P 45/50 €   **Rist** – Carta 21/31 €
♦ Magnifica la vista dalle finestre di questo chalet magistralmente situato in posizione panoramica sulla riva di un laghetto naturale. Accoglienti le stanze, sobriamente arredate. Cucina genuina e casereccia con molti piatti di cacciagione.

MONCIONI - Arezzo (AR) – **563** L16 – **vedere Montevarchi**

MONDAVIO – Pesaro e Urbino (PU) – **563** K20 – **4 006 ab.** – **alt. 280 m**   **20** B1
– ⊠ 61040

> ▶ Roma 264 – Ancona 56 – Macerata 106 – Pesaro 44

La Palomba   🏠 ℅ P VISA ⓪ AE ① ⌖
via Gramsci 13 – ℰ *07 21 97 11 05* – *www.lapalomba.it* – *Fax 07 21 98 94 90*
– *chiuso 1 settimana in settembre*
20 cam – ♦35/45 € ♦♦50/65 €, ⌂ 5 € – ½ P 40/55 €
Rist – *(chiuso lunedì escluso da giugno a settembre)* Carta 23/30 €
♦ Punto di riferimento per l'ospitalità della zona questa piacevole realtà familiare, di fronte all'antica Rocca Roveresca; interni curati, camere piccole ma funzionali. Ristorante con camino incorniciato da mattoni a vista.

MONDELLO – Palermo – **365** AQ55 – **Vedere Sicilia alla fine dell'elenco alfabetico**

MONDOVÌ – Cuneo (CN) – **561** I5 – **22 023 ab.** – **alt. 559 m** – ⊠ 12084   **22** B3

> ▶ Roma 616 – Cuneo 27 – Genova 117 – Milano 212
> 🛈 corso Statuto 16/d ℰ 0174 40389, turistico@comune.mondovì.cn.it,
> Fax 0174 567929

✕✕ **La Borsarella**   ⇐ 🏠 AC ✛ P VISA ⓪ AE ⌖
via del Crist 2, Nord-Est : 2,5 km – ℰ *01 74 42 99 99* – *www.laborsarella.it*
– *Fax 01 74 55 51 61* – *chiuso 1 settimana in gennaio, 1 settimana in agosto, domenica sera, lunedì*
Rist – Carta 25/32 €
♦ Ricavato negli ambienti di un cascinale di origine settecentesca, propone una cucina piemontese ancorata ai sapori della tradizione. Nel cortile anche il vecchio forno per il pane e un laghetto artificiale.

✕✕ **Ezzelino**   ⇐ ℅ ✛ VISA ⓪ ⌖
via Vico 29 – ℰ *01 74 55 80 85* – *Fax 01 74 55 80 85* – *chiuso 1 settimana in gennaio, 2 settimane in luglio e 1 in settembre, lunedì, martedì a mezzogiorno (anche la sera da maggio)*
Rist – Carta 38/49 €
♦ Nella parte alta della località, dove sorgeva il ghetto, un ristorante che miscela antico e moderno con gusto e armonia. Dalla cucina piatti italiani rivisitati e alleggeriti.

XX Il Baluardo 🔊 VISA ⓒ AE ⑤

*piazza d'Armi 2 – ℰ 01 74 33 02 44 – www.marclanteri.it – Fax 01 74 33 02 44
– chiuso 2 settimane in agosto, lunedì a mezzogiorno, martedì*
Rist – Carta 43/57 €
◆ In un angolo della città vecchia, una casa d'epoca sapientemente ristrutturata ripropone alcune testimonianze del glorioso passato. La cucina a vista, sforna piatti d'ispirazione franco-piemontese. Un baluardo della buona tavola a Mondovì!

MONEGLIA – Genova (GE) – **561** J10 – **2 829 ab.** – ⊠ 16030   **15** C2

▶ Roma 456 – Genova 58 – Milano 193 – Sestri Levante 12
🗓 corso Longhi Libero 32 ℰ 0185 490576, info@prolocomoneglia.it,
Fax 0185 490576

🏠 Villa Edera ⌂   ⪉ 🚗 🎿 🀫 ⅃₆ 🛋 🚿 rist, 🅿 🚗 VISA ⓒ AE ⑤

*via Venino 12/13 – ℰ 0 18 54 92 91 – www.villaedera.com – Fax 0 18 54 94 70
– 15 marzo-5 novembre*
27 cam ⊊ – †95/120 € ††110/190 € – ½ P 85/105 €
Rist – *(chiuso a mezzogiorno)* Menu 25/55 €
◆ Poco distante dal centro, un hotel a conduzione diretta d'ispirazione contemporanea: ampie e ariose sale, camere accoglienti. Ampia sala da pranzo, affidabile cucina d'albergo.

🏠 Piccolo Hotel   🔊 🛋 🗗 cam, 🏃 🔊 🚿 ⑴ 🅿 🚗 VISA ⓒ ⑤

*corso Longhi 19 – ℰ 0 18 54 93 74 – www.piccolohotel.it – Fax 01 85 40 12 92
– aprile-20 ottobre*
38 cam – †60/120 € ††80/160 €, ⊊ 15 € – ½ P 60/100 €
Rist – Carta 30/49 €
◆ A pochi passi dalla spiaggia, valido albergo del centro che si sviluppa su due edifici collegati tra loro: accoglienti spazi comuni e piacevoli camere di buon confort. Grande e luminosa sala da pranzo.

🏠 Villa Argentina   🚗 🛋 🗗 🔊 🚿 🅿 VISA ⓒ ① ⑤

*via Torrente San Lorenzo 2 – ℰ 0 18 54 92 28 – www.villa-argentina.it
– Fax 0 18 54 92 28*
18 cam ⊊ – †45/110 € ††70/130 € – ½ P 85 €
Rist – *(aprile-ottobre)* Carta 21/43 €
◆ In posizione decentrata, questa moderna struttura dispone di belle camere, frutto di una attenta ristrutturazione. Salda e professionale la gestione familiare. Ariosa e fresca sala ristorante.

🏠 Abbadia San Giorgio senza rist   🚗 🔊 🚿 ⑴ 🅿 VISA ⓒ AE

*Piazzale San Giorgio – ℰ 01 85 49 11 19 – www.abbadiasangiorgio.com
– Fax 01 85 49 02 70 – 26 febbraio-ottobre*
6 cam ⊊ – †110/150 € ††160/250 €
◆ Nella parte alta della località, eleganti camere ricavate da un ex convento francescano del 1484: un bel chiostro con alcuni affreschi originali conferisce ulteriore fascino e storicità alla struttura.

verso Lemeglio Sud-Est : 2 km :

XX La Ruota   ⪉ 🅿 VISA ⓒ ⑤

*via per Lemeglio 6, alt. 200 ⊠ 16030 – ℰ 0 18 54 95 65
– www.laruotamoneglia.it – Fax 01 85 45 13 10 – chiuso novembre e mercoledì*
Rist – *(chiuso a mezzogiorno)* Menu 50/54 €
◆ Giovane e dinamica conduzione in un locale dall'ambiente familiare, che propone solo menu degustazione a base di pesce fresco. Bella vista del mare e di Moneglia.

MONFALCONE – Gorizia (GO) – **562** E22 – **27 825 ab.** – ⊠ 34074   **11** C3

▶ Roma 641 – Udine 42 – Gorizia 24 – Grado 24
🛬 di Ronchi dei Legionari Nord-Ovest: 5 km ℰ 0481 773224

🏠 Lombardia   🛋 🗗 🔊 🚿 cam, ⑴ 🚗 VISA ⓒ AE ① ⑤

*piazza della Repubblica 21 – ℰ 04 81 41 12 75 – www.hotelombardia.it
– Fax 04 81 41 17 09 – chiuso dal 21 dicembre al 7 gennaio*
21 cam ⊊ – †85 € ††120 €   **Rist** – *(chiuso giovedì)* Carta 22/42 €
◆ Nella piazza del municipio, all'interno di un palazzo d'epoca ristrutturato, un albergo moderno con belle camere che presentano originali e armoniche soluzioni di design. Piatti della tradizione mediterranea e pizze, al ristorante.

Sam 🛗 ৬ cam, 🏧 🚭 🏫 📶 VISA ⚫⚫ AE ⓪ 💲
via Cosulich 3 – ℰ 04 81 48 16 71 – www.samhotel.it – Fax 04 81 48 54 44
59 cam � – †62/80 € ††80/120 € – ½ P 78 €
Rist Sam – ℰ 04 81 72 34 44 (chiuso domenica) Carta 19/34 €
♦ A pochi passi dal centro, annovera moderni ambienti, tra cui una luminosa sala colazioni, circondata da ampie vetrate che si affacciano sui dintorni. Ideale per una clientela d'affari. Semplice e luminoso, il ristorante propone una cucina creativa e sempre varia, basata sul mercato giornaliero. Ottime porzioni.

Ai Castellieri 🌣 🚭 P VISA ⚫⚫ AE ⓪ 💲
via dei Castellieri 7 località Zochet, Nord-ovest: 2 km – ℰ 04 81 47 52 72
– Fax 04 81 47 63 35 – chiuso dal 1° al 7 gennaio, dal 1° al 21 agosto, martedì e mercoledì
Rist – Carta 33/40 €
♦ Ricavato in un'accogliente casa colonica piacevolmente arredata con calde tonalità di colore, propone una cucina contemporanea che predilige i prodotti di terra.

Ai Campi di Marcello 🚗 🌣 🏧 cam, P VISA ⚫⚫ AE ⓪ 💲
via Napoli 11 – ℰ 04 81 48 19 37 – Fax 04 81 71 32 90
Rist – (consigliata la prenotazione) Carta 33/51 €
♦ Proposte prevalentemente a base di pesce per questo piacevole ristorante non distante dai cantieri navali della città; con la bella stagione, il servizio si sposta all'aperto.

MONFORTE D'ALBA – Cuneo (CN) – 561 I5 – 2 022 ab. – alt. 480 m   25 C3
– ✉ 12065

▶ Roma 621 – Cuneo 62 – Asti 46 – Milano 170
🎦 Delle Langhe Gagliassi, ℰ 0173 78 92 13

Villa Beccaris senza rist 🌳 ≤ ♨ 🍴 🏧 ↔ 📶 🕯 🚗 VISA ⚫⚫ AE 💲
via Bava Beccaris 1 – ℰ 0 17 37 81 58 – www.villabeccaris.it – Fax 0 17 37 81 90
22 cam ⊒ – †160/225 € ††170/275 € – 1 suite
♦ Splendida villa dagli interni signorili arredati con pezzi d'antiquariato, alcuni decorati con affreschi d'epoca. Per la colazione ci si sposta nel grande e panoramico padiglione.

Le Case della Saracca senza rist 🌳 VISA ⚫⚫ AE 💲
via Cavour 5 – ℰ 01 73 78 92 22 – www.saracca.com – Fax 01 73 78 97 98
6 cam – †110 € ††130 €, ⊒ 10 €
♦ Curioso e originale, chi potrebbe dire che questo un tempo era il quartiere dei poveri? Nella parte alta della località, tra le mura millenarie del castello, rocce, arredi indiani e design moderno.

Agriturismo il Grillo Parlante 🌳 ≤ 🚗 ⛯ P
frazione Rinaldi 47, località Sant'Anna, Est : 2 km – ℰ 01 73 78 92 28
– www.piemonte-it.com – chiuso gennaio, febbraio
6 cam – †54 € ††70 €, ⊒ 7 €
Rist – (chiuso a mezzogiorno) (prenotazione obbligatoria) (solo per alloggiati) Menu 20/30 €
♦ Occorre percorrere una stradina sterrata avvolta dalla campagna langarola per giungere a questa risorsa. Vita agreste senza fronzoli in ambienti raccolti e curati.

Trattoria della Posta 🌣 ৬ ⇆ P VISA AE 💲
località Sant'Anna 87, Est : 2 km – ℰ 01 73 78 81 20 – www.trattoriadellaposta.it
– Fax 01 73 78 81 20 – chiuso febbraio, giovedì, venerdì a mezzogiorno
Rist – Carta 30/53 € 🏵
♦ In posizione tranquilla e isolata, un caldo sorriso e tanta simpatia vi accoglieranno sin dall'ingresso in questa bella casa di campagna. La tradizione regionale in cucina.

Giardino-da Felicin con cam 🌳 ≤ 🌣 📶 P VISA ⚫⚫ AE 💲
via Vallada 18 – ℰ 0 17 37 82 25 – www.felicin.it – Fax 01 73 78 73 77
30 cam ⊒ – †70/90 € ††105/115 € – ½ P 100/130 €
Rist – (chiuso dall' 8 dicembre all' 8 febbraio, dal 26 luglio al 14 agosto, domenica sera, lunedì) (chiuso a mezzogiorno escluso domenica) Carta 46/58 € 🏵
♦ La storia si concretizza in una tradizione gastronomica riprodotta nel tempo con fedeltà e passione, attraverso l'uso di prodotti biologici e carni locali. Servizio estivo sotto un pergolato. Nuove camere e appartamenti a disposizione degli ospiti per immergersi in un paesaggio rilassante, alla scoperta del territorio.

MONFUMO – Treviso (TV) – **562** E17 – 1 482 ab. – alt. 230 m   **36** C2
– ✉ 31010

▶ Roma 561 – Belluno 57 – Treviso 38 – Venezia 78

XX   **Da Gerry** con cam   🕎 🛉 🕭 AC (ⁱ) VISA ⊕ AE ⓪ 🚲
*via Chiesa 6 – ℰ 04 23 54 50 82 – www.ristorantedagerry.com
– Fax 04 23 54 58 18*
5 cam ⊇ – 🛉65 € 🛉🛉80 €   **Rist** – *(chiuso lunedì)* Carta 35/45 € (+8 %)
♦ In centro paese, moderna trattoria dotata anche di ottime camere dove gustare piatti
locali, ma non solo.

MONGARDINO – Bologna – **562** I15 – **Vedere Sasso Marconi**

MONGHIDORO – Bologna (BO) – **562** J15 – 3 914 ab. – alt. 841 m   **9** C2
– ✉ 40063

▶ Roma 333 – Bologna 43 – Firenze 65 – Imola 54
🇮 via Matteotti 1 ℰ 051 6555132, turismo@tuttoservizispa.it,
Fax 051 6552268

X   **Da Carlet**   🕎 ⅍ VISA AE 🚲
*via Vittorio Emanuele 20 – ℰ 05 16 55 55 06 – www.dacarlet.it – chiuso dal 7 al
22 settembre, lunedì sera e martedì*
Rist – Carta 26/34 €
♦ In questo paese degli Appennini, locale con bancone bar all'ingresso e sala con pareti
ornate da pentole di rame e oggetti di modernariato; cucina emiliana casereccia.

in Valle Idice Nord : 10 km

🏠   **Agriturismo La Cartiera dei Benandanti** ⅖   🚗 P
😊   *via Idice 13, strada provinciale 7 km 28 ✉ 40063   VISA ⊕ AE ⓪ 🚲
Monghidoro – ℰ 05 16 55 14 98 – www.lacartiera.it – Fax 05 16 55 14 98*
7 cam ⊇ – 🛉53/58 € 🛉🛉76/86 € – ½ P 54/59 €
Rist – *(aperto venerdì, sabato e domenica) (chiuso a mezzogiorno escluso
domenica)* Menu 21/35 €
♦ Bella struttura in pietra immersa nel verde: piacevoli ambienti rustici arredati in modo
essenziale e rifiniti in legno, anche nelle graziose camere e nel comodo appartamento.

MONGUELFO (WELSBERG) – Bolzano (BZ) – **562** B18 – 2 713 ab.   **31** D1
– alt. 1 087 m – Sport invernali : 1 087/2 273 m ⚡17 ⚡8 (Comprensorio Dolomiti
superski Plan de Corones) ⚡ – ✉ 39035

▶ Roma 732 – Cortina d'Ampezzo 42 – Bolzano 94 – Brunico 17
🇮 via Pusteria 16 ℰ 0474 944118, welsberg@kronplatz.com, Fax 0474 944599

🏨   **Bad Waldbrunn** ⅖   ⇐ 🚗 🗔 🕽 🛉 ⅍ rist, (ⁱ) 🚗
*via Bersaglio 7, Sud : 1 km – ℰ 04 74 94 41 77   VISA ⊕ AE ⓪ 🚲
– www.hotelbadwaldbrunn.com – Fax 04 74 94 42 29 – chiuso novembre e dal
21 aprile al 19 maggio*
25 cam ⊇ – 🛉61/84 € 🛉🛉92/152 € – ½ P 58/88 €
Rist – *(chiuso a mezzogiorno) (solo per alloggiati)* Menu 25/50 €
♦ Albergo moderno, felicemente ubicato in zona quieta e dominante la vallata; gradevoli
interni, centro fitness e belle camere ben accessoriate e con vista panoramica.

a Tesido (Taisten) Nord : 2 km – alt. 1 219 m – ✉ 39035 Monguelfo

🏨   **Alpenhof** ⅖   ⇐ 🚗 🗔 🕽 ⅙ 🛉 🕭 cam, ⅍ rist, (ⁱ) P VISA ⊕ 🚲
😊   *Riva di Sotto 22, Ovest : 1 km – ℰ 04 74 95 00 20 – www.alpenhof.bz
– Fax 04 74 95 00 71 – 16 dicembre-Pasqua e 13 maggio -1° novembre*
32 cam ⊇ – 🛉93/115 € 🛉🛉176/190 € – ½ P 100/107 €
Rist – *(solo per alloggiati)* Carta 20/47 €
♦ Appena sopra il paese, un soggiorno all'insegna del relax, nella tranquillità delle valli dolo-
mitiche: luminosa zona comune, camere confortevoli, piccolo centro benessere.

MONIGA DEL GARDA – Brescia (BS) – **561** F13 – 2 279 ab.   **17** D1
– alt. 128 m – ✉ 25080

▶ Roma 537 – Brescia 28 – Mantova 76 – Milano 127

XXX **Al Porto** ⟨ 🕎 VISA ⚫ AE ① 🖢
via Porto 29 – ℘ 03 65 50 20 69 – www.trattoriaporto.com – Fax 03 65 50 20 69
– chiuso 24 e 26 dicembre, dal 7 gennaio al 7 febbraio, mercoledì
Rist – Carta 58/76 €
♦ In un'antica stazione doganale nei pressi del porticciolo, suggestivo servizio estivo in riva al lago, ma ancor più convincente la cucina: solo pesce d'acqua dolce.

XX **Quintessenza** (Fabio Mazzolini) 🕎 🕁 AK 💲 VISA ⚫ AE 🖢
𝔄 *piazza San Martino 3 – ℘ 03 65 50 21 16 – www.ristorantequintessenza.it*
– Fax 03 65 50 21 16 – chiuso giovedì, in luglio-agosto i mezzogiorno di mercoledì e giovedì
Rist – Menu 30/60 € – Carta 38/68 € 🕮
Spec. Code di gamberi croccanti con ristretto agrodolce allo zenzero. Costine di maiale glassate alla maggiorana, senape in grani e patate alla crema (autunno-inverno). Cioccolando.
♦ Semplice ed essenziale, quanto accogliente e piacevole: è il regno di un giovane cuoco che esprime sé stesso nei piatti con tanta creatività ed indiscussa personalità.

MONOPOLI – Bari (BA) – **564** E33 – 49 575 ab. – ⊠ 70043   **27** C2
🄳 Roma 494 – Bari 45 – Brindisi 70 – Matera 80

🏠 **Vecchio Mulino** 🕎 🍴 🕁 AK 💲 🕻 🔊 P 🚗 VISA ⚫ AE ① 🖢
viale Aldo Moro 192 – ℘ 0 80 77 71 33 – www.vecchiomulino.it
– Fax 0 80 77 76 54
31 cam ⊊ – ♥102/120 € ♥♥150/165 € – 1 suite – ½ P 110/120 €
Rist – Carta 37/61 €
♦ Deve il nome alla sua primigenia funzione: un mulino per l'appunto. All'interno, spazi comuni razionali e ben organizzati, nonché camere arredate con buon gusto. Piccolo eliporto e spiaggia privata con navetta di collegamento. Caratteristico soffitto a volta nel piacevole ristorante.

🏠 **La Peschiera** 🕭 ⟨ 🕎 🖈 AK 💲 🕻 P VISA ⚫ AE ① 🖢
contrada Losciale 63, Sud-Est: 9 km ⊠ 70043 Monopoli – ℘ 0 80 80 10 66
– www.peschierahotel.com – Fax 0 80 80 10 66 – aprile-ottobre
12 cam ⊊ – ♥♥450/640 € – 3 suites   **Rist** – Carta 58/116 €
♦ Lussuoso hotel ricavato da un'antica peschiera borbonica: posizione invidiabile con il mare di fronte e tre grandi piscine alle spalle. Per un soggiorno in assoluta tranquillità, non sono ammessi bambini di età inferiore ai 12 anni. Ristorante dallo stile fresco e marino, ma elegante. Cucina di mare e del territorio.

sulla strada per Alberobello Sud-Ovest: 4 km

🏠 **Il Melograno** 🕭 🕎 🖈 🕦 🔲 🎑 🕻 💲 AK 💲 rist, 🕻 🔊 P
contrada Torricella 345 – ℘ 08 06 90 90 30   VISA ⚫ AE ① 🖢
– www.melograno.com – Fax 0 80 74 79 08 – chiuso gennaio e febbraio
31 cam ⊊ – ♥190/370 € ♥♥330/470 € – 4 suites – ½ P 265/335 €
Rist – Carta 52/84 €
♦ Immerso in una quieta oasi verde, un albergo in un'antica masseria fortificata: raffinata atmosfera negli incantevoli e signorili interni rustici e nelle belle camere. Elegante sala ristorante, illuminata da ampie vetrate e abbellita da grandi tappeti.

MONREALE – Palermo – **365** AO55 – Vedere Sicilia alla fine dell'elenco alfabetico

---

MONRUPINO – Trieste (TS) – **562** E23 – 828 ab. – alt. 418 m   **11** D3
– ⊠ 34016
🄳 Roma 669 – Udine 69 – Gorizia 45 – Milano 408

XX **Furlan** 🕎 💲 ⟲ P VISA AE 🖢
località Col 19 – ℘ 0 40 32 71 25 – Fax 0 40 32 75 38 – chiuso dal 15 al 31 gennaio, lunedì, martedì
Rist – (chiuso a mezzogiorno escluso venerdì, sabato e domenica) Carta 23/39 €
♦ Una affabile gestione familiare e due accoglienti sale da pranzo al piano terra per una cucina che sa rispettare la tradizione regionale. Proposte a base di carne.

✗ **Krizman** con cam 🍴   🛏 🏠 ⚄ cam, 🍴 cam, 🅿 VISA ⨂ AE ① 🔕
località Repen 76 – ℰ 0 40 32 71 15 – www.hotelkrizman.eu – Fax 0 40 32 73 70
16 cam ⚃ – †52/54 € ††74/76 € – ½ P 52 €
Rist – *(chiuso gennaio, lunedì a mezzogiorno, martedì)* Carta 23/33 € 🍴

♦ Vicino alla piazza, ambiente rustico dalla consolidata gestione familiare che propone la cucina del territorio e un'interessante selezione di vini. Servizio estivo in giardino. In posizione ideale per una rilassante vacanza nel verde, offre camere semplici e di sicuro confort.

MONSAGRATI – Lucca (LU) – alt. 66 m – ⊠ 55064 Pescaglia   **28** B1
  ◪ Roma 357 – Pisa 34 – Firenze 82 – Lucca 13

🏨 **Gina**   🏠 🎿 ⚄ AC 🛁 🅿 VISA ⨂ AE ① 🔕
😊 *via provinciale per Camaiore – ℰ 05 83 38 56 51 – www.hotelgina.com*
– Fax 05 83 38 24 8
37 cam – †45/60 € ††75/100 €, ⚃ 10 € – ½ P 60/70 €
Rist – *(chiuso dal 15 al 31 gennaio e martedì)* Carta 19/50 €

♦ Moderno, semplice e funzionale, l'hotel è particolarmente indicato per una clientela commerciale, grazie anche all'ampio parcheggio. Graziosa la hall, confortevoli le camere. Proposte culinarie legate alla tradizione locale.

MONSELICE – Padova (PD) – 562 G17 – 17 560 ab. – ⊠ 35043 ▌Italia   **35** B3
  ◪ Roma 471 – Padova 23 – Ferrara 54 – Mantova 85
  🖪 via del Santuario 6 ℰ 0429 783026, monselice@provincia.padova.it,
  Fax 0429 783026
  ◎ ≼★ dalla terrazza di Villa Balbi

✗✗ **La Torre**   AC VISA ⨂ AE 🔕
piazza Mazzini 14 – ℰ 0 42 97 37 52 – Fax 04 29 78 36 43 – chiuso dal
24 dicembre al 7 gennaio, dal 27 luglio al 24 agosto, domenica sera, lunedì
Rist – Carta 33/44 €

♦ Locale classico in pieno centro storico, nella piazza principale della città, nel quale provare piatti di cucina della tradizione e ricette a base di prodotti pregiati.

sulla strada regionale 104 al km 1,100 Sud-Est: 4: km

🏠 **Ca' Rocca** senza rist   🚗 ⛆ & AC 🍴 ⊚ 🛁 🅿 VISA ⨂ AE 🔕
via Basse 2 – ℰ 04 29 76 71 51 – www.carocca.it – Fax 04 29 71 08 06 – chiuso
dal 23 dicembre al 2 gennaio
19 cam ⚃ – †60/70 € ††85/120 €

♦ Recente costruzione a conduzione diretta con camere ampie e dotate di ogni confort: base ideale per escursioni nei dintorni.

MONSUMMANO TERME – Pistoia (PT) – 563 K14 – 20 670 ab.   **28** B1
– alt. 23 m – ⊠ 51015 ▌Toscana
  ◪ Roma 323 – Firenze 46 – Pisa 61 – Lucca 31
  🖪 Montecatini, ℰ 0572 6 22 18

🏨🏨 **Grotta Giusti** 🍴   🚗 🍴 ⛆ ⊚ 🛁 ⚄ 🍴 🛏 AC 🍴 rist, 🕾 🛁 🅿
via Grotta Giusti 1411, Est : 2 km – ℰ 0 57 29 07 71   VISA ⨂ AE ① 🔕
– www.grottagiustispa.com – Fax 0 57 29 07 72 00
64 cam ⚃ – †220/350 € ††310/470 € – ½ P 190/270 €
Rist La Veranda – Carta 55/94 €

♦ Nella quiete di un grande parco fiorito con piscina, all'interno del celebre complesso termale con grotte naturali, un hotel di tono, completo nei servizi; camere lineari. Ampia sala ristorante d'impostazione classica.

⌂ **Villa San Bastiano** 🍴   ≼ 🚗 AC 🕾 🅿 VISA ⨂ AE 🔕
località Monsummano Alto, piazza Castello 10 – ℰ 05 72 52 00 97
– www.villasanbastiano.it – Fax 0 57 28 10 36
5 cam – †80 € ††110 € – ½ P 90 €
Rist La Foresteria – vedere selezione ristoranti

♦ All'interno di un piccolo borgo medievale, sei belle camere di moderno design, armoniose ed accoglienti. Nel curato giardino vi si offre una vista a 360° sulla vallata di Nievole.

XX **La Foresteria** ← 😊 **P** VISA ⊙ AE 🖐

*località Monsummano Alto, piazza Castello 10 – 𝒸 05 72 52 00 97
– www.ristorantelaforesteria.it – Fax 05 72 81 03 6 – chiuso dal 3 al
14 novembre, lunedì a mezzogiorno*
Rist – Carta 25/46 €

◆ Sovrasta la vallata di Nievole questo locale elegante e sobrio, all'interno di un piccolo borgo medievale. Un paesaggio suggestivo nel quale gustare specialità del territorio - leggermente rivisitate ed alleggerite - con buona cura delle presentazioni.

MONTÀ – Cuneo (CN) – **561** H5 – 4 560 ab. – alt. 316 m – ⌧ 12046   25 C2

■ Roma 544 – Torino 48 – Asti 29 – Cuneo 76

🏠 **Belvedere** ← 😊 🕏 ♒ 🌐 **P** VISA ⊙ AE ① 🖐

*vicolo San Giovanni 3 – 𝒸 01 73 97 61 56 – www.albergobelvedere.com
– Fax 01 73 97 55 87 – chiuso dieci giorni in gennaio e venti giorni in agosto*
10 cam ⌧ – ♯65 € ♯♯90 € – ½ P 70 €
Rist – *(chiuso domenica sera, martedì)* Carta 35/50 €

◆ Tra frutteti e vigne, la cortesia e la professionalità della gestione familiare mette a proprio agio anche l'ospite di passaggio e l'abbondante colazione allieterà l'inizio di ogni giornata. Camere ampie, alcune con balcone. Ottima cucina casalinga al ristorante. Con la bella stagione, la terrazza coperta.

MONTAGNA (MONTAN) – Bolzano (BZ) – **562** D15 – 1 550 ab.   31 D3
– alt. 500 m – ⌧ 39040

■ Roma 630 – Bolzano 24 – Milano 287 – Ora 6

🏠 **Tenz** ← 🚗 😊 ⬛ ⬛ 🌀 XX 🗊 ⅃ cam, 🏃 ↔ XX rist, 🌐 🎐 **P**
VISA ⊙ 🖐

*via Doladizza 3, Nord : 2 km – 𝒸 04 71 81 97 82
– www.hotel-tenz.com – Fax 04 71 81 97 28 – chiuso dal 5 novembre al
7 dicembre*
44 cam ⌧ – ♯45/70 € ♯♯80/170 € – ½ P 60/160 €
Rist – *(chiuso martedì)* Carta 29/42 €

◆ Si gode una bella vista su monti e vallata da un albergo a gestione familiare dotato di accoglienti ambienti in stile montano di taglio moderno e luminose camere. Cucina del territorio nel ristorante distribuito tra una stube e la veranda panoramica.

MONTAGNA IN VALTELLINA – Sondrio – Vedere Sondrio

MONTAGNANA – Padova (PD) – **562** G16 – 9 498 ab. – alt. 16 m   35 B3
– ⌧ 35044 ▌ Italia

■ Roma 475 – Padova 49 – Ferrara 57 – Mantova 60

◎ Cinta muraria★★

🏠 **Aldo Moro** 🗊 AC XX cam, 🌐 🎐 🚗 VISA ⊙ AE ① 🖐

*via Marconi 27 – 𝒸 04 29 81 35 1 – www.hotelaldomoro.com
– Fax 04 29 82 84 2 – chiuso dal 3 al 12 gennaio e dal 6 al 22 agosto*
24 cam – ♯70 € ♯♯100 €, ⌧ 9 € – 10 suites – ♯♯120 € – ½ P 85 €
Rist – *(chiuso lunedì)* Carta 29/45 €

◆ Nel centro storico, caratteristico ed elegante ristorante con camere arredate con mobili d'epoca; splendida e raffinata sala in stile dove gustare piatti del territorio.

XX **Hostaria San Benedetto** 😊 AC XX VISA ⊙ AE ① 🖐

*via Andronalecca 13 – 𝒸 04 29 80 09 99 – www.hostariasanbenedetto.it
– Fax 04 29 53 89 09 – chiuso dal 1° al 7 gennaio, dal 15 al 30 agosto e
mercoledì*
Rist – Carta 31/42 €

◆ Locale ubicato nel cuore della "città murata": una sala di tono signorile in cui provare proposte di cucina del luogo rivisitate; servizio estivo all'aperto.

MONTAGNANA – Modena – Vedere Serramazzoni

MONTAIONE – Firenze (FI) – **563** L14 – 3 701 ab. – alt. 342 m   28 B2
– ⌧ 50050 ▌ Toscana

■ Roma 289 – Firenze 59 – Siena 61 – Livorno 75

🔟 Castelfalfi, 𝒸 0571 69 84 66

◎ Convento di San Vivaldo★ Sud-Ovest : 5 km

Palazzo Mannaioni ⟨ 🏡 ⚜ 🏖 & cam, 🆔 ⇄ 🍽 rist, 🛎 🏊 ⟨⟩
via Marconi 2 – ℰ 05 71 69 92 77 VISA 🆚 AE ① 💲
– www.palazzomannaioni.it – Fax 05 71 69 79 74 – chiuso dal 10 gennaio al 28 febbraio
25 cam ⊇ – ✝125/179 € ✝✝130/179 € – 2 suites – ½ P 95/120 €
Rist – *(chiuso a mezzogiorno)* Carta 28/53 €
♦ In un antico palazzo del centro completamente ristrutturato, un hotel abbellito da un giardino con piscina; eleganti interni in stile rustico, confortevoli camere in stile. Suggestivo soffitto a volte nella raffinata sala ristorante.

a San Benedetto Nord-Ovest : 5 km – ⊠ 50050 Montaione

XX **Casa Masi** 🏡 🏠 🆔 **P** VISA 🆚 AE ① 💲
via Collerucci 53 – ℰ 05 71 67 71 70 – www.casamasimontaione.it
– Fax 05 71 67 70 42 – chiuso lunedì e martedì a mezzogiorno
Rist – *(consigliata la prenotazione)* Carta 32/45 € 🍴
♦ Una caratteristica fattoria toscana, vale a dire un borgo agricolo con villa e diversi casolari; in uno di questi è stato ricavato questo caratteristico e piacevole locale.

 Bed & breakfast e agriturismi ⟨⟩ non offrono gli stessi servizi di un hotel. Queste forme alternative di ospitalità si distinguono spesso per l'accoglienza e l'ambiente: specchio della personalità del proprietario. Quelli contraddistinti in rosso ⟨⟩ sono i più ameni.

MONTALBANO – Rimini – Vedere Santarcangelo di Romagna

MONTALCINO – Siena (SI) – **563** M16 – 5 192 ab. – alt. 564 m ⠀⠀⠀⠀⠀⠀**29** C2
– ⊠ 53024 ▌Toscana

▯ Roma 213 – Siena 41 – Arezzo 86 – Firenze 109
▯ costa del Municipio 8 ℰ 0577 849331, info@prolocomontalcino.it, Fax 0577 849331
▣ Rocca★★, Palazzo Comunale★
▣ Abbazia di Sant'Antimo★ Sud : 10 km

🔳 **Vecchia Oliviera** senza rist ⟨ 🏡 🔳 & 🆔 🛎 **P** VISA 🆚 AE ① 💲
via Landi 1 – ℰ 05 77 84 60 28 – www.vecchiaoliviera.com – Fax 05 77 84 60 29
– chiuso dal 12 al 30 dicembre e dal 10 gennaio al 10 febbraio
10 cam ⊇ – ✝70/85 € ✝✝120/190 € – 1 suite
♦ Alle porte della località, antico frantoio diventato di recente un hotel con eleganti e curati interni in stile, piscina e bella terrazza panoramica.

🏠 **Il Giglio** ⟨ 🆔 cam, 🛎 **P** VISA 🆚 AE 💲
via Soccorso Saloni 5 – ℰ 05 77 84 81 67 – www.gigliohotel.com
– Fax 05 77 84 81 67 – chiuso dal 7 al 31 gennaio
12 cam ⊇ – ✝80/90 € ✝✝120/135 € – ½ P 95 €
Rist – *(chiuso martedì) (chiuso a mezzogiorno)* Carta 34/42 € 🍴
♦ A pochi passi dal Palazzo Comunale, in un albergo di antica tradizione, tipica ambientazione toscana con travi e mattoni a vista. Camere sempre molto ben tenute. Fiori freschi e buon vino (anche al bicchiere) nell'ottimo ristorante. Cucina regionale.

XX **Al Giardino** 🏠 🆔 🍽 VISA 🆚 AE 💲
piazza Cavour 1 – ℰ 05 77 84 90 76 – www.ristorantealgiardino.it
– Fax 05 77 84 90 76 – chiuso dal 7 gennaio al 7 febbraio e mercoledì
Rist – Carta 41/51 €
♦ Ristorante rustico-elegante, al limitar del centro, la cui cucina si colloca a metà tra tradizione toscana e modernità: lodevole la ricerca e la selezione delle migliori materie prime locali.

X **Boccon DiVino** ⟨ 🏠 🍽 VISA 🆚 💲
località Colombaio Tozzi, Est : 1 km – ℰ 05 77 84 82 33
– www.emmeti.it/boccondivino – Fax 05 77 84 83 40 – chiuso martedì
Rist – *(chiuso a mezzogiorno in luglio e agosto)* Carta 36/45 € 🍴 (+12 %)
♦ Una casa colonica alle porte del paese: si può scegliere fra la curata sala rustica o la terrazza estiva con vista. Nel piatto, i sapori del territorio leggermente rivisitati in chiave moderna.

MONTALCINO

a Poggio alle Mura Sud-Ovest : 19 km – ⊠ 53024 Montalcino

🏨 **Castello Banfi-Il Borgo** ॐ ≤ 🚗 ⊐ ↳ 🔥 rist. 🔟 ❄ 🌐 📶 ℙ
località Sant'Angelo Scalo – 𝒞 05 77 87 77 00   🆅🆂🅰 ⓿❸ 🅰🅴 ⓪ 💰
– www.castellobanfi.it – Fax 05 77 87 77 01 – marzo- 15 novembre
9 cam ☕ – ♦412 € ♦♦462/649 € – 5 suites – ♦♦748/1001 €
Rist Castello Banfi-La Taverna – 𝒞 05 77 87 75 24 (chiuso dal 20 dicembre al
31 gennaio) Carta 44/60 €
♦ Lussuose camere ricavate dalle antiche case del borgo sorto nel '700 accanto alle mura
della fortezza medievale, ma confort squisitamente moderni: dai letti king size ai televisori a
schermo piatto. Ottima cucina toscana, grazie anche all'utilizzo di buone materie prime,
presso il ristorante Castello Banfi-La Taverna.

a Poggio Antico Sud-Ovest : 5 km – ⊠ 53024 Montalcino

🍴🍴🍴 **Poggio Antico**   🕎 ℙ 🆅🆂🅰 ⓿❸ 🅰🅴 💰
– 𝒞 05 77 84 92 00 – www.poggioantico.it – Fax 05 77 84 92 00 – chiuso
dal 6 gennaio al 6 febbraio, domenica sera, lunedì (escluso aprile-ottobre)
Rist – Carta 59/81 €
♦ In un casolare con vista sulle colline dell'omonima azienda vinicola, ristorante di elegante
ambientazione classica, dove le finestre inquadrano il verde del paesaggio. Sapori toscani
presentati nel piatto con modernità.

MONTALI – Perugia – **563** M18 – Vedere Panicale

MONTAN = Montagna

MONTE = BERG – Bolzano – Vedere Appiano sulla Strada del Vino

MONTE ... MONTI – Vedere nome proprio del o dei monti

MONTEBELLO VICENTINO – Vicenza (VI) – **562** F16 – 6 325 ab.   **37** A2
– alt. 48 m – ⊠ 36054

▶ Roma 534 – Verona 35 – Milano 188 – Venezia 81

a Selva Nord-Ovest : 3 km – ⊠ 36054 Montebello Vicentino

🍴🍴 **La Marescialla**   ≤ 🕎 🔟 ❄ ⟳ ℙ 🆅🆂🅰 ⓿❸ 🅰🅴 ⓪ 💰
via Capitello 3 – 𝒞 04 44 64 92 16 – Fax 04 44 68 56 92
– chiuso dal 1° al 7 gennaio, dal 6 al 30 agosto, domenica sera, lunedì
Rist – Carta 32/50 €
♦ Giovane gestione impegnata da qualche tempo in un locale di tradizione che offre piatti
del territorio e qualche spunto più vario; in una sala rustica o nel dehors estivo.

MONTEBELLUNA – Treviso (TV) – **562** E18 – 30 354 ab. – alt. 109 m   **36** C2
– ⊠ 31044

▶ Roma 548 – Padova 52 – Belluno 82 – Trento 113
🔖 Villa del Palladio★★★ a Maser Nord : 12 km

🏨 **Bellavista** senza rist ॐ ≤ 🚗 🎶 🔥 🛗 🔟 ↯ ❄ 📶 🧖 ℙ
via Zuccareda 20, località Mercato Vecchio   🆅🆂🅰 ⓿❸ 🅰🅴 ⓪ 💰
– 𝒞 04 23 30 10 31 – www.bellavistamontebelluna.it – Fax 04 23 30 36 12
– chiuso dal 21 dicembre al 7 gennaio e dal 1° al 25 agosto
40 cam ☕ – ♦100/120 € ♦♦160/165 € – 1 suite
♦ Sulle prime colline alle spalle di Montebelluna; spaziose e confortevoli le zone comuni e le
stanze con vista sulla città o, sul retro, sul Monte Grappa.

🍴 **Al Tiglio d'Oro**   🕎 🔟 ❄ ℙ 🆅🆂🅰 ⓿❸ 🅰🅴 ⓪ 💰
località Mercato Vecchio – 𝒞 0 42 32 24 19 – www.ristorantealtigliodoro.com
– Fax 0 42 32 24 19 – chiuso dal 2 al 7 gennaio, dal 6 al 22 agosto e venerdì
Rist – Carta 27/40 €
♦ In collina, un locale classico con ampie capacità ricettive e un piacevole servizio estivo
all'aperto; stagionale cucina del territorio e predilezione per la griglia.

MONTEBENI – Firenze – Vedere Fiesole

MONTEBENICHI – Arezzo (AR) – **563** L15 – alt. 508 m – ⊠ 52021   **29** C2
Pietraviva

> ◪ Roma 205 – Siena 31 – Arezzo 40 – Firenze 73

🏠   **Castelletto di Montebenichi** senza rist ⓢ   🔲 🌊 🕍 🖽 🏧 🕭
piazza Gorizia 19 – ℰ *05 59 91 01 10*   🆘 🕪 🅿 ⅦSA ⓬ ㏈ ⑀
– www.castelletto.it – Fax   05 59 91 01 13 – aprile-3 novembre
9 cam � – ♦200/280 € ♦♦240/330 €
◆ L'emozione di soggiornare nei ricchi interni di un piccolo castello privato in un borgo
medioevale, tra quadri e reperti archeologici; panoramico giardino con piscina.

✕   **Osteria L'Orciaia**   🔝 ⅦSA ⓬
via Capitan Goro 10 ⊠ *52021* – ℰ *05 59 91 00 67 – Fax   05 59 91 00 67*
– 15 marzo-10 novembre; chiuso martedì
Rist – (consigliata la prenotazione) Carta 22/50 €
◆ Caratteristico localino rustico all'interno di un edificio cinquecentesco, con un raccolto
dehors estivo. Cucina tipica toscana elaborata partendo da ottimi prodotti.

MONTECALVO VERSIGGIA – Pavia (PV) – **561** H9 – **547 ab.**   **16** B3
– alt. 410 m – ⊠ 27047

> ◪ Roma 557 – Piacenza 44 – Genova 133 – Milano 76

✕✕   **Prato Gaio**   🔝 🖽 🅿
località Versa, bivio per Volpara, Est : 3 km – ℰ *03 85 99 72 6*
– www.ristorantepratogaio.it – chiuso gennaio, lunedì, martedì
Rist – Carta 34/44 € ⓑ
◆ Sono ristoratori da oltre un secolo i titolari di questo locale, classico con tocchi di eleganza; cucina del territorio rivisitata, ampia scelta di vini dell'Oltrepò.

MONTECARLO – Lucca (LU) – **563** K14 – **4 504 ab.** – alt. 163 m – ⊠ 55015   **28** B1

> ◪ Roma 332 – Pisa 45 – Firenze 58 – Livorno 65

⌂   **Antica Dimora Patrizia** ⓢ   🖽 🕪 ⅦSA ⓬ ㏈ ⑀
via Carmignani 10/12 – ℰ *05 83 22 21 56 – www.anticadimorapatrizia.com*
– Fax   05 83 22 94 98
6 cam ☈ – ♦50/60 € ♦♦70/85 € – ½ P 54/64 €
Rist – (chiuso a mezzogiorno) Carta 20/38 €
◆ Piacevole struttura ricavata in un palazzo medievale sito in un tranquillo angolo del centro
storico, dispone di ambienti rustici, un salone con camino e alcune camere mansardate. Al
piano terra, il ristorante propone le specialità della cucina toscana.

⌂   **Nina** senza ☈ ⓢ   🛋 🆘 🅿 ⅦSA ⓬ ㏈ ⑀
via San Martino 54, Nord-Ovest : 2,5 km – ℰ *05 83 22 21 78 – www.lanina.org*
– Fax   05 83 22 21 78
10 cam – ♦50 € ♦♦60 €
Rist La Nina – vedere selezione ristoranti
◆ Alla sommità di una collina, la villa vanta una tranquilla posizione ed è circondata da un
piacevole giardino; ampie camere rinnovate ed arredate in stile, prezzi interessanti.

⌂   **Agriturismo Fattoria la Torre**   ≤ 🛋 🔝 🌊 🈁 🖽 🕪 🅿
via provinciale di Montecarlo 7 – ℰ *05 83 22 29 81*   ⅦSA ⓬ ㏈ ⓪ ⑀
– www.fattorialatorre.it – Fax   05 83 22 29 82 18
6 cam ☈ – ♦80/100 € ♦♦100/120 €
Rist *Enoteca la Torre* – ℰ *05 83 22 94 95 (chiuso martedì) (chiuso a
mezzogiorno escluso domenica e festivi)* Carta 28/47 €
◆ Accanto alla produzione di olio e vino, l'ospitalità alberghiera: all'interno, un curioso contrasto tra l'atmosfera di una casa ottocentesca e camere realizzate in design. Parco giochi per bambini. Originale e luminoso, il ristorante propone i piatti della più autentica cucina del territorio.

✕✕✕   **Antico Ristorante Forassiepi**   🛋 🔝 🖽 🆘 🅿 ⅦSA ⓬ ㏈ ⓪ ⑀
via della Contea 1 – ℰ *05 83 22 94 75 – www.ristoranteforassiepi.it*
*– Fax   05 83 22 94 75 – chiuso dal 15 al 31 gennaio e dal 1° al 15 luglio, martedì,
mercoledì a mezzogiorno*
Rist – Menu 45/55 € – Carta 39/70 €
◆ Alle porte della località, l'ambiente signorile e la terrazza panoramica sono già un buon
biglietto da visita. La conferma, tuttavia, arriva dalla cucina: piatti di carne e specialità di
pesce alla conquista dei palati più esigenti.

※※ **La Nina** 🖼 AK 🗱 P VISA ⓪ AE 🕭
via San Martino 54, Nord-Ovest : 2,5 km – ℰ 0 58 32 21 78 – www.lanina.it
– Fax 0 58 32 21 78 – chiuso lunedì sera, martedì
Rist – Carta 25/35 €
♦ In pregevole posizione panoramica, propone la cucina della tradizione e diversi piatti di carne alla griglia, agnello, manzo e piccione.

MONTECAROTTO – Ancona (AN) – **563** L21 – **2 167 ab.** – **alt. 388 m**   **21** C2
– ✉ 60036

▶ Roma 248 – Ancona 50 – Foligno 95 – Gubbio 74

※※ **Le Busche** (Andrea Angeletti) ⟵ 🖼 ⅙ AK 🗱 P VISA ⓪ AE ⓪ 🕭
🐣 *contrada Busche 2, Sud-Est : 4 km – ℰ 0 73 18 91 72 – www.lebusche.net*
– Fax 07 31 89 91 40 – chiuso domenica sera, lunedì
Rist – Carta 52/82 €
Spec. Lasagnetta di gamberi e verdure con canocchie crude. Piadina di tonno crudo con pendolini e capperi di Salina. Guazzetto di frutta fresca con spuma al mascarpone.
♦ Avvolta in un paesaggio collinare, la sala è stata probabilmente ricavata nella vecchia stalla del casolare; la cucina elabora piatti di pesce influenzati dalla cucina marchigiana.

MONTE CASTELLO DI VIBIO – Perugia (PG) – **563** N19 – **1 672 ab.**   **32** B2
– **alt. 422 m** – ✉ 06057

▶ Roma 143 – Perugia 43 – Assisi 54

a Doglio Sud-Ovest : 9,5 km – ✉ 06057 Monte Castello Di Vibio

⟰ **Agriturismo Fattoria di Vibio** ⟵ ⟵ 🚗 🖼 ⚖ ⛳ 🏊 ♨
località Buchella 9 🗱 rist, ⁰⁰ ⅙ P VISA ⓪ AE ⓪ 🕭
– ℰ 07 58 74 96 07 – www.fattoriadivibio.com – Fax 07 58 78 00 14 – chiuso dal 7 gennaio al 28 febbraio
14 cam ⚏ – ✝90/120 € ✝✝120/240 € – ½ P 115/150 €
Rist – (prenotazione obbligatoria) Carta 25/42 € ⅋ (+10 %)
♦ Calda, informale ospitalità in un antico casale ristrutturato e trasformato in una raffinata residenza di campagna; eleganza e cura dei dettagli nei confortevoli interni.

MONTECATINI TERME – Pistoia (PT) – **563** K14 – **21 038 ab.**   **28** B1
– **alt. 27 m** – ✉ 51016 ▮ Toscana

▶ Roma 323 – Firenze 48 – Pisa 55 – Bologna 110
🖪 viale Verdi 66/68 ℰ 0572 772244, apt@montecatini.turismo.toscana.it, Fax 0572 772244
🖪, ℰ 0572 6 22 18

🏨 **Grand Hotel e La Pace** ⟶ ⟰ 🚗 🏊 ⓦ ♨ ⅙ ※ ⛨ AK 🗱 rist,
via della Torretta 1 – ℰ 05 72 92 40 ⁰⁰ ⅙ P VISA ⓪ AE ⓪ 🕭
– www.grandhotellapace.it – Fax 0 57 27 84 51 – marzo-novembre
110 cam ⚏ – ✝180/310 € ✝✝300/530 € – 22 suites   AZy
– ½ P 185/290 €
Rist – Carta 58/91 €
♦ Storico, prestigioso albergo belle époque, considerato uno dei vanti dell'hotellerie nazionale, offre tono e servizi di alto livello; parco fiorito con piscina riscaldata. Il ristorante sfoggia pregevoli elementi decorativi liberty.

🏨 **Tettuccio** 🖼 ⛨ AK 🗱 rist, ⁰⁰ ⅙ P VISA ⓪ AE ⓪ 🕭
viale Verdi 74 – ℰ 0 57 27 80 51 – www.hoteltettuccio.it
– Fax 0 57 27 57 11   BYn
74 cam ⚏ – ✝83/120 € ✝✝120/160 € – ½ P 78/110 €   **Rist** – Carta 33/62 €
♦ Di fronte alle terme Excelsior, esiste dal 1894 questo grande e storico albergo, con sale comuni completamente rinnovate; gradevole la terrazza ombreggiata. Al ristorante si respira un'aria fin de siècle.

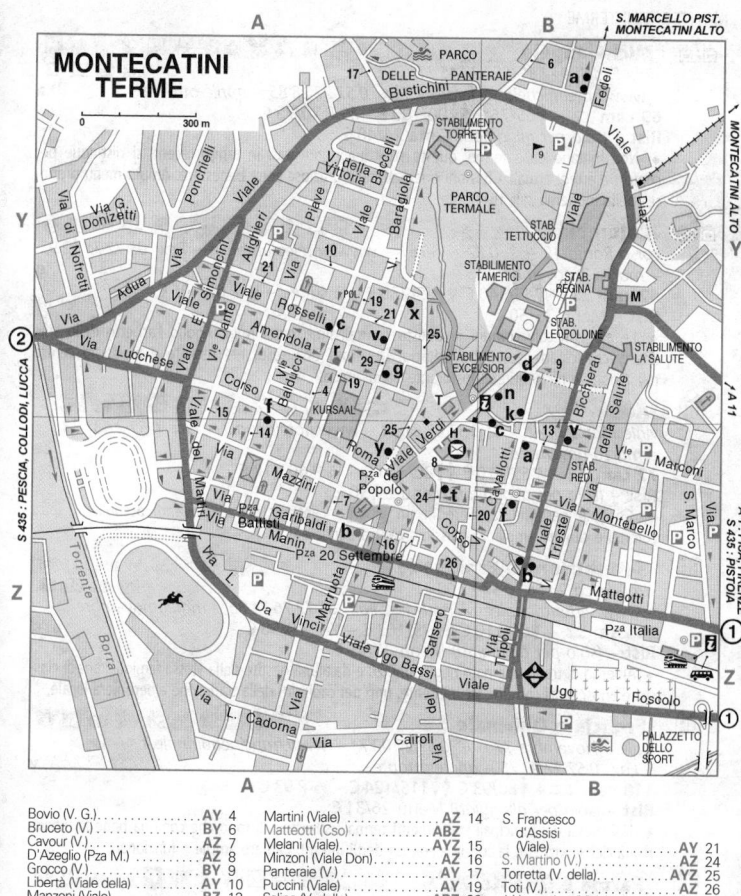

MONTECATINI TERME

🏨🏨🏨 Grand Hotel Croce di Malta

viale 4 Novembre 18 – ℰ 05 72 92 01
– www.crocedimalta.com – Fax 05 72 76 75 16
🚗 🏊 💆 🛗 AC ⚡ rist, 🐾 🧖
VISA 🌐 AE 🛂
AY**x**

134 cam 🍽 – 🛏110/130 € 🛏🛏180/210 € – 10 suites – ½ P 100/115 €

Rist – Menu 30/35 €

♦ Hotel di gran classe, dove confort elevato, raffinatezza delle ambientazioni e ampiezza degli spazi si amalgamano alla perfezione. Piacevole giardino con piscina riscaldata. Sale ristorante dagli arredi in stile classico.

🏨🏨🏨 Ercolini e Savi

via San Martino 18 – ℰ 0 57 27 03 31 – www.ercoliniesavi.it – Fax 0 57 27 16 24
– 15 marzo-20 novembre
🛗 AC ⚡ 💆 VISA 🌐 AE ⓞ 🛂
AZ**t**

81 cam 🍽 – 🛏70 € 🛏🛏120 € – ½ P 85 €   **Rist** – (solo per alloggiati)

♦ Conduzione diretta dinamica ed efficiente in un hotel classico e di tradizione, che offre belle camere ariose: in parte moderne, in parte in stile. Bella terrazza per i momenti di relax.

Un pasto accurato a prezzo contenuto? Cercate i Bib Gourmand 🟢.

651

Michelangelo [AC] rist, [P] VISA [MC] [AE]
viale Fedeli 9 – ☎ 0 57 27 45 71 – www.hotelmichelangelo.org – Fax 0 57 27 28 85 – aprile-ottobre BY**a**
69 cam ☕ – †65/75 € ††90/100 € – ½ P 70/75 €
Rist – *(solo per alloggiati)* Carta 24/40 €
◆ Non lontano dalle terme, questa struttura rinnovatasi in tempi recenti si distingue per confort e arredi attuali. Citazioni orientali nella graziosa zona benessere. Ampio menu proposto nella moderna sala ristorante.

Columbia [AC] rist, [P] VISA [MC] [AE]
corso Roma 19 – ☎ 0 57 27 06 61 – www.hotelcolumbia.it – Fax 05 72 77 12 93 – marzo-2 novembre AZ**g**
62 cam ☕ – †45/140 € ††65/230 € – 2 suites – ½ P 65/105 €
Rist – Menu 35/50 €
◆ Le eleganti sale comuni di questo centralissimo hotel mantengono l'aspetto dello stile liberty che caratterizza il bell'edificio. Doverosa una sosta nel recente e moderno centro relax: non ve ne pentirete! Ristorante panoramico.

Adua [AC] rist, [P] VISA [MC] [AE]
viale Manzoni 46 – ☎ 0 57 27 81 34 – www.hoteladua.it – Fax 0 57 27 81 38 – marzo-novembre BZ**a**
72 cam ☕ – †65/110 € ††80/140 € – ½ P 60/110 €
Rist – *(solo per alloggiati)* Menu 25/30 €
◆ Cordiale gestione familiare in un albergo centrale, che dispone di accoglienti spazi comuni e camere ampie. Nuovissimo centro benessere.

Settentrionale Esplanade [AC] rist, VISA [MC] [AE]
via Grocco 2 – ☎ 0 57 27 00 21 – www.settentrionaleesplanade.it – Fax 05 72 76 74 86 – marzo-novembre BY**d**
99 cam ☕ – †60/110 € ††95/163 € – ½ P 70/98 €
Rist – *(solo per alloggiati)* Menu 30/45 €
◆ Albergo di tradizione nato negli anni '20 e da allora gestito dalla stessa famiglia: arredi classici e ariosi spazi comuni. Sicuramente, uno dei capisaldi della tradizione alberghiera locale.

Francia e Quirinale [AC] rist, VISA [MC] [AE]
viale 4 Novembre 77 – ☎ 0 57 27 02 71 – www.franciaequirinale.it – Fax 0 57 27 02 75 – aprile-ottobre AY**v**
118 cam ☕ – †80/93 € ††115/124 € – ½ P 93 €
Rist – *(solo per alloggiati)* Menu 26/31 €
◆ Nei pressi dei principali stabilimenti termali, struttura di tono che coniuga bene la funzionalità dei servizi con la sobria eleganza degli interni. Camere ampie e funzionali.

Parma e Oriente [AC] rist, [P] VISA [MC] [AE]
via Cavallotti 135 – ☎ 0 57 27 21 35 – www.hotelparmaoriente.it – Fax 0 57 27 21 37 – 27 dicembre-6 gennaio e 25 marzo-10 novembre BY**k**
65 cam – †50/60 € ††90/104 €, ☕ 7 € – ½ P 60/72 €
Rist – *(solo per alloggiati)* Menu 20/25 €
◆ Un soggiorno termale in un ambiente ospitale in questo hotel, gestito da una storica famiglia di albergatori: camere arredate con mobilio decorato in stile e bagni perlopiù rinnovati. Bella piscina e area relax.

Da Vinci [AC] [P] VISA [MC] [AE]
viale Bicchierai 27 – ☎ 0 57 27 03 78 – www.davincihotel.it – Fax 05 72 77 23 07 – 15 marzo-5 novembre BZ**b**
42 cam ☕ – ††59/99 €, ½ P 65/75 € **Rist** *(solo per alloggiati)* Menu 20/30 €
◆ Albergo totalmente rinnovato in anni recenti con gradevoli spazi comuni e confortevoli, moderne camere.

Manzoni [AC] rist, [P] VISA [MC]
viale Manzoni 28 – ☎ 0 57 27 01 75 – www.hotelmanzoni.info – Fax 05 72 91 10 12 – 27 dicembre-4 gennaio e marzo-novembre BZ**c**
92 cam ☕ – †50/75 € ††70/90 € – 1 suite – ½ P 65/85 €
Rist – *(solo per alloggiati)* Menu 20/45 €
◆ Possiede un certo fascino retrò questa casa in pieno centro, ma con piccolo giardino, arredata con mobili in stile e qualche pezzo d'antiquariato. Per rilassarsi niente di meglio che un tuffo in piscina o una sosta rigenerante nella nuova zona benessere.

Boston 🗴 🛋 AC ⅏ P VISA ⍟ AE ① ⬧
viale Bicchierai 16 – ℰ 05 72 70 03 79 – www.hotelboston.it – Fax 05 72 77 02 08
– aprile-ottobre BZ**b**
59 cam 🖙 – ♥♥59/99 € – ½ P 65/75 €
Rist – *(solo per alloggiati)* Menu 20/30 €
♦ Il punto di forza di questo gradevole albergo in continuo rinnovamento è senz'altro la bella terrazza panoramica con solarium e piscina; camere lineari e luminose.

Brennero e Varsavia 🛋 AC ⅏ rist, "¹" P VISA ⍟ AE ① ⬧
viale Bicchierai 70/72 – ℰ 05 72 70 00 86 – www.hotelbrenneroevarsavia.it
– Fax 05 72 74 44 59 – marzo-novembre BZ**v**
54 cam 🖙 – ♥55/65 € ♥♥90/100 € – ½ P 63/70 € **Rist** – Menu 18/25 €
♦ In comoda posizione per il centro e per le terme, una risorsa a gestione familiare con spazi comuni gradevoli e camere di confort attuale. Il ristorante dispone di una sala di taglio classico e di tono moderno.

Puccini 🛋 ⬧ ⩩ AC ⅏ rist, "¹" VISA ⍟ ① ⬧
corso Roma 95/97 – ℰ 05 72 90 44 58 – www.hotelpuccini.net – Fax 05 72 90 44 51
35 cam 🖙 – ♥70/110 € ♥♥90/160 € – ½ P 55/85 € AYZ**f**
Rist – *(marzo-15 novembre e 28 dicembre-6 gennaio)* Menu 25/35 €
♦ Qual è il comun denominatore delle camere e dei vari spazi di questo albergo ospitato in una dimora di fine Ottocento? Sicuramente il confort! Non trascurabile, la posizione centrale.

La Pia 🛋 ⩩ AC ⅏ P VISA ⍟ ⬧
via Montebello 30 – ℰ 05 72 78 66 00 – www.lapiahotel.it – Fax 05 72 77 13 82
– aprile-ottobre BZ**f**
37 cam 🖙 – ♥50/70 € ♥♥65/95 € – ½ P 65/80 €
Rist – *(solo per alloggiati)* Carta 36/40 €
♦ Una bella atmosfera familiare, che promette un'ospitalità premurosa, effettivamente poi elargita. Camere semplici, ma accoglienti e ben tenute.

Petit Château senza rist 🚗 AC VISA ⍟ AE ⬧
viale Rosselli 10 – ℰ 05 72 90 59 00 – www.petitchateau.it – Fax 05 72 91 09 01
8 cam 🖙 – ♥55/85 € ♥♥80/140 € AY**c**
♦ Vicino alle terme, questa piccola risorsa familiare ospitata in una villa liberty dispone di camere arredate con signorili personalizzazioni. Sempre un buon indirizzo!

Villa le Magnolie senza rist 🚗 🛋 AC "¹" P 🚗 VISA ⍟ AE ⬧
viale Fedeli 15 – ℰ 05 72 91 17 00 – www.michelangelo-hotel.it – Fax 05 72 27 28 85
6 cam 🖙 – ♥70/100 € ♥♥90/120 € BY**a**
♦ Sei camere complete di ogni confort, zona soggiorno molto raccolta e curata, sala colazioni con un'unica grande tavola. Disponibili tutti i servizi dell'hotel Michelangelo.

Gourmet AC VISA ⍟ AE ① ⬧
viale Amendola 6 – ℰ 05 72 77 10 12 – Fax 05 72 77 10 12 – chiuso dal 7 al 20 gennaio, dal 1° al 16 agosto e martedì AY**r**
Rist – Carta 46/71 € 🕸 (+12 %)
♦ Arredi classico-eleganti con qualche inserto liberty, tavoli ben distanziati, argenteria e personale in divisa: ampia la proposta in menu con specialità di mare e di terra per una cucina di stampo contemporaneo.

Enoteca Giovanni 🕮 AC ⬄ VISA ⍟ ① ⬧
via Garibaldi 25/27 – ℰ 05 72 73 30 80 – www.enotecagiovanni.it
– Fax 05 72 71 69 95 – chiuso dal 15 al 28 febbraio, dal 15 al 30 agosto e lunedì
Rist – Carta 50/65 € 🕸 AZ**b**
♦ La cucina squisitamente italiana propone piatti di carne e di pesce accompagnati da ottimi vini. Poliglotta invece il menu, tradotto in cinque lingue diverse! Dehors estivo per il servizio serale.

sulla via Marlianese Nord: 6,5 km per viale Fedeli BY :

Montaccolle 🕮 ⅏ ⬄ P VISA ⍟ AE ① ⬧
via Marlianese 27 ⊠ 51016 – ℰ 05 72 72 24 80 – chiuso dal 2 novembre al 6 dicembre, 10 giorni in luglio e lunedì
Rist – *(chiuso a mezzogiorno escluso i giorni festivi)* Carta 22/39 €
♦ Schietta trattoria sulle colline che circondano la località. La piacevolezza del panorama, in particolare d'estate sulla terrazza, è pari alla genuinità dei cibi.

a Pieve a Nievole per ① : 2 km – ⌧ 51018

🏠 **Uno Più** 🚗 🛋 AC 🍽 rist. 🌐 **P** **VISA** ◑ ◉ ⟰
via Amendola 58 – ✆ 05 72 95 11 43 – www.locandaunopiu.net
– Fax 05 72 52 17 84
9 cam ⌂ – †50/70 € †† 70/100 € **Rist** – Carta 27/55 €
♦ Sulla strada per Pistoia, l'accurata ristrutturazione di un casolare agricolo ha dato vita a questo hotel a conduzione familiare con camere dai sobri colori. Interessanti proposte in cucina, sia di terra sia di mare.

a Nievole Nord: 7 km per viale Fedeli BY – ⌧ 51010

✗ **Da Pellegrino** 🛋 ⟱ **P** **VISA** ◑ AE ◉ ⟰
⊙⊙ località Renaggio 6 – ✆ 0 57 26 71 58 – www.dapellegrino.com
– Fax 0 57 26 71 58 – chiuso dal 15 febbraio al 5 marzo e mercoledì
Rist – (chiuso a mezzogiorno escluso sabato, domenica e i giorni festivi)
Carta 19/35 €
♦ In una frazione isolata, ambiente rustico e familiare dove gustare una casalinga cucina toscana in armonia con le stagioni.

MONTECCHIA DI CROSARA – Verona (VR) – **562** F15 – **4 457 ab.** **35** B3
– alt. 87 m – ⌧ 37030

🛣 Roma 534 – Verona 34 – Milano 188 – Venezia 96

✗✗✗ **Baba-Jaga** ≤ 🚗 🛋 AC 🍽 **P** **VISA** ◑ AE ◉ ⟰
via Cabalao – ✆ 04 57 45 02 22 – www.baba-jaga.com – chiuso 3 settimane in gennaio, 3 settimane in agosto, domenica sera, lunedì
Rist – Carta 45/62 €
♦ Si ispira ad una creatura fatata della letteratura favolistica russe questo luminoso locale immerso in un silenzioso giardino, in balia delle moderne creazioni dello chef, di terra e di mare, anche alle griglia.

MONTECCHIO – Terni (TR) – **563** O18 – **1 747 ab.** – alt. 377 m **32** B3
– ⌧ 05020

🛣 Roma 114 – Terni 51 – Viterbo 43 – Orvieto 25

🏠 **Agriturismo Poggio della Volara** ⌾ ≤ 🚗 🛋 ⅄ 🌐 **P**
località Volara, Nord : 4,5 km – ✆ 07 44 95 18 20 – www.poggiodellavolara.it
– Fax 07 44 95 18 20 – chiuso gennaio e febbraio
16 cam – †† 80/100 €, ⌂ 5 € – ½ P 70/100 €
Rist – (chiuso a mezzogiorno) (solo per alloggiati)
♦ In zona panoramica con una vista che spazia a 360°, un'azienda agrituristica semplice con ampi spazi esterni, una bella piscina e camere con arredi in arte povera o vecchi mobili di casa.

MONTECCHIO – Brescia – **561** E12 – Vedere Darfo Boario Terme

---

MONTECCHIO EMILIA – Reggio Emilia (RE) – **10 021 ab.** – alt. 84 m **8** A3
– ⌧ 42027

🛣 Roma 463 – Bologna 97 – Reggio Emilia 17 – Genova 235

✗ **La Ghironda** AC 🍽 **VISA** ◑ ⟰
via XX Settembre 61 – ✆ 05 22 86 35 50 – Fax 05 22 86 35 50
– chiuso 1 settimana in gennaio, 3 settimane in luglio, domenica sera, lunedì
Rist – Carta 34/45 €
♦ Camillo in sala e Daniele in cucina, vi danno il benvenuto in questo semplice ristorante che propone specialità emiliane e piatti della tradizione gastronomica italiana, sapientemente alleggeriti.

MONTECCHIO MAGGIORE – Vicenza (VI) – **562** F16 – **23 218 ab.** **37** A2
– alt. 72 m – ⌧ 36075 ▮ Italia

🛣 Roma 544 – Verona 43 – Milano 196 – Venezia 77

◉ ≤★ dai castelli – Salone★ della villa Cordellina-Lombardi

in prossimità casello autostrada A4 - Montecchio Sud Sud-Est : 3 km :

Castagna 🏨 &. cam, 🅰🅺 ℅ rist, 🕽 🕍 🅿 ⌂ 🆅🅸🆂🅰 ⓌⓅ 🅰🅴 ⓄⒾ ⎌

via Archimede 2 ⌧ 36041 Alte di Montecchio Maggiore – ℰ 04 44 49 05 40
– www.castagnahotel.it – Fax 04 44 49 96 77

56 cam ⌧ – ♗60/150 € ♗♗80/180 € **Rist** – (chiuso domenica) Carta 31/45 €

♦ Nei pressi del casello autostradale, struttura di recente realizzazione, dotata di piattaforma eliporto; ideale per clientela d'affari, ha stanze dalle linee classiche. Ambientazione moderna per la luminosa sala da pranzo.

MONTECCHIO PRECALCINO – Vicenza (VI) – **562** F16 – **4 888 ab.**   **37** A1
– alt. 86 m – ⌧ 36030

▣ Roma 544 – Padova 57 – Trento 84 – Treviso 67

𝖷𝖷𝖷 La Locanda di Piero 🏠 🅰🅺 ⇔ 🅿 🆅🅸🆂🅰 ⓌⓅ 🅰🅴 ⓄⒾ ⎌

via Roma 32, strada per Dueville, Sud : 1 km – ℰ 04 45 86 48 27
– www.lalocandadipiero.it – Fax 04 45 86 48 28 – chiuso dal 1° al 10 marzo, dal 10 al 20 agosto, domenica e i mezzogiorno di lunedì e sabato

Rist – Carta 50/70 € �

♦ Un villino alle porte della località ospita un elegante e intimo angolo per gourmet, dove uno chef emergente sa esplicare il suo estro nell'alveo delle tradizioni locali.

MONTECHIARO D'ASTI – Asti (AT) – **561** G6 – **1 408 ab.**   **23** C2
– alt. 290 m – ⌧ 14025

▣ Roma 627 – Torino 78 – Alessandria 58 – Asti 20

𝖷 Tre Colli 🏠 ⇔ 🆅🅸🆂🅰 ⓌⓅ ⎌

piazza del Mercato 3/5 – ℰ 01 41 90 10 27 – www.trecolli.com – Fax 01 41 99 99 87
– chiuso dal 1° al 15 gennaio, dal 26 luglio al 14 agosto, lunedì, martedì, mercoledì

Rist – Carta 26/35 €

♦ Un ristorante che esiste dal 1898: salette rivestite di legno, con toni morbidi ed accoglienti, tavoli massicci, nonchè una panoramica terrazza estiva per proposte piemontesi.

MONTECOSARO – Macerata (MC) – **563** M22 – **6 139 ab.** – alt. 252 m   **21** D2
– ⌧ 62010

▣ Roma 266 – Ancona 60 – Macerata 25 – Perugia 147

Luma 🏡 ⌖ &. 🅰🅺 🆅🅸🆂🅰 ⓌⓅ ⎌

via Cavour 1 – ℰ 07 33 22 94 66 – www.laluma.it – Fax 07 33 22 94 57

10 cam ⌧ – ♗65 € ♗♗85 € – 1 suite – ½ P 60 €

Rist La Luma – vedere selezione ristoranti

♦ In struttura medievale, un delizioso alberghetto d'atmosfera, con terrazza panoramica e suggestive grotte tufacee nei sotterranei; camere in stile, alcune con vista.

𝖷𝖷𝖷 La Luma 🏠 🅰🅺 🆅🅸🆂🅰 ⓌⓅ ⎌

via Bruscantini 1 – ℰ 07 33 22 97 01 – www.laluma.it – Fax 07 33 22 22 73
– chiuso dall'8 al 20 gennaio, martedì, mercoledì a mezzogiorno

Rist – (chiuso a mezzogiorno in giugno-luglio) Carta 32/49 €

♦ Locale dal décor raffinato, ma spartano, consono allo spazio in cui si trova: i sotterranei di un centrale edificio settecentesco, con pareti e volte in mattoni e pietra.

MONTECRESTESE – Verbano-Cusio-Ossola (VB) – **1 205 ab.**   **23** C1
– alt. 486 m – ⌧ 28864

▣ Roma 714 – Stresa 50 – Domodossola 4 – Torino 183

𝖷 Osteria Gallo Nero 🏠 ⇔ 🆅🅸🆂🅰 ⓌⓅ 🅰🅴 ⓄⒾ ⎌

località Pontetto 102 – ℰ 03 24 23 28 70 – www.osteriagallonero.it
– Fax 03 24 23 28 70 – chiuso lunedì

Rist – Carta 26/35 € ⨻

♦ Due fratelli hanno saputo valorizzare questo locale che deve il suo successo all'ambiente informale - soprattutto a mezzogiorno - alla cucina del territorio e ad una ricca cantina con oltre 400 etichette (alcuni vini sono serviti anche al calice e conservati sotto azoto in un'apposita apparecchiatura).

MONTE CROCE DI COMELICO (Passo) = KREUZBERGPASS – Belluno e Bolzano – **562** C19 – Vedere Sesto

MONTEDORO – Bari – Vedere Noci

MONTEFALCO – Perugia (PG) – **563** N19 – **5 716 ab.** – alt. 473 m   **33** C2
– ✉ 06036 ▮ Italia

> ▶ Roma 145 – Perugia 46 – Assisi 30 – Foligno 12
>
> ◉ ≼ ★★★ su quasi tutta l'Umbria dalla Torre Comunale - Affreschi★★ nel Museo di S. Francesco
>
> ◪ Affresco★ di Benozzo Gozzoli nella chiesa di S. Fortunato: 1 km a sud

🏠 **Villa Pambuffetti** ⊗   ≼ ⚓ 🏡 🎿 🅰🅲 🕏 � 🅿 🆚🆂🅰 🐵 🅰🅴 🅾 ⚡
viale della Vittoria 20 – ℰ 07 42 37 94 17 – www.villapambuffetti.com
– Fax 07 42 37 92 45
15 cam ⊑ – ♟100/135 € ♟♟120/160 € – 1 suite – ½ P 95/125 €
Rist – *(chiuso da gennaio a marzo) (chiuso a mezzogiorno)* Carta 24/48 €
♦ Un curato parco ombreggiato con piscina circonda la villa ottocentesca che ospita un hotel con un buon livello di confort; mobili antichi negli interni di sobria eleganza. Ambientazione di austera raffinatezza al ristorante.

🏠 **Agriturismo Camiano Piccolo** ⊗   ≼ ⚏ 🎿 🅺 cam, 🕏 rist, 🔏 🅿 🆚🆂🅰 🐵 🅰🅴 🅾 ⚡
località Camiano Piccolo 5 – ℰ 07 42 37 94 92
– www.camianopiccolo.com – Fax 07 42 37 10 77
8 cam ⊑ – ♟52/73 € ♟♟62/100 € – ½ P 64/80 €
Rist – *(solo per alloggiati)* Carta 25/40 €
♦ Un borgo ristrutturato, immerso tra ulivi secolari, a poche centinaia di metri dalle mura della località. Bella piscina scoperta in giardino per chi è in cerca di relax.

🍴 **Coccorone**   🈺 🆚🆂🅰 🐵 ⚡
largo Tempestivi – ℰ 07 42 37 95 35
– www.coccorone.com – Fax 07 42 37 90 16
– *chiuso mercoledì escluso agosto-settembre*
Rist – Carta 22/42 €
♦ Un ristorante "tipico", come recita l'insegna, sia nell'ambientazione, con archi in mattoni e pietre a vista, sia nella cucina, del territorio, con secondi alla brace.

a San Luca Sud-Est : 9 km – ✉ 06036 Montefalco

🏠 **Villa Zuccari** ⊗   ⚏ 🎿 🎇 🅰🅲 🕏 rist, "🕈" 🔏 🅿 🆚🆂🅰 🐵 🅰🅴 🅾 ⚡
– ℰ 07 42 39 94 02 – www.villazuccari.com
– Fax 07 42 39 91 94
31 cam ⊑ – ♟95/170 € ♟♟110/240 € – 3 suites – ½ P 85/150 €
Rist – *(chiuso domenica in bassa stagione) (chiuso a mezzogiorno)*
Carta 28/55 €
♦ Una villa ottocentesca, un colpo di bacchetta magica e l'omonima famiglia gestisce oggi un'incantevole risorsa dotata di ampi spazi verdi ambienti suggestivi. Un'elegante atmosfera, pasta fatta in casa e cucina tradizionale negli spazi in cui un tempo si pigiava l'uva.

MONTEFIASCONE – Viterbo (VT) – **13 442 ab.** – alt. 633 m   **12** A1
– ✉ 01027

> ▶ Roma 96 – Viterbo 17 – Orvieto 28 – Perugia 95
>
> ◉ Chiesa di San Flaviano★

🏠 **Urbano V**   🇮 🅺 cam, ♨ 🅰🅲 🕏 🆚🆂🅰 🐵 🅰🅴 🅾 ⚡
corso Cavour 107 – ℰ 07 61 83 10 94 – www.hotelurbano-v.it
– Fax 07 61 83 41 52
22 cam ⊑ – ♟54/70 € ♟♟70/100 €
Rist – *(aprile-ottobre) (chiuso a mezzogiorno) (solo per alloggiati)* Menu 18 €
♦ Palazzo storico seicentesco, completamente ristrutturato, raccolto attorno ad un cortiletto interno e impreziosito da una terrazza con vista quasi a 360° su tetti e colline.

MONTEFIORE CONCA – Rimini (RN) – **562** K19 – **2 087 ab.**   **9** D3
– alt. 385 m – ✉ 47834

> ▶ Roma 300 – Rimini 22 – Ancona 100 – Pesaro 34
>
> 🄸 via Roma 3 (Rocca Malatestiana) ℰ 0541 980035, Fax 0541 980206

XX **Locanda della Corona** con cam 🏠 VISA ⓒ AE ① ⑤
piazza della Libertà 12 – ℰ 05 41 98 03 40 – www.locandadellacorona.it
– Fax 05 41 98 03 67 – chiuso dal 7 al 31 gennaio
5 cam � – ♦♦70/110 € – ½ P 55/65 €
Rist – *(chiuso da lunedì a giovedì da settembre ad aprile e a mezzogiorno,*
escluso domenica, da maggio ad agosto) Carta 25/46 €
♦ Ai piedi del castello malatestiano, locale semplice e informale dalle proposte del territorio
con un ampio dehors sulla piazza e suggestive salette ricavate nelle cantine di origine medievale. Molto graziose le camere, in stile e tutte diverse fra loro: d'atmosfera per week-end e
brevi soggiorni.

MONTEFIORINO – Modena (MO) – **562** I13 – 2 300 ab. – alt. 796 m **8** B2
– ✉ 41045

▶ Roma 409 – Bologna 95 – Modena 57 – Lucca 116

XX **Lucenti** con cam ⟨ VISA ⓒ AE ⑤
via Mazzini 38 – ℰ 05 36 96 51 22 – www.lucenti.net – Fax 05 36 96 51 22
– chiuso 10 giorni in giugno, 10 giorni in settembre
7 cam – ♦35/40 € ♦♦50 €, � 8 € – ½ P 42 €
Rist – *(chiuso lunedì e martedì a mezzogiorno escluso luglio-agosto)* (prenotare)
Carta 37/47 €
♦ In questa piccola casa a gestione familiare trova posto un locale di taglio classico, arredato
in caldi colori pastello, dove potrete gustare una cucina fedele al territorio. Accoglienti e ben
tenute le camere, tutte con vista sulla valle del Dolo.

MONTEFIRIDOLFI – Firenze (FI) – **563** L15 – alt. 310 m – ✉ 50020 **29** D3
▶ Roma 289 – Firenze 27 – Siena 57 – Livorno 90

⌂ **Agriturismo Fonte de' Medici** ◈ ⟨ 🚗 🏠 ☁ ⑩ 🏠 ⅃₆ ✕
località S. Maria a Macerata 41, AC ⅍ rist, 🔧 P VISA ⓒ AE ① ⑤
Sud-Est : 3 km – ℰ 05 58 24 47 00 – www.fontedemedici.com
– Fax 05 58 24 47 01 – chiuso dal 10 gennaio al 10 febbraio
20 cam � – ♦100/120 € ♦♦150/190 € – 8 suites – ♦♦170/210 €
Rist – *(chiuso dal 3 novembre al 1° dicembre)* Carta 43/56 €
♦ Risorsa armoniosamente distribuita all'interno di tre antichi poderi dell'azienda vinicola
Antinori. Per una vacanza difficile da dimenticare, tra viti e campagne.

⌂ **Il Borghetto Country Inn** senza rist ◈ ⟨ 🚗 ☁ ⅍ P VISA ⓒ
via Collina Sant'Angelo 23, Nord-Ovest : 2 km – ℰ 05 58 24 44 42
– www.borghetto.org – Fax 05 58 24 42 47 – aprile-novembre
6 cam � – ♦80/180 € ♦♦120/240 € – 2 suites
♦ Bella risorsa di campagna in posizione tranquilla lungo la strada che porta al paese, offre
ambienti dagli arredi curati ed originali. Si organizzano corsi di cucina.

MONTEFOLLONICO – Siena (SI) – **563** M17 – alt. 567 m – ✉ 53040 **29** D2
▶ Roma 187 – Siena 61 – Firenze 112 – Perugia 75

🔠 **La Costa** – Residenza d'epoca ◈ ⟨ 🏠 AC rist, ⁽ᵗ⁾ P
via Coppoli 15/19/25 – ℰ 05 77 66 94 88 VISA ⓒ AE ① ⑤
– www.lacosta.it – Fax 05 77 66 94 88 00 – chiuso dal 10 al 31 gennaio
15 cam � – ♦70/100 € ♦♦100/250 €
Rist La Costa – ℰ 05 77 66 80 26 – Carta 22/49 €
♦ Più case unite, tutte con caratteristiche omogenee allo stile architettonico locale. Camere
rustiche ma eleganti, alcune con una vista incantevole sulla Val di Chiana. Ristorante tra archi
di pietra e mattoni degli ex granai o nella terrazza estiva.

XXX **La Chiusa** con cam ◈ ⟨ 🚗 ⁽ᵗ⁾ P VISA ⓒ AE ① ⑤
via della Madonnina 88 – ℰ 05 77 66 96 68 – www.ristorantelachiusa.it
– Fax 05 77 66 95 93
11 cam � – ♦120/300 € ♦♦180/350 € – 3 suites
Rist – *(chiuso dal 10 al 26 dicembre, dal 10 gennaio al 25 marzo e martedì)*
Carta 60/80 € (+10 %)
♦ Giardino-oliveto, tipica cascina con frantoio, splendida vista sulla valle: un angolo di
sogno, dove le camere e la cucina sono pari per piacevolezza, cura ed eleganza.

MONTEFORTINO – Ascoli Piceno (AP) – **563** N22 – **1 285 ab.**   **21** C3
– alt. 639 m – ⊠ 63044

> ▶ Roma 195 – Ascoli Piceno 33 – Ancona 112 – Perugia 138

↑   **Agriturismo Antico Mulino**   🔊 🖂 ₫ cam, ※ 📢 **P**
🐴   *località Tenna 2, Nord : 2 km – ℰ 07 36 85 95 30*   **VISA** **⬤** **AE** **①** **⑤**
– www.anticomulino.it – Fax 07 36 85 95 30 – 24 dicembre-6 gennaio e Pasqua-5 novembre
15 cam � – **†**55/75 € **††**70/90 € – ½ P 50/60 €
Rist – *(chiuso a mezzogiorno) (solo per alloggiati)* Menu 20/25 €
♦ Un mulino ad acqua fortificato, con origini trecentesche, ristrutturato per accogliere una struttura caratteristica, di tono sobrio e con arredi in arte povera. Alla dimensione agreste contribuiscono anche gli animali dell'azienda agricola (cavalli, caprette, etc.) che si aggirano liberamente nei pressi.

MONTEGABBIONE – Terni (TR) – **563** N18 – **1 213 ab.** – alt. 594 m   **32** A2
– ⊠ 05010

> ▶ Roma 149 – Perugia 40 – Orvieto 39 – Terni 106

sulla strada per Parrano Sud-Ovest : 9 km

↑   **Agriturismo Il Colombaio** 🗇   🚗 🛏 ⤢ **AC** rist, ※ rist, 🖳 **P**
   località Colombaio – ℰ 07 63 83 84 95   **VISA** **⬤** **①** **⑤**
– www.agriturismo.com/colombaio – Fax 07 63 83 84 95 – chiuso dal 10 al 31 gennaio
19 cam ⊔ – **†**45/58 € **††**78/104 € – ½ P 60/73 €
Rist – *(chiuso mercoledì)* (prenotazione obbligatoria) Carta 23/53 €
♦ Immerso nel verde di grandi prati, una risorsa ospitata da una struttura in pietra, a conduzione familiare. Camere curate e confortevoli, bella piscina. Arredi in legno e soffitti con pietre a vista nella sala da pranzo. D'estate scegliete la terrazza.

MONTEGIORGIO – Ascoli Piceno (AP) – **563** M22 – **6 978 ab.**   **21** D2
– alt. 411 m – ⊠ 63025

> ▶ Roma 249 – Ascoli Piceno 69 – Ancona 81 – Macerata 30

a Piane di Montegiorgio Sud : 5 km – ⊠ 63025

🏨   **Oscar e Amorina**   🚗 ⤢ 🏢 **AC** 📢 🖳 **P** **VISA** **⬤** **AE** **①** **⑤**
🐴   *via Faleriense Ovest 69 – ℰ 07 34 96 73 51 – www.oscareamorina.it*
– Fax 07 34 96 83 45
20 cam ⊔ – **†**50/70 € **††**80/100 € – ½ P 70/90 €
Rist – *(chiuso lunedì)* Carta 24/51 €
♦ Cinto da un grazioso giardino con piscina, un accogliente hotel che si contraddistingue per la garbata eleganza degli ambienti. Ottime camere a prezzi più che competitivi. Al ristorante: cucina tipica marchigiana in porzioni abbondanti ed un interessante menu d'affari.

MONTEGRIDOLFO – Rimini (RN) – **562** K20 – **1 014 ab.** – alt. 290 m   **9** D3
– ⊠ 47837

> ▶ Roma 297 – Rimini 35 – Ancona 89 – Pesaro 24

🏛   **Palazzo Viviani** 🗇   ≼ 🚗 🛏 ⤢ **AC** ↔ ※ rist, 📢 🖳 **P** 🚗
   via Roma 38 – ℰ 05 41 85 53 50   **VISA** **⬤** **AE** **①** **⑤**
– www.montegridolfo.com – Fax 05 41 85 53 40
53 cam ⊔ – **††**70/300 €
Rist *Osteria dell'Accademia* – Carta 30/45 €
♦ Il fascino di spendere qualche giorno in un borgo medievale, protetti da un antico silenzio. Chiedete le camere accolte nell'edificio principale, più suggestive e raffinate. Tra le pareti di pietra delle ex cantine è stato ricavato l'elegante ristorante.

MONTEGROSSO – Bari – **564** D30 – **Vedere Andria**

MONTEGROSSO D'ASTI – Asti (AT) – **561** H6 – **2 201 ab.**   **25** D1
– alt. 244 m – ⊠ 14048

> ▶ Roma 616 – Alessandria 45 – Asti 9 – Torino 70

a Messadio Sud-Ovest : 3 km – ⊠ 14048 Montegrosso D'Asti

XX **Locanda del Boscogrande** con cam ⊗ ≼ 🚗 😊 🎝 🖾 rist, **P**
via Boscogrande 47 – 𝒞 01 41 95 63 90 **VISA 🐵 ① 🕭**
– www.locandadelboscogrande.com – Fax 01 41 95 68 00 – chiuso dal 6 al 27 gennaio
7 cam ⊑ – †85/95 € ††120/130 € – ½ P 100 €
Rist – (chiuso martedì) Carta 33/43 €
♦ Per godersi il rilassante panorama delle colline del Monferrato, cascina ristrutturata con un ottimo equilibrio tra qualità gastronomica e confort delle camere.

MONTEGROTTO TERME – Padova (PD) – **562** F17 – 10 886 ab. **35** B3
– alt. 11 m – ⊠ 35036 ▌ Italia

▶ Roma 482 – Padova 14 – Mantova 97 – Milano 246
🛈 viale Stazione 60 𝒞 049 8928311, infomontegrotto@
turismotermeeuganee.it, Fax 049 795276

🏨 **Grand Hotel Terme** 🚗 🎝 🖾 📶 🕭 🕭 🏊♀ �%️ 🖃 & 🖾 ⚅ rist, "🎵"
viale Stazione 21 – 𝒞/Fax 04 98 91 14 44 🔧 **P** **VISA 🐵 AE ① 🕭**
– www.grandhotelterme.it – chiuso dal 15 novembre al 20 dicembre
78 cam ⊑ – †111/142 € ††175/187 € – 29 suites – ½ P 86/114 €
Rist – (solo per alloggiati) Carta 29/56 €
♦ Grandi lavori di restyling hanno recentemente interessato questa imponente struttura - in pieno centro - con eleganti spazi comuni, giardino e piscine termali (scoperte e coperte). Ristorante panoramico al 7° piano.

🏨 **Garden Terme** 🎝 🎛 🖾 📶 🕭 🕭 🏊♀ ⚅%️ 🖃 🎋 🖾 ↯ ⚅ rist, 🕭 🔧
corso delle Terme 7 – 𝒞 04 98 91 15 49 **P** **VISA 🐵 AE ① 🕭**
– www.gardenterme.it – Fax 04 98 91 01 82 – marzo-novembre
110 cam ⊑ – †80/95 € ††132/165 € – 7 suites – ½ P 100/107 €
Rist – (solo per alloggiati) Carta 27/41 €
♦ In un parco-giardino con piscina termale, un bel complesso, che offre un'ampia gamma di cure rigenerative psico-fisiche; eleganti interni, con un'esotica "sala indiana".

🏨 **Continental Terme** 🎝 🎛 🖾 📶 🕭 🕭 🏊♀ ⚅%️ 🖃 & rist, 🎋 🖾
via Neroniana 8 – 𝒞 0 49 79 35 22 ⚅%️ rist, "🎵" **P** **VISA 🐵 AE ① 🕭**
– www.continentaltermehotel.it – Fax 04 98 91 06 83 – chiuso dal 10 al
18 dicembre e dal 11 gennaio al 9 febbraio
110 cam ⊑ – †62/85 € ††106 € – 65 suites – ††133 € – ½ P 76/80 €
Rist – Menu 22/45 €
♦ Parco con piscine termali e confortevoli interni neoclassici, in un albergo completo per le cure, per il relax e per lo sport; eleganti le suite.

🏨 **Terme Sollievo** 🎝 🎛 🖾 📶 🕭 🕭 🏊♀ ⚅%️ 🖃 & cam, 🖾 ⚅ rist, "🎵"
viale Stazione 113 – 𝒞 0 49 79 36 00 **P** **VISA 🐵 AE ① 🕭**
– www.hotelsollievoterme.it – Fax 04 98 91 09 10 – chiuso dal 24 novembre
al 21 dicembre
108 cam ⊑ – †60/88 € ††102/148 € – ½ P 87/96 €
Rist – (solo per alloggiati) Menu 25/45 €
♦ Non lontano dalla stazione, un hotel di signorile ospitalità circondato da un tranquillo e rilassante parco. Attrezzato centro benessere.

🏨 **Terme Preistoriche** ⊗ 🎝 🎛 🖾 📶 🕭 🏊♀ ⚅%️ 🖃 🖾 ⚅ rist, "🎵" 🔧
via Castello 5 – 𝒞 0 49 79 34 77 – www.termepreistoriche.it **P** **VISA 🐵 🕭**
– Fax 0 49 79 36 47 – chiuso dal 12 gennaio all' 8 marzo e dal 9 al 26 dicembre
47 cam ⊑ – †70 € ††115 € – ½ P 79/87 €
Rist – (solo per alloggiati) Menu 28/32 €
♦ Piacevole villa dei primi '900 con ampio parco-giardino e piscine termali: gli interni riflettono l'eleganza esterna grazie a raffinate sale ed accoglienti camere.

🏨 **Terme Olimpia** 🚗 🎝 🎛 🖾 📶 🕭 🏊♀ ⚅%️ 🖃 & 🎋 🖾 ⚅ rist, **P**
viale Stazione 25 – 𝒞 0 49 79 34 99 **VISA 🐵 AE ① 🕭**
– www.hoteltermeolimpia.com – Fax 04 98 91 11 00 – chiuso dal 1° al 22 dicembre
108 cam ⊑ – †60 € ††120 € – ½ P 115/120 € **Rist** – (solo per alloggiati)
♦ Il tocco femminile della gestione si fa sentire nella calorosa accoglienza e nei gradevoli spazi comuni. Camere confortevoli - in parte rinnovate - ed attrezzato centro benessere. Originale, il giardino zen. Cucina mediterranea al ristorante.

659

Terme Bellavista 🍴 🍵 🎁 🐾 ⛱ 🍃 💺 🙏 ᴀc ⅋ rist, 🔥 **P**
via dei Colli 5 – ☎ 0 49 79 33 33 ᴠɪsᴀ ⑩ ᴀᴇ ᵴ
– www.bellavistaterme.com – Fax 0 49 79 37 72 – chiuso dal 10 gennaio al 28 febbraio
79 cam ⊆ – 🛉62/75 € 🛉🛉110/120 € – ½ P 65/87 € **Rist** – Carta 25/48 €
♦ Cordiale conduzione diretta che vi accoglierà in curati salotti ed un'attrezzata zona benessere: camere in buona parte rinnovate e di piacevole stile. Nella spaziosa sala ristorante sobriamente arredata, le tradizionali proposte culinarie.

Da Mario 🍴 ᴀc ᴠɪsᴀ ⑩ ᴀᴇ ⓪ ᵴ
corso delle Terme 4 – ☎ 0 49 79 40 90 – Fax 04 98 91 13 29 – chiuso martedì, mercoledì a mezzogiorno
Rist – Carta 32/40 €
♦ All'entrata della località, una sala con ampie vetrate, una saletta in stile "giardino d'inverno" e un dehors per una linea gastronomica tradizionale, di terra e di mare.

Da Cencio 🍴 🛆 ᴀc ⇧ **P** ᴠɪsᴀ ⑩ ᴀᴇ ⓪ ᵴ
via Fermi 11, Ovest : 1,5 km – ☎ 0 49 79 34 70 – Fax 0 49 79 30 39 – chiuso dal 21 gennaio al 4 febbraio, dal 22 agosto al 5 settembre e lunedì
Rist – Carta 31/48 € 🕸
♦ Affezionata clientela di habitué per questo ristorante di impostazione classica, fuori dal centro, che propone cucina del territorio e qualche piatto di pesce.

MONTE INGINO – Perugia – Vedere Gubbio

MONTELEONE – Forlì-Cesena (FO) – Vedere Roncofreddo

MONTELEONE – Pavia (PV) – **561** G10 – Vedere Inverno-Monteleone

---

MONTELPARO – Ascoli Piceno (AP) – **563** M22 – 920 ab. – alt. 585 m   **21** D3
– ⊠ 63020

🚩 Roma 285 – Ascoli Piceno 46 – Ancona 108

La Ginestra 🌿 ← 🍴 🍵 🛎 ⅋ 🕪 **P** ᴠɪsᴀ ⑩ ᴀᴇ ⓪ ᵴ
*contrada Coste 2, Est : 3 km – ☎ 07 34 78 04 49 – www.laginestra.it
– Fax 07 34 78 07 06 – marzo-ottobre*
13 cam ⊆ – 🛉42/65 € 🛉🛉84/100 € – ½ P 79 €
Rist – *(chiuso novembre e lunedì da dicembre a febbraio)* Carta 20/30 €
♦ Ideale per un soggiorno alla scoperta della cultura locale: un casolare in pietra - tra colline di ulivi e frumento - dotato di piscina, campi da tennis, maneggio e minigolf. A disposizione anche appartamenti con due camere indipendenti ad uso residence.

MONTELUCCI – Arezzo – Vedere Pergine Valdarno

MONTELUPO FIORENTINO – Firenze (FI) – **563** K15 – 13 032 ab.   **29** C1
– alt. 40 m – ⊠ 50056 ▌ Toscana

🚩 Roma 295 – Firenze 22 – Livorno 66 – Siena 75

🎦 , ☎ 0571 54 10 04

Baccio da Montelupo senza rist 🛎 ᴀc ⅋ 🕪 **P** ᴠɪsᴀ ⑩ ᴀᴇ ⓪ ᵴ
via Roma 3 – ☎ 0 57 15 12 15 – www.hotelbaccio.it – Fax 0 57 15 11 71
30 cam ⊆ – 🛉53/77 € 🛉🛉73/86 €
♦ Nel centro storico - a soli 50 m dalla stazione ferroviaria - questo albergo dotato di parcheggio è ideale per una clientela d'affari e di turismo: ambiente familiare e settore notte funzionale.

MONTEMAGGIORE AL METAURO – Pesaro e Urbino (PU)   **20** B1
– **563** K20 – 2 556 ab. – alt. 197 m – ⊠ 61030

🚩 Roma 288 – Ancona 86 – Pesaro 30 – Perugia 122

Agriturismo Villa Tombolina senza rist 🌿 ← 🍴 🍵 🙏 ᴀc ⅋
via Tombolina, Sud: 4,5 km – ☎ 07 21 89 19 18 **P** ᴠɪsᴀ ⑩ ᴀᴇ ⓪ ᵴ
– www.villatombolina.it – Fax 0 72 11 83 01 83 – chiuso dal 3 novembre al 28 dicembre e dal 7 gennaio al 10 marzo
14 cam ⊆ – 🛉60/70 € 🛉🛉90/120 €
♦ Una villa settecentesca restaurata per fare spazio ad un agriturismo con vista sulle colline, che accosta ambienti spaziosi e signorili (nella residenza principale) a zone più informali (nel casale).

MONTEMAGNO – Asti (AT) – **561** G6 – 1 228 ab. – alt. 259 m   **23** C2
– ✉ 14030

> ▶ Roma 617 – Alessandria 47 – Asti 18 – Milano 102

XXX   **La Braja**   AK ⅔ ⇔ P VISA ⓸ AE ⓿ ⑤
via San Giovanni Bosco 11 – ℰ 01 41 65 39 25 – www.labraja.it
– Fax 01 41 01 98 14 – chiuso dal 28 dicembre al 20 gennaio, dal 23 luglio al
20 agosto, lunedì, martedì
Rist – Carta 40/59 €
♦ I bei dipinti che decorano le pareti sono realizzati dal titolare e da suo figlio, ma l'arte non si limita ai quadri e trova una propria espressione anche in cucina: proposte locali condite da un pizzico di fantasia.

MONTEMAGNO – Lucca – **563** K12 – Vedere Camaiore

MONTEMARCELLO – La Spezia – **563** J11 – Vedere Ameglia

MONTEMARCIANO – Arezzo – Vedere Terranuova Bracciolini

MONTEMARZINO – Alessandria (AL) – **561** H8 – 354 ab. – alt. 448 m   **23** D2
– ✉ 15050

> ▶ Roma 585 – Alessandria 41 – Genova 89 – Milano 89

XX   **Da Giuseppe**   ≤ AK VISA ⓸ ⑤
via 4 Novembre 7 – ℰ 01 31 87 81 35 – www.ristorantedagiuseppe.it
– Fax 01 31 87 89 14 – chiuso gennaio, martedì sera, mercoledì
Rist – Menu 27 € bc/45 € bc – Carta 27/39 €
♦ Gestione familiare e piacevole sala rustica con camino in un ristorante tra le colline, che propone i classici piemontesi nella formula del menù degustazione.

MONTEMELINO – Perugia – **563** M18 – Vedere Magione

MONTEMERANO – Grosseto (GR) – **563** O16 – alt. 303 m   **29** C3
– ✉ 58014

> ▶ Roma 189 – Grosseto 50 – Orvieto 79 – Viterbo 85

🏠   **Relais Villa Acquaviva** 🦢   ≤ 🛋 ⚒ ⅔ & cam, ⇆ ⅔ rist, ⁋ P
località Acquaviva 10, Nord : 2 km   VISA ⓸ AE ⑤
– ℰ 05 64 60 28 90 – www.relaisvillaacquaviva.com
– Fax 05 64 60 28 95
22 cam ⊡ – †75/102 € ††102/180 € – 2 suites – ½ P 81/123 €
Rist *La Limonaia* – *(aprile-dicembre; chiuso lunedì) (chiuso a mezzogiorno)*
Carta 38/53 €
♦ Gode di splendida vista sui colli quest'antica casa al cui ingresso vi dà il benvenuto un grande ulivo: raffinata rusticità negli interni, giardino ombreggiato e bella piscina. Caratteristico ristorante che utilizza in abbondanza i prodotti naturali dell'azienda.

🏠   **Il Melograno**   ≤ AK ⁋ P VISA ⓸ AE ⓿ ⑤
località Ponticello di Montemerano, Nord : 1,8 km – ℰ 05 64 60 26 09
– www.hotelilmelograno.it – Fax 05 64 60 26 09
7 cam ⊡ – †80/100 € ††120/160 € – 1 suite – ½ P 98/120 €
Rist *Trattoria Verdiana* – vedere selezione ristoranti
♦ Piccolo albergo a conduzione familiare posizionato su di una collina, non distante dalle terme di Saturnia. Camere spaziose, luminose e con un buon livello di confort.

🏠   **Agriturismo Le Fontanelle** 🦢   ≤ 🛋 🏠 ⅔ rist, P VISA ⓸ ⑤
località Poderi di Montemerano, Sud : 3 km – ℰ 05 64 60 27 62
– www.lefontanelle.net – Fax 05 64 60 27 62
11 cam ⊡ – †50 € ††85 € – ½ P 67 €
Rist – *(chiuso a mezzogiorno) (solo per alloggiati)* Menu 24 € bc
♦ Una tipica casa di campagna offre tranquillità, semplici, ma accoglienti interni rustici e, per completare il paesaggio bucolico, un laghetto con animali selvatici.

Caino (Valeria Piccini) con cam 🌤️   AC 🕸️ 🛜 VISA ⓪ AE ① 🕊️

via della Chiesa 4 – ℰ 05 64 60 28 17 – www.dacaino.it – Fax 05 64 60 28 07
– chiuso 24-26 dicembre, dall'8 gennaio all'8 febbraio e 2 settimane in luglio
3 cam ⚏ – ♦180 € ♦♦220 €
Rist – *(chiuso mercoledì, giovedì a mezzogiorno)* Menu 130 € – Carta 106/144 € 🏵
Spec. Trippa di baccalà con guanciale di cinta, taccole e vinaigrette alle acciughe. Tortelli di pecorino liquido, fave, limone candito, cialda al mais e pepe "estremo nero di Sarawak". La nostra coda alla vaccinara.
◆ Viaggio paesaggistico e gastronomico nel cuore della Maremma: il ristorante è una bomboniera per cura e raffinatezza nelle ridotte dimensioni. Nel piatto, gusto toscano che privilegia carne e sapori valorizzati dal grande talento di Valeria. Enoteca con prodotti regionali e tre preziose camere.

Trattoria Verdiana – Hotel Il Melograno   🏠 ⇄ P VISA ⓪ AE 🕊️

località Ponticello di Montemerano, Nord : 1,8 km – ℰ 05 64 60 25 76
– Fax 05 64 60 25 76 – chiuso 1 settimana in novembre, 20 giorni in gennaio,
1 settimana in luglio e mercoledì)
Rist – *(consigliata la prenotazione)* Carta 36/64 € 🏵
◆ Locale che ricrea un ambiente campagnolo: grande camino e tessuti country, ma arredi di qualità e dettagli eleganti. Cucina maremmana rivisitata e cantina di grande valore.

MONTENERO – Livorno – 563 L13 – Vedere Livorno

MONTEPAONE LIDO – Catanzaro (CZ) – 564 K31 – 4 215 ab.   5 B2
– ✉ 88060

▶ Roma 632 – Reggio di Calabria 158 – Catanzaro 33 – Crotone 85

sulla strada per Petrizzi Sud-Ovest : 2,5 km :

Il Cantuccio   🏠 �> AC 🕸️ VISA ⓪ AE ① 🕊️

via G. di Vittorio 6 – ℰ 0 96 72 20 87 – chiuso dal 15 ottobre al 15 novembre e mercoledì
Rist – *(chiuso a mezzogiorno escluso domenica e festivi)* Menu 30/40 €
◆ Piacevoli sale all'interno di una graziosa villetta per un ristorante a conduzione familiare: piatti a base di pesce in diversi menu degustazione (i cui prezzi variano a seconda delle portate scelte).

MONTE PORZIO CATONE – Roma (RM) – 563 Q20 – 8 737 ab.   12 B2
– alt. 451 m – ✉ 00040

▶ Roma 24 – Frascati 4 – Frosinone 64 – Latina 55

Villa Vecchia   ≤ 🚗 🏠 ⼌ 🖈 ⅗ 🏃 ⅌ 🛜 ⅘ P VISA ⓪ AE 🕊️

via Frascati 49, Ovest : 3 km – ℰ 06 94 34 00 96 – www.villavecchia.it
– Fax 0 69 42 05 68
96 cam ⚏ – ♦130/155 € ♦♦200/225 € – ½ P 120/140 €   **Rist** – Carta 22/40 €
◆ Incastonato in una quieta cornice di ulivi centenari, il convento cinquecentesco è stato ampliato e modernamente ristrutturato per ospitare congressi e soggiorni di relax. Il ristorante è stato ricavato sotto antiche volte, nelle ex cantine dell'edificio.

I Tinelloni   AC 🕸️ VISA ⓪ ① 🕊️

via dei Tinelloni 10 – ℰ 0 69 44 70 71 – www.itinelloni.com – Fax 0 69 44 70 71
– chiuso dal 15 al 30 luglio e mercoledì
Rist – Carta 27/37 €
◆ In posizione dominante sul paese, una vista che si estende fin sui dintorni ed un ambiente accogliente e familiare dove poter gustare i piatti della tradizione.

MONTEPULCIANO – Siena (SI) – 563 M17 – 14 389 ab. – alt. 605 m   29 D2
– ✉ 53045 █ Toscana

▶ Roma 176 – Siena 65 – Arezzo 60 – Firenze 119
🛈 piazza Don Minzoni 1 ℰ 0578 757341, prolococomp@bccmp.com, Fax 0578757341
◉ Città Antica★ – Piazza Grande★★ – ⁂ ★★★ dalla torre del palazzo Comunale★, palazzo Nobili-Tarugi★, pozzo★– Chiesa della Madonna di San Biagio★★ Sud-Est : 1 km

San Biagio senza rist ≤ 🚗 🖥 🎔 ⚤ 🏧 🛇 **P** VISA ⚫ 🖕
via San Bartolomeo 2 – ℰ 05 78 71 72 33 – www.albergosanbiagio.it
– Fax 05 78 71 65 24 – chiuso dal 10 al 31 gennaio
27 cam – ♦85/110 € ♦♦95/135 €
♦ Leggermente decentrato, con vista sul tempio di San Biagio e su Montepulciano, salotti signorili e camere curate per un buon rapporto qualità/prezzo.

Relais San Bruno ⌂ ◐ 🛈 🏧 🛜 **P** VISA ⚫ AE ① 🖕
via di Pescaia 5/7 – ℰ 05 78 71 62 22 – www.sanbrunorelais.com
– Fax 05 78 71 50 84 – marzo-15 novembre
8 cam � – ♦180/200 € ♦♦220/300 €
Rist – (solo per alloggiati) Menu 30/60 €
♦ Ai piedi della Basilica di San Biagio, il paese a circa un chilometro e la campagna già rigogliosa. Curatissimi spazi verdi e camere ariose: l'eleganza prende forma.

Residenza d' Epoca -Villa Poggiano senza rist ⌂ ≤ ◐ 🛈
via di Poggiano 7, Ovest : 2 km 🏧 🛇 🛜 🕹 **P** VISA ⚫ 🖕
– ℰ 05 78 75 82 92 – www.villapoggiano.com – Fax 05 78 71 56 35 – aprile-5 novembre
3 cam ⊆ – ♦♦215 € – 9 suites – ♦♦240/320 €
♦ Un vasto parco, con pochi eguali in zona, accoglie gli ospiti tra silenzio e profumi. Nel mezzo una villa del '700 che ha mantenuto intatta l'atmosfera della dimora storica.

Hotelito Lupaia senza rist ⌂ ≤ 🚗 🛈 🏧 VISA ⚫ AE 🖕
località Lupaia 74 – ℰ 05 77 66 80 28 – www.lupaia.com – Fax 05 77 66 87 00
– marzo-3 novembre
7 cam ⊆ – ♦♦270 € – 2 suites
♦ Camere diverse una dall'altra, estremamente personalizzate con pavimenti colorati, tessuti bellissimi e mobili acquisiti un po' ovunque e restaurati direttamente dalla proprietaria. Un piacevole stile country modaiolo con splendidi spazi en plein air, vista su Montepulciano e sulla campagna circostante.

✗✗ **La Grotta** 🚗 🏠 🏧 VISA ⚫ AE 🖕
località San Biagio 16, Ovest : 1 km – ℰ 05 78 75 74 79 – Fax 05 78 75 76 07
– chiuso gennaio, febbraio e mercoledì
Rist – Carta 41/58 € 🏵
♦ Di fronte alla chiesa di San Biagio, all'interno di un edificio del '500, locale rustico-elegante, con bel servizio estivo in giardino. Ottima la cucina: toscana, sapientemente rivisitata.

✗✗ **Le Logge del Vignola** 🏧 🛇 VISA ⚫ ① 🖕
via delle Erbe 6 – ℰ 05 78 71 72 90 – www.leloggedelvignola.com
– Fax 05 78 71 72 90 – chiuso 10 giorni in gennaio, 10 giorni in novembre, 10 giorni in dicembre e martedì
Rist – Carta 33/42 € 🏵
♦ Buona risorsa questo piccolo locale nel centro storico, con tavoli un po' ravvicinati, ma coperto e materia prima regionale assai curati. Interessante anche la carta dei vini.

MONTERIGGIONI – Siena (SI) – **563** L15 – 8 609 ab. – alt. 274 m **29** D1
– ✉ 53035 ▮ Toscana

▶ Roma 245 – Siena 15 – Firenze 55 – Livorno 103

Il Piccolo Castello 🚗 🏠 🛈 🀥 🕰 🎔 🏧 🛜 🕹 **P**
via Colligiana 8, Ovest : 1 km – ℰ 05 77 30 73 00 VISA ⚫ AE ① 🖕
– www.ilpiccolocastello.com – Fax 05 77 30 61 26
50 cam ⊆ – ♦80/180 € ♦♦110/260 € – ½ P 84/166 €
Rist Il Piccolo Castello – Carta 31/61 € (+10 %)
♦ Elegante complesso nato pochi anni fa, che si sviluppa orizzontalmente attorno alla corte con giardino all'italiana. Gli interni s'ispirano al lavoro dell'architetto Agostino Fantastici, che lavorò nel senese tra '700 e '800. Il ristorante propone una reinterpretazione moderna della cucina senese e toscana.

Monteriggioni senza rist ⌂ 🚗 🛈 🎔 🏧 🛇 🛜 **P** VISA ⚫ AE ① 🖕
via 1° Maggio 4 – ℰ 05 77 30 50 09 – www.hotelmonteriggioni.net
– Fax 05 77 30 50 11 – chiuso dal 7 gennaio al 28 febbraio
12 cam ⊆ – ♦100/150 € ♦♦180/230 €
♦ All'interno del borgo medievale, un hotel in pietra di piccole dimensioni con camere in stile rustico dai letti in ferro battuto, un piacevole giardino sul retro e piscina.

↑ **Agriturismo Borgo Gallinaio** ⌖ 〔AC〕cam, 🍴 rist, 🔧
strada del Gallinaio 5, Ovest : 2 km – ✆ 05 77 30 47 51 〔P〕 〔VISA〕 ⓤ 〔AE〕 ⌖
– www.gallinaio.it – Fax 05 77 30 47 93 – 24 aprile-17 ottobre
12 cam ⌂ – †101/120 € ††125/156 € – ½ P 107 €
Rist – *(chiuso martedì) (chiuso a mezzogiorno) (solo per alloggiati)* Menu 29 €
♦ Abbracciata da ulivi e boschi, la risorsa è una fattoria del '400 con arredi rustici e pavimenti in cotto e dispone di sale meeting, piscina e campo per il tiro con l'arco.

✗✗ **Il Pozzo** 〔VISA〕 ⓤ 〔AE〕 ⓞ ⌖
piazza Roma 20 – ✆ 05 77 30 41 27 – www.ilpozzo.net – Fax 05 77 30 47 01
– chiuso dal 7 gennaio al 7 febbraio, domenica sera e lunedì
Rist – Carta 32/44 €
♦ Nel cuore del piccolo borgo chiuso da mura, la chiesa e il piccolo pozzo al centro, un locale rustico dove soffermarsi a gustare i sapori della Toscana, dai cibi al vino.

a Abbadia Isola Sud-Ovest : 4 km – ⊠ 53035 Monteriggioni

✗✗ **La Leggenda Dei Frati** 〔AC〕〔VISA〕 ⓤ 〔AE〕 ⓞ ⌖
piazza Garfonda 7 – ✆ 05 77 30 12 22 – www.laleggendadeifrati.it
– Fax 05 77 30 12 22 – chiuso 1 settimana in febbraio, dal 15 novembre
al 6 dicembre, lunedì, anche il martedì da novembre a marzo
Rist – *(consigliata la prenotazione)* Carta 53/72 €
♦ Nella cornice di un antico complesso abbaziale, un piccolo locale dove gustare una raffinata cucina, che reinterpreta in chiave attuale alcuni piatti della tradizione toscana. Il menu abbraccia anche qualche specialità di mare.

a Strove Sud-Ovest : 4 km – ⊠ 53035

↑ **Agriturismo Castel Pietraio** senza rist ⌖ 〔AC〕 🔧 〔P〕
località Castelpietraio strada di Strove 33, 〔VISA〕 ⓤ 〔AE〕 ⓞ ⌖
Sud- Ovest : 4 km – ✆ 05 77 30 00 20 – www.castelpetraio.it – Fax 05 77 30 09 77
– chiuso dal 20 al 25 gennaio
8 cam ⌂ – ††120/190 €
♦ Meta ideale per trascorrere romantici soggiorni a contatto con la natura: la struttura di origine altomedievale - un avamposto difensivo senese - ospita ora camere ben arredate ed una piscina.

✗✗ **Casalta** con cam ⌖ 〔VISA〕 ⓤ ⌖
via Matteotti 22 – ✆ 05 77 30 11 71 – www.ristorantecasalta.it
– Fax 05 77 30 11 71 – chiuso dal 10 gennaio al 10 febbraio
10 cam ⌂ – †55/75 € ††75/100 €
Rist – *(chiuso mercoledì) (consigliata la prenotazione)* Menu 45/55 €
– Carta 43/58 €
♦ Ristorante dagli interni moderni, composto da raccolte salette con poltroncine in pelle e pareti gialle. Tavola raffinata e cucina contemporanea, che non fa preferenze tra terra e mare. Mobili d'antiquariato nelle piacevoli camere.

MONTERONI D'ARBIA – Siena (SI) – **563** M16 – **7 902 ab.** 29 C2
– alt. 161 m – ⊠ 53014
▮ Roma 226 – Siena 16 – Arezzo 74 – Firenze 90

verso Buonconvento Sud-Est : 6 km :

↑ **Casa Bolsinina** ⌖ 〔AC〕 cam, 🔧 〔P〕 〔VISA〕 ⓤ ⌖
località Casale Caggiolo – ✆ 05 77 71 84 77 – www.bolsinina.com
– Fax 05 77 71 84 77 – chiuso dal 15 gennaio al 15 marzo
6 cam ⌂ – †100/115 € ††115/135 € – 1 suite – ½ P 95/100 €
Rist – *(15 aprile-settembre) (chiuso a mezzogiorno)* (prenotazione obbligatoria)
(solo per alloggiati) Menu 33/40 €
♦ Una casa di campagna conforme alla tipica architettura toscana dai caldi e familiari interni, una sala biliardo e camere con arredi d'epoca.

MONTEROSSO AL MARE – La Spezia (SP) – **561** J10 – **1 555 ab.** 15 D2
– ⊠ 19016 ▮ Italia
▮ Roma 450 – La Spezia 30 – Genova 93 – Milano 230
🛈 c/o Stazione FS ✆ 0187 817059, accoglienzamonterosso@
parconazionale5terre.it, Fax 0187 817151

Porto Roca ⬧ ⬧ ⬧ ⬧ rist, 🛜 📶 VISA ⬧ AE ① ⬧
via Corone 1 – 𝒞 01 87 81 75 02 – www.portoroca.it – Fax 01 87 81 76 92
– aprile-1° novembre
42 cam ⬧ – 🕇150/260 € 🕇🕇170/295 € – 3 suites – ½ P 130/180 €
Rist – Carta 32/47 €

♦ Davvero unica e paradisiaca la posizione di questa struttura abbarbicata alla scogliera a strapiombo sul mare, e dall'atmosfera un po' démodé negli interni in stile. Camere di differenti tipologie, ma tutte confortevoli. Suggestiva vista anche dal ristorante, dove gustare specialità mediterranee.

La Colonnina senza rist ⬧ ⬧ 🛜 📶 ⬧
via Zuecca 6 – 𝒞 01 87 81 74 39 – www.lacolonninacinqueterre.it
– Fax 01 87 81 77 88 – Pasqua-ottobre
21 cam ⬧ – 🕇90/115 € 🕇🕇95/160 €

♦ Nei tranquilli "carruggi" pedonali, hotel dall'attenta conduzione familiare: sempre in miglioramento per offrirvi un'accoglienza di qualità. Piccolo giardino ombreggiato e camere confortevoli.

Cinque Terre senza rist ⬧ 🛜 📶 Ｐ VISA ⬧ AE ⬧
via IV Novembre 21 – 𝒞 01 87 81 75 43 – www.hotel5terre.com
– Fax 01 87 81 83 80 – aprile-ottobre
50 cam ⬧ – 🕇70/100 € 🕇🕇100/140 €

♦ Dedicato alle 5 "perle" liguri, un albergo che, al discreto confort nei vari settori, unisce la comodità di un parcheggio e la piacevolezza di un giardino ombreggiato. Poco distante dal mare.

Ca' du Gigante senza rist 📶 🛜 VISA ⬧ ① ⬧
via IV Novembre 11 – 𝒞 01 87 81 74 01 – www.ilgigantecinqueterre.it
– Fax 01 87 81 73 75
6 cam ⬧ – 🕇🕇80/160 €

♦ A pochi metri dal mare, signorili ambienti comuni e confort contemporaneo di buon livello nelle accoglienti camere: per una vacanza romantica e rilassante.

Locanda il Maestrale senza rist 📶 ⬧ 🛜 VISA ⬧ ⬧
via Roma 37 – 𝒞 01 87 81 70 13 – www.locandamaestrale.net
– Fax 01 87 81 70 84 – chiuso gennaio
4 cam ⬧ – 🕇65/115 € 🕇🕇100/140 € – 2 suites – 🕇140/170 €

♦ In un palazzo del 1800, un rifugio raffinato e romantico: soffitti affrescati nella sala comune e nelle due suite, belle camere in stile, terrazza per colazioni all'aperto.

Miky 🛜 📶 ⬧ VISA ⬧ AE ① ⬧
via Fegina 104 – 𝒞 01 87 81 76 08 – www.ristorantemiky.it – Fax 01 87 81 73 75
– marzo-novembre; chiuso martedì escluso dall' 11 al 17 agosto
Rist – Carta 42/76 €
Rist La Cantina di Miky – 𝒞 01 87 80 25 25 – Carta 30/55 €

♦ Piacevole locale frontemare con giardino d'inverno, dove gustare fragranti specialità di pesce e non solo. A 20 metri circa, l'informale e giovane Cantina di Miky: la cucina rimane sempre ancorata al territorio, ma in presentazioni più semplici.

MONTEROTONDO – Roma (RM) – **563** P19 – 37 359 ab. – alt. 165 m **12** B2
– ✉ 00015

▶ Roma 27 – Rieti 55 – Terni 84 – Tivoli 32

Dei Leoni 🛜 📶 rist, 🛜 VISA ⬧ AE ⬧
via Vincenzo Federici 23 – 𝒞 06 90 62 35 91 – www.albergodeileoni.it
– Fax 06 90 62 35 99
30 cam ⬧ – 🕇🕇40/100 € **Rist** – Carta 18/30 €

♦ Nel centro storico, poco oltre la porta delle mura, risorsa ad andamento familiare, semplice, ma ben tenuta. Camere nuove e funzionali, con arredi recenti. Il ristorante dispone di un piacevole servizio estivo all'aperto, specialità carne alla brace.

MONTE SAN PIETRO = PETERSBERG – Bolzano – Vedere Nova Ponente

---

MONTE SAN SAVINO – Arezzo (AR) – **563** M17 – 8 541 ab. **29** C2
– alt. 330 m – ✉ 52048 ▌ Toscana

▶ Roma 191 – Siena 41 – Arezzo 21 – Firenze 83

Logge dei Mercanti senza rist 🕭 ৬ AC VISA ⓒⓄ AE ① ৯

corso San Gallo 40/42 – ℰ 05 75 81 07 10 – www.loggedeimercanti.it
– Fax 05 75 84 96 57
13 cam ⊂⊐ – †60/75 € ††70/95 €
♦ Nel centro storico, di fronte alle cinquecentesche logge dei mercanti, la vecchia farmacia di paese è stata trasformata in albergo. Camere sul retro con vista sui colli.

La Terrasse 🕭 AC 🍴 VISA ⓒⓄ AE ①

via di Vittorio 2/4 – ℰ 05 75 84 41 11 – www.ristorantelaterrasse.it
– Fax 05 75 84 41 11 – chiuso dal 15 al 30 novembre e mercoledì
Rist – Carta 20/29 €
♦ Questo gradevole e curato ristorante, sul limitare del centro storico, dispone anche di un piacevole giardino e di una veranda estiva. In menu: cucina toscana e nazionale con alcuni piatti di pesce fresco, buona scelta enologica.

a Gargonza Ovest : 7 km – alt. 543 m – ⊠ 52048 Monte San Savino

Castello di Gargonza ॐ ← 🚗 ⌁ ⁿⁱ 🛁 P VISA ⓒⓄ AE ① ৯

– ℰ 05 75 84 70 21 – www.gargonza.it – Fax 05 75 84 70 54 – chiuso dal 10 gennaio al 1° marzo, in novembre aperto solo nei fine settimana
16 cam ⊂⊐ – †95/105 € ††115/130 € – ½ P 92/117 €
Rist La Torre di Gargonza – vedere selezione ristoranti
♦ Borgo medievale fortificato, con un unico ingresso che introduce ad un ambiente dall'atmosfera davvero fuori dal comune. Un soggiorno nella storia, con confort attuali.

La Torre di Gargonza ← 🕭 P VISA ⓒⓄ AE ① ৯

– ℰ 05 75 84 70 65 – www.gargonza.it – Fax 05 75 84 70 54 – chiuso dal 10 gennaio al 1° marzo, martedì escluso da maggio ad ottobre, in novembre aperto solo nel fine settimana
Rist – Carta 23/37 €
♦ Tipicamente toscano sia nell'ambientazione, con pietre e travi a vista, sia nella cucina questo locale vicino all'omonimo Castello; d'estate si mangia in veranda.

MONTE SANT' ANGELO – Foggia (FG) – 564 B29 – 13 414 ab. 26 B1
– alt. 843 m – ⊠ 71037 ▮ Italia

▶ Roma 427 – Foggia 59 – Bari 135 – Manfredonia 16
◉ Posizione pittoresca★★ – Santuario di San Michele★ – Tomba di Rotari★
◙ Promontorio del Gargano★★★ Est e Nord-Est

Palace Hotel San Michele ← 🚗 ⌁ 🏥 ᴸⁱ 🕭 ৬ cam, AC 🍴 rist,

via Madonna degli Angeli ⁿⁱ 🛁 P VISA ⓒⓄ AE ① ৯
– ℰ 08 84 56 56 53 – www.palacehotelsanmichele.it – Fax 08 84 56 57 37
55 cam ⊂⊐ – †70/100 € ††130/180 € – 7 suites – ½ P 100/110 €
Rist – Carta 20/35 €
♦ Sulla sommità del paese, dalla quale si domina il Gargano, l'hotel si è ampliato col centro benessere e la dépendance dotata di camere con vista: foresta, castello o golfo, a voi la scelta. Ristorazione disponibile in vari ambienti, ugualmente curati.

Taverna li Jalantuùmene 🕭 🍴 VISA ⓒⓄ AE ① ৯

piazza de Galganis 5 – ℰ 08 84 56 54 84 – www.li-jalantuumene.it
– Fax 08 84 56 54 84 – chiuso dall'8 al 28 gennaio e martedì da ottobre a marzo
Rist – Menu 42 € – Carta 35/48 €
♦ Fedeltà alla cultura gastronomica del proprio territorio, ma con spirito di ricerca in un ristorante rustico ma con numerosi tocchi d'eleganza.

Medioevo 🍴 VISA ⓒⓄ AE ① ৯

via Castello 21 – ℰ 08 84 56 53 56 – www.ristorantemedioevo.it
– Fax 08 84 56 53 56 – chiuso lunedì escluso agosto
Rist – Carta 18/39 €
♦ Specialità regionali elaborate partendo da prodotti stagionali come erbe, verdure, carne e le immancabili zuppe! Ottimo questo semplice ristorante del centro, raggiungibile solo a piedi.

MONTE SAN VITO – Ancona (AN) – 563 L21 – 6 419 ab. – alt. 135 m 21 C1
– ⊠ 60037

▶ Roma 284 – Ancona 29 – Perugia 148 – Pesaro 75

⌂ **Poggio Antico** senza rist 🦌   ≤ 🚗 🍴 🌫 AC 🛜 P VISA ⊕ ✆
via Malviano B, località Santa Lucia – ✆ *071 74 00 72 – www.poggio-antico.com*
– Fax 071 74 86 99 – chiuso Natale
13 suites – ♥♥95/175 €, ⊑ 12 €
♦ La risorsa, in posizione panoramica tra le colline, dispone di appartamenti, zona notte separata, in stile rustico-contadino, arredati con un tocco di romanticismo.

MONTESARCHIO – Benevento (BN) – **564** D25 – **13 569 ab.**   **6** B2
– alt. 300 m – ⊠ 82016

🔼 Roma 223 – Napoli 53 – Avellino 54 – Benevento 18

🏨 **Cristina Park Hotel**   🚗 🔉 🛠 AC ⅌ ☎ 🛁 P VISA ⊕ AE ① ✆
via Benevento 102, Est : 1 km – ✆ *08 24 83 58 88 – www.cristinaparkhotel.it*
– Fax 08 24 83 58 88
16 cam ⊑ – ♥68/82 € ♥♥90/110 € – ½ P 80/100 €
Rist – *(chiuso dal 24 dicembre al 6 gennaio, sabato, domenica) (chiuso a mezzogiorno)* Menu 45/65 €
♦ A breve distanza da Benevento, una struttura con giardino e interni curati in stile classico non privi di tocchi d'eleganza come la boiserie, i marmi e i mobili d'epoca. Eleganza neoclassica nelle belle sale del ristorante.

MONTESCANO – Pavia (PV) – **561** G9 – **407 ab.** – alt. 208 m   **16** B3
– ⊠ 27040

🔼 Roma 597 – Piacenza 42 – Alessandria 69 – Genova 142

🏨 **Locanda Montescano**   🚗 🔉 AC ⅌ cam, 🛁 P VISA ⊕ AE ① ✆
🍝 *via Montescano 61 –* ✆ *03 38 56 13 44 – www.locandamontescano.com*
– Fax 03 85 26 22 12
22 cam ⊑ – ♥60/75 € ♥♥85 € – ½ P 63 €
Rist – *(chiuso lunedì, martedì sera)* Carta 20/38 €
♦ Una bella locanda tra i vigneti dell'Oltrepò Pavese, per coloro che ricercano il fascino della dimensione agreste, senza però rinunciare ai confort dell'era moderna. Camere curate e confortevoli. Ristorante affacciato su una verde vallata, il menu si accorda alla stagione offrendo il meglio dei prodotti locali.

XXX **Al Pino**   ≤ AC P VISA ⊕ AE ① ✆
via Pianazza – ✆ *03 38 56 04 79 – www.ristorantealpino.it –* ✆ *03 38 56 04 79*
– chiuso dal 1° al 10 gennaio, dal 15 al 30 luglio, lunedì, martedì
Rist – Carta 40/50 €
♦ In zona collinare, un elegante salotto da casa privata dove, da più di 20 anni, il titolare elabora una cucina innovativa ma con radici nel territorio. Risotti celebri!

XX **Le Robinie** (Enrico Bartolini)   🚗 P VISA ⊕ AE ① ✆
🕸 *località Cà d'Agosto, Sud: 2,5 km –* ✆ *03 85 24 15 29 – www.lerobinie.net*
– Fax 03 85 28 99 49 – chiuso 2 settimane in gennaio, 1 settimana in agosto, lunedì, martedì
Rist – Carta 60/80 € 🍷
Spec. Battuta di manzo piemontese con salsa tartara. Risotto alle rape rosse e gorgonzola. Oca croccante con fegato grasso e patate ai grani di senape.
♦ Profusione di legno e spunti minimalisti in un ristorante di raffinata eleganza. Grandi vetrate affacciate sui colli dell'Oltrepò illuminano "naturalmente" due sale di tono moderno. La cucina, invece, brilla per creatività, grazie alla fantasia di un giovane chef.

MONTESCUDAIO – Pisa (PI) – **563** M13 – **1 814 ab.** – alt. 242 m   **28** B2
– ⊠ 56040

🔼 Roma 281 – Pisa 59 – Cecina 10 – Grosseto 108
ℹ️ via della Madonna 2 ✆ 0586 651942, info@toscana-caseecolline.com,
Fax 0586 651942

X **Il Frantoio**   AC VISA ⊕ AE ① ✆
via della Madonna 9 – ✆ *05 86 65 03 81 – www.ristorantefrantoio.com*
– Fax 05 86 65 53 58 – chiuso martedì
Rist – *(chiuso a mezzogiorno escluso i giorni festivi da ottobre a giugno)*
Carta 30/44 € 🍷
♦ Sotto i caratteristici archi in mattone di un vecchio frantoio nell'entroterra toscano, marito e moglie - lei in sala e lui ai fornelli - propongono cucina del territorio, anche di pesce.

MONTESILVANO MARINA – Pescara (PE) – **563** O24 – **47 695 ab.**   **1** B1
– ✉ 65015

> **Ð** Roma 215 – Pescara 13 – L'Aquila 112 – Chieti 26
> **ℹ** via Europa 73/4 ℰ 085 4458859, iat.montesilvano@abruzzoturismo.it
>   Fax 085 4455340

🏨 **Promenade** ⟨ ≾ ₤₅ 🕭 ✦ 🕂 🕎 ⚗ ⅏ ⚙ **P** 🆅🆂🅰 ⓦ 🅰🅴 ① ⚡
viale Aldo Moro 63 – ℰ *08 54 45 22 21* – *www.hotelpromenadeonline.com*
– *Fax 085 83 48 00*
80 cam � – ♦80/140 € ♦♦120/200 € – ½ P 110/160 €   **Rist** – Carta 30/46 €
♦ Proprio di fronte al mare e alla spiaggia, una bella struttura caratterizzata da camere confortevoli, nonché spazi comuni piacevoli e signorili. Al ristorante: piatti di mare e specialità di terra si dividono equamente il menu.

✕✕ **Ninì** 🕭 🆅🆂🅰 ⓦ 🅰🅴 ① ⚡
piazza Giardino 1, località Montesilvano Colle Ovest: 4 km – ℰ *08 54 68 91 74*
– *www.nininini.it* – *Fax 08 54 68 91 74* – *chiuso lunedì, martedì a mezzogiorno*
Rist – Menu 40 € – Carta 41/55 €
♦ In posizione panoramica con vista mare e servizio all'aperto, il locale è caratterizzato da pietra a vista e soffitti a botte. La cucina omaggia soprattutto la terra con interessanti rivisitazioni.

MONTESPERTOLI – Firenze (FI) – **563** L15 – **12 978 ab.** – alt. 257 m   **29** C2
– ✉ 50025

> **Ð** Roma 287 – Firenze 34 – Siena 60 – Livorno 79

✕ **L'Artevino** 🕎 🆅🆂🅰 ⓦ ① ⚡
via Sonnino 28 – ℰ *05 71 60 84 88* – *www.ristoranteartevino.com*
– *Fax 05 71 60 84 88* – *chiuso gennaio*
Rist – Carta 33/41 €
♦ Nuova gestione che non ha mutato la natura di questo piacevole localino in posizione centrale: curato ambiente raccolto, piatti del territorio con rivisitazioni personali.

MONTESPLUGA – Sondrio (SO) – **561** C9 – alt. 1 908 m – ✉ 23024   **16** B1

> **Ð** Roma 711 – Sondrio 89 – Milano 150 – Passo dello Spluga 3

✕✕ **Posta** con cam ॐ **P** 🆅🆂🅰 ⓦ 🅰🅴 ① ⚡
via Dogana 8 – ℰ *0 34 35 42 34* – *Fax 0 34 35 34 39* – *chiuso gennaio e febbraio*
10 cam – ♦50 € ♦♦80/85 €, ⊋ 10 € – ½ P 75 €   **Rist** – Carta 31/41 € ❀
♦ In un paesino di alta montagna, quasi al confine svizzero, un'accogliente sala in stile montano con molto legno, cucina ispirata alla tradizione e camere personalizzate.

MONTEU ROERO – Cuneo (CN) – **561** H5 – **1 662 ab.** – alt. 360 m   **25** C2
– ✉ 12040

> **Ð** Roma 625 – Torino 53 – Asti 33 – Cuneo 65

✕✕ **Cantina dei Cacciatori** 🕭 🕎 ⚗ ⟷ **P** 🆅🆂🅰 🅰🅴 ⚡
località Villa Superiore 59, Nord-Ovest: 2 km – ℰ *01 73 90 08 15*
– *Fax 01 73 90 08 15* – *chiuso lunedì, martedì a mezzogiorno*
Rist – Menu 26 € – Carta 25/36 € ❀
♦ Cucina piemontese in un'antica trattoria, con tipiche volte in mattoni e sobri mobili di legno massiccio. Incantevole dehors per la bella stagione.

MONTEVARCHI – Arezzo (AR) – **563** L16 – **23 495 ab.** – alt. 144 m   **29** C2
– ✉ 52025 ▮ Toscana

> **Ð** Roma 233 – Firenze 49 – Siena 50 – Arezzo 39

🏨 **Valdarno** senza rist ₤₅ 🕭 ⚙ 🕎 ⇜ ⚗ ⅏ ⚙ ➤ 🆅🆂🅰 ⓦ 🅰🅴 ① ⚡
via Traquandi 13/15 – ℰ *05 59 10 34 89* – *www.hotelvaldarno.net*
– *Fax 05 59 10 34 99* – *chiuso dal 23 al 26 dicembre*
65 cam ⊋ – ♦72/82 € ♦♦100 €
♦ Struttura recente che coniuga la modernità dei confort e delle infrastrutture con la sobria ed elegante classicità delle scelte d'arredo; belle camere ben insonorizzate.

⌂ **Relais la Ramugina-Fattoria di Rendola** ⌂ ← 🏡 🏊 ⚅ 🅰🅲
località Rendola 89, Sud : 4 km 🕸 ⟨ᵗᵖ⟩ 🗲🅟 🅿 VISA ⓿ AE ⅁
– ℰ 05 59 70 77 13 – www.fattoriadirendola.it – Fax 05 59 70 74 75 – chiuso
dall'11 al 27 gennaio
11 cam 🖙 – †69/75 € †† 99/112 € – 1 suite – ½ P 74/81 €
Rist *Osteria di Rendola* – ℰ 05 59 70 74 91 (consigliata la prenotazione)
Carta 41/60 €
♦ Pochi chilometri dal centro cittadino bastano per immergersi nel tipico paesaggio toscano
in cui si trova questa casa colonica di metà '700, ricca di arredi d'epoca. Nella moderna sala
ristorante, un soffitto ligneo, quadri alle pareti e specialità della cucina toscana che oscillano
tra tradizione e spunti creativi.

a Moncioni Sud-Est: 8,5 km – ⊠ 52025

🏥 **Villa Sassolini** ⌂ ← 🏡 🏊 🅰🅲 🕸 rist, ⟨ᵗᵖ⟩ 🅿 VISA ⓿ AE ⅁
largo Moncioni 85/88 – ℰ 05 59 70 22 46 – www.villasassolini.it
– Fax 05 59 70 29 43 – 15 marzo-15 novembre
6 cam – †† 239/306 € – 4 suites – †† 291/395 € **Rist** – Carta 36/73 €
♦ Camere eleganti, dove le tonalità del grigio sono declinate nelle varie sfumature e riscaldate da elementi d'arredo di grande suggestione, in un piccolo maniero - pregno di fascino
- nel cuore della Toscana. Zone comuni non molto spaziose, ma sapientemente dislocate,
creano un'atmosfera da casa privata. Ottima cucina.

MONTEVECCHIA – Lecco (LC) – **561** E10 – 2 434 ab. – alt. 479 m   **18 B1**
– ⊠ 23874

▶ Roma 602 – Como 34 – Bergamo 44 – Lecco 24

XX **La Piazzetta** 🕸 ⇄ VISA ⓿ AE ① ⅁
largo Agnesi 3 – ℰ 03 99 93 01 06 – www.ristolapiazzetta.it – Fax 03 99 93 01 06
– chiuso 15 giorni in gennaio, 15 giorni in agosto o settembre, lunedì, martedì a
mezzogiorno
Rist – Carta 40/60 €
♦ Nella parte alta del paese, un locale ubicato all'interno di un edificio ristrutturato. Un ristorante di taglio classico con due sale luminose e una cucina interessante con proposte classiche e contemporanee.

MONTICCHIELLO – Siena – **563** M17 – Vedere Pienza

MONTICELLI BRUSATI – Brescia (BS) – 3 998 ab. – alt. 277 m   **19 D1**
– ⊠ 25040

▶ Roma 576 – Brescia 21 – Milano 96 – Parma 134

XX **Uva Rara** 🏡 🅰🅲 ⇄ VISA ⓿ AE ① ⅁
via Foina 42 – ℰ 03 06 85 26 43 – www.hostariauvarara.it – Fax 03 06 85 26 43
– chiuso mercoledì
Rist – Carta 34/56 €
♦ Gestione professionale in un antico cascinale del '400 con arredi di gusto e caratteristici
soffitti sorretti da volte in pietra. Valida cucina del territorio e a pranzo, disponibilità di
menu più economici.

MONTICELLI D'ONGINA – Piacenza (PC) – **562** G11 – 5 424 ab.   **8 A1**
– alt. 40 m – ⊠ 29010

▶ Roma 530 – Parma 57 – Piacenza 23 – Brescia 63

X **Antica Trattoria Cattivelli** 🅰🅲 🅿 VISA ⓿ AE ① ⅁
⊚ *via Chiesa 2, loc. Isola Serafini* – ℰ 05 23 82 94 18 – www.trattoriacattivelli.it
– Fax 05 23 81 54 07 78 – chiuso 15 giorni in luglio, martedì sera, mercoledì
Rist – Carta 28/43 €
♦ Il Po lambisce il locale creando un'oasi di verde e tranquillità: cucina del territorio con
molti ingredienti di produzione propria, in una trattoria da sempre gestita dall'omonima
famiglia.

a San Pietro in Corte Sud : 3 km – ⊠ 29010 Monticelli D'Ongina

❌ **Le Giare**   AC ⬦ VISA ⬤ AE ① ⬦
via San Pietro in corte Secca 6 – ☏ 05 23 82 02 00 – Fax 05 23 82 02 00 – *chiuso dal 1° al 10 gennaio, agosto, domenica sera, lunedì*
Rist – (consigliata la prenotazione) Carta 35/66 €
◆ Un indirizzo particolare: una casa colonica sorta sulle ceneri di una vecchia osteria e tre salette arredate con mobili in bambù. Semplice nello stile e tradizionale nei piatti proposti.

MONTICHIARI – Brescia (BS) – **561** F13 – 22 006 ab. – alt. 104 m   **17** D1
– ⊠ 25018
▶ Roma 490 – Brescia 20 – Cremona 56 – Mantova 40
🛫 Gabriele D'Annunzio ☏ 030 9656511

🏨 **Elefante**   🏢 AC ⅷ rist, "↑" ఉ P VISA ⬤ ⬦
via Trieste 41 – ☏ 03 09 96 25 50 – www.albergoelefante.it – Fax 03 09 98 10 15
19 cam ⊟ – †70/85 € ††90/105 € – ½ P 55/65 €
Rist Hostaria la bottega dei Sapori – *(chiuso dal 24 dicembre al 10 gennaio e dall'8 al 31 agosto) (chiuso a mezzogiorno)* Carta 21/39 €
◆ Gestita con passione, una piccola e accogliente risorsa sorta dalla ristrutturazione di uno storico albergo locale; ordine, efficienza e confort in ogni settore. Sala ristorante accogliente e confortevole.

🏨 **Garda** senza rist   🕸 ఊ 🏢 ఉ AC ⅷ "↑" ఉ P 🚗 VISA ⬤ AE ⬦
via Brescia 128 – ☏ 03 09 65 15 71 – www.infogardahotel.it – Fax 03 09 96 03 34
82 cam ⊟ – †70/85 € ††100/125 €
◆ Sale riunioni, camere spaziose, servizio efficiente e un'ottima ubicazione di fronte alla fiera e vicino all'aeroporto, insomma un hotel ideale per chi viaggia per lavoro.

MONTICIANO – Siena (SI) – **563** M15 – 1 570 ab. – alt. 381 m – ⊠ 53015   **29** C2
▶ Roma 186 – Siena 37 – Grosseto 60
◙ Abbazia di San Galgano★★ Nord-Ovest : 7 km

❌ **Da Vestro** con cam   🚗 🏡 ⛱ P VISA ⬤ AE ① ⬦
via Senese 4 – ☏ 05 77 75 66 18 – www.davestro.it – Fax 05 77 75 64 66 – *chiuso dal 10 gennaio al 20 marzo*
14 cam – †35/60 € ††50/75 €, ⊟ 8 € – ½ P 65/91 €
Rist – *(chiuso lunedì, in dicembre e gennaio anche martedì, mercoledì, giovedì e domenica sera) (prenotare)* Carta 22/36 €
◆ Alle porte della località e circondato da un ampio giardino, un antico podere ospita una trattoria dalle cui cucine si affacciano i piatti e i sapori della tradizione toscana. Dispone anche di alcune camere semplici dagli arredi in legno e ben curate.

MONTICOLO (laghi) = MONTIGGLER SEE – Bolzano – Vedere Appiano sulla
Strada del Vino

MONTIERI – Grosseto (GR) – **563** M15 – 1 247 ab. – alt. 750 m – ⊠ 58026   **29** C2
▶ Roma 269 – Siena 50 – Grosseto 51

🏠 **Rifugio Prategiano** 🏡   ≤ 🚗 ⛱ ⅷ rist, "↑" P VISA ⬤ AE ⬦
località Prategiano 45 – ☏ 05 66 99 77 00 – www.prategiano.com
– Fax 05 66 99 78 91 – 3 Aprile -1° Novembre
24 cam ⊟ – †60/92 € ††84/124 € – ½ P 60/80 €   **Rist** – Menu 20/25 €
◆ Vi aspettano salutari passeggiate a piedi, in bicicletta o a cavallo soggiornando in questo accogliente hotel nel verde maremmano; per i più pigri, il relax in piscina. Semplice ambiente rustico e atmosfera conviviale nella sala da pranzo.

🏠 **Agriturismo La Meridiana-Locanda in Maremma** 🏡   ≤
strada provinciale 5 Le Gallerie,   🚗 🏡 ⛱ ఉ "↑" 🏡 P VISA ⬤ AE ⬦
Sud-Est : 2,5 km – ☏ 05 66 99 70 18 – www.lameridiana.net – Fax 05 66 99 70 17
– *chiuso dall' 8 gennaio al 28 febbraio*
13 cam ⊟ – †80/90 € ††120/140 € – ½ P 98/110 €
Rist – *(chiuso a mezzogiorno)* Carta 25/39 €
◆ Arredi di grande gusto in questa elegante country house ricavata da un'antica stalla: letti in ferro battuto e ampio scrittoio in travertino nelle amene camere. Percorso vita di circa 1 km e grazioso giardino che sconfina nel bosco. Piatti regionali nel rustico ristorante.

MONTIGNOSO – Massa Carrara (MS) – **563** J12 – **9 798 ab.**
– alt. 132 m – ⊠ 54038

28 A1

▶ Roma 386 – Pisa 39 – La Spezia 38 – Firenze 112

XXXX **Il Bottaccio** con cam ⬡   🚗 🏠 AC cam, ☺ 🅿 VISA ⚫ AE ⭢
via Bottaccio 1 – ℰ 05 85 34 00 31 – www.bottaccio.it – Fax 05 85 34 01 03
8 suites – ♦♦420/550 €, � 20 € – ½ P 325/405 € **Rist** – Carta 65/95 €
◆ Incorniciato dal verde, alle spalle del mare, ricavato dal restauro di un frantoio ad acqua
settecentesco, l'elegante risorsa propone sapienti sapori di mare, monti e boschi.

a Cinquale Sud-Ovest : 5 km – ⊠ 54030

🇮 via Grillotti ℰ 0585 808751

🏨 **Villa Undulna**   🚗 🏠 🔲 ⬡ 🏠 ♨ 🍴 🏊 ✕ 🖥 ⬡ AC ✕ rist, 🛴 🅿 🚗
viale Marina 1 – ℰ 05 85 80 77 88   VISA ⚫ AE ① ⭢
– www.villaundulna.com – Fax 05 85 80 77 91 – marzo-3 novembre e
26 dicembre-6 gennaio
30 cam ⊂ – ♦95/170 € ♦♦190/340 € – 24 suites – ♦♦240/800 € – ½ P 205 €
Rist – Carta 39/59 €
◆ Un curato e piacevole giardino incornicia le varie strutture dell'hotel: centro benessere ed
ampie camere per una vacanza a tutto relax. Il ristorante propone una cucina nazionale e
regionale in sale sobrie e signorili.

🏨 **Eden**   🚗 🏠 🔲 🖥 ⬡ cam, 🚴 AC ✕ rist, ☺ 🛴 🅿 VISA ⚫ AE ① ⭢
viale Gramsci 26 – ℰ 05 85 80 76 76 – www.edenhotel.it – Fax 05 85 80 75 94
– chiuso dal 20 dicembre al 1° febbraio
27 cam ⊂ – ♦68/120 € ♦♦100/250 € – ½ P 80/155 €
Rist – (chiuso domenica) (chiuso a mezzogiorno escluso da maggio a settembre)
Carta 40/60 €
◆ A pochi passi dal mare, l'hotel dispone di ariosi e freschi ambienti, nonché ampie camere.
Piacevole giardino con piscina: ideale per una vacanza all'insegna del relax! Specialità locali
al ristorante.

🏠 **Giulio Cesare** senza rist ⬡   🚗 AC ✕ 🅿 VISA ⚫ ⭢
via Giulio Cesare 29 – ℰ 05 85 30 93 18 – Fax 05 85 30 93 19 – Pasqua-settembre
12 cam ⊂ – ♦90/100 € ♦♦100/130 €
◆ Un piccolo giardino garantisce un soggiorno all'insegna della tranquillità presso questa
risorsa familiare; all'interno gli ambienti sono arredati con gusto moderno e sobrio.

MONTISI – Siena – Vedere San Giovanni d'Asso

MONTOGGIO – Genova (GE) – **561** I9 – **2 095 ab.** – alt. 440 m – ⊠ 16026   15 C1
▶ Roma 538 – Genova 38 – Alessandria 84 – Milano 131

XX **Roma**   🚗 AC VISA ⚫ ⭢
⊛ via Roma 15 – ℰ 0 10 93 89 25 – Fax 0 10 93 89 25 – chiuso dal 1° al 15 luglio,
giovedì, anche le sere di lunedì, martedì, mercoledì da ottobre a maggio
Rist – Carta 27/40 €
◆ Accogliente locale dall'esperta gestione familiare, dispone d'un grazioso salotto che conduce alla luminosa sala con vetrate. Aperitivo in giardino e cucina d'impronta ligure.

MONTONE – Perugia (PG) – **563** L18 – **1 678 ab.** – alt. 485 m – ⊠ 06014   32 B1
▶ Roma 205 – Perugia 39 – Arezzo 58

XX **La Locanda del Capitano** con cam ⬡   🏠 ☺ VISA ⚫ AE ① ⭢
via Roma 7 – ℰ 07 59 30 65 21 – www.ilcapitano.com – Fax 07 59 30 64 55
– chiuso dal 4 gennaio al 15 marzo
10 cam ⊂ – ♦90 € ♦♦120/140 € – ½ P 100/110 €
Rist – (chiuso lunedì) (consigliata la prenotazione) Carta 30/45 € ❀
◆ Delizie tipiche locali (funghi, tartufo) in piatti rivisitati con approccio personale. Un antico
edificio, ultima dimora del capitano di ventura Fortebraccio, per assaporare l'incanto e la
quiete fuori del tempo di un borgo medievale tra confort attuali.

MONTOPOLI DI SABINA – Rieti (RI) – **563** P20 – **4 098 ab.**
– alt. 331 m – ⊠ 02034

12 B1

▶ Roma 52 – Rieti 43 – Terni 79 – Viterbo 76

sulla strada statale 313 Sud-Ovest : 7 km :

�X Il Casale del Farfa ≼ 🏠 P 🚾 ⚫ ⑤
via Ternana 101 ☒ *02034 –* ☎ *07 65 32 20 47 – www.casaledelfarfa.it*
– Fax 07 65 32 20 47 – chiuso dal 22 dicembre al 4 gennaio, dal 20 luglio al
10 agosto e martedì
Rist – Carta 18/24 €
♦ Articolato in più sale di tono rustico dove gustare i genuini piatti della tradizione a prezzi contenuti. Bella la terrazza affacciata sulla campagna, ideale per un pranzo estivo con vista!

MONTOPOLI IN VAL D'ARNO – Pisa (PI) – 563 K14 – 10 855 ab.   28 B2
– alt. 98 m – ☒ 56020

🚩 Roma 307 – Firenze 45 – Pisa 39 – Livorno 44
🇮 piazza Michele da Montopoli ☎ 0571 449024, info@montopoli.net,
   Fax 0571 449024

XX Quattro Gigli con cam 🚗 🏠 🛗 AC cam, 📶 🚾 ⚫ AE ① ⑤
piazza Michele da Montopoli 2 – ☎ *05 71 46 68 78 – www.quattrogigli.it*
– Fax 05 71 46 68 79
21 cam � ⚓ – †55/60 € ††85/95 € – ½ P 63/73 €
Rist – *(chiuso dal 16 al 31 agosto e lunedì)* Carta 31/66 € 🏵
Rist Trattoria dell'Orcio – *(chiuso dal 16 al 31 agosto e lunedì)* Carta 27/33 € 🏵
♦ Nel caratteristico borgo, locali dagli interni decorati con terrecotte e terrazza estiva con vista sulle colline. Piatti regionali di terra e di mare, ma molta attenzione è riservata alle ricette storiche e alla cucina rinascimentale (una serie di portate, generalmente per due persone). Camere dalla calda atmosfera.

MONTORFANO – Como (CO) – 561 E9 – 2 703 ab. – alt. 410 m   18 B1
– ☒ 22030

🚩 Roma 631 – Como 9 – Bergamo 50 – Lecco 24
🇮🇸 Villa d'Este, ☎ 031 20 02 00

🏨 Tenuta Santandrea ⬙ ≼ 🐾 🏠 ⋆🏃 AC rist, 📞 P
via Como 19 – ☎ *0 31 20 02 20 – Fax 0 31 20 08 08*   🚾 ⚫ AE ① ⑤
– chiuso dal 23 dicembre al 30 gennaio
10 cam ☫ – †100/130 € ††120/180 €   **Rist** – Menu 48/85 €
♦ Un parco che digrada fino alle rive del lago, eleganti sale con vetrate, veranda estiva e camere personalizzate: per chi desidera quiete, raffinatezza, sapori innovativi.

MONTORIO – Verona (VR) – 562 F15 – ☒ 37141   37 B2
🚩 Roma 522 – Verona 8 – Brescia 84 – Padova 82

🏨 Brandoli 🏠 🛗 ⛱ AC ⅍ 📶 P 🚾 ⚫ AE ① ⑤
via Antonio da Legnago 11 – ☎ *04 58 84 01 55 – www.hotelbrandoli.it*
– Fax 04 58 86 81 00
34 cam ☫ – †75/145 € ††90/160 € – ½ P 60/95 €
Rist – *(chiuso domenica, festivi)* Carta 20/37 €
♦ Dopo attenti interventi interni è finalmente tornato a nuova vita, questo hotel appena fuori Verona è ora un ottimo punto di riferimento per chi si sposta per lavoro. Spaziose camere. Ampia sala ristorante e servizio estivo all'aperto. Specialità del territorio.

MONTORO – Terni – 563 O19 – Vedere Narni

MONTORO INFERIORE – Avellino (AV) – 564 E26 – 8 873 ab.   6 B2
– alt. 195 m – ☒ 83025

🚩 Roma 265 – Napoli 55 – Avellino 18 – Salerno 20

🏨 La Foresta 🚗 🏠 ⛱ 🛗 ⋆🏃 AC 📶 🔥 P 🚐 🚾 ⚫ AE ① ⑤
via Turci 12/14, svincolo superstrada ☒ *83025 Piazza di Pàndola*
– ☎ *08 25 52 10 05 – www.hotelaforesta.com – Fax 08 25 52 36 66*
38 cam ☫ – †70/95 € ††90/110 € – 3 suites – ½ P 62/72 €
Rist – Carta 15/35 €
♦ In uno scenario rilassante, immersa nel verde, la grande e suggestiva struttura dispone di eleganti ambienti arredati in calde tonalità di colore e moderne sale congressi. Punto di forza dell'albergo, il ristorante si articola in tre sale arredate in modo differente dove gustare sapienti proposte di cucina regionale.

MONTRIGIASCO – Novara – **561** E7 – Vedere Arona

MONTÙ BECCARIA – Pavia (PV) – **561** G9 – **1 815 ab.** – **alt. 277 m**   16 B3
– ⊠ 27040

▶ Roma 544 – Piacenza 34 – Genova 123 – Milano 66

✗✗ **La Locanda dei Beccaria**   🄰🄲 ⇔ 🆅🅸🆂🅰 ⓒⓒ 🄰🄴 ⓪ ⛷
via Marconi 10 – 𝒞 03 85 26 23 10 – www.lalocandadeibeccaria.it
– Fax 03 85 26 23 10 – chiuso 2 settimane in gennaio, lunedì, martedì
Rist – Menu 32/40 € – Carta 37/51 € ∰
◆ All'interno della Cantina Storica della località, un ristorante rustico e curato con caratteristici soffitti in legno, dove assaporare due linee di cucina: una con proposte curiose e innovative, una più tradizionale.

✗✗ **Colombi**   🄰🄲 ⇔ 🄿 🆅🅸🆂🅰 ⓒⓒ 🄰🄴 ⓪ ⛷
località Loglio di Sotto 1, Sud-Ovest : 5 km – 𝒞 0 38 56 00 49
– www.ristorantecolombi.it – Fax 03 85 24 17 87
Rist – Carta 28/39 €
◆ Da quasi 70 anni la famiglia Colombi offre la propria esperienza nel settore della ristorazione, gestendo con grande professionalità e calorosa ospitalità questo locale classico. La cucina così come la carta dei vini ha solide radici nella tradizione dell'Oltrepò: qualche concessione al mare, tra i secondi.

MONZA – Milano (MI) – **561** F9 – **120 826 ab.** – **alt. 162 m** – ⊠ 20052   18 B2
▮ Italia

▶ Roma 592 – Milano 21 – Bergamo 38
🄸 piazza Carducci 𝒞 039 323222
🄸🄱 Brianza, 𝒞 039 6 82 90 89
◉ Duomo★ : facciata★★, corona ferrea★★ dei re Longobardi – Parco★★
della Villa Reale. Nella parte settentrionale Autodromo 𝒞 039 22366

🏛 **De la Ville**   🄸🄴 🄰🄲 🎬 rist, ¶Iº 🄯 🄿 🚗 🆅🅸🆂🅰 ⓒⓒ 🄰🄴 ⓪ ⛷
viale Regina Margherita di Savoia 15 – 𝒞 03 93 94 21 – www.hoteldelaville.com
– Fax 0 39 36 76 47 – chiuso dal 24 dicembre al 7 gennaio e dal 1° al 26 agosto
70 cam – ♦119/284 € ♦♦149/359 €, � 27 € – 3 suites
Rist Derby Grill – vedere selezione ristoranti
◆ Un lusso discreto tutto inglese avvolge gli ospiti (tra cui VIP della Formula Uno) in un grande albergo di fronte alla Villa Reale; collezione di oggetti d'antiquariato.

✗✗✗ **Derby Grill** – Hotel De la Ville   🄰🄲 🎬 ⇔ 🄿 🆅🅸🆂🅰 ⓒⓒ 🄰🄴 ⓪ ⛷
viale Regina Margherita di Savoia 15 – 𝒞 03 93 94 21 – www.derbygrill.it
– Fax 0 39 36 76 47 – chiuso dal 24 dicembre al 7 gennaio, dal 1° al 26 agosto
Rist – (chiuso i mezzogiorno di sabato, domenica e dei giorni festivi)
Menu 37/47 € – Carta 52/72 €
◆ Boiserie, quadri di soggetto equestre, argenti e porcellane in un raffinatissimo ristorante, perfetto per un pranzo d'affari o una cena romantica; creatività in cucina.

✗✗ **Il Gusto della Vita**   🄰🄲 🎬 🆅🅸🆂🅰 ⓒⓒ 🄰🄴 ⓪ ⛷
via Bergamo 5 ⊠ 20052 Monza – 𝒞 0 39 32 54 76 – www.ilgustodellavita.it
– chiuso dal 1° al 10 gennaio, 3 settimane in agosto e martedì
Rist – Carta 40/52 €
◆ Una giovane coppia gestisce con passione e professionalità questo curato locale nei pressi del centro cittadino. Pochi coperti, ambiente lindo e gradevole per una cucina classica con qualche excursus nella creatività.

MONZUNO – Bologna (BO) – **562** J15 – **6 333 ab.** – ⊠ 40036   9 C2
▶ Roma 366 – Bologna 45 – Prato 75 – Firenze 82

⌂ **Lodole** senza rist 🌿   🍴 🎬 🄿 🆅🅸🆂🅰 ⓒⓒ 🄰🄴 ⓪ ⛷
località Lodole 325, Ovest : 2,4 km – 𝒞 05 16 77 11 89 – www.lodole.com
– Fax 05 14 58 99 07
6 cam � – ♦70 € ♦♦90 €
◆ Questa rustica dimora del Seicento, all'interno del Golf Club Molino del Pero, ripropone l'atmosfera informale di una vera country house, non priva di spunti di eleganza made in Italy.

MORANO CALABRO – Cosenza (CS) – **564** H30 – **4 778 ab.**   5 A1
– **alt. 694 m** – ⊠ 87016

▶ Roma 445 – Cosenza 82 – Catanzaro 175 – Potenza 148

Villa San Domenico ← 🚗 |♿| AC 📞 🛁 P VISA ⓪ AE ① ♿
via Paglierina 13 – 𝓒 09 81 39 98 81 – www.albergovillasandomenico.it
– Fax 09 81 39 98 81
8 cam � – †80 € ††110 € – 3 suites – ½ P 70 €
Rist – (prenotazione obbligatoria) Menu 25/30 €
♦ Ai piedi del centro storico, antica dimora settecentesca completamente rinnovata che oggi presenta spazi comuni arredati con mobilio d'antiquariato e camere personalizzate.

Agriturismo la Locanda del Parco 🌿 ← 🚗 🏡 ♨ 🦜 P
contrada Mazzicanino 12, Nord-Est : 4 km – 𝓒 0 98 13 13 04 VISA ⓪ ♿
– www.lalocandadelparco.it – Fax 0 98 13 13 04
7 cam ⊒ – †40/50 € ††60/80 € – ½ P 60 €
Rist – (chiuso domenica sera) (prenotazione obbligatoria) Menu 20/30 €
♦ Signorile ed accogliente centro per il turismo equestre, ma anche sede di corsi di cucina. Un villino circondato dalla campagna e incorniciato dal monti del Parco del Pollino. Di taglio più classico le sale da pranzo, con due soli tavoli ai quali siedono tutti i comensali.

MORAZZONE – Varese (VA) – **561** E8 – 4 336 ab. – alt. 442 m   **18** A1
– ✉ 21040
▶ Roma 642 – Milano 55 – Varese 9 – Torino 149

XX **Guarna** 🏡 AC 🍴 VISA ⓪ AE ① ♿
via Leonardo da Vinci 2 – 𝓒 03 32 87 94 50 – chiuso 2 settimana in gennaio, 2 settimana in agosto e lunedì
Rist – (consigliata la prenotazione) Carta 34/49 €
♦ Tre locali, uno dei quali affrescato, destinati in passato a cantina e limonaia di una villa ottocentesca. In tavola, omaggio al dio Nettuno con piatti che profumano di mare.

MORBEGNO – Sondrio (SO) – **561** D10 – 11 879 ab. – alt. 255 m   **16** B1
– ✉ 23017
▶ Roma 673 – Sondrio 25 – Bolzano 194 – Lecco 57

X **Osteria del Crotto** ← 🏡 ♿ 🍴 ♻ P VISA ⓪ AE ♿
via Pedemontana 22-24 – 𝓒 03 42 61 48 00 – www.osteriadelcrotto.it
– Fax 03 42 61 48 00 – chiuso 1 settimana in gennaio, dal 24 agosto al 13 settembre e domenica
Rist – Carta 30/38 €
♦ Risale all'inizio dell'800 questo caratteristico crotto addossato alla parete boscosa delle montagne. Due salette interne più una fresca terrazza estiva. Cucina locale.

MORDANO – Bologna (BO) – **562** I17 – 4 465 ab. – alt. 21 m – ✉ 40027   **9** C2
▶ Roma 396 – Bologna 45 – Ravenna 45 – Forlì 35

🏨 **Ville Panazza** 🛋 🏡 ♨ 🏋 |♿| ♿ 🏓 AC 🍴 rist 🦜 🛁 P
via Lughese 269/319 – 𝓒 0 54 25 14 34 VISA ⓪ AE ① ♿
– www.villepanazza.it – Fax 0 54 25 21 65
45 cam ⊒ – †50/110 € ††68/170 € – ½ P 115/130 €
Rist Panazza – Carta 26/56 €
♦ Nel verde di un piccolo parco con piscina, camere di diverse tipologie in due edifici d'epoca, tra cui una villa dell'800 ristrutturata. Il ristorante dispone di una sala con affreschi del 1600 e di una luminosa veranda. Cucina regionale.

MORGANO – Treviso (TV) – 100 ab. – alt. 25 m – ✉ 31050   **36** C2
▶ Roma 575 – Padova 69 – Treviso 15 – Venezia 51

a Badoere Sud-Ovest : 3 km - ✉ Morgano

X **Dal Vero** (Ivano Mestriner) 🏡 AC 🍴 VISA ⓪ AE ♿
piazza Indipendenza 24 – 𝓒 04 22 73 96 14 – www.dalvero.it – chiuso dal 7 al 14 gennaio, agosto, lunedì, martedì a mezzogiorno; anche domenica a mezzogiorno in giugno-luglio
Rist – Menu 60/85 € – Carta 60/80 €
ec. Hamburger di animelle con uovo cotto a bassa temperatura e tartufo nco (autunno). Riso di seppie. Piccione in due cotture con scaloppa di gras e salsa ai frutti di bosco.
tto i portici di un'immensa e scenografica piazza, piacevole e bizzarro locale tra legni, bottiglie e cucina a vista. Altrettanto brillanti e creativi i piatti.

MORGEX – Aosta (AO) – **561** E3 – 1 999 ab. – alt. 1 001 m – ⊠ 11017   34 A2
▶ Roma 771 – Aosta 27 – Courmayeur 9

✗✗ **Cafè Quinson** (Agostino Buillas)   🔢 ⬡ ⬡ 🆚 ⬡ AE ① ⬡
🌸 *piazza Principe Tomaso 10 – ℰ 01 65 80 94 99 – www.cafequinson.it*
– Fax 01 65 80 79 17 – chiuso mercoledì
Rist *– (chiuso a mezzogiorno)* (consigliata la prenotazione) Menu 50/80 €
– Carta 65/85 € 🏵
Spec. Assiette di foie gras. Declinazione di manzo valdostano. Le consistenze della fontina.
♦ La passione per i vini e per i formaggi qui si unisce ad una saggia carta di prodotti locali, anche interpretati con fantasia; caldo legno scuro e pietra a vista in sala.

MORIMONDO – Milano (MI) – **561** F8 – 1 205 ab. – alt. 109 m   18 A3
– ⊠ 20081
▶ Roma 587 – Alessandria 81 – Milano 30 – Novara 37

✗ **Trattoria Basiano**   🏠 ⬡ ⬡ **P.** 🆚 ⬡ AE ① ⬡
Ccascina Basiano 1, Sud : 3 km – ℰ 02 94 52 95 – www.trattoriabasiano.it
– Fax 02 94 52 95 – chiuso dal 24 al 26 dicembre, dal 1° al 7 gennaio, dal 16 agosto al 10 settembre, lunedì sera, martedì
Rist – Carta 25/35 €
♦ Ristorante semplice e familiare, con un ampio dehors anche invernale; la semplicità regna anche nella cucina, che propone piatti stagionali del territorio e di pesce.

MORNAGO – Varese (VA) – **561** E8 – 4 727 ab. – alt. 281 m – ⊠ 21020   18 A1
▶ Roma 639 – Stresa 37 – Como 37 – Lugano 45

✗✗ **Alla Corte Lombarda**   ⬡ **P.** 🆚 ⬡ AE ① ⬡
via De Amicis 13 – ℰ 03 31 90 43 76 – chiuso dal 1° al 10 gennaio, dal 20 agosto al 15 settembre, domenica sera, lunedì
Rist – Carta 33/58 € 🏵
♦ In un bel rustico ai margini del paese, un vecchio fienile ristrutturato racchiude un locale suggestivo; servizio di tono familiare, cucina tradizionale rivisitata.

MORRANO – Terni – **563** N18 – Vedere Orvieto

MORTARA – Pavia (PV) – **561** G8 – 15 325 ab. – alt. 108 m – ⊠ 27036   16 A3
▮ Italia
▶ Roma 601 – Alessandria 57 – Milano 47 – Novara 24

🏠 **San Michele**   🔢 ⬡ rist. 📞 **P.** 🆚 ⬡ AE ① ⬡
corso Garibaldi 20 – ℰ 0 38 49 86 14 – www.ilcuuc.it – Fax 0 38 49 91 06
– chiuso dall'8 al 30 agosto
18 cam ⊡ – †53/63 € ††85/95 € – 1 suite – ½ P 50/60 €
Rist *San Michele* *– (chiuso domenica sera e lunedì)* Carta 34/45 €
♦ Albergo familiare nel centro della località, con parcheggio interno: le camere sono semplici, personalizzate negli arredi, e si affacciano sul tranquillo cortile. Mobilio e calda atmosfera da casa privata nelle due sale ristorante.

✗✗ **Guallina**   🔢 **P.** 🆚 ⬡ AE ① ⬡
via Molino Faenza 19, località Guallina, Est : 4 km – ℰ 0 38 49 19 62
– www.trattoriaguallina.it – chiuso 20 giorni in giugno-luglio e martedì
Rist – Carta 29/47 € 🏵
♦ Nella generosa campagna lomellina, circondata da acacie e sambuchi, sorge questa bella trattoria, intima e raccolta. La cucina è prevalentemente legata al territorio e alla tradizione, riveduta e corretta in base alla stagionalità dei prodotti, nonché all'offerta del mercato.

MOSCIANO – Firenze – **563** K15 – Vedere Scandicci

MOSCIANO SANT'ANGELO – Teramo (TE) – **563** N23 – 8 921 ab.   1 B1
– alt. 227 m – ⊠ 64023
▶ Roma 191 – Ascoli Piceno 39 – Pescara 48 – L'Aquila 77

🏠 **Casale delle Arti** senza rist   ≤ ⬡ ⬡ ⬡ 🔢 **P.** 🆚 ⬡ ⬡
🔲 *strada Selva Alta, Sud : 4 km – ℰ 08 58 07 20 43 – www.casaledellearti.it*
– Fax 08 58 07 27 76
16 cam ⊡ – †47/50 € ††70/80 € – 2 suites
♦ Su una collina che offre una vista dall'Adriatico al Gran Sasso, il casale dispone di ambi╌ dall'arredo sobrio, spazi per conferenze e sale adatte ad ospitare cerimonie.

XX **Borgo Spoltino** ⫷ 🛋 AK P VISA ⚫ ① ⚅
strada Selva Alta, Sud : 3 km – ℰ 08 58 07 10 21 – www.borgospoltino.it
– Fax 08 58 07 10 21 – chiuso domenica sera, lunedì, martedì
Rist *– (chiuso a mezzogiorno escluso domenica)* Menu 29/39 € – Carta 26/34 € 🕸
♦ Tra colline e campi di ulivi e, all'orizzonte, mare e monti, un locale luminoso con mattoni
e cucina a vista, dove assaporare piatti regionali accanto a fantasiose creazioni.

MOSO = MOOS – Bolzano – Vedere Sesto

MOSSA – Gorizia (GO) – **562** E22 – **1 671 ab.** – **alt. 73 m** – ✉ 34070   **11** C2
▶ Roma 656 – Udine 31 – Gorizia 6 – Trieste 49

X **Blanch** 🛋 ⅍ P VISA ⚫ AE ① ⚅
🍝 *via Blanchis 35, Nord-Ovest : 1 km – ℰ 0 48 18 00 20 – Fax 04 81 80 84 63*
– chiuso 1 settimana in agosto, 3 settimane in settembre, martedì sera, mercoledì
😊 **Rist** *– Carta 21/34 €*
♦ Oltre un secolo d'esperienza nel settore della ristorazione per questa trattoria familiare alle
porte del paese, giunta ormai alla quarta generazione. Piatti locali dalle abbondanti porzioni.

MOTTA DI LIVENZA – Treviso (TV) – **562** E19 – **10 584 ab.** – ✉ 31045   **35** B1
▶ Roma 562 – Venezia 55 – Pordenone 32 – Treviso 36

XX **Bertacco** con cam 📶 ⓘ AK (ⁿ) ⚐ P VISA ⚫ AE ① ⚅
via Ballarin 18 – ℰ 04 22 86 14 00 – www.hotelbertacco.it – Fax 04 22 86 17 90
21 cam ⌷ – †67 € ††87 € – ½ P 75 €
Rist *– (chiuso dal 1° al 6 gennaio, dal 14 al 25 agosto, domenica sera, lunedì)*
Menu 25/50 € – Carta 38/54 €
♦ In un bel palazzo ristrutturato, un accogliente ristorante con cucina in prevalenza di mare.
Per gli appassionati di vini è disponibile una saletta-enoteca. Camere con piacevole arreda-
mento moderno.

MOTTOLA – Taranto (TA) – **564** F33 – **16 365 ab.** – **alt. 387 m**   **27** C2
– ✉ 74017
▶ Roma 487 – Brindisi 96 – Taranto 29 – Bari 72

🏨 **Cecere** 📨 ⓘ AK ⅍ rist. ⚐ P VISA ⚫ ⚅
strada statale 100 km 52,7, Nord-Ovest : 7 km – ℰ 09 98 86 79 34
– www.hotelcecere.com – Fax 09 98 86 84 76
43 cam ⌷ – †70/90 € ††85/100 € – ½ P 65/85 €
Rist *– (chiuso domenica sera, lunedì)* Carta 23/40 €
♦ Recente grande struttura di taglio moderno e sobrio design lungo la strada tra Bari e
Taranto, ideale per chi viaggia per affari. Belle le camere, complete e ben accessoriate. Ristorante dagli arredi attuali con interessanti proposte di mare.

MOZZO – Bergamo (BG) – **6 719 ab.** – **alt. 252 m** – ✉ 24030   **19** C1
▶ Roma 607 – Bergamo 8 – Lecco 28 – Milano 49

XXX **La Caprese** 🛋 ⅍ AK VISA ⚫ AE ① ⚅
via Garibaldi 7, località Borghetto – ℰ 03 54 37 66 61 – Fax 03 54 37 18 86
– chiuso dal 22 dicembre al 4 gennaio, domenica sera, lunedì a mezzogiorno
Rist *– Carta 50/85 €*
♦ Nuova ed elegante sede per questo ristorante di tradizione, una piccola bomboniera
ideale per ospitare raffinate cene i cui domineranno i sapori e i profumi di Capri, proposti
secondo il mercato giornaliero.

MUGGIA – Trieste (TS) – **562** F23 – **13 417 ab.** – ✉ 34015 ▮ Italia   **11** D3
▶ Roma 684 – Udine 82 – Milano 423 – Trieste 11

XX **Trattoria Risorta** 🛋 VISA ⚫ ⚅
riva De Amicis 1/a – ℰ 0 40 27 12 19 – www.trattoriarisorta.it
Fax 0 40 27 33 94 – chiuso dal 1° al 14 gennaio, dal 16 al 24 agosto, lunedì,
menica sera, anche domenica a mezzogiorno in luglio-agosto
– Carta 41/55 €
ccola trattoria rustica non priva di spunti di ricercatezza, dove gustare stuzzicanti propo-
base di pesce. D'estate si mangia in terrazza, affacciati sul mare.

a Santa Barbara Sud-Est : 3 km – ✉ 34015 Muggia

↑↑ **Taverna Famiglia Cigui** ⌖   ≼ 🚗 🏠 **P** 𝚅𝙸𝚂𝙰 ⊙ 𐌀𝙴 ⓪ ⛶
via Colarich 92/D – ✆ 0 40 27 33 63 – www.tavernacigui.it – Fax 04 09 27 92 24
– chiuso dal 1° al 15 gennaio
6 cam ⌐ – ♦35/45 € ♦♦70/90 €
Rist – *(chiuso martedì, anche lunedì da novembre ad aprile)* Carta 25/60 €
♦ In zona verdeggiante, un indirizzo di tono rustico e dall'atmosfera familiare con camere semplici e gradevoli, ideali per chi cerca un soggiorno all'insegna della tranquillità. In sala da pranzo sopravvivono i sapori della tradizione, una cucina casalinga che segue le stagioni.

MÜHLWALD = Selva dei Molini

MULES (MAULS) – Bolzano (BZ) – 562 B16 – alt. 905 m – Sport   31 C1
invernali : Vedere Vipiteno – ✉ 39040 Campo Di Trens
▶ Roma 699 – Bolzano 56 – Brennero 23 – Brunico 44

🏠 **Stafler**   🔊 🖥 𝄞 🎬 🖢 🕴 🐾 🎙 ⚶ **P** 𝚅𝙸𝚂𝙰 ⊙ ⛶
Campo di Trens – ✆ 04 72 77 11 36 – www.stafler.com – Fax 04 72 77 10 94
– chiuso dal 7 novembre al 3 dicembre
36 cam ⌐ – ♦66/100 € ♦♦110/180 € – ½ P 87/125 €
Rist Stafler – vedere selezione ristoranti
♦ Indirizzo tra storia e tradizione: sorto sul finire del XIII secolo come stazione di posta, è oggi un hotel ricco di fascino, eleganza e tradizione tirolese. Romantik, per parlare nella loro lingua!

XXX **Stafler**   🔊 🏠 🎬 ♻ **P** 𝚅𝙸𝚂𝙰 ⊙ ⛶
🟢 *Campo di Trens – ✆ 04 72 77 11 36 – www.stafler.com – Fax 04 72 77 10 94*
– chiuso dal 7 novembre al 3 dicembre, mercoledì in bassa stagione
Rist – Menu 39/75 € – Carta 43/76 € 🍴
Spec. Testina di vitello in quattro variazioni. Filetto di coniglio in pane di pomodori secchi ed erbe aromatiche. Reinterpretazione dello strudel di mele con cetrioli dolci e gelato al caffè.
♦ Due sale da pranzo in perfetta linea con la tradizione architettonica locale per piatti scenografici, ricchi di spunti creativi. Preparatevi ad un'esperienza gastronomica non convenzionale!

MURANO – Venezia – Vedere Venezia

MURISENGO – Alessandria (AL) – 561 G6 – 1 512 ab. – alt. 338 m   23 C2
– ✉ 15020
▶ Roma 641 – Torino 51 – Alessandria 57 – Asti 28

a Corteranzo Nord : 3 km – alt. 377 m – ✉ 15020 Murisengo

XX **Cascina Martini**   🏠 𝙰𝙲 ♻ **P** 𝚅𝙸𝚂𝙰 ⊙ ⛶
via Gianoli 15 – ✆ 01 41 69 30 15 – www.cascinamartini.com
– Fax 01 41 69 30 15 – chiuso 15 giorni in gennaio, domenica sera, lunedì,
anche martedì e mercoledì da novembre a febbraio
Rist – *(chiuso a mezzogiorno escluso sabato e domenica)* Carta 35/53 €
♦ Ricavato nelle stalle ristrutturate di un'antica cascina, il ristorante si propone con un'ottima e accurata ricerca dei piatti del territorio, a volte anche alleggeriti.

MUSSOLENTE – Vicenza (VI) – 562 E17 – 7 615 ab. – alt. 127 m   35 B2
– ✉ 36065
▶ Roma 548 – Padova 51 – Belluno 85 – Milano 239

🏠 **Villa Palma** ⌖   🚗 🏠 🖢 𝙰𝙲 ♻ 🎙 ⚶ **P** 𝚅𝙸𝚂𝙰 ⊙ 𐌀𝙴 ⓪ ⛶
via Chemin Palma 30 – ✆ 04 24 57 74 07 – www.villapalma.it
– Fax 04 24 87 67 87 – chiuso 2 settimane in agosto
21 cam ⌐ – ♦80/120 € ♦♦110/180 € – ½ P 120/160 €
Rist – *(chiuso domenica sera) (chiuso a mezzogiorno)* Carta 31/49 €
♦ Settecentesca dimora di campagna trasformata in elegante albergo, per clientela d'affari anche in cerca di relax; bei tessuti nelle ricche e ricercate camere in stile. Soffitto con travi a vista e grandi vetrate nella raffinata sala ristorante.

MUTIGNANO – Teramo – 563 O24 – Vedere Pineto

MÜHLBACH = Rio di Pusteria

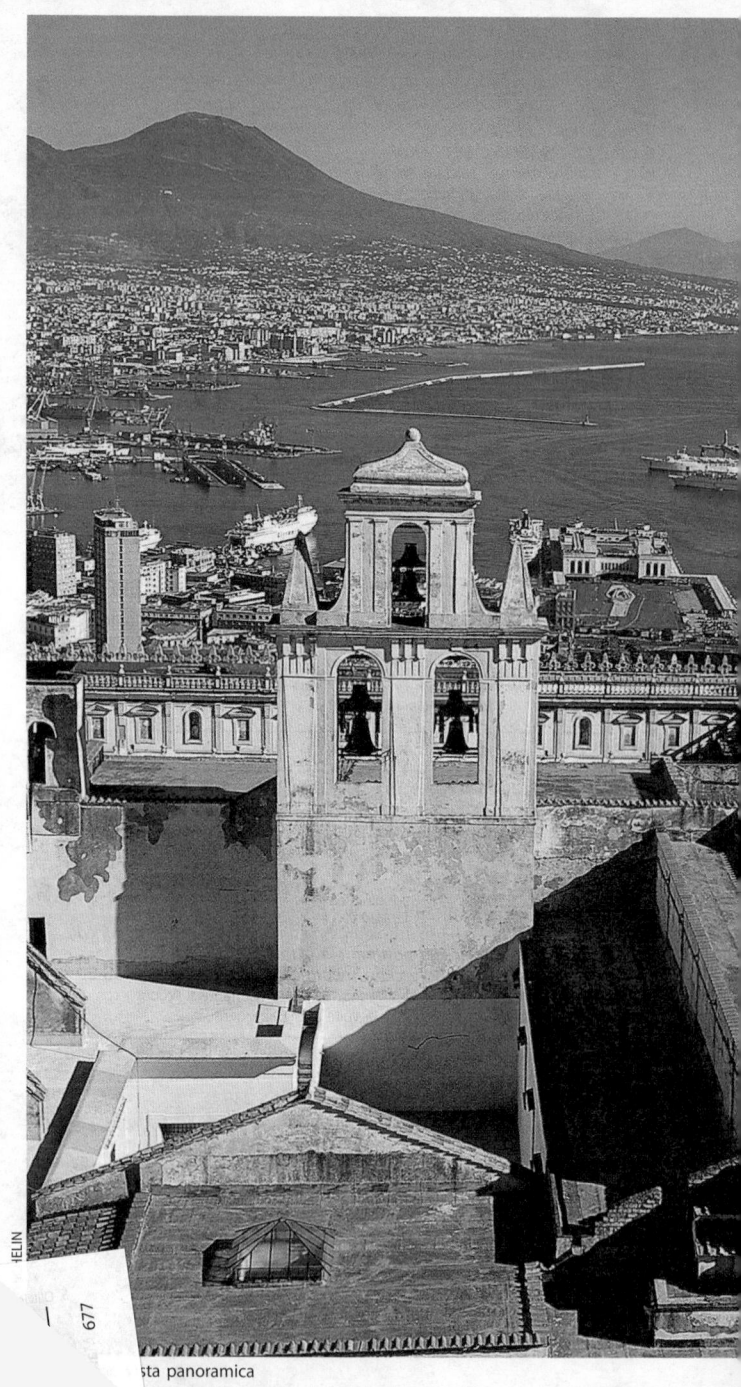

sta panoramica

NAPOLI

Carta Michelin : 564 E24
Popolazione : 973 132 ab.
Codice Postale : ⊠ 80133

🛈 Italia, Napoli e la Campania
Carta regionale : 6 B2

INFORMAZIONI PRATICHE

🛈 Uffici Informazioni turistiche

via San Carlo 9 ⊠ 80132 ℰ 081 402394, info@inaples.it

Stazione Centrale ⊠ 80142 ℰ 081 268779

piazza del Gesù 7 ⊠ 80135 ℰ 081 5523328

Stazione di Mergellina ⊠ 80122 ℰ 081 7612102

Aeroporto

Ugo Niutta di Capodichino Nord-Est : 6 km CT ℰ 081 7896259

Trasporti marittimi

⛴ per Ischia – *Medmar* ℰ 081 3334411 – *per le Isole Eolie dal 15 giugno al 15 set-tembre* – Siremar, call center 892 123

Golf

⛳ , ℰ 081 42 14 79

👁 LUOGHI DI INTERESSE

SPACCANAPOLI E IL DECUMANO MAGGIORE

Cappella Sansevero★★: Cristo velato★
- Duomo★★ e cappella di S. Gennaro★★
- Napoli sotterranea★★ - Pio Monte della Misericordia: Sette opere di Misericordia di Caravaggio★★★ - S. Chiara★★ e il chiostro★★ - S. Lorenzo Maggiore★★
- G. Giovanni a Carbonara★★

IL CENTRO MONUMENTALE

Castel Nuovo★★ - Palazzo Reale★★
- Piazza del Plebiscito★★ - Teatro S. Carlo★★ - Galleria di Palazzo Zevallos Stigliano★★: il Martirio di Sant'Orsola★★★ del Caravaggio

I GRANDI MUSEI

Museo Archeologico Nazionale★★★
- Certosa di S. Martino★★ - Museo d'Arte contemporanea DonnaREgina (MADRE)★★ - Palazzo e Galleria di Capodimonte★★

IL LUNGOMARE

Porto di S. Lucia★★ e Castel dell'Ovo★
- Mergellina★ - Posillipo★
- Marechiaro★ - Quartiere di Chiaia★

RIONE SANITA' E CAPODIMONTE

Cimitero delle Fontanelle★★
- Catacombe di S. Gennaro★★

ACQUISTI

Mercati rionali di via Pignasecca e via Porta Medina. Via S. Gregorio Armeno e dintorni per figurine del presepe. Abiti e accessori: via Scarlatti (Vomero); via Calabritto, via Riviera a Chiaia, via Filangeri (Chiaia)

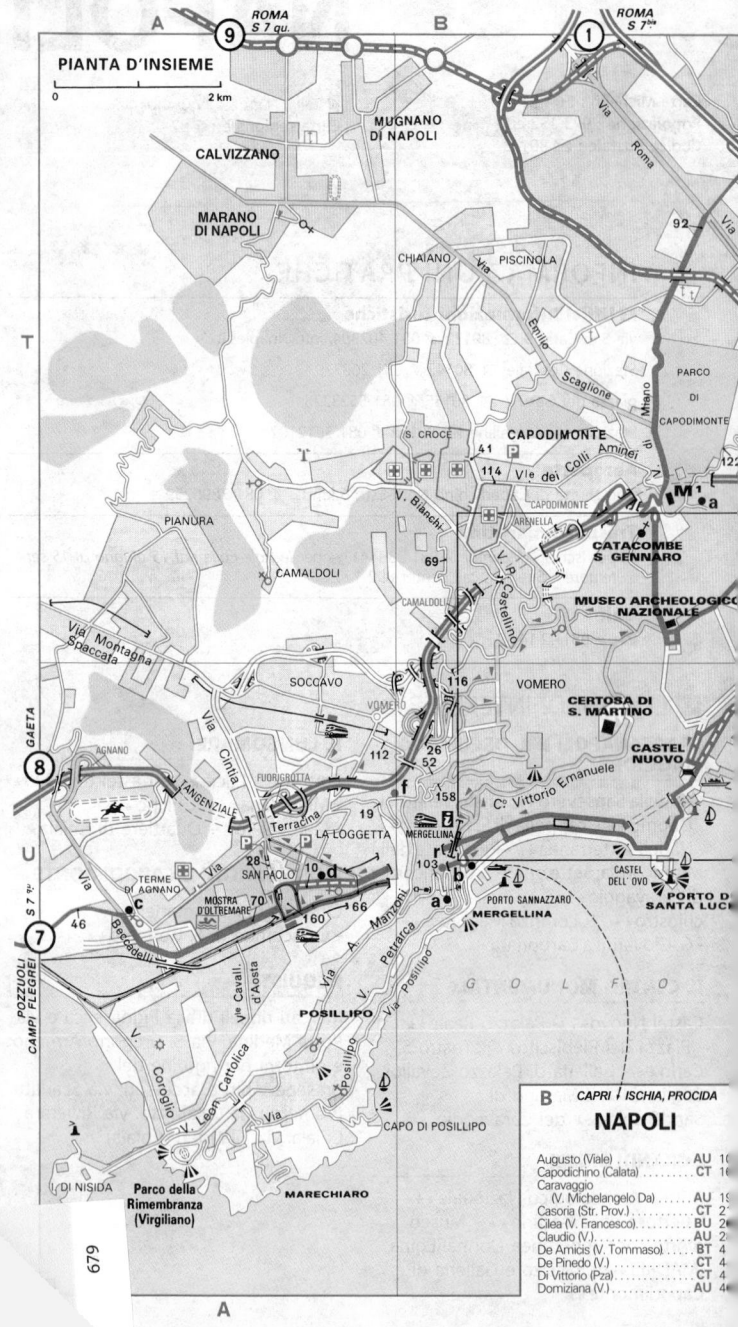

PIANTA D'INSIEME

0   2 km

ROMA S 7 qu.

ROMA S 7bis

A   B

9

1

MUGNANO DI NAPOLI

CALVIZZANO

MARANO DI NAPOLI

CHIAIANO

PISCINOLA

T

PIANURA

S. CROCE

CAPODIMONTE

PARCO DI CAPODIMONTE

CAMALDOLI

CAPODIMONTE

ARENELLA

CATACOMBE S GENNARO

MUSEO ARCHEOLOGICO NAZIONALE

Via Montagna Spaccata

SOCCAVO

VOMERO

VOMERO

CERTOSA DI S. MARTINO

8

AGNANO

FUORIGROTTA

Terracina

LA LOGGETTA

MERGELLINA

CASTEL NUOVO

GAETA

C° Vittorio Emanuele

CASTEL DELL'OVO

PORTO DI SANTA LUCIA

U

TERME DI AGNANO

SAN PAOLO

MOSTRA D'OLTREMARE

PORTO SANNAZZARO

MERGELLINA

7

POZZUOLI CAMPI FLEGREI

S 7 bis

POSILLIPO

G O L F O

DI NISIDA

Parco della Rimembranza (Virgiliano)

CAPO DI POSILLIPO

MARECHIARO

679

A

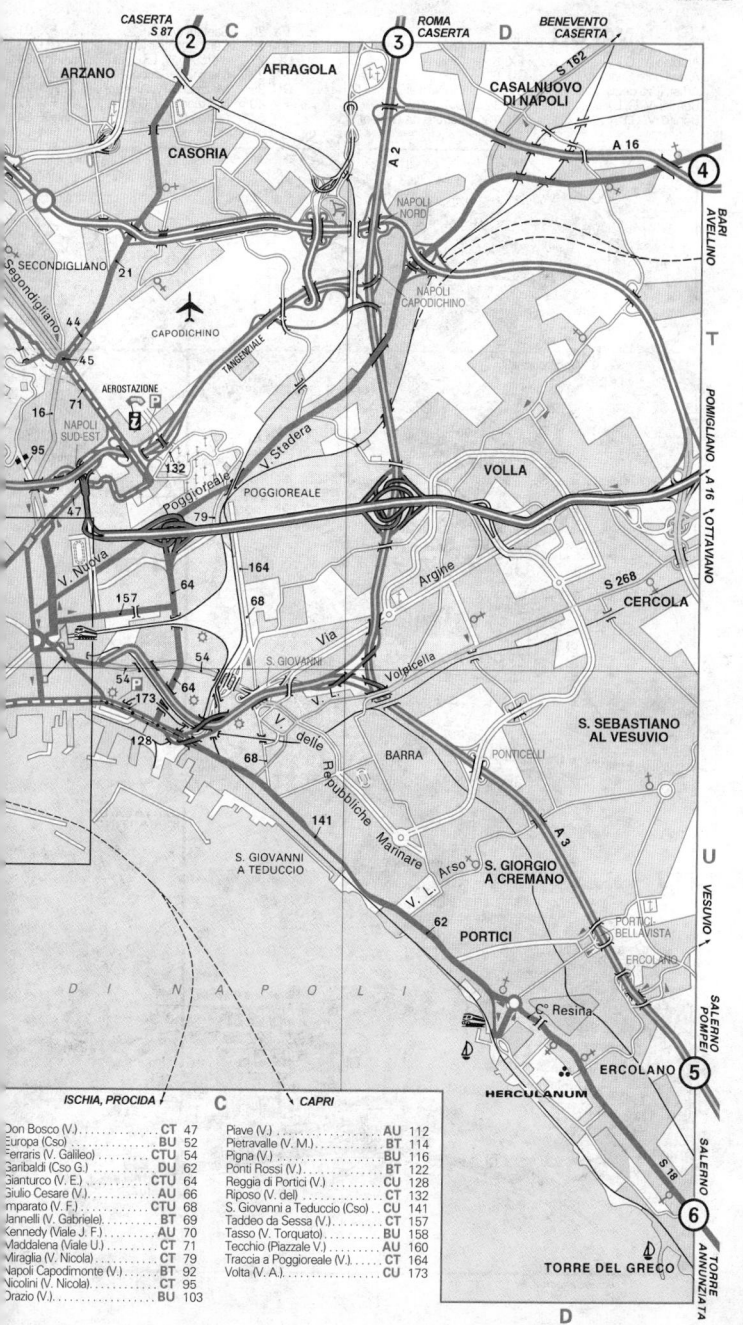

NAPOLI

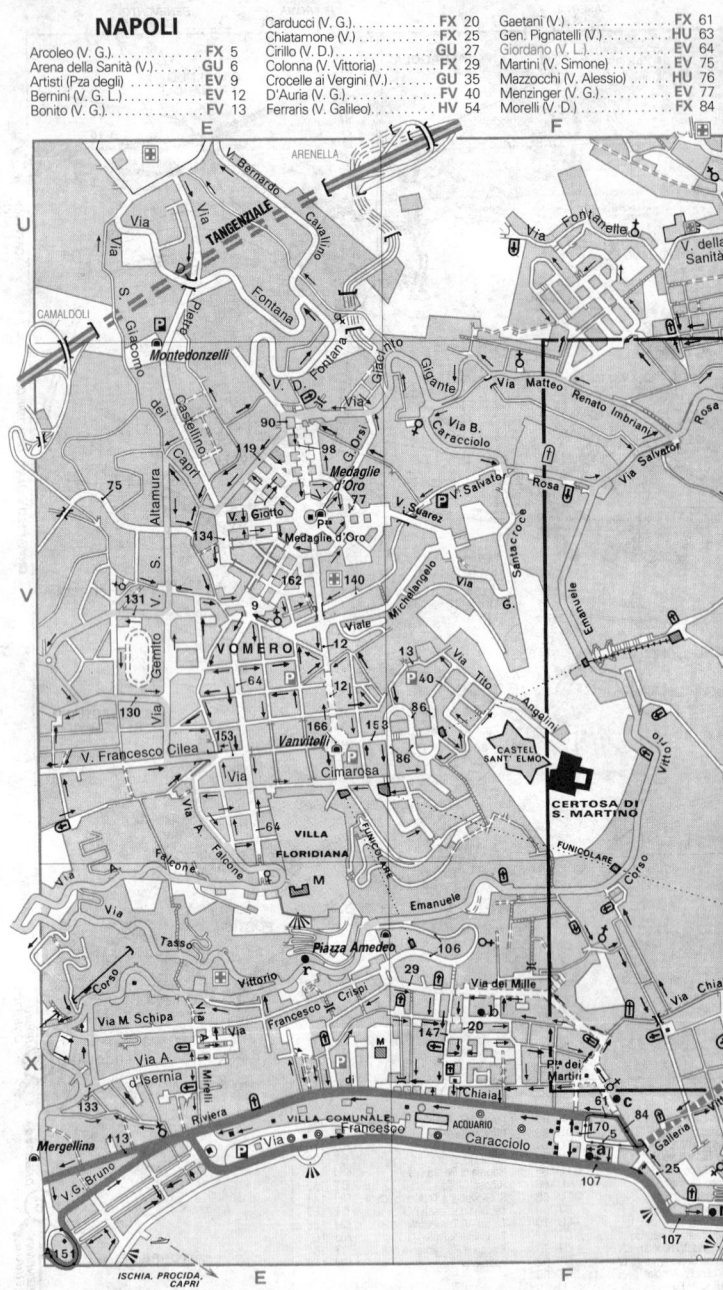

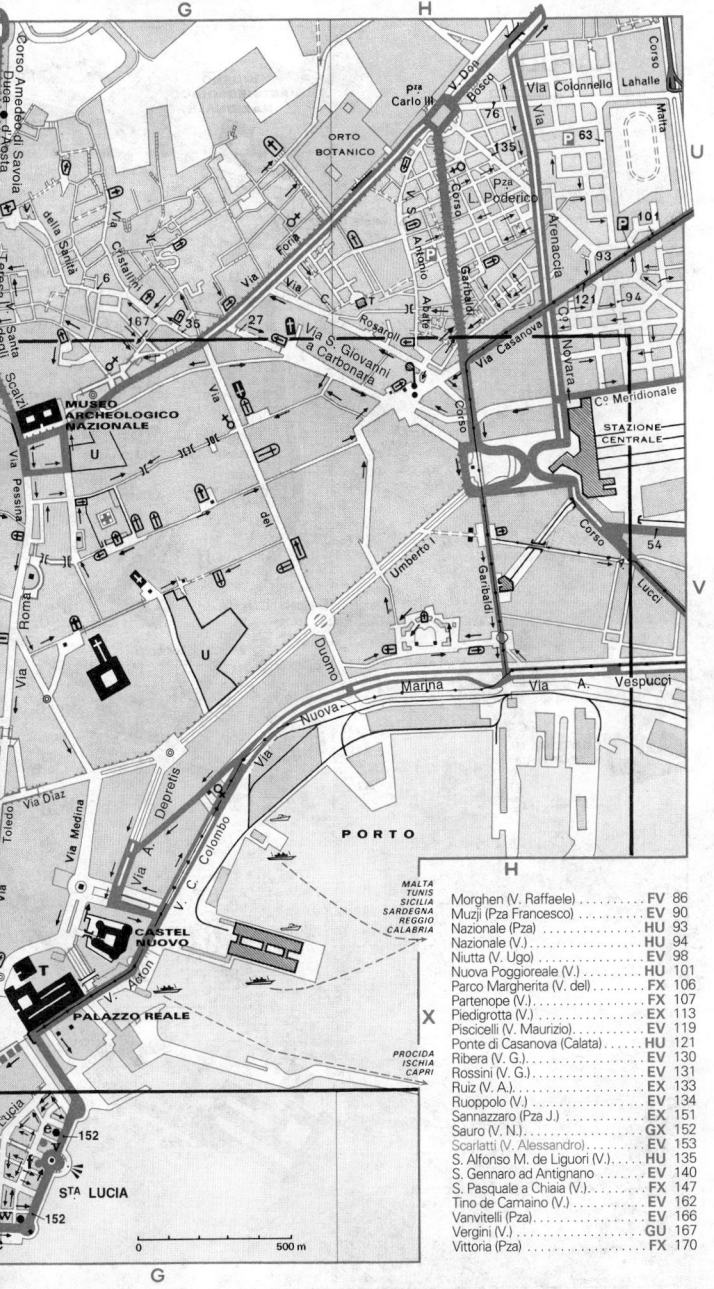

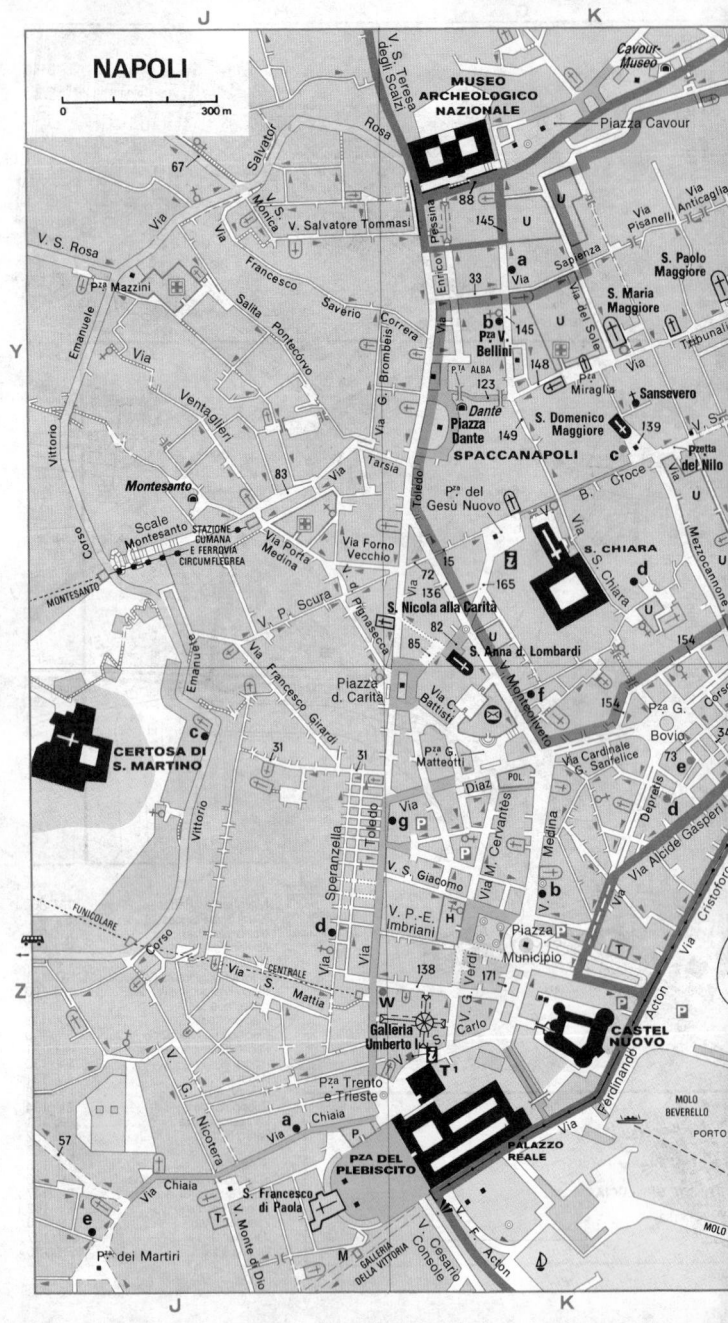

NAPOLI

0   300 m

MUSEO ARCHEOLOGICO NAZIONALE

Cavour-Museo

Piazza Cavour

V. S. Teresa degli Scalzi

67

V. S. Rosa

V. S. Monica

V. Salvatore Tommasi

Salvator Rosa

Via Enrico Pessina

88

145

U

Via Pisanelli

Via Anticaglia

S. Paolo Maggiore

Via Emanuele

P.za Mazzini

Via

Via Francesco Saverio Correra

Salita Pontecorvo

33

a

Via

Via Sapienza

Via dei Sole

S. Maria Maggiore

b

V. 145

P.za V. Bellini

148

P.ta ALBA

123

Tribunali

Sansevero

Via S.

Y

Vittorio Emanuele

Via

Ventaglieri

Via G. Brombeis

Dante

Piazza Dante

149

SPACCANAPOLI

Via Miraglia

S. Domenico Maggiore

139

c

Pretta del Nilo

Montesanto

83

Tarsia

Toledo

P.za del Gesù Nuovo

B. Croce

Mezzocannone

U

Scale Montesanto

STAZIONE CUMANA E FERROVIA CIRCUMFLEGREA

Via Porta Medina

Via Forno Vecchio

72

136

15

165

S. CHIARA

Via S. Chiara

d

MONTESANTO

V. P. Scura

Via Pignasecca

S. Nicola alla Carità

82

85

U

S. Anna d. Lombardi

f

154

CERTOSA DI S. MARTINO

c

Via Francesco Girardi

31

31

Piazza d. Carità

Via C. Battisti

Via Monteoliveto

154

P.za G. Bovio

Via Emanuele

Vittorio

P.za G. Matteotti

Diaz

POL

Via Cardinale G. Sanfelice

73

e

Corso

34

FUNICOLARE

Via

g

P

Toledo

Speranzella

Via M. Cervantes

Medina

Depretis

d

V. S. Giacomo

b

V.

Via Alcide Gasperi

Cristoforo

Z

Corso Vittorio Emanuele

d

Via CENTRALE

Via S. Mattia

V. P.-E. Imbriani

138

H

Piazza Municipio

P

171

Acton

P

57

W

Galleria Umberto I

V. G. Verdi

Via G. Carlo

T¹

CASTEL NUOVO

P

Via Chiaia

a

Via Chiaia

V. Nicotera

V. G.

P.za Trento e Trieste

Ferdinando

MOLO BEVERELLO

PORTO

e

P.za dei Martiri

S. Francesco di Paola

V. Monte di Dio

PZA DEL PLEBISCITO

PALAZZO REALE

V. Cesario Console

V. F. Acton

MOLO

M

GALLERIA DELLA VITTORIA

T

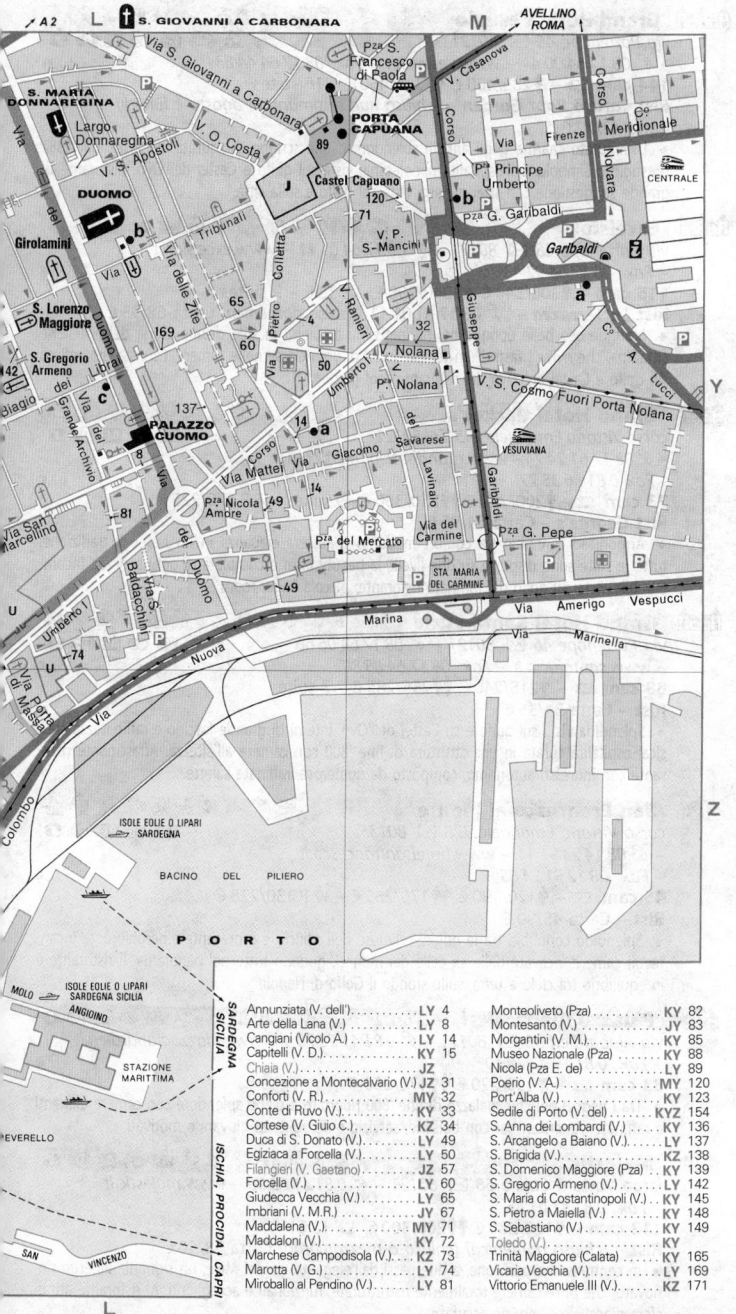

Grand Hotel Vesuvio
via Partenope 45 ⊠ 80121
– ℰ 08 17 64 00 44 – www.vesuvio.it – Fax 08 17 64 44 83   FX**n**
144 cam ⊇ – †285/400 € ††310/450 € – 16 suites
Rist *Caruso Roof Garden* – (chiuso due settimane in agosto e lunedì)
Carta 42/72 €
♦ L'immutato charme degli antichi splendori in uno scrigno di squisita eleganza, dal 1882 prestigioso simbolo dell'ospitalità napoletana; vista sul golfo e Castel dell'Ovo. Ristorante di grande suggestione con straordinaria vista sul golfo e sulla città.

Excelsior
via Partenope 48 ⊠ 80121 – ℰ 08 17 64 01 11 – www.excelsior.it
– Fax 08 17 64 97 43   GX**w**
115 cam – †300/340 € ††340/390 €, ⊇ 30 € – 9 suites
Rist *La Terrazza* – ℰ 08 17 61 01 11 (chiuso domenica) Carta 68/93 €
♦ Morbide eco belle époque nei raffinatissimi ambienti in stile di una gloria dell'hotellerie cittadina, che rivive i fasti di un tempo; lusso di gran classe nelle camere. La vista mozzafiato sul golfo e Castel dell'Ovo dal ristorante roof-garden.

Grand Hotel Parker's
corso Vittorio Emanuele 135 ⊠ 80121
– ℰ 08 17 61 24 74 – www.grandhotelparkers.com
– Fax 081 66 35 27   EX**r**
73 cam ⊇ – †200/290 € ††250/360 € – 9 suites – ½ P 170/225 €
Rist *George's* – Carta 54/95 €
♦ Armonioso connubio tra confort moderno e austera eleganza in un hotel di tradizione; tutte le suite sono disposte su due livelli, la beauty farm è completa di ogni servizio. Incomparabile vista sul golfo dal raffinato ristorante; piccola "cigar-room".

Grand Hotel Santa Lucia
via Partenope 46 ⊠ 80121 – ℰ 08 17 64 06 66
– www.santalucia.it – Fax 08 17 64 85 80   GX**c**
88 cam ⊇ – †215/240 € ††255/285 € – 7 suites
Rist – Carta 34/56 €
♦ Splendida vista sul golfo e su Castel dell'Ovo, interni di grande fascino e raffinatezza classica; ospitalità curata in una struttura di fine '800 con camere all'altezza. Affascinante ristorante con ingresso autonomo, composto da numerose, raffinate salette.

San Francesco al Monte
corso Vittorio Emanuele 328 ⊠ 80135
– ℰ 08 14 23 91 11 – www.hotelsanfrancesco.it
– Fax 08 12 51 24 85   JZ**c**
45 cam ⊇ – †120/190 € ††170/265 € – ½ P 130/228 €
Rist – Carta 45/90 €
♦ Splendido connubio tra le origini religiose dell'edificio e il presente alberghiero: le incantevoli camere, ricavate dalle ex celle dei monaci, godono tutte del panorama. Il ristorante è in equilibrio tra cielo e terra, sullo sfondo il Golfo di Napoli.

Palazzo Alabardieri senza rist
via Alabardieri 38 ⊠ 80121 – ℰ 081 41 52 78 – www.palazzoalabardieri.it
– Fax 081 19 72 20 10   JZ**e**
33 cam ⊇ – †130/220 € ††170/250 €
♦ Tra i negozi più chic, palazzo di fine '800 riportato a pieno splendore con camere eleganti e raffinate. American bar con boiserie, servizio e accoglienza giovani e motivati.

Majestic
largo Vasto a Chiaia 68 ⊠ 80121 – ℰ 081 41 65 00 – www.majestic.it
– Fax 081 41 01 45   FX**b**
112 cam – †180/280 € ††200/300 €, ⊇ 12 €
Rist – (chiuso domenica) (chiuso a mezzogiorno) Carta 38/50 €
♦ In centralissima posizione, a due passi dall'elegante via dei Mille, un signorile albergo rinnovato, che offre camere totalmente ristrutturate, funzionali e accoglienti. Al ristorante atmosfera piacevole e servizio accurato.

Villa Capodimonte ⚜ ← 🚗 🕭 ✕ 🛏 ⚐ 🔲 🕪 rist, ⑪ 🔊 🅿
via Moiariello 66 ⊠ *80131 –* ☎ *081 45 90 00* — 𝗩𝗜𝗦𝗔 ⓜ AE ① 🔊
– www.villacapodimonte.it – Fax 081 29 93 44 BT**a**
55 cam � – 🕴80/135 € 🕴🕴90/155 € – ½ P 88/103 €
Rist – *(chiuso a mezzogiorno)* Carta 39/51 €
♦ Decentrato, sulla collina di Capodimonte, immerso in un quieto giardino con vista sul golfo, ha davvero le fattezze di una villa; ampie camere, eleganti e accessoriate. Sala ristorante con gradevole dehors estivo.

Starhotels Terminus 🛏 ⚐ 🔲 🕪 rist, ⑪ 🔊 🚗
piazza Garibaldi 91 ⊠ *80142 –* ☎ *081 77 93 111* — 𝗩𝗜𝗦𝗔 ⓜ AE ① 🔊
– www.starhotels.com – Fax 081 20 66 89 MY**a**
173 cam � – 🕴🕴85/290 € **Rist** – *(solo per alloggiati)*
♦ Dotazioni moderne, arredi di sobria eleganza classica e attrezzature congressuali in un hotel di fronte alla stazione; suggestivo patio interno e roof-garden panoramico.

Villa Ranieri 🚗 ⚐ 🔲 🕪 🔲 🅿 𝗩𝗜𝗦𝗔 ⓜ AE ① 🔊
corso Amedeo di Savoia, trav. via Cagnazzi 29 ⊠ *80137 –* ☎ *081 74 16 308*
– www.villaranieri.com – Fax 081 74 37 978 GU**a**
18 cam � – 🕴79/99 € 🕴🕴89/119 € **Rist** – *(solo per alloggiati)* Carta 31/38 €
♦ In comoda posizione - tra il centro e la tangenziale - un soggiorno ricco di fascino in una villa seicentesca immersa in un rigoglioso giardino con alberi secolari. Una bella scala conduce alle camere, che ripropongono l'atmosfera d'epoca con arredi in stile e carta da parati.

Miramare *senza rist* ← 🔲 🔲 🕪 𝗩𝗜𝗦𝗔 ⓜ AE ① 🔊
via Nazario Sauro 24 ⊠ *80132 –* ☎ *081 76 47 589 – www.hotelmiramare.com*
– Fax 081 76 407 75 GX**e**
18 cam � – 🕴150/175 € 🕴🕴190/299 €
♦ In un palazzo nobiliare di inizio '900, con roof-garden e splendida vista sul golfo e sul Vesuvio, raccolta risorsa elegante, personalizzata negli arredi e nel confort.

Paradiso ← 🕭 🔲 🔲 ↔ 🕪 rist, ⑪ 🔊 𝗩𝗜𝗦𝗔 ⓜ AE ① 🔊
via Catullo 11 ⊠ *80122 –* ☎ *081 24 75 111 – www.hotelparadisonapoli.it*
– Fax 081 76 13 449 BU**a**
72 cam � – 🕴85/190 € 🕴🕴85/230 € – ½ P 100/130 €
Rist – *(chiuso lunedì a mezzogiorno)* Carta 38/72 €
♦ E' davvero paradisiaca la vista su golfo, città e Vesuvio da questo hotel in posizione impagabile sulla collina di Posillipo; comode camere di taglio classico moderno. Elegante e accogliente, il ristorante ha una terrazza per il servizio estivo.

Costantinopoli 104 *senza rist* 🚗 🔲 🔲 🕪 🅿 𝗩𝗜𝗦𝗔 ⓜ AE ① 🔊
via Santa Maria di Costantinopoli 104 ⊠ *80138 –* ☎ *081 55 71 035*
– www.costantinopoli104.com – Fax 081 55 71 051 KY**b**
19 cam � – 🕴175 € 🕴🕴230 €
♦ Poco rimane dell'originaria villa Spinelli, ma la splendida vetrata, il giardino con piscina, le eleganti camere e gli ottimi spazi comuni, assicurano un soggiorno unico.

Chiaja Hotel de Charme *senza rist* 🔲 🔲 𝗩𝗜𝗦𝗔 ⓜ AE ① 🔊
via Chiaia 216 ⊠ *80121 –* ☎ *081 41 55 55 – www.hotelchiaia.it – Fax 081 42 23 44*
33 cam � – 🕴90/127 € 🕴🕴109/145 € JZ**a**
♦ In un cortile, gioiello dell'architettura partenopea, una risorsa di grande fascino e atmosfera, tra spirito aristocratico e popolare. Pasticceria napoletana per colazione.

Montespina Park Hotel 🏇 🕭 🔲 🛏 🛏 🔲 🔲 🕪 cam, 🔲 🕪 rist, ⑪
via San Gennaro 2 ⊠ *80125* 🔊 🅿 𝗩𝗜𝗦𝗔 ⓜ AE ① 🔊
– ☎ *081 76 29 687 – www.montespina.it – Fax 081 61 02 052* AU**c**
70 cam � – 🕴180 € 🕴🕴220 € **Rist** – *(solo per alloggiati)* Menu 30/90 €
♦ E' un'oasi nel traffico cittadino questo albergo su una collinetta, immerso nel verde di un parco con piscina, vicino alle Terme di Agnano; camere dallo stile gradevole. Una curata sala da pranzo, ma anche spazi per banchetti e cerimonie.

Palazzo Decumani *senza rist* 🔲 🔲 🔲 🕪 ⑪ 𝗩𝗜𝗦𝗔 ⓜ AE ① 🔊
piazza Giustino Fortunato 8 ⊠ *80138 –* ☎ *081 42 01 31 79*
– www.palazzodecumani.com – Fax 081 79 01 540 LY**c**
28 cam � – 🕴100/180 € 🕴🕴130/250 €
♦ A pochi passi da via San Gregorio Armeno - la celebre strada degli artigiani del presepe - una nuova realtà per la città di Napoli: in un palazzo completamente ristrutturato camere confortevoli e una tranquillità invidiabile.

687

Serius senza rist 🔊 AC ✄ 📶 🚗 VISA 🐵 AE ① 🔊
viale Augusto 74 ⊠ 80125 – 𝒞 08 12 39 48 44 – www.hotelserius.it
– Fax 08 12 39 92 51 AU**d**
69 cam ⊊ – †130 € ††165 €
♦ Hotel che di recente ha subìto una radicale e "salutare" ristrutturazione; nelle vicinanze dello stadio, offre camere omogenee funzionali e un buon livello di servizio.

Palazzo Turchini senza rist 🔊 ⬤ 🛋 AC ✄ 📶 VISA 🐵 AE ① 🔊
via Medina 21/22 ⊠ 80133 – 𝒞 08 15 51 06 06 – www.palazzoturchini.it
– Fax 08 15 52 14 73 KZ**b**
27 cam ⊊ – †100/120 € ††120/170 €
♦ Palazzo d'epoca completamente ristrutturato, offre spazi comuni limitati e camere perfettamente insonorizzate con pavimenti in parquet e bagni in marmo. Colazione in terrazza.

Caravaggio senza rist 🔊 AC ✄ 📶 VISA 🐵 AE ① 🔊
piazza Cardinale Sisto Riario Sforza 157 ⊠ 80139 – 𝒞 08 12 11 00 66
– www.caravaggiohotel.it – Fax 08 14 42 15 78 LY**b**
18 cam ⊊ – †80/140 € ††110/190 €
♦ Nel cuore del centro storico, nella piazza dove svetta la guglia più vecchia di Napoli, un palazzo del '600 con reperti storici ma camere arredate con grande modernità.

Nuovo Rebecchino senza rist 🔊 AC 📶 VISA 🐵 AE ① 🔊
corso Garibaldi 356 ⊠ 80142 – 𝒞 08 15 53 53 27 – www.nuovorebecchino.it
– Fax 08 1 26 80 26 MY**b**
58 cam ⊊ – †75/105 € ††90/140 €
♦ In zona stazione, all'interno di un palazzo d'epoca, albergo dai gradevoli e curati spazi comuni; camere ampie e ben arredate, più tranquille quelle sul retro.

Il Convento senza rist 🔊 🛋 AC VISA 🐵 AE ① 🔊
via Speranzella 137/a ⊠ 80132 – 𝒞 08 1 40 39 77 – www.hotelilconvento.it
– Fax 08 1 40 03 32 JZ**d**
14 cam ⊊ – †55/95 € ††65/140 €
♦ Nei caratteristici quartieri spagnoli, a pochi passi dalla frequentatissima via Toledo, un piccolo albergo dallo stile molto ricercato. Gradevoli ambienti per la colazione.

Ausonia senza rist 🔊 AC 📶 VISA 🐵 AE 🔊
via Caracciolo 11 ⊠ 80122 – 𝒞 08 1 68 22 78 – www.hotelausonianapoli.com
– Fax 08 1 66 45 36 BU**b**
19 cam ⊊ – †70/90 € ††80/120 €
♦ In uno dei quartieri più eleganti della città, di fronte all'imbarco per le isole, palazzo del '900 con camere al 2° e 3° piano, dedicate a chi ama gli arredi marinareschi.

Principe Napolit'Amo senza rist 🔊 📶 VISA 🐵 AE ① 🔊
via Toledo 148 ⊠ 80132 – 𝒞 08 15 52 36 26 – www.napolitamo.it
– Fax 08 15 52 36 26 KZ**g**
13 cam ⊊ – †55/75 € ††70/100 €
♦ Nel centro di Napoli, a 200 m da Palazzo Reale, un piccolo hotel che offre un'accoglienza di tono tipicamente familiare ad un prezzo corretto. Al primo piano.

Suite Esedra senza rist 🔊 AC ✄ 📶 VISA 🐵 AE ① 🔊
via Cantani 12 ⊠ 80133 – 𝒞 08 1 28 74 51 – www.sea-hotels.com
– Fax 08 15 53 70 87 LY**a**
17 cam ⊊ – †65/95 € ††75/115 €
♦ Saletta biblioteca, prima colazione intorno ad un gran tavolo dell'800, camere dedicate ai segni zodiacali: questo e altro in una nuova perla dell'hotellerie cittadina.

Pignatelli senza rist VISA 🐵 🔊
via S.Giovanni Maggiore Pignatelli 16 ⊠ 80134 – 𝒞 08 16 58 49 50
– Fax 08 12 14 39 56 KY**d**
6 cam ⊊ – †35/60 € ††70/90 €
♦ Nel vociante e caratteristico quartiere Spaccanapoli, al primo piano di un palazzo del XV secolo, le originali camere si caratterizzano per elementi architettonici e decorativi tipici del periodo della Repubblica Napoletana. Gestione giovane e motivata; buon rapporto qualità/prezzo.

⌂ **Belle Arti** senza rist ⬛ AC 🕉 📞 VISA ⬤ AE ① ⚐
via Santa Maria di Costantinopoli 27 ⊠ 80138 – ☏ 08 15 57 10 62
– www.belleartiresort.com – Fax 0 81 44 78 60 KYa
7 cam ⊆ – †65/99 € ††80/120 €
♦ Attorno alla corte interna di un palazzo del XVII sec., alcune camere hanno affreschi originali sapientemente restaurati, tutte sono spaziose e bene accessoriate.

⌂ **Parteno** senza rist ⬛ AC 🕉 📞 VISA ⬤ AE ① ⚐
lungomare Partenope 1 ⊠ 80121 – ☏ 08 12 45 20 95 – www.parteno.it
– Fax 08 12 47 13 03 FXa
6 cam ⊆ – †80/99 € ††99/125 €
♦ Sul lungomare, al primo piano di un palazzo signorile, elegante bed and breakfast che
unisce i caratteri storici di un palazzo ottocentesco a dotazioni all'avanguardia.

⌂ **L'Alloggio dei Vassalli** senza rist 🕉 AC 🕉 VISA ⬤ ① ⚐
via Donnalbina 56 ⊠ 80134 – ☏ 08 15 51 51 18 – www.bandbnapoli.it
– Fax 08 14 20 27 52 KZf
6 cam ⊆ – †59/79 € ††79/99 €
♦ Lontano dal formalismo alberghiero ma con camere ricche fascino e storia. In un pittoresco palazzo del centro, grazioso centro benessere e apprezzabile cordialità.

⌂ **Cappella Vecchia 11** senza rist ⬛ AC 🕉 📞 VISA ⬤ AE ⚐
via Santa Maria a Cappella Vecchia 11 ⊠ 80121 – ☏ 08 12 40 51 17
– www.cappellavecchia11.it – Fax 08 12 45 53 38 FXc
6 cam ⊆ – †50/75 € ††75/110 €
♦ Al piano nobile di un bel palazzo centrale, una risorsa dotata di due tipologie di camere
più o meno moderne e caratterizzata da piccoli spazi comuni di uguale livello.

XXX **La Cantinella** AC 🕉 VISA ⬤ AE ① ⚐
via Cuma 42 ⊠ 80132 – ☏ 08 17 64 86 84 – www.lacantinella.it
– Fax 08 17 64 87 69 – chiuso 24-25 dicembre e dal 12 al 27 agosto
Rist – (chiuso domenica) Menu 55 € – Carta 40/59 € ⅋ GXv
♦ C'è tanto bambù (soffitti, sedie, pareti) in questo elegante locale sito su uno dei lungo-
mare più belli del mondo; importante proposta di vini, cucina di terra e di mare.

XXX **Palazzo Petrucci** AC VISA ⬤ AE ① ⚐
☖ piazza San Domenico Maggiore 4 ⊠ 80134 – ☏ 08 15 52 40 68
– www.palazzopetrucci.it – Fax 0 81 66 15 34 – chiuso dal 3 al 23 agosto, domenica
sera, lunedì a mezzogiorno, anche domenica a mezzogiorno in giugno-luglio
Rist – Menu 45 € – Carta 42/70 € KYc
Spec. Lasagnetta di mozzarella di bufala campana e crudo di gamberi con salsa
di fiori di zucca. Fettucce con pomodori cuore di bue di Sorrento, maruzzielli
(lumache di mare) e basilico. Stratificazione di pastiera napoletana.
♦ Affacciato su una delle piazze più belle di Napoli, Palazzo Petrucci ospita questo splendido
ristorante dall'eleganza minimalista: l'ex stalla-grotta dell'edificio cinquecentesco vi farà ricordare per la sobrietà di linee e arredi. La cucina, per i sapori locali, esaltati e rivisitati.

XX **Ciro a Santa Brigida** AC 🕉 ↔ VISA ⬤ AE ① ⚐
via Santa Brigida 73 ⊠ 80132 – ☏ 08 15 52 40 72 – www.ciroasantabrigida.it
– Fax 08 15 52 89 92 – chiuso dal 5 al 21 agosto JZw
Rist – Carta 26/45 €
♦ Nel cuore di Napoli, è un'istituzione cittadina e un locale storico questo movimentato
ristorante-pizzeria, moderno nell'aspetto tradizionale; cucina di terra e di mare.

X **Napoli Mia** AC 🕉 ↔ VISA ⬤ ① ⚐
via Schilizzi 18/20 ⊠ 80133 – ☏ 08 15 52 22 66 – www.ristorantenapolimia.it
– Fax 08 15 52 22 66 – chiuso dal 10 al 31 agosto, domenica e i giorni festivi
Rist – (chiuso la sera escluso venerdì e sabato) Carta 30/62 € KZd
♦ Piccolo ed accogliente locale a gestione familiare che propone una cucina genuina con
piatti locali. Ci si lascia consigliare volentieri dall'affabile proprietario.

X **L'Europeo di Mattozzi** AC 🕉 ↔ VISA ⬤ AE ① ⚐
via Campodisola 4/6/8 ⊠ 80133 – ☏ 08 15 52 13 23 – www.europeodimattozzi.it
– Fax 08 15 52 13 23 – chiuso dal 15 al 31 agosto e domenica, anche sabato
dal 10 luglio al 14 agosto KZe
Rist – (chiuso a mezzogiorno) Carta 35/45 € (+12 %)
♦ Habitué o no, sarete comunque coccolati dal titolare di un frequentato, semplice ristorante-pizzeria, da decenni con la stessa gestione familiare; cucina locale.

※ **La Piazzetta** 🎧 ᕼ 𝔸ℂ ⅌ 𝒱𝒾𝒮𝒜 ⓪ 𝔸𝔼 ⓪ 🖐
🍽 *via Nazario Sauro 21/22 ⊠ 80132 – ℰ 08 17 64 61 95 – www.lacantinella.it*
☕ *– Fax 08 13 61 96 92* GXf
Rist – Carta 18/33 €
♦ Originale ambientazione proprio a forma di piazzetta con tanto di orologio, targhe e inse-
gne. Grandi vetrate sul lungomare e trompe l'oeil in tema. Cucina locale e pizze.

※ **Sbrescia** ≼ 𝔸ℂ ⅌ 𝒱𝒾𝒮𝒜 ⓪ 𝔸𝔼 🖐
rampe Sant'Antonio a Posillipo 109 ⊠ 80122 – ℰ 0 81 66 91 40
– www.ristorantesbrescia.it – Fax 0 81 66 91 40 – chiuso lunedì BUr
Rist – Carta 22/43 € (+13 %)
♦ Ristorante tipico, a gestione familiare, con notevole vista sulla città e sul golfo e belle
vasche di pesci e crostacei: in cucina, ovviamente, domina sovrano il mare.

※ **La Notizia** ⅌ 𝒱𝒾𝒮𝒜 ⓪ ⓪ 🖐
☕ *via Michelangelo da Caravaggio 94/a ⊠ 80126 – ℰ 08 17 14 21 55*
– www.enzococcia.it – chiuso dal 24 al 31 dicembre, Pasqua ed agosto, lunedì
Rist – *(chiuso a mezzogiorno)* Carta 12/20 € (+10 %) ABUf
♦ Non pensate alla solita pizzeria tradizionale, qui tutto è minuscolo, ma di grande vi è la
sua pizza: una delle migliori al mondo!

NAPOLI (Golfo di)★★★ – Napoli – **564** E24 ▮ Italia

NARNI – Terni (TR) – **563** O19 – 20 433 ab. – alt. 240 m – ⊠ 05035 **33** C3
▮ Roma 89 – Terni 13 – Perugia 84 – Viterbo 45

⛰ **Agriturismo Regno Verde** ⌖ ≼ 🚗 ⌁ 𝔸ℂ ⅌ rist, 🅿
☕ *strada Colli San Faustino 1, (Ponte San Lorenzo), Nord - Est* 𝒱𝒾𝒮𝒜 ⓪ 𝔸𝔼 🖐
5 km – ℰ 07 44 74 43 35 – www.agriturismoregnoverde.it – Fax 07 44 74 45 42
16 cam ⊇ – †50/70 € ††80/120 € – ½ P 63/83 €
Rist – *(chiuso a mezzogiorno)* Carta 18/27 €
♦ La ristrutturazione di un antico casolare con chiostro interno ha dato vita a questo splendido agriturismo in cima ad un colle: tranquillità e vista paradisiaca. Per chi ama l'equitazione
è a disposizione un piccolo maneggio. Attrezzi agricoli disseminati qua e là conferiscono
rusticità al ristorante. Cucina casalinga.

a Narni Scalo Nord : 2 km – ⊠ 05035 Narni Stazione

🏨 **Terra Umbra Hotel** 🎧 ⌁ 🕸 🛗 🖥 ᕼ cam, 𝔸ℂ 🕻 🏋 🅿
via Maratta Bassa 61, Nord-Est : 3 km 𝒱𝒾𝒮𝒜 ⓪ 𝔸𝔼 ⓪ 🖐
– ℰ 07 44 75 03 04 – www.terraumbra.it – Fax 07 44 75 10 14
27 cam ⊇ – †44/95 € ††55/135 € – 2 suites
Rist *Al Canto del Gallo* – ℰ 07 44 75 08 71 *(chiuso lunedì)* Carta 22/45 €
♦ Elegante struttura a vocazione congressuale, offre confortevoli interni in elegante stile
rustico dove il calore del legno ben si armonizza con i prevalenti toni del giallo. La capiente
sala ristorante con travi a vista e arredi lignei propone piatti della tradizione. Ideale per ospitare cerimonie e pranzi di lavoro.

a Montoro Sud-Ovest : 8 km – ⊠ 05027

※※ **Il Feudo** 𝔸ℂ ⅌ ⇄ 𝒱𝒾𝒮𝒜 ⓪ 🖐
via del Forno 10 – ℰ 07 44 73 51 68 – www.ristoranteilfeudo.it
– Fax 07 44 73 51 68 – chiuso lunedì
Rist – Carta 25/35 €
♦ Nel pieno centro storico della città, un locale dal raffinato ambiente rustico: tre salette
distribuite su due livelli, dove gustare un'interessante cucina del territorio.

NARZOLE – Cuneo (CN) – **561** I5 – 3 477 ab. – alt. 323 m – ⊠ 12068 **22** B3
▮ Roma 608 – Torino 68 – Alessandria 88 – Cuneo 44

🏨 **Victor** 🚗 ⌁ ※ 🖥 ᕼ ⚡ 🧖 𝔸ℂ ⅌ 🕪 🏋 🅿 𝒱𝒾𝒮𝒜 ⓪ 𝔸𝔼 ⓪ 🖐
☕ *regione Chiabotti 10, Sud-Est : 2 km – ℰ 01 73 77 63 45 – www.hotelvictor.net*
– Fax 01 73 77 63 45
35 cam ⊇ – †50/85 € ††80/130 € – ½ P 56/80 € **Rist** – Carta 21/39 €
♦ Da quando l'hotel è tornato nelle mani dei proprietari l'aria è cambiata e oggi l'ospitalità
è curata e ideale anche per chi viaggia per lavoro. Interni moderni e funzionali. Sala ristorante d'impostazione tradizionale.

NATURNO (NATURNS) – Bolzano (BZ) – **562** C15 – 5 366 ab. 30 B2
– alt. 554 m – ⊠ 39025

> ▶ Roma 680 – Bolzano 41 – Merano 15 – Milano 341
> 🛈 via Municipio 1 ℰ 0473 666077, naturns@meranerland.com, Fax 0473 666369

🏨🏨🏨 **Lindenhof** ⑤ ≼ 🚗 🛋 🎋 🎋 ⑨⑨ 🐎 ♨ 🎿 💆 🛍 🚴 AC rist, ⑩ rist, ♨
via della Chiesa 2 – ℰ 04 73 66 62 42 🔒 **P**. 🚗 **VISA** ⑩ 🔥
– www.lindenhof.it – Fax 04 73 66 82 98 – chiuso dal 10 gennaio al 5 marzo
37 cam – 22 suites – solo ½ P 92/168 €
Rist – *(solo per alloggiati)* Menu 59/64 € 🏵

♦ Uno splendido giardino con piscina riscaldata, centro benessere e ambienti eleganti, felice connubio di moderno e tradizionale, per regalarvi un soggiorno esclusivo. Sala da pranzo molto luminosa che d'estate si sposta in terrazza.

🏨🏨🏨 **Feldhof** 🚗 🎋 🎋 ⑨ 🐎 ♨ 🎿 🛍 💆 cam, 🚴 AC rist, ↫ ♨ cam, ⑩
via Municipio 4 – ℰ 04 73 66 63 66 – www.feldhof.com 🚗 **VISA** ⑩ 🔥
– Fax 04 73 66 72 63 – 22 dicembre-8 gennaio
e 18 marzo-20 novembre
16 cam ⌑ – ♦120/155 € ♦♦200/250 € – 22 suites – ♦♦260/320 €
– ½ P 106/136 €

Rist – *(solo per alloggiati)* Menu 45/59 €

♦ Albergo centrale, circondato da un ameno giardino con piscina; interni in stile tirolese, graziose camere e completo centro benessere in cui ritagliarsi momenti di relax.

🏨🏨 **Funggashof** ⑤ ≼ 🚗 🎋 🛋 🎋 ⑨⑨ 🐎 ♨ 🎿 🛍 🚴 AC rist, ⑩ rist, ⑩
via al Fossato 1 – ℰ 04 73 66 71 61 – www.funggashof.it **P** **VISA** ⑩ AE
– Fax 04 73 66 79 30 – 15 marzo-15 novembre
34 cam ⌑ – ♦76/85 € ♦♦140/178 € – ½ P 89/97 € **Rist** – *(solo per alloggiati)*

♦ In posizione panoramica, hotel immerso in un giardino-frutteto con piscina, ideale per gli amanti della quiete; eleganti ambienti "riscaldati" dal sapiente uso del legno. Nella stube tirolese, una cucina leggera e gustosa con prodotti del territorio.

NAVA (Colle di) – Imperia (IM) – **561** J5 – alt. 934 m 14 A2

> ▶ Roma 620 – Imperia 35 – Cuneo 95 – Genova 121

🏨🏨 **Colle di Nava-Lorenzina** ≼ 🚗 🛍 ♨ rist, **P**. **VISA** ⑩ AE ① 🔥
🍴 *via Nazionale 65 ⊠ 18020 Case di Nava – ℰ 01 83 32 50 44*
– www.albergolorenzina.com – Fax 01 83 32 50 44 – chiuso dal 15 gennaio a febbraio
37 cam – ♦40/44 € ♦♦60/64 €, ⌑ 10 € – ½ P 50/57 €
Rist – *(chiuso martedì)* Carta 29/40 €

♦ Semplice e accogliente struttura dall'esperta e attenta gestione familiare, dispone di un grande giardino attrezzato anche con giochi per gli ospiti più piccoli. La famiglia si occupa persino della cucina e propone piatti caserecci a base di prodotti tipici di montagna.

NE – Genova (GE) – **561** I10 – 2 459 ab. – alt. 186 m – ⊠ 16040 15 C2

> ▶ Roma 473 – Genova 50 – Rapallo 26 – La Spezia 75

🍴🍴 **La Brinca** 🎋 AC ♨ ⟳ **P**. **VISA** ⑩ AE ① 🔥
via Campo di Ne 58 – ℰ 01 85 33 74 80 – www.labrinca.it – Fax 01 85 33 76 39
– chiuso 15 giorni in luglio e 15 giorni in novembre e lunedì
Rist – *(chiuso a mezzogiorno escluso sabato ed i giorni festivi)* Menu 35 €
– Carta 31/41 € 🏵

♦ Animato da una grande passione enologica, il proprietario ha curato personalmente l'allestimento della cantina, che vanta infatti un'ampia selezione di etichette nazionali ed estere. Tale entusiasmo permea anche la tavola: piatti del territorio alleggeriti e presentati con cura.

NEGRAR – Verona (VR) – **562** F14 – 17 089 ab. – alt. 190 m – ⊠ 37024 37 A2

> ▶ Roma 517 – Verona 12 – Brescia 72 – Milano 160

🏨🏨 **Relais La Magioca** senza rist ⑤ 🔊 AC ↫ ⑩ 🔒 **P**
località Moron 3, Sud : 3 km – ℰ 04 56 00 01 67 **VISA** ⑩ AE ① 🔥
– www.magioca.it – Fax 04 56 00 08 40
6 cam ⌑ – ♦190/240 € ♦♦230/340 €

♦ Immerso nei vigneti, l'antico casolare con chiesetta originaria del XIII secolo offre ambienti rustici, carichi di romantico fascino all'insegna dell'esclusività, tra calore e charme.

NEIVE – Cuneo (CN) – **561** H6 – **3 224 ab.** – **alt. 308 m** – ✉ **12052** **25** C2
▶ Roma 643 – Genova 125 – Torino 70 – Asti 31

🍴🍴 **La Luna nel Pozzo** [AC] ⊡ VISA MC [AE] [D] Ṡ
piazza Italia – ☎ *0 17 36 70 98* – *www.lalunanelopozzo-neive.it*
– *Fax 0 17 36 70 98* – *chiuso dal 7 al 17 gennaio e dal 25 giugno al 15 luglio*
Rist – *(chiuso martedì sera e mercoledì)* Menu 42/52 € – Carta 44/55 € 🍇
◆ La passione per la cucina e per l'accoglienza ha incentivato un medico ed una biologa a passare alla ristorazione: in questo locale del centro storico, la tradizione è regina incontrastata.

🍴🍴 **La Contea** con cam ⛱ 🚭 VISA MC [AE] [D] Ṡ
piazza Cocito 8 – ☎ *0 17 36 71 26* – *www.la-contea.it* – *Fax 0 17 36 73 67*
– *chiuso dal 24 al 28 dicembre e dal 18 febbraio al 15 marzo*
21 cam ☕ – 👤70 € 👤👤90 €
Rist – *(chiuso domenica sera e lunedì escluso da settembre a novembre)*
Carta 54/77 €
◆ Tonino ha sempre avuto una predilezione per i prodotti della terra, per il vino e il buon cibo: tutto questo si concretizza nella sua cucina dove la tradizione incontra la fantasia. Mobili d'antiquariato e il dolce respiro delle Langhe nelle graziose camere.

NEMI – Roma (RM) – **563** Q20 – **1 950 ab.** – **alt. 521 m** – ✉ **00040** 📘 Roma **13** C2
▶ Roma 33 – Anzio 39 – Frosinone 72 – Latina 41

🏨 **Diana Park Hotel** 🔇 < 🌳 ⛱ ⇅ [AC] 🚭 📶 👥 [P]
via Nemorense 44, Sud : 3 km – ☎ *0 69 36 40 41* VISA MC [AE] [D] Ṡ
– *www.hoteldiana.com* – *Fax 0 69 36 40 63*
30 cam ☕ – 👤👤90/180 € – ½ P 65/120 € **Rist** – *(chiuso lunedì)* Carta 29/70 €
◆ In posizione isolata e panoramica sul lago di Nemi, un confortevole albergo ideale per chi vuole visitare la zona dei castelli. Camere semplici per un soggiorno tranquillo. Servizio ristorante estivo in terrazza con una indimenticabile vista sul bacino lacustre e sui dintorni; dalla cucina, i sapori della tradizione.

NEPI – Viterbo (VT) – **563** P19 – **8 990 ab.** – **alt. 225 m** **12** B1
▶ Roma 55 – Viterbo 47 – Guidonia 66 – Perugia 134

🍴🍴 **Casa Tuscia** ⛱ ♿ [AC] ⊡ VISA MC [AE] [D] Ṡ
via di Porta Romana – ☎ *07 61 55 50 70* – *www.ristorantecasatuscia.it*
Rist – Carta 30/58 €
◆ Una passeggiata archeologica tra porte romane, mura e castello rinascimentali: nell'ex mattatoio novecentesco una sorprendente cucina nazionale rivisitata con fantasia.

NERANO – Napoli – Vedere Massa Lubrense

NERVESA DELLA BATTAGLIA – Treviso (TV) – **562** E18 – **6 998 ab.** – **alt. 78 m** – ✉ **31040** **36** C2
▶ Roma 568 – Belluno 68 – Milano 307 – Treviso 20

🍴🍴 **Da Roberto Miron** ⛱ [AC] ⊡ VISA MC [AE] Ṡ
piazza Sant'Andrea 26 – ☎ *04 22 88 51 85* – *www.ristorantemiron.it*
– *Fax 04 22 88 51 65* – *chiuso dal 1° al 15 gennaio e dal 15 al 31 luglio, lunedì, martedì*
Rist – Carta 29/41 € 🍇
◆ Locale classico gestito dal 1935 dalla stessa famiglia, dove provare le specialità ai funghi. Carta dei vini con numerose proposte francesi e distillati di ogni tipo.

NERVI – Genova (GE) – **561** I9 – ✉ **16167** 📘 Italia **15** C2
▶ Roma 495 – Genova 11 – Milano 147 – Savona 58
👁 Passeggiata★★ Anita Garibaldi - Parchi★ - Musei di Nervi★

🏨 **Villa Pagoda** < 🌳 ⛱ 🏊 ⇅ 🏋 [AC] 🚭 rist, 📶 👥 [P]
via Capolungo 15 – ☎ *0 10 32 32 00* VISA MC [AE] [D] Ṡ
– *www.villapagoda.it* – *Fax 0 10 32 12 18*
13 cam – 👤95/185 € 👤👤125/255 €, ☕ 15 € – 4 suites – ½ P 110/180 €
Rist *Il Roseto* – Menu 32/45 €
◆ Vacanze esclusive in una panoramica villa ottocentesca, circondata da un piccolo parco ombreggiato; grande raffinatezza negli interni signorili dall'atmosfera romantica. Arioso ristorante dove il tempo sembra essersi fermato in un momento di dolce serenità.

Astor ♠ 🚳 🏨 AC ℅ ⁽⁾ 👪 🅿 VISA ⓸ AE ① ⛎
viale delle Palme 16 – ℰ *0 10 32 90 11 –* www.astorhotel.it *– Fax 01 03 72 84 86*
41 cam ⚏ – ♦114/165 € ♦♦144/210 €   **Rist** – Menu 28/50 €
♦ Abbracciato da un piccolo parco secolare, l'hotel totalmente ristrutturato dispone di interni di taglio classico e camere confortevoli. Ideale per una clientela d'affari, ma anche per gli amanti di un soggiorno rilassante. Servizio ristorante estivo sulla fresca veranda.

Esperia 🚄 🏨 AC ℅ rist. ⁽⁾ 👪 🅿 VISA ⓸ AE ① ⛎
via Val Cismon 1 – ℰ *0 10 32 17 77 –* www.hotelesperia.it *– Fax 01 03 29 10 06*
– chiuso dal 9 al 22 novembre
27 cam ⚏ – ♦70/100 € ♦♦110/140 € – ½ P 75/95 €
Rist – *(chiuso ottobre-novembre) (solo per alloggiati)* Menu 20/27 €
♦ Albergo fine anni '50 - completamente ristrutturato nel corso degli ultimi anni - dispone di ambienti interni d'ispirazione contemporanea, camere lineari e possibilità di accesso gratuito al vicino stabilimento balneare (sugli scogli).

The Cook AC VISA ⓸ AE ① ⛎
via Marco Sala 77/79 r – ℰ *01 03 20 29 52 –* www.thecook.it
– chiuso 1 settimana in marzo, 2 settimane in luglio e lunedì
Rist – *(chiuso a mezzogiorno escluso domenica) (consigliata la prenotazione)*
Carta 42/56 €
♦ In cucina, la felice fusione di tradizione ligure e creatività. Nella moderna sala, l'entusiasmo e il savoir-faire di una giovane coppia.

NERVIANO – Milano (MI) – 561 F8 – 17 409 ab. – alt. 175 m   **18** A2
– ✉ 20014

▶ Roma 600 – Milano 25 – Como 45 – Novara 34

Antica Locanda del Villoresi AC ℅ rist. ⁽⁾ 🅿 VISA ⓸ AE ① ⛎
strada statale Sempione 4 – ℰ *03 31 55 94 50 –* www.locandavilloresi.it
– Fax 03 31 49 19 06 – chiuso agosto
16 cam ⚏ – ♦50/85 € ♦♦70/135 €
Rist – *(chiuso sabato a mezzogiorno, lunedì)* Carta 26/44 €
♦ Vecchia cascina completamente rinnovata, lungo la strada del Sempione; curati spazi interni d'impronta moderna, lineari e confortevoli, camere accoglienti e sobrie. Arioso ristorante arredato in modo gradevole.

La Guardia 🚳 AC ⇔ 🅿 VISA ⓸ AE ① ⛎
via 20 Settembre 73 angolo statale Sempione – ℰ *03 31 58 76 15*
– www.ristorantelaguardia.it *– Fax 03 31 58 02 60 – chiuso dal 1° all'11 gennaio*
e dal 9 al 29 agosto e lunedì
Rist – Carta 37/47 €
♦ Lungo la statale del Sempione, isolato dal traffico, un villino indipendente arredato in stile rustico-elegante e ingentilito da una bella veranda affacciata sul giardino. La cucina è sempre meritevole: squisitamente lombarda, presta particolare attenzione ai prodotti di stagione.

NETTUNO – Roma (RM) – 563 R19 – 43 409 ab. – ✉ 00048 ▮ Italia   **13** C3
▶ Roma 55 – Anzio 3 – Frosinone 78 – Latina 22
🖼, ℰ 06 9 81 94 19

Astura Palace Hotel ⇐ 🏨 🕭 AC ℅ rist. ₺° 👪 VISA ⓸ AE ① ⛎
viale Matteotti 75 – ℰ *0 69 80 56 54 –* www.asturapalace-hotel.it
– Fax 0 69 80 71 55
57 cam ⚏ – ♦90/105 € ♦♦130/224 € – ½ P 142 €
Rist – *(aprile-settembre) (chiuso a mezzogiorno) (solo per alloggiati)*
Menu 30/60 €
♦ Di fronte al porto turistico, nella zona più elegante e commerciale della città, un moderno ed imponente albergo, particolarmente indicato per una clientela d'affari.

NEUMARKT = Egna

NEUSTIFT = Novacella

NEVIANO DEGLI ARDUINI – Parma (PR) – 561 I12 – 3 749 ab.   **8** B2
– alt. 500 m – ✉ 43024
▶ Roma 463 – Parma 32 – Modena 65 – Reggio nell'Emilia 35

※※ **Trattoria Mazzini** 🛐 🗚 ⇔ 💵 🐼 ㄸ ⓖ
via Ferrari 84 – 𝒞 05 21 84 31 02 – Fax 05 21 84 31 02 – chiuso ottobre, giovedì, anche lunedì da novembre a maggio
Rist – *Carta 25/35 €*
◆ Cucina del territorio in una deliziosa saletta caratterizzata da quadri e ceramiche, nonché curiose composizioni di frutta e fiori secchi. Se la stagione lo permette, non esitate a prendere posto all'aperto, sulla fresca terrazza cinta da belle fioriere.

NEVIGLIE – Cuneo (CN) – **422 ab.** – ✉ 12050   **25** C2
▶ Roma 662 – Torino 98 – Cuneo 78 – Asti 36

※※ **Locanda San Giorgio** con cam ⇐ 🛐 🔟 🗚 📶 **P**
località Castellero 9 – 𝒞 01 73 63 01 15   💵 🐼 ㄸ ⓞ ⓖ
– www.locandasangiorgio.it – Fax 01 73 63 01 15 – chiuso gennaio-febbraio
14 cam 🖙 – †65 € ††90 € – ½ P 75 €
Rist – *(chiuso lunedì)* Menu 35 € – Carta 32/41 €
◆ Raffinato ristorante situato fuori paese, nella splendida e tranquilla cornice delle Langhe, propone piatti tradizionali a base di funghi e tartufi. Questo casolare ottocentesco, che un tempo è stato convento per frati, propone camere personalizzate e molto carine.

NICASTRO – Catanzaro – **564** K30 – Vedere Lamezia Terme

NICOLOSI – Catania – **365** AZ58 – Vedere Sicilia alla fine dell'elenco alfabetico

---

NICOSIA – Enna – **365** AV57 – Vedere Sicilia alla fine dell'elenco alfabetico

---

NIEDERDORF = Villabassa

NIEVOLE – Pistoia – Vedere Montecatini Terme

NIZZA MONFERRATO – Asti (AT) – **561** H7 – **10 236 ab.** – alt. 138 m   **25** D2
– ✉ 14049
▶ Roma 604 – Alessandria 32 – Asti 28 – Genova 106

⬆ **Agriturismo Tenuta la Romana** senza rist 🕭 ⇐ 🚗 🔟 ㄸ 🗚
strada Canelli 59, Sud : 2 km 🖙 📶 🔊 **P** 💵 🐼 ㄸ ⓖ
– 𝒞 01 41 72 75 21 – www.tenutalaromana.it – Fax 01 41 70 24 69 – chiuso dal 2 gennaio al 7 febbraio
14 cam 🖙 – †80/130 € ††120/160 € – 2 suites
◆ Una breve strada in salita è sufficiente per abbandonare la zona industriale di Nizza e raggiungere un panoramico edificio settecentesco dagli ampi e gradevoli spazi comuni, sia interni sia esterni. Risorsa ben strutturata per l'organizzazione di meeting e banchetti.

NOALE – Venezia (VE) – **562** F18 – **15 521 ab.** – alt. 18 m – ✉ 30033   **36** C2
▶ Roma 522 – Padova 25 – Treviso 22 – Venezia 20

🏬 **Due Torri Tempesta** 🛐 🗗 cam, 🗚 🕅 ⁽ᵗⁱ⁾ 🔊 **P** 💵 🐼 ㄸ ⓞ ⓖ
via dei Novale 59 – 𝒞 04 15 80 07 50 – www.hotelduetorritempesta.it
– Fax 04 15 80 11 00 – chiuso dal 1° al 9 gennaio e dal 10 al 20 agosto
40 cam 🖙 – †55/75 € ††83/105 € – ½ P 73/80 €
Rist – *(chiuso domenica) (chiuso a mezzogiorno)* Carta 22/29 €
◆ Poco fuori dal centro, hotel dall'originale design d'impronta contemporanea con piacevoli spazi nei quali predomina il legno elaborato anche in alcuni piloni dalle geometrie particolari. Una sorta di curiosa "ossatura" centrale in legno curvato domina la sala da pranzo.

NOBIALLO – Como – **561** D9 – Vedere Menaggio

NOCERA SUPERIORE – Salerno (SA) – **564** E26 – **23 945 ab.**   **6** B2
– alt. 55 m – ✉ 84015
▶ Roma 246 – Napoli 43 – Avellino 36 – Salerno 15

🏬 **Villa Albani** 🚗 🔟 🛐 🗚 🕅 ⁽ᵗⁱ⁾ **P** 💵 🐼 ㄸ ⓞ ⓖ
via Pecorari 35 – 𝒞 08 15 14 34 37 – www.villaalbani.it – Fax 08 15 14 35 98
26 cam 🖙 – †95/115 € ††130/170 € – ½ P 90/120 €
Rist – *(chiuso a mezzogiorno escluso sabato e domenica)* (prenotazione obbligatoria) Carta 28/53 €
◆ Nel centro storico, il giardino con piscina è una piacevole isola di tranquillità: l'albergo, una recente e signorile costruzione dalla gestione familiare e dalle camere confortevoli.

XX **La Fratanza** 🚗 🏤 AC P. VISA ⬤ AE ⓪ ⛄
via Garibaldi 9 – 𝓒 08 19 36 83 45 – www.lafratanza.it – Fax 08 10 60 42 24
– chiuso sabato a mezzogiorno, domenica sera, lunedì
Rist – Carta 27/43 €
♦ Locale a gestione familiare, ubicato in una zona tranquilla fuori dal centro. L'esterno è circondato dal giardino, all'interno una sala di tono rustico con arredi curati.

X **Luna Galante** 🏤 AC ⅍ P. VISA ⬤ AE ⓪ ⛄
😊 *via Santa Croce 13 – 𝓒 08 15 17 60 65 – www.lunagalante.it*
– Fax 08 15 17 60 65 – chiuso dal 23 dicembre al 5 gennaio, domenica sera, lunedì
Rist – Menu 20/30 € – Carta 18/28 €
♦ Al confine con Nocera Inferiore, in posizione tranquilla, ristorante dalla motivata gestione familiare. Proposte del territorio, arricchite da fantasia e ottime materie prime.

NOCI – Bari (BA) – **564** E33 – **19 455 ab.** – alt. 424 m – ✉ 70015   **27** C2
▶ Roma 497 – Bari 49 – Brindisi 79 – Matera 57
🖈 piazza Plebiscito 43 𝓒 080 4978889

🏠 **Abate Masseria** 🐾 🚗 🏤 ⅃ ⅍ ⅙ cam, AC ⅍ ⒲ P.
strada provinciale per Massafra km 0,300, Sud-Est: VISA ⬤ AE ⓪ ⛄
1 km – 𝓒 08 04 97 82 88 – www.abatemasseria.it – Fax 08 04 97 82 88
– 22 marzo-14 novembre
8 cam 🍽 – ♦♦126/198 € – ½ P 88/124 €
Rist *Il Briale* – (chiuso novembre e mercoledì) Carta 23/45 €
♦ Bel complesso agricolo con edifici in tufo e trulli intorno a un curato giardino cinto da mura. Le camere affacciate sul prato - alcune di esse con un proprio spazio riservato – vantano una tenuta perfetta e bei mobili. Per chi non rinuncia allo sport neanche in vacanza: piscina, campo da tennis e da calcetto.

🏨 **Cavaliere** 🏢 ⅙ AC ⅍ rist. ⒲ P. 🚗 VISA ⬤ AE ⛄
via Tommaso Siciliani 47 – 𝓒 08 04 97 75 89 – www.hotelcavaliere.it
– Fax 08 04 94 90 25
33 cam 🍽 – ♦95 € ♦♦140 € – ½ P 95 €
Rist – (chiuso domenica sera) Carta 30/41 €
♦ Una completa ristrutturazione ha riconsegnato un albergo accogliente, con stanze eleganti dalle linee classiche e una bella terrazza per piacevoli serate o per il relax. Due ampie sale da pranzo, molto luminose.

↑ **Agriturismo Le Casedde** 🚗 ⅃ ⅍ ⅙⅙ ⅍ P.
strada prov. 239 km 12,800, Ovest : 2,5 km – 𝓒 08 04 97 89 46
– www.lecasedde.com – Fax 08 04 97 89 46
8 cam 🍽 – ♦60/68 € ♦♦72/78 € – ½ P 58/65 €
Rist – (prenotazione obbligatoria) Menu 23/30 €
♦ All'interno di caratteristici trulli, una risorsa agrituristica semplice nelle strutture, ma con piacevoli interni d'ispirazione contemporanea, curati e accoglienti. Piatti preparati con prodotti locali, nella sala ristorante con camino centrale.

X **L'Antica Locanda** 🏤 AC ⅍ VISA ⬤ AE ⓪ ⛄
via Spirito Santo 49 – 𝓒 08 04 97 24 60 – www.pasqualefatalino.it
– Fax 08 04 97 24 60 – chiuso domenica sera, martedì
Rist – Menu 30/40 € – Carta 27/39 €
♦ In uno dei vicoli del caratteristico borgo - sotto volte in tufo - i sapori autentici della regione ispirano la cucina, elaborata partendo dai prodotti di questa terra. Stile rustico e allegre tovaglie colorate.

a Montedoro Sud-Est : 3 km – ✉ 70015 Noci

XX **Il Falco Pellegrino** 🚗 🏤 ⅙ AC ⅍ P. VISA ⬤ AE ⓪ ⛄
zona B 47/c – 𝓒 08 04 97 43 04 – Fax 08 04 97 02 92 – chiuso domenica sera, lunedì
Rist – Carta 22/43 € 🌿
♦ Ristorante all'interno di una bella villetta nel cuore della campagna, propone specialità di pesce e proposte di cucina locale; invitante servizio estivo in giardino.

NOLA – Napoli (NA) – **564** E25 – **32 746 ab.** – alt. 40 m – ⊠ 80035   **6** B2

▶ Roma 217 – Napoli 33 – Benevento 55 – Caserta 34

X **Le Baccanti**   🛣 AC 🛇 VISA ⓪ AE ① ⑤
via Puccini 5 – 𝒞 08 15 12 21 17 – Fax 08 15 12 21 17 – chiuso dal 24 al 26 dicembre, dal 6 all'8 aprile, dal 10 al 30 agosto, domenica sera, lunedì
Rist – Carta 35/50 € ⌘

♦ Semplice locale dotato di due grandi finestre che si affacciano sulle cucine, dalle quali giungono piatti fantasiosi in cui tradizione e creatività diventano un tutt'uno; servizio informale.

in prossimità casello autostrada A 30   Ovest: 1,5 km

🏨 **Ferrari**   🛣 🛗 � AC ↩ 🛇 🛜 ㎲ 🄿 🚗 VISA ⓪ AE ① ⑤
via Nazionale delle Puglie 349, località San Vitaliano – 𝒞 08 15 19 80 83 – www.hotelferrari.it – Fax 08 15 19 70 21
102 cam ⊴ – ♦120/145 € ♦♦150/180 € – ½ P 105/130 €
Rist – (chiuso a mezzogiorno) Menu 25 €

♦ Marmi, boiserie ed una raffinata atmosfera per questo moderno hotel a vocazione congressuale; camere arredate con ricercatezza e sale idonee per allestire conferenze o riunioni di lavoro. Legno ed eleganza ritornano anche al ristorante, ideale cornice per cerimonie o cene ispirate ai sapori del mare.

NOLI – Savona (SV) – **561** J7 – **2 918 ab.** – ⊠ 17026 ▮ Italia   **14** B2

▶ Roma 563 – Genova 64 – Imperia 61 – Milano 187

🛈 corso Italia 8 𝒞 019 7499003, noli@inforiviera.it, Fax 019 7499300

🏨 **Italia** senza rist   ◁ 🛗 ⅆ AC 🛜 🕍 VISA ⓪ AE ⑤
corso Italia 23 – 𝒞 0 19 74 83 26 – www.hotelitalianoli.com – chiuso novembre
16 cam ⊴ – ♦90/110 € ♦♦110/170 €

♦ Nel centro di Noli, ma affacciato sul mare, questo hotel rinnovato in anni recenti propone ambienti comuni e camere arredate in modo moderno e dalle calde tonalità.

🏠 **Residenza Palazzo Vescovile**   ◁ ⅆ 🛇 🛜 🚗 VISA ⓪ AE ⑤
via al Vescovado 13 – 𝒞 01 97 49 90 59 – www.hotelvescovado.it – Fax 01 97 49 90 59 – chiuso dal 5 novembre al 6 dicembre
8 cam ⊴ – ♦90/140 € ♦♦140/200 €
Rist La Fornace di Barbablù – vedere selezione ristoranti

♦ Una suggestiva e indimenticabile vacanza nell'antico Palazzo Vescovile, in ambienti ricchi di fascino: alcuni impreziositi da affreschi e con splendidi arredi d'epoca. Vista sublime dalle terrazze.

XXX **La Fornace di Barbablù** (Giuseppe Ricchebuono) – Residenza Palazzo Vescovile
☆ *piazzale Rosselli – 𝒞 01 97 49 90 59*   🛣 🛇 VISA ⓪ AE ⑤
– www.ristorantevescovado.it – Fax 01 97 49 90 59 – chiuso mercoledì a mezzogiorno, anche martedì a mezzogiorno in luglio-agosto, tutto il giorno negli altri mesi
Rist – Menu 55/75 € – Carta 55/85 € ⌘
Spec. Pansotti di coniglio saltati al timo con crema di formaggetta. Frittura di pescato locale in padella con verdure di stagione. Cappon magro.

♦ Tre deliziose salette all'interno del prestigioso complesso architettonico noto come Palazzo Vescovile e nel periodo estivo un piacevole servizio in terrazza con vista mare. Curiosi di saperne di più circa la cucina? Decisamente ligure, con qualche apprezzabile tocco estroso.

X **Nazionale**   AC VISA ⓪ ⑤
corso Italia 37 – 𝒞 0 19 74 88 87 – Fax 0 19 74 88 87 – chiuso dal 3 novembre al 22 dicembre e lunedì
Rist – Carta 39/54 €

♦ Lungo la statale, all'estremità della località, locale di lunga tradizione familiare "vecchia maniera". Preparazioni semplici, sapori netti, porzioni abbondanti.

a Voze Nord-Ovest : 4 km – ⊠ 17026 Noli

XX **Lilliput**   🚗 🛣 AC 🄿 VISA ⓪ AE ⑤
via Zuglieno 49 – 𝒞 0 19 74 80 09 – chiuso dal 10 gennaio al 10 febbraio, dal 2 novembre al 3 dicembre, lunedì
Rist – (chiuso a mezzogiorno escluso sabato, domenica e i giorni festivi)
Carta 44/74 €

♦ In una piacevole casa circondata da un giardino ombreggiato con minigolf, un locale dall'ambiente curato che propone piatti di mare; servizio estivo in terrazza.

NONANTOLA – Modena (MO) – **562** H15 – 14 727 ab. – alt. 24 m
– ✉ 41015 ▮ Italia

    ▶ Roma 415 – Bologna 34 – Ferrara 62 – Mantova 77
    ◉ Sculture romaniche★ nell'abbazia

a Rubbiara Sud: 7 km – ✉ 41015

✗   **Osteria di Rubbiara**   🛋 🕸 **P** VISA ◎

⊝   via Risaia 2/4 – ℰ 05 95 49 0 19 – Fax 05 95 48 5 20 – chiuso dal 20 dicembre al
   10 gennaio, agosto e martedì
   Rist – (chiuso la sera escluso venerdì e sabato) (prenotazione obbligatoria)
   Carta 17/24 €
   ♦ In aperta campagna, osteria pluricentenaria dall'ambiente tipico, con sala in stile rustico;
   annessa l'azienda agricola per la produzione di vino e aceto balsamico, visitabile previo
   appuntamento.

NORCIA – Perugia (PG) – **563** N21 – 4 982 ab. – alt. 604 m – ✉ 06046   33 D2
    ▶ Roma 157 – Ascoli Piceno 56 – L'Aquila 119 – Perugia 99

🏛   **Palazzo Seneca**   🚗 🕸 ৬ 🎬 ⅍ ⁽¹⁾ VISA ◎ AE ① ♻

   via Cesare Battisti 10 – ℰ 07 43 81 74 34 – www.palazzoseneca.com
   – Fax 07 43 81 74 34
   22 cam � – ♦99/240 € ♦♦124/300 € – 2 suites – ½ P 102/189 €
   Rist – Carta 50/91 €
   ♦ Nel cuore di Norcia, una deliziosa risorsa all'interno di un palazzo storico: arredi in stile a
   partire dalla bella ed ampia hall sino alle camere, tutte personalizzate e di ottima fattura. Al
   ristorante, cucina moderna nelle due piacevoli salette affacciate sul giardino.

🏛   **Salicone** senza rist   🚗 ⌣ 🖥 🕸 ᗮ ✗ 🛏 ৬ 🎬 ⁽¹⁾ 🏊 **P** 🚗

   viale Umbria – ℰ 07 43 82 80 76   VISA ◎ AE ① ♻
   – www.bianconi.com – Fax 07 43 82 80 81
   71 cam ⌣ – ♦65/139 € ♦♦82/173 €
   ♦ Alle porte della cittadina - nei pressi del centro sportivo - questa struttura è particolarmente indicata per una clientela d'affari con ambienti comuni ridotti, ma camere ampie
   dagli arredi classici e provviste di uno spazioso piano di lavoro.

🏠   **Grotta Azzurra**   🖥 🎬 ⁽¹⁾ 🏊 VISA ◎ AE ① ♻

⊝   via Alfieri 12 – ℰ 07 43 81 65 13 – www.bianconi.com – Fax 07 43 81 73 42
   46 cam ⌣ – ♦56/95 € ♦♦65/113 € – 4 suites – ½ P 58/95 €
   Rist *Granaro del Monte* – Carta 22/55 €
   ♦ Semplice alberghetto in pieno centro storico, in un edificio d'epoca, dove è stata ricreata
   l'atmosfera del tempo passato con arredi in stile antico; camere funzionali. Nelle sale del
   ristorante oggetti, dipinti, decorazioni ricordano un tempo ormai lontano.

⌂   **Agriturismo Casale nel Parco dei Monti Sibillini** 🌿   ᐸ
   Località Fontevena 8, Nord : 1,5 km   🚗 🛋 ⌣ ৬ ⁽¹⁾ **P** VISA ◎ ♻
   – ℰ 07 43 81 64 81 – www.casalenelparco.com – Fax 07 43 82 42 07
   – chiuso novembre, gennaio e febbraio
   15 cam ⌣ – ♦55/65 € ♦♦90/110 € – ½ P 75 €
   Rist – (consigliata la prenotazione) Carta 24/34 €
   ♦ Casa colonica trasformata in agriturismo: il corpo centrale, i pollai e la stalla sono stati ricon-
   vertiti in camere con letti a baldacchino e travi a vista. Alcune di esse attrezzate con angolo cottura, ma per tutti c'è a disposizione una cucina per preparare le pappe ai bimbi o una tisana.

✗✗   **Taverna de' Massari**   🛋 🛋 ⌣ VISA ◎ AE ① ♻
   via Roma 13 – ℰ 07 43 81 62 18 – www.tavernademassari.com
   – Fax 07 43 81 62 18 – chiuso martedì escluso da luglio a settembre
   Rist – Carta 24/48 €
   ♦ Taverna nel cuore della località: una piccola saletta con tre tavoli, da cui si accede alla sala
   principale, con soffitti ad arco e affreschi; piatti della tradizione.

✗   **Beccofino**   🛋 🕸 VISA ◎ AE ① ♻
⊝   piazza San Benedetto 12/b – ℰ 07 43 81 60 86 – Fax 07 43 81 60 86 – chiuso
   mercoledì
   Rist – (consigliata la prenotazione) Menu 40/45 € – Carta 21/45 € 🍷
   ♦ Forti legami con la tradizione per la cucina di questo locale situato all'ombra della statua
   di San Benedetto. Due salette contigue, semplici nello stile con pochi accessori e pochi
   orpelli, ma solo un grande affresco ad impreziosire una delle pareti. Bella cantina con oltre
   250 etichette e proposte al bicchiere.

NOSADELLO – Cremona – Vedere Pandino

NOTARESCO – Teramo (TE) – **563** O23 – 6 922 ab. – alt. 250 m – ⊠ 64024   1 B1
> ◆ Roma 180 – Ascoli Piceno 59 – Chieti 55 – Pescara 42

sulla strada statale 150 Sud : 5 km :

%% **3 Archi**   🔳 🍴 **P** 🚗 **VISA** 🌐 **AE** ⓪ 👍
> via Antica Salara 25 ⊠ 64020 – ℰ 08 58 98 1 40 – www.trearchi.net
> – Fax 08 58 98 1 40 – chiuso novembre, martedì sera e mercoledì
> **Rist** – Carta 27/37 €
> ◆ Posto caldo e accogliente, con grande disimpegno piacevolmente arredato sul rustico; due sale con spazio per la cottura di carni alla griglia, a vista; piatti abruzzesi.

NOTO – Siracusa – **565** Q27 – Vedere Sicilia alla fine dell'elenco alfabetico

NOVACELLA (NEUSTIFT) – Bolzano (BZ) – **562** B16 – alt. 590 m   31 C1
– Sport invernali : La Plose-Plancios : 1 503/2 500 m ⛄1 ⛷9 (Comprensorio
Dolomiti superski Val d'Isarco) ⚲ – ⊠ 39040 ▮ Italia
> ◆ Roma 685 – Bolzano 44 – Brennero 46 – Cortina d'Ampezzo 112
> ◙ Abbazia★★

🏨 **Pacherhof** ॐ   ≤ 🍴 🔳 🔲 ⑩ 🏠 ♿ cam, 🎱 **P** 🚗 **VISA** 🌐 ⓪ 👍
> località Varna – ℰ 04 72 83 57 17 – www.pacherhof.com – Fax 04 72 80 11 65
> – chiuso dal 21 gennaio al 9 marzo
> **22 cam** ⊠ – †50/72 € ††96/150 € – 5 suites – ½ P 87/97 €
> **Rist** – (solo per alloggiati) Menu 18/40 €
> ◆ Splendidamente incorniciata dai vigneti dei bianchi dell'Alto Adige, questa bella casa in stile garantisce piacevoli soggiorni conditi con una sana eleganza agreste. Cucina servita in tre caratteristiche stube antiche.

🏨 **Pacher**   🍴 🏠 🔳 🏠 🏨 🍴 🎱 **P** **VISA** 🌐 👍
> via Pusteria 6 – ℰ 04 72 83 65 70 – www.hotel-pacher.com – Fax 04 72 83 47 17
> – chiuso dal 7 novembre al 3 dicembre
> **37 cam** ⊠ – †55/75 € ††98/125 € – ½ P 65/79 €
> **Rist** – (chiuso lunedì) Carta 31/48 €
> ◆ Sarà piacevole soggiornare in questa struttura circondata dal verde, con gradevoli interni in moderno stile tirolese e ariose camere. Ampia sala da pranzo completamente rivestita in legno; servizio ristorante estivo in giardino.

🏠 **Ponte-Brückenwirt**   🎵 🍴 🔳 🏨 ♿ rist, 🍴 rist, **P** **VISA** 🌐 ⓪ 👍
> via Abbazia 2 – ℰ 04 72 83 66 92 – www.brueckenwirt.it – Fax 04 72 83 75 87
> – chiuso febbraio
> **12 cam** ⊠ – †41/45 € ††82/90 € – ½ P 51/58 €
> **Rist** – (chiuso mercoledì) Carta 21/25 €
> ◆ A pochi passi dalla famosa abbazia, hotel immerso in un piccolo parco con piscina riscaldata: accoglienti spazi comuni arredati in stile locale, belle camere mansardate. Grande e luminosa sala ristorante, servizio all'aperto nella bella stagione.

NOVAFELTRIA – Pesaro e Urbino (PU) – **563** K18 – 7 258 ab.   20 A1
– alt. 293 m – ⊠ 61015
> ◆ Roma 315 – Rimini 32 – Perugia 129 – Pesaro 83

%% **Due Lanterne** con cam ॐ   ≤ 🍴 🍴 **P** **VISA** 🌐 **AE** ⓪ 👍
> frazione Torricella 215, Sud : 2 km – ℰ 05 41 92 02 00 – Fax 05 41 92 02 00
> – chiuso dal 23 al 31 dicembre
> **12 cam** ⊠ – †40 € ††60 €
> **Rist** – (chiuso lunedì) (consigliata la prenotazione) Carta 20/28 €
> ◆ Cucina regionale con tante specialità al tartufo in un ambiente caldo ed accogliente: una sala rivolta verso la vallata e le colline circostanti, curata nell'arredamento come nella tenuta. Terrazza e dehors estivo.

% **Del Turista-da Marchesi**   🍴 🔃 **P** **VISA** 🌐 ⓪ 👍
> località Cà Gianessi 7, Ovest : 4 km – ℰ 05 41 92 01 48 – www.damarchesi.it
> – Fax 05 41 92 63 27 – chiuso dal 15 giugno al 5 luglio e martedì
> **Rist** – Carta 18/33 €
> ◆ Tra Marche e Romagna, un rifugio per chi riconosce la buona cucina, quella attenta a ciò che la tradizione ha consegnato. Piacevole l'ambiente, di tono rustico, riscaldato da un caminetto in pietra.

NOVA LEVANTE (WELSCHNOFEN) – Bolzano (BZ) – **562** C16　　　**31** D3
– 1 900 ab. – alt. 1 182 m – Sport invernali : 1 182/2 350 m ✄11 (Vedere anche Carezza al Lago e passo di Costalunga) ✍ – ⊠ 39056 ▌Italia

　▶ Roma 665 – Bolzano 19 – Cortina d'Ampezzo 89 – Milano 324
　🛈 via Carezza 21 ✆ 0471 613126, info@carezza.com, Fax 0471 613360
　🖪 Carezza, ✆ 0471 61 22 00
　🖸 Lago di Carezza★★★ Sud-Est : 5,5 km

🏠　**Engel** 🏖　　≤ 🏡 🏠 🖳 🕮 🍴 ƒå 🍽 🛗 & cam, ♣↑ 🕮 rist, ↳ 🕊 **P**
　　via San Valentino 3 – ✆ 04 71 61 31 31　　　　　　　　**VISA** ⬤ AE ⓪ ⑤
　　– www.hotel-engel.com – Fax　04 71 61 34 04 – chiuso dal 10 aprile al
　　15 maggio
　　64 cam � – ♚99/134 € ♚♚149/311 € – 4 suites – ½ P 128/166 €
　　Rist – Carta 43/48 €
　　♦ Hotel completamente ristrutturato, offre servizi completi ed un centro benessere tra i
　　più belli della zona. Belle camere, spaziose e signorili. Al ristorante vanno in tavola le spe-
　　cialità locali.

NOVA PONENTE (DEUTSCHNOFEN) – Bolzano (BZ) – **562** C16　　　**31** D3
– 3 871 ab. – alt. 1 357 m – Sport invernali : a Obereggen : 1 512/2 500 m ✄1 ✄7
(Comprensorio Dolomiti superskiVal di Fassa-Obereggen) ✍ – ⊠ 39050

　▶ Roma 670 – Bolzano 25 – Milano 323 – Trento 84
　🛈 via Paese 9/a ✆ 0471 616567, info@eggental.com, Fax 0471 616727
　🖪 Petersberg, ✆ 0471 6 15 12

🏠　**Pfösl** 🏖　　≤ 🏡 🏠 🖳 🕮 🍴 ƒå 🛗 & cam, ♣↑ 🍴 cam, 🕊 **P** **VISA** ⬤
　　via rio Nero 2, Est : 1,5 km – ✆ 04 71 61 65 37 – Fax　04 71 61 67 60
　　– 5 dicembre-15 aprile e 15 maggio-9 novembre
　　44 cam ⊊ – ♚100/150 € ♚♚146/208 € – ½ P 127/187 €
　　Rist – (chiuso martedì) Carta 35/51 €
　　♦ Grande casa in stile montano ristrutturata con gusto moderno, in mezzo al verde, con
　　incantevole veduta delle Dolomiti; camere rinnovate di recente, bel centro relax. Per soddi-
　　sfare l'appetito si può optare per la sala con vista sulla valle o per la stube.

🏠　**Stella-Stern**　　　≤ 🖳 🍴 🛗 🕊 **P** 🚗 **VISA** ⬤ AE ⑤
⬤⬤　Centro 18 – ✆ 04 71 61 65 18 – www.hotel-stern.it – Fax　04 71 61 67 66 – chiuso
　　novembre e dal 15 aprile al 15 maggio
　　28 cam ⊊ – ♚45/65 € ♚♚80/120 € – ½ P 62/70 €
　　Rist – (chiuso martedì) Carta 19/40 €
　　♦ Nella piazza in centro al paese, albergo di tradizione a gestione diretta: parquet e soffitto
　　in legno nel soggiorno d'impronta moderna, camere non recentissime ma funzionali. Presso
　　l'elegante ristorante, un'ottima cucina italiana e tirolese.

a Monte San Pietro (Petersberg)Ovest : 8 km – alt. 1 389 m – ⊠ 39050

🏠　**Peter**　　≤ 🏡 🏠 🖳 🍴 🍽 🛗 ♣↑ 🕊 **P** 🚗 **VISA** ⬤ ⑤
　　Paese 24 – ✆ 04 71 61 51 43 – www.hotel-peter.it – Fax　04 71 61 52 46 – chiuso
　　dal 5 al 30 novembre
　　41 cam ⊊ – ♚60/95 € ♚♚120/200 € – 2 suites　　**Rist** – Menu 25/45 €
　　♦ Tipico albergo tirolese in una graziosa struttura immersa nel verde e nella tranquillità;
　　romantici spazi interni, camere confortevoli, luminosa zona fitness. Soffitto in legno a casset-
　　toni nella sala da pranzo.

NOVARA ℗ (NO) – **561** F7 – 102 862 ab. – alt. 159 m – ⊠ 28100　　　**23** C2
▌Italia

　▶ Roma 625 – Stresa 56 – Alessandria 78 – Milano 51
　🛈 corso Garibaldi 23 ✆ 0321 331620, iatturismo@comune.novara.it, Fax
　　0321 630291
　🖪 ✆ 0321 92 78 34
　🖸 Basilica di San Gaudenzio★ AB : cupola★★ – Pavimento★ del Duomo AB
　　　　　　　　　Pianta pagina seguente

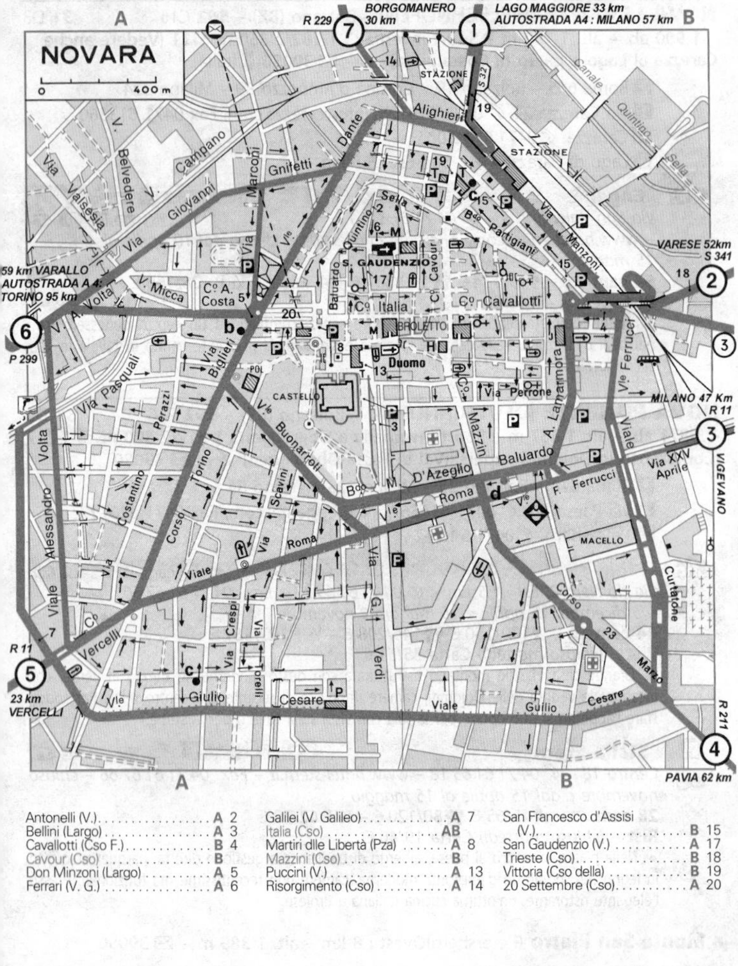

Antonelli (V.) . . . . A 2
Bellini (Largo) . . . . A 3
Cavallotti (Cso F.) . . . . B 4
Cavour (Cso) . . . . B
Don Minzoni (Largo) . . . . A 5
Ferrari (V. G.) . . . . A 6
Galilei (V. Galileo) . . . . A 7
Italia (Cso) . . . . AB
Martiri dlle Libertà (Pza) . . . . . A 8
Mazzini (Cso) . . . . B
Puccini (V.) . . . . A 13
Risorgimento (Cso) . . . . A 14
San Francesco d'Assisi (V.) . . . . B 15
San Gaudenzio (V.) . . . . A 17
Trieste (Cso) . . . . B 18
Vittoria (Cso della) . . . . B 19
20 Settembre (Cso) . . . . A 20

La Bussola

via Boggiani 54 – ☎ 03 21 45 08 10 – www.labussolanovara.com – Fax 03 21 45 27 86 Ac

96 cam ☕ – †80/107 € ††116/224 € – ½ P 98/125 €

Rist *Al Vecchio Pendolo* – *(chiuso dal 1° al 22 agosto e domenica sera)*

Carta 28/45 €

◆ Albergo dallo stile ricercato, un po' barocco, con zone comuni che abbondano di preziosi divanetti, statue liberty ed orologi antichi (vera passione del titolare-collezionista). Generosità di metri quadrati nelle camere e nei bagni. Curato ristorante di tono elegante.

Cavour senza rist

via San Francesco d'Assisi 6 – ☎ 03 21 65 98 89 – www.panciolihotels.it/cavour – Fax 03 21 65 92 30 Bc

38 cam ☕ – †100/180 € ††130/200 €

◆ La bella hall con ampie vetrate affacciate sul piazzale della stazione anticipa lo stile moderno dell'hotel. Taglio contemporaneo e soluzioni di design anche nelle camere, dove il minimalismo delle testiere in legno wengé s'intreccia con l'eleganza degli armadi in legno laccato bianco.

Croce di Malta senza rist 🖢 🔟 ⅍ ⁽ᵠ⁾ 🕍 VISA ◍ ⑤
via Biglieri 2/a – ☎ 0 32 13 20 32 – www.crocedimaltanovara.it
– Fax 03 21 62 34 75 – chiuso agosto   **Ab**
20 cam ⌧ – †65/75 € ††100/130 €
♦ In posizione centrale, un piccolo albergo che dispone di ambienti comuni un po' ridotti, ma camere molto spaziose con mobili classici, angolo salotto e un grande piano di lavoro. Una valida struttura, prevalentemente ad indirizzo business.

XXX Tantris (Marta Grassi) 🕭 🔟 ⅍ VISA ◍ ⓘ ⑤
corso Risorgimento 384, località Vignale, Nord: 3 km – ☎ 03 21 65 73 43
– Fax 03 21 65 73 43 – chiuso dal 1° al 5 gennaio, 3 settimane in agosto, domenica sera, lunedì
Rist – (consigliata la prenotazione) Carta 58/80 €
Spec. Insalata tiepida di trota in carpione. Risotto, gamberi e limone, capperi e rose essicati. Mele e mele e mele e mele: 4 preparazioni.
♦ Piatti semplici e sofisticati allo stesso tempo, dove ogni proposta è un delicato equilibrio di diversi ingredienti: carne, pesce, ma anche tanti formaggi.

XXX Prestige 🔟 VISA ◍ 🆎 ⓘ ⑤
via Baluardo Lamarmora 6 – ☎ 03 21 44 23 17 – www.prestige-cl.it
– Fax 03 21 44 23 17 – chiuso 2 settimane in gennaio, 2 settimane in agosto, martedì, mercoledì a mezzogiorno   **Bd**
Rist – (consigliata la prenotazione) Menu 50/65 € – Carta 51/66 € ❀
♦ Villino dei primi del '900 che conserva alcune caratteristiche peculiari, quali lo sviluppo in salette, gli originali pavimenti e le finestre con vetri piombati, colorati. La cucina è d'impronta creativa, equamente divisa fra mare e terra.

NOVA SIRI MARINA – Matera (MT) – 564 G31 – 6 647 ab. – ⌧ 75020   **4 D3**
🔟 Roma 498 – Bari 144 – Cosenza 126 – Matera 76

🏨 Imperiale 🖢 🕭 cam, 🔟 ⅍ ⁽ᵠ⁾ 🕍 🅿 🚗 VISA ◍ 🆎 ⓘ ⑤
via Pietro Nenni – ☎ 08 35 53 69 00 – www.imperialehotel.it
– Fax 08 35 53 65 05
31 cam ⌧ – †58/75 € ††85/110 € – ½ P 65/70 €   **Rist** – Carta 17/35 €
♦ Imponente struttura di taglio moderno, costruita pochi anni fa, con ampi spazi per meeting e banchetti; piacevoli aree comuni in stile contemporaneo, camere confortevoli.

NOVELLO – Cuneo (CN) – 561 I5 – 1 016 ab. – alt. 471 m – ⌧ 12060   **25 C2**
🔟 Roma 620 – Cuneo 63 – Asti 56 – Milano 170

⌂ Abbazia il Roseto senza rist ＜ 🚗 ⋒ 🅿
via Roma 38 – ☎ 01 73 74 40 16 – www.abbaziaroseto.it – Fax 01 73 74 40 16
– chiuso gennaio e febbraio
6 cam ⌧ – †60 € ††75 €
♦ Abbazia e roseti oggi sono visibili solo con l'aiuto della fantasia, ma di certo si può vivere un soggiorno in una casa accogliente con tratti di antica e sobria eleganza.

⌂ Agriturismo il Noccioleto ⧠ ＜ 🚗 ⅃ 🕭 ⚼ ⁽ᵠ⁾ 🅿 VISA ◍ ⑤
località Chiarene 4, Ovest : 2,5 km – ☎ 01 73 73 13 23 – www.ilnoccioleto.com
– Fax 01 73 73 12 51 – chiuso gennaio-15 febbraio
8 cam ⌧ – †46/66 € ††76/116 € – ½ P 48/68 €
Rist – (chiuso domenica sera e lunedì) Menu 30/35 €
♦ Una bella struttura con camere confortevoli e spazi comuni in quantità. L'ubicazione è adatta a chi cerca quiete e relax, in piena campagna circondati da vigne e noccioli. Tre sale ristorante, identificabili con i nomi dei vitigni, propongono le specialità langarole.

NOVENTA DI PIAVE – Venezia (VE) – 562 F19 – 6 420 ab.   **35 A1**
– ⌧ 30020
🔟 Roma 554 – Venezia 41 – Milano 293 – Treviso 30

🏨 Omniahotel senza rist 🛏 🖢 🕭 🔟 ⇴ ⅍ ⁽ᵠ⁾ 🕍 🅿 🚗
via Rialto 1 – ☎ 04 21 30 73 05 – www.omniahotel.it   VISA ◍ 🆎 ⓘ ⑤
– Fax 04 21 30 77 85
66 cam ⌧ – †56/67 € ††77/93 € – 2 suites
♦ Facile da raggiungere, all'uscita autostradale. Moderno e funzionale, con spazi comuni e stanze confortevoli e razionali, l'hotel è stato costruito recentemente.

XX **Guaiane** `AC` `⌀` `P` `VISA` `◯◯` `AE` `◯` `⑤`
via Guaiane 146, Est : 2 km – ℰ 042 16 50 02
– www.guaiane.com – Fax 0421 65 88 18
– chiuso dal 27 dicembre al 12 gennaio, dal 10 al 17 agosto, lunedì, martedì sera
Rist – Carta 29/73 €
Rist L' Ostaria – Carta 24/33 €
♦ Nei suoi 50 anni di storia e di tradizione ha saputo diventare uno dei ristoranti più gettonati della zona: la cucina locale l'indiscutibile punto fermo, il pesce la specialità. Valida alternativa al ristorante, nata da una piccola boottega, l'Ostaria propone piatti più semplici.

NOVENTA PADOVANA – Padova (PD) – 562 F17 – 10 226 ab.
36 C3
– alt. 14 m – ⊠ 35027 ▮ Venezia

▶ Roma 501 – Padova 8 – Venezia 37

XX **Boccadoro** `AC` `⌀` `⇔` `VISA` `◯◯` `AE` `◯` `⑤`
via della Resistenza 49 – ℰ 049 62 50 29 – www.boccadoro.it
– Fax 049 62 57 82 – chiuso dal 1° al 15 gennaio, dal 5 al 25 agosto, martedì sera e mercoledì
Rist – Menu 45 € – Carta 34/49 € 🏵
♦ Un'intera famiglia al lavoro per proporvi il meglio di una cucina legata al territorio e alle stagioni, in un ambiente curato e piacevole. Degna di nota, la cantina.

NOVENTA VICENTINA – Vicenza (VI) – 562 G16 – 8 738 ab.
35 B3
– alt. 16 m – ⊠ 36025

▶ Roma 479 – Padova 47 – Ferrara 68 – Mantova 71

XX **Alla Busa** con cam 🛏 `⌂` `Là` `🖥` `&` `AC` `↯` `((¶))` `🕸` `P` `VISA` `◯◯` `AE` `◯` `⑤`
corso Matteotti 70 – ℰ 04 44 88 71 20 – Fax 04 44 88 72 87
18 cam � – †50/60 € ††80/90 € – 1 suite – ½ P 65/75 €
Rist – (chiuso lunedì) Carta 24/39 €
♦ Nel centro storico, una struttura a tradizione familiare ampliatasi nel tempo fino alle attuali quattro sale decorate con falsi d'autore. Settore notte con camere eleganti.

X **Primon** con cam `AC` `VISA` `◯◯` `◯` `⑤`
via Garibaldi 6 – ℰ 04 44 78 71 49 – www.ristoranteprimon.it
– Fax 04 44 78 73 68 – chiuso dal 1° al 20 agosto
6 cam – †40/50 € ††50/60 €, ⊆ 5 €
Rist – (chiuso giovedì) Carta 24/44 €
♦ Ristorante di tradizione familiare dal 1875 con cucina di ispirazione regionale, paste fatte in casa e carni cotte su uno spiedo di origine leonardesca. Ambienti di sobria modernità.

NOVERASCO – Milano – Vedere Opera

NOVI LIGURE – Alessandria (AL) – 561 H8 – 28 331 ab. – alt. 197 m
23 C3
– ⊠ 15067

▶ Roma 552 – Alessandria 24 – Genova 58 – Milano 87

🄸 viale dei Campionissimi 2 ℰ 0143 72585, iat@comune.noviligure.al.it, Fax 0143 767657

🄗 Colline del Gavi, ℰ 0143 34 22 64

🄝 Villa Carolina, ℰ 0143 46 73 55

🏠🏠 **Relais Villa Pomela** 🛏 `≤` `⌂` `🖥` `&` `AC` `⌀` rist, `🕸` `P`
via Serravalle 69, Sud : 2 km – ℰ 01 43 32 99 10 `VISA` `◯◯` `AE` `◯` `⑤`
– www.pomela.it – Fax 01 43 32 99 12 – chiuso dal 25 dicembre al 7 gennaio e dal 1° al 23 agosto
45 cam ⊆ – †100/180 € ††150/215 € – 2 suites – ½ P 105/153 €
Rist – Carta 41/70 €
♦ Elegante villa dell'800 avvolta nel soave silenzio di un parco, dispone di ambienti signorili, sale per congressi, camere accoglienti. Possibilità di visite guidate e degustazioni presso la rimarchevole cantina. Due sale ristorante arredate con gusto.

a Pasturana Ovest : 4 km – ⊠ 15060

XX **Locanda San Martino** 🛜 AK P VISA ☺ AE ① ⛚
*via Roma 26 – ☎ 0 14 35 84 44 – www.locandasanmartino.com
– Fax 0 14 35 84 45 – chiuso dal 17 gennaio all'11 febbraio ed 1 settimana in
settembre, lunedì sera, martedì*
Rist – Carta 34/45 €
◆ Piatti tipici della tradizione piemontese, ligure e lombarda basati essenzialmente su alimenti freschi di stagione in un ambiente simpatico ed elegante nel verde delle colline.

NUCETTO – Cuneo (CN) – **561** I6 – 452 ab. – alt. 450 m – ⊠ 12070　　23 C3
　▶ Roma 598 – Cuneo 52 – Imperia 77 – Savona 53

X **Osteria Vecchia Cooperativa** 🎖 VISA ☺ AE ① ⛚
*via Nazionale 54 – ☎ 0 17 47 42 79 – chiuso lunedì, martedì e le sere di
mercoledì-giovedì*
Rist – Carta 25/40 €
◆ Fidata piccola osteria dalla calorosa conduzione familiare, propone una tradizionale cucina piemontese con elaborazioni casalinghe. Accogliente e informale.

NUMANA – Ancona (AN) – **563** L22 – 3 780 ab. – ⊠ 60026　　21 D1
　▶ Roma 303 – Ancona 20 – Loreto 15 – Macerata 42
　🄸 (Pasqua-settembre) piazza Santuario 24 ☎ 071 9330612, iat.numana@
　regione.marche.it, Fax 071 9330612
　🄲 Conero, ☎ 071 7 36 06 13

🏨 **Scogliera** ⇐ ⌁ 🛋 AK 🎖 ⒲ P VISA ☺ AE ⛚
*via del Golfo 21 – ☎ 07 19 33 06 22 – www.hotelscogliera.it – Fax 07 19 33 14 03
– aprile-15 ottobre*
36 cam ⊒ – ♦80/120 € ♦♦110/180 € – ½ P 95/120 €
Rist – Carta 30/60 €
◆ In prossimità del centro e del porto turistico, a ridosso della scogliera di Numana, un hotel di moderna costruzione con camere confortevoli, gestito dai proprietari. Il punto di forza è la ristorazione che propone una cucina regionale e soprattutto di mare nella caratteristica saletta con pilastri a specchio.

🏨 **Eden Gigli** ⇐ 🐾 ⌁ 🏠 ⅃₅ 🎖 🎖 🕾 🄰 P 🚗 VISA ☺ ⛚
*viale Morelli 11 – ☎ 07 19 33 06 52 – www.giglihotels.com – Fax 07 19 33 09 30
– aprile-ottobre*
41 cam ⊒ – ♦85/95 € ♦♦140/170 € – ½ P 120/130 €
Rist – Carta 26/44 €
◆ Nel centro storico, ma già immerso in un giardino digradante su un'incantevole spiaggia incastonata fra le rocce bianche, camere confortevoli nella loro squisita semplicità. Cucina classica nella saletta da pranzo arredata in modo sobrio.

🏠 **La Spiaggiola** ⇐ AK 🎖 cam, P VISA ☺ ⛚
*via Colombo 12 – ☎ 07 17 36 02 71 – www.laspiaggiola.it – Fax 07 17 36 02 71
– Pasqua-settembre*
21 cam ⊒ – ♦60/80 € ♦♦65/120 €
Rist – Carta 30/50 €
◆ Al termine di una strada chiusa, che conduce al mare, l'albergo si trova proprio di fronte alla spiaggia. Camere semplici, ma confortevoli. Cucina classica al ristorante ricavato in uno stabilimento di fronte all'hotel.

XX **La Torre** 🛜 AK VISA ☺ AE ① ⛚
via La Torre 1 – ☎ 07 19 33 07 47 – www.latorrenumana.it – Fax 07 19 33 07 47
Rist – Carta 36/60 €
◆ In prossimità del belvedere, il ristorante offre una spettacolare vista a 180° del litorale. Cucina eclettica: si passa dalle tradizionali grigliate dell'Adriatico a piatti più estrosi.

X **La Costarella** AK 🎖 VISA ☺ AE ① ⛚
*via 4 Novembre 35 – ☎ 07 17 36 02 97 – Fax 07 17 36 02 97 – Pasqua-ottobre;
chiuso martedì escluso da giugno a settembre*
Rist – Carta 46/70 €
◆ Affacciata sulla caratteristica via a gradini, una sala sobria dall'atmosfera familiare ma dalla gestione professionale propone gustosi piatti di pesce.

a Marcelli Sud : 2,5 km – ✉ 60026

🛈 (giugno-settembre) via Litoranea ✆ 071 7390179, iat.marcelli@
regione.marche.it, Fax 071 7390179

XX **Il Saraghino** ← 斎 P VISA ⓿ AE ① ⌀
via Litoranea 209/a – ✆ 07 17 39 15 96 – www.saraghino.it – Fax 07 17 39 15 96
– chiuso gennaio, febbraio e lunedì
Rist – Carta 51/64 €
♦ Un ambiente semplice e moderno illuminato da vetrate che si affacciano sul mare, dove
gustare prelibatezze a base di pesce preparate con mano creativa.

NUSCO – Avellino (AV) – **564** E27 – **4 399 ab.** – **alt. 914 m** – ✉ 83051   **7** C2
🚗 Roma 287 – Potenza 107 – Avellino 41 – Napoli 99

XX **La Locanda di Bu** (Antonio Pisaniello) 🍴 ⇆ VISA ⓿ AE ⌀
❀ vicolo dello Spagnuolo 1 – ✆ 0 82 76 46 19 – www.lalocandadibu.com
– Fax 0 82 76 46 19 – chiuso 1 settimana in luglio, domenica sera, lunedì
Rist – Menu 50/65 € – Carta 30/62 €
Spec. Zuppa fredda di pomodoro con mousse di mozzarella, olio al basilico e
croccante di pane cafone. Agnello di Carmasciano in tre modi. La cassata rivisitata.
♦ Tra il verde dei Monti Irpini, in un vicolo nel cuore del centro storico, una cucina da pro-
vare per farsi sorprendere dall'interpretazione moderna dei prodotti del territorio.

OBEREGGEN = San Floriano

OCCHIOBELLO – Rovigo (RO) – **562** H16 – **11 199 ab.** – ✉ 45030   **35** B3
🚗 Roma 432 – Bologna 57 – Padova 61 – Verona 90

🏨 **Unaway Hotel Occhiobello A13** 斎 ⁙ & cam, AC 🍴 rist, 📶 🛁
via Eridania 36, prossimità casello autostrada A 13   P VISA ⓿ AE ① ⌀
– ✆ 04 25 75 07 67 – www.unawayhotels.it – Fax 04 25 75 07 97
112 cam ⌑ – ✝59/120 € ✝✝69/168 €
Rist – (chiuso dall'8 al 20 agosto) Carta 28/80 €
♦ In comoda posizione non lontano dal casello autostradale, albergo all'interno di una
cascina ristrutturata, ideale per una clientela d'affari; ampie e curate le camere. Grande sala
da pranzo con sobri arredi in legno.

a Santa Maria Maddalena Sud-Est : 4,5 km – ✉ 45030

XX **La Pergola** 斎 AC 🍴 ⇆ VISA ⓿ AE ⌀
via Malcantone 15 – ✆ 04 25 75 77 66 – Fax 04 25 75 77 66 – chiuso agosto,
sabato, domenica
Rist – Carta 32/47 €
♦ Ambiente caldo e accogliente, quasi fosse il salotto di casa, in un locale proprio sotto l'argine del Po: indirizzo ideale per provare una gustosa cucina del territorio.

ODERZO – Treviso (TV) – **562** E19 – **19 771 ab.** – **alt. 16 m** – ✉ 31046   **35** A1
🚗 Roma 559 – Venezia 54 – Treviso 27 – Trieste 120
🛈 calle Opitergium 5 ✆ 0422 815251, iat.oderzo@provincia.treviso.it,
Fax 0422 814081

🏨 **Postumiahoteldesign** 斎 ⁙ & AC 🍴 📞 🛁 P VISA ⓿ AE ① ⌀
via Cesare Battisti 2 – ✆ 04 22 71 38 20 – www.postumiahoteldesign.it
– Fax 04 22 20 00 81
28 cam ⌑ – ✝65/105 € ✝✝120/145 € – 1 suite – ½ P 85/98 €
Rist – (chiuso 3 settimane in agosto) Carta 25/57 €
♦ In pieno centro, ma con parcheggio privato videosorvegliato, un hotel dal design
moderno, personalizzato con opere di artisti trevisani ed accessori rari. L'art de bien vivre
non risparmia le camere, che dispongono di aroma e cromoterapia. Interessanti piatti di
gusto contemporaneo al ristorante.

🏨 **Primhotel** senza rist ⁙ & 🚶 AC 📶 🛁 P 🚗 VISA ⓿ AE ① ⌀
via Martiri di Cefalonia 13 – ✆ 04 22 71 36 99 – www.primhotel.it
– Fax 04 22 71 38 90
50 cam ⌑ – ✝50/70 € ✝✝75/100 €
♦ Recente albergo moderno a vocazione congressuale, con ampie zone comuni ben tenute,
in stile lineare di taglio contemporaneo; camere confortevoli e funzionali.

XXX **Gellius** (Alessandro Breda)   🏧 ⅍ ⇔ 𝚅𝙸𝚂𝙰 ⓜⓞ 𝔸𝔼 ⓪ ⓢ

$3   *calle Pretoria 6 – ℰ 04 22 71 35 77 – www.ristorantegellius.it*
– Fax 04 22 81 07 56 – chiuso domenica sera, lunedì
Rist – Menu 72 € – Carta 62/90 € ⅋

Spec. Toast d'astice con "salsa rosa". Risotto mantecato al baccalà, gelato alla cipolla. "Cordon bleu" di pescatrice, emulsione d'olio veneto con verdure al sale.

◆ Metà ristorante metà museo, si mangia fra resti archeologici in un ambiente unico. Cucina giovane ed elaborata, le presentazioni sono curate quanto la scelta dei prodotti.

OFFIDA – Ascoli Piceno (AP) – **563** N23 – 5 318 ab. – alt. 293 m   21 D3
– ✉ 63035

▶ Roma 243 – Ascoli Piceno 29 – Ancona 102 – L'Aquila 129

verso San Benedetto del Tronto e Castorano Est : 6 km:

⌂   **Agriturismo Nascondiglio di Bacco** senza rist ⬧   ⬟ ⬟ ⬟
contrada Ciafone 97 – ℰ 07 36 88 95 37   🏧 (ʳ) 𝙿 𝚅𝙸𝚂𝙰 ⓜⓞ ⓢ
– www.nascondigliodibacco.it – Fax 07 36 88 95 37 – chiuso novembre, gennaio e febbraio
7 cam ⌷ – ♦60/70 € ♦♦70/90 €
◆ In posizione isolata, immersa nella campagna marchigiana, una vecchia cascina ristrutturata offre confortevoli camere in stile rustico realizzate tra travi a vista e mattoni.

OLANG = Valdaora

OLBIA – Olbia-Tempio (104) – **366** S38 – **Vedere Sardegna alla fine dell'elenco alfabetico**

OLCIO – Lecco (LC) – **Vedere Mandello del Lario**

OLEGGIO – Novara (NO) – **988** 2 – 13 045 ab. – alt. 232 m – ✉ 28047   23 C2
▶ Roma 637 – Novara 19 – Milano 63 – Monza 69

🏨   **Ramada Malpensa Hotel**   🛋 🛗 ⅊ 🏧 ⅏ ⅍ (ʳ) 🛁 𝙿
via per Gallarate 116 a – ℰ 03 21 96 06 38   𝚅𝙸𝚂𝙰 ⓜⓞ 𝔸𝔼 ⓪ ⓢ
– www.ramadamalpensahotel.it – Fax 03 21 96 06 45
132 cam ⌷ – ♦98/152 € ♦♦137/179 € – ½ P 91/112 €
Rist – Carta 35/47 € ⅋
◆ A pochi chilometri da Malpensa, il complesso è stato pensato per una clientela congressuale ed internazionale ed offre camere spaziose arredate in stile minimalista. Interessanti proposte gastronomiche sia nella sala classica sia in quella di impronta esotica.

OLEGGIO CASTELLO – Novara (NO) – **561** E7 – 1 943 ab.   24 A2
– alt. 315 m – ✉ 28040

▶ Roma 639 – Stresa 20 – Milano 72 – Novara 43

🏨   **Luna Hotel Motel Airport** senza rist   ⬟ 🛗 ⅊ 🏧 ⅏ (ʳ) 𝙿 ⬟
via Vittorio Veneto 54/c – ℰ 03 22 23 02 57   𝚅𝙸𝚂𝙰 ⓜⓞ 𝔸𝔼 ⓪ ⓢ
– www.lunahotelmotel.it – Fax 03 22 53 82 72
51 cam ⌷ – ♦80/300 € ♦♦95/300 €
◆ Sito lungo la strada che conduce al lago, questo hotel di nuova costruzione è ideale per una clientela d'affari ed offre funzionali ambienti arredati con gusto moderno.

XX   **Bue D'Oro**   🖼 𝙿 𝚅𝙸𝚂𝙰 ⓜⓞ 𝔸𝔼 ⓪ ⓢ
via Vittorio Veneto 2 – ℰ 0 32 25 36 24 – Fax 0 32 25 36 24 – chiuso dal 1° al 10 gennaio, dal 16 agosto al 4 settembre e mercoledì
Rist – Carta 33/56 €
◆ Bel locale a solida gestione familiare, con una sala dall'ambiente rustico-elegante, dove si propongono piatti della tradizione rivisitati e cucina stagionale.

OLEVANO ROMANO – Roma (RM) – **563** Q21 – 6 814 ab.   13 C2
– alt. 571 m – ✉ 00035
▶ Roma 60 – Frosinone 46 – L'Aquila 97 – Latina 64

XX **Sora Maria e Arcangelo**   🎴 🅶🛦 ⇔ 💳 🐵 🆎 🕦 ⚱
*via Roma 42 – 𝄢 0 69 56 40 43 – www.soramariaearcangelo.com – Fax 0 69 56
24 02 – chiuso dal 1° al 10 febbraio, dal 10 al 30 luglio, lunedì, mercoledì*
Rist – Menu 32/40 € – Carta 37/47 € 🏵
♦ Scendete le scale per raggiungere le sale ricche di atmosfera, situate negli stessi spazi in
cui un tempo si trovavano i granai; dalla cucina, piatti da sempre legati alle tradizioni.

OLGIASCA – Lecco – **561** D9 – **Vedere Colico**

OLGIATE OLONA – Varese (VA) – **561** F8 – **11 837 ab.** – **alt. 239 m**   **18** A2
– ✉ 21057

    🚩 Roma 604 – Milano 32 – Como 35 – Novara 38

XX **Ma.Ri.Na.** (Rita Possoni)   🅰🅲 🛦 ⇔ 🅿 💳 🐵 🆎 🕦 ⚱
🏵 *piazza San Gregorio 11 – 𝄢 03 31 64 04 63 – Fax 03 31 07 08 35 – chiuso dal
25 dicembre al 5 gennaio, agosto, mercoledì*
Rist – *(chiuso a mezzogiorno escluso domenica)* Menu 100/120 € – Carta 70/100 €
Spec. Zuppa di nocciole con gamberoni e scalogno. Aragostella cruda con
pomodorini secchi. Granchio reale al burro chiarificato.
♦ Ambiente di sobria eleganza: la cucina di mare predilige la freschezza del pesce in preparazioni semplici e rispettose dei sapori, nonché dei prodotti.

OLIENA – Nuoro – **366** R42 – **Vedere Sardegna alla fine dell'elenco alfabetico**

OLMO – Firenze – **563** K16 – **Vedere Fiesole**

OME – Brescia (BS) – **561** F12 – **3 219 ab.** – **alt. 240 m** – ✉ 25050   **19** D1
    🚩 Roma 544 – Brescia 17 – Bergamo 45 – Milano 93

XXX **Villa Carpino**   🍴 🕭 🅰🅲 🛦 ⇔ 🅿 💳 🐵 🆎 🕦 ⚱
*via Maglio 15, alle terme, Ovest : 2,5 km – 𝄢 0 30 65 21 14
– www.villacarpino.com – Fax 03 06 85 25 26 – chiuso dal 27 dicembre al
6 gennaio, dal 7 al 20 agosto e lunedì*
Rist – Carta 31/44 €
♦ In una grande villa circondata da un giardino curato, locale a gestione diretta, con eleganti ambienti dallo stile ricercato; cucina con solide radici nel territorio.

ONEGLIA – Imperia – **Vedere Imperia**

ONIGO DI PIAVE – Treviso – **Vedere Pederobba**

OPERA – Milano (MI) – **561** F9 – **13 613 ab.** – **alt. 99 m** – ✉ 20090   **18** B2
    🚩 Roma 567 – Milano 14 – Novara 62 – Pavia 24
    🔟 Le Rovedine, 𝄢 02 57 60 64 20

a Noverasco Nord : 2 km – ✉ 20090 Opera

🏨 **Sporting**   🕭 🏊 🖢 🅰🅲 🛄 🛦 rist. 🔊 🛎 🅿 🐵 🆎 🕦 ⚱
*via Sporting Mirasole 56 – 𝄢 0 25 76 80 31 – www.milanhotel.com
– Fax 02 45 47 78 34*
82 cam 🍽 – 🛆80/190 € 🛆🛆120/280 € – ½ P 90/170 €
Rist – *(solo per alloggiati)* Carta 30/39 €
♦ Alle porte di Milano, compatta struttura a vocazione congressuale, da poco rinnovata; confortevoli spazi comuni e camere, comodo servizio navetta per il centro città. Sala ristorante
adatta alle necessità della clientela congressuale e individuale.

OPI – L'Aquila (AQ) – **563** Q23 – **470 ab.** – **alt. 1 250 m** – ✉ 67030   **1** B3
    🚩 Roma 186 – Campobasso 113 – Frosinone 119 – Isernia 63

lungo la Strada Statale 83, al bivio per Forca D'Acero Sud : 1 km:

X **La Madonnina**   🎴 🕭 ⇔ 💳 🐵 🆎 ⚱
Via Forca D'Acero – 𝄢 08 63 91 27 14 – Fax 08 63 91 60 53 – chiuso lunedì
Rist – Carta 24/33 €
♦ Ai piedi di Opi, bar-trattoria a gestione familiare specializzato in carni alla griglia ma con
un'appetitosa selezione di salumi, formaggi e paste fresche in lista.

OPICINA – Trieste (TS) – **562** E23 – alt. 348 m – ✉ 34151 ▌Italia   **11** D3

> ◪ Roma 664 – Udine 64 – Gorizia 40 – Milano 403
> ◎ ≼ ★★ su Trieste e il golfo
> ◪ Grotta Gigante ★ Nord-Ovest : 3 km

🏠 **Nuovo Hotel Daneu** senza rist   ◰ 🎐 🖥 ₺ 🖩 ⟨ᵀ⟩ 🛁 P 🚗 / 🖂 ⓿ ⒶⒺ ⓪ 💲

strada per Vienna 55 – ℰ 0 40 21 42 14
– www.hoteldaneu.com – Fax 0 40 21 42 15
26 cam ⊡ – ♦95/115 € ♦♦120/155 €
♦ Comodo da raggiungere questo recente hotel d'ispirazione contemporanea, situato alle porte del paese in direzione del confine. Camere sobrie e confortevoli e zona sportiva dotata di piscina, sauna e bagno turco.

OPPEANO – Verona (VR) – **562** G15 – 8 624 ab. – ✉ 37050   **35** B3

> ◪ Roma 516 – Venezia 136 – Verona 29 – Vicenza 71

🏠 **Il Chiostro**   🖩 ⌬ ⟨ᵀ⟩ 🛁 P 🚗 🖂 ⓿ ⒶⒺ 💲

via Roma 85 – ℰ 04 56 97 08 68 – www.hotelilchiostro.it – Fax 04 56 97 94 06
– chiuso 2 settimane in agosto
27 cam ⊡ – ♦55/75 € ♦♦83/103 € – ½ P 75/95 €
Rist – (chiuso a mezzogiorno) Carta 23/44 €
♦ Fiori, stucchi e persino una fontana decorano il bel chiostro secentesco da cui l'hotel prende il nome e che conduce direttamente alle camere, arredate in calde e morbide tonalità. Accogliente la sala da pranzo e suggestivo il terrazzo costeggiato da un fossato naturale.

ORA (AUER) – Bolzano (BZ) – **562** C15 – 3 456 ab. – alt. 263 m   **31** D3
– ✉ 39040

> ◪ Roma 617 – Bolzano 20 – Merano 49 – Trento 40
> 🛈 piazza Principale 5 ℰ 0471 810231, info_auer@rolmail.net, Fax 0471 811138

🏠 **Amadeus**   🚗 🏛 🖩 🖥 ₺ cam, ⌬ P 🖂 ⓿ ⒶⒺ ⓪ 💲

via Capitello 23 – ℰ 04 71 81 00 53 – www.hotel-amadeus.it – Fax 04 71 81 00 00
32 cam ⊡ – ♦50/60 € ♦♦84/114 € – ½ P 52/60 €
Rist – (aprile-ottobre) (chiuso a mezzogiorno) (solo per alloggiati) Carta 38/55 €
♦ Un tipico maso di aspetto decisamente gradevole con camere graziose. In questa risorsa il soggiorno è allietato anche da una gestione familiare particolarmente ospitale. Al ristorante, la cucina classica, accompagnata da vini della zona.

ORBASSANO – Torino (TO) – **561** G4 – 22 082 ab. – alt. 273 m   **22** A1
– ✉ 10043

> ◪ Roma 673 – Torino 17 – Cuneo 99 – Milano 162

Pianta d'insieme di Torino

✂✂ **Il Vernetto**   🖩 ⓿ ⓿ 💲

via Nazario Sauro 37 – ℰ 01 19 01 55 62 – www.ilvernetto.it
– Fax 01 19 01 55 62   EU**e**
Rist – (chiuso domenica sera, lunedì) Menu 50 €
♦ Sembra un salotto caldo e accogliente questo locale familiare ed elegante con soffitti affrescati e mobili in stile; così come i vini, il patron presenta a voce una cucina fantasiosa.

ORBETELLO – Grosseto (GR) – **563** O15 – 15 077 ab. – ✉ 58015   **29** C3
▌Toscana

> ◪ Roma 152 – Grosseto 44 – Civitavecchia 76 – Firenze 183
> 🛈 piazza della Repubblica 1 ℰ 0564 860447, infoorbetello@lamaremma.info Fax 0564 860447

🏠 **Relais San Biagio** senza rist   🖥 🖩 ⟨ᵀ⟩ 🖂 ⓿ ⒶⒺ ⓪ 💲

via Dante 40 – ℰ 05 64 86 05 43 – www.sanbiagiorelais.com
– Fax 05 64 86 77 87
33 cam ⊡ – ♦170/270 € ♦♦190/290 € – 8 suites
♦ In un antico palazzo nobiliare del centro, un incantevole albergo recentemente rinnovato con interni signorili e spaziosi dotati di rifiniture di tono moderno. Le camere non smentiscono la signorilità della struttura.

sulla strada statale 1 - via Aurelia Est : 7 km :

XX **Locanda di Ansedonia** con cam   🚗 🏠 AK 🍴 rist, P
via Aurelia km 140,500 ⊠ *58016 Orbetello Scalo*   VISA ⓦ AE 🍴
– 𝒞 05 64 88 13 17 – www.lalocandadiansedonia.it – Fax 05 64 88 17 27
– chiuso 2 settimane in febbraio e 2 settimane in novembre
12 cam � – ✝70/85 € ✝✝90/130 €
Rist – *(chiuso martedì escluso luglio-agosto)* Carta 37/52 €
♦ Vecchia trattoria riadattata, con grazioso giardino e camere arredate con mobili d'epoca; proposte di cucina di mare e maremmana, servite in una sala di discreta eleganza.

ORIAGO – Venezia – Vedere Mira

ORIO AL SERIO – Bergamo (BG) – **561** E11 – **1 679 ab.** – **alt. 223 m**   **19** C1
– ⊠ 24050

▶ Roma 611 – Milano 53 – Bergamo 4 – Lecco 38

🏢 **NH Orio al Serio**   🕉 🖵 🕾 🕭 🕺 AK 🐾 🌐 🚗 P 🚗 VISA ⓦ AE ⓞ 🍴
via Portico – 𝒞 03 54 21 20 11 – www.nh-hotels.com – Fax 03 52 27 18 12
118 cam ⊂ – ✝82/300 € ✝✝92/310 € – ½ P 76/185 €   **Rist** – Carta 34/49 €
♦ Raggiungibile dall'aeroporto anche a piedi, questa nuova struttura - funzionale e dal design contemporaneo - vanta gli ottimi standard internazionali della catena spagnola.

ORISTANO Ⓟ – **366** M44 – Vedere Sardegna alla fine dell'elenco alfabetico

---

ORMEA – Cuneo (CN) – **561** J5 – **1 868 ab.** – **alt. 719 m** – **Sport**   **23** C3
invernali : 750/1 600 m 🎿 – ⊠ 12078

▶ Roma 626 – Cuneo 80 – Imperia 45 – Milano 250
🄸 via Roma 3 𝒞 0174 392157, uff_turistico.ormea@libero.it, Fax 0174 392157

sulla strada statale 28 verso Ponte di Nava Sud-Ovest : 4,5 km :

🏠 **San Carlo**   ← 🚗 🌐 🖵 P 🚗 VISA ⓦ 🍴
via Nazionale 23 ⊠ *12078 Ormea – 𝒞 01 74 39 99 17*
– www.albergosancarlo.com – Fax 01 74 39 99 17 – 26 febbraio-ottobre
36 cam – ✝40 € ✝✝65 €, ⊂ 8 € – ½ P 60 €
Rist – *(chiuso martedì)* Carta 25/38 €
♦ In posizione panoramica poco fuori dal paese, albergo al centro di una riserva di pesca privata; atmosfera informale, camere parzialmente rimodernate. Ampia sala dove gustare una cucina ligure e piemontese, che segue le stagioni.

---

a Ponte di Nava Sud-Ovest : 6 km – ⊠ 12070

XX **Ponte di Nava-da Beppe** con cam   ← 🖵 🕭 rist, 🌐 P
😊 *via Nazionale 32 – 𝒞 01 74 39 99 24*   VISA ⓦ AE ⓞ 🍴
😊 *– www.albergopontedinava.it – Fax 01 74 39 99 91 – chiuso dal 7 gennaio al 7 febbraio e dal 20 al 30 giugno*
15 cam ⊂ – ✝45/50 € ✝✝65/70 € – ½ P 45/48 €
Rist – *(chiuso mercoledì)* Carta 21/36 € 🍴
♦ Al confine tra Piemonte e Liguria, un ristorante di antica tradizione familiare, con una capiente sala dall'ambiente caldo e accogliente; cucina del territorio. Camere semplici e confortevoli.

ORNAGO – Milano (MI) – **4 192 ab.** – **alt. 193 m** – ⊠ 20060   **18** B2
▶ Roma 610 – Bergamo 22 – Milano 30 – Lecco 31

🏠 **Prestige** senza rist 🌿   🕭 AK 🐾 🌐 🕾 P VISA ⓦ AE ⓞ 🍴
via per Bellusco 45 – 𝒞 03 96 91 90 62 – www.hotelprestige.it
– Fax 03 96 91 97 33
72 cam ⊂ – ✝70/140 € ✝✝90/160 €
♦ Nuova struttura che si sviluppa su un solo piano, frequentata soprattutto da una clientela d'affari; ambienti funzionali e camere doppie, ciascuna con posto auto.

※※ **Osteria della Buona Condotta** 🔝 🔟 **P** VISA ⚫ AE ① 💰
via per Cavenago 2 – ℰ 03 96 91 90 56 – Fax 03 96 91 96 77 – chiuso dal 26 dicembre al 6 gennaio, dal 10 al 25 agosto, domenica
Rist – Carta 42/57 € ✿

♦ Un cascinale d'inizio '900, sapientemente ristrutturato, ospita questo piacevole ristorante che propone una cucina d'impronta regionale. Pregevole e vasta cantina, ottima varietà di formaggi, antipasti e piatti di carne.

OROSEI – Nuoro – **366** T41 – Vedere Sardegna alla fine dell'elenco alfabetico

---

ORTACESUS – Cagliari (092) – **366** P46 – Vedere Sardegna alla fine dell'elenco alfabetico

---

ORTA SAN GIULIO – Novara (NO) – **561** E7 – **1 173 ab.** – alt. 293 m   **24** A2
– ✉ 28016 ▌ Italia

▶ Roma 661 – Stresa 28 – Biella 58 – Domodossola 48
ℹ via Panoramica 2 ℰ 0322 905163, inforta@distrettolaghi.it, Fax 0322905273
◎ Lago d'Orta★★ – Palazzotto★ – Sacro Monte d'Orta★
◙ Isola di San Giulio★★ : ambone★ nella chiesa

🏠 **San Rocco** 🌿   ≤ 🚗 🔟 𝕞 📶 🔟 ⚡ ⓦ ⚙ 🔅 🚐 VISA ⚫ AE ① 💰
via Gippini 11 – ℰ 03 22 91 19 77 – www.hotelsanrocco.it – Fax 03 22 91 19 64
78 cam ⌒ – ♦159/214 € ♦♦176/258 € – 2 suites – ½ P 142/183 €
Rist – Carta 63/103 €

♦ In un ex monastero del '600 e villa barocca della prima metà del '700, esclusivo albergo con vista sull'isola di San Giulio. La posizione è idillica, gli interni signorili non sono da meno. Amena terrazza fiorita in riva al lago con piscina. Cucina contemporanea al ristorante dalle massicce travi a vista.

🏠 **Villa Crespi** 🔔 𝕞 🔟 📶 📶 🔟 ⚡ rist, "📶" **P** VISA ⚫ AE ① 💰
via Fava 18, Est : 1,5 km – ℰ 03 22 91 19 02 – www.villacrespi.it
– *Fax 03 22 91 19 19 – chiuso dal 7 gennaio all'8 marzo*
8 cam ⌒ – ♦200/300 € ♦♦250/300 € – 6 suites – ♦♦300/700 €
– ½ P 205/255 €
Rist Villa Crespi – vedere selezione ristoranti

♦ Stregato dalla bellezza di Baghdad, C.B. Crespi fece costruire nel 1879 questa villa in stile moresco, immersa in un parco degradante verso il lago. Oggi, bellezza del passato e fascino d'Oriente si alleano con i più sofisticati confort per un soggiorno da favola.

🏠 **La Bussola** ≤ 🚗 🔝 🔟 🔟 🔟 👌 cam, 🔟 ⚡ 🔟 rist, **P**
via Panoramica 24 – ℰ 03 22 91 19 13 VISA ⚫ AE ① 💰
– *www.hotelbussolaorta.it – Fax 03 22 91 19 34 – chiuso novembre*
41 cam ⌒ – ♦80/120 € ♦♦120/180 € – 2 suites – ½ P 75/105 €
Rist – *(chiuso martedì escluso da marzo ad ottobre)* Carta 34/51 €

♦ A ridosso del centro in posizione elevata, un hotel dall'atmosfera vacanziera con una bella vista sul lago e sull'isola di San Giulio. Camere recenti, bella piscina. La sala ristorante si apre sulla terrazza e sul panorama.

🏠 **La Contrada dei Monti** senza rist 🌿   🔟 👌 VISA ⚫ AE ① 💰
via dei Monti 10 – ℰ 03 22 90 51 14 – www.lacontradadeimonti.it
– *Fax 03 22 90 58 63 – chiuso gennaio*
17 cam ⌒ – ♦90/100 € ♦♦110/130 €

♦ Affascinante risorsa, ricca di stile e cura per i dettagli. Un nido ideale per soggiorni romantici dove si viene accolti con cordialità familiare e coccolati dal buon gusto.

🏠 **AracoEli** senza rist 🌿   ≤ 🔟 VISA ⚫ AE ① 💰
piazza Motta 34 – ℰ 03 22 90 51 73 – www.ortainfo.com – Fax 0 32 29 03 77
– *chiuso dal 20 novembre al 15 dicembre*
6 cam ⌒ – ♦105/120 € ♦♦130/150 € – 1 suite

♦ Arredi moderni di tono minimalista in questo piccolo e originale hotel. Ottima illuminazione naturale degli ambienti e bagni con particolari docce "a vista".

XXXX **Villa Crespi** (Antonino Cannavacciuolo)
ಜಿ ಜಿ *via Fava 18, Est : 1,5 km –* 𝒞 *03 22 91 19 02*   VISA ◐ Ⳓ
– *www.villacrespi.it – Fax 03 22 91 19 19 – chiuso dal 7 gennaio all'8 marzo,*
lunedì, martedì a mezzogiorno
Rist – Menu 85/130 € – Carta 92/116 € ⌘
Spec. Crudo di gamberi, caviale, crema di tuorli d'uovo, insalatina di cipollotti.
"Pasta e fiori", crema fresca di capra, insalatina cruda di seppie e colatura di
pomodoro. Piccione arrostito, cappesante, salsa al fegato grasso e crema
chantilly all'aneto.
◆ Villa ottocentesca in stile moresco in riva al lago, il moltiplicarsi di stucchi e decorazioni è
pari solo all'effervescente cucina del giovane cuoco napoletano, tecnica, colori e sapori.

ORTE – Viterbo (VT) – **563** O19 – 8 693 ab. – alt. 134 m – ✉ 01028   **12** B1
🖸 Roma 88 – Terni 33 – Perugia 103 – Viterbo 35

⌂ **La Locanda della Chiocciola** ⌘   ⇐ 🖵 🖫 ⹁ 🕮 AC 🕸 P
località Seripola Nord-Ovest : 4 km – 𝒞 *07 61 40 27 34*   VISA ◐ Ⳓ
– *www.lachiocciola.net – Fax 07 61 49 02 54 – marzo-novembre*
8 cam ⌁ – ♦90/110 € ♦♦120/160 € – ½ P 90/110 €
Rist – *(aperto venerdì sera, sabato e domenica a mezzogiorno; da maggio a*
settembre tutte le sere su prenotazione) Carta 29/36 €
◆ Tra verdi colline, un casale del XV sec ospita camere raffinate ed eleganti, arredate con
mobili di antiquariato. La bella vallata è lo spettacolo offerto dall'intimo centro benessere,
che propone diversi trattamenti. Cucina casalinga servita in una bella sala da pranzo, impreziosita da un camino del XVI secolo.

L'indicazione **Rist** in rosso evidenzia le strutture a cui abbiamo assegnato
un riconoscimento: ⌘ (stella) o ⌘ (Bib Gourmand).

ORTISEI (ST. ULRICH) – Bolzano (BZ) – **562** C17 – 4 561 ab.   **31** C2
– alt. 1 236 m – Sport invernali : della Val Gardena : 1 236/2 518 m ⼃10 ⼃75
(Comprensorio Dolomiti superski Val Gardena), 🎿 – ✉ 39046 ▮ Italia
🖸 Roma 677 – Bolzano 36 – Bressanone 32 – Cortina d'Ampezzo 79
🖪 via Rezia 1 𝒞 0471 777600, ortisei@valgardena.it, Fax 0471 796749
🖪 Val Gardena★★★ per la strada S 242 – Alpe di Siusi★★ per funivia

🖭 **Gardena-Grödnerhof**   ⇐ 🖵 🖫 ⏻ 🕮 🗠 🖻 🕭 🤼 AC 🕸 🕸 (⁛)
strada Vidalong 3 – 𝒞 *04 71 79 63 15*   🖳 P 🚗 VISA ◐ AE ◐ Ⳓ
– *www.gardena.it – Fax 04 71 79 65 13 – 3 dicembre-14 aprile e 21 maggio-*
10 ottobre
46 cam ⌁ – ♦139/558 € ♦♦214/620 € – 5 suites – ½ P 127/330 €
Rist Anna Stuben – vedere selezione ristoranti
Rist – *(solo per alloggiati)* Carta 30/52 € ⌘
◆ Una struttura ampia e capiente con numerosi spazi ben strutturati e ben arredati a disposizione dei propri ospiti, tra cui spicca il nuovo centro benessere. Ottimo confort.

🖭 **Adler**   ⇐ 🏵 ⹁ 🖫 ⏻ 🕮 🗠 🖻 🤼 AC rist, 🕸 (⁛) 🚗 VISA ◐ AE Ⳓ
via Rezia 7 – 𝒞 *04 71 77 50 01 – www.adler-resorts.com – Fax 04 71 77 55 55*
– *chiuso dal 7 aprile al 14 maggio*
136 cam ⌁ – ♦132/411 € ♦♦186/732 € – 3 suites – ½ P 110/383 €
Rist – *(solo per alloggiati)*
◆ Sontuoso hotel storico nel cuore della località, cinto da un grazioso parco, dispone di eleganti
ambienti in stile montano. La nuova ala Adler Balance ospita una medical Spa tra le più attrezzate
dell'Alto Adige. Per i pasti potrete scegliere tra l'ampia sala ristorante e le tre più intime stube.

🖭 **Angelo-Engel**   ⇐ 🖵 ⹁ 🖫 ⏻ 🕮 🗠 🖻 🤼 🕸 (⁛) 🖳 P 🚗
via Petlin 35 – 𝒞 *04 71 79 63 36 – www.hotelangelo.net*   VISA ◐ AE Ⳓ
– *Fax 04 71 79 63 23 – chiuso novembre*
38 cam ⌁ – ♦75/120 € ♦♦120/300 € – ½ P 75/200 €
Rist – *(solo per alloggiati)*
◆ Completamente ristrutturato quest'hotel, con accesso diretto alla via pedonale del centro.
Nuova e completa zona benessere, così come nuovi sono gli arredi delle camere.

Genziana-Enzian 🔲 🕸 🕥 ₤₰ 🖫 ⑤ ♿ ⏚ ⑨ ⒳ ☎ 🚗 ᴠɪsᴀ ⓜ ⑤
via Rezia 111 – 𝒞 04 71 79 62 46 – www.hotelgenziana.it – Fax 04 71 79 75 98
– 15 dicembre-Pasqua e 15 maggio-15 ottobre
53 cam ⌑ – ♦146/195 € ♦♦222/322 € – 1 suite – ½ P 116/171 €
Rist – Carta 22/39 €
♦ Solida gestione familiare per questa bella struttura di tonalità azzurra, in pieno centro. Piacevoli e ampi spazi comuni, zona fitness in stile pompeiano, camere ben arredate. Finestre abbellite da tendaggi importanti, nella sala da pranzo di taglio moderno.

Alpenhotel Rainell ⧆ ≤ 🚿 🕥 ₤₰ ⑤ ⑨ cam, ⒳ 🄿 ᴠɪsᴀ ⓜ ⑤
strada Vidalong 19 – 𝒞 04 71 79 61 45 – www.rainell.com – Fax 04 71 79 62 79
– 20 dicembre-Pasqua e 15 giugno-15 ottobre
27 cam ⌑ – ♦70/140 € ♦♦130/260 € – ½ P 80/140 €
Rist – *(chiuso a mezzogiorno) (solo per alloggiati)*
♦ Circondato da un ampio giardino, l'albergo si trova in posizione isolata e vanta una splendida vista su Ortisei e sulle Dolomiti, interni caratteristici e camere confortevoli. Piatti regionali, un soffitto in legno lavorato ed ampie finestre che si affacciano sul paese caratterizzano la sala ristorante.

Grien ⧆ ≤ 🚿 🕥 ₤₰ ⑤ ♿ ⑨ rist, ⒳ 🄿 🚗 ᴠɪsᴀ ⓜ ⑤
via Mureda 178, Ovest : 1 km – 𝒞 04 71 79 63 40 – www.hotel-grien.com
– Fax 04 71 79 63 03 – chiuso dal 15 aprile al 25 maggio e novembre
25 cam ⌑ – ♦♦240/320 € – ½ P 130/180 €
Rist – *(consigliata la prenotazione)* Carta 28/60 €
♦ Nella quiete della zona residenziale, struttura circondata dal verde, da cui si gode una superba vista del Gruppo Sella e di Sassolungo; accogliente ambiente tirolese. Il panorama è la chicca anche della sala ristorante.

Hell ⧆ ≤ 🚿 🕥 ₤₰ ⑤ ⑨ ⒳ 🄿 🚗 ᴠɪsᴀ ⓜ ⑤
via Promeneda 3 – 𝒞 04 71 79 67 85 – www.hotelhell.it – Fax 04 71 79 81 96
– 15 dicembre-10 aprile e 26 giugno-15 ottobre
29 cam ⌑ – ♦125/195 € ♦♦218/340 € – 1 suite – ½ P 109/175 €
Rist – *(solo per alloggiati)* Menu 29/45 €
♦ Nei pressi di una pista da sci per bimbi e principianti, albergo in tipico stile locale d'ispirazione contemporanea, abbellito da un ameno giardino; camere confortevoli.

Villa Park senza rist ≤ 🚿 ⑤ ♿ ⑨ ⒳ 🄿 ᴠɪsᴀ ⓜ ⑤
via Rezia 222 – 𝒞 04 71 79 69 11 – www.hotelvillapark.com – Fax 04 71 79 75 32
– chiuso novembre
20 cam ⌑ – ♦♦72/170 €
♦ Nel cuore della località, albergo con gradevoli interni illuminati da grandi vetrate; camere confortevoli, alcune dotate anche di angolo cottura.

Fortuna senza rist ≤ ⑤ ⑨ ⒳ 🄿 🚗 ᴠɪsᴀ ⓜ ⑤
via Stazione 11 – 𝒞 04 71 79 79 78 – www.hotel-fortuna.it – Fax 04 71 79 83 26
– chiuso dal 5 al 30 novembre
15 cam ⌑ – ♦49/105 € ♦♦78/170 €
♦ In prossimità del centro, piccolo hotel a valida conduzione diretta: ambienti arredati in modo semplice ed essenziale, secondo lo stile del luogo. Particolarmente belle le camere mansardate.

Ronce ⧆ ≤ 🚿 🕥 ⑤ ♿ cam, ⑨ rist, 🄿 🚗 ᴠɪsᴀ ⓜ ⑤
via Ronce 1, Sud : 1 km – 𝒞 04 71 79 63 83 – www.hotelronce.com
– Fax 04 71 79 78 90 – 8 dicembre-Pasqua e 15 giugno-15 ottobre
25 cam ⌑ – ♦♦70/140 € – ½ P 50/100 €
Rist – *(chiuso a mezzogiorno) (solo per alloggiati)*
♦ Appagherà i vostri occhi la splendida veduta di Ortisei e dei monti e il vostro spirito la posizione isolata di questa struttura; all'interno, piacevole semplicità.

Cosmea 🚿 ⑤ ♿ ⑨ cam, ⒳ 🄿 🚗 ᴠɪsᴀ ⓜ ⑤
via Setil 1 – 𝒞 04 71 79 64 64 – www.hotelcosmea.it – Fax 04 71 79 78 05
– chiuso dal 25 ottobre al 5 dicembre
21 cam ⌑ – ♦50/110 € ♦♦100/190 € – ½ P 89/129 €
Rist – *(chiuso domenica in aprile, maggio, giugno ed ottobre) (solo per alloggiati)*
♦ Nei pressi del centro, hotel a gestione diretta con spazi comuni dai colori piacevoli e dagli arredi essenziali. Camere d'ispirazione contemporanea. Divanetti a muro e graziosi lampadari in sala da pranzo, cucina regionale in menu.

🏠 **Villa Luise** ⬩ ⟨ ⟨ ⟨ rist, 🅿️ 🚗 VISA Ⓞ AE ① ⓢ
via Grohmann 43 – ℰ 04 71 79 64 98 – www.villaluise.com – Fax 04 71 79 62 17
– 15 dicembre-20 aprile e luglio-20 ottobre
13 cam – solo ½ P 53/98 € **Rist** – *(chiuso a mezzogiorno) (solo per alloggiati)*
♦ Cordiale e simpatica accoglienza in questa pensione familiare all'interno di una piccola casa di montagna; ambiente alla buona e camere in stile lineare, ben tenute.

XXX **Anna Stuben** – Hotel Gardena-Grödnerhof ⟨ ⟨ ⟨ 🅿️
🌸 *strada Vidalong 3 – ℰ 04 71 79 63 15* VISA Ⓞ AE ① ⓢ
– www.annastuben.it – Fax 04 71 79 65 13 – 3 dicembre-14 aprile e 21 maggio-10 ottobre
Rist – *(chiuso a mezzogiorno)* Menu 68/100 € – Carta 58/100 € ⨎
Spec. Crema di castagne con animelle d'agnello croccanti, insalata di rape e tartufo nero. Polenta y ciajuel: polenta bollente con crema gelata al gorgonzola. Tagliata di roastbeef con scalogno, burro alle acciughe e capperi di Pantelleria.
♦ Due intime e suggestive stube fra legni più chiari o scuri, la calda e tradizionale atmosfera tirolese e una cucina alla continua ricerca di creatività.

XX **Concordia** AC ⟨ ⟨ VISA Ⓞ ⓢ
via Roma 41 – ℰ 04 71 79 62 76 – www.restaurantconcordia.com
– Fax 04 71 79 62 76 – dicembre-Pasqua e giugno-ottobre
Rist – Carta 28/38 € ⨎
♦ Conduzione e ambiente familiare e linea gastronomica legata al territorio in un ristorante poco distante dal centro, al secondo piano di un edificio privato.

a Bulla (Pufels) Sud-Ovest : 6 km – alt. 1 481 m – ✉ 39040 Ortisei

🏨 **Uhrerhof-Deur** ⬩ ⟨ ⟨ ⟨ 🅿️ 🚗 VISA Ⓞ
Bulla 26 – ℰ 04 71 79 73 35 – www.uhrerhof.com – Fax 04 71 79 74 57 – chiuso dal 10 al 30 aprile e dal 2 novembre al 19 dicembre
10 cam – 4 suites – solo ½ P 110/154 €
Rist – *(chiuso a mezzogiorno) (solo per alloggiati)*
♦ Una cornice di monti maestosi e una grande casa di cui vi innamorerete subito: calore e tranquillità, romantici arredi, nonché un rosarium con più di 5000 rose di 120 varietà.

🏠 **Sporthotel Platz** ⬩ ⟨ ⟨ ⟨ 🅿️
⊜ *via Bulla 12 – ℰ 04 71 79 69 35* VISA Ⓞ AE ① ⓢ
– www.sporthotelplatz.com – Fax 04 71 79 82 28 – dicembre-aprile e giugno-ottobre
22 cam ⌂ – †40/100 € ††80/200 € – ½ P 50/110 € **Rist** – Carta 21/51 €
♦ Un angolo di quiete in un paesino fuori Ortisei: un hotel dall'ambiente familiare in posizione panoramica, immerso nella natura; caldo legno negli interni in stile alpino. Accogliente atmosfera e tipici arredi montani nella sala ristorante.

ORTONA – Chieti (CH) – 563 O25 – 23 801 ab. – ✉ 66026 2 C2
▶ Roma 227 – Pescara 20 – L'Aquila 126 – Campobasso 139
🛈 piazza della Repubblica 9 ℰ 085 9063841, iat.ortona@abruzzoturismo.it, Fax 085 9063882

🏠 **Ideale** senza rist ⟨ ⟨ AC ⟨ ⟨ VISA Ⓞ AE ① ⓢ
corso Garibaldi 65 – ℰ 08 59 06 60 12 – www.hotel-ideale.it – Fax 08 59 06 61 53
24 cam ⌂ – †60/72 € ††90/95 €
♦ A pochi metri dalla centrale Piazza della Repubblica, un albergo semplice, con camere essenziali recentemente rinnovate, alcune con vista sul porto di Ortona e sul mare.

a Lido Riccio Nord-Ovest : 5,5 km – ✉ 66026 Ortona

🏨 **Mara** ⟨ ⟨ ⟨ ⟨ 🅿️ AC ⟨ rist, ⟨ ⟨ 🅿️ ⟨
via Lido Riccio 4 – ℰ 08 59 19 04 16 VISA Ⓞ AE ① ⓢ
– www.hotelmara.it – Fax 08 59 19 05 22
147 cam ⌂ – †85/95 € ††95/145 € – ½ P 85/120 € **Rist** – Menu 30/40 €
♦ Hotel di fronte alla spiaggia, ampliato di recente dalla dependance Le Sale, offre interni di taglio moderno, eleganti camere ben arredate, uno splendido giardino con piscina. Proposte di cucina marinaresca.

ORVIETO – Terni (TR) – **563** N18 – **20 955 ab.** – **alt. 315 m** – ✉ **05018** **32** B3

Italia

Roma 121 – Perugia 75 – Viterbo 50 – Arezzo 110

piazza Duomo 24 ✆ 0763 341772, info@iat.orvieto.it, Fax 0763 344433

Posizione★★★ – Duomo★★★ – Pozzo di San Patrizio★★ – Palazzo del Popolo★ – Quartiere vecchio★ – Palazzo dei Papi★ **M2** – Collezione etrusca★ nel museo Archeologico Faina **M1**

La Badia

località La Badia 8, per ② – ✆ 07 63 30 19 59 – www.labadiahotel.it – Fax 07 63 30 53 96 – chiuso gennaio e febbraio

22 cam – 215/260 € 250/300 € – 5 suites – ½ P 175/200 €

Rist – *(chiuso a mezzogiorno escluso sabato e domenica)* Carta 40/60 €

◆ Straordinaria ambientazione per questo hotel, ricavato tra gli ambienti suggestivi di un monastero del VIII sec. Ambienti curati ed eleganti, servizio di ottimo livello. Suggestivo ristorante con affresco della crocifissione.

Maitani senza rist

via Maitani 5 – ✆ 07 63 34 20 11 – www.hotelmaitani.com – Fax 07 63 34 20 12 – chiuso dal 7 al 31 gennaio **n**

39 cam – 79 € 130 €, 10 €

◆ Un hotel che è parte della storia della città: ampi spazi comuni dalla piacevole atmosfera un po' démodé, terrazza colazione con bella vista sul Duomo, camere in stile.

Palazzo Piccolomini senza rist

piazza Ranieri 36 – ✆ 07 63 34 17 43 – www.hotelpiccolomini.it – Fax 07 63 39 10 46 **s**

31 cam – 80/97 € 130/154 €

◆ Palazzo del XVI sec completamente ristrutturato: austera zona ricevimento con pavimenti in cotto, moderni arredi ispirati allo stile classico, camere confortevoli.

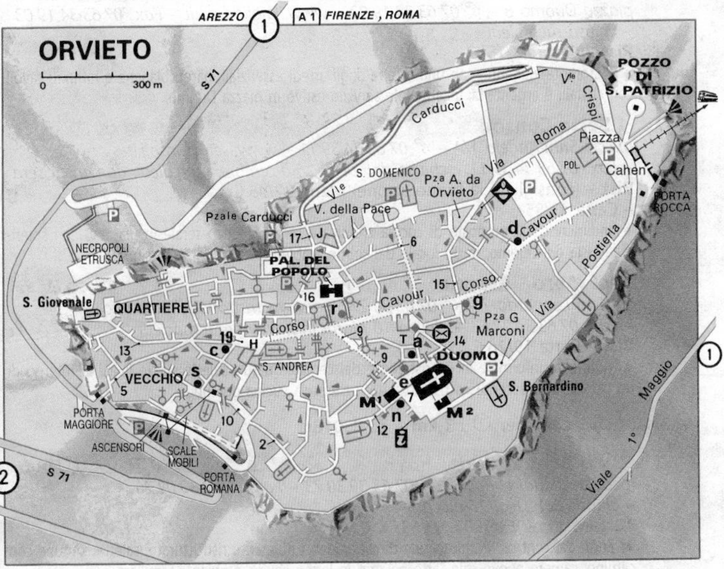

Alberici (V. degli) 2
Cavallotti (V. Felice) 6
Cava (V. della) 5
Cavour (Cso) . . . .
Duomo (Pza del) 7
Duomo (V. del) 9
Garibaldi (V.) 10
Maitani (V.) 12
Malabranca (V.) 13
Nebbia (V.) 14
Orvieto (V. A. da) 15
Popolo (Pza del) 16
Pza del Popolo (V. di) 17
Repubblica (Pza della) 19

Duomo senza rist 🎐 ⓷ AC ⚡ ⒴ P VISA ⓴ AE ⓪ ♦
vicolo Maurizio 7 – ℰ 07 63 34 18 87 – www.orvietohotelduomo.com
– Fax 07 63 39 49 73
a
18 cam ⌷ – †80 € ††100/140 €
♦ A pochi passi dal Duomo, una palazzina da poco completamente restaurata, con facciata in stile liberty; hall ornata con opere del pittore Valentini, camere accoglienti.

Filippeschi senza rist AC ⚡ ⒴ VISA ⓴ AE ⓪ ♦
via Filippeschi 19 – ℰ 07 63 34 32 75 – www.albergofilippeschi.it
– Fax 07 63 34 32 75
c
15 cam – †45/65 € ††60/115 €, ⌷ 8 €
♦ Nel cuore della cittadina, un albergo piacevolmente collocato in un palazzo con origini settecentesche: accogliente hall e camere confortevoli con parquet.

Corso senza rist 🎐 ⓷ AC ⒴ VISA ⓴ AE ⓪ ♦
corso Cavour 343 – ℰ 07 63 34 20 20 – www.hotelcorso.net – Fax 07 63 34 06 48
d
18 cam ⌷ – †65/72 € ††88/105 €
♦ In un edificio in pietra che si affaccia sul centrale Corso Cavour, un piccolo hotel dall'ambiente familiare. Camere recentemente rinnovate, curate nel loro stile classico e con caldi colori declinati anche alle pareti.

Locanda Palazzone ⬙ ≤ 🛋 🛖 ⏚ 🎐 ⓷ AC ⚡ ⒴ P
Rocca Ripesena 67, Ovest: 7 km – ℰ 07 63 39 36 14 VISA ⓴ AE ⓪ ♦
– www.locandapalazzone.com – Fax 07 63 39 48 33 – chiuso dal 9 gennaio al
25 marzo
7 suites ⌷ – ††240/354 €
Rist – (chiuso a mezzogiorno escluso da giugno ad agosto) (prenotazione
obbligatoria) (solo per alloggiati) Menu 38 €
♦ L'antica dimora cardinalizia, cinta da vigneti dove si produce l'Orvieto, è oggi un elegante e moderno agriturismo che conserva mura originali, alcune bifore ed alti soffitti.

XXX **Giglio d'Oro** 🛖 AC ⇌ VISA ⓴ AE ♦
piazza Duomo 8 – ℰ 07 63 34 19 03 – www.ilgigliodoro.it – Fax 07 63 34 19 03
– chiuso mercoledì
e
Rist – Carta 48/75 €
♦ Ristorante elegante, con una saletta dagli arredi essenziali, pareti bianche e raffinati tavoli con cristalli e argenteria; incantevole servizio estivo in piazza Duomo.

XX **I Sette Consoli** 🛋 🛖 AC VISA ⓴ AE ⓪ ♦
piazza Sant'Angelo 1/A – ℰ 07 63 34 39 11 – www.isetteconsoli.it
– Fax 07 63 34 39 11 – chiuso dal 24 al 26 dicembre, mercoledì, domenica sera
Rist – (consigliata la prenotazione) Menu 32/45 €
g
– Carta 43/55 € ⅜
♦ Indimenticabili proposte di cucina creativa e servizio estivo serale in giardino con splendida vista del Duomo, in un locale dal sobrio ambiente rustico di tono signorile.

X **Del Moro - Aronne** VISA ⓴ AE ♦
via San Leonardo 7 – ℰ 07 63 34 27 63 – www.trattoriadelmoro.info
– Fax 07 63 34 27 63 – chiuso 10 giorni in novembre e martedì
r
Rist – Carta 19/26 €
♦ Ambiente informale in un ristorante del centro: quattro salette su tre livelli all'interno di un palazzo cinquecentesco ristrutturato; casereccia cucina del luogo.

ad Orvieto Scalo per ① : 3 km – ⊠ 05018

Villa Acquafredda senza rist 🛋 ⏚ 🎐 ⓷ AC ⒴ P VISA ⓴ AE ♦
località Acquafredda 1 – ℰ 07 63 39 30 73 – Fax 07 63 39 02 26
– chiuso dal 21 al 27 dicembre
12 cam ⌷ – †36/50 € ††53/70 €
♦ Fuori dal centro, vecchio casale di campagna totalmente ristrutturato: saletta comune con camino, camere nuove stile "arte povera" in legno chiaro, ambiente familiare.

E' una questione di categoria: non aspettatevi lo stesso servizio in un ristorante
X o in un albergo 🛖 rispetto ad un XXXXX o ad un 🏤🏤🏤.

a Morrano Nord : 15 km – ✉ 05018

⚐ **Agriturismo Borgo San Faustino e Relais del Borgo** ✦
borgo San Faustino 11/12　　　← 🚗 🌊 🐾 🐕 **P** _VISA_ **◯◯** ᴚ
– ☎ 07 63 21 53 03 – www.agriturismoborgosanfaustino.it – Fax　07 63 21 57 45
– chiuso dall'8 gennaio al 7 febbraio
20 cam ☲ – ▮60/100 € ▮▮80/120 € – 1 suite – ½ P 58/80 €
Rist – (consigliata la prenotazione) Carta 20/28 €
♦ Una costellazione di casali in pietra nel classico stile contadino, con camere originali e letti in ferro battuto. Stanze più eleganti, nel Relais del Borgo. Ricette tradizionali rivisitate per una cucina raffinata, realizzata con materie prime dell'agriturismo, dove i piatti variano in funzione della produzione.

OSIMO – Ancona (AN) – **563** L22 – 31 814 ab. – alt. 265 m – ✉ 60027　　**21** C2
　▶ Roma 308 – Ancona 19 – Macerata 28 – Pesaro 82
　🛈 piazza del Comune 1 ☎ 071 7249247, info@comune.osimo.an.it,
　　Fax 0717249271

X **Gustibus**　　　　　　　🏡 _AC_ _VISA_ **◯◯** ◑ ᴚ
piazza del Comune 11 – ☎ 071 71 44 50 – Fax　071 71 44 50 – chiuso domenica,
anche lunedì da ottobre a maggio
Rist – Carta 22/38 € ❀
♦ Un moderno ristorante wine bar in centro, propone pranzi semplici e cene ricercate, da gustare attingendo a una carta dei vini per accompagnare degnamente i prodotti locali.

OSNAGO – Lecco (LC) – **561** E10 – 4 707 ab. – alt. 232 m – ✉ 23875　　**18** B1
　▶ Roma 613 – Milano 36 – Bergamo 48 – Lecco 23

XXX **Papà Nenè**　　　　　_AC_ **P** _VISA_ **◯◯** _AE_ ◑ ᴚ
via Pinamonte 24 – ☎ 03 95 82 20 – www.ristorantepasticceriapapanene.it
– Fax　03 99 28 07 33 – chiuso dal 27 dicembre al 4 gennaio, dal 15 agosto al
5 settembre e lunedì
Rist – Menu 33/38 € – Carta 47/60 €
♦ Cucina di mare e siciliana in un locale signorile: raccolta ed intima la sala al piano terra dove troneggia un bel camino, più solare ed ariosa quella al primo piano.

OSOPPO – Udine (UD) – **562** D21 – 3 031 ab. – alt. 185 m – ✉ 33010　　**10** B2
　▶ Roma 665 – Udine 31 – Milano 404

⚐ **Pittis**　　　🛗 _AC_ ⚒ rist, ⟨¹⟩ **P** _VISA_ **◯◯** _AE_ ◑ ᴚ
via Andervolti 2 – ☎ 04 32 97 53 46 – www.hotelpittis.com – Fax　04 32 97 59 16
40 cam – ▮46 € ▮▮68 €, ☲ 6 € – ½ P 60 €
Rist – (chiuso dal 25 dicembre al 7 gennaio e dal 9 al 22 agosto e domenica)
Carta 24/33 €
♦ Tutti i membri della famiglia sono impegnati nella gestione di questo hotel nel centro storico del paese; accoglienza cordiale e confortevoli camere dallo stile essenziale. Spazioso ed elegante, un fogolar a vista, il ristorante propone piatti casalinghi della tradizione veneta e friulana.

OSPEDALETTI – Imperia (IM) – 3 670 ab. – ✉ 18014　　**14** A3
　▶ Roma 655 – Imperia 40 – Genova 152 – San Remo 8
　🛈 corso Regina Margherita 13 ☎ 0184 689085, aptfiori@
　　apt.rivieradeifiori.travel, Fax 0184 684455

XX **Byblos**　　　　　🏡 _AC_ **P** _VISA_ **◯◯** _AE_ ◑ ᴚ
lungomare Colombo 6 – ☎ 01 84 68 90 02 – www.ristorantebyblos.it
– Fax　01 84 68 11 08 – chiuso novembre e lunedì
Rist – Carta 28/55 €
♦ All' estremo della bella passeggiata, luminoso ristorante affacciato sul mare: piatti a base di pesce semplici e gustosi.

OSPEDALETTO – Verona – Vedere Pescantina

OSPEDALETTO D'ALPINOLO – Avellino (AV) – **564** E26 – 1 832 ab.　　**6** B2
– alt. 725 m – ✉ 83014
　▶ Roma 248 – Napoli 59 – Avellino 8 – Salerno 44

XX **Osteria del Gallo e della Volpe**   ⚡ 🆚 ⓒ 🅰🅴 ⓘ ⛶
*piazza Umberto I 14 – ⓒ 08 25 69 12 25 – www.osteriadelgalloedellavolpe.com
– Fax 0 82 52 50 23 – chiuso dal 23 al 31 dicembre, dal 1° al 15 luglio, domenica
sera, lunedì*
Rist – *(chiuso a mezzogiorno escluso domenica e festivi)* Carta 25/31 € 🏵
♦ Una sala accogliente, pochi tavoli e molto spazio. Conduzione familiare, servizio curato e cordiale, menù che propone la tradizione locale con alcune personalizzazioni.

OSPEDALICCHIO – Perugia – **563** M19 – **Vedere Bastia Umbra**

OSPITALETTO – Brescia (BS) – **561** F12 – **13 070 ab. – alt. 155 m**   **19** D2
– ✉ 25035

▶ Roma 550 – Brescia 12 – Bergamo 45 – Milano 96

X **Hosteria Brescia**   🅰🅲 🆚 ⓒ 🅰🅴 ⛶
🐄 *via Brescia 22 – ⓒ 0 30 64 09 88 – Fax 0 30 64 09 88 – chiuso una settimana in
gennaio, tre settimane in agosto e lunedì*
Rist – Menu 16 € (solo a mezzogiorno) – Carta 28/43 €
♦ Antica locanda di paese rinnovata negli ultimi anni: ambiente in stile rustico, ma ben curato, dove gustare una cucina a base di piatti della tradizione.

OSSANA – Trento (TN) – **562** D14 – **794 ab. – alt. 1 003 m – Sport**   **30** B2
invernali : Vedere Tonale (Passo del) – ✉ 38026

▶ Roma 659 – Trento 74 – Bolzano 82 – Passo del Tonale 17
🛈 a Fucine via San Michele 1 ⓒ 0463 751301, info.ossana@virgilio.it,
Fax 0463 75026

🏠 **Pangrazzi**   🚗 🖼 🛋 🕃 🔥 🅰🅲 rist, ⚡ ⁽¹⁾ 🅿 🚙 🆚 ⓒ ⛶
🐄 *frazione Fucine alt. 982 – ⓒ 04 63 75 11 08 – www.hotelpangrazzi.com
– Fax 04 63 75 13 59 – dicembre-aprile e 15 giugno-10 settembre*
32 cam ⛱ – †40/55 € ††70/100 € – 2 suites – ½ P 45/72 €
Rist – *(solo per alloggiati)* Menu 16/18 €
♦ Struttura rifinita in legno e pietra con invitanti spazi comuni in stile montano. Abbellita da un gradevole piccolo giardino è ideale per un turismo familiare. Al ristorante si servono piatti del territorio e tradizionali.

OSTELLATO – Ferrara (FE) – **562** H17 – **6 581 ab. – ✉ 44020**   **9** C2
▶ Roma 395 – Ravenna 65 – Bologna 63 – Ferrara 33

🏨 **Villa Belfiore** 🍃   🚗 🍽 🛋 🅰🅲 ⚡ ⁽¹⁾ 🏋 🅿 🆚 ⓒ 🅰🅴 ⓘ ⛶
via Pioppa 27 – ⓒ 05 33 68 11 64 – www.villabelfiore.com – Fax 05 33 68 11 72
18 cam ⛱ – †70/85 € ††95/115 € – ½ P 75 €
Rist – *(chiuso gennaio e febbraio) (chiuso a mezzogiorno escluso domenica)*
(consigliata la prenotazione) Carta 25/32 €
♦ Un'oasi di tranquillità, immerso nella campagna, offre ambienti dagli arredi rustici ricchi di fascino e un piccolo centro benessere con sauna, massaggi e bagni di fieno. Belle e ampie le camere. Piatti della tradizione e una cucina salutistica a base di erbe officinali coltivate nell'orto biologico di proprietà.

XX **Locanda della Tamerice** con cam   🚗 🍽 🛋 🕃 🅰🅲 🅿
via Argine Mezzano 2, Est : 1 km – ⓒ 05 33 68 07 95   🆚 ⓒ 🅰🅴 ⓘ ⛶
*– www.locandadellatamerice.com – Fax 05 33 68 18 11 – chiuso 15 giorni in
gennaio e 15 giorni in novembre*
6 cam – ††80/95 €, ⛱ 20 €
Rist – *(chiuso martedì e mercoledì escluso giorni festivi)* (consigliata la
prenotazione) Menu 90 € – Carta 57/121 €
♦ Sulle rive degli stagni, in un caratteristico paesaggio acquatico e ornitologico, una cucina creativa che spazia dalla selvaggina al pesce e gareggia con la sala tra colori e composizioni. La locanda dispone anche di camere semplici e confortevoli, tutte con accesso indipendente.

OSTERIA GRANDE – Bologna – **562** I16 – **Vedere Castel San Pietro Terme**

OSTUNI – Brindisi (BR) – **564** E34 – 32 514 ab. – alt. 207 m – ✉ 72017 **27** C2

▮ Italia

- ▶ Roma 530 – Brindisi 42 – Bari 80 – Lecce 73
- ▯ corso Mazzini 8 ✆ 0831 301268, iatostuni@viaggiareinpuglia.it, Fax 0831 301268
- ◎ Facciata★ della Cattedrale
- ◎ Regione dei Trulli★★★ Ovest

🏠 **La Terra** 🔊   ▮⚑ 🛗 cam. 🅰🅒 ⅍ rist. "¶" 🕭 🚗 VISA ⅏ AE ① 🌣
via Petrarolo 20/24 – ✆ 08 31 33 66 52 – www.laterrahotel.it
– Fax 08 31 33 66 51
17 cam ☲ – †75/105 € ††130/175 € – ½ P 90/123 €
Rist *San Pietro* – (chiuso mercoledì) Carta 25/40 €
◆ Un lungo restauro ha restituito splendore al palazzo medievale. Arredi in stile impreziosiscono già la hall, fino ad arrivare alle belle camere con mobili d'epoca ma accessoriate con modernità. In più salette sormontate da volte in pietra, il ristorante propone i piatti della tradizione pugliese, carne e pesce.

🏠 **Tutosa** senza rist 🔊   🚗 🌊 ⤲★ 🅰🅒 ⅍ "¶" P VISA ⅏ AE ① 🌣
contrada Tutosa Nord-Ovest : 7,5 km – ✆ 08 31 35 90 46
– www.masseriatutosa.com – Fax 08 31 35 06 85 – marzo-ottobre
19 cam ☲ – †120/140 € ††150/190 €
◆ Una vacanza di tutto relax in un'antica masseria fortificata, con giardino e piscina: spazi esterni molto piacevoli, poche camere semplici ed essenziali, ma confortevoli.

🏠 **Masseria Il Frantoio** 🔊   🚗 🌊 ⤲★ ⅍ P VISA ⅏ 🌣
strada statale 16 km 874, Nord-Ovest : 5 km – ✆ 08 31 33 02 76
– www.masseriailfrantoio.it – Fax 08 31 33 02 76
9 cam ☲ – †88/110 € ††176/220 €
Rist – (chiuso a mezzogiorno in estate) (prenotazione obbligatoria)
Menu 35 € bc/55 € bc
◆ Tutto è all'insegna della familiarità, dal fascino dell'abitazione privata all'accoglienza semplice e cordiale. A disposizione degli ospiti anche un giardino ombreggiato e un fresco patio per le colazioni.

🍴🍴 **Porta Nova**   🏠 🅰🅒 ⅍ ⟷ VISA ⅏ AE ① 🌣
via Petrarolo 38 – ✆ 08 31 33 89 83 – www.ristoranteportanova.com
– Fax 08 31 33 89 83 – chiuso dal 1° al 14 gennaio
Rist – Menu 75 € – Carta 37/52 €
◆ Splendida la vista sui dintorni dalla terrazza di questo ristorante del centro storico della cittadina; la cucina propone solo interessanti e guastose specialità di pesce.

🍴🍴 **Osteria Piazzetta Cattedrale**   🅰🅒 ⅍ VISA ⅏ AE ① 🌣
🈯   via Arcidiacono Trinchera 7 – ✆ 08 31 33 50 26 – www.piazzettacattedrale.it
– Fax 08 31 33 50 26 – chiuso febbraio e martedì escluso luglio-agosto
Rist – (consigliata la prenotazione) 30 € – Carta 31/48 €
◆ Nel centro storico, un elegante ristorante con pavimenti in marmetto, luminosi lampadari di cristallo ed arredi in stile. Cucina del territorio rivisitata in chiave moderna.

🍴 **Osteria del Tempo Perso**   🅰🅒 ⅍ VISA ⅏ AE ① 🌣
via G. Tanzarella Vitale 47 – ✆ 08 31 30 48 19 – www.osteriadeltempoperso.com
– Fax 08 31 30 33 20 – chiuso dal 10 al 31 gennaio e lunedì
Rist – (chiuso a mezzogiorno da maggio a settembre) Carta 30/52 €
◆ Suggestivo. In un antico mulino a due passi dalla cattedrale, due salette in sasso scavato per una cucina sfiziosa che propone ricette regionali rivisitate con talento.

a Costa Merlata Nord-Est : 15 km – ✉ 72017

🏨 **Grand Hotel Masseria Santa Lucia** 🔊   🌊 ⅍ 🛗 cam. ⤲★ 🅰🅒
strada statale 379 km 23,500   ⅍ 🕭 P VISA ⅏ AE ① 🌣
– ✆ 08 31 35 61 11 – www.masseriasantalucia.it – Fax 08 31 30 40 90
127 cam ☲ – †130/250 € ††150/290 € – 4 suites – ½ P 130/160 €
Rist – Carta 50/60 €
◆ Ricavato dal riadattamento di una antica masseria, ogni ambiente si distingue per eleganza e ricercatezza degli arredi e per un'atmosfera di relax e tranquillità. Vocazione turistica e congressuale.

717

OTRANTO – Lecce (LE) – **564** G37 – **5 459 ab.** – ✉ 73028 ▮ Italia 27 D3

> ▶ Roma 642 – Brindisi 84 – Bari 192 – Gallipoli 47
> 🖌 piazza Castello 5 ✆ 0836 801436, iatotranto@viaggiareinpuglia.it
> ◎ Cattedrale★ : pavimento★★★
> Ⓖ Costa meridionale★ Sud per la strada S 173

🏨 **Degli Haethey** 🛋 ⌘ ⛓ ⚕ 🅰️ 🛰 📶 🕍 🚗 VISA ⚫ AE ⓪ ⑤
via Sforza 33 – ✆ 08 36 80 15 48 – www.hoteldeglihaethey.com
– Fax 08 36 80 15 76
49 cam ⊑ – †55/110 € ††90/220 € – ½ P 70/135 €
Rist – (maggio-settembre) Menu 25 €
◆ Ad un quarto d'ora dal centro e non lontano dalla spiaggia, apprezzerete la tranquillità della zona residenziale e il confort delle recenti e moderne camere all'ultimo piano.

🏨 **Valle dell'Idro** senza rist ≤ ⌘ 🖬 ⛓ 🅰️ 📶 📶 P VISA ⚫ AE ⓪ ⑤
via Giovanni Grasso 4 – ✆ 08 36 80 44 27 – www.otrantohotel.com
– Fax 08 36 80 45 32 – aprile-settembre
27 cam ⊑ – †100/180 € ††150/230 €
◆ I dettagli qui non sono lasciati al caso, ma studiati con grande senso estetico: ne deriva una bella realtà con accoglienti camere e un piccolo, ma grazioso giardino, dove nella bella stagione viene servita la prima colazione. La terrazza propone una suggestiva vista sulla città vecchia e sul mare.

🏨 **Villa Rosa Antico** senza rist ⌘ ⛓ 🅰️ 📶 📶 P VISA ⚫ AE ⓪ ⑤
strada statale 16 – ✆ 08 36 80 15 63 – www.hotelrosaantico.it
– Fax 08 36 80 20 97
28 cam ⊑ – †50/100 € ††80/190 €
◆ E' una storica villa di fine Cinquecento ad ospitare il piccolo albergo dall'attenta e capace gestione familiare. Graziose e ben accessoriate le camere, piacevole sostare in giardino.

🏨 **Masseria Panareo** ⌂ ≤ ⌘ 🏠 🛏 🅰️ 📶 📶 P VISA ⚫ AE ⓪ ⑤
litoranea Otranto-S.Cesarea Terme, Sud: 6 km Otranto – ✆ 08 36 81 29 99
– www.masseriapanareo.com – Fax 08 36 81 29 99 – chiuso novembre
19 cam ⊑ – †72/102 € ††96/136 € – ½ P 76/96 €
Rist – (chiuso lunedì) (chiuso a mezzogiorno) Carta 29/46 €
◆ Un antico eremo ospita questa bella masseria, interamente ristrutturata, ubicata in aperta campagna ma non troppo lontana dal mare. Moderna piscina con bella terrazza-solarium per momenti di piacevole relax.

OTTAVIANO – Napoli (NA) – **564** E25 – **23 634 ab.** – alt. 190 m 6 B2
– ✉ 80044

> ▶ Roma 240 – Napoli 22 – Benevento 70 – Caserta 47

🏨 **Augustus** senza rist 🖬 🅰️ ↯ ⚕ 🕍 🚗 VISA ⚫ AE ⓪ ⑤
viale Giovanni XXIII 61 – ✆ 08 15 28 84 55 – www.augustus-hotel.com
– Fax 08 15 28 84 54
41 cam ⊑ – †90/110 € ††120/140 €
◆ Adatto a una clientela d'affari, albergo in posizione centrale con ambienti in stile lineare d'ispirazione contemporanea; ampie e funzionali le camere.

OTTONE – Livorno – Vedere Elba (Isola d') : Portoferraio

OVADA – Alessandria (AL) – **561** I7 – **11 875 ab.** – alt. 186 m 23 C3
– ✉ 15076

> ▶ Roma 549 – Genova 50 – Acqui Terme 24 – Alessandria 40
> 🖌 via Cairoli 103 ✆ 0143 821043, iat@comune.ovada.al.it, Fax 0143 821043
> Ⓖ Strada dei castelli dell'Alto Monferrato★ (o strada del vino) verso Serravalle Scrivia

🍴🍴 **La Volpina** 🏠 ⚕ ⇔ P VISA ⚫ ⓪ ⑤
strada Volpina 1 – ✆ 0 14 38 60 08 – www.ristorantelavolpina.it
– chiuso dal 24 al 26 dicembre, dall'8 al 30 gennaio, dall'8 al 29 agosto e lunedì
Rist – (chiuso la sera dei giorni festivi) Menu 55 € – Carta 39/51 €
◆ In tranquilla posizione collinare, La Volpina propone una gustosa cucina del territorio - tra Piemonte e Liguria - con caratteristiche di entrambe le regioni: ricette reinterpretate con fantasia e creatività.

🍴 **L'Archivolto** ♿ [AC] VISA [MC] [AE] [D] [JCB]
piazza Garibaldi 25/26 – ☎ 01 43 83 52 08 – Fax 01 43 83 27 14
– chiuso 15 giorni a gennaio ,15 giorni a luglio, martedì sera, mercoledì
Rist – Carta 31/54 €
◆ Cucina piemontese con influenze liguri, porzioni abbondanti e valide materie prime, in una tipica trattoria di paese con prosciutti appesi, gelosamente custoditi in una piccola nicchia, e tovaglie a quadrettoni. Il tutto "condito" da una buona dose di cordialità e simpatia.

OVIGLIO – Alessandria (AL) – **561** H7 – **1 295 ab.** – **alt. 107 m** **23** C2
– ✉ **15026**

▶ Roma 601 – Torino 83 – Alessandria 21 – Asti 31

Castello di Oviglio [AC] [P] VISA [MC] [AE] [D] [JCB]
via 24 Maggio 1 – ☎ 01 31 77 61 66 – www.castellodioviglio.it
– Fax 01 31 79 69 28
9 cam ☕ – 🚹90/130 € 🚹🚹100/150 €
Rist – (prenotazione obbligatoria) Carta 39/74 €
◆ All'interno di un affascinante castello del XIII secolo, raffinato hotel per un soggiorno d'atmosfera. Camere di prestigio e spazi comuni ricercati. Accoglienza di tono familiare.

🍴🍴 **Donatella** (Mauro Bellotti) [AC] VISA [MC] [JCB]
✿ *viale Umberto I, 1 – ☎ 01 31 77 69 07 – www.ristorantedonatella.it*
– Fax 01 31 77 69 07 – chiuso 10 giorni in gennaio, 3 settimane in luglio o agosto, lunedì, martedì
Rist – *(chiuso a mezzogiorno escluso domenica)* Menu 45 € – Carta 47/66 €
Spec. Variazione sul tema di carne di fassona piemontese cruda. Agnolotti alle tre carni stufate. Filetto di maiale in crosta di spezie, purea di mele e scalogno caramellato.
◆ Nell'antica canonica del 1700, un elegante e raffinato locale con mobili di antiquariato e quadri contemporanei: la passione dei titolari si traduce in un'ottima cucina dalle squisite materie prime.

OZZANO DELL'EMILIA – Bologna (BO) – **562** I16 – **12 145 ab.** **9** D3
– **alt. 66 m** – ✉ **40064**

▶ Roma 399 – Bologna 15 – Forlì 63 – Modena 60

Eurogarden Hotel ♿ [AC] [P] VISA [MC] [AE] [D] [JCB]
via dei Billi 2/a – ☎ 0 51 79 45 11 – www.eurogardenhotel.com
– Fax 0 51 79 45 94 – chiuso agosto
72 cam ☕ – 🚹79/359 € 🚹🚹89/359 €
Rist – *(chiuso domenica) (chiuso a mezzogiorno)* Carta 32/41 €
◆ Albergo moderno dagli interni arredati in ciliegio e dotati di ogni confort: le camere al piano terra beneficiano di un piccolo giardino, che le rende particolarmente adatte agli ospiti con animali. Cene a base di specialità del luogo.

PACENTRO – L'Aquila (AQ) – **563** P23 – **1 294 ab.** – **alt. 650 m** **1** B2
– ✉ **67030**

▶ Roma 171 – Pescara 78 – Avezzano 66 – Isernia 82

🍴🍴 **Taverna De Li Caldora** [AC] VISA [MC] [AE] [D] [JCB]
piazza Umberto I 13 – ☎ 0 86 44 11 39 – www.ristorantecaldora.it
– Fax 08 64 41 09 44 – chiuso domenica sera, martedì, anche lunedì in inverno
Rist – Carta 26/41 €
◆ Un curioso intrico di stradine disegna il centro storico di Pacentro, mentre nelle cantine di un imponente palazzo del '500 si celebra la cucina regionale. Servizio estivo in terrazza panoramica.

PACHINO (SR) – **365** AZ63 – **Vedere Sicilia alla fine dell'elenco alfabetico**

PADENGHE SUL GARDA – Brescia (BS) – **561** F13 – **4 149 ab.** **17** D1
– **alt. 115 m** – ✉ **25080**

▶ Roma 526 – Brescia 36 – Mantova 53 – Verona 43

🍴🍴 **Aquariva** [AC] [VISA] [MC] [AE] [DC] [JCB]

via Marconi 57, strada statale Gardesana, Est : 1 km – ☎ 03 09 90 88 99 – www.aquariva.it – Fax 03 08 36 21 45 – chiuso dal 2 al 31 gennaio, dal 15 al 30 novembre, martedì a mezzogiorno (escluso da maggio a settembre)

Rist – Carta 57/74 €

◆ Locale elegante e luminoso con una terrazza vetrata che si affaccia sul porticciolo turistico privato e una zona di disimpegno con salotto. Cucina di mare e di terra.

PADERNO DEL GRAPPA – Treviso (TV) – 562 E17 – 2 126 ab. – alt. 1 955 m – ✉ 31017 — 35 B2

▶ Roma 547 – Padova 61 – Treviso 41 – Venezia 72

🍴 **Osteria Bellavista** [VISA] [MC] [AE]

via Piovega 30 – ☎ 04 23 94 93 29 – Fax 04 23 94 93 29

Rist – *(chiuso mercoledì)* Carta 32/50 €

◆ Un'osteria di moderna concezione dalla calda accoglienza familiare. La cucina asseconda l'estro, il mercato e le tradizioni.

PADERNO DI PONZANO – Treviso – Vedere Ponzano Veneto

PADERNO FRANCIACORTA – Brescia (BS) – 561 F12 – 3 686 ab. – alt. 183 m – ✉ 25050 — 19 D2

▶ Roma 550 – Brescia 15 – Milano 84 – Verona 81

🏨 **Franciacorta** senza rist [AC] [P] [VISA] [MC] [AE] [DC] [JCB]

via Donatori di Sangue 10/d – ☎ 03 06 85 70 85 – Fax 03 06 85 70 82 – chiuso agosto

24 cam ☕ – 👤70 € 👥90 €

◆ In zona strategica, facile da raggiungere, una risorsa di concezione moderna, quasi confusa fra le molte altre ville dell'area residenziale in cui si trova.

PADOLA – Belluno – Vedere Comelico Superiore

PADOVA [P] (PD) – 562 F17 – 210 173 ab. – alt. 12 m – ✉ 35122 — 36 C3

📗 Venezia e ville venete

▶ Roma 491 – Milano 234 – Venezia 42 – Verona 81

[i] Stazione Ferrovie Stato ✉ 35131 ☎ 049 8752077, infostazione@turismopadova.it, Fax 049 8755008
- piazza del Santo (aprile-ottobre) ✉ 35123 ☎ 049 8753087
vicolo Pedrocchi ✉ 35122 ☎ 049 8767927, infopedrocchi@turismopadova.it

⛳[27] Montecchia, ☎ 049 8 05 55 50

⛳[18] Frassanelle, ☎ 049 9 91 07 22

⛳[27], ☎ 049 9 19 51 00

👁 Affreschi di Giotto★★★, Vergine★ di Giovanni Pisano nella cappella degli Scrovegni DY – Basilica del Santo★★ DZ – Statua equestre del Gattamelata DZ **A** – Palazzo della Ragione★ DZ **J** : salone★★ – Pinacoteca Civica★ DY **M** – Chiesa degli Eremitani e museo★ DY : affreschi★★ di Mantegna e Guariento e opere★★ venete – Oratorio di San Giorgio★ DZ **B** – Scuola di Sant'Antonio★ DZ **B** – Piazza della Frutta★ DZ **25** – Piazza delle Erbe★ DZ **20** – Torre dell'Orologio★ (in piazza dei Signori CYZ) – Pala★ del Veronese nella chiesa di Santa Giustina DZ

👁 Colli Euganei★ Sud-Ovest per ⑥

Piante pagine seguenti

🏨 **NH Mantegna** [AC] rist, [VISA] [MC] [AE] [DC] [JCB]

via Tommaseo 61, zona Fiera ✉ 35131 – ☎ 04 98 49 41 11 – www.nh-hotels.com – Fax 04 98 49 44 44 BV**e**

190 cam ☕ – 👥77/326 € – 10 suites **Rist** – Carta 37/70 €

◆ A pochi minuti dal centro storico, l'architettura contemporanea di questo enorme grattacielo anticipa gli ottimi spazi di cui la risorsa è dotata. 13 piani di design, ambienti moderni e camere ultra confortevoli. Non perdetevi la stupenda vista dal ristorante panoramico, al dodicesimo piano.

🏨 **Grand'Italia** senza rist 🎫 ⚅ AC 🕿 🛄 🚗 VISA 🐵 AE ① 💱

corso del Popolo 81 ⊠ 35131 – ℰ 04 98 76 11 11 – www.hotelgranditalia.it
– Fax 04 98 75 08 50   DY**a**
63 cam � – ♦99/175 € ♦♦130/236 € – 3 suites

• Trasformato in hotel nel 1907, Palazzo Folchi rappresenta un mirabile esempio di stile liberty. Stanze rinnovate secondo criteri di piacevole modernità.

🏨 **Plaza** ≤ 🎫 🛋 ⚅ AC ↩ 🛠 rist, 🕪 🛄 🚗 VISA 🐵 AE ① 💱

corso Milano 40 ⊠ 35139 – ℰ 0 49 65 68 22 – www.plazapadova.it
– Fax 0 49 66 11 17   CY**m**
134 cam � – ♦90/170 € ♦♦130/230 € – 5 suites
Rist – (chiuso luglio, agosto, sabato, domenica) (chiuso a mezzogiorno)
Carta 43/61 €

• Vantaggiosa posizione, in prossimità del centro storico e commerciale: buon servizio e ottima gestione per una comodissima e piacevole risorsa dall'atmosfera elegante. Ristorante raffinato frequentato in prevalenza da clienti d'affari.

🏨 **Methis** senza rist 🎫 ⚅ AC 🛠 🕪 🛄 🅿 VISA 🐵 AE ① 💱

riviera Paleocapa 70 ⊠ 35142 – ℰ 04 98 72 55 55 – www.methishotel.com
– Fax 04 98 72 51 35   CZ**a**
52 cam � – ♦100/150 € ♦♦100/200 €

• Lungo il canale e non lontano dalla Specola, nuovo albergo dagli interni moderni e funzionali. Quattro piani ispirati ai quattro elementi: aria, acqua, terra e fuoco.

🏨 **Biri** 🍴 🎫 🛋 ⚅ cam, AC ↩ 🛠 rist, 🕪 🛄 🅿 🚗 VISA 🐵 AE ① 💱

via Grassi 2 ⊠ 35129 – ℰ 04 98 06 77 00 – www.hotelbiri.com
– Fax 04 98 06 77 48   BV**a**
100 cam � – ♦60/122 € ♦♦70/178 €
Rist – (chiuso 2 settimane in agosto e domenica) (chiuso a mezzogiorno)
Carta 29/41 €

• Un enorme albergo situato in prossimità di un importante crocevia non lontano dalla zona fieristica; risorsa di buon livello, con camere in gran parte rimesse a nuovo.

🏨 **Accademia Palace** 🛋 ⚅ AC 🛠 rist, 🕪 🛄 🅿 🚗 VISA 🐵 AE ① 💱

via del Pescarotto 39 ⊠ 35131 – ℰ 04 97 80 02 33
– www.accademiapalacepadova.it – Fax 0 49 77 67 95   BV**d**
95 cam – ♦65/160 € ♦♦79/190 € – 5 suites – ½ P 60/120 €
Rist – (chiuso a mezzogiorno) Carta 28/52 €

• Moderna struttura ubicata nei pressi della Fiera e della stazione ferroviaria. Indicata per la clientela business a cui mette a disposizione le tecnologie più moderne. Al ristorante, pasti serali a base di pesce, ma anche pranzi di lavoro e banchetti.

🏨 **Milano** 🛋 ⚅ AC 🛠 🕪 🅿 🚗 VISA 🐵 AE ① 💱

via Bronzetti 62/d ⊠ 35138 – ℰ 04 98 71 25 55 – www.hotelmilano-padova.it
– Fax 04 98 71 39 23   CY**g**
80 cam � – ♦87/108 € ♦♦126/185 € – ½ P 83/113 €
Rist – (chiuso domenica) (solo per alloggiati) Menu 20 €

• Offre un insieme funzionale e ha caratteristiche tipiche degli alberghi dell'ultima generazione, con tutti i confort e le modernità, in un'area cittadina molto comoda. Ampie sale ristorante, gestione familiare, cucina del territorio.

🏨 **Donatello** senza rist ≤ 🛋 AC 🛄 🚗 VISA 🐵 AE ① 💱

via del Santo 102/104 ⊠ 35123 – ℰ 04 98 75 06 34 – www.hoteldonatello.net
– Fax 04 98 75 08 29 – chiuso dal 12 dicembre al 6 gennaio   DZ**z**
44 cam – ♦130 € ♦♦180/204 €, � 14 €

• Nel cuore storico della città, una struttura d'inizio secolo scorso gestita, da generazioni, dalla medesima famiglia; recenti rinnovamenti e bella vista da alcune stanze.

🏨 **Majestic Toscanelli** senza rist 🛋 ⚿ AC 🕪 🛄 🚗

via dell'Arco 2 ⊠ 35122 – ℰ 0 49 66 32 44 VISA 🐵 AE ① 💱
– www.toscanelli.com – Fax 04 98 76 00 25   DZ**b**
34 cam � – ♦99/115 € ♦♦159/192 € – 3 suites

• Uno dei vecchi alberghi nel centro cittadino, con una zona comune incentrata sulla hall e stanze, di fattura diversa, con arredi di vari stili d'epoca. American bar serale.

PADOVA

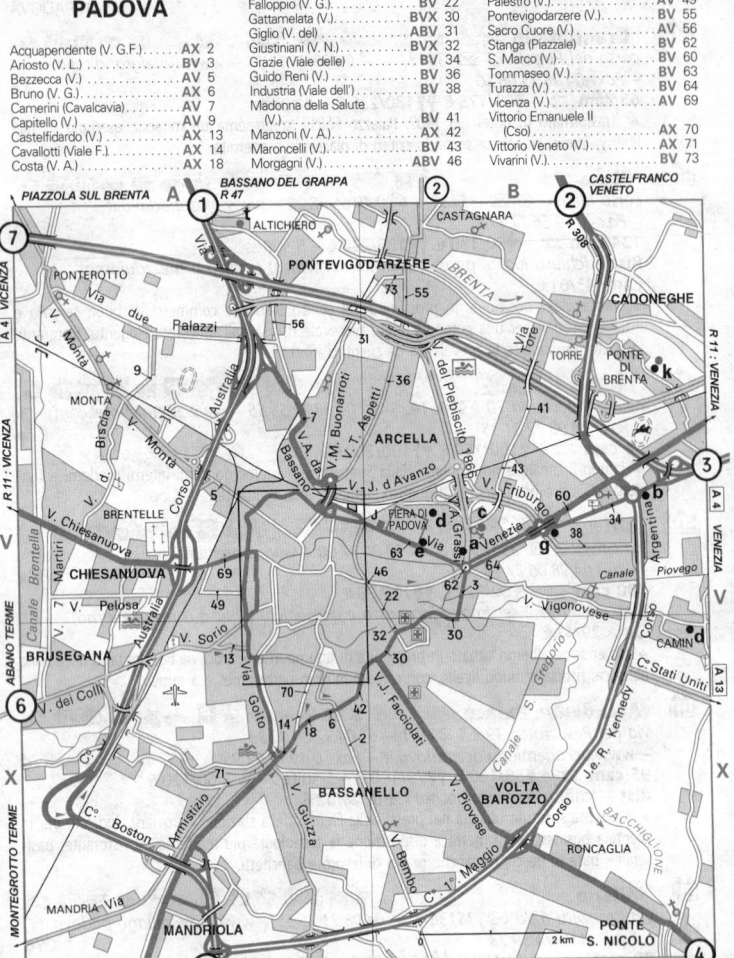

🏠 Europa   🖪 & 🕮 📶 🛄 🚗 VISA ᠗ AE ① ⑤
largo Europa 9 ⊠ 35137 – ℰ 049 66 12 00 – www.hoteleuropapd.it
– Fax 049 66 15 08   DYc
80 cam ⊒ – ✝70/144 € ✝✝90/180 € – ½ P 85/115 €
Rist Zaramella – vedere selezione ristoranti
♦ Cappella degli Scrovegni e centro storico sono a pochi metri, così anche la stazione: rinnovatosi in anni recenti, l'hotel presenta camere moderne, nonché spazi comuni luminosi e dai caldi toni. Ideale per una clientela business.

🏠 Giotto *senza rist*   🖪 & 🕮 📶 🕻 🅿 VISA ᠗ AE ① ⑤
piazzale Pontecorvo 33 ⊠ 35121 – ℰ 04 98 76 18 45 – www.hotelgiotto.com
– Fax 049 66 26 77   DZc
34 cam ⊒ – ✝70/80 € ✝✝90/120 €
♦ Poco lontano dalla basilica di Sant'Antonio, albergo riaperto da poco in seguito ad una totale ristrutturazione. Offre soluzioni di taglio moderno e funzionale.

PADOVA

Igea senza rist 🔊 🕰 📶 🚗 📷 VISA ◉◉ AE ① 🍴

via Ospedale Civile 87 ⌧ 35121 – 𝒞 04 98 75 05 77 – www.hoteligea.it
– Fax 04 96 60 86 5   DZ**d**

54 cam ⌑ – ♦60/75 € ♦♦85/110 €

◆ Un buon hotel che lavora molto con la clientela dell'Ospedale Civile di fronte a cui è posizionato: un'area comunque centralissima anche per le varie mete turistiche.

Al Cason 🔊 🕰 🍴 rist. 📶 🏊 🚗 VISA ◉◉ AE ① 🍴

via Frà Paolo Sarpi 40 ⌧ 35138 – 𝒞 04 96 62 63 6 – www.hotelalcason.com
– Fax 04 98 75 42 17   CDY**d**

48 cam ⌑ – ♦♦69/120 €   **Rist** – (chiuso dal 23 dicembre al 6 gennaio,
agosto, sabato e domenica) Carta 26/34 €

◆ Periferica e tuttavia molto comoda, in prossimità della stazione ferroviaria, una risorsa a conduzione familiare ormai da parecchi anni, dotata di confort essenziali. Tanta storia per un semplice ristorante moderno.

Al Fagiano senza rist 🔊 ⅄ 🕰 P VISA ◉◉ AE 🍴

via Locatelli 45 ⌧ 35123 – 𝒞 04 98 75 33 96 – www.alfagiano.com
– Fax 04 98 75 33 96   DZ**n**

40 cam – ♦55/70 € ♦♦80/100 €, ⌑ 7 €

◆ Ciò che vorremmo trovare in ogni città, arrivando come turisti con tutta la famiglia: un discreto hotel, un po' nascosto, in pieno centro, con un buon rapporto qualità/prezzo.

XXX **Belle Parti** 🕰 ⇔ VISA ◉◉ AE ① 🍴

via Belle Parti 11 ⌧ 35139 – 𝒞 04 98 75 18 22 – www.ristorantebelleparti.it
– Fax 04 98 75 18 22 – chiuso domenica   CDY**e**

Rist – Carta 47/76 €

◆ Un'unica sala divisa a metà da due piccoli archi: molti quadri alle pareti, specchi, legno per il pavimento e il soffitto. Atmosfera raffinata, con specialità stagionali.

XX **Ai Porteghi** ⅄ 🕰 ⇔ VISA ◉◉ AE ① 🍴

via Cesare Battisti 105 ⌧ 35121 – 𝒞 04 96 60 74 6
– www.trattoriaaiporteghi.com – Fax 04 98 78 96 69 – chiuso dal 12 al
19 agosto, domenica, lunedì a mezzogiorno   DZ**e**

Rist – Carta 34/56 €

◆ In pieno centro, sarete ammaliati dall'atmosfera un po' romantica di questo bel locale, che si farà ricordare per la cucina d'impronta mediterranea, in armonia con le stagioni. La sala principale è "riscaldata" da un tripudio di legni.

XX **Zaramella** – Hotel Europa 🕰 ⇔ VISA ◉◉ AE ① 🍴

largo Europa 10 ⌧ 35137 – 𝒞 04 98 76 08 68 – Fax 04 96 61 50 8 – chiuso
agosto, sabato a mezzogiorno, domenica   DY**c**

Rist – Carta 28/44 €

◆ Elegante sala di un rilassante color azzurro pastello e di tono moderno, ma con piacevoli tocchi dal passato quali il vecchio comò o le decorazioni alle pareti.

XX **Alle Piazze-Da Giorgio** ⅄ 🕰 ⇔ VISA ◉◉ AE 🍴

via Manin 8/10 ⌧ 35139 – 𝒞 04 98 36 09 73 – Fax 04 98 21 99 04 – chiuso
agosto, domenica   CZ**b**

Rist – Carta 33/50 €

◆ Nel pieno centro storico della città, locale classico ed elegante che offre proposte del territorio presentate in chiave moderna. Gestione di lunga esperienza.

X **Per Bacco** 🍽 🕰 VISA ◉◉ AE 🍴

piazzale Ponte Corvo 10 ⌧ 35121 – 𝒞 04 98 75 28 83 – www.per-bacco.it
– Fax 04 98 75 28 83 – chiuso domenica   DZ**a**

Rist – (consigliata la prenotazione) Carta 31/40 €

◆ Bottiglie esposte all'ingresso, libri e riviste a tema, tutto favorisce un piacevole incontro con la divinità che dà il nome a questo simpatico ed accogliente locale.

X **La Finestra** 🕰 VISA ◉◉ AE ① 🍴

via dei Tadi 15 ⌧ 35139 – 𝒞 04 96 50 31 3 – www.ristorantefinestra.it
– chiuso 1 settimana a gennaio, 3 settimane in agosto, domenica sera e lunedì
Rist – (chiuso a mezzogiorno da martedì a giovedì) (consigliata la   CZ**d**
prenotazione) Carta 37/46 €

◆ Ambiente raccolto ed accogliente, dove le importanti esperienze professionali dello chef si riflettono in una prelibata cucina contemporanea, resa originale da qualche spunto creativo, "misurato" e non invadente.

a Camin Est : 4 km per A 4 BX – ✉ 35127

🏨 **Admiral** senza rist　　🎵 📶 AC ↳ ✄ 🛜 🕍 P VISA ⚫ AE ① 🔶
via Vigonovese 90 – ☏ 04 98 70 02 40 – www.hoteladmiral.it
– Fax 04 98 70 03 30　　　　　　　　　　　　　　　　　BX**d**
46 cam �p – ♦65/130 € ♦♦90/150 €
♦ Sito nella zona industriale, sull'arteria principale che attraversa la località, un albergo di fattura moderna, distribuito su tre edifici, ideale per la clientela d'affari.

in prossimità casello autostrada A 4 Padova Est per ③: 5 km BV

🏨 **Sheraton Padova Hotel**　　🛗 📶 🔶 AC ↳ ✄ rist, 🛜 🕍 P
corso Argentina 5 ✉ 35129 – ☏ 04 97 80 82 30　　　VISA ⚫ AE ① 🔶
– www.sheratonpadova.it – Fax 04 98 97 06 60　　　　　　BV**b**
226 cam ☲ – ♦75/220 € ♦♦75/260 € – 2 suites
Rist Les Arcades – ☏ 04 98 99 80 86 – Carta 36/50 €
♦ In posizione strategica per scoprire sia Padova sia Venezia, un hotel che riesce a soddisfare la clientela turistica e d'affari con standard di confort in linea con la catena. Al ristorante raffinata atmosfera ovattata.

🏨 **AC Padova**　　🎵 🛗 🔶 AC ✄ 🛜 🕍 P VISA ⚫ AE ① 🔶
via Prima Strada 1 ✉ 35129 – ☏ 0 49 77 70 77 – www.ac-hotels.com
– Fax 0 49 77 70 81　　　　　　　　　　　　　　　　　BV**g**
98 cam ☲ – ♦♦70/170 €　**Rist** – (solo per alloggiati) Carta 33/58 €
♦ Non lontano dalla fiera e dall'uscita autostradale, il design moderno della struttura caratterizza tutti gli hotel di questa catena alberghiera. Spazi comuni non ampissimi, ma organizzati con grande raziocinio; camere di media ampiezza e notevole confort.

in prossimità casello autostrada A 4 Padova Ovest per ①: 6 km AV

🏨 **Crowne Plaza Padova**　　🛗 🛗 🔶 AC ✄ rist, 📞 🕍 P 🚗
via Po 197 ✉ 35135 – ☏ 04 98 65 65 11　　　VISA ⚫ AE ① 🔶
– www.crowneplazapadova.it – Fax 04 98 65 65 55
177 cam ☲ – ♦75/230 € ♦♦85/250 € – 2 suites　**Rist** – Carta 36/46 €
♦ Recente ed elegante, nel contesto di una città d'arte ricca di storia, annovera ampi spazi arredati in un design contemporaneo particolarmente luminoso e colorato. Classe e raffinatezza continuano al ristorante dalle dimensioni modulabili a seconda delle esigenze.

✕✕ **Antica Trattoria Bertolini** con cam　　🍴 🔶 cam, AC ↳ ✄ 🛜 P
via Altichiero 162 – ☏ 0 49 60 03 57　　　　　　VISA ⚫ AE ① 🔶
– www.bertolini1849.it – Fax 0 49 60 03 57　　　　　　AV**t**
14 cam – ♦♦43/90 €, ☲ 8 €
Rist – (chiuso 3 settimane in agosto, venerdì sera, sabato) Carta 26/32 €
♦ Già dall'insegna, il ristorante ricorda al cliente la propria lunghissima storia di appartenenza (dal 1849) alla tradizione gastronomica locale. In menu, tante proposte del territorio: risotti di stagione, specialità di pesce, dolci fatti in casa. Piacevoli stanze ben accessoriate.

a Ponte di Brenta Nord-Est : 6 km per S 11 BV – ✉ 35129

🏨 **Sagittario** ♨　　🚲 🛗 AC ✄ 🛜 🕍 P VISA ⚫ AE ① 🔶
via Randaccio 6, località Torre – ☏ 0 49 72 58 77 – www.hotelsagittario.com
– Fax 04 98 93 21 12 – chiuso dal 24 dicembre al 6 gennaio ed agosto
41 cam ☲ – ♦55/84 € ♦♦80/115 € – ½ P 70/85 €　　　　BV**k**
Rist Dotto di Campagna – vedere selezione ristoranti
♦ Decentrato, ma immerso nel verde, un valido appoggio per chi sia soltanto di passaggio o chi desideri visitare meglio le località vicine; camere semplici.

✕✕ **Dotto di Campagna** – Hotel Sagittario　　🚲 🍴 AC ✄ ⇔ P
via Randaccio 4, località Torre – ☏ 0 49 62 54 69　　　VISA ⚫ AE ① 🔶
– www.hotelsagittario.com – Fax 04 98 95 43 37 – chiuso dal 26 dicembre al
6 gennaio, agosto, domenica sera, lunedì　　　　　　　BV**k**
Rist – Carta 32/40 €
♦ Un simpatico indirizzo, un po' fuori città, ove poter assaporare i piatti della tradizione veneta nella più completa rilassatezza e in un ambiente di elegante rusticità.

▶ Roma 305 – Potenza 98 – Napoli 99 – Salerno 48

▮ via Magna Grecia 887/891 (zona Archeologica) ☎ 0828 811016, info@ infopaestum.it, Fax 0828 722322

◉ Tempio di Nettuno★★★ – Basilica★★ - Tempio di Cerere★★ - Museo★★: Tomba del Tuffatore★★

Ariston Hotel

via Laura 13 – ☎ 08 28 85 13 33
– www.hotelariston.com – Fax 08 28 85 15 96
111 cam – ♦90/100 € ♦♦100/120 €, ☕ 10 € – 1 suite – ½ P 100 €
Rist – Carta 26/46 €

♦ Grande complesso turistico alberghiero con ogni sorta di struttura: da quella congressuale a quella salutistico-sportiva. Camere sublimi non solo per il livello di confort, ma anche per la generosità dei metri quadrati.

Savoy Beach ⌂

via Poseidonia – ☎ 08 28 72 01 00
– www.hotelsavoybeach.it – Fax 08 28 72 08 07
41 cam ☕ – ♦164/224 € ♦♦218/298 € – 1 suite – ½ P 139/179 €
Rist Tre Olivi – ☎ 08 28 72 00 23 – Carta 30/53 €

♦ Imponente e sfarzoso hotel, realizzato di recente e votato all'attività congressuale e banchettistica. Hall, saloni e spazi comuni (anche esterni) davvero ampi e suggestivi. Sala ristorante signorile ed elegante, invitanti specialità del Cilento.

Esplanade ⌂

via Poseidonia – ☎ 08 28 85 10 43 – www.hotelesplanade.com – Fax 08 28 85 16 00
24 cam ☕ – ♦104/128 € ♦♦138/170 € – ½ P 95/109 €
Rist – Carta 25/35 € ⅋

♦ Hotel completamente rinnovato secondo il concept moderno-lineare attualmente tanto in voga. Il fresco giardino con piscina e l'ampia zona verde, che conduce direttamente alla spiaggia, restano tra gli aspetti più apprezzati della struttura. Al ristorante: cucina nazionale e un'interessante carta dei vini.

Le Palme ⌂

via Poseidonia 123 – ☎ 08 28 85 10 25 – www.lepalme.it – Fax 08 28 85 15 07
– aprile-28 ottobre
84 cam ☕ – ♦64/106 € ♦♦92/162 € – ½ P 59/113 €
Rist – (chiuso a mezzogiorno escluso luglio e agosto) (solo per alloggiati)
Carta 30/48 €

♦ Fuori dall'area dell'antica Poseidonia e non lontano dal mare, questa risorsa anni '70 - rinnovata nel corso del tempo - offre un settore notte con camere spaziose. Ampia sala ristorante di taglio classico.

Schuhmann ⌂

via Marittima 5 – ☎ 08 28 85 11 51 – www.hotelschuhmann.com
– Fax 08 28 85 11 83
53 cam ☕ – ♦60/100 € ♦♦80/160 € – ½ P 110 € **Rist** – (solo per alloggiati)
♦ Alle spalle una piccola pineta, mentre di fronte l'affaccio è sul mare, dove si trova la spiaggia privata. Camere spaziose ed arredate in stile classico. Enormi sale e veranda al ristorante.

Il Granaio dei Casabella

via Tavernelle 84 – ☎ 08 28 72 10 14
– www.ilgranaiodeicasabella.com – Fax 08 28 81 18 93 – marzo-ottobre
14 cam ☕ – ♦80/100 € ♦♦100/120 € – ½ P 75/90 €
Rist Il Granaio dei Casabella – (chiuso domenica sera e lunedì escluso aprile-settembre) Carta 23/42 €

♦ Adiacente al sito archeologico, hotel familiare ricavato da un antico granaio, con esito sorprendente. Camere arredate con gusto, mobili d'epoca o in arte povera. Sapori del Cilento nella piccola, ma elegante sala ristorante con coperto colorato e bellissimo dehors sull'erba.

Villa Rita ⌂

zona archeologica – ☎ 08 28 81 10 81 – www.hotelvillarita.it
– Fax 08 28 72 25 55 – 20 marzo-ottobre
20 cam ☕ – ♦60/90 € ♦♦85/120 € – ½ P 55/75 €
Rist – (solo per alloggiati) Menu 15/18 €

♦ Nella campagna prospiciente le antiche mura, immerso in un parco-giardino, un tranquillo alberghetto a conduzione familiare in cui si respira semplicità e sobrietà.

↑ **Agriturismo Seliano** ⊗   🚗 🏠 🔟 ⚖ 🅰🅲 📶 🄿 🆅🆂🅰 🆖 🅰🅴 ⓪ ⛟
via Seliano – 𝒞 08 28 72 36 34 – www.agriturismoseliano.it – Fax 08 28 72 45 44
– 15 marzo-ottobre
14 cam 🚆 – †60/90 € ††75/115 € – ½ P 58/78 €
Rist – (prenotazione obbligatoria) Menu 28 € bc
♦ L'allevamento di bufale e il grazioso giardino: ecco le vere chicche di questo agriturismo!
Nel casale, camere curate e gestite con professionalità, nonché grande cordialità. Il ristorante
propone un menu fisso con piatti elaborati partendo dai prodotti dell'azienda.

✗✗ **Nonna Sceppa**   🚗 🏠 🅰🅲 ⚖ 🆅🆂🅰 🆖 🅰🅴 ⓪ ⛟
via Laura 45 – 𝒞 08 28 85 10 64 – www.nonnasceppa.com – Fax 08 28 85 19 38
– chiuso dall'11 al 31 ottobre e giovedì da settembre a giugno
Rist – Carta 24/56 € ⚖ (+10 %)
♦ Fondata negli anni '60 da nonna Giuseppa, la trattoria è diventata oggi ristorante, ma la
conduzione è sempre nelle mani della stessa famiglia: nipoti e pronipoti si dividono tra
sala e cucina. Ricette del cilento nel menu, che cambia quotidianamente. Pizzeria solo la sera.

✗ **Nettuno**   🚗 🏠 🅰🅲 ⚖ 🄿 🆅🆂🅰 🆖 🅰🅴 ⓪ ⛟
🅖🅔 *zona archeologica – 𝒞 08 28 81 10 28 – www.ristorantenettuno.com*
– Fax 08 28 81 10 28 – chiuso dal 7 gennaio al 7 febbraio, 15 giorni in novembre
e la sera
Rist – Carta 18/42 € (+10 %)
♦ Cucina ittica e cilentina in un una casa colonica di fine '800, già punto di ristoro negli anni
'20, con servizio estivo in veranda: splendida vista su Basilica e tempio di Nettuno.

sulla strada statale 166 Nord-Est : 7,5 km

✗✗ **Le Trabe**   🔥 🏠 🅰🅲 ⚖ 🄿 🆅🆂🅰 🆖 ⓪ ⛟
via Capodifiume 4 – 𝒞 08 28 72 41 65 – www.ristoranteletrabe.it
– Fax 08 28 72 41 65 – chiuso dal 20 dicembre all' 8 gennaio, lunedì, domenica
sera da ottobre a marzo
Rist – Carta 32/51 € (+10 %)
♦ All'interno di un lussureggiante parco lungo il corso di un fiume, la vecchia centrale
idroelettrica - sapientemente restaurata - si abbellisce di anno in anno. In menu: piatti creativi e di mare.

PAGANICA – L'Aquila – **563** O22 – Vedere L'Aquila

PALADINA – Bergamo – Vedere Almè

PALAGIANELLO – Taranto (TA) – **564** F32 – 7 855 ab. – alt. 157 m   **27** C2
– ⊠ 74018

▶ Roma 477 – Bari 62 – Matera 44 – Taranto 33

✗✗ **La Strega**   🅱 🅰🅲 🆅🆂🅰 🆖 🅰🅴 ⓪ ⛟
🕸 *via F.lli Bandiera 61 (trasferimento previsto in Contrada Rocca Pampina)*
– 𝒞 09 98 44 46 78 – Fax 09 98 44 88 19 – chiuso dal 1° al 15 luglio, lunedì,
martedì a mezzogiorno
Rist – (consigliata la prenotazione) Carta 34/46 € ⚖
Spec. Gnocchi di patate con ragù di vongole e pesto in salsa di pomodoro
verde. Noci di filetto di maiale con funghi cardoncelli e tomino grigliato.
Flan di ricotta in salsa al San Marzano e perle di cioccolato speziato.
♦ Locale di impostazione classica e tradizionale, è la cucina a sorprendere rielaborando
ricette regionali in chiave moderna e fantasiosa.

✗✗ **Masseria Petrino**   🏠 🅰🅲 ⚖ 🄿 🆅🆂🅰 🆖 🅰🅴 ⓪ ⛟
zona Petrino – 𝒞 09 98 43 40 65 – www.dimmy/masseriapetrino.com
– chiuso dal 7 al 31 gennaio, domenica sera, lunedì
Rist – (consigliata la prenotazione) Carta 34/46 €
♦ In una zona residenziale appena fuori Palagiano, ristorante classico con un tocco di eleganza anche negli arredi e nello stile del servizio. Cucina di impronta contemporanea, che
non disdegna le proprie origini.

PALAU – Olbia-Tempio (104) – **366** R36 – Vedere Sardegna alla fine dell'elenco
alfabetico

PALAZZAGO – Bergamo (BG) – **561** E10 – **3 897 ab. – alt. 397 m**   **19** C1
– ✉ 24030

> ▶ Roma 599 – Bergamo 18 – Brescia 68 – Milano 61

✗   **Osteria Burligo**   🛐 *VISA* 🆗 ⑤

località Burligo 12, Nord-Ovest : 2,5 km – ☎ 0 35 55 04 56 – Fax 0 35 55 04 56
– chiuso lunedì, martedì

Rist – (chiuso a mezzogiorno escluso i giorni festivi) Carta 27/34 €

♦ Semplice esercizio fuori porta dalla vivace e volenterosa gestione familiare che propone piatti genuini e gustosi, memoria di una tradizione contadina. Due sale interne e una terrazza estiva.

PALAZZOLO SULL'OGLIO – Brescia (BS) – **561** F11 – **18 917 ab.**   **19** D2
– alt. 166 m – ✉ 25036

> ▶ Roma 581 – Bergamo 26 – Brescia 32 – Cremona 77

✗✗   **La Corte**   🅰🅲 ⅘ 🅿 *VISA* 🆗 🅰🅴 ① ⑤

via San Pancrazio 41 – ☎ 03 07 40 21 36 – Fax 03 07 40 21 36 – chiuso
dal 25 gennaio al 2 febbraio, dal 3 al 26 agosto, sabato a mezzogiorno, lunedì

Rist – Carta 38/50 € 🏵

♦ Ricavati da una casa colonica ristrutturata, ambienti rustici e accoglienti, in cui assaporerete originali proposte culinarie, accompagnate da un'ottima scelta di vini.

✗   **Osteria della Villetta** con cam   🛐 ⅙ cam, ⅘ 🕪 *VISA* 🅰🅴 ⑤

via Marconi 104 – ☎ 03 07 40 18 99 – Fax 03 07 40 18 99 – chiuso dal
25 dicembre al 3 gennaio, dal 8 al 30 agosto, domenica, lunedì, martedì sera

5 cam ☷ – ♥45/55 € ♥♥65 € – ½ P 63 €   **Rist** – Carta 28/45 €

♦ Nelle vicinanze della stazione, un'antica osteria dagli inizi del secolo scorso: lunghi tavoloni massicci, una lavagna con la selezione dei piatti del giorno, fragranti e caserecci. Al piano superiore dell'edificio le camere, una simpatica e variopinta sintesi tra antico e moderno.

PALAZZUOLO SUL SENIO – Firenze (FI) – **563** J16 – **1 246 ab.**   **29** C1
– alt. 437 m – ✉ 50035

> ▶ Roma 318 – Bologna 86 – Firenze 56 – Faenza 46

🏠   **Locanda Senio** ⑤   🛐 🎵 🎿 🕪 *VISA* 🆗 🅰🅴 ① ⑤

borgo dell'Ore 1 – ☎ 05 58 04 60 19 – www.locandasenio.com
– Fax 05 58 04 39 49 – chiuso dal 7 gennaio al 12 febbraio

8 cam ☷ – ♥100/120 € ♥♥150/190 € – 2 suites – ½ P 95/150 €

Rist – Carta 52/70 €

♦ Come cornice un caratteristico borgo medievale, come note salienti la cura, le personalizzazioni, la bella terrazza con piscina...insomma un soggiorno proprio piacevole. Al ristorante piatti del territorio e antiche ricette medievali riscoperte con passione.

PALERMO 🅿 – **365** AP55 – Vedere Sicilia alla fine dell'elenco alfabetico

PALESTRINA – Roma (RM) – **563** Q20 – **19 251 ab. – alt. 465 m**   **13** C2
– ✉ 00036 ▮ Roma

> ▶ Roma 39 – Anzio 69 – Frosinone 52 – Latina 58

✗✗   **Il Piscarello**   🛐 🅰🅲 ⅘ 🅿 *VISA* 🆗 🅰🅴 ① ⑤

via del Piscarello 2 – ☎ 0 69 57 43 26 – chiuso dal 16 al 31 agosto, lunedì

Rist – Carta 45/70 €

♦ Ai margini del paese, accolto tra colline di ulivi e boschi, un ristorante inaspettatamente elegante dalle proposte regionali: funghi, tanto pesce e carni (in autunno/inverno, cotte sul camino in sala). Carrello dei dolci.

PALINURO – Salerno (SA) – **564** G27 – ✉ 84064   **7** D3

> ▶ Roma 376 – Potenza 173 – Napoli 170 – Salerno 119
> ▮ (marzo-ottobre) piazza Virgilio ☎ 0974 938144

🏨   **Grand Hotel San Pietro** ⑤   ⪕ 🎵 🗟 🅰🅲 ⅘ 🕪 ⅗ 🅿

                              VISA 🆗 🅰🅴 ① ⑤

via Pisacane – ☎ 09 74 93 14 66
– www.grandhotelsanpietro.com – Fax 09 74 93 19 19 – aprile-ottobre

47 cam ☷ – ♥90/190 € ♥♥110/230 € – ½ P 85/145 €

Rist – (solo per alloggiati) Carta 31/66 €

♦ Un'ubicazione tranquilla, dalla quale è possibile ammirare il Tirreno e la costa del Cilento: in zona centrale, direttamente sulla distesa marina. Camere spaziose.

Santa Caterina
via Indipendenza 53 – ✆ 09 74 93 10 19 – www.albergosantacaterina.com – Fax 09 74 93 83 25
27 cam – †65/160 € ††90/230 € – ½ P 75/145 €
Rist – *(giugno-settembre)* Carta 30/66 €
◆ Un rinnovo radicale per un risultato ottimale, così oggi l'hotel appare moderno e al passo coi tempi, ma nel rispetto della propria storia. Bella vista dalle camere. Affidabile ristorante con ampi scorci sul paesaggio.

La Conchiglia
via Indipendenza 52 – ✆ 09 74 93 10 18 – www.hotellaconchiglia.it – Fax 09 74 93 10 30
30 cam – †64/120 € ††94/175 € – ½ P 84/99 €
Rist – *(aperto sabato e domenica da novembre a marzo)* Carta 33/43 €
◆ Hotel di taglio moderno, completamente ristrutturato, ubicato in pieno centro. Spazi comuni completi, camere spaziose, arredi di qualità e una bella terrazza vista mare. Il ristorante dispone di un'ariosa sala interna e di una veranda panoramica.

Lido Ficocella
via Ficocella 51 – ✆ 09 74 93 10 51 – www.lidoficocella.com – Fax 09 74 93 19 97 – Pasqua-ottobre
31 cam – †35/40 € ††70/80 € – ½ P 85/95 € **Rist** – Carta 20/25 €
◆ Albergo familiare, situato ancora in centro, rispetto alla località, ma al contempo appartato e direttamente sulla scogliera che scende all'omonima spiaggetta.

Da Carmelo con cam
località Isca, Est : 1 km – ✆ 09 74 93 11 38 – www.dacarmelo.it – Fax 09 74 93 07 05 – chiuso dal 5 novembre al 27 dicembre
7 cam – †40/80 € ††80/160 € – ½ P 70/90 €
Rist – *(chiuso mercoledì escluso da aprile a settembre)* Carta 32/55 € (+10 %)
◆ Al confine della località, lungo la statale per Camerota, un ristorante di grandi dimensioni che propone una gustosa cucina di mare, basata su ottime materie prime.

Da Isidoro
via Indipendenza 56 – ✆ 09 74 93 10 43 – Fax 09 74 93 10 43 – 15 marzo-15 ottobre
Rist – Carta 19/41 €
◆ Trattoria ruspante, gestita con cortesia e onestà. La cucina propone una buona selezione dei piatti della più casereccia e genuina tradizione locale, prediligendo il mare.

PALLANZA – **Verbania** – **561** E7 – **Vedere Verbania**

PALLUSIEUX – **Aosta** – **Vedere PréSaintDidier**

PALMANOVA – **Udine (UD)** – **562** E21 – **5 352 ab.** – **alt. 26 m** **11** C3
– ✉ 33057
Roma 612 – Udine 31 – Gorizia 33 – Grado 28

Al Convento
borgo Aquileia 10 – ✆ 04 32 92 30 42 – www.ristorantealconvento.it – Fax 04 32 60 46 71 – chiuso 2 settimane in gennaio, 1 settimana in agosto, domenica, lunedì a mezzogiorno
Rist – (prenotare) Carta 30/45 €
◆ I tavoli nel portico saranno la giusta ambientazione per un pranzo durante la bella stagione ma il punto forte del locale è il personale, pronto ad accostare il vino giusto al piatto da voi scelto.

PALMI – **Reggio di Calabria (RC)** – **564** L29 – **19 569 ab.** – **alt. 250 m** **5** A3
– ✉ 89015 Italia
Roma 668 – Reggio di Calabria 49 – Catanzaro 122 – Cosenza 151

De Gustibus-Maurizio
viale delle Rimembranze 58/60 – ✆ 0 96 62 50 69 – Fax 0 96 62 50 69 – chiuso 1 settimana in luglio, 2 settimane in settembre, domenica e lunedì escluso dal 15 luglio al 30 agosto
Rist – *(chiuso a mezzogiorno dal 15 luglio al 30 agosto)* Carta 34/47 €
◆ Ristorante del centro, nei decori l'omaggio alla città e ad alcuni personaggi illustri, nel piatto l'inno ai frutti della pesca. Carta a voce, illustrata dal titolare.

PALÙ – Trento (TN) – Vedere Giovo

PALUS SAN MARCO – Belluno – **562** C18 – Vedere Auronzo di Cadore

---

PANCHIÀ – Trento (TN) – **562** D16 – 743 ab. – alt. 981 m – Sport **31** D3
invernali : Vedere Cavalese (Comprensorio sciistico Val di Fiemme-Obereggen) ⚄
– ✉ 38030

> ◘ Roma 656 – Bolzano 50 – Trento 59 – Belluno 84
> ◨ (luglio-agosto) via Nazionale 32 ℰ 0462 815005

🏠 **Castelir Suite Hotel** senza rist   🍴 🍷 🗻 ℁ 🐾 😿 📶
via Nazionale 57 – ℰ 04 62 81 00 01 – www.castelir.it   VISA ⓪ AE ① 💲
– Fax 04 62 81 26 56 – chiuso dal 12 aprile al
27 maggio e dal 27 settembre al 30 novembre
5 cam ⌂ – †100/140 € ††150/240 € – 2 suites – ††220/420 €
♦ Lo spazio come prerogativa del lusso: camere enormi con stufe d'epoca e accesso diretto
sul parco per questo albergo in legno d'abete costruito secondo i dettami della biodinamica.
Protagonista indiscussa, la natura.

PANDINO – Cremona (CR) – **561** F10 – 8 768 ab. – alt. 85 m – ✉ 26025 **19** C2
> ◘ Roma 556 – Bergamo 36 – Cremona 52 – Lodi 12

a Nosadello Ovest : 2 km – ✉ 26025 Pandino

❌❌ **Volpi**   🍴 AK P VISA ⓪ AE 💲
via Indipendenza 36 – ℰ 0 37 39 01 00 – Fax 0 37 39 14 00 – chiuso dal 1° al
15 gennaio, dal 15 al 30 agosto, sabato a mezzogiorno, domenica sera, lunedì
Rist – Carta 31/50 €
♦ Un locale elegante ricavato all'interno di un edificio d'epoca, ideale per cene importanti
nelle comode salette interne oppure in veranda.

PANICALE – Perugia (PG) – **563** M18 – 5 805 ab. – alt. 441 m – ✉ 06064 **32** A2
> ◘ Roma 158 – Perugia 39 – Chianciano Terme 33
> ◪ Lamborghini, ℰ 075 83 75 82

🏠 **Villa le Mura** senza rist ৯   ⇐ 🚲 🍴 🍷 P
località Villa le Mura 1, Nord-Est : 1 km – ℰ 0 75 83 71 34
– www.villalemura.com – Fax 0 75 83 71 34 – marzo-novembre
4 cam ⌂ – †80/110 € ††100/130 € – 2 suites – ††130/200 €
♦ Grande villa nobiliare, contornata da un curato giardino fiorito e avvolta da un parco secolare. All'interno ambienti di notevole fascino, saloni sontuosi e camere affrescate.

verso Montali – ✉ 06068 Panicale

🏠 **Villa di Monte Solare** ৯   ⇐ 🍴 🚲 🍷 ⓪ 🗻 ℁ AK 😿 rist, 📶 🏛
via Montali 7, località Colle San Paolo, Est : 11 km   P VISA ⓪ AE ① 💲
– ℰ 07 58 35 58 18 – www.villamontesolare.com – Fax 07 58 35 54 62
15 cam ⌂ – †130/145 € ††200/280 € – 10 suites – ††300/450 € – ½ P 142/182 €
Rist – Carta 45/58 € ℬ
♦ All'interno di un'area sottoposta a vincolo paesaggistico e archeologico, una villa patrizia
di fine '700 e annessa fattoria; elevata ospitalità e cura dei particolari. Accogliente sala da
pranzo riscaldata da un bel camino; gustosi piatti del territorio.

🏠 **Agriturismo Montali** ৯   ⇐ 🚲 🍴 🍷 P VISA ⓪ 💲
via Montali 23, località Montali, Nord-Est : 15 km – ℰ 07 58 35 06 80
– www.montalionline.com – Fax 07 58 35 01 44 – aprile-ottobre
9 cam – solo ½ P 110 €
Rist – (chiuso a mezzogiorno) (prenotazione obbligatoria) Menu 50 €
♦ Chilometri di strada panoramica non asfaltata, con una vista che spazia sul Lago Trasimeno, il basso Senese e il Perugino, un complesso rurale in posizione isolata.

PANNESI – Genova – Vedere Lumarzo

PANTELLERIA (Isola di) – Trapani – **365** AG62 – Vedere Sicilia alla fine
dell'elenco alfabetico

PANTIERE – Pesaro-Urbino – Vedere Urbino

PANZA – Napoli – Vedere Ischia (Isola d') : Forio

PANZANO – Firenze – Vedere Greve in Chianti

PARABIAGO – Milano (MI) – **561** F8 – 25 530 ab. – alt. 180 m   **18** A2
– ✉ 20015

▶ Roma 598 – Milano 21 – Bergamo 73 – Como 40

XX **Da Palmiro**   & 🖭 ⅍ 𝗩𝗜𝗦𝗔 ⓿ 🄰🄴 🕏
via del Riale 16 – ℰ 03 31 55 20 24 – www.ristorantedapalmiro.it
– Fax 03 31 49 26 12 – chiuso dal 1° al 7 gennaio, domenica sera, lunedì
Rist – Carta 41/57 €
♦ In posizione centrale, una vera chicca per gli amanti della cucina di mare: ampia scelta e grande varietà anche sul crudo. Non manca qualche piatto stagionale, di terra.

PARADISO – Udine – Vedere Pocenia

PARATICO – Brescia (BS) – **561** F11 – 4 267 ab. – alt. 232 m – ✉ 25030   **19** D1
▶ Roma 582 – Bergamo 28 – Brescia 33 – Cremona 78

🏠 **Ulivi** senza rist   ← 🚲 ᗪ 🖭 & 🖭 🖥 🚗 𝗩𝗜𝗦𝗔 ⓿ 🄰🄴 ⓞ 🕏
viale Madruzza 11 – ℰ 0 35 91 29 18 – www.ulivihotel.it – Fax 03 54 26 19 69
– chiuso Natale
22 cam ⌂ – †55/70 € ††80/140 €
♦ Una costruzione un po' atipica, ad un piano, che chiude a ferro di cavallo il giardino e la piscina affacciati proprio sul lago; l'ambiente è nuovissimo e accogliente.

PARCINES (PARTSCHINS) – Bolzano (BZ) – **562** B15 – 3 391 ab.   **30** B2
– alt. 641 m – ✉ 39020
▶ Roma 674 – Bolzano 35 – Merano 8 – Milano 335
🚹 via Spauregg 10 ℰ 0473 967157, info@partschins.com, Fax 0473 967798

a Rablà (Rabland) Ovest : 2 km – ✉ 39020

🏠🏠🏠 **Hanswirt**   🚲 ᗪ 🏠 🖨 & ⚹⚹ ↵ 🖥 🄿 🚗 𝗩𝗜𝗦𝗔 ⓿ 🕏
piazza Gerold 3 – ℰ 04 73 96 71 48 – www.hanswirt.com – Fax 04 73 96 81 03
– chiuso dal 10 gennaio al 20 marzo
25 cam ⌂ – †80/140 € ††140/200 € – ½ P 103/133 €
Rist Hanswirt – vedere selezione ristoranti
♦ Uno dei pochi alberghi storici di tutto l'Alto Adige, questa recente struttura nata dall'ampliamento di un bell'edificio antico va ad arricchire l'offerta dell'omonimo ristorante. Ampi spazi e camere eleganti.

🏠 **Roessl**   ← 🚲 🏡 ᗪ 🖥 ⓿ 🏠 🏃 🖨 ⚹⚹ 🖭 rist, 🖥 🄿 🚗
via Venosta 26 – ℰ 04 73 96 71 43 – www.roessl.com   𝗩𝗜𝗦𝗔 ⓿ 🄰🄴 🕏
– Fax 04 73 96 80 72 – chiuso dal 20 dicembre al
30 gennaio
32 cam ⌂ – †52/70 € ††108/220 € – 3 suites – ½ P 69/148 €
Rist – Carta 23/50 €
♦ Decorato e sito lungo la via principale, con molte stanze affacciate sui frutteti, albergo con buone attrezzature e piacevole giardino con piscina. Specialità sudtirolesi, in sala o immersi nell'ambiente tipico delle stube.

XX **Hanswirt** – Hotel Hanswirt   🏡 & ⟳ 🄿 𝗩𝗜𝗦𝗔 ⓿ 🕏
piazza Gerold 3 – ℰ 04 73 96 71 48 – www.hanswirt.com – Fax 04 73 96 81 03
– chiuso dal 10 gennaio al 20 marzo
Rist – Carta 37/49 €
♦ Ricavato all'interno di un antico maso, stazione di posta, un locale elegante e piacevole, dall'ambiente caldo e tipicamente tirolese.

PARCO NAZIONALE D'ABRUZZO – L'Aquila-Isernia-Frosinone – **563** Q23
▨ Italia

PARETI – Livorno – Vedere Elba (Isola d') : Capoliveri

PARGHELIA – Vibo Valentia (VV) – **564** K29 – **1 371 ab.** – ✉ 89861   5 A2
> ► Roma 600 – Reggio di Calabria 106 – Catanzaro 87 – Cosenza 117

🏠🏠🏠 **Porto Pirgos** ⚘   🚗 🍴 🏊 🛝 ⛱ 🅰️ 📶 📵 🅿️ 🆅🆂🅰️ 🕥 🅰️🅴 ① ⑤
località Marina di Bordila, Nord-Est : 3 km – ℰ 09 63 60 03 51
– www.portopirgos.com – Fax 09 63 60 06 90 – maggio-10 ottobre
18 cam ⚏ – ♦170/290 € ♦♦280/560 € – ½ P 290/319 €
Rist – (prenotazione obbligatoria) Menu 30/130 €
♦ Un piccolo gioiello ad alti livelli, molto curato, personalizzato, di grande impatto: dal restauro di un'antica dimora signorile, sopra un promontorio con discesa a mare. Un pavimento a mosaico impreziosisce la sala da pranzo interna, ed un colonnato incornicia le sue terrazze, con splendida vista sul mare.

🏠🏠🏠 **Panta Rei** ⚘   ≼ 🚗 🍴 🏊 🅰️ 📶 📵 🅿️ 🆅🆂🅰️ 📵 🅰️🅴 ① ⑤
❦❦ *località Marina di San Nicola, Nord-Est : 2 km* – ℰ 09 63 60 18 65
– www.hotelpantarei.com – Fax 09 63 60 17 21 – maggio-settembre
21 cam – solo ½ P 200/320 €
Rist – *(solo per alloggiati)* Menu 20 € (solo a mezzogiorno)/75 €
♦ Esclusiva e lussuosa residenza in pietra con accesso diretto ad una spiaggetta privata. Camere spaziose e confortevoli, tutte con terrazza. Romantiche cene sulla terrazza e pranzi a buffet in riva al mare.

Se cercate un albergo particolarmente ameno per un soggiorno di charme, prenotate in un hotel evidenziato in rosso: ⋔, ⌂...🏠🏠🏠.

PARMA 🅿 (PR) – **562** H12 – **178 718 ab.** – alt. 52 m – ✉ 43100 ▐ Italia   8 A3
> ► Roma 458 – Bologna 96 – Brescia 114 – Genova 198
> 🆔 via Melloni 1/A ℰ 0521 218889, turismo@comune.parma.it, Fax
>   0521 234735
> 🅱️ La Rocca, ℰ 0521 83 40 37
> **Manifestazioni locali**
>   27.02-07.03 : mercantinfiera primavera (mostra internazionale di
>   modernariato)
>   02.10-10.10 : mercantinfiera autunno (mostra internazionale di
>   modernariato)
> 🔲 Complesso Episcopale★★★ CY : Duomo★★, Battistero★★ **A** – Galleria
>   nazionale★★, teatro Farnese★★, museo nazionale di antichità★ nel
>   palazzo della Pilotta BY★ – Affreschi★★ del Correggio nella chiesa di San
>   Giovanni Evangelista CYZ – Camera del Correggio★ CY – Museo Glauco
>   Lombardi★ BY **M1** – Affreschi★ del Parmigianino nella chiesa della
>   Madonna della Steccata BZ **E** – Parco Ducale★ ABY – Casa Toscanini★
>   BY **M2**

Piante pagine seguenti

🏠🏠🏠 **Starhotels Du Parc**   🐟 🖥 🅰️ ↩ 🍴 rist, 📶 🛝 🅿️ 🔁
viale Piacenza 12/c ✉ 43125 – ℰ 05 21 29 29 29   🆅🆂🅰️ 📵 🅰️🅴 ① ⑤
– www.starhotels.com – Fax 05 21 29 28 28   AYa
163 cam ⚏ – ♦90/300 € ♦♦90/450 € – 6 suites
Rist *Canova* – Carta 35/75 €
♦ Un possente edificio del 1921, affacciato sul Parco Ducale, ospita questa stella della hotellerie cittadina: signorilità e ogni genere di confort, a pochi passi dal centro. Specialità gastronomiche parmigiane, dalle succulenti paste ripiene ai saporiti arrosti.

🏠🏠🏠 **Grand Hotel de la Ville**   📶 🐟 🖥 ♿ 🅰️ ↩ 🍴 rist, 📶 🛝 🔁
largo Piero Calamandrei 11 (Barilla Center) ✉ 43121   🆅🆂🅰️ 📵 🅰️🅴 ① ⑤
– ℰ 05 21 03 04 – www.grandhoteldelaville.it – Fax 05 21 03 03 03   CZa
105 cam ⚏ – ♦110/150 € ♦♦140/180 € – 5 suites
Rist – *(chiuso domenica) (chiuso a mezzogiorno)* Carta 38/57 €
♦ Elegante hall con spazi e luci d'avanguardia per questa risorsa ricavata da un ex pastificio, riprogettato all'esterno da Renzo Piano. Camere moderne dagli arredi più classici. Ristorante con proposte di ogni origine: ricette parmigiane, elaborazioni classiche e specialità di pesce.

Stendhal 🖥 AC 💈 🌣 rist, ❝¶❞ 🦾 🚗 VISA ⚌ AE ⓪ 🦽
piazzetta Bodoni 3 ⊠ *43121 – ℰ 05 21 20 80 57 – www.hotelstendhal.it*
– Fax 05 21 28 56 55   BY**r**
67 cam � – ❙115/150 € ❙❙135/290 € – ½ P 145/175 €
Rist *La Pilotta* – *(chiuso dal 1° al 23 agosto)* Carta 27/41 €
♦ Nel cuore di Parma, in un'area cortilizia dell'antico Palazzo della Pilotta, una piacevole struttura con camere variamente decorate, dallo stile veneziano al Luigi XIII. Luminosa sala ristorante in stile lineare.

Verdi senza rist 🖥 AC 💈 ❝¶❞ 🅿 🚗 VISA ⚌ AE ⓪ 🦽
via Pasini 18 ⊠ *43125 – ℰ 05 21 29 35 39 – www.hotelverdi.it*
– Fax 05 21 29 35 59 – chiuso dal 24 dicembre al 6 gennaio, dal 6 al 31 luglio
17 cam – ❙110/180 € ❙❙150/220 €, ⊆ 15 € – 3 suites   AY**b**
♦ Dal rinnovo di un edificio in stile liberty, di cui si notano le eco nei begli esterni color glicine e negli interni, un comodo albergo prospiciente il Parco Ducale.

Farnese 🏡 🛁 🖥 AC 💈 rist, ❝¶❞ 🦾 🅿 VISA ⚌ AE ⓪ 🦽
via Reggio 51/a, per via Reggio ⊠ *43126 – ℰ 05 21 99 42 47*
– www.farnesehotel.it – Fax 05 21 99 23 17   BY
76 cam ⊆ – ❙85/135 € ❙❙110/180 €
Rist *51/A Restaurant* – ℰ 05 21 29 49 29 – Carta 29/38 €
♦ A pochi metri dalla tangenziale, moderno complesso adatto soprattutto ad una clientela d'affari ma non solo, consente di raggiungere agevolmente stazione, aeroporto e fiera. Sale ristorante di taglio moderno.

My One Hotel Villa Ducale 🚗 🛁 🖥 & 🛪 AC 💈 ❝¶❞ 🦾 🅿
via Moletolo 53/a, 2 km per ① ⊠ 43122   VISA ⚌ AE ⓪ 🦽
– ℰ 05 21 27 27 27 – www.myonehotel.it – Fax 05 21 78 07 56
113 cam ⊆ – ❙59/105 € ❙❙79/125 € – ½ P 66/88 €   **Rist** – Carta 26/46 €
♦ Per una clientela d'affari che ha esigenza di muoversi fra il centro cittadino e l'autostrada, una villa del '700 recentemente ristrutturata: camere moderne e confortevoli.

Daniel 🖥 AC 💈 🌣 🅿 VISA ⚌ AE ⓪ 🦽
via Gramsci 16 ang. via Abbeveratoia, per ⑤ ⊠ 43126 – ℰ 05 21 99 51 47
– www.hoteldaniel.biz – Fax 05 21 29 26 06 – chiuso dal 24 dicembre al
6 gennaio, agosto
32 cam ⊆ – ❙75/120 € ❙❙90/170 €
Rist Cocchi – vedere selezione ristoranti
♦ In posizione strategica, nei pressi del Parco Ducale e a soli 100 m dall'inizio del centro storico, questa piacevole struttura dispone di camere dal design moderno e dai colori sobri.

Express Holiday Inn Parma 🖥 & cam, AC 💈 rist, ❝¶❞ 🦾 🅿
via Naviglio Alto 50, per via Trento ⊠ *43122*   VISA ⚌ AE ⓪ 🦽
– ℰ 05 21 27 05 93 – www.parma.hiexpress.it – Fax 05 21 77 28 21   CY
70 cam ⊆ – ❙65/120 € ❙❙75/130 € – ½ P 50/95 €
Rist – *(chiuso a mezzogiorno)* Carta 27/35 €
♦ Nei pressi dei centri commerciali e in prossimità delle grandi arterie di comunicazione, una struttura moderna nonché funzionale, ideale per una clientela d'affari. Camere confortevoli. Ristorante arredato sobriamente, con proposte anche locali.

Astoria Residence Hotel senza rist AC ❝¶❞ 🚗 VISA ⚌ AE ⓪ 🦽
via Trento 9 ⊠ *43121 – ℰ 05 21 27 27 17 – www.piuhotels.com*
– Fax 05 21 27 27 24   CY**a**
88 cam ⊆ – ❙60/105 € ❙❙75/140 €
♦ A pochi passi dalla stazione - lungo un'arteria che collega il centro cittadino e l'autostrada - un albergo ideale per clienti d'affari, con camere omogenee e funzionali, spazi comuni un po' limitati.

Button senza rist 🖥 AC ❝¶❞ VISA ⚌ AE ⓪ 🦽
via della Salina 7 ⊠ *43121 – ℰ 05 21 20 80 39 – www.hotelbutton.it*
– Fax 05 21 23 87 83 – chiuso dal 23 dicembre al 2 gennaio e dal 18 luglio al
18 agosto   BZ**a**
40 cam – ❙75/85 € ❙❙97 €, ⊆ 9 €
♦ Nel cuore di Parma, nei pressi dell'Università e altre mete cittadine, sorge questa risorsa dove la semplicità delle camere è compensata dall'ampiezza e cortesia nel servizio.

PARMA

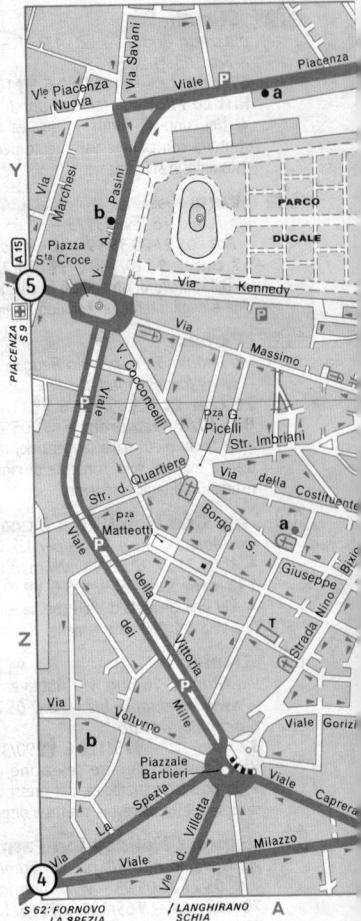

🏠 **My One Hotel Arte** senza rist 🔧 &. 🔳 ⊕⁾ 🅿 📶 ⦾ 🔳 ⓞ ⑤
via Mansfield 3, per via Trento ✉ 43122
– ℰ 05 21 77 69 26 – www.myonehotel.it
– Fax 05 21 77 67 23   CY
44 cam 🖭 – ♦49/99 € ♦♦59/134 €
♦ Piccolo e recente hotel, tra la città e le autostrade. Le camere sono confortevoli, pur se arredate sobriamente; la sala colazioni dimostra un tocco di personalità in più.

🏠 **Palazzo dalla Rosa Prati** senza rist 🔧 🔳 ⅍ ⊕⁾ 📶 ⦾ 🔳 ⑤
strada al Duomo 7 ✉ 43121 – ℰ 05 21 38 64 29 – www.palazzodallarosaprati.it
– Fax 05 21 50 22 04   CYe
7 cam – ♦150 € ♦♦270/300 €, 🖭 10 €
♦ Affacciato sul Battistero e sul Duomo, oggi, dopo sei secoli, la famiglia Dalla Rosa Prati apre le porte del suo palazzo agli ospiti e li riceve in camere spaziose, con arredi dal '700 al liberty, quasi tutte con vista. Colazione in uno spazio espositivo di opere d'arte.

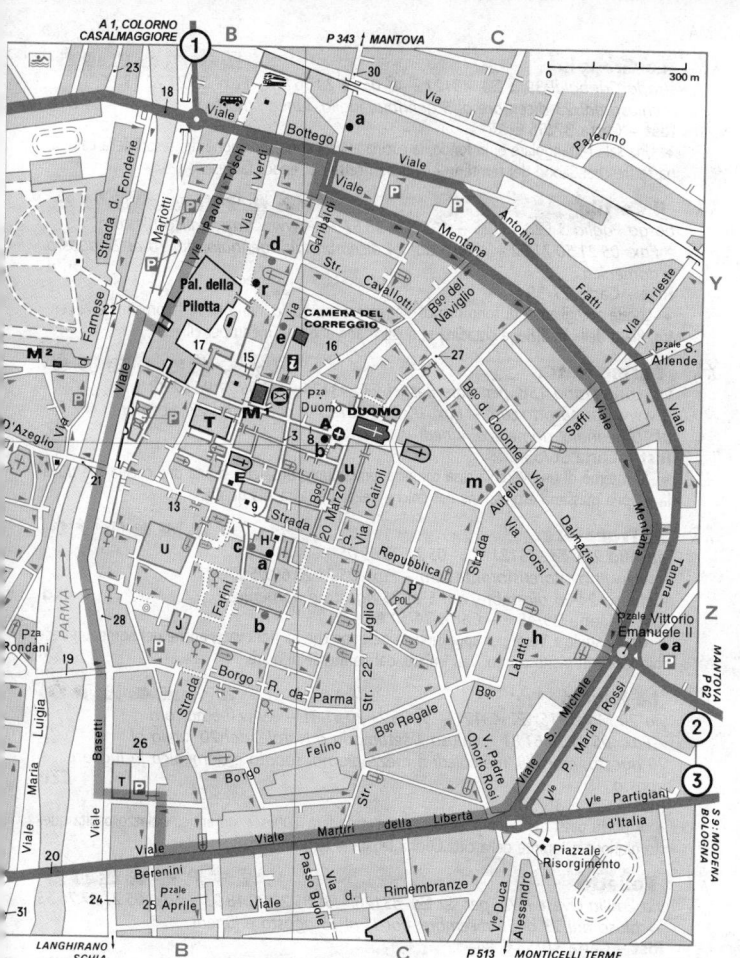

A 1, COLORNO
CASALMAGGIORE

P 343 MANTOVA

LANGHIRANO
SCHIA

P 513 MONTICELLI TERME
TRAVERSETOLO

XXX **Parizzi** con cam e senza 🛏   🔌 AC 🚫 🕻 VISA ✱ AE ① ♿

strada della Repubblica 71 ⊠ *43121* – ℰ *05 21 28 59 52*
– *www.ristoranteparizzi.it* – *Fax 05 21 28 50 27* – *chiuso 24-25 dicembre, dal*
1° all'8 febbraio, dal 3 al 24 agosto e lunedì   **CZh**

13 cam – 👬👬120/200 €

Rist – (consigliata la prenotazione) Menu 65/70 € – Carta 50/76 € 🏵

Spec. Quaglie disossate con pesche, misticanza e vinaigrette all'aceto vecchio.
Strichetti (pasta) bianchi e neri con ragù di cappesante, cozze e vongole,
asparagi verdi, prosciutto croccante. Rombo arrostito allo spiedo con schiac-
ciata di patate e salsa mediterranea.

♦ Un locale moderno che segue la ricercatezza contemporanea tra faretti e pareti dorate,
dove è protagonista la cucina che spazia dai classici parmigiani ai piatti più creativi. Un'ottima tavola che ha saputo, partendo da un territorio ricco di tradizioni e cultura gastronomica, rinnovare con semplicità e grazia la propria cucina. E per un *surplus* di ospitalità: piccolo *relais* a disposizione degli ospiti, che gradiscono soggiornare.

XX **La Greppia** [AC] 🕏 [VISA] 🐽 [AE] ① ⚡

strada Garibaldi 39/a ⊠ *43121 –* ✆ *05 21 23 36 86 – Fax 05 21 22 13 15*
– chiuso dal 23 dicembre al 5 gennaio, luglio, lunedì, martedì   BY**e**
Rist – Carta 37/55 € 🏠

◆ Una sala rettangolare e, in fondo, la cucina a vista con esposizione dei tesori della casa: le paste fresche! Sapori del territorio e antiche ricette dell'epoca farnese.

XX **Il Cortile** 🎪 [AC] 🕏 ⇔ [VISA] 🐽 [AE] ⚡

borgo Paglia 3 ⊠ *43125 –* ✆ *05 21 28 57 79 – www.trattoriailcortile.com*
– Fax 05 21 50 71 92 – chiuso dal 24 dicembre al 2 gennaio, dal 10 al 22 agosto
e domenica   AZ**a**
Rist – Carta 27/39 €

◆ Locale accogliente, di tono rustico-elegante e tranquillo, nonostante la prossimità al centro. Piatti della tradizione cittadina ai quali si aggiunge un menu per ciliaci.

XX **Parma Rotta** 🎪 🕏 ⇔ [P.] [VISA] 🐽 [AE] ① ⚡

via Langhirano 158, per viale Rustici ⊠ *43124 –* ✆ *05 21 96 67 38*
– www.parmarotta.com – Fax 05 21 96 81 67 – chiuso dal 23 dicembre
al 10 gennaio, domenica, lunedì   BZ
Rist – Carta 36/55 € 🏠

◆ All'interno di una vecchia casa colonica, un labirinto di salette ospita una cucina che trova la propria massima espressione nei dolci e nelle specialità alla griglia.

XX **Il Trovatore** 🎪 [AC] [VISA] 🐽 [AE] ① ⚡

via Affò 2/A ⊠ *43121 –* ✆ *05 21 23 69 05*
– www.iltrovatoreristorante.com – Fax 05 21 23 69 05
– chiuso 24-26 dicembre, dal 5 al 25 agosto e domenica   BY**d**
Rist – Menu 29/45 € – Carta 34/51 €

◆ Un omaggio a Verdi per appassionata gestione che ha rinnovato, anche nel nome, un vecchio locale in pieno centro. Vari i piatti, dal parmense al mare.

XX **La Filoma** [AC] ⇔ [VISA] 🐽 [AE] ① ⚡

via 20 Marzo 15 ⊠ *43121 –* ✆ *05 21 20 61 81 – www.filoma.com*
– Fax 05 21 20 61 81 – chiuso 1 settimana a Natale, dal 20 luglio al
20 agosto, martedì, mercoledì a mezzogiorno, sabato e domenica in luglio e
agosto   CZ**u**
Rist – Carta 36/50 €

◆ A pochi passi dal Duomo, avvolto in un'atmosfera '800esca, un antico palazzo ospita questo glorioso ristorante della città. Cucina legata al territorio, ma non solo.

XXX **Folletto** [AC] 🕏 [P.] [VISA] 🐽 [AE] ① ⚡

via Emilia Ovest 17/A, per ⑤ ⊠ *43126 –* ✆ *05 21 98 18 93 – Fax 05 21 97 76 53*
– chiuso dal 23 al 28 dicembre, dal 1° al 25 agosto e lunedì
Rist – Carta 30/53 € 🏠

◆ Giovane gestione in un locale semplice e accogliente, un po' decentrato, ma sulla strategica via Emilia; un buon riferimento per gli amanti del pesce.

XX **Osteria del Gesso** [AC] [VISA] 🐽 [AE] ⚡

via Ferdinando Maestri 11 ⊠ *43121 –* ✆ *05 21 23 05 05*
– www.osteriadelgesso.it – Fax 05 21 38 53 70 – chiuso dal 4 al 14 gennaio,
luglio, mercoledì e giovedì a mezzogiorno in inverno, domenica e lunedì in estate
Rist – Carta 35/51 €   BZ**b**

◆ Indubbiamente le specialità locali, ma la ricerca dei prodotti e i voli della fantasia fanno fare ai piatti il giro del mondo! La piccola sala al piano interrato riporta alla memoria la locanda settecentesca.

XX **Cocchi** – Hotel Daniel [AC] ⇔ [P.] [VISA] 🐽 [AE] ① ⚡

via Gramsci 16/a, per ⑤ ⊠ *43126 –* ✆ *05 21 98 19 90*
– www.hoteldaniel.biz – Fax 05 21 29 26 06
– chiuso dal 24 dicembre al 6 gennaio, agosto, sabato, anche domenica in
giugno-luglio
Rist – Carta 36/52 € 🏠

◆ Annessa all'hotel Daniel, una gloria cittadina che, in due ambienti raccolti e rustici, propone la tipica cucina parmigiana accompagnata da una ricercata lista vini.

Al Tramezzo (Alberto Rossetti) 🏔 AK ⇔ VISA ⬤ ① ⑤

via Del Bono 5/b, 3 km per ③ ⊠ *43123 – ℰ 05 21 48 79 06*
– www.altramezzo.it – Fax 05 21 48 41 96 – chiuso dal 1° al 15 luglio e
domenica
Rist – Carta 39/58 € ⌘

Spec. Petto di quaglia con il suo uovo in due maniere condito al miele.
Tagliatelle due colori col brodetto di scampi al dragoncello. Filetto di bue in
mono cottura con salsa e spezzatino di verdure.

♦ In zona periferica, semplice e classico negli arredi, le energie si concentrano su una cucina
che spazia dalla tradizione parmense, paste e salumi, a piatti più creativi anche di pesce.

Gallo d'Oro 🏔 ⇔ VISA ⬤ AE ① ⑤

borgo della Salina 3 ⊠ *43121 – ℰ 05 21 20 88 46 – www.gallodororistorante.it*
– Fax 05 21 20 88 46 – chiuso domenica sera   BZc
Rist – Carta 21/36 €

♦ Ubicazione centrale, alle spalle della Piazza cittadina per antonomasia, per una tipica
taverna con volte antiche e ambiente informale: cucina ancorata al territorio.

Osteria del 36 AK VISA ⬤ AE ① ⑤

via Saffi 26/a ⊠ *43121 – ℰ 05 21 28 70 61 – Fax 05 21 23 28 63 – chiuso*
dal 15 luglio al 20 agosto e domenica   CZm
Rist – Carta 29/39 €

♦ Paste fresche preparate all'istante, selezione di formaggi e torte sono alcuni dei piatti forti
di questo semplice ed informale locale a conduzione familiare.

I Tri Siochett 🏔 ⇔ P VISA ⬤ AE ① ⑤

strada Farnese 74, per viale Villetta ⊠ *43125 – ℰ 05 21 96 88 70*
– www.itrisiochett.it – Fax 05 21 96 88 70 – chiuso dal 24 dicembre al 4 gennaio,
dal 4 al 20 agosto, lunedì   AZb
Rist – Carta 21/36 €

♦ Appena fuori dall'agglomerato urbano, in aperta campagna, una bella casa colonica ospita
questa originale osteria parmense. Succulente specialità locali per golosi buongustai.

a Castelnovo di Baganzola per ① : 6 km – ⊠ 43126

Le Viole AK ⅍ P VISA ⬤ AE ⑤

strada nuova di Castelnuovo 60/a – ℰ 05 21 60 10 00 – Fax 05 21 60 16 73
– chiuso dal 15 gennaio al 10 febbraio, dal 15 al 30 agosto, domenica e lunedì
in luglio-agosto, mercoledì e giovedì negli altri mesi
Rist – Carta 27/37 €

♦ Cucina creativa in questo simpatico indirizzo alle porte di Parma, dove due dinamiche
sorelle sapranno allettarvi prendendo semplicemente spunto dai prodotti di stagione.

a Gaione Sud-Ovest : 5 km per via della Villetta AZ – ⊠ 43100

Trattoria Antichi Sapori AK ⇔ VISA ⬤ AE ① ⑤

via Montanara 318 – ℰ 05 21 64 81 65 – www.cucinaparmigiana.it
– Fax 05 21 64 95 26 – chiuso Natale, 3 settimane in agosto, martedì
Rist – Menu 30 € – Carta 27/36 €

♦ Trattoria di campagna alle porte della città, propone una cucina regionale, accompagnata
da qualche piatto di pesce e dal dinamismo di una giovane conduzione.

a Ponte Taro per ⑤ : 10 km – ⊠ 43010

San Marco & Formula Club 𝕍 ⅃ö ⑤ ⑤ rist, AK ⅃ ⅍ rist, 🎝 🐕
P 🚗 VISA ⬤ AE ① ⑤

via Emilia Ovest 42 – ℰ 05 21 61 50 72
– www.hotelsanmarcoclub.it – Fax 05 21 61 50 12
98 cam � – †59/129 € ††69/149 € – 14 suites – ½ P 79/159 €
Rist *L'Incontro* – ℰ 05 21 61 50 76 *(chiuso dal 10 al 25 agosto)* Carta 26/43 €

♦ Costruzione orizzontale nei pressi dello svincolo autostradale e della fiera, ideale per una
clientela commerciale; le camere sono di diverse tipologie, chiedete quelle di rinnovo più
recente. Piacevole sala da pranzo, ravvivata dal simpatico pavimento "scozzese". La cucina
accontenta clienti di ogni provenienza.

PARTSCHINS = Parcines

PASIANO DI PORDENONE – Pordenone (PN) – **562** E19 – **7 778 ab.**   **10** A3
– alt. 13 m – ⊠ 33087

> ◘ Roma 570 – Udine 66 – Belluno 75 – Pordenone 11

a Cecchini di Pasiano Nord-Ovest : 3 km – ⊠ 33087

🏨 **Il Cecchini** ⤳   🔊 🖢 ᶀ cam, 🄰🄲 🕸 cam, 🟡 🄿 🚗 ᴠɪꜱᴀ ⓪ 🄰🄴 ⬧
via Sant'Antonio 9 – ℰ 04 34 61 06 68 – www.ilcecchini.it – Fax 04 34 62 09 76
– chiuso 2 settimane in agosto
30 cam – ♦42/50 € ♦♦52/60 €
Rist Il Cecchini – vedere selezione ristoranti
Rist *Il Bistrot* – (chiuso dal 10 al 24 agosto e domenica) Carta 24/32 € ⅜
♦ Situato in posizione tranquilla a pochi chilometri da Pordenone, l'hotel offre spazi comuni e camere confortevoli di taglio moderno. E' sede di numerose manifestazioni culturali. Tranquillità e modernità continuano nella sala del Bistrot che propone pasti informali di tradizione e piatti di innovazione.

🍴🍴🍴 **Il Cecchini** (Marco Carraro) – Hotel Il Cecchini   🗠 🄰🄲 ⇔ 🄿
⛉   via Sant'Antonio 9 – ℰ 04 34 61 06 68 – www.ilcecchini.it   ᴠɪꜱᴀ ⓪ 🄰🄴 ⬧
– Fax 04 34 62 09 76 – chiuso dal 1° all'8 gennaio, dal
10 al 24 agosto, sabato a mezzogiorno, domenica
Rist – Menu 80/120 € – Carta 60/85 € ⅜
Spec. Toast di sgombri con gazpacho e caprino (primavera e autunno). Parmigiana di gamberi rossi. Spaghetti con aglio, olio e peperoncino, peperoni e astice blu.
♦ Eleganza e accoglienza per questo ristorante recentemente rinnovato, nel quale si uniscono il rustico fascino di una casa antica e la raffinatezza d'arredo delle sale. Cucina di mare.

a Rivarotta Ovest : 6 km – ⊠ 33087

🏨 **Villa Luppis** ⤳   🔔 🗠 🍴 🔊 🕸 🖢 🄰🄲 🕸 🕍 🄿 ᴠɪꜱᴀ ⓪ 🄰🄴 ⓪ ⬧
via San Martino 34 ⊠ 33087 – ℰ 04 34 62 69 69 – www.villaluppis.it
– Fax 04 34 62 62 28
34 cam � – ♦120/130 € ♦♦205/270 € – 5 suites – ½ P 145/175 €
Rist *Cà Lupo* – ℰ 04 34 62 69 96 (chiuso dal 4 al 22 gennaio, martedì,
mercoledì a mezzogiorno) Carta 44/60 € ⅜
♦ Circondato da 50.000 metri quadrati di parco con giardino all'italiana, piscina e campi da tennis, questo antico convento offre spaziosi ambienti e raffinate atmosfere dalle antiche eco. Oggetti d'arte ed eleganza in sala, tradizione e creatività dalla cucina. Dispone anche di una sala per fumatori.

PASSAGGIO – Perugia – **563** M19 – Vedere Bettona

PASSIGNANO SUL TRASIMENO – Perugia (PG) – **563** M18   **32** A2
– 5 573 ab. – alt. 289 m – ⊠ 06065

> ◘ Roma 211 – Perugia 27 – Arezzo 48 – Siena 80

🏨 **Kursaal** ⤳   ≼ 🛖 🗠 🍴 🖢 🖢 🄰🄲 cam, 🟡 🄿 ᴠɪꜱᴀ ⓪ ⬧
via Europa 24 – ℰ 07 58 28 085 – www.kursaalhotel.net – Fax 07 58 27 182
– 20 marzo-5 novembre
16 cam ⊆ – ♦64/74 € ♦♦78/94 € – ½ P 59/69 €   **Rist** – Carta 25/47 €
♦ In prima fila rispetto alla riva del lago, hotel rinnovato di recente, offre camere arredate con gusto combinando una sobria eleganza all'atmosfera vacanziera. Servizio ristorante estivo effettuato nella bella veranda protesa sul lago.

🏨 **Lidò** ⤳   ≼ 🛖 🗠 🍴 🖢 ᶀ rist, 🄰🄲 🟡 🕍 🄿 ᴠɪꜱᴀ ⓪ 🄰🄴 ⓪ ⬧
via Roma 1 – ℰ 07 58 27 219 – www.umbriahotels.com – Fax 07 58 27 251
– marzo-ottobre
53 cam ⊆ – ♦50/75 € ♦♦98/130 € – ½ P 65/85 €
Rist *Lidò Perugia* – Carta 26/37 €
♦ Hotel ubicato proprio in riva al lago, la cui vista è una piacevole compagnia durante il soggiorno. Camere accoglienti: alcune dotate di attrezzi ginnici. Il ristorante si trova su di un grande pontile, dove la parte terminale è una romantica terrazza affacciata sullo specchio d'acqua. In menu: prelibatezze lacustri.

🍴🍴 **Il Fischio del Merlo**   🛖 🗠 🍴 ᶀ 🄰🄲 🄿 ᴠɪꜱᴀ ⓪ 🄰🄴 ⓪ ⬧
località Calcinaio 17/A, Est : 3 km – ℰ 07 58 29 283 – www.ilfischiodelmerlo.it
– Fax 07 58 29 283 – chiuso novembre, martedì
Rist – Carta 25/50 €
♦ Fuori dal paese, in un elegante e luminoso rustico, cucina del territorio e sapori di pesce. Nel giardino, a disposizione degli ospiti, una bella piscina.

a Castel Rigone Est : 10 km – ⊠ 06065

🔠 **Relais la Fattoria** ⓢ ⟨ 🏠 🏊 📶 📞 🍴 🅿 VISA ⑳ AE ① 🍴

via Rigone 1 – ℰ 075 84 53 22 – www.relaislafattoria.com – Fax 075 84 51 97
– chiuso dall'8 gennaio all'8 febbraio
30 cam ⌂ – †60/80 € ††89/159 € – ½ P 73/108 €
Rist *La Corte* – Carta 32/42 €

♦ La posizione elevata e la distanza dai luoghi più turistici ha preservato questo seicentesco complesso patronale: due case raccolte intorno ad un cortiletto in pietra e lo stile rustico delle zone comuni che lascia il posto alla modernità nelle camere.

PASSO – Vedere nome proprio del passo

PASTENA – Frosinone (FR) – 563 R22 – 1 577 ab. – alt. 317 m – ⊠ 03020   13 D2
▶ Roma 114 – Frosinone 32 – Latina 86 – Napoli 138

🍴 **Mattarocci** ⟨ 🏠 🍴
😣 *piazza Municipio – ℰ 07 76 54 65 37 – Fax 07 76 54 65 37*
Rist – Carta 15/19 €

♦ Vicoli stretti in cima al paese, poi la piazza del Municipio: qui un bar-tabacchi. All'interno, un localino noto per le leccornie sott'olio. Servizio estivo in terrazza.

PASTRENGO – Verona (VR) – 561 F14 – 2 637 ab. – alt. 192 m   35 A3
– ⊠ 37010
▶ Roma 509 – Verona 18 – Garda 16 – Mantova 49

🍴🍴🍴 **Stella d'Italia** 🏠 🍴 ⟡ VISA ⑳ AE ① 🍴
piazza Carlo Alberto 25 – ℰ 04 57 17 00 34 – www.stelladitalia.it
– Fax 04 57 17 00 34 – chiuso domenica sera e mercoledì
Rist – Carta 40/50 € 🏠

♦ Da architetto si è convertito a ristoratore per onorare una tradizione di famiglia. Le sale sono due: un piccolo privée dedicato alla battaglia di Pastrengo e la sala principale ariosa ed elegante. Cucina del territorio.

---

a Piovezzano Nord : 1,5 km – ⊠ 37010

🍴 **Eva** 🏠 🍴 🅿 VISA ⑳ AE ① 🍴
😣 *via Due Porte 43 – ℰ 04 57 17 01 10 – www.ristoranteeva.com*
– Fax 04 57 17 02 94 – chiuso dall'11 al 19 agosto, martedì sera e sabato
Rist – Carta 21/28 €

♦ Nelle colline appena fuori dal paese, una trattoria vecchia maniera, con un'ampia sala dagli alti soffitti, gestione familiare e piatti locali, tra cui i bolliti al carrello.

PASTURANA – Alessandria – Vedere Novi Ligure

PAVARETO – La Spezia – 561 J10 – Vedere Carro

PAVIA 🅿 (PV) – 561 G9 – 70 207 ab. – alt. 77 m – ⊠ 27100 📗 Italia   16 A3
▶ Roma 563 – Alessandria 66 – Genova 121 – Milano 38
🖬 piazza Petrarca 4 ℰ 0382 597001, turismo@provincia.pv.it, Fax 0382 597011
◉ Castello Visconteo★ BY – Duomo★ AZ **D** – Chiesa di San Michele★★ BZ **B**
– San Pietro in Ciel d'Oro★ : Arca di Sant'Agostino★ – Tomba★ nella
chiesa di San Lanfranco Ovest : 2 km
🄖 Certosa di Pavia★★★ per ① : 9 km

Pianta pagina seguente

🔠 **Moderno** 📶 👌 ♨ AK 🍴 📞 🍴 VISA ⑳ AE ① 🍴
viale Vittorio Emanuele 41 – ℰ 03 82 30 34 01 – www.hotelmoderno.it
– Fax 03 82 25 52 25 – chiuso dal 24 dicembre al 1° gennaio e dal 7 al 20 agosto
50 cam ⌂ – †130/150 € ††165/195 € – 1 suite   AYa
Rist *Bistrot Bartolini Pavia* – ℰ 03 82 53 84 49 (chiuso dal 24 dicembre al
7 gennaio, dal 1° al 24 agosto, sabato a mezzogiorno, domenica) Carta 34/44 €

♦ Sul piazzale della stazione, questo albergo d'inizio '900 si sta rinnovando progressivamente, soppiantando le vecchie camere - ancora funzionali - con stanze assai più moderne ed accattivanti. Un giovane e talentuoso chef dà il meglio si sé al ristorante Bistrot.

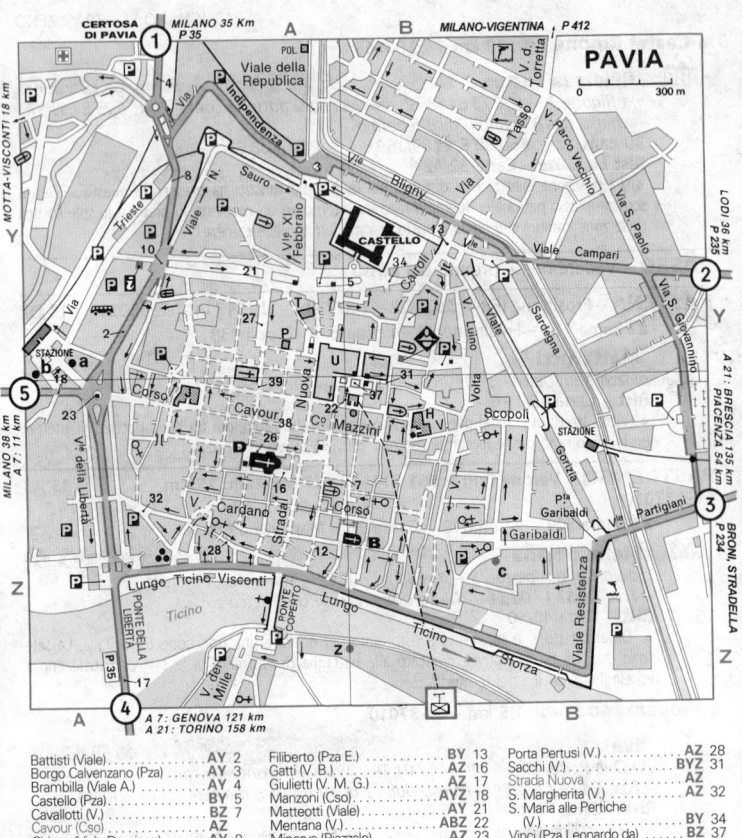

Cascina Scova 🕭

via Vallone 18, per Viale Partigiani 3 km
– ℰ 03 82 41 36 04 – www.cascinascova.it – Fax 03 82 47 63 28 – chiuso dal
23 dicembre al 3 gennaio e dall'8 al 23 agosto

BZ

39 cam ⊇ – ♦130/150 € ♦♦165/195 € – ½ P 105/130 €
Rist – (chiuso agosto) (chiuso a mezzogiorno) (solo per alloggiati) Carta 29/43 €
♦ Avvolta dal sottile fascino della campagna pavese, una ex-cascina totalmente ristrutturata secondo i criteri moderni propone ampi spazi comuni ed un attrezzato centro benessere.

Excelsior senza rist

piazza Stazione 25 – ℰ 0 38 22 85 96 – www.excelsiorpavia.com
– Fax 0 38 22 60 30

AY**b**

32 cam – ♦60/70 € ♦♦86 €, ⊇ 6 €
♦ Comoda posizione nei pressi della stazione, gestione diretta e attenta all'ospitalità. Camere piacevolmente arredate, spazi comuni limitati.

Antica Osteria del Previ

via Milazzo 65, località Borgo Ticino – ℰ 0 38 22 62 03 – Fax 0 38 22 62 03
– chiuso dal 1° al 10 gennaio, agosto e domenica escluso da marzo a giugno

Rist – Carta 29/39 €

ABZ**z**

♦ Nel vecchio borgo di Pavia lungo il Ticino, un piacevole e curato locale con specialità tipiche della cucina lombarda; travi in legno, focolare, aria d'altri tempi.

sulla strada statale 35 per ① : 4 km :

XXX **Al Cassinino** 🄰🄲 ⇔ 🆅🆂🅰 ⓒⓓ ⓢ
via Cassinino 1 ⊠ 27100 – ℰ 03 82 42 20 97 – Fax 03 82 42 31 98 – chiuso
mercoledì
Rist – Carta 58/79 € 🏵

♦ Sul Naviglio pavese, tra Pavia e la Certosa, elegante casa direttamente sul corso d'acqua,
dove gustare sapori classici sia del territorio sia di mare. La carta non le riporta, ma in cantina
ci sono tante importanti etichette.

a San Martino Siccomario per ④ : 1,5 km – ⊠ 27028

XX **Antica Trattoria Goi** 🄰🄲 ⇔ 🆅🆂🅰 ⓒⓓ 🄰🄴 ⓢ
via Togliatti 2 – ℰ 03 82 49 88 87
– www.trattoriagoi.it – Fax 03 82 49 89 41
– chiuso dal 2 al 16 gennaio, dal 3 al 24 agosto, sabato a mezzogiorno,
mercoledì
Rist – Carta 32/47 €

♦ Una breve scalinata anticipa la bella sala dal caldo parquet e dall'atmosfera elegante, ma
non troppo impegnativa. La cucina proposta è moderna e attinge dai sapori locali con qualche specialità di pesce. Disponibilità di un menu più economico a mezzogiorno.

PAVIA DI UDINE – Udine (UD) – 562 E21 – ⊠ 33050   11 C2
  🄳 Roma 653 – Trieste 79 – Udine 17 – Gorizia 39

XX **Antico Foledor Conte Lovaria** 🏠 🄰🄲 🄿 🆅🆂🅰 ⓒⓓ ⓢ
via Udine 41 – ℰ 04 32 68 50 10 – www.villalovaria.it – Fax 04 32 68 55 24
– chiuso domenica sera, lunedì
Rist – (chiuso a mezzogiorno) (consigliata la prenotazione) Menu 42/52 €
♦ All'interno di una villa rustica del '700, si sceglie fra due menu degustazione: pesce o carne.
L'abilità della cuoca esalta i prodotti in preparazioni semplici e sofisticate al tempo stesso.

PAVONE CANAVESE – Torino (TO) – 561 F5 – 3 843 ab. – alt. 262 m   22 B2
– ⊠ 10018
  🄳 Roma 668 – Torino 45 – Aosta 65 – Ivrea 5

🏰 **Castello di Pavone** ⧂ ⇐ 🚊 🕭 🄰🄲 cam, ↯ 🕉 🕪 🞚 🄿
via Ricetti 1 – ℰ 01 25 67 21 11   🆅🆂🅰 ⓒⓓ 🄰🄴 ⓞ ⓢ
– www.castellodipavone.com – Fax 01 25 67 21 14
27 cam � – †130/145 € ††165 € – ½ P 123 €
Rist – (chiuso a mezzogiorno escluso sabato, domenica e i giorni festivi)
(prenotazione obbligatoria) Carta 46/68 €
♦ Ricchi interni sapientemente conservati, saloni affrescati ed una splendida corte: una struttura storica e di sicuro fascino, dove si respira ancora una fiabesca e pulsante atmosfera
medievale. Squisita cucina del territorio nelle romantiche sale del ristorante.

PAVULLO NEL FRIGNANO – Modena (MO) – 562 I14 – 16 808 ab.   8 B2
– alt. 682 m – ⊠ 41026
  🄳 Roma 411 – Bologna 77 – Firenze 137 – Milano 222

🏨 **Vandelli** senza rist 🞧 🕭 rist, 🛀 🚗 🆅🆂🅰 ⓒⓓ 🄰🄴 ⓢ
via Giardini Sud 7 – ℰ 0 53 62 02 88 – www.hotelvandelli.it – Fax 0 53 62 36 08
39 cam � – †50/70 € ††70/90 €
♦ Un tripudio di arredi, decori e tocchi personalizzati, nelle camere, tutte con richiami allo
stile liberty, country o neoclassico di sicuro effetto.

XX **Parco Corsini** 🕉 🆅🆂🅰 ⓒⓓ 🄰🄴 ⓞ ⓢ
viale Martiri 11 – ℰ 0 53 62 01 29 – www.parcocorsini.com – Fax 0 53 62 01 29
Rist – (consigliata la prenotazione) Carta 26/35 €
♦ Locale semplice e piacevole, che evoca il ricordo degli anni Settanta, dove incontrare i
sapori di una cucina casereccia fedele alle tradizioni culinarie locali.

PECCIOLI – Pisa (PI) – **563** L14 – 4 936 ab. – alt. 144 m – ⊠ 56037   28 B2

> ◘ Roma 354 – Pisa 40 – Firenze 76 – Livorno 47

⌂ **Tenuta di Pratello** ॐ   ⇐ ⚘ ⟁ ⚒ ⟊ ⚒ rist, ⟨¹⟩ **P**
località Pratello via di Libbiano 70, Est : 5 km   VISA ◐◉ AE ◑ Ġ
– ℰ 05 87 63 00 24 – www.pratello.it – Fax 05 87 63 00 37 – aprile-ottobre
14 cam ⊆ – ♦85/140 € ♦♦125/195 €
Rist – *(chiuso a mezzogiorno) (solo per alloggiati)* Carta 33/45 €
◆ Una villa settecentesca al centro di una tenuta faunistico-venatoria con ambienti comuni e camere elegantemente allestiti con pezzi di antiquariato ed una cappella del '600

⅔ **La Greppia**   Ġ. AC VISA ◐◉ AE ◑ Ġ
piazza del Carmine 19/20 – ℰ 05 87 67 20 11 – www.ristorantelagreppia.it
– chiuso dall'11 al 25 gennaio e martedì
Rist – Carta 35/59 € ❀
◆ Intimo e romantico ristorante, ricavato in antiche cantine, i tavoli sono sistemati nelle nicchie che accoglievano le botti. Proposte eclettiche per accontentare ogni palato.

PECETTO TORINESE – Torino (TO) – **561** G5 – 3 796 ab. – alt. 407 m   22 A1
– ⊠ 10020

> ◘ Roma 661 – Torino 13 – Alessandria 81 – Asti 46
> ▣ I Ciliegi Strada Valle Sauglio 130, ℰ 011 8 60 98 02

Pianta d'insieme di Torino

⌂⌂ **Hostellerie du Golf** *senza rist* ॐ   ⚒ ▣ ⇕ AC ↳ ⟨¹⟩ ❧ **P**
strada Valle Sauglio 130, Sud : 2 km – ℰ 01 18 60 81 38   VISA ◐◉ Ġ
– www.hostelleriedugolf.it – Fax 01 18 60 90 48 – chiuso dal 22 dicembre
al 6 gennaio   HUa
26 cam ⊆ – ♦61/92 € ♦♦90/112 €
◆ Nel contesto del Golf Club, l'hotel offre belle camere in stile country ed è ideale tanto per una clientela sportiva che per quella d'affari, considerata la vicinanza a Torino.

PECORONE – Potenza – **564** G29 – Vedere Lauria

PEDEMONTE – Verona – **562** F14 – Vedere San Pietro in Cariano

PEDENOSSO – Sondrio – Vedere Valdidentro

PEDERIVA – Vicenza – Vedere Grancona

PEDEROBBA – Treviso (TV) – **562** E17 – 6 887 ab. – alt. 225 m   36 C2
– ⊠ 31040

> ◘ Roma 560 – Belluno 46 – Milano 265 – Padova 59
> ◙ Possagno : Deposizione★ nel tempio di Canova Ovest : 8,5 km

ad Onigo di Piave Sud-Est : 3 km – ⊠ 31050

⅔ **Le Rive**   ⚘ ⟐ ⟐ VISA ◐◉ Ġ
via Rive 46 – ℰ 0 42 36 42 67 – chiuso dal 7 al 27 gennaio, dal 18 al 26 agosto,
martedì, mercoledì
Rist – Carta 22/30 €
◆ Il calore del legno e del camino creano l'atmosfera nei piacevoli e raccolti spazi interni di questa piccola casa di campagna; in estate, non esitate prendere posto all'aperto, sotto il pergolato. Piatti casalinghi esposti a voce.

PEDRACES = PEDRATSCHES – Bolzano – Vedere Alta Badia

PEGLI – Genova (GE) – **561** I8 – Vedere Genova

PEIO – Trento (TN) – **562** C14 – 1 908 ab. – alt. 1 389 m – Sport   30 A2
invernali : 1 400/2 400 m ⚞1 ⚟5, ⚐ – ⊠ 38020 ▮ Italia

> ◘ Roma 669 – Sondrio 103 – Bolzano 93 – Passo di Gavia 54
> ▣ alle Terme, via delle Acque Acidule 8 ℰ 0463 753100, peio@valdisole.net,
> Fax 0463 753180

a Cogolo Est : 3 km – ✉ 38024

🏠🏠🏠 Kristiania Alpin Wellness ⟨ 🖃 🖼 🌐 🐾 Ⅰ🏋 📶 🏊 🛎 ✆ 🎿 ⚑ 🛰
via Sant'Antonio 18 – ✆ *04 63 75 41 57*   🏊 🅿 🚙 VISA ⓪ ⓵ 🛎
– www.hotelkristiania.it – Fax 04 63 74 65 10
– dicembre-aprile e 10 giugno-25 settembre
39 cam ⊑ – †70/130 € ††100/140 € – 5 suites – ½ P 80/160 €
Rist – *(chiuso a mezzogiorno)* Carta 28/39 €
♦ Ideale per lunghi soggiorni, ci si perderà tra la taverna-enoteca, il bar après-ski, il seducente centro benessere con sauna pietra e fuoco, discoteca e animazione. Un'ampia sala ristorante dalla calda atmosfera.

🏠🏠 Cevedale 🖼 🐾 Ⅰ🏋 📶 🛎 ⚑ ✆ rist, ⚑ 🏊 🅿 🚙 VISA ⓪ 🛎
via Roma 33 – ✆ *04 63 75 40 67*
– www.hotelcevedale.it – Fax 04 63 75 45 44
– 5 dicembre-Pasqua e 10 giugno-5 ottobre
33 cam ⊑ – †50/60 € ††90/100 € – ½ P 75/85 €
Rist – Carta 23/34 € ⚘
♦ Sulla piazza centrale, senza essere sfarzoso la gestione familiare moltiplica le cure per i classici ambienti montani. Piacevole centro benessere dallo stile inaspettatamente moderno. Al ristorante, si cena avvolti nel legno: specialità tradizionali trentine e vini consigliati dai titolari sommelier.

🏠 Chalet Alpenrose 🖾 🖃 🐾 ✆ rist, 🕻 🅿 VISA ⓪ AE ⓵ 🛎
via Malgamare, località Masi Guilnova, Nord : 1,5 km – ✆ *04 63 75 40 88*
– www.chaletalpenrose.it – Fax 04 63 75 40 88
– 6 dicembre-9 aprile e giugno-24 settembre
10 cam ⊑ – ††120/240 € – ½ P 80/100 €
Rist – *(chiuso a mezzogiorno in bassa stagione)* Carta 31/80 €
♦ Fuori località, nella tranquillità del verde, un maso settecentesco ristrutturato con estrema cura e intimità. Caratteristica sauna ricavata nel capanno del giardino. Ambienti caldi, rifiniti in legno e ben curati in ogni particolare nella zona ristorante.

PELAGO – Firenze (FI) – 563 K16 – 7 497 ab. – alt. 310 m – ✉ 50060   29 C1
📕 Roma 279 – Firenze 25 – Prato 55 – Arezzo 69

a Diacceto Nord : 3 km – ✉ 50060

🏠 Locanda Tinti senza rist AC ⚑ 🕻 VISA ⓪ 🛎
via Casentinese 65 – ✆ *05 58 32 70 07 – www.locandatinti.it*
– Fax 05 58 32 78 28
6 cam – ††80 €, ⊑ 8 €
♦ Sei belle camere doppie, distribuite su due piani, attrezzate di tutto punto e arredate con mobilio d'epoca. Sul retro un bel dehors utilizzato anche per la prima colazione.

PELLARO – Reggio di Calabria – 564 M28 – Vedere Reggio di Calabria

---

PELLESTRINA (Isola di) – Venezia – 562 G18 – Vedere Venezia

PELLIO INTELVI – Como (CO) – 996 ab. – alt. 725 m – ✉ 22020   16 A2
📕 Roma 669 – Como 34 – Bergamo 128 – Milano 82

🏠🏠 La Locanda del Notaio 🖾 🖃 🛎 🛎 ✆ rist, ⚑ 🅿
piano delle Noci, Est : 1,5 km – ✆ *03 18 42 70 16*   VISA ⓪ AE ⓵ 🛎
– www.lalocandadelnotaio.com – Fax 03 18 42 70 18
– marzo-ottobre
18 cam ⊑ – †100/120 € ††140/180 €
Rist – *(chiuso lunedì, martedì a mezzogiorno)* Carta 56/70 €
♦ Villa dell'Ottocento che in passato fu locanda e oggi è una risorsa arredata con grande cura. Belle camere in legno personalizzate; giardino con laghetto d'acqua sorgiva. Elegante sala da pranzo, cucina estrosa.

PENANGO – Asti (AT) – 543 ab. – alt. 264 m – ✉ 14030   23 C2

▶ Roma 609 – Alessandria 52 – Asti 19 – Milano 102

a Cioccaro Est : 3 km – ✉ 14030 Cioccaro Di Penango

🏠 **Locanda del Sant'Uffizio** ⊗   ≤ 🗘 ⌛ & 🗚 ⇆ ⅏ rist, ⅋ 🖧 P
strada Sant'Uffizio 1 – ℰ 01 41 91 62 92   VISA ⦾ AE ① ⑤
– www.locandasantuffizio.thi.it – Fax 01 41 91 60 68 – chiuso dal 23 dicembre
al 1° febbraio
40 cam ⌑ – †128/176 € ††180/240 € – 6 suites   **Rist** – Carta 36/64 € ⅏
♦ Nel cuore del Monferrato, all'interno di un parco con piscina, un edificio seicentesco - ex
convento domenicano - è stato convertito in una struttura di lusso con belle camere personalizzate. Arredi antichi nelle eleganti salette ristorante, protese sul verde esterno.

🏠 **Relais Il Borgo** ⊗   ≤ 🚗 ⌛ & ⅏ P VISA ⦾ ⑤
via Biletta 60 – ℰ 01 41 92 12 72 – www.ilborgodicioccaro.com
– Fax 01 41 92 30 67 – chiuso dal 20 dicembre a gennaio
12 cam ⌑ – †110 € ††120 € – ½ P 95 €
Rist – (chiuso dal 5 al 19 agosto) (chiuso a mezzogiorno) (solo per alloggiati)
Menu 50/60 €
♦ Un piccolo borgo costruito ex novo con fedeli richiami alla tradizione piemontese. Invece
è quasi inglese l'atmosfera delle camere, ricche di tessuti e decorazioni.

PENNA ALTA – Arezzo – Vedere Terranuova Bracciolini

PENNABILLI – Pesaro e Urbino (PU) – **563** K18 – 3 124 ab. – alt. 550 m   20 A1
– ✉ 61016

▶ Roma 295 – Ancona 164 – Pesaro 86 – San Marino SMR 35

🍴🍴 **Il Piastrino** (Riccardo Agostini)   🏯 & ⅍ P VISA ⦾ AE ⑤
❀ via Parco Begni 9 – ℰ 05 41 92 81 06 – www.piastrino.it – Fax 05 41 92 81 06
– chiuso martedì e mercoledì da settembre a giugno, solo il mercoledì in luglio e
agosto
Rist – (consigliata la prenotazione) Carta 36/47 € ⅏
Spec. Crocchette di faraona con cremoso di cannellini al rosmarino e aceto
balsamico. Chitarra al pepe nero con fonduta di cacio e pepe al fegato d'anatra. Piccione farcito di ortiche cotto sui carboni con lamelle di tartufo nero
estivo.
♦ Bella costruzione in pietra all'interno di un parco: pavimento in cotto, sedie e divanetti in
pelle, il tutto sapientemente dosato e misurato negli accostamenti. Conduzione giovane ed
appassionata che accende la cucina di gusto e creatività.

PERA – Trento – Vedere Pozza di Fassa

PERDIFUMO – Salerno (SA) – **564** G27 – 1 803 ab. – alt. 415 m   7 C3
– ✉ 84060

▶ Roma 334 – Potenza 122 – Castellammare di Stabia 106 – Napoli 124

🏠 **Agriturismo La Mimosa** ⊗   ≤ 🏯 ⌛ ⅍ P VISA ⦾ AE ① ⑤
❀ contrada Difesa, Est : 7 km – ℰ 09 74 85 19 98 – www.agriturismolamimosa.it
– Fax 09 74 82 40 22 – chiuso novembre
13 cam ⌑ – †43/63 € ††56/80 € – ½ P 40/55 €
Rist – (chiuso a mezzogiorno) (solo per alloggiati solo su prenotazione)
Menu 20/25 €
♦ A poca distanza dal centro storico di Castellabate, un'oasi di tranquillità tra giardini di
ulivi. Attenta e cortese gestione familiare. Una saletta accogliente e familiare offre i piatti
della tradizione cilentana preparati con i prodotti di casa.

PERGINE VALDARNO – Arezzo (AR) – **563** L17 – 3 226 ab.   29 C2
– alt. 376 m – ✉ 52020

▶ Roma 231 – Firenze 62 – Arezzo 19 – Perugia 106

a Montelucci Sud-Est : 2,5 km – ⊠ 52020 Pergine Valdarno

⌂ **Agriturismo Fattoria Montelucci** ⌖ ≤ 🐉 🛏 🔨 🗲 rist, ☎
– 𝒞 05 75 89 65 25 – www.montelucci.it 🛁 **P** 🚗 🏨 🏦 🏧 🌑
– Fax 05 75 89 63 15 – chiuso dall'8 gennaio
al 3 marzo
34 cam – ♦60/100 € ♦♦65/125 €, ⌸ 5 € – ½ P 58/88 €
Rist Locanda di Montelucci – (chiuso lunedì) (chiuso a mezzogiorno escluso
sabato, domenica e luglio-agosto) (prenotare) Carta 26/54 € (+10 %)
♦ Fattoria seicentesca isolata sulle colline e completa di ogni confort, ideale per una vacanza
di relax - grazie anche al centro benessere - ma anche per un soggiorno di sport: passeggiate, escursioni in pick up o quad, piscina, centro ippico. Suggestivo ristorante ricavato nel-
l'ex frantoio, prodotti dell'azienda.

PERGINE VALSUGANA – Trento (TN) – **562** D15 – **19 269 ab.** **30** B3
– alt. 482 m – ⊠ 38057

▶ Roma 599 – Trento 12 – Belluno 101 – Bolzano 71

🛈 (giugno-settembre) viale Venezia 2/F 𝒞 0461 531258, Fax 0461 531258

✕✕ **Castel Pergine** con cam ⌖ ≤ 🚗 🗲 rist, **P** 🚗 🌑
via al Castello 10, Est : 2,5 km – 𝒞 04 61 53 11 58 – www.castelpergine.it
– Fax 04 61 53 13 29 – aprile-8 novembre
21 cam ⌸ – ♦36/66 € ♦♦72/132 € – ½ P 56/86 €
Rist – (chiuso lunedì a mezzogiorno) Carta 28/42 € ⅋
♦ Sito in posizione particolarmente suggestiva all'interno di un castello medievale, presso le
due sale dagli alti soffitti a cassettoni potrete gustare la gastronomia locale. La risorsa dispone
anche di alcune camere dagli arredi sobri ed essenziali, in linea con lo stile del maniero.

PERUGIA **P** (PG) – **563** M19 – **163 287 ab.** – alt. 493 m – ⊠ 06100 **32** B2
🗎 Italia Centro Nord

▶ Roma 172 – Firenze 154 – Livorno 222 – Milano 449

🛫 di Sant'Egidio Est per ② : 17 km 𝒞 075 592141

🛈 piazza Matteotti18 ⊠ 06123 𝒞 075 5736458, info@iat.perugia.it,
Fax 075 5720988

🔢 Perugia, 𝒞 075 5 17 22 04

👁 Piazza 4 Novembre★★ BY : fontana Maggiore★★, palazzo dei Priori★★ **D**
(galleria nazionale dell'Umbria★★★) – Chiesa di San Pietro★★ BZ – Oratorio
di San Bernardino★★ AY – Museo Archeologico Nazionale dell'Umbria★★
BZ **M1** – Collegio del Cambio★ BY **E** : affreschi★★ del Perugino
– ≤★★ dai giardini Carducci AZ – Chiesa di San Domenico★ BZ – Porta
San Pietro★ BZ – Via dei Priori★ AY – Chiesa di Sant'Angelo★ AY **R** – Arco
Etrusco★ BY **K** – Via Maestà delle Volte★ ABY **29** – Cattedrale★ BY **F** – Via
delle Volte della Pace★ BY **55**

🄶 Ipogeo dei Volumni★ per ② : 6 km

Pianta pagina seguente

🏨🏨🏨 **Brufani Palace** ≤ 🛏 🖥 🕸 🗗🗟 🎖 ⛟ 🅰 🗲 rist, ☎ 🛁 🌐
piazza Italia 12 ⊠ 06121 – 𝒞 07 55 73 25 41 🚗 🏨 🏦 🌑
– www.sinahotels.com – Fax 07 55 72 02 10 AZ**x**
79 cam – ♦297/352 € ♦♦358/424 €, ⌸ 37 € – 15 suites
Rist Collins – Carta 49/67 €
♦ Storico e sontuoso hotel della Perugia alta, in splendida posizione, impreziosito da un
roof-garden da cui godere di una vista incantevole sulla città e i dintorni. Prelibatezze,
anche umbre, in questo ristorante in piena città vecchia.

🏨🏨🏨 **Sangallo Palace Hotel** ≤ 🖥 🗗🗟 🕸 🎖 ⛟ 🅰 ⇔ 🗲 rist, ☎ 🛁 **P**
via Masi 9 ⊠ 06121 – 𝒞 07 55 73 02 02 🚗 🏨 🏦 🌑
– www.sangallo.it – Fax 07 55 73 00 68 AZ**m**
100 cam ⌸ – ♦89/119 € ♦♦99/180 € – ½ P 76/115 € **Rist** – Carta 31/39 €
♦ Sito nel centro storico a pochi passi dall'antica Rocca Paolina, l'hotel unisce richiami rinascimentali alle strutture e al confort moderni. Il ristorante soddisfa ogni palato, dalle specialità locali ai piatti nazionali.

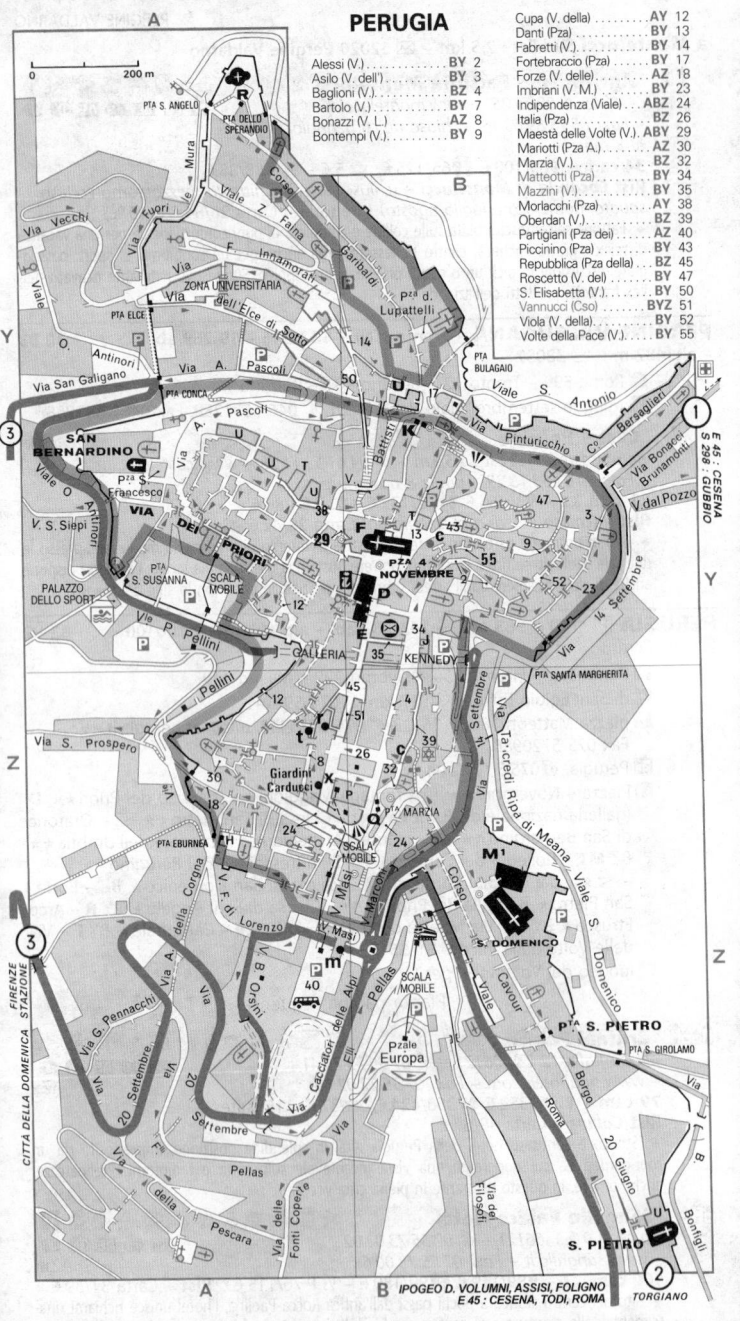

PERUGIA

🛏️ **Perugia Plaza Hotel** 🏊 〽️ 🛁 🛗 ⅙ 🆎 ⅗ rist, 📶 ⚒️ 🅿️
via Palermo 88, per via dei Filosofi ✉️ 06129 — 🅥🅘🅢🅐 ⓿❾ 🅐🅔 ⓪ 🚿
– 𝒞 07 53 46 43 – www.umbriahotels.com – Fax 07 53 08 63   BZ
108 cam ⌑ – ♦75/165 € ♦♦100/230 € – ½ P 74/139 €
Rist *Fortebraccio* – Carta 28/38 €
♦ Struttura moderna nello stile, comoda da raggiungere all'uscita della superstrada; ambienti ben distribuiti e stanze con ogni confort. Ideale per una clientela d'affari. Ristorante ove, oltre alla carta tradizionale, si consulta quella di oli e aceti.

🏨 **La Rosetta** 🏠 🛗 🆎 📶 ⚒️ 🅥🅘🅢🅐 ⓿❾ 🅐🅔 ⓪ 🚿
piazza Italia 19 ✉️ 06121 – 𝒞 07 55 72 08 41
– www.perugiaonline.com/larosetta – Fax 07 55 72 08 41   AZr
90 cam ⌑ – ♦85/120 € ♦♦130/158 € – ½ P 87/101 € **Rist** – Carta 25/45 €
♦ Centralissimo, gestito dalla medesima famiglia ormai da tre generazioni, le camere migliori hanno subito un recente rinnovo con arredi in stile anni '20 o barocco. La cucina propone anche specialità regionali umbre.

🏨 **Giò Wine e Jazz Area** 🛗 ⅙ 🆎 ⅗ 📶 ⚒️ 🅿️ 🅥🅘🅢🅐 ⓿❾ 🅐🅔 ⓪ 🚿
via Ruggero D'Andreotto 19, per ③ ✉️ 06124 – 𝒞 07 55 73 11 00
– www.hotelgio.it – Fax 07 55 73 11 00
206 cam ⌑ – ♦73/118 € ♦♦100/150 € – 12 suites – ½ P 66/94 €
Rist – *(chiuso domenica sera)* Carta 26/33 € 🍃
♦ Due aree distinte per un hotel assolutamente originale: troverete insoliti e curiosi scrittoi che diventano teche per la conservazione di ricercate bottiglie così come richiami dal mondo della musica jazz. Grappoli d'uva ai tavoli e una sfilata di pietanze della tradizione umbra. Primi fra tutti piccione e agnello.

🏨 **Fortuna** senza rist 🛗 🆎 🅥🅘🅢🅐 ⓿❾ 🅐🅔 ⓪ 🚿
via Bonazzi 19 ✉️ 06123 – 𝒞 07 55 72 28 45 – www.umbriahotels.com
– Fax 07 55 73 50 40   AZt
52 cam ⌑ – ♦77/98 € ♦♦99/128 €
♦ La ristrutturazione cui la nuova gestione ha sottoposto l'hotel, ha portato alla luce affreschi del 1700. Risorsa di taglio classico, nel cuore di Perugia.

✕✕ **Antica Trattoria San Lorenzo** 🆎 ⇔ 🅥🅘🅢🅐 ⓿❾ 🅐🅔 ⓪ 🚿
piazza Danti 19/A ✉️ 06122 – 𝒞 07 55 72 19 56
– www.anticatrattoriasanlorenzo.com – Fax 07 55 72 19 56 – chiuso domenica
Rist – (consigliata la prenotazione) Carta 40/58 €   BYc
♦ Ristorante centralissimo, alle spalle del Duomo: ottenuto nelle salette a volta di un antico palazzo, offre un ambiente intimo e raccolto e cucina umbra rivisitata.

✕ **Alter Ego** 🆎 🅥🅘🅢🅐 ⓿❾ 🚿
via Floramonti 2/a ✉️ 06121 – 𝒞 07 55 72 95 27 – www.ristorantealterego.it
– Fax 17 86 04 06 54   BZc
Rist – *(chiuso sabato a mezzogiorno, domenica)* (consigliata la prenotazione)
Carta 22/41 €
♦ Un ottimo indirizzo dove gustare una cucina moderatamente creativa, che non stravolge i vari elementi ma li esalta con grande maestria.

superstrada E 45 - uscita Ferro di Cavallo Nord-Ovest: 5 km per via Vecchi AY

🏠 **Sirius** 🐾 ≤ 🚗 〽️ 📶 ⅗ 🅿️ 🅥🅘🅢🅐 ⓿❾ 🅐🅔 ⓪ 🚿
🐾 *via Padre Guardiano 9, Ovest: 1 km* – 𝒞 0 75 69 09 21 – www.siriush.com
– Fax 0 75 69 09 23
23 cam ⌑ – ♦48/60 € ♦♦52/85 € – ½ P 44/50 €
Rist – *(chiuso a mezzogiorno)* Menu 15/25 €
♦ Alberghetto situato in campagna, tra il verde e sulla sommità di una collina, poco fuori Perugia; conduzione familiare molto gradevole, camere funzionali.

verso Ponte Felcino per ① : 5 km

🏠 **Agriturismo San Felicissimo** senza rist 🐾 ≤ 🚗 🏊 📶 🅿️
strada Poggio Pelliccione ✉️ 06134 Perugia 🅥🅘🅢🅐 ⓿❾ 🚿
– 𝒞 07 55 91 94 00 – www.sanfelicissimo.net – Fax 0 75 90 33 20
10 cam ⌑ – ♦55/70 € ♦♦58/78 €
♦ Un piccolo agriturismo periferico, raggiungibile dopo un breve tratto di strada sterrata; edificio rurale, con arredi rustici, tutto rinnovato e cinto da colline e uliveti.

a Ferro di Cavallo per ③ : 6 km – alt. 287 m – ✉ 06132

Arte Hotel   *Ⅰ₆ 🛗 AC 🚫 🍽 rist, 🌐 ᴬ Ⅰᴘ 🚗 VISA ⚫ AE ① 🔇*
strada Trasimeno Ovest 159 z/10 – ℰ 07 55 17 92 47
– www.artehotelperugia.com – Fax 07 55 17 89 47
82 cam ⌑ – ♦49/92 € ♦♦59/130 € – ½ P 54/89 €
Rist – *(chiuso 3 settimane in agosto)* Carta 24/42 €
♦ Lungo una strada di grande transito, ma ben insonorizzato e comodo da raggiungere, opere d'arte moderna ispirano gli interni recentemente rinnovati.

a Cenerente Nord-Ovest: 8 km per via Vecchi AY – ✉ 06070

Castello dell'Oscano ⊗   *≤ 🕊 🍴 Ⅰ ⋔ Ⅰ₆ 🛗 ᴌ cam, AC cam,*
strada della Forcella 37   *🍽 rist, 🌐 ᴬ Ⅰᴘ VISA ⚫ AE ① 🔇*
– ℰ 0 75 58 43 71 – www.oscano.it – Fax 0 75 69 06 66
18 cam ⌑ – ♦100/190 € ♦♦190/230 € – 4 suites – ½ P 130/145 €
Rist – *(chiuso dal 10 gennaio al 12 febbraio) (chiuso a mezzogiorno)*
Carta 35/44 €
♦ Un'elegante residenza d'epoca in un grande parco secolare, favoloso; salottini, biblioteche, angoli sempre da scoprire, una terrazza immensa. E stanze con arredi antichi. Al ristorante i piatti si accompagnano con una selezione di vini umbri.

ad Olmo per ③ : 8 km – alt. 284 m – ✉ 06012 Corciano

Relais dell'Olmo senza rist   *Ⅰ Ⅰ₆ 🛗 ᴌ AC 🌐 ᴬ Ⅰᴘ 🚗*
strada Olmo Ellera 2/4 – ℰ 07 55 17 30 54   *VISA ⚫ AE ① 🔇*
– www.relaisolmo.com – Fax 07 55 17 29 07
32 cam ⌑ – ♦100/135 € ♦♦120/180 €
♦ Una casa colonica radicalmente ristrutturata e trasformata in una struttura alberghiera moderna e funzionale. Ampia gamma di servizi, arredi curati e di stile elegante.

a San Martino in Campo Sud : 9 km per viale Roma BZ – ✉ 06079

Alla Posta dei Donini ⊗   *🕊 🍴 Ⅰ 🛗 ᴌ cam, AC 🚫 🍽 🌐 ᴬ Ⅰᴘ*
via Deruta 43 – ℰ 0 75 60 91 32   *🚗 VISA ⚫ AE ① 🔇*
– www.postadonini.it – Fax 0 75 60 91 32
48 cam ⌑ – ♦99/179 € ♦♦139/219 € – ½ P 112/152 €
Rist – Carta 41/52 €
♦ Una successione di eleganti saloni con tele ed affreschi dei famosi pittori perugini Giuli e Appiani anticipano la raffinatezza delle camere: tra letti a baldacchino e soluzioni mansardate, elementi d'epoca ed accessori più moderni. Bellissima Spa con piscina di acqua salata e idromassaggio.

a Bosco per ① : 12 km – ✉ 06080

Relais San Clemente ⊗   *≤ 🕊 Ⅰ 🍽 🛗 ᴌ AC 🍽 🌐 ᴬ Ⅰᴘ*
strada Passo dell' Acqua 34 – ℰ 07 55 91 51 00   *VISA ⚫ AE ① 🔇*
– www.relais.it – Fax 07 55 91 50 01
64 cam ⌑ – ♦85/170 € ♦♦120/210 € – ½ P 80/135 €
Rist – Carta 22/35 €
♦ Un'antica dimora in un grande parco, un relais che trae il nome dalla chiesa ancora compresa nel complesso; camere senza fronzoli, ineccepibili per tenuta e confort. Ristorante orientato al comparto congressuale e banchettistico.

a Ripa per ① : 14 km – ✉ 06134

Ripa Relais Colle del Sole ⊗   *≤ 🍴 Ⅰ ᴌ 🍽 rist, ᴬ Ⅰᴘ*
via Aeroporto S. Egidio 5, Sud: 1,5 km   *VISA ⚫ AE ① 🔇*
– ℰ 07 56 02 01 31 – www.riparelais.com – Fax 07 56 02 01 96
14 cam ⌑ – ♦50/60 € ♦♦70/110 € – 4 suites – ½ P 60/80 €
Rist – *(chiuso dal 7 gennaio al 10 febbraio, mercoledì) (chiuso a mezzogiorno escluso sabato, domenica e luglio-agosto)* Carta 27/46 €
♦ Romantici letti a baldacchino, pavimenti in cotto e travi a vista, *suite* con graziosi angoli soggiorno: tutto concorre a creare un'atmosfera raffinata in questa risorsa che si sviluppa su quattro costruzioni, raccolte intorno ad un giardino ricco di profumi ed erbe aromatiche.

a Ponte San Giovanni per ② : 7 km – alt. 189 m – ⊠ 06135

🏨 **Park Hotel** 🔲 🕥 ⅃⅃ 🛋 ⅃ 🗚 ⅃⅃ 📞 ⅃⅃ **P** 🚗 💳 ◉ 🏧 ⓞ 🖐
via Volta 1 – ℰ *07 55 99 04 44* – *www.perugiaparkhotel.com*
– *Fax 07 55 99 04 55*
140 cam ⊑ – ♦60/130 € ♦♦70/165 € – ½ P 55/100 € **Rist** – Carta 30/36 €
♦ Una torre "spaziale" unita a un corpo centrale: una grande struttura, soprattutto per clientela d'affari e congressuale. Camere con ogni confort e curate nei particolari. Stile moderno anche per le sale del ristorante.

🏨 **Decohotel** 🚙 ⅃⅃ ⅃ 🗚 ⅃⅃ 📞 ⅃⅃ **P** 💳 ◉ 🏧 ⓞ 🖐
via del Pastificio 8 – ℰ *07 55 99 09 50* – *www.decohotel.it* – *Fax 07 55 99 09 70*
– *chiuso da 23 al 26 dicembre*
35 cam ⊑ – ♦70/90 € ♦♦100/146 € – ½ P 90 €
Rist Deco – vedere selezione ristoranti
♦ Un invitante albergo in una villetta degli anni '30, all'interno di un giardino con piante secolari e dépendance annessa; stanze arredate con cura e attenta gestione.

🏨 **Tevere** 🏠 ⅃⅃ ⅃ cam, 🗚 ⅃⅃ 📞 ⅃⅃ **P** 💳 ◉ 🏧 ⓞ 🖐
via Mario Bochi 14 – ℰ *0 75 39 43 41* – *www.tevere.it* – *Fax 0 75 39 43 42*
49 cam ⊑ – ♦50/78 € ♦♦80/120 € – ½ P 55/70 €
Rist – *(chiuso sabato)* Carta 24/44 €
♦ Allo svincolo del raccordo stradale, e dunque assai pratico da raggiungere, hotel in struttura condominiale poco attraente all'esterno ma rinnovata all'interno. Nella veranda o nelle sale moderne, gusterete la cucina del territorio.

🍴 **Deco** – Hotel Decohotel 🚙 🏠 🗚 ⅃⅃ **P** 💳 ◉ 🏧 ⓞ 🖐
via del Pastificio 8 – ℰ *0 75 39 42 20* – *www.decohotel.it* – *Fax 07 55 99 09 50*
– *chiuso dal 23 dicembre al 3 gennaio, dal 10 al 20 agosto e domenica*
Rist – *(chiuso a mezzogiorno)* Carta 35/45 €
♦ Sito entro il Decohotel, ma in una struttura a parte, un ristorante classico, di tono elegante, che propone anche cucina locale e ittica. Servizio estivo all'aperto.

Qualità a prezzi contenuti? Cercate i Bib: «Bib Gourmand» rosso ⊛ per i ristoranti, e «Bib Hotel» azzurro 🏠 per gli alberghi.

PESARO 🅿 **(PU)** – **563** K20 – **93 488 ab.** – ⊠ 61100 ▐ Italia **20** B1
▶ Roma 300 – Rimini 39 – Ancona 76 – Firenze 196
🄘 viale Trieste 164, ℰ 0721 69341, iat.pesaro@regione.marche.it, Fax
0721 30462
via Mazzolari 4, ℰ 0721 359501, Fax 0721 33930
👁 Museo Civico★ : ceramiche★★ Z

Pianta pagina seguente

🏨 **Vittoria** ⟨ 🏠 ⅃ 🕥 ⅃⅃ 🛋 ⅃⅃ 🗚 ⅃⅃ 🗚 ⅃⅃ rist, ⅃⅃ �!⅃ **P**
piazzale della Libertà 2 – ℰ *0 72 13 43 43* 💳 ◉ 🏧 ⓞ 🖐
– *www.viphotels.it* – *Fax 0 72 16 52 04* Y**e**
18 cam – ♦220/270 € ♦♦300/380 €, ⊑ 16 € – 9 suites
Rist Agorà Rossini – ℰ 0 72 13 43 44 – Carta 40/82 €
♦ Sul piazzale principale della città e con un'eccellente vista mare, la storica villa ospita eleganti spazi arredati con mobili antichi, sale conferenza, sauna ed una piccola palestra. Due sale ristorante apparecchiate con buon gusto e raffinatezza dove assaporare le specialità della cucina tradizionale.

🏨 **Savoy** 🏠 ⅃ 🕥 ⅃⅃ 🛋 ⅃⅃ ⅃ 🗚 ⅃⅃ 🗚 ⅃⅃ rist, ⅃⅃ �!⅃ 🚗 💳 ◉ 🏧 ⓞ 🖐
⊕ *viale della Repubblica 22* – ℰ *0 72 13 31 33* – *www.viphotels.it*
– *Fax 0 72 16 44 29* Z**n**
52 cam – ♦85/132 € ♦♦115/192 €, ⊑ 13 € – 9 suites – ½ P 121 €
Rist Blue Dream – ℰ 0 72 16 74 40 – Carta 20/65 €
♦ Sul viale principale, a pochi passi dal mare e dai monumenti più importanti, l'hotel è particolarmente vocato ad una clientela d'affari e vanta ambienti ampi e funzionali. Dalle cucine, proposte tradizionali con specialità di pesce ed offerte regionali in carta a parte.

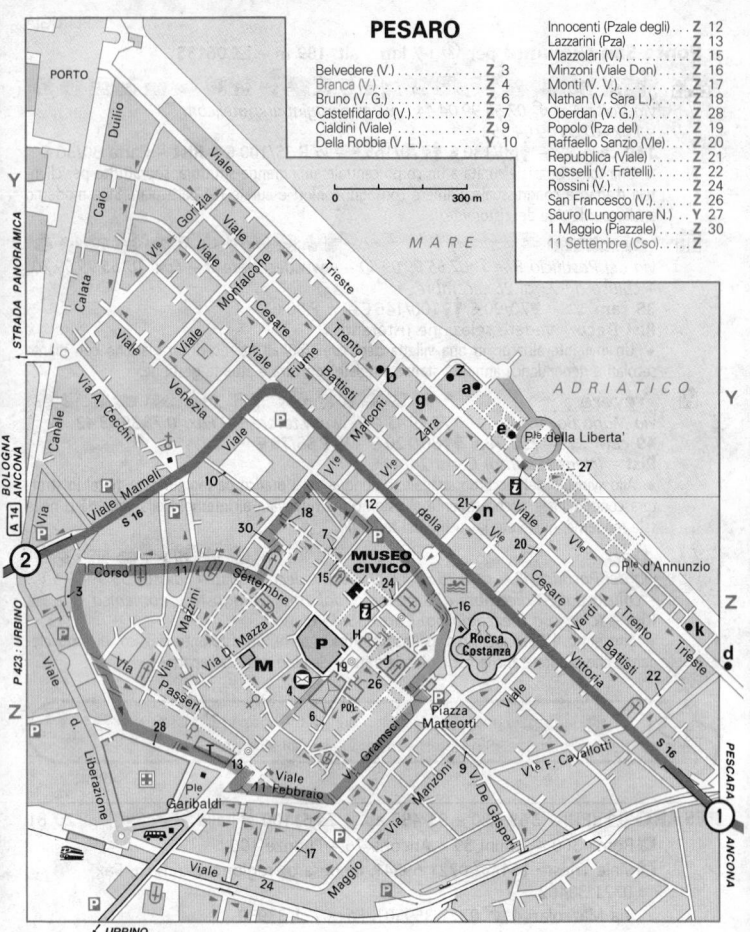

PESARO

Belvedere (V.) . . . . **Z** 3
Branca (V.) . . . . **Z** 4
Bruno (V. G.) . . . . **Z** 6
Castelfidardo (V.) . . . . **Z** 7
Cialdini (Viale) . . . . **Z** 9
Della Robbia (V. L.) . . . . . . **Y** 10

Innocenti (Pzale degli) . . . **Z** 12
Lazzarini (Pza) . . . . **Z** 13
Mazzolari (V.) . . . . **Z** 15
Minzoni (Viale Don) . . . . . **Z** 16
Monti (V. V.) . . . . **Z** 17
Nathan (V. Sara L.) . . . . . . **Z** 18
Oberdan (V. G.) . . . . **Z** 28
Popolo (Pza del) . . . . **Z** 19
Raffaello Sanzio (Vle) . . . . **Z** 20
Repubblica (Viale) . . . . . . **Z** 21
Rosselli (V. Fratelli) . . . . . . **Z** 22
Rossini (V.) . . . . **Z** 24
San Francesco (V.) . . . . . . **Z** 26
Sauro (Lungomare N.) . . . . **Y** 27
1 Maggio (Piazzale) . . . . . **Z** 30
11 Settembre (Cso) . . . . . **Z**

🏨🏨🏨 **Alexander Museum Palace** ⟨ 🏊 🌀 ⬩ AC ⬩ ⬩ ⬩ ⬩
viale Trieste 20 – ℰ 072 13 44 41 VISA ⬤⬤ AE ⬤ 💲
– www.alexandermuseum.it – Fax 072 13 05 50 Z
63 cam ⊡ – †120/260 € ††180/370 €
Rist – *(chiuso a mezzogiorno escluso periodo estivo)* Carta 25/40 €

♦ Albergo-museo dove ogni stanza è unica, per vivere l'arte in maniera insolita. Questa piacevole atmosfera avvolge anche le aree comuni. Il ristorante si farà ricordare per la moderna cucina e il servizio sui generis.

🏨🏨 **Imperial Sport Hotel** ⟨ 🏮 🌀 🛁 🛗 🏊 ⬩ VISA ⬤⬤ AE 💲
via Ninchi 6 – ℰ 07 21 37 00 77 – www.imperialsporthotel.it – Fax 072 13 48 77
– aprile-ottobre Yz
40 cam ⊡ – †40/65 € ††70/110 € – ½ P 62/84 €
Rist – Carta 24/37 €

♦ Direttamente sul mare, la struttura dispone di ampi spazi arredati in stile moderno, una grande piscina ed aree attrezzate per i bambini. Camere rinnovate recentemente.

🏨 **Perticari** ← ⌧ rist, ⚌ rist, 🍴 🚗 _VISA_ ⬤ 🖐
viale Zara 67 – ℰ 072 16 86 40 – www.hotelperticari.com
– Fax 07 21 37 00 18   Ya
58 cam ☲ – ♦55/115 € ♦♦85/170 € – ½ P 48/89 €
Rist *Le Palme* – Carta 23/44 €

♦ A pochi metri dalla spiaggia, la struttura offre camere semplici, ma spaziose, molte delle quali con balcone vista mare; ampio ed attrezzato solarium. Pesce o carne? Indipendentemente dalla scelta, la cucina regionale del ristorante è sempre una garanzia di qualità.

🏨 **Spiaggia** ← ⌧ rist, ⚌ rist, 🍴 **P** _VISA_ ⬤ 🖐
viale Trieste 76 – ℰ 072 13 25 16 – www.hotelspiaggia.com
– Fax 0 72 13 54 19 – 10 maggio-settembre   Zd
74 cam ☲ – ♦49/72 € ♦♦71/93 € – ½ P 63/68 €
Rist – *(solo per alloggiati)* Menu 18 €

♦ Lungo la via che costeggia la spiaggia, una struttura a gestione familiare con camere confortevoli, una palestra ben attrezzata e piscina circondata da un piccolo giardino.

🏨 **Bellevue** ← ⌧ ⚌ rist, 🍴 🚗 _VISA_ ⬤ 🖐
viale Trieste 88 – ℰ 072 13 19 70 – www.bellevuehotel.net
– Fax 07 21 37 01 44 – 18 marzo-10 ottobre   Zk
55 cam ☲ – ♦46/68 € ♦♦75/130 € – ½ P 61/70 €
Rist – *(solo per alloggiati)* Carta 28/35 €

♦ Sul mare e poco distante dal centro di Pesaro, è un albergo dai caratteristici balconi con mosaici in stile mediterraneo, camere confortevoli, palestra, bagno turco e sauna.

🏠 **Clipper** rist, ⚌ rist, **P** _VISA_ ⬤ ① 🖐
viale Guglielmo Marconi 53 – ℰ 072 13 09 15 – www.hotelclipper.it
– Fax 0 72 13 35 25 – 15 aprile-15 settembre   Yb
54 cam ☲ – ♦45/95 € ♦♦65/135 € – ½ P 44/68 €
Rist – *(solo per alloggiati)* Menu 20/25 €

♦ In "seconda fila" rispetto alla battigia, ma a pochi passi dal mare, l'hotel offre stanze con arredi essenziali e un piacevole terrazzo ombreggiato; gestione familiare.

XX **Commodoro** _AC_ _VISA_ ⬤ ① 🖐
viale Trieste 269 – ℰ 072 13 26 80 – www.ilcommodoro.com – Fax 0 72 16 49 26
– chiuso dal 7 al 18 gennaio, dal 10 al 20 luglio e lunedì   Yg
Rist – Carta 40/60 €

♦ Accogliente e moderno ristorante con un piccolo dehors ed un'enoteca con scaffali a vista, dove farsi servire i sapori di una cucina mediterranea attenta alle proposte giornaliere.

XX **Da Alceo** (Grazia Ravagnan) ← _AC_ ⚌ **P** _VISA_ ⬤ ① 🖐
🕸 *via Panoramica Ardizio 121, 6 km per ① – ℰ 072 15 13 60*
– www.ristorantealceo.it – Fax 07 21 39 17 82 – chiuso lunedì, domenica sera dal 15 settembre a maggio, domenica a mezzogiorno in giugno-settembre.
Rist – *(consigliata la prenotazione)* Carta 39/99 €
Spec. Gran piatto di crudità di pesce, crostacei ed ostriche. Mezze maniche allo scorfano. Rombo chiodato di Ancona alla brace con rane pescatrici novelle e spiedino di calamaretti.

♦ Da sempre il riferimento per il pesce più fresco in preparazioni tradizionali, mediterranee e rispettose dei sapori. D'estate ci si sposta in terrazza con vista mare.

in prossimità casello autostrada A 14 Ovest : 5 km :

🏠 **Locanda di Villa Torraccia** senza rist 🕸 ← _AC_ 🍴 **P**
strada Torraccia 3 ⊠ 61100 – ℰ 072 12 18 52   _VISA_ ⬤ 🖐
– www.villatorraccia.it – Fax 0 72 12 18 52 – chiuso dal 20 al 28 dicembre
5 suites – ♦♦100/130 €, ☲ 10 €

♦ Ricavata da una piccola torre medievale circondata da piante secolari, una risorsa accogliente con suites suggestive per un romantico soggiorno nel rispetto della tradizione.

PESCANTINA – Verona (VR) – **562** F14 – **15 472 ab.** – alt. 80 m   **37** A2
– ⊠ 37026

▶ Roma 503 – Verona 14 – Brescia 69 – Trento 85

ad Ospedaletto Nord-Ovest : 3 km – ⊠ 37026 Pescantina

⬢ **Goethe** senza rist   📠 🖩 🕸 🗚 ⟆ 🛜 **P.** 🚗 🚾 ⓪ 🅰🅴 ① ⑤
via Ospedaletto 8 – ℰ 04 56 76 72 57 – www.hotelgoethe.com
– Fax 04 56 70 22 44 – chiuso gennaio
25 cam ☑ – ♦60/110 € ♦♦80/140 €
♦ Per scoprire il dolce paesaggio della Valpolicella, coi suoi vini e i suoi prodotti tipici, una
risorsa familiare, comoda da raggiungere, in parte rinnovata di recente.

✕✕ **Alla Coà**   🏠 🗚 **P.** 🚾 🚗 ⑤
via Ospedaletto 70 – ℰ 04 56 76 74 02 – Fax 04 56 76 74 02 – chiuso dal 2 al
20 gennaio, agosto, domenica, lunedì
Rist – Carta 34/45 €
♦ Lungo una strada piuttosto trafficata, la vecchia casa di paese è stata arredata in stile country
e un pizzico di romanticismo e propone ai suoi avventori piatti legati al territorio e alle stagioni.

PESCARA 🅟 (PE) – 563 O24 – 122 790 ab. – ⊠ 65121   2 C1
- 🚹 Roma 208 – Ancona 156 – Foggia 180 – Napoli 247
- 🛪 Pasquale Liberi per ②: 4 km ℰ 899130310
- 🆔 piazza della Repubblica ℰ 085 4219981, presidio.pescara@
  abruzzoturismo.it, Fax 085 416266
- 🅸🅶 Cerreto, ℰ 0871 95 05 66
- 💿 Pineta dannunziana ★

⬢⬢⬢ **Esplanade**   ≤ 🏠 🖩 ⚹ rist. 🗚 🕸 rist. 🛜 🐍 🚾 🚗 🅰🅴 ① ⑤
piazza 1° Maggio 46 ⊠ 65122 – ℰ 0 85 29 21 41 – www.esplanade.net
– Fax 08 54 21 75 40
AX**a**
150 cam ☑ – ♦104/130 € ♦♦148/163 €
Rist – (chiuso a mezzogiorno) Carta 39/85 €
♦ Sale e camere di classica eleganza in un imponente edificio del 1905, a pochi passi dal
mare. Luminoso ristorante - al sesto piano - dotato di bella terrazza panoramica.

⬢⬢⬢ **Plaza**   🗚 🕸 🕸 🐍 **P.** 🚾 🚗 🅰🅴 ① ⑤
piazza Sacro Cuore 55 ⊠ 65122 – ℰ 08 54 21 46 25 – www.schiratohotels.it
– Fax 08 54 21 32 67
AX**b**
68 cam ☑ – ♦139/229 € ♦♦199/299 € – ½ P 125/185 €   **Rist** – Menu 25/45 €
♦ In posizione centrale ma tranquilla, poco distante dalla stazione e dal mare, l'hotel
dispone di sale conferenza ed accoglienti ambienti arredati con tessuti eleganti e marmo. La
piccola e classica sala ristorante propone i piatti della tradizione italiana e soprattutto specialità di pesce.

⬢⬢ **Victoria** senza rist   🕸 🖩 ⚹ 🗚 🕸 🛜 🐍 **P.** 🚾 🚗 🅰🅴 ⑤
via Piave 142 ⊠ 65122 – ℰ 0 85 37 41 32 – www.victoriapescara.com
– Fax 08 54 22 96 14
AX**c**
22 cam ☑ – ♦95/102 € ♦♦135/142 € – 1 suite
♦ In pieno centro, nuova risorsa di grande effetto e squisito confort. Modernità e design per
una clientela esigente. Piccola zona benessere.

⬢⬢ **Duca D'Aosta** senza rist   🗚 🛜 🐍 🚾 🚗 🅰🅴 ① ⑤
piazza Duca d'Aosta 4 ⊠ 65121 – ℰ 0 85 37 42 41 – www.schiratohotels.it/duca
– Fax 0 85 38 52 82
AY**a**
71 cam ☑ – ♦109/199 € ♦♦149/289 €
♦ L'insegna svetta sull'omonima piazza, in vicinanza del Porto Canale, a pochi passi di
distanza dal centro. Spazi comuni non ampissimi, ma ben distribuiti, e camere accoglienti.

⬢ **Alba** senza rist   🖩 🗚 🚾 🚗 🅰🅴 ① ⑤
via Forti 14 ⊠ 65122 – ℰ 0 85 38 91 45 – www.hotelalba.pescara.it
– Fax 0 85 29 21 63
AX**r**
50 cam ☑ – ♦75/85 € ♦♦90/110 €
♦ Nel centro turistico-commerciale della città, piccolo ma piacevole hotel caratterizzato
da sale in stile liberty - stuccate ed affrescate - più classiche, invece, le camere.

⬢ **Ambra** senza rist   🖩 🗚 🕸 🚗 🚾 🚗 🅰🅴 ① ⑤
via Quarto dei Mille 28/30 ⊠ 65122 – ℰ 0 85 37 82 47
– www.hotelambrapalace.it – Fax 0 85 37 81 83
AX**u**
61 cam ☑ – ♦70/77 € ♦♦105/125 €
♦ In centro città, a 300 m dal mare, comodo albergo a gestione familiare, in attività dal
1963; spazi comuni adeguati, camere classiche, con bagni completi e funzionali.

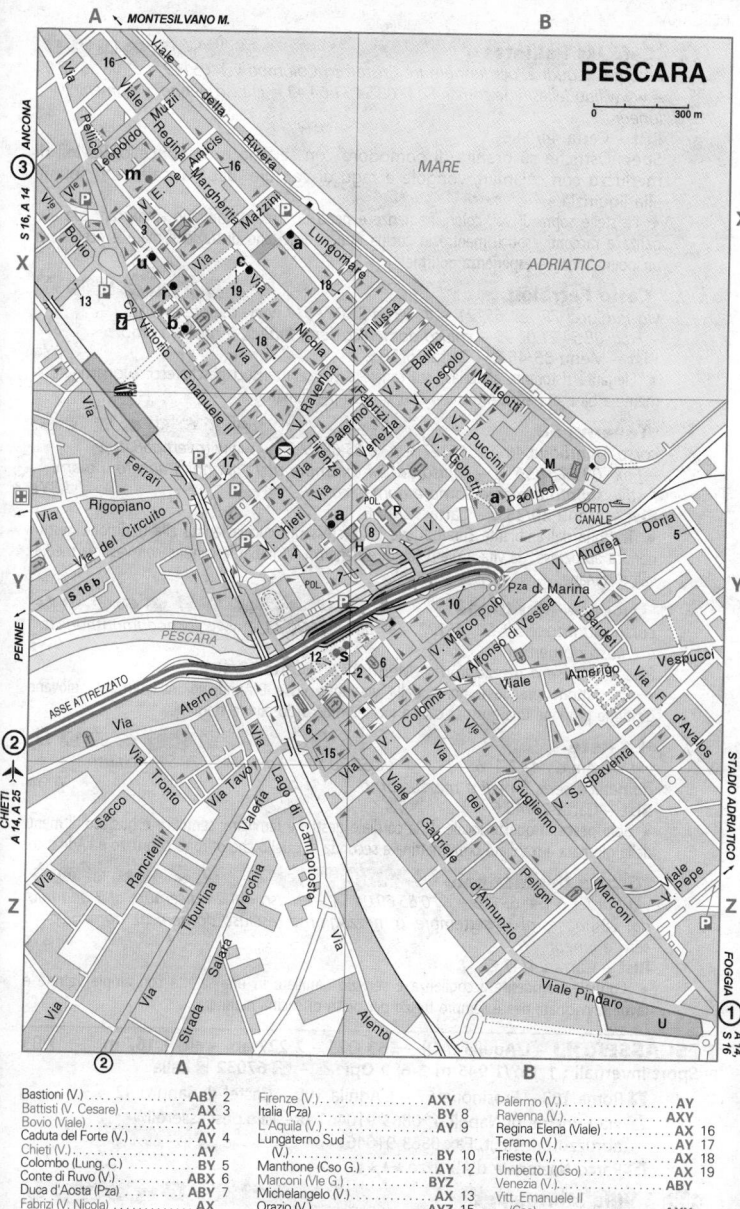

PESCARA

MARE

ADRIATICO

MONTESILVANO M.

ANCONA
S 16, A 14

PENNE

CHIETI
A 14, A 25

STADIO ADRIATICO
FOGGIA
A 14
S 16

PORTO CANALE

PESCARA

ASSE ATTREZZATO

XxX **Café les Paillotes** 🕤 AC 🎖 VISA ⦿ AE ⓪ ⑤
𝕏 *piazza Le Laudi 2, per lungomare Cristoforo Colombo* ⊠ *65129 – 𝒞 08 56 18 09*
– www.lidodellesirene.com – Fax 08 54 51 64 42 – chiuso gennaio, domenica,
lunedì BY
Rist – Carta 44/94 €
Spec. Ostriche su granita di pomodoro con sedano e dragoncello. Ravioli di
merluzzo con calamari, vongole e ragù di verdure. Babà al caffé con spuma
alla liquirizia.
♦ Le stelle sopra di voi, colori, fragranze e pezzi di arredo sembrano ammiccare con eleganza a racconti esotici, mentre in cucina non si accettano distrazioni: mare e ricerca per un'indimenticabile esperienza gourmet.

XxX **Carlo Ferraioli** AC 🎖 VISA ⦿ AE ⓪ ⑤
via Paolucci 79 ⊠ *65121 – 𝒞 08 54 21 02 95 – www.carloferraioli.it*
– Fax 08 54 21 02 95 – chiuso domenica sera, lunedì, a mezzogiorno
Rist – Menu 35/45 € – Carta 35/50 € ⅋ BYa
♦ Elegante ristorante affacciato sul canale e sui caratteristici pescherecci: cucina rigorosamente a base di pesce. A disposizione, un sala per fumatori.

X **Taverna 58** AC 🎖 ⟺ VISA ⦿ AE ⓪ ⑤
corso Manthoné 46 ⊠ *65127 – 𝒞 0 85 69 07 24 – www.taverna58.it*
– Fax 08 54 51 56 95 – chiuso dal 24 dicembre al 1° gennaio, agosto, i giorni
festivi, sabato a mezzogiorno e domenica ABYs
Rist – Menu 30/35 € – Carta 32/40 €
♦ Trattoria dall'ambiente curato, dove un'interessante cucina legata alla tradizione gastronomica abruzzese, da vita a piatti sapidi e generosi. Visitabili le cantine con vestigia medievali e romane.

X **Locanda Manthonè** 🚋 AC 🎖 ⟺ VISA ⦿ AE ⓪ ⑤
corso Manthonè 58 ⊠ *65127 – 𝒞 08 54 54 90 34 – www.locandamanthone.it*
– chiuso domenica AYs
Rist – *(chiuso a mezzogiorno)* Menu 37 € – Carta 32/40 €
♦ La trattoria prende il nome dalla via dove visse D'Annunzio. All'interno la giovane gestione propone una gustosa cucina locale, in accordo con le stagioni.

X **La Rete** AC 🎖 VISA ⦿ AE ⓪ ⑤
via De Amicis 41 ⊠ *65123 – 𝒞 08 52 70 54 – Fax 08 52 70 54 – chiuso*
domenica sera, lunedì a mezzogiorno AXm
Rist – Carta 29/45 €
♦ Solo pesce in questo locale dalla cordiale gestione familiare: semplice e gustoso, il menu della giornata è tracciato ogni mattina a seconda di quello che offrono l'Abruzzo e l'Adriatico.

X **Grotta del Marinaio** AC 🎖 VISA ⦿ AE ⓪ ⑤
via Bardet 6 ⊠ *65126 – 𝒞 0 85 69 04 54 – chiuso dal 24 dicembre al 2 gennaio,*
dal 28 agosto al 10 settembre, a mezzogiorno (escluso domenica), domenica
sera e lunedì BYc
Rist – Carta 24/47 €
♦ Cordiale, sorridente accoglienza e servizio familiare in una saletta con ampie vetrate e tavoli ravvicinati; pesce sempre fresco per piatti di cucina marinara.

PESCASSEROLI – L'Aquila (AQ) – **563** Q23 – **2 227 ab.** – alt. 1 167 m   1 B3
– Sport invernali : 1 167/1 945 m ⑤6; a Opi ⚡ – ⊠ 67032 ▮ Italia
    ▪ Roma 163 – Frosinone 67 – L'Aquila 109 – Castel di Sangro 42
    ▪ via Principe di Napoli 𝒞 0863 910461 presidio.pescasseroli@
    abruzzoturismo.it, Fax 0863 910461
    ◉ Parco Nazionale d'Abruzzo★★★

🏛 **Villa Mon Repos** 🔔 📶 🎖 P VISA ⦿ AE ⓪ ⑤
viale Santa Lucia – 𝒞 08 63 91 28 58 – www.villamonrepos.it
– Fax 08 63 91 28 30
13 cam ⊇ – †130/150 € ††160/200 € – 2 suites – ½ P 115/135 €
Rist – Menu 35/60 €
♦ Costruita nel 1919 dallo zio di Benedetto Croce, una residenza d'epoca in un parco non lontano dal centro; stile tardo liberty, molto eclettico, anche all'interno. Piatti abruzzesi o di pesce serviti nell'elegante ristorante.

Paradiso 🚗 📶 ⚡ cam. 🏊 ⚓ rist. 📶 🅿 VISA 🅫 ① 💲

via Fonte Fracassi 4 – ☎ *08 63 91 04 22 – www.albergo-paradiso.it – Fax 08 63 91 04 98 – chiuso dal 3 al 30 novembre*

20 cam – †40/90 € ††80/160 €, ☕ 8 € – ½ P 80 €

Rist – *(solo per alloggiati)* Menu 20/35 €

♦ A meno di 2 km dal centro, è ideale per una vacanza familiare nel verde: il parco entra in albergo con atmosfere rustiche in legno, camino e una tavernetta.

Villino Quintiliani 🚗 📶 ⚡ 📶 🅿 VISA 🅫 AE ① 💲

– ☎ *08 63 91 07 55 – www.villinoquintiliani.it – Fax 08 63 91 16 45*

15 cam ☕ – †180/250 € ††240/330 € – ½ P 120/170 €

Rist – *(solo per alloggiati)*

♦ All'ingresso del paese, siamo in un grazioso villino dei primi '900 dalle camere moderne e confortevoli. La gestione familiare organizza attività all'insegna dello sport e della natura.

Alle Vecchie Arcate 📶 ⚡ VISA 🅫 ① 💲

via della Chiesa 57/a – ☎ *08 63 91 06 18 – www.vecchiearcate.iux.nu – Fax 08 63 91 19 58*

32 cam – †45/65 € ††60/80 €   **Rist** – *(solo per alloggiati)*

♦ Un sapiente restauro conservativo ha ricavato un hotel all'interno di un edificio d'epoca in pieno centro storico; gestione familiare, camere con arredi in legno.

✗ Alle Vecchie Arcate VISA 🅫 💲

via della Chiesa 41 – ☎ *08 63 91 07 81 – Fax 08 63 91 28 73 – chiuso dal 5 novembre al 5 dicembre, lunedì*

Rist – Carta 22/33 €

♦ Di proprietà della stessa famiglia che gestisce l'omonimo albergo, il locale offre sapori abruzzesi e piatti invece più tradizionali. Sala con arcate in pietra e camino.

PESCHE – Isernia – 564 C24 – **Vedere Isernia**

> Bed & breakfast e agriturismi 🏠 non offrono gli stessi servizi di un hotel. Queste forme alternative di ospitalità si distinguono spesso per l'accoglienza e l'ambiente: specchio della personalità del proprietario. Quelli contraddistinti in rosso 🏠 sono i più ameni.

PESCHICI – Foggia (FG) – 564 B30 – **4 390 ab.** – ✉ 71010 ▮ Puglia   26 B1

▶ Roma 400 – Foggia 114 – Bari 199 – Manfredonia 80

◪ Promontorio del Gargano★★★ Sud-Est

Elisa ⬅ 🏊 📶 ⚡ cam. AC ⚡ rist. 🅿 ☕ VISA 🅫 AE ① 💲

borgo Marina 20 – ☎ *08 84 96 40 12 – www.hotelisa.it – Fax 08 84 96 20 71 – aprile-ottobre*

44 cam ☕ – †55/70 € ††80/120 € – ½ P 53/90 €

Rist – *(solo per alloggiati)* Carta 25/40 €

♦ Ai piedi del borgo marinaro di Peschici e vicino al porto turistico, un hotel dall'ottima gestione familiare con camere luminose dagli arredi in legno bianco o azzurro e vista sul mare. Ampie vetrate ed ottimi piatti di pesce al ristorante: buonissime le paste fatte in casa.

Peschici 🌿 ⬅ 📶 AC rist. ⚡ 🅿 ☕ VISA 🅫 AE ① 💲

via San Martino 31 – ☎ *08 84 96 41 95 – www.hotelpeschici.it – Fax 08 84 96 41 95 – 30 aprile-ottobre*

13 cam – †45/65 € ††65/85 €, ☕ 9 € – ½ P 74/79 €

Rist – *(chiuso a mezzogiorno) (solo per alloggiati)*

♦ Sito sulla scogliera in posizione panoramica ma poco distante dal centro storico, un familiare hotel dalle aree comuni semplici e con camere lineari dal sobrio arredo moderno.

✗✗ Porta di Basso 🍴 AC VISA 🅫 ① 💲

via Colombo 38 – ☎ *08 84 91 53 64 – www.portadibasso.it – Fax 08 84 96 67 47 – chiuso gennaio, febbraio, mercoledì (escluso giugno-settembre)*

Rist – Carta 36/54 €

♦ Tra i vicoli del centro storico della città - in suggestiva posizione a strapiombo sul mare - un ottimo ristorante di tono moderno, dove lo chef propone eccellenti piatti di mare non privi di una creativa elaborazione.

sulla litoranea per Vieste

🏠 **Park Hotel Paglianza Paradiso** ⚑   ⚏ ⌫ ⌘ ✗ ⛩ ⚐ ♨ AC

località Manacore, Est : 10,5 km   ✗ rist, ⚑ **P** VISA ◉◉ AE ① ⚌
✉ *71010 –* ☏ *08 84 91 10 18 – www.grupposaccia.it – Fax 08 84 91 10 32*
– maggio-settembre
140 cam
Rist – ☏ *08 84 91 11 18 (solo per alloggiati solo Pens completa 57/128 €)*
♦ Immerso in una vasta pineta a metà strada tra Peschici e Vieste, l'albergo vanta ambienti spaziosi, tra cui un'attrezzata area giochi per bambini. All'interno rilassanti ambienti nelle tonalità del verde.

PESCHIERA BORROMEO – Milano (MI) – **561** F9 – **22 091 ab.**   **18 B2**
– alt. 103 m – ✉ 20068

▶ Roma 573 – Milano 18 – Piacenza 66

Pianta d'insieme di Milano

🏘 **NH Linate**   ▥ & AC ⇕ ✗ ⚑ VISA ◉◉ AE ⚌

via Grandi 12 – ☏ *0 25 47 76 88 11 – www.nh-hotels.com – Fax 0 25 47 76 88 06*
67 cam ⊊ – ♦79/345 € ♦♦89/375 € – ½ P 57/200 €   **CP**Z
Rist – Carta 24/68 €
♦ Nuovo albergo commerciale e congressuale vicino all'aeroporto di Milano Linate propone una buona serie di servizi ed accoglienti camere. Omogeneo, funzionale e dal design minimalista. Zona ristorante ricavata nella hall: piccola carta con servizio sia a pranzo, sia a cena.

🏠 **Montini** senza rist   ▥ & AC ⇕ (ŵ) **P** VISA ◉◉ AE ① ⚌

via Giuseppe di Vittorio 39 – ☏ *0 25 47 50 31 – www.hotelmontini.com*
– Fax 02 55 30 06 10 – chiuso dal 23 dicembre al 2 gennaio e dal 6 al 22 agosto
51 cam ⊊ – ♦70/162 € ♦♦95/215 €   **CP**c
♦ Nella zona industriale alle spalle dell'aeroporto di Milano Linate, giovane conduzione familiare che mantiene sempre aggiornata una valida risorsa, comoda e confortevole.

🏠 **Holiday Inn Milan Linate Airport**   ▥ & AC ⇕ (ŵ) ⚑ **P**

via Buozzi 2, all'idroscalo-lato Est – ☏ *02 55 36 01*   VISA ◉◉ AE ① ⚌
– www.alliancealberghi.com – Fax 02 55 30 29 80   **CP**a
142 cam – ♦129/479 € ♦♦149/479 €, ⊊ 15 €
Rist – *(chiuso a mezzogiorno in agosto)* Carta 26/45 €
♦ Adeguato agli standard della catena, un hotel rinnovato e pratico, sito nella zona aeroportuale e vicino all'Idroscalo che è sede estiva di manifestazioni e concerti. Ambiente elegante e ordinato, per gustare una classica cucina d'albergo.

✗✗ **La Viscontina** con cam   ⛩ AC (ŵ) **P** VISA ◉◉ ① ⚌

via Grandi 5, località Canzo – ☏ *0 25 47 03 91 – www.laviscontina.it*
– Fax 02 55 30 24 60 – chiuso dal 3 al 26 agosto, domenica sera   **CP**z
14 cam ⊊ – ♦80 € ♦♦110 € – ½ P 110 €   **Rist** – Carta 40/60 €
♦ Un ristorante, con qualche camera, curato e a gestione familiare, per proposte quotidiane che seguono le stagioni, la disponibilità del mercato e l'estro dello storico chef.

✗ **Trattoria dei Cacciatori**   ⊞ ⛩ & AC ✗ ⌫ **P** VISA ◉◉ ① ⚌

via Trieste 2, Nord : 4 km – ☏ *0 27 53 11 54 – www.trattoriacacciatori.it*
– Fax 0 27 53 12 74 – chiuso dal 31 dicembre al 6 gennaio, dal 9 al 25 agosto,
domenica sera, lunedì
Rist – Carta 31/49 €
♦ Cascinale all'interno del castello di Longhignana, antica residenza di caccia della famiglia Borromeo; belle sale rustiche, cucina legata alle tradizioni e grigliate.

PESCHIERA DEL GARDA – Verona (VR) – **562** F14 – **9 486 ab.**   **35 A3**
– alt. 68 m – ✉ 37019

▶ Roma 513 – Verona 23 – Brescia 46 – Mantova 52
ℹ piazzale Betteloni ☏ 045 7551673, iatpeschiera@provincia.vr.it, Fax
045 7550381

Ai Capitani senza rist 　　　🛗 �havelⅈ rist, 🄰🄲 ↦ ⤫ 📶 🅿 📶 🆅🅸🆂🅰 🆚 🅰🅴 ⓘ ⤢
*via Castelletto 2/4 – ✆ 04 56 40 07 82 – www.aicapitani.com
– Fax 04 56 40 15 71*
14 cam ⌑ – ♦90/180 € ♦♦110/230 € – 3 suites
♦ Caratteristici affreschi e un arredo decisamente più moderno con mobili in design e oggetti d'arte contemporanea. Tra aromi e musiche rilassanti la possibilità di abbandonarsi a trattamenti di benessere.

Gardaland Hotel Resort 　　🎿🛗 ⅈ 🄰🄲 ↦ ⤫ 🅿 🆅🅸🆂🅰 🆚 🅰🅴 ⓘ ⤢
*nel parco di Gardaland – ✆ 04 56 40 40 00
– www.gardalandhotel.it – Fax 04 56 40 44 44 – chiuso dal 10 gennaio al 25 marzo e dal 2 novembre al 2 dicembre*
236 cam – ♦♦119/320 € – 6 suites – ½ P 90/190 €
Rist – *(chiuso a mezzogiorno)* Menu 30 €
♦ Imponente risorsa con quattro costruzioni disposte intorno ad un'area centrale caratterizzata da una grande fontana. Nel corpo principale ci sono i servizi e le suite, nei tre edifici circostanti le camere *family*: tutte uguali e rigorose nello stile. Spazio *Blue Lagoon* con vasche e giochi d'acqua. Cena a buffet.

Puccini senza rist 　　🚭 🎿🛗 🄰🄲 ↦ 🅿 🆅🅸🆂🅰 🆚 🅰🅴 ⓘ ⤢
via Puccini 2 – ✆ 04 56 40 14 28 – www.hotelpuccini.it – Fax 04 56 40 14 19 – 12 marzo-14 novembre
32 cam – ♦47/53 € ♦♦77/85 €, ⌑ 8 €
♦ Piacevole hotel, con bella piscina e giardino, posizionato in prossimità del lungolago, defilato dal centro; ampie stanze, ben tenute, alcune con gradevole tappezzeria colorata.

Bell'Arrivo senza rist 　　◁ 🛗 🄰🄲 ↦ 🆅🅸🆂🅰 🆚 ⤢
piazzetta Benacense 2 – ✆ 04 56 40 13 22 – www.hotelbellarrivo.it – Fax 04 56 40 13 11 – chiuso dal 15 novembre all'11 marzo
27 cam ⌑ – ♦60/70 € ♦♦90/100 €
♦ Albergo rinnovato di recente che può godere di una bella posizione. Le camere sono luminose e affacciate sul lago o sul canale. Arredamenti semplici di tipo classico.

Piccolo Mondo 　　🄰🄲 ⤫ 🆅🅸🆂🅰 🆚 🅰🅴 ⤢
riviera Carducci 6 – ✆ 04 57 55 00 25 – www.ristorantepiccolomondo.com – Fax 04 57 55 22 60 – chiuso gennaio, dal 30 giugno al 15 luglio, lunedì, martedì
Rist – Carta 36/53 €
♦ Pesce di mare. Esposto in vetrina, così come nel buffet degli antipasti è servito in un'unica grande sala affacciata sul lago; conduzione diretta da più di cinquant'anni.

a San Benedetto di Lugana Ovest : 2,5 km – ✉ 37019

Trattoria al Combattente 　　🍴 🆅🅸🆂🅰 🆚 🅰🅴 ⓘ ⤢
strada Bergamini 60 – ✆ 04 57 55 04 10 – www.alcombattente.it – Fax 04 57 55 04 10 – chiuso 15 giorni in gennaio, 15 giorni in novembre e lunedì
Rist – Carta 23/37 €
♦ Clientela affezionata, atmosfera familiare e solo pesce di lago, elaborato secondo ricette classiche e legato all'offerta del mercato giornaliero.

PESCIA – Pistoia (PT) – 563 K14 – 19 453 ab. – alt. 62 m – ✉ 51017 　　28 B1
▊ Toscana

▶ Roma 335 – Firenze 57 – Pisa 39 – Lucca 19

San Lorenzo Hotel e Residence ⊗ 　　◁ 🚭 🎿🛗 👪 🄰🄲 ⤫ 🅿
*località San Lorenzo 15/24, Nord : 2 km 　　🆅🅸🆂🅰 🆚 🅰🅴 ⓘ ⤢
– ✆ 05 72 40 83 40 – www.rphotels.com – Fax 05 72 40 83 33*
40 cam ⌑ – ♦54/95 € ♦♦100/150 € – 2 suites – ½ P 78/103 €
Rist – *(chiuso martedì) (chiuso a mezzogiorno escluso i festivi)* Carta 27/53 €
♦ Hotel ricavato dalla sapiente ristrutturazione di una cartiera del 1700 affacciata sul fiume Pescia: ambienti piacevolmente rustici e confort moderni. Sala ristorante con soffitti a volte; simpatica enoteca con vecchi macchinari.

%% **Cecco** con cam   🛏 AC VISA ⓜⓞ AE ① 🛦
via Forti 96 – ℰ 05 72 47 79 55 – www.ristorantececco.com – Fax 0 57 24 73 55
22 cam – ♦35/45 € ♦♦50/70 €, ☲ 8 €   Rist – Carta 26/34 €
♦ Questa storica trattoria conquista il palato degli ospiti con golose specialità di carne alla brace e di pesce, la zuppa con verdure di stagione, il risotto con punte di asparagi, fritti e antipasti di salumi. Le camere si affacciano sul centro storico.

PESCOCOSTANZO – L'Aquila (AQ) – **563** Q24 – **1 187 ab.**   **1** B2
– alt. 1 360 m – ✉ 67033

> ▶ Roma 198 – Campobasso 94 – L'Aquila 101 – Chieti 89
> 🛈 vico delle Carceri 4 ℰ 0864 641440, iat.pescocostanzo@abruzzoturismo.it, Fax 0864 641440

🏠 **Relais Ducale**   ▨ ⋔ ⅃๒ %% |🖕| ₺ %๗ VISA ⓜⓞ AE 🛦
*via dei Mastri Lombardi 26 – ℰ 08 64 64 24 84 – www.relaisducale.it
– Fax 08 64 64 09 72 – dicembre-aprile e agosto*
26 cam ☲ – ♦145/180 € ♦♦250/325 € – 3 suites
Rist *La Corniola* – ℰ 08 64 64 24 70 *(chiuso mercoledì)* Carta 34/56 €
♦ All'ingresso del paese, la montagna è protagonista in albergo con le tipiche decorazioni in legno, camino e selvaggina. Camere più classiche, navetta per le piste da sci e mini club per bambini. La Corniola è più di un semplice ristorante d'albergo: il luogo giusto dove incontrare i veri sapori abruzzesi.

🏠 **Il Gatto Bianco** ⤳   🚊 ⋔ %๗ ⁽ᵖ⁾ P, VISA ⓜⓞ AE 🛦
*viale Appennini 3 – ℰ 08 64 64 14 66 – www.ilgattobianco.it
– Fax 08 64 64 11 48 – chiuso 20 giorni in aprile*
6 cam ☲ – ♦150/250 € ♦♦200/300 € – 2 suites – ½ P 150/200 €
Rist – *(dicembre-Pasqua e luglio-agosto) (chiuso a mezzogiorno) (solo per alloggiati)*
♦ Nuova risorsa di grande fascino avvolta da un'atmosfera di eleganza ed intimità. Insolito connubio di legno antico e moderno. Piccola zona benessere.

🏠 **Garni lo Scrigno** senza rist ⤳ |🖕| AC %๗ ⁽ᵖ⁾ VISA ⓜⓞ 🛦
piazza Manzi 5 – ℰ 08 64 64 24 68 – www.lo-scrigno.net – Fax 08 64 64 24 68
6 cam – ♦65/110 € ♦♦70/110 €
♦ Nel centro storico di Pescocostanzo - gioiello in pietra tra i paesi abruzzesi -camere recenti ed accoglienti, nonché una gestione giovane e premurosa da far venire voglia di ritornarci.

PESEK – Trieste (TS) – **562** F23 – alt. 474 m – ✉ 34018 Basovizza   **11** D3
> ▶ Roma 678 – Udine 77 – Gorizia 54 – Milano 417

a Draga Sant'Elia Sud-Ovest : 4,5 km – ✉ 34018 Sant'Antonio In Bosco

% **Locanda Mario** con cam ⤳   🛏 AC rist, P, VISA ⓜⓞ AE ① 🛦
☺ *Draga Sant'Elia 22 – ℰ 0 40 22 81 93 – Fax 0 40 22 81 93*
7 cam – ♦40/50 € ♦♦60/70 €, ☲ 4 € – ½ P 50/65 €
Rist – *(chiuso martedì)* Carta 26/36 €
♦ Nel caratteristico paesino carsico, vicino al confine sloveno, accogliente trattoria gestita da decenni dalla stessa famiglia, dove gustare la cucina del posto: rane, lumache e selvaggina. Semplici, lineari e confortevoli le camere.

PETRALIA SOTTANA – Palermo – **365** AT57 – **Vedere Sicilia alla fine dell'elenco alfabetico**

PETRIGNANO DEL LAGO – Perugia – **563** M17 – **Vedere Castiglione del Lago**

PETROGNANO – Firenze – **563** L15 – **Vedere Barberino Val d'Elsa**

PETROSA – **564** G27 – **Vedere Ceraso**

PETTENASCO – Novara (NO) – **561** E7 – **1 337 ab.** – alt. 301 m   **24** A2
– ✉ 28028

> ▶ Roma 663 – Stresa 25 – Milano 86 – Novara 48
> 🛈 piazza Unità d'Italia 3 ℰ 0323 89593, pettenasco@distrettolaghi.it, Fax 0323 89593

L'Approdo ≼ 🚗 🛋 🛋 🍴 🎿 🖥 🖩 cam, 🍴 rist, 📶 🛋 🅿
corso Roma 80 – 𝒞 0 32 38 93 45 VISA ◉ AE ① ⑤
– www.lagodortahotels.com – Fax 0 32 38 93 38 – chiuso dal 10 gennaio al 15 marzo
62 cam ⊇ – †90/120 € ††130/200 € – ½ P 85/130 €
Rist – *(chiuso lunedì) (chiuso a mezzogiorno)* Carta 41/55 €
♦ Con un grande sviluppo orizzontale e un grazioso giardino con vista lago e monti, completamente protesa sull'acqua, una valida risorsa per clienti d'affari e turisti. Al ristorante ambienti curati e di tono o una gradevole terrazza esterna.

Giardinetto ≼ 🛋 🖥 🍴 rist, 📶 🅿 VISA ◉ AE ① ⑤
via Provinciale 1 – 𝒞 0 32 38 91 18 – www.lagodortahotels.com
– Fax 0 32 38 92 19 – 1° aprile-20 ottobre
58 cam ⊇ – †60/95 € ††80/150 € – ½ P 65/100 €
Rist Giardinetto – Menu 30/40 € – Carta 38/47 €
♦ Un bianco albergo lambito dalle acque del lago, una struttura confortevole dotata di camere più che discrete, con arredi classici di buona funzionalità. Posizione invidiabile per la bella veranda sul lago, sotto un gazebo.

PETTINEO – Messina – **365** AU56 – Vedere Sicilia alla fine dell'elenco alfabetico

PFALZEN = Falzes

PIACENZA 🅿 (PC) – **562** G11 – **100 286 ab.** – alt. 61 m   **8** A1
Italia Centro Nord

▶ Roma 512 – Bergamo 108 – Brescia 85 – Genova 148
🛈 (chiuso lunedì da ottobre a marzo) piazza Cavalli 7𝒞 0523 329324, iat@comune.piacenza.it, Fax 0523 306727
🏌 La Bastardina, 𝒞 0523 97 53 73
🏌 Croara, 𝒞 0523 97 71 05
◉ Il Gotico★★ antico Palazzo del Comune - Piazza dei Cavalli★:
statue equestri★★ B **D** - Duomo★ B **E** - S. Savino B: pavimenti musivi★ -
Musei Civici★ di Palazzo Farnese B - Madonna di Campagna★ A -
Ecce Homo★★ di Antonello da Messina nella Pinacoteca del
Collegio Alberoni

Pianta pagina seguente

Grande Albergo Roma 🎿 🖥 🖥 🖩 🍴 rist, 📶 🛋 🚗
via Cittadella 14 ⊠ 29121 – 𝒞 05 23 32 32 01 VISA ◉ AE ① ⑤
– www.grandealbergoroma.it – Fax 05 23 33 05 48 B**a**
75 cam ⊇ – †140/180 € ††190/220 € – 1 suite – ½ P 120/135 €
Rist Piccolo Roma – vedere selezione ristoranti
♦ Proprio all'interno dell'antica Cittadella, un'importante risorsa, sapientemente restaurata e ridisegnata in uno stile sobrio ed essenziale. Conduzione familiare, signorile e professionale.

Park Hotel 🎿 🖥 🖥 🖩 🍴 rist, 📶 🛋 🅿 🚗 VISA ◉ AE ① ⑤
strada Valnure 5/7, per ③ – 𝒞 05 23 71 26 00 – www.parkhotelpiacenza.it
– Fax 05 23 45 30 24
97 cam ⊇ – †69/155 € ††69/225 € – 2 suites – ½ P 53/148 €
Rist – Carta 24/48 €
♦ Taglio spiccatamente moderno per questa struttura a vocazione commerciale, comoda e facile da raggiungere da centro storico e dall'autostrada. Cortese e disponibile il personale. Eleganza e tocchi di contemporaneità nella sala del ristorante.

Hotel Ovest 🖥 🖩 cam, 🖩 🍴 rist, 📶 🛋 🅿 🚗 VISA ◉ AE ① ⑤
via I Maggio 82, per ④ ⊠ 29121 – 𝒞 05 23 71 22 22 – www.hotelovest.it
– Fax 05 23 71 13 01
59 cam ⊇ – ††100/220 € – ½ P 70/150 €
Rist – *(solo per alloggiati)* Carta 18/35 €
♦ La conduzione è cordiale e attenta, l'insonorizzazione perfetta e la posizione stradale estremamente pratica. Moderno e signorile, alcune camere presentano una maggiore ricercatezza per il dettaglio.

PIACENZA

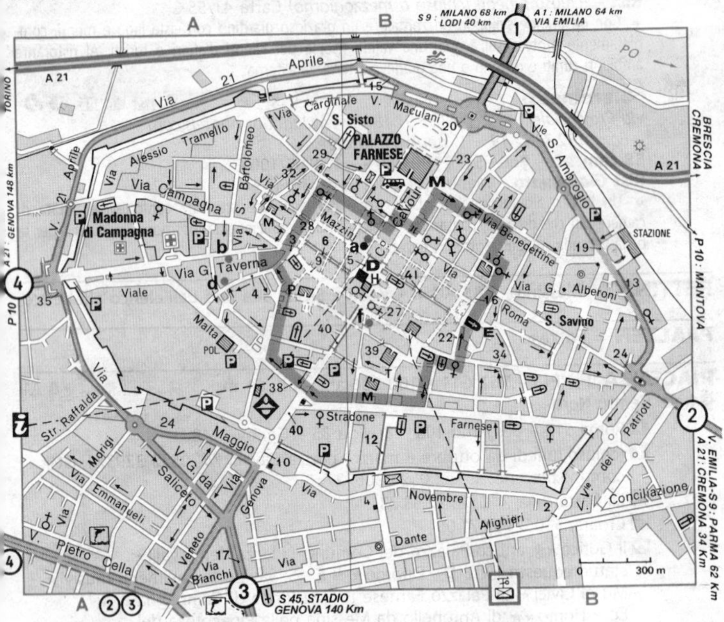

🏨 Classhotel Piacenza Fiera

cam, [AC] rist, VISA AE

strada Caorsana 127/D, località Le Mose, 2 km per ② ✉ 29122 – ☎ 05 23 60 60 91 – www.classhotel.com – Fax 05 23 59 00 91

80 cam ☕ – †70/150 € ††85/200 € – ½ P 61/122 €

Rist – *(chiuso domenica)* Carta 28/36 €

◆ Di fronte all'insediamento fieristico, una novità nel panorama alberghiero cittadino. Stile attuale con un design moderno ed essenziale, gestione giovane e intraprendente. Al ristorante arredo in design e piatti tradizionali presentati con tocchi di creatività.

🏨 City senza rist

[AC] VISA AE

via Emilia Parmense 54, 3 km per ② ✉ 29122 – ☎ 05 23 57 97 52 – www.hotelcitypc.it – Fax 05 23 57 97 84

59 cam ☕ – †75/120 € ††103/160 €

◆ Annovera venti nuove camere dallo stile vagamente etnico questa moderna struttura a vocazione commerciale situata all'interno di un piccolo spazio verde in zona residenziale.

🍴🍴🍴 Antica Osteria del Teatro (Filippo Chiappini Dattilo)

✿ [AC] VISA

via Verdi 16 ✉ 29121 – ☎ 05 23 32 37 77 – www.anticaosteriadelteatro.it – Fax 05 23 30 49 34 – chiuso dal 1° al 10 gennaio, dal 1° al 25 agosto, domenica, lunedì Bf

Rist – (consigliata la prenotazione) Menu 70/90 € – Carta 70/109 €

Spec. Medaglione di fegato grasso d'anatra al naturale marinato al Porto e Armagnac. Tortelli dei Farnese al burro e salvia. Treccia di branzino all'olio extravergine, timo, pomodori e sale grosso.

◆ Elegante palazzo quattrocentesco nel cuore cittadino, profusione di legni e mattoni negli austeri interni. La cucina reinterpreta con leggerezza i classici regionali e nazionali.

🍴🍴🍴 **Piccolo Roma** – Hotel Grande Albergo Roma [AC] 🚭 VISA [MC] [AE] [D] [S]
via Cittadella 14 ✉ 29121 – ☎ 05 23 32 32 01 – www.grandealbergoroma.it – Fax 05 23 33 05 48 – chiuso 1 settimana in luglio, agosto, sabato, domenica sera
Rist – Carta 44/56 € Ba
◆ Autografi e dediche ricoprono quasi interamente le pareti di questo apprezzato ristorante. Seduti tra arredi d'epoca o a lume di candela, le specialità emiliane faranno gli onori di casa.

🍴🍴 **Vecchia Piacenza** ♿ [AC] ⇔ VISA [MC] [D] [S]
via San Bernardo 1 ✉ 29121 – ☎ 05 23 30 54 62 – www.ristorantevecchiapiacenza.it – Fax 05 23 30 54 62 – chiuso dal 1° al 6 gennaio, luglio e domenica Ab
Rist – (consigliata la prenotazione) Menu 45/70 € – Carta 60/66 €
◆ Sulla via per il centro storico, un ambiente caratteristico, affrescato e decorato dalla sapiente mano della titolare; il marito, in cucina, realizza piatti fantasiosi.

🍴 **Osteria del Trentino** ☂ [AC] VISA [MC] [S]
via Castello 71 ✉ 29121 – ☎ 05 23 32 42 60 – www.osteriadeltrentino.it – chiuso 1 settimana in agosto e domenica Ad
Rist – (consigliata la prenotazione la sera) Carta 25/51 €
◆ Foto d'epoca, pentole di rame e vecchi monili di uso quotidiano decorano le pareti di questa trattoria di quartiere che propone una sfiziosa cucina del territorio cui si affiancano piatti a base di pesce. Gradevole servizio estivo all'aperto.

PIADENA – Cremona (CR) – 561 G13 – 3 575 ab. – alt. 35 m – ✉ 26034 17 C3

[▶] Roma 489 – Parma 41 – Cremona 28 – Mantova 38

🍴 **Dell'Alba** [AC] ⇔ VISA [MC] [S]
☺ *via del Popolo 31, località Vho, Est : 1 km – ☎ 0 37 59 85 39 – www.trattoriadellalba.com – Fax 0 37 59 85 39 – chiuso dal 25 dicembre al 2 gennaio, dal 15 al 30 giugno, dal 30 luglio al 18 agosto, domenica sera, lunedì*
Rist – Carta 23/37 € 🍇
◆ Tradizionale osteria di paese con mescita a bicchiere, solidi tavoli antichi e piatti casalinghi. Le specialità ovviamente derivano dal territorio: oca, arrosti e bolliti.

PIANA DEGLI ALBANESI – Palermo – 365 AO55 – Vedere Sicilia alla fine dell'elenco alfabetico

---

PIANAZZO – Sondrio – Vedere Madesimo

PIANCASTAGNAIO – Siena (SI) – 563 N17 – 4 140 ab. – alt. 772 m – ✉ 53025 29 D3

[▶] Roma 176 – Firenze 155 – Perugia 86 – Siena 83

🍴 **Anna** con cam VISA [MC] [AE] [D] [S]
💰 *viale Gramsci 486 – ☎ 05 77 78 60 61 – Fax 05 77 78 60 61 – chiuso dal 7 al 15 gennaio, dal 10 al 30 settembre, lunedì escluso luglio-agosto*
8 cam ☕ – 🚹40 € 🚹🚹65 € – ½ P 50/65 € **Rist** – Carta 20/35 €
◆ Accogliente ristorante a conduzione familiare che sazierà il vostro appetito con genuini piatti del territorio. Per chi desidera fare una sosta, camere semplici e decorose.

PIAN DELLE BETULLE – Lecco – Vedere Margno

PIANE DI MONTEGIORGIO – Ascoli Piceno (AP) – Vedere Montegiorgio

---

PIANFEI – Cuneo (CN) – 561 I5 – 2 091 ab. – alt. 503 m – ✉ 12080 22 B3

[▶] Roma 629 – Cuneo 15 – Genova 130 – Imperia 114

🏨 **La Ruota** 🏖 🏊 ♨ 🎾 [lift] ♿ cam, 🚶 [AC] 📶 🏃 [P] 🚗 VISA [MC] [AE] [D] [S]
strada statale Monregalese 5 – ☎ 01 74 58 57 01 – www.hotelruota.it – Fax 01 74 58 57 00
61 cam ☕ – 🚹60/85 € 🚹🚹80/110 € – 6 suites – ½ P 50/65 €
Rist – Carta 22/44 €
◆ Sulla statale Cuneo-Mondovì, una grande struttura particolarmente indicata per accogliere clientela d'affari e gruppi numerosi. Camere spaziose e confortevoli. L'ampia sala ristorante vi proporrà un menù che spazia dalla tipica cucina piemontese a quella internazionale, passando per una vasta scelta di pizze.

PIANIGA – Venezia (VE) – **562** F18 – **11 204 ab.** – ⊠ 30030 36 C2
   ▶ Roma 517 – Padova 18 – Ferrara 98 – Venezia 31

⌂   **Hotel 15.92** senza rist   ⟨icons⟩
via provinciale Nord 5, località Cazzago di Pianiga, Sud-Est : 5 km
   – ℰ 0 41 46 45 05 – www.hotel15-92.com – Fax 04 15 13 10 86
15 cam ⊠ – †60/80 € ††80/100 € – 1 suite
   ♦ Suggerito dall'architetto, l'insolito nome indica il grado di curvatura del tetto di questo hotel di piccole dimensioni, una recente struttura dall'arredo sobrio e minimalista.

⌂   **In** senza rist   ⟨icons⟩
via Provinciale Nord 47, località Cazzago di Pianiga, Sud-Est: 5 Km
   – ℰ 04 15 13 83 36 – www.hotel-in.it – Fax 04 15 13 12 40
12 cam ⊠ – †60/80 € ††90/120 €
   ♦ Piccolo e moderno hotel a gestione femminile di recente costruzione. Funzionali e realizzate con soluzioni un po' chic, le camere si differenziano nei colori.

PIANO D'ARTA – Udine – Vedere Arta Terme

PIANOPOLI – Catanzaro (CZ) – **564** K31 – **2 443 ab.** – alt. **250 m** – ⊠ 88040 5 A2
   ▶ Roma 594 – Cosenza 81 – Catanzaro 33

⌂   **Agriturismo Le Carolee** ⟨icons⟩
contrada Gabella 1, Est : 3 km – ℰ 0 96 83 50 76 – www.lecarolee.it
   – Fax 0 96 83 50 76
7 cam ⊠ – †50/60 € ††90/100 € – ½ P 70/80 €   **Rist** – Carta 30/40 €
   ♦ Una casa padronale ottocentesca fortificata, in splendida posizione e immersa nel silenzio degli ulivi; il passato della terra di Calabria riproposto in chiave moderna.

PIANORO – Bologna (BO) – **562** I16 – **16 957 ab.** – alt. **187 m** – ⊠ 40065 9 C2
   ▶ Roma 370 – Bologna 16 – Firenze 96 – Modena 59

a Rastignano Nord : 8 km – ⊠ 40067

✗   **Osteria al numero Sette**   ⟨icons⟩
via Costa 7 – ℰ 0 51 74 20 17 – Fax 0 51 74 20 17
Rist – *(chiuso domenica, lunedì, martedì a mezzogiorno)* (consigliata la prenotazione) Carta 33/41 €
   ♦ Non più solo minestre, come da queste parti vengono chiamati i primi piatti. L'offerta si è ampliata e il merito è da ricondurre alla passione per la ricerca degli ingredienti: territorio e qualità!

PIAZZA ARMERINA – Enna – **365** AV59 – Vedere Sicilia alla fine dell'elenco alfabetico

PICCHIAIE – Livorno – Vedere Elba (Isola d') : Portoferraio

PICERNO – Potenza (PZ) – **564** F28 – **6 155 ab.** – alt. **721 m** – ⊠ 85055 3 A2
   ▶ Roma 307 – Potenza 24 – Bari 165 – Foggia 128

in prossimità Superstrada Basentana Ovest : 3 km :

⌂⌂⌂   **Bouganville**   ⟨icons⟩
strada provinciale 83 ⊠ 85055 Picerno
   – ℰ 09 71 99 10 84 – www.hotelbouganville.it – Fax 09 71 99 09 21
67 cam ⊠ – †75/116 € ††105/136 € – 4 suites – ½ P 78/93 €
Rist – Carta 25/54 €
   ♦ Sempre ai vertici delle classifiche, questa bella struttura è stata recentemente ampliata con un settore di camere di livello superiore ed un wellness centre dotato delle più moderne attrezzature. Al ristorante eleganti ambienti, vasti e luminosi, con affaccio esterno.

PIEGARO – Perugia (PG) – **563** N18 – **3 738 ab.** – alt. **356 m** – ⊠ 06066 32 A2
   ▶ Roma 155 – Perugia 33 – Arezzo 82 – Chianciano Terme 28

⌂   **Ca' de Principi** senza rist   ⟨icons⟩
via Roma 43 – ℰ 07 58 35 80 40 – www.dimorastorica.it – Fax 07 58 35 80 15
   – aprile-3 novembre
16 cam ⊠ – ††90/120 € – 5 suites
   ♦ Un edificio settecentesco, appartenuto alla nobile famiglia dei Pallavicini, con affreschi d'epoca, all'interno di un borgo ricco di fascino. Insieme di notevole pregio.

PIENZA – Siena (SI) – **563** M17 – **2 172 ab.** – alt. 491 m – ⌂ 53026   **29** C2
▌Toscana

▶ Roma 188 – Siena 52 – Arezzo 61 – Chianciano Terme 22
🛈 piazza Dante Alighieri 18 ☏ 0578 748359 info@ufficioturisticodipienza.it,
Fax 0578 749071

👁 Cattedrale★: Assunzione★★ del Vecchietta – Palazzo Piccolomini★

🏨 **Relais Il Chiostro di Pienza** ॐ   ← 🚗 🛋 ⌘ ▮ ዽ cam, ☆☆ AK
corso Rossellino 26 – ☏ 05 78 74 84 00   ⚡ rist, 🛏 VISA 🚱 AE ① 🌀
– *www.relaisilchiostrodipienza.com* – *Fax* 05 78 74 84 40 – *chiuso dal 7 al
31 gennaio; da febbraio al 20 marzo aperto solo nei week-end*
37 cam ⊆ – ♦90/160 € ♦♦119/215 € – ½ P 105/315 €
Rist *La Terrazza del Chiostro* – ☏ 05 78 74 81 83 *(chiuso gennaio e febbraio)*
Carta 53/83 € (+10 %)
♦ Nel cuore di questo gioiellino toscano voluto da Pio II Piccolomini, un chiostro quattrocentesco incastonato in un convento: per soggiornare nella suggestione della storia.
Cucina moderna che spazia dai sapori del territorio al mare. Servizio estivo in giardino.

🏨 **San Gregorio**   ⌘ ▮ ▯ AK ⚡ 🛏 P VISA 🚱 AE 🌀
☜⊜ *via della Madonnina 4* – ☏ 05 78 74 81 75 – *www.sangregorioresidencehotel.it*
– *Fax* 05 78 74 83 54
19 cam ⊆ – ♦65/105 € ♦♦80/100 € – ½ P 60/72 €   **Rist** – Carta 18/35 €
♦ La città rinascimentale progettata dal Rossellino, il vecchio teatro del 1935, oggi riproposto come risorsa ricettiva. Ampie e comode camere, alcune con angolo cottura. Al ristorante
le delizie toscane ed il pesce fresco: un ambiente raffinato, ideale per organizzare cerimonie
e feste private.

🏨 **Piccolo Hotel La Valle** senza rist   ← AK ⚡ 🛜 🚗 VISA 🚱 AE 🌀
via di Circonvallazione 7 – ☏ 05 78 74 94 02 – *www.piccolohotellavalle.it*
– *Fax* 05 78 74 98 63
15 cam ⊆ – ♦65/90 € ♦♦90/130 €
♦ Ubicata in comoda posizione, risorsa recente di buon confort con spazi comuni contenuti
e camere arredate con letti in ferro battuto e pavimento in parquet.

sulla strada statale 146 Nord-Est: 7,5 km

🏠 **Relais La Saracina** senza rist ॐ   ← 🚗 ▮ 🍴 ⚡ 🛜 P
strada statale 146 km 29,7 – ☏ 05 78 74 80 22   VISA 🚱 AE 🌀
– *www.lasaracina.it* – *Fax* 05 78 74 80 18 – *chiuso dal 10 gennaio al 1° marzo*
5 cam ⊆ – ♦200/250 € ♦♦230/270 € – 1 suite
♦ In un antico podere tra l'ocra senese degli antichi pendii, la suggestiva magia di un
ambiente di rustica signorilità con camere amene di differenti tipologie.

a Monticchiello Sud-Est : 6 km – ⌂ 53026

🏠 **L'Olmo** ॐ   ← 🚗 ▮ 🍴 P VISA 🚱 AE 🌀
podere Ommio 27 – ☏ 05 78 75 51 33 – *www.olmopienza.it* – *Fax* 05 78 75 51 24
– *aprile-novembre*
1 cam ⊆ – ♦♦190/280 € – 4 suites – ♦♦270/290 €
Rist – (prenotazione obbligatoria) *(solo per alloggiati)* Menu 45 €
♦ Locanda seicentesca in mezzo al verde della campagna, piccola bomboniera perfettamente incastonata nel paesaggio toscano e nello spirito di un'agreste raffinatezza.

✗ **La Porta**   ← ⌘ ⚡ VISA 🚱 🌀
via del Piano 2 – ☏ 05 78 75 51 63 – *www.osterialaporta.it* – *Fax* 05 78 75 51 63
– *chiuso dal 10 gennaio al 5 febbraio e giovedì*
Rist – Carta 28/43 €
♦ Come dice il nome, si trova all'ingresso del piccolo e caratteristico borgo di Monticchiello
per un'osteria - simpatica e informale - in cui non manca la terrazza panoramica. Cucina
regionale e ampia scelta enologica (anche al bicchiere).

PIETOLE DI VIRGILIO – Mantova – **561** G14 – Vedere Mantova

PIETRA LIGURE – Savona (SV) – **561** J6 – **9 140 ab.** – ⌂ 17027   **14** B2
▶ Roma 576 – Imperia 44 – Genova 77 – Milano 200
🛈 piazza Martiri della Libertà 30 ☏019 629003, pietraligure@inforiviera.it,
Fax 019 629790

XX **Buca di Bacco**   🔼 🅿 VISA ◑ AE ① 🛦

corso Italia 149 – ℰ 019 61 53 07 – Fax 019 61 89 65 – chiuso dall'8 gennaio all'8 febbraio e lunedì (escluso luglio-agosto)

Rist – Carta 35/65 €

♦ Le specialità marinare, la cura nella scelta delle materie prime e l'originalità del proprietario caratterizzano questo locale, sito nel seminterrato di un edificio.

PIETRALUNGA – Perugia (PG) – **563** L19 – **2 326 ab.** – **alt. 565 m**   **32** B1
– ✉ 06026

▶ Roma 225 – Perugia 54 – Arezzo 64 – Gubbio 24

⌂ **Agriturismo La Cerqua e La Balucca** ⌖   < 🚡 ꒉ 🕪 🅿

case San Salvatore 27, Ovest : 2,2 km alt. 650   VISA ◑ AE ① 🛦
– ℰ 07 59 46 02 83 – www.cerqua.it – Fax 07 59 46 20 33 – chiuso gennaio e febbraio

20 cam ⌂ – ♦♦85/100 € – ½ P 65/80 €

Rist – *(chiuso a mezzogiorno escluso domenica)* (prenotazione obbligatoria) Menu 25/30 €

♦ Sulle spoglie di un antico monastero in cima ad un colle, due tipici casolari, nel rispetto delle antiche forme, per una vacanza tutta relax e belle passeggiate a cavallo.

PIETRANSIERI – L'Aquila – **563** Q24 – Vedere Roccaraso

PIETRAPIANA – Firenze – Vedere Reggello

PIETRASANTA – Lucca (LU) – **563** K12 – **24 609 ab.** – **alt. 20 m**   **28** B1
– ✉ 55045 ▮ Toscana

▶ Roma 376 – Pisa 30 – La Spezia 45 – Firenze 104

🅸 piazza Statuto ℰ 0584 283375, Fax 0584 283284

🔟 Versilia, ℰ 0584 88 15 74

🏛 **Albergo Pietrasanta** senza rist   🚡 🖪 🛋 🔼 🕪 🅰 🚗

via Garibaldi 35 – ℰ 05 84 79 37 26   VISA ◑ AE ① 🛦
– www.albergopietrasanta.com – Fax 05 84 79 37 28 – aprile-ottobre

19 cam – ♦200 € ♦♦340 €, ⌂ 20 €

♦ In pieno centro storico, questo palazzo seicentesco trasuda fascino e raffinatezza: eleganti spazi comuni e lussuose camere, nonché un'interessante collezione di arte contemporanea.

🏛 **Versilia Golf** ⌖   🚡 🏠 🖪 🛋 🕭 🔼 🕪 🅰 🅿 VISA ◑ AE ① 🛦

via della Sipe 100 – ℰ 05 84 88 02 63 – www.versiliagolf.com
– Fax 05 84 88 16 98

17 cam ⌂ – ♦200/380 € ♦♦250/500 €   **Rist** – Carta 46/66 €

♦ Per gli amanti del golf ma anche de *l'art de vivre*, una raffinata struttura pregna di fascino: eleganti camere arredate con mobili d'antiquariato e con autentiche opere d'arte.

🏠 **Palagi** senza rist   🛋 🔼 🕪 VISA ◑ AE ① 🛦

piazza Carducci 23 – ℰ 0 58 47 02 49 – www.hotelpalagi.com
– Fax 0 58 47 11 98

18 cam ⌂ – ♦95 € ♦♦170 €

♦ Posizione centrale e comoda - nei pressi della stazione ferroviaria e del Duomo - per questo albergo a conduzione diretta dalle fresche e colorate zone comuni. Camere semplici ed accoglienti.

XX **Martinatica**   🏠 🔼 ⇦ 🅿 VISA ◑ AE ① 🛦

località Baccatoio Sud : 1 km – ℰ 05 84 79 25 34 – Fax 05 84 79 40 31 – chiuso lunedì

Rist – Carta 38/50 €

♦ Accoglienza familiare in un ex frantoio convertito in ristorante, caratterizzato da sale di tono rustico-elegante. In menu: proposte di mare e di terra legate alla tradizione toscana, nonché al mercato giornaliero.

PIETRASANTA (Marina di) – Lucca (LU) – **563** K12 – ✉ 55044   **28** B1

▶ Roma 378 – Pisa 33 – La Spezia 53 – Firenze 104

🅸 via Donizetti 14 ℰ 0584 20331, info@pietrasantaemarina.it, Fax 0584 24555

🔟 Versilia, ℰ 0584 88 15 74

Joseph ⟨ ≋ ⌁ ⌯ 🖂 ⎍ & cam, ⋔ 🄰🄲 ❖ rist, ⟨¹⟩ 🄿 ⦦🅟 🆅🅸🅂🅰 ⓐⓑ 🄰🄴 ⓞ ⟁
viale Roma 323, località Motrone – ✆ 05 84 74 58 97 – *www.hoteljoseph.net*
– Fax 0 58 42 22 65 – aprile-ottobre
85 cam ⌁ – ♦50/80 € ♦♦90/125 € **Rist** – Menu 25/45 €
◆ Valida conduzione familiare per questa piacevole struttura con camere sobriamente arredate. Fiore all'occhiello: la bella terrazza con piscina affacciata sul lungomare.

Venezia 🕭 ≋ ⌁ 🖂 🄱 & 🄰🄲 ❖ 🄿 🆅🅸🅂🅰 ⓐⓑ ⓞ ⟁
via Firenze 48, località Motrone – ✆ 05 84 74 57 57 – *www.albergovenezia.com*
– Fax 05 84 74 53 73 – aprile-20 settembre
66 cam ⌁ – ♦60/100 € ♦♦100/185 € – ½ P 65/105 €
Rist – *(solo per alloggiati)*
◆ Struttura immersa nel verde dei pini marittimi, in una zona residenziale e tranquilla, poco distante dal mare. Camere semplici, ma funzionali. Solida conduzione familiare.

Grande Italia 🕭 ≋ 🏠 ❖ 🄿
via Torino 5, a Tonfano – ✆ 0 58 42 00 46 – *www.albergograndeitalia.com*
– Fax 0 58 42 43 50 – giugno-17 settembre
20 cam – ♦60/70 € ♦♦90/110 € – ½ P 60/95 €
Rist – *(solo per alloggiati)* Menu 25/30 €
◆ Un caseggiato d'inizio secolo scorso quasi immutato all'esterno, arredi in stile nei locali comuni; nel giardino, è stata poi aggiunta una dépendance più recente.

Airone ≋ 🖂 🄰🄲 ❖ rist, ⟨⟩ 🆅🅸🅂🅰 ⓐⓑ 🄰🄴 ⓞ ⟁
⊖ *via Catalani 46* – ✆ 05 84 74 56 86 – *www.landinihotels.it* – Fax 05 84 74 56 88
28 cam – ♦50/75 € ♦♦60/130 €, ⌁ 15 € – ½ P 90/100 €
Rist – *(solo per alloggiati)* Menu 20/35 €
◆ Arretrata rispetto al mare - in zona verde e residenziale - la risorsa dispone di camere semplici ed essenziali, recentemente rinnovate. Bella terrazza per piacevoli momenti di relax!

Alex 🏠 🄰🄲 ❖ ⟨¹⟩ ⓐⓑ 🄰🄴 ⓞ ⟁
via Versilia 157/159 – ✆ 05 84 74 60 70 – *www.ristorantealex.it* – *chiuso martedì, mercoledì (escluso giugno-settembre)*
Rist – *(chiuso a mezzogiorno escluso da giugno ad agosto e festivi)*
Carta 46/60 € 🕸
◆ In un palazzo d'inizio '900, un piacevole ristorante-enoteca arredato con eco etniche, propone specialità di mare e di terra. Interessante selezione di vini della solatia Spagna!

PIETRAVAIRANO – **Caserta (CE)** – **564** D24 – **3 076 ab.** – **alt. 250 m**   **6** A1
– ⊠ 81040

🄳 Roma 165 – Avellino 95 – Benevento 65 – Campobasso 74

La Caveja con cam 🏠 🄱 & rist, 🄰🄲 ❖ ⟨¹⟩ 🄿 🆅🅸🅂🅰 ⓐⓑ 🄰🄴 ⓞ ⟁
⊛ *via Santissima Annunziata 10* – ✆ 08 23 98 48 24 – Fax 08 23 98 29 77
16 cam ⌁ – ♦60/80 € ♦♦80 €
Rist – *(chiuso domenica sera, lunedì)* Carta 26/38 €
◆ La cucina proposta da questo antico cascinale è un'istituzione in zona. Spontanea, varia e genuina, ripercorre i sentieri della tradizione gastronomica locale, rielaborandola con ottimi prodotti.

PIETRELCINA – **Benevento (BN)** – **564** D26 – **3 072 ab.** – **alt. 345 m**   **6** B1
– ⊠ 82020

🄳 Roma 253 – Benevento 13 – Foggia 109

Lombardi Park Hotel ≋ ⌁ 🕅 🖂 🄱 & 🄰🄲 ↩ ❖ ⟨¹⟩ 🄯 🄿
via Nazionale 1 – ✆ 08 24 99 12 06   🆅🅸🅂🅰 ⓐⓑ 🄰🄴 ⓞ ⟁
– www.lombardiparkhotel.it – Fax 08 24 99 12 53
51 cam ⌁ – ♦80/85 € ♦♦110/120 € – 4 suites – ½ P 90/100 €
Rist Cosimo's – ✆ 08 24 99 11 44 *(chiuso lunedì o martedì)* Carta 22/35 € (+10 %)
◆ Nel paese natale di Padre Pio, vicino al convento dei Cappuccini, un complesso di moderna concezione dagli arredi classici. Servizio impeccabile, valida gestione familiare. Curato ristorante dall'atmosfera tipica.

PIEVE A NIEVOLE – **Pistoia** – **563** K14 – **Vedere Montecatini Terme**

PIEVE D'ALPAGO – **Belluno (BL)** – **562** D19 – **2 004 ab.** – **alt. 690 m**   **36** C1
– ⊠ 32010

🄳 Roma 608 – Belluno 17 – Cortina d'Ampezzo 72 – Milano 346

XXX **Dolada** (Riccardo De Prà) con cam ⌂ ⌖ ⌂ ⌂ P VISA ⌂ AE ① ⌂
via Dolada 21, località Plois alt. 870 – ℰ *04 37 47 91 41 – www.dolada.it*
– Fax 04 37 47 80 68 – chiuso 15 giorni in gennaio
7 cam – †50/90 € ††70/140 €, � 15 € – ½ P 90/125 €
Rist *– (chiuso domenica sera e lunedì escluso luglio-agosto)* (consigliata la
prenotazione) Menu 50/70 € – Carta 56/79 € ⌂
Spec. Erbe, radici, fiori e lumache. La nuova carbonara. Agnello dell'Alpago
cotto in forno alla maniera tradizionale.
♦ Splendidamente arroccato sull'Alpago, la saga familiare continua da 40 anni all'insegna dei
sapori del territorio e proposte più creative. Arredi moderni e "calda" atmosfera nelle piacevoli camere.

PIEVE DI CENTO – Bologna (BO) – **562** H15 – **6 960 ab.** – **alt. 14 m**   **9** C3
– ⊠ **40066**

▶ Roma 408 – Bologna 32 – Ferrara 37 – Milano 209

XX **Buriani dal 1967** ⌂ AC VISA ⌂ AE ① ⌂
via Provinciale 2/a – ℰ *0 51 97 51 77 – www.ristoranteburiani.com*
– Fax 0 51 97 33 17 – chiuso 15 giorni in agosto, martedì, mercoledì
Rist – Carta 42/64 € ⌂
♦ Sobria eleganza e atmosfera accogliente in questo locale recentemente rinnovato: qui la
famiglia Buriani insegue la stagionalità dei prodotti, interpretati tra tradizione e ricerca.
Nella bella stagione, optate per il dehors estivo "all'ombra" di Porta Bologna.

PIEVE DI CHIO – Arezzo – Vedere Castiglion Fiorentino

PIEVE DI CORIANO – Mantova (MN) – **561** G15 – **1 001 ab.**   **17** D3
– **alt. 16 m** – ⊠ **46020**

▶ Roma 484 – Milano 223 – Mantova 44 – Bologna 104

XX **Corte Matilde** ⌂ AC ⌂ ⌂ VISA ⌂ AE ① ⌂
via Pelate 38 – ℰ *0 38 63 93 52 – www.cortematilde.it – Fax 0 38 63 93 52*
– chiuso sabato a mezzogiorno, domenica sera
Rist – (consigliata la prenotazione) Menu 30/50 € – Carta 30/48 €
♦ La professionalità e la passione dei titolari si accompagnano ad una cucina fatta con prodotti eccellenti, in preparazioni semplici, ma gustose, che esaltano il sapore degli ingredienti.
La location: una bella cascina ristrutturata sulla strada che percorse Matilde di Canossa.

PIEVE DI LIVINALLONGO – Belluno (BL) – **562** C17 – **alt. 1 475 m**   **35** B1
– **Sport invernali : Vedere Arabba (Comprensorio Dolomiti superski Arabba-
Marmolada)** – ⊠ **32020**

▶ Roma 716 – Belluno 68 – Cortina d'Ampezzo 28 – Milano 373

⌂ **Cèsa Padon** ⌂ ⌖ ⌂ ⌂ P ⌂ VISA ⌂ ⌂
via Sorarù 62 – ℰ *04 36 71 09 – www.cesa-padon.it – Fax 04 36 74 60 – chiuso*
dal 20 ottobre al 4 dicembre
21 cam ⊡ – †58/72 € ††88/108 € – ½ P 58/78 €
Rist – *(chiuso a mezzogiorno)* Menu 18/23 €
♦ In un'incantevole posizione panoramica, ideale tanto per chi predilige gli sport invernali
quanto per chi non può fare a meno di una piacevole passeggiata estiva tra i boschi. Servizio
navetta per gli impianti da sci. Il calore del tradizionale arredo ligneo e i piatti della cucina
regionale al ristorante.

PIEVE DI SOLIGO – Treviso (TV) – **562** E18 – **12 003 ab.** – **alt. 132 m**   **36** C2
– ⊠ **31053**

▶ Roma 579 – Belluno 38 – Milano 318 – Trento 124

⌂⌂⌂ **Contà** senza rist ⌂ ⌂ AC ⌂ ⌂ ⌂ ⌂ VISA ⌂ AE ① ⌂
Borgo Stolfi 25 – ℰ *04 38 98 04 35 – www.hotelconta.it – Fax 04 38 98 08 96*
– chiuso dal 1° al 20 agosto
50 cam ⊡ – †70/95 € ††95/140 €
♦ Hotel a pochi passi dalla piazza centrale, con porticato prospiciente il corso d'acqua, all'interno propone confort moderni e camere generalmente spaziose.

✗ Enoteca Corte del Medà 🛜 AK ⇔ 🎮 VISA ⚫ AE ⌀

☜ *corte del Medà 15 – ☏ 04 38 84 06 05 – Fax 04 38 84 06 05 – chiuso dal 1° al 7 gennaio, 1 settimana a Pasqua, 3 settimane in agosto, domenica*

Rist – Carta 16/25 €

◆ Una semplice e informale enoteca con una zona degustazione all'ingresso e una sala nella quale trovare proposte culinarie fragranti, alla buona, ma curate.

a Solighetto Nord : 2 km – ⊠ 31053

✗✗ Da Lino con cam ⤧ 🛜 AK 🖧 P VISA ⚫ AE ⓪ ⌀

via Roma 19 – ☏ 0 43 88 21 50 – www.locandadalino.it – Fax 04 38 98 05 77 – chiuso luglio

10 cam � – ▮70 € ▮▮95 € – 7 suites – ▮▮120/130 € – ½ P 95 €

Rist – *(chiuso lunedì)* Carta 33/48 € 🕸

◆ Un caratteristico ambiente ai piedi delle Prealpi Trevigiane: raccolta di bicchieri di Murano, 3.000 pentole di rame al soffitto, quadri e sapori caserecci. Belle camere, alcune delle quali arredate con la collaborazione d'importanti nomi dello spettacolo degli anni '60-'70.

PIEVEPELAGO – Modena (MO) – 562 J13 – 2 276 ab. – alt. 781 m – ⊠ 41027   8 B2

🖪 Roma 373 – Pisa 97 – Bologna 100 – Lucca 77

🏠 Bucaneve ⧉ P VISA ⚫ AE ⌀

☜ *via Giardini Sud 31 – ☏ 0 53 67 13 83 – www.albergobucaneve.com – Fax 0 53 67 13 83 – chiuso novembre*

25 cam – ▮30/48 € ▮▮50/68 €, � 6 € – ½ P 38/52 €

Rist – *(chiuso martedì)* Carta 20/24 €

◆ Poco distante sia dalle piste da sci che dal centro, ideale per una vacanza all'insegna dello sport o alla scoperta dei dintorni, questo piccolo albergo familiare vanta una giovane e intraprendente gestione. Atmosfera semplice e casalinga per gustare piatti tipici locali.

PIEVE SAN QUIRICO – Perugia (PG) – ⊠ 06134   32 B1

🖪 Roma 200 – Perugia 22 – Ancona 147

🏠 Le Torri di Bagnara ⤧ 🛏 🛜 ⌇ AK 🗘 ⁂ P VISA ⚫ AE ⌀

strada della Bruna 8 – ☏ 07 55 79 20 01 – www.letorridibagnara.it – Fax 07 55 79 30 01 – chiuso dal 6 gennaio al 30 marzo

7 cam � – ▮80/120 € ▮▮185/215 € – ½ P 127/141 €   **Rist** – Carta 30/40 €

◆ Qui non manca nulla: una piscina con acqua salata, tanto verde (la struttura è ubicata su un colle), camere accoglienti ed una vasta tenuta dove si allevano lepri, caprioli e bovini razza Chianina. C'è perfino una chiesetta consacrata! Un vero relais di charme per soggiorni di classe.

PIEVESCOLA – Siena – 563 M15 – Vedere Casole d'Elsa

PIGENO = PIGEN – Bolzano – Vedere Appiano sulla Strada del Vino

---

PIGNA – Imperia (IM) – 561 K4 – 886 ab. – alt. 280 m – ⊠ 18037   14 A3

🖪 Roma 673 – Imperia 72 – Genova 174 – Milano 297

🏠🏠 Grand Hotel Pigna Antiche Terme ⤧ ⌇ 🗔 ⑳ ⌀ 🖐 ⌀ 🖥

regione lago Pigo   ☗ 🛏 ⇌ ⁂ rist. 🖧 P VISA ⚫ AE ⓪ ⌀
– ☏ 01 84 24 00 10 – www.termedipigna.it – Fax 01 84 24 09 49 – 26 dicembre-7 gennaio e marzo-novembre

95 cam � – ▮130/190 € ▮▮220/340 € – ½ P 130/190 €   **Rist** – Menu 40 €

◆ Non lesina su spazi e confort, tantomeno su una gestione attenta e professionale questo grande e moderno complesso situato ai piedi del caratteristico bogo di Pigna: vero paradiso per ristabilire corpo e spirito. Al ristorante i sapori di una cucina dietetica e attenta si affiancano ai gustosi piatti del territorio.

✗ Terme con cam ⤧ P VISA ⚫ AE ⓪ ⌀

☜ *via Madonna Assunta – ☏ 01 84 24 10 46 – Fax 01 84 24 10 47 – chiuso dal 12 gennaio al 20 febbraio*

15 cam � – ▮40/50 € ▮▮60/70 € – ½ P 50/55 €

Rist – *(chiuso mercoledì escluso agosto; da novembre a marzo la sera solo su prenotazione)* Carta 25/37 €

◆ Nell'entroterra ligure, un ristorante-trattoria che offre una serie di piatti ben fatti e fragranti; ambiente piacevole, di rustica semplicità, e gestione familiare.

PILASTRO – Parma – **562** H12 – **Vedere Langhirano**

PINARELLA – Ravenna – **563** J19 – **Vedere Cervia**

PINEROLO – Torino (TO) – **561** H3 – **35 143 ab.** – **alt. 376 m** – ⊠ 10064   **22** B2

> ▶ Roma 694 – Torino 41 – Asti 80 – Cuneo 63
>
> 🚺 viale Giolitti 7/9 ℰ 0121 795589, info.pinerolo@tusrismotorino.org,
> Fax 0121 372084

🏨 **Relais Barrage**   🚗 🛏 🛐 🖗 & 🛁 AC ⟨⟨⟩⟩ 🛋 **P** VISA ⓪ AE ① 💲
stradale San Secondo 100 – ℰ 01 21 04 05 00 – www.relaisbarrage.com
– Fax 01 21 04 05 01
38 cam ⊡ – ♦90/120 € ♦♦120/150 € – 6 suites – ½ P 80/100 €
Rist *Le Siepi* – (chiuso agosto) Carta 34/57 €
♦ Situato ai piedi delle montagne pinerolesi, l'ottocentesco cotonificio è stato convertito con
grande maestria in un hotel dalla linearità minimalista, ma dotato di ogni confort. Il nome
del ristorante svela il legame col mondo dell'equitazione; le mani dello chef, la passione per
le ricette tradizionali e la creatività.

🏠 **Il Torrione** senza rist 🕭   🍴 🥤 ⚒ & 🛁 ⚘ **P** VISA ⓪ 💲
via Galoppatoio 20 – ℰ 01 21 32 26 16 – www.iltorrione.com
– Fax 01 21 32 33 58
7 cam ⊡ – ♦55/60 € ♦♦90 €
♦ In un ampio e verdeggiante parco all'inglese, la villa neoclassica offre camere confortevoli
e graziose: ottimo punto di partenza per vacanze culturali, sportive e di relax.

✕✕ **Taverna degli Acaja**   VISA ⓪ AE ① 💲
corso Torino 106 – ℰ 01 21 79 47 27 – www.tavernadegliacaja.it
– Fax 01 21 79 47 27 – chiuso dal 1° al 6 gennaio, domenica, lunedì a
mezzogiorno
Rist – Carta 36/50 € 🍷
♦ E' una giovane coppia a gestire questo piccolo ristorante arredato con calde tonalità color
pastello. Situato a pochi passi dal centro, propone piatti regionali, carne e pesce.

✕ **Regina** con cam   AC rist. ⟨⟨⟩⟩ 🛋 **P** VISA ⓪ AE ① 💲
piazza Barbieri 22 – ℰ 01 21 32 21 57 – www.albergoregina.net
– Fax 01 21 39 31 33 – chiuso dal 1° al 21 agosto
15 cam – ♦55/70 € ♦♦82/95 €, ⊡ 8 € – ½ P 66/75 €
Rist – (chiuso domenica) Carta 29/44 €
♦ La scenografia è quella di un ristorante in cui si respira la tradizione piemontese, il cast è
costituito dai piatti e dai vini del territorio che qui si susseguono. La risorsa dispone anche di
camere semplici ma confortevoli per quanti desiderano prolungare il loro soggiorno nel
cuore della città.

PINETO – Teramo (TE) – **563** O24 – **14 278 ab.** – ⊠ 64025   **1** B1

> ▶ Roma 216 – Ascoli Piceno 74 – Pescara 31 – Ancona 136
>
> 🚺 via Mazzini 50 ℰ 085 9491745, iat.pineto@abruzzoturismo.it,
> Fax 085 9491745

🏨 **Ambasciatori** 🕭   ≤ 🚗 🛐 🖗 AC ⚘ ⟨⟨⟩⟩ 🛏 **P** VISA ⓪ 💲
via XXV Aprile – ℰ 08 59 49 29 00 – www.pineto.it – Fax 08 59 49 32 50
31 cam ⊡ – ♦60/120 € ♦♦80/140 € – ½ P 65/110 €
Rist – (aprile-settembre) (chiuso a mezzogiorno) (solo per alloggiati)
Menu 25/30 €
♦ Fronte mare e poco fuori dal centro, albergo a conduzione familiare dai sobri arredi nelle
sale e nelle camere, bel giardino con piscina e accesso alla spiaggia.

a Mutignano Sud-Ovest : 6,5 km – ⊠ 64038

✕ **Bacucco D'Oro**   VISA ⓪ 💲
via del Pozzo 10 – ℰ 0 85 93 62 27 – www.bacuccodoro.com – Fax 0 85 93 62 27
– chiuso mercoledì
Rist – Carta 22/32 €
♦ Piccolo ristorante di tono rustico a conduzione familiare, dalla cui terrazza estiva si gode
una splendida vista della costa. Cucina tipica a base di prodotti locali e, in stagione, profumati funghi raccolti dal titolare.

PINO TORINESE – Torino (TO) – **561** G5 – 8 599 ab. – alt. 495 m **22** A1
– ✉ 10025

▶ Roma 655 – Torino 10 – Asti 41 – Chieri 6
◈ ≼ ★★ su Torino dalla strada per Superga

Pianta d'insieme di Torino

XX **Pigna d'Oro** ⌂ **P** _VISA_ ◍ AE ① ♦
via Roma 130 – ☎ 011 84 10 19 – www.pignadoro.com – Fax 011 84 10 53
*– chiuso 3 settimane in gennaio, 1 settimana in agosto, lunedì, martedì a
mezzogiorno* HT**t**
Rist – Carta 36/46 €
♦ Lungo la strada che taglia il paese, un piacevole edificio rustico, tipico delle campagne
piemontesi, nel quale gustare la cucina locale, i cui ingredienti seguono le stagioni.

PINZOLO – Trento (TN) – **562** D14 – 3 077 ab. – alt. 770 m – Sport **30** B3
invernali : 800/2 100 m ≰1 ≴8, ⚲ – ✉ 38086

▶ Roma 629 – Trento 56 – Bolzano 103 – Brescia 103
🛈 piazza Ciclamino 32 ☎ 0465 501007, info@pinzolo.to, Fax 0465 502778
🏤 Rendena, ☎ 0465 80 60 49
◈ Val di Genova ★★★ Ovest – Cascata di Nardis ★★ Ovest : 6,5 km

🏨 **Beverly** ▨ 🕸 🛗 🕹 🏊 👽 🐾 **P** _VISA_ ◍ AE ① ♦
via Carè Alto 2 – ☎ 04 65 50 11 58 – www.beverlyhotel.it – Fax 04 65 50 31 04
– dicembre-aprile e giugno-settembre
33 cam ⌷ – †75/150 € ††125/250 € – ½ P 85/150 €
Rist – *(solo per alloggiati)*
♦ Strategicamente ubicato fra il centro e gli impianti di risalita, l'hotel ripropone il tipico
stile trentino: ambienti luminosi e legno chiaro, relax e bella piscina.

🏨 **Europeo** ≼ 🛋 🛗 🕹 👽 **P** 🚗 _VISA_ ◍ ♦
corso Trento 63 – ☎ 04 65 50 11 15 – www.hoteleuropeo.com
– Fax 04 65 50 26 16 – 20 dicembre-23 marzo e giugno-20 settembre
50 cam ⌷ – †85/130 € ††150/210 € **Rist** – Menu 45 €
♦ Vicino al centro, ma anche adiacente al parco, questa risorsa offre alcuni dei più eleganti
salotti della località. Al secondo piano, si trovano le camere migliori. Nell'ampio ristorante: la
cucina, l'orgoglio della casa!

🏨 **Cristina** ▨ ◍ 🕸 🕹 👣 👽 rist, 🕹 **P** _VISA_ ◍ ♦
viale Bolognini 39 – ☎ 04 65 50 16 20 – www.hotelcristina.info
– Fax 04 65 51 20 49 – dicembre-aprile e giugno-settembre
31 cam ⌷ – †60/110 € ††100/170 € – ½ P 100/150 €
Rist – *(solo per alloggiati)*
♦ Albergo nel più classico stile montano, da poco ristrutturato e dotato di un piccolo e completo centro benessere. Ambiente familiare, in posizione strategica per gli impianti.

🏨 **Corona** 🕸 🛋 🕹 👣 👽 rist, 🕹 **P** _VISA_ ◍ ① ♦
corso Trento 27 – ☎ 04 65 50 10 30 – www.hotelcorona.org – Fax 04 65 50 38 53
– dicembre-aprile e giugno-settembre
45 cam ⌷ – †73 € ††125 € – ½ P 78 €
Rist – Menu 25 €
♦ Nel centro cittadino, simpatica gestione familiare dai gradevoli spazi comuni, camere accoglienti ed ottimi bagni. L'attrezzato wellness center vi aspetta per rimettervi in forma dalla
testa ai piedi. Ampia sala ristorante con proposte gastronomiche per clientela e gusti di
ogni genere.

🏠 **Ferrari** 🛋 🛋 👽 rist, 🕹 **P** _VISA_ ◍ ♦
∞ *via Matteotti 44 – ☎ 04 65 50 26 24 – www.ferrarihotel.it – Fax 04 65 51 23 36*
– 20 dicembre-Pasqua e 10 giugno-settembre
22 cam – solo ½ P 70/80 € **Rist** – Menu 16/30 €
♦ In prossimità della pineta e del palaghiaccio, una casa a conduzione familiare dai semplici
arredi in legno: particolarmente apprezzata dagli amanti della natura, è la meta ideale per un
turismo sia estivo sia invernale. Cucina tradizionale e casalinga nella luminosa sala da pranzo
in stile montano.

PINZOLO

a Giustino Sud : 1,5 km – alt. 770 m – ⊠ 38080

%% **Mildas** ⌀ ⇔ P VISA ⦿ ⑤
via Rosmini 7, località Vadaione, Sud : 1 km – ℰ 04 65 50 21 04
– www.ristorantemildas.it – Fax 04 65 50 06 54 – dicembre-aprile e 20 giugno-
settembre; chiuso lunedì
Rist *– (chiuso a mezzogiorno escluso luglio-agosto e sabato-domenica in*
inverno) (consigliata la prenotazione) Carta 37/61 €
♦ In una cripta del '300 con moderno refettorio, la cucina rivisita i classici trentini: a cominciare dalla polenta, protagonista di diversi piatti. Carta dei vini illustrata e descritta.

a Sant'Antonio di Mavignola Nord-Est : 6 km – alt. 1 122 m – ⊠ 38086

⌂ **Maso Doss** ⬘ ⪡ 🚗 🏠 ⌀ P VISA ⦿ ⑤
via Val Brenta 72, Nord-Est : 2,5 km – ℰ 04 65 50 27 58 – www.masodoss.com
– Fax 04 65 50 23 11 – dicembre-Pasqua e giugno-ottobre
6 cam ⊇ – †160/280 € – ½ P 110/170 € **Rist** *– (solo per alloggiati)*
♦ Un ambiente rustico e davvero suggestivo, quello ricreato in un antico maso immerso
nella natura; pochissime stanze, ben curate, e un'accattivante atmosfera ovattata.

PIOLTELLO – Milano (MI) – 561 F9 – 34 496 ab. – alt. 123 m 18 B2
– ⊠ 20096
▶ Roma 563 – Milano 17 – Bergamo 38

a Limito Sud : 2,5 km – ⊠ 20090

%% **Antico Albergo** 🏠 AC ⇔ VISA ⦿ AE ① ⑤
via Dante Alighieri 18 – ℰ 0 29 26 61 57 – www.anticoalbergo.it
– Fax 02 92 16 11 61 – chiuso dal 26 dicembre al 6 gennaio, agosto, sabato a
mezzogiorno, domenica
Rist – Carta 38/53 €
♦ Papà Elio, con la moglie, ha trasmesso ai figli l'amore per la cucina lombarda e per l'ospitalità, in quest'antica, elegante, locanda con servizio estivo sotto un pergolato.

Ogni ristorante stellato è introdotto da tre specialità che rappresentano
in maniera significativa la propria cucina. Qualora queste non fossero
disponibili, altre gustose ricette ispirate alla stagione delizieranno
il vostro palato.

PIOMBINO – Livorno (LI) – 563 N13 – 34 572 ab. – ⊠ 57025 ▮ Toscana 28 B3
▶ Roma 264 – Firenze 161 – Grosseto 77 – Livorno 82
⛴ per l'Isola d'Elba-Portoferraio – Navarma-Moby Lines, call center 199 303 040
– per l'Isola d'Elba-Portoferraio e Rio Marina-Porto Azzurro – Toremar, call
center 892 123
🅸 al Porto, via Stazione Marittima ℰ 0565 226627, apt7piombinoporto@
costadeglietruschi.it
🄶 Isola d'Elba★

🄱🄷 **Centrale** ⧢ AC ⌀ 🌐 🖪 VISA ⦿ AE ① ⑤
piazza Verdi 2 – ℰ 05 65 22 01 88 – www.hotel-centrale.net – Fax 05 65 22 02 20
41 cam ⊇ – †110/125 € †145/169 € – ½ P 115 €
Rist Centrale – ℰ 05 65 22 18 25 *(chiuso dal 22 dicembre al 7 gennaio, sabato,*
domenica) Carta 30/48 €
♦ Ubicato in pieno centro storico, hotel di taglio classico con spazi ben distribuiti e camere
funzionali. In lontananza si possono scorgere Elba e mare. Ampia sala ristorante ben illuminata dalle vetrate affacciate sulla città vecchia.

% **Lo Scoglietto** AC VISA ⦿ AE ① ⑤
⊛ *via Carlo Pisacane 118 – ℰ 0 56 53 05 94 – Fax 0 56 53 05 94 – chiuso dal 24 al*
30 settembre e martedì (escluso dicembre e giugno-settembre)
Rist – Menu 20/40 € – Carta 37/50 €
♦ L'impegno e la passione profusi i cucina si concretizzano in piatti sorprendenti, per i
quali l'attenta ricerca dei prodotti si unisce all'esaltazione del gusto degli stessi.

a Populonia Nord-Ovest : 13,5 km – ✉ 57020

XX **Il Lucumone** 🛗 AC 🕉 VISA 🐵 AE ① ♿
al Castello – ✆ 0 56 52 94 71 – *chiuso domenica sera e lunedì da ottobre a maggio*
Rist – Carta 40/61 €
♦ All'interno dell'affascinante borgo-castello, intimo ed elegante locale in curate salette e, nella bella stagione, grazioso dehors nel piccolo vicolo medievale. Sulla tavola piatti unicamente a base di pesce e menu degustazione.

PIOPPI – Salerno (SA) – 564 G27 – ✉ 84060 7 C3

📍 Roma 350 – Potenza 150 – Acciaroli 7 – Napoli 144
🅖 Rovine di Velia★ Sud-Est : 10 km

🛗 **La Vela** ← 🛗 ※ 🛎 AC 🕉 P VISA 🐵 AE ① ♿
🐌 *via Caracciolo 96* – ✆ 09 74 90 50 25 – *www.lavelapioppi.com*
– *Fax 09 74 90 51 40* – *marzo-novembre*
42 cam ⫿ – †55 € ††120 € – ½ P 85 € **Rist** – Carta 18/24 € (+10 %)
♦ Nel centro del paese, lungo la strada principale, albergo a conduzione familiare, rinnovato in gran parte del settore notte; per un soggiorno marino semplice e gradevole. Servizio ristorante estivo sotto un pergolato, su una bella terrazza affacciata sul blu.

PIOSSASCO – Torino (TO) – 561 H04 – 17 621 ab. – alt. 304 m 22 B2
– ✉ 10045

📍 Roma 662 – Torino 27 – Cuneo 87 – Milano 163

XXX **La Maison dei Nove Merli** 🚗 🛗 ♿ AC ⇄ P VISA 🐵 AE ① ♿
via Rapida al Castello 10 – ✆ 01 19 04 13 88 – *www.novemerli.it*
– *Fax 01 19 04 25 77* – *chiuso dieci giorni in gennaio ed agosto, domenica sera, lunedì*
Rist – Carta 47/64 € 🕸
♦ Un maniero del '500 che domina le colline, fiabeschi ambienti che riportano agli antichi fasti della dimora dei conti di Piossasco; per la regia di uno chef creativo.

PIOVE DI SACCO – Padova (PD) – 562 G18 – 18 535 ab. – ✉ 35028 36 C3

📍 Roma 514 – Padova 19 – Ferrara 88 – Venezia 43

🛗 **Point Hotel** senza rist 🛎 ♿ AC 🕪 🖏 P VISA 🐵 AE ① ♿
via Adige 2 – ✆ 04 99 70 52 79 – *www.pointhotel.it* – *Fax 04 99 71 57 36*
71 cam ⫿ – †66/90 € ††96/130 €
♦ Albergo ubicato in posizione leggermente periferica propone una gestione squisitamente femminile; camere di tono classico in piacevole legno scuro, ben tenute e con confort adeguati alla categoria. Ideale per una clientela d'affari, rimane comunque un indirizzo interessante anche per turisti itineranti.

XXX **Meridiana** AC 🕉 VISA 🐵 AE ① ♿
🕸 *via Jacopo da Corte 45* – ✆ 04 95 84 22 75 – *Fax 04 95 84 22 75 – chiuso lunedì*
Rist – Carta 44/59 €
Spec. Piatto di marinato "meridiana". Risotto ostriche e champagne. Scorfano in salsa spontanea.
♦ Un minuzioso restauro ha resuscitato le tradizioni nobiliari di una barchessa veneta. Tra ambienti sontuosi ed affreschi cinquecenteschi, solo l'ordinazione si fa più informale: niente menu, il pescato del giorno è discusso ed ordinato a voce con i clienti.

XX **La Saccisica** ♿ AC 🕉 ⇄ P VISA 🐵 AE ① ♿
via Adige 18 – ✆ 04 99 70 40 10 – *www.lasaccisica.it* – *Fax 04 99 70 40 10*
– *chiuso dal 16 al 20 agosto, domenica sera, lunedì*
Rist – Carta 33/52 € 🕸
♦ In un edificio circolare, anche gli ambienti sono divisi in spicchi mentre il vino diventa elemento decorativo oltre che contorno di piatti di mare e terra.

PIOVEZZANO – Verona – Vedere Pastrengo

PISA [P] (PI) – 563 K13 – 87 461 ab. – ✉ 56125 ▮ Toscana 28 B2

▶ Roma 335 – Firenze 77 – Livorno 22 – Milano 275

✈ Galileo Galilei Sud: 3 km BZ ☎ 050 849300

[i] piazza Stazione ✉ 56125 ☎ 050 42291, stazione@pisa.turismo.toscana.it, Fax 050 504067

via Pietro Nenni 24 ✉ 56124 050 929777, aptpisa@pisa.turismo.toscana.it, Fax 050 929764

Aeroporto Galileo Galilei ☎ 050 503700, aeroporto@pisa.turismo.toscana.it

⛳18 Cosmopolitan, ☎ 050 3 36 33

⛳9, ☎ 050 3 75 18

👁 Torre Pendente★★★ AY – Battistero★★★ AY – Duomo★★ AY: facciata★★★, pulpito★★★ di Giovanni Pisano – Camposanto★★ AY: ciclo affreschi Il Trionfo della Morte★★★, Il Giudizio Universale★★, L'Inferno★ – Museo dell'Opera del Duomo★★ AY **M1** – Museo di San Matteo★★ BZ – Chiesa di Santa Maria della Spina★★ AZ – Museo delle Sinopie★ AY **M2** – Piazza dei Cavalieri★ AY : facciata★ del palazzo dei Cavalieri ABY **N** – Palazzo Agostini★ ABY – Facciata★ della chiesa di Santa Caterina BY – Facciata★ della chiesa di San Michele in Borgo BY **V** – Coro★ della chiesa del Santo Sepolcro BZ – Facciata★ della chiesa di San Paolo a Ripa d'Arno AZ

[C] San Piero a Grado★ per ⑤ : 6 km

🏨 Relais dell'Orologio

☕ 🛗 ♿ 🏃 [AC] ⊬ 🚭 📶 🚗 [VISA] [MC] [AE] $

via della Faggiola 12 ✉ *56126*
– ☎ 0 50 83 03 61 – www.hotelrelaisorologio.com
– Fax 0 50 55 18 69 AY**c**

17 cam ☕ – 👤90/270 € 👥180/670 € – 2 suites – ½ P 135/395 €

Rist – *(chiuso dal 7 gennaio al 1° marzo)* Menu 45/60 €

◆ Nel cuore della città, una casa-torre trecentesca da sempre appartenuta alla stessa famiglia: eleganza e personalizzazioni in ogni ambiente. Imperdibile, la sala-lettura. La tradizione gastronomica italiana è servita al ristorante, accompagnata dai migliori vini locali.

🏨 San Ranieri

☕ ⛱ 🛗 ♿ [AC] 📶 🏋 🚗 [VISA] [MC] [AE] [DC] $

via Filippo Mazzei ✉ *56124*
– ☎ 0 50 97 19 51 – www.sanranierihotel.com
– Fax 05 09 71 95 30 BZ

88 cam ☕ – 👤105/180 € 👥120/200 € – 2 suites – ½ P 85/125 €

Rist *Squisitia* – ☎ 05 09 71 95 55 – Carta 36/66 €

◆ Uno scenografico involucro di cristallo che la sera si accende di diverse sfumature: all'interno, le linee sono essenziali. Il bianco e il nero la fanno da padroni, insieme agli specchi dove si celano le luci e persino i televisori. Nel nome del ristorante l'aggettivo che meglio esprime la cucina.

🏨 NH Cavalieri

🛗 ♿ rist, [AC] ⊬ 🚭 rist, 📶 🏋 🚗 [VISA] [MC] [AE] [DC] $

piazza Stazione 2 ✉ *56125*
– ☎ 05 04 32 90 – www.nh-hotels.com
– Fax 0 50 50 22 42 AZ**a**

98 cam ☕ – 👤142/197 € 👥147/212 € – 2 suites – ½ P 103/136 €

Rist – Carta 30/55 €

◆ A pochi metri dalla stazione ferroviaria e dall'air terminal, valida struttura che si sta completamente rinnovando. Ideale per una clientela internazionale. Stile moderno, ma lineare per la sala ristorante dove gustare ricette classiche.

🏨 Accademia Palace

⛱ 🏊 ♿ [AC] 🚭 rist, 📶 🏋 [P] [VISA] [MC] [AE] [DC] $

viale Gronchi, 5 km per ③ ✉ *56121*
– ☎ 0 50 98 81 81 – www.accademiapalacepisa.it
– Fax 0 50 98 81 82

97 cam ☕ – 👤110/140 € 👥140/180 € – 5 suites

Rist – *(solo per alloggiati)* Carta 42/54 €

◆ Struttura moderna, in posizione periferica e comoda per chi utilizza l'aeroporto, dotata di servizi completi tra cui una soleggiata piscina. Camere moderne e lineari, arredate con legni chiari e tessuti blu. Il ristorante presenta una carta classica e sfiziosa.

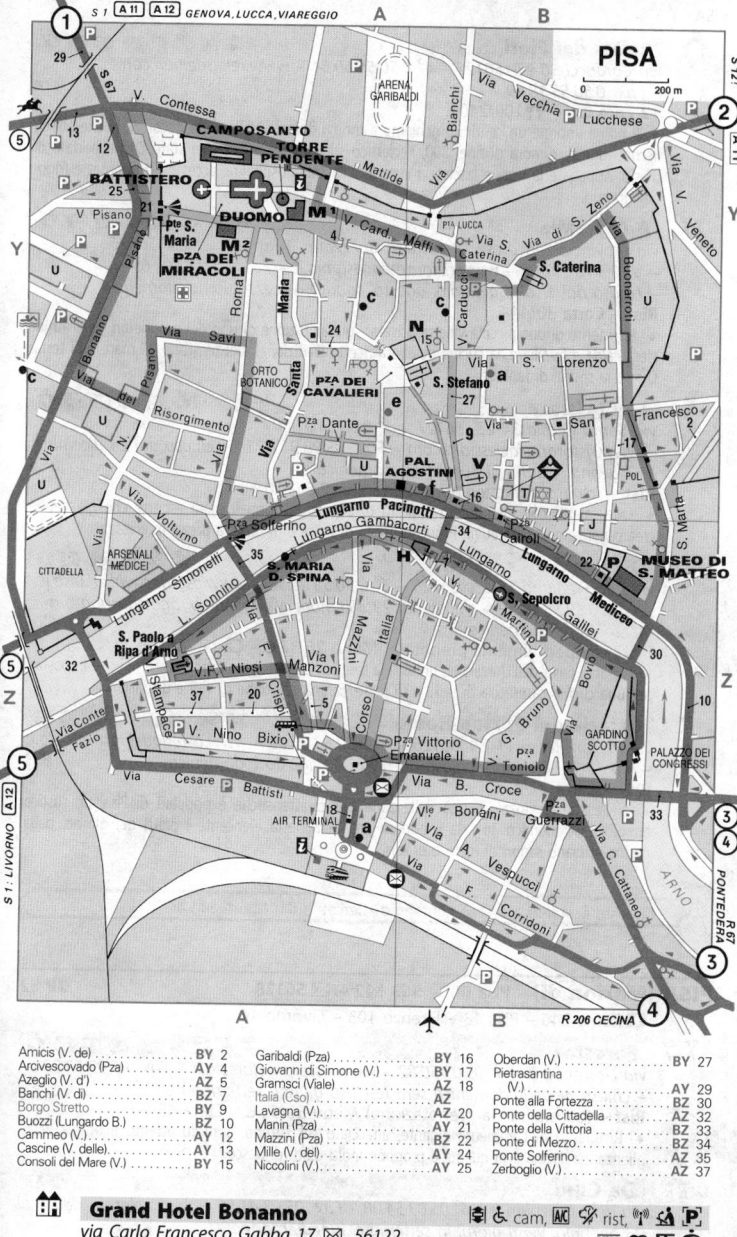

PISA

S 1 A 11 A 12 GENOVA, LUCCA, VIAREGGIO

Grand Hotel Bonanno

via Carlo Francesco Gabba 17 ✉ 56122

– ☎ 05 05 24 03 0 – www.grandhotelbonanno.it – Fax 05 05 32 07 2

89 cam 🖵 – ♦100/130 € ♦♦120/160 € – ½ P 90/100 €

Rist – *(chiuso a mezzogiorno) (solo per alloggiati)* Carta 35/48 €

♦ Hotel adiacente al centro storico, di recente realizzazione, molto comodo per chi viaggia in automobile. Camere di confort omogeneo, ambienti comuni ben distribuiti.

AYc

Relais dei Fiori senza rist
▣ AC ❄ 📶 VISA ⚫ AE 👤

via Carducci 36 ⊠ 56127 – ℰ 0 50 55 60 54 – www.relaisdeifiori.com
– Fax 0 50 55 18 69
BY**c**

12 cam ☞ ⊡ – ♦♦100/240 €

◆ Il nome impone un continuo richiamo a motivi floreali...Nelle varie decorazioni che abbelliscono questa dimora di fine '800, l'eclettico stile liberty non è mai stato così a portata di mano. Appagate la vista e lasciatevi viziare dalla calda ospitalità: accesso ad Internet e frigobar gratuiti.

A Casa Mia
🛋 க் AC ⟺ VISA ⚫ AE ① 👤

via provinciale Vicarese 10, località Ghezzano, 1 km per ③ ⊠ 56126
– ℰ 0 50 87 92 65 – www.ristoranteacasamia.it – Fax 0 50 87 92 65
– chiuso dal 1° al 7 gennaio, agosto, sabato a mezzogiorno, domenica

Rist – Carta 30/44 €

◆ All'interno di una piccola villetta privata - già abitazione di uno dei proprietari - dall'atmosfera calda e familiare, la cucina rielabora ricette tradizionali del territorio, di mare e di terra. Qua e là spunti di fantasia.

La Clessidra
AC VISA ⚫ AE 👤

via Santa Cecilia 34 ⊠ 56127 – ℰ 0 50 54 01 60
– www.ristorantelaclessidra.com – Fax 05 09 91 01 14 – chiuso dal 24 dicembre
al 7 gennaio, dal 5 al 30 agosto, domenica
BY**a**

Rist – (chiuso a mezzogiorno) Carta 23/29 € (+10 %)

◆ Due salette con un numero limitato di coperti, ai fornelli mani esperte che già hanno creato nel campo ristorativo. Proposte locali di mare e di terra, a prezzi interessanti.

Osteria dei Cavalieri
AC ❄ VISA ⚫ AE 👤

via San Frediano 16 ⊠ 56126 – ℰ 0 50 58 08 58 – www.osteriacavalieri.pisa.it
– Fax 0 50 58 12 59 – chiuso dal 29 dicembre al 7 gennaio, agosto, sabato a
mezzogiorno, domenica
AY**e**

Rist – (coperti limitati, prenotare) Menu 26/32 € – Carta 26/40 €

◆ A pochi passi dall'Università, un'osteria frequentatissima con ambienti semplici e impostati per una cucina casereccia di terra e di mare. Buona selezione di vini e distillati.

Osteria del Porton Rosso
AC ❄ ⟺ VISA ⚫ AE ① 👤

via Porton Rosso 11 ⊠ 56126 – ℰ 0 50 58 05 66 – www.osteriadelportonrosso.it
– Fax 0 50 58 05 66 – chiuso dal 10 al 30 agosto e domenica
BY**f**

Rist – Carta 27/37 €

◆ Nelle strette viuzze di una delle zone più caratteristiche e popolari di Pisa, un rustico angolo gastronomico: in sala è appesa una lavagnetta elencante i piatti del giorno, dalla cucina arrivano sapori di mare e di terra.

Un pasto accurato a prezzo contenuto? Cercate i Bib Gourmand ⚘.

PISA (Marina di) – Pisa (PI) – **563** K12 – ⊠ 56128
28 B2

🖸 Roma 346 – Pisa 13 – Firenze 103 – Livorno 16

Foresta
⩽ 🛋 க் AC ❄ VISA ⚫ AE ① 👤

via Litoranea 2 – ℰ 05 03 50 82 – www.ristoranteforesta.it – Fax 05 03 50 82
– chiuso giovedì, domenica sera (escluso giugno-settembre)

Rist – (consigliata la prenotazione) Menu 50/55 € – Carta 45/70 €

◆ Ristorante dall'ambiente elegante, affacciato sul Tirreno. Servizio attento e ottima accoglienza. La cucina è di qualità e propone molti piatti di pesce.

Da Gino
AC ❄ VISA ⚫ AE ① 👤

via delle Curzolari 2 – ℰ 05 03 54 08 – Fax 05 03 41 50 – chiuso Natale, dall' 8 al
23 gennaio, venti giorni in settembre, lunedì, martedì

Rist – Carta 33/59 €

◆ Una ricca esposizione di pesce fresco accoglie i clienti all'ingresso di questo rinomato ristorante. Ambiente accogliente e luminoso, gestione familiare dalla collaudata esperienza.

PISCIANO – Perugia – **563** L19 – Vedere Gubbio

PISCIOTTA – Salerno (SA) – **564** G27 – 2 902 ab. – alt. 170 m – ⊠ 84066   **7** C3

▶ Roma 367 – Potenza 154 – Castellammare di Stabia 139 – Napoli 156

⚑ **Agriturismo La Locanda del Fiume A' Machina**   ≼ 🏠 **P**
contrada Fiori – ℰ *09 74 97 38 76 – www.amachina.it*   VISA ⓜ AE ① 🅢
– Fax 09 74 97 37 03 – aprile-ottobre
10 cam ⌷ – †61/88 € ††90/130 € – ½ P 71/91 €
Rist – *(chiuso a mezzogiorno) (solo per alloggiati)* Menu 26/30 €
◆ Di fronte al borgo medievale di Pisciotta, risorsa ricavata dall'attenta ristrutturazione di un opificio del '700. Arredamento curato nelle camere, sale comuni con vista. Al ristorante appetitosi menù degustazione di cucina locale.

PISTICCI – Matera (MT) – **564** F31 – 17 877 ab. – ⊠ 75015   **4** D2

▶ Roma 455 – Potenza 93 – Matera 76

a Marconia Sud-Est: 15 km – ⊠ 75020

⚑ **Agriturismo San Teodoro Nuovo**   🚲 ℅ rist, **P**
C.da San Teodoro Nuovo km 442 – ℰ *08 35 47 00 42*   VISA ⓜ AE ① 🅢
– www.santeodoronuovo.com – Fax 08 35 47 00 42
9 cam – †60/70 € ††120/140 €, ⌷ 10 € – ½ P 85/105 €
Rist – *(chiuso a mezzogiorno)* (prenotazione obbligatoria) Menu 25/35 €
◆ Tra le mura di una masseria del Novecento adagiata nella pianura metapontina, una tenuta agricola orto-frutticola ospita appartamenti arredati con ricercatezza e personalità. Presso le antiche scuderie, le specialità della gastronomia regionale.

PISTOIA **P** (PT) – **563** K14 – 89 418 ab. – alt. 65 m – ⊠ 51100   **28** B1
▌Toscana

▶ Roma 311 – Firenze 36 – Bologna 94 – Milano 295

🄸 piazza del Duomo c/o Palazzo dei Vescovi ℰ 0573 21622, aptpistoia@ tiscalinet.it, Fax 0573 34327

◉ Duomo★ B : dossale di San Jacopo★★★ e Madonna in Trono★ – Battistero★ B – Chiesa di Sant'Andrea★ A: pulpito★★ e crocifisso★ di Giovanni Pisano – Fregio★★ dell'Ospedale del Ceppo B – Chiesa di San Giovanni Fuorcivitas B **R:** Visitazione★★ (terracotta invetriata di Luca della Robbia), pulpito★ e fianco nord★ – Facciata★ del Palazzo del Comune B **H** – Palazzo dei Vescovi★ B – Basilica della Madonna dell'Umiltà★ A **D**

Pianta pagina seguente

🏨 **Villa Cappugi** ⌂   🄓 🏠 🛋 🕸 🖧 🛗 ಓ 🕏 🅰 ℅ rist, ⦗⦘ 🅢 **P**
via di Collegigliato 45 per viale Italia   VISA ⓜ AE ① 🅢
– ℰ 05 73 45 02 97 – www.hotelvillacappugi.com – Fax 05 73 45 10 09
70 cam ⌷ – †85/115 € ††115/175 € – ½ P 78/113 €   B
Rist – Carta 28/50 €
◆ In aperta campagna ai piedi delle colline pistoiesi, albergo attrezzato per la clientela commerciale ma il cui silenzio ed eleganza saranno apprezzati anche dai turisti.

⚑ **Villa de' Fiori** ⌂   🚲 🛋 ಓ cam, 🛗 🅰 rist, ℅ rist, ⦗⦘ 🅢 **P**
via di Bigiano e Castel Bovani 39, 2,5 km per via di   VISA ⓜ AE ① 🅢
Porta San Marco – ℰ *05 73 45 03 51 – www.villadefiori.it – Fax 05 73 45 26 69*
– 30 marzo-1° novembre
6 cam ⌷ – †80 € ††100/160 € – ½ P 66/96 €
Rist – *(chiuso a mezzogiorno escluso domenica)* Carta 27/74 €
◆ Tra il verde degli ulivi, questa villa settecentesca dispone di camere confortevoli e ambienti comuni signorili. Corsi di ginnastica orientale a bordo piscina. Profumati piatti mediterranei vi attendono al ristorante.

⚑ **Puccini** senza rist   🚲 🖧 ಓ 🅰 ⦗⦘ VISA ⓜ AE ① 🅢
vicolo Malconsiglio 4 – ℰ *0 57 32 67 07 – www.puccini.tv – Fax 05 73 47 01 47*
10 cam ⌷ – †70/90 € ††99/120 € – 1 suite   B**c**
◆ Camere di dimensioni ragguardevoli, dove i romantici affreschi non stridono con gli arredi lineari e moderni. La struttura deve il proprio nome al prestigioso palazzo settecentesco che la ospita, nel quale ebbe i suoi natali l'intellettuale, mecenate, Niccolò Puccini.

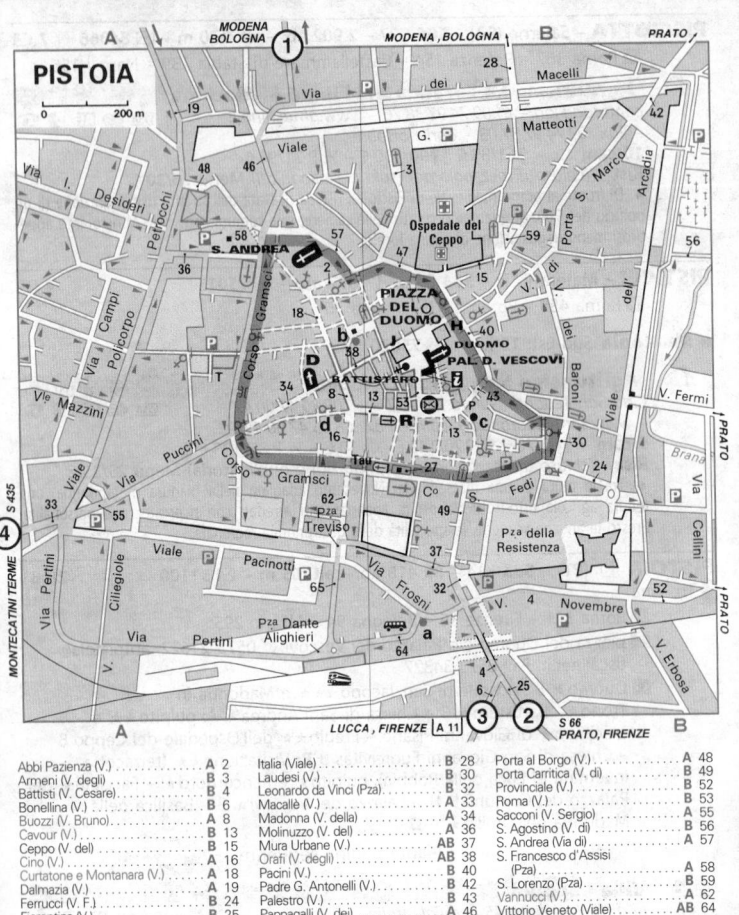

PISTOIA

0 — 200 m

XX **Corradossi**

AK VISA ☺☺ AE ① ṡ

viale Attilio Frosini 112 – ℰ 0573256 83 – Fax 057325683
– chiuso dal 1° al 15 gennaio, 1 settimana in giugno,
domenica

B**a**

Rist – Carta 37/59 €

♦ Ristorante gestito da due fratelli e rinomato in città per le sue specialità di pesce, sebbene non disdegni la carne e la tradizione. Locale di taglio semplice, sfoggia una veste più curata la sera.

XX **Aoristò**

ṡ AK ℀ VISA ☺☺ AE ① ṡ

via De' Buti 11 – ℰ 0573265 06
– www.aoristo.it – Fax 0573307620
– chiuso 3 settimane in agosto, domenica, lunedì

A**d**

Rist – Menu 39/59 € – Carta 46/60 €

♦ La fantasia non interessa solo l'architettura del locale - sul tetto di un palazzo del centro con profusione di vetro, acciaio e mirabile vista sulla cupola del duomo - ma sconfina nella cucina con proposte gustosamente creative.

✗ Trattoria dell'Abbondanza ⚭ VISA ⑳ ⓪ ᯤ

via dell'Abbondanza 10/14 – ✆ 05 73 36 80 37 – chiuso dal 6 al 21 maggio, dal 2 al 17 ottobre, mercoledì, giovedì a mezzogiorno Ab
Rist – Carta 26/31 €

◆ All'insegna della tipicità e della tradizione, in un'atmosfera accogliente e simpatica, propone una cucina di prelibatezze caserecce riscoprendo l'antica gastronomia pistoiese.

a Pontenuovo Nord : 4 km – ⊠ 51100

🏠 Il Convento ॐ ◁ 🚗 ⚭ ⅃ 🛎 AC ⅍ 📶 🐆 P VISA ⑳ AE ᯤ

via San Quirico 33 – ✆ 05 73 45 26 51 – www.ilconventohotel.com – Fax 05 73 45 35 78
30 cam ⊆ – †80/90 € ††120/140 €, � 8 € – ½ P 90/100 €
Rist – (chiuso lunedì dal 10 gennaio al 1° febbraio) Carta 27/38 €

◆ Tra boschi e uliveti delle colline toscane, un signorile albergo ricavato dall'attenta ristrutturazione di un edificio monastico dell'800. Interni signorili e camere dalla tenuta e pulizia impeccabili. Cucina mediterranea nell'ex refettorio dei monaci: un autentico pezzo di storia!

PITIGLIANO – Grosseto (GR) – 563 O16 – ⊠ 58017   29 D3
🚹 Roma 153 – Viterbo 48 – Grosseto 78 – Orvieto 51
🈁 piazza Garibaldi 51 ✆ 0564 617111, infopitigliano@lamaremma.info, Fax 0564 617111

✗ Il Tufo Allegro ⅍ VISA ⑳ AE ⓪ ᯤ

vicolo della Costituzione 5 – ✆ 05 64 61 61 92 – www.sovana.eu – Fax 05 64 61 73 18 – chiuso dal 9 gennaio al 9 febbraio e martedì escluso agosto
Rist – Carta 29/41 € 🏡

◆ Nel cuore della località etrusca, nei pressi della Sinagoga: piatti toscani, un piccolo ristorante con una nutrita cantina di vini e salette ricavate nel tufo.

PIZZIGHETTONE – Cremona (CR) – 561 G11 – 6 743 ab. – alt. 46 m   16 B3
– ⊠ 26026
🚹 Roma 526 – Piacenza 23 – Cremona 22 – Lodi 33

✗✗ Da Giacomo ⅏ AC VISA ⑳ ᯤ

piazza Municipio 2 – ✆ 03 72 73 02 60 – Fax 03 72 73 02 60 – chiuso 15 giorni in gennaio, 20 giorni in agosto, lunedì
Rist – (coperti limitati, prenotare) Carta 40/55 €

◆ Nel centro storico di questa pittoresca località cinta da mura, un ristorantino che esprime una riuscita miscela di rusticità e design. Cucina del territorio reinterpretata.

PIZZO – Vibo Valentia (VV) – 564 K30 – 9 120 ab. – alt. 107 m – ⊠ 89812   5 A2
🚹 Roma 603 – Reggio di Calabria 105 – Catanzaro 59 – Cosenza 88

🏨 Marinella 🚗 ⚭ ⅃ 🛎 ⅍ AC 📶 🐆 P VISA ⑳ AE ⓪ ᯤ

contrada Marinella Prangi, Nord : 4 km – ✆ 09 63 53 48 64 – www.hotelmarinella.info – Fax 09 63 53 48 84
45 cam ⊆ – †51/65 € ††80/95 € – ½ P 60/80 €   **Rist** – Carta 21/39 €

◆ Hotel a conduzione diretta sulla litoranea e a 300 metri dal mare: camere confortevoli, nonché piacevole sala e terrazza per la prima colazione. Piu rustico il ristorante con proposte sia di mare sia di terra.

PLANAVAL – Aosta – Vedere Valgrisenche

POCENIA – Udine (UD) – 562 E21 – 2 619 ab. – ⊠ 33050   10 B3
🚹 Roma 607 – Udine 35 – Gorizia 53 – Milano 346

a Paradiso Nord-Est : 7 km – ⊠ 33050 Pocenia

✗✗ Al Paradiso ⅏ AC P VISA ⑳ ᯤ

via S. Ermacora 1 – ✆ 04 32 77 70 00 – www.trattoriaparadiso.it – Fax 04 32 77 72 70 – chiuso 2 settimane in gennaio, 2 settimane in agosto, lunedì, martedì
Rist – (chiuso a mezzogiorno escluso sabato-domenica) Carta 30/43 €

◆ Sapori locali e specialità di cacciagione, nonché il calore di un camino nelle serate più fredde vi attendono in romantiche sale ricavate all'interno di un casolare cinquecentesco.

PODENZANA – Massa Carrara (MS) – **563** J11 – **1 715 ab.** – **alt. 32 m**   28 A1
– ⊠ 54010

> ▶ Roma 419 – La Spezia 24 – Genova 108 – Parma 99

Ⅹ **La Gavarina d'Oro**   ← ⅍ 🅿 VISA ⑳ ⅶ
via del Gaggio 28 – ℰ *01 87 41 00 21 – Fax 01 87 41 19 35*
– chiuso dal 3 al 17 marzo, dal 25 agosto al 22 settembre e mercoledì
Rist – Carta 22/34 €
♦ Un ristorante tradizionale, un punto di riferimento nella zona, ove poter assaggiare anche
la tipica cucina della Lunigiana e specialità come i panigacci. Nella rusticità.

POGGIBONSI – Siena (SI) – **563** L15 – **28 973 ab.** – **alt. 115 m**   29 D1
– ⊠ 53036

> ▶ Roma 262 – Firenze 44 – Siena 29 – Livorno 89

🏨 **Villa San Lucchese** ♨   ← 🕭 🕭 ⅃ ⅍ 📶 ⅍⅍ 🄰🄲 ⅍ 🄰 🅿
località San Lucchese 5, Sud : 1,5 km   VISA ⑳ 🄰🄴 ⑩ ⅶ
– ℰ *05 77 93 71 19 – www.villasanlucchese.com – Fax 05 77 93 47 29 – chiuso
dal 10 gennaio al 10 febbraio*
38 cam � – †80/110 € ††130/190 € – ½ P 90/110 €
Rist – *(chiuso lunedì) (chiuso a mezzogiorno da ottobre a maggio)*
Menu 25/29 €
♦ Abbracciata da un parco e affacciata sulle colline senesi, in quest'antica dimora patrizia del
'400 è come se il tempo si fosse fermato: solo i confort sono al passo con i giorni nostri.
Sobria eleganza, in un ambiente ricco di charme e confort. Bel ristorante con accogliente terrazza per il servizio estivo.

ⅩⅩ **La Galleria**   🕭 🄰🄲 VISA ⑳ 🄰🄴 ⑩ ⅶ
galleria Cavalieri Vittorio Veneto 20 – ℰ *05 77 98 23 56 – Fax 05 77 98 23 56
– chiuso agosto e domenica*
Rist – Carta 27/46 €
♦ All'interno di una galleria commerciale, locale di stampo classico con cucina a vista. Proposte di mare e di terra, elaborate da materie prime scelte con cura.

ⅩⅩ **Osteria al Torrione**   🕭 ⅙ 🄰🄲 ⇄ VISA ⑳ 🄰🄴 ⅶ
località il Torrione 2, Est: 5 Km – ℰ *05 77 97 92 12 – www.osteriaaltorrione.it
– Fax 05 77 97 71 80 – chiuso dal 6 gennaio al 15 marzo e dal 3 novembre al
15 dicembre*
Rist – *(consigliata la prenotazione)* Carta 37/47 €
♦ La tranquillità della campagna senese è uno dei tanti piacevoli aspetti di questo grazioso
locale tra cipressi, vigneti e colline. Al suo interno, lo stile rustico toscano introduce l'ospite
ad una cucina moderna, ma saldamente ancorata alla tradizione locale.

POGGIO – Livorno – **563** N12 – Vedere Elba (Isola d') : Marciana

POGGIO ALLE MURA – Siena – Vedere Montalcino

POGGIO ANTICO – Siena – Vedere Montalcino

POGGIO CATINO – Rieti (RI) – **563** P20 – **1 340 ab.** – **alt. 242 m**   12 B1
– ⊠ 02040

> ▶ Roma 59 – Rieti 47 – Terni 44 – Viterbo 73
> 🄶 Colle dei Tetti, ℰ 0765 2 62 67

sulla strada statale 313 Est: 10 km

🏨 **Borgo Paraelios** ♨   🕭 🕭 ⅃ 🔲 ⑳ ⅗ ⅃ℰ ⅍ 🄼 🄰🄲 ⅍ rist, ⅍ ⅍⅍
località Valle Collicchia ⊠ *02040*   🅿 VISA ⑳ 🄰🄴 ⑩ ⅶ
– ℰ *0 76 52 62 67 – www.borgoparaelios.it – Fax 0 76 52 62 68 – chiuso gennaio
e febbraio*
18 cam � – †190/240 € ††230/330 € – ½ P 175/225 €
Rist – *(chiuso lunedì) (consigliata la prenotazione)* Carta 42/76 €
♦ Una perla di eleganza e di suggestione, a partire dalla piscina coperta avvolta da vetrate
che si affacciano sul giardino, nella quale si trova persino un caminetto. Il sogno di romanticismo e raffinatezza continua al ristorante, tra dipinti e caldi tessuti.

POGGIO MURELLA – Grosseto (GR) – **563** N16 – ✉ 58014　　**29** C3

📌 Roma 163 – Grosseto 63 – Firenze 182 – Perugia 126

⛫ **Il Cantuccio** senza rist 🅖　　🖼 AC ❄ VISA ⓪ AE ① 🖢
via Termine 18 – ℰ 05 64 60 79 73 – www.termesaturnia.it
– Fax 0 56 46 60 12 42 – chiuso dal 10 al 15 gennaio
6 cam 🖙 – ♦45/60 € ♦♦65/90 €

♦ Piccola risorsa in posizione dominante a breve distanza dalle terme di Saturnia. Camere graziose e ricche di decorazioni. Colazione con torte fatte in casa.

POGLIANO MILANESE – Milano (MI) – 8 192 ab. – alt. 162 m – ✉ 20010　　**18** A2

📌 Roma 595 – Milano 20 – Como 41

XXX **La Corte**　　🖼 AC ❄ VISA ⓪ AE ① 🖢
via Chiesa 36 – ℰ 02 93 25 80 18 – www.lacorteristorante.it – Fax 02 93 25 80 18
– chiuso dal 1° al 9 gennaio, agosto, domenica sera, lunedì
Rist – Menu 35/38 € – Carta 37/50 € 🏵

♦ Una piccola bomboniera nel cuore dell'industrializzato hinterland milanese; a condurla con passione e professionalità, due giovani e capaci fratelli, davvero creativi.

POIRINO – Torino (TO) – **561** H5 – 9 911 ab. – alt. 249 m – ✉ 10046　　**22** B2

📌 Roma 661 – Torino 28 – Moncalieri 19

🏨 **Brindor Hotel**　　🖽 🎘 🖘 AC 📶 🖄 🄿 🚗 VISA ⓪ AE 🖢
via Pessione 12 – ℰ 01 19 45 31 75 – www.brindorhotel.info – Fax 01 19 45 25 71
– chiuso dal 10 al 24 agosto
57 cam 🖙 – ♦75 € ♦♦88 € – 1 suite – ½ P 62 €
Rist *Andrea* – ℰ 01 19 45 27 28 *(chiuso dal 8 al 24 agosto)* Carta 24/36 €

♦ Distante dal centro, questo hotel recente e di taglio moderno dispone di graziosi spazi comuni e di ampie camere ed è ideale per una clientela d'affari. Ideale per pranzi informali o cene di lavoro, il moderno ristorante propone piatti del territorio, paste fatte in casa e specialità agli asparagi.

POLESINE PARMENSE – Parma (PR) – **562** G12 – 1 481 ab.　　**8** A1
– alt. 35 m – ✉ 43010

📌 Roma 496 – Parma 43 – Bologna 134 – Cremona 23

XXX **Al Cavallino Bianco**　　🖾 AC 🄿 VISA ⓪ AE ① 🖢
🕼 *via Sbrisi 2 – ℰ 0 52 49 61 36 – www.cavallinobianco.it – Fax 0 52 49 64 16*
– chiuso dall'8 al 23 gennaio e martedì
Rist – Carta 31/46 € 🏵
Rist *Tipico di Casa Spigaroli* – *(chiuso martedì, sabato e i giorni festivi) (chiuso la sera)* Menu 16 € bc

♦ Secolare tradizione familiare alla quale affidarsi per assaporare il proverbiale culatello e specialità regionali, lungo le rive del grande fiume. Al "Tipico di Casa Spigaroli", scelta ristretta di ricette emiliane.

a Santa Franca Ovest : 3 km – ✉ 43010 Polesine Parmense

XX **Colombo**　　🖻 AC 🄿 VISA ⓪ AE ① 🖢
via Mogadiscio 119 – ℰ 0 52 49 81 14 – Fax 0 52 49 80 03 – chiuso
dal 7 al 26 gennaio, dal 21 luglio al 10 agosto, lunedì sera, martedì
Rist – Carta 30/46 €

♦ Servizio estivo sotto un pergolato in una mitica trattoria familiare: l'attuale proprietaria segue le orme paterne anche per produzione e stagionatura di salumi. Da visitare.

POLICORO – Matera (MT) – **564** G32 – 15 860 ab. – alt. 31 m – ✉ 75025　　**4** D2

📌 Roma 487 – Bari 134 – Cosenza 136 – Matera 67

al lido Sud-Est : 4 km :

🏨 **Heraclea** 🅖　　🖾 🔧 🎘 AC ❄ rist, 📶 🖄 🄿 VISA ⓪ AE ① 🖢
viale Del Lido ✉ *75025 – ℰ 08 35 91 01 44 – www.hotelheraclea.com*
– Fax 08 35 91 01 44
74 cam 🖙 – ♦49/80 € ♦♦80/160 € – ½ P 65/100 €　**Rist** – Carta 22/32 €

♦ Reca il nome dell'antica colonia della Magna Grecia su cui sorse in seguito Policoro, questo valido hotel non lontano dalla spiaggia; buoni spazi comuni soprattutto esterni. Dispone di una sobria e luminosa sala ristorante nonché di una spaziosa ed elegante sala dove organizzare banchetti.

779

POLIGNANO A MARE – Bari (BA) – **564** E33 – 17 656 ab. – ⊠ 70044   **27** C2
> ▶ Roma 486 – Bari 36 – Brindisi 77 – Matera 82

🏠🏠🏠 **Covo dei Saraceni**   ≤ 🛋 🖼 🛁 🖼 ⚡ ⁽¹⁾ 🖼 𝖵𝖨𝖲𝖠 ⓬ 𝖠𝖤 ① 🍴
*via Conversano 1/1 A – ℰ 08 04 24 11 77 – www.covodeisaraceni.com
– Fax 08 04 24 70 10*
43 cam � – ♦75/130 € ♦♦105/200 € – 3 suites
Rist *Il Bastione* – Carta 34/61 €
• Su uno dei promontori della celebre località, camere recenti ma in grado di rendere indimenticabile il vostro soggiorno, chiedendone una con vista mare. Piacevoli sale ristorante, da cui godere un'ottima vista sul blu; terrazza sugli scogli.

🏠🏠 **Grotta Palazzese** 🍃   ≤ 🛋 🖼 ⚡ ⁽¹⁾ 𝖵𝖨𝖲𝖠 ⓬ 𝖠𝖤 ① 🍴
via Narciso 59 – ℰ 08 04 24 06 77 – www.grottapalazzese.it – Fax 08 04 24 07 67
25 cam � – ♦80/115 € ♦♦140/260 €
Rist – *(lunedì in bassa stagione)* Carta 65/110 €
• Puglia, terra di trulli e di grotte: nell'antico borgo di Polignano, un hotel costruito sugli scogli, proprio a strapiombo sul blu; per dormire cullati dalle onde. Suggestivo servizio ristorante estivo in una grotta sul mare.

🍴🍴 **Da Tuccino**   ≤ 🛋 🛁 ⚡ 🅿 𝖵𝖨𝖲𝖠 ⓬ 𝖠𝖤 ① 🍴
*via Santa Caterina 69/F, verso San Vito, Nord-Ovest : 1,5 km – ℰ 08 04 24 15 60
– www.tuccino.it – Fax 08 04 25 10 23 – chiuso dal 15 novembre al 15 gennaio,
lunedì a mezzogiorno in agosto, tutto il giorno negli altri mesi*
Rist – Carta 28/87 €
• Punti di forza del locale sono l'ottima cucina marinara, schietta e fragrante, con prodotti di qualità impeccabile, e un bel dehors panoramico, sul nostro Mediterraneo.

🍴🍴 **L'Osteria di Chichibio**   🛋 𝖠𝖢 𝖵𝖨𝖲𝖠 ⓬ 𝖠𝖤 ① 🍴
*largo Gelso 12 – ℰ 08 04 24 04 88 – www.osteriadichichibio.it
– Fax 08 05 43 16 06 – chiuso dal 23 dicembre al 31 gennaio e lunedì*
Rist – Carta 33/50 €
• Connubio di semplicità e allegria - non privo di eleganza - e l'occasione per mangiare pesce e verdure cotti in un forno a legna, serviti in piatti di ceramica. Il locale si è recentemente ampliato e anche la cucina non smette di "crescere".

POLLEIN – Aosta – **Vedere Aosta**

POLLENZO – Cuneo – **561** H5 – **Vedere Bra**

POLLONE – Biella (BI) – **561** F5 – 2 234 ab. – alt. 622 m – ⊠ 13814   **23** C2
> ▶ Roma 671 – Aosta 92 – Biella 9 – Novara 62

🍴🍴 **Il Patio** (Sergio Vineis)   🍽 🛋 ⇆ 🅿 𝖵𝖨𝖲𝖠 ⓬ 𝖠𝖤 ① 🍴
✿ *via Oremo 14 – ℰ 01 56 15 68 – chiuso lunedì, martedì*
Rist – Menu 50/60 € – Carta 44/65 € ❀
Spec. Coniglio marinato con salsa di pesche noci, pomodoro appassito, olive taggiasche e cialda ai pistacchi. Maialino da latte con cotenna croccante, salsa agli agrumi, erbette scottate e cipollotto di Tropea. Scomposizione di mela con croccanti al cioccolato.
• Ristorante dall'atipica ambientazione in antiche stalle. I piatti semplici puntano sulla valorizzazione dei prodotti, ma c'è anche spazio per elaborazioni più complesse.

POLVANO – Arezzo – **Vedere Castiglion Fiorentino**

POLVERINA – Macerata – **563** M21 – **Vedere Camerino**

POMEZIA – Roma (RM) – **563** Q19 – 56 105 ab. – alt. 108 m – ⊠ 00040   **12** B2
> ▶ Roma 28 – Anzio 31 – Frosinone 105 – Latina 41
> 🏌 Marediroma, ℰ 06 9 13 32 50

🏠🏠🏠 **Selene**   🍽 🏊 🖼 🖼 🚶 🛁 𝖠𝖢 ⤢ ⚡ rist. ⁽¹⁾ 🖼 🅿 𝖵𝖨𝖲𝖠 ⓬ 𝖠𝖤 ① 🍴
via Pontina km 30 – ℰ 06 91 17 01 – www.hotelselene.com – Fax 06 91 60 15 70
193 cam ⊆ – ♦93/424 € ♦♦136/545 € – 2 suites – ½ P 98/302 €
Rist – Carta 32/56 €
• Imponente e moderna struttura alberghiera arredata in stile design, tra essenzialità ed assenza di colori; il servizio è attento e professionale, le sale comuni ampie ed eleganti. Ristorante di taglio moderno con vasta scelta di specialità alla griglia.

POMONTE – Livorno – **563** N12 – Vedere Elba (Isola d') : Marciana

POMPAGNANO – Perugia – **563** N20 – Vedere Spoleto

POMPEI – Napoli (NA) – **564** E25 – 25 755 ab. – alt. 16 m – ⊠ 80045   **6** B2
▌ Napoli e la Campania

   ▣ Roma 237 – Napoli 29 – Avellino 49 – Caserta 50

   🛈 via Sacra 1 ℰ 081 8507255, info@pompeiturismo.it, Fax 081 8632401

   ◎ Foro★★★ : Basilica★★, Tempio di Apollo★★, Tempio di Giove★★ – Terme
Stabiane★★★ – Casa dei Vettii★★★ – Villa dei Misteri★★★ – Odeion★★ –
Casa del Menandro★★ – Via dell'Abbondanza★★ – Fullonica Stephani★★
– Casa del Fauno★★ – Porta Ercolano★★ – Via dei Sepolcri★★ – Foro
Triangolare★ – Teatro Grande★ – Tempio di Iside★ – Termopolio★ – Casa
di Loreius Tiburtinus★ – Villa di Giulia Felice★ – Anfiteatro★ – Necropoli
fuori Porta Nocera★– Casa degli Amorini Dorati★ – Torre di Mercurio★ :
≤★★ – Casa del Poeta Tragico★ – Pitture★ nella casa dell'Ara Massima
– Fontana★ nella casa della Fontana Grande

   ◩ Villa di Oplontis★★ a Torre Annunziata Ovest : 6 km

🏨   **Amleto** senza rist   🛅 ė AC ⌘ ⁽ᵗ⁾ 🛠 🚗 VISA ◐ AE ① 🖪
via Bartolo Longo 10 – ℰ 08 18 63 10 04 – www.hotelamleto.it – Fax 08 18 63 55 85
26 cam ⌐ – †50/85 € ††80/120 €
♦ A pochi passi dal Santuario, edificio degli anni Venti ristrutturato con cura: ingresso in stile
neoclassico, con una breve rampa di scale, e pavimento con riproduzioni musive.

🏨   **Forum** senza rist   🍴 🛅 ė AC ⁽ᵗ⁾ P VISA ◐ AE ① 🖪
via Roma 99/101 – ℰ 08 18 50 11 70 – www.hotelforum.it – Fax 08 18 50 61 32
35 cam ⌐ – †70/80 € ††100/140 €
♦ Praticamente di fronte all'area archeologica e vicino al famoso Santuario, un esercizio con
un gradevole giardinetto interno; optare per le camere rinnovate più di recente.

🏨   **Maiuri** senza rist   🛅 ė AC ⌘ ⁽ᵗ⁾ 🛠 P VISA ◐ AE ① 🖪
via Acqua Salsa 20 – ℰ 08 18 56 27 16 – www.maiuri.it – Fax 08 18 56 27 16
24 cam ⌐ – †70/80 € ††89/110 €
♦ Forse un omaggio all'antica Pompei, nella ripresa del nome di un famoso archeologo italiano; certo un hotel nuovo, molto comodo, dai toni pastello anche negli interni.

🏠   **Giovanna** senza rist   🍴 🛅 AC ⁽ᵗ⁾ P VISA ◐ AE ① 🖪
via Acquasalsa 18 ⊠ 80045 – ℰ 08 18 50 61 61 – www.hotelgiovanna.it
– Fax 08 18 50 73 23
24 cam ⌐ – †65/80 € ††85/150 €
♦ Un bel giardino fa da cornice a questo albergo consigliato a clienti d'affari e turisti, desi-
derosi di trovare un'oasi di relax; camere spaziose e confortevoli.

🏠   **Iside** senza rist   🛅 ė AC P VISA ◐ AE ① 🖪
via Minutella 27 – ℰ 08 18 59 88 63 – www.hoteliside.it – Fax 08 18 59 88 63
18 cam ⌐ – †60/70 € ††80/90 €
♦ Non lontano dall'ingresso agli scavi archeologici, in una zona residenziale tranquilla, offre
un'accoglienza familiare e ambienti luminosi; alle spalle dell'albergo un orto-agrumeto.

XXX   **President**   🍴 AC ⌘ VISA ◐ AE ① 🖪
piazza Schettini 12/13 – ℰ 08 18 50 72 45 – www.ristorantepresident.it
– Fax 08 18 63 81 47 – chiuso dal 23 al 25 dicembre, dal 10 al 25 agosto,
domenica sera, da ottobre ad aprile anche lunedì
Rist – (consigliata la prenotazione) Menu 55/70 € – Carta 38/50 € ⅋
♦ Stucchi e lampadari a gocce impreziosiscono questo elegante ristorante, dove gustare una
cucina che propone piatti di mare...secondo la disponibilità quotidiana del pescato!

X   **Maccarone**   🍴 ė AC P VISA ◐ AE ① 🖪
via Acqua Salsa 51 – ℰ 08 18 50 09 67 – www.ristorantemaccarone.it
– Fax 08 18 50 09 67 – chiuso Natale
Rist – (chiuso lunedì a mezzogiorno) Carta 26/38 €
♦ In un edificio che ricorda vagamente una casa colonica, si trova questo ristorante-pizzeria.
L'ambiente è moderno, pulito nello stile, e con prezzi competitivi.

PONT – Aosta – Vedere Valsavarenche

PONTE A CAPPIANO – Firenze – **563** K14 – Vedere Fucecchio

PONTE A MORIANO – Lucca – **563** K13 – Vedere Lucca

PONTE ARCHE – Trento – **562** D14 – Vedere Comano Terme

PONTECAGNANO – Salerno (SA) – **564** F26 – 24 651 ab. – alt. 28 m   7 C2
– ⊠ 84098

▶ Roma 273 – Potenza 92 – Avellino 48 – Napoli 68

a Faiano Nord-Est : 3 km – ⊠ 84093

XX **De Gustibus**   ⌂ AC ⇄ VISA ⓪ AE ① ⑤
*piazza San Benedetto 2 – ℰ 08 92 02 03 2 – Fax 08 92 02 03 2 – chiuso
domenica sera e lunedì escluso luglio-agosto*
Rist – Carta 24/40 € ⊛
♦ Nel cuore del centro storico di Faiano, ristorante dai toni caldi con ambienti di eleganza
discreta e un gradevole terrazzo fiorito. Piatti a base di pesce.

PONTE DELL'OLIO – Piacenza (PC) – **561** H10 – 4 943 ab. – alt. 210 m   8 A2
– ⊠ 29028

▶ Roma 548 – Piacenza 22 – Genova 127 – Milano 100

XX **Riva** (Carla Aradelli)   ⌂ AC VISA ⓪ AE ① ⑤
� *via Riva 16, Sud : 2 km – ℰ 05 23 87 51 93 – www.ristoranteriva.it
– Fax 05 23 87 11 68 – chiuso lunedì, martedì a mezzogiorno*
Rist – Carta 47/62 € ⊛
Spec. Panzerotti di ricotta di pecora. Piccione con frutta e riduzione di vino
bianco. Millefoglie con crema Chantilly e frutta.
♦ In un piccolo borgo con un affascinante castello merlato, la moglie propone una cucina
raffinata, misurato equilibrio di territorio e creatività; ai vini pensa il marito.

X   **Locanda Cacciatori**   ⌂ AC ⅍ P. VISA ⓪ AE ① ⑤
☺   *località Castione, Est : 3 km – ℰ 05 23 87 72 06 – Fax 05 23 87 62 34 – chiuso
☺   dal 10 al 30 gennaio, mercoledì*
Rist – Carta 20/35 €
♦ 40 anni di esperienza per questa locanda da sempre gestita dalla stessa famiglia. Semplici
le quattro sale affacciate sulle colline, dove riscoprire una cucina regionale, gustose paste
fatte in casa e tenere carni.

PONTEDERA – Pisa (PI) – **563** L13 – 27 808 ab. – alt. 14 m – ⊠ 56025   28 B2

▶ Roma 314 – Pisa 25 – Firenze 61 – Livorno 32
🖬 via della Stazione Vecchia 6 ℰ 0587 53354, ufficioturistico@
comune.pontedera.pi.it, Fax 0587 215937

🏠 **Armonia** senza rist   🖥 ⅍ AC ⟨⟩ ⅍ 🚗 VISA ⓪ AE ① ⑤
*piazza Caduti Div. Acqui, Cefalonia e Corfù 11 – ℰ 05 87 27 85 11
– www.hotelarmonia.it – Fax 05 87 27 85 40*
27 cam ⊇ – †90/160 € ††110/260 € – 2 suites
♦ Storico edificio per una storica accoglienza, in città, sin da metà '800; ospiti illustri, atmosfere eleganti, qualità impeccabile e signorile.

🏠 **Il Falchetto** senza rist   AC ⟨⟩ ⅍ VISA ⓪ AE ① ⑤
*piazza Caduti Div. Acqui, Cefalonia e Corfù 3 – ℰ 05 87 21 21 13
– www.hotelfalchetto.it – Fax 05 87 27 95 05*
16 cam – †50/60 € ††70/80 €, ⊇ 6 €
♦ Hotel gestito da una coppia di coniugi che ne ha cura quasi come fosse una casa privata;
ambienti piacevoli e ricchi di dettagli personali, dotati di ogni confort.

PONTE DI BRENTA – Padova – **562** F17 – Vedere Padova

PONTE DI LEGNO – Brescia (BS) – **561** D13 – 1 797 ab. – alt. 1 258 m   17 C1
– Sport invernali : – ⊠ 25056

▶ Roma 677 – Sondrio 65 – Bolzano 107 – Bormio 42
🖬 corso Milano 41 ℰ 030 3748761, iat.pontedilegno@provincia.brescia.it,
Fax 0364 91949
🖪 ℰ 0364 90 03 06

Mirella ⬠ ⬠ ⬠ ⬠ ⬠ ⬠ ⬠ ⬠ ⬠ ⬠ ⬠ ⬠ ⬠ VISA ⬠ AE ⬠ ⬠
via Roma 21 – 𝒞 03 64 90 05 00 – www.hotelmirella.it – Fax 03 64 90 05 30
– chiuso ottobre e novembre
61 cam ⬠ – †80/140 € ††100/200 € – ½ P 100/160 €   **Rist** – Carta 33/51 €
♦ Nato nei primi anni '70, classico, possente albergo di montagna che offre come punto di forza gli ampi spazi comuni, interni ed esterni, ideali per un soggiorno di relax. Imponente sala ristorante con un'infilata di finestroni panoramici.

Sorriso ⬠ ⬠ ⬠ ⬠ ⬠ ⬠ ⬠ ⬠ ⬠ ⬠ ⬠ VISA ⬠ AE ⬠ ⬠
via Piazza 6 – 𝒞 03 64 90 04 88 – www.hotelsorriso.com – Fax 03 64 90 24 76
– dicembre-Pasqua e giugno-settembre
20 cam ⬠ – †70/170 € ††140/240 € – ½ P 90/130 €   **Rist** – Menu 20/50 €
♦ Una piccola casa soleggiata, dal caratteristico stile alpino, decentrata e tranquilla, affacciata sulla vallata; una conduzione signorile e accurata per un buon confort.

Mignon ⬠ ⬠ ⬠ ⬠ ⬠ rist, ⬠ ⬠ ⬠ ⬠ VISA ⬠ ⬠
via Corno d'Aola 11 – 𝒞 03 64 90 04 80 – www.albergomignon.it
– Fax 03 64 90 04 80
38 cam – †45/60 € ††72/95 €, ⬠ 7 € – ½ P 65/80 €
Rist – *(chiuso da maggio al 20 giugno, ottobre e novembre)* Carta 22/28 €
♦ Sorta come residenza dei proprietari e poi trasformata in hotel, questa tipica costruzione di montagna si trova strategicamente nelle vicinanze degli impianti sciistici, pista di pattinaggio, campi da tennis e piscina olimpionica. Camere spaziose e ben arredate. Ristorante familiare con cucina d'impostazione classica.

✗✗ **San Marco** ⬠ VISA ⬠ ⬠ ⬠
piazzale Europa 18 – 𝒞 0 36 49 10 36 – www.ristorante-sanmarco.it – Fax 0 36 49 10 36
– chiuso dal 15 al 30 giugno, lunedì (escluso dicembre-gennaio e luglio-agosto)
Rist – Carta 28/42 €
♦ Centrale, ma non nella zona storica della cittadina, e al piano terra di una villetta; taglio rustico e una cucina di sapore mutevole, tra il camuno e il "tirolese".

PONTE DI NAVA – Cuneo – **561** J5 – Vedere Ormea

PONTEGRADELLA – Ferrara – **562** H16 – Vedere Ferrara

PONTE IN VALTELLINA – Sondrio (SO) – **562** D11 – **2 316 ab.**   **16** B1
– alt. 500 m – ✉ 23026

▶ Roma 709 – Sondrio 9 – Edolo 39 – Milano 148

✗✗ **Cerere** ⬠ AC ⬠ VISA ⬠ AE ⬠ ⬠
via Guicciardi 7 – 𝒞 03 42 48 22 94 – www.ristorantecerere.it – Fax 03 42 48 27 80
– chiuso dal 10 al 20 gennaio, dal 1° al 25 luglio, mercoledì (escluso agosto)
Rist – Menu 36 € – Carta 29/39 €
♦ Elegante, sito in un palazzo del XVII secolo, locale d'impostazione classica, con "inserti" rustici, che non si limita ad offrire solo piatti di tradizione valtellinese.

PONTE NELLE ALPI – Belluno (BL) – **562** D18 – **8 453 ab.** – alt. 392 m   **36** C1
– ✉ 32014

▶ Roma 609 – Belluno 8 – Cortina d'Ampezzo 63 – Milano 348

sulla strada statale 51 Nord: 3 km

⌂ **Da Benito** senza rist ⬠ ⬠ ⬠ ⬠ ⬠ ⬠ ⬠ VISA ⬠ AE ⬠ ⬠
località Pian di Vedoia ✉ 32014 – 𝒞 0 43 79 94 20 – www.hoteldabenito.it
– Fax 04 37 99 04 72 – chiuso dal 23 dicembre al 6 gennaio e dal 9 al 22 agosto
22 cam ⬠ – †35/80 € ††50/80 €
♦ In posizione strategica per scoprire le Dolomiti o visitare la provincia di Belluno, questa risorsa familiare dispone di camere semplici e confortevoli.

PONTENUOVO – Pistoia – Vedere Pistoia

PONTENUOVO DI CALENZANO – Firenze – **563** K15 – Vedere Calenzano

PONTE SAN GIOVANNI – Perugia – **563** M19 – Vedere Perugia

PONTE SAN MARCO – Brescia – **561** F13 – Vedere Calcinato

PONTE TARO – Parma – **562** H12 – Vedere Parma

PONTIDA – Bergamo (BG) – **561** E10 – 3 196 ab. – alt. 313 m – ⊠ 24030   **19** C1
- ▶ Roma 609 – Bergamo 18 – Como 43 – Lecco 26

X   **Hosteria la Marina**   ⌂ 🍴 *VISA* ⓴ AE ⓪ ⑤
⊛   *via Don Aniceto Bonanomi 283, frazione Grombosco, Nord : 2 km – ℰ 0 35 79 50 63*
    – www.ristorantelamarina.it – Fax 0 35 79 50 63 – chiuso martedì
    Rist – Carta 25/35 €
    ◆ Sulle colline alle spalle di Pontida, una semplice trattoria per piatti ruspanti e saporiti,
    anche legati alle tradizioni locali. Potrete scegliere il vino nella cantina.

PONTI SUL MINCIO – Mantova (MN) – 2 238 ab. – alt. 113 m – ⊠ 46040   **17** D1
- ▶ Roma 505 – Verona 32 – Brescia 45 – Mantova 35

🏠   **Relais Corte Cavalli** ⌂   🚗 ⌂ 🏊 📶 ⅙ rist, 🅰️🅲 ⅍ 🛜 🕭 🅿️
    strada Peschiera 73/2, (Nord: 3 km) – ℰ 0 37 68 80 94   *VISA* ⓴ AE ⑤
    – www.cortecavalli.it – Fax 0 37 68 80 56 – chiuso dal 27 dicembre al 9 febbraio
    19 cam ⊊ – †100/120 € ††150/230 € – 1 suite
    Rist *La Dinastia* – (chiuso domenica sera, lunedì) Menu 35/70 € – Carta 33/61 €
    ◆ Abbracciata dai vigneti e dal verde delle colline moreniche, l'antica corte è stata trasfor-
    mata in un'oasi di silenzio, ideale per chi cerca tranquillità e armonia. Nell'elegante sala del
    ristorante, i sapori di terra incontrano quelli di lago.

PONTREMOLI – Massa Carrara (MS) – **563** I11 – 7 932 ab. – alt. 236 m   **28** A1
– ⊠ 54027 ▮ Toscana
- ▶ Roma 438 – La Spezia 41 – Carrara 53 – Firenze 164

🏠   **Cà del Moro**   🚗 🐾 🏊 🏠 📶 🅰️🅲 ⅍ rist, 🕭 🕭 🅿️ *VISA* ⓴ AE ⑤
    via Casa Corvi 9 – ℰ 01 87 83 22 02 – www.cadelmororesort.it – Fax 01 87 83 22 02
    24 cam ⊊ – †70/80 € ††130/138 € – 2 suites – ½ P 83/89 €
    Rist Cà del Moro – vedere selezione ristoranti
    ◆ Delizioso resort di recente costruzione - immerso nella campagna lunigianese - tra prati,
    golf 4 buche e campo pratica. Buon livello di confort nelle ampie camere.

🏡   **Agriturismo Costa D'Orsola** ⌂   ⌂ ⌂ 🏊 🍴 ⅍ rist, 🅿️
    località Orsola, Sud-Ovest : 2 km – ℰ 01 87 83 33 32   *VISA* ⓴ ⑤
    – www.costadorsola.it – Fax 01 87 83 33 32 – marzo-novembre
    14 cam ⊊ – †70/90 € ††94/120 € – ½ P 47/75 €
    Rist – (chiuso a mezzogiorno) Carta 24/33 €
    ◆ Camere di buona fattura, ricavate nei caratteristici locali di un antico borgo rurale restau-
    rato con cura. Gestione familiare cortese, atmosfera tranquilla e rilassata. Ristorante sugge-
    stivo, con ampi spazi esterni.

XX   **Cà del Moro**   🚗 ⌂ 🅰️🅲 ⇆ 🅿️ *VISA* ⓴ AE ⓪ ⑤
    via Casa Corvi 9 – ℰ 01 87 83 05 88 – Fax 01 87 83 05 88
    Rist – Carta 29/37 €
    ◆ Ristorante dalle caratteristiche ed intime sale, dove gustare piatti del territorio soprattutto
    a base di carne. Interessante ed articolata la scelta enologica.

PONZA (Isola di) ★ – Latina (LT) – **563** S18 – 3 312 ab. ▮ Italia   **13** C3
- 🚢 per Anzio e Formia – Caremar, call center 892 123 – per Terracina – Anxur
  Tours ℰ 0771 72291
- ◉ Località ★

PONZA (LT) – ⊠ 04027   **13** C3
- 🄳 molo Musco ℰ 0771 80031, info@prolocodiponza.it, Fax 0771 80031

🏠   **Grand Hotel Santa Domitilla** ⌂   🚗 🏊 🏠 📶 🚴 🅰️🅲 🛜 🕭 🅿️
    via Panoramica – ℰ 07 71 80 99 51   🚗 *VISA* ⓴ AE ⓪ ⑤
    – www.santadomitilla.com – Fax 07 71 80 99 55 – Pasqua-15 ottobre
    59 cam ⊊ – †200/290 € ††240/390 € – 5 suites
    Rist *Melograno* – (giugno-settembre) (consigliata la prenotazione)
    Carta 53/68 €
    ◆ Nel cuore dell'isola, abbracciato dalla quiete del giardino, l'hotel dispone di graziose
    camere, luminosi spazi comuni e tre piscine di cui una ricavata in un'antica grotta. Piatti di
    pesce nell'ampia sala da pranzo o sotto il pergolato di glicine. Si consiglia la prenotazione.

Bellavista ⚜   ⇐ 🛏 AC ℁ ⁽ᵖ⁾ VISA ⬤⬤ AE ① ⑤
via Parata 1 – 𝒞 0 77 18 00 36 – www.hotelbellavistaponza.it
– Fax 0 77 18 03 95 – chiuso dal 15 dicembre al 15 gennaio
24 cam ⌑ – †90/160 € ††120/200 € – ½ P 120/140 €
Rist – *(15 aprile-settembre)* Menu 25/40 €
♦ Arroccato su uno scoglio e cullato dalle onde, l'hotel dispone di ampi spazi comuni, confortevoli camere arredate in legno scuro e un piccolo terrazzo con vista panoramica. Classico ambiente arredato nelle tinte del verde, la sala da pranzo propone la cucina mediterranea e quella regionale.

XX   **Acqua Pazza** (Lucia e Patrizia Ronca)   ⇐ 🛖 AC ℁ VISA ⬤⬤ AE ⑤
☼   *piazza Carlo Pisacane – 𝒞 0 77 18 06 43 – www.acquapazza.com*
– Fax 0 77 18 06 43 – marzo-novembre
Rist – *(chiuso a mezzogiorno)* Menu 75 € – Carta 59/77 € ஃ
Spec. Calamari al vapore con insalata catalana. Taglioni cacio e pepe e pesce bianco. Triglia al forno con ricotta al limone.
♦ Nella piccola sala o all'aperto, nel dehor allestito davanti al porto, le specialità ittiche vengono proposte in patti sia semplici che elaborati. E' preferibile prenotare.

XX   **Orestorante**   ⇐ 🛖 VISA ⬤⬤ ① ⑤
via Dietro la Chiesa 4 – 𝒞 0 77 18 03 38 – www.orestorante.it
– Fax 0 77 18 03 38 – Pasqua-settembre
Rist – *(chiuso a mezzogiorno)* Carta 65/83 € ஃ
♦ Un piacevole locale da cui si gode la vista sul mare e sul paesino, dove assaporare una sapiente cucina di mare accompagnata da una buona bottiglia di vino.

XX   **Gennarino a Mare** con cam   ⇐ 🛖 AC cam, ℁ cam, ⁽ᵖ⁾
via Dante 64 – 𝒞 0 77 18 00 71   VISA ⬤⬤ AE ① ⑤
– www.gennarinoamare.com – Fax 0 77 18 01 40 – chiuso dal 20 dicembre al 30 gennaio
12 cam ⌑ – †150/220 € ††240/290 €   **Rist** – *(aprile-ottobre)* Carta 50/74 €
♦ In posizione dominante sull'antico porto borbonico, costruito sull'acqua sopra una palafitta di legno, il ristorante offre una cucina mediterranea, soprattutto di pesce. Dispone anche di alcune graziose camere arredate con gusto, all'interno di una struttura dalla facciata azzurra.

X   **Il Tramonto**   🛖 VISA ⬤⬤ AE ① ⑤
via campo Inglese, Nord : 4 km – 𝒞 07 71 80 85 63 – Fax 07 71 80 85 63 – aprile-settembre
Rist – *(chiuso a mezzogiorno)* Carta 47/64 €
♦ Un servizio giovane e dinamico, una cucina legata alla tradizione isolana dove regna il pesce ed una meravigliosa vista sull'isola di Palmarola per veder declinare il sole.

PONZANO – Firenze – Vedere Barberino Val d'Elsa

PONZANO VENETO – Treviso (TV) – **562** E18 – 10 894 ab. – alt. 28 m   **35** A1
– ⊠ 31050

▶ Roma 546 – Venezia 40 – Belluno 74 – Treviso 5

a Paderno di Ponzano Nord-Ovest : 2 km – ⊠ 31050 Ponzano

🏠🏠   **Relais Monaco** ⚜   🛢 🛖 ⊼ ⅏ ℟ 🛏 ⅙ AC ⅍ ℁ ⁽ᵖ⁾ 🛝 🅿
via Postumia 63, Nord : 1 km – 𝒞 04 22 96 41   VISA ⬤⬤ AE ① ⑤
– www.relaismonaco.it – Fax 04 22 96 45 00
79 cam ⌑ – †125/210 € ††165/260 €   **Rist** – Carta 42/62 €
♦ Tra i colli della campagna veneta più dolce, una residenza adatta ad ogni esigenza. A poca distanza dall'autostrada, silenziosa villa d'epoca per turisti e uomini d'affari. Al ristorante ambienti e atmosfere eleganti.

POPPI – Arezzo (AR) – **563** K17 – 6 229 ab. – alt. 437 m – ⊠ 52014   **29** C1
▮ Toscana

▶ Roma 247 – Arezzo 33 – Firenze 58 – Ravenna 118
🄸 Casentino, 𝒞 0575 52 98 10
◎ Cortile★ del Castello★

🏠 Parc Hotel 🍴 ☂ 🛋 🖥 ⚙ 🎱 ⚙ rist, ⚙ 🎱 🅿 VISA 🎱 AE ⓪ 🔥

via Roma 214, località Ponte a Poppi ✉ *52013 –* ℰ *05 75 52 99 94*
– www.parchotel.it – Fax 05 75 52 99 84
34 cam ☲ – ♦50/73 € ♦♦70/107 € – ½ P 56/74 €
Rist *Parc –* ℰ 05 75 52 91 01 *(chiuso 3 settimane in novembre e lunedì escluso agosto) (chiuso a mezzogiorno)* Carta 26/55 €
♦ Una valida risorsa, di tipo tradizionale, sia per una clientela d'affari sia per i turisti di passaggio nel Casentino. Camere confortevoli e moderne: da preferire quelle interne, le più tranquille. I menu spaziano dalla classica cucina d'albergo, alla gastronomia locale, nonché alle pizze.

🏠 La Torricella ⅀ ≤ 🍴 🛋 ⚙ 🅿 VISA 🎱 AE ⓪ 🔥

località Torricella 14, Ponte a Poppi ✉ *52013 –* ℰ *05 75 52 70 45*
– www.latorricella.com – Fax 05 75 52 70 46
21 cam ☲ – ♦38/55 € ♦♦62/70 € – ½ P 44/50 €   **Rist** – Carta 14/25 €
♦ Sulla cima di una collina panoramica, a due passi dal rinomato borgo medievale ove sorge il castello dei Conti Guidi, in un tipico casolare toscano ben ristrutturato. Sala da pranzo rustica con travi in legno e veranda panoramica.

🍴🍴 L'Antica Cantina 🛋 AE VISA 🎱 🔥

via Lapucci 2 – ℰ *05 75 52 98 44 – www.anticacantina.com – Fax 05 75 52 98 44*
– chiuso gennaio, lunedì, martedì a mezzogiorno
Rist – Carta 33/50 € 🏵
♦ Lasciata la parte più moderna del paese a valle, sulla collina è adagiato un incantevole borgo medievale: in un ambiente suggestivo, sotto antiche volte in mattoni adibite per lungo tempo a cantina, una cucina moderna non dimentica delle tradizioni.

🍴 Campaldino con cam ⚙ 🅿 VISA 🎱 AE ⓪ 🔥

via Roma 95, località Ponte a Poppi ✉ *52013 –* ℰ *05 75 52 90 08*
– www.campaldino.it – Fax 05 75 52 90 32
10 cam ☲ – ♦50/55 € ♦♦70/75 € – ½ P 60 €
Rist – *(chiuso 15 giorni febbraio e mercoledì escluso agosto)* Carta 18/38 €
♦ Un tributo - nel nome - alla storica Piana ove si tenne la battaglia tra Guelfi e Ghibellini, immortalata nei versi danteschi. Un'antica stazione di posta, oggi ristorante, per godere di una squisita cucina piemontese. A disposizione degli ospiti: una terrazza solarium con vista sul castello.

a Moggiona Sud-Ovest : 5 km – alt. 708 m – ✉ 52014

🏠 I Tre Baroni ⅀ ≤ 🍴 🛋 ☂ ⚙ rist, ⚙ 🎱 🅿 VISA 🎱 AE 🔥

via di Camaldoli 52 – ℰ *05 75 55 62 04 – www.itrebaroni.it – Fax 05 75 55 61 35*
– chiuso dal 7 gennaio al 7 marzo
24 cam – ♦45/90 € ♦♦50/95 €, ☲ 4 € – ½ P 45/70 €
Rist – *(chiuso martedì e mercoledì escluso da luglio a settembre)* Carta 27/45 €
♦ Lungo la strada per Camaldoli, un piccolo gioiello di ospitalità ricavato da un antico fienile, con terrazza panoramica e un'originale piscina a sfioro con bordo in pietra. La tranquillità regna sovrana. Signorile sala ristorante con proposte di cucina toscana.

🍴 Il Cedro ≤

via di Camaldoli 20 – ℰ *05 75 55 60 80 – Fax 05 75 55 60 80 – chiuso lunedì*
(escluso dal 15 luglio ad agosto)
Rist – *(consigliata la prenotazione)* Carta 19/28 €
♦ A pochi chilometri dal suggestivo convento di Camaldoli, piccola trattoria a conduzione familiare, propone una cucina del territorio dedicata particolarmente a grigliate, funghi e cacciagione.

POPULONIA – Livorno – **563** N13 – Vedere **Piombino**

PORCIA – Pordenone (PN) – **562** E19 – **15 077 ab.** - alt. 29 m   **10** A3
– ✉ 33080

▶ Roma 608 – Belluno 67 – Milano 333 – Pordenone 4

🏠 Purlilium senza rist 🍴 🖥 ⚙ ⚙ 🅿 VISA 🎱 AE ⓪ 🔥

via Bagnador 5, località Talponedo, Ovest: 1 km – ℰ *04 34 92 32 48*
– www.hotelpurlilium.it – Fax 04 34 59 12 28
26 cam – ♦50/90 € ♦♦70/130 €, ☲ 7 €
♦ Atmosfera riposante, camere luminose e discretamente signorili, spazi comuni con pietre a vista ed un giardino interno: un moderno hotel custodito tra le mura di un antico borgo rurale.

PORDENONE 🅿 (PN) – 562 E20 – 50 851 ab. – alt. 24 m – ✉ 33170   10 B3

- ▶ Roma 605 – Udine 54 – Belluno 66 – Milano 343
- ✈ di Ronchi dei Legionari 🕾 0481 773224
- 🛈 via Damiani 2/c 🕾 0434 520381, info.pordenone@turismo.fvg.it, Fax 0434 241608
- 🖸 Castel d'Aviano, 🕾 0434 65 23 05

🏨 **Palace Hotel Moderno**   🕮 ⓛ 🛋 🕭 🗚 🕻 🕉 🅿 🚗 📶 VISA ⓜ AE ⓞ 🕏
viale Martelli 1 – 🕾 0 43 42 82 15
– www.palacehotelmoderno.it – Fax 04 34 52 03 15
94 cam ☑ – †93 € ††150 € – 2 suites
Rist Moderno – vedere selezione ristoranti
♦ Accanto al teatro cittadino, il moderno hotel offre ampi spazi comuni, confortevoli camere di notevoli dimensioni e sale ben equipaggiate per soddisfare meeting o banchetti.

🏨 **Minerva** senza rist   ⓛ 🛋 🗚 📶 🕉 🅿 VISA ⓜ AE ⓞ 🕏
piazza XX Settembre 5 – 🕾 0 43 42 60 66 – www.hotelminerva.it
– Fax 0 43 42 97 48
37 cam ☑ – †65/120 € ††95/140 € – 3 suites
♦ Nel cuore della città e della sua vita socio-culturale, accogliente ambiente che dispone di luminosi spazi comuni dalla piacevole atmosfera retrò e camere signorili.

🏨 **Park Hotel** senza rist   ⓛ 🕻 🗚 ⓭ 📶 🕉 🅿 VISA ⓜ AE ⓞ 🕏
via Mazzini 43 – 🕾 0 43 42 79 01 – www.parkhotelpordenone.it
– Fax 04 34 52 23 53 – chiuso dal 17 dicembre al 9 gennaio
66 cam ☑ – †64/115 € ††89/185 €
♦ Ideale per chi viaggia per lavoro - in virtù della sua vicinanza alla stazione, ma sempre nel centro storico - la struttura dispone di camere ampie e funzionali, dotate di ogni confort.

✗✗ **Moderno** – Palace Hotel Moderno   🕻 🗚 ⓺ 🅿 VISA ⓜ AE ⓞ 🕏
viale Martelli 1 – 🕾 0 43 42 90 09 – www.eurohotelfriuli.it – Fax 0 43 42 90 09
– chiuso dal 26 dicembre all'8 gennaio, dal 7 al 31 agosto, sabato a mezzogiorno, domenica
Rist – (consigliata la prenotazione) Carta 36/54 €
♦ Il nome evoca l'atmosfera che caratterizza il ristorante. In un bel palazzo del centro, l'esperta gestione propone succulenti piatti di pesce.

✗ **La Vecia Osteria del Moro**   🕼 🕻 🗚 VISA ⓜ AE ⓞ 🕏
via Castello 2 – 🕾 0 43 42 86 58 – www.laveciaosteriadelmoro.it
– Fax 0 43 42 06 71 – chiuso domenica
Rist – (prenotazione obbligatoria) Carta 25/41 €
♦ E' un convento trecentesco a ospitare questo simpatico ristorante, dove si incontrano una piacevole rustica atmosfera da "vecchia osteria" e piatti della tradizione friulana.

✗ **La Ferrata**   🕭 VISA ⓜ AE ⓞ 🕏
🕸 via Gorizia 7 – 🕾 0 43 42 05 62
Rist – (chiuso a mezzogiorno escluso sabato, domenica e festivi) Carta 20/30 €
♦ Foto di locomotive, pentole e coperchi di rame arredano le pareti di questa enoteca-osteria accogliente e conviviale. Dalla cucina, i piatti della tradizione regionale, tra cui gustose lumache al burro.

PORLEZZA – Como (CO) – 561 D9 – 4 471 ab. – alt. 271 m – ✉ 22018   16 A2

- ▶ Roma 673 – Como 47 – Lugano 16 – Milano 95
- ◉ Lago di Lugano★★

🏨 **Parco San Marco** 🕭   ← ⓛ 🕼 ☑ 🖫 ⓪ 🕮 ⓛ 🕯 ✗ ⓛ 🕻 🗚 ✗ rist,
🕸 viale Privato San Marco 1   ⓺ 🕉 🚗 VISA ⓜ AE ⓞ 🕏
– 🕾 03 44 62 91 11 – www.parco-san-marco.com – Fax 03 44 62 91 12 – chiuso dal 7 gennaio al 25 marzo
110 suites ☑ – †120/170 € ††244/590 € – ½ P 156/339 €
Rist – Carta 37/56 €
Rist Grotto San Marco – (aprile-ottobre) Carta 19/49 €
♦ Ottima struttura in stile svizzero-tedesco, suddivisa in diversi edifici digradanti sul lago. Moderne suite, più o meno spaziose, con angolo cottura. Paradiso dei bambini grazie alle tante attività e spazi a loro dedicati. Assolutamente completo nella gamma dei servizi offerti.

POROTTO-CASSANA – Ferrara – 562 H16 – Vedere Ferrara

PORRETTA TERME – Bologna (BO) – **562** J14 – **4 786 ab.** – **alt. 349 m**   9 C2
– ✉ 40046

> ▶ Roma 345 – Bologna 59 – Firenze 72 – Milano 261
>
> 🅸 piazza Libertà 11 ℰ 0534 22021, iat@comune.porrettaterme.bo.it, Fax 0534 22328

🏠🏠🏠 **Helvetia**   📺 🕒 🐾 ⅙ ⛱ 🛗 👭 🚭 ⅘ ☀ 🎱 🚗 VISA ⬤ 🌓
piazza Vittorio Veneto 11 – ℰ 0 53 42 22 14 – www.helvetiabenessere.it
– Fax 0 53 42 22 79 – chiuso dal 3 al 13 maggio
48 cam ⊆ – †105/115 € ††135/145 € – ½ P 125/145 €   **Rist** – Carta 33/46 €
♦ Preparatevi ad un viaggio nel benessere: dalla familiare accoglienza tipicamente emiliana, ai rilassanti spazi destinati alle cure termali e mediche incorniciati in una suggestiva architettura, alle riposanti moderne camere... L'attenzione alla salute continua a tavola, con prodotti integrali e menu personalizzati.

🏠🏠 **Santoli**   🚃 🕒 ⅙ ⛱ 🛗 👭 ⅘ 🎱 🛡 🅿 🚗 VISA ⬤ AE ⓞ 🌓
via Roma 3 – ℰ 0 53 42 32 06 – www.hotelsantoli.com – Fax 0 53 42 27 44
48 cam ⊆ – †60/100 € ††85/140 € – ½ P 60/80 €
Rist *Il Bassotto* – Carta 27/33 €
♦ Complesso adiacente alle terme, in grado di rispondere alle esigenze di una clientela di lavoro o turistica; pulizia, serietà e ampi spazi con alcuni dipinti di fantasia. Ristorante capiente, ornato da decorazioni stagionali tematiche, cucina tradizionale.

PORTALBERA – Pavia (PV) – **561** G9 – **1 513 ab.** – **alt. 64 m**   16 B3
– ✉ 27040

> ▶ Roma 540 – Piacenza 42 – Alessandria 68 – Genova 120

🍴 **Osteria dei Pescatori**   ⅘ ⬦ 🅿 VISA ⬤ 🌓
località San Pietro 13 – ℰ 03 85 26 60 85 – Fax 03 85 26 60 85
– chiuso dal 1° al 10 gennaio, dal 10 luglio al 1° agosto, mercoledì
Rist – Carta 23/33 €
♦ Semplice quanto piacevole trattoria di paese in una piccola frazione del Pavese. Il marito ai fornelli, la moglie in sala: la cucina è decisamente casalinga, dal gusto deciso, nonché legata al territorio. L'oca diventa la protagonista indiscussa di tanti piatti.

PORTESE – Brescia – Vedere San Felice del Benaco

PORTICO DI ROMAGNA – Forlì-Cesena (FC) – **562** J17 – **alt. 301 m**   9 C2
– ✉ 47010

> ▶ Roma 320 – Firenze 75 – Forlì 34 – Ravenna 61

🏠 **Al Vecchio Convento**   ⅘ rist, 🎱 VISA ⬤ AE 🌓
via Roma 7 – ℰ 05 43 96 70 53 – www.vecchioconvento.it – Fax 05 43 96 71 57
– chiuso dal 12 al 30 gennaio
15 cam ⊆ – †60 € ††94 € – ½ P 80 €   **Rist** – Carta 29/41 €
♦ Palazzotto ottocentesco in centro paese: consente ancora di respirare un'atmosfera piacevolmente retrò, del buon tempo antico che rivive anche nei mobili. Tre salette ristorante rustiche, con camini, cotto a terra e soffitto a travi.

PORTO AZZURRO – Livorno – **563** N13 – Vedere Elba (Isola d')

PORTOBUFFOLÈ – Treviso (TV) – **562** E19 – **835 ab.** – **alt. 11 m**   36 C2
– ✉ 31040

> ▶ Roma 567 – Belluno 58 – Pordenone 15 – Treviso 37

🏠🏠🏠 **Villa Giustinian** ॐ   🔔 🏡 🍸 ⅙ rist, 👭 🅰 ⅘ rist, 📞 🛡 🅿
via Giustiniani 11 – ℰ 04 22 85 02 44   VISA ⬤ AE ⓞ 🌓
– www.villagiustinian.it – Fax 04 22 85 02 60
– chiuso dal 3 al 29 gennaio
35 cam ⊆ – †100/130 € ††165/180 € – 8 suites – ½ P 120/130 €
Rist *Ai Campanili* – (chiuso dal 3 gennaio al 5 febbraio, domenica sera, lunedì, aperto lunedì sera da maggio al 15 ottobre) Carta 32/62 €
♦ Nella Marca Trevigiana, prestigiosa villa veneta del XVII secolo, sita in un parco; offre suite ampie e di rara suggestione, decorate da fastosi stucchi e affreschi. Ristorante con cucina di mare nella barchessa.

PORTO CESAREO – Lecce (LE) – **564** G35 – 5 425 ab. – ⊠ 73010   **27** D3
  ▶ Roma 600 – Brindisi 55 – Gallipoli 30 – Lecce 27

🏨   **Lo Scoglio** 🕭   ⩽ 🚗 � ⴺ 🎿 🛠 P VISA ⵕ AE ① ⟆
  isola Lo Scoglio, raggiungibile in auto – 𝒞 08 33 56 90 79 – www.isolaloscoglio.it
  – *Fax* 08 33 56 90 78
  45 cam ⊊ – †50/78 € ††90/130 € – ½ P 99 €
  Rist – *(chiuso novembre, martedì escluso da giugno a settembre)* Carta 23/35 €
  ♦ Sito su un isolotto collegato alla terraferma da un ponticello, l'hotel è circondato da un
  giardino, vanta ambienti di arredo classico ed è ideale per una vacanza culturale. In cucina, i
  sapori della tradizione italiana.

PORTO D'ASCOLI – Ascoli Piceno (AP) – **563** N23 – **Vedere San Benedetto del
Tronto**

PORTO ERCOLE – Grosseto (GR) – **563** O15 – ⊠ 58018 ▌Toscana   **29** C3
  ▶ Roma 159 – Grosseto 50 – Civitavecchia 83 – Firenze 190

🏨   **Don Pedro** ⩽ 🚝 🖪 AC cam, ⴺ P 🚗 VISA ⵕ AE ⟆
  via Panoramica 7 – 𝒞 05 64 83 39 14 – www.hoteldonpedro.it
  – *Fax* 05 64 83 31 29 – *Pasqua-ottobre*
  60 cam ⊊ – †80/125 € ††110/170 € – ½ P 85/115 €
  Rist – *(Pasqua-settembre) (chiuso a mezzogiorno)* Carta 38/50 €
  ♦ In posizione dominante il porto - con una bella visuale dell'intera insenatura - vi godrete
  ampi spazi comuni e stanze con arredi di vario stile: moderno, veneziano e vagamente spa-
  gnoleggiante. Il comfort è unico! Piatti toscani e pesce accomodati nella grande sala dalle
  ampie vetrate.

🍴🍴   **Il Gambero Rosso** ⩽ 🚝 VISA ⵕ AE ① ⟆
  lungomare Andrea Doria 62 – 𝒞 05 64 83 26 50 – *Fax* 05 64 83 70 49 – *chiuso
  dal 15 novembre al 15 febbraio, mercoledì*
  Rist – Carta 40/55 €
  ♦ Un punto di riferimento per il pesce, a Porto Ercole, preso d'assalto nei fine settimana; un
  classico locale sulla passeggiata, con servizio estivo in terrazza sul porto.

sulla strada Panoramica Sud-Ovest : 4,5 km :

🏨🏨   **Il Pellicano** 🕭 ⩽ 🚗 🚝 🏊 🛁 Ⅰ♨ 🛠 AC 🛠 rist, 🕻 🎿 🚗
  località Lo Sbarcatello – 𝒞 05 64 85 81 11   VISA ⵕ AE ① ⟆
  – www.pellicanohotel.com – *Fax* 05 64 83 34 18 – 15 aprile-17 ottobre
  40 cam ⊊ – †385/830 € ††420/865 € – 10 suites – ½ P 298/521 €
  Rist Il Pellicano – vedere selezione ristoranti
  Rist – *(maggio-settembre)* Carta 70/90 €
  ♦ Nato come inno all'amore di una coppia anglo-americana che qui volle creare il proprio
  nido: in uno dei punti più esclusivi della Penisola, villini indipendenti tra verde e ulivi. Specialità toscane al ristorante.

🍴🍴🍴   **Il Pellicano** (Antonio Guida)   ⩽ 🚝 🏊 🛠 AC 🛠 VISA ⵕ AE ① ⟆
  🟣🟣   *località Lo Sbarcatello* ⊠ 58018 – 𝒞 05 64 85 81 11 – www.pellicanohotel.com
  – *Fax* 05 64 83 34 18 – 15 aprile-17 ottobre
  Rist – *(chiuso a mezzogiorno)* Menu 90/110 € – Carta 91/130 € 🕸
  Spec. Scampi e rana pescatrice in tempura con tartare di acciughe e salsa
  agrodolce. Risotto al nero di seppia e salvia con calamaretti spillo e crema di
  riso alla curcuma. Petto di piccione affogato con scaloppa di fegato grasso e
  crema di mais.
  ♦ Belle piante ornano il ristorante dal taglio semplice ed elegante, dove gustare una cucina
  di grandi virtuosismi che moltiplica le combinazioni inedite e le cotture ricercate.

PORTOFERRAIO – Livorno – **563** N12 – **Vedere Elba (Isola d')**

PORTOFINO – Genova (GE) – **561** J9 – 508 ab. – ⊠ 16034 ▌Italia   **15** C2
  ▶ Roma 485 – Genova 38 – Milano 171 – Rapallo 8
  🛈 via Roma 35 𝒞 0185 269024, iat.portofino@provincia.genova.it,
  Fax 0185 269024
  🔲 Località e posizione pittoresca★★★ ⩽★★★ dal Castello
  🟢 Passeggiata al faro★★★ Est : 1 h a piedi AR – Strada panoramica★★★ per
  Santa Margherita Ligure Nord – Portofino Vetta★★ Nord-Ovest : 14 km
  (strada a pedaggio) – San Fruttuoso★★ Ovest : 20 mn di motobarca

Splendido – (dipendenza: Splendido Mare)
salita Baratta 16 — 📞 01 85 26 78 01 – www.hotelsplendido.com – Fax 01 85 26 78 06 – 2 aprile-24 ottobre
56 cam ☐ – ♦517/638 € ♦♦880/1474 € – 8 suites **Rist** – Carta 71/134 €
◆ Nella magnifica cornice del Golfo del Tigullio, questo esclusivo hotel si propone come un microcosmo di eleganza e raffinatezza. Confort di ottimo livello e cura del dettaglio nelle lussuose camere: la maggior parte delle quali dotate di balcone o terrazza con vista sulla baia. Piatti di ligure memoria al ristorante.

Splendido Mare
via Roma 2 – 📞 01 85 26 78 02 – www.hotelsplendido.com – Fax 01 85 26 78 07 – 23 aprile-17 ottobre
14 cam ☐ – ♦517/671 € ♦♦671/1023 € – 2 suites – ½ P 492/512 €
Rist – Carta 65/107 €
◆ Posizionato proprio sulla nota piazzetta di questa capitale della mondanità, un gioiellino dell'hotellerie locale: per soggiornare nel pieno confort e nella comoda eleganza. Sarà piacevole pasteggiare al ristorante, in un contesto di tono e solo per pochi.

Piccolo Hotel
via Duca degli Abruzzi 31 – 📞 01 85 26 90 15 – www.dominavacanze.it – Fax 01 85 26 96 21 – marzo-4 novembre
23 cam ☐ – ♦♦200/650 € – ½ P 150/375 €
Rist – (solo per alloggiati) Menu 30/50 €
◆ Totalmente rinnovato, questo piccolo hotel nella baia del Canone sfoggia - ora - un look moderno e accattivante: un intrigante gioco di bianco e nero, affascinante come la località che la ospita. Ampie le camere.

San Giorgio senza rist
via del Fondaco 11 – 📞 01 85 26 69 91 – www.portofinohsg.it – Fax 01 85 26 71 39 – 10 marzo-5 novembre
18 cam ☐ – ♦250/310 € ♦♦310/480 €
◆ A monte del centro storico, piccolo hotel rinnovato con buon gusto e soluzioni tecnologiche all'avanguardia. Nella ristrutturazione della risorsa si è deliberatamente optato per mantenere forme e colori antichi, nonché la sobria ardesia che ora adorna gli spazi interni ed esterni. Mobili chiari e pareti pastello.

Il nome di un ristorante in rosso evidenzia una « promessa ».
Il locale potrebbe accedere ad una categoria superiore: prima stella o stella supplementare. Tali esercizi sono elencati nella lista delle tavole stellate all'inizio della guida.

PORTOFINO (Promontorio di) – Genova 📗 Italia

PORTO GARIBALDI – Ferrara – **563** H18 – Vedere Comacchio

PORTOGRUARO – Venezia (VE) – **562** E20 – 25 198 ab. – ✉ 30026   **36** D2
📗 Italia

   � Roma 584 – Udine 50 – Belluno 95 – Milano 323
   ℹ corso Martiri della Libertà 19-21 📞 0421 73558, info@portogruaroturismo.it, Fax 0421 72235
   ◎ corso Martiri della Libertà★★ – Municipio★

La Meridiana senza rist
via Diaz 5 – 📞 04 21 76 02 50 – Fax 04 21 76 02 59 – chiuso dal 22 al 30 dicembre
13 cam ☐ – ♦67 € ♦♦90 €
◆ Villino di fine '800 che sorge proprio di fronte alla stazione; una comoda risorsa, con poche camere, accoglienti e personalizzate. Familiare, piccolo e curato.

PORTOMAGGIORE – Ferrara (FE) – **562** H17 – 12 272 ab. – alt. 3 m   **9** C2
– ✉ 44015

   � Roma 398 – Bologna 67 – Ferrara 25 – Ravenna 54

a Quartière Nord-Ovest : 4,5 km – ✉ 44019

🍴🍴 **La Chiocciola** con cam ♨ ⛱ ♿ rist, [AC] 🚭 [P] VISA 💳 [AE] ⓓ 💲
via Runco 94/F – ☎ 05 32 32 91 51 – www.locandalachiocciola.it
– Fax 05 32 32 91 51 – chiuso dal 7 al 17 gennaio, dal 6 al 20 giugno e dal 1° al 12 settembre
6 cam ☕ – 👤60 € 👥75 €
Rist – *(chiuso domenica sera, lunedì, in luglio-agosto anche domenica a mezzogiorno)* Carta 24/53 € ❀
◆ Ricavato con originalità da un vecchio magazzino di deposito del grano, il locale è curato sin nei dettagli e propone specialità locali dall'oca, alle rane e alle lumache. Sobrie e funzionali le camere.

PORTO MANTOVANO – Mantova – Vedere Mantova

PORTO MAURIZIO – Imperia – 561 K6 – Vedere Imperia

PORTONOVO – Ancona – 563 L22 – Vedere Ancona

PORTOPALO DI CAPO PASSERO – Siracusa (SR) – 365 AZ63 – Vedere Sicilia alla fine dell'elenco alfabetico

PORTO POTENZA PICENA – Macerata (MC) – 563 L22 – ✉ 62018 21 D2

▶ Roma 276 – Ancona 36 – Ascoli Piceno 88 – Macerata 32
[i] piazza Stazione 9 ☎ 0733 687927, info@prolocoportopotenza.it, Fax 0733 687927

🏠 **La Terrazza** 🛗 ♿ cam, [AC] 🚭 📶 [P] VISA 💳 [AE] ⓓ 💲
via Rossini 86 – ☎ 07 33 68 82 08 – www.hotellaterrazza.com
– Fax 07 33 68 83 64
21 cam ☕ – 👤50/60 € 👥70/78 € **Rist** – *(chiuso mercoledì)* Menu 25/55 €
◆ Entro un piacevole edificio liberty-moderno, una piccola risorsa, da poco rinnovata e a gestione familiare, in una tranquilla via interna, comunque non distante dal mare. In una bella sala dai toni eleganti proverete una rinomata cucina di pescato.

PORTO RECANATI – Macerata (MC) – 563 L22 – 11 786 ab. – ✉ 62017 21 D2

▶ Roma 292 – Ancona 29 – Ascoli Piceno 96 – Macerata 32
[i] corso Matteotti 111 ☎ 071 9799084, iat.portorecanati@regione.marche.it, Fax 071 7597413

🏠🏠 **Mondial** 🛗 [AC] 🚭 📶 🏋 [P] 🚗 VISA 💳 [AE] ⓓ 💲
💰 *viale Europa 2 – ☎ 07 19 79 91 69 – www.mondialhotel.com*
– Fax 07 17 59 00 95
42 cam ☕ – 👤60/95 € 👥80/126 € – ½ P 78/95 €
Rist – *(chiuso dal 20 dicembre al 10 gennaio) (chiuso a mezzogiorno da ottobre a maggio)* Carta 19/37 € (+10 %)
◆ Alle porte della località, arrivando da sud, una risorsa che si mantiene costantemente aggiornata con camere spaziose, lineari ed essenziali. Ristorante al primo piano con proposte a menu fisso o à la carte.

sulla strada per Numana Nord : 4 km :

🏠🏠 **Il Brigantino** ≤ 🏖 🛗 ♿ [AC] 🚭 rist, 📶 🏋 [P] VISA 💳 [AE] ⓓ 💲
viale Ludovico Scarfiotti 10/12 – ☎ 0 71 97 66 84 – www.brigantinohotel.it
– Fax 0 71 97 66 84
44 cam ☕ – 👤55 € 👥87 €
Rist – *(chiuso domenica sera in inverno; in luglio-agosto solo Pens. 106/190 €)* Carta 25/55 €
◆ A pochi metri dal mare, nella cornice dei monti del Conero che si alzano sullo sfondo, albergo rinnovato con scenografica terrazza sul blu. Optate per le camere vista mare. Gradevole ristorante panoramico.

%% Dario ⚡ ⬦ P VISA ⬤ 丂

via Scossici 9 ⊠ 62017 – ℰ 071 97 66 75 – www.ristorantedario.com
– Fax 071 97 66 75 – chiuso dal 23 dicembre al 26 gennaio, domenica sera
(escluso luglio-agosto), lunedì
Rist – Carta 43/63 €

♦ Sulla spiaggia, a poche centinaia di metri dai monti del Conero, una graziosa casetta con persiane rosse: il pesce dell'Adriatico e una trentennale gestione.

PORTO SAN GIORGIO – Ascoli Piceno (AP) – **563** M23 – **16 091 ab.**   21 D2
– ⊠ 63017

▶ Roma 258 – Ancona 64 – Ascoli Piceno 61 – Macerata 42

ℹ via Oberdan 6 ℰ 0734 678461, iat.portosangiorgio@regione.marche.it,
Fax 0734 678461

🏨 David Palace ← 🍸 📶 🕹 🄰🄲 🗇 ℅ ⵯ 🎵 🕸 VISA ⬤ 🄰🄴 ① 丂

lungomare Gramsci sud 503 – ℰ 0734 67 68 48 – www.hoteldavidpalace.it
– Fax 0734 67 64 68
50 cam ⊡ – †80/120 € ††120/180 € – ½ P 90/102 €
Rist – *(chiuso dal 7 al 31 gennaio, domenica sera)* Carta 32/40 €

♦ Di fronte al porto turistico, la risorsa annovera una hall con disponibilità di quotidiani e confortevoli camere di varie tipologie e con prezzi differenti. Specialità marinare e marchigiane presso l'elegante ristorante.

🏨 Il Timone 📶 ⁂🕹 🄰🄲 ℅ rist. 🎵 🕸 P VISA ⬤ 🄰🄴 ① 丂

via Kennedy 85 – ℰ 0734 67 95 05 – www.hoteltimone.com – Fax 0734 67 95 56
75 cam ⊡ – †105 € ††150 € – ½ P 135 €   **Rist** – Carta 41/61 € (+10 %)

♦ Una risorsa a spiccata vocazione commerciale articolata su due corpi separati - uno dei quali recentemente ribnnovato - dispone di camere dai moderni confort. Spaziose sale da pranzo, con proposte gastronomiche legate alla tradizione italiana.

🏨 Il Caminetto ← 📶 🕹 rist. 🄰🄲 ℅ cam. 🎵 🕸 P ⇔ VISA ⬤ 🄰🄴 ① 丂

lungomare Gramsci 365 – ℰ 0734 67 55 58 – www.hotelcaminetto.it
– Fax 0734 67 34 77
34 cam ⊡ – †75/100 € ††120/160 € – ½ P 80/105 €
Rist – *(chiuso lunedì)* Carta 30/50 €

♦ Frontemare, l'esercizio è adatto per un soggiorno balneare ma anche per una clientela commerciale ed è dotata di un ascensore panoramico in vetro che conduce alle camere. Presso la capiente sala da pranzo arredata nelle calde tinte del rosa e dell'arancione, proposte di stampo nazionali e di pesce.

%% Damiani e Rossi 🍱 P VISA ⬤ 丂

via della Misericordia 7, Ovest : 2 km – ℰ 0734 67 44 01
– www.trattoriadamianierossi.com – ottobre-aprile; chiuso lunedì, martedì
Rist – *(chiuso a mezzogiorno escluso domenica)* Carta 42/57 € 🏵

♦ In posizione elevata dominante sul paese, una casa semplice ed isolata dagli spazi raffinati dove assaporare piatti tipici realizzati con vena creativa.

% Damiani e Rossi Mare 🍱 VISA ⬤ 丂

concessione 29 lungomare Gramsci – ℰ 0734 67 44 01 – maggio-settembre
Rist – Menu 65 € – Carta 35/56 €

♦ Ristorante estivo del *Damiani e Rossi:* anche in questa sede la cucina propone gustosi piatti regionali - soprattutto a base di pesce - elaborati con estro e fantasia.

PORTO SANTA MARGHERITA – Venezia – Vedere Caorle

PORTO SANT'ELPIDIO – Ascoli Piceno (AP) – **563** M23 – **24 755 ab.**   21 D2
– ⊠ 63018

▶ Roma 265 – Ancona 53 – Ascoli Piceno 70 – Pescara 103

%% Il Baccaro 🄰🄲 ℅ VISA ⬤ 🄰🄴 ① 丂

via San Francesco d'Assisi 41 – ℰ 0734 90 34 36 – www.ilsibillino.it
– Fax 0734 90 34 36 – chiuso mercoledì
Rist – *(chiuso a mezzogiorno escluso da settembre a maggio)* Carta 28/35 €

♦ All'ingresso, un salotto-enoteca arredato con un grande bancone in legno, dove concedersi un rilassante aperitivo. Al piano superiore, un paio di eleganti salette nelle quali apprezzare la creatività dei due giovani chef: abili nel ricomporre ricette ormai note.

XX **La Lampara** 🛆 AC ✿ VISA ◎ AE ① ⛇
via Potenza 22 – 𝒞 07 34 90 02 41 – chiuso dal 1° al 15 settembre, lunedì
Rist – Carta 30/45 €

♦ A pochi passi dal mare, il ristorante consta di due salette luminose arricchite da decorazioni murali, dove scegliere tra i molti piatti, esclusivamente a base di pesce.

PORTO SANTO STEFANO – Grosseto (GR) – **563** O15 – ⊠ **58019**   **29** C3
▌Toscana

    🄳 Roma 162 – Grosseto 41 – Civitavecchia 86 – Firenze 193
    🚢 per l'Isola del Giglio – Toremar, call center 892 123 - Maregiglio
    𝒞 0564 812920
    🄸 piazzale Sant'Andrea s.n.𝒞 0564 814208, infoargentario@lamaremma.info,
    Fax0564 814052
    ◉ ≼★ dal forte aragonese

X **La Fontanina** ≼ 🛆 P̲ VISA ◎ AE ① ⛇
località San Pietro, Sud : 3 km – 𝒞 05 64 82 52 61 – www.lafontanina.com
– Fax 05 64 81 76 20 – chiuso dal 7 gennaio al 14 febbraio, dal 5 al
30 novembre, mercoledì
Rist – Carta 35/55 € (+12 %)

♦ Servizio estivo sotto un pergolato: siamo in aperta campagna, attorniati da vigneti e frutteti. Solo la musica di cicale e grilli accompagna leccornie di pesce e buoni vini.

a Santa Liberata Est : 4 km – ⊠ 58010

🏥 **Villa Domizia** ≼ 🚗 �& AC ॐ rist, ☞ 🖄 P VISA ◎ AE ① ⛇
♋ *strada provinciale 161, 40 – 𝒞 05 64 81 27 35 – www.villadomizia.it*
– Fax 05 64 81 11 19 – marzo-novembre
39 cam ☲ – †85/180 € ††108/220 € – ½ P 116/140 €   **Rist** – Carta 20/46 €

♦ Pochi km separano la località da Orbetello e Porto Santo Stefano. Qui, una villetta proprio sul mare e una caletta privata allieteranno il vostro soggiorno. Belle camere (chiedete tuttavia quelle più nuove). Accattivante ubicazione della sala da pranzo: sarà come mangiare sospesi nell'azzurro.

a Cala Piccola Sud-Ovest : 10 km – ⊠ 58019 Porto Santo Stefano

🏥 **Torre di Cala Piccola** ॐ ≼ 🚗 ᴣ AC 🖄 P VISA ◎ AE ① ⛇
– 𝒞 05 64 82 51 11 – www.torredicalapiccola.com – Fax 05 64 82 52 35
– marzo-ottobre
51 cam ☲ – ††195/380 € – 1 suite – ½ P 138/235 €
Rist – (prenotazione obbligatoria) Carta 47/73 €

♦ Attorno ad una torre spagnola del '500, nucleo di rustici villini nel verde di pini marittimi, oleandri e olivi su un promontorio panoramico: Giglio, Giannutri e Montecristo davanti a voi! Sala classica per il ristorante, più emozionante il servizio all'aperto.

PORTOSCUSO – Carbonia-Iglesias (CI) – **366** L48 – Vedere Sardegna alla fine
dell'elenco alfabetico

PORTO TORRES – Sassari (SS) – Vedere Sardegna alla fine dell'elenco
alfabetico

PORTOVENERE – La Spezia (SP) – **561** J11 – 3 995 ab. – ⊠ 19025   **15** D2
▌Italia

    🄳 Roma 430 – La Spezia 15 – Genova 114 – Massa 47
    🄸 piazza Bastreri 7 𝒞 0187 790691, box@portovenere.it, Fax 0187 790215
    ◉ Località ★★

🏨 **Royal Sporting** ≼ 🚗 🛆 ᴣ Ló ॐ 🛗 AC 🖄 🏊 VISA ◎ AE ① ⛇
via dell'Olivo 345 – 𝒞 01 87 79 03 26 – www.royalsporting.com
– Fax 01 87 77 77 07 – 18 marzo-ottobre
51 cam ☲ – †100/160 € ††160/250 € – 5 suites – ½ P 118/170 €
Rist Dei Poeti – Carta 30/80 €

♦ Un po' defilato rispetto al minuto e pittoresco borgo, ma sul lungomare e dotato di una magica piscina su terrazza panoramica, un albergo direttamente affacciato sul blu. Servizio pranzo, oltre alla colazione, ai bordi della piscina con acqua di mare.

PORTOVENERE

Grand Hotel Portovenere ⟨ 🏨 🏊 🅰 🅲 📶 🅰 VISA ⓜ AE ① 💲

via Garibaldi 5 – ℰ 01 87 79 26 10
– www.portovenerehotel.it – Fax 01 87 79 06 61
52 cam ☞ – 🛏91/169 € 🛏🛏139/226 € – 2 suites – ½ P 99/152 €
Rist Al Convento – *(chiuso da novembre a febbraio escluso sabato-domenica e i giorni festivi)* Carta 39/61 €

♦ Ricavata all'interno di un monastero del 1300, una seducente finestra sul variopinto porticciolo di Portovenere: ambiente signorile, con interni moderni, e deliziosa beauty farm in una struttura adiacente (sempre di proprietà). Ristorante nel refettorio dell'antico convento; servizio estivo in terrazza panoramica.

Locanda Lorena con cam ⟨ 🏨 🅰🅲 cam, VISA ⓜ AE ① 💲

via Cavour 4, (sull'isola Palmaria) – ℰ 01 87 79 23 70 – www.locandalorena.it
– Fax 01 87 76 60 77 – febbraio-novembre; chiuso mercoledì escluso da giugno ad agosto
6 cam ☞ – 🛏90/120 € 🛏🛏120/150 € **Rist** – Carta 29/57 €

♦ Il servizio barca privato vi condurrà sull'isola Palmaria dove potrete apprezzare piatti di pesce freschissimo e soggiornare immersi nella quiete della natura.

a Le Grazie Nord : 3 km – ⌧ 19025 Le Grazie Varignano

Della Baia ⟨ 🏊 🅰🅲 📶 🅰 VISA ⓜ AE ① 💲

via lungomare Est 111 – ℰ 01 87 79 07 97 – www.baiahotel.com
– Fax 01 87 79 00 34
34 cam ☞ – 🛏70/105 € 🛏🛏130/176 € – ½ P 95/118 €
Rist – *(chiuso gennaio)* Carta 33/48 €

♦ In quel gioiellino che è il porticciolo delle Grazie, con la sua tranquilla caletta e l'antico borgo, un hotel familiare dal buon confort e affaccio sul mare. Cucina di pesce e regionale nel ristorante recentemente rinnovato: luminosa veranda, che si apre quasi completamente in estate.

POSITANO – Salerno (SA) – **564** F25 – **3 953 ab.** – ⌧ **84017** ▮ Italia   **6** B2
▶ Roma 266 – Napoli 57 – Amalfi 17 – Salerno 42
🛈 via del Saracino 4 ℰ 089 875067, positanoaast@posinet.it, Fax 089 875760
◉ Località ★★
◉ Vettica Maggiore : ⟨ ★★ Sud-Est : 5 km

San Pietro ⟨ 🏊 🅵🅰 🅰🅲 cam, 📶 rist, 🅰 🅿

via Laurito 2, Est: 2 km – ℰ 0 89 87 54 55
– www.ilsanpietro.it – Fax 0 89 81 14 49 – aprile-3 novembre
55 cam ☞ – 🛏400/630 € 🛏🛏420/650 € – 7 suites
Rist San Pietro – vedere selezione ristoranti
Rist – *(maggio-ottobre) (chiuso la sera) (solo per alloggiati)* Carta 30/50 €

♦ E' stato definito uno degli alberghi più belli del mondo. Invisibile all'esterno, si snoda in un promontorio affacciato su Positano su cui sembra rivaleggiare in bellezza.

Le Sirenuse ⟨ 🚗 🏊 🅵🅰 🅰🅲 cam, 🅰 🅿

via Colombo 30 – ℰ 0 89 87 50 66 – www.sirenuse.it
– Fax 0 89 81 17 98 – marzo-novembre
61 cam ☞ – 🛏506/1386 € 🛏🛏550/1386 € – 2 suites
Rist La Sponda – *(consigliata la prenotazione)* Carta 67/127 € ❀
Rist Oyster e Champagne bar – *(giugno-settembre)* Carta 67/95 €

♦ Nel centro della località, un'antica dimora patrizia trasformata in raffinato e storico hotel negli anni '50: terrazza panoramica con piscina riscaldata e charme, ovunque. Imperdibile una cena a lume di candela nell'ambiente ricco di fascino del ristorante. Due terrazze estive per finger-food, sushi e tante bollicine all'Oyster e Champagne bar.

Covo dei Saraceni ⟨ 🏊 🅰🅲 rist, 🅰 VISA ⓜ AE ① 💲

via Regina Giovanna 5 – ℰ 0 89 87 54 00 – www.covodeisaraceni.it
– Fax 0 89 87 58 78 – aprile-18 ottobre
61 cam ☞ – 🛏🛏264/296 € – ½ P 174/190 €
Rist – *(consigliata la prenotazione)* Carta 40/67 € (+15 %)

♦ Un'antica casa di pescatori, al limitar del mare, legata alla saga saracena: oggi, elegante hotel con angoli signorili e ottimo servizio. All'ultimo piano, la terrazza con piscina. Da sogno! Indimenticabili pasti all'aperto avvolti dalla brezza marina sotto il pergolato.

Le Agavi

via Marconi 127, località Belvedere Fornillo – ☎ *0 89 87 57 33* – *www.agavi.it*
– Fax 0 89 87 59 65 – *21 aprile-20 ottobre*
50 cam ☑ – ♦♦290/550 € – 5 suites – ½ P 205/335 €   **Rist** – Menu 60 €
♦ Poco fuori Positano, lungo la Costiera, una serie di terrazze digradanti sino al mare, dove si scende con ascensori e funicolare in una riuscita sintesi tra elegante confort e natura. La vista? Mozzafiato! Sala da pranzo dalle tonalità mediterranee e ristorante estivo in spiaggia.

Palazzo Murat

via dei Mulini 23 – ☎ *0 89 87 51 77* – *www.palazzomurat.it* – *Fax 0 89 81 14 19*
– Pasqua-14 novembre
31 cam ☑ – ♦120/235 € ♦♦220/475 €
Rist Al Palazzo – vedere selezione ristoranti
♦ Barocco napoletano in questo bel palazzo dotato di splendida terrazza-giardino, scelto da Murat quale dimora estiva. Charme tra gli scorci suggestivi nel cuore del borgo antico e camere incantevoli.

Villa Franca e Residence

viale Pasitea 318 – ☎ *0 89 87 56 55*
– www.villafrancahotel.it – *Fax 0 89 87 57 35*
37 cam ☑ – ♦160/360 € ♦♦180/410 € – ½ P 135/250 €
Rist – *(aprile-ottobre)* Carta 32/52 €
♦ Nella parte alta della località, tripudio di bianco, di blu, di giallo, di luce che penetra ovunque: un'ambientazione molto elegante e una terrazza panoramica con piscina.

Poseidon

via Pasitea 148 – ☎ *0 89 81 11 11* – *www.hotelposeidonpositano.it*
– Fax 0 89 87 58 33 – *22 aprile-ottobre*
46 cam ☑ – ♦270/300 € ♦♦280/310 € – 3 suites – ½ P 180/195 €
Rist – Menu 40 €
♦ Tipicamente mediterranea questa casa anni Cinquanta, sorta come abitazione e successivamente trasformata in hotel, dispone di un'ampia e panoramica terrazza-giardino con piscina. Incantevole pergolato dai profumi locali, per pasti memorabili con sapori regionali.

Eden Roc

via G. Marconi 110 – ☎ *0 89 87 58 44* – *www.edenroc.it* – *Fax 0 89 87 55 52*
– marzo-novembre
26 cam ☑ – ♦100/180 € ♦♦225/380 € – 3 suites – ½ P 163/240 €
Rist – Carta 34/56 €
♦ Uno dei primi alberghi che si incontrano provenendo da Amalfi. Il servizio è di buon livello e le camere, quasi tutte junior-suite, brillano per dimensioni, raffinatezza e confort. Pasti al ristorante o sulla terrazza con piscina e vista sulla costa.

Marincanto senza rist

via Colombo 50 – ☎ *0 89 87 51 30* – *www.marincanto.it* – *Fax 0 89 87 55 95*
– aprile-3 novembre
25 cam ☑ – ♦140/190 € ♦♦170/210 € – 1 suite
♦ Completamente restaurato qualche anno fa, elegante hotel con bella terrazza-giardino; invitanti poltrone bianche nella hall, arredi stile mediterraneo, camere con vista mare.

Posa Posa

viale Pasitea 165 – ☎ *08 98 12 23 77* – *www.hotelposaposa.com*
– Fax 08 98 12 20 89 – *chiuso dal 3 gennaio al 26 febbraio*
24 cam ☑ – ♦♦90/258 € – ½ P 80/169 €
Rist – *(aprile-ottobre) (chiuso a mezzogiorno) (solo per alloggiati)* Carta 30/40 €
♦ Delizioso edificio a terrazze nel tipico stile di Positano, con una splendida veduta del mare e della città; arredi in stile nelle camere, dotate di ogni confort. All'ultimo piano, il bel ristorante: il panorama? Ça va sans dire.

Punta Regina senza rist

viale Pasitea 224 – ☎ *0 89 81 20 20* – *www.puntaregina.com*
– Fax 08 98 12 31 61 – *aprile-novembre*
18 cam ☑ – ♦130/250 € ♦♦150/295 €
♦ Hotel di piccole dimensioni con una terrazza panoramica sulla quale viene allestita la prima colazione e graziose camere, quelle al primo piano con terrazzi molto ampi abbelliti da piante.

Buca di Bacco ⌖ ⫷ 🏠 🚻 🆔 cam, 🚭 VISA ⓶ AE ⓪ ⭘
via rampa Teglia 4 – ☏ 08 98 75 69 9 – www.bucadibacco.it – Fax 08 98 75 73 1
– aprile-ottobre
47 cam ⊑ – †170/210 € ††230/275 €
Rist *Buca di Bacco* – Carta 33/59 €
♦ Da un'originaria taverna - sorta ai primi del '900 come covo di artisti - un hotel creato da tre corpi collegati, estesi dalla piazzetta alla spiaggia. Il buon livello di confort non risparmia le camere. Al ristorante: lampadari moderni e una bella veranda protesa sul blu. In tavola, trionfa il pesce.

Casa Albertina ⌖ ⫷ 🏠 🚻 🆔 ⸯ VISA ⓶ AE ⭘
via della Tavolozza 3 – ☏ 08 98 75 14 3 – www.casalbertina.it
– Fax 08 98 11 54 0
20 cam ⊑ – †90/190 € ††120/240 €
Rist – Carta 44/62 €
♦ Sul percorso della mitica Scalinatella, che da Punta Reginella conduce alla parte alta della località, una tipica dimora positanese: intima, quieta, di familiare eleganza. Al ristorante, una sobria atmosfera, servizio attento e piatti soprattutto di mare. Bel dehors sul terrazzino.

Miramare senza rist ⌖ ⫷ 🆔 ⸯ 🅿 VISA ⓶ AE ⓪ ⭘
via Trara Genoino 27 – ☏ 08 98 75 00 2 – www.miramarepositano.it
– Fax 08 98 75 21 9 – aprile-ottobre
16 cam ⊑ – †135/150 € ††185/320 €
♦ Totalmente rinnovato, un rifugio da cui godere della posizione tranquilla e della vista sulla spiaggia, sul mare e sulla costa, persino da alcuni bagni con vetrate a 360°.

Savoia senza rist ⫷ 🚻 🆔 ⸯ VISA ⓶ AE ⭘
via Colombo 73 – ☏ 08 98 75 00 3 – www.savoiapositano.it – Fax 08 98 11 84 4
– chiuso dal 2 novembre al 29 dicembre
39 cam ⊑ – †95/130 € ††140/200 €
♦ Tipica costruzione locale, con pavimenti in maiolica (il disegno per la sala colazioni è unico) e soffittature costituite da volte a cupola. Una gestione piacevolmente familiare, per vivere il cuore di Positano.

Montemare ⫷ 🏠 🆔 ⸯ 🅿 VISA ⓶
viale Pasitea 119 – ☏ 08 98 11 35 1 – www.hotelmontemare.it
– Fax 08 98 11 25 1
23 cam ⊑ – †100/130 € ††130/230 € – 2 suites
Rist *Il Capitano* – (16 marzo-14 novembre) Carta 40/70 €
♦ Tavoli sulla terrazza con vista che spazia sul mare e sulla costa, ambienti dalla semplice gradevolezza, essenziali e funzionali, andamento familiare; a metà del paese. Servizio ristorante estivo in terrazza panoramica, ove il bianco spicca sul blu del mare.

Royal Prisco senza rist 🆔 ⸯ VISA ⓶ AE ⓪ ⭘
viale Pasitea 102 – ☏ 08 98 12 20 22 – www.royalprisco.com
– Fax 08 98 12 30 42 – aprile-10 novembre
15 cam ⊑ – †120/170 € ††150/190 €
♦ Giovane gestione per questo piccolo, ma grazioso hotel: un imponente scalone conduce alle spaziose camere, dove vi sarà anche servita la prima colazione.

Reginella senza rist ⫷ 🆔 🚭 ⸯ VISA ⓶ AE ⭘
via Pasitea 154 – ☏ 08 98 75 32 4 – www.reginellahotel.it
– Fax 08 98 75 32 4 – chiuso dal 7 gennaio al 15 marzo e dall'8 novembre al 26 dicembre
10 cam ⊑ – ††100/180 €
♦ Bella vista di mare e costa da un hotel a gestione diretta, con camere semplici, ma ampie, tutte rivolte verso il mare; un'offerta più che dignitosa a un prezzo interessante.

Villa Rosa senza rist ⫷ 🆔 🚭 ⸯ VISA ⓶ AE ⭘
via Colombo 127 – ☏ 08 98 11 19 55 – www.villarosapositano.it
– Fax 08 98 12 11 2 – aprile-ottobre
12 cam ⊑ – ††165/185 € – 1 suite
♦ Bella villa a terrazze digradanti verso il mare, nel tipico stile di Positano: le camere hanno piacevoli arredi chiari (alcuni dipinti dalla proprietaria) ed enormi terrazze con vista da sogno.

⬆ **Villa La Tartana** senza rist ⟨icons⟩
vicolo Vito Savino 6/8 – ℰ 08 98 12 21 93 – www.villalatartana.it
– Fax 08 98 12 20 12 – aprile-ottobre
9 cam ⊊ – ♦♦160/170 €

♦ A due passi dalla spiaggia e al tempo stesso nel centro della località, bianca struttura dai "freschi" interni nei colori chiari e mediterranei. Piacevoli e ariose le camere, dove vi serviranno anche la prima colazione.

⬆ **La Fenice** senza rist ⟨icons⟩
via Marconi 8, Est : 1 km – ℰ 08 98 75 513 – Fax 08 98 11 30 09
12 cam ⊊ – ♦95 € ♦♦140 €

♦ Due ville distinte - una ottocentesca, l'altra d'inizio '900 - impreziosite dalla flora mediterranea che fa del giardino un piccolo orto botanico. La semplicità delle camere non le priva di personalità...Cento gradini per raggiungere il mare.

XXXX **San Pietro** ⟨icons⟩ cam, ⟨icons⟩
via Laurito 2, Est: 2 km – ℰ 08 98 75 455 – www.ilsanpietro.it
– Fax 08 98 11 44 91 – aprile-3 novembre
Rist – Carta 58/105 € (+15 %)
Spec. Zuppa di pomdoro fredda, bruschetta di gamberi gobetti. Triglie spadellate, tartare di finocchi, pomodoro e basilico. San Pietro arrosto con frutti di mare e cannolicchi gratinati.

♦ La cucina campana, una tra le più seducenti d'Italia, viene qui proposta creativamente con tutta la forza dei suoi colori e sapori. Il sogno diventa realtà grazie alla terrazza affacciata sul mare.

XXX **Al Palazzo** – Hotel Palazzo Murat ⟨icons⟩
via Dei Mulini 23/25 – ℰ 08 98 75 177 – www.ristorantealpalazzo.it
– Fax 08 98 11 41 19 – aprile-ottobre
Rist – *(chiuso a mezzogiorno)* Carta 45/79 € ⟨icon⟩

♦ Prelibati piatti - sia di mare sia di terra - da assaporare all'aperto in un piccolo angolo di paradiso: un incantevole giardino botanico nella corte del palazzo. All'interno, piccole ed eleganti salette per romantiche cene.

XX **Le Terrazze** ⟨icons⟩
via Grotte dell'Incanto 51 – ℰ 08 98 75 874 – www.leterrazzerestaurant.it
– Fax 08 98 12 28 07 – Pasqua-ottobre
Rist – *(chiuso a mezzogiorno)* Carta 43/75 €

♦ Ristorante in incantevole posizione sul mare; all'ingresso elegante wine bar, al primo piano due sale con vista su Praiano e Positano; suggestiva cantina scavata nella roccia.

X **Da Vincenzo** ⟨icons⟩
viale Pasitea 172/178 – ℰ 08 98 75 128 – www.davincenzo.it – marzo-novembre
Rist – Carta 38/63 €

♦ Nonno Vincenzo fondò il locale oltre 50 anni fa ed, oggi, l'omonimo nipote ne ha preso il timone. I piatti in menu, pur variando a seconda della disponibilità del mercato e del pescato, mantengono sempre quella inconfondibile impronta casareccia di un tempo.

X **La Cambusa** ⟨icons⟩
piazza Vespucci 4 – ℰ 08 98 12 051 – www.lacambusapositano.com
– Fax 08 98 75 432 – chiuso dal 6 gennaio a febbraio
Rist – Carta 36/74 €

♦ Nel cuore di Positano, nella piazzetta di fronte alla spiaggia, una specie di terrazza-veranda, un ambiente di sobria classicità; per gustare piatti legati al territorio.

X **Chez Black** ⟨icons⟩
via del Brigantino 19/21 – ℰ 08 98 75 036 – www.chezblack.it
– Fax 08 98 75 789 – chiuso dal 7 gennaio al 28 febbraio
Rist – Carta 32/47 € ⟨icon⟩ (+12 %)

♦ Una sorta di veranda fissa, in uno dei posti più strategici di Positano, proprio di fronte alla spiaggia; ampia sala marinara, aperta, fusione continua tra dentro e fuori.

POSTA FIBRENO – Frosinone (FR) – **563** Q23 – 1 232 ab. – alt. 430 m   **13 D2**
– ✉ 03030

▷ Roma 121 – Frosinone 40 – Avezzano 51 – Latina 91

POSTA FIBRENO

sulla strada statale 627 Ovest : 4 km :

XXX **Il Mantova del Lago** 🚗 AC ✹ P VISA ⦿ AE ① ⛬
località La Pesca 9 ⊠ 03030 – ℰ 07 76 88 73 44 – www.ilmantovadellago.it
– Fax 07 76 88 73 45 – chiuso dall'11 al 17 agosto, 3 settimane in novembre,
domenica sera, lunedì
Rist – Carta 42/63 €
♦ In riva al piccolo lago, all'interno di un edificio rustico ben restaurato e cinto da un parco, un'elegante oasi di pace: soffitti decorati, sapori di pesce e di carne.

POSTAL (BURGSTALL) – Bolzano (BZ) – 562 C15 – 1 633 ab.   30 B2
– alt. 268 m – ⊠ 39014

▶ Roma 658 – Bolzano 26 – Merano 11 – Milano 295
🛈 via Roma 48 ℰ 0473 291343, burgstall@lana.net, Fax 0473 292440

🏨 **Muchele** ⟨ 🚗 🏡 ⌤ ⤬ ⌂ ✕ 🛎 ⛬ cam, ⚡ AC ✹ rist, ⟨⟩ P ⌂
vicolo Maier 1 – ℰ 04 73 29 11 35 – www.muchele.com   VISA ⦿ AE ⛬
– Fax 04 73 29 12 48 – chiuso dal 9 dicembre al
28 febbraio
26 cam ⊊ – ♦69/120 € ♦♦120/200 € – 7 suites – ½ P 75/135 €
Rist – Carta 32/53 €
♦ In questo ameno angolo di Sud Tirolo, immerso tra le montagne e circondato da un giardino fiorito con piscina riscaldata, un bel complesso con numerose offerte sportive. Dimenticatevi dello stress nella Sensi Spa: il nome è già tutto un programma! Possibilità di assaporare le delizie culinarie dell'Alto Adige.

XX **Hidalgo** 🏡 P VISA ⦿ AE ① ⛬
via Roma 7, Nord : 1 km – ℰ 04 73 29 22 92 – www.restaurant-hidalgo.it
– Fax 04 73 29 04 10
Rist – Menu 45 € – Carta 34/57 € ♨
♦ Bizzarro, trovare qui un locale che si proponga con una cucina in prevalenza orientata alla tradizione mediterranea; colore bianco e luce ovunque, notevole cantina.

POTENZA P (PZ) – 564 F29 – 68 013 ab. – alt. 823 m – ⊠ 85100   3 B2
▮ Italia

▶ Roma 363 – Bari 151 – Foggia 109 – Napoli 157
🛈 via del Gallitello 89 ℰ 0971 507622, potenza@aptbasilicata.it,
Fax 0971 507601

◉ Portale★ della chiesa di San Francesco Y

🏨 **Grande Albergo** ⟨ 🛎 AC ✹ rist, ⟨⟩ 🛄 VISA ⦿ AE ① ⛬
corso 18 Agosto 46 – ℰ 09 71 41 02 20 – www.grandealbergopotenza.it
– Fax 0 97 13 48 79   Ya
63 cam ⊊ – ♦75/86 € ♦♦90/105 € – ½ P 75/85 €   **Rist** – Carta 28/39 €
♦ Nei pressi del centro storico, una struttura costituita da diversi piani e con vista sulle colline circostanti; ampie e funzionali le aree comuni, comode le stanze. Calde tonalità nella vasta ed elegante sala ristorante, con poltroncine blu.

🏨 **Vittoria** 🛎 AC rist, ⟨⟩ 🛄 P VISA ⦿ AE ① ⛬
via Pertini 1, per ③ – ℰ 0 97 15 66 32 – www.hotelvittoriapz.it
– Fax 0 97 15 68 02
46 cam ⊊ – ♦47/75 € ♦♦62/90 € – 1 suite – ½ P 53/67 €
Rist – (chiuso agosto, domenica) (chiuso a mezzogiorno) Carta 25/37 €
♦ Non lontano dalla Basentana troverete questo funzionale hotel, che garantisce camere dal sobrio confort e buona quiete. Zona ristorante dall'ambiente moderno e luminoso.

XX **Antica Osteria Marconi** 🏡 VISA ⦿ AE ⛬
viale Marconi 235 – ℰ 0 97 15 69 00 – www.anticaosteriamarconi.it
– Fax 0 97 16 94 37 – chiuso dal 24 al 27 dicembre, dal 10 al 25 agosto,
domenica sera, lunedì   Zc
Rist – Carta 30/42 €
♦ In un piccolo stabile, il locale presenta una zona d'ingresso (che d'inverno diventa saletta) ed una sala principale, fresca ed intima. La cucina è permeata da un'interessante vena creativa. Accogliente dehors.

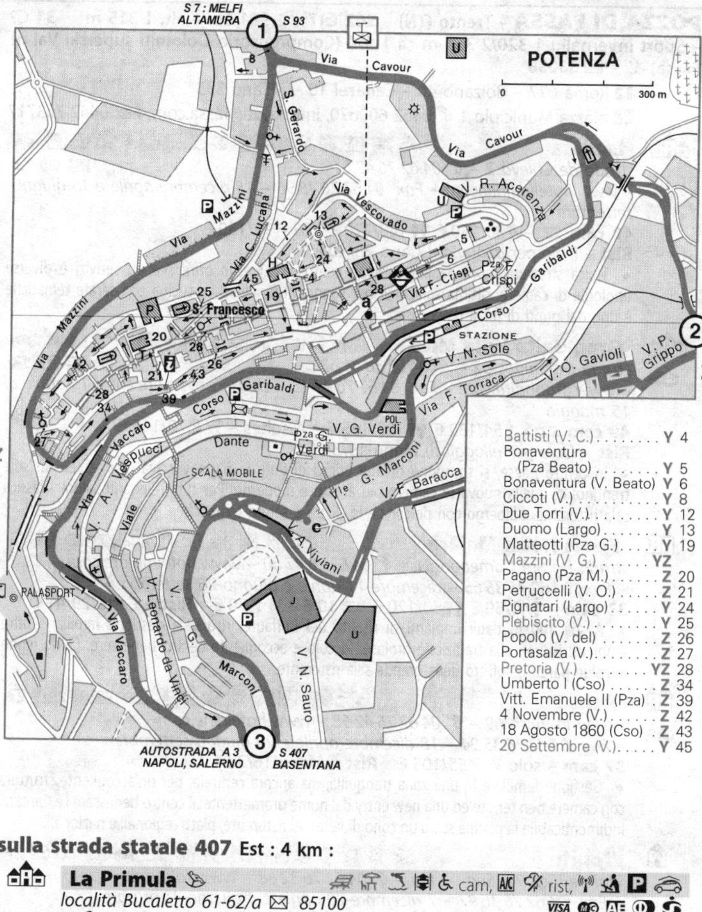

Map of Potenza with street index:

sulla strada statale 407 Est : 4 km :

🏨 La Primula ॐ 🚗 🏠 ⌚ 🛗 ⅙ cam, 🆎 🛇 rist, ᵗᵗᵖ 🎿 🅿 🛜

località Bucaletto 61-62/a ⌧ 85100
– 𝒸 09 71 15 83 10 – www.albergolaprimula.it – Fax 09 71 47 09 02   🆚🅸🆂🅰 ⓥⓞ 🆎 ⑩ 🍴

46 cam ⌁ – †75/85 € ††120/150 €   **Rist** – Carta 23/41 €

♦ Qui si cerca di ricreare l'atmosfera di casa anche nell'accoglienza; stanze personalizzate, arredi di gusto creati da artigiani del posto, ottimi inoltre gli spazi esterni. Al ristorante ambiente elegante e ospitale.

POVE DEL GRAPPA – Vicenza (VI) – 562 E17 – 3 053 ab. – alt. 163 m   35 B2
– ⌧ 36020

▶ Roma 536 – Padova 50 – Belluno 69 – Treviso 51

🏠 Miramonti ← 🏠 🛗 ⅙ cam, 🆎 🛇 rist, ᵗᵗᵖ 🅿 🆚🅸🆂🅰 ⓥⓞ 🆎 ⑩ 🍴

via Marconi 1 – 𝒸 04 24 55 01 86 – www.miramontihotel.net
– Fax 04 24 55 46 66

15 cam ⌁ – †50/65 € ††80/85 €

Rist – (chiuso a mezzogiorno) Carta 28/33 €

♦ Camere di buon tono, con arredi e bagni del tutto nuovi, tranquille e silenziose. Zona comune "alla vecchia maniera" con un bar pubblico frequentato da avventori abituali. I pasti sono serviti nella sala interna e nel nuovo spazio all'aperto.

Dormire con tutti i confort a prezzo contenuto? Cercate i Bib Hotel 🏠.

POZZA DI FASSA – Trento (TN) – **562** C17 – 1 981 ab. – alt. 1 315 m   **31** C2
– Sport invernali : 1 320/2 354 m ⚷ 1 ⚷ 4 (Comprensorio Dolomiti superski Val di
Fassa) ⚷ – ⊠ 38036

> ▶ Roma 677 – Bolzano 40 – Canazei 10 – Milano 335
>
> 🛈 piazza Municipio 1 ℰ 0462 609670, infopozza@fassa.com, Fax 0462 763717

Ladinia
⩽ 🚗 🔲 📶 🕌 🎰 ⚒ 🍴 🏋 & cam, 🐾 ⚒ 📞 P 🐕
strada de Chieva 2 – ℰ 04 62 76 42 01   *VISA* ⓶ ⓢ
– www.hotelladinia.com – Fax 04 62 76 48 96 – 15 dicembre-aprile e 15 giugno-
settembre
40 cam � – ♦80/130 € ♦♦140/220 € – ½ P 90/150 €
Rist – (solo per alloggiati) Carta 28/40 €
♦ Tipica struttura montana in posizione centrale, l'albergo offre svariati serivizi e diverse
tipologie di camere: ottima soluzione per soggiorni familiari. La cucina con serate tematiche
è uno dei punti di forza della casa.

Gran Baita Villa Mitzi
⩽ 🚗 📶 🍴 & cam, 🐾 rist, 📞 🕌 P 🐕
strada Dolomites 32 – ℰ 04 62 76 41 63   *VISA* ⓶ AE ⓞ ⓢ
– www.granbaita.com – Fax 04 62 76 47 45 – chiuso novembre e dal 15 aprile al
15 maggio
49 cam ⊠ – ♦54/132 € ♦♦108/165 € – 4 suites – ½ P 72/105 €
Rist – (solo per alloggiati) Menu 19/35 €
♦ In centro paese, si compone di due edifici distinti: la parte vecchia con camere in stile
trentino, in quella nuova le camere più ampie e moderne. Per tutti, eleganti saloni. Classica
sala ristorante d'albergo con personale in divisa e serate tematiche.

Sport Hotel Majarè
⩽ 📶 🍴 🏋 🐾 P 🐕 *VISA* ⓶ ⓞ ⓢ
strada De Sot Comedon 51 – ℰ 04 62 76 47 60 – www.hotelmajare.com
– Fax 04 62 76 35 65 – dicembre-11 aprile e giugno-26 settembre
33 cam – ♦40/60 € ♦♦80/120 €, ⊠ 10 € – ½ P 70 €   **Rist** – Carta 29/41 €
♦ A soli 100 m dagli impianti di risalita del Buffaure, risorsa a gestione familiare, offre
ambienti ispirati alla tradizione tirolese. Piccolo e accogliente centro benessere. Caldo legno
avvolge pareti e soffitto della grande sala ristorante.

René
⩽ 🚗 🔲 📶 🍴 🐾 📞 P 🐕 *VISA* ⓶ ⓞ ⓢ
via do la Veish 69 – ℰ 04 62 76 42 58 – www.hotelrene.com
– Fax 04 62 76 35 94 – 18 dicembre-aprile e 20 giugno-settembre
37 cam – solo ½ P 55/105 €   **Rist** – Menu 16/30 €
♦ Gestione familiare in una zona tranquilla, ma ancora centrale, per un'accogliente struttura
con camere ben tenute ed una new entry dal nome promettente: il centro benessere La Carezza.
Indimenticabile la piscina sotto un cono di vetro. Al ristorante, piatti regionali e nazionali.

Touring
⩽ 📶 🎰 🍴 & cam, 🏋 🐾 rist, P 🐕 *VISA* ⓶ AE ⓢ
Troi de Vich 72, Sud : 2 km – ℰ 04 62 76 32 68 – www.touringhotel.info
– Fax 04 62 76 36 97 – 7 dicembre-20 aprile e 4 giugno-1° ottobre
27 cam – ♦50/96 € ♦♦70/160 € – ½ P 43/85 €   **Rist** – (solo per alloggiati)
♦ Gestione familiare che si propone per vacanze economiche e familiari: bambini ben
accolti, ping pong, biliardo e camere semplici, ma confortevoli.

✕✕ El Filò
🐾 *VISA* ⓶ ⓞ ⓢ
strada Dolomites 103 – ℰ 04 62 76 32 10 – Fax 04 62 76 32 10 – chiuso 20 giorni
in giugno, 20 giorni in ottobre, mercoledì, giovedì a mezzogiorno
Rist – (chiuso a mezzogiorno in bassa stagione escluso sabato-domenica) (consigliata la prenotazione) Carta 35/51 €
♦ Tappa imperdibile per chi vuole completare la vacanza con una conoscenza anche gastronomica delle Dolomiti, El Filo' propone prodotti e piatti della regione, talvolta rivisitati dal
giovane cuoco.

a Pera Nord : 1 km – ⊠ 38036 Pera Di Fassa

Soreje
⩽ 🍴 🏋 🐾 rist, P *VISA* ⓶ AE ⓢ
strada Dolomites 167 – ℰ 04 62 76 48 82 – www.soreie.com – Fax 04 62 76 37 90
– chiuso dall'11 aprile al 9 giugno e dal 5 ottobre al 30 novembre
21 cam – ♦60/70 € ♦♦90/120 € – ½ P 45/75 €   **Rist** – Menu 18/25 €
♦ Balconi in legno e decori in facciata per quest'hotel a gestione familiare, ubicato in una
piccola frazione lungo la statale; bell'angolo soggiorno dotato di stube. Prenotate una delle
camere ladine con gli originali arredi dipinti!

RAMOS PINTO
Est. 1880

POZZI – Lucca – Vedere Seravezza

POZZO – Arezzo – **563** M17 – Vedere Foiano della Chiana

POZZOLENGO – Brescia (BS) – **561** F13 – **3 316 ab.** – **alt. 135 m**   **17 D1**
– ✉ 25010

▸ Roma 502 – Brescia 43 – Milano 130 – Padova 116

✗ **Antica Locanda del Contrabbandiere** con cam 🦌   ≤ 🚗 🏠
località Martelosio di Sopra 1, Est : 1,5 km   ✗ **P** 𝘝𝘐𝘚𝘈 ⓣ Ꭶ
*– ℰ 0 30 91 81 51 – www.locandadelcontrabbandiere.com – chiuso dal 10 al
30 gennaio*
3 cam ⊊ – ♛80 € ♛♛80/125 €
Rist – *(chiuso lunedì)* *(chiuso a mezzogiorno escluso i giorni festivi)*
Carta 34/39 €
◆ Fuori lo spettacolo di un tramonto in aperta campagna; dentro due semplici e intime
sallette. I piatti del giorno sono quelli consegnati dalla tradizione. Fatevi consigliare dallo
chef per comporre il menù. Per chi desidera gustare più a lungo la bellezza del posto,
camere d'atmosfera arredate con mobili d'epoca.

POZZUOLI – Napoli (NA) – **564** E24 – **83 146 ab.** – ✉ 80078 ▯ Italia   **6 A2**

▸ Roma 235 – Napoli 16 – Caserta 48 – Formia 74
⛴ per Procida ed Ischia – Caremar, call center 892 123 Medmar 081 3334411
🛈 piazza Matteotti 1/a ℰ 081 5266639, aziendaturismopozzuoli@libero.it,
Fax 081 5265068
◉ Anfiteatro★★ – Tempio di Serapide★ – Tempio di
Augusto★ – Solfatara★★ Nord-Est : 2 km
◧ Rovine di Cuma★ : Acropoli★★, Arco Felice★ Nord-Ovest : 6 km – Lago
d'Averno★ Nord-Ovest : 7 km – Campi Flegrei★★ Sud-Ovest per la strada
costiera – Isola d'Ischia★★★ e Isola di Procida★★

🏠 **Tiro a Volo** senza rist 🦌   🛗 𝗔𝗖 (🕪) **P** 𝘝𝘐𝘚𝘈 ⓣ 𝗔𝗘 ⓞ Ꭶ
*via San Gennaro 69/A, Est : 3 km – ℰ 08 15 70 45 40 – www.hoteltiroavolo.it
– Fax 08 15 70 45 40*
14 cam ⊊ – ♛60 € ♛♛80 €
◆ Il "tiro" al quale ci si esercitava in quest'area, poco distante dall'area archeologica dei
Campi Flegrei, era quello del piccione. Oggi, vi sorge un albergo confortevole e tranquillo.

✗✗ **Trattoria Ludovico**   🏠 𝗔𝗖 ✗ **P** 𝘝𝘐𝘚𝘈 ⓣ 𝗔𝗘 ⓞ Ꭶ
*via Fasano 6 – ℰ 08 15 26 82 55 – Fax 08 15 26 54 10 – chiuso dal 24 al
31 dicembre, lunedì*
Rist – Carta 50/69 €
◆ Poco distante dal porto, è ovviamente il pesce il re della tavola in questo ristorante dall'a-
spetto rustico, dai tavoli ravvicinati. Si entra da un giardinetto.

✗ **La Cucina degli Amici**   🏠 𝗔𝗖 𝘝𝘐𝘚𝘈 ⓣ 𝗔𝗘 ⓞ Ꭶ
*corso Umberto I 47 – ℰ 08 15 26 93 93 – www.lacucinadegliamici.it
– Fax 08 15 26 93 93 – chiuso 24, 25 e 31 dicembre*
Rist – Carta 30/48 €
◆ Sul lungomare: all'esterno un dehors estivo, all'interno una sala in cui si erge, in bella
mostra, una scaffalatura lignea con una consistente esposizione di etichette campane.
Cucina di pesce.

a Lucrino Ovest : 2 km – ✉ 80078

🏠🏠 **Villa Luisa** senza rist   🌀 🧖 🛗 𝗔𝗖 🐾 **P** 🚗 𝘝𝘐𝘚𝘈 ⓣ 𝗔𝗘 ⓞ Ꭶ
*via Tripergola 50 – ℰ 08 18 04 28 70 – www.villaluisaresort.it
– Fax 08 18 04 28 52*
26 cam ⊊ – ♛60/100 € ♛♛70/150 € – 11 suites
◆ Oasi di ristoro incastonata tra le terme romane neroniane e il lago d'Averno, la villa propone
camere arredate in legno chiaro, molte con terrazza, e un piccolo gradevole centro benessere.

a Cuma Nord-Ovest : 10 km – ⊠ 80070

⊞ **Villa Giulia** 🏖 ⟨ 🚗 ⏛ 🕻 **P** 𝚟𝚒𝚜𝚊 ⬤ 𝐀𝐄
⊞ via Cuma Licola 178 – ☎ 08 18 54 01 63 – www.villagiulia.info – Fax 08 18 04 43 56
6 cam ⊇ – †75/110 € ††95/150 €
Rist – (prenotazione obbligatoria) *(solo per alloggiati)* Menu 20/40 €
◆ Alla fine di una strada che si snoda tra campi ed orti, una piacevole ed elegante casa rivestita in tufo e cinta da giardini molto curati: una terrazza con superba vista sul mare e su Ischia.

POZZUOLO – Perugia – **563** M17 – **Vedere Castiglione del Lago**

PRADELLA – Bergamo – **Vedere Schilpario**

PRADIPOZZO – Venezia (VE) – **562** E20 – ⊠ 30020 **36 D2**

▶ Roma 587 – Udine 56 – Venezia 63 – Milano 328

✗ **Tavernetta del Tocai** ⅙ **AK** **P** 𝚟𝚒𝚜𝚊 ⬤ 𝐀𝐄 ⓞ ⱅ
☺ via Fornace 93 – ☎ 04 21 20 47 06 – Fax 04 21 20 42 64 – chiuso dal 1° al
23 agosto, domenica sera, lunedì
Rist – Carta 25/41 €
◆ Ristorante-enoteca a gestione familiare dall'atmosfera rustica e semplice, caratterizzato dal tipico fogolar, propone una cucina stagionale e piatti alla griglia. Organizza serate a tema.

PRAGS = Braies

PRAIA A MARE – Cosenza (CS) – **564** H29 – 6 871 ab. – ⊠ 87028 **5 A1**

▶ Roma 417 – Cosenza 100 – Napoli 211 – Potenza 139

◗ Golfo di Policastro★★ Nord per la strada costiera

sulla strada statale 18 Sud-Est : 3 km :

🏠 **New Hotel Blu Eden** ⟨ 🚗 ⏛ 🛗 **AK** ⅍ **P** 𝚟𝚒𝚜𝚊 ⬤
☺ località Foresta ⊠ 87028 – ☎ 09 85 77 91 74 – www.blueden.it – Fax 09 85 77 92 80
16 cam – †47/85 € ††60/93 €, ⊇ 4 € – ½ P 42/70 €
Rist – (solo per alloggiati) Carta 16/31 €
◆ Simpatica gestione familiare per un hotel in posizione defilata con camere linde, alcune dotate di grandi terrazzi. Spazi comuni arriosi. La zona ristorante, con ambienti moderni e luminosi, si apre sul blu del Tirreno.

PRAIANO – Salerno (SA) – **564** F25 – 2 024 ab. – ⊠ 84010 **6 B2**

▶ Roma 274 – Napoli 64 – Amalfi 9 – Salerno 34

🏨 **Tramonto d'Oro** ⟨ ⏛ 🕸 𝖫ỗ 🛗 **AK** ⅍ rist, 🕻 **P** 𝚟𝚒𝚜𝚊 ⬤ 𝐀𝐄 ⓞ ⱅ
via Gennaro Capriglione 119 – ☎ 0 89 87 49 55 – www.tramontodoro.it
– Fax 0 89 87 46 70 – aprile-ottobre
40 cam ⊇ – †90/190 € ††140/290 € – ½ P 100/185 € **Rist** – Carta 36/54 €
◆ Un hotel dal nome già indicativo sulla possibilità di godere di suggestivi tramonti dalla bella terrazza-solarium con piscina; una costruzione mediterranea confortevole. Due ampie sale ristorante al piano terra.

🏠 **Onda Verde** 🏖 ⟨ 🛗 **AK** ⅍ 🕻 **P** 🚗 𝚟𝚒𝚜𝚊 ⬤ 𝐀𝐄 ⓞ ⱅ
via Terra Mare 3 – ☎ 0 89 87 41 43 – www.ondaverde.it – Fax 08 98 13 10 49
– aprile-ottobre
25 cam ⊇ – †160/190 € ††140/230 € – ½ P 90/130 €
Rist – Carta 25/40 € (+10 %)
◆ Poco fuori dalla località, lungo la costa, ubicazione tranquilla e suggestiva, a dominare il mare e uno dei panorami più incantevoli della Penisola. Conduzione diretta. La sala ristorante offre una vista mozzafiato a strapiombo sugli scogli ed una semplice e raffinata cucina casalinga dai sapori del mare.

🏠 **Margherita** ⟨ 🚗 🏡 ⏛ 🛗 **AK** cam, ⅍ 🕻 **P** 🚗 𝚟𝚒𝚜𝚊 ⬤ 𝐀𝐄 ⓞ ⱅ
via Umberto I 70 – ☎ 0 89 87 46 28 – www.hotelmargherita.info
– Fax 0 89 87 42 27 – 6 marzo-15 novembre
28 cam ⊇ – ††99/150 € **Rist** – Carta 30/49 €
◆ Struttura a circa 1 km dalla costa - da sempre di famiglia - oggi gestita dalla nuova generazione: il reparto notte è già stato rimodernato, così come le terrazze all'aperto. Ottima sosta gastronomica al ristorante, dove dominano i sapori della costiera.

X **La Brace** ⟨ 🛱 🕉 🅿 VISA ⁓ ① 👌
via Capriglione 146 – ℰ 0 89 87 42 26 – Fax 0 89 87 42 26 – chiuso mercoledì escluso dal 15 marzo al 15 ottobre
Rist – Carta 35/47 € (+10 %)

♦ Ristorantino familiare, meta di abitanti della Costiera e di turisti: nel centro di Praiano, una rampa di scale vi introduce in un locale semplice, per mangiate alla buona.

sulla costiera amalfitana Ovest : 2 km :

🏨 **Tritone** ☞ ⟨ 🛱 🖫 🖹 🅰🅲 🕉 rist, 🗳 🅿 VISA ⁓ 🅰🅴 ① 👌
via Campo 5 ✉ 84010 – ℰ 0 89 87 43 33 – www.tritone.it – Fax 0 89 81 30 24 – 16 aprile-16 ottobre
43 cam ⌕ – ♦130/250 € ♦♦150/310 € – 16 suites – ½ P 180/200 €
Rist – Carta 29/84 €

♦ Tra Amalfi e Positano, adagiato sulla scogliera dominante il mare e con ascensore per la spiaggia, un confortevole punto di riferimento per i congressi e le vacanze sul blu. A picco sulla Costiera, capiente sala da pranzo; servizio ristorante in terrazza.

PRALBOINO – Brescia (BS) – **561** I8 – **2 860 ab.** – alt. 47 m – ✉ 25020   **17** C3
▶ Roma 550 – Brescia 44 – Cremona 24 – Mantova 61

XXX **Leon d'Oro** 🅰🅲 ⇄ VISA ⁓ 👌
❀ *via Gambara 6 – ℰ 0 30 95 41 56 – www.locandaleondoro.it – Fax 03 09 52 11 91 – chiuso dieci giorni in gennaio, agosto, domenica sera, lunedì*
Rist – Menu 85 € – Carta 65/90 €
Spec. Bocconcini d'anguilla di fiume, peperoncini ripieni, polentina e caviale d'aringa. Terrina di verdure gratinate, crema leggera di erborinato e pistacchi. Millefoglie di lingua di vitellino in salsa tonnata, arachidi e arance.

♦ Ospitato in un bel caseggiatto rustico in centro paese, caldi ambienti in legno con camino e una simpatica carta che propone piatti creativi a prevalenza di pesce.

PRATI DI TIVO – Teramo – **563** O22 – Vedere Pietracamela

PRATO 🅿 (PO) – **563** K15 – **185 603 ab.** – alt. 63 m – ✉ 59100   **29** C1
▮ Toscana

▶ Roma 293 – Firenze 17 – Bologna 99 – Milano 293
🛈 piazza del Duomo 8 ℰ 0574 24112, info@pratoturismo.it, Fax 0574 24112
🔟 Le Pavionere, ℰ 0574 62 08 55
◉ Duomo★ : affreschi★★ dell'abside (Banchetto di Erode★★★) e pulpito★– Palazzo Pretorio★: collezione di polittici★ – Affreschi★ nella chiesa di San Francesco **D** – Pannelli★e arcate★ del chiostrino al museo dell'Opera del Duomo **M**

Pianta pagina seguente

 Art Hotel Museo 🖫 🖹 🕭 🅰🅲 ⇎ ⁽⁾ 🗳 ⇌ VISA ⁓ 🅰🅴 ① 👌
viale della Repubblica 289, per viale Monte Grappa – ℰ 05 74 57 87 – www.arthotel.it – Fax 05 74 57 88 80
110 cam ⌕ – ♦80/150 € ♦♦80/200 € – ½ P 65/125 €
Rist – (chiuso agosto e domenica) Carta 28/60 €

♦ Situato vicino al Museo d'Arte Contemporanea Luigi Pecci, la struttura offre ampi spazi comuni e camere moderne dotate di ogni confort. Bella piscina all'aperto ed attrezzato centro congressi. Il ristorante propone pietanze dai sapori nazionali e regionali.

 Charme Hotel 🚗 🕉 🖫 🖹 🕭 🅰🅲 🕉 rist, ⁽⁾ 🗳 ⇌ VISA ⁓ 🅰🅴 👌
via delle Badie 228/230 – ℰ 05 74 55 05 41 – www.charmehotel.it – Fax 05 74 59 76 06
72 cam ⌕ – ♦85/110 € ♦♦90/130 €
Rist – (chiuso agosto) (chiuso a mezzogiorno) (solo per alloggiati) Carta 30/40 €

♦ In zona residenziale e periferica, un albergo moderno che propone la funzionalità richiesta dalla clientela commerciale ed ambienti ben rifiniti, se non eleganti. Ampia ed attrezzata palestra.

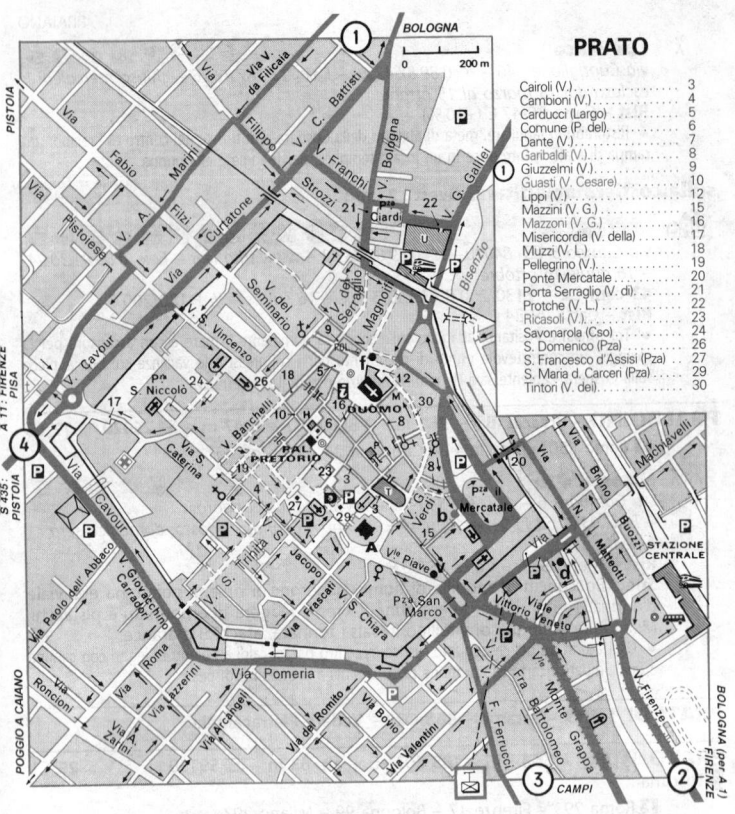

PRATO

Wall Art
viale della Repubblica 8, per viale Monte Grappa – ℰ 05 74 59 66 00
– www.wallart.it – Fax 05 74 57 53 35
104 cam ☲ – ♦80/130 € ♦♦100/160 € – 28 suites – ½ P 80/95 €
Rist – *(chiuso a mezzogiorno) (solo per alloggiati)* Menu 20/40 €
♦ Appena fuori dal centro, questa moderna struttura non solo ospita camere generose nelle dimensioni e appartamenti confortevoli, ma anche un'interessante collezione privata di quadri contemporanei. Per un soggiorno nell'arte.

Datini
viale Marconi 80, per viale Monte Grappa – ℰ 05 74 56 23 48
– www.hoteldatini.com – Fax 05 74 52 79 76
80 cam ☲ – ♦60/140 € ♦♦80/170 € – ½ P 55/115 €
Rist – *(chiuso agosto e domenica)* Carta 25/41 €
♦ In prossimità dell'uscita autostradale, l'hotel è ideale per una clientela business e dispone di camere confortevoli, ampi spazi per convegni ed una piccola palestra. Nell'elegante ed intima sala ristorante, la cucina tradizionale toscana.

Art Hotel Milano senza rist
via Tiziano 15 – ℰ 0 57 42 33 71 *– www.arthotel.it – Fax 0 57 42 77 06*
70 cam – ♦70/110 € ♦♦105/160 €, ☲ 10 €   **d**
♦ Nei pressi della stazione centrale e delle mura cittadine, comode sale e confortevoli camere, nonché cordiale attenzione al cliente.

⌂ **San Marco** senza rist   📶 AC 🚭 ʺᵖ P VISA ⓿ AE ⭐
piazza San Marco 48 – ℰ 05 74 21 32 1 – www.hotelsanmarcoprato.com
– Fax 05 74 22 37 8   **v**
39 cam – ♦55/70 € ♦♦75/85 €, ⊆ 5 €
♦ Ubicato in pieno centro, piccolo hotel a conduzione diretta con camere comode e confortevoli, in parte rinnovate.

⌂ **Giardino** senza rist   📶 AC ʺᵖ VISA ⓿ AE ① ⭐
via Magnolfi 4 – ℰ 05 74 60 65 88 – www.giardinohotel.com – Fax 05 74 60 65 91
28 cam – ♦50/90 € ♦♦70/110 €   **f**
♦ In pieno centro - tra la stazione e piazza del Duomo - questo albergo a conduzione familiare propone spazi comuni di ridotte dimensioni, ma camere piacevolmente confortevoli.

XXX **Il Piraña** (Gian Luca Santini)   AC 🚭 ⇄ VISA ⓿ AE ① ⭐
ꙶ via G. Valentini 110, per via Valentini – ℰ 05 74 25 74 6 – www.ristorantepirana.it
– Fax 05 74 25 74 6 – chiuso agosto, sabato a mezzogiorno, domenica
Rist – Menu 55 € – Carta 45/61 €
Spec. Zuppetta chiara del Tirreno con mazzancolle, totani e ventaglio di pane croccante. Ravioli di pesce in crema di scampi e pinoli di San Rossore. Rombo chiodato con funghi porcini.
♦ Per chi non ama gli eccessi di tecnicismo e le sperimentazioni, è il ristorante per essere rassicurati dalla qualità del pescato in preparazioni classiche e tradizionali.

XX **Tonio**   🕏 AC ⇄ VISA ⓿ AE ① ⭐
piazza Mercatale 161 – ℰ 05 74 21 26 6 – Fax 05 74 21 26 6 – chiuso dal
26 dicembre al 2 gennaio, dal 7 al 31 agosto, domenica, lunedì   **b**
Rist – Carta 32/47 € (+10 %)
♦ Più di mezzo secolo di attività nel settore della ristorazione per questo locale a conduzione familiare, dove gustare fragranti piatti di pesce.

X **Logli Mario**   🕏 P VISA ⓿ AE ① ⭐
località Filettole, 2 km per via Machiavelli – ℰ 05 74 23 01 0 – Fax 05 74 23 01 0
– chiuso dal 1° al 7 gennaio, agosto, lunedì sera, martedì
Rist – Carta 30/38 €
♦ Profumo di carne alla griglia già all'ingresso: un'invitante accoglienza per farvi accomodare nella bella trattoria rustica, sui colli, con servizio estivo in terrazza.

PREDAPPIO – Forlì-Cesena (FC) – 6 440 ab. – alt. 133 m – ✉ 47016   **9** D2
    🗗 Roma 331 – Bologna 89 – Forlì 16 – Ravenna 46

X **Del Moro**   AC 🚭 VISA ⓿ AE ① ⭐
⊜ viale Roma 8 – ℰ 05 43 92 22 57 – Fax 05 43 92 16 26 – chiuso 10 giorni in
gennaio, lunedì e martedì
Rist – Carta 19/38 €
♦ Sulla via principale, in comoda posizione per quanti arrivano qui per riscoprire o curiosare nella storia del Duce, il locale prorpone una cucina dai sapori regionali, presentati in porzioni abbondanti.

PREDAZZO – Trento (TN) – 562 D16 – 4 451 ab. – alt. 1 018 m – Sport   **31** C2
invernali : 1 018/2 415 m ⚶ 7 ⚶ 38 (Comprensorio Dolomiti superski Val di
Fiemme) ⚶ – ✉ 38037
    🗗 Roma 662 – Bolzano 55 – Belluno 78 – Cortina d'Ampezzo 83
    🛈 via Cesare Battisti 4 ℰ 0462 501237, Fax 0462 502093

⌂ **Sporthotel Sass Maor**   🍃 📶 ₺ 🚭 ʺᵖ P 🚗 VISA ⓿ AE ① ⭐
via Marconi 4 – ℰ 04 62 50 15 38 – www.sassmaor.com – Fax 04 62 50 15 39
– chiuso dal 10 al 30 novembre
27 cam ⊆ – ♦45/55 € ♦♦70/90 € – ½ P 50/70 €   **Rist** – Carta 25/33 €
♦ Dotata di camere semplici ma confortevoli, in stile montano, e di un curato piano terra, oltre ad un comodo parcheggio privato, una risorsa davvero gradevole. Due piccole e graziose sale ristorante, una stube con legno antico.

PREGANZIOL – Treviso (TV) – 562 F18 – 16 596 ab. – alt. 12 m   **35** A1
– ✉ 31022
    🗗 Roma 534 – Venezia 22 – Mestre 13 – Milano 273

Park Hotel Bolognese-Villa Pace rist,
via Terraglio 175, Nord : 3 km
– ☎ 04 22 49 03 90 – www.hotelbolognese.com – Fax 04 22 38 36 37
95 cam – 🛉180 € 🛉🛉280 €, ☕ 10 € **Rist** – Menu 25/40 €
◆ All'interno di un grande parco ombreggiato, due corpi di stile diverso: l'uno, il principale, di fine '800, l'altro, più moderno, con sauna e piscina parzialmente coperta. Ristorante con bella apertura sul verde esterno.

Park Hotel Villa Vicini senza rist
via Terraglio 447, Sud 1 km – ☎ 04 22 33 05 80
– www.villavicini.com – Fax 04 22 33 15 97
38 cam ☕ – 🛉65/120 € 🛉🛉80/165 €
◆ Variopinta villa ottocentesca con camere di diverse tipologie: le più tranquille si affacciano sul bel parco curato; nella *dépendance* le stanze più semplici ed economiche.

Crystal rist,
via Baratta Nuova 1, Nord : 1 km – ☎ 04 22 63 08 13 – www.crystalhotel.it
– Fax 0 42 29 37 13
66 cam ☕ – 🛉50/100 € 🛉🛉65/120 € – 3 suites – ½ P 62/92 €
Rist – *(chiuso dal 1° al 25 agosto)* Carta 18/25 €
◆ Albergo moderno di recente realizzazione, sviluppato in orizzontale secondo un impianto con richiami ad uno stile sobrio e minimalista. Ambienti ariosi e camere lineari. Sala ristorante ampia e dalle delicate tinte pastello.

Magnolia
via Terraglio 136, Nord : 1 km – ☎ 04 22 63 31 31
– www.magnoliaristorante.com – Fax 04 22 63 05 82 – chiuso dal 5 al 25 agosto, domenica sera, lunedì
Rist – Carta 27/49 €
◆ Nel contesto dell'omonimo hotel, ma completamente indipendente, un ristorante a valida gestione familiare con specialità venete, soprattutto a base di pesce. Sale spaziose e curato giardino.

a San Trovaso Nord : 2 km – ✉ **31022**

Sole senza rist
via Silvio Pellico 1 – ☎ 04 22 38 31 26 – www.hotelalsole.com
– Fax 04 22 38 31 26
18 cam ☕ – 🛉49/60 € 🛉🛉60/90 €
◆ Piccola e accogliente risorsa ubicata in periferia; recentemente ristrutturata, si presenta davvero ben tenuta e ospitale, quasi come una confortevole casa privata.

Ombre Rosse
via Franchetti 78 – ☎ 04 22 49 00 37 – www.enotecaombrerosse.it
– Fax 04 22 49 95 74 – chiuso domenica
Rist – *(chiuso a mezzogiorno lunedì e sabato da ottobre a maggio)*
Carta 35/45 €
◆ Nato quasi per caso dalla passione del proprietario per i vini, e divenuto prima una sorta di wine-bar, oggi, in stile "bistrot", accogliente, vanta fragranti leccornie.

PRÉ SAINT DIDIER – Aosta (AO) – **561** E2 – **963 ab.** – **alt. 1 000 m** – ✉ **11010** **34** A2

Roma 779 – Aosta 30 – Courmayeur 5 – Milano 217

Pianta : vedere Courmayeur

a Pallusieux Nord : 2,5 km – alt. 1 100 m – ✉ **11010 Pré Saint Didier**

Le Grand Hotel Courmaison
route Mont Blanc – ☎ 01 65 83 14 00
– www.courmaison.it – Fax 01 65 84 76 70 – 5 dicembre-11 aprile e 18 giugno-12 settembre BYf
57 cam ☕ – 🛉125/200 € 🛉🛉230/350 € – ½ P 145/210 € **Rist** – Menu 40/50 €
◆ Una struttura recente in cui la fresca aria di nuovo si è armoniosamente miscelata con la tradizione degli arredi e delle rifiniture. Grande piscina e camere ampie. Sala ristorante tradizionale, menù con ispirazioni diverse.

🏠 Beau Séjour 🌿   ← 🚗 🏢 ⚡ P 🚗 VISA ⚫ 💲
av. Dent du Géant 18 – 🞸 0 16 58 78 01 – www.hotelbeausejour.it
– Fax 01 65 86 77 33 – dicembre-aprile e 15 giugno-settembre   BYZ**b**
32 cam ☕ – 🍴40/65 € 🍴🍴80/120 € – ½ P 55/70 €   **Rist** – Menu 22/32 €
◆ Condotto, da tanti anni, dalla mano esperta di una famiglia, un hotel comodo sia per
l'estate che per l'inverno, con giardino ombreggiato e bella vista sul Bianco. Accomodatevi
in sala da pranzo tra legno, pietra e piatti locali.

PRETURO – L'Aquila – **563** O21 – Vedere L'Aquila

PRIMIERO – Trento – Vedere Fiera di Primiero

PRINCIPINA A TERRA – Grosseto – **563** N15 – Vedere Grosseto

---

PRIOCCA D'ALBA – Cuneo (CN) – **561** H6 – 1 964 ab. – alt. 253 m   **25** C2
– ✉ 12040

   🞄 Roma 631 – Torino 59 – Alessandria 56 – Asti 24

🍴🍴 Il Centro   AC ⇄ VISA ⚫ AE 💲
via Umberto I 5 – 🞸 01 73 61 61 12 – Fax 01 73 61 61 12 – chiuso martedì
Rist – (consigliata la prenotazione) Carta 32/41 € 🍴
◆ Non solo una "trattoria" di alto livello, curata e ben frequentata, ma anche una cantina
molto ben fornita e visitabile, dove fermarsi a gustare il Piemonte più tipico. Indispensabile
prenotare con anticipo.

PRIVERNO – Latina (LT) – **563** R21 – 14 093 ab. – alt. 150 m   **13** C3
– ✉ 04015

   🞄 Roma 104 – Frosinone 28 – Latina 28 – Napoli 163

sulla strada statale 156 Nord-Ovest : 3,5 km

🍴🍴 Antica Osteria Fanti   AC P VISA ⚫ AE ① 💲
località Ceriara – 🞸 07 73 92 40 15 – www.anticaosteriafanti.it
– chiuso 25-26 dicembre, dal 20 al 30 ottobre e giovedì
Rist – Carta 30/52 € (+10 %)
◆ Quando si dice conduzione familiare: moglie in cucina, marito e figlio ad occuparsi della
sala, in un locale curato con una lista legata al territorio e attenta alle stagioni.

PROCCHIO – Livorno – **563** N12 – Vedere Elba (Isola d') : Marciana

---

PROCENO – Viterbo (VT) – 624 ab. – ✉ 01020   **12** A1
   🞄 Roma 170 – Viterbo 59 – Orvieto 40 – Todi 76

🏠 Castello di Proceno   🔇 🛋 P VISA ⚫ AE 💲
corso Regina Margherita 155 – 🞸 07 63 71 00 72 – www.castellodiproceno.it
– Fax 07 63 71 00 72 – chiuso dall'11 gennaio al 12 febbraio
12 suites – 🍴🍴100/200 €, ☕ 7 € – ½ P 80/100 €
Rist Enoteca del Castello – *(chiuso dal 3 al 19 novembre, lunedì, martedì)*
(chiuso a mezzogiorno) (consigliata la prenotazione) Carta 23/36 €
◆ Ai piedi di una fortezza medievale, una risorsa carica di storia, antica e contemporanea: se
gli oggetti che arredano gli ambienti parlano del tempo che fu, gli spettacoli musicali allestiti
nella corte vi riporteranno al presente. Originale la tomba etrusca all'interno dell'enoteca.
Cucina legata al territorio.

PROCIDA (Isola di) ★ – Napoli (NA) – **564** E24 – 10 643 ab. – La   **6** A2
limitazione d'accesso degli autoveicoli è regolata da norme legislative ▯ Italia
   🚢 per Napoli, per Pozzuoli ed Ischia – Caremar, call center 892 123
      – per Pozzuoli – Alilauro, al porto 🞸 081 5267736, Fax 081 5268411
   🅭 Via Roma 🞸 081 8101968

PROCIDA (NA) – ✉ 80079   **6** A2

🏠 La Casa sul Mare senza rist 🌿   ← AC 📶 VISA ⚫ AE ① 💲
via Salita Castello 13 – 🞸 08 18 96 87 99 – www.lacasasulmare.it
– Fax 08 18 96 87 99
10 cam ☕ – 🍴🍴99/175 €
◆ Il nome certo non cela il potenziale di questa fresca struttura. Lo scorcio più emozionante bal-
zerà ai vostri occhi ogni mattina: accomodatevi in terrazza, in un insospettabile giardino pensile.

PROCIDA (Isola di)

✗ **Gorgonia** ≤ 🛜 *VISA* ⊚ AE ① ⚄
località Marina Corricella – ✆ 08 18 10 10 60 – Fax 08 18 10 10 60 – marzo-
ottobre; chiuso lunedì
Rist – (consigliata la prenotazione) Carta 35/47 €
◆ Un posticino familiare, sito proprio sul porticciolo dei pescatori: sulla banchina si svolge
quasi tutto il servizio. A voce, proposte locali e di pescato giornaliero.

✗ **Scarabeo** 🚗 🛜 **P** *VISA* ⊚ AE ① ⚄
via Salette 10 località Ciraccio – ✆ 08 18 96 99 18 – Fax 08 18 96 99 18 – chiuso
da novembre al 20 dicembre
Rist – (chiuso a mezzogiorno escluso luglio e agosto) Carta 24/43 €
◆ Piacevole e semplice locale con servizio estivo nel giardino-limonaia e una cucina che
s'adatta a quanto il mercato del pesce propone quotidianamente. Gestione familiare.

PUGLIANELLO – Benevento (BN) – **564** D25 – **1 426 ab.** – alt. 61 m **6** B1
– ✉ 82030
🚩 Roma 200 – Napoli 58 – Benevento 39 – Latina 23

✗✗ **Il Foro dei Baroni** AC *VISA* ⊚ AE ① ⚄
via Chiesa 6 – ✆ 08 24 94 60 33 – www.ilforodeibaroni.it – Fax 08 24 94 60 33
– chiuso 2 settimane in agosto e lunedì
Rist – (chiuso a mezzogiorno escluso sabato, domenica e i giorni festivi)
Carta 32/42 €
◆ Vicino al castello, dal 1780 la seconda abitazione del paese. La giovane e brillante
gestione propone una cucina frutto di un'attenta ricerca dei migliori prodotti locali. Alternative più semplici, ma sempre sotto la stessa conduzione, nella pizzeria e pub adiacenti.

Ogni ristorante stellato è introdotto da tre specialità che rappresentano
in maniera significativa la propria cucina. Qualora queste non fossero
disponibili, altre gustose ricette ispirate alla stagione delizieranno
il vostro palato.

PUIANELLO – Reggio nell'Emilia – **562** I13 – **Vedere Quattro Castella**

PULA – Cagliari (CA) – **366** P49 – **Vedere Sardegna alla fine dell'elenco alfabetico**

PULFERO – Udine (UD) – **562** D22 – **1 095 ab.** – alt. 221 m – ✉ 33046 **11** C2
🚩 Roma 662 – Udine 28 – Gorizia 42 – Tarvisio 66

🏠 **Al Vescovo** 🛜 ⅏ ♿ *VISA* ⊚ AE ① ⚄
via Capoluogo 67 – ✆ 04 32 72 63 75 – www.alvescovo.com
– Fax 04 32 72 63 75 – chiuso febbraio
18 cam – ♦47/50 € ♦♦70/75 €, �);⑦ 7 € – ½ P 50/52 €
Rist – (chiuso mercoledì e da ottobre a marzo anche martedì sera)
Carta 25/35 €
◆ Una tradizione alberghiera che risale ai primi anni dell'Ottocento, accompagnata da sensazioni di armonia e tranquillità e dalle note di un pacifico Natisone. L'ombreggiata terrazza in
riva al fiume vi inviterà a concedervi una pausa ristoratrice e qualche istante immersi nei
vostri sogni.

PULSANO – Taranto (TA) – **564** F34 – **10 700 ab.** – alt. 37 m – ✉ 74026 **27** C3
🚩 Roma 536 – Brindisi 68 – Bari 120 – Lecce 78

a Marina di Pulsano Sud : 3 km – ✉ 74026 Pulsano

✗✗ **La Barca** 🛜 AC **P** *VISA* ⊚ AE ① ⚄
🙂 litoranea Salentina – ✆ 09 95 33 33 35 – chiuso dal 7 al 20 gennaio, 1 settimana
in novembre e lunedì escluso a mezzogiorno in luglio-agosto
Rist – Carta 28/41 €
◆ Desiderate mangiare pesce? La sala costeggia l'acqua e a tavola prodotti freschi e locali.
D'estate si esce nella veranda di canne, tra il fresco dei pini marittimi.

PUNTA ALA – Grosseto (GR) – 563 N14 – ⊠ 58040 ▮ Toscana 28 B3

▶ Roma 225 – Grosseto 43 – Firenze 170 – Follonica 18

🏨 Gallia Palace Hotel 🚗 🏕 ⛴ ⛱ ℅ 🛎 🅰 💇 rist. ⁽¹⁾ ⚽ 🅿

via delle Sughere – ℰ 05 64 92 20 22 — 💳 ⓪ ⒶⒺ ⓪ 🆚
– www.galliapalace.it – Fax 05 64 92 02 29 – 15 maggio-27 settembre
83 cam ⚏ – ♦200/254 € ♦♦280/483 € – 9 suites – ½ P 246/294 €
Rist – Carta 53/71 €
Rist *La Pagoda* – Menu 52/60 €

♦ Punto d'appoggio ideale per una vacanza tutto mare e sole, immerso nella macchia mediterranea, l'hotel dispone di camere spaziose con arredi classici. Al ristorante, proposte gastronomiche nazionali sia di terra sia di mare. Pasti più informali con buffet e griglia, presso *La Pagoda* (sulla spiaggia).

🏨 Cala del Porto ⟨ 🚗 🏕 ⛴ 🅰 💇 rist. ⚽ 🅿 💳 ⓪ ⒶⒺ ⓪ 🆚

via del Pozzo – ℰ 05 64 92 24 55 – www.baglionihotels.com
– Fax 05 64 92 07 16 – Pasqua-novembre
34 cam ⚏ – ♦190/450 € ♦♦220/690 € – 3 suites – ½ P 170/405 €
Rist – Carta 50/87 €

♦ In posizione dominante dall'alto della baia, l'elegante struttura vanta la vista sul porto e sul mare: spazi comuni dal grazioso arredo e camere confortevoli. Sulla terrazza panoramica e nella sala ristorante interna, proposte di cucina moderna.

PUNTA DEL LAGO – Viterbo – 563 P18 – Vedere Ronciglione

PUOS D'ALPAGO – Belluno (BL) – 562 D19 – 2 434 ab. – alt. 419 m 36 C1
– ⊠ 32015

▶ Roma 605 – Belluno 20 – Cortina d'Ampezzo 75 – Venezia 95

✕✕ Locanda San Lorenzo (Renzo Dal Farra) con cam 🏕 ⁽¹⁾ 🅿
❁
via IV Novembre 79 – ℰ 04 37 45 40 48 — 💳 ⓪ ⒶⒺ 🆚
– www.locandasanlorenzo.it – Fax 04 37 45 40 49 – chiuso 20 giorni in marzo
11 cam ⚏ – ♦60/75 € ♦♦85/98 € – ½ P 74/85 €
Rist – (chiuso mercoledì escluso le sere di agosto) Menu 65 € – Carta 51/73 € 🏕
Spec. Testina di vitello, vinaigrette d'orzo e gelato al cren. Degustazione d'agnello d'Alpago. Cremoso ai due cioccolati e gelatina al rhum.

♦ Passione e costanza sono le caratteristiche di un'intera famiglia che da oltre un secolo entusiasma gli avventori con una cucina saldamente legata ai prodotti locali, oggi reinterpretata con fantasia. Due differenti arredi per le camere: uno sobrio leggermente moderno, l'altro tipicamente rustico.

QUADRIVIO – Salerno – Vedere Campagna

QUARONA – Vercelli (VC) – 561 E6 – 4 295 ab. – alt. 415 m – ⊠ 13017 23 C1

▶ Roma 668 – Stresa 49 – Milano 94 – Torino 110

🏨 Grand'Italia 🛎 ℅ 🅰 💇 ⁽⁰⁾ 🚗 💳 ⓪ ⒶⒺ ⓪ 🆚

piazza Libertà 19 – ℰ 01 63 43 12 44 – www.albergogranditalia.it
– Fax 01 63 43 25 41
14 cam ⚏ – ♦85/95 € ♦♦110/130 €
Rist *Italia* – vedere selezione ristoranti

♦ Completamente trasformato e ristrutturato, è ora un'elegante palazzina con interni moderni e spaziosi, linee sobrie ed essenziali ed accenni di design minimalista.

✕✕ Italia 💇 💳 ⓪ ⒶⒺ ⓪ 🆚

piazza della Libertà 27 – ℰ 01 63 43 01 47 – www.albergogranditalia.it
– Fax 01 63 43 25 41 – chiuso dal 1° al 21 agosto e lunedì
Rist – Carta 30/45 €

♦ E' una piacevole sorpresa questo curato e familiare locale di taglio moderno in una casa del centro della località; piatti di creativa cucina piemontese.

QUARTACCIO – Viterbo – Vedere Civita Castellana

QUARTIERE – Ferrara – 562 H17 – Vedere Portomaggiore

QUARTO CALDO – Latina – Vedere San Felice Circeo

QUARTO D'ALTINO – Venezia (VE) – **562** F19 – **7 807 ab.** – ⊠ 30020   **35** A1

▶ Roma 537 – Venezia 24 – Milano 276 – Treviso 17

Villa Odino senza rist ⌂ 🚗 🏊 🕮 ら 🗚🗚 📶 🏋 🅿 🚗
via Roma 146 – ℰ 04 22 82 31 17 – www.villaodino.it   🆅🆂🅰 ⓪ 🅰🅴 ① ら
– Fax 04 22 82 32 35 – chiuso dal 24 dicembre
al 6 gennaio
27 cam ⊇ – ♦96/148 € ♦♦99/150 € – 3 suites
◆ Facile da raggiungere dall'autostrada, è una verde oasi di pace sulla riva del Sile: eleganti e confortevoli, le due strutture propongono ambienti arredati in stile. Ricca prima colazione.

Crowne Plaza Venice East   🗚🗚 🎦 ら 🕮 📞 🗚🗚 🅿
via Della Resistenza 18/20 – ℰ 04 22 70 38 11   🆅🆂🅰 ⓪ 🅰🅴 ① ら
– www.crowneplazavenezia.it – Fax 04 22 70 38 22
149 cam ⊇ – ♦65/95 € ♦♦80/120 € – 2 suites – ½ P 60/95 €
Rist – Carta 25/50 €
◆ Grande hotel di recente costruzione e in grado di offrire un servizio completo in ambienti dal design semplice ma moderno; mostre d'arte allestite negli spazi comuni. Tre sale ristorante, in menù proposte di mare e di terra.

Odino's Park Hotel Junior ⌂   🕭 🚶 🕮 📶 🗚🗚 🆅🆂🅰 ⓪ 🅰🅴 ① ら
via Roma 93 – ℰ 04 22 82 37 77 – www.odinoparkhoteljunior.it
– Fax 04 22 82 68 40
33 cam ⊇ – ♦80/120 € ♦♦120/170 €
Rist Park Ristorante Da Odino – vedere selezione ristoranti
◆ Tranquillità e relax grazie all'ampio parco che abbraccia la struttura. Camere spaziose, arredate con gusto e concepite per garantire il massimo confort: tutte le stanze sono dotate di ampia terrazza. Area giochi per bambini e piscina estiva.

VIME Venice East senza rist   ら 🕮 ⟿ 📶 🗚🗚 🅿 🆅🆂🅰 ⓪ 🅰🅴 ら
via Pascoli 1 – ℰ 04 22 82 50 00 – www.vimehoteles.com – Fax 04 22 78 06 50
80 cam ⊇ – ♦♦60/130 €
◆ Spazi open space di discrete dimensioni, confortevoli camere dall'arredo minimalista tutte provviste di un pratico scrittoio: in comoda posizione stradale, è ideale per una clientela di passaggio.

Park Ristorante Da Odino – Odino's Park Hotel Junior   🕭 🕏 ら
via Roma 89 – ℰ 04 22 82 42 58   🕮 🅿 🆅🆂🅰 ⓪ 🅰🅴 ① ら
– www.daodino.it – Fax 04 22 82 68 40 – chiuso martedì sera, mercoledì
Rist – Carta 48/66 € 🏵
◆ Avvolto da un ampio parco, il locale consta di due signorili sale dagli eleganti toni sobri, in cui gustare preparazioni creative esclusivamente a base di pesce.

Cosmorì   🕏 🕮 🅿 🆅🆂🅰 ⓪ 🅰🅴 ① ら
viale Kennedy 15 – ℰ 04 22 82 53 26 – chiuso dal 1° al 15 gennaio, dal 5 al 20 agosto e lunedì
Rist – Carta 29/42 €
◆ Piacevole locale dall'accogliente ospitalità familiare; la sala è rallegrata dalla caratteristica illuminaziione che proviene dalle colorate formelle di vetro lavorato. Gustosi piatti di pesce.

> La selezione degli esercizi varia ogni anno. Anche voi, cambiate ogni anno la vostra guida MICHELIN!

QUARTO DEI MILLE – Genova – Vedere Genova

QUARTU SANT'ELENA – Cagliari – **366** Q48 – Vedere Sardegna alla fine dell'elenco alfabetico

QUATTRO CASTELLA – Reggio Emilia (RE) – **562** I13 – **12 662 ab.**   **8** B3
– alt. 162 m – ⊠ 42020

▶ Roma 443 – Parma 29 – Bologna 83 – Modena 40

a Rubbianino Nord: 13 km – ⊠ 42020

XX   **Ca' Matilde** (Andrea Incerti Vezzani) con cam ♨   🚗 🛖 ⁽ᵠ⁾ 🅿
🥨   *via della Polita 14 – ℰ 05 22 88 95 60 – www.camatilde.it*   VISA ⓿ AE ⓢ
     – Fax 05 22 88 68 05 – chiuso dal 7 al 14 gennaio
     6 cam – †70 € ††90 €, ⌷ 10 €
     Rist – *(chiuso a mezzogiorno escluso i giorni festivi)* Menu 48/58 €
     – Carta 52/68 €
     Spec. Tortelli di zucca alla reggiana. Stinchetto di maialino da latte con cavolo
     cappuccio, patate, senape e mela verde. Zuppa inglese con salame di ciocco-
     lato e gelato alla zabaione.
     ♦ In aperta campagna, calorosa accoglienza in una casa colonica ristrutturata. Due sale
     moderne e solari ospitano una cucina che reinterpreta sapientemente i prodotti del territorio.
     Per un riposo in aperta campagna, a metà strada fra la bassa e le colline, nuove semplici
     camere dai vivaci tocchi di colore.

QUERCEGROSSA – Siena – **563** L15 – Vedere Siena

QUINCINETTO – Torino (TO) – **561** F5 – 1 053 ab. – alt. 295 m   **22** B2
– ⊠ 10010

  🄳 Roma 694 – Aosta 55 – Ivrea 18 – Milano 131

🏠   **Mini Hotel Praiale** senza rist ♨   🦵 ⁽ᵠ⁾ VISA ⓿ AE ⓞ ⓢ
     via Umberto I, 5 – ℰ 01 25 75 71 88 – www.hotelpraiale.it – Fax 01 25 75 73 49
     9 cam – †35/40 € ††50/55 €, ⌷ 7 €
     ♦ Era un'abitazione di famiglia. Poi è stata aperta al pubbblico: una piccola e accogliente
     struttura tra vie strette e tranquille, nel cuore del paese. La colazione è servita nella vecchia
     stalla, sotto una volta di mattoni.

X   **Da Marino**   ≤ 🅿 VISA ⓿ AE ⓞ ⓢ
     via Montellina 7 – ℰ 01 25 75 79 52 – Fax 01 25 75 77 23 – chiuso dall'8 gennaio
     al 4 febbraio, dal 25 agosto al 10 settembre e lunedì
     Rist – Carta 24/29 €
     ♦ Gestione diretta di lunga esperienza in un piacevole locale in posizione panoramica; legno
     alle pareti, sedie in vimini e ampie vetrate che inondano di luce la sala.

QUINTO AL MARE – Genova (GE) – **561** I8 – vedere Genova

QUINTO DI TREVISO – Treviso (TV) – **562** F18 – 9 644 ab. – alt. 17 m   **36** C2
– ⊠ 31055

  🄳 Roma 548 – Padova 41 – Venezia 36 – Treviso 7

🏨🏨   **BHR Treviso Hotel**   🕉 ⅃க 🔋 ₺ AC 🦵 ⁽ᵠ⁾ 🛁 🅿 🚗
     via Postumia 1, Ovest 3 km – ℰ 04 22 37 30   VISA ⓿ AE ⓞ ⓢ
     – www.bhrtrevisohotel.it – Fax 04 22 37 39 99
     133 cam – †90/150 € ††100/200 € – ½ P 75/135 €   Rist – Carta 30/53 €
     ♦ Nuova struttura moderna e trasparente alle porte della città, indicata soprattutto per una
     clientela business e congressuale. Nelle camere, confort di alto livello e soluzioni architettoni-
     che attualissime.

XX   **Locanda Righetto**   AC 🅿 VISA ⓿ AE ⓞ ⓢ
     via Ciardi 2 – ℰ 04 22 47 00 80 – Fax 04 22 47 00 80 – chiuso dal 1° al
     10 gennaio, dall' 11 al 17 agosto e lunedì
     Rist – Carta 25/42 €
     ♦ Gestione giunta alla sesta generazione: fin dagli esordi - qui - si è sempre venuti per l'an-
     guilla, esclusa solo dalle ricette dei dolci. Squisita cucina veneta.

QUINTO VERCELLESE – Vercelli (VC) – 447 ab. – ⊠ 13030   **23** C2

  🄳 Roma 638 – Alessandria 60 – Milano 70 – Novara 17

XX   **Bivio**   AC ♨ 🅿 VISA ⓿ ⓢ
     via bivio 2, sud 1 km – ℰ 01 61 27 41 31 – Fax 01 61 27 42 64 – chiuso gennaio,
     agosto, lunedì, martedì
     Rist – *(consigliata la prenotazione)* Menu 35/50 € – Carta 41/55 € ⅏
     ♦ Una luminosa saletta dagli arredi di taglio moderno e pochi tavoli ben distanziati, dove
     apprezzare creativi piatti locali curati nella selezione delle materie prime.

QUISTELLO – Mantova (MN) – **561** G14 – **5 923 ab.** – **alt. 17 m**   **17** D3
– ⊠ 46026

▶ Roma 458 – Verona 65 – Ferrara 61 – Mantova 29

XXXX **Ambasciata** (Romano Tamani)   AC 🕏 ⟠ **P** VISA ✇ AE ① 🕏

🕃 via Martiri di Belfiore 33 – ✆ 03 76 61 91 69 – www.ristoranteambasciata.it
– Fax 03 76 61 82 55 – chiuso dal 1° al 14 gennaio, dal 9 al 30 agosto,
domenica sera, lunedì e le sere di Natale e Pasqua
Rist – (consigliata la prenotazione) Menu 120/160 € – Carta 120/155 € 𝄢
Spec. Spiedino di code di gamberi con pancetta, riso nero e salsa al gorgonzola.
Scaloppa di fegato d'oca fresco con crema di zucchine e tartufi delle golene del Po
e della Secchia. Tinca in carpione, pomodori verdi caramellati, ristretto d'arance.
♦ Uno sfarzo circense e rinascimentale è il contorno di piatti sontuosi e barocchi, l'eccesso è
favorito, la misura osteggiata: i fratelli Tamani mettono in scena i fasti della gloriosa cucina
mantovana.

XX **All'Angelo**   AC 🕏 VISA ✇ AE ① 🕏
via Martiri di Belfiore 20 – ✆ 03 76 61 83 54 – www.allangelo.eu
– Fax 03 76 61 99 55 – chiuso dal 12 al 24 gennaio, dal 13 luglio al 1° agosto,
domenica sera, lunedì
Rist – Carta 29/41 € 𝄢
♦ Trattoria centrale che propone specialità del territorio, piatti tipici della zona e una pregevole carta dei vini; gradevole il salone per banchetti.

RABLÀ = RABLAND – Bolzano – Vedere Parcines

RACALE – Lecce (LE) – **564** H36 – **10 772 ab.** – ⊠ 73055   **27** D3
▶ Roma 633 – Bari 203 – Lecce 53

X **L'Acchiatura** con cam   🍴 AC 🕏 VISA ✇ AE ① 🕏
🕃 via Marzani 12 – ✆ 08 33 55 88 39 – www.acchiatura.it – Fax 08 33 90 17 32
– chiuso dal 17 gennaio al 10 febbraio e dal 4 al 21 ottobre
🕃 **6 cam** ⊠ – ♦♦85/110 €
Rist – (chiuso martedì escluso da maggio a settembre) (chiuso a mezzogiorno
escluso la domenica da novembre a febbraio) Carta 21/26 €
♦ Cucina pugliese ricca di genuini sapori in un ambiente suggestivo, caratterizzato da
diverse sale e patii interni. Il fascino del passato rivive anche nelle belle ed accessoriate
camere, nonché nella scenografica piscina ospitata in una grotta.

RACINES (RATSCHINGS) – Bolzano (BZ) – **3 902 ab.** – **alt. 1 290 m**   **30** B1
– Sport invernali : **1 300/2 250 m** 💈8, 🎿 – ⊠ 39040

▶ Roma 700 – Bolzano 70 – Cortina d'Ampezzo 111 – Merano 102
🛈 palazzo Municipio ✆ 0472 756666, ratschinqa@dnet.it, Fax 0472 760616

🏨 **Sonklarhof** 🕏   ≤ 🚑 🍴 🏊 🏊 🌀 🖙 🕏 🛏 rist, 🕏 rist, 🕪 **P**
località Ridanna alt. 1342 – ✆ 04 72 65 62 12   VISA ✇ 🕏
– www.sonklarhof.com – Fax 04 72 65 62 24 – chiuso dal 4 novembre al
16 dicembre e dal 30 marzo al 23 aprile
58 cam – 12 suites – solo ½ P 50/70 €   **Rist** – (chiuso la sera) Carta 30/34 €
♦ Struttura ben organizzata, nel cuore della Val Ridanna, in grado di offrire un'accoglienza di
buon livello. Apprezzabile il confort delle camere e la dolce atmosfera tirolese. Ambiente
ospitale nella colorata e confortevole sala da pranzo.

🏨 **Gasteigerhof**   ≤ 🚑 🍴 🏊 🌀 🖙 🕏 🛱 🕏 🛏 🕪 **P** VISA ✇ ① 🕏
🕃 via Giovo 24, località Casateia – ✆ 04 72 77 90 90 – www.hotel-gasteigerhof.com
– Fax 04 72 77 90 43 – chiuso dal 4 novembre al 5 dicembre
23 cam ⊠ – ♦56/78 € ♦♦98/136 € – 4 suites – ½ P 59/88 €
Rist – Carta 21/46 €
♦ All'inizio della valle un hotel ben tenuto che presenta una struttura con elementi contemporanei accostati ad evidenti richiami alla tradizione. Camere confortevoli. Accogliente sala
ristorante, specialità altoatesine.

RADDA IN CHIANTI – Siena (SI) – **563** L16 – **1 748 ab.** – **alt. 531 m**   **29** D1
– ⊠ 53017 🍴 Toscana

▶ Roma 261 – Firenze 54 – Siena 33 – Arezzo 57
🛈 piazza del Castello ✆ 0577 738494, proradda@chiantinet.it, Fax 0577738494

Palazzo Leopoldo

via Roma 33 – ✆ 05 77 73 56 05 – www.palazzoleopoldo.it – Fax 05 77 73 80 31 – chiuso dal 7 gennaio al 28 febbraio
13 cam – †124/158 € ††158/225 €, ☕ 10 € – 6 suites – ½ P 114/158 €
Rist *La Perla del Palazzo* – ✆ 05 77 73 92 70 *(aprile-ottobre; chiuso mercoledì)* Menu 40/60 €
◆ Nella piccola via del centro storico, un ottimo esempio di conservazione di un palazzo medievale: vi si ripropongono con sobrietà ed eleganza stili ed atmosfere cariche di storia. Ristorante dalla forte impronta locale, sia negli ambienti sia nelle proposte gastronomiche.

Palazzo San Niccolò senza rist

via Roma 16 – ✆ 05 77 73 56 66 – www.hotelsannicolo.com – Fax 05 77 73 90 22 – aprile-ottobre
18 cam – †112/143 € ††143/210 €, ☕ 10 €
◆ Tra boschi, vitigni e uliveti, il palazzo quattrocentesco offre ampie camere arredate con gusto ed un suggestivo salone, al primo piano, interamente affrescato in stile '900.

Relais Vignale

via Pianigiani 9 – ✆ 05 77 73 83 00 – www.vignale.it – Fax 05 77 73 85 92 – aprile-ottobre
37 cam ☕ – †160 € ††230/280 € – 5 suites – ½ P 150/175 €
Rist – *(chiuso a mezzogiorno)* Carta 35/45 €
◆ All'inizio del paese, un'elegante casa di campagna curata ed arredata con buon gusto e stile toscano. Bellissimo terrazzo panoramico e cucina regionale con un'ampia scelta di piatti di terra.

verso Volpaia

La Locanda

strada sterrata per Panzano, località Montanino, Nord: 10,5 km – ✆ 05 77 73 88 32 – www.lalocanda.it – Fax 05 77 73 92 63 – aprile-ottobre; chiuso 10 giorni in agosto
7 cam ☕ – †180/240 € ††200/280 € – 1 suite
Rist – *(aperto le sere di lunedì, mercoledì e venerdì) (solo per alloggiati)* Menu 35 €
◆ Podere in posizione molto isolata che appare come una vera e propria oasi di pace. La vista sulle splendide colline circostanti è davvero eccezionale.

Agriturismo Podere Terreno

Nord : 5,5 km – ✆ 05 77 73 83 12 – www.podereterreno.it – Fax 05 77 73 84 00 – chiuso dal 20 al 27 dicembre
6 cam – solo ½ P 90/95 €
Rist – *(chiuso a mezzogiorno) (solo per alloggiati)* Menu 35 € bc
◆ Contornata da vigneti a coltivazione biologica, in questa casa colonica del '500 si coglie lo spirito verace di una terra ospitale. In una bella sala con camino, si mangia con i proprietari attorno ad una grande tavola.

Agriturismo Castelvecchi

Nord : 6 km – ✆ 05 77 73 80 50 – www.castelvecchi.com – Fax 05 77 73 86 08 – aprile-novembre
11 cam ☕ – †60/75 € ††84/97 € **Rist** – Menu 20/25 €
◆ Struttura inserita in un'antica tenuta vitivinicola molto attiva, un grazioso borgo di campagna con giardino. Gli ambienti e gli arredi sono di rustica ed essenziale finezza.

sulla strada provinciale 429

My One Hotel Radda

rist,
località La Calvana 138, Ovest : 1,5 km – ✆ 0 57 77 35 11 – www.myonehotel.it – Fax 05 77 73 82 84 – aprile-ottobre
57 cam ☕ – †75/240 € ††85/350 € – 3 suites – ½ P 73/205 €
Rist – *(solo per alloggiati)* Carta 33/42 €
◆ Hotel realizzato rispettando la tradizione locale nell'utilizzo di pietra e legno, ma declinati in forme di design moderno con colori che spaziano dal grigio al sabbia. Le camere sono ampie e confortevoli.

Il Borgo di Vescine ⌖ ⟨ 🚗 ⤴ ✂ AC ⅔ rist. ☏ 🅿️ VISA ⓪ AE ① ⓢ
località Vescine, Ovest : 6,5 km – ℰ 05 77 74 11 44
– www.vescine.it – Fax 05 77 74 02 63 – aprile-novembre
21 cam ⌸ – †150/180 € ††190/250 € – 7 suites – ½ P 125/150 €
Rist – *(solo per alloggiati)* Menu 30 €
♦ L'abitazione di campagna conserva l'originaria struttura del paesino medievale e dispone di camere confortevoli, sala colazione in terrazza, biblioteca e soggiorno con camino.

Villa Sant'Uberto senza rist ⌖ ⟨ 🚗 ⤴ ⅔ 🅿️ VISA ⓪ AE ① ⓢ
località Sant'Uberto 33, Ovest : 6,8 km – ℰ 05 77 74 10 88
– www.villasantuberto.it – Fax 05 77 74 16 09 – marzo-novembre
11 cam ⌸ – †70/82 € ††81/95 €
♦ Immersa nel silenzio dei colli, un'antica fattoria è stata convertita nell'attuale risorsa e dispone di camere spaziose: alcune più rustiche, altre quasi signorili. D'estate, godetevi la piacevolezza della prima colazione all'aperto.

RADEIN = Redagno

RADICONDOLI – Siena (SI) – 563 M15 – 1 019 ab. – alt. 510 m   29 C2
– ⊠ 53030

🅳 Roma 270 – Siena 44 – Firenze 80 – Livorno 95

Agriturismo Fattoria Solaio ⌖ ⟨ ⤴ ⅔ 🛁 🅿️ VISA ⓪ AE ⓢ
località Solaio, Sud-Ovest : 12 km ⊠ 53030 – ℰ 05 77 79 10 29
– www.fattoriasolaio.it – Fax 05 77 79 10 15 – chiuso dal 7 gennaio al 15 marzo
e dal 5 novembre al 26 dicembre
8 cam ⌸ – †70/80 € ††80/90 €
Rist – *(chiuso a mezzogiorno) (solo per alloggiati)* Menu 22 €
♦ Dopo alcuni km di strada non asfaltata si trovano l'antica fattoria cinquecentesca, la villa padronale e la chiesetta dell'800. Avvolte da un giardino all'italiana.

RAGONE – Ravenna – 561 I18 – Vedere Ravenna

RAGUSA 🅿 – 365 AX62 – Vedere Sicilia alla fine dell'elenco alfabetico

RAGUSA (Marina di) – Vedere Sicilia alla fine dell'elenco alfabetico

RANCIO VALCUVIA – Varese (VA) – 561 E8 – 948 ab. – alt. 296 m   16 A2
– ⊠ 21030

🅳 Roma 651 – Stresa 59 – Lugano 28 – Luino 12

Gibigiana ⅔ 🅿️ VISA ⓪ ① ⓢ
via Roma 19 – ℰ 03 32 99 50 85 – Fax 03 32 99 50 85 – chiuso dal 1° al
15 agosto e martedì
Rist – Carta 24/34 €
♦ Caldi e accoglienti ambienti in legno dove apprezzare una cucina affidabile ed incentrata su specialità tradizionali e alla brace, eseguite davanti agli occhi dei clienti.

RANCO – Varese (VA) – 561 E7 – 1 291 ab. – alt. 214 m – ⊠ 21020   16 A2

🅳 Roma 644 – Stresa 37 – Laveno Mombello 21 – Milano 67

Il Sole di Ranco ⌖ ⟨ 🚗 ⤴ 🏠 ⅏ AC ⅔ ☏ 🅿️ VISA ⓪ AE ① ⓢ
piazza Venezia 5 – ℰ 03 31 97 65 07 – www.ilsolediranco.it – Fax 03 31 97 66 20
– chiuso dal 15 dicembre al 7 febbraio
6 cam ⌸ – †176/206 € ††190/242 € – 8 suites – ††319/361 €
– ½ P 165/178 €
Rist Il Sole di Ranco – vedere selezione ristoranti
♦ All'interno di un'antica villa che ha affiancato il ristorante omonimo. Posizione elevata, fronte lago con giardino. Camere e ambienti comuni molto curati, arredi eleganti.

Conca Azzurra ⌂ — 〈 rist, P
via Alberto 53 – ℰ 03 31 97 65 26 – www.concazzurra.it — VISA ⓪ AE ① ⑤
– Fax 03 31 97 67 21 – chiuso dal 7 gennaio al 13 febbraio
29 cam ⊐ – ♦75/110 € ♦♦100/170 € – ½ P 75/95 €
Rist La Veranda – ℰ 03 31 97 57 10 (chiuso a mezzogiorno) Carta 36/63 €
♦ Un albergo di tono classico con una buona offerta di servizi, tra cui un moderno centro benessere, e camere accoglienti (tutte dotate di balcone o terrazzo). Ideale per chi vuole approfittare di un rilassante soggiorno in riva al lago. Specialità di pesce al ristorante con ampia terrazza.

Belvedere 〈 cam, cam, P
via Piave 11 – ℰ 03 31 97 52 60 — VISA ⓪ AE ① ⑤
– www.hotelristorantebelvedere.it – Fax 03 31 97 57 73 – chiuso dal 24 dicembre al 7 febbraio
12 cam – ♦70/90 € ♦♦100/130 € – ½ P 77/92 €
Rist – (chiuso mercoledì) Carta 30/40 €
♦ In centro e contemporaneamente a pochi passi dal lago, l'hotel offre ai suoi ospiti un'atmosfera familiare ed ampie camere confortevoli arredate con mobili in legno chiaro. Dalla cucina, specialità di lago, piatti rivisitati in chiave moderna e una lunga tradizione nel campo della ristorazione.

Il Sole di Ranco (Davide Brovelli) P
piazza Venezia 5 – ℰ 03 31 97 65 07 — VISA ⓪ AE ① ⑤
– www.ilsolediranco.it – Fax 03 31 97 66 20 – chiuso dicembre, gennaio, lunedì e martedì; dal 15 aprile ad ottobre aperto lunedì sera
Rist – Menu 80/130 € – Carta 75/135 €
Spec. Crudo di lago, ricci di mare e caviale di luccio. Tagliolini verdi con lavarello al fumo, spuma di barbabietola. Porchetta di coniglio alle olive nere.
♦ Succede che la cucina si allei all'eleganza degli ambienti e ad una terrazza con indimenticabile vista sul lago. Allora tutto congiura per una serata da fiaba.

RANDAZZO – Catania – **365** AY56 – Vedere Sicilia alla fine dell'elenco alfabetico

RANZO – Imperia (IM) – **561** J6 – **556** ab. – alt. 300 m – ⊠ 18020 — **14** A2
▶ Roma 597 – Imperria 30 – Genova 104 – Milano 228

Il Gallo della Checca P VISA ⓪ AE ① ⑤
località Ponterotto 31, Est : 1 km – ℰ 01 83 31 81 97 – Fax 01 83 31 89 21
– chiuso lunedì
Rist – (consigliata la prenotazione) Carta 30/62 €
♦ Ristorante-enoteca che offre interessanti proposte gastronomiche sull'onda di una cucina prevalentemente regionale. In sala bottiglie esposte ovunque: cantina di buon livello.

RAPALLO – Genova (GE) – **561** I9 – **30 432** ab. – ⊠ 16035 ▌ Italia — **15** C2
▶ Roma 477 – Genova 37 – Milano 163 – Parma 142
ⓘ Lungomare Vittorio Veneto 7 ℰ 0185 230346, iatrapallo@apttigullio.liguria.it, Fax 0185 63051
▨, ℰ 0185 26 17 77
◎ Lungomare Vittorio Veneto★
ⓖ Penisola di Portofino★★★ per la strada panoramica★★ per Santa Margherita Ligure e Portofino Sud-Ovest per ②

Pianta pagina seguente

Excelsior Palace Hotel ⌂ 〈 P VISA ⓪ AE ① ⑤
via San Michele di Pagana 8 — d
– ℰ 01 85 23 06 66 – www.excelsiorpalace.thi.it – Fax 01 85 23 02 14
125 cam ⊐ – ♦170/700 € ♦♦200/700 € – 5 suites – ½ P 145/395 €
Rist – Carta 58/128 €
Rist Eden Roc – (giugno-settembre) (prenotazione obbligatoria) Carta 52/127 €
♦ Struttura composita, con una ricca storia e un insieme eclettico di stili. Lusso, raffinata eleganza e tocchi di classe ovunque. In posizione unica, con vista mozzafiato. Al ristorante, colazione a buffet e golosi piatti creativi. All'Eden Roc ambienti prestigiosi e proposte culinarie legate alla tradizione ligure.

RAPALLO

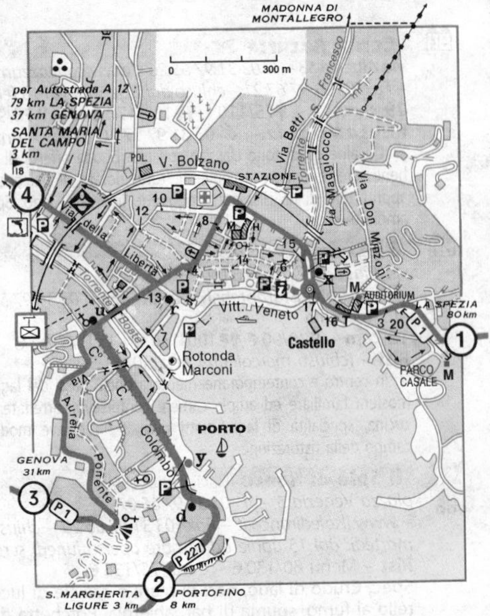

Grand Hotel Bristol rist,

via Aurelia Orientale 369 : 1,5 km – ✆ 01 85 27 33 13
– www.grandhotelbristol.it – Fax 0 18 55 58 00 – chiuso sino al 12 febbraio
77 cam – ♦85/260 € ♦♦120/360 € – 6 suites
Rist – Menu 22/35 €
Rist *Le Cupole* – Carta 35/76 €
♦ Storico albergo frontemare - rinnovato in anni recenti - con ambienti comuni moderni, camere spaziose ed accoglienti. Al ristorante-roof garden Le Cupole: piatti liguri ed una spettacolare vista sul golfo.

Europa rist,

via Milite Ignoto 2 – ✆ 01 85 66 95 21 – www.hoteleuropa-rapallo.com
– Fax 01 85 66 98 47 **x**
56 cam – ♦92/139 € ♦♦118/216 € – ½ P 123/140 €
Rist *Il Trattato* – *(chiuso novembre)* Carta 35/50 €
♦ Dimora patrizia del XVII sec. riconvertita con gusto a moderna struttura alberghiera. Camere ampie di gradevole effetto, molto curate nei dettagli, decorate con stucchi. Uno stile di semplice raffinatezza caratterizza ambiente e atmosfera del ristorante.

Riviera rist,

piazza 4 Novembre 2 – ✆ 0 18 55 02 48 – www.hotelrivierarapallo.com
– Fax 0 18 56 56 68 **r**
20 cam – ♦65/125 € ♦♦98/195 € – ½ P 105/130 €
Rist *Il Gambero* – Carta 38/64 €
♦ Struttura d'epoca, completamente rinnovata, affacciata sul mare, dotata di ampi e luminosi ambienti. Buon livello delle camere e del servizio. Ristorante che alla gradevolezza della sala e della terrazza unisce il valore della cucina.

L'Approdo senza rist

via Pagana 160, località San Michele di Pagana, per ② – ✆ 01 85 23 45 68
– www.approdohotel.it – Fax 01 85 01 45 64 – chiuso dal 1° gennaio al 5 marzo
32 cam – ♦74/144 € ♦♦88/172 €
♦ Il panorama dalle camere dell'ultimo piano è sempre magnifico, ma il resto dell'hotel ha cambiato faccia dopo una valida e completa ristrutturazione. Ambienti moderni.

Stella senza rist
🛏️ AC (y) 🚗 VISA ⓪ AE ① ⑤

via Aurelia Ponente 6 – ℰ 0 18 55 03 67 – www.hotelstella-riviera.com – Fax 01 85 27 28 37 – chiuso dal 10 al 20 dicembre e dal 10 gennaio al 20 febbraio

28 cam ⌷ – ♦60/95 € ♦♦80/140 € **u**

♦ In posizione centrale, all'inizio della via Aurelia di ponente, hotel a conduzione familiare con accoglienti spazi comuni e camere semplici, ma confortevoli.

✕✕ Luca
🛖 AC VISA ⓪ AE ⑤

via Langano 32, porto Carlo Riva – ℰ 0 18 56 03 23 – www.ristoranteluca.it – Fax 0 18 56 03 23 – chiuso martedì escluso luglio e agosto

Rist – Carta 40/58 € **y**

♦ Risorsa ubicata proprio lungo il porticciolo turistico della cittadina. Ariosa sala, dove un fresco stile marinaro accompagna le semplici e gustose specialità ittiche.

RAPOLANO TERME – Siena (SI) – 563 M16 – 5 135 ab. – alt. 334 m – ⊠ 53040
29 C2

🗺️ Roma 202 – Siena 27 – Arezzo 48 – Firenze 96

2 Mari
🚗 🛖 ⌿ 🔲 🛏️ AC 🞕 (y) 🛴 P VISA ⓪ AE ① ⑤

via Giotto 1, località Bagni Freddi – ℰ 05 77 72 40 70 – www.hotel2mari.com – Fax 05 77 72 54 14 – chiuso dal 6 giugno al 10 luglio

58 cam ⌷ – ♦60 € ♦♦84/126 € – ½ P 59/80 € **Rist** – Carta 27/43 €

♦ Ambienti accoglienti e funzionali in questo hotel dalla capace gestione familiare. All'esterno un bel giardino custodisce la piscina, mentre nel centro benessere si usano prodotti *home made*. Menu regionali presso la luminosa sala ristorante.

Villa Buoninsegna
< 🚗 ⌿ P VISA ⓪ ① ⑤

località La Buoninsegna, Sud-Est: 5 km – ℰ 05 77 72 43 80 – www.buoninsegna.com – Fax 05 77 72 43 80 – 8 marzo-15 novembre

6 cam ⌷ – ♦90 € ♦♦110/120 € – ½ P 86 €

Rist – *(chiuso a mezzogiorno)* *(prenotazione obbligatoria)* *(solo per alloggiati)* Menu 26 € bc/30 € bc

♦ Una poderosa villa del 1600 al centro di una vastissima proprietà, le cui ampie camere - arredate con mobili antichi - si affacciano sul salone del piano nobile. La struttura dispone di due piscine all'aperto e di vasti percorsi per escursioni.

RASEN ANTHOLZ = Rasun Anterselva

RASUN ANTERSELVA (RASEN ANTHOLZ) – Bolzano (BZ) – 562 B18 – 2 849 ab. – alt. 1 030 m – Sport invernali : 1 030/2 273 m ≰ 19 ≰ 12 (Comprensorio Dolomiti superski Plan de Corones) ⚘ – ⊠ 39030
31 C1

🗺️ Roma 728 – Cortina d'Ampezzo 50 – Bolzano 87 – Brunico 13

a Rasun (Rasen) – alt. 1 030 m – ⊠ 39030

🖼️ a Rasun di Sotto ℰ 0474 496269, info@rasen.it, Fax 0474 498099

Alpenhof
< 🔲 🞕 🈁 🛁 🛴 AC 🞕 rist, (y) P 🚗 VISA ⓪ AE ① ⑤

a Rasun di Sotto 123 – ℰ 04 74 49 64 51 – www.hotel-alpenhof.info – Fax 04 74 49 80 47 – chiuso dal 1° novembre al 3 dicembre

32 cam – ♦55/153 € ♦♦86/236 € , ⌷ 15 € – 5 suites – ½ P 55/168 €

Rist – *(solo per alloggiati)* Menu 31/62 €

♦ Piacevole hotel che nasce dall'unione di una casa ristrutturata e di un'ala più moderna, offre camere ed ambienti comuni piacevoli, connotati da spunti di eleganza. E' possibile cenare presso caratteristiche stube o nella calda sala con soffitto in legno.

ad Anterselva (Antholz) – alt. 1 100 m – ⊠ 39030

🖼️ ad Anterselva di Mezzo ℰ 0474 492116, antholz@dnet.it, Fax 0474 492370

Santéshotel Wegerhof
🚗 🔲 🞕 🈁 🛏️ 🔥 cam, 🛴 ⅊ rist, (y) P VISA ⓪ AE ① ⑤

ad Anterselva di Mezzo, via Centrale 15 – ℰ 04 74 49 21 30 – www.santeshotel.it – Fax 04 74 49 24 79 – Natale-Pasqua e maggio-ottobre

28 cam ⌷ – ♦45/105 € ♦♦80/210 € – ½ P 80/145 €

Rist Peter's Stube – *(giugno-20 ottobre e dicembre-5 aprile)* Carta 22/53 €

♦ Struttura caratterizzata da una gestione attenta, capace di mantenersi sempre al passo coi tempi. Grande considerazione per le esigenze dei "grandi" come dei più piccoli. Piccola e intima stube per apprezzare una genuina cucina del territorio.

RAVELLO – Salerno (SA) – **564** F25 – **2 508 ab.** – alt. 350 m – ⊠ 84010   **6** B2

▮ Italia

▶ Roma 276 – Napoli 59 – Amalfi 6 – Salerno 29

🄻 via Roma 18 bis ✆ 089 857096, info@ravellotime.it, Fax 089 857977

👁 Posizione e cornice pittoresche★★★ – Villa Rufolo★★★ : ❊★★★ – Villa Cimbrone★★★ : ❊★★★ – Pulpito★★ e porta in bronzo★ del Duomo – Chiesa di San Giovanni del Toro★

Caruso ⟋   ≤ 🚗 🛱 🍽 ⅃♨ 🖢 🛂 🛅 🌡 rist, ⟨¹⟩ VISA ⓿⓿ AE ① ⟋
piazza San Giovanni del Toro 2 – ✆ *089 85 88 01 – www.hotelcaruso.com
– Fax 089 85 88 06 – aprile-7 novembre*
42 cam – ✝495/605 € ✝✝638/1045 € – 6 suites – ½ P 490/610 €
Rist – Carta 83/127 €
♦ Successivamente al recente restauro, questo importante hotel ritorna agli antichi fasti grazie alla splendida posizione, al servizio impeccabile ed ai suoi lussuosi ambienti. Cucina tradizionale campana presso la raffinata sala ristorante che, d'estate, si apre sulla terrazza affacciandosi sul mare e sulla costa.

Palazzo Sasso ⟋   ≤ 🚗 🛱 ⅃ ⑩ ⟨♨⟩ 🖢 🛅 ⅃ cam, 🛂 🌡 cam, ⟨¹⟩
via San Giovanni del Toro 28 – ✆ *089 81 81 81*   **🛅 🚗** VISA ⓿⓿ AE ① ⟋
– www.palazzosasso.com – Fax 089 85 89 00 – 28 marzo-ottobre
34 cam ⌷ – ✝✝363/715 € – 9 suites
Rist Rossellinis – vedere selezione ristoranti
Rist Caffè dell'Arte – Carta 53/79 €
♦ Senza dubbio uno dei migliori alberghi della costiera: grande eleganza e servizio di livello eccellente. Ambienti comuni raffinati, stanze perfette, panorama mozzafiato. Leggere proposte culinarie al Caffè dell'Arte, da gustare in una distinta saletta o in terrazza.

Villa Cimbrone ⟋   ≤ 🚗 🕪 🛱 ⅃ ❊ 🖢 🌡 🛂 🌡 ⟨¹⟩ 🛅
via Santa Chiara 26 – ✆ *089 85 74 59*   VISA ⓿⓿ AE ① ⟋
– www.villacimbrone.com – Fax 089 85 77 77 – aprile-ottobre
17 cam ⌷ – ✝290/360 € ✝✝330/880 € – 2 suites
Rist – (chiuso la sera) Carta 40/55 €
Rist Il Flauto di Pan – (chiuso a mezzogiorno) Carta 59/81 € ⅋⅋
♦ Villa patrizia originaria dell'XI sec., immersa in un parco-giardino, da cui è possibile godere di una vista eccezionale sul mare e sulla costa. Risorsa affascinante. Al ristorante vi meraviglieranno tanto l'ambientazione che la cucina.

Palumbo ⟋   ≤ 🚗 🛱 🌡 🛂 🌡 rist, ⟨☏⟩ 🚗 VISA ⓿⓿ AE ① ⟋
via San Giovanni del Toro 16 – ✆ *089 85 72 44 – www.hotelpalumbo.it
– Fax 08 98 58 60 84*
17 cam – ✝200/400 € ✝✝250/500 € – ½ P 175/300 €
Rist – (maggio-ottobre) Carta 58/74 €
♦ Volte, nicchie, passaggi, corridoi e colonne in stile arabo-orientale. Una dimora del XII sec. con terrazza-giardino fiorita: spazi imprevedibili e piaceri sorprendenti. Imperdibile vista dalla terrazza del ristorante.

Rufolo ⟋   ≤ 🚗 🛱 ⅃ ⟨♨⟩ 🖢 🌡 🛂 🌡 rist, ⟨¹⟩ 🛅 🅿 🚗
via San Francesco 1 – ✆ *089 85 71 33*   VISA ⓿⓿ AE ① ⟋
– www.hotelrufolo.it – Fax 089 85 79 35
34 cam – ✝145/180 € ✝✝180/350 € – ½ P 155/210 €
Rist Sigilgada – (chiuso gennaio e febbraio) Carta 43/58 €
♦ La piscina è inserita in una delle terrazze-giardino che come molte camere si affaccia sul parco di Villa Rufolo e sul golfo sottostante. Nel cuore del centro storico. Sala ristorante con ampie superfici occupate dalla vetrate: per cenare tra cielo e mare.

Villa Maria ⟋   ≤ 🚗 🛱 🛂 🌡 🌡 rist, 🅿 VISA ⓿⓿ AE ① ⟋
via Santa Chiara 2 – ✆ *089 85 72 55 – www.villamaria.it – Fax 089 85 70 71*
23 cam ⌷ – ✝195 € ✝✝240/305 € – ½ P 155/188 €   **Rist** – Carta 30/68 €
♦ Struttura signorile ubicata in una zona tranquilla del paese e raggiungibile soltanto a piedi (il parcheggio è molto vicino). Dotata di un'elegante zona soggiorno comune. Servizio ristorante estivo sotto un pergolato con una stupefacente vista di mare e costa.

Giordano senza rist ⌂   🚗 ☒ 🏢 AC ❄ 📶 🕍 🅿 VISA ⓿ AE ① ⑤
via Trinità 14 – 𝒞 *089 85 72 55 – www.giordanohotel.it – Fax 089 85 70 71*
– aprile-ottobre
33 cam ☲ – 🛉165 € 🛉🛉185/240 €

♦ A pochi passi dalla piazza, nella direzione di Villa Cimbrone, facilmente raggiungibile in auto e dotato di parcheggio. Camere sobrie e funzionali, grazioso giardino.

Graal   ≤ ☒ 🏢 🚣 ❄ rist 📶 🕍 🚗 VISA ⓿ AE ① ⑤
via della Repubblica 8 – 𝒞 *089 85 72 22 – www.hotelgraal.it – Fax 089 85 75 51*
43 cam ☲ – 🛉145/275 € 🛉🛉170/300 € – ½ P 95/180 €
Rist *Al Ristoro del Moro* – 𝒞 *089 85 79 01 (aprile-ottobre)* (consigliata la prenotazione) Carta 33/51 €

♦ Vicino al centro storico, in posizione tale da regalare una splendida vista sul golfo, questa bella struttura - costantemente sottoposta a lavori di rinnovo - dispone di camere di varia tipologia. Sapori campani nella luminosa sala ristorante dalle ampie vetrate.

XXXX   **Rossellinis** (Pino Lavarra) – Hotel Palazzo Sasso   🚗 🏠 AC ❄
✿✿   *via San Giovanni del Toro 28 –* 𝒞 *089 81 81 81*   VISA ⓿ AE ① ⑤
– www.palazzosasso.com – Fax 089 85 89 00 – marzo-ottobre
Rist – *(chiuso a mezzogiorno)* Menu 75/110 € – Carta 80/122 € ⌘
Spec. Ravioli soffiati ripieni di granchio e zucchine, sugo di patate e colatura d'alici di Cetara. Tonno sott'olio "Rossellinis" con battuta di melanzana bianca e cappero caramellato. Filetto d'agnello in crosta di provolone podolico con verdure e patate vetrificate.

♦ Sospeso tra mare e cielo su una costa a strapiombo, l'infinita fantasia del cuoco moltiplica gli accostamenti e le invenzioni in piatti dalle citazioni campane ed internazionali.

Un importante pranzo d'affari o una cena tra amici?
Il símbolo ✿ indica la presenza di sala privata.

sulla costiera amalfitana Sud : 6 km :

Marmorata ⌂   ≤ 🏠 ☒ ₤δ 🏢 AC ❄ 📶 🕍 🅿 VISA ⓿ AE ① ⑤
loc. Marmorata, via Bizantina 3 ⊠ *84010 –* 𝒞 *089 87 77 77*
– www.marmorata.it – Fax 089 85 11 89 – marzo-novembre
39 cam ☲ – 🛉85/160 € 🛉🛉125/260 € – ½ P 93/165 €
Rist *L'Antica Cartiera* – Carta 33/49 €

♦ Arroccato sugli scogli, ma con discesa privata a mare, albergo ricavato dall'abile ristrutturazione di un'antica cartiera: arredi in stile vecchia marina e deliziosa piscina con idromassaggio. Specialità ittiche nell'originale sala ristorante con soffitto a volte.

Villa San Michele ⌂   ≤ 🚗 AC ❄ 📶 🅿 VISA ⓿ AE ① ⑤
via Carusiello 2 – 𝒞 *089 87 22 37 – www.hotel-villasanmichele.it*
– Fax 089 87 22 37 – chiuso dal 15 novembre al 20 febbraio
12 cam ☲ – 🛉90/150 € 🛉🛉100/170 € – ½ P 88/110 €
Rist – *(aprile-ottobre)* (solo per alloggiati) Menu 26/30 €

♦ Hotel letteralmente affacciato sul mare, a ridosso degli scogli, inserito in un verde giardino. In perfetta armonia con la natura: per un soggiorno dalle forti emozioni.

RAVENNA ℗ **(RA) – 562** I18 **– 153 388 ab. –** ⊠ **48100**   **9 D2**

▶ Roma 366 – Bologna 74 – Ferrara 74 – Firenze 136

ℹ️ via Salara 8/12 𝒞 0544 35404, iatravenna@comune.ra.it, Fax 0544 482670
via delle Industrie 14 (Mausoleo di Teodorico) 𝒞 0544 451539,
teodorico.iat@libero.it, Fax 0544 451539

◉ I mosaici★★★ nel Mausoleo di Galla Placidia Y – Basilica di San Vitale★★★
Y – Battistero Neoniano★ : mosaici★★★ Z – Basilica di Sant'Apollinare
Nuovo★★ Z – Cattedra d'avorio★★ e cappella di S. Andrea★ nel museo
Arcivescovile Z **M2** – Mausoleo di Teodorico★ Y **B** – Statua funeraria di
Guidarello Guidarelli★ (opera di Tullio Lombardo) nel Museo d'arte della
città Z

◩ Basilica di Sant'Apollinare in Classe★★ per ③ : 5 km

Pianta pagina seguente

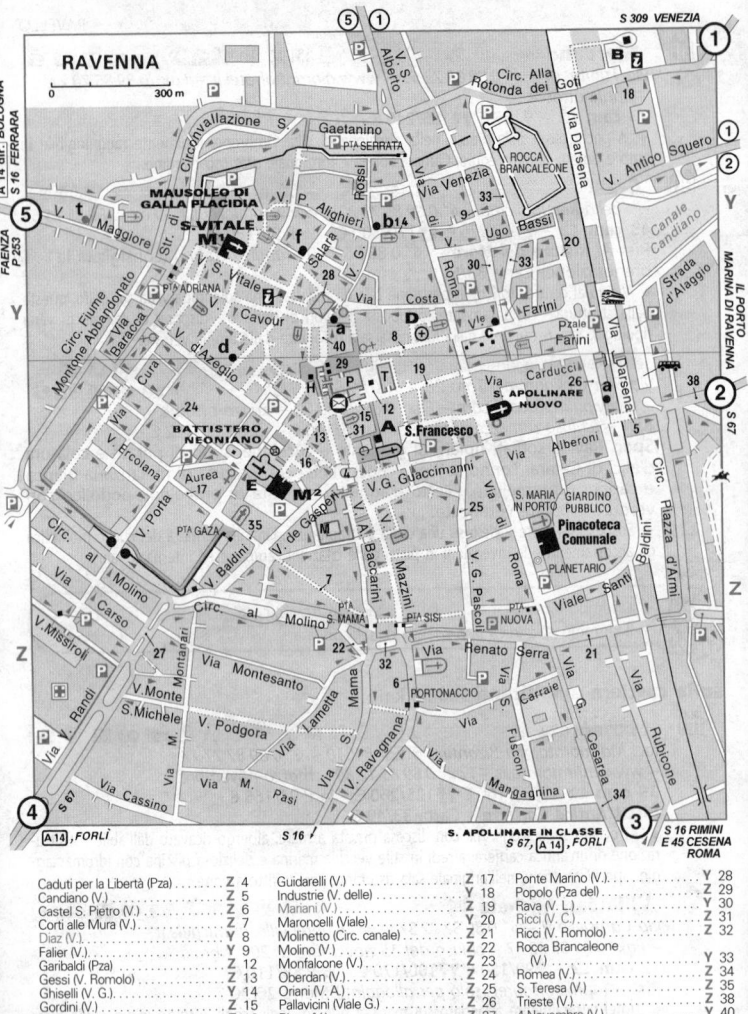

RAVENNA

0 ___ 300 m

NH Ravenna

🏨 ⚠️ AC ⇆ ⛱ 🌀 🛁 VISA ⓒ AE ① 🅢

piazza Mameli 1 – ℰ 05 44 43 57 62 – www.nh-hotels.com – Fax 05 44 21 60 55
83 cam ⚏ – ✦72/170 € ✦✦95/225 € – 1 suite – ½ P 73/138 € Yc
Rist – Carta 46/54 €

♦ Comodo e funzionale per la clientela commerciale ma anche ricco di attenzione per i particolari e per l'estetica adatta alla clientela turistica. Semplice e luminoso ristorante con proposte classiche alla carta o buffet.

Cube senza rist

🏨 ⚠️ AC ⇆ ⛱ 🌀 🛁 🄿 VISA ⓒ AE ① 🅢

via Luigi Masotti 2, per ⑤: 2 km – ℰ 05 44 46 46 91 – www.hotelcube.net – Fax 05 44 46 36 29
80 cam ⚏ – ✦65/130 € ✦✦90/250 €

♦ Nella città dei mosaici, una struttura moderna con camere spaziose, dotate di comode scrivanie per utilizzare agevolmente il computer, ma perfettamente insonorizzate per garantire sonni tranquilli. Confort al cubo!

🏠 Holiday Inn 🏠 🕍 ⅙ 🗛 ⅍ ᵖ 🏋 🗺 ⊕ 🖭 ⊕ ⚡

via Mattei 25, per ①: 3 km – ℰ 05 44 45 59 02 – www.hiravenna.it
– Fax 05 44 45 64 46
112 cam ⊑ – 🛉89/169 € 🛉🛉119/199 € – 12 suites – ½ P 71/119 €
Rist – Carta 23/37 €

♦ La proverbiale cordialità romagnola in una nuova struttura di moderna concezione con buone installazioni ed ottime camere di ampia metratura. Il tutto nell'imperante stile design minimalista.

🏠 Bisanzio senza rist 🚃 🕍 🗛 ⅍ ᵖ 🏋 🗺 ⊕ 🖭 ⊕ ⚡

via Salara 30 – ℰ 05 44 21 71 11 – www.bisanziohotel.com – Fax 05 44 32 53 9
38 cam ⊑ – 🛉86/116 € 🛉🛉108/180 €   Yf

♦ Nel centro della località, nei pressi della Basilica di San Vitale, un albergo con marmi e lampadari di murano nella hall; camere lineari e complete nei servizi.

🏠 S. Andrea senza rist 🚃 🕍 ⅙ 🗛 ⅍ 🗺 ⊕ 🖭 ⊕ ⚡

via Cattaneo 33 – ℰ 05 44 21 55 64 – www.santandreahotel.com
– Fax 05 44 33 27 5 – febbraio-novembre   YZd
12 cam ⊑ – 🛉80/120 € 🛉🛉90/140 €

♦ Ex convento di origine secentesca, ha conservato l'atmosfera tranquilla acquisendo un tono familiare più da casa privata che da albergo. Piccolo giardino, grande oasi.

🏠 ClassHotel Ravenna 🕍 🗛 ⅍ ᵖ 🏋 ᵖ 🗺 ⊕ 🖭 ⊕ ⚡

viale della Lirica 141, prossimità strada statale 16 per ④ – ℰ 05 44 27 02 90
– www.classhotel.com – Fax 05 44 27 01 70
69 cam ⊑ – 🛉120 € 🛉🛉150 € – ½ P 95 €
Rist – (chiuso domenica in bassa stagione) Carta 24/48 €

♦ Hotel moderno, a pochi metri dall'uscita della tangenziale e per questo particolarmente indicato per una clientela di lavoro. Servizi e dotazioni recenti e apprezzabili. Ristorante frequentato soprattutto da ospiti dell'hotel e da uomini d'affari.

🏠 Italia ⅙ 🗛 ᵖ ᵖ 🗺 ⊕ 🖭 ⊕ ⚡

viale Pallavicini 4/6 – ℰ 05 44 21 23 63 – www.hitalia.it
– Fax 05 44 21 70 04   Za
45 cam ⊑ – 🛉50/73 € 🛉🛉60/135 €
Rist – (chiuso sabato a mezzogiorno, domenica) Carta 31/47 €

♦ A pochi passi dalla stazione ferroviaria, l'hotel dispone di camere funzionali e accoglienti. Adatto a chi ha bisogno di parcheggio e desidera essere prossimo al centro.

🏠 Diana senza rist 🕍 ⅙ 🗛 ᵖ 🗺 ⊕ 🖭 ⊕ ⚡

via G. Rossi 47 – ℰ 05 44 39 16 4 – www.hoteldiana.ra.it
– Fax 05 44 30 00 01   Yb
33 cam ⊑ – 🛉50/78 € 🛉🛉74/125 €

♦ Camere di diverse metrature, ma tutte confortevoli, in un hotel del centro città. A disposizione anche appartamenti in una dépendance a 200 m: questa struttura fa capo all'albergo per tutti i servizi.

🏠 Cappello 🕍 🗛 ᵖ 🏋 🗺 ⊕ 🖭 ⊕ ⚡

via IV Novembre 41 – ℰ 05 44 21 98 13 – www.albergocappello.it
– Fax 05 44 21 98 14   Ya
7 cam ⊑ – 🛉110/170 € 🛉🛉130/210 € – ½ P 115/155 €
Rist Cappello – (chiuso 10 giorni in febbraio, 10 giorni in agosto, domenica sera, lunedì) Carta 33/55 €

♦ E' un piacere, quasi un privilegio, essere ospitati da una risorsa con camere così eleganti e confortevoli. Palazzo del '400 con affreschi e soffitti a cassettoni. Ricercata e antica eleganza anche al ristorante, dove troverete una fragrante cucina di mare rivista quotidianamente.

🍴🍴🍴 Antica Trattoria al Gallo 1909 ⅍ ⟲ 🗺 ⊕ 🖭 ⊕ ⚡

via Maggiore 87 – ℰ 05 44 21 37 75 – www.trattoriaalgallo1909.it
– Fax 05 44 21 37 75 – chiuso dal 20 dicembre al 10 gennaio, domenica sera, lunedì, martedì   Yt
Rist – Carta 37/44 €

♦ Trattoria nel nome, un semplice edificio di mattoni fuori ma un tripudio di decorazioni liberty all'interno. Riferimento ineludibile nel panorama della ristorazione ravennate.

a San Michele Ovest : 8 km – ⊠ 48100 Ravenna

X **Osteria al Boschetto** 🚗 🛱 ✿ P VISA ◑ AE ① ⚫
*via Faentina 275 – ℰ 05 44 41 43 12 – Fax 05 44 41 43 12 – chiuso dal 7 al
14 gennaio, dal 15 agosto al 4 settembre, giovedì*
Rist – *(chiuso a mezzogiorno in agosto)* Carta 39/54 €
♦ Non lontano dal casello autostradale di S. Vitale, all'interno di una palazzina d'inizio '900,
locale assai gradevole con due salette disposte su due piani ed un fresco dehors estivo.
Cucina di varia ispirazione.

a Ragone Sud-Ovest : 15 km – ⊠ 48100

X **Flora** 🛱 AC ॐ P VISA ◑ AE ① ⚫
⊗ *via Ragone 104 – ℰ 05 44 53 40 44 – Fax 05 44 53 40 44 – chiuso dal 20 luglio
al 10 agosto e mercoledì*
Rist – Carta 18/24 €
♦ Semplice trattoria con bar, oltre alle paste romagnole, in stagione, una buona scelta di
funghi, tartufi e cacciagione. Per arrivare: direzione Forlì e svoltare a destra a Ghibullo.

RAVINA – Trento – **562** D15 – Vedere Trento

RAZZES = RATZES – Bolzano – Vedere Siusi allo Sciliar

RECANATI – Macerata (MC) – **563** L22 – 21 338 ab. – alt. 201 m – ⊠ 62019   **21** C2
▶ Roma 290 – Ancona 37 – Macerata 23 – Perugia 172

🏠 **Gallery Hotel Recanati** ⇐ 📶 & AC ⁽ᵀ⁾ ⅍ P VISA ◑ AE ① ⚫
via Falleroni 85 – ℰ 07 1 98 19 14 – www.ghr.it – Fax 07 1 57 54 2 16
68 cam ⊇ – ✝49/199 € ✝✝79/299 €   **Rist** – Carta 29/59 €
♦ Nato dall'accurato restauro di un Seicentesco palazzo nobiliare del centro storico (in seguito
diventato seminario e scuola), un hotel che coniuga modernità e recupero di parti storiche.

RECCO – Genova (GE) – **561** I9 – 10 300 ab. – ⊠ 16036   **15** C2
▶ Roma 484 – Genova 32 – Milano 160 – Portofino 15
🚹 via Ippolito D'Aste 2A ℰ 0185 722440, iatpro@libero.it, Fax 0185 721958

🏠 **La Villa** 🚗 ⌇ 📶 & cam, AC ⁽ᵀ⁾ ⅍ P VISA ◑ AE ① ⚫
via Roma 296 – ℰ 01 85 72 07 79 – www.manuelina.it – Fax 01 85 72 10 95
23 cam ⊇ – ✝80/120 € ✝✝100/140 € – ½ P 85 €
Rist Manuelina – ℰ 0 18 57 41 28 *(chiuso gennaio)* Carta 38/76 €
♦ Una risorsa di taglio moderno ricavata però in una villa d'epoca in tipico stile genovese,
cui recentemente è stata aggiunta una nuova ala; il confort è ben distribuito. Ristorante
molto vivo, con personale esperto e un menu appetitoso.

XX **Da ö Vittorio** con cam 📶 & cam, AC rist, P VISA ◑ AE ① ⚫
⊗ *via Roma 160 – ℰ 0 18 57 40 29 – www.daovittorio.it – Fax 01 85 72 36 05*
35 cam – ✝41/82 € ✝✝62/115 €, ⊇ 6 € – ½ P 65/85 €
Rist – *(chiuso dal 20 novembre al 6 dicembre e martedì)* Menu 20/38 €
– Carta 29/58 € ⊗
♦ Piatti liguri e specialità ittiche in uno dei Locali Storici d'Italia composto da due piacevoli
sale: una di tono rustico-elegante, l'altra più sobria. Settore notte con camere di taglio classico nel corpo principale, in stile e moderne nella dépendance.

RECOARO TERME – Vicenza (VI) – **562** E15 – 6 972 ab. – alt. 445 m   **35** B2
– Sport invernali : a Recoaro Mille : 1 000/1 700 m ⚐1 ⚑3, 🎿 – ⊠ 36076
▶ Roma 576 – Verona 72 – Milano 227 – Trento 78
🚹 via Roma 15 ℰ 0445 75070, iat.recoaro@provincia.vicenza.it,
Fax 044575158

🏠 **Trettenero** ॐ 🕮 📶 🖳 & ॐ rist, ⁽ᵀ⁾ P VISA ◑ AE ① ⚫
via V. Emanuele 18 – ℰ 04 45 78 03 80 – www.hoteltrettenero.it – Fax 04 45 78 03 50
56 cam ⊇ – ✝50/80 € ✝✝70/100 € – 1 suite – ½ P 55/85 €
Rist – *(chiuso a mezzogiorno dal 15 ottobre al 15 maggio)* (consigliata la
prenotazione) Carta 26/30 €
♦ Sorto all'inizio dell'Ottocento, prende il nome dal suo fondatore. Si distingue per l'originalità dei decori, per gli ampi spazi a disposizione e per il piccolo parco. Molto capiente la sala
da pranzo: colpisce per l'altezza del soffitto e per le decorazioni.

🏠 **Verona** 🛗 VISA 👁 AE ① ⑤
*via Roma 52 – ℰ 0 44 57 50 10 – www.recoaroterme.com/verona
– Fax 0 44 57 50 65 – maggio-ottobre*
35 cam ☲ – ♦43/50 € ♦♦60/70 € – ½ P 39/53 € **Rist** – Carta 24/32 €
♦ Albergo centralissimo che presenta un livello di confort e un grado di ospitalità più che discreto, sotto ogni aspetto. In particolare le stanze sono semplici ma moderne. Luminosa sala ristorante classica.

RECORFANO – Cremona – Vedere Voltido

REDAGNO (RADEIN) – Bolzano (BZ) – **562** C16 – alt. 1 566 m   **31 D3**
– ✉ 39040

▶ Roma 630 – Bolzano 38 – Belluno 111 – Trento 60

🏨 **Zirmerhof** ⑧ ≤ 🚗 🏡 ⓢ 🕅 🕸 rist, 🕪 🅿 🚗 VISA 👁 ⑤
*Oberradein 59 – ℰ 04 71 88 72 15 – www.zirmerhof.com – Fax 04 71 88 72 25
– 26 dicembre-15 gennaio e maggio-6 novembre*
38 cam ☲ – ♦79/114 € ♦♦152/238 € – ½ P 90/140 € **Rist** – Carta 32/58 €
♦ Albergo di tradizione ricavato da un antico maso tra i pascoli: in pratica un'oasi di pace con bella vista su monti e vallate. Arredi d'epoca e quadri antichi. Sala ristorante davvero suggestiva, per gustare i prodotti della casa.

REGGELLO – Firenze (FI) – **563** K16 – 15 652 ab. – alt. 390 m   **29 C1**
– ✉ 50066

▶ Roma 250 – Firenze 38 – Siena 69 – Arezzo 58

a Pietrapiana Nord : 3,5 km – ✉ 50066

🏨 **Archimede** ⑧ ≤ 🚗 ⓢ 🕸 🕸 🅿 VISA 👁 AE ① ⑤
*strada per Vallombrosa – ℰ 0 55 86 90 55 – www.ristorantearchimede.it
– Fax 0 55 86 85 84 – chiuso dal 20 al 30 gennaio*
19 cam ☲ – ♦55/65 € ♦♦85/95 € – ½ P 70 €
Rist Da Archimede – vedere selezione ristoranti
♦ Albergo sorto a metà anni Ottanta, che si caratterizza per la solida struttura in pietra. Arredi di taglio classico, bella hall anche se di dimensioni contenute.

XX **Da Archimede** – Archimede ≤ 🕅 ⇄ 🅿 VISA 👁 AE ① ⑤
*strada per Vallombrosa – ℰ 05 58 66 75 00 – www.ristorantearchimede.it
– Fax 0 55 86 85 84 – chiuso dal 20 al 30 gennaio e martedì escluso da aprile ad ottobre*
Rist – Carta 25/40 €
♦ Ristorante tipico, apprezzato dai clienti del luogo ma ancor più da avventori provenienti da fuori, dove gustare i piatti più tradizionali della cucina toscana.

a Vaggio Sud-Ovest : 5 km – ✉ 50066

🏨 **Villa Rigacci** ⑧ ≤ 🚗 🏡 ⓢ 🚶 🔃 🕸 rist, 🕪 🅿 VISA 👁 AE ① ⑤
via Manzoni 76 – ℰ 05 58 65 67 18 – www.villarigacci.it – Fax 05 58 65 65 37
24 cam ☲ – ♦85/95 € ♦♦120/160 € – 4 suites – ½ P 90/125 €
Rist Relais le Vieux Pressoir – (aprile-ottobre) Carta 26/37 €
♦ Incantevole villa di campagna quattrocentesca - immersa nel verde - dispone di camere confortevoli, recentemente ristrutturate. Un luogo ideale per trascorrere un indimenticabile soggiorno nell'amena terra toscana. Due calde, accoglienti sale da pranzo e servizio estivo sopra la piscina.

REGGIO DI CALABRIA Ⓟ (RC) – **564** M28 – 185 577 ab. – ✉ 89123   **5 A3**
▮ Italia

▶ Roma 705 – Catanzaro 161 – Napoli 499
🛧 di Ravagnese per ③: 4 km ℰ 0965 630301
🚢 per Messina – Stazione Ferrovie Stato, ℰ 0965 97957
🛈 all'Aeroporto ℰ 0965 364752
  Stazione Ferroviaria ℰ 0965 894518
◉ Museo Nazionale★★ Y : Bronzi di Riace★★★ – Lungomare★ YZ

Pianta pagina seguente

REGGIO DI CALABRIA

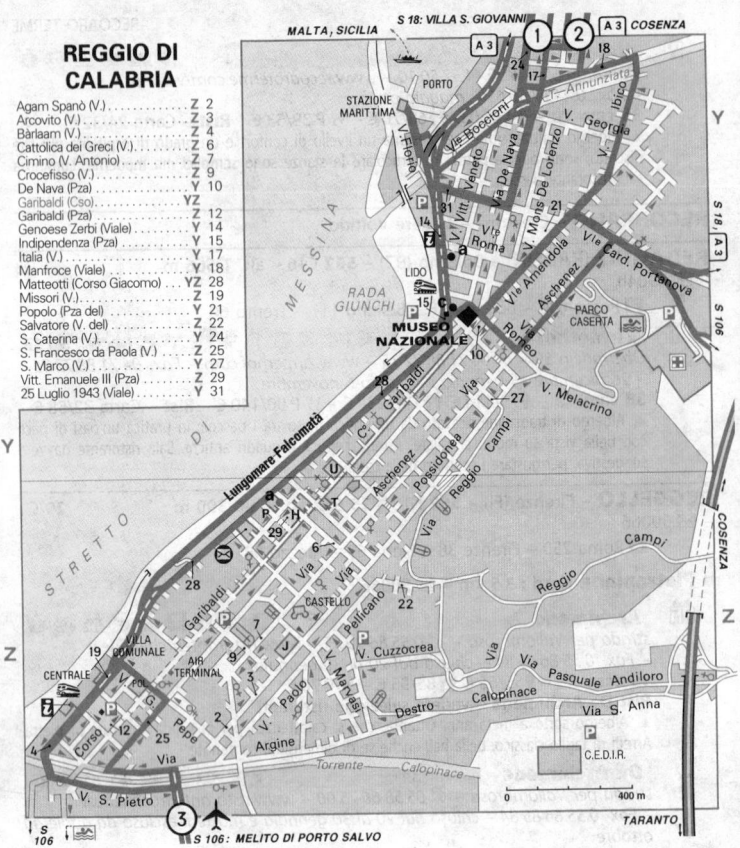

Grand Hotel Excelsior
via Vittorio Veneto 66 ⊠ 89121 – ℰ 09 65 81 22 11
– www.montesanohotels.it – Fax 09 65 89 30 84

Yc

80 cam ⊊ – †250/270 € ††340 € – 4 suites – ½ P 210 €

Rist *Galà* – Carta 36/52 €

♦ In pieno centro, ma comodamente vicino al lungomare, un punto di riferimento nel panorama alberghiero locale: confort e dotazioni all'altezza del nome!

Lungomare senza rist
viale Zerbi 13/b ⊠ 89124 – ℰ 0 96 52 04 86 – www.hotellungomare.rc.it
– Fax 0 96 52 14 39

Ya

31 cam ⊊ – †72/88 € ††102/120 €

♦ Sorto dalla ristrutturazione di un palazzo del primo Novecento, offre un'incantevole terrazza panoramica affacciata sul lungomare e sullo Stretto, dove d'estate viene servita la prima colazione.

Il Fiore del Cappero
via Zaleuco 7 ⊠ 89125 – ℰ 0 96 52 09 55 – chiuso dal 7 al 21 gennaio e domenica

Za

Rist – Carta 32/42 €

♦ Alle spalle della bella Villa Zerbi, un ristorante accogliente dall'arredo classico e dal servizio attento, dove gustare specialità siciliane-eoliane e piatti di pesce.

✗ **Baylik** 🔤 VISA ⓶ AE ① ⚡
vico Leone 1, per ① ✉ 89122 – ☎ 09 65 54 86 24 – www.baylik.it
– Fax 09 65 54 55 25 – chiuso lunedì escluso agosto
Rist – Carta 26/38 €
♦ Siamo alla periferia della località, in un locale moderno tanto nell'atmosfera quanto nella cucina. Soffermiamoci su quest'ultima: sempre affidabile e sempre di mare.

a Pellaro Sud : 8 km – ✉ 89066

🏠 **La Lampara** ≤ 🛋 🛎 🕭 🔤 (ᵗᵖ) P VISA ⓶ AE ① ⚡
lungomare Pellaro – ☎ 09 65 35 95 90 – www.hotel-lampara.com
– Fax 09 65 35 98 66
23 cam ⊃ – ♥80/105 € ♥♥100/140 € – ½ P 80/90 € **Rist** – Carta 23/38 €
♦ Edificio d'epoca ristrutturato totalmente, lungo il tranquillo lungomare con vista sullo stretto e Sicilia. Camere ampie e confortevoli.

REGGIOLO – Reggio Emilia (RE) – **562** H14 – 9 143 ab. – alt. 20 m   8 B1
– ✉ 42046

🛣 Roma 434 – Bologna 80 – Mantova 39 – Modena 36

🏨 **Villa Nabila** senza rist 🚗 🔤 ℅ (ᵗᵖ) P VISA ⓶ AE ① ⚡
via Marconi 4 – ☎ 05 22 97 31 97 – www.hotelvillanabila.it – Fax 05 22 74 48 86
– chiuso dal 1° al 3 gennaio e dall'8 al 15 agosto
26 cam – ♥53/73 € ♥♥84/96 €, ⊃ 7 €
♦ Villa di fine Settecento dall'insieme curato, di taglio moderno, ma con un notevole rispetto per gli elementi architettonici originali. Gestione giovane e brillante.

🏨 **Hotel dei Gonzaga** senza rist 🕭 🛎 🕭 🔤 ℅ (ᵗᵖ) 🔒 P
strada Pietro Malagoli 5 – ☎ 05 22 97 47 37 VISA ⓶ AE ① ⚡
– www.hoteldeigonzaga.it – Fax 05 22 97 51 51 – chiuso dal 20 al 27 dicembre e dall'8 al 15 agosto
33 cam – ♥71 € ♥♥94 €, ⊃ 8 €
♦ Hotel ricavato dalla totale ristrutturazione di un precedente esercizio: reception spaziosa ed impreziosita da pavimenti in marmo; camere moderne ed accoglienti.

✗✗✗ **Il Rigoletto** (Giovanni D'Amato) con cam 🚗 🛋 🔤 (ᵗᵖ) P
£3 £3 *piazza Martiri 29 – ☎ 05 22 97 35 20* VISA ⓶ AE ① ⚡
– www.ilrigoletto.it – Fax 05 22 21 30 19 – chiuso 1 settimana in gennaio, dall'8 al 27 agosto; domenica sera, martedì a mezzogiorno e lunedì da ottobre a maggio, anche domenica a mezzogiorno da giugno a settembre
2 cam – ♥150/200 € ♥♥200/230 € – 2 suites – ♥♥250/300 €
Rist – Menu 100/130 € – Carta 91/130 € 🕸
Spec. Zuppa di burrata con pesci cotti e crudi. Risotto cremoso al parmigiano con salsa di Lambrusco. Spigola in crosta di pane al nero di seppia cotta sui limoni, salsa di mozzarella di bufala, capperi e olio ai pomdori confit.
♦ Una villa nel centro storico, l'ospitalità di un'elegante casa privata, piatti tecnici e fantasiosi che, nell'intelligenza degli accostamenti, rivelano un raro talento. Inaugurate nel 2008 le splendide camere (al secondo piano).

✗✗ **Cavallo Bianco** con cam 🕭 🛎 🔤 P VISA ⓶ AE ① ⚡
via Italia 5 – ☎ 05 22 97 21 77 – www.cavallobianco.it – Fax 05 22 97 37 98
– chiuso dal 20 aprile al 3 maggio e agosto
14 cam ⊃ – ♥50/60 € ♥♥66/76 € – ½ P 60/70 €
Rist – *(chiuso sabato e domenica sera, anche domenica a mezzogiorno dal 15 giugno al 31 luglio)* Carta 29/56 €
♦ Edificio storico, adibito a locanda fin dal Seicento, oggi si presenta come una struttura perfettamente funzionale e ricca di confort moderni. Belle camere, cucina affidabile. Sala ristorante d'impostazione classica, cucina stagionale.

verso Gonzaga Nord-Est : 3,5 km :

✗ **Trattoria al Lago Verde** 🚗 🛋 🕭 ⊖ P VISA ⓶ AE ① ⚡
☺ *via Caselli 24 ✉ 42046 – ☎ 05 22 97 35 60 – Fax 05 22 21 20 22 – chiuso dal 27 dicembre al 5 gennaio, dal 7 al 21 agosto e lunedì*
Rist – Carta 24/40 €
♦ Trattoria di campagna aperta pochi anni or sono, in posizione isolata e tranquilla. L'ambiente è molto accogliente e la cucina si fa apprezzare per la propria genuinità.

verso Guastalla Ovest : 3 km

🏠🏠 **Villa Montanarini** 🔔 🍴 🛖 🚶 AC 🛗 📶 🏊 **P** VISA 🌕 AE ⓪ 🚬
*via Mandelli 29, località Villarotta ⊠ 42045 Luzzara – 𝒞 05 22 82 00 01
– www.villamontanarini.com – Fax 05 22 82 03 38 – chiuso dal 23 dicembre
al 6 gennaio e dal 3 al 24 agosto*
16 cam ⊡ – ♦100 € ♦♦130/160 € – ½ P 95/110 €
Rist *Il Torchio* – *(chiuso agosto e domenica)* Carta 41/55 €
♦ Villa del Settecento, completamente restaurata, immersa nel verde: atmosfera di classe negli interni in stile, arredati con gusto; camere ampie e confortevoli. Raffinata eleganza in sala da pranzo.

REGGIO NELL'EMILIA **P** (RE) – **562** H13 – 162 290 ab. – alt. 58 m   8 B3
– ⊠ 42100 📗 Italia Centro Nord

▶ Roma 427 – Parma 29 – Bologna 65 – Milano 149
🔢 *via Farini 1/A 𝒞 0522 451152, iat@municipio.re.it,Fax 0522 436739*
🏌 Fattoria del Golf, 𝒞 0522 59 93 42
🏌 Matilde di Canossa, 𝒞 0522 37 12 95
◉ Madonna della Ghiara★ AZ

Piante pagine seguenti

🏠🏠🏠 **Albergo delle Notarie** 🛗 🛗 ও cam. AC ✂ rist. 📶 🏊 🚗
via Palazzolo 5 – 𝒞 05 22 45 35 00   VISA 🌕 AE ⓪ 🚬
– www.albergonotarie.it – Fax 05 22 45 37 37 – chiuso agosto   AZ**r**
48 cam ⊡ – ♦105/170 € ♦♦130/215 € – 3 suites
Rist *Delle Notarie* – via Aschieri 4, 𝒞 05 22 45 37 00 *(chiuso domenica)*
Carta 32/46 € ⅋
♦ Tanto parquet, travi a vista e un'inconsueta dinamicità degli spazi. Edificio storico, dalle vicende complesse, ristrutturato con intelligenza: un soggiorno speciale. Ristorante raccolto, elegante e curato, propone piatti della tradizione con interessanti "escursioni" verso il mare e l'innovazione.

🏠🏠 **Posta** senza rist 🛗 🛗 AC ✂ 📶 🏊 **P** VISA 🌕 AE ⓪ 🚬
*piazza Del Monte 2 – 𝒞 05 22 43 29 44 – www.hotelposta.re.it
– Fax 05 22 45 26 02 – chiuso dall'8 al 21 agosto*   AZ**c**
36 cam ⊡ – ♦108/160 € ♦♦152/205 € – 2 suites
♦ Ubicata nel medievale Palazzo del Capitano del Popolo, una risorsa ricca di fascino e dalla lunga tradizione nell'arte dell'ospitare che dispone di eleganti ambienti.

Reggio 🏠🏠 – dependance Hotel Posta, senza rist 🛗 AC ✂ 📞 **P**
via San Giuseppe 7 – 𝒞 05 22 45 15 33   VISA 🌕 AE ⓪ 🚬
– www.albergoreggio.it – Fax 05 22 45 26 02 – chiuso dall'8 al 20 agosto
16 cam – ♦65/75 € ♦♦80/105 €, ⊡ 9 €   AZ**e**
♦ Ideale per partecipare alla vita culturale e commerciale di Reggio, offre ampie camere dagli arredi semplici e lineari.

🏠🏠🏠 **Astoria Mercure** ⬅ 🛗 🛗 ও AC 🛗 ✂ cam. 📞 🏊 **P** 🚗
viale Nobili 2 – 𝒞 05 22 43 52 45   VISA 🌕 AE ⓪ 🚬
– www.mercurehotelastoria.com – Fax 05 22 45 33 65   AY**f**
108 cam – ♦54/150 € ♦♦79/180 €, ⊡ 12 € – 2 suites
Rist – *(chiuso agosto) (solo per alloggiati)*
♦ Una risorsa ben organizzata, in cui lo standard di confort e di accoglienza è notevole: ambienti comuni spaziosi e gradevoli, stanze ampie e luminose. Rinnovato di recente. Una luminosa veranda affacciata sul verde fa da cornice alla sala ristorante.

🏠🏠🏠 **Europa** 🍴 🛗 ও AC ✂ rist. 📞 🏊 **P** 🚗 VISA 🌕 AE ⓪ 🚬
viale Olimpia 2 – 𝒞 05 22 43 23 23 – www.hoteleuropa.re.it – Fax 05 22 43 24 42
66 cam ⊡ – ♦95/140 € ♦♦130/190 € – ½ P 90/120 €   BZ**a**
Rist – *(chiuso 20 giorni in agosto e domenica)* Carta 28/53 €
♦ Hotel d'ispirazione moderna, concepito soprattutto per una clientela d'affari: camminando per circa 10 minuti, si raggiunge il centro. Al ristorante, sapori del territorio ed una carta dei vini che ripercorre lo Stivale.

Airone

via dell'Aeronautica 20, per via Adua – ✆ 05 22 92 41 11 – www.aironehotel.it
– Fax 05 22 51 51 19

56 cam � – †59/99 € ††65/150 € – ½ P 45/75 €

Rist – *(chiuso dal 12 al 19 agosto e domenica) (chiuso a mezzogiorno) (solo per alloggiati)* Carta 19/26 €

♦ L'ubicazione nei pressi della tangenziale, ma a soli due chilometri dal centro, fa di questo albergo recente un punto d'appoggio ideale per una clientela d'affari.

BY

Scudo di Francia

stradone del Vescovado 5 – ✆ 05 22 40 61 73 – www.scudodifrancia.com
– Fax 05 22 40 62 05 – chiuso agosto

AZ**a**

24 cam ☐ – †95/140 € ††130/190 € – ½ P 90/120 €

Rist – *(chiuso dal 9 al 23 agosto e domenica)* Carta 24/52 €

♦ Ubicato nel centro cittadino, hotel di piccole dimensioni che dispone di camere spaziose e ariose - grazie agli alti soffitti - arredate con signorilità.

Park Hotel

via Guido De Ruggiero 1/b, per ④ – ✆ 05 22 29 21 41 – www.parkhotel.re.it
– Fax 05 22 29 21 43

63 cam ☐ – †50/99 € ††70/150 € – ½ P 45/70 €

Rist – *(chiuso dal 12 al 19 agosto) (chiuso a mezzogiorno) (solo per alloggiati)*
Carta 22/43 €

♦ Hotel che sorge in un quartiere residenziale e signorile, tale da consentire un soggiorno all'insegna della tranquillità. Ambienti di serena semplicità, freschi e colorati.

B&B Del Vescovado senza rist

stradone Vescovado 1 – ✆ 05 22 43 01 57 – www.delvescovado.it
– Fax 05 22 43 01 43 – chiuso agosto

AZ**d**

6 cam ☐ – †58 € ††80 €

♦ Entrando in questa risorsa si assapora la piacevole sensazione di sentirsi a casa. Lo stesso vale per le camere: arredate con mobili d'antiquariato, infondono un senso di grande armonia. A due passi dalla cattedrale.

Caffe' Arti e Mestieri

via Emilia San Pietro 16 – ✆ 05 22 43 22 02 – www.caffeartiemestieri.com
– Fax 05 22 43 22 24 – chiuso dal 24 al 30 dicembre, dal 3 al 25 agosto,
domenica, lunedì

BZ**y**

Rist – Carta 32/51 €

♦ Esposizioni d'arte temporanee alle pareti della sala che si snoda lungo il perimetro del cortile interno di un palazzo storico; proposte differenziate tra pranzo e cena.

A Mangiare

viale Monte Grappa 3/a – ✆ 05 22 43 36 00 – chiuso domenica

BZ**c**

Rist – Carta 32/44 €

♦ Gestione giovane e dinamica per un ristorante classico, ubicato sulla cerchia che circonda il centro storico di Reggio: in menu sia la godereccia Emilia, sia i sapori nazionali.

Trattoria della Ghiara

vicolo Folletto 1/C – ✆ 05 22 43 57 55 – Fax 05 22 43 57 55 – chiuso 1 settimana
a Natale e 3 settimane in agosto, domenica, lunedì

AZ**b**

Rist – Menu 40 € – Carta 35/55 €

♦ Ambiente rinnovato pochi anni or sono alla ricerca di un tono moderno e di una nuova e migliore accoglienza per le due sale del ristorante. Cucina attenta alle stagioni.

Il Pozzo

viale Allegri 7 – ✆ 05 22 45 13 00 – Fax 05 22 45 13 00 – chiuso dal 9
al 17 agosto, domenica, lunedì a mezzogiorno, anche sabato a mezzogiorno in
luglio-agosto

AY**b**

Rist – Carta 35/49 €

♦ Ristorante con enoteca abbinata: ottima la carta dei vini. La cucina rivisita il territorio attraverso preparazioni casalinghe e può essere gustata fino a tarda ora.

Il simbolo ॐ sottolinea la tranquillità di un albergo.
In rosso ॐ: la quiete elevata all'ennesima potenza!

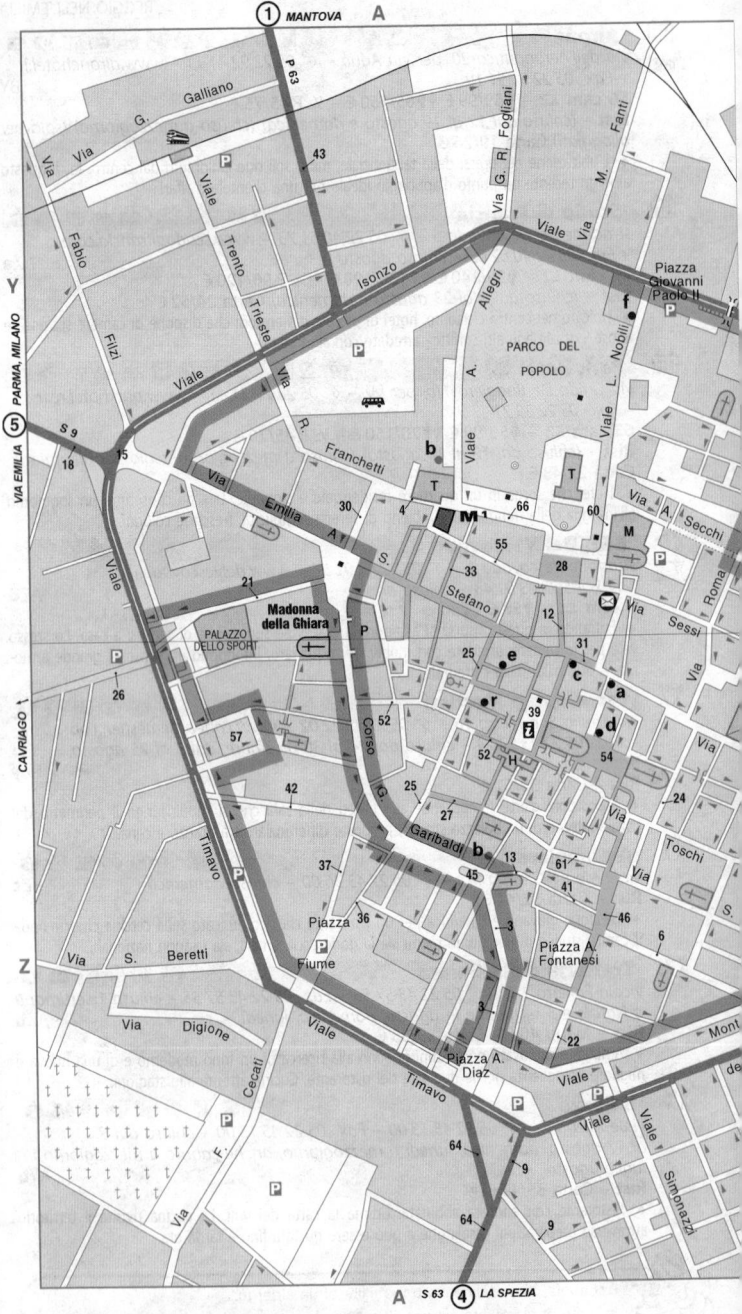

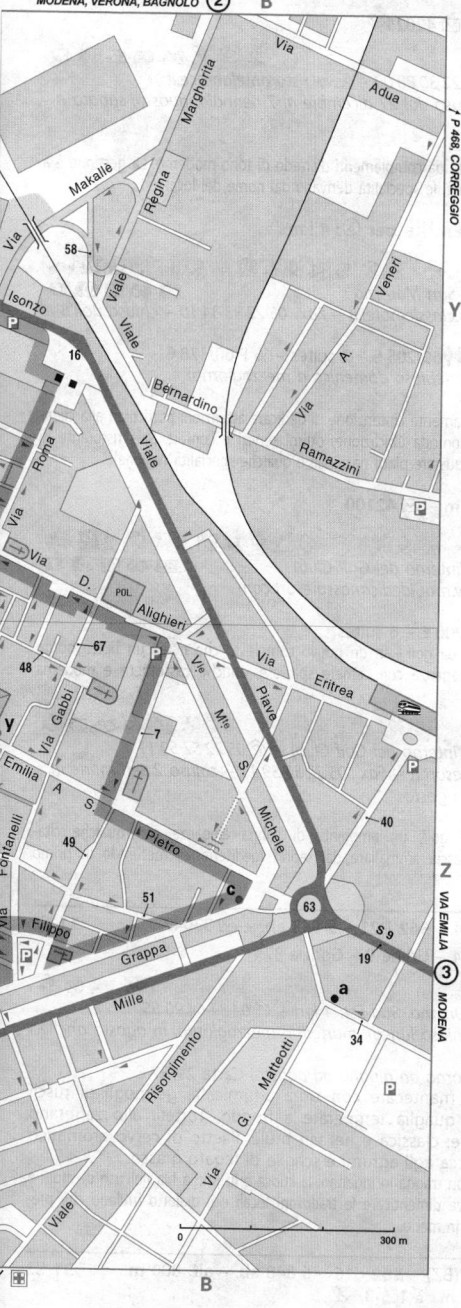

REGGIO NELL'EMILIA

a Codemondo Ovest : 6 km – ⊠ 42025

X **La Brace** 〔AC〕 ⅍ 〔P〕 〔VISA〕 〔◎◎〕 〔AE〕 〔①〕 ⴱ
via Carlo Teggi 29 – ☏ *05 22 30 88 00 – www.ristorantelabrace.it*
– Fax 05 22 30 01 16 – chiuso dal 27 dicembre al 7 gennaio, agosto, sabato a
mezzogiorno, domenica
Rist – Carta 23/46 €
◆ Risorsa accogliente connotata da complementi d'arredo di tono moderno. La gestione è a carattere genuinamente familiare, le specialità derivano dal nome del locale.

sulla strada statale 9 - via Emilia per ③: 4 km

🏠🏠🏠 **Classic Hotel** 🏡 🏠 ʃ♨ 〔🛗〕 🕭 〔AC〕 ↵ ⅍ rist, 〔📶〕 🏋 〔P〕 🚗
via Pasteur 121 ⊠ *42100 San Maurizio* 〔VISA〕 〔◎◎〕 〔AE〕 〔①〕 ⴱ
– ☏ *05 22 35 54 11 – www.classic-hotel.it – Fax 05 22 33 34 10 – chiuso dall'8 al*
21 agosto
89 cam ⊔ – †69/150 € ††69/205 € – 2 suites – ½ P 60/128 €
Rist *Sala de l'Amorotto* – *(chiuso domenica a mezzogiorno)*
Carta 29/52 €
◆ Hotel che manifesta esplicitamente l'intenzione di dedicare attenzioni particolari alla clientela d'affari e congressuale. Comoda ubicazione, ottimi servizi e confort. Sala ristorante di taglio classico-elegante, dove gustare piatti nazionali e qualche specialità regionale.

a San Bartolomeo Ovest: 9 km – ⊠ 42100

🏠🏠🏠 **Matilde di Canossa** senza rist 🔈 🎵 🏠 ʃ♨ 〔🖼〕 🕭 〔AC〕 ⅍ 〔📶〕 〔P〕 🚗
via del Casinazzo 1/1, (all'interno del Golf Club) 〔VISA〕 〔◎◎〕 〔AE〕 〔①〕 ⴱ
– ☏ *05 22 55 23 11 – www.matildedicanossaresort.com*
– Fax 05 22 33 23 96
60 cam ⊔ – †160 € ††200 € – 6 suites
◆ Tra il verde di un campo da golf - in un nuovo complesso che ricrea un tipico borgo emiliano - hotel di sobria eleganza con camere spaziose, antiche cassettiere e moderna zona benessere.

XX **il Concilio** 🕭 〔AC〕 〔VISA〕 〔◎◎〕 〔AE〕 ⴱ
via del Casinazzo 1/1, (all'interno del Golf Club) – ☏ *05 22 57 59 11*
– www.matildedicanossaresort.it – Fax 05 22 57 59 11 – chiuso 2 settimane in
gennaio e 1 settimana in agosto
Rist – Carta 40/68 €
◆ Nella verde cornice del golf, un ambiente di sobria eleganza con qualche citazione rustica. La cucina si lascia ammaliare dai sapori mediterranei, mettendo in primo piano la qualità prodotti.

REMANZACCO – Udine (UD) – **562** D21 – 5 943 ab. – ⊠ 33047   11 C2
🛣 Roma 659 – Trieste 84 – Udine 9 – Gorizia 37

XX **Bibendum** (Barbara Martina) 〔AC〕 〔VISA〕 〔◎◎〕 ⴱ
🍃 *piazza A. Angeli 3, fraz. Orzano, Sud-Est: 4 km –* ☏ *04 32 64 90 55*
– Fax 04 32 64 90 55 – chiuso lunedì, martedì a mezzogiorno, in agosto anche
domenica
Rist – *(chiuso a mezzogiorno da giugno ad agosto)* Carta 29/37 €
Spec. Crema di patate mantecate con trota affumicata, germogli di ruscli (pungitopo) e uova di quaglia temperate a freddo. Tortelli allo zafferano ripieni d'oca in 2 cotture: classica e nel vin brulé. Filetto di cervo aromatico con crème brûlée di zucca agli agrumi e scaglie di fegato grasso.
◆ L'ambiente da trattoria non tragga in inganno: la cuoca è in prima fila nell'uso di sifoni e tecnicismi gastronomici, senza dimenticare le tradizioni locali e il dialetto friulano che presenta buona parte dei piatti in menu.

RENON (RITTEN) – Bolzano (BZ) – **562** C16 – 6 848 ab. – alt. 800 m   31 C2
– **Sport invernali : 1 530/2 260 m** ʓ 1 ⅃3, 𝒳
🛣 Da Collalbo : Roma 664 – Bolzano 16 – Bressanone 52 – Milano 319

a Collalbo (Klobenstein) – **alt. 1 154 m** – ⊠ **39054**

🖈 via Paese 5 ℰ 0471 356100, info@ritten.com, Fax 0471 356799

Bemelmans Post ⌂   🏠 🏡 🏊 🎿 ㎖ ✕ 🖂 ♨ 🛁 ℀ rist, ♨ **P** 🚗
via Paese 8 – ℰ 04 71 35 61 27 – www.bemelmans.com
– Fax 04 71 35 65 31 – chiuso dal 1° marzo al 5 aprile   VISA ⑳ ⑤
47 cam � – ♦60/180 € ♦♦120/190 € – 8 suites – ½ P 80/120 €
Rist – (chiuso sabato) Carta 24/40 €
♦ Un bel parco e un'affascinante fusione di antico e contemporaneo, le stufe originali e i complementi d'arredo più moderni. Può annoverare Sigmund Freud tra i suoi ospiti. Un'ampia sala da pranzo principale e tre stube più piccole ed intime.

Kematen ⌂   ≤ 🏡 ♨ 🎿 🛁 **P** VISA ⑳ AE ⑤
località Caminata 29, Nord-Ovest : 2,5 km – ℰ 04 71 35 63 56
– www.kematen.it – Fax 04 71 35 63 63
– chiuso dal 16 novembre al 5 dicembre e dal 10 gennaio al 13 febbraio
21 cam ⊇ – ♦59/86 € ♦♦118/162 € – 3 suites – ½ P 65/105 €
Rist Kematen – vedere selezione ristoranti
Rist – (solo per alloggiati)
♦ Tipiche stube neogotiche, mobilio e decorazioni in perfetto e omogeneo stile tirolese; posizione meravigliosa e incantevole vista su boschi, pascoli e cime dolomitiche. Due raccolte sale ristorante molto gradevoli grazie all'estrema cura dei dettagli.

Kematen   ≤ 🏠 ℀ **P** VISA ⑳ AE ⑤
località Caminata 29, Nord-Ovest : 2,5 km – ℰ 04 71 35 63 56
– www.kematen.it – Fax 04 71 35 63 63
– chiuso dal 15 novembre al 6 dicembre e dal 31 marzo al 14 aprile
Rist – Carta 28/40 €
♦ In un antico fienile, circondato da pascoli e boschi, un ristorante con proposte del territorio e specialità di stagione. In estate c'è anche una bella terrazza panoramica.

a Costalovara (Wolfsgruben) **Sud-Ovest : 5 km** – **alt. 1 206 m** – ⊠ **39054**
Soprabolzano

Lichtenstern ⌂   ≤ 🏡 🏠 🏊 ♨ 🎿 **P** VISA ⑳ ⑤
via Stella 8, Nord-Est : 1 km – ℰ 04 71 34 51 47 – www.lichtenstern.it
– Fax 04 71 34 56 35 – chiuso dal 15 gennaio al 15 aprile
23 cam ⊇ – ♦60/80 € ♦♦110/140 € – ½ P 70/80 €
Rist – (chiuso martedì) Carta 26/39 €
♦ Un'oasi di pace, con uno stupendo panorama sulle Dolomiti. Conduzione familiare caratterizzata da uno spiccato senso dell'ospitalità; ambienti curati, freschi e luminosi. Accoglienti sale da pranzo rivestite in legno e una bella e ariosa veranda coperta.

Am Wolfsgrubener See ⌂   ≤ 🏡 🏠 🏊 ♨ 📶 **P** VISA ⑳ ⑤
Costalovara 14 – ℰ 04 71 34 51 19 – www.hotel-wolfsgrubenersee.com
– Fax 04 71 34 50 65 – 25 dicembre-14 febbraio e 23 aprile-3 novembre
25 cam ⊇ – ♦51/87 € ♦♦102/174 € – ½ P 76/95 €
Rist – (chiuso lunedì) Carta 16/42 €
♦ Gli spazi interni sono generalmente ampi, e così le camere, luminose e arredate secondo lo stile altoatesino. In riva ad un lago che cinge l'albergo su tre lati. Molto apprezzato il servizio ristorante all'aperto nella bella terrazza a bordo lago.

a Soprabolzano (Oberbozen) **Sud-Ovest : 7 km** – **alt. 1 221 m** – ⊠ **39059**

🖈 via Paese 16 ℰ 0471 345245

Park Hotel Holzner   ≤ 🏠 🏡 🏊 💿 ♨ ✕ 🖂 🎿 🌙 ℀ rist, **P**
via Paese 18 – ℰ 04 71 34 52 31   VISA ⑳ ⑤
– www.parkhotel-holzner.com – Fax 04 71 34 55 93
– 5 dicembre-6 gennaio e 10 aprile-8 novembre
34 cam – ♦108/153 € ♦♦212/302 €, ⊇ 16 € – 6 suites – ½ P 119/179 €
Rist – (chiuso domenica sera, lunedì) Carta 43/71 €
♦ Affascinante struttura d'inizio secolo sorta con la costruzione della ferrovia a cremagliera che raggiunge la località. Parco con tennis e piscina riscaldata; per famiglie. Gradevole la sala ristorante interna, così come la zona pranzo esterna.

Regina ⟨⟩ ⟨⟩ ⟨⟩ ⟨⟩ ⟨⟩ rist, **P** VISA ⟨⟩ ⟨⟩
*via Paese 27 – ℰ 04 71 34 51 42 – www.hotel-regina.it – Fax 04 71 34 55 96
– chiuso dal 9 gennaio al 4 aprile*
30 cam ⟨⟩ – ♦♦130/150 € – ½ P 72/82 €
Rist – *(chiuso a mezzogiorno) (solo per alloggiati)* Menu 18/22 €
♦ Arredi in tipico stile tirolese, ma di fattura moderna, per ornare gli spazi comuni e le camere di questa bella casa, in centro paese, ma avvolta da prati e conifere.

RESIA (RESCHEN) – Bolzano (BZ) – **562** B13 – **alt. 1 494 m** – **Sport invernali : 1 400/2 500 m** ⟨⟩1 ⟨⟩5, ⟨⟩ – ⊠ 39027   **30** A1

🚩 Roma 742 – Sondrio 141 – Bolzano 105 – Landeck 49
ℹ️ via Nazionale 22 località Curon Venosta ℰ 0473 633101, reschen@rolmail.net, Fax 0473 633140

Al Moro-Zum Mohren ⟨⟩ ⟨⟩ ⟨⟩ ⟨⟩ **P** VISA ⟨⟩ ⟨⟩
*via Nazionale 30 – ℰ 04 73 63 31 20 – www.mohren.com – Fax 04 73 63 35 50
– chiuso dal 20 al 30 aprile e dal 12 al 20 dicembre*
26 cam ⟨⟩ – ♦50/75 € ♦♦90/150 € – ½ P 53/99 €   **Rist** – Carta 20/30 €
♦ In centro e sulla statale del passo, classico albergo di montagna altoatesino dalla salda ed affidabile conduzione familiare, che si fa apprezzare per la cura degli spazi comuni e delle ampie camere. Spaziosa zona ristorante, con tocchi di tipicità e tradizione.

REVERE – Mantova (MN) – **561** G15 – **2 575 ab.** – **alt. 15 m** – ⊠ 46036   **17** D3

🚩 Roma 458 – Verona 48 – Ferrara 58 – Mantova 35

✕✕ **Il Tartufo** ⟨⟩ AC ⟨⟩ ⟨⟩ VISA ⟨⟩ ⟨⟩
*via Guido Rossa 13 – ℰ 03 86 84 61 66 – www.ristoranteiltartufo.com
– Fax 03 86 84 60 76 – chiuso dal 15 febbraio al 10 marzo e giovedì*
Rist – Menu 68 € – Carta 38/72 €
♦ Ristorante accolto da una villetta nella zona residenziale del paese. Cucina mantovana di ricerca, con specialità a base di tartufo. Atmosfera appartata e intima.

REVIGLIASCO – Torino – Vedere Moncalieri

REVINE – Treviso (TV) – **562** D18 – **alt. 260 m** – ⊠ 31020   **36** C2

🚩 Roma 590 – Belluno 37 – Milano 329 – Trento 131

Giulia ⟨⟩ ⟨⟩ ⟨⟩ ⟨⟩ ⟨⟩ ⟨⟩ ⟨⟩ ⟨⟩ ⟨⟩ ⟨⟩ ⟨⟩ **P** VISA ⟨⟩ AE ⟨⟩
via Grava 2 – ℰ 04 38 52 30 11 – www.cadelach.it – Fax 04 38 52 40 00 – chiuso dal 10 al 20 marzo
35 cam ⟨⟩ – ♦60/75 € ♦♦75/115 € – ½ P 80/85 €
Rist Ai Cadelach – ℰ 04 38 52 30 10 *(chiuso lunedì, martedì a mezzogiorno escluso da maggio a settembre)* Carta 26/38 € ⟨⟩
♦ Il giardino con piscina e tennis, il continuo potenziamento della struttura e delle dotazioni, la gestione attenta. E infine le camere, migliori nella dependance sul retro. Al ristorante un'atmosfera romantica; dalla cucina, i sapori regionali. Dispone anche di due sale dove organizzare cerimonie.

REZZATO – Brescia (BS) – **561** F12 – **13 127 ab.** – **alt. 147 m** – ⊠ 25086   **17** C1

🚩 Roma 522 – Brescia 9 – Milano 103 – Verona 63

La Pina ⟨⟩ ⟨⟩ ⟨⟩ AC ⟨⟩ ⟨⟩ ⟨⟩ **P** VISA ⟨⟩ AE ⟨⟩ ⟨⟩
*via Garibaldi 98, Sud : 1 km – ℰ 03 02 59 14 43 – www.lapina.it
– Fax 03 02 59 19 37*
28 cam ⟨⟩ – ♦58/65 € ♦♦78/88 € – ½ P 52/59 €
Rist – *(chiuso agosto e domenica sera)* Carta 26/38 €
♦ Edificio anni '40 completamente ristrutturato con buona cura per dettagli e tecnologia; grande attenzione per la clientela d'affari, gestione affidabile e intraprendente. Due sale ristorante, la più grande per l'attività banchettistica.

RHÊMES-NOTRE-DAME – Aosta (AO) – **561** F3 – **95 ab.**
– **alt. 1 723 m** – **Sport invernali : 1 696/2 200 m** ⟨⟩2, ⟨⟩ – ⊠ 11010   **34** A2

🚩 Roma 779 – Aosta 31 – Courmayeur 45 – Milano 216

a Chanavey Nord : 1,5 km – alt. 1 696 m – ⊠ 11010 Rhêmes-Notre-Dame

Granta Parey ⤵ ⟨ 🚗 ⟩⟩ 𝄘 🎿 ⇄ 🚫 ⟂ P VISA ⓒ ⓢ
loc. Chanavey – ⍺ 01 65 93 61 04 – *www.rhemesgrantaparey.com*
– *Fax 01 65 93 61 44 – chiuso ottobre e novembre*
33 cam – ▮40/60 € ▮▮80/120 €, ⊇ 10 € – ½ P 60/75 € **Rist** – Carta 23/32 €
♦ Nelle camere i pavimenti sono in legno e gli arredi in pino. Lo stesso calore, senza ricercatezze, lo si ritrova negli ambienti comuni. A pochi metri dalla pista di fondo. Offerta di ristorazione differenziata, da self-service a classica sala da pranzo.

RHO – Milano (MI) – **561** F9 – 50 143 ab. – alt. 158 m – ⊠ 20017 **18** A2
▶ Roma 590 – Milano 16 – Como 36 – Novara 38
🖪 Green Club, ⍺ 02 9 37 10 76

La Barca ⇄ 🆚 ⅜ VISA ⓒ AE ⓢ
via Ratti 54 – ⍺ 0 29 30 39 76 – *Fax 02 36 54 13 78 – chiuso dal 26 dicembre al 6 gennaio, agosto e martedì*
Rist – Menu 67/85 € – Carta 54/74 € ⅜
♦ Moderno ristorante, ristrutturato di recente, dalle linee sobrie ma gradevoli. La cucina trae ispirazione esclusivamente dal mare con aperture alla tradizione pugliese.

RIACE – Reggio di Calabria (RC) – **564** L31 – 1 754 ab. – alt. 300 m **5** B3
– ⊠ 89040
▶ Roma 662 – Reggio di Calabria 128 – Catanzaro 74 – Crotone 128

a Riace Marina Sud-Est : 9 km – ⊠ 89040 Riace

Federica ⟨ 🚗 🏠 AC ⅜ rist, ⟨¹⟩ ⟨⟨ VISA ⓒ AE ⓪ ⓢ
via nazionale 182 – ⍺ 09 64 77 13 02 – *www.hotelfederica.it* – *Fax 09 64 77 13 05*
16 cam ⊇ – ▮50/75 € ▮▮75/145 € – ½ P 65/85 € **Rist** – Carta 22/36 €
♦ Struttura recente, direttamente sulla spiaggia, a pochi metri dal mare blu dello Ionio. Condotta in modo serio e professionale da una giovane e frizzante gestione. Curata sala da pranzo con una grande capacità ricettiva; servizio all'aperto sotto un pergolato.

RICCIONE – Rimini (RN) – **562** J19 – 34 868 ab. – ⊠ 47838 **9** D2
▶ Roma 326 – Rimini 13 – Bologna 120 – Forlì 59
🇮 piazzale Ceccarini 10 ⍺ 0541 693302, iat@comune.riccione.rn.it,
Fax 0541 605752
(maggio-settembre) Stazione Ferroviaria piazzale Cadorna ⍺ 0541 606984

Grand Hotel Des Bains 🔊 ⌁ 🔲 ⓢⓟ ⟩⟩ 𝄘 🎿 ⇄ AC ⅜ rist, ⟨¹⟩ ⅍
viale Gramsci 56 – ⍺ 05 41 60 16 50 🚗 VISA ⓒ AE ⓪ ⓢ
– *www.grandhoteldesbains.com* – *Fax 05 41 69 77 72*
67 cam ⊇ – ▮90/270 € ▮▮140/365 € – 3 suites – ½ P 135/225 €
Rist – *(solo per alloggiati)* Carta 30/95 €
♦ Sfarzo, originalità e charme per questo albergo centrale. L'ingresso è abbellito da una fontana, mentre ogni ambiente pullula di marmi, stucchi, specchi e dorature. Notevole anche la zona benessere.

Luna 🔲 ⌁ ⟩⟩ 𝄘 🎿 ⇄ AC ↝ ⅜ rist, ⟨¹⟩ ⅍ 🚗 VISA ⓒ AE ⓪ ⓢ
viale Ariosto 5 – ⍺ 05 41 69 21 50 – *www.lunariccione.it* – *Fax 05 41 69 28 97*
35 cam ⊇ – ▮120/280 € ▮▮160/360 € – 10 suites – ½ P 150/190 €
Rist – *(maggio-settembre) (solo per alloggiati)* Carta 34/46 €
♦ L'eleganza esterna dell'edificio è solo un anticipo dei luminosi ambienti all'interno: una piccola risorsa in cui confort e raffinatezza si fondono con la verdeggiante tranquillità della zona residenziale in cui si inserisce. Un piacevole stile mediterraneo in sala da pranzo, con accenni di gusto contemporaneo.

Atlantic ⟨ 🔲 🔲 ⟩⟩ 𝄘 🎿 ⇄ ⟂ AC ⅜ rist, ⟨¹⟩ ⅍ VISA ⓒ AE ⓪ ⓢ
lungomare della Libertà 15 – ⍺ 05 41 60 11 55 – *www.hotel-atlantic.com*
– *Fax 05 41 60 64 02*
65 cam ⊇ – ▮95/240 € ▮▮160/320 € – 4 suites – ½ P 145/180 €
Rist – Carta 36/53 €
♦ Bianco e blu sono i colori dominanti di questa grande struttura mediterranea affacciata sul mare. A disposizione degli ospiti anche zone relax ben distribuite e una attrezzata zona benessere. Elegante e panoramica la sala da pranzo.

Lungomare
≤ ⋙ 🎢 ✦★ AC ⅍ rist. ((ㅇ)) 🔥 P 🚗 VISA ⓸ AE ① ⚡

lungomare della Libertà 7 – 𝒞 05 41 69 28 80 – www.lungomare.com
– Fax 05 41 69 23 54 – chiuso dal 21 al 27 dicembre
56 cam ☷ – ♦110/180 € ♦♦180/295 € – ½ P 120/165 €
Rist – *(20 maggio-20 settembre) (solo per alloggiati)* Menu 39/45 €
♦ Gestione familiare di classe, con tante piccole attenzioni per gli ospiti. In spettacolare posizione in prima fila sul mare, dispone di ambienti arredati con eco coloniali e signorilità. All'ultimo piano suggestivo ristorante panoramico; in estate si può cenare negli eleganti gazebo in spiaggia, a lume di candela.

Suite Maestrale
🏠 🎢 ✦★ AC ⅍ rist. ((ㅇ)) P 🚗 VISA ⓸ AE ① ⚡

via Carducci 2 – 𝒞 05 41 60 27 26 – www.hotelmaestrale.com
– Fax 05 41 60 39 79 – chiuso dal 21 al 27 dicembre
20 cam ☷ – ♦110/180 € ♦♦180/295 € – 6 suites – ½ P 120/165 €
Rist – *(10 giugno-5 settembre) (solo per alloggiati)* Menu 39/45 €
♦ Familiare ed elegante: decorazioni, mobili e accessori sono quelli che si potrebbero trovare in un salotto di casa. Le suites sono attrezzate con un angolo cottura celato in un armadio in stile.

Corallo
🎢 🎢 ✦★ AC ⅍ rist. ((ㅇ)) 🔥 P 🚗 VISA ⓸ AE ① ⚡

viale Gramsci 113 – 𝒞 05 41 60 08 07 – www.corallohotel.com
– Fax 05 41 60 64 00 – chiuso dal 20 al 27 dicembre
78 cam ☷ – ♦125/195 € ♦♦135/210 € – 5 suites – ½ P 125/185 €
Rist – *(solo per alloggiati)* Menu 30/40 €
♦ L'attenzione è rivolta soprattutto alle famiglie ed uno speciale programma di intrattenimento è stato pensato per gli ospiti più piccoli. Imponente complesso in zona residenziale. Colori chiari e grandi motivi a rilievo sulle pareti nella spaziosa sala da pranzo.

Roma
≤ 🚗 🎢 🎢 AC ⅍ rist. ((ㅇ)) P VISA ⓸ AE ① ⚡

lungomare della Libertà 11 – 𝒞 05 41 69 32 22 – www.hotelroma.it
– Fax 05 41 69 25 03
44 cam ☷ – ♦70/140 € ♦♦100/200 € – ½ P 95/120 €
Rist – *(15 maggio-20 settembre) (solo per alloggiati)* Menu 20/40 €
♦ Sulla spiaggioa, a pochi passi dal celebre viale Ceccarini è una spaziosa hall simile ad un giardino d'inverno ad introdurvi in questo bell'edificio di inizio Novecento dagli ambienti signorili.

Des Nations senza rist
≤ ⋙ 🎢 🎢 AC ⅃ ((ㅇ)) 🔥 P VISA ⓸ ⚡

lungomare Costituzione 2 – 𝒞 05 41 64 78 78 – www.desnations.it
– Fax 05 41 64 51 54
36 cam ☷ – ♦99/199 € ♦♦170/275 € – 1 suite
♦ Essenze naturali diffuse negli ambienti, cure alternative che utilizzano colori e massaggi per un check up rivitalizzante e soprattutto una struttura originale dal tocco romantico.

Dory
🎢 ⋙ 🎢 ✦★ AC ⅍ rist. ((ㅇ)) P VISA ⓸ AE ① ⚡

viale Puccini 4 – 𝒞 05 41 64 28 96 – www.hoteldory.it – Fax 05 41 64 45 88
43 cam ☷ – ♦79/179 € ♦♦98/298 € – 2 suites – ½ P 69/184 €
Rist – *(solo per alloggiati)* Menu 35 €
♦ Recentemente ampliato con l'acquisto di un vicino residence, la casa ha un piacevole stile mediterraneo con camere che si differenziano per un colorato stile moderno e minimalista.

Diamond
🎢 ✦★ AC ⅍ rist. P 🚗 VISA ⓸ AE ⚡

viale Fratelli Bandiera 1 – 𝒞 05 41 60 26 00 – www.hoteldiamond.it
– Fax 05 41 60 29 35 – Pasqua-settembre
40 cam ☷ – ♦50/120 € ♦♦90/160 € – ½ P 53/120 € bevande incluse
Rist – *(solo per alloggiati)*
♦ Un bel giardino circonda questo gradevole hotel a conduzione familiare, che dispone di camere confortevoli arredate in stile mediterraneo. Una particolare organizzazione tiene impegnati i piccoli ospiti.

Apollo senza rist
🎢 AC ((ㅇ)) P VISA ⓸ AE ⚡

viale D'Annunzio 34 – 𝒞 05 41 64 75 80 – www.hotelapollo.net
– Fax 05 41 64 76 22 – 15 gennaio-15 febbraio, marzo-novembre
42 cam ☷ – ♦69/138 € ♦♦88/178 €
♦ Vicina al mare, la risorsa ha un taglio più cittadino che balneare. Se non avete intenzione di puntare la sveglia, nessun problema: uno sfizioso brunch è allestito fino alle 13.00!

Select
🚗 🛆 🕴 ⛵ 🚶 AC 🎿 rist, "¶" 🚘 VISA ⓜ AE ① ♿

viale Gramsci 89 – ℰ 05 41 60 06 13 – www.hotelselectriccione.com
– Fax 05 41 60 02 56 – marzo-novembre

44 cam � – †49/110 € ††70/200 € – ½ P 60/130 €
Rist – Menu 15/30 €

♦ Un ombreggiato giardino e alberi ad alto fusto circondano l'edifico e garantiscono una fresca siesta pomeridiana! All'interno, spazi dal design contemporaneo e camere minimaliste con spaziosi letti gemelli. Servizio esclusivamente a buffet al ristorante.

Novecento
🛆 🕸 🛆 🕴 ₲ cam, 🚶 AC 🎿 "¶" ⛷ P VISA ⓜ AE ① ♿

viale D'Annunzio 30 – ℰ 05 41 64 49 90 – www.hotelnovecento.it
– Fax 05 41 66 64 90 – chiuso novembre

36 cam – †66/76 € ††118/140 €, ⊑ 8 € – ½ P 76/112 €
Rist – *(15 maggio-settembre) (solo per alloggiati)* Menu 25/45 €

♦ La bella facciata liberty annuncia subito le sue origini: si tratta di uno dei primi alberghi nati a Riccione agli inizi del XX secolo; all'aperto una piccola piscina con angoli idromssaggio e giochi d'acqua.

Arizona
⇐ 🛆 🕴 🚶 AC 🎿 ⛷ P VISA ⓜ AE ① ♿

viale D'Annunzio 22 – ℰ 05 41 64 44 22 – www.hotelarizona.com
– Fax 05 41 64 41 08 – chiuso novembre

64 cam – †85/160 € ††140/250 €, ⊑ 6 € – ½ P 80/113 €
Rist – Carta 25/60 €

♦ Mette a disposizione un'area attrezzata per gli appassionati della bicicletta questo hotel dalla gestione familiare, ma attenta all'innovazione. Camere spaziose e ben arredate con gusto moderno.

Admiral
⇐ 🕴 AC 🎿 rist, P

viale D'Annunzio 90 – ℰ 05 41 64 22 02 – www.hoteladmiral.com
– Fax 05 41 64 20 18 – 15 maggio-30 settembre

44 cam – †60/80 € ††96/125 €, ⊑ 15 € – ½ P 63/79 €
Rist – *(solo per alloggiati)*

♦ Validissima gestione familiare, riscontrabile nella cura del minimo dettaglio e nelle inesauribili attenzioni riservate al cliente. Si respira un'atmosfera di residenza privata.

Augustus
🛆 🖰 🕴 AC 🎿 rist, 🕍 P VISA ⓜ AE ♿

viale Oberdan 18 – ℰ 05 41 69 33 22 – www.augustusriccione.com
– Fax 05 41 69 21 04 – Pasqua-settembre

44 cam – †87/122 € ††140/210 €, ⊑ 15 € – ½ P 108/135 €
Rist – *(giugno-settembre) (solo per alloggiati)*

♦ A pochi passi dal centro e dal mare, circondato da alti pini marittimi, l'albergo dispone di funzionali ambienti dai sobri arredi moderni ed una terrazza-solarium con piscina.

Gemma
⇐ 🚗 🛆 🕴 🚶 AC 🎿 rist, "¶" P VISA ⓜ AE ① ♿

viale D'Annunzio 82 – ℰ 05 41 64 34 36 – www.hotelgemma.it
– Fax 05 41 64 49 10 – chiuso dal 20 al 27 dicembre

41 cam ⊑ – †36/65 € ††66/120 € – ½ P 61/84 €
Rist – *(marzo-ottobre) (solo per alloggiati)* Menu 20/45 €

♦ La passione della gestione, interamente rivolta all'accoglienza degli ospiti, è visibile tanto negli esterni, quanto negli ambienti comuni e nelle confortevoli stanze.

Soraya
⇐ 🚗 🕴 AC rist, 🎿 rist, P VISA ⓜ ♿

via Torino 27/A – ℰ 05 41 60 09 17 – www.sorayahotel.it – Fax 05 41 69 40 33
– 15 maggio-settembre

44 cam ⊑ – †75/80 € ††90/100 € – ½ P 68/95 €
Rist – *(solo per alloggiati)* Carta 28/32 €

♦ Direttamente sulla spiaggia privata - neppure una strada vi separa dal mare - ambienti semplici, ma molto luminosi e ben tenuti, per un soggiorno all'insegna del relax.

Poker
🛆 🚶 AC 🎿 "¶" 🕍 P VISA ⓜ AE ① ♿

viale D'Annunzio 61 – ℰ 05 41 64 77 44 – www.hotelpoker.it
– Fax 05 41 64 86 99

60 cam – †40/90 € ††70/170 €, ⊑ 10 € – ½ P 54/87 € **Rist** – Carta 25/40 €

♦ Hotel di lunga tradizione, con gestione familiare solida e affidabile. Gli ambienti sono arredati con brio e freschezza. Indicato anche per una clientela d'affari. Cucina di fattura casalinga.

Gala senza rist 🛗 AC ✗ 🕻 P VISA ⓪ AE ① ⛎

viale Martinelli 9 ☒ 47838 Riccione – ℰ *05 41 60 78 22*
– www.hotelgalariccione.com – Fax 05 41 60 78 22 – chiuso dal 1° al
28 dicembre

28 cam ☷ – ♦70/85 € ♦♦110/185 €

♦ E' il colore bianco a dominare la hall con le sue vetrate continue e inondata di luce; la sera, tutto si "accende" grazie ai circa 300 faretti che avvolgono la struttura.

Antibes 🔄 🛗 ⇶ AC ✗ rist, P VISA ⓪ AE ① ⛎

via Monteverdi 4 – ℰ *05 41 64 42 92 – www.hotelantibes.com*
– Fax 05 41 64 34 33 – marzo-ottobre

30 cam ☷ – ♦40/90 € ♦♦80/120 € – ½ P 78 €

Rist *– (aprile-settembre) (solo per alloggiati)*

♦ Ad un centinaio di metri dal mare - in una traversa molto tranquilla - giovane gestione con confortevoli camere dagli arredi neocoloniali. Essendo un family hotel, la struttura è particolarmente indicata per chi viaggia con bambini.

Darsena 🛗 ⇶ AC ✗ rist, ⁞¹ P VISA ⓪ AE ① ⛎

viale Galli 5 – ℰ *05 41 64 80 64 – www.darsenahotel.it – Fax 05 41 64 22 64*
– marzo-ottobre

36 cam ☷ – ♦50/70 € ♦♦78/128 € – ½ P 59/80 €

Rist *– (Pasqua-ottobre) (solo per alloggiati)* Carta 25/40 €

♦ Semplice e funzionale, poco lontano dal mare offre camere recentemente ristrutturate, tutte dotate di un piccolo balcone; una di esse è stata proprio dedicata al mare. Accogliente e affidabile gestione familiare.

Atlas 🛗 ⇶ AC ✗ P VISA ⓪ ⛎

viale Catalani 28 – ℰ *05 41 64 66 66 – www.atlashotel.it – Fax 05 41 64 76 74*
– 10 maggio-25 settembre

38 cam ☷ – ♦39/64 € ♦♦65/127 € – ½ P 60/90 €

Rist *– (solo per alloggiati)* Menu 20/25 €

♦ Una di quelle strutture che hanno contribuito a costruire la fama e la forza della riviera. Zona tranquilla, gestione familiare, molta attenzione e passione.

De Londres 🔄 🛗 AC ✗ rist, ⁞¹ ⇲

via Leopardi 10 – ℰ *05 41 64 80 74 – www.ghotels.it – Fax 05 41 64 82 42*
– Pasqua e maggio-settembre

40 cam – ♦40/70 € ♦♦70/100 €, ☷ 10 € – ½ P 43/75 €

Rist *– (solo per alloggiati)* Menu 18/25 €

♦ Gestione familiare d'esperienza in questo albergo in parte rinnovato, con ambienti comuni arredati in modo semplice, ma piacevole; camere lineari di taglio moderno.

Mon Cheri ≤ 🛗 ⇶ AC ✗ rist, P VISA ⓪ AE ⛎

viale Milano 9 – ℰ *05 41 60 11 04 – www.hotelmoncheri.com*
– Fax 05 41 60 16 92 – Pasqua-settembre

52 cam – ♦50/80 € ♦♦100/160 €, ☷ 10 € – ½ P 78/90 €

Rist *– (solo per alloggiati)* Menu 18/28 €

♦ Bianca struttura moderna in prima fila sul mare, la casa si rivolge chiaramente ad un turismo balneare e le sue attenzioni sono rivolte alle famiglie. Ampi balconi nelle stanze. Luminosa e panoramica la sala da pranzo.

Romagna 🌀 🖥 🛗 ⇶ AC ✗ rist, ⁞¹ P VISA AE ⛎

viale Gramsci 64 – ℰ *05 41 60 06 04 – www.hotelromagnariccione.com*
– Fax 05 41 69 16 12 – Pasqua-15 settembre

50 cam – ♦54/64 € ♦♦85/105 €, ☷ 8 € – ½ P 67 € **Rist** *– (solo per alloggiati)*

♦ Semplicità, affidabilità e cortesia per trasmettere lo spirito più sincero della rinomata ospitalità romagnola. All'aperto un'oasi interamente dedicata al benessere con sauna, bagno turco e palestra.

Margareth ≤ 🛗 ⇶ ⇶ AC ✗ rist, ⁞¹ P VISA AE ⛎

viale Mascagni 2 – ℰ *05 41 64 53 00 – www.hotelmargareth.com*
– Fax 05 41 64 53 69 – marzo-ottobre

50 cam – ♦52/89 € ♦♦108/184 €, ☷ 17 € – ½ P 93 € **Rist** – Menu 20/32 €

♦ Apparentemente simile a molte altre risorse della costa di Romagna, si fa apprezzare per la parte notte confortevole e ben accessoriata e per il servizio assai accurato. Nella panoramica sala da pranzo affacciata sul mare, carne, pesce e paste fatte in casa.

⛫ **Lugano** 🛗 AC 🌂 rist. 🅿 VISA ⚫ 🖢

viale Trento Trieste 75 – ℰ 05 41 60 66 11 – www.hotellugano.com
– Fax 05 41 60 60 04 – 15 maggio-settembre
30 cam – †40/50 € ††60/80 €, � 10 € – ½ P 50/60 €
Rist – *(chiuso a mezzogiorno) (solo per alloggiati)*
♦ Piccola e semplice struttura dalla cordiale gestione familiare, l'albergo si trova in una zona tranquilla, in prossimità delle Terme e del fulcro della mondanità cittadina.

⛫ **Cannes** 🛗 AC 🌂 rist, 🍴 🅿 VISA ⚫ AE 🖢

via Pascoli 6 – ℰ 05 41 69 24 50 – www.hotelcannes.net – Fax 05 41 42 56 44
– aprile-20 settembre
27 cam ⊒ – ††75/125 € – ½ P 52/82 €
Rist – *(20 maggio-settembre) (solo per alloggiati)*
♦ Gestione giovane in un albergo completamente rinnovato, in posizione centrale; ambienti resi ancor più accoglienti dalle calde tonalità delle pareti e degli arredi.

✗✗ **Al Pescatore** 🏠 AC VISA ⚫ AE ① 🖢

via Ippolito Nievo 11 – ℰ 05 41 69 27 17 – www.alpescatore.net
– Fax 05 41 69 32 98 – chiuso giovedì da novembre ad aprile
Rist – Carta 33/60 €
♦ Dalla pizza al sushi, dal pesce alla carne e numerosi menu tematici tra cui quello per bambini, ciliaci e vegetariani. Subito all'ingresso un grande acquario sorretto da un polpo di ceramica.

✗✗ **Carlo** ⪡ 🏠 AC VISA ⚫ AE ① 🖢

lungomare della Repubblica, zona 72 – ℰ 05 41 69 28 96 – Fax 05 41 47 52 80
– marzo-ottobre
Rist – Carta 56/79 €
♦ Direttamente sulla rena, all'esterno un elegante dehors, mentre una stretta scala a chiocciola conduce al piano superiore; la cucina è solo di mare. Organizzano anche feste sulla spiaggia.

✗✗ **Il Casale** 🏠 🌂 🅿 VISA ⚫ AE ① 🖢

viale Abruzzi, Riccione alta – ℰ 05 41 60 46 20 – Fax 05 41 69 40 16 – chiuso lunedì escluso giugno-settembre
Rist – Carta 35/45 €
♦ Piacevole oasi di pace, nella zona alta della città, un locale molto grande dalle decorazioni ispirate al vino. La cucina propone piatti di carne, mentre il pesce è solo su prenotazione.

✗✗ **Da Fino** ⪡ 🏠 AC VISA ⚫ AE ① 🖢

Via Galli 1 – ℰ 05 41 64 85 42 – www.dafino.it – Fax 05 41 64 53 94 – chiuso dal 10 novembre al 5 dicembre e mercoledì escluso da aprile a ottobre
Rist – Menu 30/40 € – Carta 34/54 €
♦ Le acque del porto canale lambiscono la terrazza di questo ristorante dal design moderno; ampie finestre scorrevoli consentono anche a chi pranza all'interno di gustare con lo sguardo la posizione. Un menù vegetariano ed uno per bambini.

RIETI 🅿 **(RI)** – 563 O20 – **47 617 ab.** – alt. 402 m – ⊠ 02100 ▮ Italia **13** C1

🚗 Roma 78 – Terni 32 – L'Aquila 58 – Ascoli Piceno 113
🖪 piazza Vittorio Emanuele, portici del Comune ℰ 0746 203220, aptrieti@apt.rieti.it
🖪 Belmonte in Sabina, ℰ 0765 7 73 77
🖪 Centro d'Italia, ℰ 0746 22 90 35
◎ Giardino Pubblico★ in piazza Cesare Battisti – Volte★ del palazzo Vescovile

🏠🏠 **Park Hotel Villa Potenziani** 🌤 ⪡ 🚲 🏊 🛦 🌂 🛗 AC 🌂 🍴 🎣

via San Mauro 6 – ℰ 07 46 20 27 65 🅿 VISA ⚫ AE ① 🖢
– www.villapotenziani.it – Fax 07 46 25 79 24
27 cam ⊒ – †90/105 € ††110/130 € – 1 suite – ½ P 90 €
Rist Belle Epoque – *(chiuso dal 2 al 20 gennaio) (chiuso a mezzogiorno)*
Carta 36/53 €
♦ Raffinata ed accogliente, intima e maestosa, la dimora di caccia settecentesca racconta tra gli affreschi e i dettagli dei suoi ambienti la storia della ricca famiglia reatina. Un soffitto ligneo scolpito nei primi anni del secolo scorso sormonta la sontuosa sala da pranzo, riscaldata d'inverno da un enorme camino.

Miramonti 🏨 ⛰ rist. ♨ AC 🍴 (📱) 🛁 VISA ⬤⬤ AE ① ⑤

piazza Oberdan 5 – 𝒞 *07 46 20 13 33 – www.hotelmiramonti.rieti.it*
– Fax 07 46 20 57 90
24 cam ⚏ – ♦52/100 € ♦♦68/130 € – 3 suites – ½ P 75 €
Rist *Da Checco al Calice d'Oro* – 𝒞 *07 46 20 42 71 (chiuso dal 27 luglio al 10 agosto e lunedì)* Carta 31/46 €

♦ Soffermatevi nella Sala Romana: di fronte a voi il punto in cui partiva la trecentesca cinta muraria della città! Sarà solo questo il motivo per cui il palazzo è oggi monumento nazionale? Elegante anche il ristorante, ambiente gradevole dove assaporare le specialità della tradizione.

Grande Albergo Quattro Stagioni senza rist 🏨 AC (📱) 🛁 VISA ⬤⬤ AE ① ⑤

piazza Cesare Battisti 14 – 𝒞 *07 46 27 10 71*
– www.hotelquattrostagioni.com – Fax 07 46 27 10 90
43 cam ⚏ – ♦45/85 € ♦♦65/110 €

♦ Struttura storica, ubicata nella piazza principale della città. Si distingue per la ricercatezza degli arredi in stile, l'eleganza degli ambienti e il confort delle camere.

Bistrot 🍴 🍴 🍷 VISA ⬤⬤ AE ① ⑤

piazza San Rufo 25 – 𝒞 *07 46 49 87 98 – www.bistrotrieti.com*
– Fax 07 46 49 87 98 – chiuso dal 20 ottobre al 15 novembre, domenica, lunedì
Rist *– (chiuso a mezzogiorno) (consigliata la prenotazione)* Carta 29/40 € (+10 %)
Rist *L'Osteria* *– (chiuso a mezzogiorno)* Menu 30 € (+10 %)

♦ Locale caratteristico ed accogliente, affacciato su una graziosa e tranquilla piazzetta, dove gustare le specialità della tradizione locale. Nel pomeriggio, tè e pasticcini. Di recente apertura l'attigua e piccola Osteria, in cui trovare una cucina più semplice legata al territorio.

RIGUTINO – Arezzo – 563 I17 – Vedere Arezzo

RIMINI 🅿 (RN) – 562 J19 – 138 465 ab. – ✉ 47921 ▌ Italia Centro Nord   **9 D2**

🗺 Roma 334 – Ancona 107 – Milano 323 – Ravenna 52
🛫 di Miramare per ①: 5 km 𝒞 0541 715711
🚉 Stazione Ferroviaria, p.le Cesare Battisti 1, 𝒞 0541 51331, stazione@riminireservation.it Fax 0541 27927
🏌 , 𝒞 0541 67 81 22
◉ Tempio Malatestiano ★★ ABZ **A**

duoMo Hotel senza rist 🏨 ⛔ AC ↳ (📱) 🛁 🚬 VISA ⬤⬤ AE ① ⑤

via Giordano Bruno 28 – 𝒞 *0 54 12 42 16 – www.duomohotel.com*
– Fax 0 54 12 78 42   AZ**c**
34 cam ⚏ – ♦120/220 € ♦♦160/320 € – 9 suites

♦ Non lasciatevi ingannare dall'architettura del vicino Arco di Augusto, si tratta di un hotel di design, la cui massima espressione è rintracciabile nel banco della reception: una scultura spaziale!

Card International senza rist ♨ 🏨 ⛔ AC ↳ (📱) 🛁 P

via Dante Alighieri 50 – 𝒞 *0 54 12 64 12*   VISA ⬤⬤ AE ① ⑤
– www.hotelcard.it – Fax 0 54 15 43 74   BZ**a**
53 cam – ♦90/300 € ♦♦110/300 €, ⚏ 10 €

♦ Indubbiamente "International", grazie alle foto d'autore che contraddistinguono ogni camera, ciascuna dedicata ai viaggi. Espressamente studiato per una clientela business offre soluzioni tecnologiche e di confort all'avanguardia.

Dallo Zio AC ⇌ VISA ⬤⬤ AE ① ⑤

via Santa Chiara 16 – 𝒞 *05 41 78 67 47 – www.ristorantedallozio.it*
– Fax 05 41 78 61 60   AZ**b**
Rist *– (consigliata la prenotazione)* Menu 25/38 € – Carta 27/52 €

♦ Rinomato per le sue specialità che esplorano il mondo ittico, preparate secondo la tradizione a partire da un prodotto sempre fresco e servite in accoglienti sale di tono rustico.

Trattoria Marinelli-da Vittorio AC 🍴 ⇌ VISA ⬤⬤ AE ① ⑤

via Circonvallazione Occidentale 36/38 – 𝒞 *05 41 78 32 89 – www.damarinelli.it*
– Fax 05 41 78 00 28 – chiuso 25-26 dicembre e lunedì escluso festivi
Rist – Carta 40/62 €   AZ**h**

♦ Solo pesce in questo locale di fama, situato su un viale che conduce al centro storico. Forse si sta un po' stretti tra i tavoli, ma i fragranti piatti saranno una memorabile esperienza. Interessante formula a mezzogiorno.

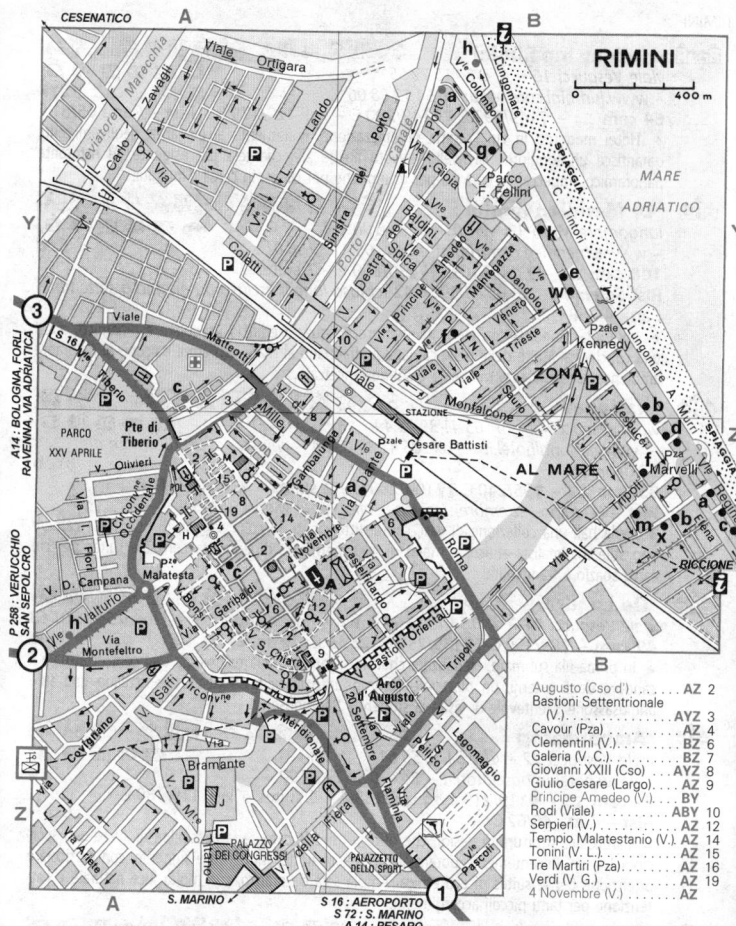

RIMINI

0   400 m

MARE
ADRIATICO

ZONA

AL MARE

RICCIONE

Augusto (Cso d')	**AZ** 2
Bastioni Settentrionale (V.)	**AYZ** 3
Cavour (Pza)	**AZ** 4
Clementini (V.)	**BZ** 6
Galeria (V. C.)	**BZ** 7
Giovanni XXIII (Cso)	**AYZ** 8
Giulio Cesare (Largo)	**BY** 9
Principe Amedeo (V.)	**BY**
Rodi (Viale)	**ABY** 10
Serpieri (V.)	**AZ** 12
Tempio Malatestanio (V.)	**AZ** 14
Tonini (V. L.)	**AZ** 15
Tre Martiri (Pza)	**AZ** 16
Verdi (V. G.)	**AZ** 19
4 Novembre (V.)	**AZ**

✂

Osteria de Börg   🛖 VISA ◑◐ AE ① 🍴

via Forzieri 12 – ☏ 0 54 15 60 74 – www.osteriadeborg.it – Fax 0 54 15 60 74
Rist – *(chiuso a mezzogiorno in luglio e agosto)* (consigliata la
prenotazione) Carta 23/35 €   AYc

♦ Ambiente rustico, ma curato, per questo ristorante in Borgo San Giuliano: specialità di carne e selezione di salumi e formaggi di produttori locali. Gradevole dehors estivo.

al mare

🚹 piazzale Fellini 3 ☏ 0541 56902, marinacentro@riminireservation.it ,
Fax 0541 56598

🏨🏨🏨 Grand Hotel Rimini   ≤ 🚗 ⛱ 🏋 🍽 🎾 ❄ ☇ 🏓 AK ⅙ ❄ rist, ⁣ 📶 🔑

parco Federico Fellini 1 – ☏ 0 54 15 60 00
– www.grandhotelrimini.com – Fax 0 54 15 68 66   P VISA ◑◐ AE ① 🍴
165 cam ⌂ – ♦250/360 € ♦♦320/440 € – 3 suites – ½ P 210/290 €   BYg
Rist – (consigliata la prenotazione) Carta 45/70 €

♦ Passato agli onori della storia grazie al cinema felliniano, una struttura di evidente ispirazione liberty, dagli ambienti ricchi di charme d'altri tempi. Impossibile dimenticare il giardino, ombreggiato, con piscina riscaldata. Magica atmosfera al ristorante: lusso, finezza ed eleganza avvolgono ogni cosa.

839

Holiday Inn Rimini
≤ ⌁ ⋙ ⌂ 🏊 ⚿ cam. ⚹⚹ AC ⇚ ❄ rist, 🛜 ✦ | P VISA ⦿⦿ AE ⓪ ⑤

viale Vespucci 16 – ℰ 05 41 52 25 55

– *www.hirimini.com* – Fax 05 41 28 88 06 — BY**k**

64 cam ⊡ – ♦149/190 € ♦♦149/290 € – ½ P 129/179 € – **Rist** – Carta 65/81 €

◆ Hotel moderno in cui l'ottima organizzazione, unitamente all'eleganza degli ambienti, garantisce un soggiorno di livello elevato anche alla clientela più esigente. Al ristorante panoramico, impeccabile cura sia per gruppi che per clienti in cerca d'intimità.

Le Meridien Rimini
≤ ⌂ ⌁ ⋙ 🏊 ⚿ cam, AC ⇚ ❄ rist, 🛜 ✦

lungomare Murri 13 – ℰ 05 41 39 66 00 — ⚘ VISA ⦿⦿ AE ⓪ ⑤ | BZ**d**

– *www.lemeridien.com/rimini* – Fax 05 41 39 66 01

108 cam ⊡ – ♦190/310 € ♦♦230/350 € – 2 suites

Rist *Soleiado* – ℰ 05 41 39 58 42 *(chiuso lunedì escluso da giugno a settembre)* Carta 44/58 €

◆ Impronta moderna con eleganti rifiniture, in questo edificio irregolare e dinamico, quasi una conchiglia. Molte delle belle camere si affacciano al mare con ampi balconi. Al ristorante ambiente di raffinatezza minimale e sobrietà ricercata.

National
≤ ⌁ ⋙ 🏊 ⚿ cam, ⚹⚹ AC ⇚ ❄ rist, 🛜 ✦ P

viale Vespucci 42 – ℰ 05 41 39 09 44 — VISA ⦿⦿ AE ⓪ ⑤

– *www.nationalhotel.it* – Fax 05 41 39 09 54 – *chiuso dal 20 dicembre al 15 gennaio* — BYZ**b**

83 cam ⊡ – ♦95/240 € ♦♦100/260 € – 2 suites – ½ P 100/143 €

Rist – *(maggio-settembre) (solo per alloggiati)* Menu 35/55 €

◆ Nella hall una collezione di vasi, soprattutto cinesi, in color sangue di bue; nelle camere uno stile minimalista-etnico; a meno di 100 metri una dipendenza con sole suites per chi cerca spazio e tranquillità.

De Londres senza rist
≤ ⌁ ⋙ ⌂ 🏊 ⚿ AC 🛜 ✦ P

viale Vespucci 24 – ℰ 05 41 50 01 14 – *www.hoteldelondres.it* – Fax 05 41 50 01 68

49 cam – ♦99/190 € ♦♦139/259 €, ⊡ 15 € – 2 suites — BY**w**

◆ In prima fila sul mare, eleganza e charme si fondono alla tecnologia e ai confort attuali; il candore degli esterni, un piacevole contrappunto ai caldi ambienti che ricreano uno stile anglosassone. Meritevole di visita la stupenda Penthouse Spa.

Ambasciatori
≤ ⌁ ⋙ ⌂ 🏊 ⚹⚹ AC ❄ rist, 🛜 ✦ P

viale Vespucci 22 – ℰ 05 41 55 55 61 — VISA ⦿⦿ AE ⓪ ⑤

– *www.hotelambasciatori.it* – Fax 05 41 23 79 90 — BY**e**

62 cam ⊡ – ♦119/219 € ♦♦145/255 € – 4 suites – ½ P 119/189 €

Rist – Carta 46/62 €

◆ Particolare struttura di design che offre a tutte le camere la possibilità di avere uno scorcio sul mare. Recentemente potenziato il settore notte, moderno e signorile, con particolare attenzione per le suites di eco etnica. Ampia sala da pranzo, con molta luce naturale e l'attenzione per tanti piccoli accorgimenti.

Diplomat Palace
≤ ⌁ 🏊 AC ❄ rist, 🛜 ✦ P VISA ⦿⦿ AE ⓪ ⑤

viale Regina Elena 70 – ℰ 05 41 38 00 11 – *www.diplomatpalace.it*

– Fax 05 41 38 04 14 — BZ**c**

75 cam ⊡ – ♦120/200 € ♦♦150/200 € – ½ P 100/120 € **Rist** – Carta 34/43 €

◆ Tranquillità e prestigio per questo hotel sul lungomare, dalla facciata rivestita da cristalli: tutte le camere dispongono di un buon isolamento acustico e di balconcini affacciati sul mare. Al primo piano la sala colazioni, molto luminosa grazie alle panoramiche vetrate continue.

Club House senza rist
≤ ⌁ 🏊 ⚿ AC ⇚ 🛜 ✦ P VISA ⦿⦿ AE ⓪ ⑤

Viale Vespucci 52 – ℰ 05 41 39 14 60 – *www.clubhouse.it* – Fax 05 41 39 14 42

50 cam ⊡ – ♦60/200 € ♦♦80/260 € — BZ**d**

◆ Recentemente ristrutturata, una casa dal design moderno ed elegante con ampi balconi che girano intorno a ciascun piano, di cui il primo leggermente sopraelevato. Imperdibile la prima colazione.

Luxor senza rist
🏊 ⚿ AC ❄ 🛜 P VISA ⦿⦿ AE ⓪ ⑤

viale Tripoli 203 – ℰ 05 41 39 09 90 – *www.riminiluxor.com* – Fax 05 41 39 24 90

– *chiuso dall'8 al 27 dicembre* — BZ**m**

34 cam ⊡ – ♦72/125 € ♦♦102/160 €

◆ Originalità e dinamismo. La realizzazione di questo edificio è stata affidata ad un architetto specializzato in discoteche: ricorrente è il motivo delle conchiglie, dalla facciata alle testiere del letto.

Suite Hotel Parioli senza rist
viale Vittorio Veneto 14 – ☎ 0 54 15 50 78 – www.tonihotels.it – Fax 0 54 15 54 54 BY**f**
44 cam – 🛉80 € 🛉🛉100/160 €, ☕ 8 €
♦ Soluzione originale e interessante, in posizione tranquilla e poco arretrata rispetto al mare: si tratta di appartamenti, completi e ben rifiniti, con zona soggiorno e angolo cottura.

Villa Bianca & Litoraneo cam, rist,
viale Regina Elena 24 – ☎ 05 41 38 15 88 – www.tonihotels.it – Fax 05 41 39 42 44 BZ**a**
110 cam – 🛉50/70 € 🛉🛉60/120 €, ☕ 8 € – ½ P 76/83 €
Rist – *(maggio-settembre) (solo per alloggiati)* Menu 25/30 €
♦ E' un albergo d'affari più che di villeggiatura questa risorsa dalla direzione esclusivamente femminile, composta da due strutture distinte collegate attraverso la hall. Buona posizione frontemare.

Ambienthotels Perù rist,
via Metastasio 3, per viale Regina Elena – ☎ 05 41 38 16 77 – www.ambienthotels.it/peru – Fax 05 41 38 13 80 – chiuso dal 21 al 26 dicembre BZ**b**
40 cam ☕ – 🛉35/90 € 🛉🛉60/120 € – ½ P 45/85 €
Rist – *(maggio-settembre) (solo per alloggiati)*
♦ Sette nuove stanze all'ultimo piano, tutte dotate di moderni accessori e una gestione giovane, dinamica e particolarmente intraprendente, sempre attenta alle esigenze dei propri ospiti.

Levante cam,
viale Regina Elena 88 – ☎ 05 41 39 25 54 – www.hotel-levante.it – Fax 05 41 38 30 74 BZ**c**
54 cam – 🛉35/100 € 🛉🛉80/125 €, ☕ 15 € – ½ P 50/120 €
Rist – *(maggio-settembre)* Carta 22/40 €
♦ Simpatica e suggestiva la piscina idromassaggio con giochi d'acqua che si trova in giardino! Belle, colorate e confortevoli le camere, realizzate in tre stili leggermente diversi.

Ariminum rist,
viale Regina Elena 159 – ☎ 05 41 38 04 72 – www.hotelariminum.com – Fax 05 41 38 93 01 BZ
49 cam ☕ – 🛉40/75 € 🛉🛉80/130 € – ½ P 75 €
Rist – *(giugno-15 settembre) (solo per alloggiati)* Menu 15 €
♦ Spaziosa la hall, moderna e accogliente, ricca di specchi e di decorazioni dorate; più sobrie le camere, nelle quali domina il colore rosa. Lungo la passeggiata principale.

Rondinella e Viola rist,
via B.Neri 3, per viale Regina Elena – ☎ 05 41 38 05 67 – www.hotelrondinella.it – Fax 05 41 38 05 67 BZ
59 cam – 🛉38/48 € 🛉🛉56/76 €, ☕ 4 € – ½ P 35/60 €
Rist – *(Pasqua-settembre) (solo per alloggiati)* Menu 15/18 €
♦ Una sala di collegamento ha infine unito definitivamente le due strutture, incrementando così le aree comuni a disposizione. Conduzione familiare e impeccabile.

Marittima senza rist
via Parisano 24 – ☎ 05 41 39 25 25 – www.hotelmarittima.it – Fax 05 41 39 08 92 – chiuso dicembre BZ**b**
40 cam ☕ – 🛉41/58 € 🛉🛉65/100 €
♦ Attenzione e sobrietà, professionalità e accoglienza: ovunque qui regnano la semplicità e il desiderio di garantire un soggiorno piacevole. L'ingresso è dominata da colori chiari, bianco e panna in testa.

King rist,
viale Vespucci 139 – ☎ 05 41 39 05 80 – www.hotelkingrimini.com – Fax 05 41 39 06 56 BZ**f**
42 cam ☕ – 🛉32/90 € 🛉🛉42/100 € – ½ P 35/85 €
Rist – *(Pasqua e giugno-settembre) (solo per alloggiati)* Menu 14/22 €
♦ Poco distante dal centro storico, la struttura offre camere semplici, ordinate e confortevoli arredate secondo lo stile veneziano, caratterizzate da colori differenti a seconda della tipologia.

Acasamia senza rist
viale Parisano 34 – ✆ 05 41 39 13 70 – www.hotelacasamia.it
– Fax 05 41 39 18 16 – chiuso dal 20 al 27 dicembre BZ**x**
40 cam ☕ – 🚹40/75 € 🚹🚹60/130 €
♦ Luminosa e vivacemente colorata, per una tappa che salta dal salato al dolce, la sala colazioni sarà il miglior appuntamento per iniziare le vostre giornate; la cordialità e la disponibilità della famiglia faranno il resto!

Lo Squero
lungomare Tintori 7 – ✆ 0 54 12 76 76 – www.ristorantelosquero.com
– Fax 0 54 15 38 81 – chiuso da novembre al 15 gennaio e martedì in bassa stagione BY**h**
Rist – Carta 46/64 €
♦ 30 anni di attività, zelo e una clientela sempre affezionata, grazie all'impiego di una materia prima di qualità che si tramuta in una cucina fragrante. Un grande acquario ospita aragoste, granzeole e astici.

Da Oberdan-il Corsaro
via Destra del Porto 159 – ✆ 0 54 12 78 02 – Fax 0 54 15 50 02 – chiuso Natale e lunedì BY**a**
Rist – (consigliata la prenotazione) Carta 35/53 €
♦ Foto d'epoca, alcune nasse appese in sala fungono da separè e caratterizzano l'atmosfera marinara di questo locale moderno ed elegante, evoluzione di un antico chiosco sul porto canale. Cucina esclusivamente di mare.

a Rivazzurra per ① : 4 km – ✉ 47900

De France cam, rist,
viale Regina Margherita 48 – ✆ 05 41 37 15 51 – www.hoteldefrance.it
– Fax 05 41 42 04 51 – 9 aprile-2 ottobre
75 cam ☕ – 🚹65/94 € 🚹🚹100/158 € – ½ P 65/145 €
Rist – *(chiuso a mezzogiorno) (solo per alloggiati)* Menu 14/28 €
♦ In prima fila sul mare, la hall si apre su un grande portico coperto che diventa la sala di soggiorno estiva, direttamente affacciata sulla piscina. Gestione prettamente familiare.

sulla strada statale 256-Marecchiese per ③ : 4,5 km – ✉ 47037 Vergiano di Rimini

La Baracca con cam cam,
via Marecchiese 373 – ✆ 05 41 72 74 83 – www.labaracca.com
– Fax 05 41 72 71 55 – chiuso mercoledì
6 cam ☕ – 🚹40/60 € 🚹🚹60/80 € **Rist** – Carta 21/33 €
♦ In realtà sarete accolti in una veranda con pareti mobili di vetro che in estate scorrono sul soffitto. Cucina di terra e carni alla brace offerte in quantità generosa. Graziose le camere, in stile rustico, arredate con tessuti coordinati.

a Viserba per ④ : 5 km – ✉ 47900

i (giugno-settembre) viale G. Dati 180/a ✆ 0541 738115, viserba@rimini.reservation.it, Fax 0541 738115

La Torre senza rist
via Dati 52 ✉ 47900 – ✆ 05 41 73 28 55 – www.albergolatorre.it
– Fax 05 41 73 22 83
16 cam – 🚹45/50 € 🚹🚹70/100 €, ☕ 5 €
♦ Bella villa di fine Ottocento dalla facciata recentemente rinfrescata nel colore, molto diversa dallo stile della maggior parte degli hotel della zona. Ordinata e confortevole.

Zeus
viale Porto Palos 1 – ✆ 05 41 73 84 10 – www.hotelzeus.net – Fax 05 41 73 34 52 – chiuso dal 15 novembre al 15 gennaio
48 cam ☕ – 🚹60/80 € 🚹🚹90/130 € – ½ P 70/90 €
Rist – *(Pasqua- settembre) (solo per alloggiati)* Menu 18/25 €
♦ Praticamente sarete già in spiaggia! Dopo piccoli interventi di manutenzione, questa risorsa dalla gestione familiare presenta camere arredate con semplicità e ben accessoriate.

a Miramare di Rimini per ① : 5 km – ⊠ 47900

🛈 (giugno-settembre) viale Martinelli 11/a ☏ 0541 372112, miramare@
riminireservation.it, Fax 0541 372112

Nettunia
🛊🏠 🛏 🖄 🔊 ⅏ 🄰🄲 rist, ꝗ 🗘 VISA ⓪ 🄰🄴 ① ⸸

viale Regina Margherita 203 – ☏ 05 41 37 20 67 – www.hotelnettunia.it
– Fax 05 41 37 78 77

44 cam ☲ – †60/110 € ††100/200 € – ½ P 60/118 €

Rist – (chiuso a mezzogiorno escluso da giugno a settembre) (solo per
alloggiati) Menu 18/22 €

♦ Elegante, a pochi metri dal mare, un'originale e personalizzata rielaborazione di stili
architettonici in cui si fondono elementi neoclassici con altri déco. Nel fresco seminterrato,
la sala colazioni. Le poltroncine rosse spiccano nella curata sala da pranzo ad ampiezza
modulabile.

Guido (Gian Paolo Raschi)
← 🏠 🄰🄲 VISA ⓪ 🄰🄴 ① ⸸

lungomare Spadazzi 12 – ☏ 05 41 37 46 12 – www.ristoranteguido.it – febbraio-
ottobre; chiuso lunedì

Rist – Menu 50/70 € – Carta 55/70 €

Spec. Selezione di pesce crudo. Garganelli di scampi. Insalata di calamaretti
fritti.

♦ Praticamente sulla spiaggia, sono due fratelli ad occuparsi della cucina: una tradizione
familiare miglioratasi negli anni sino a trasformarsi nell'odierno, inaspettato risultato. Piatti
creativi, sempre a base di pesce.

a Torre Pedrera per ④ : 7 km – ⊠ 47922

🛈 (giugno-settembre) viale San Salvador 65/d ☏ 0541 720182, torrepedrera@
rimini.reservation.it, Fax, 0541 720182

Du Lac
🖄 ⸙🕇 🄰🄲 rist, ꝗ 🅿 VISA ⓪ 🄰🄴 ① ⸸

via Lago Tana 12 – ☏ 05 41 72 04 62 – www.dulac-hotel.com
– Fax 05 41 72 02 74 – 15 maggio-20 settembre

52 cam ☲ – †40/60 € ††55/85 € – ½ P 36/57 €

Rist – (solo per alloggiati) Menu 18/25 €

♦ Accoglienti camere con balcone, seppur semplici, affacciate su una zona tranquilla. Una
risorsa che consente di godere di un buon relax e dell'agognato, meritato riposo.

a Viserbella per ④ : 6 km – ⊠ 47900

Apollo
🚄 🛏 🔊 🖄 🖄 ⸙🕇 🄰🄲 ꝗ ⑼ 🅿 VISA ⓪ 🄰🄴 ① ⸸

via Spina 3 – ☏ 05 41 73 46 39 – www.apollohotel.it – Fax 05 41 73 33 70
– giugno-14 settembre

58 cam ☲ – †53/73 € ††70/110 € – ½ P 67 €

Rist – (solo per alloggiati) Menu 18/20 €

♦ Albergo dall'arredo sobrio, ma curato, dispone di un baby club per il divertimento degli
ospiti più picccoli ed il relax di quelli più adulti; il tutto in un contesto tranquillo, non lontano
dalla spiaggia.

Life
← 🔊 🛏 🖄 🖄 ⸙🕇 🄰🄲 ꝗ ⑼ 🅿 VISA ⓪ 🄰🄴 ⸸

via Porto Palos 34 – ☏ 05 41 73 83 70 – www.hotellife.it – Fax 05 41 73 48 10
– chiuso dicembre e gennaio

52 cam ☲ – †45/110 € ††60/140 € – ½ P 62/72 €

Rist – (solo per alloggiati) Menu 15/25 € (solo buffet)

♦ Un edificio recente che mostra il meglio di sé al proprio interno: camere confortevoli, nella
loro discreta semplicità, nonché spazi comuni ampi e ben rifiniti.

Palos
← 🖄 ⸙🕇 🄰🄲 ꝗ rist, ⑼ 🅿 VISA ⓪ ⸸

via Porto Palos 154 – ☏ 05 41 72 18 40 – www.paloshotel.it – Fax 05 41 72 10 34
– aprile-settembre

44 cam ☲ – †40/60 € ††60/60 € – ½ P 49/69 €

Rist – (solo per alloggiati) Menu 15/20 €

♦ Sempre un buon indirizzo: hotel a conduzione familiare - rinnovato nel corso del tempo
- si caratterizza per la semplicità delle sue camere, che nulla toglie al confort. Deliziosamente
fronte mare...

RIMINI

🏠 Albatros ⟨ 🗏 🕴 AC rist, 🍽 rist, 📶 P VISA ⦿ ✦
via Porto Palos 170 – 𝒞 05 41 72 03 00 – www.hotelalbatros.biz
– Fax 05 41 72 05 49 – 10 maggio-20 settembre
40 cam ⌑ – 🛏40/52 € 🛏🛏60/70 € – ½ P 53/65 €
Rist *– (20 maggio-20 settembre) (solo per alloggiati)* Menu 20/28 €
♦ Schiettezza e simpatia ben si sposano con la professionalità di questa gestione familiare;
posizione strategica - direttamente sul mare - e camere confortevoli, rendono la risorsa particolarmente interessante per le famiglie.

🏠 Diana ⟨ 🗏 AC 🍽 rist, 📶 P VISA ⦿ AE ⓪ ✦
via Porto Palos 15 – 𝒞 05 41 73 81 58 – www.hoteldiana-rimini.com
– Fax 05 41 73 80 96 – marzo-ottobre
38 cam – 🛏30/45 € 🛏🛏46/68 €, ⌑ 7 € – ½ P 46/65 €
Rist *– (solo per alloggiati)* Menu 16/24 €
♦ Proprio di fronte alla spiaggia, offre una grande piscina, servizio gratuito di biciclette, ampi
spazi all'aperto per il relax e una gestione familiare sempre attenta ai bisogni della clientela.

Per utilizzare al meglio la guida, consultate le istruzioni per l'uso illustrate
nelle pagine introduttive: simboli, classifiche e abbreviazioni non saranno
più un mistero per voi!

RIO DI PUSTERIA – Bolzano (BZ) – 562 B16 – 2 834 ab. – alt. 777 m   31 C1
– Sport invernali : a Maranza e Valles : 1 350/2 512 m ✦ 3 ✦ 13 (Comprensorio
Dolomiti superski Valle Isarco) ⚟ – ☒ 39037

  ▶ Roma 689 – Bolzano 48 – Brennero 43 – Brunico 25
  🖈 via Katerina Lanz 90 𝒞 0472 849467, info@montagna.info,
    Fax 0472 849849

🏠 Giglio Bianco-Weisse Lilie 🍽 📶 🚗 VISA ⦿ AE ⓪ ✦
piazza Chiesa 2 – 𝒞 04 72 84 97 40 – www.weisselilie.it – Fax 04 72 84 97 30
– chiuso dal 15 al 30 giugno
13 cam ⌑ – 🛏30/35 € 🛏🛏60/70 € – ½ P 40/50 €
Rist *– (chiuso a mezzogiorno) (solo per alloggiati)*
♦ Semplice alberghetto a conduzione familiare, collocato nella piazzetta pedonale del caratteristico centro storico della località montana. Poche funzionali camere.

a Valles (Vals)**Nord-Ovest : 7 km** – alt. 1 354 m – ☒ 39037 Rio Di Pusteria

🏠🏠 Huber ⟨ 🚗 🗏 ⦿ 🕉 🛁 🕴 🕹 🏃 AC rist, 🍽 rist, 📶 P 🚗 VISA ⦿ ✦
Valles 38 – 𝒞 04 72 54 71 86 – www.hotelhuber.com
– Fax 04 72 54 72 40 – chiuso dal 15 aprile al 24 maggio e
dal 3 novembre al 20 dicembre
34 cam – solo ½ P 70/140 €   **Rist** *– (solo per alloggiati)*
♦ L'inestimabile bellezza delle verdissime vallate, fa da sfondo naturale a vacanze serene e
tranquille. Accogliente gestione familiare particolarmente indicata per famiglie.

🏠🏠 Masl ⟨ 🚗 🗏 🕉 🍽 🕴 🕹 cam, 🏃 🍽 cam, 📶 P 🚗 VISA ⦿ ✦
Valles 44 – 𝒞 04 72 54 71 87 – www.hotelmasl.com – Fax 04 72 54 70 45
– dicembre-aprile e maggio-ottobre
45 cam – 4 suites – solo ½ P 65/95 €   **Rist** *– (solo per alloggiati)*
♦ Modernità e tradizione con secoli di vita alle spalle (dal 1680). Grande cordialità in questo
hotel circondato da boschi e prati, verdi o innevati in base alle stagioni.

🏠 Moarhof 🚗 🗏 🕉 🕴 🕹 ↩ 🍽 rist, 📶 P VISA ⦿ ✦
Valles 21 – 𝒞 04 72 54 71 94 – www.hotel-moarhof.it – Fax 04 72 54 12 07
– 19 dicembre-11 aprile e 20 maggio-ottobre
22 cam ⌑ – 🛏50/58 € 🛏🛏90/98 € – 3 suites – ½ P 60/73 €
Rist *– (solo per alloggiati)*
♦ Questo moderno albergo si trova nella splendida valle Pusteria, accanto ai campi della
scuola di sci. Camere luminose e confortevoli. Piscina con vetrata sui prati.

a Maranza (Meransen) Nord : 9 km – alt. 1 414 m – ⊠ 39037 Rio Di Pusteria

🖪 frazione Maranza 123 ℰ 0472 520197, info@meransen.com, Fax 0472 520125

🕅 **Gitschberg** 🌤 ≤ 🚗 🏠 🎐 💥 ⚘ & rist, 🔼 rist, 💥 cam, "📶" 🄿 🚗
via Maranza 48 – ℰ 04 72 52 01 70 – www.gitschberg.it 🚾 ⓪ 🐱
– Fax 04 72 52 02 88 – 18 dicembre-6 aprile e maggio-ottobre
30 cam 🖙 – †80 € ††110/150 € – ½ P 65/85 €
Rist – (solo per alloggiati) Carta 25/39 €
♦ In ottima posizione, adagiata sui prati, con bella vista panoramica sui monti circostanti, una bella struttura che garantisce ai propri ospiti camere spaziose.

RIOFI – Arezzo – Vedere Terranuova Bracciolini

RIOMAGGIORE – La Spezia (SP) – **561** J11 – 1 709 ab. – ⊠ 19017 **15** D2
📙 Italia

📘 Roma 447 – Genova 123 – Milano 234 – La Spezia 14
🖪 c/o Stazione Ferroviaria ℰ 0187 762187, accoglienzariomaggiore@ parconazionale5terre.it, Fax 0187 760092

🖬 **Due Gemelli** 🌤 ≤ 🏠 🄿 🚾 ⓪ 🄰🄴 🐱
via Litoranea 1, località Campi, Est : 4,5 km – ℰ 01 87 92 06 78
– www.duegemelli.it – Fax 01 87 92 01 11
15 cam – †60/80 € ††70/90 €, 🖙 6 € – ½ P 70 €   **Rist** – Carta 24/37 €
♦ Camere spaziose, tutte con balconi affacciati su uno dei tratti di costa più incontaminati della Liguria. Gli ambienti non sono recenti ma mantengono ancora un buon confort. Ristorante dotato di una sala ampia con vetrate panoramiche.

RIO MARINA – Livorno – **563** N13 – **Vedere Elba (Isola d')**

RIO NELL'ELBA – Livorno – **563** N13 – **Vedere Elba (Isola d')**

RIONERO IN VULTURE – Potenza (PZ) – **564** E29 – 13 519 ab. **3** A1
– alt. 662 m – ⊠ 85028

📘 Roma 364 – Potenza 43 – Foggia 133 – Napoli 176

🖬 **La Pergola** 🏠 🖪 🛗 & cam, 🔼 💥 rist, "📶" 🄿 🚗 🚾 ⓪ 🄰🄴 ⓪ 🐱
🕸 via Lavista 27/33 – ℰ 09 72 72 11 79 – www.hotelristorantelapergola.it
– Fax 09 72 72 18 19
43 cam – †48 € ††74 €, 🖙 5 € – ½ P 55/60 €   **Rist** – Carta 19/24 €
♦ Albergo che, completamente rinnovato, offre camere confortevoli dall'aspetto semplice, ma accogliente; arredi in legno di stile moderno. Buon rapporto qualità/prezzo. Gestione del ristorante molto capace e di lunga esperienza.

RIPA – Perugia (PG) – **Vedere Perugia**

RIPALTA CREMASCA – Cremona (CR) – **561** G11 – 3 048 ab. **19** C2
– alt. 77 m – ⊠ 26010

📘 Roma 542 – Piacenza 36 – Bergamo 44 – Brescia 55

a Bolzone Nord-Ovest : 3 km – ⊠ 26010 Ripalta Cremasca

🗴 **Trattoria Via Vai** 🏠 🔼
via Libertà 18 – ℰ 03 73 26 82 32 – www.trattoriaviavai.it – chiuso dal 1° al 10 gennaio, dal 1° al 18 agosto, martedì, mercoledì
Rist – (chiuso a mezzogiorno escluso domenica) Carta 30/41 €
♦ In un angolo incontaminato della pianura, tra campi di mais ed erbe mediche, un locale semplice dove la cucina nobilita la tradizione, a partire dai tortelli dolci cremaschi.

RIPARBELLA – Pisa (PI) – **563** L13 – 1 576 ab. – alt. 216 m – ⊠ 56046 **28** B2
📘 Roma 283 – Pisa 63 – Firenze 116 – Livorno 41

🗴 **La Cantina** 🔼 🚾 ⓪ ⓪ 🐱
🕸 via XX Settembre 4 – ℰ 05 86 69 90 72 – www.ristorantelacantina.net
– Fax 05 86 69 80 87 – chiuso dal 1° al 7 febbraio, dal 1° al 15 ottobre e martedì
Rist – Carta 25/37 € 🕸
♦ Sulla via principale, locale rustico ma curato: il figlio in sala e la madre in cucina, intenta a preparare genuini piatti regionali. Tra i vini grande spazio a quelli "naturali". Ottimo indirizzo!

RIPATRANSONE – Ascoli Piceno (AP) – **563** N23 – **4 414 ab.** 21 D3
– alt. 494 m – ⊠ 63038

> Roma 242 – Ascoli Piceno 38 – Ancona 90 – Macerata 77

a San Savino Sud : 6 km – ⊠ 63038

⛺ **I Calanchi** ⇘ ⇐ ☆ 🏊 AC 🛇 rist, 🍴 🐕 P VISA ⑩ AE ① ⑤
contrada Verrame 1 – 🕾 *07 35 90 24 44 – www.i-calanchi.com*
– Fax 07 35 90 70 30
32 cam ⇆ – †80/105 € ††110/130 € – ½ P 80/105 €
Rist – *(chiuso dal 7 gennaio al 6 febbraio)* Carta 22/45 €
♦ Un'oasi di tranquillità sulle panoramiche colline dell'entroterra: ricavata da un antico podere agricolo, la risorsa dispone di camere accoglienti - la metà delle quali recentemente rinnovate - nonché ampi spazi comuni (anche all'aperto). Cucina marchigiana e soprattutto piatti di terra al ristorante.

RISCONE = REISCHACH – Bolzano – **562** B17 – **Vedere Brunico**

RITTEN = Renon

RIVÀ – Rovigo – **562** H18 – **Vedere Ariano nel Polesine**

RIVA DEL GARDA – Trento (TN) – **562** E14 – **15 611 ab.** – alt. 70 m 30 B3
– ⊠ 38066 ▮ Italia

> Roma 576 – Trento 43 – Bolzano 103 – Brescia 75

▯ L.go Medaglie d'Oro al Valor Militare, 5 🕾 0464 554444, info@
gardatrentino.it,Fax 0464 520308

◉ Lago di Garda ★★★ – Città vecchia ★

🏨 **Du Lac et Du Parc** ⇘ ⇐ 🕭 ☆ 🏊 🏊 ⑩ 🦢 💈 🍽 🛄 🛌 AC ↯
viale Rovereto 44 – 🕾 *04 64 56 66 00* 🛇 rist, 🍴 🐕 🎿 P VISA ⑩ AE ① ⑤
– www.dulacetduparc.com – Fax 04 64 56 65 66 – aprile-ottobre
159 cam ⇆ – †100/140 € ††160/320 € – 67 suites – ††250/850 €
– ½ P 130/250 €
Rist – Carta 35/58 €
♦ All'interno di un grande parco dove praticare dello sport, la risorsa è vicina al lago e dispone di camere di differenti tipologie, tra cui le nuove suites, piscina e un attrezzato centro benessere. Nell'elegante sala ristorante, cene con menù sempre diversi e proposte dietetiche ed ipocaloriche.

🏨 **Feeling Hotel Luise** 🚲 🏊 💈 ⑤ cam, 🛌 AC ↯ 🛇 rist, 🍴 🎿 P
viale Rovereto 9 – 🕾 *04 64 55 08 58* VISA ⑩ AE ① ⑤
– www.hotelluise.com – Fax 04 64 55 42 50
67 cam ⇆ – †55/220 € ††89/240 € – ½ P 60/135 €
Rist – *(chiuso a mezzogiorno)* Carta 31/52 €
♦ Una struttura fortemente personalizzata, dispone di camere di design arredate con colori caldi ed evidenti richiami etnici. Sala riunioni dedicata al futurista Depero; giardino e piscina sul retro. Due tipologie di cucina: una classica, con proposte regionali, ed una più leggera.

🏨 **Parc Hotel Flora** senza rist 🚲 🏊 ⑩ 🦢 💈 AC 🍴 P VISA ⑩ AE ⑤
viale Rovereto 54 – 🕾 *04 64 57 15 71 – www.parchotelflora.it*
– Fax 04 64 57 15 55
48 cam ⇆ – †59/79 € ††129/159 € – 5 suites
♦ Ottenuto dal restauro e dall'ampliamento di una villa liberty, l'albergo è circondato da un giardino con piscina. Camere per ogni budget e confort: da quelle standard, alla raffinatezza di arredi delle più recenti.

⛺ **Villa Miravalle** senza rist 🚲 🏊 ⑤ rist, 🛇 🍴 P VISA ⑩ ⑤
via Monte Oro 9 – 🕾 *04 64 55 23 35 – www.hotelvillamiravalle.com*
– Fax 04 64 52 17 07 – chiuso dal 2 novembre al 10 gennaio
30 cam ⇆ – ††120/170 €
♦ In prossimità delle mura della città, l'albergo è il risultato dell'unificazione di due edifici, dispone di un luminoso soggiorno verandato, camere semplici ma accoglienti.

Venezia senza rist 🌿   🚗 ⅃ ⌖ 🅐🅒 (ŷ) 🔺 🅿 🆅🅸🆂🅰 ⓒⓞ 🅰🅴 ⓢ
via Franz Kafka 7 – 𝒞 *04 64 55 22 16 – www.rivadelgarda.com/venezia*
– Fax 04 64 55 22 16 – 10 marzo-ottobre
21 cam ⌑ – ⅃90/120 € ⅃⅃100/130 €
◆ In prossimità del lago, la risorsa è ideale per gli appassionati di sport acquatici e dispone di un ampio soggiorno, camere classiche e piscina nel giardino solarium.

Gabry senza rist 🌿   🚗 ⅃ 🍴 🅐🅒 (ŷ) 🔺 🅿 🆅🅸🆂🅰 ⓒⓞ ⓢ
via Longa 6 – 𝒞 *04 64 55 36 00 – www.hotelgabry.com – Fax 04 64 55 36 24*
– aprile-ottobre
45 cam ⌑ – ⅃55/79 € ⅃⅃80/112 €
◆ Un hotel a conduzione familiare recentemente ristrutturato dotando le camere di ciascun piano di un colore caratteristico, piacevole zona relax ed ampio giardino con piscina.

Vittoria senza rist   🔁 ⌖ 🅐🅒 (ŷ) 🆅🅸🆂🅰 ⓒⓞ 🅰🅴 ⓞ ⓢ
via dei Disciplini 18 – 𝒞 *04 64 55 92 31 – www.hotelvittoria.it*
– Fax 04 64 55 79 07 – chiuso febbraio
11 cam – ⅃45/60 € ⅃⅃75/95 €
◆ Nel cuore del centro storico, uno dei più "vecchi" hotel di Riva del Garda: piccolo, ma molto confortevole, dispone di camere spaziose arredate con semplicità.

Kapuziner Am See   🏠 ⌖ 🅐🅒 🆅🅸🆂🅰 ⓒⓞ 🅰🅴 ⓞ ⓢ
viale Dante 39 – 𝒞 *04 64 55 92 31 – www.kapuzinerriva.it – Fax 04 64 55 79 07*
– chiuso febbraio
Rist – Carta 19/31 €
◆ In centro paese, un locale nel caratteristico stile rustico che dispone di due piacevoli sale dagli arredi lignei, dove gustare la tipica e saporita cucina bavarese.

Al Volt   🅐🅒 ⅋ 🆅🅸🆂🅰 ⓒⓞ 🅰🅴 ⓞ ⓢ
via Fiume 73 – 𝒞 *04 64 55 25 70 – www.ristorantealvolt.com*
– Fax 04 64 55 25 70 – chiuso dal 15 febbraio al 15 marzo e lunedì
Rist – Menu 42 € – Carta 39/50 €
◆ Sito nel centro storico, un ambiente elegante articolato su più sale comunicanti, con volte basse e mobili antichi propone una cucina trentina con tocchi di creatività.

RIVA DEL SOLE – Grosseto – **563** N14 – **Vedere Castiglione della Pescaia**

RIVA DI SOLTO – Bergamo (BG) – **561** E12 – **834 ab. – alt. 190 m**   **19 D1**
– ✉ 24060
🅳 Roma 604 – Brescia 55 – Bergamo 40 – Lovere 7

Zu'   🏠 ⅋ 🅿 🆅🅸🆂🅰 ⓒⓞ 🅰🅴 ⓞ ⓢ
via XXV Aprile 53, località Zù, Sud : 2 km – 𝒞 *0 35 98 60 04 – www.ristorantezu.it*
– Fax 0 35 98 60 04 – chiuso martedì a mezzogiorno dal 15 giugno al 30 agosto,
lunedì sera e martedì negli altri mesi
Rist – Carta 37/66 €
◆ Servizio in veranda panoramica con vista eccezionale sul lago d'Iseo. Locale d'impostazione classica, che non si limita ad offrire esclusivamente le specialità lacustri.

a Zorzino Ovest : 1,5 km – alt. 329 m – ✉ 24060 Riva Di Solto

Miranda con cam 🌿   ← 🚗 ⅃ 🔁 ⌖ 🅐🅒 rist, 🅿 🆅🅸🆂🅰 ⓒⓞ 🅰🅴 ⓞ ⓢ
via Cornello 8 – 𝒞 *0 35 98 60 21 – www.albergomiranda.it – Fax 0 35 98 00 55*
25 cam – ⅃42/50 € ⅃⅃64/76 €, ⌑ 7 € – ½ P 48/57 €   **Rist** – Carta 27/43 €
◆ D'estate l'appuntamento è in terrazza, direttamente affacciati sul giardino e sul superbo specchio lacustre. La cucina è del territorio e privilegia i prodotti di mare e di lago. Belle camere e una fresca piscina a disposizione di chi alloggia.

RIVALTA – Cuneo – **Vedere La Morra**

RIVALTA SCRIVIA – Alessandria – **561** H8 – **Vedere Tortona**

RIVALTA TREBBIA – Piacenza – **562** H10 – **Vedere Gazzola**

RIVANAZZANO – Pavia (PV) – **561** H9 – **4 949 ab. – alt. 157 m**   **16 A3**
– ✉ 27055
🅳 Roma 581 – Alessandria 36 – Genova 87 – Milano 71
🅶 Salice Terme, 𝒞 0383 93 33 70

XX **Selvatico** con cam   🏠 🍴 ⚹ ⚸ cam, VISA ◍◍ AE ⚡

via Silvio Pellico 19 – ℰ 03 83 94 47 20 – www.albergoselvatico.com
– Fax 0 38 39 14 44 – chiuso dal 1° all'8 gennaio
21 cam ⌷ – 🛏 35/40 € 🛏🛏 80/90 € – ½ P 45/50 €
Rist – *(chiuso domenica sera e lunedì)* **Carta** 33/37 € ⅋⅋
Rist Vineria – *(chiuso domenica sera e lunedì)* **Carta** 25/35 € ⅋⅋
♦ Ambienti eleganti e graziosi mobili d'epoca per un locale che si accinge a soffiare sulle 100 candeline… Cucina fortemente ancorata al territorio con prodotti stagionali in primo piano ed una selezione di etichette entusiasmante. Al wine-bar Vineria: piatti più semplici, vini al bicchiere ed ottimi cocktail.

RIVAROLO CANAVESE – Torino (TO) – **561** F5 – **12 207 ab.**   **22** B2
– alt. 304 m – ✉ 10086

▶ Roma 702 – Torino 35 – Alessandria 122 – Novara 92

X **Antica Locanda dell'Orco**   🏠 🍴 AK ⚸ ⟳ VISA ◍◍ AE ① ⚡

via Ivrea 109 – ℰ 01 24 42 51 01 – www.locanda-dellorco.it – Fax 01 24 40 16 95
– chiuso dal 16 agosto al 5 settembre e lunedì
Rist – **Menu** 26/40 € ⅋⅋
♦ Ambiente rustico e signorile con tavoli ravvicinati, ai quali accomodarsi per gustare la tradizionale cucina piemontese. Possibilità di prendere posto all'aperto durante la bella stagione.

RIVAROLO MANTOVANO – Mantova (MN) – **561** G13 – **2 724 ab.**   **17** C3
– alt. 24 m – ✉ 46017

▶ Roma 484 – Parma 34 – Brescia 61 – Cremona 30

XX **Enoteca Finzi**   🍴 AK VISA ◍◍ AE ① ⚡

piazza Finzi 1 – ℰ 0 37 69 96 56 – www.enotecafinzi.it – Fax 03 76 95 91 40
– chiuso dal 18 al 25 gennaio, dal 10 al 30 agosto,lunedì, martedì
Rist – **Carta** 35/52 € ⅋⅋
♦ Antica stazione di posta riaperta in anni recenti, dopo un radicale restauro. La cucina affonda le radici nel territorio e si libra sulle ali della fantasia. Ottima cantina.

RIVAROTTA – Pordenone – **562** E20 – **Vedere Pasiano di Pordenone**

RIVA TRIGOSO – Genova – **Vedere Sestri Levante**

RIVAZZURRA – Rimini – **563** J19 – **Vedere Rimini**

RIVERGARO – Piacenza (PC) – **561** H10 – **6 551 ab.** – alt. 140 m   **8** A2
– ✉ 29029

▶ Roma 531 – Piacenza 18 – Bologna 169 – Genova 121

XX **Castellaccio**   ≤ 🍴 ⚸ **P** VISA ◍◍ ⚡

località Marchesi di Travo, Sud-Ovest : 3 km – ℰ 05 23 95 73 33
– www.castellaccio.it – Fax 05 23 95 64 24 – chiuso dall' 8 al 22 gennaio,
dal 12 al 28 agosto, martedì, mercoledì
Rist – *(chiuso a mezzogiorno escluso sabato e i giorni festivi)* *(consigliata la prenotazione)* **Carta** 32/48 € ⅋⅋
♦ Ampie finestre rendono il locale luminoso ed accogliente, ma d'estate sarà senz'altro più piacevole prendere posto in terrazza. La cucina dimostra salde radici nel territorio, sapientemente reinterpretate.

RIVIERA DI LEVANTE – Genova e La Spezia ▮ Italia

RIVIGNANO – Udine (UD) – **562** E21 – **4 400 ab.** – alt. 16 m – ✉ 33050   **10** B3

▶ Roma 599 – Udine 37 – Pordenone 33 – Trieste 88

XXX **Al Ferarùt**   AK ⟳ **P** VISA ◍◍ AE ① ⚡

via Cavour 34 – ℰ 04 32 77 50 39 – Fax 04 32 77 42 45 – chiuso dal 20 giugno al 10 luglio, martedì sera, mercoledì
Rist – **Menu** 40/65 € – **Carta** 44/54 € ⅋⅋
♦ La ristorazione è una tradizione familiare che si rinnova oggi nell'ultima generazione, spaziando dai classici dell'Alto Adriatico a piatti più moderni. Prodotti ittici locali.

XX **Dal Diaul**   🚗 🏠 ⚇ ⇔ VISA ⓿ AE ① 🌓
via Garibaldi 20 – ℰ 04 32 77 66 74 – www.daldiaul.com – Fax 04 32 77 40 35
– chiuso gennaio e giovedì
Rist – *(chiuso a mezzogiorno escluso giorni festivi)* Menu 35/60 € Carta 36/59 € ⅋
♦ Molto conosciuto e apprezzato in zona questo locale situato in una via del centro e che ospita raffinate salette, di cui una con camino a vista. Cucina moderna, carne e pesce.

X **Osteria l'Aghesante**   ⚇ ⇔ VISA ⓿ 🌓
piazza IV Novembre 1/a – ℰ 04 32 77 48 02 – www.daldiaul.com – chiuso dal 15 al 30 gennaio
Rist – Carta 18/35 €
♦ Rustica e gradevole osteria che occupa gli spazi di un palazzo del tardo Settecento, dove prendere posto per gustare i piatti tipici del territorio.

RIVISONDOLI – L'Aquila (AQ) – **563** Q24 – **707 ab.** – alt. 1 310 m   1 B3
– Sport invernali : a Monte Pratello : 1 370/2 100 m ⛷2 ⛷25, ⚊ – ⌧ 67036 ▌Italia
▶ Roma 188 – Campobasso 92 – L'Aquila 101 – Chieti 96
🖪 via Marconi 21 ℰ 0864 69351, iat.rivisondoli@abruzzoturismo.it, Fax 0864 69351

🏨 **Como**   ≤ 🚗 🛎 ⚇ 📶 🅿 VISA ⓿ AE ① 🌓
via Dante Alighieri 45 – ℰ 08 64 64 19 42 – www.hotelcomo.it
– Fax 08 64 64 00 23 – 16 dicembre-14 aprile e 27 giugno-16 settembre
45 cam – ♦45/65 € ♦♦75/105 €, ⌑ 10 € – ½ P 45/100 €
Rist – *(chiuso lunedì) (chiuso a mezzogiorno)* Carta 20/30 €
♦ Albergo ubicato nella parte bassa della località, a salda gestione familiare, presenta camere spartane dagli arredi essenziali, preferite quelle con i bagni rinnovati. La cucina è particolarmente curata.

XX **Reale** (Niko Romito)   AC ⚇ VISA ⓿ AE ① 🌓
✿✿ *viale Regina Elena 49 – ℰ 0 86 46 93 82 – www.ristorantereale.it*
– Fax 0 86 46 95 43 – chiuso dal 5 maggio al 16 giugno, dal 6 al 13 ottobre, lunedì e martedì escluso agosto
Rist – Menu 70/90 € – Carta 67/93 € ⅋
Spec. Baccalà, peperone affumicato e granita di patate. Assoluto di cipolle, parmigiano e pistilli di zafferano. Essenza.
♦ La cucina abruzzese trova un palcoscenico di livello nazionale, come non ha mai conosciuto: una cucina quasi *proustiana* che va alla ricerca dei ricordi d'infanzia, ma si lancia nel futuro. Filtrata dalla dirompente personalità dello chef.

X **Da Giocondo**   AC ⚇ VISA ⓿ AE ① 🌓
via Suffragio 2 – ℰ 0 86 46 91 23 – Fax 08 64 64 10 02 – chiuso dal 15 al 30 giugno e martedì
Rist – Carta 29/39 €
♦ Nel centro storico cittadino, la tradizione gastronomica abruzzese di montagna. Il locale dispone di un'unica sala dai toni caldi e dal clima particolarmente conviviale.

RIVODORA – Torino – Vedere Baldissero Torinese

RIVODUTRI – Rieti (RI) – **563** O20 – **1 318 ab.** – alt. 560 m – ⌧ 02010   13 C1
▶ Roma 97 – Terni 28 – L'Aquila 73 – Rieti 17

XXX **La Trota** (Sandro Serva) con cam   ≤ 🚗 🏠 ⅋ rist, AC ⚇ ⚄ 🅿
✿ *via Santa Susanna 33, località Piedicolle, Sud : 4 km*   VISA ⓿ AE ① 🌓
– ℰ 07 46 68 50 78 – www.latrota.com – Fax 07 46 68 54 48
– chiuso 1 settimana in gennaio e 1 settimana in luglio
6 cam ⌑ – ♦60 € ♦♦90 €
Rist – *(chiuso domenica sera e mercoledì)* (consigliata la prenotazione)
Carta 57/76 € ⅋
Spec. Trota con salsa di erbe aromatiche, farina di ananas e mandorle tostate. Bottini di stracciatella su concia di asparagi ed estrazione di parmigiano. Zuppa d'anguria e menta con cioccolato bianco al sale ripieno di mango, gelato di olive nere.
♦ Locale elegante, realizzato tra volte dipinte e chiare tonalità di colore per gustare una cucina che si ispira soprattutto ai pesci di fiume in piatti di grande fantasia. Piacevoli le camere ricavate poco distante, nella casa che appartenne al medico condotto.

RIVOIRA – Cuneo – Vedere Boves

RIVOLI – Torino (TO) – **561** G4 – 50 115 ab. – alt. 386 m – ⊠ 10098   **22 A1**

📗 Italia

🚩 Roma 678 – Torino 15 – Asti 64 – Cuneo 103

Pianta d'insieme di Torino

XXX **Combal.zero** (Davide Scabin)   ⩽ 🎬 ⅍ 🎴 ⓞ ⅍ ⓞ ⅍

❀❀ *piazza Mafalda di Savoia – ℰ 01 19 56 52 25 – www.combal.org*
– Fax 01 19 56 52 48 – chiuso dal 24 dicembre al 7 gennaio, dal 3 al 26 agosto,
domenica, lunedì
Rist – Menu 90/180 € – Carta 90/130 € ⅍

Spec. Rognone al gin. Lingua di vitello brasata al barolo con purea di patate ratte. Filetto di fassona impanato alla torinese.

♦ Accanto al museo di arte contemporanea, del quale riprende le forme moderne ed essenziali, è il regno dell'eccletismo gastronomico: dai classici piemontesi ai piatti più estrosi.

RIVOLTA D'ADDA – Cremona (CR) – **561** F10 – 7 743 ab. – alt. 102 m   **19 C2**
– ⊠ 26027

🚩 Roma 560 – Bergamo 31 – Milano 26 – Brescia 59

XX **La Rosa Blu**   🚗 🏠 ⟷ 🅿 🎴 ⓞ 🎬 ⓞ ⅍

via Giulio Cesare 56 – ℰ 0 36 37 92 90 – www.ristoranterosablu.com
– Fax 0 36 37 92 90 – chiuso dall'8 gennaio al 2 febbraio, martedì sera,
mercoledì
Rist – Carta 34/46 €

♦ Verso il limitare del paese, locale di discreta eleganza ed arredi d'epoca. In menu: proposte di carne e di pesce, non prive di creatività. Servizio anche all'aperto.

ROBECCO SUL NAVIGLIO – Milano (MI) – **561** F8 – 6 587 ab.   **18 A2**
– alt. 129 m – ⊠ 20087

🚩 Roma 590 – Milano 28 – Novara 24 – Pavia 53

X **L'Antica Trattoria**   🏠 🎬 ⟷ 🅿 🎴 ⓞ ⅍

via Santa Croce 16 – ℰ 0 29 47 08 71 – chiuso martedì
Rist – Carta 23/38 € ⅍

♦ Recentemente ristrutturata, la trattoria mantiene quell'aspetto caldo ed accogliente che da sempre la contraddistingue: pavimento in legno nei vari ambienti ed un antico camino nella sala più piccola. La cucina offre suggestioni di ampio respiro, dalla terra al mare, con particolare attenzione ai prodotti di stagione.

ROCCABRUNA – Cuneo (CN) – **561** I3 – 1 454 ab. – alt. 700 m   **22 B3**
– ⊠ 12020

🚩 Roma 673 – Cuneo 30 – Genova 174 – Torino 103

a Sant'Anna Nord : 6 km – alt. 1 250 m – ⊠ 12020 Roccabruna

XX **La Pineta** con cam   🏠 ⅍ 🅿 🎴 ⓞ 🎬 ⓞ ⅍

☺ *piazzale Sant'Anna 6 – ℰ 01 71 90 58 56 – www.lapinetaalbergo.it*
– Fax 01 71 91 66 22 – chiuso dal 7 gennaio al 25 febbraio
🍽 **12 cam** – ♦45 € ♦♦70/75 €, ⊇ 5 € – ½ P 55 €
Rist – *(chiuso lunedì sera e martedì escluso dal 20 giugno al 20 settembre)*
Menu 20/35 €

♦ Al limitare di una pineta, il ristorante vi delizierà con una gustosa cucina casalinga e con la sua specialità: il goloso fritto misto alla piemontese. Ritroverete simpatia e calore familiare anche nelle graziose camere, dalle quali respirare la tranquillità e la purezza dei monti.

ROCCA CORNETA – Bologna – **561** I14 – Vedere Lizzano in Belvedere

ROCCA DI MEZZO – L'Aquila (AQ) – **563** P22 – 1 567 ab. – alt. 1 329 m   **1 A2**
– ⊠ 67048

🚩 Roma 138 – Frosinone 103 – L'Aquila 27 – Sulmona 61

Altipiano delle Rocche 🚗 🛏 🕭 P 🇻 ⚫⚫ AE ① 🍴

strada statale 5 bis 47 – 𝒞 08 62 91 70 65 – Fax 08 62 70 80 29
26 cam – ✝45/70 € ✝✝65/100 € – ½ P 68/75 €
Rist – *(chiuso la sera in agosto e a mezzogiorno negli altri mesi)* Carta 31/37 €
♦ Lungo la strada che attraversa il paese, su una salita che lo ripara dal traffico, albergo in stile rustico-montano: semplicità e pulizia nelle confortevoli camere. Ampia e semplice sala ristorante, contigua alla hall dell'hotel.

ROCCA DI ROFFENO – Bologna – **562** J15 – Vedere Castel d'Aiano

---

ROCCA PIETORE – Belluno (BL) – **562** C17 – 1 360 ab. – alt. 1 142 m — 35 B1
– Sport invernali : a Malga Ciapela : 1 446/3 265 m (Marmolada) ❄5 ⚡2 (anche sci estivo), 🎿 – ☒ 32020

▶ Roma 671 – Cortina d'Ampezzo 37 – Belluno 56 – Milano 374
🚺 via Roma 15 𝒞 0437 721319, roccapietore@infodolomiti.it, Fax 0437 721290
🅖 Marmolada★★★ : ☀★★★ sulle Alpi per funivia Ovest : 7 km – Lago di Fedaia★ Nord-Ovest : 13 km

a Bosco Verde Ovest : 3 km – alt. 1 200 m – ☒ 32020 Rocca Pietore

Rosalpina ≤ 🏔 ⚫ rist. ⦿ P 🇻 ⚫⚫ AE ① 🍴

*via Marmolada, 30 – 𝒞 04 37 72 20 04 – www.rosalpinahotel.com
– Fax 04 37 72 20 49 – dicembre-15 aprile e 25 giugno-15 settembre*
32 cam ☖ – ✝30/60 € ✝✝60/120 € – ½ P 37/85 €
Rist – *(chiuso a mezzogiorno)* Carta 18/25 €
♦ Immersi nel meraviglioso paesaggio dolomitico, il calore di una casa di montagna e il piacere di sentirsi coccolati dall'estrema cortesia di un'intera famiglia. Parco giochi per i più piccoli. Anche la sala da pranzo è arredata con semplicità, senza togliere calore all'atmosfera.

a Digonera Nord : 5,5 km – alt. 1 158 m – ☒ 32020 Laste Di Rocca Pietore

Digonera ≤ 🏔 🛏 ⚄ P 🇻 ⚫⚫ AE ① 🍴

*– 𝒞 04 37 52 91 20 – www.digonera.com – Fax 04 37 52 91 50 – chiuso dal
22 aprile al 20 maggio e dal 5 novembre al 6 dicembre*
23 cam ☖ – ✝40/60 € ✝✝80/120 € – ½ P 48/80 €
Rist – *(chiuso lunedì)* Carta 25/40 €
♦ In una frazione di passaggio, presenta la comodità di essere a pochi minuti d'auto da quattro diversi comprensori sciistici. Raccolto e molto accogliente, offre camere semplici, tutte differenti tra loro. Sala ristorante davvero caratteristica.

ROCCARASO – L'Aquila (AQ) – **563** Q24 – 1 660 ab. – alt. 1 236 m — 1 B3
– Sport invernali : 1 236/2 140 m ❄2 ⚡25, 🎿 – ☒ 67037

▶ Roma 190 – Campobasso 90 – L'Aquila 102 – Chieti 98
🚺 via D'Annunzio 2 𝒞 0864 62210, iat.roccaraso@abruzzoturismo.it, Fax 0864 62210

Suisse 🛏 ♨ ⚫ ⦿ 🚗 🍴

*via Roma 22 – 𝒞 08 64 60 23 47 – www.hotelsuisse.com – Fax 08 64 61 90 08
– chiuso dal 3 maggio al 20 giugno*
45 cam ☖ – ✝50/80 € ✝✝80/150 € – ½ P 70/110 €
Rist – *(15 dicembre-settembre)* Carta 23/40 €
♦ Affacciato sulla strada più importante della località, si presenta completamente ristrutturato. Le camere, abbastanza sobrie, hanno arredi in legno scuro e ottimi bagni. Sala ristorante con inserti in legno e pannelli affrescati.

Iris 🛏 ♨ ⚫ ⦿ 🇻 ⚫⚫ AE ① 🍴

*viale Iris 5 – 𝒞 08 64 60 23 66 – www.hoteliris.eu – Fax 08 64 60 23 66
– dicembre-aprile e giugno-settembre*
52 cam – ✝✝95/100 €, ☖ 6 € – ½ P 105/110 € **Rist** – Carta 29/37 €
♦ Centrale, ma contemporaneamente in una posizione tale da offrire una discreta quiete, presenta esterni completamente ristrutturati e stanze in via di ammodernamento. Sala ristorante di tono abbastanza sobrio.

a Pietransieri Est : 4 km – alt. 1 288 m – ⊠ 67037

X **La Preta** ⬚ ⟨symbols⟩ 𝐕𝐈𝐒𝐀 ⑩ 𝐀𝐄 ① 𝖌
via Adua, 11 – ℰ 08 64 62 71 6 – Fax 08 64 62 71 6 – chiuso martedì in bassa stagione
Rist – Carta 24/36 €
♦ Piccolo ristorante familiare, custode della memoria storica e gastronomica del paese tra foto d'epoca appese alle pareti e ricette della tradizione servite in tavola.

ad Aremogna Sud-Ovest : 9 km – alt. 1 622 m – ⊠ 67037

🏠 **Boschetto** ⬚ ⟨symbols⟩ 𝐕𝐈𝐒𝐀 ⑩ 𝐀𝐄 𝖌
via Aremogna 42 – ℰ 08 64 60 23 67 – www.hboschetto.it – Fax 08 64 60 23 82 – dicembre-aprile e luglio-settembre
48 cam – †60/130 € ††100/240 €, ⊇ 15 € – ½ P 100/165 €
Rist – Carta 33/53 €
♦ Per una vacanza tranquilla ed isolata, perfetta anche per gli amanti dello sci. Accoglienti saloni in legno, camere sobrie, costantemente in via di ammodernamento. Sala ristorante dall'ambiente suggestivo, grazie all'incantevole vista sui monti.

🏠 **Pizzalto** ⬚ ⟨symbols⟩ 𝐕𝐈𝐒𝐀 ⑩ 𝐀𝐄 ① 𝖌
via Aremogna 12 – ℰ 08 64 60 23 83 – www.pizzalto.com – Fax 08 64 60 23 83 – dicembre-aprile e giugno-10 settembre
53 cam ⊇ – †90/110 € ††120/160 € – ½ P 100/180 € **Rist** – Carta 35/41 €
♦ Grande albergo di montagna a ridosso degli impianti sciistici, è strutturato in modo tale da presentare servizi e dotazioni di ogni tipo, soprattutto estetico e sportivo.

ROCCA SAN CASCIANO – Forlì-Cesena (FC) – **562** J17 – 2 095 ab. 9 C2
– alt. 210 m – ⊠ 47017
🔼 Roma 326 – Rimini 81 – Bologna 91 – Firenze 81

X **La Pace** 𝐕𝐈𝐒𝐀 ⑩ 𝐀𝐄 𝖌
😊 *piazza Garibaldi 16 – ℰ 05 43 95 13 44 – chiuso lunedì sera, martedì*
Rist – Carta 15/21 €
♦ Affacciata sulla piazza principale, trattoria molto semplice con accoglienza e servizio familiari. Dal territorio le specialità di stagione, in preparazioni casalinghe.

ROCCA SAN GIOVANNI – Chieti (CH) – **563** P25 – 2 342 ab. 2 C2
– alt. 155 m – ⊠ 66020
🔼 Roma 263 – Pescara 41 – Chieti 60 – Isernia 113

in prossimità casello autostrada A 14 - uscita Lanciano
Nord-Ovest : 6 km :

🏨 **Villa Medici** ⟨symbols⟩ 𝐕𝐈𝐒𝐀 ⑩ 𝐀𝐄 ① 𝖌
contrada Santa Calcagna – ℰ 08 72 71 76 45 – www.hotelvillamediciabruzzo.it – Fax 08 72 70 91 22
46 cam ⊇ – †70/99 € ††80/130 € – ½ P 55/70 € **Rist** – Carta 29/65 €
♦ Raffinatezza, modernità e confort di alto livello per questo hotel in comoda posizione stradale. Ideale per una clientela d'affari che cerca cortesia, professionalità e un'ampia disponibilità di spazi. L'eleganza continua al ristorante, con un'ampia capacità ricettiva per ogni occasione.

ROCCASTRADA – Grosseto (GR) – **563** M15 – ⊠ 58036 29 C2
🔼 Roma 241 – Grosseto 37 – Firenze 129 – Livorno 141

🏠 **La Melosa** ⬚ ⟨symbols⟩ rist. ⟨symbols⟩ 𝐕𝐈𝐒𝐀 ⑩ 𝐀𝐄 ① 𝖌
strada Provinciale 157, Nord : 2 km – ℰ 05 64 56 33 49 – www.lamelosaresort.com – Fax 05 64 56 32 89 – chiuso dal 10 al 29 gennaio
12 cam ⊇ – †90/170 € ††180/230 € – ½ P 127/152 € **Rist** – Carta 31/48 €
♦ Splendida posizione, defilata e incredibilmente tranquilla, per una struttura elegantemente allestita e arredata che propone un servizio di tono familiare e cortese. Piccolo ristorante, grazioso e accogliente.

ROCCELLA IONICA – Reggio di Calabria (RC) – **564** M31 – 6 768 ab. 5 B3
– alt. 25 m – ⊠ 89047
🔼 Roma 687 – Reggio di Calabria 110 – Catanzaro 85 – Vibo Valentia 90

sulla strada statale 106 Sud-Ovest : 2 km :

Parco dei Principi Hotel
Strada Statale 106, località Badessa ⊠ 89047
– ℰ 09 64 86 02 01 – www.parcodeiprincipi-roccella.com – Fax 0 96 48 60 26 20
58 cam ⊑ – �♦79/150 € ♦♦95/250 € – 2 suites – ½ P 80/145 €
Rist L'Angolo del Pignolo – Carta 28/45 €

♦ Un uliveto dai riflessi argentei incornicia questa elegante struttura che richiama i fasti del passato: una sontuosa hall e splendide sale dai soffitti affrescati, nonché camere di moderno confort. Ristorante intimo di tono elegante che affianca l'attività banchettistica.

La Cascina
– ℰ 09 64 86 66 75 – www.lacascina1899.it – Fax 09 64 86 66 75 – chiuso martedì
Rist – Carta 34/48 €

♦ Lungo la statale, un piacevole e rustico locale ricavato dalla ristrutturazione di un casolare di fine Ottocento: sale dalle pareti in pietra e dai soffitti in legno; proposte sia di mare sia di terra.

ROCCHETTA TANARO – Asti (AT) – 561 H7 – 1 446 ab. – alt. 107 m   25 D1
– ⊠ 14030

🖪 Roma 626 – Alessandria 28 – Torino 75 – Asti 17

I Bologna con cam
via Nicola Sardi 4 – ℰ 01 41 64 46 00 – www.trattoriaibologna.it
– Fax 01 41 64 41 05 – chiuso dal 10 gennaio al 10 febbraio e martedì
4 cam ⊑ – ♦80 € ♦♦100 €   **Rist** – Menu 45 €

♦ Un classico della ristorazione monferrina, da anni propone gli immutabili piatti che ci si aspetta di gustare in Piemonte. Gli ambienti sono rustici e l'atmosfera calda. La corte interna ospita camere accoglienti e ben accessoriate.

RODDI – Cuneo (CN) – 561 H5 – 1 550 ab. – alt. 284 m – ⊠ 12060   25 C2

🖪 Roma 650 – Cuneo 61 – Torino 63 – Asti 35

Il Vigneto con cam
località Ravinali 19/20, Sud-Ovest 2,5 Km ⊠ 12060 Roddi – ℰ 01 73 61 56 30
– www.ilvignetodiroddi.com – Fax 01 73 62 08 56 – chiuso da febbraio al 15 marzo
6 cam ⊑ – ♦75/85 € ♦♦95/105 €   **Rist** – Carta 36/59 €

♦ Posizione tranquilla, per questa vecchia cascina di campagna restaurata con gusto e raffinatezza, dove assaporare piatti piemontesi e non solo. Piacevole l'ombreggiato dehors. Accoglienza di classe e premurosa attenzione anche nelle camere, dalle cui finestre si dominano le colline dei dintorni.

RODI GARGANICO – Foggia (FG) – 564 B29 – 3 705 ab. – ⊠ 71012   26 A1

🖪 Roma 385 – Foggia 100 – Bari 192 – Barletta 131

Tramonto
via Trieste 85 – ℰ 08 84 96 53 68 – www.hoteltramonto.it – Fax 08 84 96 65 11
55 cam ⊑ – ♦60/80 € ♦♦70/100 €
Rist – (solo per alloggiati)
Rist La Bussola – Carta 25/50 €

♦ Sulla strada litoranea - appena fuori dalla località - un albergo a solida gestione familiare, che fa dei servizi il proprio punto di forza: piscina, stabilimento balneare, piccolissimo centro benessere. Pochi tavoli all'aperto: questa è la Bussola. Direttamente sulla spiaggia, semplici ricette di pesce.

ROLETTO – Torino (TO) – 561 H3 – 2 045 ab. – alt. 412 m – ⊠ 10060   22 B2

🖪 Roma 683 – Torino 37 – Asti 77 – Cuneo 67

Il Ciabot
via Costa 7 – ℰ 01 21 54 21 32 – Fax 01 21 54 21 32 – chiuso dal 15 giugno al 3 luglio, domenica sera, lunedì
Rist – (chiuso a mezzogiorno escluso domenica) (prenotazione obbligatoria)
Carta 26/35 €

♦ Piacevolmente riscaldato nei mesi freddi da un caminetto, questo piccolo locale vanta un'appassionata gestione familiare e propone una cucina regionale, attenta alle tradizioni.

ROLLE – Treviso (TV) – Vedere Cison di Valmarino

Piazza Navona Fontana del Nettuno

ROMA

Carta Michelin : 563 Q19
Popolazione : 2 718 768 ab.
Altitudine : 20 m
Codice Postale : ⊠ 00186

Roma
Carta regionale : 12 B2

INFORMAZIONI PRATICHE

🖼 Ufficio Informazioni turistiche
via XX Settembre 26 ✉ 00185 ☎ 06 421381, info@aptprovroma.it

Aeroporti
🛫 di Ciampino Sud-Est : 15 km BR ☎ 06 65951
🛫 Leonardo da Vinci di Fiumicino per ⑧: 26 km ☎ 06 65631

Golf
🏌 Parco de' Medici, ☎ 06 6 55 34 77

🏌 Parco di Roma via Due Ponti 110, ☎ 06 33 65 33 96

🏌 Marco Simone, ☎ 0774 36 64 69

🏌 Arco di Costantino, ☎ 06 33 62 44 40

🏌 ☎ 06 30 88 91 41

🏌 Fioranello, ☎ 06 7 13 80 80

⊙ LUOGHI DI INTERESSE

ROMA ANTICA

Appia Antica★★ - Ara Pacis Augustae★★ - Area Sacra del Largo Argentina★★ - Castel Sant' Angelo★★★ - Colosseo★★★ e arco di Costantino★★★ - Fori Imperiali★★★ e Mercati di Traiano★★ - Foro Romano★★★ e Palatino★★★ - Pantheon★★★ - Terme di Caracalla★★★

LE CHIESE

Chiesa del Gesù★★★ - S. Andrea al Quirinale★★ - S. Andrea della Valle★★ - S. Carlo alle Quattro Fontane★★ - S. Clemente★★ - S. Giovanni in Laterano★★ - S. Ignazio★★ - S. Lorenzo fuori le Mura★★ - S. Luigi dei Francesi★★ - S. Maria degli Angeli★★ - S. Maria d'Aracoeli★★ - S. Maria Maggiore★★★ - S. Maria sopra Minerva★★ - S. Maria del Popolo★★ - S. Maria in Trastevere★★ - S. Maria della Vittoria★★ - S. Paolo fuori le Mura★★

PIAZZE E FONTANE

Campo dei Fiori★★ - Piazza del Campidoglio★★★ - Piazza Navona★★★ - Piazza del Popolo★★ - Piazza del Quirinale★★ - Piazza di Spagna★★★ Fontana della Barcaccia★ - Fontana di Trevi★★★ - Fontana del Tritone★

GRANDI MUSEI

Galleria Borghese★★★ - Galleria Doria Pamphili★★ - Galleria di Palazzo Barberini★★ - Musei Capitolini★★★ - Museo etrusco di Villa Giulia★★★ - Palazzo Altemps★★★ - Palazzo Massimo alle Terme★★★

VATICANO

Piazza S. Pietro★★★ - Basilica di S. Pietro★★★ - Musei Vaticani★★★

CAPOLAVORI DEL RINASCIMENTO E DEL BAROCCO

Michelangelo: S. Pietro in Vincoli - Vaticano: Pietà nella basilica di S. Pietro, Cappella Sistina
Raffaello: Galleria Borghese, Galleria di Palazzo Barberini, Villa Farnesina, Vaticano: Stanze di Raffaello e Pinacoteca Vaticana
Bernini: Galleria Borghese, Fontana dei Fiumi di piazza Navona, S. Andrea al Quirinale, S. Maria della Vittoria - Vaticano: piazza S. Pietro, Baldacchino e cattedra di S. Pietro
Borromini: Oratorio dei Filippini, S. Agnese in Agone, S. Carlo alle Quattro Fontane, S. Ivo alla Sapienza
Caravaggio: Galleria Borghese, Galleria Doria Pamphili, Galleria di Palazzo Barberini, Pinacoteca Capitolina, S. Agostino, S. Luigi dei Francesi, S. Maria del Popolo - Vaticano: Pinacoteca Vaticana

ARTE MODERNA E CONTEMPORANEA

GAM (Galleria Nazionale di Arte Moderna)★★ - Museo MAXXI★ - Museo MACRO - Quartiere E.U.R.★★ - Quartiere Coppedè

I PARCHI

Gianicolo★ - Pincio - Villa Borghese★★★ - Villa Celimontana - Villa Doria Pamphili - Villa Torlonia

LE VIE DELLO SHOPPING

Via dei Coronari★ : antiquariato e brocantage - Il Tridente (via di Ripetta, via del Corso, via del Babuino): negozi di tutti i generi - Via del Babuino: antiquariato e brocantage - Via Margutta: gallerie d'arte e botteghe artigianali - Via Veneto★★ : negozi e hotel di lusso - Via dei Condotti, via Frattina, via Borgognona, via Bocca di Leone: alta moda

DI SERA E DI NOTTE

Trastevere★★ : osterie e trattorie - Testaccio: locali notturni

ROMA DALL' ALTO

Cupola di S. Pietro - Terrazza di Castel S. Angelo - Gianicolo - Pincio - Portico del Vittoriano

INDICE DELLE STRADE DI ROMA

ROMA

ROMA

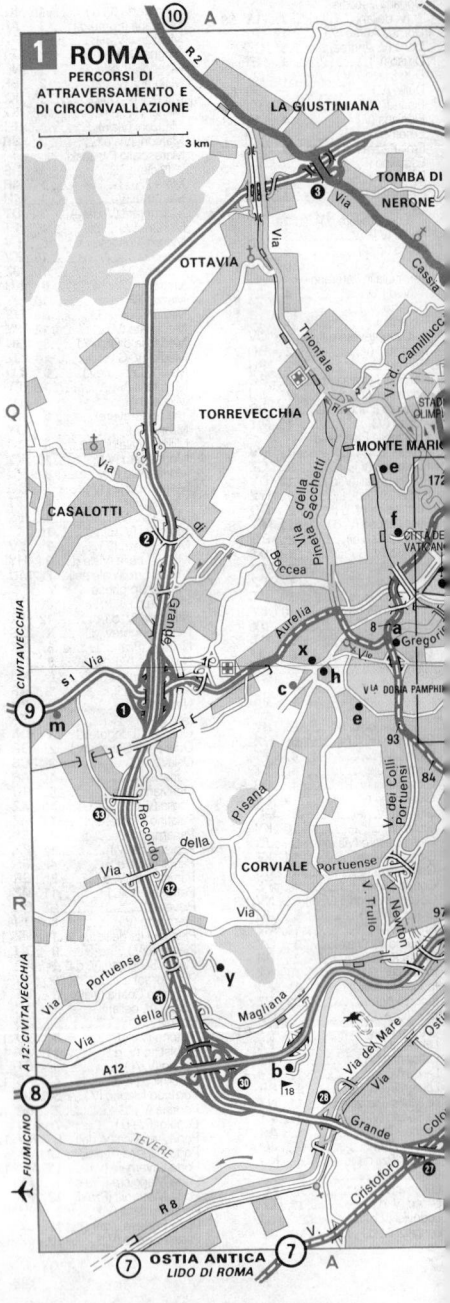

1 ROMA
PERCORSI DI ATTRAVERSAMENTO E DI CIRCONVALLAZIONE

0   3 km

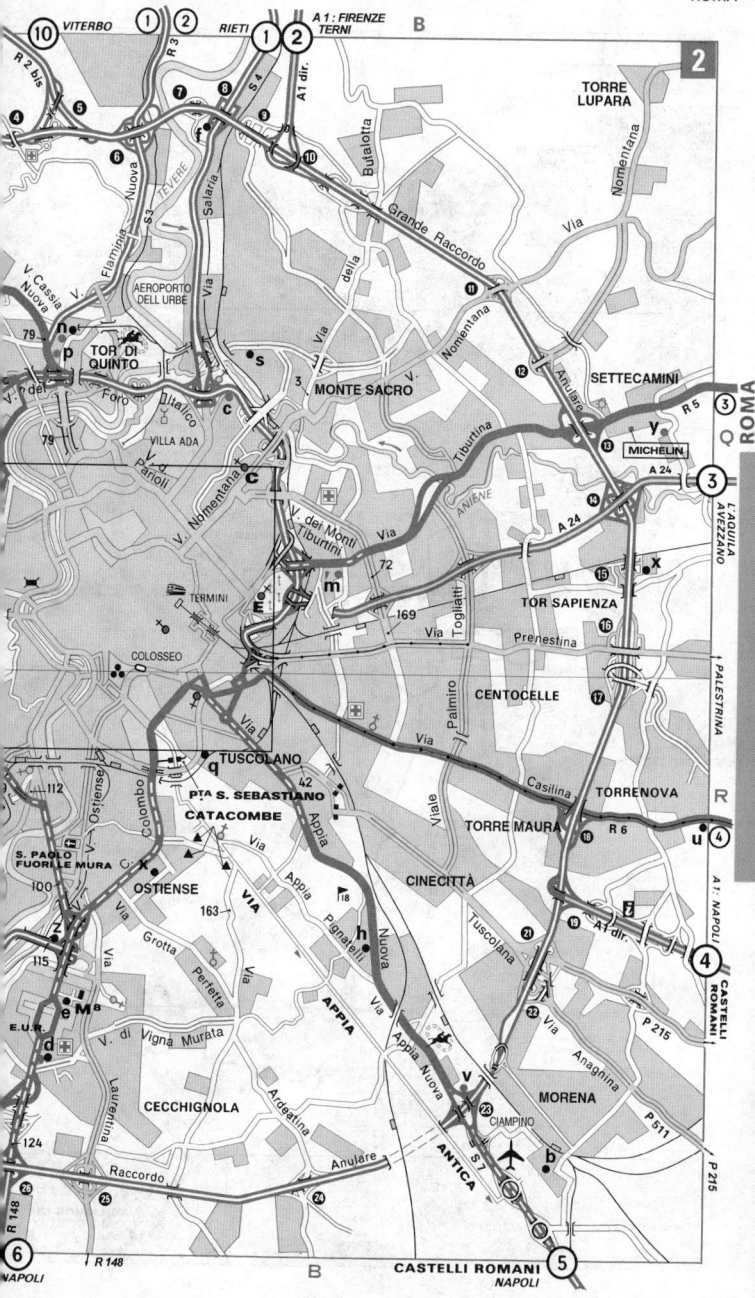

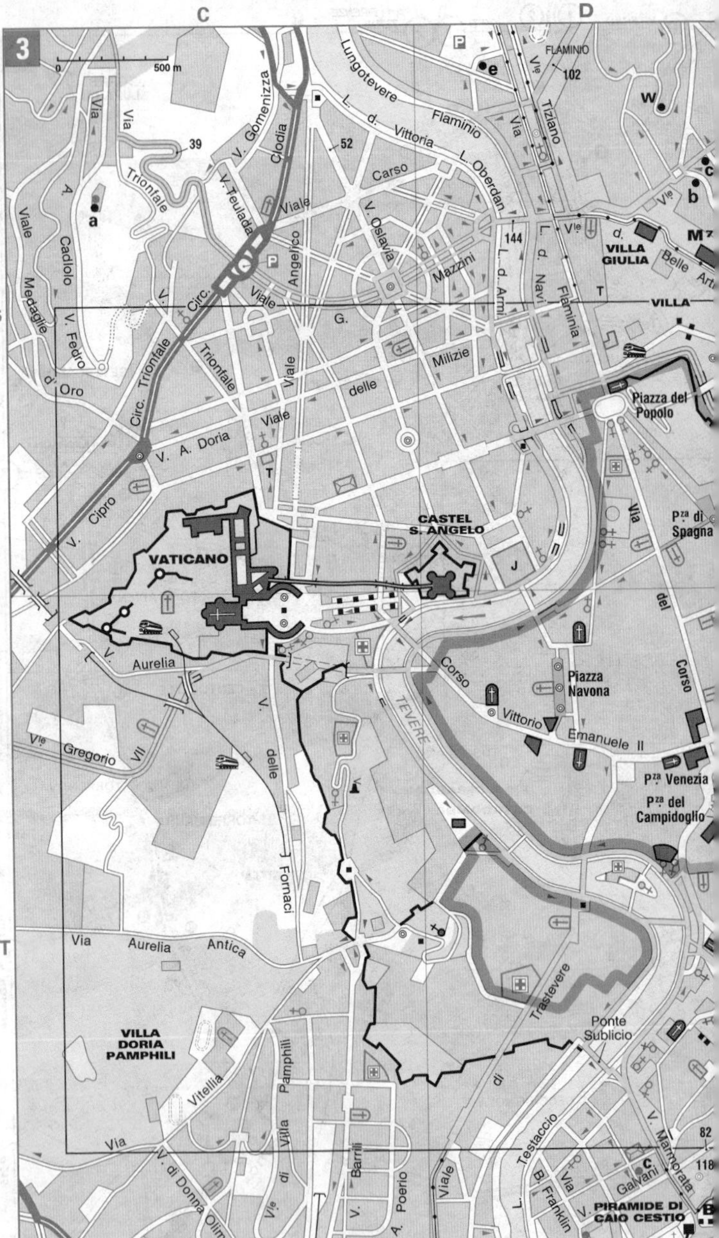
3
0
500 m
C
D
S
T
ROMA
FLAMINIO
102
39
52
144
82
118
e
w
a
b
c
M
Lungotevere
Flaminio
L. d. Vittoria
L. Oberdan
Carso
Via Trionfale
Viale Cadlolo
Viale Medaglie d'Oro
V. Gomenizza
Clodia
V. Teulada
Viale Angelico
V. Oslavia
Mazzini
Viale G.
Viale delle Milizie
Circ. Trionfale
V. Fedro
V. A. Doria
V. Cipro
V.le Tiziano
Via Flaminia
L. d. Navi
L. d. Armi
V.le d. Belle Arti
VILLA GIULIA
VILLA
Piazza del Popolo
Via del Corso
P.za di Spagna
VATICANO
CASTEL S. ANGELO
J
Corso Vittorio Emanuele II
Piazza Navona
TEVERE
P.za Venezia
P.za del Campidoglio
V. Aurelia
V.le Gregorio VII
V. delle Fornaci
Via Aurelia Antica
VILLA DORIA PAMPHILI
Via Vitellia
V. di Donna Olimpia
V.le di Villa Pamphili
V. Barrili
Via A. Poerio
Viale di Trastevere
Ponte Sublicio
L. Testaccio
Via B. Franklin
Via Galvani
V. Marmorata
PIRAMIDE DI CAIO CESTIO
T

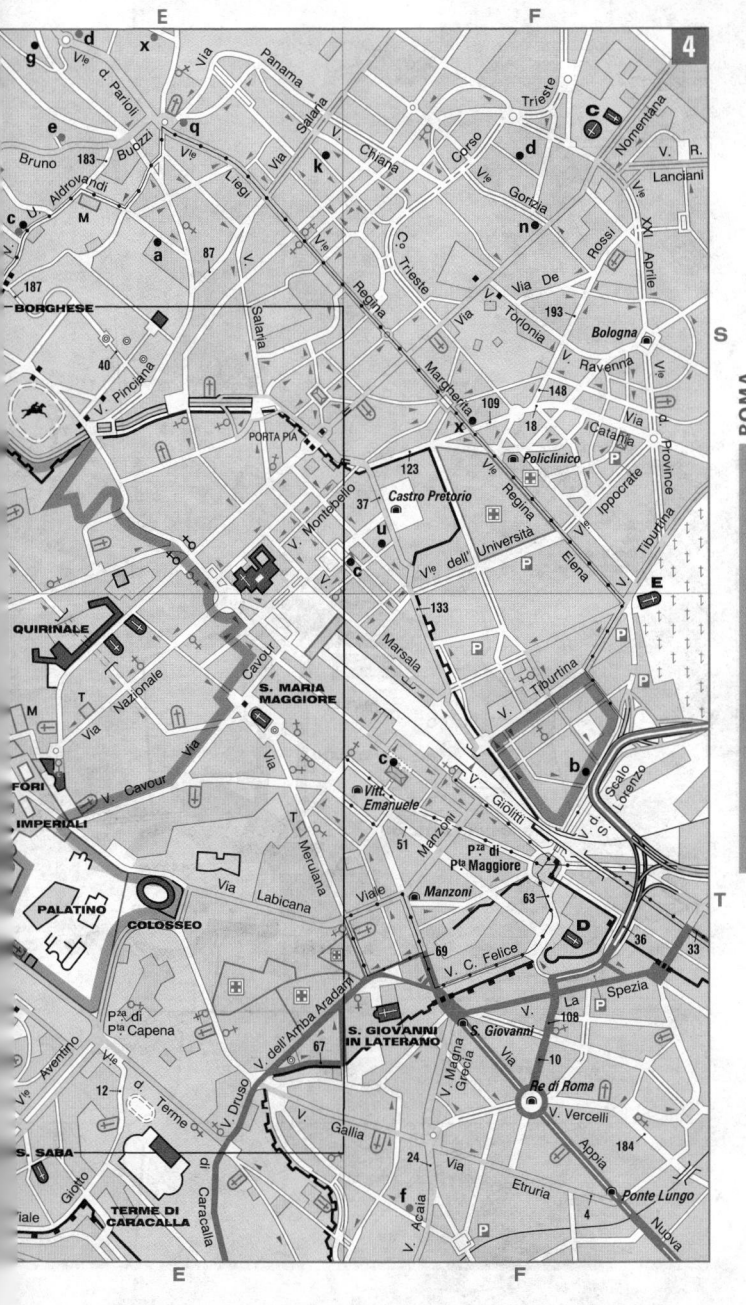

5-6

7-8

9-10

11-12

120

Circ. Clodia

Triontale

V.

della

Giuliana

Triontale

Via

Angelico

Viale

delle

V.ie Medaglie d'Oro

Circonvallazione

Doria

Via

V. Barletta

Viale

U

P.zale degli Eroi

V. Andrea

Candia

Via

Leone IV

Viale

Ottaviano

Ottaviano-S. Pietro

Cipro

V. V. Pisani

Via

Via

Cipro-Musei-Vaticani

Via

Emo

Viale

b

Vaticano

P.za del Risorgimento

Via

126

Angelo

VATICANO

MUSEI

VATICANI

Borgo

m

Via

Vaticano

Passetto

54

Viale

GIARDINI VATICANI

PIAZZA

V.

V

Viale

S. PIETRO

Borgo S.

Vaticano

S. PIETRO

165

Galleria Principe

Amadeo

Via

Aurelia

V. P.za Cavalleggeri

85

X

0   200 m

Vit.

Viale

Via

G

9

H

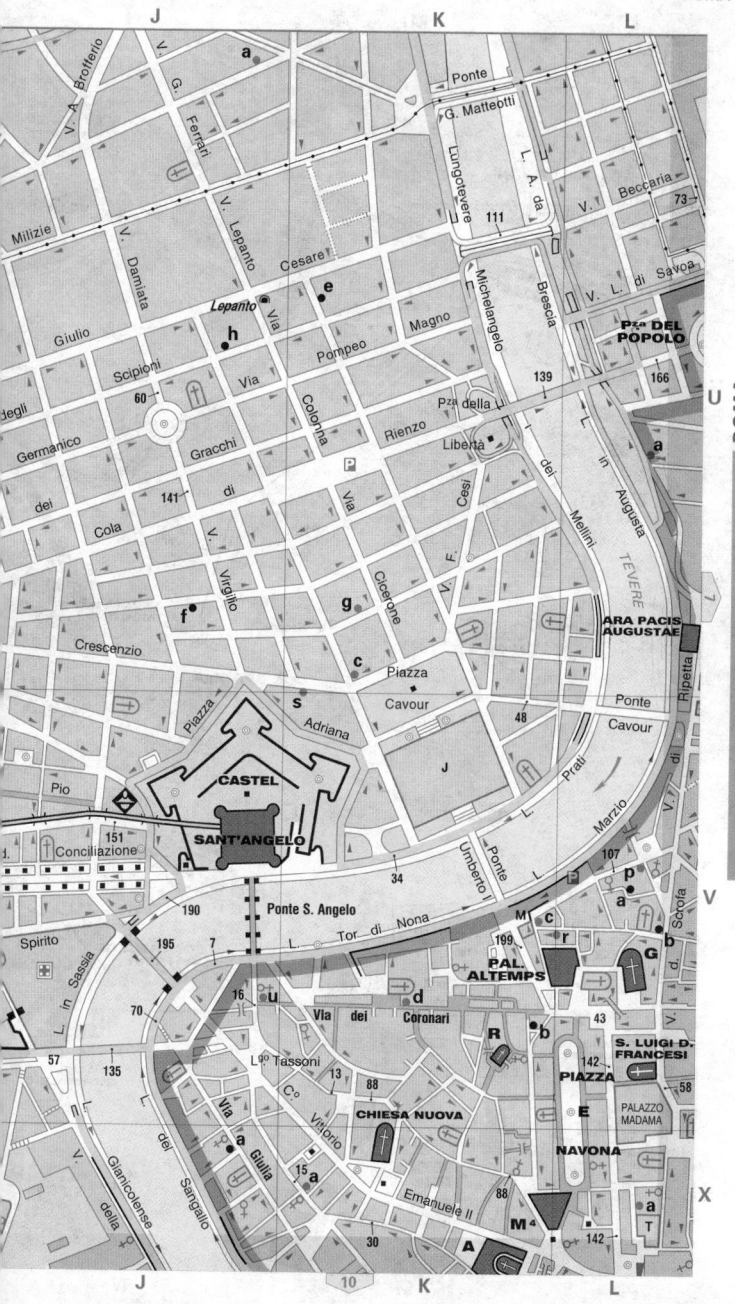

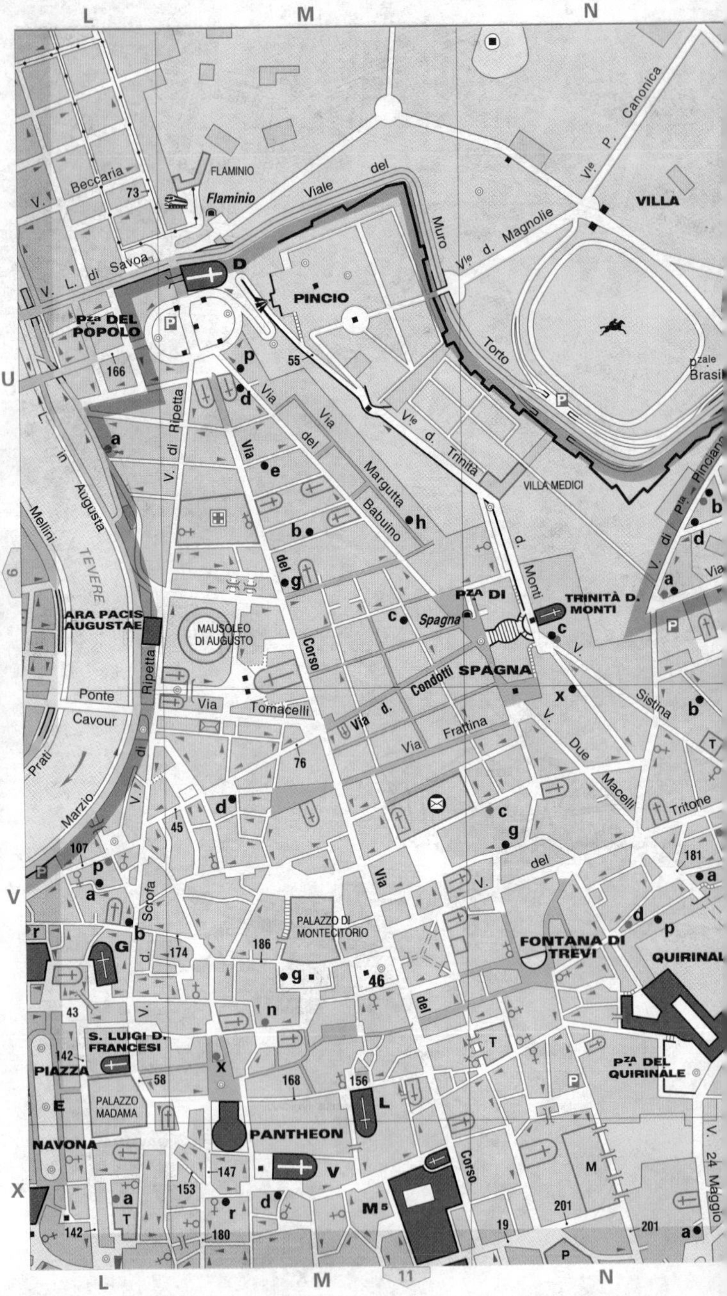

L
M
N
FLAMINIO
Flaminio
Viale del Muro Torto
V.le P. Canonica
VILLA
V. Beccaria
73
V. L. di Savoia
D
PINCIO
V.le d. Magnolie
P.za DEL POPOLO
166
U
55
p
d
V.le d. Trinità d. Monti
P.zale Brasil
ROMA
a
in Augusta
Mellini
V. di Ripetta
Via del Babuino
Via Margutta
Via del Corso
e
h
b
g
VILLA MEDICI
V. di P.ta Pinciana
TEVERE
6
ARA PACIS AUGUSTAE
MAUSOLEO DI AUGUSTO
P.ZA DI Spagna
TRINITÀ D. MONTI
c
SPAGNA
Via d. Condotti
Ponte Cavour
Via Tomacelli
Ripetta
x
V. Sistina
Prati
Via Frattina
V. Due Macelli
76
Marzio
45
V. del Tritone
107
181
p
a
V
V. Scrofa
PALAZZO DI MONTECITORIO
FONTANA DI TREVI
QUIRINALE
G
174
186
46
r
43
n
S. LUIGI D. FRANCESI
142
PIAZZA NAVONA
E
58
PALAZZO MADAMA
PANTHEON
168
156
L
T
P.ZA DEL QUIRINALE
V. 24 Maggio
M
X
147
153
V
M5
201
19
180
11

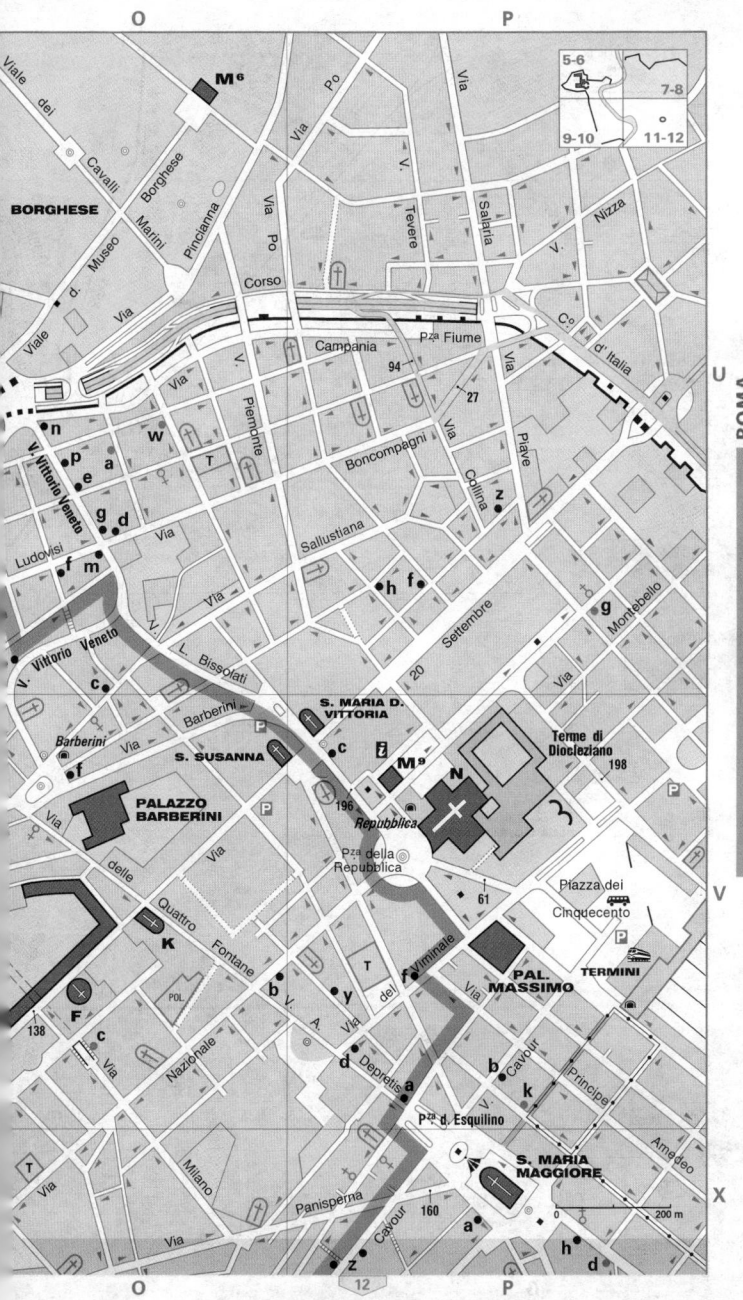

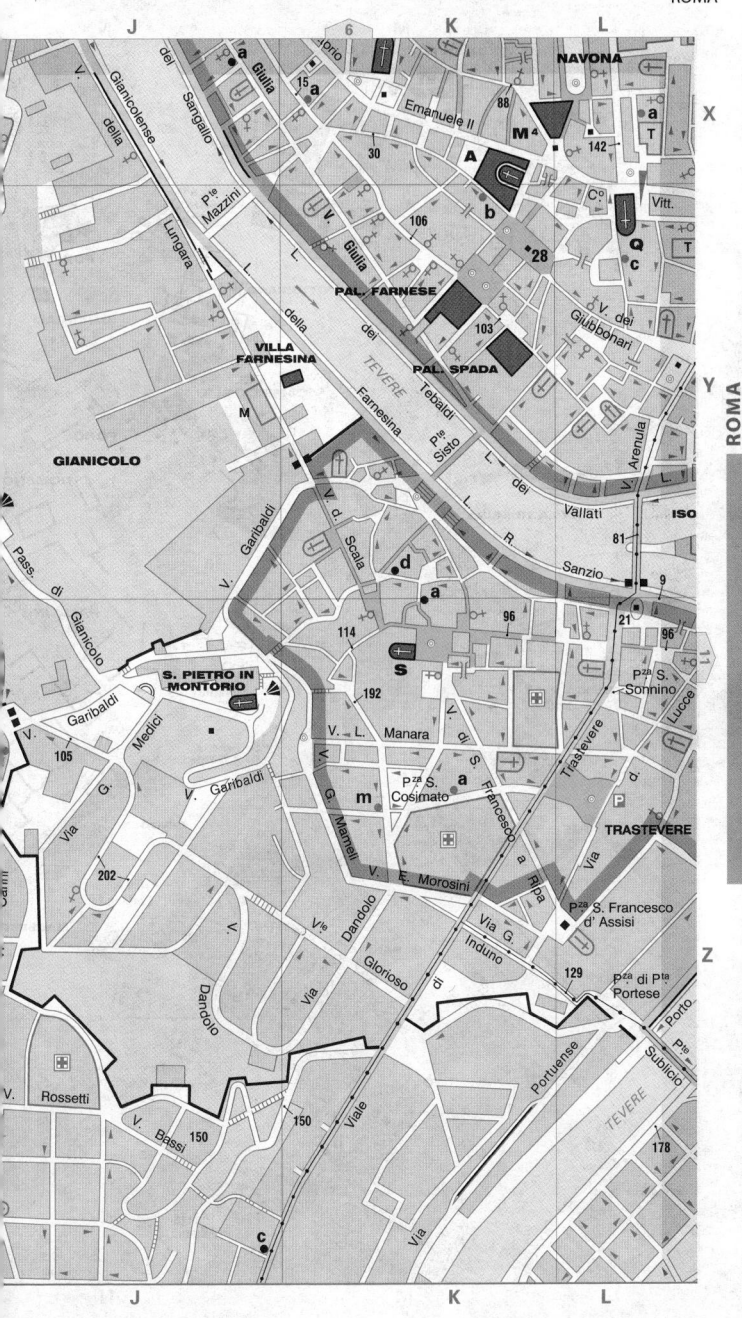

L — M — 7 — N

NAVONA
PANTHEON
PIAZZA VENEZIA
GESÙ
VITTORIANO
FORI IMPERIALI
P.za DEL CAMPIDOGLIO
FORO ROMANO
TEATRO DI MARCELLO
ISOLA TIBERINA
PALATINO
P.za Bocca d. Verità
S. MARIA IN COSMEDIN
P.za S. Sonnino
S. CECILIA
TRASTEVERE
CIRCO
P.za S. Francesco d'Assisi
S. SABINA
Pz.ale U. La Malfa
CIRCO MASSIMO
P.za di P.ta Portese
TEVERE
AVENTINO
Piazza Albania

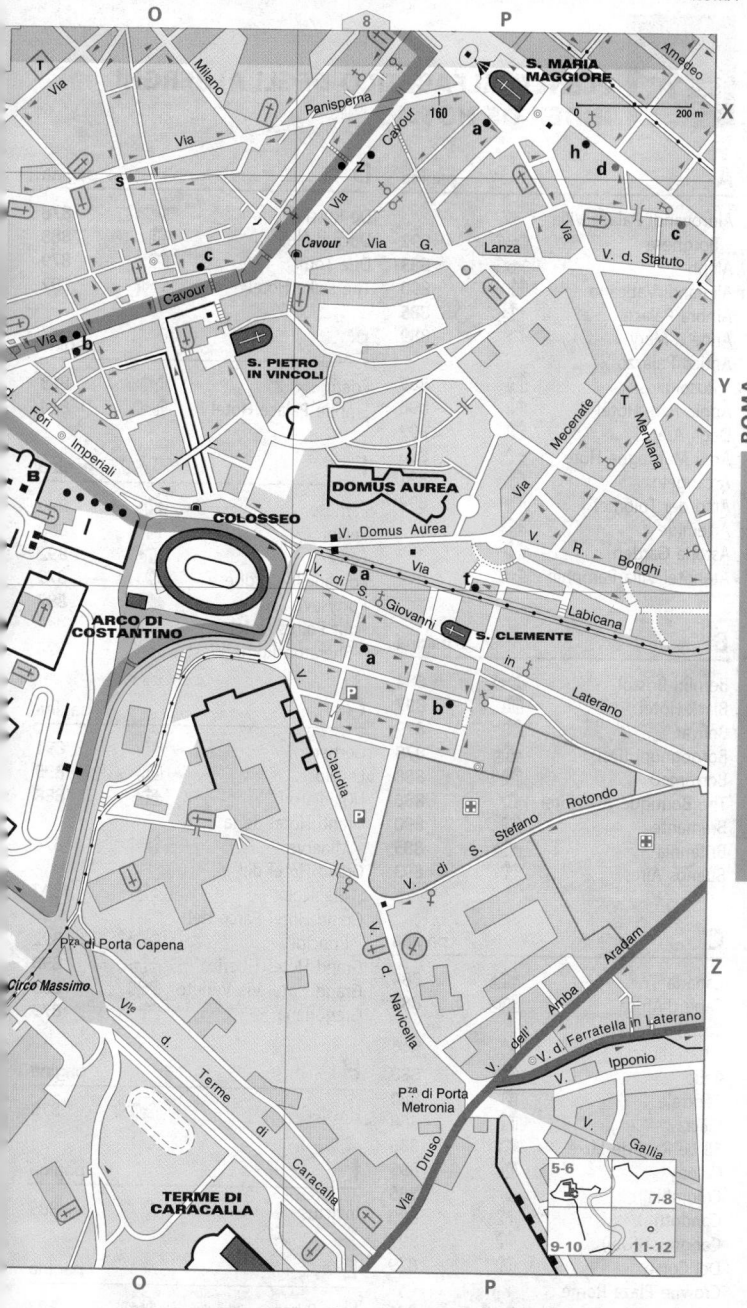

ELENCO ALFABETICO DEGLI ALBERGHI
INDEX OF HOTELS

ELENCO ALFABETICO DEI RISTORANTI
INDEX OF RESTAURANTS

GLI ESERCIZI CON STELLE
STARRED RESTAURANTS

✿✿✿ 2010		pagina
La Pergola	XxXxX	891

✿✿ 2010		pagina
Il Pagliaccio	XX	881

✿ 2010		pagina
Acquolina Hostaria in Roma	XX	895
Agata e Romeo	XxX	886
Antonello Colonna N	XxX	887
Baby	XxxX	893
Glass Hostaria N	XX	894
Imàgo	XxxX	880
Mirabelle	XxxX	886

BIB GOURMAND
Pasti accurati a prezzi contenuti
Good food at moderate prices

✿		pagina
Domenico dal 1968	X	896
Felice a Testaccio	X	889
Mamma Angelina	XX	896
Trattoria Fauro	X	893

RISTORANTI PER TIPO DI CUCINA
RESTAURANTS BY CUISINE TYPE

TAVOLI ALL'APERTO
OUTSIDE DINING

Acquolina Hostaria in Roma	XX ✿	895	
Ambasciata d'Abruzzo	X	893	
Baby	XxxX ✿	893	
Checchino dal 1887	XX	889	
Corsetti-il Galeone	X	894	
Domenico dal 1968	X ⊛	896	
Giggetto-al Portico d'Ottavia	X	882	
Hostaria dell'Orso	XxxX	880	
Imàgo	XxxX ✿	880	
Iolanda	XX	898	
Mamma Angelina	XX ⊛	896	
Mirabelle	XxxX ✿	886	
Ore Dodici	XX	899	
L'Ortica	XX	895	
Papà Baccus	XX	887	
La Pergola	XxXxX ✿✿✿	891	
Al Presidente	XX	881	
Rinaldo all'Acquedotto	X	896	
La Rosetta	XX	881	
R 13 Da Checco	XX	898	
Sangallo	XX	881	
Settembrini	X	891	
Shangri Là-Corsetti Rist.	XxX	898	
St. Teodoro	XX	889	
Trattoria Fauro	X ⊛	893	

RISTORANTI APERTI IN AGOSTO
RESTAURANTS OPEN IN AUGUST

Acquolina Hostaria in Roma	XX ✿	895	
Ambasciata d'Abruzzo	X	893	
Antico Arco	XX	891	
Baby	XxxX ✿	893	
Al Bric	X	882	
Al Ceppo	XX	893	
Da Cesare	X	891	
Il Convivio-Troiani	XxX	881	
Corsetti-il Galeone	X	894	
Enoteca Capranica	XxX	881	
Giggetto-al Portico d'Ottavia	X	882	
Mirabelle	XxxX ✿	886	
L'Ortica	XX	895	
Il Pagliaccio	XX ✿✿	881	
Papà Baccus	XX	887	
La Pergola	XxXxX ✿✿✿	891	
Rinaldo all'Acquedotto	X	896	
La Rosetta	XX	881	
Shangri Là-Corsetti Rist.	XxX	898	
Le Streghe	X	882	
La Terrazza	XxxX	886	

ROMA

Centro Storico

⛬⛬⛬⛬ Hassler 🕸 🖪 🖢 & 🅰️🅲 ⅋ 🕻 🖧 VISA ⅏ AE ① 🕉

piazza Trinità dei Monti 6 ⊠ 00187 Ⓜ Spagna
– ☏ 06 69 93 40 – www.hotelhasslerroma.com
– Fax 06 67 89 99 91   7NUc
82 cam – ♦484/550 € ♦♦605/660 €, ⌸ 39 € – 13 suites
Rist Imago – vedere selezione ristoranti
◆ In pregevole posizione, in cima alla scalinata di Trinità dei Monti, l'hotel coniuga tradizione, prestigio ed eleganza. Curiosa rivisitazione dello stile classico al 5° piano.

⛬⛬⛬⛬ De Russie 🗗 🛋 🕸 🖪 🖢 & 🕁 🅰️🅲 ⅋ ⅋ 🕻 🖧 VISA ⅏ AE ① 🕉

via del Babuino 9 ⊠ 00187 Ⓜ Flaminio – ☏ 06 32 88 81
– www.roccofortecollection.com – Fax 06 32 88 88 88   7MUp
97 cam – ♦330/506 € ♦♦490/1056 €, ⌸ 34 € – 25 suites
Rist Le Jardin de Russie – ☏ 06 32 88 88 70 – Carta 74/114 €
◆ Design leggero e armonico in un edificio disegnato da Valadier nei primi anni del XIX secolo. La raffinatezza avvolge le camere; rose e gelsomini profumano il "giardino segreto". Tra le migliori risorse dell'Urbe.

⛬⛬⛬ St. George 🕸 🖪 🖢 🅰️🅲 ⅋ 🕻 VISA ⅏ AE ① 🕉

via Giulia 62 ⊠ 00186 – ☏ 06 68 66 11 – www.stgeorgehotel.it
– Fax 06 68 66 13 0   JXa
64 cam ⌸ – ♦230/570 € ♦♦280/620 €
Rist I Sofà di Via Giulia – (chiuso domenica, lunedi) Carta 64/96 €
◆ Inaugurato nel 2007, l'hotel si fregia di arredi ed inserti di lusso sia negli spazi comuni sia nelle camere. Un autentico scrigno di raffinatezza. I Sofà di Via Giulia: percorsi gastronomici con piatti tipici italiani e delizie multietniche.

⛬⛬⛬ Grand Hotel de la Minerve 🛋 🖪 🖢 & 🅰️🅲 ⅋ ⅋ 🕻 🖧 VISA ⅏ AE ① 🕉

piazza della Minerva 69 ⊠ 00186 Ⓜ Colosseo
– ☏ 06 69 52 01 – www.grandhoteldelaminerve.it
– Fax 06 67 94 16 5   7MXd
131 cam ⌸ – ♦321/451 € ♦♦402/532 € – 4 suites
Rist La Cesta – ☏ 06 69 52 07 04 – Carta 64/108 €
◆ Un edificio storico cinto da antichi monumenti. All'interno, preziosi lampadari, statue neoclassiche e camere moderne, mentre la dea campeggia nel soffitto liberty della hall. Avvolto da un'atmosfera di raffinatezza, il ristorante offre una carta fantasiosa d'impronta tradizionale. Suggestiva la vista dalla terrazza.

⛬⛬⛬ Raphaël 🛋 🖪 🖢 🅰️🅲 ⅋ 🕻 🖧 VISA ⅏ AE ① 🕉

largo Febo 2 ⊠ 00186 – ☏ 06 68 28 31 – www.raphaelhotel.com
– Fax 06 68 78 99 93   6KVb
55 cam – ♦230/600 € ♦♦250/800 €, ⌸ 28 € – 1 suite – ½ P 180/360 €
Rist – Carta 62/116 €
◆ Tra porcellane, sculture e oggetti d'antiquariato di celebri artisti, l'ingresso può sembrare quello di un museo. Ai piani: camere di taglio moderno, recentemente rinnovate. Cucina italiana e qualche specialità francese nel bel ristorante con panoramica terrazza multilivello.

⛬⛬⛬ Piranesi-Palazzo Nainer senza rist 🕸 🖪 🖢 🅰️🅲 ⅋ 🕻

via del Babuino 196 ⊠ 00187 Ⓜ Flaminio   VISA ⅏ AE ① 🕉
– ☏ 06 32 80 41 – www.hotelpiranesi.com – Fax 06 36 10 59 7   7MUd
32 cam ⌸ – ♦168 € ♦♦220/420 €
◆ Eleganti marmi, decorazioni ed una particolare esposizione di tessuti, anche storici, impreziosiscono la hall, le camere ed i corridoi. Roof garden ed un solarium multilivello.

⛬⛬⛬ Dei Borgognoni senza rist 🖪 🖢 🅰️🅲 🕻 🖧 🗗 VISA ⅏ AE ① 🕉

via del Bufalo 126 ⊠ 00187 Ⓜ Spagna – ☏ 06 69 94 15 05
– www.hotelborgognoni.it – Fax 06 69 94 15 01   7NVg
51 cam ⌸ – ♦210/240 € ♦♦240/340 €
◆ In un palazzo ottocentesco, signorile albergo dalle ariose sale in stile contemporaneo e camere confortevoli, che uniscono uno stile classico a soluzioni piu moderne.

Nazionale 🈁 🅰🅲 ❌ rist, 🕯 🔥 🆅🅸🆂🅰 ⓒⓞ 🅰🅴 ⓘ 🕭
piazza Montecitorio 131 ✉ *00186 –* 𝒞 *06 69 50 01 – www.hotelnazionale.it
– Fax 0 66 78 66 77* **7**MV**g**
100 cam ☲ – ♦200/290 € ♦♦350/380 € – 1 suite
Rist – *(chiuso agosto e domenica)* Carta 36/52 €
♦ Affacciato sulla piazza di Montecitorio, l'hotel è ospitato in un edificio settecentesco: sale di tono signorile e camere arredate in stili diversi. Confortevole e raccolta la sala ristorante, dove apprezzare la classica cucina italiana.

Manfredi senza rist 🈁 🅰🅲 ❌ 🕻 🆅🅸🆂🅰 ⓒⓞ 🅰🅴 ⓘ 🕭
via Margutta 61 ✉ *00187* Ⓜ *Spagna –* 𝒞 *0 63 20 76 76 – www.hotelmanfredi.it
– Fax 0 63 20 77 36* **7**MU**h**
27 cam ☲ – ♦115/229 € ♦♦155/319 € – 4 suites
♦ Piccola bomboniera nella famosa via Margutta: al terzo piano di un palazzo signorile, differenti tipologie di camere, ma tutte arredate con eleganza ed accessori di ultima generazione. Proverbiale la prima colazione intercontinentale a base di prodotti naturali (yogurt e dolci fatti in casa).

Fontanella Borghese senza rist 🈁 🅰🅲 🕻 🆅🅸🆂🅰 ⓒⓞ 🅰🅴 ⓘ 🕭
largo Fontanella Borghese 84 ✉ *00186* Ⓜ *Spagna –* 𝒞 *06 68 80 95 04
– www.fontanellaborghese.com – Fax 0 66 86 12 95* **7**MV**d**
24 cam ☲ – ♦125/175 € ♦♦150/255 €
♦ Al 2° e 3° piano di un palazzo appartenuto ai principi Borghese, l'hotel offre camere elegantemente arredate, particolarmente silenziose quelle affacciate sulla corte interna.

Bolivar senza rist 🈁 🅰🅲 🕻 🆅🅸🆂🅰 ⓒⓞ 🅰🅴 ⓘ 🕭
via della Cordonata 6 ✉ *00187* Ⓜ *Barberini –* 𝒞 *06 67 91 61 4
– www.bolivarhotel.it – Fax 0 66 79 10 25* **7**NX**a**
30 cam ☲ – ♦280 € ♦♦330 €
♦ In posizione centrale ma tranquilla, a pochi passi da piazza Venezia, una gradevole risorsa con spaziose camere rinnovate ed una panoramica e graziosa sala colazioni al 3° piano.

Santa Chiara senza rist 🈁 ♿ 🅰🅲 ❌ 🕻 🆅🅸🆂🅰 ⓒⓞ 🅰🅴 ⓘ 🕭
via Santa Chiara 21 ✉ *00186* Ⓜ *Spagna –* 𝒞 *06 87 29 79
– www.albergosantachiara.com – Fax 0 66 87 31 44* **7**MX**r**
93 cam ☲ – ♦100/205 € ♦♦160/310 € – 3 suites
♦ Dal 1830 un'ininterrotta tradizione familiare di ospitalità in questo albergo moderno e funzionale situato alle spalle del Pantheon ed articolato su tre differenti palazzi.

White senza rist 🈁 🏃 🅰🅲 ❌ 🕻 🆅🅸🆂🅰 ⓒⓞ 🅰🅴 ⓘ 🕭
via In Arcione 77 ✉ *00187* Ⓜ *Barberini –* 𝒞 *06 99 12 42
– www.travelroma.com – Fax 0 66 78 84 51* **7**NV**p**
40 cam ☲ – ♦170/220 € ♦♦200/300 €
♦ Nelle adiacenze della fontana di Trevi e del Quirinale, un hotel confortevole. Da preferire le camere ai piani inferiori, più recenti, ristrutturate in stile moderno.

Due Torri senza rist 🈁 🅰🅲 🕻 🆅🅸🆂🅰 ⓒⓞ 🅰🅴 ⓘ 🕭
vicolo del Leonetto 23 ✉ *00186* Ⓜ *Spagna –* 𝒞 *06 68 76 98 3
– www.hotelduetorriroma.com – Fax 0 66 86 54 42* **6**LV**a**
26 cam ☲ – ♦110/165 € ♦♦150/240 €
♦ In un angolo tranquillo della vecchia Roma, l'accogliente atmosfera di una casa privata che nel tempo ha ospitato cardinali e vescovi. Negli ambienti, arredi in stile e tessuti rossi.

Del Corso senza rist 🈁 🅰🅲 ↳ 🆅🅸🆂🅰 ⓒⓞ 🅰🅴 🕭
via del Corso 79 ✉ *00186* Ⓜ *Spagna –* 𝒞 *06 36 00 62 33
– www.hoteldelcorsoroma.com – Fax 06 32 60 00 34* **7**MU**g**
18 cam ☲ – ♦80/233 € ♦♦100/269 €
♦ Spazi comuni ridotti, camere in stile, ricerche di tessuti, bagni in marmo, boiserie e un'atmosfera ovattata; la colazione è servita al primo piano o in terrazza, tempo permettendo.

Gregoriana senza rist 🈁 🅰🅲 🕻 🆅🅸🆂🅰 ⓒⓞ 🅰🅴 ⓘ 🕭
via Gregoriana 18 ✉ *00187* Ⓜ *Spagna –* 𝒞 *06 67 94 26 9
– www.hotelgregoriana.it – Fax 0 66 78 42 58* **7**NV**x**
19 cam ☲ – ♦148/168 € ♦♦228/288 €
♦ In una delle strade più eleganti di Roma, questo piccolo albergo occupa un convento del XVII secolo. Spazi comuni limitati, ma belle camere dalle eleganti decorazioni art decò.

ROMA

🏨 Mozart senza rist
🛗 AC ⚡ (ꝗ) VISA ⓸ AE ⓞ ⛎

via dei Greci 23/b ✉ 00187 Ⓜ Spagna – ☎ 06 36 00 19 15
– www.hotelmozart.com – Fax 06 36 00 17 35   **7MUb**
66 cam ⚏ – †90/185 € ††126/265 €

◆ Ospitato in un palazzo dell'800, l'albergo dispone di ambienti comuni di raffinata eleganza e camere in stile: piu ampie e moderne nella dépendance.

🏨 Portoghesi senza rist
🛗 AC ⚡ (ꝗ) VISA ⓸ ⛎

via dei Portoghesi 1 ✉ 00186 Ⓜ Spagna – ☎ 06 68 64 23 1
– www.hotelportoghesiroma.it – Fax 06 68 76 976   **6LVb**
27 cam ⚏ – †110/160 € ††130/200 €

◆ Accanto alla chiesa intitolata a S.Antonio dei Portoghesi, offre camere rinnovate di recente, impreziosite da decorazioni classiche e da raffinati tessuti. Solo per non fumatori.

🏨 Condotti senza rist
AC ⚡ (ꝗ) VISA ⓸ AE ⓞ ⛎

via Mario dè Fiori 37 ✉ 00187 Ⓜ Spagna – ☎ 06 67 94 661
– www.hotelcondotti.com – Fax 06 67 90 457   **7MUc**
16 cam ⚏ – †139/215 € ††179/265 €

◆ Marmi e preziosi lampadari nella piccola hall: camere non ampie, ma di buon confort (alcune in una dépendance poco distante).

🏠 Pensione Barrett senza rist
AC ⚡ (ꝗ)

largo Torre Argentina 47 ✉ 00186 Ⓜ Colosseo – ☎ 06 68 68 481
– www.pensionebarrett.com – Fax 06 68 29 71   **11MYy**
20 cam – †100/110 € ††120/130 €, ⚏ 8 €

◆ Calorosa ospitalità familiare ed eco di storia senza fine in questo hotel: un palazzo quattrocentesco con un autentico arco romano e camere dalle decorazioni barocche.

🏠 Centrale senza rist
🛗 AC ⚡ (ꝗ) VISA ⓸ AE ⓞ ⛎

via Laurina 34, (rione Campo Marzio) ✉ 00187 Ⓜ Flaminio – ☎ 06 32 50 16 91
– www.hotelcentraleroma.it – Fax 06 32 60 99 54   **7MUe**
21 cam ⚏ – †80/140 € ††120/300 €

◆ Alla scoperta della Città Eterna, partendo da questo albergo, recentemente ristrutturato, che dispone di spazi comuni un po' ridotti, ma curati; come del resto le camere: di diversa metratura, ma tutte confortevoli ed accoglienti.

🏠 Fellini senza rist
AC ⚡ (ꝗ) VISA ⓸ AE ⓞ ⛎

via Rasella 55 ✉ 00187 Ⓜ Barberini – ☎ 06 42 74 27 32 – www.fellinibnb.com
– Fax 06 42 39 16 48   **7NVa**
12 cam ⚏ – †60/150 € ††70/180 €

◆ Camere al 3° e al 5° piano di questo edificio a poca distanza dal Quirinale e dalla Fontana di Trevi: una risorsa rinnovata che dispone anche di un terrazzino estivo per le colazioni.

❀❀❀❀ Imàgo – Hotel Hassler
🍽 AC ⚡ VISA ⓸ AE ⓞ ⛎
☆

piazza Trinità dei Monti 6 ✉ 00187 Ⓜ Spagna – ☎ 06 69 93 47 26
– www.imagorestaurant.com – Fax 06 67 89 99 1 – chiuso 2 settimane in
gennaio   **7NUc**
Rist – (chiuso a mezzogiorno) Menu 130 € – Carta 85/128 €
Spec. Cappesante impanate con ripieno di mozzarella di bufala, foglie di sedano e tartufo nero. Fusilloni con ragù di quaglia alla carbonara. Cannoli al mascarpone e pistacchio con sorbetto ai lamponi e anice stellato.

◆ Continua ad incantare i suoi ospiti la sala ristorante grazie alle sue ampie vetrate ed alla indimenticabile vista sulla città eterna. Cucina di stampo moderno.

❀❀❀❀ Hostaria dell'Orso
🍽 AC ⚡ ⇄ VISA ⓸ AE ⓞ ⛎

via dei Soldati 25/c ✉ 00186 Ⓜ Spagna – ☎ 06 68 30 11 92 – www.hdo.it
– Fax 06 68 21 70 63 – chiuso dal 10 al 25 agosto e domenica   **6KVc**
Rist – (chiuso a mezzogiorno) (consigliata la prenotazione) Menu 65/135 €
– Carta 62/90 € ⌘

◆ Uno storico riferimento della mondanità romana. Elegante, l'atmosfera intima e romantica delle sale, volutamente prive di superflui artifici d'arredo, in simbiosi con la cucina, omaggio alle materie prime prescelte.

XXX Il Convivio-Troiani ⏣ AC ⇔ VISA ⫶⫶ AE ⏻ ⍩

vicolo dei Soldati 31 ⊠ *00186* Ⓜ *Spagna –* ☏ *06 86 94 32*
*– www.ilconviviotroiani.com – Fax 06 86 94 32 – chiuso dal 13 al 17 agosto e
domenica* **6KLVr**

Rist *– (chiuso a mezzogiorno)* Carta 82/110 € 🍴

♦ Moderno piglio creativo nelle preparazioni, di pesce e di carne, proposte nelle tre sale di sobria eleganza per questo ristorante nascosto tra le viuzze del centro storico.

XXX Enoteca Capranica AC ⇔ VISA ⫶⫶ AE ⏻ ⍩

piazza Capranica 99/100 ⊠ *00186* Ⓜ *Spagna –* ☏ *06 69 94 09 92*
*– www.enotecacapranica.it – Fax 06 69 94 09 89 – chiuso sabato a
mezzogiorno, domenica* **7MVn**

Rist *–* Menu 65/75 € *–* Carta 50/78 € 🍴

♦ A pochi passi da Montecitorio, le alte volte colorate di un palazzo del 1400 ospitano un'elegante ristorante con un'importante carta dei di vini e stuzzicanti piatti mediterranei.

XX Il Pagliaccio (Anthony Genovese) AC ⇔ VISA ⫶⫶ AE ⏻ ⍩
❀❀

via dei Banchi Vecchi 129 ⊠ *00186 –* ☏ *06 68 80 95 95
– www.ristoranteilpagliaccio.it – Fax 06 68 21 75 04 – chiuso dal 9 al
17 gennaio, dal 6 al 25 agosto, domenica, lunedì, martedì a mezzogiorno*
Rist *– (consigliata la prenotazione la sera)* Menu 135 € **6KXa**
– Carta 89/126 €

Spec. "Ravioli" di sola seppia, acqua di pomodori verdi, semi di basilico e asparagi di mare fritti. Rombo, salsa al pan di spezie, limone confit, semi di mostarda. Sella di cervo al tamarindo, sfoglie di mele e patate.

♦ Dall'est asiatico alla tradizione romana: il cuoco non pone limiti alla sua fantasiosa cucina proponendo piatti elaborati e tecnicamente ambiziosi.

XX Il Sanlorenzo AC ⅏ ⇔ VISA ⫶⫶ AE ⍩

via dei Chiavari 4/5 ⊠ *00186 –* ☏ *06 86 50 97 – www.ilsanlorenzo.it
– Fax 06 86 50 97 – chiuso dal 12 al 20 agosto* **10LYc**

Rist *–* Carta 60/104 € 🍴

♦ Un palazzo storico costruito sulle fondamenta del Teatro Pompeo per un locale d'atmosfera, che unisce storia ed arte contemporanea. In menu: piatti moderni e specialità di pesce.

XX Sangallo ⏣ AC ⅏ ⇔ VISA ⫶⫶ AE ⏻ ⍩

via dei Coronari 180 ⊠ *00186 –* ☏ *06 68 13 40 55
– www.ristorantesangallo.com – Fax 06 68 13 36 44* **6KVd**

Rist *–* Carta 50/65 €

♦ Quando l'antico si contrappone al moderno: in un palazzo del 1500 - accanto alla chiesa di San Salvatore in Lauro - diverse salette di tono elegante accolgono una cucina moderna e creativa.

XX La Rosetta ⏣ AC ⅏ ⇔ VISA ⫶⫶ AE ⏻ ⍩

via della Rosetta 8/9 ⊠ *00186 –* ☏ *06 86 10 02 – www.larosetta.com
– Fax 06 68 21 51 16 – chiuso 1 settimana in gennaio, 2 settimane in agosto*
Rist *–* Carta 60/135 € **7MVx**

♦ A pochi passi dallo splendido scenario del Pantheon, pesce fresco e di grande qualità da fare invidia ad una località di mare… Saporite ricette mediterranee, tenendo ben presente l'evoluzione del gusto moderno. Proposte più elaborate la sera.

XX Hamasei ዿ AC ⅏ ⇔ VISA ⫶⫶ AE ⏻ ⍩

via della Mercede 35/36 ⊠ *00187 –* ☏ *06 66 79 21 34 – Fax 06 66 79 03 77
– chiuso 2 settimane in agosto e lunedì* **7NVc**

Rist *–* Carta 35/65 €

♦ Sobri arredi minimalisti ed atmosfera curata, in questo ristorante giapponese recentemente ampliato e rinnovato. La carta propone ricette tradizionali del Sol Levante, sia di carne sia di pesce.

XX Al Presidente ⏣ AC ⅏ VISA ⫶⫶ AE ⍩

via in Arcione 95 ⊠ *00187* Ⓜ *Barberini –* ☏ *06 66 79 73 42 – www.alpresidente.it
– Fax 06 66 79 73 42 – chiuso 2 settimane in gennaio e 3 settimane in agosto*
Rist *–* Carta 44/65 € 🍴 (+10 %) **7NVd**

♦ Sotto un soffitto di candidi archi, quella che era una pizzeria di famiglia, è oggi un ristorante dalla forte vena creativa, capace di muoversi abilmente tra i classici romani. Giovane e promettente lo chef.

✗ Al Bric

AC ⇔ VISA ⊕ ⑤

via del Pellegrino 51 ⊠ 00186 – ℰ 06 68 79 53 33 – www.bric.it
– Fax 06 68 79 53 33 – chiuso 2 settimane in agosto   10KY**b**
Rist – (chiuso a mezzogiorno escluso domenica da ottobre a maggio)
Carta 38/62 € ⅋ (+10 %)

♦ Alle pareti alcuni coperchi lignei con impressi nomi di vini e case vinicole: per gli amanti del formaggio e del frutto di Bacco, un indirizzo informale che vi conquisterà per le sue innumerevoli proposte. Cucina mediterranea.

✗ La Campana

AC VISA ⊕ AE ① ⑤

vicolo della Campana 18 ⊠ 00186 Ⓜ Spagna – ℰ 06 68 67 820
– www.ristorantelacampana.com – Fax 06 68 67 820
– chiuso agosto e lunedì   6LV**p**
Rist – Carta 36/48 €

♦ Un locale tra la trattoria ed il ristorante, dove l'informale atmosfera romana è ingentilita da alcune decorazioni: la cucina è quella della tradizione ed il carciofo un must. Proverbiale il buffet degli antipasti.

✗ Giggetto-al Portico d'Ottavia

⌂ AC ⅀ ⇔ VISA ⊕ AE ① ⑤

via del Portico d'Ottavia 21/a ⊠ 00186 Ⓜ Circo Massimo – ℰ 06 68 61 105
– www.giggettoalportico.it – Fax 06 68 32 106 – chiuso dal 21 luglio al 3 agosto
e lunedì   11MY**h**
Rist – Carta 30/55 € ⅋

♦ Locale familiare, in cui le specialità culinarie romane si incontrano con una storia generazionale di ospitalità e tradizione. Due servizi all'aperto: lato strada o nel cortile interno.

✗ Le Streghe

AC VISA ⊕ AE ⑤

vicolo del Curato 13 ⊠ 00186 – ℰ 06 68 78 182
– www.osterialestreghe.com – Fax 06 68 61 381
– chiuso 20 giorni in agosto, domenica   6JV**u**
Rist – Carta 29/52 €

♦ Nei pressi del Tevere, due piccole ed accoglienti sale, dove fermare il tempo per gustare la vera cucina romana e qualche piatto nazionale.

✗ Casa Bleve

AC ⅀ VISA ⊕ AE ① ⑤

via del Teatro Valle 48/49 ⊠ 00186 – ℰ 06 68 65 970 – www.casableve.it
– Fax 06 68 64 813 – chiuso domenica, lunedì   7LX**a**
Rist – Carta 55/70 € ⅋ (+10 %)

♦ Enoteca nata con l'intento di proporre grandi vini, così come etichette sconosciute ma di sicura qualità, abbinate ad un'ampia selezione di formaggi, affettati e stuzzichini esposti nel generoso buffet. Solo la sera, menu à la carte. Uno dei migliori wine-bar della vociante Roma!

Stazione Termini

🏨🏨🏨 St. Regis Grand

🕸 ⅃⅍ 🛗 🕭 🕺 AC ⅀ rist, 🕿 🔊 VISA ⊕ AE ① ⑤

via Vittorio Emanuele Orlando 3 ⊠ 00185 Ⓜ Repubblica – ℰ 06 47 091
– www.stregis.com/grandrome – Fax 06 47 473 07   8PV**c**
153 cam – ♥♥890 €, � 45 € – 8 suites
Rist Vivendo – ℰ 06 47 09 27 36 (chiuso a mezzogiorno) Carta 62/96 € ⅋

♦ Affreschi, tessuti pregiati e antiquariato stile Impero nelle lussuose camere e negli sfarzosi saloni di un hotel tornato agli antichi splendori delle sue origini (1894). Più eclettico ed effervescente il design del ristorante.

🏨🏨🏨 The Westin Excelsior

🖵 ⅏ 🕸 ⅃⅍ 🕭 AC ⅀ rist, 🕾 🔊
VISA ⊕ AE ① ⑤

via Vittorio Veneto 125 ⊠ 00187 Ⓜ Barberini
– ℰ 06 47 081 – www.westin.com/excelsiorrome
– Fax 06 48 26 205   8OU**g**
285 cam – ♥565 € ♥♥920 €, ⊷ 42 € – 31 suites
Rist Doney – Carta 50/120 €

♦ Viziatevi con un soggiorno nella suite regale, la più grande d'Europa… Oppure, concedetevi il lusso di soggiornare nelle belle camere, profusione di eleganza e raffinati dettagli che si coniugano, per un confort a tutto tondo, con le più sofisticate tecnologie. La Dolce Vita abita qui.

⛭⛭⛭ Eden ⟨ ⅃ₒ 🛗 🄰🄲 ↤ 🕉 rist, 🕾 💏 rist, 🕾 🛍 🅅🄸🅂🄰 ⓜ🄰🄴 ⓞ 🕭

via Ludovisi 49 ⊠ 00187 ⓜ Barberini – ℰ 06 47 81 21
– www.lemeridien.com/eden – Fax 06 48 21 58 4

7NUa

121 cam – †280/800 € ††330/970 €, ⊊ 49 € – 13 suites
Rist La Terrazza – vedere selezione ristoranti

♦ Classe e sobrietà per un grande albergo dove l'eleganza e il tono non escludono il calore dell'accoglienza. Da alcune camere ai piani alti forse la più bella vista su Roma.

⛭⛭⛭ Grand Hotel Via Veneto 🛗 ⅊ 🄰🄲 ↤ 🕉 rist, 🕪 💏

via Vittorio Veneto 155 ⊠ 00187 – ℰ 06 48 78 81 🅅🄸🅂🄰 ⓜ🄰🄴 ⓞ 🕭
– www.ghvv.it – Fax 06 48 78 87 88

8OUe

102 cam ⊊ – †600/700 € ††700/800 € – 20 suites
Rist Magnolia – (chiuso domenica) (chiuso a mezzogiorno)
Carta 120/150 €

♦ Sulla via della Roma by night, un grand hotel nel vero senso della parola: una collezione di oltre 500 quadri d'autore ed ottimi confort nelle camere in stile moderno. La cucina del Magnolia testimonia l'amore per i sapori e la tradizione italiana,

⛭⛭⛭ Regina Hotel Baglioni 🛗 ⅊ 🄰🄲 ↤ 🕉 rist, 🕪 💏 🅅🄸🅂🄰 ⓜ🄰🄴 ⓞ 🕭

via Vittorio Veneto 72 ⊠ 00187 ⓜ Barberini – ℰ 06 42 11 11
– www.baglionihotels.com – Fax 06 42 01 21 30

8OUm

113 cam – †200/230 € ††200/380 €, ⊊ 33 € – 8 suites
Rist Brunello Lounge & Restaurant – ℰ 06 48 90 28 67
– Carta 63/92 €

♦ In un edificio in stile liberty ristrutturato, un hotel storico, che offre ambienti in stile art deco e servizi di alto livello; splendide le camere, di marmi abbaglianti. Atmosfera calda e raffinata al ristorante, cucina internazionale.

⛭⛭⛭ Majestic ⅃ₒ 🛗 ⅊ cam, 🄰🄲 🕉 🕪 💏 🅅🄸🅂🄰 ⓜ🄰🄴 ⓞ 🕭

via Vittorio Veneto 50 ⊠ 00187 ⓜ Barberini – ℰ 06 42 14 41
– www.hotelmajestic.com – Fax 06 48 88 56 57

8OUe

98 cam ⊊ – †465 € ††720 €
Rist – (chiuso dall'8 agosto al 2 settembre, sabato a mezzogiorno, domenica sera)
Menu 35 € (solo a mezzogiorno) – Carta 50/70 € solo la sera

♦ Limitati spazi all'ingresso compensati dal primo piano, dove si aprono eleganti saloni con affreschi di fine '800. Splendido ascensore e camere non da meno. Il celebre chef La Mantia propone un menu a pranzo, la carta la sera, il brunch la domenica: la Sicilia furoreggia nel piatto.

⛭⛭⛭ Sofitel Rome Villa Borghese 🛗 🄰🄲 ↤ 🕉 rist, 🕾 💏

via Lombardia 47 ⊠ 00187 ⓜ Barberini
– ℰ 06 47 80 21 – www.sofitel.com – Fax 06 48 21 01 9 🅅🄸🅂🄰 ⓜ🄰🄴 ⓞ 🕭

7NUd

108 cam – †560 € ††660 €, ⊊ 25 € – 3 suites
Rist – Carta 60/80 €

♦ A due passi dalla cosmopolita via Veneto, gli interni di questo esclusivo hotel s'ispirano ad uno stile neoclassico imperiale. Camere stupende e Terrazza Lounge & Bar con vista su Villa Medici. Elegante ristorante dai soffitti a volta, ricavato nelle ex scuderie del palazzo.

⛭⛭⛭ Splendide Royal ⅃ₒ 🛗 ⅊ 🄰🄲 ↤ 🕉 🕪 💏 🅅🄸🅂🄰 ⓜ🄰🄴 ⓞ 🕭

via di porta Pinciana 14 ⊠ 00187 ⓜ Barberini – ℰ 06 42 16 89
– www.splendideroyal.com – Fax 06 42 16 88 00

7NUb

60 cam – †270/520 € ††310/850 €, ⊊ 35 € – 9 suites
Rist Mirabelle – vedere selezione ristoranti

♦ Stucchi dorati, tessuti damascati e sontuosi arredi antichi: un tributo al barocco romano dedicato a tutti coloro che non apprezzano l'imperante minimalismo.

⛭⛭⛭ Aleph 🕉 ⅃ₒ ⅊ cam, 🄰🄲 ↤ 🕉 🕾 💏 🄿 🅅🄸🅂🄰 ⓜ🄰🄴 ⓞ 🕭

via San Basilio 15 ⊠ 00187 ⓜ Barberini – ℰ 06 42 29 01
– www.boscolohotels.com – Fax 06 42 29 00 00

8OUc

96 cam – ††230/360 €, ⊊ 20 €
Rist Maremoto – Carta 59/74 €

♦ Prestigiosa risorsa inserita nel gruppo dei "design hotels". Hall inconsueta per concezione e scelta cromatica, camere dalle linee innovative, valido centro benessere. Ristorante d'impostazione moderna con arredi minimalisti.

Bernini Bristol
🛜 🕸 ₤ð 🕴 ₺ cam, 🎰 ½ 🎸 rist, ¶¶ 🙌

piazza Barberini 23 ⊠ 00187 Ⓜ Barberini ▣🎰 ⑳ AE ① 🅖
– ℰ 06 48 89 31 – www.berninibristol.com – Fax 0 64 82 42 66   8OVf
117 cam – ♦440/473 € ♦♦561/638 €, ⊊ 37 € – 10 suites
Rist L'Olimpo – ℰ 0 64 88 93 32 88 – Carta 89/136 €

♦ Hotel elegante con camere dagli arredi classici o di stile contemporaneo, ma è consigliabile scegliere quelle panoramiche poste ai piani più alti. Ristorante roof-garden con dehors estivo e splendida vista sulla Città Eterna.

Marriott Grand Hotel Flora
₤ð 🕴 ₺ rist, 🎰 ½ 🎸 🙌 🙌

via Vittorio Veneto 191 ⊠ 00187 Ⓜ Spagna ▣🎰 ⑳ AE ① 🅖
– ℰ 06 48 99 29 – www.grandhotelflora.net – Fax 0 64 82 03 59   8OUn
153 cam – ♦289/299 € ♦♦379/419 €, ⊊ 30 € – 3 suites   **Rist** – Carta 42/77 €

♦ Dopo la totale ristrutturazione, l'hotel, alla fine di via Veneto, si presenta come un armonioso e funzionale insieme di sobria eleganza classica e di rifiniture moderne. Caldo parquet e finiture in legno nell'elegante ristorante. Spunti di cucina napoletana.

Empire Palace Hotel
🛜 ₤ð 🕴 ₺ 🎰 ½ 🎸 rist, ¶¶ 🙌

via Aureliana 39 ⊠ 00187 – ℰ 06 42 12 81 – www.empirepalacehotel.com
– Fax 06 42 12 84 00   8PUh
110 cam ⊊ – ♦150/360 € ♦♦200/512 €
Rist Aureliano – (chiuso domenica) Carta 30/60 €

♦ Sofisticata fusione di elementi dell'ottocentesca struttura e di design contemporaneo, con collezione d'arte moderna negli spazi comuni; sobria classicità nelle camere. Boiserie di ciliegio e lampadari rossi e blu in sala da pranzo.

Rose Garden Palace
🕸 ₤ð 🕴 ₺ 🎰 ½ 🎸 rist, ¶¶ 🙌

via Boncompagni 19 ⊠ 00187 Ⓜ Barberini ▣🎰 ⑳ AE ① 🅖
– ℰ 06 42 17 41 – www.rosegardenpalace.com – Fax 0 64 81 56 08   8OUd
65 cam ⊊ – ♦240/380 € ♦♦260/440 €
Rist – (chiuso domenica) Carta 37/76 €

♦ Il design moderno di tono minimalista, ispirato a colori tenui, ha ispirato lo stile degli arredi di questa risorsa ricavata all'interno di un palazzo d'inizio Novecento.

Mecenate Palace Hotel senza rist
🕴 ₺ 🎰 ½ 🎸 ¶¶ 🙌

via Carlo Alberto 3 ⊠ 00185 Ⓜ Vittorio Emanuele ▣🎰 ⑳ AE ① 🅖
– ℰ 06 44 70 20 24 – www.mecenatepalace.com – Fax 0 64 46 13 54   8PXh
72 cam ⊊ – ♦120/330 € ♦♦200/390 € – 1 suite

♦ I raffinati interni in stile non tradiscono lo spirito dell'ottocentesca struttura che ospita l'hotel. Se la vostra camera non si affaccia su S. Maria Maggiore, correte in terrazza: la vista è mozzafiato!

Artemide
🕸 ₤ð 🕴 ₺ 🎰 ½ 🎸 ¶¶ 🙌

via Nazionale 22 ⊠ 00184 Ⓜ Repubblica – ℰ 06 48 99 11
– www.hotelartemide.it – Fax 06 48 99 17 00   8OVb
85 cam ⊊ – ♦150/370 € ♦♦150/450 €
Rist – (solo per alloggiati) Carta 43/58 €

♦ In un pregevole edificio liberty ristrutturato, un hotel di raffinatezza classica, che soddisfa le esigenze di una moderna ospitalità; spazi congressuali ben organizzati.

Marcella Royal senza rist
🕴 🎰 🎸 ¶¶ ▣🎰 ⑳ AE ① 🅖

via Flavia 106 ⊠ 00187 – ℰ 06 42 01 45 91 – www.marcellaroyalhotel.com
– Fax 0 64 81 58 32   8PUz
85 cam ⊊ – ♦150/230 € ♦♦200/350 €

♦ Tre tipologie di camere: tutte belle ed accoglienti, le migliori sono tuttavia le superior al secondo piano (più moderne e recenti). Gradevole roof garden per colazioni e stuzzichini serali.

Canada senza rist
🎰 🎸 ¶¶ ▣🎰 ⑳ AE ① 🅖

via Vicenza 58 ⊠ 00185 Ⓜ Castro Pretorio – ℰ 0 64 45 77 70
– www.hotelcanadaroma.com – Fax 0 64 45 07 49   4FSu
73 cam ⊊ – ♦128/164 € ♦♦146/225 €

♦ In un palazzo d'epoca nei pressi della stazione Termini, un hotel di sobria eleganza, con arredi in stile; stanze signorili: chiedete quelle con il letto a baldacchino.

Ambra Palace senza rist   🔲 ⚅ AC ↔ 🖐 🔒 VISA 🚭 AE ① 🔆
via Principe Amedeo 257 ⊠ 00185 Ⓜ Vittorio Emanuele – ☎ 06 49 23 30
– www.ambrapalacehotel.com – Fax 06 49 23 31 00   **4FTc**
78 cam ☐ – ♦109/230 € ♦♦129/430 €
♦ La struttura è quella di un palazzo di metà Ottocento, la risorsa è stata impostata per poter corrispondere al meglio prevalentemente alle esigenze della clientela d'affari.

Britannia senza rist   🔲 AC 🖐 VISA 🚭 AE ① 🔆
via Napoli 64 ⊠ 00184 Ⓜ Repubblica – ☎ 0 64 88 31 53 – www.hotelbritannia.it
– Fax 06 48 98 63 16   **8PVy**
33 cam ☐ – ♦100/200 € ♦♦120/240 €
♦ Angolo bar in stile inglese, marmi e riproduzioni neoclassiche per un albergo di piccole dimensioni, ma curato nei particolari e dai servizi adeguati. Camere di buon confort.

Antico Palazzo Rospigliosi senza rist   🔲 ⚅ AC ↔ 🖐 🔒 🅿
via Liberiana 21 ⊠ 00185 Ⓜ Cavour   VISA 🚭 AE ① 🔆
– ☎ 06 48 93 04 95 – www.hotelrospigliosi.com – Fax 0 64 81 48 37   **8PXa**
39 cam ☐ – ♦89/320 € ♦♦99/410 €
♦ Residenza nobiliare del 16 secolo, dell'epoca mantiene intatti il fascino che aleggia nei grandi saloni e l'eleganza nonchè cura del dettaglio che caratterizzano le belle camere. Pregevole il chiostro-giardino impreziosito da una gorgogliante fontana e la splendida cappella interna del '600, perfettamente conservata.

La Residenza senza rist   🔲 AC 🖐 🕪 VISA 🚭 🔆
via Emilia 22-24 ⊠ 00187 Ⓜ Barberini – ☎ 0 64 88 07 89
– www.hotel-la-residenza.com – Fax 06 48 57 21   **8OUf**
28 cam ☐ – ♦100/130 € ♦♦190/240 €
♦ Ubicato tra Veneto e Villa Borghese, un hotel di piccole dimensioni, che unisce servizi alberghieri di buon livello all'atmosfera di un'elegante abitazione privata.

Astoria Garden senza rist   🚗 🔲 AC 🖐 🕪 VISA 🚭 AE ① 🔆
via Bachelet 8/10 ⊠ 00185 Ⓜ Castro Pretorio – ☎ 0 64 46 99 08
– www.hotelastoriagarden.it – Fax 0 64 45 33 29   **4FSc**
34 cam ☐ – ♦70/185 € ♦♦90/260 €
♦ Un giardino di aranci, un'occasione quasi unica e rilassante per soggiornare nella Città Eterna. Chiedete le camere che vi si affacciano.

Valle senza rist   🔲 AC 🖐 🕪 VISA 🚭 AE ① 🔆
via Cavour 134 ⊠ 00184 Ⓜ Cavour – ☎ 0 64 81 57 36
– www.therelaxinghotels.com – Fax 0 64 88 58 37   **8PXz**
42 cam ☐ – ♦69/275 € ♦♦79/315 €
♦ Spazi limitati in questo albergo nelle vicinanze della basilica di S.Maria Maggiore; curate e gradevoli le camere, in maggior parte dotate di lettore dvd.

Villa San Lorenzo senza rist   🔲 AC 🕪 🅿 VISA 🚭 AE ① 🔆
via dei Liguri 7 ⊠ 00185 Ⓜ San Giovanni – ☎ 0 64 46 99 88
– www.aventinohotels.com – Fax 0 64 95 73 78   **4FTb**
39 cam ☐ – ♦50/120 € ♦♦70/210 €
♦ In una via appartata alle spalle della stazione Termini, ha spazi comuni limitati ma camere in genere più grandi con arredi in stile veneziano. Piacevole corte interna.

Invictus senza rist   🔲 AC 🖐 🕪 VISA 🚭 AE 🔆
via Quintino Sella 15 ⊠ 00187 – ☎ 06 42 01 14 33 – www.hotelinvictus.com
– Fax 06 42 01 15 61   **8PUf**
22 cam ☐ – ♦80/110 € ♦♦100/150 €
♦ Al primo piano di un palazzo, un piccolo e semplice albergo con spazi comuni quasi inesistenti, tutta la cura è quindi destinata alle camere avvolte in gradevoli tessuti.

Columbia senza rist   🔲 AC 🖐 🕪 VISA 🚭 AE ① 🔆
via del Viminale 15 ⊠ 00184 Ⓜ Termini – ☎ 0 64 88 35 09
– www.hotelcolumbia.com – Fax 0 64 74 02 09   **8PVa**
45 cam ☐ – ♦121/136 € ♦♦160/185 €
♦ Camere calde e accoglienti con arredi in arte povera in una confortevole risorsa, nei pressi della stazione Termini; prima colazione sulla terrazza roof-garden.

🏠 **Modigliani** senza rist 　　　🛗 AC ⚡ ⁽ᵗ⁾ 🅥🅘🅢🅐 🆚 🅐🅔 ⓞ 🖕

via della Purificazione 42 ⊠ *00187* Ⓜ *Barberini –* 𝒞 *06 42 81 52 26*
– www.hotelmodigliani.com – Fax 06 42 81 47 91　　　　　　　**7NVb**
23 cam ⊿ – †80/165 € ††110/188 €
◆ Una simpatica coppia di artisti gestisce questo tranquillo hotel ubicato a due passi da via Veneto. Le zone comuni sono arredate con quadri d'arte moderna.

🏠 **The Boutique Art Hotel** senza rist 　　　AC ⚡ ⁽ᵗ⁾ 🅥🅘🅢🅐 🆚 🅐🅔 ⓞ 🖕

via Vittorio Veneto 183 ⊠ *00187* Ⓜ *Barberini –* 𝒞 *06 48 67 00*
– www.hotelviaveneto.com – Fax 06 42 01 24 35　　　　　　　**8OUp**
7 cam ⊿ – †150/215 € ††215/265 €
◆ Elegante palazzo su una delle vie più famose al mondo, ospita al suo interno ambienti all'avanguardia arredati con gusto, moderno design e opere d'arte.

🏠 **66 Imperial-Inn** senza rist 　　　🛗 AC ⚡ ⁽ᵗ⁾ 🅥🅘🅢🅐 🆚 🖕

via del Viminale 66 ⊠ *00184* Ⓜ *Termini –* 𝒞 *0 64 82 56 48*
– www.66imperialinn.com – Fax 0 64 82 56 48　　　　　　　**8PVd**
7 cam ⊿ – †70/160 € ††80/170 €
◆ Al quarto piano di un palazzo residenziale, colazione self-service e bevande gratuite sempre disponibili. Decorazioni trompe l'oeil, camere confortevoli con bagni in marmo.

🏠 **58 Le Real de Luxe** senza rist 　　　🛗 AC ⚡ ⁽ᵗ⁾ 🅥🅘🅢🅐 🆚 🖕

via Cavour 58 ⊠ *00184* Ⓜ *Cavour –* 𝒞 *0 64 82 35 66 – www.lerealdeluxe.com*
– Fax 0 64 82 35 66　　　　　　　**8PVb**
14 cam ⊿ – †50/150 € ††70/165 €
◆ Nuovo bed and breakfast con arredi eleganti, camere ampie e bene rifinite: schermo tv al plasma, prese modem e bagni moderni. Gestione intraprendente e cordiale.

🏠 **Relais La Maison** senza rist 　　　AC ⚡ ⁽ᵗ⁾ 🅥🅘🅢🅐 🆚 🖕

via Depretis 70 ⊠ *00184* Ⓜ *Repubblica –* 𝒞 *06 48 93 07 74*
– www.relaislamaison.com – Fax 06 48 93 07 74　　　　　　　**8PVa**
12 cam ⊿ – †80/170 € ††100/180 €
◆ Quasi come essere ospiti di una bella abitazione privata: all'ultimo piano di un palazzo, una piccola "bomboniera" propone poche camere, ma tutte moderne e confortevoli, per un comodo soggiorno nella Città Eterna.

🍴🍴🍴🍴 **La Terrazza** – Hotel Eden 　　　AC ⚡ ⇄ 🅥🅘🅢🅐 🆚 🅐🅔 ⓞ 🖕

via Ludovisi 49 ⊠ *00187* Ⓜ *Barberini –* 𝒞 *06 47 81 27 52 – Fax 0 64 81 44 73*
Rist – Menu 110 € – Carta 97/132 € ⅜　　　　　　　**7NUa**
◆ Un breve tragitto in ascensore vi conduce alla sala da pranzo all'ultimo piano dell'edificio: una parete di vetro continua, per abbracciare in un solo sguardo l'intero centro storico. Straordinaria cornice per cene memorabili.

🍴🍴🍴🍴 **Mirabelle** – Hotel Splendide Royal 　　　🍴 🛗 AC ⚡ ⇄ 🅥🅘🅢🅐 🆚 🅐🅔 ⓞ 🖕
❀
via di porta Pinciana 14 ⊠ *00187* Ⓜ *Barberini –* 𝒞 *06 42 16 88 38*
– www.mirabelle.it – Fax 06 42 16 88 70　　　　　　　**7NUb**
Rist – Carta 95/142 €
Spec. Terrina di fegato grasso tartufata con gelatina al Sauternes. Astice blu stufato con germogli, crema di fagiolini e pomodori marinati. Soufflé al formaggio con cuore di tartufo d'Alba.
◆ Uno dei roof-garden più spettacolari di Roma, la vista spazia dai parchi al Vaticano per fermarsi su piatti di cucina locale e internazionale, trionfo di eclettismo gastronomico.

🍴🍴🍴 **Agata e Romeo** (Agata Parisella) 　　　AC ⚡ 🅥🅘🅢🅐 🆚 🅐🅔 ⓞ 🖕
❀
via Carlo Alberto 45 ⊠ *00185* Ⓜ *Vittorio Emanuele –* 𝒞 *0 64 46 61 15*
– www.agataeromeo.it – Fax 0 64 46 58 42 – chiuso dal 2 al 16 gennaio,
dal 7 al 28 agosto, sabato, domenica　　　　　　　**8PXd**
Rist – Menu 110/130 € – Carta 90/125 € ⅜
Spec. Ravioli con farina di pere farciti di gorgonzola. Tagliata di tonno di Carloforte con salsa di olive taggiasche (estate). Il millefoglie di Agata.
◆ In un quartiere sempre più multietnico, il ristorante è un'eccezione per la continua ricerca sui prodotti e la rielaborazione di piatti romani e nazionali.

ROMA

XXX **Antonello Colonna**   AC VISA ⬤ AE ⬧
❄ *via Milano 9/a, (Palazzo delle Esposizioni)* ✉ *00184* Ⓜ *Termini*
– 𝒞 06 47 82 26 41 – www.antonellocolonna.it – Fax 06 74 74 54 17 – chiuso ad
agosto, domenica, lunedì   **8OVc**
Rist *– (chiuso a mezzogiorno)* (consigliata la prenotazione) Menu 70/90 €
– Carta 91/119 €
Spec. Negativo di carbonara. Cubi di coda alla vaccinara, sedano efferve-
scente e fave di cacao. Diplomatico crema e cioccolato, caramello al sale.
♦ Nuova location all'interno dell'imponente Palazzo delle Esposizioni, per una cucina che si
avvicina sempre più all'arte: creativa, con forte influenze regionali, sempre pronta a stupire.

XX **Giovanni**   ⅙ AC ⬄ VISA ⬤ AE ⬤ ⬧
via Marche 64 ✉ *00187* Ⓜ *Barberini – 𝒞 06 48 21 83 4*
– www.ristorantegiovanni.net – Fax 06 48 17 36 66 – chiuso agosto, venerdì sera,
sabato   **8OUa**
Rist *– Carta 38/60 €*
♦ L'indirizzo già rivela l'origine delle specialità, marchigiane appunto, di un ristorante di
habitué che nelle sue accoglienti sale propone anche piatti romani e di pesce.

XX **Cicilardone a Monte Caruso**   AC ⬄ VISA ⬤ AE ⬤ ⬧
via Farini 12 ✉ *00185* Ⓜ *Termini – 𝒞 06 48 35 49 – www.montecaruso.com*
– chiuso agosto, lunedì a mezzogiorno, domenica
Rist *– Carta 28/48 €*   **8PVk**
♦ I sapori del sud in un locale caldo e accogliente a conduzione familiare, con una carta
basata sulle specialità lucane, realizzate in modo semplice e genuino.

XX **Papà Baccus**   🍴 AC ⬄ VISA ⬤ AE ⬤ ⬧
via Toscana 32/36 ✉ *00187* Ⓜ *Barberini – 𝒞 06 42 74 28 08*
– www.papabaccus.com – Fax 06 42 01 00 05 – chiuso 15 giorni in agosto,
sabato a mezzogiorno, domenica   **8OUw**
Rist *– Carta 48/62 €*
♦ Nella zona di via Veneto, ristorante d'impostazione classica, assai frequentato, con invitanti
proposte di mare e di cucina toscana (carne chianina e maiale di cinta senese).

X **Colline Emiliane**   AC ⬄ VISA ⬤ ⬧
via degli Avignonesi 22 ✉ *00187* Ⓜ *Barberini – 𝒞 06 48 17 53 8*
– Fax 06 48 17 53 8 – chiuso agosto, domenica sera, lunedì   **7NVd**
Rist *– Carta 37/47 €*
♦ Calorosa gestione familiare in questo semplice ed accogliente locale, dove indugiare nei
piaceri della tavola: piatti della tradizione emiliana con paste tirate a mano come un tempo.

X **Trimani il Wine Bar**   AC 🍽 ⬄ VISA ⬤ AE ⬤ ⬧
via Cernaia 37/b ✉ *00185 – 𝒞 06 44 96 96 30 – www.trimani.com*
– Fax 06 44 68 35 1 – chiuso dal 2 al 22 agosto, domenica (escluso novembre e
dicembre) e i giorni festivi   **13PUg**
Rist *– Carta 30/39 €* 🌿
♦ Moderna enoteca costruita nel rispetto di alcune peculiarità tipiche delle antiche mescite
di vino capitoline: vastissima scelta di vini, piatti caldi e freddi, buon assortimento di formaggi italiani e d'Oltralpe.

Roma Antica

🏠 **Fortyseven**   🍴 ╠┫ 📶 ⅙ AC ⇄ 🍽 cam, 🛜 🏋 VISA ⬤ AE ⬤ ⬧
via Petroselli 47 ✉ *00186 – 𝒞 06 67 87 87 16 – www.fortysevenhotel.com*
– Fax 06 69 19 07 26   **11NZa**
59 cam ⌁ – ††250/350 € – 2 suites
Rist *– Carta 36/54 €*
Rist *Circus – (chiuso a mezzogiorno)* Carta 39/62 €
♦ Nel cuore della Roma antica, in un edificio anni '30 con interni in stile art deco e opere
d'arte contemporanea, un hotel di raffinata eleganza. Durante i mesi estivi il ristorante è
ospitato dal roof-garden.

ROMA

⌂ Capo d'Africa senza rist 　Lδ 🖭 & 🔼 𝒮 📞 𝒜 VISA ⓒⓞ AE ① 𝔰
via Capo d'Africa 54 ⊠ 00184 Ⓜ Colosseo – 𝒞 06 77 28 01
– www.hotelcapodafrica.com – Fax 06 77 28 08 01　　　　　**12PZb**
65 cam � – ♦300/320 € ♦♦380/400 €

♦ Camere suddivise in due tipologie in base alla metratura, ma la finezza degli arredi e l'ambiente moderno contraddistinguono tutta la struttura. A due passi dal Colosseo.

⌂ I Gladiatori senza rist 　≤ 🖭 & 🔼 𝒮 📞 📶 VISA ⓒⓞ AE ① 𝔰
via Labicana 125 ⊠ 00184 Ⓜ Colosseo – 𝒞 06 77 59 13 80
– www.hotelgladiatori.com – Fax 06 70 05 63 8　　　　　**12PYa**
12 cam ⊠ – ♦200/350 € ♦♦210/570 € – 4 suites

♦ Camere e suite si affacciano sul Colosseo e sulla Domus Aurea, ma il più grande pregio dell'hotel è la terrazza roof-garden, per la prima colazione o per un drink.

⌂ Sant'Anselmo senza rist 🅢 　🚗 🖭 & 🔼 𝒮 📞 Ⓟ VISA ⓒⓞ AE ① 𝔰
piazza Sant'Anselmo 2 ⊠ 00153 Ⓜ Piramide – 𝒞 06 57 00 57
– www.aventinohotels.com – Fax 06 57 8 36 04　　　　　**16MZc**
34 cam ⊠ – ♦160/265 € ♦♦180/290 €

♦ Nel quartiere Aventino, villa liberty con piccolo giardino interno, completamente ristrutturata dispone di ambienti di lusso con arredi eleganti. Camere tutte personalizzate.

⌂ Borromeo senza rist 　🖭 🔼 𝒮 📞 VISA ⓒⓞ AE ① 𝔰
via Cavour 117 ⊠ 00184 Ⓜ Cavour – 𝒞 06 48 58 56 – www.hotelborromeo.com
– Fax 06 48 82 54 1　　　　　**12PXz**
28 cam ⊠ – ♦80/200 € ♦♦90/240 € – 2 suites

♦ Nelle vicinanze della basilica di S. Maria Maggiore, comodo albergo con camere confortevoli e ben accessoriate; arredi in stile classico e piacevole roof-garden.

⌂ Villa San Pio 🅢 　🚗 🏠 🖭 🔼 𝒮 📞 Ⓟ VISA ⓒⓞ AE ① 𝔰
via di Santa Melania 19 ⊠ 00153 Ⓜ Piramide – 𝒞 06 57 00 57
– www.aventinohotel.com – Fax 06 57 41 11 12　　　　　**11MZb**
78 cam ⊠ – ♦105/160 € ♦♦150/240 €
Rist – (chiuso sabato) (chiuso a mezzogiorno) (solo per alloggiati) Carta 38/49 €

♦ Con altri due hotel della stessa proprietà la struttura condivide il gradevole giardino e la fisionomia di quieta villa residenziale; bella hall spaziosa, camere nuove.

⌂ Cilicia senza rist 　🚗 🖭 & 🔼 𝒮 📞 📶 Ⓟ VISA ⓒⓞ AE ① 𝔰
via Cilicia 5/7 ⊠ 00179 Ⓜ San Giovanni – 𝒞 06 70 05 55 4 – www.hotelcilicia.it
– Fax 06 77 25 00 16　　　　　**2BRq**
62 cam ⊠ – ♦70/155 € ♦♦100/210 €

♦ Nata nel 2000 da una sapiente opera di ristrutturazione, risorsa moderna, con comodo parcheggio; bella boiserie negli interni in stile e camere dotate di ogni confort.

⌂ Celio senza rist 　Lδ 🔼 ⟷ 📞 VISA ⓒⓞ AE ① 𝔰
via dei Santi Quattro 35/c ⊠ 00184 Ⓜ Colosseo – 𝒞 06 70 49 53 33
– www.hotelcelio.com – Fax 06 70 96 3 77　　　　　**12PZa**
19 cam ⊠ – ♦150/250 € ♦♦170/280 €

♦ Un armonioso mix di atmosfera e confort in questa accogliente risorsa, che offre eleganti stanze personalizzate. Ottima ubicazione, proprio di fronte al Colosseo.

⌂ Duca d'Alba senza rist 　🖭 🔼 𝒮 📞 VISA ⓒⓞ AE ① 𝔰
via Leonina 12/14 ⊠ 00184 Ⓜ Cavour – 𝒞 06 48 44 71
– www.hotelducadalba.com – Fax 06 48 88 48 40　　　　　**12OYc**
27 cam ⊠ – ♦100/190 € ♦♦110/290 €

♦ Nel pittoresco quartiere anticamente detto della Suburra, l'albergo, completamente ristrutturato, è dotato di camere complete, con arredi classici eleganti.

⌂ Solis senza rist 　🖭 🔼 𝒮 📞 VISA ⓒⓞ AE ① 𝔰
via Cavour 311 ⊠ 00184 Ⓜ Cavour – 𝒞 06 69 92 05 87 – www.hotelsolis.it
– Fax 06 69 92 33 95　　　　　**12OYb**
17 cam ⊠ – ♦70/150 € ♦♦110/170 €

♦ Dispone ora di una hall al piano terra questo signorile, piccolo albergo raccolto, nelle adiacenze del Colosseo; camere ampie, ben arredate, con ogni confort moderno.

🏨 **Nerva** senza rist — [lift] ♿ [AC] [wifi] VISA [MC] [AE] [Diners] [card]

via Tor de' Conti 3/4/4 a ✉ 00184 Ⓜ Cavour – ☎ 0 66 78 18 35 – www.hotelnerva.com – Fax 06 69 92 22 04 **11**NY**h**

19 cam ☕ – 🚹60/160 € 🚹🚹90/260 €

♦ Spazi comuni limitati, ma graziosi, e camere confortevoli in una piccola risorsa a conduzione familiare, ubicata in una via che si affaccia sui Fori Imperiali.

🏨 **Paba** senza rist — [lift] [AC] [wifi] VISA [MC] [card]

via Cavour 266 ✉ 00184 Ⓜ Cavour – ☎ 06 47 82 49 02 – www.hotelpaba.com – Fax 06 47 88 12 25 **12**OY**b**

7 cam ☕ – 🚹80/130 € 🚹🚹98/150 €

♦ Al secondo piano di un vecchio palazzo, una risorsa moderna, molto contenuta negli spazi, condotta da un'esperta gestione familiare. Prezzi decisamente interessanti.

🏠 **Anne & Mary** senza rist — [lift] [AC] [no smoking] [wifi] VISA [card]

via Cavour 325 ✉ 00184 Ⓜ Colosseo – ☎ 06 69 94 11 87 – www.anne-mary.com – Fax 0 66 78 06 29 **12**OY**b**

6 cam ☕ – 🚹80/100 € 🚹🚹100/130 €

♦ La gestione affidabile e signorile ha saputo imprimere un'impronta omogenea a questa piccola e graziosa risorsa. Belle camere, al primo piano di un palazzo vicino ai Fori.

🍴🍴 **Checchino dal 1887** — [terrace] [AC] [no smoking] VISA [MC] [AE] [Diners] [card]

via Monte Testaccio 30 ✉ 00153 Ⓜ Piramide – ☎ 0 65 74 38 16 – www.checchino-dal-1887.com – Fax 0 65 74 38 16 – chiuso dal 24 dicembre al 2 gennaio, agosto, domenica, lunedì **3**DT**a**

Rist – Carta 31/47 € 🍇

♦ Nel caratteristico quartiere di Testaccio, un indirizzo veramente storico per gustare alcune tipiche specialità della cucina romana, basate su carni e frattaglie.

🍴🍴 **St. Teodoro** — [terrace] [AC] [no smoking] VISA [MC] [AE] [Diners] [card]

via dei Fienili 49 ✉ 00186 Ⓜ Colosseo – ☎ 0 66 78 09 33 – www.st-teodoro.it – Fax 0 66 78 69 65 – chiuso dal 24 dicembre al 15 gennaio e domenica

Rist – (consigliata la prenotazione la sera) Menu 75 € – Carta 55/82 € **11**NY**a**

♦ In una caratteristica strada della città antica, tra rovine romane, verde e tesori rinascimentali, un ambiente moderno con quadri contemporanei alle pareti e una cucina che rivisita e alleggersce la tradizione.

🍴 **Trattoria Monti** — [AC] VISA [MC] [Diners] [card]

via di San Vito 13/a ✉ 00185 Ⓜ Cavour – ☎ 0 64 46 65 73 – Fax 0 64 46 65 73 – chiuso 10 giorni a Natale, 1 settimana a Pasqua, agosto, domenica sera, lunedì **12**PY**c**

Rist – (consigliata la prenotazione) Carta 37/45 €

♦ Dopo i lavori di restauro effettuati qualche anno fa, la trattoria si presenta in chiave pacatamente moderna, pur mantenendo un'aura particolare con sedie in legno, tubi in rame e le lampade che scendono sui tavoli. Le specialità spaziano dal *Lazio* alle *Marche*, terra di origine del fondatore della trattoria.

🍴 **Felice a Testaccio** — [AC] [no smoking] VISA [MC] [AE] [card]

[Bib Gourmand] *via Mastrogiorgio 29 ✉ 00153 – ☎ 0 65 74 68 00 – www.feliceatestaccio.com – Fax 0 65 74 68 00 – chiuso agosto e domenica sera* **3**DT**c**

Rist – (consigliata la prenotazione) Carta 34/48 €

♦ Vetrate opache, muri con mattoni a vista, tavoli in legno: tutto richiama la schiettezza delle osterie d'inizio secolo. Ultimo ma non ultimo, la simpatia dei gestori, *Franco* e *Flavio*, che sapranno piacevolmente intrattenervi con aneddoti e curiosità sul locale e sui singoli piatti. Cucina rigorosamente romano/laziale

Ogni ristorante stellato è introdotto da tre specialità che rappresentano in maniera significativa la propria cucina. Qualora queste non fossero disponibili, altre gustose ricette ispirate alla stagione delizieranno il vostro palato.

San Pietro (Città del Vaticano)

ROMA

⋒⋒⋒ Rome Cavalieri
via Cadlolo 101 ⊠ *00136*
– *℘ 06 35 09 1* – www.romecavalieri.com – Fax 06 35 09 22 41
3CSa
345 cam – ♦200/1055 € ♦♦230/1085 €, ☲ 38 € – 25 suites
Rist La Pergola – vedere selezione ristoranti
Rist *L'Uliveto* – Menu 49 € (solo a mezzogiorno)/65 € – Carta 77/128 €
♦ E' un imponente edificio che severamente guarda dall'alto l'intera città; all'interno tutto è all'insegna dell'eccellenza, dalla collezione d'arte alle terrazze del giardino con piscina. Ai bordi della piscina, ristorante di ambiente informale per cenare con musica dal vivo.

⋒⋒ Farnese senza rist
via Alessandro Farnese 30 ⊠ *00192* Ⓜ *Lepanto* – *℘ 06 32 12 55 3*
– www.hotelfarnese.com – Fax 06 32 15 1 29
6KUe
23 cam ☲ – ♦120/210 € ♦♦160/300 €
♦ La hall è un curioso scrigno d'arte e di atmosfera d'epoca con il suo paliotto in marmo policromo del XVII secolo; atmosfera d'epoca e raffinatezza nei curati interni in stile. Dalla terrazza, la cupola di san Pietro.

⋒⋒ Grand Hotel Tiberio
via Lattanzio 51 ⊠ *00136* Ⓜ *Cipro Musei Vaticani*
– *℘ 06 39 96 29* – www.ghtiberio.com – Fax 06 39 73 52 02
1AQf
91 cam – ♦255 € ♦♦295 €, ☲ 15 € – ½ P 186 €
Rist – (solo per alloggiati) Carta 29/44 €
♦ Nell'elegante e storica zona residenziale sorta sulle ceneri di un insediamento industriale, la bella facciata anticipa l'eleganza degli interni, dalla hall con grandi vetrate alle camere spaziose e confortevoli.

⋒⋒ Grand Hotel del Gianicolo senza rist
viale Mura Gianicolensi 107 ⊠ *00152*
Ⓜ *Cipro Musei Vaticani* – *℘ 06 58 33 34 05* – www.grandhotelgianicolo.it
– Fax 06 58 17 94 34
10JZb
48 cam ☲ – ♦130/380 € ♦♦160/410 €
♦ Un'elegante palazzina dotata di curato giardino con piscina, ospita questo hotel di alto livello con camere confortevoli e spaziose e ambienti comuni raffinati.

⋒⋒ Dei Mellini senza rist
via Muzio Clementi 81 ⊠ *00193* Ⓜ *Lepanto* – *℘ 06 32 47 71*
– www.hotelmellini.com – Fax 06 32 47 78 01
6KUf
66 cam ☲ – ♦255/270 € ♦♦320/355 € – 14 suites
♦ Tra Piazza di Spagna e la Basilica di San Pietro, l'hotel si trova in un prestigioso edificio in stile umbertino: spaziose camere di raffinato design, arredate in stile inglese e decorate con motivi ispirati all'Art Decò.

🖫 Alimandi Vaticano senza rist
viale Vaticano 99 ⊠ *00165* Ⓜ *Ottaviano-San Pietro* – *℘ 06 39 74 55 62*
– www.alimandi.it – Fax 06 39 73 01 32
5GUb
25 cam ☲ – ♦100/200 € ♦♦130/220 €
♦ Per un gradevole soggiorno proprio di fronte all'ingresso dei Musei Vaticani, marmi e legni pregiati contribuiscono all'eleganza delle camere, ricche di accessori e dotazioni.

🖫 Sant'Anna senza rist
borgo Pio 133 ⊠ *00193* Ⓜ *Ottaviano-San Pietro* – *℘ 06 68 80 16 02*
– www.hotelsantanna.com – Fax 06 68 30 87 17
5HVm
20 cam ☲ – ♦100/150 € ♦♦150/230 €
♦ In un palazzo cinquecentesco a pochissimi passi da San Pietro, un piccolo e accogliente albergo caratterizzato da ambienti d'atmosfera con soffitti a cassettoni e da un grazioso cortile interno.

🖫 Bramante senza rist
vicolo delle Palline 24 ⊠ *00193* Ⓜ *Ottaviano-San Pietro* – *℘ 06 68 80 64 26*
– www.hotelbramante.com – Fax 06 68 13 33 39
5HVb
16 cam ☲ – ♦100/170 € ♦♦150/240 €
♦ Nel cuore del caratteristico e pedonalizzato quartiere Borgo, l'albergo è stato crocevia della storia: ancora intuibile nelle parti più vecchie del '400.

Gerber senza rist
via degli Scipioni 241 ✉ 00192 Ⓜ Lepanto – ✆ 0 63 21 64 85
– www.hotelgerber.it – Fax 0 63 21 70 48 **6JUh**
27 cam – 80/130 € 90/175 €
◆ Nelle vicinanze del metrò, un albergo classico a conduzione familiare: legno chiaro sia negli spazi comuni sia nelle confortevoli camere (in progressivo rifacimento, optare per quelle più recenti).

Arcangelo senza rist
via Boezio 15 ✉ 00192 Ⓜ Lepanto – ✆ 0 66 87 41 43
– www.hotelarcangeloroma.com – Fax 0 66 89 30 50 **6JUf**
33 cam – 100/150 € 150/260 €
◆ Si salgono degli scalini per arrivare alla reception del primo piano, mentre il salotto con sala colazione si trova nel seminterrato e la terrazza offre una stupenda vista sulla Basilica di S.Pietro.

La Pergola (Heinz Beck) – Hotel Rome Cavalieri
via Cadlolo 101 ✉ 00136 – ✆ 06 35 09 21 52
– www.cavalieri-hilton.it – Fax 06 35 09 21 65 – chiuso dal 1° al 25 gennaio, dal 8 al 23 agosto, domenica, lunedì **3CSa**
Rist – *(chiuso a mezzogiorno)* (prenotazione obbligatoria) Menu 175/198 € – Carta 122/184 €
Spec. Ostriche "la perle blanche" alla griglia su crema di zucca con aria di prezzemolo. Filetto di ricciola con cime di rapa e neve di baccalà. Mousse al caffè con gelato al latte ridotto.
◆ Indimenticabile, spettacolare vista sulla città eterna e colli circostanti, roof-garden dall'atmosfera ovattata e servizio impeccabile, ai vertici la cucina di impronta mediterranea.

Enoteca Costantini-Il Simposio
piazza Cavour 16 ✉ 00193 Ⓜ Lepanto – ✆ 06 32 11 11 31 – Fax 06 32 11 11 31
– chiuso agosto, sabato a mezzogiorno, domenica **6KUc**
Rist – Carta 41/72 €
◆ E' una lussureggiante vite metallica a disegnare l'ingresso di questo ristorante-enoteca dove è possibile gustare foie gras, come specialità, e formaggi, accompagnati da un bicchiere di vino.

Antico Arco
piazzale Aurelio 7 ✉ 00152 – ✆ 0 65 81 52 74 – www.anticoarco.it
– Fax 0 65 81 52 74 – chiuso dal 24 al 26 dicembre, dal 14 al 16 agosto e domenica **10JZa**
Rist – *(chiuso a mezzogiorno)* Carta 57/62 €
◆ Moderno, luminoso e alla moda, il cuoco seleziona i migliori prodotti italiani per reinterpretarli con fantasia e creatività: piatti unici ed originali.

L'Arcangelo
via G.G. Belli 59 ✉ 00193 Ⓜ Lepanto – ✆ 0 63 21 09 92 – Fax 0 63 21 09 92
– chiuso 20 giorni in agosto, sabato a mezzogiorno, domenica **6KUg**
Rist – Carta 47/65 € (+10 %)
◆ Semplice e austero: la meritata fama del ristorante è legata alla ricerca dei migliori prodotti, regionali e non solo. Vera passione del proprietario che, come un arcangelo, vi guida nel paradiso del gusto e delle nicchie gastronomiche.

Da Cesare
via Crescenzio 13 ✉ 00193 Ⓜ Lepanto – ✆ 0 66 86 12 27
– www.ristorantecesare.com – Fax 06 68 13 03 51 – chiuso dal 7 al 31 agosto, domenica sera **6KUVs**
Rist – Carta 31/58 €
◆ Come allude il giglio di Firenze sui vetri all'ingresso, le specialità di questo locale sono toscane, oltre che di mare. Ambiente accogliente, la sera anche pizzeria.

Settembrini
via Settembrini 25 ✉ 00195 Ⓜ Lepanto – ✆ 0 63 23 26 17 – www.settembrini.it
– Fax 0 63 23 26 17 – chiuso sabato a mezzogiorno, domenica **6JUa**
Rist – (consigliata la prenotazione la sera) Carta 38/60 €
◆ Prodotti ed elaborazioni di qualità resi accessibili a tutti, in un ambiente giovane, sorridente e alla moda. Piatti più semplici ed economici a pranzo.

Parioli

Grand Hotel Parco dei Principi
via Gerolamo Frescobaldi 5 ✉ 00198
– ✆ 06 85 44 21 – www.parcodeiprincipi.com – Fax 0 68 84 51 04 **4ESa**
165 cam ☕ – 🚹400/480 € 🚹🚹500/560 € – 15 suites
Rist *Pauline Borghese* – Carta 55/90 €
◆ In zona tranquilla e residenziale, l'albergo si bea del verde di Villa Borghese, mentre le camere ai piani più alti vedono la cupola di San Pietro. Trionfo di boiserie, tappetti e falsi d'autore. Esclusivo ristorante che propone una cucina eclettica ben interpretata.

Aldrovandi Palace Villa Borghese
via Ulisse Aldrovandi 15 ✉ 00197
– ✆ 0 63 22 39 93 – www.aldrovandi.com – Fax 0 63 22 14 35 **4ESc**
96 cam – 🚹600/800 € 🚹🚹650/850 €, ☕ 33 € – 11 suites
Rist Baby – vedere selezione ristoranti
◆ In un elegante palazzo di fine '800, lussuosi interni d'epoca, camere di signorile raffinatezza e, sul retro dell'edificio, un grazioso giardino interno racchiuso tra due ali.

ROMA

Lord Byron
via G. De Notaris 5 ✉ 00197 Ⓜ Flaminio – ✆ 0 63 22 04 04
– www.lordbyronhotel.com – Fax 0 63 22 04 05 **3DSb**
26 cam ☕ – 🚹220/405 € 🚹🚹230/532 € – 6 suites
Rist *Sapori del Lord Byron* – *(chiuso domenica)* Carta 53/71 €
◆ A pochi metri dal verde di Villa Borghese, una dimora per un soggiorno in cui regnano eleganza ed eco di art déco; nelle camere lusso e confort moderni. Un impeccabile servizio farà da cornice. Ingresso indipendente per il signorile ristorante: tra specchi, marmi e dipinti di pregio è ideale per cene intime e raccolte.

The Duke Hotel
cam, rist,
via Archimede 69 ✉ 00197 – ✆ 06 36 72 21
– www.thedukehotel.com – Fax 06 36 00 41 04 **3DSw**
78 cam ☕ – 🚹140/430 € 🚹🚹140/470 € **Rist** – Menu 35 €
◆ In una tranquilla zona residenziale, una discreta, ovattata atmosfera da raffinato club inglese dagli interni in stile ma con accessori moderni; davanti al camino il tè delle 5. Al ristorante, la cucina nazionale ed internazionale, riviste con creatività.

Fenix
cam,
viale Gorizia 5 ✉ 00198 Ⓜ Bologna – ✆ 0 68 54 07 41 – www.fenixhotel.it
– Fax 0 68 54 36 32 **4FSn**
73 cam ☕ – 🚹140/180 € 🚹🚹160/280 € – ½ P 100/170 €
Rist – *(chiuso agosto, sabato sera, domenica) (chiuso a mezzogiorno in gennaio e febbraio)* Carta 29/38 €
◆ Sempre attento alle nuove tendenze, pareti e soffitti originali e variopinti per creare curati ambienti signorili, arredati con gusto; piacevole il giardino interno. Vicino al parco di Villa Torlonia. Tenui e raffinati tocchi di colore dominano nell'unica sala da pranzo.

Villa Morgagni senza rist
via G.B. Morgagni 25 ✉ 00161 Ⓜ Policlinico
– ✆ 06 44 20 21 90 – www.villamorgagni.it – Fax 06 44 20 21 90 **4FSx**
34 cam ☕ – 🚹80/150 € 🚹🚹100/200 €
◆ Riservatezza e silenzio, accanto al ricercato confort delle camere, in un contesto di eleganza liberty. D'estate o d'inverno, il primo pasto della giornata è allestito sul panoramico roof garden.

Degli Aranci
cam,
via Oriani 11 ✉ 00197 Ⓜ Flaminio – ✆ 0 68 07 02 02 – www.gruppoloan.it
– Fax 0 68 07 07 04 **4ESg**
56 cam ☕ – 🚹215 € 🚹🚹295 € – 2 suites **Rist** – Carta 35/55 €
◆ Ovattati interni dai colori pastello, impreziositi da decorazioni cinesi in questo elegante edificio dei primi del '900. In più la tranquillità di una delle strade residenziali più eleganti la cortesia del personale. L'atmosfera all'inglese prosegue al ristorante; finestre affacciate sul verde.

Villa Mangili senza rist 🚗 🗛 ⚄ "ⁱ" 𝚅𝙸𝚂𝙰 ⚋ 🗛🗉 ⓪ 𝖌
via G. Mangili 31 ⊠ 00197 Ⓜ Flaminio – ℰ 06 32 17 13 0
– www.hotelvillamangili.it – Fax 06 32 24 31 3   3DSc
12 cam � – ♦195 € ♦♦245 €

◆ Si gioca su un piacevole contrasto antico-moderno, quello di un edificio d'epoca che custodisce ambienti sorprendentemente moderni e colorati, con richiami etnici. Le camere si affacciano su un tranquillo piccolo giardino.

Villa Glori senza rist 🛗 ♔ 🗛 ⅙ "ⁱ" 𝚅𝙸𝚂𝙰 ⚋ 🗛🗉 ⓪ 𝖌
via Celentano 11 ⊠ 00196 Ⓜ Flaminio – ℰ 06 32 27 65 8
– www.hotelvillaglori.it – Fax 06 32 19 49 5   3DSe
52 cam ⊠ – ♦100/285 € ♦♦120/330 €

◆ Nella "piccola Londra", il quartiere dalle caratteristiche case basse precedute da un piccolo giardino, Villa Glori è un indirizzo familiare e accogliente, con interni signorili e funzionali.

Buenos Aires senza rist 🛗 🗛 "ⁱ" ♨ 🅿 𝚅𝙸𝚂𝙰 ⚋ 🗛🗉 ⓪ 𝖌
via Clitunno 9 ⊠ 00198 – ℰ 06 85 48 54 – www.hotelbuenosaires.it
– Fax 06 84 15 27 2   4ESk
54 cam ⊠ – ♦115/200 € ♦♦160/270 €

◆ Elegante e tranquilla la zona, facilmente raggiungibile il centro; questa palazzina dei primi del Novecento vanta recenti rinnovi nelle camere, realizzati tra design e forme ortogonali. Ideale per una clientela sia turistica che di lavoro.

Baby (Alfonso Iaccarino) – Hotel Aldrovandi Palace 🍴 🗛 ⚄ 🅿
🕄 via Ulisse Aldrovandi 15 ⊠ 00197 – ℰ 06 32 16 12 6 𝚅𝙸𝚂𝙰 ⚋ 🗛🗉 ⓪ 𝖌
– www.aldrovandi.com – Fax 06 32 21 43 5 – chiuso lunedì   4ESc
Rist – Menu 70/110 € – Carta 75/95 €
Spec. Macedonia di astice con gelatina di pomodoro e basilico. Ravioli di caciotta fresca e maggiorana con pomodorini vesuviani e basilico. Pesce spada con pangrattato alla lavanda, asparagi e misticanza.
◆ Frutto della collaborazione con il celebre cuoco di S.Agata, sbarcano a Roma i sapori campani nei luminosi e minimalisti ambienti dell'elegante albergo.

Al Ceppo 🗛 𝚅𝙸𝚂𝙰 ⚋ 🗛🗉 ⓪ 𝖌
via Panama 2 ⊠ 00198 – ℰ 06 85 51 37 9 – www.ristorantealceppo.it
– Fax 06 85 30 13 70 – chiuso dall'8 al 24 agosto e lunedì   4ESq
Rist – Carta 50/65 € ᗷ

◆ Tono rustico, ma elegante per una cucina mediterranea che presenta piatti interpretati in chiave moderna. Specialità tra i secondi carni e pesce alla griglia, preparati direttamente in sala.

Ambasciata d'Abruzzo 🍴 🗛 𝚅𝙸𝚂𝙰 ⚋ 🗛🗉 ⓪ 𝖌
via Pietro Tacchini 26 ⊠ 00197 Ⓜ Euclide – ℰ 06 80 78 25 6
– www.ambasciatadiabruzzo.com – Fax 06 80 74 96 4 – chiuso dal 28 dicembre
all'8 gennaio e dal 13 al 31 agosto   4ESe
Rist – (prenotare) Carta 35/53 €

◆ Appare quasi inaspettatamente, una trattoria a gestione familiare nel cuore di un quartiere residenziale. Sin dagli antipasti, i classici della cucina abruzzese, ma anche piatti laziali e di pesce.

Trattoria Fauro 🍴 🗛 ⚄ 𝚅𝙸𝚂𝙰 ⚋ 🗛🗉 ⓪ 𝖌
via Ruggero Fauro 44 ⊠ 00197 – ℰ 06 80 83 30 1 – Fax 06 80 83 30 1 – chiuso
dal 14 al 30 agosto, domenica   7ESd
Rist – Carta 28/37 €

◆ A pochi passi dal teatro Parioli, in una traversa dell'omonimo viale, la trattoria - aperta nel lontano 1937 - può essere definita "semplice" nell'impostazione, ma curata nell'aspetto. Sfiziosi piatti di pesce e specialità romane.

All'Oro 🗛 ⚄ 𝚅𝙸𝚂𝙰 ⚋ 🗛🗉 ⓪ 𝖌
via Eleonora Duse 1/e ⊠ 00197 – ℰ 06 97 99 69 07 – www.ristorantealloro.it
– Fax 06 97 99 69 07 – chiuso 1 settimana in gennaio, 3 settimane in agosto,
sabato a mezzogiorno, domenica   4ESx
Rist – Menu 55/70 € – Carta 57/77 €

◆ Ambiente semplice e moderno per una cucina creativa e personalizzata, ma mai artificiosa: la priorità sono i sapori e un gusto tutto romano.

Zona Trastevere

Trilussa Palace
piazza Ippolito Nievo 25/27 ✉ 00153 – ✆ 0 65 88 19 63 – www.trilussapalacehotel.it – Fax 06 58 33 17 70 **10**JZ**c**
40 cam – 🚹100/220 € 🚹🚹140/310 €, ☕ 20 € – 5 suites **Rist** – Carta 34/44 €
◆ Tra la stazione di Trastevere ed il quartiere vecchio, hotel di tono signorile con pavimenti in marmo negli spazi comuni, piacevole centro benessere e panoramico roof garden. L'inconfondibile stile italiano in un albergo internazionale.

Santa Maria senza rist
vicolo del Piede 2 ✉ 00153 Ⓜ Piramide – ✆ 0 65 89 46 26 – www.hotelsantamaria.info – Fax 0 65 89 48 15 **10**KYZ**a**
16 cam ☕ – 🚹120/190 € 🚹🚹140/230 € – 2 suites
◆ Si sviluppa su un piano intorno ad un cortile-giardino questa nuova, tranquilla risorsa, nata dove c'era un chiostro del '400. A pochi passi da S.Maria in Trastevere.

Arco dei Tolomei senza rist
via dell'Arco dè Tolomei 27 ✉ 00153 – ✆ 06 58 32 08 19 – www.inrome.info – Fax 0 65 89 97 03 **11**MZ**a**
6 cam ☕ – 🚹140/185 € 🚹🚹150/220 €
◆ In un antico palazzo di origine medievale, una residenza privata apre le proprie porte ed accoglie l'ospite facendolo sentire come a casa propria: il calore del parquet nelle belle camere, arredate con gusto e piacevolmente funzionali.

Glass Hostaria (Cristina Bowerman)
vicolo del Cinque 58 ✉ 00153 – ✆ 06 58 33 59 03 – www.glasshostaria.it – Fax 06 58 34 96 66 – chiuso 24, 25 e 26 dicembre, dall'11 al 19 gennaio, dal 28 giugno al 21 luglio e lunedì **10**KY**d**
Rist – *(chiuso a mezzogiorno)* Menu 55/70 € – Carta 49/65 €
Spec. Cappasanta su crema di patate e cioccolato bianco, capperi canditi. Ravioli ripieni di piselli, frutti di mare, aria di sale e foglia d'ostrica. Piccione arrosto, spinaci, more glassate, salsa di foie gras.
◆ Nel cuore di Trastevere un locale all'insegna del *design*, dove un originale e creativo gioco di luci crea un'atmosfera avvolgente, qualche volta piacevolmente conturbante. Ad accendersi in pieno è la cucina: fantasiosamente moderna.

Sora Lella
via di Ponte Quattro Capi 16, Isola Tiberina ✉ 00186 Ⓜ Circo Massimo – ✆ 0 66 86 16 01 – www.soralella.com – Fax 0 66 86 16 01 – chiuso 3 settimane in agosto, domenica, martedì a mezzogiorno **11**MY**g**
Rist – Carta 46/62 €
◆ Figlio e nipoti della famosa "Sora Lella", ora scomparsa, perpetuano degnamente la tradizione sia nel calore dell'accoglienza che nella tipicità romana delle proposte.

A'Ciaramira
via Natale del Grande 41 ✉ 00153 – ✆ 0 65 88 16 70 – www.aciaramira.it – chiuso 1 settimana in agosto e domenica **10**KZ**a**
Rist – *(chiuso a mezzogiorno)* Carta 39/66 €
◆ Dopo i lunghi lavori di ristrutturazione, che hanno interessato il locale, il ristorante ha assunto un taglio più classico rispetto alla precedente impostazione: due belle sale con parquet e soffitto alto a volta. La carta, invece, è rimasta fedele a se stessa: tanto pesce, con qualche accattivante proposta di carne.

Corsetti-il Galeone
piazza San Cosimato 27 ✉ 00153 – ✆ 0 65 81 63 11 – www.corsettiilgaleone.it – Fax 0 65 89 62 55 – chiuso mercoledì **10**KZ**m**
Rist – Menu 30/45 € – Carta 29/51 €
◆ Molto caratteristica l'ambientazione, in un antico galeone, di una delle varie sale del ristorante, gestito dalla stessa famiglia dal 1922. Specialità romane e di mare.

Qualità a prezzi contenuti? Cercate i Bib: «Bib Gourmand» rosso per i ristoranti, e «Bib Hotel» azzuro per gli alberghi.

Zona Urbana Nord-Ovest

Colony senza rist
via Monterosi 18 ✉ 00191 – ☎ 06 36 30 18 43 – www.colonyhotel.it
– Fax 06 36 30 94 95 **2BQn**
72 cam – †108/135 € ††128/160 €
◆ In una palazzina di un quartiere alberato e tranquillo, atmosfere coloniali e vagamente inglesi negli ambienti scuri e ricercati.

Zone Hotel
via A. Fusco 118 ✉ 00136 – ☎ 06 35 40 41 11 – www.zonehotel.com
– Fax 06 35 42 03 22 **1AQe**
68 cam – †80/250 € ††100/400 €
Rist – *(solo per alloggiati)* Carta 27/48 €
◆ Al termine di un cul-de-sac in zona residenziale e tranquilla, le camere superior sono più spaziose e offrono tocchi di design moderno.

Acquolina Hostaria in Roma (Giulio Terrinoni)
via Antonio Serra 60 ✉ 00191 – ☎ 0 63 33 71 92
– www.acquolinahostaria.com – Fax 0 63 33 71 92 – chiuso Natale, 10 giorni in agosto e domenica **2BQn**
Rist – *(chiuso a mezzogiorno)* Menu 48/70 € – Carta 62/89 €
Spec. Torta di baccalà e patate con bagna caoda moderna. Vermicelli alla carbonara di mare. Carrè di rombo alla cacciatora in crosta di pane profumato.
◆ Periferico e defilato, è ormai un indirizzo *cult* per chi vuole mangiare il pesce a Roma: da un grande antipasto di crudi a piatti più elaborati. Senza rivali, in quanto a specialità ittiche!

L'Ortica
via Flaminia Vecchia 573 ✉ 00191 – ☎ 0 63 33 87 09
– www.lorticavirnoecucina.it – Fax 0 63 33 87 09 – chiuso 1 settimana in agosto e domenica **2BQp**
Rist – *(chiuso a mezzogiorno escluso domenica)* Carta 38/48 €
◆ All'inizio della strada, vanta in sala una curiosa collezione di elettrodomestici e di oggetti d'altri tempi di varia utilità. Più meditata la cucina, nella quale rivivono le tradizione campane, a partire dagli antipasti.

Zona Urbana Nord-Est

La Giocca
cam,
via Salaria 1223 ✉ 00138 – ☎ 0 68 80 44 11 – www.lagiocca.it
– Fax 0 68 80 44 95 **2BQf**
85 cam – †115/150 € ††151/200 € – 3 suites – ½ P 98/110 €
Rist ***Pappa Reale*** – ☎ 0 68 80 45 03 *(chiuso 10 giorni a Natale e 3 settimane in agosto)* Carta 27/38 €
◆ Moderno, confortevole e funzionale, ideale per una clientela di lavoro e di passaggio e soprattutto per chi ama lo sport, grazie alle tante risorse di svago e tempo libero a disposizione dei clienti. Vivaio per crostacei e molluschi, grigliate di carne e pizze cotte su legno di quercia.

La Pergola senza rist
via dei Prati Fiscali 55 ✉ 00141 – ☎ 0 68 10 72 50 – www.hotellapergola.com
– Fax 0 68 12 43 53 **2BQs**
96 cam – †95/135 € ††120/170 €
◆ Al carattere commerciale delle camere - tinteggiate con colori pastello - e alla cortese ospitalità, la risorsa unisce la passione per il verde le opere d'arte moderna. Comoda per chi arriva dal raccordo di Roma nord.

Gabriele
via Ottoboni 74 ✉ 00159 Ⓜ Tiburtina – ☎ 0 64 39 34 98
– www.ristorantegabriele.com – Fax 06 43 53 53 66 – chiuso agosto, sabato, domenica e i giorni festivi **2BQm**
Rist – Carta 45/65 €
◆ Un'esperienza quarantennale si destreggia tra i fornelli e il risultato sono gli esclusivi ma personalizzati piatti della tradizione italiana. Interessante scelta di vini.

XX **Mamma Angelina** 🏠 AC ⚡ VISA 🐼 AE ① 🕏
⊗ *viale Arrigo Boito 65 ⊠ 00199 – 𝒞 06 86 08 92 8 – Fax 06 97 61 56 87 – chiuso*
⊗ *agosto e mercoledì* **2BQc**
Rist – Carta 21/43 € ⚘
♦ Dopo il buffet di antipasti, la cucina si trova ad un bivio: da un lato segue la linea del mare dall'altra la tradizione romana. Doveroso omaggio ai manicaretti della mamma!

Zona Urbana Sud-Est

🏠🏠🏠 **Aran Mantegna Hotel** 🏠 📶 ⚹ AC ⚡ ⚡ 🔊 VISA 🐼 AE ① 🕏
via Mantegna 130 ⊠ 00147 – 𝒞 06 98 95 21 – www.aranhotel.com
– Fax 06 98 95 27 99 **2BRx**
317 cam � – �160/190 € ♥♥200/250 € – 6 suites – ½ P 130/160 €
Rist – Carta 41/53 €
♦ Imponente struttura di moderna concezione, dove il design si esprime con linee sobrie, tendenti a valorizzare i volumi e gli ariosi spazi comuni. Confort di ottimo livello nelle camere. Lo spirito minimalista non risparmia il ristorante, ma la cucina rimane saldamente ancorata alla tradizione.

🏠🏠 **Appia Park Hotel** 🏠 📶 ⚹ AC ⚡ ⚡ 🔊 🚗 VISA 🐼 AE ① 🕏
via Appia Nuova 934 ⊠ 00178 Ⓜ Colli Albani – 𝒞 06 71 67 41
– www.appiaparkhotel.it – Fax 0 67 18 24 57 **2BRh**
110 cam ⊒ – ♥80/120 € ♥♥90/140 €
Rist – (solo per alloggiati) Menu 30/60 €
♦ Ideale per chi vuol stare fuori città, un albergo con un ameno giardino, non lontano dal complesso archeologico dell'Appia Antica; arredi classici nelle confortevoli camere.

X **Domenico dal 1968** 🏠 AC ⚡ VISA 🐼 AE ① 🕏
⊗ *via Satrico23/25 ⊠ 00183 – 𝒞 06 70 49 46 02 – www.domenicodal1968.it*
– Fax 06 70 49 46 02 – chiuso 20 giorni in agosto, domenica e lunedì a mezzogiorno da maggio a settembre, domenica sera e lunedì negli altri mesi
Rist – (coperti limitati, prenotare) Carta 29/39 € **4FTf**
♦ Specialità romane e piatti ricchi di gusto e sostanza in una trattoria dall'accogliente atmosfera familiare; due salette rifinite in legno creano un clima di calda intimità.

X **Rinaldo all'Acquedotto** 🏠 ⚹ AC **P.** VISA 🐼 AE ① 🕏
via Appia Nuova 1267 ⊠ 00178 – 𝒞 0 67 18 39 10
– www.rinaldoallacquedotto.it – Fax 0 67 18 29 68 – chiuso dal 10 al 20 agosto e martedì **2BRv**
Rist – Carta 26/49 €
♦ Vicino al raccordo anulare, un ristorante che da anni delizia i viaggiatori con la sua cucina regionale e le fragranti specialità di pesce. Ambiente di tono classico.

Zona Urbana Sud-Ovest

🏠🏠🏠 **Sheraton Roma Hotel** 🏠 ⚡ 🔊 ⚡ 📶 ⚹ AC ⚡ ⚡ 🔊 **P.** ⊗
viale del Pattinaggio 100 ⊠ 00144 Ⓜ Magliana VISA 🐼 AE ① 🕏
– 𝒞 0 65 45 31 – www.sheraton.com/roma – Fax 0 65 94 06 89 **2BRz**
628 cam ⊒ – ♥130/450 € ♥♥145/475 € – 12 suites **Rist** – Carta 37/50 €
♦ Un imponente complesso moderno e funzionale che offre camere di tipologia varia e completa; ideale per le attività congressuali grazie alle innumerevoli sale modulari. Ristorante elegante, dove gustare specialità italiane e internazionali.

🏠🏠🏠 **Crowne Plaza Rome St. Peter's & Spa** 🏠 🏠 ⚡ 🔊 🌸 🛁
via Aurelia Antica 415 🔊 ⚡ 📶 ⚹ AC ⚡ ⚡ 🔊 **P** VISA 🐼 AE ① 🕏
⊠ 00165 Ⓜ Cornelia – 𝒞 0 66 64 20 – www.hotel-invest.com
– Fax 0 66 63 71 90
300 cam – ♥150/170 € ♥♥180/200 €, ⊒ 18 € – 10 suites **1AQRh**
Rist Osteria at Crowne Plaza – Carta 36/48 €
♦ Immerso nel verde di Villa Doria Pamphili, l'hotel offre servizi e standard elevati per soddisfare tutte le esigenze dei suoi ospiti. Ampie camere arredate in stile moderno e sofisticato garantiscono un soggiorno ai massimi livelli. Al ristorante: cucina italiana ed internazionale in una sinfonia di sapori e colori.

Rome Marriott Park Hotel 🛗 ♨ 🖼 💿 🛋 🕍 Ⓘ 🏊 AC rist, 🧖

via Colonnello Tommaso Masala 54,
(uscita 31/33 Grande Raccordo Anulare) ✉ 00148 – ℰ 06 65 88 21
– www.romemarriottpark.com – Fax 06 65 88 27 50
584 cam – ♟♟190/400 €, 🖵 25 € – 17 suites   **Rist** – Carta 43/67 €   **1ARy**

♦ Smisurato in tutto questo recente hotel, come anticipa l'enorme hall, in primis nella qualità per continuare con il numero delle camere, sempre ordinate e ben tenute, fino agli spazi destinati allo sport e al benessere. L'elegante sala da pranzo propone i classici italiani; piacevole terrazza per le giornate più calde.

Sheraton Golf Parco de' Medici ⤳ 🖼 🛏 🍴 ♨ 🕍 🎾 🛋 🕭

viale Salvatore Rebecchini 39
✉ 00148 – ℰ 06 65 28 – www.sheraton.com/golfrome – Fax 06 65 28 70 60
819 cam 🖵 – ♟138/385 € ♟♟193/424 € – 17 suites   **6ARb**
Rist – Menu 44/87 €

♦ Immerso in uno splendido parco golf, è un albergo che coniuga la vocazione commerciale ad un'atmosfera quasi vacanziera di spazi all'aperto. Confortevoli camere in stile mediterraneo.

Melià Roma Aurelia Antica 🛗 🏠 ♨ 🕍 🛋 🕭 🪑 AC 🍴 ♨ 🕪

via degli Aldobrandeschi 223 ✉ 00163
– ℰ 06 66 65 44 – www.solmelia.com – Fax 06 66 41 58 78
270 cam 🖵 – ♟65/290 € ♟♟75/310 € – 1 suite   **Rist** – Carta 40/63 €   **1ARa**

♦ Hotel decentrato, a due chilometri dal grande raccordo anulare: alto livello di confort, panorama completo di servizi in previsione. Ottima struttura congressuale. Ristorante che offrire ai propri ospiti un elevato standard di confort.

Atahotel Villa Pamphili ⤳ 🛗 🏠 ♨ 🛋 🕭 AC 🍴 ♨ 🕪 🕍 🅿

via della Nocetta 105 ✉ 00164 – ℰ 06 66 02
– www.atahotels.it – Fax 06 66 15 77 47   🚽 💿 AE ⓪ 🕭
246 cam 🖵 – ♟254 € ♟♟329 € – 11 suites   **Rist** – Carta 37/52 €   **1ARe**

♦ Ubicazione tranquilla, accanto al parco di Villa Doria Pamphili, per una struttura recente con piacevoli spazi esterni; servizio navetta per piazza Risorgimento. Moderno ristorante con due accoglienti sale.

Shangri Là-Corsetti 🛗 ♨ 🕭 AC 🍴 🕪 🕍 🅿 🚽 💿 AE ⓪ 🕭

viale Algeria 141 ✉ 00144 Ⓜ Eur Fermi – ℰ 06 59 16 41
– www.shangrilacorsetti.it – Fax 06 65 41 38 13
52 cam 🖵 – ♟130/180 € ♟♟180/237 €   **2BRd**
Rist Shangri Là-Corsetti – vedere selezione ristoranti

♦ Bianchi i soffitti a vela, i marmi e i divani nella hall di un hotel anni '60, nei pressi dell'EUR, frequentato soprattutto da clientela di lavoro; bel giardino alberato.

Black Hotel ⤳ ♨ 🕭 AC 🕍 cam, AC 🍴 🕪 🕍 🅿

via Sardiello 18 ✉ 00165 – ℰ 06 66 41 01 48   🚽 💿 AE ⓪ 🕭
– www.blackhotel.it – Fax 06 66 41 84 83   **1AQRx**
67 cam 🖵 – ♟120/180 € ♟♟150/240 € – ½ P 125/170 €
Rist Edon – Carta 48/58 €

♦ Hotel moderno, di grande atmosfera grazie ai ricercati arredi di design. Gli spazi comuni non sono ampi, ma risultano completi. Camere decisamente confortevoli. La fantasiosa cucina dell'Edon vi attende tra i tavoli di un ambiente d'ispirazione etnica, oppure all'aperto in un giardino di piante secolari.

Dei Congressi 🏠 🛋 🕭 AC 🍴 ♨ cam, 🕪 🕍 🚽 💿 AE ⓪ 🕭

viale Shakespeare 29 ✉ 00144 Ⓜ Eur - Fermi – ℰ 06 59 26 02 1
– www.hoteldeicongressiroma.com – Fax 06 59 11 90 3 – chiuso dal 30 luglio al
30 agosto   **2BRe**
105 cam 🖵 – ♟125/160 € ♟♟180/220 €
Rist La Glorietta – (chiuso dal 28 luglio al 25 agosto e sabato a mezzogiorno)
Carta 32/56 €

♦ Nelle vicinanze del palazzo dei Congressi all'EUR, una struttura funzionale, con un confortevole settore notte, rinnovato di recente, e numerose sale conferenze. Ristorante d'albergo con sala e cucina classiche e gradevole servizio estivo esterno.

XXX **Shangri Là-Corsetti** ☂ AC 🅿 VISA MC AE ◑ ♿
viale Algeria 141 ✉ 00144 Ⓜ Eur Fermi – ✆ 0 65 91 88 61
– www.shangrilacorsetti.it – Fax 0 65 91 45 81 **2**BR**d**
Rist – Carta 36/60 €
◆ Tre ampie sale moderne, confortevoli e curate, e gradevole servizio estivo esterno; il menù spazia dalle ricette tradizionali, ai sapori di mare a quelli internazionali.

XX **Iolanda** ☂ AC 🚭 VISA MC AE ◑ ♿
via del Fontanile Arenato 157 ✉ 00163 – ✆ 06 66 03 05 51
– www.iolandaristorante.it – Fax 06 66 04 19 05 – chiuso mercoledì
Rist – *(chiuso a mezzogiorno escluso domenica)* (coperti limitati, prenotare) Carta 42/72 € **1**AR**c**
◆ Fuori porta, piccolo ed elegante ristorante dove vi accoglierà un servizio professionale ed una buona cucina dai sapori moderni: frutto delle capacità di due giovani, talentuosi chef.

Dintorni di Roma

uscita 15 Grande Raccordo Anulare Est : 11 km :

🏨 **Novotel Roma la Rustica** 🏊 ⇅ ♿ AC ⇆ 🚭 rist, 📶 🏢 🅿 🚗 VISA MC AE ◑ ♿
via Andrea Noale 291 ✉ 00010 Ⓜ Rebibbia
– ✆ 06 22 76 61 – www.accorhotels.com – Fax 0 62 29 17 50 **2**BQ**x**
147 cam – 👥79/189 €, ☕ 12 € – 2 suites **Rist** – Carta 34/46 €
◆ Moderna struttura, lungo il Grande Raccordo Anulare, dotata di confort di livello internazionale in linea con gli standard della catena di appartenenza. Belle camere. Gusto minimalista al ristorante, con separè in legno di ciliegio per dare alle sale l'ampiezza voluta.

sulla strada statale 6 - via Casilina Est : 13 km

🏨 **Myosotis** 🌿 🌳 ☂ 🏊 ♨ 🏋 🎾 AC 📶 🏢 🅿 VISA MC AE ◑ ♿
piazza Pupinia 2, località Torre Gaia ✉ 00133 – ✆ 0 62 05 44 70
– www.myosotishotel.it – Fax 0 62 05 36 71 **2**BR**u**
50 cam ☕ – 👤78 € 👥114 € – ½ P 80 €
Rist ***Villa Marsili*** – via Casilina 1604, ✆ 0 62 05 02 00 – Carta 30/47 €
◆ In posizione tranquilla nel verde, in una villa fine ottocento ben ristrutturata troverete una piacevole ambientazione da signorile casa familiare e buoni confort. Sala rustica e affollata, servizio rapido ma non sfuggono le attenzioni alla cucina: mozzarelle di bufala, paste saltate nei sughi più diversi e grigliate espresse.

sulla strada statale 1 - via Aurelia Ovest : 13 km

XX **R 13 Da Checco** ☂ AC 🚭 ⊕ 🅿 VISA MC AE ◑ ♿
via Aurelia 1249 al km 13, uscita zona commerciale ✉ 00166
– ✆ 06 66 18 00 96 – www.ristorantecheccoal13.com – Fax 06 66 18 25 47
– chiuso agosto, domenica sera, lunedì **1**AR**m**
Rist – Carta 35/45 €
◆ Ristorante fuori porta di lunga tradizione familiare spazi ariosi e clientela di habitué; cucina tradizionale, anche di pesce fresco, esposto in sala, e romana.

a Spinaceto uscita 26 Grande Raccordo Anulare Sud : 13 km – ✉ 00100

🏨 **Four Points Hotel Sheraton Roma West** 🏊 ♨ 🏋 ⇅ ♿ AC
viale Eroi di Cefalonia 301 ⇆ 🚭 rist, 📶 🏢 🚗 VISA MC AE ◑
– ✆ 06 50 83 41 – www.fourpoints.com/romawest – Fax 06 50 83 47 01
240 cam – 👤84/255 € 👥97/340 €, ☕ 25 €
Rist ***Apulia*** – ✆ 06 50 83 41 11 – Carta 22/42 €
◆ Hotel che si sviluppa orizzontalmente e che dimostra un'ottima e moderna impostazione generale. Particolarmente indicato per i congressi e la clientela d'affari. Tappa gastronomica al ristorante: pesce, carne e un'attenzione particolare alla Puglia.

a Ciampino Sud-Est : 15 km – ✉ 00043

🏠 **Villa Giulia** senza rist ♿ AC 🚭 📶 🚗 VISA MC AE ◑ ♿
via Dalmazia 9 Ⓜ Anagnina – ✆ 06 79 32 18 74 – www.hotelvillagiulia.it
– Fax 06 79 32 19 94 **2**BR**b**
23 cam ☕ – 👤50/100 € 👥80/140 €
◆ Sembra quasi un'abitazione privata, questo piccolo albergo centrale e tranquillo, semplice ma con camere funzionali e ben accessoriate.

sulla strada statale 3 - via Cassia Nord-Ovest : 15 :

🏛️ **Castello della Castelluccia** ⬡ 🚗 ⵣ 🎐 ᵬ cam, AC 🕿 rist, ⁽ᵗ⁾
località la Castelluccia, via Cavina 40 ⓢ P VISA 🆗 AE ① ⬧
✉ 00123 – ☎ 06 30 20 70 41 – www.lacastelluccia.com – Fax 06 30 20 71 10
20 cam ⬡ – †110/295 € ††130/395 € – 3 suites
Rist *Locanda della Castelluccia* – (prenotazione obbligatoria) Carta 44/63 €
♦ Castello eretto tra il XII e il XIII secolo, collocato in una vasta area verde che include anche un giardino all'italiana. Ricco di charme, con una torre/terrazza panoramica. Ristorante elegante, con tocchi di medievale austerità.

sulla via Tiburtina uscita 13 Grande Raccordo Anulare

🍴🍴 **Ore Dodici** 🚗 ᵬ AC VISA 🆗 AE ⬧
via di Salone ✉ 00131 – ☎ 06 41 40 40 58 – www.oredodici.net
– Fax 06 41 93 99 92 – chiuso dal 4 agosto al 1° settembre, sabato, domenica
Rist – (chiuso la sera) Carta 30/38 € **2BQy**
♦ Tra faretti, specchi e TV al plasma, un design restaurant interessante per una curiosa pausa pranzo: piatti apparentemente semplici, preparati con prodotti mediterranei e creatività.

a Casal Palocco uscita 27 Grande Raccordo Anulare Sud: 20 km – ✉ 00124

🏠 **Relais 19** senza rist 🚗 ⵣ 🎐 AC 🕿 ⁽ᵗ⁾ 🚗 VISA 🆗 AE ⬧
via Lisippo 19 – ☎ 06 97 27 33 77 – www.relais19.com – Fax 06 97 27 34 59
6 cam ⬡ – †90/110 € ††130/150 €
♦ Per un soggiorno raffinato, nella villa che fu scelta come *buen ritiro* dal regista S. Leone: poche camere, caratterizzate da un colore e uno stile diverso, ed accomunate da quella cura del dettaglio che fa la differenza.

ROMANO CANAVESE – Torino (TO) – 2 933 ab. – alt. 260 m – ✉ 10090   22 B2

🔼 Roma 685 – Torino 42 – Alessandria 105 – Asti 112

🏛️ **Relais Villa Matilde** ⬡ ⬅ 🕿 ⵣ 🎐 🎐 🍴 🎐 ᵬ cam, AC 🕿 rist,
via Marconi 29 – ☎ 01 25 63 92 90 ⁽ᵗ⁾ ⓢ P 🚗 VISA 🆗 AE ① ⬧
– www.relaisvillamatilde.com – Fax 01 25 71 26 59 – chiuso gennaio
32 cam ⬡ – †176/242 € ††253/385 € – 11 suites **Rist** – Carta 47/64 €
♦ Cinta da un parco rigoglioso, la villa settecentesca è stata convertita in un gradevole e moderno albergo con ambienti comuni dalle sale affrescate, camere di diverse tipologie e un nuovo piccolo centro benessere. Suggestiva ed elegante la sala ristorante, realizzata nella vecchia scuderia.

ROMANO D'EZZELINO – Vicenza (VI) – 562 E17 – 13 547 ab. – alt. 132 m – ✉ 36060   35 B2

🔼 Roma 547 – Padova 54 – Belluno 81 – Milano 238

🍴🍴 **Al Pioppeto** 🚗 🍴 AC ↔ P VISA 🆗 AE ① ⬧
via San Gregorio Barbarigo 13, località Sacro Cuore, Sud : 4 km
– ☎ 04 24 57 05 02 – www.pioppeto.it – Fax 04 24 57 07 33 – chiuso dal 1° all' 8 gennaio, dal 3 al 23 agosto e martedì
Rist – Carta 25/32 €
♦ Risorsa che si propone secondo uno stile classico di buon tono, le due sale dispongono di ampi spazi. Linea gastronomica d'ispirazione tradizionale, servizio attento.

ROMENO – Trento (TN) – 562 C15 – 1 357 ab. – ✉ 38010   30 B2

🔼 Roma 644 – Trento 49 – Bolzano / Bozen 38 – Meran / Merano 48

🍴 **Nerina** 🕿 VISA 🆗 AE ① ⬧
via De Gasperi 31, località Malgolo – ☎ 04 63 51 01 11 – www.albergonerina.it
– Fax 04 63 51 00 01 – chiuso dal 18 al 31 ottobre e martedì
Rist – (consigliata la prenotazione) Carta 25/33 €
♦ Tanta semplicità, ospitalità ed informalità in un locale che nasconde alcune gemme tra i prodotti trentini, nonché specialità genuine della casa. Ottimi i salumi.

RONCADELLE – Brescia – Vedere Brescia

RONCEGNO – Trento (TN) – **562** D16 – ⊠ 38050　　　　　**31** C3
> 🚗 Roma 635 – Trento 38 – Vicenza 186

🏨 　**Park Hotel Villa Angiolina** ⑤　　≤ 🚗 ⋔ 🛦 🛊 ⅏ rist, ⅍ 🅿
☕　*via Roma 5 – ℰ 04 61 77 10 71 – www.villaangiolina.it*　　🚾 ⓿ ⓵ 💰
　– Fax 04 61 77 16 89
　　43 cam � – ♦60/98 € ♦♦104/140 € – ½ P 60/80 €　**Rist** – Carta 15/47 €
　　♦ Ricavato da una villa dei primi del Novecento sita nella cornice delle Dolomiti, l'hotel
　ospita spaziose e confortevoli camere classiche, zona benessere e sala riunioni. Particolar-
　mente vocato alla tradizione banchettistica, il ristorante è articolato su due sale e propone
　piatti classici regionali.

RONCOFREDDO – Forlì-Cesena (FC) – **562** J18 – **3 271 ab.** – **alt. 314 m**　**9** D2
– ⊠ 47020
> 🚗 Roma 326 – Rimini 27 – Bologna 109 – Forlì 44

🏠 　**I Quattro Passeri** senza rist ⑤　　　≤ 🚗 🏊 ⋔ 📶 🅿
　località Santa Paola – ℰ 05 41 94 95 22　　🚾 ⓿ 🄰🄴 ⓵ 💰
　– www.4passeri.com – Fax 05 41 94 95 22 – chiuso gennaio e febbraio
　　6 cam ⊆ – ♦80/120 € ♦♦120/180 €
　　♦ Casa colonica in pietra: il suo gioiello è la terrazza panoramica con piscina e vista sui colli
　fino al mare. Interni rustici con diversi arredi d'epoca.

a Monteleone Ovest: 6 km – ⊠ 47020

🏠 　**La Tana del Ghiro** senza rist ⑤　　≤ 🚗 🏊 🄰🄲 ⅏ 🚾 ⓿ 💰
　via provinciale Monteleone 3500 – ℰ 05 41 94 90 07 – www.tanadelghiro.com
　– Fax 05 41 80 23 53
　　8 cam ⊆ – ♦70 € ♦♦90/110 €
　　♦ Nella quiete di un piccolo borgo, una casa di campagna (totalmente ristrutturata) gestita
　da una coppia di coniugi, ritiratisi qui per sfuggire alla frenesia della città. Per un soggiorno
　di relax, sole e panorama.

RONTI – Perugia – Vedere Città di Castello

RONZONE – Trento (TN) – **562** C15 – **391 ab.** – **alt. 1 097 m** – ⊠ 38010　**30** B2
> 🚗 Roma 634 – Bolzano 33 – Merano 43 – Milano 291

🏨 　**Villa Orso Grigio**　　🎜 🛊 📶 ⅍ 🅿 🚗 🚾 ⓿ 🄰🄴 ⓵ 💰
　via Regole 10/12 – ℰ 04 63 88 05 59 – www.orsogrigio.it – Fax 04 63 88 05 89
　　8 cam ⊆ – ♦90/130 € ♦♦110/150 € – 2 suites
　　Rist Orso Grigio – vedere selezione ristoranti
　　♦ Splendido connubio di arredi d'epoca con invenzioni più moderne, spazi a volontà e cola-
　zione in camera: è la via trentina al lusso. Tutte le stanze hanno un proprio spazio delimitato
　all'interno del parco, dove si trova anche un biologo.

🍽 　**Orso Grigio** (Cristian Bertol)　　🎜 🍽 ⇄ 🅿 🚗 🚾 ⓿ 🄰🄴 ⓵ 💰
🌸　*via Regole 10/12 – ℰ 04 63 88 05 59 – www.orsogrigio.it – Fax 04 63 88 06 34*
　– chiuso dal 10 gennaio al 10 febbraio e martedì
　　Rist – Menu 60 € – Carta 47/62 € ✽
　　Spec. Gnocchi verdi alle erbette di campo con ricotta di malga. Filetto di bue
　di Romeno con crema di sedano rapa. Piccola torta Linz su crema di mirtillo
　nero e gelato alla vaniglia.
　　♦ Ristorante di famiglia, ma della tradizione è rimasta solo la bella casa di montagna: il gio-
　vane cuoco ribalta, infatti, convenzioni e stereotipi con piatti personalizzati e generosi.

ROSETO DEGLI ABRUZZI – Teramo (TE) – **563** N24 – **24 533 ab.**　**1** B1
– ⊠ 64026
> 🚗 Roma 214 – Ascoli Piceno 59 – Pescara 38 – Ancona 131
> 🛈 piazza della Libertà 37/38 ℰ 085 8931608, iat.roseto@abruzzoturismo.it,
> Fax 085 8991157

🏨 　**Roses**　　🚗 🏊 🕭 🄰🄲 ⅏ rist, 📞 🅿 🚗 🚾 ⓿ 🄰🄴 💰
　viale Makarska 1 – ℰ 08 58 93 62 03 – www.roseshotel.it – Fax 08 58 93 21 11
　　90 cam ⊆ – ♦80/100 € ♦♦110/180 € – ½ P 95/125 €　**Rist** – Menu 25/50 €
　　♦ Grande e moderno complesso per chi ama gli spazi e la tranquillità: ampie camere tutte
　vista mare, piscina semiolimpionica e accesso diretto alla spiaggia.

🍴🍴 **Tonino-da Rosanna** con cam [AC] cam, VISA [MC] [D] [S]
via Volturno 11 – ☎ 08 58 99 02 74 – www.albergotoninodarosanna.com – Fax 08 59 15 00 10 – chiuso dal 15 al 30 settembre
7 cam – 🚹35/40 € 🚹🚹50/60 €, ☕ 5 € – ½ P 60/65 €
Rist – *(chiuso da lunedì a mercoledì da ottobre a marzo)* Carta 30/57 €
◆ La freschezza del mare da godere in ambienti di taglio diverso, ma di eguale piacevolezza: dal pranzo veloce, alla cena romantica, passando per l'evento speciale. Dispone anche di alcune camere.

ROSOLINI – Siracusa (SR) – **365** AY63 – **Vedere Sicilia alla fine dell'elenco alfabetico**

ROSSANO STAZIONE – Cosenza (CS) – **564** I31 – ✉ 87068 **5** B1
[D] Roma 503 – Cosenza 96 – Potenza 209 – Taranto 154

🏠 **Agriturismo Trapesimi** 🐎 ✂ rist, [P] VISA [MC] [AE] [D] [S]
contrada Amica, Est : 4 km – ☎ 0 98 36 43 92 – www.agriturismotrapesimi.it – Fax 09 83 29 08 48
7 cam ☕ – 🚹50 € 🚹🚹55 € **Rist** – (prenotazione obbligatoria) Menu 18/30 €
◆ Caratteristica risorsa ricavata dalla ristrutturazione di un antico casale circondato da ulivi. Offre una grande tranquillità, accompagnata dai piaceri di una cucina genuina.

ROTA D'IMAGNA – Bergamo (BG) – **561** E10 – **835 ab.** – **alt. 665 m** – ✉ 24037 **19** C1
[D] Roma 628 – Bergamo 26 – Lecco 40 – Milano 64

🏠 **Miramonti** 🐎 ≤ ☀ ⛱ [spa] ≋ [AC] rist, ✂ rist, (📶) [P] VISA [MC] [AE] [D] [S]
via alle Fonti 5 – ☎ 0 35 86 80 00 – www.h-miramonti.it – Fax 0 35 86 80 00 – chiuso dal 10 gennaio al 15 febbraio
46 cam ☕ – 🚹50/55 € 🚹🚹70/80 € – ½ P 65/70 € **Rist** – Carta 21/33 €
◆ Confortevoli le belle camere di questa piccola struttura familiare che consentono di abbracciare con lo sguardo la valle. Dispone anche di uno spazio per trattamenti di benessere.

ROTA (Monte) = RADSBERG – Bolzano – **Vedere Dobbiaco**

ROTONDA – Potenza (PZ) – **564** H30 – **3 675 ab.** – **alt. 634 m** – ✉ 85048 **4** C3
[D] Roma 423 – Cosenza 102 – Lagonegro 45 – Potenza 128

🍴🍴 **Da Peppe** [AC] ⇔ VISA [MC] [AE] [D] [S]
corso Garibaldi 13 – ☎ 09 73 66 12 51 – Fax 09 73 66 12 51 – chiuso le sere di domenica e lunedì escluso da giugno a settembre
Rist – Carta 18/28 €
◆ La cucina s'ispira principalmente ai prodotti del territorio, funghi, tartufi e paste fresche, fino ad una selezione di carni esotiche. Due le sale: una ampia a piano terra, l'altra più intima e curata al primo piano.

ROTTOFRENO – Piacenza (PC) – **561** G10 – **10 865 ab.** – **alt. 65 m** – ✉ 29010 **8** A1
[D] Roma 517 – Piacenza 13 – Alessandria 73 – Genova 136

🍴🍴 **Trattoria la Colonna** [AC] VISA [MC] [S]
via Emilia Est 6, località San Nicolò, Est : 5 km – ☎ 05 23 76 83 43 – Fax 05 23 76 09 40 – chiuso agosto e domenica
Rist – Carta 37/68 € 🍇
◆ Nel '700 era una stazione di posta, oggi può vantarsi di essere l'edificio più longevo della località! Nella vecchia stalla trova posto il ristorante che propone i piatti della tradizione, di terra e di mare.

🍴 **Antica Trattoria Braghieri** [AC] ✂ [P] VISA [MC] [AE] [D] [S]
località Centora 21, Sud : 2 km – ☎ 05 23 78 11 23 – Fax 05 23 78 11 23 – chiuso dal 1° al 15 gennaio, dal 25 luglio al 25 agosto e lunedì
Rist – *(chiuso la sera escluso venerdì e sabato)* Carta 18/28 €
◆ E' dal 1921 che le donne di famiglia si succedono nella gestione della trattoria! Due sale, una sobria l'altra più elegante, dove assaporare paste fatte in casa e preparazioni casalinghe tradizionali.

ROVATO – Brescia (BS) – **561** F11 – 16 756 ab. – alt. 172 m – ⊠ 25038   **19** D2
- ▶ Roma 556 – Brescia 20 – Bergamo 33 – Milano 76

XXX   **Due Colombe** (Stefano Cerventi)   🔟 🕸 VISA 🐵 AE ① ⑤
☺   *via Roma 1 – ℰ 03 07 72 15 34 – www.duecolombe.it – Fax 03 07 70 39 57*
– chiuso dal 30 dicembre al 6 gennaio, dall'8 al 22 agosto, domenica sera,
lunedì, anche domenica a mezzogiorno da giugno ad agosto
Rist – Menu 50/70 € – Carta 47/90 € ⊗
Spec. La patata viola, il gambero rosso ed il Franciacorta. Manzo all'olio delle
Due Colombe con polenta. Millefoglie scomposta ai lamponi, mascarpone,
lime e polvere di liquirizia.
 ♦ Ricavato da un vecchio mulino ad acqua, un ristorante aperto di recente e da subito alla
ricerca di un'identità basata su uno stile raffinato e sulla fantasia in cucina.

ROVERETO – Trento (TN) – **562** E15 – 36 449 ab. – alt. 212 m   **30** B3
– ⊠ 38068
- ▶ Roma 561 – Trento 22 – Bolzano 80 – Brescia 129
- 🖪 corso Rosmini 6 ℰ 0464 430363, info@visitrovereto.it, Fax 0464 435528

🏠   **Leon d'Oro** senza rist   📶 🔟 ⇙ ⒑ ⚐ 🅿 🚗 VISA 🐵 AE ① ⑤
via Tacchi 2 – ℰ 04 64 43 73 33 – www.hotelleondoro.it – Fax 04 64 42 37 77
56 cam ⊇ – †79/139 € ††99/159 €
 ♦ Hotel munito di accogliente piano terra con vari ambienti comuni a disposizione degli
ospiti e zona notte confortevole con camere dotate di arredi classici-contemporanei.

🏨   **Rovereto**   🍴 📶 🔟 ⇙ ⒑ ⚐ 🅿 🚗 VISA 🐵 AE ⑤
corso Rosmini 82 d – ℰ 04 64 43 52 22 – www.hotelrovereto.it
– Fax 04 64 43 96 44
49 cam ⊇ – †85/115 € ††115/155 € – ½ P 83/113 €
Rist Novecento – ℰ 04 64 43 54 54 *(chiuso 3 settimane in gennaio, 3*
settimane in agosto, domenica) Carta 31/45 €
 ♦ Il completo rinnovo delle camere, avvenuto pochi anni or sono, ha accresciuto il confort
delle stanze che ora si distinguono esclusivamente per le diverse metrature. Cucina regionale,
ma ricca di spunti originali, servita in una graziosa veranda chiusa.

XX   **San Colombano**   🍴 🕭 🔟 🕸 ⇄ 🅿 VISA 🐵 AE ① ⑤
via Vicenza 30, strada statale 46, Est : 1 km – ℰ 04 64 43 60 06
– Fax 04 64 48 70 42 – chiuso dal 6 al 21 agosto, domenica sera, lunedì
Rist – Carta 28/36 €
 ♦ Situato fuori città lungo la strada che porta a Vicenza, dispone di arredi contemporanei
nella sala principale, maggiore intimità nella saletta al primo piano.

ROVIGO 🅿 (RO) – **562** G17 – 51 604 ab. – ⊠ 45100   **36** C3
- ▶ Roma 457 – Padova 41 – Bologna 79 – Ferrara 33
- 🖪 via Dunant 10 ℰ 0425 386290, iat.rovigo@provincia.rovigo.it,
  Fax 0425 386270
- 🖪 ℰ 0425 41 12 30

🏨   **Cristallo**   🍴 🔟 ⇙ 🕸 rist. ⒑ ⚐ 🅿 VISA 🐵 AE ① ⑤
viale Porta Adige 1 – ℰ 0 42 53 07 01 – www.bestwestern.it/cristallo_ro
– Fax 0 42 53 10 83
48 cam ⊇ – †55/100 € ††59/140 € – ½ P 55/95 €   **Rist** – Carta 28/39 €
 ♦ Non lontano dalla tangenziale e dunque in posizione facilmente raggiungibile in auto, un
hotel d'impronta recente, con accessori e dotazioni al passo con i tempi. Ristorante che
anche se può apparire datato negli arredi, è ancora confortevole.

🏨   **Corona Ferrea** senza rist   🍴 🔟 🕭 VISA 🐵 AE ① ⑤
via Umberto I 21 – ℰ 04 25 42 24 33 – www.hotelcoronaferrea.com
– Fax 04 25 42 22 92
30 cam ⊇ – †60/85 € ††70/115 €
 ♦ Spazi comuni leggermente sacrificati, compensati da un ottimo servizio e da camere tutte
simili, ma ben arredate. Prossimo al centro storico, ma in un palazzo moderno.

⌂ **Granatiere** senza rist   ⌷ AC VISA ◐ AE ① ⚹

corso del Popolo 235 – ℰ 0 42 52 23 01 – www.hotelgranatiere.it
– Fax 0 42 52 93 88
23 cam – ♦50/67 € ♦♦68/88 €, ⌷ 8 €
♦ Prossima al centro storico, soluzione in grado di offrire un discreto confort ad ottimi prezzi. Per turisti di passaggio, come uomini d'affari, a caccia di semplicità.

✕ **Tavernetta Dante 1936**   ⌷ AC ⇔ VISA ◐ AE ① ⚹

corso del Popolo 212 – ℰ 0 42 52 63 86 – Fax 0 42 52 63 86 – chiuso 1 settimana in gennaio, 8 giorni in agosto, domenica sera dal 10 gennaio al 10 giugno, tutto il giorno negli altri mesi
Rist – Carta 28/46 €
♦ Un'oasi lungo il corso trafficato che attraversa il centro di Rovigo: dall'ambientazione all'interno di un piccolo e grazioso edificio, alla cucina di mare e di terra.

RUBANO – Padova (PD) – **562** F17 – 14 871 ab. – alt. 18 m – ⌧ 35030   **37** B2
 ▷ Roma 490 – Padova 8 – Venezia 49 – Verona 72

⌂ᴴ **La Bulesca** ⌂   ⌲ ⌷ AC ⌔ ⚹ P VISA ◐ AE ① ⚹

via Fogazzaro 2 – ℰ 04 98 97 63 88 – www.labulesca.it – Fax 04 98 97 55 43
54 cam ⌷ – ♦68/78 € ♦♦88/98 €
Rist La Bulesca – vedere selezione ristoranti
♦ Fascino retrò - anni 70 - negli spazi comuni di questa risorsa a conduzione diretta. I confort delle accoglienti camere risulteranno particolarmente graditi ad una clientela business.

⌂ᴴ **Maccaroni** senza rist   ⌷ AC ⚹ ⁽ᵠ⁾ P VISA ◐ AE ① ⚹

via Liguria 1/A, località Sarmeola – ℰ 0 49 63 52 00 – www.alajmo.it
– Fax 0 49 63 30 26
33 cam ⌷ – ♦40/100 € ♦♦60/200 € – 1 suite
♦ Un albergo senza particolari pretese, ma comunque affidabile grazie alla solida gestione. Le stanze, d'impostazione tradizionale, sono complete di tutti i confort.

✕✕✕ **Le Calandre** (Massimiliano Alajmo)   AC ⚹ ⇔ P VISA ◐ AE ① ⚹

✿✿✿ *strada statale 11, località Sarmeola – ℰ 0 49 63 03 03 – www.alajmo.it*
– Fax 0 49 63 30 26 – chiuso dal 1° al 21 gennaio, dall'8 agosto al 1° settembre, domenica e lunedì
Rist – Menu 145/225 € – Carta 92/135 € ❀
Spec. Cappuccino di seppie al nero. Risotto allo zafferano con polvere di liquirizia. Maialino da latte arrostito con crema di patate e salsa all'amatriciana.
♦ Enfant prodige della ristorazione italiana, la carta accumula già una sorprendente serie di classici a cui si affiancano sperimentazioni e rivisitazioni continue.

✕✕ **La Bulesca**   ⌲ AC ⚹ P VISA ◐ AE ① ⚹

via Medi 2 – ℰ 04 98 97 52 97 – www.ristorante-labulesca.it – Fax 04 98 97 67 47
– chiuso dal 1° al 10 gennaio, dal 1° al 24 agosto, domenica, lunedì a mezzogiorno
Rist – Carta 35/50 € ❀
♦ Un ristorante che in particolari occasioni può arrivare a ricevere diverse centinaia di persone, ma che sa esprimere una buona accoglienza anche in situazioni più intime.

✕ **Il Calandrino**   ⌲ AC P VISA ◐ AE ① ⚹

strada statale 11, località Sarmeola – ℰ 0 49 63 03 03 – www.alajmo.it
– Fax 0 49 63 30 26 – chiuso domenica sera
Rist – Carta 51/87 €
♦ Fratello minore delle Calandre, presenta una cucina più semplice e tradizionale ma sempre attenta ai prodotti. Snack bar e pasticceria ad orario continuato.

RUBBIANINO – Reggio Emilia (RE) – Vedere Quattro Castella

RUBBIARA – Modena (MO) – Vedere Nonantola

RUBIERA – Reggio Emilia (RE) – **562** I14 – 14 088 ab. – alt. 55 m   **8** B2
– ⌧ 42048
 ▷ Roma 415 – Bologna 61 – Milano 162 – Modena 12

Osteria del Viandante
XX   🏡 ❄ ⇔ 𝘝𝘐𝘚𝘈 ⓒⓞ 𝔸𝔼 ⓞ ⑤

piazza 24 Maggio 15 – 𝒞 05 22 26 06 38 – www.osteriadelviandante.com
– Fax 05 22 26 06 22 – chiuso domenica
Rist – Carta 47/61 €
♦ All'interno di un edificio del 1300, il ristorante si compone di sale affrescate e ambienti eleganti. Ampia selezione di vini per accompagnare le ricercate carni proposte.

Arnaldo-Clinica Gastronomica (Anna e Franca Degoli) con cam
XX
ₑ₃   *piazza 24 Maggio 3*   🛗 🛦 cam, ❄ ⁽ᵞ⁾ 𝘝𝘐𝘚𝘈 ⓒⓞ 𝔸𝔼 ⓞ ⑤
– 𝒞 05 22 62 61 24 – www.clinicagastronomica.com – Fax 05 22 62 81 45
– chiuso dal 24 dicembre al 2 gennaio ed agosto
32 cam ⏢ – †55/90 € ††95/120 €
Rist – *(chiuso domenica, lunedì a mezzogiorno)* (prenotare) Menu 40 €
– Carta 42/58 € (+15 %)
Spec. Spugnolata (lasagna bianca con funghi). Carrello dei bolliti e degli arrosti. Pere cardinale con zabaione al marsala.
♦ Bastione della cucina emiliana senza compromessi con la modernità, spume o sifoni: dai celebri salumi alle paste asciutte o in brodo fino alla celebrazione del bollito.

RUBIZZANO – Bologna – Vedere San Pietro in Casale

RUDA – Udine (UD) – **562** E22 – **2 970 ab.** – alt. 12 m – ✉ 33050   **11 C3**
▶ Roma 650 – Trieste 56 – Udine 40

Osteria Altran (Alessio Devidè)
XX
ₑ₃   🏡 ⇔ 🅿 𝘝𝘐𝘚𝘈 ⓒⓞ 𝔸𝔼 ⑤

località Cortona 19, Sud-Est : 4 km – 𝒞 04 31 96 94 02 – Fax 04 31 96 75 97
– chiuso 10 giorni in febbraio, 10 giorni in luglio, 10 giorni in novembre, lunedì, martedì
Rist – *(chiuso a mezzogiorno escluso i giorni festivi)* Menu 50/65 €
– Carta 55/73 € ❀
Spec. Terrina di piselli novelli, riso selvaggio fritto, coniglio caramellato. Crema di baccalà, ostrica in pasta al vapore, cime di rapa. Medaglione di stinco di vitello alla liquirizia, ravioli con il suo midollo, spuma di cavolfiore.
♦ Rustico e romantico. In un'azienda vinicola immersa nel verde, potrete riscoprire una cucina che guarda alla tradizione, sovente rivisitata in interpretazioni più creative.

RUMIOD DESSUS – vedere Saint Pierre

RUNATE – Mantova – Vedere Canneto sull'Oglio

RUSSI – Ravenna (RA) – **562** I18 – **11 446 ab.** – alt. 13 m – ✉ 48026   **9 D2**
▶ Roma 374 – Ravenna 17 – Bologna 67 – Faenza 16

a San Pancrazio Sud-Est : 5 km – ✉ 48026

Villa Roncuzzi senza rist
🏠   🚗 ⤳ 🛦 𝔸ℂ ⁽ᵞ⁾ 𝘝𝘐𝘚𝘈 ⓒⓞ 𝔸𝔼 ⓞ ⑤

via M. Silvestroni 6/10 – 𝒞 05 44 53 47 76 – www.villaroncuzzi.it
– Fax 05 44 53 54 37
22 cam ⏢ – †120/150 € ††150/230 €
♦ Immersa nel verde, residenza di campagna dei primi del '900 completamente ristrutturata e trasformata in uno scrigno accogliente, personalizzato ed accattivante.

La Cucoma
X   𝔸ℂ ⇔ 🅿 𝘝𝘐𝘚𝘈 ⓒⓞ 𝔸𝔼 ⓞ ⑤

via Molinaccio 175 – 𝒞 05 44 53 41 47 – Fax 05 44 53 44 40 – chiuso agosto, domenica sera, lunedì
Rist – Menu 28/42 € – Carta 29/39 €
♦ Ubicato lungo la strada principale del paese, ristorante familiare con proposte che traggono ispirazione dal mare, elencate a voce. Buon rapporto qualità/prezzo.

RUTTARS – Gorizia – Vedere Dolegna del Collio

RUVIANO – Caserta (CE) – 564 D25 – 1 882 ab. – alt. 80 m – ⊠ 81010   **6 B1**
> ▶ Roma 195 – Napoli 56 – Benevento 41 – Campobasso 77

ad Alvignanello Sud-Est : 4 km – ⊠ 81010

🏠   **Agriturismo le Olive di Nedda** ⬙   ≤ 🚗 🏤 🕊 📞 **P**   VISA ⓒⓞ AE ⑤
   via Superiore Crocelle 14 – ℰ 08 23 86 30 52
   – www.olinedda.it – marzo-ottobre
   6 cam ⏢ – ♟50 € ♟♟90 € – ½ P 80 €   **Rist** – Menu 35 €
   ♦ Immerso tra verdeggianti colline e cinto da uliveti, una casa accogliente ideale per godersi al meglio una vacanza rilassante. Arredi rustici con mobilio in "arte povera". Cibi genuini e ricette di casa, dalla colazione alla cena.

RUVO DI PUGLIA – Bari (BA) – 564 D31 – 25 973 ab. – alt. 256 m   **26 B2**
– ⊠ 70037 ▌Italia
> ▶ Roma 441 – Bari 36 – Barletta 32 – Foggia 105
> ◉ Cratere di Talos★★ nel museo Archeologico Jatta – Cattedrale★

🏨   **Pineta**   🏤 🌀 🔊 🛄 🗟 ♿ AC 🕊 rist. ⑪ 🛁 🚗 VISA ⓒⓞ AE ⑤
   via Carlo Marx 5 – ℰ 08 03 61 15 78 – www.hotelpinetaruvo.it
   – Fax 08 03 61 15 78
   39 cam ⏢ – ♟60/130 € ♟♟100/180 €
   Rist – *(chiuso domenica sera)* Carta 30/41 €
   ♦ Bella struttura dalle linee moderne e sobrie, rese eleganti dai caldi colori. Le camere sono altrettanto notevoli e non manca un piccolo centro benessere. Al ristorante: linea di cucina classica sia di terra sia di mare. In estate - a bordo piscina - anche piatti freddi.

✗   **U.P.E.P.I.D.D.E.**   🕊 ⇆ VISA ⓒⓞ AE ① ⑤
☺   *corso Cavour ang. Trapp. Carmine – ℰ 08 03 61 38 79 – www.upepidde.it*
   – Fax 08 03 61 13 60 – chiuso dal 10 luglio al 20 agosto e lunedì
   Rist – *(consigliata la prenotazione)* Carta 24/36 € 🌢
   ♦ Indiscutibilmente caratteristico e fresco! Scavate all'interno della roccia che costituiva le antiche mura aragonesi, le quattro salette si susseguono sotto archi di mattoni con - dulcis in fundo - la bella cantina visitabile. Altrettanto storica la cucina tipica delle Murge.

SABAUDIA – Latina (LT) – 563 S21 – 18 548 ab. – ⊠ 04016 ▌Italia   **13 C3**
> ▶ Roma 97 – Frosinone 54 – Latina 28 – Napoli 142

sul lungomare Sud-Ovest : 2 km :

🏨   **Le Dune** ⬙   ≤ 🚗 🏤 🌀 🔊 🛄 🕊 🗟 ♿ 🛖 AC 🕊 🛁 **P**
   via lungomare 16 ⊠ 04016 – ℰ 0 77 35 12 91   VISA ⓒⓞ AE ① ⑤
   – www.ledune.com – Fax 0 77 35 12 92 51 – aprile-ottobre
   77 cam ⏢ – ♟95/125 € ♟♟173/340 € – ½ P 127/210 €   **Rist** – Carta 41/72 €
   ♦ Nel cuore del parco del Circeo, un edificio bianco di indubbio fascino, ideale per una vacanza di relax da trascorrere tra mare, campi da tennis ed ampi ambienti luminosi. Presso la spaziosa ed accogliente sala ristorante, la classica cucina nazionale.

🏨   **Zeffiro** senza rist   ♿ AC **P** VISA ⓒⓞ AE ① ⑤
   via Tortini – ℰ 07 73 59 32 97 – www.hotelzeffiro.it – Fax 07 73 59 35 14
   22 cam ⏢ – ♟♟60/170 €
   ♦ Un nuovo hotel situato all'interno di un centro residenziale, vanta camere dagli arredi moderni caratterizzati da accenni di design ed un piccolo giardino privato.

SACERNO – Bologna – Vedere Calderara di Reno

SACILE – Pordenone (PN) – 562 E19 – 19 719 ab. – alt. 25 m – ⊠ 33077   **10 A3**
> ▶ Roma 596 – Belluno 53 – Treviso 45 – Trieste 126

🏨   **Due Leoni** senza rist   🔊 🛄 🗟 ♿ AC 🕊 ⑪ 🛁 🚗 VISA ⓒⓞ AE ① ⑤
   piazza del Popolo 24 – ℰ 04 34 78 81 11 – www.hoteldueleoni.com
   – Fax 04 34 78 81 12
   60 cam ⏢ – ♟110 € ♟♟150 €
   ♦ Affacciato sulla Piazza, un edificio porticato che nei due leoni in pietra ricorda la storia della città. Ambienti di discreta eleganza, nei quali domina un rilassante colore verde.

SACROFANO – Roma (RM) – **563** P19 – 6 950 ab. – alt. 260 m   12 B2
– ✉ 00060

> ▶ Roma 29 – Viterbo 59

✗ **Al Grottino**   🛖 ⚙ 𝘝𝘐𝘚𝘈 ⓪ ① ⑤

☺ *piazza XX Settembre 9 – ℰ 06 90 08 62 63 – Fax 06 90 08 60 12 – chiuso dal 16 al 28 agosto e mercoledì*
   Rist – Carta 25/31 €
   ◆ Sembra scavato nella roccia il caratteristico labirinto di sale che si articola sulla piazza del paese; si assaggia un po' di tutto spronati dal fiasco di vino al tavolo. Secondi alla brace.

SAINT PIERRE – Aosta (AO) – **561** E3 – 2 941 ab. – alt. 731 m   34 A2
– ✉ 11010

> ▶ Roma 747 – Aosta 9 – Courmayeur 31 – Torino 122

🏨 **La Meridiana Du Cadran Solaire** senza rist   📺 ᕫ 🦽 🅿 🚗
   località Chateau Feuillet 17 – ℰ 01 65 90 36 26   𝘝𝘐𝘚𝘈 ⓪ ⑤
   – www.albergomeridiana.it – Fax 01 65 90 98 63
   17 cam – ♦♦80/120 €, ⌷ 10 €
   ◆ In questa località, sita fra Aosta e Courmayeur e famosa per i suoi castelli, un gradevole hotel, in pietra e legno, semplice e confortevole; una piccola casa familiare.

🏠 **Lo Fleyè** ⌂   ⇐ ᕫ cam, ✗ rist, 🅿 🚗 𝘝𝘐𝘚𝘈 ⓪ 𝘈𝘌 ① ⑤
☺ *frazione Bussan Dessus 91, Nord :1 km – ℰ 01 65 90 46 25 – www.lofleye.com*
   – Fax 01 65 90 97 14
   13 cam ⌷ – ♦45/55 € ♦♦75/90 € – ½ P 50/57 €
   Rist – *(chiuso a mezzogiorno) (solo per alloggiati)* Menu 12/15 €
   ◆ Nuova gestione per questa gradevole risorsa all'interno di un tipico edificio in pietra. Piccola hall, camere luminose e una saletta colazioni, dalle cui vetrate si gode di una pregevole vista sul castello.

a Rumiod Dessus Nord: 8 km – ✉ 11010

✗ **Al Caminetto**   🛖 🅿 𝘝𝘐𝘚𝘈 ⓪ ⑤
☺ *à Rumiod Dessus 1 – ℰ 01 65 90 88 32 – chiuso dal 7 al 17 gennaio, dal 13 al 25 giugno, lunedì in luglio-agosto, anche martedì e mercoledì negli altri mesi*
   Rist – Carta 31/46 €
   ◆ Siete alla ricerca delle autentiche specialità valdostane, lontane dai cliché turistici e preparate con intelligenza? Questo indirizzo fa al caso vostro: una semplice trattoria di paese...ma che cucina!

SAINT RHEMY EN BOSSES – Aosta (AO) – **561** E3 – 425 ab.   34 A2
– alt. 1 632 m – Sport invernali : 1 619/2 450 m ⥍2, ⥍ – ✉ 11010

> ▶ Roma 760 – Aosta 20 – Colle del Gran San Bernardo 24 – Martigny 50

✗ **Suisse** con cam ⌂   ✗ rist, 𝘝𝘐𝘚𝘈 ⓪ 𝘈𝘌 ⑤
   via Roma 21 – ℰ 01 65 78 09 06 – www.hotelsuisse.it – Fax 01 65 78 07 64
   – chiuso maggio, ottobre e novembre
   8 cam – ♦45/50 € ♦♦65/72 €, ⌷ 8 € – ½ P 62/70 €   **Rist** – Carta 35/45 €
   ◆ A un passo dalla frontiera, in un agglomerato di poche abitazioni incuneate fra due monti, una casa tipica del XVII secolo per assaporare le specialità valdostane. Camere confortevoli in un rustico adiacente.

SAINT VINCENT – Aosta (AO) – **561** E4 – 4 863 ab. – alt. 575 m   34 B2
– ✉ 11027 ▮ Italia

> ▶ Roma 722 – Aosta 28 – Colle del Gran San Bernardo 61 – Ivrea 46
> 🛈 via Roma 62 ℰ 0166 512239, info@saintvincentvda.it, Fax 0166 511335

🏨 **De La Ville** senza rist   📺 ᕫ 𝘈𝘊 ✗ 🎧 🚗 𝘝𝘐𝘚𝘈 ⓪ 𝘈𝘌 ① ⑤
   via Aichino 6 ang. via Chanoux – ℰ 01 66 51 15 02 – www.hoteldelavillevda.it
   – Fax 01 66 51 21 42 – chiuso dal 16 al 25 dicembre
   39 cam ⌷ – ♦75/110 € ♦♦95/150 €
   ◆ Nei pressi della centrale Via Chanoux, in area pedonale, un raffinato rifugio, curato e di buon gusto, con arredi in legno scuro, confort moderni ed estrema cordialità.

🏨 **Atahotel Miramonti** senza rist

via Ponte Romano 25/27 – ℰ 01 66 52 56 11
– www.miramonti.atahotels.it – Fax 0 16 65 25 60 01

50 cam 🖵 – †70/100 € ††120/160 €

♦ Hotel completamente rinnovato, dall'aspetto moderno e di notevole impatto. Alle porte del centro storico, offre spazi comuni ben arredati e camere validamente accessoriate.

🏨 **Paradise** senza rist

viale Piemonte 54 – ℰ 01 66 51 00 51 – www.hparadise.com
– Fax 01 66 54 63 09

32 cam – †60/65 € ††90/120 €, 🖵 7 €

♦ Graziosa hall con ricevimento, salottino e angolo per le colazioni, camere nuove, in legno chiaro e toni azzurri o salmone, comode; vicina al Casinò, una valida risorsa.

🏨 **Bijou**

piazza Cavalieri di Vittorio Veneto 3 – ℰ 01 66 51 00 67 – www.bijouhotel.it
– Fax 01 66 53 96 92

31 cam 🖵 – †55/65 € ††90/120 € – ½ P 70/76 €

Rist – *(chiuso lunedì escluso dal 23 dicembre al 6 gennaio e luglio-agosto)*
Carta 23/43 €

♦ All'interno del centro storico, ma vicino ad un parcheggio comunale. Albergo da poco rinnovato con gusto e personalità. Interni allegri e camere affacciate sulla piazza. Ristorante indipendente, ma contiguo all'hotel.

🏨 **Olympic**

via Marconi 2 – ℰ 01 66 51 23 77 – www.holympic.it – Fax 01 66 51 27 85
– chiuso dal 1° al 10 giugno e dal 25 ottobre al 20 novembre

10 cam 🖵 – †50/70 € ††85/100 € – ½ P 70 €

Rist – *(chiuso martedì)* Carta 40/57 €

♦ Completamente rinnovato, un raccolto albergo centrale, a conduzione e andamento familiari; piccolo ricevimento e settore notte con camere nuove e comode. Salettina ristorante curata con una luminosa e panoramica veranda.

🏠 **Les Saisons** senza rist

via Ponte Romano 186 – ℰ 01 66 53 73 35 – www.hotellessaisons.com
– Fax 01 66 51 25 73

22 cam 🖵 – †45/50 € ††75/80 €

♦ Posizione piuttosto tranquilla e panoramica, ai margini della cittadina: una casetta di recente costruzione, pulita e funzionale, con atmosfera familiare.

🍴🍴🍴 **Batezar-da Renato**

via Marconi 1 – ℰ 01 66 51 31 64 – Fax 01 66 51 23 78 – chiuso dal 15 al 30 novembre, dal 20 giugno al 10 luglio, lunedì, martedì, mercoledì

Rist – *(chiuso a mezzogiorno escluso sabato, domenica e i giorni festivi)*
Menu 50/80 € – Carta 52/85 €

♦ Non lontano dal casinò si celebra una cucina versatile e assortita: un'anima valdostana di salumi e polenta, diversi piatti di carne e proposte di pesce.

🍴🍴 **Le Grenier**

piazza Monte Zerbion 1 – ℰ 01 66 51 01 38 – Fax 01 66 53 98 53 – chiuso mercoledì

Rist – *(chiuso a mezzogiorno escluso venerdì e sabato e festivi)* (consigliata la prenotazione) Menu 60 € – Carta 51/65 €

♦ Nel cuore di Saint-Vincent, la suggestione di un vecchio granaio (*grenier*, in francese) con frumento a cascata, camino e utensili d'epoca alle pareti. Ma le sorprese non finiscono qui: è il turno della cucina a sedurre gli ospiti, inaspettatamente moderna con qualche richiamo alle tradizioni valdostane.

🍴🍴 **Del Viale**

viale Piemonte 7 – ℰ 01 66 51 25 69 – www.ristorantedelviale.com
– Fax 01 66 51 25 69 – chiuso dal 25 maggio al 15 giugno, dal 1° al 20 ottobre e giovedì

Rist – *(chiuso a mezzogiorno escluso sabato e domenica)* (consigliata la prenotazione) Carta 42/89 €

♦ Sulla via parallela a quella del Casinò, una sala raccolta, con boiserie, e una veranda; candele ai tavoli e una linea gastronomica stagionale con piatti anche creativi.

SALA BAGANZA – Parma (PR) – **562** H12 – **5 206 ab. – alt. 162 m**   **8** A3
– ⊠ 43038

> ▶ Roma 472 – Parma 12 – Milano 136 – La Spezia 105
>
> 🖪 La Rocca, ☎ 0521 83 40 37
>
> 🅖 Torrechiara★ : affreschi★ e ⩽★ dalla terrazza del Castello Sud-Est : 10 km

X **I Pifferi**   🚗 🏠 ✿ **P** **VISA** 🐼 **AE** **①** ⚡
via Zappati 36, Ovest : 1 km – ☎ 05 21 83 32 43 – www.ipifferi.com
– Fax 05 21 83 10 50 – chiuso 24-25 dicembre e lunedì
Rist – Menu 25/35 € bc – Carta 30/39 €
◆ Un solo chilometro basta per abbandonare il paese ed entrare nel verde. Qui si trova la
stazione di posta appartenuta a Maria Luigia, incantevole contesto per i piatti parmigiani di
sempre.

SALA BOLOGNESE – Bologna (BO) – **562** I15 – **5 697 ab. – alt. 23 m**   **9** C3
– ⊠ 40010

> ▶ Roma 393 – Bologna 20 – Ferrara 54 – Modena 42

X **La Taiadèla**   🏠 **AC** ✕ **P** **VISA** 🐼 **AE** **①** ⚡
via Longarola 25, località Bonconvento, Est : 4 km – ☎ 0 51 82 81 43
– Fax 0 51 82 94 16 – chiuso domenica sera
Rist – Carta 29/40 €
◆ Locale isolato nel verde della Bassa: dietro al semplice bar all'ingresso, tre sale di cui
una con veranda estiva, abbellita da vecchi oggetti. Piatti emiliani.

SALA COMACINA – Como (CO) – **561** E9 – **595 ab. – alt. 213 m**   **16** A2
– ⊠ 22010

> ▶ Roma 643 – Como 26 – Lugano 39 – Menaggio 11

🏠 **Taverna Bleu**   ⩽ 🚗 🏠 🛏 **AC** rist, ✕ ⒯ **P** **VISA** 🐼 **AE** **①** ⚡
via Puricelli 4 – ☎ 0 34 45 51 07 – www.tavernableu.it – Fax 0 34 45 47 73
– marzo-novembre
13 cam ⊊ – ♦90/120 € ♦♦120/180 €   **Rist** – *(chiuso martedì)* Carta 29/50 €
◆ Piccolo hotel affacciato sul lago, adiacente alla piccola darsena della navigazione lacustre.
All'esterno un bel giardino e varie terrazze, dentro camere in arte povera. Ristorante con proposte di cucina locale.

SALEA – Savona – **561** J6 – **Vedere Albenga**

SALE MARASINO – Brescia (BS) – **561** E12 – **3 076 ab. – alt. 190 m**   **19** D1
– ⊠ 25057

> ▶ Roma 558 – Brescia 31 – Bergamo 46 – Edolo 67

🏠 **Villa Kinzica**   ⩽ 🚗 🏠 🏊 🛏 ⅙ cam, 🏋 **AC** ⒯ **P** 🚗
via Provinciale 1 – ☎ 03 09 82 09 75   **VISA** 🐼 **AE** **①** ⚡
– www.villakinzica.it – Fax 03 09 82 09 90
17 cam ⊊ – ♦75/100 € ♦♦85/140 € – ½ P 73/100 €
Rist *l'Uliveto di Villa Kinzica* – ☎ 03 09 86 71 02 *(chiuso dal 1° al 15 gennaio,
1 settimana in novembre, domenica sera e lunedì da ottobre ad aprile, lunedì a
mezzogiorno da maggio a settembre)* Carta 35/53 €
◆ Affacciata sul lago d'Iseo e separata da esso e dalla strada da un grazioso giardino, una
bella villa con un patio esterno, ambienti e confort curati in ogni dettaglio. Al posto dei vecchi magazzini, l'accogliente ristorante l'Uliveto propone squisiti piatti regionali.

SALERNO **P** (SA) – **564** E26 – **140 580 ab.** – ⊠ 84121 ▍Italia   **6** B2

> ▶ Roma 263 – Napoli 52 – Foggia 154
>
> 🖪 piazza Vittorio Veneto 1 ⊠ 84123 ☎ 089 231432, info@eptsalerno.it,
> Fax 089 251844
>
>   via Roma 258 ☎ 089 224744,
>
> 🔵 Duomo★★ B – Via Mercanti★ AB – Lungomare Trieste★ AB
>
> 🅖 Costiera Amalfitana★★★

SALERNO

0   300 m

CASTELLO

PEDAGGIO

PINACOTECA

M DUOMO

VIA MERCANTI

LUNGOMARE TRIESTE

PORTO

AMALFI, POSITANO, CAPRI

Circolazione regolamentata nel centro città

🏨 Lloyd's Baia   ≤ 🔄 🎽 🏃 AK 🍴 rist, 🎐 🏋 P. VISA ⑩⓪ AE 🔖

via de Marinis 2, 3 km per ③ ⊠ *84121*
– ℰ *08 97 63 31 11* – *www.lloydsbaiahotel.it*
– *Fax 08 97 63 36 33*
122 cam 🖵 – ♦115/130 € ♦♦168/180 € – ½ P 107/112 €
Rist – Carta 27/39 €

♦ Aggrappato alla roccia della costiera, grand hotel recentemente rinnovato, dotato di una terrazza con magnifica vista mare e di un comodo ascensore diretto per la spiaggia. D'estate è aperto anche un ristorante in riva al mare.

🏨 Mediterranea Hotel   🔄 👌 AK ☎ 🏋 P. 🚗 VISA ⑩⓪ AE ① 🔖

via Salvador Allende, 4,5 km per ② ⊠ *84131*
– ℰ *08 93 06 61 11* – *www.mediterraneahotel.it*
– *Fax 08 95 22 30 56*
60 cam 🖵 – ♦105/115 € ♦♦135 €
Rist – Menu 21 €

♦ E' ancora tutto nuovo in questa moderna e funzionale struttura recente, decentrata, sulla strada che costeggia il mare; camere confortevoli. Attrezzato centro congressi. Il ristorante dispone di capienti sale di raffinata impostazione moderna.

909

SALERNO

Fiorenza senza rist 🔣 📶 📶 🅿 🚗 𝗩𝗜𝗦𝗔 💳 🅰🅴 ① 💲
via Trento 145, località Mercatello, 3,5 km per ② ☒ 84131 – ℰ 089 33 88 00
– www.hotelfiorenza.it – Fax 089 33 88 00
30 cam ⌨ – †55/72 € ††72/107 €
♦ In posizione periferica, questa risorsa familiare è caratterizzata da camere funzionali e graziosi bagni colorati. Indirizzo ideale soprattutto per una clientela business.

Plaza senza rist 🔣 📶 🍽 📶 𝗩𝗜𝗦𝗔 💳 🅰🅴 ① 💲
piazza Ferrovia o Vittorio Veneto 42 ☒ 84123 – ℰ 089 22 44 77
– www.plazasalerno.it – Fax 089 23 73 11   B
42 cam ⌨ – †60/65 € ††90/100 €
♦ Di fronte alla stazione ferroviaria - comodo quindi per la clientela di passaggio - un classico albergo di città, che occupa parte di un palazzo fine '800. Interni sobri, ma ben curati con camere essenziali e lineari.

Il Timone 📶 🍽 ⇔ 𝗩𝗜𝗦𝗔 💳 🅰🅴 💲
via Salvador Allende 29/35, 4,5 km per ② ☒ 84131 – ℰ 089 33 51 11
– Fax 089 33 51 11 – chiuso domenica sera, lunedì
Rist – Carta 34/50 €
♦ Animazione e servizio veloce in un locale sempre molto frequentato, ideale per gustare del buon pesce fresco, che sta in mostra in sala e lì viene scelto dal cliente.

SALGAREDA – Treviso (TV) – 562 E19 – 5 215 ab. – ☒ 31040   35 A1
▶ Roma 547 – Venezia 42 – Pordenone 36 – Treviso 23

Marcandole 🏠 📶 ⇔ 🅿 𝗩𝗜𝗦𝗔 💳 🅰🅴 ① 💲
via Argine Piave 9, Ovest : 2 km – ℰ 04 22 80 78 81 – www.marcandole.it
– Fax 04 22 74 70 67 – chiuso mercoledì sera, giovedì
Rist – Carta 44/71 € 🍷
♦ Nei pressi dell'argine del fiume Piave, una giovane conduzione e due salette, eleganti e romantiche, o un gazebo, dove incontrare sapori di pesce assolutamente creativi.

SALICE TERME – Pavia (PV) – 561 H9 – alt. 171 m – ☒ 27055   16 A3
▶ Roma 583 – Alessandria 39 – Genova 89 – Milano 73
🛈 via Marconi 20 ℰ 0383 91207, turismo.salice@provincia.pv.it, Fax 0383 944540
📷 ℰ 0383 93 33 70

Il Caminetto 🏠 📶 🍽 🅿 𝗩𝗜𝗦𝗔 💳 🅰🅴 ① 💲
via Cesare Battisti 15 – ℰ 03 83 91 3 91 – www.ilcaminettodisaliceterme.it
– Fax 03 83 94 43 41 – chiuso 1 settimana in gennaio, 1 settimana in giugno, 1 settimana in novembre e lunedì
Rist – Carta 36/51 €
♦ Ristorante elegante, a salda conduzione familiare ormai di lunga tradizione: un'accogliente sala con parquet, toni giallo-ocra e camino rifinito in marmo. La cucina è classica italiana con alcuni piatti più legati al territorio.

Ca' Vegia (Ivan Musoni) 🏠 📶 ⇔ 𝗩𝗜𝗦𝗔 💳 🅰🅴 💲
🏵 *viale Diviani 27 – ℰ 03 83 94 47 31 – www.ristorantecavegia.it*
– Fax 03 83 94 47 31 – chiuso 2 settimane in gennaio, 2 settimane in ottobre-novembre, lunedì, martedì a mezzogiorno
Rist – Carta 49/81 € 🍷
Spec. Cannellone di calamaro ripieno di funghi porcini su salsa di albicocche al rosmarino. Risotto con scampi e liquirizia. Tartelletta di ciliegie con gelato alla Tequila e mentuccia fresca.
♦ Centrale, si è avvolti dalla romantica rusticità di pietre a vista e arredi in legno. Se ne distacca la cucina con piatti più moderni e fantasiosi, a prevalenza di pesce. D'estate, al wine-bar *Officina* s'inizia o - viceversa - finisce la serata.

Guado 🏠 📶 🍽 𝗩𝗜𝗦𝗔 💳 🅰🅴 ① 💲
viale delle Terme 57 – ℰ 03 83 91 2 23 – Fax 03 83 91 2 23 – chiuso dal 26 dicembre al 15 gennaio, mercoledì, giovedì a mezzogiorno
Rist – Carta 35/45 €
♦ Cucina d'impostazione classica e radici nella tradizione: paste fresche e carni al forno tra le specialità. L'ambiente è accogliente con una sala da pranzo curata e raccolta, leggermente *démodé*.

▶ Roma 548 – Brescia 30 – Bergamo 85 – Milano 126

ℹ piazza Sant'Antonio 4 ℰ 0365 21423, iat.salo@tiscali.it, Fax 0365 21423

🗺 Gardagolf, ℰ 0365 67 47 07

◉ Lago di Garda★★★ – Polittico★ nel Duomo

Laurin   🚗 🛱 ☷ 🛗 ✆ rist. 🕹 🅿 𝑉𝐼𝑆𝐴 ⑳ 𝐴𝐸 ① 🖘

viale Landi 9 – ℰ 0 36 52 20 22 – www.laurinsalo.com – Fax 0 36 52 23 82
– chiuso dal 15 dicembre al 28 febbraio
33 cam – ♦100/145 € ♦♦120/300 €, ⌑ 15 € – ½ P 120/195 €
Rist – Carta 41/62 €

♦ Bella villa liberty con saloni affrescati e giardino con piscina; interni con arredi, oggetti, dettagli dal repertorio dell'Art Nouveau, per un romantico relax sul Garda. Piatti classici rivisitati serviti fra un tripudio di decori floreali, dipinti, colonne.

Bellerive   ⩽ ☷ 🛗 ⅃ 𝐴𝐶 ✆ rist. (𝟉) 🕹 🅿 𝑉𝐼𝑆𝐴 ⑳ 𝐴𝐸 ① 🖘

via Pietro da Salò 11 – ℰ 03 65 52 04 10 – www.hotelbellerive.it
– Fax 03 65 29 07 09 – chiuso dal 15 dicembre al 15 gennaio
43 cam ⌑ – ♦150/225 € ♦♦175/275 € – 6 suites   **Rist** – Carta 36/53 €

♦ Affacciato sul porticciolo turistico, un gradevole hotel di color bianco che spicca in riva al lago blu; bella piscina circondata da un giardino alla provenzale. Sala ristorante con arredi minimal chic.

Vigna senza rist   ⩽ 🛗 𝐴𝐶 (𝟉) 𝑉𝐼𝑆𝐴 ⑳ 𝐴𝐸 ① 🖘

lungolago Zanardelli 62 – ℰ 03 65 52 01 44 – www.hotelvigna.it
– Fax 0 36 52 05 16 – chiuso dal 15 dicembre al 15 gennaio
27 cam – ♦65/120 € ♦♦85/150 €, ⌑ 10 €

♦ Sullo splendido lungolago rinnovato e pedonalizzato, camere semplici ma accoglienti; buona parte con vista sull'acqua.

Benaco   ⩽ 🛱 🛗 (𝟉) 𝑉𝐼𝑆𝐴 ⑳ 𝐴𝐸 ① 🖘

lungolago Zanardelli 44 – ℰ 0 36 52 03 08 – www.benacohotel.com
– Fax 0 36 52 10 49 – chiuso gennaio
19 cam ⌑ – ♦70/80 € ♦♦90/120 € – ½ P 85/95 €   **Rist** – Carta 39/54 €

♦ Un albergo da poco rinnovato, in felice posizione sul lungolago, in area chiusa al traffico: centrale, ma tranquillo, offre camere confortevoli e conduzione familiare. Fresca veranda con un panorama delizioso, sul Garda e il territorio, per pasti estivi.

XX Antica Trattoria alle Rose   🛱 🅿 𝑉𝐼𝑆𝐴 ⑳ 𝐴𝐸 ① 🖘

via Gasparo da Salò 33 – ℰ 0 36 54 32 20 – www.trattoriaallerose.it
– Fax 0 36 54 32 20 – chiuso mercoledì
Rist – (consigliata la prenotazione) Carta 40/59 € 🍷

♦ Familiare e simpatico, moderno e vivace: la cucina si destreggia tra le specialità locali, lacustri innanzitutto, e bresciane per quel che riguarda la carne.

XX Alla Campagnola   🛱 🅿 𝑉𝐼𝑆𝐴 ⑳ 𝐴𝐸 ① 🖘

via Brunati 11 – ℰ 0 36 52 21 53 – www.lacampagnoladisalo.it
– Fax 03 65 29 95 88 – chiuso gennaio, febbraio e lunedì
Rist – Carta 36/44 € 🍷

♦ Non direttamente sul lago, un ambiente piacevole, dai toni caldi, tipici di certe vecchie osterie, e tuttavia oggi raffinato; impronta familiare e ampia terrazza-veranda.

X Osteria dell'Orologio   𝐴𝐶 𝑉𝐼𝑆𝐴 ⑳ 𝐴𝐸 ① 🖘

via Butturini 26 – ℰ 03 65 29 01 58 – www.osteriadellorologio.it
– Fax 0 36 54 32 20 – chiuso mercoledì
Rist – Carta 31/45 € 🍷

♦ Una sosta veloce per un bicchiere e qualche stuzzichino oppure un pasto completo? A voi la scelta, entrambe le soluzioni sono possibili in questa trattoria giovane e informale, in centro paese.

L'indicazione **Rist** in rosso evidenzia le strutture a cui abbiamo assegnato un riconoscimento: ❀ (stella) o 🏵 (Bib Gourmand).

a Barbarano Nord-Est : 2,5 km verso Gardone Riviera – ✉ 25087

🏨 **Spiaggia d'Oro** ⚜ ⟨ 🚗 🏠 🆓 🛄 🎯 🔟 🎿 P VISA ⓪ AE ⓪ &
via Spiaggia d'Oro 15 – ✆ 03 65 29 00 34 – *www.hotelspiaggiadoro.com*
– *Fax 03 65 29 00 92* – *marzo-ottobre*
36 cam � – ♦100/150 € ♦♦140/230 € – ½ P 125/145 €
Rist *La Veranda* – Carta 32/48 €
♦ Prospiciente il porticciolo di Barbarano e dotato di un giardino direttamente sul lago, gradevole hotel con piscina dotato di un'ottima offerta wellness e Spa. Rinomato ristorante con piatti creativi che rielaborano prodotti di ogni regione d'Italia.

a Serniga Nord : 6 km – ✉ 25087 Salò

⛺ **Agriturismo Fattoria il Bagnolo** ⚜ ⟨ 🚗 🏠 & rist, 🎯 rist,
località Bagnolo, Ovest : 1 km – ✆ 0 36 52 02 90 P VISA ⓪ AE ⓪ &
– *www.ilbagnolo.it* – *Fax 0 36 52 18 77* – *chiuso gennaio-febbraio*
9 cam ⊍ – ♦75 € ♦♦95 € – ½ P 73 €
Rist – *(chiuso a mezzogiorno escluso sabato e i giorni festivi)* Carta 27/35 €
♦ Incantevole posizione, immersa nel verde, per questo complesso rurale di alto livello; eleganti arredi con personalizzazioni in perfetto stile da casa di campagna. Al ristorante piatti di carne proveniente dall'azienda agricola stessa.

SALSOMAGGIORE TERME – Parma (PR) – **562** H11 – 19 937 ab.   8 A2
– **alt. 160 m** – ✉ 43039
   ▶ Roma 488 – Parma 30 – Piacenza 52 – Cremona 57
   ℹ Galleria Warowland piazzale Berzieri ✆ 0524 580211, info@
     portalesalsomaggiore.it, Fax 0524 580219
   🔞 , ✆ 0524 57 41 28

🏨 **Grand Hotel Porro** ⚜ ⟨ 🔟 🛄 🎯 🖥 🛄 rist, 🎯 🎿 P
viale Porro 10 – ✆ 05 24 57 82 21   VISA ⓪ AE ⓪ &
– *www.hotelporro.it* – *Fax 05 24 57 78 78*   Yb
83 cam ⊍ – ♦180 € ♦♦250 € – ½ P 200 €
Rist – Carta 35/120 €
♦ Sorto in età monarchica come punto di riposo per l'esercito, questo edificio in stile liberty cinto da un vasto parco offre ambienti spaziosi ed un moderno centro benessere.

🏨 **Villa Fiorita** 🔟 🖥 & 🏃 🛄 🎯 rist, 🎯 🎿 P 🚗 VISA ⓪ AE ⓪ &
via Milano 2 – ✆ 05 24 57 38 05 – *www.hotelvillafiorita.it* – *Fax 05 24 58 11 07*
– *chiuso dal 22 dicembre all'8 gennaio*   Zc
48 cam ⊍ – ♦80/140 € ♦♦110/190 €
Rist – *(aprile-dicembre)* Menu 35/45 €
♦ Centralissimo albergo rinnovato recentemente grazie all'impegno della nuova conduzione familiare. Ottimo confort sia nelle camere che negli spazi comuni. Comodo parcheggio.

🏨 **Romagnosi** & 🛄 🎯 rist, 🎯 P VISA ⓪ AE &
piazza Berzieri 3 – ✆ 05 24 57 65 34 – *www.albergoromagnosi.it*
– *Fax 05 24 57 64 49* – *chiuso dal 20 al 26 dicembre*   Za
36 cam ⊍ – ♦80/120 € ♦♦105/160 € – 3 suites – ½ P 80/110 €
Rist – *(chiuso dall' 8 gennaio al 1° marzo)* Carta 25/40 €
♦ Affacciate sul corso o sulle terme, le camere di questo palazzo settecentesco sono tutte nuove, eleganti con un tocco di rusticità nei soffitti con travi a vista. Gestione familiare. Moderna e luminosa la sala da pranzo.

🏨 **Kursaal** 🔟 & 🛄 🎯 rist, 🎯 🎿 VISA ⓪ &
via Romagnosi 1 – ✆ 05 24 58 40 90 – *www.hotelkursaalsalso.it*
– *Fax 05 24 58 30 57*   Zb
40 cam ⊍ – ♦50/80 € ♦♦80/130 € – ½ P 58/83 €
Rist – *(solo per alloggiati)* Carta 28/49 €
♦ Un soffio di modernità in questa classica località; ambienti moderni, minimalisti ed essenziali per chi non ama il superfluo .

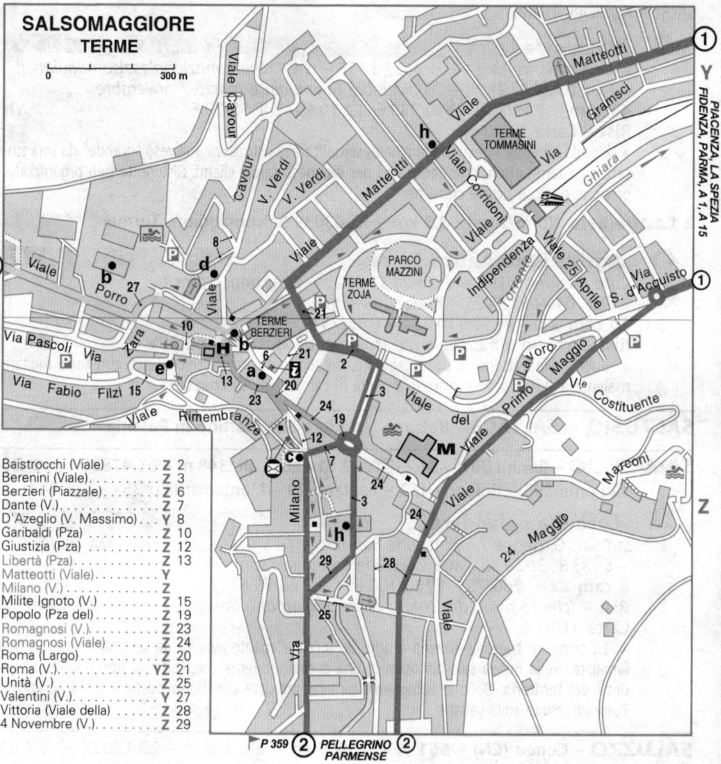

Ritz Ferrari
rist, VISA AE

viale Milite Ignoto 5 – ✆ 05 24 57 77 44 – www.hotelrizferrari.it – Fax 05 24 57 44 10 – 26 dicembre-7 gennaio e marzo-15 novembre

34 cam – 70/95 € 95/165 €, 15 € – ½ P 73/90 € Ze

Rist – *(solo per alloggiati)* Carta 35/45 €

◆ Grazie a una dinamica gestione familiare, che ha rinnovato la struttura nel corso degli anni, l'albergo dispone di confortevoli camere, soprattutto quelle degli ultimi piani. Luminosa e ospitale sala da pranzo, dove gustare genuine ricette emiliane.

Excelsior
rist, rist, VISA AE

viale Berenini 3 – ✆ 05 24 57 56 41 – www.hotelexcelsiorsalsomaggiore.it – Fax 05 24 57 38 88 Zh

60 cam – 50/75 € 60/100 € – ½ P 55/75 €

Rist – *(solo per alloggiati)* Menu 15/30 €

◆ Posizione centrale, nei pressi del Palazzo dei Congressi e delle Terme, per questa struttura a conduzione familiare; camere semplici ed essenziali. Piccolo solarium.

Elite
cam, rist, VISA AE

viale Cavour 5 – ✆ 05 24 57 94 36 – www.hotelelitesalsomaggiore.it – Fax 05 24 57 29 88 Yd

28 cam – 55/75 € 110/130 € – ½ P 60/80 €

Rist – *(solo per alloggiati)*

◆ Sobrietà e funzionalità per gli ambienti di questo piccolo hotel: sorto da non molto tempo, si presenta con un'originale architettura in parte con pietra a vista.

⌂ Nazionale 🚫 🔄 AC 🕿 rist, ¶" VISA ⚫⚫ AE ① ♿

viale Matteotti 43 – ℰ 05 24 57 37 57 – www.albergonazionalesalsomaggiore.it
– Fax 05 24 57 31 14 – 26 dicembre-6 gennaio e marzo-7 novembre
42 cam – ♦55/70 € ♦♦90/130 €, ⊑ 10 € – ½ P 55/70 €   Y**h**
Rist – Carta 30/40 €

♦ Piccolo albergo a gestione familiare, semplice nella struttura, ma reso "grande" da una sincera e costante attenzione dei titolari per il benessere dei clienti. Ristorante ben organizzato, propone gustose ricette classiche.

a Cangelasio Nord-Ovest : 3,5 km – ✉ 43039 Salsomaggiore Terme

⌂ Agriturismo Antica Torre ⌖ ⇐ 🍴 🛋 ⎃ ⚡ rist, ¶" 🈶 P

Case Bussandri 197 – ℰ 05 24 57 54 25 – www.anticatorre.it
– Fax 05 24 57 54 25 – marzo-novembre
10 cam ⊑ – ♦♦90/110 € – ½ P 65/75 €
Rist – *(chiuso a mezzogiorno) (solo per alloggiati)* Menu 20 €

♦ Sulle colline attorno a Salsomaggiore, un complesso rurale seicentesco con torre militare risalente al 1300: bella e piacevole realtà di campagna ove l'ospitalità è di casa.

SALTUSIO = SALTAUS – **Bolzano** – Vedere San Martino in Passiria

---

SALUDECIO – **Rimini (RN)** – **562** K20 – **2 814 ab.** – **alt. 348 m** – ✉ **47835**   **9 D3**
▶ Roma 393 – Bologna 152 – Faetano 29 – Montegiardino 35

✗✗ Locanda Belvedere con cam ⌖ ⇐ 🍴 ⎃ 🛋 AC ¶" P

via San Giuseppe 736, frazione San Rocco   VISA ⚫⚫ AE ♿
– ℰ 33 85 30 20 46 – www.belvederesaludecio.com
8 cam ⊑ – ♦60/75 € ♦♦80/100 € – ½ P 65/75 €
Rist – *(chiuso martedì) (chiuso a mezzogiorno)* (consigliata la prenotazione)
Carta 31/61 €

♦ La semplice trattoria-pizzeria è oggi un locale elegante avvolto da una calda accoglienza familiare. Nella nuova sala panoramica una cucina moderna che, tuttavia, non neglige i prodotti del territorio. Belle e accoglienti camere, arredate con buon gusto e mobili d'epoca. Tutte affacciate sulla vallata.

SALUZZO – **Cuneo (CN)** – **561** I4 – **16 669 ab.** – **alt. 395 m** – ✉ **12037**   **22 B3**
▌ Italia Centro Nord

▶ Roma 662 – Cuneo 32 – Torino 58 – Asti 76
🛈 piazzetta Mondagli 5 ℰ 0175 46710, iat@comune.saluzzo.cn.it,
    Fax 0175 46718
🛉 Il Bricco, ℰ 0175 56 75 65
🛉 Casa Cavassa★ - S. Giovanni★
🛇 Affreschi★★ nel castello della Manta: 4 km a sud - Abbazia di Staffarda★:
    10 km a nord - Castello di Racconigi★★: 14 km a nord sulla SS 20

🏨 Poggio Radicati ⇐ 🍴 🍴 AC ¶" 🈶 P VISA ⚫⚫ AE ① ♿

via San Bernardino 19 ✉ 12037 Saluzzo – ℰ 01 75 24 82 92
– www.poggioradicati.com – Fax 01 75 24 82 92
9 cam ⊑ – ♦110/140 € ♦♦140/170 € – ½ P 106/121 €   **Rist** – Carta 36/55 €
♦ Circondata dalle prime colline, una graziosa risorsa di sobria eleganza con camere piacevolmente personalizzate. Lasciatevi coccolare dalla cucina: squisitamente ancorata al territorio.

🏨 Griselda senza rist 🔄 AC ⇺ ⚡ ¶" 🈶 P ⇦ VISA ⚫⚫ AE ① ♿

corso 27 Aprile 13 – ℰ 0 17 54 74 84 – www.hotelgriselda.it – Fax 0 17 54 74 89
34 cam ⊑ – ♦60/85 € ♦♦85/118 €
♦ A breve distanza dal centro storico, una struttura in vetro e cemento, con ricevimento e salette per la colazione al piano terra e stanze funzionali e confortevoli. Gestione seria e affidabile.

✗✗✗ La Gargotta del Pellico VISA ⚫⚫ AE ① ♿

piazzetta Mondagli 5 – ℰ 0 17 54 68 33 – Fax 01 75 24 05 07 – chiuso martedì,
mercoledì a mezzogiorno
Rist – Carta 31/41 €
♦ In pieno centro, a due passi dalla casa natale di Silvio Pellico, due salette con pochi tavoli ed un arredo essenziale ma curato, dove attendere sapori piemontesi rivisitati.

XX **L'Ostu dij Baloss** `AK` `VISA` `CO` `AE` `O` `S`
via San Nicola 23 – ℰ 01 75 24 86 18 – www.ostudijbaloss.it
– Fax 01 75 47 54 69 – chiuso dal 1° al 10 gennaio, domenica (escluso maggio e settembre) e lunedì a mezzogiorno
Rist – Menu 27/45 € – Carta 31/50 € 🌿

♦ Lungo una stradina della città vecchia, una dimora nobiliare del '500 ha ceduto gli spazi del primo piano ad un elegante locale, dove scoprire una cucina legata al territorio, tra ricerca e tradizione.

X **Taverna San Martino** `AK` `VISA` `CO` `AE` `O` `S`
corso Piemonte 109 – ℰ 0 17 54 20 66 – www.tavernasanmartino.com – chiuso dal 1° al 20 agosto, lunedì sera, martedì sera, mercoledì
Rist – Menu 23 € – Carta 19/30 €

♦ Un piccolo ristorante con un'unica saletta, ordinata e curata nei particolari: quadri, travi in legno e sedie impagliate. Piatti casalinghi e piemontesi.

SALVAROSA – Treviso – Vedere Castelfranco Veneto

SAMBUCO – Cuneo (CN) – **561** I3 – 84 ab. – alt. 1 184 m – ✉ 12010   **22 B3**
🢒 Roma 657 – Cuneo 46 – Alessandria 171 – Asti 136

X **Della Pace** con cam ⌂ `←` `⇦` `⅏` `⌘` `VISA` `CO` `AE` `O` `S`
via Umberto I 32 – ℰ 0 17 19 65 50 – www.albergodellapace.com
– Fax 0 17 19 66 28 – chiuso 10 giorni in giugno ed ottobre
14 cam ⌂ – †40/50 € ††65/75 € – ½ P 55/60 €
Rist – *(chiuso lunedì escluso da giugno a settembre)* Carta 21/30 €

♦ Una bella sala luminosa con pareti bianche e numerose finestre, tavoli ben distanziati e soprattutto un menù con proposte del territorio e di tradizione occitana. Confortevoli le camere, affacciate sulla pineta o sulle granitiche guglie del Monte Bersaio.

SAMPÈYRE – Cuneo (CN) – **561** I3 – 1 110 ab. – alt. 976 m – ✉ 12020   **22 B3**
🢒 Roma 680 – Cuneo 49 – Milano 238 – Torino 88

🏠 **Torinetto** ⌂ `←` `⇦` `⬛` `⅏` `⌘` `⅏` `P` `VISA` `CO` `AE` `O` `S`
borgata Calchesio 7, Ovest : 1,5 km – ℰ 01 75 97 71 81 – Fax 01 75 97 71 04
74 cam – †30/60 € ††50/80 €, ⌂ 5 € **Rist** – Carta 21/32 €

♦ Un hotel grande, di montagna, recente, poco lontano dalla statale e in posizione comunque tranquilla; arredi in legno, ambiente sobrio e accogliente. Vaste sale comuni. Ampia sala ristorante al piano terra dell'albergo: luminosa, semplice.

SAN BARTOLOMEO – Reggio Emilia (RE) – Vedere Reggio nell'Emilia

---

SAN BARTOLOMEO AL MARE – Imperia (IM) – **561** K6 – 3 108 ab.   **14 A3**
– ✉ 18016
🢒 Roma 606 – Imperia 7 – Genova 107 – Milano 231
ℹ piazza XXV Aprile 1 ℰ 0183 400200, infosanbartolomeo@
rivieradeifiori.travel Fax 0183 403050

🏨 **Bergamo** `⤢` `⬛` `AK` rist, `⅏` rist, `⊚` `⌂` `VISA` `CO` `AE` `O` `S`
via Aurelia 15 – ℰ 01 83 40 00 60 – www.hotelbergamomare.it
– Fax 01 83 40 10 21 – aprile-10 ottobre
52 cam ⌂ – †55/65 € ††80/100 € – ½ P 73 € **Rist** – Menu 20/25 €

♦ Sulla via Aurelia eppure poco lontano dal mare, confortevole hotel a gestione familiare ormai in auge da parecchi anni, offre un ambiente accogliente e vasti spazi comuni. Classica e luminosa la sala da pranzo, cinta da vetrate continue.

SAN BASILIO – Rovigo – **562** H18 – Vedere Ariano nel Polesine

---

SAN BENEDETTO – Firenze – Vedere Montaione

SAN BENEDETTO DEL TRONTO – Ascoli Piceno (AP) – **563** N23   **21 D3**
– 47 447 ab. – ✉ 63039
🢒 Roma 231 – Ascoli Piceno 39 – Ancona 89 – L'Aquila 122
ℹ viale delle Tamerici 3/5 ℰ 0735 592237, iat.sanbenedetto@
regione.marche.it, Fax 0735 582893

Progresso ← 🛗 ♣♣ AC 🍽 rist. 📞 🏋 VISA ⓧ AE ① 👓
viale Trieste 40 – ℰ 07 35 58 38 15 – www.hotelprogresso.it – Fax 07 35 58 39 80
39 cam – ♥50/80 € ♥♥80/130 €, � 7 € – ½ P 85 €
Rist – *(marzo-ottobre)* Carta 30/42 €
◆ Sul bel lungomare di San Benedetto, questo hotel degli anni '20 ha mantenuto il proprio stile architettonico Liberty, ad eccezione delle camere all'ultimo piano più moderne. Cucina nazionale e tante proposte di pesce nella luminosa sala ristorante.

Solarium ← 🛗 ♣♣ AC 🍽 rist. 📞 P VISA ⓧ AE ① 👓
viale Scipioni 102 – ℰ 07 35 58 17 33 – www.hotelsolarium.it – Fax 07 35 58 16 16
– chiuso dal 15 dicembre al 15 gennaio
55 cam ☐ – ♥64/82 € ♥♥85/108 € – ½ P 80/100 €
Rist – *(chiuso lunedì a mezzogiorno)* Carta 34/54 €
◆ Una struttura di color giallo, affacciata direttamente sulla passeggiata mare e rinnovata di recente in molti settori; è ideale punto di riferimento per tutto l'anno. Moderno ambiente nella sala da pranzo, con vetrate continue e colonne rosse.

a Porto d'Ascoli Sud : 5 km – ⊠ 63037

Imperial 🛏 🌊 🎎 🎴 🛗 🛗 & cam. AC ↳ 🍽 📶 P VISA ⓧ AE ① 👓
via Indipendenza 25 – ℰ 07 35 75 11 58 – www.hotelimperial.it
– Fax 07 35 75 12 66 – chiuso dal 6 dicembre al 10 gennaio
54 cam – ♥90 € ♥♥140 € – 3 suites – ½ P 60/110 €
Rist – *(8 marzo-ottobre) (chiuso a mezzogiorno)* Menu 25/50 €
◆ A pochi metri dal mare, valide soluzioni tecnologiche per una risorsa funzionale a gestione familiare. Ai primi due piani: camere standard, ma comunque di buon livello. Al terzo e al quarto: stanze superior, moderne e aggiornatissime. Ambienti colorati nella zona ristorante.

SAN BENEDETTO DI LUGANA – Verona – Vedere Peschiera del Garda

---

SAN BENEDETTO PO – Mantova (MN) – **561** G14 – 7 643 ab.   **17** D3
– alt. 18 m – ⊠ 46027

🚗 Roma 457 – Verona 58 – Mantova 23 – Modena 60

Agriturismo Corte Medaglie d'Oro senza rist 🌿 🛏 📶 P
strada Argine Secchia 63, Sud-Est : 4 km – ℰ 03 76 61 88 02
– www.cortemedagliedoro.it – Fax 03 76 61 88 02
7 cam ☐ – ♥30/40 € ♥♥54/70 €
◆ Un angolo incontaminato della Bassa più autentica, a pochi metri dall'argine del Secchia. Originale atmosfera rurale, immersi tra i frutteti e accolti con passione.

L'Impronta AC ⇄ P VISA ⓧ AE ① 👓
via Gramsci 10 – ℰ 03 76 61 58 43 – Fax 03 76 61 58 43 – chiuso lunedì
Rist – *(prenotare)* Carta 27/39 €
◆ Un grazioso edificio d'epoca, restaurato e tinteggiato d'azzurro. In cucina uno chef che ama proporre una cucina personalizzata con estro, partendo dai prodotti del mantovano.

a San Siro Est : 6 Km – ⊠ 46027 San Benedetto Po

Al Caret AC
via Schiappa 51 – ℰ 03 76 61 21 41 – chiuso dal 10 al 20 agosto e lunedì
Rist – *(consigliata la prenotazione)* Carta 20/25 €
◆ Il ristorante non ha alcun tipo d'insegna, attenzione quindi al numero civico! Un volta trovato, lasciatevi avvolgere dalla sua calda accoglienza. In una sala semplice, ma ben tenuta, piatti locali e carne di bufala: la specialità della casa.

SAN BERNARDINO – Torino – Vedere Trana

SAN BERNARDO – Torino – Vedere Ivrea

SAN BONIFACIO – Verona (VR) – **562** F15 – 19 571 ab. – alt. 31 m   **35** B3
– ⊠ 37047

🚗 Roma 523 – Verona 24 – Milano 177 – Rovigo 71

XXX **Relais Villabella** con cam 🦮   🖨 🍴 🎱 AC 🛜 ♨ P
via Villabella 72, Ovest : 2 km – 📞 04 56 10 17 77   VISA ⓜ AE ⓓ ⑤
– www.relaisvillabella.it – Fax 04 56 10 17 99 – chiuso
dal 24 gennaio all'11 febbraio
12 cam ⌑ – 🛏55/133 € 🛏🛏155/190 €
Rist – (chiuso lunedì sera, sabato a mezzogiorno e domenica) Carta 35/82 €
♦ Tra i vigneti della Bassa Veronese, un relais di campagna ricavato da una elegante struttura colonica; per una pausa culinaria riservata scegliete la sala riscaldata da un camino intima e romantica. Ricche di fascino e di confort le camere, completate da graziosi piccoli bagni in marmo rosa.

SAN CANDIDO (INNICHEN) – Bolzano (BZ) – **562** B18 – **3 141 ab.**   **31** D1
– alt. 1 175 m – Sport invernali : – ✉ 39038 📗 Italia

▶ Roma 710 – Cortina d'Ampezzo 38 – Belluno 109 – Bolzano 110
🅹 piazza del Magistrato 1 📞 0474 913149, info@sancandido.info,
Fax 0474 913677

🏨 **Dolce Vita Family Chalet Postalpina** 🦮   ⪡ 🖨 🎱 🗏 ⑨ 🛜
via Elmo 9, località Versciaco, Est 3   Ⅰ♨ ⅙ 🏃 ⚒ 🛜 P, 🍴 VISA ⓜ ⑤
Km – 📞 04 74 91 00 61 – www.posthotel.it – Fax 04 74 91 36 35 – chiuso maggio
e novembre
60 suites – 🛏🛏96/351 €, ⌑ 10 € – ½ P 82/210 €
Rist – (solo per alloggiati)
♦ Un piccolo borgo a se stante, creato da dieci chalet e da un edificio centrale: piacevole giardino ed armonioso centro benessere per una vacanza tra natura e relax. Nella romantica sala da pranzo, specialità altoatesine e piatti d'ispirazione mediterranea.

🏨 **Panoramahotel Leitlhof**   ⪡ 🖨 🗏 ⑨ 🛜 Ⅰ♨ 🎐 🏃 ⚒ rist, 🕾 P
via Pusteria 29 – 📞 04 74 91 34 40 – www.leitlhof.com   VISA ⓜ ⑤
– Fax 04 74 91 43 00 – 3 dicembre-6 aprile e 28 maggio-3 ottobre
38 cam ⌑ – 🛏61/163 € 🛏🛏122/276 € – ½ P 146 €
Rist – (solo per alloggiati)
♦ In tranquilla posizione periferica, con bel panorama su valle e Dolomiti, hotel recentemente ristrutturato con sapiente utilizzo del legno; attrezzato centro benessere.

🏨 **Cavallino Bianco-Weisses Rossl**   🗏 ⑨ 🛜 Ⅰ♨ 🎐 🏃 AC rist, 🛜
via Duca Tassilo 1 – 📞 04 74 91 31 35   P 🚗 VISA ⓜ AE ⓓ ⑤
– www.cavallinobianco.info – Fax 04 74 91 37 33 – 15 dicembre-1° aprile e
21 giugno-1° ottobre
42 cam ⌑ – 🛏129/149 € 🛏🛏240/280 € – ½ P 175/199 €   **Rist** – Carta 30/38 €
♦ Le Dolomiti dell'Alta Pusteria fanno da cornice a questo piacevole hotel nella zona pedonale del centro: un susseguirsi di sorprese e cortesia, soprattutto per famiglie. Nell'accogliente stube dalle pareti rivestite in massello, una cucina d'ispirazione moderna.

🏨 **Parkhotel Sole Paradiso-Sonnenparadies** 🦮   🖨 🐾 🗏 ⑨
via Sesto 13   ⑨ Ⅰ♨ ⚒ 🎐 ⚒ rist, 🕾 ♨ P VISA ⓜ ⑤
– 📞 04 74 91 31 20 – www.sole-paradiso.com – Fax 04 74 91 31 93 – dicembre-
marzo e giugno-15 ottobre
28 cam ⌑ – 🛏89/150 € 🛏🛏114/170 € – 14 suites – ½ P 67/155 €
Rist – Carta 25/40 €
♦ Un caratteristico chalet in un parco pineta, un hotel d'inizio secolo scorso in cui entrare e sentirsi riportare indietro nel tempo; fascino, con tocchi di modernità. Al ristorante gradevoli arredi tipici e cucina del territorio.

🏨 **Villa Stefania** 🦮   🖨 🍴 🗏 ⑨ Ⅰ♨ 🎐 ⅙ cam, 🏃 ⚒ rist, 🛜 ♨ P
via al Ponte dei Corrieri, 1 – 📞 04 74 91 33 88   VISA ⓜ ⑤
– www.villastefania.com – Fax 04 74 91 62 55 – chiuso dal 10 aprile al
29 maggio e dal 5 ottobre al 1° dicembre
31 cam ⌑ – 🛏94/180 € 🛏🛏146/244 € – ½ P 109/157 €
Rist – (prenotazione obbligatoria) Carta 33/46 €
♦ A due passi dall'isola pedonale, in posizione panoramica e tranquilla, questa piacevole struttura immersa nel verde vi accogliervi in un caldo abbraccio per farvi scordare lo stress e illustrarvi le bellezze dei monti. A disposizione camere nuove o più "nostalgiche".

🏨 **Dolce Vita Alpina Post Hotel** 🔲 🏠 🖥 🛖 🅿 𝗩𝗜𝗦𝗔 ⓪ 🆚
via Sesto 1 – ℰ 04 74 91 31 33 – www.posthotel.it – Fax 04 74 91 36 35
– 18 dicembre-5 aprile e 10 giugno-5 ottobre
48 cam – solo ½ P 69/125 € **Rist** – *(solo per alloggiati)*
♦ Un esercizio di antica tradizione, in pieno centro: camere classiche e luminose, nonché gradevoli spazi comuni. Amena la terrazza-solarium con bella vista sui dintorni.

🏠 **Letizia** senza rist ≤ 🚗 🏠 🖥 🕻 🅿 𝗩𝗜𝗦𝗔 ⓪ 𝗔𝗘 🆚
via Firtaler 5 – ℰ 04 74 91 31 90 – www.sudtirol.com/letizia – Fax 04 74 91 33 72
13 cam ⌸ – ♥♥120/140 €
♦ Un piccolo e piacevole albergo nella zona residenziale del centro; si propone con una conduzione familiare diretta e coordinata dalla simpatica signora Letizia.

SAN CASCIANO DEI BAGNI – Siena (SI) – 563 N17 – 1 711 ab. 29 D3
– alt. 582 m – ⊠ 53040

▷ Roma 158 – Siena 90 – Arezzo 91 – Perugia 58

🏨 **Fonteverde** ॐ ≤ 🏊 🔲 ⊛ 🏠 � 🖥 🕹 🛖 𝗔𝗖 🏍 rist, ⑲ 🅿
località Terme 1 – ℰ 05 78 57 24 1 𝗩𝗜𝗦𝗔 ⓪ 𝗔𝗘 ① 🆚
– www.fonteverdespa.com – Fax 0 54 78 57 22 00
78 cam ⌸ – ♥280/350 € ♥♥360/500 € – 7 suites
Rist – *(chiuso la sera)* Menu 45 € (solo a buffet)
Rist Ferdinando I – *(chiuso a mezzogiorno)* Carta 58/73 €
♦ L'affascinante residenza medicea custodisce ambienti eleganti e camere in stile rinascimentale con bagni in marmo, ma dotate dei moderni confort. Proverbiali: le terme e il centro benessere. La cena è servita nell'elegante Ferdinando I: la cucina tradizionale si presenta accanto a piatti di ispirazione moderna.

🏨 **Sette Querce** 🖫 🕹 𝗔𝗖 🕻 𝗩𝗜𝗦𝗔 ⓪ 𝗔𝗘 🆚
viale Manciati 2 – ℰ 0 57 85 81 74 – www.settequerce.it – Fax 0 57 85 81 72
9 cam ⌸ – ♥100/130 € ♥♥130/230 € – ½ P 140/165 €
Rist Daniela – piazza Matteotti 7, ℰ 0 57 85 82 34 *(chiuso mercoledì e giovedì da novembre a marzo)* Carta 35/48 € (+10 %)
♦ All'ingresso del paese, un'antica locanda è diventata un accogliente albergo - praticamente privo di aree comuni - ma dotato di ampie camere con angolo cottura. Nei vecchi magazzini del castello, due ambienti rustici ed informali, dove gustare la sapida cucina del territorio.

a Celle sul Rigo Ovest : 5 km – 563 N17 – ⊠ 53040

✕✕ **Il Poggio** con cam ॐ ≤ 🚗 🖫 🔲 𝗔𝗖 🏍 ⑲ 🔊 🅿 𝗩𝗜𝗦𝗔 ⓪ 𝗔𝗘 ① 🆚
– ℰ 0 57 85 37 48 – www.ilpoggio.net – Fax 0 57 85 35 87 – chiuso dal 15 gennaio al 20 febbraio
5 cam ⌸ – ♥140/160 € ♥♥190/220 € – ½ P 130/145 €
Rist – *(chiuso martedì da aprile a settembre, anche lunedì, mercoledì, giovedì a mezzogiorno negli altri mesi)* Carta 29/48 € 🏵
♦ La tradizionale cucina del territorio è proposta attraverso i prodotti della stessa azienda agricola biologica: carni e ortaggi da gustare in un ambiente rustico e curato, nello scenario delle crete senesi. Cinque camere belle e spaziose per un meritato riposo.

SAN CASCIANO IN VAL DI PESA – Firenze (FI) – 563 L15 29 D3
– 16 966 ab. – alt. 306 m – ⊠ 50026 ▮ Toscana

▷ Roma 283 – Firenze 17 – Siena 53 – Livorno 84

🏨 **Villa il Poggiale** ≤ 🚗 🖫 🔲 🛖 𝗔𝗖 🏍 rist, ⑲ 🔊 🅿 𝗩𝗜𝗦𝗔 ⓪ 𝗔𝗘 🆚
via Empolese 69, Nord-Ovest : 1 km – ℰ 0 55 82 83 11 – www.villailpoggiale.it
– Fax 05 58 29 42 96 – chiuso febbraio
20 cam ⌸ – ♥130/180 € ♥♥150/240 € – 4 suites – ½ P 105/150 €
Rist – *(aprile-1° novembre) (chiuso a mezzogiorno) (solo per alloggiati)*
Menu 30 €
♦ Dimora storica cinquecentesca adagiata tra le colline del paesaggio toscano più tipico e affascinante. Un soggiorno da sogno, tra ambienti originali, a prezzi molto corretti. Dimora storica cinquecentesca adagiata tra le colline del paesaggio toscano più tipico e affascinante. Un soggiorno da sogno, tra ambienti originali, a prezzi molto corretti.

a Mercatale Sud-Est : 4 km : – ⊠ 50020

↑ **Agriturismo Salvadonica** senza rist ⅏ ⇚ 🚗 🔏 ※ ⒫ 🅟
VISA ⓿ 🆎 ⅙
via Grevigiana 82, Ovest : 1 km – 𝒞 05 58 21 80 39
– www.salvadonica.com – Fax 05 58 21 80 43 – 15 marzo-6 novembre
7 cam � – ♦85/120 € ♦♦120/130 € – 10 suites – ♦♦130/160 €
♦ Un'oasi di tranquillità e di pace questo piccolo borgo agrituristico fra gli olivi; semplicità e
cortesia familiare, in un ambiente rustico molto rilassante, accogliente.

a Cerbaia Nord-Ovest : 6 km – ⊠ 50020

XXXX **La Tenda Rossa** (Salcuni e Santandrea) 🅰🅲 VISA ⓿ 🆎 ⓿ ⅙
❀ piazza del Monumento 9/14 – 𝒞 0 55 82 61 32 – www.latendarossa.it
– Fax 0 55 82 52 10 – chiuso dal 4 al 18 gennaio, domenica, lunedì a
mezzogiorno
Rist – Menu 110 € – Carta 65/95 € ⅗
Spec. Sfera di "pan di fegato" farcita di albicocca con bocconcini di coniglio
mantecato al finocchio e tartufo nero di Norcia. Raviolini di rossetti e patata
in sfoglia al nero di seppia con salsa di patata al mandarino. Sandwich di
filetti di triglia con farcia di funghi su letto di cereali e puré di ceci.
♦ Se la ristorazione italiana è tradizionalmente familiare, qui sono persino tre le famiglie che
si occuperanno di voi: risultati moltiplicati, dal servizio ai piatti.

SAN CASSIANO = ST. KASSIAN – Bolzano – Vedere Alta Badia

SAN CESAREO – Roma (RM) – **563** Q20 – **12 407 ab.** – alt. 312 m   **13** C2
– ⊠ 00030

▶ Roma 33 – Avezzano 108 – Frosinone 55 – Latina 55

X **Osteria di San Cesario** con cam 🏠 🅰🅲 rist, VISA ⓿ 🆎 ⅙
via Corridoni 60 – 𝒞 06 95 87 9 50 – www.osteriadisancesario.it
– Fax 06 95 87 9 50 – chiuso dal 1° al 15 agosto, lunedì, anche domenica sera
da settembre a maggio
3 cam ⊐ – ♦♦80/90 €   **Rist** – Carta 30/65 € ⅗
♦ In centro paese, accogliente locale familiare di lunga tradizione, dove gustare i piatti della
vera cucina romano-laziale: ampia scelta di paste fatte in casa e tirate a mano, nonché buon
vino. Tre graziose camere di notevole ampiezza.

SAN CIPRIANO – Genova (GE) – **561** I8 – alt. 239 m – ⊠ 16010 Serra   **15** C1
Riccò

▶ Roma 511 – Genova 16 – Alessandria 75 – Milano 136

XX **Ferrando** 🚗 ※ ⇆ ⒫ VISA ⓿ ⅙
☺ via Carli 110 – 𝒞 0 10 75 19 25 – www.ristorante-ferrando.com
– Fax 01 07 26 80 71 – chiuso 10 giorni in gennaio, 20 giorni in luglio-agosto,
domenica sera, lunedì, martedì
Rist – Carta 25/33 €
♦ Alle pareti, stampe e fotografie raccontano la passione per il vino e per le sue diverse
varietà, mentre in cucina si traccia l'indelebile storia della cucina ligure. Bel giardino per un
aperitivo o un breve relax.

SAN CIPRIANO = ST. ZYPRIAN – Bolzano – Vedere Tires

SAN CIPRIANO PICENTINO – Salerno (SA) – **564** E26 – **6 699 ab.**   **7** C2
– ⊠ 84099

▶ Roma 288 – Napoli 78 – Salerno 26 – Torre del Greco 66

XX **Rispoli** 🚗 🏠 ※ ⒫ VISA ⓿ ⅙
via dei Tavoloni – 𝒞 0 89 86 21 90 – Fax 0 89 86 21 90 – chiuso dal 28 gennaio
al 4 febbraio, domenica sera, lunedì
Rist – Carta 49/61 € ⅗
♦ Ad un quarto d'ora circa da Salerno, un'antica proprietà semi-abbandonata è diventata
punto di ritrovo per irriducibili gourmet. Estro e passione sono alla base di una cucina che
rielabora antiche ricette con occhio critico e gusto moderno.

SAN CLEMENTE A CASAURIA (Abbazia di) – Pescara – **563** P23 📗 Italia
- 🔘 Abbazia★★ : ciborio★★★

SAN COSTANZO – Pesaro e Urbino (PU) – **563** K21 – **4 753 ab.**   **20** B1
- alt. 150 m – ✉ 61039

> ▶ Roma 268 – Ancona 43 – Fano 12 – Gubbio 96

🍴 **Da Rolando**   🍴 AK P. 🚗 VISA 🚗 AE ① ⑤
corso Matteotti 123 – ℰ 07 21 95 09 90 – www.darolando.it – Fax 07 21 95 09 90
– chiuso mercoledì
Rist – (consigliata la prenotazione) Menu 40/50 € – Carta 25/42 €
♦ Situato lungo la strada principale, presenta un menù con proposte gastronomiche stagionali a base di carne, funghi, tartufi e formaggi, legate alla tradizione marchigiana.

SAN DANIELE DEL FRIULI – Udine (UD) – **562** D21 – **8 084 ab.**   **10** B2
- alt. 252 m – ✉ 33038

> ▶ Roma 632 – Udine 27 – Milano 371 – Tarvisio 80
> 🛈 piazza Pellegrino 4 ℰ 0432 940765, info@infosandaniele.com,
> Fax 0432 940765

🏨 **Al Picaron** 🍃   ⬅ 🚗 🍴 🍴 🛗 🛗 AK ⑨ 🗽 P. VISA 🚗 AE ① ⑤
via S.Andrat 3, località Picaron, Nord : 1 km – ℰ 04 32 94 06 88
– www.alpicaron.it – Fax 04 32 94 06 70
35 cam 🖙 – ♦78/83 € ♦♦116 € – 1 suite – ½ P 83 €   **Rist** – Carta 26/47 €
♦ Sulla sommità di una collina, con bel panorama su San Daniele e sulla vallata, una piacevole struttura cinta da un ampio giardino. Gestione attenta. All'interno sala per la degustazione del mitico prosciutto locale.

🏠 **Alla Torre** senza rist   🛗 🛗 AK ⑨ VISA 🚗 AE ① ⑤
via del Lago 1 – ℰ 04 32 95 45 62 – www.hotellatorrefvg.it – Fax 04 32 94 27 63
26 cam 🖙 – ♦75 € ♦♦110 €
♦ Gestione familiare e ospitale in questo valido punto di riferimento, sia per clienti di lavoro che di passaggio qui per soste culinarie, in pieno centro.

🍴 **Da Scarpan**   AK 🍴 VISA 🚗 AE ① ⑤
via Garibaldi 41 – ℰ 04 32 94 30 66 – www.dascarpan.it – Fax 04 32 94 10 43
– chiuso dal 15 luglio al 10 agosto, martedì sera, mercoledì
Rist – Carta 21/35 €
♦ Un piatto di San Daniele sarà il miglior modo di iniziare il pasto. Situato in una stradina porticata del centro storico, saranno i piatti del territorio a farvi da guida turistica!

🍴 **Osteria la Pergola** con cam   🍴 🍴 cam, ⑨ P. VISA 🚗 AE ① ⑤
via Venezia 57/a – ℰ 04 32 95 49 09 – www.lapergolasandaniele.it
– Fax 04 32 94 22 98
8 cam 🖙 – ♦54/65 € ♦♦80/100 €
Rist – (prenotazione obbligatoria) Carta 29/39 €
♦ Ambiente rustico con il celebre prosciutto di San Daniele a salutare i clienti all'ingresso. D'inverno il quadro si fa ancora più ruspante con le zuppe esposte in sala. Cucina fondamentalmente di terra, ma non manca qualche piatto di pesce. Camere semplici dallo stile moderno ed essenziale.

SAN DESIDERIO – Genova – Vedere Genova

SAND IN TAUFERS = Campo Tures

SAN DOMINO (Isola) – Foggia – **564** B28 – Vedere Tremiti (Isole)

SAN DONÀ DI PIAVE – Venezia (VE) – **562** F19 – **40 014 ab.**   **35** A1
- ✉ 30027

> ▶ Roma 558 – Venezia 38 – Lido di Jesolo 20 – Milano 297

Forte del 48 🏨 ⚫ 🅱 🄰🄺 ⚫ 🎙 🏋 🅿 🆅🆂🅰 ⚫ 🄰🄴 ⓪ ⚫

via Vizzotto 1 – ℰ 042 14 40 18 – www.hotelfortedel48.com – Fax 0 42 14 42 44
46 cam ⚏ – ♦57/65 € ♦♦77/87 €
Rist – *(chiuso dal 26 dicembre al 10 gennaio, dal 7 al 22 agosto e domenica)*
Carta 24/41 €

♦ Al corpo storico dell'hotel si è aggiunta una struttura più recente. Poco lontano dal centro, nei pressi dell'ospedale, funzionali camere in parte da pocorinnovate. Ristorante dominato da un soffitto con lucernari in vetro, clima informale.

a Isiata Sud-Est : 4 km – ✉ 30027 San Donà Di Piave

✗ Ramon 🄰🄺 🅿 🆅🆂🅰 ⚫ 🄰🄴 ⓪ ⚫

via Tabina 61 – ℰ 04 21 23 90 30 – Fax 04 21 23 90 30 – chiuso dal 27 dicembre al 10 gennaio, dal 10 al 31 agosto, lunedì sera, martedì
Rist – Carta 23/45 €

♦ Villino vermiglio votato alla semplicità, tanto nell'arredo delle sale interne quanto nell'ambiente, familiare, dove soffermarsi a gustare specialità di pesce. Servizio estivo sotto un porticato.

SAN DONATO IN POGGIO – Firenze – **563** L15 – Vedere Tavarnelle Val di Pesa

---

SAN DONATO MILANESE – Milano (MI) – **561** F9 – 32 599 ab.   18 B2
– alt. 102 m – ✉ 20097

▶ Roma 566 – Milano 10 – Pavia 36 – Piacenza 57

Pianta d'insieme di Milano

🏨 Rege Hotel 🕍 🏋 🏨 🅱 🄰🄺 ⚫ 🎙 🏋 🅿 🆅🆂🅰 ⚫ 🄰🄴 ⓪ ⚫

via Milano 2, tangenziale Est,uscita strada statale Paullese
Ⓜ *San Donato Milanese – ℰ 02 51 62 81 84 – www.regehotel.it*
– Fax 02 51 62 82 16 – chiuso Natale e 2 settimane in agosto   CPe
102 cam ⚏ – ♦120/320 € ♦♦140/380 € – ½ P 100/230 €
Rist I Sapori de Milan – *(chiuso 3 settimane in agosto, sabato, domenica a mezzogiorno)* Carta 44/62 €

♦ Posizione davvero strategica per questo efficiente ed elegante hotel, di stile moderno, funzionale; offre camere spaziose e signorili, con accessori di qualità, completi. Ristorante che si propone con un ambiente di classe.

🏨 Santa Barbara 🕍 🏋 🏨 🅱 🄰🄺 ⚫ rist, 🎙 🏋 🅿 🆅🆂🅰 ⚫ 🄰🄴 ⓪ ⚫

piazzale Supercortemaggiore 4 – ℰ 02 51 89 11 – www.hotelsantabarbara.it
– Fax 0 25 27 91 69   CPu
158 cam ⚏ – ♦210 € ♦♦260 €
Rist – *(solo per alloggiati)* Carta 26/34 €

♦ In parte rinnovato nelle stanze e nelle zone comuni, un albergo con differenti livelli di confort; ideale per clienti di lavoro e di passaggio, comodo da raggiungere.

✗ I Tri Basei 🄰🄺 🆅🆂🅰 ⚫ 🄰🄴 ⚫

via Emilia 54 Ⓜ *San Donato Milanese – ℰ 02 39 98 12 38 – Fax 02 51 48 44*
– chiuso 1 settimana in agosto, sabato, domenica   CPr
Rist – Carta 22/29 €

♦ Sempre un gradevole indirizzo, semplice, frequentato in prevalenza da una clientela di lavoro soprattutto a pranzo; due salette, un dehors e piatti di tipo classico.

sull'autostrada A 1 - Metanopoli o per via Emilia

🏨 Crowne Plaza Milan Linate 🕍 🏋 🏨 🅱 🄰🄺 ⚫ rist, 🎙 🏋 🅿

via Adenauer 3 ✉ *20097 San Donato Milanese*   🆅🆂🅰 ⚫ 🄰🄴 ⓪ ⚫
– ℰ 02 51 60 01 – www.alliancealberghi.com – Fax 02 51 01 15   CPv
410 cam – ♦179/550 € ♦♦194/690 €, ⚏ 19 € – 26 suites
Rist Il Giardino – *(chiuso agosto)* Carta 42/55 €
Rist Il Buongustaio – Menu 21 €

♦ Ottime attrezzature per riunioni e congressi, valido punto di riferimento per clienti d'affari o di passaggio; zona notte moderna e funzionale, eleganti gli spazi comuni. Al Giardino, atmosfera elegante e piatti italiani. Al Buongustaio un ricco buffet sia a pranzo che a cena.

SAN DONATO VAL DI COMINO – Frosinone (FR) – 563 Q23   13 D2
– 2 133 ab. – alt. 728 m – ⊠ 03046

> ▶ Roma 127 – Frosinone 54 – Avezzano 57 – Latina 111

Villa Grancassa ⊗   ≤ 🕭 ⭐ 🌞 ⚜ 🖳 ᵬ rist, ♣ 🅿
via Roma 8 – ℰ 07 76 50 89 15   VISA ⓐ AE ⓞ ᵬ
– www.villagrancassa.com – Fax 07 76 50 89 14 – chiuso dal 26 gennaio al 5 febbraio e dal 5 al 15 ottobre
26 cam ⊇ – †50/70 € ††80/100 € – ½ P 55/65 €
Rist – *(chiuso a mezzogiorno escluso sabato e domenica)* Carta 21/38 €
♦ E' immersa nella tranquillità di un parco di piante secolari l'ottocentesca e suggestiva residenza al cui interno vanta corridoi e sale che parlano di storia. Servizio ristorante estivo in terrazza con vista; in sala ambienti signorili.

SANDRA' – Verona (VR) – 562 F14 – Vedere Castelnuovo del Garda

---

SANDRIGO – Vicenza (VI) – 562 F16 – 8 451 ab. – alt. 68 m – ⊠ 36066   37 A1

> ▶ Roma 530 – Padova 47 – Bassano del Grappa 20 – Trento 85

XX **Antica Trattoria Due Spade**   ᵬ ⇔ 🅿 VISA ⓐ ᵬ
via Roma 5 – ℰ 04 44 65 99 48 – www.duespade.com – Fax 04 44 75 81 82 – chiuso dal 1° al 7 gennaio, 15 giorni in agosto, lunedì sera e martedì
Rist – Carta 25/30 €
♦ Un'antica trattoria sorta in una vecchia stalla con porticato e vasta aia: il locale del "bacalà" per antonomasia! Dal 1880, diverse generazioni si sono succedute ai fornelli, deliziando i palati con la specialità facilmente intuibile della casa. In suo onore, è stato addirittura creato un semifreddo.

SAN FELE – Potenza (PZ) – 564 E28 – 3 563 ab. – alt. 967 m – ⊠ 85020   3 A1

> ▶ Roma 345 – Potenza 63 – Napoli 172 – Avellino 94

X **Tipicamente**   AC 🌞 VISA ⓐ AE ⓞ ᵬ
corso Umberto I 40 – ℰ 09 76 94 00 04 – Fax 09 76 94 00 04 – chiuso dal 1° al 15 ottobre e lunedì
Rist – *(consigliata la prenotazione)* Menu 25/45 € – Carta 29/37 €
♦ A due passi dal centro, ristorante di taglio moderno dalla giovane e motivata gestione: piatti del territorio in chiave moderna.

SAN FELICE CIRCEO – Latina (LT) – 563 S21 – 8 320 ab. – ⊠ 04017   13 C3

> ▶ Roma 106 – Frosinone 62 – Latina 36 – Napoli 141

Circeo Park Hotel   ≤ 🚗 ⭐ 🌊 🖳 ♣ AC 🌞 🛰 🖳 🅿
via lungomare Circe 49 – ℰ 07 73 54 88 14   VISA ⓐ ⓞ ᵬ
– www.circeopark.net – Fax 07 73 54 80 28 – marzo-ottobre
44 cam ⊇ – †70/220 € ††120/270 € – 2 suites – ½ P 95/170 €
Rist *La Stiva* – ℰ 07 73 54 72 76 – Carta 48/78 €
♦ Moderno nelle forme e nei materiali ma anche vicino al mare, hotel dotato e di strutture per attività congressuali. Lussureggiante giardino di palme e pini marittimi. Ristorante che si estende luminoso e bianco lungo la spiaggia.

a Quarto Caldo Ovest : 4 km – ⊠ 04017 San Felice Circeo

Punta Rossa ⊗   ≤ 🚗 🌊 🖳 AC 🌞 ♣ 🅿 VISA ⓐ AE ⓞ ᵬ
via delle Batterie 37 – ℰ 07 73 54 80 85 – www.puntarossa.it – Fax 07 73 54 80 75 – marzo-novembre
34 cam ⊇ – †200/290 € ††260/370 € – 7 suites – ½ P 150/225 €
Rist – Carta 50/65 €
♦ Sulla scogliera, con giardino digradante a mare, il luogo ideale per chi sia alla ricerca di una vacanza isolata, sul promontorio del Circeo; linee mediterranee e relax. Al ristorante una tavola panoramica da sogno.

SAN FELICE DEL BENACO – Brescia (BS) – 561 F13 – 3 360 ab.   17 D1
– alt. 119 m – ⊠ 25010

> ▶ Roma 544 – Brescia 36 – Milano 134 – Salò 7

922

🏨 **Garden Zorzi** ⚘ ← 🚗 AC rist. ¶ 🅿 VISA ⊕ ₺
viale delle Magnolie 10, località Porticcioli, Nord : 3,5 km – ✆ *03 65 52 14 50*
– www.hotelzorzi.it – Fax 0 36 54 14 89 – 28 marzo-4 ottobre
26 cam – †60/70 € ††90/150 €, ⊇ 10 € – ½ P 70/100 €
Rist – *(solo per alloggiati)*
♦ Una terrazza-giardino sul lago, una bella vista sulla cittadina di Salò, un punto d'attracco privato; in un albergo tranquillo e con un'atmosfera e gestione familiari.

a Portese Nord : 1,5 km – ✉ 25010 San Felice Del Benaco

🏨 **Bella Hotel e Leisure** ⚘ ← 🚗 🏠 🏊 🍽 AC ¶ 🅿
via Preone 6 – ✆ *03 65 62 60 90* VISA ⊕ AE ① ₺
– www.bellahotel.com – Fax 03 65 55 93 58
– chiuso dal 28 dicembre al 1° marzo
22 cam ⊇ – †70/100 € ††110/150 € – ½ P 75/100 € **Rist** – Carta 28/80 €
♦ Un piccolo hotel, affacciato sull'acqua, con andamento familiare e buon confort nelle stanze e nelle aree comuni, esterne; offre un servizio estivo in terrazza sul lago. Dalle raffinate sale da pranzo, una meravigliosa vista panoramica attraverso le ampie vetrate.

SAN FELICIANO – Perugia – **563** M18 – Vedere Magione

SAN FLORIANO (OBEREGGEN) – Bolzano (BZ) – **562** C16 **31** D3
– alt. 1 512 m – Sport invernali : 1 357/2 500 m ⛷ 1 ⛷7 (Comprensorio Dolomiti superski Obereggen) ⛷ *– ✉ 39050 Ponte Nova*

  ▶ Roma 666 – Bolzano 22 – Cortina d'Ampezzo 103 – Milano 321

  ℹ località Obereggen 16 Nova Ponente ✆ 0471 615795, info@eggental.com, Fax 0471 615848

🏨 **Sonnalp** ⚘ ← 🔲 ⊕ 🕍 ⅃₆ 🛗 ₺ 🍽 ¶ 🚗 VISA ⊕ ₺
– ✆ *04 71 61 58 42 – www.sonnalp.com – Fax 04 71 61 59 09 – 5 dicembre-11 aprile e 5 giugno-3 ottobre*
32 cam ⊇ – †115/134 € ††186/224 € – 6 suites – ½ P 113/132 €
Rist – Carta 46/70 €
♦ Gestione familiare, sempre presente e professionale, camere spaziose con balcone direttamente sulle piste da sci e sui prati, ben soleggiate e con il massimo del confort.

🏨 **Cristal** ⚘ ← 🔲 ⊕ 🕍 ⅃₆ 🛗 ♣♣ AC rist. 🍽 ¶ 🚗 VISA ⊕ ₺
Obereggen 31 – ✆ *04 71 61 55 11 – www.hotelcristal.com – Fax 04 71 61 55 22*
– 6 dicembre-6 aprile e 6 giugno-5 ottobre
48 cam ⊇ – †84/143 € ††124/268 € – 2 suites – ½ P 82/154 €
Rist – Carta 34/50 €
♦ Belle stanze moderne, con arredi in legno di cirmolo e larice, piacevolmente accessoriate; molte zone relax per il trattamento del corpo e dello spirito, conduzione seria. La cucina rivela una notevole cura e fantasia.

🏨 **Maria** ← 🚗 🕍 ⅃₆ 🛗 ♣♣ 4/ 🍽 rist. ¶ 🅿 🚗 VISA ⊕ ₺
Obereggen 12 – ✆ *04 71 61 57 72 – www.hotel-maria.it – Fax 04 71 61 56 94*
– dicembre-aprile e giugno-15 ottobre
22 cam – 1 suite – solo ½ P 75/169 € **Rist** – *(solo per alloggiati)*
♦ Quasi un'abitazione privata dall'esterno: una tipica costruzione di queste valli, amorevolmente tenuta e condotta dalla famiglia dei proprietari; presso le piste da sci.

🏨 **Royal** ⚘ 🔲 🕍 🛗 AC rist. 🍽 ¶ 🅿 🚗 VISA ₺
Obereggen 32 – ✆ *04 71 61 58 91 – www.h-royal.com – Fax 04 71 61 58 93*
– 5 dicembre-25 aprile e 20 maggio-10 ottobre
21 cam – solo ½ P 60/70 € **Rist** – *(chiuso a mezzogiorno) (solo per alloggiati)*
♦ Nei pressi degli impianti di risalita, un tipico albergo di montagna, ben condotto e ordinato, confortevole sia nel settore notte che nelle aree comuni.

🏠 **Bewallerhof** ⚘ ← 🚗 🅿 VISA ⊕ AE ① ₺
verso Pievalle, Nord-Est : 2 km – ✆ *04 71 61 57 29 – www.bewallerhof.it*
– Fax 04 71 61 58 40 – chiuso maggio e novembre
18 cam – solo ½ P 65/70 € **Rist** – *(solo per alloggiati)*
♦ Una gradevole casa circondata dal verde e con una notevole vista sulle vette che creano un suggestivo scenario; ambiente tirolese curato, per sentirsi come a casa.

SAN FOCA – Lecce – **564** G37 – **Vedere Melendugno**

SAN FRANCESCO AL CAMPO – Torino (TO) – **561** G4 – 4 719 ab.   22 B2
– alt. 324 m – ✉ 10070

▶ Roma 703 – Torino 24 – Alessandria 123 – Asti 88

Furno ⟍   🚗 🛋 🕃 ৬ ☆☆ 🅰🅲 🛜 ⚲ 🅿 🆅🆂🅰 ⊙⊙ 🅰🅴 ① 🅖
via Roggeri 2 – ℰ *01 19 27 49 00* – *www.romantikotelfurno.it*
– *Fax 01 19 27 93 80* – *chiuso dal 10 al 31 agosto*
33 cam ⊆ – ♦99/115 € ♦♦145/200 €
Rist _Restaurant Relais_ – *(chiuso sabato a mezzogiorno escluso da giugno a settembre)* Carta 33/50 €

♦ La famiglia è da sempre nel mondo del turismo ed ha realizzato con questo hotel il proprio sogno: signorile e molto tranquillo dispone di ambienti arredati con mobili d'epoca e personalità. Negli spazi dai soffitti ad archi, in un'intima saletta o nel fresco del giardino, specialità di pesce e piatti tipici piemontesi.

SAN GENESIO – Bolzano (BZ) – **562** C16 – 1 277 ab. – alt. 1 353 m   31 C1
– ✉ 39050

▶ Roma 643 – Bolzano 9 – Trento 66

Belvedere Schoenblick ⟍   ≼ 🚗 🛋 ⼛ 🕅 🛋 ☆☆ ⼺ ⼼ rist, 🛜
via Pichl 15 – ℰ *04 71 35 41 27*   🅿 🆅🆂🅰 ⊙⊙ 🅖
– *www.schoenblick-belvedere.com* – *Fax 04 71 35 42 77* – *chiuso dal 10 gennaio al 20 marzo*
28 cam ⊆ – ♦73/92 € ♦♦112/180 € – 2 suites – ½ P 76/102 €
Rist – *(chiuso giovedì)* Carta 24/32 €

♦ In posizione panoramica, vanta una gestione familiare giunta alla terza generazione; di recente rinnovato ed ampliato dispone di ampie camere luminose e una nuova beauty farm. Cucina prevalentemente del territorio servita in diverse sale e in una piccola stube.

Antica Locanda al Cervo-Landgasthof zum Hirschen   ≼
via Schrann 9/c   🛋 🕅 🕃 💱 rist, 🛜 ⼼ 🅿 🆅🆂🅰 ⊙⊙ 🅖
– ℰ *04 71 35 41 95* – *www.hirschenwirt.it* – *Fax 04 71 35 40 58* – *chiuso febbraio e marzo*
21 cam – ♦57/75 € ♦♦85/124 €, ⊆ 7 € – ½ P 60/70 €
Rist – *(chiuso mercoledì da novembre a giugno)* Carta 27/36 €

♦ I sessanta cavalli del maneggio rendono la locanda un indirizzo ideale per gli appassionati di equitazione. Affidabile e calorosa gestione familiare. Attenzioni particolari sono rivolte all'appetito e al palato della clientela.

SAN GIACOMO DI ROBURENT – Cuneo (CN) – **561** J5   23 C3
– alt. 1 011 m – Sport invernali : 1 011/1 610 m ⼳8, ⼲ – ✉ 12080 Roburent

▶ Roma 622 – Cuneo 52 – Savona 77 – Torino 92

Nazionale   🚗 🕃 💱 rist, 🅿 🆅🆂🅰 ⊙⊙ 🅰🅴 ① 🅖
via Sant'Anna 111 – ℰ *01 74 22 71 27* – *www.albergonazionale.cn.it*
– *Fax 01 74 22 71 27* – *chiuso dal 1° novembre al 20 dicembre*
33 cam – ♦45/55 € ♦♦85/110 €, ⊆ 5 € – ½ P 65/90 €   **Rist** – Carta 17/31 €

♦ Risorsa familiare recentemente ristrutturata e tinteggiata con colori allegri e riposanti, dispone di ampie camere e spazi comuni accoglienti. Il ristorante pizzeria propone piatti semplici e proposte gastronomiche legate al territorio.

Valentine   🕅 💱 ⇆ 🅿 🆅🆂🅰 ⊙⊙ ① 🅖
via Tetti 15 – ℰ *01 74 22 70 13* – *www.valentineristorante.it* – *Fax 01 74 22 71 72*
– *chiuso novembre, maggio, martedì e mercoledì in luglio agosto; anche i mezzogiorno di lunedì, giovedì e venerdì negli altri mesi*
Rist – Menu 35/50 € – Carta 43/60 €

♦ Con un nome così romantico, gli ambienti non potevano essere da meno: *boiserie*, pitture e sculture in uno chalet di lusso sullo sfondo della valle incorniciata dalle Alpi. La cucina è grande come le montagne di queste parti: moderna e raffinata.

▶ Roma 268 – Firenze 57 – Siena 42 – Livorno 89

🄸 piazza Duomo 1 ℰ 0577 940008, prolocsg@tin.it,
Fax 0577 940903

🄾 Località★★★ – Piazza della Cisterna★★ – Piazza del Duomo★★:
affreschi★★ di Barna da Siena nella Basilica di S. Maria Assunta★,
≼★★ dalla torre del palazzo del Popolo★ **H** – Affreschi★★ di Benozzo
Gozzoli nella chiesa di S. Agostino

🏠🏠🏠 **La Collegiata** ⬳   ≼ 🚗 🕭 🕱 ⌁ 🛗 AC ℀ rist, ℡ 🅿 VISA ◍ AE 🎗
località Strada 27, 1,5 km per ①
– ℰ 05 77 94 32 01
– www.lacollegiata.it
– Fax 05 77 94 05 66
– *aprile-dicembre*
20 cam – ♦150/250 € ♦♦210/600 €, ⊡ 20 € – 1 suite
– ½ P 175/370 €
Rist – Carta 38/64 € ⅋

♦ Convento francescano cinquecentesco, edificio rinascimentale con giardino all'italiana, raffinato e curato in ogni particolare, in amena quiete. Per un soggiorno da favola. Ambiente
suggestivo ed elegante per pasteggiare immersi nella storia.

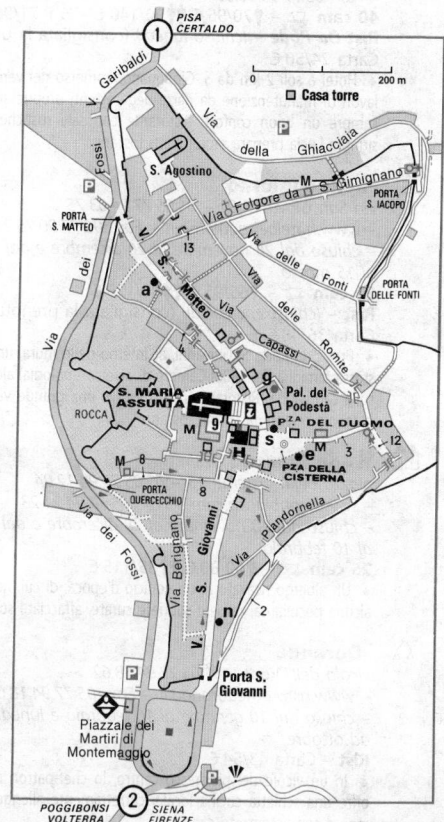

Circolazione
stradale regolamentata nel centro città

SAN GIMIGNANO

L'Antico Pozzo senza rist 🛉 ₺ 🖎 ℁ "¶" 𝘝𝘐𝘚𝘈 ⓦ ⓪ ⓢ

via San Matteo 87 – ℰ 05 77 94 20 14
– www.anticopozzo.com – Fax 05 77 94 21 17
– chiuso dal 20 gennaio al 20 febbraio
18 cam ⌧ – †85/100 € ††110/180 €   **a**

◆ Atmosfera elegante in un palazzo del '400 nel cuore del centro storico: stanze affrescate con pavimenti in cotto e ambienti di raffinato buon gusto. In estate, la prima colazione è servita nella corte interna.

La Cisterna ≤ 🛱 🛉 🖎 cam, 𝘝𝘐𝘚𝘈 ⓦ 🄰🄴 ⓪ ⓢ

piazza della Cisterna 24 – ℰ 05 77 94 03 28
– www.hotelcisterna.it – Fax 05 77 94 20 80
– chiuso dal 7 gennaio al 15 marzo   **e**
49 cam ⌧ – †60/78 € ††80/150 € – ½ P 73/98 €
Rist *– (chiuso martedì, mercoledì a mezzogiorno)* Carta 24/37 €

◆ Nell'omonima e vivace piazza, all'interno di un edificio medievale, uno storico albergo, "mosso" su vari corpi, panoramico e con una suggestiva sala in stile trecentesco. Al ristorante, la favolosa vista accompagna una gustosa cucina del territorio: difficile scegliere chi delle due sia la migliore!

Sovestro 🚗 🛱 🗋 🛉 ₺ 🖎 "¶" 🕽 🄿 ⊜ 𝘝𝘐𝘚𝘈 ⓦ 🄰🄴 ⓪ ⓢ

località Sovestro 63, Est : 2 km – ℰ 05 77 94 31 53 – www.hotelsovestro.com
– Fax 05 77 94 30 89
40 cam ⌧ – †70/95 € ††90/140 € – ½ P 71/96 €
Rist *Da Pode – (chiuso lunedì)* (consigliata la prenotazione)
Carta 24/50 €

◆ Hotel a soli 2 km da S. Gimignano, immerso nel verde della campagna senese: i continui lavori di manutenzione da parte degli attenti proprietari fanno sì che la struttura garantisca sempre un buon confort. Ristorante con sale rustiche e dehors in terrazza, ai fornelli la signora Lucia prepara sapidi piatti toscani.

Bel Soggiorno ≤ 🛉 🖎 ℁ 𝘝𝘐𝘚𝘈 ⓦ 🄰🄴 ⓪ ⓢ

via San Giovanni 91 – ℰ 05 77 94 03 75
– www.hotelbelsoggiorno.it – Fax 05 77 90 75 21
– chiuso dal 20 novembre al 26 dicembre e dal 15 febbraio
al 15 marzo   **n**
21 cam ⌧ – †65/95 € ††90/120 €
Rist *– (chiuso mercoledì)* (consigliata la prenotazione la sera)
Carta 36/48 €

◆ Presso la Porta S. Giovanni, all'interno delle mura, un confortevole hotel di proprietà della stessa famiglia dal 1886! Camere di diversa tipologia, alcune dotate di bella terrazza con vista sulla campagna. Ristorante rustico, dove una grande vetrata regala un pregevole panorama; la tavola celebra la cucina toscana.

Leon Bianco senza rist 🛵 🛉 🖎 ℁ 𝘝𝘐𝘚𝘈 ⓦ 🄰🄴 ⓪ ⓢ

piazza della Cisterna 13 – ℰ 05 77 94 12 94
– www.leonbianco.com – Fax 05 77 94 21 23
– chiuso dal 20 novembre al 28 dicembre e dal 7 gennaio
al 10 febbraio   **s**
25 cam ⌧ – †60/80 € ††85/115 €

◆ Un albergo ricavato in un edificio d'epoca, di cui, nelle aree comuni soprattutto, conserva alcune peculiarità; camere sobrie e curate, affacciate sulla magnifica piazza.

Dorandò 🖎 ℁ ⇄ 𝘝𝘐𝘚𝘈 ⓦ 🄰🄴 ⓪ ⓢ

vicolo dell'Oro 2 – ℰ 05 77 94 18 62
– www.ristorantedorando.it – Fax 05 77 94 18 62
– chiuso dal 10 gennaio al 10 febbraio e lunedì escluso da Pasqua
ad ottobre   **g**
Rist – Carta 43/54 €

◆ In un vicolo del pittoresco centro, lo chef-patron rispolvera antichi ricettari regionali ed offre una schietta cucina locale, correttamente alleggerita. La carta dei vini parla esclusivamente con accento toscano.

verso Certaldo

Villasanpaolo Hotel ⟨⟨ 🚗 🏠 🏊 🎱 🛗 🏋 ⚙ 🏧 ⟨⟨ rist, ⟨⟨
località Casini, 5 km per ① ✉ *53037* 🏋 **P** 𝗩𝗜𝗦𝗔 ⑩ 𝗔𝗘 ⟨
– ☎ 05 77 95 51 00 – www.villasanpaolo.com – Fax 05 77 95 51 13 – chiuso dal
1° gennaio all'11 febbraio
72 cam � – ♦130/180 € – ♦♦180/280 € – 6 suites
Rist *Lampolla* – (chiuso a mezzogiorno) Carta 45/61 € 🍷
♦ In un superbo contesto panoramico e collinare, armoniosa fusione di moderno e tipico
arricchito da una esposizione permanente di dipinti anni '70. Nuovo centro benessere. Al ristorante lo stesso stile e design dell'hotel e nel piatto sapori locali quasi esclusivamente biologici.

Le Renaie ⟨⟨ 🚗 🏠 🏊 🛗 🏧 cam, ⟨⟨ rist, **P** 𝗩𝗜𝗦𝗔 ⑩ 𝗔𝗘 ⟨
località Pancole 10/b, 6 km per ① ✉ *53037 Pancole* – ☎ 05 77 95 50 44
– www.hotellerenaie.it – Fax 05 77 95 51 26 – chiuso gennaio e febbraio
25 cam ⊲ – ♦72/87 € – ♦♦96/142 €
Rist *Leonetto* – ☎ 05 77 95 50 72 – Carta 27/37 € 🍷
♦ La vecchia casa colonica, immersa nella tranquilla campagna senese, si è trasformata in
un hotel dallo stile sobrio, ma con tocchi di ricercatezza: colori tenui e stanze ben accessoriate per un relax a 360°. Curato ristorante con caminetto, cucina del territorio e vini locali.

Agriturismo Il Casale del Cotone ⟨⟨ 🚗 🏠 🏊 ⟨⟨ rist, **P**
via Cellole 59, 3 km per ① ✉ *53037 San Gimignano* 𝗩𝗜𝗦𝗔 ⑩ 𝗔𝗘 ⟨
– ☎ 05 77 94 32 36 – www.casaledelcotone.com – Fax 05 77 94 03 12 – chiuso
dal 2 novembre al 23 dicembre
19 cam ⊲ – ♦65/80 € – ♦♦90/130 € – ½ P 90/100 €
Rist – (chiuso a mezzogiorno) (prenotare) (solo per alloggiati) 35 € bc
♦ Camere dagli arredi rustici ma curati, in un complesso rurale di fine '600 cinto da 30 ettari
di vigneti ed uliveti. La maggior parte delle stanze gode di una meravigliosa vista panoramica sulle colline circostanti.

Agriturismo Il Rosolaccio ⟨⟨ ⟨⟨ 🚗 🏠 🏊 ⟨⟨ rist, ⟨⟨ **P**
località Capezzano ✉ *53037 San Gimignano* 𝗩𝗜𝗦𝗔 ⑩ 𝗔𝗘 ⟨
– ☎ 05 77 94 44 65 – www.rosolaccio.com – Fax 05 77 94 44 67 – marzo-
4 novembre
6 cam ⊲ – ♦97 € – ♦♦97/110 € – ½ P 80 €
Rist – (chiuso martedì e mercoledì) (chiuso a mezzogiorno) (solo per alloggiati)
Menu 30 €
♦ Quasi fuori dal mondo, nella più bella campagna toscana, in una posizione dominante e
tranquilla, un casolare che, nella propria eleganza, conserva un'agreste rusticità.

Agriturismo Fattoria Poggio Alloro ⟨⟨ ⟨⟨ 🚗 🏠 🏊 ⟨⟨ **P**
via Sant'Andrea 23 località Ulignano, 5 km per ⑤ ✉ *53037* 𝗩𝗜𝗦𝗔 ⑩ ⟨
San Gimignano – ☎ 05 77 95 01 53 – www.fattoriapoggioalloro.com
– Fax 05 77 95 02 90 – chiuso dal 7 al 31 gennaio
10 cam ⊲ – ♦♦86/99 € – ½ P 73/85 €
Rist – (chiuso a mezzogiorno) (solo per alloggiati) Menu 30 € bc/40 € bc
♦ L'agriturismo per antonomasia: un'azienda - in questo caso biologica - per la produzione
di olio e l'allevamento di bovini di razza Chianina. Il tutto riproposto in tavola con un menu
ogni giorno diverso, accompagnato da vini di produzione propria. Splendida vista sulla campagna e sulle celebri torri.

SANGINETO LIDO – Cosenza (CS) – **564** I29 – **1 521 ab.** – ✉ 87020   **5** A1
▶ Roma 464 – Cosenza 66 – Catanzaro 125

Convito 🏧 ⟨⟨ 𝗩𝗜𝗦𝗔 ⑩ 𝗔𝗘 ⑩ ⟨
località Pietrabianca 11, Est : 1 km – ☎ 0 98 29 63 33 – www.convito.it
– Fax 0 98 29 63 33 – chiuso novembre e martedì
Rist – (prenotazione obbligatoria) Carta 29/44 €
♦ A poche centinaia di metri dal mare - lungo la strada per Sangineto - un localino con
cucina di terra, fragrante e appetitosa, nonché specialità di pesce nel fine settimana. Arredi
classici, atmosfera familiare.

SAN GIORGIO = ST. GEORGEN – Bolzano – **562** B17 – Vedere Brunico

SAN GIORGIO CANAVESE – Torino (TO) – **561** F5 – **2 577 ab.**   22 B2
– alt. 300 m – ⌂ 10090

> ▶ Roma 704 – Torino 38 – Alessandria 115 – Novara 87

🏠 **Foresteria del Castello** senza rist ⌂   ⟨ ◐ ଐ ♿ ⚐ ⋯ **P**
via Biandrate 31 – ℰ 01 24 45 07 38   **VISA ◍ AE ① ⑤**
– www.foresteriadelcastello.it – Fax 01 24 45 05 98
10 cam ⌑ – ♦120/150 € ♦♦180/210 €
♦ Sontuosa dimora ricavata nella parte più antica del complesso e recentemente riportata al suo originario splendore. Ideale per un soggiorno di relax o per meeting di lavoro.

SAN GIORGIO DI LIVENZA – Venezia – Vedere Caorle

SAN GIORGIO DI VALPOLICELLA – Verona (VR) – Vedere Sant' Ambrogio di Valpolicella

---

SAN GIOVANNI – Livorno – Vedere Elba (Isola d'): Portoferraio

---

SAN GIOVANNI AL NATISONE – Udine (UD) – **562** E22 – **6 038 ab.**   11 C2
– alt. 66 m – ⌂ 33048

> ▶ Roma 653 – Udine 18 – Gorizia 19

XXX **Campiello** con cam   🏠 ♿ 𝗔𝗖 ⅍ cam, ⚐ **P VISA ◍ AE ① ⑤**
via Nazionale 40 – ℰ 04 32 75 79 10 – www.ristorantecampiello.it
– Fax 04 32 75 74 26 – chiuso dal 23 dicembre al 3 gennaio, dal 6 al 27 agosto, sabato a mezzogiorno, domenica
17 cam – ♦75 € ♦♦110 €, ⌑ 10 €
Rist – Carta 35/70 € ⅋
Rist *Hosteria Campiello* – Carta 23/35 €
♦ Accomodatevi in questa sala, recentemente rinnovata, per gustare le curiose e originali prelibatezze che provengono dal mare. Le camere, moderne e ben tenute, sono ottime per una clientela di lavoro o turistica. All'Hosteria wine-bar, invece, l'atmosfera è più informale e i piatti regionali, più semplici.

SAN GIOVANNI D'ASSO – Siena (SI) – **563** M16 – **921 ab.**   29 C2
– alt. 322 m – ⌂ 53020

> ▶ Roma 209 – Siena 42 – Arezzo 58 – Firenze 110

🏠 **La Locanda del Castello** ⌂   🛏 𝗔𝗖 cam, ⚐ **VISA ◍ AE ① ⑤**
piazza Vittorio Emanuele II 4 – ℰ 05 77 80 29 39
– www.lalocandadelcastello.com – Fax 05 77 80 29 42
10 cam ⌑ – ♦100/180 € ♦♦120/190 €
Rist – Carta 32/46 €
♦ In centro, adiacente al castello, una nuova risorsa ricca di fascino e storia. Camere accoglienti, ricche di colori, con pavimenti in legno. Sala ristorante affascinante, con menù di stagione a base di tartufo.

a Montisi Est : 7 km – ⌂ 53020

🏠 **La Locanda di Montisi** senza rist ⌂   **VISA ◍ AE ⑤**
via Umberto 1° 39 – ℰ 05 77 84 59 06 – www.lalocandadimontisi.it
– Fax 05 77 84 58 21
7 cam ⌑ – ♦70 € ♦♦90 €
♦ In un borgo di pietra e mattoni, nel tipico paesaggio naturalistico toscano, un edificio del '700 con un salone caratteristico e camere con pavimenti in cotto e travi a vista.

SAN GIOVANNI IN CROCE – Cremona (CR) – **561** G13 – **1 860 ab.**   17 C3
– alt. 28 m – ⌂ 26037

> ▶ Roma 490 – Parma 37 – Cremona 30 – Mantova 45

Locanda Ca' Rossa ⚘   🛏 🗜 ⁿ 🅟 🅿
via Palvarino 5 – ☎ 037 59 10 69   VISA 🆎 AE ① ⑤
– www.locandacarossa.it – Fax 03 75 31 20 90 – chiuso dal 23 dicembre al
5 gennaio e 3 settimane in agosto
14 cam 🖙 – †65/75 € ††95 €
Rist – (chiuso domenica sera e lunedì) Carta 41/67 €
◆ Casa padronale del XVIII sec. divenuta un piccolo albergo pieno di fascino, all'interno di un'oasi di tranquillità situata a fianco al Parco Villa Medici del Vascello. Piatti creativi nelle sale del moderno ristorante.

SAN GIOVANNI IN FIORE – Cosenza (CS) – 564 J32 – 18 229 ab.   5 B2
– ⊠ 87055

🔲 Roma 582 – Cosenza 58 – Catanzaro 75 – Crotone 54

✗✗   **L'Antico Borgo**   AE ⑤ ⇔ 🅿 VISA 🆎 AE ① ⑤
🐾   via Salvatore Rota 3 – ☎ 09 84 99 28 39 – Fax 09 84 97 51 02
Rist – Carta 17/26 €
◆ Non aspettatevi di trovarlo nel centro storico, il borgo è stato riscostruito all'interno di uno spazio chiuso. Tutto è nuovo e scenografico, non reale ma molto originale.

SAN GIOVANNI IN MARIGNANO – Rimini (RN) – 562 K20
– 8 740 ab. – alt. 29 m – ⊠ 47842   9 D2

🔲 Roma 310 – Rimini 21 – Ancona 85 – Pesaro 20

✗✗   **Il Granaio**   & AE ⑤ VISA AE ① ⑤
via R. Fabbro 18 – ☎ 05 41 95 72 05 – chiuso martedì
Rist – (consigliata la prenotazione) Carta 27/36 €
◆ Un tempo i locali erano destinati alla fermentazione dei mosti o al deposito del vino, oggi un allegro caminetto riscalda questo ristorante, in cui trovare piatti di ispirazione regionale.

SAN GIOVANNI IN PERSICETO – Bologna (BO) – 562 I15   9 C3
– 26 264 ab. – alt. 21 m – ⊠ 40017

🔲 Roma 392 – Bologna 21 – Ferrara 49 – Milano 193

✗   **Osteria del Mirasole**   AE ⇔ VISA 🆎 AE ⑤
via Matteotti 17/a – ☎ 0 51 82 12 73 – Fax 0 51 82 31 98
– chiuso dal 10 al 20 luglio e lunedì
Rist – (chiuso a mezzogiorno escluso i giorni festivi) (prenotazione obbligatoria)
Carta 41/51 €
◆ A pochi passi dal Duomo, una piccola osteria stretta e allungata con una profusione di legni scuri, vecchie foto, utensili vari; sul fondo, una piccola brace. Menù vario.

✗   **Giardinetto**   AE VISA 🆎 AE ① ⑤
circonvallazione Italia 20 – ☎ 0 51 82 15 90 – www.ristorantegiardinetto.it
– Fax 0 51 82 15 90 – chiuso dal 16 agosto al 2 settembre e lunedì
Rist – Carta 34/51 €
◆ Graziose decorazioni in stile liberty all'esterno, preziosi arredi di fine '800 all'interno ed una sana conduzione familiare con le donne intente a tirar la pasta. Oggi, dalla sala è Nicoletta che ne continua la saga. Ormai un'istituzione gastronomica in loco.

SAN GIOVANNI LA PUNTA – Catania – 365 AZ58 – Vedere Sicilia alla fine
dell'elenco alfabetico

SAN GIOVANNI LUPATOTO – Verona (VR) – 562 F15 – 23 177 ab.   37 B3
– alt. 42 m – ⊠ 37057

🔲 Roma 507 – Verona 9 – Mantova 46 – Milano 157

✗✗   **Alla Campagna** con cam   🛏 & rist, AE ⁿ 🅿 🚗 VISA 🆎 AE ① ⑤
via Bellette 28, Ovest : 1 km – ☎ 0 45 54 55 13 – www.hotelallacampagna.com
– Fax 04 59 25 06 80
13 cam 🖙 – †55/70 € ††80/110 € – ½ P 60/80 €
Rist – (chiuso domenica) Carta 22/48 €
◆ Una sala dall'arredamento classico dove viene proposta una creativa cucina mediterranea e vegetariana e vengono organizzate settimane gastronomiche a tema. Fiori e cioccolatini nelle camere per rilassarsi gustando il dolce più goloso e vivere un soggiorno indimenticabile.

SAN GIOVANNI ROTONDO – Foggia (FG) – **564** B29 – **26 822 ab.**   **26** A1
– alt. 557 m – ✉ 71013

▶ Roma 352 – Foggia 43 – Bari 142 – Manfredonia 23

🖸 piazza Europa 104 ℰ0882 456240, sangiovannirotondo@
pugliaturismo.com, Fax 0882 456240

🏨🏨🏨 **Grand Hotel Degli Angeli**   ⩽ 🚗 ⌱ 🕮 🕎 ⚿ 📶 ◖ 📶 📇 🚗
prolungamento viale Padre Pio – ℰ 08 82 45 46 46   ᴠɪsᴀ 🆖 ᴀᴇ ❶ 🜚
– *www.grandhoteldegliangeli.it* – *Fax 08 82 45 46 45* – *chiuso dal 12 dicembre
al 28 febbraio*
107 cam � – ♥100 € ♥♥130 €   **Rist** – Carta 30/40 €
♦ Ubicato alle porte della località, poco distante dal Santuario, hotel signorile a gestione
familiare dotato di un ottimo livello di confort generale. Al ristorante: sala rosa per la carta,
verde per i gruppi.

🏨🏨 **Le Terrazze sul Gargano**   ⩽ 📶 🕭 🕮 ⚿ 🕎 📶 🚗
🍴 *via San Raffaele 9* – ℰ 08 82 45 78 83   ᴠɪsᴀ 🆖 ᴀᴇ ❶ 🜚
🍽 – *www.leterrazzesulgargano.it* – *Fax 08 82 45 90 08*
31 cam ⊆ – ♥58 € ♥♥80 € – ½ P 55 €
Rist – *(chiuso dal 10 gennaio al 28 febbraio)* Carta 20/35 €
♦ Vicino al santuario e all'Ospedale di Padre Pio (raggiungibili a piedi), una piacevole struttura in posizione panoramica e tranquilla sulle pendici del monte. Specialità locali e cucina
mediterranea al ristorante.

🏨🏨 **Cassano**   📶 🕭 cam, 🕮 ⚿ 🕎 🚗 ᴠɪsᴀ 🆖 ᴀᴇ ❶ 🜚
🍽 *viale Cappuccini 115* – ℰ 08 82 45 49 21 – *www.hotelcassano.it*
– *Fax 08 82 45 76 85* – *chiuso dall'11 dicembre al 2 febbraio*
20 cam – ♥38/60 € ♥♥58/75 €, ⊆ 8 €   **Rist** – Carta 17/37 €
♦ A pochi passi dal Santuario di Padre Pio e dall'Ospedale, hotel di dimensioni contenute e
di taglio contemporaneo, con servizi e confort di ottima qualità.

SAN GIULIANO MILANESE – Milano (MI) – **561** F9 – **35 174 ab.**   **18** B2
– alt. 97 m – ✉ 20098

▶ Roma 562 – Milano 12 – Bergamo 55 – Pavia 33

🍴 **La Ruota**   🕮 ⚿ 📶 ᴠɪsᴀ 🆖 ᴀᴇ ❶ 🜚
via Roma 57 – ℰ 0 29 84 83 94 – *Fax 02 98 24 19 14* – *chiuso 3 settimane in
agosto, lunedì sera, martedì*
Rist – Carta 26/57 €
♦ Rustico, luminoso e vasto locale, con prevalenza di cotture alla brace sia per il pesce che
per la carne; ben attrezzato per ospitare banchetti e cerimonie, anche estivi.

sulla strada statale 9 - via Emilia Sud-Est : 3 km

🍴🍴 **La Rampina**   🏠 🕮 ⟳ 📶 ᴠɪsᴀ 🆖 ᴀᴇ ❶ 🜚
🍽 *frazione Rampina 3* ✉ 20098 – ℰ 0 29 83 32 73 – *www.rampina.it*
– *Fax 02 98 23 16 32* – *chiuso agosto*
Rist – *(chiuso mercoledì)* Carta 46/64 € ❀
Rist *Osteria Nuova* – *(chiuso domenica, lunedì, martedì, mercoledì) (chiuso a
mezzogiorno)* Carta 21/28 €
♦ Da quasi trent'anni, in un cascinale del '500, rinnovato con cura, due fratelli, tra passione e
competenza, propongono piatti stagionali e lombardi, spesso rivisitati. Nuova osteria con proposte più semplici ed economiche nel locale annesso.

SAN GIULIANO TERME – Pisa (PI) – **563** K13 – **31 220 ab.**   **28** B1
– alt. 62 m – ✉ 56017

▶ Roma 370 – Firenze 102 – Pisa 8 – Genova 172

🏨🏨🏨 **Bagni di Pisa**   🚗 ⌱ 🗔 🌼 🍃 🕭 📶 🕭 🕮 ⚿ rist, 🕎 🐾 📶
largo Shelley 18 – ℰ 05 08 85 01   ᴠɪsᴀ 🆖 ᴀᴇ ❶ 🜚
– *www.bagnidipisa.com* – *Fax 05 08 85 04 01*
51 cam ⊆ – ♥182/280 € ♥♥260/400 € – 10 suites – ½ P 165/235 €
Rist *Dei Lorena* – Carta 41/62 €
♦ Ritorna ai fasti lussuosi della sua origine settecentesca, quest'antica residenza con bellissimi
affreschi ed una grande oasi termale per rilassarsi rigenerandosi. Ristorante di grande eleganza
con la possibilità di scegliere tra i classici toscani o una linea mediterranea con molto pesce.

SAN GIUSTINO VALDARNO – Arezzo (AR) – **563** L17 – **100 ab.**   **29** C2
– ⊠ 52020

▶ Roma 246 – Firenze 60 – Arezzo 20 – Prato 82

✗ **Osteria del Borro**   Ⓐ Ⓟ ⓥⓢⓐ ⓞⓞ ⓢ
località Borro 52, Sud : 1 km – ✆ 0 55 97 71 15 – www.osteriadelborro.it
– Fax 0 55 97 71 15 – chiuso 20 giorni in gennaio, 10 giorni in novembre e
mercoledì escluso da maggio ad ottobre
Rist – Carta 34/46 €
♦ Saranno cinque intraprendenti ragazzi a guidarvi alla scoperta di una cucina che esplora la
Toscana. Vino e olio sono di propria produzione, carne e uova giungono direttamente dai
loro allevamenti, mentre la fantasia si unisce ai sapori tradizionali della cucina locale per
creare piatti innovativi e gustosi.

SAN GIUSTO CANAVESE – Torino (TO) – **561** G5 – **3 305 ab.**   **22** B2
– alt. 264 m – ⊠ 10090

▶ Roma 667 – Torino 35 – Ivrea 24 – Milano 133

all'uscita autostrada A 5 - San Giorgio Canavese

🏨 **Santa Fé**   🚗 🖪 🕥 🖙 ✗ 🛗 🕭 🕅 🛗 🍴 rist, 🛜 🔅 Ⓟ
via Anna Magnani 1 ⊠ 10090 – ✆ 01 24 49 46 66   ⓥⓢⓐ ⓞⓞ ⒶⒺ ⓞ ⓢ
– www.hotelsantafe.it – Fax 01 24 49 46 90 – chiuso dal 2 al 22 agosto
101 cam ⌂ – †90/120 € ††100/130 € – ½ P 75/90 €   **Rist** – Carta 25/48 €
♦ Ideale per una clientela di lavoro, albergo di taglio moderno provvisto di una piccola
beauty farm e spazi comuni di notevoli dimensioni; camere moderne e confortevoli. Cucina
piemontese nell'accogliente ristorante con veranda: a mezzogiorno, pranzo a prezzi contenuti.

SAN GREGORIO – Lecce (LE) – **564** H36 – ⊠ 73053 Patù   **27** D3

▶ Roma 682 – Brindisi 112 – Lecce 82 – Taranto 141

🏨 **Monte Callini** 🏖   ⇐ 🚗 🖙 🕭 🕅 🔅 Ⓟ ⓥⓢⓐ ⓞⓞ ⒶⒺ ⓞ ⓢ
via provinciale San Gregorio-Patù – ✆ 08 33 76 78 50 – www.hotelmontecallini.com
– Fax 08 33 76 78 51 – chiuso dal 7 gennaio a febbraio
45 cam ⌂ – †55/105 € ††80/165 € – ½ P 65/115 €
Rist – (chiuso a mezzogiorno) Carta 23/31 €
♦ La struttura evoca le antiche masserie salentine dalle grandi arcate, offre camere spaziose
e luminose e un bel giardino con vista, dove gustare la colazione a buffet.

✗ **Da Mimì**   🍴 🕅 Ⓟ ⓥⓢⓐ ⓞⓞ ⒶⒺ ⓞ ⓢ
😵 via del Mare – ✆ 08 33 76 78 61 – Fax 08 33 76 51 97 – chiuso dal lunedì al
venerdì in novembre
Rist – Carta 19/31 €
♦ Un esercizio a gestione familiare con un'ampia sala interna arredata in modo semplice e
una grande terrazza con pergolato dove assaporare piatti di pesce e proposte regionali.

SAN GREGORIO NELLE ALPI – Belluno (BL) – **562** D18 – **1 653 ab.**   **36** C1
– alt. 527 m – ⊠ 32030

▶ Roma 588 – Belluno 21 – Padova 94 – Pordenone 91

✗✗ **Locanda a l'Arte**   🍴 🔅 Ⓟ ⓥⓢⓐ ⓞⓞ ⒶⒺ ⓞ ⓢ
via Belvedere 43 – ✆ 04 37 80 01 24 – Fax 04 37 80 04 77 – chiuso lunedì
Rist – (chiuso a mezzogiorno) Carta 31/44 €
♦ Ampi spazi verdi cingono questo rustico casolare dagli interni signorili nei quali si incontrano piatti tipici del territorio conditi con stagionalità e un pizzico di fantasia.

SAN GUSME' (SI) – **563** L16 – **Vedere Castelnuovo Berardenga**

SANKTA CHRISTINA IN GRÖDEN = Santa Cristina Valgardena

SANKT JOSEPH AM SEE = San Giuseppe al lago

SANKT LEONHARD IN PASSEIER = San Leonardo in Passiria

SANKT MARTIN IN PASSEIER = San Martino in Passiria

SANKT ULRICH = Ortisei

SANKT VALENTIN AUF DER HAIDE = San Valentino alla Muta

SANKT VIGIL ENNEBERG = San Vigilio di Marebbe

SAN LAZZARO DI SAVENA – Bologna (BO) – **562** I16 – 30 448 ab.   9 C3
– alt. 62 m – ✉ 40068

> ▶ Roma 390 – Bologna 8 – Imola 27 – Milano 219

> Pianta d'insieme di Bologna

🏠 **Holiday Inn Bologna San Lazzaro** ⟋   🚗 📶 📱 ও cam, 🅰🅲
via Emilia 514, località Idice   🍴 rist, 📞 🐕 📱 🚗 VISA 🆗 🆎 ⓪ ও
– 𝒞 05 16 25 62 00 – www.hisanlazzaro.it – Fax 05 16 25 62 43 – chiuso dal 3 al
10 gennaio e dal 6 al 29 agosto   HV**d**
108 cam � – †79/320 € ††89/350 € – ½ P 75/199 €
Rist – (chiuso domenica) (chiuso a mezzogiorno) (solo per alloggiati) Carta 27/34 €
♦ L'incantevole villa del '700 con giardino ombreggiato, è stata ampliata con una nuova
struttura, le stanze sono ricche di fascino e calore. Per lavorare, e anche per sognare. Ristorante con camino per una cucina della tradizione.

SAN LEO – Pesaro e Urbino (PU) – **563** K19 – 3 000 ab. – alt. 589 m   20 A1
– ✉ 61018 ▌ Italia

> ▶ Roma 320 – Rimini 31 – Ancona 142 – Milano 351
> 𝒊 piazza Dante (palazzo Mediceo) 𝒞 0541 926967, comune.san-leo@
> provincia.ps.it, Fax 0541 926913
> 🄾 Posizione pittoresca★★ - Forte★ : ❄★★★

🏠 **Castello** ⟋   📶 VISA 🆗 🆎 ও
🈂 piazza Dante 11/12 – 𝒞 05 41 91 62 14 – www.hotelristorantecastellosanleo.com
– Fax 05 41 92 69 26 – chiuso 2 settimane in febbraio e 2 settimane in novembre
14 cam ⊃ – †40/60 € ††55/76 € – ½ P 45/55 €
Rist – (chiuso giovedì da ottobre a marzo) Carta 19/24 €
♦ Alberghetto familiare con bar pubblico, situato in pieno centro, nella piazzetta principale;
offre camere semplici, ma funzionali, in un angolo medievale del Montefeltro. Ristorante non
molto ampio con caminetto e atmosfera casereccia.

SAN LEONARDO IN PASSIRIA (ST. LEONHARD IN PASSEIER)   30 B1
– Bolzano (BZ) – **562** B15 – 3 467 ab. – alt. 689 m – ✉ 39015 ▌ Italia

> ▶ Roma 685 – Bolzano 47 – Brennero 53 – Bressanone 65
> 𝒊 via Passiria 40 𝒞 0473 656188, info@passeiertal.org, Fax 0473 656624
> 🄶 Strada del Passo di Monte Giovo★ : ⟨★★ verso l'Austria Nord-Est :20 km
> – Strada del Passo del Rombo★ Nord-Ovest

verso Passo di Monte Giovo Nord-Est : 10 km – alt. 1 269 m

🏠 **Jägerhof** ⟋   ⟨ 📶 ⟋ 📱 VISA 🆗 ও
località Valtina 80 ✉ 39010 Valtina – 𝒞 04 73 65 62 50 – www.jagerhof.net
– Fax 04 73 65 68 22 – chiuso dal 7 novembre al 18 dicembre e dall'11 al
24 aprile
20 cam ⊃ – †50/80 € ††90/120 € – ½ P 72/89 €
Rist – (chiuso lunedì) Carta 24/37 €
♦ Piacevole atmosfera semplice e familiare, un ambiente tipicamente montano con largo utilizzo di legno chiaro e arredi tirolesi. Da provare le 10 camere "biologiche". Al ristorante
sapori locali originali.

SAN LEONINO – Siena – Vedere Castellina in Chianti

SAN LORENZO – Macerata – **563** M21 – Vedere Treia

SAN LORENZO IN CAMPO – Pesaro e Urbino (PU) – **563** L20   20 B1
– 3 473 ab. – alt. 209 m – ✉ 61047

> ▶ Roma 257 – Ancona 64 – Perugia 105 – Pesaro 51

Giardino 🛱 🛋 🏢 ⅙ 🏧 ⅌ rist, ⁽¹⁾ 🅿 🆅🅸🆂🅰 ⑳ 🅰🅴 ⓪ ⚡

via Mattei 4, Ovest : 1,5 km – ℰ 07 21 77 68 03 – www.hotelgiardino.it
– Fax 07 21 73 53 23 – chiuso 24-25 dicembre e dal 10 gennaio al 10 febbraio
17 cam � 🛏60/65 € 🛏🛏74/85 €
Rist – *(chiuso domenica sera e lunedì)* Carta 36/49 € 🏵

♦ Davvero una bella realtà, questo confortevole albergo a gestione familiare poco fuori paese; camere ben arredate e rifinite anche nei particolari. E' nella cucina, solida e dal gusto classico, che risiede la vera forza della casa, eccellente carta dei vini.

SAN LUCA – Perugia – **563** N20 – **Vedere Montefalco**

SAN MAMETE – Como – **Vedere Valsolda**

SAN MARCELLO PISTOIESE – Pistoia (PT) – **563** J14 – **6 924 ab.**   **28** B1
– alt. 623 m – ⊠ 51028 ▌Toscana

▶ Roma 340 – Firenze 67 – Pisa 71 – Bologna 90
ℹ villa Vittoria 129 ℰ 0573 630145, apt12pistoia@tin.it, Fax 0573 622120

Il Cacciatore 🏧 ⁽¹⁾ 🧖 🅿 🆅🅸🆂🅰 ⑳ 🅰🅴 ⚡

via Marconi 727 – ℰ 05 73 63 05 33 – www.albergoilcacciatore.it
– Fax 05 73 63 01 34 – chiuso dal 10 al 31 gennaio e dal 5 al 30 novembre
25 cam ⊒ 🛏50/60 € 🛏🛏70/80 € – ½ P 52/62 €
Rist – *(chiuso lunedì)* Carta 25/38 €

♦ Ubicato sul passaggio per l'Abetone, un albergo che offre un ambiente familiare, all'insegna della semplicità: settore notte con arredi ben tenuti e camere accoglienti. Piatti caserecci in un contesto gradevole.

SAN MARINO (Repubblica di) – **562** K19 – **Vedere alla fine dell'elenco alfabetico**

SAN MARTINO – Arezzo – **563** PM17 – **Vedere Cortona**

SAN MARTINO AL CIMINO – Viterbo – **563** O18 – **Vedere Viterbo**

SAN MARTINO BUON ALBERGO – Verona (VR) – **562** F15   **37** B3
– 13 607 ab. – alt. 45 m – ⊠ 37036

▶ Roma 505 – Verona 8 – Milano 169 – Padova 73

in prossimità casello autostrada A 4 Verona Est Sud: 2 km

Holiday Inn Verona Congress Centre 🛗 🗠 🏢 ⅙ 🏧 ⅌ 🏵 rist,
viale del Lavoro – ℰ 0 45 99 50 00   ⁽¹⁾ 🧖 🚗 🆅🅸🆂🅰 ⑳ 🅰🅴 ⓪ ⚡
– www.holidayinn.com – Fax 04 58 78 15 26
132 cam ⊒ 🛏🛏60/320 €
Rist *Catullo* – Carta 34/55 €

♦ All'uscita autostradale, un hotel d'impostazione classica, elegante e valido punto di riferimento per una clientela di lavoro; piccola hall e camere confortevoli. Tradizionale cucina d'albergo al ristorante dall'apparenza sontuosa.

a Marcellise Nord : 4 km – alt. 102 m – ⊠ 37036

Vecchia Fontana 🛱 🏢 🅿 🆅🅸🆂🅰 ⑳ 🅰🅴 ⚡

via Mezzavilla 29/a – ℰ 04 58 74 04 44 – www.vecchiafontana.com
– Fax 04 58 74 04 44 – chiuso martedì
Rist – Carta 30/39 €

♦ In questa graziosa frazione, un locale classico che non difetta di piccoli eleganti dettagli, dove fermarsi a gustare una cucina realizzata con prodotti provenienti da ogni angolo d'Italia.

a Ferrazzette Nord-Ovest : 2 km – ⊠ 37036

⟨🏠⟩ **Agriturismo Musella** senza rist   🔊 ⤓ ᇰ 🄰🄲 ᥉ 🆗 📶 **P**
     VISA ⓪⓪ AE ⓪ ⑤
*via Ferrazzette 2 – ℰ 33 57 29 46 27 – www.musella.it
– Fax 04 58 95 62 87 – chiuso dal 15 dicembre al
15 febbraio*
14 cam � – ♦90/105 € ♦♦135/155 € – 1 suite
♦ La parte più antica di questa risorsa immersa nel verde risale alla fine del '400. Oggi offre camere e appartamenti in stile country, alcuni con caminetto. Troverete vino, olio e miele di loro produzione.

SAN MARTINO DI CASTROZZA – Trento (TN) – 562 D17   31 C2
– alt. 1 467 m – Sport invernali : 1 450/2 380 m 🎿 3 ❄16, ❄; al passo Rolle :
1 884/2 300 m ❄5, (Comprensorio Dolomiti superski San Martino di Castrozza) 🎿
– ⊠ 38054 ▯ Italia

▯ Roma 629 – Belluno 79 – Cortina d'Ampezzo 90 – Bolzano 86
▯ via Passo Rolle 165 ℰ 0439 768867, info@sanmartino.com, Fax 0439 768814
▣ Località ★★

⟨🏨⟩ **Regina**   ≤ 🗟 🌐 🕉 Ⅰ♨ 🌡 ℀ rist, 📶 **P** **VISA ⓪⓪ AE ⓪ ⑤**
*via Passo Rolle 154 – ℰ 0 43 96 82 21 – www.hregina.it – Fax 0 43 96 80 17
– dicembre-10 aprile e 15 giugno-settembre*
31 cam – ♦80/140 € ♦♦140/260 €, ⊡ 10 € – 5 suites – ½ P 110/170 €
Rist – Carta 22/46 €
♦ In centro paese, di sobrio c'è solo la facciata. Gli interni sono un tripudio di cavalli in legno, case delle bambole e splendide camere borghesi, arredi mitteleuropei con accenti inglesi. Anche nella sala ristorante si ritrova lo stesso gusto ricercato con soffitti stuccati e ambienti eleganti.

⟨🏨⟩ **Letizia**   ≤ 🕉 Ⅰ♨ 🌡 ⫟ ℀ rist, 📶 **P** 🚗 **VISA ⓪⓪ ⑤**
*via Colbricon 6 – ℰ 04 39 76 86 15 – www.hletizia.it – Fax 04 39 76 71 12
– 4 dicembre-Pasqua e 20 giugno-20 settembre*
28 cam ⊡ – ♦♦100/220 € – 7 suites – ½ P 80/130 €
Rist – (solo per alloggiati)
♦ Per gli amanti dello stile tirolese, sin dall'esterno l'albergo è un tripudio di decorazioni. Camere tutte diverse, ma sempre affascinati: per i più romantici suggeriamo la 124 in legno di baita.

⟨🏨⟩ **Jolanda**   🚄 🗟 🕉 Ⅰ♨ 🌡 ℀ rist, 📶 **P** 🚗 **VISA ⓪⓪ AE ⓪ ⑤**
*via Passo Rolle 267 – ℰ 0 43 96 81 58 – www.hoteljolanda.com
– Fax 04 39 76 87 18 – dicembre-aprile e giugno-settembre*
40 cam ⊡ – ♦60/100 € ♦♦100/160 € – ½ P 80/120 €   **Rist** – Menu 25/50 €
♦ All'ingresso del paese, Jolanda è una gestione familiare dalle tipiche atmosfere montane. Camere in continuo rinnovo, optare per le più recenti. Fresca e ariosa sala ristorante, cucina classica nazionale.

⟨℀℀⟩ **Malga Ces** con cam   ≤ 🍴 ᇰ rist, ℀ cam, **P** **VISA ⓪⓪ AE ⓪ ⑤**
*località Ces, Ovest : 3 km – ℰ 0 43 96 82 23 – www.malgaces.it
– Fax 0 43 96 82 23 – dicembre-15 aprile e 15 giugno-settembre*
7 cam ⊡ – ♦60/95 € ♦♦102/160 € – ½ P 65/95 €   **Rist** – Carta 24/43 €
♦ A 1600 metri di altitudine, è quasi un rifugio sulle piste innevate: cucina trentina e calorica per gli sciatori a pranzo, più raffinata per la clientela serale. Mancano i servizi del grande albergo, ma le camere sono inaspettatamente eleganti.

⟨℀⟩ **Da Anita**   🍴 ℀ **VISA ⓪⓪ AE ⑤**
⟨😊⟩ *via Dolomiti 6 – ℰ 04 39 76 88 93 – Fax 04 39 76 89 70 – dal 6 aprile al
15 giugno e in ottobre-novembre aperto solo sabato e domenica*
Rist – Carta 30/48 €
♦ Trattoria familiare di grande semplicità ed ospitalità: alla cucina tradizionale di mamma Anita si affiancano i piatti più creativi del figlio. In particolare la sera, quando la carta si apre a più proposte.

SAN MARTINO IN CAMPO – Perugia – 563 M19 – Vedere Perugia

SAN MARTINO IN PASSIRIA (ST. MARTIN IN PASSEIER)

– Bolzano (BZ) – **562** B15 – **3 078 ab.** – alt. 597 m – ⊠ 39010

■ Roma 682 – Bolzano 43 – Merano 16 – Milano 342

sulla strada Val Passiria Sud : 5 km :

Quellenhof Resort : Una struttura composta da risorse differenti, tutte gestite dall'intraprendente famiglia Dorfer. Stile omogeneo, confort di diverso livello, ospitalità sempre calorosa. Per i pasti diverse possibilità di scelta, ma soprattutto una buona cucina locale.

Parkresidenz – Quellenhof Resort ⅁

⊠ 39010 San Martino in Passiria – ✆ 04 73 64 54 74 – www.quellenhof.it – Fax 04 73 64 54 99 – chiuso dal 15 gennaio al 15 marzo
25 suites ⊏⊐ – †320/420 € – ½ P 195/245 € **Rist** – Carta 29/60 €
♦ Ultimo nato all'interno della struttura, questo impianto è interamente consacrato al confort e alla riscoperta della bellezza e del benessere da vivere nelle lussuose suite.

Quellenhof-Forellenhof e Landhaus – Quellenhof Resort ⅁

via Passiria 47 ⊠ 39010 San Martino in Passiria – ✆ 04 73 64 54 74 – www.quellenhof.it – Fax 04 73 64 54 99 – chiuso dal 15 gennaio al 15 marzo
63 cam ⊏⊐ – †100/136 € ††200/270 € – 10 suites – ½ P 135/170 €
Rist – Carta 29/60 €
♦ Circondati da un giardino, i tre edifici dispongono di raffinate e spaziose camere, un'invitante piscina e campi da gioco. Il Quellenhof è fulcro amministrativo del resort. Luminosi ed accoglienti, il ristorante e le stube propongono specialità sudtirolesi, la cucina contadina e piatti della tradizione mediterranea.

Alpenschlössl – Quellenhof Resort ⅁

⊠ 39010 San Martino in Passiria – ✆ 04 73 64 54 74 – www.quellenhof.it – Fax 04 73 64 54 99 – chiuso dal 15 gennaio al 15 marzo
17 cam – 4 suites – solo ½ P 135/158 € **Rist** – Carta 29/60 €
♦ Recente realizzazione, all'avanguardia sia nei materiali utilizzati sia nell'immagine d'insieme, moderna e con dotazioni di prim'ordine; ottima l'area per il relax.

Sonnenalm – Quellenhof Resort ⅁

⊠ 39010 San Martino in Passiria – ✆ 04 73 64 54 74 – www.quellenhof.it – Fax 04 73 64 54 99 – chiuso dal 15 gennaio al 15 marzo
19 cam ⊏⊐ – †135/155 € ††200/246 € – 2 suites – ½ P 135/158 €
Rist – Carta 29/60 €
♦ Un complesso completamente rinnovato: si presenta ora forte di tutti i confort desiderabili, offrendo stanze gradevoli, bella piscina all'aperto e strutture sportive.

a Saltusio (Saltaus)Sud : 8 km - alt. 490 m - ⊠ 39010

Castel Saltauserhof

via Passiria 6 – ✆ 04 73 64 54 03 – www.saltauserhof.com – Fax 04 73 64 55 15 – marzo-10 novembre
38 cam ⊏⊐ – †50/135 € ††100/210 € – 3 suites – ½ P 63/115 €
Rist – (solo per alloggiati)
♦ La parte più antica risale all'XI secolo, ma per chi preferisce la modernità, c'è un'ala recente con camere classiche dotate di balcone. Gli spazi non lesinano sulla generosità. Quattro affascinanti stube dove gustare specialità locali.

SAN MARTINO IN PENSILIS – Campobasso (CB) – **564** B27

– **4 877 ab.** – alt. 282 m – ⊠ 86046

■ Roma 285 – Campobasso 66 – Foggia 80 – Isernia 108

Santoianni

via Tremiti 2 – ✆ 08 75 60 50 23 – www.hotelsantoianni.it – Fax 08 75 60 50 23
15 cam – †35/45 € ††46/60 €, ⊏⊐ 3 € **Rist** – (chiuso venerdì) Carta 21/31 €
♦ Una casa di contenute dimensioni, con un insieme di validi confort e una tenuta e manutenzione davvero lodevoli; a gestione totalmente familiare, una piacevole risorsa. Capiente ristorante di classica impostazione.

SAN MARTINO SICCOMARIO – Pavia – **561** G9 – Vedere Pavia

SAN MARZANO OLIVETO – Asti (AT) – **561** H6 – 1 090 ab.　　25 D2
– alt. 301 m – ⊠ 14050

> ▶ Roma 603 – Alessandria 40 – Asti 26 – Genova 110

⚲ **Agriturismo Le Due Cascine**　　🚗 ユ 🔥 cam, 🏄 AC 🍴 rist, 📶 P
　　regione Mariano 22, Sud-Est : 3 km　　VISA ◯◯ AE ◯ 🖘
🆗 – ℰ 01 41 82 45 25 – www.leduecascine.com – Fax 01 41 82 90 28 – chiuso dal
　　10 al 20 gennaio
　　10 cam � – †65/75 € ††85/95 € – ½ P 70/80 €　　**Rist** – Menu 20/30 €
　　◆ Sulle placide colline del Monferrato, una casa di campagna che offre ottima ospitalità in
　　camere fresche ed attrezzate. Cucina casalinga in una bella sala luminosa.

✗ **Del Belbo-da Bardon**　　🏮 🍴 ⇔ P VISA ◯◯ AE ◯ 🖘
　　valle Asinari 25, Sud-Est : 4 km – ℰ 01 41 83 13 40 – Fax 01 41 82 31 14 – chiuso
　　dal 17dicembre al 15 gennaio, dal 18 al 28 agosto, mercoledì, giovedì
　　Rist – Carta 28/34 € 🕮
　　◆ La secolare storia della trattoria è raccontata dai contributi che ogni generazione vi ha
　　lasciato: foto e suppellettili d'epoca fino alla esemplare cantina allestita dagli attuali proprie-
　　tari. Cucina della tradizione astigiana.

SAN MASSIMO ALL'ADIGE – Verona – Vedere Verona

SAN MAURIZIO CANAVESE – Torino (TO) – **561** G4 – 8 861 ab.　　22 B2
– alt. 317 m – ⊠ 10077

> ▶ Roma 697 – Torino 17 – Aosta 111 – Milano 142

✗✗✗ **La Credenza** (Giovanni Grasso)　　AC ⇔ VISA ◯◯ AE ◯ 🖘
🌼 　　*via Cavour 22* – ℰ 01 19 27 80 14 – www.ristorantelacredenza.it
　　– Fax 01 19 27 80 14 – chiuso dal 1° al 15 gennaio, dal 16 al 30 agosto, martedì,
　　mercoledì
　　Rist – Carta 52/74 € 🕮
　　Spec. Ricciola leggermente scottata e affumicata, cavolfiori e salsa al pom-
　　pelmo rosa. Ravioli del plin all'olio di nocciola e grana padano 18 mesi.
　　Agnello marinato nel caffè, ragù di mais, erbe aromatiche.
　　◆ Sala accogliente, una luminosa veranda ed un grazioso giardino per caffè o aperitivi serali.
　　Piatti creativi, sia di carne che di pesce, dalla tradizione locale e dall'estro dello chef.

SAN MAURO LA BRUCA – Salerno (SA) – **564** G27 – 711 ab.　　7 D3
– alt. 450 m – ⊠ 84070

> ▶ Roma 364 – Potenza 128 – Napoli 160 – Salerno 105

⚲ **Agriturismo Prisco** 🌿　　≤ 🔥 cam, 🏄 ↔ 🍴 📶 P
　　contrada Valle degli Elci, Sud-Est : 2,5 km　　VISA ◯◯ AE ◯ 🖘
　　– ℰ 09 74 97 41 53 – www.agriturismoprisco.it – Fax 09 74 97 49 28
　　6 cam ⊇ – †60/80 € ††100/130 € – ½ P 60/80 €
　　Rist – (chiuso a mezzogiorno) (consigliata la prenotazione) Carta 25/33 €
　　◆ Nel parco del Cilento, ospitalità familiare in un'azienda agricola biologica, specializzata nel-
　　l'apicoltura, offre ambienti curati immersi nel silenzio più assoluto. Per i vostri pasti, una
　　cucina casalinga e genuina realizzata con ingredienti di propria produzione.

SAN MAURO TORINESE – Torino (TO) – **561** G5 – 19 030 ab.　　22 A1
– alt. 211 m – ⊠ 10099

> ▶ Roma 666 – Torino 9 – Asti 54 – Milano 136

　　　　　　　　　　Pianta d'insieme di Torino

🏨 **La Pace** senza rist　　🛗 AC 📶 P VISA ◯◯ AE 🖘
　　via Roma 36 – ℰ 01 18 22 19 45 – www.hotelapace.it – Fax 01 18 22 26 77
　　35 cam – †50/60 € ††60/70 €, ⊇ 10 €　　　　　　　　　HTs
　　◆ Un piccolo e confortevole albergo a gestione familiare posizionato lungo la strada che
　　attraversa San Mauro: comodo punto di riferimento per il turismo e per gli affari.

✗ **Frandin-da Vito**　　　🛆 🍴 **P** VISA ⬤⬤ ⓘ ⑤

via Settimo 14 – ☎ 01 18 22 11 77 – Fax 01 18 22 11 77 – chiuso dal 16 agosto
al 10 settembre e lunedì　　　　　　　　　　　　　　　　　　　HTa
Rist – Carta 24/69 €

◆ Cucina langarola e del monferrato, nonché le specialità di stagione per questa piacevole
trattoria familiare, situata in zona periferica, quasi sulle rive del fiume.

SAN MENAIO – Foggia (FG) – **564** B29 – ✉ 71010　　　　　　　**26** A1

🖪 Roma 389 – Foggia 104 – Bari 188 – San Severo 71

🏠 **Park Hotel Villa Maria** 🦢　　　� 🛆 🛏 🕭 AC 🍴 cam, 🏱 **P**

via del Carbonaro 15 – ☎ 08 84 96 87 00　　　　　　VISA ⬤⬤ AE ⓘ ⑤
– www.parkhotelvillamaria.it – Fax 08 84 96 88 00 – chiuso dicembre e gennaio
15 cam 🍽 – ✦60/130 € ✦✦70/150 € – ½ P 70/90 €
Rist – (chiuso lunedì da ottobre ad aprile) Carta 35/50 €

◆ Un'affascinante villa di inizio '900 abbracciata da un bel giardino offre confortevoli
camere, completamente ristrutturate e piacevolmente arredate (alcune con terrazza). Nelle
due eleganti salette interne e presso l'ombreggiato dehors, proposte di carne e di pesce.

SAN MICHELE = ST. MICHAEL – Bolzano – Vedere Appiano sulla Strada del Vino

---

SAN MICHELE ALL'ADIGE – Trento (TN) – **562** D15 – 2 662 ab.　　**30** B2
– alt. 229 m – ✉ 38010

🖪 Roma 603 – Trento 15 – Bolzano 417 – Milano 257

🏠 **La Vigna** senza rist　　　🕭 🛏 🕭 AC 🏱 🛆 **P** 🚗 VISA ⬤⬤ ⑤

via Postal 49/a – ☎ 04 61 65 02 76 – www.garnilavigna.it – Fax 04 61 66 24 77
23 cam 🍽 – ✦55/60 € ✦✦75/80 €

◆ All'uscita del raccordo autostradale e a poche centinaia di metri dal centro, piacevole
struttura di recente apertura caratterizzata da interni in legno chiaro, stile Alto Adige. Graziose
camere, funzionali ed accoglienti. Piacevole start-up mattutino nella bella sala colazioni.

SAN MICHELE DEL CARSO – Gorizia – Vedere Savogna d'Isonzo

SAN MICHELE DI GANZARIA – Catania – **365** AV60 – Vedere Sicilia alla fine
dell'elenco alfabetico

SAN MICHELE EXTRA – Verona – **562** F14 – Vedere Verona

SAN MINIATO – Pisa (PI) – **563** K14 – 27 805 ab. – alt. 140 m　　**28** B2
– ✉ 56028 🔲 Toscana

🖪 Roma 297 – Firenze 37 – Siena 68 – Livorno 52

🄯 piazza del Popolo 3 ☎ 0571 42745, ufficio.turismo@cittadisanminiato.it,
Fax 0571 42745

🄯 Fontevivo, ☎ 0571 41 90 12

🏠 **Villa Sonnino**　　　🚗 🍴 🛆 🛏 🕭 AC 🍴 🛆 **P** VISA ⬤⬤ AE ⑤

via Castelvecchio 9/1 località Catena, Est : 4 km – ☎ 05 71 48 40 33
– www.villasonnino.com – Fax 05 71 48 51 75
13 cam 🍽 – ✦75/85 € ✦✦89/98 € – 1 suite – ½ P 65/79 €
Rist – (chiuso i mezzogiorno di lunedì, martedì, mercoledì) Carta 20/36 €

◆ La storia di questa villa ha inizio nel '500 quando viene edificato il corpo centrale, mentre
nel '700 si procedette ad un ampliamento. Parco e signorilità sono invariati. Affascinante sala
ristorante, proposte di cucina mediterranea.

✗✗ **Pepenero**　　　🍴 AC ⇄ VISA ⬤⬤ AE ⓘ ⑤

via IV novembre 13 – ☎ 05 71 41 95 23 – www.pepenerocucina.it
Rist – (chiuso a mezzogiorno escluso domenica) Carta 37/46 € 🕭

◆ Una sala a forma di cavallo, alla moda, con quadri contemporanei e tovagliato all'americana: la cucina si unisce anch'essa a questa ventata di modernità con una carta che si divide
equamente tra mare e terra.

SAN PANCRAZIO – Brescia – Vedere Palazzolo sull'Oglio

SAN PANTALEO – Olbia-Tempio (104) – **366** R37 – Vedere Sardegna alla fine dell'elenco alfabetico

---

SAN PAOLO D'ARGON – Bergamo (BG) – **561** E11 – 5 239 ab. **19** C1
– alt. 255 m – ⌧ 24060

🚗 Roma 575 – Bergamo 13 – Brescia 44 – Milano 60

🏨 **Executive** senza rist   📶 & 🅰🅲 🛜 ⚂ 🅿 VISA ⑳ 🅰🅴 ⑩ 🔆
via Nazionale 67 – 🞉 0 35 95 96 96 – www.executive-hotel.it – Fax 0 35 95 96 97
42 cam ⌱ – †50/150 € ††60/180 €
♦ Nuova struttura in stile moderno, in prossimità della strada statale. Ambienti sobri ed eleganti con camere ben insonorizzate. Adatto per una clientela d'affari e non.

SAN PELLEGRINO (Passo di) – Trento (TN) – **562** C17 **31** C2
– alt. 1 918 m – Sport invernali : 1 918/2 513 m ⚡3 ⚡18 (Comprensorio Dolomiti superski Tre Valli) – ⌧ 38035 Moena

🚗 Roma 682 – Belluno 59 – Cortina d'Ampezzo 67 – Bolzano 56

🍴 **Rifugio Fuciade** con cam ⌂   ⌁ 🚗 🍽 VISA ⑳ 🔆
località Fuciade – 🞉 04 62 57 42 81 – www.fuciade.it – Fax 04 62 57 42 81
– Natale-Pasqua e 15 giugno-15 ottobre
7 cam ⌱ – ††80/100 € – ½ P 75/80 € **Rist** – Carta 33/55 €
♦ Telefonate e concordate il tragitto per tempo, perché con la neve vi occorrono 45 min a piedi o la motoslitta del ristorante...Per trovare, infine, un paesaggio mozzafiato tra le cime dolomitiche e sulla tavola una gustosa cucina regionale!

SAN PIERO IN BAGNO – Forlì – **562** K17 – Vedere Bagno di Romagna

---

SAN PIETRO – Verona – Vedere Legnago

SAN PIETRO A CEGLIOLO – Arezzo – **563** M17 – Vedere Cortona

---

SAN PIETRO ALL'OLMO – Milano – **561** F9 – Vedere Cornaredo

SAN PIETRO IN CARIANO – Verona (VR) – **562** F14 – 12 855 ab. **37** A2
– alt. 160 m – ⌧ 37029

🚗 Roma 510 – Verona 19 – Brescia 77 – Milano 164
ℹ via Ingelheim 7 🞉 045 7701920, info@valpolicellaweb.it Fax 045 7701920

a Pedemonte Ovest : 4 km – ⌧ 37029

🏨 **Villa del Quar** ⌂   ⌁ 🚗 🏊 🏐 🛖 📺 🌳 🎾 🅰🅲 🔌 📶 🅿 🚗
via Quar 12, Sud-Est : 1,5 km – 🞉 04 56 80 06 81   VISA ⑳ 🅰🅴 ⑩ 🔆
– www.hotelvilladelquar.it – Fax 04 56 80 06 04 – chiuso dall'8 gennaio al
15 marzo
15 cam ⌱ – †240/270 € ††300/400 € – 10 suites – ††435/970 €
Rist Arquade – vedere selezione ristoranti
Rist Quar 12 – (chiuso la sera) Carta 38/48 €
♦ Villa secolare nella campagna veneta, con straordinari arredi, tutti originali, recuperati personalmente dal proprietario; eccezionale accoglienza e atmosfera ricca di magia. Villa secolare nella campagna veneta, con straordinari arredi, tutti originali, recuperati personalmente dal proprietario; eccezionale accoglienza e atmosfera ricca di magia.

🍴🍴🍴 **Arquade** (Bruno Barbieri) – Villa del Quar   🅰🅲 🍽 ⌂ 🅿
🏵🏵 via Quar 12, Sud-Est : 1,5 km – 🞉 04 56 85 01 49   VISA ⑳ 🅰🅴 ⑩ 🔆
– www.ristorantearquade.it – Fax 04 56 80 06 04 – chiuso dall'8 gennaio al
15 marzo e lunedì
Rist – (chiuso a mezzogiorno) Menu 100/130 € – Carta 88/143 € ⌀
Spec. Frullato di melone con acqua di rose e menta, hamburger di scampi, uova di salmone con sfogliatella al burro di Patanegra. Maccheroncini al ferretto cacio e pepe con soffritto di scoglio e pesto di bietole. Cartoccio d'oca con fegato grasso, cipolline in agrodolce e tartufo bianco.
♦ Cullati da un impeccabile servizio, il lusso della dimora d'epoca si trasferisce sui tavoli mentre i sapori si moltiplicano e si sdoppiano in suggestive declinazioni.

a Corrubbio Sud-Ovest : 2 km – ⊠ 37029 San Pietro In Cariano

Byblos Art Hotel Villa Amistà
via Cedrare 78 – 𝄐 04 56 85 55 55
– *www.byblosarthotel.com* – *Fax 04 56 85 55 00*
54 cam ⊡ – †226/270 € ††297/363 € – 6 suites
Rist *Atelier* – 𝄐 04 56 85 55 83 – Carta 46/75 €
♦ Immerso nel parco, è un hotel di lusso dove la classicità dell'architettura cinquecentesca si unisce ad una selezione di colori, oggetti e tessuti dettati dalla moda attuale. Una cucina contemporanea alla continua ricerca di nuovi sapori attraverso cui reinterpretare piatti regionali ed internazionali.

SAN PIETRO IN CASALE – Bologna (BO) – 562 H16 – 11 288 ab.   9 C3
– alt. 17 m – ⊠ 40018

🔼 Roma 397 – Bologna 25 – Ferrara 26 – Mantova 111

Dolce e Salato
piazza L. Calori 16/18 – 𝄐 051 81 11 11 – *www.dolceesalato.org*
– *Fax 051 81 88 18* – *chiuso domenica*
Rist – Carta 25/50 €
♦ Piazza del mercato: una vecchia casa, in parte ricoperta dall'edera, con ambienti rallegrati da foto d'altri tempi e la saletta denominata Benessum dallo stile più rustico ed informale. In menu: tante paste fresche, ottime carni che arrivano dall'attigua macelleria di famiglia e schietti piatti del territorio.

a Rubizzano Sud-Est : 3 km – ⊠ 40018 San Pietro In Casale

Tana del Grillo
via Rubizzano 1812 – 𝄐 051 81 09 01 – *Fax 051 81 16 48* – *chiuso dal 1° al 10 gennaio, agosto, lunedì sera, martedì, in luglio anche domenica*
Rist – (consigliata la prenotazione) Carta 26/48 €
♦ Cucina regionale e casalinga con molte materie prime a km 0, in questa piccola trattoria tra le poche case della frazione. Indirizzo ideale per chi ama i sapori semplici.

SAN PIETRO IN CORTE – Piacenza – Vedere Monticelli d'Ongina

SAN PIETRO (Isola di) – Carbonia-Iglesias (107) – 566 J6 – Vedere Sardegna alla fine dell'elenco alfabetico

---

SAN POLO – Parma – Vedere Torrile

SAN POLO D'ENZA – Reggio Emilia (RE) – 562 I13 – 5 617 ab.   8 B2
– alt. 66 m – ⊠ 42020

🔼 Roma 452 – Parma 24 – Modena 43 – Reggio Emilia 20

Mamma Rosa (Antonio Torino)
via 24 Maggio 1 – 𝄐 05 22 87 47 60 – *www.mamma-rosa.it* – *Fax 05 22 25 20 09*
– *chiuso dal 24 dicembre al 20 gennaio, dal 25 agosto al 20 settembre, lunedì, martedì*
Rist – (chiuso a mezzogiorno escluso domenica) Menu 60/70 € – Carta 45/83 €
Spec. Ostriche della Normandia con crema di cioccolato bianco, prezzemolo, aglio e limone. Minestrone di verdure con calamaretti e pane caramellato al rosmarino. Ferricelli di grano bruciato con sugo di pesce, capperi di Pantelleria, olive di Gaeta e melanzane.
♦ Semplice caseggiato ai margini del paese, tutti gli sforzi si concentrano su una cucina di pesce quotidianamente sostenuta dal migliore pescato. Piatti saporiti di ispirazione meridionale.

SAN POLO DI PIAVE – Treviso (TV) – 562 E19 – 4 928 ab. – alt. 27 m   35 A1
– ⊠ 31020

🔼 Roma 563 – Venezia 54 – Belluno 65 – Cortina d'Ampezzo 120

⌂ **La Locanda Gambrinus** 🔒 ⚅ 🆔 ⚿ ⟨⟨ P 𝖵𝖨𝖲𝖠 ⨀ AE ⓞ ⑤
via Roma 20 – ☏ 04 22 85 52 46 – www.gambrinus.it – Fax 04 22 85 50 44
6 cam ⌺ – ♦55 € ♦♦90 € – ½ P 80 €
Rist Parco Gambrinus – vedere selezione ristoranti
♦ Risorsa recente, frutto della completa e accurata ristrutturazione di un edificio ottocentesco, consente di alloggiare in camere ampie, arredate con mobili in stile.

✗✗ **Parco Gambrinus** – La Locanda Gambrinus 🕭 🏠 ⚅ ⚿ P
località Gambrinus 18 – ☏ 04 22 85 50 43 𝖵𝖨𝖲𝖠 ⨀ AE ⓞ ⑤
– www.gambrinus.it – Fax 04 22 85 50 44 – chiuso dal 7 al 18 gennaio, dal 10 al 16 agosto, domenica sera, lunedì non festivi
Rist – Carta 40/52 €
♦ Cucina regionale e proposte più creative, la sorpresa viene dal parco con animali esotici e un ruscello con le specialità della casa: anguilla, storione e gamberi.

SAN PROSPERO SULLA SECCHIA – Modena (MO) – **562** H15   8 B2
– 5 476 ab. – alt. 22 m – ✉ 41030

▶ Roma 415 – Bologna 58 – Ferrara 63 – Mantova 69

🏠 **Corte Vecchia** 🔒 ⚅ ⚿ ⟨⟨ P 𝖵𝖨𝖲𝖠 ⨀ AE ⑤
via San Geminiano 1 – ☏ 0 59 90 92 72 – www.cortevecchia.com
– Fax 0 59 90 89 93 – chiuso dal 24 dicembre al 3 gennaio e dal 7 al 22 agosto
24 cam ⌺ – ♦82/103 € ♦♦121/135 € – ½ P 83/98 €
Rist – *(chiuso a mezzogiorno) (solo per alloggiati)* Carta 22/31 €
♦ Ricavato dalla ristrutturazione di un antico casale affacciato su una corte, dispone di camere spaziose arredate in un armonioso stile classico ma dotate dei moderni confort.

SAN QUIRICO D'ORCIA – Siena (SI) – **563** M16 – 2 694 ab.   29 C2
– alt. 424 m – ✉ 53027 ▌Toscana

▶ Roma 196 – Siena 44 – Chianciano Terme 31 – Firenze 111
🛈 via Dante Alighieri 33 ☏ 0577 897211, ufficioturistico@comunesanquirico.it , Fax 0577 897211

🏠🏠 **Relais Palazzo del Capitano** – Residenza d'epoca 🔒 🏠 ⚅ ⟨⟨
via Poliziano 18 – ☏ 05 77 89 90 28 𝖵𝖨𝖲𝖠 ⨀ ⑤
– www.palazzodelcapitano.com – Fax 05 77 89 94 21
8 cam ⌺ – ♦140/170 € – 14 suites – ♦♦170/280 € – ½ P 105/120 €
Rist Trattoria al Vecchio Forno – ☏ 05 77 89 73 80 *(chiuso gennaio e mercoledì)* Carta 25/40 €
♦ In pieno centro, all'interno di un palazzo del '400, una realtà di charme che si avvicina ai sogni di chi ricerca fascino, storia ed eleganza. Il giardino è fonte di meraviglie. Ambiente genuino con salumi appesi e bottiglie di vino in esposizione alla Trattoria al Vecchio Forno. La cucina? Sapida, semplice, regionale.

🏠 **Casanova** 🕭 ⟨ 🏠 🎿 🔲 ☺ ⚲ 🛁 ✗ 🛎 🔒 ⟨⟨ ⚙ P 🚗
località Casanova 6/c – ☏ 05 77 89 81 77 𝖵𝖨𝖲𝖠 ⨀ AE ⓞ ⑤
– www.residencecasanova.it – Fax 05 77 89 81 90 – chiuso gennaio, febbraio e novembre
70 cam – ♦96/116 € ♦♦152/196 €, ⌺ 15 € – ½ P 97/119 €
Rist Taverna del Barbarossa – ☏ 05 77 89 82 99 – Carta 31/44 €
♦ Circondata dalle colline toscane e vicina al centro storico, la struttura consta di una grande hall, camere dagli arredi sobri, un soggiorno panoramico ed un centro benessere. Grande sala ristorante per gustare i sapori della regione: in estate è accessibile un dehors con vista sulla Val d'Orcia.

⌂ **Agriturismo Il Rigo** 🕭 ⟨ 🔒 🏠 ⟨⟨ P 𝖵𝖨𝖲𝖠 ⨀ ⑤
località Casabianca, Sud-Ovest : 4,5 km – ☏ 05 77 89 72 91
– www.agriturismoilrigo.com – Fax 05 77 89 82 36 – chiuso dal 10 gennaio al 13 febbraio
14 cam ⌺ – ♦75/100 € ♦♦100/130 € – ½ P 78/85 €
Rist – *(chiuso a mezzogiorno) (solo per alloggiati)* Menu 23/25 €
♦ In aperta campagna, in un antico casale in cima ad un colle da cui si gode una suggestiva vista sul paesaggio circostante, ambienti piacevolmente rustici.

⌂ **Casa Lemmi** senza rist   🚗 ⛵ AC "¹" VISA 🐄 AE ① ✦
via Dante Alighieri 29 – ℰ *05 77 89 90 16*
– www.casalemmi.com – Fax 05 77 89 98 38
– chiuso dal 7 gennaio a febbraio
6 cam ⊑ – ♦70/90 € ♦♦80/100 € – 3 suites – ♦♦90/130 €
◆ Moderni accessori di ultima generazione, ambienti particolari e personalizzati, nonché un piccolo giardino per la prima colazione in un palazzo medievale del centro (di fronte alla Collegiata).

a Bagno Vignoni Sud-Est : 5 km – ⊠ 53027

🏨 **Adler Thermae** 🦢   ⟨ 🚗 🏠 ⌷ 🔲 🌐 🈂 ⅃ぉ 🖃 ⅃ 🚹 🛁 ((· 🚗
🔗 *strada di Bagno Vignoni 1 –* ℰ *05 77 88 90 00*   VISA 🐄 ✦
– www.adler-thermae.com – Fax 05 77 88 99 99 – chiuso dal 10 gennaio al 6 febbraio
90 cam – solo ½ P 150/336 €
Rist *– (solo per alloggiati)* Menu 17 € (solo a mezzogiorno)/57 €
◆ L'ospitalità tirolese si è trasferita nella verde Toscana. Gli ambienti interni sono signorili ed eleganti, quelli esterni generosi per dedicarsi in pieno al relax, alle cure termali, nonché ai trattamenti di bellezza.

🏨 **Posta-Marcucci** 🦢   ⟨ 🚗 🏠 ⌷ 🔲 🈂 🍴 🖃 🕭 AC 🍴 rist, "¹" 🐎
via Ara Urcea 43 – ℰ *05 77 88 71 12*   P VISA 🐄 AE ① ✦
– www.hotelpostamarcucci.it – Fax 05 77 88 71 19
– chiuso dal 7 al 31 gennaio
36 cam ⊑ – ♦85/120 € ♦♦160/200 € – 5 suites
Rist – Carta 31/43 € ❀
◆ Da quattro generazioni un'ospitalità cordiale in ambienti personalizzati e volutamente familiari. Belle camere e, non solo in estate, una zona all'aperto con grande piscina termale. Ottimo ristorante dove gustare sapori regionali, nonché vini toscani e nazionali con un buon rapporto qualità/prezzo.

⌂ **La Locanda del Loggiato** senza rist   AC "¹" VISA 🐄 ① ✦
piazza del Moretto 30 – ℰ *05 77 88 89 25 – www.loggiato.it*
– Fax 05 77 88 83 70 – chiuso dal 20 al 25 dicembre
8 cam ⊑ – ♦♦130/160 €
◆ Nel cuore della località - accanto alla vasca d'acqua un tempo piscina termale - edificio del 1300 rivisitato con grande senso estetico da due intraprendenti sorelle, che ne hanno fatto un rifugio davvero *charmant*. A pochi metri il wine-bar per le colazioni, ma anche per gustare taglieri, zuppe, dolci e vino.

✗ **Osteria del Leone**   🏠 VISA 🐄 AE ① ✦
piazza del Moretto – ℰ *05 77 88 73 00 – www.illeone.com*
– Fax 05 77 88 73 00 – chiuso 10 giorni in novembre, dal 7 gennaio al 7 febbraio e lunedì
Rist – Carta 31/42 €
◆ Osteria centralissima e di antica tradizione con tre confortevoli salette, dove accomodarsi per gustare i veri sapori toscani. Se il tempo lo permette, optate per il servizio all'aperto.

SAN QUIRINO – Pordenone (PN) – **562** D20 – 4 154 ab. – alt. 116 m   **10** A2
– ⊠ 33080

▶ Roma 613 – Udine 65 – Belluno 75 – Milano 352

✗✗✗ **La Primula** (Andrea Canton)   🏠 AC 🍴 ⇔ P VISA 🐄 AE ① ✦
❀ *via San Rocco 47 –* ℰ *0 43 49 10 05 – www.ristorantelaprimula.it*
– Fax 04 34 91 75 63 – chiuso 2 settimane in gennaio, 3 settimane in luglio, domenica sera, lunedì
Rist – Carta 46/63 € ❀
Spec. Lumache con pancetta croccante e zuppetta all'aglio orsino. Gnocchi ripieni di erbe spontanee, semi di papavero e ricotta affumicata. Pescatrice con carciofo croccante.
◆ A pochi passi dal centro, vanta oltre cent'anni di attività. Gestita dall'intera famiglia, l'elegante sala è dominata da un camino e da piatti curati nei quali campeggia la fantasia.

🍴 **Osteria alle Nazioni** [A/C] [P] VISA [MC] [AE] [D] [S]

via San Rocco 47/1 – ☎ 0 43 49 10 05 – www.ristorantelaprimula.it – Fax 04 34 91 75 63 – chiuso 2 settimane in gennaio, 3 settimane in luglio, domenica sera, lunedì

Rist – Carta 22/31 €

◆ Rustico, accogliente e simpatico, un locale dove fermarsi per gustare un piatto tipico regionale preparato con cura, accompagnato da un bicchiere di vino.

SAN REMO – Imperia (IM) – 561 K5 – 56 526 ab. – ✉ 18038 Italia 14 A3

[D] Roma 638 – Imperia 30 – Milano 262 – Nice 59

[i] largo Nuvoloni 1 ☎ 0184 59059, infosanremo@rivieradeifiori.travel, Fax 0184 507649

[18] Degli Ulivi, ☎ 0184 55 70 93

[O] Località★★ – La Pigna★ (città alta) B : ≤★ dal santuario della Madonna della Costa

[O] Monte Bignone★★ : ✳★★ Nord : 13 km

🏨 **Royal Hotel** rist,

corso Imperatrice 80 – ☎ 01 84 53 91 – www.royalhotelsanremo.com – Fax 01 84 66 14 45 – 12 febbraio-ottobre

113 cam ☕ – 🚹291/377 € 🚹🚹398/510 € – 13 suites – ½ P 262/318 € Ah

Rist – Carta 71/104 €

◆ Grand hotel di centenaria tradizione, gestito dalla fine dell'800 dalla stessa famiglia; interni molto signorili e giardino fiorito con piscina d'acqua di mare riscaldata. In memoria degli antichi fasti, il grande salone con fiori in vetro di Murano firmerà una sosta gastronomica davvero esclusiva.

🏨 **Nazionale** [A/C] VISA [MC] [AE] [D] [S]

via Matteotti 3 – ☎ 01 84 57 75 77 – www.hotelnazionalesanremo.com – Fax 01 84 54 15 35 Av

84 cam ☕ – 🚹99/268 € 🚹🚹120/278 €

Rist *Rendez Vous* – ☎ 01 84 54 16 12 *(chiuso martedì in bassa stagione)* Carta 26/70 €

◆ A pochi passi dal casinò e dalle boutique delle più celebri firme della moda, offre ambienti moderni caratterizzati da continui ed attenti interventi di rinnovamento. Caldi colori e le specialità della cucina ligure, al ristorante.

SAN REMO

Cassini (Pza)	B	2
Cavallotti (Cso)	B	3
Colombo (Pza)	B	4
Dante Alighieri (V.)	B	5
Feraldi (V.)	B	6
Gioberti (V.)	B	7
Manzoni (V.)	B	8
Matteotti (V.)	B	9
Matuzia (Cso)	A	10
Mombello (Cso)	B	13
Palazzo (V.)	B	14
Roccasterone (V.)	A	15
Roma (V.)	B	
San Francesco (V.)	B	17
San Siro (Pza)	B	19
20 Settembre (V.)	B	18

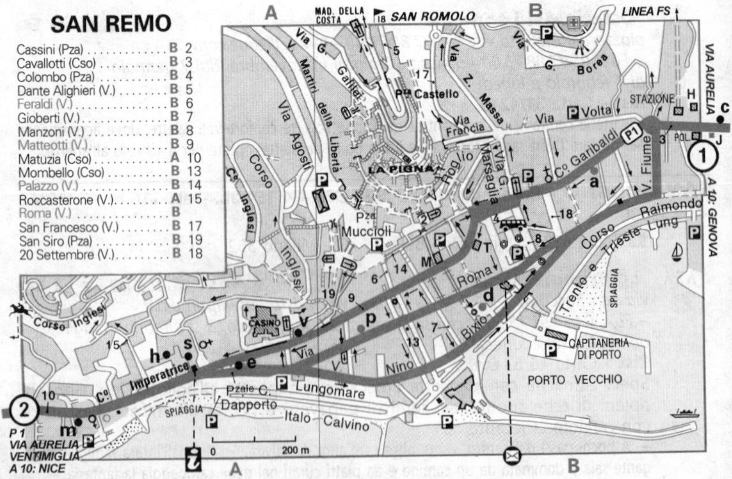

Europa
corso Imperatrice 27 – ✆ 01 84 57 81 70 – www.hoteleuropa-sanremo.com – Fax 01 84 50 86 61 Ae
65 cam ☕ – 🚹60/100 € 🚹🚹90/180 € – ½ P 75/110 €
Rist – *(chiuso mercoledì)* Carta 26/40 €
◆ Dal 1923, in questa palazzina tardo Liberty nei pressi del Casinò e del centro storico, un albergo oggi rinnovato; offre gradevoli interni di taglio classico. Restaurato nello stile dei primi anni del secolo scorso, il ristorante propone i piatti della cucina nazionale e i sapori del territorio.

Bel Soggiorno
corso Matuzia 41 – ✆ 01 84 66 76 31 – www.belsoggiorno.net – Fax 01 84 66 74 71 Am
36 cam ☕ – 🚹60/100 € 🚹🚹84/130 € – ½ P 65/80 €
Rist – *(solo per alloggiati)*
◆ Poco distante dal mare e dal centro, questo edificio d'epoca offre camere recentemente rinnovate, tutte dotate dei moderni confort, differenti solamente per le dimensioni. Parquet, stucchi, l'atmosfera degli anni '30 ed una cucina ligure tradizionale allieteranno i vostri pasti.

Lolli Palace Hotel
rist,
corso Imperatrice 70 – ✆ 01 84 53 14 96 – www.lollihotel.it – Fax 01 84 54 15 74 – chiuso dal 4 novembre al 20 dicembre As
53 cam – 🚹58/85 € 🚹🚹90/140 €, ☕ 10 € – ½ P 90 €
Rist – Carta 34/42 €
◆ Il fascino del Liberty echeggia in questo edificio antistante il lungomare, incastonato tra mare e monti, che ospita graziosi ambienti dalle suggestive vedute. Due le eleganti sale da pranzo, tra cui un accattivante e piacevolissimo roof-restaurant con vista mare.

Eveline-Portosole senza rist
corso Cavallotti 111 – ✆ 01 84 50 34 30 – www.evelineportosole.com – Fax 01 84 50 34 31 – chiuso dal 7 al 21 gennaio Bc
21 cam ☕ – 🚹130/220 € 🚹🚹140/260 €
◆ E' all'interno che si rivela il fascino di questo villino: arredi d'epoca, piacevoli tocchi romantici, mazzetti al profumo di lavanda e camere dai tessuti in stile inglese...E per aggiungere ulteriore charme, le cinque camere Hammam e Japan offrono spunti per una sorta di "viaggio nel viaggio".

XXX **Paolo e Barbara** (Paolo Masieri)
via Roma 47 – ✆ 01 84 53 16 53 – www.paolobarbara.it – chiuso dal 6 al 30 dicembre, dal 17 al 22 gennaio, mercoledì, giovedì, venerdì a mezzogiorno; dal 30 giugno al 12 agosto aperto venerdì, sabato e domenica sera Bp
Rist – *(chiuso a mezzogiorno dal 15 giugno al 15 settembre)* Menu 65 € bc/90 € – Carta 67/87 €
Spec. Selezione di pesce crudo in stile mediterraneo. Cappon magro (autunno-primavera). Gamberi di San Remo fiammeggiati al whisky.
◆ Una piccola bomboniera di pochi tavoli e una coppia di coniugi tra cucina e sala: coccolati come in casa, i piatti sono liguri d'origine ma fantasiosi nell'approdo.

XX **Da Vittorio**
piazza Bresca 16 – ✆ 01 84 50 19 24 – Fax 01 84 50 19 24 – chiuso dal 10 al 30 novembre Bd
Rist – Carta 39/95 € (+10 %)
◆ Piatti liguri esposti a voce, da gustare all'aperto, su un'animata e caratteristica piazza, oppure in una delle curiose sale interne dal niveo soffitto a volta, anticamente adibite a stalle.

XX **Tony's**
corso Garibaldi 130 – ✆ 01 84 50 46 09 – Fax 01 84 50 46 09 – chiuso ottobre e mercoledì Ba
Rist – Carta 30/55 €
◆ E' il ristorante più vicino al celebre teatro sanremese: un ambiente contemporaneamente semplice e moderno, lieto di soddisfare ogni palato. Dalle cucine, pizze e piatti liguri.

※※ **Ulisse** 🏠 **P** VISA ⓤ AE 👍

via Padre Semeria 620, a Coldirodi – 𝒞 01 84 67 03 38
– www.ristoranteulisse.com – Fax 01 84 67 04 11 – chiuso ottobre e martedì
Rist – *(chiuso a mezzogiorno escluso sabato, domenica e i giorni festivi)*
Menu 44 € – Carta 32/62 €
♦ Non distante dall'uscita autostradale, è una strada panoramica tra mare e monti a condurre sino al questo locale dove gustare una fragrante cucina di mare; d'estate si pranza in terrazza.

a Bussana Est : 5,5 km – ✉ 18038

※※ **La Kambusa** 🏠 AC ⅍ VISA ⓤ AE ⓞ 👍

via al Mare 87 – 𝒞 01 84 51 45 37 – Fax 01 84 51 45 37 – chiuso dal 10 al 15 gennaio, dal 1° al 17 settembre e mercoledì
Rist – *(chiuso a mezzogiorno)* Carta 38/55 €
♦ Situato sul lungomare, il locale vanta una gestione appassionata ed una cucina che spazia tra mare e terra e propone piatti della tradizione, così come creazioni più innovative.

SAN ROCCO – Genova – Vedere Camogli

SAN SALVO – Chieti (CH) – **563** P26 – 18 646 ab. – alt. 106 m   2 C2
– ✉ 66050

D Roma 280 – Pescara 83 – Campobasso 90 – Termoli 31

a San Salvo Marina Nord-Est : 4,5 km – ✉ 66050

※※ **Al Metrò** 🏠 ⅖ AC ⅍ VISA ⓤ AE ⓞ 👍

via Magellano 35 – 𝒞 08 73 80 34 28 – www.ristorantealmetro.it – chiuso novembre, domenica sera, lunedì
Rist – Menu 40/55 € – Carta 34/45 €
♦ Un grazioso locale con un piacevole dehors per la bella stagione e nella saletta a fianco, ancora la piccola pasticceria dalla quale è "decollato" il tutto. La carta promette piatti di cucina tradizionale leggermente rivisitati.

SAN SANO – Siena – Vedere Gaiole in Chianti

SAN SAVINO – Ascoli Piceno – **563** M23 – Vedere Ripatransone

---

SANSEPOLCRO – Arezzo (AR) – **563** L18 – 16 161 ab. – alt. 330 m   29 D2
– ✉ 52037 ▌Toscana

D Roma 258 – Rimini 91 – Arezzo 39 – Firenze 114

◎ Museo Civico★★ : opere★★★ di Piero della Francesca – Deposizione★ di Rosso Fiorentino nella chiesa di San Lorenzo – Vie★

🏨🏨 **Borgo Palace Hotel** 🏠 ⅷ ⅖ AC ⅍ ⅰⅱ 🏠 **P** VISA ⓤ AE ⓞ 👍

via Senese Aretina 80 – 𝒞 05 75 73 60 50 – www.borgopalace.it
– Fax 05 75 74 03 41
74 cam ⊇ – ♥73/83 € ♥♥90/125 € – 1 suite
Rist *Il Borghetto* – *(chiuso agosto)* Carta 26/38 €
♦ Alle porte della città, una moderna struttura con due ascensori panoramici. Interni di sapore neoclassico con camere di confort avvolgente, nulla a che vedere con l'esterno! Sala ristorante ricca di tendaggi, specchi ed ornamenti.

🏨 **La Balestra** 🏠 ⅷ AC ⅍ ⅸ **P** VISA ⓤ AE ⓞ 👍

via Montefeltro 29 – 𝒞 05 75 73 51 51 – www.labalestra.it – Fax 05 75 74 02 82
52 cam ⊇ – ♥70 € ♥♥98 € – ½ P 68 €
Rist *La Balestra* – *(chiuso dal 26 luglio all'8 agosto e domenica sera)*
Carta 30/40 €
♦ Arredi e confort di tipo classico, conduzione diretta e professionale a connotare questo valido punto di riferimento nella località, appena fuori dal centro storico. Ristorante dotato anche di spazio all'aperto.

⚐ **Relais Palazzo di Luglio** ⌂ ← 🕭 🍴 🍽 ⓙ 🎵 🖾 🍴 rist. ⑪ 🅿
frazione Cignano 35, Nord-Ovest : 2 km 🚗 🅥🅘🅢🅐 🆎 ⓞ 🔔
– 𝒞 05 75 75 00 26 – *www.relaispalazzodiluglio.com* – *Fax 05 75 75 98 92*
4 cam 🖃 – ♥90/100 € ♥♥120/130 € – 10 suites – ♥♥170/250 €
– ½ P 100/110 €
Rist – *(chiuso a mezzogiorno) (solo per alloggiati)* Menu 35/50 €
♦ Sulle prime colline intorno al paese, aristocratica villa seicentesca un tempo adibita a soggiorni estivi in campagna. Spazi, eleganza e storia si ripropongono immutati.

✕✕ **Oroscopo di Paola e Marco** con cam ⓙ ⑪ 🅿 🅥🅘🅢🅐 🅘 🔔
via Togliatti 68, località Pieve Vecchia, Nord-Ovest : 1 km – 𝒞 05 75 73 48 75
– *www.relaisoroscopo.com* – *Fax 05 75 73 48 75* – *chiuso dal 1° al 10 gennaio e dal 15 al 30 giugno*
12 cam 🖃 – ♥40/50 € ♥♥60/80 € – ½ P 55/75 €
Rist – *(chiuso domenica) (chiuso a mezzogiorno)* (consigliata la prenotazione)
Carta 32/44 €
♦ Nella patria di Piero della Francesca, due giovani coniugi hanno creato questo elegante nido in cui poter anche pernottare ma, soprattutto, assaporare piatti creativi.

✕ **Fiorentino e Locanda del Giglio** con cam 🖾 ⑪ 🅥🅘🅢🅐 🅘 🔔
via Luca Pacioli 60 – 𝒞 05 75 74 20 33 – *www.ristorantefiorentino.it*
– *Fax 05 75 74 20 33* – *chiuso 1 settimana in novembre, 1 settimana in febbraio, dal 24 al 31 luglio e mercoledì*
4 cam 🖃 – ♥60 € ♥♥85 € **Rist** – Carta 23/37 €
♦ Gestione con cinquant'anni di mestiere che si adopera con professionalità e abilità per accogliere al meglio i propri ospiti in un locale che di anni ne ha circa duecento.

✕ **Da Ventura** con cam 🎵 cam, 🅥🅘🅢🅐 🆎 ⓞ 🔔
🕭 *via Aggiunti 30* – 𝒞 05 75 74 25 60 – *www.albergodaventura.it*
– *Fax 05 75 75 95 00* – *chiuso 10 giorni in gennaio e 20 giorni in agosto*
5 cam 🖃 – ♥45 € ♥♥65 € – ½ P 50 €
Rist – *(chiuso domenica sera e lunedì)* Carta 22/32 €
♦ Un unico nome per quattro generazioni perché ciò che più conta è saper entusiasmare chi ama la cucina locale con prodotti freschi e genuini, dai funghi dei boschi dei dintorni alla pasta fatta a mano. Al piano superiore, camere semplici con pavimenti in parquet.

SAN SEVERINO LUCANO – Potenza (PZ) – **564** G30 – **1 777 ab.** **4** C3
– alt. 884 m – ⊠ 85030

▶ Roma 406 – Cosenza 152 – Potenza 113 – Matera 139

🏨 **Paradiso** ⌂ ← ⓙ 🍴 🍽 ✕ 🎄 🏋 🖾 rist. 🎵 ⑪ 🐾 🅿 🅥🅘🅢🅐 🆎 🔔
🕭 *via San Vincenzo* – 𝒞 09 73 57 65 86 – *www.hotelparadiso.info*
– *Fax 09 73 57 65 87*
62 cam 🖃 – ♥50/62 € ♥♥60/94 € – ½ P 44/62 €
Rist – *(chiuso mercoledì)* Carta 20/25 €
♦ Ideale punto di partenza per gite - motorizzate, a piedi o a cavallo - nel Parco del Pollino, questa risorsa dispone d'interessanti strutture sportive. Camere semplici. Immersi tra una natura ancora vera, i sapori locali "influenzano" i piatti.

SAN SEVERINO MARCHE – Macerata (MC) – **563** M21 – **13 223 ab.** **21** C2
– alt. 343 m – ⊠ 62027

▶ Roma 228 – Ancona 72 – Foligno 71 – Macerata 30

🏨 **Palazzo Servanzi Confidati** senza rist ⌂ 🎄 🖾 ⑪ 🐾
via Cesare Battisti 13/15 – 𝒞 07 33 63 35 51 🅥🅘🅢🅐 🆎 ⓞ 🔔
– *www.servanzi.it* – *Fax 07 33 63 70 15*
23 cam 🖃 – ♥60 € ♥♥93 €
♦ Centrale e aristocratico palazzo settecentesco, magnifica corte interna coperta con lucernario e trasformata in hall, i ballatoi conducono nelle camere in arte "povera".

XX **Locanda Salimbeni** con cam ॐ   🚗 🍴 ⅍ 🌐 ⅍ 🅿️
🍽️ *strada provinciale 361, Ovest : 4 km*   VISA ⚫ AE ① ⅏
  – ℰ 07 33 63 40 47 – www.locandasalimbeni.it – Fax 07 33 63 39 01
9 cam ☷ – ♥48/50 € ♥♥65/70 € – ½ P 52/55 €
Rist – *(chiuso dal 15 al 31 gennaio e lunedì) (chiuso a mezzogiorno)* Carta 22/34 €
♦ Oriundi di S. Severino, i fratelli Salimbeni, fra gli artisti più notevoli del '400, danno nome al locale ove l'arte è rievocata sui muri e le Marche rivivono nei piatti. Arredi in stile e letti in ferro battuto nelle camere.

XX **Due Torri** con cam ॐ   & ⅍ rist, VISA ⚫ AE ① ⅏
🐗 *via San Francesco 21 – ℰ 07 33 64 54 19 – www.duetorri.it – Fax 07 33 97 99 80*
  – chiuso dal 20 al 26 dicembre e dal 20 al 30 giugno
15 cam ☷ – ♥45 € ♥♥70 € – ½ P 50 €
Rist – *(chiuso domenica sera e lunedì)* Carta 20/27 €
♦ Nella parte più alta e vecchia del paese, vicino al castello, una cucina familiare alla scoperta delle fragranze del territorio ed un piccolo angolo-enoteca dove si vendono specialità alimentari della zona. Camere semplici ed essenziali, per un soggiorno nella tranquillità.

SAN SEVERO – Foggia (FG) – **564** B28 – 55 824 ab. – alt. 89 m   **26** A1
– ⊠ 71016
    🄳 Roma 320 – Foggia 36 – Bari 153 – Monte Sant'Angelo 57

X **La Fossa del Grano** con cam   AC ⅍ 🌐 VISA ⚫ AE ① ⅏
🐗 *via Minuziano 63 – ℰ 08 82 24 11 22 – www.lafossadelgrano.it – chiuso dall'8 al*
🍽️ *21 agosto*
5 cam ☷ – ♥50 € ♥♥75 €
Rist – *(chiuso domenica sera e lunedì)* Carta 28/45 €
♦ Tappa gastronomica obbligata per chi è alla ricerca di antichi sapori casalinghi e la vera cucina pugliese. Consigliamo d'iniziare con gli antipasti e, poi, un primo o un secondo. Camere spaziose, arredate con gusto moderno e personalizzato.

SAN SIRO – Mantova – Vedere San Benedetto Po

SANTA BARBARA – Trieste – Vedere Muggia

SANTA CATERINA VALFURVA – Sondrio (SO) – **561** C13   **17** C1
– alt. 1 738 m – Sport invernali : 1 738/2 727 m ⅍ 1 ⅍6, ⅍ – ⊠ 23030
    🄳 Roma 776 – Sondrio 77 – Bolzano 136 – Bormio 13

🏨 **Baita Fiorita di Deborah**   🚗 🐗 🛗 ⅍ rist, 🌐 🅿️ 🚗
  via Frodolfo 3 – ℰ 03 42 92 51 19   VISA ⚫ AE ① ⅏
  – www.compagnoni.it – Fax 03 42 92 50 50 – chiuso maggio, ottobre e
  novembre
22 cam ☷ – ♥80/180 € ♥♥140/220 € – ½ P 95/170 €   **Rist** – Carta 28/68 €
♦ Albergo centrale, di antica tradizione, ristrutturato con buon gusto ed eleganza. A condurlo, la famiglia della grande campionessa di sci. Fra romanticismo e comodità. Al ristorante legni, decorazioni e specialità valtellinesi.

🏠 **Pedranzini**   🚗 🐗 🛗 & ⅍ 🌐 🅿️ VISA ⚫ AE ① ⅏
  piazza Magliavaca 5 – ℰ 03 42 93 55 25 – www.hotelpedranzini.it
  – Fax 03 42 93 55 25 – chiuso ottobre e novembre
18 cam ☷ – ♥40/60 € ♥♥65/110 € – ½ P 48/75 €   **Rist** – Carta 25/46 €
♦ Sulla famosa piazzetta di Santa Caterina, a soli 50 m dagli impianti di risalita, hotel familiare (completamente rinnovato) dispone di ambienti accoglienti e zona relax. Camere di buon livello dal ligneo arredo. Al ristorante, piatti della tradizione.

SANTA CATERINA VILLARMOSA – Caltanissetta – **565** O24 – Vedere Sicilia alla fine dell'elenco alfabetico

SANTA CESAREA TERME – Lecce (LE) – **564** G37 – 3 085 ab.   **27** D3
– alt. 94 m – ⊠ 73020
    🄳 Roma 633 – Bari 203 – Lecce 49
    🄸 via Roma 209 ℰ 0836 944043, aptsantacesarea@libero.it, Fax 0836 944043

Alizè ⟨ 🔲 🖿 AC ⚡ rist. 🕻 P VISA ⚫ AE 🖐
via Paolo Borsellino – ℰ 08 36 94 40 41 – www.hotelalize.it – Fax 08 36 94 40 34
– maggio-ottobre
56 cam ⟷ – ♦50/85 € ♦♦80/150 € – ½ P 90 €
Rist – *(solo per alloggiati)* Menu 25 €
♦ In posizione panoramica e poco distante dal centro, un hotel con eco architettoniche ara-beggianti, luminose aree comuni, camere sobrie negli arredi, solarium e piscina. Al ristorante, la classica e gustosa cucina del bel Paese.

SANTA CRISTINA – Perugia – **563** M19 – **Vedere Gubbio**

SANTA CRISTINA VALGARDENA (ST. CHRISTINA IN GRÖDEN) **31** C2
– Bolzano (BZ) – **562** C17 – **1 894 ab.** – alt. 1 428 m – Sport invernali : 1 428/
2 518 m ⚡ 10 ⚡ 75 (Comprensorio Dolomiti superski Val Gardena) ⚡ – ⊠ 39047
Italia

> 🚩 Roma 681 – Bolzano 41 – Cortina d'Ampezzo 75 – Milano 338
> 🖸 strada Chemun 9 ℰ 0471 777800, s.cristina@valgardena.it,
> Fax 0471 793198

Interski ⚲ ⟨ 🚊 🔲 🖿 🖿 & AC ⚡ ⚡ P 🚗 VISA ⚫ 🖐
strada Cisles 51 – ℰ 04 71 79 34 91 – www.hotel-interski.com
– Fax 04 71 79 33 91 – 4 dicembre-15 aprile e 15 giugno-15 ottobre
24 cam ⟷ – ♦55/140 € ♦♦100/300 € – 1 suite – ½ P 85/215 €
Rist – *(chiuso a mezzogiorno) (solo per alloggiati)*
♦ Un completo rinnovo, piuttosto recente, connota questo albergo, già gradevolissimo dal-l'esterno; stanze di ottimo confort, con legno chiaro e un panorama di raro fascino.

Geier senza rist ⚲ ⟨ 🔲 🖿 🚗 VISA ⚫ AE ① 🖐
via Chemun 36 – ℰ 04 71 79 33 70 – www.garnigeier.com – Fax 04 71 79 33 70
– chiuso maggio e novembre
8 cam ⟷ – ♦♦64/114 €
♦ Una semplice casetta di montagna, al riparo dal traffico e in posizione leggermente rialzata. Camere avvolte nel legno parquet ed alcuni bagni un po' piccoli, ma i prezzi sono un premio!

sulla strada statale 242 Ovest : 2 km :

Diamant Sport & Wellness ⟨ 🚊 🔲 ⚫ 🖿 ⚡ 🖿 ✦ ⚡ rist,
via Skasa 1 ⊠ 39047 – ℰ 04 71 79 67 80 ⚡ 🔧 P VISA ⚫ 🖐
– www.hoteldiamant.it – Fax 04 71 79 35 80 – 6 dicembre-15 aprile e giugno-15 ottobre
40 cam – 2 suites – solo ½ P 100/240 € **Rist** – *(solo per alloggiati)*
♦ Nella suggestiva cornice delle Dolomiti, una grande struttura con camere ben accessoriate e un giardino che assicura quiete e relax. Dopo una giornata di sci o di escursioni, ritempra-tevi nel centro benessere.

SANTA DOMENICA – Vibo Valentia – **564** L29 – **Vedere Tropea**

SANTA FLAVIA – Palermo – **365** AQ55 – **Vedere Sicilia alla fine dell'elenco alfabetico**

SANTA FRANCA – Parma – **Vedere Polesine Parmense**

SANT'AGATA DE' GOTI – Benevento (BN) – **564** D25 – **11 429 ab.** **6** B1
– alt. 159 m – ⊠ 82019

> 🚩 Roma 220 – Napoli 48 – Benevento 35 – Latina 36

Agriturismo Mustilli AC cam, 🕻 🔧 P VISA ⚫ AE ① 🖐
piazza Trento 4 – ℰ 08 23 71 74 33 – www.mustilli.com – Fax 08 23 71 76 19
6 cam ⟷ – ♦60 € ♦♦90 € – 1 suite – ½ P 70 €
Rist – *(chiuso 24-25 dicembre) (consigliata la prenotazione)* Menu 25/32 €
♦ E' magica la combinazione di fascino, storia e cordiale accoglienza familiare in questa ele-gante dimora nobiliare settecentesca, in pieno centro, gestita con cura e passione. Per i pasti il ristorante con cucina casalinga o il wine bar.

SANT'AGATA SUI DUE GOLFI – Napoli (NA) – 564 F25 – alt. 391 m   6 B2
– ✉ 80064 ▮ Italia

▶ Roma 266 – Napoli 55 – Castellammare di Stabia 28 – Salerno 56

◉ Penisola Sorrentina★★ (circuito di 33 km) : ≤★★ su Sorrento dal capo di
Sorrento (1 h a piedi AR), ≤★★ sul golfo di Napoli dalla strada S 163

Sant'Agata
*via dei Campi 8/A – ℰ 08 18 08 08 00 – www.hotelsantagata.com
– Fax 08 15 33 07 49 – marzo-novembre*
42 cam ☲ – ♦48/70 € ♦♦72/95 € – ½ P 60/85 €   **Rist** – Carta 21/35 €
♦ Tranquillità e confort sono i principali atout di questa struttura, particolarmente indicata
per spostarsi o soggiornare in Costiera; bel porticato esterno. Ambiente curato al ristorante:
sale capienti con arredi piacevoli.

Don Alfonso 1890 (Alfonso ed Ernesto Iaccarino) con cam
corso Sant'Agata 11   🅰️ rist, ...
– ℰ 08 18 78 00 26 – www.donalfonso.com – Fax 08 15 33 02 26
– 26 marzo-ottobre*
4 cam ☲ – ♦♦300/450 € – 4 suites – ♦♦420/650 €
Rist – *(chiuso lunedì, anche martedì dal 16 settembre al 14 giugno) (chiuso a
mezzogiorno dal 15 giugno al 15 settembre)* Menu 140/155 € – Carta 105/141 € ⅜
Spec. Zeppola di astice in agrodolce. Ravioli di caciotta fresca e maggiorana
con pomodorini vesuviani e basilico. Casseruola di pesci di scoglio, crostacei e
frutti di mare.
♦ Sospeso tra due golfi, ha trasformato il ristorante in una casa per amici, la terra in un
favoloso orto; piatti di impronta campana ricchi di gusto, passione e colori.

SANTA GIULETTA – Pavia (PV) – 1 707 ab. – alt. 80 m – ✉ 27046   16 B3
▶ Roma 545 – Piacenza 43 – Milano 56 – Pavia 22

a Castello Sud : 4 km – ✉ 27046 Santa Giuletta

Conte di Carmagnola
*via Castellana 7 – ℰ 03 83 89 90 02 – www.ilcontedicarmagnola.it
– Fax 03 83 89 90 02 – chiuso dal 1° al 7 gennaio, 3 settimane in agosto, lunedì
e martedì*
Rist – *(chiuso a mezzogiorno escluso domenica e i giorni festivi)* (consigliata la
prenotazione) Menu 30/45 € – Carta 40/52 €
♦ Piuttosto decentrato, in una frazione della bassa pianura dell'Oltrepò Pavese, locale dagli
ambienti eleganti e dall'appassionata gestione. Ottima cucina moderna e, come se non bast-
tasse, terrazza panoramica per il servizio estivo.

SANT' AGNELLO – Napoli (NA) – 564 F25 – 8 972 ab. – ✉ 80065   6 B2
▶ Roma 255 – Napoli 46 – Castellammare di Stabia 17 – Salerno 48
🇮 a Sorrento, via De Maio 35 ℰ 081 8074033, info@sorrentotourism.com,
Fax 081 8773397

Grand Hotel Cocumella
via Cocumella 7 – ℰ 08 18 78 29 33
– www.cocumella.com – Fax 08 18 78 37 12 – aprile-ottobre*
46 cam ☲ – ♦270/340 € ♦♦345/450 € – 7 suites – ½ P 245/370 €
Rist La Scintilla – *(chiuso a mezzogiorno dal 15 maggio ad agosto)*
Carta 75/99 €
♦ La Penisola Sorrentina, il verde che lambisce la scogliera, un complesso raffinato e affascinante per questo ex convento gesuita, immerso in un giardino-agrumeto. Panoramica terrazza sulla scogliera. Piccolo ristorante di estrema eleganza, che dispone di una bella veranda.

Mediterraneo
via Marion Crawford 85 – ℰ 08 18 78 13 52
– www.mediterraneosorrento.com – Fax 08 18 78 15 81 – 17 marzo-4 novembre*
70 cam ☲ – ♦100/220 € ♦♦110/380 € – ½ P 100/175 €   **Rist** – Carta 35/63 €
♦ Fronte mare e abbellito da un ameno giardino con piscina, hotel storico ristrutturato che
conserva l'immagine e il fascino di un tempo, offrendo confort adeguati al presente. Accomodatevi sulla bella terrazza panoramica per sorseggiare un cocktail o gustare una pizza oppure
assaporare la cucina partenopea.

🕱🕱 **Caravel**   　ᓛ 🈂 AC 🈂 rist. **P** VISA ◎◎ AE ① ⑤
corso Marion Crawford 61 – ℰ *08 18 78 29 55 – www.hotelcaravel.com*
– Fax 08 18 07 15 57 – marzo-15 novembre
92 cam ⇆ – ♦60/140 € ♦♦80/190 € – ½ P 55/110 €
Rist – Menu 22/34 €
♦ Recentemente ristrutturate le moderne camere di questo hotel situato nella zona residenziale della località. Tranquilli gli ambienti, luminosi e ben insonorizzati.

🍴 **Il Capanno**   　🍴 🈂 VISA ◎◎ AE ⑤
via Marion Crawford 58 – ℰ *08 18 78 24 53 – www.rist.ilcapanno.it*
– Fax 08 18 78 24 53 – chiuso dal 7 dicembre al 28 febbraio e lunedì (escluso luglio-settembre)
Rist – Carta 30/49 €
♦ Una grande veranda, con un settore esclusivamente estivo, per gustare piatti campani con specialità di pesce, paste fresche e, di sera, anche pizze; conduzione familiare.

SANT' AGOSTINO – Ferrara (FE) – **562** H16 – 6 916 ab. – alt. 15 m   9 C2
– ✉ 44047

　🄳 Roma 428 – Bologna 46 – Ferrara 23 – Milano 220

🍴🍴 **Trattoria la Rosa** con cam   　AC 🈂 🕻 VISA ◎◎ AE ⑤
via del Bosco 2 – ℰ *0 53 28 40 98 – www.trattorialarosa1908.it*
– Fax 0 53 28 40 98
5 cam ⇆ – ♦65 € ♦♦80 €
Rist – *(chiuso domenica sera, lunedì; da giugno ad agosto anche sabato a mezzogiorno)* (prenotare) Carta 32/45 € ❀
♦ Due donne sempre ai fornelli in questa moderna trattoria nata all'inizio del secolo scorso. Classici regionali, salumi e paste restano i maggiori successi nati in cucina.

SANT'ALESSIO – Lucca (LU) – Vedere Lucca

SANTA LIBERATA – Grosseto – **563** O15 – Vedere Porto Santo Stefano

SANTA LUCIA DEI MONTI – Verona – Vedere Valeggio sul Mincio

SANTA MARGHERITA LIGURE – Genova (GE) – **561** J9   15 C2
– 10 249 ab. – ✉ 16038 🏳 Italia

　🄳 Roma 480 – Genova 40 – Milano 166 – Parma 149
　🄸 piazza Vittorio Veneto ℰ 0185 287485, iat.santamargheritaligure@
　provincia.genova.it, Fax 0185 283034
　🄶 Penisola di Portofino★★★ per la strada panoramica★★ Sud – Strada
　panoramica★★ del golfo di Rapallo Nord

🏨🏨 **Imperiale Palace Hotel**   ≤ 🕪 🍴 ᓛ 🈂 ₤₰ 🕴 AC 🈂 🈁 **P**
via Pagana 19 – ℰ *01 85 28 89 91*   　VISA ◎◎ AE ① ⑤
– www.hotelimperiale.com – Fax 01 85 28 42 23 – aprile-10 ottobre
86 cam ⇆ – ♦265/280 € ♦♦310/418 € – 3 suites – ½ P 230/284 €
Rist – Carta 53/83 €
♦ Imponente struttura fine '800 a monte dell'Aurelia, ma con spiaggia privata; parco-giardino sul mare con piscina riscaldata e fascino di una pietra miliare dell'hotellerie. Suggestiva sala da pranzo: stucchi e decorazioni davvero unici; signorilità infinita.

🏨🏨 **Grand Hotel Miramare**   ≤ 🕪 ᓛ 🕴 AC 🈂 rist. 🕪 🈁
lungomare Milite Ignoto 30 – ℰ *01 85 28 70 13*   　VISA ◎◎ AE ① ⑤
– www.grandhotelmiramare.it – Fax 01 85 28 46 51
80 cam ⇆ – ♦240/270 € ♦♦385/445 € – 4 suites – ½ P 238/268 €
Rist *Les Bougainvillées* – Menu 54 €
♦ Un'icona dell'ospitalità di Santa: celebrità qui dall'inizio del secolo scorso, raffinatezza liberty e relax di lusso; parco fiorito, piscina e piccolo centro benessere. Prestigioso ristorante con occasionali pasti in terrazza.

Metropole ⟨ 🕭 🛖 🍴 🏊 🏠 ♨ 🖨 🍽 rist, 🕱 🅿 💳 🔵 🅰🅔 ⓞ 👍
via Pagana 2 – 𝒞 01 85 28 61 34 – www.metropole.it – Fax 01 85 28 34 95
– chiuso novembre
55 cam 🖙 – ♦100/134 € ♦♦174/238 € – 4 suites – ½ P 120/138 €
Rist – Carta 41/49 €
♦ Con un parco fiorito, digradante sul mare, e terrazze solatie, tutto il fascino di un hotel d'epoca e la piacevolezza di una grande professionalità unita all'accoglienza. Elegante sala ristorante dove gusterete anche piatti liguri di terra e di mare.

Continental ⟨ 🕭 🍴 🏠 ♨ 🖨 🍽 rist, 🕱 🅿 🚗
via Pagana 8 – 𝒞 01 85 28 65 12 💳 🔵 🅰🅔 ⓞ 👍
– www.hotel-continental.it – Fax 01 85 28 44 63
70 cam 🖙 – ♦140/211 € ♦♦211/253 € – ½ P 144/156 € **Rist** – Carta 34/55 €
♦ In posizione panoramica e con ampio parco sul mare, questo hotel è stato oggetto di un sapiente *restyling* in anni recenti. Indirizzo tra i più "gettonati" per quanto riguarda confort e relax. La sala da pranzo è quasi un tutt'uno con la terrazza, grazie alle ampie vetrate aperte.

Jolanda 🏠 ♨ 🖨 🍽 rist, 🍴 🕱 💳 🔵 🅰🅔 ⓞ 👍
via Luisito Costa 6 – 𝒞 01 85 28 75 13 – www.hoteljolanda.it
– Fax 01 85 28 47 63 – chiuso dal 14 ottobre al 24 dicembre
46 cam 🖙 – ♦68/98 € ♦♦108/154 € – 3 suites – ½ P 72/97 €
Rist – *(chiuso a mezzogiorno) (solo per alloggiati)* Carta 27/42 €
♦ Rinnovatosi di recente, l'albergo gode di una posizione arretrata rispetto al mare, raggiungibile però in pochi minuti, e di un servizio attento. Bel centro benessere.

Laurin senza rist ⟨ 🛁 🏠 ♨ 🖨 🍽 🍴 💳 🔵 🅰🅔 ⓞ 👍
lungomare Marconi 3 – 𝒞 01 85 28 99 71 – www.laurinhotel.it
– Fax 01 85 28 57 09
43 cam 🖙 – ♦70/201 € ♦♦90/218 €
♦ Di fronte al grazioso porticciolo, l'hotel è dotato di una terrazza-solarium con piscina e di una raccolta area relax. Tutte le camere si affacciano al mare, alcune con balcone.

Minerva ⟿ 🚃 🛖 🍴 🏠 ♨ 🍴 🍽 🛜 🚗 💳 🔵 🅰🅔 ⓞ 👍
via Maragliano 34/d – 𝒞 01 85 28 60 73 – www.hotelminerva.eu
– Fax 01 85 28 16 97 – chiuso da novembre al 20 dicembre
38 cam 🖙 – ♦80/110 € ♦♦102/162 € **Rist** – Carta 25/50 €
♦ Ubicazione tranquilla, a pochi minuti a piedi dalla marina: una risorsa d'impostazione classica, condotta con professionalità, passione e attenzione per la clientela. Sala ristorante d'impronta moderna, cucina mediterranea.

Tigullio et de Milan senza rist 🏠 ♨ 🍽 🍴 🛜 💳 🔵 🅰🅔 ⓞ 👍
viale Rainusso 3/a – 𝒞 01 85 28 74 55 – www.hoteltigullio.eu
– Fax 01 85 28 18 60 – chiuso gennaio e febbraio
40 cam 🖙 – ♦60/90 € ♦♦94/130 €
♦ Un albergo rinnovato nel corso degli ultimi anni; offre validi confort, strutture funzionali, ambienti signorili e terrazza-solarium.

Agriturismo Roberto Gnocchi senza rist ⟿ 🚃 🅿
via San Lorenzo 29, località San Lorenzo della Costa,
Ovest : 3 km – 𝒞 01 85 28 34 31 – www.villagnocchi.it – Fax 01 85 28 34 31
– maggio-15 ottobre 💳 🔵 🅰🅔 ⓞ 👍
12 cam 🖙 – ♦75/85 € ♦♦95/105 €
♦ E' come essere ospiti in una casa privata negli accoglienti interni di questa risorsa in posizione incantevole: vista del mare dalla terrazza-giardino, anche durante i pasti. Deliziose camere arredate con gusto.

L'Ardiciocca 🍴 🅰🅒 💳 🔵 🅰🅔 ⓞ 👍
via Maragliano 17 – 𝒞 01 85 28 13 12 – chiuso giovedì
Rist – *(chiuso a mezzogiorno escluso sabato e domenica da ottobre ad aprile)*
(prenotare) Menu 45 € – Carta 62/86 €
♦ Locale d'atmosfera, intimo e raccolto, a pochi passi dal mare. La carta è un inno al prodotto principe locale - il pesce - reinterpretato in chiave moderna.

✗✗ Oca Bianca
via XXV Aprile 21 – ℰ 01 85 28 84 11 – www.ocabianca.it – chiuso dal 7 gennaio al 13 febbraio e lunedì
Rist – *(chiuso a mezzogiorno)* Carta 47/76 €
◆ Dedicato agli estimatori di tutto ciò che non è di mare, un locale con proposte di carne, verdura e formaggi, preparati con fantasia. Ambiente intimo e raccolto.

✗✗ Altro Eden
via Calata Porto 11 – ℰ 01 85 29 30 56 – www.ristoranteeden.com – Fax 01 85 29 30 56 – chiuso febbraio, martedì
Rist – *(chiuso a mezzogiorno escluso sabato-domenica)* Carta 48/68 €
◆ Sul molo con vista porto, locale di taglio moderno con un'originale sala a forma di tunnel e fresco dehors. Il menu è un trionfo di specialità di pesce.

✗✗ Antonio
piazza San Bernardo 6 – ℰ 01 85 28 90 47 – Fax 01 85 28 90 47 – chiuso dal 14 al 28 febbraio, 10 giorni in novembre e lunedì escluso dal 15 maggio al 15 ottobre
Rist – Carta 30/60 €
◆ Piatti ben curati sia sotto il profilo delle materie prime impiegate sia per l'abilità di valorizzarne il gusto in un locale di taglio classico. Le proposte di pesce sono predominanti.

✗ La Paranza
via Ruffini 46 – ℰ 01 85 28 36 86 – Fax 01 85 28 23 39 – chiuso dal 10 al 25 novembre e lunedì
Rist – Carta 36/55 €
◆ Gustosi piatti, per lo più a base di pesce, in una trattoria fronte porto: ambiente semplice e cordiale conduzione familiare.

✗ La Locanda di Colombo con cam
via XXV Aprile 12/c – ℰ 01 85 29 31 29 – www.lalocandadicolombo.it – Fax 01 85 29 19 37 – chiuso gennaio
6 cam ⊒ – †80/100 € ††100/150 €   **Rist** – Carta 31/55 € ⅋
◆ Di poco arretrato rispetto il lungomare, ristorante dalla giovane e dinamica gestione. Il menu "simpatizza" con la cucina moderna, proponendo piatti di terra tra Piemonte e Liguria. Belle camere di gusto contemporaneo.

SANTA MARIA = AUFKIRCHEN – Bolzano – Vedere Dobbiaco

SANTA MARIA – Vedere Castellabate

SANTA MARIA ANNUNZIATA – Napoli (NA) – vedere Massa Lubrense

SANTA MARIA DEGLI ANGELI – Perugia – **563** M19 – Vedere Assisi

---

SANTA MARIA DELLA VERSA – Pavia (PV) – **561** H9 – **2 608 ab.**   **16** B3 – alt. 216 m – ⌖ 27047

▶ Roma 554 – Piacenza 47 – Genova 128 – Milano 71
🇮 c/o Municipio ℰ 0385 278011

✗✗ Sasseo
località Sasseo 3, Sud : 3 km – ℰ 03 85 27 85 63 – www.sasseo.com – Fax 03 85 27 85 63 – chiuso gennaio, lunedì, martedì a mezzogiorno
Rist – Carta 34/47 €
◆ Ubicato tra i vigneti, un grande casolare del 1700 sapientemente ristrutturato ospita due salette in tono rustico-elegante con camino. Cucina moderna e fantasiosa.

✗✗ Al Ruinello
località Ruinello, Nord : 3 km – ℰ 03 85 79 81 64 – www.ristorantealruinello.it – Fax 03 85 79 81 64 – chiuso dal 15 al 30 gennaio, luglio, lunedì sera, martedì
Rist – *(consigliata la prenotazione)* Carta 27/35 €
◆ Sembra di essere nel salotto "buono" di una casa privata... Ristorante a conduzione familiare, ricavato in una villetta privata, con piatti del territorio proposti a voce. Il menu segue le stagioni.

SANTA MARIA DI LEUCA – Lecce – **564** H37 – Vedere Marina di Leuca

SANTA MARIA MADDALENA – Rovigo – **562** H16 – **Vedere Occhiobello**

SANTA MARIA MAGGIORE Ossola (VB) – **561** D7 – **1 261 ab.** **23** C1
– alt. 816 m – Sport invernali : a Piana di Vigezzo : 800/2 064 m ☝1 ⚞4, ⚞
– ✉ 28857

> ◗ Roma 715 – Stresa 50 – Domodossola 17 – Locarno 32
> ◲ piazza Risorgimento 28 ☎ 0324 95091, santamariamaggiore@
> distrettolaghi.it, Fax 0324 95091

⌂ **Miramonti** ☆ ⅍ rist, **P** ⓋⓈⒶ ⓪ ⒶⒺ ⚡
piazzale Diaz 3 – ☎ 0 32 49 50 13 – www.almiramonti.com – Fax 0 32 49 42 83
11 cam ⯑ – ♂50/55 € ♂♂100/110 € – ½ P 82/102 € **Rist** – Carta 28/50 €
◆ Dimora storica nel cuore della località che unisce al calore familiare la discreta eleganza
degli ambienti, una piccola realtà ricca di ricordi della Valle e delle sue antiche tradizioni.
Sapori ormai noti ai buongustai e nuovi accostamenti: in cucina, la ricerca continua.

⍢ **Le Colonne** ⓋⓈⒶ ⓪ ⒶⒺ ⓪ ⚡
via Benefattori 7 – ☎ 0 32 49 48 93 – Fax 0 32 49 81 32 – chiuso mercoledì
Rist – (consigliata la prenotazione) Carta 35/44 €
◆ Nel piccolo centro storico della località, una coppia di grande esperienza gestisce questo
ristorante sobrio e curato, dove viene proposta una cucina eclettica.

SANTA MARINELLA – Roma (RM) – **563** P17 – **17 354 ab.** – ✉ 00058 **12** A2
◗ Roma 58 – Viterbo 65 – Aprilia 94 – Terni 124

⌂⌂ **Cavalluccio Marino** ⟵ ☆ ⌇ ℟ ⅋ ⃝ ℀ ⅍ **P** ⓋⓈⒶ ⓪ ⒶⒺ ⚡
lungomare Marconi 64 – ☎ 07 66 53 48 88 – www.roseshotels.it
– Fax 07 66 53 48 66 – chiuso dal 18 dicembre al 6 gennaio
32 cam ⯑ – ♂80/200 € ♂♂100/200 € – ½ P 100/150 €
Rist – (chiuso venerdì escluso giugno-settembre) Carta 41/75 €
◆ Sul lungomare della località, hotel balneare rinnovato di recente, punto di riferimento per
godersi con stile vacanze "spiaggia e relax". Le camere sono luminose e piacevoli, alcune con
vista. Piatti tradizionali presso la raffinata sala interna o sulla romantica terrazza panoramica.

SANT'AMBROGIO DI VALPOLICELLA – Verona (VR) – **562** F14 **35** A3
– 11 251 ab. – alt. 180 m – ✉ 37010
◗ Roma 511 – Verona 20 – Brescia 65 – Garda 19

⍢⍢ **Groto de Corgnan** ☆ ⅍ ⟳ ⓋⓈⒶ ⓪ ⚡
via Corgnano 41 – ☎ 04 57 73 13 72 – www.grotodecorgnan.it
– Fax 04 57 73 13 72 – chiuso domenica, lunedì a mezzogiorno
Rist – (consigliata la prenotazione) Carta 42/50 € ⅏
◆ In una piacevole casa di paese, con un piccolo dehors, un ambiente decoroso e rallegrato
dal camino; troverete cibi ancorati alla tradizione locale, ligi alle stagioni.

a San Giorgio Nord-Ovest : 1,5 km – ✉ 37015 Sant'Ambrogio Di Valpolicella

⍢ **Dalla Rosa Alda** con cam ⤶ ☆ ⏧ ⅙ ⃝ cam, ⅋ ⅍ cam, ⍦
strada Garibaldi 4 – ☎ 04 57 70 10 18 ⓋⓈⒶ ⓪ ⒶⒺ ⓪ ⚡
– www.dallarosalda.it – Fax 04 56 80 17 86 – chiuso gennaio, febbraio
10 cam ⯑ – ♂65/75 € ♂♂80/100 € – ½ P 70/85 €
Rist – (chiuso domenica sera e lunedì escluso dal 21 giugno al 21 settembre)
Carta 25/47 € ⅏
◆ Una cucina semplice, scandita e dominata dai prodotti del territorio selezionati con cura e
passione, accostati ad un'ottima selezione di vini locali. Chiedete consiglio ai proprietari. L'in-
tuizione di accogliere delle camere nella medesima struttura è degli anni Ottanta. Oggi, solo
mobili d'epoca e confort.

SANT'ANDREA – Livorno – **563** N12 – **Vedere Elba (Isola d') : Marciana**

SANT'ANDREA BAGNI – Parma – **562** H12 – **Vedere Medesano**

SANT'ANGELO – Napoli – **564** E23 – **Vedere Ischia (Isola d')**

SANT'ANGELO IN PONTANO – Macerata (MC) – **563** M22   **21** C2
– 1 523 ab. – alt. 473 m – ✉ 62020

▶ Roma 192 – Ascoli Piceno 65 – Ancona 119 – Macerata 29

✗   **Pippo e Gabriella**   👍 ❧ **P** **VISA** ⦿ ⑤
☞ località contrada l'Immacolata 33 – ℰ 07 33 66 11 20 – Fax 07 33 66 16 75
– chiuso dal 12 gennaio al 12 febbraio e lunedì
Rist – Carta 21/31 €
♦ Un'osteria molto semplice, in posizione tranquilla, dove vige un'atmosfera informale ma
cortese e si possono gustare specialità regionali. Griglia in sala.

SANT'ANGELO IN VADO – Pesaro e Urbino (PU) – **563** L19   **20** A1
– 4 088 ab. – alt. 344 m – ✉ 61048

▶ Roma 283 – Ancona 136 – Pesaro 81

🏨   **Palazzo Baldani**   👍 cam, **AC** ❧ rist, **VISA** ⦿ **AE** ⑤
via Mancini 4 – ℰ 07 22 81 88 92 – www.taddeoefederico.it – Fax 07 22 81 93 22
– chiuso dal 16 al 31 agosto
14 cam 🍽 – †60/75 € ††90/130 € – ½ P 65/75 €
Rist Taddeo e Federico – (chiuso dal 15 al 28 febbraio) Carta 29/63 €
♦ Un palazzo del 1700 trasformato in un piccolo, ma delizioso albergo con camere dai toni
caldi e letti in ferro battuto. Per un surplus di romanticismo: chiedete la stanza con il baldacchino. Bagni sempre curati e sufficientemente spaziosi.

SANT'ANGELO LODIGIANO – Lodi (LO) – **561** G10 – 13 135 ab.   **16** B3
– alt. 75 m – ✉ 26866

▶ Roma 544 – Piacenza 43 – Lodi 12 – Milano 38

🏠   **San Rocco**   🖼 👍 **AC** ❧ **P** **VISA** ⦿ ⑤
☞ via Cavour 19 – ℰ 0 37 19 07 29 – www.sanroccoristhotel.it – Fax 03 71 21 02 42
🍽 – chiuso dal 1° al 7 gennaio e agosto
16 cam – †58/63 € ††78 €, 🍽 6 € – ½ P 57 €
Rist – (chiuso domenica sera e lunedì) Carta 18/33 €
♦ Piccolo albergo nel centro della località. E' gestito dalla stessa famiglia da tre generazioni.
Le camere, quasi tutte rinnovate di recente, offrono un buon confort. La cucina propone
piatti della tradizione locale.

SANT'ANNA – Como – Vedere Argegno

SANT'ANNA – Cuneo (CN) – Vedere Roccabruna

SANT' ANTIOCO – Carbonia-Iglesias (107) – **366** L49 – Vedere Sardegna alla
fine dell'elenco alfabetico

SANT'ANTONIO DI MAVIGNOLA – Trento – Vedere Pinzolo

SANTARCANGELO DI ROMAGNA – Rimini (RN) – **562** J19   **9** D2
– 20 664 ab. – alt. 42 m – ✉ 47822

▶ Roma 345 – Rimini 10 – Bologna 104 – Forlì 43
🅸 via Cesare Battisti 5 ℰ 0541 624270, iat@comune.santarcangelo.rn.it
Fax 0541 622570

🏨   **Della Porta** senza rist   🖼 🖼 👍 **AC** ↩ ⑨ **🔧** **VISA** ⦿ **AE** ⓪ ⑤
via Andrea Costa 85 – ℰ 05 41 62 21 52 – www.hoteldellaporta.com
– Fax 05 41 62 21 68
22 cam 🍽 – †65/98 € ††80/109 €
♦ Soffitti finemente affrescati e mobili antichi nelle quattro graziose camere affacciate sul
cortile, ciascuna in omaggio ad un fiore. Di tono più moderno le altre stanze.

🏠   **Il Villino** senza rist   🚗 🖼 👍 **AC** ❧ ⑨ **P** **VISA** ⦿ **AE** ⓪ ⑤
via Ruggeri 48 – ℰ 05 41 68 59 59 – www.hotelilvillino.it – Fax 05 41 32 62 23
12 cam 🍽 – †75/100 € ††100/140 €
♦ Piacevoli ed insoliti contrasti in questa villa di fine '600: le stanze sono tutte diverse tra
loro, da quella in omaggio alla Cina alla camera più austera, in stile napoleonico.

XX **Osteria la Sangiovesa** 🏠 AC ⅛ VISA ⓿ AE ① ⏚
piazza Simone Balacchi 14 – ℰ 05 41 62 07 10 – www.sangiovesa.it
– Fax 05 41 62 08 54
Rist *– (chiuso a mezzogiorno)* Carta 33/42 € 𝄞
Rist *Osteria – (chiuso a mezzogiorno)* Carta 20/33 € 𝄞
♦ Risorsa singolare che ospita contemporaneamente due differenti ristoranti. Sale rustico-eleganti con luci soffuse e giochi d'ombra, dove gustare piatti dai sapori ricercati. All'Osteria, invece, un ambiente più informale, semplice ed accogliente in cui domineranno salumi, formaggi e vino... di quello buono.

sulla strada statale 9 via Emilia Est : 2 km

🏨 **San Clemente** senza rist 🪑 ⅙ AC ↵ ⁽ᵖ⁾ P VISA ⓿ AE ① ⏚
via Ferrari 1 – ℰ 05 41 68 08 04 – www.hotelsanclemente.com – Fax 05 41 68 13 66
38 cam ⊆ – †50/80 € ††90/130 €
♦ Lungo la via Emilia, un complesso inaugurato pochi anni or sono e progettato pensando soprattutto a chi viaggia per lavoro. Insieme curato, dotazioni complete.

a Montalbano Ovest: 6 km – ⊠ 47822 Santarcangelo Di Romagna

⛰ **Agriturismo Locanda Antiche Macine** 🦢 🛏 🏠 ⅃ ⁂ 🎿
via Provinciale Sogliano 1540 – ℰ 05 41 62 71 61 P VISA ⓿ AE ① ⏚
– www.antichemacine.it – Fax 05 41 68 65 62 – chiuso dal 7 al 22 gennaio
8 cam ⊆ – †60/70 € ††90/110 € – 3 suites – ½ P 80 €
Rist *– (chiuso lunedì)* Carta 24/40 €
♦ Ricavata in un antico frantoio, locanda accogliente ed elegante, immersa nel verde della campagna riminese. All'esterno, un percorso natura ed un laghetto per la pesca sportiva. In una delle due sale del ristorante, antiche e massicce travi su cui poggiava il movimento delle macine.

SANTA REGINA – Siena – Vedere Siena

SANTA SOFIA – Forlì-Cesena (FC) – **562** ?P47K – 4 238 ab. – alt. 257 m   **9** D3
– ⊠ 47018
▶ Roma 291 – Rimini 87 – Firenze 89 – Forlì 41

a Corniolo Sud-Ovest : 15 km – alt. 589 m – ⊠ 47010

🏠 **Leonardo** 🦢 🛏 ⅃ ✕ 🛉 ⅛ P VISA ⓿ ⏚
località Lago – ℰ 05 43 98 00 15 – www.hotelleonardo.net – Fax 05 43 98 00 15
19 cam ⊆ – †40/75 € ††45/95 € – ½ P 50/65 €   **Rist** – Carta 26/36 €
♦ Hotel situato fuori località - in una zona tranquilla di fianco al torrente - con comodo giardino attrezzato per bambini e piscina. Ambienti semplici e calorosa gestione familiare. Due semplici sale ristorante, cucina familiare a base di prodotti locali.

SANTA TERESA GALLURA – Olbia-Tempio (104) – **366** Q36 – Vedere
Sardegna alla fine dell'elenco alfabetico

SANTA TRADA DI CANNITELLO – Reggio di Calabria – **564** M29 – Vedere
Villa San Giovanni

SANTA VITTORIA D'ALBA – Cuneo (CN) – **561** H5 – 2 506 ab.   **25** C2
– alt. 346 m – ⊠ 12069
▶ Roma 655 – Cuneo 55 – Torino 57 – Alba 10

🏨 **Castello di Santa Vittoria** 🦢 ≼ 🛏 ⅃ 🛉 ⁽ᵖ⁾ 🎿 P
via Cagna 4 – ℰ 01 72 47 81 98 VISA ⓿ AE ① ⏚
– www.santavittoria.org – Fax 01 72 47 84 65
39 cam ⊆ – †90/110 € ††150/190 € – ½ P 115/135 €
Rist *Savino Mongelli* – vedere selezione ristoranti
Rist *– (chiuso a mezzogiorno) (solo per alloggiati)* Menu 50/70 €
♦ In un borgo di origini medievali, gli spazi interni sono inaspettatamente moderni, sobri e lineari, piacevolmente forniti di confort moderni. La posizione panoramica fa sì che la piscina goda di un belvedere sulle colline.

✗✗ ❀ Savino Mongelli   🏠 P VISA 🆎 🕭

via Cagna 4 – ✆ 01 72 47 85 50 – Fax 01 72 47 85 50 – chiuso domenica sera, lunedì, martedì a mezzogiorno

Rist – (consigliata la prenotazione) Menu 50/80 €

Spec. Calamari con patate, fagiolini e crema di basilico. Maltagliati con vongole veraci, broccoletti e pan grattato. Fritto di mare dorato in semola.

♦ La passione per il pesce ispira la cucina: gustose ricette mediterranee, all'insegna dell'olio d'oliva. La scelta è volutamente ristretta per seguire la disponibilità del mercato ittico.

SANT'ELPIDIO A MARE – Ascoli Piceno (AP) – **563** M23   **21** D2
– 16 573 ab. – alt. 251 m – ⊠ 63019

▶ Roma 267 – Ancona 49 – Ascoli Piceno 85 – Macerata 33

✗✗ ❀ Il Melograno   ← 🏠 ✿ VISA 🆎 🕭

via Gherardini 9 – ✆ 07 34 85 80 88 – www.ristoranteilmelograno.it – Fax 07 34 81 76 11 – chiuso martedì

Rist – (prenotare) Carta 20/37 €

♦ Un palazzo del Seicento in cui sorgono oggi ambienti ospitali, sulle calde tonalità dell'ocra e del bianco: per scoprire sapori casalinghi. Vista panoramica incantevole.

SAN TEODORO – Olbia-Tempio (104) – **366** T39 – Vedere Sardegna alla fine dell'elenco alfabetico

---

SANT'EUFEMIA DELLA FONTE – Brescia – Vedere Brescia

SANT'EUFEMIA LAMEZIA – Catanzaro – **564** K30 – Vedere Lamezia Terme

---

SANT'ILARIO D'ENZA – Reggio Emilia (RE) – **562** H13 – 10 605 ab.   **8** A3
– alt. 58 m – ⊠ 42049

▶ Roma 444 – Parma 12 – Bologna 82 – Milano 134

✗✗ Prater   🆎 � ✿ P VISA 🆎 AE ① 🕭

via Roma 39 – ✆ 05 22 67 23 75 – www.praterfood.it – Fax 05 22 67 12 36 – chiuso dal 1° al 25 agosto, sabato a mezzogiorno, domenica in giugno-luglio, mercoledì negli altri mesi

Rist – Carta 30/43 € ⊛

♦ Proposte radicate nella saga gastronomica di questa terra e accompagnate da una nutrita offerta di vini; da gustare in questo elegante locale in pieno centro storico.

SANT'OMOBONO TERME – Bergamo (BG) – **561** E10 – 3 078 ab.   **19** C1
– alt. 498 m – ⊠ 24083

▶ Roma 625 – Bergamo 23 – Lecco 39 – Milano 68

🏨 Villa delle Ortensie ⌂   ← 🔲 🌐 🏠 🛏 🕌 🛎 🖥 ⚬ ✦✦ ↯ ✗ rist, �

viale alle Fonti 117 – ✆ 0 35 85 22 42   P VISA 🆎 AE ① 🕭
– www.villaortensie.com – Fax 0 35 85 11 48 – chiuso dal 10 al 27 dicembre

39 cam ⊑ – †106/137 € ††182/244 €   **Rist** – Carta 30/47 €

♦ Nel cuore verde della valle Imagna, un'elegante residenza gentilizia di fine '800 ospita una struttura ben "articolata" per dimensioni e servizi offerti, soprattutto in ambito salutistico. Nel ristorante, la cucina tradizionale si accompagna ad una gustosa ed equilibrata selezione di ricette vegetariane.

✗✗ Posta   🆎 VISA 🆎 AE ① 🕭

viale Vittorio Veneto 169 – ✆ 0 35 85 11 34 – www.frosioristoranti.it – Fax 0 35 85 11 34 – chiuso dal 1° al 15 luglio e martedì (escluso dal 15 luglio al 15 settembre)

Rist – Menu 35/60 € – Carta 39/67 €

♦ Fantasia e tradizioni concorrono a determinare la cucina che a pranzo propone un menu del giorno, mentre la sera si articola in una carta più elaborata. Esperta conduzione familiare.

XX **Taverna 800**   🛜 ⇄ 🆅🆂🅰 ⓜ🅐 🅰🅴 ⓞ ᴓ
piazza Mazzoleni 2, Nord-Ovest: 2 km – ℰ 0 35 85 11 62 – Fax 0 35 85 11 62
– chiuso 1 settimana in giugno e martedì
Rist – Carta 31/52 €
♦ Bel ristorante affacciato sulla piazza del paese, dove deliziarsi con una cucina locale e menù degustazione che - a dispetto della collocazione geografica - spesso, d'estate, è basato su specialità di pesce.

SANTO STEFANO AL MARE – Imperia (IM) – 561 K5 – 2 310 ab.   14 A3
– ✉ 18010

▶ Roma 628 – Imperia 18 – Milano 252 – San Remo 12

XX **La Riserva**   🛜 🆀🅲 ⇄ 🆅🆂🅰 ⓜ🅐 🅰🅴 ⓞ ᴓ
via Roma 51 – ℰ 01 84 48 41 34 – Fax 01 84 48 41 34
– chiuso ottobre, lunedì in giugno, luglio e settembre, anche domenica sera negli altri mesi
Rist – Carta 37/52 €
♦ Un lungo corridoio nel quale si allineano diverse salette per arrivare, in fondo, alla cucina: un ambiente caratteristico per gustare menù liguri, soprattutto di mare. Ha da poco festeggiato i 25 anni!

X **La Cucina**   🛜 🆀🅲 ⅝ 🆅🆂🅰 ⓜ🅐 🅰🅴 ⓞ ᴓ
piazza Cavour 7 – ℰ 01 84 48 50 40 – Fax 01 84 48 50 40
– chiuso lunedì, anche a mezzogiorno escluso sabato e domenica in luglio e agosto
Rist – Carta 29/45 €
♦ Il turista non può che trovare di proprio gradimento questo locale! Tra i carruggi del centro, l'ingresso attraverso una veranda estiva, poi una sala più caratteristica, rustica e simpatica. Proposte locali, soprattutto marinare.

SANTO STEFANO BELBO – Cuneo (CN) – 561 H6 – 4 085 ab.   25 D2
– alt. 175 m – ✉ 12058

▶ Roma 573 – Alessandria 48 – Genova 100 – Asti 26

🏨 **Relais San Maurizio** ⬧   ≪ 🚗 🍃 🗑 🎖 👁 ⅍ 🛏🖥 ᴔ 🆀🅲 ⅝ ⁽ᵗ⁾ 🛁
località San Maurizio 39, Ovest : 3 km   🅿 🆅🆂🅰 ⓜ🅐 🅰🅴 ⓞ ᴓ
– ℰ 01 41 84 19 00 – www.relaissanmaurizio.it – Fax 01 41 84 38 33 – marzo-novembre
22 cam – ♦170/200 € ♦♦240/450 €, � 20 € – 9 suites
Rist Il Ristorante di Guido da Costigliole – vedere selezione ristoranti
♦ Su una collina prospiciente il paese natale di C. Pavese, un'oasi di pace e di lusso in un monastero secentesco. Camere dai decori incantevoli, nonché Spa moderna e d'avanguardia, recentemente ristrutturata nel segno dell'eccellenza: come l'intera struttura.

XXX **Il Ristorante di Guido da Costigliole** (Luca Zecchin) – Relais San Maurizio
🏵️ *località San Maurizio, Ovest : 3 km*   🛜 🆀🅲 ⇄ 🅿 🆅🆂🅰 ⓜ🅐 ⓞ ᴓ
– ℰ 01 41 84 44 55 – www.guidosanmaurizio.com – Fax 01 41 84 40 01 – chiuso dal 20 dicembre al 1° marzo e martedì
Rist – (chiuso a mezzogiorno escluso sabato e domenica) Carta 64/93 € ☒
Spec. Vitello tonnato. Gli agnolotti di Lidia. Parfait al torrone d'Alba.
♦ Magnifica sintesi di ogni promessa paesaggistica e gastronomica langarola: sulla sommità di una panoramica collina, splendido edificio d'epoca, cucina avvolgente ed illustre cantina.

SANTO STEFANO DI CADORE – Belluno (BL) – 562 C19   36 C1
– 2 735 ab. – alt. 908 m – ✉ 32045

▶ Roma 653 – Cortina d'Ampezzo 45 – Belluno 62 – Lienz 78
🛈 piazza Roma 37 ℰ 0435 62230, santostefano@infodolomiti.it,
  Fax 043562077

⌂ **Monaco Sport Hotel**   ≼ 𝄞 🌣 🄰🄲 rist. 🍴 **P** 🚗 𝗩𝗜𝗦𝗔 ⓒⓞ 🄰🄴 ⓞ �
*via Lungo Piave 60 – ℰ 04 35 42 04 40 – www.monacosporthotel.com
– Fax 0 43 56 22 18 – chiuso dal 4 novembre al 7 dicembre e dal 30 marzo al
14 aprile*
26 cam ⚏ – †45/60 € ††75/120 € – ½ P 45/80 €
Rist – *(chiuso domenica sera, lunedì)* Carta 39/62 € 🎋
♦ Fuori dal centro, oltre il fiume, risorsa dall'atmosfera familiare che propone gradevoli aree
comuni e camere semplici e confortevoli, arredate nel caratteristico stile montano. Un'ampia
sala ristorante e una più piccola e accogliente stube. Da visitare la fornita cantina che custodisce centinaia di etichette.

SAN TROVASO – Treviso – Vedere Preganziol

SANTUARIO – Vedere nome proprio del santuario

SAN VALENTINO ALLA MUTA   30 A1
(ST. VALENTIN AUF DER HAIDE) – Bolzano (BZ) – **562** B13
– alt. 1 488 m – Sport invernali : 1 500/2 700 m 🎿 1 🚡4, 🎿 – ⊠ 39020
    ▯ Roma 733 – Sondrio 133 – Bolzano 96 – Milano 272
    🎦 via Principale ℰ 0473 634603, info@passoresia.it, Fax 0473 633140

⌂ **Stocker**   ≼ 🚗 𝄞 🛁 ♨ 🛗 🄫 cam, 🄰🄲 rist, 🍴 🍴 rist, **P** 𝗩𝗜𝗦𝗔 ⓒⓞ ⓕ
🐾 *via Principale 42 – ℰ 04 73 63 46 32 – www.hotel-stocker.com
– Fax 04 73 63 46 68 – 16 dicembre-Pasqua e maggio-20 ottobre*
31 cam ⚏ – †38/58 € ††66/102 € – ½ P 63 €
Rist – *(chiuso lunedì) (chiuso a mezzogiorno) (solo per alloggiati)* Menu 18/30 €
♦ Bella casa di montagna a conduzione familiare, ampliata e rimodernata nel corso degli
anni; offre camere di diversa tipologia, alcune completamente in legno. Una sala ristorante
classica e una più calda e più tipica.

SAN VALENTINO IN ABRUZZO CITERIORE – Pescara (PE)   1 B2
– **563** P24 – 1 956 ab. – alt. 457 m – ⊠ 65020
    ▯ Roma 185 – Pescara 40 – Chieti 28 – L'Aquila 76

✕ **Antichi Sapori**   🏡 🄫 🄰🄲 🍴 **P** 𝗩𝗜𝗦𝗔 ⓒⓞ 🄰🄴 ⓞ ⓕ
*contrada Cerrone-Solcano 2, Nord : 2 km – ℰ 08 58 54 40 53
– Fax 08 58 54 40 53 – chiuso giovedì*
Rist – Carta 22/34 €
♦ Sotto all'omonimo bar, una sala curata di gusto rustico-classico: il cordiale servizio pro-
pone un'interessante cucina abruzzese (alleggerita). Servizio pizzeria, solo la sera.

SAN VIGILIO – Bergamo (BG) – Vedere Bergamo

SAN VIGILIO DI MAREBBE (ST. VIGIL ENNEBERG) – Bolzano (BZ)   31 C1
– **562** B17 – alt. 1 201 m – Sport invernali : 1 200/2 275m 🎿 19 🚡12
(Comprensorio Dolomiti superski Plan de Corones) 🎿 – ⊠ 39030 ▮ Italia
    ▯ Roma 724 – Cortina d'Ampezzo 54 – Bolzano 87 – Brunico 18
    🎦 Str. Catarina Lanz 14 ℰ 0474 501037, info@sanvigilio.com,
    Fax 0474 501566

🏠 **Excelsior** 🌙   ≼ 🚗 🔲 🌐 𝄞 🛁 🛗 🄫 🏃 🍴 📞 **P** 🚗
*via Valiares 44 – ℰ 04 74 50 10 36   𝗩𝗜𝗦𝗔 ⓒⓞ 🄰🄴 ⓞ ⓕ
– www.myexcelsior.com – Fax 04 74 50 16 55 – chiuso dall' 11 aprile
al 29 maggio*
42 cam ⚏ – †115/164 € ††239/345 € – 7 suites – ½ P 145/198 €
Rist – Carta 40/70 €
♦ In zona tranquilla e panoramica, un hotel già invitante dall'esterno, con bei balconi in
legno e la nuova veranda; gradevoli spazi comuni interni, luminoso centro benessere.

Almhof-Hotel Call ⇐ 🚗 🖼 🏠 🖥 ⚕ cam, 🍴 rist, 🕪 🅿 💳 ⏣ 🛥

via Plazores 8 – ☎ 04 74 50 10 43 – www.almhof-call.com – Fax 04 74 50 15 69
– chiuso dal 30 marzo al 20 maggio e dal 20 ottobre al 30 novembre
36 cam ⊇ – ♦135/150 € ♦♦170/290 € – ½ P 100/160 € **Rist** – Carta 44/68 €
◆ Un piacevolissimo rifugio montano, valido punto di riferimento per concedersi un soggiorno all'insegna della natura, del relax e del benessere, coccolati dal confort. Al ristorante per un curato momento dedicato al palato.

Monte Sella ⇐ 🚗 🏠 🖥 🕪 🅿 🚘 💳 ⏣ 🛥

strada Catarina Lanz 7 – ☎ 04 74 50 10 34 – www.monte-sella.com
– Fax 04 74 50 17 14 – dicembre-15 aprile e giugno-settembre
32 cam ⊇ – ♦80/140 € ♦♦120/240 € – 5 suites – ½ P 80/140 €
Rist – *(solo per alloggiati)*
◆ Un'elegante casa d'inizio '900, uno degli hotel più vecchi della località, in cui si è cercato di mantenere il più possibile intatta l'atmosfera del buon tempo che fu.

Aqua Bad Cortina-Oasis Hotel 🦢 🚗 🌿 🏠 🖥 🛁 🏃 ½ 🍴 rist,

Strada Fanes 40 – ☎ 04 74 50 12 15 🕿 🅿 💳 ⏣ 🆎 ① 🛥
– www.aquabadcortina.com – Fax 04 74 50 17 78 – dicembre-marzo e giugno-settembre
21 cam ⊇ – ♦95/105 € ♦♦130/220 € – ½ P 85/105 € **Rist** – Carta 38/61 €
◆ Un'oasi di tranquillità affacciata sul Parco Naturale: alcune camere sono dedicate alle leggende locali, altre s'ispirano all'acqua e alle proprietà curative della sorgente attorno alla quale la struttura si colloca. Nella bella stagione, non perdetevi l'incanto del giardino con idromassaggio a cielo aperto.

✗✗ Tabarel 🜊 💳 ⏣ 🆎 ① 🛥

via Catarina Lanz 28 – ☎ 04 74 50 12 10 – Fax 04 74 50 65 78 – dicembre-aprile e giugno-novembre
Rist – Carta 40/52 €
◆ Sulla piazza del paese questo locale vi darà la possibilità di scegliere: ambiente rustico-classico al bistrot per pranzi veloci oppure l'enoteca serale. Piatti ladini.

✗ Fana Ladina 🍴 🅿 💳 ⏣ 🛥

strada Plan de Corones 10 – ☎ 04 74 50 11 75 – www.fanaladina.com
– Fax 04 74 37 02 71 – dicembre-Pasqua e 20 giugno-20 settembre
Rist – *(chiuso a mezzogiorno in inverno escluso Natale e fine settimana)*
Carta 29/38 €
◆ In una delle case più antiche di San Vigilio questo ristorante offre proposte tipiche della cucina ladina in sale arredate con abbondanza di legno e con una graziosa stube.

SAN VINCENZO – Livorno (LI) – **563** M13 – **6 928 ab.** – ✉ 57027 **28** B2
🏴 Toscana

🚩 Roma 260 – Firenze 146 – Grosseto 73 – Livorno 60
🛈 via della Torre ☎ 0565 701533, apt7sanvincenzo@costadeglietruschi.it, Fax 0565 706914

Kon Tiki 🜊 🏃 🆎 🕪 🅿 🚘 💳 ⏣ 🛥

via Umbria 2 – ☎ 05 65 70 17 14 – www.kontiki.toscana.it – Fax 05 65 70 50 14
– chiuso dal 24 dicembre al 7 gennaio
25 cam ⊇ – ♦50/100 € ♦♦70/160 € – ½ P 60/110 €
Rist – *(solo per alloggiati)*
◆ Nel nome, un omaggio alla famosa zattera norvegese che raggiunse la Polinesia: qui, tra il mare e le conifere, un po' isolato, un hotel semplice, con camere spaziose.

Il Delfino senza rist ⇐ 🖥 ⚕ 🆎 🍴 🕪 🚘 💳 ⏣ 🆎 ① 🛥

via Cristoforo Colombo 15 – ☎ 05 65 70 11 79 – www.hotelildelfino.it
– Fax 05 65 70 13 83
53 cam ⊇ – ♦50/100 € ♦♦80/160 €
◆ Rinnovatosi negli ultimi anni, questo hotel dalla capace conduzione diretta dispone di camere funzionali e confortevoli. Il centro storico non dista molto.

⌂ Il Pino
🚗 🏛 ⬛ AC ℀ P VISA ⬤ ⫟

via della Repubblica 19 – ℰ 05 65 70 16 49 – www.ilpino.li.it
– Fax 05 65 70 16 49 – 15 marzo-15 ottobre
45 cam ⬛ – †58/110 € ††80/160 € – ½ P 58/96 € **Rist** – Carta 29/38 €
♦ Del tutto ristrutturato di recente, un albergo sito nella zona residenziale di San Vincenzo: un'area verde e tranquilla, ideale cornice per una casa familiare e semplice. Ristorante classico.

⌂ La Coccinella senza rist
🚗 ⬛ AC ℀ P VISA ⬤ ⫟

via Indipendenza 1 – ℰ 05 65 70 17 94 – www.hotelcoccinella.it
– Fax 05 65 72 00 70 – 20 aprile-28 settembre
27 cam ⬛ – †60/85 € ††85/140 €
♦ In zona tranquilla, struttura semplice e raccolta, che si rinnova negli anni. Camere funzionali, gestione familiare attenta e spiaggia compresa nel prezzo.

⌂ Villa Marcella
⬛ & cam, AC ℀ (ᵗ) VISA ⬤ AE ① ⫟

via Palombo 1 – ℰ 05 65 70 16 46 – www.villamarcella.it – Fax 05 65 70 21 54
– chiuso dal 7 gennaio al 7 marzo
45 cam ⬛ – †62/100 € ††70/170 € – ½ P 65/120 € **Rist** – Carta 31/59 €
♦ A pochi passi dalla spiaggia, albergo familiare rinnovatosi di recente: camere lineari in stile moderno. Specialità mediterranee al ristorante.

sulla strada per San Carlo Est : 2 km :

⌂ Poggio ai Santi ⬎
← 🚗 ⌂ 🏛 ⬛ AC VISA ⬤ AE ⫟

via San Bartolo 100, frazione San Carlo Est 3,5 km – ℰ 05 65 79 80 32
– www.poggioaisanti.com – Fax 05 65 79 80 90 – chiuso dal 10 gennaio al
10 febbraio
2 cam ⬛ – ††136/218 € – 9 suites – ††205/376 €
Rist Il Sale – *(chiuso martedì a mezzogiorno da maggio a ottobre, tutto il giorno negli altri mesi)* (prenotazione obbligatoria) Carta 41/84 €
♦ Immerso nella campagna toscana, splendido *relais* ospitato in una dimora del XIX secolo: materiali naturali e colori locali nelle camere e nelle suite di alto livello. Indimenticabile...

SAN VITO AL TAGLIAMENTO – Pordenone (PN) – **562** E20   **10** B3
– 14 570 ab. – alt. 31 m – ✉ 33078

▶ Roma 600 – Udine 42 – Belluno 89 – Milano 339

⌂ Patriarca
🏛 ⬛ & cam, AC (ᵗ) 🅂 P VISA ⬤ ⫟
⊗⊗

via Pascatti 6 – ℰ 04 34 87 55 55 – www.hotelpatriarca.it
– Fax 04 34 87 53 53
27 cam ⬛ – †49/89 € ††79/119 € – ½ P 55/78 €
Rist – *(chiuso domenica)* Carta 21/44 €
♦ Accanto al municipio e all'ombra della torre Raimonda eretta alla fine del Duecento dall'omonimo Patriarca, offre una cordiale gestione familiare e luminose confortevoli camere. Nella piccola e graziosa sala da pranzo, proposte di mare e di terra. Ideale per pranzi di lavoro.

SAN VITO DI CADORE – Belluno (BL) – **562** C18 – 1 857 ab.   **36** C1
– alt. 1 010 m – Sport invernali : 1 100/1 536 m ⬆6 ⬆31 (Comprensorio Dolomiti superski Cortina d'Ampezzo) ⬆ – ✉ 32046 ▮ Italia

▶ Roma 661 – Cortina d'Ampezzo 11 – Belluno 60 – Milano 403

ℹ corso Nazionale 9 ℰ 0436 9119, sanvito@infodolomiti.it, Fax 0436 99345

⌂⌂ Parkhotel Ladinia ⬎
← 🚗 🖼 ⊕ ⌂ ℩ Ⅰ₆ ℀ 🏛 ⌂ ℀ P 🚗
VISA ⬤ ⫟

via Ladinia 14 – ℰ 04 36 89 04 50 – www.hladinia.it
– Fax 04 36 99 92 11 – 8 dicembre-24 marzo e 16 giugno-14 settembre
34 cam ⬛ – †60/130 € ††110/250 € – ½ P 120/155 €
Rist – *(chiuso a mezzogiorno in inverno)* Carta 25/35 €
♦ Ben posizionato, nella parte alta e soleggiata della località, in zona tranquilla e panoramica, un hotel completo di ogni confort e con un validissimo centro benessere.

Nevada ← 🛗 VISA ⓪ AE ① 👍
corso Italia 26 – ℰ *04 36 89 04 00 – www.hotel-nevada.com*
– Fax 04 36 89 04 17 – 6 dicembre-Pasqua e 16 giugno-settembre
31 cam – ♦43/52 € ♦♦80/98 €, ⌷ 9 € – ½ P 75/88 €
Rist – Carta 25/36 €
♦ Semplice e curata, a gestione familiare, la risorsa va fiera della sua superba posizione alle pendici del monte Pelmo, nel centro di San Vito. Camere semplici e confortevoli. Caldi arredi in legno e graziosi lampadari musivi in sala da pranzo.

SAN VITO DI LEGUZZANO – Vicenza (VI) – **562** E16 – **3 658 ab.** 35 B2
– alt. 158 m – ✉ 36030

▶ Roma 540 – Verona 67 – Bassano del Grappa 38 – Padova 62

Antica Trattoria Due Mori con cam AC ⁽ᵗ⁾ P 🚗
via Rigobello 39 – ℰ *04 45 51 16 11* VISA ⓪ AE ① 👍
– www.trattoriaduemori.it – Fax 04 45 67 16 35
– chiuso dal 1° al 20 agosto
10 cam – ♦45 € ♦♦65 €, ⌷ 11 €
Rist – *(chiuso lunedì)* Carta 28/35 €
♦ La stessa famiglia da sempre al timone del ristorante propone una linea gastronomica basata sulla memoria veneta con alcune specialità della casa. Antipasti a vista, dal pesce alla carne e alle verdure. Confortevoli le camere al primo piano, mansardate e più caratteristiche quelle al secondo.

SAN VITO LO CAPO – Trapani – **365** AL54 – **Vedere Sicilia alla fine dell'elenco alfabetico**

SAN VITTORE OLONA – Milano (MI) – **561** F8 – **8 172 ab.** 18 A2
– alt. 197 m – ✉ 20028

▶ Roma 593 – Milano 24 – Como 37 – Novara 39

Poli Hotel ♿ AC ⁽ᵗ⁾ 🚗 VISA ⓪ AE ① 👍
strada statale Sempione ang. via Pellico – ℰ *0 33 42 34 11 – www.polihotel.com*
– Fax 03 31 42 34 80 – chiuso dal 1° al 15 agosto
56 cam ⌷ – ♦75/189 € ♦♦95/219 € – 4 suites
Rist La Fornace – vedere selezione ristoranti
♦ Nuovo hotel, lungo la statale del Sempione, contraddistinto da modernità ed ottimo confort. Gestione cordiale e competente. Ideale per una clientela *business*.

La Fornace AC ⁒ VISA ⓪ AE ① 👍
strada statale Sempione ang.via Pellico – ℰ *03 31 51 83 08 – www.polihotel.com*
– Fax 03 31 42 34 80 – chiuso dal 26 dicembre al 1° gennaio e agosto
Rist – *(chiuso domenica)* Carta 42/70 €
♦ Nel contesto strutturale dell'hotel Poli, ma con ingresso indipendente, raccolto e curato ristorante con proposte stuzzicanti e gestione familiare consolidata.

SAN ZENO DI MONTAGNA – Verona (VR) – **562** F14 – **1 360 ab.** 35 A2
– alt. 590 m – ✉ 37010

▶ Roma 544 – Verona 46 – Garda 17 – Milano 168
🛈 via Cà Montagna 2 ℰ 045 6289296, iatsanzeno@provincia.vr.it, Fax 045 6289296

Diana ← 🚗 ⌷ ⁙ ✕ 🍴 ♿ cam, AC rist, ⁒ P VISA ⓪ 👍
via Cà Montagna 54 – ℰ *04 57 28 51 13 – www.hoteldiana.biz*
– Fax 04 57 28 57 75 – Pasqua-ottobre
53 cam ⌷ – ♦62/85 € ♦♦90/126 € – ½ P 65/75 €
Rist – Carta 25/38 €
♦ Una grande struttura, immersa nel verde di un boschetto-giardino e con vista sul Lago di Garda, aggiornata di continuo in servizi e dotazioni; sport, relax e benessere. Dal ristorante ci si affaccia sulla verde quiete lacustre.

SAN ZENONE DEGLI EZZELINI – Treviso (TV) – 562 E17

– 7 338 ab. – alt. 117 m – ⊠ 31020

▶ Roma 551 – Padova 53 – Belluno 71 – Milano 247

✗✗ **Alla Torre** 🛱 ⇔ **P** VISA ⓪ AE ⚡

via Castellaro 25, località Sopracastello, Nord : 2 km – 𝒞 04 23 56 70 86 – www.allatorre.it – Fax 04 23 56 70 86 – chiuso martedì, mercoledì a mezzogiorno

Rist – Carta 30/46 €

♦ Sotto il fresco pergolato con vista su colli o nei raffinati ambienti interni in stile rustico, sapori locali e qualche proposta di pesce. Nella piccola sala *vineria*, mescita e assaggi di cucina.

SAPPADA – Belluno (BL) – 562 C20 – 1 414 ab. – alt. 1 250 m – Sport invernali : 1 250/2 000 m ≰16, ⚡ – ⊠ 32047

▶ Roma 680 – Udine 92 – Belluno 79 – Cortina d'Ampezzo 66

🛈 borgata Bach 9 𝒞 0435 469131, sappada@infodolomiti.it, Fax 0435 66233

🏠 **Haus Michaela** ≼ 🚃 ⏃ 📶 📶 🍴 📶 **P** 🚗 VISA ⓪ ⚡

borgata Fontana 40 – 𝒞 04 35 46 93 77 – www.hotelmichaela.com – Fax 0 43 56 61 31 – dicembre-marzo e 8 maggio-3 ottobre

18 cam ⌑ – ♦60/98 € ♦♦86/150 € – ½ P 53/99 €

Rist – *(chiuso a mezzogiorno) (solo per alloggiati)* Menu 32/45 €

♦ Signorili ambienti, accoglienti camere in stile montano e una piccola area benessere caratterizzano questa risorsa situata in posizione soleggiata e panoramica.

🏠 **Bladen** ≼ 🚃 📶 ⊹⊹ 📶 rist. 🍴 **P** VISA ⓪ ⚡

borgata Bach 155 – 𝒞 04 35 46 92 33 – www.hotelbladen.it – Fax 04 35 46 97 86

28 cam ⌑ – ♦39/70 € ♦♦78/140 € – ½ P 45/80 €

Rist – Carta 19/35 €

♦ La calda atmosfera familiare sarà indubbiamente il piacevole benvenuto offerto da questo hotel al limitare del bosco. Rinnovate di recente le semplici e graziose camere. Particolarmente curata la cucina con una ricca proposta d'interessanti e sfiziosi piatti locali, nonché specifici menu senza glutine per celiaci.

🏠 **Claudia** senza rist 📶 **P** VISA ⓪ ⚡

borgata Fontana 38 – 𝒞 0 43 56 62 41 – Fax 04 35 46 61 54 – 20 dicembre-15 aprile e 20 giugno-15 settembre

13 cam – ♦50/70 € ♦♦80/120 €, ⌑ 10 €

♦ Quasi una casa privata, calorosa e ospitale, per trascorrere un soggiorno coccolati e rilassati; l'accogliente sala colazioni vi farà riscoprire l'importanza e il piacere del primo pasto della vostra giornata.

🏠 **Cristina** ॐ ≼ 📶 rist. 🍴 **P** VISA ⓪ AE ⓪ ⚡

borgata Hoffe 19 – 𝒞 04 35 46 94 30 – www.albergocristina.it – Fax 04 35 46 97 11 – chiuso dal 1° maggio al 10 giugno e dal 10 ottobre al 1° dicembre

8 cam – ♦35/45 € ♦♦70/100 €, ⌑ 10 € – ½ P 72/82 €

Rist – *(chiuso lunedì escluso dicembre, luglio ed agosto) (chiuso a mezzogiorno)* Carta 23/31 €

♦ Tranquillo, piccolo hotel a conduzione familiare, ricavato dalla ristrutturazione di un vecchio fienile: una deliziosa facciata vi accoglie in un ambiente semplice ed intimo; all'esterno un prato soleggiato. Legno scuro, soffitto decorato, tipico arredo montano e una cucina casereccia: eccovi al ristorante!

🏠 **Posta** ≼ 📶 📶 rist. **P** VISA ⓪ AE ⓪ ⚡

via Palù 22 – 𝒞 04 35 46 91 16 – www.hotelpostasappada.com – Fax 04 35 46 95 77 – chiuso maggio, ottobre e novembre

13 cam ⌑ – ♦30/75 € ♦♦60/80 € – ½ P 65 €

Rist – *(chiuso ottobre)* Carta 20/33 €

♦ Piccole dimensioni ma grande accoglienza: tutta la famiglia è coinvolta nella gestione della casa, fortemente motivata a rendere piacevole il soggiorno dei propri ospiti.Piccola area relax. Una sala ristorante rallegrata dagli arredi e dalle rifiniture in legno chiaro.

XX **Laite** (Fabrizia Meroi) & VISA OO AE O Ś
☼ *Borgata Hoffe 10 –* ℰ *04 35 46 90 70 – www.ristorantelaite.com*
– Fax 04 35 46 90 70 – chiuso giugno, ottobre, mercoledì e giovedì a
mezzogiorno escluso dicembre e luglio-agosto
Rist – (consigliata la prenotazione) Carta 58/77 € ∰
Spec. Terrina di pernice e foie gras. Manicaretti alle erbe. Lepre temperata.
♦ Tra fienili e case d'epoca, si mangia in due romantiche, secolari stube. Una coppia al
timone: lui in sala, competente ed ospitale, lei in cucina ad esaltare i prodotti e le ricette
locali. Si punta ai sapori, più che ai virtuosismi tecnici!

XX **Baita Mondschein** & ☆ P VISA OO AE Ś
via Bach 96 – ℰ *04 35 46 95 85 – www.ristorantemondschein.it*
– Fax 04 35 46 95 59 – chiuso dal 2 al 22 giugno e dal 3 novembre
al 3 dicembre
Rist – (consigliata la prenotazione) Carta 24/57 €
♦ Nel solco dell'atmosfera ospitale delle baite montane, a pranzo il locale è frequentato
soprattutto da sciatori e dagli amanti delle passeggiate tra i boschi. Maggior intimità la sera.

a Cima Sappada Est : 4 km – alt. 1 295 m – ⊠ 32047 Sappada

🏨 **Belvedere** senza rist ≤ 🚒 ☆ 🛗 ☆ P VISA OO Ś
– ℰ *04 35 46 91 12 – www.hotelbelvederesappada.it – Fax 04 35 46 91 12*
– dicembre-Pasqua e 20 giugno-20 settembre
7 cam ⊇ – †35/70 € ††60/120 € – 2 suites
♦ E' al momento della colazione che è possibile riscontrare la straordinaria accoglienza dei
gestori: torte fatte in casa ogni giorno e un'evidente attenzione per ogni dettaglio. Nel centro di una pittoresca frazione.

🏠 **Agriturismo Voltan Haus** senza rist 🚒 ☆ «¹» P VISA OO O Ś
via Cima 65 ⊠ *32047 Sappada –* ℰ *04 35 66 11 68 – www.voltanhaus.it*
– Fax 04 35 66 11 68 – chiuso dal 5 al 19 giugno e dal 17 al 22 settembre
6 cam ⊇ – †40/50 € ††70/100 €
♦ Cortesia, calore familiare, tranquillità e ricordi saranno i vostri ospiti in questa casa del
1754 dagli originali ambienti montani ricchi di fascino e di attenta cura per i dettagli. Nella
graziosa stube è servita la colazione.

SAPRI – Salerno (SA) – 564 G28 – 7 105 ab. – ⊠ 84073   7 D3
▶ Roma 407 – Potenza 131 – Castrovillari 94 – Napoli 201
🄶 Golfo di Policastro★★ Sud per la strada costiera

🏨 **Pisacane** ≤ ☆ AC ☆ ᠔ VISA OO AE O Ś
via Carlo Alberto 35 – ℰ *09 73 60 50 74 – www.hotelpisacane.it*
– Fax 09 73 60 48 74
16 cam ⊇ – †60/80 € ††70/160 € – ½ P 65/90 €
Rist – (luglio-agosto) (solo per alloggiati)
♦ Di recente apertura, hotel di piccole dimensioni dotato di camere arredate con mobilio di
tono moderno e decorate con ceramiche. Graziosa facciata con balconi fioriti. Ristorante con
servizio estivo sulla curata terrazza.

🏨 **Tirreno** 🛗 AC ☆ rist, VISA OO AE O Ś
Lungomare Italia 44 – ℰ *09 73 39 10 06 – www.hoteltirrenosapri.it*
– Fax 09 73 39 11 57
44 cam ⊇ – †45/105 € ††65/130 € – ½ P 70/85 €
Rist – (giugno-settembre) Carta 28/36 €
♦ Di fronte ai giardini del lungomare, ideali per passeggiate distensive all'ombra di pini ed
eucalipti, una risorsa accogliente pensata per una clientela turistica ma anche d'affari. Al
ristorante cucina cilentana e nazionale con succulenti specialità a base di pesce e verdure.

🏠 **Mediterraneo** ≤ 🚒 ☆ ☆☆ AC ☆ rist, P VISA OO AE O Ś
via Verdi 15 – ℰ *09 73 39 17 74 – www.hotelmed.it – Fax 09 73 39 20 33*
– aprile-settembre
20 cam – †30/110 € ††50/145 €, ⊇ 12 € – ½ P 40/125 €
Rist – Carta 32/40 €
♦ All'ingresso della località, direttamente sul mare, un albergo familiare, di recente rimodernato; dotato di parcheggio privato, costituisce una comoda e valida risorsa. Cucina da gustare
in compagnia del mare, un'infinita distesa blu.

✕ Lucifero AC ⅌ VISA ⁝⁝ AE ① ⑤

corso Garibaldi I traversa – ℰ 09 73 60 30 33 – Fax 09 73 60 48 25 – chiuso novembre e mercoledì escluso dal 15 luglio al 15 settembre
Rist – Carta 25/57 €

◆ Un locale con pizzeria serale sito nel centro di Sapri: all'ingresso una sala principale, poi, un secondo ambiente più grande. In menu: interessanti piatti di pesce fresco del golfo.

SARAGANO – Perugia (PG) – Vedere Gualdo Cattaneo

SARDEGNA (Isola) – 566 – Vedere alla fine dell'elenco alfabetico

---

SARENTINO (SARNTHEIN) – Bolzano (BZ) – 562 C16 – 6 794 ab.   30 B2
– alt. 966 m – Sport invernali : 1 570/2 460 m ⑤ 1 ⑤ 3, ⅗ – ⊠ 39058

▣ Roma 662 – Bolzano 23 – Milano 316

🚹 via Europa 15/a ℰ 0471 623091, info@sarntal.com, Fax 0471 622350

✕✕ Bad Schörgau con cam ☞ 🚲 ⸾ ⎗ ⅄ ⅌ P VISA ⑤

Sud : 2 km – ℰ 04 71 62 30 48 – www.bad-schorgau.com – Fax 04 71 62 24 42
20 cam ⊑ – †85/115 € ††170/194 € – 5 suites
Rist – *(chiuso lunedì, martedì a mezzogiorno)* (consigliata la prenotazione) Carta 40/75 €

◆ Ai Bagni di Serga, un'accogliente casa montana con ambienti caldi e design rustico-moderno per una caratteristica sosta gastronomica. In settimana, piccola carta a pranzo.

✕✕ Auener Hof (Heinrich Schneider) con cam ☞ ≤ 🚲 🏡 (ˁ) P
☸ *località Prati 21, Ovest : 7 km, alt. 1 600*   VISA ⁝⁝ AE ① ⑤
  – ℰ 04 71 62 30 55 – www.auenerhof.it – Fax 04 71 62 30 55
7 cam ⊑ – ††80/95 € – ½ P 68 €
Rist – *(chiuso domenica sera, mercoledì)* Menu 55/74 € – Carta 44/66 € ⅋
Spec. Savarin al formaggio fresco di capra con erbe selvatiche di montagna (primavera). Lasagnette con testina di vitello, cappasanta e polenta liquida. Sella di capriolo con amarene, gelatina di sedano e porcini, crema di cavolfiore.

◆ Al termine di un tratto di strada tra i boschi, il piacere di assaporare i piatti della tradizione locale rivisitati in chiave moderna arricchiti dalla passione e dalla fantasia dello chef. Ambiente raffinato. Confortevoli e spaziose camere per recuperare le energie e poi partire alla scoperta delle Dolomiti.

SAREZZO – Brescia (BS) – 561 F12 – 12 793 ab. – alt. 272 m – ⊠ 25068   17 C2
▣ Roma 592 – Milano 104 – Brescia 16 – Bergamo 57

✕ Osteria Vecchia Bottega ⅏ & VISA ⁝⁝ ⑤

piazza Cesare Battisti 29 – ℰ 03 08 90 01 91 – www.osteriavecchiabottega.com – Fax 03 05 05 11 52 – chiuso domenica sera, lunedì
Rist – Carta 34/52 €

◆ Dopo un accurato lavoro di restyling della "osteria" e della "vecchia bottega" rimane solo il nome...e la cucina: squisitamente fedele alla tradizione regionale e al Bel Paese.

SARNANO – Macerata (MC) – 563 M21 – 3 438 ab. – alt. 539 m – Sport   21 C3
invernali : a Sassotetto e Maddalena : 1 250/1 450 m ⅘10, ⅗ – ⊠ 62028

▣ Roma 237 – Ascoli Piceno 54 – Ancona 89 – Macerata 39

🚹 largo Enrico Ricciardi 1 ℰ 0733 657144, iat.sarnano@regione.marche.it, Fax 0733 657343

🏠 Montanaria ☞ ≤ 🚲 ⅄ ⅏ ⚒ 🏊 ⅓ Ⅱ ✕ & AC ⅌ rist, (ˁ) ⅄ P

località Marinella, Sud-Ovest : 3 km   VISA ⁝⁝ AE ① ⑤
– ℰ 07 33 65 84 22 – www.montanaria.it – Fax 07 33 65 72 95 – chiuso novembre
43 cam ⊑ – †65/80 € ††90/120 € – 2 suites – ½ P 75/85 €
Rist – *(chiuso lunedì)* Carta 25/33 €

◆ Struttura adatta soprattutto a soggiorni di relax da trascorrere presso la beauty farm o sui campi da tennis. All'interno, camere confortevoli arredate in maniera classica. Presso il ristorante si possono gustare piatti della tradizione gastronomica nazionale.

SARNICO – Bergamo (BG) – **561** E11 – 6 228 ab. – alt. 197 m   **19** D1
– ⊠ 24067

> ▶ Roma 585 – Bergamo 28 – Brescia 36 – Iseo 10
> **i** via Lantieri 6 *☏* 035 910900, prolocosarnico@tiscali.it, Fax 035 4261334

XX   **Al Tram**   🕼 AC 🛇 P VISA ◎ 🍴

via Roma 1 – *☏* 035 91 01 17 – Fax 03 54 42 50 50 – chiuso mercoledì escluso
dal 15 giugno al 15 settembre
Rist – Menu 33 € – Carta 35/42 €
◆ Sul lungolago, luminoso ed elegante; è d'uopo il servizio estivo all'aperto! In cucina vengono proposti piatti locali, sia di carne che di pescato, con menù degustazione a prezzi particolarmente interessanti.

SARNTHEIN = Sarentino

SARONNO – Varese (VA) – **561** F9 – 38 126 ab. – alt. 212 m – ⊠ 21047   **18** A2

> ▶ Roma 603 – Milano 26 – Bergamo 67 – Como 26
> **🔟** Green Club, *☏* 02 9 37 10 76

🏨🏨🏨   **Starhotels Grand Milan**   📧 & AC ↩ 🛇 rist, 🏋 P 🛏
VISA ◎ AE ① 🍴

via Varese 23 – *☏* 02 96 36 31 – www.starhotels.com
– Fax 02 96 70 56 16
248 cam ⊇ – †90/450 € ††90/550 €
Rist Hostaria – (consigliata la prenotazione) Carta 35/75 €
◆ Una nuovissima e imponente struttura ubicata nella prima periferia di Saronno con un'ampia hall, moderna e luminosa, nonché grandi spazi comuni. Camere di ottimo livello e confort al passo con il terzo millennio. Al ristorante, cucina di stampo moderno con qualche tocco fantasioso.

🏨🏨   **Albergo della Rotonda**   📧 & cam, AC 📞 🏋 P 🛏
VISA ◎ AE ① 🍴

via Novara 53 svincolo autostrada
– *☏* 02 96 70 32 32 – www.albergodellarotonda.it
– Fax 02 96 70 27 70
92 cam ⊇ – †70/295 € ††80/420 €
Rist Mezzaluna – *☏* 02 96 70 35 93 – Carta 27/63 €
◆ Hotel signorile, di stampo contemporaneo, sito nei pressi dello svincolo autostradale, proprio di fianco alla Lazzaroni, cui appartiene. Ideale per clienti d'affari. Ristorante dai toni eleganti, piatti classici.

🏨🏨   **Cyrano** senza rist   📧 & AC 📞 🏋 P 🛏 VISA ◎ AE ① 🍴

via IV Novembre 11/13 – *☏* 02 96 70 00 81 – www.hotelcyrano.it
– Fax 02 96 70 45 13
40 cam ⊇ – †80/180 € ††100/250 €
◆ Alle spalle del municipio, valida impressione già dalla hall: ambienti e atmosfera raffinati, curati, con stanze spaziose e confortevoli, differenziate nei colori.

XX   **Principe** con cam   📧 AC 📶 VISA ◎ AE ① 🍴

via Caduti della Liberazione 18/22 – *☏* 02 96 70 10 73
– www.hotelprincipedisaronno.it – Fax 02 96 70 23 48
– chiuso 15 giorni in agosto
40 cam – †60/80 € ††80/100 € – ½ P 50/65 €
Rist – (chiuso domenica) Carta 31/48 €
◆ Vicino alla stazione, locale a conduzione familiare rinnovato di recente. Cucina di pesce con proposte sfiziose e possibilità di alloggio nelle camere del settore hotel.

X   **La Cantina di Manuela**   🕼 & AC ↔ P VISA ◎ 🍴

via Frua 12 – *☏* 02 96 00 75 – Fax 02 96 00 75
– chiuso domenica
Rist – Menu 27/40 € – Carta 29/75 € 🍴
◆ Interessante locale enoteca che offre anche ristorazione dove passare piacevoli serate in buona compagnia. Cucina legata al territorio, accompagnata da buone etichette.

SARRE – Aosta – **561** E3 – Vedere Aosta

SARTEANO – Siena (SI) – **563** N17 – 4 769 ab. – alt. 573 m – ⊠ 53047   **29** D2

🏠 Toscana

> ▶ Roma 156 – Perugia 60 – Orvieto 51 – Siena 81

⌂   **Agriturismo Le Anfore** senza rist ⌘   ⟨⟨ 🚗 ⛲ ℂ⟩ 🅿 💳 ⓪ ⛎
via Oriato 2, Est : 3 km – ℰ 05 78 26 55 21 – www.balzarini.it
– Fax 05 78 26 55 21 – aprile-settembre
18 cam ⌂ – †45/52 € ††66/78 €
♦ In un vecchio casale ristrutturato, ambienti rustici e curati dall'arredo classico, un piacevole soggiorno con caminetto, giardino e piscina. Vendita diretta di olio e vino.

⋇⋇   **Santa Chiara** con cam ⌘   ⟨⟨ 🚗 🏠 🅿 💳 ⓪ ㎒ ⓞ ⛎
piazza Santa Chiara 30 – ℰ 05 78 26 54 12 – www.conventosantachiara.it
– Fax 05 78 26 68 49 – febbraio-novembre
10 cam ⌂ – ††100/130 € – 1 suite – ½ P 80/93 €
Rist – *(chiuso martedì) (chiuso a mezzogiorno escluso sabato e domenica)*
Carta 29/42 € 🍸
♦ Splendida collocazione in un convento del XV secolo immerso nel verde per questo locale con camere; sala con travi e mattoni a vista, ameno servizio estivo in giardino.

SARZANA – La Spezia (SP) – **561** J14 – 21 224 ab. – alt. 27 m   **15** D2
– ⊠ 19038 🏠 Italia

> ▶ Roma 403 – La Spezia 16 – Genova 102 – Massa 20
> 🛈 piazza San Giorgio ℰ 0187 620419, iat.sarzana@libero.it,
> Fax 0187 634249

> ◉ Pala scolpita★ e crocifisso★ nella Cattedrale – Fortezza di Sarzanello★ :
> ※★★ Nord-Est : 1 km

⋇   **I Capitelli**   🏠 ㎒ 💳 ⓪ ㎒ ⓞ ⛎
piazza Matteotti 38 – ℰ 01 87 62 28 92 – chiuso febbraio, 10 giorni in settembre, lunedì
Rist – *(chiuso a mezzogiorno in luglio-agosto) (consigliata la prenotazione)*
Carta 35/63 €
♦ All'aperto sotto i portici oppure in una piccola sala sormontata da una volta di mattoni rossi, due fratelli propongono piatti di pesce ed anche carne alla griglia.

⋇   **La Giara**   ㎒ ⇄ 💳 ⓪ ㎒ ⓞ ⛎
   via Bertoloni 35 – ℰ 01 87 62 40 13 – Fax 01 87 62 40 13 – chiuso martedì,
mercoledì a mezzogiorno
Rist – Carta 24/36 €
♦ Nel centro storico, tra palazzi signorili e antichi resti romani, una raccolta e informale trattoria familiare che propone una cucina locale semplice e gustosa, fatta di prodotti stagionali.

SASSARI 🅿 – **366** M39 – Vedere Sardegna alla fine dell'elenco alfabetico

SASSELLA – Sondrio – Vedere Sondrio

SASSELLO – Savona (SV) – **561** I7 – 1 836 ab. – alt. 386 m – ⊠ 17046   **14** B2

> ▶ Roma 559 – Genova 65 – Alessandria 67 – Mllano 155
> 🛈 (maggio-settembre) via Badano 45 ℰ 019 724020, sassello@inforiviera.it,
> Fax 019 723832

🏠   **Pian del Sole**   🏠 📶 🅿 ㎒ rist, 🔥 🅿 🚗 💳 ⓪ ⛎
⚭   *località Pianferioso 23 – ℰ 0 19 72 42 55 – www.hotel-piandelsole.com*
– Fax 0 19 72 00 38
32 cam ⌂ – †50/65 € ††70/95 € – ½ P 60/70 €
Rist *Pian del Sole* – Carta 20/28 €
♦ A pochi passi dal centro della località, struttura di recente costruzione e di taglio moderno; ampie zone comuni ben tenute e spaziose camere piacevolmente arredate. Capiente sala da pranzo di stile lineare.

SASSETTA – Livorno (LI) – **563** M13 – **572 ab.** – **alt. 337 m** – ⊠ 57020   28 B2
➤ Roma 279 – Grosseto 77 – Livorno 64 – Piombino 40

⌂ **Agriturismo La Bandita** ⌔   ⇐ ⌱ ⌇ ✕ ⁽⁾ P VISA ⦿ AE ① ⌂
via Campagna Nord 30, Nord-Est : 3 km – 𝒞 05 65 79 42 24
– www.labandita.com – Fax 05 65 79 43 50 – aprile-4 novembre
24 cam ⌕ – †80/150 € ††100/170 € – ½ P 80/115 €
Rist – (prenotazione obbligatoria) Menu 30 €
♦ Villa di fine '700 all'interno di una vasta proprietà. Interni molto curati con arredi d'epoca, notevoli soprattutto nelle aree comuni. Camere eleganti, bella piscina. Fiori ai tavoli, paste fatte in casa e selvaggina nella luminosa sala da pranzo.

SASSO MARCONI – Bologna (BO) – **562** I15 – **14 632 ab.** – **alt. 124 m**   9 C2
– ⊠ 40037
➤ Roma 361 – Bologna 16 – Firenze 87 – Milano 218
🛈 via Porrettana 312, 𝒞 051 6758409, infosasso@cittacastelliciliegi.it
Fax 051 6758408

✕✕ **Marconi** (Aurora Mazzucchelli)   ⌂ ⅋ AK ⇔ P VISA ⦿ AE ① ⌂
❀ via Porrettana 291 – 𝒞 0 51 84 62 16 – www.ristorantemarconi.it
– Fax 0 51 84 62 16 – chiuso dal 10 agosto al 10 settembre, domenica sera, lunedì
Rist – Menu 50/75 € – Carta 57/79 € ⅋⅋
Spec. Scampi crudi in infuso di funghi e cagliata affumicata. Maccheroncini al torchio con anguilla affumicata, ragù d'ostriche e salsa di spinaci. Ravioli d'ananas con ricotta vaccina in zuppa fredda d'ananas, caviale di caffè, uvetta e pinoli.
♦ Ormai da alcuni anni la gestione è passata dai genitori ai figli che continuano a proporre mare o terra, talora rielaborati con creatività. Ristorante decisamente moderno.

SASSUOLO – Modena (MO) – **562** I14 – **41 521 ab.** – **alt. 121 m**   8 B2
– ⊠ 41049
➤ Roma 421 – Bologna 61 – Milano 177 – Modena 18

⌂⌂⌂ **Leon d'Oro** senza rist   ⬚ ⅋ AK ⅊ ⁽⁾ ⌖ P 🚗 VISA ⦿ AE ⌂
via Circonvallazione Nord/Est 195 – 𝒞 05 36 81 33 81 – www.hotel-leondoro.it
– Fax 05 36 81 33 74 – chiuso dal 24 dicembre al 10 gennaio e dal 7 al 22 agosto
92 cam ⌕ – †50/120 € ††80/180 € – 2 suites
♦ Pianta curva, eleganza, caldi colori rilassanti, design contemporaneo e dotazioni tecnologiche d'avanguardia per questo hotel di recente apertura, vocato ad una clientela d'affari.

⌂⌂⌂ **Michelangelo**   ⬚ ⅋ AK ⅊ ⁽⁾ ⌖ P 🚗 VISA ⦿ AE ① ⌂
via Circonvallazione 85 – 𝒞 05 36 99 85 11 – www.michelangelohp.com
– Fax 05 36 81 54 10 – chiuso agosto
76 cam ⌕ – †45/106 € ††60/169 €
Rist Contessa Matilde – 𝒞 05 36 80 83 56 (chiuso domenica) Carta 24/45 €
♦ All'interno di un contesto residenziale, un elegante albergo di gusto classico, sobriamente arredato con legni, marmi e tessuti dalle calde tonalità. Dominato dal caratteristico camino in pietra, il ristorante è ideale anche per pranzi di lavoro.

✕✕✕ **Osteria dei Girasoli**   ⅋ AK ⅊ ⇔ VISA ⦿ AE ⌂
via Circonvallazione Nord-est 217/219 – 𝒞 05 36 80 12 33
– www.osteriadeigirasoli.com – Fax 05 36 88 96 79 – chiuso 2 settimane in agosto
Rist – (consigliata la prenotazione) Menu 40/50 € – Carta 31/45 € ⅋⅋
♦ Eleganza e modernità si coniugano perfettamente in questo ristorante di design che dispone di una saletta privè e di un'ottima cantina. Cucina contemporanea e del territorio.

✕✕ **La Paggeria**   AK ⅊ ⇔ VISA ⦿ AE ① ⌂
via Rocca 16/20 – 𝒞 05 36 80 51 90 – www.ristorantelapaggeria.com
– Fax 05 36 80 51 90 – chiuso gennaio, agosto, sabato a mezzogiorno, domenica
Rist – (consigliata la prenotazione) Carta 33/53 €
♦ Accanto al Palazzo Ducale, conserva qualche vestigia d'epoca. Cucina classica e regionale e, al primo piano, due salette a vocazione banchettistica.

SATURNIA – Grosseto (GR) – 563 O16 – alt. 294 m – ⊠ 58014   29 C3
🏴 Toscana

▶ Roma 195 – Grosseto 57 – Orvieto 85 – Viterbo 91

Bagno Santo ≤ 🚗 🏊 🕭 AC ॐ rist, ℃ P VISA ◑ AE ① ☎
località Pian di Cataverna, Est : 3 km – ℰ 05 64 60 13 20
– www.bagnosantohotel.it – Fax 05 64 60 13 46 – chiuso dal 7 al 30 gennaio
14 cam ☲ – †90/100 € ††120/130 € – ½ P 80/85 €
Rist – (chiuso mercoledì) (chiuso a mezzogiorno) Carta 32/39 €
♦ Splendida vista su campagna e colline, tranquillità assoluta e ambienti confortevoli; piacevoli le camere in stile lineare, notevole piscina panoramica. Capiente sala da pranzo dagli arredi essenziali e dall'atmosfera raffinata.

Saturno Suites ≤ 🚗 🏊 AC ॐ rist, ℃ P VISA ◑ AE ① ☎
località La Crocina, Sud : 1 km – ℰ 05 64 60 13 13 – www.saturnosuites.com
– Fax 05 64 60 11 11 – chiuso dal 3 al 28 gennaio
2 cam ☲ – ††95/120 € – 10 suites – ††130/160 €
Rist – (aprile-ottobre) (chiuso a mezzogiorno) (solo per alloggiati) Carta 23/38 €
♦ In posizione panoramica, tra il paese e le terme, un hotel a conduzione familiare con confort di buon livello. Bella piscina con vista e piccolo centro estetico.

Villa Clodia senza rist ≤ 🚗 🏊 🖭 🗓 AC ℃ VISA ☎
via Italia 43 – ℰ 05 64 60 12 12 – www.hotelvillaclodia.com – Fax 05 64 60 13 05
– chiuso dal 10 gennaio al 1° febbraio
10 cam ☲ – †55/65 € ††100/110 €
♦ Nel centro, in zona panoramica, bella villa circondata dal verde; ambiente familiare negli interni decorati con gusto, ma originale e personalizzato; camere accoglienti.

Villa Garden senza rist ≤ 🚗 AC ॐ ℃ P VISA ◑ AE ☎
via Sterpeti 56, Sud : 1 km – ℰ 05 64 60 11 82 – www.villagardensaturnia.com
– Fax 05 64 60 11 82 – chiuso dal 10 al 20 gennaio
9 cam ☲ – †70/80 € ††95/103 €
♦ A metà strada tra il paese e le Terme, una villetta immersa nella quiete, con un gradevole giardino; piacevoli e curati spazi comuni, camere di buon livello.

XX I Due Cippi-da Michele 🖭 ॐ ⇔ VISA ◑ AE ① ☎
piazza Veneto 26/a – ℰ 05 64 60 10 74 – www.maremmacomera.com
– Fax 05 64 60 12 07 – chiuso dal 9 al 25 gennaio e martedì (escluso agosto)
Rist – Carta 30/62 € 🏵
♦ Nella piazza del paese, ristorante a gestione diretta in cui gustare piatti toscani, dotato anche di enoteca con ottima scelta di vini e vendita di prodotti della zona.

alle terme Sud-Est : 3 km :

Terme di Saturnia Spa & Golf Resort ≤ 🚗 🏊 🌐 🗓 📉
🍴 🏊 🖭 🛗 🖳 AC ॐ rist, ℃ ⚶ P VISA ◑ AE ① ☎
via della Follonata – ℰ 05 64 60 01 11 – www.termedisaturnia.it
– Fax 05 64 60 12 66 – chiuso dall'11 al 29 gennaio
140 cam ☲ – †210/280 € ††280/410 € – 5 suites – ½ P 256/325 €
Rist – Carta 71/96 €
♦ Vacanza rigenerante, in un esclusivo complesso dotato di ogni confort, con camere di differenti tipologie; attrezzato centro benessere, piscina termale naturale. Al ristorante, una cucina moderna orientata al benessere: proposte fantasiose a partire dai sapori della tradizione toscana e mediterranea.

SAURIS – Udine (UD) – 562 C20 – 422 ab. – alt. 1 390 m – Sport   10 A1
invernali : 1 200/1 450 m �533, ✿ – ⊠ 33020

▶ Roma 723 – Udine 84 – Cortina d'Ampezzo 102
🅸 a Sauris di Sotto ℰ 0433 86076, Fax 0433 866900

Schneider ≤ ₺ 🚗 VISA ◑ ☎
via Sauris di Sotto 92 – ℰ 04 33 86 01 0 – Fax 04 33 86 63 10
– chiuso dal 10 al 20 dicembre e dal 10 al 30 giugno
8 cam ☲ – †40/50 € ††60/78 € – ½ P 50/60 €
Rist Alla Pace – vedere selezione ristoranti
♦ Una decina di camere spaziose, signorili e confortevoli che consentono di godere di un soggiorno ideale per apprezzare le bellezze naturali della località.

※ **Alla Pace** – Hotel Schneider   🛌 🚗 VISA ⓦ ⓢ

via Sauris di Sotto 38 – 𝒞 0 43 38 60 10 – Fax 04 33 86 63 10
– chiuso dal 10 al 20 dicembre, dal 10 al 30 giugno e mercoledì escluso luglio-
settembre
Rist – Carta 26/37 € 🍴
 ◆ Locanda di tradizione situata in un antico palazzo fuori dal centro e gestita dalla stessa famiglia dal 1804. Accoglienti le salette, arredate con panche che corrono lungo le pareti, dove gustare cucina tipica del luogo.

SAUZE D'OULX – Torino (TO) – 561 G2 – 1 157 ab. – alt. 1 509 m   22 A2
– Sport invernali : 1 350/2 823 m (Comprensorio Via Lattea 🎿 6 ⓕ72) – ⌧ 10050

 ▶ Roma 746 – Briançon 37 – Cuneo 145 – Milano 218
 🔖 via Genevris 7 𝒞 0122 858009, info.sauze@turismotorino.org, Fax
    0122 850700

Jouvenceaux Ovest : 2 km – ⌧ 10050 Sauxe D'Oulx

🏠 **Chalet Chez Nous** senza rist ॐ   ⅗ (ᵗ) VISA ⓦ ⓢ

Via Principale 41 – 𝒞 01 22 85 97 82 – www.chaletcheznous.it
– Fax 01 22 85 39 14 – 7 dicembre-15 aprile e 20 giugno-10 settembre
10 cam ⌂ – †50/70 € ††80/120 €
 ◆ In un borgo con strade strette e case in pietra, è una vecchia stalla adattata ad ospitare questo albergo accogliente e tranquillo, dotato di buoni confort. Sala colazioni con soffitto a volte.

a Le Clotes 5 mn di seggiovia o E : 2 km (solo in estate) – alt. 1 790 m – ⌧ 10050
Sauze D'Oulx

🏨 **Il Capricorno** ॐ   ← 🕭 ⌂ VISA ⓦ ⓢ

via Case Sparse 21 – 𝒞 01 22 85 02 73 – www.chaletilcapricorno.it
– Fax 01 22 85 00 55 – dicembre-marzo e 15 giugno-15 settembre
8 cam ⌂ – ††135/155 € – ½ P 160/180 €
Rist – (consigliata la prenotazione) Carta 34/56 €
 ◆ In una splendida pineta e in comoda posizione sulle piste da sci, offre una magnifica vista su monti e sulle vallate. D'inverno, sarà una motoslitta ad accompagnarvi in hotel! Calda atmosfera, travi a vista, camino, arredi in legno e piatti regionali nella graziosa sala da pranzo.

SAVELLETRI – Brindisi (BR) – 564 E34 – ⌧ 72010   27 C2

 ▶ Roma 509 – Bari 65 – Brindisi 54 – Matera 92
 🔟 San Domenico a Fasano, 𝒞 080 4 82 92 00

🏯 **Masseria San Domenico** ॐ   🕭 ⌂ 🏊 🖵 ⓢ ⅗ ♨ 🖼 AC ⅗

strada litoranea 379, località Petolecchia   (ᵗ) 🔥 **P** VISA ⓦ AE ⓞ ⓢ
Sud-Est : 2 km ⌧ 72010 – 𝒞 08 04 82 77 69
– www.masseriasandomenico.com – Fax 08 04 82 79 78
– chiuso dal 10 gennaio a marzo
38 cam ⌂ – †195/300 € ††490/580 € – 10 suites – ½ P 305/350 €
Rist – (chiuso a mezzogiorno) (solo per alloggiati) Carta 56/72 €
 ◆ Relax, benessere ed eco dal passato in questa masseria del '400 tra ulivi secolari e ampi spazi verdi; un caratteristico frantoio ipogeo ed un'incantevole piscina con acqua di mare. Nell'elegante terrazza come nella bella sala dal soffitto a volte i capolavori di una cucina della tradizione.

🏯 **Masseria Torre Coccaro** ॐ   🚗 ⌂ 🏊 ⓢ ♨ ⅗ 🖼 🕭 AC ⅗ rist,

contrada Coccaro 8, Sud-Ovest : 2 km   (ᵗ) 🔥 **P** VISA ⓦ AE ⓞ ⓢ
– 𝒞 08 04 82 93 10 – www.masseriatorrecoccaro.com – Fax 08 04 82 79 92
33 cam ⌂ – †230/696 € ††270/736 € – 1 suite – ½ P 190/423 €
Rist – (prenotare) Carta 53/84 €
 ◆ Elegante e particolare struttura che rispetta l'antico spirito fortilizio del luogo conservando la torre cinquecentesca, offre camere quasi tutte nello stesso stile eppure con differenti particolarità. Suggestivo anche il ristorante, accolto in sale ricavate nelle stalle settecentesche.

Masseria Torre Maizza ♨ 🚗 🏠 🏊 🐾 ⛹ 🖥 👥 🔆 cam, AC ℅ 📶
contrada Coccaro, Sud Ovest: 2 Km ♨ P VISA ⓪ AE ① 🔆
– ☎ 08 04 82 78 38 – www.apuliacollection.com – Fax 08 04 41 40 59
26 cam ☷ – †230/472 € ††270/761 € – 2 suites – ½ P 195/441 €
Rist – Carta 51/69 €

♦ Scorci di Mediterraneo davanti ai vostri occhi, frutteti e coltivazioni i sentieri che attraverserete: l'eleganza del pasato si unisce ad una storia più recente e alla sete di benessere. Molto bello il dehors con un agrumeto davanti dove gustare piatti della regione e mediterranei.

XX **Da Renzina** ≤ 🏠 AC P VISA ⓪ AE ① 🔆
piazza Roma 6 – ☎ 08 04 82 90 75 – www.darenzina.it – Fax 08 04 82 90 75
– chiuso gennaio e giovedì
Rist – Carta 35/60 €

♦ Lungo due lati corrono ampie vetrate che offrono una splendida vista sul mare; proprio da qui prende spunto la cucina di ogni giorno che propone piatti di pesce molto fragranti.

SAVIGLIANO – Cuneo (CN) – **561** I4 – 20 675 ab. – alt. 321 m **22** B3
– ☒ 12038

▶ Roma 650 – Cuneo 33 – Torino 54 – Asti 63

🄸 c/o Torre Civica P.zza Santarosa☎ 0172 370736, turismo@ comune.savigliano.cn.it, Fax 0172 370736

Cosmera senza rist 🚗 ⛹ AC P VISA ⓪ AE 🔆
via Alba 31, Est : 2 km – ☎ 01 72 72 63 49 – Fax 01 72 72 56 64
27 cam ☷ – †47/50 € ††70/75 € – 1 suite

♦ Struttura di taglio turistico, ma frequentata con piacere anche dalla clientela d'affari, hotel comodo sia per ubicazione sia per organizzazione interna. Camere ben curate.

Il nome di un ristorante in rosso evidenzia una « promessa ».
Il locale potrebbe accedere ad una categoria superiore: prima stella o stella supplementare. Tali esercizi sono elencati nella lista delle tavole stellate all'inizio della guida.

SAVIGNANO SUL PANARO – Modena (MO) – **562** I15 – 9 197 ab. **9** C3
– alt. 102 m – ☒ 41056

▶ Roma 394 – Bologna 29 – Milano 196 – Modena 26

a Formica – ☒ 41056

XX **Il Formicone** AC P VISA ⓪ 🔆
via Tavoni 463, verso Vignola, Sud : 1 km – ☎ 0 59 77 15 06
– www.ilformicone.it – Fax 0 59 76 21 49
– chiuso dal 1° al 6 gennaio, dal 10 al 28 luglio e martedì
Rist – (consigliata la prenotazione) Carta 40/50 € ⅋

♦ Ex stazione di posta, nell'acetaia (visitabile) si produce aceto balsamico, mentre in cucina si rinnova il successo dei piatti della tradizione locale. Molto utilizzati il camino e la griglia.

SAVIGNANO SUL RUBICONE – Forlì-Cesena (FC) – **562** J19 **9** D2
– 16 697 ab. – alt. 10 m – ☒ 47039

▶ Roma 352 – Bologna 102 – Forlì 42 – Serravalle SMR 35

Rubicone senza rist ≣ ⛹ AC 📶 🚗 VISA ⓪ AE ① 🔆
via Mazzini 1/B – ☎ 05 41 94 28 81 – www.rubiconehotel.it
– Fax 05 41 94 21 08
11 cam ☷ – †45/65 € ††65/90 €

♦ A 100 metri dalla via Emilia, piccola ed omogenea risorsa a conduzione familiare. Indirizzo funzionale e comodo.

SAVIGNO – Bologna (BO) – **562** I15 – 2 793 ab. – alt. 259 m – ✉ 40060 9 C2

▶ Roma 394 – Bologna 39 – Modena 40 – Pistoia 80

Trattoria da Amerigo (Alberto Bettini) con cam 🛜 ⅙ ⁽ᵖ⁾
via Marconi 16 – ℰ 05 16 70 83 26 VISA ⓜⓞ AE ① ⑤
– www.amerigo1934.it – Fax 05 16 70 85 28 – chiuso dal 20 gennaio al 10 febbraio e dal 20 agosto al 10 settembre
5 cam – ♦50/80 € ♦♦70/100 €, ⌑ 7 €
Rist – (chiuso lunedì, anche martedì da gennaio a maggio) (chiuso a mezzogiorno escluso festivi) (consigliata la prenotazione) Menu 39/50 € – Carta 35/49 €
Spec. Animelle dorate con carciofi e tartufo nero (dicembre-maggio). Tortellini in brodo. Rassegna di funghi di stagione (aprile-novembre).
♦ Se la vista è appagata dal suggestivo affresco murale "Il Bosco delle Meraviglie di Amerigo" in una delle due sale al primo piano, il palato è deliziato da una cucina rispettosa di una regione tanto prodiga di specialità. L'attuale generazione premia i migliori prodotti.

SAVIGNONE – Genova (GE) – **561** I8 – 3 177 ab. – alt. 471 m 15 C1
– ✉ 16010

▶ Roma 514 – Genova 27 – Alessandria 60 – Milano 124

Palazzo Fieschi 🔊 ⓘ ⅙ ⅍ ⁽ᵖ⁾ 🛁 P VISA ⓜⓞ AE ① ⑤
piazza della Chiesa 14 – ℰ 01 09 36 00 63 – www.palazzofieschi.it
– Fax 01 09 36 82 1 – 11 marzo-15 dicembre
24 cam ⌑ – ♦65/100 € ♦♦100/200 € – ½ P 75/100 €
Rist – (chiuso a mezzogiorno escluso luglio-agosto) Carta 31/62 €
♦ Nella piazza centrale del paese, in una dimora patrizia cinquecentesca con un grande giardino, un albergo a gestione diretta dalle preziose sale affrescate e dalle ampie stanze in stile. Soffitto decorato, camino e luminose vetrate nell'elegante sala ristorante.

SAVOGNA D'ISONZO – Gorizia (GO) – **562** E22 – 1 763 ab. 11 C2
– alt. 40 m – ✉ 34070

▶ Roma 639 – Udine 40 – Gorizia 5 – Trieste 29

a San Michele del Carso Sud-Ovest : 4 km – ✉ 34070

Lokanda Devetak con cam 🚗 🛜 AC P VISA ⓜⓞ AE ① ⑤
Brezici 22 – ℰ 04 81 88 27 56 – www.devetak.com – Fax 04 81 88 29 64
8 cam ⌑ – ♦70/90 € ♦♦110/120 €
Rist – (chiuso lunedì, martedì) (chiuso a mezzogiorno escluso sabato e domenica) (prenotare) Carta 30/45 €
♦ Trattoria di famiglia dal 1870, a pochi chilometri dal confine sloveno, propone la cucina tipica del posto, dalle forti influenze slave ed austriache, interpretata in chiave moderna. Le camere sono state realizzate da poco.

SAVONA P (SV) – **561** J7 – 61 916 ab. – ✉ 17100 🔲 Italia 14 B2

▶ Roma 545 – Genova 48 – Milano 169
🛈 corso Italia 157/r ℰ 019 8402321, savona@inforiviera.it, Fax 019 8403672

Mare ⦉ 🛜 ⌇ ⓘ AC ⁽ᵖ⁾ 🛁 P 🚗 VISA ⓜⓞ AE ① ⑤
via Nizza 89/r – ℰ 0 19 26 40 65 – www.marehotel.it – Fax 0 19 26 32 77
66 cam – ♦75/95 € ♦♦125/170 €, ⌑ 10 € AYc
Rist A Spurcacciun-a – vedere selezione ristoranti
Rist Bagni Marea – (aprile-ottobre) (consigliata la prenotazione la sera) Menu 30 €
♦ Sulla spiaggia, fuori dal centro, hotel ideale per una clientela d'affari; interni in stile lineare di moderna concezione, camere di due tipologie, entrambe confortevoli. Rist Bagni Marea: all'aperto tra spiaggia e piscina, piatti semplici, insalate e panini. A pranzo, solo self-service.

SAVONA

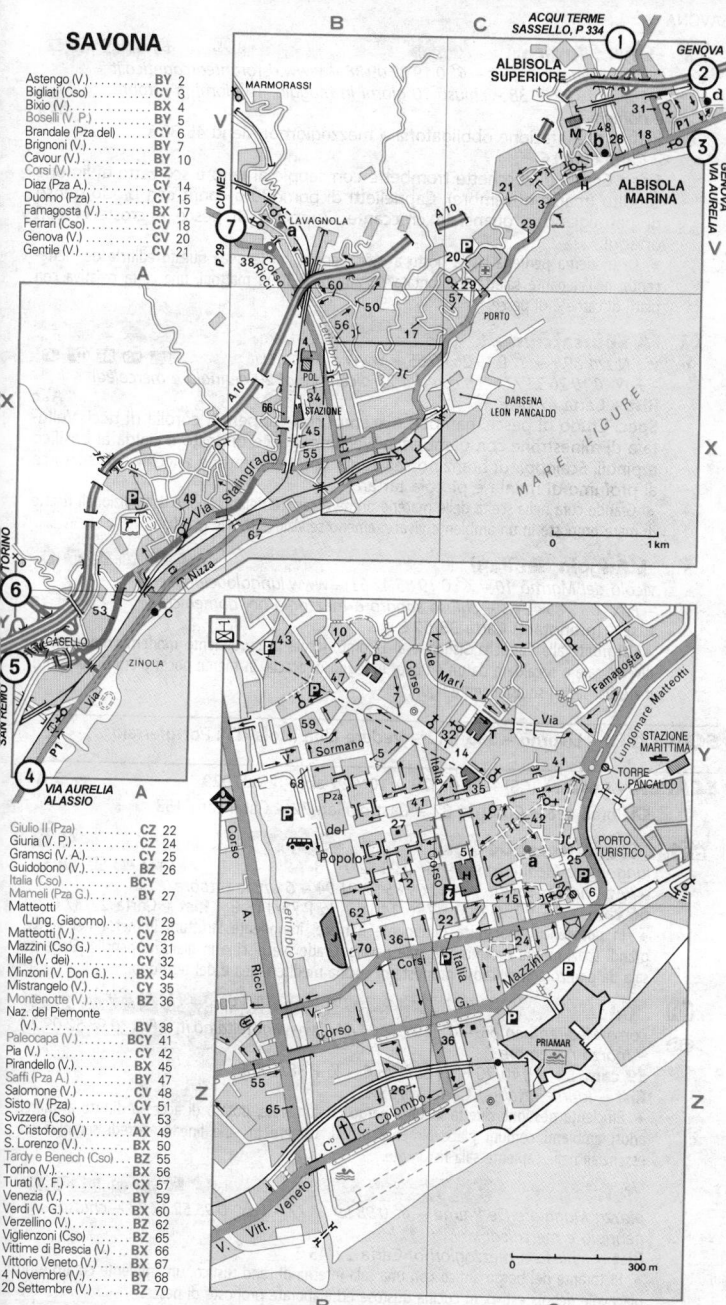

XX **L'Arco Antico** (Flavio Costa)   AC ⇔ VISA ⬤ AE ⓞ ⑤
☼ *piazza Lavagnola 26 r – ℰ 0 19 82 09 38 – www.ristorantearcoantico.it*
– Fax 0 19 82 09 38 – chiuso 10 giorni in maggio, 10 giorni in ottobre
e domenica   BVa
Rist – (prenotazione obbligatoria a mezzogiorno) Menu 45/80 €
– Carta 60/80 € ✦
Spec. Crema di zucchette trombette con seppie al nero e scorzette di limone
candito (marzo-novembre). Cappelletti di pomodoro confit con brodo denso
di parmigiano e guanciale croccante. Zuppetta di pesce e crostacei con
ortaggi.
◆ La moderna periferia lascia posto a case d'epoca, tra le quali questo edificio del Settecento; nell'elegante saletta sormontata da antichi archi in mattoni, una carta creativa con
piatti di carne e di pesce.

XX **A Spurcacciun-a** (Claudio Tiranini) – Hotel Mare   ≤ 🚗 🏠 AC P
☼ *via Nizza 89/r – ℰ 0 19 26 40 65 – www.marehotel.it*   VISA ⬤ AE ⓞ ⑤
– Fax 0 19 26 32 77 – chiuso dal 23 dicembre al 20 gennaio e mercoledì
Rist – Carta 47/84 € ✦   AYc
Spec. Crudo di pesce, gamberi e scampi con capperi in corolla di ricci. Vellutata di minestrone con gamberi, novellame, gocce di pesto e cialda al basilico
e pinoli. Scaloppa di branzino selvaggio con trombette e zucchine in scapece
al profumo di menta e piccola tartara.
◆ Grande cura nella scelta delle materie prime e capace rielaborazione di tradizionali ricette
di mare proposte in un ambiente vivace; ameno servizio estivo in giardino.

X **L'Angolo dei Papi**   AC VISA ⬤ AE ⓞ ⑤
vicolo del Marmo 10 – ℰ 0 19 85 42 63 – www.langolodeipapi.eu
– Fax 0 19 85 42 63 – chiuso sabato a mezzogiorno, domenica   CYa
Rist – (prenotare) Carta 38/52 €
◆ Di fronte alla Cappella Sistina e al Duomo, locale piacevolmente moderno modulato in
diverse sale e riscaldato da un *parquet* in legno di acacia. In menu: pochi piatti di terra o di
mare dai sapori squisitamente liguri.

SCAGLIERI – Livorno – **563** N12 – Vedere Elba (Isola d') : Portoferraio

---

SCALEA – Cosenza (CS) – **564** H29 – 10 429 ab. – ✉ 87029   5 A1
▶ Roma 428 – Cosenza 87 – Castrovillari 72 – Catanzaro 153

🏨🏨🏨 **Grand Hotel De Rose**   ≤ 🚗 ⅀ 🎬 ✕ 🛗 AC 🍴 rist, 📶 🛁 P
lungomare Mediterraneo – ℰ 0 98 52 02 73   VISA ⬤ AE ⓞ ⑤
– www.hotelderose.it – Fax 09 85 92 01 94 – 6 aprile-ottobre
66 cam ⊡ – †78/125 € ††86/146 € – ½ P 78/115 €   **Rist** – Carta 22/37 €
◆ In posizione panoramica dominante il mare, imponente struttura immersa nel verde:
grandi spazi interni e camere in stile navale. Gradevole piscina in giardino pensile. Elegante
sala da pranzo con deliziose proposte di cucina mediterranea e del territorio.

🏨🏨 **Talao**   ≤ 🚗 ⅀ 🛗 🛋 AC 🍴 rist, 🛁 P VISA ⬤ AE ⑤
☜ *corso Mediterraneo 66 – ℰ 0 98 52 04 44 – www.hoteltalao.it – Fax 0 98 52 09 27*
– marzo-novembre
59 cam ⊡ – †40/70 € ††65/125 € – ½ P 38/100 €
Rist – (aprile-ottobre) Carta 16/35 €
◆ Efficiente gestione diretta in un albergo confortevole, dotato di accesso diretto al mare;
ariosi ambienti comuni piacevolmente ornati, camere in stile lineare. Arredi semplici ed
essenziali nella capiente sala ristorante.

X **Tarì**   🏠 AC VISA ⬤ AE ⓞ ⑤
piazza Maggiore De Palma – ℰ 0 98 59 17 77 – Fax 0 98 59 17 77 – chiuso
gennaio e mercoledì
Rist – (chiuso a mezzogiorno) Carta 22/45 €
◆ Ristorante del borgo antico con una sala interna di tono rustico, un ambiente curato e un
piacevole dehors estivo. In cucina gustose ed elaborate proposte di pesce.

SCALTENIGO – Venezia – **562** F18 – Vedere Mirano

SCANDIANO – Reggio Emilia (RE) – 562 I14 – 24 153 ab. – alt. 95 m   8 B2
– ⊠ 42019

> ▶ Roma 426 – Parma 51 – Bologna 64 – Milano 162

🏠 **Sirio** senza rist   ⧉ AC 🚗 VISA ⓿ AE ① ⑤
via Palazzina 32 – ℰ 05 22 98 11 44 – www.hotelsirio.net – Fax 05 22 98 40 84
– chiuso 1 settimana in agosto
32 cam � – ♦53/75 € ♦♦68/90 €
◆ Alle porte della località, piccola struttura di moderna concezione con ambienti sobri, arredati in modo semplice e lineare; spaziose e funzionali le camere.

✗ **Osteria in Scandiano**   🏠 AC ✗ ⇄ VISA ⓿ AE ① ⑤
piazza Boiardo 9 – ℰ 05 22 85 70 79 – www.osteriainscandiano.com
– Fax 05 22 85 70 79 – chiuso dal 24 dicembre al 7 gennaio e agosto
Rist – (chiuso domenica in giugno-luglio, giovedì negli altri mesi) Carta 33/50 €
🍴
◆ Piccolo ristorante di tono familiare e al contempo raffinato. Di fronte alla rocca Boiardo, all'interno di un palazzo del '600, per apprezzare al meglio la cucina emiliana.

ad Arceto Nord-Est : 3,5 km – ⊠ 42010

✗✗✗ **Rostaria al Castello**   🏠 AC ✗ VISA ⓿ AE ① ⑤
via Pagliani 2 – ℰ 05 22 98 91 57 – www.larostaria.it – Fax 05 22 98 91 57
Rist – Menu 40 € – Carta 42/73 € 🍴
◆ Locale ben tenuto, in un antico edificio sapientemente ristrutturato: elegante sala di tono rustico con soffitto a botte e mattoni a vista; servizio estivo all'aperto.

sulla strada statale 467 Nord-Ovest : 4 km :

✗✗ **Bosco**   🏠 AC ✗ ⇄ P VISA ⓿ AE ① ⑤
via Bosco 133 ⊠ 42019 – ℰ 05 22 85 72 42 – www.ristorantebosco.it
– Fax 05 22 76 76 63 – chiuso agosto e martedì
Rist – Carta 39/55 € 🍴
◆ Ristorante a gestione familiare, con tre sale arredate in modo semplice, ma curato; proposte culinarie legate alla stagione e al territorio, interessante lista dei vini.

SCANDICCI – Firenze (FI) – 563 K15 – 49 562 ab. – alt. 49 m   29 D3
– ⊠ 50018

> ▶ Roma 278 – Firenze 6 – Pisa 79 – Pistoia 36
> 🄸 piazza della Resistenza ℰ 055 7591302, urp@comune.scandicci.fi.it,
> Fax 055 7591320

a Mosciano Sud-Ovest : 3 km – ⊠ 50018 Scandicci

🏠 **Le Viste** 🕊   ⪡ 🚗 🏊 🏃 AC ✗ (¹)) P VISA ⓿ AE ① ⑤
via del Leone 11 – ℰ 0 55 76 85 43 – www.tenuta-leviste.it – Fax 0 55 76 85 31
– chiuso dal 23 al 27 dicembre
5 cam � – ♦135/150 € ♦♦170/210 €
Rist – (chiuso a mezzogiorno) (solo per alloggiati) Carta 32/59 €
◆ In posizione dominante sulla città di Firenze, un'oasi di pace avvolta dal profumo degli ulivi, una elegante residenza di campagna dagli eleganti ambienti arredati con mobili d'epoca. In posizione dominante sulla città di Firenze, un'oasi di pace avvolta dal profumo degli ulivi, una elegante residenza di campagna dagli eleganti ambienti arredati con mobili d'epoca.

SCANDOLARA RIPA D'OGLIO – Cremona (CR) – 561 G12   17 C3
– 624 ab. – alt. 47 m – ⊠ 26047

> ▶ Roma 528 – Brescia 50 – Cremona 15 – Parma 68

✗✗ **Al Caminetto**   🏠 AC ✗ VISA ⓿ AE ① ⑤
via Umberto I, 26 – ℰ 0 37 28 95 89 – www.ristorantealcaminetto.com
– Fax 0 37 28 95 89 – chiuso dal 7 al 15 gennaio e dal 29 luglio al 26 agosto
Rist – (chiuso lunedì, martedì) (chiuso a mezzogiorno escluso domenica) (consigliata la prenotazione) Carta 42/62 €
◆ Un locale dall'indiscutibile atmosfera signorile, ideale per festeggiare importanti ricorrenze, propone una prelibata cucina creativa. E' consigliabile prenotare.

SCANNO – L'Aquila (AQ) – **563** Q23 – 2 034 ab. – alt. 1 050 m   **1** B2
– ⊠ **67038** ▯ Italia

> 🚩 Roma 155 – Frosinone 99 – L'Aquila 101 – Campobasso 124
> 🛈 piazza Santa Maria della Valle 12 ℰ 0864 74317, iat.scanno@
> abruzzoturismo.it, Fax 0864 747121
> 🏰 Lago di Scanno★ Nord-Ovest : 2 km
> 🏔 Gole del Sagittario★★ Nord-Ovest : 6 km

🏠 **Vittoria** ॐ   ≤ 🎐 ⅍ ⅗ 🅿 VISA ⓪ AE ① ✆
via Domenico di Rienzo 46 – ℰ *0 86 47 43 98 – www.abruzzo-green.com/vittoria*
– Fax 0 86 47 43 98 – 20 dicembre-10 gennaio e maggio-ottobre
27 cam ⌷ – †85 € – ½ P 70/75 €   **Rist** – *(solo per alloggiati)* Carta 30/37 €
♦ Nella parte alta della località, una struttura semplice a gestione familiare. Particolarmnte
affascinante la vista sul centro storico: chiedete una camera che vi si affacci... Nella sobria
sala ristorante, i piatti della tradizione italiana interpretati con spunti moderni.

🏠 **Grotta dei Colombi**   ≤ 🕍 ⅗ rist, 🅿 VISA ⓪ ✆
viale dei Caduti 64 – ℰ *0 86 47 43 93 – www.grottadeicolombi.it*
– Fax 0 86 47 43 93 – chiuso novembre
16 cam – †35 € ††45/50 €, ⌷ 6 € – ½ P 50/58 €
Rist – *(chiuso mercoledì)* Carta 26/32 €
♦ Nel centro storico, una pensione familiare articolata su due piani con camere e spazi
comuni sobri e confortevoli identici nell'arredo, curiosamente perlinati in legno bianco. Dalla
cucina, sapori e prodotti locali.

✕✕ **Osteria di Costanza e Roberto**   ⅗ VISA ⓪ AE ① ✆
🕮 *via Roma 15 –* ℰ *0 86 47 43 45 – www.costanzaeroberto.it – Fax 08 64 74 78 21*
– chiuso dal 15 novembre al 15 dicembre, lunedì, martedì in bassa stagione
Rist – Carta 25/38 € ꝕ
♦ A due passi dalla chiesa, un piccolo e vivace ristorante fedele alla tradizione gastronomica
abruzzese senza rinunciare a qualche tocco di creatività nelle presentazioni.

✕ **Lo Sgabello**   ⅗ 🅿 VISA ⓪ AE ① ✆
🕮 *via Pescatori 45 –* ℰ *08 64 74 74 76 – Fax 08 64 74 74 76 – chiuso mercoledì*
Rist – Carta 20/27 €
♦ In un paese tranquillo e caratteristico, un ristorante semplice dalla seria conduzione dove
apprezzare piatti fedeli alla tradizione abruzzese.

al lago Nord : 3 km :

🏨 **Acquevive** ॐ   ≤ 🚗 🎐 ⅗ 🅿 VISA ⓪ AE ① ✆
via Circumlacuale – ℰ *0 86 47 43 88 – Fax 0 86 47 43 34 – Pasqua-settembre*
33 cam – †55/60 € ††60/100 €, ⌷ 7 € – ½ P 55/75 €   **Rist** – Carta 23/34 €
♦ In un'incantevole zona in riva al lago, una risorsa a gestione familiare particolarmente
accogliente, dispone di spaziose camere luminose, discretamente eleganti negli arredi.
Ampia e lievemente rustica, la sala da pranzo propone una cucina nazionale.

SCANSANO – Grosseto (GR) – **563** N16 – 4 512 ab. – alt. 500 m   **29** C3
– ⊠ **58054**

> 🚩 Roma 180 – Grosseto 29 – Civitavecchia 114 – Viterbo 98

🏨 **Antico Casale di Scansano** ॐ   ≤ 🚗 🕍 ⌱ 🔟 ⓹ 🔊 AC cam,
località Castagneta, Sud-Est : 3 km   ⅗ rist, 🅿 VISA ⓪ AE ① ✆
– ℰ *05 64 50 72 19 – www.anticocasalediscansano.it – Fax 05 64 50 78 05*
32 cam – †85/100 € ††150/190 €, ⌷ 8 € – 4 suites – ½ P 107/127 €
Rist – *(chiuso dal 10 gennaio al 10 febbraio)* Carta 29/37 € (+10 %)
♦ Corsi di cucina, un centro equitazione e sentieri benessere disegnati nel bosco: avvolti
dalla natura incontaminata della Maremma, l'antico casolare è perfetto per una vacanza rigenerante. Presso l'elegante e familiare sala da pranzo i piatti tipici della regione.

✕✕ **La Cantina**   🕍 ⅗ VISA ⓪ ✆
via della Botte 1 – ℰ *05 64 50 76 05 – Fax 05 64 50 76 05 – chiuso*
dal 10 gennaio al 9 marzo
Rist – *(chiuso domenica sera e lunedì escluso agosto)* Carta 35/53 € ꝕ
♦ Un ristorante ricavato in un edificio secentesco del centro con soffitto a volta in pietra e
tavoli in legno massiccio; la cantina vanta un'ottima scelta di vini regionali.

SCANZANO IONICO – Matera (MT) – **564** G32 – **7 050 ab. – alt. 14 m**   **4 D2**
– ✉ 75020

▶ Roma 483 – Matera 63 – Potenza 125 – Taranto 64

🏨 **Miceneo Palace Hotel**   🚗 🈵 🏊 📶 ⅙ 🛗 🕺 🌐 ⅞ rist, 🛜 🕴 **P**
via provinciale – ℰ 08 35 95 32 00   🆅🆂🅰 ⓴ 🅰🅴 ① 💲
– www.miceneopalace.it – Fax 08 35 95 30 44
43 cam ⌸ – ✝60/80 € ✝✝80/100 € – 3 suites – ½ P 70/80 €
Rist – Carta 27/43 € 🈂

♦ Poco fuori dal centro, albergo recente a vocazione congressuale: ampia hall di moderna concezione, camere confortevoli piacevolmente arredate, numerose sale per meeting. Capiente sala ristorante di tono elegante.

SCAPEZZANO – Ancona – **563** K21 – **Vedere Senigallia**

SCARLINO – Grosseto (GR) – **563** N14 – **3 531 ab. – alt. 230 m**   **28 B3**
– ✉ 58020

▶ Roma 231 – Grosseto 43 – Siena 91 – Livorno 97

🏠 **Madonna del Poggio** senza rist   ⪡ 🚗 🏊 **P** 🆅🆂🅰 ⓴ 🅰🅴 💲
località Madonna del Poggio – ℰ 0 56 63 73 20 – www.madonnadelpoggio.it
– Fax 0 56 63 73 20
6 cam ⌸ – ✝55/74 € ✝✝68/106 €

♦ In un giardino con olivi secolari, una ex-chiesa del 1200, poi casello del dazio e casa colonica, è oggi un piccolo e originale bed and breakfast con camere semplici ma ampie.

SCARPERIA – Firenze (FI) – **563** K16 – **7 538 ab. – alt. 292 m**   **29 C1**
– ✉ 50038

▶ Roma 293 – Firenze 30 – Bologna 90 – Pistoia 65

a Gabbiano Ovest : 7 km – ✉ 50038 Scarperia

🏨 **Una Poggio Dei Medici** 🍃   ⪡ 🈵 🏊 ⅙ 🔞 🛗 🆎 ⅞ rist, 🛜 🕴
via San Gavino 27 – ℰ 05 58 43 50   **P** 🆅🆂🅰 ⓴ 🅰🅴 ① 💲
– www.unahotels.it – Fax 05 58 43 04 39
63 cam ⌸ – ✝✝118/518 € – 7 suites   **Rist** – Carta 36/58 €

♦ Intorno al nucleo originario della cinquecentesca Villa Cignano, un complesso recente, immerso nel verde e nella tranquillità, a ridosso del campo da golf. Ristorante ampliato di recente, ricavato nella nuova ala dell'hotel.

SCENA (SCHENNA) – Bolzano (BZ) – **562** B15 – **2 806 ab. – alt. 640 m**   **30 B1**
– ✉ 39017

▶ Roma 670 – Bolzano 33 – Merano 5 – Milano 331

🄸 piazza Arciduca Giovanni I 1/D ℰ 0473 945669, info@schenna.com, Fax 0473 945581

Pianta : vedere Merano

🏨 **Hohenwart** 🍃   ⪡ 🚗 🈵 🏊 🔲 ⑩ 🏊 🔞 ⅞ 🛗 🆎 rist, ⅞ rist, 🛜 🕺
via Verdines 5 – ℰ 04 73 94 44 00   **P** 🚗 🆅🆂🅰 ⓴ 💲
– www.hohenwart.com – Fax 04 73 94 59 96 – chiuso dall'8 al 17 dicembre e
dal 10 gennaio al 13 marzo   **Bh**
87 cam ⌸ – ✝78/155 € ✝✝170/295 € – ½ P 98/176 €   **Rist** – Carta 40/56 €

♦ Bella struttura completa di ogni confort, con un'incantevole vista dei monti e della vallata, dotata di gradevole giardino con piscina riscaldata; ampie camere. Cucina del territorio nella capiente sala da pranzo.

🏨 **Schlosswirt**   ⪡ 🚗 🈵 🏊 🕺 🛜 🕴 **P** 🆅🆂🅰 ⓴ 💲
via Castello 2 – ℰ 04 73 94 56 20 – www.schlosswirt.it – Fax 04 73 94 55 38
– chiuso gennaio e febbraio   **Bu**
33 cam ⌸ – ✝55/90 € ✝✝100/200 € – ½ P 70/130 €
Rist – (chiuso lunedì) Carta 32/49 €

♦ Bella terrazza con vista e piscina riscaldata in giardino in questa centralissima struttura con interni in stile locale di moderna concezione; gradevoli le camere. Luminose finestre rischiarano la capace sala ristorante.

Gutenberg ⤳ ≤ 🚗 🖼 🎐 🛋 🍴 ⇄ ✗ rist, 🎤 **P**
via Ifinger 14, Nord : 1 km – ☏ 04 73 94 59 50 VISA ⊕ ⊙ ⑤
– www.gutenberg.schenna.com – Fax 04 73 94 55 11
– chiuso dal 9 al 18 dicembre e dal 6 gennaio al 12 febbraio **Bv**
27 cam ⤴ – †69/74 € ††130/156 € – ½ P 75/89 €
Rist – (solo per alloggiati)
◆ In zona tranquilla e panoramica, fuori dal centro, bianca costruzione immersa nel verde: ambiente familiare negli interni in tipico stile tirolese, grandi camere lineari.

SCHEGGINO – Perugia (PG) – **563** N20 – 471 ab. – alt. 367 m **33 C3**
– ✉ 06040
🄳 Roma 131 – Terni 28 – Foligno 58 – Rieti 45

Del Ponte con cam ⤳ 🚗 🍴 & ✗ **P** VISA ⊕ AE ⑤
via borgo 15 ✉ 06040 – ☏ 07 43 61 25 3 – www.hoteldelpontescatolini.it
– Fax 07 43 61 13 1 – chiuso dal 2 al 28 novembre
12 cam – ††33/60 €, ⤴ 3 € – ½ P 50 € **Rist** – (chiuso lunedì) Carta 23/39 €
◆ Trote e tartufi, i prodotti tipici della zona, sono i principali ingredienti cui si ispira la cucina. La sala, invece, un omaggio alla semplicità, aperta sul verde. Nasceva come locanda e ora dispone di accoglienti camere colorate e allegre, per un soggiorno immerso nella tranquillità della natura.

SCHENNA = Scena

SCHILPARIO – Bergamo (BG) – **561** D12 – 1 291 ab. – alt. 1 125 m **17 C1**
– Sport invernali : 🎿 – ✉ 24020
🄳 Roma 161 – Brescia 77 – Bergamo 65 – Milano 113

a Pradella Sud-Ovest : 2 km – ✉ 24020

San Marco con cam ⤳ ≤ 🚗 🛗 **P** VISA ⊕ ⑤
via Pradella 3 – ☏ 03 46 55 02 4 – www.scalve.com/albergo.sanmarco
– Fax 03 46 55 02 4
18 cam – †35/38 € ††45/60 €, ⤴ 6 € – ½ P 33/56 €
Rist – (chiuso lunedì escluso luglio e agosto) Carta 23/30 €
◆ Da sempre nelle mani della stessa famiglia, ambiente familiare in cui gustare una cucina casalinga che fa ampio uso di verdure biologiche coltivate nel proprio orto. Interessante raccolta di fossili e minerali. Al piano superiore, semplici e confortevoli camere.

SCHIO – Vicenza (VI) – **562** E16 – 38 916 ab. – alt. 200 m – ✉ 36015 **35 B2**
🄳 Roma 562 – Verona 70 – Milano 225 – Padova 61

Nuovo Miramonti senza rist 🛗 & 🆎 ⇄ 🎤 🕸 VISA ⊕ AE ⊙ ⑤
via Marconi 3 – ☏ 04 45 52 99 00 – www.hotelmiramonti.com
– Fax 04 45 52 81 34
63 cam ⤴ – †85/130 € ††116/146 €
◆ Nel centro storico, hotel ideale per una clientela d'affari; ampia hall con angoli per il relax, singolari stanze con parti d'arredo che rendono omaggio ai celebri lanifici.

SCHLANDERS = Silandro

SCHNALS = Senales

SCIACCA – Agrigento – **365** AN58 – Vedere Sicilia alla fine dell'elenco alfabetico

---

SCICLI – Ragusa (RG) – **365** AX63 – Vedere Sicilia alla fine dell'elenco alfabetico

---

SCOPELLO – Trapani – **365** AL55 – Vedere Sicilia alla fine dell'elenco alfabetico

SCORZÈ – Venezia (VE) – 562 F18 – 18 916 ab. – alt. 16 m – ⌗ 30037   36 C2

▶ Roma 527 – Padova 30 – Venezia 24 – Milano 266

⌂⌂⌂ Villa Soranzo Conestabile   🗲 ⓚ 🄰🄲 📶 🕍 P VISA ⓪⓪ 🄰🄴 ⓢ
via Roma 1 – 𝒞 0 41 44 50 27 – www.villasoranzo.it – Fax 04 15 84 00 88
– chiuso 1 settimana a Natale
16 cam ⌂ – ♦90/130 € ♦♦140/190 € – 3 suites – ½ P 97/123 €
Rist – *(chiuso domenica) (chiuso a mezzogiorno)* Carta 33/50 €
♦ Incorniciata da un ampio parco all'inglese in cui trova posto anche un grazioso laghetto, l'elegante villa patrizia custodisce belle sale affrescate arredate con mobili d'epoca. Elegante e ricercata atmosfera nelle numerose salette del ristorante, dove gustare una cucina tradizionale.

⌂⌂ Antico Mulino   🅟 ⓚ 🄰🄲 ⇄ 🎋 rist. 🕈 P VISA ⓪⓪ 🄰🄴 ⓞ ⓢ
via Moglianese 37 – 𝒞 04 15 84 07 00 – www.hotelanticomulino.com
– Fax 04 15 84 03 47
30 cam ⌂ – ♦39/190 € ♦♦49/219 €
Rist *Osteria Perbacco* –   𝒞 04 15 84 09 91 – Carta 32/49 € 🕮
♦ Rustici spazi comuni e confortevoli camere di tono classico occupano ora gli ambienti di questa caratteristica costruzione realizzata sui resti di un antico mulino ad acqua in riva al fiume. Nel ristorante un grande camino, arredi rustici e una cucina d'impronta moderna.

✕✕ San Martino   🄰🄲 VISA ⓪⓪ 🄰🄴 ⓢ
piazza Cappelletto 1 località Rio San Martino, Nord : 1 km – 𝒞 04 15 84 06 48
– www.ristorantesanmartino.info – Fax 04 15 84 06 48 – chiuso mercoledì
Rist – Carta 35/51 € 🕮
♦ Nato come trattoria di paese è diventato poi un elegante ristorante del centro con ambienti arredati da una moderna ispirazione di design; la linea gastronomica si rifà alla tradizione del territorio.

✕✕ I Savi   🕼 🄰🄲 🎋 ⇄ P VISA ⓪⓪ 🄰🄴 ⓞ ⓢ
via Spangaro 6, località Peseggia di Scorzè – 𝒞 0 41 44 88 22 – www.isavi.it
– Fax 0 41 44 95 03 – chiuso dal 1° al 7 gennaio e dal 7 al 21 agosto
Rist – *(chiuso domenica sera, lunedì)* Carta 39/71 €
♦ Rustico curato nella tranquillità della campagna e tuttavia non privo di tocchi di raffinatezza. Ideale per chi desidera apprezzare specialità di mare, tra le specialità annovera il pesce allo spiedo.

SCRITTO – Perugia – Vedere Gubbio

SCROFIANO – Siena (SI) – Vedere Sinalunga

SEBINO – Vedere Iseo (Lago d')

SEGGIANO – Grosseto (GR) – 563 N16 – 975 ab. – alt. 497 m   29 C3
– ⌗ 58038

▶ Roma 199 – Grosseto 61 – Siena 66 – Orvieto 109

✕✕ Silene con cam ⬡   🗲 🎋 🕈 P VISA ⓪⓪ 🄰🄴 ⓞ ⓢ
località Pescina, Est : 3 km – 𝒞 05 64 95 08 05 – www.ilsilene.it
– Fax 05 64 95 05 53
6 cam ⌂ – ♦♦65/85 €   **Rist** – *(chiuso lunedì)* Carta 47/57 €
♦ In posizione tranquilla, antica locanda rinnovata negli anni: interni dagli arredi curati, sala di tono elegante; proposte di piatti tipici e di propria creazione.

SEGRATE – Milano (MI) – 561 F9 – 33 539 ab. – alt. 116 m – ⌗ 20090   18 B2

▶ Roma 572 – Milano 12 – Bergamo 42 – Brescia 88

Pianta d'insieme di Milano

a Milano 2 Nord-Ovest : 3 km – ⊠ 20090 Segrate

🏨🏨🏨 **NH Milano Due** ⬧   🛗 🕭 rist, 🗚 ⚛ rist, ⸙ 🕍 🚗 📷 ⑳ 🅰🅴 ⓪ 🔟
via Cervi – 🕾 02 21 75 – www.nh-hotels.com – Fax 02 26 41 01 15
– chiuso 2 settimane in dicembre e 3 settimane in agosto   **COm**
143 cam ⌴ – †80/320 € ††100/400 € – 2 suites
Rist *Al Laghetto* – Carta 46/72 €
♦ Totalmente rinnovato, in posizione tranquilla, hotel dotato di ambienti molto luminosi, un attrezzato centro congressi e camere appropriate alla clientela d'affari. Ambiente moderno al ristorante, dove troverete una cucina classica.

SEGROMIGNO IN MONTE – Lucca (LU) – **563** K13 – Vedere Lucca

---

SEIS AM SCHLERN = Siusi allo Sciliar

SEISER ALM = Alpe di Siusi

SELINUNTE – Trapani – **365** AL58 – Vedere Sicilia alla fine dell'elenco alfabetico

🙂   Un esercizio evidenziato in rosso focalizza il fascino della struttura 🏨🏨🏨 XXX.

SELLIA MARINA – Catanzaro (CZ) – **564** K32 – 6 129 ab. – ⊠ 88050   **5** B2
🅳 Roma 628 – Cosenza 116 – Catanzaro 23 – Crotone 52

🏠 **Agriturismo Contrada Guido** ⬧   🚗 🍴 🏊 🗚 ⸙ 🅿
località contrada Guido, strada statale 106 km 202   📷 ⑳ 🅰🅴 ⓪ 🔟
– 🕾 09 61 96 14 95 – www.contradaguido.it – Fax 09 61 96 14 95
– chiuso dall'8 al 31 gennaio
10 cam ⌴ – †65/75 € ††130/150 € – ½ P 85 €
Rist – (chiuso lunedì) Menu 30/35 €
♦ Un signorile borgo agricolo settecentesco con una bella piscina circondata da piante e fiori. Camere raffinate, cura per i dettagli. Cucina di insospettabile fantasia.

SELVA – Brindisi – **564** E34 – Vedere Fasano

SELVA DI CADORE – Belluno (BL) – **562** C18 – 523 ab. – alt. 1 415 m   **36** C1
– Sport invernali : 1 347/2 100 m ⛷ 2 ⛷23 (Comprensorio Dolomiti superski
Civetta) ⛷ – ⊠ 32020
🅳 Roma 651 – Cortina d'Ampezzo 39 – Belluno 60 – Bolzano 82

🏡 **Ca' del Bosco** ⬧   ≤ 🍴 🛗 🕭 cam, ⚛ 🅿 📷 ⑳ 🅰🅴 ⓪ 🔟
via Monte Cernera 10, località Santa Fosca, Sud-Est : 2 km – 🕾 04 37 52 12 58
– www.hotelcadelbosco.it – Fax 04 37 52 12 59 – 26 dicembre-5 aprile
e 27 giugno-5 settembre
12 cam ⌴ – †45/55 € ††90/110 € – ½ P 65 €
Rist – (chiuso a mezzogiorno) (solo per alloggiati)
♦ Moderna struttura che ben si integra con il contesto paesaggistico, panoramico e quieto, che la avvolge. Particolarmente curati gli arredi negli ambienti e nelle belle camere affrescate.

SELVA DI VAL GARDENA (WOLKENSTEIN IN GRÖDEN)   **31** C2
– Bolzano (BZ) – **562** C17 – 2 619 ab. – alt. 1 567 m – Sport invernali : della Val
Gardena 1 536/2 682 m ⛷ 10 ⛷75 (Comprensorio Dolomiti superski Val Gardena)
⛷ – ⊠ 39048 🇮🇹 Italia
🅳 Roma 684 – Bolzano 42 – Brunico 59 – Canazei 23
🛈 strada Mëisules 213 🕾 0471 777900, selva@valgardena.it, Fax 0471 794245
◎ Postergale★ nella chiesa
◉ Passo Sella★★★ : ※★★★ Sud : 10,5 km – Val Gardena★★★ per la strada
S 242

Alpenroyal Grand Hotel - Gourmet & S.p.A.

via Meisules 43 – ℰ 04 71 79 55 55 – www.alpenroyal.com – Fax 04 71 79 41 61
– dicembre-20 aprile e giugno-20 ottobre
45 cam – 20 suites – solo ½ P 93/404 €
Rist – Menu 90/110 €

• Alla terza generazione, nell'ex pensioncina familiare ora diversi clienti arrivano in elicottero. Spazi, luce, dettagli, zone relax e una splendida piscina per bagnarsi tra la neve. Accogliente ristorante con caratteristica stube del XVII secolo e menu ricercato.

Gran Baita

via Nives, 11 – ℰ 04 71 79 52 10 – www.hotelgranbaita.com
– Fax 04 71 79 50 80 – 2 dicembre-14 aprile e 9 giugno-
7 ottobre
43 cam – 12 suites – solo ½ P 70/180 €
Rist – Carta 29/42 €

• Hotel di tradizione, recentemente rinnovato, con vista sulle Dolomiti: il sapiente utilizzo del legno regala agli ambienti un'atmosfera avvolgente; camere luminose. Soffitto in legno, comode poltroncine e grandi vetrate in sala ristorante.

Granvara

strada La Selva 66, Sud-Ovest : 1,5 km – ℰ 04 71 79 52 50 – www.granvara.com
– Fax 04 71 79 43 36 – 2 dicembre-10 aprile e giugno-10 ottobre
35 cam – †99/350 € ††120/660 € – 4 suites – ½ P 200/400 €
Rist – (solo per alloggiati) Menu 45/75 €

• In favolosa posizione nella quiete assoluta delle Dolomiti e di Selva, un indirizzo speciale per rilassarsi nell'abbraccio della natura così come nei caldi ambienti in stile tirolese. L'intimità di una stube per le vostre cene.

Chalet Portillo

via Meisules 65 – ℰ 04 71 79 52 05 – www.chaletportillo.com
– Fax 04 71 79 43 60 – 5 dicembre-31 marzo e giugno-settembre
35 cam – †150/200 € ††200/450 € – ½ P 120/245 €
Rist – (solo per alloggiati)

• Alle porte della località, calorosa ospitalità in un hotel all'interno di una tipica casa di montagna: bella piscina spaziosa, camere molto ampie e arredate con gusto.

Tyrol

strada Puez 12 – ℰ 04 71 77 41 00 – www.tyrolhotel.it – Fax 04 71 79 40 22
– 26 dicembre-20 aprile e 10 giugno-ottobre
50 cam – ††82/190 € – ½ P 55/110 €
Rist – Carta 28/62 €

• Nella tranquillità dei monti, un albergo che "guarda" le Dolomiti; zone comuni signorili, con soffitti in legno lavorato e tappeti; camere spaziose ed eleganti. Ambiente raccolto e accogliente nella capiente sala ristorante.

Genziana

via Ciampinei 2 – ℰ 04 71 77 28 00 – www.hotel-genziana.it
– Fax 04 71 79 43 30 – dicembre-20 aprile e 25 giugno-settembre
27 cam – solo ½ P 160/225 €
Rist – (chiuso a mezzogiorno) (solo per alloggiati)

• Una vacanza rilassante in un albergo con giardino e zone comuni non spaziose, ma dall'atmosfera intima, piacevolmente arredate in stile tirolese; camere confortevoli.

Mignon

via Nives 10 – ℰ 04 71 79 50 92 – www.hotel-mignon.it – Fax 04 71 79 43 56
– 4 dicembre-6 aprile e 27 giugno-26 settembre
28 cam – †95/169 € ††140/298 € – 1 suite – ½ P 129/225 €
Rist – (chiuso a mezzogiorno escluso luglio e agosto) (solo per alloggiati)

• Solo pochi passi separano questa risorsa dal centro cittadino, un albergo con un bel giardino e caratteristici interni in stile locale di moderna ispirazione; camere confortevoli e graziose.

Nives
🔲 🏔 ⅙ ⅞ ⅚ 🐜 🚗 VISA ⓶ 💲

Via Nives 4 – ℰ *04 71 77 33 29 – www.hotel-nives.com – Fax 04 71 77 10 52*
– 3 dicembre-6 aprile e 11 giugno-11 ottobre
11 cam – 2 suites – solo ½ P 90/278 €
Rist Nives – vedere selezione ristoranti
Rist – *(solo per alloggiati)*
♦ Hotel nuovissimo dall'architettura accattivante: struttura quasi interamente in legno, con un'originale forma a mezzaluna. Buona parte delle camere sono disposte sul lato sole e godono di ampio balcone.

Welponer
≤ 🚗 🔳 🔲 📶 🏔 📱 ⅙ cam, 🏃 ⅚ rist, 📞 🅿 VISA ⓶ 💲

strada Rainel 6 – ℰ *04 71 79 53 36 – www.welponer.it – Fax 04 71 77 17 30*
– 20 dicembre-15 aprile e 20 maggio-2 novembre
22 cam ⌷ – ♦90/190 € ♦♦150/400 € – ½ P 98/215 €
Rist – *(chiuso a mezzogiorno) (solo per alloggiati)*
♦ Appagante vista di Dolomiti e pinete in un hotel dal curato ambiente familiare, dotato di ampio giardino soleggiato con piscina riscaldata; camere confortevoli.

Freina
≤ 🚗 🏔 📱 ⅚ cam, 📞 🅿 🚗 VISA ⓶ 💲

via Freina 23 – ℰ *04 71 79 51 10 – www.hotelfreina.com – Fax 04 71 79 43 18*
– dicembre-Pasqua e 10 giugno-15 ottobre
22 cam ⌷ – ♦90/185 € ♦♦176/340 € – ½ P 88/195 €   **Rist** – Carta 27/41 €
♦ Bianca struttura circondata da una verde natura: piacevoli ambienti riscaldati dal sapiente uso del legno e spaziose camere ben accessoriate, in moderno stile locale. Tradizionale sala ristorante in stile tirolese.

Linder
≤ 🏔 🛗 📱 ⅙ cam, ⅚ rist, 📞 🅿 🚗 VISA ⓶ 💲

strada Nives 36 – ℰ *04 71 79 52 42 – www.linder.it – Fax 04 71 79 43 20*
– dicembre-Pasqua e 15 giugno-settembre
29 cam ⌷ – ♦50/198 € ♦♦90/280 € – ½ P 80/175 €
Rist – *(chiuso a mezzogiorno) (solo per alloggiati)* Menu 25/35 €
♦ Piacevole aspetto esterno in stile tirolese, per questa struttura a gestione diretta pluridecennale; le camere sono spaziose e gradevoli.

Small & Charming Hotel Laurin
🚗 🏔 🛗 📱 🏃 ⅚ 📞 🅿

strada Meisules 278 – ℰ *04 71 79 51 05*   🚗 VISA ⓶ 💲
– www.hotel-laurin.it – Fax 04 71 79 43 10 – dicembre-15 aprile e luglio-settembre
25 cam ⌷ – ♦43/80 € ♦♦74/150 € – solo ½ P 85/250 € in inverno
Rist – *(chiuso a mezzogiorno) (solo per alloggiati)* Menu 28/40 €
♦ Giovane gestione per questo hotel centrale, ben tenuto e abbellito da un giardino; spazi comuni scaldati da soffitti in legno, buon centro fitness, camere accoglienti. Capiente sala da pranzo completamente rivestita in legno e calda moquette.

Dorfer
≤ 🚗 🏔 📱 ⅙ cam, 📞 🅿 VISA ⓶ 💲

via Cir 5 – ℰ *04 71 79 52 04 – www.hoteldorfer.com – Fax 04 71 79 50 68*
– dicembre-15 aprile e maggio-15 ottobre
27 cam ⌷ – ♦70/170 € ♦♦100/190 € – ½ P 80/170 €
Rist – *(chiuso a mezzogiorno)* Menu 25/65 €
♦ Hotel rinnovato nel segno dell'accoglienza e dello stile tirolese che continua a perpetuarsi grazie alla cordiale gestione familiare. Graziose camere, tutte con balcone, e centro wellness. Dalle cucine, antipasti e pane fatto in casa accanto ai piatti della tradizione altoatesina.

Pralong
≤ 📶 🏔 📱 🅿 VISA ⓶ 💲

via Meisules 341 – ℰ *04 71 79 53 70 – www.val-gardena.com/hotel/pralong*
– Fax 04 71 79 41 03 – 4 dicembre-8 aprile e giugno-settembre
25 cam – solo ½ P 80/106 €
Rist – *(chiuso a mezzogiorno) (solo per alloggiati)*
♦ Simpatica e cordiale gestione in una piccola struttura, con spazi comuni in stile tirolese di taglio moderno dalla calda atmosfera; camere molto confortevoli.

Pozzamanigoni
≤ 📶 🔇 🏔 📱 🅿 🚗 VISA ⓶ ① 💲

strada La Selva 51, Sud-Ovest : 1 km – ℰ *04 71 79 41 38 – www.pozzamanigoni.it*
– Fax 04 71 77 08 98 – dicembre-aprile e giugno-ottobre
12 cam ⌷ – ♦♦180/200 € – ½ P 90/110 €   **Rist** – Carta 28/52 €
♦ Tranquillità e splendida vista su Sassolungo e pinete da un albergo a gestione diretta, dotato di maneggio e laghetto con pesca alla trota; camere ben tenute.

⌂ **Armin** 〰 ⊜ ⅍ rist, ¶¶ **P** **VISA** ◉ ⚂
via Meisules 161 – ℰ 04 71 79 53 47
– www.hotelarmin.com – Fax 04 71 79 43 63
– 5 dicembre-15 aprile e 10 giugno-settembre
27 cam � – ♦60/100 € ♦♦90/210 € – ½ P 110/145 €
Rist *– (solo per alloggiati)*
Rist *Grillstube – (20 dicembre-20 marzo; chiuso lunedì) (chiuso a mezzogiorno)*
Carta 33/40 €

♦ Semplice hotel familiare di buon confort, con accoglienti interni luminosi e camere lineari, tra cui alcune mansardate, ampie e ben arredate con mobilio chiaro. Ambiente curato e gradevole nella Grillstube.

⌂ **Concordia** senza rist ⟨ 🚗 〰 ⊜ ⅍ ¶¶ **P** 🚘 **VISA** ◉ ⚂
strada Puez 10 – ℰ 04 71 79 52 23 – www.garni-concordia.it
– Fax 04 71 79 45 11 – 5 dicembre-Pasqua e giugno-settembre
16 cam � – ♦35/85 € ♦♦70/160 €

♦ Confortevole "garni" che offre il calore della gestione familiare e quello degli arredi tipici ove abbonda il legno chiaro. Camere pulite e ben tenute.

⌂ **Prà Ronch** senza rist ⟨ 🚗 ⚁ ¶¶ **P**
via La Selva 80 – ℰ 04 71 79 40 64 – www.villapraronch.com
– Fax 04 71 79 40 64 – chiuso novembre
5 cam ⊻ – ♦35/60 € ♦♦60/110 €

♦ Una bella casa incastonata all'interno di un apprezzabile giardino panoramico: semplice, accogliente e familiare, insomma una vacanza ideale all'insegna del relax. Solo per non fumatori.

✗✗ **Nives** *– Hotel Nives* ⅍ ⇔ **VISA** ◉ ⚂
via Nives 4 – ℰ 04 71 77 33 29 – Fax 04 71 77 10 52 – 3 dicembre-6 aprile
e 11 giugno-10 ottobre
Rist *– (consigliata la prenotazione)* Carta 42/53 €

♦ Un *wine bar* con banco mescita vi accoglierà all'ingresso, mentre una bella sala ristorante - più classica seppur in stile montano - vi ospiterà per ineffabili soste gastronomiche. In tavola: ricette moderne che "simpatizzano" con gli ingredienti regionali. Graziosa *stube*, interamente in legno.

verso Passo Gardena (Grödner Joch)**Sud-Est : 6 km :**

✗✗ **Chalet Gerard** con cam 🛏 ⇔ ¶¶ **P** **VISA** ◉ ⚂
via Plan de Gralba 37 ⊠ 39048 – ℰ 04 71 79 52 74 – www.chalet-gerard.com
– Fax 04 71 79 45 08 – 3 dicembre-28 marzo e agosto-ottobre
9 cam *– solo ½ P 66/84 €* **Rist** *– Carta 29/54 €*

♦ Invidiabile vista da un ristorante di montagna con proposte di cucina del luogo; servizio all'aperto con splendida vista del gruppo Sella e Sassolungo. Belle camere.

SELVAZZANO DENTRO – Padova (PD) – 562 F17 – 21 888 ab.   35 B3
– alt. 16 m – ⊠ 35030

◩ Roma 492 – Padova 12 – Venezia 52 – Vicenza 27
🖪 Montecchia, ℰ 049 8 05 55 50

✗✗✗ **La Montecchia** (Massimiliano Alajmo) ᴀᴄ **P** **VISA** ◉ ᴀᴇ ❶ ⚂
❀ *via Montecchia 12, Sud-Ovest : 3 km – ℰ 04 98 05 53 23 – www.alajmo.it*
– Fax 04 98 05 53 68 – chiuso dal 25 dicembre al 7 gennaio, dall'8 al 28 agosto,
lunedì, martedì
Rist *– Carta 65/89 €* ⍟
Spec. Carpaccio di sorana con salsa d'uovo al curry. Baccalà mantegnato (dedicato ad Andrea Mantegna). Coscia d'oca croccante con crema di patate, caponata e salsa ai pepi.

♦ Amena ubicazione nel Golf Club della Montecchia per un locale originale e signorile ricavato in un vecchio essicatoio per il tabacco; piatti creativi su base tradizionale.

a Tencarola Est : 3 km – ⊠ 35030

🏨 **Piroga Padova**　🚗 🏡 🛖 🔄 🗚 「ᴵ」 🎿 🅿 𝚅𝙸𝚂𝙰 ⓐ 🅰🅴 ⓪ ❺
via Euganea 48 – ✆ 0 49 63 79 66 – www.piroga.it – Fax 0 49 63 74 60
62 cam ⊑ – ♦65/95 € ♦♦85/120 €
Rist – (chiuso 15 giorni in agosto e lunedì) Carta 22/46 €
♦ Un bel giardino è la cornice naturale di questo hotel dagli ariosi e luminosi interni. Attrezzata zona congressuale e camere dotate di ogni confort. Al ristorante: cucina del territorio elaborata con tanta cura.

SELVINO – Bergamo (BG) – **561** E11 – **2 022 ab.** – alt. 956 m – Sport　　**19** C1
invernali : 1 000/1 400 m ✆1 ⑤2 – ⊠ 24020

▶ Roma 622 – Bergamo 22 – Brescia 73 – Milano 68

🅹 (chiuso giovedì) corso Milano 19 ✆ 035 765959, apt@comunediselvino.it,
Fax 035 761707

🏨 **Elvezia** 🌷　🚗 🅰🅲 rist, 🅿 𝚅𝙸𝚂𝙰 ⓐ 🅰🅴 ⓪ ❺
via Usignolo 2 – ✆ 0 35 76 30 58 – www.hotelelvezia.com – Fax 0 35 76 30 58
– dicembre e giugno-settembre
19 cam ⊑ – ♦55 € ♦♦80 € – ½ P 55/65 €
Rist – (chiuso lunedì) Carta 27/32 €
♦ In centro e in posizione tranquilla, un'accogliente struttura abbellita da un giardino ben curato; piacevoli spazi comuni di moderna ispirazione e confortevoli camere in stile rustico. Interessanti proposte gastronomiche legate al territorio.

SEMPRONIANO – Grosseto (GR) – **563** N16 – **1 205 ab.** – alt. 601 m　　**29** C3
– ⊠ 58055

▶ Roma 182 – Grosseto 61 – Orvieto 85

a Catabbio Sud : 6 km – ⊠ 58014

🍴 **La Posta**　🛖 🕉 𝚅𝙸𝚂𝙰 ⓐ ❺
via Verdi 9 – ✆ 05 64 98 63 76 – www.trattorialaposta.com – Fax 05 64 98 63 76
– chiuso dal 1° al 15 gennaio, dal 15 al 30 luglio e lunedì
Rist – (chiuso a mezzogiorno escluso i giorni festivi, week end e agosto)
Carta 26/35 €
♦ La proprietaria in cucina e i figli in sala in una curata trattoria di paese: locale genuino tanto nella tavola e nei piatti, quanto nel servizio schietto e informale.

SENAGO – Milano (MI) – **561** F9 – **20 918 ab.** – alt. 176 m – ⊠ 20030　　**18** B2

▶ Roma 591 – Milano 17 – Bergamo 51 – Brescia 97

🍴🍴 **La Brughiera**　🛖 🅰🅲 🕉 🔄 🅿 𝚅𝙸𝚂𝙰 ⓐ 🅰🅴 ⓪ ❺
via XXIV Maggio 23 – ✆ 0 29 98 21 13
– www.labrughiera.it – Fax 02 99 81 30 05
– chiuso 1 settimana in agosto
Rist – Carta 40/50 € 🍷
♦ Un bel locale ricavato da una vecchia cascina ora compresa nel parco delle Groane. Ampio e grazioso l'interno, ma anche il dehors non è da meno. Cucina di stampo regionale ed ampia carta dei vini.

SENALES (SCHNALS) – Bolzano (BZ) – **561** B14 – **1 403 ab.**　　**30** B1
– alt. 1 327 m – Sport invernali : a Maso Corto : 2 000/3 200 m ✆1 ⑤11 (anche sci estivo), 🎿 – ⊠ 39020

▶ Da Certosa : Roma 692 – Bolzano 55 – Merano 27 – Milano 353

🅹 via Certosa 42 ✆ 0473 679148, info@schnalstal.it, Fax 073 679177

a Madonna di Senales (Unserfrau)Nord-Ovest : 4 km – alt. 1 500 m – ⊠ 39020 Senales

Croce d'Oro - Goldenes Kreuz ≤ ☎ ⁽ʸ⁾ 📺 VISA ⓂⓄ 🅓

via Madonna 27 – ℰ 04 73 66 96 88 – www.goldenes-kreuz.com
– Fax 04 73 66 97 71 – chiuso novembre
26 cam ☲ – ⴖ46/83 € ⴖⴖ74/128 € – ½ P 47/76 €
Rist – *(chiuso mercoledì)* Carta 28/45 €
♦ Recentemente rinnovata, è un'accogliente casa a misura di famiglia situata in posizione tranquilla tra prati e cime; perfetta per un soggiorno di passeggiate, sport e relax. La calda stube vi attende per cene a lume di candela così come per più informali e golose grigliate.

SENIGALLIA – Ancona (AN) – **563** K21 – 44 377 ab. – ⊠ 60019   **21** C1

▶ Roma 296 – Ancona 29 – Fano 28 – Macerata 79
🛈 piazzale Morandi 2 ℰ 071 7922725, iat.senigallia@regione.marche.it, Fax 071 7924930

Terrazza Marconi ≤ ☎ 👗 ⅄ 🅰🅲 ⅍ ⁽ʸ⁾ VISA ⓂⓄ 🅰🅴 ⓞ 🅓

lungomare Marconi 37 – ℰ 07 17 92 79 88 – www.terrazzamarconi.it
– Fax 07 17 92 03 64
26 cam ☲ – ⴖ90/250 € ⴖⴖ125/299 € – 3 suites
Rist – *(chiuso mercoledì a mezzogiorno)* Carta 31/48 €
♦ Proprio di fronte alla Rotonda, una casa di taglio moderno con terrazza sul mare, offre spazi ampi un servizio curato e belle camere, nonché un nuovo piccolo centro benessere. Piatti regionali e di pesce nell'ampia ed elegante sala da pranzo che dispone anche di un servizio all'aperto.

City ≤ ⅃̱ 🛗 👗 cam, ⋇⋇ 🅰🅲 ⅍ ⁽ʸ⁾ 🆚 VISA ⓂⓄ 🅰🅴 ⓞ 🅓

lungomare Dante Alighieri 14 – ℰ 07 16 34 64 – www.cityhotel.it
– Fax 0 71 65 91 80
64 cam ☲ – ⴖ86/160 € ⴖⴖ116/180 € – ½ P 101/120 €
Rist – *(chiuso domenica in inverno) (chiuso a mezzogiorno escluso da giugno a settembre)* Carta 37/47 €
♦ Fronte mare, l'hotel presenta una facciata anni Sessanta ma interni moderni e funzionali, arredati in design e due attrezzate sale congressi.

Bologna ≤ 🛗 👗 rist, ⋇⋇ 🅰🅲 ⅍ VISA ⓂⓄ 🅰🅴 ⓞ 🅓

lungomare Mameli 57 – ℰ 07 17 92 35 90 – www.hbologna.net
– Fax 07 17 92 12 12
37 cam ☲ – ⴖ50/90 € ⴖⴖ80/130 €   **Rist** – *(maggio-settembre)* Menu 25/50 €
♦ Particolarmente idoneo per famiglie con bambini, l'albergo dispone di camere d'ispirazione contemporanea ed ampi spazi attrezzati per animare le giornate dei più piccoli. Un'ampia sala ristorante rimodernata dove gustare una cucina nazionale e di pesce, mentre l'originale Angolo di Capitan Uncino accoglie i bimbi.

Holiday Inn Express senza rist 🛗 👗 🅰🅲 ⅍ ⅏ ✆ 🈺 🅿
via Nicola Abbagnano 12, prossimità casello VISA ⓂⓄ 🅰🅴 ⓞ 🅓
autostrada – ℰ 07 17 93 13 86 – www.hiexpress.it/exsenigallia
– Fax 07 17 93 13 87
84 cam ☲ – ⴖ75 € ⴖⴖ90 €
♦ Nei pressi dell'uscita autostradale, l'hotel, ideale per una clientela d'affari, è dotato di camere nuove e spaziose e 7 sale riunioni per grandi e piccoli gruppi di lavoro.

Mareblù ≤ ⅃̰ 🛗 🅰🅲 ⅍ VISA ⓂⓄ ⓞ 🅓

lungomare Mameli 50 – ℰ 07 17 92 01 04 – www.hotel-mareblu.it
– Fax 07 17 92 54 02 – Pasqua-settembre
53 cam ☲ – ⴖ57/95 € ⴖⴖ98/174 € – ½ P 45/83 €
Rist – *(solo per alloggiati)*
♦ Una piccola risorsa fronte mare a gestione familiare con ambienti classici e semplici negli arredi, sala giochi, biblioteca ed ampio giardino con piscina.

🏠 Bice 🛜 🍴 ⟐ 🆂 ⚇ 📶 🚗 ᵛⁱˢᵃ ⚹ ᴬᴱ ① 🔥
viale Giacomo Leopardi 105 – ℰ 07 16 52 21 – www.albergobice.it
– Fax 07 17 93 01 84
34 cam ⌷ – †55/65 € ††75/90 € – ½ P 60/70 €
Rist – (chiuso dal 27 settembre al 4 ottobre e domenica sera escluso da giugno a settembre) Carta 19/52 €
◆ Appena fuori le mura del centro, un hotel a conduzione familiare dai luminosi interni di taglio moderno e caratteristiche camere arredate in modo piacevole. Presso l'ampia sala ristorante dalle calde tonalità, piatti tipici della tradizione locale.

🌟🌟🌟 Uliassi ⟐ 🛜 🆂 ⚇ ᵛⁱˢᵃ ⚹ ᴬᴱ ① 🔥
❀❀ banchina di Levante 6 – ℰ 07 16 54 63 – www.uliassi.it – Fax 07 17 93 07 80
– chiuso dal 27 dicembre a marzo e lunedì
Rist – Menu 100/120 € – Carta 85/125 € 🏵
Spec. Fondente di patate, mazzancolle, tartufo nero. Spaghetti affumicati, vongole, pendolini grigliati. Rombo, patate arrostite, sugo di piccione.
◆ All'esterno sembra uno dei tanti stabilimenti balneari costruiti sulla spiaggia, all'interno è un locale elegante e piacevolissimo: la vista e il gusto sprofondano nel mare, attraverso le finestre e nel piatto. I ricordi di vacanze sull'Adriatico si sublimano in emozioni nuove e dirompenti.

a Marzocca Sud : 6 km – ✉ 60019

🌟🌟🌟 Madonnina del Pescatore (Moreno Cedroni) ⟐ 🛜 🆂
❀❀ lungomare Italia 11 – ℰ 0 71 69 82 67 ᵛⁱˢᵃ ⚹ ᴬᴱ ① 🔥
– www.morenocedroni.it – Fax 0 71 69 84 84 – chiuso lunedì
Rist – Carta 80/115 € 🏵
Spec. Sushi & susci, percorso di dieci crudi. Rigatoni all'arrabbiata con alici fresche e melanzane. Costolette di rombo con pastella alla birra chiara.
◆ Di fronte alla spiaggia nella zona sud e meno glamour di Senigallia, il ristorante non fa nulla per farsi notare (se non l'omonima stele della madonnina sulla spiaggia)...ma i suoi piatti - con la data di creazione in carta - sono ormai dei classici di creatività.

a Scapezzano Ovest : 6 km – ✉ 60010

🏨 Bel Sit ⟐ ⟐ 📣 🍃 🐟 🎱 🍴 🆂 ⚐ 🆂 rist, 📶 ⚑ 🅿
➿ via dei Cappuccini 15 – ℰ 0 71 66 00 32 ᵛⁱˢᵃ ⚹ ᴬᴱ ① 🔥
– www.belsit.net – chiuso dal 2 al 10 gennaio
38 cam ⌷ – †60/98 € ††80/124 € – ½ P 62/74 €
Rist – (2 aprile-3 ottobre) (solo per alloggiati) Carta 20/30 €
◆ Abbracciato da un parco secolare e con vista sul mare, la villa Ottocentesca dispone di un nuovo centro benessere, sale comuni con arredi lignei e semplici camere spaziose.

🏠 Locanda Strada della Marina ⟐ 📣 🍃 🆂 ⚐ 🆂 cam, ⚹ rist,
strada della Marina 265 – ℰ 07 16 60 86 33 📶 ᵛⁱˢᵃ ⚹ ① 🔥
– www.locandastradadellamarina.it – Fax 07 16 61 17 27
9 cam ⌷ – †72/83 € ††140/160 € **Rist** – Carta 30/39 €
◆ Una casa colonica circondata dal parco offre camere sapientemente ristrutturate, arredate con mobili d'epoca, pavimenti lignei e sale per colazioni di lavoro e cerimonie. Quello che un tempo fu un essiccatoio, è ora un elegante ristorante con varie proposte regionali di carne e di pesce.

🏠 Antica Armonia ⟐ ⟐ 🛜 🆂 📶 🅿 ᵛⁱˢᵃ ⚹ ᴬᴱ ① 🔥
📺 via del Soccorso 67 – ℰ 0 71 66 02 27 – www.anticaarmonia.it
– Fax 0 71 66 02 27 – chiuso dal 15 al 30 ottobre
9 cam ⌷ – †50/60 € ††80/90 € – ½ P 65/70 €
Rist – (chiuso lunedì) (chiuso a mezzogiorno) Carta 25/30 €
◆ Ubicata nel verde delle colline marchigiane, una familiare ospitalità custodisce camere confortevoli e sale comuni dotate di biliardo e riscaldate da un camino. A tavola, piatti della tradizione regionale e del Bel Paese.

SENORBÌ – Cagliari – **366** P46 – Vedere Sardegna alla fine dell'elenco alfabetico

---

SERAVEZZA – Lucca (LU) – **563** K12 – 13 348 ab. – alt. 55 m   **28** B1
– ✉ 55047 ▮ Toscana
　　🔼 Roma 376 – Pisa 40 – La Spezia 58 – Firenze 108

a Pozzi Sud : 3,5 km – ✉ 55047 Seravezza

XX **Antico Uliveto** 🚗 🛱 ❤️ P VISA ⓪ AE ① ⚡
*via Martiri di Sant'Anna 76 – 𝄢 05 84 76 88 82 – www.antico-uliveto.it
– Fax 05 84 79 80 81 – chiuso 20 giorni in gennaio e martedì*
Rist – *(chiuso a mezzogiorno da lunedì a giovedì in estate)* Carta 40/59 € 🏵
♦ Annovera un nuovo wine-bar in giardino ideale per aperitivi e dopo cena la bella casa nella frazione di Pozzi. All'interno due sale di taglio rustico-signorile, accoglienza cortese e cucina sfiziosa.

SEREGNO – Milano (MI) – **561** F9 – 41 742 ab. – alt. 224 m – ✉ 20038   **18** B2
🖪 Roma 594 – Como 23 – Milano 25 – Bergamo 51

🏨 **Umberto Primo** senza rist 🛗 & 🅰🄺 ❤️ 📶 🛋 🚗 VISA ⓪ AE ① ⚡
*via Dante 63 – 𝄢 03 62 22 33 77 – www.hotelumbertoprimo.it
– Fax 03 62 22 19 31 – chiuso dal 24 dicembre al 2 gennaio e dal 3 al 26 agosto*
52 cam ⌇ – ✝70/95 € ✝✝99/130 €
♦ Albergo recentemente rinnovato, particolarmente adatto a una clientela di lavoro; ariose zone comuni nelle tonalità del legno, piacevoli camere spaziose e lineari.

XX **Osteria del Pomiroeu** (Giancarlo Morelli) 🛱 VISA ⓪ AE ⚡
🏵 *via Garibaldi 37 – 𝄢 03 62 23 79 73 – www.pomiroeu.it – Fax 03 62 32 53 40
– chiuso 2 settimane in agosto*
Rist – Carta 65/91 € 🏵
Spec. Gelato di foie gras con insalata, filetti d'anguilla affumicata e vinaigrette all'albicocca. Risotto ai pistilli di zafferano con midollo e riduzione al vino rosso. La nostra cotoletta alla milanese.
♦ Nel centro storico, ambiente rustico di tono elegante in un locale accogliente, con una fornitissima cantina e un abile sommelier pronto a consigliarvi; piatti creativi.

SERIATE – Bergamo (BG) – **561** E11 – 22 844 ab. – alt. 248 m   **19** C1
– ✉ 24068
🖪 Roma 568 – Bergamo 7 – Brescia 44 – Milano 52

X **Vertigo** 🛱 🅰🄺 VISA ⓪ AE ① ⚡
*via Decò e Canetta 77 – 𝄢 0 35 29 41 55 – www.ristorantevertigo.it – chiuso
dal 7 al 15 gennaio, sabato a mezzogiorno, anche la domenica in luglio-agosto*
Rist – *(chiuso a mezzogiorno dal 7 al 21 agosto)* Carta 32/50 €
♦ Semplice e colorato ambiente informale, due salette abbellite da quadri di autori contemporanei; proposte culinarie esotiche e vegetariane, così come insalate e piatti unici.

SERINO – Avellino (AV) – **564** E26 – 7 131 ab. – alt. 415 m – ✉ 83028   **7** C2
🖪 Roma 260 – Avellino 14 – Napoli 55 – Potenza 126

🏨 **Serino** �-- ← 🚗 🛱 🏊 🖥 🚶 🅰🄺 ❤️ 📶 🛋 P 🚗 VISA ⓪ AE ① ⚡
*via Terminio 119, Est : 4 km – 𝄢 08 25 59 49 01 – www.hotelserino.it
– Fax 08 25 59 41 66*
54 cam ⌇ – ✝80 € ✝✝98 € – ½ P 75 €
Rist *Antica Osteria "O Calabrisuotto"* – Carta 23/33 €
♦ Grande struttura in posizione tranquilla abbellita dal giardino con piscina; le camere affacciano sui boschi e sono ben accessoriate, in particolare le junior suite. Capiente sala da pranzo di taglio moderno, rischiarata da vetrate.

verso Giffoni Sud : 7 km :

X **Chalet del Buongustaio** ← 🛱 ⇆ P VISA ⓪ AE ① ⚡
🐚 *via Giffoni ✉ 83028 – 𝄢 08 25 54 29 76 – www.chaletdelbuongustaio.com
– Fax 08 25 54 29 76 – chiuso martedì, da dicembre a marzo aperto solo sabato
e domenica*
Rist – Carta 19/30 €
♦ Avvolto dalla cornice verde dei castagneti, ristorante dall'ambiente familiare, semplice ed accogliente. Il menu propone una casereccia cucina del territorio e profumati vini locali.

SERLE – Brescia (BS) – **561** F13 – **3 051 ab.** – **alt. 493 m** – ✉ **25080** **17** D1

▶ Roma 550 – Brescia 21 – Verona 73

a Valpiana Nord : 7 km – ✉ 25080 Serle

🍴 **Valpiana** < 🪑 ☂ 🚭 ⚙ [P] VISA [MC] [AE] [D] $

località Valpiana 2 – ☎ *03 06 91 02 40 – Fax 03 06 91 02 40*
– chiuso dal 1° gennaio al 15 febbraio
Rist – *(chiuso lunedì)* Menu 24 € bc/37 € bc

◆ In posizione quieta e pittoresca, incorniciato dai boschi e con una splendida vista sulle colline e sul lago, un locale rustico dalla cucina casereccia, funghi e cacciagione.

SERMONETA – Latina (LT) – **563** R20 – **7 977 ab.** – **alt. 257 m** **13** C2
– ✉ **04013**

▶ Roma 77 – Frosinone 65 – Latina 17

🏠 **Principe Serrone** senza rist 🐴 < [AC] 🚭 VISA [MC] [AE] $

via del Serrone 1 – ☎ *0 77 33 03 42 – www.hotelprincipeserrone.it*
– Fax 0 77 33 03 36
17 cam ☕ – 🚶40/55 € 🚶🚶75/95 €

◆ Nel borgo medievale, con bella vista sulla vallata, un edificio storico ospita questo hotel ideale per trascorrere soggiorni tranquilli; camere semplici ma confortevoli.

SERNIGA – Brescia – **561** F13 – **Vedere Salò**

SERPIOLLE – Firenze – **Vedere Firenze**

SERRA DE' CONTI – Ancona (AN) – **563** L21 – **3 627 ab.** – **alt. 217 m** **20** B2
– ✉ **60030**

▶ Roma 242 – Ancona 61 – Foligno 89 – Gubbio 57

🏠 **De' Conti** senza rist 🪑 🛗 ♿ [AC] 🚭 📞 [P] VISA [MC] [AE] [D] $

via Santa Lucia 58 – ☎ *07 31 87 99 13 – www.hoteldeconti.it*
– Fax 07 31 87 04 81
28 cam ☕ – 🚶50 € 🚶🚶80 €

◆ Sita nel cuore delle colline del Verdicchio, questa struttura offre camere molto ampie caratterizzate da un arredo moderno in tinte chiare.

SERRAMAZZONI – Modena (MO) – **562** I14 – **8 066 ab.** – **alt. 822 m** **8** B2
– ✉ **41028**

▶ Roma 357 – Bologna 77 – Modena 33 – Pistoia 101

a Montagnana Nord : 10 km – ✉ **41028**

🍴🍴🍴 **La Noce** 🚭 [P] VISA [MC] [AE] [D] $

via Giardini Nord 9764 – ☎ *05 36 95 71 74 – www.lanoce.it – Fax 05 36 95 72 66*
– chiuso dal 1° al 15 gennaio e domenica
Rist – *(chiuso a mezzogiorno)* Carta 50/60 € 🍇

◆ Locale elegante di stile rustico, propone piatti locali. Annessa al ristorante un'acetaia visitabile, dove si trovano antichi utensili d'uso comune. Vendita di marmellate e miele.

SERRA SAN QUIRICO – Ancona (AN) – **563** L21 – **3 063 ab.** **20** B2
– ✉ **60048**

▶ Roma 234 – Ancona 54 – Perugia 93 – Rimini 111

🍴 **La Pianella** ☂ [P] VISA [MC] [AE] [D] $

via Gramsci, Nord-Ovest : 1,3 km – ☎ *07 31 88 00 54 – Fax 07 31 88 00 54*
– chiuso dal 26 dicembre al 6 gennaio e 2 settimane in luglio
Rist – Carta 30/40 €

◆ Piacevole trattoria appena fuori paese che propone esclusivamente piatti della tradizione marchigiana, abbinati a vini di selezione locale.

SERRAVALLE LANGHE – Cuneo (CN) – **561** I6 – **343 ab.** – **alt. 762 m** **25** C3
– ✉ **12050**

▶ Roma 593 – Genova 121 – Alessandria 75 – Cuneo 55

XX **La Coccinella** ⇔ **P** _VISA_ ⓞⓞ **AE** ♦

_via Provinciale 5 – ℰ 01 73 74 82 20 – www.trattoriacoccinella.com
– Fax 01 73 74 82 20 – chiuso dal 6 gennaio al 10 febbraio, dal 25 giugno al
5 luglio, martedì, mercoledì a mezzogiorno_
Rist – (consigliata la prenotazione) Carta 36/46 €
♦ Tre fratelli, tutti esperti, conducono con passione questo valido ristorante. La recente
ristrutturazione ne ha accresciuto il confort e la notorietà. Cucina piemontese.

SERRAVALLE PISTOIESE – Pistoia (PT) – 563 K14 – 11 209 ab. 28 B1
– alt. 182 m – ☒ 51030

🖸 Roma 320 – Firenze 40 – Livorno 75 – Lucca 34

X **Trattoria Marino** 🏧 _VISA_ ⓞⓞ **AE** ♦

via Provinciale Lucchese 102, Ovest: 2 km – ℰ 0 57 35 10 42 – chiuso martedì'
Rist – Carta 27/42 €
♦ Sulla strada per Montecatini, trattoria dai toni rusticamente caldi dove assaporare piatti
regionali e qualche specialità di pesce. Non alzatevi da tavola, senza aver assaggiato i dolci...

SERRAVALLE SCRIVIA – Alessandria (AL) – 561 H8 – 6 223 ab. 23 C3
– alt. 230 m – ☒ 15069

🖸 Roma 547 – Alessandria 31 – Genova 54 – Milano 95

🏨 **Villa la Bollina** ⊰ ⩗ 🍽 📺 🖥 ৬ 🚲 ⅏ rist, 🕲 🛁 **P**

via Monterotondo 60, (Ovest: 2 km) – ℰ 0 14 36 53 34 _VISA_ ⓞⓞ **AE** ⓞ ♦
_– www.hotelvillalabollina.com – Fax 0 14 36 53 34 – chiuso dal 20 dicembre al
20 febbraio_
10 cam ⊇ – †130/200 € ††150/200 € – 2 suites **Rist** – Carta 36/65 €
♦ In un'oasi di tranquillità, dimora nobiliare del XIX secolo trasformata in elegante ed accogliente hotel con camere raffinate, arredate con mobili in stile. Club House, ricavata da
un'ampliamento della villa Liberty. Cucina piemontese servita nel grazioso ristorante, che
vanta due accoglienti dehors.

Ogni ristorante stellato è introdotto da tre specialità che rappresentano
in maniera significativa la propria cucina. Qualora queste non fossero
disponibili, altre gustose ricette ispirate alla stagione delizieranno
il vostro palato.

SERRUNGARINA – Pesaro e Urbino (PU) – 563 K20 – 2 384 ab. 20 B1
– alt. 209 m – ☒ 61030

🖸 Roma 245 – Rimini 64 – Ancona 70 – Fano 13

a Bargni Ovest : 3 km – ☒ 61030

🏠 **Casa Oliva** ⊰ ⊰ ⩘ 🖥 ৬ cam, 🜇 ⅏ rist, **P** _VISA_ ⓞⓞ **AE** ⓞ ♦

🍽 _via Castello 19 – ℰ 07 21 89 15 00 – www.casaoliva.it – Fax 07 21 89 15 00
– chiuso dal 7 gennaio al 2 febbraio_
15 cam ⊇ – †60/75 € ††85/95 € – 2 suites – ½ P 65 €
Rist – (chiuso lunedì) (chiuso a mezzogiorno) Carta 30/40 €
♦ Nella quiete della campagna marchigiana, hotel composto da diversi caseggiati in mattoni
all'interno di un caratteristico borgo d'epoca: camere di taglio moderno, nuova beauty farm e
piccola piscina. Cucina casalinga e specialità regionali nella sala-veranda del ristorante.

🏠 **Villa Federici** ⊰ 🚗 🏠 **P** _VISA_ ⓞⓞ ♦

via Cartoceto 4 – ℰ 07 21 89 15 10 – www.villafederici.com – Fax 07 21 89 15 10
6 cam ⊇ – †75 € ††95 €
Rist – (chiuso mercoledì) (chiuso a mezzogiorno) (prenotazione obbligatoria)
Carta 29/40 €
♦ Dimora di campagna seicentesca abbracciata da una suggestiva distesa di ulivi: interni
signorili, ampie camere in stile (alcune con mobili dell'800) e cappella privata con reliquie di
San Ticiarino. La proposta gastronomica varia giornalmente ed è prevalentemente realizzata
con prodotti biologici di queste terre.

▶ Roma 598 – Torino 100 – Asti 39 – Alessandria 52

✗ **Il Giardinetto**   🛜 **P** 💳 🐵 ⓘ ⓖ
strada provinciale Valle Bormida 24, Sud: 4 km – 𝒞 *01 44 39 20 01*
– www.ilgiardinettoristorante.it – Fax 01 44 39 20 01
– chiuso 1 settimana tra gennaio e febbraio, 15 giorni in luglio, 1 settimana in novembre e giovedì
Rist *– (chiuso a mezzogiorno escluso sabato, domenica e festivi)* Carta 23/36 €
❦
♦ Gli antipasti sono fissati quotidianamente, si scelgono invece le portate successive, specialità casalinghe piemontesi e liguri. Piccolo e tranquillo il dehors.

▶ Roma 697 – Cortina d'Ampezzo 44 – Belluno 96
   – Bolzano 116
▮ via Dolomiti 45 𝒞 0474 710310, info@sesto.it,
   Fax 0474 710318
◪ Val di Sesto★★ Nord per la strada S 52 e Sud verso Campo Fiscalino

🏨 **San Vito-St. Veit** ⌖   ≤ 🚗 🔲 🕸 🕸 ♨ ♨ 📶 (ⁱ) **P** 💳 🐵 ⓖ
𝄢 *via Europa 16 –* 𝒞 *04 74 71 03 90 – www.hotel-st-veit.com – Fax 04 74 71 00 72*
– Natale-Pasqua e giugno-15 ottobre
43 cam ⌷ – †75/124 € ††144/242 € – ½ P 82/131 €
Rist – Carta 20/33 €
♦ Gestione dinamica in un albergo in area residenziale, dominante la vallata; zona comune ben arredata, camere tradizionali e con angolo soggiorno, ideali per famiglie. Nella sala da pranzo, vetrate che si aprono sulla natura; accogliente stube caratteristica.

a Moso (Moos) Sud-Est : 2 km – alt. 1 339 m – ⊠ 39030 Sesto

🏨 **Sport e Kurhotel Bad Moos** ⌖   ≤ 🚗 🔲 🔲 🕸 🕸 𝟏𝟔 ♨ 🔲
via Val Fiscalina 27   ♨ 🄰🄲 rist, 🍴 rist, (ⁱ) 🄰 **P** 💳 🐵 🄰🄴 ⓘ ⓖ
– 𝒞 *04 74 71 31 00 – www.badmoos.it – Fax 04 74 71 33 33 – 4 dicembre-*
9 aprile e giugno-4 novembre
73 cam ⌷ – †71/185 € ††134/372 € – ½ P 79/195 €
Rist – Carta 27/32 €
♦ Suggestiva veduta delle Dolomiti da un hotel moderno, dotato di buone attrezzature e adatto anche a una clientela congressuale; camere confortevoli. Calda atmosfera nella sala da pranzo; ristorante serale in stube del XIV-XVII secolo.

🏨 **Berghotel e Residence Tirol** ⌖   ≤ 🚗 🔲 🔲 🕸 🕸 𝟏𝟔 🔲 ♨
via Monte Elmo 10 – 𝒞 *04 74 71 03 86*   🍴 rist, (ⁱ) **P** 🚗 🛆
– www.berghotel.com – Fax 04 74 71 04 55 – 4 dicembre-Pasqua e 5 giugno-
15 ottobre
45 cam – solo ½ P 92/140 €
Rist *– (chiuso a mezzogiorno) (solo per alloggiati)*
♦ Splendida vista delle Dolomiti e della valle Fiscalina, da un albergo in posizione soleggiata: zona comune classica, in stile montano di taglio moderno; belle camere luminose.

🏨 **Tre Cime-Drei Zinnen**   ≤ 🚗 🔲 🕸 🔲 🍴 rist, **P**
via San Giuseppe 28 – 𝒞 *04 74 71 35 00*   💳 🐵 🄰🄴 ⓘ ⓖ
– www.hoteltrecime.it – Fax 04 74 71 00 92 – 22 dicembre-Pasqua e 10 giugno-
ottobre
41 cam ⌷ – †95/170 € ††150/280 € – ½ P 70/150 €
Rist *– (solo per alloggiati)* Menu 28/54 €
♦ Cordiale conduzione in una struttura in posizione dominante, progettata da un famoso architetto viennese nel 1930; interni luminosi ed eleganti, camere con arredi d'epoca.

a Monte Croce di Comelico (Passo) (Kreuzbergpass) **Sud-Est : 7,5 km**
– alt. 1 636 m – ⊠ 39030 Sesto

Passo Monte Croce-Kreuzbergpass ⬩ ⟨ 🏠 🔟 🌐 🏔 ⅃₅

via San Giuseppe 55 ✖ 🕭 cam, ✶✱ 🕱 rist, 🕯 **P** **VISA** **OO** **AE** **①** **ᵴ**
⊠ 39030 Sesto in Pusteria – 𝒞 04 74 71 03 28 – www.passomontecroce.com
– Fax 04 74 71 03 83 – dicembre-10 aprile e 28 maggio-9 ottobre
46 cam ⊇ – 🛏95/119 € 🛏🛏160/210 € – 12 suites – ½ P 85/110 €
Rist – Carta 34/60 €
♦ Nel silenzio di suggestive cime dolomitiche, una struttura a ridosso delle piste da sci, con campo pratica golf; all'interno ambienti eleganti e centro benessere. I pasti sono serviti al moderno ristorante a tema, in terrazza o nella suggestiva cantina.

a Campo Fiscalino (Fischleinboden)**Sud : 4 km – alt. 1 451 m – ⊠ 39030 Sesto**

Dolomiti-Dolomitenhof ⬩ ⟨ 🚗 🔟 🌐 🏔 📶 🕱 rist, 🕯 **P** 🚙

via Val Fiscalina 33 – 𝒞 04 74 71 30 00 **VISA** **OO** **AE** **ᵴ**
– www.dolomitenhof.com – Fax 04 74 71 30 01 – 18 dicembre-20 marzo e
10 giugno-6 ottobre
42 cam ⊇ – 🛏60/108 € 🛏🛏100/206 € – 3 suites – ½ P 60/113 €
Rist – Carta 27/45 €
♦ La cornice naturale fatta di monti e pinete, avvolge questo albergo a gestione familiare in stile anni '70, con centro benessere; alcune camere di ispirazione bavarese. Cucina del territorio nell'ampia sala da pranzo.

SESTO AL REGHENA – Pordenone (PN) – 562 E20 – 6 027 ab.   10 B3
– alt. 13 m – ⊠ 33079

▶ Roma 570 – Udine 66 – Pordenone 22 – Treviso 52

In Sylvis 📶 🕭 🎬 ↵ 🕯 🗛 **P** **VISA** **OO** **AE** **①** **ᵴ**

via Friuli 2 – 𝒞 04 34 69 49 11 – www.hotelinsylvis.com
– Fax 04 34 69 49 90
37 cam ⊇ – 🛏65 € 🛏🛏85 € – ½ P 58 €
Rist Abate Ermanno – 𝒞 04 34 69 49 50 (chiuso lunedì a mezzogiorno)
Carta 27/37 €
♦ Sebbene di recente realizzazione, si respira una storica tradizione in questa risorsa non lontana dalla suggestiva abbazia benedettina di S.Maria; interni in stile sobrio e funzionale. Accogliente il ristorante, con salette private cinte da grandi finestre velate da morbide tende e servizio estivo nel patio interno.

SESTO CALENDE – Varese (VA) – 561 E7 – 10 604 ab. – alt. 198 m   16 A2
– ⊠ 21018

▶ Roma 632 – Stresa 25 – Como 50 – Milano 55
🛈 viale Italia 1 𝒞 0331 923329
⛳ Arona a Borgo Ticino, 𝒞 0321 90 70 34

Tre Re ⟨ 📶 🎬 🕱 🕯 **VISA** **OO** **AE** **ᵴ**

piazza Garibaldi 25 – 𝒞 03 31 92 42 29 – www.hotel3re.it – Fax 03 31 91 30 23
– chiuso dal 20 dicembre a gennaio
31 cam – 🛏70/98 € 🛏🛏100/150 €, ⊇ 10 € – ½ P 90/100 €
Rist – Carta 33/44 €
♦ Piacevolmente ubicato in riva la lago, albergo classico recentemente rinnovato, belle camere accoglienti, di buon confort e con dotazioni moderne. Luminosa e moderna sala ristorante fronte lago.

Locanda Sole ⟨ 🕭 rist, 🎬 🕱 cam, 🕯 **VISA** **OO** **AE** **ᵴ**

via Ruga del porto vecchio 1 – 𝒞 03 31 91 42 73 – www.trattorialocandasole.it
– Fax 03 31 92 17 59 – chiuso dal 24 dicembre al 6 gennaio
7 cam ⊇ – 🛏90 € 🛏🛏120 € – ½ P 110 €   **Rist** – (chiuso martedì) Carta 32/46 €
♦ Simpatica locanda a pochi passi dal lungolago, all'interno di un isolato costituito da caratteristiche case di ringhiera degli anni '40. Camere confortevoli, in stile rustico. Curata sala ristorante di tono rustico.

🍴🍴 **La Biscia** VISA [AE]

piazza De Cristoforis 1 – ☎ 03 31 92 44 35 – www.ristorantelabiscia.com – Fax 03 31 92 44 35 – chiuso dal 26 al 31 gennaio e dal 16 agosto al 3 settembre, domenica sera, lunedì

Rist – Carta 27/59 €

♦ Nel centro del paese, sul lungolago, ristorante con una confortevole sala di tono signorile e piacevole dehors fronte lago; linea culinaria di pesce, di mare e di lago.

a Lisanza **Nord-Ovest : 3 km – ✉ 21018 Sesto Calende**

🍴🍴 **La Vela** [AC] VISA [AE]

piazza Colombo 1 – ☎ 03 31 97 40 00 – www.ristorantelavela.it – Fax 03 31 97 75 00

Rist – Carta 39/59 €

♦ Ambiente informale, ma carino, per questo bel locale che già dall'esterno trasmette un senso di cura e pulizia. La buona impressione viene confermata, accomodandosi al tavolo, da una genuina cucina mediterranea di pesce.

SESTOLA – **Modena (MO)** – **562** J14 – **2 645 ab.** – **alt. 1 020 m** – **Sport invernali : 1 020/2 000 m** 1 13, – ✉ **41029** **8** B2

Roma 387 – Bologna 90 – Firenze 113 – Lucca 99

[i] corso Umberto I, 3 ☎ 0536 62324, infosestola@msw.it, Fax 0536 61621

Al Poggio rist, [P] VISA [AE]

via Poggioraso 88, località Poggioraso, Est : 2 km ✉ 41029 – ☎ 0 53 66 11 47 – www.alpoggio.it – Fax 0 53 66 16 26 – chiuso novembre

32 cam – †50/80 € ††100/120 € – 1 suite – ½ P 45/70 €

Rist – Carta 18/63 €

♦ Hotel ubicato in posizione tranquilla, che offre una vista meravigliosa della vallata in particolar modo da alcune delle camere. Conduzione familiare al femminile. Sale sobrie e confortevoli dove accomodarsi a gustare la cucina tipica locale.

Roma senza rist [P] VISA [AE]

corso Libertà 59 – ☎ 05 36 90 80 03 – www.hotelromasestola.it – Fax 0 53 66 08 57

19 cam – †70/90 € ††80/110 €

♦ Accogliente risorsa situata in comoda posizione centrale. Di taglio moderno la sala colazioni e la saletta soggiorno al primo piano. Belle le camere, sobriamente eleganti.

🍴🍴 **San Rocco** con cam [AC] VISA [AE]

corso Umberto I 39 – ☎ 0 53 66 23 82 – www.hotelsanrocco.net – Fax 0 53 66 08 20 – chiuso maggio

10 cam – †80/100 € ††90/115 € – ½ P 86 €

Rist – *(chiuso lunedì)* Carta 40/70 €

♦ Dopo una giornata sulle piste da sci o una visita al "Giardino Esperia" concedetevi una cena rigenerante a base di ricette tradizionali in questo piacevole ristorante. Completamente ristrutturato, propone camere di design moderno e contemporaneo.

SESTO SAN GIOVANNI – **Milano (MI)** – **561** F9 – **80 886 ab.** – **alt. 137 m** – ✉ **20099** **18** B2

Roma 565 – Milano 9 – Bergamo 43

Pianta d'insieme di Milano

Grand Hotel Villa Torretta [AC] [P] VISA [AE]

via Milanese 3 – ☎ 02 24 11 21 – www.villatorretta.it – Fax 0 22 41 12 80 00 BOf

67 cam – †98/501 € ††128/541 € – 10 suites

Rist – *(chiuso sabato a mezzogiorno, domenica)* Carta 56/90 €

♦ Realtà molto elegante ricavata dalla ristrutturazione di una villa suburbana seicentesca. Gli interni sono molto curati e le camere ben tenute e sempre di ottimo livello. Ristorante con sale affrescate ed ambienti esclusivi, servizio accurato.

Abacus ⌂ 🖼 🐕 🔥 🄰🄲 ℘ 📶 🅛 �car 𝘝𝘐𝘚𝘈 ⓪ 🄰🄴 ⓞ ♿

via Monte Grappa 39 – ℰ 02 26 22 58 58 – www.abacushotel.it
– Fax 02 26 22 58 60 – chiuso Natale ed agosto BO**h**
92 cam ⌂ – **♦**50/200 € **♦♦**70/300 € – 2 suites
Rist – *(chiuso a mezzogiorno) (solo per alloggiati)* Carta 28/36 €
♦ Moderna e confortevole struttura in comoda posizione a pochi metri dal metrò e dalla stazione ferroviaria: eleganti interni, attrezzato centro fitness, camere lineari.

NH Concordia 🅛 🖐 🔥 🄰🄲 ↔ ℘ 📶 🅛 🄿 𝘝𝘐𝘚𝘈 ⓪ 🄰🄴 ⓞ ♿

viale Edison 50 – ℰ 02 24 42 96 11 – www.nh-hotels.com – Fax 02 24 42 96 12
155 cam ⌂ – **♦**89/360 € **♦♦**109/390 € – 3 suites BO**w**
Rist – Carta 38/64 €
♦ Nuova struttura alle porte di Milano: un parallelepipedo di dieci piani, moderno e funzionale. Completo nella gamma dei servizi offerti è l'indirizzo ideale per una clientela *business*.

SESTRIERE – Torino (TO) – 561 H2 – 873 ab. – alt. 2 033 m – Sport 22 A2
invernali : 1 350/2 823 m (Comprensorio Via Lattea ⛷ 6 ⛷72) ⛷ – ✉ 10058

▶ Roma 750 – Briançon 32 – Cuneo 118 – Milano 240
ℹ via Louset 14 ℰ 0122 755444, info.sestriere@turismotorino.org,
    Fax 0122 755171
🖼, ℰ 0122 79 94 11

Grand Hotel Sestriere 🚿 🎾 🐕 🖐 🔥 ℘ rist. 📶 🅛 🚗
🐾 *via Assietta 1 – ℰ 0 12 27 64 76* 𝘝𝘐𝘚𝘈 ⓪ 🄰🄴 ⓞ ♿
– www.grandhotelsestriere.it – Fax 0 12 27 67 00 – chiuso da maggio al
26 giugno
104 cam ⌂ – **♦**80/150 € **♦♦**130/250 € – 3 suites
Rist – Menu 20/45 €
Rist *La Vineria del Colle* – *(ottobre-aprile)* Carta 29/44 €
♦ Dalle finestre e dai balconi di questo nuovo hotel si potranno vedere le piste olimpiche e negli ambienti potrete ritrovare un'atmosfera rustica ed elegante. Beauty farm con vinoterapia.

Cristallo 🐕 🅛 🖐 🔥 ℘ 📶 🅛 🚗 𝘝𝘐𝘚𝘈 ⓪ ⓞ ♿

via Pinerolo 5 – ℰ 01 22 75 01 90 – www.newlinehotels.com
– Fax 01 22 75 51 52 – chiuso maggio e ottobre
46 cam ⌂ – **♦♦**140/270 € – ½ P 130/200 € **Rist** – Carta 24/46 €
♦ Di fronte agli impianti di risalita, questo moderna ed imponente struttura propone camere eleganti ed accoglienti; di maggiore attrattiva quelle con vista sul colle. Sala ristorante ampia e luminosa.

Belvedere ⬅ 🅛 🖐 ℘ 📶 🄿 𝘝𝘐𝘚𝘈 ⓪ ⓞ ♿

via Cesana 18 – ℰ 01 22 75 06 98 – www.newlinehotels.com
– Fax 01 22 75 51 52 – dicembre-aprile e luglio-agosto
36 cam ⌂ – **♦♦**110/230 € – 1 suite – ½ P 110/170 € **Rist** – Carta 22/42 €
♦ Incorniciato da un incantevole paesaggio sulla strada per Cesana Torinese, la struttura offre confortevoli ambienti di tono rustico che tuttavia non difettano in eleganza. Tra tradizione e modernità e circondati dalla calda atmosfera di un camino, al ristorante vengono proposte serate a tema.

SESTRI LEVANTE – Genova (GE) – 561 J10 – 18 687 ab. – ✉ 16039 15 C2
▮ Italia

▶ Roma 457 – Genova 50 – Milano 183 – Portofino 34
ℹ piazza Sant'Antonio 10 ℰ 0185 457011, iatsestrilevante@
    apttigullio.liguria.it, Fax 0185 459575

Grand Hotel Villa Balbi 🐬 ⌂ 🎾 🖐 🄰🄲 ℘ 🅛 🄿

viale Rimembranza 1 – ℰ 0 18 54 29 41 𝘝𝘐𝘚𝘈 ⓪ 🄰🄴 ⓞ ♿
– www.villabalbi.it – Fax 01 85 48 24 59 – chiuso dal 14 ottobre al 20 dicembre
105 cam ⌂ – **♦**90/130 € **♦♦**130/250 € – 6 suites – ½ P 95/155 €
Rist – Menu 35/50 €
♦ Sul lungomare, un'antica villa aristocratica del '600 con un rigoglioso parco-giardino con piscina: splendidi interni in stile con affreschi, camere eleganti. Continuate a viziarvi pasteggiando nella raffinata sala da pranzo.

Vis à Vis ⊗ ≤ 🚗 🏠 ⌱ 🎿 ⅃⸔ 🛗 👤 ⅃ cam, ⛷ 🅰🅲 ⅀ rist, 🛜 ⅃ 🅿
via della Chiusa 28 – 𝒞 0 18 54 26 61 🆅🅸🆂🅰 🆖🅾 🅰🅴 🅾 🅕
– www.hotelvisavis.com – Fax 01 85 48 08 53 – chiuso dal 14 gennaio
al 12 febbraio
46 cam ⊊ – 👤120/170 € – 👤👤170/280 € – ½ P 160/180 €
Rist *Olimpo* – 𝒞 01 85 48 08 01 – Carta 36/62 €
♦ Albergo panoramico collegato al centro da un ascensore scavato nella roccia; splendida terrazza-solarium con piscina riscaldata, accoglienti interni di taglio moderno. Semplice, confortevole e panoramica, la sala da pranzo vi delizierà con i sapori mediterranei.

Grand Hotel dei Castelli ⊗ ≤ 🕭 🏠 👤 🅰 🅲 ⅀ rist, 🛜 ⅃ 🅿
via alla Penisola 26 – 𝒞 01 85 48 70 20 🆅🅸🆂🅰 🆖🅾 🅰🅴 🅾 🅕
– www.hoteldeicastelli.it – Fax 0 18 54 47 67 – 30 marzo-4 novembre
43 cam ⊊ – 👤110/130 € – 👤👤210/270 € – 6 suites – ½ P 140/170 €
Rist – Carta 37/110 €
♦ Su un promontorio con bella vista di mare e coste, caratteristico hotel con costruzioni in stile medievale e ascensori per il mare. Piacevoli interni. Sottili colonne centrali nella raffinata sala da pranzo.

Grande Albergo 🏠 ⅃ 👤 ⅃ 🅰🅲 ⅀ rist, 🛜 ⅃ 🅿 🆅🅸🆂🅰 🆖🅾 🅰🅴 🅾 🅕
via Vittorio Veneto 2 – 𝒞 01 85 45 08 37 – www.grandalbergo-sestrilevante.com
– Fax 01 85 45 05 47 – marzo-novembre
68 cam ⊊ – 👤105/135 € – 👤👤170/330 € – ½ P 140/195 €
Rist – (aprile-ottobre) (chiuso a mezzogiorno) Menu 35/45 €
♦ Storico hotel della Riviera di Levante, da pochi anni ha riaperto i battenti in seguito ad una salutare e radicale ristrutturazione. Atmosfera signorile, posizione suggestiva e piacevole piscina-solarium all'ultimo piano. Bell'ambientazione per la capiente sala ristorante, dehors per i mesi estivi.

Miramare ≤ 👤 🅰🅲 ⅀ 🛜 ⅃ 🚗 🆅🅸🆂🅰 🆖🅾 🅰🅴 🅾 🅕
via Cappellini 9 – 𝒞 01 85 48 08 55 – www.miramaresestrilevante.com
– Fax 0 18 54 10 55 – chiuso dal 7 gennaio al 28 febbraio
32 cam ⊊ – 👤👤160/320 € – 4 suites – ½ P 130/210 €
Rist Baia del Silenzio – vedere selezione ristoranti
♦ A ridosso della quieta Baia del Silenzio, la struttura è stata completamente rinnovata: le camere sono ora all'insegna del design attuale, molte con un'incantevole vista sulla distesa blù.

Due Mari ≤ 🚗 🏠 ⅃ 🔲 🎿 ⅃⸔ 👤 ⅃ ⛷ 🅰🅲 ⅀ rist, 🛜 🅿 🚗
vico del Coro 18 – 𝒞 0 18 54 26 95 🆅🅸🆂🅰 🆖🅾 🅰🅴 🅾 🅕
– www.duemarihotel.it – Fax 0 18 54 26 98 – chiuso dal 15 ottobre al
24 dicembre
53 cam ⊊ – 👤50/95 € – 👤👤95/185 € – 2 suites – ½ P 80/125 €
Rist – Menu 25/45 €
♦ Tra romantici edifici pastello, un classico palazzo seicentesco da cui si scorge la Baia del Silenzio, abbellito da un piccolo e suggestivo giardino; interni in stile. Elegante sala da pranzo, specialità di terra e di mare.

Suite Hotel Nettuno ≤ 👤 ⅃ cam, 🅰🅲 ⅀ 🛜 🅿 🆅🅸🆂🅰 🆖🅾 🅰🅴 🅾 🅕
piazza Bo 23/25 – 𝒞 01 85 48 17 96 – www.suitehotelnettuno.com
– Fax 01 85 48 24 59
18 cam ⊊ – 👤👤150/300 € – 10 suites – 👤👤250/450 €
Rist – (chiuso dal 12 ottobre al 3 dicembre) Carta 33/45 €
♦ Direttamente sulla passeggiata del lungomare, edificio in stile che si caratterizza per la generosità degli spazi, sia nelle parti comuni sia nelle armoniose camere. Anche il ristorante si contraddistingue per le ampie dimensioni; la cucina, per le specialità liguri.

Helvetia senza rist ⊗ ≤ 🚗 👤 🅰🅲 ⅀ 🛜 🚗 🆅🅸🆂🅰 🆖🅾 🅰🅴 🅕
via Cappuccini 43 – 𝒞 0 18 54 11 75 – www.hotelhelvetia.it – Fax 01 85 45 72 16
– aprile-ottobre
21 cam – 👤👤150/200 €, ⊊ 15 €
♦ In un angolo tranquillo e pittoresco di Sestri, una costruzione d'epoca ristrutturata con eleganza, adornata da terrazze-giardino fiorite; luminosi ambienti arredati con gusto.

Marina cam, VISA MC AE

via Fascie 100 – ✆ 01 85 48 73 32 – www.marinahotel.it – Fax 0 18 54 15 27 – chiuso dal 7 gennaio al 1° marzo e dal 2 novembre al 1° dicembre

22 cam – †40/55 € ††50/65 €, ☕ 5 € – ½ P 46/52 €

Rist – *(chiuso a mezzogiorno) (solo per alloggiati)*

◆ Sulla statale Aurelia e all'inizio del centro storico, ariosi e comode sale, nonché camere aggiornate: per un soggiorno dall'ottimo rapporto qualità/prezzo.

Relais San Rocco senza rist VISA MC AE

via Aurelia 261, frazione Makalle, Est: 5 km – ✆ 01 85 45 84 09 – www.relaissanrocco.com – Fax 01 85 45 64 31 – chiuso dal 7 gennaio al 28 febbraio e novembre

10 cam ☕ – †60/100 € ††70/120 €

◆ Sulla strada per il passo Bracco, questo piccolo hotel - rinnovato in anni recenti - dispone di camere accoglienti, ma i punti di forza sono indubbiamente la posizione e il panorama.

El Pescador VISA MC AE

via Queirolo, al porto – ✆ 0 18 54 28 88 – Fax 0 18 54 14 91 – chiuso dal 15 dicembre al 1° marzo e martedì

Rist – Carta 43/60 €

◆ Lungo le pareti delle due sale corrono ampie vetrate che si affacciano su una colorata Baia delle Favole mentre tra i fornelli è esaltata la cucina regionale, carni alla griglia e fragranze marine.

San Marco 1957 VISA MC AE

via Queirolo 27, al porto – ✆ 0 18 54 14 59 – www.sanmarco1957.it – Fax 0 18 54 14 59

Rist – Carta 25/46 €

◆ Sulla punta estrema della banchina del porticciolo, direttamente sul mare, un ristorante pieno di luce e mondano, arredato in stile marina; proposte di piatti di pesce.

Rezzano Cucina e Vino VISA MC AE

via Asilo Maria Teresa 34 – ✆ 01 85 45 09 09 – Fax 01 85 45 09 09 – chiuso 2 settimane in febbraio, 2 settimane in novembre, lunedì

Rist – *(chiuso a mezzogiorno escluso i giorni festivi da ottobre a giugno)* Carta 52/72 €

◆ Sul lungomare, locale d'atmosfera - sobrio e signorile - dove la grande profusione di legno può ricordare vagamente lo stile nautico. Specialità di pesce.

Baia del Silenzio – Hotel Miramare VISA MC AE

via Cappellini 9 – ✆ 01 85 48 58 07 – www.ristorantebaiadelsilenzio.it – chiuso da dicembre al 15 febbraio

Rist – Carta 35/80 €

◆ In un'elegante sala di taglio classico o sulle due terrazze con splendida vista sulla baia, la cucina si fa contemporanea, indugiando piacevolmente nelle presentazioni. La carta si divide equamente fra terra e mare.

Dal Marchesino VISA MC

via Nazionale 26 – ✆ 0 18 54 14 01 – Fax 0 18 54 14 01 – marzo-ottobre; chiuso mercoledì

Rist – Carta 30/53 €

◆ Fiori, colori e un piacevole giardino orientaleggiante vi invitano ad entrare in una dimensione straordinaria: un percorso di sapori tra mare, spezie esotiche e qualche citazione indiana.

a Riva Trigoso Sud-Est : 2 km – ✉ 16039

Asseü VISA MC AE

via G.B. da Ponzerone 2, strada per Moneglia – ✆ 0 18 54 23 42 – www.asseu.it – Fax 0 18 54 23 42 – chiuso novembre, mercoledì escluso agosto, anche lunedì e martedì in gennaio-marzo

Rist – (consigliata la prenotazione) Carta 33/59 €

◆ Piacevole ristorante che oltre ad offrire una posizione invidiabile - strategicamente sulla spiaggia - propone una fragrante cucina di mare.

SESTRI PONENTE – **Genova** – **Vedere Genova**

SETTEQUERCE = SIEBENEICH – **Bolzano** – **Vedere Terlano**

SETTIMO TORINESE – Torino (TO) – **561** G5 – **47 366 ab.**   **22** B1
– alt. 207 m – ✉ 10036

▶ Roma 698 – Torino 12 – Aosta 109 – Milano 132

Pianta d'insieme di Torino

🏠🏠 **Green Center Hotel** senza rist   📶 ⚙ 🆊 ⁽ᵗᵖ⁾ ⚄ 🅿 💳 ⓿ 🅰🅴 ⓪ ⚡
via Milano 177, Nord-Est : 2 km – ℰ 01 18 00 56 61 – www.green-center.it
– Fax 01 18 00 44 19
41 cam ⌁ – †80/90 € ††98/120 €
◆ Benessere e accoglienza al primo posto. Questa moderna casa di campagna offre camere graziose e confortevoli, tutte diverse. Poco distante, piscina, campi da tennis e cavalli.

SEVESO – Milano (MI) – **561** F9 – **21 238 ab.** – alt. 207 m – ✉ 20030   **18** B2
▶ Roma 595 – Como 22 – Milano 21 – Monza 15
🏌 Barlassina, ℰ 0362 56 06 21

✗✗ **La Sprelunga**   🏠 🆊 ⚙ 🅿 💳 ⓿ 🅰🅴 ⓪ ⚡
via Sprelunga 55 – ℰ 03 62 50 31 50 – www.lasprelunga.it – Fax 03 62 64 21 56
– chiuso dal 1° al 7 gennaio, 3 settimane in agosto, domenica sera, lunedì
Rist – Carta 52/75 €
◆ Antica trattoria di cacciatori, è ora un confortevole locale di taglio contemporaneo, in posizione decentrata, con proposte culinarie quasi esclusivamente a base di pesce.

SEXTEN = Sesto

SGONICO – Trieste (TS) – **562** E23 – **2 115 ab.** – alt. 282 m – ✉ 34010   **11** D3
▶ Roma 656 – Udine 71 – Portogruaro 86 – Trieste 14

a Devincina Sud-Ovest : 3,5 km – ✉ 34100 Sgonico

✗ **Savron**   🏠 🆊 🅿 💳 ⓿ 🅰🅴 ⓪ ⚡
via Devincina 25 – ℰ 0 40 22 55 92 – Fax 0 40 22 55 92 – chiuso 1 settimana in febbraio e 1 settimana in settembre
Rist – Carta 26/35 €
◆ Locale rustico articolato in due sale, la più piccola delle quali è decorata con fotografie e storie di personaggi della storia austro-ungarica. Al tavolo, la cucina mitteleuropea.

SIBARI – Cosenza (CS) – **564** H31 – ✉ 87011 ▮ Italia   **5** A1
▶ Roma 488 – Cosenza 69 – Potenza 186 – Taranto 126

🏨 **Il Borghetto**   ⚓ ⁿ∿ ♨ ✗ ⚙ 🆊 ⚙ rist, ⁽ᵗᵖ⁾ ⚄ 💳 ⓿ 🅰🅴 ⚡
a Marina di Sibari, località Salicetta, Est: 3 km – ℰ 09 81 78 41 79
– www.ilborghettosibari.it – Fax 09 81 78 41 87
33 cam ⌁ – †70/125 € ††100/190 € – ½ P 115 €   **Rist** – Carta 30/64 €
◆ In posizione decentrata, vicino ai campi da golf, albergo recente dal confort moderno. Maneggio ed altre attività sportive per gli amanti della vita all'aria aperta.

ai Laghi di Sibari Sud-Est : 7 km :

✗ **Oleandro** con cam ❦   🏠 ♨ 🆊 ⁽ᵗᵖ⁾ 🅿 💳 ⓿ 🅰🅴 ⚡
contrada Casa Bianca, località Cassano Jonio ✉ 87070 – ℰ 09 81 79 49 28
– www.hoteloleandro.it – Fax 0 98 17 91 41
23 cam ⌁ – †55 € ††80 € – ½ P 65 €   **Rist** – Carta 27/39 €
◆ Una sosta rilassante tra i laghi artificiali di Sibari, per passare una giornata nel verde e gustare cucina marinara nella luminosa sala; piacevole servizio all'aperto. Camere confortevoli.

SICILIA (Isola di) – **565** – Vedere alla fine dell'elenco alfabetico

SICULIANA – Agrigento – **365** AP59 – Vedere Sicilia alla fine dell'elenco alfabetico

SIDERNO – Reggio di Calabria (RC) – **564** M30 – **17 783 ab.** – ⊠ 89048   5 B3
- Roma 697 – Reggio di Calabria 103 – Catanzaro 93 – Crotone 144

X
(⦿)   **La Vecchia Hosteria**   ᴴ ꜰ Ⓐⓒ 𝗩𝗜𝗦𝗔 ⓜⓞ ⒶⒺ 🗝
        via Matteotti 5 – ℰ 09 64 38 88 80 – www.lavecchiahostaria.com
        Rist – (chiuso mercoledì escluso luglio-agosto) (consigliata la prenotazione)
        Carta 25/39 €
        ♦ Ristorante con un'ampia sala dall'accogliente ambiente rustico: soffitto a volte con mattoni
        a vista e arredi in legno; piatti di mare e tipici locali.

SIEBENEICH = Settequerce

    Un importante pranzo d'affari o una cena tra amici?
    Il simbolo ✿ indica la presenza di sala privata.

SIENA ℙ **(SI)** – **563** M16 – **53 881 ab.** – **alt. 322 m** – ⊠ 53100   29 C2
▌Toscana

- Roma 230 – Firenze 68 – Livorno 116 – Milano 363
- ℹ piazza del Campo 56 ℰ 0577 280551, aptsiena@siena.turismo.toscana.it
  Fax 0577 270676
- ⊙ Piazza del Campo★★★ BX : palazzo Pubblico★★★ **H**, ✳★★ dalla Torre
  del Mangia – Duomo★★★ AX – Museo dell'Opera Metropolitana★★ ABX
  M1 – Battistero di San Giovanni★ : fonte battesimale★★ AX **A** – Palazzo
  Buonsignori★ : pinacoteca★★★ BX – Via di Città★ BX – Via Banchi di
  Sopra★ BVX **4** e Via Banchi di Sotto★ BX **6** – Piazza Salimbeni★ BV
  – Basilica di San Domenico★ : tabernacolo★ di Giovanni di Stefano e
  affreschi★ del Sodoma AVX – Adorazione del Crocifisso★ del Perugino,
  opere★ di Ambrogio Lorenzetti e Sodoma nella chiesa di Sant'Agostino BZ

                           Piante pagine seguenti

🏨   **Grand Hotel Continental**   🎏 ꜰ Ⓐⓒ ✵ ⁽ᵗ⁾ 🏋 𝗩𝗜𝗦𝗔 ⓜⓞ ⒶⒺ ① 🗝
      via Banchi di Sopra 85 – ℰ 0 57 75 60 11 – www.royaldemeure.com
      – Fax 0 57 75 60 15 55   BVa
      49 cam – ♦♦473/690 €, � 28 € – 2 suites
      Rist *Sapordivino* – ℰ 0 57 74 90 20 – Carta 46/71 € ⯮
      ♦ Nel centro storico, il prestigioso palazzo seicentesco è stato riaperto dopo una totale
      ristrutturazione, sfoggiando ambienti eleganti e ricchi di fascino. Come il magnifico salone
      affrescato. Originale ristorante ricavato nella corte interna, dove gustare piatti del territorio
      rivisitati in chiave moderna.

🏨   **Certosa di Maggiano** ❧   ⪡ 🕭 🍴 ⊃ ✵ Ⓐⓒ cam, ℙ
      strada di Certosa 82 – ℰ 05 77 28 81 80   𝗩𝗜𝗦𝗔 ⓜⓞ ⒶⒺ 🗝
      – www.certosadimaggiano.com – Fax 05 77 28 81 89 – marzo-novembre
      9 cam – ♦300 € ♦♦300/490 €, ⊃ 31 € – 8 suites – ♦♦680 €   Um
      Rist – (chiuso la sera) Carta 60/75 €
      Rist *Il Canto* – ℰ 05 77 28 81 82 (chiuso dal 10 dicembre al 10 febbraio e
      martedì, anche lunedì, mercoledì a mezzogiorno da novembre a febbraio)
      (chiuso a mezzogiorno da marzo ad ottobre) Menu 90/120 € – Carta 74/99 € ⯮
      ♦ Le ex celle dei frati sono state trasformate in belle camere, diverse per tipologia, vista e
      arredo: la primitiva sobrietà ha lasciato il posto ad un lusso discreto e aristocratico. A *Il
      Canto* la creatività esalta ciò che piace al palato dell'estroso chef: amaro, acido, freddo. Per
      un'inebriante esperienza gastronomica.

🏨   **Villa Scacciapensieri** ❧   ⫿ 🕭 🍴 ⊃ ✵ 🎏 ꜰ cam, Ⓐⓒ ✵ rist, ⁽ᵗ⁾
      strada di Scacciapensieri 10 – ℰ 0 57 74 14 41   🏋 ℙ 𝗩𝗜𝗦𝗔 ⓜⓞ ⒶⒺ ① 🗝
      – www.villascacciapensieri.it – Fax 05 77 20 08 54 – marzo-novembre
      31 cam ⊃ – ♦85/140 € ♦♦130/265 € – ½ P 113/180 €   Tk
      Rist – (chiuso mercoledì) (chiuso a mezzogiorno escluso giugno-settembre)
      Carta 47/64 €
      ♦ Bella villa padronale dell'800 immersa in un parco con splendida vista sulla città e sui colli;
      gradevole saletta con camino centrale, camere con arredi in stile. Servizio ristorante estivo in
      giardino fiorito, cucina eclettica.

Palazzo Ravizza senza rist 🚿 📶 AC 📞 P VISA ⚫⚫ AE ① ⚡

Piano dei Mantellini 34 – ℰ 05 77 28 04 62 – www.palazzoravizza.com
– Fax 05 77 22 15 97

AXb

34 cam ☑ – †100/150 € ††150/200 €
– 4 suites

♦ Un tuffo nel passato in un'incantevole costruzione del XVII sec. raccolta intorno a un pittoresco giardinetto; mobilio d'epoca, suggestive camere di monacale semplicità.

Santa Caterina senza rist 🚿 📶 AC 📞 P VISA ⚫⚫ ⚡

via E. S. Piccolomini 7 – ℰ 05 77 22 11 05 – www.hscsiena.it
– Fax 05 77 27 10 87

Ua

22 cam ☑ – †65/125 € ††98/185 €

♦ Appena fuori le mura, gradevole villa raccolta intorno a un suggestivo giardino. Al suo interno: collezione di stampe e oggetti vari, nonché camere in stile toscano (alcune soppalcate).

Villa Liberty senza rist 🚿 📶 AC 🎘 📞 VISA ⚫⚫ AE ⚡

viale Vittorio Veneto 11 – ℰ 0 57 74 49 66 – www.villaliberty.it
– Fax 0 57 74 47 70

TUb

18 cam ☑ – †60/80 € ††90/140 €

♦ Villetta liberty alle porte della città, vicino alla chiesa di S. Domenico: interni ben tenuti e veranda per la prima colazione, che ne potenzia i piccoli spazi comuni. Camere funzionali.

Villa Elda senza rist 🚿 ᴕ AC 🎘 VISA ⚫⚫ AE ⚡

viale 24 Maggio 10 – ℰ 05 77 24 79 27 – www.villaeldasiena.it
– Fax 05 77 22 13 07

Ub

11 cam – †50/140 € ††60/190 €, ☑ 10 €

♦ A due passi dal centro storico, confort moderni e calore familiare abitano questa graziosa struttura di fine Ottocento, dove spunti liberty fanno capolino qua e là. Camere luminose e piacevoli: chiedete quelle affrescate.

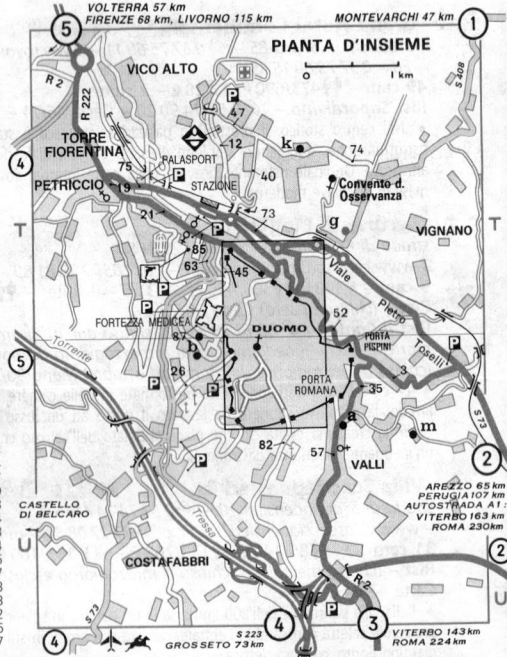

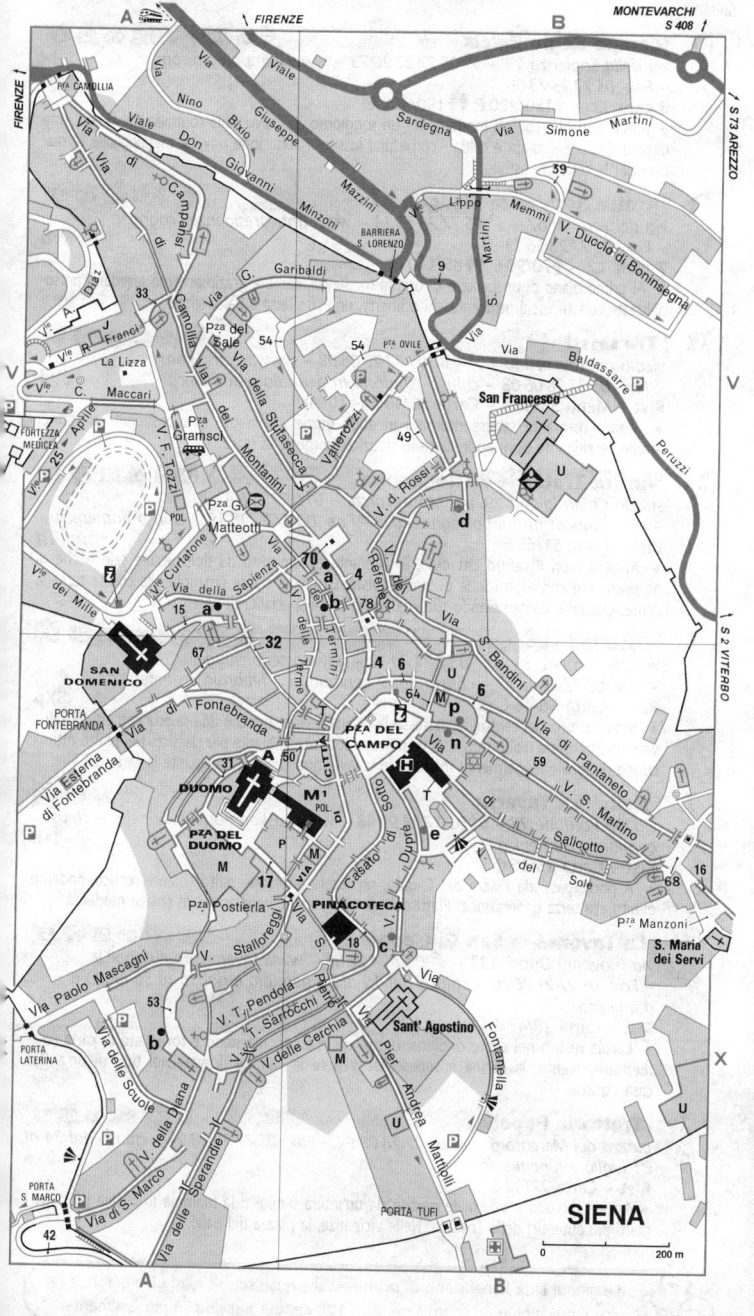

SIENA

0   200 m

⌂ **Campo Regio Relais** senza rist ⟨ 🛗 AC 🕸 📞 VISA ⚫ AE 🖖
via della Sapienza 25 – ℰ *05 77 22 20 73 – www.camporegio.com*
– Fax 05 77 23 73 08 AV**a**
6 cam ⌧ – ♦150/220 € ♦♦190/300 €
◆ Mobili antichi e confort moderni per un soggiorno esclusivo nella contrada del Drago. Una dimora d'epoca - curata e calda - come una lussuosa abitazione privata: meraviglioso terrazzino per le colazioni estive.

⌂ **Antica Residenza Cicogna** senza rist AC 🕸 📞 VISA ⚫ 🖖
via dei Termini 67 – ℰ *05 77 28 56 13 – www.anticaresidenzacicogna.it*
– Fax 05 77 28 56 13 BV**b**
7 cam ⌧ – ♦70/90 € ♦♦85/110 €
◆ Al primo piano di un palazzo di origini medievali, camere graziosamente arredate, personalizzate con affreschi ottocenteschi o liberty, una con letto a baldacchino.

✗✗ **Tre Cristi** AC VISA ⚫ AE ⓪ 🖖
vicolo di Provenzano 1/7 – ℰ *05 77 28 06 08 – www.trecristi.com*
– Fax 05 77 28 06 08 – chiuso 10 giorni in gennaio e domenica BV**d**
Rist – Menu 35/60 € – Carta 36/46 € (+10 %)
◆ Storico ristorante senese ritornato in auge grazie alla nuova e appassionata gestione. Ambiente elegante dove apprezzare lo stuzzicante menù di mare.

✗✗ **Antica Trattoria Botteganova** AC ⟺ P VISA ⚫ AE ⓪ 🖖
strada Chiantigiana 29, per Montevarchi – ℰ *05 77 28 42 30*
– www.anticatrattoriabotteganova.it – Fax 05 77 27 15 19 – chiuso domenica
Rist – Carta 51/65 € T**g**
◆ Appena fuori il centro cittadino, il ristorante è composto da due piccole sale ricche di decorazioni e con esposizione di vini e riviste. La tavola rende omaggio alla cucina toscana contemporanea, contemplando tuttavia anche tante specialità di pesce.

✗ **Osteria le Logge** 🍴 AC ⟺ VISA ⚫ AE ⓪ 🖖
via del Porrione 33 – ℰ *0 57 74 80 13 – www.osterialelogge.it*
– Fax 05 77 22 47 97 – chiuso dal 9 gennaio al 2 febbraio e domenica BX**p**
Rist – Carta 36/46 € ❀
◆ Nota trattoria del centro: all'ingresso la cucina a vista, nonché una saletta con alti mobili a vetri ed atmosfera d'altri tempi, al piano superiore un ambiente più classico. Nel piatto ottima cucina regionale leggermente rivisitata in chiave moderna. Entusiasmante la carta dei vini.

✗ **Nello "La Taverna"** AC VISA ⚫ 🖖
via del Porrione 28 – ℰ *05 77 28 90 43 – www.toskana-online.de/nello – chiuso*
gennaio e domenica BX**n**
Rist – Carta 23/36 €
◆ A pochi passi da Piazza del Campo, un locale informale dall'ambiente rustico-moderno giunto alla terza generazione. Piatti del territorio, anche vegetariani, in chiave moderna.

✗ **La Taverna di San Giuseppe** ⛾ AC VISA ⚫ AE ⓪ 🖖
☺ *via Giovanni Duprè 132 –* ℰ *0 57 74 22 86 – www.tavernasangiuseppe.it*
– Fax 05 77 21 96 20 – chiuso dal 15 al 30 gennaio e dal 15 al 30 luglio e
domenica BX**c**
Rist – Carta 28/47 € ❀ (+10 %)
◆ Locale rustico nel cuore di Siena: bei tavoli in legno massiccio e tovagliato di carta all'americana, mentre la cucina è senese. Da vedere le cantine ricavate nel tufo di un'antica casa etrusca.

✗ **Trattoria Papei** 🍴 VISA ⚫ AE 🖖
☺ *piazza del Mercato 6 –* ℰ *05 77 28 08 94 – Fax 05 77 28 08 94 – chiuso dal 24 al*
31 luglio e lunedì sera BX**e**
Rist – Carta 22/32 €
◆ Locale raccolto e informale gestito da un'intera famiglia: la mamma in cucina propone i piatti più autentici della Toscana. Nelle vicinanze, la piazza del palio.

Le grandi città beneficiano di piantine sulle quali sono situati gli alberghi e i ristoranti. Seguite le coordinate (es. : **12**BMe) per individuarli più facilmente.

a Santa Regina Est : 2,5 km – ⊠ 53100 Siena

⚐ **Frances' Lodge** senza rist ⌂ ≤ 🚗 ⛴ AC ⅘ 🏊 ▣ VISA ⓪ ⚡
strada Valdipugna 2 – ☎ 3 37 67 16 08 – www.franceslodge.it
– Fax 05 77 28 10 61 – chiuso dal 10 gennaio al 10 marzo
6 cam ⬚ – ☦140/150 € ☦☦190/220 €
♦ Casa immersa nel verde delle colline, impreziosita da un giardino storico in cui spicca la
limonaia. Ambienti di charme e gusto, camere personalizzate ispirate al viaggio: da sogno!

a Vagliagli Nord-Est : 11,5 km per Statale 222 T – ⊠ 53010

🏚 **Borgo Scopeto Relais** ⌂ ≤ 🚗 🏠 ⛴ 🍴 🛎 ⅋ ♿ 🚶 AC ⅘ 🎾 ⛳
strada Comunale 14 Vagliagli – ☎ 05 77 32 00 01 ▣ VISA ⓪ AE ⚡
– www.borgoscopetorelais.it – Fax 05 77 32 05 55 – chiuso gennaio-febbraio
45 cam ⬚ – ☦146/216 € ☦☦188/291 € – 13 suites **Rist** – Carta 50/71 €
♦ Attorno ad un'antica torre di avvistamento del XIII sec, dove già nel 1700 sono stati costruiti
altri rustici, si snoda questa originale struttura: un vero borgo con camere estremamente personalizzate e curate nei dettagli. Ottime finiture e, in alcune, autentici pezzi di antiquariato.

🏠 **Casali della Aiola** senza rist ⌂ ≤ 🚗 ⅘ ▣ VISA ⓪ AE ⓪ ⚡
località l'Aiola, Est : 1 km ⊠ 53019 – ☎ 05 77 32 27 97 – www.aiola.net
– Fax 05 77 32 25 09 – chiuso dal 20 dicembre al 7 gennaio
8 cam ⬚ – ☦86 € ☦☦96 €
♦ Un soggiorno nella natura, tra vigneti e dolci colline, in un antico fienile restaurato:
camere molto piacevoli (una con salottino), arredi in legno e travi a vista. Banditi i televisori!

🍴 **La Taverna di Vagliagli** 🏠 ⅘ VISA ⓪ AE ⓪ ⚡
via del Sergente 4 – ☎ 05 77 32 25 32 – Fax 05 77 32 18 42 – chiuso dal 5 al
30 novembre e dall'8 al 31 gennaio e martedì
Rist – (chiuso a mezzogiorno escluso sabato e domenica) Carta 29/47 €
♦ In un caratteristico borgo del Chianti, locale rustico molto gradevole, con pietra a vista e
arredi curati; specialità alla brace, cucinate davanti ai clienti.

a Corsignano Nord : 9 km – ⊠ 53010

⚐ **Casa Lucia** senza rist ≤ 🚗 ▣ VISA ⓪ AE ⚡
località Corsignano 4, Vagliagli – ☎ 05 77 32 25 08 – www.casalucia.it
– Fax 05 77 32 25 10 – chiuso dal 10 gennaio al 10 marzo
14 cam – ☦60/74 € ☦☦79/89 €, ⬚ 6 €
♦ Tra vigne e ulivi una risorsa composta da due distinti edifici, egualmente gradevoli e affascinanti. Una fornace e un pagliaio - sapientemente ristrutturati - ospitano camere arredate
nel classico stile rurale toscano, alcune con romantici letti in ferro battuto.

SIGNATO – Bolzano – Vedere Bolzano

SILANDRO (SCHLANDERS) – Bolzano (BZ) – **562** C14 – 5 932 ab.   **30** A2
– alt. 721 m – ⊠ 39028

▶ Roma 699 – Bolzano 62 – Merano 34 – Milano 272
ℹ via Covelano 27 ☎ 0473 737050, schlanders@suedtirol.com,
Fax 0473 621615

a Vezzano (Vezzan) Est : 4 km – ⊠ 39028 Silandro

🏨 **Sporthotel Vetzan** ≤ 🚗 🏠 ⬚ 🌀 ⤬ 🏊 ♨ 🍴 🛎 🍽 VISA ⓪ ⚡
– ☎ 04 73 74 25 25 – www.sporthotel-vetzan.com – Fax 04 73 74 24 67
– Natale-7 gennaio e Pasqua-novembre
25 cam ⬚ – ☦65/85 € ☦☦130/155 € – 1 suite – ½ P 90/95 €
Rist – (chiuso a mezzogiorno) (solo per alloggiati) Carta 29/55 €
♦ Per vacanze nel verde, un albergo immerso tra i frutteti in posizione soleggiata e tranquilla; zone comuni in stile montano di taglio moderno, spaziose camere classiche.

🏠 **Vinschgerhof** ⟨ 🛆 🖸 🚿 🌢 **P** 🚗 VISA ⑥ 🕭
– ℰ 04 73 74 21 13 – www.vinschgerhof.com – Fax 04 73 74 00 41 – chiuso
gennaio
30 cam ☲ – ♦38/58 € ♦♦70/110 € – ½ P 50/75 €
Rist – (chiuso lunedì) Carta 24/41 €
♦ Per soggiorni tranquilli, piacevole struttura dalla gestione solida e affidabile, dotata di servizi completi e di un rilassante centro benessere. Ristorante molto attivo e frequentato.

SILEA – Treviso (TV) – **562** F18 – 9 897 ab. – ⊠ 31057   35 A1
▶ Roma 541 – Venezia 26 – Padova 50 – Treviso 5

XX **Da Dino** 🖙 AC 🌢 **P** VISA ⑥ 🕭
via Lanzaghe 13 – ℰ 04 22 36 07 65 – www.trattoriadadino.com – chiuso dal
24 dicembre al 6 gennaio e 15 giorni in estate, martedì sera, mercoledì
Rist – Carta 31/39 €
♦ Locale semplice e familiare: nelle due salette in stile rustico, ma di tono signorile, tante proposte gastronomiche locali da gustare - durante l'inverno - vicino ad uno scoppiettante camino.

SILVIGNANO – Perugia (PG) – **563** N20 – Vedere Spoleto

SILVI MARINA – Teramo (TE) – **563** O24 – 15 467 ab. – ⊠ 64028   1 B1
▶ Roma 216 – Pescara 19 – L'Aquila 114 – Ascoli Piceno 77
🅳 via Garibaldi 208 ℰ 085 930343, iat.silvi@abruzzoturismo.it, Fax 085930026
🅖 Atri : Cattedrale★★ Nord-Ovest : 11 km – Paesaggio★★ (Bolge), Nord-Ovest : 12 km

🏠 **Mion** ⟨ 🖙 🛆 🖸 ♦★ AC 🌙 🌢 🕻 **P** 🚗 VISA ⑥ AE ① 🕭
viale Garibaldi 22 – ℰ 08 59 35 09 35 – www.mionhotel.com
– Fax 08 59 35 08 64 – maggio-settembre
64 cam – ♦125/150 € ♦♦160/185 €, ☲ 15 € – ½ P 135/175 €
Rist – Carta 44/59 €
♦ Fronte mare, l'hotel è cinto da un curato giardino, offre piacevoli spazi comuni arredati con eleganza e gusto coloniale ed alcune camere impreziosite da mobilio d'epoca. Nell'elegante sala ristorante proposte di cucina italiana; d'estate il servizio è anche nella fiorita terrazza accanto alla piscina.

🏠 **Parco delle Rose** ⟨ 🖙 🛆 🖸 ♦★ AC cam, 🌢 rist, **P**
viale Garibaldi 36 – ℰ 08 59 35 09 89 VISA ⑥ AE ① 🕭
– www.parcodellerose.it – Fax 08 59 35 09 87 – giugno-15 settembre
63 cam ☲ – ♦55/80 € ♦♦82/102 € – ½ P 76/104 €   **Rist** – Menu 30/60 €
♦ Una bianca costruzione circondata da un profumato giardino di gelsomini e rose, dispone di vasti spazi comuni arredati con pezzi d'antiquariato e semplici camere confortevoli. Prodotti locali e nazionali presso le classiche sale da pranzo.

🏠 **Miramare** ⟨ 🖙 🛆 🖸 ♦★ AC rist, VISA ⑥ AE ① 🕭
⊛ viale Garibaldi 134 – ℰ 08 59 93 02 35 – www.miramaresilvi.it
– Fax 08 59 35 15 33 – aprile-settembre
55 cam ☲ – ♦40/65 € ♦♦55/120 € – ½ P 67/89 €   **Rist** – Carta 20/25 €
♦ Circondato da un giardino, l'albergo vanta un'atmosfera indiscutibilmente familiare e dispone di campi da gioco e confortevoli camere arredate con gusti differenti. Al ristorante, sobri arredi in calde tonalità, cucina nazionale e piatti di pesce.

XX **Don Ambrosio** con cam 🕭 🖙 🖫 AC rist, 🌢 🕻 **P**
⊛ contrada Piomba 49 – ℰ 08 59 35 10 60 VISA ⑥ AE ① 🕭
– www.donambrosio.it – Fax 08 59 35 51 40 – chiuso dal 7 al 14 gennaio e dal
21 al 28 settembre
11 cam ☲ – ♦♦50/60 € – ½ P 65/90 €
Rist – (chiuso martedì e mercoledì a mezzogiorno) Carta 22/43 € ⅙
♦ Appena fuori dal paese e in posizione panoramica, un casolare dalla lunga memoria familiare, che nell'insegna ancora ricorda il suo fondatore, vi attende per farvi gustare il meglio della cucina regionale (soprattutto a base di carne). Servizio estivo all'aperto. Confortevoli camere country, alcune con vista mare.

SINAGRA – Messina – **365** AY55 – Vedere Sicilia alla fine dell'elenco alfabetico

SINALUNGA – Siena (SI) – **563** M17 – **12 635 ab. – alt. 365 m**   **29** C2
– ✉ 53048 ▌Toscana

> ▶ Roma 188 – Siena 45 – Arezzo 44 – Firenze 103
>
> 🅸 piazza della Repubblica 8 ☎ 0577 636045, info@prolocosinalunga.it,
> Fax 0577 636045

🏨 **Locanda dell'Amorosa** ⬈   ⬅ 🚗 🏠 ⅃ 🄰🄲 ⌘ 🌐 ♿ 🅿
Sud : 2 km – ☎ 05 77 67 72 11 *– www.amorosa.it*   𝗩𝗜𝗦𝗔 ⓸ 🄰🄴 ⓞ 🔓
– Fax 05 77 63 20 01 – chiuso dal 10 gennaio all' 11 marzo
27 cam ☷ – †230/355 € ††255/395 €
Rist *Le Coccole dell'Amorosa – (chiuso lunedì e martedì a mezzogiorno)*
Menu 50 € – Carta 32/60 €

♦ Un'antica fattoria, al cui interno sono stati ricavati ampi e luminosi spazi comuni dall'arredo rustico ma suggestivo. Fuori, una piscina panoramica tra le colline senesi. Un ambiente rustico, un camino ed archi in mattoni, per gustare una cucina regionale e scegliere tra un intessante ventaglio di vini.

🏠 **San Giustino** ⬈   ⬅ 🕭 🏠 ⅃ ⌘ 🌐 ♿ 🅿 𝗩𝗜𝗦𝗔 ⓸ 🄰🄴 ⓞ 🔓
via Dei Frati 171, Ovest : 2 km – ☎ 05 77 63 04 14 *– www.sangiustino.com*
– Fax 05 77 63 22 85 – 25 dicembre-7 gennaio e aprile-ottobre
10 cam ☷ – †110/160 € ††130/200 € – 2 suites – ½ P 90/130 €
Rist *– (chiuso a mezzogiorno)* Carta 23/35 €

♦ In aperta campagna, circondata da cipressi ed ulivi, questa elegante villa colonica offre ampi spazi comuni, colori tenui ed arredi classici, ma adeguati alle esigenze moderne. Ricette tipiche toscane nel ristorante affacciato sulla piscina.

a Bettolle Est : 6,5 km – ✉ 53040

🍴🍴 **Walter Redaelli** con cam   🚗 🏠 🄰🄲 🌐 𝗩𝗜𝗦𝗔 ⓸ 🄰🄴 🔓
via XXI Aprile 10 – ☎ 05 77 62 34 47 *– www.ristoranteredaelli.it*
– Fax 05 77 62 34 47 – chiuso 2 settimane in febbraio
6 cam ☷ – †75/90 € ††110/150 €
Rist *– (chiuso martedì)* Menu 40 € – Carta 27/43 €

♦ In un'antica casa colonica di fine '700 con mattoni a vista, travi al soffitto e un imponente camino, si celebra la sapida cucina toscana elaborata partendo da ingredienti locali e con tanta carne. Abbandonatevi al piacere della tavola, comodamente adagiati nelle confortevoli poltroncine.

a Scrofiano Nord-Ovest: 3,5 km – ✉ 53048

🍴 **Del Borgo**   ⬅ 🏠 ♿ 🄰🄲 𝗩𝗜𝗦𝗔 ⓸ 🄰🄴 🔓
piazza Bartolini 12 – ☎ 05 77 66 01 33 *– www.ristorantedelborgoscrofiano.it*
– Fax 05 77 66 01 33 – chiuso febbraio e lunedì
Rist – Carta 27/38 €

♦ In antichi locali ai piedi della rocca cittadina, la cucina s'ispira alla tradizione gastronomica della regione con qualche ben riuscito spunto di creatività. Per la scelta dei vini, non affidatevi al caso, ma fatevi consigliare da Arianna: prima Maitre d'Italia nel 2006.

SINIO – Cuneo (CN) – **561** I6 – **512 ab. – alt. 357 m** – ✉ 12050   **25** C2
> ▶ Roma 605 – Cuneo 63 – Asti 47 – Savona 72

🏠 **Agriturismo Le Arcate** ⬈   ⬅ ⅃ 🌐 🅿 𝗩𝗜𝗦𝗔 ⓸ 🄰🄴 ⓞ 🔓
🐾 *località Gabutto 2 –* ☎ 01 73 61 31 52 *– www.agriturismolearcate.it*
– Fax 01 73 61 31 52 – chiuso dall'8 gennaio al 15 febbraio
8 cam ☷ – †50 € ††68/70 € – ½ P 52 €   **Rist** – Menu 20/25 €

♦ Recentemente ampliata con una piscina all'interno della zona verdeggiante, l'azienda agricola propone stanze molto luminose che si aprono sulla campagna circostante punteggiata di castelli. Piatti piemontesi e una panoramica balconata per le cene estive.

SINISCOLA – Nuoro – **366** T40 – **Vedere Sardegna alla fine dell'elenco alfabetico**

SIRACUSA 🅿 – **365** BA61 – **Vedere Sicilia alla fine dell'elenco alfabetico**

SIRIO (Lago) – Torino – **Vedere Ivrea**

SIRMIONE – Brescia (BS) – **561** F13 – 7 830 ab. – alt. 68 m – ⊠ 25019   **17** D1
▌ Italia

> ▶ Roma 524 – Brescia 39 – Verona 35 – Bergamo 86
>
> 🛈 viale Marconi 2 ℰ 030 916114, iat.sirmione@provincia.brescia.it,
>   Fax 030 916222
>
> ◉ Località ★★ – Grotte di Catullo : cornice pittoresca ★★ – Rocca Scaligera ★

Villa Cortine Palace Hotel ⤴   ⟨icons⟩
via Caio Valerio Catullo 12 – ℰ 03 09 90 58 90   **P** VISA ⓪ AE ① ⓢ
– www.palacehotelvillacortine.it – Fax 0 30 91 63 90 – aprile-10 ottobre
52 cam ⊇ – ♦420/490 € ♦♦480/680 € – 2 suites   **Rist** – Carta 54/76 €
♦ Una vacanza esclusiva in una villa ottocentesca in stile neoclassico all'interno di uno splendido grande parco digradante sul lago; incantevoli interni di sobria eleganza. Raffinatezza e classe nell'ampia sala da pranzo; romantico servizio estivo all'aperto.

Grand Hotel Terme   ⟨icons⟩ rist,
viale Marconi 7 – ℰ 0 30 91 62 61   ⟨icons⟩ **P** VISA ⓪ AE ① ⓢ
– www.termedisirmione.com – Fax 0 30 91 65 68 – chiuso sino a febbraio
57 cam ⊇ – ♦160/190 € ♦♦200/304 € – ½ P 140/192 €
Rist L'Orangerie – Carta 44/66 €
♦ Un giardino in riva al lago con piscina impreziosisce questa bella struttura panoramica: colori vivaci negli interni arredati con gusto, wellness completo e area congressi. Comodi a tavola per ammirare il paesaggio lacustre e per assaporare la tradizione mediterranea.

Olivi ⤴   ⟨icons⟩ rist, ⟨icons⟩ VISA ⓪ AE ① ⓢ
via San Pietro 5 – ℰ 03 09 90 53 65 – www.hotelolivi.com – Fax 0 30 91 64 72
– marzo-novembre
64 cam ⊇ – ♦85/150 € ♦♦120/232 € – ½ P 96/152 €   **Rist** – Carta 48/59 €
♦ In posizione panoramica – tra il centro e le grotte di Catullo – sfugge al caos turistico ed offre camere immerse nel verde, accoglienti e luminose. Ampia sala da pranzo di tono elegante, utilizzata anche per banchetti.

Sirmione   ⟨icons⟩ rist, ⟨icons⟩ **P** VISA ⓪ AE ① ⓢ
piazza Castello 19 – ℰ 0 30 91 63 31 – www.termedisirmione.com
– Fax 0 30 91 65 58
101 cam ⊇ – ♦123/174 € ♦♦154/218 € – 2 suites – ½ P 100/132 €
Rist – Carta 34/58 €
♦ Nel centro storico, ma affacciato sul lago, un albergo in parte rinnovato, diviso in due corpi separati e dotato di centro termale interno, per un soggiorno rigenerante. Raffinata sala ristorante; gradevole servizio estivo sotto un pergolato in riva al lago.

Catullo   ⟨icons⟩ rist, VISA ⓪ AE ① ⓢ
piazza Flaminia 7 – ℰ 03 09 90 58 11 – www.hotelcatullo.it – Fax 0 30 91 64 44
– chiuso sino al 14 marzo
57 cam ⊇ – ♦62/90 € ♦♦124/160 €   **Rist** – (solo per alloggiati)
♦ Uno dei più antichi alberghi di Sirmione, annoverato tra i "Locali storici d'Italia"; bel giardino in riva al lago con pontile-solarium, interni eleganti e confortevoli. Affacciato sul suggestivo giardino che ricorda antichi fasti, il ristorante propone la cucina nazionale.

Du Lac   ⟨icons⟩ cam, ⟨icons⟩ **P** VISA ⓪ ⓢ
via 25 Aprile 60 – ℰ 0 30 91 60 26 – www.hoteldulacsirmione.com
– Fax 0 30 91 65 82 – aprile-17 ottobre
35 cam ⊇ – ♦72/85 € ♦♦96/135 € – ½ P 76/85 €
Rist – (chiuso a mezzogiorno) (solo per alloggiati) Menu 25/35 €
♦ Gestione diretta d'esperienza in un hotel classico, in riva al lago, dotato di spiaggia privata; zone comuni con arredi di taglio moderno stile anni '70, camere lineari. Fresca sala da pranzo, affidabile cucina d'albergo.

Pace   ⟨icons⟩ ⟨icons⟩ VISA ⓪ AE ① ⓢ
piazza Porto Valentino – ℰ 03 09 90 58 77 – www.pacesirmione.it
– Fax 03 09 19 60 97 – chiuso dal 2 novembre al 20 dicembre
22 cam ⊇ – ♦50/70 € ♦♦100/135 € – ½ P 70/80 €   **Rist** – Carta 48/94 €
♦ Nel centro storico e fronte lago, una dimora dei primi '900 dagli interni vagamente british: un dedalo di corridoi e scale in cui si è cercato di preservare gli elementi d'epoca. Soffitti di legno conferiscono "calore" al ristorante; se preferite mangiare all'aperto, il berceau di rose vi offrirà un piacevole rifugio.

Marconi senza rist

via Vittorio Emanuele II 51 – € 03 09 16 00 7 – www.hotelmarconi.net
– Fax 0 30 91 65 87 – 7 marzo-22 novembre
23 cam ⏐ – †50/70 € ††80/120 €

♦ In centro, direttamente sul lago, hotel con razionali ambienti per concedersi un momento di relax, con arredi stile anni '70 d'ispirazione contemporanea; camere lineari.

Villa Rosa senza rist

via Quasimodo 4 – € 03 09 19 63 20 – www.hotel-villarosa.com
– Fax 03 09 19 72 37 – marzo-novembre
14 cam – †51/61 € ††60/76 €, ⏐ 10 €

♦ Semplice gestione familiare in un piccolo condominio in zona residenziale: ambienti vivacemente variopinti e centro storico raggiungibile con le biciclette dell'albergo.

Corte Regina senza rist

via Antiche Mura 11 – € 03 09 16 61 47 – www.corteregina.it
– Fax 03 09 19 64 70 – aprile-ottobre
14 cam ⏐ – †70/90 € ††80/110 €

♦ Adiacente al castello, albergo semplice e piccolo, quanto dignitoso e ben tenuto, dove la sala mansardata per la prima colazione offre una romantica vista sui tetti.

Mon Repos senza rist

via Arici 2 – € 03 09 90 52 90 – www.hotelmonrepos.com – Fax 0 30 91 65 46
– Pasqua-novembre
25 cam ⏐ – †70/95 € ††110/140 €

♦ Veri gioielli di questo hotel sono la splendida posizione, all'estremità della penisola, e il rigoglioso giardino-uliveto con piscina; interni essenziali, camere funzionali.

XXX **La Rucola** (Gionata Bignotti)

vicolo Strentelle 7 – € 03 09 16 32 6 – www.ristorantelarucola.it
– Fax 03 09 19 65 51 – chiuso dal 15 dicembre al 1° febbraio, giovedì, venerdì a mezzogiorno
Rist – Menu 90/110 € – Carta 75/100 €
Spec. Variazione di pesce crudo del mercato. Spaghetti ai ricci di mare con vongole e cacciaroli (calamaretti). Rombo con pomodori confit, capperi ed alici.

♦ In un vicolo del centro, è il ristorante per le grandi occasioni tra candelabri, tappeti e un tocco rustico nelle pietre a vista. Cucina creativa prevalentemente di mare.

XXX **Signori**

via Romagnoli 17 – € 03 09 16 01 7 – www.ristorantesignori.it
– Fax 03 09 16 01 7 – chiuso da novembre al 15 dicembre e lunedì
Rist – Carta 79/99 €

♦ Locale d'ispirazione contemporanea con una sala, abbellita da quadri moderni, che si protende sul lago grazie alla terrazza per il servizio estivo; piatti rielaborati.

XXX **La Speranzina**

via Dante 16 – € 03 09 90 62 92 – www.lasperanzina.it – Fax 03 09 19 91 71
– chiuso dal 6 gennaio al 10 febbraio e lunedì da ottobre a marzo
Rist – Carta 65/87 €

♦ Vicino al castello e con il lago che sembra una cartolina, gli ambienti ammiccano alla campagna provenzale mentre la cucina sforna piatti creativi e ricercati.

XX **Trattoria Antica Contrada**

via Colombare 23 – € 03 09 90 43 69 – www.anticacontrada.it
– Fax 03 09 90 43 69 – chiuso gennaio, lunedì, martedì a mezzogiorno
Rist – Carta 36/71 €

♦ Lungo la penisola - a 2 km dal centro - le tradizionali specialità lacustri sono oggi affiancate da piatti di terra e di mare. Se il tempo lo permette, optate per l'intimo dehors.

Voglia di partire all'ultimo momento?
Visitate i siti Internet degli hotel per beneficiare di eventuali promozioni.

a Colombare di Sirmione Sud : 3,5 km – ⊠ 25019

🏨 Europa ⅏ ⟨ 🚗 🏠 🗽 ⅏ cam, ⁽ᵗ⁾ 🅿 VISA ⓄⓄ AE ① ⅏
via Liguria 1 – ℰ 03 09 19 04 7 – www.europahotelsirmione.it
– Fax 03 09 19 64 72 – marzo-ottobre
25 cam ⅏ – †60/110 € ††80/140 € – ½ P 75/100 €
Rist – *(solo per alloggiati)*
♦ In riva al lago, abbellito da un verde giardino, albergo di taglio lineare con spiaggetta, pontile privato e piscina; camere di taglio moderno e personalizzate.

a Lugana Sud-Est : 5 km – ⊠ 25019 Colombare Di Sirmione

🏠 Bolero senza rist 🚗 🗽 🅰🅲 ⅏ 🅿 VISA ⓄⓄ AE ① ⅏
via Verona 254 – ℰ 03 09 19 61 20 – www.hotelbolero.it – Fax 03 09 90 42 13
8 cam – †55/110 € ††82/142 €, ⅏ 14 €
♦ Sembra di essere in una casa privata in questo tranquillo e intimo albergo familiare; spazi comuni in stile rustico, abbelliti da quadri, camere confortevoli.

XXX Vecchia Lugana 🚗 🏠 ⅋ 🅰🅲 ⅏ 🅿 VISA ⓄⓄ AE ① ⅏
piazzale Vecchia Lugana 1 – ℰ 0 30 91 90 12 – www.vecchialugana.com
– Fax 03 09 90 40 45 – chiuso dal 1° gennaio al 15 febbraio, lunedì, anche martedì e mercoledì da ottobre al 15 maggio
Rist – Menu 60/110 € – Carta 60/82 €
♦ Dopo una breve pausa, questo storico locale riapre i battenti con rinnovato entusiasmo ed una continuità di cucina che celebra i sapori del territorio. Gradevole servizio all'aperto, in riva al lago.

SIROLO – Ancona (AN) – 563 L22 – 3 659 ab. – ⊠ 60020   21 D1
▶ Roma 304 – Ancona 18 – Loreto 16 – Macerata 43
🛈 (giugno-settembre) via Peschiera ℰ 071 9330611, iat.sirolo@regione.marche.it, Fax 071 9330789
🏧 Conero, ℰ 071 7 36 06 13

🏨 Sirolo ⟨ 🗽 🏠 🄸 🅰🅲 ↔ ⅏ rist, ⁽ᵗ⁾ 🅂🄰 VISA ⓄⓄ AE ① ⅏
via Grilli 26 – ℰ 07 19 33 06 65 – www.hotelsirolo.it – Fax 07 19 33 03 73
– chiuso gennaio-marzo
30 cam – †68/90 € ††108/144 € – ½ P 92/102 €
Rist – *(chiuso a mezzogiorno escluso domenica) (solo per alloggiati)*
♦ Costruito nel cuore della città, all'interno del Parco del Conero, una moderna risorsa che ospita ampi ambienti arredati nei caldi colori mediterranei e con ferro battuto. Specialità marinare nella luminosa sala con vista sul giardino, mentre in estate l'angolo ristoro è sotto un gazebo vicino alla piscina.

🏠 Locanda Rocco 🏠 🄸 🅰🅲 ⅏ VISA ⓄⓄ ⅏
via Torrione 1 – ℰ 07 19 33 05 58 – www.locandarocco.it
– Fax 07 19 33 05 58
7 cam ⅏ – ††135/165 €
Rist – *(Pasqua-ottobre; chiuso martedì escluso da giugno a settembre)* (coperti limitati, prenotare) Carta 43/55 €
♦ Una struttura giovane e moderna tra le mura di una locanda trecentesca, dispone di stanze di design dai colori vivaci e di altre 7 camere nella dependance Rocco in Campagna. La piccola sala ristorante dai pavimenti color melanzana offre pietanze nazionali con tocchi di moderna creatività.

🏠 Valcastagno senza rist ⅏ 🏠 🅰🅲 ⅏ ⁽ᵗ⁾ 🅿 VISA ⓄⓄ AE ① ⅏
Contrada Valcastagno 12 – ℰ 07 17 39 15 80 – www.valcastagno.it
– Fax 07 17 39 27 76
8 cam ⅏ – ††75/150 €
♦ Ricavato in una casa colonica e immerso nella natura incontaminata del Parco, un piccolo hotel con camere accoglienti e graziose sapientemente arredate in ferro battuto.

al monte Conero (Badia di San Pietro) Nord-Ovest : 5,5 km – alt. 572 m
– ⊠ 60020 Sirolo

Monteconero ⊗ ≤ 🐧 🈺 ㊑ ※ ‖ AK ⅝ rist, ⁗ 🏌 P
via Monteconero 26 – 🕻 07 19 33 05 92 VISA ◍ AE ① ⟆
– www.hotelmonteconero.it – Fax 07 19 33 03 65 – 15 marzo-15 novembre e
capodanno
49 cam ⊏ – ♦90/125 € ♦♦150/165 € – 12 suites – ½ P 100/110 €
Rist – Carta 27/42 € (+10 %)
♦ In posizione isolata nel bosco del parco a picco sul mare, nacque nel 1400 come convento
e ancor oggi il soggiorno è all'insegna del silenzio e della natura. La panoramica e luminosa
sala ristorante propone piatti classici legati ai sapori della tradizione locale.

SISTIANA – Trieste – **562** E22 – Vedere Duino Aurisina – ⊠ 34019

SIUSI ALLO SCILIAR (SEIS AM SCHLERN) – Bolzano (BZ) – **562** C16   **31** C2
– alt. 988 m – Sport invernali : vedere Alpe di Siusi – ⊠ 39040

▶ Roma 664 – Bolzano 24 – Bressanone 29 – Milano 322
🖬 via Sciliar 16 🕻 0471 706124, info@seis.it, Fax 0471 706600

Diana 🚗 ㊑ 🔲 🈺 🈷 ♨ ‖ ⅙ cam, 🏃 ⅝ rist, ⁗ P 🚐 VISA ◍ ⟆
via San Osvaldo 3 – 🕻 04 71 70 40 70 – www.hotel-diana.it – Fax 04 71 70 60 03
– 20 dicembre-30 marzo e giugno-25 ottobre
54 cam ⊏ – ♦69/130 € ♦♦140/210 € – ½ P 80/115 €
Rist – (solo per alloggiati)
♦ Una gradevole struttura circondata dal verde, provvista di ampie e piacevoli zone comuni
in stile montano di taglio moderno, dalla calda atmosfera; camere accoglienti.

Europa ≤ 🚗 ㊑ 🈷 ‖ 🏃 ⅝ rist, ⁗ P 🚐 VISA ◍ ⟆
piazza Oswald Von Wolkenstein 5 – 🕻 04 71 70 61 74
– www.wanderhoteleuropa.com – Fax 04 71 70 72 22 – chiuso dal 15 aprile al
20 maggio e dal 2 novembre al 18 dicembre
33 cam ⊏ – ♦65/120 € ♦♦130/240 € – 2 suites – ½ P 75/135 €
Rist – (chiuso a mezzogiorno) (solo per alloggiati) Menu 30/55 €
♦ Gli eleganti saloni coniugano la tradizione tirolese con il design moderno. Camere più
classiche, luminose ed accoglienti, bel centro benessere con immancabile zona relax. Cucina
altoatesina nell'intima sala ristorante.

Silence & Schlosshotel Mirabell ⊗ ≤ 🚗 ㊑ 🔲 🈷 ‖ ⅝ rist,
via Laranza 1, Nord : 1 km – 🕻 04 71 70 61 34 ⁗ P VISA ◍ ⟆
– www.hotel-mirabell.net – Fax 04 71 70 62 49 – 19 dicembre-
6 aprile e 21 maggio-2 novembre
37 cam ⊏ – ♦♦160/265 € – ½ P 85/165 €
Rist – (chiuso a mezzogiorno) (solo per alloggiati) Menu 35/70 €
♦ Una bella casa recentemente ristrutturata, presenta spaziose ed accoglienti salette per il
relax nonché un grande giardino con piscina dal quale ammirare il profilo dei monti.

Schwarzer Adler 🚗 ㊑ 🈷 ‖ ⅙ ⅝ rist, P VISA ◍ AE ① ⟆
via Laurin 7 – 🕻 04 71 70 61 46 – www.hotelaquilanera.it – Fax 04 71 70 63 35
– 18 dicembre-6 aprile e 22 maggio-17 ottobre
21 cam – solo ½ P 50/110 €   **Rist** – Menu 30/40 €
♦ Nel cuore della località, una bianca struttura che ospita un albergo di antica tradizione rinnovato nel tempo; camere confortevoli con graziosi arredi in legno chiaro. La cucina offre
piatti saldamente legati al territorio.

XX **Sassegg** P VISA ◍ AE ① ⟆
via Sciliar 9 – 🕻 04 71 70 42 90 – www.sassegg.it – Fax 04 71 70 86 35
– chiuso 3 settimane in giugno, 3 settimane in ottobre, lunedì, martedì a
mezzogiorno
Rist – (chiuso a mezzogiorno escluso dicembre-gennaio, agosto e domenica)
Carta 53/67 € ⊗
♦ Il design accattivante, l'ampio utilizzo di rivestimenti in pelle e legno, costituiscono la giusta ambientazione per un menù che spazia dalla tradizione locale al mare.

SIZZANO – Novara (NO) – **561** F13 – **1 497 ab.** – **alt. 225 m** – ⊠ 28070   23 C2

> ▶ Roma 641 – Stresa 50 – Biella 42 – Milano 66

✗✗ **Impero**   🏧 ⇔ 🚾 ⦿ 🅰🅴 👍
    via Roma 13 – ℰ 03 21 82 05 76 – Fax 03 21 82 05 76 – chiuso dal 26 dicembre
al 4 gennaio, agosto, domenica sera, lunedì
Rist – Carta 28/44 €

◆ La solida conduzione familiare, affabile e premurosa, e la gustosa cucina del territorio
sapientemente rielaborata sono senz'altro i punti di forza di questa moderna trattoria.

SOAVE – Verona (VR) – **562** F15 – **6 847 ab.** – **alt. 40 m** – ⊠ 37038   35 B3

> ▶ Roma 524 – Verona 22 – Milano 178 – Rovigo 76
> 🔢 Foro Boario ℰ 045 6190773, iat@estveronese.it, Fax 045 6190773

🏨 **Roxy Plaza** senza rist   🛏 📶 👍 🏧 �📶 🕸 🚗 🚾 ⦿ 🅰🅴 ⓘ 👍
    via San Matteo 4 – ℰ 04 56 19 06 60 – www.hotelroxyplaza.it
– Fax 04 56 19 06 76
44 cam – ♦45/100 € ♦♦65/160 €, � 15 €

◆ In pieno centro, albergo moderno dagli ambienti arredati nelle tonalità del legno e del
nocciola e abbelliti da tappeti; piacevoli le camere, alcune con vista sul castello.

✗ **Al Gambero** con cam   🍽 cam, 🚾 ⦿ 🅰🅴 👍
    corso Vittorio Emanuele 5 – ℰ 04 57 68 00 10
– www.ristorantealgamberosoave.it – Fax 04 56 19 83 01 – chiuso 1 settimana in
gennaio, agosto e mercoledì
12 cam ⊐ – ♦35 € ♦♦55 €
Rist – Carta 24/36 €
Rist *Osteria La Scala* – Carta 21/31 €

◆ Sorto come locanda nella seconda metà dell'800, questo edificio storico ospita un'ampia
sala, accogliente e rustica, dove gustare i piatti della tradizione veneta, di terra e di mare.
Graziose le camere, arredate con mobili d'epoca. Qualche piatto e i dolci per un pasto veloce
nella semplice osteria wine-bar.

SOCI – Arezzo – **562** K17 – Vedere Bibbiena

SOGHE – Vicenza – Vedere Arcugnano

SOIANO DEL LAGO – Brescia (BS) – **561** F13 – **1 731 ab.** – **alt. 203 m**   17 D1
– ⊠ 25080

> ▶ Roma 538 – Brescia 27 – Mantova 77 – Milano 128

✗✗ **Villa Aurora**   ≤ 🍴 🏧 🍽 🅿 🚾 ⦿ 🅰🅴 ⓘ 👍
    via Ciucani 1/7 – ℰ 03 65 67 41 01 – Fax 03 65 67 41 01 – chiuso mercoledì
Rist – Menu 29 € – Carta 25/35 €

◆ Signorile e familiare, una splendida vista sul lago; nelle luminose e originali sale del locale,
una cucina del territorio, di carne e di pesce, rivisitata con estro.

SOLAROLO RAINERIO – Cremona (CR) – **561** G13 – **1 033 ab.**   17 C3
– **alt. 28 m** – ⊠ 26030

> ▶ Roma 487 – Parma 36 – Brescia 67 – Cremona 27

✗✗ **La Clochette** con cam   🚗 🍴 🏧 📶 🅿 🚾 ⦿ 🅰🅴 ⓘ 👍
    via Borgo 2 – ℰ 0 37 59 10 10 – www.ristorantelaclochette.com
– Fax 03 75 31 01 51 – chiuso dal 7 al 22 gennaio e dal 1° al 14 agosto
12 cam – ♦45 € ♦♦65 €, ⊐ 4 €   **Rist** – (chiuso martedì) Carta 29/44 €

◆ In una villa d'epoca con parco, cucina classica con ottime specialità di mare. Ambienti eleganti e signorili, con decorazioni e soffitti a volta. Camere linde e ben tenute, molte le singole.

SOLDA (SULDEN) – Bolzano (BZ) – **562** C13 – **alt. 1 906 m** – Sport   30 A2
invernali : 1 860/3 150 m ⬙ 1 ⬙ 9, ⬈ – ⊠ 39029

> ▶ Roma 733 – Sondrio 115 – Bolzano 96 – Merano 68
> 🔢 ℰ 0473 613015, info@ortlergebiet.it, Fax 0473 613182

Sporthotel Paradies Residence ⟨ ⊛ ⅏ ⌂ ⏧ ⌨ 🖐 «ꝑ» **P** 🚗 🔷VISA 🌀 ⑤

via Principale 87 – ☎ 04 73 61 30 43
*– www.sporthotel-paradies.com – Fax 04 73 61 32 43 – 21 novembre-1° maggio
e 25 giugno-25 settembre*
57 cam – solo ½ P 115/140 €   **Rist** – Carta 31/86 €
♦ Risorsa dall'affidabile gestione per una vacanza all'insegna di una genuina atmosfera di
montagna. Tutti gli spazi offrono un buon livello di confort, soprattutto le camere. Sala ristorante ricca di decorazioni.

Cristallo ⟨ 🚗 🖥 ⊛ ⅏ ⌂ ⏧ ⌨ 🏃 «ꝑ» **P** 🚗 🔷VISA 🌀 ⑤

Solda 31 – ☎ 04 73 61 32 34 – www.cristallo.info – Fax 04 73 61 31 14
– 15 novembre-5 maggio e 15 giugno-30 settembre
33 cam ⊡ – ♦52/72 € ♦♦90/130 € – ½ P 78/110 €   **Rist** – Menu 25/32 €
♦ In posizione centrale e panoramica, albergo ammodernato con spazi comuni luminosi e
confortevoli. Centro benessere ben ristrutturato, camere spaziose. Ristorante con annessa
stube tirolese.

Eller ⊗ ⟨ 🚗 ⛱ 🖥 ⅏ ⌨ 🏃 «ꝑ» **P** 🔷VISA 🌀 ⑤

Solda 15 – ☎ 04 73 61 30 21 – www.hoteleller.com – Fax 04 73 61 31 81
– dicembre-5 maggio e luglio-29 settembre
44 cam ⊡ – ♦54/64 € ♦♦87/117 € – ½ P 74/87 €
Rist – *(chiuso a mezzogiorno da dicembre a maggio)* Carta 40/49 €
♦ In posizione panoramica, albergo di tradizione rinnovato negli ultimi anni: ampi spazi
comuni e piccolo centro relax; accoglienti camere spaziose. Capiente ristorante in stile montano di taglio moderno.

SOLIERA – Modena (MO) – **562** H14 – 14 870 ab. – alt. 29 m – ⊠ 41019   8 B2
　　▶ Roma 420 – Bologna 56 – Milano 176 – Modena 12

a Sozzigalli Nord-Est: 6 km – ⊠ 41019

🍴   **Osteria Bohemia** con cam ⊗   🛋 ㅊ rist, 🄰🄲 🎇 rist, **P**
㋡   *via Canale 497, Nord: 1,5 km – ☎ 059 56 30 41*   🔷VISA 🌀 🄰🄴 ⓪ ⑤
        – www.osteriabohemia.it – Fax 059 56 30 41
2 cam ⊡ – ♦40 € ♦♦65 €
Rist – *(chiuso domenica e lunedì)* (consigliata la prenotazione) Carta 25/46 €
♦ Piccola ed accogliente casa di campagna illuminata da lampade cupree. Nell'orto si coltivano erbe e verdure, ingredienti base dei piatti proposti ai commensali dal creativo chef. Graziose e semplici le due camere, ideali per fermarsi ad assaporare la quiete dei dintorni.

SOLIGHETTO – Treviso – Vedere Pieve di Soligo

SOLIGO – Treviso – Vedere Farra di Soligo

SOLOFRA – Avellino (AV) – **564** E26 – 12 054 ab. – ⊠ 83029   7 C2
　　▶ Roma 271 – Napoli 75 – Avellino 15 – Benevento 53

🏛   **Solofra Palace** 🚗 🖥 🏃 🄰🄲 🎇 «ꝑ» 🛁 **P** 🔷VISA 🌀 🄰🄴 ⓪ ⑤
㋡   *via Melito 6/a – ☎ 08 25 53 14 66 – www.solofrapalacehotel.com*
        – Fax 08 25 53 19 68
32 cam ⊡ – ♦75/110 € ♦♦90/140 €
Rist – *(chiuso a mezzogiorno escluso sabato e domenica)* Menu 20/40 €
♦ Situato alle porte della località, l'hotel vanta soprattutto una clientela d'affari e dispone di
spaziosi ambienti arredati con gusto nonché di una piccola Beauty farm. Il ristorante si articola su due sale a differente vocazione: una ideale per allestire banchetti, l'altra con cucina
regionale e servizio pizzeria.

SOLOMEO – Perugia – Vedere Corciano

SOLONGHELLO – Alessandria (AL) – 226 ab. – alt. 220 m – ⊠ 15020   23 C2

▶ Roma 640 – Torino 78 – Alessandria 51 – Asti 35

Locanda dell'Arte senza rist ⌂   🖛 🔲 🛝 🏠 🔥 🕎 📞 🛎 P   VISA ⓪ 🛎
via Asilo Manacorda 3 – ℰ 01 42 94 44 70
– www.locandadellarte.it – Fax 01 42 94 40 77 – chiuso dal 4 gennaio al
12 febbraio
14 cam ⌂ – †90/110 € ††130/150 € – 1 suite
♦ Camere ampie e confortevoli all'interno di una villa del 1700 ubicata sulle pittoresche colline del Monferrato. Calorosa accoglienza e gestione diretta.

SOMMACAMPAGNA – Verona (VR) – 562 F14 – 14 285 ab.   37 A3
– alt. 121 m – ⊠ 37066

▶ Roma 500 – Verona 15 – Brescia 56 – Mantova 39
🔞 Verona, ℰ 045 51 00 60

Scaligero   🏠 🔥 🕎 ⌂ 🕎 P 🚗 🚐 VISA ⓪ AE ⓪ 🛎
via Osteria Grande 41 – ℰ 04 58 96 91 30 – www.hotelscaligero.com
– Fax 04 58 97 87 35
23 cam ⌂ – †55/100 € ††70/150 € – ½ P 50/90 €
Rist – (chiuso i mezzogiorno di sabato e domenica) Carta 15/30 €
♦ Una struttura nuova, a conduzione familiare, dotata di camere confortevoli, semplici ed ordinate, arredate in chiare tonalità. Tranquilla e sobriamente elegante l'atmosfera. La ristorazione consiste nell'attività originaria dei proprietari: buona cucina veneta ed internazionale ma anche pizzeria.

✗✗ **Merica** con cam   🕎 rist, 🕎 📞 P VISA ⓪ AE ⓪ 🛎
via Rezzola 93, località Palazzo, Est : 1,5 km – ℰ 0 45 51 51 60
– www.trattoriamerica.it – Fax 0 45 51 53 44 – chiuso dal 25 dicembre al
6 gennaio e agosto
10 cam ⌂ – †50/60 € ††70/80 €   **Rist** – (chiuso lunedì) Carta 27/39 €
♦ Il servizio è veloce e di certa esperienza in questo grazioso ristorante che occupa gli spazi di una villetta di campagna. La cucina è fedelmente ancorata alla tradizione. Graziose e sorprendentemente confortevoli le camere di questo hotel familiare.

a Custoza Sud-Ovest : 5 km – ⊠ 37060

✗✗ **Villa Vento**   🖛 🏠 🔥 🕎 🕎 ⌂ P VISA ⓪ AE 🛎
strada Ossario 24 – ℰ 0 45 51 60 03 – www.ristorantevillavento.com
– Fax 0 45 51 62 88 – chiuso dal 13 al 29 gennaio, dal 27 ottobre al 6 novembre,
lunedì, martedì
Rist – Carta 26/37 €
♦ In una villa d'epoca, il ristorante vanta un andamento familiare. Dalla cucina, piatti tipici del posto ed in sala una griglia sempre calda. Il piccolo parco ombreggia la terrazza.

sull'autostrada A 4 area di servizio Monte Baldo Nord o per Caselle
Est : 5 km

Saccardi Quadrante Europa   🏠 🔲 🔲 🌐 🛝 🛝 🏠 🔥 🕎 🕎 🕎
via Ciro Ferrari 8 ⊠ 37060 Caselle di   🕎 🛎 P 🚗 VISA ⓪ AE ⓪ 🛎
Sommacampagna – ℰ 04 58 58 14 00 – www.hotelsaccardi.it
– Fax 04 58 58 14 02
120 cam – †50/200 € ††75/245 €, ⌂ 12 € – 6 suites   **Rist** – Carta 21/47 €
♦ Disponibilità, cortesia ed efficienza caratterizzano questo elegante complesso, punto d'incontro per la clientela d'affari. All'interno, camere di sobria modernità e centro fitness. Atmosfera raffinata e piatti della tradizione italiana al ristorante. È possibile pranzare anche in giardino, a bordo piscina.

SOMMA LOMBARDO – Varese (VA) – 561 E8 – 16 988 ab.   16 A2
– alt. 281 m – ⊠ 21019

▶ Roma 626 – Stresa 35 – Como 58 – Milano 49
🔞 Arona a Borgo Ticino, ℰ 0321 90 70 34

Hilton Garden Inn Milan Malpensa
🕴 & AC ↳ 🍸 rist. 🍴 🚻
via Mazzini 63 – 𝒞 *03 31 27 89 11* — 🅿 🚗 VISA ⦿ AE ① ⑤
– *www.milanmalpensa.hgi.com* – Fax *03 31 27 89 50*
195 cam – ♦♦80/250 €, ☑ 10 € – 8 suites **Rist** – Carta 31/55 €
◆ Hotel moderno, dalle linee pulite e funzionali, è indicato soprattutto per una clientela d'affari: camere con dotazioni tecnologiche e sale *meeting* attrezzate. Ristorazione che consente sia pasti veloci a prezzo fisso, sia pause gastronomiche più "importanti".

Domina Inn Malpensa
🕴 & ⭑⭑ AC ↳ 🍸 rist. 🍴 🚻 🅿 🚗
via Lazzaretto 1 – 𝒞 *0 33 12 78 81* — VISA ⦿ AE ① ⑤
– *www.dominahotels.com* – Fax *03 31 27 87 99*
143 cam ☑ – ♦110/300 € ♦♦130/350 € **Rist** – Menu 25/30 €
◆ Hotel immaginato per la clientela business, a poca distanza dell'aeroporto. Struttura contemporanea con camere ben accessoriate e ampio parcheggio. Ampia sala ristorante d'impostazione classica.

✕✕ Corte Visconti
AC 🍸 ⇄ VISA ⦿ AE ① ⑤
via Roma 9 – 𝒞 *03 31 25 48 73* – *www.corteviscanti.it* – Fax *03 31 25 48 73*
– *chiuso dal 16 agosto al 3 settembre, lunedì, martedì a mezzogiorno*
Rist – Carta 47/70 €
◆ Ambiente classico di tono rustico con mura in pietra, volte in mattone e soffitti in legno. La cucina invece, pur partendo dal territorio, spicca per creatività. Bel dehors estivo con suggestivi giochi di luce.

a Case Nuove Sud : 6 km – ✉ 21019 Somma Lombardo

Crowne Plaza Milan Malpensa Airport
🎭 ⅃♨ 🕴 & AC ↳ 🍸
via Ferrarin 7 – 𝒞 *0 03 12 11 61* — 🗼 🍴 🅿 VISA ⦿ AE ① ⑤
– *www.crowneplazamalpensa.com* – Fax *03 31 21 16 63*
135 cam ☑ – ♦85/355 € ♦♦105/375 € – ½ P 95/228 € **Rist** – Carta 37/62 €
◆ Nuova struttura di moderna concezione propone un elevato confort nelle belle camere insonorizzate, dove le dotazioni rispondono allo standard della catena. Design moderno nelle zone comuni con utilizzo di marmo e pannelli di legno *wenge*. Piccolo centro benessere con attrezzature cardio fitness.

First Hotel Malpensa
& cam, AC ↳ 🍸 rist. 🍴 🚻 🅿
via Baracca 34 – 𝒞 *03 31 71 70 45* – *www.firsthotel.it* — VISA ⦿ AE ① ⑤
– *Fax 03 31 23 08 27*
58 cam ☑ – ♦80/230 € ♦♦99/250 € **Rist** – Carta 41/53 € (+10 %)
◆ Non lontano dall'aeroporto di Malpensa, nuova struttura dalla linea essenziale; all'interno originali ambienti personalizzati da moderne soluzioni di design, camere sobrie. La sala da pranzo è decorata con parti di aeroplani.

✕ La Quercia
AC 🍸 🅿 VISA ⦿ AE ① ⑤
via Tornavento 11, a Case Nuove – 𝒞 *03 31 23 08 08*
– *www.ilristorantelaquercia.it* – *chiuso dal 23 dicembre al 5 gennaio e martedì*
Rist – Carta 23/44 €
◆ Buona accoglienza in un locale familiare da 40 anni nei pressi dell'aeroporto di Malpensa: classica sala dove gustare carrello di arrosti e bolliti.

SONA – Verona (VR) – **562** F14 – 16 440 ab. – alt. 169 m – ✉ 37060 **35** A3
🗺 Roma 433 – Verona 15 – Brescia 57 – Mantova 39

✕ El Bagolo
🍽 & VISA ⦿ ⑤
via Molina 1 – 𝒞 *04 56 08 21 17* – Fax *04 56 08 21 17* – *chiuso dal 15 al 25 febbraio, dal 1° al 21 settembre e lunedì*
Rist – *(chiuso a mezzogiorno escluso domenica e festivi)* Carta 27/38 €
◆ Questa semplice dimora del XIII secolo è diventata una trattoria a gestione familiare dalla simpatica atmosfera in cui gustare cucina del territorio, tradizionale o rivisitata; gradevole servizio in giardino.

SONDRIO 🅿 (SO) – **561** D11 – 22 214 ab. – alt. 307 m – ✉ 23100 **16** B1
🗺 Roma 698 – Bergamo 115 – Bolzano 171 – Bormio 64
🚹 piazzale Bertacchi 77 𝒞 0342 451150, info@cuoredivaltellina.it, Fax 0342 573472
🗺 Valtellina, 𝒞 0342 35 40 09

🏠🏠🏠 Della Posta   🚗 🏠 ☆ ⅃₅ 🛗 🗚 cam, 🍽 rist, 🖤 🏋 🅿
piazza Garibaldi 19 – ✆ *03 42 05 06 44*   🆅🅸🆂🅰 ⓦⓞ 🅰🅴 ⓞ 💲
– www.grandhoteldellaposta.eu – Fax 03 42 05 30 92
38 cam ⌁ – ✝110/180 € ✝✝160/260 €
Rist *– (chiuso 3 settimane in agosto e domenica)* Carta 45/75 €
♦ Affacciato su una scenografica piazza del centro, edificio ed albergo nacquero insieme, nel 1862. Oggi rimangono diverse testimonianze d'epoca, arricchite da sculture e dipinti moderni. Camere signorili, mansardate all'ultimo piano. Atmosfera contemporanea al ristorante, cucina locale e nazionale.

🏠 Europa   ⩽ 🛗 🗚 🍽 rist, 🖤 🚗 🆅🅸🆂🅰 ⓦⓞ 🅰🅴 ⓞ 💲
lungo Mallero Cadorna 27 – ✆ *03 42 51 50 10* – *www.albergoeuropa.com*
– Fax 03 42 51 28 95
41 cam – ✝62/75 € ✝✝88/98 €, ⌁ 8 € – ½ P 62/78 €
Rist *– (chiuso domenica)* Carta 31/39 €
♦ Albergo nato come semplice pensione a gestione familiare, è ora una struttura dai servizi completi, ubicata nel centro della località; interni e camere in stile lineare. Ristorante d'ispirazione contemporanea.

✗✗ Sale e Pepe   🏠 🍽 🆅🅸🆂🅰 ⓦⓞ 🅰🅴 ⓞ 💲
piazza Cavour 13 – ✆ *03 42 21 22 10* – *www.ristorantesalepepe.it*
– Fax 03 42 21 22 10 – chiuso dal 24 agosto al 6 settembre e domenica
Rist – Menu 31/42 € – Carta 36/48 €
♦ Alla fine di una via pedonale che si apre sulla piccola piazza del vecchio mercato, locale caldo e signorile personalizzato alle pareti con quadri contemporanei dai colori decisi.

✗✗ Trippi Grumello   🏠 ⇄ 🅿 🆅🅸🆂🅰 ⓦⓞ 🅰🅴 ⓞ 💲
via Stelvio 23, Est : 1 km ✉ *23020 Montagna in Valtellina* – ✆ *03 42 21 24 47*
– Fax 03 42 51 85 67 – chiuso domenica
Rist – Carta 32/48 €
♦ Atmosfera e proposte molto tipiche in un ristorante storico: accoglienti sale di buon livello, dove gustare caratteristici piatti del territorio, ma anche nazionali.

✗ Il Bàcaro   🍽 🆅🅸🆂🅰 ⓦⓞ 🅰🅴 ⓞ 💲
via Romegialli 2 – ✆ *03 42 21 06 74* – *www.ristoranteilbacaro.com*
– chiuso 1 settimana in luglio e lunedì
Rist *– (coperti limitati, prenotare)* Carta 33/53 €
♦ Una giovane ed appassionata coppia vi delizierà con piatti veneti, esclusivamente a base di pesce, all'interno di un palazzo del quattrocento: bassi soffitti a volta e solo due salette con pochi coperti.

a Montagna in Valtellina Nord-Est : 2 km – alt. 567 m – ✉ 23020

✗✗ Dei Castelli   🏠 🅿 🆅🅸🆂🅰 ⓦⓞ 🅰🅴 ⓞ 💲
via Crocefisso 10 – ✆ *03 42 38 04 45 – chiuso dal 25 maggio al 15 giugno, dal 25 ottobre al 15 novembre, domenica sera, lunedì*
Rist – Carta 32/52 €
♦ Ambiente caldo e accogliente, curato nella sua semplicità: tavoli di legno elegantemente ornati, camino acceso e atmosfera familiare; proposte di cucina valtellinese.

a Moia di Albosaggia Sud : 5 km – alt. 409 m – ✉ 23100 Sondrio

🅷🅱 Campelli   ⩽ 🚗 🏠 ☆ 🛗 ♿ cam, 🗚 rist, 🍽 🖤 🏋 🅿 🚗
🍽 *via Moia 6* – ✆ *03 42 51 06 62* – *www.campelli.it*   🆅🅸🆂🅰 ⓦⓞ 🅰🅴 ⓞ 💲
– Fax 03 42 21 31 01
34 cam ⌁ – ✝60 € ✝✝90 € – 1 suite
Rist *– (chiuso dal 1° al 20 agosto, domenica sera, lunedì a mezzogiorno)*
Carta 38/52 €
♦ In posizione dominante la valle, non lontano dalla città, albergo moderno recentemente ristrutturato: confortevoli interni dai colori caldi e intensi; camere accoglienti. Ristorante dove gustare proposte culinarie legate alla tradizione e al territorio.

SOPRABOLZANO = OBERBOZEN – Bolzano – Vedere Renon

SORAFURCIA – Bolzano – Vedere Valdaora

SORAGA DI FASSA – Trento (TN) – **562** C16 – 677 ab. – alt. 1 209 m   31 C2
– Sport invernali : Comprensorio Dolomiti superski Val di Fassa – ✉ 38030

> ▷ Roma 664 – Bolzano 42 – Cortina d'Ampezzo 74 – Trento 74
>
> 🔍 stradon de Fascia 1 ℰ 0462 609750, infosoraga@fassa.com,
> Fax 0462 768461

Arnica ॐ   🛏 ⅏ 🛗 🖋 rist, **P.** ᴠɪꜱᴀ ᄋ ᚼ
strada De Parlaut 4 – ℰ *04 62 76 84 15 – www.hotelarnica.net*
– Fax 04 62 76 82 20 – dicembre-aprile e giugno-settembre
17 cam ⌑ – ♦65/85 € ♦♦110/140 € – ½ P 65/85 €
Rist – *(solo per alloggiati)*
Rist *La Stua De Marco* – *(chiuso a mezzogiorno)* Carta 40/65 €
♦ Albergo recente nella parte alta della località: ambiente familiare, interni funzionali, grazioso centro benessere e camere semplici, due delle quali in un fienile del '700. Al ristorante, cucina ladina e nazionale. Alla Stua De Marco, piatti più creativi e personalizzati.

> Il nome di un ristorante in rosso evidenzia una « promessa ».
> Il locale potrebbe accedere ad una categoria superiore: prima stella o
> stella supplementare. Tali esercizi sono elencati nella lista delle tavole
> stellate all'inizio della guida.

SORAGNA – Parma (PR) – **561** H12 – 4 717 ab. – alt. 47 m – ✉ 43019   8 B2
> ▷ Roma 480 – Parma 27 – Bologna 118 – Cremona 35

Locanda del Lupo   🛗 ⅊ Ⓐ🄒 🖋 rist, ᚼ **P** ᴠɪꜱᴀ ᄋ ᴀᴇ ᴏ ᚼ
via Garibaldi 64 – ℰ *05 24 59 71 00 – www.locandadellupo.com*
– Fax 05 24 59 70 66 – chiuso dal 23 al 29 dicembre e dal 5 al 23 agosto
46 cam ⌑ – ♦80/90 € ♦♦114/144 € – ½ P 77/92 €   **Rist** – Carta 34/54 €
♦ Bella costruzione del XVIII sec., sapientemente restaurata: soffitti con travi a vista negli interni di tono elegante con arredi in stile; camere accoglienti e sala congressi. Calda atmosfera al ristorante con bel mobilio in legno.

Locanda Stella d'Oro (Marco Dallabona) con cam   🛏 Ⓐ🄒 🕪
₷₷   *via Mazzini 8 –* ℰ *05 24 59 71 22 – www.stelladoro.biz*   ᴠɪꜱᴀ ᄋ ᚼ
– Fax 05 24 59 70 43
14 cam – ♦55/70 € ♦♦90/110 €, ⌑ 4 €
Rist – *(chiuso lunedì a mezzogiorno)* Menu 50 € – Carta 47/71 € ⅜
Spec. Cannolo di lumache, patate ed erbe aromatiche in crosta di pasta fillo. Savarin di riso. Suprema di faraona caramellata all'aceto balsamico con sedano, mele e ribes.
♦ Nelle terre verdiane, l'ambiente offre ancora tutto il sapore e la magia di una trattoria. E neppure la cucina se ne discosta tanto, è la tradizione personalizzata.

a Diolo Nord : 5 km – ✉ 43019 Soragna

Osteria Ardenga   🛏 Ⓐ🄒 ⇄ **P** ᴠɪꜱᴀ ᄋ ᴀᴇ ᴏ ᚼ
via Maestra 6 – ℰ *05 24 59 93 37 – www.osteriardenga.it – Fax 05 24 59 79 12*
– chiuso dal 7 al 17 gennaio, dal 10 al 31 luglio, martedì sera, mercoledì
Rist – Carta 22/30 €
♦ Locale molto gradevole caratterizzato da uno stile rustico, ma signorile. Tre salette, di cui una dedicata alle coppie, per apprezzare la genuina e gustosa cucina parmense.

SORANO – Grosseto (GR) – **563** N17 – 3 700 ab. – alt. 374 m   29 D3
– ✉ 58010

> ▷ Roma 153 – Viterbo 60 – Grosseto 87 – Orvieto 47

Della Fortezza senza rist ॐ   ≼ **P** ᴠɪꜱᴀ ᄋ ᴀᴇ ᚼ
piazza Cairoli 5 – ℰ *05 64 63 20 10 – www.fortezzahotel.it – Fax 05 64 63 32 09*
16 cam ⌑ – ♦70/90 € ♦♦100/130 €
♦ Suggestiva collocazione all'interno della fortezza Orsini, imponente struttura militare medievale, per un albergo dagli interni in stile, di tono elegante; belle camere.

SORBO SERPICO – Avellino (AV) – 555 ab. – ⊠ 83050 7 C2
> ▶ Roma 272 – Napoli 76 – Avellino 22 – Benevento 52

XX **Marenna'** ≤ 🏠 ⓕ 🅰️ 🌂 🅿️ 🆚 ⓒ 🅰️ ① ⓕ
✿ località Cerza Grossa – ✆ 08 25 98 66 66 – www.feudi.it – Fax 08 25 98 62 30
– chiuso 3 settimane in gennaio, domenica sera, lunedì, martedì
Rist – Carta 42/54 €
Spec. Tortelli di ricotta e parmigiano di bufala, schiuma di latte e ravece
(varietà d'oliva). Guancia di manzo brasata all'aglianico, purea di zucca e liquirizia. Pastiera ieri ...oggi.
◆ Nata da un connubio di idee tra designer italo-americani-giapponesi, la sala propone una
cucina fedele alla gastronomia locale, ma rivisitata con tocchi di modernità.

SORGONO – Nuoro – **366** P43 – **Vedere Sardegna alla fine dell'elenco alfabetico**

SORI – Genova (GE) – **561** I9 – 4 351 ab. – ⊠ 16030 15 C2
> ▶ Roma 488 – Genova 17 – Milano 153 – Portofino 20

X **Al Boschetto** 🆚 ⓒ 🅰️ ① ⓕ
∞ via Caorsi 44 – ✆ 01 85 70 06 59 – Fax 01 85 70 06 59 – chiuso dal 15 al
25 marzo, dal 10 settembre al 10 ottobre e martedì
Rist – Carta 21/50 €
◆ Lungo il fiume, un locale familiare e luminoso caratterizzato da sale dalle ampie vetrate,
dove gustare una cucina locale di terra e di mare. Servizio serale di focacceria.

> E' una questione di categoria: non aspettatevi lo stesso servizio in un ristorante
> X o in un albergo 🏠 rispetto ad un XXXXX o ad un 🏨🏨🏨.

SORICO – Como (CO) – 1 206 ab. – alt. 208 m – ⊠ 22010 16 B1
> ▶ Roma 684 – Como 82 – Sondrio 45 – Lugano 53

🏠 **Berlinghera** ⌂ 🔌 🅰️ rist, 🅿️ 🆚 ⓒ 🅰️ ① ⓕ
località Dascio, Nord-Est : 3,5 km – ✆ 0 34 48 40 37 – www.hotelberlinghera.com
– Fax 0 34 48 40 37
16 cam ⌷ – †35/40 € ††55/60 € – ½ P 60/70 €
Rist – (chiuso mercoledì in inverno) Carta 25/37 €
◆ Tra il lago di Como e quello di Mezzola, in posizione tranquilla e piacevole, un hotel
gestito da sempre dalla stessa intraprendente famiglia. Al ristorante proposte tradizionali
con specialità di pesce.

SORISO – Novara (NO) – **561** E7 – 758 ab. – alt. 452 m – ⊠ 28010 24 A2
> ▶ Roma 654 – Stresa 35 – Arona 20 – Milano 78

XXXX **Al Sorriso** (Luisa Valazza) con cam ⌂ 🅰️ rist, ⅓ 🕪 🆚 ⓒ 🅰️ ① ⓕ
✿ ✿ ✿ via Roma 18 – ✆ 03 22 98 32 28 – www.alsorriso.com – Fax 03 22 98 33 28
– chiuso dall'8 al 23 gennaio e dall'8 al 18 agosto
8 cam ⌷ – †130/150 € ††200 €
Rist – (chiuso lunedì e martedì) (consigliata la prenotazione) Menu 150/160 €
– Carta 96/146 € ⊛
Spec. Composizione di triglie di scoglio e sedano rapa, croccante di carciofi
all'olio di olive taggiasche alle acciughe. Doppio raviolo di pasta all'uovo,
gamberi rossi e basilico con emulsione di crostacei ai pistilli di zafferano.
Vitello castrato di sanato piemontese con nocciole e fegato d'oca, sfoglie di
funghi porcini e animelle.
◆ Marito in sala e moglie in cucina, una gestione familiare ai vertici della cucina italiana;
locale di classica eleganza, cucina più eclettica, dai piatti piemontesi al pesce.

SORNI – Trento – **Vedere Lavis**

SORRENTO – Napoli (NA) – **564** F25 – **16 542 ab.** – ✉ **80067** Italia **6** B2

Roma 257 – Napoli 49 – Avellino 69 – Caserta 74

per Capri – Caremar, call center 892 123

via De Maio 35 ☎ 081 8074033, info@sorrentotourism.com, Fax 081 8773397

Villa Comunale : ←★★ A – Belvedere di Correale ←★★ B **A** – Museo Correale di Terranova★ B **M** – Chiostro★ della chiesa di San Francesco A **F**

Penisola Sorrentina★★ : ←★★ su Sorrento dal capo di Sorrento (1 h a piedi AR), ←★★ sul golfo di Napoli dalla strada S 163 per ② (circuito di 33 km) – Costiera Amalfitana★★★ – Isola di Capri★★★

Grand Hotel Excelsior Vittoria

piazza Tasso 34 – ☎ 08 18 77 71 11 – www.excelsiorvittoria.com – Fax 08 18 77 12 06 **Bu**

82 cam – †210/320 € ††240/550 € – 16 suites – ½ P 245/335 €

Rist – Carta 52/88 €

♦ Il giardino con piascina, il nuovo piccolo centro benessere olistico e un susseguirsi di saloni dal solare giardino d'inverno, alla sala della musica: sontuoso, storico e signorile. Maestosa la sala da pranzo, con eleganti pilastri di marmo e uno stupendo soffitto dipinto.

Hilton Sorrento Palace

cam,

via Sant'Antonio 13 – ☎ 08 18 78 41 41 – www.sorrento.hilton.com – Fax 08 18 78 39 33

373 cam – †155/365 € ††175/390 € – 4 suites – ½ P 155/265 €

Rist – Carta 38/72 €

♦ Affacciato sul Golfo di Napoli e in posizione tranquilla, un grand hotel capace di unire e fondere stile e confort moderni, ad un paesaggio pittoresco e scenografico. Varie sale ristorante, la più originale con pareti in roccia, a fianco alla piscina.

Grand Hotel Capodimonte

rist,

via Capo 14 – ☎ 08 18 78 45 55 – www.manniellohotels.com – Fax 08 18 07 11 93 – 3 aprile-ottobre **Ag**

184 cam – †299 € ††410 € – 2 suites – ½ P 230 € **Rist** – Carta 47/60 €

♦ Il Vesuvio e Napoli visibili in lontananza da un albergo abbellito da terrazze fiorite con piscine digradanti circondate da ulivi; curati spazi interni, ampi e luminosi. Ariosa sala da pranzo con pareti decorate e vetrate sull'affascinante paesaggio esterno.

SORRENTO

De Maio (V.) . . . . B 3
Italia (Cso) . . . . AB
S. Antonino (Pza) . . . . . . B 6
S. Cesareo (V.) . . . . AB 7
S. Maria d. Grazie (V.) . . . . A 8
Vittoria (Pza della) . . . . . . A 9

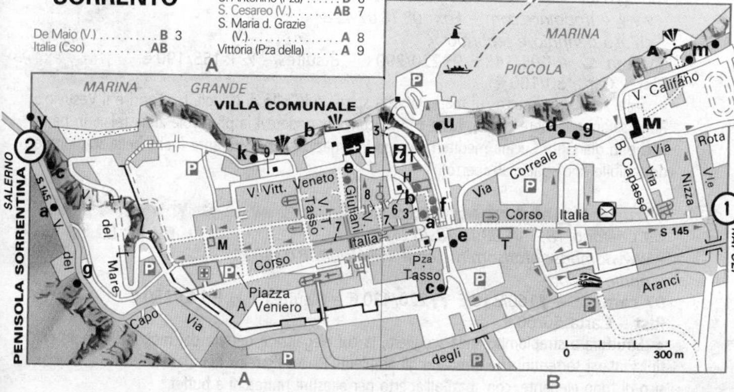

Bellevue Syrene 1820 🖇 ⟨ 🚗 🛱 🍴 🛗 🅰🅲 🗲 rist 🐾 🅿
piazza della Vittoria 5 – ℰ *08 18 78 10 24* 🆅🅸🆂🅰 ⯐ 🅰🅴 ① 🗲
– www.bellevue.it – Fax 08 18 78 39 63   A**k**
48 cam ⌑ – 🛉280/480 € 🛉🛉300/550 € – 2 suites – ½ P 210/335 €
Rist – Carta 55/85 €
♦ Un soggiorno da sogno in un'incantevole villa del '700 a strapiombo sul mare: vista sul golfo, terrazze fiorite e ascensore per la spiaggia; raffinati ambienti con affreschi. Dalla colazione alla cena in una sala con ampie vetrate a picco sul mare, per ammirare il sorgere del giorno e il calare della sera.

 Grand Hotel Riviera 🖇 ⟨ 🚗 🛝 🛗 🚶 🅰🅲 🗲 🐾 🅿
via Califano 22 – ℰ *08 18 07 20 11* 🆅🅸🆂🅰 ⯐ 🅰🅴 ① 🗲
– www.hotelriviera.com – Fax 08 18 77 21 00
– marzo-ottobre   B**m**
105 cam ⌑ – 🛉135/160 € 🛉🛉200/260 € – 1 suite – ½ P 135/165 €
Rist – Carta 45/60 €
♦ Incantevole la posizione dell'hotel, a strapiombo sulla scogliera con la sua terrazza e la bella piscina; all'interno domina invece il bianco, dai marmi di Carrara all'elegante arredo. Dalla tradizione alla creatività, la cucina è servita in una candida sala, allestita con sontuosità.

 Imperial Tramontano 🚗 🛝 🛗 🚶 🅰🅲 🗲 rist 🐾 🏋 🅿
via Vittorio Veneto 1 – ℰ *08 18 78 25 88* 🆅🅸🆂🅰 ⯐ 🅰🅴 🗲
– www.hoteltramontano.it – Fax 08 18 07 23 44
– chiuso gennaio e febbraio   A**b**
108 cam ⌑ – 🛉215/270 € 🛉🛉230/340 € – 5 suites
Rist – Carta 55/73 €
♦ Un bel giardino e terrazze a strapiombo su Marina Piccola, per questa risorsa ospitata in un edificio del '500 (casa natale di T. Tasso). Camere arredate con sobria eleganza. Dalla sala da pranzo potrete ammirare un paesaggio che sembra dipinto.

 Royal ⟨ 🚗 🛱 🛝 🛗 🅰🅲 🗲 rist, 🕻 🚗 🆅🅸🆂🅰 ⯐ 🅰🅴 ① 🗲
via Correale 42 – ℰ *08 18 07 34 34 – www.royalsorrento.com*
– Fax 08 18 77 29 05 – aprile-dicembre   B**g**
111 cam ⌑ – 🛉90/320 € 🛉🛉140/460 € – 3 suites
Rist – *(chiuso a mezzogiorno)* Carta 41/100 € (+15 %)
♦ Sulla scogliera, a picco sul mare, con terrazze, piscina e un indispensabile ascensore per la spiaggia; negli ambienti, mobili ad intarsio tipici dell'artigianato sorrentino. Ambiente distinto e arredi lineari nell'ariosa sala da pranzo. Terrazza all'aperto per uno snack e per cene estive.

 Grand Hotel Europa Palace 🚗 🛱 🛝 🛗 🅶 🅰🅲 🗲 rist, 🐾 🏋
via Correale 34/36 – ℰ *08 18 07 34 32* 🆅🅸🆂🅰 ⯐ 🅰🅴 ① 🗲
– www.europalace.com – Fax 08 18 07 43 84
– chiuso gennaio e febbraio
61 cam ⌑ – 🛉95/145 € 🛉🛉220/290 € – 8 suites – ½ P 155/190 €
Rist – Carta 30/100 €
♦ Sulla scogliera a picco sul mare, la vista spazia sul Golfo di Napoli, tra Capri e il Vesuvio... Ampi saloni e camere curate, tutte con balconcino: godetevi la piacevole zona relax, in parte anche in giardino! Cucina mediterranea ed internazionale al ristorante (nella bella stagione è disponibile uno spazio all'aperto).

 Grand Hotel Ambasciatori ⟨ 🚗 🛝 🛗 🅰🅲 🗲 rist, 🐾 🏋 🅿
via Califano 18 – ℰ *08 18 78 20 25* 🆅🅸🆂🅰 ⯐ 🅰🅴 ① 🗲
– www.ambasciatorisorrento.com – Fax 08 18 07 10 21
– aprile-ottobre   B**m**
97 cam ⌑ – 🛉160/310 € 🛉🛉220/430 € – 6 suites – ½ P 140/250 €
Rist – Carta 50/60 €
♦ Struttura a strapiombo sulla scogliera, la cui eleganza è dettata dai mobili di pregio con tipici intarsi sorrentini che arredano gli ambienti. Piacevole relax nel giardino. Ristorante classico di tono elegante, con spazi all'aperto per allestire rinfreschi e buffet.

Antiche Mura senza rist — 🚗 🏊 🖥 AC 📞 👥 🚗 VISA 🐱 AE ① ♿

via Fuorimura 7 (Piazza Tasso) – 𝒞 08 18 07 35 23 – www.hotelantichemura.com
– Fax 08 18 07 13 23   B**c**
44 cam ⊑ – ♦80/225 € ♦♦90/280 € – 4 suites

♦ Lampadari di Murano, ceramiche di Vietri, intarsiato sorrentino: un elegante albergo lungo il percorso delle mura medievali. Bella piscina circondata dai limoni.

Bristol ≤ 🚗 🏕 🏊 🕉 👗 🖥 AC 🍴 rist, **P** VISA 🐱 AE ① ♿

via Capo 22 – 𝒞 08 18 78 45 22 – www.bristolsorrento.com – Fax 08 18 07 19 10
142 cam ⊑ – ♦100/200 € ♦♦140/280 € – ½ P 120/180 €   A**a**
Rist – Carta 50/65 €

♦ Complesso in posizione dominante il mare, abbellito da amene terrazze panoramiche con piscina; camere quasi tutte disposte sul lato mare, più silenziose agli ultimi piani. Incantevole vista su mare e città dalla spaziosa sala ristorante.

Maison la Minervetta senza rist ⌂ — ≤ 🖥 AC 🔀 🏋 ⁽ᵞ⁾ **P**

Via Capo 25 – 𝒞 08 18 77 44 55   VISA 🐱 AE ① ♿
– www.laminervetta.com – Fax 08 18 78 46 01 – chiuso dall'11 al 28 gennaio
12 cam ⊑ – ♦♦300/400 €   A**c**

♦ Spettano al proprietario i riconoscimenti per l'elegante struttura dell'albergo: la hall è un elegante salotto di casa, le stanze, tutte diverse fra loro, affacciate al mare. Gradini privati conducono al borgo di pescatori di Marina Grande.

La Tonnarella ⌂ — ≤ 🏕 🖥 AC ⁽ᵞ⁾ **P** VISA 🐱 AE ① ♿

via Capo 31 – 𝒞 08 18 78 11 53 – www.latonnarella.it – Fax 08 18 78 21 69
– marzo-ottobre   A**y**
24 cam ⊑ – ♦100/150 € ♦♦150/200 € – ½ P 100/125 €
Rist – (aprile-ottobre) Carta 39/65 €
Rist Tonnarella a Mare – 𝒞 08 18 78 10 16 (maggio-settembre; chiuso la sera)
Carta 35/50 €

♦ Aggrappato alla roccia, in basso la spiaggia, raggiungibile con un ascensore privato, l'albergo sorge dove un tempo esisteva la tonnara, da cui ha preso il nome. I piatti della tradizione in una sala luminosa e sulla bella terrazza panoramica. In estate, a pochi passi dall'acqua al ristorante "Tonnarella a Mare".

Villa di Sorrento senza rist — 🖥 AC 🔀 ⁽ᵞ⁾ VISA 🐱 AE ① ♿

viale Enrico Caruso 6 – 𝒞 08 18 78 10 68 – www.villadisorrento.it
– Fax 08 18 78 57 67   B**e**
21 cam – ♦70/81 € ♦♦100/135 €, ⊑ 13 €

♦ Adatta a una clientela itinerante, una costruzione d'epoca dagli ambienti classici in uno stile intramontabile, uno scorcio di mare dai piani alti. Semplice, accogliente e funzionale.

Gardenia senza rist — 🏊 🖥 AC ⁽ᵞ⁾ **P** VISA 🐱 AE ① ♿

corso Italia 258, per ① – 𝒞 08 18 77 23 65 – www.hotelgardenia.com
– Fax 08 18 07 44 86
27 cam – ♦60/120 € ♦♦70/140 €, ⊑ 15 €

♦ Ad una decina di minuti a piedi dal centro; silenziose e ben arredate, le camere sono state recentemente rinnovate e dotate di balcone. Comodo servizio di parcheggio.

XXX **Caruso** — AC ⇔ VISA 🐱 AE ① ♿

via Sant'Antonino 12 – 𝒞 08 18 07 31 56 – www.ristorantemuseocaruso.com
– Fax 08 18 07 28 99   B**f**
Rist – Menu 45/50 € – Carta 40/66 € 🍷

♦ Ambiente ispirato al famoso cantante lirico: quattro piacevoli salette, decorate con foto e oggetti dedicati al maestro; cucina di mare d'ispirazione partenopea, ininterrotta da mezzogiorno a mezzanotte!

XX **L'Antica Trattoria** — 🏕 AC 🔀 ⇔ VISA 🐱 AE ① ♿

via Padre R. Giuliani 33 – 𝒞 08 18 07 10 82 – www.lanticatrattoria.com
– Fax 08 15 32 46 51 – chiuso dal 15 gennaio al 15 febbraio e lunedì (escluso da marzo a ottobre)   A**e**
Rist – (consigliata la prenotazione) Menu 49/80 € – Carta 59/69 € 🍷

♦ Varie salette di taglio elegante, impreziosite con caratteristici elementi decorativi, per questo ristorante che propone soprattutto piatti di pesce. Ameno servizio estivo.

Il Buco (Giuseppe Aversa) 🛜 AK 🏂 VISA ⬤ AE ① ⑤

*Il Rampa Marina Piccola 5 – ℰ 08 18 78 23 54 – www.ilbucoristorante.it
– Fax 08 18 78 23 54 – chiuso da gennaio al 15 febbraio e mercoledì*
Rist – (consigliata la prenotazione la sera) Menu 55/90 €   **Bb**
– Carta 63/83 € 🏶

Spec. Merluzzo di paranza su vellutata di patate al limone con pomodoro confit e salsa alle olive. Dorso di gallinella in acqua pazza su caponatina napoletana. Babà scomposto con crema al limone e croccante di sfogliatella.

♦ Ricavato nelle cantine di un ex monastero nel cuore di Sorrento, propone una cucina tradizionale e creativa. Schermo al plasma per ammirare la maestria dei cuochi.

Zi' ntonio AK VISA ⬤ AE ① ⑤

via De Maio 11 – ℰ 08 18 78 16 23 – www.zintonio.it – Fax 08 18 78 16 23
Rist – (consigliata la prenotazione) Carta 20/43 €   **Ba**

♦ Ristorante dall'ambiente caratteristico: due sale rivestite in tufo al piano interrato e una curiosa soluzione a soppalco al piano terra; ampia proposta culinaria e pizze.

La Basilica 🛜 AK VISA ⬤ AE ① ⑤

*via Sant'Antonino 28 – ℰ 08 18 77 47 90 – www.ristorantelabasilica.com
– Fax 08 18 07 28 99*   **Bf**
Rist – Carta 25/35 € 🏶

♦ Cucina calda ininterrotta da mezzogiorno all'una di notte, per questo locale attiguo alla piccola basilica dalla quale trae il nome. Proposte di terra, di mare nonchè vegetariane, in un'ampia sala dove troneggiano grandi quadri rappresentanti il Vesuvio in eruzione.

sulla strada statale 145 per ② : 3 km

Grand Hotel President ⑤ ≤ 🚗 🛜 🏊 🏠 🛁 🛗 AK 🏂 📶 ⛲

via Colle Parisi 4 ⊠ 80067 Sorrento   **P** VISA ⬤ AE ① ⑤
– ℰ 08 18 78 22 62 – www.ghpresident.com – Fax 08 18 78 54 11 – 15 marzo-ottobre
108 cam ⊑ – †78/200 € ††93/290 € – 1 suite – ½ P 93/180 €
Rist – (chiuso a mezzogiorno) Menu 40/50 €

♦ Incantevole vista su Napoli e Sorrento in questo hotel con giardino fiorito e grotte naturali; camere luminose e confortevoli. Splendida veduta dalla capiente sala da pranzo in elegante stile lineare. A pranzo, servizio ristorante a bordo piscina.

SOVANA – Grosseto (GR) – 563 O16 – alt. 291 m – ⊠ 58010 ▯ Toscana   **29 D3**

▶ Roma 172 – Viterbo 63 – Firenze 226 – Grosseto 82

Sovana senza rist ⑤ 🚗 🏊 🛗 ⬠ **P** VISA ⬤ AE ① ⑤

*via del Duomo 66 – ℰ 05 64 61 70 30 – www.sovana.eu – Fax 05 64 61 71 26
– chiuso dal 7 gennaio al 26 febbraio*
18 cam ⊑ – †90/150 € ††120/180 €

♦ Di fronte al duomo, casa colonica completamente rinnovata: ideale per un soggiorno ambientato nell'eleganza e con divagazioni nel verde degli uliveti, in fondo ai quali c'è anche un piccolo labirinto.

Pesna senza rist AK 🏂 VISA ⬤ AE ⑤

via del Pretorio, 9 – ℰ 05 64 61 41 20 – www.pesna.it
6 cam ⊑ – †45/50 € ††75/90 €

♦ Nel centro storico del paese, un antico palazzo il cui nome deriva da quello di un valoroso guerriero etrusco, dispone di funzionali e gradevoli camere recentemente rinnovate.

Taverna Etrusca con cam 🛜 AK 🏂 rist, VISA ⬤ AE ① ⑤

piazza del Pretorio 16 – ℰ 05 64 61 41 13 – www.sovana.eu – Fax 05 64 61 41 93
7 cam – †50/75 € ††75/110 €   Rist – (chiuso mercoledì) Carta 29/76 €

♦ Nel cuore della Maremma, Suana (antico nome della città etrusca) racchiude come in un prezioso scrigno questo piccolo gioiello della ristorazione: cura del dettaglio e fantasiose proposte legate alle ricette locali. Camere confortevoli.

✗ **Dei Merli** con cam ⌂　　🚗 🏠 𝔸�ℂ 📞 ⌂ 🅿 𝚟𝚒𝚜𝚊 ⓴ 𝔸𝔼 ① ⌂
via Rodolfo Siviero 1/3 – ℰ 05 64 61 65 31 – www.sovana.eu
– Fax 05 64 61 43 29 – chiuso dal 9 gennaio al 28 febbraio e martedì escluso
agosto
8 cam ⌂ – 🛏50/75 € 🛏🛏75/110 € – ½ P 63/80 €　**Rist** – Carta 23/36 € ⅏
◆ Nel caratteristico borgo d'origine etrusca, un locale gaio e luminoso, dove le specialità tipiche maremmane vengono preparate utilizzando solo materie prime locali. Nella bella stagione ci si accomoda in giardino. Camere di raffinata semplicità.

SOVERATO – Catanzaro (CZ) – **564** K31 – 10 805 ab. – ✉ 88068　　　　**5** B2
　▶ Roma 636 – Reggio di Calabria 153 – Catanzaro 32 – Cosenza 123

🏠 **Il Nocchiero** 　　　　🖼 𝔸ℂ 𝒮 🎙 ⌂ 𝚟𝚒𝚜𝚊 ⓴ 𝔸𝔼 ① ⌂
⌂⌂ *piazza Maria Ausiliatrice 18 – ℰ 0 96 72 14 91 – www.hotelnocchiero.com*
– Fax 0 96 72 36 17 – chiuso dal 21 dicembre al 7 gennaio
36 cam ⌂ – 🛏60/90 € 🛏🛏75/130 € – ½ P 50/85 €　**Rist** – Carta 20/25 €
◆ Valida conduzione diretta in una struttura semplice, situata nel centro della cittadina, con interni decorosi dagli arredi lineari; camere confortevoli e rinnovate. Sala da pranzo classica ed essenziale, con pareti ornate da quadri e bottiglie esposte.

✗ **Riviera** 　　　　　　　 ⅊ 𝔸ℂ 𝒮 𝚟𝚒𝚜𝚊 ⓴ 𝔸𝔼 ① ⌂
via Regina Elena 4/6 – ℰ 09 67 53 01 96 – Fax 0 96 13 40 54
Rist – Carta 35/45 €
◆ Ristorante storico nel centro di Soverato con la conduzione vincente dei fratelli Vitale e la regia attenta e scrupolosa di Paolo: lo chef che vi condurrà alla scoperta dei sapori locali.

SOVICILLE – Siena (SI) – **563** M15 – 9 326 ab. – alt. 265 m – ✉ 53018　　**29** C2
　▶ Roma 240 – Siena 14 – Firenze 78 – Livorno 122

dalla strada statale 541 km 1,300 direzione Tonni Sud-Ovest: 13 km

🏠 **Borgo Pretale** ⌂ 　　　 ⌂ 🏠 🏠 ⌂ 𝒮 ⌂ 𝔸ℂ 𝒮 ⌂ 🅿
　　　località Pretale – ℰ 05 77 34 54 01 　　　　　　 𝚟𝚒𝚜𝚊 ⓴ 𝔸𝔼 ① ⌂
– www.borgopretale.it – Fax 05 77 34 56 25 – Pasqua-ottobre
24 cam ⌂ – 🛏90/110 € 🛏🛏120/170 € – 10 suites – ½ P 97/122 €
Rist – *(chiuso a mezzogiorno)* Carta 36/46 €
◆ In posizione bucolica all'interno di un antico borgo circondato dal parco e sormontato da una torre, la struttura offre ambienti arredati in pietra, legno e tessuti di pregio. Nella suggestiva sala ristorante che domina la vallata, prodotti stagionali di tradizione regionale.

SOZZIGALLI – Modena (MO) – Vedere Soliera

SPARONE – Torino (TO) – **561** F4 – 1 135 ab. – alt. 552 m – ✉ 10080　　**22** B2
　▶ Roma 708 – Torino 48 – Aosta 97 – Milano 146

✗✗✗ **La Rocca** 　　　　　　　 ⌂ 🅿 𝚟𝚒𝚜𝚊 ⓴ ⌂
via Arduino 6 – ℰ 01 24 80 88 67 – www.laroccasparone.it – Fax 01 24 80 88 67
– chiuso dal 7 gennaio al 13 febbraio, dal 1° al 14 agosto, da lunedì a giovedì
da ottobre a maggio
Rist – *(chiuso a mezzogiorno escluso domenica)* (prenotazione obbligatoria)
Carta 23/45 €
◆ Alle porte del paese, locale elegante con una sala dalla parete rocciosa, dove apprezzare una cucina fantasiosa, con piatti di terra e, soprattutto, di mare.

SPARTAIA – Livorno – Vedere Elba (Isola d') : Marciana Marina

SPELLO – Perugia (PG) – **563** N20 – 8 592 ab. – alt. 314 m – ✉ 06038　　**33** C2
🟦 Italia
　▶ Roma 165 – Perugia 31 – Assisi 12 – Foligno 5
　🛈 piazza Matteotti 3 ℰ 0742 301009, Fax 0742 301009
　◙ Affreschi★★ del Pinturicchio nella chiesa di Santa Maria Maggiore

Palazzo Bocci senza rist ⟨≲ 📶 ⟨ AC ⟨ⁱ⟩ 🔥 VISA ⓪ AE ① ⟩

via Cavour 17 – 𝒞 07 42 30 10 21 – www.palazzobocci.com – Fax 07 42 30 14 64
21 cam ⌑ – †80/120 € ††130/160 € – 2 suites
• Confort moderni e ospitalità di alto livello in una signorile residenza d'epoca: eleganti spazi comuni in stile, tra cui una sala splendidamente affrescata, belle camere.

La Bastiglia ⟨≲ 🔥 AC ⟨ⁱ⟩ 🔥 VISA ⓪ AE ① ⟩

via Salnitraria 15 – 𝒞 07 42 65 12 77 – www.labastiglia.com
– Fax 07 42 30 11 59 – chiuso dal 7 al 31 gennaio
33 cam ⌑ – †70 € ††80/155 € – ½ P 75/113 €
Rist Bastiglia – vedere selezione ristoranti
Rist – *(chiuso domenica)* – Carta 25/35 €
• Appena varcata la soglia di questo antico mulino è difficile non rimanere ammaliati dalla raffinatezza dei suoi interni: oggetti d'arte, quadri e sculture, nonché camere ariose e di confort elevato (quasi tutte dotate di uno spazio esterno a loro riservato). La terrazza panoramica con piscina si affaccia sulla vallata.

Del Teatro senza rist ⟨≲ 🔥 🐾 🔥 VISA ⓪ AE ① ⟩

via Giulia 24 – 𝒞 07 42 30 11 40 – www.hoteldelteatro.it – Fax 07 42 30 16 12
12 cam ⌑ – †65/75 € ††95/110 €
• Nel caratteristico centro storico, piccolo albergo a conduzione familiare in un palazzo settecentesco ristrutturato; interni essenziali, confortevoli camere con parquet.

Bastiglia – Hotel La Bastiglia ⟨≲ 🍴 🔥 AC ⟨⟩ VISA ⓪ AE ① ⟩
🕄

via Salnitraria 15 – 𝒞 07 42 65 12 77 – www.labastiglia.com
– Fax 07 42 30 11 59 – chiuso dal 7 al 31 gennaio
Rist – *(chiuso mercoledì, giovedì)* *(chiuso a mezzogiorno escluso domenica)*
Menu 50/75 € – Carta 46/74 € ⟨⟩
Spec. Pappardelle con ragù di anatra, petto marinato, scapece di zucchine. Piccione: petto rosolato alla vaniglia, salame di ghiotta di coscia, insalata di frutta. Cannolo al caffè, spuma di mascarpone, sorbetto di ciliegie.
• La tradizione umbra si riconferma negli arredi di questo locale da cui si distacca la cucina d'impronta moderna, ma prodiga di sapori regionali. La bella terrazza con vista sulla valle del Chione e sugli Appennini completa l'idilliaco quadretto.

Il Molino 🍴 AC VISA ⓪ AE ① ⟩

piazza Matteotti 6/7 – 𝒞 07 42 65 13 05 – Fax 07 42 30 22 35
– chiuso dal 8 al 31 gennaio e martedì
Rist – Carta 34/46 €
• Nel centro del paese, locale ricavato da un vecchio mulino a olio con fondamenta del 1300; sala con soffitto ad archi in mattoni e camino per preparare carni alla griglia.

SPERLONGA – Latina (LT) – 563 S22 – 3 272 ab. – ⊠ 04029 ▮ Italia   **13 D3**

▶ Roma 127 – Frosinone 76 – Latina 57 – Napoli 106

🛈 corso San Leone 22 𝒞 0771 557000 - via del Porto 𝒞 0771 557341

Virgilio Grand Hotel 🍴 🔥 🏊 🐾 🛗 ⟨≲ AC 🔥 rist, 🔥 🚗

via Prima Romita – 𝒞 07 71 55 76 00 VISA ⓪ AE ① ⟩
– www.virgiliograndhotel.it – Fax 07 71 54 84 67 – aprile-settembre
72 cam ⌑ – †80/200 € ††110/240 €
Rist – *(chiuso a mezzogiorno)* Carta 43/57 €
• Risorsa di recente apertura articolata su tre edifici comunicanti, ospita all'interno generosi spazi comuni e nelle camere un mix di legno, tessuti colorati e bagni a mosaico.

Aurora senza rist ⟨≲ 🔥 AC 🔥 ⟨⟩ 🔥 P VISA ⓪ AE ① ⟩

via Cristoforo Colombo 15 – 𝒞 07 71 54 92 66 – www.aurorahotel.it
– Fax 07 71 54 80 14 – Pasqua-ottobre
47 cam ⌑ – †75/200 € ††98/210 €
• Direttamente sul mare, albergo immerso nel verde di un giardino mediterraneo, un'impronta artistica contribuisce a rendere l'atmosfera familiare e straordinaria al contempo. Piacevole terrazza sul borgo antico.

🏠 **La Playa**   🍴 🏢 🅰️🅲 ⚹ 🅿️ 𝚅𝙸𝚂𝙰 ⓿ 🅰🅴 ⓞ 🔵
via Cristoforo Colombo – ℰ 07 71 54 94 96 – www.laplayahotel.it
– Fax 07 71 54 81 06
60 cam 🛏 – †75/120 € ††130/215 € – ½ P 118/128 €
Rist – *(maggio-ottobre)* Menu 25/50 €
♦ Direttamente sul mare, ospita una rilassante piscina e camere dai nuovi arredi, alcune delle quali con pavimenti in maiolica. Graziose terrazze si affacciano sulla spiaggia.

🏠 **La Sirenella**   ⪕ 🍴 🅰🅲 ⚹ 🗣️ 🅿️ 🚗 𝚅𝙸𝚂𝙰 ⓿ 🅰🅴 🔵
via Cristoforo Colombo 25 – ℰ 07 71 54 91 86 – www.lasirenella.com
– Fax 07 71 54 91 89
40 cam 🛏 – †100/110 € ††130/150 €
Rist – *(solo per alloggiati)* Menu 30/40 €
♦ Piacevole struttura situata sulla spiaggia, con camere ben tenute e confortevoli: una buona parte di esse dotate di balcone per godere le fresche brezze del Mediterraneo.

🍴🍴 **Gli Archi**   🏠 🅰🅲 ⚹ 𝚅𝙸𝚂𝙰 ⓿ 🅰🅴 🔵
via Ottaviano 17, centro storico – ℰ 07 71 54 83 00 – www.gliarchi.com
– Fax 07 71 55 70 35 – chiuso gennaio e mercoledì
Rist – Carta 32/62 €
♦ Nel cuore della località, annovera una piccola sala ad archi ed un ambiente all'aperto dove gustare una cucina semplice, fedele ai prodotti ittici. Si consiglia di prenotare.

SPEZIALE – Brindisi – **564** E34 – Vedere Fasano

SPIAZZO – Trento (TN) – **562** D14 – **1 164 ab.** – **alt. 650 m** – ✉ 38088   **30** B3

▶ Roma 622 – Trento 49 – Bolzano 112 – Brescia 96

🍴 **1/2 Soldo-dal 1897** con cam   🍴 🗣️ 🅿️ 𝚅𝙸𝚂𝙰 ⓿ 🔵
a Mortaso, Nord : 1 km – ℰ 04 65 80 10 67 – www.mezzosoldo.it
– Fax 04 65 80 10 78 – 5 dicembre-15 aprile e 15 giugno-25 settembre
26 cam 🛏 – †35/55 € ††70/85 €
Rist – *(chiuso giovedì in bassa stagione)* Menu 28/39 €
♦ Quattro sale personalizzate ma sempre con ambiente tipico e arredi d'epoca, dove assaporare specialità trentine, tra cui piatti non comuni, con materie prime ricercate. Camere dagli arredi d'epoca e fascino antico.

SPILAMBERTO – Modena (MO) – **562** I15 – **11 644 ab.** – **alt. 69 m**   **9** C3
– ✉ 41057

▶ Roma 408 – Bologna 38 – Modena 16

🍴 **Da Cesare**   ⚹ 𝚅𝙸𝚂𝙰 ⓿ 🅰🅴 🔵
via San Giovanni 38 – ℰ 05 59 78 42 59 – chiuso dal 15 al 30 maggio, dal 20 luglio al 20 agosto, domenica sera, lunedì, martedì
Rist – *(consigliata la prenotazione)* Carta 20/35 €
♦ Trattoria dagli interni arredati con gusto classico, frequentata soprattutto da una clientela abituale, fedele ad una cucina ancorata alle tradizioni regionali.

SPILIMBERGO – Pordenone (PN) – **562** D20 – **11 900 ab.** – **alt. 132 m**   **10** B2
– ✉ 33097

▶ Roma 625 – Udine 30 – Milano 364 – Pordenone 33

🍴🍴 **La Torre**   🅰🅲 𝚅𝙸𝚂𝙰 ⓿ 🅰🅴 ⓞ 🔵
piazza Castello 8 – ℰ 04 27 50 05 55 – www.ristorantelatorre.net
– Fax 04 27 50 05 55 – chiuso domenica sera, lunedì
Rist – *(consigliata la prenotazione)* Carta 31/41 € 🏵
♦ Nella particolare cornice del castello medievale di Spilimbergo, due raccolte salette rustico-eleganti dove gustare piatti legati alla tradizione del territorio.

✗ **Osteria da Afro** con cam   🖼 🕮 ㊑ 🅰🅲 📶 🅿 💳 ⓽ 🄰🄴 ⓞ ⓢ
via Umberto I 14 – 𝒞 04 27 22 64 – www.osteriadaafro.com – Fax 04 27 22 64
– chiuso dal 1° al 10 gennaio
8 cam ⌑ – †60/65 € ††90/110 € – ½ P 65/80 €
Rist – *(chiuso domenica sera)* (consigliata la prenotazione) Carta 24/42 €
♦ Trattoria dall'esperta conduzione a familiare, poco distante dal centro storico: due salette, di cui una con camino, e genuini piatti del giorno presentati su una lavagnetta. Confortevoli e sobriamente eleganti le camere, arredate in legno di abete e caldi toni di colore.

SPINACETO – Roma – Vedere Roma

SPINETTA MARENGO – Alessandria – **561** H8 – Vedere Alessandria

---

SPIRANO – Bergamo (BG) – **561** F11 – 5 365 ab. – alt. 156 m   **19** C2
– ✉ 24050
▶ Roma 591 – Bergamo 16 – Brescia 48 – Milano 42

✗ **3 Noci-da Camillo**   🖼 ㊑ ⇔ 💳 ⓽ 🄰🄴 ⓞ ⓢ
via Petrarca 16 – 𝒞 0 35 87 71 58 – www.ristorantetrenoci.it
– Fax 03 54 87 80 08 – chiuso dal 1° al 10 gennaio, dal 10 al 25 agosto,
domenica sera, lunedì
Rist – Carta 39/49 €
♦ Piacevole ambiente rustico in un locale di tradizione, dove gustare ruspanti sapori della bassa e carni cotte sulla grande griglia in sala; gazebo per il servizio estivo.

SPOLETO – Perugia (PG) – **563** N20 – 38 909 ab. – alt. 405 m   **33** C3
– ✉ 06049 ▮ Italia
▶ Roma 130 – Perugia 63 – Terni 28 – Ascoli Piceno 123
🄸 piazza Libertà 7 𝒞 0743 238911, info@iat.spoleto.pg.it, Fax 0743 238941
◉ Piazza del Duomo★ : Duomo★★ Y – Ponte delle Torri★★ Z – Chiesa di
San Gregorio Maggiore★ Y **D** – Basilica di San Salvatore★ Y **B**
🄶 Strada★ per Monteluco per ②

🏨 **San Luca** senza rist   🚗 🕮 ㊑ 🅰🅲 📶 🏋 🚲 💳 ⓽ 🄰🄴 ⓞ ⓢ
via Interna delle Mura 21 – 𝒞 07 43 22 33 99 – www.hotelsanluca.com
– Fax 07 43 22 38 00   Y**b**
34 cam ⌑ – †85/170 € ††110/240 € – 1 suite
♦ Una volta conceria, oggi uno dei più bei palazzi della città. Tonalità ocra accompagnano i clienti dalla corte interna alle camere, passando per raffinati saloni e corridoi.

🏨 **Albornoz Palace Hotel**   ≤ 🚗 ⅀ 🕮 ㊑ cam, 🅰🅲 ↩ ⅊ rist, 📶 🏋
viale Matteotti, 1 km per ②   🅿 🚲 💳 ⓽ 🄰🄴 ⓞ ⓢ
– 𝒞 07 43 22 12 21 – www.albornozpalace.com – Fax 07 43 22 16 00
94 cam ⌑ – †69/141 € ††94/165 € – 2 suites – ½ P 85/111 €
Rist – *(chiuso lunedì)* Carta 28/45 €
♦ Hotel moderno con originali e ampi interni abbelliti da opere di artisti contemporanei; camere eleganti e "artistiche", attrezzato ed apprezzato centro congressi. Spazioso ristorante dove prevalgono le tonalità pastello.

🏨 **Cavaliere Palace Hotel** senza rist   🚗 🕮 ㊑ 🅰🅲 ↩ ⅊ 📶 🏋
corso Garibaldi 49 – 𝒞 07 43 22 03 50   💳 ⓽ 🄰🄴 ⓞ ⓢ
– www.hotelcavaliere.eu – Fax 07 43 22 45 05   Y**a**
31 cam ⌑ – †79/99 € ††100/199 €
♦ Nella parte bassa della città storica, un palazzo cardinalizio la cui bellezza seicentesca è stata recentemente evidenziata dal restauro. Affascinante terrazza panoramica.

🏨 **Villa Milani** ⌂   ≤ 🚗 ㊑ 🕮 ⅀ ⅊ rist, 📶 🏋 🅿 💳 ⓽ 🄰🄴 ⓞ ⓢ
località Colle Attivoli 4, 2,5 km per viale Matteotti – 𝒞 07 43 22 50 56
– www.villamilani.com – Fax 0 74 34 98 24 – 23 dicembre-7 gennaio e aprile-
2 novembre   Z
11 cam ⌑ – †152/304 € ††190/570 €
Rist – *(maggio-settembre)* *(chiuso a mezzogiorno)* *(solo per alloggiati)*
Menu 40/50 €
♦ Un tributo all'omonimo architetto che progettò e visse in questa villa eclettica di fine '800. Sontuosi arredi di ogni epoca, giardino all'italiana e passeggiate nel parco.

SPOLETO

Dei Duchi ⟵ 🛎 🖥 AC ⚙ rist. 🎧 🐕 P VISA ◑◐ AE ① 🛎
viale Matteotti 4 – ℰ 0 74 34 45 41 – www.hoteldeiduchi.com
– Fax 0 74 34 45 43
Zc
47 cam ⊏⊐ – 🛏75/100 € 🛏🛏110/150 € – 2 suites – ½ P 75/100 €
Rist – *(chiuso martedì) (chiuso a mezzogiorno)* Carta 24/39 €
◆ Nel cuore della città un edificio recente in mattoni: grande e luminosa hall con comodi divani, camere molto spaziose, da poco rinnovate; ideale per uomini d'affari. Dalla grande vetrata del ristorante si gode una bella veduta sulle colline.

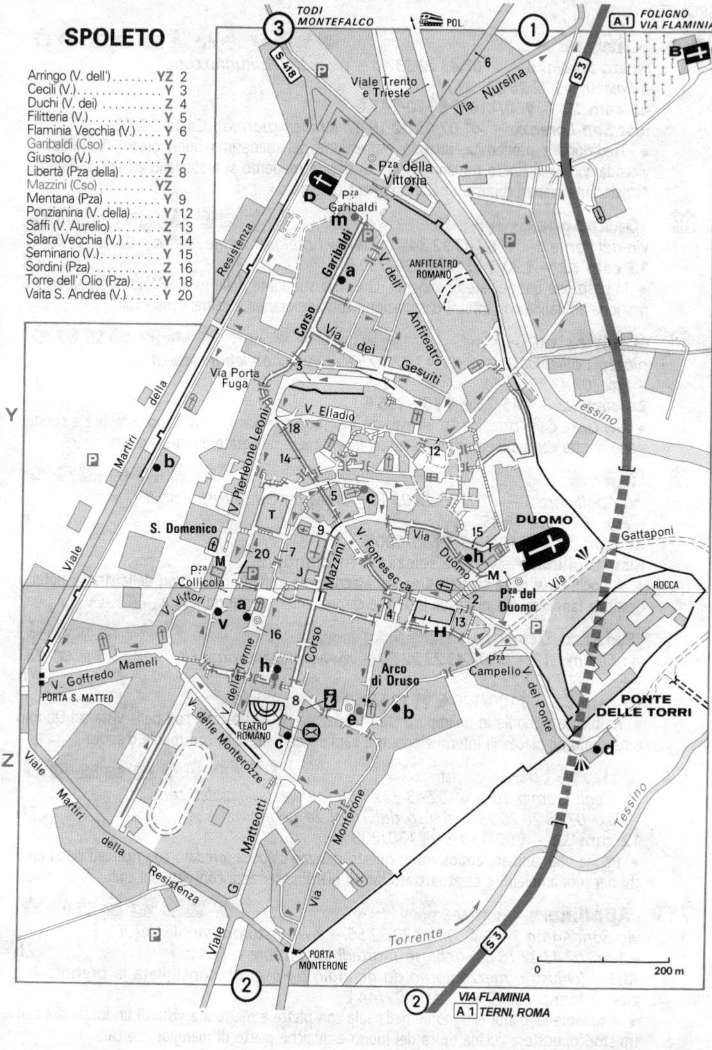

L'indicazione **Rist** in rosso evidenzia le strutture a cui abbiamo assegnato un riconoscimento: ✿ (stella) o 🍴 (Bib Gourmand).

Clitunno 🏠 ⬡ ⬡ rist, "¶" ⬡ ⬡ 🅥🅘🅢🅐 ⬡ 🅐🅔 ⬡ ⬡

piazza Sordini 6 – ℰ 07 43 22 33 40 – www.hotelclitunno.com
– Fax 07 43 22 26 63   **Za**
45 cam ⬡ ▪️60/110 € ▪️▪️70/145 €
Rist San Lorenzo – ℰ 07 43 22 18 47 *(chiuso martedì)* Carta 34/42 €

◆ Tradizione e modernità, quando espressione del medesimo buon gusto, si esaltano a vicenda: vicino al teatro romano, spunti di design moderno si mescolano ad arredi d'epoca. Al ristorante viene proposta una cucina ricca di estro.

Gattapone senza rist ⬡   ⬡ ⬡ ⬡ 🅐🅘 🅢🅐 🅥🅘🅢🅐 ⬡ 🅐🅔 ⬡ ⬡

via del Ponte 6 – ℰ 07 43 22 34 47 – www.hotelgattapone.it – Fax 07 43 22 34 48
15 cam ⬡ ▪️90/140 € ▪️▪️120/230 €   **Zd**

◆ In posizione tranquilla e dominante, con vista sul ponte delle torri e Monteluco, albergo a gestione affidabile con interni d'ispirazione contemporanea e camere piacevoli.

Charleston senza rist   ⬡ ⬡ 🅐🅘 "¶" 🅢🅐 ⬡ 🅥🅘🅢🅐 ⬡ 🅐🅔 ⬡ ⬡

piazza Collicola 10 – ℰ 07 43 22 00 52 – www.hotelcharleston.it
– Fax 07 43 22 12 44   **Zv**
24 cam ⬡ ▪️45/75 € ▪️▪️59/135 €

◆ Nel cuore della cittadina, in un palazzo del 1600 rinnovato, un albergo semplice a conduzione diretta con ambienti di tono signorile e camere rallegrate da nuovi colori.

Aurora   ⬡ 🅐🅘 🅥🅘🅢🅐 ⬡ 🅐🅔 ⬡ ⬡

via Apollinare 3 – ℰ 07 43 22 03 15 – www.hotelauroraspoleto.it
– Fax 07 43 22 18 85   **Zh**
23 cam ⬡ ▪️40/65 € ▪️▪️55/100 €
Rist Apollinare – vedere selezione ristoranti

◆ A pochi passi dalla centralissima via Mazzini, ma lontano dai rumori della strada, hotel a gestione familiare con piacevoli interni e camere interamente rinnovate.

Palazzo Dragoni – Residenza d'epoca senza rist   ⬡ ⬡ 🅐🅘 "¶" 🅢🅐

via Duomo 13 – ℰ 07 43 22 22 20 – www.palazzodragoni.it   🅥🅘🅢🅐 ⬡
– Fax 07 43 22 22 25   ⬡ **Yh**
15 cam ⬡ ▪️100/120 € ▪️▪️125/150 €

◆ Ambiente signorile in un'imponente costruzione del XVI secolo, con bella vista sul Duomo e sui dintorni; piacevoli interni eleganti e camere ben arredate con mobili d'epoca.

Palazzo Leti senza rist ⬡   ⬡ ⬡ ⬡ 🅐🅘 "¶" 🅥🅘🅢🅐 ⬡ 🅐🅔 ⬡ ⬡

via degli Eremiti 10 – ℰ 07 43 22 49 30 – www.palazzoleti.com
– Fax 07 43 20 26 23 – chiuso dal 10 al 24 gennaio   **Zb**
12 cam ⬡ ▪️90/130 € ▪️▪️130/200 €

◆ Regna una raffinata atmosfera in questo palazzo d'epoca arredato con ricercati pezzi antichi nei suoi ambienti e caratterizzato da un giardino-terrazza con vista sui colli.

Apollinare – Hotel Aurora   ⬡ 🅐🅘 🅢🅐 🅥🅘🅢🅐 ⬡ 🅐🅔 ⬡ ⬡

via Sant'Agata 14 – ℰ 07 43 22 32 56 – www.ristoranteapollinare.it
– Fax 07 43 22 18 85 – chiuso martedì da ottobre a Pasqua   **Zh**
Rist – *(chiuso a mezzogiorno da gennaio a Pasqua)* (consigliata la prenotazione) Menu 25/45 € – Carta 27/44 €

◆ Ambiente elegante e signorile nella sala con pietre e mattoni a vista di un locale del centro storico; gustosa cucina tipica del luogo e qualche piatto di maggior ricerca.

Il Tartufo   ⬡ 🅐🅘 🅢🅐 🅥🅘🅢🅐 ⬡ 🅐🅔 ⬡ ⬡

piazza Garibaldi 24 – ℰ 07 43 40 23 6 – www.ristoranteiltartufo.it
– Fax 07 43 40 23 6 – chiuso 20 giorni a febbraio, dal 12 al 19 giugno, dal 25 al 31 luglio, domenica sera, lunedì   **Ym**
Rist – Carta 31/48 €

◆ Già nel nome l'omaggio al prodotto principe umbro, il tartufo, declinato nelle sue varietà stagionali in piatti della tradizione regionale, talvolta elaborati con creatività.

Cantina de Corvi   ⬡ 🅐🅘 🅢🅐 🅥🅘🅢🅐 ⬡ 🅐🅔 ⬡ ⬡

piazzetta S.S. Giovanni e Paolo 10/a – ℰ 07 43 44 75 – www.cantinadecorvi.it
– Fax 07 43 44 75 – chiuso dal 15 novembre al 1° dicembre e lunedì
Rist – (consigliata la prenotazione) Menu 25 € – Carta 29/41 €   **Yc**

◆ Qualche tocco di ricercatezza in un ambiente rustico con antiche volte in mattoni: piccolo di dimensioni, in quanto tutta la grandezza è stata consacrata alla cucina, deliziosamente creativa.

XX **Il Tempio del Gusto** 　　　　　🛱 🗚 🎸 ⓋⅠⓈⒶ ⓒ Ⓐ🄴 Ⓞ 🎸
*via Arco di Druso 11 – ℰ 07 43 47 12 1 – www.iltempiodelgusto.com
– Fax 07 43 47 12 1 – chiuso febbraio o marzo, giugno o settembre e giovedì*
Rist – *(consigliata la prenotazione la sera)* Carta 29/38 €　　　　　　Z**e**
◆ Pareti in pietra, tavoli piccoli e ravvicinati, perfino un reperto archeologico (un antichissimo selciato visibile attraverso un cristallo) tutto sembrerebbe orientato in una certa direzione… se non fosse per la cucina: autentico tempio del gusto, dove si "celebra" la creatività.

sulla strada statale 3 - via Flaminia YZ Nord: 8 km

X **Al Palazzaccio-da Piero** 　　　　　🛱 🎸 🅿 ⓋⅠⓈⒶ ⓒ 🎸
ⓒ *località San Giacomo km 134 ☒ 06048 San Giacomo di Spoleto
– ℰ 07 43 52 01 68 – www.alpalazzaccio.it – Fax 07 43 52 08 45 – chiuso lunedì*
Rist – *(consigliata la prenotazione)* Carta 21/35 €
◆ Un accogliente angolo familiare e una meta gastronomica ormai più che trentennale per una sosta amichevole in compagnia; gustosi piatti locali e specialità al tartufo.

a Pompagnano Sud-Ovest : 4 km – ☒ 06049 Spoleto

⋔ **Agriturismo Convento di Agghielli** ॐ 　　　　⟨ 🚗 🛱 🗴 🕭
frazione Pompagnano – ℰ 07 43 22 50 10 　　🎸 rist. 🔏 🅿 ⓋⅠⓈⒶ ⓒ Ⓞ 🎸
– www.agghielli.it – Fax 07 43 22 50 10
10 cam ☲ – †85/110 € ††120/150 € – 6 suites – ½ P 98/113 €
Rist – *(chiuso a mezzogiorno escluso domenica)* Carta 29/37 €
◆ Immerso in una verde oasi di pace, un antico convento del 1200, ora divenuto agriturismo di classe, offre splendide e ampie suite curate con arredi in piacevole stile country.

a Silvignano Nord-Est : 13 km – ☒ 06049

⋔ **Le Logge di Silvignano** senza rist ॐ 　　　🚗 🛪 🎸 📶 ⓋⅠⓈⒶ ⓒ 🄰🄴 🎸
*– ℰ 07 43 27 40 98 – www.leloggedisilvignano.it – Fax 07 43 27 05 18 – marzo-
novembre*
1 cam ☲ – ††140 € – 6 suites – ††280/400 €
◆ Splendido esempio di architettura medievale, in passato sede di guarnigione militare e residenza patrizia, con un loggiato del '400 che ne orna la facciata: all'interno la cura del dettaglio si declina nei pavimenti in cotto, nelle ceramiche di Deruta o nelle maioliche di Vietri. Soggiorno in una dimensione atemporale.

SPOTORNO – Savona (SV) – **561** J7 – **4 133 ab.** – ☒ 17028　　　　**14** B2
▷ Roma 560 – Genova 61 – Cuneo 105 – Imperia 61
🛈 piazza Matteotti 6 ℰ 019 7415008, spotorno@inforiviera.it, Fax
019 7415811

🏨 **Villa Imperiale** 　　　⟨ 🛱 📶 🖶 🕭 cam, 🗚 📶 🔏 ⓋⅠⓈⒶ ⓒ 🄰🄴 🎸
via Aurelia 47 – ℰ 019 74 51 22 – www.villaimperiale.it – Fax 019 74 77 59
17 cam ☲ – †55/87 € ††88/196 € – 9 suites – ††140/246 € – ½ P 92/113 €
Rist Terredimare – *(chiuso martedì da novembre a febbraio)* Carta 34/56 € ⅜
◆ In pieno centro lungo la passeggiata, camere ampie - accuratamente personalizzate - nonché spazi comuni ben distribuiti, in una villa anni '30 sapientemente ristrutturata. Piacevole ristorante con ingresso indipendente, buona cucina ligure.

🏨 **Acqua Novella** ॐ 　　　⟨ 🛪 🎸 📶 🕭 ⁂ 🗚 🎸 📶 🔏 🅿
via Acqua Novella 1, Est : 1 km – ℰ 019 74 16 65 　　　　ⓋⅠⓈⒶ ⓒ 🄰🄴 Ⓞ 🎸
– www.acquanovella.it – Fax 019 74 61 55 – marzo-ottobre
46 cam ☲ – †70/180 € ††90/230 € – ½ P 60/135 €
Rist – *(chiuso a mezzogiorno)* Carta 26/66 €
◆ In posizione elevata con vista panoramica, hotel recente dalla cordiale conduzione. Le camere sono luminose, molte con vista, impreziosite da belle ceramiche. Ristorante con grandi vetrate e vista a perdita d'occhio.

Tirreno
≤ 🏛 🖼 AC 🍴 rist, ⁽ᵗ⁾ 🛅 P VISA ⓪ AE ① 🔴

via Aurelia 2 – ☎ 019 74 51 06 – www.hotel-tirreno.it – Fax 019 74 50 61
– chiuso dal 20 ottobre al 20 dicembre
49 cam – †60/130 € ††100/230 €, ⊊ 8 € – 5 suites – ½ P 70/125 €
Rist – Carta 25/35 €
◆ Valida gestione diretta e ambiente signorile in un albergo piacevolmente ubicato sulla spiaggia e non lontano dal centro; luminosi spazi comuni, camere in stile lineare. Allegra sala da pranzo per un pasto rigenerante dopo una dinamica giornata di mare.

Premuda
≤ 🏛 ⁽ᵗ⁾ P VISA ⓪ AE ① 🔴

piazza Rizzo 10 – ☎ 019 74 51 57 – www.hotelpremuda.it – Fax 019 74 74 16
– Pasqua-4 novembre
21 cam – †60/120 € ††80/140 €, ⊊ 8 €
Rist – *(maggio-settembre)* Carta 30/52 €
◆ Un dancing degli anni '30 divenuto ora un piccolo albergo ordinato e ben gestito, in bella posizione in riva al mare; piacevoli e "freschi" interni, camere lineari. Ariosa sala da pranzo resa luminosa dalle ampie vetrate che si aprono sulla spiaggia.

Riviera
🚗 ⅃ 🍴 🖼 ⃛ AC 🍴 rist, 🛅 🚘 VISA ⓪ AE ① 🔴

via Berninzoni 24 – ☎ 019 74 10 44 – www.rivierahotel.it – Fax 019 74 77 82
43 cam ⊊ – †45/90 € ††60/120 € – ½ P 45/85 €   **Rist** – Carta 30/45 €
◆ Hotel ben tenuto, ristrutturato negli ultimi anni: gradevoli spazi esterni con giardino e piscina, accoglienti interni di moderna concezione, camere confortevoli. Capiente sala ristorante ornata in modo semplice; proposte gastronomiche del territorio.

✕✕ Al Cambio
AC VISA ⓪ AE 🔴

via XXV Aprile 72 – ☎ 01 97 41 55 37 – chiuso 2 settimane in dicembre o gennaio, giovedì, venerdì a mezzogiorno
Rist – Carta 38/49 €
◆ A pochi passi dalla passeggiata, il locale propone la tradizione gastronomica ligure rielaborata in una sfiziosa cucina mediterranea.

STEGONA = STEGEN – Bolzano – **562** B17 – Vedere Brunico

STEINEGG = Collepietra

STERZING = Vipiteno

STIA – Arezzo (AR) – 2 988 ab. – alt. 544 m – ⊠ 52017   29 C1
▶ Roma 274 – Firenze 50 – Arezzo 48 – San Marino SMR 165

Falterona *senza rist*
🖼 ⁽ᵗ⁾ VISA ⓪ AE 🔴

piazza Tanucci 85 – ☎ 05 75 50 45 69 – www.albergofalterona.it
– Fax 05 75 50 49 82
23 cam ⊊ – †50/60 € ††70/100 €
◆ Palazzo di origini Quattrocentesche - affacciato sulla piazza principale - dispone di una stanza dal pregevole soffitto affrescato e di alcune camere nella prospiciente *dépendance*. Piccola corte interna per la prima colazione.

✕ Falterona Gliaccaniti
🔥 AC VISA ⓪ 🔴

piazza Tanucci 9 – ☎ 05 75 58 12 12 – www.gliaccaniti.it – chiuso dal 7 al 14 novembre e lunedì
Rist – Carta 25/37 €
◆ Riuscito matrimonio tra elementi moderni ed aspetti rustici. In menu: prelibatezze regionali accompagnate da una buona selezione enologica.

STILFSER JOCH = Stelvio Passo dello

STINTINO – Sassari – Vedere Sardegna alla fine dell'elenco alfabetico

STORO – Trento (TN) – **562** E13 – **4 617 ab.** – **alt. 409 m** – ⊠ **38089**   **30** A3
> ▶ Roma 601 – Brescia 64 – Trento 65 – Verona 115

a Lodrone Sud-Ovest : 5,5 km – ⊠ **38089**

🏠 **Castel Lodron**   🛋 🖪 ⋒ 🍴 🛗 🕉 🕪 🖄 🅿 𝗩𝗜𝗦𝗔 ⚫⚫ 𝖠𝖤 ⓪ ♿
   via 24 Maggio 41 – ℰ 04 65 68 50 02 – www.hotelcastellodron.it
🍂 – Fax 04 65 68 54 25
41 cam ⊇ – †40/50 € ††70/90 € – ½ P 45/50 €   **Rist** – Carta 20/29 €
◆ Lungo la strada per Campiglio, cortese ospitalità in un albergo completamente rinnovato: centro benessere, nonché bocce, calcetto e ping-pong in giardino. Camere confortevoli,
quelle sul retro più tranquille e panoramiche.

STRADA IN CHIANTI – Firenze – **563** L15 – Vedere Greve in Chianti

---

STREGNA – Udine (UD) – **562** D22 – **436 ab.** – **alt. 404 m** – ⊠ **33040**   **11** C2
> ▶ Roma 659 – Udine 29 – Gorizia 43 – Tarvisio 84

✗ **Sale e Pepe**   🕪 ⇔ 𝗩𝗜𝗦𝗔 ⚫⚫ 𝖠𝖤 ♿
   via Capoluogo 19 – ℰ 04 32 72 41 18 – chiuso martedì e mercoledì
Rist – (chiuso a mezzogiorno escluso sabato-domenica) Carta 25/35 €
◆ Bella e accogliente trattoria ubicata nel centro della località, caratterizzata da una gestione
volenterosa e davvero appassionata. Cucina con aperture mitteleuropee.

STRESA Verbano-Cusio-Ossola – Verbano-Cusio-Ossola (VB) – **561** E7   **24** A1
– **5 180 ab.** – **alt. 200 m** – **Sport invernali : a Mottarone: 803/1 492 m** 🎿 2 🎿 6
– ⊠ **28838** 📗 Italia Centro Nord
> ▶ Roma 657 – Brig 108 – Como 75 – Locarno 55
> 🔃 piazza Marconi 16 (imbarcadero) ℰ 0323 30150, turismo@
> comune.stresa.vb.it, Fax 0323 32561
> 🖼 Iles Borromeés, ℰ 0323 92 92 85
> 🖼 Alpino di Stresa, ℰ 0323 2 06 42
> 🔲 Cornice pittoresca★★ – Villa Pallavicino★ Y
> 🔲 Isole Borromee★★★ : giro turistico da 5 a 30 mn di battello – Baveno★
> - Mottarone★★

Pianta pagina seguente

🏨🏨🏨🏨 **Grand Hotel des Iles Borromées**   ≤ 🛋 🌸 🛋 🍴 🛗 ⋒ 🕪
   lungolago Umberto I   🍴 🛗 🕉 𝖠𝖪 🕪 rist, 🕻 🖄 🚗 𝗩𝗜𝗦𝗔 ⚫⚫ 𝖠𝖤 ⓪ ♿
67 – ℰ 03 23 93 89 38 – www.borromees.it – Fax 0 32 33 24 05
– chiuso 3 settimane tra dicembre e gennaio   Yw
164 cam ⊇ – †209/325 € ††275/429 € – 15 suites – ½ P 188/270 €
Rist *Il Borromeo* – Carta 60/94 €
◆ Abbracciato dal verde del parco e affacciato sul lago, un maestoso palazzo carico di
fascino ospita ambienti lussuosi arredati nelle preziose tinte porpora, oro e indaco. Prelibata
cucina dai sapori ricercati nello sfarzoso ristorante; menu personalizzato per gli ospiti che
seguono una particolare dieta alla Spa.

🏨🏨🏨 **Grand Hotel Bristol**   ≤ 🕉 🌸 🛋 🖪 ⋒ 🕪 🛗 🕉 cam, 𝖠𝖪 ⇄
   lungolago Umberto I 73/75   🕉 rist, 🕪 🖄 🚗 𝗩𝗜𝗦𝗔 ⚫⚫ 𝖠𝖤 ⓪ ♿
– ℰ 0 32 33 26 01 – www.zaccherahotels.com – Fax 0 32 33 36 22
– aprile-ottobre   Yc
253 cam ⊇ – †70/280 € ††90/400 € – 8 suites – ½ P 55/300 €
Rist – Carta 32/100 €
◆ Una conduzione professionale per questo hotel dagli interni arredati con pezzi antichi,
lampadari di cristallo e cupole in vetro policromo e nel parco una piscina riscaldata. Affacciata sulle Isole Borromee, la sontuosa sala ristorante propone una carta moderna, ricca di
specialità regionali.

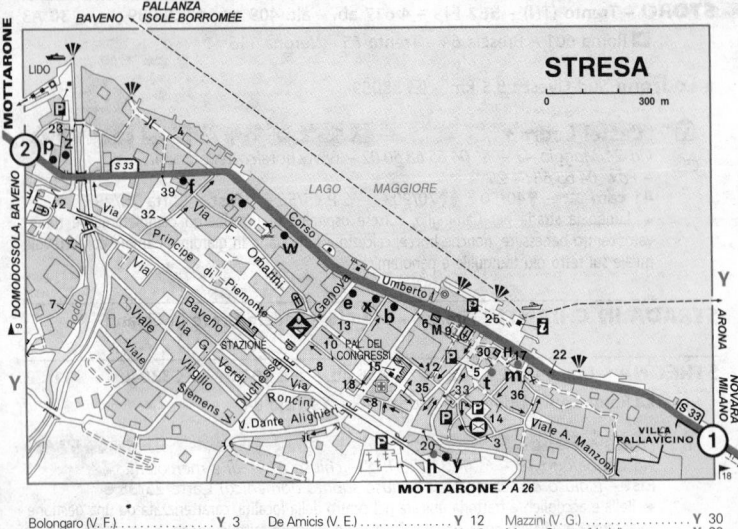

STRESA

PALLANZA
BAVENO · ISOLE BORROMÉE

LAGO   MAGGIORE

MOTTARONE · A 26

Villa e Palazzo Aminta

strada statale del Sempione 123,
1,5 km per ② – ℰ 03 23 93 38 18 – www.villa-aminta.it – Fax 03 23 93 39 55
– chiuso gennaio
59 cam – †250/320 €, ††288/402 €, ⊇ 35 € – 8 suites
Rist *Le Isole* – Menu 46/70 €
Rist *I Mori* – (chiuso a mezzogiorno) Carta 60/96 €

◆ Un gioiello dell'hôtellerie italiana abbracciato da un parco secolare: l'unico albergo affacciato sulle isole Borromee incanta l'ospite per fascino ed eleganza. Piatti classici italiani e specialità del territorio nel raffinato ristorante. Nella colorata sala I Mori, la gastronomia italiana e business brunch.

Regina Palace

lungolago Umberto I 29
– ℰ 03 23 93 69 36 – www.regina-palace.it – Fax 03 23 93 66 66 – chiuso dal
21 dicembre al 7 gennaio   Yb
203 cam ⊇ – †260 € ††365 € – 11 suites – ½ P 240 €
Rist – Menu 39 €
Rist *Charleston* – (chiuso a mezzogiorno) (consigliata la prenotazione)
Carta 55/91 €

◆ In un edificio del primo '900 immerso nel verde, ambienti eleganti, sale congressi, campo da tennis e da calcetto. Scenografica piscina con fondale riproducente quello marino nel centro benessere. Tinte dorate e cucina moderna nell'ampia sala da pranzo. Tavoli rotondi ed un'atmosfera di classe al ristorante Charleston.

La Palma

lungolago Umberto I 33 – ℰ 0 32 33 24 01
– www.hlapalma.it – Fax 03 23 93 39 30 – chiuso dal 20 dicembre al 15 febbraio
116 cam ⊇ – †90/185 € ††135/275 € – 2 suites – ½ P 100/160 €   Ye
Rist – Carta 38/57 €

◆ Risorsa a gestione attenta con accoglienti camere signorili, rilassanti spazi comuni e panoramica zona fitness attigua al roof-solarium. Dalla magnifica piscina in riva al lago si scorgono le isole Borromee! L'intima sala ristorante propone alta cucina italiana ed internazionale.

Astoria ⟨ 🚗 🏊 🖰 📶 AC 🍴 rist, "ᵀ" 🐕 **P** 🚙 VISA ⓜ AE ⓪ 💳
lungolago Umberto I 31 – ✆ 0 32 33 25 66
– *www.hotelstresa.info* – *Fax* 03 23 93 37 85
– *aprile-25 ottobre*   Y**x**
91 cam ☕ – 🛏130 € 🛏🛏220 € – ½ P 125 €
Rist – Menu 28 €
◆ Situato sul lungolago, l'hotel dispone di ampi spazi e belle camere. Si contendono il fiore all'occhiello il curato giardino con piscina ed il roof garden con solarium. Il ristorante vanta una deliziosa veranda ed una cucina regionale di stampo moderno.

Royal ⟨ 🚗 🏠 🏊 🖰 AC 🍴 **P** VISA ⓜ 💳
strada statale del Sempione 22 – ✆ 0 32 33 27 77
– *www.hotelroyalstresa.com* – *Fax* 0 32 33 36 33
– *aprile-ottobre*   Y**z**
72 cam – 🛏80/100 € 🛏🛏100/160 €, ☕ 13 € – ½ P 70/115 €
Rist – Menu 20/30 €
◆ Nella cornice del Lago Maggiore, l'antica villa offre spazi moderni e confortevoli, una rilassante sala lettura, la tranquillità di un parco ed una terrazza solarium. Nuove camere panoramiche al 4° piano: spettacolari quelle d'angolo. Nella sala ristorante illuminata da ampie vetrate, i sapori della cucina tradizionale.

Du Parc senza rist 🚗 🖰 AC "ᵀ" **P** VISA ⓜ AE ⓪ 💳
via Gignous 1 – ✆ 0 32 33 03 35 – *www.duparc.it* – *Fax* 0 32 33 35 96
– *Pasqua-15 ottobre*   Y**y**
21 cam – 🛏60/90 € 🛏🛏80/130 €, ☕ 10 €
◆ Ambienti signorili ed accoglienti, nonché piacevoli spazi per il relax in una villa avvolta da una rilassante cornice verde. Camere luminose e spaziose; un po' più piccole, ma anche più economiche, quelle nella dépendance.

Flora ⟨ 🚗 🏠 🏊 🖰 ⚕ 🏋 AC 🍴 rist, 🕻 **P** VISA ⓜ AE ⓪ 💳
strada statale del Sempione 26 – ✆ 0 32 33 05 24
– *www.hotelflorastresa.com* – *Fax* 0 32 33 33 72
– *15 marzo-3 novembre*   Y**p**
35 cam – 🛏60/90 € 🛏🛏70/110 €, ☕ 15 € – ½ P 60/95 €
Rist – *(chiuso a mezzogiorno) (solo per alloggiati)* Menu 20/55 €
◆ A pochi minuti dal centro della località, l'hotel è stato recentemente ristrutturato ed ampliato e dispone di nuove e moderne camere, nonché di una piccola piscina. Nella sobria sala da pranzo una cucina raffinata e fantasiosa, mentre d'estate è possibile anche il servizio in giardino.

La Fontana senza rist ⟨ 🚗 🖰 AC 🕻 **P** VISA ⓜ AE ⓪ 💳
strada statale del Sempione 1 – ✆ 0 32 33 27 07
– *www.lafontanahotel.com* – *Fax* 0 32 33 27 08
– *chiuso dicembre e gennaio*   Y**f**
20 cam – 🛏75 € 🛏🛏85 €, ☕ 10 €
◆ Immersa in un rigoglioso parco, questa graziosa villa degli anni '40 dispone di camere semplici e confortevoli, spazi comuni dove sostare per rilassarsi o conversare.

XX **Piemontese** 🖰 VISA ⓜ AE 💳
via Mazzini 25 – ✆ 0 32 33 02 35 – *www.ristorantepiemontese.com*
– *Fax* 0 32 33 02 35 – *chiuso dicembre, gennaio e lunedì*   Y**t**
Rist – Carta 35/45 € 🏡
◆ Nel cuore della località, ma a due passi dal lungolago, uno dei ristoranti più prestigiosi della romantica Stresa: piatti regionali e piacevole servizio estivo sotto un pergolato.

XX **Il Clandestino** AC 🍴 VISA ⓜ AE ⓪ 💳
via Rosmini 5 – ✆ 0 32 33 03 99 – *wwww.ristoranteilclandestino.com*
– *Fax* 0 32 33 03 99 – *chiuso dal 10 al 31 novembre, dal 10 gennaio a febbraio,
lunedì a mezzogiorno, martedì*   Y**m**
Rist – Menu 35/60 € – Carta 33/64 €
◆ A pochi metri dal lungolago, ma già nel cuore del centro storico, un grazioso locale dai toni caldi, dove gustare una gustosa cucina di pesce. Un suggerimento: lasciatevi consigliare dallo *chef-patron*!

X **Vicoletto**   🛜 𝗩𝗜𝗦𝗔 ⓒⓞ ♿
Vicolo del Poncivo 3 – ℰ 03 23 93 21 02 – www.ristoranteilvicoletto.com
– Fax 03 23 93 21 02 – chiuso dal 15 gennaio al 28 febbraio, giovedì escluso da
aprile a ottobre   **Y h**
Rist – Carta 31/41 €
♦ Nuovo ristorantino dal design contemporaneo condotto da una giovane e motivata gestione: la linea di cucina si conforma alla modernità del locale. Minuscolo, ma piacevole il dehors.

STRONCONE – Terni (TR) – **563** O20 – alt. 451 m – ✉ 05039   **33** C3
  ▶ Roma 112 – Terni 12 – Rieti 45

XX **Taverna de Porta Nova**   𝗩𝗜𝗦𝗔 ⓒⓞ 𝗔𝗘 ⓞ ♿
via Porta Nova 1 – ℰ 0 74 46 04 96 – Fax 07 44 60 72 53 – chiuso mercoledì
Rist – *(chiuso a mezzogiorno)* Carta 27/37 €
♦ All'interno di un ex convento quattrocentesco, un locale con quattro salette dall'ambiente rustico di tono signorile, dove provare cucina del territorio e carne alla brace.

STRONGOLI – Crotone (KR) – **564** J33 – 6 226 ab. – alt. 249 m   **5** B2
– ✉ 88816
  ▶ Roma 587 – Catanzaro 101 – Crotone 28 – Cosenza 124

XXX **Dattilo** con cam ⤴   🚗 ☒ 𝗔𝗖 cam, 𝗩𝗜𝗦𝗔 ⓒⓞ 𝗔𝗘 ⓞ ♿
contrada Dattilo – ℰ 09 62 86 56 13 – www.dattilo.it – Fax 09 62 86 56 96
– chiuso dal 10 gennaio al 10 febbraio
8 cam � – †34 € ††68 €
Rist – *(chiuso a mezzogiorno da luglio a settembre; negli altri mesi aperto la sera da giovedì a sabato e la domenica a mezzogiorno)* (prenotazione obbligatoria) Menu 40/65 € – Carta 41/55 €
♦ Accogliente ed elegante, questo ristorante interpretata la cucina del territorio in chiave moderna e creativa: ottime materie prime - quasi tutte di produzione propria - in un trionfo di sapori unico ed irripetibile.

STROVE – Siena – **563** L15 – Vedere Monteriggioni

SUBBIANO – Arezzo (AR) – **563** L17 – 6 265 ab. – alt. 266 m   **29** D2
– ✉ 52010
  ▶ Roma 224 – Rimini 131 – Siena 75 – Arezzo 15

🏨 **Relais Torre Santa Flora**   ≤ 🚗 🛜 ☒ 𝗔𝗖 🍴 «ᵖ» 🅿 𝗩𝗜𝗦𝗔 ⓒⓞ 𝗔𝗘 ♿
località Il Palazzo 169, Sud-Est : 3 km – ℰ 05 75 42 10 45
– www.torresantaflora.it – Fax 05 75 48 96 07 – chiuso 2 settimane in gennaio
15 cam � – †85/95 € ††125/145 € – 1 suite – ½ P 88/108 €
Rist – *(chiuso lunedì e martedì da ottobre ad aprile) (chiuso a mezzogiorno)*
Carta 29/48 €
♦ Residenza di campagna seicentesca immersa nel verde: calda atmosfera negli splendidi interni in elegante stile rustico di taglio moderno, piacevoli camere accoglienti. Cucina toscana, quattro salette con soffitti in mattoni o con travi di legno a vista.

X **La Corte dell'Oca** con cam   🛜 ♿ 𝗔𝗖 «ᵖ» 𝗩𝗜𝗦𝗔 ⓒⓞ 𝗔𝗘 ⓞ ♿
viale Europa 16 – ℰ 05 75 42 13 36 – www.cortedelloca.it – Fax 05 75 42 04 12
24 cam – †50 € ††65 €, � 5 €   **Rist** – Menu 25 € – Carta 26/35 €
♦ Tra tortellini e bolliti si è avverato un sogno, quello del titolare, che ha raccolto oggetti, riviste e suppellettili degli anni '50 per ricreare un'atmosfera da amarcord. Tutte differenti tra loro, le camere si affacciano sul cortile o sul borgo.

SULDEN = Solda

Il nome di un ristorante in rosso evidenzia una « promessa ».
Il locale potrebbe accedere ad una categoria superiore: prima stella o stella supplementare. Tali esercizi sono elencati nella lista delle tavole stellate all'inizio della guida.

SULMONA – L'Aquila (AQ) – *563* P23 – 25 327 ab. – alt. 375 m   1 B2
– ✉ 67039 ▐ Italia

> ▶ Roma 154 – Pescara 73 – L'Aquila 73 – Avezzano 57
>
> 🔠 corso Ovidio 208 ✆ 0864 53276, iatsulmona@abruzzoturismo.it, Fax 0864 53276
>
> 🔲 Palazzo dell'Annunziata★★ – Porta Napoli★
>
> 🔲 Itinerario nel Massiccio degli Abruzzi★★★

🏨 **Santacroce Ovidius**   🛗 🗚 🌂 ⁽ᵖ⁾ 💳 ⚫ 🅰🅴 🔻
via Circo Occidentale 177 – ✆ 0 86 45 38 24 – www.hotelovidius.it
– Fax 0 86 45 38 24
29 cam – 🛏65 € 🛏🛏95 €, ☕ 5 € – ½ P 65 €   **Rist** – Carta 22/36 €
♦ A due passi dal Duomo hotel moderno dalle calde sale rivestite in legno e camere dalle linee contemporanee, ben accessoriate.

🍴 **Gino** con cam e senza ☕   🗚 🌂 💳 ⚫ 🅰🅴 🔻
piazza Plebiscito 12 – ✆ 0 86 45 22 89 – www.locandadigino.it
– Fax 0 86 45 40 26 – chiuso domenica
4 cam – 🛏70 € 🛏🛏80 €   **Rist** – (chiuso la sera) Carta 23/35 €
♦ Piccola arca della tipicità gastronomica abruzzese: salumi, formaggi, pasta fresca e carni della regione. I primi anche acquistabili nell'adiacente negozio di famiglia.

sulla strada statale 17 Nord-Ovest : 3,5 km :

🏨 **Santacroce**   🚗 🏊 🏋 🛗 🛆 🗚 🌂 ⁽ᵖ⁾ 🎿 🅿 🚗 💳 ⚫ 🅰🅴 ⓞ 🔻
♋ ✉ 67039 – ✆ 08 64 25 16 96 – www.hotelsantacroce.com – Fax 08 64 25 16 96
78 cam – 🛏60 € 🛏🛏81 €, ☕ 5 € – ½ P 60 €
Rist – (chiuso dal 1° al 10 novembre e venerdì) Carta 20/35 €
♦ Nella zona industriale della città, bianca struttura con un verde giardino; luminosi spazi interni di moderna concezione, confortevoli camere nelle tonalità del verde. Proposte culinarie che vanno dal locale all'internazionale.

SULZANO – Brescia (BS) – *561* E12 – 1 475 ab. – alt. 205 m – ✉ 25058   19 D1
> ▶ Roma 586 – Brescia 33 – Bergamo 56 – Cremona 76

🏨 **Rivalago** senza rist   ‹ 🚗 🏊 🛗 🛆 🗚 ⁽ᵖ⁾ 🅿 💳 ⚫ 🅰🅴 ⓞ 🔻
via Cadorna 7 – ✆ 0 30 98 50 11 – www.rivalago.it – Fax 0 30 98 57 20
32 cam ☕ – 🛏68/94 € 🛏🛏99/188 €
♦ Una giovane coppia - esperta nel settore - gestisce con competenza e savoir-faire questo nuovo albergo, deliziosamente in riva al lago: carino, lindo e con camere accoglienti.

🍴 **Afilod'acqua**   ‹ 🗚 🅿 💳 ⚫ 🅰🅴 🔻
via Cesare Battisti 9, località Vertine – ✆ 33 87 41 63 90 – chiuso gennaio e lunedì
Rist – (chiuso a mezzogiorno escluso domenica in estate) (consigliata la prenotazione) Carta 43/79 €
♦ Palazzina sul lago, sapientemente ristrutturata per ospitare un locale gradevole, intimo e raccolto, gestito da una coppia appassionata. Cucina stagionale di gusto moderno.

SUSA – Torino (TO) – *561* G3 – 6 746 ab. – alt. 503 m – ✉ 10059   22 B2
> ▶ Roma 718 – Briançon 55 – Milano 190 – Col du Mont Cenis 30
>
> 🔠 Corso Inghilterra 39 ✆ 0122 622447, info.susa@turismotorino.org, Fax 0122 628430

🏨 **Napoleon** senza rist   🌂 🏋 🛗 🛆 🗚 ⁽ᵖ⁾ 🎿 🚗 💳 ⚫ 🅰🅴 ⓞ 🔻
via Mazzini 44 – ✆ 01 22 62 28 55 – www.hotelnapoleon.it – Fax 0 12 23 19 00
62 cam ☕ – 🛏68/78 € 🛏🛏88/100 €
♦ Nel cuore della località, l'hotel vanta una gestione familiare e dispone di moderne e graziose camere, nonché di spazi per lettura, conversazioni e riunioni. Ottima la piccola palestra.

SUSEGANA – Treviso (TV) – *562* E18 – 11 918 ab. – alt. 77 m   36 C2
– ✉ 31058
> ▶ Roma 572 – Belluno 57 – Trento 143 – Treviso 22

⌂ **Maso di Villa** senza rist ⌖   ◁ 🚗 ℘ 🅟 🆅🅸🆂🅰 ◉ ⚕
via Col di Guarda 15, località Collalto, Nord-Ovest : 5 km – 𝒞 *04 38 84 14 14*
– www.masodivilla.it – Fax 04 38 98 17 42
6 cam ⌂ – ♦110 € ♦♦130/165 €
◆ Il colore è il vero protagonista di questa casa colonica trasformata in romantico relais, con tonalità diverse in ogni ambiente: dall'ocra del soggiorno al rosa dell'ingresso, fino al vinaccia delle camere, evocatore dell'uva e dei suoi inebrianti prodotti. Letti in ferro battuto nelle 6 stanze affacciate sul giardino.

sulla strada provinciale Conegliano-Pieve di Soligo Nord : 3 km :

🍴🍴 **La Vigna**   ◁ 🏠 🅰🅺 ℘ ⇔ 🅟 🆅🅸🆂🅰 ◉ 🅰🅴 ⓪ ⚕
☕ *via Val Monte 7, località Crevada –* 𝒞 *0 43 86 24 30*
– www.ristorantelavigna.com – Fax 04 38 65 68 50 – chiuso domenica sera e lunedì
Rist – Carta 20/31 €
◆ In collina, circondata dal verde, struttura di nuova creazione che ricorda un casolare di campagna, ma con interni d'ispirazione contemporanea; piatti del luogo.

SUTRI – Viterbo (VT) – **563** P18 – **6 204 ab.** – alt. 270 m – ✉ **01015**   **12 B1**
    ▶ Roma 52 – Viterbo 31 – Civitavecchia 60 – Terni 76
    🇮🇸 Le Querce, 𝒞 0761 60 07 89

sulla strada statale Cassia al km 46,700 Est : 3 Km :

🅱🅰 **Il Borgo di Sutri**   🚗 🏠 🛄 🅺 🅰🅺 cam, 🅟 🆅🅸🆂🅰 ◉ 🅰🅴 ⓪ ⚕
località Mezzaroma Nuova km 46,700 ✉ 01015 – 𝒞 *07 61 60 86 90*
– www.ilborgodisutri.it – Fax 07 61 60 83 08
17 cam ⌂ – ♦89/170 € ♦♦109/190 € – 4 suites – ½ P 80/120 €
Rist – *(chiuso martedì)* Carta 32/53 €
◆ Silenzioso, elegante e confortevole, come suggerisce il nome, l'hotel si trova nel contesto di un antico borgo agricolo; all'esterno ampi spazi verdi ed una chiesetta consacrata. Negli spazi di quella che un tempo era la casa colonica, il ristorante propone una cucina che segue le stagioni. Ampio dehors estivo.

SUTRIO – Udine (UD) – **562** C20 – **1 373 ab.** – alt. 572 m – ✉ **33020**   **10 B1**
    ▶ Roma 690 – Udine 63 – Lienz 61 – Villach 104

🍴 **Alle Trote**   🚗 🏠 ℘ ⇔ 🅟 🆅🅸🆂🅰 ◉ 🅰🅴 ⚕
☕ *via Peschiera, frazione Noiaris, Sud : 1 km –* 𝒞 *04 33 77 83 29*
– chiuso 2 settimane in ottobre e martedì escluso agosto
Rist – Carta 18/27 €
◆ Nei pressi del torrente, un locale a gestione diretta, rinnovato "dalle fondamenta ai soffitti" al fine di accrescere il livello di confort; annesso allevamento di trote.

SUVERETO – Livorno (LI) – **563** M14 – **3 077 ab.** – alt. 127 m   **28 B2**
– ✉ 57028
    ▶ Roma 232 – Grosseto 58 – Livorno 87 – Piombino 27
    🄸 (giugno-settembre) via Matteotti 𝒞 0565 829304, apt7suvereto@
    costadeglietruschi.it

⌂ **Agriturismo Bulichella** ⌖   🚗 🏠 🎝 🅰🅳 🅟 🆅🅸🆂🅰 ◉ ⓪ ⚕
località Bulichella 131, Sud-Est : 1 km – 𝒞 *05 65 82 98 92 – www.bulichella.it*
– Fax 05 65 82 95 53
21 cam ⌂ – ♦62/67 € ♦♦80/104 € – ½ P 76 €
Rist – *(chiuso a mezzogiorno) (solo per alloggiati)* Menu 24 €
◆ Immerso nella campagna suveretana, ad 1 km dal borgo medievale, l'agriturismo offre ospitalità in appartamenti e camere confortevoli: più isolate e tranquille, le stanze al di là dei vigneti. Tipica cucina toscana e possibilità di visitare la cantina con degustazione di alcuni vini.

XX **Eno-Oliteca Ombrone**   🏠 ⚫ VISA ⚫⚫ ⚫

piazza dei Giudici 1 – ℰ 05 65 82 93 36 – www.ristoranteombrone.it
*– Fax 0 56 55 07 03 01 – chiuso dall'8 gennaio al 28 febbraio e i mezzogiorno
di lunedì e martedì*
Rist – (consigliata la prenotazione) Menu 38 € – Carta 35/44 €
♦ Nel centro storico, un ristorante all'interno di un vecchio frantoio del '300, celebre per la
sua raccolta di oli da gustare con il pane; cucina tipica del luogo.

SUZZARA – Mantova (MN) – **561** I9 – 19 726 ab. – alt. 20 m – ⊠ 46029   **17** C3

🅳 Roma 453 – Parma 48 – Verona 64 – Cremona 74

XX **Cavour**   🏠 AC 🍴 ⬌ VISA ⚫⚫ ⓪ ⚫

via Cavour 25 – ℰ 03 76 53 12 98 – www.ristorantecavour.com
*– Fax 03 76 53 12 98 – chiuso dal 14 al 25 gennaio, dal 10 al 25 luglio, lunedì,
anche domenica sera da ottobre a maggio*
Rist – Carta 31/44 €
♦ Due sale separate da un corridoio dove accomodarsi a gustare un menù di terra e soprat-
tutto di mare. Giovedì e sabato sera la sala più piccola è adibita anche a piano bar.

TABIANO – Parma (PR) – **562** H12 – alt. 162 m – ⊠ 43030   **8** A2

🅳 Roma 486 – Parma 31 – Piacenza 57 – Bologna 124
🅸 viale alle Terme 32ℰ 0524 565482 tabianoturismo@
comune.salsomaggiore-terme.pr.it Fax 0524 567533

🏨 **Park Hotel Fantoni** ⚘   🏊 ⚫ 🛏 🔅 🚶 AC 🍴 rist, 📶

via Castello 6 – ℰ 05 24 56 51 41 – www.parkhotelfantoni.it   VISA ⚫⚫ ⚫
– Fax 05 24 56 51 41 – aprile-novembre
34 cam ⚏ – †40/80 € ††70/120 € – ½ P 60/70 €   **Rist** – Carta 22/35 €
♦ In area un po' defilata e già collinare, si apre un giardino con piscina: una parentesi blu
nel verde, preludio alla comodità dell'hotel. Ascensore diretto per le terme. Per i pasti anche
un angolo grill nel parco, per fresche cenette estive.

🏨 **Rossini** ⚘   ⚫ 🛏 🔅 rist, 📞 🅿 VISA ⚫⚫ ⚫

via delle Fonti 10 – ℰ 05 24 56 51 73 – www.hotelrossini.net
– Fax 05 24 56 57 34 – aprile-novembre
51 cam ⚏ – †90 € ††110 € – ½ P 60 €   **Rist** – (solo per alloggiati) Menu 28 €
♦ Un valido albergo che, nel corso degli anni, ha saputo mantenere alti la qualità e il livello
dell'offerta; terrazza solarium con una vasca idromassaggio per più persone.

TALAMONE – Grosseto – **563** O15 – Vedere Fonteblanda

TAMBRE – Belluno (BL) – **562** D19 – 1 458 ab. – alt. 922 m – ⊠ 32010   **36** C1

🅳 Roma 613 – Belluno 30 – Cortina d'Ampezzo 83 – Milano 352
🅸 piazza 11 Gennaio 1945 1 ℰ 0437 49277, tambre@infodolomiti.it, Fax
0437 49246
🅼 Cansiglio, ℰ 0483 58 53 98

🏠 **Alle Alpi**   ⚫ ⚫ 🍴 🛏 🅿 VISA ⚫⚫
♾
*via Campei 32 – ℰ 0 43 74 90 22 – www.allealpi.it – Fax 04 37 43 96 88 – chiuso
ottobre e novembre*
28 cam – †35/60 € ††60/80 €, ⚏ 6 € – ½ P 40/60 €   **Rist** – Menu 18 €
♦ A poche decine di metri dalla chiesa e dal centro, albergo familiare dalla caratteristica
struttura alpina ideale per vacanze tranquille e riposanti. Ristorante dall'ambiente curato e
semplice, come a casa vostra per piatti casarecci di tradizione locale.

TAORMINA – Messina – **365** BA56 – Vedere Sicilia alla fine dell'elenco alfabetico

TARANTO

Aquino (V. d') . . . .
Arcivescovado (Pza) 2
Battisti (V. Cesare) 3
Cugini (V.) 4
De Cesare (V. G.) 5
Duca d'Aosta (Viale) 6
Ebalia (Pza) 8
Falanto (V.) 9
Mari (Cso due) 10
Massari (V. G.) 12
Mignogna (V. Nicola) 13
Palma (V. di) . . . .
Ponte (Vico del) 14
Porto Mercantile (V.) 16
Pupino (V.) 17
Roma (V.) 18
Vasto (V. del) 19

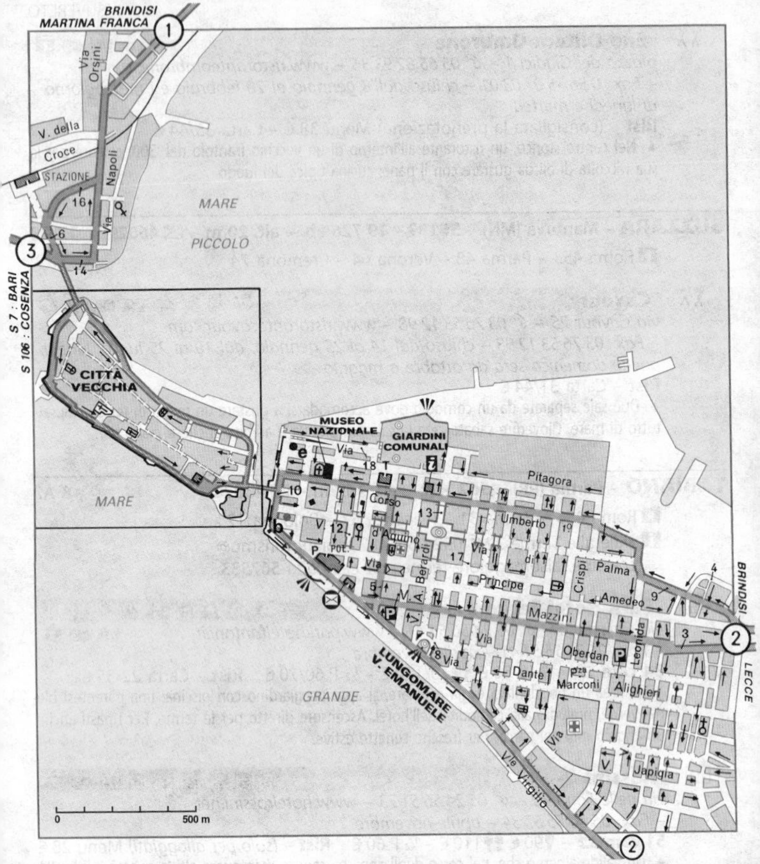

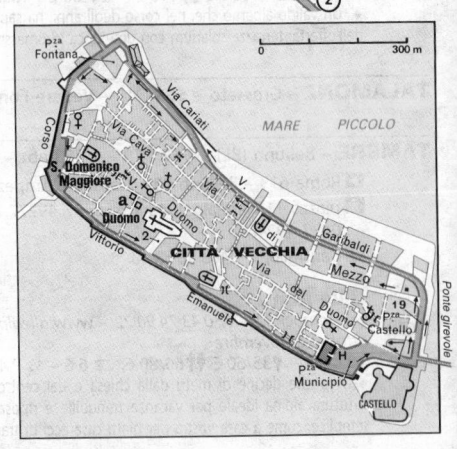

TARANTO Ⓟ **(TA)** – **564** F33 – 195 130 ab. – ✉ **74100** ▯ Puglia **27** C2

▸ Roma 532 – Brindisi 70 – Bari 94 – Napoli 344

ℹ corso Umberto I 121 ✆ 099 4532397, apttaranto@pugliaturismo.com, Fax 099 4520417

🕎 Riva dei Tessali, ✆ 099 8 43 18 44

◉ MARTA Museo archeologico nazionale★★★ – Lungomare Vittorio Emanuele★★ – Città vecchia★ – Giardini Comunali★ – Cappella di San Cataldo★ nel Duomo

🎌 **Akropolis** 🛎 🛗 AC 🍴 📞 🚗 VISA ⓪ AE ① ✆

vico I° Seminario 3 – ✆ *09 94 70 41 10* – *www.hotelakropolis.it*
– Fax 09 94 70 41 10 **a**
14 cam ☕ – ♦105 € ♦♦145 €
Rist – *(chiuso lunedì) (chiuso a mezzogiorno)* Carta 26/43 €
♦ Il palazzo racconta la storia di Taranto, dalle fondamenta greche agli interventi succedutisi fino all'800. Pavimenti in maiolica del '700, splendida terrazza sui due mari. Elementi d'antiquariato anche nella sala-ristorante e wine bar per una ristorazione veloce.

🎌 **Europa** ≼ 🛗 AC 🍴 ⁽ᵖ⁾ VISA ⓪ AE ✆

via Roma 2 – ✆ *09 94 52 59 94* – *www.hoteleuropaonline.it* – *Fax 09 94 52 59 94*
42 cam ☕ – ♦73/110 € ♦♦118/141 € – 2 suites **e**
Rist – Carta 32/63 €
♦ Sul Mar Piccolo con vista su ponte girevole e castello aragonese, funzionale hotel, ex residence, che offre moderne camere molto ampie, spesso sviluppate in due ambienti.

🎌 **Al Faro** ≼ 🚗 🛎 🖐 AC 🍴 ⁽ᵖ⁾ 🅿 VISA ⓪ AE ① ✆

strada vicinale Fonte delle Citrezze 4000, Nord : 1,5 km – ✆ *09 94 71 44 44*
– www.alfarotaranto.it – Fax 09 94 71 20 20
18 cam ☕ – ♦90 € ♦♦120 € **Rist** – Carta 38/50 €
♦ Atipica masseria settecentesca, costruita in riva al mare per l'allevamento dei molluschi. L'attività volge oggi all'ospitalità alberghiera, di ottimo livello in ogni aspetto. Sala ristorante ricavata sotto suggestive volte a crociera.

🍴🍴 **Il Caffè** 🛎 AC VISA ⓪ AE ✆

via d'Aquino 8 – ✆ *09 94 52 50 97* – *Fax 09 94 52 50 97* – *chiuso domenica sera e lunedì a mezzogiorno escluso da giugno a settembre* **b**
Rist – Carta 38/62 €
♦ Accogliente angolo gourmet in centro città questo ristorante-pizzeria, con sala più informale al pianterreno e una più curata al 1° piano; piatti di cucina marinara.

 Qualità a prezzi contenuti? Cercate i Bib: «Bib Gourmand» rosso 🏠 per i ristoranti, e «Bib Hotel» azzurro 🏨 per gli alberghi.

TARCENTO – Udine (UD) – **562** D21 – 9 044 ab. – alt. 230 m **11** C2
– ✉ **33017**

▸ Roma 657 – Udine 19 – Milano 396 – Tarvisio 76

🍴🍴 **Costantini** con cam 🚗 🛎 🖐 AC ⁽ᵖ⁾ 🅿 🚗 VISA ⓪ AE ① ✆

via Pontebbana 12, località Collalto, Sud-Ovest: 4 km – ✆ *04 32 79 20 04*
– www.albergocostantini.com – Fax 04 32 79 23 72
22 cam ☕ – ♦53/65 € ♦♦75/90 € – ½ P 55/65 €
Rist – *(chiuso 1 settimana in gennaio, 1 in novembre, domenica sera e lunedì)*
Carta 29/61 € 🏠
♦ Già tappa di sosta per chi dalla Germania si recava in Terrasanta, il ristorante propone una cucina che valorizza il prodotto locale con accostamenti leggermente fusion. Accoglienti anche le camere di tono classico elegante.

🍴🍴 **Al Mulin Vieri** ≼ 🛎 🅿 VISA ⓪ AE ① ✆

via Dei Molini 10 – ✆ *04 32 78 50 76* – *Fax 04 32 78 50 76*
Rist – *(chiuso lunedì, martedì)* Carta 24/37 €
♦ Non solo piatti friulani per una cucina che vuole accontentare tutti i gusti. Nelle giornate più calde scegliete la terrazza per approfittare dell'effetto rinfrescante del piccolo fiume.

X **Da Gaspar** ≤ ⌀

via Gaspar 1, località Zomeais, Nord : 2,5 km – ☎ *04 32 78 59 50 – Fax 04 32 78 59 50*
– chiuso dal 1° al 10 gennaio, dal 15 giugno al 15 luglio, lunedì, martedì
Rist *– (chiuso a mezzogiorno)* Carta 26/33 €
♦ Sembrerà di trovarsi protagonisti di una fiaba: un'unica graziosa sala, le finestre affacciate sul bosco e sul torrente, la cucina che ripropone antiche ricette friulane in sintonia con le stagioni.

X **Osteria di Villafredda** 🍴 **P** 𝚅𝚂𝙰 ⓐ 𝙰𝙴 ① 💲

🕸 *via Liruti 7, località Loneriacco Sud : 2 km –* ☎ *04 32 79 21 53*
– www.villafredda.com – Fax 04 32 79 21 53 – chiuso gennaio,
agosto, domenica sera, lunedì
Rist *–* Carta 23/33 €
♦ Tranquilla e defilata casa di campagna con servizio estivo in giardino; in un piccolo borgo rurale, antistante una villa padronale, il tipico "fogolar" friulano.

TARQUINIA *– Viterbo (VT) –* **563** P17 *– 16 361 ab. – alt. 133 m*   **12** A2
– ✉ **01016** 🏴 *Italia*

▶ Roma 96 – Viterbo 45 – Civitavecchia 20 – Grosseto 92
🖼 piazza Cavour 23 ☎ 0766 849292, Fax 0766 849286
🏌 , ☎ 0766 81 21 09
👁 Necropoli Etrusca★★: pitture★★★ nelle camere funerarie Sud-Est: 4 km
– Palazzo Vitelleschi★: cavalli alati★★★ nel museo Nazionale
Tarquiniese★ – Chiesa di Santa Maria in Castello★

X **Arcadia** 🍴 𝙰𝙲 𝚅𝚂𝙰 ⓐ 𝙰𝙴 ① 💲

🕸 *via Mazzini 6 –* ☎ *07 66 85 55 01 – Fax 07 66 85 55 01 – chiuso gennaio e lunedì*
Rist *–* Carta 19/52 €
♦ Si trova in un antico edificio del centro storico questo piacevole ristorante dove gustare specialità regionali di terra e di mare. Entusiasmo e passione in un'atmosfera di cordiale familiarità.

a Lido di Tarquinia *Sud-Ovest : 6 km –* ✉ **01010**

🔒 **La Torraccia** *senza rist* 🚗 𝙰𝙲 ⌀ 🛜 **P** 𝚅𝚂𝙰 ⓐ 𝙰𝙴 ① 💲

viale Mediterraneo 45 – ☎ *07 66 86 43 75 – www.torraccia.it*
– Fax 07 66 86 42 96 – chiuso dal 22 dicembre al 17 gennaio
18 cam ⌷ *–* ♦55/80 € ♦♦75/100 €
♦ In una tranquilla pineta dove assaporare momenti di piacevole relax, l'albergo - recentemente rinnovato con gusto - dispone di camere piccole ma personalizzate. Ottima posizione, vicino al mare.

XX **Gradinoro** 🍴 𝙰𝙲 𝚅𝚂𝙰 ⓐ 𝙰𝙴 ① 💲

lungomare dei Tirreni 17 – ☎ *07 66 86 40 45 – www.gradinoro.com*
– Fax 07 66 86 98 34 – chiuso dal 20 dicembre al 5 gennaio
Rist *– (chiuso la sera in gennaio e febbraio)* Carta 45/79 €
♦ Ai fornelli c'è sempre la tenace signora Urbani, garante di una cucina della tradizione che propone succulenti preparazioni di pesce fresco. Design moderno-contemporaneo per la sala.

TARTANO *– Sondrio (SO) –* **561** D11 *– 209 ab. – alt. 1 147 m*   **16** B1
– ✉ **23010**

▶ Roma 695 – Sondrio 34 – Chiavenna 61 – Lecco 77

🏠 **La Gran Baita** 🕸 ≤ 🚗 🔊 📶 rist, **P** 𝚅𝚂𝙰 ⓐ 💲

🕸 *via Castino 7 –* ☎ *03 42 64 50 43 – www.albergogranbaita.it*
– Fax 03 42 64 53 07 – chiuso dal 6 gennaio al 31 marzo
34 cam *–* ♦35/38 € ♦♦55/58 €, ⌷ 5 € – ½ P 40/43 €   **Rist** *–* Carta 18/33 €
♦ In Val Tartano, nel Parco delle Orobie, un'oasi di assoluta pace e relax ove potersi godere anche vari servizi naturali per la salute; conduzione familiare e confort. Al ristorante ambiente rustico avvolto dal legno, con vetrate sulla natura.

TARVISIO *– Udine (UD) –* **562** C22 *– 4 916 ab. – alt. 754 m – Sport*   **11** C1
invernali : 750/1 780 m ⚡3 ⚡13, ⚡ *–* ✉ **33018**

▶ Roma 730 – Udine 95 – Cortina d'Ampezzo 170 – Gorizia 133
🖼 via Roma 14 ☎ 0428 2135, info.tarvisio@turismo.fvg.it, Fax 0428 2972
🏌 , ☎ 0428 20 47

🛏 **Locanda Edelhof**　　🚗 🎄 📱 🍴 **P** VISA ⓄⓄ AE ① ⓢ
via Diaz 13 – ℰ 04 28 64 40 25 – www.hoteledelhof.it – Fax 04 28 64 47 35
16 cam ☷ – ♦60/70 € ♦♦80/90 € – 2 suites – ½ P 60/65 €
Rist – *(chiuso 2 settimane in maggio, 2 settimane in novembre e lunedì)*
(consigliata la prenotazione) Carta 28/37 €
♦ Albergo dallo stile originale, ispirato alla zona e creato da una serie di ambienti d'ispirazione tardo gotica. Ampie e personalizzate le camere dal confort al passo coi tempi. Ricostruzione di una stube d'epoca, al ristorante potrete assaporare i piatti simbolo della regione.

TAUFERS IM MÜNSTERTAL = Tubre

TAVARNELLE VAL DI PESA – Firenze (FI) – **563** L15 – **7 427 ab.** **29** C2
– alt. 378 m – ⊠ 50028

▶ Roma 268 – Firenze 29 – Siena 41 – Livorno 92
🖪 via Roma 190 ℰ 055 8077832, turismo.tavarnelle@bcc.tin.it,
Fax 055 8077832

🏛 **Castello del Nero** ⧉　　🐾 🎄 ⌇ 🌀 🛁 📱 ⅖ 🄰🄲 ⅘ ⅚ rist, 🕻 ⅘ **P**
strada Spicciano 7 – ℰ 0 55 80 64 70　　　　VISA ⓄⓄ AE ① ⓢ
– www.castellodelnero.com – Fax 0 55 80 64 77 77
32 cam ☷ – ♦♦528/990 € – 18 suites – ♦♦1320/3300 €　**Rist** – Carta 63/87 €
♦ In posizione dominante sulle colline, una residenza di campagna di origini duecentesche, dove gli elementi storici si fondono con arredi moderni e accessori d'avanguardia. Sapori tipici toscani interpretati con estro creativo in cucina.

🏠 **Antica Pieve**　　　　🚗 ⌇ 🄰🄲 🍴 VISA ⓄⓄ AE ① ⓢ
strada della Pieve 1 – ℰ 05 58 07 63 14 – www.anticapieve.net
– Fax 05 58 07 65 22 – chiuso febbraio
6 cam ☷ – ♦70/110 € ♦♦85/125 € – ½ P 83/88 €
Rist – *(chiuso dall'8 al 31 gennaio) (chiuso a mezzogiorno)* Carta 25/32 €
♦ Una piacevole casa colonica - sapientemente ristrutturata - a metà strada fra Firenze e Siena, sulla famosa via Cassia: poche camere, ma ben arredate e curate nei particolari. Ottimi spazi all'esterno con piscina e giardino.

✕ **La Gramola**　　　　🎄 ⅚ VISA ⓄⓄ AE ① ⓢ
via delle Fonti 1 – ℰ 05 58 05 03 21 – www.gramola.it – Fax 05 58 07 73 68
– chiuso martedì
Rist – Carta 26/31 € ⅏
♦ Doppia sala interna con attrezzi agricoli e cortile per il servizio estivo: leccornie toscane in un'accogliente osteria al centro del paese. Ampia scelta di vini.

in prossimità uscita superstrada Firenze-Siena Nord-Est : 5 km :

🛏 **Park Hotel Chianti** senza rist　　⌇ 📱 🄰🄲 🍴 ⅘ **P** VISA ⓄⓄ AE ⓢ
via Michelangelo 5 ⊠ 50028 – ℰ 05 58 07 01 06 – www.parkhotelchianti.com
– Fax 05 58 07 01 21 – chiuso dal 24 dicembre al 7 gennaio
43 cam ☷ – ♦50/90 € ♦♦59/140 €
♦ Adiacente alla superstrada Firenze-Siena, ma nel bel mezzo della campagna toscana più tipica, un riferimento ideale per clienti di lavoro o per turisti di passaggio.

a San Donato in Poggio Sud-Est : 7 km – ⊠ 50020

✕✕ **La Locanda di Pietracupa** con cam e senza ☷　　　🎄 🍴
via Madonna di Pietracupa 31 – ℰ 05 58 07 24 00
– www.locandapietracupa.com – Fax 05 58 07 21 42　　VISA ⓄⓄ AE ① ⓢ
4 cam – ♦50/80 € ♦♦55/100 €
Rist – *(chiuso gennaio)* (consigliata la prenotazione) Carta 34/44 € ⅏
♦ Immerso tra le dolci colline del Chianti, d'estate è senz'altro piacevole prendere posto ai tavoli in giardino; in cucina c'è passione e fantasia perchè ogni stagione sia rappresentata dal menu più consono. Colori tenui e rilassanti nelle camere e da tutte una vista spettacolare sul verde.

✗ **La Toppa** 🏠 ⇄ VISA ⬤ AE ⎈
via del Giglio 41 – 𝒞 05 58 07 29 00 – www.trattorialatoppa.com
– Fax 05 58 07 29 00 – chiuso dal 7 gennaio all'8 febbraio, lunedì ed in agosto
anche a mezzogiorno
Rist – Carta 20/29 €

◆ Il vino è la bevanda prediletta di quanti desiderano gustare i sostanziosi piatti proposti in questo storico locale, che riscopre e tramanda le antiche e genuine ricette del passato. Attenti solo a non prendere una toppa, ovvero una sbronza!

a Badia a Passignano Est : 7 km – ✉ 50028 Tavarnelle Val Di Pesa

✗✗ **Osteria di Passignano** 🏠 ⬤ AC ⚒ VISA ⬤ AE ⓘ ⎈
via Passignano 33 – 𝒞 05 58 07 12 78 – www.osteriadipassignano.com
– Fax 05 58 07 12 78 – chiuso dall'11 gennaio all'8 febbraio e domenica
Rist – (consigliata la prenotazione) Menu 60/100 € – Carta 52/64 € ❀
Spec. Omaggio al cibo di strada: il panino al lampredotto e la trippa in umido alla fiorentina. Ravioli doppi d'anatra e burrata con passata di spinaci novelli e purea di mele. Petto di piccione al forno, cosce farcite del suo fegato, insalata di frutti di bosco e sfoglie di polenta.

◆ Incantevole ubicazione: di fianco all'abbazia, nelle cantine fine '800 dei marchesi Antinori; non è da meno la cucina, di stampo moderno con solide radici nella tradizione.

TAVAZZANO CON VILLAVESCO – Lodi (LO) – 561 G10 **19** C3
– 5 879 ab. – alt. 80 m – ✉ 26838

▶ Roma 543 – Milano 29 – Piacenza 48 – Bergamo 56

🏠 **Napoleon** senza rist ⬤ ⬤ AC ⚒ P VISA ⬤ AE ⓘ ⎈
via Garibaldi 34 – 𝒞 03 71 76 08 24 – www.hotelnapoleon-italia.com
– Fax 03 71 76 08 27
26 cam ⊑ – †75/98 € ††88/128 €

◆ Piccolo albergo in comoda posizione, tra Lodi e Milano, indicato anche per la clientela fieristica; conduzione familiare e camere spaziose, con arredi moderni.

TAVIANO – Lecce (LE) – 564 H36 – 12 711 ab. – alt. 55 m – ✉ 73057 **27** D3
▶ Roma 616 – Brindisi 91 – Bari 203 – Lecce 55

✗ **A Casa tu Martinu** con cam 🚗 🏠 ⬤ AC cam, ⚒ ⚒
via Corsica 97 – 𝒞 08 33 91 36 52 VISA ⬤ AE ⓘ ⎈
– www.acasatumartinu.com – Fax 08 33 91 36 52 – chiuso domenica sera, lunedì
11 cam ⊑ – †45/60 € ††80/105 €
Rist – (chiuso a mezzogiorno da giugno ad agosto) Carta 19/35 € ❀

◆ Alla cucina tipica del Salento - semplice e gustosa, con molte verdure e tanta griglia - sommate la possibilità di desinare all'aperto, avvolti dal profumo di agrumi e nespole. Romantico e incantato.

TEGLIO – Sondrio (SO) – 561 D12 – 4 785 ab. – alt. 856 m – ✉ 23036 **16** B1
▶ Roma 719 – Sondrio 20 – Edolo 37 – Milano 158

🏠 **Combolo** ⬤ ⬤ rist, ⚒ ⚒ P ⬤ VISA ⬤ AE ⓘ ⎈
via Roma 5 – 𝒞 03 42 78 00 83 – www.hotelcombolo.it – Fax 03 42 78 11 90
– chiuso dal 10 al 30 gennaio
44 cam – †40/60 € ††70/120 €, ⊑ 6 € – ½ P 45/80 €
Rist – (chiuso martedì in bassa stagione) Carta 19/27 €

◆ Hotel dal 1905, da poco ristrutturato, e molto noto in zona, sorge nella piazzetta centrale del paese e offre una piacevole terrazza-giardino; solida la gestione familiare. Rinomate le specialità tipiche, nella sede dell'Accademia dei pizzoccheri di Teglio.

sulla strada statale 38 al km 38,750 Sud-Est: 4 km

✗ **Fracia** 🕮 ⬚ 🅅🄸🅂🄰 ⬚ 🄰🄴 🄾 ⬚

località Fracia ⊠ *23036 Teglio – ✆ 03 42 48 26 71 – www.fracia.it – chiuso dal 15 al 30 giugno*
Rist – (coperti limitati, prenotare) Carta 28/37 €
♦ Tra terrazze digradanti e vigneti, un rustico cascinale in pietra ospita il ristorante che gode di una vista panoramica sulla valle circostante. Interni sobri con pareti anch'esse in pietra ed una bella stufa; il menu annovera ottime specialità valtellinesi. Un'oasi di tradizione e gusto.

TELLARO – La Spezia – **561** J11 – **Vedere Lerici**

TEMPIO PAUSANIA – Olbia-Tempio (104) – **366** P38 – **Vedere Sardegna alla fine dell'elenco alfabetico**

TENCAROLA – Padova – **Vedere Selvazzano Dentro**

TENNA – Trento (TN) – **562** D15 – **976 ab.** – **alt. 556 m** – ⊠ 38050   **30** B3
🄳 Roma 607 – Trento 18 – Belluno 93 – Bolzano 79
🄸 (giugno-settembre) via Alberè 35 t° 0461 706396, Fax 0461 706396

🏨 **Margherita** 🖢 ⬚ 🕮 🟊 ⬚ 🄻🅂 🕊 ⬚ 🟊 rist, "🍴" 🄿 🅅🄸🅂🄰 ⬚ 🄰🄴 🄾 ⬚

località Pineta Alberè 2, Nord-Ovest : 2 km – ✆ 04 61 70 64 45
– www.hotelmargherita.it – Fax 04 61 70 78 54 – 15 aprile-ottobre
40 cam ⬚ – ✝45/70 € ✝✝70/120 € – ½ P 60/85 €   **Rist** – Carta 33/42 €
♦ Nel cuore della pineta di Alberè, l'albergo vanta un ampio parco privato con piscina, campi da tennis e da calcetto e camere classiche arredate in legno di rovere. Nelle luminose sale del ristorante o ai tavoli all'aperto vengono proposti piatti tipici della classica gastronomia regionale.

TEOLO – Padova (PD) – **562** F17 – **8 302 ab.** – **alt. 175 m** – ⊠ 35037   **35** B3
🄳 Roma 498 – Padova 21 – Abano Terme 14 – Ferrara 83

🏨 **Villa Lussana** ≤ ⬚ cam, 🄰🄲 🟊 🄿 🕮 🅅🄸🅂🄰 ⬚ 🄰🄴 🄾 ⬚

via Chiesa 1 – ✆ 04 99 92 55 30 – www.villalussana.com – Fax 04 99 92 55 30
– chiuso dal 7 al 30 gennaio
11 cam ⬚ – ✝61/75 € ✝✝92 € – ½ P 67 €
Rist – (chiuso martedì escluso da giugno a settembre) Carta 20/36 €
♦ Panoramica posizione sui Colli Euganei per una piacevole risorsa ricavata da una villa liberty dei primi '900. Sebbene l'elegante sala da pranzo offra una bella vista sul paesaggio, non distraetevi dalle bontà servite in tavola!

---

a Castelnuovo Sud-Est : 3 km – ⊠ 35038

✗ **Trattoria al Sasso** 🕮 ⬚ 🟊 ⬚ 🄿 🅅🄸🅂🄰 ⬚ ⬚

via Ronco 11 – ✆ 04 99 92 50 73 – Fax 04 99 92 55 59 – chiuso mercoledì
Rist – Carta 36/45 € ⬚
♦ Una casa padronale immersa nei colli Euganei con sale di tono leggermente rustico e spunti di raffinatezza. La cucina soddisfa i palati con proposte legate al territorio.

TERAMO 🄿 (TE) – **563** O23 – **54 763 ab.** – **alt. 265 m** – ⊠ 64100   **1** B1
🄳 Roma 182 – Ascoli Piceno 39 – Ancona 137 – L'Aquila 66
🄸 via Oberdan 16✆ 0861 244222, presidio.teramo@abruzzoturismo.it, Fax 0861 244357

✗✗ **Duomo** 🕮 🄰🄲 🟊 🅅🄸🅂🄰 ⬚ 🄰🄴 🄾 ⬚

via Stazio 9 – ✆ 08 61 24 17 74 – www.ristoranteduomo.com
– Fax 08 61 24 17 74 – chiuso dal 7 al 27 gennaio, 1 settimana in agosto, domenica sera, lunedì
Rist – Carta 27/36 €
♦ Tranquillo, a pochi passi dal Duomo, un locale di solida gestione e di elegante atmosfera. Menù esposto sul leggio all'ingresso e piatti abruzzesi con spunti nazionali.

TERLANO (TERLAN) – Bolzano (BZ) – **562** C15 – **4 010 ab. – alt. 246 m**   **31** D3
– ✉ 39018

> ▶ Roma 646 – Bolzano 9 – Merano 19 – Milano 307
> ℹ piazza Weiser 2 ℰ 0471 257165, info@tvterlan.com, Fax 0471 257830

🏨 **Weingarten**   🚗 🏤 🏊 ⊫ 🖐 ⍾ P Ⅶ ⚫ ⅿ
via Principale 42 – ℰ 04 71 25 71 74 – www.hotel-weingarten.com
– Fax 04 71 25 77 76 – chiuso dal 6 gennaio al 13 marzo
21 cam ⊑ – ♦55/63 € ♦♦88/110 € – ½ P 61/73 €   **Rist** – Carta 31/47 €
♦ Giardino ombreggiato con piscina riscaldata, a due passi dal centro di Terlano, tra vigneti
e frutteti. L'albergo dispone di camere luminose e panoramiche. Servizio ristorante all'aperto,
all'ombra degli alberi, o nelle tipiche stube.

a Settequerce (Siebeneich) **Sud-Est : 3 km** – ✉ 39018

🍴 **Patauner**   🏤 P Ⅵ ⚫ 🅰🅴 ⅿ
via Bolzano 6 – ℰ 04 71 91 85 02 – Fax 04 71 91 85 02 – chiuso dal 20 febbraio
al 10 marzo, dal 30 giugno al 20 luglio, domenica dal 15 giugno al
15 settembre, giovedì negli altri mesi
Rist – Carta 24/34 €
♦ Dal bar pubblico si accede alla sala, senza pretese e tuttavia con una piacevole atmosfera
del luogo; tirolesi anche alcuni piatti. Marito in cucina, moglie ai tavoli.

a Vilpiano (Vilpian) **Nord-Ovest : 4 km** – ✉ 39018

🏠 **Sparerhof**   🚗 🏤 🏊 🏠 🎇 rist. P Ⅵ ⚫ ⅿ
⊛ via Nalles 2 – ℰ 04 71 67 86 71 – www.hotelsparerhof.it – Fax 04 71 67 83 42
15 cam ⊑ – ♦50/55 € ♦♦80/99 € – ½ P 52/57 €
Rist – (chiuso a mezzogiorno) Menu 19/42 €
♦ Simpatici e ospitali, i proprietari comunicano brio all'ambiente, gradevole e singolare;
oggetti di design e opere d'arte sparsi un po' ovunque, anche nelle piccole camere. Nella
semplice ed accogliente sala da pranzo oppure nel fresco giardino, piatti appetitosi e creativi.

TERME – Vedere di seguito o al nome proprio della località termale

---

TERME LUIGIANE – Cosenza (CS) – **564** I29 – **alt. 178 m** – ✉ 87020   **5** A2
Acquappesa

> ▶ Roma 475 – Cosenza 49 – Castrovillari 107 – Catanzaro 110

🏨 **Grand Hotel delle Terme**   🏊 🎗 ⚕ ⊫ 🅰🅲 🎇 rist. 🖐 🕏 P
⊛ via Fausto Gullo 6 – ℰ 0 98 29 40 52   Ⅵ ⚫ 🅰🅴 ⓪ ⅿ
– www.grandhoteltermeluigiane.it – Fax 0 98 29 44 78 – 15 maggio-ottobre
216 cam – ♦60/80 € ♦♦90/120 €, ⊑ 10 € – ½ P 84 €   **Rist** – Menu 20/25 €
♦ Collegato alle Thermae Novae mediante un passaggio interno, ecco un hotel ideale per i
soggiorni terapeutici, dotato di servizi appropriati tra cui un attrezzato parco termale con
varie piscine e spazi dedicati al fitness.

TERMENO SULLA STRADA DEL VINO   **31** D3
(TRAMIN AN DER WEINSTRASSE) – Bolzano (BZ) – **562** C15
– **3 257 ab. – alt. 276 m** – ✉ 39040

> ▶ Roma 630 – Bolzano 24 – Milano 288 – Trento 48
> ℹ via Julius V. Payer 1 ℰ 0471 860131, info@tramin.com, Fax 0471 860820

🏨 **Mühle-Mayer** 🌿   ⪻ 🚗 🏤 🏊 🏠 🎇 🖐 P Ⅵ ⚫ ⅿ
via Molini 66, Nord : 1 km – ℰ 04 71 86 02 19 – www.muehle-mayer.it
– Fax 04 71 86 09 46 – 20 marzo-10 novembre
12 cam ⊑ – ♦80/90 € ♦♦140/160 € – ½ P 83/103 €
Rist – (chiuso a mezzogiorno) (solo per alloggiati)
♦ Tra i verdi e riposanti vigneti in una zona isolata e tranquilla, un gradevole giardino-solarium e una casa situata su un antico mulino offre stanze eleganti e personalizzate.

🏨 **Tirolerhof**   ⪻ 🚗 🏤 🏊 🏠 🕏 ⊫ 🎇 rist. 🖐 P Ⅵ ⚫ ⅿ
via Parco 1 – ℰ 04 71 86 01 63 – www.tirolerhof.com – Fax 04 71 86 01 54
– Pasqua-15 novembre
30 cam ⊑ – ♦60/75 € ♦♦96/120 € – ½ P 62/75 €   **Rist** – (solo per alloggiati)
♦ Conduzione familiare ben rodata per quest'albergo che si sviluppa su due costruzioni;
deliziosi il giardino e la veranda nonché gli spazi interni.

Schneckenthaler Hof ⌂ ⟨ 🚗 🏡 ⛄ ♨ ⅃♨ 🎿 ≮ rist, ⟨⟨¹⟩⟩ **P**
via Schneckenthaler 25 – ℰ *04 71 86 01 04*   🆅🆂🅰 ⓿ 🅖
– www.schneckenthalerhof.com – Fax 04 71 86 08 24 – 5 aprile-1° novembre
25 cam – ⍦60/75 € ⍦⍦90/120 €, ⌤ 12 € – ½ P 60/75 €   **Rist** – Carta 26/50 €
♦ Risorsa ubicata nella parte alta e panoramica della località, immersa tra i filari dei vigneti. Camere accoglienti e confortevoli, seppur semplici ed essenziali. Una cucina sana e genuina, di fattura casalinga; sala ristorante intima e raccolta.

TERME VIGLIATORE – Messina – **365** AZ55 – Vedere Sicilia alla fine dell'elenco alfabetico

---

TERMINI – **564** F25 – Vedere Massa Lubrense

TERMINI IMERESE – Palermo – **365** AR56 – Vedere Sicilia alla fine dell'elenco alfabetico

---

TERMOLI – Campobasso (CB) – **564** A26 – **31 975 ab.** – ⊠ **86039**   2 D2
🔼 Roma 300 – Pescara 98 – Campobasso 69 – Foggia 88
🅳 piazza Melchiorre Bega 1 ℰ 0875 703913, Fax 0875 704956

Santa Lucia senza rist   ⟨ 🛗 🄰🄲 ⟨⟨¹⟩⟩ 🆅🆂🅰 ⓿ 🄰🄴 🅖
largo Piè di Castello – ℰ *08 75 70 51 01 – www.santaluciahotel.it*
– Fax 08 75 70 51 01
18 cam – ⍦85/110 € ⍦⍦120/150 €, ⌤ 5 € – 1 suite
♦ Di recente apertura, hotel dagli ambienti raffinati in cui prevalgono i colori caldi. Camere di buon livello sia per confort che per cura e stile negli arredi.

Mistral   ⟨ 🛗 🄰🄲 ⟨⟨¹⟩⟩ 🚗 🆅🆂🅰 ⓿ 🄰🄴 ⓿ 🅖
lungomare Cristoforo Colombo 50 – ℰ *08 75 70 52 46 – www.hotelmistral.net*
– Fax 08 75 70 52 20
64 cam ⌤ – ⍦80/105 € ⍦⍦125 € – 2 suites – ½ P 80 €   **Rist** – Carta 35/50 €
♦ Una struttura bianca che svetta sul lungomare prospiciente la spiaggia; di tono piuttosto moderno, a prevalente vocazione estiva, offre camere funzionali. Capiente sala da pranzo movimentata da colonne e una vista sul blu dalle vetrate.

Meridiano   ⟨ 🛗 🄰🄲 ≮ rist, ⟨⟨¹⟩⟩ 🆂🄰 **P** 🆅🆂🅰 ⓿ 🄰🄴 ⓿ 🅖
lungomare Cristoforo Colombo 52/a – ℰ *08 75 70 59 46*
– www.hotelmeridiano.com – Fax 08 75 70 26 96
81 cam ⌤ – ⍦68/90 € ⍦⍦100/110 € – ½ P 70 €
Rist – *(chiuso a mezzogiorno da ottobre ad aprile)* Carta 29/39 €
♦ Affacciato sulla passeggiata mare, un albergo ideale sia per clienti di lavoro che per turisti: discreti spazi esterni, con parcheggio, e confortevole settore notte. Ristorante con vista sul Mediterraneo e sulle mura del centro storico.

Residenza Sveva senza rist ⌂   🄰🄲 ≮ ⟨⟨¹⟩⟩ 🆅🆂🅰 ⓿ 🄰🄴 ⓿ 🅖
piazza Duomo 11 – ℰ *08 75 70 68 03 – www.residenzasveva.com*
– Fax 08 75 70 68 03
19 cam – ⍦39/89 € ⍦⍦89/160 € – 1 suite
♦ Nel borgo antico, varie camere distribuite tra i vicoli, tutte affascinanti per raffinatezza e personalizzazioni. Un'opportunità di soggiorno inusuale e molto gradevole.

Locanda Alfieri senza rist ⌂   🄰🄲 ≮ ⟨⟨¹⟩⟩ 🆅🆂🅰 ⓿ 🅖
via Duomo 39 ⊠ 86039 Termoli – ℰ *08 75 70 81 12 – www.locandalfieri.com*
– Fax 08 75 70 81 12
13 cam – ⍦40/50 € ⍦⍦75/90 €
♦ Nel pittoresco centro del Borgo Vecchio, un'antica dimora con camere coloratissime, letti in ferro battuto, mobili in arte povera e dettagli di personalizzazione. Sotto l'intonaco fanno capolino le antiche mura.

Nonna Maria con cam   🛏 🄰🄲 ⟨⟨¹⟩⟩ 🆅🆂🅰 ⓿ 🄰🄴 🅖
via Oberdan 14 – ℰ *08 75 81 85 – www.bebnonnamaria.it – Fax 08 75 81 85*
– chiuso dal 10 al 25 gennaio
5 cam ⌤ – ⍦40/60 € ⍦⍦60/80 € – ½ P 70 €   **Rist** – Carta 18/36 €
♦ Raccolta e curata trattoria del centro a conduzione familiare. In menù un'appetitosa lista di piatti tradizionali e di preparazioni a base di pesce fresco. Graziose camere arredate con letti in ferro battuto e colori pastello.

X **Da Noi Tre** 🛱 🗚 ✻ ⅦⅥ ◑ 🗚 ◑ ⚡

via Cleofino Ruffini 47 – ℰ 08 75 70 36 39 – chiuso dal 24 al 26 dicembre e lunedì

Rist – (consigliata la prenotazione) Carta 23/40 €

♦ Tradizionale cucina di mare, con specialità termolesi, nella nuova sede di un già noto indirizzo in città: ora sulla graziosa e piccola piazza del mercato.

sulla strada statale 16-Litoranea

XX **Torre Sinarca** ⩽ 🛱 🗚 ✻ 🄿 ⅦⅥ ◑ 🗚 ◑ ⚡

Ovest : 3 km ✉ 86039 – ℰ 08 75 70 33 18 – Fax 08 75 70 33 18 – chiuso novembre, domenica sera, lunedì

Rist – Carta 40/55 €

♦ All'interno di una suggestiva torre del XVI secolo, eretta contro l'arrivo dei Saraceni dal mare; di fronte, infatti, solo la spiaggia e il blu. Piatti locali, di pesce.

XX **Villa Delle Rose** 🗚 ✻ 🄿 ⅦⅥ ◑ 🗚 ◑ ⚡

s.s.16, n° 122, Ovest : 5 km ✉ 86039 – ℰ 0 87 55 25 65 – Fax 0 87 55 25 65 – chiuso dal 7 al 31 gennaio e lunedì

Rist – Carta 31/46 €

♦ Bel ristorante moderno e luminoso, ricavato da una nuova costruzione lungo la statale. Viene proposta una cucina di mare, ma non solo, tradizionale o più "adriatica".

TERNI 🄿 (TR) – 563 O19 – 110 933 ab. – alt. 130 m – ✉ 05100 ▌ Italia 33 C3

▯ Roma 103 – Napoli 316 – Perugia 82

🖪 via Cassian Bon 4 ℰ 0744 423047, info@iat.terni.it, Fax 0744 427259

🖪 Romita, ℰ 0744 40 78 89

🖸 Cascata delle Marmore★★ per ③ : 7 km

🏨 **Michelangelo Palace** 🛱 ⅃ 🖓 🖨 🕹 cam, 🗚 ✻ 📶 🏋 🄿 🚗

viale della Stazione 63 – ℰ 07 44 20 27 11 ⅦⅥ ◑ 🗚 ◑ ⚡
– www.michelangelohotelumbria.it – Fax 0 74 42 02 72 00 BYa

78 cam ⫣ – ♦75/103 € ♦♦105/138 € **Rist** – Carta 20/33 €

♦ Dotato di ogni confort, avvolto da un'atmosfera moderna, ma elegante, un hotel recente, di fronte alla stazione; ideale per clienti d'affari e per turisti di passaggio. Ubicato all'ultimo piano, piacevole ristorante panoramico grazie alle vetrate continue.

🏨 **Locanda di Colle dell'Oro** 🌿 ⩽ 🚲 ⅃ 🕹 cam, 🗚 📶 🄿

strada di Palmetta 31, Nord : 1 km ⅦⅥ ◑ 🗚 ◑ ⚡
– ℰ 07 44 43 23 79 – www.colledelloro.it – Fax 07 44 43 78 26

11 cam ⫣ – ♦60/80 € ♦♦70/100 € – ½ P 53/75 €

Rist – (chiuso gennaio, febbraio, da lunedì a mercoledì e domenica sera) (chiuso a mezzogiorno escluso domenica) Carta 28/35 €

♦ Dal restauro di vecchi edifici rurali, una magnifica casa in collina con vista su Terni e la vallata; poche camere, curatissime, con uno charme di raffinata rusticità.

uscita raccordo Terni Ovest

🏨 **Garden Hotel** 🚲 ⅃ 🖓 🖨 🗚 ⅃⁄ ✻ rist, 📞 🏋 🄿 🛋

viale Donato Bramante 4/6, per via Cesare Battisti ⅦⅥ ◑ 🗚 ◑ ⚡
– ℰ 07 44 30 00 41 – www.gardenhotelterni.it – Fax 07 44 30 04 14 AY

92 cam ⫣ – ♦48/103 € ♦♦72/138 € – ½ P 53/86 €

Rist Il Melograno – ℰ 07 44 30 03 75 (chiuso domenica sera) Carta 27/33 €

♦ Gradevole costruzione creata da basse terrazze digradanti, piuttosto mimetizzate nella vegetazione e affacciate sulla zona piscina; confortevole e con ambiente signorile. Eleganti atmosfere per le moderne sale del ristorante.

🏨 **ClassHotel Terni** 🖨 🕹 cam, 🗚 ⅃⁄ ✻ rist, 📶 🏋 🄿

via Dalla Chiesa 24 – ℰ 07 44 30 60 24 ⅦⅥ ◑ 🗚 ◑ ⚡
– www.classhotel.com – Fax 07 44 30 06 28

69 cam ⫣ – ♦53/85 € ♦♦74/110 € – ½ P 55/73 €

Rist – (chiuso domenica) (chiuso a mezzogiorno) Carta 19/28 €

♦ In comoda posizione vicino alle principali autostrade e tangenziali, un albergo dotato di tutti i confort, consoni all'offerta della catena a cui appartiene.

TIERCE MAJEURE

L'innovazione al servizio dell'ambiente

Il rispetto dell'ambiente è un impegno quotidiano. Attraverso lo sviluppo di pneumatici a bassa resistenza al rotolamento che riducono il consumo di carburante o attraverso il lavoro al servizio di una mobilità sostenibile, Michelin è sempre alla ricerca del miglior modo di avanzare.

www.michelin.it

Il modo migliore di avanzare

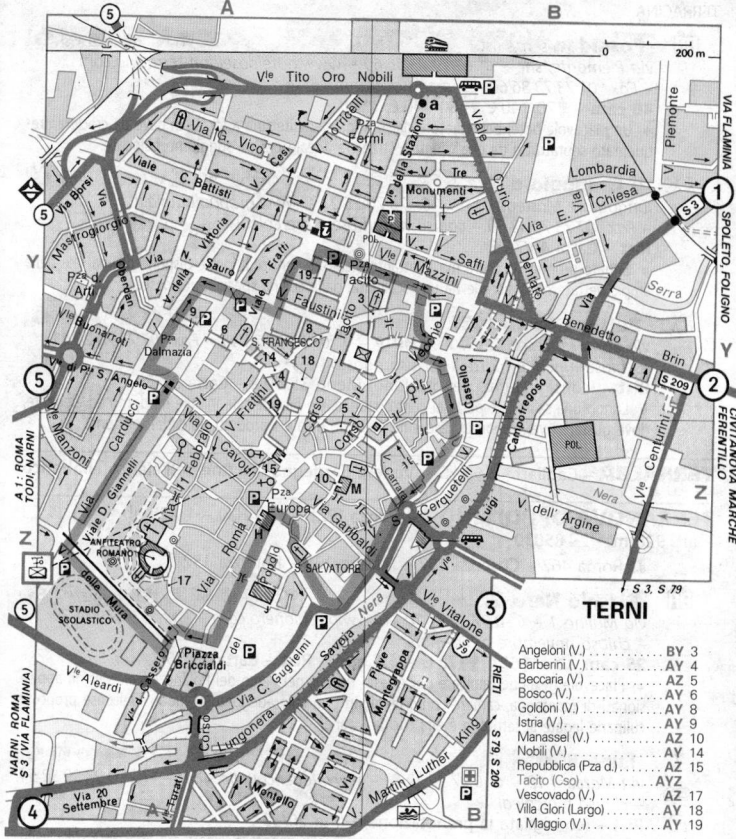

TERNI

Angeloni (V.)	**BY** 3
Barberini (V.)	**AY** 4
Beccaria (V.)	**AZ** 5
Bosco (V.)	**AY** 6
Goldoni (V.)	**AY** 8
Istria (V.)	**AY** 9
Manassei (V.)	**AZ** 10
Nobili (V.)	**AY** 14
Repubblica (Pza d.)	**AZ** 15
Tacito (Cso)	**AYZ**
Vescovado (V.)	**AZ** 17
Villa Glori (Largo)	**AY** 18
1 Maggio (V.)	**AY** 19

TERNO D'ISOLA – Bergamo (BG) – 6 900 ab. – ⊠ 24030   **19** C1

◨ Roma 624 – Milano 64 – Bergamo 17 – Monza 47

XX   **Osteria della Cuccagna**   🐾 **AK** **P** **VISA** **©©** **AE** **①** **ś**

via Milano 15 – 🞵 0 35 90 43 36 – Fax 03 54 94 47 10 – *chiuso una settimana in giugno, tre settimane in agosto, domenica sera, martedì*
Rist – (consigliata la prenotazione) Carta 30/55 € ⌗

♦ Un'esperta conduzione, tutta al femminile, è il punto fermo di questo simpatico ristorante. Al tavolo, abbondanti porzioni di una cucina che s'ispira alle tradizioni regionali, personalizzandole con fantasia.

TERRACINA – Latina (LT) – **563** S21 – 43 267 ab. – ⊠ 04019 ▮ Italia   **13** C3

◨ Roma 109 – Frosinone 58 – Gaeta 35 – Latina 39

🚢 per Ponza – Anxur Tours, viale della Vittoria 40 🞵 0773 723978, Fax 0773 723979

🛈 via Leopardi 🞵 0773 727759, Fax 0773 727964

◉ Candelabro pasquale★ nel Duomo

🞵 Tempio di Giove Anxur★ : ※★★ Est : 4 km e 15 mn a piedi AR

Poseidon senza rist 🛢 🏊 🛗 🔼 🚗 VISA 🐘 ⚡
via Piemonte, snc – ☏ 07 73 73 36 60 – www.hotelposeidon-terracina.com
– Fax 07 73 73 36 60 – marzo-novembre
46 cam – ♦70/140 € ♦♦80/140 €, ☷ 10 €
♦ Un piacevole hotel ben curato e dall'originale architettura a forma di nave da crociera, frequentato soprattutto da una clientela straniera: ideale per un soggiorno balneare.

Il Grappolo d'Uva ≤ 🏠 🔼 **P** VISA 🐘 AE ① ⚡
lungomare Matteotti 1 – ☏ 07 73 70 25 21 – www.grappoloduva.it
– Fax 07 73 70 43 80 – chiuso novembre e mercoledì
Rist – Carta 40/76 €
♦ Situato proprio sul mare ma altettanto vicino al centro, il locale dispone di una sala dalle
ampie vetrate cui si accede da una scalinata; dalla cucina specialità di pesce.

Bottega Sarra 1932 ≤ 🔼 🍽 ↔ VISA 🐘 ⚡
via San Francesco 52-54 ⊠ 04019 – ☏ 07 73 70 20 45 – Fax 07 73 70 20 45
– chiuso lunedì e martedì escluso agosto
Rist – (consigliata la prenotazione) Menu 35/50 € – Carta 37/58 €
♦ Lungo una salita che porta al centro storico, tre piccole sale in stile moderno ed elegante,
dove gustare i veri sapori della cucina mediterranea e i prodotti tipici del territorio.

TERRALBA – Cagliari – **566** H7 – Vedere Sardegna alla fine dell'elenco alfabetico

---

TERRANOVA DI POLLINO – Potenza (PZ) – **564** H30 – 1 428 ab. 4 C3
– alt. 920 m – ⊠ 85030
　　🖪 Roma 467 – Cosenza 157 – Matera 136 – Potenza 152

Picchio Nero 🦌 ≤ 🛢 🛗 🍽 **P** VISA 🐘 AE ① ⚡
via Mulino 1 – ☏ 09 73 93 31 70 – www.picchionero.com – Fax 09 73 93 31 70
– chiuso novembre o dicembre
25 cam ☷ – ♦65 € ♦♦78 € – ½ P 68 € **Rist** – Carta 25/35 €
♦ Piacevole gestione familiare per questa risorsa, nel Parco del Pollino, ideale per gli appassionati di montagna; camere confortevoli, in uno stile adeguato al luogo. Deliziose proposte
culinarie legate al territorio e alla cucina lucana.

Luna Rossa ≤ 🏠 ↔ VISA 🐘 AE ⚡
via Marconi 18 – ☏ 09 73 93 32 54 – www.federicovalicenti.it – Fax 09 73 93 32 54
– chiuso mercoledì
Rist – (consigliata la prenotazione) Carta 20/35 €
♦ In centro paese, locale rustico e conviviale con panoramica terrazza affacciata sulla valle.
La ricerca dei piatti della tradizione parte dal mondo contadino per concretizzarsi nella continua passione e nel rinnovato talento dello chef.

TERRANUOVA BRACCIOLINI – Arezzo (AR) – **563** L16 – 12 018 ab. 29 C2
– alt. 156 m – ⊠ 52028
　　🖪 Roma 227 – Firenze 47 – Siena 51 – Arezzo 37

a Penna Alta Nord-Est : 3 km – ⊠ 52028 Terranuova Bracciolini

Il Canto del Maggio ≤ 🛢 🏠 **P** VISA 🐘 ⚡
– ☏ 05 59 70 51 47 – www.cantodelmaggio.com – Fax 05 59 70 51 47 – chiuso
lunedì, anche martedì da ottobre a maggio
Rist – (chiuso a mezzogiorno escluso domenica) Carta 28/35 €
♦ Marito e moglie hanno creato questo rifugio per i buongustai in un piccolo borgo toscano
ristrutturato: servizio estivo in giardino e piatti regionali, anche molto antichi.

a Montemarciano Nord : 5 km – ⊠ 60018

La Cantinella 🛢 🏠 **P** VISA 🐘 ⚡
– ☏ 05 59 17 27 05 – Fax 05 59 17 11 52 – chiuso dal 1° al 15 gennaio, lunedì
Rist – (chiuso a mezzogiorno escluso i giorni festivi) (consigliata la prenotazione) Carta 27/39 €
♦ Ristorantino di campagna dagli interni piacevolmente personalizzati, ma anche con un
godevole servizio estivo in terrazza. La cucina rivisita la tradizione toscana.

a Riofi Nord-Ovest : 7 km – ✉ 52028 Terranuova Bracciolini

↑ **Agriturismo Villa Riofi** senza rist 🐾   🚗 ⊅ 🏵 **P** VISA ⚄ AE ⑤
via Piantavrigne 67 – 𝒞 05 59 12 06 96 – Fax 05 59 12 06 96 – chiuso dal 15 al 31 gennaio
10 cam ⊊ – ✝50 € ✝✝62 €
♦ Signorile villa settecentesca lungo una verde e tranquilla valle, punteggiata da scenografiche balze. Sono da consigliare le camere di più recente apertura.

TERRASINI – Palermo – **365** AN55 – **Vedere Sicilia alla fine dell'elenco alfabetico**

TESERO – Trento (TN) – **562** D16 – **2 799 ab.** – alt. 991 m – Sport   **31** D3
invernali : all'Alpe di Pampeago : 1 757/2 415 m ✔7 (Comprensorio Dolomiti superski Val di Fiemme-Obereggen) ⚐ – ✉ 38038
🖪 Roma 644 – Bolzano 50 – Trento 54 – Belluno 91
🛈 via Roma 37 𝒞 0462 810097, info.tesero@visitfiemme.it, Fax 0462 812864

🏨 **Park Hotel Rio Stava**   ⇐ 🚗 🏔 🖃 & ♣ ⊅ rist, ⟨⟩ **P** ⇐
via Mulini 20 – 𝒞 04 62 81 44 46 – www.hotelriostava.com   VISA ⚄ ⑤
– Fax 04 62 81 37 85 – chiuso novembre
46 cam ⊊ – ✝45/77 € ✝✝88/134 € – ½ P 52/75 €   **Rist** – Carta 17/41 €
♦ Una gradevole casa di montagna, in posizione isolata, poco fuori dal centro e cinta da un giardino; dispone di un'accogliente hall in legno e di camere ben rifinite. Il ristorante offre un caldo ambiente in legno, elegante, o la stube.

TESIDO = TAISTEN – Bolzano – **Vedere Monguelfo**

TESIMO (TISENS) – Bolzano (BZ) – **562** C15 – **1 835 ab.** – alt. 631 m   **30** B2
– ✉ 39010
🖪 Roma 648 – Bolzano 20 – Merano 20 – Trento 77
🛈 Bäcknhaus 54 𝒞 0473 920822, info@tisensprissian.com, Fax 0473 921010

🍴🍴 **Zum Löwen** (Anna Matscher)   🏵 VISA ⚄ AE ⓪ ⑤
❀ via Principale 72 – 𝒞 04 73 92 09 27 – www.zumloewen.it – Fax 04 73 92 73 12
– chiuso lunedì, martedì, mercoledì a mezzogiorno
Rist – Menu 52/75 € – Carta 53/80 €
Spec. Cappuccino con animelle di vitello. Fagottini ripieni di caprino fresco su erbe marinate. Cervo nostrano con ciliegie corniole e "schupfnudeln" (gnocchi di patate).
♦ Splendida ristrutturazione di un antico maso: dal fienile alle vecchie stalle, tutto è stato recuperato ed esaltato da inserimenti più moderni. Come la cucina, tecnica e femminile al tempo stesso, ripropone i piatti della tradizione reinterpretati con squisita creatività.

TESSERA – Venezia (VE) – **562** F18 – alt. 3 m – ✉ 30030   **36** C2
🖪 Roma 527 – Venezia 12 – Mestre 8 – Padova 43
🛪 Marco Polo Est: 1 km 𝒞 041 2609240

🏨 **Venice Resort** senza rist   🚗 & 🖃 ⟨⟩ **P** VISA ⚄ AE ⓪ ⑤
via Triestina 153 – 𝒞 04 15 41 68 26 – www.veniceresort.it – Fax 04 15 41 66 37
33 cam ⊊ – ✝90/125 € ✝✝120/180 €
♦ Poco distante dall'areoporto, tre strutture di tono moderno e ampi spazi verdeggianti compongono l'antico casale veneto. Eleganti gli spazi destinati alle camere.

TEZZE DI VAZZOLA – Treviso (TV) – **562** E19 – alt. 36 m – ✉ 31028   **35** A1
🖪 Roma 560 – Belluno 58 – Padova 77 – Treviso 21

🍴🍴 **Strada Vecchia**   🚗 🏔 🖃 ⊅ **P** VISA ⚄ ⑤
via strada Vecchia 64 – 𝒞 04 38 48 80 94 – Fax 04 38 48 80 94 – chiuso dal 7 al 14 gennaio, dal 7 al 25 agosto e mercoledì
Rist – Carta 28/37 €
♦ D'estate ci si accomoda in giardino, nei mesi più freddi invece nella sala di taglio classico, calda e accogliente. Carne e pesce in piatti locali e nazionali.

TIERS = Tires

TIGLIOLE – Asti (AT) – **561** H6 – 1 704 ab. – alt. 239 m – ⊠ 14016   **25** C1

> ▸ Roma 628 – Torino 60 – Alessandria 49 – Asti 14

XX   **Vittoria** (Alessandra Strocco) con cam ⚘   ← 🚗 🛋 🕮 & 🗚 ⚙ 🅿
🕸   *via Roma 14 – ℰ 01 41 66 77 13*   🆅🅸🆂🅰 ⓿ 🅰🅴 ⓪ 💲
     – www.ristorantevittoria.it – Fax 01 41 66 76 30 – chiuso gennaio ed agosto
11 cam ⌂ – †125 € ††150 € – ½ P 120 €
Rist – *(chiuso domenica sera e lunedì) (chiuso a mezzogiorno escluso sabato e domenica)* Menu 45/75 € – Carta 45/60 € 🍴
Spec. Risotto con la coda di bue. Trippa all'antica maniera. Parfait di agrumi con salsa di arance.
♦ Nel cuore di un villaggio da cartolina, da diverse generazioni la stessa famiglia accoglie i clienti con serietà e professionalità piemontesi. E la regione ritorna nei piatti. Bella terrazza ed ottimo confort generale nell'attiguo, raccolto hotel.

TIGNALE – Brescia (BS) – **561** E14 – 1 291 ab. – alt. 560 m – ⊠ 25080   **17** C2

> ▸ Roma 574 – Trento 72 – Brescia 57 – Milano 152

🏨   **La Rotonda** ⚘   ← 🚗 🛋 🖥 🎵 🕭 ⚙ 🖢 🍴 rist, ⚙ rist, 🕪 🅿
🕸   *via Provinciale 5, località Gardola – ℰ 03 65 76 00 66*   🆅🅸🆂🅰 ⓿ 🅰🅴 ⓪ 💲
     – www.hotelresidencelarotonda.it – Fax 03 65 76 02 14 – 28 marzo-2 novembre
59 cam ⌂ – †35/55 € ††66/100 € – ½ P 38/49 €   **Rist** – Carta 15/32 €
♦ Ha subito di recente alcune ristrutturazioni quest'ampia risorsa ubicata sulle verdi pendici del Monte Castello e a picco sul Lago di Garda; valide strutture e confort. Capiente sala ristorante: ambiente di tipo classico, ma bella vista del lago.

TIRANO – Sondrio (SO) – **561** D12 – 9 151 ab. – alt. 450 m – ⊠ 23037   **17** C1
▯ Italia

> ▸ Roma 725 – Sondrio 26 – Passo del Bernina 35 – Bolzano 163
> 🛈 piazza Stazione ℰ 0342 706066, infotirano@provincia.so.it, Fax 0342 706066

🏠   **Bernina**   🍴 & rist, 🕮 rist, 🕪 🎍 🆅🅸🆂🅰 ⓿ 🅰🅴 ⓪ 💲
🕸   *via Roma 24 – ℰ 03 42 70 13 02 – www.saintjane.eu – Fax 03 42 70 14 30*
37 cam ⌂ – †44/90 € ††80/110 € – ½ P 70/95 €   **Rist** – Carta 21/54 €
♦ Un totale restauro ha coinvolto sia l'hotel che il ristorante, che si è arricchito del servizio di pizzeria. A poca distanza dalla stazione della ferrovia per la Svizzera.

sulla strada statale 38 Nord-Est : 3 km

🏠   **Valchiosa**   ← 🖥 & rist, 🕮 rist, 🕪 🅿 🆅🅸🆂🅰 ⓿ 💲
🕸   *via Valchiosa 17 ⊠ 23030 Sernio – ℰ 03 42 70 12 92 – www.valchiosa.it*
     – Fax 03 42 70 54 84 – chiuso dal 7 al 27 gennaio
18 cam ⌂ – †45/50 € ††75/95 € – ½ P 60/70 €
Rist – *(chiuso venerdì escluso agosto)* Carta 20/33 €
♦ Già osteria negli anni '30, rinnovato a fine anni '80, l'albergo, ricavato da una rustica casa del paese, presenta un buon livello di confort e scorci panoramici sulla valle. Il ristorante è da sempre un punto di riferimento per la zona; cucina valtellinese.

TIRES (TIERS) – Bolzano (BZ) – **562** C16 – 954 ab. – alt. 1 028 m   **31** D3
– ⊠ 39050

> ▸ Roma 658 – Bolzano 16 – Bressanone 40 – Milano 316
> 🛈 via San Giorgio 79 ℰ 0471 642127, info@tiers.it, Fax 0471 642005

a San Cipriano (St. Zyprian)**Est : 3 km** – ⊠ 39050 Tires

🏨   **Cyprianerhof** ⚘   ← 🚗 🍴 🛋 ⓿ 🎵 🖥 & 🕪 🅿 🆅🅸🆂🅰 ⓿ 💲
🕸   *via San Cipriano 69 – ℰ 04 71 64 21 43 – www.cyprianerhof.com*
     – Fax 04 71 64 21 41 – chiuso dal 22 novembre al 25 dicembre
47 cam ⌂ – †95/190 € ††144/272 € – ½ P 136 €
Rist – *(chiuso giovedì escluso da maggio a novembre)* Carta 34/47 €
♦ Proprio di fronte al Catinaccio, una piacevole casa dalla tipica atmosfera tirolese, ideale per chi ama i monti e l'escursionismo anche invernale con le ciaspole. Impensabile, ripartire senza una sosta rigenerante al centro benessere. Ristorante dalla tipica atmosfera tirolese.

⌂ **Stefaner** ⟨ 🚗 🕭 🕆 **P** 💳 ⓜ 🕯
via San Cipriano 88 d – ℰ 04 71 64 21 75 – www.stefaner.com
– Fax 04 71 64 23 02 – chiuso dall'8 novembre al 26 dicembre
18 cam – solo ½ P 49/68 €   **Rist** – (chiuso a mezzogiorno) (solo per alloggiati)
♦ Un decoroso alberghetto, con balconi in legno, immerso nello splendido scenario alpino;
gradevole conduzione familiare grazie all'intraprendenza di due coniugi.

TIRIOLO – Catanzaro (CZ) – **564** K31 – **4 051 ab.** – alt. 690 m – ✉ 88056   **5** B2
▶ Roma 604 – Cosenza 91 – Catanzaro 16 – Reggio di Calabria 154

🏠🏠 **Due Mari** ॐ   ⟨ & 🔠 🎇 🄰 **P** 💳 ⓜ 🄰🄴 ⓞ 🕯
🍽 via Cavour 46 – ℰ 09 61 99 10 64 – www.duemari.com – Fax 09 61 99 09 84
12 cam ⌸ – ♦60/65 € ♦♦80 € – 4 suites – ½ P 55 €
Rist Due Mari – vedere selezione ristoranti
♦ Hotel-residence in bella posizione panoramica, da cui nelle giornate terse si vedono davvero i "due mari": moderni confort in ambiente familiare. A dieci metri circa dalla struttura
principale, altre camere ricavate all'interno di un'antica casa del centro storico.

🍴 **Due Mari**   ⟨ 🔠 **P** 💳 ⓜ 🄰🄴 ⓞ 🕯
⊖ via Seggio 2 – ℰ 09 61 99 10 64 – www.duemari.com – Fax 09 61 99 09 84
– chiuso lunedì escluso da giugno a settembre
Rist – Carta 14/22 €
♦ Hotel-residence in bella posizione panoramica, da cui nelle giornate terse si vedono davvero i "due mari": moderni confort in ambiente familiare. A dieci metri circa dalla struttura
principale, altre camere ricavate all'interno di un'antica casa del centro storico.

TIRLI – Grosseto – Vedere Castiglione della Pescaia

TIROLO (TIROL) – Bolzano (BZ) – **562** B15 – **2 405 ab.** – alt. 592 m   **30** B1
– ✉ 39019 ▯ Italia
▶ Roma 669 – Bolzano 32 – Merano 4 – Milano 330
🄳 via Principale 31 ℰ 0473 923314, info@dorf-tirol.it, Fax 0473 923012

Pianta : vedere Merano

🏠🏠🏠 **Castel** ॐ   ⟨ 🚗 🔟 🔲 🕭 🕆 ⅃🅐 🖹 & 🎇 rist, ⁗ 🚙 💳 ⓜ 🄰🄴 🕯
vicolo dei Castagni 18 – ℰ 04 73 92 36 93 – www.hotel-castel.com
– Fax 04 73 92 31 13 – 15 marzo-15 novembre   A**u**
44 cam – 11 suites – solo ½ P 141/224 €
Rist Trenkerstube – vedere selezione ristoranti
Rist – (solo per alloggiati)
♦ Struttura lussuosa, arredamento elegante, moderno centro benessere: il concretizzarsi di
un sogno, in un panorama incantevole. Comodità e tradizione ai massimi livelli.

🏠🏠🏠 **Erika**   ⟨ 🚗 🏡 🔟 🔲 🕭 🕆 ⅃🅐 🖹 🔠 rist, ↩ ⁗ 🚙 💳 ⓜ 🕯
via Principale 39 – ℰ 04 73 92 61 11 – www.erika.it – Fax 04 73 92 61 00
– chiuso gennaio e febbraio   A**u**
54 cam ⌸ – ♦94/157 € ♦♦166/296 € – 8 suites – ½ P 113/219 €
Rist – Carta 45/68 €
♦ Organizzazione interna eccellente per l'hotel ospitale e familiare, riccamente arredato in
stile tirolese e dotato di giardino con piscina riscaldata e centro benessere. Al ristorante, specialità locali e settimanali serate a tema.

🏠🏠 **Gartner**   ⟨ 🚗 🏡 🔟 🔲 🕭 🕆 ⅃🅐 🖹 & 🏃 ↩ ⁗ **P** 💳 ⓜ 🕯
via Principale 65 – ℰ 04 73 92 34 14 – www.hotelgartner.it – Fax 04 73 92 31 20
– 4 aprile-16 novembre   AB**z**
39 cam ⌸ – ♦91/106 € ♦♦182/270 € – 2 suites – ½ P 101/145 €
Rist – Carta 28/36 €
♦ Dopo importanti lavori di ristrutturazione, l'hotel si presenta ora con un'architettura
esterna moderna e con interni dagli arredi essenziali e alla moda. Proposte di cucina regionale servite negli eleganti ambienti del ristorante.

Patrizia 🏠 ⟨icons⟩ VISA ⬤ 💳
via Lutz 5 – 𝒞 04 73 92 34 85 – www.hotel-patrizia.it
– Fax 04 73 92 31 44 – 20 marzo-16 novembre   Ac
24 cam – 14 suites – solo ½ P 100/135 €
Rist – *(solo per alloggiati)*
♦ Camere di varie tipologie, confortevoli e curate, per concedersi un soggiorno rigenerante per spirito e corpo (nell'attrezzato centro benessere). Bel giardino con piscina, fra i monti.

Küglerhof 🏠 ⟨icons⟩ rist, P VISA ⬤ AE 💳
via Aslago 82 – 𝒞 04 73 92 33 99 – www.kueglerhof.it – Fax 04 73 92 36 99
– chiuso dal 7 gennaio al 31 marzo   Ar
35 cam ⊒ – †116/140 € ††180/270 € – ½ P 120/145 €
Rist – *(solo per alloggiati)*
♦ Avrete la sensazione di trovarvi in un'elegante casa, amorevolmente preparata per farvi trascorrere ore di quiete e svago, anche nel giardino con piscina riscaldata.

Golserhof 🏠 ⟨icons⟩ cam, rist, P 🚗
via Aica 32 – 𝒞 04 73 92 32 94   VISA ⬤ 💳
– www.golserhof.it – Fax 04 73 92 32 11
– chiuso dal 10 gennaio a febbraio e dal 15 al 30 novembre   Bw
23 cam ⊒ – †80/180 € ††135/225 € – 7 suites – ½ P 92/160 €
Rist – *(chiuso a mezzogiorno) (solo per alloggiati)* Menu 17 €
♦ Vista meravigliosa, atmosfera informale ed una grande tradizione, nonché passione per l'ospitalità. Gli intraprendenti titolari organizzano per i più sportivi piacevoli escursioni in montagna. Per tutti: rilassante sosta al centro benessere. Cucina per buongustai al ristorante.

Trenkerstube (Gerhard Wieser) ⟨icons⟩ VISA ⬤ AE 💳
※※ *vicolo dei Castagni 18 – 𝒞 04 73 92 36 93*
– www.hotel-castel.com – Fax 04 73 92 31 13
– aprile-15 ottobre   Au
Rist – *(chiuso domenica e lunedì) (chiuso a mezzogiorno)* (consigliata la prenotazione) Menu 89/135 € – Carta 82/111 €
Spec. Salmerino di fiume confit in dressing al rafano ed insalata d'erbette aromatiche. Speck del contadino della Val d'Ultimo con ravioli di patate affumicate e maggiorana. Manzo Kobe Ripeye argentino con fagiolini verdi e briciole d'erbette aromatiche, salsa al Lagrein con scalogni.
♦ Nell'elegante stube, piatti regionali, mediterranei ed italiani d'impeccabile fattura e ricercati ingredienti: il tutto accompagnato da un'interessante scelta enologica, soprattutto di vitigni italiani.

TIRRENIA – Pisa (PI) – 563 L12 – ⊠ 56128 🔲 Toscana   28 B2
▶ Roma 332 – Pisa 18 – Firenze 108 – Livorno 11
🔲 Cosmopolitan, 𝒞 050 3 36 33
🔲, 𝒞 050 3 75 18

Grand Hotel Continental ⟨icons⟩ rist, 🍴
largo Belvedere 26 – 𝒞 05 03 70 31   🚗 VISA ⬤ AE ⓪ 💳
– www.grandhotelcontinental.it – Fax 05 03 72 83
171 cam ⊒ – †98/126 € ††148/196 € – 4 suites – ½ P 96/125 €
Rist – *(solo per alloggiati)* Carta 35/48 €
♦ Direttamente sul mare, un grand hotel - non solo nel nome - propone confort di qualità e spazi comuni generosi, più contenuti nelle camere. Cucina mediterranea al ristorante.

Dante e Ivana ⟨icons⟩ AC VISA ⬤ AE ⓪ 💳
via del Tirreno 207/c – 𝒞 0 50 38 48 82 – Fax 05 03 25 49
– chiuso dal 20 dicembre al 30 gennaio, domenica e lunedì escluso luglio-agosto
Rist – Carta 45/65 €
♦ Locale raccolto e signorile, non lontano dal centro, con una bella cantina "a vetro", visibile, e interessante selezione di vini; sapori di pesce, rielaborati con fantasia.

a Calambrone Sud : 3 km – ⊠ 56100 Tirrenia

Green Park Resort 🌿   🏊 🕥 🎵 🗼 ⚘ 🍽 🛗 🔥 🗺 ↯ 🏌 rist, 📞
via dei Tulipani 1 – 𝒞 *05 03 13 57 11*   🅰 🄿 𝘝𝘐𝘚𝘈 ⓜⓞ 🄰🄴 ① 🔥
– www.greenparkresort.com – Fax 0 50 38 41 38
144 cam � – �115/131 € ♦♦159/254 € – 4 suites – ½ P 112/159 €
Rist – Carta 38/59 €
Rist Lunasia – (aprile-ottobre; chiuso domenica, lunedì) (chiuso a mezzogiorno)
Menu 50/80 € – Carta 65/90 €
◆ Un'oasi di pace inserita in una rigogliosa pineta, ideale per una clientela esigente in cerca di un soggiorno dedicato al relax e al benessere. Attrezzato centro congressuale. Il ristorante propone le antiche ricette toscane. Atmosfera moderna per Lunasia, dove regna una cucina creativa.

TISENS = Tesimo

I prezzi indicati davanti al simbolo ♦ corrispondono al prezzo minimo in bassa stagione e poi al prezzo massimo in alta stagione per una camera singola. Lo stesso principio è applicato al simbolo ♦♦ riferito ad una camera per due persone.

TITIGNANO – Terni (TR) – **563** N18 – alt. 521 m – ⊠ 05010   **32** B3
▶ Roma 140 – Perugia 58 – Viterbo 66 – Orvieto 24

Agriturismo Fattoria di Titignano 🌿   < 🚗 🏊 🔥 🗺 rist, 📞
𝒞 *07 63 30 80 22 – www.titignano.com*   🅰 🄿 𝘝𝘐𝘚𝘈 ⓜⓞ 🔥
– Fax 07 63 30 80 02
15 cam ⊿ – ♦60 € ♦♦90 € – ½ P 60 €
Rist – (prenotazione obbligatoria) Menu 18/27 €
◆ In un antico borgo rimasto intatto nei secoli con vista sulla valle e sul Lago di Corbara, questa tenuta agricola di proprietà nobiliare sfoggia un fascino atemporale. Cucina regionale e toscana negli ampi saloni del piano nobile del palazzo, che ospitano il ristorante.

TIVOLI – Roma (RM) – **563** Q20 – 52 853 ab. – alt. 225 m – ⊠ 00019   **13** C2
▌Roma
▶ Roma 36 – Avezzano 74 – Frosinone 79 – Pescara 180
🅩 vicolo Barchetto 𝒞 0774 334522, Fax 0774 331294
◉ Località★★★ – Villa d'Este★★★ – Villa Gregoriana★★ : grande cascata★★
🄶 Villa Adriana★★★ per ③ : 6 km

Pianta pagina seguente

Torre Sant'Angelo 🌿   < 🚗 🏠 🏊 🗼 🛗 🔥 🄰🄲 🗺 🅰 🄿
via Quintilio Varo, per via Quintilio Varo   𝘝𝘐𝘚𝘈 ⓜⓞ 🄰🄴 ① 🔥
– 𝒞 07 74 33 25 33 – www.hoteltorresangelo.it – Fax 07 74 33 25 33
31 cam ⊿ – ♦130/135 € ♦♦155/180 € – 4 suites – ½ P 110/125 €
Rist – (chiuso lunedì) Menu 35/40 €
◆ Sulle rovine della villa di Catullo, la città vecchia alle spalle sembra la scenografia di uno spettacolo; interni molto eleganti e piscina su una terrazza con vista di Tivoli e della vallata. Estremamente raffinata la sala ristorante, con tessuti damascati e lampadari di cristallo. Servizio estivo nella corte centrale.

a Villa Adriana per ③ : 6 km – ⊠ 00010

Adriano con cam 🌿   🚗 🏠 🍽 🄰🄲 📞 🄿 𝘝𝘐𝘚𝘈 ⓜⓞ 🄰🄴 ① 🔥
Largo M. Yourcenar 2 – 𝒞 *07 74 38 22 35 – www.hoteladriano.it*
– Fax 07 74 53 51 22
10 cam ⊿ – ♦80/100 € ♦♦100/120 € – ½ P 80/90 €
Rist – (chiuso domenica sera dal 1° novembre al 1° aprile) Carta 25/57 €
◆ In mezzo al verde dei cipressi, adiacente all'entrata di Villa Adriana, ristorante classico di tono elegante dove trovare proposte locali e nazionali. Tra le camere, di diverse tipologie, molto gettonata è quella dedicata a Marguerite Yourcenar, con vista sulla villa dell'imperatore.

TIVOLI

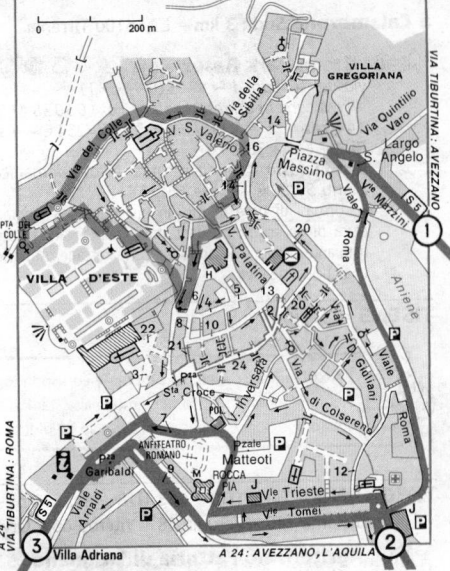

alle Terme Ovest : 9 km

Grand Hotel Duca d'Este

via Tiburtina Valeria 330
– *℃ 07 74 38 83 – www.siriohotel.com*
– *Fax 07 74 38 81 01*
184 cam �%= – †90/180 € ††124/250 € – 8 suites
Rist *Il Granduca* – Carta 33/45 €
♦ Elegante albergo circondato dal verde, dispone di confortevoli aree comuni nelle quali trascorrere momenti di tranquillità con le note di un pianoforte come sottofondo. Parco con piscina sul retro. La raffinatezza continua nella sala da pranzo, dall'atmosfera ovattata, ideale per cene intime.

TIZZANO VAL PARMA – Parma (PR) – **562** I12 – **2 118 ab.**   **8 B2**
– alt. 814 m – ✉ 43028

▶ Roma 503 – Parma 40 – Bologna 140 – Modena 105

Agriturismo Casa Nuova

strada di Carobbio 11, Sud-Ovest : 2 km
– *℃ 05 21 86 82 78 – www.agriturismocasanuova.com*
– *Fax 05 21 86 82 78*
6 cam �%= – †53/60 € ††75/85 € – ½ P 45/50 €
Rist – (prenotazione obbligatoria) Menu 25/30 €
♦ Un viaggio nella musica per gli interessati e un percorso in giardino predisposto ad hoc per non vedenti; nella verde quiete di un bosco le camere sono state ricavete in un vecchio fienile. Accogliente e caratteristica come l'intera struttura, al ristorante primeggiano i prodotti dell'azienda, dalla frutta al miele.

TOBLACH = Dobbiaco

La selezione degli esercizi varia ogni anno. Anche voi, cambiate ogni anno la vostra guida MICHELIN!

> ▶ Roma 130 – Perugia 47 – Terni 42 – Viterbo 88
> 🚹 piazza del Popolo 28/29, ℰ 075 8956227, info@iat.todi.pg.it,
> Fax 075 8942406
> ◎ Piazza del Popolo★★ : palazzo dei Priori★, palazzo del Capitano★, palazzo
> del Popolo★ – Chiesa di San Fortunato★★ – ≼★★ sulla vallata da piazza
> Garibaldi – Duomo★ – Chiesa di Santa Maria della Consolazione★ Ovest :
> 1 km per la strada di Orvieto

🏩 Fonte Cesia   🕮 📶 ⏚ 🏧 📶 ⚙ P VISA ⚊ AE ① ⚂

via Lorenzo Leonj 3 – ℰ 07 58 94 37 37 – www.fontecesia.it – Fax 07 58 94 46 77
36 cam ⊇ – †80/120 € ††100/172 € – ½ P 83/119 €
Rist *Le Palme* – (aprile-dicembre; chiuso martedì) Carta 28/43 €
♦ In pieno centro storico e perfettamente integrato nel contesto urbano, un rifugio signorile
con volte in pietra a vista: sobrio nei raffinati arredi, curato nei confort. L'eleganza è di casa
anche al ristorante.

🏩 Bramante   🚗 🕮 🏊 🏠 ⚒ 📶 🏧 ⚙ P VISA ⚊ AE ① ⚂

*via Orvietana 48 – ℰ 07 58 94 83 82 – www.hotelbramante.it
– Fax 07 58 94 80 74*
49 cam – †100/120 € ††140/190 €, ⊇ 10 € – 5 suites – ½ P 95/120 €
Rist – *(chiuso lunedì)* Carta 32/55 €
♦ Ricavato da un convento del XII secolo - a 1 km dal nucleo cittadino e nei pressi di una
chiesa rinascimentale (opera del Bramante) - un complesso comodo e tradizionale, dove non
manca un attrezzato centro benessere. Servizio estivo in terrazza: un paesaggio dolcissimo fa
da cornice alla tavola.

🏨 Villaluisa   🔕 🕮 🏊 📶 ⏚ 🏧 ⚒ 📶 🏧 ⚙ P VISA ⚊ AE ① ⚂
🏵 *via Cortesi 147 – ℰ 07 58 94 85 71 – www.villaluisa.it – Fax 07 58 94 84 72*
39 cam ⊇ – †60/90 € ††75/140 € – ½ P 65/85 €
Rist – *(chiuso mercoledì da novembre a marzo)* Carta 20/55 €
♦ Inserito in un verde parco, nella zona più moderna di Todi - e quindi agevole da raggiungere, un albergo moderno e funzionale con solida gestione familiare. Nell'accogliente sala
che conserva ancora qualche eco rustica, una cucina legata alle tradizioni contadine e ai
sapori della nostra terra.

🏠 San Lorenzo Tre – Residenza d'epoca senza rist   📶 VISA ⚊ ① ⚂

*via San Lorenzo 3 – ℰ 07 58 94 45 55 – www.sanlorenzo3.it – Fax 07 58 94 45 55
– chiuso dal 7 gennaio al 10 marzo*
6 cam ⊇ – †55/75 € ††75/110 €
♦ Nel centro di Todi, a pochi passi dalla piazza centrale, un vecchio palazzo borghese: solo
sei camere, piccoli curati gioielli, con arredi d'epoca e d'antiquariato.

🏠 Agriturismo Borgo Montecucco senza rist ⅏   ≼ 🚗 🏊 🏧

*frazione Pian di Porto, vocabolo Rivo 197
– ℰ 34 75 51 54 38 – www.borgomontecucco.it – Fax 07 58 98 08 26 – chiuso
dal 15 al 28 febbraio*
10 cam ⊇ – ††80/100 €
♦ In un contesto agricolo lussureggiante, una serie di casolari della fine del XIX sec. - sapientemente restaurati - dispongono di camere rustiche arredate con mobili di arte povera. Un
giardino curatissimo ospita un'originale scacchiera gigante per ludici momenti ricreativi.

✕✕ Umbria   🕮 VISA ⚊ AE ① ⚂

via Bonaventura 13 – ℰ 07 58 94 27 37 – Fax 07 58 94 27 37 – chiuso martedì
Rist – Carta 33/46 €
♦ Nei pressi del Duomo, ristorante di lunga tradizione, con una terrazza a picco sulla vallata
e due salette: una rallegrata da uno scoppiettante camino ed un'altra, denominata del '400,
con affreschi che ricordano un momento storico della città. Cucina regionale.

✕ Antica Hosteria De La Valle   🕮 🏧 ⚒ VISA ⚊ AE ① ⚂

via Ciuffelli 19 – ℰ 07 58 94 48 48 – Fax 07 54 65 80 06 – chiuso lunedì
Rist – *(coperti limitati, prenotare)* Carta 26/45 €
♦ Nuova gestione per una piccola osteria del centro storico: alle paretri, a rotazione, opere
d'arte che ispirano anche la stampa del menu. Cucina moderna e fantasiosa.

TODI

a Chioano Est: 4,5 km – ⊠ 06059

⌂ **Residenza Roccafiore** senza rist ⌖ ⪡ ⌗ ⌸ ⌂ ⌂ AC ↯ ⅍ ⌖
località Collina – ℰ 07 58 94 24 16 ⅍ **P** VISA ⓪ AE ① ⑤
– www.roccafiore.it – Fax 07 58 94 87 54 – chiuso dal 7 gennaio al 6 febbraio
13 cam ⌷ – ⅋158/176 € ⅋⅋198/242 €
♦ Una dimora degli anni '30 unita ad un casolare in pietra nasconde al proprio interno un attrezzato centro benessere. Il fienile è stato trasformato in una sala polivalente collegata alla residenza da un tunnel sotterraneo. Camere eleganti ed eclettiche. Per un soggiorno rilassante nell'incontaminata natura umbra.

XX **Fiorfiore** ⌂ AC ⅍ ⇔ **P** VISA ⓪ AE ① ⑤
località Collina – ℰ 07 58 94 24 16 – www.roccafiore.it – Fax 07 58 94 87 54
– chiuso dal 7 gennaio al 6 febbraio e martedì
Rist – (consigliata la prenotazione) Carta 22/40 €
♦ In una villa degli anni '30, totalmente ristrutturata nel rispetto della tipicità della costruzione, atmosfera signorile ed arredamenti di grande pregio; terrazza estiva panoramica e cucina di respiro contemporaneo.

verso Duesanti Nord-Est : 5 km:

⌂ **Agriturismo Casale delle Lucrezie** ⌖ ⪡ ⌿ ⌂ ⌗ ⅍ ⅍ ⅍
⌖ *frazione Duesanti, Vocabolo Palazzaccio* ⊠ 06059 **P** VISA ⓪ ⑤
– ℰ 07 58 98 74 88 – www.casaledellelucrezie.com – Fax 07 58 98 74 88 – chiuso
dal 15 al 31 gennaio
13 cam ⌷ – ⅋50/60 € ⅋⅋70/90 € – ½ P 50/60 €
Rist – (chiuso a mezzogiorno) (solo per alloggiati) Menu 20 €
♦ Insediamento romano, archi etruschi, residenza delle monache lucrezie dal 1200: punto privilegiato di osservazione su Todi, aperto di recente al pubblico con camere semplici. Pareti e soffitti in pietra anche nella sala ristorante.

verso Collevalenza Sud-Est : 8 km :

⌂⌂ **Relais Todini** ⌖ ⪡ ⌙ ⌿ ⌂ ⌗ ⌂ ⌏ ⅍ ⅍ ⅍ ⅍ **P**
vocabolo Cervara 24 – ℰ 0 75 88 75 21 VISA ⓪ AE ① ⑤
– www.relaistodini.com – Fax 0 75 88 71 82
9 cam ⌷ – ⅋110/200 € ⅋⅋160/290 € – 3 suites – ½ P 115/190 €
Rist – (chiuso lunedì) (chiuso a mezzogiorno escluso sabato, domenica)
Carta 36/48 €
♦ Sito all'interno di una vasta tenuta agricola e di un parco che accoglie laghetti ed animali, la residenza trecentesca dispone di incantevoli camere dal mobilio antico. Il panoramico ristorante che si affaccia alla città, propone specialità di pesce e piatti della tradizione umbra.

⌂ **Villa Sobrano** – Country House ⌖ ⪡ ⌿ ⌂ ⌙ ⅍ rist. ℘ **P**
⌖ *vocabolo Sobrano, frazione Rosceto 30/32* VISA ⓪ AE ① ⑤
– ℰ 0 75 88 75 15 – www.villasobrano.com – Fax 0 75 88 75 15
10 cam ⌷ – ⅋50/70 € ⅋⅋70/104 € – 3 suites – ½ P 60/82 €
Rist – (chiuso dall'8 gennaio al 15 marzo) (solo per alloggiati) Menu 20/35 €
♦ In un complesso con tanto di cappella privata e castello di origini duecentesche, stanze confortevoli di cui otto in due annessi agricoli attigui, dove si trova anche un grande appartamento con cucina.

per la strada statale 79 bis Orvietana bivio per Cordigliano
Ovest : 8,5 km :

⌂ **Agriturismo Tenuta di Canonica** ⌖ ⪡ ⌿ ⌂ ⌗ ⅍ ⅍ **P**
vocabolo Casalzetta, Canonica 75 – ℰ 07 58 94 75 45 ⓪ AE ① ⑤
– www.tenutadicanonica.com – Fax 07 58 94 75 81 – marzo-novembre
13 cam ⌷ – ⅋130/170 € ⅋⅋160/250 € – ½ P 130/155 €
Rist – (chiuso lunedì) (chiuso a mezzogiorno) (solo per alloggiati) 40 €
♦ Annessa ad una fattoria dell'800, una splendida residenza di campagna di origini medievali elegantemente arredata: prezioso punto di ristoro situato sulla sommità d'un colle.

TOIRANO – Savona (SV) – **561** J6 – 2 476 ab. – alt. 45 m – ⊠ 17055 **14** B2
🯄 Roma 580 – Imperia 43 – Genova 87 – San Remo 71
🛈 piazzale Grotte ℰ 0182 989938, toirano@inforiviera.it, Fax 0182 98463

✗ Al Ravanello Incoronato   🏠 AC VISA ⓾ AE ① ♿

via Parodi 27/A – ℰ 01 82 92 19 91 – www.alravanelloincoronato.it
– Fax 0 19 66 74 84 – chiuso dal 20 gennaio al 10 febbraio, dal 20 ottobre al 5 novembre e martedì
Rist *– (chiuso a mezzogiorno escluso domenica e da giugno a settembre)* (consigliata la prenotazione) Carta 28/37 €
♦ Una breve passeggiata tra i vicoli del borgo antico, la simpatica insegna del locale e la cucina che si presenta con piatti del territorio, accattivanti e ricchi di gusto. D'estate in giardino.

✗ Il Cappello di Guguzza   AC VISA ⓾ ① ♿

via Polla 22 – ℰ 01 82 92 20 74 – www.ilcappellodiguguzza.com
– chiuso 1 settimana in maggio e 3 settimane in novembre
Rist *– (chiuso a mezzogiorno escluso da ottobre a giugno)* (prenotazione obbligatoria) Menu 26/37 € – Carta 30/40 €
♦ Un ex frantoio, le cui origini si perdono nel '500, piacevolmente ristrutturato in chiave antico-moderna. In cucina, trionfo di sapori italiani.

TOLÈ – Bologna (BO) – 562 J15 – alt. 678 m – ⊠ 40040   9 C2

▶ Roma 374 – Bologna 42 – Modena 48 – Pistoia 66

🏨 Falco D'Oro   🏠 🛗 ✍ rist, 🍴 ♨ P VISA ⓾ AE ① ♿

via Venola 27 ⊠ 40038 – ℰ 0 51 91 90 84 – www.falcodoro.com
– Fax 0 51 91 90 68 – aprile-ottobre
62 cam ⊊ – †55/170 € ††70/175 € – ½ P 54/60 €   **Rist** – Carta 23/35 €
♦ Ormai un'istituzione a Tolè, tanto che l'insegna dell'hotel è la più visibile in paese; edificio centrale con bar pubblico, periodicamente rinnovato. Al ristorante casereccia cucina locale.

TONALE (Passo del) – Brescia (BS) – 562 D13 – alt. 1 883 m – Sport   17 C1
invernali : 1 880/3 069 m ⚡3 ⚡26, ⚡ (anche sci estivo) collegato con impianti di Ponte di Legno

▶ Roma 688 – Sondrio 76 – Bolzano 94 – Brescia 130
🛈 via Nazionale 12 ℰ 0364 903838, tonale@valdisole.net, Fax 0364 903895

🏨 La Mirandola ᭡   ⬉ 🛗 ⛷ P VISA ⓾ AE ♿

località Ospizio 3 ⊠ 38020 Passo del Tonale – ℰ 03 64 90 39 33
– www.lamirandolahotel.it – Fax 03 64 90 39 22 – dicembre-Pasqua e 15 giugno-15 settembre
27 cam ⊊ – †50/109 € ††80/168 € – ½ P 56/110 €   **Rist** – Carta 29/38 €
♦ Dall'accurato restauro dell'antico ospizio di S. Bartolomeo, per viandanti e pellegrini, risalente al 1100, un caldo rifugio: originale, di particolare fascino e confort. Specialità locali e cacciagione in caldi ambienti con soffitti a volte e pietre a vista.

🏨 Delle Alpi   ⬉ 🛗 ⛷ ✍ rist, P 🚗 VISA ⓾ AE ① ♿

via Circonvallazione 20 ⊠ 38020 Passo del Tonale – ℰ 03 64 90 39 19
– www.iridehotels.com – Fax 03 64 90 34 14 – dicembre-Pasqua e 15 giugno-15 settembre
34 cam ⊊ – †50/65 € ††90/150 € – ½ P 66/108 €   **Rist** – Carta 29/45 €
♦ Vicino alla seggiovia di Valbiolo, un giovane e simpatico albergo realizzato in un personale stile montano; belle aree comuni con stube, camere soppalcate e soleggiate. Gradevoli ambienti accoglienti al ristorante: arredi e pavimenti lignei e pareti decorate.

🏨 Orchidea   ⬉ 🕸 ♿ ✍ P 🚗 VISA ⓾ AE ① ♿

via Ciconvallazione 24 ⊠ 38020 Passo del Tonale – ℰ 03 64 90 39 35
– www.hotelorchidea.net – Fax 03 64 90 35 33 – 4 dicembre-20 aprile
30 cam ⊊ – †40/150 € ††70/200 € – ½ P 60/150 €
Rist *– (solo per alloggiati)* Carta 15/50 €
♦ Di recente costruzione e gestito direttamente dai titolari, hotel con una tradizionale impostazione rustico-alpina; semplice funzionalità. Piccolo centro benessere. Rosa e legno in sala da pranzo, dove gustare piatti tipici trentini.

TORBIATO – Brescia (BS) – Vedere Adro

TORBOLE-NAGO – Trento (TN) – **562** E14 ▮ Italia 30 B3
> ▶ Roma 569 – Trento 39 – Brescia 79 – Milano 174
> 🛈 a Torbole lungolago Verona 19 ℰ 0464 505177, Fax 0464 505643

TORBOLE (TN) – alt. 85 m – ✉ 38069 30 B3

🏠🏠🏠 **Piccolo Mondo** 🗺 ⌥ 🖭 ☏ 🕪 ᠘ₐ 🛏 🕭 🆔 ↯ 🎿 rist. ⁿ P
via Matteotti 108 – ℰ 04 64 50 52 71 🅥🅘🅢🅐 🆚 🅐🅔 ① 🅢
– www.hotelpiccolomondotorbole.it – Fax 04 64 50 52 95 – chiuso 2 settimane in
febbraio e 2 settimane in marzo
50 cam ☂ – †79/104 € ††134/178 € – 4 suites – ½ P 89/107 €
Rist *Piccolo Mondo* – (chiuso martedì escluso giugno-settembre) Carta 33/43 €
◆ Risorsa di recente ampliamento, pensata per un soggiorno di relax, dispone di camere
spaziose e ben arredate, giardino con piscina ed un attrezzato centro benessere. Nell'elegante sala ristorante proposte di cucina regionale e gustose specialità alla mela.

✕✕ **La Terrazza** 🆔 ⟷ 🅥🅘🅢🅐 🆚 🅐🅔 ① 🅢
via Benaco 24 – ℰ 04 64 50 60 83 – www.allaterrazza.com – Fax 04 64 50 60 83
– chiuso febbraio, marzo, novembre e martedì escluso giugno-settembre
Rist – Carta 31/45 €
◆ Una piccola sala interna ed una veranda con vista sul lago, che in estate si apre completamente, dove farsi servire piatti di forte ispirazione regionale e specialità di lago.

TORCELLO – Venezia – Vedere Venezia

TORGIANO – Perugia (PG) – **563** M19 – 6 227 ab. – alt. 219 m 32 B2
– ✉ 06089 ▮ Italia
> ▶ Roma 158 – Perugia 15 – Assisi 27 – Orvieto 60
> ◙ Museo del Vino★

🏠🏠🏠 **Le Tre Vaselle** ⟵ 🗺 ⌥ 🖭 🕪 ᠘ₐ 🛏 🕭 🆔 ↯ 🎿 rist. ⁿ 🎇 P ⊶
via Garibaldi 48 – ℰ 07 59 88 04 47 – www.3vaselle.it 🅥🅘🅢🅐 🆚 🅐🅔 ① 🅢
– Fax 07 59 88 02 14
60 cam ☂ – †185 € ††220 € – ½ P 157 €
Rist *Le Melagrane* – Carta 48/60 €
◆ Tre boccali conventuali all'ingresso, danno il nome a questa struttura complessa, affascinante: una casa patrizia sviluppatasi in diverse epoche a partire dal '600. Ingredienti ricercati
per il menù proposto nel raffinato ristorante.

Piazza San Carlo

TORINO

Carta Michelin : **561** G5
Popolazione : 908 263 ab.
Altitudine : 239 m
Codice Postale : ⊠ 10122

▶ Roma 669 – Briançon 108
– Chambéry 209 – Genève 252
▮ Italia
Carta regionale : 22 A1

INFORMAZIONI PRATICHE

🚺 Uffici informazioni turistiche

Piazza Castello ⊠ 10123 ✆ 011 535181 info.torino@turismotorino.org
Fax 011 530070

Aeroporto

🛫 Città di Torino di Caselle per ①: 15 km ✆ 011 5676361

Golf

🏌 I Roveri, ✆ 011 9 23 57 19

🏌 Torino, ✆ 011 9 23 54 40

🏌 Le Fronde, ✆ 011 9 32 80 53

🏌 Stupinigi, ✆ 011 3 47 26 40

🏌 I Ciliegi, ✆ 011 8 60 98 02

Fiera

13.05. - 17.05. : fiera internazionale del libro

🔘 LUOGHI DI INTERESSE

CENTRO MONUMENTALE

Duomo★ - Palazzo Carignano★★
- Palazzo Madama★★ - Palazzo Reale★
- Piazza Castello★ - Piazza S. Carlo★★

QUADRILATERO ROMANO

Palazzo Barolo★ - Piazza del Palazzo di
Cttà★ - Santuario della Consolata★ -
S. Domenico★

DA PIAZZA CASTELLO AL PO

Via Po★ - Mole Antoneliana★★★
- Museo di Arti Decorative★ - Piazza
Vittorio Veneto★ - Parco del
Valentino★

I MUSEI

GAM (Galleria di Arte Moderna)★★
- Galleria Sabauda★★ - Museo di Arte
Antica di Palazzo Madama★★ - Museo
dell'Automobile★★ - Museo del
Cinema★★★ - Museo Egizio★★★
- Museo del Risorgimento★★

DINTORNI

Corona di delizie sabauda★★ : Reggia
di Venaria, La Mandria, Castello di
Rivoli e Museo di Arte Contemporanea,
Palazzina di Caccia di Stupinigi - La
collina★★ : Basilica di Superga e Colle
della Maddalena - Sacra di San Michele
in Val di Susa★★★

ACQUISTI

Via Garibaldi e Via Roma: negozi di tutti
i generi - Via Cavour, Via Accademia
Albertina, Via Maria Vittoria:
antiquariato - Quadrilatero romano:
botteghe artigiane e brocantage
- Mercato alimentare di Porta Palazzo
in Piazza Repubblica - Via Borgo Dora:
mercato delle pulci del Balôn il sabato
mattina e Gran Balôn (antiquariato e
brocantage) la seconda domenica del
mese

🏨 Golden Palace 🛜 🍸 📶 🕷 ⅃🗗 ❙ & 🏃 ⚂ rist. 📞 🏋

via dell'Arcivescovado 18 ⊠ 10121 ▪▪▪ 𝗩𝗜𝗦𝗔 ⅏ 𝗔𝗘 ⓪ ⛟
– ℰ 01 15 51 21 11 – www.goldenpalace.thi.it – Fax 01 15 51 28 00 CXY**h**
183 cam 🍽 – ♦195/398 € ♦♦215/498 € – 12 suites – ½ P 153/294 €
Rist *Winner* – Carta 43/72 €

♦ Nel cuore della città, un hotel di lusso, d'ispirazione decò e di design minimalista, in cui ori, argenti e ottoni intendono evocare i colori delle medaglie olimpiche. L'eleganza continua nel ristorante, riscaldato dalla luce che penetra dalla bow window, dove lasciarsi deliziare da una cucina innovativa.

🏨 Principi di Piemonte 🕷 ⅃🗗 ❙ 🏃 ⚂ ⅃↳ 🍽 📞 🏋

via Gobetti 15 ⊠ 10123 – ℰ 01 15 15 51 🗗 𝗩𝗜𝗦𝗔 ⅏ 𝗔𝗘 ⓪ ⛟
– www.atahotels.it – Fax 01 15 18 58 70 CY**b**
81 cam – ♦♦280/470 €, 🍽 35 € – 18 suites **Rist** – Carta 48/80 €

♦ A due passi dal centro, questo storico edificio anni '30 vanta camere spaziose e ricche di marmo, rinnovate in omaggio al lusso e al confort per creare un'elegante atmosfera moderna. Lo sfarzo è ripreso anche nella sala ristorante, dove nessun dettaglio è lasciato al caso, perché la tappa gastronomica resti memorabile.

🏨 Le Meridien Turin Art+Tech ❙ & 🏃 ⚂ ⅃↳ 🍽 📞 🏋 🅿 🚗

via Nizza 230 ⊠ 10126 – ℰ 01 16 64 20 00 𝗩𝗜𝗦𝗔 ⅏ 𝗔𝗘 ⓪ ⛟
– www.lemeridien.com – Fax 01 16 64 20 04 – chiuso agosto GU**b**
140 cam 🍽 – ♦♦129/410 € – 1 suite – ½ P 155/265 € **Rist** – Carta 42/52 €

♦ L'ascensore panoramico conduce alle lussuose camere su cui si affacciano le camere, arredate con soli mobili di design. Gemello dell'hotel Lingotto, offre in aggiunta soluzioni più moderne. Ampi spazi, luce e legni di ciliegio fanno del ristorante un ambiente elegante e informale, dove trovare i piatti della tradizione.

🏨 Le Meridien Lingotto 🚆 🛜 ❙ & 🏃 ⚂ ⅃↳ 🍽 📞 🏋 🅿

via Nizza 262 ⊠ 10126 – ℰ 01 16 64 20 00 𝗩𝗜𝗦𝗔 ⅏ 𝗔𝗘 ⓪ ⛟
– www.lemeridien.com – Fax 01 16 64 20 01 GU**a**
240 cam 🍽 – ♦♦94/270 € – 14 suites
Rist *Torpedo* – ℰ 01 16 64 27 14 – Carta 39/51 €

♦ Moderno hotel nel palazzo del Lingotto: un riuscito esempio del recupero di un immobile industriale. Camere in design nate dalla creatività di Renzo Piano e un giardino tropicale. Nell'elegante e luminosa sala ristorante, comode poltroncine ai tavoli e una cucina di ottimo livello.

🏨 Grand Hotel Sitea ❙ 🕷 📞 🏋 𝗩𝗜𝗦𝗔 ⅏ 𝗔𝗘 ⓪ ⛟

via Carlo Alberto 35 ⊠ 10123 – ℰ 01 15 17 01 71 – www.sitea.thi.it
– Fax 0 11 54 80 90 CY**t**
119 cam 🍽 – ♦135/250 € ♦♦171/330 € – 1 suite – ½ P 131/210 €
Rist *Carignano* – (chiuso 2 settimane in agosto) Carta 54/72 €

♦ La raffinata tradizione dell'ospitalità alberghiera si concretizza qui, in questo hotel nato nel 1925, dove l'atmosfera è dettata dagli eleganti arredi, classici e d'epoca. Piatti internazionali e piemontesi i protagonisti della bella e discreta sala da pranzo, illuminata da ampie finestre che si affacciano sul verde.

🏨 Starhotels Majestic ⅃🗗 ❙ & cam. 🕷 ⅃↳ 🍽 rist. 📞 🏋

corso Vittorio Emanuele II 54 ⊠ 10123
– ℰ 0 11 53 91 53 – www.starhotels.com – Fax 0 11 53 49 63 CY**e**
159 cam 🍽 – ♦♦99/340 € – 2 suites
Rist *Le Regine* – (chiuso domenica) Carta 40/60 €

♦ Sotto i portici di fronte alla stazione centrale, questo elegante hotel dispone di accoglienti camere di differenti tipologie, tutte spaziose e ben arredate. Cucina internazionale nella saletta à la carte; riposante e di suggestione il salone sormontato da una grande cupola di vetro policromo.

🏨 AC Torino ⅃🗗 ❙ & 🕷 ⅃↳ 🍽 rist. 📞 🏋 🅿 🚗 𝗩𝗜𝗦𝗔 ⅏ 𝗔𝗘 ⓪ ⛟

via Bisalta 11 ⊠ 10126 – ℰ 01 16 39 50 91 – www.ac-hotels.com
– Fax 01 16 67 78 22 GU**d**
89 cam 🍽 – ♦♦100/330 € – 6 suites – ½ P 85/235 €
Rist – (solo per alloggiati) Menu 35/70 €

♦ In un ex pastificio, l'hotel è raccolto in una tipica costruzione industriale d'inizio '900 e presenta interni dallo stile caldo e minimalista; confort e dotazioni all'avanguardia.

TORINO

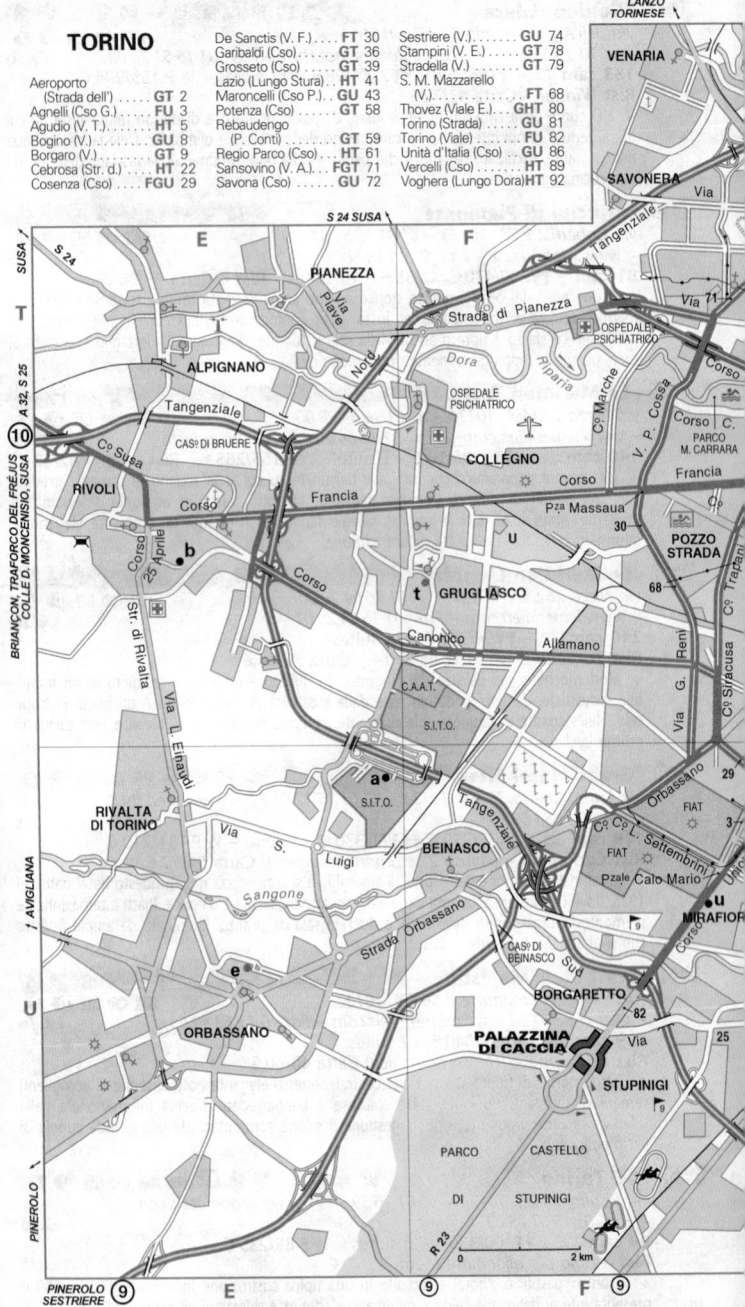

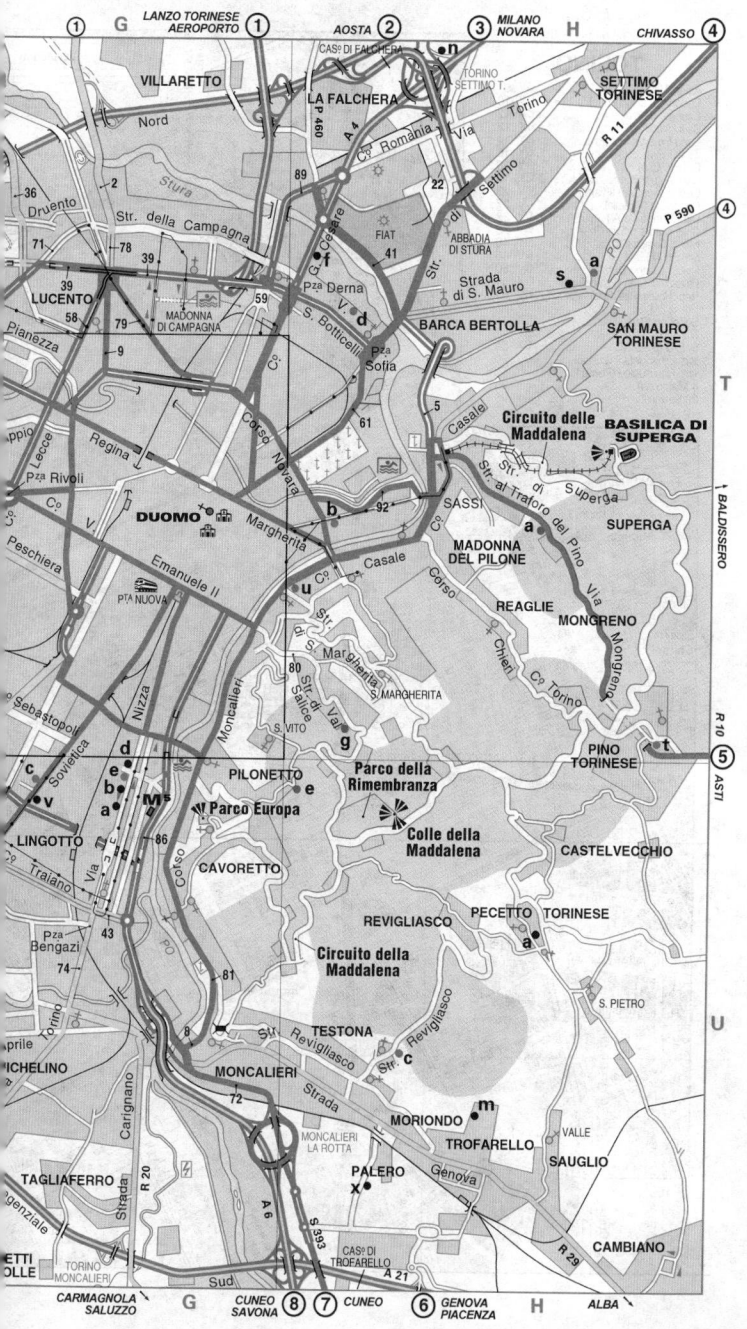

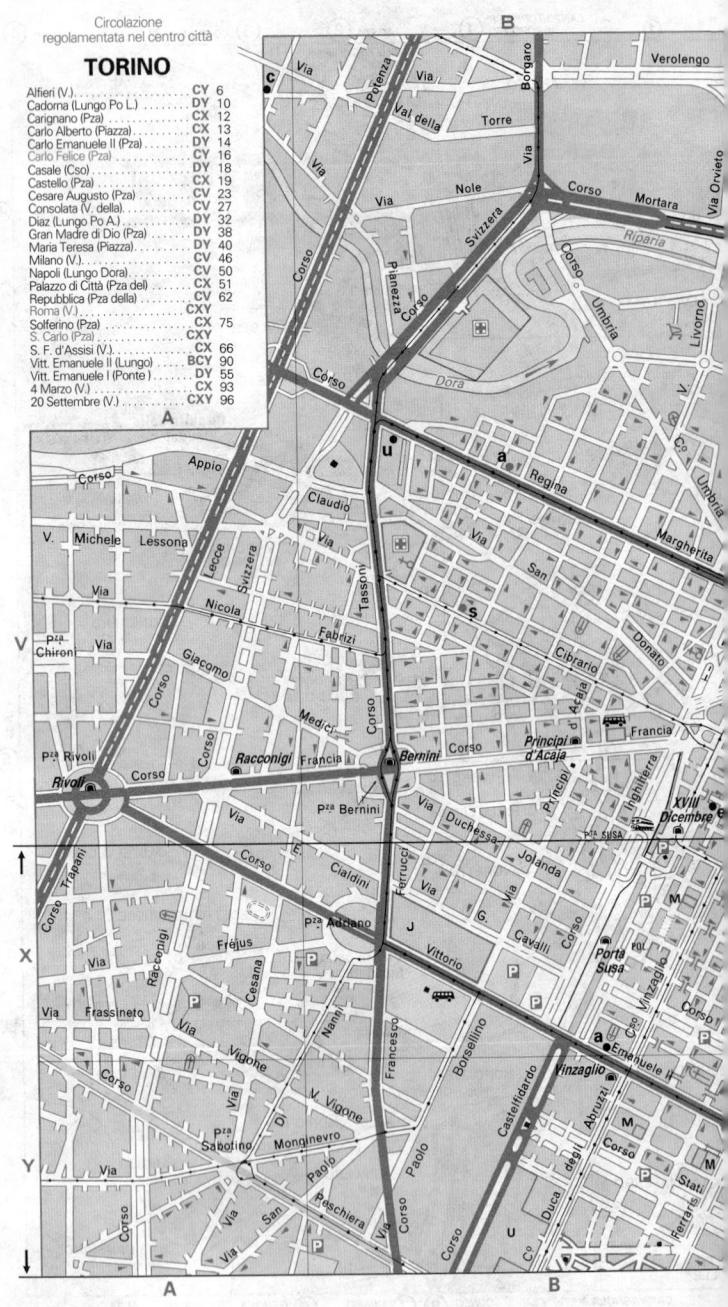

Circolazione
regolamentata nel centro città

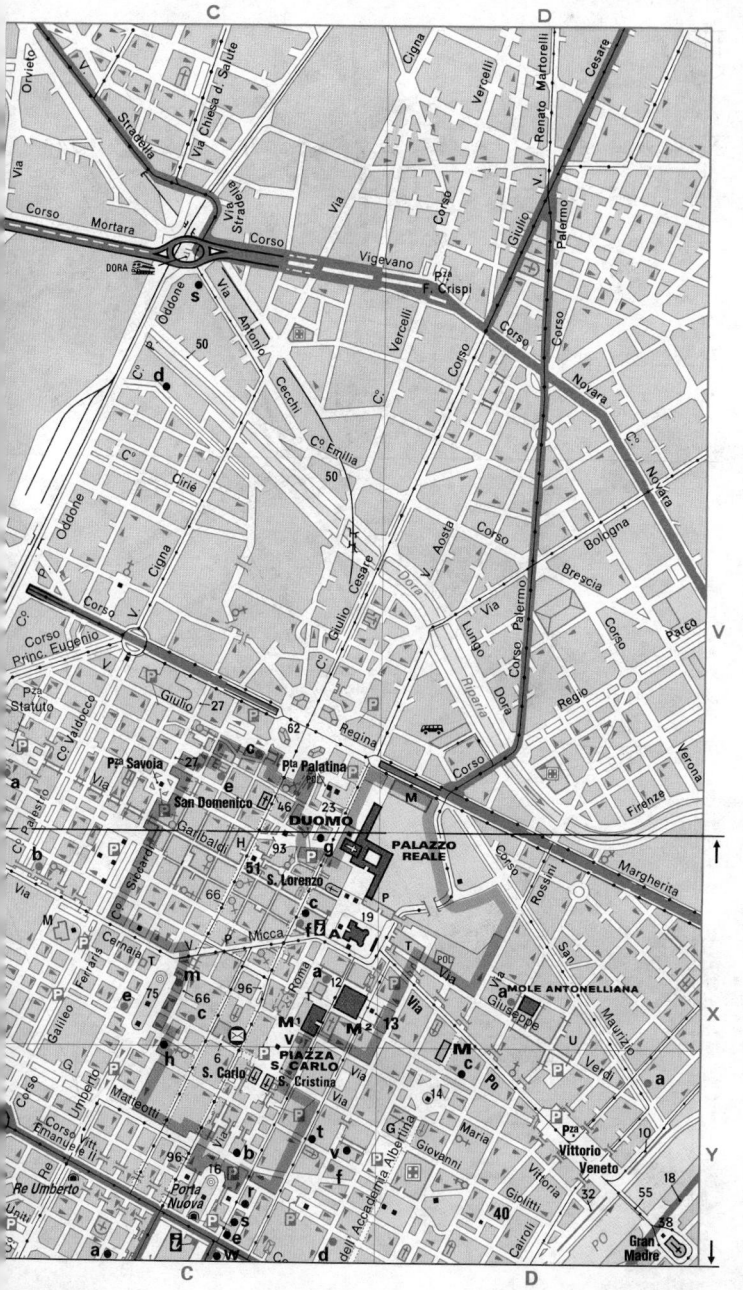

Victoria senza rist 🔲 *Lⓢ* 🕼 AC '¹' 𝕊ⓐ 𝚟𝚒𝚜𝚊 ⓒⓞ AE ⓞ ⓢ
via Nino Costa 4 ✉ 10123 – ℰ 01 15 61 19 09 – www.hotelvictoria-torino.com
– Fax 01 15 61 18 06 CYv
106 cam ⌛ – ♦155/200 € ♦♦230/280 €
♦ Mobili antichi, sinfonie di colori ed una attenta cura nel servizio e nei dettagli garantiscono calore ed accoglienza a questa elegante dimora. Nuovo centro benessere in stile egizio.

NH Santo Stefano 🏠 *Lⓢ* 🕼 & AC ⅍ rist, '¹' 𝕊ⓐ 𝚟𝚒𝚜𝚊 ⓒⓞ AE ⓞ ⓢ
via Porta Palatina 19 ✉ 10122 – ℰ 01 15 22 33 11 – www.nh-hotels.com
– Fax 01 15 22 33 13 CXg
125 cam ⌛ – ♦99/270 € ♦♦129/360 €
Rist – *(chiuso dal 31 luglio al 29 agosto)* Menu 28 €
♦ Costruito ex novo nell'elegante e tranquillo quartiere del Quadrilatero Romano, vanta camere confortevoli in stile minimalista, cui si accede percorrendo l'alta rampa di scale all'ingresso. Piatti piemontesi e nazionali presso la sala ristorante di tono moderno, dall'illuminazione calda ed accogliente.

Atahotel Concord 🕼 & AC ⅍ rist, '¹' 𝕊ⓐ 𝚟𝚒𝚜𝚊 ⓒⓞ AE ⓞ ⓢ
via Lagrange 47 ✉ 10123 – ℰ 01 15 17 67 56 – www.atahotels.it
– Fax 01 15 17 63 05 CYs
139 cam ⌛ – ♦138/300 € ♦♦158/350 €
Rist – *(chiuso a mezzogiorno)* Carta 38/59 €
♦ In posizione centrale, poco distante da Porta Nuova, questo hotel è ideale per ospitare congressi e dispone di ampi spazi comuni e camere confortevoli. Di tono elegante, il ristorante è adiacente ad un american bar e propone la cucina italiana. Piatti più leggeri a pranzo.

Art Hotel Boston 🏠 🕼 AC ⅍ ⅋ ⅍ 𝕊ⓐ 𝚟𝚒𝚜𝚊 ⓒⓞ AE ⓞ ⓢ
via Massena 70 ✉ 10128 – ℰ 0 11 50 03 59 – www.arthotelboston.it
– Fax 0 11 59 93 58 BZc
86 cam ⌛ – ♦80/200 € ♦♦110/280 € – 1 suite – ½ P 75/180 €
Rist – Carta 25/60 €
♦ Camere confortevoli e caratterizzate da richiami alla storia dell'arte contemporanea, contraddistinguono questo hotel di design, poco distante dalle maggiori collezioni della città.

Town House 70 senza rist 🕼 AC ⅍ ℭ 𝕊ⓐ 𝚟𝚒𝚜𝚊 ⓒⓞ AE ⓞ ⓢ
via XX Settembre 70 ✉ 10122 – ℰ 0 11 19 70 00 03 – www.townhouse.it
– Fax 0 11 19 70 01 88 CXc
47 cam ⌛ – ♦95/410 € ♦♦106/459 € – 1 suite
♦ Nuovo hotel dai colori tenui con belle camere spaziose e lineari. Un unico grande tavolo nella piccola sala colazioni, al quale gli ospiti potranno iniziare insieme la giornata.

NH Ambasciatori 🕼 AC ⅍ ⅍ rist, '¹' 𝕊ⓐ 𝚟𝚒𝚜𝚊 ⓒⓞ AE ⓞ ⓢ
corso Vittorio Emanuele II 104 ✉ 10121 – ℰ 01 15 75 21 – www.nh-hotels.it
– Fax 0 11 54 49 78 BXa
195 cam ⌛ – ♦95/240 € ♦♦135/290 € – 4 suites – ½ P 129/207 €
Rist Il Diplomatico – Carta 37/50 €
♦ Hotel moderno situato in un edificio squadrato, ideale per ospitare congressi, sfilate o ricevimenti, dispone di camere confortevoli ed eleganti in stile anni '80. Grandi vetrate inondano di luce l'elegante sala del ristorante, dalla raffinata atmosfera.

Pacific Hotel Fortino & AC ⅍ ⅍ rist, '¹' 𝕊ⓐ 🚗 𝚟𝚒𝚜𝚊 ⓒⓞ AE ⓞ ⓢ
strada del Fortino 36 ✉ 10152 – ℰ 01 15 21 77 57 – www.pacifichotels.it
– Fax 01 15 21 77 49 CVd
92 cam ⌛ – ♦215 € ♦♦280 € – 8 suites
Rist – *(chiuso sabato e domenica)* *(chiuso a mezzogiorno da lunedì a venerdì)* Carta 24/49 €
♦ Hotel moderno che soddisfa soprattutto le esigenze di una clientela business, grazie alle sale attrezzate per ospitare conferenze. Camere calde e accoglienti con dotazioni d'avanguardia. Una trattoria tipica, dove gustare le specialità regionali.

City senza rist 🕼 AC ⅍ '¹' 𝕊ⓐ 🛆 𝚟𝚒𝚜𝚊 ⓒⓞ AE ⓞ ⓢ
via Juvarra 25 ✉ 10122 – ℰ 0 11 54 05 46 – www.bwhotelcity-to.it
– Fax 0 11 54 81 88 BVe
61 cam ⌛ – ♦60/200 € ♦♦85/260 €
♦ Il legno dell'arredamento gioca in contrasto con le sue forme, moderne e funzionali, di gusto contemporaneo. Situato vicino alla stazione di Susa, offre camere confortevoli.

🏨 **Novotel Torino** 🚗 🛗 ♿ 🅰🅲 ⇄ 🏊 rist, 🛎 🔧 🅿 VISA ⑩ 🅐🅔 ① 🔸
corso Giulio Cesare 338/34 ⊠ *10154 –* 🕽 *01 12 60 12 11 – www.novotel.com*
– Fax 011 20 05 74
HTf
162 cam – 🛏160 € 🛏🛏185 €, ⛁ 12 € **Rist** – *(solo per alloggiati)* Carta 28/59 €
♦ Atmosfera familiare e buon confort in una struttura moderna situata a soli 4 km dal centro
storico della città. Camere ampie e luminose, tutte dotate di divano letto e di ampio scrittoio.
La sala da pranzo si affaccia sul giardino e viene utilizzata anche come sala colazioni.

🏨 **Holiday Inn Turin City Centre** 🛗 ♿ cam, 🅰🅲 ⇄ 🏊 rist, 🛎 🔧
via Assietta 3 ⊠ *10128 –* 🕽 *01 15 16 71 11* 🚗 VISA ⑩ 🅐🅔 ① 🔸
♾ *– www.holiday-inn.com/turin-cityctr – Fax 01 15 16 76 99*
CYa
57 cam ⛁ – 🛏92/175 € 🛏🛏118/230 €
Rist – *(chiuso a mezzogiorno)* Menu 18/22 €
♦ Poco distante dalla stazione, l'hotel occupa gli spazi di un palazzo ottocentesco e dispone
di un comodo garage e di camere ben tenute, dotate di servizi dalla tecnologia avanzata.
Tono di contemporanea ispirazione anche al ristorante.

🏨 **Genio** senza rist 🛗 🅰🅲 ⇄ 🛎 🔧 VISA ⑩ 🅐🅔 ① 🔸
corso Vittorio Emanuele II 47 ⊠ *10125 –* 🕽 *01 16 50 57 71 – www.hotelgenio.it*
– Fax 01 16 50 82 64
CYZw
128 cam ⛁ – 🛏90/140 € 🛏🛏140/200 €
♦ Opportunamente ampliato in occasione delle Olimpiadi, l'hotel offre camere curate nei
dettagli. Il tocco di eleganza è dato da alcuni pavimenti artistici, nei corridoi e nelle stanze.

🏨 **Genova** senza rist 🛗 ♿ 🅰🅲 ⇄ 🛎 🔧 VISA ⑩ 🅐🅔 ① 🔸
via Sacchi 14/b ⊠ *10128 –* 🕽 *01 15 62 94 00 – www.albergogenova.it*
– Fax 01 15 62 98 96
CZb
78 cam ⛁ – 🛏70/170 € 🛏🛏98/240 €
♦ La struttura ottocentesca ospita un ambiente signorile e curato, dove la classicità si
coniuga con le moderne esigenze di confort. Una decina di camere vanta affreschi al soffitto.

🏨 **Mercure Torino Royal** 🛗 🏋 🅰🅲 🛎 🔧 🅿 🚗 VISA ⑩ 🅐🅔 ① 🔸
corso Regina Margherita 249 ⊠ *10144 –* 🕽 *01 14 37 67 77*
– www.hotelroyaltorino.it – Fax 01 14 37 63 93
BVu
75 cam – 🛏105/110 € 🛏🛏120/135 €, ⛁ 10 € **Rist** – Menu 25/35 €
♦ A breve distanza dal centro storico, l'albergo lavora sia con una clientela turistica che con
il mondo business: offre un attrezzato centro congressi, camere confortevoli e un ampio parcheggio. Ambiente classico in cui si respira una discreta raffinatezza, al ristorante.

🏨 **Piemontese** senza rist 🛗 ♿ 🅰🅲 ⇄ 🛎 🔧 🅿 VISA ⑩ 🅐🅔 ① 🔸
via Berthollet 21 ⊠ *10125 –* 🕽 *01 16 69 81 01 – www.hotelpiemontese.it*
– Fax 01 16 69 05 71
CZx
39 cam ⛁ – 🛏69/140 € 🛏🛏79/180 €
♦ Tra Porta Nuova e il Po, l'hotel è stato rinnovato con colorate ma raffinate soluzioni d'arredo e con personalizzazioni nelle camere. Per la colazione ci si può accomodare in veranda.

🏨 **Lancaster** senza rist 🛗 🅰🅲 🛎 🔧 VISA ⑩ 🅐🅔 ① 🔸
corso Filippo Turati 8 ⊠ *10128 –* 🕽 *01 15 68 19 82 – www.lancaster.it*
– Fax 01 15 68 30 19 – chiuso dal 5 al 20 agosto
BZr
81 cam ⛁ – 🛏72/120 € 🛏🛏99/160 €
♦ Ogni piano di questo albergo si distingue per il colore. Piacevoli gli arredi, tutti personalizzati che rendono moderni gli spazi comuni, classiche le camere e country la sala colazioni.

🏨 **Art Hotel Olympic** 🛗 🛗 🅰🅲 🛎 🚗 VISA ⑩ 🅐🅔 ① 🔸
via Verolengo 19 ⊠ *10149 –* 🕽 *01 13 99 97 – www.arthotelolympic.it*
– Fax 01 13 99 98
147 cam ⛁ – 🛏80/250 € 🛏🛏100/350 € – ½ P 70/150 € **Rist** – Carta 23/37 €
♦ Come suggerisce il nome, l'hotel mette d'accordo arte e sport: nato in occasione dei recenti
giochi invernali, vanta ambienti di design e spazi comuni abbelliti da alcune opere d'arte.

🏨 **Giotto** senza rist 🛗 🅰🅲 🛎 🔧 VISA ⑩ 🅐🅔 ① 🔸
via Giotto 27 ⊠ *10126 –* 🕽 *01 16 63 71 72 – www.hotelgiottotorino.it*
– Fax 01 16 63 71 73
CZc
50 cam ⛁ – 🛏60/134 € 🛏🛏78/162 €
♦ Non lontano dal Valentino, in una zona residenziale che costeggia il Po, un moderno
albergo con camere spaziose e complete nei confort, molte con vasche o docce idromassaggio.

Crimea senza rist
🏠 🎿 AC ☂ 👙 VISA ⓪ AE ⓪ ⚡

via Mentana 3 ✉ 10133 – ☎ 01 16 60 47 00 – www.hotelcrimea.it
– Fax 01 16 60 49 12 – chiuso dal 12 al 22 agosto
DZe
47 cam ☲ – †75/150 € ††100/180 € – 1 suite

◆ La tranquillità dei dintorni e la sobria eleganza dell'arredo distinguono questo hotel, situato in zona residenziale lungo il Po. Dispone di piacevoli interni e confortevoli camere.

Gran Mogol senza rist
🏠 AC ↯ ☂ VISA ⓪ AE ⓪ ⚡

via Guarini 2 ✉ 10123 – ☎ 01 15 61 21 20 – www.hotelgranmogol.it
– Fax 01 15 62 31 60 – chiuso dal 23 dicembre al 1° gennaio e dal 30 luglio al 25 agosto
CYr
45 cam ☲ – †70/140 € ††90/200 €

◆ Nei pressi del museo egizio, un hotel signorile dagli interni riposanti, pensato sia per una clientela di lavoro che turistica; le stanze sono confortevoli, arredate con gusto classico.

President senza rist
🏠 ⛶ AC ↯ ⚙ ☂ 👙 🚗 VISA ⓪ AE ⚡

via Cecchi 67 ✉ 10152 – ☎ 0 11 85 95 55 – www.hotelpresident-to.it
– Fax 01 14 12 18 55
CVs
72 cam ☲ – †60/210 € ††60/290 €

◆ Situato nei pressi del parco scientifico e tecnologico, la struttura è facilmente raggiungibile dall'autostrada e dispone di camere tutte identiche, di discreto confort.

Cairo senza rist
🏠 AC ⚙ ☂ P VISA ⓪ AE ⓪ ⚡

via La Loggia 6 ✉ 10134 – ☎ 01 13 17 15 55 – www.hotelcairo.it
– Fax 01 13 17 20 27
GUv
60 cam ☲ – †60/150 € ††80/180 €

◆ A breve distanza dal polo fieristico, risorsa dagli interni accoglienti. Un consiglio: chiedete le nuove camere realizzate nella dependance, offrono un confort superiore.

Des Artistes senza rist
🏠 AC ☂ VISA ⓪ AE ⓪ ⚡

via Principe Amedeo 21 ✉ 10123 – ☎ 01 18 12 44 16 – www.desartisteshotel.it
– Fax 01 18 12 44 66 – chiuso dall'8 al 23 agosto
DYc
22 cam ☲ – †70/98 € ††95/130 €

◆ Varcato l'ingresso di quella che pare una palazzina residenziale, vi attenderà un'accoglienza garbata e attenta. L'albergo è in attività dal 1990 e propone ambienti puliti e curati.

𝕏𝕏𝕏𝕏 Del Cambio
☂ AC ⚙ ⇄ VISA ⓪ AE ⓪ ⚡

piazza Carignano 2 ✉ 10123 – ☎ 0 11 54 37 60 – www.thi.it
– Fax 0 11 53 52 82 – chiuso 1 settimana in gennaio, 3 settimane in agosto e domenica
CXa
Rist – (consigliata la prenotazione) 75 € – Carta 56/91 € ⅜ (+15 %)

◆ In 250 anni ha accolto e saziato personaggi come Cavour, Rattazzi e Lamarmora: ora attende voi, tra i suoi velluti rossi, per deliziarvi con piatti tradizionali o creativi.

𝕏𝕏𝕏 Vintage 1997 (Pierluigi Consonni)
AC VISA ⓪ AE ⓪ ⚡
✿

piazza Solferino 16/h ✉ 10121 – ☎ 0 11 53 59 48 – www.vintage1997.com
– Fax 0 11 53 59 48 – chiuso dal 1° al 7 gennaio, dal 6 al 31 agosto, sabato a mezzogiorno, domenica
CXe
Rist – Menu 55/90 € – Carta 56/76 € ⅜

Spec. Grande piatto di pesce crudo del Vintage. Paccheri con melanzane alla parmigiana. La costoletta di vitello alla milanese con panatina di nocciole e grissini.

◆ Tessuti scarlatti, paralumi ed eleganti boiserie ovattano l'interno di questo elegante ristorante, mentre la creatività prende spunto dalla tradizione per volteggiare in molteplici forme. Importazione diretta di champagne e selezionata cura nella scelta delle materie prime.

𝕏𝕏𝕏 Casa Vicina-Guidopereataly (Claudio Vicina Mazzaretto)
⛶ AC
✿

via Nizza 224 ✉ 10126 – ☎ 0 11 19 50 68 40
VISA ⓪ AE ⚡
– www.casavicina.it – Fax 0 11 19 50 68 95 – chiuso periodo natalizio, dal 10 agosto all'8 settembre, domenica sera, lunedì
GUe
Rist – Menu 45/85 € – Carta 57/86 € ⅜

Spec. Tonno di coniglio grigio con giardiniera in agrodolce. Agnolotti pizzicati a mano al sugo d'arrosto. Faraona novella disossata e composta in salmì.

◆ All'interno di Eataly, primo supermercato italiano con prodotti alimentari di "nicchia", ristorante di genere minimalista per una cucina creativa di grande spessore.

La Barrique (Stefano Gallo) 🕄 ⇔ 📷 ⬥ 👍

corso Dante 53 ⊠ 10126 – ℰ 011 65 79 00 – www.labarriqueristorante.it
– chiuso domenica, lunedì a mezzogiorno CZy
Rist – Menu 65/85 € – Carta 54/87 € 🕸

Spec. Tortelli d'anatra con mirtilli e formaggio castelmagno (autunno). Agnello arrostito e brasato in lenta cottura con peperoni canditi (primavera-estate). Crépinette di coda di vitello brasata al nebbiolo (inverno).

♦ Simpatica gestione familiare per questa cucina che unisce classici regionali, paste fresche, carne e l'inevitabile trionfo di cioccolato a proposte più creative e di pesce.

Marco Polo 🕄 ⇔ 📷 ⬥ 👍 🕮 👍

via Marco Polo 38/40 ⊠ 10129 – ℰ 011 50 00 96 – www.ristorantemarcopolo.to.it
– Fax 011 59 99 00 – chiuso sabato a mezzogiorno BZf
Rist – Carta 41/67 € 🕸
Rist Flù – ℰ 011 50 33 33 (chiuso dall'11 al 26 agosto e lunedì) (chiuso a mezzogiorno) Carta 35/45 €

♦ Eleganti sale distribuite su due piani ed un'originale varietà gastronomica: piatti giapponesi, crostacei e frutti di mare crudi, specialità preparate con cura e passione. Nell'adiacente osteria si prepara carne alla griglia; a voi scegliere se consumarla qui oppure al Marco Polo.

Moreno La Prima dal 1979 🕄 👍 ⇔ 📷 ⬥ 🕮 👍

corso Unione Sovietica 244 ⊠ 10134 – ℰ 011 3 17 91 91 – www.laprimamoreno.it
– Fax 011 3 14 34 23 – chiuso agosto, lunedì a mezzogiorno GUc
Rist – Carta 60/70 €

♦ Un'inattesa ubicazione nel verde custodisce questo elegante locale; all'interno, gradevoli tavoli collocati vicino a vetrate affacciate sul giardino ed una cucina che si muove tra tradizione e moderne elaborazioni.

Neuv Caval 'd Brôns 🕄 ⇔ 📷 ⬥ 🕮 👍

piazza San Carlo 155 ⊠ 10123 – ℰ 011 53 90 30 – www.neuvcavaldbrons.it
– Fax 011 15 92 04 85 CXv
Rist – Carta 48/77 €

♦ La tradizione piemontese è lavorata con personalità in questo elegante ristorante cittadino situato sotto i portici di un palazzo ottocentesco. Proposte anche di pesce.

Al Garamond 🕄 ⇔ 📷 ⬥ 🕮 👍

via Pomba 14 ⊠ 10123 – ℰ 01 18 12 27 81 – www.algaramond.it – chiuso agosto, sabato a mezzogiorno, domenica CYf
Rist – Carta 47/75 € 🕸

♦ Il nome di questo piccolo locale si ispira a quello di un luogotenente dei Dragoni di Napoleone. Entusiasta la conduzione, che si esibisce nella creazione di estrosi piatti moderni.

Villa Somis ⇐ 🚗 🕄 🏡 👍 🕄 ⇔ 🅿 📷 ⬥ 🕮 👍

strada Val Pattonera 138 ⊠ 10133 – ℰ 01 16 31 26 17 – www.villasomis.it
– Fax 01 16 31 23 36 – chiuso dal 10 al 20 agosto, 1 settimana in gennaio, domenica sera, lunedì HUe
Rist – (chiuso a mezzogiorno) Menu 35/100 € – Carta 52/67 € 🕸

♦ Abbracciata dalle colline, la villa settecentesca, che fu dimora dell'omonima famiglia di musicisti, ospita un elegante locale alla carta con piatti di moderna impostazione.

Conti di Saluzzo 🕄 👍 ⇔ 📷 ⬥ 👍

via Saluzzo 36 ⊠ 10125 – ℰ 01 16 50 73 14 – www.ristoranti-piemonte.com
– chiuso lunedì CZt
Rist – (chiuso a mezzogiorno escluso domenica e i giorni festivi) (consigliata la prenotazione) Menu 30 € – Carta 24/48 €

♦ Le curate salette ed i soffitti a volta creano quasi un'atmosfera austriaca. Mettetevi comodi al tavolo ed affidatevi all'esperienza di questa coppia ed alla sua saporita cucina.

Al Gatto Nero 🕄 👍 ⇔ 📷 ⬥ 🕮 👍

corso Filippo Turati 14 ⊠ 10128 – ℰ 011 59 04 14 – www.gattonero.it
– Fax 011 50 22 45 – chiuso domenica BZz
Rist – Carta 46/62 € 🕸

♦ Una cucina che parla piemontese e toscano, con qualche eco mediterranea, ed una cantina che ospita circa mille etichette: un locale affermato, che espone gatti di tutte le forme.

XX Galante
[AC] [VISA] [CO] [AE] [O] [S]

corso Palestro 15 ⊠ 10122 – € 011 53 21 63 – www.ristorantegalante.it
– Fax 01 13 81 08 45 – chiuso 3 settimane in agosto, sabato a mezzogiorno,
domenica CX**b**

Rist – Carta 34/50 €

◆ Una sala classica ed elegante, arredata in toni chiari e con sedie imbottite, tra colonne e specchi. Dalla cucina giungono due differenti proposte: una piemontese ed una di pesce.

XX Porta Rossa
[AC] [VISA] [CO] [AE] [O] [S]

via Passalacqua 3/b ⊠ 10122 – € 011 53 08 16 – www.laportarossa.it
– Fax 011 53 08 16 – chiuso dal 26 dicembre al 6 gennaio, sabato a
mezzogiorno, domenica CV**a**

Rist – Carta 45/72 €

◆ Piccolo locale moderno allestito con tavoli vicini, specializzato nella preparazione di piatti a base di pesce o con prodotti di stagione. Vicino a piazza Statuto.

XX Tre Galline
[AC] [♢] [VISA] [CO] [AE] [O] [S]

via Bellezia 37 ⊠ 10122 – € 01 14 36 65 53 – www.3galline.it
– Fax 01 14 36 00 13 – chiuso 1 settimana in gennaio, 3 settimane in
agosto, domenica, lunedì a mezzogiorno CV**c**

Rist – Menu 40/55 € bc – Carta 31/45 €

◆ A prima vista può sembrare una semplice trattoria, ma non lasciatevi ingannare: il locale propone la cucina tipica piemontese, semplice e fragrante, e presenta un'ampia scelta di vini.

XX La Cloche
[♨] [AC] [♢] [P] [VISA] [CO] [AE] [O] [S]

strada al Traforo del Pino 106 ⊠ 10132 – € 01 18 99 28 51 – www.lacloche.it
– Fax 01 18 99 42 13 – chiuso 3 settimane in agosto, domenica sera, lunedì

Rist – Carta 25/50 € HT**a**

◆ Funghi e tartufi in autunno, i prodotti della campagna in primavera... Quale che sia la vostra scelta, questo grazioso locale offre ai suoi ospiti la passione per la tradizione gastronomica piemontese.

XX Perbacco
[AC] [♢] [VISA] [CO] [AE] [O] [S]

via Mazzini 31 ⊠ 10123 – € 011 88 21 10 – www.ristoranteperbacco.torino.it
– Fax 011 83 75 17 – chiuso agosto e domenica DZ**x**

Rist – (chiuso a mezzogiorno) Menu 35 €

◆ Moderno locale scelto dal popolo delle ore piccole e da molti personaggi dello spettacolo; il menu a 4 portate si costruisce a scelta dalla piccola carta. Centenaria esperienza familiare.

XX Locanda Botticelli
[AC] [P] [VISA] [CO] [AE] [S]

strada Arrivore 9 ⊠ 10154 – € 01 12 42 20 12 – www.locandabotticelli.it
– Fax 01 12 46 46 62 – chiuso agosto e domenica HT**d**

Rist – (consigliata la prenotazione) Carta 32/44 €

◆ Varcato il cancello, ci si lascia alle spalle la periferia per entrare in un bell'ambiente dalla particolare atmosfera; ottima scelta di piatti della tradizione, carne e pesce.

XX Solferino
[AC] [VISA] [CO] [AE] [S]

piazza Solferino 3 ⊠ 10121 – € 011 53 58 51 – www.ristorantesolferino.com
– Fax 011 53 51 95 – chiuso sabato a mezzogiorno, domenica CX**m**

Rist – Carta 34/43 €

◆ E' in questo locale che circa 30 anni fa è approdata la passione toscana nel campo della ristorazione. Oggi, la carta propone piatti di casa e, ovviamente, i classici piemontesi.

XX Etrusco
[AC] [♢] [VISA] [CO] [S]

via Cibrario 52 ⊠ 10144 – € 011 48 02 85 – Fax 011 48 02 85 – chiuso dal
10 gennaio al 10 febbraio e lunedì BV**s**

Rist – Carta 26/52 €

◆ A dispetto del nome, le specialità di questo locale situato in una delle zone più trafficate della città non sono toscane, bensì di pesce. A gestirlo, una coppia di coniugi.

X San Tommaso 10 Lavazza
[AC] [CO] [AE] [O] [S]

via San Tommaso 10 ⊠ 10122 – € 011 53 42 01 – www.lavazza.it
– Fax 011 54 93 04 – chiuso agosto e domenica CX**f**

Rist – Carta 38/84 €

◆ Proprio dietro al bar, l'estetica è l'elemento che caratterizza ogni creazione, il piacere si affaccia alla vista e delizia il palato, la fantasia reinterpreta la cucina italiana in delicate e intriganti ricette.

✗ C'era una volta
🆗 ⇕ VISA ⦿ AE ⓪ ⓺

corso Vittorio Emanuele II 41 ✉ *10125 –* ℰ *01 16 50 45 89*
– www.ristorantecerauravolta.it – Fax 01 16 50 57 74 – chiuso domenica
Rist – *(chiuso a mezzogiorno)* Carta 31/48 €
CZk

♦ Rinnovato in occasione delle Olimpiadi, il locale ha conservato l'originale accogliente atmosfera; la cucina si ispira ai sapori regionali, ma c'è comunque spazio per la creatività.

✗ Trattoria Torricelli
🏠 🆗 VISA ⦿ AE ⓪ ⓺

via Torricelli 51 ✉ *10129 –* ℰ *0 11 59 98 14 – www.trattoriatorricelli.it*
– Fax 01 15 81 95 08 – chiuso dal 1° al 6 gennaio, dal 10 al 20 agosto, domenica, lunedì a mezzogiorno
Rist – Carta 37/48 € 🍴
BZn

♦ Una moderna trattoria, la cui cucina reinterpreta con fantasia i prodotti del territorio; all'esterno è stata recentemente aggiunta una veranda, chiusa per l'inverno e aperta d'estate.

✗ Sotto la Mole
🆗 VISA ⦿ ⓺

via Montebello 9 ✉ *10124 –* ℰ *01 18 17 93 98 – www.sottolamole.eu*
– Fax 0 11 19 71 43 66 – chiuso domenica da giugno a settembre, lunedì negli altri mesi
DXa
Rist – Carta 32/55 €

♦ Il nome non lascia dubbi sull'ubicazione. Piccolo e gradevole, il ristorante presenta una raccolta di manifesti pubblicitari d'epoca e propone piatti che s'ispirano solo alla tradizione.

✗ Monferrato
🆗 ✂ ⇕ VISA ⦿ AE ⓺

via Monferrato 6 ✉ *10131 –* ℰ *01 18 19 06 74 – www.ristorantemonferrato.com*
– Fax 01 18 19 76 61 – chiuso agosto
HTu
Rist – Carta 31/46 € 🍴

♦ In un piacevole quartiere dell'Oltrepò, il locale propone la tradizione gastronomica del territorio, a partire da un'attenta ricerca dei prodotti. L'ambiente è informale, di tono moderno.

✗ Ponte Vecchio
🆗 VISA ⦿ AE ⓪ ⓺

via San Francesco da Paola 41 ✉ *10123 –* ℰ *0 11 83 51 00*
– www.ristorantino.net – Fax 0 11 83 51 00 – chiuso agosto, lunedì, martedì a mezzogiorno
CYd
Rist – Carta 31/48 €

♦ Classici sia l'arredo di inizio '900 sia la cucina, regionale e nazionale: giunto alla terza generazione di una capace gestione familiare, il locale è stato parzialmente rinnovato.

✗ Taverna delle Rose
🆗 ✂ VISA ⦿ AE ⓪ ⓺

via Massena 24 ✉ *10128 –* ℰ *0 11 53 83 45 – Fax 0 11 53 83 45 – chiuso agosto, sabato a mezzogiorno, domenica*
CZr
Rist – Carta 25/43 €

♦ Ambiente accattivante ed informale, con un'ampia scelta di piatti tradizionali accanto a classici italiani; la sera accomodatevi nella romantica sala con mattoni a vista e luci soffuse.

✗ La Dimora di Puccini
🏠 VISA ⦿ AE ⓺

via Sant'Agostino 15/b ✉ *10122 –* ℰ *01 10 70 38 66 – www.ladimoradipuccini.it*
– Fax 01 10 70 38 66 – chiuso agosto o settembre e lunedì
CVe
Rist – *(chiuso a mezzogiorno)* (consigliata la prenotazione) Menu 25/45 €
– Carta 41/59 €

♦ Piccolo locale centrale, su due piani, caratterizzato da un tranquillo dehors sul retro, propone una cucina quasi esclusivamente di pesce: un gioiellino nella città della Mole!

✗ Da Toci
🏠 🆗 VISA ⦿ AE ⓺

corso Moncalieri 190 ✉ *10133 –* ℰ *01 16 61 48 09 – www.ristoratori.it – chiuso dal 13 agosto al 5 settembre, domenica, lunedì*
CZq
Rist – Carta 22/40 €

♦ Leit motiv di questo ristorante, semplice e ben tenuto, è quello del mare, tuttavia non mancano i sapori caratteristici della terra d'origine del suo titolare: la Toscana.

✗ Ristorantino Tefy
🆗 VISA ⦿ AE ⓺

corso Belgio 26 ✉ *10153 –* ℰ *0 11 83 73 32 – Fax 0 11 83 73 32 – chiuso 15 giorni in giugno, 15 giorni in settembre, sabato a mezzogiorno, domenica*
Rist – Carta 30/38 €
HTb

♦ Un locale accogliente per un'esperienza gastronomica che viaggia tra Umbria e Piemonte: dalla cucina soprattutto i sapori della terra; il venerdì e il sabato si propone anche il pesce.

✗ **Piccolo Lord**　　　　　　　　　　　ℬ 🍴 *VISA* 🅌 🅰🅴 ⓢ
corso San Maurizio 69 bis/G ⊠ *10124 –* ℰ *011 83 61 45*
*– www.ristorantepiccololord.it – chiuso 1 settimana in gennaio, 2 settimane in
agosto e domenica*　　　　　　　　　　　　　　　　　　　　　DY**a**
Rist *– (chiuso a mezzogiorno)* Menu 40 € – Carta 37/48 €
♦ Locale moderno ed accogliente nel quale si destreggiano due giovani cuochi, in grado
di realizzare ricette semplici ma caratterizzate da una forte impronta personale. Servizio
informale.

TORNELLO – Pavia – Vedere Mezzanino

TORNO – Como (CO) – **561** E9 – 1 239 ab. – alt. 225 m – ⊠ 22020　　　**18** B1
▌Italia

▶ Roma 633 – Como 7 – Bellagio 23 – Lugano 40
◉ Portale★ della chiesa di San Giovanni

🏠 **Vapore**　　　　　　　≤ 🚗 🏡 🍴 cam, ⁽ᵗ⁾ *VISA* 🅌 ⓢ
via Plinio 20 ⊠ *22020 Torno –* ℰ *031 41 93 11 – www.hotelvapore.it
– Fax 031 41 90 31 – chiuso gennaio e febbraio*
12 cam – �$70/80 € �$�$75/85 €, ⊑ 10 € – ½ P 65/70 €
Rist *– (chiuso mercoledì escluso dal 15 giugno al 20 settembre)* (consigliata la
prenotazione) Carta 23/35 €
♦ Si affaccia sul lago questo piccolo hotel nel centro storico della pittoresca località che i
recenti lavori hanno dotato di camere belle luminose e molto piacevoli. Particolare la terrazza, affacciata sullo specchio lacustre: mezzogiorno e sera si mangia con una bella vista.

TORRE A MARE – Bari (BA) – **564** D33 – ⊠ 70126　　　　　　　**27** C2
▶ Roma 463 – Bari 12 – Brindisi 101 – Foggia 144

✗ **Da Nicola**　　　　　　　　　≤ 🏡 ℬ 🅿 *VISA* 🅌 🅰🅴 ⓞ ⓢ
via Principe di Piemonte 3 – ℰ *08 05 43 00 43 – www.ristorantedanicola.com
– Fax 08 05 43 00 43 – chiuso dal 20 dicembre al 20 gennaio, domenica sera,
lunedì*
Rist – Carta 28/41 €
♦ Un buon localino, semplice e familiare, ubicato in riva al mare e a pochi passi dal centro
del paese; piatti marinari e fresca terrazza esterna sul porticciolo.

TORRE ANNUNZIATA – Napoli (NA) – **564** E25 – 46 946 ab.　　　　**6** B2
– alt. 14 m – ⊠ 80058　▌Italia

▶ Roma 240 – Napoli 27 – Avellino 53 – Caserta 53
◉ Villa di Oplontis★★

🏠 **Grillo Verde**　　　　　🛗 ℬ ↯ ⁽ᵗ⁾ 🅿 🚗 *VISA* 🅌 🅰🅴 ⓞ ⓢ
piazza Imbriani 19 – ℰ *08 18 61 10 19 – www.hotelgrilloverde.it
– Fax 08 18 61 12 90*
15 cam ⊑ – �$75 € �$�$86 € – ½ P 68 €
Rist *– (chiuso martedì)* Carta 22/32 € (+15 %)
♦ Nei pressi della stazione ferroviaria e degli scavi di Oplontis e di Pompei, sorge questa
struttura abilmente gestita da una famiglia con lunga esperienza nel settore. Sala ristorante
semplice e piuttosto ampia, ove gustare menù casalinghi.

TORRE BOLDONE – Bergamo (BG) – **561** E11 – 8 168 ab. – alt. 280 m　**19** C1
– ⊠ 24020

▶ Roma 618 – Milano 57 – Bergamo 6 – Lecco 47

✗✗ **Don Luis**　　　　　　　　　🏡 ℬ 🅿 *VISA* 🅌 🅰🅴 ⓢ
via De Paoli 2 – ℰ *035 34 13 93 – www.ristorantedonluis.com
– Fax 035 36 25 83 – chiuso dal 1° al 21 agosto, lunedì sera, martedì*
Rist – Carta 33/51 €
♦ Edificio d'epoca sulle rive di un torrente che nei mesi estivi assicura la giusta frescura
durante i pasti all'aperto; due belle sale e una solida conduzione familiare.

XX **Papillon** ← 斎 AK P VISA ⦿ AE ① ら

via Gaito 36, Nord-Ovest : 1,5 km – ℰ 0 35 34 05 55 – www.papillonristorante.it
– Fax 0 35 34 05 55 – chiuso dal 1° al 5 gennaio, 3 settimane in agosto, lunedì,
martedì

Rist – Menu 24/34 € – Carta 36/52 €

♦ Immerso nel verde d'un grande parco è un locale dalla lunga ed esperta tradizione familiare. Nelle sale d'ispirazione classica, piatti contemporanei e specialità alla griglia.

TORRE CANNE – Brindisi (BR) – 564 E34 – ⊠ 72010   27 C2

▶ Roma 517 – Brindisi 47 – Bari 67 – Taranto 57

🏨 **Del Levante** 🌮 ← 斎 ⛆ ※ 闿 ᵶ rist, ↟ AK ⅍ 🎧 ⅍ P

via Appia 22 – ℰ 08 04 82 01 60   VISA ⦿ AE ① ら
– www.apuliacollection.com – Fax 08 04 82 00 96

149 cam ⊆ – †98/220 € ††113/243 € – ½ P 145/157 €

Rist – *(marzo-15 novembre)* Carta 30/51 €

♦ Ideale non solo per chi vuole spendervi le vacanze ma anche per chi è in viaggio per lavoro, grande e moderno complesso in riva al mare con ampi spazi esterni. Bella la grande piscina in giardino. Delicate tonalità mediterranee rendono accogliente la sala da pranzo.

🏨 **Eden** ⛆ 闿 ᵶ cam, ↟ AK ⅍ 🎧 ⅍ P VISA ⦿ AE ① ら

via Potenza 46 – ℰ 08 04 82 98 22 – www.hoteledentorrecanne.it
– Fax 08 04 82 03 30 – aprile-ottobre

87 cam ⊆ – †74/108 € ††116/150 € – ½ P 78/100 €   **Rist** – Menu 25/50 €

♦ A pochi metri dal mare, in una località di antiche tradizioni marinare, risorsa dagli ampi spazi di taglio classico ed una terrazza roof-garden con solarium e piscina. Gestione familiare. Nei luminosi spazi della sala ristorante, la cucina tipica nazionale.

TORRECHIARA – Parma (PR) – 562 I12 – ⊠ 43010   8 A3

▶ Roma 469 – Parma 19 – Bologna 109 – Milano 141

XX **Taverna del Castello** con cam 🌮 🏠 AK VISA ⦿ AE ら

via del Castello 25 – ℰ 05 21 35 50 15 – www.tavernadelcastello.it
– Fax 05 21 35 58 49 – chiuso dal 24 al 26 dicembre

5 cam ⊆ – †65 € ††100 €   **Rist** – *(chiuso lunedì)* Carta 31/53 €

♦ Un castello medioevale in pietra, quasi una fortezza se visto dal basso, da qui la vista sulle colline circostanti. Quattro le sale dedicate alla ristorazione per una cucina tradizionale e creativa. Nelle camere l'atmosfera d'un tempo tra travi e pietre a vista nelle pareti: piccole e suggestive.

TORRE DEL GRECO – Napoli (NA) – 564 E25 – 88 426 ab. – ⊠ 80059   6 B2

▶ Roma 227 – Napoli 15 – Caserta 40 – Castellammare di Stabia 17

◉ Scavi di Ercolano★★ Nord-Ovest : 3 km

Ꮐ Vesuvio★★★ Nord-Est : 13 km e 45 mn a piedi AR

in prossimità casello autostrada A 3

🏨 **Sakura** 🌮 ← ⅌ ⛆ 闿 AK ↯ ⅍ rist, 🎧 ⅍ P VISA ⦿ AE ① ら

via De Nicola 26/28 ⊠ 80059 – ℰ 08 18 49 31 44 – www.hotelsakura.it
– Fax 08 18 49 11 22

77 cam ⊆ – †95/120 € ††135/165 € – ½ P 85/113 €   **Rist** – Carta 32/46 €

♦ Freschezza, eleganza ed accoglienza per questo hotel avvolto dal verde e collocato ai piedi del Vesuvio; le camere sono confortevoli e rilassanti, arredate con ricercatezza. L'atmosfera ha un sapore più contemporaneo al ristorante, tra decorazioni floreali e delicati abbinamenti.

🏨 **Marad** 🌮 斎 🏠 ⛆ 闿 AK ⅍ 🎧 ⅍ P VISA ⦿ AE ① ら

via Benedetto Croce 20 ⊠ 80059 – ℰ 08 18 49 21 68 – www.marad.it
– Fax 08 18 82 87 16

74 cam ⊆ – †70/95 € ††90/140 € – ½ P 60/85 €   **Rist** – Carta 23/52 €

♦ Alle falde del Vesuvio e comodo da raggiungere dal casello autostradale, un piacevole albergo dotato di corpo centrale e dépendance; gestione appassionata e professionale.

TORRE DEL LAGO PUCCINI – Lucca (LU) – 563 K12 – ⊠ 55048   28 B1

▮ Toscana

▶ Roma 369 – Pisa 14 – Firenze 95 – Lucca 25

al mare Ovest : 2 km :

XX   **Il Pescatore Ristoro**   ⌂ 🌙 🅰🄲 🍴 ⟳ 🅿 𝒱𝐼𝒮𝒜 ⓜ 🌣
viale Europa 15 – ℰ 05 84 34 06 10 – www.ilpescatore.com – chiuso novembre e lunedì escluso luglio-agosto
Rist – *(chiuso a mezzogiorno escluso sabato e domenica)* Carta 37/60 €
◆ Ristorante d'inaspettata eleganza e raffinato buongusto. Una statua di Puccini vi dà il benvenuto all'ingresso, la sala è suggestiva e ricca di carattere: una sorta di serra all'inglese o veranda coperta. Specialità prevalentemente di pesce.

al lago di Massaciuccoli Est : 1 km :

XX   **Da Cecco**   ⌂ 🅰🄲 🍴 𝒱𝐼𝒮𝒜 ⓜ 🄰🄴 🌣
Belvedere Puccini ⊠ 55049 – ℰ 05 84 34 10 22 – Fax 05 84 34 10 22 – chiuso domenica sera e lunedì escluso luglio-agosto
Rist – Carta 25/42 €
◆ Affacciato sul lago da uno scenografico belvedere, a fianco alla casa museo di Puccini, carne e pesce si dividono la carta in proposte classiche.

TORRE DI FINE – Venezia – **562** F20 – **Vedere Eraclea**

TORREGROTTA – Messina – **365** BB54 – **Vedere Sicilia alla fine dell'elenco alfabetico**

TORRE PEDRERA – Rimini – **563** J19 – **Vedere Rimini**

TORRE SAN GIOVANNI – Lecce (LE) – **564** H36 – ⊠ **73059 Ugento**   **27** D3
▶ Roma 652 – Brindisi 105 – Gallipoli 24 – Lecce 62

🏨   **Hyencos Calòs e Callyon**   ⇐ ⌁ 🛏 🏖 🅰🄲 🌣 (𝟿) 🏊 🅿
piazza dei Re Ugentini – ℰ 08 33 93 10 88   𝒱𝐼𝒮𝒜 ⓜ 🄰🄴 ① 🌣
– www.hyencos.com – Fax 08 33 93 10 97 – giugno-settembre
61 cam � – ♦55/130 € ♦♦110/260 € – ½ P 65/140 €   **Rist** – Carta 18/55 €
◆ In posizione centrale, all'interno di una villa dell'800, la struttura dispone di luminosi spazi, camere funzionali e semplici negli arredi, nonché di una terrazza con vista.

TORRETTE – Ancona – **563** L22 – **Vedere Ancona**

TORRIANA – Rimini (RN) – **562** K19 – **1 422 ab.** – **alt. 337 m** – ⊠ **47825**   **9** D2
▶ Roma 307 – Rimini 21 – Forlì 56 – Ravenna 60

XX   **Il Povero Diavolo** con cam   ⌂ (𝟿) 🏊 𝒱𝐼𝒮𝒜 ⓜ 🄰🄴 🌣
via Roma 30 – ℰ 05 41 67 50 60 – www.ristorantepoverodiavolo.com – chiuso dal 28 maggio al 15 giugno e dal 15 al 25 settembre
4 cam ⊠ – ♦60 € ♦♦90 €
Rist – *(chiuso mercoledì) (chiuso a mezzogiorno escluso domenica e i giorni festivi da ottobre a maggio)* (consigliata la prenotazione) Carta 43/62 € 🕮
◆ In omaggio ad un'osteria degli inizi del '900, punto d'incontro della vita paesana per oltre mezzo secolo, il locale ha saputo seguire i tempi in un connubio di rusticità, modernità e fantasia. Sobrie ed eleganti le camere, dotate di una piccola biblioteca e di una piacevole tranquillità nella quale gustare il riposo.

X   **Il Chiosco di Bacco**   ⌂ 🍴 🅿 𝒱𝐼𝒮𝒜 ⓜ 🄰🄴 ① 🌣
via Santarcangiolese 62 – ℰ 05 41 67 83 42 – www.chioscodibacco.it – Fax 05 41 67 83 42 – chiuso 2 settimane in settembre e dal 24 al 31 dicembre
Rist – *(chiuso a mezzogiorno escluso domenica e festivi)* (consigliata la prenotazione) Carta 29/39 €
◆ Un vero paradiso per gli amanti della carne. E poi formaggi e piatti della tradizione romagnola, il tutto in un ambiente rustico con finestre che corrono lungo tutto il perimetro.

TORRI DEL BENACO – Verona (VR) – **562** F14 – **2 868 ab.** – alt. 68 m   **35** A2
– ✉ 37010

> ▶ Roma 535 – Verona 37 – Brescia 72 – Mantova 73
>
> 🚢 per Toscolano-Maderno – Navigazione Lago di Garda, viale Marconi 8
> ℰ 045 6290272
>
> 🛈 (Pasqua-settembre) via fratelli Lavanda 5 ℰ045 7225120, iattorri@
> provincia.vr.it, Fax 045 7225120

🔒🔒 **Gardesana** ≤ 🏡 🛗 ⅙ 🅰🄲 ⅏ ℅ rist. ☝ 🄿 VISA 🚭 🄰🄴 🄾 ⛷
piazza Calderini 20 – ℰ 04 57 22 54 11 – www.gardesana.eu
– Fax 04 57 22 57 71 – 19 marzo-10 novembre
34 cam – ♦70/87 € ♦♦110/180 €, ⊆ 15 €
Rist – (chiuso martedì) (chiuso a mezzogiorno) Carta 40/61 €
♦ All'ombra del turrito castello scaligero, le origini dell'edificio risalgono all'epoca tardo
medievale. L'eleganza di un mitico passato si unisce ad una discreta ospitalità. Sala ristorante
e un'ambita terrazza al primo piano, ideale per una cena e una vista davvero indimenticabili.

🔒🔒 **Galvani** ≤ 🚗 🛠 🏊 🏊 🕉 🛗 🅰🄲 ℅ 🄿 🚙 VISA 🚭 ⛷
località Pontirola 7, Nord : 1 km – ℰ 04 57 22 51 03 – www.hotelgalvani.it
– Fax 04 56 29 66 18 – chiuso dal 10 gennaio al 18 marzo e dal 2 novembre al
23 dicembre
35 cam – ♦55/140 € ♦♦64/150 €, ⊆ 17 € – ½ P 53/105 €
Rist – (chiuso martedì) Carta 28/46 € 🍸
♦ A 2 km da Torri del Benaco, in posizione tranquilla di fronte al lago, l'hotel dispone di
valide strutture sportive e belle camere, alcune rinnovate altre mansardate. Calda atmosfera
nella piacevole e invitante sala da pranzo, rustica e di tono elegante.

🏠 **Al Caminetto** 🚗 🏡 🛗 🅰🄲 ⅙ ℅ 🄿 VISA 🚭 ⛷
🐌 via Gardesana 52 – ℰ 04 57 22 55 24 – www.hotelalcaminetto.it
– Fax 04 57 22 50 99 – Pasqua-novembre
20 cam – ♦50/80 € ♦♦84/115 € – ½ P 62/66 €
Rist – (chiuso a mezzogiorno) (solo per alloggiati) Menu 20/22 €
♦ Una gestione familiare di rara cortesia e un'accurata attenzione per i particolari per questa
piccola, deliziosa risorsa a breve distanza tanto dal centro storico quanto dal lago.

🏠 **Al Caval** senza rist 🕉 ♨ 🛗 ⅙ 🅰🄲 ☝ 🄿 VISA 🚭
via Gardesana 186 – ℰ 04 57 22 56 66 – www.hotelalcaval.it
– Fax 04 56 29 65 70 – chiuso dal 15 gennaio al 15 marzo
20 cam ⊆ – ♦55/70 € ♦♦95/120 €
♦ Hotel completamente rinnovato sia sotto il profilo dell'impiantistica che della struttura; ora
le camere dispongono tutte di un balcone. Gestione familiare.

✕✕ **Al Caval** (Isidoro Consolini) 🏡 🅰🄲 ℅ 🄿 VISA 🚭 🄰🄴 🄾 ⛷
🕊 via Gardesana 186 – ℰ 04 57 22 50 83 – www.ristorantealcaval.com
– Fax 04 57 22 58 55 – chiuso gennaio o febbraio, mercoledì e a mezzogiorno
(escluso i giorni festivi)
Rist – Menu 65/80 € – Carta 65/78 € 🍸
Spec. Zabaione al tartufo del Monte Baldo con parmigiano. Spaghetti tirati a
mano con filetti di sarde sotto sale. Luccio del Garda cotto nel latte di cocco,
asparagi saltati e curry.
♦ Di design e tendenza, sono l'illuminazione e i materiali impiegati a creare la particolare
atmosfera del locale giocando sui colori e sulle forme, mentre la cucina dello chef Isidoro
coniuga tradizione e innovazione.

✕ **Bell'Arrivo** 🏡 VISA 🚭 🄰🄴 ⛷
piazza Calderini 10 – ℰ 04 56 29 90 28 – chiuso lunedì escluso luglio-agosto
Rist – Carta 31/53 € 🍸
♦ Piccolo locale nel centro storico della località, calorosa trattoria dai toni rustici ma curati
dove gustare proposte del territorio, di pesce e di carne.

E' una questione di categoria: non aspettatevi lo stesso servizio in un ristorante
✕ o in un albergo 🏠 rispetto ad un ✕✕✕✕✕ o ad un 🏨🏨🏨.

ad Albisano Nord-Est : 4,5 km – ⊠ 37010 Torri Del Benaco

⌂ **Panorama** ⟨ 🛖 🗻 🎱 ⅙ 🅰 cam, 🎙 **P** **VISA** **②** **AE** **①** **ᓫ**
via S. Zeno 9 – 𝒞 *04 57 22 51 02* – *www.panoramahotel.net*
– Fax 04 56 29 01 62 – marzo-ottobre
28 cam ⌿ – †50/70 € ††80/110 € – ½ P 50/70 €   **Rist** – Carta 25/40 €
♦ Nel nome tutto ciò che delizierà la vostra vacanza: tranquillità, riservatezza, una vista spettacolare e un'ubicazione unica, dominante il lago. All'interno, semplicità e ordine. Fiore all'occhiello è il servizio ristorante estivo in terrazza panoramica.

⌂ **Alpino** 🚗 🗻 🎱 ⅙ ⭢⭢ 🅰 ⅛ **P** **VISA** **②** **ᓫ**
via San Zeno 8, località Albisano – 𝒞 *04 57 22 51 80* – *www.albergo-alpino.it*
– Fax 04 56 29 65 93 – 20 marzo-15 novembre
13 cam ⌿ – †60/90 € ††80/110 € – ½ P 82/92 €
Rist – *(chiuso a mezzogiorno) (solo per alloggiati)* Menu 35/45 €
♦ Piccolo albergo completamente ristrutturato; la piacevolezza del soggiorno è assicurata dalla capace conduzione familiare e dalla qualità di camere e dotazioni.

TORRILE – Parma (PR) – **562** H12 – 7 537 ab. – alt. 32 m – ⊠ 43030   8 B1
◗ Roma 470 – Parma 13 – Mantova 51 – Milano 134

a San Polo Sud-Est : 4 km – ⊠ 43056

⌂ **Ducathotel** 🎱 🅰 ⅘ 🎙 **P** **VISA** **②** **AE** **①** **ᓫ**
⊖ *via Achille Grandi 7* – 𝒞 *05 21 81 99 29* – *www.ducathotel.com*
– Fax 05 21 81 34 82
21 cam ⌿ – †55 € ††75 € – ½ P 52 €
Rist – *(chiuso agosto, venerdì, sabato, domenica) (chiuso a mezzogiorno) (solo per alloggiati)* Menu 17/25 €
♦ Un piccolo hotel a conduzione familiare, senza pretese e decoroso, posizionato nella zona residenziale e non lontano dalla ferrovia; adeguato nei confort.

a Vicomero Sud : 6 km – ⊠ 43031

✗✗ **Romani** 🛖 🅰 ⇔ **P** **VISA** **②** **AE** **①** **ᓫ**
☺ *via dei Ronchi 2* – 𝒞 *05 21 31 41 17* – *www.ristoranteromani.it*
– Fax 05 21 31 42 92 – chiuso dal 26 dicembre al 6 gennaio e dal 15 luglio al 13 agosto
Rist – *(chiuso mercoledì, giovedì)* Carta 24/35 € ⅋
♦ Tradizione e genuinità, eleganza ed eco contadine: la passione per la cucina emiliana si concretizza in un attento utilizzo dei prodotti locali. Vino e salumi per iniziare.

TORRITA DI SIENA – Siena (SI) – **563** M17 – ⊠ 53049   29 D2
◗ Roma 199 – Firenze 100 – Siena 56 – Arezzo 43

⌂ **Residenza D'Arte** senza rist ⌚ 🚗 🎙 **P** **VISA** **②** **AE** **①** **ᓫ**
località Poggio Madonna dell'Olivo – 𝒞 *33 84 81 43 84*
– www.residenzadarte.com – Fax 05 77 68 42 52 – 25 marzo-1° novembre
8 cam ⌿ – ††160/280 €
♦ In posizione panoramica sul paese, un living-museum d'arte contemporanea all'interno di un borgo medievale per un soggiorno tra arredi antichi e nuove espressioni artistiche.

TORTOLÌ – Ogliastra (105) – **366** S44 – Vedere Sardegna alla fine dell'elenco alfabetico

---

TORTONA – Alessandria (AL) – **561** H8 – 27 163 ab. – alt. 114 m   23 C2
– ⊠ 15057
◗ Roma 567 – Alessandria 22 – Genova 73 – Milano 73
🛈 corso Alessandria 62 𝒞 0131 864297, affarigenerali@comune.tortona.al.it, Fax 0131 864267

🏠 Villa Giulia senza rist 📶 AC 🛰 ᵗ⁽ʲ⁾ ⚗ P VISA ⚭ AE ① 🅖
s.s. Alessandria 7/A – ☎ 01 31 86 23 96 – www.villagiulia-hotel.com
– Fax 01 31 86 85 61
12 cam ☝ – †63 € ††115 €
♦ Un'antica casa completamente ristrutturata e trasformata in albergo; periferica, all'ingresso della località arrivando da Alessandria. Pavimenti in marmo e bei parquet.

✗ Vineria Derthona 🔲 AC VISA ⚭ 🅖
via Perosi 15 – ☎ 01 31 81 24 68 – www.vineriaderthona.it – Fax 01 31 81 24 68
– chiuso 2 settimane in agosto, sabato, domenica a mezzogiorno, lunedì
Rist – Carta 28/33 € 🏵
♦ Non sarà facile trovare posteggio nelle vicinanze di questo locale che ricorda nel nome l'antica colonia romana, in compenso è un autentico wine-bar dai saporiti piatti locali.

sulla strada statale 35 Sud : 1,5 km :

✗✗ Aurora Girarrosto con cam 🚗 🏠 📶 AC ↩ P VISA ⚭ 🅖
strada statale dei Giovi 13 ⊠ 15057 – ☎ 01 31 86 30 33
– www.auroragirarrosto.com – Fax 01 31 82 13 23
19 cam ☝ – †60/70 € ††90/100 €
Rist – (chiuso 3 settimane in agosto) Carta 36/60 €
♦ Sulla via per Genova, un indirizzo che può soddisfare, a validi livelli, esigenze sia di ristorazione che di pernottamento; a tavola, leccornie piemontesi e liguri.

TORTORETO – Teramo (TE) – 563 N23 – 9 206 ab. – alt. 227 m   1 B1
– ⊠ 64018

🔼 Roma 215 – Ascoli Piceno 47 – Pescara 57 – Ancona 108
🅸 via Archimede 15 ☎ 0861 787726, iat.tortoreto@abruzzoturismo.it,
Fax 0861 778119

a Tortoreto Lido Est : 3 km – ⊠ 64018

🏠 Green Park Hotel 🚗 ⛲ ♨ 🖪 🅖 cam, 🕴🕴 AC 🛰 ᵗ⁽ʲ⁾ P
via F.lli Bandiera 28 – ☎ 08 61 77 71 84   VISA ⚭ ① 🅖
– www.hgreenpark.com – Fax 08 61 78 83 62 – maggio-settembre
48 cam ☝ – †60/85 € ††60/95 € – ½ P 45/92 €   **Rist** – (solo per alloggiati)
♦ A cento metri dal mare, camere di due tipologie - standard o gold - ma sempre confortevoli, nonché bella terrazza con palestra sotto una veranda. Benvenuti i bambini che troveranno spazi e giochi!

🏠 Costa Verde ≤ 🚗 ♨ 🖪 🕴🕴 AC 🛰 rist, P 🚃 VISA ⚭ 🅖
lungomare Sirena 356 – ☎ 08 61 78 70 96 – www.hotel-costaverde.com
– Fax 08 61 78 66 47 – maggio-settembre
50 cam – †50/60 € ††60/80 €, ☝ 6 € – ½ P 55/85 €   **Rist** – Menu 20/25 €
♦ Una costruzione moderna sul lungomare con ambienti demodè semplici ed essenziali; all'esterno, cinta dal verde, la piscina: una soluzione ideale per vacaze di sole e mare. Nella sobria sala da pranzo illuminata da grandi vetrate che si aprono sul cortile, la cucina mediterranea.

TORVAIANICA – Roma (RM) – 563 R19 – ⊠ 00040   12 B2
🔼 Roma 34 – Anzio 25 – Latina 50 – Lido di Ostia 20
🅸 Marediroma, ☎ 06 9 13 32 50

✗ Zi Checco ≤ 🏠 🛰 P VISA ⚭ AE 🅖
lungomare delle Sirene 1 – ☎ 0 69 15 71 57 – www.zichecco.it
– Fax 0 69 15 71 57 – chiuso dal 9 dicembre al 6 gennaio
Rist – (chiuso domenica sera e lunedì in inverno, lunedì e martedì a mezzogiorno in estate) (consigliata la prenotazione) Carta 33/49 €
♦ Come è intuibile dalla posizione sulla spiaggia, le specialità sono di mare: un locale semplice dalla gestione familiare di lunga data.

TOVO DI SANT'AGATA – Sondrio (SO) – 561 D12 – 602 ab.   17 C1
– alt. 531 m – ⊠ 23030

🔼 Roma 680 – Sondrio 33 – Bormio 31

XX   **Franca** con cam   🛜 🛗 ⚒ rist. 🛜 **P** 🚗 _VISA_ ⁂ ⏱
*via Roma 11 – ℰ 03 42 77 00 64 – www.albergofranca.it – Fax 03 42 77 00 64
– chiuso dal 1° al 15 luglio*
22 cam – ♦45/48 € ♦♦75/85 €, ⊆ 5 € – ½ P 60 €
Rist – *(chiuso domenica escluso 15 luglio-15 agosto)* Carta 24/33 €
♦ A metà strada tra Bormio e Sondrio, una villetta di recente costruzione con buone camere
ma anche un menù interessante, che spazia tra proposte classiche e valtellinesi.

TRADATE – Varese (VA) – **561** E8 – 17 165 ab. – alt. 303 m – ⊠ 21049   **18** A1
▶ Roma 614 – Como 29 – Gallarate 12 – Milano 39

XX   **Tradate** con cam   ⚒ 🛜 _VISA_ ⁂ ⏱
*via Volta 20 – ℰ 03 31 84 14 01 – Fax 03 31 84 14 01 – chiuso dal 24 dicembre
al 5 gennaio ed agosto*
8 cam – ♦52 € ♦♦65 €, ⊆ 5 € – ½ P 55 €
Rist – *(chiuso domenica, lunedì a mezzogiorno)* Carta 39/65 €
♦ Due sorelle gestiscono ormai da parecchi anni questo locale sito nel centro del paese.
Ambiente raccolto e ospitale, con arredi in stile e camino; specialità di pesce.

TRAMIN AN DER WEINSTRASSE = Termeno sulla Strada del Vino

TRANA – Torino (TO) – **561** G4 – 3 717 ab. – alt. 372 m – ⊠ 10090   **22** B2
▶ Roma 661 – Torino 29 – Aosta 135 – Asti 727

a San Bernardino Est : 3 km - ⊠ Briona

XX   **La Betulla**   🛜 _AC_ ⚒ **P** _VISA_ ⁂ _AE_ ⏱
*strada provinciale Giaveno 29 – ℰ 0 11 93 31 06 – www.ristorantelabetulla.it
– Fax 01 19 35 58 42 – chiuso dal 7 al 21 gennaio, dal 16 al 22 agosto e lunedì*
Rist – Menu 35/48 € – Carta 45/58 € ✦
♦ Ristorante luminoso, con ampie vetrate e giochi di specchi. Tocchi di eleganza e possibilità
di pranzare all'aperto. Cucina del territorio rivisitata. Ottima cantina.

TRANI – Bari (BA) – **564** D31 – 53 650 ab. – ⊠ 70059 ▮ Italia   **26** B2
▶ Roma 414 – Bari 46 – Barletta 13 – Foggia 97
🛈 piazza Trieste 10 ℰ 0883 588830, Fax 0883 588830
◉ Cattedrale★★ – Giardino pubblico★

🏛   **San Paolo al Convento** senza rist   🛗 _AC_ 📞 🛁 _VISA_ ⁂ _AE_ ⓪ ⏱
*via Statuti Marittimi 111 – ℰ 08 83 48 29 49 – www.hotelsanpaoloalconvento.it
– Fax 08 83 48 70 96*
33 cam ⊆ – ♦♦120/200 €
♦ Nel quattrocentesco convento dei padri barnabiti, con pavimenti e cenacolo originali, belle
camere affacciate sul chiostro, sull'incantevole porto, o sui giardini pubblici.

XX   **Il Melograno**   🛜 _AC_ ⇔ _VISA_ ⁂ _AE_ ⓪ ⏱
☜ *via Bovio 189 – ℰ 08 83 48 69 66 – www.ilmelogranotrani.it
– Fax 08 83 40 10 06 – chiuso gennaio, 1 settimana in agosto e mercoledì*
Rist – Carta 21/45 €
♦ Ristorante centrale e accogliente, con due salette ben arredate e ordinate; gestione fami-
liare e cucina a base di pescato con proposte del territorio o più classiche.

TRAPANI **P** – **365** AK55 – Vedere Sicilia alla fine dell'elenco alfabetico

---

TRAVERSELLA – Torino (TO) – **561** F5 – 355 ab. – alt. 827 m – ⊠ 10080   **22** B2
▶ Roma 703 – Aosta 85 – Milano 142 – Torino 70

XX   **Le Miniere** con cam ☞   ⪦ 🚲 🛜 🛗 ⚒ rist. 🛜 _VISA_ ⁂ _AE_ ⓪ ⏱
☺ *piazza Martiri – ℰ 01 25 79 40 06 – www.albergominiere.com
– Fax 01 25 79 40 07 – chiuso dall'8 gennaio al 10 febbraio*
25 cam ⊆ – ♦42 € ♦♦65 € – ½ P 51 €
Rist – *(chiuso lunedì e martedì dal 15 ottobre al 15 giugno)* Carta 24/40 €
♦ Lunga tradizione familiare per questo ristorante in bella posizione panoramica, in un paesino in fondo alla Valchiusella; sapori d'ispirazione piemontese, con fantasia.

TREBBO DI RENO – Bologna – **562** I15 – Vedere Castel Maggiore

---

TRECASTAGNI – Catania – **365** AZ58 – **Vedere Sicilia alla fine dell'elenco alfabetico**

TRECCHINA – Potenza (PZ) – **564** G29 – **2 399 ab.** – **alt. 500 m**   **3** B3
– ⊠ 85049

> ▶ Roma 408 – Potenza 112 – Castrovillari 77 – Napoli 205

ℵ   **L'Aia dei Cappellani**   🏠 AC P. VISA ⦾ AE ① ⅙
    contrada Maurino, Nord : 2 km – ℰ 09 73 82 69 37 – Fax   09 79 82 69 37
 – chiuso 2 settimane in novembre o febbraio e martedì escluso dal 15 giugno al
 30 agosto
 Rist – Menu 18/23 €
 ♦ In sala vecchie foto e utensili di vita contadina, dalla terrazza l'intera vallata. Tra distese
 erbose e ulivi, potrete gustare prodotti freschi e piatti locali caserecci.

TRECENTA – Rovigo (RO) – **562** G16 – **3 032 ab.** – **alt. 11 m** – ⊠ 45027   **35** B3

> ▶ Roma 451 – Padova 72 – Ferrara 33 – Rovigo 34

🏠   **La Bisa** 🦮   🚗 🎾 ⅙ AC 🎾 rist, ⁽ᵗ⁾ 🐾 P. VISA ⦾ AE ① ⅙
    via Tenuta Spalletti 400 – ℰ 04 25 70 04 04 – www.labisa.eu
 – Fax   04 25 71 60 07 – chiuso dal 24 dicembre al 3 gennaio
 17 cam ⊡ – †55/65 € ††80/90 € – ½ P 60/75 €
 Rist – (chiuso lunedì) (chiuso a mezzogiorno escluso sabato-domenica)
 Carta 23/47 €
 ♦ Negli ampi spazi della pianura, una realtà avvolta dal verde in cui trovano posto vari edi-
 fici per accogliere camere, sale ristorante, piscina e il centro ippico. Cucina locale e nazionale
 al ristorante.

TREGNAGO – Verona (VR) – **562** F15 – **4 912 ab.** – **alt. 317 m**   **37** B2
– ⊠ 37039

> ▶ Roma 531 – Verona 22 – Padova 78 – Vicenza 48

ℵℵ   **Villa De Winckels** con cam   🚗 🏠 ⅙ ⓦ P. VISA ⦾ AE ⅙
    via Sorio 30, località Marcemigo, Nord-Ovest : 1 km – ℰ 04 56 50 01 33
 – www.villadewinckers.it – Fax   04 56 50 01 33 – chiuso dal 1° al 5 gennaio,
 lunedì, martedì sera
 11 cam ⊡ – †50/70 € ††60/200 €
 Rist – Carta 26/37 €
 Rist *Cantina del Generale* – (chiuso lunedì, martedì) Carta 15/25 € 🍴
 ♦ In un piacevole complesso storico, la villa cinquecentesca è stata ricavata da un convento
 e successivamente trasformata in un piacevole ristorante. A gestirlo, tre giovani fratelli. In
 omaggio all'ultimo discendente della famiglia, alla Cantina potrete degustare vini accompagnati da stuzzichini e dolci casalinghi.

TREIA – Macerata (MC) – **563** M21 – **9 688 ab.** – **alt. 342 m** – ⊠ 62010   **21** C2
> ▶ Roma 238 – Ancona 49 – Ascoli Piceno 89 – Macerata 16

a San Lorenzo Ovest : 5 km – ⊠ 62010 Treia

ℵℵ   **Il Casolare dei Segreti** con cam e senza ⊡   ⪕ 🚗 🏠 🛁 P.
    contrada San Lorenzo 28 – ℰ 07 33 21 64 41   VISA ⦾ ⅙
 – www.casolaredeisegreti.it – Fax   07 33 21 64 41 – chiuso dal 1° al 21 novembre
 3 cam – †42 € ††60 €
 Rist – (chiuso lunedì e martedì) (chiuso a mezzogiorno escluso festivi)
 Carta 28/36 €
 ♦ Ristorante a conduzione familiare, giovane e motivata. All'interno quattro rustiche salette
 dove apprezzare una saporita cucina marchigiana. Camere confortevoli.

TREISO – Cuneo (CN) – **561** H6 – **806 ab.** – alt. 412 m – ⊠ 12050   **25** C2

▶ Roma 644 – Torino 65 – Alba 6 – Alessandria 65

XXX   **La Ciau del Tornavento** (Maurilio Garola)   *VISA* **©©** ♿
☆   *piazza Baracco 7 – ℰ 01 73 63 83 33 – www.laciaudeltornavento.it*
*– Fax 01 73 63 83 52 – chiuso dal 15 gennaio al 15 febbraio, giovedì a
mezzogiorno, mercoledì*
Rist – Menu 70 € – Carta 50/75 € 🍴
Spec. Quadro di fassone piemotese ai quattro condimenti. Tortelli liquidi di
cardi gobbi e acciuga. Animelle di vitello glassate con carciofi d'Albenga e
pinoli.
♦ Uno dei panorami più suggestivi delle langhe si combina con una cucina creativa e fantasiosa, audace negli accostamenti e sorprendente nelle coreografiche presentazioni.

TREMEZZO – Como (CO) – **561** E9 – **1 298 ab.** – alt. 245 m – ⊠ 22019   **16** A2
▌Italia

▶ Roma 655 – Como 31 – Lugano 33 – Menaggio 5
🛈 (maggio-ottobre) piazzale Trieste 1 ℰ 0344 40493, Fax 0344 40493
👁 Località★★★ – Villa Carlotta★★★ – Parco comunale★
👁 Cadenabbia★★ : ≤★★ dalla cappella di San Martino (1 h e 30 mn a piedi
AR)

🏨 **Grand Hotel Tremezzo Palace**   ≤ ⚙ 🌳 🏊 📺 ⚙ 🕸 ᄂ6 ✕ 🛗
via Regina 8   ♿ **AK** 🗏 rist, 🍴 🔊 **P** 🚗 *VISA* **©©** **AE** ① ♿
*– ℰ 0 34 44 24 91 – www.tremezzopalace.com – Fax 0 34 44 02 01 – marzo-
22 novembre*
94 cam ⊇ – ♦264/358 € ♦♦264/605 € – 2 suites – ½ P 231/341 €
Rist – Carta 55/70 €
♦ Splendido edificio d'epoca testimone dei fasti della grande hotellerie lacustre, vanta ora
anche una nuova area benessere con esclusive sale per trattamenti e massaggi. Da sogno.
Atmosfera raffinata al ristorante: ambienti in stile e incantevole terrazza sul blu.

🏨 **Villa Edy** senza rist ♨   🚗 🏊 ✕ 🛗 🗏 🕸 **P** *VISA* **©©** **AE** ① ♿
*località Bolvedro, Ovest : 1 km – ℰ 0 34 44 01 61 – www.villaedy.com
– Fax 0 34 44 00 15 – aprile-ottobre*
16 cam ⊇ – ♦90/100 € ♦♦130/150 €
♦ In posizione leggermente defilata rispetto al lago, è la natura la cornice di questa piacevole struttura dalle camere spaziose, adatte anche a soggiorni familiari.

🏨 **Rusall** ♨   ≤ 🚗 ✕ 🛗 🗏 rist, 📞 **P** *VISA* **©©** **AE** ① ♿
*località Rogaro, Ovest : 1,5 km – ℰ 0 34 44 04 08
– www.rusallhotel.com – Fax 0 34 44 04 47
– chiuso dal 3 gennaio al 18 marzo; dal 5 novembre a dicembre aperto solo nei
week-end*
23 cam ⊇ – ♦50/75 € ♦♦92/110 € – ½ P 70/80 €
Rist – (chiuso mercoledì a mezzogiorno escluso dal 15 giugno al 15 settembre)
Carta 28/43 €
♦ Familiare e accogliente risorsa con ubicazione quieta e panoramica; qui troverete una terrazza-giardino con solarium, zone relax e stanze con arredi rustici.

🏨 **Villa Marie** senza rist   ≤ 🚗 🏊 🗏 **P** *VISA* **©©** **AE** ① ♿
*via Regina 30 – ℰ 0 34 44 04 27 – www.hotelvillamarie.com – Fax 0 34 44 04 27
– aprile-ottobre*
21 cam ⊇ – ♦65/80 € ♦♦90/140 €
♦ All'interno di un giardino con piccola piscina, una villa liberty-ottocentesca fronte lago con
alcune delle stanze affrescate (più moderne le camere nella dépendance). Darsena con terrazza per rilassarsi.

TREMITI (Isole)★ – Foggia (FG) – **564** A28 – **374 ab.**   **26** A1
– alt. 116 m

👁 Isola di San Domino★ – Isola di San Nicola★

SAN DOMINO (ISOLA) (FG) – ✉ 71040 San Domino

San Domino ⌂   🕭 AC ⌘ VISA ⓪ ⓢ
*via Matteotti 1 – ☏ 08 82 46 34 04 – www.hotelsandomino.it
– Fax 08 82 46 32 21*
25 cam ⌷ – †160/180 € – ½ P 110 €   **Rist** – Carta 31/56 €
♦ Nella parte alta dell'isola, un hotel a conduzione familiare ospita ambienti dai piacevoli arredi in legno, ideale punto di appoggio per gli appassionati di sport acquatici. L'elegante ristorante propone la cucina tradizionale italiana.

Baely Resort ⌂   🍴 🏡 ♣♣ AC 🕪 P VISA ⓪ ① ⓢ
via Matteotti – ☏ 08 82 46 37 67 – www.baely.it – Fax 08 82 46 37 69
11 cam – †57/122 € ††90/190 € – ½ P 85/130 €
Rist – *(solo per alloggiati)* Carta 38/48 €
♦ Una struttura di piccole dimensioni con camere particolarmente confortevoli, differenti tra loro per tipologioa di arredi ed accessori che spaziano dal classico all'etnico.

TREMOSINE – Brescia (BS) – 561 E14 – 1 918 ab. – alt. 414 m
– ✉ 25010

▶ Roma 581 – Trento 62 – Brescia 64 – Milano 159

Pineta Campi ⌂   ≤ 🍴 🏊 🎣 ⌱ ♨ ㊀ 🍽 ⌱ ⌂ & rist, AC rist, ⌘ rist, 🎿
*via Campi 2, località Campi-Voltino alt. 690   P VISA ⓪ ① ⓢ
– ☏ 03 65 91 20 11 – www.hotelpinetacampi.com – Fax 03 65 91 70 15 – aprile-18 ottobre*
82 cam ⌷ – †51/81 € ††78/138 € – ½ P 61/67 €   **Rist** – Carta 19/28 €
♦ I paesaggi del Parco Alto Garda Bresciano, l'infilata del lago cinto dalle alture, il confort di una struttura ideale per turisti e tennisti: regalatevi tutto questo. Luminosa sala da pranzo di stampo classico.

Villa Selene senza rist ⌂   ≤ 🍴 ㊀ AC ⌘ P VISA ⓪ AE ⓢ
*via Lò, località Pregasio alt. 478 – ☏ 03 65 95 30 36 – www.hotelvillaselene.com
– Fax 03 65 95 80 78 – chiuso dal 15 novembre al 18 dicembre*
11 cam ⌷ – ††95/140 €
♦ Una gestione familiare e una posizione panoramica per questo piccolo hotel che offre camere molto curate e personalizzate, persino dotate di idromassaggio.

Lucia ⌂   ≤ 🍴 🏊 ㊀ ㏠ 🍽 rist, 🕪 P VISA ⓪ AE ⓢ
*via del Sole 2, località Arias alt. 460 – ☏ 03 65 95 30 88 – www.hotellucia.it
– Fax 03 65 95 34 21 – aprile-ottobre*
34 cam ⌷ – †30/55 € ††45/90 € – ½ P 50/60 €
Rist – *(solo per alloggiati)* Carta 17/34 €
♦ Belle le zone esterne, con ampio giardino con piscina, una spaziosa terrazza-bar e comode stanze, site anche nelle due dépendance; ambiente familiare, tranquillo. Due vaste sale ristorante: l'una più elegante e di gusto retrò, l'altra di taglio rustico.

Miralago   ≤ ⌷ ♣♣ 🕪 VISA ⓪ ⓢ
*piazza Cozzaglio 2, località Pieve alt. 433 – ☏ 03 65 95 30 01 – www.miralago.it
– Fax 03 65 95 30 46*
29 cam ⌷ – †37/49 € ††64/86 € – ½ P 45/54 €
Rist – *(chiuso giovedì escluso aprile-ottobre)* Carta 23/31 €
♦ Centrali, ma tranquilli, posti su uno spuntone di roccia proteso direttamente sul Garda, due alberghi, due corpi distinti; alcune stanze sono state rinnovate di recente. Ristorante con veranda a strapiombo sul lago, ricavato in parte entro una cavità rocciosa.

TRENTO ℗ (TN) – 562 D15 – 112 637 ab. – alt. 194 m – Sport
invernali : vedere Bondone (Monte) ▮ Italia Centro Nord

▶ Roma 588 – Bolzano 57 – Brescia 117 – Milano 230
🛈 via Manci 2 ☏ 0461 216000, informazioni@apt.trento.it, Fax 0461 216060
◎ Piazza del Duomo★ BZ **10** : Duomo★, museo Diocesano★ **M1** – Castello del Buon Consiglio★★ BYZ – Palazzo Tabarelli★ BZ **F**
◰ Gruppo del Brenta★★★ per ⑤

Pianta pagina seguente

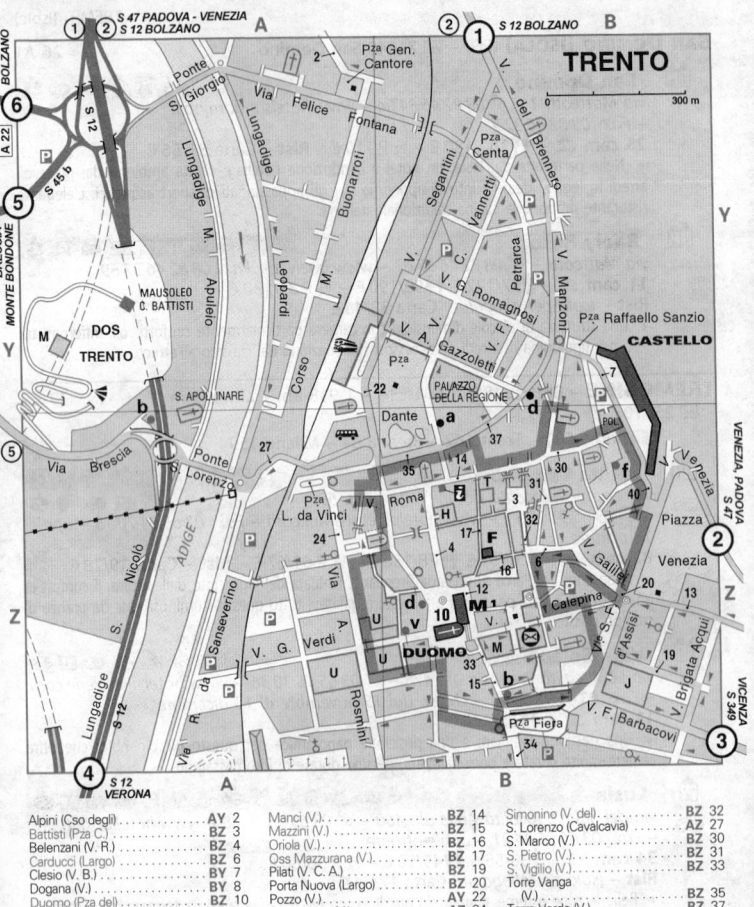

Alpini (Cso degli)	**AY** 2	Manci (V.)	**BZ** 14	Simonino (V. del)	**BZ** 32
Battisti (Pza C.)	**BZ** 3	Mazzini (V.)	**BZ** 15	S. Lorenzo (Cavalcavia)	**AZ** 27
Belenzani (V. R.)	**BZ** 4	Oriola (V.)	**BZ** 16	S. Marco (V.)	**BZ** 30
Carducci (Largo)	**BZ** 6	Oss Mazzurana (V.)	**BZ** 17	S. Pietro (V.)	**BZ** 31
Clesio (V. B.)	**BY** 7	Pilati (V. C. A.)	**BZ** 19	S. Vigilio (V.)	**BZ** 33
Dogana (V.)	**BY** 8	Porta Nuova (Largo)	**BZ** 20	Torre Vanga	
Duomo (Pza del)	**BZ** 10	Pozzo (V.)	**AY** 22	(V.)	**BZ** 35
Garibaldi (V.)	**BZ** 12	Prepositura (V.)	**AZ** 24	Torre Verde (V.)	**BZ** 37
Grazioli (V. G.)	**BZ** 13	Sta Croce (V.)	**BZ** 34	Ventuno (V. dei)	**BZ** 40

Grand Hotel Trento

via Alfieri 1/3 ⊠ 38122 – ℰ 04 61 27 10 00
– www.grandhoteltrento.com – Fax 04 61 27 10 01
130 cam ⊆ – †110/230 € ††120/240 € – 6 suites – ½ P 95/165 €
Rist **Clesio** – Carta 45/60 €

BZa

♦ Edificio *art déco* tra il centro e i giardini: interni imponenti con esposizione d'arte contemporanea. Camere più semplici, spesso spaziose. Matrimonio di cucina trentina e meridionale nel raffinato ristorante dai signorili spunti antichi.

Sporting Trento

via R. da Sanseverino 125, 1 km per ④ ⊠ 38123 – ℰ 04 61 39 12 15
– www.hotelsportingtrento.com – Fax 04 61 39 20 52
41 cam ⊆ – †62/79 € ††90/123 € – ½ P 60/76 €
Rist **Olympic** – (chiuso domenica) Carta 24/46 €

♦ Lungo la tangenziale, ma vicino al centro, questa nuova risorsa di design propone camere confortevoli e un buon rapporto qualità/prezzo. Indirizzo particolarmente adatto per una clientela business. I "classici" nazionali nel menu del ristorante.

America

via Torre Verde 50 ⊠ 38122 – ☏ 04 61 98 30 10 – www.hotelamerica.it
– Fax 04 61 23 06 03   BYZd
67 cam ⊆ – †66/88 € ††100/130 €
Rist – *(chiuso dal 23 luglio al 13 agosto e domenica)* Menu 22 €
• Dal 1923 la stessa famiglia accoglie i clienti in camere piacevolmente decorate, alcune con pregevole vista sul Castello del Buonconsiglio (da preferire quelle con terrazzo). Se è vero che il "buon giorno" si vede dal mattino, non perdetevi le torte della prima colazione!

XXX Scrigno del Duomo

piazza Duomo 29 ⊠ 38122 – ☏ 04 61 22 00 30 – www.scrignodelduomo.com
– Fax 04 61 23 52 89   BZd
Rist – *(chiuso 10 giorni in gennaio, 20 in agosto, lunedì, sabato a mezzogiorno; in luglio anche domenica)* Menu 70 € – Carta 50/69 €
Rist Wine Bar – Menu 33 € – Carta 29/52 €
Spec. Involtini di coniglio con prugne, i suoi fegatini e crema di sedano rapa. Risotto al profumo di ginepro e ragù di lepre. Trancio di rombo con insalata di porcini e gamberi siciliani.
• Scenografico contesto - tra fondamenta romane, affreschi del '400 e rifiniture dell'800 - per una duplice cucina: tradizionale con salumi e piatti regionali al *Wine Bar*, creativa e sofisticata al piano inferiore.

XXX Chiesa

via Marchetti 9, parco S.Marco ⊠ 38122 – ☏ 04 61 23 87 66
– www.ristorantechiesa.it – Fax 04 61 98 61 69 – chiuso domenica, lunedì a mezzogiorno   BZf
Rist – Carta 51/66 €
• Il recente *restyling* non ha sacrificato la facciata settecentesca del palazzo. All'interno: tripudio di modernità con televisori al plasma per ammirare il lavoro degli *chef* in cucina ed un menu che contempla piatti contemporanei. Nella seconda sala: vivaci policromie e specialità regionali a prezzi più contenuti.

XX Osteria a Le Due Spade

via Don Rizzi 11 ang. via Verdi ⊠ 38122 – ☏ 04 61 23 43 43
– www.leduespade.com – Fax 0 46 11 92 06 06 – chiuso dal 16 al 30 giugno, domenica, lunedì a mezzogiorno   BZv
Rist – Carta 46/60 €
Spec. Strudel croccante ai bruscandoli (luppolo) su fonduta al puzzone di Moena con prosciutto di camoscio. Degustazione della tradizione con strangolapreti e canederli. Variazione dolce alle ciliegie con strudel, gelato e tortino morbido.
• Quattrocento anni di storia e una stube settecentesca: è la meta di cene eleganti e romantiche in una sala intima e raccolta. Dalla cucina le specialità regionali alleggerite.

X Ai Tre Garofani - Antica Trattoria

via Mazzini 33 ⊠ 38122 – ☏ 04 61 23 75 43 – Fax 04 61 23 75 43
– chiuso 1 settimana in gennaio, 2 settimane in giugno o luglio, 1 settimana in novembre e domenica   BZb
Rist – *(consigliata la prenotazione)* Carta 30/50 €
• Intelligente rivisitazione della tradizione trentina, in sale semplici con tovagliato all'americana e la contagiosa simpatia di una giovane coppia.

X Il Libertino

piazza Piedicastello 4/6 ⊠ 38122 – ☏ 04 61 26 00 85
– www.ristoranteillibertino.com – chiuso luglio e martedì   AZb
Rist – Menu 35 € – Carta 33/42 €
• Un locale rustico ed informale - situato nell'antica piazzetta di Piedicastello - propone piatti tradizionali, soprattutto di carne. Ampia offerta di vini al bicchiere, nonché ottima scelta di etichette regionali e non.

L'indicazione **Rist** in rosso evidenzia le strutture a cui abbiamo assegnato un riconoscimento: ✿ (stella) o ⊛ (Bib Gourmand).

a Cognola per ② : 3 km – ⊠ 38100

🏨 **Villa Madruzzo** ॐ ≤ 🕪 🏖 🖥 🕭 cam, 🍴 rist, 🎵 🏋 🅿
via Ponte Alto 26 – 🕽 04 61 98 62 20 _VISA_ **©©** **AE** **①** 💲
– www.villamadruzzo.it – Fax 04 61 98 63 61
51 cam ☲ – 🛏75/95 € 🛏🛏99/140 € – ½ P 75/85 €
Rist – (chiuso domenica) Carta 35/47 €
♦ Villa ottocentesca in un parco ombreggiato: scelta ottimale per chi voglia fuggire il traffico del centro e preferisca concedersi una sosta più riposante, nel confort. La sala ristorante principale affaccia sul parco, la più piccola si trova nella ex cappella.

a Ravina per ④ : 4 km – ⊠ 38123

🍴🍴🍴 **Locanda Margon** ≤ 🚗 🏖 🎢 🅿 _VISA_ **©©** **AE** **①** 💲
via Margone 15 – 🕽 04 61 34 94 01 – www.locandamargon.it
– Fax 04 61 34 90 80 – chiuso lunedì sera, martedì
Rist – Menu 35 € (solo a mezzogiorno nei giorni feriali)/55 € – Carta 56/77 €
♦ Tra le cantine Ferrari e la storica villa Margon - in posizione panoramica - un ristorante capace di coniugare tradizione gastronomica e modernità, in un ambiente elegante e curato.

TRESCORE BALNEARIO – Bergamo (BG) – **561** E11 – 9 205 ab.   **19** D1
– alt. 271 m – ⊠ 24069

🚗 Roma 593 – Bergamo 15 – Brescia 49 – Lovere 27
🛈 via Suardi 20 🕽 035 944777, info@prolocotrescore.it, Fax 035 944777

🏨 **Della Torre** 🚗 🏖 🎢 🎵 🏋 🅿 🚘 _VISA_ **©©** **AE** **①** 💲
piazza Cavour 26 – 🕽 0 35 94 13 65 – www.albergotorre.it – Fax 0 35 94 08 89
34 cam ☲ – 🛏65/85 € 🛏🛏90/130 € – ½ P 70/85 €
Rist – Carta 25/38 €
Rist Sala del Pozzo – (chiuso 1 settimana in gennaio, domenica sera, lunedì) Carta 42/53 € 🎛
♦ Nel centro del paese, un edificio d'antica fondazione, costituito da un'ala storica e da una parte più recente, offre confortevoli ambienti ed un gradevole cortile interno. In cucina, i piatti si basano sulla tradizione locale. Alla Sala del Pozzo, un ambiente raccolto ed elegante in un'atmosfera d'altri tempi.

🍴🍴 **Loro** 🎢 _VISA_ **©©** **AE** 💲
via della Resistenza 34 – 🕽 0 35 94 50 73 – Fax 03 50 29 70 49
– chiuso 1 settimana in gennaio, 15 giorni in agosto, domenica sera, lunedì
Rist – Carta 40/57 €
♦ Sorta dalle ceneri di una trattoria di paese per volontà di due giovani dinamici e con esperienza, la risorsa annovera due salette rustiche e una cucina d'ispirazione moderna.

TRESCORE CREMASCO – Cremona (CR) – **561** F10 – 2 765 ab.   **19** C2
– alt. 86 m – ⊠ 26017

🚗 Roma 554 – Bergamo 37 – Brescia 54 – Cremona 45

🍴🍴 **Trattoria del Fulmine** (Clemy Lupo Stanghellini) 🏖 🎢 🍽
🎗 via Carioni 12 – 🕽 03 73 27 31 03 _VISA_ **©©** **AE** **①** 💲
– Fax 03 73 27 31 03 – chiuso dal 1° al 10 gennaio,
agosto, domenica sera, lunedì, martedì sera
Rist – Carta 44/65 €
Spec. Culatello di Spigarolo, salame cremasco e coppa delle colline di Broni. Pappardelle con porro, cipollotto e guanciale di maiale. Anatra al vino rosso con profumo di spezie dolci.
♦ Per chi ama la tradizione, qui il nome trattoria non è una concessione alla moda ma l'introduzione ad una cucina del territorio fatta di salumi, animali da cortile e gli imperdibili tortelli dolci cremaschi.

🍴🍴 **Bistek** 🎢 🍽 🅿 _VISA_ **©©** **AE** **①** 💲
viale De Gasperi 31 – 🕽 03 73 27 30 46 – www.bistek.it – Fax 03 73 29 12 32
– chiuso dal 2 al 7 gennaio, dal 22 luglio al 15 agosto, martedì sera, mercoledì
Rist – Menu 22/30 € – Carta 27/44 €
♦ Al primo piano due sale dove si organizzano manifestazioni gastronomiche a tema e domina la creatività: una carta regionale con specialità locali e qualche prodotto d'importazione. Al piano terra, invece, birreria jazz/cafè per serate musicali e spuntini veloci.

TREVENZUOLO – Verona (VR) – **562** G14 – 2 662 ab. – ⊠ 37060   **35** A3
> ◪ Roma 488 – Verona 30 – Mantova 24 – Modena 83

a Fagnano Sud : 2 km – ⊠ 37060 Trevenzuolo

✕   **Trattoria alla Pergola**   🆎 💳 AE ⑤
  via Sauro 9 – ℰ 04 57 35 00 73 – Fax 04 56 68 00 11 – chiuso dal 24 dicembre al 7 gennaio, dal 15 luglio al 20 agosto, domenica, lunedì
Rist – Carta 27/32 €
◆ Semplice ma invitante, di quelle che ancora si trovano in provincia; giunta con successo alla terza generazione, la trattoria propone la classica cucina del territorio, risotti e bolliti al carrello come specialità.

TREVI – Perugia (PG) – **563** N20 – 8 238 ab. – alt. 412 m – ⊠ 06039   **33** C2
> ◪ Roma 150 – Perugia 48 – Foligno 13 – Spoleto 21

🏠   **Trevi** senza rist   ← 🛖 🛗 & 🌾 💳 ⑩ AE ⑤
  via Fantosati 2 – ℰ 07 42 78 09 22 – www.trevihotel.net – Fax 07 42 78 07 72
11 cam ⊇ – †50/80 € ††70/130 €
◆ In un antico palazzo del centro storico, un rifugio da sogno per chi desideri immergersi nel fascino antico della città; camere dedicate ai vari colori e confort elevato.

TREVIGLIO – Bergamo (BG) – **561** F10 – 28 019 ab. – alt. 126 m   **19** C2
– ⊠ 24047
> ◪ Roma 576 – Bergamo 21 – Brescia 57 – Cremona 62

✕✕✕   **San Martino** (Beppe Colleoni) con cam   🏤 🆎 📶 💳 ⑩ AE ⓪ ⑤
❀   *viale Cesare Battisti 3 – ℰ 0 36 34 90 75 – www.sanmartinotreviglio.it – Fax 03 63 30 15 72 – chiuso dal 26 dicembre all'11 gennaio e dal 9 al 30 agosto,*
10 cam ⊇ – †100/150 € ††120/200 €
Rist – *(chiuso domenica sera e lunedì)* Carta 70/100 € ⅋
Spec. Plateau royal di ostriche, conchiglie, pesce marinato e crostacei al vapore. Bouillabaisse "San Martino" con salsa rouille e pane tostato. Cotoletta alla milanese "come una volta".
◆ Ristorante elegante, giustamente osannato dalla critica gastronomica per le specialità di pesce ed alcuni prodotti francesi, quali formaggi e vini. Nella saletta denominata Smartino, si può approfittare della formula "pranzo di lavoro": cucina di qualità, a tempi e costi contenuti.

TREVIGNANO ROMANO – Roma (RM) – **563** P18 – 5 701 ab.   **12** B2
– alt. 166 m – ⊠ 00069
> ◪ Roma 49 – Viterbo 44 – Civitavecchia 63 – Terni 86

✕   **La Grotta Azzurra**   ← 🏤 🌾 💳 ⑩ AE ⓪ ⑤
  piazza Vittorio Emanuele 18 – ℰ 0 69 99 94 20 – Fax 0 69 98 50 72 – chiuso dal 15 settembre al 14 ottobre e martedì, anche lunedì e mercoledì sera da novembre ad aprile
Rist – Carta 30/37 €
◆ Cucina del territorio e di lago, semplice e casalinga, in questa moderna trattoria dall'esperta conduzione familiare; siete sulla piazza centrale del paese eppure, a pochi metri, c'è già il lago.

TREVINANO – Viterbo (VT) – **563** N17 – **Vedere Acquapendente**

TREVIOLO – Bergamo (BG) – **561** E10 – 9 950 ab. – alt. 222 m   **19** C1
– ⊠ 24048
> ◪ Roma 584 – Bergamo 6 – Lecco 26 – MIlano 43

🏨   **Maxim** senza rist   🛗 & 🆎 🌾 📶 🅿 💳 ⑩ AE ⓪ ⑤
  via Compagnoni 31, Ovest : 1 km – ℰ 0 35 20 11 00 – www.hotel-maxim.it – Fax 0 35 69 26 05
63 cam ⊇ – †50/110 € ††55/170 €
◆ Recente hotel, in comoda posizione sulle vie di collegamento per la città, ideale per clienti di lavoro; ampia hall-bar con saletta colazioni, validi confort e servizio.

🮮 Italia

> ▶ Roma 541 – Venezia 30 – Bolzano 197 – Milano 264
>
> 🅳 piazza Monte di Pietà 8 ☏ 0422 547632, iat.treviso@provincia.treviso.it,
> Fax 0422 419092
>
> 🆅 Villa Condulmer, ☏ 041 45 70 62
>
> 🄾 Piazza dei Signori★ BY 21 : palazzo dei Trecento★ **A**, affreschi★ nella
> chiesa di Santa Lucia **B** – Chiesa di San Nicolò★ AZ - Museo Civico Bailo★
> AY
>
> 🄶 Villa Barbaro★★★ (Maser) affreschi★★★ del Veronese, nord-ovest: 29 km

TREVISO

🏨 **Cà del Galletto**

via Santa Bona Vecchia 30, per viale Luzzatti
– 𝒞 *04 22 43 25 50* – *www.hotelcadelgalletto.com* – *Fax 04 22 43 25 10*
67 cam ☕ – 📞95/115 € 📞📞140/180 €

AY**a**

Rist *Al Migò* – 𝒞 *0 42 22 23 39 (chiuso dal 1° al 7 gennaio, 2 settimane in agosto, domenica) (chiuso a mezzogiorno escluso giovedì, venerdì, sabato)*
Menu 28/58 € – Carta 35/50 €

♦ In zona periferica relativamente tranquilla, grande complesso con camere generalmente ampie e moderne. Biciclette a disposizione dei clienti più sportivi. Gradevole e curata sala da pranzo d'impostazione moderna.

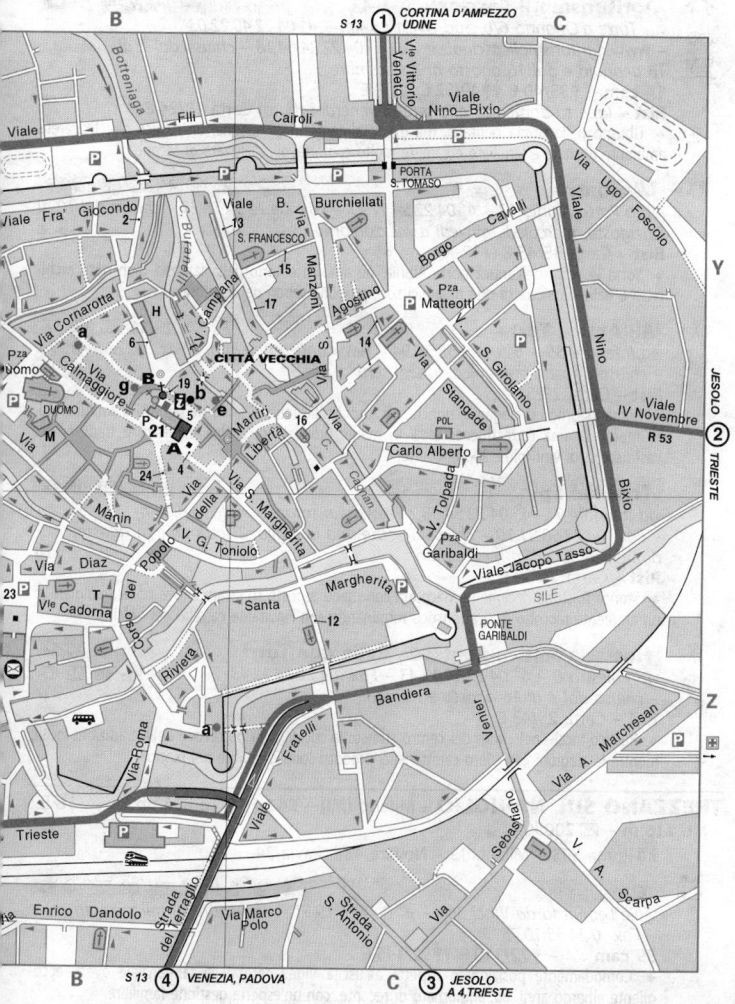

🏠 **Al Giardino** senza rist   🚣 🛎 🕭 🕮 🕬 🕭 **P** 💳 🎴 🆎 ⓞ 🖑

via Sant'Antonino 300/a, Sud : 1,5 km – ℰ 04 22 40 64 06
– www.hotelalgiardino.it – Fax 04 22 40 64 06
42 cam ⊑ – †54/60 € ††75/85 €

♦ Il nome invita ad entrare in questa risorsa immersa nel verde, all'interno del parco naturale Sile: una piccola struttura dalla schietta gestione familiare con camere semplici, ma confortevoli ed accessoriate.

🏠 **Focolare** senza rist   🕮 🕬 🕭 💳 🎴 🆎 ⓞ 🖑

piazza Ancillotto 4 – ℰ 0 42 25 66 01 *– www.albergoilfocolare.net*
– Fax 0 42 25 66 01   BY**b**
13 cam ⊑ – †75/80 € ††100/120 € – 3 suites

♦ Nel cuore del centro storico, una piccola bomboniera di cura ed eleganza a gestione familiare. Spazi comuni un po' ridotti, ma camere ampie ed accoglienti.

⛪ **Agriturismo Il Cascinale** 🦌   🚣 🏡 🕮 🕬 🕭 **P**

via Torre d'Orlando 6/b, Sud-Ovest : 3 km – ℰ 04 22 40 22 03
– www.agriturismoilcascinale.it – Fax 04 22 34 64 18 – chiuso dal 7 al
18 gennaio e dal 16 agosto al 3 settembre
14 cam – †35/40 € ††49/52 €, ⊑ 8 €
Rist *– (aperto domenica e le sere di venerdì-sabato)* Carta 18/24 €

♦ Ubicato nella prima periferia, ma già totalmente in campagna, un rustico ove troverete
ambiente ospitale e familiare e camere molto confortevoli, realizzate di recente.

🍴🍴 **L'Incontro**   🕮 🕬 💳 🎴 🆎 ⓞ 🖑

largo Porta Altinia 13 – ℰ 04 22 54 77 17 *– Fax 04 22 54 76 23 – chiuso dal 10 al*
31 agosto, mercoledì, giovedì a mezzogiorno   BZ**a**
Rist – Carta 35/45 € (+12 %)

♦ Sotto le volte dell'antica porta Altinia, un ambiente sorto dalla fantasia d'un noto architetto e dalla passione di due dinamici soci, propone sapori del territorio.

🍴 **All'Antica Torre**   🕮 ⇔ 💳 🎴 🆎 ⓞ 🖑

via Inferiore 55 – ℰ 04 22 58 36 94 *– www.anticatorre.info – Fax 04 22 54 85 70*
– chiuso agosto, domenica, lunedì sera   BY**a**
Rist – Carta 28/57 €

♦ Romanticismo ed eleganza, nonché un'ampia collezione di quadri e oggetti d'antiquariato,
all'interno di una torre duecentesca. In menu: proposte di cucina marinara e tradizionale.
Vasta scelta di vini (oltre 200 etichette).

🍴 **Toni del Spin**   🕮 💳 🎴 🆎 ⓞ 🖑

via Inferiore 7 – ℰ 04 22 54 38 29 *– www.ristorantetonidelspin.com*
– Fax 04 22 58 31 10 – chiuso 1 settimana in luglio, 2 settimane in agosto,
domenica, lunedì a mezzogiorno   BY**g**
Rist – Carta 26/39 €

♦ Storica trattoria riccamente decorata con menù esposto su lavagne, ove poter mangiare in
un ambiente raccolto e caratteristico terminando con l'invitante carrello dei dolci.

🍴 **Hosteria Antica Contrada delle due Torri**   🕮 🕬

via Palestro 8 – ℰ 04 22 54 12 43 *– Fax 04 22 54 12 43*   💳 🎴 🆎 🖑
– chiuso dal 4 al 16 agosto e martedì   BY**e**
Rist – Carta 25/43 €

♦ Rustico locale nel cuore del centro storico: la cucina si fa portavoce delle tradizioni locali,
mentre le stagioni con i loro caratteristici prodotti sono celebrate nel piatto.

TREZZANO SUL NAVIGLIO – Milano (MI) – **561** F9 – 18 858 ab.   **18** B2
– alt. 116 m – ✉ 20090

▶ Roma 595 – Milano 13 – Novara 43 – Pavia 34

🏨 **Eur** senza rist   🛎 🕮 🕬 🕭 **P** 💳 🎴 🆎 ⓞ 🖑

viale Leonardo da Vinci 36a – ℰ 0 24 45 19 51 *– www.hoteleurmilano.com*
– Fax 0 24 45 10 75
39 cam ⊑ – †72/110 € ††92/145 €

♦ Comodamente posizionato rispetto all'uscita Vigevanese della tangenziale ovest, accogliente albergo anni '60, aggiornato di recente, con un'esperta gestione familiare.

XX **Bacco e Arianna**   &. AC P. VISA oo AE O S

via Circonvallazione 1 – 𝒞 *02 48 40 38 95 – Fax 02 48 40 38 95 – chiuso sabato a mezzogiorno, domenica*
Rist – Carta 42/57 €

♦ Raccolto, curato negli arredi, con piatti che seguono le stagioni nel solco della tradizione lombarda. Una piacevole scoperta, a due passi da Milano.

TREZZO SULL'ADDA – Milano (MI) – **561** F10 – **12 300 ab.**   **19** C2
– alt. 187 m – ⊠ 20056

▶ Roma 597 – Bergamo 17 – Lecco 36 – Milano 34

ŘĤ **Trezzo**   🛗 &. AC ⅏ 🎿 🐾 ⅏ P. VISA oo AE O S

via Sala 17 – 𝒞 *02 92 00 24 01 – www.hoteltrezzo.it – Fax 02 92 00 24 02*
39 cam ⌑ – †70/220 € ††80/280 €
Rist *La Cantina di Trezzo –* 𝒞 0 29 20 02 48 02 – Carta 29/38 €

♦ A pochi km dai caselli autostradali di Capriate e Trezzo sull'Adda, la nobile villa settecentesca che ospita l'hotel colpisce per i suoi interni dai cromatismi intensi e per il design decisamente contemporaneo. La Cantina di Trezzo: accattivante enoteca-ristorante con ingresso indipendente. Cucina curata.

TREZZO TINELLA – Cuneo (CN) – **561** H6 – **352 ab.** – alt. 341 m   **25** C2
– ⊠ 12050

▶ Roma 593 – Genova 115 – Alessandria 66 – Cuneo 74

⚲ **Agriturismo Antico Borgo del Riondino** ⌀   ⪇ ⍉ P.
VISA oo S

via dei Fiori 12, Nord-Est : 3,5 km – 𝒞 *01 73 63 03 13*
– www.riondino.it – Fax 01 73 63 03 29 – aprile-ottobre
6 cam ⌑ – †110 € ††120 €
Rist *– (chiuso a mezzogiorno)* (prenotazione obbligatoria) *(solo per alloggiati)*
Menu 35 €

♦ Dista solo pochi passi dalla struttura principale dell'antico borgo il nuovo laghetto naturale, piccola e perfetta oasi nel verde del parco dove potrete fare il bagno e rilassarvi.

TRICASE – Lecce (LE) – **564** H37 – **17 889 ab.** – alt. 97 m – ⊠ 73039   **27** D3
▶ Roma 670 – Brindisi 95 – Lecce 52 – Taranto 139

🏠 **Adriatico**   🍴 🛗 AC P. VISA oo AE O S

via Tartini 34 – 𝒞 *08 33 54 47 37 – www.hotel-adriatico.com*
– Fax 08 33 54 47 37
18 cam ⌑ – †42/60 € ††75/110 € – ½ P 55/65 €
Rist *– (chiuso domenica escluso da giugno a settembre)* Carta 22/36 €

♦ A dieci minuti a piedi dal centro del paese, un piccolo hotel a conduzione familiare, dispone di camere semplici e lineari: ideale per una vacanza alla scoperta del Salento. Una sala di tono classico ed un dehors estivo dove gustare piatti nazionali. Ideale per banchetti e colazioni di lavoro.

TRICESIMO – Udine (UD) – **562** D21 – **7 666 ab.** – alt. 198 m   **11** C2
– ⊠ 33019

▶ Roma 642 – Udine 12 – Pordenone 64 – Tarvisio 86

XX **Antica Trattoria Boschetti**   🍴 &. AC ⇕ P. VISA oo AE S

piazza Mazzini 10 – 𝒞 *04 32 85 15 09 – www.ristoranteboschetti.com*
– Fax 04 32 85 12 30 – chiuso domenica sera, lunedì
Rist – Carta 33/45 €

♦ Elegante ristorante dall'ambiente signorile, una sala rivestita in legno e riscaldata da un camino, l'altra piu elegante, dove gustare una cucina regionale e mediterranea. Cantina a vista.

X **Miculan**   🍴 VISA oo AE S

🕸 *piazza Libertà 16 –* 𝒞 *04 32 85 15 04 – www.trattoriamiculan.com*
– Fax 04 32 85 15 04 – chiuso dal 12 al 27 luglio, mercoledì sera, giovedì
Rist – Carta 24/33 €

♦ Sulla piazza di Tricesimo, una trattoria con avviato bar pubblico dispone di una saletta con il tradizionale caminetto centrale e piatti friulani con divagazioni di pescato.

TRIESTE P (TS) – **562** F23 – **205 356 ab.** – ✉ **34121** 11 D3

Italia Centro Nord

Roma 669 – Udine 68 – Ljubljana 100 – Milano 408

di Ronchi dei Legionari per ①: 32 km ✆ 0481 773224

piazza Unità d'Italia 4/b ✆ 040 3478312, info.trieste@turismo.fvg.it, Fax 040 3478320

18, ✆ 040 22 61 59

Colle di San Giusto★★ AY – Piazza della Cattedrale★ AY **9** – Basilica di San Giusto★ AY : mosaico★★ nell'abside, ≤★ su Trieste dal campanile – Collezioni di armi antiche★ nel castello AY – Vasi greci★ e bronzetti★ nel museo di Storia e d'Arte AY **M1** – Piazza dell'Unità d'Italia★ AY **35** – Museo del Mare★ AY **M2** : sezione della pesca★★

Castello e giardino★★ di Miramare per ① : 8 km – ≤★★ su Trieste e il golfo dal Belvedere di Villa Opicina per ② : 9 km – ✻★★ dal santuario del Monte Grisa per ① : 10 km

Piante pagine seguenti

Grand Hotel Duchi d'Aosta

rist,

piazza Unità d'Italia 2 ✉ 34121 – ✆ 04 07 60 00 11

– www.magesta.com – Fax 0 40 36 60 92 AY**r**

53 cam ☕ – ♦150/287 € ♦♦188/370 € – 2 suites

Rist *Harry's Grill* – ✆ 0 40 66 06 06 *(chiuso domenica)* Carta 43/70 €

◆ Affacciato su una delle piazze più scenografiche e suggestive del Paese, offre interni di sobria eleganza, particolarmente nelle piacevoli camere, tutte personalizzate. Accattivanti proposte gastronomiche d'ispirazione contemporanea si affacciano dalla cucina.

Urban Hotel Design senza rist

via Androna Chiusa 4 ✉ 34121 – ✆ 0 40 30 20 65 – www.urbanhotel.it

– Fax 0 40 30 72 23 AY**x**

40 cam ☕ – ♦100/180 € ♦♦140/240 €

◆ Recente l'apertura dell'hotel, nato dalla fusione di palazzi rinascimentali: particolare la sala colazione nella quale è possibile ammirare sul pavimento le vestigia romane dell'antico muro di cinta della città.

Colombia senza rist

via della Geppa 18 ✉ 34132 – ✆ 0 40 36 93 33 – www.hotelcolombia.it

– Fax 0 40 36 96 44 AX**a**

40 cam – ♦100/200 € ♦♦130/260 €, ☕ 10 €

◆ Spazi comuni recentemente rinnovati con mobili in design, ampie camere funzionali arredate con pezzi d'epoca ed accurati accostamenti di colore. Centrale, poco distante dalla stazione.

Italia senza rist

via della Geppa 15 ✉ 34132 – ✆ 0 40 36 99 00 – www.hotel-italia.it

– Fax 0 40 63 05 40 AX**d**

38 cam – ♦70/125 € ♦♦90/165 €, ☕ 10 €

◆ Nel cuore della città, una moderna struttura alberghiera che dispone di ampi spazi comuni e camere arredate con mobili in legno di ciliegio. Ideale per una clientela d'affari.

James Joyce senza rist

via Cavazzeni 7 ✉ 34121 – ✆ 0 40 31 10 23 – www.hoteljamesjoyce.com

– Fax 0 40 30 26 18 AY**e**

15 cam ☕ – ♦60/90 € ♦♦100/150 €

◆ In un vicolo del centro storico, la struttura si sviluppa in altezza attorno a una particolare scala a chiocciola: un ambiente gradevole e curato con semplici camere dai soffitti lignei.

Abbazia senza rist

via della Geppa 20 ✉ 34132 – ✆ 0 40 36 94 64 – www.albergoabbazia.com

– Fax 0 40 36 53 14 AX**a**

21 cam ☕ – ♦70/90 € ♦♦100/140 €

◆ Risorsa accogliente, con una piacevole hall di gusto classico e poche camere, tutte differenti tra loro per tipologia e dimensione. Frequentata soprattutto dalla clientela business.

⌂ **Porta Cavana** senza rist ☐ 𝗩𝗜𝗦𝗔 ◖◗ ➷
via Felice Venezian 14 ⊠ 34124 – ℰ 0 40 30 13 13 – www.hotelportacavana.it
– Fax 04 03 40 20 01 AYm
17 cam – †50/70 € ††80/95 €, � 2 €
♦ Nella parte vecchia della città, annovera camere e spazi comuni piacevoli, molto curati ed arredati in allegre tonalità di colore. Per la colazione ci si rivolge ad un bar convenzionato.

ХХ **Scabar** ≼ ⌂ & 𝗣 𝗩𝗜𝗦𝗔 ◖◗ 𝗔𝗘 ① ➷
Erta Sant'Anna 63, per ③ ⊠ 34149 – ℰ 0 40 81 03 68 – www.scabar.it
– Fax 0 40 83 06 96 – chiuso febbraio e lunedì
Rist – Carta 33/58 €
♦ Non è semplice da raggiungere, ma merita la sosta. Un'unica sala, una terrazza panoramica e la cordiale gestione familiare saranno la cornice per un pranzo che esplora i sapori del mare.

ХХ **Città di Cherso** 𝗔𝗖 𝗩𝗜𝗦𝗔 ◖◗ 𝗔𝗘 ① ➷
via Cadorna 6 ⊠ 34124 – ℰ 0 40 36 60 44 – Fax 0 40 30 68 94
– chiuso 3 settimane in agosto e martedì AYc
Rist – Carta 36/51 €
♦ Piccolo ristorante del centro con una sola sala, calda e luminosa, un cortese servizio e soprattutto fragranti e speciali piatti di mare sui quali domina la fantasia dello chef.

ХХ **Montecarlo** ⌂ 𝗩𝗜𝗦𝗔 ◖◗ ➷
via San Marco 10/9 ⊠ 34144 – ℰ 0 40 66 25 45
– www.ristorantemontecarlotrieste.com – Fax 0 40 66 25 45 – chiuso domenica sera, lunedì BZa
Rist – Carta 25/30 €
♦ Quattro salette di aspetto rustico e un dehors nel cortile interno: qui potrete gustare una cucina di terra e di mare legata alla tradizione. Interessante la selezione di formaggi.

ХХ **Ai Fiori** 𝗔𝗖 🍴 𝗩𝗜𝗦𝗔 ◖◗ ➷
piazza Hortis 7 ⊠ 34124 – ℰ 0 40 30 06 33 – www.aifiori.com
– Fax 0 40 30 06 33 – chiuso domenica, lunedì a mezzogiorno AYb
Rist – Carta 40/53 €
♦ Proposte di mare che variano a seconda delle disponibilità del mercato in questo piacevole locale dall'atmosfera sobriamente elegante, situato in pieno centro.

ХХ **L'Ambasciata d'Abruzzo** ⌂ 𝗔𝗖 𝗣 𝗩𝗜𝗦𝗔 ◖◗ 𝗔𝗘 ➷
via Furlani 6 ⊠ 34149 – ℰ 0 40 39 50 50 – Fax 0 40 39 50 50 – chiuso lunedì
Rist – Carta 29/35 € CZx
♦ In posizione dominante, nella parte alta della città, locale dalla calda accoglienza familiare. Come il nome suggerisce, sono di casa specialità abruzzesi e paste fatte in casa.

Х **Al Nuovo Antico Pavone** 𝗔𝗖 ⇄ 𝗩𝗜𝗦𝗔 ◖◗ 𝗔𝗘 ➷
riva Grumula 2 e ⊠ 34123 – ℰ 0 40 30 38 99 – www.nuovoanticopavone.it
– Fax 0 40 30 38 99 – chiuso domenica e lunedì AYf
Rist – Carta 35/47 €
♦ Diverse sale rifinite in legno, menù esposto a voce e una fragrante cucina a base di pesce in questo accogliente locale antistante il porto turistico. Ampio dehors sulla passeggiata.

Х **Al Bagatto** 𝗔𝗖 𝗩𝗜𝗦𝗔 ◖◗ 𝗔𝗘 ➷
via Venezian 2 ang. via Cadorna ⊠ 34124 – ℰ 0 40 30 17 71
– www.albagatto.it – Fax 0 40 30 17 71 – chiuso dal 23 dicembre al 7 gennaio e domenica AYg
Rist – (prenotazione obbligatoria) Carta 47/70 €
♦ Servizio attento e cordiale per questo locale, intimo ed accogliente, con pochi coperti piuttosto ravvicinati. Saporiti piatti soprattutto a base di pesce.

a Grignano Nord: 5 km – ⊠ 34014

🏨 **Riviera e Maximilian's** ≼ 🚂 ⮺ 𝗔𝗖 🍴 rist, 🛜 ⋔ 𝗣
strada costiera 22 – ℰ 0 40 22 45 51 𝗩𝗜𝗦𝗔 ◖◗ 𝗔𝗘 ① ➷
– www.rivieramax.eu – Fax 0 40 22 43 00
66 cam ⊆ – †88/204 € ††125/240 € – 2 suites
Rist *Le Terrazze* – ℰ 04 02 24 70 33 – Carta 36/55 €
♦ Ospitato in una villa di fine Ottocento, poco distante dal castello di Miramare; negli ambienti, un'elegante atmosfera moderna e la tranquillità della costa carsica. D'estate si cena in terrazza con la musica dal vivo e il profumo del mare.

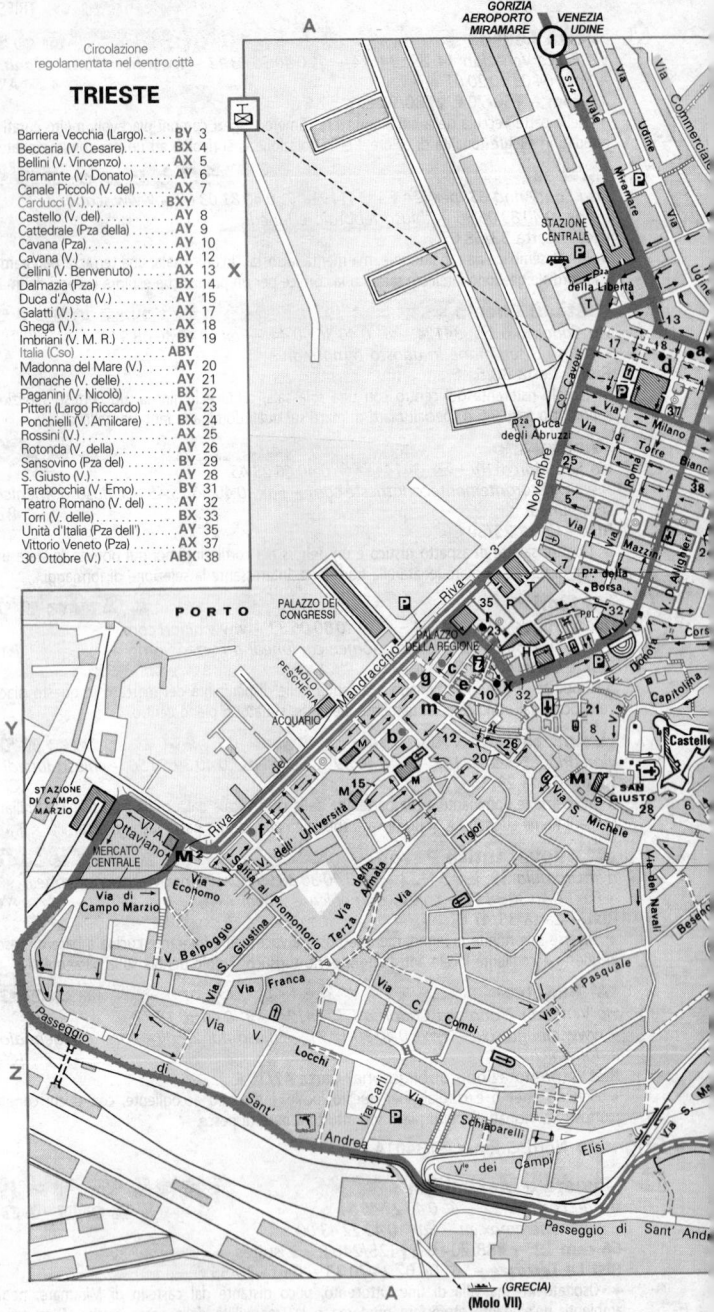

⌂⌂ Miramare ⟨ AC ⟨ι⟩ P VISA ⱻ AE ① ⑤

via Miramare 325/1 – ℰ 04 02 24 70 85 – www.hotelmiramaretrieste.it
– Fax 04 02 24 70 86 – chiuso dal 24 dicembre al 6 gennaio
32 cam ⇌ – ♦100/200 € ♦♦150/300 € – ½ P 105/190 €
Rist *Le Vele* – *(chiuso a mezzogiorno)* Carta 41/65 € ⅋

♦ A breve distanza dall'omonimo castello, un hotel recente che propone ambienti confortevoli, arredati in tenue e rilassanti tonalità, nel contemporaneo gusto minimalista. Al ristorante, la meravigliosa vista sul mare ed una cucina che nasce dalla vena creativa del giovane ed abile chef.

TRINITÀ D'AGULTU – Olbia-Tempio (104) – **366** O38 – Vedere Sardegna alla fine dell'elenco alfabetico

---

TRIORA – Imperia (IM) – **561** K5 – 420 ab. – alt. 776 m – ✉ 18010   **14** A2
   ▪ Roma 661 – Imperia 51 – Genova 162 – Milano 285

⌂ Colomba d'Oro ⟨ 🚗 🏠 VISA ⱻ ⑤

corso Italia 66 – ℰ 0 18 49 40 51 – www.colombadoro.it – Fax 0 18 49 40 51
– 15 marzo-novembre
28 cam ⇌ – ♦35/50 € ♦♦70/100 €
Rist – *(aperto nei week-end dal 15 marzo al 15 giugno ed in ottobre-novembre; tutti i giorni negli altri mesi)* Carta 20/39 €

♦ Appoggiato alle mura di una chiesa cinquecentesca ancora in parte esistente, semplice hotel a gestione familiare, dal servizio attento e cordiale servizio. Camere recentemente rinnovate. La cucina è legata alla tradizione ma aperta alle nuove influenze e propone piatti sapientemente rivisitati con creatività.

TRISSINO – Vicenza (VI) – **562** F16 – 8 366 ab. – alt. 221 m – ✉ 36070   **37** A1
   ▪ Roma 550 – Verona 49 – Milano 204 – Vicenza 21

XXX Relais Cà Masieri con cam 🔊 🏠 ☲ AC ⟨ι⟩ P VISA ⱻ AE ⑤

via Masieri 16, Ovest : 2 km – ℰ 04 45 96 21 00 – www.camasieri.com
– Fax 04 45 49 04 55 – chiuso novembre e dicembre
12 cam ⇌ – ♦50/80 € ♦♦80/100 €
Rist – *(chiuso domenica, lunedì a mezzogiorno)* Carta 34/47 €

♦ Un signorile casale di campagna, un complesso rurale del XVIII secolo; servizio estivo all'aperto, fra le colline e salette ove ancora si respira un'atmosfera antica.

TROFARELLO – Torino (TO) – **561** H5 – 11 122 ab. – alt. 276 m   **22** A1
– ✉ 10028
   ▪ Roma 656 – Torino 15 – Asti 46 – Cuneo 76

Pianta d'insieme di Torino

⌂⌂ Park Hotel Villa Salzea 🔊 ⟨ ☲ 🖥 ⚘ 🕹 ⟨ι⟩ ⅏ P

via Vicoforte 2 – ℰ 01 16 49 78 09 – www.villasalzea.it   VISA ⱻ AE ⑤
– Fax 01 16 49 85 49   HU**m**
22 cam ⇌ – ♦75/95 € ♦♦90/120 €
Rist – *(consigliata la prenotazione)* Carta 34/64 €

♦ La settecentesca villa del conte Negri è oggi un elegante hotel avvolto dal silenzio e dai colori dell'ampio parco; all'interno, spaziose camere confortevoli e ricche di fascino. Raffinatezza ed antico buon gusto regnano anche nelle intime sale da pranzo; ambienti più ampi per cerimonie.

TROPEA – Vibo Valentia (VV) – **564** K29 – 6 835 ab. – ✉ 89861 ▮ Italia   **5** A2
   ▪ Roma 636 – Reggio di Calabria 140 – Catanzaro 92 – Cosenza 121

XX Pimm's AC VISA ⱻ ① ⑤

largo Migliarese 2 – ℰ 09 63 66 61 05 – Fax 09 63 66 61 05
Rist – *(consigliata la prenotazione)* Carta 41/64 €

♦ Nel cuore della località, stuzzicanti piatti di pesce in questo curato ristorante a picco sul mare: non perdetevi il panorama godibile dal grazioso balconcino.

a Santa Domenica Sud-Ovest : 6 km – ✉ 89866

🏨 **Cala di Volpe** ⟡   🚗 🏠 🔲 ✕ ⚓ rist, ⚘ ⚓ rist, ᵗⁱ⟢ **P**
contrada Torre Marino – ℰ 09 63 66 96 99   VISA ⓜⓞ ⓢ
– www.caladivolpe.it – Fax 09 63 66 97 33 – 9 maggio-19 ottobre
50 cam ⌂ – ✝60/130 € ✝✝90/140 € – ½ P 98/110 €   **Rist** – Carta 23/35 €
♦ Immersi in un lussureggiante giardino tropicale, avrete la possibilità di trascorrere una vacanza optando per la formula hotel o residence. Mare e spiaggia ai vostri piedi. Ristorante panoramico, suggestivo nei mesi estivi.

TRULLI (Regione dei) – Bari e Taranto – **564** E33 ▮ Italia

TUSCANIA – Viterbo (VT) – **563** O17 – **8 121 ab.** – **alt. 166 m**   **12** A1
– ✉ **01017** ▮ Italia

▶ Roma 89 – Viterbo 24 – Civitavecchia 44 – Orvieto 54

◉ Chiesa di San Pietro★★ : cripta★★ – Chiesa di Santa Maria Maggiore★ : portali★★

🏠 **Tuscania Panoramico** senza rist   ⟡ ⚘ AC ᵗⁱ⟢ **P** VISA ⓜⓞ AE ① ⓢ
via dell'Olivo 53 – ℰ 07 61 44 40 80 – www.tuscaniahotel.it – Fax 07 61 44 43 80
24 cam ⌂ – ✝38/53 € ✝✝64/99 €
♦ In posizione panoramica, le antiche mura della città raggiungibili anche a piedi, dalle camere una bella vista sulle Basiliche di San Pietro e di Santa Maria Maggiore.

✕✕ **Al Gallo** con cam ⟡   ▤ AC ⥮ ᵗⁱ⟢ **P** VISA ⓜⓞ AE ① ⓢ
via del Gallo 22 – ℰ 07 61 44 33 88 – www.algallo.it – Fax 07 61 44 36 28
– chiuso dal 7 gennaio al 9 febbraio
13 cam ⌂ – ✝48/78 € ✝✝78/112 € – ½ P 69/98 €
Rist – (chiuso lunedì) Carta 39/55 €
♦ Tra stoffe a quadri bianchi e rossi si ha l'impressione di entrare in una ricercata casa di bambole; con vista sui tetti del centro storico. Cucina classica, che insegue le stagioni.

UDINE **P** (UD) – **562** D21 – **97 880 ab.** – **alt. 114 m** – ✉ 33100   **11** C2
▮ Italia Centro Nord

▶ Roma 638 – Milano 377 – Trieste 71 – Venezia 127

✈ di Ronchi dei Legionari per ③: 37 km ℰ 0481 773224, Fax 0481 474150

🛈 piazza I Maggio 7 ℰ 0432 295972, info.udine@turismo.fvg.it, Fax 0432 504743

☎ ℰ 0432 80 04 18

◉ Piazza della Libertà★★ AY **14** – Decorazione barocca★ nel Duomo ABY **B** – Affreschi★ del Tiepolo nel palazzo Vescovile BY **A**

🄶 Passariano: Villa Manin★★ sud-ovest 30 km

Pianta pagina seguente

🏨 **Astoria Hotel Italia**   ▤ AC ᵗⁱ⟢ Ꮿ ⇌ VISA ⓜⓞ AE ① ⓢ
piazza 20 Settembre 24 – ℰ 04 32 50 50 91 – www.hotelastoria.udine.it
– Fax 04 32 50 90 70   AZ**a**
70 cam ⌂ – ✝82/157 € ✝✝123/230 € – 5 suites
Rist – (chiuso 2 settimane in agosto) Carta 32/53 €
♦ Punto di riferimento per chi cerca prestigio eleganza e comodità, governati da una centenaria esperienza nel settore dell'ospitalità; ampie camere in stile. Un'atmosfera di luminosità e raffinatezza abbraccia l'ampio salone per banchetti e una cucina che spazia tra il classico e il regionale.

🏨 **Ambassador Palace** senza rist   ▤ & AC ⥮ ᵗⁱ⟢ Ꮿ VISA ⓜⓞ AE ① ⓢ
via Carducci 46 – ℰ 04 32 50 37 77 – www.ambassadorpalacehotel.it
– Fax 04 32 50 37 11   BZ**a**
78 cam ⌂ – ✝140 € ✝✝170 € – 2 suites
♦ Un grazioso giardino ed un elegante scalone vi introdurranno in questo elegante hotel a pochi passi dal centro; ambienti confortevoli e luminosi, arredati in calde tonalità di colore.

UDINE

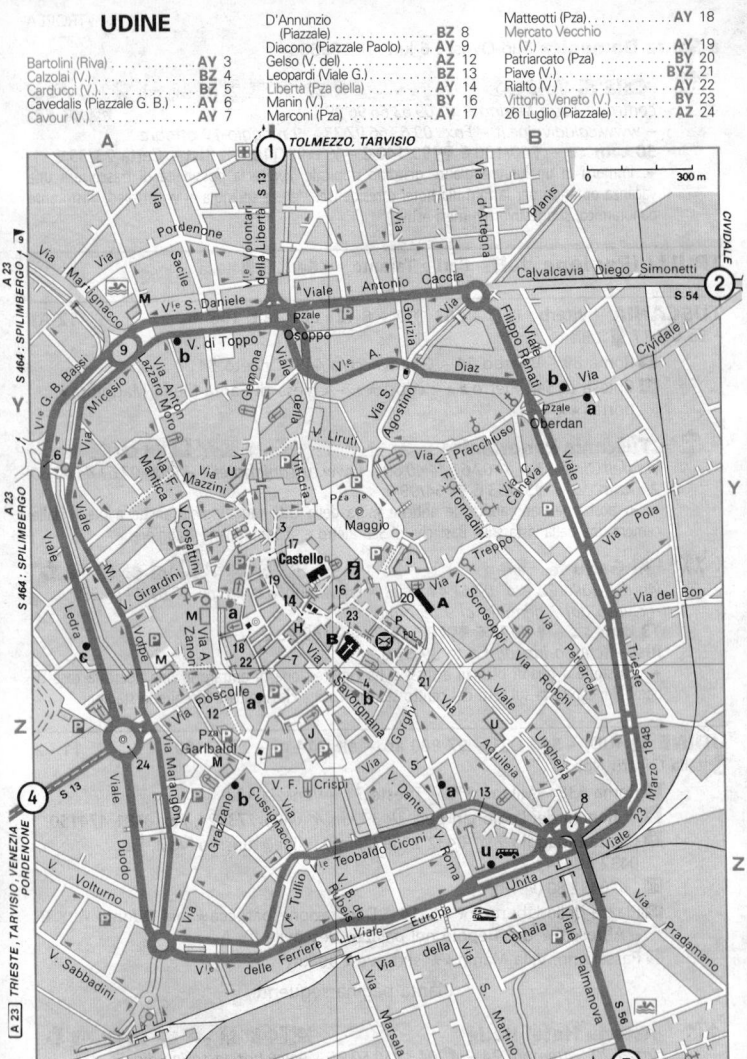

⌂⌂⌂ **Là di Moret** 🏊 ⛲ 🎨 🛁 ✗ 🛎 ♿ 🗚 ☎ 🅿 🆅🅸🆂🅰 ⓂⓄ 🅰🅴 ① 🍴
viale Tricesimo 276, Nord: 2 km ⊠ *33100 Udine –* ℰ *04 32 54 50 96*
– www.ladimoret.it – Fax 04 32 54 50 96
88 cam ⊇ – ♛70/140 € ♛♛70/160 € – 4 suites – ½ P 80/100 €
Rist Là di Moret – vedere selezione ristoranti
Rist – Carta 25/69 €

♦ Piacevoli spazi per il relax e campi da gioco coperti, per un week-end all'insegna del dolce far niente o per ritemprarsi dopo giornata di intenso lavoro. Atmosfera di tono moderno al ristorante, ideale per un pasto veloce a mezzogiorno.

🏠🏠 Allegria · · · · · · · · · · · · · · · · · · · 🖨 AC 🌿 rist, 📞 🔏 🚗 VISA ☎ AE ⟨s⟩

via Grazzano 18 – ℰ 04 32 20 11 16 – www.hotelallegria.it – Fax 04 32 20 11 16

12 cam ⌑ – †95 € ††140 € – ½ P 95 €   AZ**b**

Rist – *(chiuso domenica sera, lunedì a mezzogiorno)* Carta 30/40 €

♦ L'architettura medievale si trasforma all'interno in spazi arredati con un ricercato design. Il risultato? Una curiosa modernità custodita da un calore familiare di decennale esperienza. Giochi di luce e ombra, bianco e nero; tra tavoli quadrati sfilano i prodotti della tradizione.

🏠🏠 Clocchiatti & Next senza rist · · · · · · · 🚗 🔥 🕭 AC 🖑 P VISA ☎ AE ⟨s⟩

via Cividale 29 – ℰ 04 32 50 50 47 – www.hotelclocchiatti.it – Fax 04 32 50 50 47

27 cam ⌑ – †70/140 € ††100/250 €   BY**a**

♦ Classico o design? La risorsa è ideale tanto per gli amanti della tradizione quanto per chi desidera stare al passo con la moda: scegliete l'ambiente che più si intona al vostro carattere.

🏠🏠 Friuli · · · · · · · · · · · · · · · · 🖨 🕭 AC 🌿 🖑 P VISA ☎ AE ⟨s⟩

viale Ledra 24 – ℰ 04 32 23 43 51 – www.hotelfriuli.udine.it – Fax 04 32 23 46 06
– chiuso dal 19 dicembre al 9 gennaio   AY**c**

100 cam – †76/90 € ††97/122 €, ⌑ 11 € – ½ P 82/90 €

Rist – *(chiuso domenica)* Carta 26/43 €

♦ A pochi passi del centro storico, albergo moderno ideale per un turismo d'affari: gradevoli ambienti dotati di ogni confort e ben arredati, camere accoglienti e luminose. Luminoso e arredato con buon gusto il ristorante, dove troverete una cucina mediterranea non priva di spunti di fantasia.

🏠🏠 Suite Inn senza rist · · · · · · · · · · · AC 🌿 🖑 P VISA ☎ AE ⟨s⟩

via di Toppo 25 – ℰ 04 32 50 16 83 – www.hotelsuiteinn.it – Fax 04 32 20 05 88

13 cam ⌑ – †70/90 € ††110/130 €   AY**b**

♦ E' una mano femminile a prendersi cura di questa villa di inizio Novecento, ristrutturata con buon gusto e con curiosi accostamenti design-rustico-classico. Belle camere personalizzate.

🏠🏠 Art Hotel Udine senza rist · · · · · · · 🖨 🕭 AC 🖑 🔏 P VISA ☎ AE ⟨s⟩

via Paparotti 11, 4 km per ③ – ℰ 04 32 60 00 61 – www.arthoteludine.com
– Fax 04 32 52 24 32 – chiuso dal 19 dicembre al 6 gennaio

36 cam ⌑ – †70/90 € ††90/150 € – 2 suites

♦ Dall'arredamento ai dettagli, l'intera struttura è un omaggio all'espressione artistica contemporanea: minimalismo, essenzialità e design ma soprattutto ospitalità e confort.

🏠🏠 President · · · · · · · · · · 🖨 🕭 cam, AC 🖑 🔏 P VISA ☎ AE ⟨s⟩

via Duino 8 – ℰ 04 32 50 99 05 – www.hotelpresident.tv – Fax 04 32 50 72 87

80 cam ⌑ – †95/115 € ††125/150 € – ½ P 90/101 €   BY**b**

Rist – *(chiuso sabato, domenica)* (chiuso a mezzogiorno) (solo per alloggiati)
Carta 27/43 €

♦ Una sobria e moderna eleganza caratterizza questa risorsa in cui troverete caldi e spaziosi ambienti dai luminosi colori, tanta tranquillità e sicura discrezione.

🏠 Principe senza rist · · · · · · · · · · 🖨 AC 🖑 P VISA ☎ AE ⟨s⟩

viale Europa Unita 51 – ℰ 04 32 50 60 00 – www.principe-hotel.it
– Fax 04 32 50 22 21   BZ**u**

26 cam – †60/70 € ††90/99 €, ⌑ 9 €

♦ Comodo da raggiungere, nei pressi della stazione, piccolo e tranquillo hotel con accoglienti seppur limitati spazi comuni dai colori caldi e camere semplici ma confortevoli.

✕✕ Vitello d'Oro · · · · · · · · · · 🍴 🕭 AC ⇔ VISA ☎ AE ⟨s⟩

via Valvason 4 – ℰ 04 32 50 89 82 – www.vitellodoro.com – Fax 04 32 50 89 82
– chiuso lunedì a mezzogiorno e mercoledì, da giugno a settembre domenica e
lunedì a mezzogiorno   AY**a**

Rist – *(consigliata la prenotazione)* Carta 38/60 €

♦ E' il frammento di un articolo di giornale del 1849 a testimoniare per primo l'esistenza di questo elegante locale. Da allora, un solo leit Motiv: gustose elaborazioni, soprattutto a base di pesce.

✕✕ Là di Moret – Hotel Là di Moret · · · · 🕭 AC ⇔ P VISA ☎ AE ⟨s⟩

viale Tricesimo 276, Nord : 2 km – ℰ 04 32 54 50 96 – www.ladimoret.it
– Fax 04 32 54 50 96

Rist – Carta 32/59 € 🍲

♦ Oltre un secolo fa qui nasceva un'osteria; ora, nelle intime salette di questo locale regna una sobria eleganza e si incontrano un estro creativo e la tradizione friulana.

1095

X **Hostaria alla Tavernetta**
via di Prampero 2 – ☎ 04 32 50 10 66 – www.allatavernetta.com – Fax 04 32 50 10 66 – chiuso 2 settimane in giugno, domenica e lunedì
Rist – Carta 36/63 € BZ**b**
♦ Accomodatevi in sala, al calore e alla luce di uno scoppiettante caminetto, oppure sulla tranquilla terrazza, per una cena a lume di stelle; ovunque vi aspetteranno i sapori della regione.

X **Alla Vedova**
via Tavagnacco 9, per ① – ☎ 04 32 47 02 91 – Fax 04 32 47 02 91 – chiuso dal 10 al 25 agosto, domenica sera, lunedì
Rist – Carta 24/33 €
♦ Oltre un secolo di vita per questo ristorante, che agli albori ricordava l'imperatore. Oggi come allora specialità alla griglia e cacciagione da gustare, in estate, nel piacevole giardino.

a Godia per ① : 6 km – ✉ 33100

XX **Agli Amici** (Emanuele Scarello)
✿ *via Liguria 250 – ☎ 04 32 56 54 11 – www.agliamici.it – Fax 04 32 56 55 55 – chiuso domenica e lunedì da giugno ad agosto; domenica sera, lunedì e martedì a mezzogiorno negli altri mesi*
Rist – Menu 45/85 € – Carta 54/87 €
Spec. Sandwich di cefalo, il suo fegatello e ...assolutamente ostrica. Verticale del maiale: guancia al vino rosso, lingua leggermente salmistrata, cuore. Gelato al timo con banana caramellata, ananas ghiacciato e meringa al cocco.
♦ Eleganza e una cucina creativa legata al territorio per questo locale che vanta la medesima conduzione da più di un secolo. Ma sempre al passo con i tempi!

UGENTO – Lecce (LE) – **564** H36 – **12 073 ab.** – ✉ **73059 Ugento** **27** D3

Roma 641 – Bari 211 – Lecce 66

sulla strada provinciale Ugento-Torre San Giovanni Sud-Ovest: 4 km

Masseria Don Cirillo senza rist
strada Provinciale Ugento-Torre S. Giovanni Km 3 – ☎ 08 33 93 14 32 – www.kalekora.it – Fax 08 33 93 14 32 – 13 aprile-31 ottobre
11 cam – †100/150 € ††150/250 €, ☕ 7 €
♦ Abbracciata da profumate distese di ulivi, una piacevole risorsa ricavata da una tenuta nobiliare settecentesca custodisce ampi spazi arredati in rilassanti e chiare tonalità.

UGGIANO LA CHIESA – Lecce (LE) – **564** G37 – **4 349 ab.** – **alt. 76 m** – ✉ **73020** **27** D3

Roma 620 – Brindisi 84 – Gallipoli 47 – Lecce 48

XX **Masseria Gattamora** con cam cam,
via campo Sportivo 33 – ☎ 08 36 81 79 36 – www.gattamora.it – Fax 08 36 81 45 42 – chiuso gennaio o febbraio
11 cam ☕ – †45/70 € ††75/120 € – ½ P 66/88 €
Rist – *(chiuso lunedì escluso agosto) (chiuso a mezzogiorno escluso sabato e domenica)* Carta 29/43 €
♦ Nel verde della campagna salentina, in giardino zampilla persino una fontana, nella caratteristica sala a volte arredata in stile rustico i sapori del posto, rivisti con creatività. Nel vecchio frantoio alcune camere dalla deliziosa atmosfera.

ULIVETO TERME – Pisa (PI) – **563** K13 – ✉ **56010** **28** B2

Roma 312 – Pisa 13 – Firenze 66 – Livorno 33

XXX **Osteria Vecchia Noce**
località Noce, Est : 1 km – ☎ 0 50 78 82 29 – www.ostreiavecchianoce.it – Fax 0 50 78 97 14 – chiuso dal 5 al 25 agosto, martedì sera, mercoledì
Rist – Carta 36/59 €
♦ Ottima cucina di terra e di mare, in un antico frantoio del 1700 nel centro di questo piccolo paese: ambiente caratteristico, elegante e caldo, nonché collaudata gestione familiare.

Da Cinotto ⚔ 🅰️🅲 **P** 𝚅𝙸𝚂𝙰 ⓦⓒ ⚏

via Provinciale Vicarese 132 – 𝒞 0 50 78 80 43 – chiuso agosto, venerdì sera, sabato
Rist – (coperti limitati, prenotare) Carta 26/34 €
♦ Trattoria a conduzione familiare dove fermarsi per apprezzare una sincera e casereccia cucina toscana e locale. Ambiente semplice, atmosfera informale.

ULTEN = Ultimo

ULTIMO (ULTEN) – Bolzano (BZ) – **562** C15 – 2 998 ab. – alt. 1 190 m   **30** B2
– Sport invernali : a Santa Valburga : 1 192/2 600 m ≰3, 𝄐 – ✉ 39016

▶ Da Santa Valburga : Roma 680 – Bolzano 46 – Merano 28 – Milano 341

🇮 a Santa Valburga, via Principale 154 ✉ 39016 𝒞 0473 795387, info@ultental.it, Fax 0473 795049

a San Nicolò (St. Nikolaus) Sud-Ovest : 8 km – alt. 1 256 m – ✉ 39016

 Waltershof ⚘ ≤ � 🖼️ 🏊 ⋔ ✗ ✗ rist, ⁽ᵗ⁾ **P** 𝚅𝙸𝚂𝙰 ⓦⓒ ⓞ ⚏

Dorf 59 – 𝒞 04 73 79 01 44 – www.waltershof.it – Fax 04 73 79 03 87
– 25 dicembre-4 aprile e 15 maggio-4 novembre
31 cam ⌑ – ♟158/248 €
Rist – *(chiuso a mezzogiorno) (solo per alloggiati)* Menu 30/120 €
♦ Struttura con bei balconi fioriti, piacevolmente accolta in un verde giardino e dotata di spazi "goderecci": taverna e fornita enoteca; zona per serate di musica e vino.

URBINO – Pesaro e Urbino (PU) – **563** K19 – 15 459 ab. – alt. 451 m   **20** B1
– ✉ 61029 ▮ Italia Centro Nord

▶ Roma 270 – Rimini 61 – Ancona 103 – Arezzo 107

🇮 piazza Rinascimento 1𝒞 0722 2613, iat.urbino@regione.marche.it,
Fax 0722 2441

🔲 Palazzo Ducale★★★ : Galleria Nazionale delle Marche★★ **M** – Strada panoramica★★ : ≤★★ – Affreschi★★ nella chiesa-oratorio di San Giovanni Battista **F** – Presepio★ nella chiesa di San Giuseppe **B** – Casa di Raffaello★ **A**

Pianta pagina seguente

 Mamiani ⚘ ≤ ⏸ ✗ 🅰️🅲 ⅏ ⁽ᵗ⁾ 👷 **P** 𝚅𝙸𝚂𝙰 ⓦⓒ 🅰🅴 ⓞ ⚏

via Bernini 6, per via Giuseppe di Vittorio – 𝒞 07 22 32 23 09
– www.hotelmamiani.it – Fax 07 22 32 77 42 – chiuso dal 19 dicembre al 10 gennaio
72 cam ⌑ – ♟50/100 € ♟♟60/150 €
Rist *Il Giardino della Galla* – 𝒞 07 22 24 55 *(chiuso mercoledì)* Carta 31/90 €
♦ Albergo moderno situato in zona tranquilla, fuori dal centro storico: servizio impeccabile, grande cortesia e camere ampie accessoriate con confort all'avanguardia. Gradevoli colori sapientemente abbinati nella spaziosa sala da pranzo di tono elegante.

San Domenico senza rist � ⏸ ✗ 🏃 🅰️🅲 ⅏ ⁽ᵗ⁾ **P** 𝚅𝙸𝚂𝙰 ⓦⓒ 🅰🅴 ⓞ ⚏

piazza Rinascimento 3 – 𝒞 07 22 26 26 – www.viphotels.it – Fax 07 22 27 27
31 cam – ♟113 € ♟♟204 €, ⌑ 13 €   **e**
♦ Di fronte al Palazzo Ducale, hotel ricavato all'interno di un convento del 1400 rinnovato rispettandone l'elegante semplicità. Signorili ambienti comuni, camere spaziose.

Italia senza rist ⏸ ✗ 🅰️🅲 𝚅𝙸𝚂𝙰 ⓦⓒ 🅰🅴 ⓞ ⚏

corso Garibaldi 38 – 𝒞 07 22 27 01 – www.albergo-italia-urbino.it
– Fax 07 22 32 26 64   **a**
43 cam ⌑ – ♟50/70 € ♟♟80/120 €
♦ Già attivo come locanda alla fine dell'Ottocento, ora albergo del centro con confortevoli camere in stile essenziale e moderno. Per soggiornare nel cuore di Urbino.

Raffaello senza rist ⏸ 🅰️🅲 ⁽ᵗ⁾ 𝚅𝙸𝚂𝙰 ⓦⓒ ⚏

via Santa Margherita 40 – 𝒞 07 22 48 96 – www.albergoraffaello.com
– Fax 07 22 32 85 40 – chiuso 23, 24 e 25 dicembre e dal 7 al 17 gennaio
14 cam ⌑ – ♟65/85 € ♟♟115/120 €   **c**
♦ Tra i vicoli del centro storico, di fronte alla casa natale di Raffaello, hotel di taglio moderno: ambienti comuni piacevoli, camere accoglienti con mobilio essenziale.

URBINO

Circolazione regolamentata
nel centro città

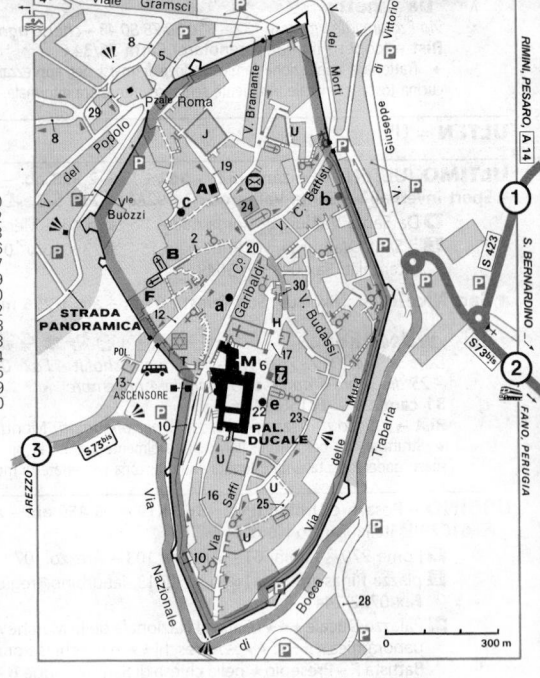

a Gadana Nord-Ovest : 3 km – ⊠ 61029 Urbino

⚲ **Agriturismo Cà Andreana** ⚲   ☖ ⚲ ⚲ ⚲ cam, ⚲ rist, ℙ
      via Cà Andreana 2 – ℰ 07 22 32 78 45   VISA ⓦⓞ AE ⚲
      – www.caandreana.it – Fax 07 22 32 78 45 – chiuso dal 9 al 27 gennaio
      6 cam ⊑ – †50/60 € ††84/98 € – ½ P 72/79 €
      Rist – (chiuso domenica sera escluso agosto e lunedì) (chiuso a mezzogiorno)
      (consigliata la prenotazione) Carta 27/45 €
      ♦ In piena campagna, rustico ben tenuto, da cui si gode una splendida vista dei dintorni;
      offre belle camere, semplici, ma complete di tutti i confort. Le materie prime prodotte in
      azienda permettono di realizzare un'ottima scelta di piatti caserecci.

a Pantiere Nord : 13 km – ⊠ 61029 Urbino

⚲ **Urbino Resort Santi Giacomo e Filippo** senza rist ⚲   ⬗ ⚲
      via San Giacomo in   ▭ ⑨ ⚲ ⚲ ⚲ AC ⚲ ⚲ ⚲ VISA ⓦⓞ AE ⓞ ⚲
      Foglia 7 – ℰ 07 22 58 03 05 – www.urbinoresort.com – Fax 07 22 58 07 98
      – chiuso 2 settimane in gennaio
      30 cam ⊑ – †84/106 € ††108/144 €
      ♦ All'interno di un ex borgo agricolo del '700, cinque edifici contraddistinti da stili differenti
      e da nomi fortemente evocativi: i Fiori, i Futti Dimenticati, le Erbe Aromatiche, le Scuderie
      (con attrezzi della civiltà rurale adibiti a mobili), i Preziosi (ovvero i prodotti di questa terra:
      tartufo, zafferano, vino).

URGNANO – Bergamo (BG) – **561** F11 – 9 043 ab. – alt. 173 m   **19** C2
– ⊠ 24059

▶ Roma 584 – Bergamo 12 – Lecco 45 – Milano 46

a Basella Est : 2 km – ✉ 24050

❌ 🐝 🏠 **Quadrifoglio** con cam   🏠 ⛝ 👍 🅰🅒 🔼 🚗 𝗩𝗜𝗦𝗔 ⓒⓒ 🅰🅔 ⓞ 🔥
via Dante Alighieri 780 – ✆ 0 35 89 46 96 – www.hotelquadrifoglio.it
– Fax 0 35 89 46 96 – chiuso dal 1° al 20 agosto
12 cam ⬭ – 🛏50/72 € 🛏🛏75/103 € – ½ P 62/99 €   **Rist** – Carta 21/36 €
♦ A poche centinaia di metri dal parco del fiume Serio e dal palazzo che ospita l'importante Museo Africano, ristorante dall'esperta gestione familiare che propone una cucina del territorio dalle abbondanti porzioni. Tra gli spazi di questa cascina di campagna, camere semplici e funzionali.

USSEAUX – Torino (TO) – **561** G3 – 183 ab. – alt. 1 217 m – ✉ 10060   **22** B2
▶ Roma 806 – Torino 79 – Sestriere 18
🅳 via Eugenio Brunetta 53 ✆ 0121 884400, info.usseaux@alpimedia.it,
    Fax 0121 83948

❌ 🐝 **Lago del Laux** con cam 🌿   🍴 🅿 𝗩𝗜𝗦𝗔 ⓒⓒ 🅰🅔 ⓞ 🔥
via al Lago 7, Sud : 1 km – ✆ 0 12 18 39 44 – www.hotellaux.it
– Fax 0 12 18 39 44 – chiuso 2 settimane in maggio e 2 settimane in settembre
7 cam ⬭ – 🛏🛏105/126 € – ½ P 74/84 €
Rist – *(chiuso mercoledì escluso da giugno ad agosto, anche martedì da novembre a marzo)* Carta 26/36 €
♦ In riva a un laghetto con minigolf e pesca sportiva, in questo ristorante potrete gustare i piatti della tradizione piemontese. Percorrete il sentiero che conduce al borgo per scoprirne la storia. Semplici, colorate ed accoglienti le camere in legno d'abete, tutte con vista sul parco.

VADA – Livorno (LI) – **563** L13 – ✉ 57016   **28** B2
▶ Roma 292 – Pisa 48 – Firenze 143 – Livorno 29
🅳 piazza Garibaldi 93 ✆ 0584 788373, apt7vada@costadeglietruschi.it,
    Fax 0584 785030

🏠 **Agriturismo le Biricoccole** senza rist e senza ⬭   � 🅰🅒 🅿
via Vecchia Aurelia 200, Nord 1 km – ✆ 05 86 78 83 94   𝗩𝗜𝗦𝗔 ⓒⓒ 🅰🅔 🔥
– www.biricoccole.it – Fax 05 86 78 83 94
6 cam – 🛏🛏90/180 €
♦ Edificio agricolo della prima metà dell'800 dotato di belle stanze, ognuna di colore diverso. Cucina in comune dove organizzarsi pranzi e cene in massima libertà.

❌❌ **Il Ducale**   🅰🅒 𝗩𝗜𝗦𝗔 ⓒⓒ 🅰🅔 ⓞ 🔥
piazza Garibaldi 33 – ✆ 05 86 78 86 00 – Fax 05 86 78 86 00 – chiuso lunedì
Rist – Carta 50/67 €
♦ Sotto volte di mattoni, gustose specialità di pesce in un'atmosfera ricercata, tra arazzi, fiori e pezzi d'antiquariato. La conduzione familiare ha una lunga esperienza, e si sente!

VAGGIO – Firenze – **563** L16 – Vedere Reggello

VAGLIAGLI – Siena – Vedere Siena

VAHRN = Varna

VAIANO – Prato (PO) – **563** K15 – 9 838 ab. – alt. 150 m – ✉ 59021   **29** C1
▶ Roma 325 – Firenze 41 – Prato 9 – Bologna 122

❌ **Trattoria La Tignamica**   🍴 🅰🅒 🌿 𝗩𝗜𝗦𝗔 ⓒⓒ 🅰🅔 🔥
via Val di Bisenzio 110/c, località La Tignamica, Sud : 3 km – ✆ 05 74 98 52 16
– www.lafontanatrattoria.it – Fax 05 74 98 68 92 – chiuso domenica sera, lunedì
Rist – Carta 29/45 €
♦ Costeggia il Bisenzio questo bel ristorante lungo la valle, dal confort contemporaneo e dalle proposte culinarie legate al territorio e alle stagioni.

VAIRANO PATENORA – Caserta (CE) – **564** C24 – 6 469 ab.   **6** A1
– alt. 250 m – ✉ 81058
▶ Roma 165 – Campobasso 91 – Caserta 43 – Napoli 70

XX **Vairo del Volturno** (Martino Renato)   🕭 🖾 🍴 VISA ⚫⚫ AE ① ⚓
🏵 *via IV Novembre 60 – ☎ 08 23 64 30 18 – www.vairodelvolturno.com*
– Fax 08 23 64 38 35 – chiuso 3 settimane in luglio, domenica sera, martedì
Rist – Menu 40/60 € – Carta 43/68 €
Spec. Millefoglie di verdure e tartufo estivo. Paccheri alla "falsa 'nduja (salame morbido e piccante)" di maiale nero casertano. Pancia di bufala con cioccolato e yogurt di bufala.
♦ Il nome dell'animale da cui prende il nome è leggendario, ma la cucina percorre la strada dell'innovazione. Si parte da una cucina del territorio per esaltare i prodotti in memorabili preparazioni.

VALBREMBO – Bergamo (BG) – **561** E10 – 3 592 ab. – alt. 260 m   **19** C1
– ✉ 24030

▶ Roma 606 – Bergamo 11 – Lecco 29 – Milano 47

XX **Ponte di Briolo**   🏠 ⟺ **P** VISA ⚫⚫ AE ① ⚓
via Briolo 2, località Briolo Ovest : 1,5 km – ☎ 0 35 61 11 97
– www.ristorantepontedibriolo.com – Fax 0 35 61 11 97 – chiuso mercoledì
Rist – Carta 55/83 €
♦ Un ristorante che da vecchia trattoria di paese si è trasformato in un locale raffinato e di tono; interessante e solida la proposta, sia di terra che di mare.

VALBRUNA – Udine – **562** C22 – Vedere Malborghetto

VALDAGNO – Vicenza (VI) – **562** F15 – 27 023 ab. – alt. 266 m   **35** B2
– ✉ 36078

▶ Roma 561 – Verona 62 – Milano 219 – Trento 86

X **Hostaria a le Bele**   🍴 ⟺ **P** VISA ⚫⚫ AE ① ⚓
🏵 *località Maso 11, Ovest : 4 km – ☎ 04 45 97 00 34 – Fax 04 45 97 09 35 – chiuso dal 10 al 20 gennaio, agosto, lunedì, martedì a mezzogiorno*
Rist – Carta 30/47 €
♦ Sulle colline, lontano dalla frenesia di Valdagno, una rustica trattoria, tipica come la sua cucina che prende spunto dalla tradizione vicentina per arricchirsi di ispirazione contemporanea.

VALDAORA (OLANG) – Bolzano (BZ) – **562** B18 – 2 975 ab.   **31** C1
– alt. 1 083 m – **Sport invernali : 1 080/2 275 m ⚡ 19 ⚡12 (Comprensorio Dolomiti superski Plan de Corones)** ⚡ – ✉ 39030

▶ Roma 726 – Cortina d'Ampezzo 51 – Bolzano 88 – Brunico 11
🚩 piazza S. Floriani 4 ☎ 0474 496277, info@olang.comFax 0474 498005

🏨🏨🏨 **Mirabell**   ⟸ 🚗 🖾 🌐 🦌 ⅃ₐ 🖥 & ☀ 🍴 rist, ℗⅃ 🚗 VISA ⚫⚫ ⚓
via Hans Von Perthaler 11, località Valdaora di Mezzo – ☎ 04 74 49 61 91
– www.mirabell.it – Fax 04 74 49 82 27 – chiuso dal 6 aprile al 21 maggio
55 cam – solo ½ P 154/187 €   **Rist** – Carta 46/54 €
♦ Struttura rinnovata mantenendo inalterato lo stile architettonico locale. L'interno presenta abbondanza di spazi, signorilmente arredati con molto legno, anche nelle camere.

🏨 **Post**   ⟸ 🖾 🦌 🖥 🍴 rist, ℗⅃ **P** 🚗 VISA ⚫⚫ ⚓
vicolo della Chiesa 6, a Valdaora di Sopra – ☎ 04 74 49 61 27
– www.post-tolderhof.com – Fax 04 74 49 80 19 – 4 dicembre-19 aprile e 10 maggio-22 ottobre
36 cam ⊡ – †78/147 € ††126/274 € – ½ P 110/124 €   **Rist** – Menu 37/40 €
♦ Centrale, signorile albergo di tradizione, dotato di maneggio con scuola di equitazione; settore notte funzionale, rinnovato in anni recenti. Calda atmosfera e raffinata ambientazione tirolese nella sala ristorante.

Markushof 🔏   ← 🚗 🛁 🏠 📶 🖧 🍴 📡 **P** 🚙 VISA ◯◯ 🔥
via dei Prati 9, a Valdaora di Sopra – ℰ 04 74 49 62 50
– www.markushof.it – Fax 04 74 49 82 41
– 5 dicembre-15 aprile e 24 maggio-14 ottobre
28 cam ⌂ – ⚹45/70 € ⚹⚹84/124 € – ½ P 50/80 €
Rist – *(chiuso a mezzogiorno) (solo per alloggiati)* Menu 22/28 €
♦ Cortese gestione familiare in un confortevole hotel che vanta una posizione soleggiata e tranquilla, camere ampie ed un moderno centro benessere. Piacevole servizio ristorante in terrazza.

Messnerwirt   🚗 🛁 🏠 🕴 📡 **P** 🚙 VISA ◯◯ 🔥
vicolo della Chiesa 7, a Valdaora di Sopra – ℰ 04 74 49 61 78
– www.messnerwirt.com – Fax 04 74 49 80 87 – chiuso dal 20 ottobre al 4 dicembre
21 cam ⌂ – ⚹60/72 € ⚹⚹108/128 € – ½ P 67/79 €
Rist – Carta 29/35 €
♦ Tradizionale albergo di montagna, solido sia nelle strutture di buon confort, che nella conduzione familiare; camere con arredi di legno chiaro. Ampia sala da pranzo per gli alloggiati, per i clienti esterni un'intima stube.

a Sorafurcia Sud : 5 km – ✉ 39030 Valdaora

Berghotel Zirm 🔏   ← 🔲 🌐 🏠 🕴 🍴 rist, 📡 **P** 🚙 VISA ◯◯ 🔥
via Egger 16, alt. 1 360 – ℰ 04 74 59 20 54
– www.berghotel-zirm.com – Fax 04 74 59 20 51
– dicembre-20 aprile e giugno-20 ottobre
41 cam ⌂ – ⚹94/173 € ⚹⚹128/286 € – ½ P 112/158 €
Rist – *(solo per alloggiati)*
♦ Vi riempirete gli occhi di un panorama splendido da questa tranquilla risorsa, di fianco alla pista da sci; confort e calore negli spazi comuni e nelle camere rinnovate.

Hubertus ← 🚗 🔲 🌐 🏠 ⚒ 🕴 🏧 rist, 🍴 rist, 📡 **P** VISA ◯◯ ◯ 🔥
via Furcia 5, alt. 1 250 – ℰ 04 74 59 21 04
– www.hotel-hubertus.com – Fax 04 74 59 21 14
– 17 dicembre-11 aprile e 20 maggio-1° novembre
36 cam – solo ½ P 99/180 €
Rist – *(chiuso a mezzogiorno) (solo per alloggiati)*
♦ Posizione isolata e vista impareggiabile sulla vallata per un'accogliente struttura dagli interni in stile tirolese; nuove camere con ampi spazi, scenografica piscina.

VALDERICE – Trapani – **365** AK55 – Vedere Sicilia alla fine dell'elenco alfabetico

---

VALDIDENTRO – Sondrio (SO) – **561** C12 – 4 029 ab. – alt. 1 345 m   **17** C1
– Sport invernali : 1 345/2484 m ✈9, ✦ – ✉ 23038

▶ Roma 711 – Sondrio 73 – Bormio 9 – Milano 210
🛈 piazza 4 novembre 1 località Isolaccia ℰ 0342 985331, proloco@ valdidentro.net, Fax 0342 921140
📷 , ℰ 0342 91 07 30

a Pedenosso Est : 2 km – ✉ 23038 Valdidentro

Agriturismo Raethia 🔏   ← 🚗 🛁 🍴 cam, **P** 🚙
via Sant'Antonio 1 – ℰ 34 97 38 89 56   VISA ◯◯ 🏧 ◯ 🔥
– www.agriturismoraethia.it – Fax 03 42 98 61 34 – chiuso dal 15 al 30 maggio e dal 5 al 30 novembre
8 cam ⌂ – ⚹40/55 € ⚹⚹60/90 € – ½ P 45/65 €
Rist – *(chiuso a mezzogiorno)* (prenotazione obbligatoria)
Menu 22/27 €
♦ Una nuova risorsa agrituristica ubicata in posizione soleggiata e molto tranquilla. Una gestione familiare capace di trasmettere un genuino e caloroso spirito d'accoglienza. La tipica cucina valtellinese in una sala accogliente e caratteristica.

a Bagni Nuovi Est : 6 km – ⊠ 23032 **Valdidentro**

🏨🏨 **Grand Hotel Bagni Nuovi** ⬙ 〰 ⋒ ⅃⅍ ⬚ 🆔 ⅋ ⅍ rist. 🔊 ⅍
via Bagni Nuovi 7 – ℰ *03 42 91 01 31*   Ⓟ 𝗩𝗜𝗦𝗔 ⓪ 𝖠𝖤 ⓪ 🜲
– *www.bagnidibormio.it* – *Fax 03 42 91 85 11*
74 cam �) – ✦186/246 € ✦✦248/328 €
Rist – *(chiuso a mezzogiorno)* Carta 46/77 €
◆ Prestigioso albergo conosciuto già dal 1836, al centro di un vasto parco-pineta con percorsi salute. Centro SPA con suggestive vasche termali all'aperto e grotte naturali. Sontuosa, ampia e luminosa sala ristorante.

VAL DI VIZZE = PFITSCH – Bolzano – **562** B16 – Vedere Vipiteno

VALDOBBIADENE – Treviso (TV) – **562** E17 – 10 773 ab. – alt. 252 m   **36** C2
– ⊠ 31049

▶ Roma 563 – Belluno 47 – Milano 268 – Trento 105

🏨 **Vecchio Municipio** senza rist ⬙   ⇐ ⌷ 🛗 ᴊ 🆔 🔊 Ⓟ
via Borgo Berti 6, a San Pietro di Barbozza, Est: 2 km   𝗩𝗜𝗦𝗔 ⓪ 𝖠𝖤 ⓪ 🜲
– ℰ *04 23 97 54 14* – *www.hotelvecchiomunicipio.com* – *Fax 04 23 97 42 73*
23 cam – ✦55 € ✦✦80 €, �) 7 €
◆ Due intraprendenti signore al timone di questo accogliente albergo ricavato dal vecchio municipio del paese. Pochi spazi comuni, ma camere moderne e generose nelle metrature, alcune con interessanti soluzioni per le famiglie.

a Bigolino Sud : 5 km – ⊠ 31030

🍴 **Tre Noghere**   🏠 🆔 ⅍ Ⓟ 𝗩𝗜𝗦𝗔 ⓪ 𝖠𝖤 ⓪ 🜲
⊕ via Crede 1 – ℰ *04 23 98 03 16* – *www.trenoghere.com* – *Fax 04 23 98 13 33*
– *chiuso dal 1° al 20 luglio, domenica sera, lunedì*
Rist – Carta 25/35 €
◆ Quarantennale gestione familiare e ambiente informale per un ristorante di campagna, in un rustico ristrutturato: ampia sala con camino e piccolo dehors sotto un porticato.

🍴🍴 **Casa Caldart**   🏠 🆔 ⅍ Ⓟ 𝗩𝗜𝗦𝗔 ⓪ 𝖠𝖤 ⓪ 🜲
⊛ via Erizzo 265 – ℰ *04 23 98 03 33* – *www.ristorantecasacaldart.it*
– *Fax 04 23 98 03 33* – *chiuso lunedì sera, martedì*
Rist – Carta 18/33 €
◆ Sala di stampo moderno e ampio gazebo per il servizio estivo in un locale molto frequentato da una clientela business. In menu: specialità venete e piatti legati ai prodotti stagionali.

VALEGGIO SUL MINCIO – Verona (VR) – **562** F14 – 13 571 ab.   **35** A3
– alt. 88 m – ⊠ 37067 ▮ Italia

▶ Roma 496 – Verona 28 – Brescia 56 – Mantova 25
◎ Parco Giardino Sigurtà ★★

🏨 **Eden**   ⌷ ⅍ 🆔 ⅍ 🔊 ⅍ Ⓟ 𝗩𝗜𝗦𝗔 ⓪ 𝖠𝖤 ⓪ 🜲
⊛ via Don G. Beltrame 10 – ℰ *04 56 37 08 50* – *www.albergoedenvaleggio.com*
– *Fax 04 56 37 08 60*
37 cam �) – ✦47/67 € ✦✦78/88 € – ½ P 50/60 €
Rist – *(chiuso dal 23 luglio al 14 agosto, martedì, mercoledì sera)* Carta 18/27 €
◆ Moderne camere e sale riunioni in questo hotel ideale per una clientela di lavoro ma anche per quanti sono tentati dalle molteplici escursioni alle attrazioni turistiche della zona. Un'unica semplice sala per i vostri pasti, nella quale assaporare la cucina regionale.

🍴🍴 **Alla Borsa**   🏠 ⅍ 🆔 ⅍ ⅍ Ⓟ 𝗩𝗜𝗦𝗔 ⓪ 🜲
via Goito 2 – ℰ *04 57 95 00 93* – *www.ristoranteborsa.it* – *Fax 04 57 95 07 76*
– *chiuso dal 26 febbraio al 10 marzo, dal 10 luglio al 10 agosto, martedì sera,*
mercoledì, anche domenica sera da novembre a marzo
Rist – Carta 26/37 €
◆ Attivo da quasi 50 anni, due sale rustiche e una più piccina dall'atmosfera elegante. La gestione è familiare e la ricetta da sempre la stessa, piatti di cucina veronese e mantovana che si alternano.

XX **La Lepre** 🏠 🍴 VISA ᠊ΦΘ AE ① 🔥
via Marsala 5 – 𝒞 04 57 95 00 11 – Fax 04 56 37 07 35 – chiuso 3 settimane in
gennaio e 10 giorni in giugno
Rist – *(chiuso mercoledì, giovedì a mezzogiorno)* Carta 22/34 €
♦ Osteria nell'800, poi ristorante, è oggi un locale di antica tradizione, nel cuore della cittadina; atmosfera simpatica e gustosi piatti del territorio, tra cui ovviamente la lepre.

a Borghetto Ovest : 1 km – alt. 68 m – ✉ 37067 Valeggio Sul Mincio

🏨 **Faccioli** 🦢 AC P VISA ᠊ΦΘ 🔥
via Tiepolo 4 – 𝒞 04 56 37 06 05 – www.valeggio.com/faccioli
– Fax 04 56 37 05 71 – chiuso dal 6 al 16 gennaio
17 cam ⌧ – †60/75 € ††90/105 €
Rist *La Cantina* – *(chiuso dal 30 gennaio al 15 febbraio, dal 1° al 10 agosto,*
martedì e mercoledì) (chiuso a mezzogiorno) Carta 31/39 €
♦ Una bella e romantica posizione nel piccolo borgo medievale per questo piccolo hotel a
conduzione familiare, una casa contadina ristrutturata per offrire un soggiorno tranquillo e
signorile. Al ristorante, un'atmosfera rustica e semplici preparazioni regionali.

XX **Al Ponte** 🏠 AC VISA ᠊ΦΘ 🔥
via Buonarroti 26 – 𝒞 04 56 37 00 74 – www.bottegaosteriaalponte.com – chiuso
dal 28 gennaio al 6 febbraio, 1 settimana a giugno, dal 3 al 20 novembre,
martedì, mercoledì
Rist – Menu 31/50 € – Carta 39/58 € ⅋
♦ In un palazzo quattrocentesco ristrutturato nuova sede per un ristorante esistente già da
tempo. Anche salumeria-drogheria con vendita di prodotti di nicchia e wine-bar.

XX **Antica Locanda Mincio** 🏠 AC ⇄ VISA ᠊ΦΘ AE ① 🔥
via Buonarroti 12 – 𝒞 04 57 95 00 59 – www.anticalocandamincio.it
– Fax 04 56 37 04 55 – chiuso dal 1° al 15 febbraio e dal 1° al 15 novembre
Rist – Carta 30/35 €
♦ Gestito dalla stessa famiglia dal 1919 e Membro dei Locali Storici d'Italia, questo bel ristorante che dispone di una splendida terrazza-giardino in riva al fiume, propone una gustosa
cucina legata al territorio. La sala del camino è decorata da un polittico a tempera dell'artista F. Bellomi.

X **Gatto Moro** 🏠 ⇄ P VISA ᠊ΦΘ AE 🔥
via Giotto 21 – 𝒞 04 56 37 05 70 – Fax 04 56 37 05 71
– chiuso dal 30 gennaio al 15 febbraio, dal 1° al 10 agosto, martedì,
mercoledì
Rist – Carta 31/39 €
♦ Sedie in legno massiccio, il piacere di sedersi a tavola in compagnia, la trattoria propone
una sala enorme e due più intime e curate ed una cucina che si sbizzarrisce tra il veneto e il
mantovano.

a Santa Lucia dei Monti Nord-Est : 5 km – alt. 145 m – ✉ 37067 Valeggio Sul
Mincio

X **Belvedere** con cam 🦢 🚗 🏠 AC cam, 🍴 P VISA ᠊ΦΘ 🔥
– 𝒞 04 56 30 10 19 – Fax 04 56 30 36 52
– chiuso dal 15 al 28 febbraio, dal 20 giugno al 1° luglio e dall'11 al
30 novembre
13 cam – †40 € ††60 €, ⌧ 6 € – ½ P 65 €
Rist – *(chiuso mercoledì, giovedì)* Carta 28/35 €
♦ Molto apprezzato da chi lo conosce da sempre, è la griglia situata all'ingresso ad annunciare le specialità della casa: paste fatte in casa e tradizione regionale. Servizio estivo in giardino. Il silenzio e la tranquillità dell'alto del colle cullerano il riposo nelle semplici stanze.

VAL FERRET – Aosta – Vedere Courmayeur

VALLE AURINA (AHRNTAL) – Bolzano (BZ) – **562** B17 – 5 483 ab. **31** C1
– alt. 1 457 m – Sport invernali : 951/2 350 m a Cadipietra: 1 050/2 050 m 🎿 1
🎿10, ⛷ – ✉ 39030
▶ Roma 726 – Cortina d'Ampezzo 78 – Bolzano 94 – Dobbiaco 48

a **Cadipietra** (Steinhaus) – alt. 1 054 m – ✉ 39030

🖪 via Valle Aurina 95 ✆ 0474 652198, Fax 0474 652491

🏘 Alpenschlössl & Linderhof ⟨ �'🗍 🗔 ⑳ 🐎 🛵 🛄 🕹 cam, 🛉🛉

Cadipietra 123   🗛 cam, 🕸 rist, ⟨•⟩ 🅿 🚗 VISA ⑳ 🍴
– ✆ 04 74 65 21 90 – www.alpenschloessl.com
– Fax 04 74 65 24 14
37 cam ⌂ – 🛉90/200 € 🛉🛉180/400 € – ½ P 130/200 €
Rist – (solo per alloggiati)
◆ Elegante albergo in due edifici gemelli, che nei luminosi interni propone un'interpreta-zione moderna dello stile tirolese; ampie camere, anche con letti a baldacchino.

✂ Spezialitäten-Stube   🕸 🅿

Cadipietra 21, Nord-Est 1 km – ✆ 04 74 65 21 30
– www.spezialitaetenstube.com – Fax 04 74 65 23 21
– chiuso giugno e da novembre al 20 dicembre
Rist – Carta 19/43 €
◆ In una graziosa casa di montagna, due piccole stube di atmosfera gradevole e una cucina semplice, con porzioni abbondanti di piatti sia italiani che tipici del luogo.

a **Lutago** (Luttach) – alt. 956 m – ✉ 39030

🖪 via Aurina 22 ✆ 0474 671136, info@ahrntal.it, Fax 0474 671666

🏘 Schwarzenstein ⑤   ⟨ 🚗 🗍 🗔 ⑳ 🐎 🛵 🛄 🕹 cam, 🛉🛉 🅿

via del Paese 11 – ✆ 04 74 67 41 00   VISA ⑳ 🍴
– www.schwarzenstein.com – Fax 04 74 67 44 44 – 5 dicembre-19 aprile
e 16 maggio-8 novembre
81 cam ⌂ – 🛉103/162 € 🛉🛉252/366 € – 6 suites – ½ P 136/203 €
Rist – (chiuso a mezzogiorno) (solo per alloggiati)
◆ Grande struttura tradizionale di alto confort, con ampie sale comuni ben disposte ed ele-ganti camere rinnovate, tutte con balcone. Nuova e completa beauty farm.

a **Casere** (Kasern) – alt. 1 582 m – ✉ 39030 Predoi

🏠 Berghotel Kasern ⑤   ⟨ 🚗 🚖 🐎 🕸 rist, 🕹 🅿 VISA ⑳ AE 🍴

via Casere 10 – ✆ 04 74 65 41 85 – www.kasern.com – Fax 04 74 65 41 90
– 26 dicembre-10 maggio e 23 giugno- novembre
27 cam ⌂ – 🛉47/76 € 🛉🛉74/132 € – ½ P 47/76 €
Rist – (chiuso mercoledì escluso luglio, agosto e dal 26 dicembre al 6 gennaio)
Carta 24/41 €
◆ Esiste da quattrocento anni come luogo di posta, oggi è un tipico hotel, con camere gra-ziose ed accoglienti: ottima base per passeggiate o per lo sci di fondo. Al ristorante la stessa atmosfera genuina e familiare dell'omonimo albergo.

VALLECROSIA – Imperia (IM) – **561** K4 – **7 220 ab.** – alt. 45 m   **14** A3
– ✉ 18019

🚹 Roma 652 – Imperia 46 – Bordighera 2 – Cuneo 94

✕✕ Giappun   🚖 🗛 VISA ⑳ AE ① 🍴

via Maonaira 7 – ✆ 01 84 25 05 60 – Fax 01 84 25 59 86 – chiuso novembre,
mercoledì, giovedì a mezzogiorno
Rist – Menu 45/70 € – Carta 60/125 € ⅋
◆ La freschezza delle materie prime è la carta vincente di questo locale, nato come sta-zione di posta e che ancora ricorda nel nome il suo fondatore. Pesce del giorno e accatti-vanti presentazioni.

✕✕ Torrione   🗛 🕸 VISA ⑳ AE ① 🍴

via Aprosio 394 – ✆ 01 84 29 56 71
– chiuso dal 1° al 10 luglio, dal 20 al 30 ottobre, domenica sera e lunedì escluso
agosto
Rist – Carta 40/65 €
◆ Si trova lungo la via Aurelia: due salette in successione per pochi coperti e una cucina che si ispira solamente al mare e alla disponibilità del mercato locale. Gestione familiare.

VALLE DI CASIES (GSIES) – Bolzano (BZ) – **562** B18 – 2 186 ab.   **31** D1
– alt. 1 262 m – Sport invernali : a Plans de Corones : 1 200/2 275 m ✦ 19 ✦12
(Comprensorio Dolomitisuperski Plans de Corones) ✦ – ✉ 39030

> ▶ Roma 746 – Cortina d'Ampezzo 59 – Brunico 31
>
> 🏛 a San Martino piazza Centrale t° 0474 978436, Fax 0474 978226

🏨 **Quelle** ⬙   ⬅ 🚗 🛏 ⌧ ▢ ⊕ ⬙ ♨ 🛋 🍽 ⬙ cam, ✦ 🌐 ⬙ 🅿 🚗
a Santa Maddalena alt. 1 398 – ✆ 04 74 94 81 11   VISA ⬙ ⬙
– www.hotel-quelle.com – Fax 04 74 94 80 91 – chiuso sino al 15 maggio
49 cam ⬙ – †125/180 € †† 200/300 € – 16 suites – ½ P 105/230 €
Rist – (chiuso a mezzogiorno) (solo per alloggiati) Menu 40/55 €
♦ In un giardino con laghetto e torrente, una bomboniera di montagna, ricca di fantasia, decorazioni, proposte di svago; curatissime camere, centro benessere completo. Legno, bei tessuti, profusione di addobbi e atmosfera raffinata nella sala ristorante.

✕ **Durnwald**   🛏 🅿
a Planca di Sotto alt. 1 223 – ✆ 04 74 74 69 20 – Fax 04 74 74 68 86 – chiuso giugno e lunedì
Rist – Carta 20/36 €
♦ Un inno al territorio, tanto nel paesaggio, che potrete ammirare dalle finestre affacciate alle piste da sci, quanto nella cucina, depositaria della genuina tradizione altoatesina.

VALLE IDICE – Bologna – **562** J15 – Vedere Monghidoro

VALLELUNGA (LANGTAUFERS) – Bolzano (BZ) – **562** B13   **30** A1
– alt. 1 912 m – ✉ 39020 Curon Venosta

> ▶ Da Melago: Roma 740 – Sondrio 148 – Bolzano 116 – Landeck 63

🏠 **Alpenjuwel**   ⬅ ▢ ⊕ ♨ 🛋 🍽 ⬙ cam, 🅿 🚗 VISA ⬙ AE ⬙ ⬙
a Melago – ✆ 04 73 63 32 91 – www.alpenjuwel.it – Fax 04 73 63 35 02 – chiuso dal 10 giugno al 1° luglio e dal 1° novembre al 20 dicembre
16 cam – solo ½ P 55/70 €
Rist – (chiuso a mezzogiorno) (solo per alloggiati) Menu 35/50 €
♦ Soggiornare qui e dimenticare il resto del mondo: è ciò che promette e mantiene un piccolo, panoramico hotel alla fine della valle; camere non ampie, ma accoglienti.

VALLERANO – Viterbo (VT) – **563** O18 – 2 614 ab. – alt. 403 m   **12** B1
– ✉ 01030

> ▶ Roma 75 – Viterbo 15 – Civitavecchia 83 – Terni 54

✕✕ **Al Poggio**   🛏 AK ⬙ 🅿 VISA ⬙ AE ⬙ ⬙
via Janni 7 – ✆ 07 61 75 12 48 – Fax 07 61 09 51 81 – chiuso lunedì sera, martedì
Rist – Carta 29/43 €
♦ Un grande camino decora la sala dall'arredamento sobrio che d'estate si apre in una gradevole terrazza parzialmente coperta. Paste fatte in casa e il fine settimana anche pesce.

VALLES = VALS – Bolzano – Vedere Rio di Pusteria

VALLESACCARDA – Avellino (AV) – **564** D27 – 1 401 ab. – alt. 600 m   **7** C1
– ✉ 83050

> ▶ Roma 301 – Foggia 65 – Avellino 60 – Napoli 115

✕✕✕ **Oasis-Sapori Antichi** (Lina e Maria Luisa Fischetti)   AK ⬙ ⬙
via Provinciale Vallesaccarda – ✆ 0 82 79 70 21   VISA ⬙ AE ⬙ ⬙
– www.oasis-saporiantichi.it – Fax 0 82 79 75 41 – chiuso dal 1° al 15 luglio, giovedì, le sere dei giorni festivi
Rist – (consigliata la prenotazione) Menu 35/45 € – Carta 35/51 € ⬙
Spec. Uovo all'occhio di bue con purea di patate al limone e tartufo di Bagnoli Irpino. Fusilli al ferretto con ragù all'antica. Tartella di frolla con ricotta mantecata, croccantino, salsa di cioccolato e gelato di liquirizia.
♦ Un'intera famiglia da tempo alla guida del ristorante; la calorosa ospitalità è rimasta la stessa, ambienti e cucina si sono raffinati in un crescendo di eleganza e sapori.

XX **Minicuccio** con cam   🔲 AC ⅍ 🛆 P̲ 🖿 VISA ∞ ① ᕷ
via Santa Maria 24/26 – ☎ *0 82 79 70 30 – www.minicuccio.com*
– Fax 0 82 79 74 54
10 cam – ♦45 € ♦♦75 €, � 5 € – ½ P 60 €
Rist – *(chiuso lunedì)* Carta 23/30 €
♦ Dall'inizio del '900 nel rinomato ristorante, quattro generazioni hanno coltivato l'arte del buon mangiare, con le ricette di questa terra; ambienti classici, camere decorose.

VALLE SAN FLORIANO – Vicenza – Vedere Marostica

VALLO DELLA LUCANIA – Salerno (SA) – **564** G27 – 8 882 ab.   **7** C3
– alt. 380 m – ⌷ 84078

   ▶ Roma 343 – Potenza 148 – Agropoli 35 – Napoli 143

X **La Chioccia d'Oro**   🏠 AC ⅍ P̲ VISA ∞ AE ① ᕷ
località Massa-al bivio per Novi Velia ⌷ *84050 Massa della Lucania*
– ☎ *0 97 47 00 04 – www.chiocciadoro.com – chiuso dal 1° al 10 settembre e venerdì*
Rist – Carta 16/26 €
♦ Solida gestione familiare da oltre 20 anni per questo locale: in una sala sobria ed essenziale, o nel dehors estivo, piatti della tradizione locale, a base di carne.

VALLO DI NERA – Perugia (PG) – **563** N20 – 446 ab. – alt. 450 m   **33** C2
– ⌷ 06040

   ▶ Roma 147 – Terni 39 – Foligno 36 – Rieti 57

XX **La Locanda di Cacio Re** con cam 🏖 ⟨ 🚗 🏠 🖢 🛆 ⅍ rist, "ᐟ"
località i Casali – ☎ *07 43 61 70 03*   P̲ VISA ∞ AE ① ᕷ
– www.caciore.com – Fax 07 43 61 72 14 – chiuso novembre o gennaio
9 cam – ♦50/55 € ♦♦70/75 € – ½ P 60/70 €   **Rist –** Carta 28/51 €
♦ Ai margini di un suggestivo borgo, un casolare del 1500 ristrutturato con incantevole vista su monti e vallata. Cucina locale con particolare attenzione ai formaggi.

VALLONGA – Trento – Vedere Vigo di Fassa

VALMADRERA – Lecco (LC) – **561** E10 – 11 362 ab. – alt. 237 m   **18** B1
– ⌷ 23868

   ▶ Roma 626 – Como 27 – Bergamo 37 – Lecco 4

XX **Villa Giulia-Al Terrazzo** con cam   ⟨ 🚗 🏠 "ᐟ" 🛆 P̲
via Parè 73 – ☎ *03 41 58 31 06 – www.alterrazzo.com*   VISA ∞ AE ① ᕷ
– Fax 03 41 20 11 18
12 cam ⊐varpropto – ♦60/85 € ♦♦120/150 € – ½ P 85/90 €   **Rist –** Menu 45/80 €
♦ Sobria eleganza in una villa di fine Ottocento con un'ampia sala ed altre due salette graziosamente affrescate: se il tempo lo permette non rinunciate al romanticismo della terrazza affacciata sul lago. In menu, i sapori locali esaltati con grande capacità e senza stravolgimenti.

VALNONTEY – Aosta – **561** F4 – Vedere Cogne

VALPELLINE – Aosta (AO) – **561** E3 – 623 ab. – alt. 954 m – ⌷ 11010   **34** A2
   ▶ Roma 752 – Aosta 17 – Colle del Gran San Bernardo 39 – Milano 203

🔠 **Le Lievre Amoureux**   ⟨ 🚗 🏠 🕭 🖢 🛆 🛲 ⅍ rist, "ᐟ" 🛆 P̲
località Chozod 12 – ☎ *01 65 71 39 66 – www.lievre.it*   VISA ∞ ① ᕷ
– Fax 01 65 71 39 66
31 cam ⊐varpropto – ♦50/70 € ♦♦90/130 € – ½ P 80 €
Rist – *(chiuso dal 15 ottobre al 2 dicembre e dall' 8 al 28 gennaio)* Carta 29/39 €
♦ Gestione seria e accoglienza familiare in un simpatico albergo circondato da un ampio prato-giardino dove sono collocati anche quattro chalet; arredi in pino e parquet. Ambientazione di tono rustico nella sala del ristorante.

VALPIANA – Grosseto – **563** M14 – Vedere Massa Marittima

VALSAVARENCHE – Aosta (AO) – **561** F3 – 194 ab. – alt. 1 540 m   **34** A2
– ✉ 11010

▶ Roma 776 – Aosta 29 – Courmayeur 42 – Milano 214

a Eau Rousse Sud : 3 km – ✉ 11010 Valsavarenche

A l'Hostellerie du Paradis ⌑   🖼 🕦 ⴵ 🄿 𝚅𝙸𝚂𝙰 ⓦ 🄰🄴 ⓪ 🖒
– ☎ 01 65 90 59 72 – www.hostelleriduparadis.it – Fax 01 65 90 59 71 – chiuso
dall'8 al 31 gennaio e novembre
30 cam – †72 € ††90 €, � 8 € – ½ P 75/80 €   **Rist** – Carta 32/40 €
♦ Per esplorare un "grande paradiso" naturale, è perfetto questo caratteristico borgo di
montagna, dove sta acquattato un originale hotel d'atmosfera e di buon confort. Il ristorante
è una delle attrattive dell'albergo e dispone di spazi curati.

a Pont Sud : 9 km – alt. 1 946 m – ✉ 11010 Valsavarenche

Genzianella ⌑   ≤ 𝒳 rist, 🄿 𝚅𝙸𝚂𝙰 🖒
– ☎ 0 16 59 53 93 – www.genzianella.aosta.it – Fax 0 16 59 53 97 – 15 giugno-
20 settembre
26 cam – †40/52 € ††60/84 €, ⊊ 9 € – ½ P 65/70 €   **Rist** – Carta 24/30 €
♦ Alla fine della valle, in un'oasi di tranquillità e di "frontiera", simpatica risorsa familiare,
con rustici arredi montani nelle parti comuni e nelle camere. Calda, caratteristica ambientazione e casalinghe proposte culinarie in sala da pranzo.

VALSOLDA – Como (CO) – **561** D9 – 1 747 ab. – alt. 457 m – ✉ 22010   **16** A2
▶ Roma 664 – Como 41 – Lugano 9 – Menaggio 18

a San Mamete – alt. 265 m – ✉ 22010

Stella d'Italia ⌑   ≤ 🚗 🏠 📧 🕪 🗨 🚗 𝚅𝙸𝚂𝙰 🖒 🄰🄴 ⓪ 🖒
piazza Roma 1 – ☎ 0 34 46 81 39 – www.stelladitalia.com – Fax 0 34 46 87 29
– 9 aprile-9 ottobre
34 cam ⊊ – †95/120 € ††120/160 €   **Rist** – Carta 45/58 €
♦ E' lambito dalle acque del lago di Lugano il giardino di questo comodo albergo; atmosfera
intima e familiare nei piccoli salotti con librerie, camere per metà rinnovate. Quasi un angolo da cartolina la suggestiva terrazza ristorante sul lago.

VALTOURNENCHE – Aosta (AO) – **561** E4 – 2 292 ab. – alt. 1 524 m   **34** B2
– **Sport invernali : 1 600/3 100 m** ⛷ 1 ⛷ 6, **(Comprensorio Monte Rosa ski collegato**
con Breuil Cervinia e Zermatt - Svizzera) ⛷ – ✉ 11028

▶ Roma 740 – Aosta 47 – Breuil-Cervinia 9 – Milano 178
🄳 via Guido Rey 17 ☎ 0166 949136, breuil-cervinia@montecervino.it,
Fax 0166 949731

Tourist   🚗 📧 ⴵ 𝒳 🕪 🄿 𝚅𝙸𝚂𝙰 ⓦ 🄰🄴 ⓪ 🖒
via Roma 32 – ☎ 0 16 69 20 70 – www.hotel-tourist.it – Fax 0 16 69 31 29
– chiuso ottobre
34 cam – solo ½ P 50/75 €   **Rist** – Menu 18 €
♦ Dopo la ristrutturazione, è un hotel di funzionalità e confort moderni; spaziose camere di
buon livello, curate, con mobili in ciliegio; navetta per gli impianti di sci.

Grandes Murailles senza rist   🕦 📧 ⴵ 𝒳 🚗 𝚅𝙸𝚂𝙰 ⓦ 🖒
via Roma 78 – ☎ 01 66 93 27 02 – www.hotelgmurailles.com – Fax 01 66 50 42 35
– chiuso da maggio al 15 luglio; in ottobre e novembre aperto solo venerdì e sabato
16 cam ⊊ – †55/100 € ††90/190 €
♦ Lo charme e l'atmosfera di questo vecchio albergo anni '50 sono quelli di una casa privata, arredata con mobili d'epoca di famiglia. Camere personalizzate, quasi tutte con balcone,
e leziose testiere dei letti.

VALVERDE – Forlì-Cesena – **563** J19 – Vedere Cesenatico

VANDOIES – Bolzano (BZ) – **562** B17 – 3 221 ab. – alt. 750 m – ✉ 39030   **31** C1
▶ Roma 685 – Bolzano 55 – Brunico 20 – Milano 327
🄳 via J. Anton Zoller 1 località Vandoies di Sotto ☎ 0472 869100,
tourismus.vintl@rolmail.net, Fax 0472 869260

XX   **La Passion** (Wolfgang Kerschbaumer)   � AC P VISA ⚫⚫ AE ⛄

✿   *via San Nicolò 5/b, Vandoies di Sopra* – 𝒞 *04 72 86 85 95 – www.lapassion.it*
  – Fax 04 72 86 99 66 – chiuso lunedì
  Rist – Menu 30/50 € – Carta 45/52 €
  Spec. Terrina di fegato grasso d'oca con pan brioche e albicocche sciroppate. Ravioli ripieni di ricotta di pecora con burro e menta. Filetto di bue con salsa di vino rosso e cipolla e verdure.
  ♦ E' stata ricreata una caratteristica stube tra le mura di questa piccola casa privata, intima e accogliente, con graziose tendine alle finestre. Lei in sala, lui in cucina, a tavola la tradizione.

VARALLO SESIA – Vercelli (VC) – 561 E6 – 7 518 ab. – alt. 451 m   23 C1
– ✉ 13019

▶ Roma 679 – Biella 59 – Milano 105 – Novara 59

🛈 corso Roma 38 t° 0163 564404, info@atlvalsesiavercelli.it, Fax 0163 53091

◉ Sacro Monte★★

a Crosa Est : 3 km – ✉ 13853

X   **Delzanno**   � P VISA ⚫⚫ AE ① ⛄
  località Crosa – 𝒞 *0 16 35 14 39 – Fax 0 16 35 14 39 – chiuso lunedì escluso maggio-settembre*
  Rist – Carta 22/36 €
  ♦ Nel 2005 ha compiuto 155 anni questo storico locale, sempre gestito dalla stessa famiglia; due salette raccolte, una con camino, all'insegna di semplicità e schiettezza.

a Sacro Monte Nord : 4 km – ✉ 13019 Varallo Sesia

🏠   **Sacro Monte** ⬎   ← 🚗 � 🍴 rist, P VISA ⚫⚫ AE ① ⛄
  località Sacro Monte 14 – 𝒞 *0 16 35 42 54 – www.albergosacromonte.eu*
  – Fax 0 16 35 11 89 – aprile-ottobre
  24 cam ⊑ – †46/55 € ††78/88 € – ½ P 50/60 €
  Rist – *(chiuso lunedì escluso luglio-agosto)* Carta 22/36 €
  ♦ Vicino a un sito religioso meta di pellegrinaggi, ambiente piacevolmente "old fashion" in un hotel con spazi esterni tranquilli e verdeggianti; camere di buona fattura. Gradevole sala ristorante con camino e utensili di rame appesi alle pareti.

VARANO DE' MELEGARI – Parma (PR) – 562 H12 – 2 623 ab.   8 A2
– alt. 190 m – ✉ 43040

▶ Roma 489 – Parma 36 – Piacenza 79 – Cremona 85

XX   **Castello**   � ✿ P VISA ⚫⚫ ⛄
  via Martiri della Libertà 129 – 𝒞 *0 52 55 31 56 – Fax 0 52 55 31 56 – chiuso dal 20 dicembre al 20 gennaio, dal 12 al 19 settembre, dal 12 al 19 giugno, lunedì, martedì*
  Rist – *(chiuso a mezzogiorno)* Carta 45/60 €
  ♦ Tra antico e moderno, proprio dove sorgeva il posto di guardia dell'attiguo castello, un piccolo e curato locale che propone estrose interpretazioni di piatti del territorio.

VARAZZE – Savona (SV) – 561 I7 – 13 746 ab. – ✉ 17019 ▌Italia   14 B2

▶ Roma 534 – Genova 36 – Alessandria 82 – Cuneo 112

🛈 corso Matteotti 56 𝒞 019 935043, varazze@inforiviera.it, Fax 019 935916

🏠   **El Chico**   ← 🕊 🏊 🎿 AC 🍴 🐾 🏋 P VISA ⚫⚫ AE ① ⛄
  strada Romana 63, strada statale Aurelia Est : 1 km – 𝒞 *0 19 93 13 88*
  – www.bestwestern.it – Fax 0 19 93 24 23 – chiuso dal 20 dicembre a gennaio
  38 cam ⊑ – †112 € ††145 € – ½ P 95 €   **Rist** – Menu 25 €
  ♦ Struttura anni '60 immersa in un parco ombreggiato con piscina; gradevoli e comodi spazi comuni, sia esterni che interni. Nuove sale riunioni per la clientela business. Ampia, luminosa sala da pranzo di taglio moderno, dove si propone cucina mediterranea.

🏠   **Eden** senza rist   📶 AC 🐾 🕊 🏋 P VISA ⚫⚫ ① ⛄
  via Villagrande 1 – 𝒞 *0 19 93 28 88 – www.hoteledenvarazze.it*
  – Fax 01 99 63 15 – chiuso dal 18 dicembre al 6 gennaio
  45 cam – †50/75 € ††95/120 €, ⊑ 8 €
  ♦ Gestione familiare in una comoda risorsa centrale, adatta a clientela sia turistica che d'affari; zone comuni signorili e ben distribuite, stanze spaziose e confortevoli.

Cristallo rist,
via Cilea 4 – ☎ 01 99 72 64 – www.cristallohotel.it – Fax 01 99 35 57 57 – chiuso dal 21 dicembre al 7 gennaio
45 cam – †60/95 € ††90/130 €, ☕ 8 € – ½ P 80/99 €
Rist – *(da settembre a giugno chiuso venerdì-sabato-domenica) (chiuso a mezzogiorno)* Menu 28/35 €
◆ Per un soggiorno marino in ambiente signorile e ospitale, un hotel che offre camere di diversa tipologia, funzionali e dotate di ogni confort, alcune con idromassaggio. Gradevole sala ristorante, di impostazione classica; piatti italiani e liguri.

Villa Elena rist,
via Coda 16 – ☎ 01 99 75 26 – www.genovesevillaelena.it – Fax 0 19 93 42 77 – chiuso da ottobre a Natale
50 cam – †55/70 € ††100/120 €, ☕ 10 € – ½ P 75/85 € **Rist** – Carta 32/47 €
◆ Accoglienza cordiale e affezionata clientela di habitué in questa bella villa liberty, ristrutturata, che conserva al suo interno elementi architettonici originali. Ligneo soffitto a cassettoni intarsiato e lampadari in stile nella raffinata sala ristorante.

Le Roi rist,
via Genova 43 – ☎ 01 99 59 02 – www.leroi.it – Fax 01 99 59 03 – chiuso dal 20 dicembre al 6 gennaio
20 cam ☕ – †60/85 € ††100/120 €
Rist *Blu di Mare* – *(chiuso lunedì)* Carta 27/46 €
◆ Un albergo fronte mare, raddoppiato nella capienza dalla nuova dependance: arioso negli spazi comuni, dispone di camere arredate modernamente e personalizzate. Il blu del mare è quanto si vede dalla luminosa sala da pranzo.

Ines rist,
via Cavour 10 – ☎ 01 99 73 02 – www.hotelinesvarazze.it – Fax 01 99 35 45 99
12 cam ☕ – †40/50 € ††65/90 € – ½ P 50/61 €
Rist – *(solo per alloggiati)*
◆ Non lontano dal mare, villetta liberty circondata da una piacevole terrazza solarium; accoglienti interni con originali pavimenti a mosaico, camere di taglio classico.

Bri
piazza Bovani 13 – ☎ 0 19 93 46 05 – www.ristorantebri.it – Fax 0 19 93 17 13 – chiuso novembre e mercoledì (escluso giugno-settembre)
Rist – Carta 36/53 €
◆ Mantiene la sua originaria "anima" di osteria, familiare e informale, questo ristorante classico; pochi fronzoli nella solida cucina, che è tipica ligure e di pesce.

VARENA – Trento (TN) – 562 D16 – 821 ab. – alt. 1 155 m – Sport invernali : Vedere Cavalese (Comprensorio Dolomiti superski Val di Fiemme) – ✉ 38030 — 31 D3

Roma 638 – Trento 64 – Bolzano 44 – Cortina d'Ampezzo 104

Alpino cam, rist, rist,
via Mercato 8 – ☎ 04 62 34 04 60 – www.albergoalpino.it – Fax 04 62 23 16 09 – chiuso 20 giorni in maggio e 20 giorni in novembre
28 cam ☕ – †50/75 € ††70/130 € – ½ P 50/78 € **Rist** – Carta 25/35 €
◆ In un bel palazzo sulla piazza centrale del paese, la gestione familiare non lesina sforzi in continui rinnovi. Ottime camere con arredi in legno locale. Moderna sala ristorante dall'ambiente informale, servizio estivo in giardino.

VARENNA – Lecco (LC) – 561 D9 – 852 ab. – alt. 220 m – ✉ 23829 — 16 B2
Italia

Roma 642 – Como 50 – Bergamo 55 – Chiavenna 45

per Menaggio e Bellagio – Navigazione Lago di Como, call center 800 551 201

via 4 Novembre ☎ 0341 830367, Fax 0341 830367

Giardini★★ di villa Monastero

VARENNA

Du Lac senza rist ⚐ ≤ |☰| 🅰🅲 ⚒ 🅿 🚗 💳 🆘 🆎 ① 🆘
via del Prestino 11 – ℰ *03 41 83 02 38 – www.albergodulac.com*
– Fax 03 41 83 10 81 – marzo-15 novembre
16 cam ⊇ – †85/152 € ††167/187 €
♦ Sembra spuntare dall'acqua questo grazioso albergo ristrutturato, in splendida posizione panoramica; piacevoli ambienti comuni e un'amena terrazza-bar in riva al lago.

VARESE 🅿 (VA) – 561 E8 – 82 037 ab. – alt. 382 m – ⊠ 21100 ▮ Italia   **18** A1
🄳 Roma 633 – Como 27 – Bellinzona 65 – Lugano 32
🄷 via Carrobbio 2 ℰ 0332 283604, iatvarese@provincia.va.it Fax 0332 283604
🆀 ℰ 0332 22 93 02
🆀 Dei Laghi, ℰ 0332 97 81 01
🄲 Sacro Monte★★ : ≤ ★★ Nord-Ovest : 8 km – Campo dei Fiori★★ :
※★★ Nord-Ovest : 10 km

Art Hotel senza rist 🚪 |☰| 🅶 🅰🅲 ↔ (((•))) 🅿 🚗 💳 🆎 ① 🆘
viale Aguggiari 26, per ① – ℰ 03 32 21 40 00 – www.arthotelvarese.it
– Fax 03 32 23 95 53 – chiuso dal 10 al 25 agosto
26 cam ⊇ – †105/155 € ††105/190 €
♦ E' una affascinante dimora storica settecentesca ad accogliere questo nuovo hotel nella prima periferia della città arredato con gusto moderno e accessori di ultima generazione.

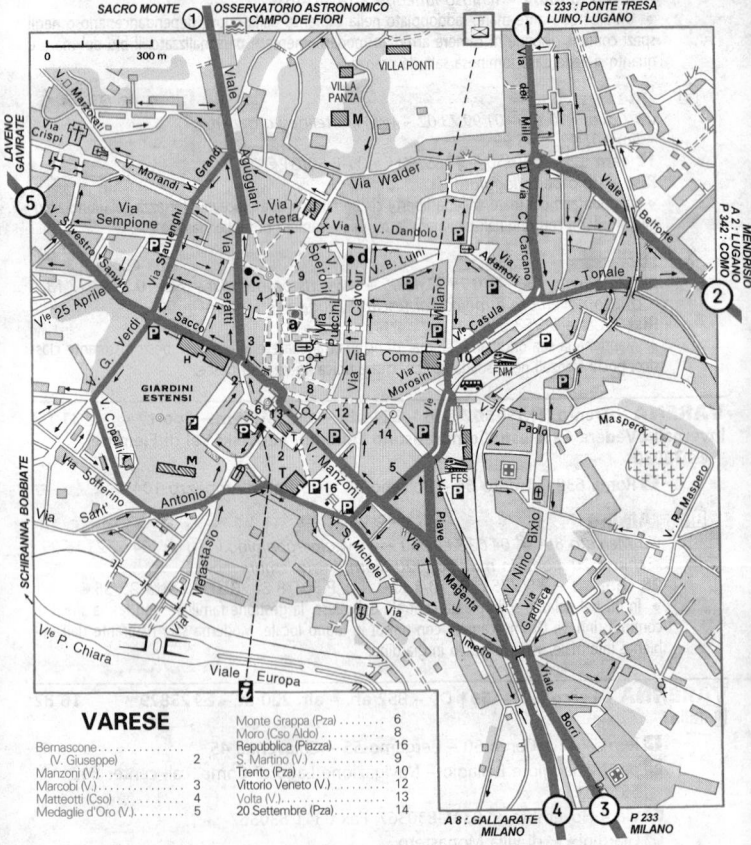

VARESE

City Hotel senza rist 　🛗 AC ⁽ᵗ⁾ ⅍ 🚗 VISA ◉ AE ① ⑤
*via Medaglie d'Oro 35 – 𝒞 03 32 28 13 04 – www.cityhotelvarese.com
– Fax 03 32 23 28 82 – chiuso dal 21 dicembre al 6 gennaio e
dal 14 al 24 agosto* m
46 cam ☷ – †80/125 € ††120/155 €
♦ In centro città, vicino alla stazione ferroviaria, struttura funzionale, con sale riunioni, adatta a clientela sia d'affari che turistica; moderne le camere rinnovate.

Relais sul Lago 　🚗 🕰 ♨ 🖵 ◉ 🛖 ᕼ AC ↯ ⁽ᵗ⁾ ⅍ P
via Giovanni Macchi 61, 3 km per viale 25 Aprile VISA ◉ AE ① ⑤
– 𝒞 03 32 31 00 22 – www.relaissullago.it – Fax 03 32 31 26 97
62 cam ☷ – †80/155 € ††100/200 € – 1 suite – ½ P 75/160 €
Rist *Sergio 1950* – 𝒞 03 32 31 35 71 *(chiuso dal 24 agosto al 7 settembre,
2 settimane in dicembre e domenica sera)* Carta 43/58 € 𝟷𝟹
♦ Lontano dal centro cittadino e con vista sul piccolo lago: camere calde ed accoglienti ed un ospitale centro benessere. Un piccolo paradiso terrestre, dove riconciliarsi con la vita. Per godere dei piaceri della tavola, una sosta da *Sergio 1950* tra piatti sani e sfiziosi, accompagnati da una vasta selezione di vini.

Bologna 　🕰 🛗 ⅙ cam, AC ⁽ᵗ⁾ 🚗 VISA ◉ AE ① ⑤
via Broggi 7 – 𝒞 03 32 23 43 62 – www.albergobologna.it – Fax 03 32 28 75 00
18 cam ☷ – †75 € ††95 € c
Rist – *(chiuso sabato)* Carta 30/40 €
♦ Gestito dalla stessa famiglia da quasi 50 anni, un semplice, ma confortevole hotel, rinnovato in anni recenti; comoda posizione centrale e camere ben arredate. Simpatica sala da pranzo di ambientazione rustica nel frequentato ristorante.

XXX **Al Vecchio Convento** 　⅙ AC ⅍ P VISA ◉ AE ① ⑤
*viale Borri 348, per ③ – 𝒞 03 32 26 10 05 – www.alvecchioconvento.it
– Fax 03 32 81 07 01 – chiuso dal 27 dicembre al 4 gennaio, dall'11 al
30 agosto, domenica sera, lunedì*
Rist – Menu 40/50 € – Carta 44/62 €
♦ Chiedete un tavolo nella sala principale, d'atmosfera e con arredi eleganti, per gustare una cucina che segue le stagioni e predilige la Toscana. In posizione decentrata.

XX **Teatro** 　AC ⅍ VISA ◉ AE ① ⑤
*via Croce 3 – 𝒞 03 32 24 11 24 – www.ristoranteteatro.it – Fax 03 32 23 59 83
– chiuso dal 25 luglio al 25 agosto e martedì* a
Rist – Carta 39/56 €
♦ Raccontano la storia del teatro, dalle origini greche ai giorni nostri, i quadri alle pareti di un antico locale, in pieno centro; a tavola vanno in scena terra e mare.

a Capolago Sud-Ovest : 5 km – ✉ 21100

XX **Da Annetta** 　🕰 AC ⇦ P VISA ◉ AE ① ⑤
*via Fè 25 – 𝒞 03 32 49 00 20 – www.daannetta.it – Fax 03 32 49 02 11 – chiuso
dall'8 al 24 agosto, martedì sera, mercoledì*
Rist – Menu 30/70 € – Carta 44/64 € 𝟷𝟹
♦ In un edificio del '700, rustico e al contempo elegante con raffinata cura della tavola e cucina che prende spunto dalla tradizione, ma sa rivisitarla con fantasia.

VARESE LIGURE – La Spezia (SP) – **561** I10 – 2 221 ab. – alt. 353 m 15 D2
– ✉ 19028

🄳 Roma 457 – La Spezia 57 – Bologna 194 – Genova 90
🄸 (maggio-settembre) via Portici 19 𝒞 0187 842094, Fax 0187 842094

Amici 　🕰 🛗 ⁽ᵗ⁾ P VISA ◉ AE ⑤
*via Garibaldi 80 – 𝒞 01 87 84 21 39 – www.albergoamici.com
– Fax 01 87 84 08 91 – chiuso dal 20 dicembre al 15 gennaio*
29 cam ☷ – †40/47 € ††55/70 € – ½ P 40/50 €
Rist – *(chiuso mercoledì da ottobre a maggio)* Carta 21/33 €
♦ Nella cittadina dell'entroterra, dove potrete visitare il Castello e l'originale Borgo Rotondo, confortevole hotel familiare, con giardino; buon rapporto qualità/prezzo. Lineare sala ristorante d'impostazione classica.

☓ **La Taverna del Gallo Nero** 🛜 VISA ⓪ ① ⑤
piazza Vittorio Emanuele 26 – 𝒞 01 87 84 05 13 – Fax 01 87 84 08 42 – chiuso
gennaio e lunedì
Rist – (prenotazione obbligatoria la sera) Carta 24/37 €
♦ Locale rustico ed accogliente nel cuore della località. Tre salette caratterizzate da pietra
viva e travi di legno. La cucina presenta poche ma curate proposte.

VARIGOTTI – Savona (SV) – **561** J7 – ⊠ **17029**　　　　　　**14** B2
🄳 Roma 567 – Genova 68 – Imperia 58 – Milano 191
🄸 (maggio-settembre) via Aurelia 79 𝒞 019 698013, varigotti@inforiviera.it,
Fax 019 6988842

🏛 **Al Saraceno** 🚗 🛜 |≋| AK ✘ rist, ⁽¹⁾ P̱ 🚗 VISA ⓪ AE ⑤
via al Capo 2 – 𝒞 01 96 98 81 82 – www.alsaracenogroup.com
– Fax 01 96 98 81 85 – chiuso novembre
17 cam ⊂⊃ – 🛏90/230 € 🛏🛏180/290 € – 4 suites – ½ P 140/195 €
Rist – Carta 42/70 €
♦ Totale restyling per questo hotel con accesso diretto alla spiaggia: ambienti luminosi e
signorili, belle camere con confort di livello. Eleganza mediterranea al ristorante, servizio
estivo in terrazza sul mare.

🏠 **Al Capo** |≋| AK cam, ✘ 🚗 VISA ⓪ ⑤
vico Mendaro 3 – 𝒞 01 96 98 80 66 – www.hotelalcapo.com
– Fax 01 96 98 80 66 – 28 marzo-11 ottobre
24 cam ⊂⊃ – 🛏60/72 € 🛏🛏95/125 € – ½ P 75 €
Rist – (21 maggio-26 settembre) (chiuso a mezzogiorno) Menu 25/30 €
♦ Il bianco impera all'esterno, mentre nei freschi e moderni interni i mobili si riappropiano
dei colori: ambiente di calda familiarità con stanze accoglienti e funzionali. Sapori mediterranei e piatti della tradizione ligure al ristorante.

☓☓ **Muraglia-Conchiglia d'Oro** con cam e senza ⊂⊃ 🛜 ✘ P̱
via Aurelia 133 – 𝒞 0 19 69 80 15 – chiuso dal VISA ⓪ AE ① ⑤
15 gennaio al 15 febbraio
6 cam – 🛏50/70 € 🛏🛏70/90 €
Rist – (chiuso mercoledì e da ottobre a maggio anche martedì) Carta 56/76 €
♦ Una sala sobria e luminosa, nonché una piacevole terrazza vista mare: la specialità della
casa è il pesce - di grande qualità e freschezza - preparato anche alla brace.

VARZI – Pavia (PV) – **561** H9 – 3 442 ab. – alt. 416 m – ⊠ **27057**　　**16** B3
🄳 Roma 585 – Piacenza 69 – Alessandria 59 – Genova 111
🄸 piazza della Fiera 𝒞 0383 545221

☓☓ **Sotto i Portici** 🛜 ⅙ VISA ⓪ AE ① ⑤
via del Mercato 10 – 𝒞 0 38 35 29 90 – www.sottoiportici.com
– Fax 0 38 35 91 11 – chiuso lunedì e martedì
Rist – (chiuso a mezzogiorno escluso sabato, domenica e festivi) Carta 28/35 €
♦ Sotto i portici del centro storico, un gradevolissimo locale di sobria eleganza, con servizio
accurato; tocco moderno in una cucina saldamente legata alla tradizione.

verso Pian d'Armà Sud : 7 km :

☓ **Buscone** 🛜 ✘ ⇆ VISA ⓪ AE ① ⑤
località Bosmenso 41 – 𝒞 0 38 35 22 24 – www.ristorantebuscone.it
– Fax 03 83 54 16 98 – chiuso lunedì
Rist – Menu 30 € – Carta 20/30 €
♦ La difficoltà che forse incontrerete per raggiungere la trattoria, sarà ricompensata dal
vivace ambiente familiare e dalla cucina casereccia. Assolutamente da assaggiare: i salumi
fatti in casa e, in stagione, i funghi.

VASON – Trento – Vedere Bondone (Monte)

VASTO – Chieti (CH) – **563** P26 – 38 795 ab. – alt. 144 m – ⊠ **66054**　　**2** C2
🄳 Roma 271 – Pescara 70 – L'Aquila 166 – Campobasso 96
🄸 piazza del Popolo 18 𝒞 0873 367312, iat.vasto@abruzzoturismo.it,
Fax 0873 367312

XX **Castello Aragona** ⟨ 🛋 🏠 AC 🅢 **P** 💳 ⚫⚫ AE ⓪ 🔾
via San Michele 105 – 𝒞 0 87 36 98 85 – www.castelloaragona.it
– Fax 0 87 36 98 85 – chiuso dal 24 dicembre al 4 gennaio e lunedì
Rist – Carta 35/55 €
♦ La suggestiva atmosfera di memoria storica e il servizio estivo sulla terrazza-giardino con splendida vista sul mare caratterizzano questo ristorante, dove potrete gustare specialità di mare.

XX **Lo Scudo** AC 💳 ⚫⚫ AE ⓪ 🔾
corso Garibaldi 39 – 𝒞 08 73 36 77 82 – www.ristoranteloscudo.it
– Fax 08 73 36 77 82 – chiuso martedì in bassa stagione
Rist – Carta 30/40 € (+10 %)
♦ Il nome e l'atmosfera di questo ristorante s'ispirano ai fasti medievali del vicino castello Caldoresco. Anche la cucina prende spunto dal passato e propone i tipici piatti regionali, pesce e paste fatte in casa.

VASTO (Marina di) – Chieti (CH) – **563** P26 – ✉ 66054   **2** C2
🄳 Roma 275 – Pescara 72 – Chieti 74 – Vasto 3

sulla strada statale 16

🏨 **Excelsior** ⟨ 🌊 🎿 📶 🛗 🔾 cam, ⚥ AC 🅢 rist, 🌐 🚠 **P**
contrada Buonanotte, Sud : 4 km ✉ 66055   💳 ⚫⚫ AE ⓪ 🔾
– 𝒞 08 73 80 22 22 – www.hotelexcelsiorvasto.com – Fax 08 73 80 22 22
– chiuso dal 23 dicembre al 2 gennaio
45 cam ⭢ – †70/90 € ††95/150 € – 10 suites – ½ P 65/95 €
Rist – *(chiuso a mezzogiorno escluso da giugno a settembre)* Carta 29/45 €
♦ Funzionalità e confort in questa accogliente struttura realizzata in anni recenti che dispone di ambienti di notevole ampiezza. Ideale per una clientela d'affari. Impostazione classica di tono elegante nell'ampia sala ristorante.

🏠 **Sporting** 🛋 🌊 🅢 🛗 AC 🅢 rist, **P** 🚗 💳 ⚫⚫ AE ⓪ 🔾
località San Tommaso 67, Sud : 2,5 km ✉ 66055 – 𝒞 08 73 80 19 08
– www.hotelsportingvasto.it – Fax 08 73 80 96 22
22 cam ⭢ – †52/78 € ††78/125 € – ½ P 60/75 €   **Rist** – Carta 22/34 €
♦ Circondato da una fiorita terrazza-giardino e poco distante dal mare, la curata struttura è ideale per un soggiorno di relax in un ambiente signorile ma familiare. Cucina genuina a base di prodotti locali, gestita direttamente dal titolare.

XX **Villa Vignola** con cam 🦢 ⟨ 🛋 🏠 AC 🅢 rist, 🌐 **P**
località Vignola, Nord : 6 km ✉ 66054   💳 ⚫⚫ AE ⓪ 🔾
– 𝒞 08 73 31 00 50 – www.villavignola.it – Fax 08 73 31 00 60 – chiuso dal 21 al 28 dicembre
5 cam ⭢ – †80/100 € ††120/130 €   **Rist** – Carta 38/48 €
♦ In un giardino con accesso diretto al mare e con una splendida vista della costa, ristorante di tono elegante, dove trovare soprattutto proposte di mare. La sera, servizio all'aperto. Camere curate e accoglienti, arredate con mobili d'antiquariato, per un soggiorno votato alla tranquillità.

X **Il Corsaro** ⟨ 🏠 AC **P** 💳 ⚫⚫ 🔾
località Punta Penna-Porto di Vasto, Nord : 8 km ✉ 66054 – 𝒞 08 73 31 01 13
– Fax 08 73 31 01 13 – chiuso lunedì escluso da aprile ad ottobre
Rist – Carta 45/55 € (+10 %)
♦ Una cordiale famiglia si divide tra sala e fornelli di questa storica trattoria, con servizio estivo in terrazza sul mare; solida cucina basata sul pescato giornaliero.

VATICANO (Città del) – Roma – Vedere Roma

VEDOLE – Parma – Vedere Colorno

VELLETRI – Roma (RM) – **563** Q20 – 51 507 ab. – alt. 352 m – ✉ 00049   **13** C2
🄸 Roma
🄳 Roma 36 – Anzio 43 – Frosinone 61 – Latina 29
🄶 Castelli romani★★ Nord-Ovest per la via dei Laghi o per la strada S 7, Appia Antica (circuito di 60 km)

Da Benito al Bosco 🦢 ♨ ⚙ ⛲ 🏊 🚗 AC 📶 ⛓ P VISA ⊚ AE ① ⑤

via Morice 96 – ☏ *06 96 33 99 91 – www.benitoalbosco.com – Fax 06 96 35 11 10*
45 cam ☲ – ⬧55/70 € ⬧⬧80 € – ½ P 65 €
Rist – *(chiuso martedì)* Carta 35/45 € ⊛

◆ Situato in zona collinare e residenziale, l'albergo ospita recenti camere classiche di note-voli dimensioni, arredate con gusto moderno ed inserti in marmo. Il ristorante privilegia ovviamente la cucina di mare. Appena il clima lo consente, ci si posta all'aperto, a bordo piscina o all'ombra dei castagni.

VELLO – Brescia (BS) – **561** E12 – alt. 190 m – ✉ 25054 Marone   **19** D1

▷ Roma 591 – Brescia 34 – Milano 100

Trattoria Glisenti   ♨ ⅍

via Provinciale 34 – ☏ *0 30 98 72 22 – chiuso dal 6 gennaio al 12 febbraio e giovedì, da settembre a maggio anche mercoledì*
Rist – Carta 23/36 €

◆ Un indirizzo consigliabile agli appassionati del pesce di lago: semplice trattoria di lunga tradizione familiare, sulla vecchia strada costiera del lago d'Iseo.

VELO D'ASTICO – Vicenza (VI) – **562** E16 – 2 399 ab. – alt. 362 m   **35** B2
– ✉ 36010

▷ Roma 551 – Trento 57 – Treviso 83 – Verona 81

Giorgio e Flora con cam   ≤ ♨ AC ⅍ P VISA ⊚ ⑤

via Baldonò 1, al lago di Velo d'Astico, Nord-Ovest : 2 km – ☏ *04 45 71 30 61*
– www.giorgioeflora.it – Fax 04 45 71 41 43 – chiuso dal 1° al 15 gennaio e dal 1° al 10 settembre
6 cam ☲ – ⬧65/85 € ⬧⬧90 €
Rist – *(chiuso mercoledì sera, giovedì)* *(coperti limitati, prenotare)* Carta 29/51 €
◆ Una villetta tipo chalet che domina la valle, due sale, di cui una più raccolta ed elegante, un panoramico dehors e piatti della tradizione veneta con tocco personale.

VELO VERONESE – Verona (VR) – **562** F15 – 800 ab. – alt. 1 087 m   **35** B2
– ✉ 37030

▷ Roma 529 – Verona 35 – Brescia 103 – Milano 193

13 Comuni con cam   ♨ ⅍ cam, 📶 VISA ⊚ ⑤

piazza della Vittoria 31 – ☏ *04 57 83 55 66 – www.13comuni.it*
– Fax 04 57 83 55 66 – chiuso settembre o ottobre
15 cam ☲ – ⬧30/50 € ⬧⬧65/75 € – ½ P 40/55 €
Rist – *(chiuso lunedì e martedì escluso luglio-agosto)* Carta 27/38 €
◆ Nella piazza del paese, classica risorsa familiare, con camere funzionali e cucina del territo-rio; soffitto di legno nella spaziosa sala ristorante di stile montano.

VENARIA REALE – Torino (TO) – **561** G4 – 34 563 ab. – alt. 258 m   **22** A1
– ✉ 10078

▷ Roma 667 – Torino 11 – Aosta 116 – Milano 143

Galant senza rist   ⛓ AC ⅍ 📶 P VISA ⊚ AE ① ⑤

corso Garibaldi 155 – ☏ *01 14 55 10 21 – www.hotelgalant.it*
– Fax 01 14 55 12 19
39 cam ☲ – ⬧98/139 € ⬧⬧127/190 €
◆ A meno di un chilometro dal "delle Alpi", struttura di taglio moderno, ideale per una clientela d'affari, dispone di piacevoli ambienti comuni e di camere semplici ma confortevoli.

Cascina di Corte   ♨ AC 📶 VISA ⊚ ① ⑤

via Amedeo di Castellamonte 2 – ☏ *01 14 59 32 78 – www.cascinadicorte.it*
– Fax 01 14 59 83 95 – chiuso dal 10 al 20 agosto
10 cam ☲ – ⬧100/130 € ⬧⬧120/160 € – 2 suites   **Rist** – Carta 33/66 €
◆ Alle porte della celebre reggia, cascina ottocentesca con annessa ghiacciaia ancora conser-vata. Sobrio stile architettonico di impronta locale, ma - all'interno - l'atmosfera rustica con mattoni a vista nelle camere cede il passo a moderne installazioni e confort.

XXX **Dolce Stil Novo alla Reggia** (Alfredo Russo) 🕯 ᴋ AC 🎘 🖰

🕸 *piazza della Repubblica 4 – ℰ 01 14 99 23 43*   VISA ⬤⬤ AE ⓞ 🌀
– *www.dolcestilnovo.com* – Fax   01 14 99 23 33 – *chiuso 2 settimane in
gennaio, 2 settimane in agosto, domenica sera, lunedì, martedì a mezzogiorno*
Rist – (coperti limitati, prenotare) Carta 77/114 €
Spec. Coscia d'anatra caramellata ed arrostita al profumo di agrumi. Tortelli di
barbaboc (barba di becco) e bietole con ricotta dura (primavera-estate). Bice-
rin in sfera di cioccolato con caffé in diverse consistenze.

♦ Ospitato all'interno del *Torrione del Garove*, il ristorante dispone di una bella terrazza
affacciata sui giardini della *Reggia di Venaria*. Due ampie sale con tavoli spaziosi, alle quali
si contrappongono arredi minimalisti, accolgono una cucina del territorio con qualche specialità di mare.

XXX **Il Reale**   AC 🖰 VISA ⬤⬤ AE ⓞ 🌀

*corso Garibaldi 153 – ℰ 01 14 53 04 13 – www.ilreale.it – Fax   01 14 54 09 35
– chiuso dal 10 al 25 agosto*
Rist – Menu 24/40 € – Carta 30/44 € 🍴

♦ Locale nato nel 2000, strutturato in due sale moderne ed eleganti nelle quali gustare una
cucina regionale e di pesce arricchita da spunti di fantasia.

Venezia Gondole

VENEZIA

Carta Michelin : 562 F19
Popolazione : 268 993 ab.
Codice Postale : ⊠ 30124

▌ Venezia
Carta regionale : 36 C2

INFORMAZIONI PRATICHE

◼ Uffici Informazioni turistiche

calle Ascensione - San Marco 71/f ⊠ 30124 ✆ 041 5298711, info@turismovenezia.it,
Fax 041 5230399

🛈 Stazione Santa Lucia ⊠ 30121 ✆ 041 5298711, info@turismovenezia.it, Fax 041
5230399

🛈 Aeroporto Marco Polo ✆ 041 5298711,info@turismovenezia.it, Fax 041 5230399

Aeroporto

🛧 Marco Polo di Tessera, Nord-Est : 13 km ✆ 041 2609240

Trasporti marittimi

⛴ da piazzale Roma (Tronchetto) per il Lido-San Nicolò – *dal Lido Alberoni per
l'Isola di Pellestrina-Santa Maria del Mare*

Golf

🏌 ✆ 041 73 13 33

🏌 Cá della Nave, ✆ 041 5 40 15 55

🏌 Villa Condulmer, ✆ 041 45 70 62

◉ LUOGHI DI INTERESSE

GLI IMPERATIVI CATEGORICI

Basilica di S. Marco★★★ e Museo di S. Marco, con i cavalli di bronzo dorato★★ - Palazzo Ducale★★★ e "Itinerari segreti" - Scuola Grande di S. Rocco★★★ - Ca' d'Oro★★★ - Scuola di S. Giorgio degli Schiavoni★★★ - ≤★★★ dal Campanile di S. Giorgio Maggiore - Frari★★★ - Rialto★★ - ≤★★ dal Campanile di S. Marco - S. Maria della Salute★★ - Ponte dei Sospiri★★ - S. Zaccaria★★ - Scala del Bovolo★

MUSEI VENEZIANI

Gallerie dell'Accademia★★★ - Ca' d'Oro★★★ : Galleria Franchetti - Ca' Rezzonico★★ : Museo del Settecento Veneziano - Museo Correr★★ - Collezione Peggy Guggenheim★★ - Fondazione Querini Stampalia★ - Museo Storico Navale★

LA VENEZIA DI ATMOSFERA: LE PASSEGGIATE PER I SESTIERI

S. Pietro di Castello★ - Arsenale★ e S. Francesco della Vigna★ - Campo dell'Abbazia, Sacca della Misericordia, Madonna dell'Orto★, Campo dei Mori e S. Alvise★ - Dogana, Zattere, squero di S. Trovaso, S. Sebastiano★★, Campo S. Margherita - S. Giorgio dei Greci, Campo S. Maria Formosa, SS. Giovanni e Paolo★★ (S. Zanipòlo), S. Maria dei Miracoli★, Fondamenta Nuove, Gesuiti★.

ACQUISTI

Articoli in vetro, moda, maschere, ex libris e carta marmorizzata si troveranno un po' ovunque. Si segnalano le zone più commerciali: Piazza S. Marco, Mercerie★, Rialto, Strada Nuova.

LE ISOLE

Burano★★ : Museo del Merletto - Murano★★ : Museo di Arte Vetraria★, S. Maria e Donato★★ - Torcello★★ : mosaici★★ della Basilica - S. Francesco del Deserto★ - S. Lazzaro degli Armeni★

DINTORNI DI VENEZIA CON RISORSE ALBERGHIERE

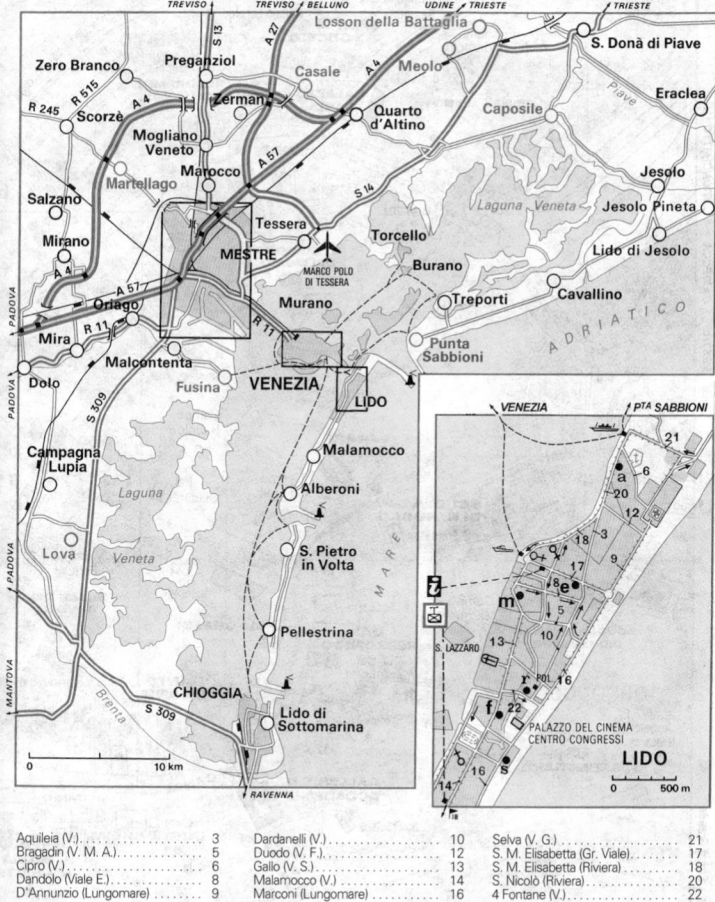

Aquileia (V.)	3	Dardanelli (V.)	10	Selva (V. G.)	21
Bragadin (V. M. A.)	5	Duodo (V. F.)	12	S. M. Elisabetta (Gr. Viale)	17
Cipro (V.)	6	Gallo (V. S.)	13	S. M. Elisabetta (Riviera)	18
Dandolo (Viale E.)	8	Malamocco (V.)	14	S. Nicolò (Riviera)	20
D'Annunzio (Lungomare)	9	Marconi (Lungomare)	16	4 Fontane (V.)	22

🏨🏨🏨 **Cipriani & Palazzo Vendramin** ⬧   ≼ 🚋 🛋 🏊 🛖 👗 ✂ 🛗

isola della Giudecca 10,   🅰🅲 ✂ rist. "📶" 🖂 🆅🆄🆂🅰 ⓿ 🅰🅴 ⓪ 🛗

5 mn di navetta privata dal pontile San Marco ⊠ *30133*

– ℰ *04 15 20 77 44 – www.hotelcipriani.com*

– *Fax 04 15 20 39 30*

– *aprile-ottobre*   **FVh**

74 cam ☲ – †605 € ††990/1452 € – 21 suites – ½ P 583/814 €

Rist Cip's Club – vedere selezione ristoranti

Rist – Carta 91/119 €

♦ Appartato e tranquillo, in un giardino fiorito con piscina riscaldata, grande albergo lussuoso ed esclusivo. Maggiordomo a disposizione nelle raffinate dépendance. In un'elegante saletta interna, sulla fiorita terrazza oppure presso la piscina olimpica, il ristorante offre comunque la vista sulla laguna e sulla città.

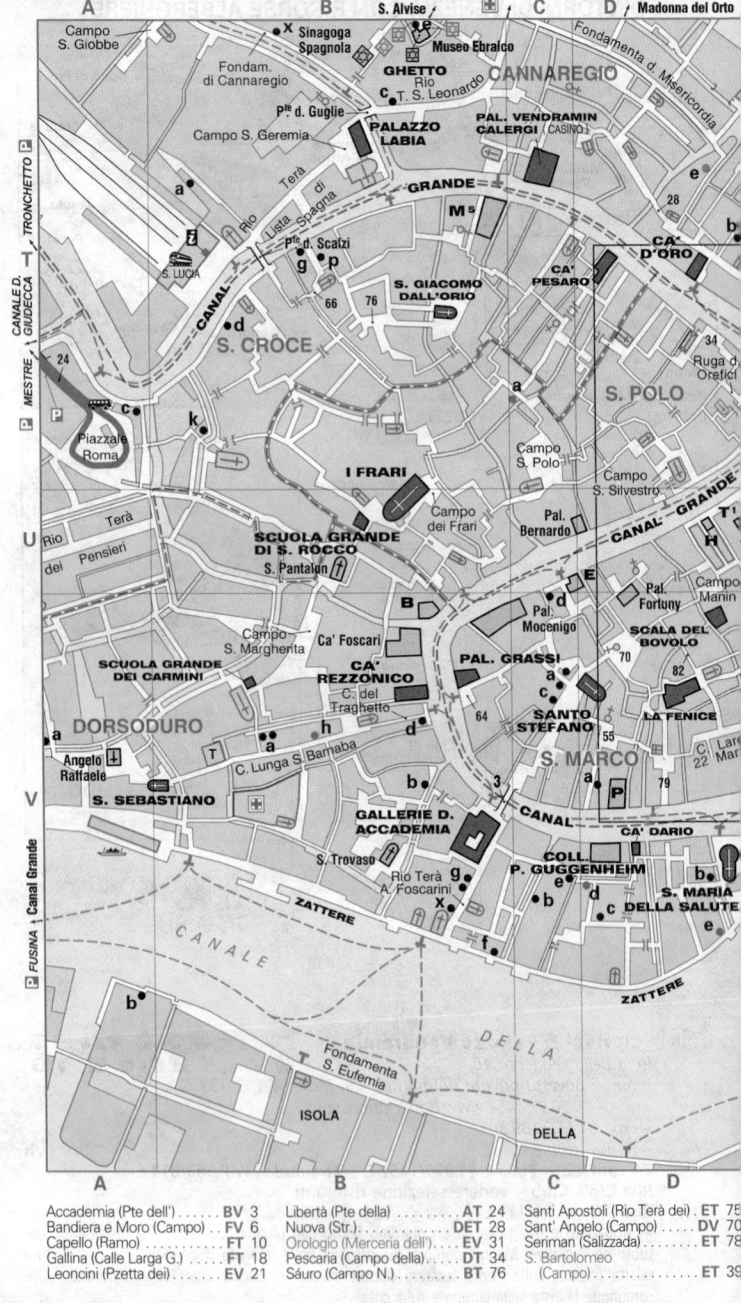

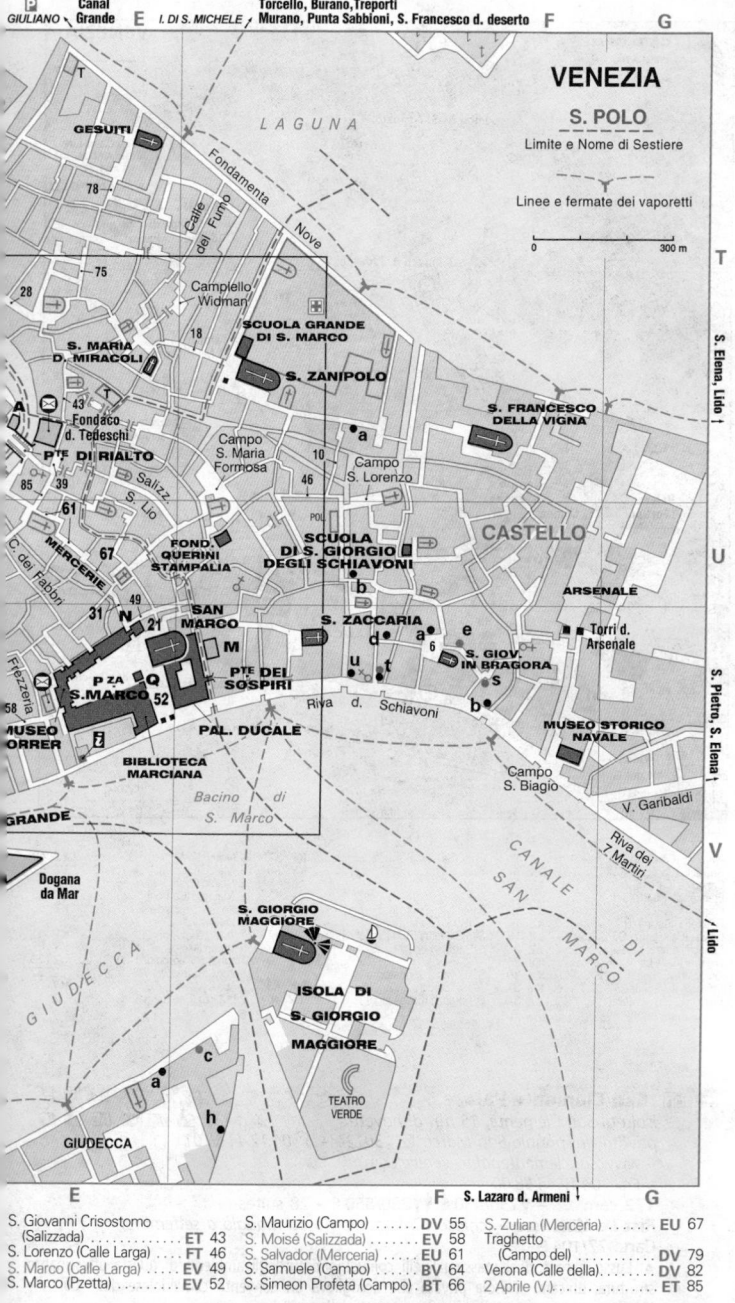

VENEZIA

S. POLO
Limite e Nome di Sestiere

Linee e fermate dei vaporetti

0 ——— 300 m

LAGUNA

GESUITI

78

75

28

Campiello Widman

18

SCUOLA GRANDE DI S. MARCO

S. MARIA D. MIRACOLI

S. ZANIPOLO

43
Fondaco d. Tedeschi

S. FRANCESCO DELLA VIGNA

P.TE DI RIALTO

Campo S. Maria Formosa

10

46

Campo S. Lorenzo

85
39

61

Salizz. S. Lio

MERCERIE

67

FOND. QUERINI STAMPALIA

SCUOLA DI S. GIORGIO DEGLI SCHIAVONI

CASTELLO

49

ARSENALE

31

N
21

SAN MARCO

M

S. ZACCARIA

e

Torri d. Arsenale

P.ZA
S. MARCO
52

Q

P.TE DEI SOSPIRI

d a

6

S. GIOV. IN BRAGORA

S

u t

58

MUSEO CORRER

i

PAL. DUCALE

Riva d. Schiavoni

b

MUSEO STORICO NAVALE

BIBLIOTECA MARCIANA

GRANDE

Bacino di S. Marco

Campo S. Biagio

V. Garibaldi

Dogana da Mar

CANALE

SAN

Riva dei 7 Martiri

S. GIORGIO MAGGIORE

MARCO

Lido

GIUDECCA

ISOLA DI S. GIORGIO MAGGIORE

TEATRO VERDE

c
a
h

GIUDECCA

E · F · S. Lazaro d. Armeni · G

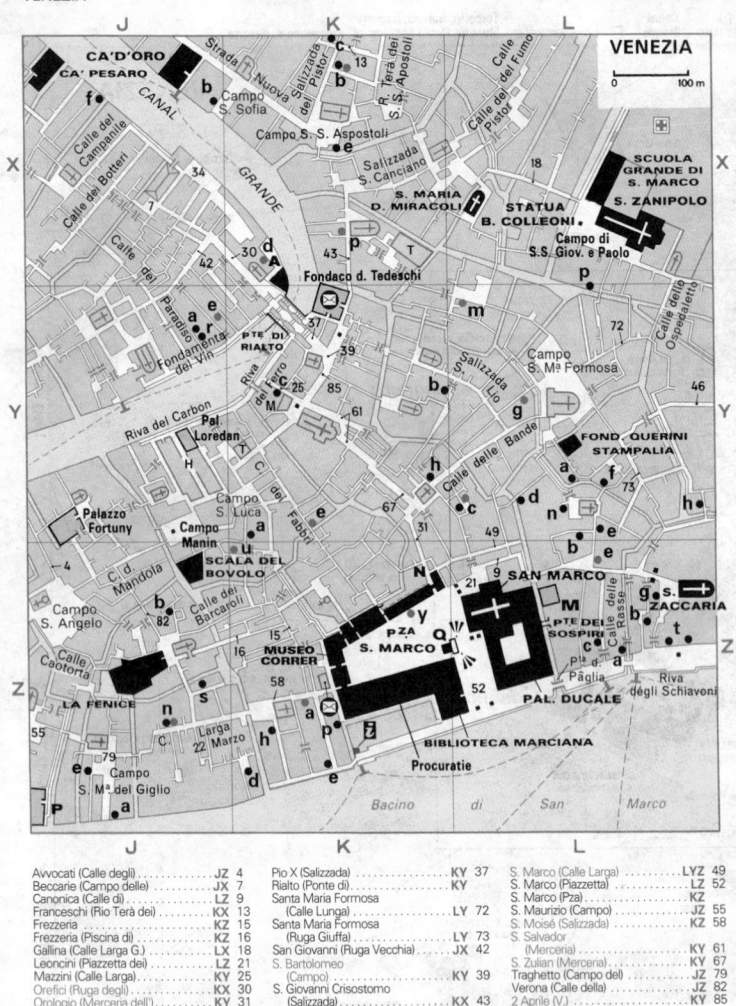

San Clemente Palace ⚜

isola di San Clemente, 15 mn di navetta
privata dal pontile San Marco ⊠ 30124 – ℰ 04 12 44 50 01
– www.sanclementepalacevenice.com
– Fax 04 12 44 58 00
172 cam ⊒ – ♦250/430 € ♦♦280/550 € – 28 suites
Rist *Le Maschere* – *(chiuso a mezzogiorno da maggio a settembre)*
Carta 77/104 €

♦ Lusso e confort ai massimi livelli coinvolgono tutti gli ambienti di questa affascinante struttura, ubicata sull'isola privata che accoglieva un convento camaldolese del '400. Alle Maschere, una suggestiva atmosfera e piatti della tradizione.

🏨🏨🏨🏨 **Gritti Palace** ← 🏠 🛗 📶 ⇆ ⚡ rist, ⁽¹⁾ 📶 💳 ⓪ 🅰🅴 ⓪ ⬆

campo Santa Maria del Giglio 2467, San Marco ✉ 30124 – ☎ 04 1 79 46 11
– www.starwoodhotels.com/grittipalace – Fax 04 15 20 09 42 JZ**a**
85 cam – ⬩285/560 € ⬩⬩390/1390 €, � 52 € – 6 suites
Rist *Club del Doge* – Carta 110/140 €

♦ Prezioso e raccolto gioiello dell'hôtellerie veneziana, dove il lusso e l'ospitalità sono avvolgenti, ma con raffinata discrezione. Palazzo cinquecentesco sul Canal Grande. Sapori mediterranei e veneti nell'elegante sala da pranzo, dove fermarsi ad assaporare una cucina innovativa attenta ai sapori naturali.

🏨🏨🏨🏨 **Danieli** ← 🏠 🛗 📶 ⇆ ⚡ ⁽¹⁾ 🧖 💳 ⓪ 🅰🅴 ⓪ ⬆

riva degli Schiavoni 4196, Castello ✉ 30122 – ☎ 04 15 22 64 80
– www.starwoodhotels.com/danieli – Fax 04 15 20 02 08 LZ**a**
213 cam – ⬩470 € ⬩⬩850/1210 €, � 52 € – 10 suites
Rist *Terrazza Danieli* – Carta 110/181 €

♦ Tre diversi edifici, da Palazzo Dandolo al "Danielino", fino al cortile coperto che fu mercato di spezie orientali e prelude a un grande albergo dal fascino unico al mondo. Panoramica sala da pranzo al roof-garden, con servizio estivo in terrazza.

🏨🏨🏨 **Bauer Hotel** 🏠 🐾 𝄞 🛗 🕭 cam, 📶 ⇆ ⚡ rist, ⁽¹⁾ 🧖 💳 ⓪ 🅰🅴 ⓪ ⬆

campo San Moisè 1459, San Marco ✉ 30124 💳 ⓪ 🅰🅴 ⓪ ⬆
– ☎ 04 15 20 70 22 – www.bauerhotels.com – Fax 04 15 20 75 57 KZ**h**
91 cam – ⬩⬩240/780 €, � 55 € – 18 suites
Rist *De Pisis* – Carta 86/132 €

♦ Candelabri in vetro di Murano, tessuti veneziani, mobili ed accessori Art Deco in un piacevole *melting pot* di stili, ma un comune denominatore: il lusso. Cucina creativa al De Pisis; bella terrazza sul Canal Grande.

Bauer il Palazzo 🏨🏨🏨 𝄞 🐾 🛗 ⚡ rist, ⁽¹⁾ 🧖 💳 ⓪ 🅰🅴 ⓪ ⬆

campo San Moisè 1459, San Marco – ☎ 04 15 20 70 22 – Fax 04 15 20 75 57
44 cam – ⬩⬩370/990 €, � 55 € – 38 suites – ⬩⬩440/1250 €

♦ Facciata gotica ed esclusivi spazi interni.

Bauer Casa Nova 🏨🏨 𝄞 🐾 🛗 📶 ⚡ rist, ⁽¹⁾ 🧖 💳 ⓪ 🅰🅴 ⓪ ⬆

calle Tredici Martiri 1459, San Marco – ☎ 04 15 20 70 22
– www.bauerhotels.com – Fax 04 15 20 75 57
10 cam – ⬩⬩240/780 €, � 55 € – 9 suites – ⬩⬩390/1100 €

♦ L'intimità di una residenza privata, il confort di un hotel.

🏨🏨🏨 **Cà Sagredo** ← 🏠 🛗 🕭 📶 ⇆ ⚡ rist, ⁽¹⁾ 💳 ⓪ 🅰🅴 ⓪ ⬆

campo Santa Sofia 4198, Ca' D'Oro ✉ 30121 – ☎ 04 12 41 31 11
– www.casagredohotel.com – Fax 04 12 41 35 21 JX**b**
27 cam � – ⬩300/450 € ⬩⬩300/650 € – 15 suites **Rist** – Carta 74/103 €

♦ Dopo anni di ristrutturazione, il palazzo cinquecentesco si presenta con la sua imponente scalinata dagli affreschi di pregio e con camere sono tutte diverse tra loro, arredate in stile.

🏨🏨🏨 **Luna Hotel Baglioni** 🛗 🐾 📶 ⇆ ⚡ rist, ⁽¹⁾ 🧖 💳 ⓪ 🅰🅴 ⓪ ⬆

calle larga dell'Ascensione 1243, San Marco ✉ 30124 – ☎ 04 15 28 98 40
– www.baglionihotels.com – Fax 04 15 28 71 60 KZ**p**
89 cam – ⬩290/730 € ⬩⬩310/800 €, � 40 € – 15 suites
Rist *Canova* – Carta 58/86 €

♦ Già al tempo delle crociate ostello per templari e pellegrini, oggi hotel di aristocratica raffinatezza; suite con terrazza, salone con affreschi della scuola del Tiepolo. Molto elegante, il ristorante propone piatti curati di cucina eclettica.

🏨🏨🏨 **Monaco e Grand Canal** ← 🏠 🛗 🕭 📶 ⇆ ⚡ ⁽¹⁾ 🧖

calle Vallaresso 1332, San Marco ✉ 30124 💳 ⓪ 🅰🅴 ⓪ ⬆
– ☎ 04 15 20 02 11 – www.hotelmonaco.it – Fax 04 15 20 05 01 KZ**e**
92 cam � – ⬩100/345 € ⬩⬩160/680 € – 7 suites
Rist *Grand Canal* – Carta 69/102 €

♦ In posizione panoramica, splendida struttura dagli interni di tono e camere molto curate. Le aree comuni si ampliano con la nuova sala del Ridotto, il primo casinò di Venezia, che dopo tre anni di restauro è stata messa a disposizione dell'hotel. Sala da pranzo di sobria eleganza e, d'estate, terrazza sul Canal Grande.

Grand Hotel dei Dogi ⚜ 🔊 🛖 🕸 ⅃⬚ 🏢 🅰🅲 ⅀ rist, 📶 ⅃
fondamenta Madonna dell'Orto 3500, Cannaregio, 🆅🅸🆂🅰 ⓿ 🅰🅴 ⓿ 🆂
per Madonna dell'Orto ⊠ *30121 – ℰ 04 12 20 81 11 – www.boscolohotels.com*
– Fax 041 72 22 78   DT
71 cam – 🛉🛉220/616 €, ⅀ 20 € – 1 suite   **Rist** – Carta 60/95 € (+10 %)
♦ Fuori dalle rotte turistiche, questo palazzo seicentesco con parco secolare affacciato sulla laguna, ospita un hotel dagli eleganti ed ariosi interni in stile '700 veneziano. Piccolo e piacevolissimo centro relax. Cucina veneta ed internazionale nel lussuoso ristorante incorniciato dal silenzioso giardino.

Metropole ≤ 🚡 🏢 🅰🅲 ⅃ 🆅🅸🆂🅰 ⓿ 🅰🅴 ⓿ 🆂
riva degli Schiavoni 4149, Castello ⊠ *30122 – ℰ 04 15 20 50 44*
– www.hotelmetropole.com – Fax 04 15 22 36 79   FV**t**
67 cam ⅀ – 🛉200/470 € 🛉🛉200/750 € – 9 suites
Rist Met – vedere selezione ristoranti
♦ Prestigiosa ubicazione per un elegante albergo sulla laguna, davvero non convenzionale con la sue collezioni di piccoli oggetti d'epoca (crocifissi, orologi, ventagli).

Molino Stucky Hilton ≤ ⌇ 🕸 🛖 ⅃⬚ 🏢 🅲 ⅃ ⅀ rist, 📶 ⅃
Giudecca 810, 10 mn di navetta privata dal pontile 🆅🅸🆂🅰 ⓿ 🅰🅴 ⓿ 🆂
San Marco ⊠ *30133 – ℰ 04 12 72 33 11 – www.molinostuckyhilton.it*
– Fax 04 12 72 34 90   AV**b**
335 cam – 🛉🛉249/600 €, ⅀ 40 € – 44 suites
Rist *Aromi* – *(aprile-ottobre) (chiuso a mezzogiorno)* Carta 73/95 €
Rist *Il Molino* – *(novembre-marzo)* Carta 59/75 €
♦ Ricavato dal restauro conservativo del molino Stucky, una delle architetture industriali tra le più note, l'hotel vanta un'impronta decisamente originale e di grande prestigio; indicato per una clientela a 360°. Cucina locale in una cornice intima e raffinata all'*Aromi*. Piatti mediterranei nell'informale *Il Molino*.

Londra Palace ≤ 🚡 ⅃⬚ 🏢 🅰🅲 ⅃ ⅀ 📶 🆅🅸🆂🅰 ⓿ 🅰🅴 ⓿ 🆂
riva degli Schiavoni 4171 ⊠ *30122 – ℰ 04 15 20 05 33 – www.hotelondra.it*
– Fax 04 15 22 50 32   LZ**t**
53 cam ⅀ – 🛉255/515 € 🛉🛉365/625 €
Rist *Do Leoni* – *(chiuso gennaio)* Carta 58/89 €
♦ Scrigno di charme, eleganza e preziosi dettagli in questo storico albergo, di recente ristrutturato in stile neoclassico, che si annuncia con "cento finestre sulla laguna". Terrazza ristorante estiva sulla "riva" più affollata della città, menu light a pranzo.

The Westin Europa e Regina ≤ 🚡 ⅃⬚ 🏢 🅰🅲 ⅃ ⅀ 📶 🆅🅸🆂🅰 ⓿ 🅰🅴 ⓿ 🆂
corte Barozzi 2159, San Marco ⊠ *30124*
– ℰ 04 12 40 00 01 – www.westin.com/europaregina – Fax 04 15 23 15 33
175 cam – 🛉200/465 € 🛉🛉295/1070 €, ⅀ 52 € – 8 suites   KZ**d**
Rist *La Cusina* – Menu 65/125 €
♦ Cinque edifici fusi in un trionfo di marmi, damaschi, cristalli e stucchi negli interni di un hotel affacciato sul Canal Grande, che offre ottimi confort in ogni settore. Cucina a vista nel ristorante riccamente decorato; terrazza estiva sul canale.

Papadopoli Venezia 🏢 🅰🅲 ⅃ ⅀ 📶 ⅃ 🆅🅸🆂🅰 ⓿ 🅰🅴 ⓿ 🆂
Santa Croce 245 ⊠ *30135 – ℰ 0 41 71 04 00 – www.papadopoli-venezia.it*
– Fax 041 71 03 94   BT**k**
96 cam – 🛉🛉520 €, ⅀ 25 € – ½ P 280 €   **Rist** – Carta 58/89 €
♦ Vicino a piazzale Roma, hotel elegante, con raffinati arredi classici e dotazioni moderne, sia nelle aree comuni, che nelle camere, che nelle camere, che sfoggiano mobili in stile '700 veneziano. Originale ristorante rivestito di sughero e piante: un imprevedibile giardino d'inverno.

Ca' Pisani *senza rist* 🕸 🏢 🅲 🅰🅲 ⅃ ⅀ 📶 🆅🅸🆂🅰 ⓿ 🅰🅴 ⓿ 🆂
rio terà Foscarini 979/a, Dorsoduro ⊠ *30123 – ℰ 04 12 40 14 11*
– www.capisanihotel.it – Fax 04 12 77 10 61   BV**g**
29 cam ⅀ – 🛉210/391 € 🛉🛉230/411 €
♦ Struttura del '300, arredi in stile anni '30-'40 del '900, opere d'arte futuriste e tecnologia d'avanguardia: inusitato, audace connubio per un originale "design hotel".

🏨 **Palazzo Sant'Angelo sul Canal Grande** senza rist 📶 AC ↳
San Marco 3878/b ⊠ *30124 –* 𝒞 *04 12 41 14 52*
– www.sinahotels.com – Fax 04 12 41 15 57 🛜 VISA ◐◉ AE ① ⑤
26 cam ⊃ – †440 € ††528/550 € CUVd
• All'interno di un piccolo palazzo direttamente affacciato sul Canal Grande, una risorsa affascinante, apprezzabile anche per il carattere intimo e discreto.

🏨 **Colombina** senza rist 📶 ё AC ↳ 🛜 VISA ◐◉ AE ① ⑤
calle del Remedio 4416, Castello ⊠ *30122 –* 𝒞 *04 12 77 05 25*
– www.hotelcolombina.com – Fax 04 12 77 60 44 LYd
32 cam ⊃ – †129/395 € ††139/460 €
• Dà sul canale del Ponte dei Sospiri questa raffinata risorsa, che offre moderni confort ed eleganti arredi in stile veneziano; belle le camere con vista sul famoso ponte.

🏨 **Bauer Palladio** ⌘ ≤ 🚗 ⓝ 🏋️ ё AC ↳ 🍴 rist, 🛜 🕸
Isola della Giudecca ⊠ *30133 –* 𝒞 *04 12 70 38 01* VISA ◐◉ AE ① ⑤
– www.bauerhotels.com – Fax 04 15 20 75 57 – 15 marzo-15 novembre
37 cam – ††240/780 €, ⊃ 55 € – 13 suites EVa
Rist – Carta 39/70 €
• La storia riecheggia tra le mura di questo ex convento del XVI secolo. Oggi: ampio giardino, bel chiostro con fontana e confort moderni nelle preziose camere. Cucina classica e nazionale al ristorante, che vanta un grazioso dehors.

🏨 **Ca' Maria Adele** senza rist ≤ AC 🍴 VISA ◐◉ AE ① ⑤
rio Terà dei Catecumeni, Dorsoduro 111 ⊠ *30123 –* 𝒞 *04 15 20 30 78*
– www.camariaadele.it – Fax 04 15 28 90 13 DVb
12 cam ⊃ – ††341/715 € – 2 suites
• Affacciata sulla Chiesa della Salute, un'affascinante e pittoresca casa veneziana che presenta la tradizione dello stile locale. Lussuose camere a tema.

🏨 **Duodo Palace Hotel** senza rist 📶 AC ↳ 🍴 🛜 VISA ◐◉ AE ① ⑤
calle Minelli 1887/1888, San Marco ⊠ *30124 –* 𝒞 *04 15 20 33 29*
– www.duodopalacehotel.com – Fax 04 12 41 59 40 JZb
38 cam ⊃ – ††150/280 €
• A pochi passi dalla Fenice, la signorile dimora seicentesca conserva preziosi stucchi ed un pozzo con stemma di famiglia e dispone di camere arredate in sobrio stile veneziano.

🏨 **Liassidi Palace** senza rist 📶 AC ↳ 🍴 VISA ◐◉ AE ① ⑤
ponte dei Greci 3405, Castello ⊠ *30122 –* 𝒞 *04 15 20 56 58*
– www.liassidipalacehotel.com – Fax 04 15 22 18 20 FUb
26 cam ⊃ – ††150/580 €
• Edificio della seconda metà del '400, finestre ad archi al piano nobile che si affaccia sulla porta d'acqua del canale. Camere personalizzate, con falsi d'autore alle pareti.

🏨 **Palazzo Stern** senza rist ≤ 🚗 📶 ё AC ↳ 🍴 🛜 VISA ◐◉ AE ① ⑤
Dorsoduro 2792/a ⊠ *30123 –* 𝒞 *04 12 77 08 69 – www.palazzostern.it*
– Fax 04 12 41 24 56 BVd
24 cam ⊃ – †150/480 € ††160/550 €
• Bel palazzo affacciato sul Canal Grande, di fianco a Cà Rezzonico, dispone di una piacevole terrazza per la prima colazione. All'interno, eleganti spazi comuni e lussuose camere personalizzate. Antichità, statue e mobili di pregio.

🏨 **Giorgione** 📶 ё AC ↳ 🍴 🛜 VISA ◐◉ AE ① ⑤
calle larga dei Proverbi 4587, Cannaregio ⊠ *30131 –* 𝒞 *04 15 22 58 10*
– www.hotelgiorgione.com – Fax 04 15 23 90 92 KXb
76 cam ⊃ – †200 € ††500 €
Rist Osteria Enoteca Giorgione – vedere selezione ristoranti
• Nelle vicinanze della Ca' d'Oro, raffinato albergo raccolto intorno a una gradevole corte interna fiorita; eleganti arredi, esposizione di stampe originali del Giorgione.

🏨 **Kette** senza rist 📶 AC 🍴 🛜 VISA ◐◉ AE ① ⑤
piscina San Moisè 2053, San Marco ⊠ *30124 –* 𝒞 *04 15 20 77 66*
– www.hotelkette.com – Fax 04 15 22 89 64 JZs
63 cam ⊃ – †119/420 € ††119/440 €
• Nelle vicinanze della Fenice, affacciato su un canale, albergo totalmente ristrutturato, con arredi e accessori di qualità, sia nelle zone comuni che nelle camere.

Ca' Nigra Lagoon Resort senza rist

🚗 📶 AC ↳ 📶

campo San Simeon Grande 927, Santa Croce 🅅🅸🅂🄰 ⓿❽ 🄰🄴 ① 🐾

✉ 30135 – 𝒞 04 15 24 27 90 – www.hotelcanigra.com – Fax 04 12 44 87 21

22 cam ☐ – ♦150/650 € ♦♦150/750 €

BTg

♦ Oriente ed occidente fusi tra loro, si sposano ad una modernità tecnologica che assicura confort ed efficienza. Splendido giardino affacciato sul Canal Grande.

Locanda Vivaldi

◁ 📶 AC 📶 ⓒ 🚿 🅅🅸🅂🄰 ⓿❽ 🄰🄴 ① 🐾

riva degli Schiavoni 4150/52, Castello ✉ 30122 – 𝒞 04 12 77 04 77

– www.locandavivaldi.it – Fax 04 12 77 04 89

FVu

27 cam ☐ – ♦130/430 € ♦♦180/550 €

Rist – *(giugno-settembre) (chiuso a mezzogiorno) (solo per alloggiati)*

Carta 47/71 €

♦ Adiacente alla chiesa della Pietà è nato di recente un hotel raffinato, con ampie camere in stile; alcune junior suite sono in un edificio attiguo collegato dal cortile.

Saturnia e International

📶 🅰🄲 ↳ 🚿 rist, ⓒ 🅂🄰 🅅🅸🅂🄰 ⓿❽ 🄰🄴 ① 🐾

calle larga 22 Marzo 2398, San Marco ✉ 30124 – 𝒞 04 15 20 83 77

– www.hotelsaturnia.it – Fax 04 15 20 71 31

JZn

91 cam ☐ – ♦128/320 € ♦♦204/510 € – ½ P 315 €

Rist La Caravella – vedere selezione ristoranti

♦ In un palazzo patrizio del XIV secolo, un hotel affascinante, gestito dalla stessa famiglia dal 1908; camere con mobili in stile art deco; panoramica terrazza solarium.

Ai Mori d'Oriente senza rist

📶 🅴 🅰🄲 ⓒ 🅂🄰 🅅🅸🅂🄰 ⓿❽ 🄰🄴 ① 🐾

fondamenta della Sensa 3319, Cannaregio, per Madonna dell'Orto ✉ 30121

– 𝒞 04 71 71 10 01 – www.hotelaimoridoriente.it – Fax 04 71 71 42 09

DT

61 cam ☐ – ♦150/350 € ♦♦180/410 €

♦ Poco distante dalla chiesa della Madonna dell'Orto che conserva i dipinti del Tintoretto, un nuovo albergo dagli originali arredi moreschi ricavato in un palazzo d'epoca.

A la Commedia senza rist

📶 🅴 🅰🄲 ↳ 📶 🅂🄰 🅅🅸🅂🄰 ⓿❽ 🄰🄴 ① 🐾

corte del Teatro Goldoni 4596/a, San Marco ✉ 30124 – 𝒞 04 12 77 02 35

– www.hotelalacommedia.it – Fax 04 12 77 05 88

KYc

33 cam ☐ – ♦100/300 € ♦♦100/470 € – 2 suites

♦ Adiacente al Teatro Goldoni e nelle vicinanze del Ponte di Rialto, arredi in stile veneziano rivisitati, suggestivo bar nel *roof garden* con terrazza e vista sulla città. Eleganza e signorilità.

Sant'Elena

🚗 📶 🅴 cam, 🏕 🅰🄲 🚿 rist, ⓒ 🅅🅸🅂🄰 ⓿❽ 🄰🄴 ① 🐾

calle Buccari 10, Sant'Elena, per Riva dei 7 Martiri ✉ 30132 – 𝒞 04 12 71 78 11

– www.hotelsantelena.com – Fax 04 12 71 15 69 – chiuso dal 10 al 28 gennaio

76 cam ☐ – ♦96/277 € ♦♦112/325 €

GV

Rist – *(chiuso domenica) (chiuso a mezzogiorno) (solo per alloggiati)*

Carta 37/55 €

♦ Nella zona più verdeggiante di Venezia un nuovo hotel dagli arredi minimalisti ma dal confort elevato, nato dalla trasformazione di una struttura religiosa degli anni '30.

Bisanzio senza rist

📶 🅰🄲 ↳ 📶 🅅🅸🅂🄰 ⓿❽ 🄰🄴 ① 🐾

calle della Pietà 3651, Castello ✉ 30122 – 𝒞 04 15 20 31 00

– www.bisanzio.com – Fax 04 15 20 41 14

FVd

50 cam ☐ – ♦70/330 € ♦♦80/390 €

♦ In una calle tranquilla, un'armoniosa fusione di antico e moderno nei raffinati interni; sobrie e accoglienti le camere, alcune con piccolo terrazzo privato.

Gabrielli Sandwirth

🚗 🍽 📶 🅰🄲 🅅🅸🅂🄰 ⓿❽ 🄰🄴 ① 🐾

riva degli Schiavoni 4110, Castello ✉ 30122 – 𝒞 04 15 23 15 80

– www.hotelgabrielli.it – Fax 04 15 20 94 55 – chiuso dal 21 novembre al

24 febbraio

FVb

100 cam ☐ – ♦125/250 € ♦♦200/460 € – ½ P 260 €

Rist – *(chiuso a mezzogiorno)* Carta 39/58 €

♦ In uno storico palazzo sulla laguna, albergo dal 1851, che dispone di una piccola terrazza con vista sul bacino di S.Marco e corte interna con piccolo giardino fiorito. Il ristorante d'estate offre servizio all'aperto nel caratteristico cortile interno.

Pensione Accademia-Villa Maravage senza rist
fondamenta Bollani 1058, Dorsoduro ✉ *30123*
– *☎ 04 15 21 01 88 – www.pensioneaccademia.it – Fax 04 15 23 91 52*
27 cam ☐ – ♦80/140 € ♦♦140/280 €
BVb
♦ Ha un fascino particolare questa villa del '600 immersa nel verde di un giardino fiorito tra calli e canali della Venezia storica; spaziosi e curati interni in stile.

San Cassiano-Cà Favretto senza rist
calle della Rosa 2232, Santa Croce ✉ *30135 – ☎ 04 15 24 17 68*
– *www.sancassiano.it – Fax 04 15 72 10 33*
JXf
35 cam ☐ – ♦150/220 € ♦♦250/350 €
♦ Atmosfera di austera eleganza classica negli spazi comuni e nelle stanze di un hotel ubicato in un antico palazzo veneziano sul Canal Grande, di fronte alla Ca' d'Oro.

Montecarlo
calle dei Specchieri 463, San Marco ✉ *30124 – ☎ 04 15 20 71 44*
– *www.venicehotelmontecarlo.com – Fax 04 15 20 77 89*
LYc
51 cam ☐ – ♦90/280 € ♦♦90/350 € **Rist** – Carta 60/90 € (+12 %)
♦ Nei pressi di piazza S.Marco, un hotel, che offre un servizio attento e curato; camere di ottimo livello, arredate con gusto in stile veneziano, preziosi marmi nella hall. Un ristorante classico di tono elegante, vocato all'attività prevalentemente serale; cucina tradizionale, con specialità stagionali e veneziane; ottima la cantina.

Palazzo Priuli senza rist
fondamenta Osmarin 4979/B, Castello ✉ *30122 – ☎ 04 12 77 08 34*
– *www.hotelpriuli.com – Fax 04 12 41 12 15*
LYh
10 cam ☐ – ♦♦80/450 €
♦ Una bella bifora decora la facciata di questo palazzo nobiliare trecentesco, che ospita un elegante albergo. Camere spaziose e tutte diverse. Graziosa saletta per la prima colazione affacciata sul canale.

Casa Verardo – Residenza d'epoca senza rist
campo SS. Filippo e Giacomo 4765, Castello
✉ *30122 – ☎ 04 15 28 61 27 – www.casaverardo.it – Fax 04 15 23 27 65*
23 cam ☐ – ♦60/180 € ♦♦90/360 €
LYf
♦ Residenza d'epoca databile al XVI secolo con piccola corte interna e terrazza. Completamente ristrutturato, presenta camere in stile veneziano e ampi saloni al piano nobile.

Abbazia senza rist
Calle Priuli dei Cavaletti 68, Cannaregio ✉ *30121 – ☎ 0 41 71 73 33*
– *www.abbaziahotel.com – Fax 0 41 71 79 49*
BTa
50 cam ☐ – ♦70/150 € ♦♦80/200 €
♦ Nei pressi della stazione ferroviaria - in un ex convento di Frati Carmelitani Scalzi - suggestivo hotel dagli ambienti austeri: il bar è l'antico refettorio con tanto di stalli e pulpito.

Ala senza rist
campo Santa Maria del Giglio 2494, San Marco ✉ *30124 – ☎ 04 15 20 83 33*
– *www.hotelala.it – Fax 04 15 20 63 90 – chiuso dal 6 al 24 gennaio*
84 cam ☐ – ♦♦70/450 €
JZe
♦ In un antico palazzo in un "campo" non lontano da S.Marco, un albergo, recentemente ristrutturato, con una piccola collezione di armi e armature antiche; camere confortevoli.

San Zulian senza rist
campo de la Guerra 527, San Marco ✉ *30124 – ☎ 04 15 22 58 72*
– *www.sanzulian.it – Fax 04 15 23 22 65*
KYh
22 cam ☐ – ♦60/222 € ♦♦70/263 €
♦ Nel cuore della città, una casa calda e accogliente, rinnovata e potenziata negli ultimi anni; servizio attento e ampie camere accessoriate, con tipici arredi veneziani.

Santa Chiara senza rist
fondamenta Santa Chiara 548, Santa Croce ✉ *30125 – ☎ 04 15 20 69 55*
– *www.hotelsantachiara.it – Fax 04 15 22 87 99*
ATc
40 cam ☐ – ♦139/179 € ♦♦199/239 €
♦ Unica a Venezia, una risorsa raggiungibile in auto, affacciata sul Canal Grande e sull'affollato piazzale Roma; camere classiche o più nuove e molto grandi nella dépendance.

Antiche Figure senza rist ⇅ ♿ [AC] 🚭 📶 VISA [MC] [AE] [D] $

fondamenta San Simeon Piccolo 687, Santa Croce ✉ *30135 –* ☎ *04 12 75 94 86*
– www.hotelantichefigure.it – Fax 04 12 75 66 40 BT**d**

24 cam ☕ – 👥100/350 €

♦ Di fronte alla stazione ferroviaria una risorsa totalmente rinnovata che oggi presenta camere confortevoli, arredi signorili e dotazioni adatte anche alla clientela d'affari.

Paganelli senza rist [AC] 🚭 ✂ 📶 VISA [MC] [AE] $

riva degli Schiavoni 4687, Castello ✉ *30122 –* ☎ *04 15 22 43 24*
– www.hotelpaganelli.com – Fax 04 15 23 92 67 LZ**t**

21 cam ☕ – 👤50/200 € 👥70/400 €

♦ Completamente ristrutturato, l'hotel si caratterizza per le sue belle camere e gli accessori moderni. Se disponibili, chiedete le stanze con affaccio su riva degli Schiavoni...e capirete la magia di Venezia!

American-Dinesen senza rist [AC] 🚭 ✂ 📶 VISA [MC] [AE] $

fondamenta Bragadin 628, Dorsoduro ✉ *30123 –* ☎ *04 15 20 47 33*
– www.hotelamerican.com – Fax 04 15 20 40 48 CV**b**

30 cam ☕ – 👤60/230 € 👥80/370 €

♦ Lungo un tranquillo canale, signorili spazi comuni, con tanto legno e arredi classici, e camere in stile veneziano, molte con terrazzino affacciato sull'acqua.

Al Codega senza rist ⇅ [AC] 🚭 📶 VISA [MC] [AE] [D] $

San Marco 4435 ✉ *30124 –* ☎ *04 12 41 32 88 – www.alcodega.it*
– Fax 04 12 41 46 21 KY**a**

28 cam ☕ – 👤90/200 € 👥120/410 €

♦ Affacciato su una caratteristica e tranquilla piazza, nel palazzo Ottocentesco si fanno a volte i conti con la scarsa metratura, ma non con l'eleganza: parquet, tappezzeria e travertino persiano nei bagni.

Castello senza rist [AC] 📶 VISA [MC] [AE] $

calle Figher 4365, Castello ✉ *30122 –* ☎ *04 15 23 02 17 – www.hotelcastello.it*
– Fax 04 15 21 10 23 LY**b**

26 cam ☕ – 👤220 € 👥290 €

♦ Nelle adiacenze di piazza S.Marco, una struttura con interni di ambientazione classica tipicamente veneziana; camere in stile, dotate di moderni confort.

Ca' d'Oro senza rist ⇅ [AC] 🚭 ✂ 📶 VISA [MC] [AE] [D] $

corte Barbaro 4604, Cannaregio ✉ *30131 –* ☎ *04 12 41 12 12*
– www.venicehotelcadoro.com – Fax 04 12 41 43 85 KX**c**

27 cam ☕ – 👤50/170 € 👥60/250 €

♦ Da pochi anni nel panorama alberghiero cittadino, una risorsa a gestione diretta, curata nei particolari; confortevoli interni con la classica impronta veneziana.

Pausania senza rist 🌳 [AC] VISA [MC] [AE] $

fondamenta Gherardini 2824, Dorsoduro ✉ *30123 –* ☎ *04 15 22 20 83*
– www.hotelpausania.it – Fax 04 15 22 29 89 BV**a**

24 cam ☕ – 👤46/200 € 👥62/340 €

♦ In un edificio trecentesco, che conserva nella corte un pozzo e una scala originali dell'epoca, un hotel dagli ambienti sobri e funzionali, con piccolo giardino interno.

Ai Due Fanali senza rist ⇅ [AC] 📶 VISA [MC] [AE] [D] $

campo San Simeon Grande 946, Santa Croce ✉ *30135 –* ☎ *0 41 71 84 90*
– www.aiduefanali.com – Fax 04 12 44 87 21 BT**p**

16 cam ☕ – 👤90/185 € 👥100/235 €

♦ Risultato di una bella ristrutturazione, un hotel vicino alla stazione, con una hall accogliente, camere curate e confortevoli e un'altana adibita a solarium.

Belle Arti senza rist 🌳 ⇅ ♿ [AC] 📶 VISA [MC] $

rio terà Foscarini 912/A, Dorsoduro ✉ *30123 –* ☎ *04 15 22 62 30*
– www.hotelbellearti.com – Fax 04 15 28 00 43 BV**g**

65 cam ☕ – 👤95/150 € 👥150/240 €

♦ Nei pressi delle Gallerie dell'Accademia, struttura recente, funzionale e comoda, con cortile interno attrezzato e ampi spazi interni; camere dotate di buoni confort.

Canaletto senza rist   🛠 AC ↵ 🖂 ∞ AE ⓪ 🔊
calle de la Malvasia 5487, Castello ⊠ *30122 –* ℰ *04 15 22 05 18*
– www.hotelcanaletto.com – Fax 04 15 22 90 23   KY**b**
38 cam ⌒ – **†**40/250 € **††**50/280 €
♦ Una risorsa di buon confort, tra piazza S.Marco e il ponte di Rialto, che offre camere ristrutturate, con arredi in stile; visse tra queste mura l'omonimo pittore.

La Calcina   ≤ 🛱 AC 🎬 📶 🖂 ∞ AE ⓪ 🔊
fondamenta zattere ai Gesuati 780, Dorsoduro ⊠ *30123 –* ℰ *04 15 20 64 66*
– www.lacalcina.com – Fax 04 15 22 70 45   BV**f**
27 cam ⌒ – **†**80/140 € **††**90/310 €   **Rist** *– (chiuso lunedì)* Carta 41/51 €
♦ Ospitalità discreta in una suggestiva risorsa, dove vivrete la rilassata atmosfera della "vera" Venezia d'altri tempi; bella la terrazza bar sul canale della Giudecca. Piccolo e grazioso ristorante con vista sul canale e servizio all'aperto sulla fondamenta.

Palazzo Abadessa senza rist 🦢   🚙 AC 📶 🖂 ∞ AE ⓪ 🔊
calle Priuli 4011, Cannaregio ⊠ *30121 –* ℰ *04 12 41 37 84 – www.abadessa.com*
– Fax 04 15 21 22 36   DT**b**
15 cam ⌒ – **†**150/350 € **††**150/400 €
♦ Storica residenza di una casata di Dogi, abbellita da un prezioso giardino fiorito. Mobilio d'epoca, soffitti affrescati, grandi lampadari a testimoniare il nobile passato.

Antico Doge senza rist   AC 🎬 📶 🖂 ∞ ⓪ 🔊
campo Santi Apostoli 5643, Cannaregio ⊠ *30121 –* ℰ *04 12 41 15 70*
– www.anticodoge.com – Fax 04 12 44 36 60   KX**e**
20 cam ⌒ – **††**90/205 €
♦ Palazzo gotico appartenuto al doge Marin Falier, affacciato su un canale e sul pittoresco campo dei SS. Apostoli. All'interno preziosi broccati arredano camere in stile.

Locanda Sturion senza rist   AC 🎬 📶 🖂 ∞ AE 🔊
calle Sturion 679, San Polo ⊠ *30125 –* ℰ *04 15 23 62 43*
– www.locandasturion.com – Fax 04 15 22 83 78   JY**a**
11 cam ⌒ – **††**100/280 €
♦ Al secondo piano di un edificio sul Canal Grande, antichissima locanda di atmosfera intima e familiare, accoglienza cordiale e buon confort; camere spaziose, in stile.

Locanda Ovidius senza rist   🛗 AC 📶 🖂 ∞ AE 🔊
calle Sturion 678/a, San Polo ⊠ *30125 –* ℰ *04 15 23 79 70*
– www.hotellocandaovidius.com – Fax 04 15 20 41 01   JY**r**
15 cam ⌒ – **††**65/450 €
♦ Una risorsa in un palazzo ottocentesco in zona Rialto; sala colazioni affacciata sul Canal Grande, mobili recenti in stile '700 veneziano nelle camere.

Locanda Fiorita senza rist   AC 🎬 📶 🖂 ∞ AE 🔊
campiello Novo 3457/A, San Marco ⊠ *30124 –* ℰ *04 15 23 47 54*
– www.locandafiorita.com – Fax 04 15 22 80 43   CV**a**
10 cam ⌒ – **†**100/150 € **††**120/170 €
♦ In un suggestivo campiello - nelle vicinanze di Palazzo Grassi - un indirizzo valido ed interessante con accoglienti camere, arredate in stile Settecento veneziano.

Campiello senza rist   🛗 AC 🎬 📶 🖂 ∞ AE 🔊
calle del Vin 4647, Castello ⊠ *30122 –* ℰ *04 15 20 57 64 – www.hcampiello.it*
– Fax 04 15 20 57 98 – chiuso dal 7 al 23 gennaio   LZ**b**
15 cam ⌒ – **†**50/210 € **††**70/400 €
♦ Nei pressi di Piazza San Marco e a pochi metri da Riva degli Schiavoni, un edificio del XVI secolo - ex convento - è stato trasformato in albergo dall'atmosfera familiare. Camere curate e caratteristiche, panoramiche altane tra i tetti.

Don Orione Artigianelli senza rist   🛗 🛠 AC 🎬 🏋 🖂 ∞ 🔊
Zattere 909/a, Dorsoduro ⊠ *30123 –* ℰ *04 15 22 40 77*
– www.donorione-venezia.it – Fax 04 15 28 62 14   BV**x**
74 cam ⌒ – **†**80/120 € **††**130/150 €
♦ Un complesso conventuale quattrocentesco, che fu casa d'accoglienza per orfani e minori, ospita ora un tranquillo albergo con camere semplici ed un moderno centro congressi.

⌂ **Villa Igea** senza rist ⌖ AC ⌖ 📶 VISA ⊕ AE ⓪ ⌖
campo San Zaccaria 4684, Castello ✉ *30122 –* ℰ *04 12 41 09 56*
– www.hotelvillaigea.it – Fax 04 15 20 68 59 LZg
18 cam 🖙 – †201 € ††308 €

♦ Edificio di fine '800 di fronte alla chiesa rinascimentale di San Zaccaria e all'omonimo campo. Camere in stile veneziano, risultato di un'attenta ristrutturazione.

⌂ **Santo Stefano** senza rist ⌖ AC 📶 VISA ⊕ AE ⌖
campo Santo Stefano 2957, San Marco ✉ *30124 –* ℰ *04 15 20 01 66*
– www.hotelsantostefanovenezia.com – Fax 04 15 22 44 60 CVc
11 cam 🖙 – †130/230 € ††150/250 €

♦ Hotel d'atmosfera, ricavato in una torre di guardia quattrocentesca al centro di campo S.Stefano; di tono superiore le camere, con mobili dipinti e lampadari di Murano.

⌂ **Tiziano** senza rist ⌖ AC 📶 VISA ⊕ AE ⓪ ⌖
calle Rielo, Dorsoduro 1873 ✉ *30123 –* ℰ *04 12 75 00 71*
– www.hoteltizianovenezia.it – Fax 04 12 75 63 12 AVa
14 cam 🖙 – †70/300 € ††80/350 €

♦ In posizione defilata e tranquilla, a due passi dalla stazione S. Lucia, hotel con interni ristrutturati, camere spaziose e arredi piacevoli. Gestione esperta e affidabile.

⌂ **Commercio e Pellegrino** senza rist ⌖ AC ⌖ VISA ⊕ AE ⌖
calle della Rasse 4551/A, Castello ✉ *30122 –* ℰ *04 15 20 79 22*
– www.commercioepellegrino.com – Fax 04 15 22 50 16 – chiuso dal 10 al 28 dicembre LZc
25 cam 🖙 – †70/200 € ††100/300 €

♦ Di lato a piazza S.Marco, un hotel che si rinnova periodicamente. Camere tradizionali in stile accanto a soluzioni contemporanee più standard.

⌂ **Bridge** senza rist AC ⌖ ⌖ 📶 VISA ⊕ ⓪ ⌖
campo SS. Filippo e Giacomo 4498, Castello ✉ *30122 –* ℰ *04 15 20 52 87*
– www.hotelbridge.com – Fax 04 15 20 22 97 LYe
10 cam 🖙 – ††110/230 €

♦ Vicino a piazza S. Marco, un bell'esempio di ricupero strutturale, con un'ottima zona notte: travi a vista al soffitto e arredi in stile nelle camere curate.

⌂ **Novecento** senza rist AC ⌖ 📶 VISA AE ⌖
calle del Dose da Ponte 2683/84, San Marco ✉ *30124 –* ℰ *04 12 41 37 65*
– www.novecento.biz – Fax 04 15 21 21 45 DVa
9 cam 🖙 – ††160/260 €

♦ Risorsa ricca di stile e buongusto, in cui mobilio e arredi fondono armoniosamente l'antico e il moderno, Venezia e l'Oriente. All'interno di un palazzo del Settecento.

⌂ **La Residenza** senza rist AC ⌖ 📶 VISA ⊕ ⌖
campo Bandiera e Moro 3608, Castello ✉ *30122 –* ℰ *04 15 28 53 15*
– www.venicelaresidenza.com – Fax 04 15 23 88 59 FVa
14 cam 🖙 – †50/100 € ††80/180 €

♦ Un antico salone con stucchi e quadri settecenteschi è la hall di questa suggestiva risorsa situata al piano nobile di uno storico palazzo quattrocentesco.

⌂ **Locanda Art Dèco** senza rist AC 📶 VISA ⊕ AE ⓪ ⌖
calle delle Botteghe 2966, San Marco ✉ *30124 –* ℰ *04 12 77 05 58*
– www.locandaartdeco.com – Fax 04 12 70 28 91 DVa
6 cam 🖙 – ††70/200 €

♦ In una calle con tanti negozi d'antiquariato, nuovissima, confortevole locanda i cui titolari, come annuncia il suo nome, prediligono questa arte degli inizi del '900.

⌂ **Charming House DD 724** senza rist ⌖ AC 📶 VISA ⊕ AE ⓪ ⌖
ramo da Mula 724, Dorsoduro ✉ *30123 –* ℰ *04 12 77 02 62*
– www.thecharminghouse.com – Fax 04 12 96 06 33 CVe
6 cam 🖙 – ††150/330 €

♦ Piccola locanda di charme e design contemporaneo: opere pittoriche si integrano con dettagli high-tech e confort. Dall'unica camera con terrazzino la vista che vi si propone è quella dell'incantevole giardino della Peggy Guggenheim Collection.

⛫ **Cà Bauta** senza rist ⌖   🅰️ ⇼ 📶 💳 ⓜ 🅰️🅴 🔆
calle Muazzo 6457, Castello ✉ *30122 –* 𝒞 *04 12 41 37 87 – www.cabauta.com*
– Fax 04 15 21 23 13 – chiuso dal 7 al 29 gennaio   FT**a**
6 cam ⌁ – ♛♛70/200 €
♦ Una casa d'epoca del '400 con alti soffitti dalle travi in legno scuro, mobilio classico, notevoli lampadari e grandi quadri. Camere ampie, bagni di dimensioni contenute.

⛫ **Locanda la Corte** senza rist   ♿ 🅰️ ⇼ 📶 💳 ⓜ 🅰️🅴 ① 🔆
calle Bressana 6317, Castello ✉ *30122 –* 𝒞 *04 12 41 13 00*
– www.locandalacorte.it – Fax 04 12 41 59 82   LY**p**
16 cam ⌁ – ♛65/150 € ♛♛80/190 €
♦ Prende nome dal pittoresco cortile interno, sorta di "salotto all'aperto", intorno a cui si sviluppa e dove d'estate si fa colazione; stile veneziano nelle stanze.

⛫ **Locanda Ca' del Brocchi** senza rist ⌖   🅰️ 💳 ⓜ ① 🔆
rio terà San Vio 470, Dorsoduro ✉ *30123 –* 𝒞 *04 15 22 69 89*
– www.cadelbrocchi.com – Fax 04 15 22 69 89 – chiuso gennaio   DV**c**
6 cam ⌁ – ♛♛80/160 €
♦ Piccolo edificio del XVI secolo, in posizione tranquilla e centrale. Arredi in stile ben bilanciati da confort moderni. Eccellente rapporto qualità/prezzo.

⛫ **Locanda del Ghetto** senza rist   📱 🅰️ ⇼ ⅗ 📶 💳 ⓜ 🅰️🅴 ① 🔆
campo del Ghetto Nuovo 2892, Cannaregio ✉ *30121 –* 𝒞 *04 12 75 92 92*
– www.locandadelghetto.net – Fax 04 12 75 79 87 – chiuso dal 10 al 31 gennaio
8 cam ⌁ – ♛75/160 € ♛♛95/180 €   BT**e**
♦ Piccola e confortevole risorsa affacciata sulla piazza principale del Ghetto, ricavata all'interno di un edificio che un tempo ospitava una sinagoga. Colazione kasher.

⛫ **Cà Dogaressa** senza rist   🅰️ ⇼ ⅗ 👁️ 💳 ⓜ 🅰️🅴 🔆
fondamenta di Cannaregio 1018 ✉ *30121 –* 𝒞 *04 12 75 94 41*
– www.cadogaressa.com – Fax 04 12 75 77 71 – chiuso gennaio   BT**x**
6 cam ⌁ – ♛70/135 € ♛♛85/220 €
♦ Vicino al Ghetto, dove si respira l'aria di una Venezia autentica, questa locanda dispone di camere eleganti, alcune affacciate sul canale. Spazi comuni minimi.

⛫ **Locanda Casa Querini** senza rist ⌖   🅰️ ⅗ 💳 ⓜ 🔆
campo San Giovanni Novo 4388, Castello ✉ *30122 –* 𝒞 *04 12 41 12 94*
– www.locandaquerini.com – Fax 04 15 23 61 88 – chiuso dal 22 al 27 dicembre
e dal 7 al 27 gennaio   LY**n**
6 cam ⌁ – ♛62/145 € ♛♛93/190 €
♦ Cordiale gestione al femminile per una sobria locanda di poche stanze, accoglienti e di buona fattura, alcune con accesso indipendente. In un caratteristico, quieto campiello.

⛫ **Casa Martini** senza rist   🅰️ ⇼ ⅗ 💳 ⓜ 🔆
rio Terà San Leonardo 1314, Cannaregio ✉ *30121 –* 𝒞 *0 41 71 75 12*
– www.casamartini.it – Fax 04 12 75 83 29   BT**c**
14 cam ⌁ – ♛60/140 € ♛♛70/180 €
♦ "Casa Martini" appartiene all'omonima famiglia da più di tre secoli e da qualche tempo, al terzo piano, sono state ricavate alcune gradevoli camere. Colazione in terrazzo.

⛫ **Locanda Cà le Vele** senza rist   🅰️ 📶 💳 ⓜ 🅰️🅴 ① 🔆
calle delle Vele 3969, Cannaregio ✉ *30131 –* 𝒞 *04 12 41 39 60*
– www.locandalevele.com – Fax 04 12 41 42 80   DT**b**
6 cam ⌁ – ♛60/110 € ♛♛70/150 €
♦ Quattro camere e due junior suites, ricavate da un palazzo del '500 e tutte arredate in stile veneziano. Soggiorno suggestivo a prezzi interessanti con colazione in camera.

⛫ **Casa Rezzonico** senza rist   🅰️ 💳 ⓜ 🅰️🅴 ① 🔆
fondamenta Gherardini 2813, Dorsoduro ✉ *30123 –* 𝒞 *04 12 77 06 53*
– www.casarezzonico.it – Fax 04 12 77 54 35   BV**a**
6 cam ⌁ – ♛70/130 € ♛♛80/160 €
♦ Struttura dotata di poche camere, due con bella vista e tutte rinnovate con gusto. Nella bella stagione la colazione viene servita in giardino.

XXXX **Met** (Corrado Fasolato) – Metropole Hotel
🕸 🕸 *riva degli Schiavoni 4149, Castello* ✉ *30122*
– ✆ 04 15 24 00 34 – www.hotelmetropole.com
– Fax 04 15 22 36 79 FV**t**
Rist – *(chiuso dal 18 al 25 gennaio e lunedì) (chiuso a mezzogiorno escluso sabato e domenica)* Menu 90/110 € – Carta 77/101 € 🏵
Spec. Variazione di cicchetti veneziani. Bigoli neri con ostrica e rucola. Scaloppa di branzino con asparagi di mare, carciofi e datteri.
♦ Fedele alla città e a se stesso, il cuoco reinterpreta, scorpora, moltiplica i classici lagunari e regionali in un rincorrersi sfrenato di colori, consistenze ed emozioni. Un nuovo doge a Venezia!

XXXX **Caffè Quadri**
piazza San Marco 120 ✉ *30124 – ✆ 04 15 22 21 05*
– www.quadrivenice.com – Fax 04 15 20 80 41
– chiuso lunedì da novembre a marzo KZ**y**
Rist – Carta 79/100 €
♦ Nella cornice più prestigiosa di Venezia, elegante trionfo di stucchi, vetri di Murano e tessuti preziosi in uno storico locale; raffinata cucina nazionale e veneziana.

XXX **Osteria da Fiore** (Mara Zanetti)
🕸 *calle del Scaleter 2202/A, San Polo* ✉ *30125 – ✆ 04 17 21 30 08*
– www.dafiore.net – Fax 04 17 21 30 43 – chiuso dal 7 al 25 gennaio, dal 1° al 23 agosto, domenica e lunedì CT**a**
Rist – Carta 71/118 € 🏵
Spec. Bigoli al torchio in salsa veneziana. Filetto di branzino all'aceto balsamico tradizionale. Zuppa di frutta.
♦ Elegante nei suoi tessuti damascati, sempre in voga e frequentato da turisti e veneziani, propone una cucina regionale a base di pesce ben presentata. Particolarmente richiesto il tavolo sul canale.

XXX **Ai Mercanti**
corte Coppo 4346/A, San Marco ✉ *30124 – ✆ 04 15 23 82 69*
– www.aimercanti.com – Fax 04 15 23 82 69 – chiuso domenica, lunedì a mezzogiorno KZ**u**
Rist – Carta 58/99 €
♦ Celato in una piccola corte del centro - nero e beige dominano l'aspetto moderno dell'ultimo rinnovo - signorile ed elegante, non privo di calore. Cucina di stampo moderno, sia di carne sia di pesce.

XXX **La Caravella** – Hotel Saturnia e International
calle larga 22 Marzo 2397, San Marco ✉ *30124*
– ✆ 04 15 20 89 01 – www.restaurantlacaravella.com
– Fax 04 15 20 58 58 JZ**n**
Rist – Carta 63/91 €
♦ In un caratteristico locale che ricorda gli interni di un'antica caravella, una cucina classica con piatti di stagione. D'estate, servizio all'aperto in un cortile veneziano.

XX **Il Ridotto**
campo SS. Filippo e Giacomo, Castello 4509 ✉ *30122 – ✆ 04 15 20 82 80*
– www.ilridotto.com – Fax 04 15 20 82 22 LZ**e**
Rist – Carta 53/75 €
♦ Solo cinque tavoli in una piccola sala, semplice ed essenziale. Lontano dalle banalità turistiche, questo ristorante gourmet concentra tutta l'attenzione sulla qualità della cucina: rivisitazione dei classici veneziani, in prevalenza di pesce.

XX **Fiaschetteria Toscana**
San Giovanni Grisostomo 5719, Cannaregio ✉ *30121 – ✆ 04 15 28 52 81*
– www.fiaschetteriatoscana.it – Fax 04 15 28 55 21 – chiuso agosto, martedì, mercoledì a mezzogiorno KX**p**
Rist – Carta 40/60 € 🏵
♦ Cortesia e ambiente vivace in un locale caldo ed accogliente, con tavoli molto ravvicinati. Cucina del territorio, di pesce e di carne; dehors estivo in piazzetta.

XX Do Forni [AC] 🚭 ⊕ [VISA] [MC] [AE] [D] 💲

calle dei Specchieri 457/468, San Marco ✉ 30124 – ☎ 04 15 23 21 48 – www.doforni.it – Fax 04 15 28 81 32 LY**c**

Rist – Carta 56/85 € 🍇 (+12 %)

◆ Una saletta intima e curata e altri spazi più semplici e ampi in uno storico ristorante frequentato da turisti e clientela di lavoro; piatti della tradizione e locali.

XX Cip's Club – Hotel Cipriani ☂ [AC] 🚭 [VISA] [MC] [AE] [D] 💲

fondamenta de le Zitelle 10, Giudecca ✉ 30133 – ☎ 04 15 20 77 44 – www.hotelcipriani.com – Fax 04 12 40 85 19 – maggio-settembre

Rist – *(chiuso a mezzogiorno)* Carta 91/119 € FV**c**

◆ Ambiente elegante, ma informale in un locale che offre servizio estivo sul canale della Giudecca; cucina tradizionale, di carne e di pesce, con specialità veneziane.

XX Lineadombra ♿ [AC] [VISA] [MC] [AE] [D] 💲

ponte dell'Umiltà 19, Dorsoduro ✉ 30123 – ☎ 04 12 41 18 81 – www.ristorantelineadombra.com – Fax 04 12 41 56 17 – chiuso dal 9 dicembre al 14 febbraio e mercoledì DV**e**

Rist – Carta 73/102 €

◆ Ristorante dal design moderno che fonde cristallo, legno, acciaio e pelle con una stupenda terrazza sul canale della Giudecca. Cucina moderna con radici nella tradizione.

XX Hostaria da Franz ☂ [AC] 🚭 [VISA] [MC] [AE] 💲

fondamenta San Giuseppe 754, Castello, per Giardini della Biennale ✉ 30122 – ☎ 04 15 22 08 61 – www.hostariadafranz.com – Fax 04 12 41 92 78 – chiuso dal 30 novembre al 10 febbraio GV

Rist – Carta 56/81 €

◆ Nel sestiere di Castello, fuori dalle rotte turistiche, un ristorante classico di atmosfera rustica, ma dai toni raffinati. D'estate si pranza all'aperto, accanto al canale.

XX Al Covo ☂ [AC] ⊕ [VISA] [MC] 💲

campiello della Pescaria 3968, Castello ✉ 30122 – ☎ 04 15 22 38 12 – www.ristorantealcovo.com – Fax 04 15 22 38 12 – chiuso mercoledì, giovedì

Rist – Carta 48/90 € (+12 %) FV**s**

◆ Vicino alla Riva degli Schiavoni, un ristorante rustico-elegante, molto alla moda, che propone un menù degustazione di pesce e alcuni piatti di carne. Servizio estivo esterno.

XX Bistrot de Venise ☂ [AC] [VISA] [MC] [AE] 💲

calle dei Fabbri 4685, San Marco ✉ 30124 – ☎ 04 15 23 66 51 – www.bistrotdevenise.com – Fax 04 15 20 22 44 – chiuso dal 23 al 25 dicembre

Rist – Menu 30/70 € – Carta 40/80 € (+12 %) KY**e**

◆ Nel cuore di Venezia, sorge questo piacevole ristorante dove assapore la "storica" cucina veneziana e lasciarsi "stuzzicare"da un'entusiamante carta dei vini.

XX Ai Gondolieri [AC] ⊕ [VISA] [MC] [AE] [D] 💲

fondamenta de l'Ospedaleto 366, Dorsoduro ✉ 30123 – ☎ 04 15 28 63 96 – www.aigondolieri.it – Fax 04 15 21 00 75 – chiuso martedì DV**d**

Rist – (prenotazione obbligatoria la sera) Menu 50/70 € – Carta 67/85 € (+10 %)

◆ Alle spalle del museo Guggenheim, un locale rustico con tanto legno alle pareti, che propone un fantasioso menù solo di terra legato alla tradizione classica e veneta.

XX L'Osteria di Santa Marina ☂ [AC] 🚭 [VISA] [MC] [AE] 💲

campo Santa Marina 5911, Castello ✉ 30122 – ☎ 04 15 28 52 39 – www.osteriadisantamarina.it – Fax 04 15 28 52 39 – chiuso dall'8 al 23 gennaio, dal 1° al 15 agosto, domenica, lunedì LY**m**

Rist – Carta 52/66 €

◆ Ristorante classico, anche se l'ambiente richiama atmosfere da osteria; linea culinaria di mare, con piatti tradizionali e altri innovativi e fantasiosi.

XX Osteria Enoteca Giorgione – H. Giorgione ☂ [AC] [VISA] [MC] 💲

calle Larga dei Proverbi 4582/A, Cannaregio ✉ 30131 – ☎ 04 15 22 17 25 – www.osteriagiorgione.it – Fax 04 15 22 17 25 KX**b**

Rist – *(chiuso lunedì)* Carta 38/50 €

◆ Attiguo all'omonimo albergo, locale caratteristico caratterizzato da una curiosa collezione di "ex voto". Cucina marinara d'ispirazione mediterranea.

🍴 **Bacaro Lounge Bar** [A/C] [VISA] [MC] [AE] [D] $

salizada San Moisè 1345, San Marco ✉ 30124 – ☎ 04 12 96 06 87 – Fax 04 12 41 48 85 KZ**a**

Rist – Carta 56/73 €

◆ Nei locali dell'ex cinema San Marco, a due passi dall'omonima piazza, ristorante di tono giovane ed informale. Bella sala superiore, cucina di ampio respiro.

🍴 **Vini da Gigio** [A/C] [VISA] [MC] $

fondamenta San Felice 3628/a, Cannaregio ✉ 30131 – ☎ 04 15 28 51 40 – www.vinidagigio.com – Fax 04 15 22 85 97 – chiuso 3 settimane in gennaio e 3 settimane in agosto DT**e**

Rist – *(chiuso lunedì, martedì)* Carta 34/67 € 🍇

◆ Nel sestiere di Cannaregio, ambiente rustico e servizio informale in un'osteria con cucina a vista, che offre piatti sia di pesce che di carne; buona scelta di vini.

🍴 **Trattoria alla Madonna** [A/C] 🚭 [VISA] [MC] [AE] $

☺ *calle della Madonna 594, San Polo ✉ 30125 – ☎ 04 15 22 38 24 – www.ristoranteallamadonna.com – Fax 04 15 21 01 67 – chiuso dal 24 dicembre a gennaio, dal 4 al 17 agosto e mercoledì* JY**e**

Rist – Carta 29/39 € (+12 %)

◆ Nei pressi del ponte di Rialto, storica trattoria veneziana, grande, sempre affollata, dove in un ambiente semplice ma animato si gusta la tipica cucina locale.

🍴 **Corte Sconta** ☂ [A/C] [VISA] [MC] $

calle del Pestrin 3886, Castello ✉ 30122 – ☎ 04 15 22 70 24 – Fax 04 15 22 75 13 – chiuso dal 7 al 30 gennaio, dal 20 luglio al 16 agosto, domenica, lunedì FV**e**

Rist – Carta 46/72 €

◆ Piacevole locale inizio secolo, nato come bottiglieria, con una vite centenaria a pergolato nella corte interna, dove si svolge il servizio estivo; curata cucina veneziana.

🍴 **Anice Stellato** [VISA] [MC] $

☺ *fondamenta della Sensa 3272, Cannaregio, per fondamenta della Misericordia ✉ 30121 – ☎ 0 41 72 07 44 – chiuso lunedì, martedì* CDT

Rist – Carta 30/55 €

◆ Osteria fuori mano, molto frequentata da veneziani, con una cucina genuina e generosa a base di pesce. Originali le numerose bottiglie di vino in bella vista; ambiente e servizio informali.

🍴 **Alle Testiere** [A/C] [VISA] [MC] $

calle del Mondo Novo 5801, Castello ✉ 30122 – ☎ 04 15 22 72 20 – www.osterialletestiere.it – Fax 04 15 22 72 20 – chiuso dal 20 dicembre al 12 gennaio, dal 2 agosto al 1° settembre, domenica, lunedì LY**g**

Rist – Carta 51/70 €

◆ Un "bacaro" raffinato, che dell'osteria ha i tavoli di legno con apparecchiatura semplice e la simpatica atmosfera informale; solo piatti di pesce, curati e fantasiosi.

🍴 **Naranzaria** ☂ [VISA] [MC] $

Naranzaria 130, San Polo ✉ 30125 – ☎ 04 17 24 10 35 – www.naranzaria.it – Fax 04 17 24 10 35 – chiuso 3 settimane in gennaio, 1 settimana in agosto e lunedì KX**d**

Rist – Carta 34/64 €

◆ Ai piedi del ponte, ristorante su due livelli piccolo e accogliente. Il meglio è offerto dallo spazio all'aperto con vista sul Canal Grande. Cucina veneta o giapponese.

al Lido 15 mn di vaporetto da San Marco KZ – ✉ 30126 Venezia Lido

[i] (giugno-settembre) Gran Viale S. M. Elisabetta 6 ☎ 041 5298711 :

🏠 **Villa Mabapa** 🪑 ☂ 🛗 ♿ 🌳 [A/C] 🚭 rist, 📶 🅿 [VISA] [MC] [AE] [D] $

riviera San Nicolò 16 – ☎ 04 15 26 05 90 – www.villamabapa.com – Fax 04 15 26 94 41 – chiuso da gennaio al 14 febbraio **a**

67 cam ☕ – 🚹70/258 € 🚹🚹90/380 € **Rist** – Carta 43/69 €

◆ Villa anni '30 completata da due edifici attigui, ognuno con caratteristiche proprie, collegati dal giardino. Camere con arredi d'epoca o contemporanei. Sala da pranzo in stile classico-elegante; d'estate servizio nel bel giardino.

🏨 **Quattro Fontane** – Residenza d'Epoca 🌿   🚗 🏠 🍴 AC 🛂 «¹» 🛎
via 4 Fontane 16 – 𝒞 *04 15 26 02 27*   **P** 🆅🅸🆂🅰 ⬤ AE ⓞ 🛎
– www.quattrofontane.com – Fax 04 15 26 07 26 – aprile-1° novembre
58 cam ⊐ – ♦120/480 € ♦♦180/500 € – ½ P 155/315 €   **r**
Rist – Carta 55/76 €
♦ Residenza d'epoca che per atmosfera somiglia ad una casa privata, dove da sempre due sorelle raccolgono ricordi di viaggio e mobili pregiati. Rigoglioso giardino. D'estate il servizio ristorante si svolge all'ombra di un enorme platano secolare.

🏨 **Grande Albergo Ausonia & Hungaria** senza rist   🚗 🛗 ⅃ rist,
Gran Viale S. M. Elisabetta 28   AC ⅃ «¹» 🛂 **P** 🆅🅸🆂🅰 ⬤ AE ⓞ 🛎
– 𝒞 04 12 42 00 60 – www.dogalehotels.com – Fax 04 15 26 41 11   **e**
76 cam ⊐ – ♦100/370 € ♦♦150/450 € – 4 suites
♦ Edificio d'inizio '900 arricchito da un rivestimento in maioliche policrome. Arredi in gran parte in stile liberty, al quarto piano fresco mobilio in midollino.

🏨 **Villa Tiziana** senza rist 🌿   AC ⅃ «¹» 🆅🅸🆂🅰 ⬤ AE 🛎
via Andrea Gritti 3 – 𝒞 04 15 26 11 52 – www.hotelvillatiziana.net
– Fax 04 15 26 21 45 – chiuso dicembre e gennaio   **f**
16 cam ⊐ – ♦60/340 € ♦♦80/350 €
♦ Villino in posizione defilata con camere rinnovate in stile fresco e sobrio. La gestione è accurata e garantita della presenza dei titolari.

🏠 **Villa Casanova** senza rist 🌿   AC ⅃ «¹» 🆅🅸🆂🅰 ⬤ AE 🛎
via Orso Partecipazio 9 – 𝒞 04 15 26 28 57 – www.casanovavenice.com
– Fax 04 41 77 02 00 – chiuso dal 30 novembre al 29 dicembre   **m**
6 cam ⊐ – ♦♦100/220 €
♦ Graziosa villetta anni '30 in un'area residenziale del Lido, circondata da un curato giardino sfruttato per il servizio colazioni. Camere spaziose, curate e romantiche.

a Murano 10 mn di vaporetto da Fondamenta Nuove **EFT** e 1 h 10 mn di vaporetto da Punta Sabbioni – ✉ 30141

✗ **Busa-alla Torre**   🏠 🆅🅸🆂🅰 ⬤ AE 🛎
campo Santo Stefano 3 – 𝒞 0 41 73 96 62 – Fax 0 41 73 96 62 – chiuso la sera
Rist – Carta 31/51 € (+12 %)
♦ Simpatica trattoria rustica, dotata di grande dehors estivo su una suggestiva piazzetta con un pozzo al centro; cucina di mare e specialità veneziane e contagiosa simpatia.

✗ **Ai Frati**   🏠 🆅🅸🆂🅰 ⬤ 🛎
fondamenta Venier 4 – 𝒞 0 41 73 66 94 – Fax 0 41 73 93 46
– chiuso dal 1° al 10 gennaio, dal 1° al 10 agosto e giovedì
Rist – *(chiuso la sera)* Carta 37/55 €
♦ Mescita vini dalla metà dell'800 e da 60 anni con cucina, trattoria marinara fortemente legata alla vita dell'isola "del vetro"; servizio estivo in terrazza sul canale.

a Burano 50 mn di vaporetto da Fondamenta Nuove **EFT** e 32 mn di vaporetto da Punta Sabbioni – ✉ 30012

✗ **Da Romano**   🏠 AC 🆅🅸🆂🅰 ⬤ AE ⓞ 🛎
via Galuppi 221 – 𝒞 0 41 73 00 30 – www.daromano.it – Fax 0 41 73 52 17
– chiuso dal 17 dicembre al 3 febbraio, domenica sera, martedì
Rist – Carta 38/57 € (+12 %)
♦ Sull'isola "dei merletti", un locale con più di 100 anni di storia alle spalle, tappezzato di quadri di pittori contemporanei, dove gustare una fragrante cucina di mare.

✗ **Al Gatto Nero-da Ruggero**   🏠 AC 🆅🅸🆂🅰 ⬤ AE ⓞ 🛎
fondamenta della Giudecca 88 – 𝒞 0 41 73 01 20 – www.gattonero.com
– Fax 0 41 73 55 70 – chiuso dal 1° al 7 luglio, novembre e lunedì
Rist – Carta 40/60 €
♦ Nel cuore pulsante di Burano, servizio informale e cura nella scelta delle materie prime in un'accogliente trattoria con cucina veneziana e di mare. Gradevole dehors estivo, affacciato sul canale.

a Torcello 45 mn di vaporetto da Fondamenta Nuove **EFT** e 37 mn di vaporetto da Punta Sabbioni – ✉ 30100 Burano

XX **Locanda Cipriani** con cam ⌂   🚗 🛜 AC ✂ cam, 📶
piazza Santa Fosca 29 – 𝒞 04 17 30 1 50   *VISA* ⓿⓿ AE ① ⤐
– www.locandacipriani.com – Fax 04 17 35 43 3 – chiuso dal 5 gennaio al 5 febbraio
6 cam ⌷ – ♦100/130 € ♦♦200/260 € – ½ P 180/230 €
Rist – *(chiuso martedì)* Carta 59/100 €
♦ Suggestivo locale di grande tradizione, con interni e atmosfera da trattoria d'altri tempi e raffinata cucina tradizionale; ameno servizio estivo in giardino. Nuove camere.

a Pellestrina 1 h e 10 mn di vaporetto da riva degli Schiavoni **GZ** o 45 mn di autobus dal Lidoautobus dal Lido – ✉ 30126

X **Da Celeste**   🛜 ⅁ AC *VISA* ⓿⓿ ⤐
via Vianelli 625/B – 𝒞 04 19 67 35 5 – Fax 04 17 12 08 89 – marzo-ottobre; chiuso mercoledì
Rist – Carta 32/47 €
♦ Trattoria d'impronta moderna, decorata con grandissimi dipinti contemporanei, che ha il suo punto di forza nella terrazza su palafitte sul mare; cucina solo di pesce.

VENTIMIGLIA – Imperia (IM) – 561 K4 – 25 664 ab. – ✉ 18039 ▯ Italia   **14** A3
▶ Roma 658 – Imperia 48 – Cuneo 89 – Genova 159
🛈 via Cavour 61 𝒞 0184 351183, infoventimiglia@rivieradeifiori.travel, Fax 0184 351183
◙ Giardini Hanbury★★ a Mortola Inferiore Ovest : 6 km – Riviera di Ponente★ Est

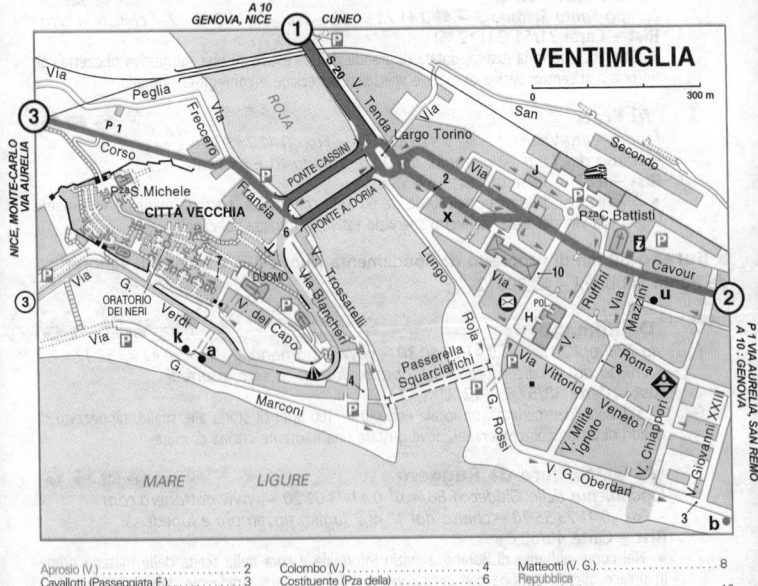

Sole Mare
⟨ 🏢 AC 🍽 cam, "♪" 🍽 VISA 🚧 AE ① ⟨

via Marconi 22 – 𝒞 01 84 35 18 54 – www.hotelsolemare.it – Fax 01 84 23 09 88
28 cam – ♥60/100 € ♥♥80/125 €, 🖙 9 €
a
Rist *Pasta e Basta* – 𝒞 01 84 23 08 78 *(chiuso lunedì escluso agosto)*
Carta 16/32 €

♦ Nella tranquilla parte occidentale della città, l'hotel offre accoglienti camere dall'arredo moderno, tutte con vista sul mare. Ogni piano è caratterizzato da un colore. Ambiente informale al ristorante, specializzato in un'infinita varietà di paste.

Posta senza rist
🏢 🚼 AC "♪" 🚗 VISA 🚧 AE ① ⟨

via Sottoconvento 15 – 𝒞 01 84 35 12 18 – www.postahotel.net
– Fax 01 84 23 16 00
u
26 cam 🖙 – ♥60/85 € ♥♥85/100 €

♦ Piccolo albergo animato dalla vita del centro, caratterizzato da un'esperta tradizione familiare e lentamente rinnovatosi con gli anni. Camere semplici ma accoglienti e confortevoli.

Sea Gull senza rist
⟨ 🏢 AC "♪" VISA 🚧 AE ⟨

via Marconi 24 – 𝒞 01 84 35 17 26 – www.seagullhotel.it – Fax 01 84 23 12 17
27 cam 🖙 – ♥75/128 € ♥♥85/135 €
k

♦ Familiari la conduzione e l'ambiente di una comoda risorsa ubicata su una passeggiata a mare, adatta anche a soggiorni prolungati; chiedete le camere con vista mare.

Marco Polo
🛖 AC VISA 🚧 AE ⟨

passeggiata Cavallotti 2 – 𝒞 01 84 35 26 78 – Fax 01 84 35 56 84 – chiuso
dall'11 gennaio al 2 marzo
b
Rist – Menu 18 € bc/52 € – Carta 36/49 €

♦ Una graziosa palafitta d'insospettabile eleganza, il cui servizio all'aperto si protende ulteriormente verso la spiaggia. La cucina esplora il mondo ittico.

Cuneo
AC VISA 🚧 ① ⟨

via Aprosio 16 – 𝒞 01 84 23 17 11 – www.ristorantecuneo.com – chiuso 10 giorni
in gennaio, 15 giorni in giugno e domenica
x
Rist – Carta 33/45 €

♦ Elegante sala sempre molto frequentata da una clientela internazionale alla ricerca di proposte semplici e genuine. Cucina che si destreggia con buoni risultati tra primi piatti, ricette di carne e specialità di pesce.

a Castel d'Appio per ③ : 5 km – alt. 344 m – ✉ 18039

La Riserva di Castel D'Appio
⟨ 🚗 🛖 🏊 ƒ🐕 🚼 rist, AC "♪"

località Peidaigo 71 – 𝒞 01 84 22 95 33
🅿 VISA 🚧 AE ① ⟨
– www.lariserva.it – Fax 01 84 22 97 12 – Pasqua-settembre
8 cam – ♥90/110 € ♥♥120/140 €, 🖙 8 € – 6 suites – ½ P 105/110 €
Rist – Carta 47/87 €

♦ La tranquillità e uno splendido panorama accompagnano questa signorile risorsa familiare con spazi comuni raffinati, camere luminose ed accoglienti. Elegante cura della tavola nella sala interna e sulla bella terrazza per il servizio estivo.

verso la frontiera di Ponte San Ludovico

Baia Beniamin con cam
⟨ 🛖 AC cam, 🍽 🅿 VISA 🚧 AE ① ⟨

corso Europa 63, località Grimaldi Inferiore, 6 km per corso Francia ✉ 18039
Ventimiglia – 𝒞 0 18 43 80 02 – www.baiabeniamin.it – Fax 0 18 43 80 02
– chiuso 10 giorni in marzo e novembre
5 cam – ♥250 € ♥♥280 €
Rist – *(chiuso lunedì in luglio-agosto, anche domenica sera negli altri mesi)*
Menu 65/95 € – Carta 70/110 € 🏵

♦ Il nome ricorda una delle baie più scenografiche della regione ed è ovviamente il mare il vero protagonista della sala, incorniciato dalle ampie vetrate. Splendida terrazza per il servizio estivo. Nelle camere, calda eleganza e una profusione di legni, tanto che sembra di soggiornare in uno yacht.

XXX Balzi Rossi 🛜 AC VISA AE ⑤

via Balzi Rossi 2-ponte San Ludovico, alla frontiera, 8 km per corso Francia
✉ *18039 Ventimiglia* – ✆ *0 18 43 81 32* – *www.balzirossi.com*
– Fax 0 18 43 85 32 – chiuso dall'8 al 25 gennaio, 1 settimana in giugno,
1 settimana in ottobre, lunedì, martedì a mezzogiorno, anche domenica a
mezzogiorno in agosto
Rist – Menu 90 € – Carta 79/114 €
♦ A pochi metri dal confine con la Francia, elegante sala con spettacolare panorama in terrazza sulla Costa Azzura. Dalla cucina i classici di pesce liguri e nazionali.

VENTURINA – Livorno (LI) – 563 M13 – alt. 276 m – ✉ 57021   28 B2
🔼 Roma 235 – Firenze 143 – Livorno 71 – Lucca 116

X Otello ㅤ ৬ AC P VISA ⓪ AE ① ⑤

via Indipendenza 1/3/5 – ✆ *05 65 85 12 12* – *www.ristoranteotello.it*
– Fax 05 65 85 85 56 – chiuso dal 10 al 30 gennaio, dal 20 al 30 giugno e lunedì
Rist – Carta 26/41 €
♦ Ristorante di taglio classico, ubicato lungo la statale, ma dotato di un dehors protetto da una fitta fila di piante. Da tre generazioni, Otello propone con costanza squisiti piatti di terra e di mare (a prezzi interessanti).

VENUSIO – Matera – 564 E31 – Vedere Matera

VERBANIA P (VB) – 561 E7 – 30 943 ab. – alt. 197 m   24 B1
🔼 Roma 674 – Stresa 17 – Domodossola 38 – Locarno 42
🚢 da Intra per Laveno-Mombello – Navigazione Lago Maggiore: a Intra
ㅤ ✆ 0323 407120
ℹ a Pallanza, corso Zanitello 6/8 ✆ 0323 503249, verbania@distrettolaghi.it,
ㅤ Fax 0323 507722
ㅤ viale delle Magnolie 1 ✆ 0323 557676, prolocoverbania@distrettolaghi.it,
ㅤ Fax 0323 557676
🏌 Verbania, ✆ 0323 8 08 00
🏌 Piandisole, ✆ 0323 58 71 00
◎ Pallanza★★ – Lungolago★★ – Villa Taranto★★
◎ Isole Borromee★★★ (giro turistico : da Intra 25-50 mn di battello e da
ㅤ Pallanza 10-30 mn di battello)

a Intra – ✉ 28921

🏠 Intra senza rist ㅤ 🛗 ৬ ⚡ AC �📞 VISA ⓪ AE ① ⑤

corso Mameli 133 – ✆ *03 23 58 13 93* – *www.verbaniahotel.it*
– Fax 03 23 58 14 04
39 cam ☞ – ♦42/57 € ♦♦68/114 €
♦ La struttura si affaccia sul lungolago e annovera una nuova saletta comune, spaziose camere con arredi di gusto classico e una sala colazioni con soffitti lignei a cassettoni.

XX Le Volte ㅤ 🛜 VISA ⓪ AE ① ⑤
😊
via San Vittore 149 – ✆ *03 23 40 40 51* – *Fax 03 23 40 40 51* – *chiuso dal*
15 febbraio al 7 marzo, dal 25 luglio al 10 agosto e mercoledì
Rist – Menu 15/36 € – Carta 29/42 €
♦ Ambiente elegante e piacevole veranda coperta che si apre sulla corte interna ombreggiata da una centenaria vite americana: in cucina trionfano i sapori mediterranei, rivisitati con creatività.

X Taverna Mikonos ㅤ AC VISA ⓪ AE ① ⑤

via Tonazzi 5 – ✆ *03 23 40 14 39* – *www.tavernamikonos.com*
– Fax 03 23 40 14 39 – chiuso dal 17 al 31 gennaio, dal 5 al 20 settembre,
lunedì, martedì a mezzogiorno, mercoledì
Rist – Carta 33/41 €
♦ Una trattoria moderna dalle vivaci tinte bianche e blu che richiamano i colori del Mediterraneo sono un evidente richiamo alla Grecia, di cui propone la tipica gastronomia.

a Pallanza – ⊠ 28922

🏨🏨 Grand Hotel Majestic ⊗ ≤ 🚗 🏛 🖼 🌀 ⅃ᵨ ✕ 🛎 🕭 🖼 ⅃ᵩ
via Vittorio Veneto 32 🕭 rist, ⁽ᵗ⁾ 🕭 P̄ 💳 ⚫ AE ① 🕭
– ℰ 03 23 50 97 11 – www.grandhotelmajestic.it – Fax 03 23 55 63 79
– 13 aprile-9 ottobre
99 cam � – 190/255 € 260/550 € – 6 suites – ½ P 152/410 €
Rist La Beola – Carta 54/80 €
♦ Direttamente sul lago, abbracciata dal verde e dalla tranquillità dell'acqua, una struttura affascinante con camere spaziose e bagni in marmo, dotata di un centro benessere. Elegante ristorante "a la carte", propone la tradizione gastronomica locale interpretata in chiave contemporanea.

🏨 Pallanza ≤ 🛎 🕭 cam, AC ⅃ᵩ 🕭 rist, ⁽ᵗ⁾ 🚗 💳 ⚫ AE ① 🕭
viale Magnolie 8 – ℰ 03 23 50 32 02 – www.pallanzahotels.com
– Fax 03 23 50 51 94
48 cam – 90/137 € 105/138 €, � 14 € – ½ P 100/115 €
Rist – *(chiuso a mezzogiorno escluso da giugno a settembre) (solo per alloggiati)* Carta 32/51 €
♦ Rinnovato negli ultimi anni, l'hotel è testimone dell'architettura del primo '900 e dispone di camere spaziose ed accoglienti e di una panoramica terrazza con vista sul lago.

🏨 Santanna 🛎 🕭 cam, AC ⅃ᵩ 🕭 🕭 P̄ 💳 ⚫ AE 🕭
via Sant'Anna 65 – ℰ 03 23 55 60 86 – www.hotelsantanna.it
– Fax 03 23 55 77 77 – chiuso gennaio
28 cam ⊠ – 75/100 € 95/140 € – ½ P 66/92 €
Rist – *(chiuso a mezzogiorno)* Carta 25/35 €
♦ Poco distante dal lago e da Villa Taranto, una struttura moderna a vocazione business: sale riunioni, spazi comuni e camere discretamente eleganti. Tradizionale cucina piemontese nel grazioso ristorante dal semplice arredo ligneo.

🏠 Aquadolce senza rist ≤ 🛎 🕭 ⁽ᵗ⁾ 💳 ⚫ AE ① 🕭
via Cietti 1 – ℰ 03 23 50 54 18 – www.hotelaquadolce.it – Fax 03 23 55 75 34
– marzo-novembre
13 cam ⊠ – 60/85 € 80/105 €
♦ Giovane e motivata gestione in una graziosa struttura che non smette di esercitare il suo fascino. A pochi passi dal centro di Pallanza, ma sul lungolago ed impreziosita da imponenti magnolie di grande effetto, spazi comuni dalle ampie vetrate nonché belle camere, curate e personalizzate.

✕✕ Il Torchio AC 💳 ⚫ AE ① 🕭
via Manzoni 20 – ℰ 03 23 50 33 52 – www.iltorchio.net – Fax 03 23 50 33 52
– chiuso mercoledì e giovedì a mezzogiorno escluso giugno-settembre
Rist – Carta 36/54 €
♦ Ristorante rustico, dove l'attuale gestione ha dato un nuovo impulso alla cucina con proposte gastronomiche regionali a tema: fritto misto alla piemontese, bue grasso e prodotti di nicchia.

✕✕ Il Portale 🏛 💳 ⚫ ① 🕭
via Sassello 3 – ℰ 03 23 50 54 86 – www.ristoranteilportalepallanza.it
– Fax 03 23 50 54 86 – chiuso gennaio, martedì, mercoledì a mezzogiorno
Rist – *(consigliata la prenotazione)* Carta 48/71 €
♦ Cucina moderna in un delizioso ristorante ubicato nel centro storico della località. Piacevole servizio estivo sulla piazza principale affacciata sul lago.

✕ Osteria dell'Angolo 🏛 💳 ⚫ AE ① 🕭
piazza Garibaldi 35 – ℰ 03 23 55 63 62 – Fax 03 23 55 63 62 – chiuso dal
25 dicembre all'8 gennaio e lunedì
Rist – Carta 30/52 €
♦ Nel cuore della città, un piccolo locale dagli ambienti interni recentemente rinnovati e con dehors sotto un piacevole pergolato propone una cucina piemontese e di lago.

✗ **Dei Cigni** 🛜 AC VISA ⓂⓄ ⓄⒹ ⛎

vicolo dell'Arco 1, angolo viale delle Magnolie – ✆ *03 23 55 88 42*
– Fax 03 23 55 88 42 – chiuso dall'11 gennaio al 5 febbraio, martedì, mercoledì,
giovedì a mezzogiorno da novembre a marzo, solo i mezzogiorno di martedì e
mercoledì negli altri mesi
Rist – (consigliata la prenotazione) Carta 26/35 €
♦ Ha la meglio la cucina di pesce, sia di lago che di mare, seppur non mancano piatti a base di carne. Pochi tavoli quadrati con un grazioso coperto da trattoria moderna e un bel terrazzo estivo con vista.

a Fondotoce Nord-Ovest : 6 km – ✉ 28924

✗✗✗ **Piccolo Lago** (Marco Sacco) ← 🚄 AC ⚒ **P** VISA ⓂⓄ AE ⒹⒹ ⛎
❀❀ *via Turati 87, al lago di Mergozzo, Nord-Ovest : 2 km –* ✆ *03 23 58 67 92*
– www.piccololago.it – Fax 03 23 58 67 91 – chiuso
gennaio, febbraio, lunedì, martedì; anche domenica sera da ottobre a maggio
Rist – (chiuso a mezzogiorno escluso sabato e domenica) Carta 86/116 € ⅏
Spec. Terrina di lavarello e le quattro consistenze del pomodoro. Risotto con gemma al rosso di rapa, cozze al vapore, olio al peperoncino. Evoluzione della tecnica: anguilla dal fuoco al sottovuoto.
♦ Un trampolino sul lago di Mergozzo, si mangia sullo sfondo di un incantevole paesaggio d'acqua e monti da cui provengono diversi degli ingredienti trasformati da un'estrosa cucina.

Non confondete i coperti ✗ e le stelle ❀ ! I coperti definiscono una categoria di confort e di servizio. Le stelle premiano unicamente la qualità della cucina, indipendentemente dalla categoria dell'esercizio.

VERBANO – Vedere Lago Maggiore

VERCELLI 🅿 **(VC)** – **561** G7 – 44 475 ab. – alt. 131 m – ✉ 13100 **23** C2
🛣 Roma 633 – Alessandria 55 – Aosta 121 – Milano 74
🚈 viale Garibaldi 90 ✆ 0161 58002, info@atlvalsesiavercelli.it,
Fax 0161 257899

✗✗ **Giardinetto** con cam 🚄 AC ⚒ VISA ⓂⓄ AE Ⓓ ⛎
via Sereno 3 – ✆ *01 61 25 72 30 – www.hrgiardinetto.com – Fax 01 61 25 93 11*
– chiuso 1 settimana in gennaio e agosto
8 cam ⌂ – ♦75 € ♦♦85 € **Rist** – (chiuso lunedì) Carta 33/48 €
♦ A pochi passi dal centro storico, una comoda risorsa, a conduzione familiare, che dispone di camere ben arredate e accessoriate; piacevole il giardino interno. Raffinati toni pastello, soffitto di legno e grandi vetrate sul giardino nel rinomato ristorante.

✗✗ **Cinzia da Christian e Manuel** (Costardi) VISA ⓂⓄ AE Ⓓ ⛎
❀ *corso Magenta 71 –* ✆ *01 61 25 35 85 – www.hotel-cinzia.com*
– Fax 01 61 25 37 52 – chiuso dal 9 al 25 agosto e lunedì
Rist – Menu 50/100 € – Carta 54/85 €
Spec. Il gambero rosso di Mazara del Vallo incontra l'orto. Risotto ai bocconcini di coniglio e foie gras, salsa ai formaggi piemontesi. Minestrone di frutta e verdura con gelato all'olio d'oliva.
♦ Cucina creativa di alto livello e materie prime di eccellente qualità, senza dimenticare le tradizioni culinarie della zona e della regione. Non meravigliatevi quindi della particolare attenzione riservata al riso: il menu propone una selezione di venti risotti, ma anche tante gustose specialità di terra e di mare.

✗ **Il Paiolo** AC VISA ⓂⓄ ⛎
viale Garibaldi 72 – ✆ *01 61 25 05 77 – Fax 01 61 25 05 77 – chiuso dal 20 luglio*
al 20 agosto e giovedì
Rist – Carta 29/40 €
♦ Si trova lungo un viale alberato centrale questa accogliente trattoria di ambiente rustico e familiare, dove gustare una casalinga e sostanziosa cucina locale.

VERDUNO – Cuneo (CN) – **561** I5 – **524 ab.** – **alt. 378 m** – ✉ 12060   25 C2

❱ Roma 645 – Cuneo 59 – Torino 61 – Asti 45

Real Castello ⟡   ⟪ ⟫ ✿ rist, **P** 🚗 ⓥ **AE** ⓞ ⟡
via Umberto I 9 – ℰ 01 72 47 01 25 – www.castellodiverduno.com
– Fax 01 72 47 02 98 – 19 marzo-novembre
20 cam 🍽 – ❙100/150 € ❙❙130/160 € – ½ P 105/120 €
Rist – *(chiuso mercoledì) (chiuso a mezzogiorno escluso sabato-domenica)*
Carta 45/60 € ⟡

♦ Il tempo sembra essersi fermato nella quiete di questa risorsa, che occupa parte di un castello sabaudo del XVIII sec.; rigorosi arredi d'epoca nelle camere affrescate. Le zone comuni ospitano spesso esposizioni d'arte. Fascino antico nel curato ristorante, dove gustare piatti tipici piemontesi.

Il Falstaff ⟡   𝔸ℂ ✿ ⟳ 🚗 ⓥ **AE** ⓞ ⟡
via Comm. Schiavino 1 – ℰ 01 72 47 02 44 – www.ilfalstaff.com
– Fax 01 72 47 02 44 – chiuso dal 20 dicembre al 20 febbraio, dal 20 luglio al 20 agosto e lunedì
Rist – *(chiuso a mezzogiorno escluso domenica)* (prenotazione obbligatoria)
Carta 28/45 €

♦ Pochi tavoli ravvicinati e impostazione classica in un piccolo locale del centro, il cui titolare propone cucina tipica locale esclusivamente in menù degustazione.

VERGNE – Cuneo – **561** I5 – Vedere Barolo

VERNAGO = VERNAGT – Bolzano – Vedere Senales

VERNANTE – Cuneo (CN) – **561** J4 – **1 287 ab.** – **alt. 790 m** – ✉ 12019   22 B3

❱ Roma 634 – Cuneo 23 – Alessandria 148 – Asti 112

Il Relais del Nazionale ⟡   ⟫ ⟪ 🚗 ⓥ **AE** ⓞ ⟡
strada statale 20 n.14 – ℰ 01 71 92 01 81 – www.ilnazionale.com
– Fax 01 71 92 02 52
8 cam 🍽 – ❙95/150 € ❙❙120/210 € – ½ P 90/135 €
Rist *vedere Nazionale* –

♦ Un piccolo gioiello tutto in legno, proprio di fronte al più tradizionale ristorante Nazionale (stessa gestione). Camere grandi e personalizzate, accogliente la zona relax con idromassaggio, bagno turco e bagno all'abete.

Nazionale con cam   ⟡ **P** 🚗 ⓥ **AE** ⓞ ⟡
via Cavour 60 – ℰ 01 71 92 01 81 – www.ilnazionale.com – Fax 01 71 92 02 52
18 cam 🍽 – ❙35/50 € ❙❙60/70 € – ½ P 60/70 €
Rist – *(chiuso mercoledì escluso da luglio al 15 ottobre)* Menu 20/33 €
– Carta 32/42 € ⟡

♦ È l'alternarsi delle stagioni a determinare gli ingredienti da utilizzare in cucina garantendo - in ogni momento dell'anno - le proprie specialità. Di recente è stata valorizzata e incrementata la selezione di formaggi: freschi, primo sale o stagionati. Camere confortevoli, arredate con sobrietà.

VEROLI – Frosinone (FR) – **563** Q22 – **20 560 ab.** – **alt. 594 m**   13 C2
– ✉ 03029

❱ Roma 99 – Frosinone 13 – Avezzano 69 – Fiuggi 29

Antico Palazzo Filonardi ⟡   ⟪ ⟫ & ⟡ ✿ **P**
piazza dei Franconi 1 – ℰ 07 75 23 71 35   🚗 ⓥ **AE** ⓞ ⟡
– www.palazzofilonardi.it – Fax 07 75 23 71 35 – chiuso dall'8 al 31 gennaio
30 cam – ❙65/90 € ❙❙85/105 €, 🍽 12 € – ½ P 65/75 €
Rist – *(chiuso lunedì)* Carta 37/49 €

♦ Nel centro di questo borgo medievale, nuovo, suggestivo albergo ricavato in un ex convento ottocentesco, con chiesa sconsacrata e panoramica terrazza sui colli ciociari. Al ristorante due eleganti sale "degli Angeli", così denominate per le decorazioni sulle volte.

⏟ Italia

▶ Roma 503 – Milano 157 – Venezia 114

🛫 di Villafranca per ④ : 14 km 𝒞 045 8095666

🛈 via degli Alpini 9 ⊠ 37121 𝒞 045 8068680, iatverona@provincia.vr.it,
Fax 045 8003638

stazione Porta Nuova ⊠ 37138 𝒞 045 8000861, iatferrovia@provincia.vr.it,
Fax 045 8000861

aeroporto Villafranca ⊠ 37060 𝒞 045 8619163, iataeroporto@
provincia.vr.it, Fax 045 8619163

🖼 Verona, 𝒞 045 51 00 60

Manifestazioni locali

08.04-12.04 : vinitaly (salone internazionale del vino e dei distillati) e
agrifood (salone internazionale del prodotto agroalimentare di qualità)

◉ Chiesa di San Zeno Maggiore★★ : porte★★★, trittico del Mantegna★★ AY
– Piazza delle Erbe★★ CY **10** – Piazza dei Signori★★ CY **39** – Arche
Scaligere★★ CY **K** – Arena★★ : ※★★ BCYZ – Castelvecchio★★ : museo
d'Arte★★ BY – Ponte Scaligero★★ BY – Chiesa di Sant'Anastasia★ :
affresco★★ di Pisanello CY **F** – ≤★★ dalle terrazze di Castel San Pietro CY
D – Teatro Romano★ CY **C** – Duomo★ CY **A** – Chiesa di San Fermo
Maggiore★ CYZ **B** – Chiesa di San Lorenzo★ BY

Piante pagine seguenti

🏨🏨🏨 Due Torri Baglioni   🈂 🄰🄲 ⇄ 🌐 rist. ⁽ᵗ⁾ 🛗 🆚🆂🄰 ⚬⚬ 🄰🄴 ⓵ 🖧
*piazza Sant'Anastasia 4 ⊠ 37121 – 𝒞 0 45 59 50 44 – www.baglionihotels.com
– Fax 04 58 00 41 30*   CY**x**
88 cam ☞ – †400/506 € ††572/1023 €
Rist *Brunello* – Carta 52/64 €
♦ Narra la storia della città l'edificio trecentesco in cui si inserisce questo prestigioso albergo
di tradizione e fascino; nelle eleganti camere, l'arredo si ispira soprattutto al '700 e all'800.
Raffinata modernità al ristorante, per scoprire una fantasiosa cucina contemporanea.

🏨🏨🏨 Gabbia d'Oro senza rist   🈂 🄰🄲 ⇄ ⁽ᵗ⁾ 🆚🆂🄰 ⚬⚬ 🄰🄴 ⓵ 🖧
*corso Porta Borsari 4/a ⊠ 37121 – 𝒞 04 58 00 30 60 – www.hotelgabbiadoro.it
– Fax 0 45 59 02 93*   CY**t**
8 cam – †160/290 € ††220/380 €, ☞ 23 € – 19 suites – ††300/850 €
♦ Dalla discrezione e dalla cortesia di un servizio inappuntabile, un opulento scrigno di preziosi e ricercati dettagli che echeggiano dal passato; piccolo hotel di charme e lusso con un
suggestivo giardino d'inverno.

🏨🏨 Victoria senza rist ⌛   🛗 🄰🄲 🕭 ⁽ᵗ⁾ 🛗 🚗 🆚🆂🄰 ⚬⚬ 🄰🄴 ⓵ 🖧
*via Adua 6 ⊠ 37121 – 𝒞 0 45 59 05 66 – www.hotelvictoria.it
– Fax 0 45 59 01 55*   BY**r**
66 cam ☞ – †175/235 € ††230/335 €
♦ Annovera anche reperti archeologici questo raffinato hotel, in cui antichità e modernità si
amalgamano con armonia; soluzioni diverse e indovinate nelle camere, dotate della tecnologia più avanzata.

🏨🏨 Accademia senza rist   🈂 ⚹⚹ 🄰🄲 🌐 ⁽ᵗ⁾ 🛗 🍽 🆚🆂🄰 ⚬⚬ 🄰🄴 ⓵ 🖧
*via Scala 12 ⊠ 37121 – 𝒞 0 45 59 62 22 – www.accademiavr.it
– Fax 04 58 00 84 40*   CY**d**
94 cam ☞ – †111/273 € ††154/310 €
♦ Solerte e professionale il servizio, di ottimo livello il confort. La risorsa si trova in un edificio storico che si sta lentamente rinnovando, adiacente all'elegante via Mazzini, arteria ideale
per lo shopping.

🏨🏨 Colomba d'Oro senza rist   🈂 🄰🄲 ⇄ 🌐 🛗 🚗 🆚🆂🄰 ⚬⚬ 🄰🄴 🖧
*via Cattaneo 10 ⊠ 37121 – 𝒞 0 45 59 53 00 – www.colombahotel.com
– Fax 0 45 59 49 74*   BY**n**
51 cam ☞ – †180 € ††290 €
♦ Un albergo di tradizione e di atmosfera, realizzato in ambienti del primo Ottocento. L'affascinante hall con dipinti alle pareti e al soffitto è il biglietto da visita, non meno eleganti le
camere, curate nei dettagli.

🏨 Grand Hotel senza rist   🚗 🛗 🔲 ↩ 🕸 ⁽ᵖ⁾ 🛗 ⅥSA 💳 AE ① 🔶
corso Porta Nuova 105 ⊠ *37122 –* 𝒞 *045 59 56 00 – www.grandhotel.vr.it*
– Fax 045 59 63 85   **BZb**
62 cam � – ♦100/250 € ♦♦130/285 €
♦ Storico edificio in stile liberty, ospita un albergo raffinato, nei cui interni si fondono la classicità degli arredi, impreziositi da belle sculture, e la modernità dei confort; dispone anche di un centro congressi.

🏨 Firenze senza rist   🛗 ♿ 🔲 ↩ 🕸 🛗 ⅥSA 💳 AE ① 🔶
corso Porta Nuova 88 ⊠ *37122 –* 𝒞 *045 80 11 510 – www.hotelfirenze.it*
– Fax 045 80 30 374   **BZd**
49 cam ⊑ – ♦115/245 € ♦♦130/260 €
♦ Sul viale che porta all'Arena, l'hotel offre interni di moderna e curata eleganza, arredati con bei tappeti orientali e kilim; adatto sia per il turista sia per chi viaggia per affari grazie alle attrezzate sale convegni.

🏨 Giberti senza rist   🛗 ♿ 🎿 🔲 ↩ ⁽ᵖ⁾ 🛗 🚗 ⅥSA 💳 AE ① 🔶
via Giberti 7 ⊠ *37122 –* 𝒞 *045 80 06 900 – www.hotelgiberti.it*
– Fax 045 80 01 955   **BZe**
80 cam ⊑ – ♦79/230 € ♦♦98/320 €
♦ Moderne sia l'architettura che la funzionalità di questo hotel cittadino che offre ampi spazi di parcheggio; luminose e confortevoli le zone comuni, piacevoli le stanze rinnovate.

🏨 Leopardi   🛗 🔲 ↩ 🕸 rist. ⁽ᵖ⁾ 🛗 🅿 🚗 ⅥSA 💳 AE ① 🔶
via Leopardi 16 ⊠ *37138 –* 𝒞 *045 81 01 444 – www.leopardi.vr.it*
– Fax 045 81 00 523   **AYa**
81 cam ⊑ – ♦♦82/230 € – ½ P 155 €
Rist *La Ginestra –* 𝒞 *045 56 24 49 – Menu 28 € – Carta 34/44 €*
♦ Fuori le mura, risorsa ideale sia per una clientela d'affari che turistica, propone confortevoli camere di due tipologie: classiche, con mobili in legno scuro, o moderne, dai toni più chiari; attrezzato centro congressi. Un intero capitolo di storia per il ristorante; solo a mezzogiorno si può pranzare anche a buffet.

🏨 San Marco   🏠 🏊 🔳 🐾 🛁 🛗 ♿ 🔲 ↩ 🕸 ⁽ᵖ⁾ 🛗 🚗
via Longhena 42 ⊠ *37138 –* 𝒞 *045 56 90 11*   ⅥSA 💳 AE ① 🔶
– www.sanmarco.vr.it – Fax 045 57 22 99   **AYn**
112 cam ⊑ – ♦98/250 € ♦♦124/300 € – ½ P 85/175 €
Rist *– (chiuso domenica da settembre al 20 giugno) (solo per alloggiati)*
Carta 32/40 €
♦ Convivono con discreto fascino lo stile classico e quello moderno che alternativamente arredano le camere: grazie al recente ampliamento sono stati introdotti beauty center e centro congressi.

🏨 Palace senza rist   🛗 ♿ 🔲 ⁽ᵖ⁾ 🛗 🚗 ⅥSA 💳 AE ① 🔶
via Galvani 19 ⊠ *37138 –* 𝒞 *045 57 57 00 – www.montresorgroup.com*
– Fax 045 57 66 67   **AYx**
66 cam ⊑ – ♦80/300 € ♦♦100/350 €
♦ Una hall spaziosa, con tocchi di eleganza, introduce in un albergo di impostazione classica che offre stanze ben accessoriate. Colorate composizioni musive nei nuovi bagni.

🏨 Maxim   🛗 ♿ cam, 🔲 ↩ 🕸 rist, ⁽ᵖ⁾ 🛗 🚗 ⅥSA 💳 AE ① 🔶
via Belviglieri 42, 2 km per ② ⊠ *37131 –* 𝒞 *045 84 01 800*
– www.maximverona.it – Fax 045 84 01 818
146 cam ⊑ – ♦65/240 € ♦♦81/300 €
Rist *– (solo per alloggiati)* Carta 29/42 €
♦ Imponente costruzione per questo funzionale albergo fuori città, moderno nel confort e negli arredi delle zone comuni e delle camere. Capienti sale riunioni di ampiezza modulabile.

In una località, quale scegliere tra due esercizi della stessa categoria?
Sappiate che in ogni categoria le risorse sono elencate in ordine di
preferenza: le migliori, per prime.

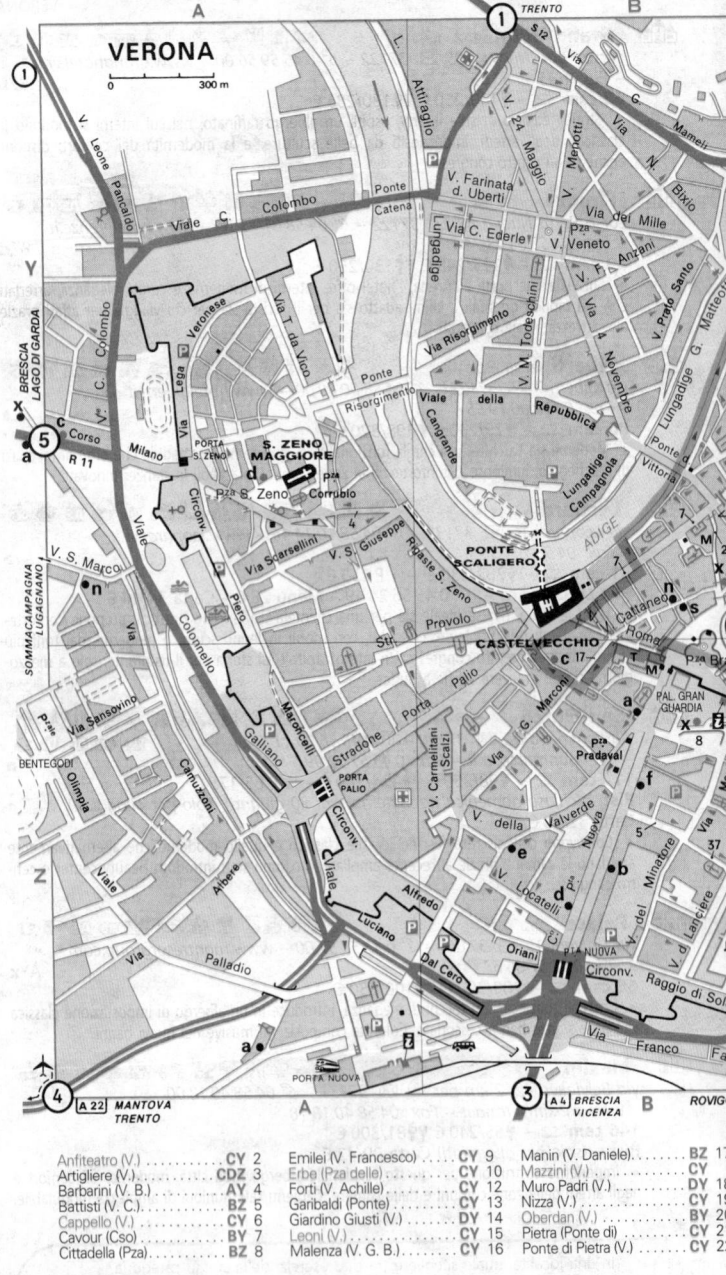

VERONA

0   300 m

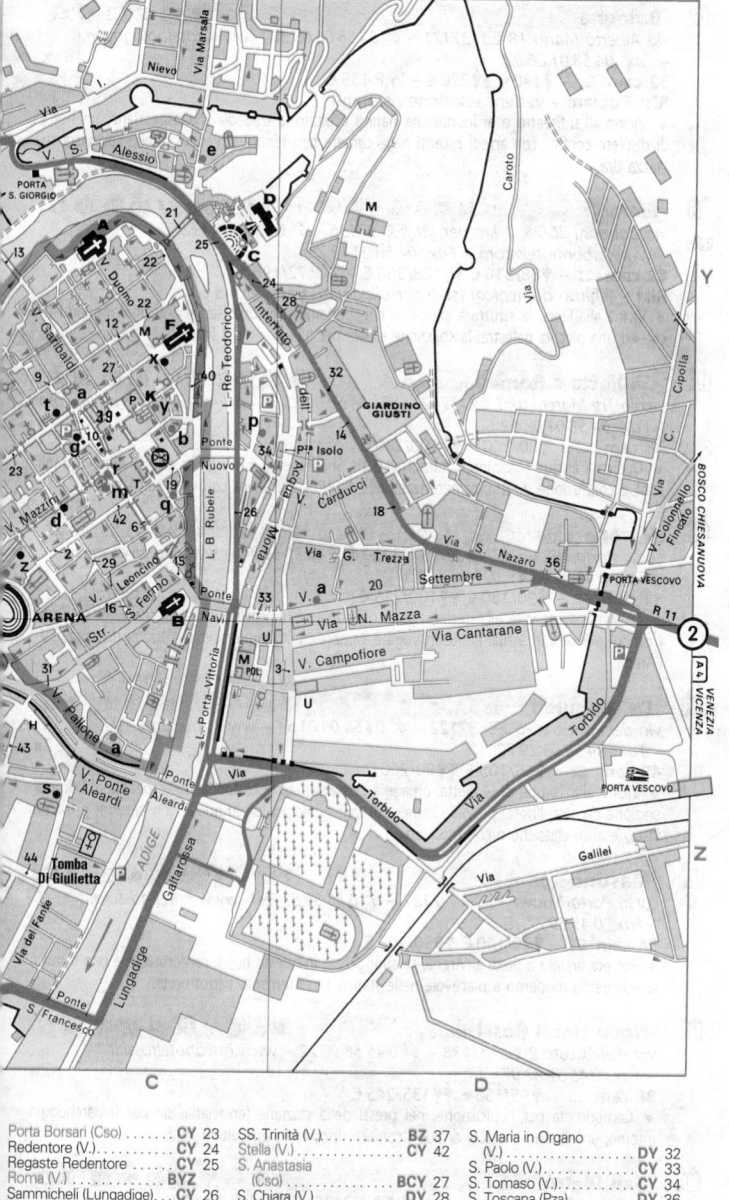

🏨 **Bologna** 🈂️ AC 🈂️ 🛜 VISA ⓪ AE ① 🔆
via Alberto Mario 18 ✉️ *37121* – 🕾 *04 58 00 68 30* – *www.hotelbologna.vr.it*
– *Fax 04 58 01 06 02* BY**x**
32 cam � – ♦140 € ♦♦220 € – ½ P 135 €
Rist Rubiani – *vedere selezione ristoranti*
♦ Vicino all'anfiteatro e ai luoghi che hanno ospitato la tragedia shakespeariana, un hotel di discreto confort con arredi recenti nelle camere ben tenute. Chiedete quelle con vista su Piazza Bra.

🏨 **Fiera** 🐾 🈂️ ⅙ cam. AC 🈂️ rist. 🛜 🏋️ P 🚗 VISA ⓪ AE ① 🔆
🐾 *via Zannoni 26/28, 1 km per* ③ ✉️ *37136* – 🕾 *04 58 20 44 85*
– *www.fabbrihotels.com* – *Fax 04 58 23 13 78*
82 cam ⊂ – ♦88/310 € ♦♦108/360 € – ½ P 72/198 €
Rist – *(chiuso domenica) (solo per alloggiati)* Carta 21/45 €
♦ Vicina alla Fiera, la struttura annovera nei suoi ambienti confortevoli dotazioni impiantistiche ed una piccola palestra: la soluzione ideale per gli amanti del fitness. .

🏨 **Giulietta e Romeo** *senza rist* 🈂️ AC ⅙ 🛜 🏋️ VISA ⓪ AE ① 🔆
vicolo Tre Marchetti 3 ✉️ *37121* – 🕾 *04 58 00 35 54* – *www.giuliettaeromeo.com*
– *Fax 04 58 01 08 62* CY**z**
38 cam ⊂ – ♦80/160 € ♦♦100/230 €
♦ Dedicata ai due innamorati immortalati da Shakespeare, una risorsa che si rinnova negli anni, a conduzione diretta; camere tranquille, la più panoramica con vista sull'Arena.

🏨 **Verona** *senza rist* 🈂️ 🚼 AC 🛜 P VISA ⓪ AE ① 🔆
corso Porta Nuova 47/49 ✉️ *37122* – 🕾 *0 45 59 59 44* – *www.hotelverona.it*
– *Fax 0 45 59 43 41* BZ**f**
31 cam ⊂ – ♦90/180 € ♦♦100/215 €
♦ Di sobria semplicità all'esterno, l'hotel offre interni recenti ed invitanti, realizzati secondo i canoni del design attualmente in voga e camere molto confortevoli. A breve distanza dall'Arena.

🏨 **De' Capuleti** *senza rist* 🈂️ AC ⅙ 🈂️ 🛜 VISA ⓪ AE ① 🔆
via del Pontiere 26 ✉️ *37122* – 🕾 *04 58 00 01 54* – *www.hotelcapuleti.it*
– *Fax 04 58 03 29 70* CZ**s**
42 cam ⊂ – ♦65/105 € ♦♦90/200 €
♦ Vicino alla Tomba di Giulietta, omaggia la sventurata nobildonna shakespeariana. D'impostazione classica, l'hotel prevede camere di due tipologie, le più nuove con parquet e travi a vista, le altre classiche e con moquette.

🏨 **Mastino** *senza rist* 🈂️ AC 🈂️ 📞 🏋️ VISA ⓪ AE ① 🔆
corso Porta Nuova 16 ✉️ *37122* – 🕾 *0 45 59 53 88* – *www.hotelmastino.it*
– *Fax 0 45 59 77 18* BZ**a**
54 cam ⊂ – ♦70/140 € ♦♦90/208 €
♦ Potrete andare a piedi all'Arena, se alloggerete in questo hotel, confortevole e ben tenuto; arredamento moderno e piacevole nelle stanze, recentemente ristrutturate.

🏨 **Novo Hotel Rossi** *senza rist* 🈂️ ⅙ AC 🛜 P VISA ⓪ AE ① 🔆
via delle Coste 2 ✉️ *37138* – 🕾 *0 45 56 90 22* – *www.novohotelrossi.it*
– *Fax 0 45 57 82 97* AZ**a**
38 cam ⊂ – ♦95/155 € ♦♦135/245 €
♦ Comodo sia per l'ubicazione, nei pressi della stazione ferroviaria, sia per il parcheggio interno, un albergo classico, di buon confort, rinnovato negli ultimi anni.

🏨 **San Pietro** *senza rist* 🈂️ ⅙ ⅙ 🏋️ VISA ⓪ AE ① 🔆
via Santa Teresa, 1 km per ③ ✉️ *37135* – 🕾 *0 45 58 26 00*
– *www.hotelsanpietroverona.it* – *Fax 0 45 58 51 14*
47 cam ⊂ – ♦70/280 € ♦♦90/280 € – 1 suite
♦ E' un piacere rilassarsi nelle comode poltrone in pelle nella hall, accogliente e razionale. Stile minimalista nelle confortevoli camere, rallegrate da una parete in stucco di colore vivace: legno chiaro e scuro si alternano per creare un'illusione ottica di movimento.

⌂ **Torcolo** senza rist   🛗 AC ⇆ 📶 VISA ⬤⬤ AE ① ⑤

vicolo Listone 3 ⊠ *37121 –* ℰ *04 58 00 75 12 – www.hoteltorcolo.it*
– Fax 04 58 00 40 58 – chiuso dal 15 gennaio al 15 febbraio   BY**s**
19 cam ⊐ – †50/96 € ††70/127 €, ⊐ 14 €

♦ Per un soggiorno veronese a due passi dalla leggendaria Arena, un hotel semplice ed accogliente con mobili d'epoca in alcune stanze. Con la bella stagione, la colazione è servita all'aperto, sulla piazzetta.

⌂ **Aurora** senza rist   AC 📶 VISA ⬤⬤ AE ① ⑤

piazzetta XIV Novembre 2 ⊠ *37121 –* ℰ *0 45 59 47 17 – www.hotelaurora.biz*
– Fax 04 58 01 08 60   CY**g**
19 cam ⊐ – †58/130 € ††100/150 €

♦ Camere sobrie e confortevoli, ma soprattutto la possibilità di consumare il primo pasto della giornata affacciati sulla celebre Piazza delle Erbe, comodamente seduti sulla bella terrazza.

🍴🍴🍴 **Il Desco** (Elia e Matteo Rizzo)   AC ⅍ VISA ⬤⬤ AE ① ⑤
🌸 🌸 *via Dietro San Sebastiano 7* ⊠ *37121 –* ℰ *0 45 59 53 58 – www.ildesco.com*
– Fax 0 45 59 02 36 – chiuso dal 25 dicembre al 7 gennaio, 2 settimane in giugno, domenica, lunedì; in luglio, agosto e dicembre aperto lunedì sera
Rist – Menu 60/130 € – Carta 92/130 € ❀   CY**q**
Spec. Flan di pecorino con lumache e mostarda di zucca e zenzero. Gnocchi di patate al sugo di trippa di baccalà e olive nere. Brasato di guanciale di manzo con fegato d'oca, purea di patate e porro fritto.

♦ Il salotto cittadino per eccellenza, dall'elegante sala alla cucina tutto è espressione della personalità del cuoco in equilibrio tra innovazione e tradizione, forme e sapori.

🍴🍴🍴 **Baracca**   🏡 AC ⅍ ⇧ **P** VISA ⬤⬤ AE ① ⑤

via Legnago 120, 2,5 km per ③ ⊠ *37134 –* ℰ *0 45 50 00 13*
– www.ristorantelabaracca.it – Fax 0 45 50 00 13 – chiuso dal 1° al 7 gennaio, sabato a mezzogiorno, domenica
Rist – (consigliata la prenotazione) Carta 55/70 €

♦ Fuori delle affollate rotte turistiche, signorile ristorante gestito da cinquant'anni da una intraprendente famiglia, dove troverete gusterete una consolidata e tradizionale cucina di pesce.

🍴🍴🍴 **Arche**   AC ⅍ ⇧ VISA ⬤⬤ AE ① ⑤

via Arche Scaligere 6 ⊠ *37121 –* ℰ *04 58 00 74 15 – www.ristorantearche.com*
– Fax 04 58 00 74 15 – chiuso dal 7 al 31 gennaio, domenica, lunedì a mezzogiorno   CY**y**
Rist – Carta 48/60 € ❀

♦ E' stato il bisnonno dello chef ad inaugurare nel 1879 questo elegante locale. Da allora la tradizione si rinnova di generazione in generazione, proponendo una cucina di terra e di mare, di tradizione e di ricerca.

🍴🍴 **Desinare a Santa Teresa**   ㅤ AC VISA ⬤⬤ AE ⑤

via Santa Teresa 77, per ③ ⊠ *37135 –* ℰ *04 58 23 01 52*
– www.ristorantedesinare.com – Fax 04 58 23 01 52 – chiuso 20 giorni in gennaio, 20 giorni in agosto, domenica
Rist – Carta 45/53 €

♦ Conduzione esperta in questo elegante ristorantino che prende spunto dalla tradizione veneta ed italiana; raffinate sia la cura della tavola sia la presentazione dei piatti, molti dei quali a base di pesce.

🍴🍴 **Ai Teatri**   🏡 AC ⇧ VISA ⬤⬤ AE ① ⑤

via Santa Maria Rocca Maggiore 8 ⊠ *37129 –* ℰ *04 58 01 21 81*
– www.ristoranteaiteatri.it – Fax 04 58 02 00 98 – chiuso dal 1° al 15 gennaio, domenica, lunedì a mezzogiorno   CY**p**
Rist – (consigliata la prenotazione la sera) Menu 40/50 € – Carta 40/55 € ❀

♦ Esperienza più che decennale nella ristorazione veronese per il titolare di un locale nato da poco al di là dell'Adige; ambiente ricercato e cucina di approccio creativo, sia di terra che di mare.

Osteria la Fontanina (Nicola Tapparini)

Portichetti Fontanelle Santo Stefano 3 ⊠ *37129 – ℰ 0 45 91 33 05*
– www.ristorantelafontanina.com – Fax 0 45 91 33 05 – chiuso 1 settimana in febbraio e marzo, 2 settimane in agosto, domenica, lunedì a mezzogiorno
Rist – (consigliata la prenotazione) Menu 30 € (solo a mezzo-   CY**e**
giorno)/85 € – Carta 57/75 € ⅌

Spec. Cicchetti di fegato grasso d'oca con abbinamenti alla frutta di stagione. Tagliolini neri all'aglio, olio e peperoncino, con zuchine, calamari, ricci di mare e carpaccio di gamberi di Sicilia. Nocetta di cervo speziata su frutta caramellata e mostarda dell'osteria.

◆ Presso la chiesa di Santo Stefano, ristorante caratteristico dall'atmosfera intima e ovattata, il vino è onnipresente con arredi d'antiquariato, stampe e argenti. Cucina del territorio rivisitata.

Al Cristo

piazzetta Pescheria 6 ⊠ *37121 – ℰ 0 45 59 42 87 – www.ristorantealcristo.it*
– Fax 04 58 01 87 82 – chiuso lunedì   CY**b**
Rist – Carta 32/67 € ⅌

Rist *Pintxos Bistrot* – Carta 28/46 € ⅌

◆ Nei pressi di Ponte Nuovo, un edificio cinquecentesco accoglie questo ristorante articolato su tre livelli con splendida cantina e bel dehors. Diverse linee di cucina: regionale, internazionale e sushi-sashimi. Al Pintxos Bistrot: tapas basche, stuzzichini preparati al momento e il proverbiale pata negra.

Tre Marchetti

vicolo Tre Marchetti 19/b ⊠ *37121 – ℰ 04 58 03 04 63 – www.tremarchetti.it*
– Fax 04 58 00 29 28 – chiuso dal 15 al 28 febbraio, dal 1° al 7 settembre, lunedì in luglio-agosto, domenica negli altri mesi   CY**z**
Rist – Menu 35/65 € – Carta 43/53 € ⅌

◆ Poltroncine e lampadari di Murano in un ambiente accogliente, recentemente rinnovato: i ritmi del servizio sono alquanto veloci, ma non manca l'attenzione al dettaglio. Specialità del territorio.

Alla Fiera-da Ruggero

via Scopoli 9, 1 km per ③ ⊠ *37136 – ℰ 0 45 50 88 08 – Fax 0 45 50 08 61*
– chiuso dal 10 al 18 agosto
Rist – *(chiuso domenica)* Carta 38/63 €

◆ Acquari con crostacei e vasche con molluschi vari. Si tratta di uno dei ristoranti ittici più rinomati in città, l'ambiente curato, una solida gestione familiare e, al tavolo, segnaposto stilizzati da un artista.

Al Capitan della Cittadella

piazza Cittadella 7/a ⊠ *37122 – ℰ 0 45 59 51 57*
– www.ristorantealcapitandellacittadella.it – Fax 04 58 03 78 42
– chiuso 1 settimana in gennaio, 3 settimane in agosto, domenica, lunedì a mezzogiorno   BZ**x**
Rist – (consigliata la prenotazione) Carta 46/76 € ⅌

◆ Un locale rustico ricavato in un antico palazzo: quadri moderni alle pareti e sculture lignee dedicate ai pesci. La predilezione per il mondo marino arriva fino in cucina. Ampia scelta di vini locali.

Rubiani – Hotel Bologna

piazzetta Scalette Rubiani 3 ⊠ *37121 – ℰ 04 58 00 68 30*
– www.ristoranterubiani.it – Fax 04 58 01 06 02   BY**x**
Rist – Carta 34/50 €

◆ All'interno dell'hotel Bologna, un signorile ristorante d'impostazione classica, che offre un'intima saletta ed un piacevole dehors estivo affacciato sull'Arena dove gustare i piatti della cucina locale.

Greppia

vicolo Samaritana 3 ⊠ *37121 – ℰ 04 58 00 45 77 – www.ristorantegreppia.it*
– Fax 0 45 59 50 90 – chiuso 15 giorni in giugno e lunedì   CY**m**
Rist – Carta 28/50 €

◆ In una nascosta viuzza del centro, una sala con soffitto a volte e colonne o un gradevole spazio esterno per l'estate in un locale dalle proposte tradizionali e locali.

✕✕ Calanova 🛋 AC 🐕 ⇆ VISA ⬤ AE ⓞ ⑤

via XX Settembre 13 ✉ 37129 – ✆ 04 58 00 83 09
– www.ristorantecalanova.com – Fax 04 58 01 86 65 – chiuso 10 giorni a
gennaio e dal 10 al 24 agosto DYa
Rist – Carta 46/62 €

◆ Nient'altro che pesce fresco, proposto solamente nelle preparazioni più semplici e classiche, da assaporare nell'intima saletta dalle comode poltroncine, oppure all'aperto, nel cortile interno.

✕✕ Maffei 🛋 AC ⇆ VISA ⬤ AE ⓞ ⑤

piazza delle Erbe 38 ✉ 37121 – ✆ 04 58 01 00 15 – www.ristorantemaffei.it
– Fax 04 58 00 51 24 – chiuso domenica escluso da marzo a ottobre
Rist – Carta 34/45 € CYa

◆ Locale storico del centro di Verona, anticipato dalla bella corte dove si svolge il dehors: buona cucina di impronta moderna ed interessante carta dei vini. Sotto il locale dove sono stati rinvenuti dei reperti archeologici romani, si è ricavata la cantina (visitabile) ed un romantico tavolino per due!

✕ L'Oste Scuro AC VISA ⬤ AE ⓞ ⑤

vicolo San Silvestro 10 ✉ 37122 – ✆ 0 45 59 26 50
– www.ristoranteostescuro.com – Fax 04 58 04 66 35 – chiuso dal 25 dicembre al
7 gennaio, dall' 8 al 23 agosto, domenica, lunedì a mezzogiorno BZc
Rist – Carta 53/74 €

◆ Un'insegna in ferro battuto segnala questo locale alla moda dalla simpatica atmosfera familiare. Lo chef punta sulla freschezza del protagonista di ogni piatto elaborato: il pesce.

✕ Trattoria al Pompiere AC ⇆ VISA ⬤ AE ⑤

vicolo Regina d'Ungheria 5 ✉ 37121 – ✆ 04 58 03 05 37
– www.alpompiere.com – Fax 04 58 03 05 37 – chiuso dal 25 dicembre al
10 gennaio, dal 14 al 29 giugno, domenica, lunedì a mezzogiorno CYr
Rist – (consigliata la prenotazione) Carta 33/47 € ⅋⅋

◆ Linea gastronomica fedele al territorio, nonché un'ottima selezione di salumi e formaggi in una storica trattoria del centro, tra boiserie e svariate foto d'epoca.

✕ Trattoria al Calmiere 🛋 ⅙ AC ⅛ VISA ⬤ AE ⓞ ⑤

piazza San Zeno 10 ✉ 37123 – ✆ 04 58 03 07 65 – www.calmiere.com
– Fax 04 58 03 19 00 – chiuso dal 26 dicembre al 6 gennaio, domenica sera e
lunedì AYd
Rist – Carta 35/40 € (+10 %)

◆ Tipica trattoria orgogliosamente situata nella bella piazza dedicata al patrono cittadino. Tradizionale cucina veronese e un'interessante selezione di vini della provincia.

✕ San Basilio alla Pergola 🛋 AC ⅛ VISA ⬤ ⑤

😊 *via Pisano 9, 2 km per ② ✉ 37131 – ✆ 0 45 52 04 75*
– www.trattoriasanbasilio.com – Fax 0 45 52 04 75 – chiuso domenica
Rist – Carta 27/34 €

◆ Caratteristico l'ambiente in stile campagnolo nelle due sale, con pavimenti in legno e mobili rustici, e semplice, ma curata cucina; piacevole dehors estivo con pergolato.

✕ Al Bersagliere 🛋 AC VISA ⬤ AE ⑤

😊 *via Dietro Pallone 1 ✉ 37121 – ✆ 04 58 00 48 24 – www.trattoriaalbersagliere.it*
– Fax 04 58 00 49 32 – chiuso 20 giorni in gennaio, 10 giorni in agosto,
domenica ed i giorni festivi CZa
Rist – Carta 27/35 € ⅋⅋

◆ Classico e perfetto nell'esecuzione, sarà un motivo valido se il baccalà alla vicentina proposto in questa trattoria dalla gestione appassionata è sempre molto apprezzato! Buona cantina e gradevole dehors estivo.

✕ Il Glicine 🛋 ⅛ ⇆ P VISA ⬤ AE ⓞ ⑤

corso Milano 26 ✉ 37138 – ✆ 0 45 56 51 56 – www.hotelportasanzeno.it
– Fax 0 45 57 32 33 – chiuso domenica AYc
Rist – Carta 46/75 €

◆ Rami di glicine fanno da cornice al servizio all'aperto, mentre le pareti della sala interna sono arredate con quadri e sculture moderne. Unica la predilezione della cucina: solo piatti di pesce.

a San Massimo all'Adige Ovest: 2 km per via San Marco AY – ✉ 37139

Trattoria dal Gal
via Don Segala 39/b – ℰ 04 58 90 30 97 – www.trattoriadelgal.com
– Fax 04 58 90 09 66 – chiuso dal 30 luglio al 20 agosto, domenica sera, lunedì
Rist – Carta 21/39 €

◆ Madre ai fornelli e figli in sala in questa semplice trattoria dalla calorosa e cordiale accoglienza. La cucina è classica, ma soprattutto impostata sul territorio. Rinomati i primi.

sulla strada statale 11-via Bresciana Ovest: 3,5 km

Park Hotel Elefante
strada Bresciana 27 ✉ 37139 Verona – ℰ 04 58 90 37 00 – www.hotelelefante.it
– Fax 04 58 90 39 00
11 cam ☑ – †65/95 € ††85/110 € – ½ P 65 €
Rist – *(chiuso dal 19 dicembre al 10 gennaio e dal 1° al 29 agosto) (chiuso a mezzogiorno)* Carta 27/35 €

◆ Sulla statale per il lago di Garda, una villetta di campagna trasformata in un piccolo albergo familiare, con atmosfera da casa privata; piacevole il giardino sul retro. Cucina regionale nella semplice sala ristorante dall'arredo ligneo, ricca di suppellettili.

a San Michele Extra per ② : 4 km – ✉ 37132

Holiday Inn Verona
via Unità d'Italia 346 – ℰ 04 58 95 25 01
– www.alliancealberghi.com – Fax 0 45 97 26 77
112 cam – †49/335 € ††49/410 €, ☑ 15 €   **Rist** – Menu 30/40 €

◆ Nella prima periferia cittadina, confort adeguati agli standard della catena cui appartiene in questa struttura funzionale, ideale per clientela d'affari e di passaggio. Gradevole dehors per servizio ristorante estivo.

Gardenia
via Unità d'Italia 350 – ℰ 0 45 97 21 22 – www.hotelgardeniaverona.it
– Fax 04 58 92 01 57 – chiuso 24-25 dicembre
56 cam ☑ – †60/86 € ††75/120 €
Rist – *(chiuso dal 24 dicembre al 7 gennaio, luglio, agosto, venerdì, sabato e domenica) (chiuso a mezzogiorno)* Carta 21/35 €

◆ Moderna essenzialità, lineare e funzionale, negli interni di una risorsa in comoda posizione vicino al casello autostradale; confortevoli camere ben accessoriate. Raffinata cura della tavola nelle due sale di pranzo.

verso Novaglie Nord-Est: 6km

Agriturismo Delo senza rist
via San Fenzo 8, località Mizzole ✉ 37141 Verona – ℰ 04 58 84 10 90
– www.agriturismodelo.it – Fax 04 58 84 12 23 – chiuso dicembre e gennaio
10 cam ☑ – †100/125 € ††115/150 € – 2 suites

◆ Non lontano dalla città, ma già in aperta campagna, questa bella costruzione rurale – ristrutturata con l'impiego di materiali pregiati – ospita ambienti impreziositi da pezzi di antiquariato e camere "riscaldate" da tappeti persiani. La colazione è servita in raffinate porcellane con pasticceria fatta in casa.

VERRAYES – Aosta (AO) – **561** E4 – 1 325 ab. – alt. 1 026 m – ✉ 11020   34 B2
◘ Roma 707 – Aosta 26 – Moncalieri 108 – Torino 97

a Grandzon Sud : 6 km – ✉ 11020 Verrayes

Agriturismo La Vrille
hameau du Grandzon 1 – ℰ 01 66 54 30 18 – www.lavrille-agritourisme.com
6 cam ☑ – †55/80 € ††80/90 € – ½ P 55/65 €
Rist – *(chiuso a mezzogiorno) (prenotazione obbligatoria)* Menu 30/35 €

◆ Circondata da cime e vigneti, in posizione elevata e panoramica, una caratteristica baita di montagna con belle camere e mobili d'epoca. Atmosfera familiare e amichevole anche al ristorante, dove gustare la tradizione valdostana proposta anche attraverso prodotti e vini dell'azienda.

a Champagne Sud : 8 km – ✉ 11020

🍴 **Antica Trattoria Champagne**   Ⓐ🅚 Ⓥ🅘🅢🅐 ⓞⓞ Ⓐ🅔 Ⓞ 🔧
🐝 *à Champagne* – ☎ 01 66 54 62 88 – Fax 01 66 54 62 88 – chiuso 15 giorni in
giugno, *le sere di domenica e lunedì*
Rist – Carta 21/36 €
♦ Da oltre un secolo stazione di posta ma anche sala da ballo e negozio di alimentari, con
l'attuale gestione la cucina ha preso il sopravvento. Valdostana d'adozione ma piemontese
d'origine, la cuoca propone i due filoni regionali in piatti seplici e sapidi.

VERUNO – Novara (NO) – 1 819 ab. – alt. 357 m – ✉ 28010   **24** A3
▶ Roma 650 – Stresa 23 – Domodossola 57 – Milano 78

🍴🍴 **L'Olimpia** con cam   🏠 🅚 ❄ cam, 📶 Ⓥ🅘🅢🅐 ⓞⓞ Ⓐ🅔 Ⓞ 🔧
via Martiri 3 – ☎ 03 22 83 01 38 – www.olimpiatrattoria.it – Fax 03 22 83 01 38
11 cam – †50/55 € ††80/95 €, ⊇ 6 €   **Rist** – (chiuso lunedì) Carta 31/47 €
♦ Caldo e accogliente questo locale, che ha una sala al pianterreno tutta rivestita di legno e
una tavernetta con volte in mattoni a vista; cucina soprattutto di pesce.

VESUVIO – Napoli – **564** E25 ▯ Italia

VETRIOLO TERME – Trento – Vedere Levico Terme

VEZZANO = VEZZAN – Bolzano – Vedere Silandro

VIADANA – Mantova (MN) – **561** H13 – 18 777 ab. – alt. 26 m   **17** C3
– ✉ 46019
▶ Roma 458 – Parma 27 – Cremona 52 – Mantova 39

🏠 **Europa**   🏠 🅚 ❄ Ⓟ Ⓥ🅘🅢🅐 ⓞⓞ Ⓐ🅔 Ⓞ 🔧
vicolo Ginnasio 9 – ☎ 03 75 78 04 04 – www.hotelristeuropa.it
– Fax 03 75 78 04 04 – chiuso dal 24 dicembre al 6 gennaio ed agosto
17 cam ⊇ – †54/66 € ††81/95 € – ½ P 55/71 €
Rist Simonazzi – (chiuso sabato a mezzogiorno, domenica sera, lunedì)
Carta 25/44 € ✿
Rist Osteria Caol Ila – vicolo Quartierino 10 (chiuso sabato a mezzogiorno,
domenica sera, martedì) Carta 19/30 €
♦ Nel centro della località, piccolo albergo a carattere familiare, che offre spazi comuni limitati, ma un confortevole settore notte rinnovato di recente negli arredi. Piatti di terra e specialità di mare s'incontrano al ristorante Simonazzi. Cucina regionale e ambiente rustico all'O-
steria Caol Ila.

VIANO – Reggio Emilia (RE) – **562** I13 – 3 411 ab. – alt. 275 m – ✉ 42030   **8** B2
▶ Roma 435 – Parma 59 – Milano 171 – Modena 35

🍴 **La Capannina**   🔧 Ⓟ Ⓥ🅘🅢🅐 ⓞⓞ 🔧
via Provinciale 16 – ☎ 05 22 98 85 26 – www.capannina.net – chiuso dal
24 dicembre al 6 gennaio, dal 17 luglio al 23 agosto, domenica, lunedì
Rist – Carta 26/32 €
♦ Sono trent'anni che la stessa famiglia gestisce questo locale, mantenendosi fedele ad una
linea gastronomica che punta sulla tipicità delle tradizioni locali.

VIAREGGIO – Lucca (LU) – **563** K12 – 63 800 ab. – ✉ 55049 ▯ Toscana   **28** B1
▶ Roma 371 – La Spezia 65 – Pisa 21 – Bologna 180
🄸 viale Carducci 10 ☎ 0584 962233, info@aptversilia.it, Fax 0584 47336
Stazione ferroviaria (Pasqua-settembre) ☎ 0584 46382, Fax 0584 430821

Pianta pagina seguente

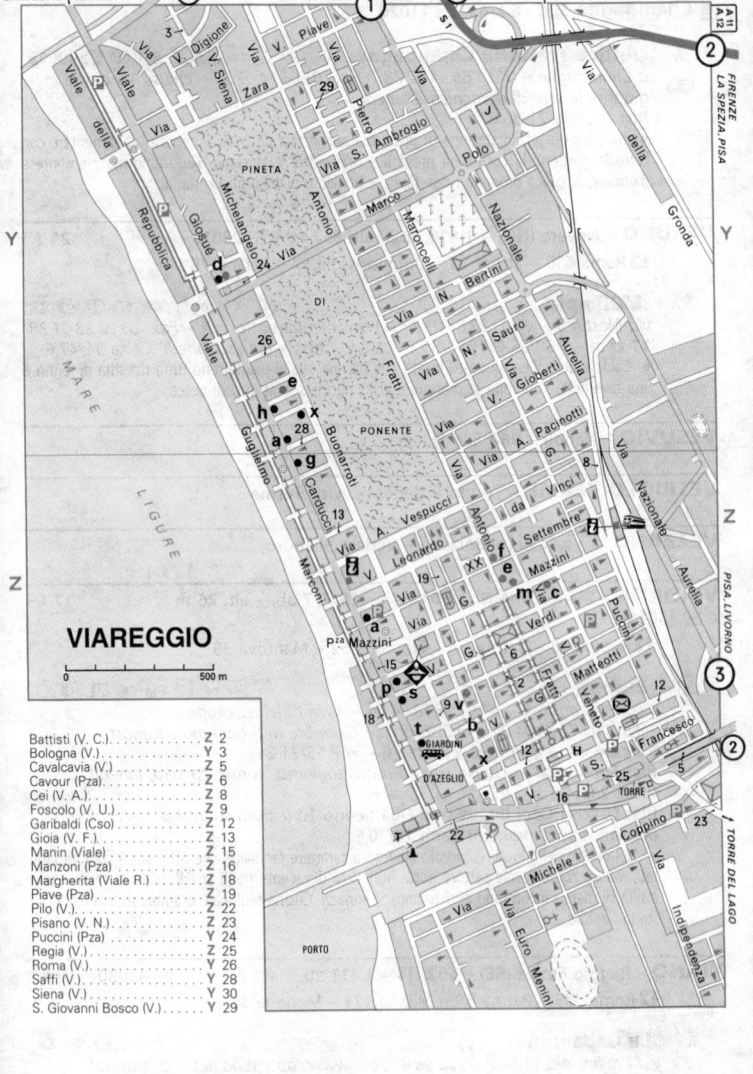

VIAREGGIO

Grand Hotel Principe di Piemonte

piazza Puccini 1

– ℰ 05 84 40 11

– *www.principedipiemonte.com*

– *Fax 05 84 40 18 03*

Yd

87 cam ⊇ – ♦600 € ♦♦800 € – 19 suites – ½ P 480 €

Rist Piccolo Principe – vedere selezione ristoranti

Rist – *(chiuso a mezzogiorno)* Carta 39/70 €

♦ Uno dei migliori alberghi della Versilia, rinnovato di recente offre camere raffinate ed accessoriate che presentano stili diversi: impero, coloniale, moderno, classico. Centro benessere di moderna concezione, non ampio ma personalizzato.

Grand Hotel Royal 🚗 🏠 🛎 🗗 & 🗚 ℅ (ř) 🕍 VISA ⏀ AE ① ◐
viale Carducci 44 – ℰ 0 58 44 51 51 – www.hotelroyalviareggio.it
– Fax 0 58 43 14 38 – febbraio-novembre   **Z g**
113 cam ⏁ – †80/200 € ††120/370 € – 1 suite – ½ P 90/220 €
Rist – *(chiuso a mezzogiorno)* Menu 35 €
♦ Sul lungomare, imponente costruzione degli anni 20' con atmosfere da Belle Epoque nelle signorili sale. Curato giardino e confortevoli camere. Elegante sala ristorante con suggestivi richiami allo stile Liberty.

Astor 🏠 🗗 🕸 🗗 & cam, 🗚 ℅ rist, (ř) 🕍 🚐 VISA ⏀ AE ① ◐
viale Carducci 54 – ℰ 0 58 45 03 01 – www.astorviareggio.com
– Fax 0 58 45 51 81   **Y h**
77 cam ⏁ – †165/275 € ††253/429 € – 11 suites   **Rist** – Carta 53/87 €
♦ Hotel totalmente rinnovato e potenziato nei servizi, con camere signorili nonché piccolo centro benessere. Cucina mediterranea nella spaziosa sala ristorante e sulla piacevole terrazza con vista mare.

Plaza e de Russie 🏠 🛎 🗚 ℅ (ř) 🕍 VISA ⏀ AE ① ◐
piazza d'Azeglio 1 – ℰ 0 58 44 44 49 – www.plazaederussie.com
– Fax 0 58 44 40 31   **Z t**
51 cam – †102/286 € ††158/299 €, ⏁ 13 € – ½ P 165/232 €
Rist La Terrazza – *(chiuso 2 settimane in novembre)* Carta 41/56 €
♦ Il primo albergo di Viareggio nel 1871, rimane ancora il luogo privilegiato di chi cerca fascino ed eleganza: preziosi marmi nelle sale comuni e belle camere. Grandi vetrate da cui contemplare il panorama nel raffinato *roof restaurant*.

President ≼ 🛎 🗚 ℅ rist, (ř) VISA ⏀ AE ① ◐
viale Carducci 5 – ℰ 05 84 96 27 12 – www.hotelpresident.it – Fax 05 84 96 36 58
50 cam ⏁ – †120/160 € ††140/200 € – ½ P 110/160 €   **Z a**
Rist – *(aprile-ottobre)* *(chiuso a mezzogiorno)* *(solo per alloggiati)* Menu 25/45 €
♦ In un importante edificio sul lungomare, questa raffinata risorsa dispone di ambienti eleganti arredati con mobili originali e affascinanti lampadari. Confortevoli le camere.

London senza rist 🛎 & 🗚 ℅ (ř) VISA ⏀ AE ① ◐
viale Manin 16 – ℰ 0 58 44 98 41 – www.hotellondon.it – Fax 0 58 44 75 22
33 cam ⏁ – †70/95 € ††110/160 €   **Z s**
♦ In una palazzina in stile Liberty, hotel sul lungomare con arredi signorili negli spazi comuni e camere confortevoli.

Villa Tina senza rist 🛎 🗚 ℅ VISA ⏀ AE ① ◐
via Aurelio Saffi 2 – ℰ 0 58 44 44 50 – www.villatinahotel.it – Fax 0 58 44 44 50
– febbraio-marzo e 15 aprile-15 ottobre   **Y a**
14 cam ⏁ – †50/130 € ††90/200 €
♦ Edificio liberty del 1929, le vetrate e gli stucchi delle zone comuni nonché gli arredi delle camere al primo piano ne ripropongono i fastosi eccessi; sempre in stile ma più sobrie quelle al secondo.

Eden senza rist 🛎 & 🗚 ℅ (ř) VISA ⏀ AE ① ◐
viale Manin 27 – ℰ 0 58 43 09 02 – www.hoteleden-viareggio.it
– Fax 05 84 96 38 07   **Z p**
38 cam ⏁ – †65/110 € ††100/160 €
♦ Struttura di taglio moderno e buona funzionalità - versatile in termine di clientela - dispone di camere modernamente accessoriate.

Arcangelo 🗚 ℅ rist, (ř) VISA ⏀ AE ① ◐
🐾 *via Carrara 23 – ℰ 0 58 44 71 23 – www.hotelarcangelo.com – Fax 0 58 44 73 14*
– febbraio e Pasqua-settembre   **Y x**
19 cam – †70/85 € ††70/100 €, ⏁ 8 € – ½ P 85 €
Rist – *(chiuso sino a maggio)* *(solo per alloggiati)* Menu 20/26 €
♦ A due passi dal lungomare - piccolo hotel dalla giovane conduzione - si presenta con accoglienti spazi comuni e una graziosa corte interna rallegrata da molte piante. Camere non molto ampie, rinnovate in anni recenti, arredate con mobili dai colori pastello.

XXX **Piccolo Principe** – Grand Hotel Principe di Piemonte
piazza Puccini 1 – ℰ 05 84 40 11
– www.ristoranteilpiccoloprincipe.com – Fax 05 84 40 18 03   Yd
Rist – *(chiuso 2 settimane in novembre e lunedì) (chiuso a mezzogiorno da giugno al 15 settembre)* Menu 90 € – Carta 64/82 €
Spec. Baccalà cotto a bassa temperatura, servito con fiore di zucca fritto, crema di borragine e zeste di limone. Calamarata (pasta) di Gragnano con frutti di mare, punte d'asparagi e pomodoro fresco. Calamaretti farciti con ricotta di pecora, scarola stufata con olive nere e pane croccante.
♦ Al quinto piano del Grand Hotel Principe di Piemonte, il panoramico roof garden accoglie una cucina creativa e sofisticata: buona tecnica ed ottime presentazioni. Ambiente sobrio con qualche accenno moderno.

XXX **Enoteca Henri**
via Antonio Fratti 316 – ℰ 0 58 44 98 77 – www.ristorantehenri.com
– Fax 05 84 32 43 38 – chiuso dal 1° al 10 novembre e lunedì   Zf
Rist – *(chiuso a mezzogiorno)* (prenotazione obbligatoria) Menu 60/100 €
– Carta 57/107 € 🕮
♦ Piccolo e romantico locale, dove il cliente si sente come un re, benché - con un tal nome - la vera protagonista è la carta dei vini: articolata e con etichette molto importanti. Il menu propone carne e pesce in preparazioni moderne e fantasiose.

XXX **Romano** (Franca Checchi)
via Mazzini 120 – ℰ 0 58 43 13 82 – www.romanoristorante.it
– Fax 05 84 42 64 48 – chiuso gennaio e lunedì, anche martedì a mezzogiorno in luglio-settembre   Zm
Rist – Menu 90 € – Carta 56/90 € 🕮
Spec. Fritto di fiori di zucca farciti di sparnocchi (gamberi; estate). Trecce di filetti di sogliola, patate stufate, lamelle di tartufo bianco di San Miniato (inverno). Orata farcita di frutti di mare e pesce al cartoccio.
♦ Faro della ristorazione versiliana, la tradizionale gestione familiare non ha impedito al locale di rinnovarsi in forme moderne ed eleganti; il pesce più fresco e qualche piatto di carne.

XX **Pino**
via Matteotti 18 – ℰ 05 84 96 13 56 – Fax 05 84 43 54 42 – chiuso dal 7 gennaio al 7 febbraio, mercoledì, giovedì a mezzogiorno; in luglio-agosto aperto solo la sera   Zb
Rist – Carta 59/85 €
♦ In una delle vie del centro, locale tradizionale composto da due sale di classica eleganza: la linea gastronomica è quella marinaresca, con predilezione per i crostacei.

XX **Da Remo**
via Paolina Bonaparte 47 – ℰ 0 58 44 84 40 – Fax 0 58 44 84 40
– chiuso dal 5 al 25 ottobre e lunedì   Zx
Rist – Carta 46/63 €
♦ Conduzione familiare e impostazione classica in un curato ristorante del centro, che propone tradizionali preparazioni di cucina ittica con predilezione per il pesce locale.

X **L'Imbuto**
via Fratti 308 – ℰ 0 58 44 89 06 – www.ristorantelimbuto.com
– Fax 0 58 44 89 06 – chiuso lunedì, martedì a mezzogiorno   Ze
Rist – *(chiuso a mezzogiorno in giugno-settembre)* (consigliata la prenotazione) Carta 48/61 €
♦ Ricavato all'interno di un' ex falegnameria, l'audacia della collocazione è pari ai piatti, arditi e creativi. Una scossa per la cucina tradizionale versiliana!

X **Cabreo**
via Firenze 14 – ℰ 0 58 45 46 43 – chiuso novembre e lunedì   Ye
Rist – Carta 38/55 €
♦ Impostazione classica nelle due luminose sale di questo ristorante, a gestione familiare, che propone i suoi piatti secondo la disponibilità del pescato giornaliero.

🍴 **Da Giorgio** [AC] VISA [MC] [AE]

via Zanardelli 71 – ☎ 0 58 44 44 93 – chiuso dal 24 dicembre al 5 gennaio e dal 10 al 20 ottobre **Zv**

Rist – Carta 50/71 €

◆ Dediche di ospiti illustri e quadri alle pareti in una simpatica ambientazione di tono familiare; pesce fresco in esposizione con bella scelta di crostacei.

🍴 **Il Puntodivino** [AC] VISA [MC] [AE]

via Mazzini 229 – ☎ 0 58 43 10 46 – www.ilpuntodivino.it – Fax 0 58 43 10 46 – chiuso lunedì da settembre a giugno **Zc**

Rist – *(chiuso a mezzogiorno in luglio e agosto)* Carta 32/47 €

◆ Non lontano dalla stazione, enoteca-ristorante dall'ambiente caldo e semplice. La cucina accontenta sia gli amanti del pesce, sia gli estimatori della carne.

Se cercate un albergo particolarmente ameno per un soggiorno di charme, prenotate in un hotel evidenziato in rosso: 🏠, 🏠... 🏨.

VIAROLO – **Parma (PR)** – **562** H12 – **alt. 41 m** – ✉ **43126** **8** A3

Roma 465 – Parma 11 – Bologna 108 – Milano 127

🍴 **Gelmino** [AC] [P] VISA [MC] [AE]

via Cremonese 161 – ☎ 05 21 60 51 23 – Fax 05 21 39 24 91 – chiuso dal 3 agosto al 3 settembre, domenica sera, lunedì

Rist – Menu 25/40 € – Carta 26/42 €

◆ Ambiente familiare e cucina del territorio per questo rustico locale dove il sevizio sempre attento si accompagna, in estate, al piacere di mangiare all'aperto.

🍴 **La Porta di Felino** ♿ [AC] VISA [MC] [AE]

via Provinciale Cremonese 103 – ☎ 05 21 83 68 39 – Fax 05 21 33 56 23 – chiuso domenica sera e mercoledì

Rist – Carta 26/34 €

◆ Trattoria storica con una piccola zona bar, dove si può mangiare anche un sandwich, e due sale rustiche. La cucina offre il meglio della regione: dalle paste rigorosamente fatte in casa, alle carni con funghi porcini, cercando di conservare un po' di appetito per la mousse di parmigiano e pere.

VIBO VALENTIA [P] (VV) – **564** K30 – **33 669 ab.** – **alt. 476 m** – ✉ **89900** **5** A2

Roma 613 – Reggio di Calabria 94 – Catanzaro 69 – Cosenza 98

[i] c.da Bitonto ☎ 0963 977111, Fax 0963 263669

🏨 **501 Hotel** ♿ [AC] rist, [P] VISA [MC] [AE]

viale Bucciarelli, Nord : 1 km – ☎ 0 96 34 39 51 – www.501hotel.it – Fax 0 96 34 34 00

118 cam – 🛉100/120 € 🛉🛉136/160 € – 3 suites – ½ P 90/100 €

Rist – Carta 28/46 €

◆ Panoramico, con vista sul golfo di S.Eufemia, un albergo di recente rinnovato, con zone comuni ben distribuite e di confort superiore; tonalità marine nelle belle camere. Rilassanti tinte pastello e ambientazione moderna nella signorile sala ristorante.

🏠 **Vecchia Vibo** ♿ [AC] [P] VISA [MC] [AE]

via Murat-Srimbia – ☎ 0 96 34 30 46 – www.hotelvecchiavibo.com – Fax 09 63 54 12 27

20 cam – 🛉70 € 🛉🛉100 € – ½ P 68 €

Rist – *(chiuso lunedì sera)* Carta 16/32 €

◆ Nella parte antica di Vibo, a poche centinaia di metri dal castello, recente risorsa ricavata da una vecchia casa padronale: sale e camere arredate con gusto e funzionalità. Ristorante e pizzeria nelle ex scuderie.

XXX **La Locanda Daffinà-Palazzo d'Alcontres** con cam 🔲 📞
via Murat 2 – 🕾 *09 63 47 26 69* ᴠɪꜱᴀ 🐽 ᴀᴇ ⓪ 🖑
– www.lalocandadaffina.it – Fax 09 63 54 10 25
9 cam 🖵 *–* ❖75/98 € ❖❖130/150 € *– ½ P 100/110 €*
Rist *– (chiuso domenica sera)* Carta 38/64 €
♦ All'interno di un palazzo nobiliare del '700, eleganti sale dagli alti soffitti ed una raffinata atmosfera contribuiscono a rendere ancora più piacevole la sosta. La scelta si orienta sul pesce in preparazioni stuzzicanti e gustose. Bella veranda affacciata sul centro.

a Vibo Valentia Marina Nord : 10 km – ⊠ 89811

🏠 **Cala del Porto** 🖻 ⫯ 🔲 ℀ 📶 🛁 ᴠɪꜱᴀ 🐽 ᴀᴇ ⓪ 🖑
I Traversa via Roma – 🕾 *09 63 57 77 62 – www.caladelporto.com*
– Fax 09 63 57 77 63
33 cam 🖵 *–* ❖100 € ❖❖140 €
Rist L'Approdo *– vedere selezione ristoranti*
♦ Albergo di raffinata atmosfera e confort moderno: spazi comuni ampi e ben curati, camere dotate dei migliori confort moderni. Se volete un soggiorno di qualità, *Cala del Porto* non vi deluderà.

XXX **L'Approdo** *– Hotel Cala del Porto* 🕼 ⫯ 🔲 ℀ ⇄ ᴠɪꜱᴀ 🐽 ᴀᴇ ⓪ 🖑
via Roma 22 – 🕾 *09 63 57 26 40 – www.lapprodo.com*
– Fax 09 63 57 77 63
Rist *–* Carta 57/87 €
♦ Un ambiente elegante dagli arredi marinari e una cucina rigorosamente a base di pesce di indiscutibile qualità. Difficile non cedere alla tentazione di ritornarci.

VICCHIO *–* Firenze (FI) *–* **563** K16 *–* 8 092 ab. *–* alt. 203 m *–* ⊠ 50039   **29** C1
▌Toscana
▶ Roma 301 – Firenze 32 – Bologna 96

XX **L'Antica Porta di Levante** 🕼 ⇄ ᴠɪꜱᴀ 🐽 ᴀᴇ 🖑
piazza Vittorio Veneto 5 – 🕾 *0 55 84 40 50*
– www.anticaportadilevante.it – Fax 0 55 84 40 50
– chiuso lunedì
Rist *– (chiuso a mezzogiorno escluso sabato e domenica da giugno a settembre)*
Carta 29/36 € 🏶
♦ Storica locanda di posta, nel centro della località, dotata di una caratteristica saletta in pietra, di una sala molto luminosa e di una gradevole veranda estiva con pergolato.

X **La Casa di Caccia** 🕼 Ⓟ ᴠɪꜱᴀ 🐽 ᴀᴇ ⓪ 🖑
😊 *località Roti Molezzano, Nord: 8,5 km –* 🕾 *05 58 40 76 29*
– www.ristorantelacasadicaccia.com – Fax 05 58 40 76 29 – chiuso martedì
escluso dal 15 maggio al 15 settembre
Rist *–* Carta 31/39 €
♦ Si percorre in macchina qualche chilometro di strada sterrata per arrivare a questa bella trattoria familiare con una sala tutta a vetrate: una splendida terrazza panoramica e la cucina della tradizione.

a Campestri Sud : 5 km – ⊠ 50039 Vicchio

🏠 **Villa Campestri** 🐌 🔊 🕼 ☄ ℀ rist, 📶 Ⓟ ᴠɪꜱᴀ 🐽 ᴀᴇ ⓪ 🖑
via di Campestri 19/22 – 🕾 *05 58 49 01 07*
– www.villacampestri.com – Fax 05 58 49 01 08
– aprile-ottobre
18 cam 🖵 *–* ❖130/250 € ❖❖140/270 € *– 2 suites – ½ P 122/187 €*
Rist *– (chiuso a mezzogiorno)* Menu 52 €
♦ La natura e la storia della Toscana ben si amalgamano in questa villa trecentesca, su un colle in un parco con piscina e maneggio; suggestivi, raffinati interni d'epoca. Elegante ambientazione d'epoca anche nelle sale del ristorante. Ricca oleoteca.

VICENO *–* Verbania *–* **561** D6 *–* Vedere Crodo

VICENZA [P] (VI) – **562** F16 – **114 108 ab.** – **alt. 40 m** – ✉ **36100**

Venezia e ville venete

▶ Roma 523 – Padova 37 – Milano 204 – Verona 51

[i] piazza Matteotti 12 ☎ 0444 320854, iat.vicenza1@provincia.vicenza.it, Fax 0444 327072 - piazza dei Signori 8 ☎ 0444 544122, iat.vicenza2@provincia.vicenza.it, Fax 0444 325001

⛳ Colli Berici, ☎ 0444 60 17 80

⛳, ☎ 044 34 04 48

Manifestazioni locali

11.01.-18.01. : vicenzaoro 1 (mostra internazionale oreficeria ecc.)
16.05.-20.05. : vicenzaoro 2 (mostra internazionale oreficeria ecc.)

👁 Teatro Olimpico★★ BY **A**: scena★★★ – Piazza dei Signori★★ BYZ **34**: Basilica★★ BZ **B,** Torre Bissara★ BZ **C**, Loggia del Capitano★ BZ **D** – Museo Civico★ BY **M**: Crocifissione★★ di Memling – Battesimo di Cristo★★ del Bellini, Adorazione dei Magi★★ del Veronese, soffitto★ nella chiesa di Santa Corona BY **E** – Corso Andrea Palladio★ ABYZ – Polittico★ nel Duomo AZ **F**

[G] Villa Valmarana "ai Nani"★★ : affreschi dei Tiepolo★★★ per ④ : 2 km – La Rotonda★★ del Palladio per ④ : 2 km – Basilica di Monte Berico★ : ☀★★ 2 km BZ

Pianta pagina seguente

NH Vicenza

viale S. Lazzaro 110, 2 km per ⑤ – ☎ 04 44 95 40 11 – www.nh-hotels.it – Fax 04 44 96 61 11

115 cam ☕ – 🛉70/230 € 🛉🛉90/260 € – ½ P 65/165 €

Rist ***Le Muse*** – *(chiuso agosto)* Carta 37/52 €

♦ Inaugurata nel 2000, risorsa moderna di sobria eleganza, che coniuga funzionalità e confort ad alto livello; spazi comuni articolati e camere ottimamente insonorizzate. Una luminosa sala di signorile ambientazione moderna per il ristorante.

Da Porto

viale del Sole 142, 1 km per ⑥ – ☎ 04 44 96 48 48 – www.hoteldaporto.com – Fax 04 44 96 48 52

72 cam ☕ – 🛉70/205 € 🛉🛉80/235 €

Rist Giardinetto – vedere selezione ristoranti

♦ Edificati in una zona verde in una audace architettura, i due moderni edifici ospitano spazi confortevoli con corridoi in marmo ed arredi su misura nelle accoglienti camere.

Giardini senza rist

viale Giuriolo 10 – ☎ 04 44 32 64 58 – www.hotelgiardini.com – Fax 04 44 32 64 58 – chiuso dal 23 dicembre al 2 gennaio e dal 6 al 22 agosto

17 cam ☕ – 🛉83/130 € 🛉🛉114/150 € BY**a**

♦ Piccolo albergo che, dopo la ristrutturazione, offre soluzioni moderne di buon confort sia nelle zone comuni, ridotte, ma ben articolate, sia nelle lineari camere.

Da Biasio

viale 10 Giugno 172 – ☎ 04 44 32 33 63 – www.ristorantedabiasio.it – Fax 04 44 32 68 39 – chiuso dal 26 dicembre al 2 gennaio, dal 12 al 18 agosto, dal 27 ottobre al 9 novembre, sabato a mezzogiorno, lunedì BZ

Rist – Menu 45/80 € – Carta 53/73 €

♦ Gestione giovane, competente e appassionata per un locale piacevole, con camino per l'inverno e terrazza panoramica per la bella stagione. Cucina del territorio rivisitata.

Antico Ristorante Agli Schioppi

contrà piazza del Castello 26 – ☎ 04 44 54 37 01 – www.ristoranteaglischioppi.com – Fax 04 44 54 37 01 – chiuso dal 1° al 6 gennaio, dal 25 luglio al 20 agosto, sabato sera e domenica AZ**c**

Rist – Carta 28/37 €

♦ Mobili di arte povera nell'ambiente caldo e accogliente di uno storico locale della città, rustico, ma con tocchi di eleganza; la cucina segue le tradizioni venete.

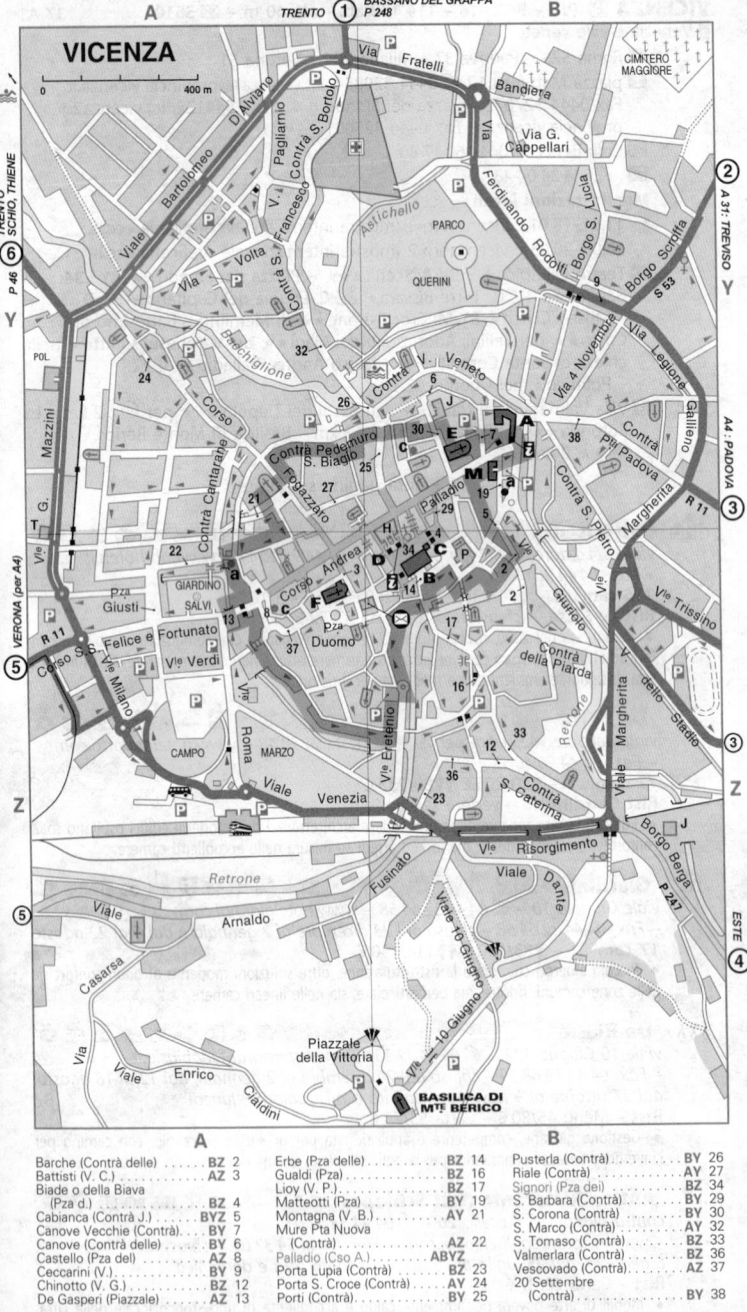

VICENZA

XX Giardinetto 🛱 ⅙ 🎟 ❤ ⇆ 🅿 𝚟𝚒𝚜𝚊 ⓿ ⚡

viale del Sole 142, 1 km per ⑥ – ℰ 04 44 96 61 33
– www.ristorantegiardinetto.com – Fax 04 44 28 18 62 – chiuso 1 settimana in gennaio e 2 settimane in agosto
Rist – *(chiuso domenica sera e lunedì)* Carta 35/46 €
♦ Eleganza, calore e discrezione in sala, d'estate ci si sposta nei tavoli allestiti all'ombra del fresco giardinetto. Come quarant'anni fa è rimasta intatta l'attenzione per le piccole cose e per una cucina veneta indimenticabile.

XX Storione 🛱 ⅙ 🎟 ❤ ⇆ 🅿 𝚟𝚒𝚜𝚊 ⓿ 🆎 ⓿ ⚡

via Pasubio 62/64, 2 km per ⑥ – ℰ 04 44 56 65 06 – www.ristorantestorione.it
– Fax 04 44 57 16 44 – chiuso domenica
Rist – Carta 35/53 €
♦ Il nome fa intuire qual è la linea di cucina, solo di pesce secondo la disponibilità dei mercati ittici; luminosa sala di taglio classico e tono signorile, con veranda.

X Al Pestello 🛱 𝚟𝚒𝚜𝚊 ⓿ 🆎 ⓿ ⚡

contrà Santo Stefano 3 – ℰ 04 44 32 37 21 – www.ristorantealpestello.it
– Fax 04 44 32 37 21 – chiuso dal 15 al 30 maggio e dal 1° al 15 ottobre
Rist – Carta 26/43 € BYc
♦ L'indirizzo giusto per assaporare la vera cucina veneta, e vicentina in particolare, con tanto di menù in dialetto, è questa piccola trattoria con dehors estivo.

X Ponte delle Bele 🎟 ❤ 𝚟𝚒𝚜𝚊 ⓿ 🆎 ⓿ ⚡

contrà Ponte delle Bele 5 – ℰ 04 44 32 06 47 – www.pontedellebele.it
– Fax 04 44 32 06 47 – chiuso dal 21 al 28 giugno, dall'8 al 23 agosto, domenica, anche sabato in luglio-agosto AZa
Rist – Carta 23/33 €
♦ Una trattoria tipica, specializzata in piatti trentini e sudtirolesi; l'ambientazione, d'impronta rustica e con arredi di legno chiaro, è in sintonia con la cucina.

in prossimità casello autostrada A 4-Vicenza Est per ③ : 7 km :

🏨 Viest Hotel 🛱 🖪 🛗 ⅙ 🎟 ❤ 🗤 rist, 🌐 🕸 🅿 🚗 𝚟𝚒𝚜𝚊 ⓿ 🆎 ⓿ ⚡

strada Pelosa 241 ⊠ 36100 – ℰ 04 44 58 26 77 – www.viest.it
– Fax 04 44 58 24 34
96 cam ⬚ – †100/180 € ††150/240 € – 2 suites – ½ P 90/150 €
Rist – *(chiuso agosto, sabato, domenica)* Carta 28/49 €
♦ In zona commerciale, le camere sono distribuite in tre diverse palazzine collegate da corridoi, secondo criteri di confort crescente. Il ristorante si segnala per l'ottimo rapporto qualità/prezzo, cucina tradizionale e pizza.

🏨 Victoria 🚗 🆛 🖪 🛗 🎟 ❤ rist, 🌐 🕸 🅿 𝚟𝚒𝚜𝚊 ⓿ 🆎 ⓿ ⚡
🆘
strada padana verso Padova 52 ⊠ 36100 – ℰ 04 44 91 22 99
– www.hotelvictoriavicenza.com – Fax 04 44 91 25 70
123 cam ⬚ – †57/141 € ††79/179 € **Rist** – Carta 19/34 €
♦ Adiacente ad un centro commerciale, una risorsa di taglio moderno, che offre anche soluzioni in appartamenti; camere spaziose, alcune con un livello di confort elevato. Per i pasti, una sala sobria e moderna con grandi vetrate.

XX Da Remo 🚗 🛱 🎟 ❤ ⇆ 🅿 𝚟𝚒𝚜𝚊 ⓿ ⓿ ⚡

via Caimpenta 14 ⊠ 36100 – ℰ 04 44 91 10 07 – www.daremoristorante.com
– Fax 04 44 91 18 56 – chiuso dal 25 dicembre al 7 gennaio, agosto, domenica sera, lunedì; in luglio anche domenica a mezzogiorno
Rist – Carta 31/45 € 🏵
♦ Soffitti con travi a vista nelle sale, di cui una con camino, in questo ristorante rustico-signorile in una casa colonica con ampio spazio all'aperto per il servizio estivo.

VICO EQUENSE – Napoli (NA) – **564** F25 – 20 735 ab. – ⊠ 80069 6 B2
📗 Italia

🚗 Roma 248 – Napoli 40 – Castellammare di Stabia 10 – Salerno 41
🖈 via Filangieri 100 ℰ 081 8798826, acst.vicoequense@libero.it,
Fax 081 8015752
🎦 Monte Faito★★ : ❄★★★ dal belvedere dei Capi e ❄★★★ dalla cappella di San Michele Est : 14 km

Grand Hotel Angiolieri ≤ 🖼 📺 🔲 ▨ ⑩ 🛦

via Santa Maria Vecchia 2, località Seiano, Sud-Est: VISA ⓤ AE ① ⑤
2 km – ℰ 08 18 02 91 61 *– www.grandhotelangiolieri.it – Fax* 08 18 02 85 58
– chiuso dal 7 gennaio al 28 febbraio
38 cam ⊆ – ♦137/170 € ♦♦160/341 € *– 2 suites –* ½ P 130/220 €
Rist L'Accanto *– vedere selezione ristoranti*
♦ All'ombra del Vesuvio, un'antica villa è stata trasformata in un prestigioso albergo dotato di camere arredate con sobria eleganza. Dalla piscina è possibile ammirare un suggestivo panorama.

L'Accanto *– Grand Hotel Angiolieri* ≤ 🖼 📺 📺 🔲 ▨ VISA ⓤ AE ① ⑤

via Santa Maria Vecchia 2, località Seiano, Sud-Est 2 km – ℰ 08 18 02 91 61
– www.grandhotelangiolieri.it – Fax 08 18 02 85 58 *– chiuso dal 7 gennaio al
28 febbraio*
Rist *–* Carta 54/91 €
♦ La terrazza propone uno fra i più bei scorci d'Italia: il golfo di Napoli. Ad appagare il palato ci pensa, invece, la cucina: sapori di mare e di terra interpretano creativamente i piatti della tradizione campana.

Antica Osteria Nonna Rosa (Giuseppe Guida) 🔲 ▨

via privata Bonea 4, località Pietrapiano, Est : 2 km VISA ⓤ AE ① ⑤
– ℰ 08 18 79 90 55 *– www.osterianonnarosa.it – Fax* 08 18 79 90 55
– chiuso agosto e domenica sera
Rist *– (chiuso a mezzogiorno escluso sabato e domenica)* (consigliata la prenotazione) Menu 45/60 € *–* Carta 45/64 € 🕭
Spec. Zuppa di pesce azzurro con patate e taccole, salsa di limone e camomilla. Caldo-freddo di paccheri di Gragnano al crudo di mare. Tortino di mele annurche all'antica, gelato ai pinoli e salsa mou.
♦ In una dimora settecentesca, dallo stile vagamente provenzale, varie suppellettili di cucina creano un'atmosfera di genuina rusticità. Piatti della tradizione e ricette moderne.

a Marina Equa Sud : 2,5 km – ⊠ 80069 Vico Equense

Eden Bleu 🔲 🖼 ⋕⋕ 🔲 ⑪ 🅿 VISA ⓤ AE ① ⑤

via Murrano 17 – ℰ 08 18 02 85 50 *– www.edenbleuhotel.com*
– Fax 08 18 02 85 74 *– Pasqua-2 novembre*
24 cam ⊆ – ♦70/120 € ♦♦90/170 € *–* ½ P 60/100 € **Rist** *–* Menu 15/25 €
♦ Piccola, ma graziosa risorsa, a gestione familiare, situata a pochi metri dal mare, dispone di stanze funzionali e pulite e di appartamenti per soggiorni settimanali. Ambientazione di stile moderno nell'accogliente sala da pranzo.

Torre del Saracino (Gennaro Esposito) 🖼 🅿 VISA ⓤ AE ① ⑤

via Torretta 9 – ℰ 08 18 02 85 55 *– www.torredelsaracino.it – Fax* 08 18 02 85 55
– chiuso dal 20 gennaio al 12 febbraio, domenica sera, lunedì
Rist *– (consigliata la prenotazione)* Menu 65/100 € *–* Carta 63/88 € 🕭
Spec. Minestra di pasta di Gragnano con ragù di crostacei e pesci di scoglio. Spigola cotta e cruda con la sua emulsione al profumo di limone. Momento napoletano.
♦ Sotto l'omonima torre, un locale dal design moderno contemporaneo, dove un giovane cuoco giganteggia personalizzando una straordinaria cucina di pesce.

sulla strada statale 145 Sorrentina

Capo la Gala ≤ 🖼 ⤴ 🛦 🖼 ⋕⋕ 🔲 ⑪ 🅿 VISA ⓤ AE ① ⑤

strada Statale Sorrentina 145 km 14,500 – ℰ 08 18 01 57 58
– www.hotelcapolagala.com – Fax 08 18 79 87 47 *– marzo-novembre*
23 cam ⊆ – ♦160/420 € ♦♦200/460 € *–* ½ P 155/285 €
Rist Maxi *– vedere selezione ristoranti*
♦ Ben "mimetizzato" tra le rocce e la vegetazione, panoramico albergo sulla scogliera - recentemente ristrutturato - con ampi spazi esterni per godersi sole e mare. Mobili in stile mediterraneo nelle camere.

⌂ **Mega Mare** ⌖ ⟨ 🛋 🏠 ♨ 🛎 🅰🅲 ⚡ rist, 🏧 🅿 🚗 VISA ⚥ 🅰🅴 ① ⚓
località Punta Scutolo, Ovest : 4,5 km ✉ 80069 – ✆ 08 18 02 84 94
– www.hotelmegamare.com – Fax 08 18 02 87 77
29 cam ⚏ – ▮100 € ▮▮160 € – ½ P 100 €
Rist *Belmare* – ✆ 08 18 02 80 37 *(aprile-ottobre; chiuso martedì)* Carta 23/48 €
♦ Hotel realizzato negli anni '90 in eccezionale posizione panoramica a picco sul mare; mobili artigianali e piastrelle di Vietri nelle camere, tutte con balcone e vista. Per i pasti, un'elegante sala affacciata sul golfo di Sorrento ed ampi spazi per cerimonie, meeting e congressi.

XXX **Maxi** – Capo la Gala Hotel ⟨ 🛋 🏠 ♨ 🅰🅲 🅿 VISA ⚥ 🅰🅴 ① ⚓
✧ *strada Statale Sorrentina 145 km 14,500 –* ✆ 08 18 01 57 58
– www.hotelcapolagala.com – Fax 08 18 79 87 47 – aprile-novembre
Rist – *(chiuso lunedì) (chiuso a mezzogiorno da giugno a settembre)*
Menu 65/80 € – Carta 65/85 € ⌘
Spec. Tonno rosso scottato con erbe fini e caponatina di biscotto. Fusilloni con tartufi di mare e bottarga di tonno. San Pietro al sale con patate soffiate e guazzetto di lupini di mare.
♦ Nella sala interna se il tempo è bizzoso o sulla terrazza con vista sul golfo nelle giornate più belle: dovunque si mangi, la cucina è un viaggio all'interno delle seduzioni campane, che il cuoco rivisita con estro e creatività.

a Moiano Sud-Est : 8 km – ✉ 80060

⟨ **Agriturismo La Ginestra** ⌖ ⟨ 🛋 🏠 ☂ 🏃 🏧 🅿 VISA ⚥ ① ⚓
✧ *località Santa Maria del Castello, Sud : 2,5 km –* ✆ 08 18 02 32 11
– www.laginestra.org – Fax 08 18 02 32 11
7 cam ⚏ – ▮45/65 € ▮▮80 € – ½ P 45 €
Rist – *(chiuso lunedì)* (consigliata la prenotazione) Menu 18/23 €
♦ Un po' di pazienza per raggiungere, sotto le alte cime del Monte Faito, una casa colonica del '700 restaurata con camere semplici e spaziose. Sentieri per passeggiate. Comodi sulle verdi seggiole per gustare la cucina tipica locale, alla scoperta della cultura contadina.

VICOMERO – Parma – Vedere Torrile

VIDICIATICO – Bologna – **563** J14 – Vedere Lizzano in Belvedere

---

VIESTE – Foggia (FG) – **564** B30 – **13 619 ab.** – ✉ 71019 ▮ Italia   **26** B1
▶ Roma 420 – Foggia 92 – Bari 179 – San Severo 101
ℹ piazza Kennedy ✆ 0884 708806, vieste@pugliaturismo.com,
Fax 0884 704511
◎ ⟨ ★ sulla cala di San Felice dalla Testa del Gargano Sud : 8 km
◎ Strada panoramica ★★ per Mattinata Sud-Ovest

🏨 **Degli Aranci** ♨ 🏃 🅰🅲 ⚥ rist, 📞 🛁 🅿 VISA ⚥ 🅰🅴 ① ⚓
piazza Santa Maria delle Grazie 10 – ✆ 08 84 70 85 57 *– www.hotelaranci.it*
– Fax 08 84 70 73 26 – aprile-ottobre
121 cam ⚏ – ▮63/165 € ▮▮96/240 € – ½ P 98/130 €   **Rist** – Menu 28/35 €
♦ Poco distante dal mare, un hotel dalla calorosa accoglienza che dispone di ariosi e freschi spazi comuni e funzionali camere caratterizzate da differenti tipologie di arredo. Una ampia sala ristorante di tono classico propone piatti lievemente rivisitati ed è particolarmente adatta per allestire anche banchetti.

🏠 **Seggio** ⌖ ⟨ ♨ 🏠 🛎 🏃 🅰🅲 ⚥ 🚗 VISA ⚥ ⚓
via Veste 7 – ✆ 08 84 70 81 23 *– www.hotelseggio.it – Fax 08 84 70 87 27*
– aprile-ottobre
30 cam ⚏ – ▮50/70 € ▮▮95/140 € – ½ P 65/90 €
Rist – *(chiuso a mezzogiorno)* Carta 23/33 €
♦ Sito sul costone di roccia ma contemporaneamente in pieno centro storico, l'hotel è stato realizzato tra le mura di vecchie case e propone camere dagli arredi lineari. Nella piccola sala ristorante, i piatti della tradizione italiana.

⌂ Bikini 🛎 AC ⅋ ☏ P VISA ☺ ♿

via Massimo d'Azeglio 13/a – ✆ 08 84 70 15 45 – www.bikinihotelvieste.it
– Fax 08 84 70 15 45 – Pasqua-15 ottobre
32 cam ⌷ – **†**55/115 € **††**70/140 € – ½ P 50/100 €
Rist – *(solo per alloggiati)*
♦ Contemporaneamente vicino alla spiaggia, al faraglione di Pizzomunno e al centro della città, una risorsa moderna di sobrie dimensioni con camere funzionali e luminose.

⌂ Svevo ◈ ⇐ ⌶ AC ⅋ P VISA ☺ ♿

via Fratelli Bandiera 10 – ✆ 08 84 70 88 30 – www.hotelsvevo.com
– Fax 08 84 70 88 30 – 30 maggio-15 ottobre
30 cam ⌷ – **†**56/104 € **††**88/159 € – ½ P 60/99 €
Rist – *(giugno-settembre) (chiuso a mezzogiorno) (solo per alloggiati)*
♦ In posizione tranquilla in prossimità dell'antica dimora di Federico II di Svevia, l'hotel dispone di camere semplici e funzionali e di un'ampia terrazza-solarium con piscina.

✕✕ Al Dragone AC ⅋ ⇔ VISA ☺ AE ① ♿

via Duomo 8 – ✆ 08 84 70 12 12 – www.aldragone.it – Fax 08 84 70 12 12
– aprile-21 ottobre; chiuso martedì in aprile-maggio e ottobre
Rist – Carta 28/47 €
♦ Un ambiente caratteristico ricavato all'interno di una grotta naturale, dove lasciarsi andare ai piaceri della tavola: sapori regionali - tra piatti di carne o di pesce - ed una buona scelta enologica.

a Lido di Portonuovo Sud-Est : 5 km – ✉ 71019 Vieste

⌂⌂ Portonuovo ◈ 🚗 ⌶ ✕ 🛎 ⅃⅄ AC ⅋ P VISA ☺ AE ① ♿

litoranea Sud: 4 km ✉ 71019 Lido di Portonuovo – ✆ 08 84 70 65 20
– www.hotelportonuovo.it – Fax 08 84 70 56 16 – 15 maggio-15 settembre
56 cam ⌷ – **†**85/155 € **††**95/180 € – ½ P 65/120 €
Rist – *(solo per alloggiati)*
♦ Abbracciato da una piacevole pineta, l'hotel si trova a pochi passi dal mare e propone spazi comuni ampi e discretamente eleganti, camere confortevoli dall'arredo ligneo.

VIGANÒ – Lecco (LC) – 561 E9 – 1 889 ab. – alt. 395 m – ✉ 23897   18 B1
    ▶ Roma 607 – Como 30 – Bergamo 33 – Lecco 20

✕✕✕ Pierino Penati (Theo Penati) 🚗 AC ⇔ P VISA ☺ AE ① ♿
  ಔ

via XXIV Maggio 36 – ✆ 03 99 56 02 0 – www.pierinopenati.it
– Fax 03 99 21 72 18 – chiuso dal 27 al 30 dicembre, domenica sera, lunedì e a mezzogiorno in agosto
Rist – Menu 50/75 € – Carta 53/92 € ❀
Spec. La fabbrica dell'apetitt ...e l'amis del paes: coniglio disossato, galantina di gallina, flan di verdure di stagione, frittella di parmigiano, salumi brianzoli. Risotto agli stimmi di zafferano. Manzo stracotto all'olio extravergine d'oliva.
♦ Una villa alle porte del paese con un grazioso giardino... e la cura prosegue all'interno nell'elegante sala con veranda. Piatti della tradizione e qualche proposta di pesce. Nei giorni feriali, a pranzo, disponibilità di un menu più economico.

VIGANO – Milano – 561 F9 – Vedere Gaggiano

VIGARANO MAINARDA – Ferrara (FE) – 562 H16 – 7 084 ab.   9 C1
– alt. 11 m – ✉ 44049
    ▶ Roma 424 – Bologna 52 – Ferrara 13 – Modena 65

⌂⌂ Antico Casale senza rist ◈ 🛎 ♿ AC ⅋ P VISA ☺ AE ① ♿

via Rondona 11/1 – ✆ 05 32 73 70 26 – www.hotelanticocasale.it
– Fax 05 32 73 70 26
17 cam ⌷ – **†**50/75 € **††**80/110 €
♦ Tranquillità, ambienti rustici ed accoglienti, romantiche camere con mobili in legno naturale e letti in ferro battuto decorati a mano: ecco i segreti di questo antico casale dell'800.

VIGASIO – Verona (VR) – **562** G14 – **8 594 ab.** – ⊠ 37068   35 A3
> ▶ Roma 500 – Venezia 131 – Verona 17 – Mantova 27

| 🏨 | **Montemezzi** | 📶 ⅛ 🆔 ↯ 🕻 🎿 🅿 🚗 💳 🅾️ 🆎 🅾️ ⓢ |

> via Verona 92 – ℰ 04 57 36 35 66 – www.hotelmontemezzi.it
> – Fax 04 57 36 48 88 – chiuso dal 2 al 6 gennaio
> **97 cam** ☲ – †60/210 € ††80/300 € – ½ P 56/170 €
> **Rist** – (chiuso a mezzogiorno) Menu 16/20 €
> ♦ Lontana dai rumori e dal traffico del centro di Verona, struttura commerciale di recente apertura, dispone di ambienti arredati seguendo i dettami del moderno design. Nella moderna ed elegante sala ristorante, gustosi piatti di cucina mediterranea.

VIGEVANO – Pavia (PV) – **561** G8 – **60 738 ab.** – alt. 116 m – ⊠ 27029   16 A3
📗 Italia
> ▶ Roma 601 – Alessandria 69 – Milano 35 – Novara 27
> 🏢 c/o Proloco - via Merula 40 ℰ0381 690269, prolocovigevano@virgilio.it
> 📠, ℰ0381 34 66 28
> 💿 Piazza Ducale ★★

| 🍴🍴🍴 | **I Castagni** (Enrico Gerli) | 🚒 🆔 ⇆ 🅿 💳 🅾️ 🆎 ⓢ |

> via Ottobiano 8/20, Sud : 2 km – ℰ 0 38 14 28 60 – www.ristoranteicastagni.com
> – Fax 03 81 34 62 32 – chiuso 1 settimana in gennaio, 1 settimana in giugno,
> dal 9 al 22 agosto, domenica sera, lunedì
> **Rist** – Menu 55 € – Carta 51/70 € ✧
> **Spec.** Pallottina di storione ripiena d'astice e guanciale di maiale cotta a vapore, biete in zimino, crema di cipollotti (primavera). Tortelli al cacao ripieni di lepre in salmì e polenta, il suo fondo alle verdure, sugo di lenticchie umbre (inverno). Carré d'agnello arrostito, cosciotto alle erbe, cous cous con capperi, origano e pomodori secchi (estate).
> ♦ Ricavato da una casa di campagna con portico, gradevole ambiente con quadri e mobili in stile. Fantasia nei piatti sorretti da ottimi prodotti e coreografiche presentazioni.

| 🍴🍴 | **Da Maiuccia** | ⅛ 🆔 ⇆ 💳 🅾️ 🆎 🅾️ ⓢ |

> via Sacchetti 10 – ℰ 0 38 18 34 69 – www.damaiuccia.it – Fax 0 38 18 34 69
> – chiuso dal 25 al 30 dicembre, dal 1° agosto al 7 settembre, domenica sera,
> lunedì
> **Rist** – Carta 30/48 €
> ♦ Il pesce fresco in esposizione all'ingresso è una presentazione invitante per questo frequentato ristorante signorile. Rapporto qualità/prezzo ottimale.

VIGGIANELLO – Potenza (PZ) – **564** H30 – **3 307 ab.** – alt. 500 m   4 C3
– ⊠ 85040
> ▶ Roma 423 – Cosenza 130 – Lagonegro 45 – Potenza 135

| 🏠 | **La Locanda di San Francesco** ⑤ | ⋇⋇ ⅞ rist, 🕻 |

> via San Francesco 47 – ℰ 09 73 66 43 84   💳 🅾️ 🆎 🅾️ ⓢ
> – www.locandasanfrancesco.com – Fax 09 73 66 43 85
> **20 cam** ☲ – †35/45 € ††70/80 € – ½ P 50/60 €   **Rist** – Carta 13/37 €
> ♦ Per gli amanti di trekking e rafting - attività sportive tra le più praticate all'interno del Parco Nazionale del Pollino - una locanda ricavata da un palazzo settecentesco sapientemente ristrutturato. Camere di discrete dimensioni, semplici ed accoglienti. La cucina propone i piatti tipici del territorio.

VIGNOLA – Modena (MO) – **562** I15 – **23 419 ab.** – alt. 125 m – ⊠ 41058   9 C2
> ▶ Roma 398 – Bologna 43 – Milano 192 – Modena 22

| 🍴 | **La Bolognese** | 🆔 💳 🅾️ ⓢ |

> via Muratori 1 – ℰ 0 59 77 12 07 – chiuso agosto e sabato
> **Rist** – (chiuso la sera) (consigliata la prenotazione) Carta 20/27 €
> ♦ In pieno centro storico, all'ombra delle mura del castello, la trattoria è articolata su tre accoglienti salette arredate con gusto rustico; paste fresche e carni arrosto le specialità.

VIGO DI CADORE – Belluno (BL) – **562** C19 – **1 608 ab.** – alt. 951 m   36 C1
– ⊠ 32040
> ▶ Roma 658 – Cortina d'Ampezzo 46 – Belluno 57 – Milano 400

🏠 **Sporting** ⬧ ≤ 🚗 🏠 🎿 🔲 🗾 **P**
via Fabbro 32, a Pelos – ℰ 0 43 57 71 03 – www.sportinghotelclub.it
– Fax 0 43 57 71 03 – 15 giugno-15 settembre
20 cam – †50/80 € ††60/90 €, � 11 € – ½ P 45/75 € **Rist** – Carta 24/42 €
♦ Apre solo d'estate questo raccolto albergo a gestione familiare. All'esterno un curato e piacevole giardino in cui si trovano due piscine riscaldate, di cui una coperta. Piatti mediterranei nella sala da pranzo in stile montano, con pareti di perlinato chiaro e caminetto.

VIGO DI FASSA – Trento (TN) – 562 C17 – 1 152 ab. – alt. 1 342 m   31 C2
– Sport invernali : 1 393/2 000 m ⛷ 1 ⛷4 (Comprensorio Dolomiti superski Val di Fassa)⛷ – ✉ 38039 ▮ Italia

▶ Roma 676 – Bolzano 36 – Canazei 13 – Passo di Costalunga 9
🚩 strada Rezia 10 ℰ 0462 609700, infovigo@fassa.com, Fax 0462 764877

🏨 **Active Hotel Olympic** ≤ 🚗 🏠 🖇 🏌 🐾 🛁 **P** 💳 💳 ❺
strada Dolomites 4, località San Giovanni, Est : 1 km – ℰ 04 62 76 42 25
– www.activehotelolympic.it – Fax 04 62 76 46 36 – dicembre-maggio e 27 giugno-ottobre
30 cam ⊒ – †65/90 € ††110/160 € – ½ P 73/93 € **Rist** – Carta 25/39 €
♦ Lungo la statale che corre ai piedi della località, simpatica accoglienza ladina in una risorsa con spazi comuni ben distribuiti, centro relax e giardino. Belle camere di cui una decina - recentemente rinnovate - presentano elementi rustici e design moderno. Calda e piacevole sala da pranzo con stube in stile locale.

🏨 **Carpe Diem** senza rist ≤ 🗾 🏠 🖇 🗂 🛁 **P** 💳 💳 **AE** ① ❺
strada Neva 3 – ℰ 04 62 76 00 03 – www.carpediemhotel.it – Fax 04 62 76 29 73
– chiuso dal 2 novembre al 5 dicembre e dal 7 aprile al 15 maggio
18 cam ⊒ – †55/102 € ††96/210 €
♦ E' una simpatica coppia emiliana ad aver "colto l'attimo" ed aperto questo grazioso albergo all'ingresso del paese: in larice con giardino d'inverno e panoramica terrazza-solarium.

🏠 **Millennium** ≤ 🛁 🖇 rist, 🐾 **P** 💳 ❺
⬀ *strada Dolomites 6, località San Giovanni, Est : 1 km – ℰ 04 62 76 41 55*
– www.starmillenio.com – Fax 04 62 76 20 91 – dicembre-marzo e maggio-ottobre
10 cam ⊒ – †50 € ††90 € – ½ P 40/60 €
Rist – (chiuso a mezzogiorno) Menu 15 €
♦ Sembra quasi una casetta delle fate questo grazioso hotel, nato nel 1998, con begli interni confortevoli, dove domina il legno antichizzato in tipico stile montano. Il ristorante offre piatti nazionali e locali in una sala rifinita in legno.

🏠 **Catinaccio** ≤ 🏠 🛁 🖇 **P** 🚗 💳 💳 ❺
⬀ *piazza J.B.Massar 12 – ℰ 04 62 76 42 09 – www.albergocatinaccio.com*
– Fax 04 62 76 09 49 – dicembre-aprile e giugno-settembre
22 cam ⊒ – †60/90 € ††110/150 € – ½ P 65/92 €
Rist – (chiuso a mezzogiorno in inverno) Carta 19/25 €
♦ In panoramica posizione centrale, un albergo discreto, a gestione familiare, con interni, sia zone comuni che camere, nel classico, solido stile tirolese. Confortevole sala ristorante che ricalca lo stile dell'hotel.

a Vallonga Sud-Ovest : 2,5 km – ✉ 38039 Vigo Di Fassa

🏠 **Millefiori** ≤ 🏠 🖇 rist, **P** 🚗 💳 💳 **AE** ① ❺
⬀ *strada De la Vila 16 – ℰ 04 62 76 90 00 – www.hotelmillefiori.com*
– Fax 04 62 76 90 00 – chiuso dal 4 novembre al 4 dicembre
12 cam ⊒ – †49 € ††98 € **Rist** – Carta 20/27 €
♦ La vista dei monti, la quiete e il sole certo non vi mancheranno in questa piccola risorsa in posizione dominante. Accoglienti camere con arredi di abete in stile montano. Sala da pranzo rustica; servizio estivo in terrazza con gazebo e panche in legno.

VILLA ADRIANA – Roma – 563 Q20 – Vedere Tivoli

VILLA BANALE – Trento – Vedere Stenico

VILLA BARTOLOMEA – Verona (VR) – **562** G16 – 5 750 ab. **35** B3
– alt. 14 m – ⊠ 37049

> ◗ Roma 466 – Verona 50 – Bologna 95 – Mantova 52

⌂ **Agriturismo Tenuta la Pila** ⌂ ⌗ 𝕏 ₺ cam, ⇙ ⁽ᵗ⁾ **P**
ⓔⓔ via Pila 42, località Spinimbecco – ℰ 04 42 65 92 89 **VISA** **ⓒⓞ** **AE** **①** **⑤**
– www.tenutalapila.it – Fax 04 42 65 87 07
7 cam ⊑ – ⍧44/55 € ⍧⍧65/80 € – 2 suites – ½ P 52/60 €
Rist – (solo per alloggiati) Menu 20 €
♦ Agriturismo realizzato in un mulino dei primi del '700, la cui pila è ancora visibile in una delle sale comuni. Eleganti, spaziose e accoglienti, le camere si distinguono grazie al nome del frutto cui ciascuna è dedicata.

VILLABASSA (NIEDERDORF) – Bolzano (BZ) – **562** B18 – 1 438 ab. **31** D1
– alt. 1 158 m – **Sport invernali : Vedere Dobbiaco (Comprensorio Dolomiti superski Alta Pusteria)** – ⊠ 39039

> ◗ Roma 738 – Cortina d'Ampezzo 36 – Bolzano 100 – Brunico 23
> 𝐢 piazza Von Kurz 5 (Palazzo del Comune) ℰ 0474 745136, info@villabassa.it, Fax 0474 745283

🏨 **Aquila-Adler** ⌗ 𝕏 𝔪 ⌚ 𝄜 ⅏ rist, ⁽ᵗ⁾ ⅷ **P** **VISA** **ⓒⓞ** **AE** **①** **⑤**
piazza Von Kurz 3 – ℰ 04 74 74 51 28 – www.hoteladler.com
– Fax 04 74 74 52 78 – chiuso da novembre al 6 dicembre e dal 1° aprile al 5 maggio
36 cam ⊑ – ⍧71/116 € ⍧⍧122/212 € – ½ P 75/120 € **Rist** – Carta 33/52 €
♦ Residenza nobiliare e locanda già nel '600, nella piazza principale, con interni di raffinata ambientazione d'epoca; ottime le camere più recenti di stile rustico-moderno. Piccole sale tipo stube per gustare una cucina locale e stagionale.

VILLA D'ADDA – Bergamo (BG) – **561** E10 – 4 546 ab. – alt. 286 m **19** C1
– ⊠ 24030

> ◗ Roma 617 – Bergamo 24 – Como 40 – Lecco 22

✕✕ **La Corte del Noce** ⌗ ⇔ **P** **VISA** **ⓒⓞ** **AE** **①** **⑤**
via Biffi 8 – ℰ 035 79 22 77 – www.lacortedelnoce.com – Fax 035 79 15 83
– chiuso dal 1° all'8 gennaio e dal 20 agosto al 5 settembre
Rist – Menu 45 € – Carta 46/58 €
♦ In un complesso rurale settecentesco trova posto una curata sala con caminetto; fuori, il maestoso noce che ha segnato la storia del locale oggi non c'è più, ma all'ombra del suo ricordo si svolge il servizio estivo.

VILLA D'ALMÈ – Bergamo (BG) – **561** E10 – 6 829 ab. – alt. 289 m **19** C1
– ⊠ 24018

> ◗ Roma 601 – Bergamo 14 – Lecco 31 – Milano 58

✕✕ **Osteria della Brughiera** (Stefano Arrigoni) ⌗ ⌗ ⅏ ⇔ **P**
⁣⁣⁣⁣℘ via Brughiera 49 – ℰ 035 63 80 08 **VISA** **ⓒⓞ** **AE** **⑤**
– www.osteriadellabrughiera.it – chiuso dal 10 al 31 agosto, lunedì, martedì a mezzogiorno
Rist – Carta 55/90 €
Spec. Scampi tostati e burrata al succo di scampi. Spiedino di sogliola e cappesante dell'Adriatico alla mugnaia. Anatra all'arancia e spezie, sfogliatina alla crema di marroni e porcini, indivia amara (autunno).
♦ Un caldo mix di colori ed elegante rusticità accoglie i clienti, ma non c'è il tempo per abituarsi: lo stupore continua con la cucina tra piatti creativi e scenografici.

VILLA DI CHIAVENNA – Sondrio (SO) – **561** C10 – 1 082 ab. **16** B1
– alt. 625 m – ⊠ 23029

> ◗ Roma 692 – Sondrio 69 – Chiavenna 8 – Milano 131

✗✗ **Lanterna Verde** (Andrea Tonola)   🛖 ✗ **P** **VISA** **CO** **AE** ✿
❀ *frazione San Barnaba 7, Sud-Est : 2 km – ℰ 0 34 33 85 88*
  – www.lanternaverde.com – Fax 0 34 34 07 49
  – chiuso dieci giorni in giugno, venti giorni in novembre, mercoledì e martedì sera, solo mercoledì in luglio-agosto
  Rist – Menu 40/70 € – Carta 43/66 € ⅍
  Spec. Persico di lago fritto con puré di sedano rapa e salsa verde (primavera-estate). Trittico di trota. Coscia di coniglio avvolta in pancetta e cotta al forno con gallinacci, tortino di patate, cipollotto e scarola.
  ♦ Nel verde di una tranquilla vallata, le sale ripropongono il tipico stile di montagna in legno. Cucina giovane e creativa, il pesce d'acqua dolce tra i motivi di richiamo.

VILLAFRANCA DI VERONA – Verona (VR) – **562** F14 – **31 925 ab.**   **35** A3
– alt. 54 m – ⊠ 37069
  🖬 Roma 483 – Verona 19 – Brescia 61 – Mantova 22
  🖼, ℰ 045 6 30 33 41

a Dossobuono Nord-Est : 7 km – ⊠ 37062

✗✗ **Cavour**   🛖 **AK** ✗ ⇄ **P** **VISA** **CO** **AE** ① ✿
  via Cavour 40 – ℰ 0 45 51 30 38 – Fax 04 58 60 05 95
  – chiuso dal 1° al 7 gennaio, dal 13 al 16 agosto, domenica sera e mercoledì da settembre a maggio, sabato a mezzogiorno e domenica negli altri mesi
  Rist – Carta 33/46 €
  ♦ E' un'insegna in ferro battuto ad indicare l'edificio storico. Varcata la soglia ci si accomoda in un'ampia sala per gustare le tipiche proposte del territorio, tra le quali non manca mai il carrello dei bolliti.

VILLAFRANCA IN LUNIGIANA – Massa Carrara (MS) – **563** J11   **28** A1
– 4 819 ab. – alt. 131 m – ⊠ 54028
  🖬 Roma 420 – La Spezia 31 – Parma 88

a Mocrone Nord-Est : 4 km – ⊠ 54028 Villafranca In Lunigiana

✗ **Gavarini** con cam 🏠   🚗 🛖 🛎 **AK** rist, ⁿ¹ **P** **VISA** **CO** **AE** ✿
❀ *via Benedicenti 50 – ℰ 01 87 49 55 04 – www.locandagavarini.it*
  – Fax 01 87 49 57 90 – chiuso dal 7 al 30 novembre
  8 cam ⊡ – ♦50/60 € ♦♦70/80 € – ½ P 50/60 €
  Rist – (chiuso mercoledì escluso agosto) Carta 20/39 € ⅍
  ♦ Piatti tipici della Lunigiana elaborati con gusto e semplicità in questo ristorante familiare dalle curate sale e con un bel giardino. Valide le camere arredate con un certo senso estetico.

VILLANDRO (VILLANDERS) – Bolzano (BZ) – **562** C16 – **1 908 ab.**   **31** C2
– alt. 880 m – ⊠ 39040
  🖬 Roma 679 – Bolzano 29 – Bassano del Grappa 177 – Belluno 132
  🖬 vicolo F. V. Defregger 6 ℰ 0472 843121, info@villanders.info, Fax 0472 843347

✗✗ **Ansitz Zum Steinbock** con cam   ← 🛖 ✗ ⁿ¹ **P** **VISA** **CO** ✿
  Vicolo F.V.Defregger 14 – ℰ 04 72 84 31 11 – www.zumsteinbock.com
  – Fax 04 72 84 34 68 – chiuso dal 15 gennaio al 15 febbraio
  18 cam ⊡ – ♦50/65 € ♦♦104/120 € – 1 suite – ½ P 75/85 €
  Rist – (chiuso lunedì) Carta 41/65 €
  ♦ E' romantica e particolare l'atmosfera nelle stube d'epoca e nelle graziose stanze di questo edificio del XVIII sec., con servizio estivo all'aperto; cucina locale e toscana.

VILLANOVA – Bologna – **563** I16 – Vedere Bologna

VILLANOVAFORRU – Medio Campidano (106) – **366** O46 – Vedere Sardegna alla fine dell'elenco alfabetico

---

VILLA ROSA – Teramo – **563** N23 – Vedere Martinsicuro

VILLA SAN GIOVANNI – Reggio di Calabria (RC) – **564** M28   **5** A3
– 13 647 ab. – alt. 21 m – ⊠ 89018 ▯ Italia

    ▶ Roma 653 – Reggio di Calabria 14

    🚢 per Messina – Società Caronte, ℰ 0965 793131, call center 800 627 414
    Ferrovie Stato, piazza Stazione ℰ 0965 758241

    🖸 Costa Viola★ a Nord per la strada S 18

âmâ   **Grand Hotel De la Ville**   🚠 🏖 ╪ 🔟 ⇜ ℀ rist. ⁇ 🔏 🅿
    via Umberto Zanotti Bianco 9 – ℰ 09 65 79 56 00   🆅🆂🅰 ⓿ 🅰🅴 🅞 ⓢ
    – Fax 09 65 79 56 40
    56 cam – ♥98/125 € ♥♥110/140 €, ⚏ 15 € – 4 suites – ½ P 75/90 €
    Rist – Carta 25/61 €
    ♦ Per una clientela per lo più d'affari, struttura di taglio moderno, che offre servizi e confort all'altezza della sua categoria; accessoriate camere di livello superiore. Ambiente signorile nel ristorante d'impostazione classica.

✗   **Al Vecchio Porto**   🚠 🔟 ℀ 🆅🆂🅰 ⓿ 🅰🅴 ⓢ
    lungomare Cenide 55 – ℰ 09 65 70 05 02
    – www.ristorantevecchioporto.it – Fax 09 65 70 05 02
    – chiuso dall'8 al 21 gennaio, mercoledì
    Rist – Menu 30/60 € bc – Carta 33/43 €
    ♦ Sul lungomare della località, un semplice e gradevole locale apre le proprie porte per invitarvi a gustare del pesce freschissimo e ricette che esaltano le materie prime del territorio.

a Santa Trada di Cannitello Nord-Est : 5 km – ⊠ 89018 Villa San Giovanni

âmâ   **Altafiumara** 🏖   ≤ 🚗 🟰 ⊕ 🏖 🖙 🔥 ⚒ ⋆🕈 🔟 ⇜ ℀ ⁇ 🔏 🅿
    – ℰ 09 65 75 98 04 – www.altafiumarahotel.it   🆅🆂🅰 ⓿ 🅰🅴 🅞 ⓢ
    – Fax 09 65 75 95 66
    87 cam ⚏ – ♥245/260 € ♥♥310/370 € – 41 suites – ♥♥320/510 €
    – ½ P 145/225 €
    Rist I Due Mari – Carta 38/48 €
    Rist L'Accademia del Vino – Carta 33/43 € 🏵
    ♦ Grande proprietà, a picco sul mare, in cui domina la fortezza borbonica di fine Settecento all'interno della quale sono state ricavate le camere. Esclusivo centro benessere. Ristorante elegante e wine-bar nella ex santa Barbara della fortezza.

VILLASIMIUS – Cagliari – **366** S49 – Vedere Sardegna alla fine dell'elenco alfabetico

---

VILLA VICENTINA – Udine (UD) – **562** D21 – 1 403 ab. – alt. 11 m   **11** C3
– ⊠ 33059

    ▶ Roma 619 – Udine 40 – Gorizia 28 – Trieste 45

✗   **Ai Cjastinars** con cam   🚠 🔟 ⁇ 🔏 🅿 🆅🆂🅰 ⓿ 🅰🅴 🅞 ⓢ
    borgo Pacco 1, strada statale 14, Sud : 1 km – ℰ 04 31 97 02 82
    – www.hotelcjastinars.it – Fax 04 31 96 90 37
    – chiuso dal 10 al 30 novembre
    15 cam ⚏ – ♥44/58 € ♥♥74/96 € – ½ P 48/77 €
    Rist – (chiuso venerdì) Carta 22/40 €
    ♦ Particolarmente apprezzato per le sue specialità alla brace, il locale nasce come trattoria di famiglia lungo una delle vie principali della località. Dehors sotto il porticato. Dalle confortevoli camere potrete ammirare la basilica di Aquileia.

VILLETTA BARREA – L'Aquila (AQ) – **563** Q23 – 657 ab. – alt. 990 m   **1** B3
– ⊠ 67030

    ▶ Roma 179 – Frosinone 72 – L'Aquila 151 – Isernia 50

🏠 **Il Vecchio Pescatore** 🚃 ⚐ 🛠 📶 VISA ⊙ AE ① 👓
via Benedetto Virgilio – ℰ 0 86 48 92 74 – www.ilvecchiopescatore.net
– Fax 0 86 48 92 55
12 cam 🖵 – ⟨†⟩50/75 € – ½ P 45/65 €
Rist – *(chiuso martedì in bassa stagione)* Carta 20/28 €
♦ Albergo ospitato in un edificio d'epoca sulla strada principale del paese. Gestione familiare, camere semplici, gradevole giardino-solarium estivo. Al ristorante, i piatti della gastronomia regionale.

VILLNOSS = Funes

VILMINORE DI SCALVE – Bergamo (BG) – **561** DE12 – **1 546 ab.**   **16** B1
– alt. 1 019 m – ⊠ 24020

▶ Roma 617 – Brescia 69 – Bergamo 65 – Edolo 50

✕✕ **Brescia** con cam ⟨ 🛏 🛠 P 🏷 VISA ⊙ 👓
piazza della Giustizia 6 – ℰ 0 34 65 10 19 – www.vallescalve.it
– Fax 0 34 65 15 55
19 cam 🖵 – †55 € ††95 € – ½ P 53 €   **Rist** – *(chiuso lunedì)* Carta 23/42 €
♦ Risorsa di tradizione, dai primi del '900, gestita dalla stessa famiglia da oltre 50 anni, rinnovata con cura e sobrietà sia nella luminosa sala che nelle comode camere.

VILPIAN = Vilpiano

VILPIANO = VILPIAN – Bolzano – **562** C15 – Vedere Terlano

VIMERCATE – Milano (MI) – **561** F10 – **25 553 ab.** – alt. 194 m   **18** B2
– ⊠ 20059

▶ Roma 582 – Milano 24 – Bergamo 36 – Como 45

🏨 **Cosmo** 🚃 🕉 🎧 🛏 🛠 cam, 🔏 ⇆ 🛠 rist, 📶 🛗 P 🚗
via Torri Bianche 4, Centro Direzionale VISA ⊙ AE ① 👓
*– ℰ 03 96 99 61 – www.hotelcosmo.com – Fax 03 96 99 67 77 – chiuso dal
20 dicembre al 2 gennaio e dal 2 al 17 agosto*
127 cam – †75/259 € ††75/329 € – ½ P 60/200 €
Rist San Valentino – ℰ 03 96 99 67 06 *(chiuso a mezzogiorno escluso
domenica)* Carta 22/48 €
♦ Moderno, funzionale, con accessori dell'ultima generazione, ma anche personalizzato, con ricercati arredi di design e raffinata cura dei dettagli; belle le suite a tema. Originali soluzioni decorative negli eleganti ambienti interni del ristorante.

VIMODRONE – Milano (MI) – **561** F9 – **15 066 ab.** – alt. 128 m   **18** B2
– ⊠ 20090

▶ Roma 582 – Milano 15 – Bellinzona 115 – Lecco 50

✕✕ **Il Sorriso** con cam 🔏 📶 🛗 P VISA ⊙ AE ① 👓
via Piave 15 – ℰ 0 22 50 36 53 – www.ilsorrisoristorante.it – Fax 0 22 50 54 83
– chiuso dal 1° al 10 gennaio e dal 9 al 31 agosto
11 cam 🖵 – †75/85 € ††90/100 € – ½ P 70/75 €
Rist – *(chiuso sabato a mezzogiorno, lunedì)* Carta 42/90 €
♦ Ristorante moderno, discretamente elegante, molto ben attrezzato con proposte quasi esclusivamente di mare. Una dozzina di camere, molte delle quali con angolo cottura.

VINCI – Firenze (FI) – **563** K14 – **14 314 ab.** – alt. 98 m – ⊠ 50059   **28** B1
▌ Toscana

▶ Roma 304 – Firenze 40 – Lucca 54 – Livorno 72

🛈 via della Torre 11 ℰ 0571 568012, terredelrinascimento@comune.vinci.fi.it,
Fax 0571 567930

Alexandra 🛏 AC ✻ ☎ ⅍ VISA ⊕ AE ① ♿

*via Dei Martiri 82 – ☎ 0 57 15 62 24 – www.hotelalexandravinci.it
– Fax 05 71 56 79 72*
49 cam � – †49/79 € ††69/105 € – ½ P 55/75 €
Rist *La Limonaia* – ☎ 05 71 56 80 10 – Carta 20/35 €
♦ L'affidabile e pluriennale gestione di questo hotel situato nella parte bassa della città natale di Leonardo propone belle camere ben accessoriate. Semplice e funzionale. Ristorante con sale di tono moderno, accogliente dehors sotto un bel pergolato e qualche piatto regionale.

VIOLE – Perugia – 563 M20 – Vedere Assisi

VIPITENO (STERZING) – Bolzano (BZ) – 562 B16 – 6 076 ab. 30 B1
– alt. 948 m – Sport invernali : 948/2 200 m ✂ 1 ⅍3, ⅍ – ⊠ 39049 ▌ Italia

▣ Roma 708 – Bolzano 66 – Brennero 13 – Bressanone 30
ℹ piazza Città 3 ☎ 0472 765325, info@infovipiteno.com, Fax 0472 765441
◉ Via Città Nuova★

Aquila Nera-Schwarzer Adler ▣ ⊕ ⍥ ⧉ ☎ ⅍ P VISA ⊕ AE ♿

*piazza Città 1 – ☎ 04 72 76 40 64
– www.aquilaneravipiteno.com – Fax 04 72 76 65 22 – chiuso maggio e
novembre*
25 cam ☐ – †78/105 € ††118/140 € – 8 suites – ½ P 85/104 €
Rist – *(chiuso domenica escluso agosto e dicembre) (chiuso a mezzogiorno)*
Menu 34/50 €
♦ Grande tradizione insieme a calda eleganza e confort in un albergo costituito da un edificio antico e da un altro più moderno, dove si trova anche il bel centro relax. Rustica ambientazione di stile montano, ma di tono raffinato, nel piacevole ristorante.

Lilie ⍥ ⧉ ☎ P VISA ⊕ AE ♿

*Città Nuova 49 – ☎ 04 72 76 00 63 – www.hotellilie.it – Fax 04 72 76 27 49
– chiuso dal 14 giugno all'8 luglio*
15 cam ☐ – †71/85 € ††120/148 € – ½ P 88/98 €
Rist – *(chiuso lunedì)* Carta 34/62 €
♦ Nel centro storico un bell'edificio tardo medioevale convive felicemente con l'hotel che, dopo la recente ristrutturazione, offre ambienti moderni e nobili tracce del passato. Al primo piano la sobria ed elegante sala ristorante.

XX Kleine Flamme (Bacher Burkhard) 🛏 ✻ VISA ⊕ ♿
⌘

*via Cittanuova 31 – ☎ 04 72 76 60 65 – Fax 04 72 76 60 65 – chiuso
domenica sera, lunedì*
Rist – *(prenotazione obbligatoria)* Menu 48/68 € – Carta 50/68 €
Spec. Gamberi al curry dolce su porri brasati, gelatina al pomodoro e limone, riso venere croccante. Candele ripiene all'amatriciana con piovra al vino rosso e salsa al parmigiano. Carré d'agnello con pepe e caffè su melanzana al curry e capperi.
♦ Piccolo ristorante nascosto tra i portici del centro storico dove, inaspettatamente la cucina diventa un ponte tra il Mediterraneo ed il lontano oriente della Tailandia.

---

in Val di Vizze (Pfitsch)

Wiesnerhof 🚗 🛏 ▣ ⍥ ⍥ ⅃ ⧉ ⅋ ✻ ☎ P VISA ⊕ ♿

*via Val di Vizze 98, località Prati, Est : 3 km ⊠ 39049 Vizze – ☎ 04 72 76 52 22
– www.wiesnerhof.it – Fax 04 72 76 57 03 – chiuso dal 19 aprile al 10 maggio e
dal 1° novembre al 8 dicembre*
36 cam ☐ – †68/88 € ††120/150 € – ½ P 80/110 €
Rist – *(chiuso lunedì)* Carta 33/45 €
♦ In posizione panoramica all'ingresso della valle, una struttura, completa di ogni confort, ideale per vacanze sia estive che invernali; giardino e bella piscina coperta. Grandi finestre affacciate sul verde rendono luminosa la sala ristorante.

Rose 🞕 🞥 🞥 🞥 🞥 🞥 🞥 rist. 🞥 P 🞥 VISA 🞥 🞥

via Val di Vizze 119, località Prati, Est : 3 km ⊠ 39040 Vizze – ℰ 04 72 76 43 00
– www.hotelrose.it – Fax 04 72 76 46 39 – Natale-Pasqua e giugno-ottobre
23 cam 🞥 – †40/80 € ††70/160 € – ½ P 50/80 €
Rist – *(chiuso a mezzogiorno) (solo per alloggiati)* Menu 20/30 €
♦ Un ex della "valanga azzurra" è il titolare di questo simpatico hotel, dove l'ospitalità è familiare e premurosa e non mancano proposte per lo sport e il relax.

Kranebitt 🞥 ⮜ 🞥 🞥 🞥 🞥 🞥 🞥 rist. P 🞥 VISA 🞥 🞥

località Caminata alt. 1441, Est : 16 km ⊠ 39040 Vizze – ℰ 04 72 64 60 19
– www.kranebitt.com – Fax 04 72 64 60 88 – 26 dicembre-Pasqua e 15 maggio-
31 ottobre
28 cam 🞥 – †41/60 € ††80/100 € – ½ P 55/59 €   **Rist** – Carta 24/34 €
♦ Tranquillità, natura incontaminata, splendida vista dei monti e della vallata: godrete di tutto ciò soggiornando nell'ambiente familiare di questa comoda risorsa. Accogliente e calda atmosfera al ristorante.

Pretzhof ⮜ 🞥 🞥 🞥 P VISA 🞥 🞥

località Tulve alt. 1280, Est : 8 km ⊠ 39040 Vizze – ℰ 04 72 76 44 55
– www.pretzhof.com – Fax 04 72 76 44 55 – chiuso lunedì e martedì escluso
festivi
Rist – Carta 27/51 € 🞥
♦ L'esposizione in sala di qualche strumento di vita contadina ammicca alla passione della famiglia di valorizzare la tipicità sudtirolese. Lo stesso interesse influenza la cucina: regionale e caratteristica.

VISERBA – Rimini – **563** J19 – **Vedere Rimini**

VISERBELLA – Rimini – **563** J19 – **Vedere Rimini**

VISNADELLO – Treviso (TV) – **562** E18 – **alt. 46 m** – ⊠ 31027   **35** A1

🞥 Roma 555 – Venezia 41 – Belluno 67 – Treviso 11

Da Nano 🞥 🞥 🞥 P VISA 🞥 🞥 🞥

via Gritti 145 – ℰ 04 22 92 89 11 – www.danano.it – Fax 04 22 62 90 63 – chiuso
dal 1° al 7 gennaio e 3 settimane in agosto
Rist – *(chiuso domenica sera, lunedì)* Carta 42/57 €
♦ Il pesce fresco in bella vista all'ingresso chiarisce subito la scelta culinaria di questo locale in prossimità della strada statale; sale classiche, rivestite di legno.

VITERBO P (VT) – **563** O18 – **61 067 ab.** – **alt. 327 m** – ⊠ 01100   **12** B1
🞥 Italia

🞥 Roma 104 – Chianciano Terme 100 – Civitavecchia 58 – Grosseto 123
🞥 via Romiti (stazione di Porta Romana) ℰ 0761 304795, Fax 761 220957
🞥 Piazza San Lorenzo★★ Z – Palazzo dei Papi★★ Z – Quartiere San Pellegrino★★ Y – Piazza del Plebiscito★ Y
🞥 Villa Lante★ a Bagnaia per ①: 5 km – Teatro romano★ di Ferento 9 km a Nord per viale Baracca Y – Lago di Vico★: 10 km sud

Grand Hotel Salus e delle Terme 🞥 🞥 🞥 🞥 🞥 🞥 🞥 🞥

strada Tuscanese 26/   🞥 🞥 🞥 🞥 🞥 rist. 🞥 🞥 P VISA 🞥 🞥 🞥 🞥
28, 3 km per via Faul – ℰ 07 61 35 81 – www.grandhoteltermesalus.com
– Fax 07 61 35 42 62   YZ
100 cam – †100 € ††140 €, 🞥 20 € – ½ P 120 €   **Rist** – Carta 31/42 €
♦ Moderna e articolata risorsa, dotata di un attrezzato centro termale, con grotta naturale, così come di strutture per congressi; camere spaziose, arredate con gusto classico. Modernità ed eleganza continuano al ristorante, dove la tradizione gastronomica regionale si incontra con proposte dietetiche.

VITERBO

Circolazione regolamentata nel centro città

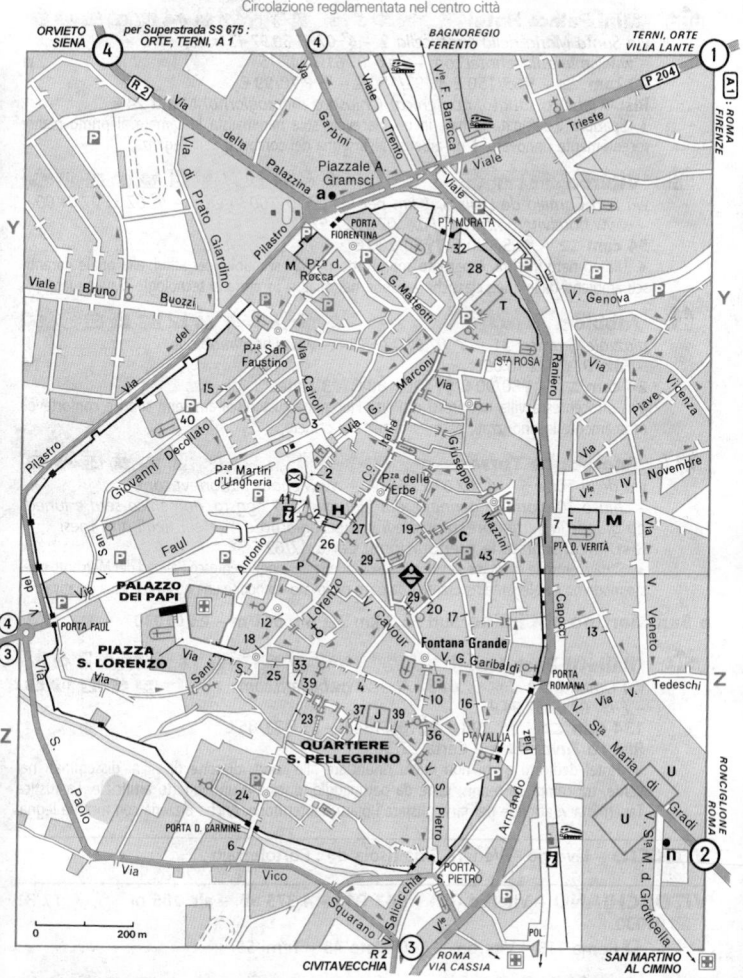

Niccolò V-Terme dei Papi 🦢
strada Bagni 12, 3 km per via Faul
– 𝒞 07 61 35 01 – www.termedeipapi.it – Fax 07 61 35 02 73 YZ
20 cam – 3 suites – solo ½ P 83/160 €
Rist – Carta 32/40 €
♦ Ambiente raffinato, pensato per chi desidera un soggiorno che coniughi degli itinerari alla scoperta della città medievale a piacevoli momenti di relax per rinvigorire corpo e mente.

Mini Palace Hotel cam, rist, 🛏
via Santa Maria della Grotticella 2 – 𝒞 07 61 30 97 42
– www.minipalacehotel.com – Fax 07 61 34 47 15 Zn
40 cam ⊇ – ♦65/150 € ♦♦92/150 € – ½ P 70/99 €
Rist – (chiuso sabato, domenica) (chiuso a mezzogiorno) Menu 24 €
♦ Spaziosa e raffinata la hall, in un piacevole stile minimalista le camere al primo piano: recentemente rinnovato, è un albergo all'insegna del confort e dell'eleganza.

Viterbo senza rist
via San Camillo de Lellis 6, 1 km per ④ ⊠ 01100 Viterbo – 𝒞 07 61 27 01 00
– www.hotelviterbo.com – Fax 07 61 27 57 17
54 cam ⊇ – ♦65/120 € ♦♦80/200 €
♦ Ultimo nato in città, è pensato soprattutto per chi si muove per affari, alla quale garantisce ambienti dalle linee classiche e sobrie nei quali si incontrano tecnologie d'avanguardia.

Nibbio senza rist
piazzale Gramsci 31 – 𝒞 07 61 32 65 14 – www.hotelnibbio.it
– Fax 07 61 32 18 08 Ya
24 cam ⊇ – ♦80/90 € ♦♦120/180 € – 3 suites
♦ L'ottocentesca villa nei pressi di Porta Fiorentina custodisce ambienti sobri e confortevoli ottimamente insonorizzati; parquet in tutte le camere.

Enoteca La Torre
via della Torre 5 – 𝒞 07 61 22 64 67 – www.enotecalatorrevt.com
– chiuso 10 giorni in gennaio, dal 15 luglio al 7 agosto, domenica sera e lunedì da giugno a settembre, mercoledì a mezzogiorno e martedì negli altri mesi
Rist – (consigliata la prenotazione) Carta 47/62 € 🏵 Yc
♦ Situato entro le mura medievali nelle ex scuderie del cinquecentesco Palazzo dei Mercanti, questo moderno ed elegante ristorante - da poco rinnovato - propone una gustosa cucina creativa.

a San Martino al Cimino Sud : 6,5 km Z – alt. 561 m – ⊠ 01030

Balletti Park Hotel
via Umbria 2/A – 𝒞 07 61 37 71 – www.balletti.com
– Fax 07 61 37 94 96
134 cam ⊇ – ♦90/98 € ♦♦106/134 € – ½ P 71/85 €
Rist La Tavernetta – Carta 22/36 €
♦ Hotel dedicato a chi non vuole rinunciare allo sport, dispone di villini disseminati nel verde, tra campi da tennis, piste da pattinaggio, piscina e un laghetto artificiale. La rustica Tavernetta vi attende per farvi gustare i piatti del territorio. Anche pizzeria con forno a legna.

VITICCIO – Livorno – Vedere Elba (Isola d') : Portoferraio

VITORCHIANO – Viterbo (VT) – **563** O18 – 4 375 ab. – alt. 285 m 12 B1
– ⊠ 01030
🚩 Roma 113 – Viterbo 11 – Orvieto 45 – Terni 55

Nando Al Pallone con cam
via Sorianese 1, Sud : 3 km – 𝒞 07 61 37 03 44 – www.nandoalpallone.com
– Fax 07 61 37 04 64 – chiuso dall'8 al 29 gennaio e dal 2 al 16 luglio
8 cam ⊇ – ♦60 € ♦♦80 € – 4 suites – ♦♦100 €
Rist – (chiuso domenica sera, mercoledì) Carta 30/51 € 🏵
♦ Se già la sterminata cantina con collezioni di vini di alto pregio, vi sembra entusiasmante, aspettate di gustare la cucina... Proposte di ampio respiro che abbracciano mare, terra e cacciagione. Il locale si affaccia su un giardino molto curato. Due tipologie di camere, ma un solo - incontestabile - confort.

VITTORIA – Ragusa – **365** AW62 – Vedere Sicilia

VITTORIO VENETO – Treviso (TV) – **562** E18 – 29 216 ab. **36** C2
– alt. 136 m – ⊠ 31029

> ▶ Roma 581 – Belluno 37 – Cortina d'Ampezzo 92 – Milano 320
>
> 🇮 viale della Vittoria 110 ☏ 0438 57243, iat.vittorioveneto@provincia.treviso.it, Fax 0438 53629
>
> 🔢 Cansiglio, ☏ 0438 58 53 98
>
> 📷 Affreschi★ nella chiesa di San Giovanni

🏠 **Terme** 🗗 |≑| AC ❄ ❝ 🐧 🚗 VISA ☻ AE ⸦
via delle Terme 4 – ☏ 04 38 55 43 45 – www.hotelterme.tv – Fax 04 38 55 43 47
39 cam ⊇ – †70/80 € ††95 € – ½ P 80 €
Rist – (chiuso domenica sera, lunedì) Carta 33/43 €
♦ Un tranquillo giardino sul retro e camere piacevolmente sobrie, recentemente rinnovate, in questo albergo del centro: ideale per una clientela commerciale. Accogliente sala ristorante con piatti di cucina locale e nazionale.

🏠 **Agriturismo Alice-Relais nelle Vigne** senza rist ≤ 🗗 |≑| ⸤
via Gaetano Giardino 94, località AC ❄ ❝ P VISA ☻ AE ⸦ ⸦
Carpesica – ☏ 04 38 56 11 73 – www.alice-relais.com – Fax 04 38 92 07 54
10 cam ⊇ – †90/130 € ††120/165 €
♦ Nei pressi dell'uscita autostradale sud, ma immersa in un paesaggio da cartolina. Tra colline, vigneti e campanili, una risorsa dotata di ottime camere in legno.

VIVARO – Pordenone (PN) – **562** D20 – 1 319 ab. – alt. 128 m **10** B2
– ⊠ 33099

> ▶ Roma 614 – Udine 44 – Pordenone 26 – Venezia 110

🏠 **Agriturismo Lataria dei Magredi** ⸰ ⸝ AC ❄ rist, P
vicolo Centrico – ☏ 0 42 79 70 37 – www.gelindo.it VISA ☻ ⸦ ⸦
– Fax 0 42 79 75 15
8 cam ⊇ – †55/70 € ††80/100 € – 2 suites – ½ P 65/80 €
Rist – (chiuso da martedì a giovedì escluso i giorni festivi) (chiuso a mezzogiorno escluso domenica, lunedì) Carta 26/36 €
♦ Struttura in pietra in centro paese: si tratta di un vecchio caseificio, ristrutturato per ospitare camere gradevoli e funzionali. Ristoro ideale per gli amanti della natura. Al ristorante, la cucina regionale è proposta in elaborazioni semplici ed originali.

VIVERONE – Biella (BI) – **561** F6 – 1 440 ab. – alt. 407 m – ⊠ 13886 **23** C2

> ▶ Roma 661 – Torino 58 – Biella 23 – Ivrea 16

🏨 **Marina** ⸰ ≤ 🗗 ⸝ ⸭ ❄ |≑| AC ❄ rist, ❝ 🐧 P VISA ☻ AE ⸦ ⸦
frazione Comuna 10 – ☏ 01 61 98 75 77 – www.hotelmarinaviverone.it
– Fax 01 61 98 68 9 – chiuso dal 20 novembre al 5 febbraio
60 cam – †75/80 € ††98/107 €, ⊇ 10 € – ½ P 78/88 €
Rist – (chiuso venerdì escluso dal 15 maggio al 15 settembre) Carta 35/53 €
♦ Circondata da un giardino in riva al lago, confortevole struttura di taglio moderno, con piscina, spiaggia e pontile privati: ideale per un soggiorno di completo relax. Estrema modularità negli spazi del ristorante.

VIZZOLA TICINO – Varese (VA) – **561** F8 – 492 ab. – alt. 221 m **16** A2
– ⊠ 21010

> ▶ Roma 619 – Stresa 42 – Como 55 – Milano 51

🏨 **Villa Malpensa** 🗗 ⸭ |≑| AC ❄ rist, ❝ 🐧 P VISA ☻ AE ⸦ ⸦
via Sacconago 1 – ☏ 03 31 23 09 44 – www.hotelvillamalpensa.com
– Fax 03 31 23 09 50
65 cam ⊇ – †100/130 € ††150/190 € **Rist** – Carta 50/80 € ⸝
♦ Vicino all'aeroporto, dal 1991 una sontuosa residenza patrizia inizio '900 offre una curata ospitalità nei suoi raffinati interni; meno affascinanti ma confortevoli le camere. Signorile sala ristorante e salone con affreschi originali di inizio secolo.

VODO CADORE – Belluno (BL) – **562** C18 – 903 ab. – alt. 901 m   **36** C1
– ✉ 32040

▸ Roma 654 – Cortina d'Ampezzo 17 – Belluno 49 – Milano 392

XXX **Al Capriolo**   Ⓐ **P** ᵥₛₐ ⓪ ⒶⒺ ⑤
*via Nazionale 108 – ℰ 04 35 48 92 07 – Fax 04 35 48 91 66 – chiuso dal 20 aprile
al 10 luglio, dal 3 novembre al 5 dicembre, martedì e mercoledì a mezzogiorno
da gennaio ad aprile*
Rist – Menu 30/58 € – Carta 49/61 €
♦ Un'elegante casa dall'atmosfera mitteleuropea fra trofei di caccia, orologi ed affreschi,
gestita per più di un secolo dalla stessa famiglia. Creatività e raffinatezza anche in cucina.

VÖLS AM SCHLERN = Fiè allo Sciliar

VOLASTRA – La Spezia – **561** J11 – **Vedere Manarola**

VOLTERRA – Pisa (PI) – **563** L14 – 11 206 ab. – alt. 531 m – ✉ 56048   **28** B2
▮ Toscana

▸ Roma 287 – Firenze 76 – Siena 50 – Livorno 73
🛈 piazza dei Priori 20 ℰ 0588 87257, info@volterra.it, Fax 0588 86099
◎ Piazza dei Priori★★ – Duomo★: Deposizione
lignea★★ – Battistero★ – ≼★★ dal viale dei Ponti – Museo Etrusco
Guarnacci★ – Porta all'Arco★

🏨 **Park Hotel Le Fonti** ॐ   ≼ 🚗 🛖 ⫶ ⋔ 🛎 ⅙ cam, Ⓐ ⅗ rist, 🏌
via di Fontecorrenti – ℰ 0 58 88 52 19   **P** ᵥₛₐ ⓪ ⒶⒺ ⑤
*– www.parkhotellefonti.com – Fax 0 58 89 27 28 – chiuso dal 2 novembre al
26 dicembre e dal 3 gennaio al 2 aprile*   **g**
66 cam ⌿ – †69/125 € ††89/165 € – ½ P 73/115 €
Rist – Carta 35/70 € ᵇ
♦ Su una collina, poco distante dal centro storico, è una grande struttura in stile toscano con
salotti arredati con gusto ed ampie camere, sala meeting e lettura. La cucina s'ispira alla tradizione e ai sapori toscani, da assaporare nelle sale o, durante la bella stagione, su una
grande terrazza.

🏨 **La Locanda** senza rist   🛎 ⅙ Ⓐ ⫶ ᵥₛₐ ⓪ ⒶⒺ ① ⑤
*via Guarnacci 24/28 – ℰ 0 58 88 15 47 – www.hotel-lalocanda.com
– Fax 0 58 88 15 41*   **e**
17 cam ⌿ – †74/100 € ††93/180 € – 1 suite
♦ A pochi passi da Piazza dei Priori, l'hotel è stato ricavato dal restauro di un monastero e
vanta camere spaziose e raffinate e piccoli spazi comuni piacevolmente arredati.

🏠 **Villa Rioddi** senza rist   ≼ 🚗 ⫶ ⅙ Ⓐ ⅗ ⫶ **P** ᵥₛₐ ⓪ ⒶⒺ ① ⑤
*località Rioddi, 2 km per ③ – ℰ 0 58 88 80 53 – www.hotelvillarioddi.it
– Fax 0 58 88 80 74 – 11 marzo-2 novembre*
13 cam ⌿ – †50/87 € ††74/97 €
♦ Una villa toscana medievale con pietre a vista offre raccolte e caratteristiche sale per il
relax, camere confortevoli con arredi in legno e vista sulla val di Cecina.

XX **Enoteca Del Duca**   🛖 ⅙ ⅗ ᵥₛₐ ⓪ ⒶⒺ ⑤
*via di Castello 2 angolo via Dei Marchesi – ℰ 0 58 88 15 10
– www.enoteca-delduca-ristorante.it – Fax 0 58 89 29 57 – chiuso dal
23 gennaio al 6 febbraio e dal 13 al 26 novembre*   **d**
Rist – (chiuso martedì) Carta 27/45 € ᵇ
♦ Vicino alla piazza principale e al Castello, il locale ospita una piccola enoteca per la degustazione dei vini ed una sala più elegante dove gustare piatti toscani.

XX **Il Sacco Fiorentino**   🛖 Ⓐ ᵥₛₐ ⓪ ⒶⒺ ① ⑤
⊜ *piazza 20 Settembre 18 – ℰ 0 58 88 85 37 – Fax 0 58 88 85 37 – chiuso gennaio,
giugno e mercoledì*   **c**
Rist – Carta 19/30 €
♦ In pieno centro, il ristorante è un piacevole e caratteristico locale con due sale che offre
proposte stagionali ed un menù degustazione. Dehors su una pedana in legno.

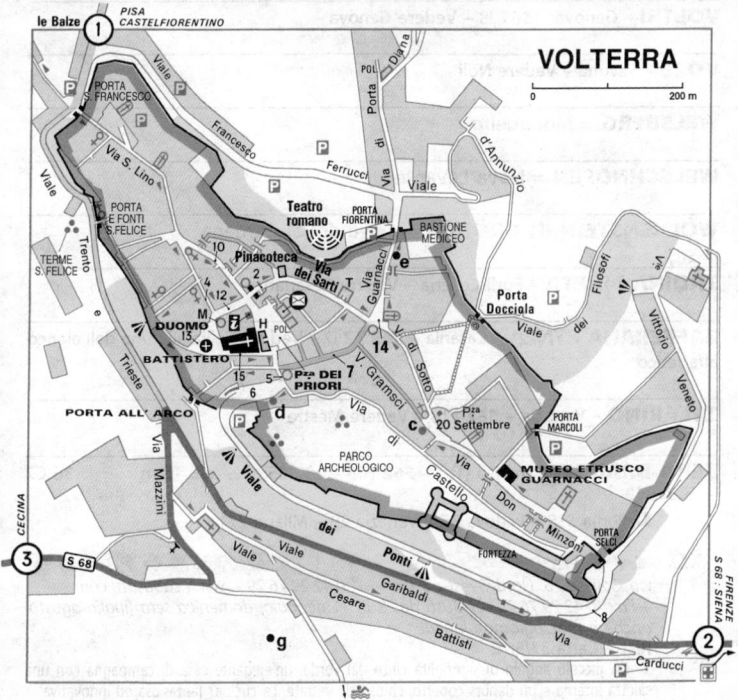

Circolazione regolamentata nel centro città

sulla strada statale 439 per ② : 7,5 km:

Agriturismo Villa Montaperti ⋦ 🚗 🐾 ≡ 🍽 🖻
località Montaperti ⊠ 56048 Volterra – 𝒞 05 88 42 03 38 – www.montaperti.com
– Fax 05 88 42 03 38 – Pasqua-ottobre
11 cam ⊊ – †80/113 € ††120/176 €
Rist – (solo per alloggiati) Menu 30 € bc
◆ Circondata da un piccolo parco con alcuni sentieri per le passeggiate, la villa padronale settecentesca in pietra offre ampie camere confortevoli arredate con mobili antichi. Il ristorante dall'alto soffitto a volte si trova nell'antica stalla: un locale caratteristico dove assaporare una cucina regionale e casalinga.

VOLTIDO – Cremona (CR) – **561** G13 – 435 ab. – alt. 35 m – ⊠ 26034   **17** C3
🖸 Roma 493 – Parma 42 – Brescia 57 – Cremona 30

a Recorfano Sud : 1 km – ⊠ 26034 Voltido

Antica Trattoria Gianna 🏠 AC 🍴 ⇔ 🖻 VISA ⚌ AE ① ⓢ
via Maggiore 12 – 𝒞 03 75 38 03 71 – www.anticatrattoriagianna.it
– Fax 03 75 38 11 61 – chiuso dal 23 al 30 luglio
Rist – (chiuso lunedì sera, martedì) Carta 20/30 €
◆ Salumi nostrani, risotti sempre diversi, i secondi tutti da scoprire: la storica trattoria offre una cucina semplice e genuina, al pari dell'accoglienza. Nelle belle giornate il servizio si sposta nel verde del giardino.

1175

VOLTRI – Genova – 561 I8 – Vedere Genova

VOZE – Savona – Vedere Noli

WELSBERG = Monguelfo

WELSCHNOFEN = Nova Levante

WOLKENSTEIN IN GRÖDEN = Selva di Val Gardena

ZADINA PINETA – Forlì-Cesena – Vedere Cesenatico

ZAFFERANA ETNEA – Catania – 365 AZ57 – Vedere Sicilia alla fine dell'elenco alfabetico

ZELARINO – Venezia – 562 F18 – Vedere Mestre

ZERO BRANCO – Treviso (TV) – 562 F18 – 10 305 ab. – alt. 18 m   36 C2
– ⊠ 31059

> ▶ Roma 538 – Padova 35 – Venezia 29 – Milano 271

XXX **Ca' Busatti**   🚗 🏠 ら 🅰🅒 ⇔ 🅿 VISA ⑳ ⑤
via Gallese 26, Nord-Ovest : 3 km – ℰ 04 22 97 62 9 – www.cabusatti.com
– Fax 04 22 97 62 9 – chiuso dall'8 al 31 gennaio, domenica sera (luglio-agosto anche a mezzogiorno), lunedì
Rist – Carta 37/58 €
♦ Un piccolo angolo di signorilità cinto dal verde: un'elegante casa di campagna con una saletta interna e un dehors coperto, chiuso da vetrate. La cucina? fantasiosa ed innovativa.

ZIBELLO – Parma (PR) – 562 G12 – 1 947 ab. – alt. 35 m – ⊠ 43010   8 B1
> ▶ Roma 493 – Parma 36 – Cremona 28 – Milano 103

X **Trattoria la Buca** con cam   🏠 🅰🅒 🅿
via Ghizzi 6 – ℰ 05 24 99 21 4 – www.trattorialabuca.com – Fax 05 24 99 72 0
– chiuso martedì
2 cam ⊊ – †† 80/120 € – 1 suite   **Rist** – Carta 33/45 €
♦ Squisita cucina casalinga in un locale rustico passato sempre di madre in figlia, da fine '800 ai giorni nostri: sapori tipici locali e produzione propria di salumi (tra cui l'immancabile culatello). Servizio estivo all'aperto. Graziose camere nella locanda di fronte.

ZINZULUSA (Grotta) – Lecce – 564 G37 – Vedere Castro Marina

ZOAGLI – Genova (GE) – 561 J9 – 2 567 ab. – ⊠ 16030   15 C2
> ▶ Roma 448 – Genova 34 – La Spezia 72 – Massa 87

XX **L'Arenella**   🏠 ⇔ VISA ⑳ AE ① ⑤
lungomare dei Naviganti – ℰ 01 85 25 93 93 – www.ristorantearenella.it
– Fax 01 85 25 93 93 – chiuso martedì
Rist – (consigliata la prenotazione) Carta 55/75 €
♦ A pochi passi dal centro, nella splendida e caratteristica passeggiata, locale curato e specialità di pesce. Lettini e sdraio a disposizione per la spiaggia.

ZOGNO – Bergamo (BG) – 561 E10 – 9 143 ab. – alt. 334 m   19 C1
– ⊠ 24019
> ▶ Roma 619 – Bergamo 18 – Brescia 70 – Como 64

ad Ambria Nord-Est : 2 km – ✉ 24019 Zogno

X **Da Gianni** con cam 📶 📡 P̄ 🚗 VISA ⑳ AE ⑤
(🍴) via Tiolo 37 – ✆ 0 34 59 10 93 – www.albergodagianni.com – Fax 0 34 59 36 75
– chiuso dal 1° al 12 settembre
9 cam ⌚ – †50 € ††65 € – ½ P 50 €
Rist – (chiuso lunedì escluso agosto) Carta 25/33 €
♦ Una sala classica e una più raffinata con pitture murali, nonché una brasserie-pizzeria sulla riva del fiume. La cucina è casereccia, con selvaggina in inverno e funghi in stagione. Camere semplici e confortevoli per momenti di relax.

ZOLA PREDOSA – Bologna (BO) – **562** I15 – 17 394 ab. – alt. 82 m 9 C3
– ✉ 40069
   ▶ Roma 378 – Bologna 12 – Milano 209 – Modena 33
   🅸 via Masini 11 (Villa Garagnani) ✆ 051 752472, info@iatzola.it,
      Fax 051 752472

🏨 **Admiral Park Hotel** 🚗 🅸 🅴 🅰🅲 🕯 rist, 📡 🅪 P̄ VISA ⑳ AE ① ⑤
via Fontanella 3, Sud: 4 km – ✆ 0 51 75 57 68 – www.admiralparkhotel.com
– Fax 05 16 16 71 92
89 cam ⌚ – †50/242 € ††70/297 € – ½ P 60/174 €
Rist – (solo per alloggiati) Carta 27/45 €
♦ In posizione defilata - sulla sommità di una collinetta - nuova struttura a vocazione commerciale e congressuale. Camere di diversa tipologia, in stile minimalista e design.

🏨 **Zolahotel** senza rist 🅸 🅰🅲 ⇋ 🕯 📡 🅪 P̄ VISA ⑳ AE ① ⑤
via Risorgimento 186 – ✆ 0 51 75 11 01
– www.hotelzola.it – Fax 0 51 75 11 01
– chiuso dal 6 al 22 agosto
108 cam ⌚ – †70/200 € ††90/200 €
♦ Imponente edificio di non molte attrattive, che si rivela all'interno un albergo ben organizzato, con spaziosa hall e camere funzionali; ideale per chi viaggia per affari.

X **Masetti** 🅴 🕯 P̄ VISA ⑳ AE ① ⑤
via Gesso 70, località Gesso, Sud: 1 km – ✆ 0 51 75 51 31
– www.ristorantemasetti.it – Fax 0 51 75 51 31
– chiuso dal 15 al 29 febbraio, dal 1° al 29 agosto, giovedì, venerdì a mezzogiorno
Rist – Carta 22/33 €
♦ Caseggiato nel verde sulle prime colline del bolognese: all'interno un'ampia e sobria sala con grande brace per le carni alla griglia; cucina del territorio.

ZOLDO ALTO – Belluno (BL) – **562** C18 – 1 228 ab. – alt. 1 177 m 36 C1
– Sport invernali : 1 388/2 100 m 🚡 2 🎿 23 (Comprensorio Dolomiti superski
Civetta) 🎿 – ✉ 32010
   ▶ Roma 646 – Cortina d'Ampezzo 48 – Belluno 40 – Milano 388
   🅸 località Mareson ✆ 0437 789145, zoldoalto@infodolomiti.it,
      Fax 0437788878

🏠 **Bosco Verde** ⬧ 🛖 🛁 🕯 P̄ VISA ⑳ AE ① ⑤
⊜ via bosco verde 5 località' Pecol, alt. 1 375 – ✆ 04 37 78 91 51
– www.hotelboscoverde.it – Fax 04 37 78 87 57
– dicembre-aprile e giugno-settembre
22 cam ⌚ – †40/70 € ††75/130 € – ½ P 55/80 €
Rist – Carta 19/35 €
♦ Immersa in una tranquilla zona verdeggiante, questa baita di montagna vanta ambienti curati e spaziosi, arredati nel claasico stile montano, ed una piccola ma piacevole zona benessere. Recentemente ristrutturato nel tipico stile montano, il ristorante offre la cucina casalinga.

ZORZINO – Bergamo – Vedere Riva di Solto

ZWISCHENWASSER = Longega

Isola di Spargi Cala Corsada

SARDEGNA

AGGIUS – Olbia-Tempio (OT) – **366** P38 – **1 643 ab.** – alt. 514 m   **38** B1
– ✉ 07020

> ▶ Cagliari 260 – Nuoro 135 – Olbia 53 – Sassari 72

⌂   **Agriturismo Il Muto di Gallura** ⑤   ≤ 🚗 🏡 🖭 cam, ⁿ rist,
   località Fraiga, Sud : 1 km – ℰ 0 79 62 05 59   **P.** 🚾 ⓶ 🖭 **⑤**
   – www.mutodigallura.com – Fax 0 79 62 05 59
   19 cam ⌳ – ♦52/58 € ♦♦84/96 € – ½ P 72/84 €
   Rist – (prenotare) Menu 20/50 €
   ♦ Il nome di un bandito romantico per uno "stazzu" (fattoria) tra querce da sughero: per chi
   non cerca confort alberghieri; gite a cavallo in paesaggi di rara suggestione. In sala da
   pranzo, tanto legno ed i prodotti tipici del territorio, dal cinghiale alla zuppa gallurese.

AGLIENTU – Olbia-Tempio (OT) – **366** P37 – **1 173 ab.** – ✉ 07020   **38** B1

> ▶ Cagliari 253 – Olbia 70 – Sassari 88

⌂   **Santa Maria**   ≤ 🚗 ⌱ 🖭 ⁿ **P.** 🚾 ⓶ **⑤**
   località Larinzeddu – ℰ 0 79 60 30 21 – www.hotelsantamariavignola.it
   – Fax 0 79 60 30 19 – maggio-settembre
   9 cam ⌳ – ♦♦70/110 € – ½ P 56/75 €
   Rist – (chiuso a mezzogiorno) (prenotazione obbligatoria) Menu 20 €
   ♦ Atmosfera informale in un ex edificio rurale, riconvertito in agriturismo, con camere dagli
   arredi in ferro battuto e legno. La tranquillità regna sovrana: la risorsa si trova, infatti, fuori
   dal centro abitato, lungo una stradina di campagna, in posizione leggermente sopraelevata
   e panoramica.

ALGHERO – Sassari (SS) – **366** K40 – **40 802 ab.** – ✉ 07041 ▮ Italia   **38** A2

> ▶ Cagliari 227 – Nuoro 136 – Olbia 137 – Porto Torres 35
>
> ✈ di Fertilia Nord-Ovest: 11 km ℰ 079 935219
>
> ℹ piazza Portaterra 9 ℰ 079 979054, ufficioturismo@comune.alghero.ss.it
>
> ◉ Città vecchia★
>
> ◙ Grotta di Nettuno★★★ Nord-Ovest : 26,5 km – Strada per Capo Caccia
>   ≤★★ – Nuraghe Palmavera★ Nord-Ovest : 10 km

🏚   **Villa Las Tronas** ⑤   ≤ 🚗 ⌱ 🖾 ⓰ 🛁 🖢 🖭 ⁿ rist, ▯ **P.**
   lungomare Valencia 1 – ℰ 0 79 98 18 18   🚾 ⓶ 🖭 ⓪ **⑤**
   – www.hvlt.com – Fax 0 79 98 10 44
   22 cam ⌳ – ♦128/247 € ♦♦182/427 € – 5 suites – ½ P 141/264 €
   Rist – Carta 60/70 €
   ♦ Invidiabile posizione panoramica su un piccolo promontorio, giardino e interni d'epoca per
   questa residenza patrizia d'inizio '900. Piscina e solarium sulla scogliera. Atmosfera d'altri
   tempi e arredamento di sobria classicità nella sala da pranzo.

🏠   **Florida**   ≤ ⌱ 🛁 🖢 🖧 rist, 🖭 ⁿ ⓒ 🖥 🚾 ⓶ 🖭 ⓪ **⑤**
   via Lido 15 – ℰ 0 79 95 05 35 – www.hotelfloridaalghero.it – Fax 0 79 98 54 24
   – marzo-ottobre
   75 cam ⌳ – ♦81/101 € ♦♦126/142 € – ½ P 84/92 €
   Rist – (aprile-ottobre) (chiuso a mezzogiorno) (solo per alloggiati) Menu 22/30 €
   ♦ Curiosa struttura a cubi accostati per una grande, confortevole risorsa degli anni '70, a
   conduzione familiare, ben ubicata sul lungomare, a ridosso della spiaggia.

XX **Andreini** (Cristiano Andreini) 🖵 AC VISA ④ AE ① ⑤
🕸 *via Ardoino 45 – 𝒞 079 98 20 98 – www.ristoranteandreini.it – Fax 079 98 20 98*
– chiuso lunedì escluso da aprile a ottobre
Rist – (consigliata la prenotazione) Menu 38/65 € – Carta 39/53 € 🕸
Rist *Appenaprima* – Carta 34/55 €
Spec. Insalata di ventresca, alici, verdure all'aceto e scarola. Tagliolini in crosta
di pecorino, salvia e bottarga di muggine. Aragosta di Alghero, rucola, cipolla
e pomodoro.
♦ Tra le spesse mura in pietra di un vecchio deposito per l'olio, ambientazione romantica e
un'intera famiglia al lavoro per deliziare con ricette moderne, ma rispettose della tradizione.
Frequentatissimo, la sera. Bel dehors e piatti sfiziosi, sebbene più semplici, al ristorante
Appenaprima.

XX **Il Pavone** 🖵 AC 🍴 VISA ④ AE ① ⑤
piazza Sulis 3/4 – 𝒞 079 97 95 84 – Fax 079 97 95 84 – chiuso dal 1° al
10 novembre, domenica a mezzogiorno da giugno a ottobre, anche domenica
sera negli altri mesi
Rist – Carta 40/58 €
♦ Un ambiente intimo e familiare che dispone di un piacevole dehors estivo, propone menù
regionali esclusivamente di mare.

XX **Al Tuguri** AC 🍴 ⇄ VISA ④ ⑤
via Maiorca 113/115 – 𝒞 079 97 67 72 – www.altuguri.it – Fax 079 97 67 72
– chiuso da dicembre a febbraio e domenica
Rist – (coperti limitati, prenotare) Carta 35/48 €
♦ Bell'ambiente caratteristico, con tavoli piccoli e serrati, in un'antica casa del centro, a due
passi dai Bastioni; griglia a vista per cuocere soprattutto pesce.

a Porto Conte Nord-Ovest : 13 km – ⊠ 07041 Alghero

🏨 **El Faro** 🏖 ≤ 🖵 ⊼ 🖼 🎿 🕭 ❤ 🛎 🕹 AC 🍴 ⓣ 🛁 P
– 𝒞 079 94 20 10 – www.elfarohotel.it VISA ④ AE ① ⑤
– Fax 079 94 20 30 – aprile-ottobre
83 cam 🖙 – ♦128/235 € ♦♦212/470 € – 5 suites – ½ P 144/277 €
Rist – Carta 49/61 €
♦ Su un piccolo promontorio dove sorgeva il vecchio faro, una romantica villa progettata
negli anni '50 dal famoso architetto Simon Mossa e sapientemente ristrutturata nel 2003.
Graziose camere impreziosite da marmo locale e vista mare. Sapori esclusivamente regionali
e mediterranei al ristorante.

ARZACHENA – Olbia-Tempio (OT) – **366** R37 – **12 484 ab.** – alt. 83 m   **38 B1**
– ⊠ 07021 📘 Italia

🛣 Cagliari 311 – Olbia 26 – Palau 14 – Porto Torres 147

🚹 piazza Risorgimento 𝒞 0789 844055 assessorato.turismo@
comunearzachena.it, Fax 0789 82049

🏌 Pevero, 𝒞 0789 9 58 00 00

🄶 Tomba di Giganti di Li Golghi★, direzione Luogosanto 7 km ca - Costa
Smeralda★★

sulla strada provinciale Arzachena-Bassacutena Ovest: 5 km

🏨 **Tenuta Pilastru** 🏖 🚗 🖵 ⊼ AC cam, 🍴 rist, P VISA ④ AE ① ⑤
località Pilastru ⊠ 07021 Arzachena – 𝒞 078 98 29 36 – www.tenutapilastru.it
– Fax 078 98 26 84
34 cam 🖙 – ♦36/86 € ♦♦72/172 € – ½ P 56/108 €
Rist – (chiuso a mezzogiorno escluso la domenica da ottobre a giugno)
Menu 32/35 €
♦ Abbracciato dal verde e dalla tranquillità della campagna gallurese, un cascinale ottocentesco ristrutturato ed ampliato offre ai turisti graziose camere in stile country. Degustazione
di piatti tipici al ristorante, leggermente isolato e circondato dalle caratteristiche conche di
granito.

sulla strada provinciale Arzachena-Porto Cervo Est : 6,5 km :

X **Lu Stazzu** ≤ 😊 & ⅍ **P** VISA ◎ AE ① ⑥
al bivio per Baia Sardinia ✉ *07021 Arzachena* – ℰ *0 78 98 27 11*
– www.lustazzu.com – Fax 0 78 98 35 37 – Pasqua-settembre
Rist – Carta 33/46 €
♦ In un bosco di ulivi e ginepri, ristorante a gestione familiare dove gustare la vera cucina sarda, prevalentemente di terra con qualche specialità di mare. Ariose sale e gradevole giardino estivo.

a Cannigione Nord Est : 8 km – ✉ 07020

🏨 **Cala di Falco** ≤ 🛏 😊 ⅀ ⅍ ⚡ 🅰 ⅍ 🔹 **P** VISA ◎ AE ① ⑥
– ℰ *07 89 89 92 00 – www.delphina.it – Fax 07 89 89 92 02 – maggio-20 ottobre*
80 cam ⊡ – ♦199/289 € ♦♦214/322 € – 40 suites – ♦♦322/462 €
– ½ P 180/260 €
Rist – *(chiuso a mezzogiorno)* Menu 40/50 €
♦ Direttamente sul mare e immerso nel verde, un complesso di notevoli dimensioni che dispone di ambienti curati nei dettagli, sale convegni, campi da gioco e teatro all'aperto. Nelle capienti ed eleganti sale ristorante, piatti dai sapori semplici e prelibati.

🏨 **Baja** 🛏 😊 ⅀ ⅍ ⅃ 🔹 & 🅰 ⅍ rist. ⑴ VISA ◎ AE ① ⑥
🔹 *via Nazionale* – ℰ *07 89 89 20 41 – www.hotelbaja.it – Fax 0 78 98 83 19*
56 cam ⊡ – ♦100/130 € ♦♦140/350 € – 3 suites – ½ P 90/205 €
Rist – Menu 20/45 €
♦ In centro paese, hotel di taglio moderno e dal design minimalista sia negli spazi comuni sia nelle camere. Bella piscina sul retro. Cucina mediterranea e tanto pesce sulla tavola del ristorante.

XX **La Risacca** 😊 🅰 ⅍ VISA ◎ AE ① ⑥
via Lipari 181 – ℰ *07 89 89 20 25 – Fax 07 89 89 20 25 – chiuso dal 6 gennaio al 6 febbraio, martedì escluso da maggio a ottobre*
Rist – Carta 40/69 €
♦ Sul lungomare di Cannigione, un ristorante signorile con bella terrazza e ambienti originali, che richiamano le pietre e i colori locali. La cucina propone interessanti piatti a base di pesce, ma non solo.

COSTA SMERALDA (OT) 38 B1

a Porto Cervo – ✉ 07020

🏨🏨 **Cervo** ≤ 😊 ⅀ 🖼 ⚙ ⅍ 🕰 ⅍ ⚡ 🅰 ⅍ ⑴ 🔹 **P** VISA ◎ AE ① ⑥
piazzetta Cervo – ℰ *07 89 93 11 11 – www.sheraton.com/cervo*
– Fax 07 89 93 16 13 – aprile-ottobre
94 cam ⊡ – ♦525/965 € ♦♦585/1070 € – 2 suites – ½ P 920 €
Rist *Grill* – ℰ 07 89 93 16 21 – Menu 80/140 €
♦ Affacciata sulla piazzetta del paese, un'elegante struttura attrezzata per ogni esigenza: freschi e raffinati ambiti, camere di buon livello. In sala, sapori intensi e spettacolari paesaggi dalle vetrate.

a Poltu Quatu – ✉ 07021 Porto Cervo

🏨🏨 **Jaspe Hotel** 🛏 😊 ⅀ ⅍ 🕰 ⅍ 🔹 & 🅰 ⅍ ⑴ 🔹 🚐
VISA ◎ AE ① ⑥
strada Provinciale Baja Sardinia Liscia di Vacca
– ℰ 07 89 95 62 00 – www.jaspe.it – Fax 07 89 95 62 01
– 10 aprile-15 ottobre
136 cam ⊡ – ♦100/735 € ♦♦120/755 € – 9 suites
Rist – Carta 58/123 €
♦ All'interno di un esclusivo complesso turistico che abbraccia l'intera località, spazi eleganti e personalizzati dove il bianco è predominante. Servizi di alto livello e camere spaziose. Nella sala ristorante dai colori del Mediterraneo, la cucina locale è interpretata in chiave creativa.

a Pitrizza – ✉ 07021 Porto Cervo

🏨🏨🏨 **Pitrizza** ⊗ ≤ 🚗 🏠 ⅃ 🛖 ♨ ⚓ 🏃 AC 🌿 📶 ♿ P VISA ⓶ AE ① ⚿
– 🕻 07 89 93 01 11 – www.luxurycollection.com/pitrizza – Fax 07 89 93 06 11
– 3 maggio-27 settembre
49 cam ⊑ – ▮780/1880 € ▮▮1115/2350 € – 7 suites **Rist** – Menu 145/165 €
♦ Circondato dai colori e dai profumi del paesaggio sardo, un hotel dall'antico splendore
cela negli ambienti interni lusso e ricercatezza mentre all'esterno offre spazi curati.

a Romazzino – ✉ 07021 Porto Cervo

🏨🏨🏨 **Romazzino** ⊗ ≤ 🚗 🏠 ⅃ 🛖 ♨ 🏊 📷 🛎 ♿ rist, 🏃 AC 🌿 📶
località Romazzino – 🕻 07 89 97 71 11 P VISA ⓶ AE ① ⚿
– www.luxurycollection.com/romazzino – Fax 07 89 97 76 14 – maggio-ottobre
92 cam ⊑ – ▮705/1675 € ▮▮1010/2095 € – 2 suites **Rist** – Menu 145/146 €
♦ Un'architettura bianca incrociata dal colore e dal profumo dei fiori ospita un'accoglienza
calorosa, eleganti camere dai chiari arredi e un'invitante piscina d'acqua salata. Insolito connubio tra rustico e chic nella sala ristorante con vista, dove assaporare una cucina classica in
cui regna la creatività.

a Cala di Volpe – ✉ 07020 Porto Cervo

🏨🏨🏨 **Cala di Volpe** ⊗ ≤ 🚗 🏠 ⅃ 🛖 ♨ 🛎 🏃 AC 🌿 📶 ♿ P
– 🕻 07 89 97 61 11 VISA ⓶ AE ① ⚿
– www.luxurycollection.com/caladivolpe – Fax 07 89 97 66 17 – aprile-ottobre
124 cam – ▮315/1290 € ▮▮385/2515 € – 16 suites **Rist** – Menu 140/185 €
♦ Dietro la facciata policroma un'oasi di quiete nello smeraldo della costa: ambienti da
sogno, dove i colori e le pietre della Sardegna si fondono in una suggestiva armonia. Cucina
internazionale reinterpretata con i migliori prodotti locali nell'accogliente ristorante.

🏨 **Nibaru** senza rist ⊗ ⅃ 🛖 🛖 AC 🌿 📶 P VISA ⓶ AE ⚿
– 🕻 07 89 99 60 38 – www.hotelnibaru.it – Fax 07 89 99 64 74 – maggio-
15 ottobre
60 cam ⊑ – ▮90/100 € ▮▮120/270 €
♦ Immerso nel verde e nella tranquillità, una struttura orizzontale dai caldi colori con camere
luminose e confortevoli, grandi arcate che si aprono sulla piscina.

a Baia Sardinia – ✉ 07020

🏨🏨🏨 **La Bisaccia** ⊗ ≤ 🏠 ⅃ 🛖 AC 🌿 🗚 P VISA ⓶ AE ① ⚿
– 🕻 07 89 99 00 02 – www.hotellabisaccia.it – Fax 07 89 99 91 62 – 20 maggio-
15 ottobre
109 cam ⊑ – ▮▮350/490 € – ½ P 190/260 €
Rist – (solo per alloggiati) Carta 75/95 €
♦ In una zona tranquilla, circondata da prati che declinano verso il mare, la struttura è ideale
per una vacanza all'insegna del riposo ed ospita camere ampie e luminose. Nelle raffinate
sale del ristorante, la vista sull'arcipelago e i sapori della cucina sarda.

🏨🏨🏨 **Club Hotel** ⊗ ≤ 🛎 AC 🌿 rist, P VISA ⓶ AE ① ⚿
– 🕻 07 89 99 00 06 – www.clubhotelbajasardinia.it – Fax 07 89 99 92 86 – aprile-
ottobre
114 cam – solo ½ P 134/250 € **Rist** – (solo per alloggiati)
♦ Direttamente sulla piazzetta e all'inizio della spiaggia, un'elegante struttura di notevoli
dimensioni con camere spaziose e signorili, i cui colori ricordano le sfumature del Mediterraneo.

🏨🏨🏨 **Mon Repos** ⊗ ≤ 🚗 ⅃ 🛖 AC 🌿 📶 🗚 P VISA ⓶ ⚿
via Tre Monti ✉ 07021 – 🕻 07 89 99 90 11 – www.hotelmonrepos.it
– Fax 07 89 99 90 50 – maggio-ottobre
59 cam ⊑ – ▮50/230 € ▮▮90/250 € – 1 suite – ½ P 135/160 €
Rist Corbezzolo – vedere selezione ristoranti
♦ A due passi dalla piazzetta ed in posizione dominante sulla baia, una conduzione familiare
attenta che offre luminosi spazi e camere confortevoli nella loro semplicità.

Pulicinu ⤴   ≤ 🏖 🎿 AC ❄ 🐾 🦮 P VISA ⑤ AE ① 🌙
località Pulicinu, Sud : 3 km – ℰ *07 89 93 30 01 – www.hotelpulicinu.com*
– Fax 07 89 93 30 90 – 15 Maggio-30 settembre
43 cam ⊑ – 💲108/210 € 💲💲136/320 € – ½ P 79/170 €   **Rist** – Carta 25/52 €
♦ In posizione tranquilla e panoramica, piacevole hotel a conduzione familiare circondato da curati giardini e macchia mediterranea. La struttura ospita una piscina rigenerante e camere piccole, ma confortevoli. Dalla cucina, i saporiti piatti della cucina regionale da gustare nell'elegante e luminosa sala.

XX **Corbezzolo** – Hotel Mon Repos   🏡 AC ❄ ⇔ VISA ⑤ 🌙
piazzetta della Fontana – ℰ *0 78 99 98 93 – www.ristorantecorbezzolo.it*
– Fax 0 78 99 98 93 – pasqua-15 ottobre
Rist – Carta 31/54 €
♦ Punto forte del ristorante, oltre alla cortesia, è la cucina marinara da gustare anche sulla terrazza dalla splendida vista panoramica.

BAIA SARDINIA – Olbia-Tempio (OT) – **366** R37 – **Vedere Arzachena : Costa Smeralda**

BOSA – Nuoro (NU) – **366** L42 – **8 081 ab. – alt. 10 m** – ⊠ 08013   **38** A2
▶ Alghero 64 – Cagliari 172 – Nuoro 86 – Olbia 151

a Bosa Marina Sud-Ovest : 2,5 km – ⊠ 08013

🏠 **Al Gabbiano**   🏡 🛗 AC ❄ 🐾 P VISA ⑤ AE ① 🌙
viale Mediterraneo 5 – ℰ *07 85 37 41 23 – www.hotelalgabbiano.it*
– Fax 07 85 37 41 09
30 cam – 💲46/67 € 💲💲66/92 €, ⊑ 7 € – ½ P 51/84 €
Rist *– (Pasqua-ottobre)* Carta 23/33 €
♦ Frontemare, un hotel di piccole dimensioni a gestione familiare ricavato all'interno di una villa, dispone di interni dagli arredi lignei e camere semplici ed accoglienti. Dalla cucina, proposte casalinghe dai sapori regionali da gustare in una sobria sala ristorante.

CABRAS – Oristano (OR) – **566** H7 – **9 041 ab.** – ⊠ 09072   **38** A2
▶ Alghero 108 – Cagliari 101 – Iglesias 114 – Nuoro 95

🏠 **Villa Canu**   & cam, AC VISA ⑤ AE ① 🌙
via Firenze 9 – ℰ *07 83 39 50 13 – www.hotelvillacanu.com – Fax 07 83 39 52 42*
– febbraio-15 novembre
22 cam – 💲50/75 € 💲💲78/130 € – ½ P 67/98 €
Rist *Il Caminetto* – ℰ *07 83 39 11 39 (chiuso lunedì)* Carta 29/41 €
♦ Grazioso hotel a conduzione familiare nel centro della località: ambienti comuni signorili ed intimi, camere confortevoli nella loro semplicità. A soli 100 metri, il ristorante vi attende per deliziarvi con tante specialità di pesce.

CAGLIARI P (CA) – **366** P48 – **158 041 ab.** – ⊠ 09124 🔖 Italia   **38** B3
▶ Nuoro 182 – Porto Torres 229 – Sassari 211
🛬 di Elmas per ②: 6 km ℰ 070 211211
⛴ per Civitavecchia, Genova, Napoli, Palermo e Trapani – Tirrenia Navigazione, call center 892 123
🛈 piazza Matteotti ⊠ 09123 ℰ 070 669255, infoturismo@provincia.cagliari.it
piazza Deffenu 9 ⊠ 09125 ℰ 070 604241, infoturismo@provincia.cagliari.it, Fax 070/663207
🔲 Museo Archeologico Nazionale ★ : bronzetti★★★ Y – ≤ ★★ dalla terrazza Umberto I Z – Pulpiti★★ nella Cattedrale Y – Torre di San Pancrazio★ Y – Torre dell'Elefante★ Y
🔲 Strada★★★ per Muravera per ①

Pianta pagina seguente

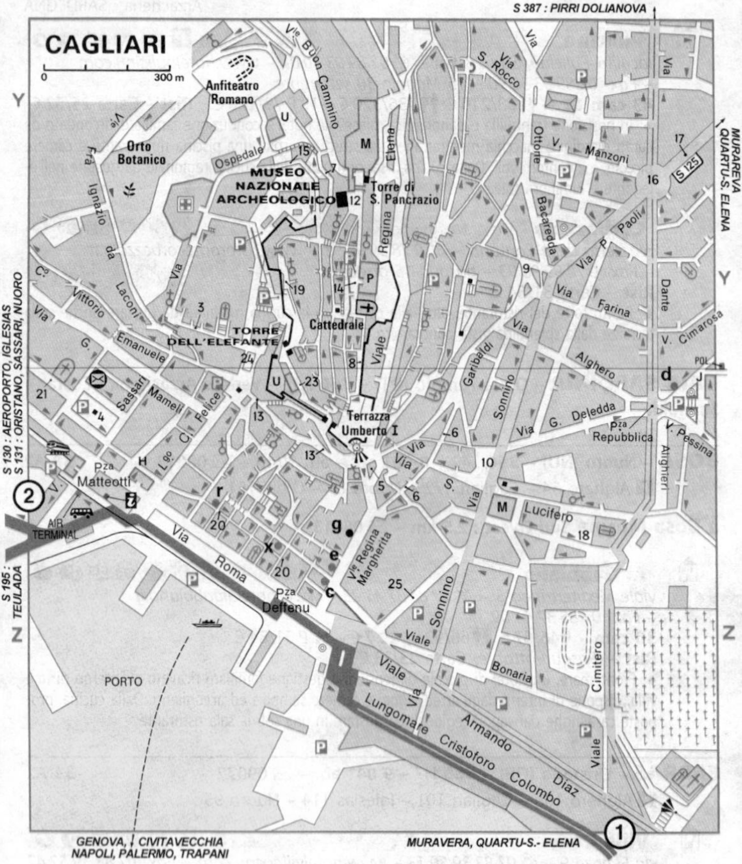
CAGLIARI
0
300 m
S 387 : PIRRI DOLIANOVA
MURAREVA QUARTU-S. ELENA
S 130 : AEROPORTO, IGLESIAS
S 131 : ORISTANO, SASSARI, NUORO
S 195 : TEULADA
GENOVA, CIVITAVECCHIA
NAPOLI, PALERMO, TRAPANI
MURAVERA, QUARTU-S.- ELENA
Anfiteatro Romano
Orto Botanico
MUSEO NAZIONALE ARCHEOLOGICO
Torre di S. Pancrazio
Cattedrale
TORRE DELL'ELEFANTE
Terrazza Umberto I
Pza Matteotti
AIR TERMINAL
PORTO
Pza Deffenu
Pza Repubblica
Via Roma
Lungomare Cristoforo Colombo
Viale Armando Diaz
Viale Bonaria
Viale Regina Margherita
Via Sonnino
Via Dante
Via G. Deledda
Viale Cimitero
Via Lucifero
Via Alghero
Via Farina
Via P. Paoli
Via Bacaredda
V. Ottone
V. Manzoni
Via S. Rocco
Viale Buon Cammino
Viale Regina Elena
Viale Fra Ignazio da Laconi
C. Vittorio Emanuele
Via Sassari
Via Mameli
Lgo C. Felice
Via Ospedale
Via Garibaldi
V. Pessina
Alghieri
S 125
Y
Z

Circolazione regolamentata nel centro città

Azuni (V.) . . . . . Y 3	Gramsci (Pza) . . . . . Z 10	S. Benedetto (V.) . . . . . Y 17
Carlo Felice (Largo) . . . . . Z	Indipendenza (Pza) . . . . . Y 12	S. Cosimo (Pza) . . . . . Z 18
Carmine (Pza) . . . . . Z 4	Manno (V. G.) . . . . . Z 13	S. Croce (V.) . . . . . Y 19
Costituzione (Pza) . . . . . Z 5	Martini (V.) . . . . . Y 14	Trieste (Viale) . . . . . Z 21
D'Arborea (V. E.) . . . . . Z 6	Porceli (V.) . . . . . Y 15	Università (V.) . . . . . Z 23
Fiume (V.) . . . . . Y 7	Roma (V.) . . . . . Z	Yenne (Pza) . . . . . Y 24
Fossario (V.) . . . . . Y 8	Sardegna (V.) . . . . . Z 20	20 Settembre (V.) . . . . . Z 25
Garibaldi (Pza) . . . . . Y 9	S. Benedetto (Pza) . . . . . Y 16	

T Hotel

via dei Giudicati 66, per via Dante ✉ *09131*
– ✆ 07 04 74 00
– www.Thotel.it
– Fax 0 70 47 40 16 Y

200 cam – 99/209 € 119/269 € – 7 suites
Rist – Carta 40/50 €

◆ Tecnologia e design: una torre in vetro rivoluziona il paesaggio cagliaritano senza dimenticare le tradizioni, grazie alle frequenti esposizioni sull'artigianato locale allestite nella hall. Belle camere, moderno centro benessere e fitness. Cucina veloce a pranzo, piatti sardi ed internazionali più elaborati la sera.

Caesar's 🛗 ♿ AC ✗ ℗ 🛗 🚗 VISA ⊕ AE ① 🔆

via Darwin 2/4, per viale Armando Diaz ✉ *09126 –* 𝒞 *0 70 34 07 50*
– www.caesarshotel.it – Fax 0 70 34 07 55   **Z**
48 cam ⌻ – 🛉79/150 € 🛉🛉99/200 €
Rist Cesare – 𝒞 *0 70 30 47 68 (chiuso dall'8 al 27 agosto, domenica sera)*
Carta 26/52 €
♦ Nella cornice di un quartiere moderno, tra eleganti condomini, solo varcato l'ingresso si svela la caratteristica: la struttura si sviluppa curiosamente intorno ad una corte interna. Raffinato e accogliente il ristorante, dove gustare piatti tipici della cucina isolana accanto ai classici nazionali.

Regina Margherita *senza rist* 🛗 AC ✗ ℗ 🛗 🚗 VISA ⊕ AE ① 🔆

viale Regina Margherita 44 ✉ *09124 –* 𝒞 *0 70 67 03 42*
– www.hotelreginamargherita.com – Fax 0 70 66 83 25   **Zg**
100 cam ⌻ – 🛉90/220 € 🛉🛉95/270 €
♦ Poco distante dal lungomare, grande albergo recentemente rinnovato secondo l'attuale gusto dei design hotel, niente colori, solo sfumature dal bianco al nero e forme geometriche.

Sardegna 🛗 ♿ AC ✗ rist. ℗ 🛗 ℙ VISA ⊕ AE ① 🔆

via Lunigiana 50, 2,5 km per ② ✉ *09122 –* 𝒞 *0 70 28 62 45*
– www.sardegnahotelcagliari.it – Fax 0 70 29 04 69
78 cam ⌻ – 🛉87/103 € 🛉🛉115/137 € – 6 suites **Rist** – Carta 32/42 €
♦ Ad un paio di chilometri dal centro, l'hotel vanta un settore notte nuovissimo, moderno e confortevole. Perfetto punto d'appoggio per la clientela d'affari.

Dal Corsaro AC ✗ VISA ⊕ AE ① 🔆

viale Regina Margherita 28 ✉ *09124 –* 𝒞 *0 70 66 43 18 – www.dalcorsaro.com*
– Fax 0 70 65 34 39 – chiuso il 1° al 15 gennaio   **Ze**
Rist – (consigliata la prenotazione) Carta 47/65 €
♦ Archi, quadri, specchi e stampe alle pareti, un angolo di sobria eleganza in centro città eppure a pochi passi dal lungomare; in cucina il figlio rivede la tradizione sarda con fantasia e gusto.

Antica Hostaria AC ✗ VISA ⊕ AE ① 🔆

via Cavour 60 ✉ *09124 –* 𝒞 *0 70 66 58 70 – www.anticahostaria.it*
– Fax 0 70 66 58 78 – chiuso domenica   **Zx**
Rist – Carta 31/51 € (+12 %)
♦ Lasciate il lungomare alle spalle, addentratevi nel centro storico: l'esterno dell'edificio sembrerà annunciare un'osteria ma all'interno troverete una sorprendente quanto inaspettata eleganza.

Al Porto AC ⇔ VISA ⊕ AE ① 🔆

via Sardegna 44 ✉ *09124 –* 𝒞 *0 70 66 31 31 – Fax 0 70 66 31 31*
– chiuso 10 giorni in gennaio, 2 settimane in luglio e lunedì   **Zr**
Rist – (consigliata la prenotazione) Carta 30/43 € (+10 %)
♦ Tra le vie del centro storico, alle spalle del lungomare, trattoria con piatti classici di pesce. All'ingresso, in bella vista, espositori di antipasti vari introducono ad una sala in stile marinaro.

La Stella Marina di Montecristo AC ✗ ⇔ VISA ⊕ AE ① 🔆

via Sardegna 140 ✉ *09124 –* 𝒞 *0 70 66 66 92 – www.ilmontecristo.com*
– chiuso dal 10 al 20 agosto e domenica   **Zc**
Rist – Carta 23/32 €
♦ L'andamento e l'aspetto sono quelli di una semplice osteria di mare, mentre la gestione gioca il jolly della cortesia e dell'accoglienza. Cucina di pesce con espositore e cacciagione.

Lisboa 🏠 AC VISA ⊕ AE 🔆

via Tuveri 2 ✉ *09129 –* 𝒞 *07 04 37 07 – Fax 07 04 52 53 08 – chiuso lunedì a mezzogiorno, domenica*   **Zd**
Rist – (consigliata la prenotazione) Menu 26/38 € – Carta 34/45 €
♦ Lampadari che ricordano enormi palle di neve, tavolini neri a crudo e servizio informale: la cucina invece è nelle mani di uno chef isolano, fantasioso e competente. Per i vini potrete sbizzarrirvi, la carta è solo una traccia!

al bivio per Capoterra per ② : 12 km :

XX **Sa Cardiga e Su Schironi** 〔AC〕⇔ 〔P〕 〔VISA〕 〔OO〕 〔AE〕 〔①〕 〔š〕
strada statale 195 bivio per Capoterra ⊠ 09012 Capoterra – ℰ 07 07 16 52
– www.sacardigaesuschironi.it – Fax 07 07 16 13 – chiuso gennaio, lunedì
(escluso agosto), anche domenica sera da ottobre a giugno
Rist – Carta 28/52 € 棗

♦ Diverse sale avvolte nel legno, colori e un ampio espositore di pesce all'ingresso. Si può
scegliere già qui il pesce, poi proposto in semplici elaborazioni perlopiù alla griglia.

CALA DI VOLPE – Olbia-Tempio (104) – **366** S37 – Vedere Arzachena : Costa
Smeralda

CALA GONONE – Nuoro – **366** S42 – Vedere Dorgali

CALASETTA – Carbonia-Iglesias (CI) – **366** L49 – 2 874 ab. – ⊠ 09011   38 A3
▶ Cagliari 105 – Oristano 145
🚢 per l'Isola di San Pietro-Carloforte – Saremar, call center 892 123

🏨 **Luci del Faro** 🦢 ≤ 🚗 🏤 ⅀ 🎾 & cam, 〔AC〕 🎿 rist, 🎙️ 〔P〕
località Mangiabarche Sud : 5 km – ℰ 07 81 81 00 89 〔VISA〕 〔OO〕 〔AE〕 〔①〕 〔š〕
– www.hotelucidelfaro.com – Fax 07 81 81 00 91 – aprile-ottobre
38 cam ⫘ – †86/160 € ††140/230 € – ½ P 96/186 € **Rist** – Carta 27/34 €

♦ Di fronte ad una costa rocciosa, è un borgo mediterraneo raccolto attorno ad una grande
piscina; all'interno ampie camere dai moderni arredi ed aree giochi per i più piccoli.

CANNIGIONE – Olbia-Tempio (104) – **366** R37 – Vedere Arzachena

---

CARBONIA – Carbonia-Iglesias (CI) – **366** M48 – 30 126 ab.   38 A3
– alt. 100 m – ⊠ 09013
▶ Cagliari 71 – Oristano 121

X **Bovo-da Tonino** 🏤 〔AC〕 🎿 〔P〕 〔VISA〕 〔OO〕 〔AE〕 〔①〕 〔š〕
via Costituente 18 – ℰ 0 78 16 22 17 – Fax 0 78 16 22 17 – chiuso 25-
26 dicembre e domenica
Rist – Carta 23/41 €

♦ La calorosa e familiare ospitalità sarda qui non ha alcun dubbio: dedizione e attenzione si
dirigono esclusivamente verso la qualità del pesce che d'estate si gusta all'aperto.

CARLOFORTE – Carbonia-Iglesias (107) – **366** K49 – Vedere San Pietro (Isola di)

CASTELSARDO – Sassari (SS) – **366** N38 – 5 739 ab. – ⊠ 07031   38 A1
▶ Cagliari 243 – Nuoro 152 – Olbia 100 – Porto Torres 34

🏨 **Baga Baga** 🦢 ≤ 🚗 🏤 〔AC〕 🎿 rist, 🎙️ 〔P〕 〔VISA〕 〔OO〕 〔AE〕 〔①〕 〔š〕
località Terra Bianca Est : 2 km – ℰ 0 79 47 00 75 – www.hotelbagabaga.it
– Fax 0 79 47 11 22 – chiuso gennaio
10 cam ⫘ – †65/85 € ††80/160 € **Rist** – Carta 28/46 €

♦ Immerso nella macchia mediterranea in zona panoramica dalla quale si ha una bella vista
sul mare e sul paese, un'oasi di relax con camere solari dagli arredi tipici sardi. Cucina sarda e
di mare nel panoramico ristorante dal quale si ammireranno suggestivi tramonti.

🏨 **Riviera da Fofò** ≤ 🏤 〔⯗〕 〔AC〕 cam, 🎙️ 🎣 〔P〕 〔VISA〕 〔OO〕 〔AE〕 〔①〕 〔š〕
via lungomare Anglona 1 – ℰ 0 79 47 01 43 – www.hotelriviera.net
– Fax 0 79 47 13 12
34 cam ⫘ – †50/145 € ††78/195 €
Rist – *(chiuso mercoledì da ottobre ad aprile)* Carta 29/59 €

♦ Colorata struttura all'ingresso del paese, propone camere semplici e di buon gusto, particolari quelle fronte mare dalle quali è possibile ammirare la notturna Castelsardo. Ristorante
sulla breccia da decenni: ampia sala e terrazza estiva con vista mare.

XX Il Cormorano 🍴 🎵 ⬚ 🅥🅢🅐 ⓒⓞ 🅐🅔 ⑤

via Colombo 5 – ℰ 079 47 06 28 – www.ristoranteilcormorano.net
– Fax 079 47 06 28 – chiuso lunedì in bassa stagione
Rist – Carta 43/55 €

♦ Defilato su una curva ai margini del centro storico di uno dei rari borghi medievali della Sardegna, eleganza e signorilità e una cucina di pesce che si affida a talento e fantasia.

X Da Ugo 🍴 🎵 🅥🅢🅐 ⓒⓞ 🅐🅔 ⓞ ⑤

corso Italia 7/c, località Lu Bagnu, Sud-Ovest : 4 km – ℰ 079 47 41 24
– Fax 079 47 41 24 – chiuso febbraio e giovedì in bassa stagione
Rist – Carta 36/55 €

♦ Lungo la strada costiera, è da anni un indirizzo ben noto in zona per la freschezza e la fragranza dell'offerta ittica; la carne, "porceddu" compreso, è da prenotare.

X Sa Ferula 🍴 🎵 🅟 🅥🅢🅐 ⓒⓞ 🅐🅔 ⓞ ⑤

corso Italia 1, località Lu Bagnu, Sud-Ovest : 4 km – ℰ 079 47 40 49
– Fax 079 47 40 49 – chiuso dal 5 novembre al 5 dicembre e giovedì in bassa stagione
Rist – Carta 29/54 €

♦ Sorta di bambù indigeno, la "ferula" riveste in parte le pareti di un semplice locale in una frazione sulla litoranea. Cucina della tradizione, di terra e di mare.

COSTA DORATA – Olbia-Tempio (OT) – 366 S38 – Vedere Porto San Paolo

---

COSTA SMERALDA – Sassari – Vedere Arzachena

DORGALI – Nuoro (NU) – 366 S42 – 8 449 ab. – alt. 387 m – ✉ 08022   38 B2
📗 Italia

▶ Cagliari 213 – Nuoro 32 – Olbia 114 – Porto Torres 170

◎ Grotta di Ispinigoli★★ Nord : 8 km – Strada★★ per Cala Gonone Est :
10 km – Nuraghi di Serra Orios★ Nord-Ovest : 10 km – Strada★★★ per Arbatax Sud

X Colibrì 🎵 🅟 🅥🅢🅐 ⓒⓞ ⑤

via Gramsci ang. via Floris – ℰ 078 49 60 54 – chiuso da novembre a gennaio e domenica escluso luglio-agosto
Rist – Carta 25/37 €

♦ Una cucina casalinga fedele ai sapori e alle tradizioni della gastronomia dorgolese, accompagnata dalla cordiale ospitalità dei gestori.

a Cala Gonone Est : 9 km – ✉ 08020

🏠 Nuraghe Arvu 🏖 🍴 🏊 ⅍ 🎵 🍽 rist, 🅟 🅥🅢🅐 ⓒⓞ 🅐🅔 ⓞ ⑤

viale Bue Marino – ℰ 07 84 92 00 75 – www.hotelnuraghearvu.com
– Fax 07 84 92 05 16 – aprile-ottobre
47 cam ☱ – 🛉🛉100/220 € – 3 suites – ½ P 130/190 €   **Rist** – Menu 30/45 €

♦ Belle camere costruite ad anfiteatro intorno alla piscina in questo nuovissimo albergo dagli interni in stile locale, curati e luminosi. Tra il verde dei millenari ulivi, il relax non è mai stato così a portata di mano! (Una navetta conduce alla spiaggia, a circa 500 m).

🏠 Brancamaria ≤ 🏊 🖼 ⅍ 🎵 🍽 rist, 🅟 🅥🅢🅐 ⓒⓞ 🅐🅔 ⑤

viale Cristoforo Colombo – ℰ 07 84 92 00 36 – www.hotelbrancamaria.it
– Fax 07 84 92 02 75 – marzo-ottobre
66 cam ☱ – 🛉70/155 € 🛉🛉90/210 €   **Rist** – Carta 25/102 €

♦ All'inizio della località - in posizione arretrata rispetto al mare - struttura completamente rinnovata con luminosi e colorati ambienti e camere dotate di ogni confort.

🏠 Costa Dorada ≤ 🍴 🎵 ⅍ rist, 🍽 🅥🅢🅐 ⓒⓞ 🅐🅔 ⑤

lungomare Palmasera 45 – ℰ 078 49 33 32 – www.hotelcostadorada.it
– Fax 078 49 34 45 – 25 marzo-ottobre
27 cam – 🛉90/135 € 🛉🛉140/210 €, ☱ 15 € – 1 suite – ½ P 115/135 €
Rist – Carta 27/69 €

♦ Ubicato direttamente sul lungomare, l'hotel ospita camere raccolte arredate in stile sardo-spagnolo, un solarium ed ampie terrazze ombreggiate con vista sul golfo. Piatti di carne, ma soprattutto di pesce, nonché proposte regionali sul terrazzino affacciato sul blu.

🏠 **Miramare**   ≤ 🍴 🏢 🗚 ᵀ⁺ ᵛᴵˢᴬ ⚫⚪ 🅰🅴 ⓪ ⚕
piazza Giardini 12 – 𝒞 0 78 49 31 40 – www.htlmiramare.it – Fax 0 78 49 34 69
– 26 marzo-4 novembre
35 cam � – ♦77/97 € ♦♦130/144 € – ½ P 65/77 €
Rist – *(maggio-settembre)* Carta 25/57 €
♦ A pochi metri dalla spiaggia, il primo hotel sorto in zona negli anni '50: ampi spazi comuni, una bella terrazza panoramica, camere semplici e piacevoli. Nel giardino-ristorante ombreggiato dalle palme vengono serviti piatti della tradizione gastronomica regionale e, soprattutto, specialità di mare.

✕ **Il Pescatore**   ≤ 🍴 🗚 ᵛᴵˢᴬ ⚫⚪ ⚕
via Acqua Dolce 7 – 𝒞 0 78 49 31 74 – Fax 0 78 49 31 74 – Pasqua-ottobre
Rist – Carta 32/63 €
♦ Fronte mare, il locale ricorda l'antico villaggio di pescatori, annovera un dehors e una semplice sala interna più informale dove gustare la cucina regionale e piatti di pesce.

alla Grotta di Ispinigoli Nord : 12 km :

✕ **Ispinigoli** con cam ⌘   ≤ 🍴 🗚 🏊 🅿 ᵛᴵˢᴬ ⚫⚪ 🅰🅴 ⚕
strada statale 125 al km 210 ⊠ 08022 Dorgali – 𝒞 0 78 49 52 68
– www.hotelispinigoli.com – Fax 07 84 92 92 33 – marzo-novembre
26 cam ⊠ – ♦60/90 € ♦♦80/120 € – ½ P 70/75 €   **Rist** – Carta 27/43 € 🍴
♦ Valido punto d'appoggio per chi desidera visitare le omonime grotte, celebri perchè conservano la più alta stalagmite d'Europa, e per assaporare una buona cucina regionale. Dalle camere, semplici e confortevoli con arredi in legno, si può contemplare la tranquillità della campagna circostante.

GAVOI – Nuoro (NU) – **366** Q43 – **2 847 ab.** – **alt. 777 m** – ⊠ 08020   **38** B2
　🚗 Cagliari 179 – Nuoro 35 – Olbia 140 – Porto Torres 141

🏠 **Gusana** ⌘   ≤ 🚗 🏊 🏢 ❄ 🐾 🅿 ᵛᴵˢᴬ ⚫⚪ 🅰🅴 ⓪ ⚕
località lago di Gusana – 𝒞 0 78 45 30 00 – www.albergogusana.it
– Fax 0 78 45 21 78 – chiuso novembre
35 cam ⊠ – ♦45/55 € ♦♦70/80 € – ½ P 60 €
Rist – *(chiuso lunedì da dicembre a giugno)* Carta 27/35 €
♦ Nel verde delle tranquille sponde dell'omonimo lago, di cui si ha la splendida vista, una piccola struttura con buoni spazi comuni e camere semplici, ordinate e confortevoli. Atmosfera familiare e sapori regionali, particolarmente a base di pesce nella rustica sala ristorante.

GOLFO ARANCI – Olbia-Tempio (OT) – **366** S37 – **2 336 ab.**   **38** B1
– ⊠ 07020
　🚗 Cagliari 304 – Olbia 19 – PortoTorres 140 – Sassari 122
　🚢 per Civitavecchia e Livorno – Sardinia Ferries, call center 199 400 500

🏠🏠 **Villa Margherita**   ≤ 🚗 🏊 🏠 ⅓ 🏢 🐾 🗚 ❄ rist, 🅿
via Libertà 91 – 𝒞 0 78 94 69 12   ᵛᴵˢᴬ ⚫⚪ 🅰🅴 ⓪ ⚕
– www.margheritahotel.net – Fax 0 78 94 68 51 – aprile-ottobre
26 cam ⊠ – ♦115/220 € ♦♦138/306 € – 2 suites – ½ P 99/183 €
Rist – *(maggio-ottobre)* Carta 30/49 €
♦ Signorile hotel a conduzione diretta che si ubica in centro, ma fronteggia la spiaggia: ameno giardino con piscina, camere di buon livello tutte rinnovate. Piacevole zona relax con bagno turco. Ambiente ricercato dai caldi colori al ristorante, dove la cucina locale sposa sapori forti e semplici, terra e mare.

🏠🏠 **Gabbiano Azzurro** ⌘   ≤ 🚗 🏊 🏢 🐾 🗚 ❄ 🏊 🚗
via dei Gabbiani – 𝒞 0 78 94 69 29   ᵛᴵˢᴬ ⚫⚪ 🅰🅴 ⓪ ⚕
– www.hotelgabbianoazzurro.com – Fax 07 89 61 50 56 – 15 aprile-ottobre
80 cam ⊠ – ♦100/250 € ♦♦110/290 € – ½ P 176/241 €   **Rist** – Carta 27/55 €
♦ Hotel a conduzione familiare ubicato all'inizio della "Terza Spiaggia". Bella vista dalle terrazze e da alcune delle confortevoli camere. Anche dalla sala ristorante si scorge l'isola di Tavolara. Cucina prevalentemente a base di pesce.

XX **Terza Spiaggia** ≤ AC VISA ©® AE ⑤
località Terza Spiaggia – € 07 89 46 48 5 – www.terzaspiaggia.com – maggio-settembre
Rist – *(chiuso a mezzogiorno dal 21 maggio a settembre)* (coperti limitati, prenotare) Carta 34/65 €
♦ Approdare ad una spiaggia così, è il sogno di tutti: stabilimento balneare di giorno e romantico ristorante la sera, pochi coperti ed un'interessante cucina a base di pesce.

GUSPINI – Medio Campidano (VS) – **366** M46 – 12 517 ab. – ✉ 09036   38 A3
▪ Roma 541 – Cagliari 70 – Sanluri 26 – Oristano 45

🏠 **Tarthesh** 🚗 ⌁ 🎫 ⅏ ⚟ AC ⚘ 🕯 P VISA ©® AE ⑤
via Parigi sn – € 07 09 72 90 00 – www.tartheshotel.com – Fax 07 09 76 40 03 – aprile-ottobre
38 cam ⊆ – ♦102/138 € ♦♦148/216 € – ½ P 109/148 €
Rist – *(chiuso a mezzogiorno)* Carta 54/70 €
♦ Suggestioni etniche, influenze arabe e artigianato sardo in ambienti moderni e ricchi di fascino. Splendida piscina.

ISOLA ROSSA – Olbia-Tempio (104) – Vedere Trinità d'Agultu

LA CALETTA – Nuoro – **366** T40 – Vedere Siniscola

LOTZORAI – Ogliastra (OG) – **366** S44 – 2 205 ab. – alt. 16 m   38 B2
– ✉ 08040
▪ Cagliari 137 – Nuoro 93

X **L'Isolotto** 🏠 ⚘ VISA ©® AE ① ⑤
😊 *via Dante – € 07 82 66 94 31 – giugno-settembre*
Rist – *(chiuso lunedì)* Carta 20/38 € (+5 %)
♦ Ambiente semplice ed informale, dove gustare tipiche ricette legate al pescato della giornata: dall'aragosta alla catalana, alla profumata zuppa di cozze.

MADDALENA (Arcipelago della)★★ – Olbia-Tempio (OT)   38 B1
– **366** R36 ▮ Italia
🖼 Isola della Maddalena★★ – Isola di Caprera★ : casa-museo★ di Garibaldi

LA MADDALENA – Olbia-Tempio (OT) – **366** R36 – 11 668 ab. – ✉ 07024   38 B1
⛴ per Palau – Saremar, call center 892 123
🛈 a Cala Gavetta € 0789 736321, uff.turismolmd@libero.it, Fax 0789 736655

🏨 **Excelsior** senza rist 🎫 ⚟ AC ⚘ 🕯 VISA ©® AE ① ⑤
via Amendola 7 – € 07 89 72 10 47 – www.excelsiormaddalena.com – Fax 07 89 72 11 97
24 cam ⊆ – ♦180/250 € ♦♦200/250 €
♦ In centro e fronte porto, questa struttura piccola nelle dimensioni, ma non nel confort, si contraddistingue per la moderna eleganza e il design. Piacevole terrazza-solarium con vista mare ed ottime camere, ampie e funzionali.

🏠 **Garibaldi** senza rist ॐ 🎫 AC VISA ©® AE ① ⑤
via Lamarmora – € 07 89 73 73 14 – www.hotelgaribaldi.info – Fax 07 89 73 73 68 – aprile-ottobre
19 cam ⊆ – ♦75/85 € ♦♦110/145 €
♦ Sito in posizione tranquilla nella parte alta della località, hotel dalla conduzione diretta con semplici, ma curati ambienti e camere lineari.

MARINA DI ARBUS – Medio Campidano (VS) – **366** L46 – ✉ 09031   38 A3
Arbus
▪ Cagliari 88 – Iglesias 78 – Nuoro 160 – Olbia 240

Le Dune ⌖   ← 🏡 🅰🄲 🕸 🅿 VISA ⯊ 🄰🄴 ① ⛎
località Piscinas di Ingurtosu Sud : 8 km – 𝒞 070 97 71 30
– www.leduneingurtosu.it – Fax 070 97 72 30 – aprile-ottbre
26 cam ⌸ – ♦167/235 € ♦♦240/430 € – ½ P 145/240 €　**Rist** – Carta 32/58 €
♦ Sullo sfondo azzurro del Mare Nostrum, un caseggiato in pietra gelosamente custodito tra dune di sabbia: dispone di camere spaziose arredate con gusto e signorilità. Il posto giusto per gustare una cucina tradizionale, praticamente sulla spiaggia.

a Torre dei Corsari Nord : 18 km – ⊠ 09031 Arbus

La Caletta ⌖   ← ⌇ ✵ 🅰🄲 🕸 🛁 🅿 VISA ⯊ 🄰🄴 ① ⛎
Via Vespucci – 𝒞 070 97 70 33 – www.lacaletta.it – Fax 070 97 71 73 – Pasqua-settembre
32 cam ⌸ – ♦80/110 € ♦♦100/160 € – ½ P 60/110 €　**Rist** – Carta 24/107 €
♦ Imponente struttura in un panorama di rara bellezza, la caletta è l'insenatura su cui l'albergo si affaccia. Una luminosa sala con vetrate che guardano il mare è il punto di ritrovo per la colazione. Al secondo piano la sala ristorante, cinta da un'unica vetrata a parete aperta sul blu.

Villaggio Sabbie d'Oro ⌖   ← 🕸 rist. ⁕ 🅿 VISA ⯊ 🄰🄴 ① ⛎
♋ *località Sabbie d'Oro Nord : 2 km – 𝒞 070 97 70 74*
– www.villaggiosabbiedoro.com – Fax 070 97 70 74 – chiuso dicembre, gennaio
9 cam ⌸ – ♦60/115 € ♦♦80/154 € – ½ P 60/97 €　**Rist** – Carta 21/47 €
♦ Lungo una costa selvaggia, un'immensa, silenziosa baia, camere in bungalow sulle dune di sabbia, una sala con camino o una veranda con incantevole vista sul paesaggio marino.

MARINA TORRE GRANDE – Oristano – **366** M44 – Vedere Oristano

MONASTIR – Cagliari (CA) – **366** P47 – 4 621 ab. – alt. 83 m　　**38** B3
– ⊠ 09023
  ▶ Cagliari 22

Palladium senza rist   🛗 ⛎ 🅰🄲 🕸 ⌂ VISA ⯊ 🄰🄴 ① ⛎
viale Europa – 𝒞 07 09 16 80 40 – www.hotelpalladiumweb.com
– Fax 07 09 16 80 13
22 cam ⌸ – ♦60/75 € ♦♦80/95 €
♦ Moderne e recenti negli arredi, le camere di questo elegante edificio sono tutte simili tra loro. In comoda posizione non lontano dalla statale per Oristano.

OLBIA – Olbia-Tempio (OT) – **366** S38 – 52 062 ab. – ⊠ 07026　　**38** B1
  ▶ Cagliari 268 – Nuoro 102 – Sassari 103
  🛫 della Costa Smeralda Sud-Ovest: 4 km 𝒞 0789 69516
  🚢 da Golfo Aranci per Livorno – Sardinia Ferries, call center 199 400 500
    – per Civitavecchia e Genova – Tirrenia Navigazione, call center 892 123
  🛈 via Nanni 17 𝒞 0789 557732, assturismolbiatempio@email.it
    Fax 0789 22221

Piante pagine segenti

Grand Hotel President   🛗 ⛎ 🅰🄲 🕸 ⁕ 🛁 🅿 VISA ⯊ 🄰🄴 ⛎
via Principe Umberto 9 – 𝒞 078 92 75 01 – www.itihotels.it – Fax 078 92 15 51
56 cam ⌸ – ♦80/150 € ♦♦110/200 € – 4 suites – ½ P 130/220 €　　BZ**a**
Rist – Carta 48/63 €
♦ In centro, ma affacciato sul mare e porto imbarchi, nuova ed elegante struttura arredata con gusto e arredi di pregio: base ideale per vari spostamenti alla scoperta dell'isola o per una clientela business esigente.

Martini senza rist   🛗 ⛎ 🅰🄲 ⁕ 🛁 🅿 VISA ⯊ 🄰🄴 ① ⛎
via D'Annunzio, 22 – 𝒞 078 92 60 66 – www.hotelmartiniolbia.it
– Fax 078 92 64 18　　AY**a**
70 cam ⌸ – ♦81/91 € ♦♦130/150 €
♦ Cenni di insospettabile eleganza e cortesia all'interno di un grande complesso commerciale affacciato sul porto romano. Chiedete le camere che danno sul retro, le più tranquille.

Stella 2000 🖪 🕭 AC ⚡ rist. "◯" 🔊 P VISA ◯ AE ① ⚫

viale Aldo Moro 70 – ℰ 07 89 95 14 56 – www.hotelstella2000.com
– Fax 07 89 95 14 62 AYc

32 cam ⌷ – †50/100 € ††70/150 € – ½ P 65/85 €   **Rist** – Menu 18/25 €

♦ Scelta soprattutto da una clientela commerciale, è una piccola accogliente risorsa di buon gusto e dagli interni raffinati caratterizzati da piacevoli tonalità di colore.

Cavour senza rist 🖪 🕭 AC "◯" P VISA ◯ AE ① ⚫

via Cavour 22 – ℰ 07 89 20 40 33 – www.cavourhotel.it – Fax 07 89 20 10 96
21 cam ⌷ – †50/65 € ††75/90 € AZc

♦ Dall'elegante ristrutturazione di un edificio d'epoca del centro storico è nato un hotel dai sobri interni rilassanti, arredati con gusto; parcheggio e piccolo solarium.

⚑⚑ Gallura (Rita Denza) con cam AC ⚡ rist. VISA ◯ AE ⚫

corso Umberto 145 – ℰ 07 89 24 46 48 – Fax 07 89 24 46 29 – chiuso dal
20 dicembre al 6 gennaio e dal 1° al 15 ottobre AZq

16 cam ⌷ – †50/65 € ††75/85 €   **Rist** – (chiuso lunedì) Carta 57/75 €

Spec. Antipasti e frutti di mare. Tagliolini al nero di seppia con salsa di capra marina (granchio). Aragosta alla catalana.

♦ L'hotel nasconde un ristorante dagli ambienti demodé, dove un'effervescente e oramai non più giovanissima cuoca reinventa la cucina sarda caricandola di colori, aromi, spezie, in uno straordinario carosello di antipasti e zuppe.

> Voglia di partire all'ultimo momento?
> Visitate i siti Internet degli hotel per beneficiare di eventuali promozioni.

sulla strada Panoramica Olbia-Golfo Aranci per ②

⌂⌂⌂ Melià Olbia 🚂 🏠 🔟 🔲 🎰 ⚡ 🖪 🕭 ⋇ AC ⚡ ◯ 🔊 P 🚗

Geovillage – ℰ 07 89 55 40 00 – www.melia.com VISA ◯ AE ① ⚫
– Fax 07 89 55 77 00

219 cam ⌷ – †60/145 € ††80/167 € – ½ P 72/112 €   **Rist** – Carta 44/71 €

♦ Una struttura imponente circondata dal mare, realizzata in stile moderno e funzionale, dispone di ampie camere eleganti e di un'originale e ombreggiata piscina con pool-bar. Al ristorante vengono proposti interessanti percorsi gastronomici nei quali la tradizione isolana incontra la cucina internazionale.

⌂⌂ Pozzo Sacro ≺ 🏠 🔟 🖪 🕭 cam, AC ⚡ rist. "◯" P VISA ◯ AE ① ⚫

strada panoramica Olbia-Golfo Aranci, Nord-Est: 4 km – ℰ 07 89 55 78 55
– www.hotelpozzosacro.com – Fax 07 89 55 78 61

50 cam ⌷ – †112/240 € ††132/240 € – ½ P 96/150 €   **Rist** – Carta 25/61 €

♦ In posizione leggermente rialzata sulla costa, l'albergo brilla per i generosi spazi delle camere, tutte tinteggiate in colori pastello e con vista sul golfo di Olbia.

⚑⚑ Pellicano d'Oro ⚘ ≺ 🚂 🏠 🔟 🕭 AC ⚡ rist. P VISA ◯ AE ① ⚫

località Pittulongu, via Mar Adriatico 34, Nord-Est : 7 km – ℰ 07 89 39 09 94
– www.hotelphilosophy.net – Fax 07 89 39 81 49 – maggio-ottobre

70 cam ⌷ – †92/310 € ††134/360 €   **Rist** – Menu 40/45 €

♦ Il verde del giardino e il turchese del mare circondano questa bella risorsa divisa in due strutture: la "neonata" con ambienti più moderni e rotonda piscina in terrazza. Camere confortevoli in entrambe le costruzioni. Al ristorante oltre al menu degustazione, la carta offre specialità locali e di mare.

⚑⚑ Stefania ≺ 🚂 🏠 🔟 🎰 🖪 🕭 AC ⚡ P VISA ◯ AE ① ⚫

località Pittulongu, Nord-Est : 6 km – ℰ 07 89 39 02 7 – www.stefaniahotel.it
– Fax 07 89 39 11 86 – aprile-novembre

39 cam ⌷ – †85/210 € ††110/310 € – ½ P 145/170 €

Rist Nino's – (aprile-ottobre) Carta 44/91 €

♦ In una grande baia di fronte all'isola di Tavolara, non lontano dal mare, confortevole struttura di taglio moderno con giardino e piscina panoramica. Ambienti freschi e gradevoli, camere di buona ampiezza. Suggestioni marinare e ambiente molto mediterraneo nel ristorante "Da Nino's".

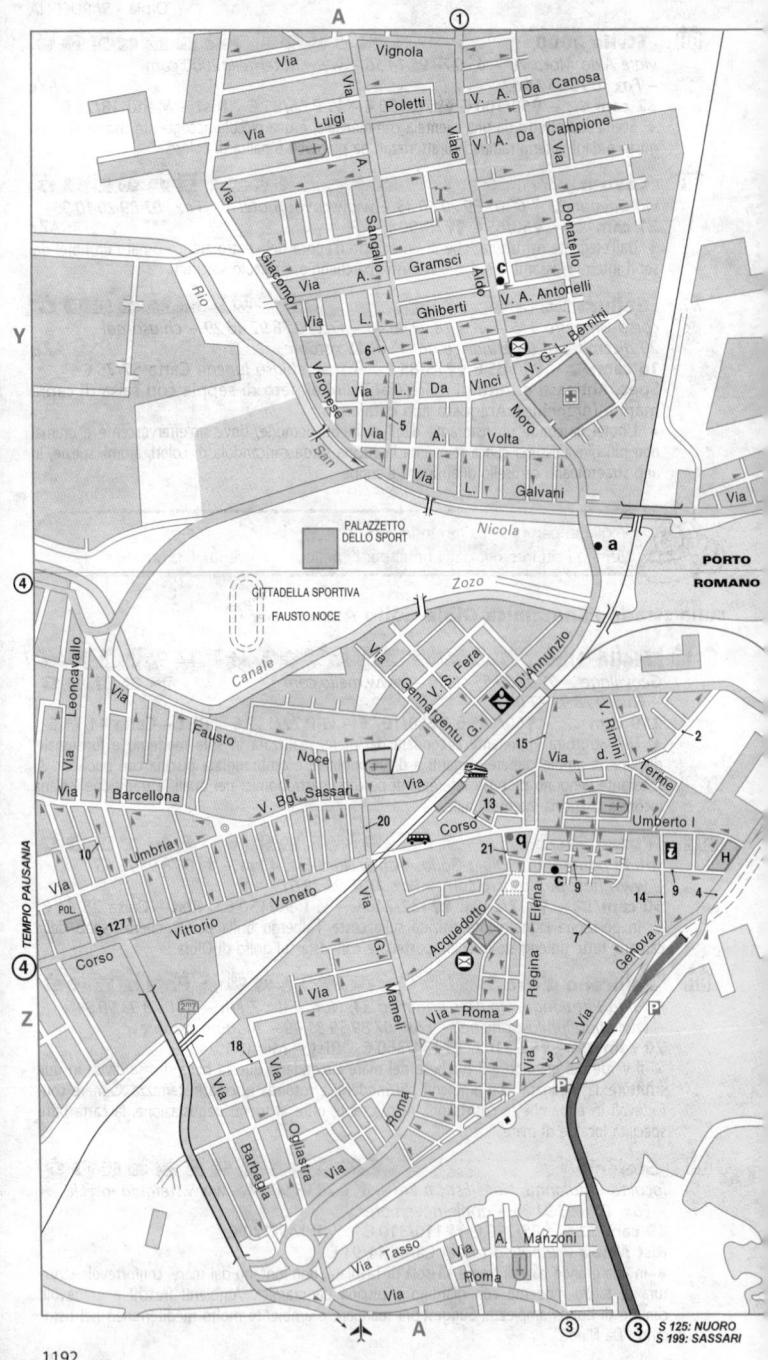

OLBIA

sulla strada statale 125 Sud-Est : 10 km

Ollastu ⟨icons⟩
località Costa Corallina – ℰ 0 78 93 67 44 – *www.ollastu.it* – *Fax* 0 78 93 67 60
– *marzo-novembre*
60 cam ⟐ – ♦95/260 € ♦♦130/280 € – ½ P 95/180 € **Rist** – Carta 44/78 €
♦ In posizione panoramica sovrastante il promontorio, una costruzione in stile mediterraneo ospita ampi ambienti di moderna eleganza, piscina, campi da tennis e da calcetto. Nelle caratteristiche sale ristorante, un menù alla carta per gustare i sapori della tradizione regionale.

a Porto Rotondo per ① : 15,5 km – ✉ 07020

Sporting ⟨icons⟩
via Clelia Donà dalle Rose 16 – ℰ 0 78 93 40 05 – *www.sportingportorotondo.it*
– *Fax* 0 78 93 43 83 – *maggio-settembre*
46 cam ⟐ – ♦941/1051 € ♦♦1155/1265 € – 1 suite – ½ P 627/682 €
Rist – Carta 74/123 €
♦ Cuore della mondanità, un elegante villaggio mediterraneo con camere simili a villette affiancate, affacciate sul giardino o splendidamente proiettati sulla spiaggetta privata. In sala e soprattutto in veranda, la tradizione regionale a base di pesce rivisitata con creatività.

S'Astore ⟨icons⟩
via Monte Ladu 36, Sud : 2 km – ℰ 0 78 93 00 00 – *www.hotelsastore.it*
– *Fax* 07 89 30 90 41 – *marzo-ottobre*
18 cam ⟐ – ♦70/100 € ♦♦100/240 € – ½ P 150 € **Rist** – Carta 21/72 €
♦ Ubicato nel verde e nella tranquillità, un caratteristico hotel, piccolo e confortevole, con camere accoglienti arredate con pezzi di artigianato locale, veranda e piscina. Cucina nazionale e locale da assaporare nella calda e particolare sala ristorante.

Simposium ⟨icons⟩
via Riccaro Belli 17 – ℰ 07 89 38 11 07 – *www.ristorantesimposium.it*
– *Fax* 07 89 38 11 07 – *aprile-ottobre*
Rist – Carta 44/66 €
♦ Dalla terraferma alla Sardegna, due fratelli campani propongono con successo una cucina di mare legata ai sapori della loro tradizione gastronomica. Ambiente fresco e giovanile con piccola carta il mezzogiorno, più curato e d'atmosfera la sera.

Ogni ristorante stellato è introdotto da tre specialità che rappresentano in maniera significativa la propria cucina. Qualora queste non fossero disponibili, altre gustose ricette ispirate alla stagione delizieranno il vostro palato.

OLIENA – Nuoro (NU) – **366** R42 – 7 501 ab. – alt. 378 m – ✉ 08025   **38** B2
▮ Italia

▱ Cagliari 193 – Nuoro 12 – Olbia 116 – Porto Torres 150
▱ Sorgente Su Gologone★ Nord-Est : 8 km

Sa Corte con cam ⟨icons⟩
via Nuoro 143 – ℰ 0 78 41 87 61 31 – *www.sacorte.it* – *Fax* 0 78 41 87 61 31
– *chiuso dal 10 gennaio al 15 febbraio*
10 cam ⟐ – ♦50/60 € ♦♦70/80 € – ½ P 65/75 € **Rist** – Carta 30/48 €
♦ La tradizione gastronomica nuorese è presentata al meglio in questo locale rustico che propone squisite paste, ottime carni e profumati - quanto alcolici - vini sardi!

Enis con cam ⟨icons⟩
località Monte Maccione, Est : 4 km – ℰ 07 84 28 83 63 – *www.coopenis.it*
– *Fax* 07 84 28 84 73
17 cam ⟐ – ♦38/47 € ♦♦56/86 € – ½ P 48/65 € **Rist** – Carta 19/31 €
♦ In posizione isolata, circondato dal verde e dalla tranquillità ed ideale per gli amanti delle escursioni in montagna, ristorante-pizzeria con proposte di cucina regionale. Dispone anche di alcune camere semplici ma confortevoli, dalle quali si ha una bella vista sulle cime.

alla sorgente Su Gologone Nord-Est : 8 km :

Su Gologone ⊛ ⟨ 🚗 🖨 ⤳ ♨ ⚑ % 🛌 ⛅ 🅰 🔟 🅿
⊠ 08025 – ℰ 07 84 28 75 12 – www.sugologone.it 🆅🆂🅰 ⚫⚫ 🅰🄴 🄾 ⓢ
– Fax 07 84 28 76 68 – marzo-novembre
64 cam � – ♦105/160 € ♦♦140/240 € – 4 suites – ½ P 160/260 €
Rist – Carta 32/49 € ⊛

♦ Signorile relais avvolto dal profumo di vigneti, olivi e rosmarino, è una sintesi dell'arte ceramica, figurativa e scultorea dell'isola e soprattutto dell'accoglienza locale. Dalla cucina i piatti della tradizione; dalle cantine un'ampia selezione di vini italiani ed esteri. Sontuoso camino per la brace in sala.

ORISTANO 🅿 (OR) – 366 M44 – 32 618 ab. – ⊠ 09170 ▌Italia **38** A2
▶ Alghero 137 – Cagliari 95 – Iglesias 107 – Nuoro 92
🅸 piazza Eleonora 19 ℰ 0783 3683210, turismo@provincia.or.it, Fax 0783 3683206
◉ Opere d'arte★ nella chiesa di San Francesco
◐ Basilica di Santa Giusta★ Sud : 3 km - Tharros★

Mistral 2   🌂 ▮🖨 ♿ rist. 🅰 ⇄ ⅍ rist. ⓣ 🛌 ⛺ 🆅🆂🅰 ⚫⚫ 🅰🄴 🄾 ⓢ
via XX Settembre 34 – ℰ 07 83 21 03 89 – www.hotel-mistral.it
– Fax 07 83 21 10 00
129 cam ⊑ – ♦65/72 € ♦♦100/106 € – ½ P 68 €   **Rist** – Carta 26/48 €
♦ Non lontano dal centro, hotel di contemporanea fattura con ambienti sobri e funzionali adatti ad una clientela di lavoro. Al ristorante ampi spazi adatti anche per banchetti.

a Marina Torre Grande Nord-Ovest : 8,5 km – ⊠ 09170

Da Giovanni   🅰 ⅍ 🆅🆂🅰 ⚫⚫ ⓢ
via Colombo 8 – ℰ 0 78 32 20 51 – www.ristorantedagiovanni.it
– Fax 0 78 32 20 51 – chiuso novembre e dicembre, lunedì e le sere di domenica e mercoledì da ottobre ad aprile
Rist – Carta 29/48 €
♦ Gestione di lunga esperienza in un ristorante di taglio classico: ampia sala e in menu tanto pesce, proveniente sia dal mare aperto sia dal caratteristico stagno di Cabras.

OROSEI – Nuoro (NU) – 366 T41 – 6 548 ab. – alt. 19 m – ⊠ 08028 **38** B2
▶ Dorgali 18 – Nuoro 40 – Olbia 93

Su Barchile con cam   🖨 ▮🖨 🅰 ⓣ 🅿 🆅🆂🅰 ⚫⚫ 🅰🄴 🄾 ⓢ
via Mannu 5 – ℰ 0 78 49 88 79 – www.subarchile.it – Fax 07 84 99 81 13
15 cam ⊑ – ♦50/80 € ♦♦80/150 € – ½ P 65/95 €   **Rist** – Carta 33/60 €
♦ Nella cornice della costa sarda, grazioso ristorante arredato con piacevole gusto femminile, fedele ai colori locali. Piatti derivati dalla tradizione agropastorale dell'isola, ma anche qualche ricetta di pesce.

ORTACESUS – Cagliari (CA) – 366 P46 – 941 ab. – ⊠ 09040 **38** B3
▶ Roma 589 – Cagliari 44 – Quartu Sant' Elena 47 – Selargius 45
🅸 via Giovanni XXIII, ℰ 070 9804200

Da Severino "Il Vecchio" con cam   🖨 ▮🖨 ♿ 🅰 ⅍ rist. 🅿
via Kennedy 1 – ℰ 07 09 80 41 97   🆅🆂🅰 ⚫⚫ 🅰🄴 🄾 ⓢ
– www.daseverinoilvecchio.com – Fax 07 09 81 91 84 – chiuso lunedì
30 cam ⊑ – ♦35/40 € ♦♦55/65 € – ½ P 70/80 €   **Rist** – Carta 26/55 €
♦ Un'intera famiglia ruota intorno al successo di questo ristorante all'ingresso del paese; diversi piatti di carne ma la brillante nomea è stata costruita intorno al pesce. Avvolte dalla medesima familiare atmosfera, confortevoli e semplici camere ben arredate.

PALAU – Olbia-Tempio (OT) – 366 R36 – 4 310 ab. – ⊠ 07020 **38** B1
▶ Cagliari 325 – Nuoro 144 – Olbia 40 – Porto Torres 127
⛴ per La Maddalena - Saremar, call center 892 123
🅸 piazza Fresi ℰ 0789 707025, turismo@palau.it, Fax 0789 1875591
◐ Arcipelago della Maddalena★★ - Costa Smeralda★★

La Vecchia Fonte senza rist   🏢 ⚘ 🖈 AC 🛜 🚗 VISA ⓞⓞ AE ⓞ
*via Fonte Vecchia 48 – ℰ 07 89 70 97 50 – www.lavecchiafontehotel.it
– Fax 07 89 70 72 95 – 2 marzo-ottobre*
35 cam ⊡ – ✝80/195 € ✝✝100/250 € – 1 suite
♦ In centro paese di fronte al porto turistico, piccolo hotel di arredo signorile con ampie e confortevoli sale dai caldi colori.

La Roccia senza rist   AC ⚙ P VISA ⓞⓞ AE ⚓
*via dei Mille 15 – ℰ 07 89 70 95 28 – www.hotellaroccia.com
– Fax 07 89 70 71 55 – aprile-ottobre)*
22 cam ⊡ – ✝50/100 € ✝✝78/160 €
♦ Un ambiente familiare sito nel cuore della località offre camere semplici ed ordinate e deve il suo nome all'imponente masso di granito che domina sia il giardino che la hall.

XXX **La Gritta**   ≤ 🚗 🏠 ⚙ P VISA ⓞⓞ AE ⓞ ⚓
*località Porto Faro – ℰ 07 89 70 80 45 – www.ristorantelagritta.it
– Fax 07 89 70 80 45 – Pasqua-15 ottobre; chiuso mercoledì escluso dal
15 giugno-15 settembre*
Rist – Carta 62/80 €
♦ Un indirizzo ideale per chi desidera deliziare insieme vista, spirito e palato: lo sguardo si perderà tra i colori dell'arcipelago di fronte ad una sapiente cucina di pesce.

XXX **Da Franco**   AC ⚙ ⇄ VISA ⓞⓞ AE ⓞ ⚓
*via Capo d'Orso 1 – ℰ 07 89 70 95 58 – Fax 07 89 70 93 10 – chiuso dal
22 dicembre al 15 gennaio, lunedì (escluso da giugno a settembre)*
Rist – Carta 44/74 € (+15 %)
♦ Sulla via pricipale - a pochi passi dal porto - elegante ristorante a conduzione familiare con interessanti proposte di pesce: in alcune ricette reinterpretate in chiave moderna.

X **Da Robertino**   AC VISA ⓞⓞ AE ⓞ ⚓
*via Nazionale 20 – ℰ 07 89 70 96 10 – Fax 07 89 70 96 10 – chiuso gennaio,
lunedì (escluso da giugno a settembre)*
Rist – (coperti limitati, prenotare) Carta 32/52 €
♦ Esperta gestione familiare in una simpatica trattoria sulla via principale della località. In una terra tradizionalmente di pastori, il locale non dimentica il mare...Gustose ricette di pesce a prezzi interessanti.

PITRIZZA – Olbia-Tempio (104) – Vedere Arzachena : Costa Smeralda

---

POLTU QUATU – Olbia-Tempio (104) – **366** R37 – Vedere Arzachena : Costa Smeralda

---

PORTO CERVO – Olbia-Tempio (104) – **366** S37 – Vedere Arzachena : Costa Smeralda

---

PORTO CONTE – Sassari – **366** K40 – Vedere Alghero

PORTO ROTONDO – Olbia-Tempio (104) – **366** S37 – Vedere Olbia

---

PORTO SAN PAOLO – Olbia-Tempio (OT) – **366** S38 – ✉ 07020   **38** B1
Vaccileddi
  ▶ Cagliari 268 – Nuoro 87 – Olbia 15 – Sassari 114

a Costa Dorata Sud-Est : 1,5 km – ✉ 07020 Vaccileddi

🏨🏨🏨 **Don Diego** 🔊   ≤ 🏠 🏊 🛁 ※ AC ⚙ P VISA ⓞⓞ AE ⓞ
*– ℰ 0 78 94 00 06 – www.hoteldondiego.com – Fax 0 78 94 00 26 – 12 maggio-
26 settembre*
54 cam ⊡ – ✝115/215 € ✝✝150/286 € – 6 suites – ½ P 110/188 €
Rist – Menu 60/120 €
♦ Per gli amanti del silenzio e della privacy, una serie di villini indipendenti circondati da giardini e terrazze fiorite: la posizione è strepitosa, la vista è splendida su Tavolara. Suggestiva sala da pranzo con terrazza sul mare.

PORTOSCUSO – Carbonia-Iglesias (CI) – **366** L48 – **5 323 ab.** **38** A3
– ✉ 09010

- ▶ Cagliari 77 – Oristano 119
- ⛴ da Portovesme per l'Isola di San Pietro-Carloforte – Saremar, call center 892 123

XXX **La Ghinghetta** (Gianluca Vacca) con cam ⬧ ⬅ 🄰🄲 📶
🕸 *via Cavour 26 –* ℰ *07 81 50 81 43* VISA ⓄⓄ 🄰🄴 ① ⑤
– *www.laghinghetta.com – Fax 07 81 50 81 44 – aprile-ottobre*
8 cam ⬜ – †140 € ††150 € – ½ P 135 €
Rist – *(chiuso domenica)* Carta 70/95 €
Spec. Scaloppa di tonno con foie gras fresco spadellato al muscareddu (moscato di Sant'Antioco). Lorighitas (antica pasta di semola) con astice a tocchetti. Tartare di crostacei marinati con limoncello al lime.
♦ Vicino alla torre spagnola, una piccola bomboniera di cinque tavoli in un'atmosfera piacevolmente démodé. I piatti creativi si associano alla tradizionale grigliata.

PORTO TORRES – Sassari (SS) – **366** L38 – **22 081 ab.** – ✉ 07046 **38** A1
▌Italia

- ▶ Alghero 35 – Sassari 19
- ⛴ per Genova – Tirrenia Navigazione, call center 892 123 – Grimaldi-Grandi Navi Veloci, call center 899 199 069
- ◎ Chiesa di San Gavino★

sulla strada statale 131 Sud-Est : 3 km :

X **Li Lioni** 🍴 🛋 🄰🄲 📶 ⬧ 🅿 VISA ⓄⓄ ⑤
regione Li Lioni ✉ *07046 –* ℰ *0 79 50 22 86 – www.lilioni.it – Fax 0 79 50 22 86*
– marzo-ottobre; chiuso mercoledì
Rist – Carta 30/40 €
♦ Ristorante a gestione familiare dove gustare una buona e fragrante cucina casalinga realizzata a vista, piatti alla brace e specialità regionali. Servizio estivo all'aperto.

PULA – Cagliari (CA) – **366** P49 – **7 238 ab.** – ✉ 09010 **38** B3
- ▶ Cagliari 29 – Nuoro 210 – Olbia 314 – Oristano 122
- 🏌 Is Moslas, ℰ 070 9 24 10 13

🏨 **Baia di Nora** ⬧ 🎭 🛋 ☒ 🝙 🍴 🄰🄲 📶 📶 🅿 VISA ⓄⓄ 🄰🄴 ① ⑤
località Su Guventeddu – ℰ *07 09 24 55 51 – www.hotelbaiadinora.com*
– Fax 07 09 24 56 00 – 3 aprile-ottobre
121 cam – solo ½ P 100/215 € **Rist** – Menu 45 €
♦ Vicino al sito archeologico di Nora, immersa in un rigoglioso giardino mediterraneo con piscina in riva al mare, struttura di grandi dimensioni dove scegliere i propri ritmi e i propri spazi. Camere moderne e funzionali. Al ristorante ampi, luminosi spazi di impostazione classica e un invitante dehors estivo.

🏨 **Lantana Hotel e Residence** ⬧ 🝙 ☒ ⅋ cam, ⚎ 🄰🄲 📶 rist, 📶
viale Nora s/n – ℰ *0 70 92 44 11* 🅿 VISA ⓄⓄ 🄰🄴 ⑤
– *www.lantanahotel.com – Fax 07 09 24 60 75 – aprile-ottobre*
19 cam ⬜ – †140/220 € ††220/300 € – ½ P 105/190 €
Rist – *(28 aprile-31 ottobre) (chiuso a mezzogiorno)* Carta 40/48 €
♦ Gradevole struttura disposta attorno ad un grande giardino con palme, piscina e piccola fontana dal disegno arabo. Camere tutte identiche e tutte recenti negli arredi d'impeccabile tenuta: si impone la sobrietà nei colori pastello e ferro battuto nelle spalliere dei letti.

🏨 **Nora Club Hotel** senza rist ⬧ 🝙 ☒ 🄰🄲 📶 🅿 VISA ⓄⓄ 🄰🄴 ① ⑤
strada per Nora – ℰ *0 70 92 44 22 – www.noraclubhotel.it*
– Fax 0 70 92 44 22 57
25 cam ⬜ – †90/150 € ††130/180 €
♦ Paradisiaca enclave di quiete. Superato il caseggiato principale vi accoglie un seducente giardino di piante mediterranee e tropicali; distribuite a forma d'anello le semplici camere in stile sardo.

sulla strada statale 195 Sud-Ovest : 9 km :

Is Morus Relais ⑤ ◁ ⑂ 𝄞 ⫴ ✗ & ♿ ᚛ AC ⫴ rist, ⫴ ⸙ P

Sud-Ovest : 9 km ✉ *09010 Santa Margherita di* VISA ⓶ ⓪ ⑤
Pula – ℰ 07 09 21 11 71 – www.ismorus.com – Fax 07 09 21 15 96 – marzo-ottobre
81 cam � – †180/230 € ††360/590 € – 8 suites – ½ P 195/315 €
Rist – Menu 60 €
♦ Immerso nella pineta, solo un giardino lo separa dal mare. Varie soluzioni di alloggio, camere classiche e romantiche ville, e nessun tipo di animazione: ideale per chi desidera silenzio e tranquillità.

sulla strada statale 195 Sud-Ovest : 11 km :

Forte Village Resort : Immersa in un giardino di 25 ettari una struttura con sette alberghi, quattordici ristoranti, un ottimo centro benessere - talassoterapia e strutture sportive di ogni tipo. Per i pasti ogni tipo di ristorante e un'infinita scelta di menù.

Villa del Parco e Rist. Belvedere – Forte Village ⑤ 🚗 ⑂ 𝄞
𝄞 ⓾ ᚛ ℔ ⫴ ✗ ⫴ ♿ AC ⫴ ⸙ P VISA ⓶ AE ⓪ ⑤
✉ *09010 Santa Margherita di Pula – ℰ 07 09 21 71*
– www.fortevillageresort.com – Fax 07 09 21 12 46 – maggio-ottobre
47 cam – solo ½ P 400/730 € **Rist** – *(chiuso a mezzogiorno)* Menu 115 €
♦ Incorniciata dal verde, la struttura dalla facciata lilla propone spaziose camere dagli arredi fioriti all'inglese ed eleganti bungalow. Il tutto vicino alle piscine di talassoterapia.

Castello e Rist. Cavalieri – Forte Village ⑤ ◁ 🚗 ⑂ 𝄞 ⫴ ⓾
✉ *09010* 𝄞 ℔ ⫴ ✗ ⫴ ♿ AC ⫴ ⸙ P VISA ⓶ AE ⓪ ⑤
Santa Margherita di Pula – ℰ 07 09 21 71 – www.fortevillageresort.com
– Fax 07 09 21 12 46 – maggio-ottobre
176 cam – 5 suites – solo ½ P 235/1330 €
Rist – *(chiuso a mezzogiorno)* Menu 100 €
♦ A un passo dal mare e per vivere un soggiorno da fiaba, è la struttura di punta del complesso con camere elegantemente arredate in un dettagliato e caratteristico stile locale.

Le Dune – Forte Village ⑤ ◁ 🚗 ⑂ 𝄞 ⫴ ⓾ ⑂ ℔ ⫴ ✗ ♿ AC
✉ *09010 Santa Margherita di Pula* ⫴ ⫴ ⸙ P VISA ⓶ AE ⓪ ⑤
– ℰ 07 09 21 71 – www.fortevillageresort.com – Fax 07 09 21 12 46 – maggio-settembre
42 cam – 13 suites – solo ½ P 500/910 €
Rist – *(chiuso a mezzogiorno)* Menu 115 €
♦ Esclusiva e informale, una risorsa ideale per lasciarsi cullare dalla brezza del mare, invitanti piscine, camere e bungalow in stile sardo per soggiorno più indipendente.

Il Borgo e Rist. Bellavista – Forte Village ⑤ ◁ 🚗 ⑂ 𝄞 ⫴ ⓾
✉ *09010 Santa* 𝄞 ℔ ⑂ ✗ ♿ AC ⫴ ⫴ ⸙ P VISA ⓶ AE ⓪ ⑤
Margherita di Pula – ℰ 07 09 21 71 – www.fortevillageresort.com
– Fax 07 09 21 12 46 – maggio-settembre
56 cam – solo ½ P 240/430 €
Rist – *(chiuso a mezzogiorno) (solo per alloggiati)* Menu 95 €
♦ Ideale per chi ama l'atmosfera raccolta d'un antico villaggio medioevale, offre camere dagli arredi e dai colori ispirati all'artigianato tipico sardo. Adatto per le famiglie.

Le Palme e Rist. Bellavista – Forte Village ⑤ 🚗 ⑂ 𝄞 ⫴ ⓾
✉ *09010 Santa* 𝄞 ℔ ⑂ ✗ ♿ AC ⫴ ⫴ ⸙ P VISA ⓶ AE ⓪ ⑤
Margherita di Pula – ℰ 07 09 21 71 – www.fortevillageresort.com
– Fax 07 09 21 12 46 – maggio-settembre
140 cam – solo ½ P 220/390 € **Rist** – *(chiuso a mezzogiorno)* Menu 95 €
♦ Particolarmente adatto per famiglie numerose, dispone di camere ampie e altre addirittura comunicanti oltre ad un piacevole profumato giardino di fiori e alberi tropicali. Tra mare e shopping.

Il Villaggio – Forte Village ⚜   🚗 🏮 🛋 ⚒ 🎱 🏮 🛵 🍴 💈 ☕ 🔥 AC

⊠ 09010 Santa Margherita di Pula   🛁 🌡 💆 P VISA ⚫ AE ① 🔥

– ℰ 07 09 21 71 – www.fortevillageresort.com – Fax 0 70 92 12 46 – maggio-settembre

158 cam – solo ½ P 205/345 €   **Rist** – (chiuso a mezzogiorno) Menu 90 €

♦ Immerso in un giardino tropicale, il villaggio propone accoglienti bungalow, molti comunicanti, tutti con patio o giardino privato. Prima colazione presso la piscina Oasis.

La Pineta e Rist. Bellavista – Forte Village ⚜   🚗 🏮 🛋 ⚒ 🎱

⊠ 09010 Santa   🏮 🛵 🍴 💈 ☕ AC 🛁 🌡 💆 P VISA ⚫ AE ① 🔥

Margherita di Pula – ℰ 07 09 21 71 – www.fortevillageresort.com

– Fax 0 70 92 12 46 – 15 aprile-15 ottobre

102 cam – solo ½ P 230/555 €   **Rist** – (chiuso a mezzogiorno) Menu 95 €

♦ Adagiata nel parco all'ombra di alberi secolari, la struttura offre ampie camere arredate in caldi colori: una proposta ideale per una vacanza di tranquillità, riposo e mare. Numerose attività di animazione per i piccoli ospiti.

PUNTALDIA – Olbia-Tempio (104) – Vedere San Teodoro

QUARTU SANT'ELENA – Cagliari (CA) – **366** Q48 – **70 945 ab.**   **38** B3
– ⊠ 09045

▶ Cagliari 7 – Nuoro 184 – Olbia 288 – Porto Torres 232

Italia senza rist   📶 💆 AC 🛁 ☕ 🌡 P 🚗 VISA ⚫ AE ① 🔥

via Panzini 67 ang. viale Colombo – ℰ 0 70 82 70 70 – Fax 0 70 82 70 71

– chiuso dal 1° all'11 gennaio

83 cam – †50/77 € ††62/96 €, � 8 €

♦ A poco più di un km dalla spiaggia del Poetto, moderna struttura di sette piani frequentata anche da una clientela d'affari. Le camere sono spaziose e funzionali, dotate di angolo cottura.

Hibiscus   🏮 AC VISA ⚫ AE ① 🔥

via Dante 81 – ℰ 0 70 88 13 73 – www.antoniofigus.it – Fax 07 08 80 50 84

– chiuso sabato a mezzogiorno, domenica

Rist – Carta 35/65 €

♦ Nelle sale della dimora liberty o nella suggestione della fresca corte mediterranea, potrete scegliere tra una creativa cucina di pesce o una "bisteccheria" su griglia a carboni.

ROMAZZINO – Olbia-Tempio (104) – **366** S37 – Vedere Arzachena : Costa Smeralda

---

SAN PANTALEO – Olbia-Tempio (OT) – **366** R37 – alt. 169 m   **38** B1
– ⊠ 07020

▶ Cagliari 306 – Olbia 21 – Sassari 124

Rocce Sarde ⚜   ⟨ 🚗 🏮 ⚒ 🍴 ☕ AC 🛁 ☕ 🌡 P VISA ⚫ AE ① 🔥

località Milmeggiu, Sud-Est : 3 km – ℰ 0 78 96 52 65 – www.roccesarde.com

– Fax 0 78 96 52 68 – maggio-ottobre

80 cam ⊑ – †119/206 € ††150/302 € – 10 suites – ½ P 90/166 €

Rist – Menu 35/45 €

♦ Lontano dal caos e dalla mondanità, questa grande struttura ubicata tra i graniti di San Pantaleo dispone di camere confortevoli, un'invitante piscina e la vista sul golfo di Cugnana. Ampio parco mediterraneo. Cene a lume di candela nel ristorante con terrazza panoramica: piatti fedeli alla tradizione.

Giagoni con cam   🏮 🌡 AC cam, ☕ P VISA ⚫ AE ① 🔥

via Zara 36/44 – ℰ 0 78 96 52 05 – www.giagonigroup.com – Fax 0 78 96 52 98

– aprile-ottobre

15 cam ⊑ – †67/106 € ††110/180 €   **Rist** – (aprile-settembre) Carta 42/86 €

♦ In centro paese, la risorsa ospita rustiche salette ed ambienti freschi, nonché luminosi: spumeggiante la cucina, che passa dalla tradizione a piatti più moderni. Dispone anche di accoglienti camere per una sosta più prolungata.

SAN PIETRO (isola di) – Carbonia-Iglesias (CI) – 6 692 ab. **38** A3

CARLOFORTE (CI) – **366** K49 – ✉ 09014 **38** A3

🚢 per Portovesme di Portoscuso e Calasetta – Saremar, call center 892 123

🛈 corso Tagliafico 2 ℰ 0781 854009, info@prolococarloforte.it,
Fax 0781 854009

🏨 **Riviera** senza rist ≤ 🛗 ⅗ 🆎 ⟨¹⟩ 🆅🆂🅰 ⓜⓑ 🅰🅴 ⓞ ⚲

*corso Battellieri 26 – ℰ 07 81 85 41 01 – www.hotelriviera-carloforte.com
– Fax 07 81 85 60 52*
43 cam ⌧ – †75/120 € ††120/190 €
♦ Lungomare, un design inaspettatamente moderno accoglie i clienti; forme sobrie e lineari
si ripetono nelle camere dai colori pastello; suggestiva la terrazza panoramica che abbraccia
paese e mare.

🏨 **Hieracon** ≤ 🚗 🏡 🛗 🆎 ⟨¹⟩ 🆅🆂🅰 ⓜⓑ ⚲
🐌
*corso Cavour 62 – ℰ 07 81 85 40 28 – www.hotelhieracon.com
– Fax 07 81 85 48 93*
23 cam ⌧ – †60/90 € ††110/220 € – ½ P 105/135 €
Rist – *(chiuso a mezzogiorno)* Carta 20/44 €
♦ Elegante edificio liberty di fine Ottocento affacciato sul lungomare arredato con elementi
d'antiquariato e materiali raffinati; tutto intorno il giardino con una chiesetta del Settecento.
Ristorante classico che dispone anche di un piacevole dehors estivo dove gustare un'ottima
cucina di mare.

🏨 **Nichotel** senza rist 🛗 ⅗ 🆎 ⌗ 🆅🆂🅰 ⓜⓑ 🅰🅴 ⓞ ⚲

*via Garibaldi 7 – ℰ 07 81 85 56 74 – www.nichotel.it – Fax 08 71 85 56 30
– marzo-ottobre*
17 cam ⌧ – †65/120 € ††90/200 €
♦ Inaugurato nel 2007, piacevole hotel in un vicolo del centro con spazi comuni un po' limitati, ma in grado di offrire camere di grande charme: caratteristici pavimenti con inserti provenienti dalle vecchie case carlofortine.

✕✕ **Al Tonno di Corsa** 🏡 🆎 ⟳ 🆅🆂🅰 ⓜⓑ 🅰🅴 ⓞ ⚲

*via Marconi 47 – ℰ 07 81 85 51 06 – www.tonnodicorsa.it – Fax 07 81 85 51 06
– chiuso dal 15 gennaio al 28 febbraio, lunedì (escluso luglio-agosto)*
Rist – Carta 38/62 €
♦ Un locale vivace e colorato, due incantevoli terrazze affacciate sui tetti del paese dove
gustare uno sfizioso menu dedicato al tonno e un modellino di tonnara che illustra tutte le
fasi della pesca.

✕✕ **Da Nicolo** 🏡 🆅🆂🅰 ⓜⓑ 🅰🅴 ⓞ ⚲

*corso Cavour 32 – ℰ 07 81 85 40 48 – www.danicolo.com – Fax 07 81 85 74 38
– Pasqua-settembre*
Rist – Carta 43/88 €
♦ Strategica posizione sulla passeggiata, dove si svolge il servizio estivo in veranda, ma il
locale è frequentato soprattutto per la qualità della cucina: di pesce con specialità carlofor-
tine. E il tonno, avant tout.

SANTA MARGHERITA – Cagliari – **366** O50 – Vedere Pula

SANT' ANTIOCO – Carbonia-Iglesias (CI) – **366** L49 – 11 771 ab. **38** A3
– ✉ 09017 ▯ Italia

▶ Cagliari 92 – Calasetta 9 – Nuoro 224 – Olbia 328

◉ Vestigia di Sulcis★ : tophet★, collezione di stele★ nel museo

✕✕ **Moderno-da Achille** con cam 🆎 cam, ⅗ rist, ⟨¹⟩ 🆅🆂🅰 ⓜⓑ 🅰🅴 ⓞ ⚲

*via Nazionale 82 – ℰ 0 78 18 31 05 – www.albergoristorantemoderno.com
– Fax 07 81 84 02 52*
15 cam ⌧ – †54/60 € ††92/100 € – ½ P 82/87 €
Rist – *(aprile-settembre)* Carta 37/60 €
♦ Un ambiente originale nelle mani di un abile chef, in grado di soddisfare il palato del
cliente con proposte gastronomiche tradizionali e specialità sarde.

Il piacere può durare un secondo.

O una vacanza intera.

Costa Deliziosa. La nave del puro piacere.

Un nuovo gioiello, una nuova tentazione Costa.
Lasciatevi coccolare a bordo, per scoprire in mare
i piaceri più deliziosi della Terra.

Costa
CROCIERE
La vacanza che ti manca.

La Guida MICHELIN

Una collana da gustare!

Belgique & Luxembourg
Deutschland
España & Portugal
France
Great Britain & Ireland
Italia
Nederland
Portugal
Suisse-Schweiz-Svizzera
Main Cities of Europe

Ed anche:

Hong Kong Macau
Kyoto Osaka
London
New York City
Paris
San Francisco
Tokyo

SANTA REPARATA – Olbia-Tempio (OT) – **366** Q36 – Vedere Santa Teresa Gallura

SANTA TERESA GALLURA – Olbia-Tempio (OT) – **366** Q36   **38** B1
– 5 052 ab. – ⊠ 07028

> ▶ Olbia 61 – Porto Torres 105 – Sassari 103
> 🖪 piazza Vittorio Emanuele 24 𝒞 0789 754127, turismo@
> comunesantateresagallura.it, Fax 0789 754185
> 🖸 Arcipelago della Maddalena★★

🏨 **Corallaro** 🌦   ≤ 🚿 ⅃ ⍟ 🎿 🛗 🏊 ⅙ cam, 🆎 💱 rist, ⟨ȶⱦ⟩ 🖿 🅿
spiaggia Rena Bianca – 𝒞 07 89 75 54 75   𝚅𝙸𝚂𝙰 ⓪ 💲
– www.hotelcorallaro.it – Fax 07 89 75 54 31
– maggio-10 ottobre
85 cam ⊑ – 🛉85/190 € 🛉🛉105/235 € – ½ P 70/135 €
Rist – (chiuso a mezzogiorno escluso da maggio a settembre) (solo per
alloggiati)
♦ Immerso nella rigogliosa macchia mediterranea con vista sulle Bocche di Bonifacio, un
hotel moderno dalle camere confortevoli e ben arredate ed una nuova piscina solarium. A
due passi dalla bianca spiaggia.

🏠 **Marinaro** senza rist   🛗 🆎 𝚅𝙸𝚂𝙰 ⓪ 🅰🅴 💲
via Angioy 48 – 𝒞 07 89 75 41 12 – www.hotelmarinaro.it – Fax 07 89 75 58 17
– marzo-novembre
27 cam ⊑ – 🛉50/120 € 🛉🛉75/150 €
♦ Sito nel centro ma non distante dalla spiaggia, un'edificio dal tipico disegno architettonico
locale con ambienti arredati nelle rilassanti tinte del verde e del giallo.

🏠 **Da Cecco** senza rist   🛗 🆎 💱 🅿 𝚅𝙸𝚂𝙰 ⓪ 🅰🅴 ⓪ 💲
via Po 3 – 𝒞 07 89 75 42 20 – www.hoteldacecco.com – Fax 07 89 75 56 34
– aprile-ottobre
30 cam ⊑ – 🛉49/75 € 🛉🛉66/110 €
♦ A ridosso della spiaggia, un grazioso hotel a gestione familiare dai semplici, ma accoglienti spazi ed una terrazza-solarium con vista sulle Bocche di Bonifacio.

a Santa Reparata Ovest : 3 km – ⊠ 07028 Santa Teresa Gallura

🍴🍴 **S'Andira**   🚿 🍽 🅿 𝚅𝙸𝚂𝙰 ⓪ 🅰🅴 💲
via Orsa Minore 1 – 𝒞 07 89 75 42 73 – www.sandira.it – Fax 07 89 75 42 73
– maggio-settembre
Rist – Carta 40/60 €
♦ Un indirizzo di solida gestione e simpatica cortesia: piacevoli sale, nonché grazioso dehors
immerso nel verde della macchia mediterranea. Specialità di pesce in menu.

SAN TEODORO – Olbia-Tempio (OT) – **366** Q36 – 4 020 ab.   **38** B1
– ⊠ 08020

> ▶ Cagliari 258 – Nuoro 77 – Olbia 29 – Porto Torres 146
> 🖪 piazza Mediterraneo 1, 𝒞 0784 865767 info@santeodoroturismo.com,
> Fax 0784 851128
> 🖸 Puntaldia, 𝒞 0784 86 44 77

a Puntaldia Nord : 6 km – ⊠ 08020 San Teodoro

🏨🏨 **Due Lune Resort, Golf & Spa** 🌦   ≤ 🚿 ⅃ ⍟ 🎿 🍽 🖸 🏇
– 𝒞 07 84 86 40 75 – www.duelune.com   🆎 ⟨ȶⱦ⟩ 🏊 🅿 𝚅𝙸𝚂𝙰 ⓪ 🅰🅴 ⓪ 💲
– Fax 07 84 86 40 17 – 10 maggio-5 ottobre
64 cam ⊑ – 🛉175/400 € 🛉🛉286/580 € – 2 suites – ½ P 280/310 €
Rist – Menu 55/60 €
♦ In riva al mare, vicina al campo da golf e circondata da un giardino con prato all'inglese,
una struttura dal confort esclusivo e raffinato dotata di beauty farm e zona relax. In un'elegante sala ristorante interna è possibile farsi servire proposte gastronomiche classiche dai
sapori regionali.

SASSARI 🅿 (SS) – **366** M39 – **129 086 ab.** – alt. 225 m – ⊠ **07100** **38** A1
▐ Italia

▶ Cagliari 211
🛬 di Alghero-Fertilia, Sud-Ovest: 30 km ℰ 079 935219
🛈 via Roma 62 ℰ 079 231777, aastss@tiscalinet.it, Fax 079 231777
piazza Italia 31 ℰ 079 2069000, Fax 079 2069558
◉ Museo Nazionale Sanna★ Z **M** – Facciata★ del Duomo Y
🅖 Chiesa della Santissima Trinità di Saccargia★★ per ③ : 15 km

---

🏠 **Grazia Deledda** senza rist 🎒 &. rist, AC 🛜 🕍 🅿 🚗
viale Dante 47 – ℰ 079 271235 VISA ◑◐ AE ① 🔄
– www.hotelgraziadeledda.it – Fax 079 280884 Za
127 cam � ✝68/84 € ✝✝88/104 €

♦ Centralissimo, hotel di dimensioni importanti che assicura confort omogeneo nei vari settori: rosa e grigio i colori nelle funzionali camere. Moderni servizi congressuali.

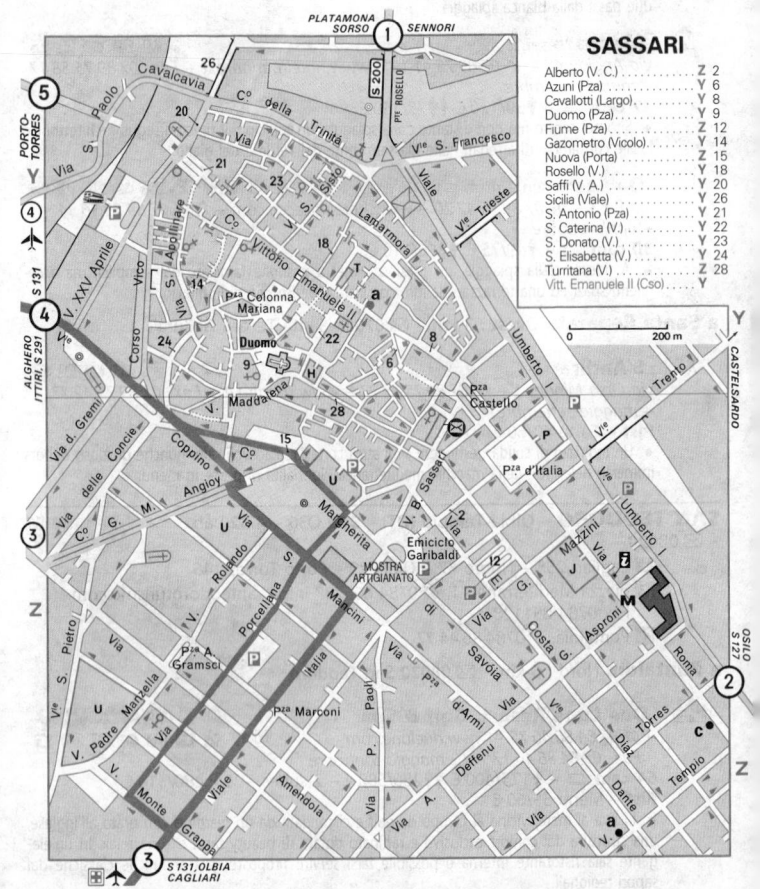

SASSARI

Leonardo da Vinci senza rist · 🛗 AC 🍴 📶 📞 🚫 VISA ⦾ AE ① ⑤

via Roma 79 – ℰ 0 79 28 07 44 – www.leonardodavincihotel.it
– Fax 07 92 85 72 33

116 cam ⊊ – ♦55/85 € ♦♦75/110 €

Zc

◆ Marmi e divani nell'elegante, spaziosa hall che introduce in un centrale albergo di moderna funzionalità, comodo per clientela sia d'affari e congressuale sia turistica.

Carlo Felice 🛗 ἀ cam, AC 🍴 rist, 📶 📞 🚘 P VISA ⦾ AE ① ⑤

via Carlo Felice 43, per via Roma – ℰ 0 79 27 14 40 – www.hotelcarlofelice.it
– Fax 0 79 27 14 42

60 cam ⊊ – ♦50/120 € ♦♦69/154 € – ½ P 60/80 €   **Rist** – Menu 18/30 €

Z

◆ Ubicata in zona periferica, una risorsa recentemente ristrutturata, ideale per la clientela di passaggio offre spazi comuni limitati, ma camere dalle eleganti rifiniture. Ampia, curata sala da pranzo.

XXX **Liberty** 🈺 AC 🍴 ⇔ VISA ⦾ AE ① ⑤

piazza Nazario Sauro 3 – ℰ 0 79 23 63 61 – www.ristoranteliberty.com
– Fax 0 79 23 63 61 – chiuso dal 24 dicembre al 6 gennaio, dal 16 al 22 agosto, domenica

Rist – Carta 40/58 €

Ya

◆ In una piazzetta affacciata sul corso Vittorio Emanuele sorge il palazzetto liberty restaurato dove gusterete pesce freschissimo in ambiente raffinato. Valida cantina sarda.

SENORBÌ – Cagliari (CA) – **366** P46 – **4 626 ab.** – alt. 204 m – ⊠ 09040   38 B3
▶ Cagliari 41 – Oristano 75

🛗 **Sporting Hotel Trexenta** 🌊 🏛 🎠 🛗 AC 🍴 rist, P

via Piemonte – ℰ 07 09 80 93 83 – www.sht.it   VISA ⦾ AE ① ⑤
– Fax 07 09 80 93 86

32 cam – ♦60 € ♦♦70 €, ⊊ 6 € – ½ P 65 €

Rist Severino – (chiuso martedì) Carta 20/40 €

◆ Semplice moderna struttura in centro paese, completamente vocata all'attività sportiva per la quale mette a disposizione una piscina dalle dimensioni olimpioniche. Gestione familiare. Accoglienti la sala da pranzo e il dehors estivo per una cucina sempre molto apprezzata.

SINISCOLA – Nuoro (NU) – **366** T40 – **11 427 ab.** – alt. 42 m – ⊠ 08029   38 B1
▶ Nuoro 47 – Olbia 57

a La Caletta Nord-Est : 6,5 km – ⊠ 08020

🏠 **L'Aragosta** ⦾ 🚘 🈺 🌊 AC 🍴 cam, 🏛 P VISA ⦾ AE ① ⑤

via Ciusa – ℰ 07 84 81 00 46 – www.laragostahotel.com – Fax 07 84 81 05 76

24 cam ⊊ – ♦70/150 € ♦♦90/160 € – ½ P 70/110 €

Rist – Carta 24/105 € (+10 %)

◆ Alle pendici di Montelongu, una struttura semplice e confortevole propone angoli di lettura nell'ampia hall, spaziose camere moderne e due piscine di cui una per bambini. Specialità di mare, cucina nazionale e tipici piatti della gastronomia sarda presso la sobria sala ristorante.

SOLANAS – Cagliari – **366** R49 – Vedere Villasimius

SORGONO – Nuoro (NU) – **366** P43 – **1 822 ab.** – alt. 688 m – ⊠ 08038   38 B2
▶ Cagliari 124 – Nuoro 70 – Olbia 174 – Porto Torres 155

X **Da Nino** con cam P VISA ⦾ AE ⑤

corso IV Novembre 24/26 – ℰ 0 78 46 01 27 – Fax 0 78 46 01 27 – chiuso dicembre-febbraio

17 cam ⊊ – ♦45 € ♦♦60 € – ½ P 50 €   **Rist** – Carta 35/43 €

◆ Una semplice insegna, quindi si attraversa un cortile per arrivare infine al locale in cui si propone una cucina casalinga che predilige la carne e qualche piatto di selvaggina. Semplici negli arredi e confortevoli le camere ai piani.

STINTINO – Sassari (SS) – **366** K38 – ⊠ 07040   38 A1
▶ Alghero 54 – Porto Torres 30 – Sassari 49
🛒, ℰ 03683 10 43 03

Agriturismo Depalmas Pietro 🦋   🛏 🍴 rist, **P** **VISA** **⦿**
località Preddu Nieddu, Ovest : 2 km – ℰ *0 79 52 31 29*
– www.agriturismodepalmas.com
6 cam – 🛏25/40 € 🛏🛏45/75 €, ⌚ 5 € – ½ P 55/65 €
Rist *– (chiuso a mezzogiorno)* (prenotazione obbligatoria) Menu 30/60 €
♦ Una famiglia cordiale vi accoglie in questa risorsa agrituristica nel mezzo della penisola di Stintino, in zona molto tranquilla; arredi essenziali, maneggio nelle vicinanze.

SU GOLOGONE – Nuoro – Vedere Oliena

TEMPIO PAUSANIA – Olbia-Tempio (OT) – 366 P38 – 14 212 ab.   38 B1
– alt. 566 m – ✉ 07029

▶ Cagliari 253 – Nuoro 135 – Olbia 45 – Palau 48
🔃 piazza Mercato 1, ℰ 079 6390080 (Comune)

 Pausania Inn   ≤ 🏠 🍴 🗭 ⬛ & 🚶 ⒶⒸ 🦋 🐟 **P** **VISA** **⦿** **AE** **①** **¿**
strada statale 133, Nord : 1 km – ℰ *0 79 63 40 37 – www.hotelpausaniainn.com*
– Fax 0 79 63 40 72 – chiuso dal 15 al 30 dicembre e dal 5 gennaio al
15 febbraio
60 cam ⌚ – 🛏34/75 € 🛏🛏70/140 € – ½ P 55/90 €
Rist *– (chiuso a mezzogiorno)* Carta 21/37 €
♦ L'ariosa ampiezza degli interni caratterizza una struttura di recente realizzazione, alla periferia nord, valida per visitare la Gallura. Bel dehors e giardino con piscina. Tutta giocata sul bianco e sul legno chiaro la sala ristorante.

 Petit Hotel   🗭 & cam, ⒶⒸ 🦋 rist, 📞 🐟 **VISA** **⦿** **AE** **①** **¿**
piazza De Gasperi 9/11 – ℰ *0 79 63 11 34 – www.petit-hotel.it*
– Fax 0 79 63 17 60
5̄⌂ cam ⌚ – 🛏61 € 🛏🛏89 € – ½ P 62 €   **Rist** – Menu 32 €
♦ In centro, non lontano dalle terme di Rinaggiu, esiste dagli anni '60, ma è stato totalmente ristrutturato di recente questo albergo dai confort moderni; camere spaziose. Ampia sala da pranzo da cui si gode una discreta vista sui monti galluresi.

TORRE DEI CORSARI – Medio Campidano (106) – 366 L45 – Vedere Marina di Arbus

---

TORTOLÌ – Ogliastra (OG) – 366 S44 – 10 394 ab. – alt. 15 m   38 B2
– ✉ 08048

▶ Cagliari 140 – Muravera 76 – Nuoro 96 – Olbia 177
🚢 da Arbatax per: Civitavecchia, Fiumicino e Genova – Tirrenia Navigazione, call center 892 123
🅖 Strada per Dorgali★★★ Nord

🏨 **La Bitta**   ≤ 🏠 🏊 🗭 & cam, ⒶⒸ 🦋 📶 **P** **VISA** **⦿** **AE** **¿**
via Porto Frailis, località Porto Frailis – ℰ *07 82 66 70 80*
– www.arbataxhotels.com – Fax 07 82 66 72 28
63 cam ⌚ – 🛏68/208 € 🛏🛏240/530 € – ½ P 165/336 €
Rist *– (chiuso novembre)* Carta 39/55 €
♦ Direttamente sul mare, una villa signorile con spaziose aree comuni, belle camere diverse negli arredi e nei tessuti, piscina, solarium ed un'oasi relax appartata nel verde. Piatti di pesce e prodotti tipici locali da gustare nella panoramica sala ristorante oppure all'aperto.

🏨 **Arbatasar Hotel**   🏠 🏊 🗭 & ⒶⒸ 📶 📶 **P** **VISA** **⦿** **AE** **①** **¿**
via Porto Frailis 11 – ℰ *07 82 65 18 00 – www.arbatasar.it – Fax 07 82 65 18 00*
43 cam ⌚ – 🛏55/125 € 🛏🛏80/210 € – ½ P 75/135 €
Rist *– (chiuso gennaio, febbraio e novembre)* Carta 30/55 € (+10 %)
♦ Il nome riporta alle origini arabe della località, una villa dai colori caldi e sobri con ampie aree, camere spaziose ed eleganti, una piscina invitante incorniciata da palme. Nell'elegante e raffinata sala da pranzo, proposte di cucina internazionale e regionale realizzate con prodotti locali e pesce del Mare Nostrum.

Il Vecchio Mulino senza rist ▯ 🎐 ⚕ ⚕ AC (🌐) P ⊿

via Parigi, località Porto Frailis – ☏ 07 82 66 40 41 〔VISA〕 ⑩ AE ⚓
– www.hotelilvecchiomulino.it – Fax 07 82 66 43 80 – chiuso dal 19 al 26 dicembre
24 cam ⊐ – ♦40/90 € ♦♦60/140 €
♦ Una struttura dal sapore antico, ospita ambienti signorili arredati in calde tonalità, camere con travi a vista e bagni in marmo ed organizza escursioni in veliero nel Golfo.

La Perla senza rist ⇶ AC ⚕ P 〔VISA〕 ⑩ ⚓

viale Europa 15, località Porto Frailis ⊠ 08041 Arbatax – ☏ 07 82 66 78 00
– www.hotel-laperla.com – Fax 07 82 66 78 10 – aprile-ottobre
10 cam ⊐ – ♦35/85 € ♦♦65/120 €
♦ Poco distante dal mare, piccolo familiare e piacevole, l'albergo è circondato da un ampio giardino e dispone di camere moderne e funzionali.

TRINITÀ D'AGULTU – Olbia-Tempio (OT) – **366** O38 – 2 134 ab. **38** A1
– alt. 365 m – ⊠ 07038

▶ Cagliari 259 – Nuoro 146 – Olbia 75 – Porto Torres 59

ad Isola Rossa Nord-Ovest : 6 km – ⊠ 07038 Trinità d'Agultu

Marinedda ⚘ ⬩ ⮜ ⇶ ⌂ ⌇ ⑩ 🎐 L♨ ⚕ ⚕ ⚕ AC ⚕ (🌐) P

località Marinedda – ☏ 0 79 69 41 85 〔VISA〕 ⑩ AE ⓪ ⚓
– www.delphina.it – Fax 0 79 69 40 26 – aprile-ottobre
206 cam – solo ½ P 188/450 € **Rist** – Menu 40/70 €
♦ Tipica struttura sarda in sasso e tufo a pochi metri dalla spiaggia, consta di interni ben arredati, piscine panoramiche, un centro benessere, campi da tennis e da calcetto.

Torreruja ⮜ ⌂ ⌇ ⑩ 🎐 L♨ ⚕ ⚕ ⚕ AC ⚕ (🌐) P 〔VISA〕 ⑩ AE ⓪ ⚓

via Paludedda 1/3 – ☏ 0 79 69 41 55 – www.delphina.it – Fax 0 79 69 41 63
– 16 maggio-8 settembre
124 cam – solo ½ P 156/370 € **Rist** – Menu 50/70 €
♦ In prossimità di incantevoli calette di roccia rossa, un villaggio-hotel di recente costruzione con camere in stile mediterraneo e servizi idonei per una vacanza di relax.

Corallo ⌂ ⌇ ▯ AC ⚕ rist, 〔VISA〕 ⑩ AE ⓪ ⚓

via Lungomare 60 – ☏ 0 79 69 40 55 – www.hotelcorallosardegna.it
– Fax 0 79 69 41 11 – maggio-4 ottobre
35 cam – ♦100/210 € ♦♦100/290 €, ⊐ 9 € – ½ P 85/215 €
Rist – (solo per alloggiati) Menu 35/45 €
♦ Prezioso, come il nome che porta… Nel piccolo borgo di pescatori, con una suggestiva vista sul Golfo dell'Asinara, un hotel di moderna concezione con camere di diverse tipologie, ma dotate di ottimi confort e tecnologie up-to-date. Sapori mediterranei nell'elegante ristorante o sulla panoramica terrazza.

VILLANOVAFORRU – Medio Campidano (VS) – **366** O46 – 689 ab. **38** A3
– alt. 324 m – ⊠ 09020

▶ Cagliari 62 – Iglesias 71 – Nuoro 142 – Olbia 246

I Lecci ⚘ ▯ ⚕ AC (☎) ⚕ P 〔VISA〕 ⑩ AE ⓪ ⚓

viale del Rosmarino, località Funtana Jannus Nord-Ovest : 1 km ⊠ 09020
– ☏ 07 09 33 10 22 – www.hotelilecci.com – Fax 07 09 33 10 21
40 cam ⊐ – ♦55/65 € ♦♦75/105 € – ½ P 65/75 € **Rist** – Carta 18/45 €
♦ Isolato e raccolto tra le colline, al limitare di un viale di rosmarini, all'interno custodisce ambienti semplici e spaziosi. Ideale per la clientela turistica come per chi viaggia per lavoro. Un'unica grande sala per il ristorante per una cucina di carne e di pesce, piatti sardi e nazionali.

Le Colline senza rist ⚘ AC P 〔VISA〕 ⑩ AE ⓪ ⚓

viale del Rosmarino, Nord-Ovest: 1 km, località Funtana Jannus
– ☏ 07 09 30 01 23 – Fax 07 09 30 01 34 – chiuso dal 3 al 17 gennaio
20 cam – ♦50/65 € ♦♦75/85 €, ⊐ 5 €
♦ Immerso in un riposante paesaggio collinare e poco distante dai siti archeologici di epoca nuragica, dispone di camere semplici e confortevoli. Chiedete quelle con vista sulla vallata.

VILLASIMIUS – Cagliari (CA) – 366 S49 – 3 430 ab. – alt. 44 m 38 B3
– ✉ 09049

Cagliari 49 – Muravera 43 – Nuoro 225 – Olbia 296

Simius Playa
cam, rist,

via del Mare – ☎ 07 07 93 11 – www.simiusplaya.com
– Fax 0 70 79 15 71 – 25 aprile-25 ottobre

49 cam – 130/230 € 150/300 € – 2 suites – ½ P 220/230 €

Rist – *(10 maggio-15 ottobre)* Carta 40/79 € (+15 %)

♦ Cinta da un fresco giardino di fiori, al termine di una strada che conduce al mare, la nivea costruzione conserva nei suoi ambienti un'atmosfera che concilia gusto sardo e moresco. La carta propone piatti eleborati e fantasiosi, fuori dal solito cliché alberghiero. D'estate si cena in terrazza.

Cala Caterina

via Lago Maggiore 32, Sud : 4 km – ☎ 0 70 79 74 10 – www.hotelphilosophy.com
– Fax 0 70 79 74 73 – 8 maggio-26 settembre

48 cam – 157/460 € 244/640 € **Rist** – *(solo per alloggiati)*

♦ Perfetta per una vacanza di silenzio e relax, nella semplice eleganza dell'isola, una bella bella costruzione ad arco in colori pastello che si ripeteranno anche all'interno. Rivolta verso il giardino, la raffinata sala ristorante.

a Solanas Ovest : 11 km – ✉ 09048 Villasimius

Da Barbara

strada provinciale per Villasimius – ☎ 0 70 75 06 30 – Fax 0 70 75 06 30
– 15 marzo-settembre; chiuso mercoledì escluso da luglio a settembre

Rist – (consigliata la prenotazione la sera) Carta 27/44 €

♦ Tutto ruota intorno a tre elementi: la freschezza del pesce, testimoniata dall'espositore dove ci si ferma a scegliere, la griglia a legna e la passione per la ristorazione di un'intera famiglia.

Taormina Teatro greco

SICILIA

ACI CASTELLO – Catania (CT) – **365** AZ58 – **18 107 ab.** – ⊠ 95021   **40** D2
🏛 Sicilia

    �" Catania 9 – Enna 92 – Messina 95 – Palermo 217
    ◎ Castello★

🏠   **President Park Hotel** ⍟   ⟵ 🛏 🖾 ♦ 🅰🅲 ⌾ rist, ⁽¹⁾ � 🅿
     via Vampolieri 49, Ovest : 1 km – ℰ 09 57 11 61 11   𝗩𝗜𝗦𝗔 ⓿❾ 🅰🅴 ⓪ 🕉
     – www.presidentparkhotel.com – Fax 09 52 77 55 69
     96 cam ⌨ – ✝70/134 € ✝✝95/188 € – ½ P 95/100 €   **Rist** – Carta 30/50 €
     ♦ In zona residenziale, a monte della località, un complesso di struttura semicircolare, con bella piscina al centro. Sia per la clientela d'affari che turistica. Sala da pranzo di impostazione moderna.

ad Aci Trezza Nord-Est : 2 km – ⊠ 95026

    ◎ Faraglione dei Ciclopi★

✗   **La Cambusa del Capitano**   🏠 🅰🅲 𝗩𝗜𝗦𝗔 ⓿❾ 🅰🅴 ⓪ 🕉
     via Marina 65 – ℰ 0 95 27 62 98 *– Fax 0 95 27 62 98 – chiuso novembre*
     e mercoledì
     Rist – Carta 32/42 €
     ♦ Semplicissimo ristorante in riva al mare, offre i gustosi prodotti della pescosa riviera dei Ciclopi. Simpatica atmosfera familiare, per un locale tipico ed accogliente.

ACIREALE – Catania (CT) – **365** BA58 – **52 862 ab.** – alt. 161 m   **40** D2
– ⊠ 95024 🏛 Sicilia

    �" Catania 17 – Enna 100 – Messina 86 – Palermo 225
    🖃 via Scionti 15 ℰ 095 891999, info@acirealeturismo.it, Fax 095 893134
    ◎ Piazza del Duomo★★ – Facciata★ della chiesa di San Sebastiano

🏠   **Grande Albergo Maugeri**   🏠 🖾 🅰🅲 ⌾ ⁽¹⁾ 🚱 🅿 ⌷
⍟   *piazza Garibaldi 27 –* ℰ 0 95 60 86 66   𝗩𝗜𝗦𝗔 ⓿❾ 🅰🅴 ⓪ 🕉
     – www.hotel-maugeri.it – Fax 0 95 60 87 28
     59 cam ⌨ – ✝60/130 € ✝✝90/200 € – ½ P 70/120 €
     Rist *Opera Prima* – Carta 21/40 €
     ♦ Comodo per chi vuole dedicarsi allo shopping così come alla visita del centro storico, è un albergo di tradizione recentemente ristrutturato che offre camere moderne accuratamente arredate. La cucina tipica dell'isola presso il ristorante.

a Santa Tecla Nord : 3 km – ⊠ 95024

🏛   **Santa Tecla Palace** ⍟   ⟵ 🛏 ✗ 🖾 🅰🅲 ⌾ ⁽¹⁾ 🚱 🅿
     via Balestrate 100 – ℰ 09 57 63 40 15   𝗩𝗜𝗦𝗔 ⓿❾ 🅰🅴 ⓪ 🕉
     – www.hotelsantatecla.it – Fax 09 56 07 70 05
     176 cam ⌨ – ✝112/170 € ✝✝144/240 € – 9 suites – ½ P 122/146 €
     Rist – Carta 42/60 €
     ♦ Situata lungo la Riviera dei limoni e ristrutturata in tempi recenti, la risorsa ospita ampi spazi comuni, nonché camere i cui mobili - realizzati partendo da materiali locali - ricordano i colori del vulcano, del cielo, del mare. Dalle cucine, i sapori e i profumi classici della tradizione gastronomica siciliana.

ACI TREZZA – Catania – **365** AZ58 – Vedere Aci Castello

AGRIGENTO Ⓟ (AG) – **365** AQ60 – 59 152 ab. – alt. 326 m – ✉ 92100   **39** B2
▮ Sicilia

▷ Caltanissetta 58 – Palermo 128 – Siracusa 212 – Trapani 175

🅩 viale della Vittoria 255 ℰ 0922 401352, info@apt.agrigento.it,
Fax 0922 25185

🅞 Valle dei Templi★★★ Y : Tempio della Concordia★★★ **A**,Tempio di Hera
Lacinia★★ **B**, Tempio di Eracle★★ **C**, Tempio di Zeus Olimpio★ **D**, Tempio
dei Dioscuri★★ **E** – Museo Archeologico Regionale★ Y **M1** – Quartiere
ellenistico-romano★ Y **G** – Giardino della Kolymbetra★ Y - Sarcofago
romano★★ e ≤★ dalla chiesa di San Nicola Y **N** – Città moderna★ :
altorilievi★ nella chiesa di Santo Spirito★ Z interno★ e soffitto
ligneo★ della Cattedrale

🏨 **Colleverde Park Hotel**   🚗 🏠 📶 🔥 cam, 🆎 📺 rist, ⒯ 🛁 Ⓟ
via dei Templi – ℰ 0 92 22 95 55   🆅🅸🆂🅰 ⓪ 🅰🅴 ⓞ 🔶
– www.colleverdehotel.it – Fax 0 92 22 90 12   Y**m**
53 cam ⊈ – ♦90/120 € ♦♦120/190 €
Rist – (chiuso a mezzogiorno) Carta 30/44 €
◆ Tra la zona archeologica e la città, edificio moderno dagli accoglienti e colorati salotti.
Camere variamente arredate, alcune in stile siciliano: possibilità, optare per quelle con
vista sulla Valle dei Templi. Gustose specialità regionali al ristorante.

🏨 **Antica Foresteria Catalana** senza rist   🆎 ⒯ 🆅🅸🆂🅰 ⓪ 🅰🅴 🔶
piazza Lena 5 – ℰ 0 92 22 04 35 – Fax 0 92 22 04 35   Z**c**
9 cam – ♦45/55 € ♦♦75/85 €, ⊈ 3 €
◆ In pieno centro storico, poco lontano dal Duomo e dal teatro Pirandello. Albergo che si
presenta con particolare personalità e fascino, ma anche con una certa eleganza.

🍴 **Trattoria dei Templi**   🏠 🆎 ⟳ 🆅🅸🆂🅰 ⓪ 🅰🅴 ⓞ 🔶
via Panoramica dei Templi 15 – ℰ 09 22 40 31 10 – www.trattoriadeitempli.com
– Fax 09 22 40 31 10 – chiuso dal 30 giugno al 10 luglio, domenica in luglio-
agosto e venerdì negli altri mesi   Y**d**
Rist – Carta 25/38 €
◆ Nient'altro che specialità di mare, fresco e di preparazione classica. Altrettanto valida la
gestione che vanta una lunga esperienza nel campo delllla ristorazione.

In una località, quale scegliere tra due esercizi della stessa categoria?
Sappiate che in ogni categoria le risorse sono elencate in ordine di
preferenza: le migliori, per prime.

sulla strada statale 115

🏨 **Baglio della Luna** 🌳   ≤ 🚗 🏠 🆎 ⒯ Ⓟ 🆅🅸🆂🅰 ⓪ 🅰🅴 ⓞ 🔶
contrada Maddalusa - strada statale 640 km. 4.150,Valle Dei Templi ✉ 92100
– ℰ 09 22 51 10 61 – www.bagliodellaluna.com – Fax 09 22 59 88 02
24 cam ⊈ – ♦140/260 € ♦♦180/300 € – 1 suite – ½ P 128/188 €   Y**b**
Rist Il Dehors – (chiuso lunedì a mezzogiorno) Carta 38/61 € (+10 %)
◆ Nella pace della campagna un baglio sapientemente ristrutturato, con vista sulla Valle dei
Templi, ricavato da un'antica torre d'avvistamento, cinto da un giardino fiorito. Tappa gastro-
nomica siciliana al ristorante.

al Villaggio Mosè per ③ : 3 km :

🏨 **Grand Hotel Mosè**   ⟆ 📶 🔥 🆎 📺 🛁 Ⓟ 🆅🅸🆂🅰 ⓪ 🅰🅴 ⓞ 🔶
viale Leonardo Sciascia ✉ 92100 – ℰ 09 22 60 83 88 – www.iashotels.com
– Fax 09 22 60 83 77
96 cam ⊈ – ♦66/88 € ♦♦100/140 € – ½ P 65/85 €
Rist – (marzo-ottobre) Carta 24/39 €
◆ L'edificio richiama i celebri templi, ma la clientela è commerciale come la zona in cui
sorge l'albergo. Camere semplici, dalle dimensioni generose.

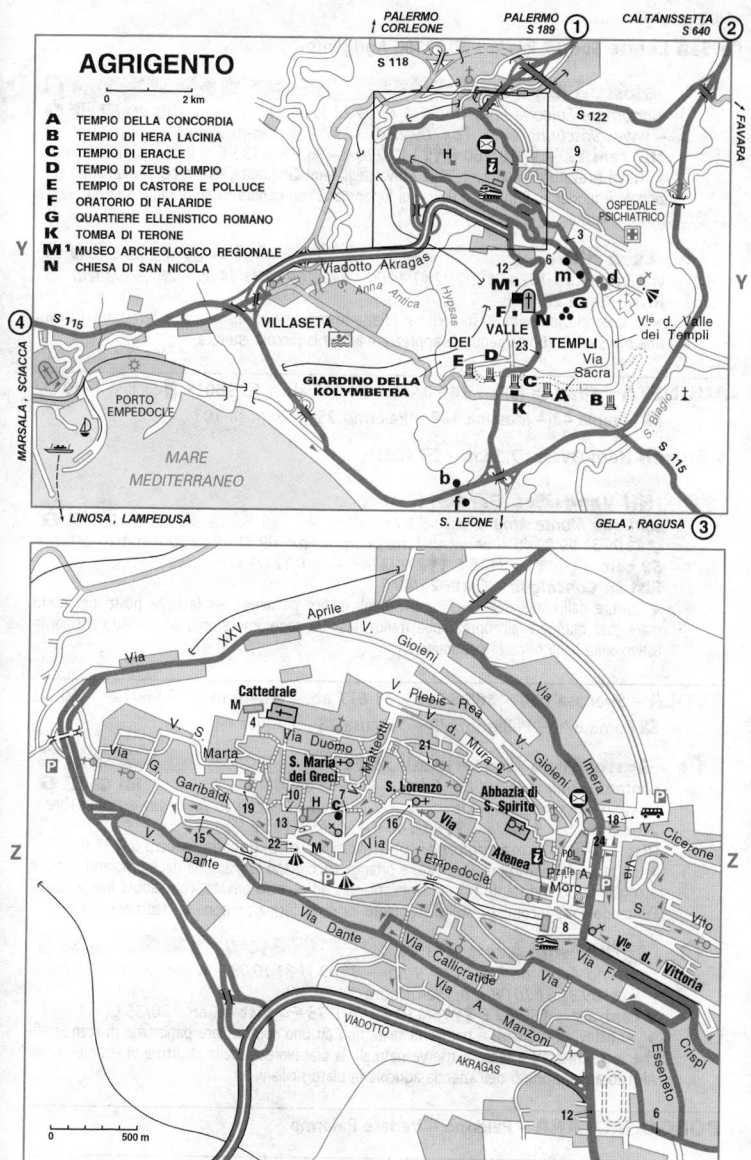

AGRIGENTO

A TEMPIO DELLA CONCORDIA
B TEMPIO DI HERA LACINIA
C TEMPIO DI ERACLE
D TEMPIO DI ZEUS OLIMPIO
E TEMPIO DI CASTORE E POLLUCE
F ORATORIO DI FALARIDE
G QUARTIERE ELLENISTICO ROMANO
K TOMBA DI TERONE
M¹ MUSEO ARCHEOLOGICO REGIONALE
N CHIESA DI SAN NICOLA

Circolazione regolamentata nel centro città

a San Leone Sud : 7 km Y – ⊠ 92100 Agrigento

Dioscuri Bay Palace ⬳ 🎋 ⌇ |♦| ⌖ AC 🎋 rist, "¶" 🚴 **P**
lungomare Falcone-Borsellino 1 – ℰ 09 22 40 61 11 VISA ⬤⬤ AE ⓪ 🎋
– www.dioscurihotel.it – Fax 09 22 41 12 97 – marzo-novembre
102 cam ⌂ – ♟110/160 € – ♟♟140/220 € – ½ P 95/135 € **Rist** – Carta 31/49 €
♦ Hotel ricavato da una ex colonia estiva degli anni Cinquanta, risulta oggi una risorsa funzionale e moderna. E in più si trova sul lungomare, con panorama sui templi. Sala da pranzo fresca e ariosa.

XX Leon d'Oro 🎋 ⌖ AC VISA ⬤⬤ AE ⓪ 🎋
via Emporium 102 – ℰ 09 22 41 44 00 – Fax 09 22 41 44 00 – chiuso lunedì
Rist – Carta 26/38 €
♦ Una conduzione entusiastica che si riflette in proposte di mare assai interessanti. La cantina offre validi abbinamenti, da apprezzare anche la piccola enoteca.

AUGUSTA – Siracusa (SR) – 365 BA60 – 34 045 ab. – ⊠ 96011 ▌ Sicilia **40** D2
▶ Catania 42 – Messina 139 – Palermo 250 – Ragusa 103

a Brucoli Nord-Ovest : 7,5 km – ⊠ 96010

NH Venus Sea Garden Resort ⬳ ⬳ 🎋 ⌇ 🎋 ⌇ ⌖ 🏃
contrada Monte Amara, Est : 3,5 km AC 🎋 🚴 **P** VISA ⬤⬤ AE ⓪ 🎋
– ℰ 09 31 99 89 46 – www.nh-hotels.com – Fax 09 31 99 89 50 – marzo-ottobre
59 cam ⌂ – ♟163/178 € – ♟♟214/234 € – ½ P 121/131 €
Rist *La Conchiglia* – Carta 26/49 €
♦ Partire dallo stile delle architetture degli edifici, passando per la bella posizione fronte mare, per giungere all'apprezzabile tranquillità. Un soggiorno stupendo. Servizio ristorante estivo sulla bella terrazza panoramica.

AVOLA – Siracusa (SR) – 365 AZ62 – 31 677 ab. – alt. 40 m – ⊠ 96012 **40** D3
▶ Roma 879 – Palermo 279 – Siracusa 28 – Ragusa 64

⌂ Agriturismo Masseria sul Mare ⬳ ⌖ AC 🎋 rist, **P**
contrada Gallina, Nord-Est: 5 km – ℰ 09 31 56 01 01 VISA ⬤⬤ AE 🎋
– www.masseriasulmare.it – Fax 09 31 56 01 01 – chiuso febbraio e novembre
20 cam ⌂ – ♟45/75 € – ♟♟80/140 € – ½ P 63/105 €
Rist – (chiuso a mezzogiorno) (prenotazione obbligatoria) Menu 25/35 €
♦ 50 ettari di coltivazioni, frumento e ortaggi, circondano la masseria dagli ambienti curati e accoglienti; poco distante l'incantevole spiaggia ad accesso privato, con sabbia fine e scogli. Puntando sull'agricoltura e sull'allevamento locali, la cucina propone le tradizioni siciliane.

⌂ Agriturismo Avola Antica ⬳ ⬳ 🎋 ⌇ AC 🎋 **P** VISA ⬤⬤ 🎋
🐎 *contrada Avola antica, Nord: 9 Km* – ℰ 09 31 81 10 08 – www.avolaantica.it
– Fax 09 31 81 10 08 – aprile-ottobre
9 cam ⌂ – ♟50/67 € – ♟♟76/110 € – ½ P 75 € **Rist** – Carta 20/35 €
♦ Armatevi di pazienza e partite in salita fino ad uno spettacolare panorama di scenografiche rocce, muretti a secco e riserve naturali: la piacevolezza della struttura vi ricompenserà! Al ristorante, prodotti dell'azienda agricola in piatti siciliani.

BORGO MOLARA – Palermo – Vedere Palermo

BRUCOLI – Siracusa – 365 BA60 – Vedere Augusta

CALTAGIRONE – Catania (CT) – 365 AW60 – 39 447 ab. – alt. 608 m **40** C2
– ⊠ 95041 ▌ Sicilia
▶ Agrigento 153 – Catania 64 – Enna 75 – Ragusa 71
🛈 via Volta Libertini 4 ℰ 0933 53809, aastcaltagirone@virgilio.it,
Fax 0933 54610
▣ Villa Comunale★ – Scala di Santa Maria del Monte★

⭢ NH Villa San Mauro ⭢ 🗋 ⏃ 📶 ⎚ ✣✣ 🄰🄲 ⅏ rist, 🛜 🔐 🄿

via Portosalvo 14 – 𝒞 *09 33 26 50 00*   🆅🅸🆂🅰 ⓤ🄾 🄰🄴 🄾 🄳
– www.nh-hotels.it – Fax 09 33 31 16 61

91 cam � – 🍴60/86 € 🍴🍴79/115 € – ½ P 75/82 €   **Rist** – Carta 27/44 €

◆ Albergo ristrutturato di recente, ubicato ai margini della località, presenta interni signorili ed eleganti. Le camere sono ben arredate, gli accessori davvero attuali. Curato ristorante, cucina siciliana.

sulla strada statale 124 Nord : 5 km:

⭡ Villa Tasca ⌂ ✳ ⏃ 🔐 🄿 🆅🅸🆂🅰 ⓤ🄾 🄰🄴 🄾 🄳

contrada Fontana Pietra S.P. 37/II ☒ 95041 – 𝒞 *09 33 22 27 60*
– www.villatasca.it – Fax 09 33 35 12 69 – chiuso dal 10 gennaio al 10 febbraio e dal 5 al 30 novembre
10 cam ⊡ – 🍴45/80 € 🍴🍴80/150 €
Rist – (prenotazione obbligatoria) Menu 25/35 €

◆ In posizione defilata e tranquilla, tenuta agricola sapientemente riadattata. Ampi spazi aperti, grande piscina, maneggio con cavalli per passeggiate. Cucina casalinga.

CALTANISSETTA 🄿 (CL) – 365 AT59 – 60 139 ab. – alt. 588 m   40 C2
– ☒ 93100 ▐ Sicilia

❿ Catania 109 – Palermo 127

⭢ San Michele ⮜ ⏃ 🗋 ⏃ cam, 🄰🄲 ⅏ rist, 🛜 🔐 🄿 🆅🅸🆂🅰 ⓤ🄾 🄰🄴 🄾 🄳

via Fasci Siciliani – 𝒞 *09 34 55 37 50 – www.hotelsanmichelesicilia.it*
– Fax 09 34 59 87 91
136 cam ⊡ – 🍴95/105 € 🍴🍴117/130 € – ½ P 83/89 €
Rist – (chiuso 15 giorni in agosto, sabato, domenica e i giorni festivi) (chiuso a mezzogiorno) (solo per alloggiati) Menu 24 €

◆ In posizione periferica e tranquilla, non mancano gli spazi, benché semplici nelle decorazioni. Camere come piccoli gioielli, alcune ulteriormente impreziosite da una vista panoramica. Piatti siciliani e nazionali al ristorante.

CANICATTÌ – Agrigento (AG) – 365 as59 – 34 297 ab. – alt. 470 m   40 C2
– ☒ 92024

❿ Agrigento 39 – Caltanissetta 28 – Catania 137 – Ragusa 133

⭡ Belvedere ⏃ 🄰🄲 ⅏ 🆅🅸🆂🅰 ⓤ🄾 🄰🄴 🄳

via Resistenza 20/22 – 𝒞 *09 22 85 18 60 – www.hotel-belvedere.org*
– Fax 09 22 85 11 46
35 cam ⊡ – 🍴43/60 € 🍴🍴80/90 € – ½ P 55 €
Rist – (chiuso dal 1° al 15 agosto) Carta 17/28 €

◆ Sito nella parte alta della località, a pochi passi dalla stazione centrale, un albergo semplice e familiare che offre un'accoglienza rilassante e spazi raccolti e moderni. Nella sobria sala ristorante, prelibati piatti di cucina mediterranea e sarda.

CANNIZZARO – Catania (CT) – 365 AZ58 – ☒ 95020   40 D2
❿ Catania 7 – Enna 90 – Messina 97 – Palermo 215

⭢⭢ Sheraton Catania Hotel ⮜ ⏃ 🍲 ⅃⅄ ⅏ ⏃ cam, 🄰🄲 ⅏ rist, 🛜

via Antonello da Messina 45 – 𝒞 *09 57 11 41 11*   🛎 🚗 🆅🅸🆂🅰 ⓤ🄾 🄾 🄳
– www.sheratoncatania.com – Fax 09 52 71 38 0
168 cam ⊡ – 🍴115/173 € 🍴🍴159/250 € – 7 suites – ½ P 112/158 €
Rist *Il Timo* – 𝒞 09 57 11 47 64 – Carta 35/55 €

◆ Hotel di classe e tono, fonde con garbo ricettività alberghiera dal confort elevato, all'intensa e ben organizzata attività congressuale. Suggestiva hall e bella piscina. Ristorante curato, adatto per gustare i sapori di Sicilia.

CAPO D'ORLANDO – Messina (ME) – 365 AX55 – 13 023 ab.   40 C1
– ☒ 98071 ▐ Sicilia

❿ Catania 135 – Enna 143 – Messina 88 – Palermo 149
ℹ viale Sandro Volta, angolo via Amendola 𝒞 0941 912784, astcapo@ enterprisenet.it, Fax 0941 912517

🏨 La Tartaruga ⟨ 🏠 🍴 ⟮ ⚏ 🅿 🛗 ✦ ᴀᴄ ❄ 📶 🅿 VISA ⓪ AE ① ⚡

Lido San Gregorio 41 – ⟨ 09 41 95 50 12 – www.hoteltartaruga.it
– Fax 09 41 95 50 56 – chiuso novembre
48 cam – †65/80 € ††100/130 €, ⌷ 5 € – ½ P 85/100 €
Rist *– (chiuso lunedì escluso da giugno ad agosto)* Carta 34/47 €
♦ Ubicato nel vero fulcro turistico della località, questa risorsa, affacciata sulla spiaggia, offre una buona ospitalità grazie a camere confortevoli e alla gestione attenta. Valido e rinomato ristorante gestito da una famiglia di pescatori.

🍴 L'altra Risacca 🍴 ᴀᴄ VISA ⓪ AE ① ⚡

lungomare Andrea Doria 52 – ⟨ 09 41 91 10 27 – chiuso novembre
Rist *– (chiuso lunedì)* Carta 25/45 €
♦ Fronte mare, una sala semplice e sobria: tutti gli sforzi prendono la direzione di una cucina fragrante, sorretta da un ottimo pesce locale.

CAPRI LEONE – Messina (ME) – 365 AX55 – 4 435 ab. – alt. 400 m 40 C2
– ✉ 98070
▶ Catania 184 – Messina 93 – Palermo 144

🍴🍴 Antica Filanda con cam ⬙ ⟨ 🏠 🍴 ᴀᴄ ❄ 📶 🅿 VISA ⓪ AE ① ⚡
😊

contrada Raviola strada statale 157 – ⟨ 09 41 91 97 04 – www.anticafilanda.net
– Fax 09 41 91 95 39
16 cam ⌷ – †75/85 € ††105/125 €
Rist *– (chiuso dal 15 gennaio al 15 febbraio e lunedì)* Carta 31/43 € ❀
♦ La vista unisce mare e monti, ma la cucina sceglie questi ultimi: la tradizione dell'entroterra rivisitata con ottimi prodotti del territorio. Camere nuove ed accoglienti.

CARLENTINI – Siracusa (SR) – 365 AZ60 – 17 509 ab. – alt. 205 m 40 D2
– ✉ 96013
▶ Catania 33 – Messina 130 – Ragusa 77 – Siracusa 44

verso Villasmundo Sud-Est : 4 km

🏠 Agriturismo Tenuta di Roccadia ⬙ 🍴 ᴀᴄ ❄ rist, 📶 🅿
😊
contrada Roccadia ✉ 96013 Carlentini – ⟨ 0 95 99 03 62 VISA ⓪ ⚡
– www.roccadia.com – Fax 0 95 99 03 62
20 cam ⌷ – †53/75 € ††76/110 € – ½ P 75 € **Rist** – Menu 21/45 €
♦ Camere semplici per una vacanza che si svolgerà all'aperto in una tenuta agricola, tra orto botanico ed equitazione. Sala dall'ambientazione rustica al ristorante, dove si utilizzano i prodotti dell'azienda elaborati in ricette isolane.

CASTELBUONO – Palermo (PA) – 365 AT56 – 9 291 ab. – alt. 423 m 40 C2
– ✉ 90013 ▍ Sicilia
▶ Agrigento 155 – Cefalù 22 – Palermo 90
◉ Cappella palatina : stucchi★

🍴 Nangalarruni 🍴 ᴀᴄ VISA ⓪ AE ① ⚡
😊
via Delle Confraternite 5 – ⟨ 09 21 67 14 28 – www.hostariananngalarruni.it
– Fax 09 21 67 74 49 – chiuso mercoledì
Rist – Carta 29/34 € ❀
♦ Pareti con mattoni a vista, grandi e antiche travi in legno sul soffitto ed esposizione di bottiglie, nella sala di origini ottocentesche; piatti tipici del territorio.

CASTELLAMMARE DEL GOLFO – Trapani (TP) – 365 AM55 39 B2
– 14 986 ab. – ✉ 91014 ▍ Sicilia
▶ Agrigento 144 – Catania 269 – Messina 295 – Palermo 61
◉ Rovine di Segesta★★★ Sud : 16 km

🏨 Al Madarig ⟨ 🏠 ⚏ ᴀᴄ ❄ 📶 ⚎ VISA ⓪ AE ① ⚡
piazza Petrolo 7 – ⟨ 0 92 43 35 33 – www.almadarig.com – Fax 0 92 43 37 90
33 cam ⌷ – †59/82 € ††79/124 € – ½ P 62/84 € **Rist** – Carta 25/34 €
♦ Ricorda nel nome l'antico appellativo arabo della località questo hotel ricavato da alcuni vecchi magazzini del porto. Camere semplici e spaziose e una simpatica gestione. La cucina propone i piatti caratteristici della tradizione siciliana.

Punta Nord Est senza rist
viale Leonardo Da Vinci 67 – $\mathcal{C}$ 09 24 30 51 11
– www.puntanordest.com – Fax 09 24 30 07 13 – marzo-ottobre
56 cam 🖵 – †112/119 € ††122/129 € – 1 suite
♦ Sul lungomare, l'accesso diretto alla spiaggia libera, ideale tanto per trascorrere una vacanza quanto per la clientela d'affari, dispone di camere confortevoli e graziose.

Cala Marina senza rist
via Don L. Zangara 1 – $\mathcal{C}$ 09 24 53 18 41 – www.hotelcalamarina.it
– Fax 09 24 53 15 51
14 cam 🖵 – †35/95 € ††40/120 €
♦ Squisita gestione familiare per questa accogliente struttura a pochi metri dal mare, incorniciata dal borgo marinaro. D'estate, anche un servizio di animazione per i più piccoli.

CASTELMOLA – Messina – **365** BA56 – **Vedere Taormina**

CASTROREALE – Messina (ME) – **365** AZ55 – 2 726 ab. – alt. 257 m   40 D1
– ✉ 98053

▶ Catania 142 – Messina 51 – Palermo 203

Country Hotel Green Manors ⚜
borgo Porticato 70, Sud-Ovest : 2 km
– $\mathcal{C}$ 09 09 74 65 15 – www.greenmanors.it – Fax 09 09 64 65 07
8 cam 🖵 – †70/110 € ††100/130 € – 1 suite – ½ P 100 €
Rist – (chiuso a mezzogiorno) (prenotazione obbligatoria) Carta 30/42 €
♦ Una solida costruzione in pietra in una zona tranquilla con camere curate e personalizzate, nonché eleganti spazi comuni di soggiorno. Zona relax con bagno turco ed area massaggi. Al ristorante: cucina attenta ai prodotti biologici e preparazioni salutiste.

CATANIA Ⓟ (CT) – **365** AZ58 – 298 957 ab. – ✉ 95124 ▮ Sicilia   40 D2

▶ Messina 97 – Siracusa 59

✈ di Fontanarossa Sud: 4 km BV $\mathcal{C}$ 095 340505

🛈 via Vittorio Emanuele 172 ✉ 95124 $\mathcal{C}$ 095 7425573, bureau.turismo@comune.catania.it,
Stazione Centrale FS ✉ 95129 $\mathcal{C}$ 095 7306255
Aeroporto Civile Fontanarossa ✉ 95100 $\mathcal{C}$ 095 7306266

◉ Palazzo Biscari★EZ – Piazza del Duomo★ : Duomo★ DZ _ Badia di Sant'Agata★ **B** – Via Crociferi★ DYZ – Via Etnea★: villa Bellini★ DXY – Complesso Monumentale di San Nicolò l'Arena★ DYZ **S8**

Ⓖ Etna★★★

Piante pagine seguenti

Excelsior Grand Hotel
piazza Verga 39 ✉ 95129 – $\mathcal{C}$ 09 57 47 61 11
– www.hotelexcelsiorcatania.com – Fax 09 57 47 67 47   EXa
176 cam 🖵 – †175/270 € ††215/285 € – 6 suites   **Rist** – Carta 37/63 €
♦ Imponente albergo, che dopo la ristrutturazione si situa ai vertici dell'hotellerie catanese: classica sobrietà senza sfarzi negli interni e qualità assoluta nel confort. Raffinata ambientazione in stile e servizio accurato nel ristorante.

UNA Hotel Palace
via Etnea 218 ✉ 95131 – $\mathcal{C}$ 09 52 50 51 11 – www.unahotels.it
– Fax 09 52 50 51 12   DYb
87 cam 🖵 – ††91/405 € – 7 suites   **Rist** – Carta 42/58 €
♦ Imponente struttura inaugurata recentemente nel cuore della via Etnea, l'arteria centrale della città. Palazzo d'inizio '900 ristrutturato con ampi ed eleganti spazi comuni. Ristorante panoramico al roof-garden.

CATANIA

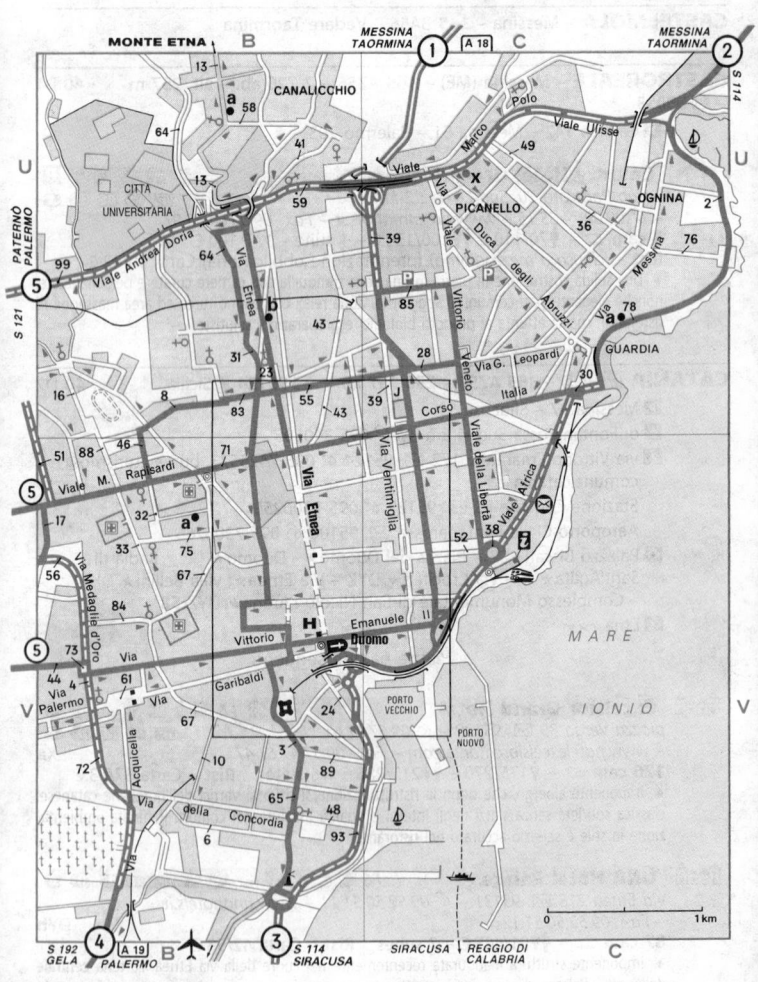

CATANIA

1217

🏨🏨🏨 **Romano Palace** 🚗 🛏 ⌿ 🖥 🛗 ⯑ rist, 🗔 💪 🅿 🍴

viale Kennedy 28, per ③ ✉ 95121 🆚 🌐 AE ⓪ ⑤
– ℰ 09 55 96 71 11 – www.romanopalace.it – Fax 09 55 96 73 33
104 cam ☷ – 🛏220/270 € 🛏🛏290/340 € – ½ P 180/205 €
Rist – Carta 35/68 €
♦ All'inizio della zona balneare detta *plaia*, l'albergo è dedicato all'idea della Sicilia come crocevia di culture diverse: suggestioni arabe ed arredi etnici. Tra il Barocco della città e il mare, un'oasi di incanto dominata dalla magica imponenza dell'Etna. Piatti mediterranei nel ristorante fusion.

🏨🏨🏨 **Katane Palace** 🖥 🛗 ⯑ ⌿ 🗔 🚗 🆚 🌐 AE ⓪ ⑤

via Finocchiaro Aprile 110 ✉ 95129 – ℰ 09 57 47 07 02 – www.katanepalace.it
– *Fax 09 57 47 01 72* EXb
58 cam ☷ – 🛏60/172 € 🛏🛏110/205 € – ½ P 80/138 €
Rist Il Cuciniere – vedere selezione ristoranti
♦ Costruito ex novo e suddiviso in due distinti edifici, gli eleganti interni di questo palazzo degli inizi del Novecento vantano sobri arredi accostati ad antichità di pregio.

🏨🏨🏨 **Villa del Bosco & VdB Next** 🖥 🛗 ⯑ ⌿ 🗔 🚗

via del Bosco 62 ✉ 95125 – ℰ 09 57 33 51 00 🆚 🌐 AE ⓪ ⑤
– *www.hotelvilladelbosco.it – Fax 09 57 33 51 03* BUa
52 cam ☷ – 🛏90/170 € 🛏🛏160/240 € – ½ P 110/150 €
Rist Il Canile – Carta 32/45 €
♦ Sulle prime colline della città, una dimora ottocentesca con mobili d'epoca, decorazioni in stile pompeiano e tappeti. Le camere ubicate nella dépendance sfoggiano uno stile più moderno: colori scuri e forme geometriche. Piatti creativi nell'originale ristorante.

🏨🏨 **Liberty** senza rist 🖥 🛗 ⯑ ⌿ 🗔 🆚 🌐 AE ⓪ ⑤

via San Vito 40 ✉ 95124 – ℰ 0 95 31 16 51 – www.libertyhotel.it
– *Fax 09 57 15 81 99* DYa
18 cam ☷ – 🛏80/120 € 🛏🛏130/160 €
♦ Piccolo ed elegante albergo ricavato in un palazzo in stile liberty degli inizi del '900. Arredi e dotazioni di una certa eleganza. La prima colazione è servita in camera.

🏨🏨 **Il Principe** senza rist 🛁 🖥 🛗 ⯑ ⌿ 🗔 🆚 🌐 AE ⓪ ⑤

via Alessi 24 ✉ 95124 – ℰ 09 52 50 03 45 – www.ilprincipehotel.com
– *Fax 09 53 25 7 99* DYZc
26 cam ☷ – 🛏79/139 € 🛏🛏89/159 €
♦ Sorto dalle ceneri di un palazzo nobiliare ottocentesco, ne conserva ancora diversi elementi originali, intelligentemente coniugati con arredi moderni e lineari.

🏨🏨 **Residence Hotel La Ville** senza rist 🖥 🛗 ⯑ 🗔 💪

via Monteverdi 15 ✉ 95131 – ℰ 09 57 46 52 30 🆚 🌐 AE ⓪ ⑤
– *www.rhlaville.it – Fax 09 57 46 51 89* EYb
14 cam ☷ – 🛏85/100 € 🛏🛏110/125 €
♦ Risorsa del centro ospitata da un edificio di inizio '900. A seguito di un'impeccabile ristrutturazione presenta una bella hall e una graziosa sala colazioni. Camere eleganti.

🏨🏨 **Mediterraneo** senza rist 🛗 ⌿ 🗔 💪 🚗 🆚 🌐 AE ⓪ ⑤

via Dottor Consoli 27 ✉ 95124 – ℰ 0 95 32 53 30
– *www.hotelmediterraneoct.com – Fax 09 57 15 18 18* BVa
63 cam ☷ – 🛏92/130 € 🛏🛏125/180 €
♦ Albergo di taglio moderno, il design contemporaneo assicura funzionalità e un discreto confort. In posizione centrale, si propone soprattutto ad una clientela d'affari.

🏨🏨 **Savona** senza rist 🛗 ⌿ 🆚 🌐 AE ⓪ ⑤

via Vittorio Emanuele 210 ✉ 95124 – ℰ 0 95 32 69 82 – www.hotelsavona.it
– *Fax 0 95 32 69 82* DZb
30 cam ☷ – 🛏50/100 € 🛏🛏70/140 €
♦ In pieno centro storico, a due passi dal Duomo, storico albergo cittadino, all'interno di un palazzo del '700, con gestione familiare giunta alla quarta generazione.

Aga Hotel 🛱 🏠 🖥 👍 AC 🍽 rist, "📶 🕏 🚗 VISA ⚫ AE ① ⅙
viale Ruggero di Lauria 43 ⊠ *95127 –* ℰ *09 58 36 24 06 – www.agahotel.it*
– Fax 09 58 36 23 85   CU**a**
48 cam � – 🍴90/150 € 🍴🍴120/180 € – ½ P 80/110 €
Rist *Agave* – Carta 30/63 €
♦ Ubicata sul lungomare, questa nuova struttura vocata ad una clientela business, non manca di offrire ai suoi ospiti alcune camere con vista sul Mediterraneo. Le stanze sono nello stile attualmente tanto in voga: minimaliste con legno scuro tipo wengé ed inserti in pelle. Cucina moderna e creativa all'Agave.

La Vecchia Palma senza rist   AC "📶 VISA ⚫ AE ① ⅙
via Etnea 668 ⊠ *95128 –* ℰ *0 95 43 20 25 – www.lavecchiapalma.com*
– Fax 0 95 43 11 07   BU**b**
11 cam ⊆ – 🍴50/70 € 🍴🍴80/100 €
♦ Sulla rinomata Via Etnea, una valida gestione familiare ha riconvertito un'affascinante villa liberty in accogliente struttura alberghiera: il barocco siciliano orna gli spazi comuni, mentre romantici affreschi impreziosiscono alcune delle belle camere.

Il Cuciniere – Hotel Katane Palace   🛱 👍 AC 🍽 ✧ VISA ⚫ AE ① ⅙
via Finocchiaro Aprile 110 ⊠ *95129 –* ℰ *09 57 47 07 02 – www.katanepalace.it*
– Fax 09 57 47 01 72   EXY**b**
Rist – *(chiuso a mezzogiorno)* (consigliata la prenotazione) Menu 21/70 €
– Carta 32/60 €
♦ Il dehors nella suggestiva corte interna e raffinate sale per una cucina altrettanto esclusiva. Piatti fortemente creativi sullo stile della tradizione baronale. Il cuoco rivisita con estro gli ingredienti siciliani non disdegnando gli accostamenti più estroversi e scandalosi, come il cioccolato di Modica sul pesce.

La Siciliana   🛱 AC 🍽 VISA ⚫ AE ① ⅙
viale Marco Polo 52/a ⊠ *95126 –* ℰ *0 95 37 64 00 – www.lasiciliana.it*
*– Fax 09 57 22 13 00 – chiuso dal 7 al 21 agosto, domenica sera, lunedì e le sere
dei giorni festivi*   CU**x**
Rist – Carta 28/45 € (+15 %)
♦ E' ormai diventato un locale storico della città questo ristorante tipico di stile classico; la proposta si muove tra piatti della cucina del luogo e altri più tradizionali.

CEFALÙ – Palermo (PA) – **365** AT55 – 13 799 ab. – ⊠ **90015** 📗 Sicilia   **40** C2
▶ Agrigento 140 – Caltanissetta 101 – Catania 182 – Enna 107
🖼 corso Ruggero 77 ℰ 0921 421050, info@cefalù-tour.pa.it, Fax 0921 422386
💿 Posizione pittoresca★★ – Duomo★★ – Osterio Magno★ – Museo
Mandralisca : ritratto d'ignoto★ di Antonello da Messina

Riva del Sole ≤ 🛱 🖥 AC 🍽 "📶 🕏 🅿 🚗 VISA ⚫ AE ① ⅙
lungomare Colombo 25 – ℰ *09 21 42 12 30 – www.rivadelsole.com*
– Fax 09 21 42 19 84 – chiuso novembre
28 cam ⊆ – 🍴90/110 € 🍴🍴100/140 € – ½ P 90/100 €
Rist – Carta 28/44 € (+10 %)
♦ Fronte spiaggia e mare, senza dimenticare il centro storico a due passi, questo albergo moderno dispone di camere rinnovate, alcune con vista sul Tirreno.

La Brace   AC 🍽 VISA ⚫ AE ① ⅙
via 25 Novembre 10 – ℰ *09 21 42 35 70 – www.ristorantelabrace.com*
*– Fax 09 21 42 35 70 – chiuso dal 15 dicembre al 15 gennaio, lunedì, martedì a
mezzogiorno*
Rist – Carta 15/36 €
♦ Una sorta di bistrot, nei vicoli del paese, raccolto e accogliente con una gestione innamorata di questi luoghi. Cucina del territorio, arricchita di tocchi orientali.

Ostaria del Duomo   🛱 AC VISA ⚫ AE ⅙
via Seminario 5 – ℰ *09 21 42 18 38 – www.ostariadelduomo.com*
– Fax 09 21 42 18 38 – marzo-10 novembre
Rist – Carta 26/39 €
♦ Semplice il locale ma strepitosa la posizione, a venti metri dal Duomo arabo-normanno, sulla quale gioca gran parte del successo. Mare e terra in carta. La sera, piano bar.

✗ **La Botte** 🛜 🗚 🕏 ⑭ ⑭ ⑭ ⑪ ⑤

via Veterani 20 – 𝒞 09 21 42 43 15 – Fax 09 21 42 43 15 – chiuso 10 giorni a novembre, dal 21 gennaio al 7 febbraio, lunedì

Rist – Carta 22/53 €

♦ Un "cantuccio" familiare dove sarete conquistati dall'ambiente semplice, ma accogliente e dalla genuinità e freschezza di profumati piatti siciliani a base di pescato.

CHIARAMONTE GULFI – Ragusa (RG) – 365 AX61 – 8 128 ab. 40 D3
– alt. 668 m – ✉ 97012 Sicilia

▶ Agrigento 133 – Catania 88 – Messina 185 – Palermo 257

✗ **Majore** 🗚 🕏 ⑭ ⑭ ⑭ ⑪ ⑤

via Martiri Ungheresi 12 – 𝒞 09 32 92 80 19 – www.majore.it – Fax 09 32 92 86 49 – chiuso luglio e lunedì

Rist – Carta 15/21 €

♦ Il maiale, la sua immancabile presenza nella storia di una famiglia e la lunga tradizione nell'arte di cucinarlo. Majore è tutto questo e la sorpresa finale sarà un conto davvero limitato.

COMISO – Ragusa (RG) – 365 AW62 – 30 002 ab. – ✉ 97013 40 C3

▶ Palermo 229 – Ragusa 23 – Siracusa 105 – Catania 106

⚁ **Agriturismo Tenuta Margitello** ⚘ ⟨ 🛋 ⤢ 🗚 🕏 rist, 🅿

strada statale 115 km 310,700, Est : 3,5 km – 𝒞 09 32 72 25 09 – www.tenutamargitello.com – Fax 09 32 72 25 09

21 cam ⚌ – ♦30/50 € ♦♦60/84 € – ½ P 45/57 €

Rist – *(chiuso a mezzogiorno)* Menu 12/22 €

♦ Sulle pendici dei monti Iblei, avvolto dalla macchia mediterranea, una risorsa che gode di una vista spettacolare. Camere confortevoli e bel giardino con piscina. Il menu presenta un'appetitosa cucina del territorio, a prezzi competitivi.

EGADI (Isole) – Trapani (TP) – 365 AI56 – 4 621 ab. Sicilia 39 A2

◉ Favignana★★ : Cala Rossa★ – Levanzo★ : Grotta del Genovese★ – Marettimo★ : giro dell'isola in barca★★

FAVIGNANA (TP) – 565 N18 – ✉ 91023 39 A2

▧ per Trapani – a Favignana, Siremar, call center 892 123

⌂ **Aegusa** 🛋 🛜 🗚 🕏 ⑭ ⑭ ⑤

via Garibaldi 11/17 – 𝒞 09 23 92 24 30 – www.aegusahotel.it – Fax 09 23 92 24 40 – aprile-ottobre

28 cam ⚌ – ♦100 € ♦♦190 € – ½ P 110 €

Rist – *(aprile-settembre)* Carta 32/41 €

♦ Proprio nel centro del paese, hotel aperto non molti or sono, ricavato in un signorile palazzo. Arredi semplici e freschi che ingentiliscono le già graziose camere. Per i pasti ci si accomoda nel giardinetto esterno.

⌂ **Egadi** 🗚 🕏 🔊 ⑭ ⑭ ⑭ ⑪ ⑤

via Colombo 17/19 – 𝒞 09 23 92 12 32 – www.albergoegadi.it – Fax 09 23 92 12 36 – aprile-ottobre

11 cam ⚌ – ♦65/115 € ♦♦100/200 € – ½ P 100/140 €

Rist – *(chiuso a mezzogiorno)* Carta 40/53 €

♦ Un'accogliente risorsa a gestione familiare nel cuore della località con colorate e funzionali camere in tinte pastello, nonché vista panoramica sul mare e sulla costa. Nella raffinata ed intima sala ristorante, piatti tipici a base di pesce interpretati con creatività.

ENNA 🅿 (EN) – 365 AU58 – 28 125 ab. – alt. 942 m – ✉ 94100 Sicilia 40 C2

▶ Agrigento 92 – Caltanissetta 34 – Catania 83 – Messina 180

🛈 via Roma 413 𝒞 0935 528288, aziendaprovturismoenna@tin.it, Fax 0935 528229

◉ Castello★ : ✳★★★ – Duomo: interno★ e soffitto★ – Torre di Federico★

Sicilia senza rist 🔲 🔲 AC (¹) 👙 VISA ⚫ AE ① ⚡

piazza Colajanni 7 – ℰ *09 35 50 08 50 – www.hotelsiciliaenna.it
– Fax 09 35 50 04 88*
60 cam ☷ – **ǐ**45/70 € **ǐǐ**70/120 €
♦ A cento metri dal Duomo, un albergo a gestione familiare con camere dagli arredi in stile e fantasiose: alcune orientate sulla città, altre sulle motagne.

Centrale 🔲 & AC VISA ⚫ AE ① ⚡

piazza 6 Dicembre 9 – ℰ *09 35 50 09 63 – www.ristorantecentrale.net
– Fax 09 35 50 09 63 – chiuso sabato escluso da giugno a settembre*
Rist – Carta 18/36 €
♦ Ristorante a conduzione familiare, situato come evoca l'insegna nel cuore della città. Un salone dagli alti soffitti con arredi in bilico tra tradizione e modernità. Ogni giorno: gustoso buffet di antipasti.

EOLIE (Isole)★★★ – **Messina (ME)** – 365 AY53 – **12 945 ab.** 🔲 Sicilia   **40** D1
🔲 per Milazzo e Napoli – a Lipari, Siremar, call center 892 123
🔲 Vulcano★★★ – Stromboli★★★ – Lipari★: Museo Archeologico Eoliano★★,
⁂★★★ dal belvedere di Quattrocchi – Salina★ – Panarea★ – Filicudi★
– Alicudi★

LIPARI (ME) – 565 L26 – **11 087 ab.** – ✉ 98055   **40** C1
🔲 corso Vittorio Emanuele 202 ℰ 090 9880095, turismo@aasteolie.191.it,
Fax 090 9811190

Villa Meligunis ⩤ 🔲 🔲 AC ⅍ (¹) 👙 VISA ⚫ AE ① ⚡

via Marte 7 – ℰ *09 09 81 24 26 – www.villameligunis.it – Fax 09 09 88 01 49*
32 cam ☷ – **ǐ**90/200 € **ǐǐ**130/290 € – ½ P 177 €
Rist – (Pasqua-ottobre) Carta 35/50 €
♦ Un edificio storico, la fontana all'ingresso, quadri di arte contemporanea vivacizzano gli spazi comuni: nel caratteristico quartiere di pescatori, una struttura confortevole e di una certa eleganza. Fantastica la vista panoramica dalla sala da pranzo.

Tritone 🔲 🔲 🔲 🔲 & AC ⅍ (¹) 👙 🔲 🚗 VISA ⚫ AE ① ⚡

via Mendolita – ℰ *09 09 81 15 95 – www.bernardigroup.it – Fax 09 09 81 15 95*
38 cam ☷ – **ǐǐ**120/280 € – 1 suite – ½ P 175 €
Rist – (marzo-ottobre) (chiuso a mezzogiorno) Carta 34/45 €
♦ Non lontano dal centro, costruzione moderna con interni di classica eleganza e terrazza panoramica. Ottimo centro benessere con un'ampia scelta di trattamenti estetici e massaggi. Un'unica enorme sala è destinata alla ristorazione, ma d'estate ci si sposta a bordo piscina per il pranzo a buffet.

Aktea ❧ 🔲 🔲 🔲 & AC ⅍ (¹) 👙 🔲 VISA ⚫ AE ① ⚡

via Falcone e Borsellino – ℰ *09 09 81 42 34 – www.hotelaktea.it
– Fax 09 09 81 42 61*
40 cam ☷ – **ǐǐ**320 € – ½ P 160 €   **Rist** – Carta 25/30 €
♦ Recente struttura moderna e di prestigio accolta in due edifici, con molti spazi a disposizione degli ospiti: alcuni originali dettagli richiamano lo stile della casa eoliana.

A' Pinnata senza rist ⩤ 🔲 AC ⅍ (¹) 🔲 VISA ⚫ AE ① ⚡

baia Pignataro – ℰ *09 09 81 16 97 – www.bernardigroup.it – Fax 09 09 81 47 82
– marzo-ottobre*
12 cam ☷ – **ǐ**100/180 € **ǐǐ**150/260 €
♦ Perfetto per chi vi approda con un'imbarcazione, la vecchia piccola pizzeria di un tempo è oggi un hotel dagli spazi arredati con belle ceramiche. Prima colazione in terrazza dalla vista impagabile.

Rocce Azzurre ❧ ⩤ 🔲 🔲 AC cam, ⅍ (¹) VISA ⚫ ⚡

via Maddalena 69 – ℰ *09 09 81 32 48 – www.hotelrocceazzurre.it
– Fax 09 09 81 32 47 – aprile-ottobre*
33 cam ☷ – **ǐ**84/105 € **ǐǐ**136/170 € – ½ P 115 €   **Rist** – Menu 25 €
♦ Piattaforma-solarium sul mare e piccola spiaggetta per questa struttura non lontano dal centro, ma in posizione tranquilla. Camere in stile classico, marina o con ceramiche di Caltagirone.

⌂ **Poseidon** senza rist   AC VISA ∞ AE ① ♿
via Ausonia 7 – ℰ *09 09 81 28 76* – *www.hotelposeidonlipari.com*
– *Fax 09 09 88 02 52* – *marzo-ottobre*
18 cam ☲ – ✝40/100 € ✝✝65/150 €
♦ Semplici graziose camere con letti in ferro battuto dalle sfumature cerulee, premura e cortesia di un servizio familiare sempre presente e attento. In un vicolo del centro.

⌂ **Oriente** senza rist   ⛟ AC P VISA ∞ AE ① ♿
via Marconi 35 – ℰ *09 09 81 14 93* – *www.hotelorientelipari.com*
– *Fax 09 09 88 01 98* – *Pasqua-ottobre*
32 cam ☲ – ✝40/90 € ✝✝60/150 €
♦ Piccolo e semplice, raccoglie negli spazi comuni un'originale collezione di oggetti di interesse etnografico, vera passione del titolare. Comodo il servizio navetta gratuito dal porto.

✗✗ **Filippino**   ⛲ AC ⇔ VISA ∞ AE ① ♿
piazza Municipio – ℰ *09 09 81 10 02* – *www.bernardigroup.it*
– *Fax 09 09 81 28 78* – *chiuso dal 16 novembre al 15 dicembre e lunedì (escluso da aprile a settembre)*
Rist – Carta 34/44 € ⅋ (+12 %)
♦ Piacevole e fresco il pergolato esterno di questo storico locale al traguardo dei 100 anni, dove vi verrà proposta una gustosa e ampia gamma di pescato locale elaborato in preparazioni tipiche.

✗✗ **Kasbah Café**   ⛲ AC VISA ∞ AE ① ♿
via Maurolico 25 – ℰ *09 09 81 10 75* – *Fax 09 09 88 00 26* – *aprile-ottobre; chiuso mercoledì escluso giugno-settembre*
Rist – *(chiuso a mezzogiorno)* Carta 30/38 €
♦ In un vecchio magazzino, una piccola sala e un grazioso dehors con sedie in ferro e illuminazione orientaleggiante immerso in un limoneto. Semplice e autentica cucina di pesce.

✗ **Nenzyna**   ⛲ AC VISA ∞ AE ① ♿
⊛ *via Roma 4* – ℰ *09 09 81 16 60* – *www.ristorantenenzyna.it*
– *Pasqua-ottobre*
Rist – Carta 20/37 €
♦ Curiosa risorsa articolata in due accoglienti salette, l'una di fronte all'altra, divise tra di loro dal vicolo della Marina Corta. Nessuna ricercatezza invece in cucina, il pesce è una garanzia.

PANAREA (ME) – 565 L27 – ✉ 98050   **40** D1

⌂⌂ **Cincotta** ⌕   ⫷ ⛵ AC ⅗ VISA ∞ AE ① ♿
via San Pietro – ℰ *0 90 98 30 14* – *www.hotelcincotta.it* – *Fax 0 90 98 32 11*
– *20 aprile-20 ottobre*
29 cam ☲ – ✝70/310 € ✝✝130/360 € – ½ P 125/240 €
Rist – Carta 47/61 €
♦ Terrazza con piscina d'acqua di mare, una zona comune davvero confortevole e camere in classico stile mediterraneo, gradevoli anche per l'ubicazione con vista mare.

⌂⌂ **Quartara** ⌕   ⫷ ⛲ AC "¶" VISA ∞ AE ① ♿
via San Pietro 15 – ℰ *0 90 98 30 27* – *www.quartarahotel.com*
– *Fax 0 90 98 36 21* – *aprile-ottobre*
13 cam ☲ – ✝✝180/420 € – ½ P 125/245 €
Rist *Broccia* – *(giugno-settembre)* Carta 38/78 €
♦ La terrazza panoramica offre una vista notevole, considerata la posizione arretrata rispetto al porto. Arredi nuovi e di qualità che offrono eleganza e personalizzazioni. Il ristorante offre una grande atmosfera.

⌂⌂ **Lisca Bianca** senza rist   ⫷ AC VISA ∞ AE ① ♿
via Lani 1 – ℰ *0 90 98 30 04* – *www.liscabianca.it* – *Fax 0 90 98 32 91* – *Pasqua-ottobre*
28 cam ☲ – ✝80/285 € ✝✝100/370 €
♦ Affacciato sul porto, offre una delle terrazze più suggestive dell'isola e camere personalizzate con arredi e maioliche eoliani.

XX   **Hycesia** con cam   ⛶ 🏠 ⁽ᵗ⁾ VISA ☎ AE ① ⚡

via San Pietro – ℰ 0 90 98 30 41 – www.hycesia.it – Fax 0 90 98 32 26
– 15 maggio-15 ottobre
8 cam ⌷ – ♥70/100 € ♥♥100/250 €
Rist – *(chiuso a mezzogiorno)* Carta 50/70 € 🍸

♦ Un ristorante esclusivo nel cuore di Panarea: una delle più fornite cantine ed una selezione dei migliori prodotti, in un ambiente piacevole ed elegante in stile eoliano...con qualche contaminazione etnica.

FILICUDI (ME) – 565 L25 – ✉ 98050   40 C1

🏠   **La Canna** ⚜   ⮐ 🏠 🌊 AC P VISA ☎ AE ⚡

contrada Rosa – ℰ 09 09 88 99 56 – www.lacannahotel.it – Fax 09 02 50 99 29
– chiuso novembre
14 cam – ♥40/110 € ♥♥70/140 €, ⌷ 10 €   **Rist** – Carta 25/30 €

♦ Ubicata nella parte alta e panoramica dell'isola, a picco sul porticciolo, risorsa a gestione
familiare con ampie terrazze, dotata anche di una godibile piscina-solarium. Spaghetti ai
ricci di mare e pesce alla griglia tra le specialità del ristorante: il finale è in dolcezza con il
passito della casa.

X   **La Sirena** con cam ⚜   ⮐ 🏠 AC cam, VISA ☎ AE ⚡

località Pecorini Mare – ℰ 09 09 88 99 97 – www.pensionelasirena.it
– Fax 09 09 88 92 07 – marzo-ottobre
10 cam ⌷ – ♥35/50 € ♥♥70/100 € – ½ P 70/90 €   **Rist** – Carta 30/42 €

♦ Immaginarsi a cena su di una terrazza, affacciata sul piccolo porticciolo di un'incantevole
isoletta del Mediterraneo. Il servizio estivo consente di vivere questo sogno.

STROMBOLI (ME) – 565 K27 – ✉ 98050   40 D1

🏠🏠   **La Sirenetta Park Hotel** ⚜   ⮐ 🚗 🏠 🌊 ⅃₆ 🎾 ⚡ AC 🎿 ⁽ᵗ⁾

via Marina 33, località Ficogrande – ℰ 0 90 98 60 25   VISA ☎ AE ① ⚡
– www.lasirenetta.it – Fax 0 90 98 61 24 – aprile-ottobre
55 cam ⌷ – ♥95/150 € ♥♥160/310 € – ½ P 100/190 €   **Rist** – Carta 32/57 €

♦ Il bianco degli edifici che assecondano la caratteristica architettura eoliana, il verde della
vegetazione, la nera sabbia vulcanica e il blu del mare: dotazioni complete! Si può gustare il
proprio pasto quasi in riva al mare, ai piedi del vulcano.

🏠   **La Locanda del Barbablu**   AC rist, 🎿 VISA ☎ AE ① ⚡

via Vittorio Emanuele 17-19 – ℰ 0 90 98 61 18 – www.barbablu.it
– Fax 0 90 98 63 23 – aprile-ottobre
5 cam ⌷ – ♥124/156 € ♥♥190/240 €
Rist – *(chiuso a mezzogiorno)* Menu 55 €

♦ Lungo la strada sopraelevata che costeggia la spiaggia, grande cura di particolari e arredi
artigianali in una tipica casa stromboliana. La signora Neva propone, ovviamente, la tradizionale cucina di pesce.

XX   **Punta Lena**   🏠 VISA ☎ AE ① ⚡

via Marina, località Ficogrande – ℰ 0 90 98 62 04 – Fax 0 90 98 62 04 – aprile-
ottobre
Rist – Carta 36/45 €

♦ Il servizio sotto un pergolato con eccezionale vista sul mare e sullo Strombolicchio, è la
compagnia migliore per qualsiasi tipo di occasione. In cucina tanto pesce.

VULCANO (ME) – 565 L26 – ✉ 98055   40 D1

🏠🏠🏠   **Therasia Resort** ⚜   ⮐ 🚗 🏠 🌊 🛗 ⅃ 🎿 rist, P VISA ☎ AE ⚡

località Vulcanello – ℰ 09 09 85 25 55 – www.therasiaresort.it
– Fax 09 09 85 21 54 – 24 aprile-15 ottobre
93 cam ⌷ – ♥180/310 € ♥♥230/720 € – 2 suites – ½ P 165/410 €
Rist – Carta 50/65 € 🍸

♦ Circondata da un giardino con piante esotiche e palme, la struttura in stile mediterraneo
privilegia gli spazi e la luminosità: qualche inserzione di elementi d'epoca, ma fondamentalmente ambienti moderni ed essenziali. A strapiombo sul mare, è l'unico punto dell'arcipelago
da cui si vedono tutte le isole eoliane.

Conti ⟨signs⟩ ≤ 🏡 ⅃ cam, 🅰🅲 🗱 rist, 🅿 🆅🅸🆂🅰 ⓪⓪ 🅰🅴 ⟨signs⟩

località Porto Ponente – 𝒞 *09 09 85 20 12 – www.contivulcano.it*
– Fax 09 09 85 20 64 – maggio-20 ottobre
67 cam ⟹ – ┇50/115 € ┇┇84/170 € – ½ P 56/100 €   **Rist** – Menu 18/20 €
♦ Struttura in fresco stile eoliano che si sviluppa in vari corpi distinti. La celebre spiaggia
nera è a pochi passi, è questa la risorsa ideale per godersela appieno. Cucina eclettica, con
piatti che attingono a tradizioni regionali differenti.

SALINA (ME) – 565 L26 – 2 381 ab. 40 C1

Signum ⟨signs⟩ ≤ 🏡 🏡 ⅃ 🅰🅲 🗱 rist, 🆅🅸🆂🅰 ⓪⓪ 🅰🅴 ⓪ ⟨signs⟩

via Scalo 15, località Malfa ⊠ *98050 Malfa –* 𝒞 *09 09 84 42 22*
– www.hotelsignum.it – Fax 09 09 84 41 02 – 13 marzo-14 novembre
30 cam ⟹ – ┇100/290 € ┇┇130/320 €   **Rist** – Carta 33/80 € ⟨sign⟩
♦ Costruito come un tipico borgo eoliano dai caratteristici ambienti e dagli arredi artigianali,
offre anche un piacevole centro benessere. Al ristorante: rinomata cucina con proposta serale
più elaborata.

La Salina Borgo di Mare senza rist ⟨sign⟩ ≤ 🏡 🅰🅲 🗱

via Manzoni, frazione Lingua ⊠ *98050 Santa Maria* 🆅🅸🆂🅰 ⓪⓪ 🅰🅴 ⓪ ⟨sign⟩
di Salina – 𝒞 *09 09 84 34 41 – www.lasalinahotel.com – Fax 09 09 84 34 41*
– aprile-ottobre
24 cam ⟹ – ┇160/218 € ┇┇200/270 €
♦ Attiguo alla salina, ormai dismessa, un borgo anticamente destinato ad abitazione di chi
della salina si occupava... Oggi, un'elegante ristrutturazione rispettosa dell'architettura
eoliana originaria consente di godere appieno delle belle camere e della deliziosa posizione
in riva al mare.

Punta Scario ≤ 🏡 🏡 🗱 rist, 🆅🅸🆂🅰 ⓪⓪ 🅰🅴 ⓪ ⟨sign⟩

via Scalo 8, località Malfa ⊠ *98050 Malfa –* 𝒞 *09 09 84 41 39*
– www.hotelpuntascario.it – Fax 09 09 84 40 77 – aprile-ottobre
17 cam ⟹ – ┇┇110/200 €
Rist – *(chiuso a mezzogiorno) (solo per alloggiati)* Carta 20/34 €
♦ Albergo di sobria eleganza, ricavato in uno dei luoghi più suggestivi dell'isola, a strapiombo sulla scogliera, accanto ad una delle poche spiagge del litorale.

Nni Lausta 🏡 🗱 🆅🅸🆂🅰 ⓪⓪ ⟨sign⟩

via Risorgimento 188, località Santa Marina Salina ⊠ *98050 Santa Marina di
Salina –* 𝒞 *09 09 84 34 86 – Fax 09 09 84 36 28 – aprile-5 novembre*
Rist – Carta 35/49 €
♦ E' il pesce il protagonista della tavola, la tradizione genuina e gustosa della cucina eoliana
viene interpretata con abilità, fantasia e innovazione. Gestione dinamica.

ERICE – Trapani (TP) – 365 AK55 – 28 642 ab. – alt. 751 m – ⊠ 91016 39 A2
🔖 Sicilia

▶ Catania 304 – Marsala 45 – Messina 330 – Palermo 96
ℹ️ via Agostino Pepoli 11 𝒞 0923 869388, aast.erice@libero.it,
Fax 0923869544
◉ Posizione pittoresca★★★ – ≤★★★ dal castello di Venere – Chiesa
Matrice★ – Mura Elimo-Puniche★

Torri Pepoli 🏡 🏡 🅰🅲 ⟨sign⟩ 🗱 🍴 🆅🅸🆂🅰 ⓪⓪ 🅰🅴 ⟨sign⟩

viale Conte Pepoli – 𝒞 *09 23 86 01 17 – www.torripepoli.it – Fax 09 23 52 20 91*
– aprile-5 novembre; aperto nei fine settimana dal 10 gennaio al 31 marzo
5 cam ⟹ – ┇140/315 € ┇┇200/300 € – 2 suites – ½ P 135/185 €
Rist – *(chiuso a mezzogiorno)* Carta 31/50 €
♦ In una posizione strepitosa, antiche torri di avvistamento si sono trasformate in hotel di
charme protetto da mura merlate: poche camere, eleganti e personalizzate. Al ristorante sol-
levate lo sguardo per ammirare il bel soffitto decorato con colori e fantasie siculo-moresche.
La carta flirta con terra e mare.

Moderno 🏠 🔊 ♿ AC 🍴 rist, 🛁 VISA ⬤ AE ① 👓

via Vittorio Emanuele 63 – ℰ 09 23 86 93 00 – www.hotelmodernoerice.it
– Fax 09 23 86 91 39
40 cam ⊊ – †70/90 € ††95/120 €
Rist – *(chiuso lunedì da settembre a marzo)* Carta 25/40 €

♦ Centrale e familiare, una piccola dependance di fronte. Si può scegliere tra due tipologie di camere, moderne oppure arredate con mobili antichi, tutte confortevoli. Specialità del ristorante, molto noto in zona, indubbiamente il cous cous di pesce.

Monte San Giuliano ✗ ≤ 🚗 🏡 AC 🍴 VISA ⬤ AE ① 👓

vicolo San Rocco 7 – ℰ 09 23 86 95 95 – www.montesangiuliano.it
– Fax 09 23 86 98 35 – chiuso dal 10 al 23 novembre e lunedì
Rist – Carta 22/38 €

♦ Passando per la piccola corte interna, corredata da un pozzo, si arriva nella singolare terrazza-giardino, perfetta cornice in cui gustare i piatti della tradizione siciliana.

a Erice Mare Ovest : 10 km – ✉ 91016 Casa Santa-Erice Mare

Baia dei Mulini 🏨 ≤ 🏡 🍴 ✗ 🔊 ♿ AC 🍴 rist, 🛜 🛁 P

lungomare Dante Alighieri – ℰ 09 23 58 41 11   VISA ⬤ AE ① 👓
– www.baiadeimulini.it – Fax 09 23 56 74 22
94 cam ⊊ – †35/120 € ††70/180 € – ½ P 55/115 €   **Rist** – Carta 29/54 €

♦ La splendida posizione sul mare lo rende perfetto per una clientela estiva che vuole dedicarsi solamente a bagni e relax. Dalla piscina si accede direttamente alla spiaggia. Ampi spazi dedicati alla ristorazione, cucina nazionale con alcune specialità locali.

FAVIGNANA (Isola) – Trapani – **365** AI56 – Vedere Egadi (Isole)

FILICUDI (Isola) – Messina – **365** AW52 – Vedere Eolie (Isole)

FONTANASALSA – Trapani – **365** AK56 – Vedere Trapani

FORZA D'AGRÒ – Messina (ME) – **565** N27 – 889 ab. – alt. 429 m   **40** D2
– ✉ 98030

▶ Catania 61 – Messina 41 – Palermo 271 – Taormina 15

Baia Taormina 🏨 ⊗ ≤ 🏡 🍴 🎬 🔊 ♿ AC 🍴 rist, 🛁 P

statale dello Jonio km 39, Est : 5 km   VISA ⬤ AE ① 👓
– ℰ 09 42 75 62 92 – www.baiataormina.com – Fax 09 42 75 66 03 – aprile-ottobre
122 cam ⊊ – †130/226 € ††180/436 € – ½ P 123/256 €
Rist – Carta 39/86 €

♦ Sito sullo scoglio panoramico che si affaccia sull'omonima baia, un suggestivo hotel recentemente ampliatosi con una nuova ala: spiaggia privata e, in terrazza, due piscine raggiungibili con l'ascensore.

GALLODORO – Messina (ME) – **565** N27 – 393 ab. – alt. 388 m   **40** D2
– ✉ 98030

▶ Catania 57 – Messina 52 – Palermo 267 – Taormina 11

Noemi ✗ ≤ 🏡 AC VISA ⬤ AE 👓

via Manzoni 8 – ℰ 0 94 23 71 62 – Fax 0 94 23 73 38 – chiuso dal 25 giugno al 15 luglio e martedì
Rist – Menu 29 €

♦ Splendida la vista sulla costa, suggestivo biglietto da visita per questa trattoria che propone un'ampia scelta di piatti all'interno di una cucina fedele alla tradizione. Servizio estivo all'aperto.

GANZIRRI – Messina – **365** BC54 – Vedere Messina

GELA – Caltanissetta (CL) – **365** AU61 – **77 175 ab.** – **alt. 45 m**
– ⊠ **93012** ▌ Sicilia

40 C3

> ▶ Caltanissetta 68 – Catania 107 – Palermo 187 – Siracusa 157
> 🔁 via Pisa 75 ℰ 0933 911509, strgel@regione.sicilia.it Fax 0933 911488
> 👁 Fortificazioni greche★★ a Capo Soprano – Museo Archeologico
> Regionale★

XX Casanova   AC ॐ VISA ⓜ AE ① ⑤

*via Venezia 89-91 – ℰ 09 33 91 85 80 – www.ristorantecasanova.net
– Fax 09 33 91 85 80 – chiuso dal 5 al 25 agosto e domenica*
Rist – Carta 30/50 € 🈯

♦ Locale raccolto e confortevole, ubicato alle porte della località, dove la cucina offre il meglio di sé nelle specialità a base di pesce. Graziosa enoteca con vasta scelta di etichette.

strada statale 117 bis Nord-Ovest : 1,5 km:

🏠 Villa Peretti   🛋 🎐 ॐ cam, AC ॐ ⑬ ॐ 🅿 VISA ⓜ AE ① ⑤

⊠ 93012 – ℰ 09 33 92 43 11 – www.hotelvillaperetti.com – Fax 09 33 90 12 06
78 cam ⊇ – †75/100 € ††95/135 € – 1 suite – ½ P 98/103 €
Rist – (chiuso a mezzogiorno) Carta 30/40 €

♦ All'ingresso di Gela, lungo la strada proveniente da Catania, una nuova risorsa sviluppata orizzontalmente, con ampio parcheggio. Belle camere spaziose, varie sale riunioni. Eleganti spazi riservati alla zona ristorante, adatta anche per ricevimenti.

GIARDINI-NAXOS – Messina (ME) – **365** BA56 – **9 441 ab.** – ⊠ **98035**
▌ Sicilia

40 D2

> ▶ Catania 47 – Messina 54 – Palermo 257 – Taormina 5
> 🔁 via lungomare Tysandros 54 ⊠ 98035 ℰ 0942 51010, info@
> aastgiardininaxos.it, Fax 0942 52848

🏠 Hellenia Yachting Hotel   ≤ 🛋 ⅃ 🎐 ॐ AC ॐ ॐ

via Jannuzzo 41 – ℰ 0 94 25 17 37   VISA ⓜ AE ① ⑤
– www.hotel-hellenia.it – Fax 0 94 25 43 10
110 cam ⊇ – †120/180 € ††147/230 € – 2 suites – ½ P 143 €
Rist – (marzo-ottobre) Carta 28/49 €

♦ Stucchi, marmi e dipinti nei sontuosi interni, ma spazio anche per il relax nella piscina con solarium e accesso diretto alla spiaggia. Sale ristorante ampie, dominano l'eleganza, la luminosità e la cura dei particolari.

🏠 Palladio   ≤ 🏤 🎐 AC ⑬ ᵑ VISA ⓜ AE ① ⑤

*via Umberto 470 – ℰ 0 94 25 22 67 – www.hotelpalladiogiardini.com
– Fax 09 42 55 13 29 – chiuso gennaio-febbraio*
20 cam ⊇ – †50/125 € ††65/170 € – ½ P 58/110 €
Rist – (aprile-ottobre) Carta 22/56 €

♦ Affacciato sulla baia, è un'ondata di genuina ospitalità siciliana che vi avvolgerà in ambienti carichi di artigianato e prodotti isolani. L'amore per questa terra continua anche nei piatti del ristorante con prodotti locali selezionati tra il biologico e il commercio equosolidale.

🏠 La Riva senza rist   ≤ 🎐 🚗 VISA ⓜ AE ① ⑤

*via lungomareTysandros 52 – ℰ 0 94 25 13 29 – www.hotellariva.com
– Fax 0 94 25 13 20 – chiuso novembre e dicembre*
40 cam – †50/65 € ††81/86 €, ⊇ 12 €

♦ La hall introduce ad un settore notte in cui tanti sono gli arredi e le decorazioni riferibili alla tradizione e all'artigianato siciliani. Dalle finestre delle camere: l'affascinante spettacolo della baia fino alla colata vulcanica preistorica.

XX Sea Sound   🏤 VISA ⓜ AE ① ⑤

🈺 *via Jannuzzo 37 – ℰ 0 94 25 43 30 – Fax 0 94 25 43 30 – aprile-ottobre*
Rist – Carta 21/59 €

♦ Locale estivo con servizio su una bella terrazza a mare dove, immersi nel verde, è possibile gustare ottimo pesce, in preparazioni semplici e decisamente sostanziose.

ISOLA DELLE FEMMINE – Palermo (PA) – **365** AO54 – **7 015 ab.**   **39** B2
– alt. 12 m – ⊠ 90040

> ▶ Palermo 19 – Trapani 91

🏠🏠 **Sirenetta**   ⬛ 🎙 ⬛ cam, ⬛ ⬛ ⬛ 🅿 ⬛ ⬛ ⬛ ⬛ 🔆
viale Dei Saraceni 81, Sud-Ovest : 1,5 km – ℰ 09 18 67 15 38 – www.sirenetta.it
– Fax 09 18 69 83 74
29 cam ⬛ – †100/150 € ††140/210 €
Rist – (solo per alloggiati) Carta 19/29 € (+15 %)
♦ Incastrato tra splendide montagne e un'affasciante baia, gestione familiare con camere semplici, ma accoglienti. Sala e cucina classiche d'albergo: spiccano i sottopiatti in ceramica siciliana.

LAMPEDUSA (Isola di) – Agrigento (AG) – **365** AK70 – **6 137 ab.**
– alt. m ▌ Sicilia

LAMPEDUSA – Agrigento (AG) – **565** U19 – ⊠ 92010

> 🛫 ℰ 0922 970006
>
> 🌊 Baia dell'Isola dei Conigli★★★ – Giro dell'isola in barca★
>
> Ⓖ Linosa★ : giro dell'isola in barca★★

🏠🏠 **Cupola Bianca**   ⬅ ⬛ ⬛ ⬛ 🅿 ⬛ ⬛ ⬛ 🔆
via Madonna 57 – ℰ 09 22 97 12 74 – www.hotelcupolabianca.it
– Fax 09 22 97 38 85 – maggio-ottobre
20 cam ⬛ – †130/180 € ††230/310 € – 1 suite – ½ P 130/140 €
Rist – Carta 21/45 €
♦ Una piccola oasi, in posizione un po' discosta rispetto al centro della località, che consente di rilassarsi godendo anche di un ampio giardino. Camere confortevoli.

🏠🏠 **Martello**   ⬅ ⬛ ⬛ ⬛ ⬛ ⬛ ⬛ ⬛ 🔆
piazza Medusa 1 – ℰ 09 22 97 00 25 – www.hotelmartello.it
– Fax 09 22 97 16 96
25 cam ⬛ – †60/100 € ††110/130 € – ½ P 70/140 €
Rist – Menu 20/40 €
♦ Palazzina di due piani tinteggiata di chiaro, come tutte le abitazioni dell'isola, per un soggiorno confortevole grazie alle buone dotazioni. Attrezzato diving center. Ristorante semplice, fresco, schietto e sicuramente curato con passione.

🏠 **Cavalluccio Marino** ⬛   ⬅ ⬛ ⬛ ⬛ ⬛ rist, 🅿 ⬛ ⬛ ⬛ ⬛ 🔆
contrada Cala Croce 3 – ℰ 09 22 97 00 53
– www.hotelcavalucciomarino.com – Fax 09 22 97 06 72 – aprile-ottobre
10 cam – solo ½ P 85/130 €
Rist – Carta 35/54 €
♦ Piccolo graziosissimo albergo nei pressi di una delle calette più belle dell'isola. Gestione familiare molto premurosa che sa mettere a completo agio i propri ospiti. Sentirsi a casa, ma con piaceri riscoperti: eccovi al ristorante!

✗✗ **Gemelli**   ⬛ ⬛ ⬛ ⬛ ⬛ ⬛ 🔆
via Cala Pisana 2 – ℰ 09 22 97 06 99 – Fax 09 22 97 06 99
– Pasqua-ottobre
Rist – (chiuso a mezzogiorno) Carta 31/68 €
♦ Ristorante a poca distanza dall'aeroporto, dove è possibile gustare al meglio i prodotti ittici locali. Il servizio estivo viene effettuato sotto ad un fresco pergolato.

✗✗ **Lipadusa**   ⬛ ⬛ ⬛ ⬛ ⬛ ⬛ 🔆
via Bonfiglio 12 – ℰ 09 22 97 02 67 – maggio-ottobre
Rist – (chiuso a mezzogiorno) Carta 29/45 €
♦ Nel centro del paese, un locale impostato in modo classico per quel che riguarda l'ambiente, molto sobrio, familiare nella gestione e tipico nelle proposte gastronomiche.

LEONFORTE – Enna **(EN)** – **365** AV58 – **14 030 ab.** – ⊠ 94013   40 C2

▶ Roma 879 – Palermo 153 – Enna 23 – Caltanissetta 55

🏠 **Villa Gussio-Nicoletti** 🌿   🔌 🛖 🎋 🎵 🖼 & 🗚 🎙 🕭 🍴 🅿
              🆅🅸🆂🅰 ⓪ 🆎 ① 🅖
contrada Rossi, strada statale 121, km 94,750
– ℰ 09 35 90 32 68 – www.villagussio.it – Fax 09 35 90 57 31
49 cam – solo ½ P 150 €   **Rist** – Menu 35/40 € (+10 %)
♦ Lungo la strada per Enna, tre corpi distinti di cui una villa settecentesca: ambienti raffinati, a tratti sontuosi, mirabilmente tenuti. Sulla terrazza panoramica o nelle sale da pranzo riccamente decorate si alternano le ricette della gastronomia tipica locale.

LICATA – Agrigento **(AG)** – **365** AS61 – **39 280 ab.** – ⊠ 92027   40 C3

▶ Agrigento 45 – Caltanissetta 52 – Palermo 189 – Ragusa 88

❌❌ **La Madia** (Pino Cuttaia)   & 🗚 🎙 🆅🅸🆂🅰 ⓪ 🆎 🅖
🕸🕸   *corso Filippo Re Capriata 22 – ℰ 09 22 77 14 43 – www.ristorantelamadia.it*
     – Fax 09 22 77 14 43 – chiuso martedì, anche domenica sera in inverno
e domenica a mezzogiorno in estate
Rist – Menu 75/95 € – Carta 61/78 € 🕸
Spec. Merluzzo affumicato alla pigna con condimento alla pizzaiola. Raviolo di calamaro ripieno di tenerume di zucchine in salsa di acciughe. Tagliata di ricciola su carbonella di mandorla e patata alla brace.
♦ Comode sedie in pelle, alle pareti dalle calde tinte mediterranee belle foto d'autore i cui soggetti sono legati ai prodotti e ai colori dell'isola. Altrettanto artistiche le creazioni dello chef: piccoli quadri di tradizione ed eleganza.

LIDO DI NOTO – Siracusa – **365** AZ62 – **Vedere Noto**

LIDO DI SPISONE – Messina – **Vedere Taormina**

LINGUAGLOSSA – Catania **(CT)** – **365** AZ56 – **5 459 ab.** – alt. 583 m   40 D2
– ⊠ 95015

▶ Palermo 254 – Catania 64 – Messina 71 – Enna 131

🏠 **Il Nido dell'Etna**   ⪤ 🚗 🛖 📶 & 🗚 ↯ 🎙 🕭 🅿 🆅🅸🆂🅰 ⓪ 🆎 🅖
via Matteotti – ℰ 0 95 64 34 04 – www.ilnidodelletna.it – Fax 0 95 64 32 42
– chiuso novembre
18 cam – ♦70/90 € ♦♦100/140 € – ½ P 70/90 €
Rist – (chiuso a mezzogiorno escluso festivi) Carta 31/38 €
♦ Alle pendici dell'Etna, albergo a gestione familiare, ma sorprendentemente moderno con arredi geometrici ed essenziali: per chi predilige la funzionalità.

LIPARI (Isola) – Messina – **365** AY53 – **Vedere Eolie (Isole)**

MARINELLA – Trapani – **365** AM58 – **Vedere Selinunte**

MARSALA – Trapani **(TP)** – **365** AJ57 – **82 514 ab.** – ⊠ 91025 🏴 Sicilia   39 A2

▶ Agrigento 134 – Catania 301 – Messina 358 – Palermo 124
✈ di Birgi Nord: 15 km ℰ 0923 842502
🎫 via 11 Maggio 100 ℰ 0923 714097, Fax 0923 714097
◉ Relitto di una nave da guerra punica★ al Museo Archeologico
🖾 Mozia★ Nord : 10 km – Saline dello Stagnone★

🏠 **Delfino Beach Hotel** 🌿   🚗 🛖 🎋 ❌ 📶 & cam, ⚷⚷ 🗚 🎙 rist,
🕭   🆔 🅿 🆅🅸🆂🅰 ⓪ 🆎 ① 🅖
via lungomare 672, Sud : 4 km
– ℰ 09 23 75 10 72 – www.delfinobeach.com – Fax 09 23 75 16 47 – chiuso dal
15 novembre al 29 dicembre e dal 7 al 28 gennaio
200 cam ⌑ – ♦45/75 € ♦♦65/130 € – ½ P 46/90 €   **Rist** – Carta 20/36 €
♦ Ad un centinaio di metri dal mare, l'edificio strizza l'occhio allo stile country house siciliano. Entrata sontuosa con duplice scala ad elica e piacevoli spazi comuni, che ripropongono il gusto della bella epoca passata. Ampie camere di stile più sobrio ma tutto, bagni compresi, in ottimo stato.

MARZAMEMI – Siracusa (SR) – **365** AZ63 – **Vedere Pachino**

MAZARA DEL VALLO – Trapani (TP) – **365** AK58 – **51 436 ab.**   **39** A2
– ✉ **91026** ▌ Sicilia

▶ Agrigento 116 – Catania 283 – Marsala 22 – Messina 361
◉ Cattedrale : interno ★

Kempinski Giardino di Costanza   🌙 ⊼ ⊡ ⠦ 🈳 ⚕ & 🔥 AC
via Salemi km 7,100   🍴 rist, ⚒ ⚗ ⊡ ⓋⓈⒶ ⓒⓞ ⒶⒺ ⓞ ⚓
– 𝒸 09 23 67 50 00 – www.kempinski-sicily.com – Fax 09 23 67 58 76 – marzo-
novembre
91 cam ⊇ – ♥210/400 € ♥♥305/530 € – ½ P 215/315 €
Rist – (chiuso a mezzogiorno escluso sabato e domenica) Carta 55/110 €
♦ Abbracciato da un immenso parco, un maestoso complesso con ambienti spaziosi e confortevoli in cui dominano l'eleganza, la ricercatezza, la tranquillità e la professionalità. Nella
raffinata sala da pranzo arredata con tavoli rotondi impreziositi da floreali centrotavola una
fragrante cucina regionale rivisitata.

MAZZARÒ – Messina – **365** BA56 – **Vedere Taormina**

MENFI – Agrigento (AG) – **365** AM58 – **12 892 ab.** – **alt. 119 m**   **39** B2
– ✉ **92013**

▶ Agrigento 79 – Palermo 122 – Trapani 100

in prossimità del bivio per Porto Palo Sud-Ovest : 4 km :

✗   **Il Vigneto**   🈷 ⚒ ⊡ ⓋⓈⒶ ⓒⓞ ⒶⒺ ⚓
(😊)   contrada Gurra ✉ 92013 – 𝒸 0 92 57 17 32 – www.ristoranteilvigneto.com
– Fax 0 92 57 17 32 – chiuso lunedì, anche la sera (escluso venerdì-sabato) dal
15 settembre al 15 giugno
Rist – Carta 30/39 € (+10 %)
♦ Nell'ampia sala di questo grazioso edificio rustico in aperta campagna oppure all'aperto,
sotto un pergolato in legno, una saporita e abbondante cucina che si ispira soprattutto al mare.

MESSINA ⓟ (ME) – **365** BC54 – **243 997 ab.** – ✉ **98122** ▌ Sicilia   **40** D1
▶ Catania 97 – Palermo 235
🚢 Villa San Giovanni – Stazione Ferrovie Stato, piazza Repubblica 1 ✉ 98122
𝒸 090 671700 – e Società Caronte, 𝒸 090 37183214, call center 800
627 414
🛈 piazza Cairoli 45 ✉ 98122 𝒸 090 2935292, aptmeinfoturismo@virgilio.it,
Fax 090 694780
◉ Museo Regionale ★ BY – Portale ★ del Duomo e orologio astronomico ★ sul
campanile BY

Pianta pagina seguente

NH Liberty   🏢 & cam, AC ↯ ⚒ (¹)⚗ ⚕ ⓋⓈⒶ ⓒⓞ ⒶⒺ ⓞ ⚓
via 1° Settembre 15 ✉ 98122 – 𝒸 09 06 40 94 36 – www.framonhotels.com
– Fax 09 06 40 93 40   BZ**b**
51 cam ⊇ – ♥77/135 € ♥♥127/220 €
Rist – Carta 27/46 €
♦ Vicino alla stazione ferroviaria, albergo in stile liberty nei cui interni la moderna funzionalità ben si sposa con decorazioni e arredi primo '900. Anche le camere - recentemente rinnovate - propongono la stessa raffinatezza degli spazi comuni.

✗✗   **Piero**   & AC ⚒ ⊕ ⓋⓈⒶ ⓒⓞ ⒶⒺ ⓞ ⚓
via Ghibellina 119 ✉ 98123 – 𝒸 09 06 40 93 54 – Fax 09 06 40 93 54 – chiuso
agosto e domenica   AZ**s**
Rist – Carta 34/46 €
♦ Dal 1962 l'omonimo titolare gestisce questo ristorante classico ed elegante, recentemente
rinnovato; specialità marinare, ma non mancano insalatone e piatti di carne.

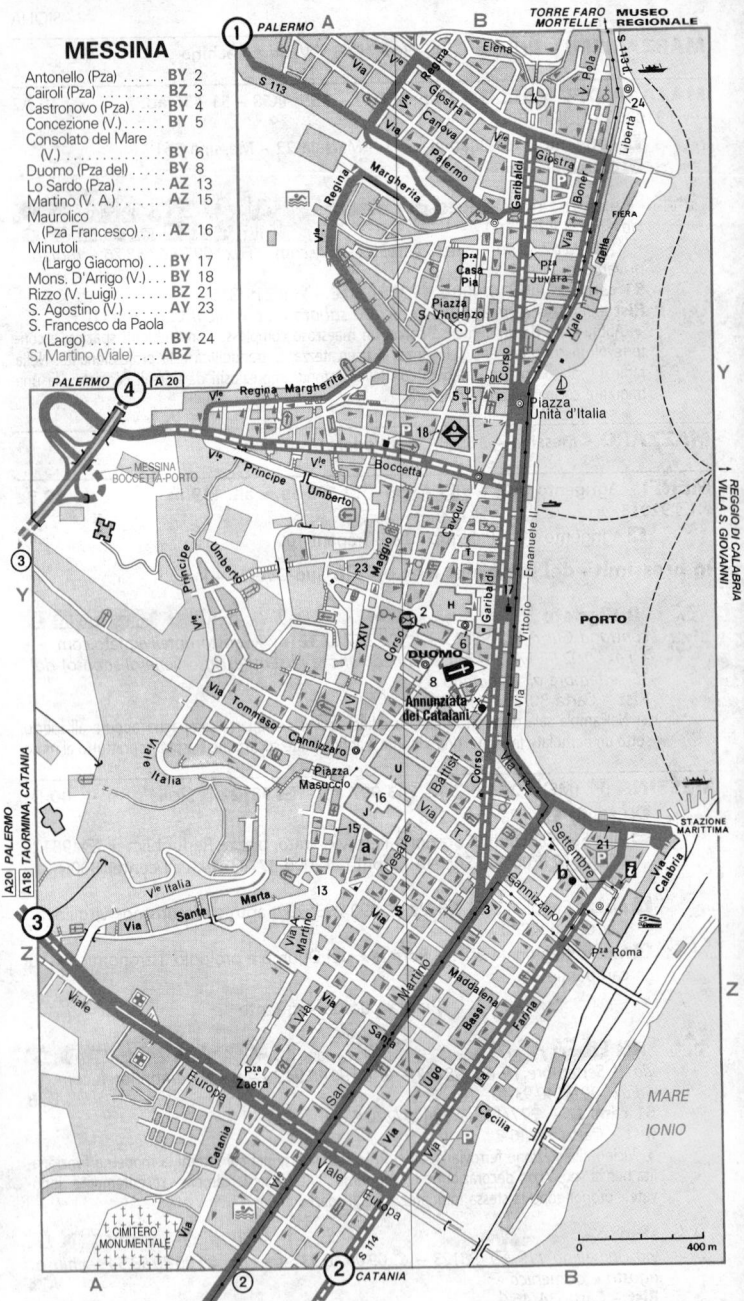

MESSINA

✗✗ La Durlindana 🖫 ⅙ Ạ☾ ⅗ 🆅🆂🅰 ⑳ ⓪ ⅗

via Nicola Fabrizi 143/145 ✉ 98123 – ℰ 09 06 41 31 56
– www.ladurlindana.com – Fax 09 06 41 31 56 – chiuso 2 settimane in agosto
Rist – Carta 25/43 €   AZ**a**

♦ Alle spalle del tribunale, un ristorante di recente realizzazione: cucina a vista, nonché ambienti originali valorizzati da un curato cortile interno con veranda e dehors. Piatti e vini a carattere regionale.

---

a Ganzirri per viale della Libertà N : 9 km BY – ✉ 98165

🏠 Villa Morgana 🛲 🏡 ⚒ 🕸 ᛚᙏ 🛉 Ạ☾ ⑽ 🔥 🅿 🆅🆂🅰 ⑳ ẠⒺ ⅗

via Consolare Pompea 1965 – ℰ 0 90 32 55 75 – www.villamorgana.it
– Fax 0 90 32 55 75
15 cam ⌷ – ♦50/70 € ♦♦70/110 € – ½ P 52/72 €   **Rist** – *(solo per alloggiati)*

♦ Una villa privata circondata da un curato giardino, trasformata in un piccolo hotel, ma con camere ampie e funzionali. Attiguo centro benessere - Ki Klub - a disposizione degli ospiti alloggiati e non.

MILAZZO – Messina (ME) – **365** BA54 – **32 676 ab.** – ✉ 98057 ▮ Sicilia   **40** D1

▶ Catania 130 – Enna 193 – Messina 41 – Palermo 209

⛴ per le Isole Eolie – Siremar, call center 892 123

🛈 piazza Caio Duilio 20 ℰ 090 9222865, info@aastmilazzo.it, Fax 090 9222790

◎ Cittadella e Castello★ – Chiesa del Carmine : facciata★

☷ Roccavaldina : Farmacia★ Sud-Est : 15 km – Isole Eolie★★★ per motonave o aliscafo

🏠 La Chicca Palace Hotel senza rist 🛏 ⅙ Ạ☾ ⅗ ⑽ 🆅🆂🅰 ⑳ ẠⒺ ⓪ ⅗

via Tenente La Rosa 1 – ℰ 09 09 24 01 51 – www.lachiccahotel.com
– Fax 09 09 22 76 91
21 cam ⌷ – ♦65/105 € ♦♦105/175 €

♦ In pieno centro ad un passo sia dal porto che dal lungomare, una nuova struttura raccolta e accogliente. Modernità ed essenzialità caratterizzano ogni settore con omogeneità.

🏠 Cassisi senza rist 🛏 Ạ☾ ⅗ ⑽ 🆅🆂🅰 ⑳ ẠⒺ ⓪ ⅗

via Cassisi 5 – ℰ 09 09 22 90 99 – www.cassisihotel.com – Fax 09 09 24 21 02
14 cam ⌷ – ♦80/110 € ♦♦95/140 €

♦ Nell'area del porto, un albergo *design* dagli arredi sobri ed essenziali: linee geometriche e moderne. Prima colazione a buffet, ricca per varietà e qualità.

🏠 La Bussola 🛏 Ạ☾ ⅗ rist, ⑽ 🚗 🆅🆂🅰 ⑳ ẠⒺ ⓪ ⅗

via Nino Bixio 11/12 – ℰ 09 09 22 12 44 – www.hotelabussola.it
– Fax 09 09 28 29 55
26 cam ⌷ – ♦70/100 € ♦♦90/150 € – ½ P 60/90 €
Rist *La Bussola* – Carta 30/60 €

♦ Agile punto di riferimento per quanti, dopo una buona e abbondante colazione, desiderano riprendere il viaggio alla volta delle Eolie: il recente rinnovo con soluzioni di design lo caratterizzano per eleganza e originalità. Al ristorante, cucina semplice e sapori di mare come ostriche, astici e crudi vari.

🏠 Petit Hotel 🖫 🛏 Ạ☾ ⅗ rist, ⑽ 🆅🆂🅰 ⑳ ẠⒺ ⓪ ⅗

via dei Mille 37 – ℰ 09 09 28 67 84 – www.petithotel.it – Fax 09 09 28 50 42
9 cam ⌷ – ♦75/95 € ♦♦120/175 € – ½ P 108/112 €   **Rist** – Carta 23/32 €

♦ Un hotel ristrutturato secondo i dettami della bioarchitettura, dove la capace gestione si farà in quattro per rendere il soggiorno piacevole e rilassante. Piatti casalinghi, ma anche cucina vegetaria e biologica nella sala ristorante di tono moderno. D'estate fresca terrazza affacciata sul porto.

✗✗✗ Piccolo Casale 🖫 Ạ☾ 🆅🆂🅰 ⑳ ẠⒺ ⓪ ⅗

via Riccardo d'Amico 12 – ℰ 09 09 22 44 79 – www.piccolocasale.it – chiuso lunedì
Rist – Carta 40/61 € 🈸

♦ Praticamente invisibile dall'esterno, nella residenza di un generale garibaldino, ristorante curato ed elegante nelle sale interne così come sulla graziosa terrazza fiorita.

MODICA – Ragusa (RG) – 565 Q26 – 54 332 ab. – alt. 450 m – ⊠ 97015   **40** D3
> ❱ Agrigento 147 – Caltanissetta 139 – Catania 116 – Ragusa 14

🏠🏠 **Palazzo Failla**   🗗 ♣ⵕ AC ⅗ (୨) ⅍ 🚗 VISA ⓪ AE ① ⓢ
via Blandini 5 – ℰ 09 32 94 10 59 – www.palazzofailla.it – Fax 09 32 94 10 59
10 cam ⌂ – †90/100 € ††125/175 € – ½ P 85/110 €
Rist La Gazza Ladra – vedere selezione ristoranti
♦ Caratteristico palazzo del XVIII secolo, interamente ristrutturato durante il 2004. Poche camere, tutte curate ed eleganti, con arredi d'epoca e soffitti a volte decorati.

🏠🏠 **De Mohàc** senza rist   AC (୨) VISA ⓪ AE ① ⓢ
via Campailla 15 – ℰ 09 32 75 41 30 – www.hoteldemohac.it
– Fax 09 32 94 73 31
10 cam ⌂ – †55/65 € ††80/110 €
♦ In un dedalo di vicoli, alle spalle del centrale corso Umberto, albergo ricco di fascino e testimonianze d'epoca con camere curate nei dettagli, ognuna delle quali è simpaticamente "dedicata" ad un importante scrittore (di cui l'ospite troverà un libro).

🏠 **Relais Modica** senza rist   ≤ AC ⅗ (୨) VISA ⓪ ⓢ
via Campailla 99 – ℰ 09 32 75 44 51 – www.hotelrelaismodica.it
– Fax 09 32 75 44 51
10 cam ⌂ – †65/85 € ††85/110 €
♦ A pochi metri dal centrale corso Umberto, ma già in posizione rialzata per ammirare la città illuminata di sera, un antico palazzo nobiliare apre i propri battenti per accogliervi nel fascino discreto di un'elegante casa. Prenotare le spaziose camere con vista.

🏠 **Bristol** senza rist   🗗 ᴟ AC ⅗ (୨) ⅍ 🅿 VISA ⓪ AE ① ⓢ
via Risorgimento 8/b – ℰ 09 32 76 28 90 – www.hotelbristol.it
– Fax 09 32 76 33 30 – chiuso dal 23 dicembre al 3 gennaio
27 cam ⌂ – †55/65 € ††80/100 €
♦ Piccolo hotel nella zona moderna, condotto da una simpatica gestione; alla clientela d'affari si affiancano, in estate, i turisti in visita ai tesori barocchi della città.

⌂ **Casa Talia** senza rist   ≤ 🚗 AC ⅗ (୨) VISA ⓪ ① ⓢ
via Exaudinos 1/9 – ℰ 09 32 75 20 75 – www.casatalia.it – Fax 09 32 75 20 75
6 cam ⌂ – †100/110 € ††130/150 €
♦ Camere ispirate ai paesi mediterranei in un contesto di straordinario fascino storico, giardino pensile e vista indimenticabile...

XXX **La Gazza Ladra** (Accursio Craparo) – Palazzo Failla   ⌂ AC ⅗
          VISA ⓪ AE ① ⓢ
ⵕ *via Blandini 11 – ℰ 09 32 75 56 55*
– www.ristorantelagazzaladra.it – Fax 09 32 94 10 59 – chiuso domenica sera e lunedì (escluso agosto)
Rist – *(chiuso a mezzogiorno in agosto)* Menu 65/78 € – Carta 48/72 €
Spec. Paesaggio Ibleo (sformato di formaggio ragusano con crema di fave, rapa rossa candita, grano soffiato e tartufo). Spaghetti con spremuta siciliana ovvero con crema d'acciuga, scorza d'arancia candita, cipollotto, peperoncino. L'uovo "à la coque" (latte di mandorla, frutto della passione, pane dolce all'uvetta).
♦ Nello stesso edificio del Palazzo Failla, un ristorante di prim'ordine che presenta una cucina fantasiosa e stimolante proposta in un ambiente di sobria eleganza.

XX **Fattoria delle Torri**   ⌂ ᴟ AC ⅗ ⇄ VISA ⓪ AE ① ⓢ
vico Napolitano 14 – ℰ 09 32 75 12 86 – www.fattoriadelletorri.it
– Fax 09 32 75 12 86 – chiuso lunedì
Rist – Carta 33/43 € ❀
♦ Ristorante che, percorso un vicolo, si mostra d'improvviso nello splendore di un palazzo del centro. Durante la bella stagione si cena all'aperto in un originale limoneto.

XX **Torre D'Oriente**   ⌂ ᴟ AC ⅗ VISA ⓪ AE ① ⓢ
via Posterla 29 – ℰ 09 32 94 81 60 – www.torredoriente.com – Fax 09 32 94 81 60
– chiuso una settimana in febbraio, due settimane in novembre e lunedì
Rist – Carta 36/53 €
♦ Locale di design e alla moda, nato dal restauro di uno storico edificio accanto alla casa museo di Quasimodo: per arrivarci, una piacevole passeggiata a piedi tra i vicoli della cittadina.

✗ **Hosteria San Benedetto** 🗛 🗺 🞛 🗚 ⓢ

🕿 *via Nativo 30, Modica Alta* – ℰ *09 32 75 48 04* – *www.hosteriasanbenedetto.it*
– Fax 09 32 75 48 04 – chiuso martedì
Rist – Carta 21/26 €
◆ Nel cuore dell'antico centro storico, un raccolto locale di recente apertura che propone una cucina particolarmente attenta alle tradizioni isolane.

MONDELLO – Palermo (PA) – **365** AQ55 – ✉ **90151** ▯ Sicilia   **39** B2
▶ Catania 219 – Marsala 117 – Messina 245 – Palermo 11

Pianta di Palermo : pianta d'insieme

✗✗✗ **Charleston le Terrazze** ⩽ 🏠 🗛 🞀 ⟷ 🗺 🞛 🗚 ⓞ ⓢ
viale Regina Elena ✉ *90151* – ℰ *0 91 45 01 71* – *Fax 09 16 84 41 61*
– chiuso dal 7 gennaio al 5 febbraio e mercoledì escluso da aprile ad ottobre
Rist – Menu 48/65 € – Carta 60/80 €   **EUa**
◆ All'interno di uno stabilimento balneare in stile liberty, è indubbiamente la grande e bella terrazza sul mare a contribuire negli anni al successo del locale. Emozionante.

✗✗ **Bye Bye Blues** 🗛 🞀 🗺 🞛 🗚 ⓞ ⓢ
via del Garofalo 23 ✉ *90149* – ℰ *09 16 84 14 15* – *www.byebyeblues.it*
– Fax 09 16 84 46 23 – chiuso novembre   **EUd**
Rist – *(chiuso a mezzogiorno escluso i giorni festivi)* Carta 39/59 € 🏠
◆ Un televisore piatto in sala mostra in diretta i gustosi e curati piatti elaborati in cucina, dove Patrizia riscopre la tradizione regionale. Molti i vini al bicchiere.

L'indicazione **Rist** in rosso evidenzia le strutture a cui abbiamo assegnato un riconoscimento: 🕄 (stella) o 🏠 (Bib Gourmand).

MONREALE – Palermo (PA) – **365** AO55 – **36 273 ab.** – **alt. 301 m**   **39** B2
– ✉ **90046** ▯ Sicilia
▶ Agrigento 136 – Catania 216 – Marsala 108 – Messina 242
◉ Località★★★ – Duomo★★★ – Chiostro★★★ – ⩽★★ dalle terrazze

✗ **Taverna del Pavone** 🏠 🗛 🗺 🞛 🗚 ⓞ ⓢ
🏠 *vicolo Pensato 18* – ℰ *09 16 40 62 09* – *www.tavernadelpavone.eu*
– Fax 09 16 40 64 14 – chiuso dal 15 al 30 giugno e lunedì
Rist – Carta 27/35 € (+10 %)
◆ Tavoli piuttosto ravvicinati, di sicuro vantaggio per chi desidera gustare semplici ma gustosi capolavori della Sicilia in un ambiente familiare e simpatico.

NICOLOSI – Catania (CT) – **365** AZ58 – **6 959 ab.** – **alt. 698 m**   **40** D2
– ✉ **95030** ▯ Sicilia
▶ Catania 16 – Enna 96 – Messina 89 – Siracusa 79
🄳 via Garibaldi 63 ℰ 095 911505, Fax 095 7914575

a Piazza Cantoniera Etna Sud Nord : 18 km – alt. 1 881 m

🏠 **Corsaro** 🕄 ⩽ 🞀 🞀 🄿 🗺 🞛 🗚 ⓢ
🕿 *– ℰ 095 91 41 22 – www.hotelcorsaro.it – Fax 09 57 80 10 24 – chiuso dal 15 novembre al 24 dicembre*
17 cam ⌑ – †65/75 € ††90/100 € – ½ P 85/95 €   **Rist** – Menu 18/25 €
◆ In un paesaggio lunare di terreno lavico, è quasi un rifugio con vista su un quarto della Sicilia, mare e Calabria da alcune camere del secondo piano. Impianti di risalita nelle vicinanze. Gli autentici sapori locali nel capiente ristorante. Proverbiali: le paste, i funghi e le grigliate di carne.

NICOSIA – Enna (EN) – **365** AV57 – 14 755 ab. – alt. 714 m – ✉ 94014   **40 C2**
> ▶ Agrigento 120 – Caltanissetta 55 – Catania 97 – Enna 48

⛫ **Baglio San Pietro** ⌖   ⟨ 🖼 🛏 🗢 ⅃ & cam, ⅏ 🔁 **P**
contrada San Pietro – ℰ 09 35 64 05 29   **VISA** **①** **AE** **①** 🖸
– www.bagliosanpietro.com – Fax 09 35 64 06 51 – 15 marzo-3 novembre
🍽 **9 cam** ⌑ – †50 € ††84 € – ½ P 60 €   **Rist** – Carta 18/24 €
◆ In posizione panoramica, baglio risalente al '600 (nelle parti più antiche): ambienti rustici e semplici, ma confortevoli. Delizioso, il giardino-solarium. Negli spazi dell'ex fienile - oppure all'aperto - tipici sapori locali, spesso dimenticati.

NOTO – Siracusa (SR) – **365** AZ62 – 23 548 ab. – alt. 159 m – ✉ 96017   **40 D3**
📘 Sicilia
> ▶ Catania 88 – Ragusa 54 – Siracusa 32
> 🚩 piazza XVI Maggio ℰ 0931 573779, Fax 0931 836744
> 🔘 Corso Vittorio Emanuele★★ – Via Corrado Nicolaci★
> 🄶 Cava Grande★★ Nord : 19 km

a Lido di Noto Sud-Est : 7,5 km – ✉ 96017 Noto

🏨 **La Corte del Sole** ⌖   ⟨ 🖼 🛏 🗢 ⅃ **AC** ⅏ **P** **VISA** **①** **AE** **①** 🖸
contrada Bucachemi, località Eloro-Pizzuta – ℰ 09 31 82 02 10
– www.lacortedelsole.it – Fax 09 31 81 29 13 – chiuso dal 15 gennaio al 15 febbraio
34 cam ⌑ – †58/80 € ††80/176 € – ½ P 115/125 €
Rist – (aprile-ottobre) (chiuso a mezzogiorno escluso la domenica e agosto) Carta 26/38 €
◆ Tipica struttura siciliana ottocentesca con baglio interno: camere accoglienti, ma il punto forte è un panoramico giardino-terrazza su campagna e mare. Il caratteristico ristorante è stato ricavato all'interno del vecchio frantoio.

⛫ **Villa Mediterranea** senza rist   🗢 **AC** **P** **VISA** **①** **AE** 🖸
viale Lido – ℰ 09 31 81 23 30 – www.villamediterranea.it – Fax 09 31 82 00 29
– aprile-ottobre
15 cam ⌑ – ††80/150 €
◆ Struttura che di recente ha pressoché raddoppiato la propria capacità ricettiva, mantenendo però intatto lo spirito d'accoglienza familiare. Accesso diretto alla spiaggia.

PACECO – Trapani – **365** AK56 – **Vedere Trapani**

PACHINO – Siracusa (SR) – **365** AZ63 – 21 685 ab. – alt. 35 m   **40 D3**
– ✉ 96018
> ▶ Palermo 301 – Siracusa 55 – Ragusa 58 – Catania 108

a Marzamemi Nord-Est: 3 km – ✉ 96010

✗ **La Cialoma**   🛏 **AC** **VISA** **①** **AE** **①** 🖸
piazza Regina Margherita 23 – ℰ 09 31 84 17 72 – www.lacialoma.com – chiuso dal 5 al 30 novembre
Rist – Carta 27/51 € (+10 %)
◆ Nella scenografica piazza di un borgo-tonnara del '700, un'incantevole trattoria di mare con tovaglie ricamate e il pesce più fresco: l'eccellenza nella semplicità!

Bed & breakfast e agriturismi ⛫ non offrono gli stessi servizi di un hotel. Queste forme alternative di ospitalità si distinguono spesso per l'accoglienza e l'ambiente: specchio della personalità del proprietario. Quelli contraddistinti in rosso ⛫ sono i più ameni.

PALERMO [P] (PA) – **365** AP55 – **663 173 ab.** – ✉ **90132** Italia **39** B2

[▶] Messina 235

✈ Falcone-Borsellino per ④: 30 km ☎ 091 7020111

⛴ per Genova e Livorno – Grimaldi-Grandi Navi Veloci, calL center 010 2094591
– per Napoli, Genova e Cagliari – Tirrenia Navigazione, call center 892 123

[i] piazza Castelnuovo 34 ✉ 90141 ☎ 091 6058351, info@palermotourism.com, Fax 091 586338
Aeroporto Falcone Borsellino ✉ 90100 ☎ 091 591698
piazza Giulio Cesare (Stazione Centrale) ✉ 90127 ☎ 091 6165914, Fax 091 6165914 - salita Belmonte 1 (Villa Igea) ✉ 90142 ☎ 091 6398011, info@palermotourism.com, Fax 091 6375400

👁 Palazzo dei Normanni★★★: Cappella Palatina★★★, Antichi Appartamenti Reali★★ AZ – Oratorio del Rosario di San Domenico★★★ BY **N2** – Oratorio del Rosario di Santa Cita★★★ BY **N1** – Chiesa di San Giovanni degli Eremiti★★ : chiostro★ AZ – Piazza Pretoria★★ BY – Piazza Bellini★★ BY : Martorana★★, San Cataldo★★ – Palazzo Abatellis★ : Galleria Regionale di Sicilia★★ CY **G** – Museo Internazionale delle Marionette★★ CY **M3** – Museo Archeologico★ : metope dei Templi di Selinunte★★, ariete★★ BY **M1** – Villa Malfitano★★ – Orto Botanico★★ CDZ – Catacombe dei Cappuccini★★ EV – Villa Bonanno★ AZ – Cattedrale★★ AYZ – Quattro Canti★ BY – Gancia : interno★ CY – Magione : facciata★ CZ – SanFrancesco d'Assisi★★ CY – Palazzo Mirto★ CY – Palazzo Chiaramonte★ CY – Santa Maria alla Catena★ CY **S3** – Galleria d'Arte Moderna★★AX – Villino Florio★ EV **W** – San Giovanni dei Lebbrosi★ FV **Q** – La Zisa★ EV – Cuba★ EV

[G] Monreale★★★ EV per ③ : 8 km – Grotte dell'Addaura★ EF

Piante pagine seguenti

Villa Igiea Hilton
rist, [P]

salita Belmonte 43 ✉ 90142 – ☎ 09 16 31 21 11 – www.hilton.com – Fax 0 91 54 76 54 VISA AE **FVe**

123 cam – †255/350 € ††281/376 €, ☕ 26 € – 6 suites **Rist** – Carta 68/91 €

◆ Imponente villa *liberty* di fine '800, strategicamente posizionata sul golfo di Palermo e da sempre esclusivo ritiro per principi e regnanti.

Centrale Palace Hotel
cam,

corso Vittorio Emanuele 327 ✉ 90134 – ☎ 0 91 33 66 66 – www.angalahotels.it – Fax 0 91 33 48 81 VISA AE **BYb**

101 cam ☕ – †140/219 € ††200/273 € – 3 suites – ½ P 137/174 €

Rist – *(chiuso domenica) (chiuso a mezzogiorno)* Carta 41/103 €

◆ Si respira un fascino d'epoca in questa nobile dimora settecentesca, ma dietro a questa cortina c'è un hotel che offre tecnologia moderna in ogni ambiente. Nuova palestra con piccola sauna. Piccola sala all'ultimo piano e terrazza panoramica per l'estate; la cucina, rivisitata, è a base di soli prodotti locali.

Grand Hotel Wagner senza rist

via Wagner 2 ✉ 90139 – ☎ 0 91 33 65 72 – www.grandhotelwagner.it – Fax 0 91 33 56 27 VISA AE **BXf**

58 cam ☕ – †210/280 € ††245/370 € – 3 suites

◆ Sorto nel 1921 come palazzo nobiliare, stucchi, boiserie ed affreschi ne ripropongono lo stile sontuoso e neobarocco. Amanti del minimalismo: astenersi!

Grand Hotel Federico II

via Principe di Granatelli 60 ✉ 90139 – ☎ 09 17 49 50 52 – www.grandhotelfedericoii.it – Fax 09 16 09 25 00 VISA AE

63 cam ☕ – †98/200 € ††200/350 € – 1 suite – ½ P 140/235 € **AXf**

Rist – *(solo per alloggiati)* Carta 35/70 €

◆ Tratti di sobria eleganza, boiserie e mobili in stile impero contraddistinguono gli ambienti di questo albergo del centro, nato dalla ristrutturazione di un antico palazzo. Ristorante all'ultimo piano con una bella terrazza, carta classica oppure menu tipico.

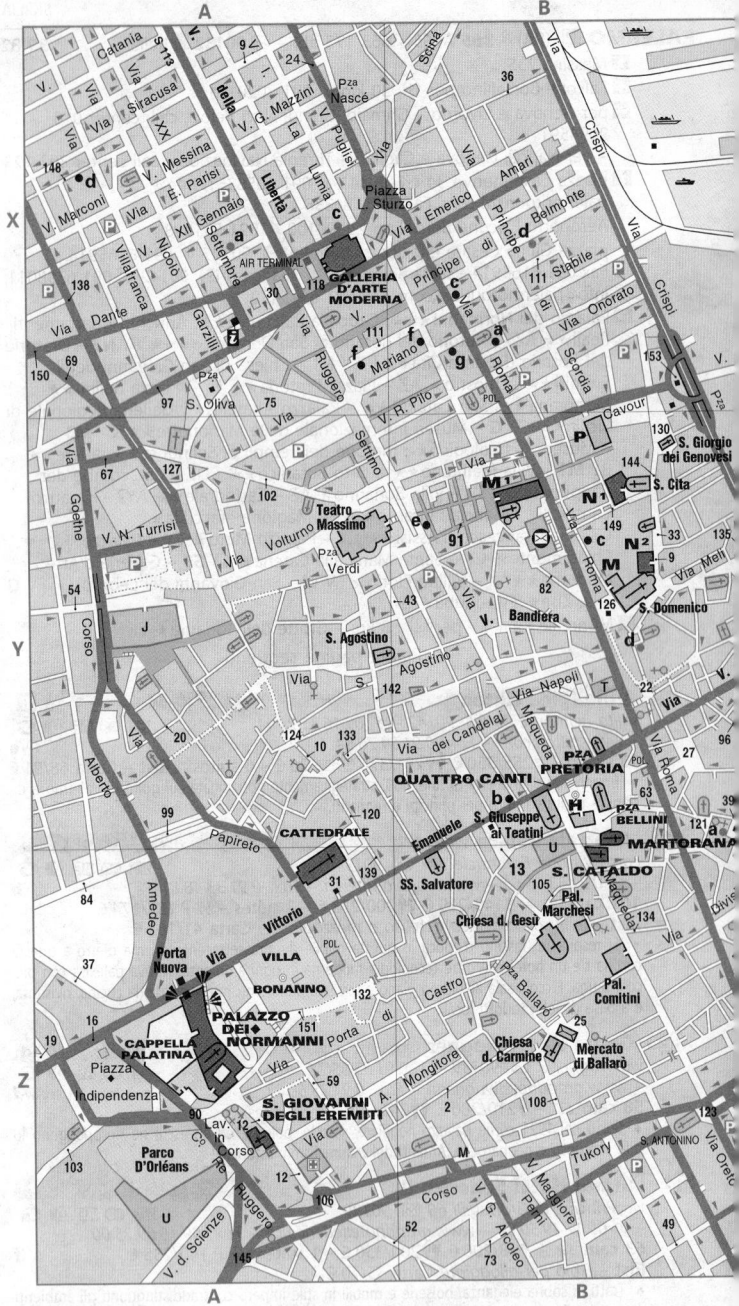

PALERMO

0   300 m

GOLFO

DI

PALERMO

STAZIONE
MARITTIMA

PORTO

MOLO SUD

F.   Patti

TORRE MASTRA

Castello Via

LA CALA

Cala

Porta Felice

Foro

Passeggiata delle Cattive

Palazzo
Branciforti-Butera

57

28

ã 109

manuele

Pza Marina

Giardino
Garibaldi

PAL.
MIRTO

PALAZZO
CHIARAMONTE

Butera

Umberto Iº

85

147

Porta dei Greci

27 S. FRANCESCO
D'ASSISI

Alloro

La
Gancia

G

Pza
d. Kalsa

96

Via

7

Pza
Magione

141

136

34

117

S. Maria
d. Spasimo

Pza
d. Spasimo

Lincoln

Foro

58

La
Magione

Via

Lincoln

VILLA GIULIA

Umberto Iº

Corso

Lincoln

ORTO
BOTANICO

Pza
Tumminello

Pza

AIR TERMINAL

P V.

Via

U

GIARDINO
TROPICALE

iulio Cesare

CENTRALE

Via

Via G. F. Ingrassia

dei

Archirafi

Cipolla

Via Tiro a Segno

Via Ponte di Mare

Oreto

V. S. Boccone

Mille

S 113

1237

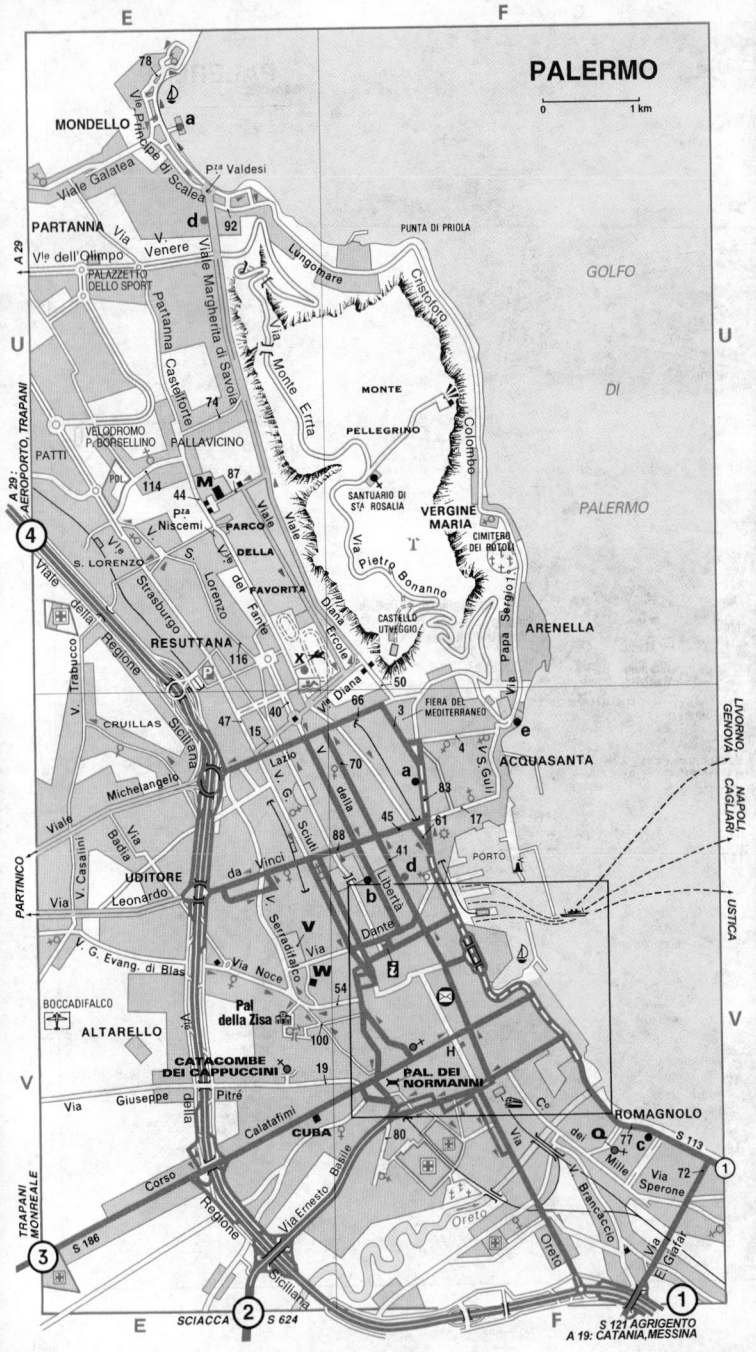

PALERMO

0   1 km

INDICE DELLE STRADE DI PALERMO

Principe di Villafranca senza rist 🛋 📶 🔟 ⇔ 🛇 🕲 🥂 ⛳
via G. Turrisi Colonna 4 ✉ 90141 – ✆ 09 16 11 85 23
– www.principedivillafranca.it – Fax 09 15 88 7 05   🆚🆎 🆎 ⓓ Ⓢ
34 cam ☖ – 🛏160/180 € 🛏🛏230/280 €   AXd
◆ Nel cuore di Palermo, la nuova raffinata classicità delle camere, nonché dei suoi saloni e del bar – decorati con capolavori dei mobilieri siciliani e quadri d'antiquariato – avvolge l'ospite in una suggestiva atmosfera di casa nobiliare di altri tempi.

Excelsior Hilton Palermo 🛋 📶 🔟 ⇔ 🛇 rist, "📡" 🥂
via Marchese Ugo 3 ✉ 90141 – ✆ 09 17 90 90 01
– www.hilton.com – Fax 09 16 25 61 76   🆚 🆎 🆎 ⓓ Ⓢ
119 cam – 🛏🛏110/270 €, ☖ 13 € – ½ P 110/165 €   FVb
Rist – Carta 39/67 €
◆ In un elegante quartiere tra lussureggianti giardini ed eleganti negozi, albergo aperto nel 1891 e tutt'oggi ai vertici della migliore hôtellerie cittadina.

Un pasto accurato a prezzo contenuto? Cercate i Bib Gourmand 🅐.

Massimo Plaza Hotel senza rist 🔤 AC ⁽ᵗ⁾ VISA ⬥ AE ① ⑤
*via Maqueda 437 ⊠ 90133 – ℰ 091 32 56 57 – www.massimoplazahotel.com
– Fax 091 32 57 11*
BYe
15 cam ⊷ – †100/145 € ††150/225 €
◆ Di fronte al Teatro Massimo, l'attenzione è protesa a creare un ambiente elegante e in
stile, armonioso nei colori e ricercato nei particolari. Moderno e di classe.

San Paolo Palace ⇐ ⤴ ⊜ ⬥ AC ⅍ ⁽ᵗ⁾ ⅍ 🄿 VISA ⬥ AE ① ⑤
*via Messina Marine 91 ⊠ 90123 – ℰ 091 62 11 12 – www.sanpaolopalace.it
– Fax 091 62 15 300*
FVc
280 cam ⊷ – †85/140 € ††110/190 € – ½ P 77/120 € **Rist** – Carta 22/39 €
◆ Imponente struttura in zona litoranea e periferica, collegata al centro grazie ad un servizio
di bus-navetta. Spazi grandi e camere moderne, un ascensore panoramico porta al roof-garden sul quale si trovano la piscina e il solarium. Il roof-garden è usato in estate anche per
l'ameno servizio ristorante all'aperto.

Residenza D'Aragona senza rist ⊜ ⬥ AC ⅍ ⁽ᵗ⁾ VISA ⬥ AE ① ⑤
*via Ottavio D'Aragona 25 ⊠ 90139 – ℰ 091 66 22 22
– www.residenzadaragona.it – Fax 091 66 22 73*
BXa
20 suites ⊷ – ††52/300 €
◆ In un edificio del centro completamente ristrutturato, piccolo albergo e residence dalla
calda atmosfera con camere piacevolmente arredate, alcune provviste di angolo cottura.

Tonic senza rist ⊜ ⬥ AC ⁽ᵗ⁾ VISA ⬥ AE ① ⑤
*via Mariano Stabile 126 ⊠ 90139 – ℰ 091 58 17 54 – www.hoteltonic.it
– Fax 091 58 55 60*
BXg
40 cam ⊷ – †39/89 € ††49/150 €
◆ In un edificio del XIX secolo, in comoda posizione nel centro storico della località, una
gestione cortese ed efficiente propone camere molto spaziose e confortevoli spazi comuni.

Posta senza rist ⊜ ⋌⋋ AC ⁽ᵗ⁾ VISA ⬥ AE ① ⑤
*via Antonio Gagini 77 ⊠ 90133 – ℰ 091 58 73 38 – www.hotelpostapalermo.it
– Fax 091 58 73 47*
BYc
30 cam ⊷ – †60/90 € ††70/120 €
◆ Gestito da oltre ottant'anni dalla stessa famiglia e spesso frequentato da attori che reci-
tano nel vicino teatro, l'hotel è sermpre un valido indirizzo di riferimento in città. Camere
curate e graziosa sala colazioni.

Letizia senza rist AC ⅍ VISA ⬥ AE ① ⑤
*via Bottai 30 ⊠ 90133 – ℰ 091 58 91 10 – www.hotelletizia.com
– Fax 091 58 91 10*
CYa
13 cam ⊷ – †63/100 € ††80/134 €
◆ Piccolo accogliente hotel dalla calda gestione familiare. L'esterno è piuttosto anonimo ma
al suo interno nasconde graziose camere alle quali si accede per una breve rampa di scale.

XXX **La Scuderia** ⌂ AC ⅍ ⇔ 🄿 VISA ⬥ AE ① ⑤
*viale del Fante 9 ⊠ 90146 – ℰ 091 52 03 23 – Fax 091 52 04 67 – chiuso dal
13 al 24 agosto, domenica*
EUx
Rist – Carta 32/50 € ⌂
◆ Storico ristorante nel cuore del Parco della Favorita, una spaziosa sala idealmente divisa
da più colonne e servizio all'aperto accessibile da giugno. Piatti della tradizione.

XX **Lo Scudiero** ⅍ AC ⅍ VISA ⬥ AE ① ⑤
*via Turati 7 ⊠ 90139 – ℰ 091 58 16 28 – Fax 091 58 16 28
– chiuso 2 settimane in agosto e domenica*
AXc
Rist – Carta 28/55 €
◆ Attento e garbato il personale ben si destreggia in questo elegante ristorante del centro,
sempre molto apprezzato dalla clientela locale: un ambiente vivace dove gustare pesce fresco
e tradizione.

XX **Bellotero** AC VISA ⬥ AE ⑤
*via Giorgio Castriota 3 ⊠ 90139 – ℰ 091 58 21 58 – Fax 091 58 21 58 – chiuso
dal 1° al 20 agosto e lunedì*
FVd
Rist – Carta 29/59 €
◆ Al piano interrato di un palazzo, alle pareti un'esposizione di opere d'arte contemporanea,
dalla cucina le maggiori ricette siciliane, di mare così come di terra. Classico ed elegante.

XX **Santandrea** 🔐 🅰️ ✛ 🅿️ 🆅🅸🆂🅰 ⓿ 🅰🅴 ⚡
😊 *piazza Sant'Andrea 4* ⊠ *90133 –* ✆ *0 91 33 49 99*
*– www.ristorantesantandrea.eu – Fax 09 16 12 56 48 – chiuso dal 14 al
27 gennaio e domenica* BYd
Rist *– (chiuso a mezzogiorno)* (consigliata la prenotazione) Carta 29/39 €
♦ Legno e pietre a vista in un'accogliente oasi nel caotico, pittoresco mercato della Vucciria;
i piatti della tradizione regionale riflettono la tipicità dell'ubicazione.

XX **Sapori Perduti** 🔐 🅰️ ✂️ 🆅🅸🆂🅰 ⓿ ⚡
via Principe di Belmonte 32 ⊠ *90139 –* ✆ *0 91 32 73 87 – Fax 0 91 32 73 87
– chiuso domenica sera e lunedì* BXd
Rist *–* Carta 38/60 €
♦ Ovunque, in sala, un pizzico di design moderno; qualche licenza di fantasia anche in cucina
dove, accanto ai piatti della tradizione si trovano creazioni originali semplici ma gustose.

XX **Osteria dei Vespri** 🔐 🅰️ ✂️ 🆅🅸🆂🅰 ⓿ 🅰🅴 ⓪ ⚡
piazza Croce dei Vespri 6 ⊠ *90133 –* ✆ *09 16 17 16 31 – www.osteriadeivespri.it
– Fax 09 16 16 08 12 – chiuso 1 settimana in febbraio e domenica*
Rist *–* Carta 52/91 € 🕸 BYa
♦ Uno dei saloni è stato immortalato in una storica pellicola cinematografica; anche la cucina
è immutata, sempre al passo coi tempi, con proposte moderne a partire da prodotti locali.

X **Trattoria Biondo** 🅰️ ✂️ 🆅🅸🆂🅰 ⓿ 🅰🅴 ⚡
via Carducci 15 ⊠ *90141 –* ✆ *0 91 58 36 62 – Fax 09 16 09 15 83 – chiuso dal
10 agosto al 10 settembre e mercoledì* AXa
Rist *–* Carta 30/38 € (+10 %)
♦ Semplice e accogliente trattoria nei pressi del teatro Politeama. La cucina parla siciliano,
con poca fantasia e, ovviamente, molto pesce. In stagione, piatti a base di funghi.

a Borgo Molara per ③ : 8 km – ⊠ 90100 Palermo

🏠 **Baglio Conca d'Oro** 🔐 🏢 ⅙ cam, 🅰️ ⇄ ✂️ ⑪ 🕸 🅿️
via Aquino 19 c/d – ✆ *09 16 40 62 86* 🆅🅸🆂🅰 ⓿ 🅰🅴 ⓪ ⚡
– www.baglioconcadoro.com – Fax 09 16 40 87 42
27 cam ⊑ – †115/140 € ††170/195 € – ½ P 117/130 €
Rist *– (chiuso a mezzogiorno)* (consigliata la prenotazione) Carta 31/58 €
♦ La grande antica corte accentra intorno a sè il passato e la memoria di questo hotel di classe
e di eleganza, sorto sulle ceneri di una cartiera settecentesca. Arredi d'epoca nelle camere.
Ristorante di austera raffinatezza d'altri tempi, in armonia con la struttura che lo ospita.

a Sferracavallo Nord-Ovest : 12 km – ⊠ 90148 Sferracavallo

X **Il Delfino** 🅰️ ✂️ 🆅🅸🆂🅰 ⓿ 🅰🅴 ⚡
😊 *via Torretta 80 –* ✆ *0 91 53 02 82 – Fax 09 16 91 42 56 – chiuso lunedì*
Rist *–* Menu 25 € bc
♦ In un villaggio di pescatori, la tavola presenta il prodotto di cui più va fiera! Una fragrante
sequenza di assaggi di solo pesce e la briosa dinamicità di un locale sempre affollato.

PANAREA (Isola) – Messina – 365 AZ52 – Vedere Eolie (Isole)

PANTELLERIA (Isola di)★★ – Trapani (TP) – 365 AG62 – **7 442 ab.** **39** A3
🗓 Sicilia

🛬 Sud-Est : 4 km ✆ 0923 911172
🚢 per Trapani – Siremar, call center 892 123
◎ Entroterra★★ – Montagna Grande★★ sud-est: 13 km
🅶 Giro dell'isola in auto★★ e in barca★★

PANTELLERIA (TP) – 565 Q17 – ⊠ 91017 **39** A3

X **La Nicchia** 🔐 🆅🅸🆂🅰 ⓿ 🅰🅴 ⚡
a Scauri Basso – ✆ *09 23 91 63 42 – www.lanicchia.it – 10 aprile-ottobre*
Rist *– (chiuso a mezzogiorno)* Carta 31/52 €
♦ Un locale semplice, ma ben tenuto dove provare specialità marinare tipiche, nelle sale
interne con arredi essenziali o all'esterno, sotto un delizioso pergolato.

PETRALIA SOTTANA – Palermo (PA) – **365** AT57 – **3 109 ab.**   40 C2
– ⊠ 90027

▶ Agrigento 118 – Caltanissetta 64 – Catania 132 – Palermo 107

in prossimità svincolo A 19 Sud : 6,5 km

⚡ **Agriturismo Monaco di Mezzo** ⚜   🛋 ※ 🔥 AC (ŋ) P
contrada Monaco di Mezzo – ℰ 09 34 67 39 49   VISA ◉◉ AE ① 🌀
– www.monacodimezzo.com – Fax 0 91 30 22 74
9 cam ⊆ – ♦64/75 € ♦♦88/110 € – ½ P 70 €
Rist – (prenotazione obbligatoria) Menu 25 € bc/30 € bc
♦ Un'antica masseria ristrutturata offre diversi appartamenti con cucina dall'aspetto curato. Il paesaggio si può ammirare comodamente anche dal bordo della piscina. Nel ristorante vengono proposti piatti della tradizione.

PETTINEO – Messina (ME) – **365** AU56 – **1 462 ab.** – **alt. 553 m**   40 C2
– ⊠ 98070

▶ Caltanissetta 134 – Catania 140 – Messina 140 – Palermo 100

⚡ **Casa Migliaca** ⚜   ⟨ 🚗 ※ P VISA ◉◉ AE 🌀
contrada Migliaca – ℰ 09 21 33 67 22 – www.casamigliaca.com
– Fax 09 21 39 11 07
8 cam ⊆ – ♦♦120 € – ½ P 78 €
Rist – (chiuso a mezzogiorno) (solo per alloggiati)
♦ Appena fuori dal paese e contornato da ulivi, un ex frantoio del '600 propone una tranquillità assoluta e una vista impagabile attraverso la vallata, fino al mare. I 12 ettari dell'azienda agrituristica sono in parte coltivati con metodi biodinamici. Alcuni di questi prodotti imbandiscono la tavola del ristorante.

PIANA DEGLI ALBANESI – Palermo (PA) – **365** AO55 – **5 996 ab.**   39 B2
– ⊠ 90037

▶ Caltanissetta 149 – Marsala 110 – Palermo 24 – Trapani 94

⚡ **Agriturismo Masseria Rossella** ⚜   ⟨ 🚗 ⅃ 🔥 🏛 P
contrada Rossella, Sud-Est :12 km – ℰ 09 18 46 00 12   VISA ◉◉ AE ① 🌀
– www.masseria-rossella.com – Fax 09 18 46 00 12 – chiuso dal 6 gennaio a febbraio
11 cam ⊆ – ♦75/85 € ♦♦100/120 € – ½ P 75/85 €   **Rist** – Menu 25/40 €
♦ Tranquilla, isolata nel mezzo della campagna così come un tempo, due enormi gelsi dominano la grande corte sulla quale si affacciano le porte delle camere, semplici, con letti in ferro battuto. Il ristorante è stato realizzato negli spazi originariamente destinati ai magazzini. Cucina tradizionale casalinga.

PIAZZA ARMERINA – Enna (EN) – **365** AV59 – **20 808 ab.**   40 C2
– **alt. 697 m** – ⊠ 94015 ▌ Sicilia

▶ Caltanissetta 49 – Catania 84 – Enna 34 – Messina 181
🄵 Via Generale Muscarà, 57 ℰ 0935 680201, Fax 0935 684565
◉ Centro Storico★
🄶 Villa romana del Casale★★★ Sud-Ovest : 6 km

🏨 **Gangi** senza rist   📶 AC (ŋ) VISA ◉◉ AE ① 🌀
Via Gen. Ciancio 68 – ℰ 09 35 68 27 37 – www.hotelgangi.it – Fax 09 35 68 75 63
18 cam – ♦40/70 € ♦♦75/95 €
♦ Ai piedi del centro storico, il celebre Duomo raggiungibile a piedi, la struttura è stata oggetto d'importanti lavori di ristrutturazione, che hanno ulteriormente aumentato il già buon livello di confort.

🏠 **Mosaici-da Battiato**   🔥 cam, ※ cam, P VISA ◉◉
☜☞ *contrada Paratore Casale 11, Ovest : 3,5 km* – ℰ 09 35 68 54 53
– www.hotelmosaici.com – Fax 09 35 68 54 53
23 cam – ♦40/45 € ♦♦50 €, ⊆ 5 € – ½ P 43 €   **Rist** – Carta 18/25 €
♦ In posizione strategica per chi voglia visitare i mosaici della villa romana del Casale, così come le altre bellezze della cittadina. Hotel sobrio, ordinato e funzionale. Ristorante che si è conquistato una buona fama in zona.

XX **Al Fogher**   🕭 **P** 🚾 ⓪ **AE** 🔥
strada statale 117 bis, Nord : 3 km – 𝒞 09 35 68 41 23 – www.alfogher.net
– Fax 09 35 68 67 05 – chiuso 1 settimana in gennaio, domenica sera, lunedì
Rist – Carta 39/62 € 🕸

♦ Locale accogliente e curato con ambiente ricercatamente rustico e al primo piano una saletta raccolta ed intima. In cucina l'esperienza propone il territorio rielaborato.

X **Trattoria la Ruota**   🕭 🕉 **P** 🚾 ⓪ **AE** 🔥
contrada Casale, Ovest : 3,5 km – 𝒞 09 35 68 05 42 – www.trattorialaruota.it
– Fax 09 35 68 05 42
Rist – (chiuso la sera) Carta 22/30 €

♦ A pochi metri dai resti archeologici della villa romana, un piacevole edificio con rustico porticato dove godersi una sana e genuina cucina siciliana.

PORTICELLO – Palermo – **365** AQ55 – Vedere Santa Flavia

PORTOPALO DI CAPO PASSERO – Siracusa (SR) – **365** AZ63   **40** D3
– 3 656 ab. – alt. 20 m – ⊠ 96010 ⬛ Sicilia

▶ Catania 121 – Palermo 325 – Ragusa 56 – Siracusa 58

X **Maurì 1987**   🕭 **AC** 🕉 🚾 ⓪ **AE** ⓪ 🔥
via Tagliamento 22 – 𝒞 09 31 84 26 44 – Fax 09 31 84 28 11 – chiuso dal
30 ottobre al 20 novembre e martedì
Rist – Carta 32/43 €

♦ Ristorante e pizzeria in un edificio di due piani, dove è possibile assaporare in tutta comodità il freschissimo pescato locale, in arrivo direttamente dai pescherecci.

RAGUSA **P** (RG) – **365** AX62 – **72 511 ab. – alt. 498 m – ⊠ 97100**   **40** D3
⬛ Sicilia

▶ Agrigento 138 – Caltanissetta 143 – Catania 104 – Palermo 267
🖪 via Capitano Bocchieri 33 (Ibla-Palazzo La Rocca) 𝒞 0932 221510, info@
ragusaturismo.com, Fax 0932 623476
◉ ≼★★ sulla città vecchia dalla strada per Siracusa – Posizione
pittoresca★ – Ragusa Ibla★★: duomo di San Giorgio★★ – Palazzo
Nicastro★★
◪ Modica★ : San Giorgio★★, Museo delle Arti e Tradizioni
Popolari★– Castello di Donnafugata★ Ovest : 18 km

🏠 **Villa Carlotta** 🈂   ◐ 🍴 ⅋ **AC** ⁽ᵗ⁾ **P** 🚾 ⓪ **AE** ⓪ 🔥
via Gandhi 3 – 𝒞 09 32 60 41 40 – www.villacarlottahotel.com
– Fax 09 32 25 11 71
26 cam ⊊ – ♦118 € ♦♦158 €
Rist La Fenice – vedere selezione ristoranti

♦ In una cornice di macchia mediterranea, tra carrubi e olivi secolari, l'albergo è frutto del restauro di una fattoria dell''800: tipicità dell'architettura rurale ragusana si coniugano a soluzioni d'arredo moderne per dar vita a camere essenziali e ben equipaggiate.

🏠 **Il Barocco** senza rist 🈂 |創| ⅋ **AC** ⁽ᵗ⁾ 🚾 ⓪ **AE** ⓪ 🔥
via S. Maria La Nuova 1, (Ibla) – 𝒞 09 32 66 31 05 – www.ilbarocco.it
– Fax 09 32 22 89 13
16 cam ⊊ – ♦65/75 € ♦♦80/110 €

♦ Un immobile di fine '800 nato come falegnameria e riconvertito con buon gusto. Si apre intorno ad una corte lastricata. Affreschi su alcune pareti e arredi in arte povera.

🏠 **Palazzo degli Archi**   ≼ **AC** ⅋ rist, 🚾 ⓪ **AE** ⓪ 🔥
⊜ *corso Don Minzoni 6, (Ibla) – 𝒞 09 32 68 60 21 – www.hotelpalazzodegliarchi.it*
– Fax 09 32 68 56 03
10 cam ⊊ – ♦70/100 € ♦♦90/130 € – ½ P 70/105 €   **Rist** – Carta 21/44 €

♦ Nella parte bassa di Ibla, la struttura beneficia di una posizione panoramica, lungo la curva che costeggia come un'ansa il centro storico. Palazzo d'epoca, sgargiante nel color porpora, dispone di belle camere impreziosite da pavimenti d'inizio '900.

Locanda Don Serafino 🕭   AC 📞 VISA ⓪ AE ① ⚹

via XI Febbraio 15, (Ibla) – 𝒞 09 32 22 00 65 – www.locandadonserafino.it
– Fax 09 32 66 31 86
10 cam ⌖ – 🛉80/165 € 🛉🛉99/205 €
Rist Locanda Don Serafino – vedere selezione ristoranti
• Piccola bomboniera a due passi dal Duomo, la locanda nasce dal restauro di un palazzo ottocentesco. Non molti gli spazi comuni, eppure tutti carichi di un fascino particolare.

Caelum Hyblae senza rist 🕭   ⪉ 🍽

Salita Specula 11, (Ibla) – 𝒞 09 32 22 04 02 – www.bbcaelumhyblae.it – chiuso novembre
5 cam ⌖ – 🛉90 € 🛉🛉120 €
• La struttura, splendidamente affacciata sulla cupola del Duomo e monti Iblei, vanta interni che declinano testimonianze e materiali d'epoca con moderni accessori. Curiosità: in passato, fu abitata da un astronomo che ispirò *T. di Lampedusa* nel delineare il personaggio di *Salina* (e la sua passione per le stelle).

Locanda Don Serafino (Vincenzo Candiano)   🞐 AC ⇧

😊 *via Avv. Ottaviano sn, (Ibla) – 𝒞 09 32 24 87 78*   VISA ⓪ ① ⚹
– www.locandadonserafino.it – Fax 09 32 24 87 78 – chiuso 2 settimane in novembre, 2 settimane in gennaio e martedì
Rist – Carta 55/77 € 🕸
Spec. Coniglio alla "stimpirata". Spaghetti freschi al nero con ricci, ricotta e seppie. Cuore di tonno con cipolla dolce e sciroppo di Cerasuolo di Vittoria.
• In un contesto suggestivo essendo in parte ricavato in una grotta, il ristorante - visitato in fase di apertura - si trova nel fulcro da cui Ragusa si è sviluppata, Ibla. L'eleganza non è penalizzata, ma da il meglio di sé negli arredi e nelle terrazze. I sapori isolani predominano nel piatto, cedendo solo alle lusinghe della creatività.

Duomo (Ciccio Sultano)   AC ⇧ VISA ⓪ AE ① ⚹

😊😊 *via Cap. Bocchieri 31, (Ibla) – 𝒞 09 32 65 12 65 – www.ristoranteduomo.it*
– Fax 09 32 65 12 65 – chiuso 10 giorni in gennaio, 10 giorni in luglio, domenica, lunedì a mezzogiorno; in agosto chiuso solo i mezzogiorno di lunedì, giovedì e domenica
Rist – Menu 135 € – Carta 76/117 € 🕸
Spec. Crudo? ...crudo ...e che crudo! (degustazione di pesci tra semplicità, freschezza, moderno). Spaghetti freschi con bottarga di tonno rosso, alici appena marinate e salsa al limone. Maiale nero dei Nebrodi laccato al carrubo con il suo sugo, polpette di patate, melone cremoso e salsa di basilico e vaniglia.
• Nel 1693 un terremoto sconvolge Ragusa: nasce il Barocco. Oggi, un sisma di natura gastronomica dà vita ad una cucina che mette al bando semplicità e minimalismi per creare piatti compositi e seducenti, barocchi per l'appunto! Scrigno di raffinatezza, tra carta da parati stile inglese e arredi d'epoca siciliani.

La Fenice – Villa Carlotta   🞐 P VISA ⓪ AE ① ⚹

😊 *via Gandhi 3 – 𝒞 09 32 60 41 40 – www.villacarlottahotel.com*
– Fax 09 32 25 11 71
Rist – Menu 45/65 € – Carta 43/59 €
Spec. Tartufini di aguglia (pesce azzurro) affumicata e gamberi su carpaccio di arance, finocchi e "brina" di vino. Bucatini trafilati al bronzo con scampi. Rotolo di galletto ruspante farcito con ragusano (caciocavallo), cipolla e prezzemolo.
• Pareti in cristallo per questo elegante ristorante che non manca di calore. Il parquet fa da contrappunto al soffitto in legno, moderne sedie bianche e nel piatto ottime materie prime, elaborate con creatività e lodevoli capacità tecniche dallo chef.

Baglio la Pergola   🞐 🞐 AC 🍽 ⇧ P VISA ⓪ AE ① ⚹

contrada Selvaggio, zona stadio – 𝒞 09 32 68 64 30 – www.baglio.it
– Fax 09 32 66 80 39 – chiuso 2 settimane in gennaio e martedì
Rist – Carta 26/51 € 🕸
• Un antico baglio che è stato trasformato in un locale di sobria e contenuta eleganza. Tavoli estivi sotto l'ampio porticato, ampia carta dei vini, servizio pizzeria serale.

X **U' Saracinu**   ⌂ VISA ◍ AE ① ⑤

🍴 *via del Convento 9, (Ibla) – ℰ 09 32 24 69 76 – Fax 09 32 24 69 76 – chiuso domenica*
Rist – Carta 20/29 €
♦ Nel cuore del centro storico, la trattoria è portavoce di quella tipica, calorosa accoglienza isolana. La cucina tramanda la territorialità dei sapori e dei prodotti, prediligendo quelli della tradizione ragusana e la fragranza del pesce fresco.

verso Marina di Ragusa Sud-Ovest : 14 km :

🏨 **Poggio del Sole**   ⌘ ‖ ♦ Ⓐ 📶 🛱 P ⊸ VISA ◍ AE ⑤
strada provinciale 25 Ragusa/Marina km 5,700 ⊠ 97100 Ragusa
– ℰ 09 32 66 85 21 – www.poggiodelsoleresort.it – Fax 09 32 66 72 88
65 cam ⊿ – ♦100/120 € ♦♦150/190 € – 2 suites – ½ P 105/125 €
Rist *Dell'Angelo* – Carta 31/54 €
Rist *Hosteria* – Menu 30/36 €
♦ Ricavato da una residenza di fine '700, l'hotel si sviluppa intorno ad una piscina pensile, incastonata da un lato dalle camere e dall'altro dalla sala banchetti. Arredi di design dai caldi colori vagamente etnici. Cucina moderna nell'elegante ristorante Dell'Angelo. Piatti regionali all'Hosteria.

🏨 **Eremo della Giubiliana** ⌂   ⍾ ⌂ ⌘ ♦ Ⓐ 📶 P VISA ◍ AE ⑤
contrada Giubiliana ⊠ 97100 Ragusa – ℰ 09 32 66 91 19
– www.eremodellagiubiliana.com – Fax 09 32 66 91 29 – chiuso dal 12 gennaio all'8 febbraio
18 cam ⊿ – ♦138/671 € ♦♦261/770 € – 6 suites – ½ P 191/455 €
Rist – Carta 52/90 €
♦ Sull'Altopiano ibleo a 10 km circa dal centro città e da Marina di Ragusa, l'ex convento è oggi una risorsa ricca di fascino Arredi d'epoca isolani ornano ogni ambiente, comprese le originali camere ricavate dalle celle dei frati. Notevoli, quelle con terrazza privata. Cucina regionale nel suggestivo ristorante.

RAGUSA (Marina di) – Ragusa (RG) – 365 AW63 – ⊠ 97010   **40** C3
▶ Agrigento 156 – Caltanissetta 140 – Catania 126 – Ragusa 24

X **Da Serafino**   ⍾ ⌂ VISA ◍ AE ① ⑤
lungomare Doria – ℰ 09 32 23 95 22 – www.locandadonserafino.it
– Fax 09 32 23 95 22 – aprile-15 ottobre
Rist – Carta 32/48 €
♦ La classica trattoria di mare, semplice ma estremamente corretta nella preparazione di una salda cucina del territorio. Oltre al servizio ristorante c'è anche la pizzeria.

RANDAZZO – Catania (CT) – 365 AY56 – 11 228 ab. – alt. 754 m   **40** D2
– ⊠ 95036 ▌Sicilia
▶ Catania 69 – Caltanissetta 133 – Messina 88 – Taormina 45
◎ Centro Storico★

🏨 **Scrivano**   ‖ ♦ Ⓐ 📶 P VISA ◍ AE ① ⑤
🍴 *via Bonaventura – ℰ 0 95 92 14 33 – www.hotelscrivano.com*
– Fax 0 95 92 11 26
😊 **30 cam** ⊿ – ♦50/60 € ♦♦85/90 € – ½ P 60/65 €   **Rist** – Carta 19/36 €
♦ A breve distanza dal cratere del Vulcano, questa piccola struttura dalla valida conduzione familiare si trova all'inizio del paese. La tradizione per l'ospitalità il punto fermo. Passata dal padre al figlio, la cucina ha mantenuto un legame molto forte con il territorio. Servizio professionale e veloce.

🏠 **Agriturismo L'Antica Vigna** ⌂   ⍾ ⍾ ⌂ ⌘ ✕ ♦ P
località Montelaguardia, Est : 3 km – ℰ 34 94 02 29 02 – www.anticavigna.it
– Fax 0 95 92 33 24 – chiuso dal 10 gennaio al 10 febbraio
10 cam ⊿ – ♦40/50 € ♦♦70/100 € – ½ P 55/65 €
Rist – (chiuso a mezzogiorno) Carta 29/34 €
♦ Nell'incantevole contesto del parco naturale dell'Etna, una risorsa che consente di vivere appieno una rustica e familiare atmosfera bucolica, tra vigneti e ulivi. Tra cotto, paglia e legno, la cucina tipica siciliana.

✕✕ Veneziano 🚗 🏠 ఓ AC 🎿 VISA ⓌⓄ AE ⓄⓄ 🗲

contrada Arena, strada statale 120 km 187, Est: 2 km – ℰ 09 57 99 13 53
– www.ristoranteveneziano.it – Fax 09 57 99 13 53 – chiuso lunedì
Rist – Carta 18/31 €
♦ Sono i funghi i padroni assoluti della cucina, che qui, alle pendici dell'Etna, si trovano con facilità. Piatti della tradizione, quindi, e un servizio familiare serio ed efficiente.

ROSOLINI – Siracusa (SR) – **365** AY63 – **21 445 ab.** – **alt. 87 m**   **40** D3
– ✉ 96019

▶ Palermo 297 – Siracusa 50 – Ragusa 45 – Catania 104

✕✕ Locanda del Borgo 🔲 AC VISA ⓌⓄ AE ⓄⓄ 🗲

via Controscieri 11 – ℰ 09 31 85 05 14 – www.locandadelborgo.net
– Fax 09 31 85 05 14 – chiuso domenica sera, lunedì
Rist – Carta 51/72 €
♦ All'interno di una sala, un tempo parte di un palazzo principesco del XVIII sec., un giovane ed abile cuoco rielabora con spunti creativi i migliori prodotti e le più antiche ricette isolane.

SALINA (Isola) – Messina – **365** AQ55 – **Vedere Eolie (Isole)**

SAN GIOVANNI LA PUNTA – Catania (CT) – **365** AZ58 – **22 136 ab.**   **40** D2
– **alt. 355 m** – ✉ 95037

▶ Catania 10 – Enna 92 – Messina 95 – Siracusa 75

🏠🏠 Villa Paradiso dell'Etna 🔔 🏠 🏊 🐾 Łó 🍴 ఓ AC ↳ 🎿 🕯️ 🚲

via per Viagrande 37 – ℰ 09 57 51 24 09   🅿 VISA ⓌⓄ AE ⓄⓄ 🗲
– www.paradisoetna.it – Fax 09 57 41 38 61
30 cam ☲ – †110/150 € ††140/200 € – 3 suites – ½ P 105/135 €
Rist La Pigna – Carta 35/56 €
♦ Il piccolo parco con piscina e il servizio colazione in terrazza roof-garden con vista incantevole sull'Etna, completano il piacere di interni raffinati e personalizzati. Sale ristorante intime e di gran classe.

🏠🏠 Garden 🞄 🚗 🏠 🏊 🍴 AC 🎿 🕯️ 🚲 🅿 VISA ⓌⓄ AE ⓄⓄ 🗲

via Madonna delle Lacrime 12/b, località Trappeto, Sud : 1 km ✉ 95030
Trappeto – ℰ 09 57 17 77 67 – www.gardenhotel.ct.it – Fax 09 57 17 79 91
95 cam ☲ – †49/140 € ††49/190 € – ½ P 49/160 €
Rist La Vecchia Quercia – Carta 35/49 €
♦ Vicino alle arterie di grande scorrimento, un piacevole giardino con palme e piante esotiche circonda di verde un albergo recente, con spazi ampi e camere confortevoli. Due luminose sale da pranzo di taglio moderno, affacciate sul giardino; bel dehors estivo.

✕✕ Giardino di Bacco 🚗 🏠 ఓ AC 🎿 ⇄ VISA ⓌⓄ AE 🗲

via Piave 3 – ℰ 09 57 51 27 27 – www.giardinodibacco.com – Fax 09 57 51 27 27
– chiuso lunedì
Rist – (chiuso a mezzogiorno escluso giorni festivi) Carta 37/47 €
♦ Una volta la dimora del custode di una sontuosa villa, oggi un locale che unisce eleganza e tipicità tanto nell'ambiente, quanto nelle proposte. Servizio estivo in giardino.

SAN LEONE – Agrigento – **365** AQ60 – **Vedere Agrigento**

SAN MICHELE DI GANZARIA – Catania (CT) – **365** AV60   **40** C2
– **3 865 ab.** – **alt. 450 m** – ✉ 95040

▶ Agrigento 120 – Catania 88 – Caltagirone 15 – Ragusa 78

🏠 Pomara 🞄 ≼ 🏊 🍴 🛉 AC 🎿 🕯️ 🚲 🅿 VISA ⓌⓄ AE ⓄⓄ 🗲

via Vittorio Veneto 84 – ℰ 09 33 97 80 32 – www.hotelpomara.com
– Fax 09 33 97 70 90
40 cam ☲ – †50/60 € ††70/90 € – ½ P 60 €
Rist – (solo per alloggiati) Menu 25/30 €
♦ A metà strada tra Caltagirone e Piazza Armerina, un indirizzo affidabile, che deve la propria fortuna proprio all'ubicazione. Seria e competente gestione familiare. Ristorante dove gustare una genuina cucina siciliana.

sulla strada statale 117 Bis km 60 Ovest: 4 km :

⚲ **Agriturismo Gigliotto** ⌖ ☀ 🕭 🍴 ⌅ ⚙ 🎿 rist, ⚒ 🅿
contrada Gigliotto ✉ *94015 Piazza Armerina* 𝘝𝘐𝘚𝘈 ❸ ⚆
– 𝒞 *09 33 97 08 98 – www.gigliotto.com – Fax 09 33 97 92 34*
26 cam ⌑ *–* †70/80 € ††80/100 € – ½ P 70/80 € **Rist** – Menu 25/30 €
♦ Grande tenuta, circa 300 ettari, dove da sempre si coltivano cereali, viti e ulivi. Da pochi anni invece, all'interno di una masseria del '300, una dozzina di belle camere. Gradevole ristorante con cucina siciliana.

SANTA FLAVIA – Palermo (PA) – **365** AQ55 – **10 491 ab.** – ✉ 90017   **39** B2
▶ Agrigento 130 – Caltanissetta 116 – Catania 197 – Messina 223
◎ Rovine di Solunto★ : ≤★★ dalla cima del colle Nord-Ovest : 2,5 km
– Sculture★ di Villa Palagonia a Bagheria Sud-Ovest : 2,5 km

zona archeologica di Solunto Nord-Ovest : 1 km :

✗ **La Grotta** ≤ 🕭 🆔 ⚙ 🅿 𝘝𝘐𝘚𝘈 ❸ 🆎 ⚆
✉ *90017 –* 𝒞 *0 91 90 32 13 – www.solunto.it – Fax 0 91 90 54 26 – chiuso dall'8 al 31 gennaio, mercoledì*
Rist – *(chiuso a mezzogiorno escluso giorni festivi)* Carta 28/50 € (+15 %)
♦ Lungo la breve salita che porta ai rinomati scavi archeologici, spettacolare la terrazza panoramica affacciata sul golfo. La cucina propone specialità di mare e pizze.

a Porticello Nord-Est : 1 km – ✉ 90010

✗✗ **Al Faro Verde da Benito** 🕭 ⚙ 𝘝𝘐𝘚𝘈 ❸ 🆎 ⓞ ⚆
largo San Nicolicchia 14 – 𝒞 *0 91 95 79 77 – www.alfaroverde.it*
– Fax 0 91 94 73 42 – chiuso novembre, martedì
Rist – Carta 36/51 € ⅋ (+10 %)
♦ Ovviamente pesce, preparato in maniera davvero semplice eppure gustosa, da accompagnarsi con eccellenti vini locali. Servizio estivo all'aperto, le onde del mare lì accanto.

a Sant'Elia Nord-Est : 2 km – ✉ 90017

🏨 **Kafara** ⌖ ≤ 🚗 🕭 ⌅ 🔊 🆔 ⚙ rist, ﹁ ⚒ 🅿 𝘝𝘐𝘚𝘈 ❸ 🆎 ⓞ ⚆
litoranea Mongerbano 18 – 𝒞 *0 91 95 73 77 – www.kafarahotel.it*
– Fax 0 91 95 70 21
67 cam ⌑ *–* †86/115 € ††140/190 € – ½ P 100/121 €
Rist – Carta 36/66 € (+10 %)
♦ Hotel dai grandi spazi esterni che scendono verso il mare, tra questi le due piscine: la prima - suggestiva - con acqua di mare, l'altra - panoramica - tra terrazze fiorite. Cucina d'albergo non della tradizione siciliana, ma che risente degli influssi più vari. Diversi spazi all'aperto, con vista.

SANTA TECLA – Catania – **365** BA58 – **Vedere Acireale**

SANT'ELIA – Palermo – **365** AQ55 – **Vedere Santa Flavia**

SAN VITO LO CAPO – Trapani (TP) – **365** AL54 – **4 196 ab.**   **39** A2
– ✉ 91010 ▮ Sicilia
▶ Palermo 108 – Trapani 38
🄳 via Savoia 61 𝒞 0923 974300, ufficioturistico@comune.sanvitolocapo.tp.it

🏨 **Capo San Vito** ≤ 🕭 𝄞 🔊 & rist, 🆔 ⚙ ﹁ 𝘝𝘐𝘚𝘈 ❸ ⚆
via San Vito 1 – 𝒞 *09 23 97 21 22 – www.caposanvito.it – Fax 09 23 97 25 59*
– marzo-dicembre
35 cam ⌑ *–* †126/243 € ††140/270 € – ½ P 102/167 €
Rist *Jacaranda* – Carta 36/51 €
♦ Direttamente sulla spiaggia, dispone anche di uno spazio in cui si effettuano trattamenti benessere e massaggi. Eleganti le camere, molte delle quali con vista sul mare. Nella suggestione notturna della luce del faro sullo sfondo, prendete posto in sala oppure fuori, a bordo spiaggia.

Mediterraneo   ৬ cam, AC ⅀ rist, ¶¶ 🚗 VISA ⬤ AE ⑤

via Generale Arimondi 61 – ℰ 09 23 62 10 62 – www.hotelmediterraneotp.com
– Fax 09 23 62 10 61 – aprile-novembre
16 cam ⌾ – †50/130 € ††60/160 € – ½ P 55/105 € **Rist** – Menu 25 €
♦ A un centinaio di metri dal mare, elegante risorsa dalla gestione familiare dagli ambienti
arredati con gusto vagamente nord africano, pavimenti in marmo e mobili d'antiquariato.

Ghibli   🏠 🛗 ৬ rist, AC ⅀ ☏ P VISA ⬤ AE ⑤

via Regina Margherita 80 – ℰ 09 23 97 41 55 – www.ghiblihotel.it
– Fax 09 23 62 15 66
17 cam ⌾ – †35/115 € ††70/200 € – ½ P 65/130 €
Rist *Profumi del Cous Cous* – (aprile-ottobre) Carta 32/44 €
♦ Grande attenzione è stata conferita alla scelta dell'arredo delle camere che presentano
mobili d'epoca in stile liberty, tutti siciliani. Fresca corte interna e gestione professionale. Elegante il ristorante, piacevole il dehors. Soffermatevi a gustare le specialità regionali, un
occhio di riguardo per il cous cous!

Vento del Sud senza rist   AC ⅀ ¶¶ VISA ⬤ AE ① ⑤

via Duca Degli Abruzzi 183 – ℰ 09 23 62 14 50 – www.hotelventodelsud.it
– Fax 09 23 97 44 78
9 cam – †40/90 € ††60/125 €, ⌾ 3 €
♦ Albergo recente a conduzione familiare, ricco di influenze orientaleggianti tanto nello stile
degli arredi quanto nelle decorazioni. Piccolo e semplice gioiello di charme.

Halimeda senza rist   ৬ AC ⅀ VISA ⬤ AE ① ⑤

via Generale Arimondi 100 – ℰ 09 23 41 93 02 – www.hotelhalimeda.com
– Fax 09 23 62 17 57 – marzo-ottobre
9 cam – †35/63 € ††50/105 €, ⌾ 8 €
♦ Accogliente e originale, a pochi metri dal mare, ad ogni camera è stato attribuito un
nome che ha ispirato lo stile dell'arredamento: un viaggio tra i cinque continenti.

Egitarso   ⬉ 🏠 ৬ cam, AC ⅀ rist, ¶¶ 🚗 VISA ⬤ AE ① ⑤
🍃
via lungomare 54 – ℰ 09 23 97 21 11 – www.hotelegitarso.it
– Fax 09 23 97 20 62
42 cam ⌾ – †40/100 € ††70/160 € – ½ P 55/105 € **Rist** – Carta 17/30 €
♦ Solo spiaggia, mare e una rilassata atmosfera familiare per il vostro soggiorno? Sobrio, con
belle camere all'insegna della funzionalità, l'hotel dispone anche di una una dependance
poco distante. Fresca ed accogliente la sala da pranzo, dove gustare una cucina regionale.

Mira Spiaggia   ⬉ 🏠 🛗 🏃 AC cam, ¶¶ 🚗 VISA ⬤ AE ① ⑤

via lungomare 6 – ℰ 09 23 97 23 55 – www.miraspiaggia.it – Fax 09 23 97 22 63
– marzo-novembre
40 cam ⌾ – †55/180 € ††80/200 € – ½ P 70/125 €
Rist – Carta 25/36 € (+10 %)
♦ E' sufficiente attraversare la strada (in estate a traffico limitato) e il mare è subito lì,
pronto ad accogliere chi desidera risvegliarsi al placido fragore delle onde. Simpatica
gestione familiare. Ristorante con cucina d'albergo semplice e appetitosa.

L'Agave senza rist   ৬ AC ⅀ ¶¶ VISA ⬤ ⑤

via Nino Bixio 35 – ℰ 09 23 62 10 88 – www.lagave.net – Fax 09 23 62 15 38
– chiuso novembre
12 cam ⌾ – †30/115 € ††50/140 €
♦ Recente affittacamere gestito con formula alberghiera, dispone di camere semplici e
nuove, molte familiari; al piano superiore la terrazza per le colazioni. Accanto, il piccolo centro estetico.

Tha'am con cam   🏠 AC ⅀ rist, VISA ⬤ ① ⑤

via Duca degli Abruzzi 32 – ℰ 09 23 97 28 36 – Fax 09 23 97 28 36 – chiuso
gennaio
4 cam ⌾ – †50/120 € ††60/130 €
Rist – (chiuso da novembre a marzo e mercoledì escluso da giugno a settembre)
Carta 35/45 €
♦ Ceramiche colorate, lampade e illuminazioni di gusto orientaleggiante: la Sicilia incontra le
tendenze arabe per culminare in una cucina mediterranea dalle specialità tunisine. Curate e
ricche di dettagli, le camere sono tutte graziose e della stessa atmosfera arabeggiante.

✂ **Da Alfredo** ⪕ 🚗 🏠 **P** **VISA** **⊙⊙** **AE** 🕭
contrada Valanga 3, Sud : 1 km – ℰ 09 23 97 23 66 – chiuso dal 20 ottobre al 20 novembre e lunedì
Rist – *(chiuso a mezzogiorno in luglio)* Carta 31/48 €
♦ La gestione è familiare e molto simpatica, a partire proprio da Alfredo che si occupa della cucina: saporita e siciliana, da provare le paste fatte in casa. Servizio estivo sotto il pergolato.

✂ **Gna' Sara** 🏠 **AK** 🍴 **VISA** **⊙⊙** **AE** **①** 🕭
via Duca degli Abruzzi 6 – ℰ 09 23 97 21 00 – www.gnasara.com – Fax 09 23 97 21 00 – chiuso dicembre e gennaio
Rist – Carta 23/46 €
♦ Lungo la strada parallela al corso principale, un locale sobrio e affollato per riscoprire i piatti della tradizione locale, tra cui le busiate fatte a mano, e pizze.

SCIACCA – Agrigento (AG) – **365** AN58 – 40 835 ab. – alt. 60 m   **39** B2
– ✉ 92019 ▌ Sicilia

▶ Agrigento 63 – Catania 230 – Marsala 71 – Messina 327
ℹ via Vittorio Emanuele 84 ℰ 0925 21182, strsciacca@regione.sicilia.it, Fax 0925 84121
👁 Palazzo Scaglione★

🏠 **Villa Palocla** ⌖ 🚗 🏠 ⛄ 🕭 **AK** 🍴 🕭 🕭 **P** **VISA** **⊙⊙** **AE** **①** 🕭
contrada Raganella, Ovest : 4 km – ℰ 09 25 90 28 12 – www.villapalocla.it – Fax 09 25 90 28 12 – chiuso dal 1° al 15 novembre
8 cam ⌧ – †70/90 € ††115/150 € – ½ P 98/115 €
Rist – *(chiuso a mezzogiorno)* Carta 33/50 € (+10 %)
♦ All'interno di un edificio in stile tardo barocco le cui origini risalgono al 1750, caratteristico hotel avvolto da un giardino-agrumeto in cui trova posto anche la piscina. Al ristorante per gustare una saporita cucina di mare.

🏠 **Locanda del Moro** **AK** 🕭 **VISA** **⊙⊙** **AE** **①** 🕭
via Liguori 44 – ℰ 0 92 58 67 56 – www.almoro.com – Fax 0 92 58 67 56
13 cam ⌧ – †45/65 € ††80/100 € – ½ P 70/85 €
Rist Hostaria del Vicolo – vedere selezione ristoranti
♦ In cima ad una scalinata del centro storico, tra mura duecentesche, si dorme in camere minimaliste ed essenziali. Piacevole corte interna per la prima colazione all'aperto ed enoteca.

✂✂ **Hostaria del Vicolo** **AK** **VISA** **⊙⊙** **AE** **①** 🕭
vicolo Sammaritano 10 – ℰ 0 92 52 30 71 – www.hostariadelvicolo.com – Fax 0 92 52 30 71 – chiuso dal 10 al 26 novembre e lunedì
Rist – Carta 32/52 € 🏠
♦ In un vicoletto del centro storico, un locale raccolto ed invitante. Come il menu: ampio ed articolato gioca intorno alle ricette, nonché ai prodotti siciliani, rielaborandoli in modo sfizioso. Una cinquantina le etichette presenti nella carta dei vini.

SCICLI – Ragusa (RG) – **365** AX63 – 25 979 ab. – alt. 92 m – ✉ 97018   **40** D3
▶ Palermo 271 – Ragusa 32

🏠 **Novecento** senza rist **AK** 🍴 🕭 **VISA** **⊙⊙** **AE** **①** 🕭
via Duprè 11 – ℰ 09 32 84 38 17 – www.hotel900.it – Fax 09 32 83 52 13
7 cam – †60/100 € ††70/160 €
♦ Nel cuore del centro storico barocco, un palazzo d'epoca con diversi soffitti affrescati, ma dagli interni inaspettatamente moderni e piacevoli.

SCOPELLO – Trapani (TP) – **365** AL55 – alt. 106 m – ✉ 91014 ▌ Sicilia   **39** B2
▶ Marsala 63 – Palermo 71 – Trapani 36
👁 Riserva naturale dello Zingaro★★

⌂ **Tranchina** ⌂   🏊 ⁽ᵗᵖ⁾ 𝓥𝓘𝓢𝓐 ⓜⓢ 🄰🄴 ⚲
via A. Diaz 7 – ℰ 09 24 54 10 99 – www.pensionetranchina.com
– Fax 09 24 54 12 32
10 cam ⊑ – †55/70 € ††76/100 € – ½ P 57/73 €
Rist – (chiuso a mezzogiorno) (solo per alloggiati) Menu 19/25 €
♦ Graziosa pensione dagli ambienti sobri e dall'accoglienza cordiale nel cuore del piccolo caratteristico paese. Lei, cinese, si occupa soprattutto delle camere. Il patron, siciliano, è l'anima e l'estro della buona tavola.

⌂ **Agriturismo Tenute Plaia**   🍴 ⚲ cam, 🄰🄲 cam, 🏊 ⁽ᵗᵖ⁾ 🄿
contrada Scopello 3 – ℰ 09 24 54 14 76   𝓥𝓘𝓢𝓐 ⓜⓢ 🄰🄴 ⚲
– www.plaiavini.com – Fax 09 24 54 14 76 – 7 dicembre-7 gennaio e 14 marzo-7 novembre
10 cam ⊑ – †79/84 € ††120/130 € – ½ P 80/85 €
Rist – (chiuso a mezzogiorno escluso agosto) (consigliata la prenotazione) Carta 22/35 €
♦ Costruita attorno ad una piccola corte interna, la struttura è gestita da una famiglia di imprenditori vinicoli. Semplici e accoglienti le camere con letti in ferro battuto e decorazioni floreali. Cucina tipica siciliana preparata con i prodotti dell'azienda agricola stessa e una particolare attenzione per il vino.

SELINUNTE – Trapani (TP) – **365** AL58 ▮ Sicilia   **39** B2

▶ Agrigento 102 – Catania 269 – Messina 344 – Palermo 114

🛈 ingresso Parco Archeologico ℰ 0924 46251

◉ Rovine★★

◉ Cave di Cusa★

a Marinella Sud : 1 km – ✉ 91022

🏨 **Admeto**   🛗 🄰🄲 ⁽ᵗᵖ⁾ 🚗 𝓥𝓘𝓢𝓐 ⓜⓢ 🄰🄴 ⓞ ⚲
via Palinuro 3 – ℰ 09 24 46 67 96 – www.hoteladmeto.it – Fax 09 24 94 10 55
56 cam ⊑ – †62/98 € ††88/160 € – ½ P 64/100 €
Rist – (chiuso lunedì) Carta 29/37 € (+10 %)
♦ Fronte mare, un candido edificio ospita camere moderne ed essenziali con panoramica sala colazione sul celebre tempio greco.

⌂ **Sicilia Cuore Mio** senza rist   🚲 🏊 🄿 𝓥𝓘𝓢𝓐 ⓜⓢ 🄰🄴 ⓞ,⚲
via della Cittadella 44 – ℰ 0 92 44 60 77 – www.siciliacuoremio.it
– Fax 0 92 44 60 77 – marzo-novembre
6 cam ⊑ – †40/65 € ††65/95 €
♦ Ubicato nella zona residenziale di Marinella, un villino circondato da un grazioso giardino e dotato di camere in stile tipicamente mediterraneo. Un'ottima prima colazione.

SFERRACAVALLO – Palermo – **565** M21 – Vedere Palermo

SICULIANA – Agrigento (AG) – **365** AP59 – 4 684 ab. – alt. 85 m   **39** B2
– ✉ 92010

▶ Agrigento 19 – Palermo 124 – Sciacca 43

🏨 **Villa Sikania**   🚲 🏊 🛗 ⚲ cam, 🄰🄲 ↺ 🏊 rist, 📶 🏋 🄿
strada statale 115 – ℰ 09 22 81 78 18   𝓥𝓘𝓢𝓐 ⓜⓢ 🄰🄴 ⓞ ⚲
– www.villasikania.com – Fax 09 22 81 57 51
42 cam ⊑ – †95/110 € ††120/140 € – ½ P 75/85 €
Rist – (chiuso a mezzogiorno escluso i giorni festivi da luglio ad ottobre) Carta 19/36 €
♦ Ai piedi del caratteristco centro storico, il punto di forza è il giardino con grande piscina. Camere confortevoli, soprattutto quelle al primo piano con terrazzo.

✗ **La Scogliera**　　　　🏠 AK VISA ⚫⚫ AE ① ♿

via San Pietro 54, a Siciliana Marina – ℰ 09 22 81 75 32
– www.ristorantelascogliera.com – chiuso dal 14 dicembre al 13 febbraio,
domenica sera e lunedì (escluso da maggio a ottobre)
Rist – Carta 28/46 €

♦ Ristorantino a conduzione familiare con una bella terrazza affacciata sul mare. Una risorsa ideale per apprezzare appetitose preparazioni a base di pesce fresco.

SINAGRA – Messina (ME) – **365** AY55 – **2 839 ab.** – alt. 300 m　　　**40 D2**
– ✉ 98069

▶ Catania 107 – Messina 89 – Palermo 165 – Taormina 85

✗ **Trattoria da Angelo**　　　◁ 🏠 AK ✗ P VISA ⚫⚫ AE ① ♿
🐝
strada principale 139 per Ucria, Sud : 2 km – ℰ 09 41 59 44 33
😊
– www.angeloborrello.it – Fax 09 41 59 44 33 – chiuso dal 7 al 14 gennaio e lunedì
Rist – (consigliata la prenotazione sabato e domenica) Carta 18/25 €

♦ Distensivo e indimenticabile il pranzo in veranda: intorno a voi l'intera vallata, al suo centro un antico torchio per le olive, sul vostro piatto le specialità della Sicilia.

SIRACUSA P (SR) – **365** BA61 – **123 595 ab.** – ✉ 96100 ▌Sicilia　　　**40 D3**

▶ Catania 59

🅸 via Maestranza 33 ℰ 0931 65201, strsiracusa@regione.sicilia.it, Fax 0931 60204

📷 Zona archeologica★★★ AY : Teatro Greco★★★, Latomia del Paradiso★★
L, Orecchio di Dionisio★★★ **B**, Anfiteatro Romano★ AY – Museo
Archeologico Regionale★★ BY – Catacombe di San Giovanni★★ BY
– Latomia dei Cappuccini★★ CY – Ortigia★★★ CZ : Duomo★ **D**, Fonte
Aretusa★ – Galleria Regionale di palazzo Bellomo★ CZ – Palazzo
Mergulese-Montalto★ CZ **R4**, Via della Maestranza★ CZ **18**

🅖 Passeggiata in barca sul fiume Ciane★★ Sud-Ovest : 4 h di barca (a richiesta) o 8 km

Piante pagine seguenti

🏨 **Des Etrangers et Miramare**　　　🏠 ⋈ 🚪 ➤ AK ✗ rist, ⟨¹⟩ ♨
passeggio Adorno 10/12 – ℰ 09 31 31 91 00　　　　　　VISA ⚫⚫ AE ① ♿
– www.desetrangers.it – Fax 09 31 31 90 00　　　　　　　　　　CZ**h**
76 cam – ‡120/325 €, ⊆ 15 € – ½ P 115/253 €　**Rist** – Menu 55/85 €

♦ Tornato ai fasti del passato, un hotel di tradizione che non ha perso l'eleganza e la raffinatezza di un tempo. Spazi generosi nelle camere e negli ambienti comuni. Ristorante roofgarden con vista affascinante sulla città.

🏨 **Grand Hotel Ortigia**　　🚪 ➤ cam, AK ✗ ⟨¹⟩ ♨ P VISA ⚫⚫ AE ① ♿
viale Mazzini 12 – ℰ 09 31 46 46 00 – www.grandhotelsr.it – Fax 09 31 46 46 11
58 cam ⊆ – ‡110/200 € ‡‡150/280 € – ½ P 100/135 €　　　　CZ**c**
Rist *La Terrazza sul Mare* – *(chiuso dal 1° al 20 novembre, dal 1° al
20 gennaio, martedì, in luglio e agosto anche domenica e a mezzogiorno)*
Carta 39/56 €

♦ Qui le camere, così come gli spazi comuni, riescono a fondere e a comprendere in modo mirabile, elementi di design contemporaneo, reperti classici e decorazioni moderne. Il ristorante roof-garden offre una vista panoramica eccezionale sulla città e sul mare.

🏨 **Grand Hotel Villa Politi**　　◁ ⊿ 🚪 ➤ AK ✗ rist, ⟨¹⟩ ♨ P
via Politi Laudien 2 – ℰ 09 31 41 21 21　　　　　　　　VISA ⚫⚫ AE ① ♿
– www.villapoliti.com – Fax 09 31 36 06 61　　　　　　　　　CY**a**
98 cam ⊆ – ‡110/145 € ‡‡125/210 € – 2 suites – ½ P 90/140 €
Rist – Carta 35/65 €

♦ Nello spettacolare contesto del parco delle Latomie dei Cappuccini, una villa liberty che ospita ambienti comuni sontuosi, stanze ampie, eleganti e (molte) panoramiche. Al ristorante ritroverete ancora l'atmosfera di una certa nobile e raffinata "sicilianità".

A

Castello Eurialo

↑ CATANIA

B

PARCO ARCHEOLOGICO
DELLA NEAPOLIS

25

CATACOMBE
DI S. GIOVANNI

41

MUSEO
ARCHEOLOGICO
REGIONALE

V. Rizzo

V. G. E.

33

Teracati

a

S 114

POL

Villa
Landolina

34

M

TYCHE

37

Giulio

V. E.

NEAPOLIS

TEATRO
GRECO

L²

28

Ara di
Ierone II

ANFITEATRO
ROMANO

Corso

Viale

Santuario
d. Madonna
d. Lacrime

Pza della
Vittoria

V. Gorizia

V.

V. Luigi

Corso Umberto

Orsi

Paolo

V.

ACRADINA

39

Gelone

Timoleonte

Cadorna

Balnizza

2

Y

A 18
S 114, CATANIA

S 124, CALTAGIRONE

②

V.

Ermocrate

V.

P

J

P

Ginnasio
Romano

9

7

Pza
Euripide

Via

Agatocle

Via

V.

10

V.

Columba

P

Elorina

V.

16

19

40

V. Montedoro

Corso

31

Umberto

V. Malta

c

V. Rodi

Z

①

S 115

MERCATO
ORTOFRUTTICOLO

a

PORTO

GRANDE

Via Bengasi

MARE   IONIO

RAGUSA, NOTO

0   300 m

A

VALLETTA (MALTA) / CATANIA

B

Fonte Ciane ↓

1252

SIRACUSA

Mercure Siracusa Prometeo

🍽 ⬛ ⚹ AC ⚹ rist, 🕿 ⚿ P 🚗
viale Teracati 20 – 🕿 09 31 46 46 46   VISA ⓞ AE ① ⚹
– www.mercure.com – Fax 09 31 46 16 16   BYa

93 cam ⚏ – ⭑95/200 € ⭑⭑105/250 € – ½ P 78/175 €

Rist – (chiuso sabato e i giorni festivi) (chiuso a mezzogiorno) (solo per alloggiati)
Carta 33/43 €

♦ Situato in una posizione invidiabile, nell'incantevole cornice del Parco Archeologico e a due passi dal centro storico dell'isola di Ortigia, complesso moderno e solare dispone di ottime camere e di un panoramico *roof garden* con piccola piscina.

Caol Ishka

🚗 🍽 ⚥ AC 🕿 P VISA ⓞ ⚹
via Elorina 154 – 🕿 0 93 16 90 57
– www.caolishka.com – Fax 0 93 16 85 61
– chiuso dall'11 gennaio al 12 febbraio   AZa

10 cam ⚏ – ⭑150/280 € ⭑⭑190/280 € – ½ P 170/180 €

Rist *Zafferano Bistrot* – (chiuso lunedì da ottobre ad aprile)
Carta 33/68 €

♦ Nasce dall'esperienza londinese la passione della proprietaria per i dettagli anglosassoni che impreziosiscono e distinguono la vecchia masseria cinta dal verde: una strada sterrata la separa dalla città. La piccola sala dal design accattivante e dal servizio informale, propone una carta regionale alleggerita.

Roma

🍽 🕸 ⬛ 🅛 ⬛ ⚥ AC ⚥ 🕪 ⚿ 🚗 VISA ⓞ AE ① ⚹
via Roma 66 – 🕿 09 31 46 56 26 – www.hotelroma.sr.it
– Fax 09 31 46 55 35   CZf

44 cam ⚏ – ⭑80/136 € ⭑⭑99/200 € – ½ P 78/128 €

Rist *Minosse* – 🕿 0 93 16 63 66 – Carta 26/56 €

♦ Nel cuore di Ortigia, proprio alle spalle del Duomo, un albergo che si propone con una veste completamente rinnovata, secondo i dettami di uno stile moderno e funzionale. Appuntamento con i sapori locali al ristorante Minosse: pesce fresco, piatti tradizionali e un pizzico di fantasia.

Relax 🌿

🚗 🍽 ⬛ 🕸 🅛 ⬛ AC ⚥ rist, 🕪 ⚿ P VISA ⓞ AE ① ⚹
viale Epipoli 159, per viale Teracati – 🕿 09 31 74 01 22 – www.hotelrelax.it
– Fax 09 31 74 09 33   BY

55 cam ⚏ – ⭑58/70 € ⭑⭑89/108 € – 2 suites – ½ P 55/69 €

Rist – Carta 18/26 €

♦ Risorsa appropriata per la clientela d'affari, come per quella turistica. Attualmente in fase di ampliamento per accrescere il numero delle camere e il livello di confort. Cucina d'albergo con influssi eterogenei, senza forti connotazioni regionali.

Gran Bretagna senza rist

AC 🕪 VISA ⓞ AE ① ⚹
via Savoia 21 – 🕿 0 93 16 87 65 – www.hotelgranbretagna.it
– Fax 09 31 44 90 78   CZm

16 cam ⚏ – ⭑75/90 € ⭑⭑100/125 €

♦ Palazzo d'epoca completamente ristrutturato, costruito su antiche mura di contenimento ancora visibili. Alcune camere con soffitti affrescati. Terrazza solarium.

Cavalieri senza rist

⬛ ⚥ AC ↳ ⚥ 🕪 VISA ⓞ ⚹
via Malta 42 – 🕿 09 31 48 36 35 – www.hotelcavalierisiracusa.it
– Fax 09 31 44 62 14   BZc

19 cam ⚏ – ⭑84/150 € ⭑⭑120/180 € – 1 suite

♦ Un palazzo ottocentesco ristrutturato e riconvertito in un piccolo e grazioso albergo: ambienti luminosi e dal design contemporaneo, che fondono classico e moderno. Terrazza roof garden.

Domus Mariae senza rist

⬳ AC VISA ⓞ AE ① ⚹
via Vittorio Veneto 76 – 🕿 0 93 12 48 54 – www.domusmariae.eu
– Fax 0 93 12 48 58   CZd

12 cam ⚏ – ⭑120/135 € ⭑⭑145/165 €

♦ Albergo d'impostazione classica, con camere grandi e accoglienti, ubicato sul lungomare, con una curiosa particolarità: la gestione è in mano alle suore orsoline.

Gutkowski senza rist ⟨ |✿| AC VISA ◐◑ AE ① ♿
lungomare Vittorini 26 – ☎ *09 31 46 58 61 – www.guthotel.it*
– Fax 09 31 48 05 05 CZ**x**
25 cam �️ – ♠60/90 € ♠♠85/110 €
♦ La piccola terrazza-solarium panoramica, l'accogliente e caratteristico spazio comune a piano terra, la discreta cura dei particolari, associata all'apprezzabile buon gusto.

Giuggiulena senza rist ⪓ ⟨ |✿| AC ʷⁱ VISA ◐◑ AE ① ♿
via Pitagora da Reggio 35 – ☎ *09 31 46 81 42 – www.giuggiulena.it*
– Fax 09 31 20 00 76 CY**b**
7 cam ⊍ – ♠70/90 € ♠♠90/110 €
♦ In splendida posizione sul blu del Mediterraneo, che si vede da ogni camera, una casa gestita in modo simpatico e caloroso. Discesa diretta a mare, per un tuffo dagli scogli.

Don Camillo AC VISA ◐◑ AE ① ♿
via Maestranza 96 – ☎ *0 93 16 71 33 – www.ristorantedoncamillosiracusa.it*
– Fax 0 93 16 71 33 – chiuso domenica e giorni festivi CZ**a**
Rist – Carta 38/58 € ⅋
♦ Soffitti a volta, pietre a vista e un certo dinamismo nella disposizione degli spazi, connotano questo ristorante che dispone, tra l'altro, di un'interessante cantina.

Porta Marina AC ⅋ VISA ◐◑ AE ① ♿
via dei Candelai 35 – ☎ *0 93 12 25 53 – www.ristoranteportamarina.135.it*
– Fax 09 31 44 61 58 – chiuso dal 1° al 15 febbraio e lunedì CZ**q**
Rist – (consigliata la prenotazione) Carta 34/48 €
♦ In un edificio del 1400 lasciato volutamente spoglio, in modo da evidenziare le pietre a vista e il soffitto a volte a crociera, il locale si è imposto come uno degli indirizzi più eleganti di Siracusa. Cucina promettente con alcune preparazioni, che si sbilanciano verso elaborazioni e personalismi ben riusciti.

Al Mazarì AC ⅋ VISA ◐◑ AE ♿
via Torres 7/9 – ☎ *09 31 48 36 90 – www.almazari.com – Fax 09 31 48 36 90*
Rist – *(chiuso domenica escluso luglio e agosto)* Carta 22/34 € CZ**n**
(+10 %)
♦ Parentesi gastronomica trapanese nel cuore di Siracusa: tra *cous cous* e pasta con le sarde, due sale semplici ed informali, che di sera si accendono dell'intrigante magia delle candele. Menu scherzosamente in dialetto siciliano (ma con traduzioni), per non prendersi troppo sul serio.

Oinos ⌂ AC VISA ◐◑ AE ① ♿
via della Giudecca 69/75 – ☎ *09 31 46 49 00 – www.oinosrestaurant.it*
– Fax 09 31 44 93 86 – chiuso dal 15 al 28 febbraio, domenica CZ**b**
Rist – Carta 39/66 €
♦ Utilizzando prodotti e sapori provenienti da tutta Italia, la giovane cuoca di origini milanesi propone con successo una cucina d'impostazione moderna. Intimo e infomale locale sull'Ortigia.

Darsena da Ianuzzo ⟨ AC ⅋ VISA ◐◑ AE ① ♿
riva Garibaldi 6 – ☎ *0 93 16 11 04 – www.ristorantedarsena.it*
– Fax 0 93 16 61 04 – chiuso 15 giorni in luglio, 1 settimana in novembre e mercoledì CZ**g**
Rist – Carta 32/49 €
♦ Bisogna percorrere il canale che separa Ortigia dal resto della città per giungere in questo simpatico locale, d'impostazione classica, specializzato nei prodotti ittici.

verso Lido Arenella

Dolce Casa senza rist ⪓ 🚗 AC ʷⁱ P
via Lido Sacramento 4, 4 km per ① ✉ *96100 Siracusa –* ☎ *09 31 72 11 35*
– www.bbdolcecasa.it – Fax 09 31 72 11 35
8 cam ⊍ – ♠50/60 € ♠♠60/85 €
♦ Piacevole struttura a metà strada tra la città e le spiagge, attorniata da un giardino mediterraneo, inserita in un'oasi di tranquillità: per un soggiorno rilassante.

sulla strada provinciale 14 Mare Monti

Lady Lusya ⊗   🚗 🏊 & cam, 🆔 🗚 🕏 rist, 📞 🅿 📶 ⊕ 🆎 ⚡
località Spinagallo, Sud-Ovest : 14 km – ℰ *09 31 71 02 77 – www.ladylusya.it*
– Fax 09 31 71 02 74 – chiuso dal 15 gennaio al 28 febbraio
19 cam ⌱ – †80/100 € ††120/160 € – ½ P 95/115 €   **Rist** – Carta 33/40 €
♦ Masseria fortificata del '500 splendidamente trasformata in hotel: interni di classe, camere distribuite in edifici diversi, tutti circondati dal giardino. Bella piscina. Ristorante di aspetto sobrio, cucina siciliana doc.

Agriturismo La Perciata ⊗   🚗 🏡 🏊 ✗ 🆔 🗚 🕏 rist, 🅿
via Spinagallo 77, Sud-Ovest : 10 km ✉ *96100 Siracusa*   📶 ⊕ 🆎 ⚡
– ℰ 09 31 71 73 66 – www.perciata.it – Fax 09 31 71 74 12
13 cam ⌱ – †60/85 € ††75/99 € – ½ P 62/74 €
Rist *– (giugno-settembre) (chiuso a mezzogiorno)* Carta 23/31 €
♦ Casa dall'intenso sapore mediterraneo, immersa nella campagna siracusana. Un agriturismo di alto livello, con tante dotazioni e servizi, per un soggiorno di tutto relax.

Agriturismo Limoneto ⊗   🚗 & cam, 🗚 🕏 🅿
via del Platano 3, Sud-Ovest : 9,5 km – ℰ *09 31 71 73 52 – www.limoneto.it*
– Fax 09 31 71 77 28 – chiuso novembre
10 cam ⌱ – †60/80 € ††90/120 € – ½ P 67 €
Rist *– (chiuso a mezzogiorno escluso domenica da dicembre a giugno)*
Menu 22/30 €
♦ Attorniata da un rigoglioso giardino agrumeto, struttura in aperta campagna in cui tutte le camere hanno accesso indipendente. La gestione si distingue per la simpatia.

STROMBOLI (Isola) – Messina – **365** BA51 – **Vedere Eolie (Isole)**

TAORMINA – Messina (ME) – **565** N27 – **11 037 ab.** – **alt. 250 m**   **40** D2
– ✉ **98039** ▯ Sicilia

▶ Catania 52 – Enna 135 – Messina 52 – Palermo 255

🔳 piazza Santa Caterina (Palazzo Corvaja) ℰ 0942 23243, info@
gate2taormina.com, Fax 0942 24941

🔳 Il Picciolo via Picciolo 1, ℰ 0942 98 62 52

👁 Località ★★★ – Teatro Greco ★★★ : ≤ ★★★ BZ – Giardino pubblico ★★ BZ
– ✳ ★★ dalla piazza 9 Aprile AZ – Corso Umberto ★ ABZ – Castello :
≤ ★★ AZ

🔳 Etna ★★★ Sud-Ovest per Linguaglossa – Castel Mola ★ Nord-Ovest : 5 km
– Gole dell'Alcantara ★

Piante pagine seguenti

Grand Hotel Timeo ⊗   ≤ 🚗 🏡 🏊 ✗ 🏊 🛗 🆔 🗚 🕏 rist, 🕏 🐾 🅿
via Teatro Greco 59 – ℰ *0 94 22 38 01*   📶 ⊕ 🆎 ⓿ ⚡
– www.grandhoteltimeo.com – Fax 09 42 62 85 01   BZx
75 cam ⌱ – †190/495 € ††210/564 € – 8 suites – ½ P 170/347 €
Rist *Il Dito e La Luna* – Carta 70/92 € 🏵
♦ Gli ultimi rinnovi sono stati destinati tutti al benessere, bagno turco e stanza per massaggi e trattamenti estetici. Eleganti gli interni tra suggestioni d'epoca e modernità. Stupefacente il panorama dalla sala da pranzo!

San Domenico Palace ⊗   ≤ 🚗 🏡 🏊 🛗 🛗 & cam, 🐾 🆔 🗚
piazza San Domenico 5 – ℰ *09 42 61 31 11*   🐾 🅿 📶 ⊕ 🆎 ⓿ ⚡
– www.hotelsandomenicotaormina.it – Fax 09 42 62 55 06   AZm
97 cam ⌱ – †210/310 € ††290/740 € – 8 suites – ½ P 210/435 €
Rist Principe Cerami – vedere selezione ristoranti
Rist *– (chiuso a mezzogiorno da maggio a ottobre)* Carta 68/112 € 🏵
♦ Eleganti ambienti ricchi di antichi ricordi in questo hotel di lusso ricavato tra le mura di un convento medievale. Suggestive vedute dal giardino e dalle terrazze. A tavola, i classici italiani e piatti locali.

🏠🏠🏠 Grand Hotel San Pietro 🕭 ≤ 🚗 🏠 🎿 🕼 🖥 ᵹ cam, ⚐⚐ 🄰🄲
via Pirandello 50 ✉ 98031 📶 ᵗᵗ 🄟 **VISA** ⓪ 🄰🄴 ⓪ ᵹ
– 𝒞 09 42 62 07 11 – www.grandhotelsanpietro.net – Fax 09 42 62 07 70
63 cam ⌂ – 🛏236/340 € 🛏🛏280/480 € – 1 suite – ½ P 220/320 €   CZf
Rist – Carta 60/130 €
♦ In splendida posizione panoramica ed abbracciata da un giardino con piscina, un'elegante struttura di nuova apertura con spazi accoglienti, una sala da the ed una biblioteca. Nella raffinata ed intima sala da pranzo, i genuini sapori della gastronomia siciliana.

🏠🏠🏠 Villa Diodoro ≤ 🚗 🎿 🕼 🖥 ᵹ cam, 🄰🄲 🕭 🕼 🄟
via Bagnoli Croci 75 – 𝒞 0 94 22 33 12   **VISA** ⓪ 🄰🄴 ⓪ ᵹ
– www.gaishotels.com – Fax 0 94 22 33 91   BZq
102 cam ⌂ – 🛏135/205 € 🛏🛏180/296 € – ½ P 124/182 €
Rist – Carta 30/60 €
♦ Attrezzata palestra e zona massaggi-trattamenti estetici in una storica risorsa dai generosi spazi all'aperto. Rinnovate le camere e la hall - ora più ampia ed ariosa - mentre incastonato su una terrazza, lo zaffiro di questo gioiello: la panoramica piscina. Al ristorante, primeggiano i sapori dell'isola.

🏠🏠 Villa Carlotta ≤ 🚗 🎿 🖥 🄰🄲 🕼 🄟 **VISA** ⓪ 🄰🄴 ᵹ
via Pirandello 81 – 𝒞 09 42 62 60 58 – www.villacarlotta.net – Fax 0 94 22 37 32
– chiuso dal 15 gennaio al 15 febbraio   CZa
23 cam ⌂ – 🛏109/309 € 🛏🛏129/329 € – 1 suite
Rist – (prenotazione obbligatoria) (solo per alloggiati) Carta 30/60 €
♦ Abbracciata da una folta vegetazione, la villa riprende il suo nome originario ed offre ai suoi ospiti ambienti eleganti e di tendenza, nonché una suggestiva vista sullo Ionio e sull'Etna. La sosta al bar diventa il pretesto per ammirare i resti di una necropoli bizantina.

🏠🏠 Villa Ducale senza rist 🕭 ≤ 🄰🄲 🕼 🄟 **VISA** ⓪ 🄰🄴 ᵹ
via Leonardo da Vinci 60 – 𝒞 0 94 22 81 53 – www.villaducale.com
– Fax 0 94 22 87 10 – chiuso dal 10 gennaio al 10 febbraio   AZp
17 cam ⌂ – 🛏99/259 € 🛏🛏129/289 € – 6 suites
♦ Un rifugio splendidamente panoramico e scrigno delle celebri ceramiche siciliane: una piccola bomboniera deliziosamente curata dai titolari come un'elegante casa privata. La navetta o una scenografica scalinata per scendere in paese.

🏠🏠 Villa Sirina senza rist 🕭 🚗 🎿 🄰🄲 🕼 🄟 **VISA** ⓪ 🄰🄴 ᵹ
via Crocifisso 30, 2 km per via Crocifisso – 𝒞 0 94 25 17 76 – www.villasirina.com
– Fax 0 94 25 16 71 – aprile-9 novembre   AZ
16 cam ⌂ – 🛏100/150 € 🛏🛏120/198 €
♦ Artigiani locali hanno contribuito con le loro creazioni ad arredare ad hoc le semplici camere della villa, già di famiglia dagli anni Settanta. Nel giardino, la bella piscina.

🏠🏠 Villa Belvedere ≤ 🕭 🏠 🎿 🖥 🄰🄲 🕼 rist, 🕼 🄟 **VISA** ⓪ ᵹ
via Bagnoli Croci 79 – 𝒞 0 94 22 37 91 – www.villabelvedere.it
– Fax 0 94 62 58 30 – 10 marzo-26 novembre   BZb
49 cam ⌂ – 🛏85/150 € 🛏🛏110/230 €
Rist – (aprile-ottobre) (chiuso la sera) (solo per alloggiati) Carta 23/31 €
♦ Una vista mozzafiato sul bel parco con palme e piscina tanto dagli ambienti comuni quanto dalla maggior parte delle camere. Storica struttura da sempre a gestione familiare.

🏠🏠 Villa Schuler senza rist ≤ 🚗 🖥 ⚐⚐ 🄰🄲 🕼 🕼 🚗 **VISA** ⓪ 🄰🄴 ᵹ
piazzetta Bastione – 𝒞 0 94 22 34 81 – www.hotelvillaschuler.com
– Fax 0 94 22 35 22 – 6 marzo-21 novembre   BZd
27 cam ⌂ – 🛏87/124 € 🛏🛏99/212 €
♦ Sorto nei primi anni del Novecento e gestito sempre dalla stessa famiglia, storico albergo del centro incorniciato tra giardini mediterranei: ottimi per immergersi nel relax!

🏠 Condor senza rist ≤ 🄰🄲 **VISA** ⓪ 🄰🄴 ⓪ ᵹ
via Dietro Cappuccini 25 – 𝒞 0 94 22 31 24 – www.condorhotel.com
– Fax 09 42 62 57 26 – marzo-15 novembre   BZa
12 cam ⌂ – 🛏60/80 € 🛏🛏80/118 €
♦ Una dozzina di stanze, una palazzina in posizione panoramica e una gestione di lunga esperienza. Per chi non ricerca l'eleganza, ma si accontenta della semplicità.

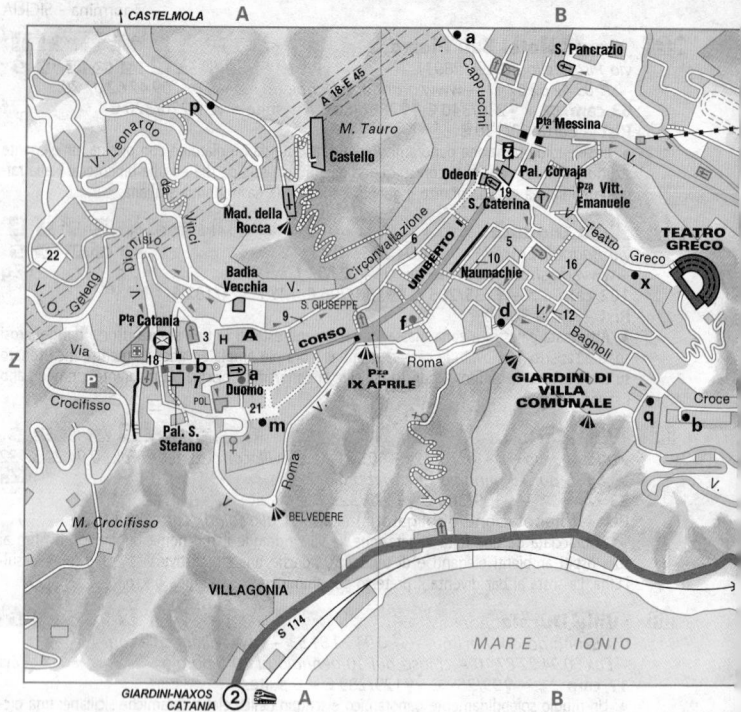

S. Pancrazio

À 18-E 45

M. Tauro

Castello

Mad. della Rocca

Pta Messina

Pal. Corvaja

Odeon

S. Caterina

Pta Vitt. Emanuele

TEATRO GRECO

Greco

Badia Vecchia

S. GIUSEPPE

Circonvallazione

Naumachie

Pta Catania

CORSO

Via

Duomo

Roma

Pta IX APRILE

GIARDINI DI VILLA COMUNALE

Croce

Crocifisso

Pal. S. Stefano

△ M. Crocifisso

BELVEDERE

Roma

VILLAGONIA

S 114

MARE IONIO

GIARDINI-NAXOS CATANIA ② A   B

✗✗✗✗ La Giara   ⟨ 🍴 ᴀᴄ 🚭 ᴠɪsᴀ ⓒⓞ ᴀᴇ ① ⓢ
vico la Floresta 1 – ✆ 0 94 22 33 60 – www.lagiara-taormina.com
– Fax 0 94 22 32 33 – aprile-ottobre   **BZf**
Rist – *(chiuso a mezzogiorno)* (consigliata la prenotazione) Carta 64/82 €
♦ Splendida la terrazza con dehors panoramico che incornicia la costa e il vulcano; in sala dominano volutamente le tinte del bianco e dell'avorio, sulle quali spicca la millenaria giara.

✗✗✗✗ Principe Cerami – Hotel San Domenico Palace   🍴 ᴀᴄ 🚭 ℙ
🌸   piazza San Domenico 5 – ✆ 09 42 61 31 11   ᴠɪsᴀ ⓒⓞ ᴀᴇ ① ⓢ
– Fax 09 42 62 55 06 – aprile-ottobre; chiuso lunedì
Rist – *(chiuso a mezzogiorno)* (consigliata la prenotazione)   **AZm**
Menu 95 € – Carta 84/138 € ❀
Spec. Trasparenza di scampi con insalatina di grano, perle di verdure e composta di mele. Risotto di mare con clorofilla di basilico e salsa al nero di seppia leggermente piccante. Lombetto di agnello affumicato e scottato, mostarda di peperoni di Vittoria, verdure al forno.
♦ Dedicato al nobile siciliano, il ristorante è un'alcova di antichi profumi e delicati sapori isolani riproposti in chiave moderna. La sala trabocca di tessuti e quadri, d'impronta più inglese che mediterranea. Bellissima terrazza.

✗✗✗ Casa Grugno (Andreas Zangerl)   🍴 ᴀᴄ ᴠɪsᴀ ⓒⓞ ᴀᴇ ① ⓢ
🌸   via Santa Maria De' Greci – ✆ 0 94 22 12 08 – www.casagrugno.it
– Fax 0 94 22 12 08 – chiuso dal 7 gennaio al 9 marzo e domenica   **AZa**
Rist – *(chiuso a mezzogiorno)* (prenotazione obbligatoria) Carta 78/100 € ❀
Spec. Variazione di pesce e crostacei crudi con sorbetto agli agrumi. Ravioli con ricotta di Val Demone profumata al limone. Carrè d'agnello in crosta d'erbe aromatiche.
♦ La facciata gotico-catalana è quella di un palazzo appartenuto ad una famiglia spagnola ed una splendida terrazza s'incastona a meraviglia fra gli antichi palazzi del centro. A fare oggi gli onori di casa è la cucina, che propone sapori mediterranei rivisitati con grande maestria.

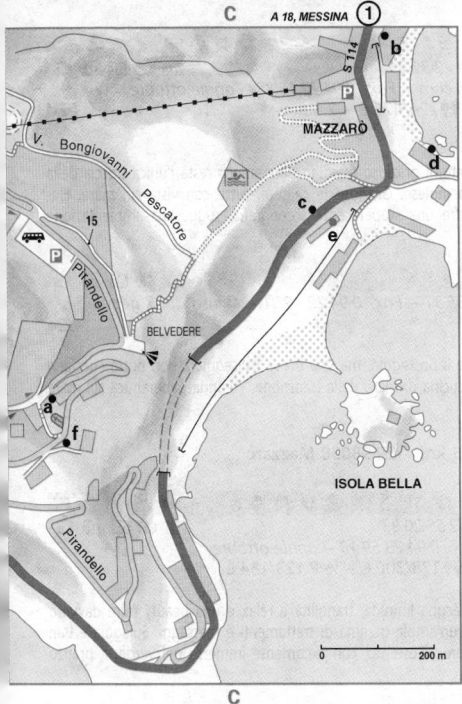

C A 18, MESSINA ①

b

MAZZARÒ

d

c

e

V. Bongiovanni

Pescatore

15

P

BELVEDERE

a

f

Pirandello

ISOLA BELLA

Z

0   200 m

C

Circolazione regolamentata nel
centro città da giugno a settembre

TAORMINA

✗ **Osteria Nero D'Avola**   🍴 AC VISA ⑳ AE ① 💆
*vico Spuches 8 – ℰ 09 42 62 88 74 – Fax 09 42 62 88 74 – chiuso lunedì escluso
luglio-agosto-settembre*   AZ**b**
Rist – *(chiuso a mezzogiorno in luglio-agosto-settembre)* (consigliata la prenotazione) Carta 42/63 €
♦ Sulla tavola di questo ristorantino con la cucina a vista, i sapori e i colori dell'isola: in
estate, si mangia su una graziosa piazzetta.

a Mazzarò Est 5,5 km o 5 mn di cabinovia CZ – ✉ 98030

🏨 **Grand Hotel Mazzarò Sea Palace**   ← 🍴 🏊 ⑳ 🛎 🛗 AC ⇆ 🎾
via Nazionale 147 – ℰ 09 42 61 21 11   (🖐) 🕍 🚗 VISA ⑳ AE ① 💆
– www.mazzaroseapalace.it – Fax 09 42 62 62 37 – marzo-15 novembre
79 cam 🍴 – ♦218/283 € ♦♦332/523 € – 9 suites   CZ**b**
– ½ P 174/320 €
Rist – Carta 44/88 €
♦ L'esplosione del sole e dei colori siciliani si riflette nelle camere superbamente arredate,
ricche di tessuti e decorazioni; marmi e lucernai nelle zone comuni. Le terrazze si "sprecano":
la più bella è un solarium con piscina sulla splendida baia. Sala ristorante e spazi all'aperto
dove cenare a lume di candela.

🏨 **Grand Hotel Atlantis Bay** ⌚   ← 🚗 🍴 🏊 ⑳ 🛗 🛎 AC 🎾 (🖐)
via Nazionale 161 – ℰ 09 42 61 80 11   🕍 P VISA ⑳ AE ① 💆
– www.atlantisbay.it – Fax 0 94 22 31 94 – marzo-15 novembre   CZ
83 cam 🍴 – ♦300/470 € ♦♦362/555 € – 8 suites – ½ P 239/331 €
Rist – (prenotazione obbligatoria) Menu 58 €
♦ Una realtà raffinata ed elegante con interni sontuosi, camere ampie e provviste di ogni
confort (tutte vista mare). Per chi vuole vizirasi fino in fondo: suite presidenziale con piccola
piscina privata e lusso al quadrato. Meravigliosa sala ristorante curata in ogni dettaglio.

Villa Sant'Andrea ⟨ 🚗 🏠 ⇕ 🆒 🍴 rist, ⁽ᵗ⁾ 🐚 ⌕
via Nazionale 137 – ☎ *0 94 22 31 25* 🆅🅸🆂🅰 ⓤⓤ 🅰🅴 ⓞ ⌕
– www.villasantandreahotel.com – Fax 0 94 22 48 38 – aprile-ottobre
76 cam ⌂ – ♦170/376 € ♦♦224/476 € – 2 suites   CZd
– ½ P 166/292 €
Rist – Carta 46/103 €
♦ Realizzata nel primo Ottocento, il grazioso giardino panoramico resta l'unica traccia della commissione di un gentiluomo inglese. Graziose le camere, tutte con vista sul mare. Elegante la sala ristorante che offre una stupefacente scenografia, suggestiva ambientazione del servizio estivo.

Da Giovanni ⟨ 🆒 🆅🅸🆂🅰 ⓤⓤ 🅰🅴 ⓞ ⌕
via Nazionale – ☎ *0 94 22 35 31 – Fax 0 94 22 35 31 – chiuso dal 7 gennaio al*
10 febbraio e lunedì   CZe
Rist – Carta 31/50 €
♦ Qualche difficoltà nel trovare il posteggio, ma una breve passeggiata non potrà che farvi meglio apprezzare la semplice cucina di mare della tradizione. Veranda panoramica sul mare e sull'Isola Bella.

a Lido di Spisone Nord-Est: 1,5 km – ✉ 98030 Mazzarò

Caparena ⟨ 🚗 🏠 ⚓ 🏊 ⑩ 🏋 🛋 ⇕ 🆒 cam, 🏃 🆎 🆒 🐚 🅿
via Nazionale 189 – ☎ *09 42 65 20 33* 🆅🅸🆂🅰 ⓤⓤ 🅰🅴 ⓞ ⌕
– www.gaishotels.com – Fax 0 94 23 69 13 – aprile-ottobre
88 cam ⌂ – ♦160/248 € ♦♦178/300 € – ½ P 123/184 €
Rist – Carta 30/60 €
♦ Bellezza e confort, palme e acqua limpida, tranqllità e relax e una beauty farm davvero interessante con bagno turco e un'ampia gamma di trattamenti e massaggi. Spiaggia e bar. D'estate la sala da pranzo si apre all'esterno, completamente immersa nel verde; a pranzo carta leggera.

La Capinera (Pietro D'Agostino) ⟨ 🏠 🆎 🆅🅸🆂🅰 ⓤⓤ 🅰🅴 ⓞ ⌕
✿
via Nazionale 177 ✉ 98039 Taormina – ☎ *09 42 62 62 47*
– www.ristorantelacapinera.com – Fax 09 42 62 62 47
– chiuso febbraio e lunedì escluso agosto
Rist – *(chiuso a mezzogiorno dal 15 giugno al 7 settembre)* (consigliata la prenotazione) Menu 65/80 € – Carta 47/65 € 🍷
Spec. Il crudo di mare alla maniera di Pietro. Mezzi paccheri con scampi, pomodori al forno e salsa di crostacei. Tortino al pistacchio con salsa ai pistilli di zafferano e gelato alla ricotta di capra girgentana.
♦ Locale accogliente dalla giovane ed appassionata gestione, che propone una cucina innovativa su base regionale ed un servizio estivo in terrazza.

a Castelmola Nord-Ovest : 5 km AZ – alt. 550 m – ✉ 98030

Villa Sonia ⟨ 🚗 🏠 🏊 🏋 🛋 ⇕ 🆒 cam, 🏃 🆎 🆒 rist, ⁽ᵗ⁾ 🐚
via Porta Mola 9 – ☎ *0 94 22 80 82* 🅿 🆅🅸🆂🅰 ⓤⓤ 🅰🅴 ⓞ
– www.hotelvillasonia.com – Fax 0 94 22 80 83 – aprile-15 novembre,
20 dicembre-6 gennaio
42 cam ⌂ – ♦110/140 € ♦♦140/205 € – 2 suites – ½ P 105/138 €
Rist *Parco Reale* – Carta 32/45 €
♦ Caratteristico e tranquillo il borgo che accoglie questa antica villa arredata con una raccolta di preziosi oggetti d'antiquariato e d'artigianato siciliano. Suggestiva vista da molte camere. Sobriamente elegante la sala da pranzo arredata qua e là con numerose rare suppellettili. D'estate si pranza a bordo piscina.

Voglia di partire all'ultimo momento?
Visitate i siti Internet degli hotel per beneficiare di eventuali promozioni.

TERME VIGLIATORE – Messina (ME) – **365** AZ55 – 6 299 ab.   **40** D1
– ✉ 98050 ▌Sicilia

▶ Catania 123 – Enna 174 – Messina 50 – Palermo 184
◉ Villa Romana★

⌂ **Il Gabbiano**   ≤ ⊼ 🕽 ⋆⋆ 🅰🅲 ⅍ rist. 🅿 𝘝𝘐𝘚𝘈 ⓪⓪ 🅰🅴 ⓪ ⋠
via Marchesana 4, località Lido Marchesana – ℰ 09 09 78 23 43
– www.gabbianohotel.com – Fax 09 09 78 13 85 – maggio-ottobre
40 cam ⌸ – ♦50/90 € ♦♦80/140 € – ½ P 60/100 €
Rist – Carta 24/36 €

♦ Nel suggestivo golfo di Tindari, a poca distanza da numerose attrattive turistiche, una struttura moderna e panoramica che sfrutta appieno la posizione sulla spiaggia. Le sale del ristorante danno sulla terrazza a mare con piscina.

TERMINI IMERESE – Palermo (PA) – **365** AR56 – 27 502 ab.   **39** B2
– alt. 113 m – ✉ 90018 ▌Sicilia

▶ Agrigento 150 – Messina 202 – Palermo 36

🏛 **Grand Hotel delle Terme**   🚗 ⊼ 🕽 🕥 ⅃⚥ 🕆 🆒 🕽 🅰🅲 ⅍ 🕻 ⚐
piazza Terme 2 – ℰ 09 18 11 35 57   𝘝𝘐𝘚𝘈 ⓪⓪ 🅰🅴 ⓪ ⋠
– www.grandhoteldelleterme.com – Fax 09 18 11 31 07
69 cam ⌸ – ♦110/150 € ♦♦170/240 € – 9 suites
Rist – Carta 31/57 €

♦ Un giardino fiorito con piscina e vista panoramica all'esterno, mentre nei suggestivi sotterranei sgorgano acque termali sfruttate dal centro benessere dell'hotel. In un edificio storico di fine '800. La sala degli specchi al primo piano ospita l'elegante ristorante a la carte.

⌂ **Il Gabbiano**   🅰🅲 ⅍ 🕻 🅿 𝘝𝘐𝘚𝘈 ⓪⓪ 🅰🅴 ⋠
via Libertà 221 – ℰ 09 18 11 32 62 – www.hotelgabbiano.it
– Fax 09 18 11 42 25
24 cam ⌸ – ♦65/75 € ♦♦88/98 € – ½ P 62/78 €
Rist – Carta 22/42 €

♦ Fuori dal caotico centro della località, una risorsa semplice e moderna grazie ai recenti interventi di rinnovo. Apprezzato soprattutto da una clientela d'affari.

TERRASINI – Palermo (PA) – **365** AN55 – 11 184 ab. – alt. 35 m   **39** B2
– ✉ 90049 ▌Sicilia

▶ Palermo 29 – Trapani 71
◉ Museo Civico : carretti siciliani★
🄶 Carini : decorazione a stucchi★★ nell'Oratorio del SS. Sacramento Est :
16 km

✕✕ **Primafila**   🕽 🅰🅲 𝘝𝘐𝘚𝘈 ⓪⓪ 🅰🅴 ⓪ ⋠
via B. Saputo 8 – ℰ 09 18 68 44 22 – www.sicilia.net/primafila
– Fax 09 18 68 69 97 – chiuso dal 1° al 25 novembre e lunedì
Rist – Carta 34/57 €

♦ In fondo al paese, fronte mare, si parcheggia nei posti pubblici. Al primo piano la sala principale arredata con un pizzico di eleganza. Piatti di pesce e della tradizione.

TORREGROTTA – Messina (ME) – **365** BB54 – 7 202 ab. – alt. 48 m   **40** D1
– ✉ 98040

▶ Catania 141 – Messina 29 – Palermo 215

⌂ **Thomas**   🅰🅲 ⅍ 🕻 🅿 𝘝𝘐𝘚𝘈 ⓪⓪ 🅰🅴 ⓪ ⋠
🍽 via Sfameni 98, località Scala – ℰ 09 09 98 19 47 – Fax 09 09 98 22 73 – chiuso
dal 19 dicembre al 6 gennaio
18 cam – ♦37/40 € ♦♦52 €, ⌸ 6 € – ½ P 50 €
Rist – (chiuso lunedì) Carta 23/34 €

♦ Sulla strada che porta al mare - tra le numerose case di villeggiatura della zona - una struttura i cui punti di forza sono l'ottimo rapporto qualità/prezzo ed il continuo ammodernamento, che crea ambienti "caldi" e personalizzati. Classico ristorante di mare, ambiente semplice e familiare.

TRAPANI Ⓟ (TP) – 365 AK55 – 70 638 ab. – ⊠ 91100 ▯ Sicilia   **39** A2

▶ Palermo 104

🛬 di Birgi Sud: 15 km per ① ☎ 0923 842502

🚢 per Cagliari – Tirrenia Navigazione, call center 892 123
  – per le Isole Egadi e Pantelleria – Siremar, call center 892 123

ℹ piazza Scarlatti ☎ 0923 29000, apttp@apt.trapani.it,
  Fax 0923 24004

◎ Museo Pepoli★ – Santuario dell'Annunziata★ – Centro Storico★

🄶 Isola di Pantelleria★★ Sud per motonave BZ – Isole Egadi★★ Ovest per
  motonave o aliscafo BZ

🏨 | **Vittoria** senza rist   📶 🔠 🎧 💤 💳 ⚫ 🅰🅴 ⓪ 🆘
   via Crispi 4 – ☎ 09 23 87 30 44
   – www.hotelvittoriatrapani.it
   – Fax 0 92 32 98 70   **BZs**
   65 cam ☞ – ✝45/80 € ✝✝70/130 €
   ♦ Il centro, la spiaggia e i giardini pubblici distano solo una breve passeggiata dall'hotel.
   Molto apprezzato da una clientela d'affari, dispone di un ampio posteggio pubblico di
   fronte.

Maccotta senza rist e senza 🛏   🏢 AC VISA 🞋 AE ① ♿

via degli Argentieri 4 – ℰ 09 32 38 41 18 – www.albergomaccotta.it

– Fax 09 22 84 18   BZc

20 cam – †35/45 € ††65/75 €

♦ Sorge attorno a un caratteristico baglio questa struttura che occupa gli spazi di uno storico edificio in un vicolo del centro storico, privo di sala colazioni. Confort, tranquillità.

Ai Lumi senza rist   AC 🕪 ⟨ᵗᵖ⟩ VISA 🞋 AE ① ♿

corso Vittorio Emanuele 71 – ℰ 09 23 54 09 22 – www.ailumi.it

– Fax 09 23 54 77 20   AZa

12 cam 🛏 – †50/70 € ††80/100 €

♦ Il settecentesco palazzo Berardo Ferro, nel centro storico-pedonale della località, accoglie camere in stile ricche di fascino e di storia, affacciate sulla bella corte interna.

Taverna Paradiso   🍴 AC ⇔ VISA 🞋 AE ① ♿

lungomare Dante Alighieri 22 – ℰ 09 32 32 23 03 – www.tavernaparadiso.com

– Fax 09 32 32 23 03 – chiuso 20 giorni in novembre e domenica   BZe

Rist – Carta 36/67 €

♦ Ottimo indirizzo per quanti non riescono a restare indifferenti alle fragranze del mare; esclusivamente pesce fresco, particolarmente tonno. Fatevi consigliare dal personale.

B

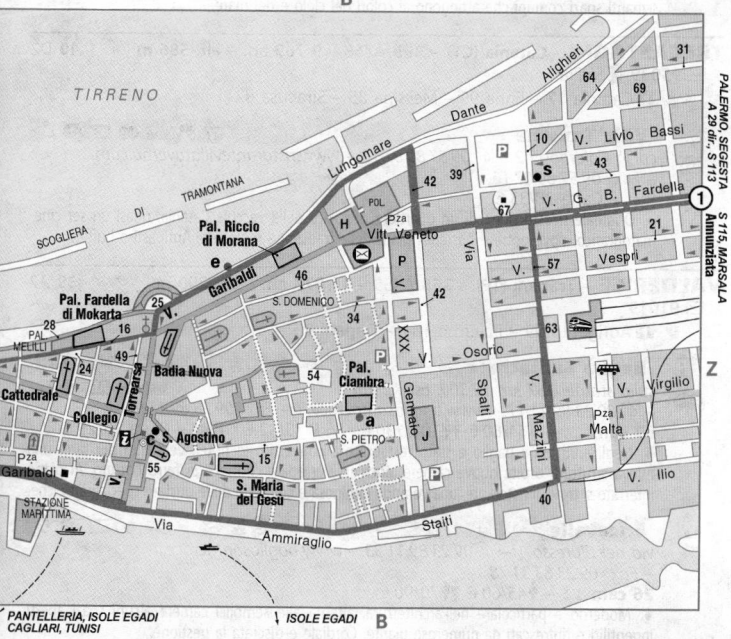

X **Ai Lumi Tavernetta** ⌂ ⟷ AK VISA ◯ AE ◯ ⟳
corso Vittorio Emanuele 75 – ℰ 09 23 87 24 18 – www.ailumi.it
– Fax 09 23 54 77 20 – chiuso dal 15 gennaio al 15 febbraio e martedì
Rist – (consigliata la prenotazione) Carta 28/50 €   AZ**a**
♦ Giovane e alla moda. Lungo la via centrale della città, la cucina di questo moderno risto-
rante esplora terra e mare in gustose ricette regionali: imperdibile il cous cous.

X **Cantina Siciliana** AK ℅ VISA ◯ AE ◯ ⟳
⊘ *via Giudecca 36 – ℰ 0 92 32 86 73 – www.cantinasiciliana.it*
– Fax 09 23 88 27 35   BZ**a**
Rist – Carta 20/35 €
♦ La sala più piccola espone storiche fotografie che ritraggono il passato del locale; la più
grande pullula invece di oggetti della tradizione siciliana. Specialità trapanesi.

a Fontanasalsa Sud : 9 km – ⊠ 91100 Trapani

⌂ **Agriturismo Baglio Fontanasalsa** ⊗ ⊞ ⌂ ⊐ AK P
via Cusenza 78 – ℰ 09 23 59 10 01   VISA ◯ AE ◯ ⟳
– www.fontanasalsa.it – Fax 09 23 59 10 01
9 cam ⊆ – †65/85 € ††110/160 € – ½ P 80 €
Rist – (chiuso a mezzogiorno) (consigliata la prenotazione) Menu 25/35 €
♦ Oliveti e agrumeti cingono la caratteristica risorsa, quasi una scenografia cinematografica
western, dove riscoprire la vita di campagna. Camere rustiche e ben ristrutturate. Al ristorante, cucina regionale di sola carne, presentata a voce e con menù fisso.

a Paceco Sud-Est: 12 km – ⊠ 91027

⌂⌂⌂ **Relais Antiche Saline** ⊗ ◁ ⊞ ⊐ ⟷ AK ℅ rist, ⟨⟩ P
via Verdi, località Nubia – ℰ 09 23 86 80 29   VISA ◯ AE ⟳
– www.relaisantichesaline.com – Fax 09 23 86 80 47
18 cam ⊆ – †100/130 € ††120/190 € – ½ P 100/135 €
Rist – (giugno-settembre) (chiuso a mezzogiorno) Carta 32/57 €
♦ Tra i mulini e le vasche delle saline, un baglio con camere luminose ed accoglienti, affascinanti spazi comuni che attingono ai colori del cielo e del mare.

TRECASTAGNI – Catania (CT) – 365 AZ58 – 9 769 ab. – alt. 586 m   40 D2
– ⊠ 95039 ▮ Sicilia
▶ Catania 17 – Enna 99 – Messina 85 – Siracusa 82

X **Villa Taverna** ⌂ P VISA ◯ AE ◯ ⟳
⊛ *corso Colombo 42 – ℰ 09 57 80 07 16 – www.ristorantevillataverna.com*
– Fax 09 57 80 07 16
Rist – Carta 28/33 €
♦ Originale ricostruzione di un quartiere popolare della vecchia Catania, quasi un set cine-
matografico, dove potrete gustare i piatti della tradizione regionale. Antipasti a buffet.

VALDERICE – Trapani (TP) – 365 AK55 – 11 873 ab. – alt. 250 m   39 A2
– ⊠ 91019
▶ Agrigento 99 – Palermo 184 – Trapani 9

⌂⌂ **Baglio Santacroce** ⊗ ◁ ⊐ ⟷ cam, AK rist, ℅ ⟨⟩ ⫯ P
⊘ *sulla statale 187 km 12,300, Est : 2 km*   VISA ◯ AE ◯ ⟳
– ℰ 09 23 89 11 11 – www.bagliosantacroce.it – Fax 09 23 89 11 92
67 cam ⊆ – †64/80 € ††108/130 € – ½ P 70/82 €   **Rist** – Carta 18/29 €
♦ Negli anni '80 il baglio è stato restaurato e convertito in hotel; vent'anni più tardi una
nuova struttura ospita nuove camere, anch'esse arredate con letti in ferro battuto. Al piano
interrato si trova il ristorante, una veranda luminosa e con vista dove gustare specialità tipiche.

⌂ **Ericevalle** senza rist ⟷ AK ℅ P VISA ◯ AE ◯ ⟳
via del Cipresso 1 – ℰ 09 23 89 11 33 – www.bagliosantacroce.it
– Fax 09 23 83 31 78
26 cam ⊆ – †45/60 € ††70/90 €
♦ Moderno e particolare nell'architettura, alterna alle semplici camere alcuni spazi aperti
ingentiliti e rinfrescati da numerose piante. Cordiale e discreta la gestione.

VITTORIA – Ragusa (RG) – **365** AW62 – 61 712 ab. – alt. 169 m   **40** C3
– ✉ 97019 Sicilia

▶ Agrigento 107 – Catania 96 – Ragusa 26 – Siracusa 104

🏨 **Grand Hotel** senza rist   🛗 🅰️🆒 🛜 🚗 💳 ⓄⓄ 🅰️🅴 ⓄⒹ 🔧
vico II Carlo Pisacane 53/B – ☎ 09 32 86 38 88 – www.grandhotelvittoria.it
– Fax 09 32 86 38 88
27 cam ⌷ – 🛏35/50 € 🛏🛏50/70 €
♦ Ottima risorsa per la clientela d'affari: poche concessioni a fronzoli e personalizzazioni di
carattere estetico, ma buon confort e gestione professionale e affidabile.

VULCANO (Isola) – Messina – **365** AY53 – Vedere Eolie (Isole)

ZAFFERANA ETNEA – Catania (CT) – **365** AZ57 – 9 051 ab.   **40** D2
– alt. 600 m – ✉ 95019

▶ Catania 24 – Enna 104 – Messina 79 – Palermo 231

🏨 **Airone**   ⇐ 🚗 🏊 🐾 🛋 🛗 🅰️🆒 🏋 🅿️ 💳 ⓄⓄ 🅰️🅴 ⓄⒹ 🔧
🔗 via Cassone 67, Ovest : 2 km – ☎ 09 57 08 18 19 – www.hotel-airone.it
– Fax 09 57 08 21 42
62 cam ⌷ – 🛏70/90 € 🛏🛏110/130 € – ½ P 80/90 €   **Rist** – Carta 20/46 €
♦ E' stato recentemente ristrutturato questo raffinato hotel dal sapore rustico situato nella
parte alta e panoramica della località. Tutt'intorno, un parco di alberi secolari. Il menu presenta un'ampia scelta di proposte della cucina tipica siciliana.

Alzabandiera

SAN MARINO

SAN MARINO (SMR) – 4 386 ab. – alt. 675 m – ⊠ 47890   **9** D2
▌Italia Centro Nord

▶ Roma 392 – Bologna 134 – Rimini 26 – Venezia 286

🛈 piazza della Libertà ℰ 0549 882914, info@visitsanmarino.com,
Fax 0549 882915

◉ Posizione pittoresca★★★ sulle pendici del monte Titano - Rocche:
≤★★★ sugli Appennini, Rimini e il mare fino alla costa dalmata

Pianta pagina seguente

🏨 **Grand Hotel San Marino**   ≤ 🕥 🔥 🖭 ⚐ 🛝 AC 🛠 rist, 🕅 🏊 🚗
viale Antonio Onofri 31 – ℰ 05 49 99 24 00   VISA ⓦ AE ① 🔊
– www.grandhotel.sm – Fax 05 49 99 29 51 – chiuso dal 23 al 28 dicembre
62 cam ☑ – ♦60/135 € ♦♦85/210 € – ½ P 61/123 €   Za
Rist L' Arengo – Carta 34/52 €
◆ Il grande "classico" dell'hotellerie locale è ideale per un soggiorno dedicato al benessere e
al relax. Particolare il "giardino del silenzio", una terrazza con vasca idromassaggio e piante
aromatiche per una mezz'ora di meditazione. Omaggia un'antica istituzione il ristorante,
cinto da vetrate che garantiscono la luce.

🏨 **Cesare**   ≤ 🛝 🖭 ⚐ AC 🛠 VISA ⓦ AE ① 🔊
salita alla Rocca 7 – ℰ 05 49 99 23 55 – www.hotelcesare.com
– Fax 05 49 99 26 30   Yb
18 cam ☑ – ♦60/135 € ♦♦85/210 € – ½ P 61/130 €   **Rist** – Carta 33/76 €
◆ Il fascino di un antico edificio coniugato con i vantaggi delle moderne tecnologie in un
nuovo, raffinato albergo. Alcune camere hanno il privilegio di essere invase dalla luce naturale, grazie alle grandi finestre. Nuovo look di elegante design contemporaneo nel ristorante.

🏨 **Titano**   🏠 🖭 🛝 AC 🛠 rist, 🕅 VISA ⓦ AE ① 🔊
contrada del Collegio 31 – ℰ 05 49 99 10 06 – www.hoteltitano.com
– Fax 05 49 99 13 75 – 15 marzo-15 novembre   Yu
48 cam ☑ – ♦60/135 € ♦♦85/210 € – ½ P 61/123 €
Rist La Terrazza – ℰ 05 49 99 10 07 (chiuso dal 23 al 28 dicembre)
Carta 31/48 €
◆ Realizzato negli ambienti di una casa d'epoca, è un'istituzione locale questa struttura di
tradizione nel centro della Repubblica; ospitalità familiare e curata nei signorili interni in
stile. Bella vista di valli e Appennini dalla terrazza del ristorante.

🏠 **Joli San Marino**   🏠 🖭 AC 🕅 VISA ⓦ AE ① 🔊
viale Federico d'Urbino 36/b – ℰ 05 49 99 10 09 – www.hoteljoli.sm
– Fax 05 49 91 40 02   Zb
31 cam ☑ – ♦45/85 € ♦♦60/125 € – ½ P 45/90 €
Rist Vecchia Stazione – Carta 24/36 €
◆ Appena fuori dalle mura che delimitano il centro storico, propone camere recentemente
rinnovate, alcune delle quali con vista sulla catena degli Appennini. In comoda posizione stradale. Ristorante pizzeria dall'ambiente semplice di tono rustico.

🏠 **Villa Giardi** senza rist   🛠 🕅 P 🚗 VISA ⓦ AE ① 🔊
via Ferri 22, 1 km per via d. Voltone – ℰ 05 49 99 10 74 – www.wel.it/villagiardi
– Fax 05 49 99 22 85   Z
8 cam ☑ – ♦50/84 € ♦♦72/110 €
◆ Poche camere accoglienti e graziose nella loro linearità in questa simpatica casa dall'ambiente familiare, alle porte della località, vicino ad un parco naturale.

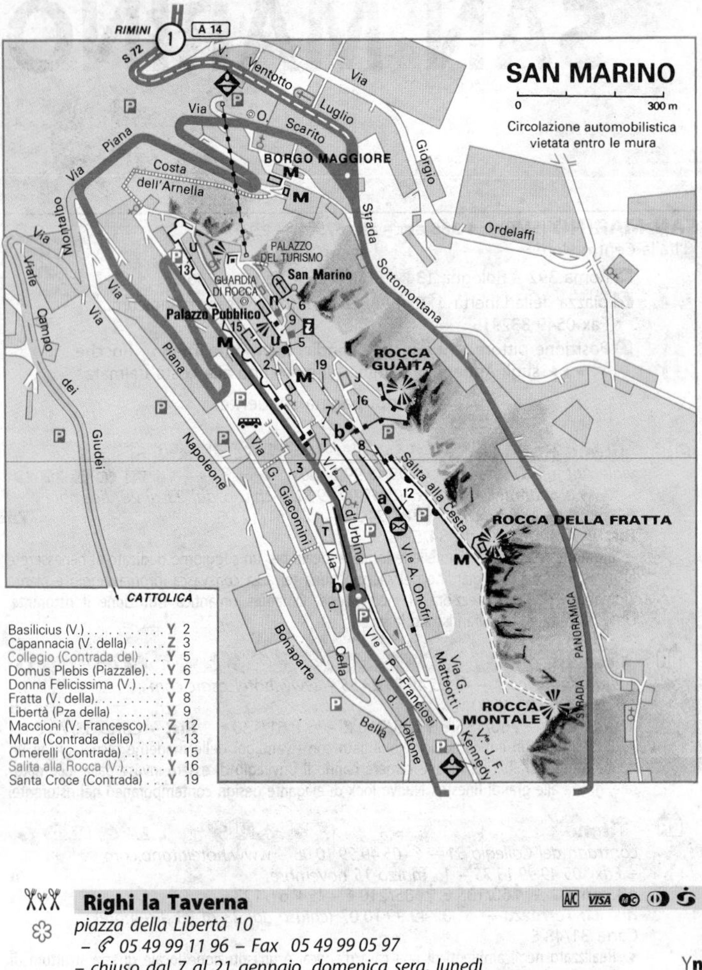

SAN MARINO

0   300 m

Circolazione automobilistica
vietata entro le mura

XXX   **Righi la Taverna**   AC VISA ◉ ① ⑤

☆   *piazza della Libertà 10*
– ℰ 05 49 99 11 96 – Fax 05 49 99 05 97
– chiuso dal 7 al 21 gennaio, domenica sera, lunedì   **Y n**
Rist – (consigliata la prenotazione) Menu 40/58 € – Carta 41/74 €
Spec. Insalata di seppie, taccole, datterini e finocchio selvatico. Lasagnette
con ragù antico e fonduta di pecorino. Zuppa di pesce e bruschette.
♦ Adiacente al Palazzo del Governo, un ristorante dall'arredamento caratteristico. Un bistrot
per pasti veloci al pianterreno, più raffinate le proposte nella sala al primo piano.

a Domagnano per ① : 4 km – ⊠ 47895

🏠   **Rossi**   ≤ 🖢 AC cam, 💥 ⓦ 🦺 P 🚗 VISA ◉ AE ① ⑤

🐌   *via XXV Marzo 13 – ℰ 05 49 90 22 63 – www.hotelrossisanmarino.com*
– Fax 05 49 90 66 42
31 cam ⊡ – †55/90 € ††80/120 € – ½ P 55/75 €
Rist – *(chiuso dal 20 dicembre al 5 gennaio, sabato a mezzogiorno, domenica)*
Carta 21/30 €
♦ Distante dal fascino turistico del centro storico, nel cuore delle attività commerciali, l'hotel
dispone di camere funzionali arredate con gusto moderno. Nella bella sala ristorante panora-
mica, una cucina di lunga tradizione.

a Dogana per ①: 13 km - ⊠ 47891

Ixo Hotel 　　　　　　　　　🛱 🛗 ⯐ ⤢ 🛜 🅿 VISA ⓜ AE ⤵

World trade center - palazzina A – ✆ *05 49 97 82 11 – www.ixohotel.com*
– Fax 05 49 97 82 08
18 cam – 🛉69/104 € 🛉🛉93/158 €, ⫶ 6 € – ½ P 71/103 €
Rist – *(chiuso 20 giorni in agosto) (chiuso la sera)* Carta 23/33 €
 ♦ Modernità, confort e eleganza per questo recente hotel a vocazione commerciale inserito nel complesso del Word Trade Center. Le camere sono al quinto e al sesto piano della torre, arredate secondo il gusto contemporaneo. La caratteristica pianta detta la disposizione dei tavoli al ristorante, affacciato sulla corte.

→ *Scoprire la migliore tavola ?*
→ *Trovare l'albergo più vicino ?*
→ *Orientarsi sulle piante e le carte ?*
→ *Interpretare i simboli utilizzati nella guida...*

Seguite i Bib rossi !

I consigli del **Bib Chef**
per aiutarvi al ristorante.

I suggerimenti e le informazioni del
Bib Ammiccante per orientarsi
dentro la guida...e in strada.

I consigli del **Bib Groom**
per aiutarvi in albergo.

Prefissi Telefonici Internazionali

Importante: per le comunicazioni internazionali, non bisogna comporre lo zero (0) iniziale del prefisso interurbano (escluse le chiamate per l'Italia)

da \ a	A	B	CH	CZ	D	DK	E	FIN	F	GB	GR
A Austria		0032	0041	00420	0049	0045	0034	00358	0033	0044	0030
B Belgio	0043		0041	00420	0049	0045	0034	00358	0033	0044	0030
CH Svizzera	0043	0032		00420	0049	0045	0034	00358	0033	0044	0030
CZ Rep. Ceca	0043	0032	0041		0049	0045	0034	00358	0033	0044	0030
D Germania	0043	0032	0041	00420		0045	0034	00358	0033	0044	0030
DK Danimarca	0043	0032	0041	00420	0049		0034	00358	0033	0044	0030
E Spagna	0043	0032	0041	00420	0049	0045		00358	0033	0044	0030
FIN Finlandia	0043	0032	0041	00420	0049	0045	0034		0033	0044	0030
F Francia	0043	0032	0041	00420	0049	0045	0034	00358		0044	0030
GB Gran Bretagna	0043	0032	0041	00420	0049	0045	0034	00358	0033		0030
GR Grecia	0043	0032	0041	00420	0049	0045	0034	00358	0033	0044	
H Ungheria	0043	0032	0041	00420	0049	0045	0034	00358	0033	0044	0030
I Italia	0043	0032	0041	00420	0049	0045	0034	00358	0033	0044	0030
IRL Irlanda	0043	0032	0041	00420	0049	0045	0034	00358	0033	0044	0030
J Giappone	00143	00132	00141	001420	00149	00145	00134	001358	00133	00144	00130
L Lussemburgo	0043	0032	0041	00420	0049	0045	0034	00358	0033	0044	0030
N Norvegia	0043	0032	0041	00420	0049	0045	0034	00358	0033	0044	0030
NL Olanda	0043	0032	0041	00420	0049	0045	0034	00358	0033	0044	0030
PL Polonia	0043	0032	0041	00420	0049	0045	0034	00358	0033	0044	0030
P Portogallo	0043	0032	0041	00420	0049	0045	0034	00358	0033	0044	0030
RUS Russia	81043	81032	810420	6420	81049	81045	*	810358	81033	81044	*
S Svezia	0043	00932	00941	009420	0049	00945	00934	009358	00933	00944	00930
USA	01143	01132	01141	001420	01149	01145	01134	01358	01133	01144	01130

* Selezione automatica impossibile

International Dialling Codes

Note: When making an international call, do not dial the first (0) of the city codes (except for calls to Italy).

(H)	(I)	(IRL)	(J)	(L)	(N)	(NL)	(PL)	(P)	(RUS)	(S)	(USA)	
0036	0039	00353	0081	00352	0047	0031	0048	00351	007	0046	001	**A Autria**
0036	0039	00353	0081	00352	0047	0031	0048	00351	007	0046	001	**B Belgio**
0036	0039	00353	0081	00352	0047	0031	0048	00351	007	0046	001	**CH Svizzera**
0036	0039	00353	0081	00352	0047	0031	0048	00351	007	0046	001	**CZ Rep. Ceca**
0036	0039	00353	0081	00352	0047	0031	0048	00351	007	0046	001	**D Germania**
0036	0039	00353	0081	00352	0047	0031	0048	00351	007	0046	001	**DK Danimarca**
0036	0039	00353	0081	00352	0047	0031	0048	00351	007	0046	001	**E Spagna**
0036	0039	00353	0081	00352	0047	0031	0048	00351	007	0046	001	**FIN Finlandia**
0036	0039	00353	0081	00352	0047	0031	0048	00351	007	0046	001	**F Francia**
0036	0039	00353	0081	00352	0047	0031	0048	00351	007	0046	001	**GB Gran Bretagna**
0036	0039	00353	0081	00352	0047	0031	0048	00351	007	0046	001	**GR Grecia**
	0039	00353	0081	00352	0047	0031	0048	00351	007	0046	001	**H Ungheria**
0036		00353	0081	00352	0047	0031	0048	00351	*	0046	001	**I Italia**
0036	0039		0081	00352	0047	0031	0048	00351	007	0046	001	**IRL Irlanda**
00136	00139	001353		001352	00147	00131	00148	001351	*	01146	0011	**J Giappone**
0036	0039	00353	0081		0047	0031	0048	00351	007	0046	001	**L Lussemburgo**
0036	0039	00353	0081	00352		0031	0048	00351	007	0046	001	**N Norvegia**
0036	0039	00353	0081	00352	0047		0048	00351	007	0046	001	**NL Olanda**
0036	0039	00353	0081	00352	0047	0031		00351	007	0046	001	**PL Polonia**
0036	0039	00353	0081	00352	0047	0031	0048		007	0046	001	**P Portogallo**
81036	*	*	*	*	*	81031	81048	*		*	*	**RUS Russia**
00936	00939	009353	00981	009352	00947	00931	00948	00935	0097		0091	**S Svezia**
01136	01139	011353	01181	011352	01147	01131	01148	011351	*	011146		**USA**

*Direct dialing not possible

1287

La Guida MICHELIN
Una collana da gustare!

Belgique & Luxembourg
Deutschland
España & Portugal
France
Great Britain & Ireland
Italia
Nederland
Portugal
Suisse-Schweiz-Svizzera
Main Cities of Europe

Ed anche:

Hong Kong Macau
Kyoto Osaka
London
New York City
Paris
San Francisco
Tokyo

Carta

Maps

Distanze

Nel testo di ciascuna località troverete la distanza dalle città limitrofe
e da Roma. Le distanze fra le città della tabella accanto completano
quelle indicate nel testo di ciascuna località.

La distanza da una località ad un'altra non è sempre ripetuta
in senso inverso: guardate al testo dell'una o dell'altra.
Utilizzate anche le distanze riportate a margine delle piante.

Le distanze sono calcolate a partire dal centro delle città e seguendo
la strada più pratica, ossia quella che offre le migliori condizioni di viaggio
ma che non è necessariamente la più breve.

Distances

COMMENTARY

The text on each town includes its distance from its immediate neighbours
and from Rome. The kilometrage in the table completes
that given under individual town headings for calculating total distances.

A town's distance from another is not necessarily repeated in the text
under both town names, you may have to look, therefore,
under one or the other to find it. Note also that some distances appear
in the margins of the towns plans.

Distances are calculated from City-centre and along the best roads
from a motoring point of view not necessarily the shortest.

Tavola delle distanze chilometriche

SARDEGNA

	Cagliari	Nuoro	Olbia	Oristano
Nuoro	181			
Olbia	275	104		
Oristano	98	90	18	
Sassari	216	121	104	124

SICILIA

	Agrigento	Caltanissetta	Catania	Messina	Palermo	Siracusa
Caltanissetta	59					
Catania	165	111				
Messina	260	205	99			
Palermo	128	128	210	225		
Siracusa	214	159	67	164	261	
Trapani	177	238	320	335	1142	368

Esempio: Bergamo – Livorno = 336 km

Distanze tra le principali città italiane (km):

Ancona → Bari 466, Bergamo 468, Bologna 227, Bolzano 509, Brescia 422, Brindisi 577, Catanzaro 834, Como 363, Cosenza 493, Ferrara 720, Firenze 276, Foggia 530, Genova 191, L'Aquila 441, La Spezia 431, Livorno 440, Milano 284, Modena 395, Napoli 341, Padova 326, Parma 140, Perugia 174, Pescara 461, Potenza 180, Ravenna 925, Reggio di Calabria 436, Roma 306, S. Marino 137, Salerno 546, Taranto 561, Torino 518, Trieste 486, Udine 379, Venezia 373

Bari → Bergamo 909, Bologna 668, Bolzano 950, Brescia 863, Brindisi 114, Catanzaro 375, Como 934, Cosenza 270, Ferrara 716, Firenze 207, Foggia 131, Genova 787, L'Aquila 346, La Spezia 703, Livorno 852, Milano 770, Modena 881, Napoli 262, Padova 802, Parma 767, Perugia 564, Pescara 620, Potenza 131, Ravenna 938, Reggio di Calabria 432, Roma 242, S. Marino 578, Salerno 96, Taranto 1002, Torino 959, Trieste 927, Udine 820, Venezia 814

Bergamo → Bologna 288, Bolzano 247, Brescia 190, Brindisi 974, Catanzaro 363, Como 1214, Cosenza 1124, Ferrara 923, Firenze 849, Foggia 628, Genova 603, L'Aquila 514, La Spezia 102, Livorno 336, Milano 178, Modena 302, Padova 173, Parma 125, Perugia ..., Venezia ...

Bologna → Bolzano 237, Brescia 202, Brindisi 1015, Catanzaro 98, Como 1144, Cosenza 389, Ferrara 595, Firenze 250, Foggia 628, Genova 114, L'Aquila 453, La Spezia 179, Livorno 244, Milano 178, Napoli 373

Bolzano → Brescia 190, Brindisi 1061, Catanzaro 1231, Como 223, Cosenza 372, Ferrara 769, Firenze 315, Foggia 595, Genova 606, La Spezia 652, Livorno 541, Milano 775

Brescia → Brindisi 974, Catanzaro 1144, Como 248, Cosenza 300, Ferrara 741, Firenze 364, Foggia 280, Genova 450, L'Aquila 606, La Spezia 179

Brindisi → Catanzaro 363, Como 1045, Cosenza 270, Ferrara 828, Firenze 350, Foggia 166, Genova 849, L'Aquila 474

Catanzaro → Como 1214, Cosenza 98, Ferrara 861, Firenze 372, Foggia 813, Genova 683, L'Aquila 630

Como → Cosenza 1124, Ferrara 481, Firenze 443, Foggia 527, Genova 759, L'Aquila 92

Cosenza → Ferrara 1010, Firenze 661, Foggia 317, Genova 603, L'Aquila 251

Ferrara → Firenze 193, Foggia 262, Genova 603, L'Aquila 161

Firenze → Foggia 277, Genova 660, L'Aquila 104

Foggia → Genova 619, L'Aquila 474

Genova → L'Aquila 661, La Spezia 102

L'Aquila → La Spezia 317

La Spezia → Livorno 102

Livorno → Milano 302

Milano → Modena 178

Modena → Napoli 619

Napoli → Padova 694

Padova → Parma 213

Parma → Perugia 336

Perugia → Pescara 274

Pescara → Potenza 310

Potenza → Ravenna 611

Ravenna → Reggio di Calabria 1034

Reggio di Calabria → Roma 708

Roma → S. Marino 578

S. Marino → Salerno 659

Salerno → Taranto 1083

Taranto → Torino 1040, Trieste 513, Udine 545

Torino → Trieste 75, Udine 163, Venezia 131

Trieste → Udine 258, Venezia 227

Udine → Venezia 124

Venezia → Verona 124

Indice delle località
Index of towns

Località per regione, che possiede come minimo un albergo e /o un ristorante
Places with at least a hotel and/or a restaurant

Calabria

Place			Page
Amantea (CS)	🏠 ✕	5	**A2**
Amendolara (CS)	🏠 ✕	5	**A1**
Bagnara Calabra (RC)	✕	5	**A3**
Belmonte Calabro (CS)	🏠 ✕	5	**A2**
Belvedere Marittimo (CS)	✕	5	**A1**
Camigliatello Silano (CS)	🏠 ✕	5	**A2**
Capistrano (VV)	🏠 ✕	5	**A2**
Castrovillari (CS)	🏠 ✕	5	**A1**
Catanzaro (CZ)	🏠 ✕	5	**B2**
Cetraro (CS)	🏠 ✕	5	**A1**
Cirella (CS)	🏠 ✕	5	**A1**
Cirò Marina (KR)	🏠 ✕	5	**B1**
Cittadella del Capo (CS)	🏠 ✕	5	**A1**
Cittanova (RC)	🏠 ✕	5	**A3**
Cosenza (CS)	🏠 ✕	5	**A2**
Crotone (KR)	🏠 ✕	5	**B2**
Filandari (VV)		5	**A2**
Gambarie (RC)	🏠 ✕	5	**A3**
Gerace (RC)	🏠 ✕	5	**A3**
Gizzeria Lido (CZ)	🏠 ✕	5	**A2**
Joppolo (VV)	🏠 ✕	5	**A3**
Lamezia Terme (CZ)	🏠 ✕	5	**A2**
Marina di Gioiosa Ionica (RC)	✕	5	**B3**
Marina di Nocera Terinese (CZ)	✕	5	**A2**
Mesiano (VV)	✕	5	**A2**
Mileto (VV)	✕	5	**A3**
Montepaone Lido (CZ)	✕	5	**B2**
Morano Calabro (CS)	🏠 ✕	5	**A1**
Palmi (RC)	✕	5	**A3**
Parghelia (VV)	🏠 ✕	5	**A2**
Pianopoli (CZ)	🏠 ✕	5	**A2**
Pizzo (VV)	🏠 ✕	5	**A2**
Praia a Mare (CS)	🏠 ✕	5	**A1**
Reggio di Calabria (RC)	🏠 ✕	5	**A3**
Riace (RC)	🏠 ✕	5	**B3**
Roccella Ionica (RC)	🏠 ✕	5	**B3**
Rossano Stazione (CS)	🏠 ✕	5	**B1**
San Giovanni in Fiore (CS)	✕	5	**B2**
Sangineto Lido (CS)	🏠 ✕	5	**A1**
Santa Trada di Cannitello (RC)	🏠 ✕	5	**A3**
Scalea (CS)	🏠 ✕	5	**A1**
Sellia Marina (CZ)	🏠 ✕	5	**B2**
Sibari (CS)	🏠 ✕	5	**A1**
Siderno (RC)	✕	5	**B3**
Soverato (CZ)	🏠 ✕	5	**B2**
Strongoli (KR)	🏠 ✕	5	**B2**
Terme Luigiane (CS)	🏠 ✕	5	**A2**
Tiriolo (CZ)	🏠 ✕	5	**B2**
Tropea (VV)	🏠 ✕	5	**A2**
Vibo Valentia (VV)	🏠 ✕	5	**A2**
Villa San Giovanni (RC)	🏠 ✕	5	**A3**

Campania

Place			Page
Agropoli (SA)	🏠 ✕	7	**C3**
Alvignanello (CE)	🏠 ✕	6	**B1**
Amalfi (SA)	🏠 ✕	6	**B2**
Anacapri (NA)	🏠 ✕	6	**B3**
Ariano Irpino (AV)	✕	7	**C1**
Atena Lucana (SA)	🏠 ✕	7	**D2**
Atrani (SA)	✕	6	**B2**
Atripalda (AV)	🏠 ✕	7	**C2**
Avellino (AV)	🏠 ✕	6	**B2**
Bacoli (NA)	🏠 ✕	6	**A2**
Baia Domizia (CE)	🏠 ✕	6	**A2**
Barano (NA)	🏠 ✕	6	**A2**
Benevento (BN)	🏠 ✕	6	**B1**
Bracigliano (SA)	🏠 ✕	6	**B2**
Brusciano (NA)	✕	6	**B2**
Campagna (SA)	🏠 ✕	7	**C2**
Capri (NA)	🏠 ✕	6	**B3**
Casal Velino (SA)	🏠 ✕	7	**C3**
Casamicciola Terme (NA)	🏠 ✕	6	**A2**
Caserta (CE)	🏠 ✕	6	**B2**
Castel San Giorgio (SA)	🏠	6	**B2**
Castel Volturno (CE)	🏠 ✕	6	**A2**
Castellabate (SA)	🏠 ✕	7	**C3**
Castellammare di Stabia (NA)	🏠 ✕	6	**B2**
Castelnuovo Cilento (SA)	🏠 ✕	7	**C3**
Cava de' Tirreni (SA)	🏠 ✕	6	**B2**
Ceraso (SA)	🏠 ✕	7	**C3**
Cetara (SA)	🏠 ✕	6	**B2**
Conca dei Marini (SA)	🏠 ✕	6	**B2**
Cuma (NA)	🏠 ✕	6	**A2**
Cuotto (NA)	🏠 ✕	6	**A2**
Eboli (SA)	✕	7	**C2**
Fisciano (SA)		6	**B2**
Furore (SA)	🏠 ✕	6	**B2**
Gaiano (SA)	🏠 ✕	7	**C2**
Ischia (NA)	🏠 ✕	6	**A2**
Lacco Ameno (NA)	🏠 ✕	6	**A2**
Maiori (SA)	🏠 ✕	6	**B2**
Marigliano (NA)	🏠	6	**B2**
Marina Equa (NA)	🏠 ✕	6	**B2**
Marina Grande (NA)	🏠 ✕	6	**B3**
Marina di Ascea (SA)	🏠 ✕	7	**C3**
Marina di Camerota (SA)	🏠 ✕	7	**D3**
Marina di Casal Velino (SA)	🏠 ✕	7	**C3**
Massa Lubrense (NA)	🏠 ✕	6	**B2**
Melito Irpino (AV)	✕	7	**C1**
Melizzano (BN)	🏠 ✕	6	**B1**
Mercato San Severino (SA)	🏠 ✕	6	**B2**
Mercogliano (AV)	🏠 ✕	6	**B2**
Minori (SA)	🏠 ✕	6	**B2**

Moiano (NA)	🏠 ✗	6 **B2**
Montesarchio (BN)	🏠 ✗	6 **B2**
Montoro Inferiore (AV)	🏠 ✗	6 **B2**
Napoli (NA)	🏠 ✗	6 **B2**
Nerano (NA)	🏠 ✗	6 **B2**
Nocera Superiore (SA)	🏠 ✗	6 **B2**
Nola (NA)	🏠 ✗	6 **B2**
Nusco (AV)	✗	7 **C2**
Ospedaletto d'Alpinolo (AV)	✗	6 **B2**
Ottaviano (NA)	🏠	6 **B2**
Paestum (SA)	🏠 ✗	7 **C3**
Palinuro (SA)	🏠 ✗	7 **D3**
Panza (NA)	🏠 ✗	6 **A2**
Perdifumo (SA)	🏠 ✗	7 **C3**
Pietravairano (CE)	🏠 ✗	6 **A1**
Pietrelcina (BN)	🏠 ✗	6 **B1**
Pioppi (SA)	🏠 ✗	7 **C3**
Pisciotta (SA)	🏠 ✗	7 **C3**
Pompei (NA)	🏠 ✗	6 **B2**
Pontecagnano (SA)	✗	7 **C2**
Positano (SA)	🏠 ✗	6 **B2**
Pozzuoli (NA)	🏠 ✗	6 **A2**
Praiano (SA)	🏠 ✗	6 **B2**
Procida (NA)	🏠	6 **A2**
Puglianello (BN)	✗	6 **B1**
Ravello (SA)	🏠 ✗	6 **B2**
Ruviano (CE)		6 **B1**
Salerno (SA)	🏠 ✗	6 **B2**
San Cipriano Picentino (SA)	✗	7 **C2**
San Marco (SA)	🏠 ✗	7 **C3**
San Mauro la Bruca (SA)	🏠 ✗	7 **D3**
Sant' Agata de' Goti (BN)	🏠 ✗	6 **B1**
Sant' Agata sui Due Golfi (NA)	🏠 ✗	6 **B2**
Sant' Agnello (NA)	🏠 ✗	6 **B2**
Sant'Angelo (NA)	🏠	6 **A2**
Santa Maria Annunziata (NA)	✗	6 **B2**
Santa Maria di Castellabate (SA)	🏠 ✗	7 **C3**
Sapri (SA)	🏠 ✗	7 **D3**
Serino (AV)	🏠	7 **C2**
Solofra (AV)	🏠 ✗	7 **C2**
Sorbo Serpico (AV)	✗	7 **C2**
Sorrento (NA)	🏠 ✗	6 **B2**
Spaggia di Citara (NA)	🏠	6 **A2**
Termini (NA)		6 **B2**
Torre Annunziata (NA)	🏠 ✗	6 **B2**
Torre del Greco (NA)	🏠 ✗	6 **B2**
Vairano Patenora (CE)	✗	6 **A1**
Vallesaccarda (AV)	🏠 ✗	7 **C1**
Vallo della Lucania (SA)	✗	7 **C3**
Vico Equense (NA)	🏠 ✗	6 **B2**

■ Emilia-Romagna

Agazzano (PC)	✗	8 **A2**
Albinea (RE)	🏠	8 **B3**
Alseno (PC)	🏠 ✗	8 **A2**
Altedo (BO)	🏠 ✗	9 **D3**
Anzola dell'Emilia (BO)	🏠 ✗	9 **C3**
Argelato (BO)	✗	9 **C3**
Argenta (FE)	🏠 ✗	9 **C2**
Bagnara di Romagna (RA)	🏠 ✗	9 **C2**
Bagno di Romagna (FC)	🏠 ✗	9 **D3**
Bagnolo in Piano (RE)	🏠 ✗	8 **B3**
Bazzano (BO)	🏠 ✗	9 **C3**
Bellaria Igea Marina (RN)	🏠 ✗	9 **D2**
Bentivoglio (BO)	🏠 ✗	9 **C3**
Berceto (PR)	🏠 ✗	8 **A2**
Bersano (PC)	🏠 ✗	8 **A1**
Bertinoro (FC)	🏠 ✗	9 **D2**
Besenzone (PC)		8 **A1**
Bettola (PC)	✗	8 **A2**
Bobbio (PC)	🏠 ✗	8 **A2**
Bologna (BO)	🏠 ✗	9 **C3**
Bondeno (FE)	🏠	9 **C1**
Borgo Val di Taro (PR)	🏠 ✗	8 **A2**
Borgonovo Val Tidone (PC)	✗	8 **A1**
Brescello (RE)	🏠 ✗	8 **B2**
Brisighella (RA)	🏠 ✗	9 **C2**
Budrio (BO)	🏠 ✗	9 **C2**
Busseto (PR)	🏠 ✗	8 **A1**
Cadeo (PC)	🏠 ✗	8 **A1**
Calderara di Reno (BO)	✗	9 **C3**
Calderino (BO)	✗	9 **C2**
Calestano (PR)	✗	8 **B2**
Campegine (RE)	✗	8 **B3**
Campogalliano (MO)	🏠 ✗	8 **B2**
Cangelásio (PR)	🏠 ✗	8 **A2**
Carpaneto Piacentino (PC)	✗	8 **A2**
Carpi (MO)	🏠 ✗	8 **B2**
Carpineti (RE)	🏠 ✗	8 **B2**
Casalfiumanese (BO)	✗	9 **C2**
Casola Valsenio (RA)	✗	9 **C2**
Castel Guelfo di Bologna (BO)	🏠 ✗	9 **C2**
Castel Maggiore (BO)	✗	9 **C3**
Castel San Pietro Terme (BO)	🏠 ✗	9 **C2**
Castel d'Aiano (BO)		9 **C2**
Castelfranco Emilia (MO)	🏠 ✗	9 **C3**
Castell'Arquato (PC)	✗	8 **A2**
Castelnovo di Baganzola (PR)	✗	8 **A3**
Castelnovo di Sotto (RE)	🏠 ✗	8 **B3**
Castelnovo ne' Monti (RE)	🏠 ✗	8 **B2**
Castelvetro di Modena (MO)	🏠 ✗	8 **B2**
Castiglione dei Pepoli (BO)	🏠 ✗	9 **C2**

Place	Ref.		Place	Ref.
Castrocaro Terme (FC)	9 **C2**		Montefiore Conca (RN)	9 **D3**
Cattolica (RN)	9 **D2**		Montefiorino (MO)	8 **B2**
Cavriago (RE)	8 **B3**		Montegridolfo (RN)	9 **D3**
Cento (FE)	9 **C2**		Monticelli d'Ongina (PC)	8 **A1**
Cervia (RA)	9 **D2**		Monzuno (BO)	9 **C2**
Cesena (FC)	9 **D2**		Mordano (BO)	9 **C2**
Cesenatico (FC)	9 **D2**		Neviano degli Arduini (PR)	8 **B2**
Codigoro (FE)	9 **D1**		Nonantola (MO)	9 **C3**
Collecchio (PR)	8 **A3**		Ostellato (FE)	9 **C2**
Colorno (PR)	8 **B1**		Ozzano dell'Emilia (BO)	9 **D3**
Comacchio (FE)	9 **D2**		Parma (PR)	8 **A3**
Concordia sulla Secchia (MO)	8 **B1**		Pavullo nel Frignano (MO)	8 **B2**
Corniolo (FC)	9 **C3**		Piacenza (PC)	8 **A1**
Correggio (RE)	8 **B2**		Pianoro (BO)	9 **C2**
Dozza (BO)	9 **C2**		Pieve di Cento (BO)	9 **C3**
Fabbrico (RE)	8 **B2**		Pievepelago (MO)	8 **B2**
Faenza (RA)	9 **C2**		Polesine Parmense (PR)	8 **A1**
Felino (PR)	8 **A3**		Ponte dell'Olio (PC)	8 **A2**
Ferrara (FE)	9 **C1**		Porotto-Cassana (FE)	9 **C1**
Finale Emilia (MO)	9 **C2**		Porretta Terme (BO)	9 **C2**
Fiorano Modenese (MO)	8 **B2**		Portico di Romagna (FC)	9 **C2**
Fiorenzuola d'Arda (PC)	8 **A2**		Portomaggiore (FE)	9 **C2**
Fiumalbo (MO)	8 **B2**		Predappio (FC)	9 **D2**
Forlì (FC)	9 **D2**		Quartière (FE)	9 **C2**
Formigine (MO)	8 **B2**		Quattro Castella (RE)	8 **B3**
Fornovo di Taro (PR)	8 **B2**		Ravenna (RA)	9 **D2**
Fusignano (RA)	9 **C2**		Reggio nell'Emilia (RE)	8 **B3**
Gaggio Montano (BO)	8 **B2**		Reggiolo (RE)	8 **B1**
Gaibana (FE)	9 **C2**		Riccione (RN)	9 **D2**
Gaibanella (FE)	9 **C2**		Rimini (RN)	9 **D2**
Gatteo a Mare (FC)	9 **D2**		Rivalta Trebbia (PC)	8 **A2**
Gazzola (PC)	8 **A2**		Rivergaro (PC)	8 **A2**
Gorino Veneto (FE)	9 **D1**		Rocca San Casciano (FC)	9 **C2**
Imola (BO)	9 **C2**		Rocca di Roffeno (BO)	9 **C2**
Lama Mocogno (MO)	8 **B2**		Roncofreddo (FC)	9 **D2**
Langhirano (PR)	8 **B2**		Rottofreno (PC)	8 **A1**
Lido di Savio (RA)	9 **D2**		Rubbianino (RE)	8 **B3**
Lizzano in Belvedere (BO)	8 **B2**		Rubiera (RE)	8 **B2**
Loiano (BO)	9 **C2**		Russi (RA)	9 **D2**
Longiano (FC)	9 **D2**		Sala Baganza (PR)	8 **A3**
Lugo (RA)	9 **C2**		Sala Bolognese (BO)	9 **C3**
Malalbergo (BO)	9 **C2**		Salsomaggiore Terme (PR)	8 **A2**
Maranello (MO)	8 **B2**		Saludecio (RN)	9 **D3**
Medesano (PR)	8 **B2**		San Giovanni in Marignano (RN)	9 **D2**
Meldola (FC)	9 **D2**		San Giovanni in Persiceto (BO)	9 **C3**
Milano Marittima (RA)	9 **D2**		San Lazzaro di Savena (BO)	9 **C3**
Minerbio (BO)	9 **D3**		San Piero in Bagno (FC)	9 **D3**
Miramare (RN)	9 **D2**		San Pietro in Casale (BO)	9 **C3**
Misano Adriatico (RN)	9 **D2**		San Polo d'Enza (RE)	8 **B2**
Modena (MO)	8 **B2**		San Prospero sulla Seccia (MO)	8 **B2**
Monghidoro (BO)	9 **C2**		Sant' Agostino (FE)	9 **C2**
Montalbano (RN)	9 **D2**		Sant'Ilario d'Enza (RE)	8 **A3**
Montecchio Emilia (RE)	8 **A3**		Santa Sofia (FC)	9 **D3**

Santarcangelo di Romagna (RN) 🏠 ✕	9 **D2**
Sasso Marconi (BO) ✕	9 **C2**
Sassuolo (MO) 🏠 ✕	8 **B2**
Savignano sul Panaro (MO) ✕	9 **C3**
Savignano sul Rubicone (FC) 🏠	9 **D2**
Savigno (BO) 🏠 ✕	9 **C2**
Scandiano (RE) 🏠 ✕	8 **B2**
Serramazzoni (MO) ✕	8 **B2**
Sestola (MO) 🏠 ✕	8 **B2**
Soliera (MO) 🏠	8 **B2**
Soragna (PR) 🏠 ✕	8 **B2**
Sozzigalli (MO) ✕	8 **B2**
Spilamberto (MO) ✕	9 **C3**
Tabiano (PR) 🏠 ✕	8 **A2**
Tizzano Val Parma (PR) 🏠 ✕	8 **B2**
Tolè (BO) 🏠 ✕	9 **C2**
Torrechiara (PR) 🏠 ✕	8 **A3**
Torriana (RN) 🏠 ✕	9 **D2**
Torrile (PR) 🏠 ✕	8 **B1**
Trebbo di Reno (BO) 🏠 ✕	9 **C3**
Varano de Melegari (PR) ✕	8 **A2**
Vedole (PR) ✕	8 **B1**
Viano (RE) ✕	8 **B2**
Viarolo (PR) ✕	8 **A3**
Vicomero (PR) ✕	8 **A3**
Vidiciatico (BO) 🏠 ✕	8 **B2**
Vigarano Mainarda (FE) 🏠	9 **C1**
Vignola (MO) ✕	9 **C2**
Zibello (PR) 🏠 ✕	8 **B1**
Zola Predosa (BO) 🏠 ✕	9 **C3**

Friuli - Venezia Giulia

Aquileia (UD) 🏠 ✕	11 **C3**
Arta Terme (UD) 🏠 ✕	10 **B1**
Aviano (PN) 🏠 ✕	10 **A2**
Azzano Decimo (PN) 🏠 ✕	10 **B3**
Bagnaria Arsa (UD) 🏠 ✕	11 **C3**
Brugnera (PN) 🏠 ✕	10 **A3**
Budoia (PN) 🏠 ✕	10 **A2**
Buttrio (UD) 🏠 ✕	11 **C2**
Caneva (PN) 🏠	10 **A3**
Capriva del Friuli (GO) 🏠 ✕	11 **C2**
Cecchini di Pasiano (PN) 🏠 ✕	10 **A3**
Cervignano del Friuli (UD) 🏠 ✕	11 **C3**
Cividale del Friuli (UD) 🏠 ✕	11 **C2**
Codroipo (UD) 🏠 ✕	10 **B2**
Colloredo di Monte Albano (UD) ✕	10 **B2**
Cormons (GO) 🏠 ✕	11 **C2**
Corona (GO) ✕	11 **C2**

Dolegna del Collio (GO) 🏠 ✕	11 **C2**
Draga Sant' Elia (TS) 🏠 ✕	11 **D3**
Duino-Aurisina (TS) 🏠 ✕	11 **D3**
Fagagna (UD) ✕	10 **B2**
Fanna (PN) 🏠 ✕	10 **B2**
Fiume Veneto (PN) 🏠 ✕	10 **B3**
Fontanafredda (PN) 🏠	10 **A3**
Forni di Sopra (UD) 🏠 ✕	10 **A1**
Gemona del Friuli (UD) 🏠	10 **B2**
Godia (UD) ✕	11 **C2**
Gorizia (GO) 🏠 ✕	11 **D2**
Gradisca d'Isonzo (GO) 🏠 ✕	11 **C3**
Grado (GO) 🏠 ✕	11 **C3**
Latisana (UD) 🏠 ✕	10 **B3**
Lignano Sabbiadoro (UD) 🏠 ✕	11 **C3**
Malborghetto (UD) 🏠 ✕	11 **C1**
Maniago (PN) 🏠 ✕	10 **A2**
Marano Lagunare (UD) ✕	11 **C3**
Mariano del Friuli (GO) ✕	11 **C2**
Meduno (PN) ✕	10 **B2**
Monfalcone (GO) 🏠 ✕	11 **C3**
Monrupino (TS) 🏠 ✕	11 **D3**
Mossa (GO) ✕	11 **C2**
Muggia (TS) 🏠 ✕	11 **D3**
Opicina (TS) 🏠	11 **D3**
Osoppo (UD) 🏠 ✕	10 **B2**
Palmanova (UD) ✕	11 **C3**
Pasiano di Pordenone (PN)	10 **A3**
Pavia di Udine (UD) ✕	11 **C2**
Pesek (TS)	11 **D3**
Pocenia (UD) ✕	10 **B3**
Porcia (PN) 🏠	10 **A3**
Pordenone (PN) 🏠 ✕	10 **B3**
Pulfero (UD) 🏠 ✕	11 **C2**
Remanzacco (UD) ✕	11 **C2**
Rivarotta (PN) 🏠 ✕	10 **A3**
Rivignano (UD) ✕	10 **B3**
Ruda (UD) ✕	11 **C3**
Ruttars (GO) ✕	11 **C2**
Sacile (PN) 🏠	10 **A3**
San Daniele del Friuli (UD) 🏠 ✕	10 **B2**
San Giovanni al Natisone (UD) 🏠 ✕	11 **C2**
San Michele del Carso (GO) 🏠 ✕	11 **C3**
San Quirino (PN)	10 **A2**
San Vito al Tagliamento (PN) 🏠 ✕	10 **B3**
Sauris (UD) 🏠 ✕	10 **A1**
Savogna d'Isonzo (GO)	11 **C2**
Sesto al Reghena (PN) 🏠 ✕	10 **B3**
Sgonico (TS)	11 **D3**
Spilimbergo (PN) 🏠 ✕	10 **B2**
Stregna (UD) ✕	11 **C2**
Sutrio (UD) ✕	10 **B1**
Tarcento (UD) 🏠 ✕	11 **C2**

Lazio

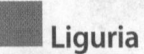

Località			Pag.
Corte Franca (BS)	🏠	✕	19 **D1**
Corte de' Cortesi (CR)		✕	17 **C3**
Crandola Valsassina (LC)	🏠	✕	16 **B2**
Crema (CR)	🏠		19 **C2**
Cremeno (LC)		✕	16 **B2**
Cremnago (CO)		✕	18 **B1**
Cremona (CR)	🏠	✕	17 **C3**
Cuasso al Monte (VA)	🏠	✕	16 **A2**
Cuasso al Piano (VA)	🏠	✕	18 **A1**
Curno (BG)	🏠		19 **C1**
Curtatone (MN)			17 **C3**
Cusago (MI)	🏠	✕	18 **A2**
Darfo-Boario Terme (BS)	🏠	✕	17 **C2**
Delebio (SO)		✕	16 **B1**
Desenzano del Garda (BS)	🏠	✕	17 **D1**
Dosolo (MN)		✕	17 **C3**
Dovera (CR)			19 **C2**
Drizzona (CR)			17 **C3**
Erba (CO)	🏠	✕	18 **B1**
Erbusco (BS)	🏠	✕	19 **D2**
Fagnano Olona (VA)		✕	18 **A2**
Fasano (BS)	🏠	✕	17 **C2**
Fenegrò (CO)		✕	18 **A1**
Ferno (VA)		✕	18 **A2**
Fino del Monte (BG)	🏠	✕	16 **B2**
Fiorano al Serio (BG)		✕	19 **D1**
Foppolo (BG)		✕	16 **B1**
Fortunago (PV)	🏠	✕	16 **B3**
Gaggiano (MI)			18 **A2**
Gallarate (VA)	🏠	✕	18 **A2**
Galliate Lombardo (VA)		✕	18 **A1**
Gambara (BS)	🏠		17 **C3**
Gambolò (PV)	🏠	✕	16 **A3**
Garbagnate Milanese (MI)		✕	18 **B2**
Gardone Riviera (BS)	🏠	✕	17 **C2**
Gargnano (BS)	🏠	✕	17 **C2**
Gavirate (VA)		✕	16 **A2**
Gerola Alta (SO)	🏠		16 **B1**
Ghedi (BS)		✕	17 **C2**
Goito (MN)		✕	17 **C2**
Gravedona (CO)	🏠		16 **B1**
Grazie (MN)		✕	17 **C3**
Grosio (SO)	🏠	✕	17 **C1**
Grosotto (SO)	🏠		17 **C1**
Grumello del Monte (BG)	🏠	✕	19 **D1**
Guardamiglio (LO)	🏠	✕	16 **B3**
Idro (BS)	🏠	✕	17 **C2**
Induno Olona (VA)	🏠	✕	18 **A1**
Inverno-Monteleone (PV)			16 **B3**
Iseo (BS)	🏠	✕	19 **D1**
Ispra (VA)		✕	16 **A2**
Laglio (CO)	🏠	✕	18 **B1**
Lainate (MI)	🏠	✕	18 **A2**
Lanzo d'Intelvi (CO)	🏠	✕	16 **A2**
Laveno Monmbello (VA)	🏠	✕	16 **A2**
Lecco (LC)	🏠	✕	18 **B1**
Leggiuno (VA)		✕	16 **A2**
Legnano (MI)	🏠	✕	18 **A2**
Lenno (CO)	🏠	✕	16 **A2**
Lentate sul Seveso (MI)		✕	18 **B1**
Lierna (LC)		✕	16 **B2**
Limone sul Garda (BS)	🏠	✕	17 **C2**
Livigno (SO)	🏠	✕	16 **B1**
Lodi (LO)	🏠	✕	16 **B3**
Lonato (BS)		✕	17 **D1**
Lovere (BG)	🏠	✕	19 **D1**
Lugana (BS)	🏠	✕	17 **D1**
Luino (VA)	🏠	✕	16 **A2**
Madesimo (SO)	🏠	✕	16 **B1**
Magenta (MI)		✕	18 **A2**
Maleo (LO)		✕	16 **B3**
Malgrate (LC)	🏠	✕	18 **B1**
Malnate (VA)		✕	18 **A1**
Mandello del Lario (LC)		✕	16 **B2**
Manerba del Garda (BS)		✕	17 **D1**
Mantova (MN)	🏠	✕	17 **C3**
Margno (LC)			16 **B2**
Mariano Comense (CO)		✕	18 **B1**
Melegnano (MI)	🏠	✕	18 **B2**
Melzo (MI)	🏠		19 **C2**
Menaggio (CO)	🏠	✕	16 **A2**
Merone (CO)	🏠	✕	18 **B1**
Mese (SO)		✕	16 **B1**
Milano (MI)	🏠	✕	18 **B2**
Moia di Albosaggia (SO)	🏠	✕	16 **B1**
Moltrasio (CO)	🏠	✕	18 **B1**
Monasterolo del Castello (BG)		✕	19 **D1**
Moniga del Garda (BS)		✕	17 **D1**
Montecalvo Versiggia (PV)		✕	16 **B3**
Monteleone (PV)			16 **B3**
Montescano (PV)	🏠	✕	16 **B3**
Montespluga (SO)	🏠	✕	16 **B1**
Montevecchia (LC)		✕	18 **B1**
Monticelli Brusati (BS)		✕	19 **D1**
Montichiari (BS)	🏠	✕	17 **D1**
Montorfano (CO)	🏠	✕	18 **B1**
Montù Beccaria (PV)		✕	16 **B3**
Monza (MI)	🏠	✕	18 **B2**
Morazzone (VA)		✕	18 **A1**
Morbegno (SO)		✕	16 **B1**
Morimondo (MI)		✕	18 **A3**
Mornago (VA)		✕	18 **A1**
Mortara (PV)	🏠	✕	16 **A3**
Mozzo (BG)		✕	19 **C1**
Nerviano (MI)	🏠	✕	18 **A2**
Nobiallo (CO)	🏠		16 **A1**

Marche

Place	Ref		Place	Ref
Torre a Mare (BA)	27 **C2**		Tempio Pausania (OT)	38 **B1**
Trani (BA)	26 **B2**		Torre dei Corsari (VS)	38 **A2**
Tricase (LE)	27 **D3**		Tortolì (OG)	38 **B2**
Ugento (LE)	27 **D3**		Trinità d'Agultu (OT)	38 **A1**
Uggiano la Chiesa (LE)	27 **D3**		Villanovaforru (VS)	38 **A3**
Vieste (FG)	26 **B1**		Villasimius (CA)	38 **B3**

Sardegna

Place	Ref
Alghero (SS)	38 **A2**
Arzachena (OT)	38 **B1**
Baia Sardinia (OT)	38 **B1**
Bosa (NU)	38 **A2**
Cabras (OR)	38 **A2**
Cagliari (CA)	38 **B3**
Cala Gonone (NU)	38 **B2**
Cala di Volpe (OT)	38 **B1**
Calasetta (CI)	38 **A3**
Carbonia (CI)	38 **A3**
Carloforte (CI)	38 **A3**
Castelsardo (SS)	38 **A1**
Costa Dorata (OT)	38 **B1**
Dorgali (NU)	38 **B2**
Gavoi (NU)	38 **B2**
Golfo Aranci (OT)	38 **B1**
La Maddalena (OT)	38 **B1**
Marina di Arbus (VS)	38 **A3**
Monastir (CA)	38 **B3**
Olbia (OT)	38 **B1**
Oliena (NU)	38 **B2**
Oristano (OR)	38 **A2**
Orosei (NU)	38 **B2**
Ortacesus (CA)	38 **B3**
Palau (OT)	38 **B1**
Pitrizza (OT)	38 **B1**
Porto Conte (SS)	38 **A1**
Porto Rotondo (OT)	38 **B1**
Porto San Paolo (OT)	38 **B1**
Porto Torres (SS)	38 **A1**
Portoscuso (CI)	38 **A3**
Pula (CA)	38 **B3**
Quartu Sant' Elena (CA)	38 **B3**
Romazzino (OT)	38 **B1**
San Pantaleo (OT)	38 **B1**
San Teodoro (OT)	38 **B1**
Sant' Antioco (CI)	38 **A3**
Santa Teresa Gallura (OT)	38 **B1**
Sassari (SS)	38 **A1**
Senorbì (CA)	38 **B3**
Siniscola (NU)	38 **B1**
Sorgono (NU)	38 **B2**
Stintino (SS)	38 **A1**

Sicilia

Place	Ref
Aci Castello (CT)	40 **D2**
Acireale (CT)	40 **D2**
Agrigento (AG)	39 **B2**
Augusta (SR)	40 **D2**
Avola (SR)	40 **D3**
Brucoli (SR)	40 **D2**
Caltagirone (CT)	40 **C2**
Caltanissetta (CL)	40 **C2**
Canicattì (AG)	40 **C2**
Cannizzaro (CT)	40 **D2**
Capo d'Orlando (ME)	40 **C1**
Capri Leone (ME)	40 **C2**
Carlentini (SR)	40 **D2**
Castelbuono (PA)	40 **C2**
Castellammare del Golfo (TP)	39 **B2**
Castroreale (ME)	40 **D1**
Catania (CT)	40 **D2**
Cefalù (PA)	40 **C2**
Chiaramonte Gulfi (RG)	40 **D3**
Comiso (RG)	40 **C3**
Enna (EN)	40 **C2**
Erice (TP)	39 **A2**
Favignana (TP)	39 **A2**
Filicudi Porto (ME)	40 **C1**
Fontanasalsa (TP)	39 **A2**
Forza d'Agro (ME)	40 **D2**
Gallodoro (ME)	40 **D2**
Gela (CL)	40 **C3**
Giardini-Naxos (ME)	40 **D2**
Isola Salina (ME)	40 **C1**
Leonforte (EN)	40 **C2**
Licata (AG)	40 **C3**
Lido di Noto (SR)	40 **D3**
Linguaglossa (CT)	40 **D2**
Lipari (ME)	40 **C1**
Marina di Ragusa (RG)	40 **C3**
Marsala (TP)	39 **A2**
Marzamemi (SR)	40 **D3**
Mazara del Vallo (TP)	39 **A2**
Mazzarò (ME)	40 **D2**
Menfi (AG)	39 **B2**
Messina (ME)	40 **D1**

Trentino - Alto Adige

Umbria

La località possiede come minimo

- • un albergo o un ristorante
- ✿ una delle migliori tavole dell'anno
- ⊛ un ristorante « Bib Gourmand »
- ▣ un albergo « Bib Hotel »
- ✗ un ristorante molto piacevole
- ▣ un albergo molto piacevole
- ↑ un agriturismo molto piacevole
- ◈ un esercizio molto tranquillo

Place with at least

- • a hotel or a restaurant
- ✿ a starred establishment
- ⊛ a restaurant « Bib Gourmand »
- ▣ a hotel « Bib Hôtel »
- ✗ a particularly pleasant restaurant
- ▣ a particularly pleasant hotel
- ↑ a particularly pleasant agriturismo
- ◈ a particularly quiet hotel

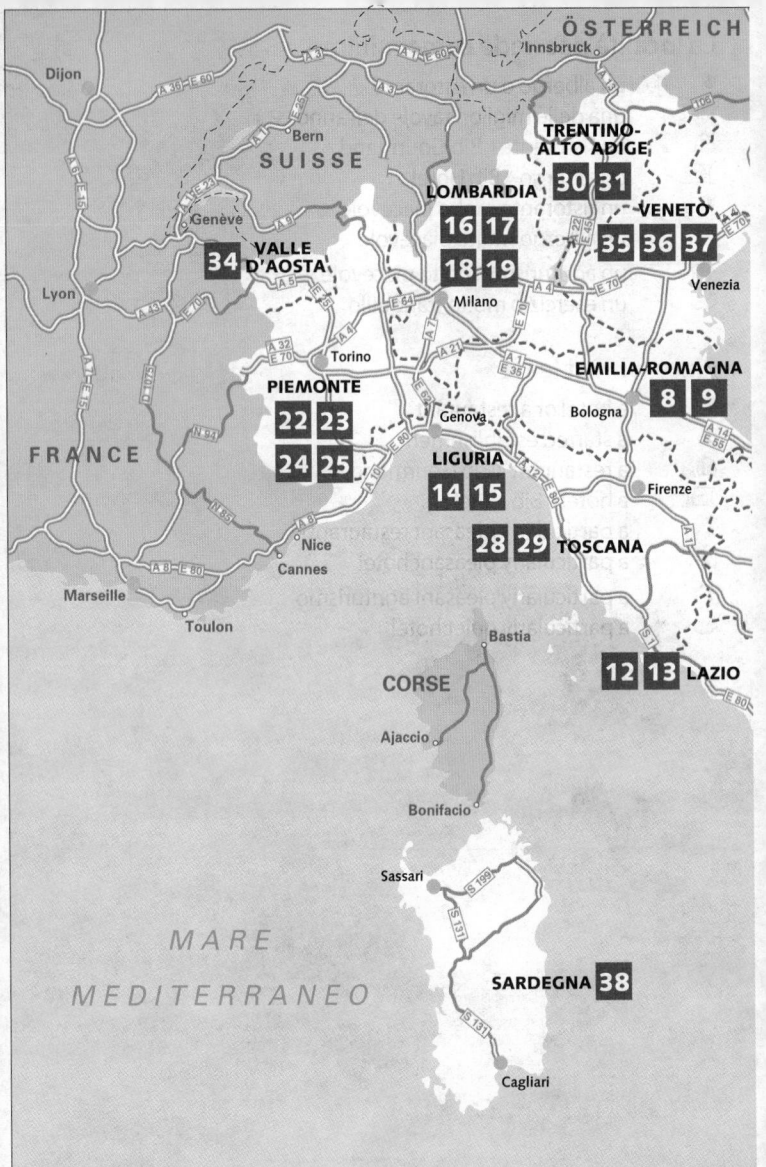

L'Italia in 40 carte

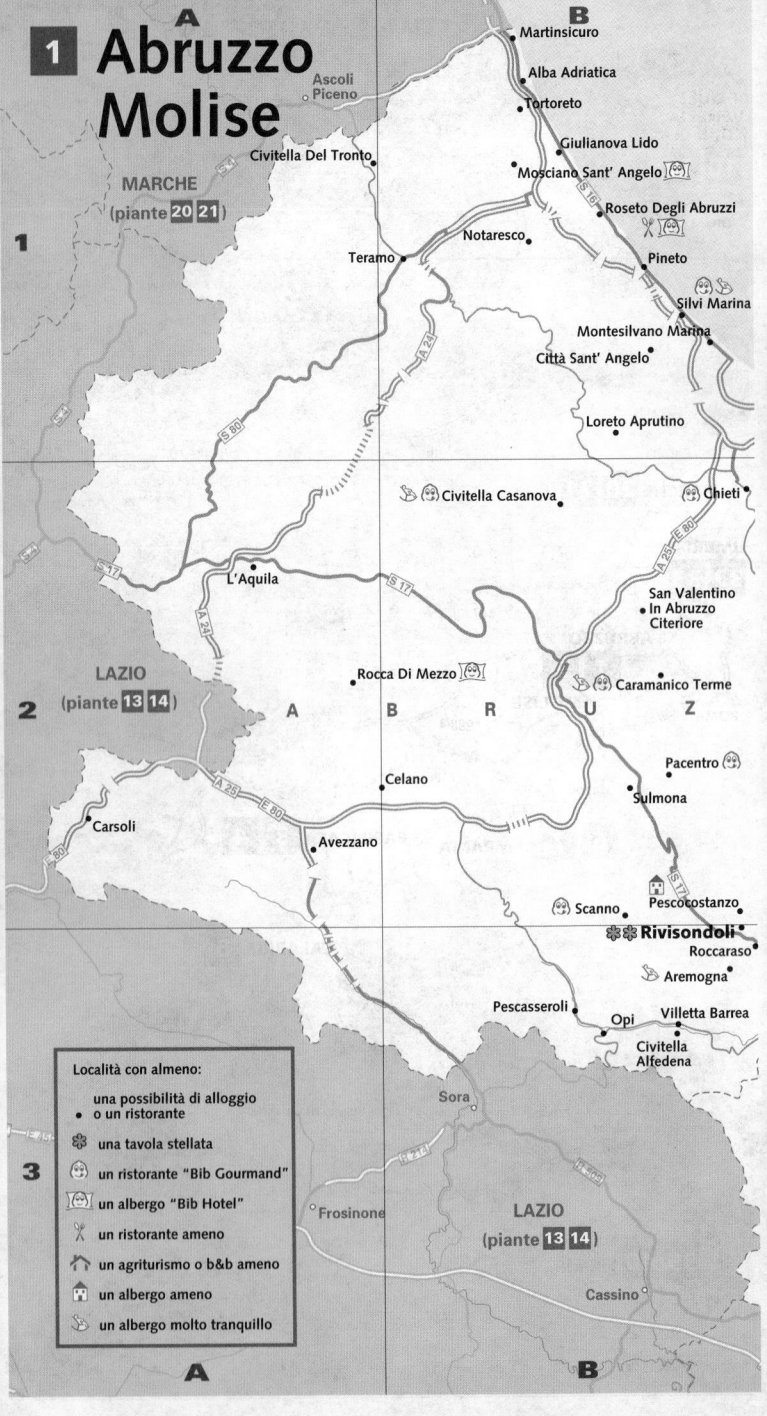

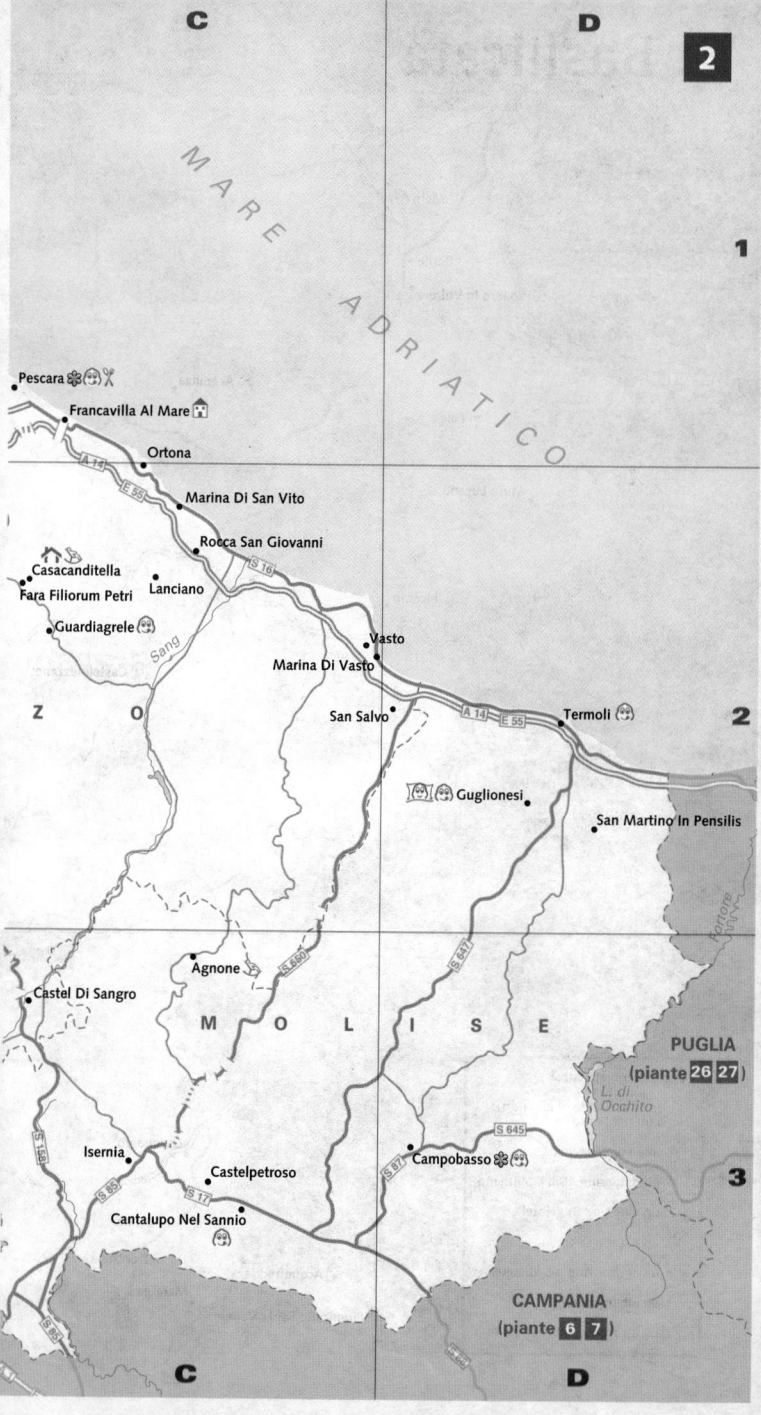

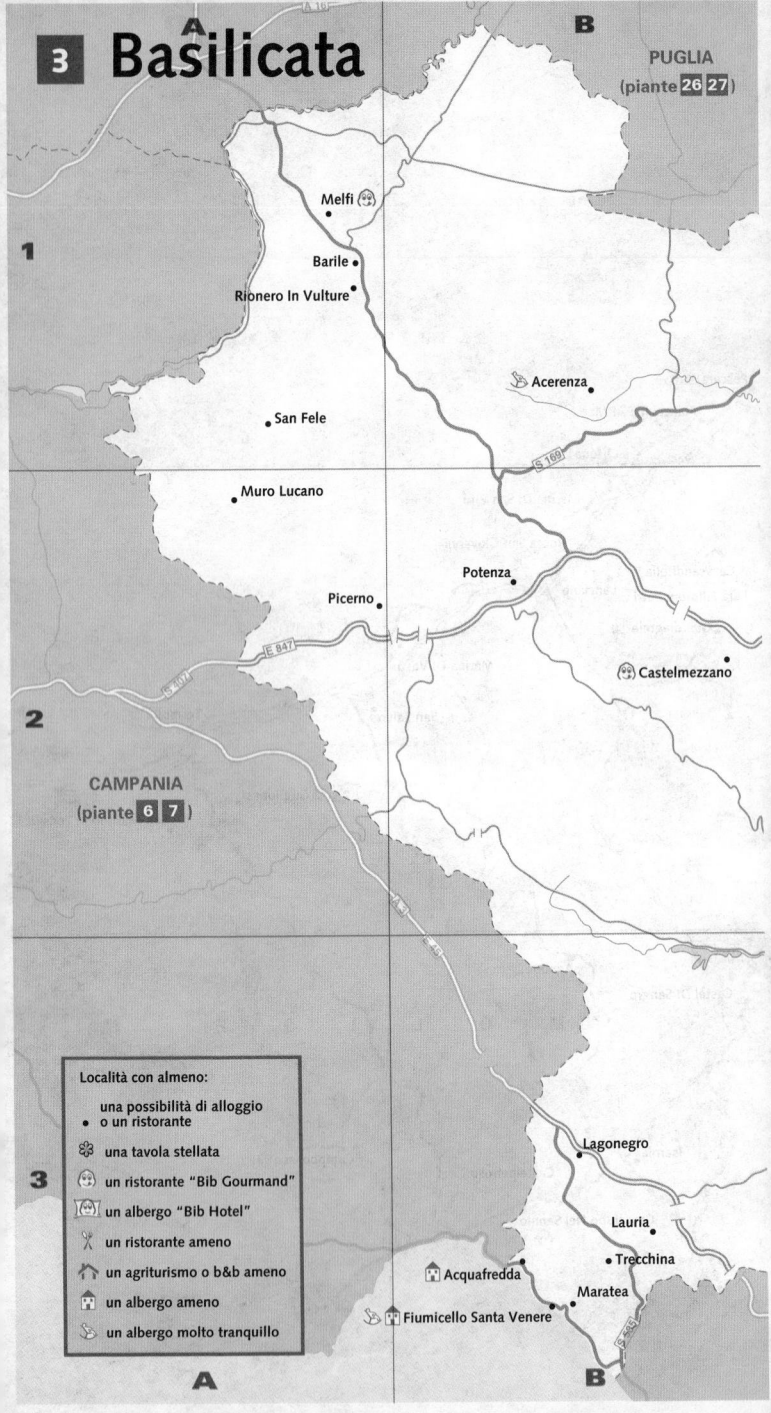

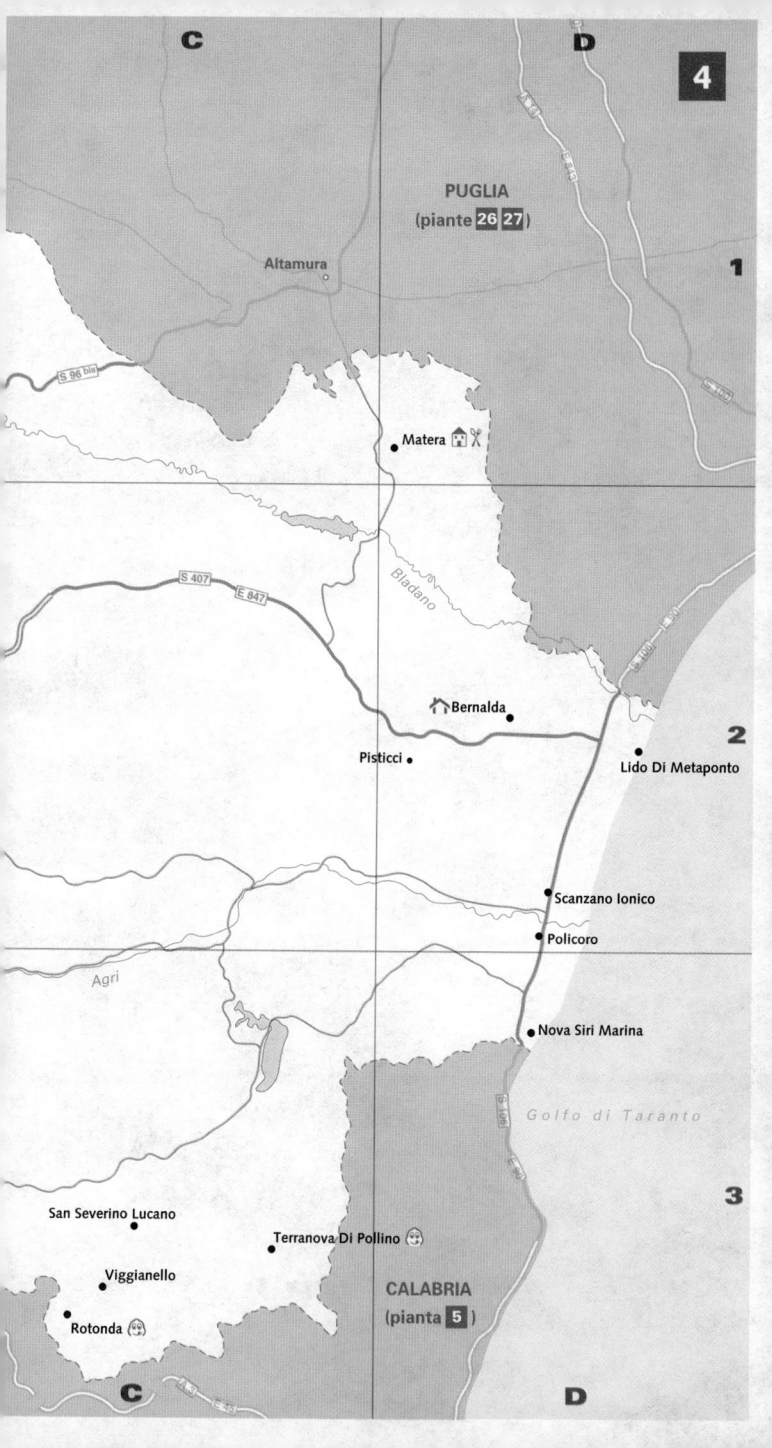

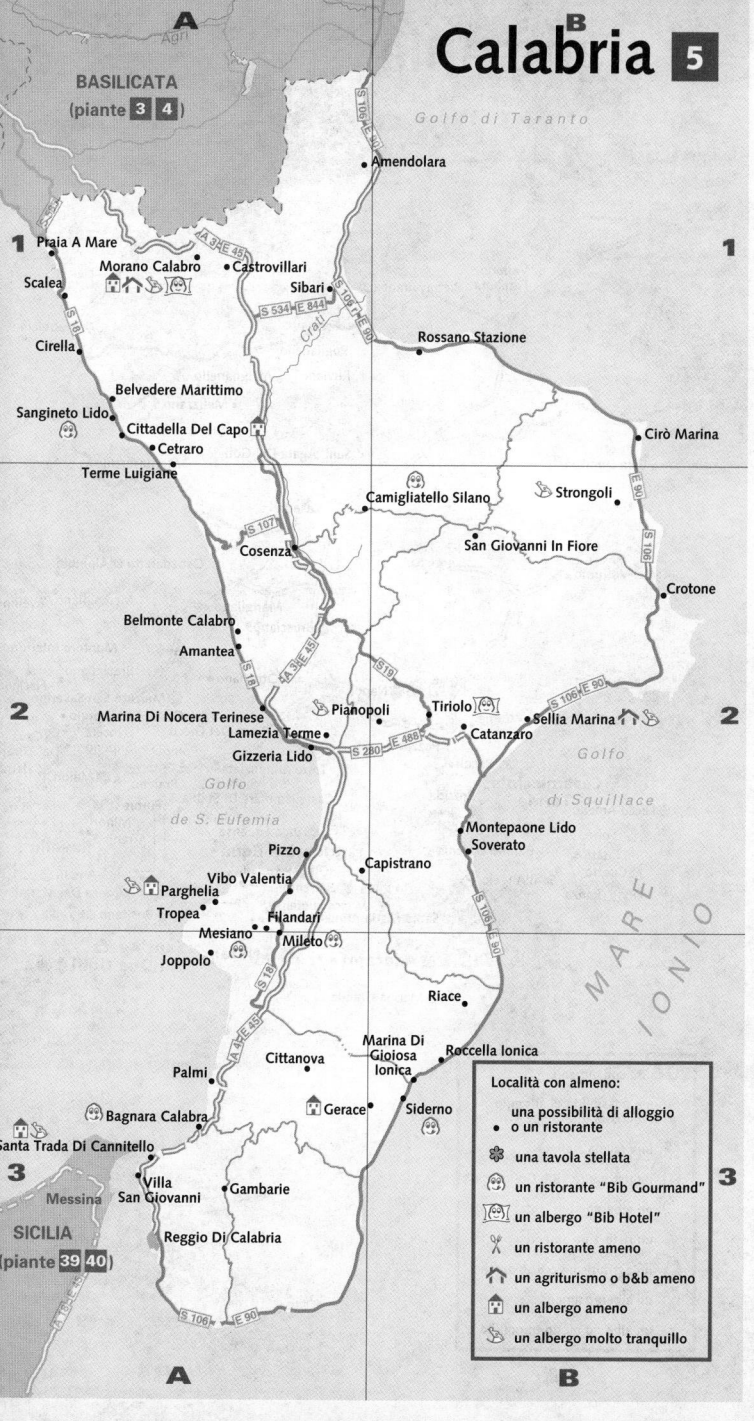

Calabria 5

BASILICATA
(piante 3 4)

Golfo di Taranto

Amendolara

Praia A Mare 1

Morano Calabro   Castrovillari

Scalea

Sibari

Cirella

Rossano Stazione

Belvedere Marittimo

Sangineto Lido

Cittadella Del Capo

Cirò Marina

Cetraro

Terme Luigiane

Camigliatello Silano   Strongoli

Cosenza

San Giovanni In Fiore

Crotone

Belmonte Calabro

Amantea

Pianopoli   Tiriolo   Sellia Marina 2

Marina Di Nocera Terinese

Lamezia Terme

Catanzaro

Gizzeria Lido

Golfo

di Squillace

Golfo
de S. Eufemia

Montepaone Lido
Soverato

Pizzo

Capistrano

Vibo Valentia

Parghelia

Filandari

Tropea

Mesiano   Mileto

Joppolo

Riace

MARE

Cittanova

Marina Di
Gioiosa
Ionica

Roccella Ionica

IONIO

Palmi

Gerace   Siderno

Bagnara Calabra

Santa Trada Di Cannitello

Messina

Villa
San Giovanni   Gambarie

SICILIA
(piante 39 40)

Reggio Di Calabria

Località con almeno:

una possibilità di alloggio
o un ristorante

❀   una tavola stellata

☺   un ristorante "Bib Gourmand"

⌨   un albergo "Bib Hotel"

✗   un ristorante ameno

⌂   un agriturismo o b&b ameno

⌂   un albergo ameno

♨   un albergo molto tranquillo

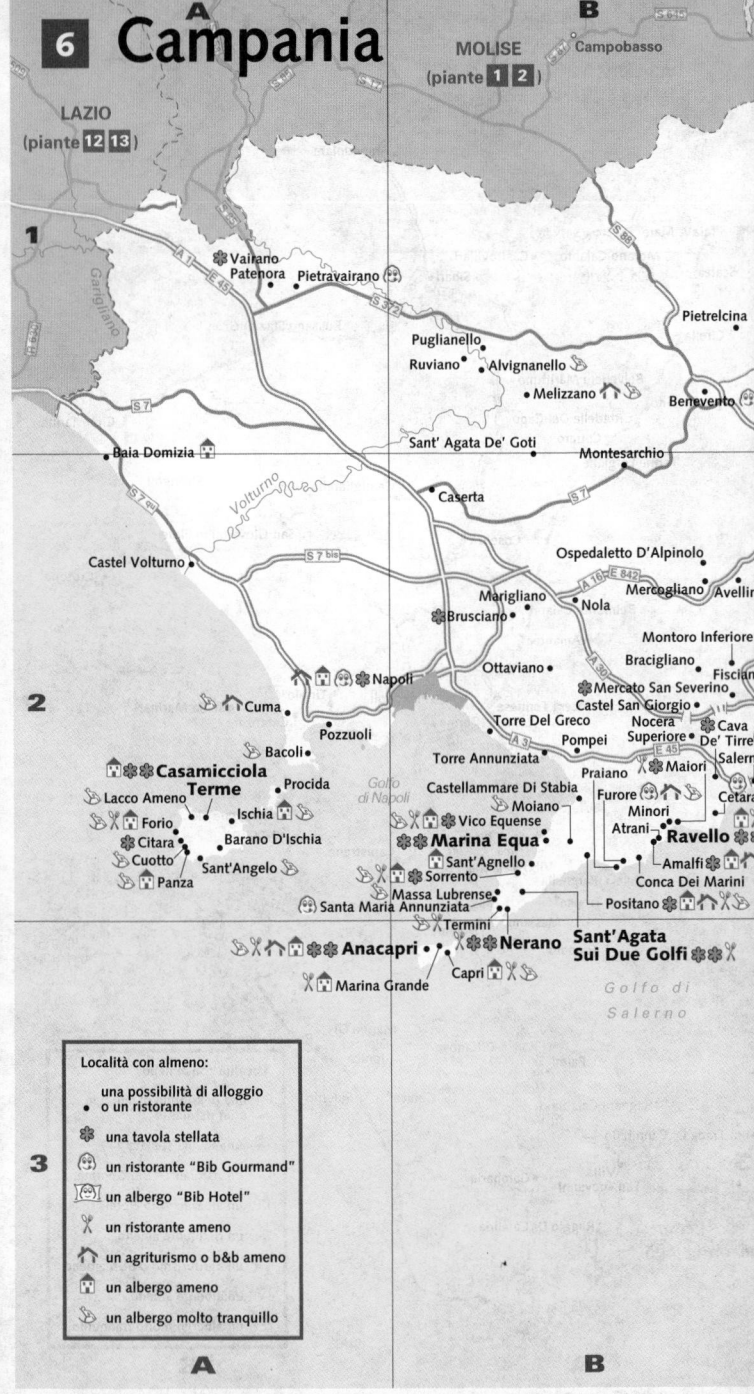

6 Campania

MOLISE (piante 1 2)

LAZIO (piante 12 13)

Campobasso

Gangliano

1

Vairano Patenora
Pietravairano
Pietrelcina

Puglianello
Ruviano • Alvignanello
• Melizzano
Benevento

Sant' Agata De' Goti
Montesarchio

Baia Domizia
Caserta

Volturno

Castel Volturno
Ospedaletto D'Alpinolo
Mercogliano Avellino
Marigliano
Brusciano
Nola
Ottaviano
Montoro Inferiore
Bracigliano
Fisciano
Mercato San Severino
Castel San Giorgio
Nocera
Superiore
Cava De' Tirren
Salerno

2

Cuma
Napoli
Golfo di Napoli
Torre Del Greco
Pompei
Pozzuoli
Torre Annunziata
Praiano
Maiori
Cetara

Bacoli
Castellammare Di Stabia
Furore
Minori
Atrani
Amalfi

Casamicciola Terme
Procida
Moiano
Vico Equense
Ravello

Lacco Ameno
Ischia
Marina Equa
Conca Dei Marini

Citara
Barano D'Ischia
Sant'Agnello
Positano

Cuotto
Sorrento

Panza
Sant'Angelo
Massa Lubrense

Santa Maria Annunziata
Termini

Anacapri
Nerano
Sant'Agata Sui Due Golfi

Marina Grande
Capri
Golfo di Salerno

3

Località con almeno:

• una possibilità di alloggio o un ristorante

❀ una tavola stellata

☺ un ristorante "Bib Gourmand"

🍴 un albergo "Bib Hotel"

✗ un ristorante ameno

⋔ un agriturismo o b&b ameno

🏠 un albergo ameno

🌿 un albergo molto tranquillo

A   B

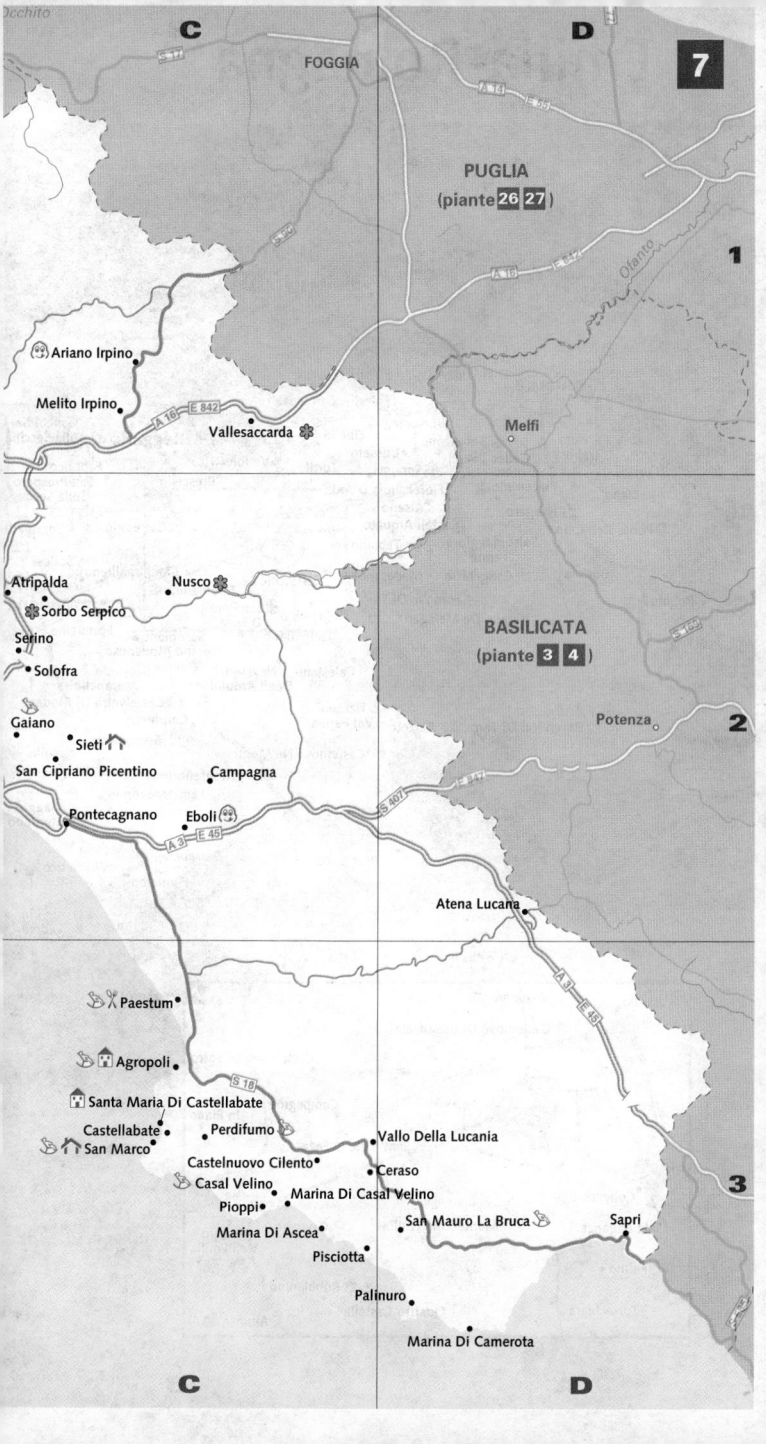

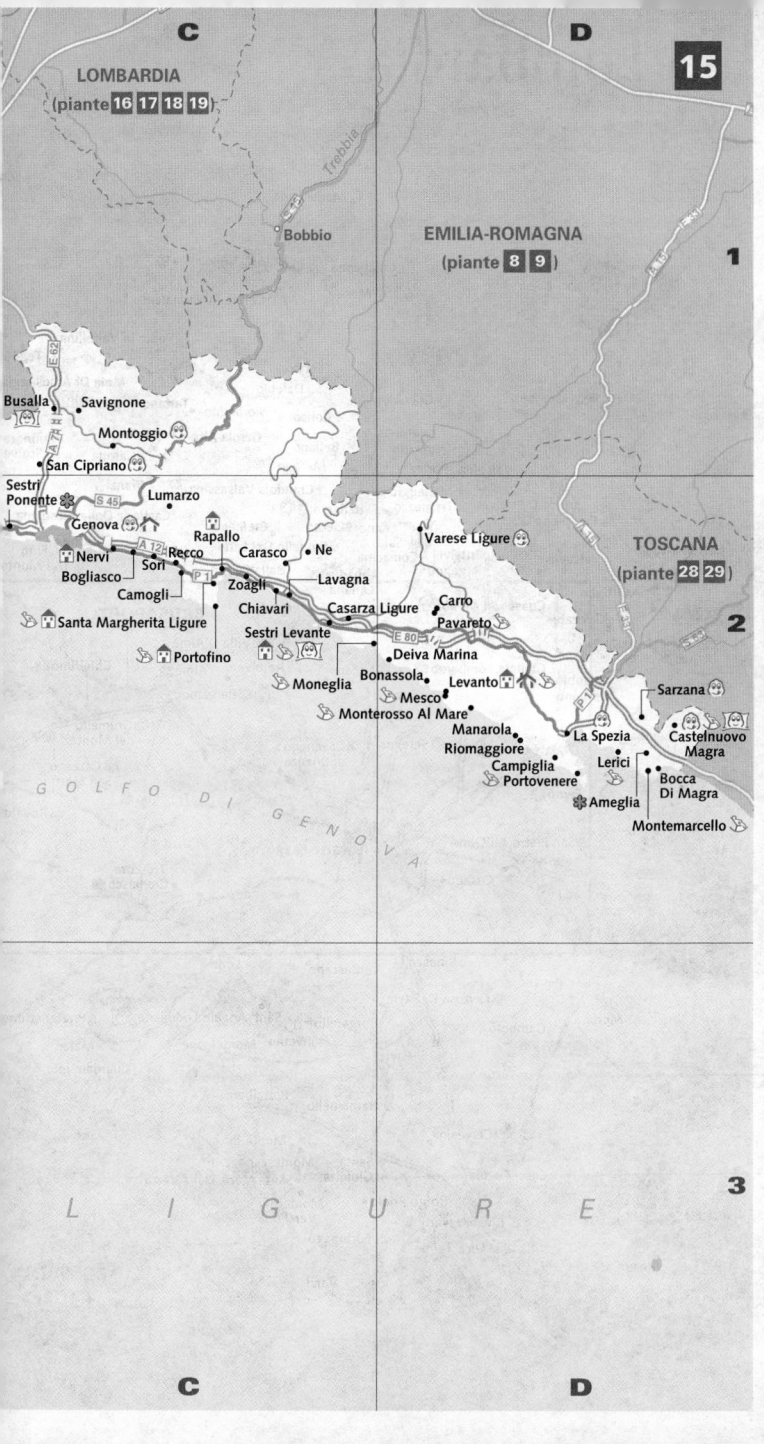

16 Lombardia

A

B

SUISSE
SCHWEIZ
SVIZZERA

Saint-Moritz

Livigno

Montespluga

Madesimo

Villa Di Chiavenna

Chiavenna

Mese

Chiesa In Valmalenco

Bianzone

Ponte In Valtellina
Sondrio
Teglio

Moia Di Albosaggia

Sorico

Delebio

Morbegno
Tartano

Gravedona

Colico

Lago di Como

Adda

Varenna

Nobiallo

Gerola Alta
Foppolo
Carona

Vilminore
Di Scalve

Lago
Maggiore

Valsolda
Porlezza

Bellano

Margno

LUGANO

Menaggio
Tremezzo

Crandola Valsassina

Branzi

Luino

Lanzo D'Intelvi
Campione D'Italia

Bellagio

Lierna

Cremeno

Castione Della Presolana

Castelveccana

Rancio
Valcuvia

Pellio Intelvi

Lenno
Sala
Comacina

Mandello Del Lario

Clusone
Fino
Del Monte

Laveno
Monbello

Cittiglio

Argegno

Abbadia

Ballabio

Leggiuno

Gavirate

Cuasso Al Monte

Lariana

Lecco

BRUSAPORTO

Ranco
Ispra

Como

Albavilla

Villa D'Almè

Almè

Chiuduno

Angera

Comabbio
Corgeno

Galliate Lombardo

Viganò

Ambivere

Bergamo

Sesto Calende
Somma Lombardo

Briosco

Cavenago
di Brianza

Grumello
del Monte

Olgiate Olona

Seregno

Cazzago
San Martino

Vizzola Ticino

Ferno

Treviglio

Rovato

San Pietro All'Olmo

Milano

Cusago

Trescore
Cremasco

Novara

Vercelli

Binasco

Bascapè

Lodi

Adda

Vigevano

Certosa Di Pavia

Borgarello

Sant' Angelo Lodigiano

Pizzighettone

Mortara
Gambolò

Pavia

Inverno

Monteleone

Maleo

Guardamiglio

Barbianello

Portalbera

Piacenza

Cervesina

Montù Beccaria

3 PIEMONTE
(piante **22 23 24 25**)

Casei Gerola

Santa
Giuletta

Montescano
Santa Maria Della Versa

Borgo Priolo

Montecalvo
Verśiggia

Rivanazzano

Fortunago

Salice Terme

Alessandria

Varzi

EMILIA-ROMAGNA
(piante **8 9**)

Bobbio

A

B

Valdidentro
Pedenosso
Bagni Nuovi
Bormio
Santa Caterina
Valfurva
Grosotto
Grosio
Tovo Di
Santa Agata
Ponte
Di Legno
Tirano
Passo
Del Tonale
Aprica
Schilpario

Concesio ❀❀
Campiani ✕
Collebeato
Botticino
Brescia ❀✕
Serle
Salò ❀
Portese
San Felice Del Benaco
Manerba Del Garda ❀ ✕
Soiano Del Lago
Carzago Riviera
Moniga Del Garda ❀
Padenghe Sul Garda
Rezzato ✕
Bedizzole ❀
Sirmione ❀
Lonato
Desenzano
Del Garda ❀
Calcinato
Ponti
sul Mincio
Montichiari
Pozzolengo
Ghedi
Castiglione
Delle Stiviere ❀

B

Borno
Darfo-Boario Terme
Artogne
Limone Sul Garda
Tremosine
Idro
Tignale
Lago di Garda
Sarezzo
Sernaga
Gargnano ❀
Fasano
Concesio ❀❀
Brescia
Gardone Riviera ❀
Manerba Del Garda ✕
Bedizzole
Moniga del Garda
Sirmione ❀
VERONA
Capriano
Del Colle
Desenzano
Del Garda ❀
Castiglione
Delle Stiviere ❀

B

Calvisano
Scandolara
Ripa D'Oglio ❀
Pralboino
Goito
VENETO
(piante 35 36)
Corte
De' Cortesi
Gambara
Drizzona
RUNATE ❀❀❀
Grazie
Curtatone
Isola Dovarese
Acquanegra
sul Chiese
Mantova ❀
Castelverde
Cicognolo
Canneto Sull'Oglio
Bagnolo San Vito
Revere
Cremona
Castelfranco D'Oglio
San Benedetto
Po
Carbonara Di Po
Cappella
De' Picenardi
Voltido
Piadena
Pieve di Coriano
Solarolo Rainerio
Recorfano
Rivarolo
Mantovano
Suzzara
Quistello ❀
San Giovanni In Croce
Casalmaggiore
Dosolo
Viadana

EMILIA-ROMAGNA
(piante 8 9)

PARMA

MODENA

BOLOGNA

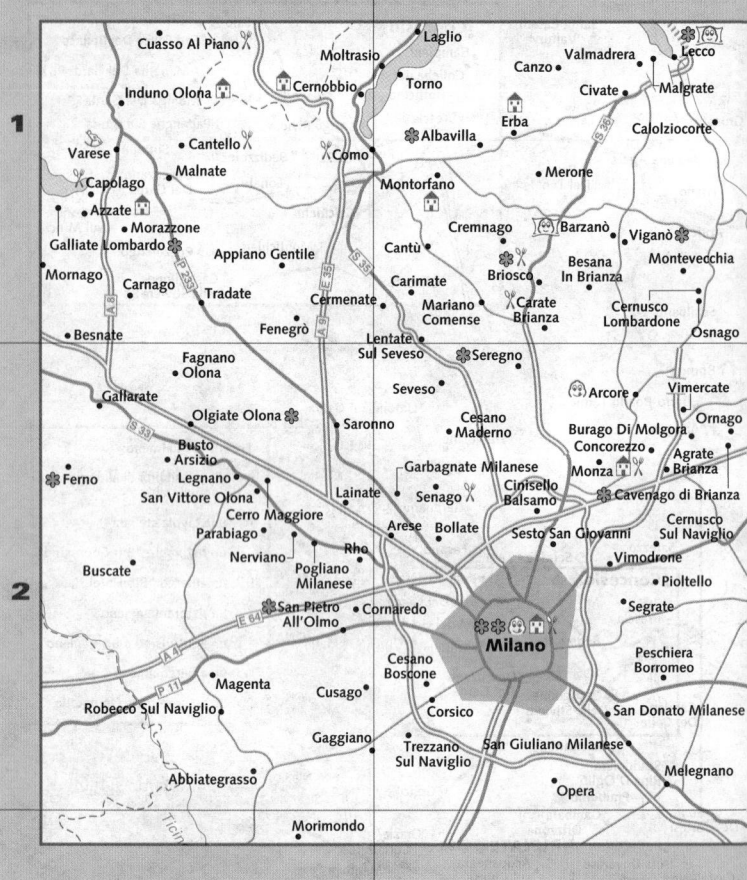

Località con almeno:

- una possibilità di alloggio
  o un ristorante
- ❀ una tavola stellata
- 😊 un ristorante "Bib Gourmand"
- 🏨 un albergo "Bib Hotel"
- ✕ un ristorante ameno
- 🏠 un agriturismo o b&b ameno
- 🏯 un albergo ameno
- ⟳ un albergo molto tranquillo

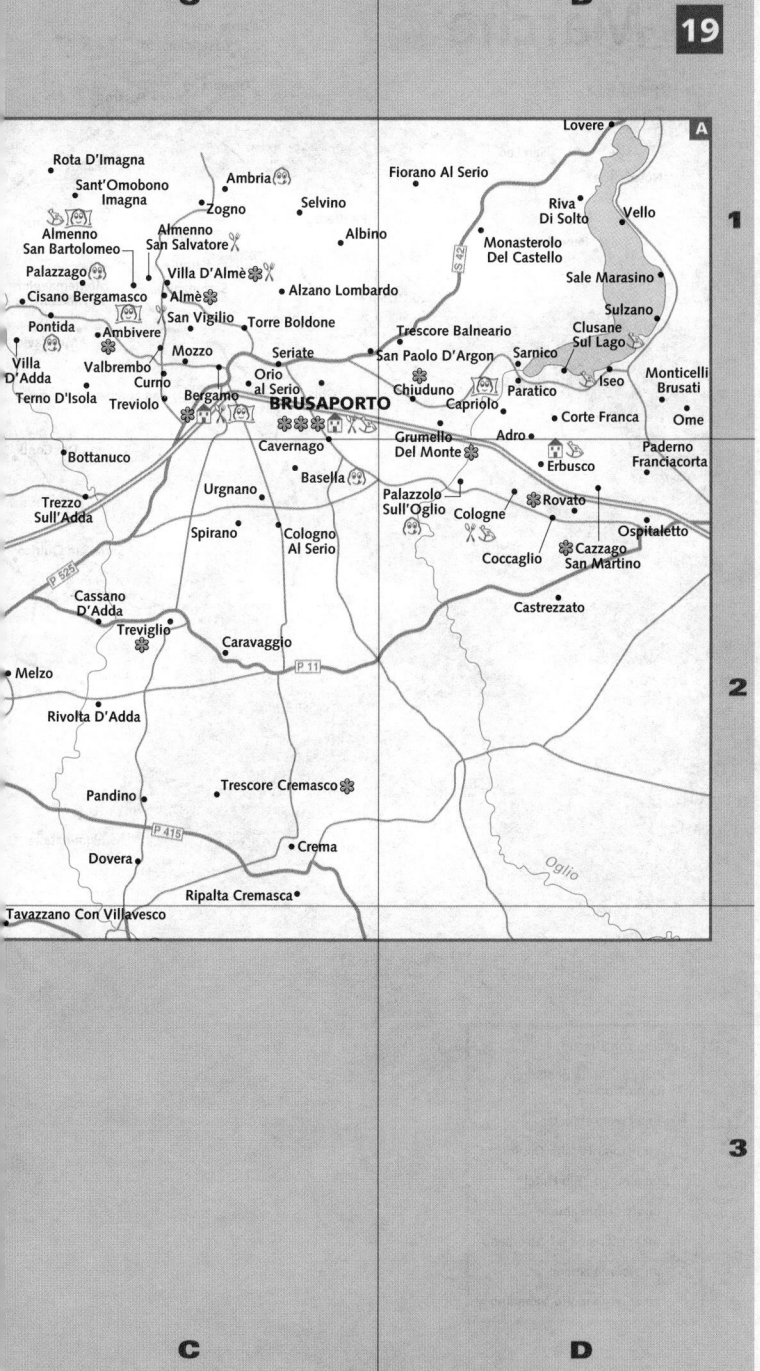

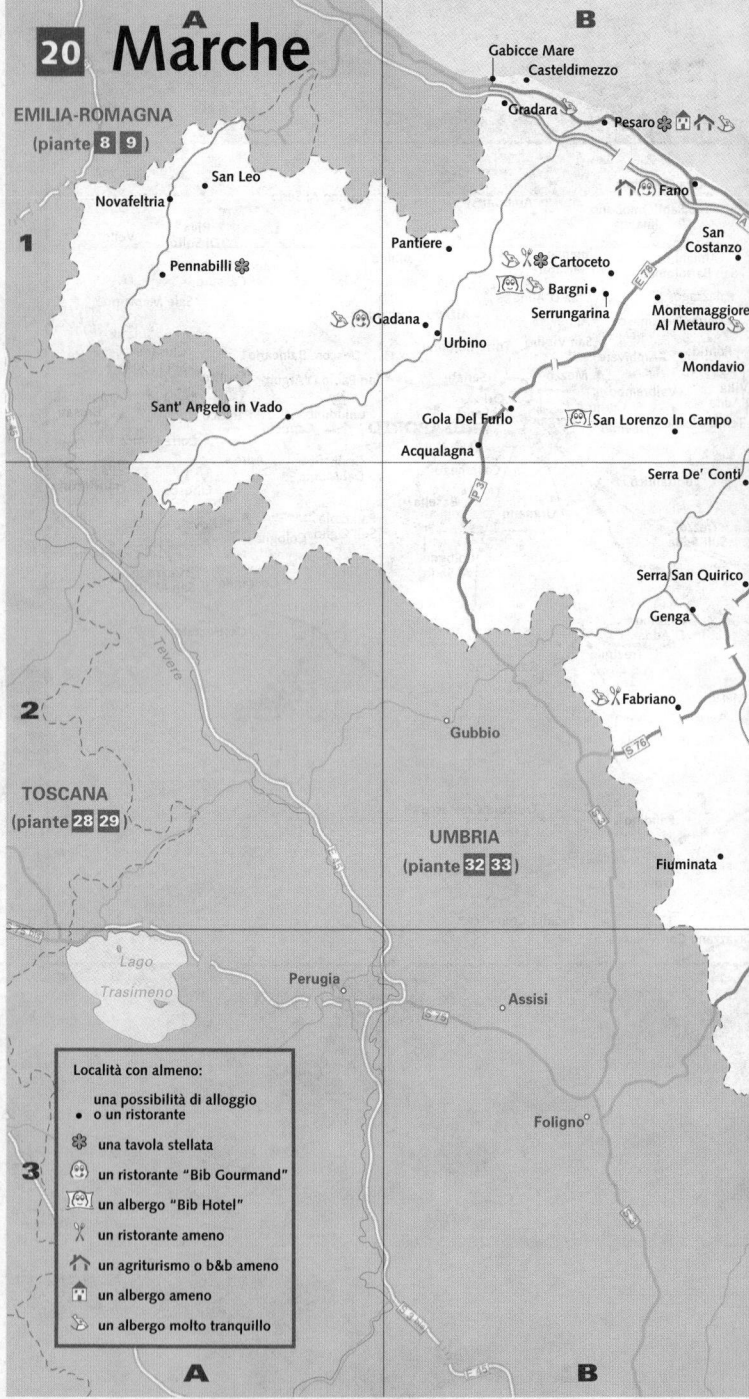

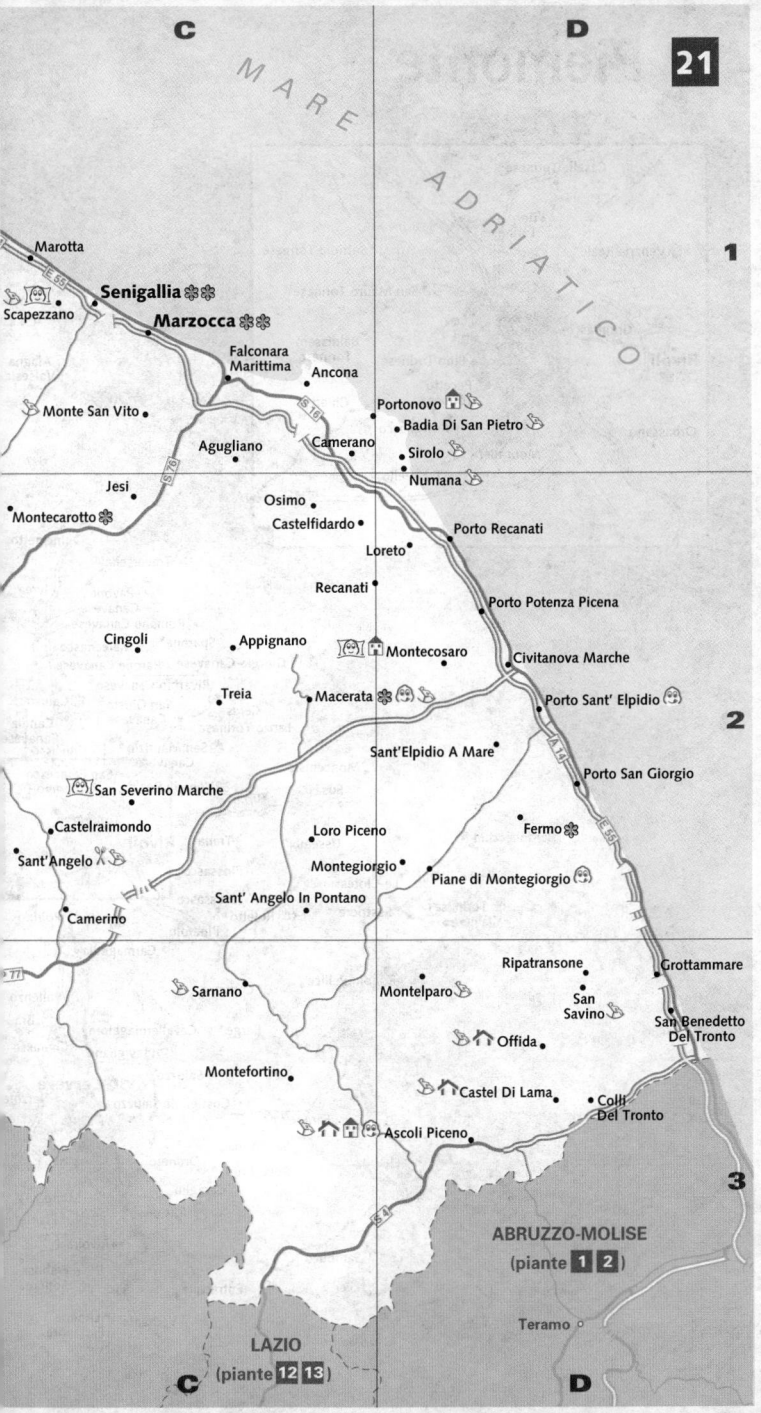

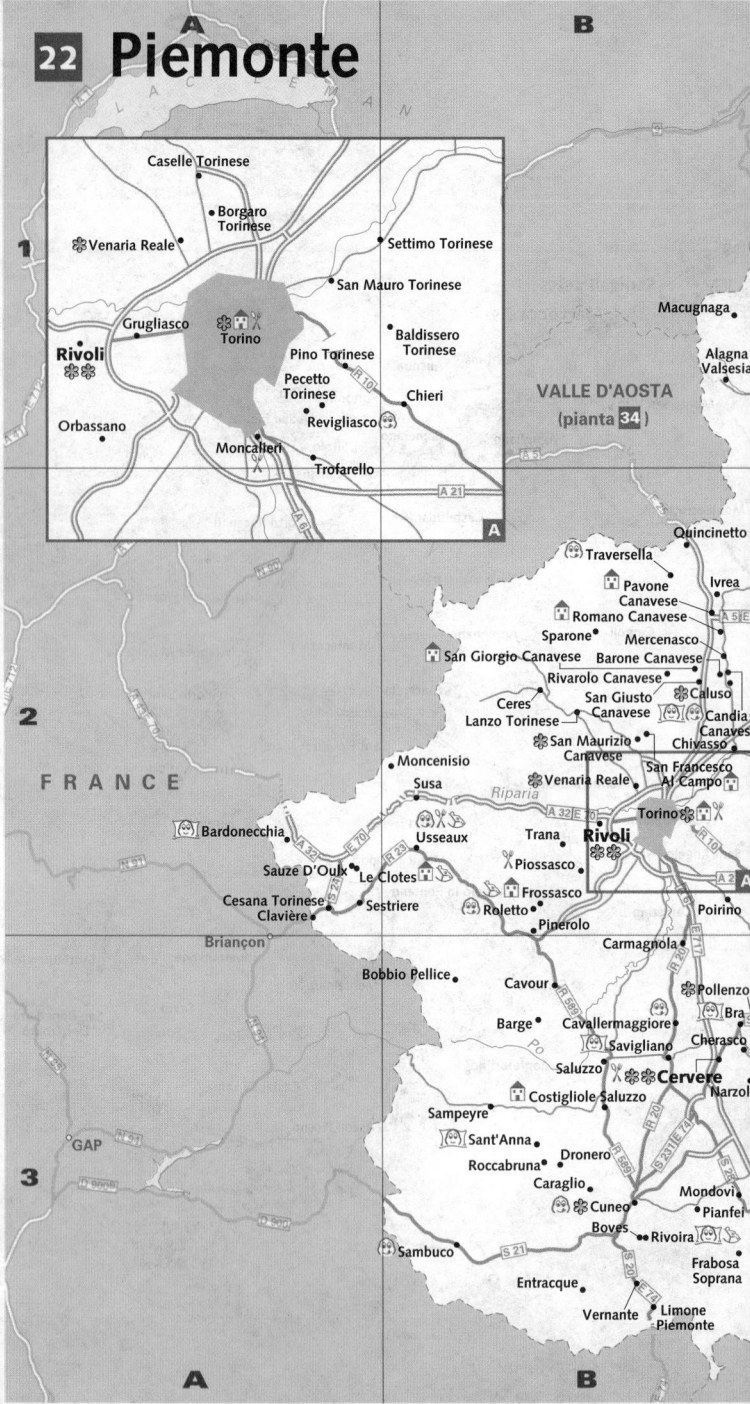

Piemonte

22

A **B**

1

Caselle Torinese

Borgaro Torinese

Venaria Reale

Settimo Torinese

San Mauro Torinese

Grugliasco

Torino

Rivoli

Pino Torinese

Baldissero Torinese

Pecetto Torinese

Chieri

Orbassano

Revigliasco

Moncalieri

Trofarello

A 21

A

Macugnaga

Alagna Valsesia

VALLE D'AOSTA (pianta **34**)

2

Quincinetto

Traversella

Pavone Canavese

Ivrea

Romano Canavese

Sparone

Mercenasco

San Giorgio Canavese

Barone Canavese

Rivarolo Canavese

Ceres

San Giusto Canavese

Caluso

Lanzo Torinese

Candia Canavese

San Maurizio Canavese

Chivasso

Moncenisio

Venaria Reale

San Francesco Al Campo

FRANCE

Susa

Riparia

Torino

Bardonecchia

Usseaux

Trana

Rivoli

Sauze D'Oulx

Le Clotes

Piossasco

Cesana Torinese

Sestriere

Frossasco

Poirino

Clavière

Roletto

Pinerolo

Briançon

Carmagnola

3

Bobbio Pellice

Cavour

Pollenzo

Bra

Barge

Cavallermaggiore

Cherasco

Savigliano

GAP

Saluzzo

Cervere

Narzole

Costigliole Saluzzo

Sampeyre

Sant'Anna

Dronero

Roccabruna

Caraglio

Cuneo

Mondovì

Pianfei

Boves

Rivoira

Sambuco

Frabosa Soprana

Entracque

Vernante

Limone Piemonte

A **B**

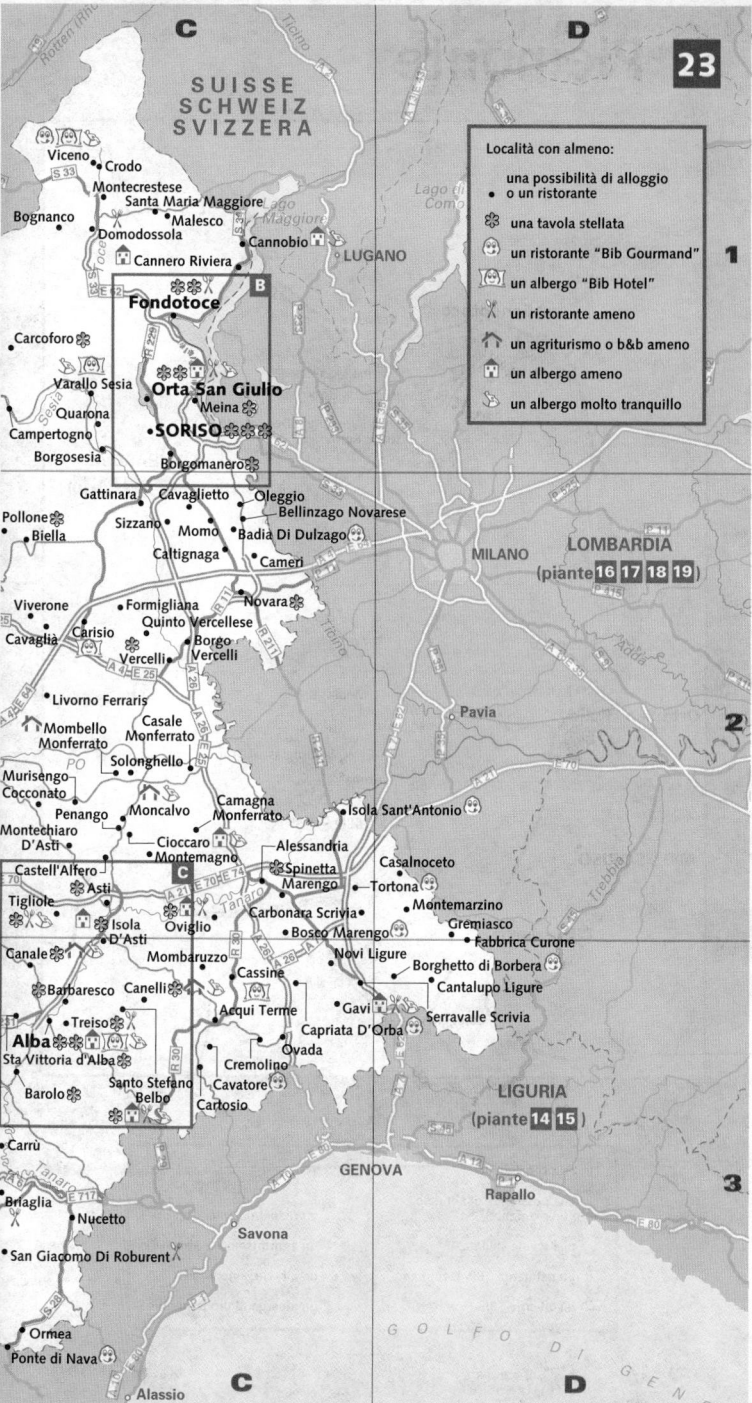

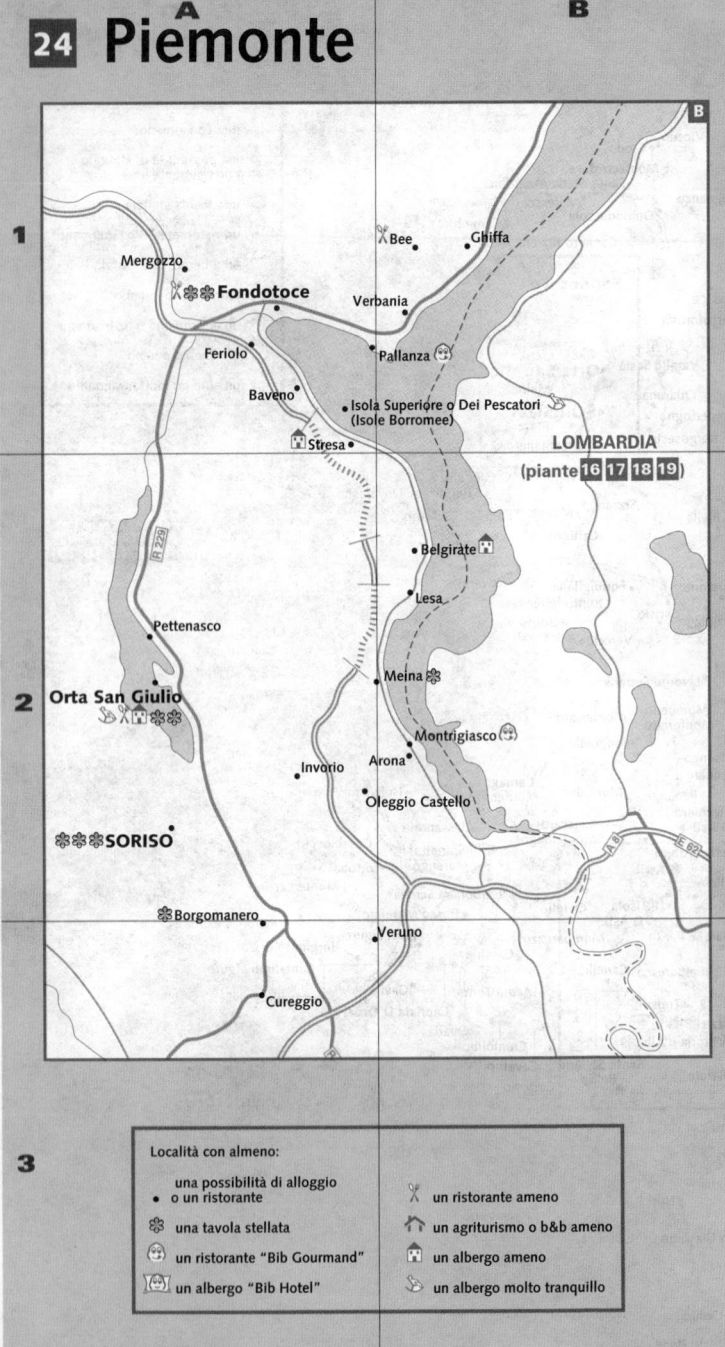

Località con almeno:

una possibilità di alloggio
o un ristorante

una tavola stellata

un ristorante "Bib Gourmand"

un albergo "Bib Hotel"

un ristorante ameno

un agriturismo o b&b ameno

un albergo ameno

un albergo molto tranquillo

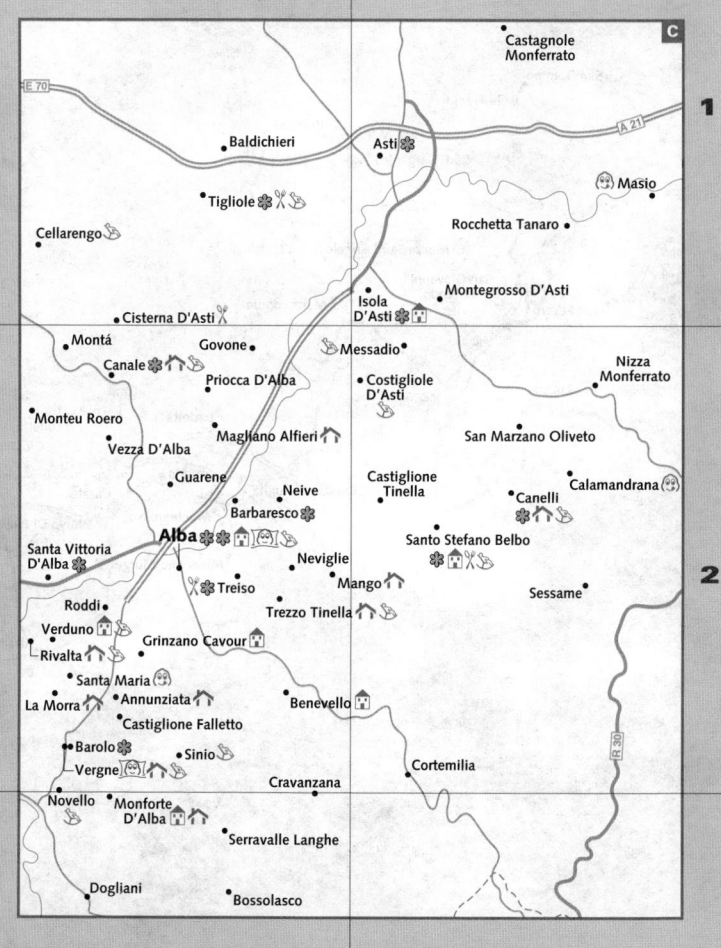

A B

MARE

1

San Domino
Isole Tremiti

San Menaio Peschici
Rodi Garganico Vieste

Termoli

MOLISE (piante **1** **2**)

Monte Sant' Angelo Mattinata

San Giovanni Rotondo

San Severo Manfredonia

Golfo di Manfredonia

L. di Occhito Lucera

Trani Bisceglie

Foggia Molfetta

Barletta Giovinazzo

Canosa di Puglia Andria Corato

Montegrosso Ruvo Di Puglia

Minervino Murge

2

Beneveto

CAMPANIA (piante **6** **7**)

Altamura

Gravina In Puglia

Matera

Potenza

Agri

3

BASILICATA (piante **3** **4**)

A B

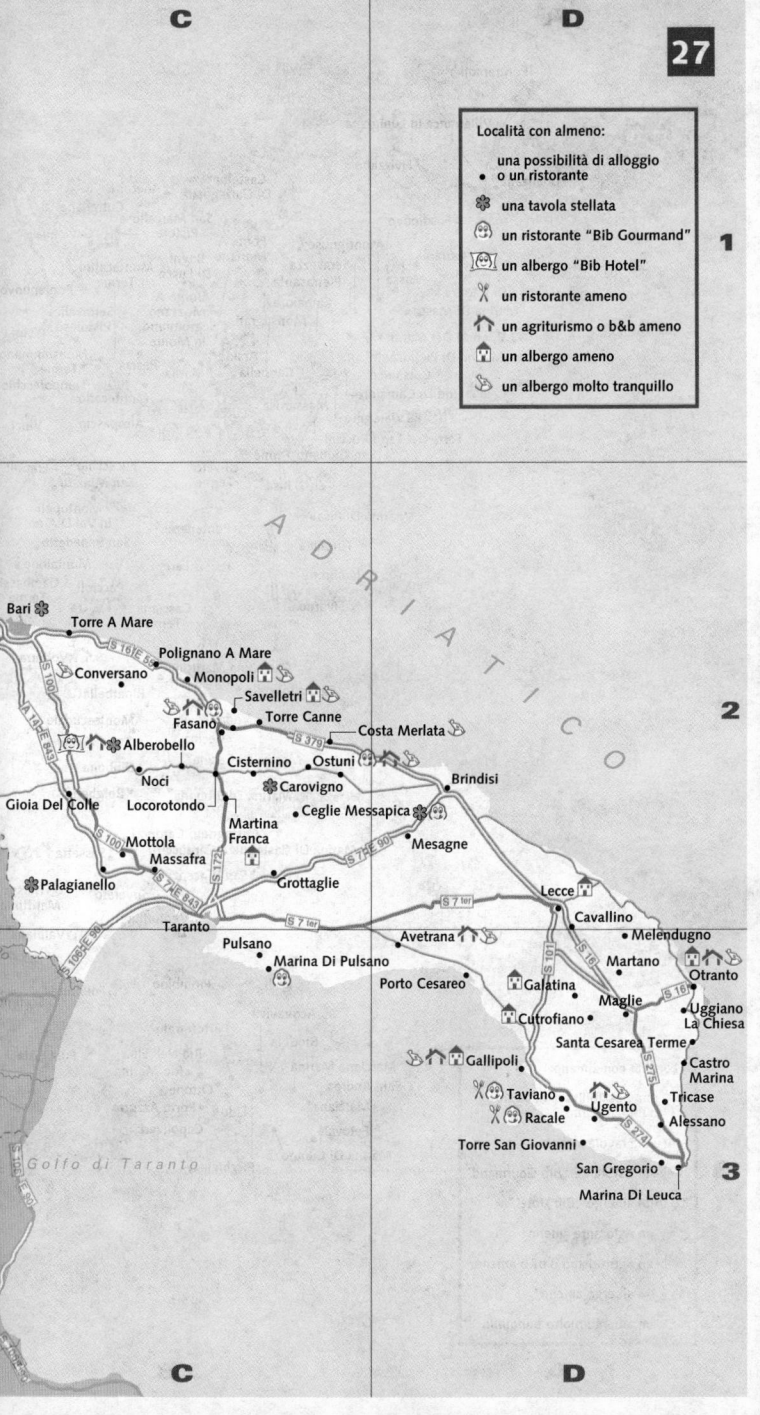

27

Località con almeno:

- una possibilità di alloggio o un ristorante
- 🌸 una tavola stellata
- 😊 un ristorante "Bib Gourmand"
- 🔲 un albergo "Bib Hotel"
- 🗶 un ristorante ameno
- 🏠 un agriturismo o b&b ameno
- 🏠 un albergo ameno
- 🌲 un albergo molto tranquillo

1

ADRIATICO

Bari 🌸
Torre A Mare
Polignano A Mare
Conversano   Monopoli
Savelletri
Fasano   Torre Canne
Costa Merlata
Alberobello   Cisternino   Ostuni
Noci   Carovigno
Locorotondo   Brindisi
Gioia Del Colle   Ceglie Messapica
Martina   Mesagne
Mottola   Franca
Massafra
Palagianello   Grottaglie
Lecce
Cavallino   Melendugno
Taranto   Martano
Pulsano   Avetrana   Otranto
Marina Di Pulsano   Uggiano
Porto Cesareo   Galatina   La Chiesa
Maglie   Santa Cesarea Terme
Cutrofiano   Castro
Gallipoli   Marina
Taviano   Ugento   Tricase
Racale   Alessano
Torre San Giovanni
San Gregorio
Marina Di Leuca

2

Golfo di Taranto

3

Toscana 29

EMILIA-ROMAGNA (piante 8 9)

Covigliaio · Palazzuolo Sul Senio
Marradi
Galliano
Gabbiano
Barberino Di Mugello
Scarperia
Vaiano · Borgo San Lorenzo
Carmignano · Vicchio
Prato · Campestri
Calenzano
Artimino · FIRENZE A
Montelupo Fiorentino
Cerbaia
Capraia E Limite
Montespertoli · Tavarnelle Val Di Pesa
Certaldo · Panzano
Badia A Passignano
Cavriglia
Gaiole In Ch.
San Gimignano · Castellina In Ch. B
San Sano
Colle Di Val D'Elsa · Castelnuovo Berardenga
Casole D'Elsa · Siena
Pievescola
Sovicille
Radicondoli · Monteroni D'Arbia
Monticiano · San Giovanni D'Asso
Montieri · San Quirico D'Orcia
Roccastrada · Montalcino
Ghirlanda · Bagno Vignoni
Poggio Alle Mura
Civitella Marittima

Petrognano · Barberino Val D'Elsa · San Donato In Poggio
Ponzano
Castellina In Ch. · Radda In Ch.
Poggibonsi
Vagliagli
Monteriggioni
Colle Di Val D'Elsa B

MARCHE (piante 20 21)

Stia · Moggiona
Reggello · Soci
Pelago · Poppi · Bibbiena
Alpe Faggeto · Caprese Michelangelo
Vaggio · Loro Ciuffenna
Terranuova Bracciolini · San Giustino Valdarno · Subbiano
Montevarchi · Anghiari
Moncioni · Pergine Valdarno · Giovi
Montelucci · Sansepolcro
Arezzo
Civitella In Val Di Chiana
UMBRIA (piante 32 33)
Montebenichi · Polvano
Monte San Savino · Pieve Di Chio
Gargonza · Badicorte · Castiglion Fiorentino
Marciano Della Chiana · San Pietro A Cegliolo
Pozzo · Cortona · San Martino
Rapolano Terme · Foiano Della Chiana
Santa Regina · Farneta
Asciano · Sinalunga
Torrita Di Siena
Montefollonico
Montepulciano
Pienza · Monticchiello
Chianciano Terme
Castiglione D'Orcia · Chiusi
Sarteano
Cetona
Bagni San Filippo
San Casciano Dei Bagni
Celle Sul Rigo
Seggiano · Piancastagnaio
Campagnatico · Campiglia D'Orcia
Gavorrano
Caldana
Sempronlano
Badiola · Grosseto · Sorano
Castiglione Della Pescaia · Scansano · Poggio Murella · Sovana
Marina Di Grosseto · Saturnia · Pitigliano
Montemerano
Magliano In Toscana · Manciano
Fonteblanda
Albinia
Capalbio
Porto Santo Stefano · Orbetello
Cala Piccola · LAZIO (piante 12 13)
Giglio Campese
Giglio Castello · Porto Ercole
Giglio Porto

Serpiolle · Fiesole
Campi Bisenzio · Montebeni
FIRENZE A
Scandicci · Candeli
Roveta · Arcetri
Mosciano · Galluzzo · Bagno A Ripoli
Cerbaia · Impruneta
San Casciano In Val Di Pesa
Mercatale In Val Di Pesa
Montefiridolfi · Greve In Ch.

A B

1

SUISSE
SCHWEIZ
SVIZZERA

Vipiteno
Racines

San Leonardo In Passiria

Resia
Vallelunga

Merano
Tirolo
San Martino In Passiria

San Valentino Alla Muta
Marlengo
Scena

Senales
Lagundo
Parcines
Sarentino

Malles Venosta
Naturno
Rablà
Avelengo

Glorenza
Castelbello Ciardes
San Vigilio
Freiberg
Postal
Lana

Silandro
Laces
Foiana

Adige
Ultimo
Tesimo

Solda
Appiano Sulla Strada Del Vino
Malosco
Fondo
San Michele

2

Bormio
Ronzone
Romeno

Commezzadura
Malé
Cles

Peio
Cogolo
Mezzana
Dimaro

Ossana
Folgarida

Madonna Di Campiglio
San Michele all'Adige

Mezzolombardo
Sorni
Cembra

Sant' Antonio Di Mavignola
Fai Della Paganella
Palù
Giovo

Aprica
Pinzolo
Andalo
Lavis
Pergine Valsugana
Baselga Di Pinè

Molveno

Spiazzo

Ponte Arche
Trento
Levico Terme

Comano Terme
Castel Toblino
Calavino
Monte Bondone
Tenna
Caldonazzo

Calliano

3

Cimego
Riva Del Garda
Isera
Rovereto
Folgaria

Condino

Storo

LOMBARDIA
(piante 16 17 18 19)

Torbole-Nago

Idro
Lago di Garda
Adige

A B

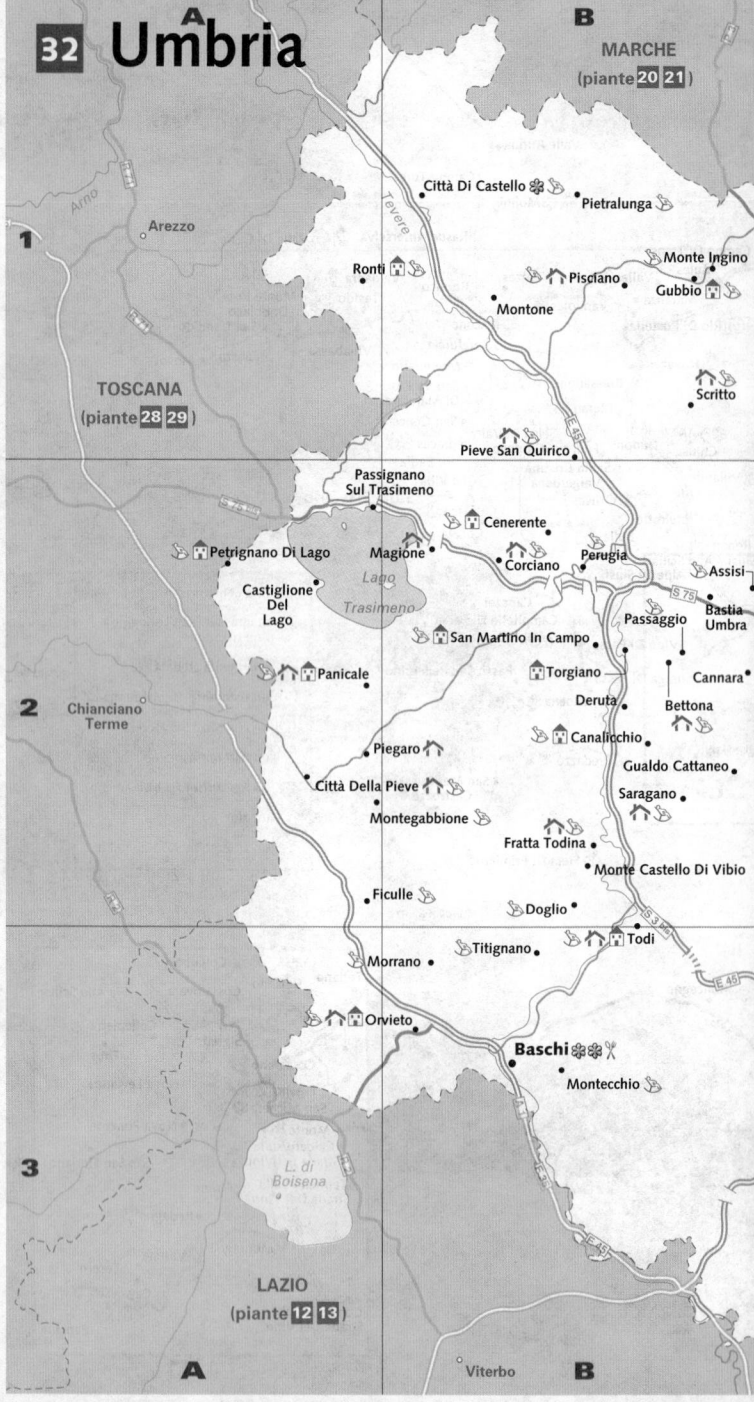

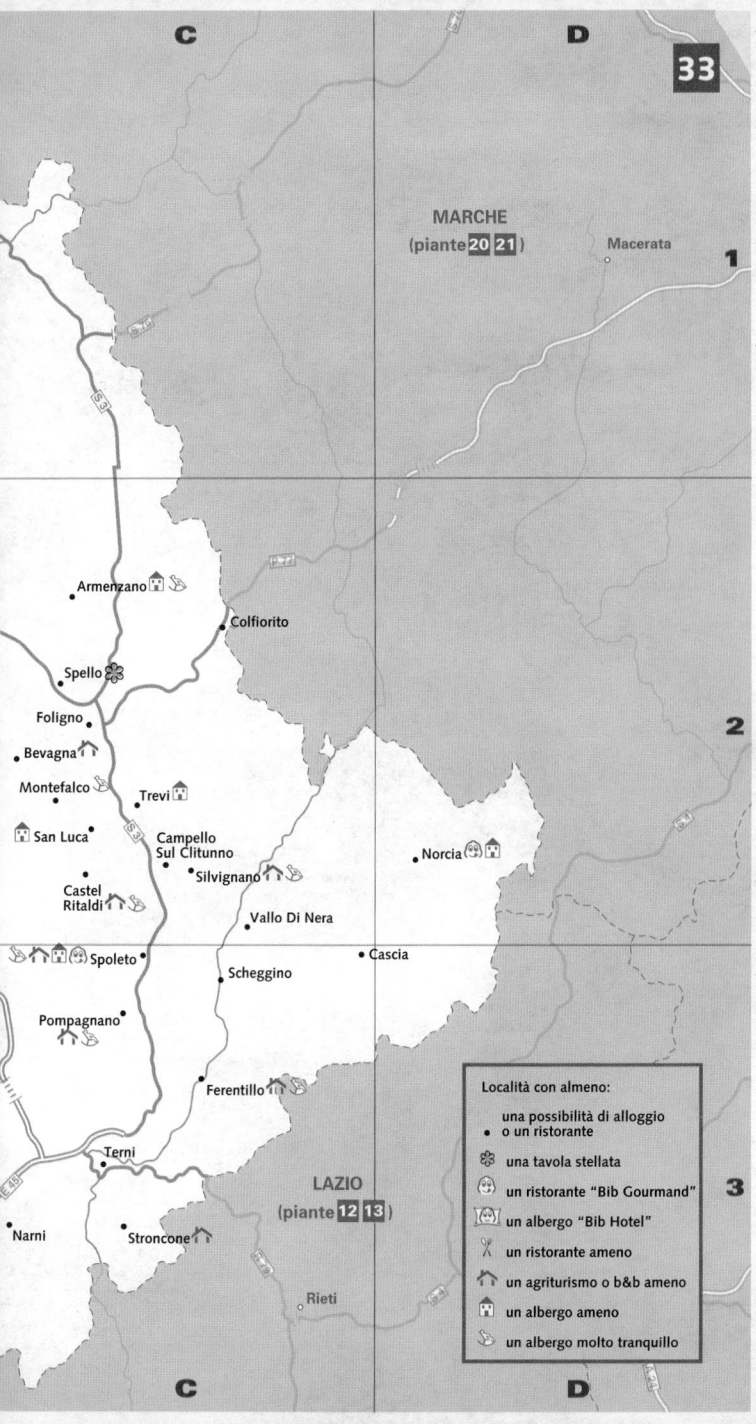

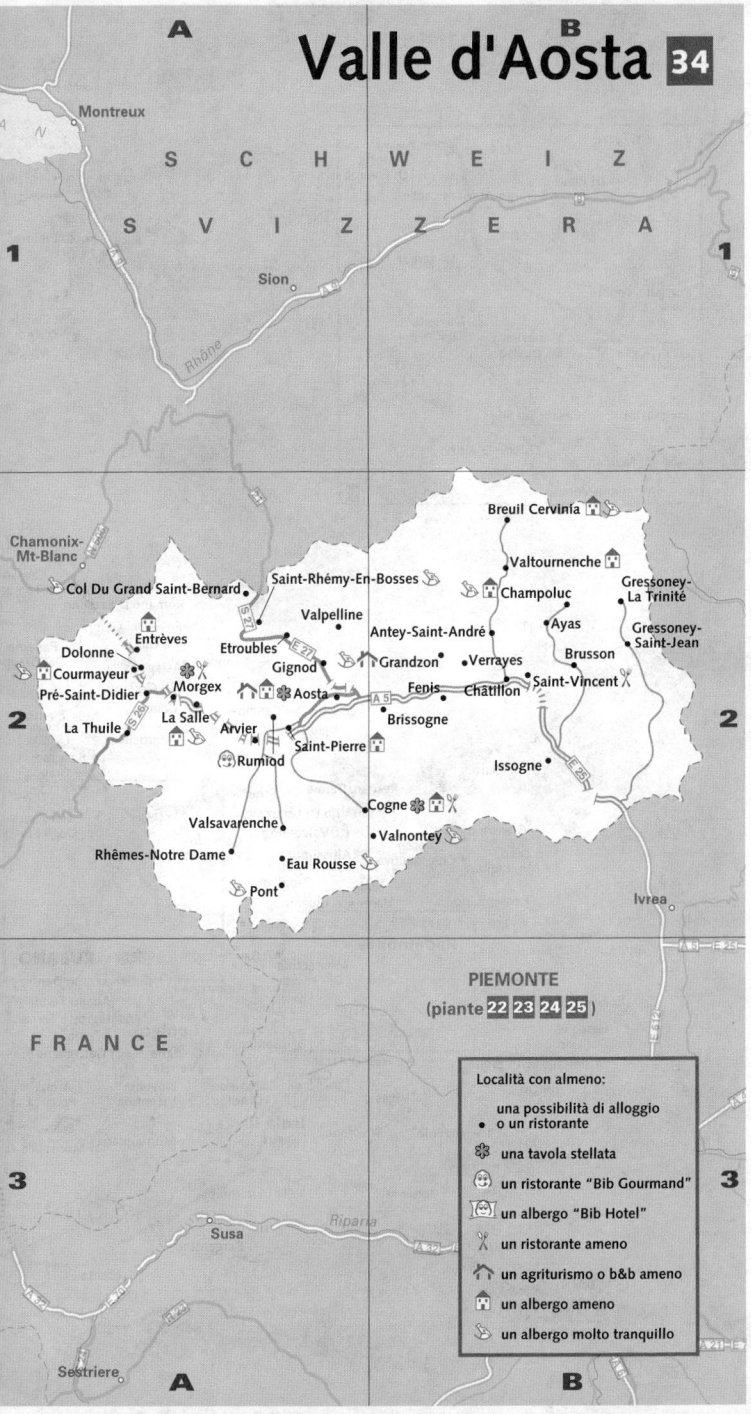

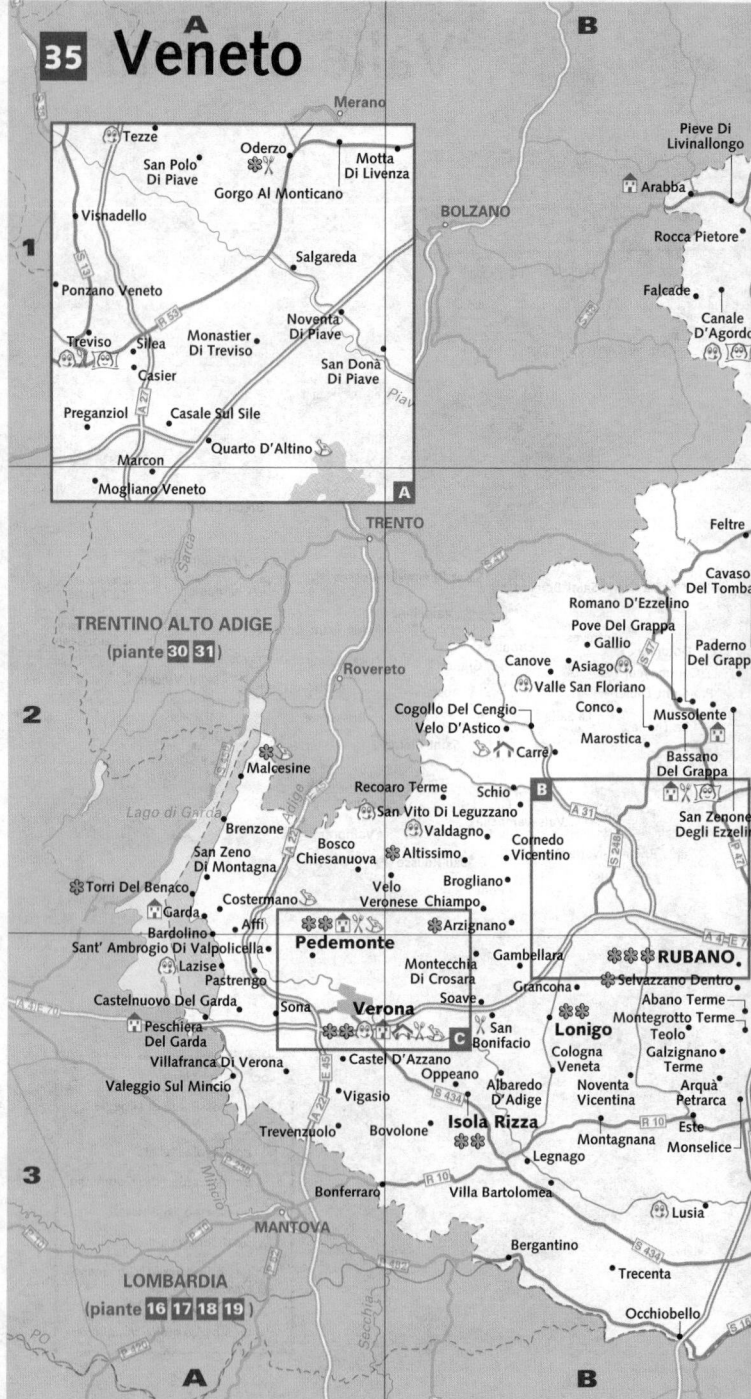

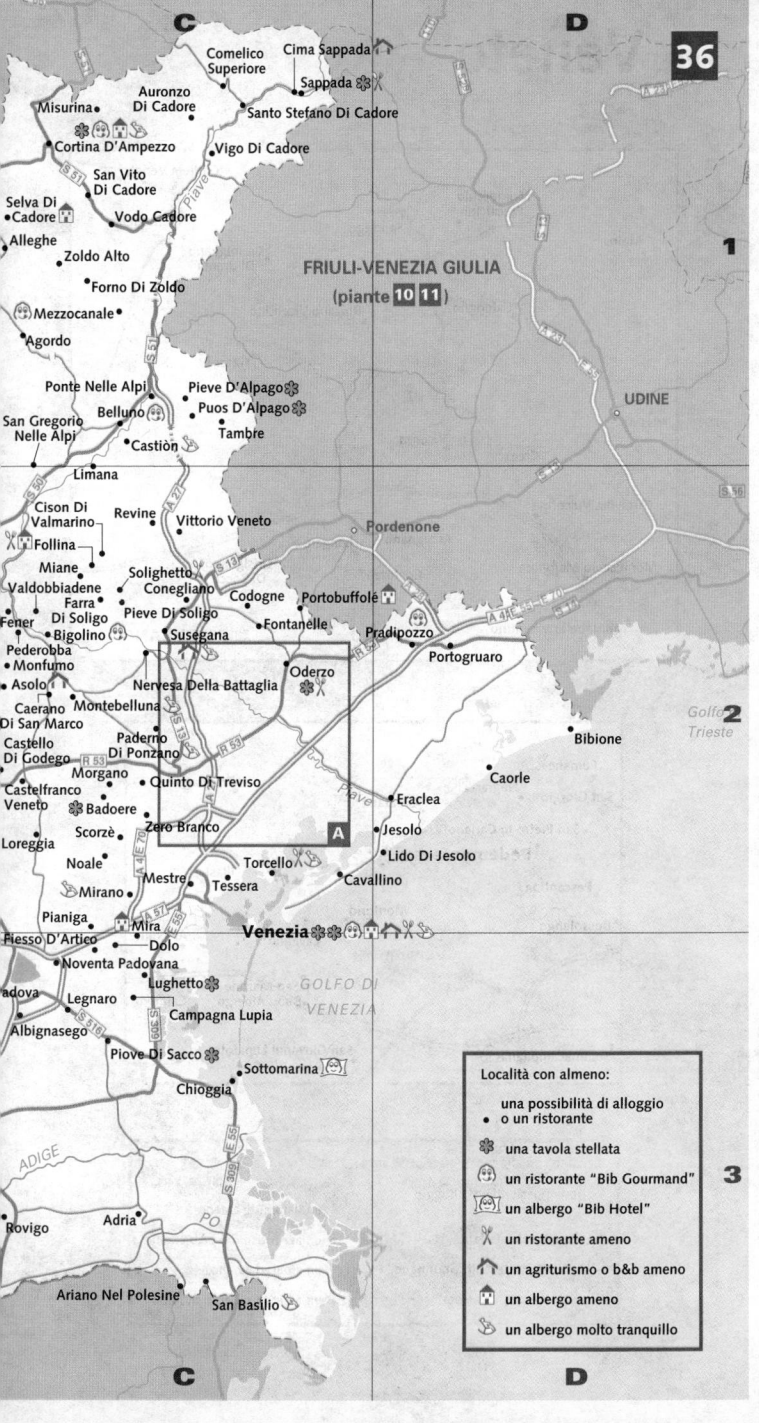

36

FRIULI-VENEZIA GIULIA
(piante **10 11**)

UDINE

Golfo di Trieste

Misurina
Cortina D'Ampezzo
Auronzo Di Cadore
Comelico Superiore
Cima Sappada
Sappada
Santo Stefano Di Cadore
Vigo Di Cadore
San Vito Di Cadore
Selva Di Cadore
Vodo Cadore
Alleghe
Zoldo Alto
Forno Di Zoldo
Mezzocanale
Agordo
Ponte Nelle Alpi
San Gregorio Nelle Alpi
Belluno
Pieve D'Alpago
Puos D'Alpago
Tambre
Castion
Limana
Cison Di Valmarino
Revine
Vittorio Veneto
Pordenone
Follina
Miane
Valdobbiadene
Farra Di Soligo
Fener
Pederobba
Bigolino
Monfumo
Asolo
Caerano Di San Marco
Castello Di Godego
Montebelluna
Paderno Di Ponzano
Morgano
Castelfranco Veneto
Scorzè
Loreggia
Badoere
Zero Branco
Noale
Mirano
Pianiga
Fiesso D'Artico
Mira
Dolo
Noventa Padovana
Padova
Legnaro
Lughetto
Campagna Lupia
Albignasego
Piove Di Sacco
Sottomarina
Chioggia
Rovigo
Adria
Ariano Nel Polesine
San Basilio
Solighetto
Conegliano
Pieve Di Soligo
Susegana
Nervesa Della Battaglia
Codogne
Fontanelle
Portobuffolè
Pradipozzo
Oderzo
Portogruaro
Bibione
Caorle
Eraclea
Jesolo
Lido Di Jesolo
Cavallino
Quinto Di Treviso
Mestre
Tessera
Torcello
Venezia
GOLFO DI VENEZIA

Piave

A

1

2

3

Località con almeno:

● una possibilità di alloggio
  o un ristorante

❀ una tavola stellata

☺ un ristorante "Bib Gourmand"

◎ un albergo "Bib Hotel"

✕ un ristorante ameno

↑ un agriturismo o b&b ameno

⌂ un albergo ameno

♨ un albergo molto tranquillo

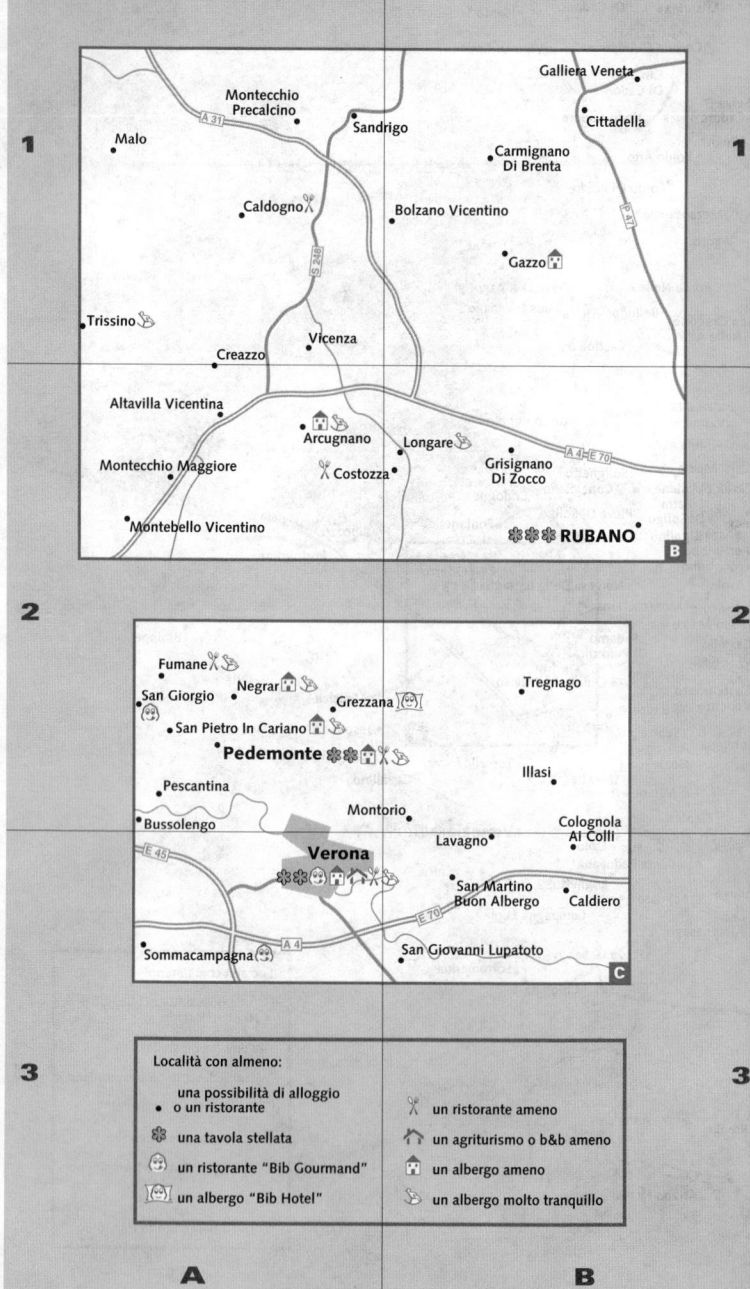

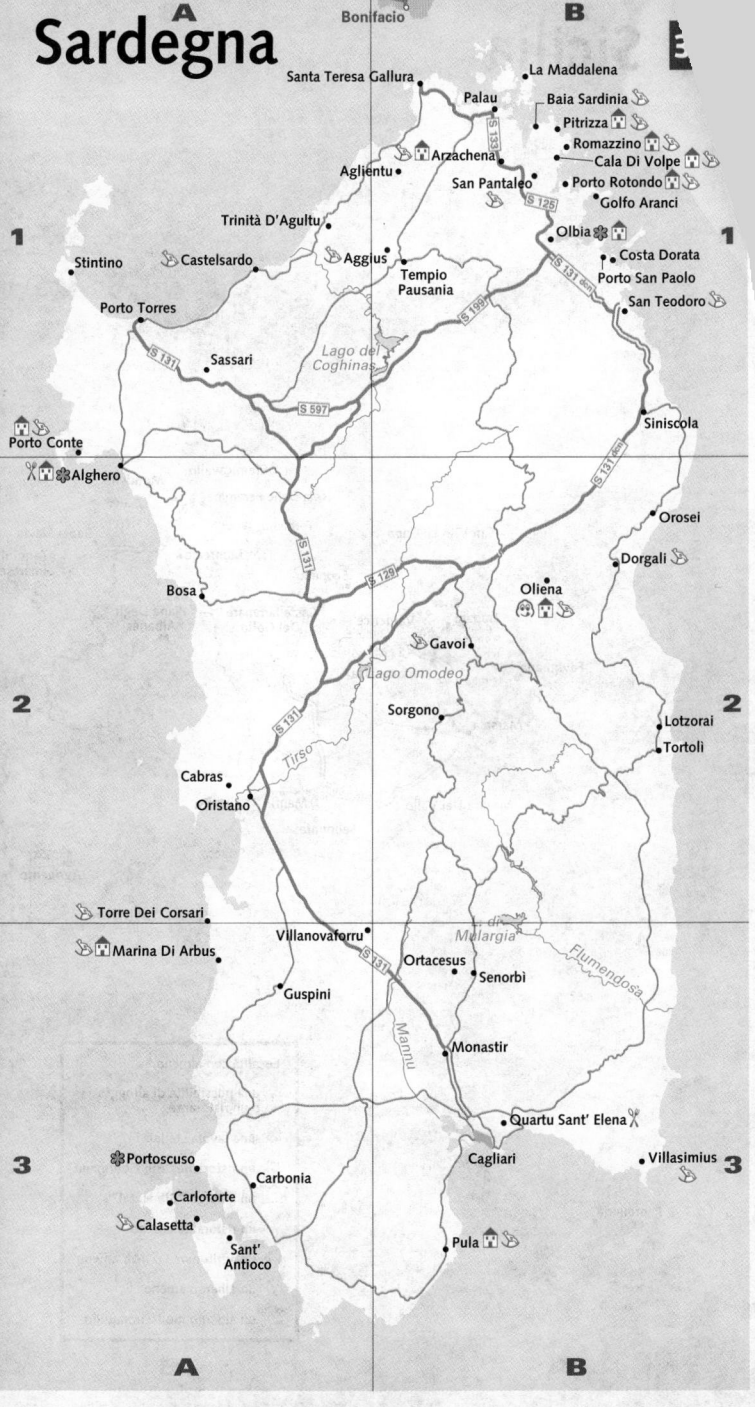

Sicilia

A **B**

M A R E

Sferracavallo
Mondello
Isola Delle Femmine
Palermo
Terrasini
Santa Flavia
San Vito Lo Capo
A 29 E 90
Termini
Imerese
Monreale
A 19
Scopello
Erice
Castellammare
Del Golfo
Piana Degli
Albanesi
Trapani
Valderice
A 29 dir
E 933
Fontanasalsa
S 121
Favignana
S 115
Marsala
S 189
Menfi
A 29 E 90
Mazara Del Vallo
Selinunte
S 115
Platani
Sciacca
E 931
Agrigento
Siculiana

2

M A R E

3

Pantelleria

Località con almeno:

- • una possibilità di alloggio
  o un ristorante

- 🌼 una tavola stellata

- 😊 un ristorante "Bib Gourmand"

- 🏨 un albergo "Bib Hotel"

- ✕ un ristorante ameno

- 🏠 un agriturismo o b&b ameno

- 🏛 un albergo ameno

- 🖎 un albergo molto tranquillo

A **B**

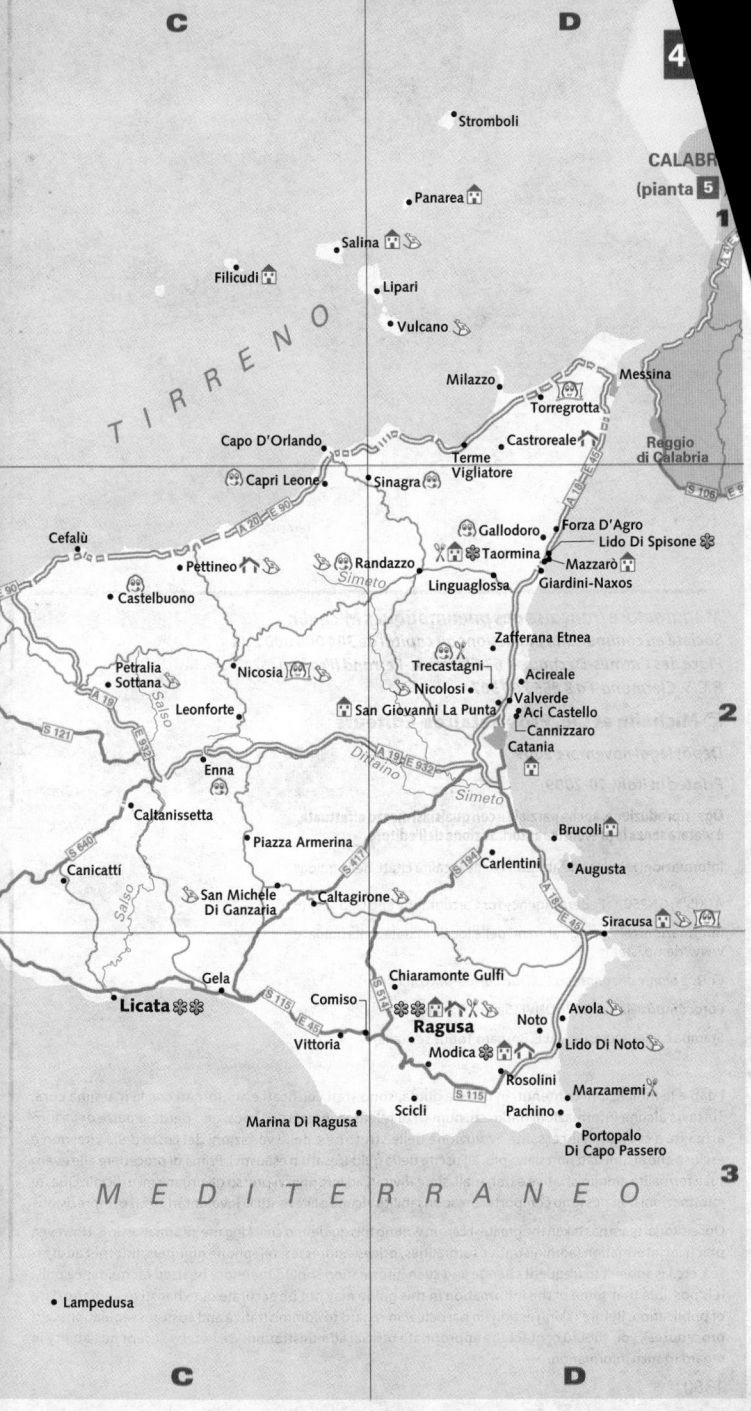

Manufacture française des pneumatiques Michelin
Société en commandite par actions au capital de 304 000 000 EUR
Place des Carmes-Déchaux – 63 Clermont-Ferrand (France)
R.C.S. Clermond-Fd B 855 200 507

© **Michelin et Cie, Propriétaires-Éditeurs**

Dépôt légal novembre 2009

Printed in Italy, 10-2009

Informazioni relative alle altitudini delle località citate nella guida:

ATKIS™; GN250, © Federal Agency for Cartography and Geodesy (BKG)

Informazioni relative agli abitanti delle località citate nella guida:
www. demo.istat.it

Carte e piante disegnate dall'Ufficio Cartografico Michelin

Fotocomposizione: MCP-JOUVE, Saran (France)

Stampa e Rilegatura: CANALE, Borgaro Torinese (Italia)

I dati e le indicazioni contenuti in questa guida, sono stati verificati e aggiornati con la massima cura. Tuttavia alcune informazioni (indirizzi, numeri di telefono, prezzi ecc.) possono perdere parte della loro attualità a causa dell'incessante evoluzione delle strutture e delle variazioni del costo della vita: non è escluso che alcuni dati non siano più, all'uscita della guida, esatti o esaustivi. Prima di procedere alle eventuali formalità amministrative e doganali, siete invitati ad informarvi presso gli organismi ufficiali. Queste informazioni non possono comportare responsabilità alcuna per eventuali involontari errori o imprecisioni.

Our editorial team has taken the greatest care in writing this guide and checking the information in it. However, practical information (administrative formalities, prices, addresses, telephone numbers, Internet addresses, etc.) is subject to frequent change and such information should therefore be used for guidance only. It is possible that some of the information in this guide may not be accurate or exhaustive as of the date of publication. Before taking action (in particular in regard to administrative and customs regulations and procedures), you should contact the appropriate official administration. We hereby accept no liability in regard to such information.

1360